HANDBUCH DEUTSCHER RECHTSEXTREMISMUS

HANDBUCH DEUTSCHER RECHTS EXTREMISMUS

Herausgegeben von Jens Mecklenburg

ELEFANTEN PRESS BERLIN

Antifa Edition
herausgegeben von Jens Mecklenburg

Copyright © 1996
by ELEFANTEN PRESS Verlag GmbH, Berlin
Alle Rechte vorbehalten
Redaktion Hilke Bölts M. A.
Umschlaggestaltung Holtfreter, Blank & Reschke
Gesetzt aus der Times
Majuskel SatzProduktion GmbH, Berlin
Druck und Bindung Interpress Budapest
Printed in Hungary
ISBN 3-88520-585-8

Inhalt

Einleitung   9

A Grundlagen

Ralph Giordano
Die unbewältigte Vergangenheit
Zur Nachkriegsgeschichte der Bundesrepublik   13

Reinhard Kühnl
Faschismus – Antifaschismus
Theorien über den Faschismus   31

Reinhard Kühnl
**Gesellschaftliche Grundlagen
und Ideologie des deutschen Faschismus**   55

Markus Birzer
Rechtsextremismus – Definitionsmerkmale und Erklärungsansätze   72

Helmut Fröchling
Die ideologischen Grundlagen des Rechtsextremismus
Grundstrukturen rechtsextremistischer Weltanschauung.
Politischer Stil, Strategien und Methoden rechtsextremer Propaganda   84

Reinhard Kühnl
Die Entwicklung der extremen Rechten seit 1945
Ursachen – Etappen – Gegenstrategien   124

B Lexikon – Deutschland rechtsaußen

Vorbemerkung 145

Nicht mehr aktive / bestehende Organisationen und Parteien ab 1945 148

National- und rechtskonservative Gruppen (Grau- und Braunzone) 177

Rechtsextreme und neofaschistische Gruppen,
Organisationen und Parteien 215

Burschenschaften und studentische Verbindungen 323

Militärische Traditionsverbände 336

Revanchistische Organisationen 343

Heidnische Gruppen, Sekten
und christlich fundamentale Organisationen 367

Medien 398

Personen 440

C Vertiefungen

Wolfgang Gessenharter/Helmut Fröchling
Neue Rechte und Rechtsextremismus in Deutschland 550

Klaus Maler
Das Netzwerk der militanten Neonazis 572

Klaus Maler
Exkurs – Die NS-Nachkriegsnetze 595

Bernd Siegler
Rechtsextremismus in der DDR und den neuen Ländern 616

Klaus Zellhofer
Die Briefbombenwelle in Österreich 639

Klaus Zellhofer
Die österreichischen Zweigstellen des deutschen
Rechtsextremismus 652

Fabian Virchow
»... über die Trümmer der KZ-Gedenkstätten«
Von Auschwitzleugnern und anderen Geschichtsfälschern 666

Juliane Wetzel
Antisemitismus
Ideologische Grundlage und Bindeglied des Rechtsextremismus 692

Andreas Speit
Esoterik und Neuheidentum
Historische Allianzen und aktuelle Tendenzen 709

Anton Pelinka
Männlich, männlicher, (neo)nazistisch
Organisierter Rechtsextremismus und Männerbündelei 733

FANTIFA Marburg
Kameradinnen 743

Christoph Butterwege
Rechtsextremismus bei Jugendlichen
Politisch-kulturelle Sozialisation, Aggression und Gewalt 755

Ruud Koopmans
Soziale Bewegung von rechts?
Zur Bewegungsförmigkeit rechtsradikaler
und ausländerfeindlicher Mobilisierung in Deutschland 767

Jörg Weltzer
Skinheads, Nazi-Skins und rechte Subkultur 782

Bernd Siegler
Rechtsextremismus und Wahlverhalten 792

Dirk Kretschmer/Siegfried Jäger
Von Irren, Chaoten und Fanatikern
Rechtsextremismus und Rassismus in den Medien 802

Charlotte Wiedemann
Die Themen der Rechten sind die Themen der Mitte 823

Rolf Gössner
Zwischen Verharmlosung und Überreaktion
Zum polizeilichen und justitiellen Umgang
mit rechter Gewalt und Neonazismus 837

Dietrich Heither/Gerhard Schäfer
**Studentenverbindungen zwischen
Konservatismus und Rechtsextremismus** 865

Ulla Jelpke/Helmut Schröder
Der Bund der Vertriebenen
Für ein Deutschland in den Grenzen von 1937, 1938, 1939 ... 885

Ralf Ptak
Wirtschaftspolitik und die extreme Rechte
Betrachtungen zu einer wenig behandelten Frage 901

Martin Dietzsch/Anton Maegerle
Digitales Braun
Die Nutzung Neuer Medien durch Neonazis 923

D Anhang

Jacob Carl
Chronologie des deutschen Rechtsextremismus von 1945 bis 1995 934

Auswahlbibliographie 954

Verzeichnis antifaschistisch orientierter Einrichtungen,
Organisationen und Medien 962

Organisations-Abkürzungsverzeichnis 985

Die Autoren 993

Personenregister 995

Sachregister 1022

Einleitung

Der vorliegende Band versammelt fünfunddreißig Autoren in einem umfangreichen Werk zum deutschen Rechtsextremismus. Wissenschaftler, Autoren und Journalisten beschreiben detailliert den Rechtsextremismus mit seinen Organisationen, seinen ideologisch- politischen Positionen, seinen Funktionären und »Führern«, seinen internationalen Bezügen und Aktivitäten.

Einleitend wird die Nachkriegsgeschichte der Bundesrepublik, ohne die der heutige Rechtsextremismus nicht zu verstehen ist, untersucht – und eine »unbewältigte Vergangenheit« (Ralph Giordano) der Nachkriegsgesellschaft in Bezug auf den Nationalsozialismus und seine ungeheuerlichen Verbrechen konstatiert. (Noch heute, mehr als fünfzig Jahre nach Kriegsende, gelten Deserteure, die sich den verbrecherischen Zielen des Nationalsozialismus durch Flucht entzogen, als vorbestraft.)

Die deutsche Geschichte zwischen 1933 und 1945 wirkt bis heute fort und entfaltet als Thema in diesem Band an den unterschiedlichsten Stellen ihr gesellschaftliches Nachleben: sei es in Form neonazistischer Hitler-Verehrer oder sich selbst als »Revisionisten« bezeichnender Auschwitzleugner, in der Variante der das »moderne«, »soziale«, ja »revolutionäre« im Nationalsozialismus entdeckenden Kreise der sogenannten Neuen Rechten oder in der Absicht konservativer Politiker und Publizisten, endlich »aus dem Schatten der Vergangenheit« herauszutreten.

Die Darstellung der gesellschaftlichen Grundlagen und der Ideologie des Nationalsozialismus und verschiedener Faschismustheorien geben der Leserin/dem Leser die Möglichkeit, Gemeinsamkeiten mit oder Unterschiede zu den heutigen Erscheinungsformen des Rechtsextremismus und Neonazismus zu erkennen.

Im *Handbuch deutscher Rechtsextremismus* finden sich auch kontroverse politische Positionen wieder, da gerade in Wissenschaften wie Zeitgeschichte und Politikwissenschaft, in denen es über die Gewinnung von Fakten und Daten hinaus auch um Analysen, Interpretationen und unvermeidlich subjektive Werturteile geht, festgestellte Tatsachen sehr unterschiedliche, mit politischen und weltanschaulichen Grundpositionen zusammenhängende Bewertungen erfahren können. Die Leserin/der Leser erhält die Möglichkeit, verschiedene Zugänge und Bewertungen zum Thema Rechtsextremismus kennenzulernen.

Der deutsche Rechtsextremismus wird mit seiner Weltanschauung, seinem politischen »Stil«, seinen Strategien und Methoden untersucht, verwendete Begrifflichkeiten werden erklärt. Die Entwicklung der extremen Rechten von 1945 bis heute wird nachgezeichnet und gesellschaftlich eingeordnet.

Das umfangreiche Lexikon *Deutschland rechtsaußen* mit mehreren hundert Eintragungen der wichtigsten Personen, Organisationen und Medien aus dem nationalkonservativen, rechtsextremen und neonazistischen Lager sowie von Sekten soll einen jederzeit nachschlagbaren, schnellen Überblick verschaffen und zur Weiterbeschäftigung anregen. Die Schwerpunkte des Lexikons liegen beim Rechtsextremismus und Neonazismus. Rechts- und nationalkonservative Organisationen und Personen, Sekten, heidnische und christlich-fundamentale Gruppen sind dann berücksichtigt, wenn eine Affinität zum Rechtsextremismus oder der dahinterstehenden Weltanschauung feststellbar ist.

Die Problematik der Bezeichnung einer Person oder Organisation als rechtsextrem oder neonazistisch (neofaschistisch) ist den Autoren und dem Herausgeber sehr bewußt. Eine Qualifizierung als rechtsextrem oder neonazistisch wurde nach bestem Wissen und Gewissen vorgenommen und bezieht sich nur auf das politisch-ideologische Profil, wie es in erster Linie aus den Organen, Publikationen und aus den bekanntgewordenen Aktivitäten der Organisation oder Person sichtbar wurde; das heißt nicht, daß alle Mitglieder solcher Organisationen als rechtsextrem anzusehen sind.

Nach den theoretischen und grundsätzlichen Einführungen zum Rechtsextremismus und dem Lexikon folgen vertiefende Beiträgen zu einzelnen Aspekten und Varianten des Rechtsextremismus in Deutschland. Unterschiedliche Strömungen, Zusammenschlüsse und Richtungen wie die sogenannte Neue Rechte, die militanten Neonazis, rechte Skinheads und Jugendliche, die esoterische Szene, die Auschwitzleugner, neofaschistische Mailboxbetreiber, die Österreich-Verbindungen, einschließlich der noch immer nicht gefaßten Briefbombenattentäter, werden untersucht. Frauen und Rechtsextremismus, organisierter Rechtsextremismus als Männerbündelei, Rechtsextremismus bei Jugendlichen und als soziale Bewegung von rechts sind weitere Themen. Die Fragen nach der Aktualität von Antisemitismus, der Berichterstattung in den Medien, nach dem Verhältnis von Wählern und extrem rechten Parteien und den wirtschaftspolitischen Konzeptionen des Rechtsextremismus (eine noch wenig beachtete Themenstellung) werden ebenfalls behandelt. Zum Thema Konservatismus und extreme Rechte liefern Beiträge über den Bund der Vertriebenen und über Studentenverbindungen Anhaltspunkte, und es wird die Frage gestellt, ob die Themen der Rechten nicht auch die Themen der Mitte sind. Auch der polizeiliche und justitielle Umgang mit rechter Gewalt und

Neonazismus wird untersucht. Der Band schließt mit einer Chronologie des deutschen Rechtsextremismus, einer Auswahlbibliographie, einem Verzeichnis antifaschistisch orientierter Einrichtungen und Publizistik sowie einem Personen- und einem Sachregister.

Für das Aufzeigen von möglichen Ungenauigkeiten und Fehlern, von Fehlendem und Defiziten sowie für Kritik und Auseinandersetzung sind wir dankbar.

Die Herausgabe des *Handbuches deutscher Rechtsextremismus* wäre ohne die engagierte, hilfreiche und vielfältige Mitarbeit und Unterstützung vieler Kolleginnen, Kollegen, Mitarbeiterinnen und Mitarbeiter nicht möglich gewesen. Danken möchte ich insbesondere: Martin Becker, Bernd Siegler und Fabian Virchow für die konzeptionelle Beratung und hilfreiche Hinweise, Fabian Virchow zusätzlich für seine Mühe, das gesamte Manuskript gelesen zu haben und für seine wichtigen Anregungen. Für die Zu- und Mitarbeit am Lexikon sei den Mitarbeiterinnen und Mitarbeitern der Zeitgeschichtlichen Dokumentationsstelle Marburg, des Antifaschistischen Archivs i.G. in Gütersloh, dem antifaschistischen Autorenkollektiv des Buches *Drahtzieher im braunen Netz*, Richard Stöss, der den Zugang zum Archiv des Zentralinstituts für sozialwissenschaftliche Forschung der Freien Universität Berlin ermöglichte, und Volkmar Wölk, der Teile des Lexikon der Kritik unterzog, gedankt, sowie der Anwältin Ursula Ehrhardt, für ihre juristische Beratung und Imke Vieweg und Reinhard Pohl für das Korrekturlesen.

Ein besonderer Dank gilt der redaktionellen Mitarbeit meiner Kollegin Hilke Bölts, ohne deren kompetente und äußerst engagierte Arbeit die Drucklegung des Buches zum vorgesehenen Zeitpunkt nicht möglich gewesen wäre.

Berlin/Kiel im Juli 1996
Jens Mecklenburg

11

A Grundlagen

Ralph Giordano

Die unbewältigte Vergangenheit

Zur Nachkriegsgeschichte der Bundesrepublik[1]

Der große Frieden mit den Tätern

1958 begann in Ulm ein Verfahren gegen zehn Angeklagte des einstigen »Einsatzkommandos Tilsit«. Ihnen wurde vorgeworfen, kurz nach dem deutschen Überfall auf die Sowjetunion vom 22. Juni 1941 in einem 25 Kilometer breiten Streifen des deutsch-litauischen Grenzgebietes alles jüdische Leben ausgelöscht zu haben. Mit diesem Verfahren setzte die Justiz zu einer gigantischen Kraftanstrengung an, die über mehr als dreißig Jahre bis in unsere Tage dauert – die NS-Prozesse vor bundesdeutschen Schwurgerichten.

Ich habe vielen dieser Verfahren ab 1958 beigewohnt, als Berichterstatter und als Fernsehmann. Sehr bald schon fragte ich mich: Wer wird hier eigentlich angeklagt, *wem* überhaupt noch der Prozeß gemacht? Die Antwort war binnen kurzem klar, und an ihrer Wahrheit hat sich bis heute nichts geändert: Vor den Schranken der bundesdeutschen NS-Prozesse standen und stehen die untersten Glieder in der Kette des industriellen Serien-, Massen- und Völkermords der Nazis, die »kleinen Angestellten« des Staatsverbrechens, die niedrigsten Chargen des Verwaltungsmassakers, die *Tötungsarbeiter* selbst, wie die SS-Aufseher Gustav Sorge und Karl Schubert vom KZ Sachsenhausen-Oranienburg oder Martin Sommer, genannt die »Bestie von Buchenwald«. Es war die Gruppe derer, die nicht mehr sagen konnten, sie hätten von nichts gewußt, da sie mit eigenen Händen, mit ihren Nagelstiefeln, ihren Knüppeln, ihren Schußwaffen gemordet hatten. Sie standen und stehen völlig zu Recht vor Gericht, diese »Kleinen«. Aber da sie die Hauptmasse der Angeklagten über die Jahrzehnte bildeten, stellte sich immer dringlicher die Frage: Wo sind ihre Vorgesetzten, die Großen, die Planer, die Schreibtischtäter, die ihnen das *Menschenmehl* für die Todesmühlen zugeliefert hatten? Wo die Köpfe der Mordzentrale Reichssicherheitshauptamt, die doch nicht alle Selbstmord begangen hatten wie ihr Chef Heinrich Himmler? Wo die Wehrwirtschaftsführer, die hohen und pflichtschuldigen Militärs, ohne die nichts, aber auch gar nichts gegangen wäre und von denen doch nur einige wenige vor die Tribunale der Amerikaner, Briten und Franzosen zitiert worden waren?

Die Antwort auf die Fragen ist eindeutig und geschichtsnotorisch: Diese

Täter sind davongekommen! Soweit die Funktionselite Hitlerdeutschland überhaupt von den Alliierten im Nürnberger Hauptkriegsverbrecherverfahren und den zwölf Nachfolgeprozessen angeklagt und verurteilt worden war, befand sie sich seit Mitte der fünfziger Jahre auf freiem Fuß! Nutznießer des raschen Zerfalls der Anti-Hitler-Koalition nach 1945 und seines *Kalten Krieges*, wurden sie förmlich aus den Zuchthäusern und Gefängnissen herauskatapultiert, und zwar durch ein bundesdeutsch-westalliiertes Zusammenspiel, das bereits im Kriege, 1944, mit eindeutiger Stoßrichtung gegen die Sowjetunion begonnen hatte und das nun in ein nahezu perfekt organisiertes und von gesellschaftlichem Konsens getragenes Entstrafungssystem der restaurativen Adenauer-Ära münden sollte.

Wir leben in einem Land, wo dem größten geschichtsbekannten Verbrechen mit Millionen und aber Millionen Opfern, die hinter den Fronten umgebracht worden sind wie Insekten, das größte Wiedereingliederungswerk für Täter folgte, das es je gegeben hat. Von wenigen Ausnahmen abgesehen, sind sie letztlich nicht nur straffrei davongekommen, sondern sie konnten ihre Karriere auch unbeschadet fortsetzen. Wir stehen vor einem wahren Leichengebirge, einem Leichen-Himalaja, für den aber Täter angeblich nicht haftbar gemacht werden konnten. Ich finde, das ist eine gefährliche Wahrheit, weil sie potentielle Täter ermutigen könnte, es ist aber auch eine unerträgliche Wahrheit, weil sie unumkehrbar ist – sie sind davongekommen. Das hatte schon 1946 angefangen, mit einer unseriös betriebenen, augenzwinkernden Entnazifizierung, deren schwerfällige Säuberungsmaschine dank eines geheimnisvollen, unergründbaren Mechanismus, dem niemand auf die Spur kommen konnte, genau das Gegenteil von dem hervorbrachte, was mit ihrer Hilfe zustande kommen sollte: Rehabilitierung, statt politisch Verantwortliche haftbar zu machen.

In manchen Zweigen des öffentlichen Dienstes gab es 1947 mehr ehemalige Mitglieder der Nazipartei als im Dritten Reich. Es war die Ära der »Persilscheine«, wahre »Entlastungsfabriken«, nicht zuletzt der Kirchen. Die Episkopate beider Konfessionen wollten sich den Vorwurf fehlenden Widerstandes nicht zweimal machen lassen und glichen ihren diesbezüglichen Mangel im Dritten Reich damit aus, daß sie nun gegen die »neue Verfolgung« protestierten – was um so leichter war, als die plötzlich mutig gewordenen Bischöfe unter den veränderten Bedingungen keinerlei Gefahr mehr liefen ... Immerhin aber war die Entnazifizierung noch als Sühnemaßnahme gedacht. Dagegen war das sogenannte 131er-Gesetz bereits ein Akt der organisierten Entstrafung. Mit ihm wurde fast der gesamte NS-Beamten- und Staatsapparat, eingeschlossen Angehörige des Vernichtungsapparates, in die Verwaltung der Bundesrepublik Deutschland übernommen, getragen von dem ausgeprägten Unwillen einer Mehrheit des bundesdeutschen Wahlvolkes, sich mit ihrer NS-

Vergangenheit auseinanderzusetzen. Dabei haben sich *alle* Parteien opportunistisch verhalten, besonders aber die konservativen.

Man muß sich einmal vergegenwärtigen, was da vor sich ging. Die Fachleute des vielgepriesenen Wiederaufbaus waren zuvor die Fachleute der Zerstörung gewesen, und die Führung des industriell-bürokratisch-militärischen Blocks in der Bundesrepublik war bis in die siebziger Jahre hinein personell weitgehend identisch mit der vor 1945. Am größten war die Übereinstimmung zwischen Dienstträgern für Hitler und solchen für die Bundesrepublik: im diplomatischen Dienst, in der Führung der inzwischen aufgebauten Bundeswehr und bei den älteren Jahrgängen der Beamtenschaft. Die Spitzen des Vernichtungsapparates, an deren Händen das Blut von Millionen klebte, wurden überhaupt nie vor Gericht gestellt. Und von den Mördern in der Richterrobe, auf deren Konto mehr als 32.000 politische Todesurteile kommen, wurde nicht nur kein einziger von der bundesdeutschen Justiz verurteilt, sondern nahezu alle in ihr weiterbeschäftigt, einige bis in die Ränge von Ersten und Oberstaatsanwälten, Senatspräsidenten, ja Bundesrichtern. So gut wie davon kamen die Ärzte, die sich allen NS-Tötungsprogrammen nur zu willig zur Verfügung gestellt hatten, während die an den Ausrottungspraktiken im deutschbesetzten Europa, besonders im Osten, beteiligte Wehrmachtgeneralität völlig verschont blieb. Geradeso erging es Otto Bovensiepen, Chef der größten, der Berliner Gestapoleitstelle, unter anderem verantwortlich für die Deportation von 35.000 Juden aus der Reichshauptstadt, und Werner Best, Organisator der Einsatzgruppe in Polen. Bovensiepen erkrankte rechtzeitig und wurde für verhandlungsunfähig erklärt. Das Verfahren gegen Best, des 8.000fachen Mordes angeklagt, wurde 1972 ausgesetzt und 1982 ganz eingestellt, da sich Heydrichs Stellvertreter der gesundheitlichen Belastung eines Mammutprozesses nicht gewachsen fühlte. Seither verstauben 800 Kilo Akten und eine 1.000seitige Anklageschrift. Ein anderer, Bruno Streckenbach, Organisator der Einsatzgruppen in der Sowjetunion, angeklagt, den Tod von mindestens einer Million Menschen verursacht zu haben, starb 1977 unbestraft in Hamburg. Man vergleiche diese gefühlige Rücksichtnahme auf die körperliche Verfassung von Nazi-Massenmördern mit der Unerbittlichkeit und Härte der heutigen Legislative und Exekutive gegenüber den hungerstreikenden RAF-Gefangenen – und man hat eine Selbstcharakteristik der bundesdeutschen Justiz, wie sie sich enttarnter nicht denken läßt.

Welche Urteile erwarten nun die »Kleinen« im großen Szenarium der NS-Prozesse vor bundesdeutschen Schwurgerichten, die »Tötungsarbeiter«, die KZ-Bestien, auf die die Verfahren als Haupttäter-Typus einzig zugeschnitten sind? Bleiben wir bei den Urteilen des ersten, des Ulmer »Einsatzkommando«-Prozesses, weil sie exemplarisch waren für die meisten der folgenden. Einem der Angeklagten – 526 Morde, drei Jahre Zuchthaus – wurde strafmildernd angerechnet: er sei bemüht gewesen, 1941 bei der Erschießung der Juden im deutsch-litauischen Grenzgebiet »die Form zu wahren«. Einem anderen – 423 Morde, vier Jahre Zuchthaus – kam zugute, daß er, nach einer schweren Jugend, einen »etwas einfältigen Eindruck mache« und »gefühlslabil« sei. Ein Dritter profitierte davon, daß er über »nur mäßige geistige Eigenschaften« verfüge und seine »weiche Veranlagung« in ihm Minderwertigkeitskomplexe ausgelöst habe. Dem »Weichveranlagten« waren über 500 Morde nachgewiesen worden, für die er drei Jahre Haft bekam … Das Verständnis der Ulmer Richter für die Täter war unerschöpflich, aber nicht, wie sich bald herausstellte, ungewöhnlich – es tauchte in zahlreichen späteren Prozessen ebenfalls auf. Bei NS-Tätern wurde und wird grundsätzlich der strafmildernde Paragraph »Beihilfe zum Mord« angewandt. Haben Sie je vernommen, daß das gleiche in Verfahren gegen RAF-Angehörige geschieht?

Nicht zu vergessen in diesem Reigen der organisierten Täter-Entstrafung die *Arisierer*, die Übernehmer jüdischer Geschäfte, Firmen, Handels- und Kaufhäuser unter den schlimmsten Druckbedingungen für die entrechteten Eigentümer – eine besonders widerwärtige Variante von Nutznießern. Bei ihrer Behandlung wird einem, wenn möglich, noch speiübler: Fast alle Arisierer konnten ihren billig erworbenen, blut- und leidgetränkten Raub behalten – die Bundesrepublik, der erklärte Rechtsnachfolger Hitlerdeutschlands, wurde zum legalisierenden Konservator des größten Massendiebstahls, den es je an einer verlorenen Minderheit gegeben hat.

Die bundesdeutsche Restauration, dieser Triumph der Beharrungskräfte gegenüber allem, was nach 1945 an Erwartung, an Hoffnung und Licht aufgebrochen war, sie hatte ihr manisches Symbol, ihre exemplarische Personifikation gefunden – Dr. Hans Globke! Erster Staatssekretär Konrad Adenauers, Schöpfer des Bundeskanzleramtes, Graue Eminenz der bundesdeutschen Frühepoche und – Kommentator der Nürnberger Rassengesetze vom September 1935. Globkes Kommentar zum »Schutz des deutschen Blutes und der deutschen Ehre« hatte einen Umfang von 300 Seiten, und auf ihnen sind zwei der großen Gruppen, die dem Vernichtungsapparat des Reichssicherheitshauptamtes zum Opfer fallen sollten, exakt definiert – Zitat: »Artfremdes Blut ist alles Blut, das nicht deutsches Blut noch dem Blut verwandt ist. Artfremden Blutes sind in Europa regelmäßig nur Juden und Zigeuner.«

Globkes Kommentar wäre schon an sich und ohne die späteren historischen Folgen ein Dokument höchster intellektueller Verwerflichkeit und abschreckender Inhumanität gewesen, selbst wenn der Entrechtung und Diskriminierung der Juden nicht die Ausrottung gefolgt wäre. Aber selbstverständlich kann sein 300-Seiten-Opus nur in Zusammenhang mit dem tatsächlichen Ablauf der Geschichte gesehen werden. In ihm sind die ursächlichen Bindungen zwischen Rassegesetzen und physischer Vernichtung offensichtlich und unbezweifelbar – verschiedene Stufen ein und derselben Treppe in das Inferno der Gaskammern und der Exekutionskommandos der »Einsatzgruppen«.

Alle Anklagen und Proteste gegen Hans Globke haben nichts genutzt – Adenauer hielt unbeirrt an seinem Intimus fest. Oder genauer: die politische Übermacht, die der Kanzler damals repräsentierte, der bundesdeutsche Konservatismus, beließ Globke in Amt und Würden. Dieser Konservatismus ist der Vater dessen, was ich den »Großen Frieden mit den Tätern« nenne.

Sein außenpolitischer Bundesgenosse aber, von dem sich die bundesdeutsche Verdrängungs- und Verleugnungsgesellschaft nur zu ermutigt fühlen konnte, war der bereits zitierte Zerfall der Anti-Hitler-Koalition des Zweiten Weltkrieges in die rivalisierenden Machtblöcke unter der Vorherrschaft der USA und der Sowjetunion, der Kalte Krieg, der die Verbündeten von gestern in Feinde, und die Feinde von einst in die Verbündeten von heute verwandelte. In kürzester Frist verlagerte sich im Westen das Feindbild vom geschlagenen Nationalsozialismus auf die ungeschlagene Sowjetunion. Was immer die stalinistische UdSSR selbst dazu beigetragen hat, das antibolschewistische Feindbild erhalten zu helfen – mehr als alle anderen Konsequenzen der neuen deutschen Bündnisfähigkeit hatte eine besonders verheerende Folge für die Rehumanisierung der Deutschen: die langjährige Vorherrschaft jenes doktrinären Antikommunismus, der nichtdemokratisch und nichthuman motiviert ist und der nicht müde wird, sich als Bannerträger der Demokratie aufzuspielen, indes er doch in Wahrheit nie etwas anderes war als die Entsprechung seines Extremgegners mit eigenen Vorzeichen. Der im Fegefeuer der Nazipropaganda gehärtete Antikommunismus war über Jahrzehnte hin nahezu unkorrigiert der offiziell bundesdeutsche. Inzwischen zurückgedrängt, aber durchaus am Leben, erwiesen sich seine Anhänger auch heute noch, angesichts der Gorbatschow-Ära, als unfähig, ihr Feindbild zu überwinden. Diesen in der bundesdeutschen Politik immer noch wirksamen Antikommunismus halte ich für einen außerordentlich gefährlichen Feind der Demokratie – ich nenne ihn den perversen, weil er seine wahre Natur unter falscher Flagge tarnt. Er war das ideologische Rückgrat des »Großen Friedens« mit den Tätern, ein Krake mit tausend Tentakeln, der seine Fangarme und Saugnäpfe über die ganze Gesellschaft ausgeworfen hatte.

Hier das Fazit der biographischen Fundamentalbetrachtung einer Vierzigjährigen: Im Rückblick taucht ein schwerer, kaum zu unterdrückender Verdacht auf – der Verdacht, als sei die Adenauer-Ära bis hinein in die sechziger Jahre so etwas gewesen wie eine gigantische Korrumpierungsofferte der konservativen Herrschaft an ein mehrheitlich auseinandersetzungs-unwilliges Wahlvolk, eine Art Stillhalteangebot, das sich teils wortlos aus der konservativen Atmosphäre dieses unsäglichen Abschnittes ergab, teils aber auch kräftig organisiert war. Die Offerte lautete: Für die Restauration, für die Beibehaltung traditioneller Besitz- und Machtverhältnisse; für die kollektiven Wiedereinstellungen selbst schwerbelasteter Berufsgruppen, für Pensionskontinuität, großzügige Sozialregelungen auf dem während der NS-Zeit erreichten Standard, für das Verbot der KPD und für die systematische Ent-Strafung der Täter – für all das: Wohlverhalten gegenüber der parlamentarischen Demokratie und ihrem politischen System!

Diese Offerte ist von der bundesdeutschen Nachkriegsgesellschaft angenommen worden. Ich nenne das die zweite Schuld, nämlich die Verdrängung und Verleugnung der ersten unter Hitler nach 1945. Und das, wie wir gesehen haben, keineswegs nur rhetorisch oder moralisch, sondern tief institutionalisiert und materialisiert durch das, was ich den »Großen Frieden mit den Tätern« nenne. Er ist das Brandmal auf dem rückwärts gewandten Antlitz des bundesdeutschen Januskopfes, das historische Fundament, auf dem die Bundesrepublik Deutschland steht und von dem in keinem Geschichts- und Lehrbuch für Schüler und Studenten gekündet wird. Von ihm, dem »Großen Frieden mit den Tätern«, ist unsere politische Kultur bis auf den heutigen Tag wesentlich mitgeprägt worden.

Beides, die zweite Schuld und ihr Täterfrieden, sind die Urheber eines mentalen Bürgerkrieges, dessen Schauplatz diese Republik von allem Anfang an war, ist und wahrscheinlich noch lange bleiben wird. Er fällt in meinem Leben fast gleichzeitig mit der Befreiung zusammen, da sich sehr bald schon zeigte, daß der Nazismus zwar militärisch, nicht aber ideologisch geschlagen war.

Vor 14 Tagen habe ich ihn zuletzt gehört, diesen Spruch, der mir seit vierzig Jahren in den Ohren gellt: »Es waren ja gar nicht sechs Millionen Juden, die umgebracht worden sind, sondern ...«, worauf denn Zahlenangaben folgen, die von fünf Millionen auf einige Hunderttausende herabsinken oder gar bei der Null-Opfer-These der Verfechter von der Auschwitz-Lüge enden. Mit dieser Gesinnung und allem, was zu ihr geführt hat und sie fördert, befinde ich mich im Zustand eines Bürgerkrieges. Zwischen mir und jenen, die sich getröstet fühlen, wenn es weniger als sechs Millionen waren, gibt es keine Koexistenz, geschweige denn Kooperation oder den »Konsensus der Demokraten« unterschiedlicher Auffassungen. Über Jahrzehnte hin konnten Auschwitz-Lügner risikolos verkünden, es hätte dieses größte Menschenschlachthaus aller Zeiten gar nicht gegeben. Ehe dann, viel zu spät, das wirkungslose, halbherzige Verbot kam. Wäre es denn so unverständlich gewesen, wenn sich jemand, dessen Familie in Auschwitz ermordet wurde, an einem anderen, der Auschwitz einfach bestreitet, vergriffen hätte? Natürlich träfe dabei den Staat und die Gesellschaft, die gestattet hatten, daß die Vergasten zum zweitenmal, nun verbal, getötet wurden, Mitverantwortung an solcher Selbstjustiz. Daß dies den notorischen Leugnern von der »Nationalzeitung« des Gerhard Frey in all dieser Zeit nicht widerfahren ist, grenzt an ein Wunder.

18

Es gibt nichts, was den überlebenden Verfolgten, außer dem bereits angeführten Katalog der zweiten Schuld, auf dem Territorium der Bundesrepublik nicht angetan worden wäre: von den bisher etwa tausend Schändungen jüdischer Friedhöfe, dem Polizeischutz für Neo- und Altnazis und einem Antisemitismus, der auch vor Mord nicht zurückgeschreckt ist, über den Demütigungs-Slalom der Überlebenden vor der Begriffslosigkeit und Schlimmerem einstiger Nazimitläufer in den Amtsstuben der »Wiedergutmachung« bis hin zum Zynismus der juristischen Täter-Verteidiger, die keinen Zweifel daran ließen, daß die eigentlichen Opfer nicht die an Leib und Seele zerschlagenen Zeugen, sondern ihre Klienten seien.

Mit diesen Zuständen, diesen Gesinnungen, befinde ich mich in einem mentalen Bürgerkrieg, und dieses harte Wort trifft nicht nur auf die Lebenssituation vieler ehemaliger Verfolgter zu, sondern auf jeden human empfindenden Menschen in unserer Gesellschaft.

Der Verlust an humaner Orientierung

Bis Mai 1945 konnte man sich in Deutschland hinsichtlich der eigenen Haltung gegenüber dem Nationalsozialismus auf den Zwang berufen, den er auf das Individuum ausgeübt hatte – danach nicht mehr. Danach zwang einen niemand mehr, nationalsozialistische Ideen zu konservieren und zu verteidigen. Genau dies aber geschieht bis in unsere Tage, und nicht vereinzelt, sondern massenhaft, vor allem aber sehr häufig unbewußt. Diese Konservierung und Verteidigung tragen das unverkennbare Stigma des *Verlustes an humaner Orientierung*. In den fast vierzig Jahren seit 1945 hat sich dieser Verlust als einer der hartnäckigsten und tiefstgreifenden Schäden entpuppt, die der Nationalsozialismus und sein nationalistisches Vorfeld hinterlassen haben. Er ist eine der stabilsten Kontinuitäten aus der NS-Zeit. Bevor wir zu seinen konkreten Äußerungen kommen, soll etwas zu seiner Charakteristik gesagt werden.

Der Verlust der humanen Orientierung ist gekennzeichnet durch eine ganz unverwechselbare Schizophrenie des agitierten Individuums, nämlich seiner Spaltung in eine privat humanitäre und eine politisch nicht humanitäre Hälfte. Väter, Mütter, Eheleute, Eltern, Brüder, Schwestern, Söhne, Töchter, Menschen, denen Hilfe für den Nächsten, für den Nachbarn, denen Aufopferung, Mitleid, Fürsorge selbstverständlich waren – sie alle bekannten sich zur gleichen Zeit fanatisch zu politischen Gewaltideen, wie sie es zuvor noch nie gegeben hatte. Dem Nationalsozialismus gelingt die höchste politische Mobilisierung in der bisherigen Geschichte des deutschen Volkes. Erosion und Verlust der humanen Orientierung von Millionen und aber Millionen kraft der Identifikation mit den wahnhaften und unverhüllt gewalttätigen innen- und außenpolitischen Ideen des Nationalsozialismus, ihre sozusagen überirdisch zu erkennende Persönlichkeitsspaltung, ist in unserer Gesellschaft die meistverschwiegene Konsequenz aus dem Erbe des Dritten Reiches.

Der Verlust der humanen Orientierung sammelte sich nach 1945 in ganz bestimmten kollektiven Affekten der manischen Schuldabwehr, die sich überall auf die gleiche Weise formulierten und formulieren. Jeder von uns ist ihnen hundertmal begegnet. Sie lauten zum Beispiel:

»Es waren ja gar nicht sechs Millionen Juden, die umgebracht worden sind …« – Der Völkermord an den Juden im deutschbesetzten Europa wird hier also vor allem zu einer Frage der Zahl, der Quantität. Die Logik dieses Affektes: Je niedriger die Zahl der Ermordeten, desto beruhigter fühlt man sich selbst.

»Die anderen haben ja auch Verbrechen begangen, nicht nur wir Deutsche …« – Opfer anderer Unmenschlichkeitssysteme werden zu bloßen Kompensationsobjekten für das eigene schlechte Gewissen. Ermordete entsetzen nicht mehr, sie trösten.

»Die Konzentrationslager waren gar keine deutsche Erfindung, sondern eine der Briten im Kampf gegen die Buren Südafrikas …« – Vorgegebene Kenntnis weit zurückliegender Ereignisse in einem fremden Land in zehntausend Kilometer Entfernung, bei gleichzeitiger Beharrung auf der Unkenntnis der eigenen Geschichte im eigenen Land zu seinen Lebzeiten.

»Hitler hat nicht nur Schlechtes, er hat auch Gutes geschaffen, zum Beispiel die Autobahnen …« – Noch nach vierzig Jahren völliger Informationsfreiheit über den als System undifferenzierbaren NS-Verbrecherstaat wird geteilt in einen »guten« und einen »schlechten« Nationalsozialismus.

Die kollektiven Affekte der Schuldabwehr nach 1945 offenbaren die Verstrickung in die Ära davor, es sind die Reaktionen ein und derselben Haltung unter ganz verschiedenen gesellschaftlichen Bedingungen. Sie erhellen deshalb die Frage, in welcher Umwelt sich der deutsche Widerstand gegen den Nationalsozialismus vollzog: Da die Schuldabwehr kollektiven Charakter hat, haben es ihre Voraussetzungen auch – die Zustimmung zu Hitler. Der verräterischste Ausdruck der Kollektivität ist die einheitliche Diktion der Affekte: Die Schuldabwehrthesen haben überall den gleichen Wortlaut, ob nun in Köln, Berlin, Flensburg oder Winsen an der Luhe. Millionen Menschen, die sich nie gesehen haben, die nie miteinander gesprochen haben und sich also auch nicht absprechen konnten (was bei der Masse der Beteiligten ohnehin ein Ding der Unmöglichkeit wäre), die so unterschiedlich sind, wie Menschen nun einmal geraten, sie alle haben dennoch einen einheitlichen Nenner. Ob es nun objektiv eine Kollektivschuld gegeben hat oder nicht – die Voraussetzung der Schuldabwehr, nämlich ein subjektiv vorhandenes Schuldgefühl, ist nach 1945 in einer geradezu überwältigenden Kollektivität sichtbar geworden.

Ohne Kenntnis solcher historischen Grundtatsachen wäre das relativ geringe Ausmaß des deutschen Widerstandes gegen Hitler gar nicht zu erklären. Es war ja nicht so, wie häufig vorgegeben: daß die Deutschen unter Hitler zähneknirschend erduldet hätten, was der Nationalsozialismus von ihnen forderte. Diese Schutzbehauptung leugnet die Tatsache, daß die unermeßlichen Anforderungen, die Hitler an das deutsche Volk stellte, ohne aktive, ja begeisterte Beteiligung einer großen Mehrheit niemals hätten so erfüllt werden können, wie sie dann erfüllt worden sind. Die Gleichsetzung von NS-Herrschaftssystem und Vaterland war so lichtdicht, daß ein Begriff wie »Naziregime« für die meisten der damaligen Deutschen überhaupt nicht existierte – er war ein verbales Kennzeichen von Nazigegnern.

Es gibt zwei weitere Indizien für den Verlust der humanen Orientierung, von denen das erste einen unmittelbaren Bezug zum deutschen Widerstand gegen den Nationalsozialismus hatte: die Interpretation des von Hitlerdeutschland ausgelösten Angriffskrieges auf Europa und die Welt, das meint: seine Uminterpretierung in einen vaterländischen Verteidigungskrieg oder »einen Krieg wie alle anderen auch«. Solche Überwindung der historischen Wahrheit gilt für Millionen ehemaliger Wehrmachtsangehöriger auch heute noch, war also vor 1945 erst recht in Kraft. Hier wird übrigens eine spezifische Konfrontation sichtbar, die gefährlich genug ist, nämlich ein antagonistischer Gegensatz zwischen deutschen Auffassungen und der einhelligen Gegenauffassung einer ganzen Welt (in die selbstverständlich, das sei wieder erwähnt, auch zahlreiche Deutsche eingeschlossen sind, die Hitlers Krieg immer für verbrecherisch hielten, oder solche, die, oft unter beträchtlichen Selbstqualen, im Laufe der Zeit zu dieser Auffassung gelangt sind).

Gerade dieses Indiz bestätigt, wie tief die Identifikation zwischen NS-Staat und Vaterland war. Ich selber habe staunend erlebt, wie sogar mancher, der Hitler bis zum 1. September 1939, dem Tag des Kriegsausbruchs, abgelehnt hatte, nun erklärte: Der Zwist müsse beendet werden, denn jetzt gehe es um das Vaterland.

Sonderbare Logik! In dem Moment, da Hitler das größte Unglück der bisherigen Menschheitsgeschichte vom Zaune bricht, in dem Augenblick, da er sein kriminelles Regime mit Hilfe von Waffen über die deutschen Grenzen katapultiert, also andere Völker durch militärische Eroberungen unterjocht – in dem Moment, unter den so eindeutigen Auspizien des Überfalls, »geht es um das Vaterland«. Wenn solche Argumentation bis an die Ränder der passiven Resistenz ging, was konnte dann von der politischen Indifferenz oder gar der Zustimmung zu Hitler erwartet werden?

Mit anderen Worten: *Im* Kriege hatte es der deutsche Widerstand gegen den Nationalsozialismus moralisch noch einmal so schwer wie vorher.

Das eigentliche Skandalon aber besteht in der Beibehaltung der Interpretationen von damals bis hinein in unsere Gegenwart – es bestätigt die Dauerhaftigkeit des Verlustes an humaner Orientierung. Auch vierzig Jahre absoluter Informationsfreiheit über das wahre Wesen des Nationalsozialismus, über den Leichen-Himalaja, den der Vernichtungsapparat des Reichssicherheitshauptamtes hinter den deutschen Fronten aufgetürmt hat, haben an der Beurteilung des Zweiten Weltkrieges nichts geändert. Hier wird eine eiserne Abwehr sichtbar, die auf die Enthistorisierung und Entnazifizierung des Kriegsgeschehens hinzielt.

Heute weiß jedermann, oder könnte es doch wissen, daß der »Spielraum« des Vernichtungsapparates immer abhängig war von dem Frontenverlauf der deutschen Militärmaschine. Nun darf wohl als indiskutabel sicher gelten, daß der deutsche Soldat zwischen 1939 und 1945 nicht mit der Absicht gekämpft hat, dem Vernichtungsapparat diesen Freiraum für seine Verbrechen zu schaffen. Aber wem von ihnen nicht schon während des Krieges wenigstens Teilkenntnisse des Holocaust und des Wütens der Einsatzgruppen-Kommandos zugekommen waren – die inzwischen unabweisbaren Tatsachen, was der Vernichtungsapparat für die besetzten Völker Europas, besonders jene im Osten, bedeutete, hätte überall zur Korrektur von Wertungen führen müssen, die aus der Ignoranz der historischen Fakten erwuchsen. Wo das bisher nicht geschah, bleibt wenig Hoffnung auf humane Regeneration. Es gibt keine vertretbare Erklärung dafür, die Beurteilung des Hitlerkrieges vom Jahre 1944 auch 1984 noch beizubehalten. Die deutsche Wehrmacht war das Schwert in den Händen der Naziführung, das war ihre objektive geschichtliche Rolle, völlig unabhängig von subjektiven Auffassungen deutscher Kriegsteilnehmer und ihrer Angehörigen. Die deutsche Wehrmacht hat keinen »wertfreien« Kampf geführt, wie so durchsichtig zugunsten ihrer Enthistorisierung und Entnazifizierung gefordert wird – ein solches geschichtliches Vakuum hat es nie gegeben.

Wer NS-Staat und Vaterland miteinander gleichsetzte, für den war natürlich Widerstand gegen diesen Staat Hoch- oder Landesverrat. Kann vor allem der jüngere Leser, dem Selbsterlebnisse von damals fehlen, ermessen, welche Wände sich vor einem Widerstand türmten, der der Meinung war, daß eben Hitlers Krieg die Krönung der nationalsozialistischen Verbrechen gegen die Menschheit sei? Kann man sich einen durch gegenteilige Einschätzungen und Überzeugungen der Umwelt gefährdeteren und isolierteren Widerstand vorstellen als den deutschen? Keine andere europäische Widerstandsbewegung während der deutschen Besetzung hatte mit ähnlichen Schwierigkeiten zu kämpfen – angesichts des Feindes von außen, des fremden Eroberers waren die Freund-Feind-Verhältnisses dort unangezweifelt.

Eingeschoben: Es gab allerdings einen deutschen Widerstand, der lange die

These vertrat, auch Deutschland sei von den Nazis »besetzt« worden – nämlich in der Emigration. Es gehört zu den erschütternden Wahrheiten der damaligen Epoche, daß erklärte Nazigegner von außen, von jenseits der deutschen Grenzen, dieser Meinung waren. Und eines der großen Beispiele dafür ist der 1978 verstorbene Schriftsteller, Literaturprofessor, Hüter und Bewahrer der deutschen Emigrationsliteratur, Alfred Kantorowicz. Dieser Mann, der nach fast dreißigjähriger Mitgliedschaft in der KPD/SED 1957 mit der Partei brach, schrieb aus seinem Pariser Exil 1935: »Die Feinde meines Vaterlandes, das sind die braunen Besatzungsarmeen auf deutschem Boden.«

Hitler und Deutschland, das schien Alfred Kantorowicz damals ganz unvereinbar. Mit emigriert, erst nach Frankreich, dann nach den USA, war diese These, und zwar immer dringender verfochten, je verfemter Deutschland im Laufe des Krieges wurde. »Verwechselt die Deutschen nicht mit den Nazis!« lautete sein ständig wiederholter Appell.

Der Spanienkämpfer Alfred Kantorowicz wird erst durch seine Erfahrungen in der Bundesrepublik belehrt, was es mit den »braunen Besatzungsarmeen auf deutschem Boden« auf sich hatte. Mitte der sechziger Jahre kommt es zum Eingeständnis seines Lebensirrtums, seiner patriotischen Illusion:

»Am Ende des zweiten Drittels unseres Jahrhunderts hat sich nun nach Tausenden von Erfahrungen bei mir die Erkenntnis durchgesetzt, daß die große Mehrheit der älteren Generation der Deutschen das Hitlerreich mit Deutschland gleichsetzte, sich mit ihm identifizierte und alle, die sich dieser ›Volksgemeinschaft‹ entzogen oder von ihr ausgeschlossen waren, nur mit Vorbehalt wieder integrierte. Dieses lang verdrängte Bewußtsein, daß Hitler so undeutsch nicht war, wie wir Exilierten behauptet hatten, das machte sich in meinen spärlich gewordenen Veröffentlichungen des letzten Jahrfünfts geltend. Ich muß gestehen, daß die Außerkraftsetzung der einst verbürgten Menschenrechte kein unseliger Zufall war, sondern ein Element der deutschen Geschichte des 20. Jahrhunderts. Mein Vertrauen in die Deutschen war blind, mein Zugehörigkeitsgefühl unerschütterlich. Oft habe ich mich in diesen Jahren an das berühmte Hölderlin-Zitat aus Hyperion erinnert: ›So kam ich unter die Deutschen. Ich forderte nicht viel und war gefaßt, noch weniger zu finden. Demütig kam ich, wie der blinde Ödipus am Tore von Athen …‹ – Die Demut ist mir jetzt vergangen!«

Selbstverständlich wäre Hitlers Angriffskrieg auch ohne Vernichtungsapparat verbrecherisch gewesen – die Aggression an sich war bereits ein Verbrechen, das Millionen Menschen den Tod brachte. Diese durch den deutschen Angriffskrieg verursachten Toten tauchen in der Vorstellung ungezählter Zeitgenossen auf der Schuldliste des Nationalsozialismus überhaupt nicht auf. Warum auch, wenn es sich um »einen Krieg wie alle anderen auch« handelte? Es ist grotesk, wenn die unbelehrbaren Altmänner der ehemaligen und in

Nürnberg zur verbrecherischen Organisation erklärten Waffen-SS in ihren periodischen und unglaublicherweise genehmigten Zusammenkünften immer wieder beteuern, sie hätten »nur gekämpft ...« Unter wessen Befehl denn, für welche Ziele und mit welchen Folgen?

Bis an diese Stelle gelangt, wirft sich die Frage auf, wieweit die Kriminalität des NS-Systems überhaupt bei uns als politische und moralische Erkenntnis vorhanden ist. Wie tief ist die bundesdeutsche Gesellschaft von dem unteilbar verbrecherischen Charakter des Dritten Reiches überzeugt? Ganz allgemein hat in den vergangenen vierzig Jahren seit dem Untergang des Dritten Reiches der weitverbreitete Hang bestanden, ein undifferenzierbar kriminelles System zu differenzieren. Eine ganze Reihe von Artikulationen der Schuldabwehr bestätigen das, zum Beispiel die bereits zitierte: »Hitler hat nicht nur Schlechtes, er hat auch Gutes geschaffen – die Autobahnen, die ›Kraft-durch-Freude-Schiffe‹ usw. ...«

Jeder von uns hat das gehört, und er kann es in unseren Tagen immer noch hören – von mir selbst zuletzt vernommen in einem ärztlichen Warteraum, April 1984.

Diese und ähnliche kollektive Affekte verfolgen die Absicht, mit der Differenzierung gleichzeitig auch eine Teilexkulpierung des NS-Systems vorzunehmen. Viel deutlicher aber noch als durch solche Zitate kommt der Versuch, den verbrecherischen Charakter des NS-Systems zu reduzieren, in dieser These der Schuldabwehr zum Ausdruck: »*Aber wir haben doch von nichts gewußt*«.

Bei ihr müssen wir etwas länger verweilen, weil sie wie kaum eine andere These Rückschlüsse zuläßt auf die Realität, in der sich der deutsche Widerstand gegen den Nationalsozialismus vollzog.

Was ist damit gemeint, worauf bezieht sich dieses »... von nichts gewußt«?

Es bezieht sich auf Auschwitz und auf alles, was dieser Name symbolisiert und materialisiert. *Aber der verbrecherische Charakter des Nationalsozialismus begann nicht bei seinem Vernichtungsapparat!* Er begann bereits bei den Maßnahmen, die die demokratischen Freiheiten aufgehoben, die Republik vernichteten, und setzte sich fort über die Verhaftungen, Folterungen und Ermordungen der politischen Gegner von gestern, die Proklamation der Rassengesetze, die Errichtung von Konzentrationslagern, die sogenannte »Reichskristallnacht« vom 9. November 1938 – alles Maßnahmen und Ereignisse, von denen jedermann in Deutschland gewußt hat! Und zwar so gut gewußt, daß schon sehr bald nach dem 30. Januar 1933 der »deutsche Blick« aufkam: Wenn zwei zusammentrafen, die sich nicht kannten, schätzten sie sich erst einmal ab, was der eine dazu beitragen könnte, den anderen ins »Konzertlager« zu bringen. Es muß übrigens für Millionen damals einen seltsamen Zwiespalt gegeben haben, nämlich einem System zuzustimmen, das man gleichzeitig auch fürchtete. Auf den Nationalcharakter, die Nationalpersönlichkeit hat sich das nicht günstig ausgewirkt.

Nein und abermals Nein! Der verbrecherische Charakter des Nationalsozialismus, seines Systems, seines Staates begann nicht mit dem Völkermord an den europäischen Juden, dem Massenmord an Polen, Russen, sowjetischen Kriegsgefangenen und Angehörigen aller anderen deutschbesetzten Völker. Die These der kollektiven Schuldabwehr: »Aber wir haben doch von nichts gewußt!«, schafft von der »Machtergreifung« bis zur Errichtung des Vernichtungsapparates und dem Beginn seiner Mordpraktiken im Großformat, also von 1933 bis Anfang 1942, eine quasi verbrechensfreie Strecke, nivelliert das Dritte Reich bis dahin mit anderen zeitgenössischen Gesellschaften diktatorialen Zuschnitts, ja baut geradezu eine Zone bürgerlicher Gesittung auf, gegen die anzugehen und Widerstand zu leisten jegliches Motiv entfiel. Welche Verdrehung der Wirklichkeit!

Die versuchte Reduzierung der NS-Totalität auf einen kriminellen Teilsektor, auf eine verbrecherische Teilphase, bestätigt den ungeheuren Verlust an humaner Orientierung bis in unsere Tage, denn diese Ansichten sind immer noch überall anzutreffen.

Tatsächlich jedoch war das NS-System durch und durch verbrecherisch, von der Peripherie bis zu seinem Zentrum. Die neun Jahre zum 30. Januar 1933 bis zur Wannsee-Konferenz vom 20. Januar 1942 (auf der die »Endlösung« beschlossen wurde) waren nicht relativ, sie waren absolut verbrecherisch – als der Schoß, aus dem dann als höchste Institutionalisierung der Vernichtungsapparat des Reichssicherheitshauptamtes kroch, der Hitler-Himmler-Heydrich-Kaltenbrunner-Holocaust. Dieser Apparat war die Spitze der Verbrechenspyramide, die das gesamte System des Dritten Reiches grundstrukturell von der ersten Sekunde seiner Etablierung an darstellte.

Der Schuldabwehrthese »Aber wir haben doch nichts gewußt« folgt übrigens eine Art Zwillingsbeteuerung, eine weitere, sozusagen gekoppelte, und zwar oft im gleichen Atemzug: »Wir konnten doch nichts dagegen machen!« Wogegen? Wogegen wollte man denn eigentlich etwas machen? Gegen das, was man nicht gewußt hat?

Diese Instabilität wohnt sämtlichen Affekten, Thesen, Artikulationen und Formulierungen der kollektiven Schuldabwehr inne.

Der deutsche Widerstand gegen den Nationalsozialismus war und ist kein populäres Thema – damals nicht und heute nicht. Erinnert es doch immer noch viele, im besten Falle, an das eigene Versagen, die eigene Schwäche, mehr jedoch wohl an Blindheit und Zustimmung.

Meiner Meinung nach reichte die Kraft des Widerstandes nie aus, um die Naziherrschaft von innen her zu stürzen, ausgenommen vielleicht jener Resistenzkomplex, der sich die Tötung Hitlers zum Ziel gesetzt hatte. Auch dann, vor dem Krieg, mehr aber noch während des Krieges, wäre die Haltung der Bevölkerung ungewiß gewesen. Es ist sehr fraglich, wie sich ihre Mehrheit verhalten hätte, wenn die frühen Attentatsversuche hoher Militärs auf den »Führer« – oder der Anschlag im Bürgerbräukeller 1939 – erfolgreich gewesen wären. Retrospektive Bekenntnisse dürften wohl sehr häufig auf Selbsttäuschung, auf posthumes Wunsch- und Rechtfertigungsdenken zurückzuführen sein. Sogar ein anderer Ausgang des 20. Juli 1944, der Fall, die Bombe hätte Hitler zerrissen, hätte keineswegs unbedingt den Sturz der NS-Herrschaft zur Folge haben müssen. Und damals konnte es am Ausgang des Zweiten Weltkrieges bereits keinerlei Zweifel mehr geben. Wie fraglich wird in diesem Lichte dann alles, was vorher geschehen wäre? Ich greife zur Illustrierung eine ebenfalls noch weitverbreitete These auf: Das Ausland hätte nicht zusehen dürfen, wie Hitler vor Ausbruch des Krieges ganze Teile Mitteleuropas annektiert habe. Wahrlich, das Ausland hätte das nicht tun sollen! Aber einmal ganz abgesehen davon, daß es tatsächlich für die potentiellen Gegner Nazideutschlands intelligenter und wirkungsvoller gewesen wäre, keine Beschwichtigungspolitik, kein »appeasement« Hitler gegenüber zu betreiben – nach meinen eigenen empirischen Erinnerungen an den Grad pronazistischer Volkszustimmung in den Jahren 1938/39 hätte ein höherer Druck von außen keineswegs zur Entfremdung oder gar Spaltung von »Führer« und Volk geführt, sondern weit wahrscheinlicher zu deren stärkerer Bindung aneinander.

Bliebe noch, angesichts der These, das Ausland hätte »nicht zusehen dürfen«, die Frage, ob jemals eine andere Nation ihr eigenes Schicksal und ihre eigene Verantwortung in die einer fremden delegiert habe, so wie es aus dieser falschen Problemsicht herauszuhören und zu -lesen ist.

Ich spreche hier eine Hypothese aus, die nicht bewiesen werden kann, wohl aber das Ergebnis von fast fünfzig Jahren ununterbrochener Beschäftigung mit dem Verhalten der von ihrem Lebensalter her für das Dritte Reich verantwortlichen Generation vor und nach 1945 ist. Mindestens seit den Olympischen Spielen von 1936 war der nationalsozialistische Repressionsapparat – legt man seiner Notwendigkeit vom Regimestandpunkt her die politische Gesinnung der Bevölkerungsmehrheit zugrunde – überbesetzt, wenn nicht gar überflüssig. Gemessen am Grad der pronazistischen Zustimmung, am Ausmaß der Identifikation von NS-Staat und Vaterland, Heimat, Deutschland, war der Planet der Konzentrationslager von geradezu lächerlichem Übergewicht.

Natürlich, das ist der Konjunktiv der Geschichte, der Indikativ war, daß das Dritte Reich ohne seinen Repressions- und Überwachungsapparat, ohne seine ganze Mordmaschinerie gar nicht denkbar wäre. Aber es geht bei dieser Hypothese allein um die Demonstration der Einbrüche und Überwältigungen, die dem Regime in wenigen Jahren gelungen waren. Für den aktiven deutschen Widerstand, nicht zuletzt den jener Militärkreise, die sich Gefangennahme oder Tötung Hitlers zum Ziel genommen hatten, war die Kenntnis dieser Zustimmung, ja einer gewissen Verfallenheit an Hitler, die Quelle allergrößter Besorgnisse, was im Falle eines Gelingens ihrer Attentatsversuche werden würde.

In diesem Zusammenhang noch ein Wort zum 20. Juli 1944: Seine Bewertung im Rahmen des gesamten deutschen Widerstandes hat ein gewisses Übergewicht erhalten und ist zu etwas wie seiner Galionsfigur geworden. So hat sich bei vielen der Eindruck hergestellt, es habe außer den Männern und Frauen des 20. Juli so gut wie keinen Widerstand gegeben. Diese Verschiebung tut auch den Opfern und den Überlebenden dieses historischen Datums Unrecht an, denn es macht sie zur Legende. Legenden aber legen nur Schleier über die Wirklichkeit, verhindern auch den Blick für Entwicklungen. Claus Graf Schenk von Stauffenberg war keineswegs von vornherein gegen Hitler, sondern hat selbst zunächst als Anhänger des Nazi-Systems sein Molekül zu jener Unerträglichkeit beigetragen, der er dann auch um den Preis des eigenen Lebens ein Ende bereiten wollte (er war bereit gewesen, neben Hitler mit der Bombe im Hauptquartier Wolfsschanze zerfetzt zu werden, was seine Mitverschwörer dann verhinderten). Innerhalb der ausgedehnten Kreise um den 20. Juli 1944 hat es viele Männer und Frauen gegeben, die von vornherein und kompromißlos gegen Hitler waren. Auf die Symbolfigur des dann fehlgeschlagenen Attentats – von Stauffenberg – traf das nicht zu. Sein Verdienst wird durch diese Feststellung eher erhöht als geschmälert. Es wäre gut gewesen, wenn mehr Menschen eine Entwicklung von Anhängern zu so erbitterten Gegnern des Nationalsozialismus genommen hätten wie dieser Sproß eines alten Geschlechts, dessen Moral so lange in dienendem Staatsgehorsam bestanden hatte.

In seiner unübertroffenen und bitteren Charakteristik des Durchschnittsdeutschen im Dritten Reich und in den ersten zwanzig Nachkriegsjahren, der »Unfähigkeit zu trauern«, schreibt Alexander Mitscherlich: »Es ist eine auffallende Gefühlsstarre, mit der auf die Leichenberge in den Konzentrationslagern (...), die Nachrichten über den millionenfachen Mord an Juden, Polen, Russen, auf den Mord an politischen Gegnern aus den eigenen Reichen geantwortet wurde.«

Es ist die Rede von der totalen inneren Beziehungslosigkeit breitester Bevölkerungskreise zur Welt der Naziopfer. Und seine Ergänzung, daß auch »das Verschwinden der deutschen Heere in Gefangenschaft« mit ebendieser Resonanzlosigkeit aufgenommen wurde, bestätigt, daß die innere Beziehungslosigkeit zu den Naziopfern jeden Zugang von Schuldbesetzten gegenüber

Opfern, und seien es in diesem Falle auch die eigenen Angehörigen, blockiert oder unmöglich macht. Es gibt also weder Trauer um Opfer, die aus Gegnerschaft zu Hitler, noch um solche, die aus Anhängerschaft zu ihm entstanden waren.

Seit Mitscherlichs klassischer Definition sind abermals zwanzig Jahre vergangen, in denen sich die innere Beziehungslosigkeit zur Welt der Naziopfer bei der älteren und noch mitverstrickten Generation immer wieder geoffenbart hat. Gleichzeitig jedoch – über all die Jahrzehnte seit 1945 hin – eine tiefe, ganz gewiß sehr oft unbewußte innere Affinität zur Welt der Täter, die mannigfachen Ausdruck fand und weiter findet, vor allem in der stereotypen Schuldabwehrthese: »Es muß doch endlich einmal Schluß gemacht, es muß doch endlich mal vergessen werden«. Ich kenne Leute, die so seit dem Herbst 1945 argumentieren …

Noch konkreter hinsichtlich der inneren Beziehungslosigkeit zur Welt der Naziopfer ist dann eine Unterthese der soeben zitierten geworden, nämlich: »Schluß mit den NS-Prozessen vor deutschen Gerichten, Schluß mit der Anklage gegen NS-Täter!« Die Motivationen dafür liegen auf der Hand: Wenn sogar den Mördern Absolution erteilt wird, von der Justiz bescheinigt und verbrieft, wie erlöst kann man sich dann erst selber fühlen als ehemaliger kleiner Mitläufer oder auch »Goldfasan«, der man war, das heißt NS-Würdenträger? Hatte man sich doch selbst die Hände nicht mit Blut befleckt …

Wie in allen anderen Schuldabwehrthesen ist auch in dieser der Verlust der humanen Orientierung beklemmend sichtbar.

Beklemmend, weil sich die Kontinuität zweier miteinander korrespondierender Haltungen ergibt: Die nach 1945 ist die Entsprechung, die Prolongierung jener vor diesem Datum. Noch einmal: Unter den völlig verschiedenen Bedingungen des Vor- und Nachher dieser welthistorischen Zäsur wird der Primärhaltung der Jahre 1933 bis 1945 sozusagen das zeitgemäße Sekundärgesicht danach zugelegt. Weit offener noch als die Hitler-Periode selbst, in der, vorgegeben oder tatsächlich, das Druckargument zur Verteidigung der eigenen Haltung angeführt werden kann, haben die seither verflossenen vier Jahrzehnte jene herrschenden Ideen bloßgelegt, unter denen sich der deutsche Widerstand gegen den Nationalsozialismus zu vollziehen hatte.

Es sind diese Bedingungen, durch die sein Mut, seine Größe, seine Einsamkeit dokumentiert werden.

Noch ein kleiner Epilog nach der zwangsläufigen Eingrenzung der Wirklichkeit durch das Ausschnitthafte des Themas.

Natürlich besteht die Bevölkerung der Bundesrepublik unserer Gegenwart keineswegs aus alten, neuen oder verhinderten Nazis. Ihre überwältigende Mehrheit sind Menschen, die von ihrem Lebensalter her keine persönliche Verantwortung für das Dritte Reich tragen. Breite Schichten sind in einem durchaus kraftvollen Demokratisierungsprozeß ausgesprochen antinazistisch, antifaschistisch eingestellt, und die Fragen, die von der Vergangenheit des Hakenkreuzes und seines Erbes aufgeworfen werden, vereinen eine große Bundesgenossenschaft ansonsten selbstverständlich durchaus heterogener Personen. Es gibt keinerlei Anzeichen und Aussichten, daß sich ein Datum wie der 30. Januar 1933 bei uns wiederholen könnte, und ganz allgemein kann gesagt werden, daß die Bundesrepublik der achtziger Jahre nur noch wenig Ähnlichkeit mit jener etwa der fünfziger Jahre aufweist. Dies ist weder ein faschistischer noch ein faschistoider Staat, wie so häufig von einer Seite auf deutschem Territorium behauptet wird, die ihrerseits selbst autoritäre und diktatoriale Traditionen der deutschen Geschichte unter neuen Vorzeichen institutionalisiert hat.

Dennoch hat die Bundesrepublik die allergrößten Schwierigkeiten, mental mit der Vergangenheit fertig zu werden. Dafür gibt es ein ganzes Pandämonium keineswegs nur immer national gezeugter Gründe, nicht zuletzt jene, die aus dem raschen Zerfall der ehemaligen Anti-Hitler-Koalition des Zweiten Weltkrieges in global rivalisierende Weltmächte erstanden sind: Beide Rivalen verleibten sich ihren Teil Deutschlands dem eigenen Bündnissystem ein – eine Entwicklung, die der Rehumanisierung zahlreiche Steine auf den ohnehin peinvollen Pfad gelegt hat. Eine Entwicklung aber auch, die den Rechtfertigungsapologeten des totalitär motivierten Antikommunismus Wasser auf ihre demagogischen Mühlen gegossen hat. Wir wollten wissen, daß seine Anhänger, ungeachtet ihrer Lippenbekenntnisse, nicht zu den Verteidigern der Demokratie zählen dürften …

Wesentlich beteiligt aber an der »unbewältigten Vergangenheit« ist die große Fehlentscheidung der von ihrem Lebensalter her für das Dritte Reich verantwortlichen deutschen Generation nach 1945, sich dieser Vergangenheit nicht zu stellen, keine Trauerarbeit zu leisten, sondern abzuwehren und zu verdrängen – jedenfalls, meiner festen Überzeugung nach, in ihrer Majorität.

Menschen mit Schuldgefühlen wollen sanft behandelt werden. Das ist eine Wahrheit, die für alle Zeiten galt und gelten wird. Indolenz gegenüber anderen und Sensibilisierung für alles, was die eigene Person angeht, sind die Kehrseiten ein und derselben Medaille. Dieses Bedürfnis nach Schonung ist auf dem Territorium der Bundesrepublik von der Nachkriegsepoche dann auch im großen und ganzen befriedigt worden. Übrigens zu einem erheblichen Teil aus wahltaktischen Gründen, eben um das Wahlvolk günstig für sich zu stimmen – eine erhebliche Problematik, wenn ein totalitäres oder autoritäres Regime durch die Demokratie abgelöst wird. Vergangene Wahrheiten werden dann nicht mehr gern gehört, weil Schuld im Spiele ist, und wehe der Partei, dem »politischen Willensträger«, der gegen diese untergründige Forderung verstößt.

In der publizistischen Auseinandersetzung der Gegenwart mit der Vergangenheit, wie das auf diesen Seiten geschieht, sollte solchen Harmonisierungsbedürfnissen nicht nachgekommen werden, zumal die Betroffenen selbst ein ganzes Geflecht der Schönung um sich und ihre Vergangenheit gewunden haben. Dennoch sollte Schärfe in der Argumentation des Verfassers nicht mißverstanden werden – sie dient der Erkenntnis, nicht dem Vorwurf. Auch will sie nicht zusätzlich anklagen, um dieses charakteristischerweise größte Reizwort in unserer Gesellschaft zu nennen, da Anklage jedem Thema, das sich mit dem Dritten Reich auseinandersetzt, immanent ist – es bedarf keiner subjektiven Zugabe, sie wäre vermessen. Anklage allein wäre außerdem steril, es käme nichts dabei heraus, was Nutzwert hätte. Den politischen Rahmen der Epoche zu behandeln, in der sich der deutsche Widerstand gegen den Nationalsozialismus zutrug, ihr historisches Vorfeld und ihre posthumen Konsequenzen, das kann nur *eine* produktive Motivation haben: den Nachgeborenen jene Klarsicht zu verschaffen, die die Generationen der Großeltern und Eltern denen der Söhne, Töchter und Enkel aus Gründen verweigert haben, die auf den vorangegangenen Seiten ausführlich zur Sprache gebracht worden sind. Und auch dies wieder unter einem Aspekt, in dem sich alle anderen sammeln: nämlich nie wieder Zustände aufkommen zu lassen, in denen ein Widerstand wie der deutsche gegen den Nationalsozialismus nötig werden würde.

Anmerkung

1 Dieser Text setzt sich aus Auszügen von zwei Kapiteln aus: R. Giordano:»Ich bin angenagelt an dieses Land«. Reden und Aufsätze über die deutsche Vergangenheit und Gegenwart. Hamburg 1992, zusammen.

Reinhard Kühnl

Faschismus – Antifaschismus

Theorien über den Faschismus

»Denken ist etwas, das auf Schwierigkeiten antwortet und dem Handeln vorausgeht.«

Dieser Satz von Brecht gilt für das Alltagsdenken ebenso wie für das wissenschaftliche Denken. Der graduelle Unterschied liegt darin, daß wissenschaftliches Denken in stärkerem Maße beansprucht, den Prozeß der Erkenntnis von Realität methodisch anzugehen und dabei das gesamte schon vorhandene Wissen zu nutzen.

Der Faschismus stellte und stellt eine enorm starke Herausforderung dar – sowohl für das Denken derer, die ihn unterstützten, wie für das Denken derer, die ihn bekämpften. Beide Seiten waren und sind bemüht herauszufinden, welche Ursachen und Bedingungen den Faschismus fördern und welche ihn hemmen können; welche Folgen von ihm zu erwarten sind; also: was sein Wesen ausmacht. Und beide Seiten streben nach dieser Erkenntnis vor allem deswegen, weil sie daraus für ihr politisches Handeln Folgerungen gewinnen wollen.

Herausbildung und Interessenstruktur der Theorien über den Faschismus[1]

Die Vorstellungen darüber, was der Faschismus eigentlich sei, entwickelten sich entsprechend der Realentwicklung des Gegenstandes: des Faschismus einerseits und des Antifaschismus andererseits. In dieser Entwicklung lassen sich vier Etappen unterscheiden. Zunächst sind aber die historischen Grundbedingungen ins Auge zu fassen, auf deren Boden der Faschismus entstehen konnte.

1. Seit dem Ende des 19. Jahrhunderts hatten sich gesellschaftliche Bedingungen herausgebildet, die nach dem ersten Weltkrieg die Entstehung des Faschismus ermöglichten: Der Konkurrenzkampf der großen kapitalistischen Mächte um die Verteilung und Beherrschung der Welt hatte sich wesentlich verschärft. Der Sozialdarwinismus (»der Stärkere setzt sich durch«) hatte den

Konkurrenzkampf als Naturgesetz verkündet. Um die Unterjochung der Kolonialvölker zu legitimieren und die Bevölkerung für den Krieg zu mobilisieren, war diese Ideologie zu einem extremen Nationalismus und Rassismus gesteigert und durch effektivierte ideologische Apparate massenhaft verbreitet worden. Der erste Weltkrieg, der aus dieser Konstellation hervorgegangen war, hatte zu bisher unvorstellbaren Massakern und zur Brutalisierung großer Menschenmassen geführt. Er hatte andererseits aber auch einen mächtigen Aufschwung der Friedensbewegung und der Arbeiterbewegung bewirkt, der in einer Welle revolutionärer Bewegungen nach 1917/18 seinen Ausdruck fand.

So waren einerseits neue politisch-ideologische Wirkungsmöglichkeiten für die herrschende Klasse entstanden, andererseits aber auch neue Chancen für die demokratischen und revolutionären Kräfte, die die Herrschenden mit neuen Gefahren konfrontierten. Besonders in den Ländern, die an das revolutionäre Rußland grenzten, wurden Diktaturen als »cordon sanitaire« gegen die revolutionären Gefahren errichtet (so in Polen, Ungarn, Rumänien, Bulgarien). In der Regel stützten sich diese auf einen staatlichen Gewaltapparat, auf Militär und Polizei. Insbesondere der Massenzulauf zur Arbeiterbewegung gerade auch in den entwickelten kapitalistischen Ländern zeigte aber eindringlich, daß die herrschenden Klassen sich nicht mehr allein auf die herkömmlichen ideologischen und repressiven Machtmittel verlassen konnten, sondern ihrerseits nach neuen Möglichkeiten der Massenbeeinflussung und Massenmobilisierung suchen mußten.

Die Revolutionen der Jahre 1917–1919 zeigten zudem, daß in Krisenperioden die staatlichen Repressionsorgane vielfach versagten und also auch direkte Kampfmittel neuer Art erforderlich waren, um die Gefahren, die der Eigentumsordnung drohten, abzuwehren.

Dies war die Konstellation von Interessen, Erfahrungen und Notwendigkeiten, aus der sich nach dem ersten Weltkrieg der Faschismus als ein neues politisches Phänomen herausbildete.

2. Die erste Etappe der Herausbildung von Faschismus und Antifaschismus ist bestimmt durch die Offensive und den Sieg des Faschismus in Italien nach 1918. Und in der Tat war der Begriff »Faschismus« zunächst die Eigenbezeichnung der Bewegung in Italien. In diesem Land war die Eigentumsordnung akut bedroht: In Norditalien hatten die Arbeiter die Fabriken besetzt. Zugleich war beim Bürgertum die Enttäuschung über das Ergebnis des Krieges groß: Italien, obgleich formal zu den Siegern zählend, erhielt nicht die erhofften Expansionschancen auf dem Balkan und in Nordafrika. Seit 1920 hatte die faschistische Bewegung, die von den Staatsorganen und den besitzenden Klassen geduldet und zum Teil aktiv unterstützt wurde, in einem Terrorfeldzug die Bastionen der Arbeiterbewegung Schritt für Schritt zerschlagen. 1922 wurde ihr mit dem Einverständnis der Großwirtschaft, der Armee, des Vatikans und des Königshauses die politische Macht übertragen.[2] Im Laufe der zwanziger Jahre bildete der italienische Faschismus jene Wesenszüge heraus, die ihn als ein Herrschaftssystem neuer Qualität kennzeichneten: die umfassende terroristische Unterdrückung eigenständiger Arbeiterorganisationen, die Ausschaltung der bürgerlich-demokratischen Kräfte, die Abschaffung der bürgerlichen Rechte und Freiheiten, die Errichtung einer Einparteiendiktatur und die Einsetzung von »Korporationen«, in denen Unternehmer und abhängig Arbeitende zwangsweise zusammengeschlossen waren. Getragen wurde das System von der faschistischen Partei und den Kräften der herrschenden Klasse, die diese Partei zur Macht gebracht hatten. Der Vatikan avancierte zur bestimmenden ideologischen Macht durch die Lateranverträge von 1929. Dem politischen Inhalt nach ging es darum, im Inneren die sozialen Privilegien der besitzenden Klassen mit neuen Mitteln wieder zu festigen und die arbeitende Bevölkerung handlungsunfähig zu machen. Nach außen ging es darum, einen Eroberungskrieg vorzubereiten, der Italien eine starke Position im System der imperialistischen Mächte sichern sollte.

In der Folge wurde der Faschismusbegriff insbesondere durch Theoretiker der Arbeiterbewegung auf ähnliche Bewegungen in anderen Ländern übertragen. Besonders in den besiegten Ländern (Deutschland, Österreich, Ungarn) hatten sich solche Gegenbewegungen gegen die revolutionäre Welle der Jahre nach 1917/18 gebildet und rasch Bedeutung erlangt. In Deutschland waren dies zahlreiche nationalistische Gruppen sowie die Freikorps und später die Soldatenverbände der Rechten. In Ungarn mündete die Zerschlagung der Räterepublik bereits 1919 in einer vom Militär gestützten Diktatur. Diese Bewegungen wurden allenthalben getragen von solchen Kräften, die durch die imperialistische Ideologie seit dem Ende des 19. Jahrhunderts und durch die Kriegspropaganda besonders fanatisiert, durch die Massaker des Krieges brutalisiert und – in den besiegten Ländern – zudem durch die Niederlage enttäuscht waren. Sie zeichneten sich in ihrer Ideologie durch scharfen Nationalismus und Antikommunismus, in ihrer Organisation durch striktes, am Militär orientiertes Führerprinzip und in ihren Kampfmethoden gegen die Linke durch extreme Brutalität aus.

Zugleich fanden aber auch Erfahrungen und Sehnsüchte ihren Ausdruck, die verständlich machen, warum der Faschismus »von unten« Unterstützung erhalten konnte: Die Erfahrungen von Klassenspaltung, sozialer Unsicherheit und den Massakern des ersten Weltkrieges weckten die Sehnsucht nach einer echten Gemeinschaft: nach gesicherter Zukunft und Geborgenheit, nach »Volksgemeinschaft« und »Überwindung der Klassengegensätze«, sogar nach »nationalem Sozialismus«. Diese in vielen Ländern aufkommenden

Bewegungen sahen ihr Vorbild zunächst vielfach im italienischen Faschismus.

In seiner Selbstdarstellung präsentierte sich der Faschismus einerseits als Retter der bürgerlichen Eigentumsordnung vor der »kommunistischen Gefahr« und als Garant für den Aufstieg des nationalen Staates zur Großmachtstellung. Insofern führte er die traditionelle konservativ-nationalistische und imperialistische Politik in radikalisierter Form fort. Andererseits aber präsentierte er sich als Volksbewegung mit dem Ziel einer echten Volksgemeinschaft, eines wirklichen Sozialismus. Insofern nahm er Motive der Linken auf und trat in Konkurrenz zu den Arbeiterparteien. Der Anspruch, revolutionär zu sein, kam auch in seiner Staatsauffassung zum Ausdruck: Der faschistische Staat sei ein auf den Volkswillen gegründeter Führerstaat und zugleich ein totaler Staat, der alle Lebensbereiche durchdringe.

Diese Selbstdarstellung des italienischen Faschismus ist in der Folge nicht nur von anderen faschistischen Parteien und Systemen, sondern auch von Wissenschaftlern übernommen worden. Sie enthält ohne Zweifel Elemente von Wahrheit: Führerprinzip und Tendenz zum totalen Staat waren Realität. Doch in konservativen und liberalen Faschismustheorien wurde die Selbstdarstellung des Faschismus oft allzu unkritisch akzeptiert, wurde also die faschistische Ideologie auch in ihren demagogischen Elementen oft als bare Münze genommen: Das betrifft den angeblich revolutionären und sozialistischen Charakter ebenso wie die faschistische »Volksgemeinschaft«. Diese Linie der Übernahme faschistischer Ideologie in den wissenschaftlichen Diskurs drückt sich nicht nur in den tausendfach gebrauchten Formeln von »Machtergreifung«, von »Hitlers Staat« und »Hitlers Krieg« aus. Sie reicht bis in die heutigen Diskussionen über die »Modernisierungsleistungen« des Faschismus und den »Sozialisten« Adolf Hitler hinein. Die Werke von Zitelmann, Prinz und Weißmann sind dafür anschauliche Belege.[3]

Der Aufschwung dieser faschistischen Bewegungen, insbesondere aber die Errichtung der Diktaturen in Ungarn 1919 und in Italien 1922, riefen Bemühungen hervor, dieses neue und scheinbar so widersprüchliche Phänomen analytisch zu fassen. Vorab die Arbeiterbewegung, gegen die sich der faschistische Terror vor allem richtete, aber auch humanistischen Traditionen verpflichtete bürgerliche Kräfte sahen sich mit der Notwendigkeit konfrontiert, das Wesen des Faschismus zu erkennen, um effektive Strategien entwickeln zu können. Aus der Sicht solcher bürgerlichen Kräfte war die Abschaffung politischer Rechte und liberaler Freiheiten das Entscheidende, wobei sie sich auch auf die Selbstdarstellung des faschistischen Staates als eines totalen Staates berufen konnten. Von hier aus gelangten liberale Theoretiker aber auch zur These von einer Wesensverwandtschaft zwischen Faschismus und Bolschewismus. So entstand die Totalitarismustheorie[4], an deren Begründung auch sozialdemokratische Theoretiker wie Kautsky maßgeblich beteiligt waren.

Dagegen versuchten marxistische Theoretiker, den Faschismus im Zusammenhang mit den kapitalistischen Eigentumsverhältnissen und den daraus resultierenden Interessen, in Zusammenhang mit Imperialismus und Krieg zu interpretieren und von hier aus verständlich zu machen, weshalb er von Teilen der Oberklassen unterstützt wurde. Clara Zetkin versuchte bereits, eine Erklärung für die Massenbasis des Faschismus zu finden[5]. Mit der Stabilisierung der Eigentumsordnung und der bürgerlichen Demokratie nach 1923 mindestens in den großen kapitalistischen Ländern schien der Faschismus an Bedeutung zu verlieren. Auch die Bemühungen um eine theoretische Erfassung ließen nach.

3. Eine neue Lage entstand seit dem Ende der zwanziger Jahre. Im Gefolge der Wirtschaftskrise nahm der Faschismus einen starken Aufschwung. In Deutschland, Österreich, Portugal und Spanien wurden faschistische oder faschismusähnliche Regimes errichtet. Die meisten faschistischen Bewegungen orientierten sich am deutschen Faschismus, der die größte Massenmobilisierung erzielte und im stärksten Land Europas die politische Macht erobern konnte.

In Deutschland hatten sich die herrschenden Klassen weder mit der militärischen Niederlage von 1918 noch mit den Resultaten der Novemberrevolution abgefunden. Erst unter den Bedingungen der großen Wirtschaftskrise nach 1929 jedoch setzte sich diejenige Richtung durch, die den »Kampf gegen Versailles« und den »Kampf gegen Marxismus und Parlamentarismus« aggressiv und gewaltsam zu führen entschlossen war.[6] Aus der Fülle der nach 1918 gebildeten rechtsextremen Organisationen ragte bald die NSDAP heraus, die aber erst im Gefolge der Wirtschaftskrise ihren großen Masseneinfluß erlangte.[7] Sie wurde von den maßgeblichen Kräften der herrschenden Klassen schließlich als diejenige politische Kraft betrachtet, mit deren Hilfe die Errichtung der Diktatur und die Vorbereitung eines neuen Eroberungskrieges am besten in Angriff genommen werden konnte.

Der Aufstieg dieser Partei zur Massenbewegung zeigte die Mobilisierungsfähigkeit des Faschismus unter den Bedingungen schwerer ökonomischer Krisen: Auf ihrem Höhepunkt im Juli 1932 erreichte sie 37,3 Prozent. Und das Herrschaftssystem, das 1933 errichtet wurde, offenbarte ein Ausmaß an Massenmobilisierung und Terror, das auch vom italienischen Faschismus nicht erreicht worden war.

Bereits 1935 begann der italienische Faschismus seinen Eroberungskrieg in Abessinien. Nach dem Sieg des Franco-Putsches in Spanien (1936–1939) und nach den Siegeszügen der faschistischen Armeen 1939–1942 beherrschte der

Faschismus Europa vom Atlantik bis zur Wolga. Er verwandelte insbesondere die Bevölkerung Osteuropas in rechtlose Sklavenarbeiter für die deutsche Wirtschaft und organisierte Massenmord im großen Maßstab an Juden, Polen und Russen. Zugleich hatte der japanische Faschismus große Teile Asiens seiner Herrschaft unterworfen. Es war nun offenkundig geworden, was eine Weltmacht Faschismus für die Menschheit bedeuten würde.

Angesichts des gewaltigen Aufschwungs des Faschismus intensivierten seit 1930 die antifaschistischen Kräfte ihre Bemühungen um eine theoretische Erfassung. Zunächst ging es ihnen darum, den Masseneinfluß des Faschismus einzudämmen, dann darum, den Krieg zu verhindern und das Terrorsystem wieder zu stürzen, und schließlich darum, den Krieg gegen den Faschismus möglichst wirksam zu führen und nach dessen Niederwerfung die Wurzeln des Faschismus auszurotten.

Vor allem die schwere Niederlage des Jahres 1933 führte in der Arbeiterbewegung zu tiefgreifenden Neubestimmungen über Ursachen und Wesen des Faschismus. Die KP hatte bis dahin keinen großen Unterschied zwischen faschistischen und anderen bürgerlich-autoritären Herrschaftsformen gemacht, hatte von »Brüning-Faschismus« gesprochen und sogar die Sozialdemokratie als »Sozialfaschismus« bezeichnet. Jetzt aber – auf dem VII. Weltkongreß der Kommunistischen Internationale von 1935[8] – wurde die Besonderheit der faschistischen Herrschaftsform besser herausgearbeitet. Und die Sozialdemokratie ebenso wie die bürgerlich-demokratischen Kräfte wurden als Bundesgenossen in dem Kampf gegen den Faschismus bestimmt (»Volksfrontstrategie«). Der Faschismus an der Macht sei die Diktatur (nicht etwa des Kapitals insgesamt, sondern nur) der reaktionärsten, am meisten chauvinistischen, am meisten imperialistischen Elemente des Finanzkapitals. Die anderen Teile des Kapitals waren damit sozusagen als mögliche Ansprechpartner für eine antifaschistische Volksfront definiert. Und die bürgerlichen Demokratien in Westeuropa und Nordamerika waren als mögliche Bundesgenossen im Kampf gegen die faschistischen Mächte definiert. Unzureichend analysiert blieb nach wie vor die Rolle der Massenbewegung für die Errichtung wie für die Politik des faschistischen Systems.

Sehr intensiv fragten hingegen Wissenschaftler wie Wilhelm Reich, Erich Fromm, Max Horkheimer und Th. W. Adorno nach den Ursachen der faschistischen Massenbewegung und der Faszination, die vom faschistischen Führer ausging. Diese Wissenschaftler waren überzeugt, daß diese Fragen nur zu klären seien, wenn die Gesellschaftsanalyse von Marx mit der Psychoanalyse von Freud verbunden werde.

Auch die Sozialdemokratie, die bis dahin auf den bürgerlichen Parlamentarismus und auf Koalitionen mit bürgerlichen Kräften ausgerichtet war und Kommunisten und Faschisten gleichermaßen als Feinde der Demokratie bezeichnet hatte, betonte nach der furchtbaren Niederlage von 1933 nun im Prager Manifest des Emigrationsvorstandes 1934[9] die sozialen Ursachen des Faschismus und die Notwendigkeit gemeinsamen Handelns der Arbeiterbewegung. Andere Theoretiker der Arbeiterbewegung wie Otto Bauer und August Thalheimer griffen auf die Bonapartismus-Analyse von Karl Marx zurück. Sie folgerten, daß die Verselbständigung der Exekutivgewalt auch gegenüber der ökonomisch herrschenden Klasse die Besonderheit der faschistischen Form bürgerlicher Herrschaft ausmache. Auch bürgerliche Schriftsteller, Künstler und Wissenschaftler in der Emigration und Intellektuelle und Politiker der bürgerlichen Demokratien beteiligten sich an diesen Diskussionen. Der 1. Internationale Schriftsteller-Kongreß zur Verteidigung der Kultur, der 1935 in Paris stattfand, wurde zu einer großen Manifestation antifaschistischen Denkens.

4. Eine gänzlich neue Konstellation ergab sich 1945. Einerseits waren nun die faschistischen Hauptmächte (Deutschland, Italien und Japan) niedergeworfen, die Verbrechen des Faschismus in vollem Umfang sichtbar geworden und die Verantwortlichen aus Staat, Partei, Militär und Wirtschaft als Kriegsverbrecher vor Gericht gestellt worden. Andererseits wurden nach dem Zerfall der Anti-Hitler-Koalition alsbald die ehemals den Faschismus tragenden Kräfte wieder gebraucht zur erneuten Stabilisierung der Eigentumsordnung im Kampf gegen die Linke und im Kalten Krieg. Aus dieser widersprüchlichen Situation resultierte einerseits das Bedürfnis nach moralischer Distanzierung vom Faschismus und seinen Verbrechen, andererseits aber der Drang nach Rechtfertigung eben jener Gesellschaftsordnung, die den Faschismus hervorgebracht hatte. Dieser Interessenlage entsprach sowohl die Wiedereinsetzung großer Teile der Führungsschichten in den ehemals faschistischen Ländern wie auch die Aufrechterhaltung jener faschistischen Systeme, die keine Gefahr für die westlichen Demokratien darstellten und sich am Aggressionskrieg nicht beteiligt hatten (wie in Spanien und Portugal).

So entwickelten sich nach 1945 in der internationalen Diskussion wie auch in den ehemals faschistischen Ländern selbst zwei Hauptlinien der Interpretation, die bis zur Gegenwart im Wesentlichen bestimmend blieben: Die erste versuchte, im Anschluß an die Diskussionen der Arbeiterbewegung seit den zwanziger Jahren und die Erfahrungen der Antifaschisten aus den Konzentrationslagern, dem Untergrund und der Emigration, vor allem die sozialen Ursachen und Interessen zu ermitteln, die faschistische Ideologien, Bewegungen und Systeme hervorbringen und deren Politik bestimmen, sowie die konkreten Bedingungen, die die Wirksamkeit faschistischer Kräfte begünstigen. Untersuchungen über die Struktur des faschistischen Staates und die Wirkungsweise der Ideologie (z.B. im Anschluß an Franz Neumann, Ernst Fraenkel,

Wilhelm Reich[10]) blieben dabei bezogen auf die sozialökonomische Interessenkonstellation, von der aus Politik und Ideologie interpretiert wurden. Diese wissenschaftliche Richtung fiel in den kapitalistischen Ländern in der Periode des Kalten Krieges unter den Verdacht staatsfeindlicher kommunistischer Tätigkeit. Vor allem in den Ländern, in denen der Kalte Krieg besonders ausgeprägt war, vorab also in der Bundesrepublik, konnte sie sich in der wissenschaftlichen und politischen Öffentlichkeit kaum artikulieren. In den sozialistischen Ländern stellte die auf sozialökonomische Interessen bezogene Interpretation zwar formal gesehen die offizielle Faschismustheorie dar. Doch auch hier wirkte der Kalte Krieg als Beeinträchtigung der wissenschaftlichen Diskussion. Als vielfach sehr starre Richtlinie fungierte hier die schon zitierte Faschismusdefinition der Kommunistischen Internationale aus dem Jahre 1935. Die Folge war, daß die Erfahrungen aus der Zeit nach 1935, insbesondere das gewaltige Ausmaß der Massenbegeisterung und Massenbeteiligung an der faschistischen Politik und ihren Verbrechen, analytisch nicht verarbeitet wurden.[11]

Die zweite Interpretationslinie will vor allem den Zusammenhang zwischen kapitalistischer Eigentumsordnung und Faschismus aus der Diskussion heraushalten und ist deshalb genötigt, die faschistische Politik samt Terror und Krieg auf andere Weise herzuleiten. In der Tradition bürgerlicher Geschichtsschreibung stehen dabei die Führerpersönlichkeiten im Zentrum der Darstellungen. Nach dieser Geschichtsauffassung sind es die »großen Männer«, die »Geschichte machen«. Sie kann sich im Falle des Faschismus zudem auf dessen Selbstdarstellung berufen: Der Faschismus sei eben ein »Führerstaat« gewesen, der alle maßgeblichen Entscheidungen in der Hand des Führers konzentriere habe. Aus dieser personalistischen Interpretation folgt für die wissenschaftliche Arbeit, daß Persönlichkeit und Weltanschauung des Führers sowie die Ereignisfolge Hauptgegenstand der Forschung sind. Und es folgt daraus politisch, daß der Faschismus wie auch der »Nationalsozialismus« mit dem Tode Hitlers und Mussolinis als definitiv beendet gelten.

Entsprechend den Bedürfnissen des Kalten Krieges wurden zugleich die Ansätze von Totalitarismustheorien aus den zwanziger Jahren verstärkt wieder aufgenommen. Aus diesen Ansätzen folgt forschungsstrategisch, daß der Herrschafts- und Terrorapparat zu erforschen, aber losgelöst von sozialen Interessen zu betrachten ist. Wer den Terror benötigt, um seine Ziele durchzusetzen, und wer den Nutzen davon hat, bleibt im Dunkeln. Und es folgte daraus politisch, daß der aktuelle Repräsentant des Totalitarismus der Sozialismus als Staatensystem und als politische Idee war. Zudem konnte das Denkschema des Totalitarismus auf die politischen Auseinandersetzungen der Gegenwart angewandt werden: Es findet seinen Ausdruck vor allem im Begriff des »Extremismus«« und der These von der Wesensgleichheit des rechten und des linken Extremismus.

Eine konservative Interpretationsvariante, die in der Regel aber auch mit dem Vokabular der Totalitarismustheorie arbeitet, stellte den Faschismus – wie auch den Sozialismus – als eine Folge der Aufklärung und der Demokratisierungsprozesse seit der Französischen Revolution dar: Mit der Aufklärung habe »der Abfall« von Gott eingesetzt, und mit der Französischen Revolution seien die Volksmassen in Bewegung geraten (»Vermassung«) mit dem frevelhaften utopischen Ziel, hier auf Erden schon das Himmelreich zu errichten. Dergleichen müsse, wenn es nicht gebändigt werde, in Terror und Totalitarismus enden.[12]

5. Der Übergang zur Entspannungspolitik in der zweiten Hälfte der sechziger Jahre schuf auch für die Faschismusdiskussion neue Bedingungen. In den ehemaligen faschistischen Ländern kam hinzu, daß inzwischen eine neue Generation herangewachsen war, die persönlich nicht am Faschismus beteiligt gewesen und also an Verschleierung nicht unmittelbar interessiert war. Sie griff jetzt auch in die wissenschaftliche Diskussion ein. In der Bundesrepublik wurden diese Tendenzen noch unterstützt durch die Bildung sozial-liberaler Regierungen und deren Reformprogramme. Zugleich machte die Errichtung verschiedener terroristischer Systeme in den Randzonen der kapitalistischen Welt unter maßgeblicher Beteiligung des internationalen Kapitals (Griechenland 1967, Chile 1973, Türkei 1980) deutlich, daß der Faschismus keineswegs als definitiv beendet betrachtet werden konnte.

Unter diesen Bedingungen konnten die empirischen Forschungen und theoretischen Diskussionen über den Faschismus wesentlich vorangebracht werden. Zwar blieben Führertheorien und Totalitarismusthesen in der nicht-marxistischen Diskussion nach wie vor sehr einflußreich. Im Gefolge des erneuten Vordringens der politischen Rechten in den meisten kapitalistischen Ländern seit der Mitte der siebziger Jahre haben sie innerhalb der etablierten Wissenschaft dieser Länder sogar ihre Positionen wieder stärken können. Insgesamt aber konnten kritische, am Marxismus orientierte und politisch mit antifaschistischen Positionen verbundene Interpretationen wesentlich an Boden gewinnen. Auch innerhalb der akademischen Wissenschaft wurde nun über die Zusammenhänge zwischen herrschenden Klassen (»Eliten«) und Faschismus geforscht und publiziert: z.B. über die Interessen, die der Verwertung ausländischer Arbeitskräfte und KZ-Häftlinge zugrunde lagen, über die Rolle des Militärs bei der Planung und Durchführung des Krieges und der Massenmordpolitik usw.[13]

Dagegen artikulierte sich seit der Mitte der siebziger Jahre eine Interpretation, die die »Leistungen« des deutschen Faschismus betonte: bei der Überwindung der Arbeitslosigkeit, der Formierung einer starken antikommunistischen Bastion usw[14]. Diese Linie fand ihren konsequentesten Ausdruck Mitte der achtziger Jahre in der Offensive konservativer Historiker (und Politiker), die zum »Historikerstreit« führte. Hoffmann (vom Militärgeschichtlichen Forschungsamt Freiburg) stellte den Aggressionskrieg gegen die Sowjetunion als Präventivmaßnahme gegen eine angeblich bevorstehende sowjetische Aggression dar. Andreas Hillgruber befand, daß es sich mindestens in den Jahren 1944/45 um einen notwendigen Verteidigungskampf des Deutschen Reiches und seiner Großmachtstellung gehandelt habe, mit dem der Historiker sich identifizieren müsse. Ernst Nolte trieb diese Interpretationen auf die Spitze, indem er den »rechten Totalitarismus« überhaupt als Resultat des linken präsentierte: Die Verbrechen des Faschismus seien Folge der Verbrechen der Russischen Revolution gewesen, Auschwitz also eine »asiatische Tat«.

Dieser von konservativen Politikern wie Strauß und Dregger forcierten und von Teilen der großbürgerlichen Presse breit propagierten Interpretation traten liberale Historiker wie M. Broszat, Hans Mommsen, H. A. Winkler, H. U. Wehler und E. Jäckel scharf entgegen: Sie kennzeichneten die Thesen Noltes wissenschaftlich als »abstruse Assoziationskette« (Jäckel) und hoben die Bedeutung dieser Kontroverse für die Verteidigung der demokratischen Kultur in der Bundesrepublik Deutschland hervor. Als erster und schärfster Kritiker innerhalb des wissenschaftlichen Establishments war freilich nicht ein Historiker, sondern ein Philosoph, nämlich Jürgen Habermas, hervorgetreten. Im linken Publikationsspektrum griffen auch marxistische Wissenschaftler in diese Debatte ein.[15]

Der Zusammenbruch des sozialistischen Staatensystems und der Aufstieg des vereinigten Deutschlands zur europäischen Führungsmacht nach 1989 hat jenen Interpretationen erneut Auftrieb gegeben, die die Modernität und die Modernisierungsleistung des Faschismus betonen und zugleich den Nationalismus als positive und notwendige Integrationsideologie gerade in schwierigen Zeiten bewerten. Es ist offensichtlich, daß auch hier Faschismus-Historiker wie Zitelmann und Weißmann mit konservativen Politikern wie Schäuble zusammenwirken.[16]

Zum Stand der Debatte

Was eine Theorie taugt, erweist sich vor allem daran, wie weit sie in der Lage ist, die verschiedenen Dimensionen des Faschismus – Politik, Wirtschaft, Ideologie, Kultur – in ihrem Zusammenhang, d.h. als Ganzes zu begreifen und so vor allem die Kausalfragen zu beantworten: Welche Bedingungen und Ursachen waren es, die die faschistische Ideologie, die faschistische Partei und das faschistische System hervorgebracht haben? Und welche Kräfte und Interessen waren es, die daran mitgewirkt und die Politik des faschistischen

Systems gestaltet haben, und wie läßt sich dieses Verhalten erklären? Dahinter stehen auch gesellschaftstheoretische Fragen: Wie ist dabei die Beziehung zwischen gesellschaftlichem Sein, politischem Bewußtsein und politischem Verhalten zu bestimmen?

Seit den achtziger Jahren haben die Bemühungen, den Faschismus insgesamt als Bewegung und System zu begreifen, deutlich nachgelassen. In der Wissenschaft wie in der politischen Praxis hat Resignation die Oberhand gewonnen: Es gelinge ja doch nicht, den geschichtlichen Prozeß unter die Kontrolle der Vernunft zu bekommen. Weder praktisch noch theoretisch sei das möglich. Diese Resignation drückt sich in der herrschenden Ideologie als Triumphgeschrei aus: damit seien alle Hoffnungen der Aufklärung und des Sozialismus, Geschichte und Gesellschaft seien vernünftig gestaltbar, definitiv widerlegt.

In der Faschismusdiskussion äußert sich diese Tendenz dahingehend, daß durchaus viele Fragen genauer erforscht werden und daß linke Wissenschaftler vor allem ins Bewußtsein heben, was den Opfern der faschistischen Politik – den Juden, Homosexuellen, Sinti, Zeugen Jehovas – widerfahren ist. Es wird aber nur noch selten der Versuch unternommen, die einzelnen Kampffelder zwischen Faschismus und Antifaschismus, die einzelnen Maßnahmen der faschistischen Politik begreiflich zu machen aus einer Gesamtanalyse des Faschismus: der ihn tragenden Interessen, der seine Politik bestimmenden Kräfte. Sofern die Frage nach Ursachen und Triebkräften überhaupt gestellt wird, stehen vielfach subjektive Motive der Täter, allenfalls eingebettet in ideologische Konstellationen, im Vordergrund. So entsteht die Gefahr, daß zwar Mitleid mit den Opfern und Wut auf die Täter geweckt werden, daß aber die tieferliegenden Ursachen, die faschistische Tendenzen erzeugen, und die Interessen, die solche Tendenzen nutzen und fördern, unbegriffen bleiben, so daß sich auch keine realistischen Folgerungen gewinnen lassen für eine antifaschistische Strategie. Auch die naive Ansicht hat an Einfluß gewonnen, daß die extreme Rechte der Gegenwart sowieso etwas ganz Anderes sei als der Faschismus, so daß man sich mit diesem gar nicht zu beschäftigen brauche, um die gegenwärtigen Gefahren von rechts zu verstehen.

Von einer Theoriediskussion kann gegenwärtig also nur in sehr eingeschränktem Sinn die Rede sein. Dennoch stehen sich Grundvorstellungen davon, was der Faschismus seinem Wesen nach ist, natürlich nach wie vor gegenüber – auch wenn sie sich vielfach nicht auf dem Niveau einer Theorie bewegen oder sogar ausdrücklich antitheoretisch auftreten.

»Faschismus gab es nur in Italien«

Der akademische Diskurs wird seit Jahrzehnten gänzlich beherrscht von der These, daß es Faschismus nur in Italien gegeben habe, daß die nationalen Besonderheiten der verschiedenen Länder es überhaupt verbieten, einen allgemeinen Begriff auf sie anzuwenden, und daß insbesondere der Nationalsozialismus in Deutschland – schon wegen des Holocaust – etwas ganz Anderes gewesen sei.[17] Der akademische Diskurs hat sich damit gänzlich abgeschottet gegenüber den Auffassungen, die sich in der internationalen antifaschistischen Bewegung seit mehr als 70 Jahren herausgebildet haben. Die Machtstellung dieser These ist in der Tat so groß, daß diese Sprachregelung weitgehend als verbindlich gilt und daß ein junger Historiker, der es etwa wagen würde, den Faschismusbegriff auch auf den Nationalsozialismus anzuwenden, damit seine akademischen Karrierechancen wohl schon zerstört hätte.

Wo solche Sprach- und Denkreglementierungen bestehen, kommt der Verdacht auf, daß bestimmte Fragen und Denkalternativen unter der Decke gehalten werden sollen. Dieser Verdacht wird bestärkt, wenn die gleichen Historiker (und Medien) bei der Anwendung anderer zentraler Begriffe durchaus nicht kleinlich sind, wenn es um Verallgemeinerungen geht: Daß der englische Liberalismus oder Sozialismus Besonderheiten aufweist gegenüber dem französischen oder dem deutschen, hindert sie nicht daran, die Begriffe Liberalismus und Sozialismus in einem allgemeinen, die nationalen Besonderheiten übergreifenden Sinn zu verwenden. Auch bei der Anwendung des Totalitarismusbegriffs wird nicht kleinlich verfahren.

Was hier verborgen werden soll, ist das soziale Wesen des Faschismus: Ungeachtet aller nationalen Besonderheiten nehmen faschistische Bewegungen, wo immer sie auftreten, in den großen politischen Auseinandersetzungen dieselbe Funktion ein: Sie bekämpfen mit äußerster Härte alle politischen Kräfte und Ideen, die in der Tradition der Aufklärung und der Französischen Revolution auf der Universalität der allgemeinen Menschenrechte bestehen und mehr Gleichheit realisieren wollen: politisch und sozial. Der Faschismus ist also immer und überall in einem umfassenden Sinn antidemokratisch und konterrevolutionär – gleichgültig, ob in den ideologischen Begründungen ein völkischer Nationalismus, ein rassistischer Antisemitismus oder ein auf den Staat bezogener Autoritarismus das Übergewicht hat. In jedem Fall geht es um die Begründung der prinzipiellen Ungleichheit zwischen Individuen, sozialen Klassen und Völkern. Eben deshalb ist der Faschismus benutzbar von jenen Machtgruppen, die soziale Privilegien zu verteidigen haben und ihre Herrschaftsinteressen durchsetzen wollen. Es ist also kein Zufall, daß der Faschismus, wenn nötig, von den Oberklassen als Kampfmittel gegen die Linke eingesetzt wird.

Eben dieser soziale Inhalt des Faschismus wird in der akademischen

Diskussion zugedeckt, indem die jeweiligen nationalen Besonderheiten, insbesondere die ideologischen Besonderheiten, der verschiedenen Bewegungen und Systeme hervorgehoben werden. Und für den deutschen Faschismus wird dessen Selbstbezeichnung »Nationalsozialismus« als die einzig korrekte Bezeichnung dargestellt. Damit erscheint zugleich die Demagogie des deutschen Faschismus als blanke Wahrheit: daß er nämlich eine Form des Sozialismus und also eigentlich der Linken zugehörig sei.

Gegenüber dieser defensiven Weise, den sozialen Inhalt des Faschismus zu verschleiern, hat Ernst Nolte eine offensive Form gewählt: Nolte entwickelte – in Konkurrenz zur Linken – einen allgemeinen Faschismusbegriff. Er definierte Faschismus als diejenige Kraft, die das radikale Gegenmittel der bürgerlichen Gesellschaft gegen die kommunistische Gefahr dargestellt habe und deshalb historisch gewissermaßen auch gerechtfertigt gewesen sei im Kontext des »Weltbürgerkrieges«. Auch dieser allgemeine Faschismusbegriff aber konnte sich in der akademischen Diskussion nicht durchsetzen. Er schließt zwar deutlich an das Selbstverständnis der bürgerlichen Kräfte an, die den Faschismus – nicht nur in den faschistischen Ländern selbst – mit Sympathie betrachtet oder sogar unterstützt hatten und ist insoweit »realistisch«. Er thematisiert aber wohl schon zu deutlich die Interessenlage der herrschenden Klassen gegenüber dem Faschismus, die die große Mehrheit der etablierten Wissenschaft lieber ausklammert.

Die Frage nach den nationalen Besonderheiten hat natürlich durchaus ihre Berechtigung. Gerade die besondere Breitenwirkung und die besondere Vernichtungskapazität des deutschen Faschismus verlangt eine Erklärung, die nur in den besonderen geschichtlichen Bedingungen Deutschlands gefunden werden kann. Dies ist aber kein Grund, das soziale Wesen faschistischer Bewegungen und Systeme, das in allen Ländern dasselbe ist, zuzudecken. Eben darum ist ein allgemeiner Faschismusbegriff nicht nur begründet, sondern notwendig. In der internationalen Diskussion hat er – im Unterschied zur deutschen – auch eine beträchtliche Anerkennung erfahren.

Der deutsche Faschismus (Nationalsozialismus) als Produkt nationaler Besonderheiten

Angesichts der Erfahrungen mit dem deutschen Faschismus und dem Ausmaß seiner Verbrechen stellte sich sehr dringend die Frage, warum der Faschismus gerade in Deutschland siegen und warum er gerade hier eine so extreme Form annehmen konnte. Diese Frage hat viele Wissenschaftler bewegt. Eine besonders tiefgründige Untersuchung hat der marxistische Philosoph und Soziologe Georg Lukács vorgelegt in seinem großen Werk »*Die Zerstörung der Vernunft*« zu Beginn der fünfziger Jahre.[18] Im Vergleich zu Frankreich, Holland oder England, in denen die politischen Strukturen und die Denkformen durch erfolgreiche bürgerliche Revolutionen umgestaltet worden seien, habe Deutschland politisch und geistig einen Sonderweg eingeschlagen, der schließlich den Faschismus ermöglicht habe. Für Lukács gibt es aber keinen Zweifel, daß der »Nationalsozialismus« eine Form des Faschismus war, weil er dessen soziales Wesen im Auge behält.

Mit der historischen Sonderentwicklung Deutschlands und der Geschichte des Nationalsozialismus hat sich dann auch der liberale Politikwissenschaftler Karl Dietrich Bracher befaßt, dessen Schriften im hohen Maße meinungsbildend für die Politikwissenschaft und die liberale Strömung der Geschichtswissenschaft in der Bundesrepublik wurden.[19] Er ist mit Lukács einig, daß Autoritarismus und Untertanengeist wesentliche Merkmale der deutschen Sonderentwicklung darstellen. Doch im Unterschied zu Lukács sieht er keine Berechtigung für einen übergreifenden Faschismusbegriff: Der Nationalsozialismus sei gerade wegen seiner rassistischen Ideologie und des daraus folgenden Massenmordes an den Juden nur in seiner Einzigartigkeit zu begreifen.

Worin der »deutsche Sonderweg« real bestand, will ich im Kapitel »Gesellschaftliche Grundlagen und Ideologie des deutschen Faschismus« darstellen[20].

Der »totalitäre Führerstaat« des »Nationalsozialismus«

Seit der konservativen Wende in der ersten Hälfte der achtziger Jahre hat jene Auffassung wieder starken Einfluß in der wissenschaftlichen wie in der politischen Diskussion erlangt, die die Periode des Kalten Krieges beherrscht, nach 1968 aber ihre Vorherrschaft verloren hatte: die Kombination aus personalistischer Geschichtsauffassung und Totalitarismustheorie.

In beiden Ansätzen können auch Elemente von Antifaschismus enthalten sein – mindestens in dem Sinne, daß man sich von den Herrschaftsmethoden sowie vom Massenmord, insbesondere vom Holocaust, distanziert. Da die gesellschaftlichen Grundlagen des Faschismus jedoch unbegriffen und meist auch unbefragt bleiben, kann das Niveau eines »hilflosen Antifaschismus« (Wolfgang Fritz Haug) auch bei bestem Willen nicht überschritten werden.

Personalistische Geschichtsauffassung und Totalitarismustheorie haben eigentlich logisch nichts miteinander zu tun: Die eine geht davon aus, daß es die »großen Männer«, die Führerpersönlichkeiten sind, die »Geschichte machen«. Von deren Denken und Wollen her will sie den Geschichtsprozeß erklären. Diese Geschichtsauffassung entstammt dem autoritären deutschen Staatsdenken.[21] Die Totalitarismustheorie dagegen will gar nicht den geschichtlichen Prozeß erklären, sondern eine Typologie von Herrschaftssystemen entwickeln, indem sie deren Merkmale beschreibt, und zwar konzentriert auf die Methoden der Herrschaftsausübung. In der Formel vom »totalitären Führerstaat« wurden beide Ansätze jedoch miteinander verbunden. (Auch hier wirkte Karl Dietrich Bracher in starkem Maße meinungsbildend.) Und seither werden die Elemente, die beide bereitstellen, zu den unterschiedlichsten Mischformen kombiniert. So hat jeder Politiker, Journalist oder Wissenschaftler die Chance, durch seine eigene Mischung ein wenig originell zu sein, und doch zugleich die Garantie, daß er den Boden der herrschenden Ideologie an keiner Stelle verläßt.

Die Schlichtheit der personalistischen Auffassung mag durch ein Zitat aus dem berühmten und von Publizistik und Fachwissenschaft hochgelobten Hitler-Buch von J.C. Fest veranschaulicht werden. Fest schreibt über Hitler: »Tatsächlich war er in einem wohl beispiellosen Grade alles aus sich und alles in einem: Lehrer seiner selbst, Organisator einer Partei und Schöpfer ihrer Ideologie, Taktiker und demagogische Heilsgestalt, Führer, Staatsmann und, während eines Jahrzehnts, Bewegungszentrum der Welt.« Die faschistische Diktatur war demnach ein System, »das nur von einem einzigen Punkt her Sinn und Konsequenz erhielt: dem monströsen Macht- und Einsatzwillen Hitlers«.[22]

Wenn irgendwo die Diagnose einer primitiven monokausalen Denkweise angebracht ist, dann sicherlich hier. Diese personalistische Geschichtsauffassung ist aber ohne Zweifel die herrschende. Ihre Reichweite kommt darin zum Ausdruck, daß Formeln wie die von »Hitlers Staat«, »Hitlers Ideologie« und »Hitlers Krieg« die Titel von Büchern und Aufsätzen weithin beherrschen. Selbst in den Werken jener Historiker, die dann durchaus differenziertere Argumentationen entwickeln, geben sie dem Leser – als Buchtitel oder Kapitelüberschriften – die Leitlinie der Interpretation vor.

Was die Totalitarismustheorie betrifft, so ist sie als seriöse Theorie in Hinsicht auf den Faschismus seit den siebziger Jahren kaum noch ernsthaft geprüft worden. Sie liefert jedoch das Denkmuster und das Vokabular, um vor allem den Hauptgegner, den Sozialismus und seine Ideenwelt, als totalitär zu denunzieren. Der rechte Flügel der Historiker und der politischen Machteliten verschärfte denn auch die herkömmliche These von der Wesensverwandtschaft von Faschismus und Sozialismus: Schon in den sechziger Jahren wurden beide unterschiedlich gewichtet: der rechte Totalitarismus sei tot, der linke aber lebendig. (»Hitler ist tot, Ulbricht aber lebt« – so der Fraktionsvorsitzende der CDU/CSU Rainer Barzel.) Ernst Nolte behauptet nun auch eine kausale Abhängigkeit:[23] Der Ursprung des Totalitarismus sei bei der Linken zu suchen. Der Faschismus – einschließlich Auschwitz – sei nur die Kopie, die aus Angst und Abwehr geborene, also sehr verständliche Reaktion auf die kommunistische Gefahr.

Seit 1989 ist die Totalitarismusdiskussion nun bestimmt von dem Versuch, alle Ideen und politischen Projekte als totalitär zu diffamieren, die überhaupt noch an dem Gedanken festhalten, daß es grundlegende gesellschaftliche

Umgestaltungen, daß es eine Welt jenseits des Kapitalismus geben könne. Die entsprechende Hinrichtung hat J.C. Fest in der *Frankfurter Allgemeinen Zeitung* am Beispiel des marxistischen Philosophen und Utopiedenkers Ernst Bloch exemplarisch vollzogen.[24] Die »Extremismus-Forschung« von Backes, Jesse u. a. stellt einen Versuch dar, das Totalitarismusschema für die aktuellen politischen Auseinandersetzungen nutzbar zu machen. Alles, was links ist, gilt hier als »Extremismus«, und als der gegenwärtig gefährlichste Feind auf der Linken erscheint der Antifaschismus. Dagegen wird der neue Nationalismus als staatspolitisch wertvoll bewertet. Das Bundesministerium des Innern unter der Führung von Kanther hat diese Thesen mit der Weihe staatsoffizieller Wissenschaft ausgestattet.[25] Auch bei (ehemals) linken Intellektuellen, die durch den Zusammenbruch des Staatssozialismus fundamental verunsichert sind, wuchs die Bereitschaft, Totalitarismusthesen zu akzeptieren. Um die »zivilisatorischen Katastrophen« des 20. Jahrhunderts – den Holocaust, den GULAG, Hiroshima – zu erklären, wurde der Begriff der »Gewalt« ins Zentrum gerückt, der losgelöst erscheint von jedem Bezug auf soziale Interessen.[26]

Nationalsozialismus als Modernisierung und Hitler als Sozialist

Schon die Ideologie des deutschen (wie auch des italienischen) Faschismus ist widersprüchlich. Einerseits werden vorindustrielle, handwerkliche und rustikale Lebensformen verklärt, andererseits schwärmt der Faschismus von modernster Technik, von Kino und Radio, von Automobil und Flugtechnik, besonders natürlich von moderner Waffentechnik. So konnte er sowohl kleinbürgerlich-agrarisch-konservative Schichten und Denkformen ansprechen, andererseits aber auch Teile der wissenschaftlich-technischen Intelligenz und der städtischen Angestellten.

Die Bündnispartner der faschistischen Partei – vor allem Großindustrie und Militär – aber benötigten für ihre Produktion und für die geplante Expansionspolitik äußerste Effektivität, und das bedeutete natürlich: Modernität im technischen Sinn. Die konservativ-reaktionären Elemente der faschistischen Ideologie waren in ihren Augen zur Integration solcher Schichten zwar notwendig, für die reale Politik aber gänzlich unbrauchbar.

So ist die tatsächliche Politik des Faschismus durchaus dominiert vom Streben nach »Modernität« in einem doppelten Sinne: Sie betrifft die Effektivität des Produktions-, des Militär- und des Staatsapparats. Und sie betrifft die Effektivität bei der Organisation und ideologischen Lenkung der Massen. Hier betraf die Modernität nicht nur die technischen Mittel der Organisation, Propaganda und Kontrolle. »Modern« war ja schon der Gedanke, daß man überhaupt die Massen in Bewegung bringen (und nicht nur deren Niederhaltung bewirken) müsse. Den traditionell Konservativen war dieser Gedanke ein

Greuel. Der Faschismus aber hatte begriffen, daß die Rechte, wenn sie gegen die Arbeiterbewegung bestehen wollte, dies akzeptieren und dabei von den Techniken der Arbeiterbewegungen lernen mußte: Von den Massenaufmärschen bis zur roten Fahne.

Aus diesem widersprüchlichen Charakter des Faschismus haben Wissenschaftler und Publizisten sehr unterschiedliche Konsequenzen gezogen. Die liberal-demokratische Interpretation[27] erkennt durchaus an, daß in Hinsicht auf Effektivität von Wirtschaft und Militär und in Hinsicht auf die Techniken von Massenorganisation und Massenlenkung von »Modernität« gesprochen werden kann. Sie betont aber zugleich, daß der Begriff der »Moderne« auch und wesentlich beinhaltet: Freiheitsrechte des Individuums gegenüber dem Staat, Emanzipation des Menschen von vorgegebenen Autoritäten, allgemeine Menschen- und Bürgerrechte usw. – also das genaue Gegenteil dessen, was der Faschismus repräsentierte. Beim Faschismus handelte es sich allenfalls um eine »reaktionäre Modernität«.

Die konservativ-nationalistische Interpretation dagegen löst alle humanistischen und demokratischen Elemente aus dem Begriff der Modernisierung heraus. So kann sie Faschismus als Modernisierung rühmen, kann sie in der Modernisierung die große geschichtliche Leistung des Faschismus sehen und zugleich den deutschen Faschismus als unmittelbaren Wegbereiter der Modernität der Bundesrepublik darstellen: Die Bundesrepublik verdankt nach dieser Interpretation ihre Stärke und Leistungsfähigkeit also dem Faschismus und seiner Modernisierungsleistung. Da von einigen dieser Wissenschaftler die Ideologie des Faschismus für bare Münze genommen wird, kann Hitler zugleich als »Sozialist« dargeboten werden, so daß der Faschismus auch noch zum Schöpfer des modernen Sozialstaats und seiner Ansprüche auf mehr soziale Gleichheit wird.[28] Diese konservativ-nationalistische Variante vom Faschismus als Modernisierung präsentiert sich selber als »Historisierung«, d.h. in ihrem Verständnis als wissenschaftlich-distanzierte Darstellung, die der bisher dominierenden »volkspädagogischen« entgegentrete – mit dem aber durchaus erwünschten »volkspädagogischen« Effekt, daß angesichts der damit erzielten Relativierung der faschistischen Verbrechen die Deutschen aus ihrer Büßerhaltung endlich heraustreten können.

Faschismus als politische Herrschaftsform des kapitalistischen Gesellschaftssystems

Diejenige Richtung, die den Faschismus als eine politische Herrschaftsform des kapitalistischen Gesellschaftssystems begreift, führt die verschiedenen Ansätze weiter, die von der Linken in der Auseinandersetzung mit dem Faschismus herausgearbeitet worden sind. (Selbstverständlich verarbeitet sie auch alle Resultate, die insbesondere von der empirischen Forschung anderer

Richtungen ermittelt worden sind.) Die wichtigsten Ergebnisse dieses Ringens um Erkenntnis können wie folgt zusammengefaßt werden:

Was Faschismus seinem Wesen nach ist, tritt vollständig erst dann ans Licht, wenn er die Macht besitzt und Politik gestalten kann, also auf der Stufe des Herrschaftssystems. Auf der Stufe der Ideologie und der Bewegung kann sein Wesen nur durch genaue Analyse erschlossen werden, weil hier demagogische Elemente den realen Charakter partiell noch verbergen (auch für die Anhänger des Faschismus selbst). Seine Aussagen müssen nach ihren Konsequenzen befragt, müssen zuende gedacht werden.

Faschismus ist ein Herrschaftssystem in der Periode des Monopolkapitalismus. Faschismus ist dasjenige System, das der arbeitenden Bevölkerung jede Möglichkeit nimmt, ihre Interessen zu artikulieren und organisiert zu vertreten. Faschismus ist also konterrevolutionär in einem doppelten Sinne: Er vernichtet nicht nur die politischen und sozialen Rechte, die in der Revolutionsperiode nach dem ersten Weltkrieg errungen wurden, sondern auch die Rechte und Freiheiten, die die klassischen bürgerlichen Revolutionen errungen hatten.

Im Unterschied zu autoritären Regimes ist Faschismus diejenige Herrschaftsform, die diese Rechte und Möglichkeiten nicht nur partiell, zeitweise und gegenüber einem Teil der demokratischen Organisationen vernichtet, sondern vollständig, auf Dauer und gegenüber allen.

Handelt es sich um größere Staaten, die eine eigenständige Rolle im internationalen Konkurrenzkampf zu spielen in der Lage sind, also einen eigenständigen Imperialismus repräsentieren, so bedeutet Faschismus zugleich die Inangriffnahme eines Eroberungskrieges und die Konzentration aller ökonomischen, politischen und ideologischen Kräfte auf diesen Krieg.

Die Säulen des Herrschaftssystems bilden – mit je unterschiedlichem Gewicht in den einzelnen faschistischen Systemen – die faschistische Partei, das Monopolkapital mit seinen Organisationen, das Militär und die hohe Bürokratie. In katholischen Ländern (Italien, Spanien, Österreich, Kroatien, Slowakei) fungiert die Kirche als eine wesentliche ideologische Stütze.

Sein soziales Wesen realisiert der Faschismus durch die terroristische Zerschlagung der Organisationen der abhängig Arbeitenden, durch die Auflösung oder Entmachtung aller anderen Organisationen, in denen antimonopolistische Interessen sich artikulieren könnten, durch die Abschaffung der Institutionen des Parlamentarismus und der rechtsstaatlichen Bindungen des Staatsapparates, durch die Zentralisierung der politischen Macht und durch die Errichtung eines Systems umfassender Kontrolle aller Lebensbereiche.

Die Frauenpolitik des Faschismus ist in diese Gesamtkonzeption von Herrschaft eingeordnet – auch hier am extremsten im deutschen Faschismus. Zwar werden alle Frauen für diese Ziele des Systems instrumentalisiert, aber doch in extrem unterschiedlicher Weise: Was die Sicherung und Steigerung von Nachwuchs für die materielle Produktion und für die Kriegführung betrifft, so wurde scharf unterschieden zwischen den »rassisch wertvollen« Frauen, die möglichst viele Kinder gebären sollten, und den »rassisch minderwertigen«, die (nötigenfalls durch Sterilisierung) an der Fortpflanzung gehindert werden sollten. Und was die Pflicht zur Arbeit in der materiellen Produktion angeht, so wurde sie in aller Härte durchgesetzt gegenüber den Frauen aus der Arbeiterklasse (den »Ackergäulen«), während die Frauen aus dem Bürgertum (wo die »Rassepferde« vermutet wurden) schonend behandelt wurden.

Die Ideologie des Faschismus ist darauf gerichtet, Teile der Bevölkerung, insbesondere aus den Mittelschichten und aus der jungen Generation, zu mobilisieren, in Massenorganisationen zu erfassen und so als aktive Handelnde gegen den inneren (und äußeren) Feind einzusetzen. Im Zentrum der Ideologie steht ein extremer Sozialdarwinismus, der sich nach innen als Autoritarismus, Militarismus und Führerprinzip und nach außen als extremer Nationalismus, Rassismus und Imperialismus darstellt. Die Ideologie der Volksgemeinschaft (und der Betriebsgemeinschaft) brandmarkt alle diejenigen als Volksschädlinge, die von einem Gegensatz von Kapital und Arbeit ausgehen, und begründet deren terroristische Unterdrückung. Verbunden mit gewissen sozialen Konzessionen zielt diese Ideologie zugleich darauf, die abhängig Arbeitenden ins System zu integrieren. Im deutschen Nationalsozialismus hat der Faschismus politisch und ideologisch seine extremste Ausprägung erfahren. (Dazu mehr im Kapitel über den deutschen Faschismus.)

Politische Bewegungen und Ideologien sind dann faschistisch, wenn sie ihrer Haupttendenz nach solche sozialen Inhalte vertreten und Terror als Mittel des politischen Kampfes akzeptieren und wenn sie darauf gerichtet sind, ein solches Herrschaftssystem vorzubereiten, zu errichten und abzusichern.

Wesentlich ist, daß zwei Vereinseitigungen seit den siebziger Jahren weitgehend überwunden werden konnten. Einmal die »Agententheorie«, die das große Kapital als direkten Auftraggeber und den Faschismus als bloß ausführendes Organ aufgefaßt hatte. Hier war also der Zusammenhang zwischen dem großen Kapital und der faschistischen Politik erstens als direktes Auftragsverhältnis und zweitens ökonomistisch verkürzt verstanden worden.

Zum zweiten war auch die allzu starke Ausweitung des Faschismusbegriffs, die die Diskussion der Studentenbewegung nach 1967 in hohem Maße bestimmt hatte, überwunden worden. In dieser Vereinseitigung wurde – wie einst in der KP vor 1933 – zwischen verschiedenen bürgerlichen Herrschaftsformen nicht mehr hinreichend unterschieden. Der bürgerlich-kapitalistische Staat galt schon dann als faschistisch oder mindestens faschistoid, wenn er von Fall zu Fall von seinen Gewaltmitteln gegenüber einzelnen Gruppen oder Aktivitäten der Linken Gebrauch machte.

Kontrovers ist nach wie vor, wie weit der Faschismusbegriff ausgedehnt werden kann, ohne seine analytische Schärfe zu verlieren. Schon die Systeme der Periode vor 1945, die nicht aus einer Massenbewegung, sondern in der Regel aus einem Militärputsch hervorgegangen waren, warfen diese Frage auf; dann aber vor allem die neu errichteten Diktaturen in den Randzonen der kapitalistischen Welt – von Südkorea über Südvietnam und Pakistan bis nach Lateinamerika. Die Unterschiede zwischen ihnen in Struktur und Methode der Herrschaftssicherung sind offensichtlich – die Gemeinsamkeiten allerdings ebenfalls. Produktiv scheinen Versuche zu sein, den Faschismusbegriff festzuhalten für alle Diktaturen, die im Interesse des Monopolkapitals mit den Mitteln gesetzlich nicht limitierten Terrors die arbeitende Bevölkerung handlungsunfähig zu machen trachten, zugleich aber verschiedene Typen von Faschismus zu unterscheiden: den Faschismus mit Massenbasis vom Militärfaschismus, und den Faschismus, der einen eigenständigen Imperialismus repräsentiert, vom abhängigen Faschismus.

Vor allem in den letzten beiden Jahrzehnten wurde auch herausgearbeitet, daß dem Faschismus von heute im Vergleich zur Periode vor 1945 ein veränderter Stellenwert zukommt: Damals stellte der Faschismus in der Tat die Hauptgefahr für die Demokratie und den Frieden dar. Auch heute ist – da die kapitalistischen Eigentumsverhältnisse weiter bestehen – Faschismus als Tendenz und als Drohung existent. In den entwickelten kapitalistischen Ländern besteht die Hauptfunktion faschistischer Ideologien, Gruppen und Aktivitäten jedoch darin, Unterstützung für eine rechtsorientierte (auf stärker autoritär bestimmte Herrschaftsmethoden und auf Militarisierung der Gesellschaft gerichtete) Politik zu liefern. Die Möglichkeit einer offenen faschistischen Diktatur kann zwar auch hier nicht gänzlich ausgeschlossen werden – insoweit stellt der Faschismus nach wie vor auch eine strategische Reserve der herrschenden Klassen dar. Doch die Hauptgefahr für Demokratie und Frieden wird heute nicht mehr vom Faschismus repräsentiert.

Unzureichend geklärt ist die Rolle der Führerpersönlichkeiten im Faschismus (und im Geschichtsprozeß generell). Seit der Schrift von Plechanow über *Die Rolle der Persönlichkeit in der Geschichte* (1898) hat die marxistische Geschichtswissenschaft dieses Problem nicht mehr systematisch angepackt. Durch Biographien wie die von I. Mittenzwei über Friedrich II. (1980), von Engelberg über Bismarck (1985) und von W. Ruge über Stresemann (1966) und Hindenburg (1974) und zuletzt die von Pätzold und Weißbecker über Hitler wurde allerdings wichtige Vorarbeit geleistet.

Genauer zu erforschen aber bleiben vor allem die Bedingungen, unter denen der Faschismus Massenanhang gewinnen und seine Herrschaft konsolidieren konnte; und andererseits die Bedingungen, unter denen die antifaschistischen Kräfte ihren Kampf entfalten konnten und können. Dies verlangt einerseits mehr international vergleichende Untersuchungen, andererseits aber auch genauere Kenntnisse über die Vermittlungen zwischen gesamtgesellschaftlichen Prozessen und der Erfahrungswelt der Individuen und Gruppen, über die Wirkungsweise der faschistischen Ideologie und die Funktionsweise des Herrschaftsmechanismus sowie über die Wirkungsweise antifaschistischer Strategien. Dabei können lokal- und regionalgeschichtliche Untersuchungen ebenso wie Biographie-Forschungen neue Einsichten eröffnen. Beide Forschungsstrategien können aber erfolgreich nur agieren auf der Basis präziser Kenntnisse über die allgemeinen Strukturen und Bewegungsgesetze der kapitalistischen Gesellschaft.

Für die gegenwärtigen Perspektiven von Faschismus und Antifaschismus sind deshalb Untersuchungen darüber sehr wichtig, was die rapiden Veränderungen der Produktivkraftentwicklung, vor allem in der elektronischen Datenverarbeitung, an neuen Kampffeldern, neuen Gefahren und Chancen eröffnen. Und zweitens: Welche Konsequenzen der verschärfte Konkurrenzkampf zwischen den kapitalistischen Mächten und Machtblöcken für die Verbreitung und Brutalisierung sozialdarwinistischer und rassistischer Ideologien haben kann und welche Alternativen hier der Antifaschismus entwickeln kann. Die Wirkung der Ideologie vom »Standort Deutschland« bis weit hinein in die liberale Öffentlichkeit und in die sozialdemokratischen und gewerkschaftlichen Organisationen ist ein Alarmsignal.

Fragt man nun nach dem Erkenntniswert der verschiedenen Faschismustheorien für die politische Analyse der Gegenwart, insbesondere der extremen Rechten in der Bundesrepublik, so ergibt sich:

1. Die extreme Rechte, deren terroristischer Flügel eindeutig faschistisch ist, ist zu untersuchen in ihrer Beziehung zum kapitalistischen Gesellschaftssystem: als Resultat bestimmter gesellschaftlicher Verhältnisse und Erfahrungen, die in bestimmter, nämlich sozialdarwinistischer Weise interpretiert werden und durch bestimmte Feindbilder ihre Richtung erhalten. Beides ist aus der Geschichte bekannt und in den Faschismustheorien der Linken verarbeitet: sowohl was die Erfolgsbedingungen der extremen Rechten betrifft wie auch was die Interessen, die Motive und die Ziele betrifft, die Teile der Machteliten dazu bewegen können, die extreme Rechte für ihre Zwecke zu nutzen. Die Weimarer Republik kann dabei in vielerlei Hinsicht als Lehrstück dienen.

2. Die These vom deutschen Sonderweg erweist sich nach wie vor als fruchtbar für die Analyse aktueller Politik. Daß »Nation« in der Bundesrepublik immer noch als Abstammungsgemeinschaft, daß »Volk« als ethnos und nicht als demos verstanden wird – mit weitreichenden Wirkungen für die Innen- und für die Außenpolitik –, zeigt an, daß die Tradition des völkischen

Nationalismus nicht überwunden ist. Daß von den Angehörigen des öffentlichen Dienstes »Staatstreue« verlangt wird, daß bei Verdacht des Fehlens derselben Berufsverbote verhängt wurden, daß Beamte kein Streikrecht haben, zeigt an, daß auch die Tradition des Obrigkeitsstaates nicht überwunden ist. Und daß künftig die Bundeswehr per Strafrecht einen besonderen Ehrenschutz erhält, schließt sichtlich an Traditionen des deutschen Militarismus an.

3. Die Kenntnis dieser Theorien über den Zusammenhang von Kapitalismus und Faschismus und über den deutschen Sonderweg und des historischen Materials, auf dem sie beruhen, ist also unbedingt notwendig, um die extreme Rechte und ihren politischen Kontext in der Gegenwart zu verstehen. Auf ihrer Basis können die Faschismustheorien, die das Wesen des Faschismus mehr verdunkeln als erhellen oder ganz offen der Politik der Rechten dienen, fundiert kritisiert werden. Dabei kommt der Kritik der Totalitarismustheorie besondere Bedeutung zu. Sie ist das zentrale ideologische Instrument, mit dem das Wesen des Faschismus verdunkelt und zugleich der Kampf geführt wird gegen alles, was sich der kapitalistischen Wirklichkeit im Namen von mehr Demokratie und mehr sozialer Gleichheit widersetzt.

Anmerkungen

1 Der folgende Beitrag stützt sich auf die Argumentationslinie, die ich in meinem Artikel »Faschismus« in: Europäische Enzyklopädie zu Philosophie und Wissenschaften. Hamburg 1990, Bd. 2, S. 53 ff. entwickelt habe. Wer eine mit ausführlichen Zitaten belegte kritische Gesamtdarstellung der wichtigsten Theorien über den Faschismus sucht, findet sie in meinem Buch »Faschismustheorien. Ein Leitfaden«. Aktualisierte Neuaufl. Heilbronn 1990.

2 Der Begriff fascismo leitet sich her von fascio, lateinisch fasces, das ist ein Rutenbündel, in dem ein Beil steckt, als Symbol der über Leben und Tod entscheidenden Staatsmacht; zugleich bedeutet fascio aber auch Bund, Ortsgruppe der faschistischen Bewegung.

3 Siehe u.a. R. Zitelmann: Hitler. Selbstverständnis eines Revolutionärs. Hamburg 1987; ders.: Adolf Hitler. Eine politische Biographie. 2. Aufl. Göttingen/Zürich 1989; M. Prinz; R. Zitelmann (Hrsg.): Nationalsozialismus und Modernisierung. Darmstadt 1991; K. Weißmann: Der Weg in den Abgrund. Deutschland unter Hitler 1933–1945. Berlin 1995.

4 Siehe meinen Artikel »Totalitarismus« in: Europäische Enzyklopädie zu Philosophie und Wissenschaften. Hamburg 1990, Bd 4, S. 600 ff; dort habe ich auch die einschlägige Literatur aufgeführt.

5 Protokoll der Konferenz der Erweiterten Exekutive der Kommunistischen Internationale. Moskau 12.–23. Juni 1923. Hamburg 1923. Die Rede ist abgedruckt in: E. Nolte (Hrsg.): Theorien über den Faschismus. Köln/Berlin 1967, S. 88–111.

6 Ich habe das genauer dargelegt in meinem Buch »Die Weimarer Republik. Errichtung, Machtstruktur und Zerstörung einer Demokratie. Ein Lehrstück«. Überarbeitete Neuaufl. Heilbronn 1993.

7 Zur NSDAP siehe K. Pätzold, M. Weißbecker: Geschichte der NSDAP 1920 – 1945. Köln 1981.

8 VII. Kongreß der Kommunistischen Internationale. Referate und Resolutionen. Berlin 1975.

9 Siehe dazu B. Hebel-Kunze: SPD und Faschismus. Zur politischen und organisatorischen Entwicklung der SPD 1932–1935. Frankfurt 1977; W. Saggau: Faschismustheorien und antifaschisti-

sche Strategien in der SPD. Köln 1981; Das Prager Manifest ist abgedruckt in: D. Dowe; K. Klotzbach (Hrsg.): Programmatische Dokumente der deutschen Sozialdemokratie. Bonn 1990; Auszüge habe ich abgedruckt in meinem Band »Der deutsche Faschismus in Quellen und Dokumenten«. 6. Aufl. Köln 1987, S. 430 ff.

10 F. Neumann: Behemoth. Struktur und Praxis des Nationalsozialismus 1933–1944. Köln/Frankfurt 1977 (Erstfassung in englischer Sprache 1942); E. Fraenkel: Der Doppelstaat. Frankfurt/Köln 1974 (Erstfassung in englischer Sprache 1941); W. Reich: Die Massenpsychologie des Faschismus. Köln 1972 (zuerst: Kopenhagen 1933).

11 siehe dazu B. Kröpelin: Entwicklung und Struktur einer Theorie über den deutschen Faschismus in der Geschichtswissenschaft der DDR. Diss Marburg 1982.

12 Belege bei W. Schulze: Deutsche Geschichtswissenschaft nach 1945. München 1989, S. 76 ff.

13 Siehe z. B. H. Krausnick; H. – H. Wilhelm: Die Truppe des Weltanschauungskrieges. Die Einsatzgruppen der Sicherheitspolizei und des SD 1938–1942. Stuttgart 1981; Ch. Streit: Keine Kameraden. Die Wehrmacht und die sowjetischen Kriegsgefangenen 1941–1945. Stuttgart 1978; F. Forstmeier; H. -E. Volkmann: Wirtschaft und Rüstung am Vorabend des Zweiten Weltkrieges. Düsseldorf 1975; dieselben: Kriegswirtschaft und Rüstung 1939–1945. Düsseldorf 1977; G. R. Ueberschär; W. Wette: »Unternehmen Barbarossa«. Der deutsche Überfall auf die Sowjetunion 1941. Paderborn 1984.

14 J. C. Fest: Hitler. Berlin (West) 1973; S. Haffner: Anmerkungen zu Hitler. Zürich/München 1978.

15 Siehe R. Kühnl (Hrsg.): Streit ums Geschichtsbild. Die »Historiker-Debatte«. Dokumentation, Darstellung und Kritik. Köln 1987

16 Siehe die in Anm. 3 genannte Literatur sowie W. Schäuble: Der Zukunft zugewandt. Berlin 1994; siehe auch seinen Beitrag: Wir leben aus der Wurzel des Überlieferten. In: Frankfurter Allgemeine Zeitung vom 25.08.1995.

17 Warum der deutsche Nationalsozialismus als eine Form des Faschismus aufzufassen ist, habe ich ausführlicher dargelegt in meinem Buch »Der Faschismus. Ursachen, Herrschaftsstruktur, Aktualität. Eine Einführung«. 2. erweiterte Aufl. Heilbronn 1988, S.111–127.

18 G. Lukács: Die Zerstörung der Vernunft. Neuwied 1962.

19 K. D. Bracher: Die deutsche Diktatur. Entstehung, Struktur, Folgen des Nationalsozialismus. Köln 1969.

20 Darüber hinaus bin ich in meinem Buch »Deutschland seit der Französischen Revolution. Untersuchungen zum deutschen Sonderweg« (Heilbronn 1996) dieser Frage genauer nachgegangen.

21 G. G. Iggers: Deutsche Geschichtswissenschaft. Eine Kritik der traditionellen Geschichtsauffassung von Herder bis zur Gegenwart. München 1971.

22 Fest, 1973, S. 18 (s. Anm. 14).

23 Siehe Noltes Beiträge zur »Historiker-Debatte« sowie: Der Europäische Bürgerkrieg 1917–1945. Nationalsozialismus und Bolschewismus. Frankfurt 1987; sowie Spiegel-Gespräch: »Ein historisches Recht Hitlers?« In: Der Spiegel Nr. 40, 1994, S.83–103.

24 Frankfurter Allgemeine Zeitung vom 9.03.1991.

25 Siehe besonders: Texte zur inneren Sicherheit. Bedeutung und Funktion des Antifaschismus. Hrsg. vom Bundesminister des Innern. 2. Aufl. Bonn Juni 1994; sowie die verschiedenen Schriften von U. Backes und B. Jesse, insbesondere ihr Jahrbuch Extremismusforschung und Demokratie und das mit R. Zitelmann herausgegebene Buch »Die Schatten der Vergangenheit. Impulse zur Historisierung des Nationalsozialismus«. Frankfurt 1992.

26 Dazu K. H. Roth: »Sich aufs Eis wagen« – zur Wiederbelebung der Totalitarismustheorie durch das Hamburger Institut für Sozialforschung, in: F. Deppe u. a.: Antifaschismus. Heilbronn 1996. S. 403–415

27 Siehe besonders R. Dahrendorf: Gesellschaft und Demokratie in Deutschland. München 1968; G. Schoenbaum: Die braune Revolution. Eine Sozialgeschichte des Dritten Reiches. München 1980; H. Matzerath, H. Volkmann: Modernisierungstheorie und Nationalsozialismus. In: J. Kocka (Hrsg.): Theorien in der Praxis des Historikers. Göttingen 1977. S. 86–102.

28 Siehe die in Anm. 2 genannte Literatur; zur Kritik dieser Thesen siehe A. Schildt: NS-Regime,

Modernisierung und Moderne. In: Tel Aviver Jahrbuch für deutsche Geschichte XXIII 1994. S. 3–22; Ch. Dipper: Modernisierung und Nationalsozialismus. In: Neue Politische Literatur 36. 1991. S. 450–456; K. H. Roth: Verklärung des Abgrunds. Zur nachträglichen »Revolutionierung« der NS-Diktatur durch die Gruppe um Rainer Zitelmann. In: 1999. (1992) 1, S. 7–11; J. Alber: Nationalsozialismus und Modernisierung. In: Kölner Zeitschrift für Soziologie und Sozialpsychologie. Nr. 41/1989. S. 347–365.

Reinhard Kühnl

Gesellschaftliche Grundlagen und Ideologie des deutschen Faschismus

Zur Fragestellung

Um die gesellschaftlichen Grundlagen zu ermitteln, sind drei Fragen zu stellen:

1. Wie sehen die sozialökonomische Basis und die Eigentumsverfassung aus, die die Interessenstruktur der Gesellschaft wesentlich bestimmen und auf der die gesellschaftlichen Kräfte, die politischen Institutionen und die ideologischen Prozesse sich bewegen?
2. Welches sind die gesellschaftlichen Kräfte und Interessen, die über die Dominanz und Durchsetzungsfähigkeit in diesem System verfügen und deshalb »herrschende Klassen« genannt werden können?
3. Wie weit reicht die Fähigkeit der herrschenden Kräfte, die anderen Schichten und Klassen in dieses System zu integrieren?

Die Frage nach der Ideologie ist zunächst die Frage nach dem Selbstverständnis der Machtgruppen, Schichten und Klassen, die sich mit dem deutschen Faschismus identifiziert haben: Es drückt sich aus in den Ideen, mit denen der deutsche Faschismus als Partei und als Staat seine Ziele begründet und seine Politik gerechtfertigt hat. Diese Ideen erklären sich einerseits aus den Interessen der Machtgruppen, Schichten und Klassen, die die faschistische Politik tragen; andererseits aus den Denkmustern, die sich in längeren Zeiträumen unter den besonderen geschichtlichen Bedingungen Deutschlands herausgebildet und vererbt haben und weithin als selbstverständlich gelten. Sie können »Mentalitäten« genannt werden. Schließlich kommen pragmatische und demagogische Elemente ins Spiel: große Menschenmassen sollen für eine Politik mobilisiert werden, die ihren eigenen Interessen ins Gesicht schlägt. Ohne Lüge und Betrug ist das nicht zu machen.

Ich spreche vom »deutschen Faschismus«, weil dieser Begriff deutlich macht, daß es sich um die deutsche Variante eines Phänomens handelt, das zwar nationale Besonderheiten aufweist, aber mit politischen Bewegungen und Systemen in anderen Ländern wesentliche Gemeinsamkeiten hat, und zwar gerade in den sozial-ökonomischen Grundlagen und den Interessenstrukturen, von denen aus die politischen Ziele und Methoden zu begreifen sind. Der in der Bundesrepublik übliche Begriff »Nationalsozialismus« ist der Selbstdarstellung des deutschen Faschismus entnommen und enthält deshalb Elemente von Propaganda und Irreführung: Faschismus erscheint als eine Form von Sozialismus. Dieser Begriff ist deshalb in Gefahr, die Ideologie des Faschismus zu reproduzieren.

Es ist klar, daß in dem folgenden Beitrag die hier formulierten Fragen nur skizzenhaft behandelt werden können.[1]

Der deutsche Sonderweg

Im Kapitel über »Faschismustheorien« habe ich die allgemeinen gesellschaftlichen Grundlagen skizziert, die es ermöglicht haben, daß nach dem ersten Weltkrieg in vielen Ländern faschistische Bewegungen und in einigen Ländern faschistische Herrschaftssysteme entstehen konnten. Diese Bedingungen wiesen in Deutschland eine besondere Gestalt auf, von der aus auch erklärt werden kann, weshalb in Deutschland der Faschismus nicht nur siegen konnte, sondern auch eine besonders extreme Ausprägung erfuhr: In Hinsicht auf Massenmobilisierung, Massenbegeisterung, Brutalität und Vernichtungskapazität übertraf er alle anderen faschistischen Bewegungen und Systeme.

In aller Kürze kann der »deutsche Sonderweg« wie folgt gekennzeichnet werden.:

1. In Deutschland waren die bürgerlichen Kräfte nicht imstande zu einer Revolution. Das hier entstehende nationale Identitätsbewußtsein wuchs nicht aus den Traditionen der Aufklärung und der bürgerlichen Revolution hervor, sondern es entstand – seiner Hauptströmung nach – als ideologische Komponente einer konservativ-reaktionären Gegenbewegung gegen Aufklärung und Französische Revolution, gegen Liberalismus und Parlamentarismus. Die scharfe Abgrenzung vom »Westen«, insbesondere von Frankreich, und der Franzosenhaß gehörten von Anfang an zu seinem Selbstverständnis. Die Fundierung der eigenen nationalen Identität wurde in einer mythisch verklärten Vergangenheit, in Kaiser und Reich, in Kirche und Religion des Mittelalters, in Ritter- und Burgenromantik gesucht.

Realitätsverkennung und Realitätsverleugnung verbinden sich mit durchaus effektiven Methoden der Massenlenkung zu jenem »ekelhaften Gemisch von gothischem Wahn und modernem Lug« (Heine), das die Restaurationsperiode nach 1815 kennzeichnete. Dieses so bestimmte »deutsche Wesen« galt nun mehr und mehr als besonders wertvoll, als herausgehoben aus dem Kreis der übrigen Völker. Die politische Rückständigkeit Deutschlands wurde umgedeutet in eine besondere Gnade und Begabung und bald auch in eine besondere Sendung.

2. Als Abwehrmaßnahme gegen die von der Französischen Revolution ausgehenden Ideen wurden auch die Begriffe Volk und Nation so bestimmt, daß sie keine demokratischen Schäden anrichten konnten: »Volk« wurde nicht als die Gesamtheit der Bürger aufgefaßt, die über sich selbst politisch bestimmen, nicht als demos, sondern als eine ethnische Gemeinschaft. Entsprechend galt »Nation« nicht als Gemeinschaft all derer, die den Willen haben, die Zukunft des gemeinsamen Staates mitzugestalten, nicht als Willensgemeinschaft also, sondern als Abstammungsgemeinschaft, die dann alsbald als Blutsgemeinschaft interpretiert wurde. Diese Vorstellungen von Identität, von Zugehörigkeit und Ausgrenzung, konnten tief eindringen in die Gedanken- und Gefühlswelt der Deutschen. Auf ihrem Boden konnten dann auch rassistische Ideen besonders gut gedeihen. (Und in der Vorstellung von der »Deutschstämmigkeit« als Kriterium der Zugehörigkeit zum »deutschen Staatsvolk« konnten sie den Zusammenbruch des Faschismus überdauern und bis in die Gesetzgebung der Bundesrepublik hineinwirken.)

3. Dieser so geprägte deutsche Nationalismus verschmolz nach 1871 mit den Wertvorstellungen jener Kräfte, die die nationale Einheit zustande gebracht hatten: mit dem Tugendkodex der preußischen Militärkaste und dessen Militarismus und mit dem Tugendkodex der Bürokratie, der dem monarchischem Absolutismus entstammte. Staatsvergottung und Untertanengeist – das waren nur zwei Seiten derselben Sache: des deutschen Obrigkeitsstaates. Die herrschenden Klassen empfanden es wie seit Jahrhunderten so auch weiterhin als ihr gottgewolltes Recht zu befehlen: im Staat, auf dem Kasernenhof – und jetzt auch in der Fabrik. Das Militär als höchste Form menschlichen Daseins und Vorbild für alle anderen Lebensbereiche – eine solche Weltanschauung bedeutete auch den Kult des Männlichen und die Reduktion der Frau auf ihre Mutterrolle. Im Vergleich zu allen europäischen Staaten und den USA wurde den Frauen der Zugang zu Wissenschaft und Universität in Deutschland am längsten vorenthalten. Selbst nach formaler Erlaubnis (in Preußen 1908) behielten die Hochschullehrer bis 1918 das Recht, Frauen von ihren Lehrveranstaltungen auszuschließen (mit ministerieller Genehmigung). Damit verbunden ist der Kult des Männerbundes, mit besonderen Wirkungen gerade auch an Universitäten in Gestalt der Korporationen, die dann die Eliten der Gesellschaft bildeten. Die Aufwertung der Männerfreundschaft zur politischen Kategorie erklärt der Soziologe Nicolaus Sombart mit Recht als etwas »exklusiv und eminent Deutsches«[2].

So verband sich das deutsche Sonderbewußtsein mit dem epochetypischen Geist des Imperialismus. Wenn Heinrich von Treitschke (1884) schrieb, das Deutsche Reich, der »junge Riese«, solle nun seine starken Arme brauchen, wenn Max Weber für die Nation eine »deutsche Weltmachtpolitik«, einen »Platz an der Sonne« forderte, wenn der führende Liberale Friedrich Naumann Staaten als Raubtiere definierte und in seiner sehr einflußreichen Schrift *Demokratie und Kaisertum* (1900) es für lebensnotwendig erklärte, daß »wir um die deutsche Existenz auf der Erdkugel kämpfen«[3], so ist leicht erkennbar, wohin diese ideologische Mobilisierung führen mußte, wenn sie sich mit konkreten Expansionsinteressen und mit dem Potential einer Großmacht verband.

Die Ankündigung, daß am »deutschen Wesen die Welt genesen« soll, erhielt nun einen unmittelbar materiellen, sehr handgreiflichen und für die Nachbarvölker sehr bedrohlichen Inhalt. Nicht etwa Gefühle nationaler Minderwertigkeit kamen hier zum Ausdruck, sondern der Machtanspruch eines aufsteigenden, kraftstrotzenden, zur Weltmachtgeltung sich berufen fühlenden Imperialismus. Von »Deutschland, Deutschland über alles« war der Weg nicht weit zur deutschen Omnipotenzphantasie. Was deutsch war, war vortrefflich, und was vortrefflich war, war deutsch. »Was treu und edel, wahr und rein, verbindet sich dem deutschen Namen«, hieß es in der *Gartenlaube*[4]. Das galt für alles, was sich irgendwie mit »deutsch« assoziieren ließ: von der »deutschen Sitte« bis zum »deutschen Wald«, vom »deutschen Mädel« bis zum »deutschen Helden«, von der »deutschen Treue« bis zum »deutschen Blut«.

Die Besonderheit dieses deutschen kapitalistischen Industriestaates lag also gerade darin, daß er äußerste ökonomische und militärische Effizienz und Modernität verband mit einer politischen und ideologischen Struktur, die an vorbürgerlichen, vordemokratischen, sogar vorhumanistischen Normen orientiert blieb. (Eine vergleichbar brisante Mischung hatte sonst nur noch Japan aufzuweisen.) Die Politik des Deutschen Reiches in den beiden Weltkriegen erhielt von hier aus ihre Prägung.

4. Die Tradition des Mythos und der Innerlichkeit und der daraus folgende Verlust an Realitätsbewußtsein beeinflußten auch das Weltbild der herrschenden Machtgruppen selbst. Sie mußten besonders gravierende Wirkungen erzeugen, als sie sich nach der Reichsgründung verbanden mit dem großen ökonomischen und militärischen Potential eines Staates, der bald der stärkste in Europa war. Die gewaltigen Eroberungsziele der beiden Weltkriege entsprangen selbstverständlich angebbaren Interessen. Doch die Art und Weise, wie aus diesen Interessen Zielvorstellungen entwickelt wurden, wie sie in Politik umgesetzt wurden, ist geprägt von Weltmachtphantasien, die mit der Realität wenig zu tun hatten. Die Maßlosigkeit des deutschen Imperialismus hat als weltanschaulich-philosophischen Hintergrund den Kult des Irrationalen, der sich nun, unter den Bedingungen des zur Expansion drängenden imperialistischen Staates, als Kult des Willens, der Tat und des Tatmenschen darstellte. Zwei große Kriege wurden geführt, in denen Deutschland tatsächlich gegen »eine Welt von Feinden« stand. Die Parole hatte schon das Kaiserreich ausgegeben: »Wir Deutschen fürchten Gott und sonst nichts auf der Welt.« Der Einbruch des Realitätsprinzips 1918 vermochte dieses Weltbild nicht aufzulösen. Schon 1926 wurde in der Führung der Reichswehr (und zwar in der »Abrüstungsabteilung«!) ein Kriegsplan entwickelt, der in der ersten Stufe die Erringung der Vorherrschaft über Europa und in der zweiten Stufe nicht mehr und nicht weniger als den Kampf um die Weltherrschaft mit den angelsächsischen Mächten vorsah.[5]

So kam es zu jenem Bündnis zwischen der faschistischen Massenbewegung und den traditionellen Eliten, das dann die Errichtung der Diktatur und den Weg in den Krieg bestimmte. Hitler beschwor erneut die mythisch-visionären Sehnsüchte vom »gemeinsam geschaffenen, wiedererkämpften, bitter erworbenen Deutschen Reich der Größe und der Ehre und der Kraft und der Herrlichkeit und der Gerechtigkeit. Amen!«[6]

Das soziale Wesen des Faschismus

Parteien, staatliche Institutionen, Kriege usw. sind nicht Selbstzweck, sondern Mittel zum Zweck, zur Durchsetzung gesellschaftlicher Interessen. Wer also war im Faschismus Subjekt des Systems, wer formulierte die Ziele des Systems, und wer konnte seine Interessen durchsetzen?

Der soziale Inhalt des Faschismus liegt offen zutage. Wenn die Arbeiterparteien und die Gewerkschaften 1933 unter Anwendung brutalsten Terrors zerschlagen wurden und zugleich die Führer aus den großen Industrie- und Bankkonzernen nun – zusammen mit den Führern der faschistischen Partei – an den Schalthebeln der politischen Macht saßen, so waren damit die Weichen gestellt in der Frage, welche sozioökonomischen Interessen im Faschismus die dominanten werden sollten. Und wenn zugleich das »Gesetz zur Ordnung der nationalen Arbeit« (vom 20. Januar 1934) den Unternehmer zum »Führer des Betriebes« machte, der »in allen betrieblichen Angelegenheiten« zu entscheiden hatte, während die Arbeiter und Angestellten zur »Gefolgschaft« degradiert wurden und gehorchen mußten, so war diese Grundentscheidung auch auf der Ebene des Einzelbetriebes verankert. Und wenn schließlich alle politischen, ideologischen und ökonomischen Kräfte auf die Vorbereitung und Durchführung eines Eroberungskrieges konzentriert wurden, der die Produktionsanlagen, die Rohstoffgebiete und die Arbeitskräfte vom Atlantik bis zum Ural dem deutschen Kapital verfügbar machen sollte, so ist auch evident, welche sozioökonomischen Interessen dahinter standen, nämlich dieselben wie bereits beim ersten Weltkrieg. Die Ziele faschistischer Politik waren also keineswegs dem Kopf Hitlers entsprungen, sondern aus dem Expansionsdrang dieser sozioökonomischen Interessen hervorgegangen. Eine genauere Betrachtung zeigt, daß auch die zentralen ideologischen Motive, mit denen der Faschismus seine Politik legitimierte, auf jenen Interessen basierte. Dies gilt für Sozialdarwinismus, Imperialismus und Rassismus ebenso wie für Autoritarismus, Militarismus und militanten Antikommunismus. Auch sie wurden bereits vor 1918 machtvoll propagiert und dienten der Stützung des autoritären Staates im Kaiserreich wie auch der Rechtfertigung des ersten Weltkrieges.

In der Kontinuität dieser sozialen Interessen also ist der Faschismus zu sehen, politisch und ideologisch, und nur aus dieser Kontinuität heraus ist seine Politik zu begreifen. Niemals haben Großwirtschaft und Militär die militärische Niederlage und die revolutionäre Umwälzung von 1918 definitiv akzeptiert. Immer war ihre Politik darauf gerichtet, die Fesseln des Versailler Vertrages zu sprengen und eine neue, auch militärisch abgesicherte Expansionspolitik einzuleiten. In der Frage, mit welchen Mitteln und mit welchem Risiko das zu geschehen habe und ob dafür die parlamentarische Demokratie eine geeignete und ausreichende Staatsform sei, gab es bis 1930 zwar Kontroversen innerhalb dieser Kräfte. Aber als dann die große Wirtschaftskrise den internationalen Konkurrenzkampf enorm verschärfte und zugleich neue Chancen zur Disziplinierung der abhängig Arbeitenden eröffnete, erschien ihnen die parlamentarische Demokratie als politische Form und die Arbeiterbewegung als soziale Kraft in wachsendem Maße als hinderlich für die Realisierung solcher Ziele, und sie votierten deshalb seit 1930 mit wachsendem Nachdruck für die Errichtung einer Diktatur. Die faschistische Bewegung war dabei für sie nur eine mögliche Variante, diese Politik zu realisieren; auch andere Diktaturmodelle wurden erwogen und erprobt: von Präsidial- bis zur Militärdiktatur. Die Übertragung der Macht an die NSDAP war allerdings jene Variante, die diesen Kräften seit dem November 1932 – aus angebbaren Gründen – als die wirksamste erschien.

Die faschistische Diktatur beruhte dann in der Tat auf dem Bündnis zwischen Großwirtschaft, Militär, hoher Bürokratie und faschistischer Bewegung. Und dieses Bündnis wurde – trotz fortdauernder Konkurrenzkämpfe – zusammengehalten durch gemeinsame Interessen und Ziele. Von dieser »Staatsräson« her erhalten die einzelnen gesellschaftlichen Bereiche ihre Ausprägung:

Wollte man die stärkste Arbeiterbewegung Europas zerschlagen und die arbeitende Bevölkerung dauerhaft entmündigen, brauchte man – neben ideologischen Strategien und als Basis für diese – härtesten Terror und Konzentrationslager. Wollte man einen Krieg führen, der die Völker Europas vom Atlantik bis zum Ural unterwerfen und dauerhaft als billige Arbeitskräfte für die deutsche Wirtschaft verfügbar machen sollte, dann erforderte das eben entsprechende Methoden; dann mußten alle Kräfte eliminiert werden, die sich

»querstellten«, gleichgültig ob kommunistisch oder liberal, ob sozialistisch oder christlich; dann mußten alle Kräfte der Nation auf den Krieg konzentriert werden.

Die Notwendigkeit, alle Kräfte auf den Krieg zu konzentrieren, forderte auch eine entsprechende Gestaltung des Erziehungswesens, und zwar auf allen Stufen. Ein »neuer Mensch« wurde gefordert, und zwar ein solcher, der keinerlei moralische Hemmungen im Umgang mit sogenannten »Untermenschen« kannte, der, wie Nietzsche postuliert hatte, das gute Gewissen des Raubtiers zurückgewonnen hatte. Dieser »neue Mensch« mußte also geformt werden: in der Schule wie in der Hitlerjugend, in den Nationalpolitischen Erziehungsanstalten wie in den Wachmannschaften der Konzentrationslager. Denn der Massenmord bildete im Rahmen dieser Politik ein notwendiges Mittel der Herrschaftssicherung. »Zig-Millionen«, wie es in den Planungen heißt, müssen in Europa umgebracht werden, um diesen Raum dauerhaft zu sichern.[7]

Die Ideologie

Die Gesellschaft zur Zeit des deutschen Faschismus war weiterhin eine kapitalistische – allerdings nun verbunden mit einer extrem terroristischen Form politischer Herrschaft. So war auch die Ideologie des Faschismus nicht etwa eine ganz neue und andere. Vielmehr nahm sie die zentralen Motive bestehender Ideologien auf, die der Rechtfertigung und Durchsetzung der in dieser Gesellschaft herrschenden Interessen dienten, und radikalisierte sie erstens in Hinsicht auf Massenwirksamkeit und zweitens in Hinsicht auf die inhumanen und terroristischen Konsequenzen.

Da es sich also um eine Radikalisierung bürgerlich-kapitalistischer Ideologie handelt, sind die Grundelemente allesamt auch in anderen kapitalistischen Gesellschaften vorfindlich – nicht nur in Deutschland. Die Besonderheit Deutschlands liegt darin, daß rechtsgerichtete Ideologien hier besonders günstige Entwicklungsbedingungen vorfanden und daß die liberal-demokratischen Kräfte in Deutschland zu schwach waren, um die öffentliche Meinung, die vorherrschenden Denkformen und Mentalitäten der bürgerlichen Schichten und der staatstragenden Eliten maßgeblich beeinflussen zu können. So konnte hier auch die »Logik« des Sozialdarwinismus in Gestalt des Faschismus ideologisch und praktisch zu seinen letzten Konsequenzen getrieben werden: Wenn es der Wille der Natur ist, daß der Stärkere sich durchsetzt und der Schwächere auf der Strecke bleibt, dann ist es durchaus konsequent, wenn der Staat dabei aktiv mitwirkt und »lebensunwertes Leben« beseitigt. Und wenn das Kosten-Nutzen-Kalkül die Leistungsfähigkeit im ökonomischen Konkurrenzkampf bestimmt, dann ist es durchaus konsequent, daß die nicht voll Leistungsfähigen eliminiert und die »rassisch minderwertigen« Völker als rechtlose Sklavenarbeiter rücksichtslos ausgepreßt und vernutzt werden.

In dieser Perspektive kann die Ideologie des deutschen Faschismus und ihre Beziehung zu gängigen bürgerlich-kapitalistischen Ideologieelementen wie folgt beschrieben werden:

Im Zentrum dieser Ideologie stehen zwei Thesen: Erstens wird behauptet, daß die eigene Nation sich in einem schweren Existenzkampf gegen andere Nationen befinde und daß deshalb das Interesse der eigenen Nation die oberste Leitlinie allen politischen Handelns sein müsse. In Deutschland hatte die rücksichtslose Durchsetzung der »nationalen Interessen« gegen andere Völker und Nationen schon das Kaiserreich zur Richtlinie seiner Politik gemacht – besonders nach 1914. Ein ausgeprägter, rücksichtsloser *Nationalismus* bildet also ein zentrales Motiv jeder rechtsgerichteten Ideologie. Er ist umso schärfer ausgeprägt, je weiter rechts eine Partei steht.

Zweitens wird behauptet, daß es nun einmal *Menschengruppen unterschiedlicher Qualität* gebe: höherwertige und minderwertige; und daß die höherwertigen das Recht haben, sich durchzusetzen und die minderwertigen zu beherrschen. Diese Behauptung bezieht seit dem Ende des vorigen Jahrhunderts ihre Rechtfertigung hauptsächlich aus der Biologie und der Evolutionstheorie von Darwin: Die Durchsetzung des Stärkeren, »the survival of the fittest«, sei ein allgemeines Prinzip alles Lebendigen und gelte auch für die menschliche Gesellschaft. Diese Behauptung vom unterschiedlichen Wert verschiedener Menschensorten kann sowohl auf die soziale Struktur innerhalb der Gesellschaft wie auch auf die Beziehung zwischen den Völkern und Staaten angewandt werden. Für die Sozialstruktur lautet die Schlußfolgerung, daß es immer ein Unten und ein Oben geben müsse, daß also Hierarchie und nicht Gleichheit das bestimmende Prinzip sein müsse. Und weiter: daß die Tüchtigen und Leistungsstarken ihre höhere Qualität eben dadurch beweisen, daß sie sich durchsetzen.

Für die internationalen Beziehungen wird die höhere Qualität des eigenen Volkes, der eigenen Nation, der eigenen Rasse proklamiert. Nationalismus, völkische Ideologie und Rassismus gehen hier durchaus ineinander über. Die angeblich von Natur aus gegebene Verschiedenartigkeit bedeutet in der Ideologie der Rechten immer auch eine Verschiedenwertigkeit.

Das zweite zentrale Motiv rechter Ideologie ist also die Rechtfertigung der vorhandenen Ungleichheit. In manchen konservativen Varianten werden dafür kulturelle und geschichtliche Begründungen angeführt. Seit dem Ende des vorigen Jahrhunderts aber gewannen biologische die Dominanz: Ungleichheit gilt hier als von der Natur gegebene und also unabänderliche Verschiedenartigkeit und Verschiedenwertigkeit der sozialen Schichten und Klassen ebenso wie der Völker und der Rassen. Für diese Motivgruppe steht der Begriff des Sozialdarwinismus im Zentrum. Beide Motive sind traditionell der gesamten Rechten gemeinsam. Der Unterschied zwischen der gemäßigten und der extremen Rechten liegt in der Schärfe, mit der diese Motive ausgeprägt sind.

Daß solche Ideologien übereinstimmen mit den Interessen der besitzenden und herrschenden Klassen und deshalb von diesen auch tatkräftig gefördert wurden, ist leicht zu verstehen. Es war damit sowohl nach innen die Niederhaltung der arbeitenden Bevölkerung und ihrer Ansprüche auf soziale Gleichheit und Emanzipation zu rechtfertigen wie auch nach außen die Mobilisierung aller Kräfte der Nation für den internationalen Konkurrenzkampf – für den ökonomischen und, wenn es sein mußte, auch für den militärischen. Der Nationalismus behauptet die Existenz einer nationalen Gemeinschaft, die einheitliche Interessen habe und deshalb geschlossen auftreten müsse. So konnten Klassenspaltung und soziale Interessenunterschiede zugedeckt werden, und die Kritiker solcher Machtpolitik konnten als »Staatsfeinde« und »Volksfeinde« diffamiert und entsprechend behandelt werden. Und mit der Ideologie vom »ewigen Kampf der Völker und Nationen« konnten auch die ungeheuren Opfer gerechtfertigt werden, die den Volksmassen im Gefolge dieser Machtpolitik auferlegt wurden. Diese Ideologie kulminierte in dem Satz der Faschisten: »Du bist nichts, dein Volk ist alles«. Aber sie war keineswegs von den Faschisten erfunden worden. Schon nach dem ersten Weltkrieg hatte es zur Rechtfertigung der Millionen von Toten, die auf den Schlachtfeldern liegen geblieben waren, geheißen: »Sie starben, damit Deutschland lebe.« Und solche Sprüche standen dann auf Tausenden von »Kriegerdenkmälern«, die in jeder Kleinstadt und beinahe auf jedem Dorf errichtet wurden und den ideologischen Boden für den Aufstieg des Faschismus und für den Weg in den Zweiten Weltkrieg bereiten halfen.

Daß die Herrschenden rechte Ideologien gefördert und propagiert haben, ist also leicht zu erklären. Viel schwerer zu erklären ist es, warum andere Schichten der Bevölkerung, die dabei keineswegs Nutznießer, sondern die Opfer und die Leidtragenden sind, solche Ideologien annahmen, manchmal sogar begeistert und massenhaft.

Tatsächlich werden Ideologien nur dann von größeren Menschenmassen angenommen, wenn sie ein Mindestmaß an Glaubwürdigkeit aufweisen, wenn es also den Anschein hat, daß sie mit der Wirklichkeit, mit den eigenen Erfahrungen übereinstimmen. Will man also die Massenwirksamkeit von Nationalismus, Sozialdarwinismus und Rassismus erklären, so muß man sich ansehen, wie die Wirklichkeit in der gegebenen Gesellschaft beschaffen ist, welche elementaren Erfahrungen die Menschen in dieser Gesellschaft machen, in welchem Sinne diese Ideologien wirklich vorhandene Probleme und Bedürfnisse aufgreifen und – scheinbar – eine Antwort, eine Lösung anbieten.

Es sind vor allem zwei Grunderfahrungen, die große Menschenmassen in der bürgerlichen Gesellschaft machen. Da ist einmal die Erfahrung elementarer Unsicherheit in einer Realität, die vom Konkurrenzkampf bestimmt ist: Diese elementare Unsicherheit der sozialen Existenz, die Ungewißheit, was die Zukunft bringen wird, legt den Individuen dringend nahe, energisch ihre Ellenbogen zu gebrauchen, um nicht unter die Räder zu kommen. Sie legt ihnen also nahe, sich egoistisch zu verhalten und, wenn es sein muß, auch Brutalität nicht zu scheuen, um im Lebenskampf sich durchsetzen zu können.

Von solchen Erfahrungen aus erscheint eine Weltanschauung glaubwürdig, die den Kampf ums Dasein als grundlegend und als naturgegeben proklamiert und Egoismus als einzige realistische Haltung. Und beweist die Alltagserfahrung nicht tatsächlich, daß der Stärkere sich durchsetzt und der Schwächere auf der Strecke bleibt? Ist dann nicht tatsächlich das »*Recht des Stärkeren*« die einzig wirklich gültige Regel und alles andere »Humanitätsduselei«, wie der Faschismus dann verkündete?

Die zweite Grunderfahrung großer Menschenmassen in dieser Gesellschaft besteht darin, daß sie ihre eigenen Lebensbedingungen nicht unter Kontrolle haben, daß ihnen ihr Leben weithin widerfährt wie ein Schicksalsereignis. Besonders jene Prozesse, die den Gang der Gesellschaft im ganzen bestimmen und tief eingreifen in das Leben der Individuen, erscheinen ihnen wie von einer fremden, unbegreiflichen Macht gesteuert: Ob Vollbeschäftigung oder Arbeitslosigkeit, ob Krieg oder Frieden – sie sind nicht erkennbar als Resultat ihres eigenen Wollens und Handelns.

So kann eine Ideologie gedeihen, die lehrt, daß der Lauf der Geschichte tatsächlich von »höheren Mächten« – sei es Gott oder der König, seien es »Führer« oder »große Männer« – gelenkt wird und daß dem Volk eben wirklich nichts anderes übrig bleibt, als auf »Rettung von oben« zu hoffen. Und wenn überhaupt eigene Aktivitäten gefordert werden, dann nur zu dem Zweck, dem Führer, der allein den rechten Weg weiß, zu helfen. In der millionenfach propagierten, gejubelten und gebrüllten Parole »Führer befiehl, wir folgen Dir!« fand dieses *autoritäre Bewußtsein* seinen prägnanten Ausdruck. Dies war der Schrei nach Rettung und zugleich der Schrei nach der eigenen Entmündigung.

Die Antwort der Linken, formuliert schon von den frühen Sozialisten des vorigen Jahrhunderts, lautet: Wirkliche Gemeinschaft und soziale Sicherheit kann es erst dann geben, wenn die Spaltung der Gesellschaft zwischen Kapital und Arbeit aufgehoben ist; wenn alle Mitglieder der Gesellschaft durch das gleiche Prinzip, das der Arbeit, vereinigt sind und eine Klasse, die fremde Arbeit kauft und ausbeutet, nicht mehr existiert; wenn also das Prinzip der Demokratie, der Selbstbestimmung, alle Bereiche des gesellschaftlichen Lebens prägt und wenn alle Mitglieder der Gesellschaft gemeinschaftlich ihre Lebensbedingungen und ihre Zukunft gestalten. Dies wäre also eine Gesellschaft, in der, wie Marx sagte, die freie Entfaltung jedes einzelnen die Bedingung für die freie Entfaltung aller ist. Der Mensch wäre dann nicht mehr der Wolf des Menschen, sondern der Bruder und die Schwester, der Genosse und die Genossin.

Will nun die Rechte solche Lösungen abwehren und doch zugleich eine Antwort geben auf das Bedürfnis nach Gemeinschaft, nach einem Dasein in Sicherheit und in Würde, so gibt es nur einen Weg: Wenn Gemeinschaft nicht durch gesellschaftliche Gemeinsamkeit auf der Basis gemeinsamer Grundinteressen konstituiert werden soll, so bleibt nur die Behauptung, sie werde durch natürliche Gegebenheiten hergestellt: durch gemeinsame Abstammung, durch Blutsverwandtschaft, also durch Biologie. Die wirkliche *Gemeinschaft* ist dann die *des Volkes, der Nation, der Rasse,* die von »Blut und Boden«. Das Volk, die Nation, die Rasse ist dann also die von Natur aus gegebene »Lebens- und Schicksalsgemeinschaft« und – da das Leben nun einmal ein ständiger Kampf ums Dasein ist – auch »Kampfgemeinschaft«. Und Geschichte ist nichts anderers als der ewige Kampf der Völker und Rassen.

Freilich: Innerhalb der eigenen Nation gibt es durchaus nicht nur Harmonien, sondern auch Klüfte, Diskrepanzen und Konflikte. Sie sind aber für dieses Weltbild eigentlich unnatürlich, von Feinden der Gemeinschaft von außen hineingetragen. Dafür müssen dann Schuldige benannt werden. Und das sind vorab diejenigen, die die bestehende Ordnung nicht als von Natur aus gegeben und unabänderlich akzeptieren wollen, sondern von sozialen Gegensätzen reden und die Einheit der Nation durch »Klassenkampf« zerreißen. Es ist aber von der Logik dieser Ideologie, die die Gemeinschaftlichkeit durch naturgegebene Faktoren begründet, auch konsequent, wenn diejenigen, die nicht von Natur aus »zu uns« gehören, dann auch aus der Gemeinschaft hinausdefiniert werden: Die »undeutschen« Elemente sind dann eben nicht nur Menschen, die eine andere Sprache sprechen oder andere Kulturtraditionen repräsentieren, sondern sie sind gefährliche Fremdkörper in einem »Organismus«, im »Volkskörper«, und notfalls müssen sie – wie Bazillen oder Eiterbeulen – eliminiert werden.

Die hier skizzierten Grundelemente rechter Ideologie gehen auch ein in die Weltanschauung und Programmatik bürgerlicher Parteien. Die These vom Konkurrenzkampf als Motor des gesellschaftlichen und ökonomischen Fortschritts und als Inbegriff von Freiheit und Individualität bildet geradezu den Kern der liberalen Weltanschauung. Für die Konservativen andererseits steht die These von der organischen Zusammengehörigkeit aller, von »Volksgemeinschaft« und »Betriebsgemeinschaft«, segensreich geordnet und geschützt von einer starken Staatsgewalt, im Zentrum. Und beiden gemeinsam ist die Vorstellung, daß es von Natur aus Führende und Geführte gibt und daß eine Elite das Sagen haben muß – sei es eine »Leistungselite« (so die liberale Variante), sei es eine durch Geschichte und Tradition legitimierte Elite (so die konservative Variante).

Der Faschismus und die extreme Rechte generell zeichnen sich nun dadurch aus, daß sie die reaktionären, antidemokratischen, sozialdarwinistischen und imperialistischen Elemente der bürgerlichen Ideologie aufgreifen, verabsolutieren und ihre rücksichtslose Durchsetzung verlangen, sie also sozusagen beim Wort nehmen.

Aber diese Elemente bürgerlicher Ideologie werden nicht nur aufgegriffen, sondern auch radikalisiert und verabsolutiert. Bei den bürgerlichen Parteien sind sie nicht absolut gesetzt, sondern vermischt mit Elementen parlamentarisch-liberalen oder konservativ-humanistischen Denkens – und damit natürlich auch relativiert. Der Faschismus aber setzt sie absolut, führt sie zur ihren extremen Konsequenzen und »säubert« sie von ihren liberalen und humanistischen Beimischungen.

Hitler versäumte nicht, die Unternehmer auf die Konsequenzen des kapitalistischen Prinzips von *Leistung und Auslese* für die Gestaltung des Staates hinzuweisen. In seiner Rede vor dem Düsseldorfer Industrieclub (27.1.1932) führte er aus:»Sie haben die Auffassung, meine Herren, daß die deutsche Wirtschaft aufgebaut sein müsse auf dem Gedanken des Privateigentums. Nun können Sie einen solchen Gedanken des Privateigentums praktisch nur dann aufrechterhalten, wenn er irgendwie auch logisch fundiert erscheint. Dieser Gedanke muß seine ethische Begründung aus der Einsicht in die naturgegebene Notwendigkeit ziehen (...) Es ist daher nötig, derartige überlieferte Formen, die aufrechterhalten bleiben sollen, so zu begründen, daß sie als unbedingt notwendig, als logisch und richtig angesehen werden können. Und da muß ich sagen: das Privateigentum ist nur dann moralisch und ethisch zu rechtfertigen, wenn ich annehme, daß die Leistungen der Menschen verschieden sind (...) Dies zugegeben, ist es jedoch Wahnsinn zu sagen: Auf wirtschaftlichem Gebiet sind unbedingt Wertunterschiede vorhanden, auf politischem Gebiet aber nicht! Es ist ein Widersinn, wirtschaftlich das Leben auf dem Gedanken der Leistung, des Persönlichkeitswertes, damit praktisch auf der Autorität der Persönlichkeit aufzubauen, politisch aber diese Autorität der Persönlichkeit zu leugnen und das Gesetz der größeren Zahl, die Demokratie, an dessen Stelle zu schieben (...) Der politischen Demokratie analog ist auf wirtschaftlichem Gebiet aber der Kommunismus.« Dagegen habe die NSDAP das Prinzip des neuen Führerstaates schon verwirklicht: »(...) eine Organisation, erfüllt von eminentestem, nationalem Gefühl, aufgebaut auf dem Gedanken einer absoluten Autorität der Führung auf allen Gebieten, in allen Instanzen – die einzige Partei, die in sich nicht nur den internationalen, sondern auch den demokratischen Gedanken restlos überwunden hat, die in ihrer ganzen Organisation nur Verantwortlichkeit, Befehl und Gehorsam kennt und die damit zum erstenmal in das politische Leben Deutschlands eine Millionenerscheinung eingliedert, die nach dem Leistungsprinzip aufgebaut ist.« Dem kapitalistischen Industriebetrieb mit seinem Leistungsprinzip und seiner straffen Befehlshierarchie entsprach also nach Hitlers Ansicht im politischen Bereich die Diktatur. Daß er damit sowohl den Interessen als auch der Mentalität der Unternehmer entgegenkam, geht schon aus dem Protokoll hervor, das während Hitlers Rede mehrfach »Beifall«, »lebhaften Beifall« und am Ende »stürmischen, langanhaltenden Beifall« verzeichnet.

Dem Bündnis mit dem großen Kapital scheint der »*Antikapitalismus*« der NSDAP zu widersprechen. Und in der Tat hat dieser zur Integration der Massenbasis wesentlich beigetragen. Der Handwerker und der kleine Ladenbesitzer wußten nämlich sehr wohl, daß die Bedrohung ihrer sozialen Existenz als Privateigentümer nicht nur von der Linken, sondern auch von den großen Unternehmen in Handel und Industrie und den Banken ausging. Aus der Einsicht, daß sie in der Konkurrenz mit dem großen Kapital hoffnungslos unterlegen waren, folgten gewisse antikapitalistische Forderungen, die den Faschismus von anderen bürgerlichen Gruppierungen deutlich unterscheiden. Die Polemik gegen das große Kapital führte jedoch, da sie mit einer prinzipiellen Verteidigung des Privateigentums verknüpft war, nicht zu sozialistischen Konsequenzen.

Spätestens in dem Augenblick, als der Faschismus zur Massenbewegung aufstieg und damit als Bündnispartner der Oberklassen attraktiv zu werden begann, wurden die »linken« Kräfte innerhalb der faschistischen Bewegung isoliert und entmachtet. Als Ersatz wurde der Antisemitismus forciert: die Juden wurden als die Repräsentanten des »raffenden Kapitals« präsentiert, das von deutschem »schaffenden Kapital« streng zu unterscheiden sei. Im übrigen beschränkte sich der »nationale Sozialismus« im wesentlichen auf symbolische Handlungen. Alle Deutschen wurden als »Volksgenossinnen und Volksgenossen« angesprochen, und an nationalen Feiertagen aßen Arm und Reich demonstrativ denselben Eintopf aus derselben Gulaschkanone. Aus dem Projekt »Volkswagen« wurde nichts: die angesparten Gelder wanderten in den Rüstungsetat.

Dennoch erschien die soziale Demagogie vielen als glaubwürdig. Das lag auch daran, daß viele Funktionsträger der NSDAP schon ihrer Herkunft nach nicht im Verdacht standen, mit dem Kapitalismus zu paktieren, sondern aus dem einfachen Volk kamen und dies in ihrer Propaganda auch weidlich ausnützten. Adolf Hitler, der Sohn eines kleinen Beamten, Gelegenheitsarbeiter, im Weltkrieg Gefreiter, konnten den »kleinen Leuten« durchaus glaubhaft machen, daß er einer der ihren war. Volkstümlichkeit in Herkunft, Sprache und Auftreten war – neben demagogischen Fähigkeiten und taktischer Gerissenheit – die wesentlichen Voraussetzungen für den Erfolg eines faschistischen Führers. Erst sie schufen die Möglichkeit, daß die neue Variante reaktionärer Politik, die der Faschismus darstellt, bei den Massen ankam. Nun blieb aber eine riesige Kluft zwischen den Hoffnungen der Massen und den Versprechungen des Faschismus einerseits und der Realität andererseits. Sie konnte ideologisch nur dadurch überbrückt werden, daß Feindbilder präsentiert wurden, die als verantwortlich für die Misere dargestellt werden konnten.

Der Feind wurde zunächst repräsentiert vom innenpolitischen Gegner, also vor allem von der Linken, dann auch von anderen Völkern und Rassen. Eine Reihe von faschistischen Bewegungen, vorab der deutsche Faschismus, entdeckte den *Weltfeind* in den *Juden* und brachte alle anderen Feindgruppen mit ihm in Zusammenhang: Kapitalismus wie Kommunismus, Demokratie wie Liberalismus seien letzten Endes nur besondere Erscheinungsformen des Judentums, geschaffen zum Zwecke der Vernichtung der höherwertigen Völker und Rassen. Damit war ein Höchstmaß an Einfachheit und Effektivität erreicht.

Ein Teil dieser Feindgruppen wurde also repräsentiert vom konkreten politischen Gegner; insoweit bleibt der faschistischen Ideologie also ein Rest von Realitätsbezug. Die Diffamierung von Sozialisten, Kommunisten und kritischen Intellektuellen als Feinde der Nation und destruktive Elemente hängt immerhin noch erkennbar mit der Interessenlage der sozialen Träger des Faschismus zusammen. Dagegen knüpft die Diffamierung der Juden nur noch scheinbar an die Wirklichkeit an: Zwar spielten die Juden im Banksektor und im Warenhaushandel, als Rechtsanwälte und Ärzte eine gewisse Rolle, doch läßt sich von hier aus der fanatische Antisemitismus nicht erklären. Erstens wurden alle Juden, gleich welcher Berufsgruppe, als Volksfeinde gebrandmarkt, und zweitens war die Unterscheidung nichtjüdischen Kapitals vom jüdischen, des »schaffenden« vom »raffenden« absolut unsinnig. Das Kapital strebt – durch das Konkurrenzprinzip gezwungen – immer nach dem maximalen Profit, gleichgültig, in wessen Händen es sich befindet.

Der Antisemitismus erweist sich somit als eine Ideologie, die die vorhandenen Aggressionen auf ein Objekt lenkt, das mit den Ursachen der Aggressionen nicht mehr zu tun hat als andere beliebige Objekte. In der Vorstellungs- und Gefühlswelt der Völker des christlichen Abendlandes galten die Juden aber schon seit fast tausend Jahren als diejenigen, die für die Übel dieser Welt verantwortlich waren. Auf diesem religiös begründeten Judenhaß, der immer wieder zu Verfolgungen und Massakern geführt hatte, konnte der rassistisch begründete Judenhaß aufbauen, der sich – im Kontext des allgemeinen Rassismus – seit dem Ende des 19. Jahrunderts entwickelt hatte. Auch dieser rassistische Antisemitismus gewann – wie alle reaktionären Ideologien – in Deutschland eine besondere Wirksamkeit.

»Volksfeinde« und »Volksschädlinge« (einschließlich der Zigeuner, der Homosexuellen usw.) waren also der staatlichen Wilkür und in hohem Maße auch den Aggressionsbedürfnissen der faschistischen Aktivisten schutzlos preisgegeben. Hier konnte auch der im sonstigen Leben Gedemütigte endlich einmal der Stärkere, der Sieger sein. Gewalttätigkeiten und Morde, normalerweise streng verboten, wurden in einem gewissen Maße vom Staat freigegeben. Sie galten ihnen gegenüber nicht nur als erlaubt, sondern geradezu als nationaler Ehrendienst. Sie ließen nicht nur Entladung der eigenen Frustrationen zu, sondern fanden auch noch die Anerkennung der Autorität, so daß sie vor dem eigenen schlechten Gewissen als »Pflicht« gerechtfertigt werden konnten. Es waren die gemeinsam begangenen Verbrechen, die die Faschisten mindestens ebenso fest zusammen banden wie gemeinsame materielle Interessen.

Der deutsche Faschismus zielte auf den großen Eroberungskrieg. Gerade für dieses Motiv fand er in der Tradition des deutschen *Militarismus* starke Kräfte, aus denen sich seine Ideologie speisen konnte.

Für den Faschismus ist das Militär nicht nur Vorbild für politische und soziale Organisationsformen, sondern der Soldat fungiert als Idealbild des Menschen schlechthin und der Krieg als Höhepunkt menschlicher Selbstverwirklichung. Vorstellungen von Leistung und Auslese der Besten, von Härte und Verzicht, von Männlichkeit und Mut, von Heldentum und Todesbereitschaft, von Zucht und Gehorsam, von Gewalt und Unterwerfung verbinden sich hier zu einer Ideologie, in der das Wesen des Faschismus vielleicht am reinsten zum Ausdruck kommt. Frauen können in dieser Vorstellungswelt nur als Menschen zweiter Klasse, als Mittel zum Zweck akzeptiert werden.

Adolf Hitler berichtet, daß er bei der Nachricht vom Kriegsbeginn »überwältigt von stürmischer Begeisterung in die Knie gesunken war und dem Himmel aus übervollem Herzen dankte (...) So, wie wohl für jeden Deutschen, begann nun auch für mich die unvergeßlichste und größte Zeit meines irdischen Lebens.« Mancherlei psychische Bedürfnisse und gesellschaftliche Interessen konnten durch diese Seite des Faschismus befriedigt werden.

Einerseits ist im Militär das autoriär-hierarchische Prinzip am strengsten und konsequentesten durchgeführt, so daß jeder dieser Hierarchie Angehörende ausgiebig Gelegenheit hat, sich in Unterwerfung unter die Autorität und Durchsetzung der eigenen Autorität gegenüber den Untergebenen zu üben. (Nur die Angehörigen der untersten Stufe haben zunächst niemanden, den sie kommandieren können – abgesehen von der eigenen Familie; um so dringlicher werden diskriminierte Minderheiten gebraucht.)

Die tatsächliche Unterwerfung anderer Völker bietet dann eine weiten Spielraum für die Bestätigung des eigenen Selbstwertgefühls.

Daß in diesen militaristisch-expansionistischen Ideologien aber auch unmittelbare materielle Interessen eine Rolle spielen, ist jedoch nicht zu übersehen. Die Hoffnung auf Beute im weitesten Sinne – sei es durch offenen Raub, durch längerfristige Ausbeutung oder durch eine gute Position im Herrschaftsapparat – hat die Wirksamkeit solcher Ideologien zweifellos gesteigert. Die sozialistische Idee des Klassenkampfes wird auf die internationale Ebene bezogen und zu einem Kampf zwischen besitzenden und »proletarischen« Nationen umgedeutet. Das Kriegsbündnis, das Italien, Deutschland und Japan dann schlossen, war ideologisch ganz auf dieses Motiv abgestimmt.

Beide Komponenten – die psychologische und die materielle – waren geeignet, die militaristisch-expansionistische Ideologie zu einem Instrument auszugestalten, mit dem die Herrschenden die unteren Klassen im eigenen Land in einem beträchtlichem Grade korrumpieren konnten. Ihre Aggressionen wurden auf den äußeren Feind, ihre Hoffnung auf dessen Unterwerfung und Ausbeutung abgelenkt. Schon seit dem Ende des 19. Jahrhunderts hatten die Kolonialkampagnen der bürgerlichen Staaten die Wirksamkeit solcher Ideologien gezeigt. Der Faschismus führte auch in dieser Hinsicht die autoritären Tendenzen des bürgerlichen Staates zur letzten Konsequenz.

Die herrschende Klasse profitierte vom Militarismus aber nicht nur deshalb, weil er autoritäre Denk- und Verhaltensformen produzierte und weil er die Hoffnungen der Massen auf bessere Lebensbedingungen auf die Unterwerfung fremder Völker ablenkte und damit die Klassenherrschaft im Innern festigte. Die bestimmende Triebkraft war vielmehr das unmittelbare Interesse der herrschenden Klasse an der Eroberung neuer Rohstoffquellen, Absatzmärkte und Kapitalanlagemöglichkeiten, an der Unterwerfung fremder Völker und ihrer Ausbeutung als billige Arbeitskräfte. Der Imperialismus war also eines der wichtigsten Bindemittel zwischen den Teilen der Massen, die sich eine bessere Zukunft von der Größe der Nation erhofften, und dem Kapital, das seit dem Ende des 19. Jahrhunderts aus Gründen der Selbsterhaltung zur Expansion gezwungen war. Der Faschismus lieferte eine besonders effektive Ideologie, die dieses Bündnis stabilisierte, und eine besonders effektive Herrschaftsform, die es organisierte.

Bilanz

Wie alle konservativen Ideologien beruhte die faschistische »Weltanschauung« darauf, daß die geschichtlich gewordenen und folglich veränderbaren gesellschaftlichen Verhältnisse als naturgegeben und folglich unabänderlich dargestellt wurden. Das war und ist gewissermaßen der ideologische Kernpunkt aller rechten, auf die Bewahrung bestehender Herrschaftsverhältnisse abzielender Ideologien. Den Forderungen nach vernünftiger, humaner und bewußter Gestaltung der Gesellschaft werden naturalistisch-irrationale Mächte wie Blut und Boden gegenübergestellt. Volk und Volksgemeinschaft, Privateigentum und Kampf ums Dasein gelten solchen Ideologien als Urgegebenheiten, die der Mensch zu respektieren habe. Die Linke, die auf Veränderbarkeit und Veränderungsbedürftigkeit der gesellschaftlichen Beziehungen besteht, erscheint dann nicht nur als Unruhestifter, sondern auch als lebensfremd, entwurzelt, die ewigen Gesetze der Natur mißachtend; ihre »Ausrottung« demnach als ein Akt der Gesundung.

Anmerkungen

1 An ausführlicheren Darstellungen, die das Gesamtproblem der Themenstellung kritisch zu fassen versuchen, liegt freilich nicht viel vor. Die Geschichtswissenschaft der DDR hat sich in Gestalt eines Sammelbandes geäußert: D. Eichholtz; K. Gossweiler (Hrsg.): Faschismusforschung. Positionen, Probleme, Polemik. Köln 1980; aus liberaler Sicht äußern sich: K. D. Bracher: Die deutsche Diktatur. Entstehung, Struktur, Folgen des Nationalsozialismus. Köln 1969, in neuen Auflagen laufend überarbeitet; H.-U. Thamer: Verführung und Gewalt. Deutschland 1933–1945. Berlin 1986. Hier finden sich ausführliche Darstellungen zur Ideologie, während das gesellschaftlichen Grundlagen sehr viel weniger ausführlich und auch viel weniger kritisch dargestellt werden. Als Einführung ins Gesamtproblem versteht sich mein Buch »Der Faschismus. Ursachen, Herrschaftsstruktur, Aktualität«. 2. Aufl. Heilbronn 1988. Recht gut aufgearbeitet sind Vorgeschichte und Wirkung von Rassismus, Antisemitismus und Nationalismus in folgenden Texten: H. Berding: Moderner Antisemitismus in Deutschland. Frankfurt 1988; P. Weingart; J. Kroll; K. Bayertz: Rasse, Blut und Gene. Geschichte der Eugenik und Rassenhygiene in Deutschland. Frankfurt 1992; L. Hoffmann: Das deutsche Volk und seine Feinde. Die völkische Droge – Aktualität und Entstehungsgeschichte. Köln 1994; L. Polikov u.a.: Über den Rassismus. Stuttgart 1979; G. L. Mosse: Rassismus. Königstein 1978; W. Grab: Der deutsche Weg der Judenemanzipation 1789–1938. München/Zürich 1991; G. Hentges; G. Kempfert; R. Kühnl (Hrsg.): Antisemitismus. Geschichte – Interessenstruktur – Aktualität. Heilbronn 1995; Die Kontroversen über Rassismus und Holocaust werden diskutiert in: W. Schneider (Hrsg.): »Vernichtungspolitik«. Hamburg 1991 sowie in W. Röhr (Hrsg.): Faschismus und Rassismus. Kontroversen um Ideologie und Opfer. Berlin 1992.
2 N. Sombart: Männerbund und politische Kultur in Deutschland. In: J. H. Knoll; J. H. Schoeps (Hrsg.): Typisch deutsch: Die Jugendbewegung. Opladen 1988, S.156; siehe auch L. Elm u.a. (Hrsg.): Füxe, Burschen, Alte Herren. Studentische Korporationen vom Wartburgfest bis heute. Köln 1992.
3 Zit. nach P. Alter: Nationalismus. Frankfurt 1985, S.46 sowie nach F. Naumann: Demokratie und Kaisertum. 3. Aufl. Berlin-Schöneberg 1904, S. 207.
4 Zit. nach H. Glaser: Spießerideologie. Von der Zerstörung des deutschen Geistes im 19. und 20. Jahrhundert. Freiburg 1964, S. 164.
5 Die Abrüstungsfrage nach realpolitischen Gesichtspunkten betrachtet. Akten zur deutschen auswärtigen Politik 1918–1945. Serie I, Bd. 1. Göttingen 1966, S. 341 ff.
6 Zit. nach Glaser, 1964 (s. Anm. 4), S. 167.
7 Siehe R. Kühnl: Der deutsche Faschismus in Quellen und Dokumenten. 6. Aufl. Köln 1987, Kap. V; A. Hitler: Mein Kampf. München 1944, S. 177 u. 179.

Markus Birzer
Rechtsextremismus – Definitionsmerkmale und Erklärungsansätze

Zur Notwendigkeit der Abgrenzung

Die Frage, wie man Phänomene bezeichnen kann, die sich »rechts« von der Mitte zeigen, ist so kompliziert, wie sich diese Phänomene selbst darstellen; die Unübersichtlichkeit bei umlaufenden Begriffen ist deshalb nicht neu. Wird ein Asylbewerberwohnheim in Brand gesteckt, mutmaßen Öffentlichkeit und Medien schnell, es könnten Rechtsextremisten dahinterstecken. Werden die Täter ermittelt und handelt es sich dabei um männliche Jugendliche, die zudem aus zerrütteten Verhältnissen stammen, möglicherweise arbeitslos sind oder von ihr bedroht werden, vermutet man bald einen rechtsextremen Hintergrund. Und es soll auch schon vorgekommen sein, daß sich diese Täter selbst als »rechtsextrem« bezeichnet haben; Provokation und Schlagzeilen sind ihnen so sicher. Wie aber bezeichnet man jemanden wie die Bevölkerungswissenschaftlerin Charlotte Höhn, die die These vertritt, »die durchschnittliche Intelligenz der Afrikaner sei eben niedriger als die anderer«?[1] Und mit welchem Terminus betitelt man die Aussagen und Aktivitäten des Chefs vom Bund Freier Bürger, der davon spricht, daß es »›eine Verschwörung gegen Deutschland‹ gebe, daß dem deutschen Volk ›Krankheitserreger‹ übel zusetzten, daß es deshalb sein ›Immunsystem‹ stärken müsse«[2] – Metaphern, wie sie in der NS-Zeit von Goebbels verwendet wurden?

Trotz möglicher Überschneidungen in der ideologischen Grundeinstellung ist aber eine exakte Grenzziehung zwischen diesen Phänomenen wichtig, denn in diesen wie in anderen Fällen kann eine vorschnelle Bezeichnung mit dem Etikett »rechtsextrem« eine meist nicht folgenlose Stigmatisierung für die so bezeichnete Person, Institution oder Partei zeitigen. Bei den jugendlichen Straftätern beeinflußt sie eventuell die Strafzumessung und die Resozialisierungsbemühungen, bei der Bevölkerungswissenschaftlerin beschäftigt sich plötzlich eine Vielzahl von Menschen innerhalb und außerhalb der Universität mit dem Fall bzw. mit dieser Person und bei einer Partei ist ein Verbot nicht ausgeschlossen. Es ist also evident, daß ein sorgfältiger Umgang mit solch möglicherweise stigmatisierenden Begriffen und Bezeichnungen und somit die Offenlegung der dahinterstehenden Normen und des politischen und wissenschaftlichen Nutzwertes – und dies sollte nicht nur innerhalb des Forschungszweiges, der sich mit diesen Phänomenen beschäftigt, gelten – angezeigt ist.

Begriffe und Definitionen

Welche, zum Teil auch konkurrierenden, Begriffe werden nun von wem (in Wissenschaft, Politik oder als Selbstbezeichnung) zur Beschreibung des eben skizzierten Untersuchungsgegenstandes verwendet und welche Inhalte und Merkmale werden damit beschrieben? Einige der am häufigsten rezipierten Definitionen in einer Kurzdarstellung:

In ihrer bahnbrechenden Betrachtung der Entwicklung des Rechtsextremismus erkennen Dudek und Jaschke 1984 eine »identitätsstiftende politische Stammkultur«, zu der sie ein »heroisches Menschenbild« mit einem »selbstlos für sein Volk kämpfenden heldischen Menschen« und einem »Führer« an der Spitze von Politik und Militär zählen; des weiteren »eine anti-materialistische und anti-rationalistische Geschichtsauffassung« und einen »irrationalistischen Naturalismus« und »Universalismus«, die zusammen in einer »Ordnungsideologie« gipfeln. Es handele sich dabei »um globale Deutungsmuster von der Art von Weltbildern, die den Rechtsextremisten Gesellschaft und Geschichte auslegen und ihnen selbst einen globalen, situationsübergreifenden Sinn vermitteln«.[3]

Schon vorher hatten Gessenharter, Fröchling und Krupp in ihrer empirischen Einstellungsuntersuchung einen »Index Rechtsextremismus« herausgearbeitet, der auf autoritäres, antipluralistisches, antiparlamentarisches, zivilisationskritisches und nationalistisches (besonders fremdgruppenvorurteilbehaftetes) Gedankengut abhebt, das zudem durch ein rigides, auf Entweder-Oder-Dichotomien fixiertes Schema charakterisiert ist.[4] Schwagerl nennt die von Dudek und Jaschke formulierten Merkmale »Sehnsuchtsideologie«[5] und subsumiert darunter als Kernelemente eine »biologische Geschichtsauffassung«, die »Nation als oberster Integrationswert«, das »Streben nach absoluter Staatsautorität« und den »Führerstaat als Antithese zur Demokratie«[6].

Im Anschluß an diese ideologiekritischen Analysen stellte Wolfgang Benz sieben Kriterien vor, nach denen Rechtsextremismus zu identifizieren sei: »Nationalismus in aggressiver Form«; »Antisemitismus und Rassismus«; »Intoleranz«; »Militarismus, Streben nach einem System von ›Führertum‹ und bedingungsloser Unterordnung«; »Verherrlichung des NS-Staates«; »Neigung zu Konspirationstheorien (z.B. die Annahme, Regierung, Wirtschaft, Gesellschaft usw. seien durch irgendwelche bösartigen Minderheiten korrumpiert)« und eine »latente Bereitschaft zur gewaltsamen Propagierung und Durchsetzung der erstrebten Ziele«.[7]

Richard Stöss geht davon aus, daß es sich beim »Rechtsextremismus um eine gesellschaftsgestaltende Konzeption« handele, in deren Zentrum ein »völkisch fundierter, ethnozentristischer Nationalismus als oberstes Ordnungsprinzip« stehe, dem »alle anderen Werte und Ziele untergeordnet«[8] seien. Armin Pfahl-Traughber versteht Rechtsextremismus »als eine Sammelbezeichnung für antidemokratische Auffassungen und Bestrebungen mit traditionell politisch rechts einzuordnenden Ideologieelementen«[9]. Zu diesen Ideologieelementen zählt er »Nationalismus«, »Autoritarismus«, »Antipluralismus« und die »Ideologie der Ungleichheit«.

Schon Wilhelm Heitmeyer hatte diesen letzten Punkt in seiner Rechtsextremismus-Definition. Von rechtsextremistischer Orientierung spricht er dann, wenn komplementär zumindest die »Akzeptanz von Gewalt« hinzukommt.[10] Wenngleich Holzer in der Definition von Heitmeyer den Gewaltaspekt zu sehr in den Vordergrund gestellt sieht, erkennt auch er, daß »die ausgeprägte Neigung zur Ablehnung rationaler Diskurse, zur Forcierung von Irrationalismen, die Betonung des Kampfes ums Dasein, die Geringschätzung demokratischer Regelungsformen zur Lösung von Konflikten sowie die Betonung autoritärer und militanter Umgangsformen und Stile (...) Gewaltperspektivik und Gewaltakzeptanz als nachgerade zentralen Integrationsfaktor extrem rechten politischen Verhaltens einzuschätzen«[11], nahe legen.

Der Verfassungsschutz, der seine Kriterien für eine Grenzziehung zwischen Demokraten und Extremisten aus dem Bundesverfassungsschutzgesetz (§ 4) zieht, das sich wiederum an den 1952 vom Bundesverfassungsgericht anläßlich des Verbots der Sozialistischen Reichspartei (SRP) entwickelten Prinzipien einer freiheitlichen demokratischen Grundordnung orientiert, definiert rechtsextremistische Bestrebungen generalisierend als »ideologisch durch einen völkischen Nationalismus gekennzeichnet, dessen Triebfeder ein elitäres Rassedenken ist. Nicht die Gemeinsamkeit der Geschichte, der Kultur und insbesondere der Sprache bestimmt nach diesem Weltbild die Zugehörigkeit zu einem Volk und zu einer Nation, sondern allein die biologische Abstammung (Rassevolk, Rassenation). Das ideologische Feindbild wird deshalb maßgeblich durch Fremdenhaß, insbesondere gegen ethnische Minderheiten, geprägt.«[12] Diese legalistische Auslegung entbehrt allerdings zum einen genauerer Definitionen von »völkischem Nationalismus« und »elitärem Rassedenken« und stellt zum anderen »biologischer Abstammung« das nicht sehr trennscharfe Gegenbild einer durch gemeinsame Geschichte, Kultur und Sprache gekennzeichneten Volkszugehörigkeit gegenüber.[13] Deutlich wird jedenfalls, daß hinter dieser Definition die allemal noch nicht letztgültig geklärte Vorstellung herrscht, daß Deutschland kein Einwanderungsland sei.[14]

Begriffe, die eine Affinität zu Ideologie und Geschichte des Dritten Reiches nahelegen, also (Neo-)faschismus, (Neo-)nationalsozialismus etc., sind zur

Charakterisierung spezifischer Erscheinungsformen dann geeignet, wenn die Programmatik und Organisationsformen tatsächlich sich ausschließlich auf Vorstellungen der Nazidiktatur beziehen; wenngleich anzumerken bleibt, daß es selbst hierbei unterschiedliches Gewicht, z. B. eher auf die Person Hitlers bezogen oder eher am Programm der NSDAP orientiert, gibt. Ihre Griffigkeit verlieren diese Begriffe aber bereits dann, wenn so bezeichnete Personen, Aktivitäten und Organisationen auf modernere Formen des Rechtsextremismus zurückgreifen. Die These, daß es sich hierbei um unbelehrbare Altnazis handele und sich dieses Problem »biologisch« löse, vereinfacht den Sachverhalt unzulässig.

Als in einem Bereich zwischen den rechtsextremen Erscheinungsformen und dem Konservatismus beheimatet wird seit einigen Jahren ein Amalgam von Personen, Publikationen, Aktivitäten und Netzwerken identifiziert, für das sich der Begriff »Neue Rechte«[15] durchgesetzt hat. In der Publizistik zum Teil auch etwas mißverständlich als »Extremismus der Mitte«[16] bezeichnet, sind sie metaphorisch benannt als »Scharnier«[17] bzw. als Brücke[18] vorstellbar. Diese modernisierte Form des Rechtsextremismus brilliert keineswegs durch neuartige Ideologieangebote; vielmehr rekurriert sie auf Politikvorstellungen antidemokratischer Kräfte der Weimarer Zeit, allen voran denen von Carl Schmitt. Insbesondere das Procedere, mit dem sie die »kulturelle Hegemonie« in Deutschland erreichen wollen, um danach die politische Vorherrschaft zu erringen – forsches selbstbewußtes Auftreten im Wechsel mit »politischer Mimikry« – hebt sie von den »Alten Rechten« ab und rechtfertigt die Kennzeichnung als »Neue Rechte«.

Die Begriffe »Rechtsextremismus« und »Rechtsradikalismus« werden in Publizistik und Wissenschaft häufig synonym verwendet. Ein Unterschied ist nuancenhaft, wenngleich aber bemerkenswert, weil an der Effektivität des Postulats und der Durchsetzung ihres Hegemonieanspruches festzumachen. Der Verfassungsschutz verwendet selbst seit etwa 1973 den Begriff »extremistisch«, da nur diese Tendenzen verfassungsfeindlich im Rechtssinne seien; »radikale« Bestrebungen bewegen sich demgemäß noch innerhalb des Verfassungsrahmens.[19]

Rechtsextremismus: Gegnerschaft zum Grundgesetz

Die Schwierigkeit, die nach Sichtung der in Wissenschaft und Politik gängigen Definitionsversuche offensichtlich wird, ist, daß diese zum einen unterschiedliche Phänomene beschreiben, zum anderen aber die eindeutige Zuordnung von Personen, Organisationen, Parteien, Aktionen und Aussagen etc. aufgrund deren Spannbreite, Vielschichtigkeit und Ausprägungsvielfalt kaum möglich ist. Dennoch läßt sich aus den zwangsweise lückenhaft referierten Definitionsansätzen ein Minimalkonsens erarbeiten. Als Konvergenzpunkt extrem rechter Ideologien – in welchen spezifischen Facetten sie auch vertreten werden – läßt sich die Ablehnung der im Grundgesetz im Artikel 1 formulierten universal geltenden individuellen Menschenwürde und der in Artikel 20 und 28 Grundgesetz dargelegten Staatsziele einer föderativ angelegten, sozial- und rechtsstaatlich verfaßten und demokratisch strukturierten »offenen Republik«[20] beschreiben.

Akzeptiert man diese Verfassungsnormen als Ausgangspunkt, so läßt sich anhand des Grades der Abweichung von diesen bzw. am Maß von deren Bekämpfung eine Vermessung des rechten Spektrums trotz mancher verschwommener Konturen durchführen. Die primäre Leitorientierung, also die Gegnerschaft zum demokratisch orientierten Verfassungsstaat westlichen Musters, wird dabei wesentlich von den folgenden Ideologiekonstrukten getragen: »völkischer Nationalismus«[21], Antiliberalismus, Antiparlamentarismus, Homogenitätsbestrebungen, Freund-Feind-Unterscheidung, »Überbetonung der Gemeinschaft (Volksgemeinschaft)«[22], autoritärer Staat mit elitären Strukturen, antiindividualistische Kollektivorientierung, Mißachtung der universalen Bürger- und Menschenrechte und Kampf gegen das Gleichheitspostulat.

Erklärungsansätze für Rechtsextremismus

Die Einschätzung von Richard Stöss, daß es »überhaupt keine Erklärungsansätze für Rechtsextremismus schlechthin, sondern allenfalls für einzelne Dimensionen, eher noch für einzelne Erscheinungsformen des Rechtsextremismus«[23] gebe, ist sicherlich richtig. Dennoch haben sich in den vergangenen Jahren einige Erklärungsansätze herauskristallisiert, die erfolgversprechende Ansätze zur Beschreibung des Phänomens bieten. Einige davon befinden sich in der »Entwicklung«, andere wurden mangels Erklärungskraft verworfen. Zur systematischen Einteilung der bestehenden Erklärungsansätze und Ursachenforschungen hat sich die mehrebenenanalytische Unterscheidung in Makro-, Meso- und Mikroebene bewährt. Dort wiederum unterscheiden sich die einzelnen Theorien darin, ob sie eher Verhalten oder eher Einstellungen erklären wollen. Dieser Differenzierungsgrad wird, soweit möglich, bei den einzelnen vorgestellten Ansätzen berücksichtigt.

Bei Erklärungsansätzen auf der *Makroebene* leiteten in der Betrachtung und Erklärung von rechtsextremen Erscheinungen in der Bundesrepublik die frühen Untersuchungen der Soziologen Scheuch und Klingemann eine entscheidende Wende ein. Indem sie die bundesrepublikanische Situation in einen internationalen Vergleich stellten, lösten sie sich von der damals gängigen Theorie, daß der Rechtsextremismus als Folgeerscheinung des deutschen Nationalsozialismus zu verstehen sei. Sie konstatierten, daß in allen westlichen Industriegesellschaften ein Potential für rechtsradikale politische Bewegungen existiere und somit Rechtsradikalismus »unter dieser Perspektive eine ›normale‹ Pathologie von freiheitlichen Industriegesellschaften«[24] sei. Abgesehen davon, daß die Spezifika der politischen Kultur und des politischen Systems eines Landes bei einer derartigen Analyse berücksichtigt werden müssen, kann diese These zu leicht als Entwarnung angesehen werden: Das ist eben so, damit muß man sich abfinden, woanders ist es genauso! Daß es aber doch »deutsche Besonderheiten« gibt, auch wenn in anderen Ländern, wie beispielsweise in Italien, mit der Regierungsbeteiligung von Neofaschisten ebenfalls verstärkt rechte Tendenzen wahrnehmbar werden, wurde in Deutschland durch die Fremdenfeindlichkeitswelle der vergangenen Jahre in Form eines erhöhten Eskalationspotentials sichtbar.

Der »Politische-Kultur«-Ansatz könnte dieses Manko überwinden. Versteht man Politische Kultur als die Summe der politischen Werte, Einstellungen und Verhaltensweisen von Individuen im Kontext der ökonomischen, sozialen und politischen Gegebenheiten in einem Land, kann durch die Messung dieser Zustände ein einigermaßen verläßliches Bild der politischen Anschauungen gegeben werden. Der Politische-Kultur-Ansatz geht davon aus, daß in der Bundesrepublik politische Traditionen (z.B. etatistische Traditionen, Untertanengesinnung, Formalismus etc.), Mentalitätsbestände und »autoritäre, aggressiv-gewalthaltige, voluntaristische und manichäische Denk- und Verhaltensdispositionen«[25] existieren, die zu gegebener Zeit für rechtsextremistische Bewegungen mobilisiert werden können.[26] Beachtenswert sind in diesem Zusammenhang die Forschungen des Duisburger Instituts für Sprach- und Sozialforschung, die die Verbalisation derartiger Denkmuster in politischen Diskursen transparent zu machen versuchen.

Über einen größeren Zeitraum hinweg wurde der faschismustheoretische Ansatz für die Erklärung von Rechtsextremismus herangezogen. Dabei wird die Auffassung vertreten, daß »die Ursachen für das Aufkommen rechtsextremer Bestrebungen in der ›kapitalistischen Gesellschaft‹ zu suchen«[27] seien. In Zeiten von wirtschaftlichen oder soziopolitischen Krisen oder Stabilitätsverlusten würden faschistische Strategien zur Stabilitätssicherung beitragen helfen, indem demokratische Rechte eingeschränkt würden. Rechtsextremismus sei daher eng an kapitalistische Gesellschaften gekoppelt. Dieser Ansatz wurde insbesondere seit Bekanntwerden rechtsextremer Erscheinungen in der ehemaligen DDR bereits vor der Wende und in der ehemaligen Sowjetunion kritisch betrachtet, hat seitdem aber keine grundlegenden Überarbeitungen erfahren.

Weder einen Beitrag zur Begriffs- noch zur Ursachenklärung kann die Extremismustheorie (und mit dieser eng verbunden die Totalitarismustheorie) leisten. Obgleich ideologische und politische Übereinstimmungen zwischen »rechts-« und »linksaußen« beispielsweise in Fragen der Erringung der kulturellen und politischen Hegemonie, in Bereichen der Ökologie und sicherlich auch in der Diskussion um die Legitimität von Gewalt bei der Durchsetzung von politischen Interessen angezeigt sein können, greift ein Vergleich in den bestimmenden Merkmalen, in der Zielorientierung und in der Gefahreneinschätzung zwischen Links- und Rechtsextremismus zu kurz. Eine sich selbst so definierende »Mitte« läuft zudem Gefahr, die Extreme zu stigmatisieren, ohne sich selbst andererseits einer notwendigen kritischen Standortbestimmung zu öffnen.[28]

Für Erklärungsansätze auf der *Mesoebene* ist relevant, daß Willems in seinen Untersuchungen festgestellt hat, daß die »These von den ›irregeleiteten Einzeltätern‹ bei fremdenfeindlichen und rechtsextremistischen Straf- und Gewalttaten aus soziologischer Sicht als nicht zutreffend beurteilt werden«[29] könne. Vielmehr wurden 93,4 Prozent der Taten von Gruppen oder aus Gruppen heraus begangen. Die gruppenspezifischen (Binnen)Prozesse bei rechtsgerichteten Jugendgruppen sind bislang nur ansatzweise untersucht, könnten jedoch auch in bezug auf sich auflösende und/oder sich neu formierende und strukturierende (subkulturelle) Milieus erklärungsrelevante Ergebnisse bringen. Die Bedeutung von Familienstrukturen und Gleichaltrigengruppen für die politische Sozialisation Jugendlicher und somit für die Herausbildung oder Verstärkung rechtsextremer Einstellungen und Handlungen erscheint in diesem Bereich ebenso wichtig wie Alter, Bildung, Erwerbssituation, der Berufstatus und die Einkommensstruktur.

Die Orientierung an der Parteien-, Organsisations- und Wahlforschung kritisierte Mitte der achtziger Jahre Wilhelm Heitmeyer. Er plädierte dabei für ein soziologisches Verständnis des Rechtsextremismus. Ausgangspunkt seines mittlerweile vielfach dargelegten[30] und in einer Reihe empirischer Jugendstudien von ihm und seinem Team angewendeten Erklärungsansatzes auf der *Mikroebene* ist die Theorie der Modernisierung. Er bleibt damit in der Tradition eines kapitalismuskritischen Ansatzes, stellt jedoch nicht die ideologische Komponente in den Vordergrund, sondern bleibt in seinen Analysen soziologisch. Im Rekurs auf die von Beck erarbeitete Gesellschaftsanalyse der »Risikogesellschaft« versteht der Ansatz Rechtsextremismus als Folge einer Kausalkette, ausgehend von umfassenden Modernisierungstendenzen, die zu gesellschaftlicher Desintegration und zu Individualisierungs- und Auflösungsprozessen (in Familien oder Milieus; bei der Teilnahme an gesellschaftlichen Institutionen; bei der Verständigung über gemeinsame Wert- und Normvorstellungen) führen, die wiederum Gewalt als akzeptable Lösung für

Konflikte legitimieren. Dem verunsicherten, orientierungslosen und handlungsunsicheren Individuum böten rechtsextremistische Angebote Orientierungshilfen mit ihren »Vorurteilen und durch Stabilitätsversprechen« an. Gleichzeitig legitimieren sie Gewalt durch ihr Postulat, »der Stärkere soll sich durchsetzen«, und öffnen den Jugendlichen »Zugehörigkeitsmöglichkeiten, die rechtsextremistische Konzepte vor allem mit nationaler Zugehörigkeit und Überlegenheitsangeboten bieten«[31].

Die Kritik an diesem Ansatz ist mittlerweile Legion. Zuvorderst haben Tübinger Forscher die These von den »Modernisierungsopfern« in Frage gestellt, als sie manifeste rechtsextreme Einstellungen bei leistungsorientierten Jugendlichen in gesicherten Berufsfeldern, die keineswegs unter den Folgen der Modernisierung zu leiden schienen, feststellten.[32] Darüber hinaus wurde bei einer Analyse von Gerichts- und Ermittlungsakten erkannt, daß nur für einen kleinen Teil der fremdenfeindlichen Gewalttäter persönliche Desintegrationserfahrungen festzustellen seien.[33] Weitere Kernpunkte der Kritik zielen darauf ab, daß Rechtsextremismus »als quasi normale Notwehrreaktion«[34] gesehen werde und damit unzulässige »Täterentlastung« (Rommelspacher) betrieben werde. Unklar bleibe auch, warum die Folgen der Modernisierung ausgerechnet in einer Hinwendung zum Rechtsextremismus mündeten. Trotz aller Kritik sind die Heitmeyerschen Analysen bedeutsam für die politische Sozialisationsforschung und tragen zum Erkenntnisgewinn bei lebensgeschichtlichen Forschungen bei.

Seit längerer Zeit ist in der Forschung darüber hinaus ein »Bündel individual- und sozialpsychologisch faßbarer Einstellungen, Orientierungen und Verhaltensdispositionen« bekannt, »welche die Übernahme extrem rechter Ideologeme nachweislich begünstigen«[35]. Eine Reihe von Persönlichkeitsmerkmalen, die von der Berkeley-Gruppe in der sogenannten F(aschismus)-Skala herausgearbeitet wurden und den Idealtypus der »Autoritären Persönlichkeit« (dazu gehören vor allem Konventionalismus, autoritäre Unterwürfigkeit, aggressive Autoritätssucht, Aberglaube und Stereotypie, Ambiguitätsintoleranz und verquältes Sexualitätsinteresse) bilden, haben mittlerweile eine detaillierte Spezifizierung erfahren (z. B. durch verschiedene »Autoritarismus-Skalen« oder »Dogmatismus-Skalen«)[36] und fanden in vielen Studien und Erklärungsmustern Eingang.

Den Versuch, individual- und sozialpsychologische, politische und gesellschaftliche Einflußfaktoren in ihrer Summe und gegenseitigen Verknüpfung für rechtsextreme und fremdenfeindliche Einstellung bei Jugendlichen erkennbar zu machen, liefert der »integrative Ansatz« von Melzer.[37] Die in dem sogenannten »Rechtsextremismussyndrom« zusammengefaßten Merkmale »Negative Nationalitätsstereotypen«, »Antisemitismus/Ethnozentrismus«, »historisch-nationalisierende Einstellungen« und »autoritäre Charakterstrukturen«[38] sollen diejenigen Bedingungen und Mechanismen erklären, die manifeste Ausländerfeindlichkeit hervorbringen. Melzer betrachtet diese Merkmale jedoch nicht isoliert, sondern kontrastiert sie mit perzipierten Einflußfaktoren der politischen Sozialisation und den politischen Interessen der Jugendlichen.

Nicht nur, weil verschiedene Persönlichkeitsmerkmale, die ihre Fähigkeit »zur Selbstbeobachtung, Selbsteinsicht und Selbstkorrektur qualitativ mindern« und damit die »Kommunikationschancen dieses Persönlichkeitstyps strukturell«[39] beschädigen, bei Rechtsextremen besonders erwartbar sind, ist es wichtig, ihre Perzeptionen von politischer und sozialer Umwelt, ihrer eigenen Zukunft usw. zu erforschen. Gleichzeitig gilt es, eigenständige und objektive Daten über die sie umgebende Umwelt und über ihre Einbindung in zentrale subkulturelle Milieus zu erheben und diese in einer Mehrebenenanalyse miteinander zu verbinden.[40] Dabei können dann nicht nur Unterschiede von Rechtsextremismus etwa zwischen Ost- und Westdeutschland schärfer gefaßt und erklärt werden, sondern auch bei internationalen Vergleichen die besonderen Strukturen etwa der deutschen politischen Kultur unter Berücksichtigung ihrer Verbindung zum Nationalsozialismus besser kontrolliert werden. Ob und inwieweit der Ansatz, Rechtsextremismus als »Neue soziale Bewegung« zu verstehen, für diesen Zusammenhang fruchtbare Anregungen und interessante Daten bieten wird, ist derzeit Gegenstand der Diskussion innerhalb der Rechtsextremismus- wie auch der Bewegungsforschung selbst.[41]

Insgesamt gesehen bleibt trotz aller partiellen Erklärungsmöglichkeiten einzelner Phänomene innerhalb des Rechtsextremismus ein erhebliches Forschungsdefizit. Vor allem empirische Untersuchungen, die Aufschluß über Entstehung, Ursachen von und Umgang mit dem Phänomen Rechtsextremismus zulassen, sind noch zu selten. Enorme Forschungslücken sind immer noch zu beklagen bei der Analyse der Schnittstellen zwischen rechtsextremem Reden und dem entsprechenden manifesten Gewalthandeln. Aber gerade die Kenntnis über Wirkungsmodi und »Interaktion von Gesellschaft, Politik und Individuum«[42] könnte sehr viel mehr über Strukturen des Rechtsextremismus an den Tag bringen als die bislang meist punktuell ansetzende Forschung. Bei dieser Kritik darf allerdings nicht übersehen werden, daß eine kontinuierliche und intensive Rechtsextremismusforschung, die sich diesen Problemstellungen widmet, bislang an personellen und finanziellen Bedingungen scheitert. Die Vielzahl von Buch- und Aufsatztiteln über Rechtsextremismus darf nicht darüber hinwegtäuschen, daß dieses Feld scharfen konjunkturellen Aufmerksamkeitswellen unterworfen ist und der eher journalistische Schnellschuß[43] gegenüber fundierter empirisch-theoretischer Forschung weit dominiert.

Anmerkungen

1 Süddeutsche Zeitung vom 4./5. Mai 1996.

2 Süddeutsche Zeitung vom 4./5. Mai 1996.

3 Vgl. P. Dudek/H-G. Jaschke: Entstehung und Entwicklung des Rechtsextremismus in der Bundesrepublik. 2 Bde. Frankfurt a. M. 1984, Bd. 1, S. 26f.

4 Vgl. W. Gessenharter; H. Fröchling; B. Krupp: Rechtsextremismus als normativ-praktisches Forschungsproblem. Weinheim/Basel 1978 sowie verschiedene Handbuchartikel von Gessenharter, z. B. den Artikel »Rechtsextremismus« in: M. Greiffenhagen; S. Greiffenhagen; R. Prätorius (Hrsg.): Handwörterbuch zur politischen Kultur der Bundesrepublik Deutschland. Opladen 1981, S. 398–401.

5 H. J. Schwagerl: Rechtsextremes Denken. Merkmale und Methoden. Frankfurt a. M. 1993, S. 14.

6 Ebenda, S. 6.

7 W. Benz: Die Opfer und die Täter. Rechtsextremismus in der Bundesrepublik. In: ders. (Hrsg.): Rechtsextremismus in der Bundesrepublik. Frankfurt a. M. 1989, S. 9–37, hier S. 10.

8 R. Stöss: Extremismus von rechts. Einige Anmerkungen aus rechtlicher und politikwissenschaftlicher Perspektive. In: R. Harnischmacher (Hrsg.): Angriff von rechts. Rostock 1993, S. 5–29, hier S. 14.

9 A. Pfahl-Traughber: Rechtsextremismus. Eine kritische Bestandsaufnahme nach der Wiedervereinigung. Bonn 1993, S. 18.

10 Vgl. W. Heitmeyer: Rechtsextremistische Orientierungen bei Jugendlichen. Empirische Ergebnisse und Erklärungsmuster einer Untersuchung zur politischen Sozialisation. 2. Aufl. Weinheim/München 1988, S. 16.

11 W. I. Holzer: Rechtsextremismus. Konturen, Definitionsmerkmale und Erklärungsansätze. In: Handbuch des österreichischen Rechtsextremismus. Hrsg. v. Dokumentationsarchiv des österreichischen Widerstandes. Wien 1994, S. 12–96, hier S. 65.

12 Bundesministerium des Innern (Hrsg.): Verfassungsschutzbericht 1993. Bonn 1994, S. 14.

13 Zum Verfassungsschutz vgl. W. Gessenharter: Kippt die Republik? Die Neue Rechte und ihre Unterstützung durch Politik und Medien. München 1994a, S. 169–183; H-G. Jaschke: Streitbare Demokratie und Innere Sicherheit. Opladen 1991; H-G. Jaschke: Staatliche Institutionen und Rechtsextremismus. In: W. Kowalsky; W. Schroeder (Hrsg.): Rechtsextremismus. Einführung und Forschungsbilanz. Opladen 1994, S. 302–321; Stöss, 1993, S. 6–14 (s. Anm. 8).

14 Vgl. hierzu W. Gessenharter: Rechtsextremismus und Neue Rechte in Deutschland – Gefahren für die Republik? In: Gegenwartskunde. Leverkusen (1994b) 4, S. 419–430, hier S. 421.

15 Vgl. hierzu auch den Beitrag von Gessenharter und Fröchling in diesem Band; vgl. auch M. Feit: Die »Neue Rechte« in der Bundesrepublik. Frankfurt a. M./New York 1987; T. Assheuer; H. Sarkowicz: Rechtsradikale in Deutschland. Die alte und die neue Rechte. 2. Aufl. München 1992, S. 139–215 und grundlegend Gessenharter 1994a (s. Anm. 13).

16 Vgl. den Sammelband von H.-M. Lohmann: Extremismus der Mitte. Vom rechten Verständnis deutscher Nation. Frankfurt a. M. 1994 und den dortigen Einführungsaufsatz von Lohmann, in dem die Wirkmächtigkeit der Neuen Rechten innerhalb des Links-Rechts-Spektrums stärker bei der politischen Mitte gesehen wird. Die Bezeichnung »Extrem« ist in diesem Zusammenhang aber bestimmt zu scharf.

17 Vgl. W. Gessenharter: Die »Neue Rechte« als Scharnier zwischen Neokonservatismus und Rechtsextremismus in der Bundesrepublik. In: R. Eisfeld; I. Müller (Hrsg.): Gegen Barbarei. Essays Robert M. W. Kempner zu Ehren. Frankfurt a. M. 1989, S. 424–452.

18 Vgl. A. Pfahl-Traughber: Brücken zwischen Rechtsextremismus und Konservatismus. In: W. Kowalsky; W. Schroeder (Hrsg.): Rechtsextremismus. Einführung und Forschungsbilanz. Opladen 1994, S. 160–182.

19 Vgl. Bundesministerium des Innern, 1994, S. 4 (s. Anm. 12); Schwagerl, 1993, S. 15f. (s. Anm. 5); Stöss, 1993, S. 13 (s. Anm. 8).

20 Vgl. D. Oberndörfer: Die offene Republik. Zur Zukunft Deutschlands und Europas. Freiburg im Breisgau 1991; sowie Gessenharter, 1994a (s. Anm. 13).

21 Zu den Kernideologemen des Völkischen Nationalismus vgl. H. Kellershohn: Das Projekt *Junge Freiheit*. Eine Einführung. In: ders.: Das Plagiat. Der völkische Nationalismus der *Jungen Freiheit*. Duisburg 1994, S. 17–50, hier S. 27f.

22 Schwagerl, 1993, S. 109 (s. Anm. 5).

23 R. Stöss: Forschungs- und Erklärungsansätze – ein Überblick. In: W. Kowalsky; W. Schroeder (Hrsg.): Rechtsextremismus. Einführung und Forschungsbilanz. Opladen 1994, S. 23–66, hier S. 25f.

24 E. K. Scheuch; H. D. Klingemann: Theorie des Rechtsradikalismus in westlichen Industriegesellschaften. In: H.-D. Ortlieb; B. Molitor (Hrsg.): Hamburger Jahrbuch für Wirtschafts- und Gesellschaftspolitik. 12 (1967), S. 12–29, hier S. 12 f.

25 Holzer, 1994, S. 76 (s. Anm. 11).

26 Vgl. hierzu auch A. Pfahl-Traughber, 1994, S. 217f. (s. Anm. 18).

27 Ebenda, S. 203.

28 Vgl. hierzu ausführlicher C. Butterwegge: Entwicklung, gegenwärtiger Stand und Perspektiven der Rechtsextremismusforschung. In: Forschungsbericht 1995. Studien zu rechtsextremen und (neo-)konservativen Diskursen. Hrsg. v. Duisburger Institut für Sprach- und Sozialforschung. Duisburg 1995, S. 102–115, hier S. 102–106; Stöss, 1994, S. 24 (s. Anm. 23).

29 H. Willems: Fremdfeindliche Gewalt. Einstellungen – Täter – Konflikteskalation. Opladen 1993, S. 135.

30 Vgl. Heitmeyer, 1988 (s. Anm. 10); ders. u. a.: Die Bielefelder Rechtsextremismus-Studie. Erste Langzeituntersuchung zur politischen Sozialisation männlicher Jugendlicher. Weinheim/München 1992; ders.: Gesellschaftliche Desintegrationsprozesse als Ursache von fremdenfeindlicher Gewalt und politischer Paralysierung. Aus Politik und Zeitgeschichte. (1993) 2–3, S. 3–13; und neuestens die Studie von 1995, in der sich die Forschergruppe die Gewaltproblematik zum Schwerpunkt gewählt hat: W. Heitmeyer u. a.: Gewalt. Schattenseiten der Individualisierung bei Jugendlichen aus unterschiedlichen Milieus. Weinheim/München 1995.

31 Heitmeyer, 1993, S. 5 (s. Anm. 30).

32 Vgl. J. Held u. a.: »Du mußt so handeln, daß du Gewinn machst ...« – Empirische Untersuchungen und theoretische Überlegungen zu politisch rechten Orientierungen jugendlicher Arbeitnehmer. Duisburg 1991.

33 Willems, 1993, S. 250 (s. Anm. 29).

34 F. Neubacher: Jugend und Rechtsextremismus in Ostdeutschland: vor und nach der Wende. Bonn 1994, S. 127.

35 Holzer, 1994, S. 76 (s. Anm. 11).

36 Vgl. in diesem Zusammenhang auch Schumanns Konzept der »Affinität zu einem stabilen kognitiven Orientierungsystem« (ASKO), S. Schumann: Wahlverhalten und Persönlichkeit. Opladen 1990.

37 Vgl. W. Melzer: Jugend und Politik in Deutschland. Opladen 1992.

38 Ebenda, S. 217; vgl. auch H. Fröchling: Sozialwissenschaftliche Erklärungsansätze für fremdenfeindliche Einstellungen und Handlungen. In: H. Knortz (Hrsg.): Fremdenfeindlichkeit in Deutschland. Ein interdisziplinärer Diskussionsbeitrag. Frankfurt a. M. 1994, S. 81–99.

39 Holzer, 1994, S. 77 (s. Anm. 11).

40 Vgl. dazu M. Birzer; W. Gessenharter: Jugendliche »rechtsextreme« Gewalttäter im Spiegel qualitativ-dialogischer Sozialforschung. In: PVS-Sonderband 1996: »Rechtsextremismus«. (Ein Verfahren, Perzeptionen in ihrer Komplexität faßbar zu machen, haben wir im Themenfeld »Ausländerproblematik« ausgearbeitet: W. Gessenharter; M. Birzer; P. H. Feindt; H. Fröchling; U. M. Geismann: Zusammenleben mit Ausländern. Eine empirische Studie. Hamburg 1994).

41 Vgl. hierzu den Beitrag von Ruud Koopmans in diesem Band und neuestens die Beiträge in Berliner Debatte. INITIAL Heft 1/1996.

42 H. Funke: Rechtsextremismus – Zeitgeist, Politik und Gewalt. Eine Zwischenbilanz. In: R. Faber; H. Funke; G. Schoenberner (Hrsg.): Rechtsextremismus. Ideologie und Gewalt. Berlin 1995, S. 14–51, hier S. 17.

43 Womit nicht intendiert werden soll, daß nicht auch Journalistinnen und Journalisten durch gut recherchierte Artikel (z.B. Bernd Siegler in der taz) und Bücher (z.B. F. Hundseder: Rechte machen Kasse. Gelder und Finanziers der braunen Szene. München 1995 und Assheuer/Sarkowicz, 1992 (s. Anm. 15)) unser Wissen erweitert haben.

Helmut Fröchling

Die ideologischen Grundlagen des Rechtsextremismus

Grundstrukturen rechtsextremer Weltanschauung. Politischer Stil, Strategien und Methoden rechtsextremer Propaganda.

Rechtsextremismus als komplexes gesellschaftlich-politisches Syndrom

Der Begriff Rechtsextremismus bezeichnet keine geschlossene, konsistente politische Theorie[1]. Er bezeichnet vielmehr ein vielschichtiges politisches und soziales Glaubens- und Handlungssystem in westlichen (und neuerdings auch östlichen) Industriestaaten, das in der »Gesamtheit (...) (seiner, d. Verf.) Einstellungen und Verhaltensweisen (...) auf die Beseitigung oder nachhaltige Beeinträchtigung demokratischer Rechte, Strukturen und Prozesse gerichtet ist«[2]. Dieses läßt sich in seiner Gesamtheit wie in seinen einzelnen Elementen als das jeweils aktuelle Ergebnis eines Interaktionszusammenhangs[3] beschreiben, in dessen Verlauf Akteure und Institutionen des politischen Handlungssystems (Regierung, Verfassungsschutz, Polizei, Justiz, Bildungssystem) und des kulturellen Systems (Medien, Wissenschaft, Kunst) gemeinsam mit der Bevölkerung (politische Wertorientierungen, Einstellungen und Verhaltensdimensionen) und den Akteuren und Organisationen des »rechten Lagers« selbst (Einstellungen, Handlungs- und Organisationsziele und -muster) auch vor dem historischen Kontext eines Landes immer wieder erneut ein Phänomen wie »Rechtsextremismus« definieren, abgrenzen und sich entsprechend verhalten. Da bereits von der Verwendung des Begriffes immer auch etwas stigmatisierendes ausgeht, wird eine sorgfältige, überprüfbare Analyse dieses Phänomens dabei mindestens nach drei Betrachtungsebenen[4] differenzieren müssen: die gesamtgesellschaftliche, die organisationsbezogene und die individuelle Ebene.

Auf der Makroebene wird man dabei auf die Dimension der jeweiligen ökonomischen, sozialen und kulturellen Rahmenbedingungen in den Industriegesellschaften eingehen müssen, innerhalb deren Rechtsextremismus entstanden ist bzw. entsteht; ferner auf die Dimension der dem Rechtsextremismus zugrundeliegenden gesellschaftsgestaltenden und politischen Ideen, der Ideologie samt ihrer Geschichte, ihrer Struktur und ihrer Funktion im politischen Wirkungszusammenhang; des weiteren auf die Dimension der in der Gesellschaft vorhandenen rechtsextremen Institutionen (etwa Parteien, Jugendorganisationen, Verbände, Medien, Verlage) sowie der informellen Beziehungsnetze, Bewegungen und Subsysteme.

Auf der Organisationsebene müßte der Blick auf die Ziele, Strukturen und Prozesse gerichtet werden, die sich innerhalb rechtsextremer Gruppen und Organisationen beobachten lassen und Auswirkungen auf Politik und Gesellschaft, aber auch auf die ihnen zugehörigen Mitglieder haben. Richtet man den Scheinwerfer auf die Individualebene, so gerät damit zum einen die Dimension rechtsextremer Wertorientierungen und Einstellungen ins Blickfeld. Hier werden insbesondere genannt: Anomie, Ethnozentrismus und völkischer Nationalismus, Fremdgruppenvorurteile, Rassismus und Antisemitismus, Autoritarismus, Antiliberalismus, Antipluralismus, Antiparlamentarismus, Militarismus, Law-and-Order-Mentalität und Ideologie der Ungleichheit, ergänzt durch die Dimension der Persönlichkeitsmerkmale, wie Apathie, mangelnde Ambiguitätstoleranz, Rigidität im Denken, Dogmatismus, Autoritarismus, externe/interne Kontrollerwartung, Affinität zu stabilen kognitiven Orientierungssystemen, etc.[5]

Zum anderen fällt der Blick auf die Verhaltensdimension, etwa das Wahlverhalten, die Mitgliedschaft und Mitarbeit in Organisationen und die breite Palette politischen Protestverhaltens bis hin zu latenter oder manifester Gewalttätigkeit. Das Verhaltensrepertoire wird dabei dominiert durch betont »männlichkeitsorientierte« Merkmale und radikalisierte, verselbständigte konservative Werte und »Sekundärtugenden«.[6]

Der hier folgende Überblick über die ideologischen Grundlagen des Rechtsextremismus bewegt sich also lediglich auf *einer* Dimension dieses komplexen Wirkungszusammenhanges, wenngleich auf einer zentralen. Handelt es sich doch bei der politischen Ideologie um das Gedanken- und Orientierungssystem, das leitend ist bei Identitätsfindung und Selbstvergewisserung, bei Handlungsorientierung, -legitimation und Akzeptanzbeschaffung rechtsextrem eingestellter politischer Akteure, das die Ziele und Programme der von ihnen geschaffenen und betriebenen Institutionen und Beziehungsgeflechte bestimmt und das schließlich für alle politischen Konkurrenten und Gegner sowie auch für die Exponenten des liberal-demokratischen Verfassungsstaates, der pluralistischen Gesellschaftsstruktur und der sozialen Marktwirtschaft als Erkennungsmerkmal und Widerpart fungiert.

Rechtsextremismus als politische Ideologie[7] soll hier verstanden werden als diejenige »Gesellschaftliche Konstruktion der (hier insbesondere politischen, d. Verf.) Wirklichkeit«[8], die seit dem Ende des 19. Jahrhunderts den altkonservativen, gegen Aufklärung, modernes Naturrecht und die dem Rationalismus zu verdankenden Universalnormen der französischen Revolution (»liberté, égalité, fraternité«) gerichteten, »Denkstil« radikal zugespitzt und in eine mythische »›Weltanschauung‹, eine *Haltung* (Hervorh. i. Original) gegenüber der

Welt und dem Leben«[9] – im besonderen aber bezüglich *Staat und Politik*, transformiert.

Eine geschlossene politische Theorie des Rechtsextremismus als »extreme(r) Spielart des Konservativen«[10] liegt – wie bereits erwähnt – nicht vor. Außerdem wird der Begriff von als rechtsextrem geltenden politischen Akteuren, Gruppen und Institutionen nicht als Selbstbezeichnung verwendet.[11] Zudem weist Rechtsextremismus über die Funktion als »Weltanschauung« und politische Ideologie hinaus auch »umfassende *handlungsleitende* Bezüge«[12] auf – d. h. sie ist politisches Interpretations- und Sozialisationsmuster, politische Programmatik und Handlungsanleitung für ein gewisses Spektrum politischen Verhaltens einzelner und von Kollektiven.[13]

Das bedeutet, daß eine überprüfbare wissenschaftliche Analyse, die jeder politischen Auseinandersetzung mit dem Rechtsextremismus vorausgehen sollte, zum einen dessen politisch-ideologische Grundstrukturen zu rekonstruieren versuchen muß. Zum zweiten aber müssen darüber hinaus eben auch die Implementationsformen dieser Ideologie, also der spezifische politische Stil, die Grundmuster politischer Machtstrategien und die Methoden rechtsextremer Propaganda in die Betrachtung einbezogen werden. Drittens muß die Analyse selbstverständlich immer auch die historisch-strukturellen Voraussetzungen von Rechtsextremismus mitberücksichtigen.

Diese Rekonstruktion basiert auf den vorliegenden wissenschaftlichen Forschungsergebnissen, Medienberichten und Dokumenten und versucht, über die Spannbreite unterschiedlicher rechtsextremer Ideologie- und Programmvarianten – »autoritär-konservative«, »national-revolutionäre«, »völkisch-rassistische«, »neonazistische«, um nur die wichtigsten zu nennen[14] – hinweg die durchgängigen, gemeinsamen Grundstrukturen und deren wichtigste Elemente in Form eines Idealtypus (Max Weber) herauszuarbeiten und auf die wichtigsten bisher beobachteten Implementationsformen hinzuweisen.

Schwerpunkt der Analyse werden dabei die aktuellsten Formen des Rechtsextremismus im Deutschland nach der Vereinigung sein – wobei das spezifische Phänomen der »Neuen Rechten« differenzierter in einem eigenen Beitrag analysiert wird.[15]

Da sich auch politische Ideologien und Implementationsformen in ständigem historischen Wandel befinden, muß deren Rekonstruktion offen für die beobachtbaren Veränderungen sein. Sie kann folglich auch immer nur ein vorläufiges Bild ergeben. Dieses läßt zur Zeit folgende Grundstrukturen erkennen: Im Vordergrund rechtsextremer Wirklichkeitskonstruktion als einer politischen Ideologie steht ein spezifisches Politik- und Staatsverständnis. Es speist sich historisch wie aktuell aus den folgenden Kernelementen[16], die zwar allesamt in vielfältigen Wechselbeziehungen zueinander stehen, aber analytisch sinnvoll voneinander unterschieden werden können: Antiindividualismus und Antiliberalismus; Antipluralismus und Antisozialismus, verbunden mit Ausgrenzung von Minderheiten und Fremden und mit Antisemitismus; Primat des Kollektivs der Volksgemeinschaft oder der Nation gegenüber dem Individuum; Wunsch nach dem autoritären Führerstaat als Herrschaftsordnung zur Herstellung der homogenen Volksgemeinschaft und als ihr Beschützer im Überlebenskampf der Nationen; ein geopolitisch-nationalistisches Verständnis von der internationalen Politik sowie ein revisionistisches, völkisch-nationales Geschichtsbild mit fundamentaler Kritik an der industriestaatlichen Kultur.

Dieses Politik- und Staatsverständnis ist eng verwoben mit einer prinzipiellen Weltanschauung, die auf einem im Kern an einem Naturmythos orientierten Weltbild, dem Verständnis von der Gesellschaft als einer organisch gewachsenen Gemeinschaft und einem biologistischen und teilweise rassistischen Menschenbild basiert.

Politischer Stil, Strategien und Methoden rechtsextremer Propaganda variieren mit unterschiedlicher Intensität: von demokratischer Anpassung über politisch-kulturelle Mimikry bis hin zu latenter und manifester Gewaltaufforderung und -tätigkeit. Die politische Ideologie und Programmatik des Rechtsextremismus soll dabei zum Regulativ politisch-gesellschaftlicher Ordnungsversuche gemacht werden, deren Spektrum von demokratieadäquaten Veränderungen durch Teilnahme an Meinungskampf, Wahlen und Volksabstimmungen bis hin zur gewaltsamen Etablierung eines autoritären Führerstaates reicht.

Das Politik- und Staatsverständnis des Rechtsextremismus

Antiindividualismus und Antiliberalismus

Antidemokratischer Konservativismus und seine radikale Zuspitzung, nämlich Rechtsextremismus, haben ihre gemeinsamen historischen und ideologischen Wurzeln im Kampf gegen die demokratischen Revolutionen von 1776 in Nordamerika und insbesondere von 1789 in Frankreich.[17] Die Ideen der Aufklärung, ausgehend vom Menschen als einem mit Vernunft begabten Individuum, das mit unveräußerlichen natürlichen Rechten ausgestattet, sich aus freiem Entschluß mit seinesgleichen in einem Gesellschaftsvertrag zusammenschließt, der ihnen einerseits gleiche Rechte bei der gemeinsamen Gestaltung der öffentlichen Belange gewährleistet, andererseits auch Schutz und Sicherheit bietet und damit insgesamt Gemeinwohl und Fortschritt befördert – diese Ideen hatten in der revolutionären Beseitigung des Ancien Régime mit dem Fanal der politischen Kampfbegriffe »liberté, égalité, fraternité« einen bis heute weltweit anhaltenden Prozeß der Demokratisierung angestoßen.

Gegen den Angelpunkt und Motor dieser revolutionären Veränderungen, die Vorstellung des Individuums als autonomes Subjekt gesellschaftlich-politischen Handelns und als Träger und Garant universaler Menschenrechte, richtet sich im Kern bis zum heutigen Tage Skepsis oder Widerstand aller konservativen bis reaktionären politischen und gesellschaftlichen Kräfte – je nachdem, ob der jeweils erreichte Stand der Individualisierung und Demokratisierung behutsam im Sinne des Bewahrens modifiziert oder aber gewaltsam mit dem Ziel der Wiederherstellung der alten Ordnung beseitigt werden soll.

Seit den zwanziger Jahren unseres Jahrhunderts haben die intellektuellen Wortführer der »Konservativen Revolution« (u.a. A. Moeller van den Bruck, E. J. Jung, O. Spann, O. Spengler, H. Freyer, E. Jünger und Carl Schmitt)[18] die Stichworte dafür geliefert, an die Stelle der verhaßten »Ideen von 1789« nicht wieder die »gute alte Ordnung«, sondern statt dessen mit revolutionären Mitteln das Kollektiv der Volksgemeinschaft in einem starken, autoritären Führerstaat zu setzen. Sie haben damit zentrale Denkfiguren des historischen wie des aktuellen Rechtsextremismus formuliert und dessen mit dem antidemokratischen Konservativismus und der heutigen »Neuen Rechten« gemeinsame ideologische und programmatische Stoßrichtung bekräftigt: das selbstbestimmte Individuum. Bei ihnen wird es gleichgesetzt mit einem schranken- und bindungslosen egoistischen Individuum. Es wird verantwortlich gemacht für den Verfall der Werte und aller gewachsenen sozialen Bindungen, vor allem aber für die Auszehrung der Lebens- und Überlebenskraft der Nation im Schicksalskampf der Völker und Rassen. Die »Aushöhlung der bisher durch Jahrhunderte des Lebens tragenden Werte (…)«, wie etwa »Ehrfurcht, Einordnung, Dienst und Pflicht, Arbeit und Leistung«, seien zu einer »unmittelbaren Bedrohung« nicht nur für Volk und Gesellschaft, sondern auch für jeden einzelnen selbst geworden.[19]

Individuelle Selbstentfaltung und Emanzipation aus sozial und geschlechtsspezifisch bedingten Bindungen und Restriktionen gelten folglich als Gefährdung des natürlich gewachsenen Ordnungsgefüges, in die der einzelne hineingestellt ist und sich einzufügen hat. Sie werden als wesentliche Ursache der Dekadenz westlicher Industriegesellschaften gesehen.[20]

In gleicher Weise wie gegen die prinzipielle Wertorientierung am freien und selbstbestimmten Individuum richtet sich die Hauptstoßrichtung rechtsextremer Ideologie konsequent gegen das politische Gestaltungs- und Ordnungsmodell, das seinen ideellen Ausgangspunkt bei genau diesen Werten genommen und die »Ideen von 1789« als universal geltende Menschenrechte und staatsbürgerliche Mitwirkungsrechte zu unveräußerlichen Normen des politischen Herrschaftssystems erhoben hat: den liberal-demokratischen Verfassungsstaat.

Die von ihm gewährte Freiheit wird verantwortlich gemacht für alle Krisenerscheinungen der Moderne schlechthin – von Kriminalität, Korruption, Arbeits- und Wohnungslosigkeit bis hin zu Drogenkonsum, Aids, Vandalismus, Gewalt unter Jugendlichen, Kriegsdienstverweigerung, ja zu genereller Staatsverdrossenheit und allgemeinem Kultur- und Sittenverfall.[21] Seine Fähigkeit, sozialen Wandel über friedliche Konfliktaustragungsmuster zu ermöglichen, wird als »Entartungserscheinung der Moderne«[22] wahrgenommen; demokratische Mitwirkungsbestrebungen, Gleichheit vor dem Gesetz und sozialstaatliche Umverteilung werden als Strategien zur Nivellierung naturgesetzlich vorgegebener hierarchischer Strukturen diffamiert: »Eine große Krankheit beherrscht unsere Zeit! Eine Krankheit, die seit mehr als zweihundert Jahren dabei ist, alles organische, natürlich Gewachsene langsam aber sicher zu untergraben und zu zerstören. Es handelt sich um die Liberaldemokratie.«[23]

Entsprechend stehen auch die einzelnen Elemente und Institutionen dieser Herrschaftsordnung auf der Negativliste rechtsextremer Ideologie: demokratische Willensbildung und Mehrheitswahl verhülfen dem Massenmenschen zum Sieg über die »Persönlichkeit«; Demokratie sei in Wahrheit eine »›widernatürliche‹ Form der Interessenartikulation«[24], ein »Mechanismus zur Ausplünderung des Volkes oder zur Fälschung seines Willens«[25]; Volkssouveränität habe sich zur Parteienherrschaft und Oligarchie verwandelt; Gewaltenteilung führe zu Machtverfall und Anarchie; vor allem aber sei das Gleichheitsprinzip ein elementarer Verstoß gegen die biologisch determinierte Ungleichheit der Menschen, und seine Institutionalisierung in Form des Sozialstaates sei eine leistungsfeindliche »Versorgungsapparatur«.

Am bekanntesten dürfte die Variante sein, wie sie der prominente Weimarer Verfassungsrechtler, Kronjurist der Nationalsozialisten und Mentor der »Neuen Rechten«, Carl Schmitt, formuliert hat. Auch bei ihm fällt die Kritik am bürgerlichen Rechtsstaat vernichtend aus: liberale Grundrechte, wie die auf persönliche Freiheit und auf Privateigentum, gehörten eigentlich in die Sphäre des Privaten und hätten im Bereich des Öffentlichen, der Politik, prinzipiell nichts verloren. Dadurch, daß sie der liberale Rechtsstaat zu Normen der Politik gemacht und damit Konkurrenz, Diskussion und Kompromiß zu leitenden Prinzipien öffentlicher politischer Konfliktaustragung erhoben habe, sei der auf Einheitlichkeit, Geschlossenheit und Stärke angelegte und angewiesene Staat zu Handlungsunfähigkeit und Schwäche verurteilt. Ein Staat aber, der Menschen nicht mehr zusammenbinde – in Schmitts Terminologie: Freund und Feind unterscheide – sei nicht überlebensfähig, und damit auch nicht das durch ihn erzeugte Kollektiv von Menschen bzw. diese selbst.[26]

Antipluralismus, Antisozialismus und
Ausgrenzung von Minderheiten und Fremden

Aus der gleichen immanenten Logik heraus, mit der Individualismus und liberaldemokratischer Verfassungsstaat fundamentaler Kritik unterzogen werden, richtet sich rechtsextreme politische Ideologie zentral gegen die gesellschaftlichen Entsprechungen dieser beiden Grundsäulen modernen westlichen Politikverständnisses: Vielfalt gesellschaftlicher Gruppen, freier Wettbewerb zwischen Werten, Zielvorstellungen und Interessen einzelner und ihrer Gruppen sowie die ergebnisoffene Chance, im politischen Willensbildungs- und Entscheidungsprozeß Beachtung zu finden – kurz: gegen die pluralistische Gesellschaftsstruktur. Die Grundrichtung hat auch hier der einflußreiche Vordenker Carl Schmitt angegeben. Für ihn – beispielhaft für alle Varianten rechtsextremer Ideologie – sind Demokratie und Pluralismus prinzipiell unvereinbar. »Zur Demokratie«, so formuliert er, »gehört also notwendig erstens Homogenität und zweitens – nötigenfalls – die Ausscheidung und Vernichtung des Heterogenen (…) Die politische Kraft einer Demokratie zeigt sich darin, daß sie das Fremde und Ungleiche, die Homogenität Bedrohende zu beseitigen oder fernzuhalten weiß.«[27]

Wesentliche Aufgabe der Politik, ja ihr Wesensmerkmal schlechthin, sei dabei – wie eben erwähnt – die Unterscheidung von Freund und Feind.[28] Zentrale Bezugsgröße aller Politik ist also nicht das freie Individuum in einer durch Meinungsfreiheit und Interessenvielfalt gekennzeichneten Gesellschaft, sondern das Kollektiv: »Politisch ist alles, was die Lebensfragen eines Volkes als eines einheitlichen Ganzen betrifft.«[29] Wo Homogenität das Leitbild ist, gerinnt Gesellschaft zur formierten Gemeinschaft, deren Gemeinwohl bereits a priori feststeht. Unterschiedliche Werte und Interessen, freie Meinungsäußerung, freie politische Betätigung, das Recht auf Opposition und Regierungswechsel, das freie Spiel der Kräfte, aus dem sich erst a posteriori ein Gemeinwohl ergibt[30] – das alles wird von rechtsextremer Ideologie folglich als ein die notwendige Geschlossenheit der Volksgemeinschaft bedrohendes Chaos wahrgenommen. Die institutionellen Ausprägungen des gesellschaftlichen Pluralismus werden dann auch konsequenterweise denunziert: politische Parteien als »korrupte Lizenzparteien« von Gnaden der westlichen Alliierten, als undeutsche »Hilfswillige für jüdische-, Ausländer- oder Besatzerinteressen«[31]; die Interessenverbände, vor allem die Gewerkschaften, als »roter Staat im Staate«[32]; die Medien mißachteten permanent die Verantwortung »zum Ganzen« und betrieben inzwischen »vierzig Jahre Gehirn- und Charakterwäsche ohne Erziehung, Bildung und Würde«[33]; die Institutionen der politischen Bildung veranstalteten »Umerziehungspropaganda« bis hin zum Terrorismus[34], Kunst und Kultur spreche nur noch »krankhaft veranlagte Gehirne an«, sie sei Ausdruck von »Dekadenz und Zerstörung«.[35] Unbestreitbare strukturelle

Schwächen der Parteiendemokratie werden als Krisensymptome des liberal-demokratisch-pluralistischen Systems schlechthin denunziert, wobei sich die Rechtsextremen gern als überparteiliche Vertreter einer »Bewegung«, als die »wahren« Repräsentanten der völkischen Gemeinschaft gerieren.[36] Ein weiteres Kernelement rechtsextremer politischer Ideologie in diesem Zusammenhang ist ein stark ausgeprägter Antisozialismus. In der von ihr propagierten homogenen Volksgemeinschaft, in der das Gemeinwohl bereits prinzipiell feststeht, ist kein Platz für Organisationen, die sich – womöglich über den nationalstaatlichen Rahmen hinaus – für die sozial Benachteiligten einsetzen, zumal deren Schicksal oft ohnehin als biologisch verursacht und determiniert gilt.[37] Sozialdemokraten, Gewerkschafter und Kommunisten sind daher aufgrund ihrer politischen Bemühungen um die Beseitigung sozialer Ungleichheit und ihrer internationalistischen Grundorientierung zu besonders bevorzugten Adressaten rechtsextremer Agitation avanciert, wobei insbesondere Stalinismus und Kalter Krieg dafür herhalten müssen, auch sozialdemokratische Reformpolitik als kommunistisch inspiriert zu denunzieren. In Ermangelung eigener wirtschaftspolitischer Konzepte findet sich bei Rechtsextremisten weitgehend Identifikation mit der bestehenden Eigentums- und Wirtschaftsordnung. Ökonomie wird jedoch von ihnen deutlich stärker unter nationalisierendem, »wohlstandschauvinistischem«[38] Blickwinkel betrachtet, gibt sich primär mittelstandsorientiert, interpretiert das Wirtschaftsgeschehen in erster Linie nach sozialdarwinistischen Kriterien und unterwirft es ethnisch-völkischen Nutzenkalkülen. Dabei fällt ein prinzipieller Widerspruch auf: einerseits kritisieren Rechtsextreme den westlichen liberalen Kapitalismus und seine Erscheinungsformen, wie Industrialisierung, Urbanisierung und Globalisierung, als Ursachen für Individualisierung und Dekadenz. Andererseits jedoch akzeptieren sie faktisch und realpolitisch den ökonomischen Status quo, was sie aber zugleich nicht daran hindert, Mangelerscheinungen des Wirtschaftssystems in Krisenängste zu transformieren, die sie für Propaganda und Wahlkämpfe instrumentalisieren.[39]

Das zentrale ideologische Grundelement, dessen sich Rechtsextreme zu diesem Zwecke bedienen, knüpft an die von Carl Schmitt explizierten Homogenitätsvorstellungen und dessen Politikverständnis von der Notwendigkeit, Heterogenität auszuscheiden und deshalb Freunde und Feinde zu unterscheiden, an. Wenn es als primäres Ziel jeglicher Politik gilt, eine geschlossene Volksgemeinschaft zu formen, dann bedeutet das für einzelne Bürger wie für Zusammenschlüsse von Menschen und Institutionen, sich reibungslos in diese Gemeinschaft einzufügen und möglichst vollständig in ihr aufzugehen, mit der Gemeinschaft identisch zu werden. Sind die Kriterien und Standards der Vergemeinschaftung im Prinzip erwerbbar – etwa Bildung, Besitz, Parteimitgliedschaft, soziale Schichtzugehörigkeit etc. –, so kann der Wille zur Anpassung und die Entscheidung zur Assimilation zumindest langfristig grundsätzlich zum erstrebten Erfolg führen. Um ihn zu befördern, wird es bei der Homogenisierung in der Regel erst zum Einsatz von Überzeugungsarbeit, Agitation, Propaganda und Repressionen kommen, bevor das Arsenal der Feindbestimmung und der »Ausscheidung oder Vernichtung des Heterogenen« geöffnet wird. Je mehr das Zugehörigkeitskriterium jedoch biologisch, ethnisch oder gar rassistisch definiert wird, desto unausweichlicher und lebensbedrohlicher ist die Ausgrenzung aller nichtzugehörigen Minderheiten und Fremden – bis hin zur öffentlichen Feinderklärung und der darauf folgenden physischen Arretierung und Vernichtung. So gehört zum Kernbestand rechtsextremer Ideologie die Ausgrenzung von Minderheiten, etwa Kranken, Schwachen, Behinderten, sexuell unkonventionell Orientierten etc. als »Gefahr für die Volksgesundheit« genauso, wie die Bekämpfung von Sozialisten, Kommunisten, Liberalen, Gewerkschaftern, Studenten, Intellektuellen, kritischen Journalisten, Künstlern, Freimaurern und Feministinnen als »zersetzende Elemente« und »Volksschädlinge« bis hin zur Agitation und Abschottung gegenüber ethnischen, kulturellen oder nationalen Minderheiten, seit jeher den Juden, Farbigen sowie Gastarbeitern, Einwanderern, Asylbewerbern – wobei diese Liste keineswegs erschöpfend ist.[40] Bei der Herstellung innerer nationaler, ethnischer oder kultureller Homogenität reicht – je nach ideologischer Variante – die rechtsextreme Palette der Zwecke, die dann auch die Wahl der Mittel heiligen, bis hin zur rassenbiologischen Reinheit. Dabei werden diejenigen, auf die die definitorisch festgelegten Gruppenmerkmale zutreffen, vorrangig als Gruppenzugehörige und nicht als Individuen behandelt, bei denen u. a. auch diese Merkmale zu finden sind. Gleichzeitig werden in der rechtsextremen Ideologie wie in der politischen Praxis die als Feinde der völkischen Homogenität gegeißelten Gruppen gern in toto verschwörerisch zu Sündenböcken für allgemein diskutierte politische, soziale oder ökonomische Gravamina gestempelt.[41] Doch davon später.

Der Primat von Volk und Volksgemeinschaft

Alle bisher erörterten Kernelemente rechtsextremer politischer Ideologie hatten eine gemeinsame Stoßrichtung: sie richteten sich wie im Brennglas auf die zentralen Errungenschaften der liberaldemokratischen Revolution von 1789, als deren Nukleus heute etwa die wichtigste Norm des Grundgesetzes gelten kann, der »Paukenschlag« des Art. 1: »Die Würde des Menschen ist unantastbar. Sie zu achten und zu schützen ist Aufgabe aller staatlichen Gewalt.«[42] Dieser prinzipiellen Individualorientierung der »offenen Republik«[43], die dem Staat eine lediglich dienende Funktion zubilligt, setzt nun der Rechtsextremismus sein spezifisches politisch-gesellschaftliches Orientierungsmuster entgegen: den Primat des Kollektivs vor dem einzelnen.[44]

Im Zentrum rechtsextremer Weltanschauung aller Varianten steht dabei die Fixierung auf das Kollektiv Volk, auf die Volksgemeinschaft als »wichtigste(r) Form menschlicher Vergesellschaftung«[45], als,»nach Familie und bündischer Gemeinschaft, fortgeschrittene Form des Zusammenlebens«[46]. Volk wird dabei nicht als eine soziologische Kategorie begriffen, der man etwa durch Zuzug, Erlernen der Sprache und den Erwerb der Staatsbürgerschaft beitreten könnte. In Fortführung und radikaler Zuspitzung altkonservativer Denktradition gilt es in der rechtsextremen Wirklichkeitskonstruktion als organisch gewachsener Teil der Natur, als »lebendiger Organismus (...) Als Subjekt der Geschichte vorgestellt und als dekadentes oder gesundes, als starkes oder schwaches, feiges oder mutiges erlebbar, repräsentiert es, eine gleichermaßen natürliche Kategorie, das Ewige und Bleibende und dergestalt wirklich Bedeutsame im Wandel der Zeiten.«[47] In mythischer Überhöhung wird das Volk als »unentrinnbare Schicksalsgemeinschaft« wahrgenommen, über die die Volkszugehörigen ihre völkisch-kulturelle und nationale Identität erfahren.

Von Natur aus sei die Volksgemeinschaft eine hierarchisch-patriarchalische Ordnung – gekennzeichnet durch »klar definierte, institutionell verankerte, als legitim geltende, auf Herkunft, Leistung, nationaler, ethnischer oder rassischer Zugehörigkeit basierende Ungleichheiten, Rangfolgen, Hierarchien«.[48] Hier findet der einzelne einerseits Geborgenheit und seinen gesicherten sozioökonomischen Platz. Andererseits jedoch ist er als Individuum ein Nichts, das ausschließlich über die Volkszugehörigkeit definiert wird und erst durch seine freiwillige Selbsteinordnung in die Volksgemeinschaft seinen Wert erhält. Orientierungspunkt allen Denkens und Handelns haben dabei die natürlichen, für jeden erkennbaren Bedürfnisse des Volkes zu sein. Pflichten gegenüber der Gemeinschaft haben daher absoluten Vorrang vor den Rechten des einzelnen.

Als fundamentales Gegenbild zum »unorganischen«, »widernatürlichen« individualistisch-pluralistischen Gesellschaftsmodell orientiert sich die Vorstellung der Volksgemeinschaft an den »ewigen Bewegungsgesetzen der Natur«[49]. Diese gilt es zu erkennen und zu Leitprinzipien des Denkens und Handelns zu machen. Der politische Gestaltungsspielraum jenseits des grundsätzlichen politischen Akts, nämlich der Freund-Feind-Bestimmung, gilt daher als gering. Er bewegt sich in den Bahnen der Wiederherstellung »natürlicher« Gegebenheiten, von bewußter Traditionspflege und Geschichtsbewußtsein. Rational-gestaltende Politiksteuerung, technologische und sozioökonomische Modernisierung gelten als elementarer Verstoß, als Frevel, dem radikal – notfalls mit Gewalt – Einhalt geboten werden muß.

Die existentiellste Gefährdung von Volk und Volksgemeinschaft aber wird – neben derjenigen der permanenten »Umerziehung« durch die alliierten Siegermächte – in der schleichenden oder manifesten »Überfremdung« und »Umvolkung« gesehen. Durch die Anwesenheit oder den Zustrom von Fremden – die entsprechend den ethnisch-völkischen Definitionsaxiomen rechtsextremer Ideologie eben nicht als Individuen mit menschen- und völkerrechtlichen Schutzansprüchen, sondern als Repräsentanten ihres jeweiligen Stammes, Volkes oder einer Rasse wahrgenommen und behandelt werden – sehen sie den durch liberalkapitalistische, pluralistische Dekadenz und Umerziehung ohnehin schon geschwächten eigenen »Volkskörper« der existentiellen Gefahr ausgesetzt, kulturell oder blutsmäßig infiziert zu werden. Die unvermischte Reinheit von Volk, Kultur und Rasse gilt als notwendige Bedingung dafür, den Anspruch der genetischen und kulturellen Überlegenheit des eigenen Volkes – »das deutsche Volk ist edles, bestes Menschentum«[50] – über andere auch in Zukunft zu gewährleisten. Diese Vorstellung orientiert sich an einer klar gegliederten Hierarchie der Völker und Rassen und interpretiert das Weltgeschehen als einen sozialdarwinistisch determinierten Überlebenskampf dieser Schicksalsgemeinschaften.[51] Es scheint jedoch, daß diese naturalistisch-chauvinistische Ansicht in den letzten Jahren – mit Ausnahme militanter Neonazis – eher auf dem Rückzug ist.

Da aber, wo, vielleicht aus Gründen bloßer historisch-politischer Opportunität, die Termini »Rasse« und »Volksgemeinschaft« tunlichst vermieden werden und stattdessen der Begriff »Nation« präferiert wird, bleiben dennoch die biologistisch-völkischen Konnotationen deutlich erkennbar: »Ein Volk ist eine Abstammungs-, Kultur- und Sprachgemeinschaft und wird durch den Willen zu gemeinsamer Staatlichkeit zur Nation« – so lautet dann die auf den ersten Blick unverdächtigere Verknüpfung.[52]

Die Vorstellungen im rechtsextremen Ideologiespektrum darüber, was denn eigentlich die jeweilige homogene vorstaatliche Basis der Nation sei, variieren. Die moderateste ist diejenige der Nation als »Kulturgemeinschaft«. Sie hat ihren Ursprung und Berührungspunkt in traditioneller konservativer Lebensphilosophie.[53] Ihre Steigerung erfährt diese Vorstellung durch das Bild der Nation als »Wertungs- und Weltanschauungsgemeinschaft«[54], wie sie von prominenten Vertretern der »Konservativen Revolution« propagiert wurde und in jüngster Zeit gerade bei intellektuelleren Rechtsextremen und »Neuen Rechten« zu neuer Aktualität kommt.[55] Über die kulturelle Homogenität und die völkisch-»organische« Geschlossenheit hinaus wird hier ein kollektives Bewußtsein angestrebt, das alle Lebensbereiche durchdringt, die Grenze zwischen Öffentlichem und Privatem auflöst und den einzelnen so sehr in den Dienst der Gemeinschaft stellt, daß Einzelinteresse und Gemeinwohl miteinander identisch werden.[56]

Intensivste und zugleich brutalste Steigerungsform vorstaatlicher Nationsvorstellungen aber ist diejenige einer »Rassegemeinschaft«. Anknüpfend an den Sozialdarwinismus des ausgehenden 19. Jahrhunderts, aufgegriffen von mehreren Exponenten der »Konservativen Revolution« der zwanziger Jahre, dann aber über Rosenbergs *Mythos des 20. Jahrhunderts* und Hitlers *Mein Kampf* popularisiert und zur Staatsdoktrin für den Ausrottungs- und Vernichtungskrieg der Nationalsozialisten erhoben, finden auch nach Auschwitz solche primitiven, platt biologistischen Vorstellungen von 1945 bis in die aktuellste Entwicklung hinein immer noch diverse Anhänger – wie nicht nur eine Inhaltsanalyse von fünfzig rechtsextremen Zeitschriften und zahlreichen Programmaussagen keineswegs nur neonationalsozialistischer rechtsextremer Akteure und Organisationen zeigt.[57] Eines der zentralen Charakteristika rechtsextremer politischer Ideologie ist, daß die genannten Vorstellungstypen, die zugleich auch die ideologische Spannbreite zwischen (Rechts)konservativismus und militantem Neonazismus abbilden, meist nicht so deutlich getrennt auftreten, wie es die hier vorgenommene analytische Trennung nahelegt, sondern häufig miteinander zu einem Syndrom kulturell-wertemäßiger, wirtschaftlicher, völkisch-nationaler und auch rassistischer Identitäts- und Überlegenheitsvorstellungen verwoben werden, deren gemeinsamer Nenner dann ein diffuses Gefühl der Zugehörigkeit zu einer besonderen Abstammungsgemeinschaft bildet.

Der autoritäre Führerstaat

Funktion und Bedeutung, die in rechtsextremen Wirklichkeitskonstruktionen im Zusammenhang mit dem Primat von Volk und Volksgemeinschaft nun dem Staat zugemessen werden, kommen – zumindest für die völkische Variante rechtsextremer politischer Ideologie – exemplarisch in der bekannten Zeitschrift »für Kultur-, Geistesgeschichte und Politik« namens *Deutschland in Geschichte und Gegenwart*[58] zum Ausdruck: »Immer wieder hat durchgeschienen, daß, da sich aus der sich wechselseitig durchdringenden Wirkung der verschiedenen Faktoren eine der Grundverbundenheiten des Staatlichen mit der biologisch-geistigen Grundorganisation der Menschen ergeben hat, der Staat jeweils *der Staat seines Volkes* zu sein hat, daß die Wahrung des Volkstums, dieses seines Volkes und dazu die Deckung von Volks- und Staatsumfassung zu *den* (Hervorh. i. Original) Elementen der Staatlichkeit und des Staates gehören.« Um dieser Doppelaufgabe gewachsen zu sein, muß dieser Staat stark sein.

Die Grundrichtung – auch ohne explizit biologistisch-völkische Begründung – hatte ja schon Carl Schmitt vorgegeben, wenn er mit dem Anspruch auf die einzig wahrhafte, »realistische« Sichtweise von Politik und Staat postulierte: bei allem, »was die Lebensfragen eines Volkes als eines einheitlichen Ganzen betrifft«[59], nämlich der Politik, werde »durch die menschliche Natur wie durch göttliches Recht« die »unverbrüchliche Beachtung (...) des ewigen Zusammenhangs von Schutz und Gehorsam« gefordert. Aus der Sicht des Staates heißt das: »protego ergo obligo«[60], d.h. weil die Menschen wie bei Hobbes einander Wölfe sind, vertrauen sie sich einem starken »Leviathan« an, der sie voreinander (und nach »außen«) beschützt, dafür aber Unterordnung und Gehorsam verlangt. Stärke braucht dieser Staat nicht nur für diese innere wie äußere Schutzfunktion, er braucht sie vor allem auch, um überhaupt erst einmal, wie erwähnt, eine der notwendigsten Voraussetzungen für die Erfüllbarkeit dieser Aufgaben schaffen zu können, nämlich Homogenität.

Politisch konkret heißt das, daß der »ideale« Staat der Rechtsextremen – über alle unterschiedlichen Auffassungen von der jeweils angestrebten politischen Herrschaftsform hinweg – die Macht haben sollte, »über die autoritäre Beschränkung der politischen Funktionen von Parteien und Verbänden die zentralen organisatorischen Voraussetzungen pluraler Systeme zu beschädigen, die Artikulationschancen der Individuen zu beschneiden, das Egalitätsprinzip auszuhebeln und den Herrschaftsanspruch einer vermeintlichen Wertelite über eine in politischen Fragen als weithin geschäftsunfähig geltende Bevölkerung auf Dauer sicherzustellen«, um so letztlich die »Wiedergenesung der Ethnie« zu ermöglichen.[61]

Der starke Staat, wie ihn rechtsextreme Ideologie als »organische Handlungsform der Nation«[62] entwirft und propagiert, ist gekennzeichnet durch absolute Staatsautorität und eindeutigen Vorrang von Staatsräson und Gemeinwohl vor Partei-, Gruppen- und Individualinteressen. Die Erziehung zu den zeitlosen Werten und Tugenden des Volkes wird genauso als seine zentrale Aufgabe gesehen wie die Gewährleistung von Ruhe, Sicherheit und Ordnung durch eine starke Justiz und Polizei – bis hin zur Durchsetzung der Todesstrafe.

Auch da, wo seine Existenz und Ausprägung nicht dezidiert als »sichtbar gewordene, lebende Ganzheit von Volkstum und Volk«[63], als »letzte(r) Vollstrecker des ›völkischen Willens‹«[64] begründet wird, wird der Staat *zentralistisch* und *ohne Gewaltenteilung* gedacht. Wenn nicht unverblümt das Führerprinzip in Politik und Verwaltung[65] propagiert wird, dann wird zumindest indirekt dafür eingetreten, indem die direkte Volkswahl des Bundespräsidenten gefordert wird.[66] Exekutive und Militär finden in diesem Staatsverständnis stets ihre gebührende Beachtung und Hervorhebung. Insbesondere die Streitkräfte mit ihren inhärenten Strukturmustern Hierarchie, Befehl und Gehorsam und Waffeneinsatz, von konservativen Militärs selbst als »Kampf-, Schicksals- und Notgemeinschaft«[67] verstanden, die in der internationalen Politik die »nationalen Interessen« wahrnehmen und nach innen die politische Herrschaftsordnung auch im Notstand (Carl Schmitt: »Souverän ist, wer über den Ausnahmezustand entscheidet«)[68] sichern können soll, sind als das »Monopol legitimer Gewaltsamkeit« (Max Weber) geradezu die Inkarnation rechtsextremen autoritären Staatsverständnisses. Militär wird durchaus als Werte- und Organisationsmodell für den spartanischen autoritären Führer- und Soldatenstaat gesehen.[69]

Fragt man danach, welche konkreten Verfassungsstrukturen in der rechtsextremen politischen Ideologie und Programmatik diskutiert werden, innerhalb derer die angestrebten Herrschaftsformen exekutiert werden sollen, so trifft man auf ein breiteres Spektrum von Vorstellungen, über die freilich aus Gründen politischer Opportunität und wohl auch der Wachsamkeit von Medien, Justiz und Verfassungsschutz öffentlich nur zurückhaltend informiert wird. Sie beginnen bei populistischen Formen parlamentarischer Demokratie, die durch plebiszitäre Instrumente, wie Volksbegehren und Volksentscheid, die gewünschte Identität von Volk und Führungseliten herstellen und kraftvolle Führung im Sinne der »nationalen Interessen« gewährleisten soll. Aber auch patriarchalisch-ständestaatliche Korporatismusmodelle werden vertreten, ebenso autoritäre Präsidialsysteme nach dem Muster des Notstandsartikels 48 der Weimarer Reichsverfassung.

Letztlich reicht die Spannbreite bis hin zur totalitären Führerdiktatur unverbesserlicher Alt- und auch Neonazis.[70] Verbindendes Band ist häufig die völkisch-mystisch aufgeladene Idee von der Wiederherstellung des »Heiligen Römischen Reiches Deutscher Nation« – oft auch unter eindeutiger volksdeutscher Hegemonie.[71] Fortschrittlichere rechtsextreme und vor allem neurechte Staatsvorstellungen lassen aber – bei aller Fundamentalopposition zu den Grundprinzipien von Individualorientierung, Pluralismus und liberaldemokratischem Verfassungsstaat und aller unverhohlenen Sympathie für autoritäre Herrschaftsformen – erkennen, daß sie nicht mehr unbedingt darauf abzielen, den Verfassungsrahmen der parlamentarischen Demokratie zu sprengen. Ihre Verfechter konzentrieren sich vielmehr verstärkt darauf, innerhalb dieser Strukturen soweit wie möglich autoritäre und völkische Politikelemente zum Tragen zu bringen[72] und – arbeitsteilig mit bürgerlich-konservativen und ökologischen Kräften genauso wie mit orthodoxen und mit militanten Rechtsextremisten – die Sammlung des »rechten Lagers« vorzubereiten.

Vom Schicksalskampf der Völker zum Ethnopluralismus

Auch das Politikfeld der inter- und supranationalen Beziehungen gilt seit jeher als ein mit besonderer Intensität und Leidenschaft beackertes Terrain rechtsextremer politischer Ideologie. Da es bis zum heutigen Tage überwiegend Schauplatz konfliktärer und gewalttätiger nationalstaatlicher Aktivitäten ist, sieht sich hier eine Weltanschauung in ihren mit Abstand wichtigsten Prämissen bestätigt und zum Mittun aufgefordert: daß nämlich erstens am Anfang aller Politik die Abstammungsgemeinschaft des Volkes und die aus ihrem Einigungswillen hervorgegangene Nation stehe und daß sich zweitens Völker und Nationen in eine klar geordnete Hierarchie eingliedern. Diese spiegelt sowohl die jeweilige erbbiologische Substanz, die Kraft und den Charakter der Völker wieder als auch das Ergebnis der Erfolge (und Mißerfolge) in den jahrhundertelangen Kämpfen um die »nationalen Interessen« in aller Welt, die nach den unerbittlichen angeblichen »Naturgesetzen« des Sozialdarwinismus ausgetragen wurden (und noch immer werden).

Drittens verleiht die fortdauernde gedankliche und emotionale Fixierung auf den Mythos des eigenen Volkes, auf familiäre, stammliche, völkische, rassische Herkunft, auf Heimat, Region und Vaterland nach aller Erfahrung »ein zu latenter Selbstüberhöhung neigendes Wir-Gefühl, in Gestalt traditionaler Landespatriotismen, ausgeprägter Nationalismen oder rassistisch getönter Europa-Konzepte«.[73] Die dementsprechende ethnozentrische Perspektive auf das weltpolitische Geschehen, in der das eigene Volk und die eigene Nation »als Mittelpunkt und in einer überlegenen, superioren Stellung gegenüber anderen Ethnien gesehen wird«[74] (mit ihrer innenpolitischen Entsprechung, der Fremdenfeindlichkeit[75]) verführt dazu, die eigenen »nationalen Interessen« zu überschätzen oder expansionistisch zu überdehnen, die berechtigten Wirtschafts-, Ökologie- und Sicherheitsinteressen anderer Völker zu mißachten und eine penetrierende und imperiale Machtpolitik mit allen verfügbaren ökonomischen und militärischen Mitteln – bis hin zu offener Gewaltandrohung und -anwendung – zu propagieren.[76]

Diese Tendenz wird deutlich gefördert durch eine weitere Prämisse rechtsextremer Wirklichkeitskonstruktion, die bereits der nationalsozialistischen Außenpolitik eine ausgesprochen brisante und expansionistische Schubkraft verliehen hatte. Es geht um die geopolitischen Vorstellungen von den »Gesetzen des Lebensraumes«, der »mitteleuropäischen Lage« (die nach deren Auffassung eigentlich am Ural endet) Deutschlands als eines »Volkes ohne Raum«. Als Rechtsanspruch formuliert, liest sich das dann selbst im Programm einer Partei, die immerhin von 1966–69 in sieben Landtagen vertreten war und in den Bundestagswahlen 1969 mit 4,3 Prozent nur recht knapp scheiterte, wie folgt: »Deutschland hat Anspruch auf die Gebiete, in denen das deutsche Volk seit Jahrhunderten gewachsen ist.«[77]

Entsprechende Aussagen aus nahezu allen Spektren rechtsextremer, aber auch nationalkonservativer Ideologen und politischen Akteure bis weit hinein in die diversen »Landsmannschaften« der ehemaligen deutschen Ostgebiete und in studentische »Verbindungen« und »Burschenschaften« sind Legion.[78] Das damit zum Ausdruck gebrachte ideologische Konstrukt lautet schlicht: Die Abstammungsgemeinschaft aller Deutschblütigen müsse als *ein Volk* unter Anwendung der urdemokratischen Norm der *Volkssouveränität* mit Hilfe des Schlüsselbegriffes der *Nation* zu einem *Staat* vereinigt werden –

Großdeutschland als mitteleuropäische Hegemonial- und damit Weltmacht mit allen dafür erforderlichen Insignien der Stärke, vor allem dem Militär.[79] Neben diesen expansionistischen völkischen Großmachtphantasien hat es im rechtsextremen Lager aber bereits seit den sechziger Jahren außenpolitische Vorstellungen und Zielmodelle gegeben, die – etwa in der NPD – von einem »›gaullistisch‹-Europa-nationalistischen Kurs«[80] bestimmt waren: nach Osten die Schwerpunkte »antibolschewistische Ordnungsmacht, Befreiungsmessianismus gegenüber den Völkern Osteuropas«[81] und selbstverständlich das Selbstbestimmungsrecht aller Deutschen und die Wiedervereinigung, nach Westen aber Orientierung an einem »Europa der Vaterländer«[82] – Konzepte, die auch heute noch, wenngleich seit 1989 in modifizierter Form, von Nationalkonservativen und entsprechend orientierten Rechtsextremen vertreten werden.

Seit den siebziger Jahren aber hatte ein anderer Strang rechtsextremer Ideologie Abschied genommen von altrechten außenpolitischen Denkmustern, die ihre Vorbilder nach wie vor im kruden biologischen Rassismus und in den Traditionen der NS-Zeit sahen – was nicht bedeutet, daß sie in militanten neonazistischen Köpfen nicht auch heute noch herumwabern. Intellektuelle der zur französischen *Nouvelle Droite* gehörenden GRECE[83] hatten an ein Postulat Carl Schmitts angeknüpft, das eine schneidende Absage an alle Vorstellungen von dieser einen Menschheit und damit an die universal geltenden Menschenrechte enthält: »Die politische Welt ist ein Pluriversum, kein Universum«[84] – nämlich ein System von Nationalstaaten mit ihren jeweils spezifischen, völkischen Eigenschaften. Das daraus entwickelte und inzwischen über die deutsche Neue Rechte hinaus auch in die Parteiprogrammatik etwa der NPD und der REP[85] eingegangene Konzept heißt »Ethnopluralismus«.[86] Es sieht die Menschheit in das »natürlich-organische« Grundmuster von Ethnien unterteilt. Deren Beziehungsmuster untereinander seien durch Vielfalt geprägt und unterlägen keinen universalen ethischen und logischen Gesetzen. Vielmehr seien sie in ihrer jeweiligen Eigenart und Wertigkeit determiniert durch die erbbiologischen Anlagen ihrer Zugehörigen, die wiederum die jeweilige spezifische Kultur geprägt hätten. Volksgruppen und Rassen seien damit infolge ihrer genetischen Vielfalt die Träger der unterschiedlichen kulturellen Werte und Verhaltensweisen. Um sich in einer Kultur zurechtzufinden, müsse man in sie hineingeboren sein. Ihren Prägungen könne man sich als einzelner nicht ohne Verlust an »Persönlichkeit« entziehen, bei Großgruppen käme dies einem »Ethnozid« (Alain de Benoist), dem Verschwinden ganzer Völker, gleich. Es sei daher notwendig, die Ethnien biologisch und damit kulturell homogen, also intakt, zu halten. Eine Verständigung zwischen den Ethnien sei im Grunde kaum möglich. Ihre Vermischung führe letztlich zu Dekadenz, wie man insbesondere am Negativbeispiel des »melting pot« USA studieren könne. Um dieser Gefahr der »Überfremdung« zu begegnen, müsse dem Recht der Völker auf Selbstbestimmung weltweit zur Geltung verholfen, d.h. den Forderungen der Ethnien nach »reiner« genetischer, kultureller und nationaler Identität müsse mit Hilfe eines »Befreiungsnationalismus« (Henning Eichberg) Nachdruck verschafft werden: »Asien den Asiaten, die Türkei den Türken – und vor allem Deutschland den Deutschen!«[87] – und zwar in jeweils größtmöglicher ethnisch-kultureller Homogenität.

Letztlich kehren hier in einem neuen begrifflichen Gewand die alten Rassen- und Lebensraumkonzepte der NS-Zeit quasi durch die ideologische Vordertür auf die politische Bühne zurück. Besonders zynisch daran nimmt es aus, daß mit dem Neologismus »Ethno*pluralismus*« zum einen eine deutliche Abgrenzung zum »Ethno*zentrismus*« der militanten alten Rechten suggeriert und zum anderen unverdächtige demokratieadäquate Vielfalt signalisiert wird, daß dann aber mit seiner Hilfe um so unverhohlener die altbekannten Folterwerkzeuge aus der Asservatenkammer des Unmenschen transportiert werden – Mimikry oder der Zweck heiligt die Mittel! Für den politischen Tagesgebrauch liefert das »Ethnopluralismus«-Ideologem jedenfalls in gefälliger wissenschaftlich verbrämter Verpackung Anstoß und Begründung für einen Rassedünkel, der nun durchaus auch als kulturelles Überlegenheitsgefühl einherschreiten kann. Es liefert die Legitimation für Festungsmentalität und Fremdenfeindlichkeit, die die ökonomischen, ökologischen und menschenrechtlichen Ursachen weltweiter Migration – auch in ihrem historischen Kontext – systematisch ausblendet.

In der Innenpolitik schließlich trägt es dazu bei, die ohnehin vorhandenen »vielfältigen Berührungs- und Konkurrenzängste gegenüber Fremden« u.U. beträchtlich zu eskalieren – bis hin zu offener Feindseligkeit gegenüber Einwanderern oder Asylbewerbern.[88] In letzter Konsequenz kann das ethnopluralistische Konstrukt trotz seiner erstmal plausiblen Intention für militante Neonazis die Stichworte dafür liefern, jegliche Anwesenheit »Fremder« auf deutschem Territorium als »Verbrechen an unserem Volk« (M. Kühnen) zu kriminalisieren und mit Gewalt zu ahnden. Diese inhärente Dynamik macht deutlich, wie problematisch die häufig von Konservativen betriebenen Versuche sind, zwischen einem angeblich »gesunden« Nationalgefühl und »übertriebenem« Nationalismus zu differenzieren und die erste Variante für beherrschbar zu erklären.

Völkisch-nationales Geschichtsbild, Revisionismus und Kulturkritik

Das von den liberaldemokratischen Verfassungsstaaten mit der Beendigung des Zweiten Weltkrieges ausgerufene Ende der »Epoche des Faschismus« hatte die extrem rechten politischen Ideologien und Bewegungen für den weiteren Verlauf der Nachkriegsgeschichte zutiefst diskreditiert.[89] Dessen ungeachtet betrieb ein harter Kern Unverbesserlicher weiterhin die mehr oder weniger offene Verherrlichung des Nationalsozialismus. Damit dieser der ihm zugedachten Vorbildfunktion gerecht werden konnte, mußte man die inzwischen weltweit bekannten Verbrechen und Greueltaten leugnen, zumindest aber relativieren oder verharmlosen. Mittels zum Teil mit großer Akribie geführter »Beweise« – daß etwa die industriell durchgeführte Massenvergasung technisch und organisatorisch gar nicht möglich gewesen sei, daß die Zahlen der Opfer maßlos übertrieben seien, daß Wehrmacht und Polizei an keinerlei Massenexekutionen teilgenommen hätten etc. – ignorierten sie die in eindringlicher und erdrückender Fülle vorliegenden historischen Dokumente und Zeugenaussagen und deklarierten sie schlicht zu Produkten der psychologischen Kriegführung und Rachejustiz der alliierten Siegermächte um. Schwere und Grausamkeit der Verbrechen wurden gegen die Opfer der Bombenangriffe auf deutsche Städte, der Vertreibungen aus den Ostgebieten, der sowjetischen Kriegsgefangenschaft deutscher Soldaten, der alliierten Besatzung aufgerechnet.

Umfang und Intensität des Genozids an den europäischen Juden wurden durch Hinweise auf Völkerrechtsverbrechen anderer Nationen, insbesondere auf diejenigen des Stalinismus, verharmlost, als unvermeidlicher Preis für den für notwendig erachteten Aufstieg Deutschlands zur Weltmacht billigend in Kauf genommen oder aber durch forcierte Hinweise auf eine mehr als tausendjährige Kontinuität germanisch-deutscher Erfolgsgeschichte als zwar bedauerlicher, aber nur wenige Jahre repräsentierender »Ausrutscher« hingestellt. Forderungen nach einem Schlußstrich unter die nationalsozialistische Vergangenheit, nach einer Minderung des Schuld- und Leidensdrucks konnten dabei (und können bis heute) auf Verständnis und Bereitschaft eines großen Teils der Bevölkerung rechnen. Hier hatte (und hat) rechtsextreme Ideologie und Propaganda ihren mit Abstand größten Erfolg im öffentlichen Bewußtsein. »Der latente Appell an die Bereitschaft zur Verweigerung historischer Realität ist heute der wohl wichtigste Aspekt öffentlicher Wirkung« – bis weit in konservative Kreise hinein.[90]

Rechtsextreme Ideologie über alle Varianten hinweg weigert sich also, die sorgfältig dokumentierten Ergebnisse geschichtswissenschaftlicher Forschung über Faschismus und Nationalsozialismus zur Kenntnis zu nehmen. Stattdessen werden diese mit dem Anspruch unfehlbarer eigener Objektivität als »Sieger- oder Lizenzgeschichtsschreibung« desavouiert und durch eine eigene »Wahrheits- und Landesverratsforschung« ersetzt, die überwiegend aus »Entschuldigungs- und Rechtfertigungslegenden«[91] besteht.

Diese doch etwas gewaltsame Lesart der Weltgeschichte, der Umgang mit historischen Quellen, vor allem aber die elementaren Prämissen der Wahrheitsfindung, stehen in diametralem Gegensatz zu fast allen wissenschaftstheoretischen Annahmen und methodologischen Grundlagen moderner Geschichts- und Sozialwissenschaften.[92] Sie folgen vielmehr konsequent aus den bisher dargestellten Kernelementen rechtsextremer Weltanschauung und politischer Ideologie. Die ethnozentrische Fixierung auf das Kollektiv Volk verführt dazu, historische Deutungsmuster zu konstruieren, die den einzelnen Volkszugehörigen Vergewisserung und Identifizierung mit der Geschichte der eigenen Nation ermöglichen.

Die biologistische Annahme, daß sich Geschichte nach quasi naturgesetzlichen Prinzipien ereigne und eine Auslese der Starken und genetisch Wertvollen bewirke, lädt dazu ein, die Historie des eigenen Volkes primär als »success story« wahrzunehmen, die dem entgegenstehenden Fakten zu ignorieren, zu negieren oder umzuwerten. Ihre naturgesetzliche Stringenz ermöglicht einen rigiden Objektivitätsanspruch bis hin zur Verkündigung eines tendentiell »offiziellen«, weil einzig wahren, Geschichtsbildes. Dieser Umgang mit Geschichte prädestiniert geradezu zu ihrer Instrumentalisierung in der politischen Propaganda und im tagespolitischen Streit. Läßt sich doch der einzelne Bürger mit seiner Hilfe plausibel in die Pflicht und Verantwortung der eigenen historisch-genetischen »Schicksalsgemeinschaft« nehmen, kann so ein verbindendes Gefühl des Dazugehörens und der Orientierungssicherheit vermittelt, können so die inneren wie äußeren Feinde des Volkes klar markiert und bekämpft werden, und – was die Plausibilität, Attraktivität und die realpolitische Schlagkraft dieser Wirklichkeitskonstruktion noch einmal beträchtlich erhöht – ergeben sich aus diesem Geschichtsbild doch die »objektiven« Belege dafür, daß die eigene Weltanschauung unhinterfragbar »wahr« und die eigenen politischen Meinungen, Einstellungen und Handlungen folglich absolut »richtig« sein müssen!

In einer Zeit, die ohnehin durch zunehmende gesellschaftliche Desintegrationsprozesse, den Zerfall persönlicher und sozialer Bindungen und Orientierungshilfen[93] gekennzeichnet ist, könnte insbesondere bei krisenhaften Zuspitzungen und noch weiter steigender Komplexität technologischer, sozioökonomischer und politischer Wirkungszusammenhänge der Bedarf nach den »quasi-natürlichen, eindeutigen und nicht gefährdbaren Zugehörigkeitsorientierungen«[94] einer auf Rasse, Nation und Heimat fokussierenden Vergangenheitskonstruktion beträchtlich steigen. Dieser Tendenz kommen Bemühungen prominenter konservativer Eliten durchaus förderlich entgegen, die Folgen des rapiden sozioökonomischen Wandels als geistig-moralische Krise umzuinterpretieren und zu einer »geistig-moralischen Wende«, zu mehr »gesundem Traditionsbewußtsein« aufzurufen und an die Stelle einer »Ego-Gesellschaft«, die nur noch der Bedürfnisbefriedigung huldige, künftig »die nationale Wertegemeinschaft« zu setzen und das notwendige »Gefühl für Gemeinsinn und

Gemeinwohl« künftig in der Identifizierung mit der »Idee der Nation als Schutz- (...) und Schicksalsgemeinschaft« zu suchen.[95]

Das völkisch-nationale Geschichtsbild jedenfalls, das genuin rechtsextreme Ideologen und Historiker entwerfen, enthält im Kern drei Grundelemente: Erstens dasjenige der »Kriegsschuldlüge«[96] – d.h. daß die Behauptung der wissenschaftlichen Historikerzunft, der Zweite Weltkrieg sei von den Nationalsozialisten willentlich angestrebt und als weltanschaulicher Eroberungs-, Vernichtungs- und Ausrottungskrieg geplant und durchgeführt worden, erlogen und Hitler vielmehr durch die späteren Alliierten in diesen Krieg hineingedrängt worden sei. Das zweite ist die sogenannten »Auschwitzlüge«[97] – d.h. die Leugnung des Holocaust an den europäischen Juden, Sinti und Roma. Zum dritten enthält es auch ein Deutungsmuster der deutschen Nachkriegsgeschichte, das bis weit in neurechte und nationalkonservative Kreise hinein Konsens findet: Getreu den antiindividualistischen, antiliberalen und antipluralistischen Grundmustern seien besonders die westlichen Kriegsalliierten – allen voran die USA – verantwortlich für den seither beobachtbaren Zerfall spezifisch deutscher Werte, Tugenden und tradierter Handlungsorientierungen.

Die Kriegsniederlage gegen diese Feinde und gegen die »asiatische Bedrohung« (Ernst Nolte) der Armeen Stalins wird von der rechtsextremen »Landesverratsforschung« der »Revisionisten« als eine zweite Dolchstoßlegende interpretiert. Im Kampf gegen die Übermacht der Feinde habe die deutsche Wehrmacht bis zum bitteren Ende tapfer und ehrenhaft gekämpft, sei dabei jedoch durch die international operierende Widerstandsbewegung entscheidend geschwächt worden, so daß die Katastrophe unausweichlich wurde. Die Etablierung der Demokratie in Westdeutschland wie auch des kommunistischen Satellitenregimes im Osten sei in einer schändlichen Allianz von »Kriegsgewinnern«, »Landesverrätern«, opportunistischen »Lizenzpolitikern« mit den »Besatzern« zustande gebracht worden. Mit dem Begriff der »Umerziehung« wird schließlich der gesamte nachfolgende Prozeß des Aufbaus und der Festigung des parlamentarisch-demokratischen Regierungssystems, pluralistischer Gesellschaftsstrukturen, einer freiheitlich orientierten politischen Kultur und einer funktionsfähigen Marktwirtschaft personell wie inhaltlich als Ergebnis der »Nachkriegskollaboration« (*Criticón*) denunziert.

Vor diesem historischen Klittergebilde fällt es dann leicht, die nationalsozialistische Ära auf die in der Bevölkerung durch individuelle und kollektive Verdrängung verbliebenen positiven Erinnerungsrestbestände zu reduzieren: »der Abbau der Arbeitslosigkeit, der Schutz vor Kriminalität, ordentliche Beschäftigungspolitik und Volkswohlfahrt, Kraft durch Freude in einer zwar streng formierten, aber von Gemeinsinn und Zusammengehörigkeitsgefühl geprägten Gemeinschaft«.[98]

Ganz auf der Welle dieser populären Tendenz zur Apologie und zur Diskreditierung des demokratischen Neubeginns als »Umerziehung« und »Charakterwäsche« schwimmen auch Historiker und Ideologen der »Neuen Rechten«, die – ausgehend von den revisionistischen Thesen Ernst Noltes – versuchen, den Nationalsozialismus zu historisieren, d.h. ihn in eine Gesamttendenz der Entwicklung und Rivalität totalitärer Herrschaftsformen einzuordnen und ihn als Reaktion auf die »asiatische Bedrohung« und das »Weltjudentum« (Nolte) zu verstehen. Damit soll auch der deutsche Angriff auf die Sowjetunion als ein verständlicher Präventivschlag relativiert werden.

Diese seit dem »Historikerstreit« 1986/87 in breiter Öffentlichkeit ausgetragene Debatte[99] hat die ihr zugrundeliegenden rechtsextremen Konstrukte der Apologie, Revision und Historisierung zum Zwecke der politischen und historischen »Entsorgung der deutschen Vergangenheit« (J. Habermas) in Verbindung mit der Denunzierung der westdeutschen Demokratiegründung als Akt des »Nationalmasochismus« bis in die Feuilletons bürgerlich-konservativer Tageszeitungen[100] und die Buchreihen renommierter Verlage hinein[101] salonfähig gemacht. So fordert dort u.a. der Historiker Karlheinz Weißmann, eine »veristische«, d.h. im Sinne Carl Schmitts der »Realität verpflichte(te)« Sichtweise müsse sich spätestens seit 1989 von den alten Umerziehungsideologien der »feindlichen Brüder« USA und UdSSR befreien und Schluß machen mit der bisherigen »Tabuisierung der Wirklichkeit«. Gegen die inneren Bedrohungen durch einen »grenzenlosen Liberalismus« und den Meinungsdruck der »political correctness« linker Medien müsse die Einsicht gesetzt werden, daß der »gemeinsame Willensgehalt« in der vorgängigen Einheit des Staates nur über die »Nation« verwirklicht werden könne. Um diesen Herausforderungen und den zusätzlichen des »Pluriversums« (wiederum Carl Schmitt) gerecht zu werden, sei es erforderlich, dem »Rückruf in die Geschichte« zu folgen und kampfbereites Mitglied des Pluriversums von Nationalstaaten zu werden. Dies solle in einer »preußischen Dimension« geschehen, wozu »nüchterne Einsichten in die Notwendigkeiten, (...) Gliederung und Elite« gehörten[102] – klassische, am Altmeister Carl Schmitt sich abarbeitende Versatzstücke rechtsextremer politischer Ideologie – allerdings in softer Verpackung und unverdächtigem Ambiente!

Politischer Stil, Strategien und Methoden rechtsextremer Propaganda

Das rechtsextreme Menschenbild

Bei ihrer Konstruktion sozialer Wirklichkeit gehen Rechtsextreme von einem Bild des Menschen aus, das sich an den organisch gewachsenen Zusammenhängen der Natur und deren »ewigen« Gesetzen orientiert und ihn nicht als Individuum, sondern primär als Angehörigen, als bloßes Glied eines Kollektivs – also seiner Familie, seines Volkes, seiner Nation – begreift. Sozialdarwinistisch interpretierte Naturgesetzlichkeiten determinieren dabei Ziel und Verlauf von Geschichte und Traditionen. Natur wird hier als ewige, biologisch festgelegte oder gottgewollte Daseinsform aufgefaßt und, mythisch überhöht, als »überzeitlich gültiges politisch-soziales Regulativ, das es zu erkennen und zu verwirklichen gelte«.[103]

Dieses Menschenbild ist fundamental gegen die aufklärerische Norm der Befreiung des Menschen aus seiner selbstverschuldeten Unmündigkeit (I. Kant) und gegen die Dominanz von Vernunft und Rationalität in der modernen Welt generell gerichtet. Im Besonderen aber stemmt es sich gegen die zentralen Werte der Französischen Revolution in der Politik. Speziell gegen die demokratischen Postulate von der Gleichwertigkeit aller Menschen, aus der Gleichberechtigung und Gleichbehandlung folgen sollen, setzen Rechtsextreme einerseits die tiefe »Verwurzelung des Individuums in Familie, Volk, Nation und Tradition«[104], die es ihm zur Pflicht machen, die tradierten Normen, Sitten und Gebräuche zu beachten und sich fraglos in eine dienende Rolle gegenüber »Volk und Vaterland« hineinzufügen. Andererseits betrachten sie das individuelle Verhaltensrepertoire als durch seine erbbiologische Grundausstattung determiniert und eingegrenzt, die dem Einzelnen auch weitgehend seinen Platz in der Hierarchie der Volksgemeinschaft zuweist.

Wie bereits explizit am Beispiel des politikideologischen und staatstheoretischen Gurus Carl Schmitt dargelegt, ist das rechtsextreme Menschenbild zutiefst pessimistisch. Es ist geprägt von der einzig »realistischen« Vorstellungswelt des Kampfes aller gegen alle, aus der der Stärkere als Sieger hervorgehe, was wiederum über die Jahrtausende der Evolution seinen Niederschlag im genetischen Code der Einzelnen und damit ihrer Völker gefunden habe. Eliten und Völkerhierarchien seien aus den ehernen Gesetzen der Auslese hervorgegangen und bezögen von dort ihre Legitimation. Prominente biologische Verhaltensforscher – oft auch absichtsvoll verkürzt interpretiert – liefern dafür die »Beweise«.[105] Sie legitimieren damit implizit auch die Kernelemente des rechtsextremen Politik- und Staatsverständnisses und damit die tragenden Säulen des gesamten Gebäudes rechtsextremer Weltanschauung als in vollem Einklang mit der Natur stehend und als damit eindeutig und »wahr«.

Mit diesem rein verhaltenswissenschaftlich belegten Menschenbild korrespondiert ein entsprechendes Selbstverständnis des idealen Volkszugehörigen: »Erbbiologische Hochwertigkeit, Tapferkeit, Ehrliebe, heroische Lebensauffassung, Opfermut, Neigung zu asketischem Lebenswandel, Härte gegen sich selbst und gegen Feinde, Würde, klare Erkenntnis der bedrohlichen Situation, in der sich das deutsche Volk befindet, Eidtreue« und die »Bereitschaft, die nationale Ehre über die persönliche Sicherheit zu stellen«.[106] Das sind Eigenschaften, die ihm die Zugehörigkeit zur Elite sichern und zudem ein hochentwickeltes Sendungsbewußtsein vermitteln. Diese Tugenden und die Bereitschaft des einzelnen, dienend in der Volksgemeinschaft aufzugehen, finden ihre Verdichtung und Glorifizierung im Bild des Soldaten.[107] Sie lassen sich andererseits jederzeit auch in den Pflicht- und Tugendvorstellungen konservativer Militärs selbst in demokratischen Streitkräften wiederfinden.[108]

Wertorientierungen und Verhaltensnormen im rechtsextremen Menschenbild sind stark geprägt von als männlich geltenden Dominanzvorstellungen. Kraft, Härte, Aggressivität, Ausdauer, Durchsetzungsvermögen, Kameradschaft, das sind die Eigenschaften, die sich im Kampf hinauf in Elitepositionen in der Hierarchie der Volksgemeinschaft, vor allem aber in den Hegemonial- und Überlebenskämpfen der Ethnien und Nationen, bewährt haben. Als Folge natürlicher Auslese gehören sie zur genetischen Grundausstattung des eigenen Volkes und seiner Angehörigen. In neonationalsozialistischen Kreisen steigern sich diese Vorstellungen bis hin zu männerbündlerischem Omnipotenzwahn.[109] Das Geschlechterrollenverhältnis wird durchweg als patriarchal-hierarchisch gesehen.[110] Die Frau wird primär als hegendes und pflegendes Familienmitglied wahrgenommen, zuständig dafür, »durch Wärme und Hingabe ein Klima der Geborgenheit zu schaffen, in welchem Familie und Kinder gedeihen können«.[111] Ihre biologischen Reproduktionsfunktionen verleihen ihr durchaus hohen Wert, in allen das Öffentliche und Politische betreffenden Fragen hat sie als Gehilfin des Mannes eher im Hintergrund zu stehen. Die Einstellung zur Sexualität ist geprägt von einer Mischung aus sittlichem Puritanismus und ästhetisierender, idealisierender, mythischer Überhöhung der Frau, und dort, wo die Rechtsextremen männerbündlerisch orientiert und organisiert sind, vermutlich einem in diesen Lebensformen wohl häufiger anzutreffenden Hang zu latenter Homoerotik.[112]

Autoritarismus und Gewaltorientierung als politische Handlungsmuster

Vor dem Hintergrund dieses Selbstbildes eines idealtypischen Menschen innerhalb der rechtsextremen Wirklichkeitskonstruktion ist in der empirischen Sozialforschung versucht worden, diejenigen Persönlichkeitsmerkmale eines Menschen zusammenzufassen und in einer Einstellungsskala meßbar zu machen, die – aus einer liberaldemokratischen Perspektive der Forscher – als charakteristisch für eine rechtsextrem orientierte »autoritäre Persönlichkeit« gelten. Sie müssen freilich im Zusammenhang mit einer Reihe weiterer, im engeren Sinne politischer, Einstellungsmuster gesehen werden, vermitteln aber dennoch einen Eindruck von der höchst problematischen Menschen-, Gesellschafts- und Demokratieverträglichkeit dieses Persönlichkeitstyps, der in der nach wie vor aktuellen »F(aschismus)-Skala« Adornos Ausdruck gefunden hat:[113] starre Fixierung auf die Werte mittelständischer Konventionen; untertänig-unkritisches Verhalten gegenüber idealisierten moralischen Autoritäten der Eigengruppe; Hang dazu, Menschen, die konventionelle Werte verletzen, in aggressiver Weise zu verurteilen und zu bestrafen; Tendenz zu Aberglauben und Stereotypie; Neigung zur Identifikation mit Repräsentanten der Macht und zur Demonstration von Härte und Robustheit bis hin zur Verherrlichung von Gewalt; gleichzeitig Verachtung gegenüber Schwachen und Hilfsbedürftigen und Zynismus und Destruktivität in Bezug auf das Menschliche; Neigung zu Projektionen und starke Betonung des Sexuellen und schließlich Aversionen gegenüber allem Subjektiven, Phantasievollen und Sensiblen. Hinzu kommen eine stark eingeschränkte Fähigkeit, mehrdeutige, unentschiedene Situationen und widersprüchliche externe Anforderungen zu ertragen, eine gestörte Kommunikationsfähigkeit und eine Neigung zu Dogmatismus und »Closed Mind«, gepaart mit einer Kombination aus Ich-Schwäche und Selbstüberheblichkeit – alles zusammen das genaue Gegenbild zur demokratischen, republikanischen und weltbürgerlichen Persönlichkeit.[114] Bei aller partiellen Kritik an diesem Konstrukt sozialpsychologischer Forschungsansätze, die inzwischen zu dem Analyseansatz etwa des »Orientierungsmusters«[115] weiterentwickelt worden sind, gilt ein vielfach vermittelter und offener Zusammenhang zwischen Persönlichkeitsstruktur, Werten, Orientierungen, Einstellungen und Verhalten in der empirischen Rechtsextremismusforschung als unstrittig.[116]

Hinzuweisen bleibt mit Blick auf die Sozial- und Demokratieakzeptanz von Rechtsextremismus auf die Frage, ob und inwieweit rechtsextrem orientierte und eingestellte Menschen auch Gewalt als Mittel zur Durchsetzung der politisch-ideologischen Ziele für legitim oder gar notwendig halten. Daß die Orientierung an Autorität und Durchsetzungsstärke, an Kampf, Militär und Krieg, ja bereits die Definition von Politik als Notwendigkeit der Freund-Feind-Unterscheidung und als Vernichtung alles Heterogenen und nicht zuletzt das sozialdarwinistische Legitimationsmuster vom Recht und Überleben des Stärkeren und die ethnopluralistische Deutung des internationalen Geschehens als inhärente Bestandteile rechtsextremer politischer Ideologie und Weltanschauung mehr als nur den Keim der Gewalt in sich bergen, dürfte bereits mehrfach deutlich geworden sein. Hierzu gehört vor allem auch die rigorose Ausgrenzung von Minderheiten und Fremden.[117]

Dieser ideologiekritische Befund findet seine Entsprechung auch auf der empirischen Ebene: Aus allen Einstellungsuntersuchungen zu Rechtsextremismus und Fremdenfeindlichkeit geht hervor, daß entsprechend orientierte und eingestellte Menschen, vor allem männliche Jugendliche, in einem sehr hohen Maße Gewalt als Mittel zur Durchsetzung politischer Ziele bejahen und angeben, gegebenenfalls auch selbst Gewalt einsetzen zu wollen oder dieses bereits getan zu haben.[118] Auf der Handlungsebene zeigt ein Blick in Kriminalstatistiken und Verfassungsschutzberichte für die Jahre 1990–1993 eine geradezu explosionsmäßige Zunahme von rechtsextremistisch und fremdenfeindlich motivierten Gewalttaten, die sich für die nachfolgenden Jahre zwar verlangsamt hat, aber auf einem erschreckend hohen Niveau stagniert.[119] Daß für diese Entwicklung die massive ausländerfeindliche Agitation rechtsextremer Politiker und eine Asyldebatte, in der die klassischen rechtsextremen Ausgrenzungsideologeme und ein großer Teil der völkisch-nationalen Identitätsmuster mit Hilfe einer populistisch-emotionalisierten Medienberichterstattung bis weit in die bürgerlichen und sozialdemokratischen politischen Eliten hinein vordrangen, mitverursachend waren (und sind), gilt inzwischen als gesichertes Ergebnis sorgfältiger Analyse.[120] Diese Erkenntnis sollte Grund genug dafür sein, sich nach den Grundstrukturen und Kernelementen rechtsextremer politischer Ideologie und Weltanschauung nun noch einmal verstärkt der praktischen Umsetzung dieser Wirklichkeitskonstrukte als Zielgrößen im politischen Alltagsgeschehen zuzuwenden.

Angstorientierung, Sündenbock- und Feindmarkierung und Rechtspopulismus

Das hohe Maß an Orientierungssicherheit, das ein naturgesetzlich orientiertes und damit unhinterfragbares rechtsextremes Weltbild vermittelt, der kampforientierte, auf Entweder-Oder-Kategorien fixierte Politikbegriff, die sozialdarwinistisch untermauerte Überzeugung vom Recht des Stärkeren, die »begründungsfreien, tunlichst auch leistungsunabhängigen Zugehörigkeits- und Geborgenheitschancen«,[121] die von den Konstrukten der nationalen Identität und der ethnozentrischen Überlegenheit ausgehen und in kameradschaftlichen Gruppenzugehörigkeiten erlebbar werden, – das alles eignet sich vorzüglich, um Konkurrenz-, Bedrohungs- und Zukunftsängste von Menschen hochzupeitschen. Wenn dieses brisante Gemisch dann womöglich auch noch durch Verschwörungs-, Verdächtigungs- und Einkreisungsphantasmen angereichert wird, dann wirkt es so verstärkt gerade auf diejenigen, die sich im rapiden und eingriffsintensiven Prozeß des sozialen Wandels nicht mehr zurechtfinden und sich darüber hinaus auf der Verliererseite wähnen.[122] Appelle an Ressentiments und Vorurteile, wie sie in Parteiprogrammen, Wahlaufrufen, Postwurfsendungen und öffentlicher Propaganda rechter Parteien in erheblicher Auflage verbreitet werden, sollen Protestbereitschaft wecken und zu Stimmabgabe und Parteieintritt animieren.

In gezielten Aktionen (etwa »Rudolf-Heß-Gedächtnis«-Aufmärsche, Anti-Antifa-Kampagnen), aber auch durch verdeckte »Kameradschaftsarbeit« und über Kampfschriften, Leserkreise und Mailboxen (»Thule-Netz« und »Nationale Infotelefone«) fördern darüber hinaus zahlreiche militante neonazistische Vereinigungen – zum Teil auch noch nach ihrem Verbot – zum aktiven Mitkämpfen auf. Ideologisch-propagandistisch bestärkt und unterstützt werden die Aktivisten des rechten Lagers über alle unterschiedlichen ideologischen Varianten und Organisationsformen hinweg durch ein dichtgeknüpftes Netzwerk an Verlagen, Versandbuchhandlungen, Zeitschriften und Zeitungen mit ihren Leserkreisen, elektronischen Medien und »Runden Tischen«, in dem sie teils miteinander kommunizieren, teils aber auch weit in das nationalkonservative, bürgerlich-liberale und ökologische politische Spektrum hineinwirken. Ungeachtet aller Differenzen im Detail verfolgen sie im Rahmen der Essentials rechtsextremer Weltanschauung eine gemeinsame politische Strategie: Von den ökonomischen und sozialen Ursachen für die Probleme und Konflikte ihrer Adressaten, also etwa von Arbeitslosigkeit, Armut, Obdachlosigkeit und Diskriminierung, wird auf eine doppelte, sich wechselseitig ergänzende Weise abgelenkt.

Zum einen werden Minderheiten und ethnische »Fremd«gruppen zu den »wahren« Verursachern und Schuldigen erklärt. Das Spektrum der Sündenböcke reicht von angeblich arbeitsunwilligen »Sozialschmarotzern« (wie Sozialhilfeempfänger, Bettler und Obdachlose), über Behinderte, psychisch Kranke, Schwule bis hin zu »den« Juden, Asylbewerbern, Ausländern und »dem« Islam. Zum anderen wird durch suggestive Beschwörungen der Eigentümlichkeit, der Kräfte und Vorrechte des eigenen Volkes das zentrale Unterscheidungskriterium für das »Wir« und die feindlichen »Anderen« geliefert, dieses als Ausgrenzungs- und Stigmatisierungsinstrument legitimiert und zugleich ein starkes Gefühl von Geborgenheit, Stärke und Überlegenheit durch das leistungsunabhängige Dazugehören zu Volk, Vaterland und Nation vermittelt. Der meist kämpferische Habitus der rechtsextremen politischen Akteure, der rechthaberische, zweifelsfreie und messianische Duktus ihrer Reden und Schriften, die von ihnen eingesetzten Stilmittel des heroischen Pathos, der Verdinglichung humaner Werte, der Agitation, Lächerlichmachung, Verletzung, Beschimpfung und Lüge in der politischen Propaganda erzeugen gemeinsam mit den Appellen an einen starken autoritären Staat, der beim Durchsetzen des Richtigen und Notwendigen nicht zimperlich sein dürfe, im groben politischen Alltagsgeschäft ein Klima von Aggressivität und Gewaltorientierung.

Eine nicht minder grobe Variante finden wir inzwischen europaweit in der spezifischen Politikform des Rechtspopulismus[123] auf dem Vormarsch. Auch er bezieht seine politischen Aussagen primär auf das Konstrukt des Volkes als Einheit, rekurriert dabei in rigoroser monokausaler Reduktion komplexer politischer Zusammenhänge auf »das Unmittelbare und die direkte Beziehung zwischen Basis/›Volk‹ und populistischem Akteur«[124], lehnt sich ausdrücklich an den »Stammtisch«-Diskurs an und operiert mit Empörung und Verhetzbarkeit der Menschen. In die gleiche Richtung wirkt auch im weniger groben Bereich des publizistischen Handwerks ein großer Teil der zahlreichen Publizisten der rechtsextremen Szene. Auch hier läßt sich eine Diktion der »assoziative(n) Diffamierung und suggestive(n) Überredung« feststellen, die stark von der »aggressiven, unerbittlichen und täuschenden Sprache des Dritten Reiches«[125] geprägt ist.

Gerade Menschen, deren intellektuelle und kommunikative Kompetenz nicht ausreicht, ihre lebensgeschichtlichen Probleme durch angemessene Kommunikationsstrategien zu lösen, dürften sich durch das so erzeugte Klima und die dergestalt vermittelten Sinndeutungs- und Handlungsangebote angesprochen fühlen, bei den Aktionen und in den Organisationen der Rechtsextremen mitzumachen und ihren Ängsten und Frustrationen aggressiv Ausdruck zu verleihen. Für die einen geschieht das überwiegend in Gruppen der jugendlichen Subkultur – etwa Skins, Fußballfangruppen, Hooligans.

Andere wiederum agieren innerhalb der unterschiedlichen rechtsextremen Organisationen, wo sie sich entsprechend bereitwillig den autoritären Einordnungsforderungen der jeweiligen Führungseliten fügen, um durch Führer-Gefolgschaftsverhalten und bedingungslosen Gehorsam den meist nach militärischen Organisationsprinzipien gegliederten Gruppen und Organisationen die notwendige Geschlossenheit, Außenwirkung, Stärke und Schlagkraft zu verleihen – bis hin zu offenem Terrorismus. In seiner Größenordnung wird gerade dieser letzte Personenkreis zwar häufig überschätzt – es handelt sich um ca. 3.800 Neonazis. Die Gefahren jedoch, die von diesen in einer hochdifferenzierten Industriegesellschaft ausgehen können, wenn sie terroristische Aktivitäten entfalten, sind beträchtlich.[126] Bei wiederum anderen, nämlich selbst bei bisher nicht explizit als rechtsextrem bekannten und keiner entsprechenden Organisation angehörenden Jugendlichen, kann dieses Klima offenbar eine Neigung erzeugen, jene spektakulären Gewalttaten gegen die »Volksfeinde« auszuführen, an die zwar viele denken, die sich aber die angepaßte Masse nicht zu tun getraut.

Die Gefahr, die von diesen Sachverhalten zweifellos für inzwischen erschreckend viele Menschen, die bereits Opfer rechtsextremer Gewalttaten geworden sind oder in leider berechtigter Sorge vor Verfolgung leben müssen, ausgeht, ist erheblich, zumal sich die Anzahl der Gewalthandlungen gegen Minderheiten und Ausländer auf einem beängstigend hohen Niveau zu stabilisieren scheint. Hier sind keineswegs nur die Organe der Justiz, Polizei und des Verfassungsschutzes gefragt, denn es gilt vor allem, den sozialen, ökonomischen und kulturellen Nährboden, auf dem die Giftpflanzen des Rechtsextremismus so vortrefflich gedeihen, zu beackern: eine menschenwürdigere und zukunftsgerechtere Wirtschafts-, Finanz-, Sozial- und nicht zuletzt eine

Bildungspolitik, die diese Bezeichnung verdient. Vor allem eine intensivere Beteiligung aller Bürgerinnen und Bürger an der Gestaltung ihres Gemeinwesens durch offene, dialogische Bürgerbeteiligungsverfahren[127] könnte parallel zu intensiven und vielschichtigen Maßnahmen im Bereich der Jugendarbeit schrittweise dazu beitragen, daß über die große Zahl unmittelbar Betroffener hinaus auch die politische Kultur der Bundesrepublik insgesamt weniger Schaden nimmt.

Politische Machtergreifung, Wahlen oder »kulturelle Hegemonie«?

Was das langfristige politikstrategische »Endziel« des Rechtsextremismus betrifft, so herrscht über alle ideologisch-programmatischen und organisatorischen Varianten hinweg weitgehend Konsens: nämlich die auf Homogenität getrimmte »Formierung« der pluralistischen Gesellschaft, die Abschaffung des liberaldemokratischen Verfassungsstaates, die Machtübernahme durch das rechte Lager und der Aufbau eines starken autoritären Führerstaates auf der Basis von ethnischer Geschlossenheit, kultureller Einheit und einem alles überwölbenden völkisch definierten Nationalbewußtsein. Darüber nun aber, auf welchem Wege dieses Ziel am wirkungsvollsten und zügigsten erreicht werden kann und mit Hilfe welcher Taktik, Instrumente und Maßnahmen dies am besten gelingt, gibt es angesichts der inneren Heterogenität des rechten Lagers naturgemäß recht unterschiedliche Auffassungen und Konzepte.

Von den klassischen faschistischen Vorstellungen, die Machtübernahme sei mit Hilfe straff organisierter Kader und Parteitruppen nach dem Vorbild von SA und SS, durch Straßenkampf und Terror zu erreichen, hat angesichts der Überwachungs- und Verbotseffizienz der »streitbaren Demokratie« auch der harte Kern der militanten Neonazis Abschied genommen. Zwar versuchen die einen nach wie vor, verdeckte Kaderstrukturen zu (re)etablieren, durch »Organisierung ohne Organisation«[128] die Partei- und Organisationsverbote zu unterlaufen und die Neonaziszene mit konspirativen Methoden und nach dem Vorbild der linksextremistischen autonomen Szene enger zu vernetzen, um dadurch schlagkräftiger und für die Medien interessanter zu werden. In diese Richtung zielen auch Vorschläge, statt einer einheitlichen rechtsextremen Partei eine flexiblere, integrierte, dezentrale »Nationale Bewegung« zu schaffen, die ihre Stützpunkte auf Ortsebene hat und durch einen bundesweiten Ältestenrat als »Elite der Nationalen Bewegung« koordiniert wird.

Andere aber, etwa B.E. Althans und Ch. Worch, fordern zu einem »penetranten Legalismus«, etwa mittels Teilnahme an Wahlen auf den Listen traditioneller rechtsextremer Parteien, auf.[129]

Die Führer dieser Parteien wiederum setzen nach wie vor darauf, sich möglichst innerhalb der Strukturen des demokratischen Rechtsstaates zu bewegen und ihre vordergründigen Ziele kurz- und mittelfristig dadurch zu erreichen, daß sie die grundgesetzlich garantierte politische Meinungs- und Versammlungsfreiheit sowie die Möglichkeiten des Parteiengesetzes und der Justiz nutzen, politische Agitation und Propaganda zu betreiben und an Wahlen[130] teilzunehmen. Dabei hoffen sie auf die Konjunkturen ansteigender politisch-sozialer Unzufriedenheit und ökonomischer Instabilität im Lande, die ihnen bisher regelmäßig einen beträchtlichen Zuwachs an Wählerstimmen und Zulauf an Mitgliedern beschert haben.[131] Die langfristige strategische Zielsetzung versuchen sie – wenngleich durch ihre notorische Zerstrittenheit zur Zeit wieder einmal nicht sehr erfolgreich – dadurch im Blick zu behalten, daß sie sich in letzter Zeit verstärkt um die Sammlung des rechten Lagers bemühen und sich dazu um Kommunikationsbeziehungen mit Vertretern anderer Gruppierungen und Organisationen innerhalb des rechten Spektrums – etwa die Teilnahme an »Runden Tischen« – bemühen und Kontakte auch in das nationalkonservative und nationalliberale bürgerliche Spektrum hinein intensivieren. Thematisches Integrationsinstrument sind dabei gemeinsame Kampagnen gegen »Überfremdung«, d. h. gegen Ausländerzuzug und Multikulturalität.[132]

Damit bedienen sie sich eines enggeknüpften Kommunikationsnetzwerkes – in dem sie wiederum auch ihrerseits genutzt werden – das seit mehreren Jahren im rechten Lager geknüpft worden ist und in dem insbesondere Intellektuelle der »Neuen Rechten« eine treibende und zugleich integrierende Funktion übernommen haben.[133] Auf der politisch-ideologischen Ebene vertreten die »Neuen Rechten« über alle Facetten unterschiedlicher Strömungen hinweg den Kernbestand rechtsextremer politischer Ideologie und Weltanschauung, focussiert auf die Ideologeme der »Konservativen Revolution« und vor allem Carl Schmitts, angewandt jedoch primär auf die Interpretation der Nachkriegsgeschichte der Bundesrepublik. Das spezifisch Neue an ihnen liegt aber nicht nur darin, sondern in ihrer an der linken Studentenbewegung der Endsechziger orientierten modernen politischen Implementationsstrategie. Sie setzen zum Erreichen der auch von ihnen geteilten langfristigen »Endziele« kurzfristig darauf, gemeinsam mit rechtsextremen, aber auch mit neokonservativ, nationalliberal, ökologisch und »linksnational« eingestellten Akteuren ein Organisations- und Kommunikationsgeflecht von Intellektuellen, Publizisten, Verlegern, Wissenschaftlern und politischen Akteuren zu etablieren und zu betreiben, innerhalb dessen sie selbst eine »Scharnier- und Brückenfunktion« wahrnehmen. Mittelfristiges Ziel dabei ist es, die »kulturelle Hegemonie«, d. h. die politisch-intellektuelle Meinungsführerschaft, für rechte, völkisch-nationale Themen, Politikdeutungen, Politikziele und -strategien zu erobern. Dies wird von ihnen als notwendige Bedingung dafür betrachtet, das langfristige Ziel, die konkrete politische Machtübernahme – möglichst in der gewaltfreien Form von Plebisziten oder Wahlen – erreichen zu können.

Die Erfolge, die diese Form der Implementation rechtsextremer Politikvor-stellungen bisher aufweisen kann, sind beträchtlich. Zu ihnen gehört es zum einen, daß sie gewissermaßen schleichend zu einer zwar graduellen, aber dessen ungeachtet dennoch nachhaltigen Veränderung der politischen Wahrneh-mungsmuster, Themensetzungen, Sprache und Bewertungsmaßstäbe geführt hat – und zwar mit zunehmender Dynamik seit der deutschen Vereinigung von 1989/90.[134] Zu den mindestens so beachtlichen Erfolgen zählt es ferner, daß ein erheblicher Teil der politischen Mitakteure und selbst der institutionellen Beobachter dieses Wandels der politischen Kultur (z.B. die Verfassungs-schutzämter) dieses Geschehen ignoriert oder gar leugnet.[135]

Bereits ein relativ oberflächlicher Blick in die Zeitungausschnittarchive etwa zeigt allein anhand der Headlines und Kommentare, wie intensiv seither die Akzente der öffentlichen politischen Debatte vom seit 1948 selbstver-ständlichen Primat der individuellen Grundrechte sich in die Carl Schmittsche Richtung hin zum Vorrang des Kollektivs Deutschland, des deutschen Volkes oder der Nation verschoben hat. Die Asyl- und Abschiebedebatte, die Aus-dehnung der Kompetenzen des Staates in die Individualsphäre durch den »Großen Lauschangriff«, der neudefinierte Primat »nationaler Interessen« zu Lasten der Menschenrechtsorientierung in der Außen- und Wirtschaftspolitik, die geforderte Militarisierung der Außenpolitik in Verbindung mit geostrate-gischen Begründungen für die Ausweitung der Einsatzaufgaben der Bundes-wehr, Teile der »Standortdebatte« im Zusammenhang mit dem Abbau sozial-staatlicher Leistungen, eine Europa-Debatte, die von Verlustängsten um die D-Mark beherrscht wird, sowie der Rekurs auf das homogenisierende Orien-tierungsmodell der »nationalen Identität« bei W. Schäuble in der CDU und in der Berliner FDP seien nur als einige Stichworte für diese Tendenz genannt. Parallel dazu kreisen die Diskurse in Teilen der konservativen Publizistik und Wissenschaft in einem bisher unbekanntem Maße zunehmend darum, das deutsche Nationalbewußtsein zu revidieren und die bisherige Geschichtsinter-pretation zum »deutschen Sonderweg«, zu Beginn und Verlauf des Zweiten Weltkrieges und zum Holocaust (»Historikerstreit«), zur Beteiligung der Wehrmacht an Kriegsverbrechen, und vor allem zur Rolle und Funktion der alliierten Siegermächte bei der Demokratisierung (»Westbindung/Umerzie-hung«) zu revidieren; ja auch die Revision der Ostgrenze wird wieder thema-tisiert. »Deutschland zuerst« – so könnte man den Trend in einem Schlagwort zusammenfassen, wobei sich hierin nicht nur die propagierte Dominanz der Volksgemeinschaft gegenüber den Individuen widerspiegelt, sondern zuneh-mend auch ein ethnisch-völkisches Verständnis der Ingredienzen des Kollek-tivs Nation erkennbar wird.

Was nun eine Einschätzung der potentiellen mittel- und langfristigen Aus-wirkungen dieser Erfolge beim Bemühen, die kulturelle Hegemonie im Lande zumindest erst einmal in den demokratisch-konservativ induzierten Diskursen zu erringen, betrifft, so sei in diesem Zusammenhang auf einige strukturelle Vorgaben in der deutschen politischen Kultur hingewiesen, die diesen Trend durchaus zu einer Gefahr für die freiheitliche Demokratie werden lassen könnten.

So sind zum einen aggressiv-autoritäre, sozialdarwinistische und national-chauvinistische Orientierungsmuster in der deutschen Bevölkerung quasi als »gesunkenes politisches Kulturgut« und latenter Bodensatz in einem erheblichen Maße vorhanden und damit unter bestimmten Umständen auch mobilisierbar.[136] Das gilt insbesondere auch für weite Teile der männlichen Jugend und inzwischen wohl erstmalig auch für größere Teile der Studenten.[137] An sie kann gegebenenfalls rechtsextreme Agitation und Propaganda durch »Extremisierung verbreiteter Meinungen«[138] anknüpfen und sie durch Popularisierungskampagnen aus der Latenz ins öffentliche Tageslicht zerren. Die feingestrickteren, vielschichtigeren kulturhegemoniellen Aktivitäten neurechter Intellektueller und Publizisten hätten in diesem Szenario dann möglicherweise bereits den Boden dafür bereitet, daß auch die seriöseren Teile der Medien ihre politisch-kulturellen und berufsethischen Selbstbeschränkungen aufgeben und um der höheren Ziele von Volk und Nation willen bereitwillig ihren Part in dieser Arbeitsteilung übernehmen: thematisieren, berichten und nach neurechten Deutungsmustern (und womöglich auch mit deren Rigorosität und Entschiedenheit) kommentieren – was dann wiederum den militanten Rechtsextremisten das grobe Geschäft der Agitation und Popularisierung erleichtert – eine Spirale ohne Ende ...

Bereits unter den bisherigen Bedingungen haben ja rechtsextreme und rechtspopulistische Parteien in West- und Südeuropa einschließlich der Bundesrepublik in ökonomischen und politischen Krisensituationen zum Teil erdrutschartige Wahlerfolge erzielt, die nicht etwa nur dadurch zustandegekommen sind, daß es ihnen gelungen ist, bisherige Stamm- und Nichtwähler zu mobilisieren, sondern weit in das Lager der bürgerlich-konservativen und vor allem der sozialdemokratischen Wähler einzubrechen und darüber hinaus auf viele Jugendliche faszinierend zu wirken.

Insgesamt ergibt sich aus den eben genannten politisch-kulturellen Willensbildungs- und Entscheidungsstrukturen, in welch intensivem Maße Erfolge und Mißerfolge des Rechtsextremismus davon abhängen, in welchem Zustand das sozioökonomische, das politisch-kulturelle und das politisch administrative System einer Industriegesellschaft jeweils ist. Befindet sich a) das politische System in einer tiefen Krise, gibt es b) schwerwiegende Einbrüche in einzelnen Sektoren der Wirtschaft, werden c) diese Krisensymptome durch Medien, Öffentlichkeit und Wissenschaft ins allgemeine Bewußtsein gehoben und als für die Nation existentiell gedeutet und gibt es d) attraktive rechtsextreme Organisationen, die dieses alles geschickt für ihre propagandistischen Zwecke zu nutzen verstehen, dann liegen damit auf der Makroebene bereits wesentliche förderliche Bedingungen für rechtsextreme Erfolge vor. Kommen dann darüber hinaus auf der Mikroebene bei zahlreichen Menschen a) die subjektiven Erfahrungen materieller Not und Benachteiligung und b) immaterielle Deprivation durch Individualisierung und Desintegration dazu und ist c) ihr Vertrauen in die Stabilität und Problemlösungskompetenz des politischökonomischen Systems erschüttert, dann kann sich in diesem Zusammenhang durchaus das hochbrisante Gemisch entwickeln, das den liberaldemokratischen Verfassungsstaat und die pluralistische Gesellschaft explodieren, oder besser: implodieren und zu einer formierten Volksgemeinschaft in einem autoritären Machtstaat erstarren läßt. Die strategischen »Endziele« des Rechtsextremismus wären erreicht. Die Arbeitsteilung zwischen denen, die auf dem Wege dorthin die Schwerter der Agitation und Propaganda schwingen, um Wahlerfolge zu erzielen, und denen, die mit den schweren Säbeln der Mobilisierung militanter Kader und jugendlicher Hilfstruppen für den Kampf auf der Straße fuchteln, sowie schließlich denen, die mit feinen Degen auf dem Paukboden des öffentlichen Diskurses den Kampf um die Meinungsführerschaft ausfechten, hätte sich bewährt.

Man muß kein politischer Alpträumer sein, um Rechtsextremismus nicht mehr lediglich als »normale Pathologie der Industriegesellschaften« (Scheuch/Klingemann, s. Anm. 1) wahrzunehmen, sondern als reale Entwicklungsmöglichkeit unter den gegebenen Bedingungen sozioökonomischer Krisentendenzen einzuschätzen. Unter diesen konkreten Bedingungen gilt es, nicht nur für die offen rechtsextremen, sondern gerade auch für die unverdächtig und schleichend daherschreitenden bildungsbürgerlichen Varianten neurechten Denkens sensibel zu sein. Der Kampf um die kulturelle Hegemonie ist längst entbrannt und mitten unter uns!

Anmerkungen

1 Vgl. dazu grundlegend E. Scheuch; H. D. Klingemann: Theorie des Rechtsradikalismus in westlichen Industriegesellschaften. In: H. D. Ortlieb; B. Molitor (Hrsg.): Hamburger Jahrbuch für Wirtschafts- und Gesellschaftspolitik. 12 (1967), S. 11–29; W. Gessenharter; H. Fröchling; B. Krupp: Rechtsextremismus als normativ-praktisches Forschungsproblem. Eine empirische Analyse der Einstellungen von studierenden Offizieren der Hochschule der Bundeswehr Hamburg sowie von militärischen und zivilen Vergleichsgruppen. Weinheim/Basel 1978; SINUS-Institut: 5 Millionen Deutsche: »Wir sollten wieder einen Führer haben ...«. Reinbek 1981; P. Dudek; H. G. Jaschke: Entstehung und Entwicklung des Rechtsextremismus in der Bundesrepublik. 2 Bde., Opladen 1984; H. G. Jaschke: Rechtsextremismus. In: I. Fetscher; H. Münkler (Hrsg.): Pipers Handbuch der politischen Ideen.

Bd. 5, München 1987, S. 487–495; U. Backes: Politischer Extremismus in demokratischen Verfassungsstaaten. Elemente einer normativen Rahmentheorie. Opladen 1989; R. Stöss: Die extreme Rechte in der Bundesrepublik. Opladen 1989; R. Kühnl: Gefahr von rechts. Vergangenheit und Gegenwart der extremen Rechten. Heilbronn 1990; T. Assheuer; H. Sarkowicz: Rechtsradikale in Deutschland. Die alte und die neue Rechte. 2. Aufl. München 1992; U. Backes; E. Jesse: Politischer Extremismus in der Bundesrepublik Deutschland. 3. Aufl. Bonn 1993 (= Bundeszentrale für politische Bildung); A. Pfahl-Traughber: Rechtsextremismus. Eine kritische Bestandsaufnahme nach der Wiedervereinigung. Bonn 1993; H. J. Schwagerl: Rechtsextremes Denken. Merkmale und Methoden. Frankfurt a. M. 1993; W. Benz (Hrsg.): Rechtsextremismus in Deutschland. Voraussetzungen, Zusammenhänge, Wirkungen. Frankfurt a. M. 1994; W. I. Holzer: Rechtsextremismus. Konturen, Definitionsmerkmale und Erklärungsansätze. In: Dokumentationsarchiv des österreichischen Widerstandes (Hrsg.): Handbuch des österreichischen Rechtsextremismus. Wien 1994; H-G. Jaschke: Rechtsextremismus und Fremdenfeindlichkeit. Opladen 1994; W. Kowalsky; W. Schröder (Hrsg.): Rechtsextremismus. Einführung und Forschungsbilanz. Opladen 1994.

2 Kowalsky/Schröder, 1994, S. 11 (s. Anm. 1).

3 Dudek/Jaschke, 1984, S. 30–33 (s. Anm. 1).

4 In weiterer Ausdifferenzierung des Ansatzes von R. Stöss: Forschungs- und Erklärungsansätze – ein Überblick. In: W. Kowalsky; W. Schroeder (Hrsg.): Rechtsextremismus. Einführung und Forschungsbilanz. Opladen 1994, S. 23–66, hier S. 27.

5 Vgl. u. a. Gessenharter/Fröchling/Krupp, 1978, S. 92 ff. (s. Anm. 1); J. Ueltzhöffer: Rechtsextremismus. In: D. Nohlen (Hrsg.): Lexikon zur Weltpolitik. Bd. 3, Politische Theorien, München 1992, S. 382–387, hier S. 383; Stöss, 1994, S. 27 ff. (s. Anm. 4).

6 Zusammenfassend Stöss, 1994, S. 35 ff. (s. Anm. 4) sowie Jaschke, 1987, S. 488 (s. Anm. 1).

7 Zur Diskussion zum Ideologiebegriff zusammenfassend W. Euchner: Ideologie. In: D. Nohlen (Hrsg.): Lexikon der Politik. Bd. 1, Politische Theorien, München 1995, S. 192–195.

8 P. L. Berger; T. Luckmann: Die gesellschaftliche Konstruktion der Wirklichkeit. Eine Theorie der Wissenssoziologie. Frankfurt a. M. 1990.

9 Jaschke, 1987, S. 489 (s. Anm. 1).

10 Holzer, 1994, S. 17 (s. Anm. 1).

11 Vielmehr nennen sie sich etwa »Nationalkonservative«, »Rechtskonservative«, »Nationaldemokraten«, »Freiheitliche«, »Nationale Sozialisten«, »Nationalrevolutionäre« und nicht zuletzt »Neue Rechte« etc. Zur mangelnden Selbstreferenz vgl. Jaschke, 1987, S. 488 (s. Anm. 1); Holzer, 1994, S. 17 (s. Anm. 1).

12 Jaschke, 1987, S. 490 (s. Anm. 1).

13 »Mit Berufung auf höheres Recht und/oder Natur, die den als notwendig vorgestellten Systemwandel unabweisbar erscheinen lassen soll, tritt der Extremist, im subjektiven Wissen um seinen absoluten Wahrheitsanspruch und der hierin gründenden Heilsgewißheit, gegen bestehende Herrschaft an. Auch dort, wo er legalistische Anpassung versucht, leitet (...) (er) die Wahl seiner Mittel so gut wie ausschließlich von Erwägungen der Opportunität und politischen Effizienz her und ist, zwischen revolutionär-terroristischer Gewaltbejahung und gewaltfreien agitatorischen Werbeaktionen oszillierend, doch stets nach gewalthaltigen und demagogisch-manipulativen Durchsetzungsstilen hin offen.« So Holzer, 1994, S. 29 (s. Anm. 1) unter Verweis auf M. Funke: Extremismus im demokratischen Rechtsstaat. Ausgewählte Texte und Materialien zur aktuellen Diskussion. Düsseldorf 1978.

14 Vgl. Holzer, 1994, S. 34 (s. Anm. 1).

15 Siehe dazu den Beitrag von Gessenharter/Fröchling: Neue Rechte und Rechtsextremismus in diesem Band.

16 Vgl. dazu u. a. Benz, 1994, S. 17 (s. Anm. 1) sowie ausführlich Schwagerl, 1993 (s. Anm. 1).

17 Detailliert Backes, 1989, S. 178 ff. (s. Anm. 1) sowie W. Gessenharter: Kippt die Republik? Die Neue Rechte und ihre Unterstützung durch Politik und Medien. München 1994, S. 74 ff.

18 Noch immer grundlegend K. Sontheimer: Antidemokratisches Denken in der Weimarer Repu-

blik. In: ders. (Hrsg.): Deutschland zwischen Demokratie und Antidemokratie. München 1983 (seit 1971 in verschiedenen Ausgaben erschienen); sowie Backes, 1989, S. 178–211 (s. Anm. 1) und H.-G. Jaschke: Nationalismus und Ethnopluralismus. Zum Wiederaufleben von Ideen der »Konservativen Revolution«. Aus Politik und Zeitgeschichte. (1992) 3–4, S. 3–10.

19 So der ehemalige Chefideologe der NPD, Ernst Anrich 1967, zit. bei Schwagerl, 1993, S. 23 (s. Anm. 1).

20 Vgl. hierzu auch Holzer, 1994, S. 44–47 (s. Anm. 1).

21 Zusammenfassend ebenda, S. 45.

22 Ebenda, S. 44.

23 Die Neue Front, Nr. 8/1986, S. 22., zit. bei Schwagerl, 1993, S. 24 (s. Anm. 1).

24 Jaschke, 1987, S. 491 (s. Anm. 1).

25 Einzelbelege bei Schwagerl, 1993, S. 24–25 (s. Anm. 1); auch das folgende Zitat.

26 Vgl. dazu W. Gessenharter: Kippt die Republik? Die Neue Rechte und ihre Unterstützung durch Politik und Medien. München 1994, S. 76 ff.

27 C. Schmitt: Die geistesgeschichtliche Lage des heutigen Parlamentarismus. 4. Aufl. Berlin 1969, S. 15; vgl. auch Gessenharter, 1994, S. 77 f. (s. Anm. 17).

28 Schmitt: »Die spezifisch politische Unterscheidung, auf welche sich die politischen Handlungen und Motive zurückführen lassen, ist die Unterscheidung von *Freund* und *Feind*.« (aus: C. Schmitt, Der Begriff des Politischen. Text von 1932 mit einem Vorwort und drei Korollarien. Berlin 1963, S. 26).

29 Schmitt, 1936, zit. bei Gessenharter, 1994, S. 78 (s. Anm. 17).

30 Dazu immer noch grundlegend E. Fraenkel: Deutschland und die westlichen Demokratien. Frankfurt a.M. 1991, S. 297 ff.

31 Rechtsextremes Flugblatt von 1988, zit. bei Schwagerl, 1993, S. 27 (s. Anm. 1).

32 *Deutsche Nachrichten*, Nr. 44/1968, S. 1; zit. bei Schwagerl, 1993, S. 32 (s. Anm. 1).

33 *Der Republikaner* (Organ der REP), Nr. 8/1987, S. 5; zit. bei Schwagerl, 1993, S. 33 (s. Anm. 1).

34 *Deutsche National-Zeitung*, Nr. 30 vom 18. Juli 1986, S. 3; zit. nach Schwagerl, 1993, S. 33 (s. Anm. 1).

35 *Die Kampfgefährtin*, Nr. 14 vom August 1986, S. 10; zit. bei Schwagerl, 1993, S. 36 (s. Anm. 1).

36 Holzer, 1994, S. 47 (s. Anm 1.). Exemplarisch für dieses Agitationsmuster etwa die REP in ihrem Programm zur Kommunalwahl in Nordrhein-Westfalen am 16. Oktober 1994: »Die Altparteien haben mit ihrer Politik diese traditionellen Werte weitgehend zerstört (…) Mit dem wirtschaftlichen und finanziellen Niedergang der Kommunen geht ein Ausbau des unser Land überziehenden Geflechts der Altparteien einher. Sie haben sich unser Land zur Beute gemacht. Mit Ämterfilz, Meinungsmanipulation durch Medienmacht und Parteibuchwirtschaft hat man ein enges Netz aus Partei- und Gewerkschaftsfunktionären, Verbänden und Gruppierungen installiert, um auf Dauer die Herrschaft über das Land ausüben zu können«. Zit. in: Verfassungsschutzbericht des Landes Nordrhein-Westfalen über das Jahr 1994, S. 76.

37 Vgl. Holzer, 1994, S. 47–49 (s. Anm. 1); auch das Folgende.

38 So in der empirischen Jugendstudie von J. Held; H. Horn; R. Leiprecht; A. Marvakis: »Du mußt so handeln, daß Du Gewinn machst …« – Empirische Untersuchungen und theoretische Überlegungen zu politisch rechten Orientierungen jugendlicher Arbeitnehmer. 2. Aufl. Duisburg 1992, S. 22.

39 Vgl. auch Holzer, 1994, S. 48 f (s. Anm. 1).

40 Vgl. auch ebenda, S. 53.

41 Vgl. Schwagerl, 1993, S. 37 ff., S. 44 ff. (s. Anm. 1); Holzer, 1994, S. 53–55 (s. Anm. 1).

42 Gessenharter, 1994, S. 67 (s. Anm. 17).

43 D. Oberndörfer: Die offene Republik. Zur Zukunft Deutschlands und Europas. Freiburg 1991; ders.: Der Wahn des Nationalen. Die Alternativen zur offenen Republik. Freiburg 1993.

44 Vgl. u.a. die detaillierten Nachweise anhand einer vergleichenden Analyse der Parteiprogramme der Deutschen Volksunion (DVU)-Liste D, der Nationaldemokratischen Partei Deutschlands (NPD) und der Republikaner (REP) bei W. Gessenharter: Die Parteiprogramme der Rechtspar-

teien. Zur Kontinuität des ideologischen Kernbestandes. In: SOWI. Sozialwissenschaftliche Information. (1991) 4, S. 227–233; sowie, primär bezogen auf die neueste Entwicklung der REP, Gessenharter 1994, S. 149–169 (s. Anm. 17).

45 Holzer, 1994, S. 35 (s. Anm. 1); auch das Folgende. Zum völkischen Nationalismus vgl. auch L. Hoffmann: Das deutsche Volk und seine Feinde. Die völkische Droge. Köln 1994; Oberndörfer, 1993 (s. Anm. 43); sowie Schwagerl, 1993, S. 101–160 (s. Anm. 1).

46 Jaschke, 1987, S. 489 (s. Anm. 1).

47 Holzer, 1994, S. 35 (s. Anm. 1).

48 U. Backes; E. Jesse: Politischer Extremismus in der Bundesrepublik Deutschland. Köln 1989, Bd. 2, S. 41.

49 Holzer, 1994, S. 37 (s. Anm. 1).

50 NS-Kampfruf, Nr. 81, Januar/Februar 1990, S. 6 f.; zit. bei A. Lange: Was die Rechten lesen. Fünfzig rechtsextreme Zeitschriften. Ziele, Inhalte, Taktik. München 1993, S. 33.

51 Vgl. Holzer, 1994, S. 39 (s. Anm. 1); Schwagerl, 1993, S. 118 ff. (s. Anm. 1).

52 Europa vorn, Januar 1990, S. 4; zit. in: Lange, 1993, S. 99 (s. Anm. 50). Zu Nation und Nationalismus noch immer lesenswert W. Schieder: Nationalismus und Nationalstaat. Studien zum nationalen Problem im modernen Europa. Hrsg.: O. Dann; H.-U. Wehler, Göttingen 1992 und H. Schulze: Staat und Nation in der europäischen Geschichte. München 1994.

53 So Backes, 1989, S. 204 ff. (s. Anm. 1); auch das Folgende.

54 So formuliert der heute bei Rechtsextremen und Neuen Rechten wieder populäre konservativrevolutionäre Moeller van den Bruck 1923 programmatisch:»Deutscher ist nicht nur, wer deutsch spricht, wer aus Deutschland stammt oder gar, wer dessen Staatsbürgerschaft besitzt. Land und Sprache sind die natürlichen Grundlagen einer Nation, aber ihre geschichtliche Eigentümlichkeit empfängt sie von der Art, wie ihr das Leben von Menschen ihres Blutes im Geiste vorgewertet wird. Leben im Bewußtsein seiner Nation heißt Leben im Bewußtsein ihrer Werte. (…) Eine Nation ist eine Wertungsgemeinschaft. Und Nationalismus ist ein Wertungsbewußtsein.« Zit. bei Backes, 1989, S. 205 (s. Anm. 1).

55 Vgl. u. a. Jaschke, 1992, S. 3 ff. (s. Anm. 18); H. Kellershohn: Das Plagiat. Der Völkische Nationalismus der Jungen Freiheit. Duisburg 1994.

56 Vgl. Backes, 1989, S. 205 (s. Anm. 1).

57 Vgl. Lange, 1993, u. a. S. 33 ff., S. 43 (s. Anm. 50). Vgl. u. auch die Belege bei Backes, 1989, S. 208 ff. (s. Anm. 1) sowie bei Schwagerl, 1993, S. 104 ff. (s. Anm. 1).

58 36. Jg., Nr. 1, S. 12; zit. bei Lange, 1993, S. 32 (s. Anm. 50).

59 Handbuchartikel »Politik«, zit. bei Gessenharter, 1994, S. 78 (s. Anm. 17).

60 »Ich schütze, also verpflichte ich« (nämlich zum Gehorsam) bei Schmitt, 1963, S. 54. (s. Anm. 28); vgl. Gessenharter, 1994, S. 80 (s. Anm. 17).

61 Holzer, 1994, S. 49 (s. Anm 1).

62 Schwagerl, 1993, S. 162 (s. Anm. 1); auch das Folgende.

63 So der damalige Chefideologe der NPD, Gründer des nationaldemokratischen Hochschulbundes und der Studentenverbindung Witikonen und heutiges Präsidiumsmitglied der NPD, Prof. Ernst Anrich, 1968, S. 161; ferner das Vorwort zum NPD-Programm v. 1976 i.d.F. von 1973; zit. bei Schwagerl, 1993, S. 168 (s. Anm. 1).

64 Holzer, 1994, S. 168 (s. Anm. 1).

65 So der Staatsrechtler Walter Leisner, 1983, S. 18 ff.; zit. bei Schwagerl, 1993, S. 169 f. (s. Anm. 1).

66 Parteiprogramm der NPD, 1973; zit. bei Schwagerl, 1993, S. 171 (s. Anm. 1).

67 So der ehemalige Inspekteur des Heeres, Generalleutnant Schnez in: K. Heßler: Militär. Gehorsam. Meinung. Berlin/New York 1971, S. 42.

68 C. Schmitt: Politische Theologie. Vier Kapitel zur Lehre von der Souveränität. München/Leipzig 1922.

69 So etwa G.-K. Kaltenbrunner: Sparta. Huldigung an das altgriechische Preußen. Criticón, (1987) 100, S. 73–761; sowie ders.: Elite Erziehung für den Ernstfall. 2. Aufl. Asendorf 1990. Daß pro-

minente Rechtsextreme, wie H.-D. Sander im öffentlichen Rahmen neurechter Begegnungsstätten (Studienzentrum Weikersheim) über die »mangelnde Putschfähigkeit« der Bundeswehr lamentieren (Junge Freiheit, 11/1993, S. 4; zit. bei Gessenharter, 1994, S. 292, Fn. 21. (s. Anm. 17)) spricht nicht etwa gegen, sondern für die hohe Affinität von rechtsextremen Staatsvorstellungen zum Militär. Es läßt sich auch als ein Kompliment an die demokratische Zuverlässigkeit der »Staatsbürger in Uniform« in der Bundeswehr verstehen.

70 Vgl. Holzer, 1994, S. 49 (s. Anm. 1); Schwagerl, 1993, S. 170 f. (s. Anm. 1); Lange, 1993; S. 28, S. 39 f., S. 120 ff. (s. Anm. 50).

71 Vgl. Lange, 1993, S. 35 f. (s. Anm. 50).

72 Vgl. Holzer, 1994, S. 50 (s. Anm. 1).

73 Holzer, 1994, S. 39 (s. Anm. 1); vgl. auch Schwagerl, 1993, S. 116 ff. (s. Anm. 1) und die dortigen Belege.

74 W. Melzer: Jugend und Politik in Deutschland. Gesellschaftliche Einstellungen, Zukunftsorientierungen und Rechtsextremismus-Potential Jugendlicher in Ost- und Westdeutschland. Opladen 1992, S. 126.

75 Den diesbezüglichen Diskussionsstand zusammenfassend H. Fröchling: Sozialwissenschaftliche Erklärungsansätze für fremdenfeindliche Einstellungen und Handlungen. In: H. Knortz (Hrsg.): Fremdenfeindlichkeit in Deutschland. Ein interdisziplinärer Diskussionsbeitrag. Frankfurt a. M. 1994, S. 81–99.

76 Vgl. auch Holzer, 1994, S. 39 f. (s. Anm. 1) sowie Schwagerl, 1993, S. 117 (s. Anm. 1) mit entsprechenden Belegen.

77 Programm und Manifest der NPD, Abschnitt XI v. 1965, zit. bei Schwagerl, 1993, S. 117 (s. Anm. 1).

78 Neben den fortlaufenden Beispielen in den Verfassungsschutzberichten des Bundes und der Länder vgl. auch u. a. J. Elsässer: Deutsch-nationale Außenpolitik von CDU & CSU. In: U. Sieber; B. Siegler; C. Wiedemann u. a.: Deutsche Demokraten. Wie rechtsradikal sind CDU & CSU? Göttingen 1994.

79 Kritisch zu Tendenzen einer möglichen Umorientierung deutscher Außen- und Sicherheitspolitik seit der Vereinigung 1990 u. a. die Beiträge von W. Wette: »Neue Normalität«. Militarisierungen und Weltmachtbestrebungen. In: H.-M. Lohmann (Hrsg.): Extremismus der Mitte. Vom rechten Verständnis deutscher Nation. Frankfurt a. M. 1994, S. 193–206; sowie L. Lütkehaus: Deutschland soll endlich wieder Frieden schaffen dürfen. Die Feldzüge des Generalinspekteurs Naumann. S. 207–218 im selben Band.

80 Stöss, 1989, S. 141 (s. Anm. 1).

81 Ebenda, S. 135.

82 Zusammenfassend B. Hafeneger: Rechtsextreme Europabilder. In: W. Kowalsky; W. Schroeder (Hrsg.): Rechtsextremismus. Einführung und Forschungsbilanz. Opladen 1994, S. 212–227.

83 »Groupe de Recherches et d'Études pour une Civilisation Européenne«. Vgl. dazu u. a. H.-G. Jaschke: Frankreich. In: F. Greß; H-G. Jaschke; K. Schönekäs (Hrsg.): Neue Rechte und Rechtsextremismus in Europa. Bundesrepublik Deutschland, Grossbritannien. Opladen 1990, S. 17–103; sowie Hafeneger, 1994, S. 215 f. (s. Anm. 82)

84 Zit. bei W. Gessenharter: Utopien der »Neuen Rechten«. Tribüne. Zeitschrift zum Verständnis des Judentums. (1995) 3, S. 40–48, hier S. 41.

85 Vgl. Gessenharter 1991, S. 230 (s. Anm. 44) sowie Gessenharter, 1994, S. 165 ff. (s. Anm. 17).

86 Ausführlicher u. a. M. Feit: Die »Neue Rechte« in der Bundesrepublik. Frankfurt a. M./New York 1987; Backes, 1989, S. 211 ff. (s. Anm. 1); Jaschke, 1992, S. 3 ff. (s. Anm. 18); Gessenharter, 1994, S. 140 ff., S. 165 ff. (s. Anm. 17) und Holzer, 1994, S. 40 ff. (s. Anm. 1). Im weiteren folge ich im wesentlichen Backes und Holzer.

87 In Abwandlung und Ergänzung einer Formulierung bei Holzer, 1994, S. 40 (s. Anm. 1).

88 So Holzer, 1994, S. 41 (s. Anm. 1); auch das Folgende.

89 Vgl. Jaschke, 1987, S. 490 (s. Anm. 1).

90 Benz, 1994, S. 18 (s. Anm. 1).

91 So Holzer, 1994, S. 56 f. (s. Anm. 1) u.a. unter Hinweis auf das diese Legenden zusammenfassende Lexikon, hrsg. von W. Schütz; R. Kosiek: Lexikon. Deutsche Geschichte im 20. Jahrhundert, geprägt durch den Ersten Weltkrieg, Nationalsozialismus, Zweiten Weltkrieg. Rosenheim 1990. Vgl. auch die Belege bei Assheuer/Sarkowicz, 1992, S. 184 ff. (s. Anm. 1).

92 Vgl. Holzer, 1994, S. 55 ff. (s. Anm. 1); auch das Folgende.

93 Zusammenfassend W. Heitmeyer: Gesellschaftliche Desintegrationsprozesse als Ursache von fremdenfeindlicher Gewalt und politischer Paralysierung. Aus Politik und Zeitgeschichte, (1993) B 2–3, S. 3–13 im Anschluß an Ulrich Beck.

94 Holzer, 1994, S. 55 (s. Anm. 1).

95 So der Vorsitzende der CDU/CSU-Bundestagsfraktion, W. Schäuble; vgl. dazu B. Siegler: Die Union und die innere Sicherheit. In: U. Sieber; B. Siegler; C. Wiedemann u.a.: Deutsche Demokraten. Wie rechtsradikal sind CDU & CSU? Göttingen 1994; P. H. Feindt; H. Fröchling: Offene Bürgergesellschaft oder Vielfalt statt Einfalt in der politischen Mitte. Vierteljahresschrift für Sicherheit und Frieden, (1994) 4, S. 148–153.

96 Prominentester Vertreter ist wohl der Amerikaner David L. Hoggan: Der erzwungene Krieg. Die Ursachen und Urheber des Zweiten Weltkriegs. 12. Aufl. Tübingen 1976; kritisch dazu vor allem H. Graml: David L. Hoggan und die Dokumente. Geschichte in Wissenschaft und Unterricht, 14 (1963), S. 492–514; L. Niethammer: Angepaßter Faschismus. Politische Praxis der NPD. Frankfurt a.M. 1969; sowie zusammenfassend W. Benz (Hrsg.): Legenden, Lügen, Vorurteile. Ein Lexikon zur Zeitgeschichte. München 1990; und Dokumentationsarchiv des österreichischen Widerstandes (Hrsg.): Amoklauf gegen die Wirklichkeit. NS-Verbrechen und »revisionistische« Geschichtsschreibung. Wien 1991.

97 Zum aktuellen Forschungsstand vgl. W. Benz (Hrsg.): Dimensionen des Völkermordes. Die Anzahl der jüdischen Opfer des Nationalsozialismus. München 1991.

98 Holzer, 1994, S. 58 (s. Anm. 1).

99 Vorläufig zusammenfassend D. Diner (Hrsg.): Ist der Nationalsozialismus Geschichte? Zur Historisierung und Historikerstreit. 4. Aufl. Frankfurt a.M. 1993.

100 Bezüglich »Die Welt« und »Frankfurter Allgemeine Zeitung« vgl. Gessenharter 1994, S. 185 ff. (s. Anm. 17).

101 Am Beispiel Ullstein-Propyläen von Springer-Fleissner unter der Lektorenschaft von R. Zitelmann vgl. Gessenharter, 1995 (s. Anm. 84) sowie H. Sarkowicz: Publizistik in der Grauzone. In: W. Benz (Hrsg): Rechtsextremismus in Deutschland. Voraussetzungen, Zusammenhänge, Wirkungen. Frankfurt a.M. 1994, S. 67–86; ders.: Rechte Geschäfte. Der unaufhaltsame Aufstieg des deutschen Verlegers Herbert Fleissner. Frankfurt a.M. 1994.

102 Alle Zitate aus K. Weißmann: Rückruf in die Geschichte. Berlin/Frankfurt a.M. M 1992; K. Weißmann: Herausforderung und Entscheidung. Über einen politischen Verismus für Deutschland. In: H. Schwilk; U. Schacht (Hrsg.): Die selbstbewußte Nation. Berlin 1993, S. 309–326. Vgl. Gessenharter, 1995, S. 40–48 (s. Anm. 84).

103 Holzer, 1994, S. 35 (s. Anm. 1); Jaschke, 1987, S. 490 (s. Anm. 1).

104 Jaschke, 1987, S. 490 (s. Anm. 1).

105 Das erklärt die Prominenz von Verhaltensforschern, wie K. Lorenz, I. Eibl-Eibesfeld, H.-J. Eysenck etc. in rechtsextremen wie neurechten Publikationsorganen und deren Brückenfunktion auch in das ökologische Lager; vgl. dazu Lange, 1993, S. 117 ff. (s. Anm. 50); Gessenharter, 1994, S. 64, 109 (s. Anm. 17); grundlegend kritisch aus biologischer Fachperspektive: H.-M. Zippelius: Die vermessene Theorie. Eine kritische Auseinandersetzung mit der Instinkttheorie von Konrad Lorenz und verhaltenskundlicher Forschungspraxis. Braunschweig 1992; sowie bezüglich der Amalgamierung von Rechtsextremismus und Ökologie T. Jahn; P. Wehling: Ökologie von rechts. Nationalismus und Umweltschutz bei der Neuen Rechten und den »Republikanern«. Frankfurt a.M./New York 1991; V. Woelk: Natur und Mythos. Ökologiekonzeptionen im Spannungsfeld zwischen Hermann Löns, Blut und Boden und Marylin Ferguson. Duisburg 1992; J. H. Ulbricht: Die Heimat als Umwelt des Volkes. Ökologische Denkfiguren in Ideologie und Programmatik »neurechter« Organisationen. In: R. Faber; H. Funke; G. Schoenberner

(Hrsg.): Rechtsextremismus. Ideologie und Gewalt. Berlin 1995, S. 221–240; G. Fischer; M. Wölflingseder (Hrsg.): Biologismus, Rassismus, Nationalismus. Rechte Ideologien im Vormarsch. Wien 1995.

106 H.-H. Knütter: Das Sendungs- und Elitebewußtsein bei den Rechtsradikalen. Politische Studien 17 (1966), S. 59–66; Belege aus der politischen Programmatik und Praxis dazu auch bei Schwagerl, 1993, S. 165 ff. (s. Anm. 1).

107 Vgl. Jaschke, 1987, S. 490 (s. Anm. 1).

108 Vgl. die »Gedanken zur Inneren Führung« und zur »Verbesserung der Inneren Ordnung des Heeres« des ehemaligen Heeresinspekteurs Schnez mit dem Ziel: »Nur eine Reform an ›Haupt und Gliedern‹, an Bundeswehr und Gesellschaft (sic!), mit dem Ziel, die Übel an der Wurzel zu pakken, kann die Kampfkraft des Heeres entscheidend heben.« in Heßler, 1971, S. 38 ff., S. 90 (s. Anm. 67); sowie die entsprechenden Vorstellungen und Aktivitäten des Bildungsgenerals H. Karst in Bundeswehr und neurechten Netzwerken, u. a., analysiert in den Beiträgen von Fröchling, Gessenharter und Kutz, 1985, in: Bundeswehr nach der Wende, Vierteljahreschrift für Sicherheit und Frieden (S+F), H. 1, und zusammenfassend bei W. Vogt (Hrsg.): Militär als Gegenkultur? Streitkräfte im Wandel der Gesellschaft (I). Opladen 1986 und ders. (Hrsg.): Militär als Lebenswelt. Streitkräfte im Wandel der Gesellschaft (II). Opladen 1988.

109 Vgl. u. a. Schwagerl, 1993, S. 115 ff. (s. Anm. 1).

110 Vgl. R. Stöss: Die Republikaner. 2. Aufl. Köln 1990, S. 78 ff.

111 So im Parteiprogramm der REP von 1988, /9, S. 8; zit. bei Schwagerl, 1993, S. 113 (s. Anm. 1).

112 Vgl. Schwagerl, 1993, S. 116, 132 (s. Anm. 1).

113 Th. W. Adorno: Studien zum autoritären Charakter. 1. Aufl. 1950, 4. Aufl. Frankfurt a. M. 1992; vgl. dazu auch zusammenfassend Holzer, 1994, S. 77 (s. Anm. 1). Ein kritischer Überblick über die entsprechende politische Einstellungsforschung vgl. Stöss, 1994, S. 26 ff. (s. Anm. 4).

114 Zur Integration politikwissenschaftlicher, sozial- und individualpsychologischer Ansätze vgl. Gessenharter/Fröchling/Krupp 1978 (s. Anm. 1).

115 Hierzu beispielhaft W. Heitmeyer u. a.: Die Bielefelder Rechtsextremismus-Studie. Erste Langzeituntersuchung zur politischen Sozialisation männlicher Jugendlicher. Weinheim/München 1992; sowie Melzer, 1992 (s. Anm. 74).

116 Vgl. Stöss, 1994, S. 26 ff. (s. Anm. 4).

117 Hierzu W. Gessenharter: »Arbeitslos! Wohnungslos! Wehrlos?« Zur aktuellen Gewaltproblematik in Deutschland. Vierteljahresschrift für Sicherheit und Frieden. (1992) 3, S. 124–135; sowie W. Gessenharter; H. Fröchling (Hrsg.): Minderheiten – Störpotential oder Chance für eine friedliche Gesellschaft? Baden-Baden 1991; vgl. auch M. Birzer: Staatliche Gewalt als ultima ratio bei Demonstrationen. Eine kritische Auseinandersetzung mit den Vorgängen beim »Münchner Kessel«. Vierteljahresschrift für Sicherheit und Frieden, (1992) 3, S. 135–140.

118 U. a. SINUS-Institut, 1981 (s. Anm. 1); Heitmeyer u. a., 1992 (s. Anm. 115); R. Leiprecht; J. Held; A. Marvakis; H. Horn: Jugendliche und Rechtsextremismus. Laufende und abgeschlossene Forschungen in Ost- und Westdeutschland. Düsseldorf 1992; Melzer, 1992 (s. Anm. 74); H. Willems: Fremdenfeindliche Gewalt. Einstellungen – Täter- Konflikteskalation. Opladen 1993; U. Birsl: Rechtsextremismus: weiblich-männlich? Eine Fallstudie. Opladen 1994; W. Heitmeyer u. a.: Gewalt. Schattenseiten der Individualisierung bei Jugendlichen aus unterschiedlichen Milieus. Weinheim/München 1995.

119 Vgl. Bundesministerium des Innern (Hrsg.): Verfassungsschutzberichte des Bundes für die Jahre 1990–1995.

120 Vgl. u. a. K. J. Bade: Ausländer, Aussiedler, Asyl in der Bundesrepublik Deutschland. Bonn 1992; W. Kowalsky; U. Knight: Deutschland nur den Deutschen? Die Ausländerfrage in Deutschland, Frankreich und den USA. 2. Aufl. Erlangen 1992; U. Münch: Asylpolitik in der Bundesrepublik Deutschland. Entwicklungen und Alternativen. 2. Aufl. Opladen 1993; S. Jäger; J. Link (Hrsg.): Die vierte Gewalt. Rassismus und die Medien. Duisburg 1993; S. Jäger: Brandsätze. Rassismus im Alltag. 3. Aufl. Duisburg 1993; Oberndörfer, 1993 (s. Anm. 43); L. Hoffmann: Das deutsche Volk und seine Feinde. Die völkische Droge. Köln 1994; K. Barwig; G.

Brinkmann; B. Huber u. a. (Hrsg.): Asyl nach der Änderung des Grundgesetzes. Entwicklungen in Deutschland und Europa. Baden-Baden 1994; sowie Gessenharter, 1994, Kap. 7 (s. Anm. 17).

121 Holzer, 1994, S. 61 (s. Anm. 1); auch das Folgende.

122 Zur Debatte um die stärkere Tendenz von »Modernisierungsverlierern« oder »Modernisierungsgewinnern« zu Rechtsextremismus und Fremdenfeindlichkeit unter Jugendlichen zusammenfassend Fröchling, 1994, S. 91–96 (s. Anm. 75). Zum Zusammenhang zwischen politischer Unzufriedenheit und Anfälligkeit für Rechtsextremismus vgl. auch E. Hennig: Politische Unzufriedenheit – ein Resonanzboden für Rechtsextremismus? In: W. Kowalsky; W. Schroeder (Hrsg.): Rechtsextremismus. Einführung und Forschungsbilanz. Opladen 1994, S. 339–380.

123 Vgl. A. Pfahl-Traughber: Volkes Stimme? Rechtspopulismus in Europa. Bonn 1994, insbes. S. 18 ff.; Jaschke, 1994, S. 32 ff. (s. Anm. 1).

124 Pfahl-Traughber, 1994, S. 19 (s. Anm. 123); auch das Folgende.

125 Holzer, 1994, S. 65 (s. Anm. 1); anschauliche Beispiele bei Lange, 1993 (s. Anm. 50) und Schwagerl, 1993 (s. Anm. 1).

126 Der Verfassungsschutzbericht des Bundes für 1994, S. 78 nennt 5.400 »militante Rechtsextremisten, inbesondere rechtsextremistische Skinheads« sowie 3.740 »Neonazis« (mit zunehmender Tendenz); vgl. dazu die Überblicke bei Pfahl-Traughber, 1993 (s. Anm. 1) und Jaschke, 1994 (s. Anm. 1) sowie die entsprechenden Beiträge in H.-U. Otto; R. Merten (Hrsg.): Rechtsradikale Gewalt im vereinten Deutschland. Jugend im gesellschaftlichen Umbruch. Bonn 1994 und den Insider-Bericht von M. Schmidt: »Heute gehört uns die Straße ...«. Düsseldorf 1994.

127 Vgl. dazu W. Gessenharter; M. Birzer; P. H. Feindt; H. Fröchling; U. M. Geismann: Zusammenleben mit Ausländern. Eine empirische Studie. Hamburg 1994; W. Gessenharter; M. Birzer; P. H. Feindt; H. Fröchling (Hrsg.): Konfliktregelung in der offenen Bürgergesellschaft. Dettelbach 1996.

128 Verfassungsschutzbericht des Landes Nordrhein-Westfalen über das Jahr 1994, S. 16; auch das Folgende.

129 Z. B. der NPD bei den Münchner Stadtratswahlen im Juni 1994; vgl. Schmidt, 1994, S. 465 (s. Anm. 126) sowie Empfehlungen von Ch. Worch zur Konzentration der Wählerstimmen auf die REP; vgl. Verfassungsschutzbericht NRW 1994, S. 14.

130 U. a. J. Falter: Wer wählt rechts? Die Wähler und Anhänger rechtsextremistischer Parteien im vereinigten Deutschland. München 1994.

131 Vgl. u. a. die Überblicke von Pfahl-Traughber, 1993 (s. Anm. 1) und Jaschke, 1994 (s. Anm. 1).

132 In beiden Bereichen tut sich insbesondere die Zeitschrift Nation und Europa hervor, die z. B. seit langem eine ständige Rubrik Nachrichten von der Überfremdungsfront unterhält.

133 Zuletzt zusammenfassend die Beiträge von R. Gärtner: Rechtsextremismus und Neue Rechte. Österreichische Zeitschrift für Politikwissenschaft, (1995) 3, S. 253–262; H. Fröchling; W. Gessenharter: Rechtsextremismus und Neue Rechte in Deutschland. Österreichische Zeitschrift für Politikwissenschaft, (1995) 3, S. 275–290.

134 Zu den mittlerweile erdrückenden Belegen vgl. u. a. Feit, 1987 (s. Anm. 86); S. Jäger: Rechtsruck. Berlin 1988; W. Gessenharter: Die »Neue Rechte« als Scharnier zwischen Neokonservatismus und Rechtsextremismus in der Bundesrepublik. In: R. Eisfeld; I. Müller: Gegen Barbarei. Essays Robert M. W. Kempner zur Ehren. Frankfurt a. M. 1989, S. 424–452; F. Greß; H-G. Jaschke; K. Schönekäs: Neue Rechte und Rechtsextremismus in Europa. Bundesrepublik Deutschland, Grossbritannien. Opladen 1990; Assheuer/Sarkowicz, 1992 (s. Anm. 1); M. v. Hellfeld: Die Nation erwacht. Zur Trendwende der deutschen politischen Kultur. Köln 1994; Pfahl-Traughber, 1993 (s. Anm. 1); Gessenharter, 1994 (s. Anm. 17); Jaschke, 1994 (s. Anm. 1); H. Prantl: Deutschland leicht entflammbar. München/Wien 1994; Schmidt, 1994 (s. Anm. 126); Kellershohn, 1994 (s. Anm. 55); S. Jäger, 1993a (s. Anm. 120) und S. Jäger: Rechtsaußen in der Mitte? In: F. M. Rudel (Hrsg.): Rechtsextremismus bekämpfen. Aufklärung und Selbstvergewisserung. Essen 1995, S. 97–129; Gessenharter, 1995 (s. Anm. 84); auch die Verfassungsschutzberichte von Hamburg 1993 sowie von NRW, Rheinland-Pfalz und Mecklenburg-Vorpommern 1994.

135 So erwähnt das Bundesamt für Verfassungsschutz (BfVS) zum ersten Mal die »Neue Rechte« in ihrem Bericht für 1994, allerdings in einer zumindest mißverständlichen Formulierung in einem lediglich dreizehnzeiligen »Annex« (S. 157). Die aktuellste Broschüre des BfVS »Entwicklungstendenzen im Rechtsextremismus« vom Januar 1996 erwähnt die »Neue Rechte« dagegen, wie früher, wiederum mit keinem Wort. Ebenso die Verfassungsschutzberichte der von der CDU oder CSU regierten Bundesländer. Geleugnet wird die Existenz der NR erwartungsgemäß von Rechtsextremen und Neurechten selbst (z.B. die Junge Freiheit; vgl. Kellershohn 1994 (s. Anm. 55), aber auch vom ehemaligen Leiter des Bundesamtes für Verfassungsschutz, Werthebach (Fröchling/Gessenharter, 1995, S. 288, Fn. 34 (s. Anm. 133)), und von konservativen Wissenschaftlern und Publizisten, z.B. H.-H. Knütter: Die Faschismus-Keule. Berlin 1993.

136 Vgl. dazu vor allem die empirischen Ergebnisse von Scheuch/Klingemann, 1967 (s. Anm. 1); SINUS, 1981 (s. Anm. 1); Letzere Studie ergab, daß 13% der deutschen Wähler ein »geschlossenes rechtsextremes Weltbild« und 37 Prozent ein Weltbild, das »Meinungsbrücken« zum Rechtsextremismus aufweise, haben; vgl. auch die Meinungsumfragen zu Fremdenfeindlichkeit und Gewaltdisposition von EMNID während der gewalttätigen Ausschreitungen gegen Ausländer, zit. in: Der Spiegel vom 26.10.1992, 30.11.1992 und 14.6.1993 sowie vom Institut für Demoskopie ALLENSBACH, zit. in: Frankfurter Rundschau v. 25.11.1992 und 7.12.1992. Auch die Einstellungsforschungen von Silbermann, EMNID und ALLENSBACH erkennen einen Bodensatz von bis über 30 Prozent »weichen« und bis zu 8 Prozent »harten« Antisemiten, zit. in: Die Zeit v. 18.12.1992.

137 Aus den bereits erwähnten Jugendstudien geht u. a. ein eklatant hohes Maß an rechtsextremen Einstellungen, insbesondere manifeste Ausländerfeindlichkeit und Gewaltdisposition, hervor; vgl. auch die gesamtdeutsche Repräsentativbefragung des Kölner Instituts für empirische Soziologie, 1992, nach der 30 Prozent der befragten Jugendlichen sich als »konsequent ausländerfeindlich« oder »anfällig für fremdenfeindliche Gedanken« erwiesen, von ihnen 15 Prozent als »sehr anfällig« und 13 Prozent mit eindeutig »neofaschistischem Gedankengut« und 1 Prozent bereit »zur Gewaltanwendung gegen Ausländer«; vgl. Frankfurter Rundschau v. 30.9.1992. Vgl. auch die Studie des Frankfurter Instituts für Sozialforschung, die ergab, daß 15 Prozent der Studenten an Hessens Hochschulen »rechtsautoritäre« Einstellungen haben; vgl. Frankfurter Rundschau v. 20.4.1996 »Teil der Studenten driftet nach rechts«.

138 So Niethammer, 1969 (s. Anm. 96).

Reinhard Kühnl

Die Entwicklung der extremen Rechten seit 1945

Ursachen – Etappen – Gegenstrategien[1]

Grundbedingungen

Die Restauration des Kapitalismus und der alten Machteliten

Nach dem 8. Mai 1945 entwickelten sich zunächst starke Bestrebungen, die gesellschaftlichen Verhältnisse grundlegend umzugestalten: nicht nur die Staatsform, sondern auch die Eigentumsordnung. Diese Bestrebungen waren getragen von den Antifaschisten, die jetzt aus den Konzentrationslagern, aus den Zuchthäusern, aus dem Untergrund und aus der Emigration kamen. Sie hatten aus ihren Erfahrungen mit dem Faschismus und mit der Rolle von Großindustrie und Militär die Folgerung gezogen, daß die gesamte Gesellschaft grundlegend demokratisiert werden müsse und daß auch die Wirtschaft der Selbstbestimmung der Gesamtheit, dem souveränen Volk, unterworfen werden müsse. Die gleichen Bestrebungen nach Umgestaltung in Richtung auf Sozialismus entwickelten sich auch in den übrigen europäischen Ländern. Denn überall – von Griechenland bis Frankreich – war aus dem antifaschistischen Befreiungskampf die Linke politisch und moralisch gestärkt hervorgegangen.

Diese Bestrebungen wurden von den herrschenden Kräften der Westmächte, vor allem der USA, zurückgedrängt und schließlich unterdrückt. Repräsentanten des Großkapitals, die – wie Flick und Krupp – soeben noch als Kriegsverbrecher angeklagt worden waren, wurden nun nicht nur aus der Haft entlassen, sondern übernahmen sogleich auch wieder die Machtzentralen ihrer großen Konzerne, von denen aus sie bald wieder großen ökonomischen und politischen Einfluß gewinnen konnten. Die Entnazifizierung wurde eingestellt. 1951 wurde es sogar durch Gesetz zur Pflicht gemacht, alle zuvor als Nationalsozialisten entlassenen bzw. nicht eingestellten Angehörigen des öffentlichen Dienstes (mit Ausnahme der krassesten Fälle) einzustellen, das hieß praktisch auch: gegenüber den nichtbelasteten, antifaschistischen Bewerbern vorzuziehen. Das Gesetz galt auch für Angehörige der faschistischen Wehrmacht, der Geheimen Staatspolizei (Gestapo), der SS und der Waffen-SS, also auch für solche Organisationen, die vom Internationalen Militärtribunal für verbrecherisch erklärt worden waren. Zugleich mit dieser Renazifizierung (die etwa 150.000 Beamte und Angestellte betraf) wurden viele Antifaschisten, die nach dem 8. Mai 1945 zunächst Führungspositionen in Politik und Gesellschaft übernommen hatten, unter der Parole der »kommunistischen Gefahr« wieder hinausgedrängt. Insgesamt wurden nun die Führungsschichten aus Großwirtschaft, Justiz, Verwaltung und Militär, die das faschistische System mitgetragen hatten, in großem Maßstab in ihre früheren Machtpositionen wieder eingesetzt.

So vollzog sich also innerhalb weniger Jahre in großem Umfang jener Prozeß, der sich auch nach 1918 vollzogen hatte und der nach weithin übereinstimmender Auffassung der Historiker damals die fundamentale Schwäche der Demokratie begründet hatte: Die Kontinuität und Restauration der alten Machteliten samt der sozialökonomischen Grundlagen ihrer Herrschaft.

Chancen und Grenzen für die extreme Rechte bis zur Mitte der sechziger Jahre

Es sind hauptsächlich zwei Ebenen, auf denen die umfangreiche Wiedereinsetzung der Führungsschichten in ihre Machtpositionen sich auswirkte:

Diese Führungsschichten in Wirtschaft und Staat, Massenmedien und Kirchen waren selbst durch antidemokratische Weltbilder in starkem Maße geprägt. Auch dann, wenn sie ideologisch keine überzeugten Faschisten waren, war ihr Denken doch in einem solchen Maße konservativ-reaktionär, autoritär und militaristisch bestimmt, daß sie an der Politik des Faschismus hatten aktiv mitwirken können. Sie gaben ihre Weltanschauung in ihrem jeweiligen Einflußbereich aber selbstverständlich weiter an die jüngere Generation, so daß auch die jüngeren Richter und Staatsanwälte, Ministerialbeamten und Offiziere lernten, die Welt mindestens partiell in dieser Weise wahrzunehmen. Und für das Bewußtsein der ehemaligen Mitläufer- und Anhängermassen des Faschismus bedeutete die Restauration: Es gab für sie keine Notwendigkeit mehr, ihr politisches Weltbild grundsätzlich und vollständig zu revidieren, um in Übereinstimmung mit der herrschenden Politik zu sein.

Die riesigen Verbrechen, die der Faschismus begangen hatte, wurden von den staatlichen Organen der Bundesrepublik entweder überhaupt nicht gesühnt oder nur mit lächerlich geringen Strafen bedacht.[2] Verschiedene von den bürgerlichen Parteien getragene Initiativen, diese Verbrechen als überhaupt verjährt zu erklären, scheiterten zwar an dem Protest der bundesrepublikanischen und der internationalen Öffentlichkeit. Real aber wurde weithin Amnestie praktiziert. Von der Richterschaft z.B., die am Vollzug des faschistischen Terrors wesentlich beteiligt war und – nach unvollständigen Statistiken – über 30.000 Todesurteile gefällt hatte, wurde nach 1949 kein einziger zur Rechenschaft gezogen. Dies gilt sogar für das zentrale juristische Terrorinstrument des Faschismus, den Volksgerichtshof. Die meisten dieser Richter konnten weiterhin Recht sprechen. In der gleichen Weise wurden die Mediziner, die an Menschenversuchen und anderen Verbrechen mitgewirkt hatten, behandelt.

Die Schreibtischtäter, also diejenigen, die den Terror- und Mordapparat organisiert und dirigiert hatten und also eigentlich die Hauptverantwortlichen waren, blieben ohnehin weitgehend verschont. Der Gesetzgeber hatte bereits 1949 und dann 1965 entsprechende Amnestiebestimmungen beschlossen.[3]

Diesen für die Entfaltung der Demokratie höchst ungünstigen Entwicklungslinien standen jedoch andere gegenüber, die diese Entfaltung zuließen, sogar aktiv beförderten.

Zwar wurde wieder – wie nach 1918 – von der extremen Rechten die Niederlage des Reiches den »Verrätern« angelastet: dem Arbeiterwiderstand, dem Nationalkomitee Freies Deutschland, dem 20. Juli usw. Das wird bis heute von der extremen Rechten verbreitet. Doch das Bewußtsein der Massen war (und ist) damit nicht mehr zu erreichen. Allzu drastisch war die militärische Niederlage durch die vollständige Eroberung und Besetzung Deutschlands vor Augen geführt worden.

Längerfristig viel folgenschwerer war die definitive Zerstörung des Soldatenmythos im Massenbewußtsein: Mit der Verherrlichung soldatischer Tugenden und soldatischer Lebensweise als Gipfel menschlicher Existenz, mit dem hohen gesellschaftlichen Prestige des Militärs und der Uniform, die – vom Kaiserreich erzeugt – noch das Denken der bürgerlichen Schichten in der Weimarer Republik wesentlich mitgeprägt hatten, war es vorbei. Und trotz mancherlei Bemühungen von interessierter Seite ist es bis heute nicht gelungen, dieses Prestige auch nur in Ansätzen wiederherzustellen.

Für die extreme Rechte gab es in dieser Konstellation nach 1945 kaum Möglichkeiten zur Entfaltung.[4] Zwar blieben faschistische Denkmuster und Feindbilder in einem gewissen Maße lebendig, doch die politischen Realitäten waren so beschaffen, daß die extreme Rechte daraus keinen Gewinn schlagen konnte.

Jede Neubildung faschistischer Organisationen, »jede nazistische und militaristische Betätigung und Propaganda« war untersagt. So waren Ansätze zur Neuformierung faschistischer Organisationen bis 1949 durch die Rechtsnormen und die Praxis der Alliierten weitgehend blockiert.

Mit der Gründung der Bundesrepublik wurden diese Rechtsnormen zwar durch Art. 139 des Grundgesetzes in das Verfassungsrecht des neuen Staates übernommen. Mit der Anwendung nahmen es die Organe dieses Staates aber nicht mehr so genau. Doch nun wurde die Entfaltung faschistischer Kräfte durch andere Momente blockiert. Vor allem machte sich jetzt der Wirtschaftsaufschwung im Massenbewußtsein immer stärker geltend. Die Massen sahen sich im wachsenden Maße aufgehoben bei den Parteien, die das neue System

– die parlamentarische Demokratie und die Marktwirtschaft – repräsentierten. Und auch die Millionen-Massen der ehemaligen Anhänger und Mitläufer der NSDAP konnten sich bei CDU/CSU und FDP aufgehoben fühlen. Denn diese führten ja nicht nur die gewohnten Feindbilder weiter, sondern sie stellten auch klar heraus, daß die Bundesrepublik sich mit den bestehenden Grenzen nicht abfinden werde: weder mit der Spaltung Deutschlands noch mit der Westgrenze Polens.

So blieb für Ansätze eines neuen Faschismus zunächst wenig Raum. Da Führungsschichten wie Anhängermassen des ehemaligen Faschismus anderweitig integriert waren, blieben sie im wesentlichen beschränkt auf eine »Mittelgruppe aus alten Kämpfern, SA-, SS- und Waffen-SS-Offizieren, völkischen Poeten und Publizisten, gehobenen Funktionären der NSDAP und HJ-Führern«, die von der Entnazifizierung erfaßt worden waren.[5]

Die neugebildeten faschistischen Organisationen blieben also schwach. Die Deutsche Rechts-Partei, die schon 1946 gegründet worden war, erhielt 1949 noch über eine halbe Million Stimmen und im ersten Bundestag sechs Mandate. Und die im Oktober 1949 gegründete Sozialistische Reichspartei (SRP), die schon ziemlich offen faschistisch auftrat, konnte etwa 10.000 Mitglieder sammeln und bei den Landtagswahlen in Niedersachsen (wo schon die NSDAP vorzügliche Resultate erzielt hatte) im Mai 1951 11 Prozent der Stimmen gewinnen. Doch mit dem Beginn der Konjunktur 1951/52 ging es dann rasch abwärts, und das Verbot der SRP im Oktober 1952 traf bereits eine im Niedergang begriffene Partei. Die Deutsche Reichspartei (DRP), die dann die SRP-Aktivisten aufnahm, konnte zwar 12.000 Mitglieder (1956) sammeln, bis 1966 jedoch keinerlei parlamentarische Erfolge mehr erzielen. Von 1,1 Prozent (1953) sank sie sogar auf 0,8 Prozent (1961) ab.

Das ist freilich nur eine Seite der Sache. Die andere besteht darin, daß Gründung und Auftreten, ideologische und politische Aktivitäten der extremen Rechten nicht ernsthaft behindert wurden – obwohl die Rechtslage eigentlich die Staatsorgane verpflichtet hätte, jede Aktivität zu unterbinden. Der angebliche Gegenbeweis, das Verbot der SRP durch das Bundesverfassungsgericht im Jahre 1952, hält einer genauen Betrachtung nicht stand. Tatsächlich folgten nämlich dem formalen Verbot keinerlei reale Maßnahmen zur Unterbindung weiterer Aktivitäten, so daß die Funktionäre und Aktivisten der SRP ungehindert weitermachen, neue Organisationen gründen oder sich anderen neofaschistischen Organisationen anschließen konnten. Die Sympathien innerhalb der zuständigen Staatsorgane gegenüber den ehemaligen Kampfgefährten waren eben doch beträchtlich – und in der Hauptfrontstellung gegen links wußte man sich ja auch einig – wie einst in der Weimarer Republik.

Auch bildeten sich Organisationen, Zeitungen, Stiftungen und Akademien, die im Übergangsfeld zwischen seriöser Politik und extremer Rechten agierten: Sie stellten personell, strukturell und ideologisch die Verbindung her, so daß die extreme Rechte keineswegs so isoliert war, wie es den Anschein hatte. Die Deutschland-Stiftung und der Witiko-Bund spielten hier eine zentrale Rolle. Die Funktionäre der Vertriebenenverbände, vielfach aus der NSDAP, propagierten die Forderungen nach weitreichenden Grenzrevisionen im Osten besonders militant, und sie erhielten nicht nur reichliche Finanzmittel aus den öffentlichen Haushalten, sondern auch Einfluß auf die Gestaltung der Lehrpläne für die Schulen der Bundesrepublik.[6]

In allen diesen Organisationen arbeiteten Kräfte zusammen, die in beträchtlichem Umfange früher der NSDAP, der SS und anderen NS-Organisationen angehört hatten und jetzt teilweise der extremen Rechten, teilweise den etablierten Parteien, hauptsächlich der CDU/CSU, angehörten.[7] Auch in der eindeutig neofaschistischen *Deutschen National- und Soldatenzeitung*, die ab 1963 *Deutsche Nationalzeitung* hieß, wirkten führende Repräsentanten – auch Abgeordnete und Minister – der CSU und der FDP mit.

Der Aufschwung der extremen Rechten 1966–1969: Die NPD

Um die Mitte der sechziger Jahre gerieten die ökonomischen wie auch die ideologischen Grundlagen des neuen konservativ bestimmten Staatsbewußtseins in eine Krise. Eine ökonomische Rezession führte zu 700.000 Arbeitslosen und zum Zusammenbruch vieler Kleinunternehmen. Die tiefsitzende Angst vor dem Verlust der sozialen Existenz – die Erinnerung an die große Krise der dreißiger Jahre und an das Nachkriegselend war noch allzu lebendig – schien gerade bewältigt durch das »Wirtschaftswunder«. Nun aber geriet alles wieder ins Wanken.

So löste die Rezession einen Schock aus, der weit überzogen erscheint, wenn man ihn mit dem realen Ausmaß der Krise vergleicht. Enttäuschung und Zorn aber verlangten Opfer. Sie verlangten Schuldige, und diese konnten natürlich nur dort gefunden werden, wo sie das tradierte Weltbild schon immer gewußt hatte: auf der Linken, aber auch bei den »undeutschen Elementen«, die sich in Gestalt von 1,3 Millionen (1966) ausländischen Arbeitskräften bereits damals in der Bundesrepublik befanden. Enttäuschung und Zorn aber richteten sich auch gegen die bürgerlichen Parteien, die offensichtlich versagten im Kampf gegen diese Gefahren; die CDU/CSU schloß 1966 sogar eine Koalition mit den Sozialdemokraten.

Als beinahe noch schlimmer erschien der »nationale Verrat«, der sich jetzt anbahnte. 15 Jahre lang war den Massen eingehämmert worden, daß die Wiedervereinigung und die Wiedergewinnung der verlorenen Ostgebiete das oberste Ziel deutscher Politik seien und daß es mit dem »Verbrecherregime in Pankow« kein Verhandeln geben könne. Im Gefolge des Übergangs der USA zur Entspannungspolitik aber geriet auch diese Bastion ins Wanken – und die bürgerlichen Parteien leisteten offensichtlich Beihilfe zu diesem »Verrat«.

Dies war die Konstellation, in der die Nationaldemokratische Partei Deutschlands (NPD) Gefühle sozialer Angst und nationaler Enttäuschung artikulierte und sich als die einzige Kraft präsentierte, die diesen Sumpf energisch zu bekämpfen entschlossen war. Ihr Parteiorgan *Deutsche Nachrichten* erreichte 1967 eine Auflage von 50.000 und war damit neben der *Deutschen Nationalzeitung* das auflagenstärkste Blatt der extremen Rechten. Bei den Landtags- und Kommunalwahlen 1966–69 konnte sie beachtliche Erfolge erzielen. Mit Stimmanteilen, die zwischen 5 und 9,8 Prozent (in Baden-Württemberg) lagen, gelang es ihr, mit 61 Abgeordneten in sieben Landesparlamente (Ausnahmen waren Nordrhein-Westfalen, Hamburg und Saarland) und in eine große Zahl von Kommunalparlamenten einzudringen.

Der sozialen Herkunft nach war der selbständige Mittelstand (einschließlich der Bauern) deutlich überrepräsentiert, im übrigen aber war die Sozialstruktur der Wähler vom Durchschnitt der Bevölkerung nicht weit entfernt. Auch Einbrüche in die Arbeiterschaft waren gelungen, und zwar in mittelständischen Betrieben und in Regionen, in denen die Gewerkschaften schwach waren und die Unternehmer noch eine patriarchale Stellung einnahmen.

Bei den Mitgliedern ragte der hohe Anteil an Berufssoldaten als besonderes Merkmal heraus: Sie waren elffach überrepräsentiert. Auch höhere Beamte, Akademiker und Vertriebene waren stark vertreten.

Was die Altersstruktur der Wähler betrifft, so dominierten die 45–60jährigen, also die Jahrgänge, die 1933 zwischen 12 und 27 Jahre und 1945 zwischen 24 und 39 Jahre alt gewesen waren. Die Vorstellungswelt dieser Generation war im Dritten Reich entscheidend geprägt worden – sei es, daß sie in diesen Jahren aufgewachsen und erzogen worden war, sei es, daß sie bereits in mittlere und höhere Führungspositionen in HJ, Partei, SA, SS oder Militär aufgerückt war.

Als Mitglieder konnten auch Jüngere in beachtlicher Zahl gewonnen werden. Noch war – 1966/67 – die Entscheidung, wohin die jüngere Generation sich überwiegend wenden werde, nicht gefallen. In den Führungsgremien herrschten die »alten Kämpfer«, die schon vor 1933 der NSDAP beigetreten waren, sowie hochrangige Funktionäre aus dem Macht- und Terrorapparat des faschistischen Systems.

Wie einst die aufsteigende NSDAP so war auch die NPD eine männliche Partei. Dies lag aber nicht am Emanzipationsbewußtsein der Frau, das damals noch auf sehr kleine Minderheiten beschränkt war, sondern – wie einst bei der NSDAP – daran, daß die Frauen gerade wegen ihres konservativ geprägten

Weltbildes seriös-patriarchalische Parteien wie die CDU/CSU vorzogen – und nicht unseriös-lärmende.

Die NPD war bereits auf dem Wege, zu einem relevanten Faktor im politischen Kräftefeld zu werden. Der rechte Flügel der Unionsparteien erkannte sowohl die ideologische Verwandtschaft an wie auch die Möglichkeit von politischen Bündnissen. Der offenherzigen Feststellung des CSU-MdB Josef Strecker:»Was die [Nationaldemokraten] an nationalem Anliegen und konservativem Gedankengut haben, das praktizieren wir ja täglich«, kann nicht widersprochen werden.[8] Aber noch bevor die Frage der Koalitionsfähigkeit innerhalb der bürgerlichen Parteien entschieden war und bevor ein Rechtskartell auf breiterer Front sich hätte bilden können, setzte 1969/70 der Niedergang der NPD ein. Innerhalb kurzer Zeit war sie wieder aus allen Landes- und den meisten Kommunalparlamenten verschwunden. Ihre Mitgliederzahl ging von fast 40.000 auf 6–8.000 zurück. Dieser rasche Niedergang war vor allem durch drei Faktoren verursacht:

1. Der 1969 erneut einsetzende ökonomische Aufschwung stabilisierte das Vertrauen bei den Bevölkerungsschichten wieder, die ins Wanken geraten waren: das Vertrauen zu den etablierten Parteien und zum politischen System insgesamt.

2. Die Unionsparteien verloren 1969 die Regierungsmacht und wurden in die Opposition gedrängt. Als Oppositionsparteien konnten sie sich nun als harte Alternative von rechts gegenüber der sozial-liberalen Regierungspolitik profilieren. Vor allem traten sie als entschiedene Gegner der sozial-liberalen Entspannungspolitik auf, prangerten deren Anerkennung der Ostgrenzen und deren Anerkennung der DDR als Staat als Verrat an den nationalen Interessen an.

3. Entscheidend und längerfristig besonders folgenschwer aber dürfte eine andere, tieferreichende Entwicklung gewesen sein: Der Zusammenbruch der Politik des Kalten Krieges und der Übergang zur Entspannungspolitik produzierten zwar auf der Rechten eine Woge von Enttäuschung und Wut, die der Formierung einer neofaschistischen Partei zugute kam. Dies war aber nicht der Hauptstrom der Entwicklung. Dieser wies vielmehr eindeutig nach links. Das drückte sich aus in dem Verlust der Regierungsmacht und der folgenden politischen Isolierung der Unionsparteien, der Bildung der sozial-liberalen Koalition und deren Wahlsieg 1972, noch stärker aber in der breiten gesellschaftlichen Strömung, die nach mehr Demokratie, nach Emanzipation in allen gesellschaftlichen Bereichen drängte und im Reformprogramm der sozial-liberalen Regierung ihren Niederschlag fand. Eine neue Generation war herangewachsen, die nicht belastet war vom Verdrängungsverlangen gegenüber dem Faschismus.

Dieses von der Studentenbewegung zuerst und besonders vehement ausgedrückte neue Denken griff rasch auf andere gesellschaftliche Bereiche über, brachte große außerparlamentarische Bewegungen hervor, beeinflußte aber auch besonders die jüngere Generation in den Gewerkschaften und den sozial-liberalen Parteien. Die sozial-liberalen Parteiführungen griffen zwar schon 1972 zu Repressionsmaßnahmen gegenüber der Linken: Der »Radikalenerlaß«, mit dem die Berufsverbotepolitik begann, wurde im Januar 1972 gemeinsam mit den unionsgeführten Bundesländern verabschiedet. Und als dann 1974 eine neue, diesmal langanhaltende und von Massenarbeitslosigkeit begleitete Wirtschaftskrise einsetzte, rückte die sozial-liberale Bundesregierung sehr weit von ihren soeben noch proklamierten Reformvorstellungen ab. Aber dennoch war eine starke gesellschaftliche Strömung entstanden, die nach links wies und die Grundvoraussetzungen für die weitere politische und kulturelle Entwicklung der Bundesrepublik neu formulierte. Die ideologische Hegemonie war ein Stück weit von der Linken erobert worden.

Lange Stagnation und neuer Aufschwung

Mit dem Niedergang der NPD setzte eine lange Periode ein, in der die extreme Rechte auf niedrigstem Niveau (1 Prozent oder weniger) stagnierte. Sie dauerte mehr als eineinhalb Jahrzehnte, wurde aber dann – scheinbar plötzlich – von einem neuen Aufschwung abgelöst mit Wahlerfolgen, die noch über denen der NPD lagen. Die Gründe sind sehr komplexer Art und können hier nur angedeutet werden.

Seit den siebziger Jahren haben sich in globalem Maßstab wie auch an der gesellschaftlichen Basis der entwickelten kapitalistischen Länder tiefgreifende Veränderungen vollzogen. Sehr widersprüchlich sind dabei die Erfahrungen, die auf die Bevölkerung einstürmen. Und enorm gesteigert treten diese Widersprüche für die jüngere Generation auf, die im Beschäftigungssystem noch nicht hat Fuß fassen können und die Situation der Vollbeschäftigung aus eigener Erfahrung gar nicht mehr kennt. Da sind einerseits stark verbesserte Möglichkeiten für Bildung, Qualifikation und Freizeit und – damit verbunden – auch für die Reflexion, für Experimente in Lebensformen, Partnerbeziehungen, kulturellen und politischen Aktivitäten usw.; also gesteigerte Möglichkeiten der Selbstbestimmung und Selbstentfaltung von Individualität und Freiheit.

Da ist aber andererseits die fundamentale Erfahrung, daß es keinerlei soziale Sicherheit gibt, keinerlei Möglichkeiten längerfristiger Lebensplanung – nicht einmal dann, wenn man allen Leistungs- und Prüfungsanforderungen des Qualifikationssystems genügt. Flexibilität und Verfügbarkeit wird gefordert – aber auf die Kriterien des Erfolges hat man selbst keinerlei Einfluß. Sie erscheinen als Schicksal – ebenso wie Konjunktur und Krise, der Gang von Politik und Gesellschaft insgesamt, von den globalen Risiken ganz zu schweigen.

Aus Bedrohungsgefühlen aber können, wenn die Ursachen im Dunkeln bleiben und also Ansatzpunkte für eigenes zielgerichtetes Handeln nicht erkennbar sind, rechtsgerichtete Verhaltensweisen sich ergeben: Entweder man beschränkt sich aufs Beten und aufs Vertrauen zu den »berufenen Führungspersönlichkeiten in Politik und Wirtschaft«, wie es die konservative Ideologie nahelegt – oder man drängt zum Handeln. Dann muß aber klar sein, wer Freund ist und wer Feind ist. Wenn alles wankt und überall Gefahren lauern, dann muß man wissen, wohin man gehört. (Carl Schmitt, der führende Staatstheoretiker des deutschen Faschismus, bestimmte diese Fähigkeit, Freund und Feind zu unterscheiden, als das »Wesen des Politischen« – und dieser Carl Schmitt gewann in der großbürgerlichen Presse und der konservativen Intelligenz seit dem Beginn der achziger Jahre wieder mächtig an Ansehen.) Wie dabei der Feind konkret bestimmt wird, ob Juden oder Moslems, Türken oder Asylanten, Franzosen oder Russen im Zentrum stehen, hängt natürlich auch von der konkreten Lage ab.

Die Auseinandersetzungen, die in der extremen Rechten nach dem Niedergang der NPD einsetzten, produzierten Spaltungen und Neugründungen, Bündnisse und neue Flügelkämpfe, aus denen allmählich eine Neuformierung in Umrissen erkennbar wurde. Die Differenzen beziehen sich dabei sowohl auf die Ideologie wie auf die Methoden des politischen Kampfes.

Der parlamentarisch-legalistische Kurs wurde weiterhin von der NPD repräsentiert. Ideologisch hielt die NPD am traditionellen Nationalismus fest, mühte sich um Rehabilitierung des deutschen Faschismus und seiner Politik und sprach insbesondere die ältere Generation, die »Ewig-Gestrigen«, an. Ideologisch weithin mit der NPD einig blieben die Kräfte um Dr. Gerhard Frey und die *Deutsche National-Zeitung*, die 1971 die Deutsche Volksunion (DVU) gründeten.

Besonders jüngere Faschisten aber kritisierten sowohl die legale Taktik wie auch die praktische und ideologische »Laschheit« der NPD. Aus dieser Strömung gingen seit 1970 vielerlei terroristischen Gruppen und Aktivitäten hervor. »Wehrsportgruppen« und »NS-Kampfgruppen«, vor allem aber die »Aktionsfront Nationaler Sozialisten« (ANS) des ehemaligen Bundeswehrleutnants Michael Kühnen. Nach deren Verbot gelang es ihnen (1983), in der (seit 1979 bestehenden) FAP die wichtigsten Machtpositionen zu übernehmen. Die FAP[9] (Freiheitliche Arbeiterpartei) versuchte, Legalismus und Terrorismus zu verbinden: Sie nahm an Wahlen teil und agierte zugleich außerparlamentarisch wesentlich aggressiver als die NPD und DVU. (Für diese Par-

teien wurde dann gelegentlich ein »Saalschutz« zur Verfügung gestellt.) Die
FAP verstand sich als »national-revolutionär« in der Tradition des Strasser-
Flügels der NSDAP und der SA und wandte sich vor allem an (junge) Arbei-
ter. Hauptmobilisierungsmittel war die Hetze gegen Ausländer. Auch andere
Gruppen bildeten sich, die sich als »national-revolutionär« verstanden.

Die ideologische Modernisierung des Neofaschismus wird vor allem repräsentiert von der »Neuen Rechten«, die in diesem Buch in einem gesonderten
Kapitel untersucht wird. Wesentlich ist zweierlei:

Erstens strebt die Neue Rechte Seriosität und Intellektualität an: Sie sucht
Anschluß zu gewinnen an neuere Entwicklungen solcher Wissenschaften, die
sich für biologistische und rassistische Interpretationen eignen, vor allem Verhaltensforschung, Genforschung und Anthropologie. Und sie vermeidet
»anstößige« Begriffe und Aussagen wie z. B. den alten primitiven Rassismus
oder die offene Leugnung oder Verharmlosung der faschistischen Verbrechen.
Und zweitens geht die Neue Rechte von der These aus, daß zunächst einmal
die kulturelle Hegemonie errungen werden muß, bevor größere politische
Erfolge möglich sind. Die Neue Rechte nutzt damit eine Erkenntnis, die von
dem marxistischen Theoretiker Gramsci in den Kerkern des italienischen
Faschismus gewonnen worden ist. Der politischen Konsequenz nach bedeutet
dies, daß sich die Neue Rechte nicht primär und nicht direkt an die politischen
Organisationen der extremen Rechten wendet, sondern zunächst das allgemeine politische Klima in der Bundesrepublik zu verändern sowie politische
Begriffe und Interpretationen mit rechtem Inhalt in der Öffentlichkeit zur Geltung zu bringen versucht und so auch auf den rechten Flügel der konservativen und liberalen Parteien einzuwirken trachtet.

Praktisch-politisch wurde die internationale Kooperation intensiviert. Ausgehend von den theoretischen Bemühungen der Neuen Rechten in Frankreich,
wurden »Studiengesellschaften«, Zeitschriften und Akademien auch in der
Bundesrepublik gegründet, die eine ideologische Vereinheitlichung der Rechten in Europa anstreben – und auf dieser Basis eine gesamteuropäische Ideo-
logieoffensive.

Diese anspruchsvolleren Konzepte der Neuen Rechten zielen zwar in erster
Linie auf Intellektuelle, können aber durchaus auch als Ideenspender für jene
rechtsextremen Kräfte fungieren, die Massenmobilisierung anstreben. In der
Weimarer Republik gelangten die von jungkonservativen Theoretikern (wie
Moeller van der Bruck und Oswald Spengler) ausgearbeiteten Ideologiekon-
zepte in Gestalt der NSDAP – natürlich in vergröberter Form – dann zu enor-
mer Wirksamkeit. Und so ist es kein Zufall, daß eben diese Theoretiker heute
von der Neuen Rechten wieder aufgenommen werden.

Die Unionsparteien und die Regierung der »Wende« haben Voraussetzungen geschaffen, die den neuen Aufschwung der extremen Rechten begünstigt haben. Durch die am Vorbild der konservativen Regierungen Reagan und Thatcher orientierte marktradikale Sozial- und Wirtschaftspolitik wurde die soziale Unsicherheit für breite Schichten der Bevölkerung wesentlich erhöht. So wurde in diesen Bevölkerungsschichten einerseits die Angst vor dem Morgen gesteigert und damit natürlich die Suche nach einem Ausweg und die Suche nach Schuldigen. Zugleich aber wurde die Härte des Konkurrenzkampfes zwischen den Individuen weiter verschärft, wurden solidarische Denk- und Verhaltensformen zerstört, wurden sozialdarwinistische Instinkte entfacht.

Gleichzeitig wurde – mit der »Historiker-Debatte«[10] – eine Revision des Geschichtsbildes in Angriff genommen, die darauf zielte, den deutschen Faschismus und seine Politik in freundlicheren Farben zu malen, vor allem aber den Kampf gegen die Sowjetunion als gerechtfertigt und notwendig für die Verteidigung der europäischen Kultur darzustellen. In diesem Geschichtsbild erschien der Faschismus sozusagen als ein Vorläufer der NATO, die nunmehr die gleiche Frontstellung einnehme. Ihren symbolischen Ausdruck fand diese Wende, als Kohl und Reagan sich in Bitburg gemeinsam verneigten vor den Gräbern nicht nur der Wehrmacht, sondern auch der Waffen-SS, also derjenigen Kräfte, die den Krieg gegen den »Feind im Osten« getragen hatten. Dies bedeutete sichtlich eine Annäherung an die Interpretation der extremen Rechten, für die die Einheiten der Waffen-SS »europäisch-antibolschewistische Verbände« sind.

Diese von konservativen Historikern, aber auch von führenden Politikern wie Strauß und Dregger getragene ideologische Offensive war verbunden mit der Forderung, endlich einen Schlußstrich zu ziehen unter die faschistische Vergangenheit, damit die Bundesrepublik sich mit aller Kraft der Zukunft widmen könne. Denn der Bundesrepublik komme angesichts ihrer ökonomischen und militärischen Potenz eine Führungsrolle in Europa zu. Für die Entfaltung einer solchen neuen Machtpolitik aber sei die Erinnerung an die NS-Vergangenheit ein ständiges Hindernis. Die Bundesrepublik müsse deshalb endlich »heraustreten« aus dem »Schatten Hitlers« (F.J. Strauß).

Diese ideologische Offensive des rechten Flügels der Union stellte einerseits eine Kritik an der Regierung Kohl dar, die die vollständige »Wende« versprochen, aber nicht durchgesetzt habe, verstand sich also als Ansporn der Regierung von rechts. Andererseits hatten sich schon im Gefolge der »Modernisierung« der Rechten seit den siebziger Jahren engere Kontakte zu Ideologen der extremen Rechten ergeben. Und diese Kontakte wurden nun, da der rechte Flügel offensiv auftrat, bedeutend intensiviert: In Akademien und wissenschaftlichen Konferenzen, in Zeitungen und Zeitschriften traten Repräsentanten der Unionsparteien und Ideologen der Neuen Rechten gemeinsam auf und entwickelten politisch-ideologische Konzepte, die vielfach ineinander übergingen. Thesen über den deutschen Faschismus und seinen Krieg, die jahrzehntelang nur von der extremen Rechten vertreten worden waren, erschienen nun als »anerkannt« von angesehenen Repräsentanten der etablierten Wissenschaft und der offiziellen Politik. Konzepte über »nationale Identität« und über das Verhältnis der Völker zueinander, über Ausländerprobleme und »Ethnopluralismus« wurden gemeinsam diskutiert und erhielten die Aura von wissenschaftlichem Rang und politischer Normalität.

So war es nicht verwunderlich, daß auch bei Wahlen der extremen Rechten nach 1987 ein Aufschwung gelang. Von ihm profitierten auch die traditionellen neofaschistischen Parteien NPD und DVU. Als weit attraktiver erwies sich jedoch bald eine neue Gründung: die Republikaner.[11] Diese Partei hatte sich 1983 – bezeichnenderweise – als eine rechte Abspaltung von der CSU formiert, als eine Kampfansage gegen die als zu lasch und konzessionsbereit empfundene Politik der CSU-Führung in der Deutschland-Frage. In der Folge nahm sie alle wesentlichen Motive auf, die die Kritik der Rechten an den etablierten Parteien kennzeichnen. Und seit den Wahlen zum Westberliner Abgeordnetenhaus im Januar 1989, bei denen ihr mit 7,5 Prozent der Durchbruch gelang, bildet sie die eindeutig stärkste Kraft der extremen Rechten. Die Wahlen zum Europa-Parlament 1989, bei denen sie 7,1 Prozent (= 2,5 Millionen Stimmen) erhielt, machten deutlich, daß hier nicht nur lokale Erfolge vorlagen.

Ideologisch sind die Differenzen eher gradueller Art. Die Zeitung und das Programm der Republikaner weisen weitgehende Parallelen mit der Agitation von NPD und DVU auf. Unterschiede gibt es in der Radikalität bestimmter Forderungen. Bekennen sich z.B. die Republikaner zu den deutschen Grenzen von 1937, so sind dies für die NPD die Grenzen des »völkerrechtswidrigen Versailler Diktats«. Das Großdeutschland der NPD soll auch das Sudetenland, Südtirol, Elsaß-Lothringen, »Nordschleswig« und Westpreußen umfassen.

Die Funktionäre der Republikaner kommen in hohem Maße entweder aus den Unionsparteien oder den neofaschistischen Parteien, besonders der NPD. Obwohl die Führung der Republikaner hier Abgrenzung zu demonstrieren versucht, konnte oder wollte sie bisher nicht verhindern, daß viele ehemalige NPD-Funktionäre nun Funktionen bei den Republikanern übernommen haben.

Was die Altersstruktur betrifft, so dominieren in der Tat – im Unterschied zu DVU und NPD – nicht mehr die Männer der HJ-Generation, sondern zwei jüngere Altersgruppen: einmal die Jungen unter 25 Jahren und zum zweiten die Männer zwischen 45 und 55 Jahren. Dies sind die Jahrgänge, die entweder in der Zeit des Kalten Krieges oder nach dem Scheitern der sozial-liberalen Reformhoffnungen seit der Mitte der siebziger Jahre sozialisiert worden sind.

1989 – und die Folgen

Der Niedergang des Sozialismus in den osteuropäischen Staaten und der Anschluß der DDR an die Bundesrepublik bedeuteten eine tiefgreifende Umwälzung nicht nur der politischen Verhältnisse, sondern auch der Weltbilder und politischen Orientierungen.

Die extreme Rechte agiert nun auch auf dem Territorium der ehemaligen DDR, die den Antifaschismus als Wesensmerkmal ihres Staates definiert hatte. Welche Voraussetzungen für die Entfaltung der extremen Rechten waren hier dennoch gegeben – und welche Faktoren stehen ihr entgegen?

Die autoritären und repressiven Formen politischer Herrschaft in der DDR hatten ohne Zweifel auch die Glaubwürdigkeit gerade der Grundlagen erschüttert, die die Führung von Staat und Partei als absolut zentral für das Wesen des neuen Staates ausgegeben hatte: des Antifaschismus. Der Aufbau eines umfassenden Kontrollsystems gegenüber der eigenen Bevölkerung ließ die Totalitarismusthese für viele glaubwürdig erscheinen, und die Errichtung eines Systems von Privilegien für die führenden Kader trug sicherlich ebenfalls zur Zersetzung der moralischen Glaubwürdigkeit derer bei, die im Namen des Antifaschismus angetreten waren – und in der Tat im Kampf gegen den Faschismus oft heroische Leistungen vollbracht hatten.

Gerade für die DDR ist aber auch die Art und Weise, wie die »Faschismusbewältigung« vollzogen wurde, einer kritischen Prüfung zu unterziehen. Daß hier zentrale Probleme angepackt worden sind, kann nicht bezweifelt werden: Die Führungsschichten, die das faschistische System getragen hatten, wurden in der SBZ/DDR tatsächlich, wie es die Programme der Antifaschisten und das *Potsdamer Abkommen* verlangten, aus ihren Machtpositionen in Justiz und Verwaltung, Wirtschaft und Bildungswesen und ebenso im Militär entfernt. Und jenen Kräften aus der Großwirtschaft, die den Faschismus an die Macht gebracht und seine Politik mitgestaltet hatten, wurden die sozialen Grundlagen ihrer Macht durch Sozialisierung entzogen. In Wissenschaft und Publizistik wurde genau jener Zusammenhang dargestellt und dokumentiert, der in der Bundesrepublik jahrzehntelang verschleiert wurde: der zwischen Kapitalismus und Faschismus. Und auf dieser Basis vollzog sich auch die »antifaschistische Aufklärung« in Schule und Hochschule, in Literatur, Film und Zeitung und in »nationalen Gedenkstätten« wie Buchenwald. Das blieb nicht ohne Wirkung.

Mit der Verabsolutierung des Zusammenhangs Kapitalismus – Faschismus aber war eine andere, nicht weniger wichtige Frage ausgeblendet: Warum hatten sich Millionen von Menschen für den Faschismus begeistert und dessen Politik – einschließlich der großen Verbrechen – unterstützt und aktiv mitvollzogen? In der Theoriediskussion drückte sich dieses Defizit darin aus, daß das

»Wesen« des Faschismus ausschließlich in seinem sozialen Inhalt und seiner terroristischen Form gesehen wurde. Die Massenbewegung hingegen gehörte nach dieser Auffassung nicht zum Wesen und wurde also auch nicht als Definitionselement des Faschismus betrachtet.

Da nun die Volksmassen lediglich als Opfer und überhaupt nicht als (Mit-) Täter erschienen, bestand für sie auch keine Notwendigkeit, ihr Denken und Fühlen grundsätzlich zu hinterfragen. Man konnte sich als braver Bürger des neuen Staates fühlen und dennoch wesentliche Elemente traditioneller Weltbilder beibehalten, z. B. Vorurteile gegenüber anderen Völkern und »Rassen«. In dem Moment, in dem die sozialistische Staatsmacht verschwunden war, konnten sich rechtsextreme Kräfte nun auch öffentlich artikulieren.

Die Entwicklungen in der DDR und den osteuropäischen Staaten haben auch nicht zu unterschätzende Wirkungen in der Bundesrepublik und in den anderen kapitalistischen Staaten Europas erzeugt. Der Zusammenbruch des »realen Sozialismus« hatte Verunsicherung und Desorientierung innerhalb der Linken zur Folge, und viele fragten sich, ob womöglich ihre Grundüberzeugung, daß es jenseits des Kapitalismus eine humanere Gesellschaft geben könne, schon falsch war. Jedenfalls sind gerade diejenigen politischen Kräfte, die bis 1989 hauptsächlich den Kampf gegen die »Gefahr von rechts« getragen hatten, wesentlich geschwächt. Zugleich erfuhr die Rechte eine bedeutende Stärkung. Das gilt für die etablierte Rechte, die schon immer gesagt hat, daß die »freie Marktwirtschaft« die einzige Wirtschaftsform sei, die dem Wesen des Menschen gerecht werde und Freiheit und Wohlstand gewährleisten könne; und daß der Sozialismus eine Utopie sei, und eine totalitäre dazu. Das gilt aber auch für die extreme Rechte, die die Woge des Nationalismus in Osteuropa als Bestätigung ihres Weltbildes darstellen kann.

In der Bundesrepublik kamen diese Veränderungen zunächst der etablierten Rechten zugute, die als der große erfolgreiche Macher in der Frage der nationalen Einheit sich präsentieren und ideologisch das Monopol auf dem Gebiet »nationaler Politik« beanspruchen konnte. Der extremen Rechten war damit ein Agitationsfeld entzogen, auf dem sie bisher recht effektiv hatte auftrumpfen können. Die durch internationalen Druck erzwungene Akzeptierung der polnischen Westgrenze durch die Regierung Kohl vermochte diesen Effekt nicht wesentlich zu vermindern.

Ein Grund zur Beruhigung ist der Rückgang der extremen zugunsten der gemäßigten Rechten allerdings nicht. Zu bedenken sind nämlich mehrere Argumente:

Die neue Machtkonstellation bietet erhöhte Möglichkeiten, die Logik des Kapitals in der Gestaltung der sozialökonomischen Verhältnisse zur Geltung zu bringen und die in jahrzehntelangen Kämpfen erreichten sozialen Rechte

Schritt für Schritt wieder abzuschaffen. Da auf der Basis des Kapitalismus soziale Sicherheit für alle nicht zu realisieren ist und die großen Probleme der Menschheit – die Umweltzerstörung, der Welthunger, die Friedenssicherung – nicht zu bewältigen sind, bedeutet das auch weltweit neue und größere Gefahren. Im vereinigten Deutschland, das nun mit Abstand die stärkste Wirtschaftsmacht in Europa darstellt, können sich zudem verstärkt jene Kräfte zu Wort melden, die die rigorose Umsetzung von Wirtschaftsmacht in politische Führungsmacht mindestens gegenüber den anderen europäischen Ländern, womöglich aber auch weltweit, verlangen.

Von einer Woge nationalistischer Begeisterung kann zwar in der Bundesrepublik keine Rede sein. Es dominieren eher Nüchternheit und die Neigung zu politischer Apathie. Doch eine beträchtliche Stärkung des »nationalen« Selbstwertgefühls seit 1989 ist unverkennbar. Da der Sozialismus als Alternative zunächst diskreditiert ist – auch für viele bisherige Linke –, besteht die Gefahr, daß die Suche derer, die mit den bestehenden Verhältnissen unzufrieden sind, gänzlich orientierungslos bleibt oder sich verstärkt nach rechts wendet. Der Nationalismus wird denn auch von der etablierten Rechten ganz offen als Integrationsideologie propagiert.[12] Und mit den Kampagnen gegen die »Flut« von Asylanten und Ausländern, die angeblich den sozialen Status der Deutschen, die Sicherheit des Staates und die deutsche Volkssubstanz bedrohen, wurde ein Klima erzeugt, in dem Brandstiftung, Terror und Mordanschläge gedeihen konnten.

Diese Tendenzen aber könnten schon mittelfristig auch der extremen Rechten wieder bessere Chancen geben – sei es nun in Gestalt der Republikaner oder auch unter einem anderen Namen. Denn die sozialen Widersprüche und Defizite werden auch im vereinigten Deutschland bleiben und sich sogar verschärfen – ebenso wie in den anderen europäischen Ländern im Westen und im Osten. Die davon Bedrohten und Betroffenen werden nach Schuldigen und nach Lösungen verlangen, die ihnen die extreme Rechte – wie gewohnt – bieten wird. Der Aufschwung der extremen Rechten in einer ganzen Reihe von westeuropäischen Ländern zeigt bereits, daß die Ursachen dieses Prozesses in allgemeinen gesellschaftlichen und kulturellen Entwicklungen begründet und nicht an die Existenz einer ungelösten »nationalen Frage« gebunden sind. Was das Gebiet der früheren DDR betrifft, so kann sich die extreme Rechte nun auch dort ziemlich frei entfalten – gemäß der Praxis in der Bundesrepublik. Und die Massenarbeitslosigkeit mußte hier wie ein Schock wirken für eine Bevölkerung, die seit Jahrzehnten an gesicherte Arbeitsplätze und Berufschancen gewöhnt war. Dies schafft für die Parolen der extremen Rechten einen entsprechenden Resonanzboden.

Wie weit die demokratischen und antifaschistischen Potentiale, die sich im Westen Deutschlands seit 1945 und dann besonders seit dem Ende der sechziger Jahre entwickelt haben, unter diesen Bedingungen resistent bleiben, ist schwer abzusehen. Das Gleiche gilt für die Potentiale, die sich im Osten entwickelt haben.

Während also einerseits die akute Stärke der extremen Rechten mindestens bei Wahlen zurückgegangen ist, sind zugleich die Potentiale, die der Rechten insgesamt wirksam entgegentreten könnten, wesentlich geschwächt. Doch der Druck der sozialen Probleme bleibt und wird wachsen. Die realen Widersprüche bleiben und mit ihnen die Ansatzpunkte für demokratische Alternativen.

Gegenstrategien

Wo immer rechtsextreme Kräfte sich formieren, ordnen sie sich ein in den Kampf gegen Demokratie und Liberalität, gegen die politischen und sozialen Rechte der arbeitenden Bevölkerung, vorab mit besonderer Militanz gegen die Arbeiterbewegung.

Die extreme Rechte erzeugt einerseits ideologische Wirkungen dadurch, daß sie bestimmte Erklärungen und Feindbilder für akute Problemlagen propagiert. Sie lenkt damit erstens von den wirklichen Ursachen ab, macht die Betroffenen also wehrlos und benutzbar für fremde Zwecke. Und sie produziert zweitens ein Gewaltpotential, das sich, wenn der Problemdruck wächst, in aggressive Aktivitäten umsetzen kann.

Andererseits greift die extreme Rechte direkt ein in die politische Konstellation: Sie schüchtert die Linke ein durch Drohungen, aggressives Auftreten und terroristische Aktivitäten. Sie ist als Streikbrecher ebenso einsetzbar wie als militanter Druck zur Eroberung der Säle und der Straßen. Sie ermutigt zugleich alle, die reaktionäre und militaristische Ziele vertreten, sich offener zu artikulieren. Und sie bietet schließlich Bündnis- und Koalitionsmöglichkeiten für jene Kräfte, die den Handlungsspielraum der demokratischen und sozialistischen Potenzen einschränken möchten. Kurzum: Sie fungieren als eine Kraft, die das politische Klima und das reale Kräfteverhältnis in einer Gesellschaft nach rechts zu drücken droht.

Für den Fall, daß die Unzufriedenheit mit den bestehenden Zuständen wächst und größere Bevölkerungsteile nach einer Alternative zu suchen beginnen, steht die extreme Rechte bereit, die Suchenden nach rechts zu lenken.

Unsere Untersuchung hat bereits gezeigt, daß der Zulauf zur extremen Rechten sich nicht allein aus ideologischen Irrtümern und politischer Verführung erklären läßt. Vielmehr sind es reale Probleme und Erfahrungen, die Bedrohungsängste erzeugen. Freilich sind es dann bestimmte Denkmuster, die diese Bedrohungsängste nach rechts leiten. Eine Gegenstrategie hat folglich von beiden Momenten auszugehen: Sie hat sowohl die soziale Realität ins Auge zu fassen wie auch die ideologische Auseinandersetzung, in der sich entscheidet, wie die soziale Realität, wie die realen Erfahrungen interpretiert und welche politischen Folgerungen daraus gezogen werden.

Wer sich betroffen und bedroht fühlt, will wissen, welches die Ursachen der Misere und wer die Schuldigen sind. In der Tat kann der Satz »Ausländer sind schuld an der Arbeitslosigkeit« nur bei einer Belegschaft, nur bei einer Bevölkerung Erfolg haben, die nicht weiß, welches tatsächlich die Ursachen der Arbeitslosigkeit sind. Unwissenheit und Falschwissen sind Voraussetzung dafür, daß solche Feindbilder geglaubt werden können. Eben deshalb werden sie auch durch ideologische Apparate in großem Maßstab erzeugt. Unwissen macht wehrlos. Unwissende können für beliebige Zwecke instrumentalisiert werden. Sie können gegen Juden oder Russen, gegen Türken oder Asylanten gehetzt werden, ohne zu begreifen, für wessen Zwecke sie da eigentlich agieren.

Das Ringen um Erkenntnis, um Klärung der Ursachen und Zusammenhänge ökonomischer und politischer Prozesse, also um politische Bildung, bleibt fortwährende Aufgabe für alle, die aus der Rolle von Objekten des Geschehens heraustreten und sich zu Subjekten der eigenen Lebensgestaltung erheben wollen.

Jede Ursachenanalyse aber enthält im Keim auch schon Vorschläge zum Handeln. Aus dem Satz »Die Ausländer sind schuld an der Arbeitslosigkeit« ergeben sich sozusagen »von selbst« Schlußfolgerungen, was denn nun zu geschehen hätte. (Und wenn sie von den Regierenden nicht gezogen werden, so nehmen die von dieser Ideologie Ergriffenen die Sache selbst in die Hand!)

Auch aus der Erkenntnis über die wirklichen Ursachen der sozialen Defizite und vielfältigen Gefahren ergeben sich Schlußfolgerungen fürs Handeln. Sie müssen freilich immer aufs neue konkretisiert werden für die einzelnen Problemfelder: vom Wohnungsbau angesichts wachsender Zahlen von Aus- und Übersiedlern, Studierenden und Alleinlebenden bis zur Umstellung von Rüstungsproduktion auf die Produktion ziviler Güter; vom Ausbau des Qualifikationssystems angesichts rasch sich verändernder Produktionsmethoden bis zum Umweltschutz angesichts globaler Kausalbeziehungen bei gleichzeitig anhaltendem Konkurrenzkampf zwischen den nationalen Kapitalen.

Lösungsvorschläge für die drängendsten Probleme zur Diskussion zu stellen – dies ist wichtig, reicht aber nicht aus. Individuen und Gruppen, die von Bedrohungsängsten ergriffen sind, entwickeln – gerade dann, wenn sie nicht resignieren – den Drang, Aktivität zu entfalten, um den Bedrohungen entgegenzutreten. Programm und Politik der extremen Rechten enthalten in der Tat nicht nur ideologische Angebote (in Gestalt von Interpretationen und Feindbildern), sondern auch politische in Gestalt von organisierten Handlungsmöglichkeiten. Aufgabe der Linken wäre es, Handlungspotentiale so zu organisieren, daß sie sich gegen die tatsächlichen Ursachen der Bedrohungen richten. Nur so kann die Linke sich als eine Kraft darstellen, die etwas zu bewirken, die Zukunft zu gestalten vermag.

Es geht also nicht nur um verbesserte soziale Betreuung von gefährdeten Jugendlichen und nicht nur um verbesserte Sozialpolitik, sondern es geht um eine Veränderung der politischen und gesellschaftlichen Machtverhältnisse, denn den existierenden sozialen Mängeln liegen ja nicht ideologische Irrtümer der Regierenden zugrunde, sondern starke soziale Interessen. Und es geht nicht um Befriedigung, Stillstellung der in Bewegung geratenen Gruppen und Schichten, sondern um deren Mobilisierung, damit sie sich zu Subjekten konstituieren können, die ihr Schicksal selber in die Hand nehmen. Es geht um »Gegenmacht«. Demokratisierung ist dabei nicht nur Ziel, sondern auch Mittel: die Einbeziehung möglichst Vieler, vor allem auch der nach Orientierung suchenden Jugendlichen in soziale Aktivitäten, bedeutet bereits ein Stück Überwindung von Entfremdung.

Es ist also eine Sache, nach den Problemen zu fragen, die die Wähler der extremen Rechten bewegen, und diese Wähler als Suchende zu begreifen, die berechtigterweise unzufrieden sind. Hier kommt es tatsächlich darauf an, die realen Probleme anzupacken, die die Bedrohungsgefühle verursachen, und die Suchenden davon zu überzeugen, daß es die demokratischen Kräfte sind, die eine Antwort und einen Ausweg finden können.

Eine ganz andere Sache ist es hingegen, nach dem politischen Charakter rechtsextremer Parteien zu fragen. Aus ihrer Ideologie und Programmatik läßt sich erkennen, welche Folgen es hätte, wenn solche Kräfte politischen Einfluß gewinnen würden.

Was den Umgang mit den Organisationen der extremen Rechten betrifft, kann die Schlußfolgerung nur lauten: Es muß alles getan werden, um die Entfaltung dieser Kräfte zu hemmen und ihren politischen Einfluß zurückzudrängen. Die extreme Rechte ist eben nicht irgendeine Weltanschauung und irgendeine Organisation wie alle anderen auch, sondern sie repräsentiert die radikale Verneinung alles dessen, was eine menschenwürdige Gesellschaft ausmacht: Freiheit und Demokratie, Humanität und Toleranz, Frieden und Völkerverständigung.

Für die Antifaschisten, die im Frühjahr 1945 aus dem Widerstand und der Emigration, den Konzentrationslagern und Zuchthäusern kamen, war es keine Frage, daß künftig faschistische Aktivitäten jeglicher Art von Anfang an zu unterbinden seien – auch durch staatliche Maßnahmen. Diese Antifaschisten gingen also von einem inhaltlich bestimmten Demokratiebegriff aus: Staat und Gesellschaft müssen so gestaltet werden, daß Freiheit und Frieden gewährleistet werden können. Sie gingen nicht von einem Formalbegriff von

Demokratie aus: Alle Meinungen sollten gleichermaßen zugelassen sein, auch diejenigen, die – nach ihrer inneren Logik und nach der handgreiflichen geschichtlichen Erfahrung – mörderische Konsequenzen hervorbringen. Die Rechtsnormen, die dann erlassen wurden, entsprechen in hohem Maße der Auffassung der Antifaschisten. Vom *Potsdamer Abkommen* und den Prinzipien des Internationalen Militärtribunals von Nürnberg gelangten diese Rechtsnormen in die *Allgemeinen Menschenrechtsdeklarationen* der UNO (10. Dezember 1948) und wurden konkretisiert in einer ganzen Reihe von Resolutionen der UNO-Generalversammlung, der *Konvention über wirtschaftliche, soziale und kulturelle Rechte* (16. Dezember 1966), von Deklarationen der UNESCO und ebenso von Resolutionen des Europarats. Sie sind gültiges Völkerrecht. Die Alliierten haben daraus z. B. die Folgerung gezogen, in West-Berlin neofaschistische Parteien wie die NPD zu verbieten.

Diese Rechtsnormen sind aber auch innerstaatlich gültig. Denn Art. 25 des Grundgesetzes erklärt, daß die »allgemeinen Regeln des Völkerrechts« auch »Bestandteil des Bundesrechts« sind. Und Art. 139 des Grundgesetzes erklärt, daß die zur »Befreiung des deutschen Volkes vom Nationalsozialismus und Militarismus« erlassenen Rechtsvorschriften weiter gelten.

Selbstverständlich ist die Reichweite von Verbotsmaßnahmen begrenzt. Sie können gesellschaftliche und politische Alternativen nicht ersetzen. Solche Alternativen zu erarbeiten und die drängenden Probleme tatsächlich anzupacken, bleibt das wichtigste Element jeder antifaschistischen Strategie. Wohl aber können Verbotsmaßnahmen Flankenschutz bieten für die Realisierung solcher Alternativen. Sie können verhindern helfen, daß die extreme Rechte die Bedrohungsängste der Bevölkerung für ihre Politik mobilisiert und so stark genug wird, daß demokratische Lösungen überhaupt blockiert werden. (Eben dies war ja nach dem Ersten Weltkrieg in mehreren Ländern, auch in Deutschland geschehen – mit den bekannten Folgen.)

Anmerkungen

1 Dieser Beitrag folgt der Argumentationslinie, die ich entwickelt habe im zweiten Teil meines Buches »Gefahr von rechts? Vergangenheit und Gegenwart der extremen Rechten«. 3. Aufl. Heilbronn 1993. Zur Begrifflichkeit: Ich spreche von der »extremen Rechten«, weil damit ausgedrückt wird, daß es sich um eine extreme Form der Rechten handelt, daß also gemäßigte und extreme Rechte Wesentliches gemeinsam haben. Mißverständlich scheint mir der Begriff des »Rechtsextremismus«, weil er nahelegt, daß es sich um eine Form von Extremismus handelt, die es eben in zwei verwandten Varianten gibt, einer rechten und einer linken. Unversehens kann man damit auf den Boden der Totalitarismustheorie geraten.

2 M. Ratz: Zur Strafverfolgung von Nazismus seit 1949. Frankfurt 1979; J. Friedrich: Die kalte Amnestie. NS-Täter in der BRD. Frankfurt 1984; ders.: Freispruch für die Nazi-Justiz. Reinbeck 1983; A. Rückerl: NS-Verbrechen vor Gericht. Heidelberg 1982.

3 Gesetze über die Gewährung von Straffreiheit vom 1. Dezember 1949 und Gesetz über die Berechnung strafrechtlicher Verjährungsfristen vom 13. April 1964.

4 Darstellungen zur Entwicklungen der extremen Rechten seit 1945 finden sich in: W. Benz (Hrsg.): Rechtsextremismus in der Bundesrepublik. Voraussetzungen, Zusammenhänge, Wirkungen. Neuaufl. Frankfurt a.M. 1989; P. Dudek; H.-G. Jaschke: Entstehung und Entwicklung des Rechtsextremismus in der Bundesrepublik. Zwei Bände, Opladen 1984; A. Klönne: Rechts-Nachfolge. Risiken des deutschen Wesens nach 1945. Köln 1990; R. Opitz: Faschismus und Neofaschismus. Überarbeitete Neuaufl. Köln 1988; R. Stöss: Die extreme Rechte in der Bundesrepublik. Entwicklung – Ursachen – Gegenmaßnahmen. Opladen 1989; sowie im vorliegenden Band.

5 Dazu L. Niethammer: Angepaßter Faschismus. Frankfurt 1969, S.33.

6 Zu den Vertriebenenverbänden hat Michael Imhof eine vorzügliche Dissertation angefertigt: Vertriebenenverbände in der Bundesrepublik Deutschland. Marburg 1975; vgl. auch F. Neumann: Der Block der Heimatvertriebenen und Entrechteten 1950–1967. Meisenheim 1968.

7 Siehe, neben M. Imhoff, auch H. D. Bamberg: Die Deutschlandstiftung e.V. Studien über Kräfte der »Demokratischen Mitte« und des Konservatismus in der Bundesrepublik Deutschland. Meisenheim 1978.

8 Zit. nach: C. Taler: Warum die NPD nicht verboten wird. Stimme der Gemeinde. 1968, H. 22.

9 Dazu J. Ch. Meyer: Die FAP im Kontext der neueren Entwicklung des Neofaschismus in der Bundesrepublik Deutschland. Diplomarbeit, Marburg 1988.

10 Siehe dazu R. Kühnl (Hrsg.): Streit ums Geschichtsbild. Köln 1987.

11 Dazu H. Funke: »Republikaner«. Rassismus, Judenfeindschaft, nationaler Größenwahn. Berlin 1989; E. Hennig u.a.: Die Republikaner im Schatten Deutschlands. Frankfurt 1991; R. Stöss: Die »Republikaner«. Köln 1990. Zum allgemeinen Hintergrund siehe auch die verschiedenen Studien von W. Heitmeyer, bes.: Rechtsextremismus. »Warum handeln die Menschen gegen ihre eigenen Interessen?« Köln 1991; Ch. Butterwegge; H. Isola (Hrsg.): Rechtsextremismus im vereinten Deutschland. Bremen 1990.

12 Bezeichnend sind die verschiedenen Publikationen von Wolfgang Schäuble, besonders sein Buch »Der Zukunft zugewandt«. Berlin 1994.

B Lexikon Deutschland rechtsaußen

Vorbemerkung

Die nachstehenden alphabetisch geordneten lexikalischen Auflistungen beinhalten die wichtigsten Personen, Gruppen und Medien der bundesdeutschen Rechtsaußen-Szene, erheben jedoch keinen Anspruch auf Vollständigkeit. Zusätzlich werden nicht mehr bestehende Gruppierungen, die die rechtsextreme Entwicklung nach 1945 mitbeeinflußt haben, aufgeführt. Die Eintragungen berücksichtigen das neonazistische (neofaschistische), rechtsextremistische, national- und rechtskonservative Spektrum. Die Autoren des Lexikons weisen darauf hin, daß die hier verwendeten Begriffe »rechtskonservativ«, »rechtsextrem« und »neonazistisch« reine Arbeitsbegriffe sind, die im Interesse einer gleichbleibenden/gleichbedeutenden Begrifflichkeit im Handbuch vom Herausgeber vorgegeben wurden.

Historisch entstammt der Begriff Rechtsextremismus der Totalitarismusforschung und impliziert die Existenz einer friedlichen und vernünftigen politischen Mitte, die sich eines linken und eines rechten Extremismus erwehren muß. Ausgeblendet wird hierbei, inwieweit faschistische Diktaturen aus eben dieser »Mitte« der Gesellschaft hervorgegangen sind. Der italienische, spanische und deutsche Faschismus haben eine mögliche Affinität der Bürgerlichen Mitte mit dem Faschismus aufgezeigt. Diese nicht gern vernommene Wahrheit soll mit der Totalitarismustheorie zurückgedrängt werden. Die Autoren des Lexikons plädieren für eine über das Handbuch hinausgehende Verwendung des Begriffs Neofaschismus.[1]

Die Einordnung als rechtsextrem erfolgt entsprechend der Ausführungen von Markus Birzer *Rechtsextremismus – Definitionsmerkmale und Erklärungsansätze* und Helmut Fröchling *Die ideologischen Grundlagen des Rechtsextremismus* in diesem Band. Die verwendeten Begriffe »Neonazismus« und »Neofaschismus« werden als gleichbedeutende Arbeitsbegriffe verwendet. Auf sie treffen die Aussagen zum Rechtsextremismus gleichfalls zu. Hinzu kommt hier ein offener, positiver Bezug zum deutschen Faschismus (Nationalsozialismus) und/oder ein militantes Agieren mit dem Ziel, ein faschistisches Regime zu errichten. Wird eine Organisation oder Zeitschrift als rechtsextrem oder als neofaschistisch klassifiziert, heißt das jedoch nicht, daß alle Mitglieder einer solchen Organisation automatisch als rechtsextrem anzusehen sind. Die Klassifizierung erfolgt aufgrund eines politisch-ideologischen Profils, wie es sich in Publikationen, Organen und/oder Handlungen der Organisationen und/oder deren Repräsentanten oder Aktivisten widerspiegelt.

Die Klassifizierung einzelner Personen als rechtsextrem erfolgt allein aufgrund ihrer Stellung innerhalb einer rechtsextremen Organisation sowie aufgrund ihrer Stellungnahmen in Publikationen. Ausschlaggebend für die Aufnahme in das Lexikon ist nur die ideologische und politische Haltung der Person.

Benannte Kontakte und Verbindungen zu anderen Organisationen oder Personen bedeuten nicht, daß alle in solcher Hinsicht Genannten als rechtsextrem bezeichnet werden können. Es geht darum, Hinweise auf eine politisch-gesellschaftliche Akzeptanz oder Isolierung zu geben.

National- und rechtskonservative Organisationen, Publizistik und Personen wurden dann ins Lexikon aufgenommen, wenn politisch-ideologisch und/oder strukturell Berührungspunkte zum Rechtsextremismus bestehen, ohne daß die Organisation, die Zeitung/Zeitschrift, der Verlag oder die Person selbst als rechtsextrem zu qualifizieren wären.

Ein Hinweis: Rechtsextremistisches Gedankengut bzw. einzelne Komponenten davon sind durchaus auch, wie empirische Untersuchungen zeigen, in breiteren Kreisen der Bevölkerung sowie in demokratischen Parteien feststellbar. Zu diesem Thema geben die Beiträge von Bernd Siegler *Rechtsextremismus und Wahlverhalten* und Charlotte Wiedemann *Die Themen der Rechten sind die Themen der Mitte* Anhaltspunkte.

Verbotene Organisationen sind dann ins Lexikon aufgenommen worden, wenn die Mehrzahl ihrer Aktivisten weiterhin aktiv sind und ihre Organisationsstrukturen Bestand haben.

Die in das Lexikon aufgenommenen heidnischen Gruppen, Sekten und christlich- fundamentalen Organisationen haben einen organisatorischen Bezug zum Rechtskonservatismus oder Rechtsextremismus, und/oder ihre Weltanschauungen und Ideologien basieren auf ähnlichen Grundlagen.

Im Personen-Lexikon stehen die bekanntgewordenen Pseudonyme in Klammern neben dem Namen. Ein → verweist auf einen eigenständigen Lexikoneintrag, im Register verweist die fettgedruckte Seitenangabe auf diesen.

---

1 Zur »Unübersichtlichkeit« und Umstrittenheit des Begriffes »Rechtsextremismus« siehe Richard Stöss: *Forschungs- und Erklärungsansätze – ein Überblick,* in: Wolfgang Kowalsky; Wolfgang Schroeder (Hrsg.): *Rechtsextremismus – Einführung und Forschungsbilanz.* Opladen 1994.

Gruppen, Organisationen und Parteien

Nicht mehr aktive/bestehende Organisationen und Parteien ab 1945

Abendländische Akademie

Gründung: 1955 (bis Ende der 60er Jahre)

Funktionäre: Friedrich August von der Heydte (Präsident), Mitglieder u. a. Dr. Alfred Seidl, Dr. Hans Joachim von Merkatz, Heinrich Hellwege, Prof. Dr. Theodor Oberländer.

Aktivitäten: Die Abendländische Akademie wurde von Friedrich August Freiherr von der Heydte gegründet. Die Mitglieder kamen zum großen Teil aus der 1951 gegründeten Abendländischen Aktion, einer Tarnorganisation des Bundesnachrichtendienstes. Sprachrohr war die Zeitschrift *Neues Abendland*. Nach öffentlichen Protesten zog sich die Akademie nach Spanien zurück, wo beste Beziehungen zum Europäischen Informations- und Dokumentations-Zentrum (CEDI) des → Otto von Habsburg bestanden.

Bedeutung: Vorgebliches Ziel der Abendländischen Akademie sollte ein Diskussionszirkel für christlich-konservative Strömungen sein. Ihr Gedankengut wies jedoch eindeutig rechtsextreme Tendenzen auf. Nach der Auflösung der Akademie wirkten ihre Mitglieder in Organisationen wie z. B. der → Deutschland-Stiftung oder in Kreisen um die Zeitschrift → *Criticón* weiter. (B)

Aktion Neue Rechte (ANR)

Gründung: 9.1.1972 (bis 1974)

Zahl der Mitglieder: ca. 450

Funktionäre: Dr. Siegfried Pöhlmann, Peter Stöckicht, Günther Bayerle, → Lothar Penz, Uwe Michael Troppenz (Pseudonym Michael Meinrad), → Henning Eichberg

Aktivitäten: Die Aktion Neue Rechte (ANR) wurde in ihrer überwiegenden Mehrheit von ehemaligen Mitgliedern des bayerischen Landesverbandes der → Nationaldemokratischen Partei Deutschlands (NPD) um Siegfried Pöhlmann initiiert. Ihr schlossen sich u. a. Mitarbeiter der nationalrevolutionären Basisgruppen, des Arbeitskreises Junges Forum und der Außerparlamentarischen Mitarbeit um → Sven Thomas Frank an. Die ANR war in Orts-, Kreis- und Landesverbände unterteilt und verfügte über Bundesreferate und Arbeitskreise. Die Zeitschriften der ANR waren *Recht und Ordnung* und die seit April 1972 erscheinende *Neue Zeit*, welche ab 1975 als Zentralorgan der → Sache des Volkes/Nationalrevolutionäre Aufbauorganisation (SDV/NRAO) fortgeführt wurde. Ihr Hauptaufgabenfeld lag weniger in Aktionen als in der Erarbeitung einer sich von der »Alten Rechten« abgrenzenden Theorie.

Henning Eichberg verfaßte das *Manifest einer europäischen Bewegung*, Lothar Penz war für die politische Bildung zuständig. Nach organisationsinternen Kursstreitigkeiten spaltete sich die ANR bereits 1974 in einen in der Bedeutungslosigkeit versinkenden Pöhlmann-Flügel und in die sich neu gründende Nationalrevolutionäre Aufbauorganisation (NRAO).

Bedeutung: Die ANR bildete ein Durchgangsstadium aller mit der NPD unzufriedenen radikaleren jungen Kräfte auf dem Weg zur Ausdifferenzierung. Strebte Pöhlmann den Weg zum Freiheitlichen Rat des → Gerhard Frey an, so stellte der Kern der ANR, nach Wegfall der hitleristischen Linie um → Friedhelm Busse, die Basis der sich bildenden, nationalrevolutionär orientierten Organisationen SDV/NRAO und der → Solidaristischen Volksbewegung dar. (B)

Aktion Widerstand
Gründung: 1970
Funktionäre: → Alfred E. Manke, → Bernhard C. Wintzek, Organisatoren der Gründungskundgebung u.a. → Adolf von Thadden, Erich Kernmayr, Peter Kleist, Arthur Ehrhardt, Dr. Herbert Böhme
Aktivitäten: An der mit Unterstützung der → Nationaldemokratischen Partei Deutschlands (NPD) gegründeten »Bewegung« waren u.a. beteiligt: → Arbeitskreis Volkstreuer Verbände, Freundeskreis der CSU, → Witikobund, Aktion Oder-Neiße, → Bund Heimattreuer Jugend, Gruppe Nation Europa. Auf der Großkundgebung der Aktion Widerstand im Oktober 1970 mit ca. 5.000 Teilnehmern wurde u.a.»Willy Brandt – an die Wand« gefordert. → Gerhard Frey, der den Zerfall der Aktion absah, gründete 1971 als Auffangbecken die → Deutsche Volksunion.
Bedeutung: Die Aktion Widerstand wurde initiiert, um den Zerfallsprozeß der NPD durch eine außerparlamentarische Opposition aufzuhalten. Sie sollte alle Fraktionen des nationalen Lagers verbinden und auch in nationale bürgerliche Kreise, v.a. in die Vertriebenenverbände, hineinwirken. Die daraus entstandene rechte Militanz beschleunigte jedoch eher den Zerfallsprozeß der NPD. (B)

Aktionsfront Nationaler Sozialisten/Nationale Aktivisten (ANS/NA)
Gründung: ANS 1977, ANS/NA 1983 (verboten am 7. Dezember 1983)
Zahl der Mitglieder: 300–400
Funktionäre: → Michael Kühnen (Sprecher der Organisationsleitung, Bereichsleiter Nord), Thomas Brehl (Bereichsleiter Süd, Generalsekretär des Freundeskreises Deutsche Politik – FKDP, Vorsitzender der Aktion Ausländerrückführung – AAR), → Christian Worch (Leiter des Schulungsamtes und

des Amtes für Gefangenenhilfe)

Aktivitäten: Die Aktionsfront Nationaler Sozialisten/Nationale Aktivisten (ANS/NA) war in ca. 30 Kameradschaften und in Bereiche (Nord, Süd, West, Mitte) gegliedert. Für Frauen wurde der Mädelbund eingerichtet. Daneben existierte der FKDP unter dem Vorsitz von Otto Riehs für nicht-aktive Sympathisanten. Als Publikationen wurden von der ANS seit Dezember 1982 der monatliche Rundbrief *Die Innere Front* und *Das Korps* für die Politischen Leiter herausgegeben. 1977 wird der Freizeitverein Hansa in Hamburg gegründet, aus dem sich im November die ANS entwickelt. Ende 1977 wird die ANS als legaler Zweig von der → Nationalsozialistischen Deutschen Arbeiterpartei/Auslands- und Aufbauorganisation anerkannt.[1] 1978/79 wird fast die gesamte Führungsspitze inhaftiert, es kommt zum Erliegen der Aktivitäten. 1982 beginnt Kühnen nach seiner Haftentlassung mit der Reorganisierung. Im Januar 1983 schließt sich die ANS mit den Nationalen Aktivisten (NA, 1982 von Thomas Brecht gegründet) zusammen, die AAR wird als Wahlorganisation gegründet, nimmt an den hessischen Landtagswahlen in wenigen Wahlkreisen teil und erhält bis zu 0,5 Prozent. Am 7. Dezember 1983 werden ANS/NA, FKDP und AAR vom Bundesinnenminister verboten, die Strukturen werden aber weitergeführt. Kühnen gründet 1984 in Frankreich die Auslands-ANS, die zweimonatlich *Unser Europa* und ab November 1984 *Die Neue Zeit* herausgibt. Die ANS/NA bekannte sich offen zum Nationalsozialismus, ihr Hauptziel war die Wiederzulassung der NSDAP. Ideologisch und strategisch war sie am historischen Vorbild der SA orientiert. Sie arbeitete besonders mit dem → Kampfbund Deutscher Soldaten, der Bürger- und Bauerninitiative von → Thies Christophersen und der → Deutschen Bürgerinitiative zusammen.

Bedeutung: Die ANS/NA war zu Beginn der achtziger Jahre eine der größten neofaschistischen Organisationen in der Bundesrepublik. Sie trat vor allem durch provokante Aktionen an die Öffentlichkeit. Die aus ihr hervorgegangene → Gesinnungsgemeinschaft der Neuen Front ist noch heute ein Bestandteil der neofaschistischen Szene. (B)

1 Vgl. Die Neue Front, Nr.57, S. 2.

Aktionsgemeinschaft Unabhängiger Deutscher (AUD)

Gründung: 1965 (bis 1980)

Mitglieder: ca. 2.500 (1965) bis ca. 1.000 (1976)

Funktionäre: → August Haußleiter, → Wolf Schenke, Hermann Schwann

Aktivitäten: Die Aktionsgemeinschaft Unabhängiger Deutscher (AUD) entstand aus den bis zu diesem Zeitpunkt für sich gescheiterten national-neutralistischen Kleinstgruppen: → Deutsche Gemeinschaft um August Haußleiter,

Deutsche Freiheits-Partei und Teilen von Wolf Schenkes Vereinigung Deutsche Nationalversammlung. Mehrmals versuchte die AUD in den 60er Jahren, Konzepte für die Wiedervereinigung beider deutscher Staaten zu entwickeln: 1965 das *Notprogramm für Deutschland* und der *Sechs-Stufen-Plan*, 1967 das *Programm für Deutschland*. Sie beteiligte sich an den Bundestagswahlen 1965 (0,2 Prozent), 1976 (0,1 Prozent) sowie an den Landtagswahlen in Baden-Württemberg, Berlin, Bayern und Niedersachsen. Unter dem Eindruck der Wahlniederlagen wandte sich die AUD der Außerparlamentarischen Opposition zu, verstand sich als deren »Vorausabteilung im Parlament« und entwickelte Engagement in der sich formierenden Umweltschutzbewegung. Sie arbeitete eng mit dem → Weltbund zum Schutze des Lebens zusammen. Zeitschrift der AUD war u.a. *Die Unabhängigen*. 1980 löste sich die AUD zugunsten des Parteibildungsprozesses der Partei Die Grünen auf.

Bedeutung: Die AUD bildete den Versuch einer Sammlung der national-neutralistischen Käfte des »Neuen Nationalismus«. Sie sollte sich ursprünglich als Alternative zur → Nationaldemokratischen Partei Deutschlands entwickeln. Nach den ausbleibenden Wahlerfolgen konzentrierte sie sich auf soziale Bewegungen und begriff sich als erste »Lebens«- und Umweltschutzpartei der BRD.[1] (B)

1 Vgl. vor allem R. Stöss: Vom Nationalismus zum Umweltschutz. Opladen 1980.

Aktionsgemeinschaft Vierte Partei (AVP)

Gründung: Oktober 1975 (bis 1978)

Mitglieder: Dietrich Bahner, Horst Götting, Kurt Meyer, Günther Leyk, Axel Heinzmann

Aktivitäten: An der Gründungsversammlung der Aktionsgemeinschaft Vierte Partei (AVP) beteiligten sich Vertreter der → Deutschen Union, der Liberal-Sozialen Union, einzelne Mitglieder der → Freisozialen Union und Teile der CSU-Freundeskreise.[1] In der Folge werden elf Landesverbände gebildet. Aufgrund organisatorischer Schwächen nimmt die AVP 1976 nur in sechs Ländern an der Bundestagswahl teil. Sie erzielt 4.700 Stimmen (0,0 Prozent). Nach dem katastrophalen Ergebnis bricht die Partei schnell auseinander.

Bedeutung: Unter Berufung auf Franz Josef Strauß trat die AVP an, »bundesweit die Ziele der CSU« zu vertreten. Trotz günstiger Wahlprognosen scheiterte sie an ihren organisatorischen und programmatischen Schwächen. Sie polemisierte unter Berufung auf Recht und Ordnung vor allem gegen die sozialliberale Koalition. Ehemalige Mitglieder der AVP beteiligten sich ab 1983 am Aufbau der → Republikaner. (B)

1 Vgl. R. Stöss: Die Aktionsgemeinschaft Vierte Partei. In: R. Stöss: Parteien-Handbuch. Die Parteien der Bundesrepublik Deutschland 1945-1980. Opladen 1986. S. 336ff..

Arbeitskreis Volkstreuer Verbände (AVV)

Gründung: 1965 (bis Ende 1979)

Funktionäre: Dr. Herbert Böhme, → Alfred E. Manke

Aktivitäten: Der Arbeitskreis Volkstreuer Verbände (AVV) wurde durch Herbert Böhme vom → Deutschen Kulturwerk europäischen Geistes (DKEG) initiiert. Der Geschäftsführer der AVV, ab 1967 Alfred E. Manke, bekleidete einen Präsidiumssitz im DKEG. Beteiligt waren u. a. die Aktion Oder-Neiße, → Bund Heimattreuer Jugend (BHJ), → Stahlhelm – Bund der Frontsoldaten, → Deutsche Reichspartei, Deutscher Soldaten- und Kriegerbund, Die Kameradschaft, → Wiking Jugend, → Jugendbund Adler. Nach dem Tod Böhmes 1972 übernimmt Alfred E. Manke die Leitung. Der AVV beteiligte sich ab 1970 an der → Aktion Widerstand und 1972 kurzzeitig am Freiheitlichen Rat. Ab 1973 arbeitete er eng mit der → Gesellschaft für freie Publizistik, dem BHJ und ab 1979 mit der → Deutschen Kulturgemeinschaft zusammen.

Bedeutung: Das ursprüngliche Konzept des AVV als eines koordinierenden Dachverbandes parteifreier Verbände, Vereine und Arbeitsgruppen war schon Anfang der 70er Jahre gescheitert. Er entwickelte sich ab 1973 zu einem Instrument des Freundeskreises um Manke und sein Deutsches Arbeitszentrum in Bassum. 1979 nannten sich die Überreste des AVV zum Naturpolitischen Volksbund um. (B)

Blaue Adler-Jugend (BAJ)

Gründung: 10.Dezember 1967

Funktionäre: Ulrich Villmow (aktueller 1. Vorsitzender); Hans Peter Schreiner (1. Vors. 1969–1971), → Wolfgang Strauss (1. Vors. 1971–1973), Wolfram Keßler (Leiter des bayerischen Stützpunktes Mitte der 70er Jahre), → Peter Bahn (Bezirksvors. 1970)

Aktivitäten: Die Blaue Adler-Jugend ist trotz ihrer formalen Unabhängigkeit die Jugendgruppe der → Unabhängigen Arbeiterpartei. In den 70er Jahren verfügte sie bundesweit über Stützpunkte. Die 1971 mit 2.400 Mitgliedern angegebene Stärke dürfte jedoch weit überhöht sein. Experten schätzten unter 100 Mitglieder.[1] Ihr erster Vorsitzender Hans Peter Schreiner richtete das Engagement vor allem gegen den Bau von Atomkraftwerken. Unter dem Vorsitz von Wolfgang Strauss (1971 bis August 1973) versuchte die BAJ vor allem die Kontakte zwischen nationalrevolutionären Basisgruppen in der → Nationaldemokratischen Partei Deutschlands und der sich herausbildenden »Neuen Rechten« zu intensivieren. Als Zeitschrift für Jugendliche gab sie zu Beginn der 70er Jahre die *barricade* heraus.

Bedeutung: Formal unabhängig von der Mutterpartei spielte die BAJ jedoch vor allem in den 70er Jahren eine innerverbandliche Rolle durch Wolfgang Strauss. Formal existiert sie unter ihrem 1. Vorsitzenden Ulrich Villmow noch heute, wurde jedoch seit Jahren nicht mehr nach außen aktiv.[2] (B)

1 Vgl. M. Rowold: Im Schatten der Macht. Zur Opposition der nicht-etablierten Parteien in der Bundesrepublik. Düsseldorf 1994, S. 252 ff.
2 Vgl. DESG-inform Nr. 2–3/1993, S. 4.

Bruderschaft; Naumann-Kreis

Gründung: 1945 (bis 1953)

Mitglieder: Werner Naumann, Alfred Franke-Gricksch, Karl Kaufmann, Dr. Ernst Achenbach, Siegfried Zoglmann

Aktivitäten: Die Bruderschaft bildete sich bereits 1945/46 um Helmut Beck-Broichsitter und Alfred Franke-Gricksch in einem britischen Kriegsgefangenenlager als ein Netz von »Zellen« heraus. Die Initiatoren stellten, unter guten Beziehungen zu Industriellen wie Hugo Stinnes, den Kontakt zwischen größeren Kontingenten ehemaliger Wehrmachtsteile her und erarbeiteten ein ideologisches Konzept zur antikommunistischen Neuordnung Europas. Enge Verbindungen bestanden u.a. zu dem um den ehemaligen Reichsjugendführer Arthur Axmann gruppierten Herrenklub in Hamburg, der → Deutschen Partei und der FDP. Als der letzte Reichspropagandaminister Werner Naumann 1950 wieder auf der politischen Bühne erschien, wurde ihm die Führung angetragen und das Netz durch seine umfassenden Kontakte zu ehemaligen SS-, SD- und Propagandistenkreise ergänzt. Der innere Kreis der Konspiranten wurde ab 1951 Naumann-Kreis genannt. Systematisch unterwanderten ehemalige Nazifunktionäre nun schwerpunktmäßig den Landesverband Nordrhein-Westfalen der FDP. So konnte u.a. Wolfgang Diewerge persönlicher Referent des Landesvorsitzenden Friedrich Middelhauve werden. Am 15. und 16. Januar 1953 griff die britische Hochkommission in Bonn ein und verhaftete Naumann und sieben weitere Angehörige des Kreises, dessen Bestrebungen damit offen- und lahmgelegt waren.[1]

Bedeutung: Die Bruderschaft, und als Fortführung der Naumann-Kreis, bildeten den am meisten Aufsehen erregenden geheimbündlerisch organisierten Versuch von Faschisten, unter guten Beziehungen zu Wirtschaftskreisen, neofaschistische Konzepte in die Tagespolitik der noch jungen Bundesrepublik einzubringen. (B)

1 Vgl. K. P. Tauber: Beyond Eagle and Swastika. German Nationalism since 1945. Middletown 1967, S. 122 ff.; R. Opitz: Faschismus und Neofaschismus. Bd. 2: Neofaschismus in der Bundesrepublik. Köln 1988, S. 16 ff. und U. Herbert: Best: Biographische Studien über Radikalismus, Weltanschauung und Vernunft. Bonn 1996, S. 461 ff.

Bund Deutscher Jugend (BDJ)

Gründung: 1950 (bis 1953)

Zahl der Mitglieder: Laut hessischem Innenministerium ca. 700, Eigenangaben 17.500

Funktionäre: Paul Lüth, Erhard Peters, Friedrich Karl Kleff, Ludwig Kaufeld, Hans Breitkopf, Rudolf Radermacher, Walter Schmidt, Richard Topp

Aktivitäten: Der Bund Deutscher Jugend (BDJ) verfügte über Landesverbände in den meisten Bundesländern. Die Mitgliederschaft war unterteilt in Jungen- und Mädelgruppen (über 18 Jahre) und Junggruppen (14–17 Jahre). Das Durchschnittsalter der Funktionäre, meist Ex-Offiziere der SS und Wehrmacht, lag jedoch bei über 30 Jahren. Die Finanzierung der Organisation aus amerikanischen Dienststellen, Industrie und Bundesmitteln erfolgte über Tarnfirmen. Ideologisch wie praktisch orientierte man sich an der antisowjetischen »Denkschrift« des BDJ-Initiators Paul Lüth, *Bürger und Partisan* (1951), die eine konspirative Partisanentätigkeit propagierte. Im April 1951 wurde die Untergrundorganisation Technischer Dienst (TD) gegründet. Diese hatte den Zweck, eine bewaffnete Widerstandsbewegung gegen den »Bolschewismus« parallel zum BDJ aufzubauen. Binnen weniger Wochen entstand bundesweit eine paramilitärische Struktur mit schwerpunktmäßiger Partisanen-Schulung, die zusammen mit US-amerikanischen Dienststellen durchgeführt wurde. Am 9. September 1952 wurde die Organisation aufgedeckt. Die US-Armee erklärte, die Organisation während der Korea-Krise zu ihrer Entlastung gebildet zu haben, um sie bei einem Angriff der Sowjetunion auf die BRD einsetzen zu können. 1953 wurde der BDJ/TD verboten.

Bedeutung: Der BDJ/TD verfolgte eine Doppelstrategie. Nach außen hin sollte eine Anbindung an die bündische Jugendbewegung der 20er Jahre eine programmatische Abhebung vom Rechtsextremismus bewirken, nach innen bereitete man sich auf den »Tag X« (den Einmarsch sowjetischer Truppen) vor. Mit Aufdeckung der geheimen militärischen Gladio- bzw. stay behind-Strukturen Anfang der 90er Jahre erhielt der BDJ erneute Aufmerksamkeit als möglicher erster Versuch einer bundesdeutschen stay behind Struktur. (B)

Bund Deutscher Nationalsozialisten (BDNS)

Gründung: 1968 (bis 1969)

Funktionäre: Wolf Dieter Eckart

Aktivitäten: Der von Wolf Dieter Eckart gegründete Bund Deutscher Nationalsozialisten (BDNS) verstand sich als Nachfolger der Nationalsozialistischen Deutschen Arbeiterpartei (NSDAP). Als solcher wurde er im April 1969 durch den Bundesinnenminister verboten und aufgelöst. Eckart gründete daraufhin den Freundeskreis der NSDAP, der sich an Veranstaltungen von → Thies Christophersen und → Gerhard Lauck beteiligte. Weiterhin kündigte er Aktionen mit der Faschistischen Front von Michael Borchardt an. Später fungierte Eckart als Herausgeber der NSDAP-Zeitschrift *Wille und Weg*.

Bedeutung: Der BDNS war eine der Organisationsgründungen der 60er Jahre, die die Wiederzulassung der NSDAP verfolgten. (B)

Bund Freies Deutschland (BFD)

Gründung: Oktober 1973 (bis Januar 1977)
Sitz: Berlin
Funktionäre: Fritz Schenk, Lothar Meyer, Ernst Scharnowski, Walter Jaroschowitz, Karl-Heinz Drogula
Aktivitäten: Im Bund Freies Deutschland engagierten sich Mitglieder des rechten Flügels der SPD und der CDU. Massive Unterstützung erhielt die auf Berlin beschränkte Partei von den Zeitungen des Springer-Konzerns und dem dort tätigen Matthias Walden. Gerhard Löwenthal trat auf Veranstaltungen des BFD als Moderator auf. Der BFD erringt 1974 bei den Berliner Abgeordnetenhauswahlen 3,4 Prozent (47.000 Stimmen). Nach dem Wechsel einiger BFD-Mitglieder zur CDU löste sich die Partei auf.[1]
Bedeutung: Der BFD kann als der erfolgreichste Versuch gelten, eine »Vierte Partei« zu etablieren. Sie polemisierte vor allem gegen die sozialliberale Ostpolitik und angebliche kommunistische Unterwanderungsversuche. In ihrem Berliner Manifest schreibt sie:»Die Absicht, das System zu überwinden (...) ist bis an die Schreibtische der Rathäuser vorgedrungen, nistet in Lehrerzimmern, erobert die Rednerpulte sozialdemokratischer Partei- und Gewerkschaftsversammlungen, ergießt sich in Druckerschwärze linkslastiger Periodika.« Reste des BFD wurden noch 1979 unter diesem Namen tätig. (B)

1 Zum BFD vor allem J. Maes: Bund Freies Deutschland. Wuppertal o.J.

Bund Nationaler Studenten (BNS)

Gründung: 1956 (bis 1961)
Zahl der Mitglieder: ca. 500
Funktionäre: Walter Thiede, → Peter Dehoust, Peter Stöckicht, → Martin Mußgnug, Otto Jänisch, → Klausdieter Ludwig
Aktivitäten: Der Bund Nationaler Studenten (BNS) wurde am 17. Juni 1956 unter Beteiligung »fördernder Mitglieder« der → Deutschen Reichspartei, des → Bundes der Vertriebenen und des → Stahlhelms gegründet. 1957/58 wurde ein Bundesverband mit Gruppen an vielen Hochschulorten gegründet. Aus dem Verbandsorgan *Student im Volk* entstand 1961 der *Deutsche Studentenanzeiger*. Programmatische Ziele waren u.a. die Wiedererrichtung eines Deutschen Reiches, Bekämpfung des Marxismus, Stop der »Überfremdung durch wesensfremde Einflüsse«. Aufgrund seiner neofaschistischen Bezüge wurde

der BNS 1960/61 bundesweit verboten. Er wurde lokal u.a. als Donnerstagsrunde (Hamburg) oder Legion Europa weitergeführt. Er war Mitglied im → Kameratschaftsring Nationaler Jugendverbände.

Bedeutung: Ziel des BNS war die Sammlung »national« gesinnter Akademiker als Kaderschmiede für eine große, einheitliche Rechtspartei. Vor allem die Gründungsmitglieder besetzen heute wichtige Positionen im rechtsextremen Lager. (B)

Deutsche Aktionsgruppen

Gründung: 1980

Mitglieder: → Manfred Roeder, Sibylle Vorderbrügge, Dr. Heinz Colditz, Raimund Hörnle

Aktivitäten: Die Deutschen Aktionsgruppen verübten 1980 sieben Brand- und Sprengstoffanschläge, zum Teil gegen Unterkünfte von Ausländern, aber auch gegen eine Ausstellung über das KZ Auschwitz und eine jüdische Schule. Bei einem Anschlag am 22. August 1980 in Hamburg wurden zwei Vietnamesen tödlich verletzt. 1982 wurde Manfred Roeder wegen Bildung einer terroristischen Vereinigung verurteilt, die Mitglieder Hörnle und Vorderbrügge erhalten lebenslange Freiheitsstrafen, Colditz wird ebenfalls verurteilt.

Bedeutung: Die Deutschen Aktionsgruppen führten terroristisch den Kampf der → Deutschen Bürgerinitiative des Manfred Roeder weiter. Roeder schrieb: »Nach 8 Jahren war der legale Weg erschöpft. Den gibt es jetzt nicht mehr (…) Entweder mußten wir aufgeben oder in den Untergrund gehen. Aufgeben kam nicht in Frage (…) Der Kampf muß jetzt auf einer anderen Ebene mit noch größerer Entschlossenheit fortgeführt werden, denn wir werden niemals tatenlos zusehen, wenn Deutschland zerstört wird. Entweder wir siegen oder untergehen!«[1] (B)

1 Zitiert nach P. Dudek: Jugendliche Rechtsextremisten. Köln 1985, S. 188.

Deutsche Gemeinschaft (DG)

Gründung: 1949 (bis 1965)

Zahl der Mitglieder: ca. 2.000

Funktionäre: → August Haußleiter (Vorsitzender 1952–65); Dr. Renate (Haußleiter-) Malluche (seit 1952 Generalsekretärin), Kurt Graebe (Vors. 1950–52), Dr. Walter Becher, Dr. Paul Wilhelm

Aktivitäten: 1949–1951 arbeitete die Deutsche Gemeinschaft (DG) eng mit dem → Block der Heimatvertriebenen und Entrechteten (BHE) zusammen. 1950 führten beide Parteien einen gemeinsamen Wahlkampf zur Landtagswahl in Bayern (es entfielen sechs Mandate für die DG) und 1952 in Baden-Württemberg (die DG erhielt 16 Mandate). 1956 wurde die DG in Berlin als Nachfolgeorganisation der → Sozialistischen Reichspartei verboten. Das bis 1961 von ihr vertretene Konzept, eine »Neue Mitte« neben dem dominierenden Bürgerblock CDU/CSU zu formieren, ging nicht auf. Auch die Versuche, sich als »Gesamtdeutsche Unabhängigkeitsbewegung« zu etablieren, scheiterten. Die Wahlergebnisse bei Bundes- und Landtagswahlen bewegten sich um 0,1–0,3 Prozent. Der Entwicklung konnte auch nicht durch das Wahlbündnis Dachverband der Nationalen Sammlung 1953 zusammen mit der Deutschen Sozialen Bewegung des Karl-Heinz Priester aufgehalten werden. Die DG war formal in Orts-, Kreis- und Landesgemeinschaften untergliedert. Als Unterorganisation bestand u. a. die Junge Deutsche Gemeinschaft unter Günter Hessler und Kurt Neumann. Parteinah arbeitete die Deutsche Werkgemeinschaft und der Deutsche Bauern- und Mittelstandsbund. Die DG gab neben Regional- und Jugendschriften das Blatt *Die Deutsche Gemeinschaft – Blatt für Recht, Freiheit und Ordnung* heraus. 1965 ging die DG in die neu gegründete → Aktionsgemeinschaft Unabhängiger Deutscher auf.[1]

Bedeutung: Die DG verstand sich als Partei des »Neuen Nationalismus« und stand in Konkurrenz zur → Sozialistischen Reichspartei sowie der → Deutschen Reichspartei, verblieb jedoch nach der Wandlung von einer Vertriebenen- hin zu einer Weltanschauungspartei im Stadium einer Kleinstpartei. Inhaltlich legte sie die Betonung auf Nationalneutralismus und Gegnerschaft zur Westintegration, auf nationalen Befreiungskampf gegen Imperialismus und auf Volksgemeinschaft gegen ideologische, politische und ökonomische Widersprüche. So lag ihre Besonderheit in der Etablierung einer spezifischen rechtsextremen Alternative, deren ideologischen Ansätze bei der Entstehung einer »neuen« und nationalrevolutionären »Rechten« in den 70er Jahren mitverwandt wurden. (B)

1 Siehe zur Organisationsgeschichte: R. Stöss: Vom Nationalismus zum Umweltschutz. Die Deutsche Gemeinschaft/Aktionsgemeinschaft Unabhängiger Deutscher im Parteiensystem der Bundesrepublik. Opladen 1980.

Deutsche Konservative Partei – Deutsche Rechtspartei (DKP-DReP)

Gründung: 1946 (bis 1954)
Zahl der Mitglieder: 1950 ca. 5.000 Mitglieder
Funktionäre: Wilhelm Jaeger (Vorsitzender 1946, 1947–1948), Hermann Klingspor (Vorsitzender 1946, 1949)
Aktivitäten: Die Deutsche Rechtspartei (DReP) entstand 1946 in der britischen Zone aus der Deutschen Konservativen Partei und der Deutschen Aufbau-Partei und nannte sich ab 1948 Deutsche Konservative Partei – Deutsche Rechtspartei, die Landesverbände traten unter beiden Namen auf. Ihre Publi-

kationen waren *Rundbrief, Mitteilungen der Deutschen Konservativen Partei, Der Konservative Bote, Der Konservative Ruf, Bonner Mitteilungen, Deutsche Rechtspartei* und *Rechts heran!*. Bei Landtags- und Kommunalwahlen erhielt sie vereinzelt über 10 Prozent und errang 1949 fünf Bundestagsmandate. Eine Abspaltung gründete die → Sozialistische Reichspartei. 1950 gründeten die DReP-Niedersachsen und die → Nationaldemokratische Partei (NDP) die → Deutsche Reichspartei. 1954 löste sich die Rest-DReP zugunsten der Freien Demokratischen Partei (FDP) auf.

Bedeutung: Die DReP knüpfte im wesentlichen an die antidemokratischen Strömungen der Weimarer Republik an. Das Ziel, diese wiederzubeleben, scheiterte an dem Erfolg der CDU, der eigenen Heterogenität und der veralteten Programmatik. Dennoch bot die DReP national-konservativen bis rechtsextremistischen Gruppen eine Organisations- und Sammlungsplattform.[1] (B)

1 Zur Parteigeschichte Vgl. H. W. Schmollinger: Die Deutsche Konservative Partei–Deutsche Rechtspartei. In: R. Stöss (Hrsg.): Parteienhandbuch. Die Parteien der Bundesrepublik Deutschland 1945-1980. Opladen 1986. S. 982ff.

Deutsche Partei (DP)

Gründung: 1947

Sitz: Hannover

Funktionäre: Heinrich Hellwege, Herbert Schneider, Dr. Hans-Joachim Merkatz, Dr. Hans-Christoph Seebohm, Friedrich Thielen

Aktivitäten: Die Deutsche Partei (DP) entstand aus der 1945 gegründeten Niedersächsischen Landespartei, die gleichzeitig mit ihrer Umbenennung in DP versuchte, organisatorisch zu expandieren und so ihren Charakter als Regionalpartei zu verändern. Nach den Bundestagswahlen 1949 avancierte die DP zum Bündnispartner der bürgerlichen Regierungskoalition. Die Orientierung aufs Bürgertum ließ ihre Mitglieder nach den Bundestagswahlen 1957 zur CDU wechseln. Die Reste der Partei vereinten sich 1961 mit dem Gesamtdeutschen Block/BHE zur → Gesamtdeutschen Partei, die aber nach den Bundestagswahlen 1961 schon wieder zerfiel. Es kam zu regionalen DP-Reaktivierungsversuchen, u.a. 1962 bzw. 1967 in Bremen unter Friedrich Thielen. 1993 greift die DP-Neugründung unter Wolf von Zworowsky und Johannes von Campernhausen die alte DP-Tradition wieder auf und arbeitet aktuell u.a. mit der → Deutschen Sozialen Union und dem → Bündnis Konstruktiver Kräfte Deutschlands eng zusammen.

Bedeutung: Während sich die Bündnispolitik auf Bundesebene auf den Bürgerblock konzentrierte, machten sich in den Landesverbänden Tendenzen für eine nationale Sammlungspartei bemerkbar. Maßgeblich daran beteiligt waren ehemalige Mitglieder der Deutschen Rechtspartei, von der ganze Landesverbände in die DP wechselten. (B)

Deutsche Reichspartei (DRP)

Gründung: 1950 (bis 1964)

Funktionäre: → Adolf von Thadden, Wilhelm Meinberg, Heinrich Kunstmann, Hans-Heinrich Scheffer, Werner Naumann

Aktivitäten: Die Deutsche Reichspartei (DRP) entstand aus der → Deutschen Konservativen Partei–Deutsche Rechtspartei und aus der auf Hessen beschränkten → Nationaldemokratischen Partei. Kurz vor den Bundestagswahlen 1953 gab es kurzfristige Überlegungen, die Partei zu verbieten. Bei den Bundestagswahlen erzielte die DRP folgende Ergebnisse: 1953 1 Prozent, 1957 1,1 Prozent und 1961 0,8 Prozent, wobei ihre Hochburgen in Bremen, Niedersachsen und Rheinland-Pfalz lagen. Im Laufe der Jahre verlor die DRP aufgrund interner Streitigkeiten um Führung und Programmatik ihre Bedeutung, so daß 1964 Funktionäre der DRP die → Nationaldemokratische Partei Deutschlands als neue Sammlungspartei gründeten.

Bedeutung: Die rechtsextreme DRP hatte ihre politische Bedeutung v. a. in Norddeutschland, wo sie an die Tradition der Deutschnationalen und der Nationalsozialisten anzuknüpfen versuchte. Dies mißlang u. a. durch die Konkurrenz der 1949 entstandenen → Sozialistischen Reichspartei, die in Programmatik und Aktionen radikaler auftrat. Bis zur Gründung der NPD war die DRP die mitgliederstärkste rechtsextreme Organisation in der BRD. (B)

Deutsche Union (DU) (1)

Gründung: 1949

Funktionäre: → August Haußleiter, Gottfried Griesmayr

Aktivitäten: Im Januar 1949 wurde die Deutsche Union (DU) unter Mitwirkung von August Haußleiter gegründet. In Ablehnung sowohl des Nationalsozialismus als auch der Weimarer Republik versuchte dieser, sein Konzept eines von der Sowjetunion und USA unabhängigen Europas mit einem wiedervereinten Deutschland umzusetzen. An der Frage eines Militärbeitrages der BRD, den Haußleiter ablehnte, kam es nach den ersten Bundestagswahlen zum Bruch. Die Gruppe um Haußleiter mit Schwerpunkt in Süddeutschland gründete im Dezember 1949 in Bayern zusammen mit der Notgemeinschaft um Renate Malluche die → Deutsche Gemeinschaft. Die Reste der DU gingen zum Großteil in der → Deutschen Reichspartei auf.

Bedeutung: Innerhalb der Deutschen Union war man sich einig bezüglich der Ablehnung der Gesellschaftsordnung in der Westzone. Schließlich zerbrach die Partei an der Frage über die Art und Weise der Beseitigung dieser Gesellschaftsordnung. Maßgeblichen Einfluß hatte hierbei die neutralistische Konzeption Haußleiters. (B)

Deutsche Union (DU) (2)

Gründung: 1971

Funktionäre: Siegfried Zoglmann, Dietrich Bahner

Aktivitäten: Nach Bildung der sozialliberalen Koalition 1969 kam es innerhalb der FDP zum Widerstand nationalliberaler Gruppen. Diese gründeten 1970 die Nationalliberale Aktion unter Vorsitz von Friedrich Zoglmann als Vorläuferorganisation der im Juni 1971 gegründeten Deutschen Union (DU). Die DU bot einen dritten Weg zwischen »sozialistischem Kollektivismus und bindungslosem Individualismus« an und richtete sich mit den Unionsparteien gegen »das Linkskartell« der sozialliberalen Koalition. Das Konzept versagte jedoch angesichts der sozialliberalen Krise 1972 und dem daraus folgenden Aufwind für die Unionsparteien. Diese sahen nun für die Existenz einer »Vierten Partei« keinen Bedarf mehr. So legte Zoglmann 1974 den DU-Vorsitz nieder und wechselte zur CSU. Die DU wurde bedeutungslos.

Bedeutung: Die Deutsche Union war eine Reaktion aus dem rechten Flügel der FDP auf den Wandlungsprozeß der Partei Ende der 60er Jahre und deren Koalition mit der SPD. Sie verfolgte das Konzept, als »Vierte Partei« den Unionsparteien zum Wahlsieg zu verhelfen. (B)

Deutscher Block (DB)

Gründung: Oktober 1947 (bis Beginn der 70er Jahre)

Zahl der Mitglieder: ca. 300

Funktionäre: Karl Meißner (Vorsitzender 1947–1960), Richard Etzel (Vors. ab 1963), → Alfred E. Manke

Aktivitäten: Der Deutsche Block wurde von ehemaligen Mitgliedern der Wirtschaftlichen Aufbau Vereinigung (WAV) um Karl Meißner gegründet. So bildeten am 28. November 1947 fünf von 13 WAV-Abgeordneten im bayerischen Landtag eine Fraktion des DB. 1950 erreicht er 0,9 Prozent (82.038 Stimmen) bei der bayerischen Landtagswahl. Am 26. Juli 1953 löste er sich zugunsten der von der → Deutschen Gemeinschaft initiierten, aber erfolglosen Nationalen Sammlung auf und gründete sich am 1. Mai 1954 erneut. Als formal unabhängige, jedoch faktische Jugendorganisation wirkte der → Jugendbund Adler seit seiner Gründung 1950. Als Parteiperiodika erschien vom 1. Oktober 1950 bis 1960 der *Aufbruch* (seit 1951 umbenannt in *Deutscher Aufbruch*). Inhaltlich war der DB mit Ausnahme einer völkisch-rassistischen Argumentation nie einheitlich ausgerichtet. Der DB arbeitete unter Meißner von 1953 bis zum Bruch wegen der »Südtirol-Frage« 1955 eng über die Europäische Verbindungsstelle mit der → Europäischen Neuordnung zusammen. Im Zuge der Auflösungserscheinungen versuchte sich der DB seit 1960 über die Zusammenarbeit mit verschiedenen rechtsextremistischen Gruppierungen zu reorganisieren: 1964 mit der → Deutschen Reichspartei;

u. a. mit der Deutschen Sozialen Bewegung (bis ca. 1967) sowie der Freien Sozialistischen Volkspartei (mit der sie seit 1968 auch durch Personalunion der Vorsitzenden verbunden war). Seit Januar 1972 arbeitete sie im Freiheitlichen Rat des → Gerhard Frey mit.[1]
Bedeutung: Der Schwerpunkt des DB lag regional in Bayern. Der Versuch, sich bundesweit zu verankern, scheiterte. Seit 1957 bestand der DB nach Eigenangaben lediglich mehr als »antibolschewistische Kaderorganisation im vorparlamentarischen Raum«[2]. (B)

1 Zur Organisationsgeschichte siehe H. W. Schmollinger: Der Deutsche Block. In: R. Stöss (Hrsg.): Parteienhandbuch. Die Parteien der Bundesrepublik Deutschland 1945–1980. Opladen 1986, S. 807 ff.
2 Zitiert nach H. W. Schmollinger; R. Stöss: Die Parteien und die Presse der Parteien und Gewerkschaften in der Bundesrepublik Deutschland 1945–1974. München 1975, S. 89.

Deutschlandrat
Gründung: Dezember 1983 (bis 1984)
Mitglieder: → Hans-Joachim Arndt, Hellmut Diwald, → Robert Hepp, → Armin Mohler, → Franz Schönhuber, → Wolfgang Seiffert, Bernhard Willms
Aktivitäten: Im Dezember 1983 treffen sich eine Woche nach Gründung der → Republikaner verschiedene Professoren und Publizisten in Bad Homburg zu einer »Klausurtagung«. Ergebnis ist die Gründung des Deutschlandrates, der mit einer programmatischen Erklärung an die Öffentlichkeit tritt. Die zu Zeiten der Friedensbewegung thematisierte atomare Bedrohung wird hier als Ergebnis der »Niederlage«, der »Teilung und Fremdbestimmung« definiert. Als Lösung wird die Wiedervereinigung gesehen – ein bewaffnetes, »souveränes« Deutschland, welches seine Geschichte »entkriminalisiert«. Bereits 1984 stellte der Deutschlandrat seine Arbeit ein.
Bedeutung: Die Namensgebung Deutschlandrat wurde bewußt in Bezug auf eine gleichnamige Gruppierung um → Wolf Schenke gewählt, die bereits in den 60er Jahren die Wiedervereinigung durch eine »Deutsch-Deutsche Konföderation« propagierte. Ziel war es, den neu gegründeten Republikanern um Franz Schönhuber ein Beratergremium von namhaften Professoren zu innen- und außenpolitischen Fragen zu geben. (B)

Deutsch-Soziale Union (DSU)
Gründung: 17. Juni 1956 (bis 25. Mai 1962)
Zahl der Mitglieder: ca. 650
Funktionäre: Otto Strasser (Vorsitzender 1956–1960, Ehrenpräsident 1960–1962), Johann Löw (Vors. 1960–1961), Erhard Kliese (Vors. 1961–1962)
Aktivitäten: In der BRD begann Otto Strasser über sogenannte »Strasser-

Beauftragte« von seinem kanadischen Exil aus Einfluß auf die Neuformierung des Faschismus zu nehmen und arbeitete auf die Gründung einer Deutschen Freiheitspartei hin. Am 18. Oktober 1948 gründete sich der Bund für Deutschlands Erneuerung (BDE), der die Gründung einer Integrationspartei durch Schulungs- und Propagandatätigkeit sowie Verhandlungen mit anderen Parteien vorbereiten sollte. Sein Stellvertreter in der BRD wurde bis 1951 Bruno Fricke. Haupttätigkeit des BDE blieb jedoch der Kampf um die Einreisegenehmigung für Strasser. Im Juli 1951 wurde der BDE unter dem Vorsitz von Otto Strasser und seinem Stellvertreter Waldemar Wadsack neu konstituiert. Im März 1955 kehrte Strasser in die BRD zurück und wurde von seinen Anhängern zur Gründung der Deutsch-Sozialen Union (DSU) am 17. Juni 1957 gedrängt. Sie beteiligte sich lediglich zu der Bundestagswahl 1958 (0,1 Prozent) und der Landtagswahl in Nordrhein-Westfalen (0,0 Prozent und 540 Stimmen). 1959 versuchte sich die DSU auf ihrem Parteitag in Lohr durch die Wahl eines dreiköpfigen »Vollzugsausschusses« von der Fixierung auf die Person Otto Strassers zu lösen. 1960 wurde der Vorsitz von Johann Löw (Strasser wurde Ehrenpräsident auf Lebenszeit) und 1961 von Erhard Kliese übernommen. Im Januar 1962 wurde die Fraktion um Kliese ausgeschlossen und gründete die → Unabhängige Arbeiter-Partei. Im März 1962 beschloß die DSU auf ihrem Parteitag in Butzbach die Selbstauflösung. Den Mitgliedern wurde die Wiederbelebung des BDE und der Eintritt in die am 13. Januar 1962 neugegründete Deutsche Freiheits-Partei nahegelegt. Strasser konzentrierte sich auf die Herausgabe der *Vorschau*. Als Zeitschrift der DSU und ihrer Vorfeldorganisationen erschienen u.a. von 1956–1960 die *Deutsche Freiheit* und von 1958 bis zu Strassers Tod am 27. August 1974 der Rundbrief *Vorschau*. Ideologisch vertrat die DSU Strassers antidemokratisches Modell des »Deutschen Sozialismus« der Weimarer Republik und des Konzeptes der bewaffneten Neutralität, des »3. Weges« unter der Parole »Weder Moskau noch Wallstreet«. Mitte der 50er Jahre trat sie mit verschiedenen Manifesten zur Wiedervereinigung an die Öffentlichkeit.[1]

Bedeutung: Die DSU erreichte nie die von Strassers Anhängern erhoffte Bedeutung. Sie kam nicht über den Status einer Kleinstpartei im national-neutralistischen Spektrum hinaus. Ihr fehlte es hier vor allem an einer spezifischen, sie hervorhebenden Programmatik. Die erwartete Integrationswirkung, die von Otto Strasser ausgehen sollte, blieb aus. Die Bedeutung des »Strasserismus« auf den heutigen Rechtsextremismus und Neofaschismus ergibt sich weniger aus der Geschichte der DSU, als aus dem Wirken der Gebrüder Strasser in der NSDAP und der Schwarzen Front vor 1945.[2] (B)

---

1 Zur Organisationsgeschichte siehe R. Stöss: Die Deutsch-Soziale Union. In ders. (Hrsg.): Parteien-handbuch. Die Parteien der Bundesrepublik Deutschland 1945–1980. Opladen 1986, S. 1243 ff.

2 Vgl. R. Kühnl: Die nationalsozialistische Linke 1925–1930. Meisenheim am Clan 1966; sowie K.

Dritte Front

Gründung: 12. November 1950 (bis Mitte der 50er Jahre)
Mitglieder: ca. 100
Funktionäre: → Wolf Schenke
Aktivitäten: 1950 wurde die Dritte Front unter Federführung von Wolf Schenke gegründet und blieb auch in der Folgezeit ein um ihn gruppiertes Personenbündnis. Löste sich die Dritte Front bereits Mitte der 50er Jahre auf, so führte der 1958 gebildete Arbeitskreis die Arbeit fort. 1951 bereitete die Dritte Front gemeinsam mit Rudolf Jungnickel vom → Deutschen Block den »Deutschen Kongreß« vor, der zur Zusammenführung der national-neutralistischen Gruppierungen dienen sollte. Dem gleichen Zweck diente 1952 der Versuch zur Gründung einer Deutschen Unabhängigkeitsbewegung und 1961 das Bündnis Vereinigung Deutsche Nationalversammlung e.V. unter dem ehemaligen FDP-ler Hermann Schwann. 1965 beteiligten sich ihre Mitglieder an der Gründung der → Aktionsgemeinschaft Unabhängiger Deutscher. Den national-neutralistischen Gesinnungsgenossen stand seit 1956 die von Schenke herausgegebene Zeitschrift *Neue Politik* als Forum zu Verfügung.
Bedeutung: Die Dritte Front war eine der ersten national-neutralistisch ausgerichteten rechtsextremen Organisationen in der BRD. Ideologisch geht sie auf nationalrevolutionäre Gruppierungen der Weimarer Republik zurück. Die Namensgebung lehnt sich sowohl an Strassers Schwarzer Front sowie an die 1947 vom argentinischen Diktator Juan Perón eingeführte Terminologie »Dritte Kraft« zwischen Ost und West an. (B)

Europäische Neuordnung (ENO, Nouvel Ordre Européen)

Gründung: 30. September 1951
Zahl der Mitglieder: ca. 150
Funktionäre: Gaston-Armand Amaudruz (CH), Erwin Vollenweider (CH), René Binet (F), Fritz Rößler (alias Dr. Franz Richter, Mitbegründer, BRD), Winfried Schneider (kommissarischer ENO-Sekretär, BRD)
Aktivitäten: Die ENO entstand als Abspaltung der → Europäischen Sozialen Bewegung (ESB) und wurde im September 1951 auf einem ESB-Kongreß durch den Funktionär der Volkspartei der Schweiz, Erwin Vollenweider, und Gaston-Armand Amaudruz gegründet. In Frankreich lösten sich im März 1952 die Mehrheit der Comité national français von Maurice S. Bardeche und der ESB auf und schlossen sich um René Binet der ENO an. Die Differenzen zwischen ESB und ENO lagen in der Betonung der »rassepolitischen Zielsetzung« als verbindendes Mittel der einzelnen europäischen Mitglieder und des

kämpferisch-praktischen Elements. In der Züricher Erklärung von 1951 forderte die ENO:»Um die (weiße, d. Verf.) Rasse verteidigen zu können, muß Europa sich vereinigen. Die Verteidigung der Rasse verlangt Maßnahmen europäischen Maßstabes; sie verlangt eine politische Gewalt, die derjenigen der Vereinigten Staaten von Amerika oder der Sowjetunion zumindestens gleichkommt.«[1] Die ENO verstand sich als Vereinigung gleichgesinnter Personen und bildete lediglich Sekretariate, aber keine nationalen Sektionen in den einzelnen Ländern. Über die im Januar 1953 auf ihrem Kongreß gegründete Europäische Verbindungsstelle (EVS) vereinigten sich Parteien und Gruppen der einzelnen Länder. Amaudruz wurde Leiter des Sekretariats in Lausanne auf Lebenszeit. Aus der BRD beteiligte sich der → Deutsche Block (der Michael Schenk-Dengg als Sekretär stellte und die folgende Tagung vom 12.–13. Dezember 1953 in Lörrach organisierte) sowie unter Walter Matthaei die Reichsjugend und seine am 2. Dezember 1952 gegründete → Wiking Jugend (WJ). 1955 verließen u. a. die Schweizer Volkspartei (unter Vollenweider), der DB und die WJ aufgrund von Auseinandersetzungen an der »Südtirol-Frage« die EVS, welche damit in der Bedeutungslosigkeit versank. Die ENO selbst organisierte die einzelnen nationalen Jugendgruppen als Junge Europäische Legion. In der BRD hielt sie Verbindung zum → Bund Heimattreuer Jugend, dem → Bund Nationaler Studenten (→ Klausdieter Ludwig war Mitglied der ENO), dem → Jugendbund Adler, der Wiking Jugend und der Kameradschaft Deutscher Jugend. Zu Beginn der 60er Jahre wurden mehrere Versammlungen der ENO in der BRD verboten und aufgelöst. In den siebziger Jahren bildeten sich in der Schweiz jüngere Gruppen der ENO unter dem Namen Nouvel Ordre Sociale.[2] Als Publikation der ENO wird seit 1951 von Amaudruz *Courrier du Continent* herausgegeben. Seit den 70er Jahren pflegt Amaudruz enge Verbindungen zu → Thies Christophersen und wurde zu einem der Hauptvertreter der international agierenden Auschwitzleugner. Auf Treffen wie 1991 in Hagenau (F) sind Personen des militant-neofaschistischen Lagers der jüngeren Generation wie → Christian Worch zugegen.

Bedeutung: Die ENO war bis in die 90er Jahre der kontinuierlichste organisatorische Zusammenhang europäischer Anhänger des Faschismus. Die zusammenhaltende Klammer waren alle zwei bis drei Jahre stattfindende internationale Treffen, die Ideologie der »Weißen Rasse« und die von Amaudruz herausgegebene Zeitschrift *Courrier du Continent*. Doch wandelte sich im Laufe der Jahrzehnte ihre politische Bedeutung. Die historische ENO hatte bei ihrer Gründung die Neuordnung Europas und die Vernetzung der einzelnen neofaschistischen Organisationen über die Führungspersonen in den Europäischen Ländern zum Ziel. Hiermit scheiterte sie bereits Ende der 60er Jahre. In der Folgezeit konzentrierte sich die Arbeit immer mehr auf die Leugnung des Holocausts. Die heutigen Treffen haben eher den Charakter eines

1 Zitiert nach H. W. Schmollinger: Deutscher Block. In: R. Stöss (Hrsg.): Parteienhandbuch. Die Parteien der Bundesrepublik Deutschland 1945–1980. Opladen 1986, S. 834.

2 Zur Geschichte der Organisation vgl. J. Frischknecht; P. Haffner; U. Haldimann; P. Niggli: Die Unheimlichen Patrioten. Politische Reaktion in der Schweiz. Zürich 1984, S. 468 ff. und S. 738 ff.; sowie den antikommunistisch eingefärbten Band von W. Smoydzin: Hitler lebt. Vom internationalen Faschismus zur Internationalen des Hakenkreuzes. Pfaffenhofen a.d. Ilm 1966, S. 91 ff.

3 Vgl. auch Antifaschistisches Autorenkollektiv: Drahtzieher im braunen Netz. Hamburg 1996, S. 216 f.

Europäische Soziale Bewegung (ESB)

Gründung: 15. Mai 1951

Zahl der Mitglieder: ca. 300 in der BRD

Funktionäre: Karl Heinz S. Priester (BRD), Fritz Rößler (alias Dr. Franz Richter, BRD), Dr. Per Engdahl (S), Carl Ernfried Carlberg (S), Maurice Bardèche (F), Augusto de Marsanich (I), Fritz Stüber (A)

Aktivitäten: Die ESB entstand infolge des Kongresses europäischer Faschisten am 22.–24. Oktober 1950 in Rom, zu der die Hochschulgruppe der italienischen Movimento Sociale Italiano geladen hatte. Aus Deutschland war Karl Heinz Priester im gegründeten Arbeitskreis der Länder der Europäischen Nationale vertreten und initiierte Anfang Mai 1951 die Deutsche Soziale Bewegung (DSB). Auf dem offiziellen Gründungskongreß vom 12.–16. Mai in Malmö wurden in den »Viermännerrat« als oberstes Gremium Priester, Engdahl, Bardèche und de Marsanich gewählt. Nationale Sektionen der ESB entstanden u. a. in Österreich (Österreichische Soziale Bewegung), Niederlande (Nederlandse Soziale Beweging), Dänemark (Dansk Reform Bewegelse), Schweden (Nysvenska Rörelse), Frankreich (Comité National Français) und Belgien (Mouvement Social pour les Provinces romanes en Belgique und die Nationale Europäische Soziale Bewegung). In der BRD gab Priester für die DSB das Blatt *Die Europäische Nationale* (1958 umbenannt in *Der Weg nach vorn*) heraus. Die 1951 gegründete Zeitschrift → *Nation Europa* wurde aus dem Kreis der ESB finanziell unterstützt. Programmatisch stützte sich die ESB mit den »Zehn Punkten der Malmö-Bewegung« mit ihrem korporativen Gesellschaftsmodell auf den italienischen Frühfaschismus und sah in der »Verteidigung der abendländischen Kultur gegen die kommunistische Gefahr« ihre Hauptaufgabe. So wurde im Europa-Ausschuß der ESB ein Entwurf von Priester gebilligt, der die Aufstellung von Freiwilligenverbänden vorsah.[1]

Bedeutung: Die ESB war der erste Nachkriegsversuch, der Idee des Faschismus auf europäischer Ebene eine neue Legitimation zu verleihen. Treibende Kräfte waren Vertreter der Kollaboration mit dem Nationalsozialismus und der europäischen Verbände der Waffen-SS. Doch bereits im September 1951 gab es Differenzen in der Ausrichtung der Argumentation und im Drang nach Aktivismus, die zur Gründung der → Europäischen Neuordnung (ENO) führten. Mit Gründung der Europäischen Volksbewegung, an der sich Maurice Bardèche im Januar 1953 beteiligte, versuchte man die Ansätze wieder zusammenzuführen. Auch sie wurde bald von der ENO dominiert. In der BRD gewannen die Ansätze der ESB über Karl Heinz Priesters Wirken in zahlreichen Kleinst-Organisationsansätzen (→ Nationaldemokratische Partei (1946), Nationale Reichs-Partei (1948) und Sammlung der Reichstreuen (1960)) und vor allem über die richtungsweisenden Debatten in *Nation Europa* Einfluß. Mit dem Ableben Priesters am 16. April 1960 scheiterte die Deutsche Soziale Bewegung als Sammlungsversuch. (B)

1 Zur Organisationsgeschichte siehe u. a. C. Jansen: Die konspiratorische Tätigkeit des Rechtsradikalismus. Die neo-nazistische Internationale. Kopenhagen o.J., S. 2 ff.

Gesamtdeutsche Partei (GDP)

Gründung: 1961
Funktionäre: Frank Seiboth, Herbert Schneider
Aktivitäten: Die Gesamtdeutsche Partei entstand im April 1961 durch die Fusion der → Deutschen Partei (DP) und des → Gesamtdeutschen Blocks/Bund der Heimatvertriebenen und Entrechteten (GB/BHE). Nach dem Scheitern bei den Bundestagswahlen 1961 (2,8 Prozent) zog sich der Großteil der DP-Mitglieder zurück. Der Überlebenskampf der Landesverbände ging zu Lasten des Bundesverbandes. 1965 mußte auf eine Wahlteilnahme verzichtet werden. In der Folgezeit fusionierten die meisten Landesverbände mit den bürgerlichen Großparteien. Der Landesverband Schleswig-Holstein unter Herbert Beer näherte sich an rechtsextreme Parteien wie → Deutsche Reichspartei, → Deutsche Gemeinschaft sowie → Nationaldemokratische Partei Deutschlands und der → Aktionsgemeinschaft Unabhängiger Deutscher an. Bei der Bundestagswahl 1969 erhielt die GDP nur noch 0,1 Prozent der Stimmen.
Bedeutung: Trotz kurzzeitiger Fusion mit der DP stellte die GDP die Fortführung der GB/BHE als Interessenpartei der Vertriebenen unter einem anderen Namen dar. Ende der 60er Jahre war die GDP nur noch eine Kleinstpartei. (B)

Gesamtdeutscher Block/Bund der Heimatvertriebenen und Entrechteten (GB/BHE)

Gründung: 1950 (bis 1961)
Funktionäre: Waldemar Kraft, Theodor Oberländer, Friedrich von Kessel, Frank Seiboth, Dr. Alfred Gille, Hans-Adolf Asbach
Aktivitäten: 1950 wurde in Kiel der Block der Heimatvertriebenen und Ent-

Aktivitäten: 1950 wurde in Kiel der Block der Heimatvertriebenen und Entrechteten (BHE) gegründet, der im Juli durch Unterstützung der Vertriebenenverbände mit 24 Prozent der Stimmen in den Landtag einzog. In der Folgezeit dehnte sich die Partei auf die ganze BRD aus und wurde zur Interessenvertretung der Vertriebenen. Nach einer Wandlung der ursprünglichen Sozialpartei zur politischen Kraft rechts der CDU erhielt der BHE starken Zulauf aus rechtsextremen Parteien. Nach Bildung des Bundesverbandes 1951 folgte 1952 die Umbenennung in Gesamtdeutscher Block/Bund der Heimatvertriebenen und Entrechteten (GB/BHE). Bei den Bundestagswahlen 1953 erhielt dieser 5,9 Prozent der Stimmen, Theodor Oberländer wurde Vertriebenenminister. Nach Verlust seiner politischen Basis scheiterte der GB/BHE bei den Bundestagswahlen 1957 mit 4,6 Prozent. Führende Funktionäre wechselten zu CDU/CSU. 1961 fusionierte die Partei mit der → Deutschen Partei zur → Gesamtdeutschen Partei.

Bedeutung: Der GB/BHE stellte eine extrem antikommunistische Interessenpartei dar, deren Programmatik sich teilweise mit der rechtsextremer Parteien wie der → Sozialistischen Reichspartei und der → Deutschen Reichspartei deckte. Führende BHE-Funktionäre bekleideten hohe Positionen in der NSDAP und in der SS. (B)

Heidelberger Kreis

Gründung: 1981

Mitglieder: Manfred Bambeck, R. Fricke, Karl Götz, → Werner Georg Haverbeck, Joachim Illies, Peter Manns, Theodor Oberländer, Harold Rasch, Franz Hieronymus Riedl, Heinrich Schade, Theodor Schmidt-Kaler, Helmut Schröcke, Kurt Schürmann, Ferdinand Siebert, Georg Stadtmüller

Aktivitäten: Am 17. Juni 1981 unterzeichneten 15 Professoren für den Heidelberger Kreis das *Heidelberger Manifest*. In diesem wurde u. a. die »Unterwanderung des deutschen Volkes« und die »Überfremdung unserer Sprache, unserer Kultur und unseres Volkstums« durch »Ausländer« angeprangert. Von der breiten Öffentlichkeit unbemerkt, veröffentlichte erstmals die → *Deutsche Wochen-Zeitung* am 6. November 1981 das Manifest, gefolgt von → *Nation Europa* in ihrer Dezemberausgabe. Münchner Studenten brachten im Januar 1982 die Sache an die Öffentlichkeit. Auf Proteste hin einigte sich am 31. Januar der Unterzeichnerkreis bei einem Treffen in Mainz auf eine sprachlich entschärfte zweite Version. Begründung: Die erste Version sei lediglich ein vorläufiger Entwurf gewesen.

Bedeutung: Der durch eine Vielzahl beteiligter Professoren scheinbar ehrenwerte Heidelberger Kreis befand sich mit seinen Positionen zwischen Konservatismus und Rechtsextremismus. Mehrere Manifestunterzeichner waren überdies an der Initiierung des → Schutzbundes für das deutsche Volk beteiligt, der offensichtlich die Funktion des im Manifest vorgesehenen Dachverbandes übernahm. (B)

Jugendbund Adler (JBA)

Gründung: 1950
Zahl der Mitglieder: Ende der fünziger Jahre ca. 2.000[1]
Aktivitäten: Der Jugendbund Adler (JBA) wurde 1950 gegründet, Vorsitzender war Richard Etzel. Zielgruppe waren Kinder und Jugendliche von 9 bis 18 Jahren. Die Ortsgruppen führten wöchentlich Heimabende durch, hinzu kamen Fahrten und Lager. Die Zeitschriften des JBA waren *Der Adlerführer* und *Unsere Arbeit*. Der JBA gründete 1954 den → Kameradschaftsring Nationaler Jugendverbände (KNJ) mit, den er 1959 wegen seiner Befürwortung der Wiederbewaffnung und Westintegration wieder verließ. Obwohl Etzel noch in den siebziger Jahren versuchte, den JBA wiederzubeleben, war dieser wegen Überalterung bedeutungslos geworden und trat fast nur noch in Verbindung mit dem → Deutschen Block auf. Die JBA-Ideologie war bestimmt von einem autoritären und elitären Weltbild, das Symbol des Adlers war dem Abzeichen der Fallschirmjäger der Wehrmacht entliehen.[2]
Bedeutung: Der JBA war in den fünfziger Jahren eine der größten rechtsextremen Jugendgruppen und hat die rechtsradikale Jugendorganisierung durch die Gründung des KNJ mitentwickelt. Dennoch zerfiel Ende der sechziger Jahre seine Struktur aufgrund von Nachwuchssorgen und Überalterung. (B)

1 Vgl. P. Dudek: Jugendliche Rechtsextremisten. Köln 1985, S. 69.
2 Vgl. P. Dudek; K.-H. Jaschke: Rechtsextremismus in der Bundesrepublik, Bd. 2. Opladen 1984, S. 250.

Kameradschaftsring Nationaler Jugendverbände (KNJ)

Gründung: 1954
Zahl der Mitglieder: Ende der 50er Jahre ca. 20.000
Aktivitäten: Der Kameradschaftsring Nationaler Jugendverbände (KNJ) wurde 1954 von Konrad Windisch (Bund Heimattreuer Jugend (BHJ) Österreich/Arbeitsgemeinschaft nationaler Jugendverbände Österreichs – ANJÖ), Richard Etzel (→ Jugendbund Adler – JBA) und Walter Matthaei (→ Wiking Jugend – WJ) gegründet. 1955 wurde Etzel 1. Sprecher. Als Publikation erschien u.a. *Der Trommler*. 1959 gehörten 18 Gruppen dem KNJ an, u.a der JBA, die WJ, die ANJÖ, der → Bund Nationaler Studenten (BNS) und der deutsche → BHJ. 1959 wurden Windisch und → Klausdieter Ludwig (BNS) Bundessprecher, der JBA verließ wegen inhaltlicher Differenzen den KNJ. Am Anfang der 60er Jahre gerieten fast alle der KNJ-Verbände aufgrund staatlicher Repression und Überalterung in eine Krise. Als größere arbeitsfähige

Strukturen überlebten nur der BHJ und die WJ, der KNJ zerfiel am Ende der sechziger Jahre. Unterstützt wurde der KNJ vom Freundeskreis der Nationalen Jugend, der die Zeitschrift *Der neue Aufbruch* herausgab.

Bedeutung: Der KNJ war die bedeutendste Dachorganisation der nationalistischen Jugendverbände und institutionalisierte die Kommunikation und Koordination unter den Mitgliedsverbänden. Er vermochte es jedoch nicht, den Zerfall der rechtsextremen Jugendgruppen und der eigenen Strukturen aufzuhalten, die aber z.B. in der Zusammenarbeit zwischen dem BHJ und der WJ bis in die siebziger Jahre fortwirkten. (B)

Kampfbund Deutscher Soldaten (KDS)

Gründung: 1975

Funktionäre: Erwin Schönborn

Aktivitäten: Der Kampfbund Deutscher Soldaten ging aus dem Frankfurter Kreis Deutscher Soldaten des Erwin Schönborn hervor. Laut Schönborn sei damit aus dem bisherigen losen Kreis um ihn eine »festgefügte Organisation« geworden. Enge Kontakte bestanden zur Vereinigung Verfassungstreuer Kräfte, zur → Wehrsportgruppe Hoffmann, zur → *Bauernschaft* von → Thies Christophersen und zur → Deutschen Bürgerinitiative von → Manfred Roeder. Aus dem KDS ging 1977 die Bürgerinitiative für die Todesstrafe und gegen Pornographie und Sittenverfall hervor.

Bedeutung: Der KDS trat hauptsächlich durch die provokativen Aktionen von Erwin Schönborn in Erscheinung, der unter diesem Namen die Verbrechen des Nationalsozialismus leugnete. So wurde z.B. per Flugblatt eine Belohnung von 10.000 DM für jede »einwandfrei nachgewiesene Vergasung in einer Gaskammer eines deutschen KZ's« ausgesetzt. (B)

Kampfgruppe gegen Unmenschlichkeit (KgU)

Gründung: 1948 (bis 1959)

Sitz: Berlin

Funktionäre: Rainer Hildebrandt, Ernst Tillich

Aktivitäten: Die Kampfgruppe gegen Unmenschlichkeit (KgU) wurde mit Unterstützung der US-Geheimdienste im Dezember 1948 durch Rainer Hildebrandt in West-Berlin gegründet. Am 23. April 1949 wurde die KgU von der Alliierten Kommandantur lizensiert. Am 6. März 1950 kam es zur Gründung der Schwesterorganisation Kampfbund gegen Unmenschlichkeit e.V. (KBU, zuständig für Westdeutschland) in Göttingen. Dieser schloß sich am 12. Mai 1952 der KgU an und benannte sich in Organisation der Freunde der KgU um. Seit 1953 zog sich der US-Geheimdienst von der KgU zurück, die 1959 nach vielen Skandalen aufgelöst wurde. KgU-Publikationen waren u.a. *Presse- und Informationsdienst, Der Soldat, Der Kämpfer*.

Bedeutung: Die KgU zählte zu den aktiven Unterstützern des Kalten Krieges. Angeblich zur Betreuung politischer Häftlinge in der sowjetisch besetzten Zone und später der DDR baute die KgU einen »Such-« bzw. »Flüchtlingsdienst« auf. Ihre umfassende Personenkartei diente den West-Geheimdiensten u.a. zum Aufbau eines Agentennetzes. Neben dem Suchdienst beteiligte sich die KgU an Spionage- und Sabotage-Aktionen. (B)

Konservative Aktion (KA)

Gründung: 12. Juni 1981 (bis Ende 1986)
Sitz: München
Zahl der Mitglieder: 30–60
Funktionäre: Ludek Pachmann, → Joachim Siegerist, Chlodwig Prinz zur Lippe, Michael Stange, Dieter von Glahn, Gerhard Löwenthal (Kurator), → Klaus Motschmann (Kurator)
Aktivitäten: Die Konservative Aktion (KA) ging aus der Bürgeraktion Demokraten für Strauß hervor und vereinigte Einzelpersonen vom rechten Flügel der CDU und der CSU. Neben einem geschäftsführenden Vorstand verfügte sie über ein Kuratorium. Eine Konservative Jugend Deutschlands wurde von Michael Stange geführt. Die KA führte aufwendige Kampagnen durch, die durch Anzeigen in überregionalen Zeitungen, Veranstaltungen und Demonstrationen sowie Massenverschickungen ihrer Flugblätter gestaltet wurden. Sie agitierte hierin besonders »gegen die nützlichen Idioten Moskaus«. Eine große Gefahr sah sie in dem Einfluß linker demokratischer Gruppen wie der SPD oder den Grünen. Zum Besuch des amerikanischen Präsidenten Ronald Reagan 1982 initiierte die KA eine Pro-USA-Kampagne, deren Höhepunkt eine Veranstaltung in Berlin mit 700 Teilnehmern war. Enge Kontakte bestanden zum → Ring Freiheitlicher Studenten und zur CDU-nahen Berliner Schüler-Union.
Bedeutung: Die KA versuchte, von rechts Druck auf die Unionsparteien auszuüben. Nach dem Wahlsieg der Union 1983 gelang ihr keine Neubestimmung ihres politischen Kurses. Die radikaleren Kräfte verließen mit → Den Deutschen Konservativen e.V. den bedeutungslos gewordenen Verein. (B)

Nationaldemokratische Partei (NDP)

Gründung: 1945 (bis 1950)
Zahl der Mitglieder: ca. 450
Funktionäre: Dr. Heinrich Leuchtgens, Karl-Heinz Priester
Aktivitäten: Mit Gründung der Nationaldemokratischen Partei (NDP) versuchte Heinrich Leuchtgens, als ehemaliger Vorsitzender des Hessischen Bauernbundes in der Weimarer Republik an dessen Tradition anzuknüpfen. Die NDP bestand nur in Hessen. Ab 1948 nahm die Partei in einigen Städten

faschistische Kräfte auf. Es folgten starke innerparteiliche Flügelkämpfe, so daß die NDP Anfang 1950 zerfiel. Zusammen mit der → Deutschen Konservativen Partei – Deutsche Rechtspartei fusionierte die NDP dann zur → Deutschen Reichspartei. Ein kleiner Flügel faschistischer NDP-Mitglieder bildete kurzzeitig den hessischen Landesverband der → Sozialistischen Reichspartei (SRP).

Bedeutung: Die Bedeutung der NDP in Hessen lag vor allem darin, daß sie solchen Gruppen ein Betätigungsfeld bot, die aufgrund der Lizenzierungsbestimmungen nicht offen an die Tradition des Nationalsozialismus anknüpfen konnten. Diese Funktion verlor die Partei mit Aufhebung der Bestimmung und Gründung der SRP. (B)

Nationale Deutsche Befreiungsbewegung (NDBB)

Gründung: 1969
Funktionäre: Roland Tabbert, Horst Mach, Johannes Kösling
Aktivitäten: Die Nationale Deutsche Befreiungsbewegung wurde von Roland Tabbert gegründet. Die Gruppe stand in Verbindung zur → Aktion Widerstand, wobei sie sich durch die Kampagne gegen die Ostverträge radikalisierte. Am 9. Juni 1971 gründete sich der Westberliner Landesverband aus Mitgliedern der → Nationaldemokratischen Partei Deutschlands sowie des → Bundes Heimattreuer Jugend. Am 12. August 1971 wurde bei diesem bei einer Hausdurchsuchung eine größere Anzahl Schußwaffen und Munition gefunden. Einen Tag später sollte ein »Großkampftag« mit Schüssen über die DDR-Grenze sowie Brandanschlägen in Westberlin stattfinden. Aufgeflogen war der Landesverband durch einen V-Mann des Verfassungsschutzes.
Bedeutung: Der NDBB verstand sich als Vorstufe zur Bildung einer neuen NSDAP. Nach den Repressionen gegen die Organisation wechselten die Mitglieder zu anderen Organisationen. So war z.B. Tabbert Anfang der 90er Jahre Vorsitzender der Antizionistischen Aktion. (B)

Organisation der ehemaligen SS-Angehörigen (ODESSA)

Gründung: 1948
Funktionäre: Otto Skorzeny, Erich Kernmayr, Richard Schulze-Kossens
Aktivitäten: Vorläufer der Organisation der ehemaligen SS-Angehörigen (ODESSA) war die regionale Organisation der »Spinne«, die nach 1945 vor allem im Raum Süddeutschland, Oberösterreich, Steiermark und Kärnten NS-Funktionären die Flucht aus den Lagern ermöglichte. Mutmaßlicher Organisator war Otto Skorzeny. Nach kurzer Inhaftierung setzte er sich nach Spanien ab, als sein Nachfolger galt Erich Kernmayr (alias Erich Kern). An die Stelle der Spinne trat 1948 die ODESSA, die die befreiten Nazis über Fluchtrouten, v.a. über italienische Häfen, ins Ausland brachte. Hier gab es eine

enge Zusammenarbeit mit der »Vatikanlinie« von Bischof Alois Hudal, der beste Beziehungen zum Roten Kreuz unterhielt.

Bedeutung: Der eigentliche Charakter der ODESSA ist bis heute nicht geklärt, vor allem unter dem Gesichtspunkt der Zusammenarbeit mit den alliierten Geheimdiensten, die sich über die »Rattenlinien« genannten Fluchtrouten die Zusammenarbeit mit qualifizierten Kämpfern gegen den Kommunismus sicherten. (B)

Sache des Volkes/Nationalrevolutionäre Aufbauorganisation (SdV/NRAO)

Gründung: 31. August 1974 (bis Ende der 80er Jahre, einschließlich ihrer Nachfolgeorganisation)

Zahl der Mitglieder: ca. 200

Funktionäre: → Henning Eichberg, → Sven Thomas Frank, Hanns Amhoff, Wolfgang Günther (unter dem Pseudonym Gert Waldmann)

Aktivitäten: Die SdV/NRAO entstand 1974 als Spaltprodukt der → Aktion Neue Rechte und der aus ihr hervorgegangenen Nationalrevolutionären Aufbauorganisation. Sie arbeitete eng mit der → Solidaristischen Volksbewegung (SVB) zusammen. Organisatorisch verstand sie sich als Kaderorganistion mit regionalen Schwerpunkten in München und um die ehemalige Außerparlamentarische Mitarbeit des Sven Thomas Frank in Berlin. Als Zeitschrift gab sie seit 1975 die *Neue Zeit* und seit 1978 *Laser* heraus. Ideologisch reaktivierten die führenden Köpfe wie Henning Eichberg vor allem das Gedankengut des Nationalrevolutionärs Ernst Niekisch und versuchten, mit nationalem und »sozialistischem« Sprachgebrauch Einfluß auf maoistische Gruppen der Neuen Linken zu gewinnen. 1979 spaltete sich die SdV/NRAO, was am 26. April 1980 zur Gründung des Nationalrevolutionären Koordinationsausschusses um Armin Krebs, Jürgen Ackermann und Marcus Bauer führte. Sie gaben die Zeitschrift *Aufbruch* heraus und benannten sich 1987 in Politische Offensive um.

Bedeutung: Die SdV/NRAO gilt neben der SVB zu den wichtigen Gruppierungen, die in den 70er Jahren mit ihrer nationalrevolutionären Agitation wesentlich zur Erneuerung rechtsextremer Programmatik und Arbeitsweise beigetragen haben. (B)

Solidaristische Volksbewegung (SVB)

Gründung: 24. August 1974 (bis Mitte der 80er Jahre, einschließlich Nachfolgeorganisation)

Zahl der Mitglieder: ca. 100

Funktionäre: → Lothar Penz, Werner Schlett

Aktivitäten: Die Solidaristische Volksbewegung (SVB) entstand aus dem

Arbeitskreis Junges Forum, der bereits innerhalb der → Aktion Neue Rechte die Arbeitsgemeinschaft Solidaristischer Basisgruppen und innerhalb der Nationalrevolutionären Aufbauorganisation (NRAO) die Landesgruppe Hamburg bildete. Die SVB verstand sich als Kaderorganisation und gliederte sich in Bundesverband, Regionalverbände und Basisgruppen. Als Mitteilungsblatt erschien ab Oktober 1974 die Zeitschrift *SOL*, die 1981 mit der *Neuen Zeit* der → Sache des Volkes/ Nationalrevolutionäre Aufbauorganisation (SdV/ NRAO) fusionierte. Führender Kopf der SVB war Lothar Penz. Er trat im Sinne Otto Strassers für eine »Solidaristische Theorie« jenseits des Kapitalismus und des Sozialismus ein. 1980 wurde die Organisation in Bund Deutscher Solidaristen umbenannt und trat ab Mitte der 80er Jahre nicht mehr unter diesem Namen in Erscheinung. Mitglieder arbeiten in der → Deutsch-Europäischen Studiengesellschaft bis heute weiter.

Bedeutung: Als Abspaltung der NRAO wirkte die SVB neben der SdV/NRAO als Motor zur Erneuerung rechtsextremer Argumentations-, Ideologie- und Handlungsmuster. Vorrangig versuchte sie Einfluß auf die Neuen sozialen Bewegungen und die Ökologiebewegung zu gewinnen und beteiligte sich an der Gründung der Hamburger Grünen Liste Umweltschutz. (B)

Sozialistische Reichspartei (SRP)

Gründung: 1949 (bis 1952)
Zahl der Mitglieder: 10.000
Funktionäre: Fritz Dorls, → Otto Ernst Remer, Gerhard Krüger, August Finke, Wolf Graf von Westarp, Ulrich Frhr. von Bothmer, Wolfgang Sarg, Hans Henning Kaps, Adolf Manns
Aktivitäten: Als Gründer der Gemeinschaft Unabhängiger Deutscher im Frühjahr 1949 hatten sich Fritz Dorls, Otto Ernst Remer und Gerhard Krüger kurz vor den Bundestagswahlen in die → Deutsche Rechtspartei integriert. In der eher deutschnationalen Partei bildeten sie eine Oppositionsgruppe, die sich mit ihren aus dem Nationalsozialismus entstammenden Ideen nicht durchsetzen konnte. So gründeten sie im Oktober 1949 die Sozialistische Reichspartei (SRP). Zwar schwächten sie, um ein Verbot zu vermeiden, ihr Parteiprogramm ab, faktisch stellte es jedoch eine Neuauflage des NSDAP-Programmes dar. Dasselbe galt auch für den Organisationsaufbau. Ihren Schwerpunkt hatte die Partei in Norddeutschland, v.a. in Niedersachsen. Im Mai 1951 beschloß die Bonner Regierung, die aktivistischen Gliederungen der SRP zu verbieten, woraufhin die Partei ihre Ordnertruppe Reichsfront formal auflöste. Ebenfalls im Mai erhielt die SRP bei den niedersächsischen Landtagswahlen 11 Prozent und im Oktober in Bremen 7,7 Prozent. Publikationen der SRP waren: *Deutsche Wacht* (später *Deutsche Opposition*), *Reichszeitung, Die Fanfare.* 1952 wurde die SRP aufgrund ihrer offenen Bezugnah-

me auf die NSDAP verboten.

Bedeutung: Die SRP war die größte und bedeutendste rechtsextremistische Nachkriegspartei der Bundesrepublik und bezog sich programmatisch direkt auf die NSDAP. Nach ihrem Verbot betätigten sich die SRP-Mitglieder in mindestens 60 Nachfolge- und Tarnorganisationen, meist mit dem Charakter scheinbar überparteilicher Wählergemeinschaften. Viele SRP-Funktionäre fanden unter dem Motto der »antimarxistischen Blockbildung« Aufnahme in Listenverbindungen rechts der SPD. (B)

Sozialorganische Ordnungsbewegung Europas (SORBE)

Gründung: 28. September 1957 (bis ca. 1958)
Mitglieder: ca. 100
Funktionäre: Theodor Soucek (Österreich), Erwin Vollenweider (Österreich), Herbert R. Potthof, Lothar Greil
Aktivitäten: Die Sozialorganische Ordnungsbewegung Europas (SORBE) geht auf den Grazer Kaufmann Theodor Soucek zurück, der 1947 als Organisator einer österreichischen Werwolfgruppe verhaftet, 1948 zum Tode verurteilt und nach drei Jahren begnadigt wurde. Während der Haftzeit schrieb er das Buch *Wir rufen Europa: Vereinigung des Abendlandes auf sozialorganischer Grundlage*, welches für ein vereinigtes, bürokratisch autoritär geführtes und von Amerika unabhängiges Europa plädiert. 1957 gründete er die SORBE mit schwedischer Beteiligung. Der deutsche Generalsekretär der → Europäischen Verbindungsstelle (EVS), Herbert R. Potthof, trat im gleichen Jahr zunächst als korporatives Mitglied bei und gründete im Oktober 1957, nach seinem Austritt aus der EVS, die deutsche Sektion. Lothar Greil, der spätere Generalsekretär der Waffen-SS-Organisation → HIAG, betreute vorübergehend die deutsche Redaktion des Parteiblattes *Europaruf*. Doch bereits 1958 verlor die SORBE durch das Verbot durch den österreichischen Innenminister auch in der BRD erheblich an Bedeutung.

Bedeutung: Die SORBE konnte sich organisatorisch in der BRD nicht durchsetzen. Dennoch lieferte sie speziellen sich von Otto Strassers und Oswald Mosleys Europaansatz unterscheidende, Theorieelemente, auf die spätere neofaschistische Strömungen zurückgreifen konnten. (B)

Volkssozialistische Bewegung Deutschlands/Partei der Arbeit (VSBD/PdA)

Gründung: 1975 (bis 1982)
Zahl der Mitglieder: eigene Angaben 1.000, tatsächlich ca. 200
Funktionäre: → Friedhelm Busse, Walter Kexel, Frank Schubert
Aktivitäten: Die am 17. Juni 1971 von Busse gegründete Partei der Arbeit, die sich auf den Nationalrevolutionär Gregor Strasser bezog, nannte sich 1975

die sich auf den Nationalrevolutionär Gregor Strasser bezog, nannte sich 1975 in Volkssozialistische Bewegung Deutschlands/Partei der Arbeit (VSBD/PdA) um. Sie bestand größtenteils aus unzufriedenen bzw. ausgeschlossenen Mitgliedern der → Nationaldemokratischen Partei Deutschlands. Als Publikation erschien die *Dritte Republik*. Landesgruppen bestanden in West-Berlin, Baden-Württemberg, Bayern, Hessen und Niedersachsen. Ihre Jugendorganisation Junge Front rekrutierte sich u. a. aus den Reihen der → Jungen Nationaldemokraten. Im Herbst 1980 überfiel der als Busses »rechte Hand« geltende Frank Schubert eine Bank und beging im Dezember des Jahres Selbstmord, nachdem er zwei schweizerische Grenzbeamte erschossen hatte, die ihn beim Waffenschmuggel überraschten. Im Oktober 1981 kam es in München zu einer Schießerei zwischen der Polizei und VSBD-Mitgliedern, wobei zwei Neofaschisten getötet wurden. Am 27. Januar 1982 wurde die Organisation verboten. Begründet wurde dies mit der »Signal- und Sogwirkung« der Partei im »rechtsextremen Lager«. Ihre Mitglieder wirkten bei Organisationen wie z. B. der → Nationalistischen Front oder der → Freiheitlichen Deutschen Arbeiterpartei weiter.

Bedeutung: Friedhelm Busse wählte nach eigenen Aussagen den Parteienstatus für die VSBD/PdA, um den »Einzelkämpfern« den Schutz einer Partei zu bieten. Nach dem Verbot der → Wehrsportgruppe Hoffmann 1980 sowie dem Prozeß gegen die Hansa-Bande des → Michael Kühnen wurde die VSBD zum Sammelbecken »führerloser« neofaschistischer Gruppen. Unterstützt wurde sie durch den Aufruf der → Nationalsozialistischen Deutschen Arbeiterpartei/Auslands- und Aufbauorganisation, die die Partei als die einzige ernstzunehmende legale Alternative zu den Systemparteien propagierte. (B)

Wehrsportgruppe Hoffmann

Gründung: 1973 (bis 1980)
Zahl der Mitglieder: ca. 250
Funktionäre: → Karl-Heinz Hoffmann, Arndt Heinz Marx, Ralf Rößner, Odfried Hepp, Ulrich Behle, Stefan Wagner
Aktivitäten: Ab 1974 trat die Wehrsportgruppe (WSG) Hoffmann öffentlich in Erscheinung und bildete rasch bundesweit Ableger. Die → Nationaldemokratische Partei Deutschlands und die → Deutsche Volksunion setzten die WSG zeitweilig als Ordnertruppe ein. Enge Beziehungen bestanden zum Hochschulring Tübinger Studenten, der → Wiking Jugend und der → Volkssozialistischen Bewegung Deutschlands/Partei der Arbeit. 1976 wurde der Freundeskreis zur Förderung der WSG Hoffmann mit ca. 400 Mitgliedern gegründet, → Gerhard Frey übernimmt eine Geldstrafe für Hoffmann. Am 30. Januar 1980 wird die WSG verboten. Durch Mitglieder der WSG-Auslandsgruppe im Libanon wird die Beteiligung der WSG am Mord an Shlomo Levin

und Frida Poeschke im Dezember 1980 bekannt.

Bedeutung: Bis zu ihrem Verbot war die WSG Hoffmann eine der wichtigsten Schnittstellen des neofaschistischen Lagers mit guten Kontakten ins Ausland. Durch Wehrsportübungen und paramilitärische Ausbildung bereitete sie Terroranschläge vor. Gundolf Köhler, der Attentäter des Oktoberfest-Attentates 1980 (13 Tote), erwies sich als WSG-Mitglied. (B)

National- und rechtskonservative Gruppen (Grau- und Braunzone)

Aktion Leben e.V. (AL)

Gründung: 1979

Sitz: 69518 Abtsteinach/Odenwald

Zahl der Mitglieder: 25.000 (1989)

Funktionäre: Dr. Walter Ramm (Vorsitzender), Karl-Heinz Scheller (Stellvertreter)

Struktur: Die Aktion Leben (AL) organisiert ihre Mitglieder in Arbeitskreisen, von denen 1989 etwa 100 bestanden haben sollen.[1] Über das Weinheimer Institut für Ehe und Familie, Sexualethik und Erziehung (WIESE), in dessen Beirat auch → Christa Meves tätig ist, finden Vorträge und Seminare statt. Behinderte Mitglieder der AL bilden einen eigenen Arbeitskreis.

Aktivitäten: Die AL führte Aktionen vor Abtreibungskliniken durch, bei denen ein in Kunstharz gegossener Fötus gezeigt und auf Flugblättern abtreibende Ärzte mit KZ-Lagerkommandanten verglichen wurden. Am 10. Mai 1986 veranstaltet die Organisation eine Kundgebung und Sühneprozession in Hadamar, der Gedenkstätte für die Euthanasie-Opfer des Nationalsozialismus. 1990 ist sie Mitveranstalterin des Ärzte-Kongresses »Lebensrecht und Zukunft Europas« in Dresden, gemeinsam mit der → Europäischen Ärzteaktion und anderen.

Periodika: In loser Folge werden *Wichtige Dokumente zum größten Verbrechen der Neuzeit* veröffentlicht. Regelmäßig publiziert die AL in der Zeitschrift *Christ und Zukunft* der Bewegung für das Leben (BfdL).

Programmatik: Hervorstechend in der Argumentation der AL ist ihr zügelloser Vergleich der Abtreibung mit eugenischen Maßnahmen im Nationalsozialismus. Ihr gilt Abtreibung ohne Ausnahme als Mord, und sie verlangt die »völlige Neufassung des Paragraphen 218 als eine Voraussetzung für eine tatsächliche Wende«[2]. Ihre scharfe Kritik auch an kirchlichen Beratungsstellen gipfelt in dem Vorwurf, diese seien »qualifizierte Tötungsberater«.

Zusammenarbeit: Die AL ist bestimmend im Dachverband BfdL tätig, Vorsitzender ist Walter Ramm (1992). Über diesen Kreis arbeitet sie mit der → Internationalen Gesellschaft für Menschenrechte, dem → Opus Dei und der → Paneuropa-Union zusammen.

Bedeutung: Die AL betreibt unter den »Lebensschützern« die aggressivste Anti-Abtreibungs-Propaganda. Trotz gelegentlicher Kritik von Seiten anderer »Lebensschutz«-Verbände kooperieren sie im Dachverband Bewegung für das Leben. Die Aktion Leben e.V. ist dominiert von rechtskatholischen und christlich-fundamentalistischen Kräften, die sich stark an US-amerikanischen Vorbildern orientieren. (B)

1 Vgl. Frauen gegen den § 218 – Bundesweite Koordination (Hrsg.): Vorsicht »Lebensschützer«. Hamburg 1991, S. 29.
2 Ebenda.

Aktion Lebensrecht für Alle (ALfA)

Sitz: Augsburg
Zahl der Mitglieder: 12.000 (1993)
Mitglieder: Ruth Esser (Bundesvorsitzende), Dr. Georg Götz, Jochen Beukers, Prof. Dr. Hedwig Seelentag, Franz Alt
Struktur: Die Aktion Lebensrecht für alle (ALfA) versteht sich als überparteilich und überkonfessionell, wobei katholische Mitglieder überwiegen. Sie unterhält Geschäftsstellen in Augsburg und Bonn und verfügt über mehrere Landesverbände. Als eigene Jugendorganisation existiert die Jugend-Arbeitsgemeinschaft für das Leben, die 1983 einen Internationalen Pro-Life-Jugendkongreß abhielt.
Aktivitäten: Anfang der 80er Jahre beteiligt sich ALfA an Aktionen gegen Pro Familia und organisiert Hungerstreiks von Jugendlichen gegen die Einrichtung von Schwangerschaftskonfliktzentren. 1983 führt sie eine Demonstration gegen die Liberalisierung des Paragraphen 218 in Karlsruhe durch. 1987/88 organisiert sie eine Unterschriftenaktion gegen die Kassenfinanzierung von Abtreibungen. 1990 hält die ALfA eine Gegenkundgebung gegen die Demonstration der Frauenbewegung unter dem Motto »Leben und leben lassen – Solidarität mit Schwangeren« in Bonn ab. Unterstützer waren die Juristenvereinigung Lebensrecht (JVL), Pro Vita, die Christdemokraten für das Leben (CDL), die Bewegung Hoffnung für das Leben (HfdL), die → Ökologisch-Demokratische Partei u.a. Im November findet eine weitere Kundgebung mit 5.000 Teilnehmern statt. Es werden 350.000 Unterschriften gegen die Fristenregelung übergeben.
Periodika: Neben Flugblättern und Pressemitteilungen Herausgabe von *Lebens-Zeichen – Zeitschrift für die Lebensbewegung.*
Programmatik: Die ALfA leitet aus dem grundgesetzlichen Recht auf Leben und Menschenwürde einen besonderen Schutz des ungeborenen Kindes ab. Ihr vorrangiges Ziel ist es, »die Tötung ungeborener und hilfloser Menschen zu verhindern«. Ihr »Widerstand gilt (…) jedem, der ungeborene Kinder aus Egoismus tötet oder töten läßt«.[1] Unleugbar gilt ihr dabei, daß das ungeborene Kind »vom ersten Moment seines Lebens, also ab seiner Empfängnis, ein vollwertiger Mensch« ist. Auf Distanz geht die ALfA zu Organisationen wie der → Aktion Leben e.V. und deren Propaganda. Sie tritt modern und eman-

178

zipiert auf und will zeigen, daß »dieses Bild vom uralten, verbiesterten, gries-
grämigen, frauenverteufelnden Abtreibungsgegner« nicht stimmt.[2] Zu diesem
Zweck stellt sie religiöse Motive in den Hintergrund und versucht, die Sprache der Frauen- und Friedensbewegung zu treffen.

Zusammenarbeit: Die ALfA koordiniert in der in ihrem Bonner Büro einge-
richteten Kontaktstelle Lebensrecht und in Kampagnen zum Paragraphen 218
die Zusammenarbeit mit anderen Verbänden wie den CDL, der → Europäischen Ärzteaktion (EÄA), der JVL, dem FDP-nahen Gesprächskreis Lebensrecht, der HfdL und Pro Vita. Einzelmitglieder finden sich in der EÄA, in der
JVL und in der Aktion Leben e.V.

Bedeutung: Besonderen Wert legt die ALfA auf die Distanz zu fundamenta-
listischen Abtreibungsgegnern, die Abtreibungen mit dem Massenmord im
Nationalsozialismus vergleichen. Sie hält engen Kontakt zu den moderateren
Kreisen in der CDU und lehnt aggressive Argumentationen als kontraproduktiv ab. Dessen ungeachtet wirkt sie für die massive Verschärfung des Paragraphen 218 und arbeitet auch mit jenen christlich-fundamentalistischen und
rechtsextremen Kreisen zusammen, von denen sie sich verbal distanziert. Dies
gilt vor allem für die Aktion Leben und die Europäische Ärzteaktion. (B)

1 ALfA. Unsere Grundsätze und Ziele. O.J.
2 Ruth Esser in der Radiosendung »Zum Schutz des ungeborenen Lebens«. Familienfunk vom
  23.1.1993.

Bündnis konstruktiver Kräfte Deutschlands (BKKD)

Gründung: April 1995
Kontaktadresse: 65764 Kelkheim
Zahl der Sympatisanten: ca. 2.000
Sprecher: Prof. Bernd Thomas Ramb (bei Gründung des BKKD stellvertre-
tender Bundesvors. → Bund freier Bürger (BfB)); Rudolf Andreas (General-
sekretär → Deutsche Soziale Union (DSU)); Prof. Johannes von Campenhau-
sen (Bundesvors., → Deutsche Partei (DP)); Markus Zehme (ehem. Redakteur
der → *Jungen Freiheit*); Lothar Lauck (Sprecher des Staatspolitischen Clubs
Rhein-Main); Dr. Helmut Krause. Als Mitbegründer durch die »Frankfurter
Grundsatzerklärung« waren weiterhin beteiligt Dr. Hellmut Berger (ehem.
Finanzchef der AEG), Dr. Dieter Berger (Aktion Deutsche Mark), Helmut
Kirchner (Bundesvorstandsmitglied der → Unabhängigen Ökologen Deutsch-
lands (UÖD)).
Struktur: Das BKKD versteht sich als überparteiliche Initiative, welche die
»konservativen politischen Kräfte« unter Ausschluß der »alten Rechten« und
der → Republikaner bündeln will, von »konservativen Ökologen, Christlich-
Konservativen, Wert-Konservativen, Nationalliberalen und Bürgern, die sich

der Geschichte und dem geistig-kulturellen Erbe unseres Volkes verpflichtet fühlen«[1]. Aus dem BKKD bildet sich die Initiative 3. Oktober, welche am 3. Oktober 1995 eine Festveranstaltung am Kyffhäuser-Denkmal vorbereitete. **Aktivitäten**: Das BKKD konstituiert sich am 23.-24. April 1995 mit der »Frankfurter Grundsatzerklärung«. Zum ersten Mal tritt es mit einer großformatigen Anzeige am 18. September 1995 in der *Frankfurter Allgemeinen Zeitung* und im → *Ostpreußenblatt* an die Öffentlichkeit. Unter dem Motto *Tag der Deutschen Einheit – Tag der deutschen Befreiung. Für eine deutsche Zukunft in einem freien Europa* erweitert sich der Unterzeichnerkreis von Frankfurt um die erste Riege der interessierten Gruppierungen. Erstunterzeichner sind u. a. → Manfred Brunner (Bundesvorsitzender BfB), Margot Lauschke (Bundesvorstand UÖD), Ulrich Lupart (Bundesschatzmeister der DSU), → Alfred Mechtersheimer (Sprecher Friedenskomitee 2000), Dietrich Prochnow (stellvertretender Fraktionsvorsitzender Bürger für Marburg), Roberto Rink (Bundesvorsitzender DSU), Prinz Albert von Sachsen, Regina Freifrau von Schrenck-Notzing (Bundesvorstand BfB), Baldur Springmann (UÖD), Wolf-Joachim Stelter (Landesvorstand Hessen des BfB), Reinhard Uhle-Wettler (DP), Monika Voß (Bundesvorstand DP), Peter Weihnacht (Kreisvorsitzender der Statt-Partei, Main-Taunus-Kreis), Wilken Weseloh (Bundesgeschäftsführer DP). Die Veranstaltung am Kyffhäuser-Denkmal am 3. Oktober 1995 wird von 700 Teilnehmern besucht und steht unter der Schirmherrschaft der DSU. Hauptredner ist Alfred Mechtersheimer. Das BKKD will mit einer Reihe von Vortragsveranstaltungen weiter für sich werben.

Programmatik: Zur Veranstaltung zum 3. Oktober forderte das Bündnis dazu auf, »nach dem Ende des sowjetischen Regimes auf deutschem Boden und der Vormundschaft der Siegermächte des Zweiten Weltkriegs« endlich zur »Verwirklichung der nationalen Einheit« überzugehen. Diese werde jedoch vor allem durch die Verträge von Maastricht und der »Vernichtung der Deutschen Mark« bedroht. Wieder sei Deutschlands Souveränität bedroht und es noch immer in einem »tributpflichtigen«, geknechteten Zustand gehalten.

Zusammenarbeit: Wohlwollende Sympathie übermittelte Hubert Dorn (Vorsitzender der Bayernpartei) mit einem Grußwort an die konstituierende Versammlung. Kontakte bestehen zu Burschen- und Landsmannschaften.

Bedeutung: Das BKKD stellt einen erneuten Versuch dar, sich rechts der CDU/CSU als bundesweite Alternative zu formieren. Tragende Kräfte sind hierbei die bislang alleine gescheiterten Splitterparteien BfB, DSU, DP sowie die nationalrevolutionär orientierten Kräfte des Friedenskomitees 2000. Den organisatorischen Rahmen stellt der eng mit dem → Institut für Konservative Bildung und Forschung des → Caspar von Schrenck-Notzing zusammenarbeitende Staatspolitische Club Rhein-Main. (B)

1 Frankfurter Grundsatzerklärung, zitiert nach DESG-inform, Nr.7/1995, S. 3.

Bund freier Bürger – Die Freiheitlichen (BfB)

Gründung: 1994
Sitz: 65189 Wiesbaden
Zahl der Mitglieder: ca. 1.000
Funktionäre: Bundesvorsitzender: → Manfred Brunner (München); Stellvertreter: Rolf-Dieter Gmeiner, Regina Freifrau von Schrenck-Notzing, Dr. Wolfgang Hacker, Prof. Franz Ulrich Willeke.[1]
Struktur: Nach ihrem Vorsitzenden Brunner ist der BfB eine Partei für Leute, »die schon etwas sind, und nicht für solche, die erst was werden wollen«. Landesverbände bestehen in Berlin, Hamburg, Bayern, Niedersachsen, Hessen, Baden-Württemberg, Rheinland-Pfalz, Nordrhein-Westfalen und Schleswig-Holstein. Im Mai 1996 beschloß der Bundesparteitag die Vorbereitungen zur Gründung einer Jugendorganisation.[2]
Aktivitäten: Der BfB wird am 23. Januar 1994 in Wiesbaden gegründet. Wilfried Hoffmann (FDP Sachsen-Anhalt) tritt am 1. Februar zum BfB über und verhilft ihm so zum ersten Landtags-Mandat. Schon im März kommt es zu ersten Wiederaustritten aufgrund der sich abzeichnenden politischen Nähe zu Haider und dessen Freiheitlichen Partei Österreichs (FPÖ). Bei der Europa-Wahl im Juni erhält die Partei in Bayern 1,8 Prozent, tritt jedoch aus organisatorischen Schwächen nicht zur Bundestagswahl an. Im Oktober stellt der BfB im Vorfeld der bayerischen Landtagswahlen ein 10-Punkte-Programm vor, laut dem er im Falle der Einführung der Doppelten Staatsbürgerschaft das Bundesverfassungsgericht anrufen will. 1995 erhält die Partei den Zusatz »Die Freiheitlichen«. Im Februar werden 0,3 Prozent bei der Hessenwahl erzielt. Es kommt zu weiteren Austritten (u.a. Karl Albrecht Schachtschneider und Joachim Starbatty) wegen der Anlehnung an Haider. Am 4. März wird der Freiheitspreis der Stiftung Demokratie und Marktwirtschaft (Gründer und Vorsitzender Brunner) an Steffen Heitmann verliehen und am 16.-17. September wird ein programmatischer Bundesparteitag in Bad Kissingen mit dem Schwerpunkt einer Anti-Maastricht-Kampagne und der Steigerung der BfB-Präsenz in den Medien abgehalten. Bei den Kommunalwahlen in Bayern 1996 erhält der BfB 3,3 Prozent und zwei Mandate in München sowie 2,4 Prozent und ein Mandat in Ingolstadt.
Periodika: Der *Deutschland Brief – Argumente & Fakten für Freie Bürger* wird herausgegeben von Manfred Brunner, Chefredakteur und verantwortlich ist Bruno Bandulet (Bandulet Verlags GmbH) aus Bad Kissingen. Dieser ist auch Herausgeber von *Demokratie und Marktwirtschaft – D.M. Informationsdienst Bund freier Bürger.*
Programmatik: Der BfB verfolgt eine marktradikale Programmatik und

nationalistische Propaganda. Aus Angst vor einem Stabilitätsverlust der Deutschen Mark gegenüber der Europawährung ECU nennt sich der BfB auch DM- und Bundesbank-Partei. Die Partei fordert u. a. die Beschränkung des »Zustroms« von Flüchtlingen, Asyl als Gnadenrecht, Teilnahme an Militäreinsätzen im Ausland. Brunner meint, daß »jede Nation ein angeborenes Bedürfnis nach Identität« habe und daß die »nationale Eigenständigkeit unseres Landes gefährdet« sei durch »den unkontrollierten und dem Gemeinwohl schädlichen Zustrom von Asylanten«. »Nach der Völkerverfolgung im Dritten Reich gibt es nun mehr eine neue Völkerverfolgung: die des eigenen Volkes!«[3]

Zusammenarbeit: Um für die Idee des BfB zu werben, sprach Brunner bei diversen neurechten, elitären Kreisen vor (u. a. → Studienzentrum Weikersheim, → Deutsche Burschenschaften, → Düsseldorfer Herrenrunde). Eine Woche vor BfB- Gründung kam es zum Treffen mit → Rainer Zitelmann und Ernst Nolte.[4] Im Mai 1995 kommt es zur Beteiligung an der Bildung des Bündnis Konstruktiver Kräfte Deutschlands (BKKD). Die Zeitschrift → *DESG-inform* räumt der Berichterstattung über den BfB beträchtlichen Raum ein.

Bedeutung: Der BfB versucht, sich mit einer nationalliberalen Programmatik, die eng an die Ziele der FPÖ angelehnt ist, rechts von der Union zu etablieren. Das Spektrum, das die Partei des ehemaligen FDP-Mitgliedes Brunner anspricht, reicht von rechtskonservativen Kreisen bis zum rechtsextremen Lager. Die Mitgliedschaft vieler → *Criticón*-Autoren im Parteivorstand läßt eine maßgebliche Beeinflussung durch den Personenkreis um → Caspar von Schrenck-Notzing vermuten. Die bereits Ende 1994 durch inhaltliche Parteikontroversen und Rücktritte von Spitzenfunktionären geschwächte Partei versucht durch verstärkte Kontaktaufnahme mit weiteren Splitterparteien wie → Deutsch Soziale Union und → Deutsche Partei ihre Basis zu festigen. (B)

1 Vorstandswahlen Mai 1996. Vgl. DESG-inform, Nr. 5/1996, S. 2.
2 Ebenda.
3 Zitiert nach: Rabaz, Antifaschistische Infozeitung, Sommer 1994, S. 16.
4 Vgl. die tageszeitung vom 22.1.1994.

Brüsewitz-Zentrum

Gründung: 1977
Sitz: Bonn
Funktionäre: Jörn Ziegler (1991 Vorstandsmitglied). Kuratoriumsmitglieder: → Otto von Habsburg, Heinrich Aigner, Nikolaus Lobkovicz, Hans Graf Huyn, Peter W. Höffkes, Ludek Pachmann, → Heinrich Lummer, → Lothar Bossle.
Struktur: Das Brüsewitz-Zentrum (BZ) wurde als Bildungs- und Informati-

onszentrum durch den im Juni 1977 von der Paneuropa Jugend Deutschland e.V. gegründeten Trägerverein Christlich-Paneuropäisches Studienwerk e.V. ins Leben gerufen.

Aktivitäten: Die Gründung des Brüsewitz-Zentrums wird im Oktober 1977 in Bad Oeyenhausen vollzogen. Trotz der Proteste der Evangelischen Kirche in der Bundesrepublik und der Witwe des Namengebers wird das Zentrum nach dem sächsischen Pfarrer Oskar Brüsewitz, der sich 1976 in Zeitz (DDR) öffentlich verbrannte, benannt. 1978 beteiligt sich das Zentrum an der von der → Internationalen Gesellschaft für Menschenrechte (IGFM) initiierten Bürgeraktion für Menschenrechte im Mai anläßlich des Besuchs von Leonid Breschnew in Bonn.

Periodika: Die Zeitschrift *Christen drüben* wird vom Christlich-Paneuropäischen Studienwerk e.V. (Brüsewitz-Zentrum) herausgegeben und erschien 1984–1990 mit einer Auflage von ca. 5.000 Exemplaren. Der *Informations- und Pressedienst* wird 1980 von Olaf Kappelt, Klaus Viltner (*Paneuropa Deutschland*), Hans Braun und Klaus Rainer Latk (beide Hilfsaktion Märtyrerkirche) herausgegeben.

Programmatik: Die Mitglieder des Brüsewitz-Zentrums forderten unter dem Deckmantel humanitärer Hilfe eine Wiedervereinigung Deutschlands. Kirchliche Kreise in der DDR, die eine Verständigung mit der Regierung suchen, wurden diffamiert.

Zusammenarbeit: Jörn Ziegler war langjähriger Vorsitzender der BRD-Sektion der → IGFM und Vorsitzender der → Deutschen Gildenschaft. Eine enge Zusammenarbeit gab es auch mit der Hilfsaktion Märtyrerkirche, der Hanns-Seidel-Stiftung und der → Ludwig-Frank-Stiftung. Referenten waren u.a. → Christa Meves, → Klaus Motschmann und Hans Joachim Schoeps.

Bedeutung: Das Brüsewitz-Zentrum, das durch die → Paneuropa Union initiiert wurde, ist eine radikal antikommunistische Organisation. Seit der Wiedervereinigung hat es an Bedeutung verloren. Seine Mitglieder sind jedoch in Zirkeln wie dem → Studienzentrum Weikersheim weiterhin aktiv. (B)

Carl-Friedrich-von-Siemens-Stiftung

Gründung: 1958

Sitz: 80638 München

Funktionäre: Heinrich Meier (Geschäftsführer geb. 1953), Kuratoriumsmitglied der Franz-Schönhuber-Stiftung[1] und Anfang der siebziger Jahre Schriftleiter der der → Nationaldemokratischen Partei Deutschlands nahestehenden Schülerzeitung *Im Brennpunkt*. Meier war außerdem Mitglied im Exekutivrat der Solidaristischen Offensive. Sein Vorgänger war → Armin Mohler.

Struktur: Vorstand und Stiftungsrat der Stiftung werden vorwiegend von Führungspersonen der Siemens AG bzw. von Managern aus deren Umkreis besetzt. Die Ehrenämter haben meist Angehörige der Familie Siemens inne. **Aktivitäten**: Am 30. Oktober 1958 wird die Carl-Friedrich-von-Siemens-Stiftung in München gegründet. 1961 wird Armin Mohler stellvertretender Geschäftsführer und 1964 Geschäftsführer. Mohler veranstaltet »Mentorenabende«, Vortragsreihen, Symposien und Salons[2], in denen er rechte Denker wie Arnold Gehlen, Hellmut Diwald, → Hans-Jürgen Eysenck, Bernhard Willms, → Robert Hepp, Konrad Lorenz und Paul Karl Schmidt (Pseudonym Paul Carell) zu Worte kommen läßt. 1979 organisiert er eine Veranstaltung zusammen mit der Evangelischen Zentralstelle für Weltanschauungsfragen zum Thema »Außerkirchliche religiöse Gemeinschaften«, und 1980 startet eine Veranstaltungsreihe unter dem Titel »Neue Anthropologie«. Am 1. August 1985 löst Heinrich Meier Mohler als Geschäftsführer ab. Die 1986 von Meier initiierte Siemens-»Sondervortragsreihe« vermittelt ein biologistisches Weltbild. In derselben Richtung wirkt die 1988 veröffentlichte, sozialdarwinistische »Evolutionsbiologie«-Reihe. Als Referenten waren hier u. a. Richard Dawkins, der Lorenz-Schüler Norbert Bischof, Richard D. Alexander, Hans Kummer und Roger D. Masters tätig.

Programmatik: Seit Beginn der sechziger Jahre werden die Inhalte der Stiftung von Armin Mohler bestimmt, dessen Linie einer »neurechten« Denkfabrik von Nachfolger Heinrich Meier beibehalten wird.

Zusammenarbeit: Meier und Mohler haben zahlreiche Verbindungen zu konservativen, aber auch zu rechtsextremen Personen. Als Referenten waren u. a. Karl Steinbuch, → Otto von Habsburg, Konrad Lorenz, Irenäus Eibl-Eibesfeld, Hellmut Diwald, »Paul Carell«, Peter Berglar, Bernhard Willms, → · Christa Meves, Ernst Nolte und → Hans-Joachim Arndt tätig.

Bedeutung: Der Autor Peter Kratz kam 1991 zu dem Schluß, daß es sich bei der Carl-Friedrich-von-Siemens-Stiftung um »die vielleicht wichtigste Einrichtung ›neurechter Ideologiebildung‹ und ihrer Vernetzung mit konservativer Politik und Kapitalinteressen im deutschsprachigen Raum«[3] handelt. (B)

1 Blick nach Rechts, Nr. 2/1996, S. 5.
2 C. Leggewie: Der Geist steht rechts. Berlin 1987, S. 197.
3 Vgl. P. Kratz: Siemens zum Beispiel. Kapitalinteressen der »Neuen Rechte«. In: R. Hethey/P. Kratz (Hrsg.): In bester Gesellschaft. Göttingen 1991, S. 33.

Christlich-Konservatives Deutschland-Forum (CKDF)

Gründung: 1992
Zahl der Mitglieder: wenige hundert
Funktionäre: Frank Bötzkes (Bundesgeschäftsführer)
Struktur: Das CKDF wurde von 192 rechten CDU-Mitgliedern gegründet. Im Vorfeld kam es zur Bildung von »konservativen Gesprächskreisen« im

Umfeld der Unionsparteien: Karlshorster Kreis (Berlin), Petersberger Kreis (Hessen), Potsdamer Kreis, Wertkonservativer Kreis, Diedrichshägener Kreis (Rostock).

Aktivitäten: Das CKDF wird am 5. Dezember 1992 in Bonn unter Federführung von Claus Jäger, → Heinrich Lummer und Wilfried Böhm, der kurz darauf wieder ausscheidet, gegründet. Im Laufe des Jahres bilden sich dann, trotz strikter Ablehnung durch die CDU-Spitze, in einzelnen Bundesländern CKDF-Landesforen. In diesen sitzen Mitglieder aus dem Umfeld der → *Jungen Freiheit (JF)* bzw. deren Lesekreisen. So macht z. B. das am 5. Juni in den Räumen der Studentenverbindung Rheno Nicaria[1] gegründete Landesforum Baden-Württemberg → Roland Bubik und Claudius Dony (ehemaliger Beisitzer im Forum 90) zu Landessprechern. Bei der Gründung des Landesforums Hessen in Friedberg wird der damals 22jährige Frank Bötzkes Vorsitzender, der, nach dem Vorbild der sich in Baden-Württemberg bildenden konservativen Arbeitskreise, einen solchen auch in Braunschweig einrichtet. Am selben Tag wird auch das Landesforum Nordrhein-Westfalen gegründet. Sprecher wird Kurt Meyer (Ex-FDP und -CSU) aus Mülheim, der im September 1993 sein Amt niederlegt, weil er für den Ausschluß von zwei Mitgliedern, die eine gemeinsame Erklärung mit der → Deutschen Partei und der CSU unterzeichneten, keine Mehrheit findet. Im April 1994 wird Lummer zum Stellvertreter des Bundessprechers Nowak gewählt. Im Sommer 1995 erklärt die *Junge Freiheit* (Nr. 28 und 29/1995) das CKDF als politisch gescheitert: von anfänglich 800 Mitgliedern »verweigerten schließlich ca. 760 ihre Mitarbeit (…)«.

Periodika: Das *Deutschland-Forum* (DForum) erscheint unregelmäßig.

Programmatik: Die wichtigsten Programmpunkte des CKDF sind: Ein Bekenntnis zu christlich-konservativen Werten, eine Ablehnung der multikulturellen Gesellschaft, der Kampf gegen »Asylmißbrauch«, Ablehnung einer Frauenquote, der »Schutz des ungeborenen Lebens«, das Eintreten für die Belange der Vertriebenen.

Zusammenarbeit: Das CKDF steht in enger Verbindung mit den Kreisen um die *Junge Freiheit* und deren Lesekreisen. Klaus Jäger hielt 1993 das Einleitungsreferat bei der ersten JF-Sommeruniversität, wo u. a. Andreas Mölzer und → Rolf Schlierer gemeinsam diskutierten. *JF*-Autor Frank Bötzkes war von November 1993 bis Anfang 1995 Vorsitzender des Arbeitskreises Junger Konservativer in Braunschweig.

Bedeutung: Das CKDF ist eine Strömung innerhalb der Unionsparteien und Teil eines Netzwerkes »Konservativer Arbeitskreise«, die das Ziel verfolgen, die CDU weiter nach rechts zu positionieren. Mit dem Anspruch einer geistig-moralischen Wende und der christlich-konservativen Erneuerung der Unionsparteien dürfte das Forum jedoch angesichts des spärlichen Zulaufes sowie des Widerstandes der Parteispitzen vorerst gescheitert sein. (B)

Deutsche Soziale Union (DSU)

Gründung: Januar 1990
Bundesgeschäftsstelle: 01109 Dresden
Zahl der Mitglieder: ca. 2.000
Funktionäre: Roberto Gottfried Rink (1.Vors.); stellv. Vors.: Brigitte Bielke (Sachsen-Anhalt), Wolfgang Rost (Sachsen), Ernst Marliany (Rheinland-Pfalz);[1] Rudolf Andreas (Generalsekretär), Ulrich Lupart (Bundesschatzmeister, Vorsitzender Sachsen). Weitere wichtige Funktionäre sind oder waren u. a.: Joachim Nothdurft (Vors., Sachsen-Anhalt), Dr. → Paul Latussek, Wolf-Dietrich Rost und Baldur Jahn.

Struktur: Entstanden ist die DSU aus einem Zweckbündnis, zu dem sich zwölf liberal-konservative Gruppierungen in der DDR der Nach-Wende-Zeit zusammenfinden: Christlich Soziale Partei Deutschlands, Christlich-Soziale Union, Freie Deutsche Union, Fortschrittliche Volkspartei, Sozial-Bürgerliche Union, Christlich-Demokratisch-Soziale Union, Volksunion Sachsens, Christlich-Soziale Vereinigung, Freie Demokratische Union Deutschlands, Deutsche Friedensunion, Forumpartei Thüringen. Die DSU entsteht in enger Zusammenarbeit und mit finanzieller Unterstützung der bayerischen CSU, die bis zur Einstellung der Unterstützung 1991 darauf bedacht war, die bundesweite Ausdehnung der DSU zu verhindern. In Leipzig bildet sich 1994 die Jugendorganisation Junge Deutschsoziale (JDS). Dem Vorstand gehören an: Jörg Kühne (Vors.), Frank Hellmund (1. stellvertretender Vors.), Falk Malkowski (Schatzmeister) und Thomas Malkowski (Schriftführer, Pressesprecher).[2]

Aktivitäten: Die ersten Wahlerfolge der DSU (Volkskammerwahlen März 1990 in der DDR, 6,32 Prozent) minimieren sich bereits bei den Landtagswahlen 1990 auf durchschnittlich 3,6 Prozent und zur Bundestagswahl 1990 auf 1,0 Prozent. Mitbegründer der Partei wie Hans-Wilhelm Ebeling und Michael Diestel wechseln 1991 zur CDU. Der zweite Dresdner Oberbürgermeister Reinhard Keller versucht, als neuer Bundesvorsitzender die Westausdehnung zu verhindern, woraufhin die Ausdehnungsbefürworter Rink, Latussek und Jahn zur Bildung von DSU-Freundeskreisen aufrufen. Der Beschluß zur Ausdehnung fällt jedoch erst auf dem Bundesparteitag am 24. April 1993. Erste Landesverbände gründen sich in Niedersachsen, wo die 1. Vorsitzende Brigadegeneral a.D. Reinhard Uhle-Wettler die Mehrzahl der Mitglieder seiner Gemeinschaft Freiheitlicher Deutscher einbringt. Landesbeauftragte der DSU in Hessen wird Wolf von Zworowski (damaliger Bundesvors. der → Deutschen Partei (DP)), in Baden-Württemberg Uwe Sitter (DP-Präsidiumsmitglied) und in Bayern der ehemalige → Republikaner Peter Recknagel.

Bereits zu Beginn des Jahres 1994 zeichnet sich das Scheitern der Westausdehnung ab. Das Bündnis mit der DP zerfällt, und lediglich der Organisationsrumpf der Landesverbände Bayern und Niedersachen bleibt übrig. Im »Superwahljahr« 1994 verbleibt die DSU in der politischen Bedeutungslosigkeit (LW-Sachsen 0,62 Prozent; LW-Brandenburg 0,18 Prozent; Europawahl 0,2 Prozent). 1995 übernimmt die DSU die Schirmherrschaft für die Kundgebung der Initiative 3. Oktober am Kyffhäuser-Denkmal.

Periodika: Der Landesverband Sachsen der DSU gibt in unregelmäßigen Abständen als Mitteilungsblatt *Die Sachsen-Union* heraus. Roberto Rink zeichnet verantwortlich. Inhaltlich betont es immer wieder die notwendige »regionale Identität«. Desweiteren erschienen die Blätter *DSU-Express* und, für die Jugendorganisation JDS, *Neue Werte*. Letzteres scheut sich nicht, Anzeigen von → Steffen Hupkas *Umbruch* oder → Hans-Dietrich Sanders → *Staatsbriefe* zu veröffentlichen.

Programmatik: Programmatisch setzt sich die DSU mit ihrem Beschluß vom 8. September 1991 zum Ziel, »konservative Politik dort nach vorne zu bringen, wo sie durch die Lähmung der CDU zu scheitern droht«. Die DSU werde »mit allen demokratisch legitimierten Parteien in sachbezogenen Fragen zusammenarbeiten« und offen für alle »unbelasteten konservativen Demokraten« auch aus den Reihen der CDU sein. Mit einfachen Formeln will sie der »Nationvergessenheit« der Deutschen, der mangelnden »antikommunistischen Standfestigkeit« entgegenwirken und fordert einen Asyl- und Einwanderungsstop. Denn »mehr Asylbewerber bedeuten höhere Kriminalität«[3]. Im Weimarer Aktionsprogramm tritt sie ein »für ein Europa der Vaterländer und gegen einen Bundesstaat Europa«, die Abschaffung der DM soll unterbleiben.

Zusammenarbeit: Seit ihrer Gründung betont die DSU, »die Interessen der Flüchtlinge und Heimatvertriebenen« zu vertreten und dokumentiert diese Nähe durch ihr Mitglied im Präsidium des → Bundes der Vertriebenen, Paul Latussek. Doch auch zur → *Jungen Freiheit* bestehen durch deren zeitweiligen Redakteur Baldur Jahn gute Kontakte. Jahn war mit Roberto Rink Initiator des Positionspapiers *Deutschland pur* und des Offenen Geithainer Forums. Hier referierten u. a. immer wieder → Caspar von Schrenck-Notzing, → Jürgen Hatzenbichler und Brigadegeneral a.D. Reinhard Uhle-Wettler. Aktuell orientiert sich die DSU nach der West-Liaison mit der DP auf eine breitere Zusammenarbeit unter dem Dach des → Bündnis Konstruktiver Kräfte Deutschlands (BKKD).

Bedeutung: Die DSU war nach dem Zusammenbruch der DDR als Integrationspartei des Wählerpotentials rechts der CDU/CSU von diesen gedacht und unterstützt. Nachdem dieser Zweck erfüllt war, verlor sie schnell an Bedeutung und konnte diese auch durch einen verspäteten Westausdehnungsversuch nicht wiedergewinnen. Abzuwarten bleibt, ob sie einen bestimmenden Faktor in der Herausbildung eines in der Tendenz rechtsextremen Bündnisses um Schrenck-Notzing, → Alfred Mechtersheimer und dem BKKD spielen wird. (B)

1 Parteivorstand vom 7. Bundesprogramm- und Wahlparteitag von 1995 nach DESG-inform, Nr. 5–6/1995, S. 2.
2 Angaben nach Neue Werte, Nr. 1. O.J., S. 1.
3 Zitiert nach DESG-inform, Nr. 11/1991, S. 3 und Flugblatt o.J.

Deutschland-Stiftung e.V.

Gründung: 1966

Sitz: 83254 Breitbrunn

Funktionäre: Wilfried Böhm (Vorsitzender, MdB/CDU). Sein Vorgänger war bis 1994 Gerhard Löwenthal. Kurt Ziesel (Geschäftsführer seit Gründung) war Volontär beim *Völkischen Beobachter* und 1939 Mitarbeiter beim *Hakenkreuzbanner*.

Struktur: Der ca. zehnköpfige Vorstand nimmt die Interessen der aus ca. 20 Personen bestehenden Mitgliederversammlung wahr. Es besteht ein Kuratorium, und die Stiftung verfügt über regionale Ortsgruppen.

Aktivitäten: Am 15. Februar 1966 wird der Verein Deutschland-Stiftung e.V. in München unter Anteilnahme von Konrad Adenauer gegründet. Dieser wird Mitglied im Ehrenpräsidium. Seit 1967 verleiht die Stiftung jährlich den Konrad-Adenauer-Preis an Personen aus Publizistik, Literatur, Wissenschaft und Politik. Anläßlich der Verleihung des Preises 1967 an → Armin Mohler hält Adenauer seine letzte öffentliche Rede. 1968 kommt es zu Konflikten um die politische Linie der Stiftung wegen der Preisverleihung an Frank Thiess und Emil Franzel. Der Ziesel-Fraktion wird eine politische Nähe zur → Nationaldemokratischen Partei Deutschlands (NPD) und zu NS-Apologeten vorgeworfen. Aufgrund des Rechtskurses kommt es zum Austritt einiger Mitglieder. 1972 wird Bolko Freiherr von Richthofen auf Beschluß des Vorstandes wegen seines Einsatzes für die NPD ausgeschlossen. 1977 wird Gerhard Löwenthal neuer Vorsitzender der Stiftung, die bei der Bundestagswahl 1980 den Unionskandidaten Franz Josef Strauß unterstützt. 1994 muß Löwenthal wegen Beziehungen zum → Bund freier Bürger seinen Vorsitz abgeben. Sein Nachfolger wird Wilfried Böhm.

Periodika: Das *Deutschland-Magazin* erscheint monatlich seit 1969. Verantwortlich ist Kurt Ziesel. 1987 hat es eine Auflage von 70.000, 1996 sind es nach Eigenangabe noch 30.000. Zu den regelmäßigen Autoren zählt u. a. Helmut Kohl. Ständige Mitarbeiter sind: Jürgen Liminski, → Otto von Habsburg, Gerhard Reddemann, → Christa Meves, Heinz Karst, Karl Gustav Ströhm. Viele Autoren des Magazins publizieren auch in → *Criticón* und → *Mut*.

Programmatik: Die Politik der Stiftung richtete sich scharf gegen die »neue

Ostpolitik« der sozialliberalen Koalition. Sie vertritt nationalistische Thesen und propagiert einen radikalen Antikommunismus. Im *Deutschland-Magazin* vom März 1996 gibt Herausgeber Ziesel »2,5 Millionen Ausländer, zumeist mit fragwürdigen Aufenthaltsrechten (…)« und der »(…) Einwanderung von Wirtschaftsflüchtlingen, die sich wahrheitswidrig als Asylanten ausgeben (…)«, die Schuld an der Arbeitslosigkeit in der BRD.

Zusammenarbeit: Gute Verbindungen bestehen zur → Paneuropa-Union und zur → Internationalen Gesellschaft für Menschenrechte. Wilfried Böhm war Mitbegründer und kurzzeitig Mitglied des → Christlich-Konservativen Deutschland-Forums, und Kurt Ziesel ist Gründungsmitglied der → Gesellschaft für freie Publizistik.

Bedeutung: Mit der Deutschland-Stiftung entstand nach dem Vorbild rechtskonservativer Organisationen wie Deutscher Kreis 58 und Rettet die Freiheit e.V. eine Organisation, die sich besonders durch Antiliberalismus, Antipluralismus und Antikommunismus auszeichnete.[1] Obwohl er immer wieder seine organisatorische und politische Unabhängigkeit betont, orientierte sich der Verein von Anfang an auf die Unionsparteien, insbesondere auf deren rechten Rand. Nach Ludwig Elm (1986) kann die Stiftung »(…) als repräsentative Institution des Konservatismus in der BRD hervorgehoben werden.«[2] (B)

1 Vgl. Die Deutschlandstiftung. Wuppertal o.J., S. 28 (= Schriftenreihe des Pressedienstes Demokratische Initiative, Heft 20).
2 L. Elm (Hrsg.): Konservatismus heute. Köln 1986, S. 22.

Dienstagsgespräch

Gründung: 1991
Kontaktanschrift: 14193 Berlin
Organisator: → Hans-Ulrich Pieper
Struktur: Das Dienstagsgespräch trifft sich jeden 2. Dienstag im Monat zu Gesprächsrunden mit 50–100 Teilnehmern, die jeweils durch einen Referenten eingeleitet werden. Ein engerer Kreis zieht sich nach den Veranstaltungen zu Beratungen zurück.
Aktivitäten: 1991 gründet sich das Dienstagsgespräch »nach dem erfolgreichen Vorbild der → Düsseldorfer Herrenrunde«[1]. Als Referenten des Dienstagsgesprächs waren u.a. angekündigt: Jörg Haider, → Manfred Brunner, Peter Staisch (n-tv), → Herbert Fleissner, → Heinrich Lummer, Dr. Wilhelm Nölling (Ex-Präsident der Hamburger Landeszentralbank), → Günter Kießling (General a.D.), Rolf Schmidt-Holz (ehem. Stern-Redakteur), Gerhard Löwenthal, Prof. Jörg Schill (Vorstandsvorsitzender von Babcock-Borsig), Prof. Ulrich Steger (Vorstandsmitglied von VW), Dr. Gerhard Köhler (Vizepräsident des Bundeskriminalamtes), → Carl Zimmerer und → Wolfgang

Seiffert. Unter den Gästen befanden sich u. a. Tilman Fichter (SPD), Ekkehard Wruck (CDU), Axel Hahn (FDP), Markus Roscher (FDP), → Rainer Zitelmann (FDP), Alexander von Stahl (FDP) und Hans-Christoph Bonfert. Auf den Treffen werden Kontakte zwischen den Teilnehmern und Mitarbeitern der → *Jungen Freiheit* hergestellt und ihnen Unterstützung zugesagt. Die Teilnahme Bonferts seit April 1993 (zu diesem Zeitpunkt war er Pressesprecher des Innensenators Dieter Heckelmann) führen zu einer Koalitionskrise zwischen SPD und CDU in Berlin.

Programmatik: Ziel des Dienstagsgesprächs war nach Einschätzung der Polizei,»eine Auswahl von Kapital und Intelligenz der rechten Szene bzw. rechtskonservativer Parteien«[2] zusammenzuführen. Intensiv wurde die Erneuerung der Parteienlandschaft rechts der CDU durch eine nationalliberale Kraft diskutiert und in diesem Zusammenhang die *Junge Freiheit* unterstützt.

Zusammenarbeit: Neben der Unterstützung für die *Junge Freiheit* ist vor allem auf die Kontakte des Organisators Hans-Ulrich Pieper zu rechtsextremen Organisationen hinzuweisen. In Berlin sind hier das → Hoffmann-von-Fallersleben-Bildungswerk und die Tagungen der → Deutsch-Europäischen Studiengesellschaft zu nennen.

Bedeutung: Dietmar Staffelt (SPD) erklärte in der Plenarsitzung des Berliner Abgeordnetenhauses am 23. Juni 1994:»Das gefährliche ist der intellektuelle Überbau (…) Die entscheidende Dimension der Gefährdung der Bundesrepublik ist die gleiche wie in der Weimarer Zeit, sie liegt nämlich dort, wo Wirtschaft und rechtsradikale Intellektuelle miteinander in Verbindung geraten und das Klima, die Theorien und das Gedankengebäude schaffen, um eine existierende Demokratie zu zerstören«[3]. Nachdem die Öffentlichkeit Kenntnis von dem Gesprächskreis genommen hatte, nahm die Beteiligung ab. Ob das Dienstagsgespräch fortgeführt wird, ist nicht bekannt. (B)

1 Selbstdarstellung. Zitiert nach SPD-Fraktion im Abgeordnetenhaus von Berlin: Die Affäre Bonfert/Heckelmann. Berlin 1994, S. 5.
2 Zitiert nach D. Rulff: Rote Karte für Heckelmann. Die Tageszeitung vom 20.6.1994, S. 4.
3 SPD-Fraktion im Abgeordnetenhaus, 1994, S. 11 (s. Anm. 1).

Düsseldorfer Herrenrunde

Gründung: Anfang der 80er Jahre
Sitz: Düsseldorf
Zahl der Mitglieder: ca. 100
Funktionäre: Hauptaktivisten der Düsseldorfer Herrenrunde sind → Prof. Carl Zimmerer (Organisator) und Günther Kissel[1] aus Solingen.
Struktur: Die Düsseldorfer Herrenrunde ist ein regelmäßiges Treffen zu Gesprächsabenden, deren Existenz 1989 Medieninteresse weckte. Das Publi-

kum bilden nationalkonservativ gesinnte Unternehmer, Politiker und Rechtsextremisten.

Aktivitäten: Seit Anfang der 80er Jahre trifft sich die Düsseldorfer Herrenrunde etwa einmal pro Monat zur Diskussion im Spitzenhotel »Nikko«.[2] Referenten sind u. a.: → Adolf von Thadden, Konrad Porzner, → Manfred Brunner, Gerhard Boeden, Michaela Geiger, Manfred Wörner, Jörg Haider, Klaus Kinkel, Wolfgang Bötsch, Paul C. Martin, Dr. Helmut Thoma, Günter Rexrodt, Jürgen Möllemann. Die Einladung von → Franz Schönhuber führt 1989 zum Skandal, bringt den → Republikanern für den Europawahlkampf aber Spenden ein: mehrere Teilnehmer der Herrenrunde übernehmen Bürgschaften von jeweils mindestens 10.000 DM. Weitere Geldempfänger sind die → Nationaldemokratische Partei Deutschlands (NPD) und der → Bund freier Bürger (BfB), für den der Sohn von Carl Zimmerer, Xaver Carl Zimmerer, 1994 kandidiert.

Programmatik: Zimmerer, Sprachrohr der Herrenrunde, äußerte bei einem Interview mit der → *Jungen Freiheit*: »Wir sind rechts, ganz klar.« Eine einheitliche Programmatik ist aber nicht feststellbar. Die Teilnehmer, die Referenten und die dargebotenen Themen bewegen sich zwischen nationalkonservativ und rechtsextrem.

Zusammenarbeit: Die Düsseldorfer Herrenrunde verfügt über vielfältige Kontakte auf personeller Ebene. So meldet *Der Rechte Rand* (Nr. 30) die jahrelange Förderung der *Jungen Freiheit* durch Zimmerer, der auch Referent beim Berliner → Dienstagsgespräch war. Kissel (geb. 1916), Inhaber mehrerer Baufirmen, ist Autor im *Anzeiger der Notverwaltung des Deutschen Ostens, Recht und Wahrheit* und schon in den fünfziger Jahren in → *Nation Europa*. 1979 ist der Auschwitzleugner → David Irving Gast einer Veranstaltung in Kissels Firmengebäude. Kissel, Bezieher der → *Bauernschaft*, forderte Straffreiheit für → Thies Christophersen. Seine Spendentätigkeit für die Nationaldemokratische Partei Deutschlands erregte 1993 Aufsehen.

Bedeutung: Die Düsseldorfer Herrenrunde folgt dem Konzept der »Gesprächskreise«, die eine ideologische Brückenfunktion zwischen rechtsextremen und konservativen Kreisen erfüllen. Besonders wichtig ist hierbei die Vermittlung finanzieller Unterstützung rechtsextremer Parteien und Organisationen durch meist mittelständische Unternehmen. (B)

1 Zu Kissel vgl. Antifa-Archiv Solingen (Hrsg.) Faschisten hinter demokratischer Fassade. Solingen 1995.
2 T. Klaus: Der Messias mit dem Hakenkreuz. Merazhofen/Aurich 1991, S. 172.

Europäische Ärzteaktion

Sitz: 89000 Ulm
Mitglieder: Dr. Siegfried Ernst, Dr. Alfred Häußler und Dr. Georg Götz,

Wolfgang Borowsky

Struktur: Die Europäische Ärzteaktion (im folgenden: EÄA) entstand als erste bundesdeutsche Organisation von Abtreibungsgegnern aus der von Siegfried Ernst geführten Aktion Ulm 70.

Aktivitäten: Der Vorsitzende Siegfried Ernst wird 1984 zu einer Geldstrafe verurteilt. Er hatte dem DGB unterstellt, mit seinem Eintreten für Abtreibungen die gleichen Ziele wie die NSDAP zu verfolgen. Im September 1990 veranstaltet die EÄA in Dresden gemeinsam mit anderen Organisationen wie der → Aktion Leben e.V. und den Christdemokraten für das Leben einen Kongreß unter dem Motto »Lebensrecht und Zukunft Europas«. 1991 schickt die EÄA an alle Bundestagsabgeordneten im Vorfeld der Neuregelung des Paragraphen 218 den Anti-Abtreibungsfilm *Der stumme Schrei* und weiteres Propagandamaterial. Seit 1993 wird gemeinsam mit dem → Verein zur Förderung der Psychologischen Menschenkenntnis (VPM), dem Verein für Konservative Kultur und Bildung e.V. u.a. der jährliche Kongreß »Mut zur Ethik« durchgeführt. Referenten waren → Günter Rohrmoser, Konrad Löw, → Lothar Bossle u.a.

Periodika: Seit 1978 gibt die EÄA die Zeitschrift *Medizin und Ideologie* heraus, die monatlich eine Auflage von 7.000 (1993) erreicht. Verantwortlich zeichnet Alfred Häußler. Neben den Verbandsmitgliedern Häußler und Ernst veröffentlichen häufig Günter Rohrmoser, der Vorsitzende der Juristenvereinigung Lebensrecht Bernward Büchner und → Christa Meves in der Zeitschrift.

Programmatik: 1973 warnt Ernst im Namen der EÄA, daß in der Abtreibungsfrage »der persönliche Egoismus entarteter Frauen, Männer und Mediziner benützt wird (…) zur Durchsetzung internationaler ideologisch-politischer Ziele, die letzten Endes den Umsturz unserer freiheitlich-demokratischen Grundordnung herbeiführen wollen.« In einer Resolution an den Bundestag schreibt die EÄA 1975, die Liberalisierung des Paragraphen 218 habe nicht nur den »Tod von Millionen ungeborenen deutschen Kindern der kommenden Generation, sondern den Untergang des Volkes selbst« zur Folge. »Denn ›Deutschland‹ ist weder ein rein geographischer noch ein nur sprachlicher Begriff, und seine biologische Identität hat man in den letzten Jahrzehnten bewußt zerstört, um zu verhindern, daß es jemals wieder ›ein Volk‹ wird.«[1] Die Neufassung des Paragraphen 218 im Juni 1992 wird als »neues Ermächtigungsgesetz« kommentiert.

Zusammenarbeit: Durch ihre Tätigkeit in ärztlichen Standesorganisationen nehmen Mitglieder der EÄA vielfältigen Einfluß im Sinne des Verbandes. Internationale Kontakte pflegt die EÄA über die → Paneuropa-Union im Europaparlament und die 1974 von der EÄA mitbegründete World-Federation of Doctors who respect Human Life. Mitglieder der EÄA sind in anderen Verbänden tätig, so in der Aktion Leben e.V. und der → Aktion Lebensrecht für

Alle. Siegfried Ernst war Gründungsmitglied der Bewegung für das Leben, er führte Anfang der 70er Jahre Gespräche mit der → Nationaldemokratischen Partei Deutschlands und arbeitete mit → Manfred Roeder zusammen.
Bedeutung: Die EÄA gilt als die einflußreichste Organisation der Abtreibungsgegner. Sie bedient die Ärzteschaft mit vorwiegend ideologischen Argumenten. Sie versteht den Kampf gegen Abtreibungen als allgemeinen Widerstand gegen die Zerstörung einer nationalen Identität und einer geplanten Vernichtung des deutschen Volkes insgesamt. In ihren Positionen klingen weltverschwörerische und antikommunistische Töne an. Die »Mut zur Ethik«-Kongresse, die sie federführend vorbereitet, tragen zur Vernetzung des rechtskonservativen Lagers bei. (B)

1 Zitiert nach Frauen gegen § 218 – Bundesweite Koordination (Hrsg.): Vorsicht »Lebensschützer«. Hamburg 1991, S. 196.

Hofgeismarer Kreis der Jungsozialisten Deutschlands
Gründung: 11. April 1992
Sitz: 04275 Leipzig
Zahl der Mitglieder: ca. 200
Führende Mitglieder: des Leipziger Kreises: Sascha Jung, Harald Heinze, Dirk Larisch, Markus Glaubig, Heiko Oßwald; Bayern: Erwin Breisach; Berlin: Christian Böttger und Nordrhein-Westfalen: Bernhard Knappstein (Vorsitzender der → Jungen Landsmannschaft Ostpreußen und Mitglied der Kölner Burschenschaft Germania)
Struktur: Der Hofgeismarer Kreis in Leipzig entsteht 1992 infolge des »Aufrufs zur Gründung eines Vereins zur Förderung des nationalen Gedankens und der Solidarität in der deutschen Jugend« und versteht sich als rechtes Gegengewicht zu den offiziellen Jungsozialisten (Jusos) in der SPD. Durch die schnell erreichte Publizität in den Medien gründen sich im burschenschaftlichen Umfeld schnell Arbeitsgemeinschaften der Hofgeismarer in den Ländern Bayern und Nordrhein-Westfalen.
Aktivitäten: In das Licht der Öffentlichkeit geraten die Leipziger Hofgeismarer 1992 durch die Sendung *Fakt*, als sie im Zuge der rassistischen Ausschreitungen in Rostock gegen Asylbewerber an den ersten beiden Tagen Sympathien für das Geschehen bekunden.[1] Das darauf gegen sie angestrebte Parteiausschlußverfahren attestiert ihnen eine im Kern mit den SPD-Grundsätzen zu vereinbarende Grundeinstellung[2] und verhängt lediglich für Sascha Jung und Harald Heinz ein einjähriges Funktionsverbot.
Periodika: Der *Politische Rundbrief* wird unregelmäßig von der Leipziger Gruppe herausgegeben. Verantwortlich zeichnet Dirk Larisch. Schriftleiter sind Sascha Jung und Heiko Oswald.

Programmatik: Inhaltlich stehen die »rechten Jusos« in der Tradition des historischen »Hofgeismarer Kreises« der Weimarer Republik um Hermann Heller und Ernst Niekisch. Diese sahen sich als Querfrontstrategen, die die nationale Bewegung der Weimarer Zeit mit einem vom Marxismus gereinigten »Sozialismus« vereinen wollten.[3] Heute schreiben die Hofgeismarer: »Ebenso wie in der Weimarer Republik stehen wir heute, nach der Wiedervereinigung, vor großen nationalen Aufgaben, die unserer Meinung nach nur durch ein neues Gemeinschaftsgefühl und ein neues nationales Bewußtsein, das dem Konsumdenken etwas Positives gegenübersetzen muß, gelöst werden können.«[4]

Zusammenarbeit: In enger Zusammenarbeit mit den Burschenschaften und der Jungen Landsmannschaft Ostpreußen kennen die heutigen Hofgeismarer keine Berührungsängste. Ihre Mitglieder schreiben für Zeitschriften wie → *Sleipnir*, → *Junge Freiheit* und geben der österreichischen *Aula* ein Interview. Kurz nach Beendigung der Funktionssperre innerhalb der SPD tritt Sascha Jung bereits wieder im Rahmen der Freien Deutschen Sommeruniversität als Referent auf, eingebettet von Beiträgen namhafter Rechtsextremisten wie Robert Steuckers (Europagedanken der Konservativen Revolution), Josef Schüßlburner (Europa als Reichsersatzideologie) und des Oberst a.D. Eberhard Heder (Die Waffen-SS, eine europäische Armee).

Bedeutung: Der Hofgeismarer Kreis sieht sich in der Tradition der nationalrevolutionären Kräfte der Weimarer Republik. Sie vertreten einen extremen Nationalismus und arbeiten innerhalb der SPD für ein »nationales Wiedererwachen«. Hierfür arbeiten sie auch mit konservativen und rechtsextremen Gruppierungen zusammen. (B)

1 Die Sendung Fakt wurde am 16.9.1992 ausgestrahlt.
2 Vgl. Entscheidung in dem Parteiordnungsverfahren 7/1993/P, S. 4.
3 Vgl. P. Kratz: Rechte Genossen. Neokonservatismus in der SPD. Berlin 1995, S. 229.
4 Warum Hofgeismarer Kreis? Flugblatt ohne Jahresangabe, S. 2.

Humboldt-Gesellschaft für Wissenschaft, Kunst und Bildung e.V.

Gründung: 1962
Sitz: 68307 Mannheim
Funktionäre: Prof. Dr. jur. Herbert Kessler (Vorstandsvorsitzender, 1. Vorsitzender der Sokratischen Gesellschaft), Prof. Dr. phil. Gudrun Höhl (ständige Sekretärin des Akademischen Rates, Vorsitzende der Sokratischen Gesellschaft)
Struktur: Die Mitglieder der Humboldt-Gesellschaft kommen aus den Bereichen Wissenschaft, Kunst und Bildung. Im Januar 1986 schlossen sich die Berliner Mitglieder der Gesellschaft zum Humboldt-Zentrum-Berlin zusammen. Vorsitzende sind: Prof. Dr. agr. Werner Plarre und Prof. Dr. phil. Bern-

fried Schlerath. Die Geschäftsführung liegt bei Editha K. Wolf.

Aktivitäten: Die Humboldt-Gesellschaft wurde 1962 unter Beteiligung von → Werner Georg Haverbeck gegründet. In der Folgezeit verleiht die Gesellschaft die Humboldt-Medaille und -Plakette an Personen aus Kunst und Wissenschaft. Preisträger sind u.a. Peter Lorenz und Ernst Jünger. Mindestens einmal pro Jahr führt sie ihre Akademie-Sitzungen und »Synthema-Tagungen« durch.

Periodika: In den *Mitteilungen der Humboldt-Gesellschaft* erscheinen Buchrezensionen von Autoren wie Bernhard Willms und Gerd Wolandt. Autoren sind u.a. → Gerd-Klaus Kaltenbrunner, Werner Georg Haverbeck, Gerhard Pfahler. Die *Mitteilungen des Humboldt-Zentrums-Berlin* werden von dessen Vorstand herausgegeben. Die Redaktion liegt bei Editha K. Wolf.

Programmatik: Die Humboldt-Gesellschaft betreibt die Rehabilitierung und Propagierung rechter Ideologen und Schriftsteller wie Erwin Guido Kolbenheyer, Herbert Cysarz, Mirko Jelusich, die oft auch selbst Mitglieder der Gesellschaft sind.

Zusammenarbeit: Die Humboldt-Gesellschaft steht in engster Beziehung zur Sokratischen Gesellschaft e.V. Beide Gesellschaften haben dieselbe Adresse und teilweise dieselben Vorstandsmitglieder. Ideologische Grundlage der Sokratischen Gesellschaft ist das 1975 von Kessler und Walter Thoms (Ex-Vizepräsident und Ehrenmitglied der Humboldt-Gesellschaft) verfaßte *Sokratische Manifest*.

Bedeutung: Die Humboldt-Gesellschaft ist als Versuch zu werten, mit dem rechtsextremistische Kreise dem Dünkel der »Ewiggestrigen« entgegenwirken, um Anschluß an politische Kreise des konservativen Spektrums zu gewinnen.[1] (B)

1 Vgl. I. Lloyd, k. Heiler, I. Pinn: Akademischer Faschismus. Mitteilungen für die Humboldtgesellschaft. In: R. Hethey; P. Kratz (Hrsg.): In bester Gesellschaft. Göttingen 1991, S. 88.

Institut für Konservative Bildung und Forschung (IKBF)

Sitz: 80538 München

Funktionäre: Geschäftsführer → Caspar von Schrenck-Notzing; wissenschaftlicher Beirat: → Prof. Dr. Hans-Joachim Arndt, Prof. Peter Berglar, Prof. Joachim Illies, → Prof. Klaus Motschmann, Prof. Mohamed Rassem, Prof. Günter Schmölders, Prof. Ernst Topitsch

Struktur: Das Institut für Konservative Bildung und Forschung (IKBF) gibt seinen Status als gemeinnützige GmbH an. Es bildet den politischen Rahmen für die Aktivitäten des → *Criticón*-Herausgebers Caspar von Schrenck-Notzing und ist Drehscheibe für die Zusammenführung von politischen Kräften in und rechts der CDU/CSU.

Aktivitäten: In unregelmäßigen Abständen verleiht das IKBF den »Balthasar-Gracian-Preis«, u. a. 1985 an → Gerd-Klaus Kaltenbrunner. 1992 erweitert das IKBF seinen Tätigkeitsbereich.[1] Seither kooperiert es eng mit dem Konservativen Arbeitskreis Gießen/Mittelhessen um Boris Rupp und Raimo Benger (beides ehemalige Mitarbeiter der → *Jungen Freiheit*) sowie mit der Burschenschaft Dresdensia Rugia, vertreten durch Thomas Mayer. Ab März 1993 nennt sich der Arbeitskreis in Konservativer Gesprächskreis Wetzlarer Forum um. Zu den eingeladenen Referenten zählen → Rolf Schlierer, → Heinrich Lummer und Josef Weber (Petersberger Kreis in der CDU). Seit Gründung des Staatspolitischen Club Rhein-Main am 14. April 1993 arbeitet das IKBF engstens mit deren Sprechergremium Lothar Lauck, Thilo Stratemann und Helmut Kirchner zusammen. Alle Veranstaltungen, Seminare, Foren, Clubtreffen und Werbeaktionen für die *Junge Freiheit* werden in Kooperation durchgeführt. Als Referenten werden u. a. geladen: → Johanna Grund, Edmund Sawall (→ Deutsche Soziale Union), Rudolf Krause (→ Die Republikaner), Heinrich Lummer (CDU), Helmut Deckert, Felix Buck (»Deutschlands Zukunft am Beginn des 3. Jahrhunderts im Fadenkreuz der Geopolitik«), Alexander von Stahl (FDP, »Sicherheit als Aufgabe des Staates«), Johannes von Campenhausen (→ Deutsche Partei), Emil Schlee (→ Aufbruch 94) und → Manfred Brunner (→ Bund freier Bürger).

Zusammenarbeit: Eng verbunden mit dem IKBF ist der Förderverein Konservative Kultur und Bildung e. V. und das von ihm betriebene Konservative Büro in Bielefeld. Aus der Erkenntnis, »keine politische Macht ohne kulturelle Hegemonie«, sichert der Förderverein Konservative Kultur und Bildung den angestrebten Konzentrationsprozeß durch Vermittlung von Vernetzungs- und Informationsdiensten zu Medien, Veranstaltungen, Kontakten und Referenten für die konservative Klientel ab.[2] Im Vereinsvorstand sitzen Dr. Werner Roth (1.Vors.), Dr. Wilhelm Wehner, Christian Faul, Prof. Dr. W. Klenner, Pastor Johannes Frey, Dr. Manfred Fröhlich, Willi Ehmke, Freifrau A. Gay von Campenhausen, Dr. Heinz Schneider und Dr. W. Kampsmeyer. Kuratoriumsmitglieder sind → Christa Meves, Hans Graf Huyn, Prof. Dr. Karl Steinbuch, Caspar von Schrenck-Notzing, Pater Lothar Groppe SJ und als Sprecher Gerhard Löwenthal.

Bedeutung: Das IKBF des Caspar von Schrenck-Notzing wirkt mittelbar über Organisationszusammenhänge. Aktuell ist es an der Zusammenführung der Kräfte rechts der CDU/CSU im → Bündnis Konstruktiver Kräfte Deutschlands maßgeblich beteiligt. (B)

---

1 Vgl. Das Blaue Brett. Criticón, Nr. 129.
2 Vgl. Konservatives Büro. Service-Dienste für Konservative Kultur und Bildung in Deutschland. O.J.

Internationale Gesellschaft für Menschenrechte (IGFM)

Gründung: 1972

Sitz: 60329 Frankfurt a. M.

Zahl der Mitglieder: ca. 3.600

Funktionäre: Karl Hafen (geschäftsführender Vorsitzender), Nachfolger des von 1972–1994 tätigen Iwan I. Agrusow (Mitglied im Bund russischer Solidaristen (NTS)); weitere Mitglieder: Leonid Müller (Ex-Schatzmeister, NTS-Mitglied, ehemals stellvertretender Vorsitzender der → Deutsch-Russländischen Gesellschaft), Konrad Löw, → Otto von Habsburg, → Lothar Bossle, Nikolaus Lobkowicz, Ludek Pachmann, → Caspar von Schrenck-Notzing, Gerhard Löwenthal

Struktur: Die Führungsgruppe der IGFM bestand und besteht zum Teil noch heute aus Mitgliedern des NTS. Die Gesellschaft wirbt v. a. im rechtskonservativen Spektrum. Es bestehen Sektionen in vielen Ländern, wobei die Sektion der BRD eine der aktivsten ist.

Aktivitäten: Am 8. April 1972 wird die Gesellschaft für Menschenrechte (GFM) unter Federführung des NTS gegründet. Dieser entstand in den 30er Jahren und galt als die bedeutendste russische Exilorganisation. In der Folge konzentriert sich die GFM-Arbeit fast nur auf Länder des Ostblocks. Anläßlich des Breschnew-Besuches im Mai 1978 initiiert die GFM die Bürgeraktion für Menschenrechte. 1981 folgt die Umbenennung in Internationale Gesellschaft für Menschenrechte (IGFM). 1982 wird die Kampagne »Handel ja, Sklavengas nein!« gegen das Erdgasgeschäft mit der Sowjetunion gestartet, und 1983 beteiligen sich Mitglieder der IGFM an der → Konservativen Aktion. 1985 ist die Gesellschaft Träger einer in Berlin eröffneten antisandinistischen Propaganda-Ausstellung, und 1986 nimmt der IGFM-Mitarbeiter Götz von Houwald an einem Seminar in Madrid teil, in dem eine europäische Strategie für die Unterstützung der lateinamerikanischen Contra diskutiert wird.[1] 1993 verzeichnet die IGFM ca. 3,2 Mio. DM Einnahmen, davon 2,9 Mio. DM aus Spenden.

Periodika: Die seit 1976 erscheinende Zeitschrift *Menschenrechte. Dokumente-Schicksale-Informationen* erschien 1995 mit sechs Ausgaben und hatte 1990 eine Gesamtauflage von 25.000 Exemplaren. In der Redaktion sind u. a. R. Gnauck und Iwan Agrusow tätig. Verantwortlich zeichnet Karl Hafen. *Für die Menschenrechte. Mitteilungen an Freunde und Förderer* erscheint zweimonatlich mit sechs Ausgaben 1995. Redaktion: Karl Hafen. Internationale Publikationen sind *Lateinamerika-Info-Brief*, *African-News*, *Human-Rights-Worldwide* und *Mitgliederbrief.*

Programmatik: Die IGFM wurde zwar unter dem Mantel strikter politischer Neutralität gegründet, doch weisen ihre Tätigkeiten in eine ganz andere Richtung. Kommunistisch bzw. sozialistisch regierte Staaten werden bekämpft, reaktionäre Diktaturen »befreundeter« Länder unterstützt. Bei einem Kongreß des Bundes der Mitteldeutschen formulierte der ehemalige IGFM-Vorsitzende Hellmut Nitsche, daß es gelte, »das Mittel Menschenrechte« als Kampfmittel einzusetzen.

Zusammenarbeit: Die IGFM arbeitet eng mit dem → Brüsewitz-Zentrum zusammen, hat gute Kontakte zur Internationalen Arbeitsgemeinschaft Freiheit und Demokratie sowie engste Beziehungen zur Deutsch-Russländischen Gesellschaft. Weitere Verbindungen bestehen zur Deutschen Hochschulgilde Trutzburg Jena zu Göttingen und zur → Ludwig-Frank-Stiftung. Die IGFM unterhielt enge Kontakte zu Nationalisten aus Kroatien.[2] Personelle Überschneidungen soll es nach Angaben der *jungen Welt* zu der Internationalen des Widerstands und der World-Anticommunist League geben.[3]

Bedeutung: Die IGFM ist ein Produkt des Bundes russischer Solidaristen (NTS), der seit Beginn der Entspannungspolitik seinen Schwerpunkt auf die Instrumentalisierung der Menschenrechtsfrage setzte und dabei v. a. oppositionelle Kräfte in den Ostblockstaaten unterstützte. Tat- und finanzkräftige Unterstützer waren hierbei die Gegner der Entspannungspolitik im Umkreis der Unionsparteien. Die Veröffentlichungen der »Menschenrechtsorganisation« werden von konservativen, aber auch von extrem rechten Personen und Gruppen aufgegriffen. Die IGFM bemüht sich bisher vergeblich um die internationale Anerkennung vor der UNO, hat jedoch einen Beobachterstatus. (B)

1 Vgl. Christliche Initiative Mittelamerika (Hrsg.): Die Contraconnection. Hamburg 1989, S. 77.
2 Vgl. junge Welt vom 11.9.1995.
3 Vgl. ebenda, 7.12.1994.

Junge Freiheit–Lese- und Gesprächskreise – Umfeld und Abspaltungen

Die Phasen: → Dieter Stein hebt im Januar 1992 unter dem Titel »Ist das etwa eine neue Graswurzelrevolution« in der → *Jungen Freiheit* (*JF*) die Bildung neuer Seminare und Lesekreise hervor[1]. Bis Ende 1993 gründen sich in mehr als 20 Städten Lese- bzw. Arbeitskreise, die sich auf die *JF* beziehen, zum Teil von *JF*-Mitarbeiter geleitet werden und für die in der JF geworben wird. Sie führen Veranstaltungen mit Referenten des konservativen bis rechtsextremistischen Spektrums durch. Zu nennen wären hier u. a.: Jungkonservativer Club, Konservativer Gesprächskreis Karlsruhe (Literaturkreis e.V.), Konservativer Arbeitskreis Gießen/Mittelhessen (Anfang 1993 umbenannt in Konservativer Gesprächskreis Wetzlarer Forum), JF-Lesekreis Berlin (Kontakt: Helge Drescher), Konservativer Gesprächskreis Dortmund (Kontakt: Claus-Georg Pleyer). Im Zuge der redaktionsinternen Auseinandersetzungen um den politischen Kurs der *JF* erwirkte Stein Ende 1994 eine Verfügung gegen den

JF-Lesekreis Berlin, der den Flügel um → Andreas Molau unterstützte, sich mit seinem Namen nicht mehr auf die *JF* zu beziehen. Dieser arbeitete zunächst als Berlin – Gesprächskreis und schließlich als → Deutsches Kolleg weiter. Im Juni 1996 untersagte die *JF* schließlich allen Lesekreisen, sich in der Namensgebung an die Wochenzeitung anzulehnen und distanziert sich von der Freien Deutschen Sommeruniversität[2].

Zwei Beispiele: 1.) Der **Jungkonservative Club** aus München gründete sich am 10. November 1991 in den Räumen der Zeitschrift → *Criticón* und sprach neben deren Leserschaft die der *JF* an. Das »konservative Spektrum (im weitesten Sinne)«[3] sollte eingebunden werden. Das Treffen wurde von Alexander Wolf geleitet, → Hans-Ulrich Kopp hielt den Einleitungsvortrag. Weitere Veranstaltungen wurden im Haus der → Burschenschaft Danubia und im Club Preysing Palais abgehalten. Als Referenten waren u. a. angekündigt[4]: Freiherr von Spaun (»als einer der lebenden Freikorpskämpfer«, am 12. Dezember 1993), Franz Riedweg (»Im Zweiten Weltkrieg Chef der Europäischen Freiwilligenleitstelle« referiert am Reichsgründungstag 18. Januar 1994 »über frühere Konzeptionen für ein gemeinsames europäisches Haus«), Martin Pabst (→ Hilfskomitee Südliches Afrika, am 6. Juni 1994), Wilfred van Oven (am 10. Mai 1994 zum Thema »›Die Psychologie der Massen‹, in die er aufgrund seiner Tätigkeit im Reichspropagandaministerium besonders tiefe Einblicke gewinnen konnte«).

2.) Der **Konservative Gesprächskreis Hannover e.V.** geht auf einen Lesekreis zurück, der sich Anfang 1992 gründete. Seit dem 7. Januar besteht er als eingetragener Verein. Zu den Gründungsmitgliedern zählen Hans Joachim Baumbach und Eberhard Klas[5]. Nach Eigenangaben referierte bislang bei ihnen[6]: Alfred Ardelt, Dieter Eppenstein (Generalsekretär WEISSER RING), → Robert Hepp, Andreas Heuberger (damaliger Redakteur der *JF*), Ernst-Henning Jahn (MdL, Landtagsvizepräsident), Hans-Ulrich Kopp, Klaus Kunze, Gerhard Löwenthal, Karl Manzke (Landessuperintendent a.D.), → Alfred Mechtersheimer, → Christa Meves, Ulrich Schacht, Franz Uhle-Wettler, → Karlheinz Weißmann, Johanna Gräfin von Westphalen (Bundesvorsitzende der Christdemokraten für das Leben) und Michael Wiesberg (wiss. Mitarbeiter im Landtag von Baden-Württemberg).

Die JF-Sommeruniversität: Seit 1993 führte die *JF* jährlich ein mehrtägiges Seminar durch, welches sie als »Sommeruniversität« bezeichnete. In den Jahren 1993 und 1994 fanden diese in Zusammenarbeit mit der Burschenschaft Danubia München, der Freiheitlichen Studenteninitiative Insbruck und dem Edgar-Jung-Institut statt und sollten als »Kristalisationspunkt« der Lesekreise und der Zusammenführung der »Lesekreisleiter« dienen. In ihrer Selbstdarstellung lehnen sie sich bewußt an die antidemokratische Strömung des historischen Juni-Klubs von Moeller van den Bruck und seiner »jungkonservativen« Freunde an: »Nach dem Vorbild des Politischen Kollegs der zwanziger Jahre bieten Repräsentanten verschiedener konservativer Richtungen Material für künftige Führungskräfte in Staat, Wirtschaft und Gesellschaft.« Ziel sei »Elitenbildung« und die Schaffung eines Beitrages »zu jenem grundsätzlichen politischen Klimawechsel, der sich seit der kleinen Wiedervereinigung des Jahres 1990 abzeichnet (…)«[7].

Organisator der Tagung vom 30. Juli – 4. August 1993 war Michael Hageböck, Leiter Hans-Ulrich Kopp. Über Themen wie »Begegnungen mit Arno Breker«, »Das Soldatische – von Ernst Jünger bis zu Deserteursehrungen«, »Carl Schmitt und die Action Française« oder über Gabriele d´Annunzio und Ernst von Salomon referierten u. a.[8]: Claus Jäger, Andreas Mölzer, → Rolf Schlierer, Hans Wahls, → Klaus Hornung, Robert Steuckers, Ronald F. Schwarzer, Friedrich Romig, Günter Maschke, Donoso Belgrano, Klaus Kunze, Ulrich Mutz, Erik Ritter v. Kuehnelt-Leddhin, Franz Uhle-Wettler, Vladimir Krljan, Thomas Hastreiter, David Baum, Rolf Schilling, Götz Kubitschek.

Die Tagung 1994 fand vom 19.–24. August auf der Burg Hohenberg, einer als »Grenzlandbildungsstätte« an das Sudetendeutsche Sozialwerk verpachteten Liegenschaft des Freistaates Bayern, statt. Organisiert wird sie wiederum über Hans-Ulrich Kopp. Themen wie »Wesen und Wirken der Propaganda« oder »Erwin Guido Kolbenheyer, ein sudetendeutscher Dichterphilosoph« wurden zur Mehrzahl von Mitarbeitern der *JF* referiert. Angekündigt waren u. a.: → Walter Staffa, Frank Bötzkes, Guido Fehling, Winfried Knörzer, Michael Wiesberg, Günther Brückner, Claus-Georg Pleyer, René-Lysander Scheibe, Stefan Grotewohl, Roland Bubik, Götz Meidinger, Hans-Ulrich Kopp, Josef Schüßlburner, Christian Weilmeier, Jürgen Mohn, Markus Zehme.

Die Tagung 1995 fand vom 28. August bis 2. September statt. Die Trennung vom redaktionsinternen Flügel um Andreas Molau und Hans-Ulrich Kopp war bereits vollzogen. Die Tagungsleitung hatten Jens Falk und Frank Liebermann inne. Als Schirmherren stellten sich → Heinrich Lummer, → Herbert Fleissner und Günter Zehm zu Verfügung. So waren die Themen eher nationalkonservativ und nationalliberal ausgelegt und bereiteten die Herausgabe der Österreichausgabe der *JF* vor. Referenten waren u. a.: Heimo Schwilk, Joachim Schäfer, Hans Jürgen Leersch, Michael Oelmann, Reginald Rudeck, Peter Muschol, Gerhard Löwenthal, → Jürgen Hatzenbichler, Andreas Mölzer. Eine Tagung für 1996 ist nicht vorgesehen.

Die Freie Deutsche Sommeruniversität: Vom 9. bis 13. August 1995 fand erstmalig, wiederum auf der vom Sudetendeutschen Sozialwerk gepachteten Burg Hohenstein, eine Tagung der Freien Deutschen Sommeruniversität statt. Sie versteht sich als konsequente Fortführung der »herunterliberalisierten« Sommeruniversität der *Jungen Freiheit*[9]. Zum Thema »Europa als politischer

Großraum« führte der ehemalige *JF*-Mitarbeiter Hans-Ulrich Kopp u. a. die folgenden Referenten zusammen: Robert Steuckers (»Der Europagedanke der Konservartiven Revolution«), Tomislav Sunic, Paul Polak, Wladimir Guzmann, → Reinhold Oberlercher, Josef Schüßlburner (»Europa als Reichsersatzideologie«), Sascha Jung, → Wolfgang Strauss, Hans Wahls, Winfried Knörzer, Oberst a.D. Eberhard Heder (»Die Waffen-SS – Eine europäische Armee«).

Die 89er – Konservative Gesprächs- und Arbeitskreise: Mit zwei Anzeigen vom 4. November 1995 und vom 27. Januar 1996 im → *Ostpreußenblatt* traten bislang unter Titeln wie »Die 89er. Konservativ – Jung – Akademisch« verschiedene konservative Gesprächs- und Arbeitskreise in Erscheinung. Koordiniert über den zentralen Kontakt Konservativer Gesprächskreis Dresden/KGAK-Sprecherrat, bieten sie vor allem burschenschaftlichen Trägerstrukturen der vormaligen *JF*-Lesekreise eine gemeinsame Veranstaltungsplattform. So sind ca. 20 Veranstaltungsorte und Kontaktadressen aufgeführt. Dahinter stehen z.B. die Burschenschaft Thuringia aus Braunschweig, die → Burschenschaft Germania aus Hamburg, der Staatspolitische Club Rhein-Main für Frankfurt oder die Burschenschaft Danubia aus München. Die Themenpalette der Referenten reicht von Hans-Joachim von Leesen (»Schwarze Fahne mit Schwert und Pflug – Die Landvolkbewegung«, Hamburg), Gerhard Pfreundschuh (»Von der Gemeinschaft zur Gesellschaft – Welche Ideologie steckt dahinter?«, Braunschweig) zu Alexander von Stahl (»150 Jahre Liberalismus in Deutschland – Bestandsaufnahme und Kurskorrektur?«, Karlsruhe) und → Alfred Mechtersheimer (»Deutschland – Friedensmacht in der Mitte Europas«, München). Als weitere Referenten wurden u. a. angekündigt: Klaus Motschmann, Dag Krienen, Mark von Wnuck, Claus M. Wolfschlag, Lothar Höbelt, Hans-Ulrich Kopp, Gerald Wailz, Stefan Ulbrich, Heinz-Siegfried Strelow, Heinz-Theo Homann, Siegfried Gleißner, Ulrich Heyder, Josef Schüßlburner, Peter Lahn, Rolf-Dieter Gmeiner, Heiner Kappel, Hans Hirzel, Georg Bernd Oschatz, Olav Röhrer-Ertl, Oberst Riho Terras und Pater Markus Heggenberg.

Bedeutung: Von Seiten der *JF* stellten die Lesekreise den Versuch dar, im Vorfeld ihrer Umstellung zur Wochenzeitung breiter für sich zu werben und sich regional zu verankern. Vor allem ihnen nahestehende Burschenschaften wurden hierbei eingebunden und trugen die *JF*-Sommeruniversität mit. Mit dem verstärkten Bemühen der *Jungen Freiheit* um eine nationalliberale Option verabschiedet sich die *JF* von ihren, in der Mehrzahl auf Vorbilder der »konservativen Revolution« und »Jungkonservativen« der 20er Jahre sich beziehenden, Lesekreisen – zumal einige Lesekreise sich bis ins neofaschistische Spektrum bewegten. Die Redaktion weist darauf hin, daß sie »weiterhin konstruktive Arbeit in den zahllosen, seriös arbeitenden unterschiedlichsten

Kreisen und Gruppen publizistisch mit Sympathie begleiten und unterstützen«[10] will. (B)

1 Vgl. Junge Freiheit, Nr. 1–2/1992, S. 4.
2 Vgl. In eigener Sache. Junge Freiheit, Nr. 25/1996 (14.6.1996), S. 2.
3 Vgl. Einladung des Jungkonservativen Clubs vom November 1991.
4 Vgl. Einladungen des Jungkonservativen Clubs vom 4. November 1993 und vom »Anfang Mai 1994«.
5 Zur Entwicklung der JF-Lesekreise in Hannover, des Konservativen Gesprächskreises Hannover und der Konservativen Sammlung e.V. vgl. S. Schwarz: Von konservativ bis rechtsradikal. In: Der Rechte Rand, Nr.41 (Juli-August/1996) S. 6 f.
6 Eigenangaben zitiert nach »U.SCHATZSCHNEIDER@NADESHDA.gun.de« vom 24.5.1996.
7 Vgl. Hans-Ulrich Kopp: Resümee und Ausblick. In: M. Hageböck (Hrsg.): JF-Sommeruniversität 1993 in Ravensburg. Potsdam 1994, S. 219 f.
8 Vgl. F. v. Lodenitz: Konservative Genossenschaft. In: Junge Freiheit, September/1993, S. 6.
9 Vgl. H.-U. Kopp: Zur Tagung und Entstehung der Freien Deutschen Sommeruniversität. In: Staatsbriefe, Nr. 10/1995, S. 32.
10 Vgl. »In eigener Sache« (s. Anm. 2).

Ludwig-Frank-Stiftung für ein freiheitliches Europa e.V. (LFS)

Gründung: 15. Juli 1977

Sitz: 38020 Braunschweig

Zahl der Mitglieder: ca. 600 (Eigenangaben)

Funktionäre: Bundesvorstand: Dr. Hans-Günter Weber (Vorstandsvors.), Sieghart von Pawel-Rammingen, Rudolf Hambach (1. Stellv. Vors.), Dr. Hans-Edwin Gurn, Dieter Groß (Schatzmeister), Dr. Helmut Heiser (stellv. Vorsitzender); als Kuratoriumsmitglieder sind oder waren tätig: → Christa Meves, Wolfgang Borowsky, → Otto von Habsburg, Rudolf Wollner, Helmut Bärwald (→ Deutschland-Stiftung e.V.), Dr. Günter Müller, Wilfried Böhm, Bruno Zoratto, Francisco Sà Carneiro

Struktur: Die Gründung der Ludwig-Frank-Stiftung (LFS) vollzog sich mit bundesweit 100 Mitgliedern, die einen Grundbetrag von 10.000 DM für den Verein als Einlage stellten. Sind in einem »Freundeskreis« nach Eigenangaben 600 Mitglieder tätig, so liegt die Beteiligung an der Mitgliederversammlung 1995 bei 76 Personen. Besonders enge Kontakte bestehen aktuell zur Danziger Landsmannschaft. 1993 beteiligt sich die LFS an der Gründung des Arbeitskreises Junger Konservativer (AJK), der von Frank Bötzkes geleitet wird.

Aktivitäten: 1977 entsteht die LFS auf Initiative des zweiten Vorsitzenden der Fritz-Erler-Gesellschaft und Braunschweiger Oberstadtdirektors, Hans-Günter Weber, mehrheitlich aus der SPD-Abspaltung Soziale Demokratische Union. Franz Josef Strauß unterstützt die Gründung persönlich. Mitglieder konnten von CDU, FDP, der → Deutschen Partei und der Gesamtdeutschen Partei gewonnen werden. Sehr bald jedoch nähert sich die LFS der CSU an.

Kontakte zu eindeutig rechtsextremen Organisationen wie dem → Hilfskomitee südliches Afrika verstärkten sich. Regelmäßig hält die Stiftung Seminare ab. Referenten des Jahres 1994 sind u. a.: Eberhard Hamer (Mittelstandsinstitut der Deutschen Wirtschaft), → Caspar von Schrenck-Notzing, Karl Arnold Eickmeyer, Manfred Weinreich, Dr. Hintze (Arbeitgebergeschäftsführer).[1] Mitglieder der LFS beteiligen sich an der Kundgebung des → Bündnisses Konstruktiver Kräfte Deutschlands zum 3. Oktober am Kyffhäuser-Denkmal.

Periodika: Das unregelmäßig erscheinende Mitteilungsblatt *Europa-Brücke* hat ca. 8 Seiten Umfang und eine Auflage von 1.000 Stück. Als Redaktionsmitglieder werden aufgeführt: Hans-Günter Weber (verantwortlich), Generalkonsul Rudolf Hambach, Egon Kötting †, Helmut Bärwald, Brigadegeneral a.D. Heinz Karst, Botschafter a.D. Walter Truckenbrodt, Ministerrat a.D. Sieghart von Pawel-Rammingen, Felix Schecke und Herbert Cyrus.

Programmatik: Die Satzung des Vereins beschreibt die antikommunistische Linie:»Der Verein hat die Aufgabe, durch vielseitige Aktivitäten die Öffentlichkeit in der Bundesrepublik Deutschland und in freien Ländern Europas über die Gefahren einer Volksfront und des atheistischen Kommunismus aufzuklären und dazu beizutragen, ein freiheitliches Europa aufzubauen.«[2]

Zusammenarbeit: Die LFS steht seit Beginn ihrer Arbeit mit Organisationen des Konservatismus und des Rechtsextremismus in Kontakt. Gemeinsame Seminare, Tagungen und Veranstaltungen organisiert die LFS bislang u. a. mit den Organisationen Staats- und Wirtschaftspolitische Gesellschaft e.V., Berliner Bürgergemeinschaft e.V., → Internationale Gesellschaft für Menschenrechte, Gesellschaft für Deutschlandpolitik e.V., → Brüsewitz-Zentrum, → Paneuropa-Union, Institut für Demokratieforschung, Aktion Funk und Fernsehen; Verband Deutscher Soldaten, → Deutscher Arbeitnehmer-Verband, Hanns-Seidel-Stiftung e.V., → Studienzentrum Weikersheim e.V., → Evangelische Notgemeinschaft in Deutschland e.V.. Referenten der gemeinsamen Veranstaltungen mit den Burschenschaften Thuringia, Alemania, Libertas oder der mit dem AJK abgehaltenen »Deutschlandpolitischen Seminare« waren u. a. → Klaus Hornung, → Karlheinz Weißmann und → Caspar von Schrenck-Notzing.

Bedeutung: Die LFS bewegt sich seit ihrer Gründung im politischen Terrain der immer wieder angestrebten »Vierten Partei« rechts der CDU/CSU. Vereint sie noch heute konservative bis rechtsextreme Gruppen und Einzelpersonen, so lag doch ihre politische Hochzeit am Ende der 70er und Anfang der 80er Jahre, als sie zur Vernetzung der antikommunistischen Kräfte erheblich beitrug. (B)

---

1 Vgl. Europa-Brücke Nr. 53, April 1995, S. 6.
2 Vgl. Satzung der Ludwig-Frank-Stiftung für ein freiheitliches Europa, S. 3.

Ökologisch-Demokratische Partei (ÖDP)

Gründung: 1982

Sitz: 53115 Bonn

Zahl der Mitglieder: ca. 6.000

Funktionäre: Hans Mangold (Bundesvorsitzender); stellvertretende Bundesvorsitzende: Roswitha Bendl, Dr. med. Dan Dietrich; Organisationsbeauftragter: Peter Amsler; Landesvorsitzende: Bernhard Suttner (Bayern), Verena Föttinger (Baden-Württemberg), Claudius Moseler (Rheinland-Pfalz), Mathias Gudelius (Schleswig-Holstein), Jürgen Bähr (Brandenburg), Dr. Harald Graetschel (Berlin), Frank Michael Rauch (Bremen), Waldemar Hollert (Hamburg), Michael Seidling (Hessen), Wolfgang Leist (Mecklenburg-Vorpommern), Martin Dreß (Niedersachsen), Hasso Rost (Nordrhein-Westfalen), Michael Britz (Saarland), Steffen Juderselben (Sachsen), Helmut Gerecke (Sachsen-Anhalt), Reinhard Eisner (Thüringen).

Struktur: Die Ökologisch-Demokratische Partei (ÖDP) entsteht als Sammlung des rechten Flügels der ökologischen Bewegung. Sie verfügt über Landesverbände in allen Bundesländern mit deutlichem Schwerpunkt in Süddeutschland, wobei der Landesverband Bayern alleine rund die Hälfte der Mitglieder stellt. Hier erreicht die ÖDP bei den Kommunalwahlen 1996 landesweit 2,1 Prozent der Stimmen und überspringt in einigen Städten und Gemeinden die 5 Prozent-Hürde. Ihre landesweiten Wahlergebnisse, auch in Baden-Württemberg, bewegen sich um die 2 Prozent-Marke. Die Wähler entstammen zum Großteil der Altersgruppe zwischen 18 und 24 Jahren, wohnen in ländlich strukturierten Gebieten und verfügen über ein konservativ-ökologisches Wertesystem. 40 Prozent der Mitglieder sind Frauen.

Aktivitäten: Die ÖDP nimmt an der Demonstration »Leben und leben lassen – Solidarität mit den Schwangeren« am 16. Juni 1990 in Bonn, die von der → Aktion Lebensrecht für Alle organisiert wurde, teil. Bei den Bundestagswahlen 1994 erhält die Partei 0,4 Prozent (182.940 Stimmen). Die ÖDP organisiert 1996 eine von über tausend Menschen besuchte Demonstration gegen Atomenergie im Bayerischen Wald.

Publikationen: Zweimonatlich erscheint das Organ *ÖkologiePolitik*. Die Auflage beträgt 7.500 Exemplare. Es stellt die Sicht der Partei zu aktuellen Themen sowie das Parteileben dar. Regionale Verbände geben teilweise eigene Publikationen heraus.

Programmatik: Seit ihrer Gründung war die ÖDP maßgeblich von den Ansichten → Herbert Gruhls bestimmt, in dessen Umfeld auch völkische und ausländerfeindliche Positionen formuliert wurden. Parteiinterne Auseinandersetzungen führen 1990 zum Austritt seiner Fraktion, doch erst 1993 entfernt die ÖDP die extrem rechtslastigen Passagen aus ihrem Programm, so die ökologisch begründete Ablehnung des Zuzugs von Immigranten. Die Ursachen für die Krise der Industriegesellschaft sind nach der ÖDP die »materialistischen Anschauungen und Lebensgewohnheiten der Industriegesellschaft, die weder die Natur noch das Wesen des Menschen als Maß und Grenze des Machbaren erkennen«.[1] Notwendig sei eine Solidarität innerhalb des deutschen Volkes, es müsse »der rücksichtslose materielle Kampf der Klassen und Verbände beendet werden«.[2] Die ÖDP lehnt Abtreibungen ab und fordert weltweite Maßnahmen zur Geburtenkontrolle gegen die »Bevölkerungsexplosion«.

Zusammenarbeit: Ende 1995 gründet die ÖDP die Initiative Ökologischer Demokraten Europas (IDEE) in Straßburg gemeinsam mit dem französischen Mouvement Ecologiste Independent um Antoine Waechter und den Bürgerlichen Grünen Österreichs. Die ÖDP verfügt über einen eigenen Studentenverband, einen Jugendverband, die Jungen Ökologen, sowie eine parteinahe Stiftung für Ökologie und Demokratie e.V.

Bedeutung: Die ÖDP repräsentiert den rechten Flügel der Ökologiebewegung. Sie überträgt ökologische »Gesetze« auf die menschliche Gesellschaft, von deren Anerkennung nach ihrer Ansicht das Überleben der Menschheit abhänge. Damit spricht sie autoritär-etatistischen Lösungsversuchen das Wort, wie sie auch Herbert Gruhl formulierte. Durch die derzeitigen Auseinandersetzungen um den zukünftigen Kurs der Partei zwischen einem moderaten und einem konservativen Flügel bietet die ÖDP kein einheitliches Bild. Einzelne Landesverbände formulieren in Fragen der Asylgesetze oder des § 218 deutlich schärfer als die Bundesgremien. Die vom ausgeschiedenen Gründerkreis gelegten Brücken ins rechtsextreme Lager sind noch nicht vollständig abgebrochen. (B)

1 Grundsatzprogramm der ÖDP. In: Mitteilungen des Bundeswahlleiters vom 1.9.1995, S.3.
2 Ebenda, S. 4.

Paneuropa-Union (PEU)

Gründung: 1923
Sitz: München
Zahl der Mitglieder: europaweit ca. 200.000
Funktionäre (Stand Anfang 1996): → Otto von Habsburg (Internationaler Präsident), Ingo Friedrich (Internationaler Vizepräsident), Siegbert Alber (Präsident der PEU Deutschland e.V.), Bernd Posselt (Vizepräsident); weitere Mitglieder: → Lothar Bossle, → Hans Filbinger, Josef Stimpfle, → Peter Dehoust, Hartmut Koschyk, Rosemarie Gräfin Huyn, Wolfgang Stock, Rudolf Wollner, Hans Christoph Bonfert
Struktur: Die Internationale Paneuropa-Union (PEU) ist gegliedert in Ländersektionen, wobei die BRD-Sektion die größte mit den meisten Landesver-

bänden repräsentiert und an deren Spitze oft führende Funktionäre der Unionsparteien stehen. Mehr als 80 Organisationen sind korporative Mitglieder, u.a. → Witikobund, → Bund der Vertriebenen (BdV), → Sudetendeutsche Landsmannschaft, Pommersche Landsmannschaft, die dem italienischen Movimento Sociale Italiano (MSI) nahestehende Gewerkschaft Comitato Tricolore degli Italiani nel Mondo (CTIM). 1975 entstehen europaweit Paneuropa-Jugend-Organisationen, Bundesvorsitzender der Paneuropa-Jugend Deutschland (PEJ) wird Bernd Posselt. Stellvertreter: Habsburg-Tochter Walburga von Habsburg, Helmut de Craigher, Jaroslav Bocek und Olaf Kappelt. Kappelt wird 1977 Vorsitzender des Christlich-Paneuropäischen Studienwerks e.V., der als Trägerverein des → Brüsewitz-Zentrums fungiert. Die PEJ erhielt Starthilfe von der Studiengesellschaft für staatspolitische Öffentlichkeitsarbeit e.V. Sitz der PEJ ist München, derzeitiger Bundesvorsitzender ist Knut Abraham, sein Stellvertreter ist Bernd Potthoff. Eine PEU-nahe Stiftung ist die Coudenhove-Kalergi-Stiftung (Vorstand Bernd Posselt).

Aktivitäten: 1923 wird die PEU durch den österreichischen Diplomaten Richard N. Coudenhove-Kalergi als europäische Einigungsbewegung gegründet. Bis zu dessen Tod 1973 bleibt die PEU relativ unbedeutend. 1973 übernimmt Otto von Habsburg die Leitung, womit die PEU bei den Unionsparteien und beim Bund der Vertriebenen (BdV) erheblich an Bedeutung gewinnt. In der Folgezeit erlangen immer mehr Funktionäre aus Vertriebenenverbänden Funktionen in der PEU. Ab 1988 entwickelt die PEU verstärkte Aktivitäten in Osteuropa, wobei sie sich dort auf von Bernd Posselt aufgebaute Untergrundgruppen der PEU stützen kann. Kontakte zur ungarischen Regierung werden 1989 nach eigenen Angaben dazu genutzt, die Massenflucht der DDR-Bürger über Ungarn zu unterstützen.[1] Zentrale Aktivitäten der PEU-Deutschland sind die jährlichen »Europakongresse«. 1991 findet der Kongreß in Halle a.d. Saale unter dem Motto »Machen wir Europa reif für seine Rolle in der Welt!« statt. Im Oktober 1993 wird die Landesversammlung in Starnberg/Andechs unter dem Motto »Europa den Europäern!« durchgeführt, als deren Schirmherr Edmund Stoiber fungiert.

Periodika: *Paneuropa Deutschland* erscheint vierteljährlich im Paneuropa-Verlag GmbH in Augsburg, verantwortlich zeichnet Wolfgang Stock; Redaktion: u.a. Bernd Posselt, Knut Abraham, Hans-Christoph Bonfert; Autoren: Otto von Habsburg, Karl Carstens, Alfons Goppel, Freiherr von Heeremann, Hans Maier, Lothar Späth, Erich Hans, Toni Herget, Helmut Bärwald, → Wolfgang Strauss. *Paneuropa intern*, gegründet von Heinrich Aigner, erscheint seit 1980 mindestens 17mal im Jahr. Verantwortlich ist Bernd Posselt.

Programmatik: 1928 beschreibt Coudenhove-Kalergi das Ziel Paneuropa als »Staatenbund und Zollverein zur Rettung Europas, der abendländischen Kultur und der weißen Rasse«.[2] Unter Otto von Habsburg ist die PEU zu einem »Werbeverein für ein extrem konservatives Europa« geworden, die an der Forderung nach einem starken Europa unter Führung eines Deutschlands in den Grenzen von 1937 festhält. Habsburg:»Wir sind Großeuropäer. Für uns ist die Linie, die im Februar 1945 in Jalta durch Nichteuropäer quer durch unseren Erdteil gezogen wurde, keine gültige Grenze.« Ebenso Bernd Posselt:»Es geht um die Entscheidung, ob ganz Europa frei sein wird. Es gilt, die heutigen Grenzlinien zu verändern.«[3] Und:»Jetzt geht es um nicht mehr und nicht weniger als um den dritten Versuch in diesem Jahrhundert, Europa neu zu ordnen.«[4]

Zusammenarbeit: Die PEU arbeitet eng mit Organisationen des rechtskonservativen Spektrums zusammen (Deutsch-Südafrikanische Gesellschaft, → Deutschland-Stiftung e.V., Hanns-Seidel-Stiftung, → Ludwig-Frank-Stiftung, Studiengesellschaft für staatspolitische Öffentlichkeitsarbeit e.V., Verein für das Deutschtum im Ausland, Konrad-Adenauer-Stiftung).

Bedeutung: Die Politik der Paneuropa Union wird stark von Otto von Habsburg bestimmt, dessen Politik extrem antikommunistisch und auf ein »Europa der Vaterländer« unter wirtschaftlicher Führung Deutschlands orientiert ist. Die PEU bildet mit der Assoziierung bedeutender Organisationen des rechtskonservativen Spektrums eine mächtige Lobby, die bei der künftigen Entwicklung Europas eine ernstzunehmende Rolle spielen dürfte. (B)

1 Vgl. Paneuropa Deutschland, Nr. 3/1992, S. 38.
2 R. N. Coudenhove-Kalergi: Kampf um Paneuropa. Wien/Leipzig 1928, S. 87.
3 K. Hirsch: Rechts von der Union. München 1989, S. 301.
4 Der Rechte Rand, Nr. 21, S. 16.

Studienzentrum Weikersheim

Gründung: 1979
Sitz: 70178 Stuttgart
Zahl der Mitglieder: ca. 650
Funktionäre: Albrecht Jebens (Geschäftsführer); Kuratorium: u.a. → Hans Filbinger (Präsident), Prof. Dr. Lothar Bossle, Dieter Blumenwitz, → Klaus Hornung, Nikolaus Lobkovicz; weitere Mitglieder: → Rolf Schlierer (kooptiertes Mitglied bis 1989), Otto Esser, → Otto von Habsburg, Heinz Karst, → Hans-Ulrich Kopp, Elisabeth Noelle-Neumann, Prof. Peter Berglar
Struktur: Dem Studienzentrum Weikersheim ist als Jugendorganisation das Junge Weikersheim angegliedert, und 1993 wird die dem Studienzentrum verbundene Hans-Filbinger-Stiftung in Stuttgart aus der Taufe gehoben. Dessen Stiftungsmitglieder sind u.a. Gerhard Mayer-Vorfelder, Erwin Vetter, Gerhard Löwenthal, → Christa Meves, Heinz Karst, Karl Paul Schmidt (alias Paul Carell), Willi Dempf (Schatzmeister). Das Studienzentrum Weikersheim hat

Anfang 1996 insgesamt 650 Mitglieder (80 Mitglieder in Junges Weikersheim, 30 Unternehmen sind als Vereinsmitglieder eingeschrieben).

Aktivitäten: Das Studienzentrum wird 1979 mit Spenden aus der Industrie durch Hans Filbinger ins Leben gerufen und wirkt seit 1981 an den Deutschlandkongressen in Berlin mit. In der Folgezeit veranstaltet es jährlich den Weikersheimer Kongreß sowie eine Vielzahl von Veranstaltungen. Nachdem 1989 die Kuratoriumsmitgliedschaft von Rolf Schlierer (→ REP) bekannt wird, folgt am 19. Juli unter öffentlichem Druck sein Ausschluß aus diesem Gremium. 1991 wird die Jugendabteilung Junges Weikersheim gegründet. Im September 1992 wird zum ersten mal die Weikersheimer Hochschulwoche abgehalten, die seither jährlich stattfindet. Im Mai 1993 heißt Filbinger beim 15. Weikersheimer Kongreß »Deutsche aus allen Gauen« willkommen. 1994 referiert beim 16. Kongreß Michael Walker von der rechtsextremen Zeitschrift *The Scorpion*. Die 3. Weikersheimer Hochschulwoche im September wird durch Daimler-Benz gefördert. Seit 1985 hat das Studienzentrum Weikersheim insgesamt über 450.000 DM an Bundeszuschüssen erhalten. Diese Förderung findet weiterhin statt. Referenten waren u.a. → Wolfgang Strauss, Hans-Ulrich Kopp, → Alfred Schickel, Wolfgang Schäuble, → Wolfgang Seiffert, → Hans-Dietrich Sander, Hartmut Jetter, Hans-Helmuth Knütter, Ansgar Graw, → Karlheinz Weißmann, → Manfred Brunner.[1]

Periodika: Das Mitteilungsblatt *Weikersheimer Blätter* erscheint seit 1987 zweimal pro Jahr in unregelmäßigen Abständen mit einer Auflage von ca. 1.500 Exemplaren. Autoren sind u.a. Hans Filbinger, → Günter Rohrmoser, Klaus Hornung, Bernd Posselt, Günther Willms und Hans-Ulrich Kopp.

Programmatik: Günter Rohrmoser, Autor der *Weikersheimer Blätter*, wirft in einem Interview mit der → *Jungen Freiheit* (Nr. 3/1989) der CDU »politische, geistige und moralische Knochenerweichung« vor und fordert, die Frage der »nationalen und multikulturellen Zukunft der Deutschen« als zentralen Gegenstand zukünftiger Wahlkämpfe zu behandeln. Bereits 1983 kam vom Studienzentrum die Forderung nach aktiver, offensiver Wiederherstellung Deutschlands. So werden in der Erklärung *Königsberg 2000* Akzente zur Entwicklung Nordpreußens sowie die Ansiedlung von Rußlanddeutschen in der Königsberger Region verlangt. In der Einladung zur 3. Weikersheimer Hochschulwoche heißt es: »Die Ideologien des 19. Jahrhunderts sind verbraucht, doch der Sozialismus/Kommunismus ist nicht tot (…)«. Die Verteidigung des Rechtsstaats gelänge nur »durch den Rückgriff auf unsere kulturelle Tradition und unser christliches Erbe.« Ein verjüngendes Moment bildet das Junge Weikersheim, dessen Initiatoren sich verstärkt um Referenten der »Neuen Rechten« wie Tomislav Sunic oder Robert Steuckers bemühen.

Zusammenarbeit: Das Studienzentrum Weikersheim versucht u.a. über die Zusammenarbeit mit unionsnahen Institutionen in gemeinschaftlichen Seminaren und Veranstaltungen seine Positionen zu verbreiten. Des weiteren bestehen Verbindungen zu Organisationen und Personen aus dem konservativen bis rechtsextremen Bereich, wie z. B. der → Paneuropa-Union oder des Vereins zur Förderung der Psychologischen Menschenkenntnis (VPM) und der → Burschenschaft Danubia.

Bedeutung: Das Studienzentrum Weikersheim setzt mit seinem Sympathisantenkreis die Tradition fort, die in den siebziger Jahren die → Deutschland-Stiftung von Kurt Ziesel oder das Institut für Demokratieforschung von Lothar Bossle innehatte. Seine Aufgabe ist es, »durch Diskussionsangebote nach ganz rechtsaußen möglichst (zu) verhindern, daß sich zu viele vom rechten Rand endgültig aus der Union verabschieden.«² Das Studienzentrum wird so zum verbindenden Moment zwischen konservativer und rechtsextremer Strömung. Zusätzlich gewinnt es an Bedeutung durch die Entstehung weiterer Denkzirkel am Rande der Union. (B)

1 Vgl. LUPE e.V.: Studienzentrum Weikersheim. Berlin 1994.
2 U. Siebert u. a.: Deutsche Demokraten. Göttingen 1994, S. 202.

Verein zur Förderung der Psychologischen Menschenkenntnis (VPM)

Gründung: 1986
Sitz: Zürich
Zahl der Mitglieder: maximal 4.000, in der BRD ca. 1.000
Funktionäre: Ralph Kaiser (Präsident), eine zentrale Persönlichkeit ist seine Cousine Annemarie Buchholz-Kaiser. Im Vorstand sitzt u. a. ihr Anwalt Rainer Rothe. Weiter engagiert sind Lutz Wittenberg, Maike Buß und Eva-Maria Föllmer.
Struktur: Der Verein zur Förderung der Psychologischen Menschenkenntnis (VPM) entstand aus der von Friedrich Liebling (1893–1982) begründeten Psychologischen Lehr- und Beratungsanstalt, später Zürcher Schule, und konstituierte sich 1986. 1988 wird er gerichtlich als Mandater von Lieblings Erbe und dessen Stiftung, Psychologische Lehr- und Beratungsstelle, anerkannt. Seit 1989 ist er aktiv in der BRD. Der VPM ist ein privatrechtlicher, im Handelsregister eingetragener Verein. Neben dem Vorstand bilden Gruppen in der Schweiz, Österreich und der BRD die Struktur. In Köln, Berlin, Hannover und Hamburg existieren größere Gruppen und etwas kleinere u. a. in Freiburg, Erlangen und Leipzig. Die Gruppenstärke variiert zwischen ca. 20–250 Mitgliedern, die überwiegend pädagogische und medizinische Berufe ausüben. Oftmals firmieren die VPM-Organisationen unter eigenen Bezeichnungen als eingetragene Vereine. Etwa 20 solcher Organisationen existieren, u. a.: Gesellschaft zur Förderung der Psychologischen Menschenkenntnis (GFPM), Insti-

tut zur Förderung der Psychologischen Menschenkenntnis e.V. (IPM), Europäischer Verband zur Förderung der Psychologischen Menschenkenntnis e.V. (EVPM), Arbeitskreis Suchtprophylaxe e.v. (ASP) und Bund der Arbeitskreise für ein qualifiziertes Studium (BAQS). In Überlingen unterhalten sie die Bildungsstätte Bodensee (BsB).

Aktivitäten: Hauptsächlich wirbt der VPM um Multiplikatoren in der Pädagogik und Medizin. Auf regionaler Ebene tritt er mit Gruppensitzungen »für alle«, Jugendgruppen sowie Elterngesprächen in Erscheinung. Häufig agieren die einzelnen Mitglieder, ohne ihre VPM-Mitgliedschaft zu erkennen zu geben. Als überregionale Angebote bieten sie u.a. Kongresse, pädagogische Schulungen und Kinderfreizeiten an. Besonders aktiv sind sie in der Schul-, Drogen- und Aidspolitik. Massiv wird mit juristischen Mitteln gegen kritische Stimmen vorgegangen, die u.a. als »Linksfaschisten« bezeichnet werden. Allgemein setzen sie Kritik an ihnen mit der Judenverfolgung im Nationalsozialismus gleich.

Periodika: Über den Verlag Menschenkenntnis in Zürich vertreibt der VPM die Monatszeitschrift *Menschenkenntnis* und *Standpunkte*. Zusätzlich erscheint *Zeit-Fragen*, deren Auflage pro Ausgabe zwischen 20.000 und 40.000 schwankt. Des weiteren verlegen sie Publikationen, u.a. zu den Themen Psychologie, »Zeitgeist«, Eltern- und Jugendberatung sowie Drogen- und Aids-Prävention.

Programmatik: In Weiterführung von Lieblings Rezeption der Individualpsychologie Alfred Adlers ist für den VPM, nach Charles Darwin und Sigmund Freud, eine Erklärbarkeit des Menschen möglich, wobei die Psychologie den Charakter einer Naturwissenschaft zugesprochen bekommt. Menschliche Konflikte und Fehlerscheinungen gründen ausschließlich in frühkindlich induzierten Beziehungsproblemen, und die Religion ist eines der Haupthindernisse der »gesunden menschlichen Entwicklung«. Durch einen »Gesundungsprozeß der Gesellschaft«, der mittels einer psychologischen Heilung des Gemeinschaftsgefühls des Einzelnen entstehe, etabliere sich eine »ideale Gemeinschaft«. Diese Vision geht mit einer Selbsterhöhung und einem starken Sendungsbewußtsein einher. Unter Leitung von Buchholz-Kaiser ist die gesamte religions- und kulturkritische Ausrichtung Lieblings einer betont konservativen Orientierung gewichen, mit dem Resultat, daß sie eine restriktive Drogen- und Aidspolitik propagieren, Homosexuelle diffamieren und den »Wertverfall« in Gesellschaft und Schule beklagen. Als Feindbilder malen sie die Gestalttherapie, den Feminismus, die 68er und die »Neue Linke« aus.

Zusammenarbeit: Exemplarisch für ihre Bündnispolitik und die Unterstützung, die sie erfahren, steht der Kongreß »Mut zur Ethik«. 1993 waren Kongreßehrenvorsitzende u.a. → Günther Rohrmoser und Gerhard Löwenthal. Mitorganisatoren 1994 waren u.a. → Europäische Ärzteaktion, Verein für konservative Kultur und Bildung e.v., Arbeitskreis Christlicher Publizisten, Konservative Sammlung und die Pro Vita Bewegung für Menschenrecht auf Leben. Selbiges Spektrum trug den Kongreß 1995. Als Referenten traten u.a. Dieter von Glahn, Claus Jäger und Siegfried Ernst auf. Weitere Unterstützer sind → Lothar Bossle, → Heinrich Lummer, → Klaus Motschmann, Albrecht Jeben, → Hans Filbinger und → Christa Meves.

Bedeutung: Der VPM ist eine Weltanschauungsgemeinschaft mit psychologistischen und rechtskonservativen Ideologemen.[1] Nach einem Urteil des schweizerischen Bundesgerichtshofs dürfen sie als »sektenähnlicher Verein, der seine Anhänger psychisch manipuliert«, bezeichnet werden.[2] Sie agieren im vorpolitischen Raum und arbeiten mit christlichen Fundamentalisten, »Lebensschutz-Kreisen« sowie Rechtskonservativen und Rechtsextremen zusammen. (AS)

1 Vgl. H. Hemminger: VPM. München 1994, S. 84.
2 Vgl. Der Rechte Rand, Nr. 40, Mai/Juni 1996, S. 22.

Zeitgeschichtliche Forschungsstelle Ingolstadt e.V. (ZFI)

Gründung: 1981
Sitz: 85110 Dunsdorf
Zahl der Mitglieder: ca. 700
Funktionäre: → Dr. Alfred Schickel (Leiter), Dr. Heinz Nawratil, Frank Schneider (Vorstandsmitglieder 1995)
Struktur: Die Zeitgeschichtliche Forschungsstelle Ingolstadt (ZFI) wurde 1981 von Alfred Schickel gegründet. Der Verein finanziert sich über Spenden und Mitgliedsbeiträge, für die er steuerabzugsfähige Spendenbescheinigungen ausstellt.
Aktivitäten: Die ZFI widmet sich seit ihrer Gründung der Umdeutung der deutschen Geschichte im Sinne einer Relativierung der nationalsozialistischen Verbrechen und der Leugnung der deutschen Kriegsschuld am Zweiten Weltkrieg. Die Einrichtung um Alfred Schickel greift populäre Themen des extremen rechten Spektrums auf und reichert sie mit einseitigen Interpretationen historischer Dokumente an. Halbjährlich im Mai und November jeden Jahres führt die ZFI Tagungen durch, auf denen u.a. Dirk Bavendamm, → Lothar Bossle, Ernst Topitsch, Walter Sonnberger, Walter Post, Ernst Flaum, Heinz Magenheimer, Hans-Helmuth Knütter, Günther Deschner, Walter Bodenstein, → General a.D. Günter Kießling und Dr. Burkhard Schöbener als Referenten auftraten.
Periodika: Die ZFI verfügt über mehrere Publikationen: Zusammen mit dem Ullstein-Herbig-Verlag wird 1985 die Taschenbuchreihe *Materialien zur Zeitgeschichte* begründet, seit Anfang 1987 ist das alleinige Veröffentlichungs-

recht für ZFI-Werke an den Asendorfer Mut-Verlag übergegangen. Zugleich wird die Reihe *Zeitgeschichtliche Bibliothek* gegründet. Seit Februar 1987 erscheinen die *ZFI-Informationen*, die – laut Eigenwerbung – »der Vermittlung zeitgeschichtlicher Nachrichten« dienen. 1993 startet die Reihe *Aus den Archiven* beim Münchener Herbig-Verlag.

Programmatik: Unter Verwendung historischer Dokumente betreibt die ZFI Verharmlosung und Relativierung nationalsozialistischer Verbrechen. Dies gilt etwa für die Zahl der von den Nationalsozialisten ermordeten Juden, die Vorgeschichte des Zweiten Weltkrieges und die Kriegsschuld sowie die Flucht, Umsiedlung und Vertreibung der Deutschen. Schickel nennt 1981 in einem → *Criticón*-Artikel die Ermordung von 500.000 Sinti und Roma während des Nationalsozialismus die »neueste Zahlenfiktion«.[1]

Zusammenarbeit: Die ZFI findet positive Resonanz in den Publikationen der extremen Rechten, ist zugleich aber auch politisch in rechtskonservativen Kreisen der CDU/CSU verankert. Schickel wird 1989 auf Vorschlag des bayerischen Ministerpräsidenten Max Streibl das Bundesverdienstkreuz verliehen.[2] 1995 empfiehlt die Bundeszentrale für politische Bildung die ZFI in ihrer Reihe *Themen und Materialien für Journalisten* als kompetente Institution in Bezug auf Nationalsozialismus und Vertreibung.

Bedeutung: Die Zeitgeschichtliche Forschungsstelle Ingolstadt ist heute eine führende Vertreterin der Bestrebungen, die nationalsozialistischen Verbrechen zu relativieren. Sie bildet hier einen Schnittpunkt zwischen rechtskonservativen Kreisen bis in das extrem rechte Spektrum hinein. (FV/B)

1 blick nach rechts, Nr. 23 vom 15.11.1995, S. 5.
2 Vgl. ak 351 vom 10.2.1993, S. 14; Frankfurter Rundschau vom 31.10.1995.

Zollernkreis und Preußeninstitut e.V.

Gründung: Juni 1969

Sitz: 42823 Remscheid

Funktionäre: Preußeninstitut: Dr. Kurt Kluxen (Präsident), Wolfgang Lühdorf (1.Vors.), Dr. Frank-Lothar Kroll (Vorstandsmitglied); Zollernkreis: Wolfgang Lühdorf (Sprecher); weitere Mitarbeiter: Dr. Wolfgang Stribrny (Sprecher in den 70er Jahren), Fürst Otto von Bismarck

Struktur: Der Zollernkreis versteht sich als eine lose Vereinigung und »offener Gesprächskreis« ohne Mitgliedschaft. Er etabliert in verschiedenen Städten wie Lübeck, Kiel, Hamburg, Berlin, Nürnberg-Erlangen, Kassel, Essen und Stuttgart Gesprächskreise. 1975 entsteht hieraus der eingetragene Verein Preußeninstitut, Institut zur Förderung der preußischen Staatsauffassung sowie des deutschen Geschichts- und Kulturbewußtsein e.V.

Aktivitäten: Die Jahrestagungen des Zollernkreises finden seit 1969 statt.

Redner sind u.a. Joachim Schoeps, → Dr. Otto von Habsburg, Prof. Klaus Mehnert, Prof. Ernst Topitsch, General a.D. Prof. Dr. Hans Speidel, Prof. Dr. Karl Steinbuch, Prof. Dr. René König, → Prof. Dr. Günter Rohrmoser und Prof. Dr. Bernard Willms. Am 16. Januar 1971 sammelt sich zu der Jahrestagung unter dem Motto »Europa, die Reichsgründung und Bismarck« ein breites Spektrum, welches an die Harzburger Front erinnert. Mitarbeiter der nationalrevolutionär ausgerichteten Außerparlamentarischen Mitarbeit wie → Sven Thomas Frank, der → Nationaldemokratischen Partei Deutschlands (→ Rudolf Kendzia, Frank Schwerdt) und des Ostpolitischen Deutschen Studentenverbandes treffen hier auf Mitglieder der CDU (→ Heinrich Lummer), der Vertriebenenverbände (→ Dr. Herbert Czaja) und rechte Publizisten wie Gerhard Löwenthal oder Bodo Scheurig.[1]

Periodika: Die Zeitschrift *Preußische Mitteilungen* erscheint zweimonatlich unter der Verantwortung von Rolf Hasenpflug und liefert den Mitgliedern Aufsätze, Tagungsberichte und Veranstaltungshinweise. Ständiger Mitarbeiter war Georg Daniel († 1995), der auch direkt an dem nationalrevolutionären Zeitschriftenprojekt *Patriot* beteiligt war. Eine Schriftenreihe in loser Folge widmet sich der »wissenschaftlichen Erforschung der preußischen und deutschen Geschichte und Kulturgeschichte«.

Programmatik: Der Zollernkreis bekennt sich zu Prinz Louis Ferdinand zu Preußen und dessen dritten Sohn, seiner Kaiserlichen und Königlichen Hoheit Louis Ferdinand Prinz von Preußen, der am 25. September 1994 verstarb. Um Preußen wieder zum »Prägestempel« der Gesellschaft zu entwickeln, haben sie »es sich zur Aufgabe gemacht, Preußen und seiner großen Geschichte Gerechtigkeit wiederfahren zu lassen und der völkerrechtswidrigen Auslöschung Preußens auf Beschluß des Alliierten Kontrollrats vom Februar 1947 ein Ende zu setzen«.[2] Ziel ist die »Wiederherstellung Preußens, in den Gebieten, wo es gewünscht wird«, vor allem in den »Mitteldeutschen Kerngebieten«.

Zusammenarbeit: Eng verbunden mit dem Zollernkreis ist die Arbeitsgemeinschaft zur Förderung des Monarchistischen Gedankens Tradition und Leben e.V. Im Januar 1995 bildet der Berliner Beauftragte Gerd Poeschke unautorisiert das Preußische Colleg e.V. und wird daraufhin mit mehreren Mitgliedern aus dem Preußeninstitut ausgeschlossen.[3]

Bedeutung: In einer 1976 vom Vorstand der SPD erstellten Dokumentation wird der Zollernkreis als Organisation charakterisiert, welche das »ganze Spektrum von den demokratisch-konservativen bis zu den rechtsradikalen Organisationen« umfaßt.[4] Wehrte sich vor allem Stribrny mit dem Hinweis, daß die Kontakte zu rechtsradikalen Gruppen sich auf die Reichsgründungsfeier 1971 begrenzt hätten, so bietet die exklusive Vereinigung mit ihrem monarchistischen Ansinnen noch heute vielfältige ideologische Berührungspunkte, wenn es um die Forderung nach Wiederherstellung des ganzen Preußentums geht. (B)

1 Vgl. die Teilnehmerliste im Dokumentarischen Anhang von N. Neumann; J. Maes: Der geplante Putsch. Die Rechte in der BRD – Ihre Hintermänner und ihre Organisationen. Hamburg 1971, S. 196 ff.
2 Selbstdarstellung: Preußen, die Idee mit Zukunft! Remscheid 1992.
3 Schreiben an die Mitglieder vom Februar 1995.
4 Vgl. Die Welt vom 12.7.1976.

Rechtsextreme und neofaschistische Gruppen, Organisationen und Parteien

Aktion Freies Deutschland (AFD)

Gründung: 1977
Sitz: 37130 Hessisch-Lichtenau
Zahl der Mitglieder: unter 100
Funktionäre: → Wolfgang Juchem (Organisationssprecher)
Struktur: 1977 gründet Wolfgang Juchem die Friedensaktion Wiedervereinigung, die am 3. Oktober 1990 in Aktion Freies Deutschland (AFD) umbenannt wird. Die AFD existiert als loser Zusammenhang ohne feste Strukturen. Es werden keine Mitgliedsbeiträge erhoben, jedes Mitglied soll sich selbständig engagieren. Die regionalen Schwerpunkte der AFD liegen in Hessen, Thüringen, Leipzig und Berlin.
Aktivitäten: Die AFD tritt v. a. mit Propagandamaterial in Erscheinung, die Flugblätter, die in großer Zahl verschickt werden, stehen oft unter dem Titel *Volkstreue Stimme*. Vereinzelt werden eigene Veranstaltungen organisiert. 1994 ruft die AFD nach den Bundestagswahlen zur Gründung einer Volkstreuen Partei Deutschlands als neue Sammlungsbewegung auf.
Programmatik: Die AFD benennt Bismarck als ihr historisches Vorbild, fordert Ausländerrückführung und engagiert sich gegen die Europäische Union und den Vertrag von Maastricht. Sie leugnet die Kriegsschuld Deutschlands am Ersten und Zweiten Weltkrieg und verharmlost die nationalsozialistischen Verbrechen. »Historische Wahrheit ist (…) daß die Kriegs- und Nachkriegsverbrechen der ehemaligen Feindmächte bei weitem alle deutschen Schandtaten übertreffen (…)«[1].
Zusammenarbeit: Das Hauptanliegen der AFD ist es, die Einigung der rechtsextremen Gruppierungen voranzutreiben. In einer Selbstdarstellung heißt es: »Unser Freundeskreis demokratischer Patrioten beteiligt sich aktiv am politischen Meinungsbildungsprozeß. Wir unterstützen solche Parteien und Organisationen, die DEUTSCHLAND als das LAND DER DEUTSCHEN (Hervorhbg. i. O.) erhalten wollen.«[2]
Bedeutung: Die AFD ist vollständig auf ihren Sprecher Wolfgang Juchem ausgerichtet und verbreitet seine Schriften. Ihre Versuche, sich als Sammlungsbecken innerhalb des rechtsextremistischen Lagers zu etablieren, sind jedoch bisher fehlgeschlagen. (B)

1 Flugblatt »Volkstreue Stimme«. Der 8. Mai ist kein Feiertag.
2 Flugblatt »Deutschland nach der Wahl«. o.J..

Aktion Sauberes Deutschland (ASD)

Gründung: 1986

Kontaktadresse: Lörrach

Funktionäre: ASD-Gründer → Ernst Tag (Organisationsleiter), Markus Walter (Leiter der Ortsgruppe Pirmasens), Christoph Bauer (Leiter ASD-Ortsgruppe Lörrach), Alexander Larrass (bis Mai 1995 ASD-Ortsgruppenführer in Göppingen), Michael Neubauer (bis 1994 Leiter der ASD-Ortsgruppe Mühlhausen), Michael See (bis 1994 Leiter der ASD-Ortsgruppe Leinefelde); weiteres Mitglied: Bernd Koch aus Solingen.

Struktur: Laut Innenministerium bestehen Ortsgruppen der Aktion Sauberes Deutschland (ASD) in Kaiserslautern und Grenzach/Lörrach (Südbaden). Nach eigenen Angaben hat Tag bis zu seiner Inhaftierung am 23. Februar 1989 weitere Ortsgruppen in Hannover, Husum, Ludwigshafen, Otterberg, Solingen, Weil am Rhein und Worms gegründet. Darüberhinaus bestehen Ortsgruppen in Pirmasens, Bad Dürkheim, Leinefeld, Mühlhausen (Thüringen).

Aktivitäten: 1986 wird die ASD durch Ernst Tag gegründet. Diese liefert 1987 die Strukturen zur Gründung des → Internationalen Hilfskomitees für nationale politische Verfolgte und deren Angehörige e.V. (IHV). Während der Inhaftierung von Tag 1989–1992 ist es weitgehend ruhig um die Organisation. Im November 1994 schändet Alexander Larrass zusammen mit zwei weiteren Neofaschisten den jüdischen Friedhof in Jebenhausen bei Göppingen. Im Sommer werden die führenden ASD-Funktionäre Michael See und Michael Neubauer, die Ernst Tag einen autoritären Führungsstil vorwerfen, von diesem ausgeschlossen. See gründet daraufhin die Aktion Volkswille (AVW) und Neubauer den Freundeskreis Nationaler Sozialisten (FNS), der laut Neubauer aus Teilen der (»mitteldeutschen«) ASD-Struktur besteht und die sich am 7. Januar 1995 zum FNS/AVW zusammenschließen. Am 16. Januar kommt es wegen neonazistischer Betätigung zum Prozeß gegen den Leiter der ASD-Ortsgruppe Lörrach, Christoph Bauer, der verurteilt wird. Ende Mai legt Alexander Larrass in Erwartung eines Gerichtsverfahrens sein Amt als Ortsgruppenführer Göppingen angeblich nieder und erklärt seinen Ausstieg aus der rechtsextremen Szene. Wegen der Tätigkeit von Larrass für den Verfassungsschutz kommt es zum Streit zwischen der Tag-Truppe und der → Hilfsorganisation für nationale politische Gefangene und deren Angehörige e.V. (HNG), die dabei als von Mossad und Antifa durchsetzt bezeichnet wird und eng mit Antifas zusammenarbeiten soll.[1]

Periodika: Die unregelmäßig erscheinende Zeitschrift *Der Schulungsbrief – Das zentrale Schulungsblatt der ASD* dient nach eigenen Aussagen »der internen Schulung aktiver NS-Kämpfer«. Als Kontaktadresse wurde bis zu seiner Inhaftierung Christoph Bauer angegeben. Die erste Ausgabe des *Sonnenban-*

ner – Nationales Sozialistisches Monatsblatt wurde im März 1994 in Leine-felde (Thüringen) von Michael See als IHV-Zeitschrift herausgegeben. Nach dessen Ausscheiden aus der ASD gibt er das Blatt als Publikation des FNS/AVW heraus.

Programmatik: Tag bezeichnete als Ziel der ASD »die Schaffung einer poli-tischen Elite, die die weißen Menschen Europas wachrütteln und ihre bevor-stehende Vernichtung durch den Zionismus und Kommunismus verhindern soll.«[2]

Bedeutung: Angesichts der Isolierung von Ernst Tag im Lager der Neofa-schisten, der Schwächung der Strukturen durch die Austritte der aktivsten Gruppen um See und Neubauer in Thüringen sowie den juristischen Repres-salien gegen die führenden Kader tendiert der Einfluß der ASD innerhalb der neofaschistischen Kleingruppen gegen Null. (B)

1 Vgl. Schulungsbrief IHV e.V., Nr. 2/1995.
2 Zitiert nach K. Hirsch: Rechts von der Union. München 1989, S. 23.

Aktionspartei Nationalrevolutionärer Kameraden (ANK)

Gründung: März 1993 (aufgelöst im Juli 1993)
Sitz: Heidelberg
Zahl der Mitglieder: ca. 40
Funktionäre: Manfred Huck, → Michael Petri, Rene Rodriguez-Teufer, Chri-stian Hehl
Struktur: Im März 1993 benennt sich die seit Anfang 1992 im Rhein-Neckar-Raum agierende Aktionsfront Nationalrevolutionärer Kameraden in Aktions-partei Nationalrevolutionärer Kameraden (ANK) um. In der ANK schließen sich Neofaschisten zusammen, unter ihnen Mitglieder der verbotenen → Deutschen Alternative (DA). Im Juni 1993 treten die ehemaligen DA-Kader um Michael Petri wegen der Homosexualität Manfred Hucks aus. Sie bilden den Kern der → Deutschen Nationalisten (DN). Keine Bedeutung erlangt das Infotelefon der ANK, das von Marco Grün aus Schwetzingen betrieben wurde.
Aktivitäten: An Kameradschaftsabenden und Flugblattaktionen der Aktions-front beteiligen sich 1992 Mitglieder der DA und der National-Freiheitlichen Alternative. Im Januar 1993 werden bei Wohnungsdurchsuchungen Druck-platten und Waffen sichergestellt. Es ergehen Anzeigen wegen Volksverhet-zung, Waffenbesitz und Verwendung verfassungsfeindlicher Symbole. Im März werden im Rahmen der Ermittlungen wegen Fortführung der verbotenen DA Wohnungen von ANK-Mitgliedern durchsucht. Im Februar 1994 wird Manfred Huck wegen Volksverhetzung, Aufstachelung zum Rassenhaß und Verbreitung verfassungsfeindlicher Propaganda in *Der Kampf* verurteilt. Straf-

mildernd wird die Auflösung der ANK gewertet.

Periodika: Im Juni 1992 erscheint die erste Ausgabe von *Der Kampf*. Sie berichtet über Anti-Antifa-Arbeit und das Gedenken an Rudolf Heß und wird im Dezember indiziert. Eine zweite Ausgabe folgt im September 1992.

Programmatik: Im Aktionsprogramm der ANK wird in sozialkritischen Tönen eine »Gesamtkrise« der bundesdeutschen Gesellschaft beschworen, die »nur durch einen Sozialismus nationaler Prägung gelöst werden«[1] könne. Es werden Forderungen wie der Austritt aus der NATO und der EG gestellt.

Zusammenarbeit: Die ANK arbeitete eng mit dem Kreis der → Gesinnungsgemeinschaft der Neuen Front (GdNF) zusammen, vor allem im Rahmen der Anti-Antifa-Kampagne. Kameradschaftsabende fanden auf dem Anwesen der Familie Müller (→ Ursula Müller) in Mainz statt.

Bedeutung: Die ANK erlangte kurzfristige regionale Bedeutung als Klammer für die neofaschistischen Aktivisten der GdNF im Rhein-Neckar-Raum. Nach dem Verbot der DA bot sich die ANK als Auffangorganisation an, verlor nach Gründung der DN jedoch zusehends an Bedeutung. Führende Funktionäre wandten sich der → Freiheitlichen Deutschen Arbeiterpartei zu. (B)

1 Aktionsprogramm der ANK, o.J/o.O.

Althans Vertriebswege und Öffentlichkeitsarbeit (AVÖ)

Gründung: 1986

Sitz: 80336 München

Funktionäre: → Bela Ewald Althans, Stephan Niemann; Deutsches Jugendbildungswerk: Daniel Knecht, Oliver Bode, Stefan Jahnel

Struktur: Die Propagandazentrale AVÖ bezeichnet sich auch als Amt für Volksaufklärung und Öffentlichkeitsarbeit. Veranstaltungen und Bildungsarbeit finden unter dem Mantel des 1986 gegründeten Deutschen Jugendbildungswerkes (DJBW) statt, das als Sonderreferat des → Komitees zur Vorbereitung der Feierlichkeiten zum 100. Geburtstag Adolf Hitlers (KAH) entstand. Im Juni 1991 richtet die AVÖ eine Geschäftsstelle in München ein, deren Geschäftsführer Anfang 1992 Stephan Niemann wird.

Aktivitäten: Im April 1990 veranstaltet die AVÖ ein Treffen internationaler »Revisionisten« unter dem Motto »Wahrheit macht frei« im Münchner Löwenbräukeller. → David Irving, Raimund Bachmann,→ Karl Philipp und andere reden vor rund 800 Gästen. Im August bereitet die AVÖ den Rudolf-Heß-Gedenkmarsch mit vor. Ein »revisionistisches« Treffen mit 150 Teilnehmern wird im September in München durchgeführt. Im November spricht Zündel-Verteidiger Douglas Christie vor 200 Personen in München. Ein vom DJBW zu Sylvester angekündigtes »Mahnfeuer« an der deutsch-polnischen Grenze in Görlitz wird verboten. Im März 1991 beteiligt sich die AVÖ an dem

Versuch, einen internationalen Auschwitzleugner-Kongreß in München unter dem Titel »Wahrheit Freiheit Recht« durchzuführen. Als Referenten waren Fred Leuchter, sein Anwalt Kirk Lyons, David Irving, Robert Faurisson, Henri Roques und Gerd Honsik vorgesehen. Der Initiator → Ernst Zündel wird einen Tag vor dem Kongreß verhaftet. Mehr als 350 Personen beteiligen sich an einer Mahnwache an dem vorgesehenen Veranstaltungsort (Deutsches Museum). Im Juli 1992 organisiert das DJBW eine Rundreise mit Kirk Lyons (USA), die u. a. gemeinsam mit der → Deutschen Alternative (DA) und der → Nationalistischen Front bestritten wird. An einer Demonstration unter dem Motto »Drogendealer ins Arbeitslager«, die die → Nationale Offensive im März in Leipzig durchführt, beteiligt sich die AVÖ organisatorisch. 1993 ruft die AVÖ trotz offizieller Einstellung der Arbeit im Oktober 1992 zu einer Veranstaltung mit David Irving auf, der in München vor Gericht steht.

Publikationen: Über die AVÖ konnten die Publikationen aus Ernst Zündels Samisdat-Verlag bezogen werden, darunter auch Videofilme und Aufkleber. Im Programm finden sich Bücher von David Irving und von → Christian Worch verfaßte Broschüren über die Rudolf-Heß-Gedenkmärsche. In großer Zahl verschickte die AVÖ Rundschreiben und Pressemitteilungen.

Programmatik: Zündel versuchte über seinen Zögling Althans, »eine deutsche Zündelmannschaft nach dem canadischen Vorbild, einen Stab, auf den ich mich verlassen kann, der auch in meiner Abwesenheit entlang der großen Generallinie weitestgehend selbständig weiterarbeitet«[1], aufzubauen. Der Freundeskreis um das KAH-Mitglied Ewald Althans vertritt Zündels antisemitische und weltverschwörerische Thesen, die in der Leugnung der Massenmorde an Juden im Nationalsozialismus gipfeln.

Zusammenarbeit: Neben den engen Kontakten zu dem internationalen Kreis der »Revisionisten« baute die AVÖ seit 1990 ihre Verbindungen in Ostdeutschland aus, darunter zur DA und zur Halleschen Deutschen Jugend. Versuche, eine Niederlassung in Halle oder Görlitz zu etablieren, schlugen jedoch fehl. Für die jährlich stattfindenden Rudolf-Heß-Gedenkmärsche übernahm die AVÖ organisatorische Vorarbeiten, bei denen sie mit dem Kreis der → Gesinnungsgemeinschaft der Neuen Front kooperierte.

Bedeutung: Über die AVÖ und das DJBW schuf Ewald Althans eine Anlaufstelle für bundesdeutsche Anhänger des Deutsch-Kanadiers Ernst Zündel. Sie entfaltet in den Jahren 1990 bis 1993 die bisher umfangreichste Propaganda in seinem Sinne. Im Oktober 1992 stellt die AVÖ offiziell ihre Arbeit ein, jedoch nicht Ewald Althans, der zunächst von Kanada aus seine »revisionistischen« Aktivitäten weiterführte. Stephan Niemann baute in Bonn einen Freundeskreis Freies Deutschland auf. (B)

1 Zitiert nach A. Maegerle, S. Braasch: In: Der Rechte Rand, Nr 17, S. 19.

Arbeitskreis Unabhängiger Deutscher e.V. (AUD)
Gründung: 1980
Sitz: 70376 Stuttgart
Zahl der Mitglieder: ca. 100
Funktionäre: Karl-Heinz Reed, Joachim Loes; Mitarbeiter waren oder sind Kurt Neumann († 1990), Robert Polzin, Frank Schrempp, Franz Neumann, Rudolf Jung, Karl Cerny, Paul Ockert, Rainer Eitel, Klaus Stössel.
Struktur: Der noch heute existierende Arbeitskreis Unabhängiger Deutscher (AUD) entstand aus der Partei → Aktionsgemeinschaft Unabhängiger Deutscher des → August Haußleiter, die sich auf ihren Gießener Parteitag 1980 zugunsten der neugegründeten Grünen auflöste. Der Arbeitskreis bildete sich aus dem gegen die Selbstauflösung votierenden Flügel um Kurt Neumann. Dem AUD steht ein Beirat aus »achtzehn Fachleuten« zur Seite. Der Parteienstatus wird nicht mehr angestrebt. Vielmehr versteht man sich als »Träger und Vervielfältiger neuer politischer Ideen und Zulieferer für alle interessierte Kreise«[1]. Im November 1991 benennt sich der Arbeitskreis wieder in Aktionsgemeinschaft Unabhängiger Deutscher um.
Aktivitäten: Der Arbeitskreis verstärkt 1989 seine Arbeit mit Vorträgen in verschiedenen Städten, wobei er Wert auf »die notwendige Zusammenarbeit mit nonkonformen und deutsch-bewußten Kräften«[2] legt. In unregelmäßigen Abständen veranstaltet der AUD Aussprache-Kreise, unterstützt die Unabhängigen Aussprache-Kreise und ist Träger einer Frankfurter Bewegung[3]. 1991 strebt der AUD an, sein Engagement auf »Mitteldeutschland« auszudehnen und unter inhaltlichen Diskussionen eine Einigungsbestreben der »nationalen Rechten« voranzubringen. So veranstaltet er am 30. November 1991 eine Kundgebung und Diskussion mit dem Thema »Die Chancen der kleinen Parteien«. Redner sind u.a. Heiko Kühne (Leipzig, Vorsitzender der Partei Einheit Jetzt) und Hagen Palleske (zu diesem Zeitpunkt Vorsitzender der Partei Die Demokraten). Der Liedermacher Frank Rennicke bestreitet den musikalischen Teil des Abends.
Periodika: Die Zeitschrift *Die Aussprache. Mitteilungsblatt des Arbeitskreises Unabhängiger Deutscher* wurde von Kurt Neumann erstellt und erscheint seit dessen Tod unregelmäßig unter der Verantwortung von Karl-Heinz Reed. Seither schlägt sie deutlich rechtsextremere Töne an. Als Autoren benennt sie u.a.: Hans Georg Amsel, → Ernst Otto Cohrs, Richard Sperber, → Manfred Roeder und Erhard Kemper.
Programmatik: Der AUD versteht sich als »Gemeinschaft von Menschen (...) die sich für Selbstbestimmung, Selbstverwaltung, Volksabstimmung, Tierschutz, Freiwirtschaft, Selbsthilfe, Abschaffung von Vorrechten für die Herrschenden, Umwelt- und Lebensschutz« einsetzt.[4] Im Zentrum dieses Konglomerats steht jedoch der »Antikapitalismusansatz« des »Neuen Natio-

nalismus« und die Feindschaft zu den USA. Verschwörungstheoretisch verortet sie in der → Nationalsozialistischen Deutschen Arbeiterpartei/Auslands- und Aufbauorganisation und den Kreisen um → Michael Kühnen das Werk von Geheimbünden wie der Loge Thelema 750, die den Ruf Deutschlands schädigen wollen.

Zusammenarbeit: Über ihr Selbstverständnis als Ideenlieferant erstrecken sich die Kontakte des AUD zu einer Anzahl von rechtsextremen Kleinstgruppen. Auffallend ist der breite Raum, der Manfred Roeder in der *Aussprache* für die Berichterstattung über seine Aktivitäten in Ostpreußen zur Verfügung gestellt wird.

Bedeutung: Der sich mittlerweile wieder Arbeitsgemeinschaft Unabhängiger Deutscher nennende Verein geht vor allem auf die Bemühungen von Karl-Heinz Reed zurück. In seiner Bedeutung ist er nicht mit der früheren gleichnamigen Partei um August Haußleiter zu vergleichen. Er fristet eher das Dasein einer rechtsextremen Kleinstgruppe. (B)

1 Siehe die Selbstdarstellung »Geschichte der A-U-D«. O.J., S. 3.
2 Nach DESG-inform, Nr. 1/1990, S. 3.
3 Siehe die Selbstdarstellung »Standortbestimmung der A-U-D«. O.J.
4 Ebenda.

Aufbruch 94 – Deutscher Freier Wählerbund

Gründung: Frühjahr 1993
Zahl der Mitglieder: ca. 100
Funktionäre: → Prof. Emil Schlee (Gründungsmitglied, 1. Vorsitzender), Konteradmiral a.D. Günter Poser (stellvertretender Vors.), → Johanna Christine Grund, Prof. Alexander von Waldow (Landesvors. Schleswig-Holstein), Bertram Oertel, Joachim Weier, Dr. Helmut Fleck, Eva-Maria Geier, Franz-Josef Becher, Wolfdieter Graf Yorck von Wartenburg, Dr. Wolfgang Thüne u. a.

Struktur: Der zunächst als eingetragener Verein arbeitende Deutsche Freie Wählerbund versuchte, zahlreiche konservative bis rechtsextreme Freundes- und Arbeitskreise zum Aufbau einer Wahlpartei zusammenzufassen. Vorsitzender des Vereins war Emil Schlee. Aufbruch 94 begriff sich als »reine Kandidaten- und Wählerpartei, als Elite-Reservoir von ausgezeichneten Fachkräften anstatt einer Massenpartei«[1].

Aktivitäten: Der einzige halböffentliche Auftritt fand mit dem »Deutschen Konvent«, der konstituierenden Sitzung am 31. Oktober 1993 im Kronprinzenpalais in Berlin, statt. Es sprachen Werner E. Ablass (Staatssekretär a.D.), Gela Becker und → Günter Rohrmoser, letzterer zum Thema »Deutschland am Wendepunkt – Umkehr oder Niedergang«. Geplant war die Teilnahme an den Wahlen im Wahljahr 1994. Doch der Aufbruch 94 scheiterte bereits an der

Erbringung der notwendigen Unterstützungsunterschriften als Voraussetzung für die Kandidatur zu der Europawahlen.

Programmatik: Als Versammlung einer selbsternannten geistigen Elite traten sie vehement für die »Reduzierung des Parteienstaates« ein. Sie setzten sich für die »Stärkung der inneren Sicherheit« und den »Abbau der Staatsverschuldung durch Rückführung des sozialen Wildwuchses« ein.

Zusammenarbeit: Verbindungen bestanden zur Deutschen Volksversammlung von Dieter Korell, deren Präsident Emil Schlee war. Nach dem eigenen Scheitern bemüht sich Aufbruch 94, sich an Sammlungsbestrebungen von Kleinstparteien wie den Kissinger Kreis zu beteiligen. Der Kissinger Kreis wurde von Ekkehard Birkholz (Demokratische Erneuerung), Peter Recknagel (bayerischer Landesvorsitzender der → Deutschen Sozialen Union) und Horst Göttig (Bundesvorsitzender der Öko-Union) initiiert.

Bedeutung: Vergeblich versuchte Aufbruch 94, sich mit den Motto »Konservativ statt rechts« als neue Sammlungsbewegung zu etablieren. Von Beginn an fehlte die nötige Ausstrahlung, so daß das Ergebnis eher als Sammelbecken von Kleinstgruppierungen zu werten ist, die als Abspaltungen der → Republikaner entstanden. Im Sommer 1995 schließt sich Aufbruch 94 der Deutschen Sozialen Union an. (B)

1 DESG-inform, Nr. 12/1993, S. 2.

Die Bürger

Gründung: 1989
Sitz: Köln
Zahl der Mitglieder: ca. 50
Funktionäre: Bundesvorsitzender seit der Gründung ist Friedrich Ring aus Köln. Gemeinsam mit dem stellvertretenden Bundesvorsitzenden Joachim Weier und dem Funktionär Wilhelm van Zütphen war er 1989 in gleichen Funktionen bei der Deutschen Autofahrer Interessensgemeinschaft (DAFIG) aktiv. Weitere Funktionäre sind Manfred Zeise, Bertram Oertel, Manfred Svatek, Peter Dorn, Uwe Tessmann sowie die durch die Fusion mit der Partei Die Deutschen zugewonnenen Aktivisten Siegfried Müller, Wolfgang Michalsky und Klaus Schütze.

Struktur: Die Bürger ist die Nachfolgepartei der DAFIG, welche bereits 1988 von Friedrich Ring in Köln gegründet worden war. Die DAFIG ging ihrerseits aus der nicht mehr existierenden germanischen Kultgemeinschaft Wotans Wölfe hervor, in denen Ring und Joachim Weier als Hohepriester Mannus und Högni auftraten. Rings erstes Engagement beginnt 1982 im ausländerfeindlichen Deutschen Bürgerschutz. Die DAFIG fusioniert für die Kommunalwahlen vom 1. Oktober 1989 zu einem Wahlkampfbündnis mit den

→ Republikanern. Kaum in den Kölner Rat gewählt, spaltet sie sich wieder ab, und es wird die Parteigruppierung und eine Fraktion mit dem Namen Die Bürger gegründet. Aus der zunächst nur lokal agierenden Gruppe entstehen im Verlauf der folgenden zwei Jahre Landesverbände und Ortsgruppen in Hessen, Berlin und Thüringen. Auf einem sogenannten Vereinigungsparteitag in Köln haben sich Die Bürger am 1. Juni 1991 mit der bis dahin nur in Wiesbaden aufgetretenen Gruppierung Die Deutschen verbunden.

Aktivitäten: 1992 beteiligen sich Die Bürger an Wahlen in Berlin und Hessen. Gemeinsame Aktivitäten und Treffen verbinden sie mit dem Nationalen Jugendclub Zittau e.V. So findet im Juni eine Sonnenwendfeier in Zittau mit Vertretern der → Freiheitlichen Deutschen Arbeiterpartei, der → Nationalistischen Front, der → Nationaldemokratischen Partei Deutschlands, der → Deutschen Alternative und den Republikanern statt. Am 13. Juni 1992 wird der Parteiname in Die Bürger – die national-liberale Partei für Deutschland geändert. Im März 1993 nehmen sie an der Kommunalwahl in Hessen teil.

Periodika: Das seit 1991 erscheinende *Bürger Forum* enthält neben politischen Leitartikeln vornehmlich Berichte aus der Parteiarbeit und über Kontakte zu anderen Gruppierungen. Positiv wurde auf die Pogrome in Rostock Bezug genommen und die dabei entfesselte Gewalt als Wille des Volkes gegen das politische System gerechtfertigt. Die Redaktion wird von Bertram Oertel betreut.

Programmatik: Die Bürger bezeichnen sich selber als national-liberale Bewegung. Tatsächlich sind sie eine traditionelle rechtsextreme Partei. Sie betonen das Deutsche in Abgrenzung zu Ausländern und betreiben eine aggressive Agitation gegen Minderheiten und Flüchtlinge. Zudem vertreten sie radikale »Lebensschützer«-Positionen. Friedrich Ring wurde am 9. März 1993 zu einer Geldstrafe verurteilt. Er hatte in Flugblättern die These verbreitet, daß »Invasionsströme von Asylanten in der Einwohnerzahl einer Großstadt jährlich in Deutschland einfallen und uns ausplündern«.

Zusammenarbeit: Im Verlauf der 90er Jahre kam es zu Bündnissen mit Vertretern der Freien Wählergemeinschaft Frankfurt (FWF). 1992 entwickeln sich enge Kontakte zur → Unabhängigen Arbeiter-Partei.

Bedeutung: Die Bürger sind ein Sammelbecken von Aktivisten verschiedenster rechtsextremer Splitterparteien und Verbände. Mit populistischen Elementen wird versucht, sich einem möglichst breiten Wählerspektrum bekannt zu machen. Hinter der biederen Fassade eines nur den Buchstaben nach liberalen Parteiprogrammes werden völkische und rassistische Töne angeschlagen. Mit ihren ca. 50 Mitgliedern stellen Die Bürger jedoch nur eine kleine und nur in wenigen Regionen aktive rechtsextreme Partei dar. (DT/B)

Bürgerrechtsbewegung Solidarität (Bübo)

Gründung: 1992

Sitz: 55 023 Mainz

Zahl der Mitglieder: ca. 700

Funktionäre: Bundesvorsitzende: → Helga Zepp-LaRouche, Ehefrau des 1922 geborenen US-amerikanischen Millionärs Lyndon H. LaRouche jun. Sie ist außerdem Bundesvorsitzende der Europäischen Arbeiterpartei (EAP), des Schiller-Instituts und der Partei Patrioten für Deutschland. Stellvertreter: Anno Hellenbroich, Hartmut Cramer, Renate Rumpf. Bekannte »Patrioten« sowie LaRouche-Anhänger sind bzw. waren → Emil Schlee, Milton Croom, Prof. Friedrich August Freiherr von der Heydte, Vizeadmiral a.D. Karl Adolf Zenker, Brigadegeneral a.D. Paul-Albert Scherer (ehemals MAD).

Struktur: Die Partei ist eine Neugründung der »LaRouche-Connection«, einem multinationalen Geflecht von Verlagen, Organisationen und Institutionen des Rechtsextremisten Lyndon H. LaRouche. Sie steht am Ende einer Reihe von parallel weitergeführten Organisationen in der BRD, wie die 1974 gegründete EAP in Wiesbaden, das 1984 gegründete Schiller-Institut und die 1985 gegründete Partei Patrioten für Deutschland, die 1986 bei den Landtagswahlen in Niedersachsen antrat. Weitere LaRouche-Ableger sind Anti-Drogen-Koalition, Club of Life, Deutsch-französisches Komitee zur Förderung der Kernenergie, Fusions-Energie-Forum, Kernkraftkomitees, Private Akademie für Humanistische Studien. Landesverbände bestehen in Hamburg, Niedersachsen, Nordrhein-Westfalen, Hessen, Reihnland-Pfalz, Baden-Württemberg, Bayern, Berlin, Thüringen.

Aktivitäten: Im November 1992 wird die Partei Bürgerrechtsbewegung Solidarität (Bübo) als Nachfolge der Patrioten für Deutschlands gegründet. Sie mobilisiert 1993 für das Wahljahr 1994 mit dem Slogan »Wir haben das Patentrezept«. Helga Zepp-LaRouche hält eine Rede vor den Bergarbeitern in Bischofferode. Weiter nimmt die Bürgerrechtsbewegung Solidarität Kontakt mit nationalistischen Kräften in Osteuropa auf. Die Zeitschrift → *CODE* des Ekkehard Franke-Gricksch wird 1995 zum Sprachrohr von LaRouche. Anfang des Jahres 1996 gibt es Versuche, im Thüringer Landesbezirk des Deutschen Gewerkschaftsbundes (DGB) Fuß zu fassen. U. a. nehmen Parteifunktionäre der Bürgerrechtsbewegung an DGB-Betriebsrätekonferenzen teil. Bei den Landtagswahlen im März erhält die Partei in Baden-Württemberg 551 und in Rheinland-Pfalz 386 Stimmen.

Periodika: Das Hauptorgan der bundesdeutschen LaRouche-Parteien, die *Neue Solidarität*, erscheint seit Gründung der EAP 1974 als Wochenzeitung. Chefredakteurin ist Gabriele Liebig, als Herausgeber fungiert die Dr. Böttiger Verlags-GmbH in Wiesbaden. Die Zeitschrift *Fusion – Wissenschaft & Technik für das 21. Jahrhundert* erscheint vierteljährlich seit 1980, Herausgeber ist das Fusions-Energie-Forum e.V., verantwortlich zeichnet Wolfgang Lillge. Als Herausgeber von *Spuren und Motive – Informationsdienst für Innere Sicherheit* fungiert der Executive Intelligence Review Nachrichtendienst (EIRNA)/Wiesbaden unter Leitung von Anno Hellenbroich. Unter Elisabeth Hellenbroich erscheint seit 1982 vierteljährlich *Ibykus – Zeitschrift für Poesie, Wissenschaft und Staatskunst.*

Programmatik: Die von antisemitischem und autoritärem Gedankengut durchdrungene Programmatik der LaRouche-Parteien erscheint als ein willkürliches Gemenge aus Theorien von auch linken Philosophen, Schriftstellern und Sozialwissenschaftlern wie Karl Marx, Rosa Luxemburg, Antonio Gramsci, Plato, Wilhelm Leibnitz, Nikolaus von Kues und Friedrich Schiller. Ein bekanntes Zitat von Lyndon H. LaRouche: »Es ist nicht notwendig, braune Hemden zu tragen, um ein Faschist zu sein (…) Es ist nicht notwendig, ein Hakenkreuz zu tragen, um ein Faschist zu sein (…) Es ist nicht notwendig, sich selbst Faschist zu nennen, um ein Faschist zu sein. Es ist einfach nur notwendig, einer zu sein!«[1]

Zusammenarbeit: An der Veranstaltung des Kroatischen Nationalrates (HNV) zum Gedenken an den Gründungstag des »Unabhängigen Staates Kroatien« nahmen Vertreter des Schiller-Institutes teil. Albert Scherer ist Mitunterzeichner eines HNV-Solidaritätsaufrufes. Roy Frankenhouser, der »Große Drache« des Ku-Klux-Klan in Philadelphia, gehörte 1983 zur Sicherheitsmannschaft von LaRouche.

Bedeutung: Die Bürgerrechtsbewegung Solidarität ist in Deutschland Teil des parteipolitischen Flügels der LaRouche-Connection, deren Hauptbetätigungsfelder das Vorantreiben der Fusions- und Weltraumtechnik (SDI) sowie die Unterhaltung eines weltweiten Nachrichtendienstes ist, dem Verbindungen zu US-amerikanischen und westlichen Geheimdiensten nachgesagt werden. Als Wahlpartei ist die Bürgerrechtsbewegung unbedeutend. (B)

1 Neue Solidarität vom 7.7.1978.

Bund für Gesamtdeutschland – Ostdeutsche, Mittel- und Westdeutsche Wählergemeinschaft/Die neue deutsche Mitte (BGD)

Gründung: 10. August 1990
Geschäftsstelle: 47053 Duisburg
Zahl der Mitglieder: ca. 500
Funktionäre: Horst Zaborowski (Bundesvors.), Margot von Meiningen (stellvertretende Vors.), Brigitta Koschany (Schatzmeisterin), Gerda Saborowski-Baltruschat (Schriftführerin), Beisitzer: Siegfried Neubacher, Heinz-Harald Pockrandt, Wolfgang Koska. Als weitere Funktionsträgerin ist Renate Sappelt zu nennen.[2]

Struktur: Der BGD versteht sich als bundesweite Wahlpartei. Landesverbände und Arbeitsgruppen existieren in Bayern (Landesvorsitzende Dr. Astrid Witmer, Nordrhein-Westfalen (LV Lothar Bollwig), Baden-Württemberg (LV Sigrid Simon), Hessen (LV Gerhard Hilse), Niedersachsen (LV Gerda Saborowski-Baltruschat).

Aktivitäten: Öffentlich tritt der BGD sporadisch durch Teilnahme an verschiedenen Kundgebungen wie 1990 auf den Leipziger Montags-Demonstrationen und 1995 zu den Feierlichkeiten anläßlich des »Dresdner Völkermordes« auf. Die Teilnahme zur Bundestagswahl 1990 und zur Europawahl 1994 scheitert an den zu erbringenden Unterstützungsunterschriften. So liegt der Schwerpunkt der Organisation in der internen Arbeit, die vor allem in Arbeitsgruppen wie dem Arbeitskreis Verfassung Land Schlesien stattfindet.

Periodika: Das seit 1991 erscheinende *Mitteilungsblatt* entwickelte sich zu einem festen zweimonatigen Rundbrief mit dem Titel *Unsere deutsche Heimat. Gesamtdeutsche Zeitung für Politik, Gesellschaft und Recht*. Inhaltlich liefert sie auf den ca. 24 DIN-A5 Seiten lediglich sich immer wiederholende Grundsätze des BGD, Kopien von Aufrufen oder Berichte von Arbeitskreisen. Verantwortlich ist der Bundesvorsitzende Horst Zaborowski.

Programmatik: Das Programm besteht aus einem Konglomerat allgemeinpolitischer rechter Statements. Punkte wie »Austritt aus der EG«, die Förderung des »Heimatgedankens«, Bekämpfung der »Schwarzarbeit«, Eintritt für die »Gesundung von Boden und Wasser«, »Ablehnung von Schwangerschaftsabbrüchen« usw. sind aneinandergereiht. Der einzige Schwerpunkt liegt in den »politischen Leitsätzen für Gesamtdeutschland und die deutschen Siedlungsgebiete in Mittel-, Ost- und Südosteuropa«. Hier betont der BGD die »Nichtigkeit der aufgezwungenen Friedensverträge von Versailles (28. Juni 1919), Saint Germain (10. September 1919) und Trianon (4. Juni 1920)« und stellt weitreichende Gebietsansprüche: »Der Bund für Gesamtdeutschland stellt ferner fest, daß neben der Bundesrepublik Deutschland und der Republik Österreich Eupen-Malmedy, Elsaß-Lothringen, Südtirol, Sudetenland, Ostpommern, Westpreußen, Ostpreußen, Ostbrandenburg und Schlesien unverzichtbare Teile Gesamtdeutschlands sind« und »fordert die Rückführung aller vorgenannten Teile Gesamtdeutschlands«.

Zusammenarbeit: Eine Zusammenarbeit gibt es mit folgenden Gruppen: → Nationaldemokratische Partei Deutschlands, Schutzverein Österreichische Landsmannschaft, dem beantragten Verein Sudetendeutsche Rückkehr e.V., dem am 26. Februar 1995 in Stuttgart gegründeten Zentralrat der Vertriebenen Deutschen, Vereinigung der durch den Grenzvertrag (Gebietsabtretungsvertrag) vom 14. November 1990 Geschädigten, dem → Bund der Vertriebenen, deren Häuser immer wieder als Tagungsorte genutzt werden, sowie über einzelne Mitglieder (z.B. Neubacher) Mitarbeit in neofaschistischen Projekten wie der Zeitschrift *Der Scheinwerfer.*

Bedeutung: In maßloser Selbstüberschätzung sieht sich der BGD in der Tradition des → Bundes der Heimatvertriebenen und Entrechteten und der → Gesamtdeutschen Partei und will als »letzte Möglichkeit« eine angemessene Vertretung für über 10 Millionen deutsche Heimatvertriebene und über 2 Millionen Aussiedler mit deren Nachkommen schaffen. Mit ihrer »Aktion Privateigentumssicherung« versucht sie, Ansprüche jenseits der »Oder-Neiße-Linie« zu bündeln. (B)

1 Bundesvorstand nach Angaben des Bundeswahlleiters, Stand 2.8.1994.
2 Renate Sappelt wurde bei der Vorstandswahl des Landesverbandes Nordrhein-Westfalen am 19.8.1992 zur Kassenprüferin gewählt. Vgl. Unsere Deutsche Heimat, Nr. 10.

Bund Heimattreuer Jugend (BHJ) – Der Freibund

Gründung: 1958
Sitz: Remscheid
Kontaktadresse: 37005 Göttingen
Funktionäre: Rüdiger Dorff (Bundesführung 1995), Dierk Wagenschein (Leitstelle Nord 1995), Annika Jessen (Leitstelle West 1995), Bernd Widmer (Leitstelle Süd 1995), Ludger Bünger (Bundesgeschäftsführung 1996).
Struktur: Der bundesdeutsche Bund Heimattreuer Jugend (BHJ) wurde nach dem Vorbild des BHJ in Österreich aufgebaut. Hans Hübner (Ex-Reichsjugend, die Jugendorganisation der → Sozialistischen Reichspartei) gründet 1958 den BHJ-Franken. Es folgt der Aufbau weiterer, nur lose miteinander verbundener Gruppen. 1960 wird der BHJ als bundesweite Organisation gegründet. Die Strukturen werden ausgebaut, dennoch zerfällt der Bund aufgrund innerer Streitigkeiten und staatlicher Repression. 1962 schließen sich die übriggebliebenen Gruppen zum neuen BHJ e.V. zusammen. Die Standorte als kleinste selbständige Einheit des BHJ werden von den Leitstellen koordiniert.[1] Die Mitglieder sind zwischen sieben und 26 Jahre alt. 1988 beschließt die Mehrheitsfraktion um Bundesführer Henning Otto die Umbenennung in BHJ – Der Freibund e.V. Dieser Flügel fordert die Reformierung des Bundes, eine verstärkte Bezugnahme auf bündische Traditionen und ein gemäßigteres Auftreten in der Öffentlichkeit. Als Symbol wird nun statt der Odalsrune die aufgehende Sonne auf schwarzer Fahne gewählt. 1983 spaltet sich fast die gesamte Leitstelle West ab und tritt seitdem als Gemeinschaft Volkstreuer Jugend auf. 1990 wird von dem Flügel um den ehemaligen Bundesführer Michael Will und den Bundeskassenwart Hans Soltner → Die Heimattreue Jugend e.V. gegründet.[2]
Aktivitäten: Im Mittelpunkt der Aktivitäten des BHJ und des Freibundes steht die Durchführung von Fahrten und Lagern sowie politisch-kulturelle

Schulungen. Außerdem werden Leitstellentage, Älterentreffen und Veranstaltungen wie Sonnenwendfeiern durchgeführt. 1961 wird der BHJ-Standort Westberlin wegen Störaktionen und Herstellungsplänen von Blend- und Sprengkörpern aufgelöst. Ab 1963 entwickelt sich der BHJ neben der → Wiking Jugend (WJ) zur wichtigsten Kraft innerhalb des → Kameradschaftsringes Nationaler Jugendverbände (KNJ). 1965 schließt sich der BHJ dem → Arbeitskreis Volkstreuer Verbände an. Ab 1969 schafft er es als eine der wenigen nationalistischen Jugendgruppen, seine Strukturen bis in die siebziger Jahre hinein zu retten. Die Führungsspitze spaltet sich in einen v. a. an der → Nationaldemokratischen Partei Deutschlands orientierten und einen auf Reformen und an der historischen bündischen Jugend ausgerichteten Flügel. 1974 beginnen sich mit der Wahl von Hartmut Voigts zum Bundesführer die Modernisierungsbefürworter durchzusetzen, dieser Prozeß wird durch seinen Nachfolger Gernot Mörig beschleunigt. Seit Ende der siebziger Jahre versucht der BHJ, sich von seinem rechtsextremen Ruf zu lösen und tritt moderater in der Öffentlichkeit auf. Mitte der 80er Jahre kommen die Aktivitäten u. a. wegen internen Streitigkeiten fast vollständig zum Erliegen, die Mitgliederzahl geht von vormals 400–500 auf ca. 100–200 zurück. Seit Ende der 80er Jahre werden verstärkt Reisen in die ehemaligen deutschen Gebiete in Osteuropa unternommen.

Periodika: *Na klar! Jugendzeitschrift für Umwelt, Mitwelt, Heimat* erscheint seit 1983 vierteljährlich und enthält Fahrtenberichte, Interviews und ideologische Grundsatzartikel. Schriftleiter ist Gernot Dorff. Zuvor erschienen die *Nachrichten der Nationalen Jugend* von 1963–1966 (zugunsten von *Der neue Aufbruch* des KNJ eingestellt), der *Jugendpressedienst* und 1976–1983 *Der Trommler.*

Programmatik: Der Freibund setzt die Entwicklung des BHJ seit den siebziger Jahren fort und sieht sich in der Tradition der historischen bündischen Jugend. Mittelpunkt der Ideologie ist ein mythisches Naturverständnis, die Forderung nach »ganzheitlicher« Erfahrung im Rahmen der »Gemeinschaft« und der Rückgriff auf germanische Überlieferungen.[3]

Zusammenarbeit: Obwohl der BHJ eng mit verschiedenen Organisationen zusammenarbeitete, hat er sich doch seine Eigenständigkeit bewahrt. Unterstützung erhielt er v. a. von dem Freundeskreis der Nationalen Jugend, der Nationaldemokratischen Partei Deutschlands und dem → Deutschen Kulturwerk Europäischen Geistes, ab 1979 von der → Deutschen Kulturgemeinschaft. Er arbeitete eng mit der WJ zusammen, distanzierte sich aber 1978 aufgrund ihres paramilitärischen Charakters von ihr. Der Freibund hatte Kontakte zum Collegium Humanum. Kooperiert wird mit der → *Jungen Freiheit.* Seit 1976 finden Treffen mit dem Überbündischen Kreis völkisch-bündischer Gruppen statt, der Freibund hält besonders mit dem → Freundeskreis der

Artamanen Verbindung. Doppelmitgliedschaften bestehen mit den Mitgliedsverbänden der → Deutschen Gildenschaft.
Bedcutung: Der BHJ war neben der WJ eine der wenigen kontinuierlich
arbeitenden rechtsextremistischen Jugendorganisationen. Aus seinen Reihen
sind u. a. → Jürgen Rieger, → Hans-Michael Fiedler und Gisa Pahl hervorgegangen. Der Freibund verfügt zwar bei weitem nicht über die Integrationskraft
des alten BHJ, spricht aber dennoch Jugendliche im vorpolitischen Raum an
und bindet sie an seine Programmatik. (B)

1 Vgl. P. Dudek; H.-G. Jaschke: Rechtsextremismus in der Bundesrepublik. Opladen 1984, S. 437 ff.
2 Vgl. blick nach rechts, Nr. 11/1993, S. 4 f.
3 Vgl. V. Wölk: Natur und Mythos. Duisburg 1992, S. 17.

Deutsch-Europäische Studiengesellschaft (DESG)
Gründung: 1972
Sitz: 20419 Hamburg
Funktionäre: Heinz-Dieter Hansen (Geschäftsführer und Herausgeber des
Jungen Forums), → Lothar Penz, → Klausdieter Ludwig. Im Gründungsver-
trag des als GmbH geführten Verlages Deutsch-Europäischer Studien finden
sich als Gesellschafter: Klaudieter Ludwig, Uwe Michael Troppenz (Pseud-
onym Michael Meinrad), → Günter Deckert und → Peter Dehoust.
Struktur: Die DESG ist ein personeller Zusammenhang, welcher durch seine
Tätigkeit (Informationsdienst, Theoriehefte und Tagungen) breitenwirksam
für das gesamte Lager des Rechtsextremismus wirken will.
Aktivitäten: Anfang der 60er Jahre werden regelmäßige Koordinationsrunden
und Strategietreffen, nach dem nordhessischen Tagungsort Sababurgrunde
genannt, ausgerichtet. Der Gönner- und Förderkreis, der sie trägt, nennt sich
Ende der 60er Jahre Deutsch-Europäische Gesellschaft. 1972 entsteht aus diesen Aktivitäten die Deutsch-Europäische Studiengesellschaft (DESG) und der
personell eng verflochtene Verlag Deutsch-Europäischer Studien GmbH, der
das *Junge Forum* herausgibt. Ende der 70er Jahre verliert die DESG an
Bedeutung. 1984/85 wird die Gesellschaft wieder aktiviert und nimmt ihren
Seminarbetrieb wieder auf. Zu Themen wie »Zur Bilanz der Grünen Bewe-
gung – zukünftige Perspektiven ökologischer Politik« referieren u. a. → Rolf
Kosiek (→ Nationaldemokratische Partei Deutschlands), Ursula Haverbeck-
Wetzel (→ Weltbund zum Schutze des Lebens) und → Herbert Gruhl (→ Öko-
logisch-Demokratische Partei). Seit 1985 wird der Informationsdienst →
DESG-inform herausgegeben. Von 1991 bis 1993 verstärkt die DESG unter
dem Titel »Denkfabrik Europa der Völker« ihre Tagungstätigkeit in Berlin. Zu
Themen wie »Das souveräne Deutschland braucht ein souveränes Volk« treten
Referenten wie → Wolfgang Strauss, → Wolfgang Seiffert, Hrvoje Lorkovic,

Klaus Kunze, → Reinhold Oberlercher, Andreas Mölzer, → Hans-Dietrich Sander und Johannes Pauli auf. Im Mai 1993 wird die Tagung aufgrund antifaschistischer Proteste abgebrochen.

Periodika: Das *Junge Forum* erscheint seit 1964 in unregelmäßigen Abständen und dient in seiner dünnen DIN-A5 Aufmachung als Schriftenreihe zur Theoriebildung eines heterogenen Spektrums des Rechtsextremismus. Themen sind regionalistische, befreiungsnationalistische sowie ökologische Überlegungen zum Nationalismus des »Dritten Weges« in Europa. Autoren sind u. a. Alain de Benoist, Carl Sarnau, → Peter Bahn, Luc Pauwels, Robert Steuckers, Albrecht Jebens, Lothar Penz, Gerhard Opitz, → Henning Eichberg, Rolf-Josef Eibicht, → Karlheinz Weißmann und → Gerd-Klaus Kaltenbrunner. Die Auflage wird auf 300–400 Stück geschätzt. Seit 1985 erscheint als Informationsbulletin *DESG-inform*.

Programmatik: Die DESG entstand aus den sich nationalrevolutionär begreifenden Zusammenhängen der 70er Jahre. Organisatorischer Keim waren die sich »Solidaristen« nennenden Gruppen wie die Solidaristische Volksbewegung (SVB) um Lothar Penz. Ihr agitatorisches Hauptarbeitsfeld ist bis Mitte der 80er Jahre die ökologische Bewegung. Mit ihren befreiungsnationalistischen und auf die Region aufbauenden völkischen Konzepten versucht sie, Einfluß in sozialen Bewegungen zu gewinnen. Zu Beginn der 90er Jahre diskutiert sie auf ihren Tagungen verstärkt Reinhold Oberlerchers »Reichsverfassungsentwurf« und sein »100–Tage Programm der nationalen Notstandsregierung«.

Zusammenarbeit: Die DESG arbeitet mit einer Vielzahl von Gruppierungen zusammen. Das Spektrum der Tagungsteilnehmer reicht von Mitgliedern der mittlerweile verbotenen → Freiheitlichen Deutschen Arbeiterpartei bis zu Andreas Mölzer von der Freiheitlichen Partei Österreichs. Für die Erstellung von *DESG-inform* werden ihr Zeitschriften aus der ganzen Bandbreite des Rechtsextremismus zugesandt. Einen besonderen Wert legt das DESG auf Kontakte ins europäische Ausland.

Bedeutung: Mit der Reihe *Junges Forum* legte die DESG Grundlagen zur Aktualisierung des ideologischen Fundaments des Rechtsextremismus. An ihre Bedeutung in den 70er Jahren konnte sie jedoch nicht mehr anknüpfen und dient seither in erster Linie als Vermittler von Informationen durch ihr Bulletin *DESG-inform*. (B)

Deutsch Nationale Partei (DNP)

Gründung: 1992
Zahl der Mitglieder: 50–100
Funktionäre: Thomas Dienel (Bundesvorsitzender); weitere Mitglieder: Wilhelm Köberich, Heiko Taubeneck, Andreas Rachhausen

Struktur: Die Deutsch Nationale Partei (DNP) ist regional beschränkt auf Thüringen. Nach Dienels Austritt aus der → Nationaldemokratischen Partei Deutschlands (NPD) 1991 lösten sich einige NPD-Kreisverbände in Thüringen auf bzw. traten zur DNP über.

Aktivitäten: Die DNP wird am 19. April 1992 in Wechselburg (Sachsen) unter Federführung von Thomas Dienel (ehemaliger Landesgeschäftsführer der Deutschen Sexliga in Weimar) gegründet. Am 20. Juli, nach dem Tod des ehemaligen Vorsitzenden des Zentralrats der Juden in Deutschland, Heinz Galinski, ist die DNP (u. a. Dienel) an einer Aktion in Erfurt beteiligt, bei der Schweinsköpfe in den Vorgarten der Jüdischen Gemeinde geworfen werden. Auf Zetteln steht »Jedes Schwein stirbt, auch Du Heinz«. Im September berichtet *Spiegel-TV*, daß DNP-Mitglieder Wehrsportgruppen für den Einsatz gegen Asylbewerberheime trainieren. Am 9. Dezember wird Dienel u. a. wegen Volksverhetzung und Verunglimpfung des Andenkens Verstorbener zu zwei Jahren und acht Monaten Freiheitsstrafe ohne Bewährung verurteilt. Am selben Tag wird auch der Antrag auf Aberkennung seiner politischen Grundrechte gestellt. 1995 ruft Dienel, noch in Haft, die DNP-Mitglieder zum Beitritt im Volksbund Deutsches Reich (VDR) des Klaus Hascher in Nürnberg auf. Am 24. Dezember wird er aus der Haft entlassen.

Programmatik: Das DNP-Programm enthält Forderungen wie »Brechung der Zinsknechtschaft« und »Kampf gegen Ausländer und Kommunisten« sowie Arbeitslager für ausländische Arbeitnehmer. Zitate von Dienel: »Leider hat die junge Generation noch keinen Juden umgebracht« und »Noch mehr Fidschis und Neger müssen brennen«.[1]

Zusammenarbeit: Die DNP trat in zahlreichen spektakulären Aktionen mit Gruppen der → Gesinnungsgemeinschaft der Neuen Front auf, in die sie selbst mit eingebunden ist.

Bedeutung: Die neofaschistische DNP ist ein Produkt des ehemaligen FDJ-Funktionärs Thomas Dienel, der es verstand, der Partei durch öffentlichkeitswirksame Auftritte einen völlig überschätzten Stellenwert im neofaschistischen Lager zu geben. Nach dessen Inhaftierung verfiel die formal weiterbestehende DNP endgültig in die Bedeutungslosigkeit. (B)

1 Spiegel-TV, September 1992.

Deutsche Alternative (DA)

Gründung: 5. Mai 1989 (verboten am 10. Dezember 1992)
Sitz: Cottbus
Zahl der Mitglieder: ca. 700
Funktionäre: → Frank Hübner (Bundesvorsitzender), René Koswig und Karsten Wolter (Stellvertreter), Thomas Herfurth (Schatzmeister). Landesvorsit-

zende: → Michael Petri (Rheinland-Pfalz), Roman Dannenberg (Sachsen), → Arnulf Winfried Priem (Berlin).

Struktur: Die DA ging 1989 in Bremen aus dem Kühnen-treuen Landesverband der → Freiheitlichen Deutschen Arbeiterpartei (FAP) hervor. In der Folge treten Anhänger der → Gesinnungsgemeinschaft der Neuen Front (GdNF), aber auch Mitglieder der → Nationaldemokratischen Partei Deutschlands (NPD) oder der → Republikaner bei, so im Sommer 1991 die gesamte Führung der NPD Berlin-Brandenburg. 1989/90 verzeichnet die Partei einen starken Mitgliederzuwachs in dem Gebiet der ehemaligen DDR durch die Eingliederung Kühnen-treuer Kameradschaften. Am 16. März 1990 wird die Deutsche Alternative Mitteldeutschland gegründet, der die → Nationale Alternative beitritt. Die DA ist von ihrer Gründung an Bestandteil der GdNF und bildet die «Mitteldeutsche SA». Die Frauen in den Reihen der DA sind seit Frühjahr 1990 Mitglieder der → Deutschen Frauenfront. Auf einem Bundestreffen im Juli 1991 in Duisburg übernehmen nach dem Tode → Michael Kühnens mit Frank Hübner als Vorsitzender und René Koswig als Stellvertreter junge ostdeutsche Kader den Verband. Über 80 westdeutsche Mitglieder verlassen aufgrund ihrer Abstimmungsniederlage (sie wollten die Partei, um einem Verbot zuvorzukommen, auflösen) die Partei. Sie bilden in der Folge das Deutsche Hessen, den → Nationalen Block, die Volkstreue Liste und den Deutschen Weg. Zum Zeitpunkt des Verbots bestehen Landesverbände in Rheinland-Pfalz, Brandenburg, Sachsen, Berlin und Bremen. Die DA kann in Cottbus drittstärkste Mitgliederpartei noch vor der SPD werden. Der Aufbau einer Deutsch-Alternativen Jugend steht zum Zeitpunkt des Verbotes noch am Anfang.

Aktivitäten: 1989 und in den folgenden Jahren nimmt die DA an den Rudolf-Heß-Gedenkmärschen teil, ebenso wie im November 1990 und 1991 an den Heldengedenkaufmärschen in Halbe. Im Oktober 1991 organisiert die DA ein Konzert mit den Nazi-Skinhead-Bands Skrewdriver (GB) und Störkraft in Cottbus, in dessen Vorfeld es zu schweren Ausschreitungen kommt. Auf einem Landesparteitag in Hoyerswerda im November werden die Ausschreitungen gegen Flüchtlinge bejubelt. Im April 1992 nimmt die DA an der Kundgebung wegen des Todes von Rainer Sonntag in Dresden teil. Im Sommer ruft die Parteiführung zur aktiven Teilnahme am Krieg in Kroatien auf und beginnt mit dem Aufbau von Wehrsportgruppen. Im Oktober 1992 wird der Plan der DA bekannt, Mobile Einsatz-Kommandos aufzustellen. Diese sollen unter Einbeziehung anderer Organisationen für gewalttätige Aktionen bereitstehen. Auch nach dem Verbot im Dezember 1992 versammeln sich die Mitglieder der DA auf verschiedenen, vorzugsweise von der NPD angemeldeten Treffen. Im Juli 1993 werden bei Durchsuchungen von über 65 Wohnungen und Treffpunkten Propagandamaterial und Waffen sichergestellt. Im Dezember 1993 wird bundesweit gegen über 100 Personen wegen des Verdachts der Fortführung der Partei ermittelt, gegen 16 Angeklagte wird im September 1995 ein Verfahren in Koblenz eröffnet.

Periodika: Ab Januar 1992 gibt die DA den *Brandenburger Beobachter* als Mitteilungsblatt der Partei heraus. Bis zum Verbot erscheinen fünf Ausgaben, die Auflage lag bei 500 Exemplaren. Neben Berichten über parteieigene Aktivitäten, z.b. von Demonstrationen und Kundgebungen, finden sich Hetzartikel gegen Vertreter der jüdischen Gemeinde oder gegen Verbände und Publizisten, die für ihr antifaschistisches Engagement bekannt sind. Von der → Hilfsgemeinschaft für nationale politische Gefangene und deren Angehörige e.V. werden die Gefangenenlisten übernommen.

Programmatik: In ihrem Parteiprogramm präsentiert sich die DA als die »wirkliche Alternative«. Sie strebe »nach einer stolzen und glücklichen Zukunft des deutschen Volkes«. Ihre Hauptforderungen kreisen alle um die Wiederherstellung des deutschen Reiches und der »Förderung eines gesunden Nationalstolzes«. Die Beseitigung der wirtschaftlichen Probleme sieht die DA vorrangig in einer »konsequenten Ausländerrückführung« und der allgemeinen Nationalisierung der deutschen Politik. Neben dem Austritt aus der EG verlangt sie Volksgruppenrechte für die »Osteuropadeutschen«[1].

Bedeutung: Die Deutsche Alternative setzte den Plan der GdNF um, eine DDR-weite legale Partei aufzubauen, wie es im sogenannten *Arbeitsplan Ost* vom Januar 1990 festgehalten wurde. Ihr Konzept, junge Männer in SA-Manier für den Kampf gegen »das System« und gegen die Ausländer in Deutschland zu mobilisieren, griff vor allem in Ostdeutschland. Mitglieder der DA waren an vielen Angriffen auf Flüchtlinge beteiligt, so in Rostock und Cottbus. Die Verbotsverfügung vom 8. Dezember 1992 führt alleine drei Angriffe auf Flüchtlingsheime auf, nach denen DA-Mitglieder unter Tatverdacht festgenommen wurden, und erwähnt »weitere Ermittlungsverfahren wegen vergleichbarer Straftaten«[2]. Nach dem Verbot engagieren sich die Funktionäre bei den → Deutschen Nationalisten, der NPD und den → Nationalen. (B)

1 Parteiprogramm der DA, verabschiedet auf dem Gründungsparteitag in Bremen am 5.5.1989.
2 Pressemitteilung des Bundesministeriums des Innern vom 10.12.1992.

Deutsche Bürgerinitiative (DBI)

Gründung: Dezember 1971
Sitz: 34639 Schwarzenborn
Zahl der Mitglieder: unter 100
Funktionäre: → Manfred Roeder, Gertraud Roeder
Struktur: Die Deutsche Bürgerinitiative (DBI) entsteht Ende 1971 durch die Umbenennung der Bürgerinitiative gegen moralische und politische Anarchie

e.V. Sie vereinigt den Freundeskreis um Manfred Roeder. Die DBI verfügt bis zum Herbst 1973 über die amtlich anerkannte Gemeinnützigkeit. Seit 1975 finden Treffen auf dem sogenannten »Reichshof« in Schwarzenborn statt, wo Roeder und seine Familie wohnen. Die DBI tritt zeitweise unter dem Namen Freiheitsbewegung Deutsches Reich (ab 1975) bzw. Europäische Freiheitsbewegung (ab 1979) auf.

Aktivitäten: Seit den 70er Jahren finden mehrmals jährlich und teilweise monatlich Freundestreffen sowie Sonnwendfeiern auf dem »Reichshof« statt. Die DBI beteiligt sich umfangreich an der Auschwitz-Leugnung und betreibt die Rehabilitierung der verurteilten deutschen NS-Kriegsverbrecher. So forderte sie die Freilassung von Rudolf Heß. In den Jahren 1973 und 1974 wird mehrmals eine polnische Ausstellung über das KZ Auschwitz gestört. Im Mai 1975 findet ein sogenannter »Reichstag« in der Nähe von Flensburg statt. Unter 100 Neofaschisten befinden sich auch Vertreter aus Dänemark, Österreich und Südafrika. Roeder wird zum Sprecher bestimmt. Im Jahre 1977 versucht Roeder zweimal erfolglos, einen Auschwitz-Leugner-Kongreß durchzuführen. Roeder entzieht sich 1978 einer anstehenden Haftstrafe durch Flucht. Durch seine anschließenden terroristischen Aktivitäten bei den → Deutschen Aktionsgruppen und einer daraus resultierenden mehrjährigen Haftstrafe erlahmen die Tätigkeiten der DBI bis 1990 fast vollständig. Es bildet sich das Hilfswerk Manfred Roeder, über das Gertraud Roeder die Propaganda ihres Ehemannes weiterführt und Solidaritätsarbeit initiiert. Das Hilfswerk gibt den Rundbrief *Der Fackelträger* heraus. Im Februar 1993 gründet Roeder das → Deutsch-Russische Gemeinschaftswerk – Förderverein Nord-Ostpreußen.

Periodika: Die monatlichen Rundbriefe *Deutsche Bürgerinitiative – weltweit* erscheinen nach eigenen Angaben seit 1970. Das Blatt erreicht angeblich eine Auflage von mehreren tausend. Die englische Übersetzung der Rundbriefe – *Teutonic Unity* – wird im Januar 1994 eingestellt. Roeder begründet dies mit der Konzentration auf seine Arbeit in Deutschland und in Osteuropa. Der von Roeder vierteljährlich herausgegebene *Deutsche Jahrweiser* erscheint seit 1980. Er enthält Gedichte und Betrachtungen zu historischen Tagesereignissen.

Programmatik: Die DBI erstrebt laut Satzung »(...) eine Erneuerung unserer Staats- und Sittenordnung und will den sittlichen Verfallserscheinungen entgegentreten. Insbesondere soll die seuchenartige Ausbreitung von Rauschgift, Geschlechtskrankheiten und Gewalttätigkeiten verhindert und die allgemeine Volksgesundheit gefördert werden. Der Verein betreibt Volksbildung und Erziehung zur Rettung der eigenständigen deutschen Kultur in Verantwortung vor Gott und Liebe zum eigenen Volk und Vaterland.«[1] Im Mittelpunkt steht eine durch Roeder betriebene aggressive antisemitische Hetze, verbunden mit dem offenen Bekenntnis zum nationalsozialistischen Regime. So bezeichnete er die BRD als eine »zionistische Kolonie« und Simon Wiesenthal als »neue(n) Gauleiter von Deutschland«[2]. Demokratie gilt ihm als »Pervertierung jeder Rechts- und Sittenordnung«. »Alles, was man uns nach dem Krieg über Auschwitz erzählt hat, natürlich auch über alle anderen Konzentrationslager, ist erstunken und erlogen (…) Jeder Mensch, der sein Volk liebt, muß praktisch [sic] gegen dieses jüdische Element sein, das sich in seinem Volk einnistet.«[3]

Zusammenarbeit: In den 70er Jahren arbeitet die DBI eng mit → Thies Christophersen und dessen Bürger- und Bauerninitiative, mit dem → Kampfbund Deutscher Soldaten des Erwin Schönborn sowie mit der → Wehrsportgruppe Hoffmann zusammen. Durch Roeder bestehen Kontakte ins europäische Ausland, so nach Österreich, in die Schweiz, nach Spanien, nach Großbritannien, aber auch in die USA.

Bedeutung: Die DBI dient von Beginn an dem Freundeskreis um Manfred Roeder als organisatorisches Dach für dessen Aktivitäten. In den Anfangsjahren verfolgt Roeder das Konzept medienwirksamer und provokatorischer Aktionen, deren Ziel die Rehabilitierung des Nationalsozialismus war. Seine aggressive Propaganda mündete in die terroristischen Aktivitäten der → Deutschen Aktionsgruppen. Die zwischenzeitliche politische Zurückhaltung nach seiner Haftstrafe ist den Aktivitäten im ehemaligen Ostpreußen durch das Deutsch-Russische Gemeinschaftswerk seit der Wiedervereinigung gewichen. (B)

1 Satzung der DBI. Zitiert nach J. Reents-Verlag (Hrsg.): »NSDAP«-Propagandisten unter der Lupe. Hamburg 1978, S. 23 f.
2 25. Roederbrief, Oktober 1974. Zitiert nach J. Reents-Verlag, 1978, S. 51 (s. Anm. 1).
3 Roeder in dem Film »Nazis – gibt's die noch?« Zitiert nach PDI-Taschenbuch 6: Bericht über neonazistische Aktivitäten. München 1980, S. 62.

Deutsche Frauenfront (DFF)

Gründung: 1984

Funktionärinnen: Vorsitzende ist seit 1990 Esther Wohlschläger.

Struktur: Die in Gaue unterteilte DFF vereinigt die Frauen innerhalb der → Gesinnungsgemeinschaft der Neuen Front (GdNF). Sie ist die Nachfolgeorganisation des Mädelbundes der verbotenen → Aktionsfront Nationaler Sozialisten/Nationale Aktivisten (ANS/NA). → Ursula Müller, Vorsitzende seit 1984, wird 1988 wegen ihrer Stellungnahme gegen → Michael Kühnen in der Homosexualitätsdebatte ausgeschlossen. Ursula Worch wird ihre Nachfolgerin. 1989 belebt die Verlobte Michael Kühnens, Esther »Lisa« Wohlschläger, die DFF neu. Die weiblichen Mitglieder der → Deutschen Alternative und der hessischen → Freiheitlichen Deutschen Arbeiterpartei (FAP) werden der DFF eingegliedert. Zu diesem Zeitpunkt – Ende 1990 – hat die DFF nach Eigenangaben 50 Mitglieder.

Aktivitäten: Die DFF wurde von Zeit zu Zeit zu Propagandazwecken tätig, entfaltete ansonsten aber keine eigenen Aktivitäten. In den Gauen wurden sporadisch Kameradschaftsabende und »Mädellager« durchgeführt.

Periodika: Seit Anfang 1986 erscheint *Die Kampfgefährtin* als monatliche Mitgliedszeitschrift, Auflage 100 Stück (nach Eigenangaben). Inzwischen ist sie eingestellt.

Programmatik: Historisches Vorbild der DFF ist die NS-Frauenschaft. Ihr Programm beginnt mit den Worten: »Durchdrungen von der Erkenntnis, daß die Reinheit des deutschen Geistes und Blutes die Voraussetzung für den Fortbestand des deutschen Volkes ist, und beseelt von dem unbeugsamen Willen, die deutsche Nation für alle Zukunft zu sichern (...)«. Sie fordert u.a.: »1. ein Ehegesetz, das besagt, daß nur Menschen verwandter Völker untereinander heiraten dürfen, weil Mischlinge oftmals krankheitsbehaftet sind (...) 3. ein Sterbehilfegesetz, welches aktive und passive Sterbehilfe im Fall von geistiger Behinderung zuläßt und bei schwerer körperlicher Behinderung der betroffenen Person das Sterben freistellt (...)«.

Bedeutung: Die DFF will »deutschdenkende und für das Deutschtum arbeitende« Frauen vereinen, kommt aber über die Reihen der GdNF nicht hinaus. Ihr einziger eigenständiger Beitrag liegt in der Debatte, welche Rolle die weibliche Nationalsozialistin in der Bewegung spielen sollte und darf. Seit 1991 sind keine Aktivitäten der DFF feststellbar.[1] (B)

1 Vgl. Programm der DFF, o.J. (ca. 1986).

Deutsche Freiheits- und Arbeiterpartei (DFA)

Gründung: 1990

Sitz: 70599 Stuttgart

Zahl der Mitglieder: unter 30

Funktionäre: Vorsitzender Martin Pape, Stellvertreter Rudolf Jung Beisitzer Hannes Dufrain[1]

Struktur: Die Deutsche Freiheits- und Arbeiterpartei (DFA) wurde im September 1990 von Martin Pape gegründet. Sie tritt hauptsächlich in Stuttgart und Umgebung auf.

Aktivitäten: Martin Pape tritt seit der Gründung der DFA zu den Oberbürgermeisterwahlen in Stuttgart im November 1990 (0,2 Prozent) und als Direktkandidat zu den Bundestagswahlen 1994 (115 Stimmen) an.

Publikationen: Der *Deutsche Standpunkt* erscheint seit 1969. Die Zeitung erscheint monatlich im Zeitungsformat mit vier Seiten und kostet 2 DM.

Programmatik: Die Ideologie der DFA ist bestimmt von diffusen Verschwörungstheorien, in deren Mittelpunkt der Jesuitenorden steht. Die Westbindung, die Mitgliedschaft in der NATO und insbesondere das Bündnis mit den USA werden verteidigt, die Europäische Union jedoch vehement abgelehnt. Neben der Forderung nach Wiederherstellung des Deutschen Reiches in den Grenzen von 1918 und »Ausländerrückführung« finden sich in dem Programm von 1994 jedoch auch Punkte wie:»Jeder Autobahnparkplatz muß sofort eine Toilette bekommen.«[2]

Zusammenarbeit: Die Verbindungen der DFA in das rechte Spektrum beruhen zumeist auf persönlichen Kontakten Martin Papes aus seiner Zeit als Vorsitzender der → Freiheitlichen Deutschen Arbeiterpartei (FAP), etwa zu Heinz Reisz oder Otto Riehs. 1991 bot die DFA der → Deutschen Liga für Volk und Heimat die Zusammenarbeit an, die diese jedoch ablehnte.

Bedeutung: Die DFA ist der neueste Versuch Martin Papes, nach seiner Entmachtung als Vorsitzender der FAP wieder in das politische Geschehen und die Entwicklung im rechtsextremen Lager einzugreifen. Aufgrund ihrer diffusen Programmatik und ihrer geringen Mitgliederzahl hat die DFA jedoch innerhalb des rechtsextremen Spektrums keinerlei Bedeutung. (B)

1 Mitteilungen des Bundeswahlleiters vom 17.11.1995.
2 Deutscher Standpunkt, Nr. 4/1994, S. 3.

Die Deutsche Freiheitsbewegung e.V. (DDF)

Gründung: 1983
Sitz: 38440 Wolfsburg
Zahl der Mitglieder: 100–200
Funktionäre: → Otto Ernst Remer (Ehrenvorsitzender), Georg Albert Bosse (Vorsitzender), Gerd Festerling (stellvertretender Vorsitzender 1991)
Struktur: Die Deutsche Freiheitsbewegung e.V. – Der Bismarckdeutsche, später nur noch Die Deutsche Freiheitsbewegung e.V. (DDF), wird im September 1983 von Otto Ernst Remer gegründet. Als Jugendorganisation existiert die Bismarck-Jugend, die zunächst von → Bela Ewald Althans, ab Ende 1989 von Thomas Fink geleitet wird, die jedoch spätestens nach Finks Tod 1992 nicht mehr in Erscheinung tritt. 1987 wird der Landesverband Baden-Württemberg der DDF gegründet. Neben der Bundesorganisation versucht die DDF, Lesekreise ihrer Zeitschrift *Recht und Wahrheit(RuW)* als lokale Struktur zu etablieren. Im Juli 1989 löst Georg Albert Bosse Remer als Vorsitzenden ab, Remer bleibt Ehrenvorsitzender.
Aktivitäten: Den Mittelpunkt der Aktivitäten der DDF bildet die zweimonatliche Herausgabe der Zeitschrift *Recht und Wahrheit (RuW)*. Daneben werden (halb-)jährlich mehrtägige Lesertreffen von *RuW* durchgeführt. Referenten auf diesen Tagungen, die von Hille Bosse organisiert werden, waren neben der DDF-Führung u.a. → Wolfgang Juchem, Alexander Hoyer, Helmut Brück-

mann, → Udo Walendy, Arnold Neugebohrn, Max Wahl, Ilse-Carola Salm, Erhard Kemper 1990 wird die Geschäftsstelle von Bad Kissingen nach Wolfsburg, dem Wohnort Bosses, verlegt, im Juli werden Remer und Bosse wegen Verwendens, Verbreitens und Vorrätighaltens von Kennzeichen verfassungsfeindlicher Organisationen zu Geldstrafen verurteilt. Anlaß war die Ausgabe 3-4/1989 von *RuW*, in der u.a. der Geburtstage von Adolf Hitler, Rudolf Heß und Erich Ludendorff gedacht wurde. 1994 wird das Lesertreffen im Herbst durch eine Rundreise mit kleineren Veranstaltungen von Bosse und verschiedenen Referenten ersetzt, Bosse wird wegen antisemitischer und NS-apologetischer Äußerungen in *RuW* Nr.6/1993 erneut verurteilt. Im März 1995 wird → Christian Worch auf dem Lesertreffen verhaftet, da er nach Polizeiangaben als Redner auftreten sollte.

Publikationen: *Recht und Wahrheit* erscheint seit 1989 zweimonatlich mit einer Auflage von 2.000–3.000 Exemplaren; der Vorgänger *Der Bismarck-Deutsche* erscheint 1984–1989 monatlich.

Programmatik: In den Anfangsjahren vertrat die DDF noch national-neutralistische Positionen und propagierte eine Annäherung an die Sowjetunion, was der Organisation und v.a. Remer starke Kritik aus dem rechtsextremen Lager einbrachte. Inzwischen zeigt sie offen ihre neofaschistische Ideologie, in ihren programmatischen Artikeln in *RuW* überwiegt der Antisemitismus, oft in Verbindung mit Verschwörungstheorien über internationale Geheimgesellschaften, Freimaurer und »Hochfinanz«, die die Macht der Welt in den Händen hielten, die Rehabilitierung des Nationalsozialismus und die Ablehnung der Europäischen Union mit der Forderung nach einer Neuerrichtung des Deutschen Reiches. Anläßlich der Feierlichkeiten zum 50. Jahrestages des Kriegsendes schrieb Bosse: »(...) Nach dem endgültigen Sieg über das freiheitsbewußte Deutschland war der Weg endlich frei geworden zur lange vorhergeplanten Eine-Welt-Herrschaft. Nur – ob sie sich da nicht irgendwie täuschen, die Macher der Neuen Weltordnung? Wir aufgeklärten Deutschen überlassen ihnen jedenfalls nicht kampflos das Feld! Wir treten ihnen entgegen und reißen ihnen die Maske vom Gesicht!«[1]

Zusammenarbeit: Die DDF verfügt über weitreichende Verbindungen im neofaschistischen Lager. An den Lesertreffen nehmen neben Funktionären des → Stahlhelm e.V. und der → Deutschen Kulturgemeinschaft/Berliner Kulturgemeinschaft Preußen e.V. auch Mitglieder der verbotenen → Nationalistischen Front teil. Für → Meinolf Schönborn veröffentlichte *RuW* nach dem Verbot 1993 einen Spendenaufruf, Bosse bedankte sich später für die zahlreich eingegangenen Gelder der *RuW*-Leserschaft. Seit einigen Jahren taucht auch Christian Worch auf DDF-Treffen auf, dessen → Nationale Liste von der DDF bei den Wahlen zur Hamburger Bürgerschaft 1993 unterstützt wurde. Er organisierte im September 1993 auch den Schutz für das *RuW*-Lesertreffen.

Bedeutung: Die DDF hat das von Remer vorgegebene Ziel der Sammlung der »nationalen Kräfte« außerhalb der → NPD nicht erreicht. Die Lesertreffen von *Recht und Wahrheit* sind bundesweite Treffpunkte für neofaschistische Führungspersonen und gelten als Schnittstelle der verschiedenen Generationen. (B)

1 G. A. Bosse. In: Recht und Wahrheit, Nr. 5–6/1995, S. 3.

Deutsche Kulturgemeinschaft (DKG)/ Berliner Kulturgemeinschaft Preußen e.V. (BKP)

Gründung: 1979
Zahl der Mitglieder: BKP: ca. 30
Funktionäre: Lisbeth Grolitsch (Präsidentin der DKG), → Herbert Schweiger (Vorstandsmitglied DKG), Ulli Boldt (Vorsitzender BKP), → Dr. Ursula Schaffer (Ehrenvorsitzende BKP), Hans-Jörg Rückert, → Wolfram Nahrath, Jan Gallasch (Vorstandsmitglieder BKP)
Struktur: Die Deutsche Kulturgemeinschaft (DKG) entsteht 1979 um → Alfred E. Manke aus einer radikalen Abspaltung vom → Deutschen Kulturwerk Europäischen Geistes (DKEG). Der Hauptsitz unter Manke ist Bassum. 1983 wird der DKG-Arbeitskreis Berlin unter Ursula Schaffer gegründet, der sich 1990 in Berliner Kulturgemeinschaft Preußen e.V. (BKP) umbenennt. 1994 wird Ulli Boldt Vorsitzender der BKP. Ordentliche Mitglieder der DKG/BKP werden berufen und in feierlichem Rahmen in den Verein aufgenommen. Eng verbunden ist die Gemeinschaft mit der Notgemeinschaft für Volkstum und Kultur (NG), die 1990 als gemeinnütziger Verein gegründet wird. Vorsitzende ist Lisbeth Grolitsch, Stellvertreter sind Karl Baßler und Wolfram Nahrath. In das Ehrenpräsidium werden u. a. Heinrich Härtle †, Emil Maier-Dorn †, General a.D. Hans Baur † und Hans Ivo Lukesch berufen. Die Hauptaufgabe der NG ist das Sammeln von Spenden und Erbnachlässen und die Verteilung an rechtsextreme und neofaschistische Projekte. Die DKG/BKP ist personell nahezu identisch mit der NG und dem DKEG – Österreich, als inoffizielles Führungsgremium fungiert der → Freundeskreis Ulrich von Hutten e.V.[1] 1985 spaltet sich aufgrund interner Streitigkeiten der Arbeitskreis für Politik und Kultur unter Führung von Gernot Mörig von der DKG ab.
Aktivitäten: Die Hauptaufgabe der DKG/BKP liegt in der Schulung und Heranziehung von neofaschistischen Führungskadern. Die NG plant die Einrichtung einer Bildungsstätte »zur geistigen Ausbildung von Führungskräften«[2]. Seit der Gründung führt die DKG bis in die achtziger Jahre hinein jährlich Norddeutsche Kulturtage durch. Neben Veranstaltungen und Seminaren werden jedes Jahr die Gästewochen der DKG mit dem DKEG-Österreich und

dem Freundeskreis Ulrich von Hutten durchgeführt. Referenten der DKG/BKP waren/sind u. a. Karl Baßler, → Jürgen Rieger, → Wolfgang Juchem, → Rolf Kosiek, Sepp Biber, → Ernst Günther Kögel, Helmut Brückmann, → Hans-Dietrich Sander, → Günter Deckert, → Hans-Michael Fiedler, → Pierre Krebs, → Klaus Motschmann, Franz Uhle-Wettler, → Udo Walendy und Johannes Peter Ney. 1990 und 1991 organisiert die DKG/BKP am Volkstrauertag einen Aufmarsch zum »Heldengedenken« auf dem Soldatenfriedhof in Halbe (Land Brandenburg) mit bis zu 1.200 Teilnehmern. In den Folgejahren werden die angemeldeten Aufmärsche verboten. 1991 fällt der Polizei auf der 15. Gästewoche in Pichl (Österreich) das Konzept → Meinolf Schönborns für das Nationale Einsatzkommando in die Hände. 1993 führt die BKP im Mai die Schlesien-Fahrt »Den Osten Deutschlands entdecken« durch. 1992 und 1994 spendet die NG dem → Schulverein zur Förderung der Rußlanddeutschen in Ostpreußen e.V. insgesamt über 100.000 DM.

Periodika: Die *Huttenbriefe* des Freundeskreises Ulrich von Hutten dienen auch der DKG und der NG als Mitteilungsblatt. Die *Schriftenreihe der Deutschen Kulturgemeinschaft* umfaßt in *Beiträgen zur weltanschaulichen Neuordnung* und *Beiträgen zur geschichtlichen Wahrheit* Schriften von Lisbeth Grolitsch, Siegfried Bokelmann, Gert Ruprecht, Karl Baßler, Hermann Klann und Albert Wachter.

Programmatik: Die Ideologie der DKG/BKP ist streng neofaschistisch und völkisch-kulturell ausgerichtet. »Besonders der Jugend, die durch Schule und Massenmedien über deutsche Kultur falsch oder gar nicht unterrichtet und vertraut gemacht wurde, will die Kulturgemeinschaft völkisches Wissen vermitteln. Dabei bleiben auch die großen politischen Tagesfragen nicht ausgeklammert, sondern es wird aus nationaler Sicht und Verantwortung klar Stellung bezogen. Durch Vorträge, Seminare und Kulturfahrten trägt die Kulturgemeinschaft in engster Zusammenarbeit mit der volkstreuen Wiking Jugend zur politischen Willensbildung bei.«[3]

Zusammenarbeit: Die DKG verfügt über weitreichende Kontakte in das gesamte Spektrum des deutschen und europäischen Rechtsextremismus und Neofaschismus. Auf ihren Tagungen versammelt sich eine Vielzahl wichtiger Funktionsträger. Eine enge Zusammenarbeit besteht mit den neofaschistischen Nachwuchsorganisationen der → Nationalistischen Front (NF) und der → Wiking Jugend. Mit Ulli Boldt und Jan Gallasch sitzen ehemalige NF-Mitglieder um Meinolf Schönborn im Vorstand der BKP. Boldt war Betreiber des Nationalen Infotelefons Berlin und bis Mai 1995 im Vorstand des Jungen Weikersheim des → Studienzentrums Weikersheim. Enge Zusammenarbeit besteht zwischen der BKP und den → Nationalen sowie dem → Hoffmann von Fallersleben-Bildungswerk, mit beiden werden gemeinsam Veranstaltungen durchgeführt.

Bedeutung: Die Deutsche Kulturgemeinschaft ist mit ihrem Ableger der BKP eine der bedeutendsten neofaschistischen Organisationen in der Bundesrepublik. Sie sorgt für die Ausbildung und Schulung der jungen Kader, ihre Tagungen dienen nicht nur als organisationsübergreifende Treffpunkte, auf denen Absprachen in Strategie und Taktik getroffen werden, sondern führen auch den neofaschistischen Nachwuchs mit den alten Funktionären zusammen, die hier ihr Wissen und ihre Erfahrungen vermitteln. (B)

1 Vgl. Antifaschistisches Autorenkollektiv: Drahtzieher im braunen Netz. Hamburg 1996, S. 225 ff.
2 Huttenbriefe, Nr. 4–5/1991, S. 6.
3 U. Schaffer in: Berlin-Brandenburger Zeitung, August-September 1993, S. 6.

Deutsche Liga für Volk und Heimat (DLVH)
Gründung: 1991
Sitz: 78026 Villingen-Schwenningen
Zahl der Mitglieder: 900
Funktionäre: → Jürgen Schützinger, → Harald Neubauer, → Ingo Stawitz (gleichberechtigte Bundesvorsitzende 1995); weitere Mitglieder des Präsidiums: Ilse Herrmann, → Martin Mußgnug; Landesvorsitzende: Ingo Stawitz, Ingo Schachtschneider, Armin Lenzner (Schleswig-Holstein); Kurt Bunde, Karl-Heinz Gehrke (Hamburg); Bernd Heid (Niedersachsen); Markus Beisicht (NRW); Josef Denschlag, Bernhard Weichel (Rheinland-Pfalz); Jürgen Schützinger, Angelika Schrayßhuen, Walter Schüttpelz (Baden-Württemberg); Werner Eichinger, Herbert Quast, Karl Richter (Bayern); Andreas Merkel (Sachsen-Anhalt); André Beiersdorf, Thomas Seering, Klaus Szelitzki (Berlin-Brandenburg).[1]
Struktur: Die Gründer der Deutschen Liga für Volk und Heimat (DLVH) waren meist enttäuschte Mitglieder der → Nationaldemokratischen Partei Deutschlands (NPD) und der → Republikaner (REP), die aus der parteiinternen Opposition um Harald Neubauer kamen. 1990 geben sie die *Deutsche Rundschau* heraus und rufen zur Gründung einer neuen Sammlungsbewegung auf. Anfang 1991 konstituiert sich die Deutsche Allianz – Vereinigte Rechte (DA-VR) in München, Sprecher werden Jürgen Schützinger, Harald Neubauer und Johannes Pauli. Nach einer Klage der Allianz-Versicherung nennt sie sich DLVH. Am 3. Oktober 1991 findet der offizielle Gründungsparteitag statt, Schützinger, Neubauer und → Rudolf Kendzia werden zu Vorsitzenden gewählt. In der Folgezeit wird die Parteistruktur im gesamten Bundesgebiet ausgebaut. Die regionalen Schwerpunkte liegen in Baden-Württemberg und Köln. Als Vorfeldorganisation gründen Franz Glasauer und → Peter Dehoust den Förderverein Vereinigte Rechte, der sich für eine übergreifende Zusammenarbeit einsetzt und Schulungsarbeit betreibt. Im Frühjahr 1996 beschließt

der Bundesvorstand, auf dem nächsten Bundesparteitag die DLVH in einen eingetragenen Verein umzuwandeln und somit nicht mehr als Partei zu Wahlen anzutreten.

Aktivitäten: Die DLVH trat meist erfolglos zu verschiedenen Landtags- und Kommunalwahlen an. Durch Übertritte von Mandatsträgern der → Deutschen Volksunion (DVU) und den REP hat sie 1991–1993 in Bremen und 1993–1996 in Schleswig-Holstein Landtagsmandate und bildet 1991–1993 eine Fraktion im Kölner Stadtrat. Bis 1994 ist Neubauer Mitglied des Europa-Parlaments. Bei den Kommunalwahlen in Baden-Württemberg 1994 erhalten Martin Mußgnug (Tuttlingen) und Jürgen Schützinger (Villingen-Schwenningen) 5,2 Prozent bzw. 6,1 Prozent. 1993 setzt die Kölner DLVH für die Ergreifung einer untergetauchten Asylbewerberin 1.000 DM Belohnung aus, die angekündigte Verbreitung von Steckbriefen wird verboten. Bei den Brandenburger Kommunalwahlen 1993 kandidiert → Frank Hübner, ehemaliger Vorsitzender der → Deutschen Alternative, für die DLVH für das Amt des Cottbusser Oberbürgermeisters. Der Landesvorstand wird daraufhin suspendiert, der Vorsitzende Frank Schwerdt aus der Partei ausgeschlossen. 1994 beginnt in Köln eine Hetzkampagne gegen Ralph Giordano. Seit Ende 1995 engagieren sich DLVH-Funktionäre u. a. mit Mitgliedern der REP und der NPD in »Runden Tischen«.

Periodika: Die DLVH gab und gibt eine Vielzahl von regionalen Rundbriefen und Zeitungen heraus: *Kölner Domspitzen* (monatlich als Zeitung der Fraktion der DLVH im Kölner Stadtrat, als verantwortlich zeichnet → Manfred Rouhs), *Der Hammer* (Schülerzeitung, verantwortlich ist Bernd Schöppe), *Die Nordlichter (*vierteljährlich als Mitteilungsblatt für Niedersachsen, Schleswig-Holstein, Bremen, Hamburg, Mecklenburg-Vorpommern und Sachsen-Anhalt. Verantwortlich ist Albrecht Haunschild*), Knackpunkt* (erscheint 1992 unter Verantwortung von Franz Glasauer), nachfolgend erscheint das *Bayern-Info* (zweimonatlich, verantwortlich ist Herbert Quast), *Blitzschlag* (für Baden-Württemberg, verantwortlich ist Wolfgang Derm).

Programmatik: Obwohl die DLVH versucht, in ihrem Parteiprogramm grundgesetztreu zu erscheinen, versteckt sie in ihrer Propaganda kaum ihren rassistischen und antisemitischen Charakter. Im Mittelpunkt ihrer Programmatik steht die »Ausländerrückführung« und die Wiederherstellung Deutschlands in den Grenzen von 1937. Ihrem Programm zur Kölner Stadtratswahl 1994 ist ein Zitat von Corneliu Codreanu, dem Führer der faschistischen rumänischen Eisernen Garde in den dreißiger Jahren, vorangestellt.

Zusammenarbeit: Die DLVH hat allen Abgrenzungsbeschlüssen zum Trotz offen auftretende, militante Neofaschisten nie ausgegrenzt. Regional arbeiten Mitglieder mit Aktivisten der verbotenen → Wiking Jugend, der → Freiheitlichen Deutschen Arbeiterpartei, der → Nationalistischen Front u. a. in Bündnisstrukturen wie dem Frankenrat und dem Deutschen Freundeskreis Nordharz zusammen. Durch die Fusion der offiziell unabhängigen, jedoch völlig auf die DLVH ausgerichteten *Deutschen Rundschau* 1994 mit → *Nation und Europa* üben Funktionäre der DLVH nun auch Einfluß auf eine der wichtigsten Zeitschriften des deutschen Rechtsextremismus aus. Einfluß auf das rechtsextremistische Spektrum nimmt auch die von Manfred Rouhs herausgegebene Zeitschrift → *Europa vorn*.

Bedeutung: Das Ziel der DLVH war von Anfang an die Schaffung einer neuen Sammlungspartei. Lange Zeit übte sie eine starke Anziehungskraft auf enttäuschte Mitglieder der REP, der NPD, der DVU und anderer rechtsextremer Organisationen aus. Dennoch kann das Projekt DLVH heute als gescheitert angesehen werden, da es nicht gelungen ist, die rechtsextremistische Szene zu vereinigen. Die Funktionäre sind jedoch weiterhin an den Versuchen einer neuen Sammlungsbewegung aller rechtsextremistischen Kräfte mit den sogenannten »Runden Tischen« beteiligt. (B)

1 Mitteilungen des Bundeswahlleiters vom 18.4.1996

Deutsche Nationalisten (DN)

Gründung: 21. Juli 1993
Sitz: 55001 Mainz
Zahl der Mitglieder: ca. 100
Funktionäre: → Michael Petri (Bundesvorsitzender), Thomas Richter (stellvertretender Vorsitzender); Landesvorsitzende: Robert Langnickel (Nordrhein-Westfalen), Kerstin Krönert (Thüringen), Oliver Heinle (Bayern), Andreas Schulz (Hessen), Alexander Stürmer (Berlin).[1] Weitere Funktionäre: Melanie Dittmer, Sascha Chaves-Ramos, Illias Casteas
Struktur: In der DN sammeln sich Anhänger der → Gesinnungsgemeinschaft der Neuen Front (GdNF) nach dem Verbot der → Deutschen Alternative. Hinzu kommen ehemalige Mitglieder der → Nationalen Offensive und der → Nationalistischen Front. Im Frühjahr 1995 verfügt die DN über Landesverbände in Nordrhein-Westfalen, Thüringen, Bayern, Hessen und Berlin. Schwerpunkte der Aktivitäten sind Mainz/Wiesbaden, Dorsten/Schermbeck, Naumburg/Saale.
Aktivitäten: Am 3. Dezember 1993 scheitert der Versuch der Gründung eines Landesverbandes Nordrhein-Westfalen in Dortmund. Die Polizei setzt gewaltsam das Verbot der Veranstaltung durch. Teilnehmer der Veranstaltung schießen mit Gaswaffen auf Gegendemonstranten. Im Februar 1994 nehmen Mitglieder der DN am Europakongreß des Vlaams Blok in Antwerpen teil. Eine Kundgebung am 21. Mai in Wiesbaden mit ca. 15 Teilnehmern wird von über 1.000 Polizisten vor antifaschistischen Gegendemonstranten geschützt.

Treffen der DN am 19. März in Dortmund und 10. Dezember in Berlin enden mit Massenfestnahmen. Am 17. Juni 1995 folgen in Regensburg etwa 60 Personen einem Aufruf der DN »Gegen eine multikulturelle Gesellschaft, für eine deutschfreundliche Politik«. Seit September 1995 findet in Koblenz ein Prozeß wegen Weiterführung der DA statt, angeklagt sind unter anderem die DN-Mitglieder Michael Petri und Sascha Chaves-Ramos.

Programmatik: Die DN definiert sich als »volkstreue, nationale, soziale und von reinem Idealismus geprägte Gruppierung«. Sie will eine »Sammlung aller positiven Kräfte« herbeiführen, worin sie sich schon in der Zusammensetzung ihrer Gründungsmitglieder bestätigt sieht. Die etablierten Parteien und Politiker werden für »Vaterlandslosigkeit, Überfremdung und (...) soziale Armut« verantwortlich gemacht. Nur »nationale und soziale Politik« könne Deutschland retten. In ihrem Parteiprogramm fordert die DN u. a. die Wiederherstellung des Deutschen Reiches, Schluß mit den Wiedergutmachungszahlungen sowie Ausländerstopp und Ausländerrückführung.

Zusammenarbeit: Im Zuge der Ermittlungen gegen die Hersteller der Terrorliste *Der Einblick* wurde ein Ermittlungsverfahren gegen Michael Petri eingeleitet, das ergebnislos eingestellt wurde. Das Nationale Infotelefon Mainz wurde von den Mitgliedern der DN Sascha Chaves-Ramos und Ilias Casteas geleitet. Im Auftrag der DN zeichnet Petri verantwortlich für die im Oktober 1993 gegründete Nationale Initiative Freiheit für Gottfried Küssel, in deren Namen Funktionäre der DN Kontakte zum spanischen Circulo Espanol de Amigos de Europa aufnahmen. Weitere Zusammenarbeit besteht mit dem Führer der ANS-Niederlande, Eite Homann, sowie zu Neofaschisten in Dänemark.

Bedeutung: Im Gegensatz zu ihren organisatorischen Vorläufern trägt die DN der Umstrukturierung des gewalttätigen neofaschistischen Lagers Rechnung. Da die Mehrzahl der nach den Parteiverboten verbliebenen Anhänger informelle Strukturen bevorzugen, beteiligt sich die DN an der Vernetzung des neofaschistischen Lagers, ohne auf eine Führungsrolle zu bestehen. Sie bietet sich somit auch Aktivistenkreisen an, die ihre Unabhängigkeit wahren wollen. Die über internationale Kontakte verfügende DN versucht so, das militant-neofaschistische Lager zusammenzuhalten. (B)

1 Mitteilungen des Bundeswahlleiters vom 13.4.1995

Deutsche Volksunion (DVU)

Gründung: 1971
Sitz: 88238 München
Zahl der Mitglieder: unter 20.000[1]
Funktionäre[2]: → Gerhard Frey (Vorsitzender), Peter Jürgensen (stellvertre-

tender Vorsitzender); Beisitzer: Marion Blohm, Renate Köhler, Gerhard Konrad, Hans-Werner Roloff, Bruno Wetzel, → Hans Otto Weidenbach; Landesvorsitzende: Peter Jürgensen (Baden-Württemberg), Bruno Wetzel (Bayern), Hans-Werner Roloff (Berlin-Brandenburg), Sven Eggers (Bremen), Rudolf Reimers (Hamburg), Hans Loch (Hessen), Peter Kruse (Mecklenburg-Vorpommern), Hans Weidenbach (Niedersachsen), Dieter Wiegräfe (Nordrhein-Westfalen), Wolfgang Kubistin (Rheinland-Pfalz), Josef Herberger (Saarland), Ulrich Franke (Sachsen), Dr. Dieter Hausbach (Sachsen-Anhalt), Heinrich Gerlach (Schleswig-Holstein), Gerhard Konrad (Thüringen).

Struktur: Die DVU besitzt Landesverbände in allen Bundesländern. Angegliedert sind eine Reihe von Aktionsgemeinschaften, deren Mitglieder automatisch auch Mitglieder der DVU sind: Aktion deutsches Radio und Fernsehen (ARF), Aktion Oder-Neiße (AKON), Deutscher Schutzbund für Volk und Kultur (DSVK), Ehrenbund Rudel–Gemeinschaft zum Schutz der Frontsoldaten (ER), Initiative für Ausländerbegrenzung (I.F.A.), Volksbewegung für Generalamnestie (VOGA).

Aktivitäten: Am 16. Januar 1971 wird die DVU als Verein in München unter Federführung und Vorsitz von Gerhard Frey gegründet. In den folgenden Jahren initiiert sie mehrere Initiativen und Sammlungsbewegungen (1972 Freiheitlicher Rat) im rechten Lager sowie Aktionen und Kampagnen zur Rehabilitierung des Nationalsozialismus. 1982 hält → David Irving eine Vortragsreihe für die DVU und tritt immer wieder bei DVU-Veranstaltungen auf. 1986 kommt es zum Wahlbündnis Deutsche Volksliste mit der → Nationaldemokratischen Partei Deutschlands (NPD), das 1987 in DVU-Liste D umbenannt wird. Die beiden Organisationen sagen sich gegenseitige Unterstützung zu. Bei der Landtagswahl 1987 in Bremen erhält die DVU-Liste D 3 Prozent in Bremen und 5,4 Prozent in Bremerhaven und damit einen Abgeordneten. Bei der Europawahl 1989 erreicht die DVU-Liste D 5,4 Prozent in Bremerhaven und 6,2 Prozent in Tuttlingen (Baden-Württemberg). Zu einem Bruch kommt es 1990 infolge des schlechten Wahlergebnisses der NPD bei den Bundestagswahlen, die DVU kündigt das Wahlbündnis auf. Die Beteiligung der DVU an den Kommunalwalen in Bayern und Schleswig-Holstein bringen spärliche Ergebnisse. 1991 wird der Zusatz Liste D gestrichen und in Berlin-Brandenburg, Thüringen, Sachsen und Sachsen-Anhalt werden Landesverbände gegründet. Bei der Wahl zur Bremer Bürgerschaft 1991 bekommt die DVU 6,18 Prozent der Stimmen und fünf Abgeordneten-Sitze. Bei der gleichzeitig stattfindenden Wahl zur Stadtverordnetenversammlung in Bremerhaven erreicht sie 10,26 Prozent. Die Landtagswahl 1992 in Schleswig-Holstein bringen der DVU 6,3 Prozent und sechs Mandate. Die Fraktionen in Bremen und Schleswig-Holstein zerfallen nach kurzer Zeit, es kommt zu Übertritten u.a. zur → DLVH. 1993 besucht Wladimir Schirinowski die jährliche DVU-

Veranstaltung in Passau. Wohl auch, um Wahlniederlagen zu vermeiden, kandidiert die Partei im Wahljahr 1994 nicht. Frey erklärt in Moskau die Unterstützung für Schirinowskis Partei, und im August begraben → Franz Schönhuber (→ Die Republikaner) und Frey öffentlich ihre Differenzen zugunsten einer »rechten Abwehrkraft« gegen die »linke Volksfront«[3], was Schönhuber kurz darauf den Parteivorsitz kostet. Die Teilnahme an den Stadtparlamentswahlen in Bremerhaven im September 1995 bringt der DVU 5,7 Prozent der Stimmen, und bei den Landtagswahlen von Schleswig-Holstein im März 1996 erzielt sie 4,3 Prozent.

Periodika: Die DVU-Mitgliedszeitung *Deutscher Anzeiger*, fast inhaltsgleich mit der → *Deutschen National-Zeitung* (DNZ), wurde 1971 gegründet und fusionierte 1991 mit der *Deutschen Wochen-Zeitung*.

Programmatik: Die DVU versteht sich als Sammlungsbewegung und vertritt rechtsextremistisches Gedankengut. Sie wendet sich gegen eine »Vermischung der Völker« und ist für ein weltweites Apartheidsystem. Als Bildungsziel für die Jugend wird die Forderung auf »nationale Identität« und »Liebe zur Heimat und zum deutschen Volk« erhoben. Unterschiedlichen Interessen in der Gesellschaft setzt sie das Bild einer Interessen-Einheit aller Deutscher als Nation entgegen. Die Europäische Gemeinschaft wird wegen der »Untergrabung des nationalen Interesses« abgelehnt, stattdessen wird die Unterordung der Wirtschaft unter das »nationale Interesse« gefordert. Die DVU fordert die »Säuberung« der »deutschen Kultur« von ausländischen und »antideutschen« Einflüssen. Gegen Flüchtlinge wird rassistische Propaganda betrieben.

Zusammenarbeit: u.a. mit: Aktionsgemeinschaft 17. Juni, → Arbeitskreis Volkstreuer Verbände, → Deutscher Block, → Jugendbund Adler, Freiheitlicher Rat, Freiheitliches Sozialwerk, → Die Nationalen, → Die Republikaner, → Stahlhelm, → Wiking Jugend. Zusätzliche Kontakte gab es zu rechtsextremistischen Kreisen in Westeuropa, Amerika und Südafrika. In den letzten Jahren bemüht sich die DVU verstärkt um Beziehungen zu nationalistischen Kräften in Osteuropa.

Bedeutung: Die DVU ist ein Projekt von Gerhard Frey. Seine Zeitungen sind inoffizielle DVU-Organe. Nach Wahlerfolgen in Bremen und Schleswig-Holstein erzielte sie bisher keine weiteren Erfolge, auch wenn sie bei der Landtagswahl 1996 ins Schleswig-Holstein nur knapp an der 5 Prozent-Hürde scheiterte. Die hausbackene Programmatik, die Ausrichtung auf NS-Nostalgiker, die in der rechtsextremistischen Szene umstrittene Person Frey und die Inaktivität der immer noch zahlreichen Mitglieder lassen es unwahrscheinlich erscheinen, daß die DVU eine Führungsrolle im Rechtsextremismus einnimmt oder weitere dauerhafte Wahlerfolge erzielt. Ihre Bedeutung behält sie als Rekrutierungsfeld für Neueinsteiger (führende Personen des Neofaschismus waren DVU-Mitglieder) und über die finanziellen Möglichkeiten des Hauses Frey und dessen Propagandaorgane.[4] (B)

1 Verfassungsschutzbericht Land Brandenburg 1995, S. 57.
2 Mitteilungen des Bundeswahlleiters vom 21.11.1995.
3 Vgl. Frankfurter Rundschau vom 23.8.1994.
4 A. Linke: Der Multimillionär Frey und die DVU. Essen 1994, S. 159.

Die Deutschen Konservativen e.V.

Gründung: 17. September 1986

Sitz: 22083 Hamburg

Zahl der Mitglieder: 25

Funktionäre: → Joachim Siegerist (Vorsitzender), Uwe Hempen (Geschäftsführer), Chlodwig Prinz zur Lippe (Ehrenpräsident), Michael Stange

Struktur: Im April 1986 gründen sieben Mitglieder der → Konservativen Aktion (KA) um Joachim Siegerist die Konservative Aktion Deutschlands e.V. Vorausgegangen war ein Streit in der KA um die weitere politische Ausrichtung. Im September 1986 benennt sich die Gruppe in Die Deutschen Konservativen e.V. (folgend DK genannt) um. Eine Konservative Jugend wird von Michael Stange geleitet, der auch stellvertretender Vorsitzender wird. In Hannover wird ein Politisches Sorgentelefon betrieben. Ein jährliches Seminar findet in Garmisch statt.

Aktivitäten: 1987 werden Siegerist, Michael Stange und Chlodwig Prinz zur Lippe u.a. wegen Beleidigung von Willy Brandt zu einer Geldstrafe verurteilt. Im Mai beteiligen sich die DK an der Hamburger Bürgerschaftswahl. Sie erhalten 1.456 Stimmen (0,1 Prozent). Am 17. Juni 1987 führen sie Aktionen gegen die Berliner Mauer durch. Auf ihrem dritten Kongreß in Hamburg treten Konrad Löw, → Heinrich Lummer und Heinrich Hellwege auf. Auf einer Veranstaltung in Mölln 1989 unter Beteiligung von Freya Barschel, der Witwe von Uwe Barschel, hält erneut Heinrich Lummer eine Rede. Die in einem Bezirk antretenden DK erhalten bei den Hamburger Bürgerschaftswahlen im Juni 1991 35 Stimmen. Wegen zweier Rundschreiben der DK aus dem Jahr 1992 wird Joachim Siegerist im April 1994 wegen Aufstachelung zum Rassenhaß verurteilt. Uwe Hempen wird ebenfalls verurteilt. In einer Auflage von 17.000 Exemplaren werden »Zigeuner« als »durchweg ein übles, kriminelles Pack« beschrieben, das sich »bei uns aufführt wie von Nazis verfolgte Juden«, die »rauben, stehlen, betrügen, erpressen und bedrohen«.

Publikationen: Die DK verschicken regelmäßig und in Auflagen von mehreren zehntausend Stück Rundschreiben, in denen Kampagnen angekündigt werden und zu Spenden aufgerufen wird. Den Sendungen ist Werbung für die von Siegerist herausgegebenen Bücher beigelegt.

Programmatik: Die DK führen insgesamt die Programmatik der KA fort, verschärfen sie allerdings erheblich. Neben rassistischen und volksverhetzenden Tönen tauchen vermehrt auch antisemitische Stereotype auf. Den ehemaligen Vorsitzenden des Zentralrates der Juden in Deutschland, Heinz Galinski bezeichnete Siegerist als den » – mir überaus unsympathischen – ›Berufs-Juden‹«[1]. Besondere Aufmerksamkeit gilt einer drohenden sozialistischen Unterwanderung, die bei der SPD und den Grünen am Werke sei. Die Aufnahme von Flüchtlingen bedrohe Deutschland: »Sogenannte Asylanten werden finanziell gepäppelt, deutsche Babys ›aus finanziellen Gründen‹ ermordet.«[2]

Zusammenarbeit: Eng verbunden sind die Tätigkeiten der DK mit der von Siegerist geführten Wirtschafts- und Verbands-Public Relation GmbH (WPR), die auch seine Bücher herausgibt, und seinen politischen Aktivitäten in Lettland.

Bedeutung: Als rechte Absplitterung der KA entwickelten sich Die Deutschen Konservativen e.V. zu einer von Joachim Siegerist dominierten Kleinstgruppe ohne weite Ausstrahlung in das konservative oder rechtsextreme Lager. Ihre Positionen tragen immer stärkere antidemokratische Züge, der haßerfüllte Ton schreckte selbst die Parteigänger des Vorläufers, der Konservativen Aktion, ab. Die DK verfügt angeblich über einen großen Kreis von Förderern, nach Angaben von Siegerist erhalten mehrere zehntausend Personen seine Rundschreiben. (B)

1 Rundschreiben vom 6.12.1988.
2 Rundschreiben vom 29.1.1990.

Deutscher Arbeitnehmer-Verband (DAV)

Gründung: 1952
Sitz: 45768 Marl
Zahl der Mitglieder: ca. 5.000
Funktionäre: Kurt Stuhlemmer (1. Vorsitzender), Peter Markert (2. Vorsitzender), Lothar Ehrlichmann (Schriftleiter und Pressereferent)
Struktur: Der Deutsche Arbeitnehmer-Verband (DAV) ist Mitglied im Weltbund freier Arbeitnehmerverbände und in Landes-, Bezirks- und Stadtverbände gegliedert.
Aktivitäten: 1952 wird der Deutsche Arbeitnehmer-Verband – Deutscher Arbeiter-Verband durch August Finke und Josef Baer als eine der → Sozialistischen Reichspartei (SRP) nahestehende Vereinigung gegründet. Nach Angaben des SRP-Mannes Baer hat der DAV im April 1952 ca. 30.000 Mitglieder. 1954 folgt die Umbenennung in Deutscher Arbeitnehmer-Verband, der dann ab Mitte der sechziger Jahren nach Gründung der → Nationaldemokratischen Partei Deutschlands (NPD) unter deren Einfluß steht. In den neun-

ziger Jahren gerät der DAV verstärkt in die Schlagzeilen. So wird 1990 auf Vorschlag des DAV Peter Markert ehrenamtlicher Richter am Bochumer Arbeitsgericht. Ebenso wird am 1. Januar 1992 der ehemalige Bundesführer der → Wiking Jugend, → Wolfgang Nahrath, am Sozialgericht Aachen eingesetzt. Die Gewerkschaft ÖTV fordert im Juli die Einleitung eines Verfahrens zur Amtsenthebung aller DAV-Richter. Im Januar 1993 führen rassistische Äußerungen Markerts zu seiner Amtsenthebung (»Denn das Blut der Deutschen ist ein besonderer Saft und unterscheidet sich gründlich von übelriechendem Schleim«[1]), und im März erkennt der nordrhein-westfälische Arbeitsminister dem DAV das Vorschlagsrecht für ehrenamtliche Richter an Arbeitsgerichten ab. Das gegen Nahrath eingeleitete Verfahren wird zunächst eingestellt, 1994 wird er dann jedoch wegen seines Bekenntnisses zum Nationalsozialismus in der Zeitschrift *Einheit und Kampf*[2] seines Amtes enthoben. 1995 wird der Ausschluß des DAV von der gerichtlichen Vertretung durch das Bundesverfassungsgericht aufgehoben.

Periodika: Die Verbandszeitschrift *Deutsche Arbeitnehmer-Zeitung (DAZ) – Unabhängige Gewerkschaftszeitung* wird sechsmal im Jahr vom DAV herausgegeben. Redaktion: Kurt Stuhlemmer (verantwortlich), Peter Markert, Lothar Ehrlichmann, Bodo Burchert. Herstellung: Verlag Besten/Oberhausen.

Programmatik: Der DAV bezeichnet sich selbst als »Gewerkschaft der freien und unabhängigen Arbeitnehmerinnen und Arbeitnehmer in der Bundesrepublik Deutschland«, unterscheidet sich jedoch in seiner Programmatik kaum von der NPD. So hetzt der DAV mit Aufmachern wie »Droht multikriminelle Invasion?« gegen »die Massenflut von asylunberechtigten Ausländern«. Ein »Massenzustrom ausländischer Asylanten« sei »kaum mit dem Wohl des deutschen Volkes zu vereinbaren.«[3]

Zusammenarbeit: Der DAV sucht die Zusammenarbeit mit anderen rechten Gewerkschaften. So kam es z.B. 1979 zu einem Internationalen Seminar der → Ludwig-Frank-Stiftung unter Beteiligung des DAV und des Christlichen Gewerkschaftsbundes. Am 25. September 1992 ist der DAV maßgeblich an der Gründung des Bundes freier Gewerkschaften, einem Zusammenschluß antigewerkschaftlicher Organisationen aus Belgien, Österreich, Schweiz, Italien und BRD, beteiligt.

Bedeutung: Der DAV ist politisch von der NPD abhängig und als deren Versuch zu werten, Fuß in der Arbeitnehmerschaft zu fassen. Der zweite Senat des Landessozialgerichtes NRW stellte am 7. Juni 1993 fest, daß der DAV keine sozial- und berufspolitische Arbeit leistet, sondern eine »Agitation, die auf Fremdenfeindlichkeit und Herabsetzung von Menschen bestimmter ethnischer Herkunft« zielt. Er trage weiterhin »zur Feindseligkeit gegen und Angstmache vor Ausländern bei«, was ein Klima erzeugt, »das zu Untaten bösester Art anreizen könne«[4]. (B)

1 Vgl. Verfassungsschutzbericht 1993, S. 8f.
2 Vgl. Einheit und Kampf vom Januar 1994.
3 Deutsche Arbeitnehmer-Zeitung, Nr. 1/1992.
4 Zitiert nach: blick nach rechts, Nr. 15/1993, S. 6.

Deutscher Jugendbund – Sturmvogel

Gründung: 1987

Funktionäre: Rudi Wittig (Bundesführer), Ralf Küttelwesch (Stellvertreter), Elmar Mehldau, Birgit Golombek, Reiner Schmitz.

Struktur: Die Mitglieder des Deutschen Jugendbundes – Sturmvogel spalten sich 1987 mit dem Arbeitskreis Junge Familie von der → Wiking Jugend (WJ) ab. Der Sturmvogel und der weiterbestehende Arbeitskreis verfügen über Gruppen in mehreren Städten, Schwerpunkt ist Köln.

Aktivitäten: Der Sturmvogel führt Fahrten durch, deren Schwerpunkt in Osteuropa liegt. Bevorzugt werden »deutsche Siedlungsgebiete« wie das Sudetenland, Oberschlesien, Ungarn oder Pommern aufgesucht. Die Kontaktaufnahme mit der deutschstämmigen Bevölkerung und die Besichtigung von »Spuren deutscher Geschichte« stehen auf den Fahrten im Vordergrund. 1990 findet eine Fahrt nach Siebenbürgen statt, an der Ralf Küttelwesch und die Funktionärin der Wiking Jugend Edda Schmidt teilnehmen. Der Sturmvogel nimmt 1992 mit einer Abordnung an der Ijzerbedevaart teil, dem jährlichen Nationalistentreffen in Flandern. 1993 nehmen Mitglieder des Sturmvogels am Rudolf Heß-Gedenkmarsch in Fulda teil. Im Oktober werden Mitglieder des Sturmvogels bei Wehrsportübungen beobachtet.

Periodika: Herausgegeben von Elmar Mehldau, erscheint dreimal im Jahr *Der Sturmbote*. Die Zeitung berichtet vom Verbandsleben und bietet historische Betrachtungen zu den Traditionen der bündischen Jugendbewegung wie *Freikorps in Oberschlesien* oder *Die Artamanen*. In Köln erscheint die Jugendzeitschrift *Der Hammer*. Der Arbeitskreis Junge Familie gibt das Blatt *Neue Familie* heraus.

Programmatik: In seinen Publikationen orientiert sich der Sturmvogel stark an den bündischen Traditionen vom Beginn des Jahrhunderts. Dazu gehören die Artamanen, das Freikorps Oberland und andere. Unter Bezug auf den nationalrevolutionären Vordenker der Weimarer Zeit, Karl Otto Paetel, wird das Frontsoldatentum als »drittes Element« der bündischen Tradition bezeichnet.

Zusammenarbeit: Mitglieder des Sturmvogels engagieren sich bei den → Republikanern und der → Deutschen Liga für Volk und Heimat. Der Funktionär Ralf Küttelwesch referiert 1990 bei dem → Bund deutscher Unitarier und beteiligt sich in leitender Funktion an der Initiative Gesamtdeutschland.

Bedeutung: Der Sturmvogel vermittelt aus den Überlieferungen der bündischen Jugendbewegung vorwiegend deutschtümelnde und antidemokratisch-elitäre Elemente. Der Verband grenzte sich vom neofaschistischen Kurs der WJ ab, seine Mitglieder sind jedoch intensiv im rechtsextremen Lager eingebunden. (B)

Deutscher Rechtsschutzkreis e.V. – Deutsche Rechtsschutzkasse (DRsK)

Gründung: 1979
Sitz: 44736 Bochum
Funktionäre: Dipl. Ing. Martin Voigt (Vorsitzender), Günter Ostwald (stellvertretender Vorsitzender) aus Lübeck
Struktur: Der Deutsche Rechtsschutzkreis wird von Personen geführt, die den Unabhängigen Freundeskreisen nahestehen bzw. angehören und die mit ihren Publikationen in das gesamte neofaschistische und rechtsextreme Spektrum wirken. Die Satzung von 1981 definiert die DRsK-Angliederungen: »Laut Beschluß der Mitgliederversammlung errichtete der Verein einen Rechtshilfefonds unter dem Namen Deutsche Rechtsschutzkasse, die dem Verein angegliedert ist« und »Dem Verein beigeordnet ist ein Förderkreis, dem die Förderer der Zielsetzung des Vereins beitreten können, ohne die Verpflichtungen einer Vereinsmitgliedschaft zu übernehmen.« Aus dem DRsK heraus wurde das → Deutsche Rechtsbüro (DRB) initiiert.
Aktivitäten: Der am 2. März 1979 gegründete DRsK leistet juristische und finanzielle Hilfe bei Strafverfahren gegen Rechtsextremisten. Er publiziert, archiviert und dokumentiert im Zusammenhang mit rechtsextremistischen Strafverfahren.
Periodika: Für die Zeitschrift *Recht und Justiz – Mitteilungen zur Entwicklung des Rechtsstaates im Bereich der politischen Justiz* zeichnete u. a. 1989 Gisela Sedelmaier verantwortlich. Anfänglich erschien die Zeitschrift als Beilage der → *Unabhängigen Nachrichten.* Außerdem erscheint *Recht und Justiz – Aktuelle Urteile-Hinweise-Pressemeldungen* als Faltblatt. Für *Recht und Justiz – Schriftenreihe zur Geschichte und Entwicklung des Rechts im politischen Bereich,* schreiben u. a. → Wilhelm Stäglich und → Jürgen Rieger. Gisela Sedelmaier (Pseudonym von Gisa Pahl, DRB) gilt als Verfasserin der Rechtshilfe-Broschüre *Mäxchen Treuherz und die Fallstricke der Behörden.*
Programmatik: Neben der Hetze gegen Ausländer werden vehement die Verbrechen des Nationalsozialismus geleugnet: »Der Münchner Zeitungsverleger Alfred Detscher (...) wagte es (...) zu den Tabu-Themen ›Holocaust‹, ›6 Millionen‹ und ›Auschwitz‹ kritische Fragen, Stellungnahmen und Berichte zu veröffentlichen, die die sogenannten ›allgemeinkundlichen, historischen Tatsachen‹ in Frage stellten, ihnen widersprachen und neue wissenschaftliche Erkenntnisse vermittelten.«[1]

Zusammenarbeit: Es gibt eine enge Zusammenarbeit mit dem Freundeskreis Unabhängiger Nachrichten. Der Rechtsschutzkreis nutzt, wie das Deutsche Rechtsbüro, ein Postfach von → Klausdieter Ludwig in Münsing.

Bedeutung: Der DRsK ist eine Gründung der Unabhängigen Freundeskreise, die mit ihren Publikationen in das gesamte neofaschistische und rechtsextreme Spektrum wirken und juristische sowie finanzielle Hilfe leistet. (B)

1 Recht und Justiz, Nr.1/1993.

Deutsches Kolleg

Gründung: 1994
Sitz: 12096 Berlin
Zahl der Mitglieder: ca. 50
Funktionäre: Helge Drescher (Initiator), Heiko Luge
Struktur: Das Deutsche Kolleg entstand aus dem vormaligen → Junge Freiheit-Lesekreis Berlin, der von Helge Drescher geleitet wurde. Die gleiche Struktur firmiert nach juristischen Namensstreitigkeiten mit der → *Jungen Freiheit* auch unter der Bezeichnung Berlin-Gesprächskreis. Beheimatet in Berlin, versucht das Deutsche Kolleg, sich als bundesweites Fernkolleg in Sachen Rechtsextremismus zu etablieren.

Aktivitäten: Das Deutsche Kolleg beabsichtigt, regelmäßige Gesprächsrunden durchzuführen, für die u. a. in den Zeitschriften → *Nation und Europa* und der *Berlin-Brandenburger Zeitung* geworben wird. Als Referenten der ersten Treffen werden Franz Uhle-Wettler und Winfried Knörzer genannt. 1995 startet das Deutsche Kolleg am 26. März einen »Schulungszyklus« zur »Neuordnung Europas«. Mit einem Einführungskurs im Großraum Berlin und bundesweit verschickten Schulungsmappen setzt es sich die Aufgabe, die »nationale Intelligenz« zu schulen.

Periodika: Vertrieben werden Schulungsmappen im Umfang von ca. 60 Seiten.

Programmatik: Das Deutsche Kolleg setzt sich zum Ziel, die von den Verboten betroffenen neofaschistischen »Kameraden« ideologisch und sprachlich zu schulen. Im Zentrum steht die Wiederbelebung des Reichsgedankens, wie ihn → Hans-Dietrich Sander und → Reinhold Oberlercher vertreten. So befaßt sich der erste Schulungszyklus mit diesem Thema anhand von in den → *Staatsbriefen* veröffentlichen Beiträgen wie »Reichsverfassungsentwurf« und »100-Tage-Programm einer nationalen Notstandsregierung in Deutschland« von Oberlercher. Mittels einer »Lageanalyse«, der »Schulung und Training« und dem »Wortergreifen« durch »spektakuläre Auftritte, Demos, symbolischen Einmärschen/Besetzungen« wird als eindeutiges Ziel die »Machtergreifung« und die »Notstandsregierung« zur »Wiederherstellung von Recht,

Würde und Souveränität Deutschlands (= Wiedererrichtung des Deutschen Reiches)« angestrebt.[1]

Zusammenarbeit: Keine Berührungsängste zeigt das Deutsche Kolleg beim Umgang mit ihren neofaschischtischen Klientel. So werben sie in der Zeitschrift *Umbruch* und mittels Interview eines Herrn Streber im Heft *Widerständ*, welches von Harald Theodor Mehr herausgegeben wird. Beide Blätter gehören den Strukturen der verbotenen → Nationalistischen Front an. Enge Verbindungen bestehen zur → Berliner Kulturgemeinschaft Preußen und dem Kreis der *Jungen Freiheit*-Abspaltung um die Freie Deutsche Sommeruniversität.

Bedeutung: Direkt im Sinne der von Hans-Dietrich Sander angestrebten Jugendarbeit versucht das Deutsche Kolleg, mittels Schulung von neofaschistischen Kadern ein neues Organisationsmodell zu etablieren. Unabhängige, gut geschulte Einzelpersonen und Gruppen sollen ein längerfristiges, durch Verbote schwer zu treffendes Fundament für die Neuformierung des Neofaschismus schaffen. (B)

1 Vgl. Strategisch-taktische Überlegungen. In: Deutsches Kolleg. Schulungszyklus »Die Neuordnung Deutschlands«. Einführungskurs Reichsbürgerkunde. Berlin 1995, S. 6.

Deutsches Kulturwerk Europäischen Geistes (DKEG)

Gründung: 26. Oktober 1950

Sitz: 80333 München

Funktionäre: Herbert Böhme (Gründer und Präsident bis 1971 †), → Karl-Günther Stempel (Präsident seit 1972), Dr. Werner Koeppen (Stellvertreter). Weitere Mitglieder sind bzw. waren: Herbert Hertlein, → Alfred E. Manke, → Reinhard Pozorny, Hans Grimm, Ernst G. Kolbenheyer, Will Vesper, Theodor Seidenfaden, Hans Venatier.

Struktur: Das Deutsche Kulturwerk europäischen Geistes (DKEG) wurde von ca. 30 Personen unter Federführung von Herbert Böhme gegründet. In der Folgezeit vereinigen sich im DKEG überwiegend »kulturschaffende« Personen, die sich der »Pflege volkhaft-konservativer Literatur«[1] verschrieben haben. Versehen mit 100.000 DM Starthilfe durch den Stifterverband der deutschen Industrie schafft das DKEG bundesweit sogenannte »Pflegstätten« als kulturelle Zentren, von denen sechs Jahre später bereits 68 und Anfang der 60er Jahren schon über 100 (bei etwa 2.000 Mitgliedern) existieren. 1970 gründen Mitglieder des DKEG die Deutsche Akademie für Bildung und Kultur und die Deutsche Kunststiftung der Wirtschaft. 1979 spaltet sich die → Deutsche Kulturgemeinschaft (DKG) unter der Regie von → Alfred E. Manke und Gernot Mörig (→ Bund Heimattreuer Jugend) ab. Das DKEG-Österreich schließt sich unter Beibehaltung seines Namens der DKG an.

Aktivitäten: Neben der Kulturarbeit in den »Pflegstätten« und der Beteiligung an den »Lippoldsberger Dichtertagen« richtet das DKEG Gästewochen (1953 bis 1956) und seit 1960 jährliche Dichtertreffen aus. Diese »Tage Deutscher Kultur« finden überwiegend in der Nähe von München statt. Auf ihnen werden diverse Preise, Ehrenringe und -nadeln vergeben, darunter der mit 10.000 DM dotierte Schillerpreis, die Kant-Plakette und der Herbert-Böhme-Gedächtnispreis. Im Oktober 1969 finden die »Tage Deutscher Kultur« in Planegg statt. An ihnen nehmen ca. 1.400 Personen teil. Das DKEG beteiligt sich ab 1970 an der → Aktion Widerstand, in der DKEG-Mitglieder führende Funktionen bekleiden. Im Oktober 1994 finden die »Tage Deutscher Kultur« in Bad Bevensen mit nur noch etwa 50 Teilnehmern statt.

Periodika: Seit 1949 erscheinen die *Klüter Blätter. Deutsche Sammlung aus europäischem Geist*, denen die Mitteilungen des DKEG beigelegt sind. Die Autoren der *Klüter Blätter* entstammen meist dem DKEG und seinem Umfeld. Der langjährige Herausgeber → Gert Sudholt vereinigt 1982 die *Klüter Blätter* mit dem *Politischen Zeitspiegel* zu den *Deutschen Monatsheften*. Diese gehen 1990 in → *Nation und Europa* auf.

Programmatik: Die Gründer stellten fest, »daß eine Gemeinschaft erforderlich sei, die dem offenbaren Zerfall der Volkheit das Volk-Bildende entgegenstelle und sich zu bekennen den Mut habe«. Man sei »überdrüssig der uns unentwegt angetanen Beleidigungen als Volk, das zwar den Krieg, längst aber noch nicht sich selbst verlieren mußte«.[2] Das DKEG definiert sich selbst als »Tatgemeinschaft für die Erhaltung der deutschen Kultur«. Dabei greift es unter dem Leitmotto »Aller Anfang ist deine Anständigkeit« vor allem die angebliche »Umerziehung« des deutschen Volkes durch die Alliierten und die »Volksvernichtung durch Erdrosselung der seelischen Kräfte« an.[3]

Zusammenarbeit: 1955 Gründung der Schiller-Jugend auf Initiative von Mitgliedern des DKEG, die als Jugendorganisation fungieren sollte und an der sich neben dem → Coburger Convent und der → Deutschen Burschenschaft auch die → Wiking Jugend beteiligt. 1962 werden die Führer wegen Rädelsführerschaft in einer verfassungsfeindlichen Organisation zu Gefängnisstrafen verurteilt. 1965 Gründung des → Arbeitskreises Volkstreuer Verbände durch Herbert Böhme. Enge Zusammenarbeit verbindet das DKEG mit dem Bund Heimattreuer Jugend und der → Gesellschaft für freie Publizistik (GFP), zu deren Mitbegründern Böhme gehört. In den 60er Jahren treten Mitglieder des DKEG in großer Zahl der → Nationaldemokratischen Partei Deutschlands bei.

Bedeutung: Von Beginn an diente das DKEG neben der Erhaltung und Restauration einer völkischen Kulturpropaganda auch der organisationsübergreifenden Sammlung rechtsextremer Kräfte. Es ist Mitte der 60er Jahre die größte überparteiliche Organisation des deutschen Nachkriegsfaschismus und erreicht mit der Beteiligung an der Aktion Widerstand die Zeit seines größten Einflusses. Dem Tod der beherrschenden Integrationsfigur Herbert Böhme 1971 folgen interne Richtungskämpfe in den 70er Jahren. Die zunehmende Überalterung des DKEG und die Spaltung 1978 führten zur nahezu vollständigen Bedeutungslosigkeit der Organisation. Sie vereinigt nur noch wenige Aktivisten aus den Kreisen des → Witikobundes und der GFP. (B)

1 Vgl. B. Engelmann: Das »Deutsche Kulturwerk Europäischen Geistes«. München 1979.
2 Zitiert nach M. Jenke: Die nationale Rechte. Berlin 1967, S. 159.
3 Zitiert nach P. Dudek; H.-G. Jaschke: Entstehung und Entwicklung des Rechtsextremismus in der Bundesrepublik. Opladen 1984, S. 45.

Deutsches Rechtsbüro (DRB)

Gründung: 1992
Sitz: Hamburg
Kontaktadresse: 82539 Münsing
Funktionäre: Leiterin des Deutschen Rechtsbüros (DRB) ist die Hamburger Rechtsanwältin Gisa Pahl. Sie wurde Mitte der achtziger Jahre vom Verfassungsschutz als »Hauptaktivistin« des → Bundes Heimattreuer Jugend geführt und arbeitete mehrere Jahre in der Kanzlei von → Jürgen Rieger.[1] Pahl gilt als Herausgeberin der Broschüre *Mäxchen Treuherz und die Fallstricke der Behörden* unter dem Pseudonym Gisela Sedelmaier. Unter dem selben Namen veröffentlichte sie auch diverse Artikel in den → *Unabhängigen Nachrichten.*[2] Eine Gisela Sedelmaier zeichnete auch 1989 verantwortlich für drei Ausgaben von *Recht und Justiz*, einer Publikation des → Deutschen Rechtsschutzkreises (DRsK). Pahl war bis 1993 Mitglied der → Republikaner.
Struktur: Das DRB dient u. a. der Vernetzung rechtsextremer Anwälte. Bekannte Namen sind hierbei Jürgen Rieger aus Hamburg und Günther Herzogenrath-Amelung aus Regensburg, die beide der → Nationalistischen Front nahestehen. Zum Kreis gehören auch → Ludwig Bock aus Mannheim, Gründer des → Nationaleuropäischen Jugendwerks und Verteidiger von → Günter Deckert und → Ernst Tag, sowie Rechtsanwalt Herbert Schaller aus Wien. In Berlin empfiehlt das DRB seinem rechten Klientel die Rechtsanwälte Aribert Streubel und → Carsten Pagel.
Aktivitäten: Die Ursprünge des im April 1992 gegründeten DRB liegen beim DRsK. Das Büro ist am Anfang über das Postfach von Rolf Leppert jun. von der Hamburger → Burschenschaft Germania zu erreichen, der als DRB-Sekretär fungiert.[3] Später zeichnete Claus C. Holmar unter einer Postfachadresse in Münsing verantwortlich. Inhaber dieses Postfaches ist → Klausdieter Ludwig, Mitbegründer der → Deutsch Europäischen Studiengesellschaft, deren Publikation → *DESG-inform* (Nr. 9/95) einen Unterstützungsaufruf für

den überfallenen Rieger publiziert. Im selben Aufruf wird auch ein Postfach in Berlin angegeben, das Anfang 1996 offiziell als weitere Adresse des DRB angegeben wird. Inhaber ist Richard Miosga, Schatzmeister des → Hoffmann von Fallersleben Bildungswerkes[4] sowie der → Nationalen. Das DRB sendet Urteile aus einem eigenem Urteilsarchiv zu, benennt Rechtsanwälte vor Ort und vermittelt Rechtsanwälte für die Überprüfung der Strafbarkeit von Druckwerken und sonstige Rechtsauskünfte. Weiterhin führt es juristische Schulungen durch.

Periodika: Veröffentlichung diverser »Merklisten« mit Verhaltensmaßregeln und Rechtsmitteln sowie einer *Strafliste gegen Rechts* (Zusammenstellung von Strafurteilen gegen »nationale« Deutsche).

Programmatik: Nach eigenem Selbstverständnis ist das DRB »ein Zusammenschluß von Juristen und juristisch interessierten Personen, die ihr Wissen gern weitergeben möchten«, und »eine Selbsthilfegruppe zur Wahrung der Rechte, insbesondere der Grundrechte«.

Zusammenarbeit: Das DRB arbeitet mit einer Vielzahl rechtsextremer und neonazistischer Gruppen zusammen. Entsprechend sind seine Werbeanzeigen in allen einschlägigen Publikationen zu finden.

Bedeutung: Das DRB ist ein wichtiger Bestandteil rechtsextremistischer und neofaschistischer Strukturen. Gewährleistet wird dies durch seine Anwälte, die schon seit Jahren Strafverfahren für das neofaschistische Lager führen und meist selbst Mitglieder solcher Vereinigungen und Organisationen sind. Strafverfahren werden als Forum für die Relativierung der Verbrechen des Nationalsozialismus bis hin zur Leugnung von Auschwitz genutzt. So behauptete Herbert Schaller in einem Plädoyer, daß es »zu keiner Zeit je eine einzige Gaskammer in deutschen Konzentrationslagern gegeben« hätte. Jürgen Rieger erklärte, das Warschauer Ghetto sei zur Seuchenbekämpfung eingerichtet worden. (B)

1 Vgl. Die Tageszeitung vom 11.6.1993.
2 Vgl. Der Rechte Rand, Nr. 28, S. 21.
3 Vgl. Antifaschistisches Autorenkollektiv: Drahtzieher im braunen Netz. Berlin 1996, S. 210.
4 Vgl. DESG-inform, Nr. 3–4/1996, S. 5.

Deutsches Seminar e.V.
Gründung: 4. Juli 1970
Geschäftsstelle: 72622 Nürtingen
Zahl der Mitglieder: ca. 40
Funktionäre: Im Vorstand des Deutschen Seminars sitzen → Walter Staffa (Vorsitzender), Franz Jungwirth (stellvertretender Vors.), → Rolf Kosiek (Kassenprüfer), Carl Müller (Beisitzer), Ferdinand Lukas (Beisitzer) und Karl Baßler.[1]

Struktur: Das Deutsche Seminar (im folgenden DS) entsteht 1970 aus einem Mitte der 60er Jahre gegründeten Arbeitskreis des → Witikobundes. Es sollte zu einem geistigen Mittelpunkt in der Arbeit des Bundes werden und die »wissenschaftliche Auseinandersetzung mit historischen, staatsrechtlichen, wirtschaftlichen und sozialen Fragen und Problemen« führen.[2] Als »Denkfabrik« verfügt das Deutsche Seminar von daher über wenige Mitglieder und bündelt die Kräfte in seiner publizistischen und bildungspolitischen Tätigkeit. Teilweise tritt das Deutsche Seminar seit 1986 auch unter dem Namen Süddeutsches Seminar[3] oder Süddeutsches Forum auf.

Aktivitäten: Seit 1970 konzentriert sich das DS auf die Herausgabe der Zeitschrift *Politischer Zeitspiegel* und der Veranstaltung jährlich stattfindender Kongresse mit Referenten aus dem rechtsextremen, neurechten und konservativen Lager.

Periodika: Von 1968–1981 erscheint als Publikationsorgan des Deutschen Seminars monatlich der *Politische Zeitspiegel* und geht 1982 zusammen mit den *Klüter Blättern* in den *Deutschen Monatsheften* auf. Im *Politischen Zeitspiegel* werden geschichtsrevisionistische und antidemokratische Thesen (»(...) daß wir eine vorübergehende Ausschaltung des parlamentarischen Mehrheit-Gerangels durch Einsetzung eines vollberechtigten Direktoriums für unerläßlich halten«, Nr. 7/1978[4]) vertreten.

Programmatik: Die Gründungsurkunde des Deutschen Seminars beschreibt ihre Funktion: In einer Zeit, die auf die »letzten Entscheidungen« zutreibt, hängt alles »von der geistigen Rüstung, in der die Völker Westeuropas in diesem Ringen um ihr politisches Überleben eintreten«, ab. »Es gilt, der amerikanischen Herausforderung materieller Macht und der östlichen Herausforderung despotischer Menschenverachtung die europäische Herausforderung des schöpferischen Geistes entgegenzustellen.«[5] Wesentlicher Bestandteil der Programmatik des Deutschen Seminars ist die Verbreitung der »Kriegsschuldlüge« und die bei Rechtsextremisten typische Aufrechnung der Verbrechen des Hitler-Faschismus mit den »Verbrechen der Siegermächte«.

Zusammenarbeit: Das Deutsche Seminar unterhält vor allem Verbindungen zur → Deutschen Kulturgemeinschaft.

Bedeutung: Das Deutsche Seminar ist eine kleine rechtsextreme Denkfabrik. Ein großer Teil der Vorstandsmitglieder waren/sind in rechtsextremen Organisationen, vor allem der → Nationaldemoktatischen Partei Deutschlands (NPD), tätig. Die Bedeutung des DS liegt in der Zusammenführung namhafter Referenten aus unterschiedlichsten Spektren des rechten Randes, von Vertretern der »Alten-Rechten« um die NPD, über rechte Ökologen und Führungsfiguren der »Neu-Rechten« bis hin zu Christdemokraten und Konservativen. So referierten u. a. Bernhard Willms, Alain de Benoist, → Werner Georg Haverbeck, Bernd Friedmann, Andreas Mölzer, Karl Steinbuch, General-Leutnant a.D. Franz Uhle-Wettler, → Karl Richter, → Alfred Mechtersheimer, Karl Hahn, General a.D. → Günter Kießling, Richard Pemsel, Thor von Waldstein, Franz Pahl, Reinhard Hoffmann, Dekan Michael Ertz, Klas Lackschewitz, Rolf Kosiek, Felix Buck, → Horst Rudolf Übelacker, Bernd Dröse u.a. Mit Themen zur Bedeutung der Konservativen Revolution, den Problemen des EG-Zusammenschlusses, zu Fragen der Ökologie und der nationalen Identität stellt das Deutsche Seminar für Rechtsextremisten ein wichtiges Diskussionsforum dar. (HS/UJ)

1 Auszug aus dem Vereinsregister, letzte Eintragung 1988.
2 G. Herde; A. Stolze: Die Sudetendeutsche Landsmannschaft. Köln 1987, S. 139.
3 Antwort der Bundesregierung auf die Kleine Anfrage der PDS »Das ›Deutsche Seminar e.V.‹ und der Rechtsextremismus«. Bundestags-Drucksache 13/1121 vom 12.4.1995.
4 Zitiert nach: Rechtsextreme Vernetzung in Nürtingen. O.J., o.O.
5 Zitiert aus: Beiheft des Politischen Zeitspiegels. Dezember 1974.

Freiheitliche Deutsche Arbeiterpartei (FAP)

Gründung: 1979 (am 24. Februar 1995 verboten)
Sitz: 25463 Halstenbek
Zahl der Mitglieder: ca. 1.000
Funktionäre: → Friedhelm Busse (Bundesvorsitzender), → Siegfried Borchardt und Arndt-Heinz Marx (Stellvertreter), Glenn Goertz (Schatzmeister/Geschäftsführer); Landesvorsitzende: Glenn Goertz (Schleswig-Holstein), André Goertz (Hamburg), Thorsten Heise (Niedersachsen), Siegfried Borchardt (Nordrhein-Westfalen), Carsten Dost (Hessen), Falco Schüssler (Bayern), Josef Rösch (Baden-Württemberg), Lars Burmeister (Berlin-Brandenburg), Bernd Rittmann (Sachsen), Klaus Acker (Rheinland-Pfalz), Andreas Eich (Saarland)[1]
Struktur: Die Freiheitliche Deutsche Arbeiterpartei (FAP) wurde 1979 als Splitterpartei von Martin Pape gegründet. Zu Bedeutung gelangte die FAP 1984, als Mitglieder der verbotenen → Aktionsfront Nationaler Sozialisten/Nationale Aktivisten (ANS/NA) nach einem Aufruf → Michael Kühnens in die FAP eintraten. Sie bauten bundesweit Strukturen auf und dominierten bald die Partei. Pape blieb zwar bis 1988 Bundesvorsitzender, war aber faktisch einflußlos. 1986 spaltete sich die FAP, als sich ein Großteil der FAP-Funktionäre um Jürgen Mosler und Volker Heidel von Kühnen aufgrund seiner Homosexualität lossagt. Im November 1988 wurde Busse von dem Kühnen-feindlichen Flügel zum Bundesvorsitzenden gewählt. Erst ab 1989 entspannte sich die Situation, die Anhänger Kühnens verließen weitestgehend die Partei. Mitte 1989 kam es zu Auseinandersetzungen zwischen Busse und einem Flügel um → Michael Swierczek und Mosler, die Busse einen chaotischen Führungsstil vorwarfen. 1990 wurde Busse wiedergewählt, Mosler und

258

Swierczek verließen die Partei, Swierczek gründete daraufhin die → Nationale Offensive. 1995 entschied das Bundesverfassungsgericht, daß es sich bei der FAP nicht um eine Partei im Sinne des Grundgesetzes handelt, der Bundesinnenminister verbietet sie daraufhin am 24. Februar 1995. Die FAP rekrutierte sich größtenteils aus der neofaschistischen Skinhead-Subkultur. Ihre regionalen Schwerpunkte lagen im Ruhrgebiet, Niedersachsen und Berlin. 1985 wurde die Freie Betriebszellen-Organisation, die *Die Werkschar* herausgab, gegründet. Für weibliche Mitglieder existierte die FAP-Frauenschaft.

Aktivitäten: Die FAP tritt hauptsächlich mit Propaganda-Aktionen in der Öffentlichkeit auf. Sie nimmt an den jährlichen Rudolf Heß-Gedenkmärschen teil, führte eigene Aufmärsche durch und beteiligt sich mehrmals erfolglos an Wahlen. Darüberhinaus treten Mitglieder und Sympathisanten immer wieder durch gewalttätige Aktionen in Erscheinung. FAP-Funktionäre sind an der Anti-Antifa-Kampagne beteiligt. In mehreren Städten werden die Nationalen Infotelefone von FAP-Mitgliedern betrieben. 1991 wird die Bundesgeschäftsstelle von Oberhausen nach Halstenbek verlegt, ab 1995 sollte sie nach Berlin umziehen. 1992 wird Karl Polacek (Landesvorsitzender Niedersachsen) nach Österreich abgeschoben. 1993 stellt Bundesinnenminister Kanther einen Verbotsantrag, in der Folgezeit lösen sich sämtliche Kameradschaften in Nordrhein-Westfalen, Bonn und Hamburg und Umgebung offiziell auf. 1995 wird die FAP verboten, dennoch werden die Strukturen weitergeführt, bzw. schon seit 1993 in andere Zusammenhänge überführt. Nach Berichten des *Spiegels* finden vor dem Verbot Gespräche zwischen → Wolfgang Nahrath, Vorstandsmitglied der → Nationaldemokratischen Partei Deutschlands (NPD), und Busse über die Übernahme von FAP-Mitgliedern in die NPD statt.[2] In Berlin-Brandenburg sind FAP-Funktionäre in die Aktivitäten der → Nationalen eingebunden. Viele Kreis- und Ortsverbände der FAP bilden seit dem Verbot scheinbar unabhängige Kameradschaftszusammenhänge.

Periodika: Die FAP gab eine Vielzahl von lokalen Publikationen mit meist geringer Auflage heraus. Als bundesweite Periodika erschien *Standarte*, die seit 1993 als monatlich erscheinende Zeitschrift in professioneller Gestaltung vertrieben wurde. Herausgeber war Friedhelm Busse, verantwortlich zeichnete André Goertz. Von 1989 bis 1990 erschien die *FAP-Intern* als interner monatlicher Rundbrief mit Michael Swierczek als Verantwortlichen. Als Nachfolge diente bis 1993 die *Neue Nation* mit dem Herausgeber und Verantwortlichen Friedhelm Busse.

Programmatik: Seit der Übernahme der FAP durch die Mitglieder der ANS/NA trat sie offen neofaschistisch auf, die rassistische Hetze und die Rehabilitierung des Nationalsozialismus – »(…) erst nach 1933 hatte ein deutschdenkender Mensch überhaupt die Möglichkeit erhalten, seine politischen Vorstellungen offen zu äußern«[3] – standen im Mittelpunkt ihrer Programmatik.

Zusammenarbeit: Die FAP arbeitete v. a. mit anderen neofaschistischen Organisationen zusammen, seit dem Tod Kühnens 1991 gab es auch wieder bessere Kontakte zu Gruppen der → Gesinnungsgemeinschaft der Neuen Front. Gute Verbindungen bestehen nach wie vor in die rechte Skinhead-Szene. Einzelne Landes- und Kreisverbände haben sich verstärkt in organisationsübergreifenden Bündnissen – wie zusammen mit Mitgliedern der → Wiking Jugend, der → Deutschen Liga für Volk und Heimat u. a. – im Frankenrat oder in der Initiative Gesamtdeutschland in Bonn engagiert.

Bedeutung: Die FAP war bis zu ihrem Verbot 1995 die größte neofaschistische Organisation in Deutschland. Im Gegensatz zu Kaderorganisationen wie der → Nationalistischen Front als breite Sammlungsorganisation konzipiert, zog sie mit ihrem militanten Aktionismus und ihrer einfachen Programmatik vor allem Jugendliche an, rekrutierte neue Mitglieder und sicherte dem Neofaschismus durch provozierende Auftritte Medienpräsenz. (B)

1 Antifaschistische Aktion/BO: Kampf der FAP. 1994.
2 Vgl. Der Spiegel vom 13.3.1995.
3 FAP-Referat Propaganda (Hrsg.): Argumentationshilfen I. o. J. o. O. S. 13.

Freiheitliche Volkspartei (FVP)

Gründung: 4. Mai 1985
Zahl der Mitglieder: ca. 500 (1987)
Funktionäre: Hans H. Kober (Bundesvorsitzender), Helmut Koelbel (Generalsekretär); stellvertretender Vorsitzende: Liedtke und Requardt; Bernhard Geppert (Schatzmeister); Pamela Requardt (stellvertretende Schatzmeisterin);[1] Mitbegründer: Franz Handlos
Aktivitäten: Gegründet wurde die Freiheitliche Volkspartei auf Initiative von Franz Handlos, dem ehemaligen Bundesvorsitzenden der → Republikaner, der diese im April 1985 wegen Führungsstreitigkeiten mit → Franz Schönhuber verließ. 1986 erreichte die FVP zu den bayerischen Landtagswahlen 0,4 Prozent. 1986 gründete sich aus den Reihen der FVP um den Landessekretär → Dieter Stein das Blatt → *Junge Freiheit*. Handlos verläßt im Juli 1987 aufgrund der geringen Wahlerfolge die Partei. Einzelne Landesverbände wurden gegründet und die Teilnahme an Landtagsswahlen angestrebt. Letztmalig tritt die FVP 1992 mit der Kandidatur des Bundesgeschäftsführers Helmut Koelbel und zwei weiteren Kandidaten im Wahlkreis Köpenick zu den Berliner Bezirkswahlen an. Seither ist von der Partei nichts mehr zu vernehmen.
Bedeutung: Das Projekt FVP scheiterte spätestens mit dem Austritt des ehemaligen CSU-Bundestagsabgeordneten Franz Handlos. Es war nicht gelungen, wesentliche Teile nach den Führungsstreitigkeiten mit Franz Schönhuber

aus den Republikanern herauszulösen und die FVP als Alternative für rechtsextreme und konservative Wählerschichten zu etablieren. Auch wenn in den letzten Jahren keine Aktivitäten mehr bekannt wurden, ist die FVP beim Bundeswahlleiter noch als Partei gemeldet. (B)

1 Mitteilung des Bundeswahlleiters vom 10.2.1993.

Freisoziale Union – Demokratische Mitte (FSU)

Gründung: September 1950
Sitz: 20357 Hamburg
Funktionäre: Hans-Bernhard Zill (1. Vorsitzender) , Karl-Heinz Wandel (2. Vorsitzender)[1]
Struktur: Die Gründung der Freisozialen Union (FSU) geht auf drei seit 1945 bestehende Vorläufer in den Westzonen zurück. Die Partei, die eine Geschäftsstelle in Hamburg unterhält, verfügt 1994 über Landesverbände in Schleswig-Holstein, Hamburg, Niedersachsen, Nordrhein-Westfalen, Hessen, Baden-Württemberg und Bayern.
Aktivitäten: Die FSU beteiligt sich 1965, 1969 und 1972 (3.166 Stimmen) an den Bundestagswahlen. Bei den Hamburger Bürgerschaftswahlen vom Juni 1991 erhält sie 198 Stimmen (0,0 Prozent). Die Aktivitäten der FSU beschränken sich nahezu ausschließlich auf die Ausrichtung von Veranstaltungen, Seminaren und Tagungen, darunter seit 1962 die Internationalen Sozialpolitischen Tagungen, an denen Vertreter internationaler freiwirtschaftlicher Organisationen teilnehmen.
Periodika: Das monatliche Organ der Partei *Der Dritte Weg* erscheint seit 1970. Das von Wilhelm Schmülling verantwortete, 40-seitige Blatt diskutiert die aktuellen Fragen der freiwirtschaftlichen Theorie. Der Buchversand vertreibt u.a. Werke von Helmut Creutz, → Günter Bartsch, → Roland Bohlinger und Gary Allen.
Programmatik: Die FSU verbreitet die Lehren des 1862 geborenen Silvio Gesell, der zu Beginn des Jahrhunderts ein Wirtschaftsprogramm entwickelte, daß andauerndes Wachstum u.a. durch Schaffung von Zwangsgeld verspricht. Dabei entwickelt sie Modelle einer »wirklich freien Marktwirtschaft«. Sie ist eine Hauptvertreterin eines national-neutralistischen Dritten Weges »jenseits von Kapitalismus und Kommunismus« und vertritt rechtsökologische und lebensreformerische Positionen, wie die Forderung nach einem Mutterlohn. Die ehemalige DDR wird von der FSU als »mitteldeutsches Gebiet« bezeichnet.
Zusammenarbeit: Als unabhängige, doch stark von FSU-Mitgliedern geprägte Einrichtungen existieren u.a. die Stiftung für persönliche Freiheit und soziale Sicherheit und die Sozialwissenschaftliche Gesellschaft 1950 e.V.,

die seit 1964 die *zeitschrift für sozialökonomie mtg – Mensch Technik Gesellschaft* im Gauke Verlag herausgibt. In Bad Boll arbeitet das Seminar für freiheitliche Ordnung, das die Zeitung *Fragen der Freiheit* auflegt. Die FSU beteiligt sich in den 50er Jahren an national-neutralistischen Sammlungsversuchen. In diesem Rahmen unterhält sie Kontakte zur →̇ Deutsch-Sozialen Union Otto Strassers. Nach dem Verbot der →̇ Sozialistischen Reichspartei 1952 wechseln einige Funktionäre in die FSU. An der Gründung des völkischen →̇ Weltbundes zum Schutze des Lebens (WSL) beteiligen sich 1960 führende Vertreter der FSU, während WSL-Mitglieder 1969 auf der FSU-Liste zur Bundestagswahl kandidieren. FSU-Mitglieder referieren im WSL-dominierten Collegium Humanum.

Bedeutung: Als Partei kann die FSU als gescheitert gelten. Ihre programmatischen Rückgriffe auf Gesells Theorien der 20er Jahre sind – auch wirtschaftspolitisch – überholt. Außerparlamentarisch entwickelte sie sich jedoch als Stichwortgeberin für Anhänger eines Dritten Weges, der sich gegen Kapitalismus und Sozialismus richtet und für Blockfreiheit eintritt. In Teilen der Ökologiebewegung, bei einigen »Lebensschützern« und im Rechtsextremismus werden Thesen der sich gegen Zinsen richtenden Freiwirtschaftslehre aufgegriffen. (B)

1 Mitteilung des Bundeswahlleiters vom 9.3.1994.

Freundeskreis Freiheit für Deutschland (FFD)

Gründung: 1989 (verboten im September 1993)
Sitz: Bochum
Mitglieder: Günther Demolsky, Werner Gebhardt †, Helmut Fuchs, Wilfried Bluschke, Ekkehard Weil
Struktur: Der Freundeskreis Freiheit für Deutschland (FFD) dient den Aktivisten der Unabhängigen Freundeskreise (UFK) zur Verbreitung von Propagandaschriften. Günther Demolsky und Werner Gebhardt sind Gründungsmitglieder der UFK. Schwerpunkt der Aktivitäten war Nordrhein-Westfalen, insbesondere Bochum.
Aktivitäten: 1989 tauchen bei einem Prozeß Flugblätter des FFD auf, in denen die Massenmorde in Auschwitz geleugnet werden. 1991 kommt es zu einem Prozeß gegen die Verantwortlichen Demolsky und Gebhardt. Beide werden aus presserechtlichen Gründen freigesprochen.[1] Im September 1993 verbietet der Innenminister von Nordrhein-Westfalen den FFD. Das Vermögen wird beschlagnahmt.
Publikationen: Der FFD hat im Verlauf seiner Tätigkeit 104 verschiedene Flugblätter und 30 Aufkleber hergestellt und massenhaft verschickt. Thematisch befassen sich die Veröffentlichungen u. a. mit der Asylgesetzgebung und

der Steuerpolitik. Sie betreiben antisemitische Hetze und propagieren Geschichts-»revisionistische« Thesen. Titel einiger Flugblätter: *Der Aufstand der weißen Rasse; Auschwitz: Die Wahrheit vor der Tür; Antideutsche Ausrottungswaffen; Schwarzafrikanische Asylbetrüger schleppen tödliche AIDS-Seuche ein – nach Deutschland.*

Programmatik: Die Verbotsverfügung des Innenministers von Nordrhein-Westfalen bescheinigt den Veröffentlichungen des FFD »die Kriegsschuld leugnende Thesen und rassistisches Gedankengut«. Darüberhinaus verunglimpfe der FFD »Repräsentanten der freiheitlichen Demokratie«. Das Hauptaugenmerk des FFD galt den »deutschfeindlichen« Politikern, die »die Ausrottung des deutschen Volkes« predigten.

Zusammenarbeit: Da die Aktivisten des FFD aus den UFK stammen, finden sie sich in weiteren Projekten dieses Personenkreises wieder, so bei der Zeitung → *Unabhängige Nachrichten* und dem → Deutschen Rechtsschutzkreis.

Bedeutung: Der FFD kann als Tarnorganisation der UFK bezeichnet werden, deren Ziel in der Verbreitung aggressiver neofaschistischer Propaganda lag. Er diente der Abschirmung der vom Verbot nicht betroffenen Unabhängigen Freundeskreise, deren Aktivisten weiterhin in verschiedenen Gruppen tätig sind. Ihre propagandistischen Äußerungen wurden von weiten Teilen des bundesdeutschen Neofaschismus aufgegriffen. (B)

1 Vgl. Antifaschistische Zeitung NRW, Nr. 3, S. 11.

Freundeskreis Ulrich von Hutten e.V.

Gründung: 1983
Sitz: Starnberg, 63811 Stockstadt
Zahl der Mitglieder: ca. 300
Funktionäre: Lisbeth Grolitsch (Vorstandsmitglied), Herbert Schweiger (Vorstandsmitglied)[1]
Struktur: Der Freundeskreis Ulrich von Hutten e.V. wurde am 14. Februar 1982 u.a von Lisbeth Grolitsch und → Otto Ernst Remer gegründet, der ihn 1983 wieder verließ. Interessenten steht nur die fördernde Mitgliedschaft offen, ordentliche Mitglieder werden vom Vorstand berufen. Der Freundeskreis ist personell nahezu identisch mit der → Deutschen Kulturgemeinschaft (DKG) und der Notgemeinschaft für Volkstum und Kultur (NG).
Aktivitäten: Im Mittelpunkt der Aktivitäten des Freundeskreises steht die Herausgabe der *Huttenbriefe*. Er beteiligt sich außerdem an den jährlichen Gästewochen der DKG. Darüberhinaus werden auch eigene Tagungen organisiert, auf denen u.a. Karl Baßler, Lisbeth Grolitsch, → Jürgen Rieger, Herbert Schweiger, → Ernst-Günther Kögel und Sepp Biber referieren. 1988 findet eine Tagung zum 500. Geburtstag Ulrich von Huttens statt. 1992 dient das

Treffen im November zum zehnjährigen Erscheinungsjahr der *Huttenbriefe* als Ersatz für die zuvor durch antifaschistische Proteste verhinderte Gästewoche der DKG. 1994 spendet der Freundeskreis der Gesellschaft zur Siedlungsförderung in Trakehnen mbH von → Dietmar Munier 71.745 DM.

Periodika: Die Zeitschrift *Huttenbriefe für Volkstum, Kultur, Wahrheit und Recht* erscheint seit 1982 zweimonatlich mit zwölf Seiten im DIN A4-Format, Hauptschriftleiterin ist Lisbeth Grolitsch, Schriftleiter in Deutschland ist Hans Köhler. Autoren sind neben Schweiger und Grolitsch u.a. Karl Baßler, Lothar Greil, Johann Peter Ney, Ernst-Günther Kögel, Fritz Becker, Ehrhard Kemper (Pseudonym: Germanicus). Die *Huttenbriefe* bieten ideologische Grundsatzartikel zu Politik, Wirtschaft und Geschichte.

Programmatik: Der Freundeskreis Ulrich von Hutten verbreitet offen seine neofaschistische Ideologie. Seine Programmatik ist extrem völkisch und rassistisch, gepaart mit antisemitischen Verschwörungstheorien und darauf aus, den Nationalsozialismus zu rehabilitieren. »Die Auseinandersetzung mit den ›Dunkelmännern‹ unserer Zeit, die mit äußerstem Machtanspruch der Welt ihre krankhaften Wahnvorstellungen aufnötigen wollen, steht im Mittelpunkt unseres geistigen Kampfes. Seit 200 Jahren – mit dem Beginn der Französischen Revolution – versuchen die Internationalisten mit dem ›giftigsten Gift‹ (Nietzsche) des Gleichheitswahnes die Völker dieser Erde zu betäuben und sie für ihren Einewelt-Plan gefügig zu machen.«[2]

Zusammenarbeit: Der Freundeskreis Ulrich von Hutten ist eng mit der NG und der DKG verbunden, als deren Führungsgremium er inoffiziell fungiert. Die *Huttenbriefe* dienen allen drei Organisationen als Mitteilungsorgan. Wie die DKG arbeitete er eng mit der → Wiking Jugend (WJ) und der → Nationalistischen Front (NF) zusammen. Darüberhinaus unterstützt er seit Jahren die Aktivitäten Dietmar Muniers in den ehemaligen deutschen Gebieten in Osteuropa.

Bedeutung: Der Freundeskreis Ulrich von Hutten ist gemeinsam mit der von ihm angeleiteten DKG eine der wichtigsten Kaderorganisationen innerhalb des deutschen Neofaschismus. Seine Aufgabe sieht er v.a. in der Wissensvermittlung und Schulung der jungen Kader etwa aus den Reihen der WJ und der NF, seine Tagungen dienen als Treffen der neofaschistischen Führungspersonen und zur Kontaktaufnahme zwischen der älteren Generation und dem Nachwuchs. (B)

---

1 Vgl. Antifaschistisches Autorenkollektiv: Drahtzieher im braunen Netz. Hamburg 1996, S. 222.
2 Huttenbriefe, Nr. 6/1992, S. 2.

Gesellschaft für biologische Anthropologie, Eugenik und Verhaltensforschung

Gründung: 1972
Sitz: Hamburg
Zahl der Mitglieder: ca. 100
Funktionäre: → Jürgen Rieger (Vorsitzender seit 1972), Dr. Siegward Knof (Zweiter Vorsitzender), Dr. Wielant Hopfner
Struktur: Die Gesellschaft für biologische Anthropologie, Eugenik und Verhaltensforschung (im folgenden GBA) entsteht aus der Deutschen Gesellschaft für Erbgesundheitspflege, die Anfang der 60er Jahre gegründet wurde. Sie vereinigt in ihrem wissenschaftlichen Beirat führende Vertreter des westdeutschen Rechtsextremismus wie → Rolf Kosiek, Hans Georg Amsel oder Hans-W. Hammerbacher, Repräsentanten des »Lebensschutzes« wie Günther Schwab, ausländische Vertreter des Rechtsextremismus wie C. D. Darlington, F. J. Irsigler, Alain de Benoist oder Donald A. Swan und Vertreter der Anthropologie wie Arthur R. Jensen (USA).
Aktivitäten: Neben der Herausgabe der Zeitschrift *Neue Anthropologie* führt die GBA in den 70er Jahren überwiegend Jahrestagungen durch. 1975 hält → Christa Meves bei der Gesellschaft einen Vortrag zum Thema »Geburtenschwund aus psychologischer Sicht«. Daneben versucht die GBA, durch Rundschreiben Einfluß auf die offizielle Anthropologie, auf Ärzte und Lehrer zu gewinnen. Seit 1991 finden die Tagungen im Rahmen der jährlichen Hetendorfer Tagungswochen statt, einer Gemeinschaftsveranstaltung mit anderen von Rieger dominierten Vereinen wie der → Artgemeinschaft, dem → Nordischen Ring, dem Familienwerk e.V., dem Freundeskreis Filmkunst sowie der → Gesellschaft für freie Publizistik. Bei den Tagungswochen treten u. a. auf: Jürgen Rieger, → Udo Walendy, → Wolfgang Juchem, Harry Radegeis, Karl Baßler, Hermann Thiele.
Periodika: Seit 1972 erscheint vierteljährlich die *Neue Anthropologie*. Sie tritt die Nachfolge der seit ca. 1964 von der Deutschen Gesellschaft für Erbgesundheitspflege herausgegebenen Zeitschrift *Erbe und Verantwortung – Eugenische Rundschau* an. Die Auflage lag 1987 bei 2.100 Exemplaren.[1] Autoren sind vorwiegend Mitglieder des wissenschaftlichen Beirates.
Programmatik: Die GBA entfaltet seit den 70er Jahren eine Propaganda, die sich inhaltlich an die nationalsozialistische Rassepolitik anlehnt. Ideologische Bezugspunkte sind die Werke von Hans F. K. Günther ebenso wie Riegens Buch, *Rasse: Ein Problem auch für uns!* In diesem Sinne wird vorrangig die »Rassenmischung« bekämpft, die die »nordische Rasse« schwäche und dem Untergang weihe. Gefordert werden eugenische Praktiken wie die Sterilisation Schwerkrimineller, Erbkranker etc.
Zusammenarbeit: Die GBA war bis 1974 als Arbeitskreis Humangenetik

korporatives Mitglied des → Weltbundes zum Schutze des Lebens. Personelle, organisatorische und vor allem ideologische Verbundenheit bestehen mit Vertretern des biologischen Rassismus in Großbritannien (Zeitschrift *Mankind Quarterly*) und Frankreich (Alain de Benoist) sowie durch die Aktivitäten Riegers zum nordisch-germanischen Neuheidentum (Artgemeinschaft, Nordischer Ring) und zur Northern League in den Niederlanden.

Bedeutung: Der GBA gelang es seit 1972 in zunehmendem Maße, Einfluß auf die Gemeinde der bundesdeutschen Anthropologen zu nehmen. Ursache war zum einen die unzureichende Distanz der mit der Rassepolitik der Nationalsozialisten vorbelasteten Wissenschaft, aber auch die erfolgreiche Anbindung internationaler Wissenschaftler an die Zeitschrift und den Beirat. Der aktuelle Einfluß der GBA auf den wissenschaftlichen Diskurs ist mittlerweile wieder verschwindend gering. Die Gesellschaft leidet offensichtlich unter Nachwuchssorgen und tritt nur noch in Verbindung mit der Person Riegers in Erscheinung. (B)

1 Vgl. S. Jäger: Rechtsdruck. Bonn 1988, S. 52.

Gesellschaft für freie Publizistik (GFP)

Gründung: 25. September 1960
Sitz: 72641 Oberboihingen
Zahl der Mitglieder: Nach Eigenangaben »mehrere hundert (...) in 10 Ländern der Erde«.
Funktionäre: Seit den Vorstandswahlen vom 5. Mai 1995 in Aalen: → Rolf Kosiek (1. Vorsitzender), → Peter Dehoust (stellvertretender Vors.), → Waldemar Schütz (stellvertretender Vors.), Elisabeth Steinhaus (Schriftführerin), Wolf Lehner (Schatzmeister), Erwin Maßler und Otto Bogenrieder (Kassenprüfer) und als Beisitzer: Wolfgang Hahn (Organisationsleiter), Rudolf Ensslen; → Karl Richter, → Klausdieter Ludwig; Mitglieder der Anfangszeit waren u.a. Hjalmar Schacht, Erwin Guido Kolbenheyer, Will Vesper, Bruno Brehm, Wilhelm Pleyer, Kurt Ziesel, Otto Schmidt-Hannover, → Holle Grimm, Peter Kleist, der ehemalige Bundesminister Theodor Oberländer, Kurt Vowinckel, Herbert Böhme, Erich Kernmayr, Helmut Sündermann, David Hoggan, Paul Rassinier; langjähriger Vorsitzender der GfP war → Gert Sudholt, Leiter der → Verlagsgemeinschaft Berg
Struktur: Die GFP gliedert sich in regional arbeitende Arbeitskreise, welche das Vereinsleben zwischen den Jahreskongressen aufrecht erhalten. Aktiv sind in den letzten Jahren vor allem die Arbeitskreise Hamburg, Kurpfalz, Ostwestfalen/Minden, Klosterhaus Lippoldsberg (Grimm), Murnau und Oberbayern.
Aktivitäten: 1960 wird die Gesellschaft für freie Publizistik unter der

266

Führung des ehemaligen stellvertretenden Reichspressechef der NSDAP, Helmut Sündermann, gegründet. 1970 wird Gerd Sudholt zum 2. Vorsitzenden gewählt und führt die GFP von 1973 bis 1983 als 1. Vorsitzender. 1983 wird er abgelöst durch Holle Grimm, übernimmt das Amt 1985 wieder und amtiert bis 1991. Dann übernimmt Rolf Kosiek, zugleich Mitarbeiter beim → Grabert-Verlag und lange Zeit Ideologe der → Nationaldemokratischen Partei Deutschlands (NPD), den Vorsitz. Im Zentrum des GFP-Wirkens stehen die jährlichen Kongresse, auf denen »Wissenschaftler, Schriftsteller und Politiker zu aktuellen geistig-politischen Fragen Stellung« nehmen. Zu den Vortragenden, die vielfach auch Mitglieder der Gesellschaft sind, gehören u.a. die Professoren Austin App, Wjatscheslaw Daschitschew, → Richard W. Eichler, Felix Ermacora, Helmut Güttich, → Werner Georg Haverbeck, → Robert Hepp, Bolko Frhr. von Richthofen, Alfred Keck, Hrovje Lorkovic, Fritz Münch, → Emil Schlee, Bernhard Willms sowie Wissenschaftler, Politiker und Publizisten wie → Rudolf Aschenauer, Felix Buck, → Günter Deckert, → Peter Dehoust, Georg Franz-Willing, Wolfgang Hausen, → David Irving, Markus Josef Klein, Dankwart Kluge, → Hans-Ulrich Kopp, Werner Kuhnt, Franz Kurowski, Helmut von Lichtenfeld, Andreas Mölzer, → Andreas Molau, → Harald Neubauer, Martin Pabst, Nikolaus von Preradovich, Werner Obst, Wilfred von Oven, Richard Pemsel, → Karl Richter, → Hans-Dietrich Sander, Herbert Schaller, Josef Schüßlburner, Herbert Schweiger, Otto Scrinzi, Gustav Sichelschmidt, Robert Steuckers, → Wolfgang Strauss, Hans Georg von Studnitz, → Adolf von Thadden, → Horst Rudolf Übelacker, Reinhard Uhle-Wettler, Thor von Waldstein, → Udo Walendy, Heinrich Zillich. Seit 1963 verleiht die GFP jährlich die Hutten-Medaille für Verdienste in Sachen deutscher (völkischer) Literatur. Preisträger waren u.a. David L. Hoggan, Arthur Ehrhardt, Peter Kleist, Annelies von Ribbentrop, Hans Grimm, Helmut Sündermann, Heinrich Härtle, Hans W. Hagen, Fritz Münch, → Reinhard Pozorny, Erich Kernmayr, Waldemar Schütz, Arno Breker, Georg Franz-Willing, Gustav Sichelschmidt, Adolf von Thadden, Rolf Kosiek, Werner Kuhnt und Berthold Rubin.

Periodika: Der vierteljährlich herausgegebene Informationsbrief *Das Freie Forum* erscheint seit 1961 in einer Auflage von ca. 600 Exemplaren und umfaßt 16 DIN A5 Seiten. Inhaltlich widmet es sich in Berichten und Kurznachrichten u.a. der »Auschwitzleugnung« und deren Strafverfolgung. Jährlich erscheint eine Zusammenfassung der anläßlich der GFP-Jahresversammlung gehaltenen Referate in einem Kongreß-Heft. Als weiteres Medium dienen Aufrufe wie *50 Jahre sind genug – Deutschland muß das Land der Deutschen bleiben – Ein Manifest zum 8.Mai 1995.* Sie werden in rechtsextremen Zeitschriften nachgedruckt.

Programmatik: Programmatisch stehen die vier Themen Kriegsschuld, das

Leugnen des Holocaust, die »Ausländerfrage« und Meinungsfreiheit für die »nationale Publizistik« im Zentrum der jährlichen Kongresse. »Die GFP sieht ihre Aufgabe in der Stellungnahme zu Problemen der Gegenwartspublizistik« und auch »in der Aufklärung über Geschichtseinstellungen, insbesondere der Frage der Kriegsschuld und der Richtigstellung einseitiger Verzerrung in der Zeitgeschichte«[1]. Noch immer geben Akteure der ersten Nachkriegsstunden wie Felix Buck, der bereits 1946 von sich behauptete »600 Wehrmachtsoffiziere und SS-Führer zu seiner Verfügung« zu haben[2], als Referenten die strategische Marschlinie aus. Seine Themen auf den Jahrestagungen lauten u. a.: »Deutschland: Herz und Mitte Europas« (1990), »Deutschlands europäische Aufgabe liegt im Osten« (1991) und »Deutschlands Zukunft am Beginn des 3. Jahrtausends im Fadenkreuz der Geopolitik« (1994). Horst Rudolf Übelacker verweist hingegen als Mitglied des → Witikobundes mit seinem Thema »Die Sudetenfrage und das Münchener Abkommen« von den strategischen Fragen auf aktuelle Interventionsmöglichkeiten für die Tagespolitik hin.

Zusammenarbeit: Seit ihrer Gründung arbeit die GFP engstens mit dem → Deutschen Kulturwerk Europäischen Geistes (DKEG) und deren späterer Abspaltung, der → Deutschen Kulturgemeinschaft (DKG), zusammen. Wichtige Bezugspunkte ihrer Arbeit waren die Lippoldsberger Dichtertage. Aktuell zeigt sich verstärkt der inhaltliche und personelle Einfluß der Redaktionsgemeinschaft von → *Nation und Europa*. Besonders auffällig ist die häufige Referententätigkeit von Andreas Mölzer, ehemaliger ideologischer Kopf der Freiheitlichen Partei Österreichs.

Bedeutung: Die GFP ist ein Produkt ehemaliger NSDAP- und SS-Angehörigen mit der Absicht, ein publizistisches Forum des »nationalen Lagers« zu schaffen. So dient die GFP als Bindeglied zwischen rechtsextremen Verlagen und Autoren. Bei Indizierungsverfahren soll sie die Betroffenen politisch und juristisch unterstützen. Der in den 70er Jahren einsetzende Bedeutungsverlust (sinkende Mitgliederzahlen, generationsbedingte Umstrukturierung) konnte durch gezielte Einbindung jüngerer Autoren und Verleger aufgefangen werden. Heute stellt sie mit ihren jährlichen Kongressen einen zwar kleinen, doch wichtigen Umschlagplatz für rechtsextreme Strategiediskussionen zu Verfügung. An ihnen nehmen Autoren aus den Spektren der Nationaldemokratischen Partei Deutschlands bis zum Witikobund, von *Nation und Europa* bis zur *Jungen Freiheit* teil. Die GfP bleibt so weiterhin eine Art Zeitschriften- und Verlagskartell des rechtsextremen Lagers, heterogen, von Geschichts-»Revisionisten«, Nationalneutralisten bis zu rechtskonservativen Publizisten.[3]
(B)

1 Kongreß-Bericht 1995, S. 167.
2 Vgl. P. Heller; A. Maegerle: Thule. Vom völkischen Okkultismus bis zur Neuen Rechten. Stuttgart 1995, S. 87 f.

3 Vgl. P. Dudek; H.-G. Jaschke: Entstehung und Entwicklung des Rechtsextremismus in der Bundesrepublik. Opladen 1984, S. 47 f.

Gesinnungsgemeinschaft der Neuen Front (GdNF)

Gründung: 1984

Zahl der Mitglieder: ca. 50–80 (1992 einige hundert)

Funktionäre: → Michael Kühnen, → Christian Worch, Gottfried Küssel, → Arnulf Winfried Priem, → Michael Petri, Kai Dalek, Eite Homann

Struktur: Die Mitglieder entstammen den Kameradschaften der 1983 verbotenen → Aktionsfront Nationaler Sozialisten/Nationale Aktivisten (ANS/NA). »Die Gesinnungsgemeinschaft gruppiert sich um den Informationsbrief zur Lage der Bewegung ›Die Neue Front‹, nach dem sie sich benennt, und findet ihr Fundament in den Leserkreisen der Neuen Front.«[1] Getreu ihrem historischen Vorbild, der NSDAP, gliedert sich die Gesinungsgemeinschaft der Neuen Front (GdNF) in sieben Bereiche, die sich in Gaue, Kameradschaften und Stützpunkte teilen, darunter auch die ANS-Niederlande unter Eite Homann und die österreichische Volkstreue Außerparlamentarische Opposition unter Gottfried Küssel. Der innere Kreis der Kameradschaft wird von 1984–1986 vom → Komitee zur Vorbereitung der Feierlichkeiten zum 100. Geburtstag Adolf Hitlers (KAH) gebildet. Die GdNF-Mitglieder treten ab 1984 in die → Freiheitliche Deutsche Arbeiterpartei (FAP) ein und übernehmen sie. Nach der Veröffentlichung eines schwulenfeindlichen Anti-Kühnen-Manifestes durch einen Teil der GdNF spaltet diese sich 1986 in einen Flügel um Kühnen und einen um den FAP-Generalsekretär Jürgen Mosler. Während der Mosler-Flügel die organisatorischen Strukturen in FAP und KAK übernimmt, bildet die GdNF um Kühnen in der Folgezeit neue Vorfeldorganisationen und regionale Wahlparteien. Mit dem Tod Kühnens am 25. April 1991 geht die faktische Führung der GdNF an eine Troika aus Christian Worch, Gottfried Küssel und Arnulf Winfried Priem über. Ende November 1994 wird Christian Worch wegen Leitung der GdNF zu zwei Jahren Haft verurteilt. Das Gericht stellt fest, daß die GdNF eine Nachfolgeorganisation der verbotenen ANS/NA sei.

Aktivitäten: Die Schwerpunkte der Aktivitäten der GdNF sind der Aufbau legaler Vorfeldorganisationen einer neuzugründenden NSDAP, Organisierung von Aufmärschen, Beteiligung an »revisionistischen Kampagnen«, paramilitärischem Training und Aufbau einer neuen »SA«. Die Umsetzung ihrer Strategien erfolgt im Rahmen der Antizionistischen Aktion (Ingrid Weckert), der Volksbewegung gegen Überfremdung, dem Antikommunistischen Aktionsbündnis (Kai Dalek), der → Deutschen Frauenfront, der Freien Gewerkschaftsbewegung (Heinz Reisz), dem Volksbund Rudolf Heß (Berthold Dinter) und der Aktion Lebensschutz. Kühnen-Anhänger bilden die Nationale

Sammlung, die im Februar 1989 verboten wird, die → Deutsche Alternative (DA), die → Nationale Liste, das Deutsche Hessen, den → Nationalen Block, die → Deutschen Nationalisten und weitere, kurzlebige Gruppierungen.

Periodika: Seit Dezember 1983 erscheint *Die Neue Front*, die sich als Informationsbrief zur Lage der Bewegung versteht, als Nachfolge der Publikation *Die Innere Front* der verbotenen ANS/NA. Sie wendet sich an die Mitglieder des harten Kerns, neben Befehlen der Führung finden sich Berichte der Ortsgruppen und weltanschauliche Kommentare. Nach dem Tod von Michael Kühnen wandelt sich *Die Neue Front* zu einer Sammlung zusammenkopierter Artikel und Flugblätter. Die letzte Ausgabe datiert von April 1994.

Programmatik: Die Neue Front »versteht sich als legaler Arm der nationalsozialistischen Bewegung der neuen Generation und damit als Keimzelle der neuzugründenden Nationalsozialistischen Deutschen Arbeiterpartei«.[2] Die Generallinie der GdNF ist in dem von Michael Kühnen verfaßten *Politischen Lexikon der Neuen Front* niedergeschrieben. In etwa 150 Stichworten sind die Grundlagen für den jungen Nationalsozialisten festgehalten. Ideologische Grundlage der GdNF ist – neben dem Bekenntnis zum 25–Punkte-Programm der NSDAP und zum Hitler-Werk *Mein Kampf* – die Schrift Kühnens *Die Zweite Revolution – Glaube und Kampf*: »Unser Ziel ist die nationalsozialistische Revolution, aus der das Vierte Reich und eine art- und naturgemäße Neue Ordnung für die weiße Rasse hervorgehen wird. (…) Um das zu erreichen, sind in der jetzigen Kampfzeit verschiedene Zwischenziele anzustreben und zu verwirklichen: Überwindung des NS-Verbotes, Neugründung der NSDAP, Staatsreform, Vereinigung aller geschlossen siedelnden Deutschen in einem einheitlichen, souveränen und sozialistischen Großdeutschland.«[3]

Zusammenarbeit: Eng verbunden ist die GDNF mit der → Nationalsozialistischen Deutschen Arbeiterpartei/Auslands- und Aufbauorganisation (NSDAP/AO). Ihre Führungskader sind in der Regel Mitglieder der von → Gerhard Lauck geleiteten Organisation.

Bedeutung: Die GdNF setzt sich für eine neue NSDAP ein. Durch provokante Aktionen versucht sie seit Jahren vergeblich, auf eine Aufhebung des NSDAP-Verbotes hinzuarbeiten. Nach der Wiedervereinigung war sie für eine Zeit die bedeutenste neofaschistische Gruppierung in Deutschland und konnte gerade in der ehemaligen DDR Tausende zu ihren Aufmärschen wie dem Rudolf-Heß-Gedenkmarsch und Hunderte als Mitglieder für ihre diversen Gruppierungen mobilisieren. Der Tod Michael Kühnens und vor allem die Parteiverbote der letzten Jahren haben die Hintergrundorganisation GdNF geschwächt. Die Reste der Strukturen finden sich heute überwiegend bei den → Deutschen Nationalisten wieder, andere suchen eine politische Heimat in der → Deutschen Liga für Volk und Heimat oder bei den → Jungen Nationaldemokraten. (B)

1 Vgl. M. Kühnen: Politisches Lexikon der Neuen Front. Butzbach 1987, S. 187 f.
2 Ebenda.
3 M. Kühnen: Die Zweite Revolution – Glaube und Kampf. Manuskript von ca. 1979.

Die Heimattreue Jugend e.V.

Gründung: 1990

Kontaktadresse: 24016 Kiel

Funktionäre: Henning Pless, Gerald Hiller (1. und 2. Bundesführer 1993), Viola Prehn (Bundesmädelführerin 1993), Hagen Schmöller (Bundesgeschäftsführer 1994)

Struktur: Die Heimattreue Jugend e.V. entsteht 1990 aus einer radikalen Abspaltung des → Bundes Heimattreuer Jugend (BHJ) – Der Freibund e.V. um den ehemaligen Bundesführer Michael Will und Hans Soltner. Ihr Symbol ist die Odalsrune. Die Struktur hat sie weitgehend vom BHJ übernommen, ist jedoch hauptsächlich in Norddeutschland tätig.[1] Die Mitglieder sind zwischen sieben und 25 Jahren alt, unterstützt wird die Gruppe von einem Freundeskreis.

Aktivitäten: Im Mittelpunkt ihrer Aktivitäten steht die Organisierung von Lagern und Fahrten, die neben Reisen nach Westeuropa häufig in die ehemaligen deutschen Gebiete in Osteuropa führen. Außerdem werden Veranstaltungen wie Älterentreffen und Sonnenwendfeiern durchgeführt.

Periodika: Jährlich wird der Kalender *Unser Leben* herausgegeben.

Programmatik: Die Heimattreue Jugend vertritt eine völkisch-nationalistische Ideologie. »Wir bekennen uns als junge Deutsche, die ihre Heimat lieben, verantwortungsbewußt zu unserem Volk und Vaterland (…) Wir gehen den Weg der Jugendbewegung im Einsatz für die Gemeinschaft unseres Volkes und als Vorbereitung auf die Aufgaben, die wir als Frauen und Männer werden zu bewältigen haben.«[2]

Zusammenarbeit: Die Heimattreue Jugend unterstützt die Aktivitäten→ Dietmar Muniers in Osteuropa. Sie inseriert u. a. in → *Nation und Europa* und der → *Jungen Freiheit*.

Bedeutung: Die Heimattreue Jugend wurde von BHJ-Funktionären gegründet, denen die Programmatik des BHJ – Der Freibund nicht radikal genug war. Sie knüpft damit direkt an die Traditionen des alten BHJ an, vermochte es aber nicht, ihn in seiner alten Größe wiederzubeleben. (B)

1 Vgl. blick nach rechts, 11/1993, S. 4 f.
2 Zitiert nach: Die Heimattreue Jugend e.V.: Fahrtenplan 1993.

Heimattreue Vereinigung Deutschlands (HVD)

Gründung: 16. Dezember 1988 (verboten am 14. Juli 1993)

Sitz: Reutlingen

Zahl der Mitglieder: ca. 80

Funktionäre: Andreas Rossiar (Vorsitzender), Dirk Plankenhorn, Karin Bächtle

Struktur: Die Gründungsmitglieder Rossiar und Plankenhorn kommen aus der → Freiheitlichen Deutschen Arbeiterpartei. Die Mitglieder verteilten sich auf Kreis- und Ortsverbände in Reutlingen, Esslingen, Göppingen, Ulm, Schwarzwald-Baar, Nürtingen, Böblingen, Konstanz und Nürnberg.

Aktivitäten: Nach »Propagandadelikten«[1] kommt es 1989 zu Hausdurchsuchungen bei Mitgliedern der Heimattreuen Vereinigung Deutschlands (HVD). Die Polizei beschlagnahmt Munition, Uniformen und einschlägiges Propagandamaterial. Am 1. Juni wird der Vorsitzende Rossiar wegen Schmierereien von nationalsozialistischen und antisemitischen Parolen verurteilt. 1992 werden die »Revisionisten« Kirk Lyons, Max Wahl und → Karl Philipp zu Veranstaltungen eingeladen. Im Oktober wird die KZ-Gedenkstätte Überlingen und der KZ-Friedhof in Birnau geschändet. Zwei der zu Haftstrafen verurteilten Täter waren Mitglieder der HVD. Im November werfen Teilnehmer eines Informationsabends der HVD in Heidenheim Fenster eines nahegelegenen Flüchtlingsheims ein. Vom 20. bis 23. Mai 1993 veranstaltet die HVD eine Wehrsportübung mit der Heimattreuen Vereinigung Elsaß (HVE) in Frankreich. Trainiert wird mit Waffen und Sprengstoff. Zwei Monate später wird die HVD verboten, im September folgt das Verbot der HVE durch französische Behörden.

Periodika: Die HVD gab Flugblätter, Rundschreiben und Schulungshefte heraus. In einem *Internen Arbeitspapier zur Aufstellung des Sicherheitsdienstes (SD)* wurde ausgeführt, wie »Bestrafungsaktionen« gegen Spitzel und Überläufer zu erfolgen haben.

Programmatik: Die HVD bekannte sich zu Adolf Hitler und den wesentlichen Grundlagen der NSDAP. In ihrer Propaganda überwogen revisionistische Positionen, unverhohlener Militarismus und aggressive Ausländerfeindlichkeit. Rossiar äußerte sinngemäß, die HVD sei eine »Kadergemeinschaft, die auch nach einem Verbot den Kampf weiterführen werde«.[2]

Zusammenarbeit: Enge Kontakte bestanden außer zur HVE zu der → Wiking Jugend. Im Oktober 1992 nimmt die HVD am Ullrichsberg-Treffen in Kärnten teil, einer jährlichen Zusammenkunft von ehemaligen SS-Angehörigen.

Bedeutung: Die HVD vereinigte militante junge Neofaschisten in Baden-Württemberg. Nach dem Verbot der → Nationalen Offensive bot sich die HVD als Auffangorganisation an. (B)

---

1 Laut Verbotsverfügung des Innenministeriums Baden-Württemberg vom 8.7.1993, S. 7 f.
2 Ebenda.

Hilfskomitee Südliches Afrika (HSA)

Gründung: 1976

Sitz: 96408 Coburg

Funktionäre: Dr. Olaf Otto Dillmann aus Münster (Vorsitzender), Staatsanwalt a.d. Dr. Karl Spiess aus Coburg (Stellvertreter), → Klausdieter Ludwig, → Peter Dehoust. Weitere Mitglieder: Karl Gültig (Vorsitzender 1978–1990), Dr. Martin Pabst (Vorsitzender 1990–1994).

Struktur: Das Hilfskomitee Südliches Afrika (HSA) bietet einen Rahmen für die Zusammenarbeit von Mitgliedern der Unionsparteien und Rechtsextremisten. Bedeutende HSA-Mitglieder sind Redaktionsmitglieder bzw. Anteilseigner bei → *Nation und Europa* (Dehoust, Gültig).

Aktivitäten: 1976 Gründung des HSA auf Initiative von Peter Dehoust und Klausdieter Ludwig. U. a organisiert das Komitee jährliche Südafrika-Seminare, wirbt für »Solidariät mit Weiß-Afrika«, organisiert Reiseveranstaltungen und propagiert einen Jugendaustausch zwischen Deutschland und Südafrika. Das 2. Seminar Südliches Afrika im September 1977 wird zusammen mit der Deutsch-Südafrikanischen Gesellschaft (DSAG) veranstaltet und vom Nation-Europa-Freundeskreis e.V. mitgetragen. Es wird beschlossen, daß sich das HSA als fränkische Regionalorganisation der DSAG neu konstituiert. Seither werden die Seminare zusammen mit der DSAG veranstaltet. 1992 tritt das HSA dem Förderverein deutscher Schulvereine in Namibia bei. Im Mai ist der im Zusammenhang mit der Ermordung des ANC-Führers Chris Hani verhaftete Journalist Artur Kemp (Pretoria) Teilnehmer am 16. Südafrika-Seminar, wo er zur Gewalt gegen »die Schwarzen« aufruft und rassistische Thesen verbreitet.[1] Im April 1995 findet das 19. Südafrika-Seminar im fränkischen Gunzenhausen (nicht wie üblich in Coburg) statt. Der Chefredakteur der rechtsextremen, südafrikanischen Zeitung *Patriot*, Henk van de Graaf, besucht die Redaktion von *Nation und Europa* und trifft in diesem Zusammenhang auch mit Karl Spiess zusammen.

Periodika: Der *Rundbrief* an den Freundeskreis des HSA erscheint zweimal jährlich. In ihm berichtet das HSA über seine laufende Arbeit und wirbt für seine Projekte in Afrika. Ansonsten ist *Nation und Europa* das wichtigste Sprachrohr des HSA.

Programmatik: Das HSA unterstützt und propagiert eine Apartheidspolitik. Für »ethnische Segregation« hätten sich bereits »die Denker der Antike« ausgesprochen, während »›multikulturelle‹ Konzepte noch stets zu Bürgerkrieg und kulturellem Niedergang geführt hätten«.[2] So appelliert es z.B. in Rundschreiben an seinen Freundeskreis, durch Spenden die »Schaffung eines Gegengewichtes zu der südwestafrikanischen Agitation« durch Öffentlichkeitsarbeit zu ermöglichen.

Zusammenarbeit: Über Jahre arbeitete das HSA mit der DSAG zusammen, teilweise gibt es eine Personalüberschneidung. DSAG- und HSA-Mitglieder sind z.B. Martin Pabst und Karl Spiess, der 1993 DSAG-Vorsitzender in Coburg war. Wie Spiess sind weitere DSAG-Mitglieder Angehörige der Unionsparteien. Enge Kontakte bestehen weiter zur → Evangelischen Notgemeinschaft in Deutschland e.V., gemeinsame Veranstaltungen wurden mit dem → Witikobund[3] und der Paneuropa-Union durchgeführt. Das HSA erhielt bisher publizistische Unterstützung von Publikationen wie *student, Konservativ heute, Klüter Blätter,* → *Mut, Nationalpolitische Studien.* Desweiteren treten HSA-Mitglieder bei rechtsextremen Organisationen in Erscheinung, wie z.B. HSA-Vorsitzender Dillmann, der beim → Nordischen Ring[4] referierte.

Bedeutung: Mit der Initiierung des Hilfskomitees Südliches Afrika unternahm das damalige Mitglied der → Nationaldemokratischen Partei Deutschlands, Peter Dehoust, den Versuch, Anschluß an den rechten Rand der Unionsparteien zu gewinnen. Mit seinen guten Verbindungen zur äußersten Rechten in Südafrika ist das HSA ein wichtiger Bestandteil im internationalen Netzwerk des Rechtsextremismus. (B)

1 Vgl. Die Tageszeitung vom 30.4.1993.
2 Vgl. Nation und Europa, Nr. 5/1995, S. 66.
3 Vgl. R. Opitz: Faschismus und Neofaschismus. Berlin/Ost 1984, S. 529.
4 blick nach rechts, Nr. 5/1996, S. 13.

Hilfsorganisation für nationale politische Gefangene und deren Angehörige e.V. (HNG)

Gründung: 1979

Sitz: 55124 Mainz-Gonsenheim

Zahl der Mitglieder: ca. 300 (Angabe Bundesamt für Verfassungsschutz), 900 (Eigenangabe)

Funktionäre: → Ursula Müller (Vorsitzende, Nachfolgerin von → Christa Goerth), Heinz Steinbrecher (Stellvertreter), Curt Müller, Friedrich Illian, Andreas Kreishötker, Andreas Marhauer, Hildegard Illian, Sylvia Endres.[1] Weitere Mitglieder sind Norman Kempken, → Christian Worch, Christian Malcoci, Thorsten Bunk, Markus Privenau, Christian Sennlaub. Norbert Weidner war bis zum 9. März 1996 Kassenwart.

Struktur: Mitglieder der Hilfsorganisation für nationale politische Gefangene und deren Angehörige e.V. (HNG) sind führende Köpfe des neofaschistischen Spektrums. Sie ist eine Sammlungsorganisation, in der Alt- und Neonazis verschiedenster Richtungen bundesweit zusammenarbeiten und ihre Aktivitäten untereinander abstimmen.[2]

Aktivitäten: Am 17. Juli 1979 wird die HNG in Frankfurt a.M. durch Henry Beier, dem Initiator der HNG-Vorläuferorganisation Braune Hilfe gegründet. Beier wird, u.a. wegen Volksverhetzung, 1980 verurteilt. Bis zu seiner Entlassung ist Wolfram Moog kommissarischer Leiter. Am 25. August 1984 wird Beier von Christa Goerth, einer Anhängerin von → Michael Kühnen, als Vorsitzender abgelöst, was die schrittweise Unterwanderung der HNG durch Aktivisten der 1983 verbotenen → Aktionsfront Nationaler Sozialisten/Nationaler Aktivisten (ANS/NA) zur Folge hat. 1987 gründet → Ernst Tag nach seinem Ausschluß im Juni die HNG-Konkurrenz → Internationales Hilfskomitee für nationale politische Verfolgte und deren Angehörige e.V. (IHV). 1989 hat die HNG eine wichtige Funktion beim Streit um Kühnens Bekenntnis zur Homosexualität und vermittelt eine »Stillhaltevereinbarung« der verfeindeten Flügel innerhalb der → Gesinnungsgemeinschaft der Neuen Front (GdNF). Mindestens seit 1990 wirbt die HNG Mitglieder in der ehemaligen DDR, vor allem in den Justizvollzugsanstalten, in denen die Anzahl der Gefangenen mit rechtsextremer Einstellung auf bis zu 30 Prozent geschätzt wird. Beim »Stuttgarter Bewegungsverfahren« 1991, dem Prozeß gegen das → Komitee zur Vorbereitung der Feierlichkeiten zum 100. Geburtstag Adolf Hitlers (KAH), initiiert die HNG eine Prozeßgruppe, sammelt Geld und gibt die *prozeß-info*-Hefte heraus. 1991 tritt Goerth nach internen Streitigkeiten zurück. → Ursula Müller wird am 3. August zu ihrer Nachfolgerin gewählt, ihr Stellvertreter wird Christian Malcoci. Noch während der Rostocker Ausschreitungen gegen Asylbewerber 1992 versucht die HNG, sich um die festgenommenen »Kameraden aus dem nationalen Widerstand« zu kümmern. Beim HNG-Jahrestreffen in Bad Dürkheim im Frühjahr 1996 erscheinen ca. 260 Personen.

Periodika: Die *Nachrichten der HNG* erscheinen seit 1984, verantwortlich ist Christian Scholz. Das Blatt enthält Namen und Adressen inhaftierter Rechtsextremisten sowie Leserbriefe und Appelle aus den Gefängnissen. Über Eberhard Hefendehl (ODAL-Verlag, Herausgeber der Postille *Der Scheinwerfer*; er soll auch die ersten 500 Exemplare der Anti-Antifa-Zeitschrift *Einblick* gedruckt haben) wurden auch die *HNG-Nachrichten* vertrieben, die regelmäßig eine Anti-Antifa-Seite enthalten.[3]

Programmatik: Ziel der HNG ist: »Öffentlichkeit herstellen, Anerkennung der gefangenen Nationalisten als Politische Gefangene, die freie politische Betätigung und Informationsmöglichkeit und die Abschaffung aller Anti-NS- und Gesinnungsparagraphen zu erreichen«. Sie versteht sich als Sammelbecken verschiedener rechtsradikaler Gruppierungen und als »Bindeglied zwischen gefangenen Patrioten und Volksgenossinnen und Volksgenossen«.[4]

Zusammenarbeit: Die HNG betreut Gefangene des mittlerweile auch in der Bundesrepublik aktiven → Ku-Klux-Klan (KKK). Gute Verbindungen bestehen zu gleichartigen Organisationen im Ausland: Comité Objectif entraide et solidarité avec les victimes de la Répression Antinationaliste (COBRA/Frankreich), Committee to free Patriots and Anticommunist Political Prisoners

(COFPAC/USA), Hulpkomitee voor nationalistische politieke gevangenen (Belgien). Die Organisation gibt regelmäßig Gefangenenlisten an → Gerhard Lauck (→ Nationalsozialistische Deutsche Arbeiterpartei/Auslands- und Aufbauorganisation) weiter, der diese im *NS-Kampfruf* mit der Bitte um Unterstützung veröffentlicht.

Bedeutung: Die HNG stellt als organisationsübergreifende Vereinigung eine der wichtigsten und größten Organisationen im logistischen Netzwerk des Neofaschismus der Bundesrepublik dar. Zusätzlichen Auftrieb erhielt sie durch die Verbote, nach denen sie als Sammlungsorganisation für militante Neofaschisten fungiert. Innerhalb der Justizvollzugsanstalten bildet sie eine eigene Kommunikationsstruktur, die eine Bindegliedfunktion zwischen inhaftierten und freien Neonazis gewährleistet und die gleichzeitig als Rekrutierungsstruktur genutzt wird. (B)

1 Vorstandsneuwahlen vom 9.3.1996. Vgl. Eintrag im Vereinsregister Frankfurt/M.
2 Vgl. Antifaschistisches Autorenkollektiv: Drahtzieher im braunen Netz. Berlin 1992, S. 33.
3 Vgl. Die Tageszeitung vom 12.2.1994.
4 Selbstdarstellung, o.J.

Hoffmann von Fallersleben Bildungswerk e.V.

Gründung: 1990
Sitz: Berlin
Zahl der Mitglieder: 20 (Satzungsbedingt)
Funktionäre: → Rudolf Kendzia (Vorsitzender), Dr. Matthias Bath (stellvertretender Vorsitzender), Richard Miosga (Schatzmeister), Rita Bönisch (Schriftführerin), Karl-Heinz Panteleit (Ex-Vorsitzender). Mitglieder: Dr. Stephan Elbern, → Carsten Pagel, Hermann Flemmig, Frank Schwerdt, Gerhard Kaindl († 1992)
Struktur: Das Hoffmann von Fallersleben Bildungswerk (im folgenden HvFB), ursprünglich als eine → Republikaner (REP)-nahe Stiftung geplant, firmiert nach dem Übertritt vieler REP-Funktionäre zur → Deutschen Liga für Volk und Heimat (DLVH) als überparteilich. Das Bildungswerk kann jedoch als DLVH-nahe eingestuft werden, zumal Postadressen von DLVH und HvFB identisch waren.[1] Angegliedert ist der HvFB-Buchdienst, dessen Postfach mit dem des ehemaligen Verlages der REP, dem VBR-Verlag von Rudolf Kendzia, identisch war.
Aktivitäten: 1990 wird das HvFB gegründet. In der Folgezeit präsentiert das Bildungswerk eine Vielzahl von Referenten. Der bisherige Vorsitzende Stephan Elbern wird am 19. Dezember 1991 von Carsten Pagel abgelöst. Bei den Vorstands-Neuwahlen im Dezember 1992 treten Carsten Pagel und Schatzmeister Wolfgang Seifert zurück, Pagel bleibt jedoch weiterhin im Kuratorium. Neuer Vorsitzender wird Karl-Heinz Panteleit. Am 24. Januar 1993 führt

das HvFB zusammen mit der →· Berliner Kulturgemeinschaft Preußen e.V. (BKP) eine »Reichsgründungsfeier« durch. Der Bereichsleiter Ost der →· Gesinnungsgemeinschaft der Neuen Front (GdNF), Oliver Schweigert, organisiert den Schutz der Veranstaltung. Am 26. Januar wird eine Veranstaltung mit Robert Steuckers durchgeführt. →· Heinrich Lummer soll im Februar zum Thema »Asyl – ein mißbrauchtes Recht« referieren. Eine Intervention des CDU-Landesvorstandes soll Lummer jedoch zur Absage bewogen haben. Im April wird der Förderkreis Gerhard Kaindl gegründet. Am 22. Oktober referiert in einer zusammen mit der Partei →· Die Nationalen organisierten Veranstaltung →· Pierre Krebs (→· Thule-Seminar). Im Dezember 1994 löst Rudolf Kendzia den bisherigen Vorsitzenden Karl-Heinz Panteleit ab. 1995 referieren: Klaus Weinschenk, Karl Richter und Pierre Krebs.

Zusammenarbeit: Das HvFB arbeitet im Rahmen von Schulungsarbeit eng mit der Berliner Kulturgemeinschaft Preußen und dem →· Deutschen Kolleg zusammen. Hier übernimmt es v.a. die Kaderschulung für neofaschistische Gruppierungen im Raum Berlin-Brandenburg, wie z.B. für die →· Sozialrevolutionäre Arbeiterfront (SrA).[2] Enge Beziehungen bestehen zu den stark von der DLVH dominierten Nationalen: diese unterhalten zusammen mit dem HvFB und der Nationalen Jugend ein gemeinsames Postfach in Berlin-Treptow. Seit April 1995 sind Richard Miosga und Rita Bönisch im Vorstand der Nationales. Referenten waren: Rudolf Kendzia, →· Klaus Motschmann, Carsten Pagel, Roland Hahn, Konrad Windisch, →· Jürgen Hatzenbichler, →· Johanna Christine Grund, →· Emil Schlee, →· Günter Deckert, →· Reinhold Oberlercher. Auch Hans Ulrich Pieper, Organisator des Berliner →· Dienstagsgespräches, hat Kontakt zum HvFB.[3]

Bedeutung: Das HvFB steht in einer Reihe verschiedener Konzepte der Schulung junger Kader für die mittlere Führungsebene des Neofaschismus. Es gewann, im Bestreben eine Brücke zwischen sich bekennenden Nationalisten und sich als »patriotisch« oder »konservativ« bezeichnenden Rechten zu bilden, besonders in Berlin an Bedeutung. (B)

1 Antifaschistische Initiative Moabit: Braunzone… Berlin 1993, S. 7.
2 B. Wagner (Hrsg.): Handbuch Rechtsextremismus. Hamburg 1994, S. 141.
3 Vgl. Berliner Zeitung vom 17.6.1994.

Internationales Hilfskomitee für nationale politische Verfolgte und deren Angehörige e.V. (IHV)

Gründung: 1987
Sitz: 67014 Ludwigshafen
Funktionäre: →· Ernst Tag (1. Vorsitzender), Stefan Fuchs (stellvertretender Vorsitzender)

Struktur: Das Internationale Hilfskomitee für nationale politische Verfolgte und deren Angehörige e.v. (IHV) ist gegliedert in Bezirke mit jeweiligen Bezirksführern: Markus Walter (Rheinland-Pfalz), Christian Seidel (Baden-Württemberg), Andreas Szalay, Christoph Bauer (Baden-Württemberg-Süd), Karsten Kube (Bayern), Michael Neubauer (Thüringen-Ost, bis 1994), Michael See (Thüringen, bis 1994), Carsten Szczepanski (Brandenburg).

Aktivitäten: Ernst Tag gründet am 20. Juni 1987 in Weidenthal/Pfalz das IHV nach seinem Ausschluß aus der → Hilfsorganisation für nationale politische Gefangene und deren Angehörige (HNG) als Konkurrenzorganisation. 1987 bis 1988 kommt es zu mehreren überregionalen Treffen des neofaschistischen Spektrums in dem von Tag zu einem »Nationalen Zentrum« ausgebauten Haus in Weidenthal. Das Haus wird 1989 während einer Haftstrafe von Tag verkauft. 1994 kommt es zum Ausschluß von Michael See und Michael Neubauer. Neubauer gründet daraufhin den Freundeskreis Nationaler Sozialisten (FNS) und See die Aktion Volkswille (AVW). 1995 betreut die IHV die wegen Mordversuchs an dem Nigerianer Steve E. inhaftierten Mirko Schröter und Bertram Schulz. Im selben Fall wird IHV-Führer Carsten Szczepanski als einer der Hauptverantwortlichen zu acht Jahren Haft verurteilt. Am 1. Juni 1995 vermeldet das Info-Telefon von Tag die Aufgabe seines IHV-Vorsitzes und verweist auf Markus Walter als Kontaktperson. Im Dezember kommt es wegen Friedhofschändungen zu Hausdurchsuchungen bei Walter und Christoph Bauer.

Periodika: Die IHV gibt den Schulungsbrief *IHV e.V. – für Recht und Wahrheit* heraus. Schriftleiter ist Markus Walter. Die Zeitschrift erscheint als »vervielfältigter, persönlicher Brief.« Unter der Überschrift »Wir sind Fackelträger« erscheinen regelmäßig »Kameraden, die sich über Schriftkontakt freuen«. Die Auflage der Publikation liegt unter 100 Exemplaren.

Programmatik: Tag ruft u.a. in IHV-Werbeschreiben zum Kampf gegen die bundesdeutsche Demokratie auf: »Der legale Kampf auf nationaler Grundlage nimmt innerhalb Deutschlands immer deutlichere Formen an. Es ist davon auszugehen, daß der Mitteldeutsche Funke des legalen Widerstandsrechtes auch auf die trägen und satten Nationalisten Westdeutschlands überspringt und Deutschland im Vorfeld nationaler Erhebungen steht.«[2]

Zusammenarbeit: Anzeigen des IHV werden in *Nation*, *Angriff* und *Stauffer Sturm* veröffentlicht. Im Februar 1994 besuchen die IHV-Bezirksführer das Zentrum der → Nationalistischen Front in Detmold-Pivitsheide.[1]

Bedeutung: Das von Ernst Tag als Konkurrenz zur HNG konzipierte IHV blieb als solches unbedeutend, nicht zuletzt aufgrund einer fehlenden Einbindung in die neofaschistische Szene. Diesbezügliche Versuche in Richtung der → Gesinnungsgemeinschaft der Neuen Front (GdNF) scheiterten an der eigenwilligen Person von Tag. Hinzu kommt der Wegfall der Strukturen in

Thüringen durch den Ausstieg von See und Neubauer, die Tag einen autoritären Führungsstil vorwerfen. (B)

1 Vgl. Sonnenbanner, Nr. 1 (o.J.).
2 Zitiert nach: Konkurrenz zur HNG. In: Der Rechte Rand, Nr 24, S. 23.

Junge Nationaldemokraten (JN)

Gründung: 1967
Sitz: 52223 Stolberg
Bundesgeschäftsstelle: 44 866 Bochum
Zahl der Mitglieder: ca. 300
Funktionäre: Bundesvorsitzender: Holger Apfel; Stellvertretende: Achim Ezer, Jürgen Diestler, Andreas Storr; Beisitzer: Jan Zobel, → Steffen Hupka, Andreas Weber, Frank Amberg, Sascha Wagner, Jörg Hähnel, Irina Beikert, Jens Pühse, Klaus Beier[1]
Struktur: Die Jungen Nationaldemokraten (JN) ist die Jugendorganisation der → Nationaldemokratischen Partei Deutschlands (NPD). Anfang der 90er Jahre, mit noch 1.200 Mitgliedern, versucht sich die JN in eine Kaderorganisation zu wandeln. Inaktive Mitglieder werden ausgeschlossen, so daß sie 1991 noch ca. 150 Aktivisten hat. Zu deren Schulung und Ausbildung werden Regionale Arbeitsgruppen (RAG) gebildet, an deren Spitze ein Leitendes Gremium (LG) bewährter JN-Kader steht. Dieses konzipiert und koordiniert richtungsweisende Entscheidungen der JN. Da diese Konzeption in der Mutterpartei auf Ablehnung stößt, ist davon auszugehen, daß die JN ihren offiziellen strukturellen Rahmen einer Gliederung in Landesverbände und Bundesverband beibehalten wird, intern jedoch das Konzept von RAG und LG umsetzt. Schwerpunkte der JN sind in Niedersachsen, in Bayern und Nordrhein-Westfalen.
Aktivitäten: Mit 1.100 Mitgliedern bei ihrer Gründung 1967 sind die Jungen Nationaldemokraten (JN) die größte rechtsextremistische Jugendorganisation der BRD und durchläuft, parallel zur NPD, deren politische Höhen und Tiefen mit. Zahlreiche Kader des Rechtsextremismus und Neofaschismus beginnen hier ihre Laufbahn (→ Meinolf Schönborn, → Michael Swierczek, → Michael Kühnen, → Günter Deckert, → Manfred Rouhs, → Siegfried Bublies). Die Anfang der 90er Jahre in eine Kaderstruktur gewandelte Organisation versucht seit einigen Jahren, ihren Niedergang durch spektakuläre Aktionen aufzufangen und sich dabei im neofaschistischen Spektrum, v. a. nach den Partei- und Organisationsverboten, als aktive Organisation anzubieten. Ihre Aktivisten treten mit Propaganda-Aktionen in Erscheinung wie etwa zur Abschlußveranstaltung des Schlesiertreffens 1993 in Nürnberg. Mit Transparenten und Flugblättern erklären sie »Auf Kohl verzichten wir gerne,

auf Schlesien nie.« Ähnlich spektakulär ist ihr Auftritt zur Eröffnung der Richard Wagner-Festspiele 1993 in Bayreuth, als sie den ehemaligen Präsidenten der UdSSR, Michael Gorbatschow, mit Eiern bewerfen. Am 10. Dezember 1994 veranstaltet die JN den 1. Europäischen Kongreß der Jugend, an dem zahlreiche neofaschistische Gruppen aus Europa teilnehmen. 1995 sind die Hauptaktivitäten der JN gegen das Gedenkjahr zur 50jährigen Niederlage des Nationalsozialismus ausgerichtet. Mit einer großangelegten Propagandaaktion nach dem Motto »Niederlage statt Befreiung« unternehmen sie den Versuch, Aufmerksamkeit zu erregen. 1996 koordiniert die JN die Aktivitäten zum Todestag von Rudolf Heß.

Periodika: Die offizielle JN-Zeitschrift *Einheit und Kampf* entstand 1990 aus der JN-Publikation *Junge Stimme*. Herausgeber ist ab Oktober 1995 Holger Apfel, die Redaktion zu diesem Zeitpunkt bilden André Goertz, Steffen Hupka und Jan Zobel. Die Zeitschrift greift jugendspezifische Themen auf, berichtet über Szene-Neuigkeiten und bringt Interviews mit führenden Personen der neofaschistischen Szene. Das gemeinsame Theorieorgan der JN und des → Nationaldemoraktischen Hochschulbundes (NHB) ist die → *Vorderste Front (VF)*. *Der Aktivist*, ursprünglich Mitteilungsblatt der JN-Franken, erscheint seit 1994 unregelmäßig mit einer Auflage von ca. 200 Stück. Die interne JN-Publikation wird bundesweit an Mitglieder und Aktivisten der Gruppen verschickt und schließt eine publizistische Lücke zwischen der populistisch aufgemachten *Einheit und Kampf* und dem Theorieblatt *VF*. Die fraktionsübergreifende, jedoch JN-dominierte Theorieschrift *Die Saufeder* erschien unregelmäßig von 1991 bis 1995 mit einer Auflage von 200–300 Exemplaren. Sie informierte über organisatorische Konzepte, historische Entwicklungen des Faschismus und über aktuelle Entwicklungen innerhalb der neofaschistischen Bewegung. Herausgeber war bis 1993 Rainer Hatz, sein Nachfolger war Thomas Hetzer.

Programmatik: Die Jungen Nationaldemokraten versuchen, ideologisch einen Abschied vom traditionellen Hitler-Faschismus zu nehmen. Dabei setzen sie auf einen »Dritten Weg«, den sie jenseits von Kapitalismus und Kommunismus ansiedeln und dessen Ziel es sei, »die jahrhundertealten Widersprüche zwischen Klassen und Völkern«[2] zu überwinden. Ausgangspunkt ist ein völkischer Nationalismus, nach dem jedes Individuum Teil eines Kollektivs (d. h. »dem Stamm und dem Volk und schließlich der Rasse«[3]) sei. Den Hauptfeind ihres »Dritten Wegs« sieht die JN im Liberalismus.

Zusammenarbeit: Neben der vielfältigen Zusammenarbeit mit Gruppen und Organisationen des rechtsextremistischen und neofaschistischen Spektrums setzt die JN auf eine internationale Zusammenarbeit mit europäischen, sich als nationalrevolutionär verstehende Gruppen. So ist sie verbunden mit den Netzwerken der aktionistisch ausgelegten Front Européen de Liberation

(FEL) und der eher Strategiedebatten vorgebenden Synergies Européennes um Robert Steuckers. Der Organisationssitz befindet sich auf dem Anwesen von → Wolfgang Nahrath (→ Wiking Jugend). Engste Kooperation besteht mit dem → NHB.

Bedeutung: Die Jungen Nationaldemokraten versuchen, gegenüber ihrer Mutterpartei NPD einen eigenständigen Kurs einzuschlagen. Sie sehen ihre Perspektive in einer straff organisierten Kaderorganisation und verwenden nationalrevolutionäre Floskeln. Die JN versucht, ihren legalen Rahmen den Mitgliedern der verbotenen neofaschistischen Organisationen anzudienen. Mitglieder der verbotenen → Nationalistischen Front treten der JN bei. (B)

1 Bundesvorstandswahlen vom 26.5.1996 in Leipzig. Vgl. Widerstand, Nr. 4/1996, S. 21.
2 Thesenpapiere der Jungen Nationaldemokraten (JN), Februar 1991.
3 Vorderste Front, Nr. 2/1991.

Komitee zur Vorbereitung der Feierlichkeiten zum 100. Geburtstag Adolf Hitlers (KAH)

Gründung: 1984

Funktionäre: Martyn Freling, Stefan Jahnel, Christian Malcoci, Jürgen Mosler, → Ursula Müller, Christian Sennlaub, → Michael Swierczek, Willi Wegner, Christian Scholz

Struktur: Das Komitee zur Vorbereitug der Feierlichkeiten zum 100. Geburtstag Adolf Hitlers (KAH) wird auf Betreiben → Michael Kühnens als Nachfolgestruktur der 1983 verbotenen → Aktionsfront Nationaler Sozialisten/Nationale Aktivisten (ANS/NA) gegründet. Dieses bildet den inneren Kreis der → Gesinnungsgemeinschaft der Neuen Front (GdNF). Im »Bewegungsstreit« 1986 spaltet sich die Mehrheit unter Beibehaltung des Namens von der GdNF ab. Das KAH ist nach dem Führerprinzip ausgerichtet und in Sektionen, Gaue, Kameradschaften sowie elf Referate gegliedert. Bedeutung erlangten das Referat für Sicherheit, das Sonderreferat Deutsches Jugendbildungswerk (DJBW) und das Referat Ausland.

Aktivitäten: Das KAH wirkt über legale Wahlparteien und Vorfeldorganisationen. Die bedeutendsten Gruppen waren die → Freiheitliche Deutsche Arbeiterpartei (FAP) und die → Nationale Offensive (NO). Ein Schwerpunkt der letzten Jahre war die Unterstützung der wegen der Fortführung der verbotenen ANS/NA Angeklagten im sogenannten »Stuttgarter Bewegungsprozeß« (1991–1994).

Periodika: Als öffentliche Foren dienten u.a. *Deutscher Beobachter* (NO), *prozeß-info*, *Rechtskampf*, für den inneren Kreis bestimmt waren die *KAH-Dienstvorschriften* und die Schulungsschrift *Leitsätze für Führer des KAH*.

Programmatik: Das KAH orientierte sich in seiner Programmatik an der

GdNF und der → NSDAP/AO.

Zusammenarbeit: Über das Gremium Europäische Bewegung bestanden Kontakte zu neofaschistischen Gruppen in nahezu allen Ländern Westeuropas und Skandinaviens. Führende Funktionäre des KAH sind für die NSDAP/AO und für die → Hilfsgemeinschaft für nationale politische Gefangene und deren Angehörige e.V. aktiv. Als Plattformen dienten zuletzt die NO und das DJBW.

Bedeutung: Das KAH ist eine neofaschistische Organisation mit einer nach außen abgeschotteten Struktur. Es bemüht sich vor allem darum, Jugendliche zu erreichen und in ihrem Sinne zu beeinflußen. Nach dem Verbot der NO 1992 und dem faktischen Verbot des KAH als Nachfolgeorganisation der ANS/NA im zweiten »Stuttgarter Bewegungsprozeß« 1995 wirken KAH-Kader an der Umstrukturierung der Szene zu einer gemeinsamen, informellen Struktur mit. Ein 1992 von Christian Malcoci gegründeter Thule-Orden soll mutmaßlich dazu dienen, den inneren Kreis zusammenzuhalten. (B)

Nationaldemokratische Partei Deutschlands (NPD)

Gründung: 1964

Sitz: 70197 Stuttgart

Zahl der Mitglieder: 2.800 (Eigenangabe 1996)

Funktionäre: Vorsitzender: Udo Voigt; Stellvertreter: → Günter Deckert, Jürgen Schön, Udo Holtmann; Schatzmeister: Erwin Kemna; Beisitzer: Per-Lennart Aae, Holger Apfel, Achim Ezer, Wolfgang Frenz, Gerhard Bucka, Hartmut Hildebrandt, Winfried Krauß, Reinhard Kessow, → Wolfgang Nahrath, Friedrich Preuß, Axel Schunk, Karl-Heinz Sendbühler, Michael Wendland, Doris Zutt[1]

Struktur: Mit ca. 1,5 Millionen Stimmen ist es der Nationaldemokratischen Partei Deutschlands (NPD) 1969 gelungen, die Wählerschaft der bürgerlichen Parteien zu erreichen, v.a. den Besitzmittelstand und die neuen Mittelschichten. Erfolgreich ist sie zu diesem Zeitpunkt vor allem in protestantischen, ländlichen Regionen mit geringer Wirtschaftskraft (Mittelfranken, Oberhessen, östliches Niedersachsen, Schleswig-Holstein). Die Partei hat es außerdem verstanden, Wähler aus der Arbeiterschaft zu rekrutieren. Trotz Landesverbänden in den neuen Bundesländern verbucht die Partei sinkende Mitgliederzahlen (Höchststand 1967 und 1969: 28.000). Der NPD angegliedert ist die Jugendorganisation → Junge Nationaldemokraten (JN) sowie der → Nationaldemokratische Hochschulbund (NHB). Die NPD unterhält ein »Nationaldemokratisches Bildungszentrum« (NBZ) in Iser (Italien).

Aktivitäten: Die NPD wird im November 1964 unter dem Vorsitz von Friedrich Thielen gegründet. Zwischen 1966 und 1969 zieht die Partei mit Wahlerfolgen zwischen 5,8 und 9,8 Prozent in sieben Landesparlamente ein. 1967 kommt es mit dem neuen Vorsitzenden → Adolf von Thadden zu einer Verschärfung der rechtsextremen Orientierung der Partei. Der Mißerfolg bei den Bundestagswahlen 1969 (4,3 Prozent) führt zu einer tiefen Krise der Partei, die in den folgenden Landtagswahlen alle Mandate verliert. Mit maßgeblicher Beteiligung an der im Oktober 1970 entstehenden → Aktion Widerstand soll der Zerfallsprozeß der Partei aufgehalten werden. Dies führt jedoch zur Stärkung der Kritiker des vermeintlich legalistischen, systemkonformen Kurses der Parteiführung. Es kommt zur Bildung von militanten Gruppen im Umfeld der Partei. Von Thadden erklärt daraufhin die Partei als unführbar und tritt 1971 zurück. → Martin Mußgnug gewinnt den Vorsitz gegen die Thadden-Kritiker → Udo Walendy und Siegfried Pöhlmann. Letzterer verläßt daraufhin die Partei und gründet 1972 die → Aktion Neue Rechte (ANR). Günter Deckert, der sich 1975 bei der Wahl zum stellvertretenden Bundesvorsitzenden gegen → Gerhard Frey durchsetzt, initiiert eine verstärkte Hetze gegen Ausländer. Es kommt zur Gründung und Unterstützung rassistischer Gruppen aus dem Umfeld der NPD. 1979 verliert Deckert bei einer Kampfabstimmung um den Parteivorsitz gegen Mußgnug. Bei den Bundestagswahlen 1980 erzielt die NPD mit der zentralen Wahlkampfparole »Ausländerstopp – Deutschland den Deutschen« mit 0,2 Prozent das bisher schlechteste Ergebnis. 1984 erzielt die NPD bei den Europawahlen 0,8 Prozent und wird wieder als Bündnispartner attraktiv, v. a. für die → Deutsche Volksunion (DVU), mit der es 1987 zu Wahlabsprachen über die DVU-Liste D kommt. Die Kommunalwahlen 1988 und 1989 bringen der Partei lokal überraschend hohe Wahlerfolge (u. a. 1989 6,6 Prozent in Frankfurt a. M.). Nach den vergeblichen Bemühungen von 1990 um eine Zusammenarbeit mit der ehemaligen DDR-Partei National-Demokratische Partei Deutschlands (NDPD) entstehen NPD-Landesverbände in allen neuen Bundesländern. Nach den Bundestagswahlen im Dezember 1990 (0,3 Prozent) und dem Rücktritt von Mußgnug im selben Monat kommt es auf dem Bundesparteitag im Juni 1991 zu heftigen Auseinandersetzungen um den vorgeschlagenen Anschluß an die Deutsche Allianz – Vereinigte Rechte (später → Deutsche Liga für Volk und Heimat, DLVH). Die Vertreter dieser Richtung sind Mußgnug und → Jürgen Schützinger, die nach der Wahlniederlage Schützingers um den Parteivorsitz gegen den auf die Eigenständigkeit der Partei beharrenden Deckert zur DLVH wechseln. In der Folgezeit kommt es immer öfter zu einer Beteiligung von NPD-Mitgliedern an Veranstaltungen militanter Neofaschisten. Auf einer an die Amtsenthebung von Deckert (Ende September 1995) anschließenden Sitzung des NPD-Bundesvorstandes erwägen die Deckert-treuen Führer der Landesverbände Thüringen, Sachsen und Sachsen-Anhalt die Trennung von der Partei und die Bildung einer »Mitteldeutschen Rechten«. Am 23. März 1996 wird Udo Voigt (Bayern) nach einer Stichwahl gegen den mittlerweile inhaftierten Deckert neuer Parteivorsitzender.

Periodika: Das Parteiorgan *Deutsche Stimme* wird monatlich vom NPD-Parteivorstand (Stuttgart) herausgegeben. Chefredakteur: Karl-Heinz Send-bühler. Die Zeitschrift wird seit 1992 auch über eine btx-Nachrichtenagentur in Nürnberg verbreitet. Publikationen der Landesverbände sind: *Bayern-Stimme*, *Deutsche Zukunft* (NRW), *Hessen-Report*, *Niedersachsen-Spiegel*, *Zündstoff* (Berlin-Brandenburg). Weitere Publikationen: *NPD Frankenspiegel* (für die Region Franken), *Dortmunder Stimme*.

Programmatik: Um die Stigmatisierung als Partei der »Ewiggestrigen« zu überwinden, gibt sich die NPD im November 1987 ein neues Programm. Sprachbereinigt und auf tagespolitische Themen bezogen, verstärkt sich ihre außenpolitische Orientierung: Aufnahme finden nationalrevolutionäre Positionen wie Blockfreiheit und Neutralität, ein »Dritter Weg« zwischen Kapitalismus und Kommunismus sowie ein »Ethnopluralismus«. Jedoch wird weiter an den traditionellen rechtsextremen Positionen (Nationalismus, Rassismus, Antisemitismus und Propagierung eines Führerstaates) festgehalten. Deckert setzte mit seinen »Ausländer Raus«-Kampagnen und einer programmatischen Konzentration auf Themen, die die NS-Verbrechen relativieren, einen neuen Schwerpunkt.

Zusammenarbeit: Die NPD arbeitet mit zahlreichen Personen und Organisationen aus dem neofaschistischen Spektrum zusammen. U.a. sind zwei Ex-Kader der verbotenen → Wiking Jugend (Nahrath und Schunk) Vorstandsmitglieder. Desweiteren bildeten sich eine Reihe von (formal eigenständigen) → rassistischen Organisationen der NPD. Die Teilnahme von NPD-Mitgliedern an den »Runden Tischen« des rechten Lagers Ende 1995 führte wiederum zu internen Auseinandersetzungen.

Bedeutung: Die NPD wurde durch führende Funktionäre der → Deutschen Reichspartei (DRP) de facto als deren Nachfolgepartei gegründet. Konzipiert war sie als Sammlung politischer Kräfte, die nicht als nationalsozialistisch verdächtig und für breite Wählerschichten attraktiv wirken sollte. Nach der auf die Bundestagswahl 1969 folgenden schweren Krise mit Streitigkeiten um Programm und Taktik in den 70er Jahren und der damit verbundenen Bildung militanter, terroristischer Flügel, kam es in den 80er Jahren zu einer leichten Stabilisierung. Die Anfang der 90er Jahre einsetzende Perspektivlosigkeit, starke Mitgliederverluste an DVU und REP sowie der ideologische Rückfall auf die 70er Jahre mit der Wahl Deckerts brachte die NPD in Existenznot. Nach den Verboten neofaschistischer Parteien und Organisationen der letzten Jahre dient die Partei verstärkt als Sammelbecken für deren Mitgliederschaft. (B)

1 Ergebnisse des Bundesparteitages vom 23./24. März 1996 in Bad Dürkheim. Vgl. Deutsche Stimme, Nr. 3-4/96, S. 4.

Exkurs:
Rassistische Organisationen im Umfeld der Nationaldemokratischen Partei Deutschlands (NPD)

Bayerische Liste für Ausländerstopp: Sie wird im Juni 1982 nach dem Vorbild der Kieler Liste für Ausländerstopp in München gegründet. Initiatoren sind die NPD-Landtagskandidatin Hildegard Schuller und der ehemalige Vorsitzende des → Nationaldemokratischen Hochschulbundes, Thor von Waldstein. Ihr Programm: Einwanderungsstopp für Ausländer, Erhaltung der deutschen und ausländischen Kulturen statt Eindeutschung, »sofortiger Stopp der Flut von Scheinasylanten«. In den letzten Jahren sind keine Aktivitäten der Liste mehr bekannt geworden.

Bürgerinitiative Ausländerstopp (BIA): Die BIA wird 1980 von ehemaligen NPD-Funktionären in Bochum gegründet und arbeitet in allen Bundesländern mit der NPD zusammen. Alle zwei Monate erscheint die BIA-Publikation *Deutsche Zukunft*. Mitinitiator ist Hagen Prehl, der für ausländerfeindliche Flugblätter der Aktion Ausländerstopp Ende der 70er Jahre in München verantwortlich war. Bei den bayerischen Kommunalwahlen 1996 im Landkreis Neumarkt (Oberpfalz) erhält die »Bürgerinitiative« 2 Prozent und ein Mandat.

Hamburger Liste für Ausländerstopp (HLA): Die im April 1982 von ehemaligen NPD-Mitgliedern gegründete Organisaton hat Ende 1992 nach eigenen Angaben 68 Mitglieder. Seit ihrer Gründung kandidiert die NPD nicht mehr in Hamburg. Die Organisation wird einige Zeit vom ehemaligen Hamburger NPD-Vorsitzenden Ulrich Harder angeleitet. Ihre Mitglieder verteilen u. a. ein Flugblatt in einer Auflage von 100.000 Stück mit der Überschrift »Und wer spricht von den deutschen Opfern der Ausländer-Verbrechen?« Die Gruppe versteht sich als Spitze einer »vernünftigen Ausländerfeindlichkeit«. Bei den Hamburger Bürgerschaftswahlen erhält die HLA 1982: 6.221 Stimmen (0,7 Prozent), 1986: 6.585 Stimmen (0,7 Prozent) und 1987 (vorgezogene Wahlen): 3.829 Stimmen (0,4 Prozent). Die Wahlen 1991 bringen ihr wieder 0,7 Prozent. 1992 läßt der stellvertretende Vorsitzende, Michael Andrejewski, in Rostock Flugblätter mit »Rostock bleibt Deutsch« verteilen, in denen zur Bildung einer »Ausländerstop«-Initiative aufgerufen wird. Die rassistischen Ausschreitungen in Rostock entstehen im Anschluß an die Protestaktion einer solchen Bürgerinitiative. 1994 startet Andrejewski in Rostock die Kampagne »Mecklenburg-Vorpommern bleibt unser«. Kurzzeitig sind zwei Gefolgsleute von → Michael Kühnen, Christian Grabsch und Ulrich Thetard, im HLA Vorstand.

Hessenliste für Ausländerstopp: Die Hessenliste für Ausländerstopp wird am 1. Juni 1982 von NPD-Mitgliedern gegründet und arbeitet eng mit der BIA zusammen. Für ihre Ziele wirbt sie mit »Protestlisten gegen die millionenfache Überfremdung durch ausländische Gastarbeiter.« In den letzten Jahren sind keine Aktivitäten mehr bekannt geworden.

Münchener Initiative Ausländerstopp (MIA): Die MIA wird zur Teilnahme an den Kommunalwahlen im März 1984 unter Federführung des damaligen NPD-Kandidaten zum Oberbürgermeisteramt, Oberstleutnant a.d. Georg Pemler, gegründet. Kandidaten sind außerdem der Rechtsanwalt, ehemalige Richter am Bayerischen Verfassungsgerichtshof und Leiter der NPD-Rechtsabteilung, Wolfgang Huber, sowie der Mitbegründer der Vaterländischen Union und ehemalige Angehörige der Waffen-SS, Karl Feitenhansl. In den letzten Jahren sind keine Aktivitäten mehr bekannt geworden. **(B)**

Nationale Alternative (NA)

Gründung: 1. Februar 1990
Sitz: Ost-Berlin
Zahl der Mitglieder: ca. 30
Funktionäre: Ingo Hasselbach, Frank Lutz, Heiko Baumert, André Riechert, Bendix Wendt, Oliver Schweigert
Struktur: Die Gründungsmitglieder der NA kamen aus den rechtsextremen Gruppierungen Lichtenberger Front und Bewegung 30. Januar. Im Laufe des Jahres 1990 übernehmen Kader der → Gesinnungsgemeinschaft der Neuen Front (GdNF) schrittweise die Kontrolle über die ostdeutsche Partei. Vor allem Mitglieder der → Nationalen Liste und der österreichischen Volkstreuen Außerparlamentarischen Opposition leiten den Aufbau in ihrem Sinne. Im März wird die NA gegen Widerstand aus den eigenen Reihen zur Sektion Mitteldeutschland der → Deutschen Alternative (DA). Frauen und Mädchen werden Mitglieder der → Deutschen Frauenfront. Die NA versucht 1990 erfolglos, an den Volkskammer- und Kommunalwahlen in der DDR teilzunehmen. Bei den Wahlen zum Berliner Abgeordnetenhaus im Dezember 1990 erhält ein Einzelbewerber in Berlin-Lichtenberg 30 Stimmen (0,2 Prozent).
Aktivitäten: 1990 wird ein Haus in Berlin-Lichtenberg durch rechte Aktivisten besetzt. Der Rat des Bezirks bietet ein Ersatzobjekt an, in dem die NA ihre Parteizentrale einrichtet. Gäste dort sind → Michael Kühnen, → Christian Worch, → Arnulf Winfried Priem, Gottfried Küssel und Ekkehard Weil. Am 20. April kommt es zur Unterzeichnung eines Mietvertrages für die Parteizentrale durch die Initiative für Wohnraumsanierung (WOSAN). Am gleichen Tag greifen nach einem Fußballspiel Hooligans und NA-Mitglieder besetzte Häuser an und ziehen auf den Alexanderplatz, um dort Hitlers Geburtstag zu feiern. Am 27. April stürmt die Polizei die NA-Zentrale und verhaftet die Parteiführung. Die Ermittlungsverfahren werden ohne Ergebnis eingestellt. Am 1. Juni kommt es zu einem Angriff auf ein multikulturelles Zentrum unter Beteiligung von NA-Mitgliedern. Ein Mann wird lebensgefährlich verletzt und erblindet. Am 24. November organisieren Mitglieder der

NA einen Aufmarsch in Berlin-Lichtenberg mit etwa 100 Teilnehmern gegen die befürchtete Räumung der Parteizentrale. Im August 1991 nimmt die NA am Rudolf Heß-Gedenkmarsch in Bayreuth teil.

Programmatik: In ihrem schmalen Programm von 1991 fordert die NA Berlin als Hauptstadt, Schluß mit der Verschwendung von Steuergeldern und die Förderung deutscher Familien. Sie verlangt Arbeitsplätze für deutsche Arbeiter, die »Bestandteil einer auf den Naturgesetzen aufbauenden Volksgemeinschaft« seien. Neben dem Abzug aller »Fremdtruppen« möchte die NA die Beendigung der Integration ausländischer Menschen und deren Rückführung in die Heimatländer erreichen.

Zusammenarbeit: Die enge Kooperation der neofaschistischen Kräfte in Berlin schlug sich 1990 in der Bildung des Berliner Blocks nieder, dem NA, DA und Wotans Volk angehörten. Enge Kontakte bestanden zu Einzelmitgliedern der → Republikaner.

Bedeutung: In ihrer »Hausbesetzung von Rechts« griff die NA Modelle aus der linken Bewegung auf. Durch die Aufnahme »alternativen« Vokabulars in die Parteipropaganda erhöhte die NA die Identifikation und Sympathien in der unorganisierten Szene. Ideologische Spannungen bestanden zu den GdNF-Kadern, deren Hitlerverehrung einige Ostdeutsche nicht mitmachen wollten. Die Entwicklung einer rechten Propaganda, die stärker auf die Verhältnisse in der ehemaligen DDR zugeschnitten sein sollte, ging nicht über Ansätze hinaus. Die NA zerfiel ab 1991, ohne sich offiziell aufzulösen. Ihre Mitglieder gründeten unbeständige Kleinstgruppen oder schließen sich den → Nationalen an[1]. (B)

1 Vgl. B. Siegler: Auferstanden aus Ruinen. Rechtsextremismus in der DDR. Berlin 1991. S. 45ff.

Nationale Liste (NL)

Gründung: 13. März 1989, verboten am 24. Februar 1995
Sitz: 22219 Hamburg
Zahl der Mitglieder: ca. 30
Funktionäre: Thomas Wulff (Vorsitzender), → Christian Worch (erster Stellvertreter), Ursula Worch, Thomas Sauer
Struktur: Nach dem Verbot der Nationalen Sammlung entsteht die Nationale Liste (NL) als regionale Gliederung der → Gesinnungsgemeinschaft der Neuen Front (GdNF) aus einem von Anhängern → Michael Kühnens dominierten Landesverband der → Freiheitlichen Deutschen Arbeiterpartei. Sie vereint nie mehr als 30–40 Aktivisten.
Aktivitäten: Seit 1989 bereitet die NL maßgeblich die Rudolf Heß-Gedenkmärsche vor. Ab 1989 beteiligt sie sich an der Aufbauarbeit für die Berliner → Nationale Alternative. Am 21. April 1990 stellt sie den Saalschutz bei der Ver-

anstaltung von Holocaustleugnern »Wahrheit macht frei« im Münchener Löwenbräukeller. Am 20. Oktober nimmt sie an einem von Christian Worch, Michael Kühnen, Gottfried Küssel und Rainer Sonntag angeführten Aufmarsch in Dresden mit rund 500 Teilnehmern teil. Am 9. November 1991 ruft die NL zu einer von Worch geleiteten und von Thomas Dienel initiierten Demonstration in Halle auf. Auf der Abschlußkundgebung spricht → David Irving. Im August 1992 findet in Hetendorf ein Ordnerlager für die Rudolf Heß-Gedenkmärsche statt, im Oktober schließt sich eine Wehrsportübung der NL im Landkreis Celle mit 20 Teilnehmern an. Das Wunsiedel-Komitee unter Führung von Worch mobilisiert 1994 zur »Nationalen Aktionswoche« im August des Jahres. Bei Wahlen zur Hamburger Bürgerschaft bekommt die NL 1991 und 1993 0,1 Prozent bzw. 0,0 Prozent der Stimmen.

Periodika: Der *Index*, mit einer Auflage von 1.000 Exemplaren (Eigenangabe), berichtet über Veranstaltungen und Demonstrationen und enthält Kommentare und Kritiken über andere politische Gruppen. Verantwortlich ist bis mindestens September 1991 Christian Worch, danach Thomas Wulff. Im August 1992 erscheint eine Schwerpunktausgabe zum Thema Anti-Antifa, es folgen ständige Anti-Antifa-Seiten: »Es geht uns darum, möglichst viele personenbezogene Daten über die antifaschistischen Gewalttäter sowie deren Unterstützer bis hin ins bürgerliche Lager zu sammeln und abrufbar zu dokumentieren«.

Programmatik: Die NL orientiert sich in jeder Hinsicht an den Vorgaben der GdNF. Sie will als Wahlpartei den legalen Rahmen bilden, in dem Propaganda für die nationale Sache möglich ist. »Wir sehen uns (...) als die Speerspitze, nicht als den ganzen Speer. Wir sind gern Vorreiter, Avantgarde des Aktivismus (...) Wir machen für Dresden, für Bayreuth, für Halle kein Copyright geltend.«[1] In ihrem Programm findet sich vor allem ausländerfeindliche Propaganda: »Die NL kämpft gegen die Überfremdung unseres Vaterlandes (...) Insbesondere fordert sie hierzu (...) die sofortige Ausweisung aller Ausländer, die sich illegal (...) hier aufhalten. (...) Sie fordert ferner die Loslösung von der EG zur Vermeidung eines weiteren Zuzugs von Ausländern.«[2]

Zusammenarbeit: Der Versuch, eine Sächsische Nationale Liste zu gründen, scheitert. Zur Gründung in Dresden kamen 25 Personen. Seit Sommer 1994 – bis zu ihrem Verbot – ist die NL im → Thule-Netz vertreten.

Bedeutung: Die NL erringt überregionale Ausstrahlung durch ihren Organisator Christian Worch, der zur Spitze der GdNF gehört. Ihre Hamburger Aktivitäten sind eher spärlich. Die Organisation bundesweiter Demonstrationen und Veranstaltungen – vor allem die Vorbereitung der jährlichen Rudolf Heß-Gedenkmärsche –, die Anti-Antifa-Kampagne und die Herausgabe des *Index*, einer der wenigen regelmäßigen Publikationen aus dem GdNF-Spektrum, wiesen der NL eine organisatorische Führungsrolle im neofaschistischen

Lager zu. Durch das Verbot der NL und die Haftstrafe für Christian Worch sind die Aktivitäten der Organisation zum Erliegen gekommen. (B)

1 Index Nr. 25, Januar 1992, S. 2f.
2 Parteiprogramm der NL 1993.

Nationale Offensive (NO)

Gründung: 3. Juli 1990 (verboten am 22. Dezember 1992)
Sitz: Augsburg
Zahl der Mitglieder: ca. 150
Funktionäre: → Michael Swierczek (Vorsitzender), Christian Malcoci, Christian Sennlaub, Constantin Mayer, Christian Scholz, Josef Rösch, Günter Boschütz
Struktur: Aus der → Freiheitlichen Deutschen Arbeiterpartei ausgetretene Mitglieder um Michael Swierczek gründen die Nationale Offensive (NO). Sie wird dominiert von Mitgliedern des → Komitees zur Vorbereitung der Feierlichkeiten zum 100. Geburtstag Adolf Hitlers (KAH). Der organisatorische Schwerpunkt liegt in der Gegend München-Augsburg und ab 1991 auch in Dresden, wo ein Regionalbüro eingerichtet wird. In Singen-Konstanz nehmen zwei Kandidaten an der Kommunalwahl 1992 teil, die jeweils 0,2 Prozent erhalten. Kleinere Gruppen oder Zellen entstehen im gesamten Bundesgebiet.[1] Zum Zeitpunkt des Verbots Ende 1993 bestehen Landesverbände in Bayern, Berlin-Brandenburg und Sachsen.
Aktivitäten: Ab Februar 1991 stehen Michael Swierczek und Christian Malcoci wegen des Verdachts auf Fortführung der verbotenen → Aktionsfront Nationaler Sozialisten/Nationale Aktivisten in Stuttgart vor Gericht. Am 26. Juni organisiert die NO eine Solidaritätskundgebung für den ehemaligen SS-Mann und KZ-Aufseher Josef Schwammberger in Stuttgart. Im August beteiligt sie sich an der Durchführung des Rudolf Heß-Gedenkmarsches und an dem Ersatzaufmarsch in Bayreuth. Gemeinsam mit der → Althans Vertriebswege und Öffentlichkeitsarbeit führt die NO im März 1992 eine Demonstration »Drogendealer ins Arbeitslager« in Leipzig durch. Eine für den 20. Juni angemeldete Demonstration in Weimar zum »Gedenken an die Helden des Volksaufstandes« vom 17. Juni 1953 wird verboten. Am 3. Oktober ziehen rund 600 Neofaschisten auf einer von der NO angemeldeten Demonstration mit antisemitischen und rassistischen Parolen durch Dresden. Im August 1993 besucht eine Delegation der NO den russischen Rechtsextremisten Alexander Barkaschow.
Periodika: Die NO gibt das Blatt *Deutscher Beobachter – Zeitung der Nationalen Offensive* heraus. Die Auflage liegt bei ca. 500 Exemplaren. Ortsgruppen und Landesverbände verfügen teilweise über eigene Publikationen. Im

Frühjahr 1993 beginnt Michael Swierczek mit der Herausgabe des Rundbriefes *Rechtskampf: Informationen zum Stand der Klagen gegen die Parteiverbote,* der bis Juli 1994 in fünf Ausgaben erscheint.

Programmatik: Kernpunkte der »neuen deutschen Politik« der NO sind neben der Herstellung der Blockfreiheit Deutschlands die Aufkündigung von Nachbarschaftsverträgen, z.B. mit Polen, und die Einstellung von Wiedergutmachungszahlungen. Als »neue Qualität im Bereich der Ausländerpolitik« sieht die NO ihre Forderung nach Rückführung und nach erheblicher Verschärfung des Asylrechts an. In ihrem Programm vom Juni 1992 spricht sie vom »Solidartrieb unseres Volkes« und einer »Solidargemeinschaft des deutschen Volkes«, die sie anstrebe.

Zusammenarbeit: Im Vorstand der → Hilfgemeinschaft für nationale politische Gefangene und deren Angehörige e.V. sitzen zwei NO-Funktionäre, die sich nach dem Verbot zurückziehen. 1990 inszeniert die NO »Koordinierungsgespräche verschiedener nationaler Gruppen« und richtet 1991 zusammen mit der → Nationalen Alternative Führungsseminare aus. Hervorzuheben sind die Tätigkeiten von NO-Mitgliedern in Osteuropa. Im ehemaligen Oberschlesien werden Häuser erworben, die als Schulungszentren dienen sollen und wo der Kontakt zu den örtlichen Deutschen Freundeskreisen gepflegt werden soll. Hinzu kommen Kontakte nach Rußland, Rumänien, Kroatien und in die Ukraine.

Bedeutung: Erklärtes Ziel der NO ist die organisationsübergreifende Zusammenarbeit aller nationalen Kräfte. Sie bot als Partei kein geschlossenes Bild, sondern vereinigte die Aktivitäten unterschiedlicher neofaschistischer Kader, die zum Großteil dem KAH entstammen, unter einem Dach. Nach dem Verbot wirken ihre Mitglieder an der Umstrukturierung des neofaschistischen Lagers mit. Einige Mitglieder beteiligen sich bei den → Deutschen Nationalisten. (B)

1 Vgl. Antifaschistisches Autorenkollektiv: Drahtzieher im braunen Netz. Hamburg 1996, S. 159 ff.

Die Nationalen

Gründung: 1992

Sitz: 10 324 Berlin

Zahl der Mitglieder: bundesweit ca. 150 (Brandenburg 110)[1]

Funktionäre: Frank Schwerdt (Vorsitzender), Hans Bahlke (stellvertretender Vorsitzender), Rita Bönisch (Schriftführerin), Richard Miosga (Schatzmeister).[2] Weitere Mitglieder: Dr. Walter Menz (Rechtsabteilung), Christian Wendt, Andreas Storr, Peter Boche, Thilo Kabus, Peter Gilian, → Rudolf Kendzia

Struktur: Die Nationalen gliedern sich in Landes- und Kreisverbände. Laut

Parteisatzung ist die Mitgliedschaft in der Partei Die Nationalen (Nationale) nicht identisch mit der Mitgliedschaft in Die Nationalen e.V. Angegliedert ist die Jugendorganisation Junges Nationales Spektrum (JNS) – Jugendverband der Nationalen e.V. in Guben (Vorsitzender: Udo Hempel). Ende 1995 geben Die Nationalen die Bildung von Hochschulgruppen an den Universitäten Potsdam und Frankfurt/Oder und der Humboldt-Universität Berlin bekannt, und Anfang 1996 tritt die Gefangenenhilfe der Nationalen e.V. in Erscheinung. Bei den Nationalen sind Mitglieder rechtsextremer Parteien wie → Die Republikaner (REP), → Deutsche Liga für Volk und Heimat (DLVH) und → Nationaldemokratische Partei Deutschlands (NPD) ebenso vertreten wie Kader der → Gesinnungsgemeinschaft der Neuen Front (GdNF) und verbotener Parteien wie → Nationale Offensive (NO) oder → Freiheitliche Deutsche Arbeiterpartei (FAP).

Aktivitäten: Die 1991 in Berlin gegründete Freie Wählergemeinschaft »Wir sind das Volk« tritt seit Januar 1992 unter dem Namen Die Nationalen auf. Am 9. Mai tritt sie in neun Bezirken zu den Berliner Kommunalwahlen an und erhält 0,2 Prozent der Stimmen. Ihre Kandidatenliste enthält neben NPD-Mitgliedern und Ex-Republikanern auch militante Neofaschisten. Ebenfalls am 9. Mai wird eine geplante Gedenkkundgebung mit → David Irving als Redner vor dem russischen Militärmuseum durch eine Gegendemonstration verhindert. Seit August 1992 sind Die Nationalen ein eingetragener Verein. In der Folgezeit organisieren sie eine Reihe von Veranstaltungen, u. a. zusammen mit der → Berliner Kulturgemeinschaft Preußen e.V. (BKP) und dem Studentenbund Schlesien. Als Referenten erscheinen u. a. → Hans-Dietrich Sander, → Wolfgang Strauss, → Hans-Michael Fiedler und → Pierre Krebs. Immer wieder werden Veranstaltungen der Nationalen polizeilich verboten, so z. B. am 26. August 1994 in Guben (bei der ein Vortrag von → Peter Dehoust geplant war). 1995 sammeln sich Mitglieder der verbotenen Freiheitlich Deutschen Arbeiterpartei (FAP) verstärkt bei den Die Nationalen und am 6. September versuchen in Cottbus über 70 Neofaschisten eine von den Nationalen organisierte bundesweite Versammlung durchzuführen. Im Oktober 1995 schrumpft die angekündigte Landesliste zu den Berliner Abgeordnetenhauswahlen mangels Unterstützungsunterschriften auf zwei Direktkandidaten zusammen.

Periodika: Die *Berlin-Brandenburger Zeitung* (BBZ) – *Zeitung der nationalen Erneuerung* entwickelt sich aus den *Nationalen Nachrichten*, der Wahlkampfzeitung von 1992. Damaliger Herausgeber war Andreas Storr. Die *BBZ* erscheint im Tageszeitungsformat sechswöchentlich mit einer Auflage von 22.000 Exemplaren (laut *BBZ* März/April 1996). Herausgeber ist Frank Schwerdt, leitender Redakteur ist Christian Wendt (sein Stellvertreter war bis Anfang 1996 Ex-FAP-Kader Michael Dräger, 1994 verantwortlich für die FAP-Zeitschrift *Aufbruch*). Ständige Redaktionsmitglieder sind Christian

Wendt, Carola Bauer, Frank Schwerdt, Andreas Morbach, Karsten Voigt, Andreas Sennlaub, Andreas Schulz, Walter Menz, Jens-Ottfried Berger (bis Anfang 1996 Andreas Storr); Freie Mitarbeiter sind u.a. Detlef Cholewa, Karin Berger, Martina Voß, Udo Hempel, Steffen Dittmann, Ingo Günther, Erhard Kemper, Mike Penkert, Klaus Beier, Nicolas Wernicke (bis Anfang 1996 → Frank Hübner und → Friedhelm Busse); Korreşpondenten sind Tino Brandt, → Steffen Hupka, Udo Hempel, Andreas Morbach. Im Herbst 1995 erscheint die *BBZ* im → Thule-Netz und es kommt zum Zeitungsverbund zwischen *BBZ* und *Junges Franken*. Seitdem erscheinen weitere Lokalausgaben (*Thüringer Zeitung, Mitteldeutsche Rundschau, Westdeutsche Volkkszeitung* und *Süddeutsche Allgemeine*).

Programmatik: Neben stark nationalistischen Positionen wird ein extrem rassistisches und ausländerfeindliches Menschenbild vertreten. Die Integration von Menschen anderer Nationalitäten wird als Vorhaben heimtückischer Absicht bzw.»inländerfeindlicher Politik einflußreicher internationaler Kräfte« abgelehnt. Weiter wird die Ausweisung von »Scheinasylanten und Asylbetrügern« sowie die Trennung von ausländischen und deutschen Kindern in Schule und Kindergarten gefordert.

Zusammenarbeit: Im Rahmen von Schulungsarbeit besteht eine enge Zusammenarbeit mit dem → Hoffmann von Fallersleben Bildungswerk, BKP sowie dem *Staatsbriefe*-Lesekreis Berlin. Die Sektion Brandenburg der → Hammerskins Deutschland ist über die Adresse der Nationalen erreichbar.

Bedeutung: »Die Nationalen verstehen sich als Wählergemeinschaft und versuchen, Vertreter von Parteien und Gruppen aus dem militanten neofaschistischen Bereich und aus den Reihen der Rechtsextremisten unter ihrem Dach zu sammeln. Ihr Ziel ist es, als überparteiliche Vereinigung auf eine Einheit der ›nationalen‹ Kräfte hinzuarbeiten. Nach dem Verbot der FAP erhielten die Nationalen starken Zulauf der ehemaligen Mitglieder.«[3] (B)

1 Vgl. Verfassungsschutzbericht Land Brandenburg 1995, S. 45.
2 Mitteilungen des Bundeswahlleiters vom 5.4.1995.
3 Zitiert nach der Broschüre »Hinter den Kulissen…«, Berlin 1994, S. 85.

Nationaler Block (NB)

Gründung: 6. Juli 1991 (verboten am 7. Juni 1993)
Sitz: München
Zahl der Mitglieder: ca. 35 – 40
Funktionäre: Fred Eichner (Vorsitzender), Günter Kursawe (Stellvertreter), Oliver Rahn (Schatzmeister)
Struktur: Der unter dem Bereichsleiter Süd der → Gesinnungsgemeinschaft der Neuen Front (GdNF), Fred Eichner, gebildete Nationale Block war eine Ersatzorganisation für die aus der → Deutschen Alternative ausgetretenen

Neofaschisten im bayerischen Raum. Zum Zeitpunkt des Verbots im Juni 1993 existierten Kreisverbände in Kronach, Landau an der Isar, München, Passau und Straubing.

Aktivitäten: Im Herbst 1991 organisiert der NB einen Aufmarsch in Straubing unter dem Motto »Nationalisten gegen Drogen«. Am 1. Februar 1992 führt der NB in München eine Solidaritätsbekundung für zwei in Wien festgenommene Neofaschisten, Gottfried Küssel und Klaus Kopanski-Fischer, durch. Der NB ruft zur Teilnahme an einer Veranstaltung mit Fred Leuchter in München auf. Im Dezember verbietet die Polizei eine in Passau geplante Veranstaltung sowie eine Ersatzveranstaltung in Straubing. Auf einer Landeskonferenz 1992 in München fordert Eichner dazu auf, die direkte Konfrontation mit Antifaschisten zu suchen. Im Februar 1993 nimmt die Polizei vier Männer fest, darunter Fred Eichner. Die Gruppe hatte auf einem Gelände der Bundeswehr Übungen durchgeführt. Am 1. Mai führt der NB einen Fackelzug mit ca. 50 Personen in die Münchener Innenstadt durch.

Periodika: Im April 1993 erscheint einmalig die *Zeitenwende*[1]. Deren Mitarbeiter schließen sich nach dem Verbot teilweise dem Zeitungsprojekt *Junges Franken* an.

Programmatik: »Im Gegensatz zu anderen ›Rechtsparteien‹ halten wir nichts von Anpassung an die gegenwärtigen Zustände. (…) Unser ganzes politisches Wollen dient der Erneuerung des deutschen Reiches.« Im besonderen setzte sich der NB gegen die Einwanderung von Ausländern in das »dichtbesiedelte, in seinem Lebensraum ohnehin verstümmelte und auf engstem Raum eingepferchte Deutschland«[2] ein.

Zusammenarbeit: Der NB pflegte Kontakte zu allen Gruppierungen der GdNF. → Christian Worch trat als Redner für die Partei auf.

Bedeutung: Der NB war bis zu seinem Verbot eine regionale Gliederung der GdNF in Bayern. Organisatorische Bedeutung besaß der NB regional bei der Vorbereitung der jährlichen Rudolf Heß-Gedenkmärsche. Die Kader des NB engagieren sich seit dem Verbot vorzugsweise in regionalen Strukturen oder Projekten zur Vernetzung des rechtsextremen Lagers wie dem → Thule-Netz. (B)

1 Nicht identisch mit der gleichnamigen Zeitung des Nationaleuropäischen Jugendwerkes.
2 Programm des NB. In: Mitteilungen des Bundeswahlleiters. Stand vom 3.1.1993.

Nationaleuropäisches Jugendwerk e.V. (NEJ)

Gründung: 1973
Sitz: Mannheim
Zahl der Mitglieder: ca. 50 (jedes Mitglied hat einen einmaligen, 500 DM nicht zu unterschreitenden Betrag abzuführen)
Funktionäre: waren oder sind → Ludwig Bock (Gründer und Initiator), Ha-

rald Thomas (Geschäftsführer)

Struktur: Das NEJ entsteht 1973 um den ehemaligen Bundestagskandidaten der → Nationaldemokratischen Partei Deutschlands, Ludwig Bock mit dem Ziel, Nachwuchs zu schulen. Seit 1988 versucht das NEJ, seine Arbeit durch Bildung von Zentren in verschiedenen Städten (u. a. Mannheim, Hamburg, Frankfurt, München, Würzburg, Stuttgart, Karlsruhe/Pforzheim, Köln/Bonn und Göttingen) zu dezentralisieren. Zu Beginn der 90er Jahre reduziert sich die Arbeit auf den Raum Mannheim.

Aktivitäten: Die Hauptaktivitäten des NEJ lagen in der Organisierung von Tagungen, welche strategische Themen für den Rechtsextremismus behandeln sollten. Hierfür gewannen sie namhafte Referenten des Konservativismus und Rechtsextremismus. Themen und Referenten waren u. a.: 1986 »Geistige Strömungen in Europa« (Alain de Benoist, → Wolfgang Strauss); 1987 »Ernst Jünger – Seher, Seismograph, Denker und Autor« (→ Günter Bartsch, Wolfgang Strauss, Alain de Benoist, → Armin Mohler); »Die Deutsche Einheit kommt bestimmt!?« (→ Wolfgang Venohr, → Theodor Schweisfurth, Peter Brandt, Herbert Ammon, → Wolfgang Seiffert, → Emil Schlee); »Europa der Minderheiten – Regionen, Nationen, Identität« (Gerhard Opitz, Peter Kienesberger). 1986 ertönte bei einer Feier zum 20. April im Vorgarten des Vereinsheimes in Moorbach das Horst-Wessel-Lied.[1]

Periodika: Die Zeitschrift *Europa – Forum für ein freies Europa der Nationen* startete 1986 als zweimonatlicher Informationsdienst und wurde mit der Nr. 4/1990 in *Zeitenwende* (verantwortlich ist Harald Thomas) umbenannt. Es begriff sich als »konstruktives Forum einer nationalen Opposition«. Autoren waren u. a. Wolfgang Strauss, → Gerd-Klaus Kaltenbrunner, Andreas Mölzer, Irenäus Eibl-Eibesfeld, Alain de Benoist, Hans Henning Festge, Thor von Waldstein, → Henning Eichberg, Carsten Kießwetter, → Peter Bahn, → Hans-Ulrich Kopp, Werner Olles, → Reinhold Oberlercher, → Rolf Schlierer, Gerhard Quast, Martin Pabst, Ansgar Graw, → Werner Georg Haverbeck, → Alfred Schickel, Herbert Taege, Hans Wahls, → Klaus Hornung, Michael Walker, Emil Schlee, Albrecht Jebens, Günter Maschke u. a. *Zeitenwende* erschien mit der Nr. 4/1991 letztmalig. Der → Gesamtdeutsche Verlag und Buchversand Anneliese Thomas steht dem NEJ nahe.

Programmatik: Das NEJ versteht sich als »Institut für politische Bildung«, das »frei, unabhängig, konstruktiv, undogmatisch und ohne Scheuklappen« ist. Es strebt die »Förderung des europäischen Gedankens und Darstellung der Rolle Gesamtdeutschlands in einem geeinten Europa freier Nationen«[2] an. Mittels der Seminare und ihrer Zeitschriften konzentrierte sich das NEJ in den 70er und 80er Jahren auf die Analysierung Osteuropas und die Wiedergewinnung der »nationalen Identität«. Seit der Wiedervereinigung konzentriert es sich vor allem auf den »Deutschen Osten« und der Aktualisierung der »Konservativen Revolution« der Weimarer Republik für heute.

Zusammenarbeit: Das NEJ und vor allem ihre Zeitschrift *Zeitenwende* steht immer in engem Kontakt mit Projekten gleicher Ausrichtung. 1990 organisiert *Zeitenwende* in Zusammenarbeit mit den Zeitschriften → *wir selbst* und → *Junge Freiheit* den Kongreß Deutschland Initiative 90, dessen Ziel es war, sich strategisch besser abzustimmen und Voraussetzungen für das Projekt Wochenzeitung (*Junge Freiheit*) zu erarbeiten. 1991 führt das NEJ zusammen mit den Jungen Witikonen zwei deutschlandpolitische Wochenseminare in Vlotho und Bad Kissingen mit Hilfe von Bundesmitteln durch. Harald Thomas beteiligt sich 1991 an der Vorbereitung zu einem von Wolfgang Borowsky initiierten »Deutschen Nationalkongreß«, der jedoch in Bonn abgesagt wird. 1995 gibt der ehemalige Geschäftsführer des NEJ, Harald Thomas, die *Deutsche Militärzeitung* heraus.

Bedeutung: Das bereits 1980 im VS-Bericht Rheinland-Pfalz als rechtsextrem eingestufte NEJ entfaltete Mitte der 80er Jahre rege Aktivitäten. Aufgrund von gerichtlichen Auseinandersetzungen zwischen Ludwig Bock und Harald Thomas und dem Weggang von Aktivisten zur *Jungen Freiheit* verlor das NEJ zu Beginn der 90er Jahre an Bedeutung. Seine Zeitschrift *Zeitenwende* wurde eingestellt. (B)

1 Vgl. Die Tageszeitung vom 9.7.1986, S. 9.
2 Selbstdarstellung: »Ein Institut für politische Bildung«. O.J.

Nationalistische Front (NF)

Gründung: 16. November 1985 (verboten am 27. November 1992)
Sitz: 32758 Detmold-Pivitsheide
Zahl der Mitglieder: ca. 800
Funktionäre: → Meinolf Schönborn (Vorsitzender), Thorsten Schibblock und Eckhard Scholz (Stellvertreter), Stephan Pielert (Kassenwart), → Andreas Pohl, → Steffen Hupka, Helmut Braun
Struktur: In der Nationalistischen Front (NF) schließen sich Mitglieder nationalrevolutionär orientierter Gruppen aus München, Bremen und Kassel zusammen. Hinzu kommen ehemalige Mitglieder der → Jungen Nationaldemokraten um Meinolf Schönborns Förderkreis Junges Deutschland (FJD) und Berliner Skinheads um Andreas Pohl. Die NF organisiert sich zentralistisch. Die Organisationsleitung legt die politischen Leitlinien fest. Unterste Stufe der Hierarchie ist der Stützpunkt, der bis zu fünf Mitglieder sowie eine größere Anzahl von Sympathisanten organisiert. Neben den Bereichen Nord, Süd und Mitte umfaßt ein – allerdings nur auf dem Papier bestehender – Bereich Ost die polnischen Gebiete jenseits der Oder-Neiße-Grenze. Die NF tritt zu drei Wahlen an, bei denen sie 0,03 Prozent in Bremen (1991), 0,31 Prozent in

Berlin (1992) und 1,29 Prozent in Kelheim (1992) erhält. Zum Zeitpunkt des Verbots verfügt sie über Ortsgruppen in Detmold, Bremen und Braunschweig. In Detmold-Pivitsheide unterhält die Partei ein Zentrum, das sich im Besitz von Schönborn befindet.

Aktivitäten: Ab 1986 finden jährliche, als Ausbildungszeltlager getarnte Wehrsportlager statt. Ende Juni 1988 nimmt die NF an einer Sonnwendfeier in Frankreich teil, auf der das ehemalige SS-Mitglied Leon Degrelle eine theatralische Zeremonie vollzieht, an deren Ende eine Schwertübergabe der alten Generation an einen Kameraden der jungen Generation steht. Im September 1990 nehmen erstmals NF-Mitglieder in größerer Zahl an der Gästewoche der → Deutschen Kulturgemeinschaft (DKG) in Österreich teil. Im November des Jahres beteiligen sie sich an dem Aufmarsch zum Gedenken an gefallene SS-Soldaten in Halbe. Am 6. April 1991 findet die erste Großveranstaltung der NF mit über 300 Teilnehmern in Niederaula statt. Eine Kampagne »Schluß mit dem Holocaust« wird beschlossen, deren Auftaktveranstaltung am 29. Juni in Roding stattfindet. Trotz Verbots finden sich über 400 Personen ein. Im August 1992 wird Schönborn von der Gruppe um Pohl abgesetzt, Pohl wird neuer Vorsitzender. Vor Gericht bekommt Schönborn das Recht zugesprochen, die NF weiterzuführen, die Absetzung wird für nichtig erklärt. Der Pohl-Flügel verläßt die Partei und gründet die → Sozialrevolutionäre Arbeiterfront (SnA). Nach dem Verbot reorganisiert Schönborn seine Aktivitäten unter dem Namen Die Gemeinschaft. Er gibt das Periodikum *Bericht zur Lage* heraus und verschickt u.a. Schulungshefte. Am 30. Juni 1993 ruft er zur Gründung des Propagandaverteilkreises auf, dessen Mitglieder über eine Zentrale mit Propagandamaterial versorgt werden sollen. Auch die Aktivitäten des Klartext-Verlages werden weitergeführt. Wegen Fortführung einer verbotenen Organisation wird Schönborn im November 1995 zu einer Haftstrafe verurteilt.

Periodika: Die Ortsgruppen der NF gaben eine Vielzahl von regionalen Blättchen heraus. Überregionale Bedeutung hat die von 1981 bis 1987 erscheinende Publikation *Klartext*, die als Blatt der JN beginnt. Dieser folgt 1988 bis 1990 *Nachrichten aus der Szene*, aus der 1991 *Revolte* hervorgeht. Als interner Rundbrief erscheint ab 1989 alle sechs Wochen der *Aufbruch*. Er »wird kostenlos an alle Mitglieder, Anwärter und einen uns bekannten Freundeskreis verschickt«.

Programmatik: In ihrem Programm bezieht sich die NF auf nationalrevolutionäre Demagogik. Sie vertritt einen völkischen »Befreiungsnationalismus«, den sie mit antikapitalistischer und antiimperialistischer Propaganda gegen die »Bonzen« und die kapitalistischen und kommunistischen Systeme paart. Ihre biologistischen und ausländerfeindlichen Positionen verbrämt sie in ihrem Schulungsprogrammen als »naturalistisches Welt- und Menschenbild«.

Zusammenarbeit: Der 1986 gegründete und ebenfalls verbotene Klartext-Verlag dient der Verbreitung der gleichnamigen Zeitung, von Schulungsmaterialien sowie Aufklebern, T-Shirts und Nazi-Rock-Musik. Er versorgt die NF mit umfangreichen Finanzen. Für Jugendliche ab 14 Jahren besteht der Jungsturm Deutschland. Der FJD bot sich dem an, der »nicht an der Front kämpfen kann, aber deshalb auch nicht abseitsstehen möchte«.[1] Im Herbst 1991 ruft Schönborn zur Bildung des Nationalen Einsatzkommandos (NEK) als paramilitärische Struktur der Partei auf. Nach Einleitung eines Verfahrens wegen Bildung einer terroristischen Vereinigung gegen die Parteiführung verlagern sich diese Aktivitäten aus der Partei heraus zum Deutschen Hochleistungskampfkunstverband (DHKKV), der in der Solinger Kampfsportschule Hak-Pao unter Beobachtung des Verfassungsschutzes trainiert. Leiter des DHKKV war der Verfassungsschutz-Informant Bernd Schmitt. »Weltanschauliche Schulungen« finden gemeinsam mit der → Artgemeinschaft und der Deutschen Kulturgemeinschaft (DKG) statt.

Bedeutung: Die NF ist die erfolgreichste Organisation des militanten Neofaschismus in den 90er Jahren. Das Konzept, aus einem nahen Umfeld durch straffe Schulung und rigorose Auswahl Kader heranzubilden, befähigt die NF ab 1990 zu breit angelegten Aktivitäten. Dabei erhält sie Unterstützung durch die Kreise um die DKG, die sie personell und ideologisch mit aufbauen. Eine herausragende Rolle nahmen hierbei das ehemalige Mitglied der Leibstandarte Adolf Hitler, Herbert Schweiger, und Rechtsanwalt → Jürgen Rieger ein. Beständig verfolgt die NF die militärische Schulung ihrer Mitglieder. Die wortstark betriebene Spaltung der Partei wandelt sich schon nach kurzer Zeit in eine erneute Zusammenarbeit der Gruppen um Pohl und Schönborn. Durch die Abspaltung und Gründung der SnA war der größere Teil der ehemaligen NF von ihrem Verbot nicht betroffen.. (B)

1 Werbeschrift des FJD, o.I. (ca. 1993).

Nationalsozialistische Deutsche Arbeiterpartei/ Auslands- und Aufbauorganisation (NSDAP/AO)

Gründung: 1972

Sitz: Lincoln/Nebraska (USA)

Mitglieder: → Gerhard Lauck, → Michael Kühnen †, → Christian Worch, Martyn Freling, Christian Malcoci, → Michael Swierczek

Struktur: Die NSDAP/AO organisiert neofaschistische Kader in unabhängigen Zellen, die vom Parteibüro in Lincoln (USA) mit Propaganda versorgt werden. Die politische Führung befindet sich in der BRD. In den 70er Jahren koordiniert sie den Aufbau von NSDAP-Gruppen, die in der gesamten BRD entstehen. Im Verlauf der 80er Jahre finden sich NSDAP/AO-Mitglieder bei der → Gesinnungsgemeinschaft der Neuen Front (GdNF) und dem ehemaligen → Komitee zur Vorbereitung der Feierlichkeiten zum 100. Geburtstag Adolf Hitlers (KAH) wieder. Die führenden Aktivisten dieses Spektrums sind bis heute in der Regel Mitglieder der NSDAP/AO. Ihre Mitgliederzahl in Deutschland kann nur geschätzt werden. Sie dürfte 150 bis wenige hundert erreichen, die Kaderfunktionen einnehmen.

Aktivitäten: Die Mitglieder der NSDAP/AO treten in der BRD in legalen Organisationen in Erscheinung, die von ihren Kadern geleitet oder dominiert werden. Im Juli 1990 findet ein NSDAP/AO-Treffen in Dänemark bei → Thies Christophersen statt. Anwesend sind neben Gerhard Lauck verschiedene führende Köpfe der GdNF, so Ursula und Christian Worch, Michael Kühnen, Berthold Dinter, Gottfried Küssel. Im Mai 1993 plant Thies Christophersen eine zentrale Veranstaltung von Auschwitz-Leugnern in Dänemark, die von Antifaschisten verhindert wird. Im März 1995 wird Lauck in Dänemark aufgrund eines internationalen Haftbefehls verhaftet. Im selben Monat durchsucht die bundesdeutsche Polizei in 80 Städten Wohnungen nach NSDAP-Propagandamaterial. Es sind Ermittlungsverfahren gegen ca. 140 Personen anhängig.

Periodika: Die NSDAP/AO gibt den *NS-Kampfruf* für die Bundesrepublik seit 1973, *The New Order* für die USA und Großbritannien seit 1975, die *Sveriges Nationella Förbund* für Schweden seit 1990, *Uj Rend* seit August 1991 für Ungarn heraus. Seit Dezember 1992 gibt sie *Faedrelandet* in Dänisch heraus. Beiträge von bekannten Mitgliedern sind namentlich gekennzeichnet (Worch, Kühnen, Lauck). Seit Februar 1992 wird ein *NS News Bulletin* in fünf Sprachen herausgegeben. Darüber hinaus vertreibt die NSDAP/AO Hakenkreuz-Aufkleber in elf Sprachen, Aufnäher, Flaggen und Armbinden sowie andere NS-Devotionalien, Bücher, darunter mehrere Veröffentlichungen von Michael Kühnen, und Filme wie *Der Ewige Jude*. In den USA verbreitet die NSDAP/AO ein *National Socialist Television Program*.

Programmatik: Ziel der NSDAP/AO ist die Beseitigung des bestehenden Systems in der Bundesrepublik Deutschland und die Wiedererrichtung einer nationalsozialistischen Diktatur unter ihrer Führung. »Die NSDAP/AO bekennt sich (...) eindeutig zum Nationalsozialismus, zu dem Führer Adolf Hitler und zu dem NS-Freiheitskampf um Deutschland.«[1] Hitlers *Mein Kampf* gilt als ideologische Grundlage. Auf dem Weg dorthin ist das erste Ziel die Wiederzulassung der NSDAP in Deutschland. Zu diesem Zweck wird jede Möglichkeit gesucht, provozierende NS-Propaganda in die Medien zu bringen. Herausragend in ihrer Propaganda ist die Agitation gegen das demokratische System, das Judentum und die Ausländer.

Zusammenarbeit: Eine enge Zusammenarbeit gibt es seit den frühen 70er Jahren mit NS-Gruppen im europäischen Ausland wie der Danmarks Nationalsocielistiske Bevägelse oder dem Circulo Espanol des Amigos de Europa in Spanien. Hinzu kommen Kontakte nach Frankreich, Belgien, Österreich, Schweden, in die Schweiz, nach Kroatien, Südafrika, Lateinamerika und in die USA.

Bedeutung: Die NSDAP/AO ist eine illegale, verdeckt arbeitende, neofaschistische Organisation, deren Struktur von ausgesuchten Verbindungsleuten gewährleistet wird. Ihre Bedeutung liegt in der massenhaften Propaganda gegen das NS-Verbot (sie verfügt alleine in Deutschland über mehr als 20.000 Adressen und ist der größte Verteiler für Nazi-Propaganda[2]) und in der illegalen Logistik, die sie unterhält. Kühnen schreibt: Die NSDAP/AO »ist eine politische Frontorganisation des Nationalsozialismus und bildet dessen illegalen Arm. Die NSDAP/AO ist in Deutschland verboten und arbeitet deshalb im Untergrund propagandistisch gegen das NS-Verbot und für die Neugründung der NSDAP.«[3] Seit den Organisations-Verboten setzt eine theoretische Umorientierung ein. Im Herbst 1993 schreibt der *NS-Kampfruf*, »daß der bewaffnete Kampf unter dem Zeichen des Werwolfes« eine logische Fortsetzung der Propaganda sei. Im *ND-Kampfruf* wurde die Schrift *Bewegung in Waffen*, hinter der die Staatsanwaltschaft Hamburg die beiden NSDAP-Mitglieder Henry Fiebig und Christian Scholz vermutet, abgedruckt. (B)

1 NS-Kampfruf, Nr. 63, S. 1.
2 Vgl. Antifaschistisches Autorenkollektiv: Drahtzieher im braunen Netz. Hamburg 1996, S. 143.
3 M. Kühnen: Politisches Lexikon der Neuen Front. Butzbach 1987, S. 186.

Die Republikaner (REP)

Gründung: 27. November 1983
Sitz: 12117 Berlin
Zahl der Mitglieder: ca. 16.000[1]
Funktionäre: Bundesvorstand: A. Bundespräsidium: → Rolf Schlierer (Bundesvorsitzender); Stellvertretende Bundesvorsitzende: Dr. Rudolf Krause, Uschi Winkelsett, Christian Käs, Ingeborg Seifert, Ottmar Wallner; Reinhold Giegold (Bundesschatzmeister), Margot Neiß (Bundesschriftführerin), Paul-U. Tomaszewski (Bundesgeschäftsführer), Dr. Gerolf Tittel (Beisitzer), Alexander Hausmann (Beisitzer; trat am 11. November 1995 von seinen Ämtern zurück). B. im übrigen Bundesvorstand sind vertreten: Manfred Saur (Stellvertretender Bundesschatzmeister), Ingeborg Ackermann (Stellvertretende Bundesschriftführerin), Beisitzer: Hans Hirzel, Matthias Ritter, Bernd Bernhard, Dietmar Donnerstag, Friedrich Röger, Dr. Jens G. Steffen, August Wilhelm Petersen, Kurt Ekkehard Goldmann, Prof. Dipl. Ing. G. Schubert, Klaus Ortmeier, Burkhard Stieglitz, Thomas Friedrich, Horst Trageiser, Dieter Lieberwirth, Claudia Kübel, Ute Behrens, Ralf Riedemann .[2]

Struktur: Die Partei ist mit Landesverbänden in allen Bundesländern vertreten, und im Bundesvorstand sind alle Landesverbände repräsentiert. Die Mitgliederzahl unterlag Schwankungen, die mit Wahlerfolgen bzw. -niederlagen und innerparteilichen Kämpfen zusammenhingen. In den neuen Bundesländern liegt die Zahl der Mitglieder 1992 (nach Eigenangaben) bei 2.899. Die mitgliederstärksten Landesverbände sind Bayern und Baden-Württemberg. Zielgruppenorientiert versuchen die REP mit dem Republikanischen Bund der öffentlich Bediensteten (RepBB) unter Burghard Schmanck und dem Republikanischen Bund der Frauen Wählerschichten an sich zu binden. Zur Finanzierung ihrer Arbeit und zur Intellektualisierung der Partei versuchen sie, eine Stiftung zu gründen (1990 scheitert die Carl-Schurz-Stiftung und 1992 die Ruhsdorf-Stiftung an juristischen Fragen). Die Eintragung als Franz-Schönhuber-Stiftung ist noch in der Schwebe. Mehrere Versuche, Jugendverbände der Partei wie den Republikanischen Hochschulbund (1989; führende Mitglieder waren → Hans-Ulrich Kopp und Alexander von Schrenck-Notzing) zu gründen, scheitern oder bleiben ohne Bedeutung. Ein neuer Versuch wird auf dem Bundesparteitag in Deggendorf 1992 gestartet. Arbeitskreise wie die Republikanische Jugend treten bisher in den Ländern Hessen, Bayern, Nordrhein-Westfalen und Berlin in Erscheinung.

Aktivitäten: 1983 werden die REP unter der Führungsriege von Franz Handlos, Ekkehard Voigt und → Franz Schönhuber gegründet. Bereits vor ihrem ersten Achtungserfolg 1986 mit 3 Prozent bei den Landtagswahlen in Bayern übernimmt Schönhuber den Vorsitz. Bei den Landtagswahlen in Bremen (1987, 1,2 Prozent) und Baden-Württemberg (1988, 1 Prozent) und Schleswig-Holstein (1988, 0,6 Prozent) bleiben weitere Erfolge noch aus. Erst 1989 durch die Wahlen zum Abgeordnetenhaus in Berlin (7,5 Prozent) und der Europawahl (7,1 Prozent und sechs Abgeordnete) setzen sie sich an die Spitze der rechtsextremen Parteien. Der Erfolg führte zu parteiinternen Führungs- und Richtungsstreitigkeiten. Auf dem Parteitag von Ruhsdorf 1990 verläßt der langjährige stellvertretende Vorsitzende → Harald Neubauer mit zahlreichen im Machtkampf Unterlegenen die Partei und gründet 1991 die → Deutsche Liga für Volk und Heimat (DLVH). Die gesamte Führungsriege der REP wird »gesäubert«, und Rolf Schlierer wird stellvertretender Vorsitzender. Es folgt eine Periode des Niedergangs, die durch Mitgliederschwund, Wahlniederlagen, schleppenden Parteiaufbau in den neuen Bundesländern und Verlust der Meinungsführerschaft in Sachen »Ausländer und Asyl« gekennzeichnet ist. Ausnahmen bilden die Erfolge zu den Landtagswahlen in Baden-Württemberg 1992 (10,9 Prozent) und den Berliner Kommunalwahlen (8,3 Prozent). Im Dezember 1992 beschließen der Bundesinnenminister und die Innenminister der Länder, die REP ständig vom Bundesamt für Verfassungsschutz beobachten zu lassen. Nachdem sich die Niederlagen im Wahljahr 1994 häufen, strebt Schönhuber in einer gemeinsamen Erklärung mit → Gerhard Frey von der → Deutschen Volksunion (DVU) eine Kooperation gegen die »Volksfront« der bürgerlichen Parteien an. Die Aufgabe der bisherigen Abgrenzung von der DVU bringt ihm einen Faschismusvorwurf aus der eigenen Partei ein. Im Dezember 1994 übernimmt Rolf Schlierer den Parteivorsitz. Wiederum verlassen im internen Machtkampf unterlegene Fraktionen die Partei und gründen in verschiedenen Städten Gruppierungen unter dem Namen Die Freiheitlichen. 1995 verläßt Schönhuber die Partei. Regional stabilisieren sich die REP durch den Wahlerfolg im März 1996 in Baden-Württemberg (9,1 Prozent).

Periodika: Als bundesweites Parteiorgan erscheint zweimonatlich die mittlerweile von Rolf Schlierer erstellte Zeitung *Der Republikaner* mit 8 Seiten im Zeitungsformat. Weitere regionale Zeitungen, Landesblätter und Rundbriefe sind zum größten Teil eingestellt oder mit dem Ausscheiden von Mitgliedern an andere rechtsextreme Gruppierungen und Parteien angebunden worden. Es erscheinen noch *B-W Report* und *Wiesbaden Report*. Eingestellt wurden u. a. *Neukölln-Report, Republikanischer Jugend Report, Leverkusener Reptilchen, Hamm-Report, Die Weddinger Republikaner, Berliner Republikaner, Steglitz Aktuell* und *Standpunkte*.

Programmatik: Die REP propagieren einen radikalen Nationalismus. Das »Deutschsein« stellt nach Auffassung der Partei einen Wert an sich dar und spiegelt sich in der »Lebens-, Leistungs- und Wertegemeinschaft aller« wider, der Individual- und Gruppeninteressen bedingungslos unterzuordnen sind. Der Staat steht über der Gemeinschaft und gilt als Verkörperung des Ganzen. Die Programmatik unterlag einer ständigen Überarbeitung und Sprachbereinigung, um der drohenden Gefahr, durch den Verfassungsschutz als rechtsextrem eingestuft zu werden, zu entgehen. U. a. gewannen im Parteiprogramm von 1987 nationalrevolutionäre Einflüsse hin zu einem nationalneutralistischen Kurs in der Außenpolitik an Einfluß, und konsequent wurde der Austritt der BRD aus der NATO gefordert. Veränderte sich die Akzentuierung, so blieb der Grundsatz, den der heutige Parteivorsitzende Rolf Schlierer 1990 formulierte: »Deutschland ist größer als BRD plus DDR«[3] bestehen. Weitere Hauptthemen sind die ständige Gefährdung der »Inneren Sicherheit« und des »deutschen Lebensraums«. Ausländer dienen als Feindbild und sollten ihren Forderungen nach konsequent aus der (deutschen) Gesellschaft ausgegrenzt werden.[4]

Zusammenarbeit: Die Geschichte der REP ist eine Geschichte der Richtungsstreitigkeiten und Abspaltungen. Personelle Kontakte entstanden hierüber zu den Renegaten der DLVH und vor allem zu den Burschenschaften. Zu den Landsmannschaften werden gute Beziehungen gepflegt. Aktuell orientieren sich in bezug auf eine Zusammenarbeit zwei Stränge in der Partei, einerseits hin zu den Runden Tischen der DLVH, an denen sich der ehemalige Bundesvorsitzende Franz Schönhuber beteiligt, und anderseits die Fraktion um Rolf Schlierer in Richtung → Bund freier Bürger und dem → Bündnis Konstruktiver Kräfte Deutschlands.

Bedeutung: Die REP waren, trotz des Aufbaus einer bundesweiten Struktur, vor allem eine auf Franz Schönhuber fixierte Partei. Nach dessen Ausscheiden bleibt es fraglich, ob sie unter Schlierers Bestreben, sich programmatisch ein nationalkonservatives Image zu geben, wieder bundesweit an die Erfolge ihrer Hochzeit anknüpfen kann. Als mitgliederstarke Partei spielt sie jedoch weiterhin eine große Rolle bei der rechtsextremen Formierung rechts der CDU/CSU. (B)

1 Nach Angaben des Berichts des Bundesamtes für Verfassungsschutz 1995.
2 Informationen des Bundeswahlleiters. Stand 2.10.1995.
3 Vgl. Die Republikaner, Nr. 10/1990.
4 Siehe Vergleich der Programmatik von NPD und Republikanern. In: E. Fascher: Modernisierter Rechtsextremismus? Berlin 1994, S. 147–187.

Rudolf Hess Gesellschaft e.V. (R.H.G.)

Gründung: 1988
Sitz: München
Geschäftsstelle: 82141 Planegg
Zahl der Mitglieder: 500 (Eigenangabe 1991)
Funktionäre: Wolf-Rüdiger Heß[1] (1. Vorsitzender), Margret Karn (2. Vors.), → Dr. Gert Sudholt (bis 1990 2. Vors.)[2]
Struktur: Bei der Rudolf Hess Gesellschaft e.V. handelt es sich um die politische Fortführung und Neuformierung der Hilfsgemeinschaft »Freiheit für Rudolf Heß« nach dessen Tod. Dem Vorstand der Hilfsgemeinschaft, die 1967 gegründet wurde, gehörten u.a. Ewald Bucher (1. Vorsitzender bis 1981; Bundesjustizminister a.D.), Fritz Schmidtler und Wolf-Rüdiger Heß an.
Aktivitäten: Die R.H.G. hält jährlich Mitgliederversammlungen und Veranstaltungen ab. Es sprachen hier u.a. → Alfred Schickel (Leiter der → Zeitgeschichtlichen Forschungsstelle Ingolstadt), Alfred Seidl (bis 1978 bayerischer Innenminister; juristischer Vertreter und »Mitstreiter« der R.H.G.) und Flugkapitän a.D. Helmut Kaden. An die Öffentlichkeit tritt die Gesellschaft zu Beginn der 90er Jahre durch Teilnahme an dem jährlich von neofaschistischen Gruppierungen organisierten Rudolf Heß-Gedenkmarsch sowie durch Flugblätter und Postkarten. Wolf-Rüdiger Heß veröffentlichte mehrere Bücher über seinen Vater, die in den Verlagen → Druffel und Langen-Müller erschienen.
Periodika: Die R.H.G. veröffentlicht unregelmäßig Rundbriefe, die aus dem Vereinsleben berichten. Einzelne Schriftstücke und Briefwechsel werden als

Dokumentationen verbreitet.

Programmatik: Die R.H.G. sieht sich als »internationaler Zusammenschluß von natürlichen und juristischen Personen, die es sich zur Aufgabe macht, die historische Bedeutung des politischen Wirkens von Rudolf Hess, insbesondere seine Arbeit in Partei und Staat, und die Hintergründe seines Englandfluges am 10.5.1941 aufzuklären (...) sowie die Umstände seines Todes im alliierten Militärgefängnis am 17.8.1987 zu klären. Darüber hinaus soll sie das Andenken von Rudolf Hess wahren«[3].

Zusammenarbeit: Gemeinsam mit der mittlerweile verbotenen Organisation → Nationale Liste, der Volkstreuen Außerparlamentarischen Opposition (VAPO) und dem Samisdat-Publishers-Verlag forderte die R.H.G. unter der Verantwortung von *Wehr Dich*-Herausgeber Berthold Dinter die Rückgabe der Ehrenbürgerschaft der Stadt Wunsiedel an Rudolf Heß. Interessanterweise wurde in der Abbildung von Heß, daß im Zusammenhang mit der Forderung nach Rückgabe der Ehrenbürgerschaft erschien, das Hakenkreuz aus dessen Armbinde wegretuschiert. In ihren Äußerungen nehmen die Mitglieder der R.H.G. positiven Bezug auf die Veröffentlichungen des Verlages Samisdat Publishers von → Ernst Zündel.

Bedeutung: Sammelte die Vorläuferorganisation der R.H.G. in den 70er Jahren mehrere 1.000 Unterstützer um sich, so isolierte sich die Gesellschaft zur Rehabilitierung des Stellvertreters Adolf Hitlers durch Kontakte zu militanten Neofaschisten. Dennoch hat die Gesellschaft nach Eigenangaben seit 1988 162.385,45 DM an Aufwendungen aufgebracht und erwartet weitere 200.000 DM für Anwalts-, Übersetzungs- und Reisekosten.[4] Die Aufwendungen stehen im Zusammenhang mit den Bemühungen, Rudolf Heß als »Friedensflieger« zu rehabilitieren. (B)

1 Die Namenschreibung »Hess« bzw. »Heß« variiert. Wir geben die Schreibweise der jeweiligen Quelle wieder.
2 Auszug aus dem Vereinsregister, Blatt VR 12767, Letzte Eintragung 4.12.1990.
3 Satzung der Rudolf Hess Gesellschaft e.V. (R.H.G.), eingereicht beim Amtsgericht München am 20. Januar 1989.
4 Rundbrief, Nr. 2/1995, S. 1.

Schutzbund für das deutsche Volk (SDV)

Gründung: 26. September 1981
Sitz: München
Funktionäre: Friedrich Köberlein (Vorsitzender), Ingeborg Mikisch, Hubert Dröscher (Leiter der Geschäftsstelle)
Struktur: Der Aufbau des Schutzbundes für das deutsche Volk (SDV) steht in engem Zusammenhang mit dem rassistischen *Heidelberger Manifest* (→ Heidelberger Kreis) vom 17. Juni 1981, in dem »zur Gründung eines parteipoli-

tisch und ideologisch unabhängigen Bundes« aufgerufen wird. »Der starke Widerhall dieses Manifestes hat zur Gründung des SDV geführt«[1]. Mitglied des Vereins kann jeder Deutsche und jede »deutsche juristische Person« werden. Der SDV unterhält eine Geschäftsstelle in Frankfurt a. M. Mitte der 80er Jahre versucht der SDV erfolglos, regionale Lesekreise zu bilden. Der Leiter der Geschäftsstelle in Frankfurt a. M., Hubert Dröscher, beklagt 1992 den Mitarbeitermangel. Diesem sei die zeitweise Verschickung der SDV-Schriften durch den → Grabert-Verlag geschuldet.

Aktivitäten: Abgesehen von sporadischen Veranstaltungen zu Beginn der 80er Jahre, an denen hauptsächlich Propagandisten des SDV teilnehmen, widmet sich der SDV inzwischen ausschließlich der Verbreitung seiner Flugschriften, die nach Eigenangaben bisher eine Gesamtauflage von zwei Millionen überschritten haben.

Periodika: Der SDV gibt mehrseitige Flugblätter in Massenauflage heraus. Vorwiegend druckt der SDV hier programmatische Artikel seiner Mitglieder und Unterstützer zur Ausländerpolitik nach: *Perversion der Nächstenliebe* (Wolf Katz), *Sturm auf Europa – Eine Zeitbombe tickt!* (→ Klaus Hornung), *Deutsches Volk – zentraler Grundwert der Verfassung* (Staatssekretär a. D. Otto Uhlitz), *Die gefährdete Existenz unseres Volkes* (Karl Steinbuch), *Ausländerfeindlichkeit – Tatsache oder Propagandalüge?* (Johannes Peter Ney). Titel weiterer Flugblätter: *Ausländer fordern den »Vielvölkerstaat Bundesrepublik«; Deutschland den Ausländern?; Asyl: Schwindel mit der Humanität; Die gesteuerte Überfremdung, Wissenschaftler gegen »Multikultur«.*

Programmatik: Ziel des Schutzbundes ist »die Erhaltung des Deutschen Volkes, die Erhaltung seiner Heimat und seiner Kultur«, in deren Mittelpunkt die Erhöhung der deutschen Geburtenzahl steht. Als Hauptschuldige einer »gesteuerten Überfremdung« hat der Verein die Verfechter einer gemäßigten Asyl- und Einwanderungspolitik ausgemacht. Diese handelten »pflichtwidrig gegen vitale Volksinteressen« und opferten soziale Errungenschaften, Steuergelder, deutsche Souveränität und die Umwelt, um das deutsche Volk abzuschaffen und durch eine multikulturelle Gesellschaft zu ersetzen.

Zusammenarbeit: Enge personelle Verbindungen bestehen seit den Gründungszeiten zu der → Gesellschaft für freie Publizistik (Brigitte Finkeissen-Frank, Heinrich Schade), der → Nationaldemokratischen Partei Deutschlands, dem → Witikobund (→ Rolf Kosiek, Alf Thorsten Werner, Friedrich Köberlein) und der Zeitschrift → *Nation und Europa* (Helmut Schröcke). Mitglieder des SDV tauchen auch bei der → Europäischen Ärzteaktion und der Juristen-Vereinigung Lebensrecht auf.

Bedeutung: Von einem zunächst geplanten Dachverband rassistischer und ausländerfeindlicher Verbände wandelte sich der SDV zu einem Verein, dessen Freunde und Mitglieder sich »im Vorraum der Parteienpolitik« betätigen.

Seine programmatische und personelle Nähe zu rechtsextremen Gruppen zwang den SDV, sich 1984 ausdrücklich zum Grundgesetz zu bekennen und von Personen zu distanzieren, die die staatliche Ordnung der Bundesrepublik Deutschland beseitigen wollen. Diese Abgrenzung diente vornehmlich der Aufrechterhaltung des Einflusses bei konservativen Parteigängern, die der SDV mit seiner pseudowissenschaftlichen Argumentation zu erreichen wußte. (B)

1 Flugblatt des SDV, Heidelberg 1981.

Skinheads:
Blood & Honour
Hammerskins
Ku-Klux-Klan (KKK)

Struktur: Die bundesdeutsche Nazi-Skinhead-Szene gruppiert sich vor allem seit 1992 verstärkt um international verankerte, kaderorientierte Zusammenhänge. Diese orientieren sich u.a. an Konzepten des »leaderless resistance«, die auf US-amerikanische Vorbilder wie The Order zurückgehen. Sie propagieren den Aufbau unabhängiger konspirativer Zellen, die sich auch auf einen terroristischen Untergrundkampf vorbereiten. Zu den internationalen Verbindungen, die in der BRD über Ableger verfügen, gehören das Blood & Honour-Netz (B&H), die Hammerskins und – mit geringerem Einfluß – der Ku-Klux-Klan (KKK). Zu den personellen Zusammenschlüssen gehören auch Plattenlabels, Versandbetriebe und Fanzines.

Blood & Honour (B&H): entstand in den frühen 80er Jahren in Großbritannien im Umfeld der National Front und verfügt dort alleine über etwa 3.000 Anhänger. Ableger bestehen in den USA, Frankreich, Belgien, Schweden, Italien, Spanien, Australien, Polen und Slowenien. Seit 1990 gibt es Bemühungen, in Deutschland Fuß zu fassen. Nach dem Tod des uneingeschränkten Führers Ian Stuart Donaldson im September 1993 erlahmt die Tätigkeit auch in Deutschland. Nachdem die englische Terrorgruppe Combat 18 die Leitung übernommen hat, kommt es seit 1995 auch in Deutschland wieder zu verstärkten Aktivitäten. Dazu gehört ein von Thorsten Heise organisiertes Konzert in Northeim am 21. Oktober 1995 mit 1.000 Besuchern, unter denen sich auch führende Mitglieder von Combat 18 befinden. Weitere Konzerte finden 1995 im Land Brandenburg statt. Als Publikation wird in Deutschland die englische Zeitung *Blood and Honour* vertrieben. Das deutsche Pendant *Blut & Ehre* wurde letztmals im Sommer 1993 veröffentlicht. Ein Ableger des Vertriebes Skrewdriver Services wurde 1993 von Alexander Heinig im Stuttgarter Raum eröffnet. Die German British Friendship/Hammer Records um die Band Noie Werte verfügt über langjährige Kontakte. Dem B&H-Netz eng verbunden sind das Label DI-AL Records und der dänische NS-88 Video Versand, der von den Deutschen Marcel Schilf und Jesper Hartmann geleitet wird.

Hammerskins: Die internationalen Hammerskins haben ihre Wurzel in den USA, wo sie 1986 in Dallas gegründet wurden. Sie sind nach einem streng reglementierten Ordensprinzip strukturiert. Seit Anfang der 90er Jahre werden Sektionen im Ausland aufgebaut, so in Tschechien, Australien, Großbritannien, Frankreich, Schweden und der Schweiz. International vertrieben wird das professionelle Magazin *Resistance* aus Detroit mit einer Auflage von 15.000 Stück. Es wird vom Label Resistance Records unter den US-amerikanischen Führern Georg Burdi und Mark Wilson herausgegeben. Bundesdeutsche Sektionen existieren in Berlin, Brandenburg, Thüringen, Baden-Württemberg und Schleswig-Holstein. Kontakt für die Berliner Sektion sind →Die Nationalen. In der Brandenburger Sektion nimmt der Kader der → Sozialrevolutionären Arbeiterfront Patrick Cuhrts eine führende Rolle ein, in Sachsen gehört der Herausgeber der *Hass-Attacke* Mirco Hesse, früheres Mitglied der → Nationalen Offensive, zu den führenden Personen. In jüngster Zeit orientieren sich deutsche Skinheads vor allem an dem Vorbild der schwedischen Zeitung *Nordland*, dem dortigen Ableger von *Resistance*. Dazu gehören der von den Deutschen Marcel Schilf und Jesper Hartmann geleitete dänische NS-88 Video Versand, aber auch die Zeitschrift *Rock Nord*, ein Ableger der → *Moderne Zeiten*. Im Februar 1996 fand in Dresden ein von 400 Personen besuchtes Konzert mit der schwedischen Band Ultima Thule und Boots & Braces statt.

Ku-Klux-Klan: Der Ku-Klux-Klan (KKK) beginnt Anfang der 90er Jahre, neofaschistische Skinhead-Strukturen in Deutschland zu unterstützen. Nach einer Rundreise des »Imperial Dragon« der White Knights of the Ku-Klux-Klan, Dennis Mahon, kommt es 1991 und 1992 zur Bildung von KKK-Ablegern in Berlin, Herford, Elmshorn und anderen Städten. Im Oktober 1991 inszeniert Mahon für einen Fernsehsender eine Feuerkreuz-Zeremonie in der Nähe von Königs-Wusterhausen. Deutscher Kontakt für den KKK war Carsten Szczepanski, Mitglied der → Nationalistischen Front. In Berlin wurde das Blatt *Feuerkreuz* herausgegeben. Nach zwei bundesweiten Razzien erlahmten die Aktivitäten.

Bedeutung: Vor dem Hintergrund einer neofaschistischen Subkultur, vor allem nach der Wiedervereinigung in den neuen Bundesländern, versuchten straff geführte Skinhead-Organisationen, in diesen Zusammenhängen zu rekrutieren. Angesichts der staatlichen Verfolgung, nicht nur im Gefolge der Parteienverbote, boten deren Konzepte einer »führerlosen Struktur« eine Alternative. Erfolge erzielte vor allem die Hammerskin-Struktur, zu denen etwa 200 Personen in der Bundesrepublik gezählt werden. Sie sind offen neofaschistisch orientiert: »Die Hammerskins sind eine weiße rassistische Bruderschaft, wir sind inspiriert durch den Glauben unserer Ahnen.«[1] Terroristische Aktivitäten dieser Gruppen sind in Zukunft nicht auszuschließen. (B)

1 Hammerskins-Richtlinien. Flugblatt, o.J. und o.O.

Sozialrevolutionäre Arbeiterfront (SrA)

Gründung: September 1992

Zahl der Mitglieder: ca. 400

Funktionäre: → Andreas Pohl, → Steffen Hupka, Enno Gehrmann, Helmut Braun.

Struktur: Der Mehrheitsflügel der → Nationalistischen Front (NF) um Andreas Pohl gründet die SrA als Nachfolgeorganisation der vor dem Verbot stehenden NF. Vorfeldorganisation wird das seit Juli 1992 bestehende Förderwerk Mitteldeutsche Jugend (FMJ), das sich im Juni 1993 auflöst. Es wird kurzzeitig durch den Unabhängigen Jugendverband (UJV) und dann durch die Direkte Aktion - Mitteldeutschland (JF) ersetzt. Ende Februar 1994 erklärt die JF ihre Selbstauflösung, um einem drohenden Verbot zuvorzukommen. Im Mai 1995 wird sie aufgrund anhaltender Aktivitäten vom Brandenburger Innenministerium verboten. Aktionsschwerpunkte der SrA sind vor allem die Länder Brandenburg, Berlin und Sachsen-Anhalt, wo Steffen Hupka in Quedlinburg ein Netzwerk organisiert, das Aktivisten von der ehemaligen NF bis zu den → Jungen Nationaldemokraten (JN) umfaßt. Propagandamaterial vertreibt die Gruppe P.O.H.L. aus Potsdam, das Nationale Pressearchiv in Frankfurt/Oder bemüht sich um Koordinierung der Anti-Antifa-Arbeit.

Aktivitäten: Das FMJ ruft im Mai 1993 zu einem internationalen »Revisionistentreffen« in Dänemark auf. Im Juni findet eine Sonnwendfeier mit über 200 Teilnehmern in Alt-Friesack (Land Brandenburg) statt. Im gleichen Monat veranstaltet der UJV ein Konzert mit Frank Rennicke in Berlin mit 500 Besuchern. Im September 1994 beschlagnahmt die Polizei im Land Brandenburg eine Teilauflage des *Angriffs*.

Periodika: Im Herbst 1992 erscheint die erste von bisher acht Ausgaben des Blattes *Angriff* (Auflage 15.000 Stück). Es richtet sich in aggressivem Ton an die Sympathisanten aus der rechtsextremen Subkultur und wird kostenlos verteilt. Bis Februar 1994 erscheint der interne Rundbrief der JF *In Aktion*. Seit April 1994 gibt Steffen Hupka das zweimonatliche Schulungsblatt *Umbruch* heraus. Hier wird das Bekenntnis zur »Schicksalsgemeinschaft der Waffen-SS« betont und zu terroristischen Aktionen aufgerufen.[1] Einige Ortsgruppen, so in Kremmen, Hennigsdorf und Schwedt, gaben Blätter heraus, die kommunale Themen aufgriffen.

Programmatik: Die SrA führt die Propaganda der NF weiter. Dabei konzentriert sie sich auf nationalrevolutionäre Phrasen, gepaart mit haßerfülltem Antisemitismus und antikapitalistischer Demagogie. Sie richtet sich damit vorwiegend an die rechte Subkultur in den ostdeutschen Bundesländern. Daneben propagiert die SrA die Bildung selbständiger Gruppen, die in der Lage sein sollen, auch ohne offizielle Führung zu agieren. Die Zukunft ihrer Bewegung sieht sie im konspirativ vorbereiteten Kampf gegen das System. »Wir betrachten die Arbeit der Vorfeldorganisationen für abgeschlossen und halten die Kampfform der unzähligen Kameradschaften, Zellen und Strukturen (in Eigenregie!) vor Ort, als für das System unangreifbar (...).«[2]

Zusammenarbeit: 1994 beteiligt sich die SrA an der Front Européen de Liberation, zu der sich zehn nationalrevolutionäre Gruppen aus Europa zusammengeschlossen haben. Enge Kontakte bestehen zu den → Nationalen, an deren *Berlin-Brandenburger Zeitung* sich die SrA beteiligt. An den Schulungen der → Berliner Kulturgemeinschaft Preußen nehmen regelmäßig Mitglieder der SrA teil. Im Umfeld der Partei agieren SrA-Kader beim Aufbau von → Hammerskin-Gruppen, einer internationalen Vereinigung von Nazi-Skinheads.

Bedeutung: Die SrA organisiert (als Vorbild dient ihnen die SS) militante Neofaschisten, die sich wiederholt an gewalttätigen Aktionen gegen politische Gegner und Ausländer beteiligten. Ihre straffe Kaderstruktur befindet sich seit Anfang 1994 faktisch im Untergrund. Sie bildet ein Netzwerk von Aktivisten, die sich nicht an Parteien oder Mitgliedschaften orientieren. Der aktuelle Einfluß der SrA ist schwer einschätzbar. Ihre Funktionäre begeben sich nur noch sporadisch an die Öffentlichkeit. Zu diesem Zweck betätigen sie sich bei den Jungen Nationaldemokraten und nutzen diese als legale Basis. (B)

1 Vgl. Antifaschistisches Autorenkollektiv: Drahtzieher im braunen Netz. Hamburg 1996, S. 117.
2 In Aktion, Nr. 14, S. 1.

Stille Hilfe für Kriegsgefangene und Internierte e.V.

Gründung: 1951
Sitz: 42003 Wuppertal
Zahl der Mitglieder: 23[1]
Funktionäre: Horst Janzen (Geschäftsführer). Weitere Mitglieder sind/waren: Lieselotte Bischoff, Arnulf Rühaak, Adelheid Klug, Wilhelm Cleven, Eberhard Engelhardt, Ernst August Meyer, Hans Himpe, → Rudolf Aschenauer, Helene Elisabeth Prinzessin von Isenburg.
Struktur: Im Vorstand der bundesweit tätigen Stillen Hilfe saßen und sitzen neben ehemaligen Nationalsozialisten und Mitgliedern der Waffen-SS eine Reihe evangelischer und katholischer Geistlicher. Angegliedert waren eine

argentinische Außenstelle und die Stille Hilfe Südafrika »Silent Help«.[2] Gino Ragno vertrat die Stille Hilfe in Italien.[3]

Aktivitäten: Nach fünfjähriger, privater Aktivität wird am 7. Oktober 1951 der Verein in München mit der Präsidentin Prinzessin Isenburg und deren Stellvertreter Altbischof Theophil Wurm gegründet und ins Vereinsregister in Wolfrathshausen unter dem Namen Stille Hilfe für Kriegsgefangene und Internierte eingetragen. Der Verein betreut inhaftierte NS-Verbrecher, zahlt ihnen Urlaubs-, Entlassungs- und Weihnachtsgelder, hilft bei Gnadengesuchen und Revisionen. Nachdem 1958 die letzten Häftlinge das Kriegsverbrecher-Gefängnis in Landsberg verlassen haben, verstärkt die Stille Hilfe ihre Aktivitäten im Ausland. U. a. wird ihr die Befreiung des NS-Kriegsverbrechers Herbert Kapplers aus italienischer Haft 1977 nachgesagt.[4] Ende der achtziger Jahre beginnt der Aufbau von Kontakten zu in der DDR wegen Kriegsverbrechen und Verbrechen gegen die Menschlichkeit verurteilten Personen. 1994 verliert die Stille Hilfe die Anerkennung als gemeinnütziger Verein und verlegt im Sommer ihre Geschäftsstelle nach Wuppertal.

Periodika: Der *Rundbrief für den Freundeskreis* erscheint zweimal jährlich und berichtet über die Vereinstätigkeit. Die früher mehrseitige Zeitschrift im DIN A5-Format schrumpfte bis Ende 1995 auf ein einzelnes DIN A4-Blatt.

Programmatik: Nach ihrer Satzung von 1954 will die Stille Hilfe »in stiller, tätiger Hilfe allen jenen helfen, die infolge der Verhältnisse der Kriegs- und Nachkriegszeit durch Gefangennahme, Internierung oder ähnliche von ihnen persönlich nicht zu vertretene Umstände ihre Freiheit verloren haben«. (§ 2)

Zusammenarbeit: Funktionäre des Vereins nahmen Anfang der 50er Jahre an den Versammlungen der → Europäischen Neuordnung (ENO) teil. Frühe Verbindungen gab es auch zum Hilfswerk der helfenden Hände und zur Kameradenhilfe/-hilfswerk, das in Zusammenarbeit mit Hans-Ulrich Rudel und Otto Skorzeny Fluchthilfe nach Südamerika betrieb. Weiter bestehen vielfältige personelle Beziehungen zu anderen Organisationen. So ist Adelheid Klug Mitglied der → Gesellschaft für freie Publizistik, Rudolf Aschenauer war Vorsitzender des Vereins für das Deutschtum im Ausland und Horst Janzen hat Kontakt zu Florentine Rost van Tonningen in den Niederlanden.[5] Mitglieder der Stillen Hilfe referierten in den letzten Jahren in Hetendorf u. a. vor der → Wiking Jugend.

Bedeutung: Die Stille Hilfe ist eine bundesweit tätige Gruppe zur Unterstützung inhaftierter NS-Verbrecher, die früher auch an der Schleusung von Kriegsverbrechern ins Ausland beteiligt war.[6] Ihre Mitglieder saßen in bedeutenden Organisationen und Vereinigungen. Die »alte Truppe« genießt auch Ansehen im neofaschistischen Spektrum. So stufen etwa die *Nachrichten der HNG* die Aktivitäten der Stillen Hilfe als »wichtig und unterstützenswert« ein. (B)

1 Laut Mitgliederversammlung 1993.
2 Vgl. E. Klee: Persilscheine und falsche Pässe. Frankfurt/M. 1992, S. 114.
3 Vgl. A. Ernst: Die »Stille Hilfe«. In. Der Rechte Rand, Nr. 31, 1994, S. 6.
4 Vgl. R. Opitz: Faschismus und Neofaschismus. Berlin/Ost 1984, S. 302.
5 Vgl. Ernst, 1994 (s. Anm. 3).
6 Vgl. blick nach rechts, Nr. 20/1994, S. 8.

Thule-Netz

Gründung: März 1993

Sitz: 91009 Erlangen

Mitglieder: Kai Dalek (Kraftwerk BBS/Weissenbrunn), Thomas Hetzer (Widerstand BBS/Erlangen), Jürgen Jost (Elias BBS/Oftersheim), Peter Voss (Germania BBS/Bonn), Thomas Scharfy (Empire BBS/Winnenden), Thomas Richter (SoRevo BBS/Berlin).

Struktur: Erste Bemühungen in den Jahren 1991 und 1992, Mailboxnetze im Raum Franken aufzubauen, scheitern an technischen und konzeptionellen Schwächen. 1993 wird von den Boxen Phantom BBS und Widerstand BBS das Thule-Netz ins Leben gerufen. Die Widerstand BBS wird zur bundesweiten Schnittstelle. Im Zentrum des Thule-Netzes stehen Funktionäre der → Jungen Nationaldemokraten (JN) sowie Kader der → Gesinnungsgemeinschaft der Neuen Front (GdNF) aus Süddeutschland. An das Netz sind im August 1995 Boxen in Erlangen, Weissenbrunn, Oftersheim, Bonn, Winnenden, Berlin, Frankfurt, Karlsruhe, München, Schorndorf, Hameln und Neubrandenburg angeschlossen.[1] Hinzu kommen zwei assoziierte Mailboxen, davon eine der → Republikaner (REP) und drei ausländische Boxen in Österreich, Norwegen und den Niederlanden.

Aktivitäten: Im Netz werden Zeitungsartikel, unter anderem aus *Umbruch*, → *Staatsbriefe*, → *Vorderste Front*, *Die Saufeder* sowie Diskussionsbeiträge veröffentlicht. Einige Parteien und Gruppierungen verfügen über eigene Bretter, so die → Nationaldemokratische Partei Deutschlands, Die REP und die → Deutsche Liga für Volk und Heimat. Im Oktober 1994 finden Razzien gegen einige Mailboxbetreiber statt, so bei der Elias BBS, einer Box in Frankfurt und einer in Kassel. Im November wird im Thule-Netz zum Aufmarsch zu Francos Todestag in Madrid mobilisiert. Der Betreiber der Elias BBS, Jürgen Jost, wird im Februar 1996 wegen Volksverhetzung verurteilt. Grund war ein antisemitischer Artikel in seiner Mailbox.

Periodika: Seit Ende 1994 erscheint in bisher zwei Ausgaben das *Thule-Journal*. Verantwortlich zeichnet zunächst Thomas Hetzer, ab Nr. 2 die Kraftwerk BBS von Kai Dalek. Das Journal bietet dem Leser neben einer ausführlichen Selbstdarstellung Hilfen zum Umgang mit der Mailbox-Technik und einzelne dokumentierte Beiträge aus dem Thule-Netz.

Programmatik: Das Thule-Netz formuliert seine Aufgaben wie folgt:»1) Herstellung und Verfestigung der Kontakte zwischen nationalen Gruppen. 2) Entwicklung einer Datenbank mit Informationen für nationale Aktivisten. Insbesondere soll die Herstellung von national gesinnten Publikationen durch Bereitstellung von Artikeln gefördert werden. 3) Minderung des Verfolgungsdruckes durch das System, indem Kommunikationsmöglichkeiten bereitgestellt werden, die vom System nicht – oder nur mit erheblichen technischen Aufwand – ausgespäht werden können.«[2] In Anlehnung an das → Thule-Seminar schreibt das *Thule-Journal:*»Das Thule-Netzwerk geht auf die Idee zurück, zu einer kulturellen Renaissance die intellektuellen sowie ethischen Alternativen zu erarbeiten und zu verbreiten, die unsere Neue Schule zur geistigen, ideologischen und politischen Wiedergeburt Europas einsetzen will. Das Thule-Netzwerk geht auf den Willen zurück, die anthropologischen Wurzeln Europas an seine kulturellen wieder anzuknüpfen sowie die Identität unserer Völker immer wieder zu beteuern (...).«[3]
Bedeutung: Ziel des Thule-Netzes ist die Schaffung sogenannter »befreiter Zonen« im Mailbox-Bereich. »Unter einer ›befreiten Zone‹ verstehen wir einen Freiraum für politische Aktivisten. Wir sind drinnen, der Staat bleibt draußen.«[4] Die Initiatoren behaupten, sie fühlten sich den Ideen der »Neuen Rechten« um das Thule-Seminar besonders verbunden, ein intellektuelles Niveau ist in den Diskussionen allerdings nicht erkennbar. In begrenztem Umfang dürften in diesem Netz konspirative Absprachen stattfinden. (B)

1 Vgl. Antifaschistisches Autorenkollektiv: Drahtzieher im braunen Netz. Hamburg 1996, S. 206.
2 Thule-Journal, 1. Ausgabe, S. 3.
3 Ebenda, S. 1.
4 Ebenda, S. 3.

Thule-Seminar e.V. – Arbeitskreis für die Erforschung und das Studium der europäischen Kultur

Gründung: 1980
Sitz: 34065 Kassel
Zahl der Mitglieder: ca. 50
Funktionäre: Gründungsmitglieder waren → Pierre Krebs, → Wigbert Grabert, Marielouise Grabert, Hans-Günther Grimm, Claude Michel, → Hans-Michael Fiedler, Guy Mompert, Uda Wilke
Struktur: War das Thule-Seminar seit der Gründung 1980 eng mit dem → Grabert-Verlag verbunden, kommt es 1983 offiziell zur Trennung. Die Stiftung Kulturkreis 2000 verbleibt beim Grabert-Verlag, der in seiner Tochter-Gesellschaft, dem Hohenrain-Verlag, weiterhin Beiträge des Thule-Seminars veröffentlicht. Eine direkte Untergliederung des Seminars ist der Ariadne Kunst- und Buchversand (gegründet 1988). Laut einer Selbstdarstellung ver-

sucht sich das Thule-Seminar 1995 neu zu strukturieren: Je nach finanziellem Einsatz kann man nach Absegnung durch den Vorstand Mitglied werden in einem Muninnkreis für reguläre und Fördermitglieder (Jahresbeitrag 250 DM), einem Huginnkreis für aktive Mitglieder (500 DM) oder einem Gunkirkreis (1500 DM). Die Mitglieder von Letzterem werden einmal im Jahr zu einer internen Sitzung auf eine Burg eingeladen. Alle Geldgeber gehören zu einem Konvent, der sich einmal im Jahr zu einem Kolloquium trifft.

Aktivitäten: Das Thule-Seminar wirkt nach außen durch seine Zeitschrift, den für den Rechtsextremismus grundlegenden Buchveröffentlichungen und durch die rege Vortragstätigkeit des Pierre Krebs.[1]

Periodika: Seit 1986 gibt der Verein die Zeitschrift → *Elemente* heraus, die unregelmäßig bislang in fünf Ausgaben (letztmalig 1990) erschien. Weitere Ausgaben sind seit längerem angekündigt. Chefredakteur ist mit Unterbrechungen Burkhard Weeke. Wichtigste Buchveröffentlichungen des Thule-Seminars waren *Das unvergängliche Erbe. Alternativen zum Prinzip der Gleichheit* (1981 im Grabert-Verlag) und *Mut zur Identität. Alternativen zum Prinzip der Gleichheit* (1988 im → Verlag für ganzheitliche Forschung und Kultur). 1994 erscheint die Selbstdarstellung *Das Thule-Seminar. Geistesgegenwart der Zukunft in der Morgenröte des Ethnos*. In der *Reihe Forum*, Veröffentlichungen der Stiftung Kulturkreis 2000, erschienen im Hohenrain-Verlag Bände u. a. der Autoren Alain de Benoist, Pierre Krebs, → Karl Höffkes, Rudolf Künast, Wolfram Hormann, Hans Burkhardt, Bernhard Willms, Erich Schwinge, Karl Salm, Guillaume Faye und Felix Buck. Weitere Reihen bildeten *Thule-Alternativen* und *Thule-Rhetorik*. Veröffentlichungen von Krebs erschienen auch in der *Thule-Bibliothek* des Burkhard Weeke-Verlags. Neben den Veröffentlichungen werden jedoch auch Aufkleber wie »Rasse ist Klasse« oder »Entdecke die Wurzeln Deines Volkes« versandt.

Programmatik: Programmatisch lehnt sich das Thule-Seminar an sein organisatorisches und geistiges Vorbild, die Nouvelle Droite (Neue Rechte) aus Frankreich, an und bearbeitet die gleichen Ideologiefragmente. Im Zentrum steht ein biologistisches Menschenbild, welches die Ungleichheit betont und einen positiv gewerteten Rassismus propagiert. Juden- und Christentum werden wie die Frankfurter Schule als gleichmacherische Ideologien abgelehnt. Selbst greift es auf vorchristliche Religionen zurück, die die Herausbildung eines heidnisch-germanischen Fundamentalismus erlauben und bedient sich ihrer als Grundlage für eine neue nationale Identität. Hauptfeind bleibt der »Meltingpot« Amerika und alles, was es darstellt. Nach dem Ende des Ost-West-Konfliktes treten völkische und antisemitische Elemente stärker hervor.

Zusammenarbeit: Das Thule-Seminar unterhält über seine Vortragstätigkeit Kontakte vom militant neofaschistischen Spektrum, wie der → Nationalistischen Front, bis zur konservativen, FDP-nahen Thomas-Dehler-Stiftung. Die

Selbstdarstellung als Teil von »europäischen Synergien«, wie Krebs das Netzwerk von »eng verbundenen Denkzirkeln« und »Zellen geistigen Widerstands« nennt, läßt auf eine Anlehnung an den neu entstandenen europäischen Zusammenhang Synergies Européennes schließen. Als Vertreterin der deutschen Fraktion nennt → *DESG-inform* die ehemalige → *Junge Freiheit*- Mitarbeiterin Gerlinde Gronow, und als Ansprechpartner für Österreich wird → Jürgen Hatzenbichler aufgeführt.

Bedeutung: Das Thule-Seminar e.V. stellt sich durch die direkte Bezugnahme auf den historischen Thule-Mythos in dessen Tradition. Es versteht sich als Elite zur Modernisierung des Rechtsextremismus und versucht, ihm durch Veröffentlichungen ein aktualisiertes theoretisches Fundament zu geben. Die Schriften und besonders die Zeitschrift *Elemente* – ungeachtet dessen, daß bereits seit einigen Jahren keine neue Ausgabe des Blattes erschienen ist – werden bis heute vom Rechtsextremismus in seiner ganzen Bandbreite rezipiert. Die Bedeutung des Thule-Seminars dagegen hat in den 90er Jahren abgenommen. (B)

1 Zur geschichtlichen Entwicklung vgl. AK Neue Rechte: Thule-Seminar. Spinne im Netz der Neuen Rechten. Kassel 1990.

Unabhängige Arbeiter-Partei (UAP)

Gründung: 21. Januar 1962
Sitz: 45032 Essen
Zahl der Mitglieder: ca. 100
Funktionäre: Erhard Kliese (Essen), Ulrich Villmow (Hattingen/Ruhr), Heinz-Werner Walkenhorst (Hattingen/Ruhr), Franz Muhrri (Bochum) und Rainer Weber (Kaarst bei Düsseldorf) gehören dem Zentralbüro an.[1] Weitere Funktionäre der Parteigeschichte waren oder sind u.a.: Erich Kaufmann, → Wolfgang Strauss, Horst Bosbach, Ernst Pajonk, Georg Daumann, Heinz Fandrey, Hans-Joachim Walenzyk, Marianne Bormann, Barbara Keßler.[2]
Struktur: An der Spitze der Parteileitung steht das »Zentralbüro« als eigentlicher Vorstand mit Sitz in Essen. Der regionale Schwerpunkt liegt in Nordrhein-Westfalen, wenn auch Stützpunkte in Hessen, Bayern und Berlin existierten. Als Jugendgruppe der UAP wird am 10. Dezember 1967 die → Blaue Adler-Jugend gegründet. Sie tritt seit Jahren nicht mehr aktiv nach außen. Ihr 1. Bundesvorsitzender ist Ulrich Villmow.
Aktivitäten: Die UAP geht ursprünglich auf den 1950 gegründeten Bund der Vötokalisten um Erhard Kliese zurück, der bis 1962 in der → Deutsch-Sozialen Union Otto Strassers einen linksnationalistischen Kurs mehrheitsfähig machen wollte. 1962 wird die UAP u.a. durch Kliese, Horst Bosbach und Wolfgang Hülsmann gegründet und orientiert sich auf Arbeiter, die von der

SPD enttäuscht sind. Ab 1967 öffnet sie sich weiteren rechtsextremistischen Gruppen und bekommt völkisch-nationalistische Züge. Erich Kaufmann von der Deutsch-Sozialistischen Partei wird 1968 bis 1970 zum 1. Vorsitzenden gewählt und bringt seine *Reichs-Arbeiter-Zeitung* ein. 1969 bis 1977 richtet Wolfgang Strauss während seiner Mitgliedschaft in der UAP und der Blauen-Adler-Jugend die Programmatik nationalrevolutionär aus. Der Versuch, sich als Führungskraft der sich herausbildenden »Neuen Rechten« zu etablieren, scheitert ebenso wie die offene Konkurrenz mittels der Aktion 62 zur → Nationaldemokratischen Partei Deutschlands. Bereits seit Ende der 70er Jahre entfaltet die UAP kaum noch nennenswerte Aktivitäten und beschränkt sich auf Nordrhein-Westfalen. Ihre regelmäßigen Versuche, an Wahlen teilzunehmen, scheitern mehrmals an den zu erbringenden Unterstützungsunterschriften und bewegen sich im Falle der Zulassung im marginalen Bereich (Bundestagswahl 1969: 5.309 Stimmen 0.1 Prozent; Bundestagswahl 1976: 765 Stimmen 0,0 Prozent; Landtagswahlen NRW 1995: 152 Stimmen 0,0 Prozent[3]).

Periodika: Als Parteiorgan erschien die *Reichs-Arbeiter-Zeitung*. Regionale Blätter wie die *Ruhr-Arbeiter-Zeitung, Junge Front* und b*arricade* hatten eine kurze Lebensdauer. Sporadisch wirbt sie nach 1989 mit Flugblättern um die Gunst der »Mitteldeutschen«.

Programmatik: Die UAP ist eine Vertreterin des »Neuen Nationalismus«[4]. Insbesondere unter Wolfgang Strauss entwickelte sie sich zu einer Partei des »Dritten Weges«, die durch Bildung einer echten »Volksgemeinschaft« und einem starken deutschen Nationalstaat eine Staatsform zwischen Kapitalismus und Kommunismus anstrebt. So sieht sie sich »als einzige deutsche Arbeiterpartei im sozialrevolutionären Geist Lasalles und im nationalrevolutionären Geist Strassers«[5].

Zusammenarbeit: Zu Beginn der 90er Jahre arbeitet die UAP eng mit Kleinstparteien wie Die Deutschen, → Die Bürger und der Freiheitlich Sozialistischen Volkspartei zusammen. Wahlabsprachen werden getroffen und die Vereinigung diskutiert.

Bedeutung: Nie gelang es der UAP, sich als Gegengewicht zur NPD zu etablieren, auch wenn sie in den 70er Jahren ca. 2.000 Mitglieder hatte. Sie blieb immer eine Randerscheinung des bundesdeutschen Rechtsextremismus. Lediglich durch ihr ehemaliges Mitglied Wolfgang Strauss setzte sie kurzzeitig Akzente bei der Herausbildung der »Neuen Rechten«. (B)

---

1 Neuwahl des Bundesvorstandes auf den 17. Parteitag der UAP in Bochum, nach DESG-inform, Nr. 4. 1995, S. 11.

2 Vgl. 30 Jahre UAP. Festschrift zusammengestellt vom UAP-Ortsverband Hattingen/Ruhr.

3 Zur Parteigeschichte bis 1980 siehe R. Stöss (Hrsg.): Parteienhandbuch. Die Parteien der Bundesrepublik Deutschland 1945–1980. Opladen 1986, S. 2337 ff.

4 Vgl. ebenda, S. 144 ff.
5 So schrieb Günter Bartsch in Criticón; zitiert nach blick nach rechts, Nr. 6/1995, S. 14.

Unabhängige Ökologen Deutschlands (UÖD)

Gründung: 27. April 1991
Sitz: 31823 Springe
Zahl der Mitglieder: ca. 200
Funktionäre: Prof. Dr. Dr. Herbert Pilch (1. Vorsitzender); stellvertretende Vorsitzende: Constanze Lehmann, Heinz-Siegfried Strelow (zugleich Bundessprecher), Wolfram Bednarski, Margot Lauschke (Ehrenvorsitzende)[1]. Weitere führende Mitglieder sind Helmut Kirchner, Baldur Springmann bzw. waren Aurel Archner und Hans Rustemeyer.

Struktur: Entstanden sind die Unabhängigen Ökologen Deutschlands (UÖD) aus zwei Arbeitskreisen innerhalb und im Umfeld der → Ökologisch-Demokratischen Partei (ÖDP): dem Arbeitskreis Ökologische Politik, der zunächst innerhalb der ÖDP weiterarbeitete, und der Arbeitsgemeinschaft Unabhängiger Ökologen, die darin keinen Sinn mehr sah und u.a. mit Mitgliedern der Republikaner zusammenarbeitete. Offiziell als Unabhängige Ökologen Deutschlands gründet man sich durch Zusammenschluß der beiden Kreise am 27. April 1991 in Lahnstein. Es bilden sich Landesgruppen der UÖD, u.a. in Hessen, Rheinland-Pfalz und 1995 in Hamburg.

Aktivitäten: Im Januar 1990 finden die ersten Treffen des Arbeitskreises Ökologische Politik am Rande des ÖDP-Parteitags statt. Grundsätzlich ist man noch zu einem Brückenschlag mit der ÖDP bereit, insofern sie ihre Programmatik »irgendwo zwischen rot und grün« revidiere. Frühzeitig versucht die UÖD unter dem von → Henning Eichberg entwickelten regionalistischen, »nationalrevolutionären« Ansatz zu wirken. Am 6.-7. Juli 1991 veranstaltet sie das Seminar »Ökologen und Heimatschützer in einem Boot«. Es gelingt ihr, Vertreter von regionalistischen Bewegungen wie Klaus Laske (Sachsenbund), Helmut Schmidt-Harries (Niedersächsische Landespartei) und Hubert Dorn (Bayernpartei) mit Rechtsextremisten wie Uwe Meenen (→ Junge Nationaldemokraten) sowie Vertretern des Fränkischen Bundes und → Siegfried Bublies (→ *wir selbst*) zusammenzuführen. 1994 gedachten die UÖD mit einem Trauermarsch des 80. Todestages von Hermann Löns. Regelmäßig werden Seminare abgehalten, bei denen u.a. → Alfred Mechtersheimer, Alfons Benedikter und Hubert Dorn referieren.

Periodika: Als Verbandszeitschrift erscheint *Ökologie - Zeitschrift für Natur und Heimatschutz. Ökologisches Forum* viermal im Jahr mit einem Umfang von ca. 28 Seiten.

Programmatik: Programmatisch lehnen die UÖD jegliche technische Fortschrittsgläubigkeit, Zentralismus und die Entwicklung zu einer multikulturellen Gesellschaft strikt ab. Ihr Anliegen ist der Heimat- und Lebensschutz: »Nur wer sein eigenes Land liebt und pflegt und den Reichtum der Sprachen und Kulturen vor Zentralismus und multikultureller Vermassung schützt, achtet auch die Heimatliebe anderer Völker.«[2] 1995 wird dem »Naturkonservativismus« im Sinne von → Herbert Gruhl der »Bioregionalismus« als neues Element hinzugefügt. Gastkommentare von Haimo Schulz Meinen (Earth First) in *Ökologie* weisen darauf hin.

Zusammenarbeit: Die Kontakte der UÖD reichen vom → Hofgeismarer Kreis über »aufrechte Konservative« wie Roberto Rink (→ Deutsche Soziale Union), Rudolf Bahro und Alfred Mechtersheimer (Friedenskomitee 2000), zu regionalistischen Bewegungen wie der Bayernpartei und dem Sachsenbund. Teile der UÖD unterstützen den Sammlungsprozeß des → Bündnis Konstruktiver Kräfte Deutschlands. Gezielt suchen sie Verbindungen zu regionalistischen und konservativ-ökologischen Bewegungen in Europa wie zur Union für Südtirol, der Ökologisch-Freiheitlichen Partei der Schweiz und der Mouvement Écologiste Indépendant um Antoine Waechter.

Bedeutung: Ihre wichtigste Funktion sehen sie darin, »zur ›Ökologisierung‹ des konservativen Parteienspektrums« beizutragen.[3] Bereits frühzeitig betonte die UÖD die Ausrichtung ihrer Arbeit auf strikt parteiunabhängiger Basis. Sie versteht sich als »ökologische Pressure group«, die in alle Parteien hineinwirken will. Dies schließe jedoch nicht aus, daß man mittelfristig wieder selbst eine aktive politische Rolle spielen könne. (B)

1 Laut der Vorstandswahl auf der Bundesversammlung vom 11.-12. November 1995. Vgl. Ökologie, Nr. 4/1995, S. 3.
2 Zitiert nach DESG-inform, Nr. 10/1991, S. 4.
3 Zitiert nach DESG-inform, Nr. 6–7/1993, S. 1.

Völkischer Bund (VB)

Gründung: 1985 (aufgelöst im Mai 1995)
Sitz: 65034 Wiesbaden
Zahl der Mitglieder: ca. 25
Funktionäre: → Peter Naumann, Heidemarie Naumann, Bernhard Archner
Struktur: Der Aufbau des VB war hierarchisch und zentralistisch. Ein Kern von ca. 25 Personen[1] stand unter der straffen Führung des Begründers und Anführers Peter Naumann. Auf den Sonnwendfeiern des VB fanden sich bis zu 100 Personen ein, an die hohe Anforderungen in puncto Disziplin und Konspirativität gestellt wurden.
Aktivitäten: Auf Sonnwendfeiern des VB 1985/86 referieren u. a. Emil Maier-Dorn, Lisbeth Grolitsch und Peter Stöckicht (→ Nationaldemokratische Partei Deutschlands).[2] Mitglieder des VB werden 1987 bei einem Auf-

marsch am Grab von Rudolf Heß festgenommen.[3] Die VB-Begründer Peter Naumann und Bernhard Archner werden im Oktober, u. a. wegen Sprengstoffanschlägen in den Jahren 1977 bis 1979, festgenommen. 1988 wird Naumann in Frankfurt u. a. wegen der geplanten Befreiung von Rudolf Heß aus dem alliierten Kriegsverbrecher-Gefängnis in Berlin-Spandau (als geplante terroristische Vereinigung bewertet) zu 4 Jahren und 6 Monaten Haft verurteilt. Von 1989 bis 1993 werden aufgrund seiner Haftstrafe bis Dezember 1990 und nachfolgenden Bewährungsauflagen keine öffentlichen Aktivitäten durchgeführt. Der Völkische Bund startet 1993 eine Propagandaaktion unter dem Motto »Ewig lebt der Toten Tatenruhm«. 1995 verkündet Naumann die Auflösung des Völkischen Bundes. Im August übergibt er der Polizei 13 Waffen-Depots.

Programmatik: Der VB sah seine Aufgabe in der Vermittlung von Grundsätzen des Nationalsozialismus und von Grundregeln zum Aufbau verdeckt wirkender Strukturen. Er verstand sich als Kadertruppe von »ausgesuchten«, »besten Charakteren«[4] und nahm für sich in Anspruch, »neue Wege aufzuzeigen« und »Beispiele zu geben« in »Inhalt, Disziplin und Organisation«.[5] In Seminaren wurde ein aggressiver Rassismus vertreten und unter der Parole »Kampf den Dunkelmännern« Verschwörungstheorien gelehrt. Schwerpunkte der VB-Propaganda waren Solidaritätsbekundungen mit dem »Freiheitskampf« in Südtirol, die Verherrlichung der Wehrmacht und der SS sowie die Forderung nach »Rache« für den verstorbenen Hitler-Stellvertreter Rudolf Heß.

Zusammenarbeit: Der VB war eng verzahnt mit dem radikalen Flügel der hessischen NPD. Mit der Arbeitsgemeinschaft Nationaler Verbände (ANV), einer Bündnisplattform von NPD, Aktion Oder-Neiße und → Notverwaltung des deutschen Ostens führte der VB in den Jahren 1985 bis 1987 Veranstaltungen durch, was ihm zeitweise die irreführende Bezeichnung ANV/VB einbrachte. Von 1990 bis 1995 waren vornehmlich Kontakte zu den → Jungen Nationaldemokraten, zum Arbeitskreis Deutscher Interessen in Berlin, zur → Nationalistischen Front und zum Bund Oberland feststellbar. Zu dem → Freundeskreis Ulrich von Hutten bestand eine langjährige Verbindung.

Bedeutung: Der Völkische Bund war ein militant neofaschistischer Zirkel um Peter Naumann. Die Selbstauflösung der Organisation im Mai 1995 war eine Reaktion auf das öffentliche Interesse an Naumann, der ab 1994 als mutmaßlicher Ausbilder rechtsterroristischer Kreise bekannt wurde. (B)

1 Hessischer Minister des Innern: Verfassungsschutzbericht in Hessen 1987, S. 23.
2 Einladung zur Weihnachts- und Sonnenwendfeier am 13.12.1986.
3 Vgl. Nachrichten der HNG, Nr. 98.
4 Vgl. Wir – Der Völkische Bund, 1985.
5 Ebenda.

Volksbund Deutscher Ring; Verein für Geschichte und Kultur
Gründung: 1963 in Köln
Sitz: Köln
Zahl der Mitglieder: ca. 100
Funktionäre: Günter Gussmann, Volker Schmidt, Peter Wegener, Louis Eyckmanns, Gerhard Gustmann, Dr. Claus Heinrich von Wendorff (Oberregierungsrat a.D.), Helmut Becker, Helmut Pauli.
Struktur: Der VDR hat keine Untergliederungen und agiert im Köln-Bonner Raum. Seine Veranstaltungen werden überwiegend vom Vorstand organisiert und stellen eine Art Dienstleistung für die rechte Szene dar.
Aktivitäten: Der VDR organisiert kulturelle Veranstaltungen, auf denen Referenten und Persönlichkeiten aus dem gesamten rechtsextremen Lager auftreten, wie z.B. Berthold Rubin, → Günter Deckert, Hans Rustemeyer, → Hans-Michael Fiedler oder → Bernhard C. Wintzek. Nach vermehrtem öffentlichen Druck wurde der VDR 1993 in Verein für Geschichte und Kultur (VGK) umbenannt.
Periodika: *VDR Info*, *VGK Info*. Das *VDR-Info* ist eine Art rechter Nachrichten- und Informationsdienst. Es wird über die Aktivitäten berichtet und auf Veranstaltungen hingewiesen. Ein Schwerpunkt liegt im Benennen und Denunzieren von linken Strukturen. Angefangen von Autonomen über Grüne bis hin zur SPD werden Namen und Adressen ganz im Sinne einer Anti-Antifa-Kampagne veröffentlicht.
Programmatik: Die »Kulturarbeit« dient laut Satzung der Vermittlung des geschichtlichen Werdens, Wirkens und Wollens des deutschen Volkes auf der Grundlage historischer Wahrheit sowie der Förderung eines eigenständigen deutschen Kulturschaffens und der Bewahrung desselben von Überfremdung und Auszehrung.[1] In den Schriften des VDR spiegelt sich dies in »geschichtsrevisionistischen«, rassistischen und antikommunistischen Beiträgen wieder.
Zusammenarbeit: Auf den Hauptversammlungen kommen u.a. Mitglieder der → Wiking Jugend, der → Republikaner, von CDU, → Bund der Vertriebenen, → Ring Freiheitlicher Studenten und Verband deutscher Soldaten zusammen. Besonders enge Verbindungen pflegt der VDR zu Verbänden des Militärs, der Wehrmacht und der Bundeswehr.
Bedeutung: Die zahlreichen »Kulturfahrten« und Ausflüge in die »deutsche Geschichte« sind der äußere Rahmen, um die rechtsextreme Infrastruktur zusammenzuhalten und zu vernetzen. Auf diesen Veranstaltungen finden sich teilweise über hundert Personen ein. So ist der VDR eine wichtige Tausch- und Kontaktbörse für Ideen und Informationen des rechtsextremen Lagers. In dieser Form stellt der VDR/VGK auf eigene Weise einen Vorläufer der »Runden Tische« Mitte der 90er Jahre dar. (DT/B)

1 Vgl. Satzung des VDR vom 16.4.1963. In: J. Grewen: Volksbund Deutscher Ring e.V. In: R. Hethey; P. Kratz (Hrsg.): In bester Gesellschaft. Göttingen 1991, S. 226 ff.

Weltbund zum Schutze des Lebens BRD e.V. (WSL-D)

Gründung: 1960

Sitz: 32602 Vlotho

Zahl der Mitglieder: Mitte der 80er Jahre über 3.000, heute ca. 1.000

Funktionäre: → Ernst Otto Cohrs (Präsident); Vorgänger waren → Werner Georg Haverbeck, Hanno Beck, Walter Gmelin, Helmut Mommsen, Max Otto Bruker und Ursula Haverbeck-Wetzel.

Struktur: Der Weltbund zum Schutze des Lebens BRD e.V. (WSL-D) ist bis 1985 die BRD-Sektion des Weltbundes zum Schutze des Lebens International (WSL-I). Seitdem ist diese ein eigenständiger Verband, der zwar in Landesverbände untergliedert ist, jedoch zentral von Vlotho aus geleitet wird. Bis 1974 arbeitet die → Gesellschaft für biologische Anthropologie, Eugenik und Verhaltensforschung als Arbeitskreis Humangenetik im WSL-D mit. Wichtige Mitglieder sind Baldur Springmann und Dieter Vollmer.

Aktivitäten: 1958 gründet Günther Schwab den in Österreich ansässigen WSL-I. 1960 folgt die Gründung des WSL-D durch den Euthanasiearzt Walter Gmelin. In den 70er Jahren steht der WSL-D im Zentrum der entstehenden Ökologiebewegung. Im (ideologischen) Umfeld des WSL-D und räumlich im Collegium Humanum (CH) finden die Vorfeldgespräche zur Gründung sowohl der Grünen als auch der → Unabhängigen Ökologen Deutschlands statt. 1980 veröffentlicht der WSL-D in seiner Publikation *Lebensschutz-Informationen* das Memorandum *Gastarbeiter als Ökologisches Problem*, welches später auch in → *Nation und Europa* abgedruckt wird. Die Unterschrift des WSL-D findet sich auch unter dem *Krefelder Appell*. 1981–1982 kommt es durch die offen antisemitischen und rechtsextremistischen Aktivitäten des damaligen Präsidenten Cohrs zu einer innerverbandlichen Krise, infolge derer viele Personen und ganze Landesverbände austreten. Dadurch kommt es zu einer Stärkung der rechtsextremen Gesamttendenz. 1985 wird der WSL-D vom WSD-I ausgeschlossen und arbeitet seitdem eigenständig. Bis heute ist der WSL-D im ökologischen Bereich aktiv und versucht die dortigen rechten Entwicklungen zu begleiten und zu fördern.

Periodika: Seit 1969 erscheinen als Organ des WSL-D die *Lebensschutzinformationen – Stimme des Gewissens (LSI)* mit einer monatlichen Auflage von mehreren tausend Exemplaren. Die *LSI* wird vom WSL-D und CH gemeinsam herausgegeben. Hauptautoren sind Ursula Haverbeck-Wetzel, Ernst Otto Cohrs und Werner Georg Haverbeck. Neben Beiträgen zu Umweltschutz, AKW-Technik und Gentechnik finden sich in der Zeitung auch »geschichtsrevisionistische« Artikel zur Bombardierung Dresdens, wie z.B.

Plädoyers für einen neuen Patriotismus mit einem Artikel von → Alfred Mechtersheimer.

Programmatik: Schwerpunkte des WSL-D sind die als »Lebens- und Heimatschutz« verstandene Ökologie, Anthroposophie, die Freiwirtschaftslehre und bündische Themen. In letzter Zeit sind verstärkt New Age-Einflüsse bemerkbar. Deutlich sind Anknüpfungspunkte an die Theoretiker der sogenannten Konservativen Revolution zu erkennen. Dem WSL-D geht es um die Herausbildung einer Elite.[1]

Zusammenarbeit: Der WSL-D ist mit dem Collegium Humanum verflochten: Das CH stellt seine Räumlichkeiten für Seminare und Treffen zur Verfügung, die neben dem WSL-D auch von anderen Gruppen genutzt werden. Zu nennen sind der → Bund Heimattreuer Jugend, der → Bund der Goden, das → Komitee zur Vorbereitung der Feierlichkeiten zum 100. Geburtstag Adolf Hitlers, der → Witikobund und der Verein Gedächtnisstätte. Enge Verbindungen bestanden zur → Freisozialen Union. Durch Haverbeck bestanden Kontakte zur Gustav Heinemann Initiative und zum Deutschen Rat für Umweltschutz.

Bedeutung: Der Weltbund zum Schutze des Lebens, der eng mit dem von Haverbeck gegründeten Collegium Humanum verwoben ist, ist eine parteiunabhängige Organisation, die unterschiedlichen rechten und rechtsextremistischen Strömungen zur ideologischen Weiterentwicklung im Bereich Umwelt- und »Lebensschutz« dient. Sie versucht zudem immer wieder, mit ökologischen Gruppen zusammenzuarbeiten. Zumindest in den 70er und 80er Jahren konnte sie in Teile der Umweltschutzbewegung hineinwirken. (B)

1 Vgl. V. Wölk: Natur und Mythos. Duisburg 1992, S. 12 ff.

Wiking Jugend e.V. (WJ)

Gründung: Dezember 1952 (verboten am 10. November 1994)
Sitz: 52223 Stolberg
Zahl der Mitglieder: 500 bis 600
Funktionäre: → Wolfgang Nahrath (Bundesführer 1967 bis 1991), → Wolfram Nahrath (Bundesführer), Jan Knust, Hans Jaus, Susanne Pfeiffer, Hildrun Biber, Hartmut Wilhelm, Axel Schunk; weitere Mitglieder: Josef Biber, Frank Kaden, Ute Senft, Manfred Börm, Dirk Nahrath, Edda Schmidt, Gudrun Burwitz, Frank Rennicke, Susanne Gestrich, Falco Schüssler, Matthias Ries, Walter Matthaei.
Struktur: Die als Nachfolge der Reichsjugend (→ Sozialistische Reichspartei) gegründete Wiking Jugend (WJ) war nach dem Vorbild der Hitler-Jugend aufgebaut und in »Gaue« und »Horste« eingeteilt. Die Mitglieder, 90 Prozent unter 18 Jahre, bildeten »Jungen-« und »Mädelschaften«. Die WJ spricht von 15.000 Kindern und Jugendlichen, die durch ihre Schule gegangen seien.[1]

Zum Zeitpunkt ihres Verbotes 1994 unterhielt die WJ zwölf Gaue, besonders aktiv waren diese in Sachsen und Schwaben. Im Ausland entwickelten die Sektionen in der Schweiz (aufgelöst 1991), in Flandern (Belgien), in Frankreich und in Spanien ein organisatorisches Eigenleben.

Aktivitäten: Ab 1955 führt die WJ Pfingsttreffen durch, die bis 1994 stattfinden und in jüngerer Zeit »Tage volkstreuer Jugend« genannt wurden. 1979 werden die Funktionäre Manfred Börm und Uwe Rohwer zu Haftstrafen wegen Mitgliedschaft in einer terroristischen Organisation verurteilt. Die Gruppe hatte u. a. ein Munitionsdepot der Bundeswehr überfallen. 1980 gehen Mitglieder der WJ mit Teilen der → Wehrsportgruppe Hoffmann zur Ausbildung in den Libanon. 1983 werden bei WJ-Mitgliedern Waffen, Bombenbauanleitungen und Zeitzünder gefunden. 1990 und 1991 ist die WJ mit der Gestaltung der »Heldengedenkfeier« am Volkstrauertag in Halbe (Land Brandenburg) beauftragt. Während eines Pfingstlagers 1994 in Hetendorf (Niedersachsen) marschieren Mitglieder der WJ pressewirksam in Uniform auf. Nach dem Verbot führt die WJ 1995 ihr Winterlager in Belgien sowie mehrere dezentrale Lager in Deutschland durch, ein Treffen auf der Burg Hohnstein (Thüringen) am 24. Juni wird von der Polizei aufgelöst.

Periodika: *Der Wikinger*, das offizielle Organ der WJ, erscheint seit ca. 1983 vierteljährlich in einer Auflage von 1.000 Exemplaren. Nach dem Verbot wird der *Wikinger* aus Belgien verschickt. Hinzu kommen die jährlichen *Fahrtenpläne* und *Der Odalkalender*. Der Mädelbrief *Die Bauge* erschien seit ca. 1975. Als zweitmonatliche Schülerzeitschrift erschien von 1978 bis mindestens 1984 *Gäck* mit einer angeblichen Auflage von 10.000 Stück.

Programmatik: Die ideologische Grundlage der WJ war durchgängig am Vorbild der Hitler-Jugend und der SS orientiert. Ihre Aufgabe sah sie in der Ausbildung und »Ertüchtigung« der Jugend nach völkischen Prinzipien. Die WJ verstand sich als eine elitäre Gemeinschaft, die den Organisationen des neofaschistischen Spektrums schrittweise neues Führungspersonal zuführen sollte. Erklärtes Ziel war die »Wiederbelebung« von »Elitegeist und Volksgemeinschaft« zur Schaffung der »Reichseinheit« und der »Nation Europa«[2]. Diese umschrieb die WJ mit dem Begriff »Nordland« als den »ideellen Überbau über den römisch-griechischen geographischen Begriff Europas«[3]. Auch hier ist der Bezug auf die Vordenker des deutschen und des italienischen Faschismus und zur namensgebenden Waffen-SS-Division »Wiking« unübersehbar.

Zusammenarbeit: Es existierten engste Verbindungen zum Spektrum der → Deutschen Kulturgemeinschaft (DKG) und zur → Artgemeinschaft. Weiter wurden enge Kontakte zur → Nationaldemokratischen Partei Deutschlands, zur → Nationalistischen Front und zur → Freiheitlichen Deutschen Arbeiterpartei unterhalten. International hielt die WJ Verbindungen zum spanischen

Circulo Espanol de Amigos de Europa und zur rechtsextremen Denkfabrik AVALON (Schweiz), einem Ableger des deutschen → Thule-Seminars. Weitere ausgedehnte Kontakte zu neofaschistischen Gruppen existierten in Österreich, Belgien, Niederlande, Ukraine, Polen (Schlesien).

Bedeutung: Gefördert durch den Kreis um die DKG, rückblickend auf eine jahrzehntelange Kontinuität und behaftet mit dem Ruf der Hitler-Jugend-Nachfolgeorganisation kam der WJ eine überragende Rolle im neofaschistischen Spektrum zu. Mit ihren über 500 Mitgliedern stellte sie zudem ein beträchtliches Kaderpotential und muß auch als eine tragende Säule des militanten rechten Untergrundes gesehen werden. Angehörige der WJ versuchten immer wieder – nach einer Vorgabe von Wolfgang Nahrath von 1973 – , in Behörden Fuß zu fassen, um an die »Schalthebel des Staates«[4] zu gelangen. Der organisatorische Zusammenhalt wird nach dem Verbot durch eine dezentrale Organisierung, durch »private« Zusammenkünfte und durch konspirativ geplante und durchgeführte Lager aufrechterhalten. Einen Teil ihrer Infrastruktur hat die WJ ins Ausland verlagert. (B)

1 Vgl. Der Rechte Rand, Nr. 24, S. 15.
2 »Leitwort der Wiking Jugend«. In: Fahrtenpläne 1974.
3 Wiking Jugend: Fahrtenpläne 1971.
4 Vgl. Eva-Maria von Wolzogen in: Schulungsunterlagen der WJ zum Führerausbildungslager Gmunden 1973.

Burschenschaften und studentische Verbindungen

Burschenschaft Danubia

Gründung: 1848, wiedergegründet 1949

Sitz: München

Mitglieder: → Hans-Ulrich Kopp, → Karl Richter, Michael Vogt, Michael Paulwitz, Uwe Sauermann

Struktur: Die Münchener Burschenschaft Danubia ist Mitglied der → Deutschen Burschenschaft (DB), wo sie zum äußersten rechten Rand, der Burschenschaftlichen Gemeinschaft (BG), gehört. Sie verfügt über ein Verbindungshaus in München-Bogenhausen.

Aktivitäten: Im Juli 1961 findet im Danubenhaus in München die Gründung der Burschenschaftlichen Gemeinschaft und im November die Gründung des Ostdeutschen Kartells (ODK) statt. Die 60er Jahre »stehen im Zeichen des Südtirolkampfes, an dem Danuben mit großem persönlichen Einsatz beteiligt sind«[1]. Die Danubia ist 1977 zum dritten Mal nach 1930 und 1954 vorsitzende Burschenschaft der DB. Im Danubiahaus findet 1979 eine Pressekonferenz statt, zu der → Herbert Fleissner und Bernd Schlicker vom Hochschulpolitischen Ausschuß (HpA) der DB einladen. Anlaß ist die Herausgabe der Seminarergebnisse des HpA in der Buchreihe der Langen-Müller-Paperbacks. Die Gründung des Republikanischen Hochschulverbandes (RHV) 1989 findet im Verbindungshaus der Danubia statt. Seit 1991 finden die Veranstaltungen des Jungkonservativen Clubs unter Ihrer maßgeblichen Beteiligung in Räumen der Danubia statt. Mit Hans-Ulrich Kopp und Alexander Wolf gehören zwei Danuben dem dreiköpfigen Sprecherrat an. Auf den 10. Bogenhauser Gesprächen 1993 referieren u. a. Andreas Mölzer und → Rolf Schlierer. 1993 und 1994 ist sie an der Organisierung der → *Junge Freiheit*-Sommeruniverität beteiligt.

Programmatik: Grundlegend für die Danubia ist das Bekenntnis zum »ererbten Auftrag«, den Hans-Ulrich Kopp so ausdrückt: »Wo aber der Staat aufhört, Vaterland zu sein (...) da ist Widerstand Verpflichtung«[2]. Diskussionen um die »Größenordnung« der Massenmorde an Juden im Nationalsozialismus halten Mitglieder der Danubia für legitim, denn: »Die Quantität spielt gerade hier eine enorme Rolle, da sie sich unmittelbar in Qualität umsetzt.«[3] Die Schuld des »Dritten Reiches« am Ausbruch des Krieges wird vehement in Frage gestellt, und die Nürnberger Prozesse »können wegen der Fragwürdigkeit des Verfahrens nicht als Beweise dienen«. »Der Gefahr der Nivellierung der europäischen Völker, ja der Gefahr der Verwandlung der europäischen

Bevölkerung in einen kosmopolitischen Menschenbrei (womöglich in rosaroter Sauce) muß entschlossen und vorausschauend begegnet werden (...).«[4]

Zusammenarbeit: Besondere Aufmerksamkeit widmet die Danubia der Koordination und Ausweitung rechtsextremer Aktivitäten an den Hochschulen. Einige Mitglieder beteiligen sich in den 70er Jahren am → Nationaldemokratischen Hochschulbund, dessen Vorsitzender Uwe Sauermann (Danubia) wird, an der Zeitung *Student* und am → Ring Freiheitlicher Studenten (ab 1979). In den späten 80er Jahren folgt über den RHV die kurzzeitige Mitarbeit in der Partei → Die Republikaner. Gemeinsam mit dem → Gesamtdeutschen Studentenverband (GDS) werden die Bogenhauser Gespräche durchgeführt.

Bedeutung: Die Danubia muß als rechtsextreme Kaderschmiede für den Hochschulbereich bezeichnet werden. Sie verfolgt das Ziel, rechts vom Konservatismus tragfähige, parteiförmige oder studentische Strukturen zu schaffen. Dabei orientiert sie sich stark an nationalrevolutionären und ethnopluralistischen Konzepten. Ihre Mitglieder beteiligen sich an zentralen Projekten des bundesdeutschen Rechtsextremismus wie der → *Jungen Freiheit*. (B)

1 H.-U. Kopp: Wir woll'n das Wort nicht brechen. In: Zeitenwende 4/1990.
2 Ebenda.
3 Rudolf Samper in: Festschrift zum 140. Stiftungsfest. München 1988.
4 Ebenda.

Burschenschaft Germania

Sitz: Hamburg
Zahl der Mitglieder: Aktivitas 17, Alte Herren 75
Mitglieder: Rolf Leppert, Heiko Pätzmann, André Goertz
Struktur: Die Burschenschaft Germania in Hamburg ist Mitglied der → Deutschen Burschenschaft (DB) und seit Anfang 1996 der Burschenschaftlichen Gemeinschaft.[1] Sie unterhält in Hamburg ein Verbindungshaus.
Aktivitäten: Die Germania beteiligt sich 1989 an dem Bürgerforum für Deutsche Einheit in Hamburg, dem auch Mitglieder der → Republikaner, der → Jungen Nationaldemokraten, der → Freiheitliche Deutsche Arbeiterpartei (FAP) und der → Nationalen Liste angehören. Am 23. Dezember des selben Jahres veranstaltet das Bürgerforum eine Demonstration mit etwa 50 Teilnehmern. Vorbereitungstreffen finden im Verbindungshaus der Germania statt. Auf einer erneuten Demonstration des Bürgerforums im Februar 1990 mit 150 bis 200 Teilnehmern redet → Jürgen Rieger. Auf einer Veranstaltung im Verbindungshaus der Germania spricht → David Irving. 1995 und 1996 finden im Haus der Germania Vorträge von Robert Steuckers, → Manfred Rouhs und Stefan Ulbrich statt.
Programmatik: Die Germania erwartet von ihren Mitgliedern nach einer Selbstdarstellung »eine patriotische Grundüberzeugung«. Innerhalb der Bur-

schenschaft wird nationalistisches, rassistisches und antisemitisches Gedankengut verbreitet. »Auf Kneipen« (d. h. Zusammenkünften) der Germania wurde nationalsozialistisches Liedgut gesungen und das NS-Regime verherrlicht. Die Germania bezieht sich auf Vordenker der »Konservativen Revolution«.

Zusammenarbeit: Bis zu ihrer Selbstauflösung unterhält die FAP-Hamburg ihr Kontakttelefon im Verbindungshaus der Germania, wo zeitweilig auch der Hamburger Landesvorsitzende André Goertz wohnt. Im August 1990 gründet die Germania gemeinsam mit Burschen der Teutonia und Askania den Deutschen Freundeskreis (DFK). Aus dem Kreis des DFK formiert sich 1991 das Komitee für freiwillige Reservistenarbeit – Nord. Es führt 1991 und 1992 zusammen mit Neofaschisten Wehrsportübungen in Niedersachsen durch. Im Verbindungshaus der Germania finden Veranstaltungen des Hamburger Lesekreises der → *Jungen Freiheit* statt.

Bedeutung: Die Hamburger Germania ist ein Beispiel für die feste Einbindung einer Burschenschaft der DB in das rechtsextreme bis neofaschistische Lager. Ihr Verbindungshaus ist als Veranstaltungsort ein organisatorisches Zentrum der Aktivitäten dieses Spektrums. Dabei wirkt sie mit nationalistischen und »geschichtsrevisionistischen« Initiativen in das studentische und akademische Milieu. (B)

1 Neues Deutschland vom 9.2.1996.

Coburger Convent (CC)

Gründung: Mai 1951
Sitz: 80538 München
Zahl der Mitglieder: Aktivitas 1.950, Alte Herren 12.000
Funktionäre: Aktivitas: Georg Vierling (Sprecher), Carl-Christian Schmitt (Stellvertreter), Knut Ansgar Klaeden (Stellvertreter); Altherrenschaft: Hans-Helmut Theobald (Vorsitzender), Günter Kießling (Stellvertreter)
Struktur: Der Coburger Convent (CC) ist der Gesamtverband des Aktivenverbandes (VACC) und des Altherrenverbandes (AHCC). Der Aktivenverband entsteht Pfingsten 1951 als Zusammenschluß der nach 1945 neugegründeten Deutschen Landsmannschaften und des Verbandes der Turnerschaften an deutschen Hochschulen. Mit 104 Mitgliedsorganisationen in der Bundesrepublik und in Österreich ist der CC nach der → Deutschen Burschenschaft der zweitgrößte farbentragende und schlagende Dachverband. Ein jährliches Verbandstreffen findet zu Pfingsten in Coburg statt. Präsidierende Turnerschaft 1996 ist die Merovingia Darmstadt. Der Verband unterhält eine Kanzlei in München. Sechs Referate werden durch Wahl ehrenamtlich besetzt.
Aktivitäten: Seit 1952 hält der CC jährliche Gesamtdeutsche Tagungen in

Berlin gemeinsam mit der Deutschen Sängerschaft ab, die seit 1992 in Dresden stattfinden. Neben den jährlichen Pfingsttreffen werden seit 1954 die Coburger Hochschulgespräche durchgeführt, die bis 1983 vierzehn Mal stattfinden. 1993 führt die Rede von Dieter Wiebecke, Alter Herr der präsidierenden Mecklenburgia zu Rostock, auf dem Pfingstkonvent in Coburg zum Eklat. Der »Opfergang der 6. Armee unter Feldmarschall Friedrich Paulus vor 50 Jahren«, erklärt Wiebecke, sei Symbol für den »ethischen Wert und die beispiellose Hingabe und Opferbereitschaft der Deutschen Wehrmacht. Wie glücklich könnten sich unsere Regierenden und wir uns schätzen, wenn der heutigen Generation nur ein bißchen von dem Idealismus geblieben wäre.«[1] Seit Oktober 1995 verfügt der CC über eine verbandseigene Mailbox.

Periodika: Der AHCC gibt die vierteljährlich erscheinenden *CC-Blätter* heraus. Schriftleiter ist Heinz Kraus. Ergebnisse von Tagungen und Kongressen werden in den unregelmäßigen *CC-Schriften* veröffentlicht.

Programmatik: Der CC verfolgt die Grundsätze »Ehre – Freiheit – Freundschaft – Vaterland« und strebt die Wiederherstellung eines geeinten Großdeutschlands an. »Einsatz für Heimat, Volk und Vaterland ist uns selbstverständliche Pflicht.«[2] Die Vereinigung von BRD und DDR wird als unzureichend begriffen und von → Klaus Hornung auf der Gesamtdeutschen Tagung 1991 als »Kleinstdeutschland« bezeichnet. Die Leiden der Opfer des Nationalsozialismus werden auf dem Pfingsttreffen 1995 mit dem »Bombenhagel der Terrorangriffe, der Vertreibung und dem Leid deutscher Soldaten in den Gefangenenlagern« aufgerechnet.

Zusammenarbeit: Der CC ist Mitglied im Convent Deutscher Korporationsverbände (CDK), im Convent Deutscher Akademikerverbände (CDA) und in der Arbeitsgemeinschaft Andernach der schlagenden Verbände (AGA).

Bedeutung: Der CC kultiviert männerbündische, militaristische und großdeutsche Traditionen. Seine deutlich formulierten Ansprüche auf »ostdeutsche Gebiete« jenseits der bestehenden Grenzen unterstreicht der CC mit den Versuchen, auf seinen Tagungen Strategien für die bundesdeutsche Wirtschaft zu entwickeln. Seine elitäre und deutschnational orientierte Mitgliederschaft zeigt, wie die der Deutschen Burschenschaft, Sympathien für rechtsextreme und ausländerfeindliche Positionen. (B)

1 Coburger Tageblatt vom 1.6.1993.
2 Grundsätze des CC. Zitiert nach Gruppe Archiv: Die Elite der Untertanen. Coburg 1995.

Deutsche Burschenschaft (DB)
Gründung: 18. Oktober 1818, wiederbelebt 1950
Zahl der Mitglieder: Aktivitas: 2.000, Alte Herren: 17.000
Funktionäre: Walter Egeler (Schriftleiter der *Burschenschaftlichen Blätter*,

Hohenheimia Stuttgart), Dieter Niederhausen (Vorsitzender des Rechtsausschusses, Germania Halle zu Mainz), Heiko Gallin (Vorsitzender des Ausschusses für burschenschaftliche Angelegenheiten, Prager Burschenschaft Teutonia zu Regensburg), Thorsten Welke (Vorsitzender des Hochschulpolitischen Ausschusses, Jenensia Jena), Stephan Maier (Schatzmeister, Hohenheimia Stuttgart, Alemannia München), Stephan Heimerl (Vorsitzender des Ausschusses für Öffentlichkeitsarbeit, Hohenheimia Stuttgart), Rüdiger Klein (Pressereferent, Hohenheimia Stuttgart). Amtierende Burschenschaft ist die Germania Braunschweig, sie wird 1996 durch die Olympia Wien abgelöst.

Struktur: Die Deutsche Burschenschaft (DB) umfaßt als Dachverband farbentragender und schlagender Burschenschaften 120 Bünde an 40 Universitäten und Hochschulen in Deutschland und in Österreich. Mitglieder können nur männliche, deutsche – nach ihrem Verständnis sind auch Österreicher Deutsche – Studenten werden. Die Organe der DB werden von den jährlichen Burschentagen gewählt, an denen Delegierte aller Mitgliedsbünde teilnehmen. Hier werden die politischen Leitlinien der DB diskutiert und festgelegt. Veranstaltungen wie die jährlichen Arbeitstagungen führt der Ausschuß für burschenschaftliche Arbeit (AfbA) durch, während sich der Hochschulpolitische Ausschuß (HpA) mit universitären Belangen befaßt. Daneben werden ständige Amtsträger bestimmt. Im Juli 1961 wird die Burschenschaftliche Gemeinschaft (BG) in der DB gegründet. Ihre ca. 40 Bünde bilden den äußeren rechten Flügel in der DB. Aus Protest gegen die zunehmende Rechtslastigkeit der DB formieren im Januar 1996 acht ehemalige Burschenschaften der DB einen eigenen Dachverband, die Neue Deutsche Burschenschaft. Die DB unterhält sogenannte burschenschaftliche Amtsstellen, darunter eine Burschenschaftliche Stiftung für Minderheiten- und Volksgruppenrechte in Europa. Der Bund Chilenischer Burschenschaften, der gemeinsame Veranstaltungen mit dem → Verband für das Deutschtum im Ausland ausrichtet, koordiniert die deutsch-chilenische Kooperation.

Aktivitäten: Zentrale Elemente sind neben der Pflege burschenschaftlicher Traditionen die jährlichen Burschentage und Arbeitstagungen. Neben Mitgliedern der DB referieren hier konservative Parteipolitiker aber auch Exponenten des rechtsextremen Lagers. In Berlin finden seit 1952 Arbeitstagungen mit deutschlandpolitischen Schwerpunkten statt. 1970 ruft die DB zur Teilnahme an einer Demonstration gegen das Treffen von Bundeskanzler Willy Brandt und den DDR-Staatsratsvorsitzenden Willi Stoph in Kassel auf, die von der rechtsextremen Gesamtdeutschen Aktion initiiert wird.

Periodika: Als vierteljährliche Verbandszeitschrift erscheinen die *Burschenschaftlichen Blätter*. Herausgeber ist die amtierende Burschenschaft der DB, die Schriftleitung liegt bei Walter Egeler. Neben Berichten über das Verbandsleben werden hier politische Diskussionen geführt, bevorzugt mit Beteiligung durch Gastautoren.

Programmatik: Die DB setzt sich »für die freie Entfaltung des deutschen Volkstums« ein.[1] Folglich kreisen die Forderungen der DB um nationale Fragestellungen. Die Schaffung eines Großdeutschlands ist erklärtes Ziel, wobei allein die neuen Grenzen Deutschlands und der Weg zu einer Grenzrevision innerverbandlich umstritten sind. Die Anerkennung der bestehenden Grenzen wird von der DB abgelehnt. Ideologisch berufen sich vor allem die Mitglieder der BG auf Positionen der sogenannten Neuen Rechten. Die DB fordert u.a. den »Schutz vor Überfremdung«[2] und die Förderung einer Bildungspolitik, die der Heranziehung einer geistigen Elite dient. Die Stärkung der Familie ist der DB »eine wesentliche Voraussetzung für die Wahrung der nationalen Identität des deutschen Volkes.«[3]

Zusammenarbeit: Die DB ist Mitglied der Verbände Convent Deutscher Akademikerverbände, Convent Deutscher Korporationsverbände und der Arbeitsgemeinschaft Andernach der mensurfechtenden Verbände. Es bestehen personelle Verbindungen zu einer Vielzahl von Organisationen. Hervorzuheben sind der → Ring freiheitlicher Studenten und der → Gesamtdeutsche Studentenverband.

Bedeutung: Die Deutsche Burschenschaft kultiviert elitäre und männerbündische Traditionen und ist Anhänger eines autoritären »starken Staates«. Ein Teil der DB kann als national-konservativ bezeichnet werden, wogegen einzelne Bünde sich offen rechtsextrem bis neofaschistisch artikulieren. Die vor allem von der BG vertretenen Positionen der sogenannten Neuen Rechten bestimmen die DB zunehmend, was im Laufe der 90er Jahre zu innerverbandlichen Spannungen führte. Insgesamt weist die DB »Erosionserscheinungen am rechten Rand« auf.[4] (B)

1 Handbuch der Deutschen Burschenschaft 1982.
2 Burschenschaftliche Blätter, Nr. 5/1984, S. 170.
3 Ebenda, Nr. 5/1981, S. 129.
4 L. Elm, u.a.: Füxe, Burschen, Alte Herren. Marburg 1992.

Deutsche Gildenschaft (DG)

Gründung: 15. Juni 1958 in Frankfurt a.M.

Zahl der Mitglieder: Aktivitas: 65, Alte Herren: 530

Mitglieder: → Dieter Stein, → Andreas Molau, → Karlheinz Weißmann, Karl-Eckhard Hahn, Kurt Heißig, Hanns Klatz, Tilman Ziegler, Günter Reichert, → Walter Staffa, Jörg Kudlich, Dr. Walter Becher, Hellmut Diwald, Ernst Anrich, → Richard W. Eichler

Struktur: Die Deutsche Gildenschaft (DG) ist ein nicht-schlagender und farbentragender Studentenverband, dem acht Gilden in Freiburg, Göttingen, Hamburg, Darmstadt, Regensburg, München, Braunschweig und Hannover angehören. Der nicht-konfessionellen DG können auch Frauen beitreten.[1]

Aktivitäten: Der Verband, der sich als »akademische Erziehungsgemein-schaft« bezeichnet, wirkt vornehmlich durch Schulungen und Vortragstätig-keit zur Weiterentwicklung ideologischer Positionen. Führungsaufgaben neh-men Mitglieder der DG in der → Sudetendeutschen Landsmannschaft und beim → Witikobund wahr.

Periodika: Seit 1959 erscheinen die *Blätter der Deutschen Gildenschaft* als Organ der DG, die von Hanns Klatz verlegt werden. Schriftleiter waren Rudolf Jahn, Hanns Klatz und seit 1988 Kurt Heißig.

Programmatik: Die DG hat ihre Wurzeln in der bündischen Jugendbewe-gung zu Beginn des Jahrhunderts. In ihrer programmatischen *Salzburger Erklärung* von 1992 verlangt sie die Wahrung nationaler Identität und kriti-siert einen »Mangel an nationalem Empfinden«. Sie fordert »die tatkräftige Unterstützung des deutschen Volkstums«, Volksgruppenrechte für Deutsche in Osteuropa und ein »Europa der Völker und Volksgruppen«[2].

Zusammenarbeit: Der Leiter der Bundeszentrale für Politische Bildung, Günter Reichert, ist Mitglied der DG. In den Zeitschriften → *Criticón* und → *Junge Freiheit* verfügen ihre Mitglieder über prägenden Einfluß. Die DG ist Mitglied im Convent Deutscher Akademikerverbände und im Convent Deut-scher Korporationsverbände.

Bedeutung: Trotz ihrer geringen Mitgliederzahl gelingt es der DG, in weite Teile des intellektuellen Rechtsextremismus zu wirken. Sie agitiert dabei beständig gegen die deutsche Westbindung und versucht, eine geopolitisch und völkisch begründete Führungsrolle Deutschlands aufgrund seiner »Mit-tellage« offen zu halten. Sie flankiert diese Thesen mit der Historisierung und Relativierung des Nationalsozialismus. (B)

1 Zur Gründungsgeschichte vgl. H. Kellershohn: Die selbsternannte Elite. In: Ders. (Hrsg.). Das Pla-giat. Der völkische Nationalismus der Jungen Freiheit. Duisburg 1994, S. 63 ff.
2 Zitiert nach: ebenda, S. 68 f.

Europaburschenschaft Arminia Zürich zu Heidelberg

Gründung: 1994

Sitz: 69118 Heidelberg

Mitglieder: Aktivitas: Andreas Jahrow, Michael Dangel; Altherrenschaft: Otto Entenmann (Sprecher), Hans Kühnl, Dr. Günther Thoms

Struktur: Die Europaburschenschaft Arminia Zürich zu Heidelberg (im fol-genden EB) geht aus dem deutschen Ableger der 1951 in der Schweiz gegrün-deten Altherrenverbindung Europaburschenschaft Arminia zu Zürich hervor. Diese verlagert ihren organisatorischen Schwerpunkt 1994 zur Heidelberger Gruppe. Die EB strebt europaweit den »Aufbau kleiner überschaubarer

Gemeinschaften«[1] an. Als Dachverband wird 1978 die Arbeitsgemeinschaft Deutscher Convent Europäischer Corporationen gegründet, die im Delegierten Convent europäischer Corporationen (DCEC) aufgeht. Diesem sind Gruppen in Deutschland, Österreich und ein Gruppen-Convent Flandern (Belgien) angeschlossen.

Aktivitäten: Im August 1993 findet eine gemeinsame Reise von Mitgliedern der EB und der → Wiking Jugend (WJ) zum flämischen Nationalistentreffen Ijzerbedevaart statt. Der ehemalige WJ-Funktionär Frank Rennicke erhält das Komturband der EB. Im April 1994 referiert → Peter Dehoust, Mitherausgeber von → *Nation und Europa* und ehemaliger Student in Heidelberg, in dem Haus der EB. → Germar Scheerer referiert im Oktober vor der EB in Heidelberg. Die EB nimmt am Gesamt-Tiroler Freiheitskommers in Innsbruck teil. Bei der versuchten Gründung der »Stuttgarter Kameradschaft« im November werden 200 Neofaschisten, darunter zehn Personen aus dem EB-Kreis, festgenommen. Im Januar 1995 wird in dem Haus der EB die ehemalige WJ-Funktionärin Edda Schmidt festgenommen, bei ihr werden nationalsozialistische Schriften beschlagnahmt.

Programmatik: Die Thesen der EB sind an das Europa-Konzept der Waffen-SS angelehnt, bemerkt wird jedoch, »daß die bisher tragenden Ideen nicht mehr genügen, daß sie zeitgemäß erweitert werden müssen«[2]. Ihre vornehmliche Aufgabe sieht die EB darin, der Jugend eine »der Reichsgesinnung analoge Europagesinnung«[3] zu vermitteln, um »die innere geistige Spaltung der europäischen Völker und die Krise der europäischen Kultur« zu überwinden. In ihrer Schrift *Das Europa-Prinzip* fordert die EB ein »Europa freier Völker« und beruft sich auf eine »organische Einheit Europas«.[4] Das Agitationsziel der EB sind »Hoch- und Fachschüler« aus »allen Völkern Europas«.

Zusammenarbeit: Weitreichende Kontakte bestehen zum → Witikobund, zur WJ und zur 1994 aufgelösten Initiative Gesamtdeutschland. Funktionäre aus dem Kreis der → Deutschen Kulturgemeinschaft sind Bundesbrüder von EB-Gruppen, → Manfred Roeder ist seit 1974 Mitglied. Die österreichischen Ableger pflegen Beziehungen zur Aktionsgemeinschaft für Politik und zum Freiheitlichen Akademiker-Verband. Der Gruppen-Convent Flandern unterhält Kontakte zum Vlaams Blok und zur neofaschistischen Voorpost.

Bedeutung: Die Formierung der EB ab dem Jahre 1946 ging u.a. auf noch bestehende Kreise von Nationalsozialisten zurück. Heinz Manz, 1994 verstorbener, landjähriger Sprecher der Altherrenschaft der Arminia zu Zürich, sprach von »Waffenbrüdern der alten ruhmreichen SS aus allen Gauen Deutschlands und allen Ländern Europas«. Die NS-Verbrecher Walter Reder und Herbert Kappler sowie Hans-Ulrich Rudel waren Träger von Auszeichnungen der EB. Auffallend an den Aktivitäten der deutschen Funktionäre ist deren Bemühen um Kooperation mit neofaschistischen, »neurechten« und konservativen Kreisen. Von Teilen des rechten Spektrums wird das »hitleristische« Auftreten der EB als kontraproduktiv empfunden und die Heidelberger Gruppe als »die vergessene Ortsgruppe der NSDAP«[5] bezeichnet. (B)

1 Manifest der EB Arminia zu Zürich, 17.1.1976.
2 EB Arminia zu Zürich, 17.1.1976.
3 Erweiterung des Manifestes der EB Arminia zu Zürich, 15.1.1977.
4 Ebenda.
5 Antifaschistisches Autorenkollektiv: Drahtzieher im braunen Netz. Hamburg 1996. S. 70.

Gesamtdeutscher Studentenverband (GDS)

ehemals Ostpolitischer Deutscher Studentenverband (ODS), ehemals Vereinigung Heimatvertriebener Deutscher Studenten (VHDS)
Gründung: 1950 in Neustadt bei Marburg
Zahl der Mitglieder: ca. 50
Funktionäre: Vorsitzende des ODS: Gero Giesart (1964–66), Hartmut Saenger (1966–67), Peter Haerting (1967–72), Michael Jach (1972–75), Hartmut Saenger (1975–77), Hans-Joachim Zwiesler (1977–79), Christian Heck (1979–80). Vorsitzende des GDS: Harald Weisig (1980–86), Dr. Hans Ulrich Höfs (1986–87), Christian Harten (1987–91), Thomas Allner (1991); Weitere Funktionäre: Hans Günter Parplies, Joachim Apel, Volker Beeken, → Ludwig Bock, → Peter Boßdorf, Frank Buchold, Alfred Dreher, Hartmut Gahntz, Rüdiger Goldmann, Hartmut Heger, Axel Heinzmann, Alexander Ihls, Albert und Gisela Krohn, Jürgen Liphardt, Ingo Löhr, Yvonne Olivier, Dr. Dieter Radau, Andreas Raithel, Heralt Schöne, Ulrich Schulz, Thomas Tometschko, → Horst Rudolf Übelacker, Helmut Vollmer, Ulrich Wlecke.
Struktur: Der Gesamtdeutsche Studentenverband (GDS) ist außerordentlicher Mitgliedsverband im → Bund der Vertriebenen (BdV) und vertritt die aktive Studentenschaft innerhalb des BdV. Er setzt sich aus Studentenbünden der Landsmannschaften (z.B. Schüler- und Studentenunion Ostpreußen (SUO)), außerordentlichen Mitgliedsverbänden (z.B. Freundeskreis Ostdeutscher Akademiker (FOA)) und einzelnen Landesverbänden zusammen. Dem Bundesvorstand ist ein Vertrauensrat angegliedert, dem viele, ehemals hochrangige Funktionäre des Verbandes angehören.
Aktivitäten: In den 50er Jahren konzentriert sich die Vereinigung Heimatvertriebener Deutscher Studenten auf die Integration der Vertriebenen. Am 25. März 1964 wird der Name in ODS geändert. In den 60er Jahren wurde der Verband durch die Ablehnung der neuen Ostpolitik der Ära Brandt politisiert, verlor aber zunehmend an Einfluß und Mitgliedern (damals ca. 1.900 Mitglieder). In den 70er und 80er Jahren nahmen die Aktivitäten des Verbandes wieder zu, was mit dem steigenden Einfluß rechtsextremer Kreise wie dem Studentenbund Schlesien (SBS) zusammenhing. Die vom ODS und seinen Mit-

gliedsverbänden organisierten Veranstaltungen wurden immer häufiger mit rechtsextremen Referenten oder Bündnispartnern durchgeführt. Die Bogenhausener Gespräche fanden in Kooperation mit der → Burschenschaft Danubia statt. Hier wurde über Carl Schmitt oder die »Konservative Revolution« diskutiert, bzw. wichtige Referenten der europäischen Rechten wie Robert Steuckers und Michael Walker zu Vorträgen eingeladen.

Periodika: *ODS Nachrichten, GDS Nachrichten*, verschiedene Publikationen der einzelnen Mitgliedsverbände (*Nachrichten des SBS, Weichselschiff, SUO Rundbrief*).

Programmatik: Strebte der VHDS vor allem eine politische und soziale Integration der Vertriebenen an, so traten mit der schrittweisen Erreichung dieser Ziele in den 60er Jahren mehr politische Themen in den Vordergrund. Der Verband wandte sich gegen die neue Ostpolitik und die Anerkennung der Oder-Neiße-Grenze. 1979 entwickelte der ODS eine Grundsatzerklärung, die nicht nur die deutsche Kriegsschuld und die Kriegsverbrechen als politische Realität ablehnte, sondern die auch die deutschen Annektionen aus den Jahren 1937–38 als völkerrechtlich gültig bewertete. Dies und Vorfälle mit rechtsextremem Hintergrund hatten zur Folge, daß 1981 die ODS-Mitgliedschaft im BdV für mehrere Monate ruhen mußte. Auch nach der Umbenennung im Jahr 1984 und dem Austritt des SBS vertrat der GDS rechtsextreme Positionen mit neutralistischen und ethnopluralistischen Zügen bzw. engagierten sich Mitglieder in rechtsextremen Kreisen, so daß die Förderung des GDS durch das Bundesinnenministerium vorläufig eingestellt wurde. Der letztgewählte Vorstand von 1991 weist in seiner Zusammensetzung auf eine Kontinuität dieser Positionen hin.

Zusammenarbeit: Mitglieder des ODS engagierten sich in oder stammten aus dem rechtsextremen Spektrum, so Axel Heinzmann und → Hans-Michael Fiedler. Mit der rechtsextremen Burschenschaft Danubia veranstaltete man die Bogenhausener Gespräche. Desweiteren bestanden bzw. bestehen Engagements beim → Thule-Seminar, den → Republikanern, der → Nationaldemokratischen Partei Deutschlands, dem → Ring Freiheitlicher Studenten, der Zeitschrift → *Etappe*, der → *Jungen Freiheit*.

Bedeutung: Der ODS der 70er Jahre entfernte sich aus dem unmittelbaren Kontext der Vertriebenen und fand, trotz erklärter Unvereinbarkeitsbeschlüsse, Anbindung an rechtsextreme Kreise. Der GDS hat sich in Teilen zu einer rechten Kaderschmiede entwickelt, dessen Funktionäre sich in großer Zahl in rechtsextremen Parteien, Zirkeln und Zeitschriften wiederfinden, aber kaum noch im eigenen Vertriebenenverband. Ihr Einfluß in der rechten Szene ist größer als die geringe Mitgliederzahl vermuten läßt. (DT/B)

Nationaldemokratischer Hochschulbund (NHB)
Gründung: 1967
Sitz: 90221 Nürnberg
Zahl der Mitglieder: 40
Funktionäre: Martin Laus (Vorsitzender seit 1991), Nachfolger von Thomas Lux (1988–1991); weitere Mitglieder: Josef Graf, Jens Birnatzki, Wolfgang Bendel, Andreas Storr, Heiko Kaiser
Struktur: Hochschulgruppen des Nationaldemokratischen Hochschulbundes (NHB) bestehen Mitte der 80er Jahre in München, Erlangen und Saarbrücken. Die 1986 entstehende Gruppe Köln/Wuppertal ist bis 1989 die letzte aktive NHB-Gruppe. Seinen größten Zulauf hat der NHB parallel zur Entwicklung seiner Mutterpartei → Nationaldemokratischen Partei Deutschlands (NPD), Ende der 60er Jahre mit 17 Hochschulgruppen und ca. 250 Mitgliedern.
Aktivitäten: 1966 entstehen die ersten Gruppen des NHB, der formal 1967 gegründet wird. 1970 bis 1973 versucht der für den Staatssicherheitsdienst der DDR arbeitende Bundesvorsitzende Lutz Kuche, den NHB als Kaderorganisation zu organisieren. Der Erfolg ist mäßig, der NHB verschwindet in der Bedeutungslosigkeit. Ende der 70er Jahre versucht Thor von Waldstein (Bundesvorsitzender bis 1982) durch Gründung diverser Vorfeldorganisationen (Amnestie national, Kultur alternativ, Arbeitskreis Nationaldemokratischer Akademiker), dem NHB eine neue Struktur zu verleihen. Dieser Versuch mißlingt, der NHB bleibt weiterhin bedeutungslos, bis er nach einem Wandel zur Kaderorganisation nationalrevolutionärer Prägung 1990 mit Herausgabe der Strategiezeitschrift → *Vorderste Front* (*VF*) wieder an die Öffentlichkeit tritt.
Periodika: Die *Vorderste Front – Zeitschrift für politische Theorie & Strategie* erscheint seit 1990 einmal jährlich (1993 zweimal). Verantwortlich ist Martin Laus (München). Der *NHB-Report* erscheint in den 80er Jahren (bis 1986) in einer Auflage von 1.000–2.000 Exemplaren. Unter Federführung von Peter Marx und Karl-Heinz Sendbühler erhält die Publikation ein professionelles Illustrierten-Design (ca. 100 Seiten, DIN A4).
Programmatik: Ende der 80er Jahre präsentiert sich der NHB mit neuer, nationalrevolutionärer Ausrichtung. Ziel sei die »Herausbildung einer revolutionären Alternative zum Angriff des Weltkapitals auf die Völker der Erde« durch die Entwicklung einer »Dritten Position«, die dem »deutschen Volk das Überleben ermöglicht«. Mit dem »Zusammenbruch des Marxismus« wird der Liberalismus zum »Hauptfeind«.[1]
Zusammenarbeit: Der NHB ist aufs Engste mit den → Jungen Nationaldemokraten verflochten und arbeitet mit anderen rechten Hochschulbünden zusammen. Anfang der 90er Jahre initiiert der NHB zusammen mit der Organisation Sache des Volkes und dem Politisch-Kulturellen Arbeitskreis Oberland die Veranstaltungsreihe »Nationalismus heute«.

Bedeutung: Der NHB hatte bis Anfang der 80er Jahre eine ideologiebildende und aktive Funktion innerhalb der NPD und diente so nicht nur der Rekrutierung für Studenten und junge Akademiker. Mit der Orientierung auf national-revolutionäre Positionen Ende der 80er Jahre sprechen sich seine Mitglieder für parteiunabhängige Strukturen aus, deren politische Mitstreiter aus allen rechtsextremen Organisationen rekrutiert werden sollen.[2] An den Hochschulen spielt der NHB heute keine Rolle mehr. (B)

1 Vgl. Vorderste Front Nr. 1/1990, S. 1.
2 Vgl. ebenda., Nr. 5/1994, S. 31ff.

Ring Freiheitlicher Studenten (RFS)

Gründung: November 1979
Sitz: Köln
Funktionäre: Bundesvorsitzende: 1979 Michael Herbolsheimer, 1980 Hans Eschbach, 1981/82 Hans Hausberger, 1983 Gabi Allendorf, 1984–1987 Markus Beisicht. Weitere Mitglieder: Klaus Kunze und → Manfred Rouhs.
Struktur: Nach vereinzelten Versuchen in den 70er Jahren, Studentengruppen nach dem Vorbild des Ringes Freiheitlicher Studenten (RFS) in Österreich[1] zu bilden, gründen Mitglieder der Kölner Burschenschaft Germania 1977 den Ringes Freiheitlicher Studenten (RFS) an der Universität Köln. Sie bereiten, flankiert vom Hochschulpolitischen Ausschuß der → Deutschen Burschenschaft, die Gründung auf Bundesebene vor. Diese erfolgt unter Teilnahme von 32 Delegierten aus 14 Hochschulorten. Der RFS Köln stellt in der Folge alle Bundesvorsitzenden und ist das Zentrum der Aktivitäten. 1981 existieren weitere Gruppen in Siegen, Essen, Krefeld, Münster, Mainz und Oldenburg. Ab 1989 engagiert sich die Kölner Gruppe um Markus Beisicht und Manfred Rouhs zunächst bei den → Republikanern und in der Folge in der → Deutschen Liga für Volk und Heimat. Seitdem entfaltet der RFS keine Aktivitäten mehr. Von 1978 bis 1988 ist der RFS Köln im Studentenparlament vertreten.
Aktivitäten: Zu den Bundestagswahlen 1980 setzt sich der RFS für den CDU-Kandidaten Franz Josef Strauß ein. 1982 findet in Köln die Veranstaltung »Strategien des Sowjetkommunismus zur Unterwanderung der freien Welt« mit Gerhard Löwenthal und Ludek Pachmann statt. → Emil Schlee spricht 1986 zum Thema Bildungspolitik an der Universität Köln. Im Mai 1987 ist → Franz Schönhuber vom RFS und der Kölner Germania eingeladen, um über »Konservative Politik für Deutschland« zu referieren. Ordner des RFS setzen gegen Demonstranten Knüppel und Reizgas ein. Nach weiteren gewalttätigen Ausschreitungen nach einer Veranstaltung mit → Herbert Gruhl im November wird der RFS Köln Ende 1987 kurzzeitig aus dem Matrikel gestrichen.

Periodika: Als Veröffentlichung des Bundesvorstandes erscheint *Der Ring*, meist einmal im Semester. Das dünne Faltblatt berichtet zur Hochschularbeit und propagiert die ideologischen Positionen des RFS. Autoren waren unter anderen → Alfred Schickel und → Armin Mohler.

Programmatik: Der RFS vertritt in seinen Grundsätzen ein Menschenbild, das er wahlweise als »freiheitlich« oder »realistisch« bezeichnet, weil es sich »konsequent an den Forschungsergebnissen der Naturwissenschaften« orientiere. Die Politik müsse vor allem der Ungleichheit der Menschen, die Ausdruck ihrer Natur sei, Rechnung tragen. Einigkeit als Einigkeit Deutschlands, Recht als Recht auf Verschiedenheit und Freiheit als »Hinwendung zu den Grundwerten menschlichen Lebens« sind die »Grundwerte« des RFS.[2] Der ethnopluralistische und elitäre Ansatz des RFS und dessen Nähe zur sogenannten Neuen Rechten schlägt sich auch in dem positiven Bezug auf die Thesen Alain de Benoists und → Henning Eichbergs nieder.

Zusammenarbeit: Mitglieder des RFS betätigen sich in einer Vielzahl von Projekten des burschenschaftlichen Spektrums, so in der Zeitung *student*, im Ostpolitischen Deutschen Studentenverband (→ Gesamtdeutschen Studentenverband) und 1989 am kurzlebigen Republikanischen Hochschulverband. Einer jugendpolitischen Kommission der → Konservativen Aktion (KA) im Jahre 1983 gehören mehrere Mitglieder des RFS an.

Bedeutung: Mit dem RFS versuchten nationalistische Burschenschafter, eine bundesweite studentische Organisation zu schaffen, nachdem sie sich in den frühen 70er Jahren auf den → Nationaldemokratischen Hochschulbund orientiert hatten. Protagonisten dieser Entwicklung waren Verbindungen aus dem Kreis der Burschenschaftlichen Gemeinschaft. Der Sprecher der Münchner → Burschenschaft Danubia, Michael Vogt, erklärt 1980, unter dem Namen Ring Freiheitlicher Studenten lege man sich einen eigenen Studentenverband zu. Außer in Köln konnte der RFS jedoch nirgends Fuß fassen. (B)

1 Vgl. zum RFS in Österreich: Dokumentationsarchiv des österreichischen Widerstands (Hrsg.): Handbuch des österreichischen Rechtsextremismus. Wien 1993. S. 98f.
2 Grundsätze des RFS. Zitiert nach AStA Köln: r.f.s. »freiheitlich oder faschistisch? Köln 1987.

Militärische Traditionsverbände

Bundesverband der Soldaten der ehemaligen Waffen SS e.V.
Hilfsgemeinschaft auf Gegenseitigkeit (HIAG)
Dachverband: Verband deutscher Soldaten (VdS)
Gründung: 1951 (Auflösung des Bundesvorstandes 1992)
Sitz: Hamburg
Zahl der Mitglieder: ca. 20.000
Funktionäre: Den letzten Vorstand bildeten: Hubert Meyer (Bundessprecher), August Hoffmann (Bundespressesprecher), Johann Velde, Dr. Werner Bitzer (Bundesschatzmeister). Weitere Mitglieder: Paul Hausser, Erich Kernmayr, Kurt Meyer (»Panzermeyer«, 1959 Bundessprecher).
Struktur: Trotz Widerstands der ursprünglich dezentral organisierten Basisverbände gegen Zentralisierungsversuche wurde in den fünfziger Jahren eine Bundesverbindungsstelle sowie der Bundesverband gebildet. Bei Auflösung des HIAG-Bundesverbandes 1992 waren diesem noch zwölf Landesverbände, zwölf Truppenkameradschaften und zahlreiche Kreiskameradschaften angegliedert. Einige Landesverbände, die Kreis- und Truppenkameradschaften werden weitergeführt, ebenso die 1992 gegründete Kriegsgräberstiftung – Wenn alle Brüder schweigen e.V. (in Liquidation). Das 1962 gegründete Sozialwerk Paul Hausser e.V. stellte im Mai 1995 seine Tätigkeit ein.
Aktivitäten: Zum Jahreswechsel 1948/49 entsteht die erste HIAG-Gruppe in Hamburg. 1951 wird das erste bundesweite Treffen in Arolsen durchgeführt und am 10. September wird die HIAG offiziell gegründet. Das erste Suchdiensttreffen findet am 25./26. Oktober 1952 mit 4.000–5.000 Teilnehmern in Verden statt. Es folgen weitere Treffen in Rendsburg (1955 und 1960), Minden (1956), Karlburg (1957), Hameln (1959) mit jeweils 10.000 bis 16.000 Teilnehmern. Ergänzt werden diese Treffen durch Landessuchdiensttreffen. 1953 kommt es zur Gründung einer Bundesverbindungsstelle in Kassel, und am 18./19. April 1959 wird der Bundesverband der Soldaten der Ehemaligen Waffen-SS e.V. – Hilfsgemeinschaft auf Gegenseitigkeit in Arolsen gegründet. Im Dezember erfolgt der korporative Beitritt beim Volksbund Deutsche Kriegsgräberfürsorge und 1962 der koporative Beitritt beim Dachverband Verband deutscher Soldaten (VdS). Bis 1979 entsteht ein BRD-weites Netz mit 118 Orts- und Kreisvereinigungen. In den 80er und 90er Jahren ist die HIAG an der Organisation mehrerer Kameradschaftstreffen ehemaliger SS-Verbände beteiligt. Am 31. Dezember 1992 stellt der HIAG-Bundesverband laut Bundesversammlungsbeschluß (1991) offiziell seine Tätigkeit ein.
Periodika: *Der Wiking-Ruf (WR)* erschien erstmals im November 1951 im

Ring-Verlag. Herausgeber war Herbert O. Gille. 1954 ging der *WR* in das Eigentum der HIAG über und erschien bis Ende 1956. *Der Freiwillige (DF)*, herausgegeben vom Munin-Verlag (Osnabrück), erschien Ende 1955 mit einer Werbeausgabe und ab Januar 1956 monatlich. Das ursprüngliche Verbandsblatt wurde 1958 mit *WR* zusammengelegt. *DF* erreichte zeitweise Auflagen von 12.000 Exemplaren (1992 noch 8.000) und erscheint bis heute. Das Regionalblatt *Der Ausweg* wurde ab Mai 1951 im Raum Hamburg vertrieben.

Programmatik: Ziel der HIAG war die rechtliche Gleichstellung der ehemaligen Angehörigen der Waffen-SS mit den Wehrmachtssoldaten und die Rehabilitierung der Waffen-SS. Nachdem die Versorgungsrechte der ehemaligen SS-Angehörigen abgesichert waren, widmete sich die HIAG verstärkt »geschichtsrevisionistischen« Themen. Das sozialdarwinistische Weltbild der SS wurde weiter propagiert. »Das Leben ist Kampf, Kampf jeder Art – und die Welt ist unbarmherzig genug, über jeden hinwegzugehen, der nicht bereit und gewillt ist, dieses Lebensgesetz anzuerkennen.«[1]

Zusammenarbeit: Die HIAG ging (u. a. in Kampagnen) politische Bündnisse mit den anderen Verbänden ein (v. a. mit denen des VdS: Kameradschaft Legion Condor e.V., Traditionsgemeinschaft Panzerkorps Großdeutschland, Truppenkameradschaft 3. SS-Panzerdivision Totenkopf) und war Mitglied im Internationalen Ring der Aktionsgemeinschaft der Waffen-SS-Verbände in Europa.

Bedeutung: Die HIAG hatte großen Einfluß im Netzwerk der Soldaten- und Traditionsverbände und bis Mitte der 60er Jahre saßen ihre Interessenvertreter in allen maßgeblichen Parteien. Der Kalte Krieg, die neugegründete Bundeswehr und ihr Bedarf an militärischem Führungspersonal sowie nicht zuletzt ein Wählerpotential von 900.000 ehemaligen SS-Soldaten verhalfen der HIAG zu Einfluß in den Bürgerblockparteien. Erst in den 80er Jahren kam es dazu, daß CDU-Bundestagsabgeordnete ihre Tätigkeit für die HIAG beendeten und die SPD einen Unvereinbarkeitsbeschluß fällte. Inzwischen hat die HIAG zunehmend an Einfluß verloren, ist aber weiterhin über ihre Regionalstrukturen in das kommunikative Netzwerk der Soldatenverbände eingebunden. (B)

1 Der Freiwillige, Mai 1959. Zitiert nach P. Dudek; H.-G. Jaschke: Entstehung und Entwicklung des Rechtsextremismus in der Bundesrepublik. Opladen 1984, S. 112.

Kyffhäuserbund e.V. (KB)

Gründung: 1897
Sitz: 24937 Flensburg
Zahl der Mitglieder: 60.000 (Eigenangabe)
Funktionäre: Dieter Fischer (Präsident), Wolfgang Ehlers (Vizepräsident)

Struktur: Dem Kyffhäuserbund angegliedert ist der Deutsche Jugendbund Kyffhäuser (DJBK), zusammen mit der Arbeitsgemeinschaft Vaterländischer Jugendverbände (AJV) ehemals organisatorisches Zentrum der soldatischen Jugendverbände. Der DJBK ist Mitglied der Arbeitsgemeinschaft Vaterländischer Jugendverbände (AVJ).

Aktivitäten: 1897 wird der KB als Vereinigung der Deutschen Landeskriegerverbände gegründet und 1922 in Deutscher Reichskriegerbund Kyffhäuser (RKB) umbenannt. 1938 erfolgt eine weitere Umbenennung in Nationalsozialistischer Reichskriegerbund. Diese Organisation wird von Hitler als alleinige Vereinigung ehemaliger Soldaten anerkannt, 1943 aber, im Zuge einer NSDAP-internen Organisationsänderung, aufgelöst. Eine Neugründung nach 1945 scheitert zunächst – wegen der NS-Vergangenheit des Bundes – an den Alliierten. 1952 kommt es dann doch zur Neuformierung und Gründung. In Schleswig-Holstein fusioniert der KB 1954 mit dem Verband deutscher Soldaten zum Deutschen Soldatenbund Kyffhäuser – Verband deutscher Soldaten (DSBK/VdS), der sich wiederum 1954 mit dem Verband deutscher Soldaten (VdS) zusammenschließt. 1975 tritt der KB dem Ring deutscher Soldatenverbände (RdS) bei. In der Folgezeit bildet die Jugendarbeit einen Schwerpunkt. Unter Führung von Dieter Fischer (CDU-MdL Hessen) steigt die Mitgliederzahl des DJKB bis 1982 auf 14.000. Nach dem Mauerfall 1989 beginnt der Aufbau von Organisationsstrukturen in den neuen Bundesländern. So entsteht schon 1990 die erste Kameradschaft in Bad Frankenhausen (Thüringen), wo am 20. Oktober die Veranstaltung eines »Vereinigungsappells« am Kyffhäuser-Denkmal unter Beteiligung von ca. 2.000 Mitgliedern durchgeführt wird. Bei der Feier zur 100jährigen Grundsteinlegung des Kyffhäuser-Denkmals 1992 zeigt sich Otto Graf Lambsdorff darüber erfreut, daß die deutschen Werte und Tugenden, »trotz der Versuche der Nürnberger Richter, das nationale Denken zu vernichten«, wieder gepflegt werden.[1] 1993 wird der Soldatenverein Kyffhäuser nachträglich wegen seiner Auflösung 1943 als Opfer politischer Verfolgung durch das Hitler-Regime eingestuft. Der Verein betreibt heute mehrere Verfahren auf Rückübertragung entzogenen Eigentums in den neuen Bundesländern, u. a. die Rückübertragung des Kyffhäuser-Denkmals.[2]

Periodika: Die Zeitschrift *Kyffhäuser,* die bis 1938 (62. Jahrgang.) erschien, firmierte 1939 bis 1941 unter dem Namen *Reichskriegerzeitung.* Die ab 1953 erscheinende Nachkriegsausgabe nahm, wieder unter dem Namen *Kyffhäuser,* die alte Jahrgangs-Zählung wieder auf. *Die junge Front*, Zeitschrift des DJKB, erschien bis 1956. Von 1957–1959 trug sie den Namen *Die junge Kameradschaft* und wurde dann in den *Kyffhäuser* integriert.

Programmatik: Unter seinem historischen Wahlspruch »Treu Deutsch« betreibt der Kyffhäuserbund die Pflege militaristischer Traditionen und propagiert einen großdeutschen Nationalismus. Der Zweite Weltkrieg wird als notwendige Verteidigung des Vaterlandes gegen den Bolschewismus gerechtfertigt.

Zusammenarbeit: 1959 bedankt sich der damalige Verteidigungsminister Franz Josef Strauß in einem Schreiben an den KB für die gute und erfolgreiche Zusammenarbeit mit der Bundeswehr.

Bedeutung: Der politische Einfluß des Kyffhäuserbundes ging mit Aufbau der Bundeswehr stark zurück. Im Unterschied zu den meisten anderen militärischen Traditionsverbänden der 50er Jahre gelang es ihm allerdings, auch jüngere Mitglieder zu integrieren und seine Organisationen zu stabilisieren.[3] Der Bund spielt noch immer eine beachtliche Rolle bei der unkritischen Pflege soldatischer Traditionen. (B)

1 Die Tageszeitung vom 27.6.1992.
2 Vgl. Tagesspiegel vom 19.8.1993.
3 Vgl. P. Dudek; H.-G. Jaschke: Entstehung und Entwicklung des Rechtsextremismus in der Bundesrepublik. Opladen 1984, S. 96.

Ordensgemeinschaft der Ritterkreuzträger des Eisernen Kreuzes e.V. (OdR)

Gründung: 1955
Sitz: Wiesbaden
Zahl der Mitglieder: ca. 780
Funktionäre: Peter Heinze (Geschäftsführer). Gleichberechtigte Bundesvorsitzende sind Walther-Peer Fellgiebel und Wolfram Kertz. Weitere Mitglieder sind/waren: Generalmajor a.D. Horst Niemack (ehemaliger Vorsitzender), Erich Mende, Bruno Kahl, Otto Franz Riehs, Siegfried Keiling, Erwin Schütz.
Struktur: Die OdR ist Mitglied im Ring Deutscher Soldatenverbände. Er ist gegliedert in Landesgruppen und Sektionen. Laut Satzung kann Mitglied werden, wem nachweislich das Ritterkreuz (RK) des Eisernen Kreuzes oder das Militär-Verdienst-Kreuz (MVK) verliehen wurde. Angehörige nicht mehr lebender RK-Träger können außerordentliche Mitglieder werden. Während des Zweiten Weltkrieges verlieh Hitler über 7.000 Ritterkreuze, davon 438 an Angehörige der Waffen-SS. In der Bundeswehr dienten 674 RK-Träger, von denen 117 in Generalsränge aufstiegen.[1] Seit 1959 ist der OdR ein Hilfswerk Ritterkreuz e.V. angegliedert, das laut Satzung die Sozial- und Betreuungsarbeit wahrnimmt und dessen Spendeneinnahmen nach eigener Aussage die wichtigste Einnahmequelle ist.
Aktivitäten: 1955 wird die OdR in Köln gegründet. Generaloberst a.D. Alfred Keller (Berlin) wird Vorsitzender. 1959 wird das Hilfswerk Ritterkreuz e.V. angegliedert. In der Folgezeit veranstaltet die OdR jährlich Bundestreffen unter Einbeziehung der Bundeswehr. Die dabei abgehaltenen Totengedenken

werden dazu benutzt, die Taten der verstorbenen Ritterkreuzträger zu würdigen. Trotz öffentlicher Proteste erfahren diese Veranstaltungen immer Unterstützung. So findet z.B. 1990 das 36. Bundestreffen in Bruchsal mit 284 Mitgliedern aus sechs Ländern unter Schirmherrschaft von Lothar Späth statt. 1993 findet das 39. Bundestreffen vom 14.-16. Oktober in Celle am Hinrichtungstag (1946) der Kriegsverbrecher Wilhelm Keitel und Alfred Jodl statt. Im Oktober desselben Jahres entfällt die Erwähnung des MVK im Vereinsnamen, da keiner der Träger mehr lebt.

Periodika: Die Zeitschrift *Das Ritterkreuz* erscheint vierteljährlich und hatte 1993 eine Auflage von 1.500 Exemplaren.

Programmatik: Zweck der Gemeinschaft ist laut Satzung »die Pflege und Förderung der Tradition echten Soldatentums im demokratischen Staat in enger Verbindung mit der Bundeswehr und den bestehenden soldatischen Verbänden«. Die Ordensgemeinschaft spricht das nationalsozialistische Deutschland von der Kriegsschuld frei und bezeichnet Winston Churchill als entschlossenen Kriegspremier, der zusammen mit Roosevelt Hitler-Deutschland bezwingen wollte: »Das Beharren bundesdeutscher Lehrstuhlinhaber und verbeamteter Historiker auf der Legende am deutschen Überfall auf die Sowjetunion weitet sich zum peinlichsten Desaster der Nachkriegsgeschichte aus.«[2]

Zusammenarbeit: Zwischen der OdR und der Bundeswehr bestehen »seit über drei Jahrzehnten kameradschaftliche Verbindungen. Hierzu zählen neben vielen regelmäßigen Kontakten auf örtlicher Ebene auch die Beteiligungen der Bundeswehr an allen bisherigen Bundestreffen der OdR.«[3] OdR-Mitglieder waren Teilnehmer an der jährlichen Gedenkfeier der → Landsmannschaft Ostpreußen in Göttingen und den »Kulturtagen« des Kulturwerkes Österreich auf dem Ullrichsberg in Österreich. Weiter wirbt die OdR für die → HIAG sowie für die Zeitung → *Der Schlesier* und rechtsextreme Verlage.

Bedeutung: Die OdR genießt ein hohes Ansehen bei konservativen Politikern und Angehörigen der Bundeswehr. Nicht zuletzt die Tatsache, daß 177 RK-Träger in der Bundeswehr in Generalsränge aufsteigen konnten, erklärt die enge Beziehung und Unterstützung durch die Bundeswehr. (B)

1 Vgl. Celler Zeitung vom 16.9.1993.
2 Das Ritterkreuz, Juni 1993.
3 Antwort der Bundesregierung auf die kleine Anfrage der Abgeordneten Ulla Jelpke und der Gruppe der PDS/Linke Liste. Vgl. Drucksache 12/5938 vom 20.10.1993.

Stahlhelm e.V. – Kampfbund für Europa

Gründung: 1918/1919
Sitz: 21635 Jork
Zahl der Mitglieder: einige hundert
Funktionäre: Rudi Pöstges (Bundesführung, Nachfolger von Peter Böttcher),

Wilhelm Schrader (Stahlhelm-Ehrenlandesführer); weitere Mitglieder waren: Albert Kesselring (Präsident 1952), Curt Barth, Hans Hertel (Funktionär 1973–1975), Dr. med. Ernst Sellnau (Funktionär der 70er Jahre), Frank Stubbemann und Uwe Rohwer (70er Jahre), Peter (Pit) Saunders[1] aus Zürich/Schweiz (80er Jahre). **Struktur**: Der Stahlhem e.V. gliedert sich in Landesverbände und lokale Gruppppen. Angegliedert ist die Jugendorganisation Jungstahlhelm (17–21 Jahre), das Jugendkorps Scharnhorst (10–16 Jahre) sowie der Stahlhelm-Frauenbund Königin Luise.[2] **Aktivitäten**: 1918/1919 wird der Stahlhelm gegründet, der 1933 750.000 Mitglieder zählt. 1934/1935 kommt es zur formellen Auflösung und Umbenennung in Nationalsozialistischer Deutscher Frontkämpferbund. 1951 wird der Stahlhelm durch Alt-Stahlhelm-Funktionäre neu gegründet, und im September erfolgt der intern umstrittene Beitritt zum Verband deutscher Soldaten (VdS). Den oppositionellen Gruppen schwebt eine streng paramilitärisch ausgerichtete Verbandsarbeit vor, was auf dem Goslarer Treffen im Juni 1955 jedoch verworfen wird. Akzeptanz erfährt der Stahlhelm 1958 von Konrad Adenauer, der seine Unterstützung in der »Abwehr des roten Angriffs« zusagt. Anfang der 60er Jahre verliert der Stahlhelm aufgrund der Neuorientierung zum VdS viele Mitglieder, der Rest beginnt sich an der Struktur um die → *Deutsche National-Zeitung* zu orientieren. Der Namenswechsel 1973 in Stahlhelm – Kampfbund für Europa zeigt verstärkte Kontakte zu ausländischen Traditionsverbänden und verdeckt den rapiden Mitgliederschwund. Schließlich wird 1974 eine intensivere Zusammenarbeit mit der → Deutschen Volksunion vereinbart. 1983 erhält der Stahlhelm die Anerkennung der Gemeinnützigkeit. Ab 1989 beginnt der Aufbau in den neuen Bundesländern. 1992 führt der niedersächsische Verfassungsschutz den Stahlhelm e.V. als verfassungswidrige Organisation. Im selben Jahr tritt dieser gemeinsam mit Neofaschisten bei Protestaktionen gegen eine Mülldeponie auf dem Gelände eines ehemaligen Kriegsgefangenenlagers für Deutsche in Biebelsheim auf. **Periodika**: *Der Frontsoldat – Mitteilungsblatt des Stahlhelm e.V.* erscheint seit 1955 unregelmäßig mit ca. zehn Ausgaben pro Jahr. Redaktion und Druck: Der Stahlhof (Jork), verantwortlich ist Peter Böttcher. *Der Stahlhelm – Organ des Stahlhelm – Bund der Frontsoldaten* erscheint erstmals 1919 bis 1935 (17. Jg.). Mit Fortführung der alten Jahrgangs-Zählung erscheint er wieder monatlich seit Oktober 1951 (18. Jg.). **Programmatik**: Der Stahlhelm verherrlicht in nationalistischer und militaristischer Art und Weise die deutsche Geschichte, leugnet die deutsche Schuld am Ersten und Zweiten Weltkrieg und fordert die Wiederherstellung des Deutschen Reiches in den Grenzen von 1939. Neben einer stark antisemitischer Agitation wird vehement der Holocaust geleugnet. 1975 verkündet Ernst Sellnau, daß der Stahlhelm zu einer Schutzstaffel (SS) und einer Sturmabteilung (SA) werden solle.[3]

Zusammenarbeit: Der Stahlhelm unterhält Verbindungen zu Parteien wie der → Deutschen Volksunion und der → Nationaldemokratischen Partei Deutschlands und zu militanten Organisationen und Gruppierungen. Als Redner trat u. a. → Emil Schlee in Erscheinung; auch → Heinrich Lummer folgte mehrfach Einladungen.[4]

Bedeutung: Der in den 50er und 60er Jahren bei Veranstaltungen mit bis zu 3.000 Teilnehmern paramilitärisch auftretende Stahlhelm hatte Vorbildcharakter für die Anfang der 70er Jahre entstandenen Wehrsportgruppen. Nach dem hohen Mitgliederverlust durch die konzeptionelle Neuorientierung Ende der 50er Jahre ist der Stahlhelm heute zu einer unbedeutenden und überalterten Bekenntnisgemeinschaft geworden. (B)

1 Vgl. J. Frischknecht; P. Haffner; U. Haldimann; P. Niggli: Die unheimlichen Patrioten. Zürich 1984, S. 728.
2 Vgl. P. Dudek; H.-G. Jaschke: Entstehung und Entwicklung des Rechtsextremismus in der Bundesrepublik. Opladen 1984, S. 118.
3 Vgl. A. Linke: Der Multimillionär Frey und die DVU. Essen 1994, S. 89.
4 Vgl. Antifa-Infoblatt, Nr. 17, S. 23.

Revanchistische Organisationen

Aktion »Deutsches Königsberg«

Gründung: 1991
Geschäftsstelle: 24035 Kiel
Zahl der Mitglieder: ca. 200
Funktionäre: → Dietmar Munier, Helge Redeker, Michael Will, Henning Pless, Erika-Luise Urban, Karl-Heinz Panteleit, Folke Schmöller
Struktur: Aktion ›Deutsches Königsberg‹ (im folgenden ADK) ist eine neugegründete Organisation des Verlegers Dietmar Munier. Sie arbeitet eng mit dem gleichfalls auf Muniers Initiative entstandenen → Schulverein zur Förderung der Rußlanddeutschen in Ostpreußen e.V., der Gesellschaft für Siedlungsförderung in Trakehnen mbH und mit dem in Rußland registrierten Rußlanddeutschen Kulturverein Trakehnen zusammen. Die Schirmherrschaft über die ADK hatte der mittlerweile verstorbene Hellmut Diwald übernommen. Strukturell verankert war die ADK im Bundesgebiet durch sechs Sammelstellen für Hilfslieferungen für die Rußlanddeutschen in »Nordostpreußen«.
Aktivitäten: Die ADK will die Ansiedlung von Rußlanddeutschen im russischen Teil des ehemaligen Ostpreußens durch großangelegte Bauprojekte und durch den »Nachweis von leerstehendem Wohnraum sowie Geld- und Sachspenden« fördern[1]. Geplante oder im Bau befindliche Projekte der ADK wie eine Pferdezucht, mehrere Ziegeleien, Bäckereien etc. waren in Trakehnen, in Gilge und in Amtshagen (Neuaufbau eines im Zweiten Weltkrieges zerstörten Dorfes von 50 Häusern, von denen erst drei im Rohbau stehen). An Spenden flossen allein für das Projekt Neuaufbau Amtshagen 500.000 DM zusammen.[2]
Periodika: Die ADK gibt lediglich ein Rundschreiben heraus, das vierteljährlich erscheint. Die Auflagenhöhe dieses Rundschreibens dürfte bei ca. 1.000 Exemplaren liegen.
Programmatik: Im Rundschreiben 1/1992 schreibt Dietmar Munier über die politischen Motive seiner Aktivitäten im nördlichen Ostpreußen: »Auf Dauer kann Rußland sich diese etwa 500 km vom russischen Mutterland entfernt liegende Exklave wirtschaftlich nicht erlauben. In Politik und Geschichte gibt es aber kein Machtvakuum. Man hört daher bereits litauische und vor allem polnische Stimmen, die dieses Gebiet ihren Staaten einverleiben wollen. Von Seiten des offiziellen Bonn sind keinerlei Aktivitäten zugunsten Deutschlands zu erwarten. Wir haben deshalb 1991 eine private Initiative gestartet, durch Ansiedlung Rußlanddeutscher in Nordostpreußen neue Fakten für eine deutsche Perspektive unserer Ostprovinz zu schaffen.«

Zusammenarbeit: Verbindungen bestehen zu den Organisationen Rußland-deutsche Gesellschaft »Wiedergeburt«, → Landsmannschaft Ostpreußen, → Die Heimattreue Jugend, Freundeskreis Dichterstein Offenhausen, → Freundeskreis Ulrich von Hutten, → Deutsches Kulturwerk europäischen Geistes, Notgemeinschaft für Volkstum und Kultur, Arbeitskreis für deutsche Politik und dem österreichischen Allgemeinen Deutsche Kulturverband.[3]

Bedeutung: Durch konkrete Projekte vor Ort soll die »Regermanisierung« des ehemaligen nördlichen Ostpreußens betrieben, Gebietsansprüche dokumentiert und der Pioniergeist im rechtsextremen und konservativen Lager angesprochen werden. Diese Politik der Tat hat es der ADK ermöglicht, in konservativen Kreisen Fürsprecher zu finden. So lobt beispielsweise Herbert Fischer im *Bayernkurier* vom 30. April 1994 die Arbeit Muniers in dieser Region als »bemerkenswerte Privatinitiative«. Der Bundesvorsitzende der Landsmannschaft Ostpreußen, → Wilhelm von Gottberg, verteidigt die Tätigkeit von Muniers Vereinen im nördlichen Königsberg: Nachdem das Auswärtige Amt in einem Bericht von rechtsextremen Aktivitäten Muniers gesprochen hatte, setzte sich von Gottberg im → *Ostpreußenblatt* für Munier ein.[4] Die Unterstützung von Konservativen macht die Tätigkeit der ADK relevant, zumal sie in dem ehemaligen Ostpreußen schon zu Spannungen mit der russischen Bevölkerung führt. (HS/UJ)

1 Antwort der Bundesregierung auf die Kleine Anfrage der PDS »Aktivitäten rechtsextremer Vereinigungen im nördlichen Ostpreußen«. Bundestagsdrucksache 13/651 vom 28.2.1995.
2 Vgl. Rundbrief »Aktion ›Deutsches Königsberg‹«, Nr. 1/1994.
3 Vgl. F. Hundseder: Rechte machen Kasse. München 1995, S. 146 ff.
4 Vgl. Ostpreußenblatt, Nr. 13/1995.

Arbeitsgemeinschaft »Junge Generation« (AJG) im Bund der Vertriebenen (BdV)

Gründung: 1991
Sitz: 53175 Bonn
Zahl der Mitglieder: ca. 10.000
Funktionäre: Oliver Dix (Bundessprecher; Mitglied des BdV-Präsidiums seit 1994), Hans Kijas (Bundesvors.; Paneuropa-Jugend), Ralf Jahn (stellvertretender Bundesvors.; Westpreußische Jugend) und Michael Hartenstein (Arbeitskreis Sudetendeutscher Studenten). Weitere Vorstandsmitglieder sind: Joachim Engel (→ Junge Landsmannschaft Ostpreußen), Renate Sappelt (Junge Generation Nordrhein-Westfalen und Schlesische Jugend) und Markus Leuschner (Schlesische Jugend).[1]
Struktur: Die AJG wurde 1991 als außerordentlicher Mitgliedsverband des → Bundes der Vertriebenen (BdV) gegründet. Dem Dachverband gehören elf landsmannschaftliche und der Vertriebenenarbeit verbundene Jugend- und

Studentenorganisationen an, darunter zwei Landesverbände der AJG: Arbeitskreis Sudetendeutscher Studenten, Deutsche Banater, Jugend- und Studentenbund Danzig-Westpreußen, Junge Generation im BdV-Landesverband Niedersachsen, Junge Generation im BdV-Landesverband Nordrhein-Westfalen,
Junge Landsmannschaft Ostpreußen, Paneuropa-Jugend, Schlesische Jugend,
Siebenbürgisch-Sächsische Jugend und Sudetendeutsche Jugend. Organisiert
sind in der AJG junge Menschen, die »aus den Heimatgebieten der deutschen
Vertriebenen stammen, dort geboren sind oder die ohne familiäre Bindungen
an diese Gebiete der Tradition und Kultur dieser Gebiete verbunden sind«[2].

Aktivitäten: Als Dachverband beschränkt sich die Tätigkeit der AJG im
wesentlichen auf die Durchführung eines jährlich stattfindenden Bundeskon-
gresses. Diese Kongresse, die im Durchschnitt von ca. 200 Jugendlichen
besucht werden, arbeiten sich immer wieder an der Frage der Rückgewinnung
der Ostgebiete und an allen Detailfragen der Herstellung einer »nationalen
Identität« ab. Die inhaltliche Spannbreite dieser Kongresse und die geladenen
Referenten bewegen sich von konservativen bis hin zu rechtsextremistischen
Positionen. Als Referenten/Arbeitskreisleiter auf diesen Kongressen waren
angekündigt: Georg Brylka, Alfred Eisfeld, Ansgar Graw, Bernd Kallina,
Hans Klein (Bundestags-Vizepräsident), Hans-Helmuth Knütter, Yvonne Olivier, Christoph Pan, Bernd Posselt, Rüdiger Stolle, Carl Gustav Ströhm und
Günter Zehm. Neben diesen Bundeskongressen veranstaltet die AJG regelmäßig noch kleinere Veranstaltungen und Tagungen, teilweise zusammen mit
polnischen Jugendverbänden.

Programmatik: Die AJG will im revanchistischen Sinne die Ansprüche auf
die ehemaligen deutschen Ostgebiete und Siedlungsgebiete aufrechterhalten.
Zu den Aufgaben der AJG heißt es im *BdV-Handbuch* 1993: Ziel der AJG ist
es, »in jugendgemäßer Form Kultur und Tradition der ost-, sudeten- und
südostdeutschen Volksgruppen in der Heimat und in der Bundesrepublik
Deutschland zu bewahren und zu entfalten – in partnerschaftlicher Zusammenarbeit mit jungen Deutschen in der Heimat und ihren Verbänden diese in
ihrem Bemühen um wirksame Volksgruppenrechte und eine gefestigte Volks-
gruppenselbstverwaltung zu unterstützen (…) – sich für die Verwirklichung
des Selbstbestimmungsrechtes und des Rechtes auf die Heimat im friedlichen
Wandel einzusetzen«[3].

Zusammenarbeit: Die AJG unterhält Verbindungen zu einer Vielzahl von
Organisationen aus dem Umfeld des Vertriebenenbereiches, so zur Förderali-
stischen Union Europäischer Volksgruppen und zu den Deutschen Freundeskreisen in der Republik Polen.

Bedeutung: Die AJG ist im Zusammenhang mit den Auseinandersetzungen
um die Deutsche Jugend des Ostens (DJO) entstanden, die sich aus dem BdV
wegen dessen nationalistischen Kurses herausgelöst hatte. Die DJO ist der

Ansicht, daß die AGJ »rechtsaußen anzusiedeln« ist. Die AJG ist keine reine rechtsextremistische Organisation. In ihr sind auch konservative Kräfte vertreten. Charakteristisch ist aber, daß rechtsextremistisch ausgerichtete Verbände wie die Junge Landsmannschaft Ostpreußen die Politik dieses Verbandes mitgestalten. Auch Einzelpersonen – wie die Vorsitzende der Jungen Generation in NRW und der Schlesischen Jugend, Renate Sappelt, 1992 NRW-Landesvorstandsmitglied im rechtsextremistischen $\rightarrow$ Bund für Gesamtdeutschland oder die einstige $\rightarrow$ Thule-Seminar- und $\rightarrow$ Witikobund-Aktivistin Yvonne Olivier – können in der AJG an führender und verantwortlicher Stelle tätig sein. Die Zusammenarbeit mit Rechtsextremisten wird hier nicht gemieden, sondern offenbar gesucht. (HS/UJ)

1 Angaben nach Junge Freiheit Nr. 8/1995.
2 Darstellung der AJG durch den BdV von 1995.
3 BdV (Hrsg.): BdV-Handbuch 1993, S. 303/304.

Bund der Vertriebenen (BdV)

Gründung: 27. Oktober 1957
Sitz: 53175 Bonn
Zahl der Mitglieder: ca. 2.000.000 (Eigenangabe)
Funktionäre: Präsident: Fritz Wittmann; Vizepräsidenten: Erika Steinbach, $\rightarrow$ Wilhelm von Gottberg, Hans-Günther Parplies, Adolf Fetsch, Prof. Dr. Hans Sehling, Dr. $\rightarrow$ Paul Latussek; weitere Präsidialmitglieder: Oliver Dix, Joachim R. Heider, Bernd Hinz, Jakob Laub, Dr. Dieter Radau, Rudolf Vollner[1]; weitere Funktionäre waren oder sind: $\rightarrow$ Herbert Hupka, Oskar Böse, Odo Ratza, Günter Petersdorf, Ernst Christian, Alois Reiss, Hugo Rasmus, Hans-Joachim Muschiol, Werner Hubrich, Wolfgang Thüne, Elfriede Hofmann, Michaela Hriberski, Klaus Schuck, Hans-Dieter Handrack, Markus Leuschner, Walter Stratmann.
Struktur: Der 1957 gegründete BdV ist hervorgegangen aus dem Verband der Landsmannschaften und dem Bund der vertriebenen Deutschen. Am 14. Dezember 1958 konstituiert sich der BdV endgültig in Berlin und faßt 19 Landsmannschaften zusammen: Landsmannschaft der Oberschlesier, $\rightarrow$ Landsmannschaft Ostpreußen, Pommersche Landsmannschaft, Landsmannschaft der Deutschen aus Rußland, $\rightarrow$ Sudetendeutsche Landsmannschaft, Landsmannschaft der Siebenbürger Sachsen, Deutsch-Baltische Landsmannschaft, Karpatendeutsche Landsmannschaft, Landsmannschaft Weichsel-Warthe, Landsmannschaft Westpreußen, Landsmannschaft der Banater Schwaben, Landmannschaft Berlin–Mark Brandenburg, Landsmannschaft der Bessarabiendeutschen, Landsmannschaft der Buchenlanddeutschen, Bund der Danziger, Landsmannschaft der Dobrudscha- und Bulgariendeutschen, Landsmann-

schaft der Deutschen aus Litauen, Landsmannschaft der Sathmarer Schwaben und Vereinigte Landsmannschaft der Donauschwaben – Bundesverband.[2] Als außerordentliche Mitgliedsverbände gehören dem BdV an die ⟶ Arbeitsgemeinschaft Junge Generation im Bund der Vertriebenen, der Bauernverband der Vertriebenen, der Bundesverband der heimatvertriebenen Wirtschaft, der Frauenbund für Heimat und Recht, der Gesamtdeutsche Studentenverband und der Traditionsverband der Leichtathleten aus den deutschen Ostgebieten. Der BdV hat 16 Landesverbände, und in ihm sind 170 landsmannschaftliche Landesgruppen und 468 BdV-Kreisverbände zusammengeschlossen. Weiterhin sind mit ihm, zum Teil als Untergliederungen, zum Teil durch intensive Zusammenarbeit, 87 überregionale und eine große Anzahl an regionalen kulturellen Einrichtungen wie Archive, Bibliotheken, Forschungsstellen, ostdeutsche Spezialbibliotheken, Häuser des Ostens, historische Kommissionen usw. verbunden.[3] Für diese Einrichtungen bekommen die Vertriebenenverbände ansehnliche Mittel aus dem Bundes- wie aus den einzelnen Länderhaushalten und denen der Kommunen. Eine genaue Aufstellung der Gelder und deren Verwendung existiert im einzelnen nicht, da sie zum Teil auf die unterschiedlichen Posten aufgeteilt und in bestimmten Haushaltstiteln versteckt sind. So erhielt der BdV 1993 offiziell 3.430.000 DM an institutioneller Förderung, 109.500 DM von der Bundeszentrale für politische Bildung, 1.626.000 DM an Mitteln zur Förderung verständigungspolitischer Maßnahmen und 4.160.100 DM aus dem Bundesministerium für Familien und Senioren für die soziale Beratung und Betreuung von Aus- und Übersiedlern.[4] Zusätzlich erhält der BdV Mittel im Rahmen des §96 des Bundesvertriebenengesetzes für Förderung der ostdeutschen Kulturarbeit, die nach den wenigen bekannten Angaben der Jahre 1976 und 1980 jeweils einzeln von Bund und Ländern über der 10–Millionenmarke liegen.[5] Funktionäre des BdV sind in Vertriebenenbeiräten, den Innen- bzw. Sozialministerien beim Bund und in den Ländern sowie in den Rundfunk- und Fernsehbeiräten vertreten.

Aktivitäten: 1995 entwickelte der BdV vor allem vielfältige Aktivitäten zum 50. Jahrestag von »Flucht und Vertreibung« mit einer zentralen Veranstaltung in Frankfurt/M. und vielen Seminaren, Veranstaltungen und Ausstellungen. Abgesprochen und koordiniert wurden diese Initiativen mit dem Bundesinnenminister. Jährlich begeht der BdV den »Tag der Heimat« mit zahlreichen Veranstaltungen im gesamten Bundesgebiet. Besonders intensiviert hat der BdV seit dem Zusammenbruch des Warschauer Pakts seine »grenzüberschreitende Kulturarbeit« in den osteuropäischen Ländern. Neue Schubkraft bekam die Tätigkeit der Vertriebenen in diesen Ländern, und hier vor allem im Raum Oberschlesien, 1991 durch die Einrichtung des neuen Haushaltstitels »Förderung kultureller Begegnungen mit den Deutschen in den Heimatgebieten und der dortigen Bevölkerung« beim Bundesministerium des Innern.

Periodika: Der *Deutsche Ostdienst* (*DOD*) wurde 1958 gegründet, erscheint wöchentlich und wird vom BdV herausgegeben. Aktueller Chefredakteur ist Walter Stratmann. Autoren des *DOD* findet man in Zeitschriften wie der → *Jungen Freiheit* (so u. a. Alfred Theisen, Otto von Schott, Jörg Bernhard Bilke) oder dem rechsextremen österreichischen *Eckartschriften* (Ingmar Brantsch) wieder. Der *DOD* hat 1994 eine Auflage von 2.900 Exemplaren und wird aus dem Bundesministerium des Innern im gleichen Jahr mit 250.000 DM gefördert.[6] Für die BdV-Landesverbände Hessen, Niedersachsen, Nordrhein-Westfalen und dem Kreisverband Dortmund gibt die Osmipress Gesellschaft zur Förderung der ost- und mitteldeutschen Heimatpresse die aus Bundesmitteln geförderte *Deutsche Umschau* seit 1954 heraus. *Informationen. Dokumente – Argumente* ist das Informationsblatt des BdV-Bayern und erscheint unter dem Redakteur Gustl Huber vierteljährlich.

Programmatik: In der »Charta der deutschen Heimatvertriebenen« von 1950 haben die Funktionäre der Vorläuferorganisationen des BdV »im Bewußtsein ihrer Zugehörigkeit zum christlich-abendländischen Kulturkreis, im Bewußtsein ihres deutschen Volkstums« ihren Anspruch auf die deutschen Ostgebiete formuliert, denn »Wir haben unsere Heimat verloren, Heimatlose sind Fremdlinge auf dieser Erde. Gott hat die Menschen in ihre Heimat hineingestellt. Den Menschen mit Zwang von seiner Heimat trennen bedeutet ihn im Geiste töten.« Nach der Satzung des BdV von 1958 tritt er bis heute ein »für die Verwirklichung der Menschenrechte, des Selbstbestimmungsrechtes, des Rechtes auf Heimat, für die Durchsetzung eines internationalen Vertreibungsverbotes sowie für die Entwicklung wirksamer Volksgruppenrechte, für die Wahrung der nationalen und staatlichen Einheit Deutschlands, für die Wiedervereinigung aller Teile Deutschlands in Freiheit und Frieden (...), für die Erhaltung des Volkstums der Deutschen unter fremder Herrschaft«.[7] Diese völkische und revanchistische Zielsetzung des BdV hat bis heute Gültigkeit. Die Anerkennung der bestehenden Grenzen in Europa wird entschieden abgelehnt. Die »Wahrung der Identität und Existenz deutscher Volksgruppen in ihrer Heimat« mittels »Erhaltung und Entfaltung [sic] ostdeutschen Kulturgutes und des wissenschaftlichen Erbes der ostdeutschen Stämme« soll in den ehemaligen »deutschen Siedlungsgebieten« die Besitzansprüche auf diese Gebiete unterstreichen. Der stellvertretende Bundesvorsitzende des BdV, → Paul Latussek, formuliert diesen Gedanken in aller Deutlichkeit in der rechtsextremistischen Zeitung → *Nation und Europa*: »Mit der Wiedervereinigung von West- und Mitteldeutschland und, damit verbunden, mit dem Wegfall des Eisernen Vorhanges sind nunmehr neue Bedingungen für eine selbständige deutsche Politik in Europa entstanden, die auch der Vertriebenenpolitik neue Möglichkeiten schaffen. Es ist Aufgabe der deutschen Politik, mit Selbstbewußtsein und Mut zur geschichtlichen Wahrheit unserer Nation wieder den

Platz in der Völkergemeinschaft zu geben, der unseren Traditionen, aber auch unserer Bedeutung als Kulturnation und Wirtschaftsmacht entspricht. Will sie dieser Aufgabe gerecht werden, so wird sie nicht daran vorbeikommen, die Wahrung und Wiederbelebung einer 800-jährigen Kulturtradition der ostdeutschen Gebiete ernsthaft zu betreiben.«[8]

Zusammenarbeit: Der BdV arbeitet u. a. sehr eng zusammen mit den Vereinigungen Bund der Mitteldeutschen, Föderalistische Union europäischer Volksgruppen, Deutscher Heimatbund, Deutsche Jugend in Europa, → Paneuropa-Union Deutschland, Verein für das Deutschtum im Ausland, Verband der deutschen sozial-kulturellen Gesellschaften in Polen und Volksbund Deutsche Kriegsgräberfürsorge.

Bedeutung: Der BdV ist eine überparteiliche Massenorganisation, in der Christdemokraten, aber auch Rechtsextremisten vertreten sind. Hatten vor allem in den 50er und 60er Jahren rechtskonservative und rechtsextremistische Kräfte im BdV beachtlichen Einfluß, so konnte vor allem die CDU/CSU seit Anfang der 70er Jahren – einhergehend mit dem Niedergang der NPD – innerhalb des BdV nahezu alle führenden Positionen besetzen. Der Einfluß der CDU/CSU schwindet jedoch seit Mitte der 80er Jahre und dem Ausbleiben der »geistig-moralischen Wende«. Beachtlich nach rechts radikalisiert hat sich der BdV seit der Verabschiedung der Nachbarschaftsverträge mit Polen (1991) und Tschechien (1992). Eine ganze Reihe von CDU/CSU-Politikern, wie Hartmut Koschyk, legten 1992 ihre Funktionen innerhalb des BdV nieder, da er »auf radikalem Kurs«[9] sei. Die Zusammenarbeit von Teilen des BdV mit Kräften aus dem rechtsextremen und »neurechten« Lager, so z. B. zum 8. Mai 1995, ist unübersehbar. In inhaltlichen Fragen wie der Rückgewinnung der Ostgebiete oder der Einschätzung des Potsdamer Abkommens herrscht nahezu Übereinstimmung. Vertriebenenpolitiker wie Latussek suchen eine sichtbare politische Formierung rechts der CDU/CSU. Parteien wie der → Bund freier Bürger und → Die Republikaner werden so anstelle der Unionsparteien mehr und mehr zur Alternative für den BdV. (HS/UJ)

1 Angaben nach Deutscher Ostdienst, Nr. 25 vom 21.6.1996, S. 1.

2 Laut Schlesier vom 9.12.1994 soll die Landsmannschaft Schlesien den BdV zum Ende des Jahres 1994 aus finanziellen Gründen verlassen haben.

3 Vgl. BdV-Handbuch 1993, S. 23 ff.

4 Antwort der Bundesregierung auf die Kleine Anfrage der PDS »Finanzielle Zuwendungen aus den Mitteln des Bundeshaushaltes für Einrichtungen der Vertriebenenverbände«. In: Bundestags-Drucksache 12/8380 vom 18.8.1994.

5 Vgl. Grundsatzkonzeption zur Weiterführung der ostdeutschen Kulturarbeit. In: Bundestags-Drucksache 9/1589, zitiert nach: BdV-Handbuch 1993.

6 Antwort der Bundesregierung auf die Kleine Anfrage der PDS »Vertriebenenzeitungen und die Förderung aus Mitteln des Bundeshaushalts«. In: Bundestags-Drucksache 13/329 vom 28.1.1995.

7 Zitiert nach BdV-Handbuch 1993, S. 16.

8 P. Latussek: Neue Aufgaben für den Bund der Vertriebenen. In: Nation und Europa, April 1995, S.

6 ff.
9 Vgl. Die Welt vom 17.6.1992.

Deutsch-Russisches Gemeinschaftswerk – Förderverein Nord-Ostpreußen

Gründung: Februar 1993
Sitz: Kassel
Geschäftsstelle: 34639 Schwarzenborn
Funktionäre: Konrad Schneider (1.Vorsitzender), → Manfred Roeder (2.Vorsitzender), Siegfried Godenau
Struktur: Im Mai 1992 wird der Verein Aktion Ostpreußenhilfe in der Gemeinschaft Deutscher Osten (GDO) gegründet. Dieser wird von Manfred Roeder und Siegfried Godenau (Geschäftsführer) vertreten. Nach Differenzen mit der GDO wird das Deutsch-Russische Gemeinschaftswerk (im folgenden Gemeinschaftswerk) gegründet. Mitte 1993 schließt sich das Gemeinschaftswerk der Bruderschaft Salem an und erhält von dieser einen Einstiegsbetrag von 25.000 DM.
Aktivitäten: Im Rahmen seiner zweiten Fahrt nach Ostpreußen im Oktober 1992 wird Roeder in Kaliningrad vom stellvertretenden Landwirtschaftsminister empfangen, der ihm Unterstützung zusagt.[1] Das Gemeinschaftswerk bemüht sich im März 1993 um die Vermittlung von deutschen Investoren, die Projekte finanzieren sollen. Im April finden Gespräche zwischen Roeder und Bevollmächtigten der Obersten Administration in Kaliningrad statt, bei denen angeblich eine weitreichende Unterstützung zugesagt wird.[2] Der Verein berichtet im April 1994 über die Fertigstellung der Rohbauten von sieben Gehöften und Nebengebäuden in Herzogsrode. Mitte 1994 wirbt das Gemeinschaftswerk mit Projekten und Hilfsaktionen in sechs Orten Ostpreußens. Ein »Musterdorf« soll entstehen. 1995 reisen Konrad Schneider und Roeder nach »Nord-Ostpreußen«, um »Voraussetzungen für einen größeren Landerwerb zu klären«.
Periodika: Sprachrohr des Vereines ist der Rundbrief *Deutsche Bürgerinitiative – weltweit*, herausgegeben von der → Deutschen Bürgerinitiative.
Programmatik: Das Gemeinschaftswerk bezeichnet sich als Hilfsverein, der die Wiederansiedlung von »rußlanddeutschen« Familien im ehemaligen Ostpreußen fördern will. Es nimmt für sich in Anspruch, Neusiedlern »durch gezielte Hilfe bei der Existenzgründung« zu helfen.[3] Roeder propagiert die »Umwandlung Nord-Ostpreußens« in eine »russisch-baltische Republik«, aus der »mit Unterstützung deutschen Kapitals« eine »baltisch-russisch-deutsche Republik« werden solle.[4] Von dort sei es zu einer »Republik oder einem Freistaat Preußen nur noch ein Schritt«. Seiner Logik folgend sei »die Rückkehr der Gebiete nur eine Frage der Zeit«, »wenn Deutsche erst mal in einem Über-

gangsgebiet sitzen und das entscheidende Wort zu reden haben«.[5]

Zusammenarbeit: Das Gemeinschaftswerk verfügt über einen internationalen Freundes- und Unterstützerkreis. Die → Deutsch-Russländische Gesellschaft stellt dem Kreis um Roeder 1992 und 1993 mehrfach ihre Vereinszeitschrift *Russland und wir* als Sprachrohr zur Verfügung. Eine Zusammenarbeit ist mit dem Verein zur Förderung der Rußlanddeutschen in Trakehnen feststellbar. Im Mai 1993 findet in Räumen der → Landsmannschaft Ostpreußen ein Treffen statt, in das sowohl die GDO als auch die Bruderschaft Salem eingebunden sind.

Bedeutung: Das Deutsch-Russische Gemeinschaftswerk ist die organisatorische Weiterführung der Aktion Ostpreußenhilfe. Der unübersehbare neofaschistische Hintergrund ließ alle Versuche, mit bürgerlichen Organisationen zusammenzuarbeiten, scheitern. Die Umbennung und die Eintragung als gemeinnütziger Verein soll den neofaschistischen Charakter des Vereins verschleiern und weitere Spenderkreise und Finanzierungsquellen erschließen. Die Kritik am Auftreten und an den hochtrabenden Plänen der Vereins-Funktionäre ist unüberhörbar. Eine Isolierung im rechtsextremen Spektrum ist dennoch nicht feststellbar. (B)

1 Rundbrief von Manfred Roeder, Oktober 1992.
2 Rundbrief Deutsche Bürgerinitiative weltweit, Nr. 3/1993.
3 »Wir helfen!« Werbeschrift des Deutsch-Russischen Gemeinschaftswerkes, 1994.
4 Rundbrief Deutsche Bürgerinitiative weltweit, Nr. 8/1994.
5 Die Bauernschaft, Nr. 12/1990.

Deutsch-Russländische Gesellschaft (DRG)

Gründung: Februar 1957 (aufgelöst im Mai 1996)
Sitz: Frankfurt a. M.
Geschäftsstelle: 61350 Bad Homburg
Zahl der Mitglieder: ca. 300
Funktionäre: Klausgeorg Straube (Präsident und Vorsitzender Deutschland), Anna Moutchnik (Stellvertreterin), Dr. Heinz-Rudolph Wehmeier (Stellvertreter), Siegfried Keiling (langjähriger Präsident), Justus B. Bühlow (ehemaliger Deutschlandvorsitzender), Viktor Humeniuk, Fridericke Werner
Struktur: Die Deutsch-Russländische Gesellschaft (DRG) wurde durch deutsche und mit diesen kollaborierenden russischen Teilnehmern des Zweiten Weltkriegs, dem Bund russischer Solidaristen (NTS) gegründet, darunter Siegfried Keiling, Ritterkreuzträger und Kommandeur einer russischen Freiwilligen-Abteilung. Die Gesellschaft erhielt jahrelang Zuschüsse durch das Land Hessen, den Kreis und die Stadt Homburg. Die DRG war der → Paneuropa-Union angeschlossen. Die Organisation verfügte über regionale und Landes-Arbeitsgemeinschaften. Eine gleichnamige Organisation hat sich 1992 in

Moskau gebildet.

Aktivitäten: Neben den Jahreskonferenzen in Bad Homburg veranstaltete die DRG vielfältige Vorträge, Treffen und Ausstellungen. Hinzu kamen Sprachkurse und Reisen nach Osteuropa. Ab 1989 suchte die DRG den Kontakt zu den russischen Streitkräften in der ehemaligen DDR, die von der Gesellschaft für Deutsch-Sowjetische Freundschaft vermittelt wurden. In Gedenken an den russischen Kollaborateur General Andrej Wlassow vergab die Gesellschaft einen Kulturpreis.

Periodika: Die Vierteljahreszeitschrift *Russland und wir* wird von 1960 bis Ende 1995 vom gleichnamigen Verlag in Bad Homburg herausgegeben, verantwortlich zeichnet bis zu seinem Tod Siegfried Keiling, dann Klausgeorg Straube. Neben Vereinsnachrichten finden sich Artikel von → Günter Kießling, → Hans-Ulrich Kopp, Anatolij Frenkin und → Wolfgang Strauss.

Programmatik: In einer Selbstdarstellung zeigt sich die DRG 1992 befriedigt darüber, daß sie »im Vergleich zu konkurrierenden Organisationen« »die Ablösung der damals herrschenden Machtstrukturen der Sowjetunion geradezu zu einer Zielvorstellung erhoben und (...) zwischen 1957 und 1991 unermüdlich gefordert« habe. Sie begriff sich seit ihrer Gründung als in politischer »Frontstellung« gegenüber der Sowjetunion stehend und »dem großrussischen Volkselement« verpflichtet.[1] Es gelte, »der jetzigen Bundesregierung als auch den künftigen mit den besseren Gründen überall dort entgegenzutreten, wo an dem Konzept einer totalen ›Westbindung‹ festgehalten werden soll«.[2]

Zusammenarbeit: Dem → Deutsch-Russischen Gemeinschaftswerk von → Manfred Roeder und der Aktion Ostpreußenhilfe unter Siegfried Godenau wurde in *Russland und wir* Platz zur Selbstdarstellung zur Verfügung gestellt. Der langjährige Deutschlandvorsitzende Bühlow veröffentlichte das Buch *Ostrevolution* im Sinus-Verlag und war Autor der *Neuen Zeit*.

Bedeutung: In jahrzehntelanger Tätigkeit hat die DRG mithilfe sowjetischer Dissidenten und unter historischem Bezug u. a. auf die Wlassow-Armee gegen die politische Führung der Sowjetunion agitiert. Sie griff ethnopluralistische und gegen die Westbindung orientierte Konzepte auf. Aufsehen erregte ihre Kooperation mit den neofaschistischen Kreisen um Manfred Roeder, ihr gemeinsames Interesse war die Deutschtumsarbeit in Kaliningrad. Die Selbstauflösung wurde mit der Überalterung ihrer Mitglieder begründet. (B)

1 Deutsch-Russländische Gesellschaft vom 6.9.1957, S. 6 ff.
2 Ebenda, S. 30.

Gemeinschaft Ost- und Sudetendeutscher Grundeigentümer und Geschädigter (GOG)/Notverwaltung des Deutschen Ostens (NDO)

Gründung: 1970
Sitz: Kiel
Zahl der Mitglieder: ca. 200
Funktionäre: Horst Ochmann, Michael Koll, M. Goecke
Struktur: Die GOG wird 1970 von ehemaligen Großgrundbesitzern, Adeligen, Alt- und Neofaschisten sowie Revanchisten gegründet. Sie beruft am 27. Oktober 1970 in Bonn eine »verfassunggebende Nationalversammlung des deutschen Ostens« ein, an der ca. 2.000 Vertriebene teilnehmen. Hier konstituiert sich die »Notverwaltung des Deutschen Ostens« (NDO)[1]. Die Aktivisten der GOG arbeiten Anfang der 70er Jahre in der → Aktion Widerstand mit. Repräsentanten der GOG in den ersten Jahren waren das ehemalige CSU-Mitglied Bolko Freiherr von Richthofen sowie der Professor Fritz Münch. Die Zusammenarbeit der GOG und der NDO hat im Laufe der Jahre de facto zur inhaltlichen und personellen Verschmelzung geführt.[2]

Aktivitäten: Die GOG/NDO führt »Arbeits- und Aussprachetagungen«, Ostdeutsche Versammlungen und Jahreshauptversammlungen durch. Auf der »Arbeits- und Aussprachetagung« finden sich z. B. 1993 in Minden/Westfalen die Referenten Christian Stoll (niedersächsischer Landesvorsitzender der Landsmannschaft der Oberschlesier) und → Udo Walendy, der über »Fortschritte in der Aufklärung über die geschichtliche Wahrheit« berichtet, ein.[3]

Periodika: Der *Anzeiger der Notverwaltung des Deutschen Ostens* erscheint seit 1971 zweimonatlich. Herausgeber und Verleger ist Horst Ochmann. Schriftleiter des Blattes ist Michael Koll, der an die Stelle des 1994 verstorbenen Hartwig Golf trat. Der Zeitung ist der vier Seiten umfassende *GOG-Zirkelbrief* beigelegt.

Programmatik: Die GOG/NDO will die »Rechte und Ansprüche der deutschen Bevölkerung aus den Ländern des deutschen Ostens« wahren, »weil in diesen deutschen Gebieten keine deutsche staatsrechtliche und verfassungsmäßige Vertretung innerhalb der Grenzen des Deutschen Reiches« besteht. In diesen Gebieten will sie das »bestehende staatspolitische Vakuum« nach den »Grundsätzen des Völkerrechts« ausfüllen und begreift sich als Exilregierung. Dabei wird ein Vertretungsanspruch für die deutschen Ostgebiete »in den Grenzen vom 31. Dezember 1939 (mit Ausnahme von Österreich)« geltend gemacht. Die GOG/NDO vertritt einen aggressiven völkischen Nationalismus und läuft mit Parolen wie »Verzicht ist Verrat« Sturm gegen die bestehenden Grenzen in Europa und gegen das »Bonner System«. In ihren Publikationen vermittelt sie ihrem Publikum ein umfassendes rechtsextremistisches Weltbild. Propagiert werden antidemokratische Vorstellungen von einem starken

Staat, der Reichsgedanke sowie ein rüder Rassismus. Die GOG/NDO ist »geschichtsrevisionistisch« tätig und verbreitet die These, daß es »keine Massenvergasungen in Auschwitz« gegeben habe.[4]

Zusammenarbeit: Verbindungen bestanden und bestehen zu: → Wiking Jugend, → Grabert-Verlag, Verein Gedächtnisstätte Vlotho, Landsmannschaft der Oberschlesier, → Bund für Gesamtdeutschland, → *Der Schlesier, Schlesien-Report*, → Deutsche Volksunion, Deutscher Nationalkongreß u. a.

Bedeutung: Die GOG/NDO ist eine rechtsextreme Kleinstgruppe im Vertriebenenbereich. Trotz ihres offen »geschichtsrevisionistischen« Auftretens und ihrer Zusammenarbeit mit Holocaust-Leugnern wie Udo Walendy, trotz ihres Eintretens für militante neofaschistische Organisationen, wie der Wiking Jugend und dem Deutschen Kameradschaftsbund Wilhelmshaven, gelingt es ihr, Vertriebenenvertreter wie den niedersächsischen Landesvorsitzenden der Landsmannschaft der Oberschlesier, Christian Stoll, oder → Emil Schlee (Pommersche Landsmannschaft) für ihre Treffen zu gewinnen. (HS/UJ)

1 A. Schulze-Rauschenbach: Die Notverwaltung des deutschen Ostens und das Völkerrecht. O.J., S. 28 f.
2 Vgl. Antifa-Kommission des Kommunistischen Bundes (Hrsg.): Wer mit wem? Braunzone zwischen CDU/CSU und Neonazis. Hamburg 1981. S. 28.
3 Siehe Einladung der NDO 1993.
4 Anzeiger der Notverwaltung des Deutschen Ostens, Nr. 1/1992, S. 37 und vgl. Nr. 6/1991, S. 32 ff.

Junge Landsmannschaft Ostpreußen (JLO)

Dach-Organisation: Landsmannschaft Ostpreußen
Gründung: 5.–7. April 1991
Sitz: 20144 Hamburg
Mitglieder: ca. 1.000
Funktionäre: Bernhard Knapstein (Vorsitzender der Kölner Burschenschaft Germania); stellv. Vorsitzende: Elard von Gottberg, René Nehring, Uwe Faesel; Klaus Grundlach (Schatzmeister); Beisitzer: Hilka Sievers, Cord Meyer, Rüdiger Stolle, Michael Paulwitz.[1] Weitere führende Mitglieder waren oder sind: Ansgar Graw, Eduard van der Wal, Bertram Graw, Dr. Jürgen Danowski, Volker Borowski, Heidrun Hausen, Ingrid Prehn, u. a.
Struktur: Die JLO gliedert sich in Bundes- und Landesverbände. Die Bundesländer Thüringen, Rheinland-Pfalz und Hessen werden bis zur Gründung eines eigenen Landesverbandes von den Landesverbänden Bayern, Baden-Württemberg und Nordrhein-Westfalen betreut. Im einzelnen unterteilen sie sich in Nord (Schleswig-Holstein, Hamburg, Bremen, Niedersachsen (Vors. Volker Borowski), Mecklenburg und Pommern (Vors. René Nehring), Berlin-Brandenburg (Vors. Eduard van der Wal), Sachsen (Vors. Georg-Wolfgang Gläser), Sachsen-Anhalt (Vors. Michael Gründling), Nordrhein-Westfalen

(Vors. Bernhard Knapstein), Baden-Württemberg (Vors. Michael Treml), Bayern (Vors. Heinrich Lange).[2] Unter den Mitgliedern wird durch zahlreiche Veranstaltungen, Lager, Fahrten und mittels Kriegsgräberbetreuung in Ostpreußen reger Kontakt gehalten.

Aktivitäten: Die JLO hält regelmäßig deutschlandpolitische Seminare und Tagungen ab. 1992 referieren u. a. → Karlheinz Weißmann und Ansgar Graw. 1994 sprechen im Haus der Kölner Burschenschaft Germania unter dem Motto »Der Deutsche Osten – Perspektiven im neuen Jahrtausend« Peter Mohlek (Kölner Institut für Ostrecht), Bernd Kallina (Deutschlandfunk) und Martin Schmidt (zu diesem Zeitpunkt stellvertretender Chefredakteur der → *Jungen Freiheit*). 1995 steht das Herbstseminar der JLO-Nordrhein-Westfalen unter dem Motto »Die Zukunft der ostdeutschen Landsmannschaften sind WIR!«. Referenten sind u. a. Jürgen Danowski, Hannes Kaschkat, Markus Patzke (stellvertretender Vorsitzender des → Bundes der Vertriebenen (BdV)-NRW) und Hans-Günther Parplies (Vizepräsident des BdV).

Periodika: *Fritz – Junge Zeitung für Deutschland* erscheint seit 1991 in unregelmäßigen Abständen und umfaßt mittlerweile 16 DIN-A4 Seiten. Ohne Berührungsängste zu rechtsextremistischen Kreisen wird hier über Reinhold Elstner, der zum 50. Jahrestag der Befreiung Selbstmord in der Münchner Feldherrnhalle beging, als »ein sudetendeutscher Jan Palach« berichtet. Werbung für die Zeitschriften und Organisationen wie Bernstein-Reisen, → *Nation und Europa*, Teutonia Hamburg, Normannia-Leipzig zu Marburg, Albania Harburgensis und Greif-Reisen finden sich ebenso.

Programmatik: Auf der Bundesversammlung vom 11.–13. März 1995 verabschiedet die JLO ein neues Grundsatzprogramm (Potsdamer Programm), es geht auf die Frage von Grenzen und Verträgen »nur soweit ein wie nötig«. Die JLO versteht sich als »eine Gemeinschaft junger Menschen, die sich mit Ostpreußen durch familiäre Abstammung, nationales Zusammengehörigkeitsgefühl oder durch das Bekenntnis zu den geistigen und sittlichen Erbe Ostpreußens verbunden fühlen«. Ganz im ethnopluralistisch ausgerichteten Sprachgebrauch von → Henning Eichberg fordern sie »umfassende Volksgruppenrechte für Deutsche in ihren angestammten Siedlungsgebieten«[3]. In ihren »Zehn Thesen zur Zukunft von Königsberg« sehen sie »die Wiederherstellung einer deutschen Identität neben der russischen als Voraussetzung für eine erfolgreiche Zukunft Königsbergs«. Über den Hebel »Wiederherstellung der Identität« fordern sie, das Gebiet unter Autonomie mit Selbstverwaltung zu stellen und Deutschland als Garantie- und Schutzmacht darüber einzusetzen.

Zusammenarbeit: Über den Einfluß ihrer älteren Mitglieder in bedeutenden Positionen, Ansgar Graw ist z. B. Referent für ARD und Gremienfragen beim Sender Freies Berlin, verfügt die JLO über gute Kontakte. Besonders auffällig sind die engen Verbindungen zu den Burschenschaften (Michael Paulwitz ist Mitglied der → Burschenschaft Danubia, Rüdiger Stolle gehört der Deutschen Hochschulgilde Hermann Löns Hannover an), zum → Witikobund und zur *Jungen Freiheit*. Letztere unterstützt sie u. a. bei ihrer Kampagne »Freiheit für Königsberg« und organisierte zusammen mit ihr zwei Flugzeuge, welche zur Unterzeichnung des Nachbarschaftsvertrags mit Polen 1991 mit dem Spruchbändern »Schlesien bleibt unser« und »Verzicht ist Verrat« über dem Regierungsviertel kreisten.

Bedeutung: Die JLO bildet einen Schulungszusammenhang für die Herausbildung einer jüngeren Nachfolgegeneration in der Landsmannschaft Ostpreußen. Offen revanchistisch bündelt sie junge Kräfte aus Burschenschaften, dem Witikobund und der »Neuen Rechten«. 1995 stellte das Bundesamt für Verfassungsschutz, welches die Zeitung *Fritz* regelmäßig auswertet, tatsächliche Anhaltspunkte für rechtsextreme Bestrebungen fest.[4] (B)

1 Gewählt auf der Bundesversammlung am 1. Oktober 1995 in Bad Pyrmont. Nach Fritz, November/1995, S. 15.
2 Stand vom 4.7.1995.
3 Potsdamer Programm vom 12.3.1994.
4 Vgl. Bundestags-Drucksache 13/826.

Landsmannschaft Ostpreußen (LO)

Gründung: 1948
Sitz: 20144 Hamburg
Zahl der Mitglieder: 500.000 (Eigenangabe)
Funktionäre: → Wilhelm von Gottberg (Bundesvorsitzender); stellvertretender Bundesvors. sind Wolfgang Thüne und Bernd Hinz; Günter Petersdorf (Bundesschatzmeister); weitere Bundesvorstandsmitglieder: Louis Ferdinand Schwarz, Jürgen Danowski, Friedrich Wilhelm Böld, Stephan Grigat, Paul Heinacher, Manfred Ruhnau, Hartmut Gassner (Ministerialdirektor im Bundesministerium des Innern) und Thorne Möbius; Hilde Michalski (Vertretung der ostpreußischen Frauen); Bernd Knapstein (Jugendvertreter)[1]
Struktur: Die Landsmannschaft Ostpreußen (LO) ist Mitgliedsorganisation im → Bund der Vertriebenen (BdV) und verfügt in allen Bundesländern über Landesverbände. Es gibt 40 Kreisgemeinschaften und Patenschaften mit Kreisen und Städten in Ostpreußen. Die Landsmannschaft Ostpreußen arbeitet mit zahlreichen Stiftungen, Archiven, Landesmuseen, Heimatsammlungen und anderen kulturellen, wissenschaftlichen und sonstigen Einrichtungen eng zusammen. Die Jugendorganisation der LO ist die → Junge Landsmannschaft Ostpreußen.
Aktivitäten: Alle zwei Jahre veranstaltet die LO ihr »Deutschland-Treffen«, an dem mehr als 100.000 Menschen teilnehmen, und beteiligt sich jährlich an

dem vom BdV veranstalteten »Tag der Heimat«. Die LO startete Anfang der 90er Jahre zahlreiche Initiativen gegen die Verabschiedung des Nachbarschaftsvertrages mit Polen und entwickelt vielfälltige Aktivitäten im Kaliningrader Raum; so werden Reisen für Heimatvertriebene veranstaltet, Schulprojekte initiiert, Ansiedlungen von Rußlanddeutschen und anderen Deutschen mit Hilfsleistungen unterstützt. Wilhelm von Gottberg stellte erfreut fest: »Das Land hängt am Tropf der Bundesrepublik.«[2] Die LO unterstützt die Deutschen Freundeskreise in Polen in deren Kampf für »Minderheitenrechte und Minderheitenschutz«. 1995 entwickelt die LO zahlreiche Aktivitäten zum 8. Mai, um 50 Jahre »Flucht, Deportation und Vertreibung breit angelegt zu thematisieren«. Für ihre Aktivitäten erhält die LO von der Bundesregierung aus dem Bundeshaushalt traditionell hohe Zuschüsse: 1991 ca. 545.000 DM; 1992 ca. 639.000 DM; 1993 ca. 470.000 DM, 1994 ca. 682.000 DM, 1995 ca. 419.000 DM und 1996 wurden ca. 410.000 DM bewilligt.[3]

Periodika: Als »unabhängige Wochenzeitung für Deutschland« gibt die LO wöchentlich das → *Ostpreußenblatt* heraus.

Programmatik: Zentraler Bestandteil der Programmatik der LO ist der Kampf gegen die bestehenden Grenzen in Europa und die Forderung nach einer Revision des Status quo. Relativ offen wird die Herstellung eines Großdeutschlands und die Rückgabe der ehemaligen deutschen Ostgebiete im Zentralorgan der LO gefordert sowie zum Kampf gegen das System der Siegermächte von Jalta und Potsdam aufgerufen. Ergänzt wird diese Politik durch eine Entlastung des Hitler-Faschismus und der Herausstreichung der angeblichen Verantwortung der anderen Staaten an dem Ausbruch des Zweiten Weltkrieges. So will beispielsweise der langjährige Funktionär der LO, Ansgar Graw, im *Ostpreußenblatt* unter der Überschrift »Abschied von der Volkspädagogik« bestehende »Denk- und Frageverbote« aufheben und zeitgeschichtliche »Tabus« brechen. Graw führt aus: »Bis vor wenigen Jahren wurde allenfalls in Rechtsaußen-Zirkeln und von Amateur-Historikern (...) die These vertreten und publiziert, es handele sich bei dem ›Unternehmen Barbarossa‹ nicht um einen einseitigen deutschen Überfall, sondern um einen Präventivschlag (...).« Graw möchte diese »Rechtsaußen« nun in die Mitte der Gesellschaft holen. Nach rechtsextremistischem Motto soll die Leugnung der Kriegsschuld bei ihm »unter dem Stichwort ›freies Denken‹, zur Re-Souveränisierung unserer Nation«[4] führen.

Zusammenarbeit: Die LO kooperiert sehr eng mit der Staats- und wirtschaftspolitischen Gesellschaft, mit der sie in Hamburg regelmäßig gemeinsame Veranstaltungen durchführt. Dem → Bund freier Bürger wurde mit »Formulierungshilfen für das Parteiprogramm bezüglich Ostpolitik und Oder-Neiße-Grenze« unter die Arme gegriffen.[5] Und im *Ostpreußenblatt* wirbt die LO durch Berichte und Anzeigen für Aktivitäten der Organisationen Deut-

scher Nationalkongreß, Bismarck-Bund, →˙ Zeitgeschichtliche Forschungsstelle Ingolstadt, →˙ Die Heimattreue Jugend e.V., →˙ Deutsches Kulturwerk
Europäischen Geistes.
Bedeutung: Die LO ist keine rechtsextreme Organisation. Dennoch zählt sie
heute unter den Vertriebenenverbänden, die sich im BdV zusammengeschlossen haben, zu denen, die am weitesten rechtsextrem durchsetzt sind und eine
offene Zusammenarbeit mit dem bundesdeutschen Rechtsextremismus betreiben[6]. So kommentierte die Zeitschrift →˙ *Nation und Europa* das Auftreten des
damaligen Europaabgeordneten der Eurorechten und Stellvertreters von Jean-
Marie Le Pen, Hans Günter Schodruch, als offizieller Redner auf dem
Deutschland-Treffen 1994 der LO:»Unter Wilhelm von Gottberg scheint sich
die früher unionsfixierte Landsmannschaft Ostpreußen aus der parteipolitischen Umklammerung zu befreien und neue Verbündete zu suchen«.[7](HS/UJ)

1 Angaben nach Ostpreußenblatt vom 11.11.1995.
2 Wilhelm von Gottberg vor der Ostpreußischen Landesvertretung. In Ostpreußenblatt vom
  25.11.1995.
3 Antwort der Bundesregierung auf die Kleine Anfrage der PDS»Das ›Ostpreußenblatt‹ und der
  Rechtsextremismus (II)« vom 8.8.1994. In: Bundestags-Drucksache 12/8362, S. 25 und Bundestags-Drucksache vom 16.5.1996.
4 Ostpreußenblatt vom 22.6.1991.
5 Ostpreußenblatt vom 25.11.1995.
6 Vgl. zur Unschärfe bei der Abgrenzung vom rechtsextremen Spektrum D. Bingen: Das Gebiet
  Kaliningrad (Königsberg): Bestandsaufnahme und Perspektiven – Deutsche Ansichten (II). Köln
  1993, S. 16.
7 Vgl. Nation und Europa, 7–8/1994.

Landsmannschaft Schlesien (LMS)
Gründung: 1950
Sitz: 53639 Königswinter
Zahl der Mitglieder: ca. 250.000
Funktionäre: Bundesvorsitzender der Landsmannschaft Schlesien (LMS) ist
→˙ Herbert Hupka. Stellvertretende Bundesvorsitzende sind Peter
Großpietsch, Rudi Pawelka und Helmut Riedel. Präsident der Bundesdele-
giertenversammlung, der »Schlesischen Landesvertretung«, ist Ortwin
Lowack. Weitere Mitglieder des geschäftsführenden Bundesvorstands sind:
Idis Hartmann, Marlies Schiebuhr, Georg Märtsch und Josef Zimmermann.[1]
Weitere Funktionäre sind: Georg Fellmann, Karl Goldammer, Siegmund Kar-
ski, Günter Kelbel, Renate Sappelt, Helmut Sauer, Bernhard Schäfer, Alfred
Theisen, Heinrich Trierenberg, Klaus Ullmann.
Struktur: Die LMS hat in allen Bundesländern Landesverbände. Als weitere
Gliederungen gehören ihr an: Schlesische Frauen, Schlesische Jugend,
Arbeitskreis Ostoberschlesien, Verein Haus Schlesien, Vereinigung evangeli-

scher und katholischer Schlesier, Vertretung des schlesischen Presse- und Verlagswesens, Schlesischer Kreis-, Städte- und Gemeindetag. Die Patenschaft für die LMS übernahm von 1951–1990 das Land Niedersachsen, danach das Land Bayern. Der LMS stehen zahlreiche Stiftungen, Archive, Heimatsammlungen, Museen und sonstige kulturelle Einrichtungen sowie Chöre, Musikgruppen, Volkstanz-, Trachten- und Theatergruppen nahe. Daneben gibt es noch 137 Heimatkreisvereinigungen und Heimatgruppen und über 100 Patenschaften. Die LMS ist Mitglied im → Bund der Vertriebenen (BdV) sowie im Ständigen Rat der Ostdeutschen Landsmannschaft und Landesvertretungen. Folgt man dem → *Schlesier*, soll die LMS laut Vorstandsbeschluß vom 17. September 1994 aus finanziellen Gründen aus dem BdV ausgetretem sein.[2]

Aktivitäten: Die LMS führt alle zwei Jahre ihr traditionelles »Deutschland-Treffen« durch, an dem ca. 100.000 Personen teilnehmen, und nimmt selber an dem jährlich stattfindenden »Tag der Heimat« des BdV teil. 1995 entfaltete sie besondere Aktivitäten zu den Feierlichkeiten zum 50. Jahrestag von »Flucht und Vertreibung«. Zahlreiche Veranstaltungen und eine Wanderausstellung zum Thema wurden organisiert. Intensiv wird mit den Deutschen Freundeskreisen (DFK) in Polen zusammengearbeitet. Die Rettung von deutschem Kulturgut, und hier besonders die provokative Restaurierung von deutschen Kriegsdenkmälern in Polen, hat wiederholt zu Konfrontationen mit der dortigen Bevölkerung geführt.

Periodika: Die LMS gibt seit 1988 die *Schlesischen Nachrichten* zweiwöchentlich mit einer Auflage von 10.000 Exemplaren heraus. Zuvor mußte sie sich aufgrund internationaler Proteste von ihrem ehemaligen Organ, *Der Schlesier*, wegen dessen zügelloser revanchistischer und unübersehbar rechtsextremistischer Ausrichtung trennen. Chefredakteur ist Franz-Josef Schümann; weiteres Redaktionsmitglied ist Adrian Sobek. Die Zeitung erhielt Zuschüsse aus Mitteln des Bundeshaushaltes: 1990 91.000 DM, 1991 79.900 DM, 1992 50.000 DM, 1993 20.000 DM.[3]

Programmatik: Die LMS ist der Zusammenschluß derjenigen, »die sich zum Rechtsanspruch des deutschen Volkes auf Schlesien bekennen«[4]. Sie »tritt ein für die Freiheit der Heimat in einem freien Vaterland Deutschland in einem freien, geeinten Europa« und stellt weiterhin die Grenzziehungen in Europa in Frage. Der Bundesvorsitzende Hupka schreibt getreu dem alten Motto der LMS »Schlesien bleibt unser!«: »Es gibt eben keinen rechtlichen, moralischen oder historischen Titel polnischerseits, russischerseits, tschechischerseits auf die Heimat der aus ihr vertriebenen Deutschen.«[5] Ein weiterer programmatischer Schwerpunkt der LMS ist die Leugnung der Einmaligkeit der Verbrechen des Hitler-Faschismus und die Aufrechnung von Auschwitz gegen Lamsdorf, das Lager der sogenannten Vertreibungverbrechen. Durch die Uminterpretation der »geschichtlichen Wahrheit«, durch das Beharren auf der

Schuld der anderen soll die nötige Rechtfertigung dafür gefunden werden, die Ergebnisse des Zweiten Weltkrieges zu revidieren.

Zusammenarbeit: Die LMS hat Verbindungen u. a. zu den Deutschen Freundeskreisen, dem Bund der Jugend der deutschen Minderheit in Polen und zu dem Verein für das Deutschtum im Ausland.

Bedeutung: Die LMS ist überparteilich. In ihr finden sich konservative und rechtsextreme Kräfte zusammen. Der von den Funktionären der LMS und deren Presse programmatisch formulierte aggressive Nationalismus und ihre Drohungen gegen die polnische Bevölkerung und den polnischen Staat verwischen die Unterschiede zum Rechtsextremismus. Über Parteibildungsprozesse rechts von der CDU/CSU wird diskutiert. Das gezielte Einwirken des rechtsextrem ausgerichteten *Schlesiers* auf die LMS schwächt zusätzlich die Position des konservativen Flügels in diesem Vertriebenenverband. (HS/UJ)

1 Vgl. Schlesische Nachrichten, Nr. 9/1996.
2 Vgl. K.-H. Lober: Sturm im Wasserglas? In: Der Schlesier vom 9.12.1994.
3 Antwort der Bundesregierung auf die Kleine Anfrage der PDS »Vertriebenenzeitungen und die Förderung aus Mitteln des Bundeshaushalts«. Bundestagsdrucksache 13/329 vom 26.1.1995.
4 LMS (Hrsg.): 40 Jahre Landsmannschaft Schlesien. Königswinter 1989, S. 3.
5 Schlesische Nachrichten vom 15.12.1994.

Schulverein zur Förderung der Rußlanddeutschen in Ostpreußen e.V.

Gründung: 8. August 1992 in Husum
Sitz: 24105 Kiel
Zahl der Mitglieder: ca. 600
Funktionäre: Henning Pless (Vorsitzender), Helge Redeker (stellvertretender Vors.), Axel D. Neu (Geschäftsführer; Wirtschaftswissenschaftler am Kieler Institut für Weltwirtschaft), Gerlind Mörig (Schriftführerin)
Struktur: Der Schulverein zur Förderung der Rußlanddeutschen in Ostpreußen e.V. (im folgenden der Schulverein) ist eingebunden in dem Geflecht der vom rechtsextremistischen Verleger → Dietmar Munier gegründeten Vereine, die im russischen Teil des ehemaligen Ostpreußens durch Ansiedlungen von Rußlanddeutschen deutsche Gebietsansprüche auf diese Region demonstrieren wollen. Er ist der bundesdeutsche »Unterstützerverein und Schwesterverein« des in Rußland registrierten Rußlanddeutschen Kulturvereins Trakehnen und wird bereits am 26. August 1992 durch Bescheinigung des Finanzamtes München als gemeinnützig anerkannt.
Aktivitäten: 1992 beginnt der Schulverein mit dem Aufbau einer Schule in Trakehnen. Der Unterricht wird von bis zu 120 Personen (von Kleinkindern bis zu Rentnern) genutzt. Im Winter 1992/93 wird im Vorwerk Danzkehmen eine weitere Schule und eine Spielgruppe für Kinder eröffnet. Mitte 1993

bekommt der Schulverein ein Wohnhaus für die Lehrer zur Verfügung gestellt. Neben dieser Tätigkeit in Rußland führt der Schulverein in der Bundesrepublik Deutschland Seminare und seine Jahreshauptversammlungen durch, die auch in den Kreisen der Vertriebenen und der Konservativen Resonanz erzielen. An den Jahreshauptversammlungen nehmen ca. 100 Personen teil. Es referierten u. a. 1993 der Hildesheimer Amtsrichter und niedersächsische Landesvorsitzende der Landsmannschaft der Oberschlesier, Christian Stoll, 1994 der Abgeordnete des Südtiroler Landtags, Pius Leitner, und 1995 → Alfred Schickel. Grußbotschaften zu diesen Jahreshauptversammlungen sandten u. a. → Heinrich Lummer, → Emil Schlee, Gustav Sichelschmidt, → Günter Kießling, Andreas Mölzer, → Herbert Fleissner, → Richard W. Eichler, Otto Scrinzi, Franz Pahl, Hugo Wellems, → Wilhelm von Gottberg, Wolfgang Thüne, Ortwin Lowack, Ernst Nolte, Jörg Haider, Rudolf Krause, Albrecht Jebens, → Klaus Hornung, → Alfred Mechtersheimer, → Klaus Motschmann, Peter Fischer und der sächsische Justizminister Steffen Heitmann.

Periodika: Das Mitteilungsblatt *Deutsche Schule Trakehnen, Nachrichten des Schulvereins aus Nord-Ostpreußen* erscheint unregelmäßig.

Programmatik: Der Schulverein agiert mit streng ausgerichteter nationalistischer und chauvinistischer Ideologie. Das Schulprojekt in Trakehnen soll helfen, den »Rußlanddeutschen in Ostpreußen eine Lebensperspektive«[1] zu geben. Es ist ein Projekt, daß eingebettet ist in einer Konzeption der »stillen« stückweisen Rückgewinnung Ostpreußens.

Zusammenarbeit: Verbindungen unterhält der Schulverein zur → Landsmannschaft Ostpreußen, zur Landsmannschaft der Oberschlesier, zur Rußlanddeutschen Gesellschaft ›Wiedergeburt‹, dem Arbeitskreis für deutsche Politik, dem Allgemeinen Deutschen Kulturverband, Bismarck-Bund, Notgemeinschaft für Volkstum und Kultur e. V., → Freundeskreis Ulrich von Hutten, → Deutsches Kulturwerk europäischen Geistes.[2]

Bedeutung: Bei dem Schulverein handelt es sich um eine rechtsextremistische Organisation um den Verleger Dietmar Munier. Mit ihm versucht er – unter dem Firmenzeichen »pädagogische Hilfsorganisation« – gezielt in die Vertriebenenverbände und in das Lager der Konservativen hineinzuwirken. So konnte der Schulverein mit seiner deutsch-nationalen Politik namhafte Persönlichkeiten aus diesen Spektren für sein Anliegen gewinnen, darunter den sächsischen Justizminister Steffen Heitmann. (HS/UJ)

1 Vgl. Deutsche Schule Trakehnen, Nr. 1/1994, S. 12.
2 Vgl. auch F. Hundseder: Rechte machen Kasse. München 1995, S. 145 ff.

Sudetendeutsche Landsmannschaft (SL)

Gründung: 1950 in Detmold
Sitz: 80019 München
Zahl der Mitglieder: ca. 200.000
Funktionäre: Franz Neubauer (Sprecher und Bundesvorsitzender); stellvertretende Bundesvors.: Hans Klein, Bernd Posselt, Bernd Wittmann; Präsident der Bundesvers.: Hans Sehling; Vizepräs. der Bundesvers.: Roland Schnürch, Werner Nowak; Bundesschriftführer: Hannelore Heller, Alfred Ardelt; weitere Bundesvorsstands-Mitglieder: Friedrich Seemann, Seff Heil, Rudolf Urbanek, Siegfried Zoglmann, Franz Longin. Der SL-Kurie des Sudetendeutschen Rates gehören u. a an: Karsten Eder, Jörg Kudlich, Heinz Kraus und Günther Reichert (Präsident der Bundeszentrale für politische Bildung). Reichert ist zusammen mit Prof. → Richard W. Eichler und Jörg Kudlich Vertreter im Karlspreis-Kuratorium.

Struktur: Die Sudetendeutsche Landsmannschaft (SL) hat in allen Bundesländern Landesverbände und arbeitet eng mit der SL in Österreich (SLÖ) zusammen. Sie verfügt über 2.000 Ortsgruppen und über 300 Kreisgruppen. Im Rahmen ihrer Heimatgliederungen verfügt sie über 14 »Heimatlandschaften«, ca. 80 »Heimatkreise« sowie ca. 90 »Heimatbünde«. Mit über 150 Städten und Gemeinden in den ehemaligen sudetendeutschen Gebieten bestehen kommunale Patenschaften. Im Umfeld der SL bestehen 139 Archive, Museen, Galerien und Heimatstuben und 25 kulturelle, wissenschaftliche und sonstige Einrichtungen[1]. Innerhalb der SL gibt es folgende Gliederungen: Ackermanngemeinde, Seliger-Gemeinde, → Witikobund, Sudetendeutscher Rat, Sudetendeutsches Sozialwerk, Bund der Egerländer Gmoin, Deutscher Böhmerwald-Bund, Sudetendeutsche Jugend, Arbeitskreis Sudetendeutscher Studenten, Arbeitskreis Sudetendeutscher Jungakademiker. Das höchste Gremium der SL ist die alle vier Jahre neu gewählte »Bundesversammlung«, welche sich als Exilparlament versteht und der auch Vertreter der österreichischen SL angehören. Die SL ist Mitglied im → Bund der Vertriebenen (BdV) und genießt die Schirmherrschaft der Landesregierung in Bayern.

Aktivitäten: Die SL organisiert zahllose Aktivitäten und Initiativen. Jährlich veranstaltet die SL ihren »Sudetendeutschen Tag«, zu dem, wie auch wieder 1996 in Nürnberg, über 100.000 Besucher kommen. Für ihre Aktivitäten erhält die SL Mittel aus dem Bundeshaushalt: 1991 0,551 Mio. DM; 1992 0,721 Mio. DM; 1993 0,640 Mio. DM; 1994 0,765 Mio. DM; 1995 0,855 Mio. DM; 1996 0,790 Mio. DM. Die SL organisierte in den letzten Jahren zahlreiche Initiativen für die und unter der deutschen Minderheit in Tschechien, um sie bei der Pflege der Kultur und Tradition sowie ihren Forderungen nach Entschädigungszahlungen und einem Siedlungsrecht zu unterstützen. Sie wurde dabei von der Bundesregierung als offiziöse Mittlerorganisation eingesetzt und erhielt für die Errichtung, Ausstattung und für den Unterhalt deutsch-tschechischer Begegnungsstätten aus dem Bundeshaushalt: 1991 1,979 Mio. DM; 1992 1,037 Mio. DM; 1993 0,713 Mio. DM; 1994 0,711 Mio. DM.[2]

Periodika: Die *Sudetendeutsche Zeitung* wird von der Sudetendeutschen Verlagsgesellschaft mbH herausgegeben, erscheint seit 1948 und dürfte eine Auflage von ca. 20.000 haben. Geschäftsführer ist Georg Wollner, Chefredakteur Gernot Wildt. Redaktionsmitglieder sind weiterhin Michael Leh und Susanne Habel. Die *Sudetendeutsche Zeitung* erscheint wöchentlich mit den Kopfblättern *Heimatbote, Volksbote, Heimatruf* und *Reichenberger Zeitung*. Der *Wegweiser* erscheint zweimal im Monat bei der Sudetendeutschen Verlagsgesellschaft mbH.

Programmatik: Die Gründer der SL demonstrierten schon in ihrer *Eichstätter Erklärung* von 1949, daß sie die Resultate des Zweiten Weltkrieges nicht hinnehmen und daß sie die politischen Grenzziehungen im Rahmen einer europäischen Lösung völlig neu regeln wollten. In der Erklärung heißt es: »Unsere unabdingbare Forderung ist die Rückgabe der Heimat in den Sprach- und Siedlungsverhältnissen von 1937. (…) Keine Neugestaltung Europas kann an dem zentralen Problem einer neuen staatsrechtlichen Ordnung des Donauraumes und der übrigen von der Sowjetunion seit 1945 besetzten und beherrschten Gebiete vorübergehen. (…) Die Voraussetzung auch dafür wäre die Bereitschaft der Tschechen und Polen, den vertriebenen Deutschen ihre Heimat zurückzugeben. (…) Von dieser Überzeugung geleitet, wollen wir innerhalb unserer Volksgruppe und bei allen Vertriebenen dafür wirken, daß sie den Kampf um die Wiedergewinnung ihrer Heimat einordnen in das große Ringen um die christlich-humanistische Wiedergeburt Europas.«[3] Diese programmatische Erklärung, die bis heute Gültigkeit hat, charakterisiert die völkische und revanchistische Ideologie der SL. Und nach dem Zusammenbruch des »realexistierenden Sozialismus« in den Staaten des Warschauer Pakts sahen die Funktionäre der SL die Chance zur Wiedergewinnung des Sudetenlandes für gekommen. Klar betont Walter Becher, MdB a.D. und Altsprecher der SL, daß die sudetendeutsche Frage als »politisch offen«[4] zu gelten habe. Die Durchsetzung dieses Rechtsanspruchs auf ihre Heimat erhoffen die Funktionäre der SL dadurch zu erreichen, daß die Bundesregierung Druck auf die tschechische Regierung hinsichtlich der EU-Mitgliedschaft ausübt, denn – so der Bundesvorsitzende der SL, Neubauer, auf der konstituierenden Sitzung der XI. Bundesversammlung – eine tschechische Regierung, die auf die Forderungen der SL nicht eingehe, sei »nicht europafähig« und »isoliert sich selbst«[5].

Zusammenarbeit: Die SL hat enge Verbindungen zur → Paneuropa-Union, der → Zeitgeschichtlichen Forschungsstelle Ingolstadt, der → Deutschen Gildenschaft, der Föderalistischen Union Europäischer Volksgruppen, dem Kulturwerk für Südtirol e.v. und zu einer Vielzahl von Organisationen der deutschen Minderheit in der Tschechischen Republik. Zu den Ehrengästen der SLÖ zählen auch Vertreter der Freiheitlichen Partei Österreichs.[6]

Bedeutung: In den 60er Jahren stand die SL der → Nationaldemokratischen Partei Deutschlands nahe.[7] Heute werden rechtsextreme Inhalte vor allem über den Witikobund organisiert in die SL getragen, ohne daß die Landsmannschaft selber rechtsextrem ist. Die SL vertritt gegenüber der tschechischen Regierung und der tschechischen Bevölkerung unverhohlen einen agressiven Kurs auf Rückgewinnung des Heimatrechts der Sudetendeutschen. Bei dieser »Regermanisierungpolitik«, die vor allem unter den Namen »Minderheitenschutz« und »europäische Vereinigung« betrieben wird, wird die SL von der bayerischen Landesregierung unterstützt. Der Flügel innerhalb der SL, der einen Ausgleich und Dialog mit der tschechischen Seite will, verfügt über keinen nennenswerten Einfluß innerhalb der SL. (HS/UJ)

1 Vgl. G. Herde; A. Stolze: Die Sudetendeutsche Landsmannschaft. Köln 1986, S. 25 ff.; sowie BdV (Hrsg.): Handbuch des BdV 1993. S. 214 ff.
2 Antwort der Bundesregierung auf die Kleine Anfrage »Drei Jahre Vertrag über gute Nachbarschaft und freundschaftliche Zusammenarbeit mit der Tschechischen und der Slowakischen Republik«. Bundestags-Drucksache vom 1.6.1995.
3 Zitiert nach Herde; Stolze, 1986, S. 89/90 (s. Anm. 1).
4 W. Becher: Böhmen ist auch unser Land. In: R.-J. Eibicht (Hrsg.): Die Sudetendeutschen und ihre Heimat. Erbe-Auftrag-Ziel. Zur Diskussion um die Rückkehr und Wiedergutmachung. Wesseling 1991, S. 43 f.
5 Sudetendeutsche Zeitung vom 16.2.1996.
6 Vgl. Sudetendeutsche Zeitung vom 10.3.1995.
7 Vgl. H. Weiß: Die Organisationen der Vertriebenen und ihre Presse. In: W. Benz (Hrsg.): Die Vertreibung der Deutschen aus dem Osten. Frankfurt 1985, S. 206.

Der Witikobund

Gründung: 1949
Sitz: 80538 München
Zahl der Mitglieder: ca. 1.000
Funktionäre: → Walter Staffa (Bundesvorsitzender), → Horst Rudolf Übelacker (stellvertretender Bundesvors.), Walter Stain, Walter Becher, Alf Torsten Werner, → Hans-Ulrich Kopp, Alfred Ardelt, Rüdiger Goldmann, Oskar Böse, Horst Löffler, Heinz Kraus, Roland Schnürch, → Richard W. Eichler
Struktur: Der Witikobund (im folgenden WB) versteht sich als national-konservative Strömung innerhalb der → Sudetendeutschen Landsmannschaft (SL). Gegründet wurde er insbesondere von alten Nationalsozialisten, was vor allem eine Sogwirkung auf Angehörige der alten nationalsozialistischen Sudetendeutschenpartei Konrad Henleins hatte. Der WB sieht seine Funktion,

in Abgrenzung zur sozialdemokratisch ausgerichteten Seliger-Gemeinde und der christdemokratisch-katholisch ausgerichteten Ackermanngemeinde, innerhalb der SL als eingeschworene »nationale Gesinnungsgemeinschaft«, als geistige Elite, die dazu berufen ist, die Vertriebenenverbände auf eine völkisch deutschnationale Linie auszurichten. Der Witikobund will keine Massenorganisation sein, sondern arbeitet nach Art einer konspirativ abgeschotteten Kaderorganisation. Ziel ist es, führende Funktionen innerhalb der Vertriebenenverbände und anderer Gruppen, wie den studentischen Korporationen, einzunehmen. Mitte der 50er Jahre erklärte der damalige bayerische Minister und Witikone Walter Stain die Vorgehensweise: »Alle Umsetzung geistiger Erkenntnis und damit ihrer Verwirklichung vollzieht sich in den Organisationen. Auf diese aber kann man nicht oder nur schwer – und dann vielfach unerwünscht – von außen einwirken. Man muß selbst in ihnen stehen. Und wenn man dann auf diese tatsächlich Einfluß ausüben will (…) dann muß man eben an solche Stellen gelangen, von denen aus man zu wirken in der Lage ist.«[1] Heute verfügt der Witikobund über starke Landesverbände in Bayern, Nordrhein-Westfalen, Hessen, Baden-Württemberg und, ganz seinem großdeutschen Ansatz folgend, auch in Österreich. Die Jungen Witikonen bilden die Jugendorganisation des Witikobundes.

Aktivitäten: Neben zahlreichen kleineren Veranstaltungen und »Heimfahrten« nach Tschechien veranstaltet der Witikobund jährlich »Kulturpolitische Seminare« und seine Jahreshauptversammlung. Schwerpunkt seiner Arbeit in den letzten Jahren war der Kampf gegen den Versöhnungskurs und die Dialogbereitschaft von Teilen der SL gegenüber Tschechien. Teilweise mit großem Erfolg haben Mitglieder des Witikobundes innerhalb der SL mit Resolutionen ihren revanchistischen Kurs gegenüber dieser Dialoglinie festschreiben können.

Periodika: Der *Witiko-Brief, Mitteilungsblatt der nationalen sudetendeutschen Gesinnungsgemeinschaft*, erscheint zweimonatlich seit 1957. Presserechtlich verantwortlich für den Inhalt ist der Bundesvorsitzende Walter Staffa, Schriftleiter ist Hans-Ulrich Kopp. Die Auflage des *Witiko-Briefes* dürfte ca. 1.000 betragen, da er nur an Mitglieder vertrieben wird und nicht als Massenblatt konzipiert ist.

Programmatik: Der Witikobund ist stramm revanchistisch ausgerichtet und verlangt nach einer Revision der Ergebnisse des Zweiten Weltkrieges. Diese Forderung ist sein zentrales Politikfeld. Zu den Zielen des Bundes heißt es bereits Anfang der 50er Jahre: »Es geht heute nicht mehr um einfache Rückkehr, sondern um einen Neuaufbruch, um eine Wiedervereinigung unserer Heimat durch eine neue Siedlung, die der alten Kolonisation des Mittelalters durchaus ebenbürtig wäre, wenn auch mit den Mitteln der heutigen Technik.«[2] Dem WB geht es darum, grundlegend die Nachkriegsordnung, wie sie im

Potsdamer Abkommen niedergelegt ist, zu ändern. Die Politik der tschechischen Regierung wird von ihm als »Raubsicherungspolitik« bezeichnet. . Explizite Forderungen des WB sind: die Aufhebung der Benesch-Dekrete; die Verurteilung der Amnestieregelungen durch die tschechische Regierung; Recht auf Ansiedlung der Sudetendeutschen als Volksgruppe; Eigentumsregelungen und Entschädigungszahlungen zugunsten der Vertriebenen. Revanchistische Forderungen werden ergänzt durch rassistische und antisemitische Positionen, der Uminterpretation der Geschichte und der Leugnung der NS-Verbrechen. Bereits 1974 schrieb Adolf Metzner im *Witiko-Brief*: »(...) zu den gewaltigsten Geschichtslügen der jüngsten Vergangenheit gehören die 6 Millionen Juden (...).«[3] Der Witikobund verbreitet ein geschlossenes rechtsextremes Weltbild, in dem der einzelne sich dem Volksganzen unterzuordnen hat und Naturgesetze an die Stelle des Humanismus treten.

Zusammenarbeit: Mitglieder des Witikobundes arbeiten in einer Vielzahl von rechtsextremen und »neu-rechten« Organisationen, Zeitungen und Verlagen an führender Stelle mit. Enge Verbindungen bestehen zu den Organisationen → Schutzbund für das deutsche Volk, Kultur-und Zeitgeschichte-Archiv der Zeit e.V., → Deutsches Seminar, Kolbenheyer-Gesellschaft, → Hilfskomitee Südliches Afrika, → Gesellschaft für freie Publizistik, → Deutsche Kulturgemeinschaft, → Zeitgeschichtliche Forschungsstelle Ingolstadt, Verein für das Deutschtum im Ausland, → Nationaldemokratische Partei Deutschlands, → Die Republikaner usw.[4] Die Jungen Witikonen arbeiten u. a. mit dem → Bund Heimattreuer Jugend, dem → Jugendbund Sturmvogel, der → Burschenschaft Danubia und dem → Nationaleuropäischen Jugendwerk zusammen.

Bedeutung: Der WB ist traditionell stark rechtsextremistisch durchsetzt und wurde bis 1967 vom Bundesministerium des Innern als rechtsextrem eingestuft. Er verfügt über einen beträchtlichen Einfluß innerhalb der Vertriebenenverbände und wichtige gesellschaftlichen Schaltstellen, so in den Vertriebenenbeiräten der Landesinnenministerien und den Rundfunkbeiräten. Witikonen wie der Großverleger → Herbert Fleissner sorgen dafür, daß rechtsextreme Literatur in großem Umfang vertrieben wird. Das Bundesministerium des Innern förderte den WB und die Jungen Witikonen in den Jahren 1983–1991 mit ca. 72.000 Mark aus Mitteln des Bundeshaushaltes. (HS/UJ)

1 Zitiert nach: K. Hirsch: Rechts von der Union. München 1989, S. 185/186.
2 Ebenda, S. 185.
3 Zitiert nach: Antifa-Kommission des KB (Hrsg.): Wer mit wem? Braunzone zwischen CDU/CSU und Neonazis. Hamburg 1981, S. 58.
4 Vgl. dazu: Antwort der Bundesregierung auf eine Kleine Anfrage der PDS »Der ›Witikobund‹ und der Antisemitismus und der Rechtsextremismus« vom 23.5.1995; sowie Antifaschistisches Autorenkollektiv: Drahtzieher im braunen Netz. Berlin 1996, S. 238 ff.

Heidnische Gruppen, Sekten und christlich fundamentale Organisationen

Arbeitsgemeinschaft Naturreligiöser Stammesverbände Europas (ANSE)
Gründung: 1989
Sitz: 82541 Ammerland
Zahl der Mitglieder: ca. 500
Funktionäre: → Sigrun Schleipfer (Schlichting), → Klausdieter Ludwig, Heinrich Jörn und Susanne Schönlaub, Franz Schmid, Bernhard Schulz
Struktur: Die ANSE versteht sich als ein Zusammenschluß von sogenannten Stammesverbänden, wie z.b. die der Bajuwaren, der Ostariker, der Semnonen, der Burgunder, Franken und Thüringer. Die einzelnen Stämme haben eigene »Stammesfürsten«. Sigrun Schleipfer ist die zentrale Person der ANSE. Als Verein wurde die ANSE 1994 wieder aus dem Vereinsregister gelöscht.
Aktivitäten: Die Arbeitsgemeinschaft Naturreligiöser Stammesverbände Europas (ANSE) tritt 1989 erstmalig in Erscheinung und wird 1992 als Verein eingetragen. Die einzelnen Stämme führen regelmäßig Treffen und Kulthandlungen durch wie Sonnenwendfeiern, Julfeiern, Runenseminare oder Eddatreffen. Überregional nimmt die ANSE an verschiedenen Treffen, wie dem auf europäischer Ebene organisiertem Fest der Leinernte, teil.
Periodika: Seit 1990 erscheint die nach den Raben auf Odins Schultern benannte Zeitung *Huginn und Muninn* monatlich. Diese wurde bis Ende 1995 von Sigrun Schleipfer herausgegeben. Seit diesem Zeitpunkt zeichnet Bernhard Schulz als Verantwortlicher. Die Publikation veröffentlicht Artikel zu germanischem und heidnischem Brauchtum sowie zur Vor- und Frühgeschichte. Geworben wurde u.a. für die Aktion Lebensborn von → Ernst Tag, den Hexenkreis Yggdrasil e.V., den → Armanen-Orden und die Zeitungen *Lebensborn* und → *Unabhängige Nachrichten.*
Programmatik: Die ANSE vertritt eine Mischung aus heidnischer Germanentümelei und esoterischen Elementen. Hinter der Verbreitung eines angeblich alteuropäischen Glaubens verbirgt sich Rassismus, Homophobie und Antisemitismus. Das Konzept der Stammesverbände weist Parallelen zu → Henning Eichbergs Regionalismusvorstellungen auf.
Zusammenarbeit: Die ANSE ist eng mit der Gemeinschaft zur Erhaltung der Burgen e.V. und dem Hilfskomitee für die Kinder Osteuropas e.V. verbunden. Sie arbeitet zumindest in Teilen mit der → Artgemeinschaft, den → Goden oder der → Deutschgläubigen Gemeinschaft zusammen. Personelle Kontakte

bestehen zu einigen heidnischen Gruppen der BRD und des europäischen Auslands. So wird mit der Odinic Rite aus Großbritannien, den A´satrúarmenn aus Island und mit verschiedenen Gruppen aus Osteuropa zusammengearbeitet. Wichtigstes Treffen ist dabei das jährlich stattfindende »Fest der Leinernte«.

Bedeutung: Die ANSE ist eine Art Vorfeldorganisation des Armanen-Ordens. Während aber der Armanenorden keine öffentlichen Aktivitäten entfaltet, wirkt die ANSE nach außen und versucht sowohl Personen aus dem Alternativspektrum als auch des organisierten Rechtsextremismus anzusprechen (Anzeigen in → *Nation und Europa*) und einzubinden (z.B. Schönlaub, Ludwig). Mit ihrer Arbeit nimmt sie Einfluß auf Teile der Esoterikszene. (B)

Armanen-Orden

Gründung: 1979
Sitz: 50933 Köln
Zahl der Mitglieder: ca. 50–100
Funktionäre: → Sigrun Schleipfer, Adolf Schleipfer, beide sind »Großmeister« des Armanen-Ordens
Struktur: Hervorgegangen ist der Orden aus der 1969 von dem späteren Armanenchef Adolf Schleipfer neugegründeten Guido von List Gesellschaft. Der Armanen-Orden ist hierarchisch in zehn unterschiedliche Grade gegliedert. Die Grade 1–3 stellen die Volkspriesterschaft dar, die von der »Hohen Armanenschaft« unter Leitung der »Großmeister« geführt werden. Voraussetzung für die Mitgliedschaft ist die Zugehörigkeit zur (germanischen) Volksgemeinschaft.
Aktivitäten: Der Orden feiert außer gottesdienstähnlichen Kult-Handlungen auch eine Reihe von Festen, z.B. das Sonnwendfest, das Herbst-Thing und das Ostara-Fest. Weitere Aktivitäten finden im Kreis der → Arbeitsgemeinschaft Naturreligiöser Stammesverbände Europas (ANSE) statt.
Periodika: Die zweimonatlich erscheinende Zeitung des Armanen-Ordens ist nach dem germanischen Lebensbaum *Irminsul – Stimme der Armanen* benannt. Herausgeber ist Adolf Schleipfer. Die Autoren zeichnen lediglich mit dem Vornamen. Beigelegt ist dem kopierten und gehefteten DIN A4-Heft meistens eine Liste der Armanenversandbuchhandlung von Adolf Schleipfer, in welcher Bücher über germanisches Heidentum, Ur- und Frühgeschichte, Ufos und Esoterik angeboten werden. Unter den geführten Autoren finden sich → Karlheinz Weißmann, → Henning Eichberg, Hans Friedrich Karl Günther, Herman Wirth, Helena Petrovna Blavatzky, Walter Flex und Houston Stewart Chamberlain, hauptsächlich aber die Werke des Guido von List. Interne Leitbriefe dienen zur Schulung der Mitglieder.
Programmatik: Die Armanen sind eine ariosophische Gruppierung, die sich

vor allem auf die Werke des österreichischen Antisemiten Guido von List bezieht. Nach List sind die Armanen, die gleichbedeutend mit den Ariern sind, die Führer und Priester der Germanen gewesen. Sie sind es, die das Volk zu seinem arteigenen Glauben und zu seinen Wurzeln zurückbringen können. Die Armanen verstehen sich nicht als »One-World-Esoteriker«, sondern als arisch-germanische Esoteriker, deren Handeln, Denken und Fühlen durch ihre Rasse und Art vorbestimmt sei. Sie hängen Weltverschwörungstheorien durch die Freimaurerei und das »Weltjudentum« an. In jüngster Zeit werden verstärkt ökologische Argumentationsmuster aufgenommen.

Zusammenarbeit: Ein enges Verhältniss besteht zur ANSE, der Gemeinschaft zur Erhaltung der Burgen e.V., der Guido von List Gesellschaft und dem Hexenkreis Yggdrasil e.V. Über Heinrich Jörn Schönlaub bestanden Kontakte zur → Nationalistischen Front.

Bedeutung: Der Armanen-Orden ist eine streng hierarchische, nach außen stark abgeschottete Gemeinschaft mit einem Ordenskonzept und elitärem Selbstverständnis. Der Orden ist eine geistig-spirituelle und kulturelle Hintergrundorganisation, der es auf die weltanschauliche Festigung ihrer Mitglieder ankommt. Bekannte Personen des neofaschistischen Spektrums, wie → Meinolf Schönborn, erschienen zu ihren Treffen. (B)

Artgemeinschaft e.V.

Gründung: 1951, ab 1957 e.V.

Sitz: 13347 Berlin

Zahl der Mitglieder: ca. 400–500

Funktionäre: → Jürgen Rieger (Leiter), Imke Thomas (Stellvertreterin), Wolfgang Lütkemeyer (Schatzmeister), Margit Killinger (Schriftführerin), Karl Scherer (Leiter der Versandstelle), Stefan Broschell (Buchversand)

Struktur: Die Artgemeinschaft unterteilt sich in regionale Gefährtenschaften und Freundeskreise. So existiert z.B. ein Freundeskreis Rheinland. Neue Mitgliedsanwärter müssen zwei Bürgen vorweisen. Die Bandbreite der Mitglieder reicht von militanten Neofaschisten, wie Hartmut von der Heide, → Wolfram Nahrath und Reinhard Wolter, zu Personen der »Neuen Rechten« wie → Pierre Krebs.

Aktivitäten: Die von Wilhelm Kusserow gegründete Artgemeinschaft veranstaltet regelmäßig Gemeinschaftstage, Sommersonnenwendfeiern und Julfeste. Als Mitorganisatoren der Hetendorfer Tagungswoche arbeiten sie an der Festigung von neofaschistischen Strukturen. Mitglieder der Artgemeinschaft gründeten den Verein Familienwerk e.V.

Periodika: Vierteljährlich erscheint die *Nordische Zeitung*. Herausgeber ist Jürgen Rieger. Als Autoren finden sich hier u.a. Wielant Hopfner, Wolfram zu Mondfeld und Gerhard Seifert. Neben der Dauerrubrik »Für unsere jungen

Gefährten« werden immer wieder alte Beiträge aus dem Nationalsozialismus abgedruckt, so z. B. von Gustaf Neckel oder Ludwig Fahrenkrog.

Programmatik: Als programmatische Grundlagen der Artgemeinschaft sind das »Sittengesetz« und das »Artbekenntnis«, welche eine Art »Glaubensbekenntnis« darstellen, anzusehen. Hauptpunkt des angeblich erblich »in uns« ruhenden germanischen Sittengesetzes ist die »eigene Art«, welche mit germanisch, oder einfacher mit den Idealen und »Rassenmerkmalen«, gleichgesetzt werden kann und die im Nationalsozialismus das Arische ausmachte. Desweiteren wird im Artbekenntnis eine biologische Naturnähe im Sinne der Blut-und-Bodenideologie propagiert. »Viele junge Leute glauben, eine politische Befreiung dieses Landes sei möglich. Voraussetzung (…) ist zuerst die Befreiung unseres Geistes von den Ketten des uns aufgezwungenen Orientalismus.«[1] Neben der Wiedererweckung des Glaubens geht es der Artgemeinschaft um die Rekonstruktion der Volksgemeinschaft. Sie kämpft um »volkliche Einheiten wie Gau und Stamm, Reich und Volk. Lebendige geistige Wirklichkeit ist die Gemeinschaft des Blutes.«[2] Aufgebaut ist diese Gemeinschaft nach dem Führerprinzip. »Die Sippe, die im Volke die Führenden stellte (…) brauchte ein anderes Heil als die Geführten, denn auch das Sich-führen-lassen, das Dienen in einer Gefolgschaft eines Führenden war nur dann erfolgreich möglich, wenn man ein Heil besaß.«[3] Dabei beruft sich die Artgemeinschaft immer wieder auf Ideologen des Nationalsozialismus wie Houston Stewart Chamberlain und Hans Friedrich Karl Günther. Kernpunkt ihres Wirkens ist die Überwindung christlich-humanistischer Moralvorstellung hin zu einem der Natur und der Tierwelt entlehnten Recht des Stärkeren.

Zusammenarbeit: Eine gemeinsame Veranstaltung hielt die Artgemeinschaft mit dem → Freundeskreis Ulrich von Hutten e.V. ab und organisierte die Hetendorfer Tagungswoche zusammen mit den Organisationen Familienwerk e.V., Freundeskreis Filmkunst e.V., → Gesellschaft für biologische Anthropologie, Eugenik und Verhaltensforschung e.V., → Gesellschaft für freie Publizistik – Arbeitskreis Hamburg, Heinrich Anacker Kreis e.V., → Nordischer Ring e.V., Northern League und Heide Heim e.V. Zeitweise übernahm die Artgemeinschaft die kulturelle Schulung der Mitglieder der verbotenen → Nationalistischen Front und unterstützte den → Bund der Goden.

Bedeutung: »Die Artgemeinschaft ist kein ›Schönwetterverein‹, der friedlich, fröhlich, fromm und betulich bei Kaffee und Kuchen ein wenig von der Vergangenheit schwärmt (…) Die Artgemeinschaft ist gezwungen worden, ein Kampfverband zu sein, der um die Möglichkeiten einer artgemäßen Lebensführung kämpfen muß«[4], heißt es in einer Selbstdarstellung. Sie verfügt über gute Verbindungen zum militanten Neofaschismus und legt großen Wert auf Nachwuchsarbeit. (B)

1 Nordische Zeitung, Nr. 2/1987, S. 1.
2 Ebenda, Nr. 1/1991, S. 2 ff.
3 Ebenda, S. 3.
4 Ebenda, Nr. 2/1987, S. 6 f.

Asgard-Bund e.V.

Gründung: 1980

Sitz: 13347 Berlin

Zahl der Mitglieder: ca. 40

Funktionäre: Erster Vorsitzender bei Gründung war Matthias Wenger. Aktuell stehen → Arnulf Winfried Priem (Vorsitzender) und Eva Nimtz (Stellvertreterin) dem Asgard-Bund vor.

Struktur: 1987 entstand Wotans Volk als »Jugendgruppe« des 1980 gegründeten Asgard-Bundes. Dieser nennt sich später Hauptschulungsamt Wotans Volk.

Aktivitäten: Direkte Aktivitäten des Asgard-Bundes sind nicht bekannt. Nach außen sorgte nur Wotans Volk durch ihr Auftreten als Rocker auf neofaschistischen Veranstaltungen für Aufsehen.

Periodika: Der Asgard-Bund gibt den *Wotansspeer* heraus, ein 2- bis 4-seitiges, flugblattähnliches, unregelmäßig erscheinendes »Kampfblatt der Völkischen Aktion«. Inhaltlich wird Germanentümelei und Rassismus verbreitet. Jährlich erscheint der *Nordisch-Germanische Jahrweiser*, ein Kalender mit Hinweisen auf »Ariertage«, heidnisches Brauchtum und Verherrlichung des Nationalsozialismus.

Programmatik: Der Asgard-Bund will die vom »artfremden« Glauben zerstörte altdeutsche Folklore wiederaufrichten. Er bekennt sich offen zum Nationalsozialismus und vertritt rassistische, den Holocaust leugnende Positionen. Gekämpft wird für ein freies Großdeutschland, welches die Einheit von Blut, (artgerechtem) Glauben, Kultur und Wirtschaft wiederherstellt. Besondere Beachtung wird der SS geschenkt, so veröffentlichte das Hauptschulungsamt Wotans Volk deren Rangabzeichen im *Nordisch-Germanischen Jahrweiser* und gedachte 1992 besonders Reinhard Heydrich.

Zusammenarbeit: Durch die Person Priems ist der Asgard-Bund mit einer Reihe neofaschistischer Organisationen verknüpft. Eine direkte Zusammenarbeit z. B. mit heidnischen Gruppen ist nicht bekannt. Sympathie oder inhaltliche Nähe scheint zu den Gylfiliten und zu der → Deutschgläubigen Gemeinschaft zu bestehen, die als befreundet bezeichnet werden.

Bedeutung: Der Asgard-Bund ist ein Versuch von Matthias Wenger und Arnulf Priem gewesen, eine ideologische Hintergrundorganisation für jüngere militante Neofaschisten aufzubauen. Dieser Versuch muß spätestens seit dem Ausschluß von Wenger, welcher über weitreichende Kontakte in der Heidenszene verfügt, als gescheitert angesehen werden. Seit der Verhaftung Priems 1994 ist der Asgard-Bund nicht mehr in Erscheinung getreten. (B)

Bund der Goden – Arbeitsgemeinschaft des Godenrates der religiösen Vereinigung Die Goden e.V.

Gründung: 1990
Sitz: 22927 Großhansdorf
Zahl der Mitglieder: ca. 100
Funktionäre: Dr. August-F. Ventker (1. Vorsitzender), Hans Köhler (Kassenwart), Heinrich Lorenzen (Bereichsleiter Nord), Hans Fischer (stellvertretender Vorsitzender, † 1994)
Struktur: Ventker bezeichnet den Bund der Goden als »Arbeitsgemeinschaft der Goden« (→ Die Goden e.V.), andere Quellen sprechen von einer Spaltung der Organisation. Dafür spricht, daß es seit 1990 kaum noch personelle Überschneidungen der Referenten oder der Autoren gibt. Der Bund der Goden gliedert sich in einen Freundeskreis, fördernde Mitglieder und die Trägergemeinschaft.
Aktivitäten: Seit 1990 veranstaltet der Bund regelmäßig Frühjahrs- und Herbsttagungen, seit 1991 den Hermanstag, wo der Errettung der Germanen vor der römischen Fremdherrschaft gedacht werden soll.
Periodika: Der Bund der Goden veröffentlicht ca. sieben Mal jährlich Rundschreiben, deren fast alleiniger Autor Ventker ist.
Programmatik: »Einst waren Goden (…) die Führer der germanischen Stämme (…) An diesen hohen Auftrag knüpfen die heutigen Goden an.«[1] Der Bund der Goden ist eher deutschnational als religiös ausgerichtet. Zwar geht es um ein Streben nach artgemäßer Verehrung des Göttlichen, im Zentrum steht jedoch Rassismus und Deutschtümelei. Für den Bund der Goden bestimmt das Erbgut die menschlichen Verhaltensweisen und ist »Völkervermischung« gleich »Völkermord«. Ihrer Auffassung nach muß sich das als Fremdreligion bezeichnete Christentum kultur- und danach auch staats- und volkszerstörend auswirken. So kämpfen sie gegen die »Überfremdung« und die Fremdreligion. Hierzu nehmen sie auch Bezug auf »Herman den Cherusker«.
Zusammenarbeit: Die Durchführung des Hermanstages 1994 in Hetendorf wurde unterstützt von den Organisationen → Artgemeinschaft, → Nordischer Ring und der → Deutschen Bürgerinitiative. Zu letztgenannter bestehen über → Manfred Roeder feste Kontakte. Durch personelle Verbindungen verfügt der Bund über Kontakte zum → Deutschen Kulturwerk Europäischen Geistes, dem → Weltbund zum Schutze des Lebens und der Hamburger Burschenschaft Askania. Als Vortragende traten Gerhard Seifert, Hans Fischer, Ursula Beyrich, Karlheinz Baumgartl, Heinrich Lorenzen, Siegfried Bokelmann, Manfred Roeder und Adolf Persin auf.

Bedeutung: Der Bund der Goden besteht zum überwiegenden Teil aus älteren, allerdings sehr aktiven Leuten. Er ist offen rassistisch und deutschnational. Sinnstiftend wirkt er für Funktionäre des Neofaschismus (Roeder, Ventker, Köhler) und gibt ihnen die »moralische«, weltanschauliche Basis für ihre Aktivitäten. Ihre Treffen bieten ein Forum für Vernetzung und Koordination. (B)

1 A. F. Ventker: Wer sind die Goden? Was wollen sie? Großhansdorf o.J., S. 1.

Bund Deutscher Unitarier

Gründung: 1991/92

Sitz: 35394 Gießen

Zahl der Mitglieder: ca. 200–300

Funktionäre: Dr. Karlheinz Küthe (Geschäftsführer; Vorsitzender des Bereichs Mittelhessen), Bernhard Bühler, Hermann Thiele, Dr. Wolfgang Traxel (Kassenleiter), Kurt Winter (Vorsteher der Kreisgemeinschaft Düsseldorf)

Struktur: Der Bund Deutscher Unitarier ist eine Abspaltung der → Deutschen Unitarier Religionsgemeinschaft e.V. und gilt als Zusammenschluß der eigentlich eigenständigen Vereine Büsum, Mittelhessen und Bad Bevensen. Desweiteren ist die Existenz der Bereiche Bremen, Hannover, Mittelholstein und einiger Kreisgemeinschaften bekannt.

Aktivitäten: Der Bund Deutscher Unitarier organisiert regelmäßig Vortragsveranstaltungen, Tagungen, Sonnenwendfeiern, Jugendleiten oder Feste zu angeblich germanischen Festtagen wie dem Thorstag oder Hohenmaien. Als Vortragende treten Robert Steuckers, Ralf Küttelwesch, Hermann Thiele, Harro Horn, Bernhard Bühler, Gertrud Hoffmann, Edda Schmidt, → Richard W. Eichler und Gerhard Heß auf.

Periodika: Ein regional erscheinender Rundbrief wurde zu dem seit 1992 monatlich erscheinenden Organ *Glauben und Wirken* ausgebaut. Autoren sind u. a. Baldur Springmann, Gerhard Heß, Hermann Thiele, → Peter Bahn und → Sigrid Hunke. Die Beiträge mischen sich mit Gedichten der im Nationalsozialismus hochgeschätzten Felix Dahn, Erwin Guido Kolbenheyer und Peter Rosegger.

Programmatik: »Wir als Unitarier, die in der Tradition ursprünglicher europäischer Religion stehen (…) geht [es] darum ein Herdfeuer zu hüten, das in den Geistigen Gründen des Volkes glimmt.«[1] Der Bund verbreitet die Vorstellungen und Theorien Sigrid Hunkes. Kernthese ist die Notwendigkeit von der Rückkehr zu »Europas eigener Religion«, ohne die sowohl der biologische Fortbestand als auch die »deutsche Identität« gefährdet sei. Um dies zu erreichen, wird auf Wilhelm Hauer, Indianermystik, »Geschichtsrevisionismus«, Germanenmythos und Runenkunde zurückgegriffen.

Zusammenarbeit: Gemeinsame Tagungen finden mit der Arbeitsgemeinschaft Europas eigene Religion statt. Als regionale Vorfeldorganisation ist die Initiative gegen Drogen aus Büsum zu nennen, in der Bernhard Bühler aktiv ist. Desweiteren hielten die Leitungspersonen Annedore und Karlheinz Küthe 1994 bei der 4. Hetendorfer Tagungswoche einen Vortrag zum Thema »Edvard Grieg«, und Gerhard Heß hielt dort einen Vortrag zur Runendeutung. Einzelpersonen (Gerhard Heß, Hermann Thiele) verfügen über weitreichende Verbindungen im heidnischen Bereich. Peter Bahn gilt als Mitarbeiter.

Bedeutung: Im Gegensatz zur Deutschen Unitarier Religionsgemeinschaft ist die Bedeutung des radikaleren Bundes Deutscher Unitarier gering. (B)

1 Glauben und Wirken, Juli/August 1994, S. 41.

Bund für Gotterkenntnis Ludendorff e.V.

Gründung: 1951

Geschäftsstelle: Wielenbach/Witzhofen

Zahl der Mitglieder: ca. 12.000 (Eigenangabe), 240 (laut Verfassungsschutzbericht Hamburg 1995)

Funktionäre: Gunther Duda leitet den Bund für Gotterkenntnis Ludendorf e.V. (im folgenden BfG), Maria Schwägerl ist in der Geschäftsleitung und Gundolf Fuchs im Vorstand. Gisela Stiller und Lothar Grünkorn sind im Vorstand des Ferienheims Schönhagen des BfG. Weitere zentrale Persönlichkeiten sind Franz Karg von Bebenburg, Günther Lehneking, Godela Dittrich.

Struktur: In einem Entnazifizierungsverfahren stufte die Spruchkammer Mathilde Ludendorff »wegen außerordentlicher Begünstigung des Nazismus« als »belastet« ein, und der Bund wurde verboten. Trotzdem reorganisieren sie sich nach 1945 und treten ab 1951 wieder in Erscheinung. 1961 wird der BfG durch die Innenminster der Länder als »verfassungsfeindlich« eingestuft und erneut verboten. Ein bayerisches Verwaltungsgericht hebt 1977, aufgrund von Verfahrensfehlern, das Verbot auf. Der BfG besteht aus Einzelmitgliedern sowie einem Vorstand mit Beirat. Flankiert wird der Bund von diversen Institutionen und Organisationen, u.a. Tagungsstätte Tutzingen, Ferienheim Schönhagen, Weltanschauungsgemeinschaft Gotterkenntnis Mathilde Ludendorff e.V., Ludendorff Gedenkstätte e.V. und Arbeitskreis für Lebenskunde e.V. Von besonderer Bedeutung ist der Verlag Hohe Warte GmbH, der vor 1945 Ludendorff Verlag hieß und den Franz Karg von Bebenburg leitet.

Aktivitäten: Die Geschichte des BfG, auch Ludendorffer genannt, reicht in die 20er Jahre. Der Namensgeber General a.D. Erich Ludendorff (1865–1937) marschierte beim sogenannten Hitler-Ludendorff-Putsch am 9. November 1923 mit an der Spitze. Rivalitäten um den Führungsanspruch führen zu Differenzen, und Ludendorff sammelt seine Anhänger, über

100.000, 1926 im Tannenbergbund. Im selben Jahr heiratet er Mathilde von Kemnitz (1877–1966). Sie übernimmt die ideologische Ausgestaltung und Organisation. In den 30er Jahren nähert sich Ludendorff Hitler wieder an, so daß Hitler zum Tode Ludendorffs ein Staatsbegräbnis anordnet. Neun Monate zuvor, am 30. März 1937, gründen sie, nach einer Unterredung mit Hitler, den Verein Deutsche Gotterkenntnis. 1951 wird er als BfG neugegründet. Neben Tagungen und Vorträgen organisiert der BfG Jugendtreffen und Sonnenwendfeiern. Nach außen treten seine Mitglieder über den Verlag Hohe Warte und die Franz v. Bebenburg KG in Erscheinung. Hilfreich zur Seite stehen → Roland Bohlingers → Verlag für ganzheitliche Forschung und Kultur, die Versandbuchhandlung von G. Stiller sowie der Lühe-Verlag von Harm Menkens.

Periodika: Bis 1939 verlegte der Bund die Halbmonatsschrift *Am heiligen Quell deutscher Kraft*, die dann unter *Ludendorffs Volkswarte*, später *Der Quell* und ab 1957 *Volkswarte*, erschien und seit 1961 unter dem Titel *Mensch und Maß* im Verlag Hohe Warte zweimonatlich herausgegeben wird. Regelmäßige Autoren sind u.a. → Alfred Schickel und Hans Kopp. → Germar Rudolf und Franz Uhle-Wettler waren n.a. Gastautoren. Über den Verlag werden sowohl Erich und Mathilde Ludendorffs Publikationen als auch Schriften des »Rassentheoretikers« Hans Friedrich Karl Günther vertrieben.

Programmatik: Bis heute gelten Mathilde Ludendorffs Werke als Fundament des BfG. In ihrer Hauptschrift *Triumph des Unsterblichkeitwillens* (1921) legt sie die Kernaussage dar. Potentiell habe jeder Mensch die Disposition, durch »Selbstschöpfung« zu Lebzeiten Gottähnlichkeit zu erlangen, wobei dieses Potential, wie der »Rassencharakter«, vererbt würde. Die Menschen unterteilt sie in Licht- und Schattenrassen. Die Lichtrassen seien von Freiheitswillen, Mut, heldischer Entschlossenheit erfüllt, die Schattenrassen dagegen seien erdgebundener und zeichnen sich durch Sklaventum sowie stumpfe Schicksalsergebung aus. Eine Blutsmischung führe zum »Volkstod«. Das Christentum gilt als eine Facette der »weltweiten Verschwörung des Judentums«, und das »entwurzelte jüdische Volk« erstrebe durch die »Zersetzung der Wirtsvölker« die Weltherrschaft. Basierend auf diesen Aussagen, kämpfen sie für eine »Rassenreinheit«, stehen für einen militanten Antisemitismus und leugnen den Holocaust ebenso wie die deutsche Kriegsschuld am Zweiten Weltkrieg.

Zusammenarbeit: Als Organisation sucht der BfG keine Kontakte. Einzelne Mitglieder sind u.a. bei den → Republikanern aktiv. In »neurechten« Periodika und Verlagen lancieren sie ihre Inhalte.

Bedeutung: Der Bund für Gotterkenntnis vertritt eine »Rasse-Blut-Boden-Religion«[1] und ist Bestandteil des rechtsextremen Spektrums. In Schleswig-Holstein haben sie einen Schwerpunkt, und 1994 schätzte das schleswig-holsteinische Innenministerium ein: »Diese (Veranstaltungen) ziehen – über kleine und durchweg überalterte Kreise der BfG-Mitglieder hinaus – auch Angehörige anderer rechtsextremer Organisationen in nicht unbeträchtlicher Zahl an.«[2] (AS)

1 Vgl. F. W. Haack: Wotans Wiederkehr. München 1981. S. 131 ff.
2 Der Rechte Rand, Nr. 37, Nov./Dez. 1995, S. 17.

Christliche Liga – Partei für das Leben (LIGA)

Gründung: Februar 1987
Sitz: Buseck
Geschäftsstelle: 88182 Ravensburg
Funktionäre: Ewald Jaksch (Vorsitzender), Peter Funke (Stellvertreter), Marion Gotthardt (Stellvertreterin), Dr. Gero Winkelmann (Stellvertreter), Helmut Sühnhold (Geschäftsführer); Landesvorsitzende: Walter Seßler (Baden-Württemberg), Gero Winkelmann (Bayern), Norbert Bartels (Brandenburg), Helmut Giörtz (Hessen), Ilse Fuchs (Niedersachsen), Lucie Zander (Nordrhein-Westfalen), Harald Heidenreich (Sachsen), Ernst-Martin Borst (Schleswig-Holstein), Mathias Misch (Thüringen).[1]
Struktur: Die Christliche Liga – Die Partei für das Leben (LIGA) entsteht durch Umbenennung der 1985 von Joseph Ripsam gegründeten Christlichen Partei für das Leben. Ripsam war bei der Europawahl 1984 noch Spitzenkandidat der Deutschen Zentrumspartei und konnte ca. 100.000 Stimmen auf sich vereinigen. Ende 1993 verfügt die Partei über neun Landesverbände, eine Geschäftsstelle befindet sich in Ravensburg. Im Juli 1995 schließt sich die LIGA u. a. mit der Zentrumspartei zur Christlichen Partei Deutschlands (CPD) zusammen. Vorsitzender wird Ewald Jaksch. Sitz der Partei ist Buseck in Hessen.
Aktivitäten: Die LIGA erhält bei Wahlen regelmäßig zwischen 0,0 und 0,5 Prozent der Stimmen. Ihr bestes Ergebnis erzielt sie zu den Landtagswahlen 1992 in Baden-Württemberg (23.259 Stimmen = 0,5 Prozent). Bei den Bundestagswahlen 1994 erhält die Partei 5.189 Stimmen (0,0 Prozent) und bei der Europawahl 1994 40.433 Stimmen (0,1 Prozent). 1986 beteiligt sich die LIGA am Katholikentag und an einer Kundgebung mit Mutter Theresa in Bonn.
Programmatik: In ihrem Programm vom Mai 1993[2] formuliert die LIGA ihre christlich-fundamentalistischen Ziele folgendermaßen: »Die Christliche Liga ist angetreten, Gottes Schöpfungsplan in seiner Gesamtheit im politischen Bereich zu vertreten und konsequent an seiner Verwirklichung zu arbeiten.« Ihr Forderungskatalog umfaßt, u. a. mit dem »Schutz des ungeborenen Lebens«, der Erhaltung der Schöpfung, dem Verbot der gentechnischen Manipulation, Kernpunkte konservativ-ökologischer Positionen. Weitere Forderungen kreisen um die Stärkung der gesellschaftlichen Position der Ehe und

Familie, sie »stellt sich der feministischen Emanzipationsbewegung entgegen, welche Ehe und Familie gefährdet und damit auch frauenfeindlich ist«.»Wirtschafts- und Scheinasylanten sind abzuweisen.«

Periodika: Vierteljährlich erscheinde Zeitschrift der Liga ist *Leitbild*.

Zusammenarbeit: Punktuelle Zusammenarbeit verbinden die Liga mit den Christdemokraten für das Leben, der → Aktion Lebensrecht für Alle und der Kooperative Arbeit Leben ehrfürchtig bewahren (KALEB) in Berlin. In der Zeitschrift der Liga schreiben → Christa Meves und Georg Götz.

Bedeutung: Die Christliche Liga versucht, eine christliche Wahlpartei für unzufriedene Parteigänger von CDU und CSU zu etablieren, die nicht als »reine Anti-Abtreibungspartei« wahrgenommen wird.»Vor allem im Bereich der Deutschlandpolitik unter Einbeziehung eines gesunden Nationalbewußtseins auf der Grundlage christlich-abendländischer Kultur«[3] möchte sie Akzente setzen. Ob sie ihren Führungsanspruch unter den christlichen Kleinstparteien mit der Gründung der Christlichen Partei Deutschlands umsetzen kann, bleibt abzuwarten. (B)

1 Stand vom Januar 1994
2 Mitteilungen des Bundeswahlleiters, Stand vom 4.1.1994.
3 Leitbild 5/1990. Zitiert nach Frauen gegen den § 218 –Bundesweite Koordination (Hrsg.): Vorsicht »Lebensschützer«. Hamburg 1991, S. 110 f.

Christliche Mitte – für ein Deutschland nach Gottes Geboten (CM)

Gründung: 1988

Sitz: 59531 Lippstadt

Funktionäre Adelgunde Mertensacker (Bundesvorsitzende), Alois Hoffmann (Stellvertreter und Landesvorsitzender Rheinland Pfalz), Hans Galli (Generalsekretär), Michael Platt (Geschäftsführer), Karlheinz Schmidt (Schatzmeister). Landesvorsitzende: Bernhard Wochnik (Hamburg), Godehard Janus (Niedersachsen), Werner Mertensacker (Nordrhein-Westfalen), Klaus-Peter Heisig (Hessen), Michael Platt (Baden-Württemberg), Detlef Ledermann (Bayern), Dr. Elmar Nehrbauer (Saarland), Johannes Kost (Berlin), Heinz-Peter Voigt (Sachsen), Peter Gerlich (Thüringen).

Struktur: Die Christliche Mitte (CM) wird im August 1988 von Funktionären und Anhängern der Deutschen Zentrumspartei gegründet. Sie ist in zwölf Landesverbände und die Jugendorganisation Junge Mitte gegliedert.

Aktivitäten: Die CM trat bisher erfolglos zu den Europa-Wahlen 1989 und 1994, den Bundestagswahlen 1990 und 1994 sowie verschiedenen Landtags- und Kommunalwahlen an.[1] Daneben bietet sie Propagandamaterial in großem Umfang an.

Publikationen: *Kurier der Christlichen Mitte*, Auflage 17.000, erscheint monatlich mit vier Seiten im DIN A3-Format.

Programmatik: Die CM vertritt christlich-fundamentalistische Positionen. Ihr Hauptanliegen ist das vollständige Verbot der Abtreibung. Sie kämpft gegen Homosexualität und fordert das Verbot von Sexualkundeunterricht in der Schule. Ein besonderer Schwerpunkt ihrer Programmatik ist der Kampf gegen die »Islamisierung Deutschlands«.

Zusammenarbeit: Die CM arbeitet mit vielen Gruppen der Abtreibungsgegner, wie der → Europäischen Ärzteaktion, zusammen. A. Mertensacker und Winfried Pietrek waren 1987 Podiumsgäste auf dem Kongreß der → Deutschen Konservativen.[2]

Bedeutung: Die CM gehört zu den Gruppen, die von der Evangelischen Zentralstelle für Weltanschauungsfragen als fundamentalistisch eingestuft werden.[3] (B)

1 Mitteilungen des Bundeswahlleiters, Stand von 16.5.1996.
2 Vgl. Frauen gegen §218–Bundesweite Koordination (Hrsg.): Vorsicht »Lebensschützer«. Hamburg 1991, S. 112.
3 Vgl. Junge Welt vom 18.8.1994.

Deutsche Unitarier Religionsgemeinschaft e.V.

Gründung: 1950
Sitz: Hamburg
Geschäftsstelle: Finningen
Zahl der Mitglieder: ca. 2.600
Funktionäre: Gunde Hartmann (Präsidentin). 1990 legt Horst Prem auf Druck seines Arbeitgebers Messerschmidt-Bölkow-Blohm/DASA, wo er Leiter der geheimen Forschungs- und Entwicklungsabteilung ist, sein Amt nieder. → Sigrid Hunke, von 1971–1983 Vizepräsidentin und 1985–1988 Ehrenpräsidentin, prägt die Deutsche Unitarier Religionsgemeinschaft nachhaltig. Wolfgang Deppert und Hans Dieter Kahl, nacheinander Leiter des Geistigen Rates, wirken im wissenschaftlichen Beirat der *Unitarischen Blätter*. Ein weiterer Theoretiker ist → Hubertus Mynarek.

Struktur: Auf einem konspirativen Treffen 1947 bei Hameln verabreden Herbert Böhme, Rudolf Wahlbaum, Eberhard Achterberg, Herbert Grabert, Marie-Adelheid Prinzessin Reuß zur Lippe und andere Protagonisten des Nationalsozialismus die Unterwanderung der Rheinhessischen Freiprotestanten. Bis 1950 sammeln sich etliche deutsch-völkische und deutsch-christliche Mitstreiter in der Gemeinschaft, der sie ihre Inhalte unterschieben und in Deutsche Unitarier Religionsgemeinschaft umbenennen. Drei Jahre später verlassen die Freiprotestanten die Organisation. Der Amtssitz ist Hamburg, die Geschäftsstelle liegt in Finningen. Regional sind sie in Gemeinden und Landesgemeinden organisiert, u.a. in Baden-Württemberg, Bayern, Hamburg,

Hameln und Kiel, die dem Vorstand unterstehen. Der Geistige Rat hat eine beratende Funktion. Neben dem Bund Deutsch-Unitarischer Jugend e.v. stehen ihnen diverse Institutionen nahe: das Hilfswerk der Deutschen Unitarier e.V., die Unitarische Akademie e.V., die Freie Akademie e.v. und das Jugend- und Bildungswerk Klingberg, sowie der Dachverband freier Weltanschauungsgemeinschaften. Unitariernahe Vereine sind Mitglied im Deutschen Paritätischen Wohlfahrtsverband.

Aktivitäten: In den Gemeinden werden u.a. besinnliche Stunden gestaltet, Gesprächskreise organisiert sowie Alten- und Krankenbetreuung angeboten. Zu den Themen Religion, Philospohie, Ökologie etc. finden Tagungen und Seminare statt, u.a. regelmäßig der Unitariertag, 1995 in Hitzacker. Ende der 80er, Anfang der 90er Jahre führen die Unitarier diverse Rechtsstreite gegen die Bezeichnung »Nazi-Sekte«, in denen sie unterliegen.

Periodika: Im 47. Jahrgang erscheinen zweimonatlich die *unitarischen blätter für ganzheitliche Religion und Kultur*, bis 1977 *glaube und tat*. Sie werden über den Verlag Deutsche Unitarier Religionsgemeinschaft in Ravensburg vertrieben. Familie Ramm leitet ihn. Gunde Hartmann und Jörg Witzel bilden u.a. die Redaktion. Autoren sind u.a. Mynarek, Thomas Leutkart, Bernt Friesmann und Eberhard Achterberg. Ihre Werke werden, wie die *unitarischen hefte*, im Verlag vertrieben.

Programmatik: Die Unitarier stehen in der Nachfolge der Deutschen Glaubensbewegung, u.a. um Jakob Wilhelm Hauer. In der Gemeinschaft »herrscht die Tendenz vor, unterschiedlich erscheinende ideologische Ansätzte des Organizismus (…) zusammenzuführen, um am Ende zu einer einheitlichen (…) europäischen Religion zu gelangen«[1]. Als Fundus dient u.a. Hunkes *Europas eigene Religion*, Mynareks *Ökologische Religion* und weitere esoterische Ansätze, u.a. von Teilhard de Chardin. Das Ergebnis ist »die pantheistische Legitimierung selbstgöttlicher faustischer Taten« und die Propagierung der »Volksgemeinschaft«.[2]

Zusammenarbeit: Kontakte bestehen bzw. bestanden u.a. zur → Nationaldemokratischen Partei Deutschlands, zu den → Republikanern, zum → Weltbund zum Schutze des Lebens, dem → Deutschen Kulturwerk Europäischen Geistes, dem → Grabert-Verlag und zu Personen der »Neuen Rechten«, z.B. → Henning Eichberg. Weiter zu Mitgliedern von CDU, FDP, SPD und BUND. U.a. ist sie in der Eekboom Gesellschaft für freigeistige Kultur e.V. und der Sigrid Hunke Gesellschaft e.V. involviert.

Bedeutung: Die Deutsche Unitarier Religionsgemeinschaft ist eine völkisch, nationalistisch und rassistisch motivierte Gemeinschaft, die vor allem durch ihre sozialen Einrichtungen in der Mitte der Gesellschaft etabliert ist. (AS)

---

1 P. Kratz: Die Götter des New Age. Berlin 1994, S. 288.

2 Ebenda, S. 289 f.

Deutschgläubige Gemeinschaft e.V. (DGG)

Gründung: 1911
Sitz: 26160 Bad Zwischenahn
Zahl der Mitglieder: 50–100
Funktionäre: Dr. Odfried Jungklaaß (Vorsitzender, »Amtmann«), Kurt Jungklaaß (Leiter Landesgemeinde Nordmark), Franz Schmid alias Freki (Schatzmeister), Karl Heinz Schwecht (Vorstandsmitglied)
Struktur: An regionalen Verbänden sind die Landesgemeinde Nordmark und als Unterorganisation in Österreich das Deutschgläubige Bildungswerk Österreich bekannt, dessen Leiter Schwecht ist.
Aktivitäten: Die Deutschgläubige Gemeinschaft (DGG) geht zurück auf Otto Siegfrid Reuter, welcher 1909 die programmatische Schrift *Sigfrid oder Christus* veröffentlichte. 1933 kommt es nach einigen Abspaltungen zum Zusammenschluß in der Arbeitsgemeinschaft der deutschen Glaubensbewegung. Unter Führung von Wilhelm Jakob Hauer versuchen die Deutschgläubigen vergeblich, sich im Nationalsozialismus als Staatskirche zu etablieren. 1950 wird sie unter ihrem Führer Alfred Conn wiedergegründet. Eine Zeitlang waren sie als Gruppe der → Artgemeinschaft angeschlossen. 1982 nimmt die DGG am 1. Leinertefest, einer Sammlungsbewegung heidnischer Gruppen, teil. Jährlich zu »Hohenmaien« (Pfingsten) veranstaltet die DGG ihre Jahrestagung.
Periodika: Mitteilungsblatt der DGG ist die Schrift *Widar-Deutschgläubige Blätter* und *Der Deutschgläubige*. Hier erscheinen Artikel von Alfred Conn und des verstorbenen Thorolf Wardle.
Programmatik: Der DGG geht es traditionell um die deutsche Volksgemeinschaft. Sie definiert sich über einen »arischen Jesus« nicht als Kultgemeinschaft, sondern als »Gesinnungsgemeinschaft« für ein arisches, antijüdisches Christentum. Als Ziele und Werte nennt die DGG den Menschen, das Volk und die Ewigkeit, um die zu kämpfen seien.
Zusammenarbeit: Mitglieder der DGG sind in der → Arbeitsgemeinschaft Naturreligiöser Stammesverbände Europas vertreten. Berichte über die Aktivitäten der DGG finden sich auch im *Germanen Glauben* der → Germanischen Glaubens Gemeinschaft. Sie wird vom → Asgard-Bund als befreundete Gruppe bezeichnet. 1981 referierte Baldur Springmann bei der DGG. Auf der Tagung 1993 traten Franz Spilka, Michael Pflanz, Franz Schmid, Armin Hepp und Karl Heinz Schwecht auf. Schwecht war 1990 Referent beim Treffen des Vereins Dichterstein Offenhausen und veröffentlichte mehrfach als Deutschgläubiger in *Pen Tuisko – Briefe für deutsche Heiden*.
Bedeutung: Von der kleinen und unauffälligen Organisation sind zur Zeit

380

über ihren Kreis hinaus keine Aktivitäten oder neuere Entwicklungen zu erwarten. Der Kontakt zu befreundeten heidnischen Gruppen wird dennoch gepflegt. (B)

Evangelische Notgemeinschaft in Deutschland e.V.

Gründung: 30. September 1966 in Stuttgart
Sitz: 71 272 Renningen/Leonberg
Zahl der Mitglieder: ca. 700
Funktionäre: Hanns Schrödel (Vorsitzender), Ilsemarie Lorenz (Stellvertreterin); im 12-köpfigen Vorstand sind desweiteren Kirchenrat Karl-Hermann Kandler, Ltd. Regierungsdirektor a.D. Adolf Künneth, Pfarrvikar Walter Romminger, Oberpfarrer im BGS Reinhard Schön, Pfarrer i.R. Ernst Zuther und → Prof. Dr. Klaus Motschmann. Ehrenvorsitzender ist der langjährige Vorsitzende (1966 – 1982) Alexander Evertz, Pfarrer i.R.
Struktur: Die Mitglieder der Evangelischen Notgemeinschaft in Deutschland e.V sind in Ortsgruppen zusammengefaßt. Obleute leiten die Ortsgruppen nach Maßgabe des *Leitfadens für Obleute.* Ortsgruppen existieren u.a. in Bonn, Lüneburg, Köln, Hannover, München und Stuttgart. Wo es nicht genügend Mitglieder gibt, bilden sie Regionalgruppen, z.B. in Südhessen. Als Ideen-Zentrum gilt ihr Walter-Künneth-Institut e.V.
Aktivitäten: Zu religiösen und gesellschaftspolitischen Themen organisieren die Gruppen, neben dem »Gemeindeleben«, Veranstaltungen. Als Hilfe für die Gruppenleiter bieten sie Obleute-Tagungen an. Regelmäßig führt die Evangelische Notgemeinschaft bundesweit Studientagungen durch, u.a. 1995 in Bad Pyrmont mit Gastreferent → Alfred Mechtersheimer und 1996 in Coburg mit → Günter Rohrmoser. Zu ihren Aufgaben zählen sie auch die »Unterstützung bedürftiger Schüler in evangelischen Bekenntnisschulen« und Studenten an bekenntnistreuen theologischen Akademien.
Periodika: Der Vorstand gibt monatlich *Erneuerung und Abwehr* im 31. Jahrgang heraus. Schriftleiter ist Klaus Motschmann. Neben dem Vorstand publizieren regelmäßig Pater Lothar Groppe SJ, Hans-Lutz Poetsch und Siegfried Ernst. Zusätzlich erscheinen Beihefte und Dokumentationen der Tagungen.
Programmatik: Bereits die Gründung als Reaktion auf die *Ost-Denk-Schrift* der EKD unter ihrem Motto »Kirche muß Kirche bleiben« ist charakteristisch. Im Artikel 2 der Satzung skizzieren sie ihre Intention: »Zweck des Vereins ist die Besinnung auf den Auftrag der Kirche, der in der rechten Verkündung des Evangeliums besteht. Daraus ergibt sich notwendig auch die Treue im Umkreis der irdischen Pflichten zur Familie, zum Nächsten, zu Volk und Vaterland.« Als geistige Mentoren gelten, neben Evertz, u.a. Pastor Werner Petersmann, von 1934 bis 1945 bei den Deutschen Christen aktiv, dann in der evangelischen Vertriebenenarbeit engagiert und Bundestagskandidat der →

Nationaldemokratischen Partei Deutschlands (NPD). Weiterhin Künneth, der dem NS-Staat darin zustimmte, »Sonderrechte für Juden« zu schaffen. Mit Bezug auf Luther, die Bibel und die Evangelien warnen sie vor der »Überfremdung«, fordern die »nationale Identität«, die »Reinheit der Völker« und »ethnopluralistische Maßnahmen«. Zusätzlich sorgen sie sich um die Familie und das »ungeborene Leben«. Die Ostgrenze ist weiterhin Thema, ebenso wie die »Gefahren« der Homosexualität, des Feminismus und Sozialismus.

Zusammenarbeit: Seit Anbeginn bewegen sie sich in konservativen bis rechtsextremistischen Kreisen. Im *Bayernkurier* und der → *Deutschen National-Zeitung* fanden sich Beitrittsformulare. *Die Welt* berichtete über die Gründung, in der die NPD »ein mutiges Zeichen« sah. Kontakte laufen über persönliche Wege und Doppelmitgliedschaften, u. a. zum → Hilfskomitee Südliches Afrika, der → Europäischen Ärzteaktion, der → Berliner Kulturgemeinschaft Preußen e. V. und der Konservativen Kultur und Bildung e. V./Konservatives Büro um Löwenthal und Groppe. In → *Mut* und → *Junge Freiheit* finden sich Autoren der Evangelischen Notgemeinschaft. Klaus Motschmann gehört zur Redaktion von → *Criticón*. Als Organisation ist die Evangelische Notgemeinschaft u. a. Mitglied in der Konferenz Bekennender Gemeinschaften in der Evangelischen Kirche.

Bedeutung: Die Evangelische Notgemeinschaft gilt als »äußerster rechter Rand« der Evangelischen Kirche Deutschlands, die sie als »sehr konservative Laienorganisation« einstufte. Sie vereint konservatives und rechtsextremistisches Gedankengut und diesem nahestehende Personen. (AS)

Freundeskreis der Artamanen

Gründung: 1962
Sitz: 38226 Salzgitter
Zahl der Mitglieder: ca. 250
Funktionäre: Paul Postrach (1. Sprecher), Albert Breunsbach (Sprecher der Altsassen und Schriftleiter), Hermann Hoppe (Kassenwart), Bernhard Just (betreut die Dokumentation)
Struktur: Der Freundeskreis der Artamanen ist heute in verschiedene Bereiche gegliedert, z. B. Nordmark, Niedersachsen, Mitteldeutschland. Er gehört dem Überbündischen Kreis (ÜK) an, einer Dachorganisation völkischer Gemeinschaften. Da die Artamanen selbst nur wenige Mitglieder aufweisen, finden ihre Regionaltreffen in der Regel im Rahmen des ÜK statt. Leitungsgremium des Freundeskreis der Artamanen ist der Kreis der Altsassen. Als verjüngendes Moment wurde am 10. April 1994 auf einem Hof in Kappeln ein Kameradenkreis gebildet, der heute wieder den Artamgedanken verwirklichen will. Dieser Ölpenitzfelder Kreis kommt personell teilweise aus dem → Bund Heimattreuer Jugend (BHJ).

Aktivitäten: Jährlich veranstaltet der Freundeskreis ein Bundestreffen in Oberwesel. 1995 nahmen an diesen 83 Personen mit einem Durchschnittsalter von 86 Jahren (Eigenangabe) teil. Als Referenten traten Gerhard Seifert und Albert Breunsbach auf. Desweiteren finden regelmäßige Treffen auf regionaler Ebene statt.

Periodika: Alle vier Monate erscheint das Mitteilungsblatt *Artam – Blätter eines Freundeskreises*. Neben Artikeln der Funktionäre der Organisation finden sich Nachdrucke aus dem *Eckartboten*, dem → *Ostpreußenblatt*, aus → *Deutschland in Geschichte und Gegenwart* oder dem Mitteilungsblatt der → Aktion »Deutsches Königsberg«. Diese drehen sich zumeist um die Themenbereiche Ökologie, Landwirtschaft und Ostpreußen. Daneben finden sich Erlebnisberichte über das Artamanenleben aus den 20er Jahren.

Programmatik: »Nach Ostland wollen wir fahren«[1], so lautete der Wahlspruch der in den 20er Jahren gegründeten Artamanenbewegung. »Die Polenarbeit in der Landwirtschaft entbehrlich machen«[2] und später selbst im Osten siedeln, sich eine eigene »Scholle« schaffen, das germanische Volk in den Osten tragen, das wollten die Artamanen, die sich aus völkischen Teilen der Bündischen Jugend, aber auch aus der Schwarzen Reichswehr, Mitgliedern der aufgelösten Freikorps und der SA zusammensetzten. Diese Ziele will der Freundeskreis heute bewahren und fördern.

Zusammenarbeit: Verbindungen bestehen zum Schulverein zur Förderung der Russlanddeutschen in Ostpreußen e.V. und zur Aktion »Deutsches Königsberg« von → Dietmar Munier. Über den Überbündischen Kreis bestehen Kontakte zum → Bund der Goden, zum → Nordischen Ring und zu → Werner Georg Haverbeck. Seit 1992 bestehen Kontakte zum BHJ.

Bedeutung: Bis heute pflegt der Freundeskreis die Ideologie der alten Artambünde. Sie orientieren sich wieder nach Osten, wie die Unterstützung durch Rechtsextremisten wie Ilse Timm und Dietmar Munier zeigt, welche vorwiegend in Ostpreußen tätig sind und dort die »Regermanisierung« im ehemaligen Trakehnen betreiben wollen. Ob der Freundeskreis, der durch seine Spenden, seine Unterstützungsarbeit und seine Kontakte ein Teil der revanchistischen Bewegung ist, durch die Neugründung des Ölpenitzfelder Kreises seinen überalterungsbedingten Niedergang stoppen kann, ist fraglich. (B)

1 H. Ch. Brandenburg: Die Geschichte der HJ. Köln 1968, S. 77.
2 Erstes Armanenheft, 1926, S. 1.

Germanische Glaubens-Gemeinschaft e.V. (GGG)

Gründung: 1991
Sitz: 14059 Berlin
Zahl der Mitglieder: ca. 250

Funktionäre: Geza Nemenyi (1. Vorsitzender des Godenrates), Uwe Ecker (2. Vorsitzender des Godenrates), Volker Camphausen (1. Vors. des Gemeinschaftsrates)

Struktur: Die Germanische Glaubens-Gemeinschaft e.V. (GGG) unterteilt sich in einen Godenrat, in einen Gemeinschaftsrat und einen Gemeinschaftskreis von Freunden, die keine Mitglieder und auch nicht stimmberechtigt sind. Die beiden Vorsitzenden des Goden- und Gemeinschaftsrats bilden zusammen den offiziellen Vereinsvorstand. Desweiteren unterteilt sie sich in Landesgemeinden (25 Mitglieder) und Ortsgemeinden (7 Mitglieder). Die GGG war als Dachorganisation der deutschen Heiden geplant. So sollte z. B. die Heidnische Gemeinschaft als Landesgruppe Berlin fungieren. Es gibt in der Praxis zumindest die GGG-Berlin, die GGG-Südwest und die GGG-Österreich. Als Themengruppen existierten eine GGG-Hexen- und eine GGG-Runengruppe. Neben dem eigentlichen Verein, in dem man ordentliches Mitglied werden kann, gibt es eine »innere Kultgemeinschaft«, einen inneren Kreis, in den man nur durch ein spezielles Aufnahmeritual gelangt.

Aktivitäten: Die GGG feiert verschiedene heidnische und Brauchtumsfeste wie das Leinerntefestes, das Herbstfest oder das Mittsommerfest. Desweiteren führt sie die einzelnen Untergliederungen regelmäßig zu inhaltlicher Arbeit zusammen. Die führenden Mitglieder der GGG versuchen, durch die Teilnahme an Fernsehshows, Interviews und sonstiger Öffentlichkeitsarbeit ihre Vorstellung vom Heidentum in die Öffentlichkeit zu tragen.

Periodika: Seit 1991 erscheint die Zeitung *Germanen Glaube – Deine Tat bist du*. Autoren sind Geza von Nemenyi, Catrin Wildbruber, Gerhard Heß u. a. Als Themen finden sich immer wieder die germanische Götter- und Sagenwelt, Leben und Werk Ludwig Fahrenkrogs, Pressespiegel über das Heidentum, Berichte zu Wicca, Runenkunde und germanischem Brauchtum. Desweiteren wird von der GGG eine sogenannte *Germanische Reihe* herausgegeben, in deren Hefte heidnische Themen wie z. B. *Germanische Mythologie, Göttermythen der Edda* und *Germanische Feste* behandelt werden.

Programmatik: Als Ziel benennt die GGG, den Menschen in der Zyklus der Natur integrieren zu wollen, um so sein Handeln in Einklang mit einem göttlichen Willen zu bringen. Hinter diesen scheinbar harmlosen Formulierungen verbirgt sich ein biologistisches Menschenbild. Nemenyi vertritt das Recht des Stärkeren, er rechtfertigt die Tötung von Kranken und Schwachen. »Daß der Kranke und Schwache untergeht, (ist) (…) im Interesse der Arterhaltung dringend notwendig.« »Bei den Germanen war es erlaubt, ein neugeborenes Kind auszusetzen, wenn es z. B. verkrüppelt war…«[1] Immer wieder fordert Nemenyi die Rückkehr zu gottgewollt instinktivem Handeln. Anwärter auf den inneren Kreis der GGG werden abgelehnt, wenn sie: »Verkauf mit Wucher oder Wechsel treiben« oder »nicht in edlem Stamme bleiben«.

Zusammenarbeit: Die GGG macht über den *Germanen Glauben* Werbung für Veranstaltungen der Heidnischen Gemeinschaft und veröffentlicht Termine des Hexenkreises Yggdrasil e.v. Über Nemenyi bestehen Verbindungen zu fast allen Heidengruppen.

Bedeutung: Die GGG konnte sich durch ihr moderates Auftreten auch im Alternativspektrum verankern und bildet so eine wichtige Brücke zum rechtsextremen Lager. (B)

1 Germanen Glaube, Nr. 2/1996, S. 17 ff.

Gesellschaft für europäische Urgemeinschaftskunde e.V./ Herman-Wirth-Gesellschaft

Gründung: 1954
Sitz: 66871 Thallichtenberg
Zahl der Mitglieder: ca. 100
Funktionäre: Zum Gründungsvorstand gehörten Herman Wirth und dessen Frau Margarethe. 1977 kam Tiudar Rudolph in den Vorstand. Heute ist der 1. Vorsitzende Dipl. Ing. Paul A. Rohkst aus Kolbermoor.
Struktur: Die Mitglieder der Gesellschaft sind zumeist ältere Personen, welche auch in anderen Organisationen des völkischen, heidnischen oder rechtsextremen Lagers aktiv sind. Sie kommen aus allen gesellschaftlichen Schichten und Gegenden der BRD. Prominente Mitglieder sind der Verleger Andreas Lentz und → Werner Georg Haverbeck.
Aktivitäten: Die Gesellschaft veranstaltet regelmäßig mehrtägige Seminare und Vortragsveranstaltungen, welche an für die Organisation wichtigen geschichtsträchtigen Orten, wie z. B. den Externsteinen, stattfinden. Als Referenten traten auf Veranstaltungen der Gesellschaft Ralf Koneckis (Dortmund), Max Seurig (Dresden), Hermann Zschweigert (Bad Neuenahr), Helmut Schröcke (München), Werner Georg Haverbeck (Vlotho), Walter Drees (Vlotho), Eberhard Baumann, Wolfram zu Mondfeld und Wilhelm Landig (Wien) auf.
Periodika: Vom Vorsitzenden der Gesellschaft werden regelmäßig Rundschreiben herausgegeben, welche fast ausschließlich Tagungsberichte und Einladungen zum Inhalt haben. Als offizielles Mitteilungsorgan nennt die Gesellschaft die Zeitschrift → *Deutschland in Geschichte und Gegenwart*, die sowohl Termine als auch Vorträge von Tagungen der Gesellschaft veröffentlicht. Ankündigungen für die Gesellschaft oder Tagungsberichte werden aktuell in *Pen Tuisko* und der Zeitschrift *Zeitenwende* (Dresden) veröffentlicht.
Programmatik: Herman Wirth, Gründer des späteren SS-Instituts Deutsches Ahnenerbe, ging davon aus, daß die weiße Rasse in der Vorzeit sehr weit verbreitet gewesen sei und in einer matriarchalen Ordnung gelebt habe. Seine

unwissenschaftlichen Methoden und Theorien stießen allerdings selbst im Nationalsozialismus auf Kritik. Um die Thesen Wirths nach 1945 weiter verbreiten zu können, wurde die Gesellschaft gegründet. »Zweck des Vereins ist die Förderung von Wissenschaft und Forschung auf dem Gebiet der europäischen Urgemeinschaftskunde, wie sie von Prof. Dr. Herman Felix Wirth – Roeper – Bosch begründet wurde.« Ein weiteres Ziel des Vereins ist die »Schaffung einer zentralen Sammlung für Urgemeinschaftskunde«, und »durch wissenschaftliche Veranstaltungen« und »Veröffentlichung von einschlägigen Untersuchungen die Urgemeinschaftskunde zu fördern«.[1]

Zusammenarbeit: Die Frühjahrstagung 1994 fand gemeinsam mit dem Arbeits- u. Forschungskreis Walther Machalett statt. Ein enges Verhältnis besteht zum Arbeitskreis für Ur-Sinnbildforschung e.V. um Andreas Lentz.

Bedeutung: In jüngster Zeit scheinen die Lehren Wirths und damit auch die Gesellschaft für Europäische Urgemeinschaftskunde e.V., nach vielen Jahren geringer Aktivität wieder an Bedeutung zu gewinnen. Mehrere Veröffentlichungen und deren positive Rezension im rechtsextremen Lager sowie der Umstand, daß auch jüngere Personen wieder die Tagungen der Gesellschaft besuchen, sind Belege für diesen Trend. Auch neofaschistisch ausgerichtete Teilnehmer der Tagungen wie → Steffen Hupka, Frank Rennicke und eine Gruppe junger Frauen und Männer um Sven Henkler und der Zeitschrift *Zeitenwende* (Dresden) deuten auf diesen Trend hin. (B)

1 Laut Antwort auf eine Anfrage; Auszug aus der Satzung, ohne Datum, S. 2.

Die Goden e.V.

Gründung: 1957
Sitz: 35745 Herborn
Zahl der Mitglieder: ca. 500
Funktionäre: Margarete Gabke ist verantwortlich für die *Kosmische Wahrheit*. Den Buchversand betreuten bis Februar 1995 Gunnar und Bärbel Pahl. Gunnar Pahl wurde Ende der 70er Jahre von → Gerhard Lauck, dem Leiter der → Nationalsozialistischen Deutschen Arbeiterpartei/Auslands- und Aufbauorganisation, dessen Stellvertreterposten in der BRD angeboten. → Sigrun Schleipfer behauptet von sich selbst, acht Jahre Die Goden geleitet und deren Schulungsbriefe verfaßt zu haben.
Struktur: Die organisatorische Struktur der Goden ist hierarchisch gegliedert. Es existieren ein Kreis von »Schülern«, deren Mitglieder erst nach neun Monaten Goden werden können, und ein Freundeskreis.
Aktivitäten: Früher veranstalteten die durch Franz Herrmann Musfeld gegründeten Goden mehrmals im Jahr Things (Treffen). Seit der Spaltung vom → Bund der Goden sind lediglich die überregionalen Treffen vom Okto-

ber 1991 in Weinheim und von Ostern 1993 in Horn-Bad Meinberg bekannt geworden.

Periodika: Seit 1970 erscheint monatlich die *Kosmische Wahrheit*. Autoren sind oder waren u.a. Wolfgang Kantelberg, Sigrun Schleipfer, Gerhard Heß, Fritjof Hallman und Ursula Lindenberg. Immer wieder werden Artikel des inzwischen verstorbenen und in der Esoterikbewegung modern gewordenen Goden Karl Otto Schmidt abgedruckt. Im Buchverlag werden, neben den im Godenverlag erschienenen Werken von Karl Otto Schmidt, faschistische und rassistische Grundlagenwerke, wie z.B. von Julius Evola, Jürgen Spanuth und vormals auch von Hans Friedrich Karl Günther, angeboten. Daneben werden Bücher zu weltlichen Themen aus rechtsextremen Verlagen empfohlen, so vom Goden Hans Köhler, von Marie Adelheid Prinzessin Reuß zur Lippe, → Karl Richter und David Leslie Hoggan.

Programmatik: Die Goden konstruieren ein »Indo-Arisches Weistum« und verbinden buddhistische und germanische Motive miteinander. Gemischt ist dies mit esoterischen Motiven, wie vom aufkommenden Fischezeitalter und Versatzstücken aus der deutschen Glaubensbewegung. Auch hier wird angenommen, daß («Rassen«-) Vermischung zum Untergang von Kultur und Elite führe.

Bedeutung: Die Goden wirken inzwischen nur noch durch ihre Schriften sichtbar nach außen. Allerdings finden sich in ihrem Kreis profilierte Neofaschisten wie Gunnar Pahl, welche hier den ideologischen und religiösen Hintergrund für ihre politische Arbeit finden. (B)

Nordischer Ring e.V.

Gründung: 1974
Sitz: 25821 Bredstedt
Zahl der Mitglieder: ca. 100
Funktionäre: Maria Thöle (Hamburg, Vorsitzende), → Jürgen Rieger (stellvertretender Vors.), Wielant Hopfner (Mitglied und langjähriger 2. Vorsitzender, langjähriger → Wiking Jugend-Aktivist)
Struktur: Der Nordische Ring ist ein bundesweit organisierter, eingetragener Verein vornehmlich älterer Personen.
Aktivitäten: Außer der Mitgestaltung und Organisation der Hetendorfer Tagungswoche sind keine weiteren Aktivitäten bekannt. Auch die Jahrestagung, welche früher immer mit Vorträgen ausgestaltet wurde, findet inzwischen im Rahmen der Tagungswoche statt.
Periodika: Dreimal jährlich erscheint die *Nordische Zukunft*, welche von Jürgen Rieger herausgegeben wird. Als Autor ist Dieter Vollmer zu erwähnen. Der Großteil des Heftes besteht aus Nachdrucken von Texten aus der Zeit des Nationalsozialismus. So sind Beiträge von Hans Friedrich Karl Günther, Wal-

ter Darré und Houston Stewart Chamberlain zu lesen.

Programmatik: Der Nordische Ring vertritt einen unverhohlenen Rassismus und propagiert Rasse als Lebensgesetz. Er konstruiert eine »Nordische Rasse«, deren Angehörige angeblich in Kultur, Geschichte, Politikverständnis und vor allem in der Anthropologie starke Gemeinsamkeiten aufweisen. Dabei greift er direkt auf die Ideologie und Rassenkunde des Nationalsozialismus zurück.

Zusammenarbeit: Besonders enge Verbindungen bestehen zur → Gesellschaft für biologische Anthropologie, Eugenik und Verhaltensforschung e.V. und der → Artgemeinschaft. Über die Hetendorfer Tagungswoche ist der Nordische Ring mit dem Familienwerk e.V., dem Freundeskreis Filmkunst e.V., der → Gesellschaft für freie Publizistik – Arbeitskreis Hamburg, dem Heinrich Anacker Kreis e.V. und der Northern League verbunden.

Bedeutung: Beim Nordischen Ring handelt es sich um einen kleinen Kreis von Aktivisten, die das Gedankengut des Nationalsozialismus verbreiten. (B)

Opus Dei

Gründung: 1928 in Madrid, seit 1952 in der BRD aktiv

Sitz: Rom/Köln

Zahl der Mitglieder: weltweit 79.000, ca. 1.500 in der BRD

Funktionäre: Javier Echevarría Rodríguez ist seit 1994 der zweite Nachfolger des Gründers Josemaría Escrivá de Balaguer y Abbás (1902–1975), der 1992 seliggesprochen wurde. Regionalvikar für die BRD ist César Ortiz und Pressesprecher H. Bouillon. Rolf Thomas, Hans Thomas und Günter Ostermann sind weitere ranghohe Mitglieder.

Struktur: Das Santa Crux et Opus Dei (Opus Dei), eine internationale Personalprälatur der röm. kath. Kirche mit Zentralsitz in Rom, ist organisiert wie ein Geheimbund. Es präsentiert sich in fast 87 Ländern und ist in eine Männer- und Frauenabteilung unterteilt. Die Mitglieder stufen sie nach dem Grad des Engagements in Supernumerarier, Numerarier und Assoziierte ein. In ihrem Stammland Spanien sind sie an Finanzierungsinstituten, Holding- und Investmentgesellschaften, Druck- und Medienunternehmen, Ausbildungsinstitute für Betriebswirtschaftslehre und Management, höhere Schulen und Akademien beteiligt oder unterhalten sie. In Pamplona unterhalten sie die Universidad de Navarra. Neben diesen Zentren gewährleisten korporative Einrichtungen, Dachverbände, Stiftungen, Institute, Ausbildungsstätten und Bildungszentren das geistige Profil. Sitz der Prälatur in der BRD, mit angeschlossenem Informationsbüro, ist Köln. In rund 25 Städten sind sie vertreten, u.a. in Aachen, Berlin, Dresden, Essen, Hamburg, München und Trier. Zur Seite stehen ihnen u.a. die Studentische Kulturgemeinschaft Bonn, der Berlin-Brandenburgische Kulturverein e.V., die Rhein-Donau Stiftung und das

Lindenthal-Institut. Die Züricher Limmat Stiftung ist ein Knotenpunkt in ihrem internationalen Netzwerk.

Aktivitäten: Stark wurde das Opus Dei im faschistischen Spanien Francos, zeitweilig besetzten sie damals zehn Ministerposten. Seit der Ernennung des Papstes Johannes Paul II. ist das Werk auf dem Vormarsch. Mehrere Posten der päpstlichen Administration sowie andere Schaltstellen der röm. kath. Kirche werden von Mitgliedern der Opus Dei besetzt (u.a die päpstliche Pressestelle). Über ihre wirtschaftlichen und politischen Aktivitäten hüllen sie den Mantel des Schweigens. Wie die Mitglieder den »Alltag (zu) heiligen« haben, reglementiert ein Verhaltenskodex, welcher von der Pflicht des Schweigens über tägliches mehrmaliges Beten, Bodenkuß bis hin zu Selbstkasteiungen mit Geißel und Bußgürtel reicht.

Periodika: Als interne Führungszeitschrift der Männerabteilung erscheint *Crónica* und zusätzlich das halbjährliche Amtsblatt *Romana, bollettino della Prelatura della Santa Croce e Opus Dei*. Escrivás Schriften und Bücher des Opus Dei verlegt u.a. der Adams-Verlag in Köln.

Programmatik: »Das Ziel und die Mittel des Opus Dei (sind) gänzlich und ausschließlich übernatürlicher, geistiger und apostolischer Art«, formulierte Escrivá 1958. Das Opus Dei strebe allein »die Heiligung des Lebensalltags und der Arbeit« an. Wie sich dies ausgestaltet, skizzieren die Kernaussagen Escrivás in seinem Hauptwerk *El Camino* (1939). In dem Werk predigt er einen kriegerischen Männlichkeits- und Führungskult, definiert eine »Minderwertigkeit« von Frauen, fordert Unterordnung, strikten Gehorsam und Geheimhaltung und verkündet eine extreme Körper- und Sexualfeindlichkeit. Korrespondierend mit den Aussagen sah Escrivá in Hitler den »Lebensretter der spanischen Kirche« und relativierte den Holocaust. Bei wirtschaftlichen Belangen greifen sie auf neoliberalistische Konzepte zurück. Der »Lebensschutz« und der Kampf gegen die Befreiungstheologie sind weitere Handlungsfelder, und die »Christianisierung der Welt« ist das oberste Ziel.

Zusammenarbeit: Weltweit kooperieren sie mit faschistischen und rechtskonservativen Eliten und Regierungen. In der BRD bestehen Kontakte zu rechtskonservativen Kreisen, u.a. zum → Studienzentrum Weikersheim sowie zum »Lebensschutz«-Spektrum. Mit dem → Rittern vom Heiligen Grab zu Jerusalem haben sie nicht nur den Kampfruf »Gott will es!« gemeinsam. Die Bischöfe Franz Hengsbach, Reinhard Lettmann und Kardinal Joachim Meissner gelten als Unterstützer und Kardinal Joseph Höffner als Freund des Opus Dei. Finanzielle Zuwendungen erhielten sie von der Bayer AG, dem Axel Springer Verlag, der Deutschen Bank und anderen.

Bedeutung: Das Opus Dei wird als »katholische Mafia« bezeichnet.[1] Das Opus selbst definiert sich als »gottberufene Kampftruppe« im »großen Kreuzzug nach Innen und Außen«.[2] Basierend auf ihrem christlichen Fundamentalismus und ihrer reaktionär-konservativen Ideologie forcieren sie die »Christianisierung der Welt«, wofür sie die Machteliten moderner Gesellschaften gewinnen möchten. In den letzten Jahren weiteten sie ständig, flankiert von Johannes Paul II., ihren Machteinfluß in der röm. kath. Kirche ebenso aus wie weltweit in Wirtschaft und Politik. (AS)

1 Vgl. M. Mettner: Die katholische Mafia. München 1995. S. 91 f.
2 V. Felzmann: Schaden durch gute Menschen. In: Informationsbüro der Prälatur Opus Dei in der Schweiz. Zürich 1995, S. 53 ff.

Ritterorden vom Heiligen Grab zu Jerusalem

Gründung: (der deutschen Statthalterei) 1933
Sitz: Köln
Zahl der Mitglieder: BRD ca. 1.000, weltweit 18.000
Funktionäre: Peter Wolff-Metternich zur Gracht (Vizegouverneur), Dr. Anton Schlembach (Großprior), Prof. Dr. Ing. Peter Heidinger (Statthalter BRD). Weitere Mitglieder: Walter Kordes, Max Streibl, → Prof. Dr. Hans Filbinger, Ludwig Martin, → Prof. Dr. Lothar Bossle, Dr. Josef Stimpfle, Prof. Peter Berglar, Dr. Johannes Dyba.
Struktur: Der Orden ist eine juristische Person des kanonischen Rechts mit Statthaltereien in den jeweiligen Ländern. Er besteht aus Rittern und Damen, die unter verdienten Persönlichkeiten katholischen Glaubens ausgewählt werden. In der deutschen Statthalterei spielen Persönlichkeiten aus dem Bank- und Industriegewerbe eine entscheidende Rolle.
Aktivitäten: Seine Entstehungsgeschichte hat der Orden in der Zeit der Kreuzzüge. 1928 wird er von Pius XI. unter den Schutz des Apostolischen Stuhls gestellt, und am 8. Dezember 1933 wird die deutsche Statthalterei in Köln unter Mitwirkung von Vizekanzler Franz von Papen gegründet. 1949 verlegt Pius XII. den Ordenssitz von Jerusalem nach Rom. Friedrich August Freiherr von der Heydte (→ Abendländische Akademie) bestimmt 1958–1965 den Rechtskurs des Ordens. Sein Nachfolger ist Wilhelm Cleven, Weihbischof von Köln und Vorstandsmitglied der → Stillen Hilfe. 1971 übernimmt Herman Josef Abs die deutsche Statthalterei. Im selben Jahr wird er auch Präsident der Fondation Européenne pour l'Economie, die das Ziel hat, die sozialistische Welt zu »ergründen und zu bekämpfen«. Unter seiner Führung werden verstärkt Banker und Industrievorstände im Orden aufgenommen. In den achtziger Jahren werden Verwicklungen führender Ordensmitglieder in den Finanzskandal der Vatikanbank bekannt sowie Verbindungen zu Mafia und Geheimbünden aufgedeckt.
Programmatik: Die Mitglieder des Ordens sehen sich laut Satzung als Verteidiger der Rechte der katholischen Kirche im Heiligen Land und vertreten

damit die katholische Kirche in Israel. So verwundern antiisraelische Ressentiments nicht: nach Ansicht des Lateinischen Patriarchen von Jerusalem und somit zweithöchsten Grabesritter, Michel Assad Sabbah, ist der aufkeimende Antisemitismus in Europa auf die israelische Politik zurückzuführen.[1]

Zusammenarbeit: Es bestehen Doppelmitgliedschaften mit anderen Orden (→ Opus Dei, Malteser).

Bedeutung: Der Ritterorden vom Heiligen Grab zu Jerusalem bildet eine Art katholisches Kartell. Personen mit rechtskonservativem und extrem rechtem Hintergrund besetzten und besetzen wichtige Funktionen in der Ordenshierarchie. Die Gefahr, die von diesem Orden ausgeht, liegt in der Möglichkeit gesellschaftlicher Einflußnahme einer durchweg elitären Mitgliederschaft. Die Autoren Egmont R. Koch und Oliver Schröm (1995) kamen zu folgender Einschätzung:»Hinter der frommen Fassade des Ordens agiert eine unselige Allianz von wirtschaftlichen und politischen Kräften, um im Schutz eines päpstlichen Ordens ihre nicht immer demokratischen Ziele zu verfolgen.« (B)

1 E. R. Koch; O. Schröm: Das Geheimnis der Ritter vom Heiligen Grabe. Hamburg 1995, S. 266.

Scientology Church

Gründung: 1954 in Los Angeles, 1970 in München
Sitz: Hamburg
Zahl der Mitglieder: weltweit ca. 8. Millionen, in der BRD 30.000
Funktionäre: Der internationalen Organisation steht David Miscavige vor. Präsident der bundesdeutschen Mission ist Helmut Blöhbaum, die Geschäfte in der BRD führt Marc Lizer. Vorstandssprecher Franz Riedel gehört wie Claudia Kauer vom organisationseigenen Geheimdienst Office for Special Affairs (OAS) zur Führungsriege.
Struktur: Die Scientology Church ist in 107 Ländern mit 3.100 Kirchen, Missionen und angeschlossenen Organisationen präsent. An die 600 Paraorganisationen sollen alle Bereiche des Lebens – Wirtschaft, Politik, Erziehung – beeinflussen. Das Religious Technology Center bildet die Spitze der streng hierarchischen Organisation, u. a. flankiert vom Commondore's Messenger und dem internen Geheimdienst OAS. Offen in Erscheinung tritt die Church International (Clearwater/Florida), die Celebrity-Centers, das World Institute of Scientology Enterprises (WISE) und die Association for Better Living and Education International. In der BRD unterhält Scientology neun Kirchen, u. a. in München, Berlin, Düsseldorf und Stuttgart, 22 Missionen und vier Celebrity Centers. Die Zentrale ist in Hamburg. WISE, das »Wirtschaftsministerium«, ist im besonderen im Immobilienhandel sowie in Personal- und Managementberatung involviert. 135 Firmen und Einzelpersonen agieren nach einem internen Bericht von 1992 in ihrem Sinne. Der Dachverband der Sozial-

einrichtungen Association for Better Living and Education ist in der Bundesrepublik u. a. durch NARCONON, einem Therapieangebot für Drogenabhängige, und der Kommission für Verstöße der Psychiatrie gegen Menschenrechte e. V. vertreten. Die Bürgerinitiative MUT steht mit ihrer *Fakten aktuell* (Auflage 5 Millionen) der zunehmend in die Kritik geratenen »Kirche« zur Seite.
Aktivitäten: Seit 1987 läuft die Kampagne »Clear Deutschland«. Der Kontakt erfolgt u. a. durch Ansprechen auf der Straße, Flugschriften und Publikationen. Eine Werbemethode ist der »kostenlose Persönlichkeitstest«. Durch Einführungskurse und Seminare wird man mit den Praktiken und Inhalten von Scientology Church vertraut gemacht. Dank weiterer Kursangebote – Auditings etc. – soll die »Brücke zur totalen Freiheit« geschlagen werden, die bis zu 100.000 DM kosten kann. Kritik an ihnen setzt die Scientology Church mit der Judenverfolgung und der Inquisition gleich.
Periodika: Neben kostenlosen Broschüren werden im Eigenvertrieb L. Ron Hubbards Schriften und andere Scientology-Literatur vertrieben. Die *Freiheit* (Auflage 2 Millionen) wird seit 1972 kostenlos herausgegeben.
Programmatik: 1950 legt der amerikanische Science-Fiction Autor L. Ron Hubbard (1911–1986) mit seiner Publikation *Dianetik – der Leitfaden für den Menschlichen Verstand* den Grundstein. In der Publikation stellt er die »Dianetik« als Methode dar, um vermeintlich »ungenutztes geistiges Potential und wahre Fähigkeit« freizusetzen. Größtes Hindernis hierfür seien die schmerzlichen Wahrnehmungen, »Engramme«, welche mit der Dianetik gelöscht würden. Hierbei helfe das »Auditing«, eine Fragetechnik, die mit dem »E-Meter« durchgeführt wird. Am Ende dieses Prozesses soll ein gottgleicher Übermensch, frei von körperlichen und seelischen Beeinträchtigungen, der »Clear«, stehen. Neben der »Selbsthilfemethode« entwickelte Hubbard »eine Lehre des Wissens« – »Scientology«. Im Mittelpunkt dieser steht das Erlangen des Zustandes des »Thetan«, der unabhängig vom menschlichen Körper existieren könne. Dies sei der Zustand der völligen geistigen Freiheit – »Operierender Thetan« (OT) bezeichnet. Der OT existiere ewig und sei in der Lage, u. a. Materie und Energie zu kontrollieren. Ökonomischer Erfolg gilt als Gradmesser der »spirituellen Entwicklung« und steht im Zentrum ihres Strebens, getreu dem Leitmotiv: »Make money, make more money, make other people produce so as to make money«. Die Erschaffung eines neuen Menschen und die Unterwanderung der Wirtschaft ist Programm, inklusive der »Clearung« des Planeten und der scientologischen Weltherrschaft.[1]
Bedeutung: Unter dem Deckmantel einer Religionsgemeinschaft vereint Scientology Elemente der Wirtschaftskriminalität und des Psychoterrors. Ihre Ideologie trägt »totalitäre Tendenzen«[2]. Die Organisation ist auf unbedingte Gewinnmaximierung ausgerichtet. Ihre Relevanz ergibt sich aus ihrem undurchsichtigen Wirtschaftsimperium und ihrer großen Mitgliederzahl. (AS)

1 Vgl. Bundesministerium für Familie, Senioren, Frauen und Jugend (Hrsg.): Die Scientology-Orga-
nisation. Ziele, Praktiken und Gefahren. Köln 1995. S. 6, 14f.
2 Ebenda S. 7f.

Universelles Leben

Gründung: 1985 erfolgte die Umbenennung des 1977 gegründeten Heimho-
lungswerk Jesus Christi in Universelles Leben (im folgenden UL)
Sitz: Würzburg
Zahl der Mitglieder: weltweit 100.000, in der BRD 40.000
Funktionäre: Gabriele Wittek (geb. 1933, Gründerin und »religiöse Führe-
rin«); Pressesprecher ist Alfred Schulte; Klaus Meurer, German Murer sowie
»Hausanwalt« Christian Sailert sind in der Leitung des Verlages Universelles
Leben GmbH & Co, Wort, Bild und Ton im Universellen Leben KG; Anni
Haas koordiniert die Seminare.
Struktur: Die Zentralorganisation des UL nennt sich Bundgemeinde Neues
Jerusalem (ca. 800 Mitglieder). Ihr Zentrum liegt in Würzburg, wo Wittek mit
ihren Getreuen auf dem hochgesicherten Gut Greußenheim verweilt. Etwa
3.000 Mitglieder leben im Großraum Würzburg, wo die UL über 100 Dienst-
leistungs- und Wirtschaftsbetriebe sowie Kapitalgesellschaften unterhält, u. a.
Helfende Hände, Gut zum Leben GmbH im Universellen Leben und Christliche Genossenschaftsbank. Desweiteren führen sie Kindergärten, eine staatlich
anerkannte Grundschule, zwei Kliniken und ein Seniorenheim mit Friedhof.
Kommunalpolitisch agieren die Urdemokraten für Recht und Freiheit. 80
lokale »Geist-Christuskirchen« existieren im deutschsprachigen Raum,
zusätzlich gründeten sie das Internationale Institut für Erfahrungsheilkunde.
Aktivitäten: Seit 1982 erweiterte UL ihren Aktionsradius auf die BRD, Teile
Westeuropas und Länder in Übersee. Nach außen tritt sie mit Großoffenba-
rungen, Vortragsangeboten, u. a. zu Tierversuchen, gesunder Ernährung und
Meditationskursen, sowie »Geistheilungen« auf. Im Inneren werden kultische
Handlungen praktiziert. Mit dem eigenen Rundfunksender, Studio Santec, und
der Christlichen Nachrichtenagentur verbreiten sie ihre Botschaft. Per Straf-
anzeigen gehen sie gegen Kritik vor und setzen diese mit der Judenverfolgung
gleich.
Periodika: Im bisher 12. Jahrgang erscheint zweiwöchentlich der *Christusstaat* im eigenen Verlag, der auch als Extranummer herauskommt. Verantwortlicher Redakteur ist Matthias Holzbauer. Zusätzlich erscheint *Die Stimme*
unter Leitung von German Murer. Ihr Verlag vertreibt die entsprechende Literatur und Tonbänder. Mittlerweile sind sie auch im Internet.
Programmatik: Die »Gesandte Gottes«, Wittek, ist die einzige Lehrautorität.
Seit 1975 soll sie von ihrem »geistigen Bruder Emanuel«, einem Engel, regelmäßig Offenbarungen übermittelt bekommen. Diese bilden die Lehre, welche

als Gottes aktuelles Wort verstanden wird und alle Lebensbereiche betrifft. Die Lehre ist von der Vorstellung beherrscht, daß der Mensch eingebunden sei in eine hierarchische Geist- und Materiewelt und daß Gedanken geistige Kräfte sind. Negative Gedanken lösen Krankheiten bis Naturkatastrophen aus. Mit Geistheilungen und Meditation möchten sie den »Erlösungsfunken« des Menschen wecken. Die Erlösung, der Aufstieg zum Geisteswesen, die Befreiung von Karma und Reinkarnation, erfolge durch das konsequente Beschreiten des »inneren Pfades«. Vegetarische Ernährung und Gesundheit sind hierfür unabdingbar. Nur so entrinne man dem Ende der Welt. Die Überlebenden errichten ein 1000-jähriges Friedensreich. Ihre Gemeinde »Neues Jerusalem« gilt als »Keimzelle« des weltweiten Christustaates. Neben den etablierten Kirchen sei die angebliche weltweite Verschwörung des Antichristen, der Freimaurer und der Juden die größte Gefahr.[1]

Zusammenarbeit: Kontakte bestehen zur Bruderschaft Salem, auf die Zeitschriften *CODE, Unabhängige Nachrichten* wird sich bezogen und E. Franke-Grieckschs antisemitische Publikation *So wurde Hitler finanziert* sowie Eustace Mullins/→ Roland Bohlingers *Die Bankverschwörung* empfehlen sie. Es gab Beziehungen zu → Hubertus Mynarek.

Bedeutung: Dem UL mit seinem Konglomerat u. a. aus Christentum, Astrologie, Magie und Esoterik, bescheinigte ein bayerisches Verwaltungsgericht 1995 einen »Hang zum Totalitären«. Das interne Papier *Gemeindeordnung* könne ein Instrument totalitären Machtanspruches in einem System von Bespitzelung und Überwachung sein. Die Mitglieder werden in physischer, geistiger und materieller Abhängigkeit gehalten. Ihr Haß auf die christlichen Kirchen und ihr Antisemitismus sind weitere Bezugselemente zum Rechtsextremismus. Sie propagieren einen Absolutheitsanspruch und streben einen weltweiten Christusstaat an. (AS)

1 Vgl. H. Gasper u. a. (Hrsg.): Lexikon der Sekten, Sondergruppen und Weltanschauungen. Freiburg 1995. S. 1107f.

Vereinigungskirche – Moon Sekte

Gründung: 1954 in Seoul (Süd-Korea), seit 1963/64 in der BRD aktiv
Sitz: Schmitten
Zahl der Mitglieder: weltweit 200.000, 1.700 in der BRD
Funktionäre: Der Begründer Sun Yung Moon (geb. 1920) ist die unangefochtene »Autorität«. Seine Söhne und Vertrauten managen die ca. 300 Paraorganisationen. Nach Karl Leonhardtsberger leitet seit 1994 Siegfried Klammstein die bundesdeutsche Mission. Pressesprecher im siebenköpfigen Bundesvorstand ist Walter Müller.
Struktur: Die Vereinigungskirche bildet den religiösen Arm des Imperiums

und ist in 125 Ländern präsent. Unter Moon leitet ein Stiftungsvorstand die Geschäfte. Alle gesellschaftlichen Belange, d.h. religiöse, politische und soziale, sollen von über 60 Organisationen abgedeckt werden, u.a. von der Studentenorganisation CARP mit evangelistisch-missionarischem Auftrag und der politischen Organisation CAUSA mit aggressiver antikommunistischer Intention. Flankierend agiert das Wirtschaftsimperium der Vereinigungskirche, ca. 160 Unternehmen mit dem Schwerpunkt Medien- und Rüstungsindustrie. Dazu gehört in der BRD u.a. die Werkzeugmaschinenfabriken Wanderer und Honsberg. Weltweit kontrolliert die »Kirche« 80 Prozent des Ginsenghandels, geschätztes Kapital ca. fünf Milliarden DM.[1] Bundesdeutsche Missionen sind u.a. in Frankfurt a.M., Berlin, Hamburg, Camberg und Leipzig. Das »Hauptquartier« liegt in Schmitten.

Aktivitäten: Werben auf der Straße gehört ebenso zur Praxis wie das Anwerben von Prominenten aus Wissenschaft, Industrie und Politik. Früh werden Angeworbene in die »Missionsarbeit« (inklusive Geldsammeln) einbezogen. Sowohl Schulungen in Form von Konferenzen, Seminaren und Wochenkursen als auch die Praktizierung von kultischen Handlungen haben eine zentrale Funktion. Größere Aktivitäten sind 1983 die »Weltmedienkonferenz« und 1987 der CARP »Weltstudentenkongreß« sowie u.a. die Massenhochzeiten (Segnungen) 1995 in Frankfurt a.M. Im selben Jahr bestätigt das Bundesinnenministerium Moons Einreiseverbot von 1982.

Periodika: Über den Aquariusverlag und den Kando-Verlag vertreibt die Vereinigungskirche Moons Publikationen und moonistische Literatur, Themenhefte sowie dem Organisationskonzept nahestehende Publikationen. Ihr Organ *Die neue Hoffnung* ist mittlerweile eingestellt.

Programmatik: In den *Göttlichen Prinzipien* (1963) formuliert Moon, der sich für den zweiten Sohn Gottes hält, die Lehre, welche u.a. durch seine *Master Speaks* aktualisiert wird. Eva habe, nachdem Satan sie verführte, Adam verführt. Durch den Brudermord an Abel sei nur die »Eva-satanische Blutslinie« geblieben, weshalb alle Menschen »satanisches Blut« hätten. Um dem Untergang zu entgehen, müsse sich ein »vollkommener Mann« eine Frau erziehen, »sündlose Kinder« zeugen und eine Familie gründen. Grundsätzlich ist »die Frau« die »Sünderin« sowie die »weiße Rasse« die führende Rasse. Den Holocaust interpretiert Moon als »unvermeidliches Blutsopfer«. Impliziert ist eine reaktionäre Familienideologie und hierarchische Gesellschaftsordnung. Die »Segnung« durch den »wahren Messias« (Moon) und seine Frau, die »wahren Eltern« (Gott), ist deshalb eine zentrale kultische Handlung, welche weltweit und zeitgleich zeremoniert wird. Durch diese soll die Möglichkeit einer Blutreinigung bestehen. Die Bekämpfung des Kommunismus mit allen Mitteln, bis 1989 inklusive der Inkaufnahme eines Dritten Weltkriegs, steht im Zentrum der Lehre und Mission[2].

Zusammenarbeit: Die Moon-Sekte unterhält Kontakte von CDU/CSU bis hin zu den → Republikanern. Beziehungen bestanden zur → Konservativen Aktion und zur → Wehrsportgruppe Hoffmann. International arbeitet sie mit rechtsextremen und neofaschistischen Bewegungen, (rechts)konservativen Parteien, Regierungen und Geheimdiensten zusammen. Moon gehört zu den Finanziers der World Anti-Communist League, die global agiert, reaktionäre Guerillas und Regierungen unterstützt.

Bedeutung: Die Vereinigungskirche zählt zur neureligiösen Bewegung. Sie kombiniert u. a. schamanische und konfuzianische Elemente sowie Fragmente des Christentums mit Antisemitismus, Sexismus, Rassismus und militantem Antikommunismus. Moon predigt ein religiös-faschistisches Konglomerat und proklamiert den Anspruch der Weltherrschaft des »Moonismus«. Ihre Relevanz verdankt sie ihren Paraorganisationen und ihrem Wirtschaftsimperium, deren weltweiten Aktivitäten und ökonomischem Potential. (AS)

---

1 Vgl. Lupe e.V. (Hrsg.): Organisationsprofil Moon-Sekte. Berlin 1992. S. 7f.
2 Vgl. H. Gasper u. a. (Hrsg.): Lexikon der Sekten, Sondergruppen und Weltanschauungen. Freiburg 1995. S. 706f.

Medien

Medien

Arndt-Verlag

Gründung: 1963

Kontaktadresse: Postfach 24035 Kiel

Eigentümer: Seit 1983 ist → Dietmar Munier Geschäftsführer des Arndt-Verlages, einer Zweigniederlassung der Lesen & Schenken GmbH. Im Jahre 1992 ist Thorsten Thaler Cheflektor. Weitere Mitarbeiter sind Gerlind Mörig und Marcus Heins.[1]

Autoren: Schwerpunkt des Verlages sind Werke über die ehemaligen deutschen Ostgebiete, vor allem das Kaliningrader Gebiet, Heimatromantik sowie die deutsche Kriegsschuld relativierende Bücher. Herausragende Autoren sind → Günter Deckert mit einem *Handbuch gegen Überfremdung*, Hugo Wellems und Bolko Freiherr von Richthofen, die über die Geschichtslügen und die Kriegsschuld »der anderen« aufklären, sowie → David Irving, der mit einem Buch über *Deutschlands Ostgrenze* vertreten ist. In der Reihe der Arndt-Taschenbücher schreiben neben Hellmut Diwald ausgewiesene Rechtsextremisten wie → Emil Schlee oder der Nationalrevolutionär → Wolfgang Venohr wie auch Politiker der CDU. So werden Helmut Kohl und Carl Carstens vom Verlag als Autoren angegeben. Abgerundet wird das Arndt-Programm durch Titel wie das jüngst erschienene Werk von Franz Kurowski *Ritterkreuzträger aus Ost- und Westpreußen*.

Charakteristik: Der durch Heinz von Arndt begründete Verlag gelangt 1980 unter Dietmar Munier von Vaterstetten nach Kiel. 1983 übernimmt dieser die Leitung von → Karl Höffkes und gründet im gleichen Jahr den Orion-Heimreiter-Verlag neu. Schon in den 60er Jahren bestanden zwei Verlage gleichen Namens. Der Heimreiter-Verlag stand besonders dem → Witikobund nahe, während der Orion-Verlag soldatische Erlebnisse publizierte. Im neuen Programm finden sich entsprechende Werke wieder, hinzu kommen Autoren wie Alain de Benoist und Irenäus Eibl-Eibesfeldt. 1990 teilt Munier in einem Rundschreiben des Arndt-Verlages mit, eine Anzeigenkampagne mit David Irving, dem »Anwalt des ganzen Deutschland«, starten zu wollen, um den »Verrat an Ostdeutschland« – gemeint ist die Anerkennung der Oder-Neiße-Grenze – zu verhindern.[2] Den Werbesendungen des Arndt-Verlages sind die Rundschreiben der von Munier geleiteten → Aktion »Deutsches Königsberg« beigelegt.

Bedeutung: Mit der Übernahme des Arndt-Verlages und der durch die Lesen & Schenken GmbH flankierten Ausrichtung auf ein ausgesprochen deutschtümelndes und geschichtsrevisionistisches Publikum kann Dietmar Munier seine »germanophilen« Aktivitäten im ehemaligen Ostpreußen gezielt unterstützen. Der Umfang und die Bandbreite des Programms machen den Arndt-Verlag zu einem der größten Verlage im Spektrum der Vertriebenen. (B)

1 G. Olzog; J. Hacker (Hrsg.): Dokumentation deutschsprachiger Verlage. München 1995, S. 22 ff.
2 Rundschreiben des Arndt-Verlages. O.J. (ca. 1990).

Arun Verlag

Gründung: 1990
Sitz: 07407 Engerda
Verlagsleiter: Stefan Björn Falko Ulbrich
Autoren: Das Verlagsprogramm besteht aus Ulbrichs eigenen Büchern (*Gedanken zu Großdeutschland* 1990, *Im Tanz der Elemente* 1990, *Multikultopia – Gedanken zur multikulturellen Gesellschaft* 1991) und wird ergänzt durch Autoren wie → Sigrid Hunke (*Das Nachkommunistische Manifest*), Claus M. Wolfschlag (*Hitlers rechte Gegner*), Muna Sat-Ananda (*Die Absage an den westlichen Geist – Gedanken zu Materialismus und Spiritualität*), → Jürgen Hatzenbichler (angekündigter Hrsg. von *Querdenker*), Julius Evola (*Revolte gegen die moderne Welt*), → Karl Richter (*Richard Wagner Visionen*), Russel Mc Cloud (*Die schwarze Sonne von Tashi Lhunpo*), Hans-Jürgen Langes (Hrsg. *Otto Rahn Leben u. Werk*) u.a. Für Frühjahr 1996 sind zwei Multimedia CD-Roms zum Thema Heidentum angekündigt. Die Prospekte des Arun Verlages wurden von folgenden Verlagen und Organisationen mit eigenem Eindruck verschickt: Buchdienst Junges Forum, Verlag + Agentur Werner Symanek, Buchdienst Junge Freiheit, Buchdienst Nation und Europa und Buchdienst Südtirol.
Charakteristik: Das Verlagsprogramm des Arun Verlages ist zum einen auf heidnisch-esoterische Literatur spezialisiert, zum anderen versucht er mit seinen Sammelbänden in aktuelle politische Diskussionen, wie der zu Großdeutschland oder zur Frage der multikulturellen Gesellschaft, einzugreifen. Die vom Verlag veröffentlichen Neuerscheinungen werden durch ideologische Standardwerke, z.B. von Julius Evola und Sigrid Hunke ergänzt. In den vom ehemaligen *Junge Freiheit*-Mitarbeiter Stefan Björn Ulbrich herausgegebenen Sammelbänden versucht dieser, mittels einer Autorenmischung aus der gesellschaftlichen Mitte (Heiner Geißler, Anke Martiny), des militanten Neofaschismus (→ Meinolf Schönborn, → Jürgen Rieger) und Vertretern der »Neuen Rechten« (Alain de Benoist, Jürgen Hatzenbichler) Akzeptanz für rechtsextreme Argumentationsweisen und »neurechter« Ideologie zu erreichen. Bemerkenswert ist das Projekt von multimedialen CD-Roms, mit denen Neuland in der rechten Medienlandschaft betreten wird.
Bedeutung: Der ARUN Verlag veröffentlicht rechte und extrem rechte Bücher, die auch von rechtsextremistischen Buchdiensten vertrieben werden.

Stefan Ulbrich bringt mit seinem Buchprogramm seinen genuin »neurechten« Ansatz im Kulturbereich zum Ausdruck. Teile des Programms zielen in Richtung Alternativ-, Esoterik- und Ökologiebewegung. Die Einflußnahme in diese Richtung versucht Ulbrich mit dem Gaia-Versand, welcher als eine ideologische Vorfeldorganisation des Arun Verlags bezeichnet werden kann, auszubauen. Mit Geißler und Martiny gelang es dem Verlag, auch bürgerliche Autoren zu gewinnen. (B)F

Die Bauernschaft/Kritik – Die Stimme des Volkes

Untertitel: Für Recht und Gerechtigkeit

Gründung: *Die Bauernschaft*: 1969, Anfang 1996 eingestellt; *Kritik:* 1971

Sitz: Kollund (Dänemark), ab 1995 Toronto (Kanada)

Auflage: 5.000[1] *(Die Bauernschaft)*

Herausgeber und Redaktion: → Thies Christophersen, ab 1995 → Ernst Zündel

Vertrieb: Der Vertrieb wurde vom Nordwind-Verlag, unter Ernst Zündel von Samisdat Publishers übernommen.

Autoren: In der Schriftenreihe *Kritik – Die Stimme des Volkes* veröffentlichte Christophersen u. a. Beiträge von Gaston-Armand Amaudruz und Henning Fikentscher, Marie Adelheid Prinzessin Reuß zur Lippe, Dieter Vollmer, Robert Faurisson und Ernst Zündel. *Die Bauernschaft* wurde v. a. von Christophersen selbst geschrieben.

Charakteristik: *Die Bauernschaft* wurde seit 1969 von Thies Christophersen herausgegeben, der sie v. a. zur Verbreitung seiner eigenen Anschauungen benutzte. Anfangs beschäftigt sich die Zeitschrift v. a. mit Themen des Agrarwesens auf der Grundlage der Blut-und-Boden-Ideologie, von Anfang an gibt es jedoch auch rassistische und die nationalsozialistischen Verbrechen verharmlosende oder leugnende Artikel, die in der Folgezeit überwiegen. In seinen Kritik- und Nordwind-Verlagen veröffentlicht Christophersen eine Vielzahl von neofaschistischen Schriften, u. a. die Reihe *Kritik – Die Stimme des Volkes*. Im Mittelpunkt steht dabei die Verbreitung rassistischen Gedankengutes und die Leugnung der nationalsozialistischen Verbrechen. Titel der Reihe sind u. a. *Ist Rassebewußtsein verwerflich?* von G. A. Amaudruz, *Rassenethik* von René Binet, *Der revolutionäre Charakter des Nationalsozialismus* von Matt Koehl und *Die Auschwitz-Lüge* von Christophersen selbst. Zu derartigen Themen wurden in den neunziger Jahren auch Videokassetten vertrieben. Infolge einer Krankheit und antifaschistische Proteste in Christophersens Wohnort Kollund (DK) zieht er sich 1995 weitgehend aus der Verlagstätigkeit zurück, die Herausgabe der Zeitschrift *Die Bauernschaft* hat der in Kanada lebende Zündel übernommen, der das Blatt Anfang 1996 jedoch einstellt.

Bedeutung: *Die Bauernschaft* und die um sie herum organisierten Freundestreffen sind seit ihrer Gründung ein wichtiges Diskussions- und Kontaktforum der extremen Rechten in Europa und Übersee. Anzeigen wurden u.a. von der → Wiking Jugend, der → Freiheitlichen Deutschen Arbeiterpartei und der → Hilfsorganisation für nationale politische Gefangene und deren Angehörige e.V. geschaltet. *Die Bauernschaft* verband Auschwitzleugner weltweit in Fragen der Strategie und Taktik. Die Schriftenreihe *Kritik – Die Stimme des Volkes* lieferte ideologische und programmatische Schriften für das gesamte neofaschistische Spektrum. (FV/B)

1 Vgl. A. Lange: Was die Rechten lesen. München 1993, S. 84.

Criticón
Untertitel: konservativ heute
Gründung: 1970
Sitz: 80538 München
Erscheinungsweise: vierteljährlich
Auflage: ca. 8.000 (1993)
Herausgeber: → Caspar von Schrenck-Notzing
Redaktion: Caspar von Schrenck-Notzing (verantwortlich), → Prof. Dr. Klaus Motschmann (Redaktion Berlin) und Hanns Klatz.
Vertrieb: SPS Spezial Publikation Service (56070 Koblenz, Zeitschriftenhandel); pan-Verlagsservice (82152 Planegg, Abonnenten).
Autoren: waren oder sind u.a. → Karlheinz Weißmann, → Armin Mohler, → Günter Rohrmoser, Winfried Knörzer, Uwe Greve, Hans Graf Huyn, Robert Steuckers, Piet Tommissen, Alain de Benoist, → Wolfgang Strauss, → Hans-Dietrich Sander, → Hans-Ulrich Pieper, → Klaus Hornung, Hans Meier, Karl Steinbuch, → Reinhold Oberlercher, → Gerd-Klaus Kaltenbrunner, Franz Uhle-Wettler, → Hans-Joachim Arndt, Hans-Helmuth Knütter, Gerhard Löwenthal, Erik von Kuehnelt-Leddihn, Rudolf Wassermann, → Heinrich Lummer, Gunnar Sohn, Albrecht Jebens, Thomas Molnar, Josef Schüßlburner, Lothar Groppe, Tomislav Sunic, Hans B. von Solthen, Martin Pabst, Markus Klein, Joachim Bahlke, Heinz-Siegfried Strelow, Michael Wiesberg.
Charakteristik: *Criticón* erscheint mittlerweile vierteljährig in gleichbleibender Aufmachung: DIN-A4, ca. 50 Seiten. Die Umschlaggestaltung bleibt seit Jahren im gleichen Türkis und soll Wiedererkennung garantieren. Ursprünglich wird sie 1970 unter Mithilfe von Armin Mohler als reines Rezensionsorgan geplant, entwickelt sich jedoch schnell zu einem anspruchsvollen Theorieorgan. 1980 fusioniert sie mit der bis dato von Klaus Motschmann herausgegebenen, protestantisch-konservativen Zeitschrift *konservativ heute*. Versuche zur Herausgabe des häufiger erscheinenden Informationsor-

gans *Criticón aktuell* sowie der Sprung in den Zeitschriftenhandel in der zweiten Hälfte der 80er Jahre sind nicht erfolgreich. Ab Mitte 1991 tritt die Zeitschrift mittels Lesekreisen, welche in enger Kooperation mit der → *Jungen Freiheit* entstehen, wieder verstärkt nach außen.

Bedeutung: Hauptanliegen der Zeitschrift und ihrer Macher ist die »Rekonstruktion des Konservativismus«. Auf der Basis des »Antiliberalismus« sollen programmatische Artikel[1] der Rechten ein theoretisches Fundament verschaffen und sie in die Lage versetzen, sich rechts der CDU/CSU parteipolitisch zu organisieren. Seit dem Regierungsantritt Helmut Kohls 1982 öffnete sich das Blatt wieder verstärkt diesem Anliegen und führt Konservative und Rechtsextremisten zusammen. Durch den Rückgriff auf Theoretiker der sogenannten Konservativen Revolution und der intensiven Beobachtung der französischen Nouvelle Droite greift sie Erfahrungen auf und vermittelt sie durch *Criticón*-Lesekreise, das politisch nahe → Institut für Konservative Bildung und Forschung und den Förderverein für konservative Kultur und Bildung e.V. Vorsichtig nimmt sie parteipolitisch Stellung – 1989 für → Die Republikaner, 1992 für die → Deutsche Soziale Union, 1994 für den → Bund freier Bürger und 1996 für das → Bündnis Konstruktiver Kräfte Deutschlands. Schrenck-Notzing: »Kann sich im Parteienstaat eine politisch-kulturelle Position ohne das Spalier einer Partei halten? (…) Die Rechtskonservativen in der CDU/CSU waren immer mehr ein Gerücht als ein ›Corrente‹. (…) Aber wo bleibt die konservative Rechte? Sie hat nun zumindest die Chance, aus den gemachten Fehlern zu lernen und die Verachtung jedweder Organisation abzulegen.«[2] (B)

1 Vgl. u.a. K. Weißmann: Neo-Konservatismus. Die konservative Option. Criticón Nr.113, Mai-Juni 1989, S. 129 ff.
2 C. von Schrenck-Notzing: Editoral. Criticón Nr. 122, Nov./Dez. 1990, S. 259.

DESG-inform

Gründung: 1985
Sitz: 20419 Hamburg
Erscheinungsweise: zehn- bis elfmal im Jahr
Auflage: nicht bekannt
Herausgeber: → Deutsch-Europäische Studiengesellschaft (DESG) im Verlag Deutsch-Europäischer Studien GmbH
Redaktion: → Klausdieter Ludwig (Redaktion und als verantwortlich Zeichnender), vormals Heinz-Dieter Hansen
Vertrieb: Eigenvertrieb
Autoren: Die einzelnen Meldungen und Berichte sind nicht namentlich gekennzeichnet, es kann jedoch davon ausgegangen werden, daß sie fast aus-

schließlich von der Redaktion bearbeitet und erstellt werden.
Charakteristik: Das 6- bis 8-seitige DIN-A4 Heft erscheint in gleichbleibender Aufmachung. Seit ihrer Gründung 1985 dient sie erst in zweiter Linie zur Verbreitung der Aktivitäten der Deutsch-Europäischen Studiengesellschaft und der von ihr herausgegebenen losen Heftreihe *Junges Forum*. Primär versucht das dünne, in Rubriken unterteilte Blatt einen monatlichen Überblick über die rechtsextremistische, für sie »nonkonforme« Parteien- und Organisationslandschaft zu liefern. Die Bandbreite der Nachrichten reicht hier von den → Republikanern und der → Nationaldemokratischen Partei Deutschlands über einzelne Burschenschaften und Studentenverbände, wie dem → Gesamtdeutschen Studentenverband, bis hin zu Gruppierungen, die sich auf die Leugnung des Holocausts spezialisiert haben (z.B. J.-G.-Burg-Gesellschaft). Mit ihrem aus der nationalrevolutionären Tradition kommenden Selbstverständnis widmen sich viele Beiträge der ökologischen Frage. Breiten Raum nimmt die Berichterstattung über den ihnen nahe stehenden Ansatz der → Unabhängigen Ökologen Deutschlands ein. Die feste Rubrik »Ausland« vermittelt einen detaillierten Stand rechtsextremer Formierung in Europa. Nur selten bezieht die Redaktion selbst direkt Stellung, wie etwa nach dem Zusammenbruch der Sowjetunion. Hier resümiert *DESG-inform* und nimmt eine politische Lagebestimmung vor: »Die USA sind endgültig die große verderbbringende Macht, viel gefährlicher als es die Sowjetunion jemals war. (…) Gegen diesen Hauptfeind müssen wir mit anderen Waffen kämpfen als gegen die Kommunisten. Aber wir sind sicher, daß die Völker der Welt – und allen voran die Völker Europas – eines nicht zu fernen Tages auch Front machen werden gegen die USA und sie vom Erdboden verschwinden lassen werden wie gestern die Sowjetunion. Und dazu wollen wir unseren kleinen Teil beitragen.«[1]
Bedeutung: Als Informationsdienst für das ganze rechtsextreme Lager versucht das Blatt die Funktion der *Studien für Zeitfragen* des Nikolaus I. Ryschkowsky aus den 60er und 70er Jahren zu übernehmen. Die guten Kontakte ihres Redakteurs Klausdieter Ludwig zu → *Nation und Europa*, dem dienstältesten rechtsextremen Blatt der BRD, und die Verbindung der DESG zu europäischen Vernetzungen wie der Synergies Européennes helfen der Zeitschrift, an ihre Informationen zu gelangen. (B)

1 DESG-inform, Nr.1/1992, S. 1.

Deutsche National-Zeitung (DNZ)/Deutsche Wochen-Zeitung (DWZ)/Druckschriften- und Zeitungs-Verlag (DSZ-Verlag)/ Freiheitlicher Zeitungs-Verlag (FZ-Verlag)

Untertitel: *DNZ*: freiheitlich – unabhängig – überparteilich, *DWZ*: Deutscher

Anzeiger für nationale Politik – Kultur und Wirtschaft
Gründung: *DNZ*: 1951; *DWZ*: 1959; DSZ-Verlag: 1958
Sitz: 81283 München
Erscheinungsweise: wöchentlich
Auflage: insgesamt ca. 60.000, davon ca. 40.000 *DNZ*, ca. 20.000 *DWZ*
Herausgeber: → Gerhard Frey ist Herausgeber beider Zeitungen und Geschäftsführer des Druckschriften- und Zeitungs-Verlags (DSZ-Verlag).
Redaktion: *Deutsche National-Zeitung (DNZ)*: Verantwortlicher Sven Eggers; *Deutsche Wochen-Zeitung (DWZ)*: Verantwortlicher Bruno Wetzel. Bei beiden Zeitungen ist Erik Janus Chef vom Dienst, Aurelia Dietsch leitet die Anzeigenabteilung.
Vertrieb: Beide Zeitungen sind im Abonnement und im offenen Kioskverkauf erhältlich, der Vertrieb erfolgt über den DSZ-Verlag.
Autoren: Bruno Wetzel, Gerhard Frey, Wilhelm Hillek, → Reinhard Pozorny, Fritz Hippler, Gustav Sichelschmidt, → Hans Weidenbach, Georg Daniel, Prof. Theodor Maunz, oft sind Artikel namentlich nicht gekennzeichnet.
Charakteristik: *DNZ* und *DWZ* erscheinen beide wöchentlich im Zeitungsformat und sind im Stil des Boulevard-Journalismus mit Illustrationen und großen, farbigen Überschriften aufgemacht. Sie bestehen aus 12 Seiten und kosten je 2 DM. Die Zeitungen sind inhaltlich fast identisch, und in jeder Ausgabe findet sich Werbung für die → Deutsche Volksunion (DVU) und deren Vorfeldorganisationen.
Die *DNZ* wird 1951 als *Deutsche Soldaten-Zeitung* von Paul Steiner (General der Waffen-SS), Helmut Damerau (Landrat und NSDAP-Kreisleiter in Preußisch-Holland), Joachim Ruoff (Oberst der Waffen-SS) u. a. gegründet, richtet sich v. a. an ehemalige Angehörige der deutschen Wehrmacht und erscheint zunächst monatlich in Dameraus Schild-Verlag. Die *DNZ* wird anfangs als antikommunistische Zeitung von der US-amerikanischen Verwaltung finanziell unterstützt, von 1953-54 bekommt sie vom Bundespresse- und Informationsamt 11.000 DM monatlich. Ab 1958 erscheint sie zweiwöchentlich, Gerhard Frey kauft mit dem neugegründeten DSZ-Verlag, an dem der Schild-Verlag beteiligt wird, 50 Prozent der Anteile, das Themenspektrum wird erweitert. 1959 kauft Frey auch die restlichen Anteile auf, die Zeitung wird in *Deutsche Soldaten-Zeitung und National-Zeitung* umbenannt. Ab 1962 erscheint die DNZ wöchentlich. 1963 wird sie thematisch endgültig auf das gesamte rechte Spektrum ausgerichtet, der Name wird in *Deutsche National-Zeitung und Soldaten-Zeitung*, schließlich nur noch *Deutsche National-Zeitung* geändert. Nach der Gründung der DVU 1971 ist die *DNZ*, obwohl offiziell weiterhin unabhängig, neben dem *Deutschen Anzeiger*, deren wichtigstes Propagandainstrument.
Die *DWZ* wird 1959 gegründet und von → Waldemar Schütz, → Adolf von

Thadden und Erich Kernmayr herausgegeben. 1964 orientiert sie sich stark an der neugegründeten → Nationaldemokratischen Partei Deutschlands (NPD). 1986 übernimmt Gerhard Frey die *DWZ* von Schütz. 1991 fusioniert die *DWZ* mit dem offiziellen Parteiorgan der DVU, dem *Deutschen Anzeiger*.

1958 gründet Gerhard Frey die DSZ-Verlags-GmbH, der die *Deutsche Solda-ten-Zeitung* übernimmt. Beiden Verlagen ist ein Buchdienst und ein Reise-dienst angeschlossen. Beide Zeitungen sind in Aufmachung und Sprachstil populistisch und emotionalisierend ausgerichtet.[1] Strafrechtlich relevante Aussagen werden als Fragen formuliert oder als Zitate gekennzeichnet. Insge-samt konzentrieren sich *DNZ* und *DWZ* thematisch auf den Zweiten Weltkrieg und die Leugnung bzw. Relativierung der nationalsozialistischen Verbrechen (»Die Auschwitz-Lüge. Was man nicht mehr sagen darf«[2]), den Revanchismus und Angriffe gegen liberale Politiker. Darüberhinaus werden die Ablehnung der Europäischen Gemeinschaft/Europäischen Union (»Um Deutschland klein zu halten. Ist das der wahre Sinn der EU?«[3]) und antisemitische und rassisti-sche Vorurteile zu breiten Themenfeldern gemacht.

Bedeutung: Gerhard Frey verfügt mit der *DNZ*, der *DWZ* und dem DSZ-Ver-lag über den größten rechtsextremen Medienkonzern in Deutschland. Die *Deutsche National-Zeitung* bleibt trotz fallender Auflage rechtsextremer Marktführer. Obwohl sowohl *DNZ* als auch *DWZ* formal unabhängig sind, sind sie vollständig auf die DVU und die Person Freys ausgerichtet und über-nehmen die Funktion von Parteiorganen. (B)

1 Vgl. zu Themen, Aufmachung, Sprache und Wirkung P. Dudek; K.-H. Jaschke: Deutsche Natio-nal-Zeitung. München 1981, S. 49 ff.
2 Deutsche Wochen-Zeitung, Nr. 25/1995, S. 1.
3 Deutsche Wochen-Zeitung, Nr. 32/1995, S. 7.

Deutsche Wochenzeitung (→ Deutsche National-Zeitung)

Deutschland in Geschichte und Gegenwart (→ Grabert-Verlag)

Druffel-Verlag

Gründung: August 1952

Sitz: 82328 Berg

Eigentümer: Inhaber des Druffel-Verlags waren seit 1952 Helmut und Ursu-la Sündermann, die 1966 Alleininhaberin wurde. Helmut Sündermann war seit 1931 Mitarbeiter der Reichspressestelle der NSDAP und stieg bis 1945 zum stellvertretenden Reichspressechef auf. Seit dem Tode Helmut Sünder-manns 1972 führt sein Stiefsohn → Gert Sudholt die Geschäfte. Nach dem Ableben seiner Mutter 1987 wird Gert Sudholt Eigentümer des Verlages, den er 1991 in die → Verlagsgemeinschaft Berg integriert.

Autoren: Erste Veröffentlichung des Verlages war im Jahre 1952 eine von Ilse Heß herausgegebene Sammlung von Briefen des Kriegsverbrechers Rudolf Heß. In den 50er und 60er Jahren folgen vornehmlich Kriegserlebnisse oder Lebensberichte nationalsozialistischer Politiker, so 1953 die Memoiren des NS-Außenministers Joachim von Ribbentrop, 1956 Hans Ulrich Rudels *Von den Stukas zu den Anden* oder 1959 von Sündermann selbst *Das Dritte Reich, eine Richtigstellung in Umrissen*. 1963 veröffentlicht der Druffel-Verlag das »revisionistische« Werk von Paul Rassinier *Was ist Wahrheit?* Seit 1972 werden die jährlichen *Deutschen Annalen* herausgegeben. Autoren sind unter anderen Nikolaus von Preradovich, → Klausdieter Ludwig und → Reinhard Pozorny.

Charakteristik: Das kriegsverherrlichende Programm brachte dem Druffel-Verlag schon 1955 ein Ermittlungsverfahren wegen Verbreitung staatsgefährdender Schriften ein. Die Beschlagnahmung einiger Werke durch das Landgericht München wurde von folgenden Instanzen aufgehoben. 1956 erstmals von der Frankfurter Buchmesse ausgeschlossen, beschließt der Börsenverein des Deutschen Buchhandels 1958, den Druffel-Verlag zu den Buchmessen nicht mehr zuzulassen.[1] Bis 1987 waren 150 Titel mit einer Gesamtauflage von über einer Millionen Exemplaren veröffentlicht worden.

Bedeutung: Der Druffel-Verlag bot in den Nachkriegsjahren eine Plattform für jene »bedeutenden Männer des Dritten Reiches«, die der Gründer Sündermann aus Kriegs- und Internierungszeit kannte. Jener Erlebnisgeneration blieb der Verlag über die Jahre publizistisch und politisch verbunden, Helmut Sündermann gehörte zu den Gründern der → Gesellschaft für freie Publizistik, der auch Gert Sudholt lange Jahre vorstand. 1987 bezeichnet dieser die politische Linie seines Verlages als »einem deutschen Revisionismus verschrieben«.[2] (B)

1 Vgl. H. Brüdigam: Der Schoß ist fruchtbar noch…, Frankfurt a.M. 1965, S. 61.
2 Druffel-Mitteilungen, Herbst 1987.

Elemente

Untertitel: Elemente der Metapolitik zur europäischen Wiedergeburt
Gründung: 1986
Sitz: 34002 Kassel
Erscheinungsweise: unregelmäßig (letzte Ausgabe 1990)
Auflage: unbekannt
Herausgeber: → Thule-Seminar e.V.
Redaktion: Leitung: → Pierre Krebs; Chefredaktion: Burkhard Weeke; Ständige Mitarbeiter: Alain de Benoist, Guillaume Faye, → Robert Hepp, Heinrich Jordis von Lohausen, Julien Freund, Jean Haudry, Michael Walker, →

Sigrid Hunke, Robert Steuckers u. a.

Vertrieb: Eigenvertrieb

Autoren: Otto Huth, Walter Gallard, → Richard W. Eichler, Karl Hein, Günter Maschke, Andreas Bode, Detlef Promp, Markus Hansmann u. a.

Charakteristik: Die Aufmachung der bislang erschienen seitenstarken fünf Ausgaben war jeweils aufwendig in Druck und Gestaltung. Reich bebildert decken sie wesentliche Themenbereiche der sich als »Neue Rechte« verstehenden Kreise ab. Das Organ des Thule-Seminars enthält zumeist ausführliche Hintergrundbeiträge zu ideologischen, kulturellen, philosophischen und historischen Fragen. Aktuelles, wie Tages- und Parteipolitik, ist kein Gegenstand der Zeitschrift. Dies entspricht der Strategie, »Metapolitik als treibende Kraft« zu erkennen, deshalb primär kulturhegemonial zu agieren und so möglichst großen Einfluß auf verschiedenste gesellschaftliche Themenbereiche zu erlangen. Als Leitbild propagiert die Zeitschrift eine »Neue Kultur in Europa«, ein Konglomerat aus ethnopluralistischen, organizistischen und neuheidnisch-esoterischen Thesen. Dabei wird die Befreiung Europas von »jedwedem Imperialismus« zur zentralen Forderung erhoben, der Einfluß der »Verwestlichung« entschieden bekämpft. Es finden ausführliche Rekurse auf ganzheitlich geprägte Ungleichheits- und Elitetheorien aller Art statt. Philosophen wie Friedrich Nietzsche, Theoretiker der sogenannten Konservativen Revolution wie Carl Schmitt, Arthur Moeller van den Bruck oder Oswald Spengler und der Theoretiker verschiedener Spielarten des italienischen Faschismus Julius Evola werden rezipiert, wenn es darum geht, die Dekadenz liberaler Gesellschaften zu beklagen.

Bedeutung: Durch ihre sehr spezifischen, teilweise sehr ausgefallenen Themenstellungen mit hohem theoretischen Anspruch wird von *Elemente* nur eine kleine Leserschaft anvisiert. Doch dienen diese Multiplikatoren dazu, die theoretischen Ansätze des Thule-Seminars mit Langzeitwirkung in den Diskurs um Erneuerung des rechtsextremen Lager einzuspeisen. Größere Bedeutung gewinnt die Zeitschrift im europäischen Kontext, nämlich als Pendant zu den gleichnamigen französischen, russischen und den mittlerweile eingestellten italienischen Ausgaben. So wird zum einen die Verbindung v. a. zur Nouvelle Droite in Frankreich aufrechterhalten. Sie ist nicht nur international die Vorläuferbewegung, sondern gilt auch bislang als politisch am erfolgreichsten. Zum anderen läßt sich die Existenz einer (gesamt)europäisch verbundenen Denkströmung mit einer entsprechenden Breitenwirksamkeit suggerieren. Auch wenn das jahrelange Ausbleiben einer neuen Ausgabe auf eine Krise hindeutet, werden die alten Ausgaben bis heute vertrieben und rezipiert. (BS/B)

Etappe

Untertitel: Zeitschrift für Politik, Kultur und Wissenschaft
Gründung: 1988
Sitz: 53184 Bonn
Erscheinungsweise: unregelmäßig, bisher elf Ausgaben
Auflage: unbekannt
Herausgeber: Heinz-Theo Homann
Redaktion: Heinz-Theo Homann und Günter Maschke (ab 1988)
Vertrieb: Eigenvertrieb
Autoren: waren oder sind u. a. → Karlheinz Weißmann, → Robert Hepp, Karl Eckehard Hahn, Erwin Keil, Gerd Bergfleth, Dag Krienen, Ulrich Mutz, Axel Matthes.
Charakteristik: Die Zeitschrift *Etappe* bemüht sich, durch Niveau, Kontinuität und umfangreiche Ausgaben (140-180 Seiten) zu einem wichtigen Organ der selbsternannten rechten Avantgarde zu werden. Die Aufmachung im DIN-A5 Format ist unbebildert. Von einem streng nationalistischen Standpunkt aus versuchen die Autoren, einen neuen rechten Zeitgeist zu etablieren, indem historische und zeitgeschichtliche, kulturelle und philosophische Grundsatzpositionen unter Vernachlässigung tages- und parteipolitischer Themen erarbeitet werden. Durch Rezeption und Würdigung rechter und konservativer Denker, u. a. von Carl Schmitt und Ernst Jünger, werden traditionelle Bezüge hergestellt. Ein angestrebtes »korrigiertes« Geschichtsbild und Kritik an der sogenannten Vergangenheitsbewältigung, an dem beklagenswerten Zustand der »nationalen Identität« und Liberalismuskritik bilden die Hauptthemen.
Bedeutung: *Etappe* ist in der rechten Publizistik ein typisches Insider-Blatt und wurde von Zeitschriften wie → *Junge Freiheit* und → *Criticón* positiv aufgenommen. Die federführende Rolle von Heinz-Theo Homann sowie ihre metapolitische Ausrichtung ermöglicht es der *Etappe* seit nunmehr acht Jahren, jenseits der im rechten Spektrum üblichen Konfliktlinien zu agieren und eine Kontinuität zu entwickeln. Dabei läßt sich Homann an anderen Stellen, z. B. unter dem Pseudonym Jutta Winkler, als Autor in der *Jungen Freiheit* oder als ehemaliger Fraktionsmitarbeiter für → Die Republikaner im Düsseldorfer Stadtrat durchaus auf tagespolitische Aufgaben und Auseinandersetzungen ein. (BS/B)

Europa vorn

Gründung: 1988
Sitz: 50780 Köln
Erscheinungsweise: zweiwöchentlich
Auflage: 5.000 (Eigenangabe)

Herausgeber: → Manfred Rouhs

Redaktion: Manfred Rouhs, → Wolfgang Strauss, Hans Rustemeyer, Andreas Kudjer, bis Mai 95 → Marcus Bauer

Vertrieb: Eigenvertrieb

Autoren: Autoren waren oder sind u. a. → Armin Mohler, → Franz Schönhuber, → Herbert Hupka, Günther Willms, Rolf-Josef Eibicht, Stefan Raber, Ulli Boldt, Rigolf Hennig, → Alfred Schickel, Hrvoje Lorkovic, → Karl Richter, Wolfgang Steinmann, Ilse Carola Salm, Thorsten Thaler, → Reinhold Oberlercher, Michael Walker, Alain de Benoist, Robert Steuckers, Marco Tarchi (*Europa vorn Spezial*). Interviewpartner waren: Hans-Helmuth Knütter, Elmar Schmähling, Ortwin Lowack, Franz Uhle-Wettler, Erwin-K. Scheuch u. a.

Charakteristik: Die Zeitschrift versucht, ein 14-tägiges Erscheinen einzuhalten. Mit ca. 16 Seiten im DIN-A4 Format ist sie über Abonnement zu beziehen. Gegründet wird sie 1988 von Manfred Rouhs und fusioniert 1990 mit dem *Badischen Landboten* von → Torsten Paproth. Politisch ist sie von jeher eng mit Rouhs Werdegang verbunden. So orientiert sich *Europa vorn* (im folgenden EV) zu Beginn am Aufstieg der → Republikaner, später an der → Deutschen Liga für Volk und Heimat (DLVH). Zentrales Thema ist anfänglich die Wiedervereinigung beider deutscher Staaten, aktuell die Herstellung der »kulturellen und nationalen Identität«. Weitere inhaltliche Schwerpunkte sind ökologische Themen, eine Auslandsberichterstattung mit starker Orientierung auf Osteuropa/Rußland sowie Interviews und Berichte über Skinheads und Oi-Musik. Als Ergänzung zur regelmäßig erscheinenden *EV* wird von Rouhs in größeren Abständen *Europa vorn Spezial* herausgegeben. Von *EV Spezial* erschienen bisher neun Hefte, die zeitweise bei Pamjatky Ukrainy gedruckt wurden und sich mit verschiedenen Schwerpunktthemen auseinandersetzten. *EV* gibt auch die Schülerzeitschrift *Hoppla* heraus, die im Dezember 1994 erstmals in einer Auflage von 30.000 Stück (Eigenangabe) erscheint. *Hoppla* wird u. a. an Parteien und Organisationen weitergegeben, die dort einen eigenen redaktionellen Teil und ihre Kontaktanschrift einfügen können. Desweiteren betreibt *EV* seit Juni 1995 ein Infotelefon, welches die neuesten Nachrichten aus der rechten Szene verbreitet.

Bedeutung: Neben → *Nation und Europa* zählt *EV* Anfang der 90er Jahre für kurze Zeit zu den bedeutendsten Strategieorganen der extremen Rechten. Sie versucht immer wieder den Brückenschlag zwischen rechten Funktionären und Theoretikern mit der rechten Jugend- und Skinszene. Diese nimmt in Kleinanzeigen, den *Notizen aus der Szene* und dem angegliederten Europa vorn – Buch- und CD/Plattenvertrieb sowie einer eigenen »Tonträgerproduktion« von Rouhs einen breiten Raum ein. Mit Hilfe der Kölner DLVH-Basis wird über *EV* versucht, für Aktionen zu mobilisieren. So sollte im Namen von *EV* im Mai 1994 in Köln eine Kundgebung, die allerdings verboten wurde, gegen Ralph Giordano stattfinden. Seit Mitte 1995 ist die Redaktion von *EV* maßgeblich an der Organisierung der »Runden Tisch«-Bewegung von Rechts-extremen im Rheinland beteiligt. Hierfür lud sie im November 1995 mit Unterstützung des Förderkreises Bündnis Deutschland/Runder Tisch NRW zu einer Lesung mit Franz Schönhuber und zur »Geburtsstunde einer neuen patriotischen Sammlungsbewegung« ein. Seit September 1995 werden von *EV* mehrere hundert Unterschriften unter einer *Pulheimer Erklärung* gesam-melt und veröffentlicht, in der zu einer »Versöhnung und Bündelung aller seriösen Kräfte von rechts« aufgerufen wird. (BS/B)

Gesamtdeutscher Verlag Anneliese Thomas

Gründung: 1990
Sitz: 51145 Köln
Eigentümer: Inhaberin der Personengesellschaft ist Anneliese Thomas, der Verlag entstand aus dem 1986 gegründeten Buchversand Anneliese Thomas.
Autoren: Hauptautoren des Verlages sind → Wolfgang Strauss, Martin Pabst, Rolf-Josef Eibicht, Ernst Anrich und Heinz-Theo Homann. Der Verlag zeich-nete verantwortlich für Druck und Vertrieb der *Zeitenwende – Deutsche Bau-steine*. Diese vierteljährlichen *Themenhefte zur Politik* nannten sich bis zur Ausgabe Nr. 3/1990 *Europa* und wurden vom 1973 gegründeten → National-europäischen Jugendwerk (NEJ) herausgegeben. Schriftleiter war Harald Thomas, der Ehemann von Anneliese Thomas. Ende 1992 wird die Zeitung eingestellt. Autoren der *Zeitenwende* waren Wolfgang Strauss, → Hans-Die-trich Sander, → Peter Bahn, → Reinhold Oberlercher, → Gerd-Klaus Kalten-brunner, → Reinhard Pozorny, → Henning Eichberg und Andreas Mölzer. Der umfangreiche Buchversand vertreibt Werke von → David Irving, Alain de Benoist, → Werner Georg Haverbeck und → Richard W. Eichler.
Charakteristik: Der Verlag entwickelte sich mit der Herausgabe und Erstel-lung der *Europa*. Er betätigt sich in Satz, Erstellung und Vertrieb auch anderer Zeitschriften. Das Organ des → Bundes Heimattreuer Jugend, *na klar!*, wurde im Satzbüro Thomas erstellt. Die Zeitschrift *Alte Kameraden – Unabhängige Zeitschrift Deutscher Soldaten* wurde hier hergestellt und vertrieben. Der *Witiko-Brief* und die Zeitschrift → *Etappe*, für die wiederum Heinz-Theo Homann verantwortlich zeichnet, werden bei Anneliese Thomas gedruckt. Der Buchversand der → *Jungen Freiheit* wurde von Dezember 1993 bis Sep-tember 1994 durch Anneliese Thomas abgewickelt, die in Köln-Porz eine Buchhandlung betreibt.
Bedeutung: Der Gesamtdeutsche Verlag Anneliese Thomas bedient mit sei-ner Infrastruktur einen vielfältigen Kundenkreis und verbindet dies mit ver-lagsnahen Aktivitäten aus dem Umfeld des NEJ. Das besondere Interesse des Verlages gilt den Themen der »Konservativen Revolution« und ab 1990 der

Mitarbeit an dem Zeitungsprojekt *Junge Freiheit*. 1992 verspricht Anneliese Thomas ihren Kunden:»Wir (…) unterstützen den Aufbau unterschiedlicher Zeitungsbuchdienste und liefern einen Beitrag für die sog. ›Initiative von unten‹, die sich die ›Vernetzung‹ unterschiedlicher Gruppierungen, Organisationen und Zeitschriften zum Ziel gesetzt hat.«[1] (B)

1 A. Thomas in: Für Sie ausgesucht. Sonderkatalog 1992.

Grabert-Verlag/Hohenrain-Verlag
Deutschland in Geschichte und Gegenwart (DGG)
Untertitel: Zeitschrift für Kultur, Geschichte und Politik
Gründung: Grabert-Verlag: 1953; Hohenrain-Verlag: 1985; *DGG*: 1953
Sitz: 72006 Tübingen
Auflage: ca. 3.000[1]
Erscheinungsweise: vierteljährlich
Eigentümer: Eigentümer des Grabert-Verlags war bis zu seinem Tod 1978 Dr. Herbert Grabert, danach wird sein Sohn → Wigbert Grabert Verlagseigentümer und Herausgeber von *Deutschland in Geschichte und Gegenwart (DGG)*.
Redaktion: *DGG* wird von Wigbert Grabert in Zusammenarbeit mit dem Institut für deutsche Nachkriegsgeschichte (IdN) unter Leitung von → Dr. Rolf Kosiek herausgegeben.
Vertrieb: *Deutschland in Geschichte und Gegenwart* wird über den Grabert-Verlag vertrieben und ist im Abonnement zu beziehen.
Autoren: Autoren in *DGG* waren/sind u. a. → Prof. Richard W. Eichler, Wieland Körner, Irmgard Luchterhandt, Karl Dittrich, → Germar (geb. Rudolf) Scheerer, Hans Werner Woltersdorf, Götz Eberbach, Dr. Heinz Splittgerber, Dr. Rolf Kosiek, Wilrich Ch. Raeder, Dr. Rudolf Künast, Dr. Gert Meier, Alfred Langer, Prof. Dr. Theodor Schmidt-Kaler, → Dr. Hans-Dietrich Sander, Frithjof Hallman, Wilhelm Storck, → Prof. Dr. Werner Georg Haverbeck, Georg Daniel, Dr. Christian Konrad, Dr. Hannes Kaschkat, Hermann Zschweigert, → Dr. Sigrid Hunke, Walter Lüftl, Prof. Dr. Gerard Radnitzky, → Horst Rudolf Übelacker, Jürgen Spanuth, Ingrid Weckert, Dieter Vollmer, → Ernst-Otto Cohrs.
Charakteristik: Der Grabert-Verlag wird 1953 von Herbert Grabert (Jahrgang 1901) als Verlag der Deutschen Hochschullehrer-Zeitung gegründet. Nachdem Grabert nach 1945 nicht mehr als Dozent an der Universität Würzburg tätig sein darf, gründet er 1953 die *Deutsche Hochschullehrer-Zeitung*, die sich die Rehabilitierung von nationalsozialistischen Dozenten zum Ziel gesetzt hat, und das Institut für deutsche Nachkriegsgeschichte, das sich besonders der »Kriegsschuldlüge« widmen soll. Als Band 1 dieses Instituts

erscheint 1961 David Leslie Hoggans *Der erzwungene Krieg,* dessen Gesamt-
werk heute noch vom Grabert-Verlag vertrieben wird. 1964 wird die eigene
Versandbuchhandlung gegründet, die den Katalog *Ihr Buchberater* herausgibt. 1972 wird die *Deutsche Hochschullehrer-Zeitung* als Konsequenz aus
der inzwischen erfolgten Erweiterung des Themenspektrums in *Deutschland
in Geschichte und Gegenwart* umbenannt. Im Mittelpunkt stehen nun v.a.
zeitgeschichtliche, geschichtsfälschende Aufsätze neben germanisch-esoteri-
schen Arbeiten. Regelmäßige Rubriken sind der Buchberater und die
Umschau mit Kurznachrichten. 1978 übernimmt Wigbert Grabert nach dem
Tod seines Vaters den Verlag, den er schon seit 1972 leitet. Er öffnet die Vierteljahresschrift stärker der französischen Nouvelle Droite und unterstützt mit
ihr Anfang der achtziger Jahre den Aufbau des bundesdeutschen → Thule-
Seminars, dessen programmatische Schriften wie *Das unvergängliche Erbe.
Alternativen zum Prinzip der Gleichheit* mit Beiträgen u.a. von → Pierre
Krebs und → Armin Mohler im Grabert-Verlag neben den deutschen Überset-
zungen der wichtigsten Bücher von Alain de Benoist erschienen sind. *DGG*
erscheint vierteljährlich mit ca. 46 Seiten im DIN A4-Format und besteht zum
Großteil aus mehrseitigen Aufsätzen. Nach dem Tod von Herbert Grabert ist
Wilfried von Oven Ende der siebziger Jahre Chefredakteur. Seit 1990
erscheint außerdem der *Euro-Kurier* (seit 1995 zweimonatlich), der neben
Vorstellungen der Buchneuheiten des Grabert-Verlages auch tagespolitische
Kommentare von Wigbert Grabert enthält. Ebenso erscheint im Grabert-Verlag seit 1990 unregelmäßig die Schriftenreihe *Richtigstellungen zur Zeitgeschichte* unter Mitarbeit des IdN. 1993/94 führt der Verlag Autoren von *DGG*
wie Robert Faurisson, Johannes Peter Ney, Ingrid Weckert, → Udo Walendy
u.a. zusammen. Sie leugnen in dem von Ernst Gauss (→ Germar
Rudolf/Scheerer) herausgegeben *Grundlagen zur Zeitgeschichte. Handbuch
über strittige Fragen des 20. Jahrhunderts* den Holocaust, die Echtheit des
Wannsee-Protokolls sowie den deutschen Massenmord an jüdischen Sowjet-
bürgern in Babi Jar/Kiew. Der Hohenrain-Verlag wird 1985 von Grabert
gegründet, um v.a. die Schriften seiner Stiftung Kulturkreis 2000 zu veröf-
fentlichen. Darüberhinaus erscheinen die Reihen *Forum, Das Provokative
Buch* und *Konkret.* 1995 erscheint das von Rolf-Josef Eibicht herausgegebene
Sammelwerk *50 Jahre Vertreibung,* in dem u.a. Beiträge von Heinz Nawratil,
Rolf Kosiek, → Manfred Brunner, → Gerhard Frey, → Heinrich Lummer, →
Roland Bohlinger, Alfred Dregger, Ludek Pachmann, Jörg Haider und →
Wolfgang Strauss veröffentlicht werden. Der Grabert-Verlag wird wegen den
Grundlagen zur Zeitgeschichte, dem antisemitischen *Attilas Erben auf Davids
Thron* von Erwin Soratroi und anderen von Grabert verlegten Büchern mehr-
fach Ziel polizeilicher Durchsuchungen und Beschlagnahmungsaktionen.
Bedeutung: Der Grabert-Verlag stellt mit der Zeitschrift *Deutschland in*

Geschichte und Gegenwart das Zentralorgan »revisionistischer« Geschichtsfälschung in der Bundesrepublik. Keine andere Zeitschrift der extremen
Rechten kann in bezug auf dieses Themenfeld eine entsprechende Kontinuität
und thematische Breite vorweisen. Die beiden Verlage stellen für das rechtsradikale bis neofaschistische Spektrum mit die bedeutendsten Publikationsmöglichkeiten in der Bundesrepublik. (FV/B)

1 Tel Aviv University. The Project for the Study of Anti-Semitism: Anti-Semitism-Worldwide 1994.
Tel Aviv 1995, S. 49.

Historische Tatsachen
Gründung: 1975
Sitz: 32590 Vlotho
Erscheinungsweise: unregelmäßig
Eigentümer und Redaktion: Verlag für Volkskunde und Zeitgeschichtsfor-
schung, Herausgeber ist → Udo Walendy
Vertrieb: Der Vertrieb erfolgt über den Verlag für Volkskunde und Zeitge-
schichtsforschung
Autoren: Von Autoren im eigentlichen Sinne kann in dieser Schriftenreihe
nicht die Rede sein. Udo Walendy druckt meist eklektizistisch Auszüge aus
historischen Dokumenten ab und fügt diesen eine Einleitung oder einen Kom-
mentar hinzu.
Charakteristik: In den über 60 bisher erschienenen Heften der *Historischen
Tatsachen* werden die Verbrechen des Nationalsozialismus an den europäischen Juden und den Sinti und Roma geleugnet. Andere Ausgaben weisen
Polen und der USA die Schuld am Weltkrieg zu oder berichten ausführlich
über die Aktivitäten anderer Holocaustleugner im In- und Ausland, wobei versucht wird, wissenschaftlich zu wirken. Jede Ausgabe behandelt lediglich ein
Thema, die Veröffentlichungen tragen Titel wie »Starben wirklich 6 Millionen?«[1], »Zigeuner bewältigen 1/2 Million«[2] oder »Diffamierte Medizin im
Dritten Reich«[3]. Mehrere Ausgaben gelten als »z. Zt. nicht lieferbar«, da sie
beschlagnahmt wurden und indiziert sind.
Bedeutung: Die Reihe *Historische Tatsachen* ist dem »revisionistischen«
Kern der bundesdeutschen extremen Rechten zuzurechnen. Walendys Schriftenreihe stellt aufgrund ihrer Themenvielfalt und Kontinuität eine wichtige
Informationsquelle für die Meinungsbildung und Propaganda der Auschwitzleugner dar. (FV/B)

1 Historische Tatsachen, Nr. 1.
2 Historische Tatsachen, Nr. 23.
3 Historische Tatsachen, Nr. 55.

Hohenrain-Verlag (→ Grabert-Verlag)

Junge Freiheit (JF)
Untertitel: Wochenzeitung für Politik und Kultur
Gründung: 1986
Sitz: 10117 Berlin
Erscheinungsweise: wöchentlich
Auflage: 70.000 gedruckte, 35.000–49.000 verkaufte (Eigenangaben), 10.000–20.000 verkaufte (eigene Schätzung)
Herausgeber: Junge Freiheit Verlag GmbH & Co.KG
Redaktion: Redaktion Deutschland[1]: → Dieter Stein (Chefredaktion), Thorsten Hinz (Politik), Thorsten Thaler (Im Gespräch), Martin Schmidt (Weltpolitik, Nationalitätenfrage, Mitteleuropa, Reisen), Bernd T. Ramb (Wirtschaft), Götz Kubitschek (Sicherheit und Militär), Angelika Willig (Kultur), Gerhard Quast (Natur & Umwelt), Jürgen Mohn (Zeitgeschichte), Patrick Neuhaus (Berlin), Frank Liebermann (Medien), → Roland Bubik (Zeitgeist und Lebensart), Hans B. von Sothen (Forum, Kirche, Schlußredaktion), Jens Falk (Chef vom Dienst).
Redaktion Österreich[2]: Andreas Mölzer (Chefredaktion), → Jürgen Hatzenbichler (Politik), Anita Manhardt und René Lysander Scheibe (Wien), Thomas Clement (Chef vom Dienst).
Weitere in der Geschichte der *JF* als Redakteure oder »interne Mitarbeiter«[3] geführte Personen waren u. a. Marcus Bauer, Markus Beisicht, Raimo Benger, Thomas Clement, → Peter Boßdorf, Wolfgang Fenske, → Sven Thomas Frank, Michael Großheim, Michael Hageböck, Regula Heinzelmann, Heinz-Theo Homann (unter dem Pseudonym Jutta Winkler), Baldur Jahn, Markus Klein, → Hans-Ulrich Kopp, Michael Krämer, Heiko Luge, Andrzej Madela, Kai Guleikoff (alias Alexander Marwitz), Götz Meidinger, → Andreas Molau, Carsten Niefind, → Carsten Pagel, Gerhard Quast, → Karl Richter, Germar Rudolf (→ Germar Scheerer), Boris Rupp, Hans Rustemeyer,→ Alfred Schickel, Martin Schmidt, Thilo M. Stratemann, Stefan Ulbrich, Franz Watschinger, Torsten Witt, Markus Zehme.
Vertrieb: SPS-Verlagsservice GmbH, 56070 Koblenz, welche auch die Zeitschriften *Code, Wehrtechnik, Luftwaffen-Forum, Military Technology SH, Naval Forces, Technologia Militar,* → *Criticón, Fusion* und *Ibykus* vertreiben.[4]
Autoren: Die Forumseiten füllten u. a.: → Klaus Hornung, Michael Wiesberg, Herbert Ammon, Thomas Molnar, Winfried Knörzer, Hans Hausberger, Lothar Höbelt, Claus M. Wolfschlag, Hans-Manfred Roth, Hans-Helmuth Knütter, Andreas Mölzer, Ulrich Schacht, Franz Steinegger, → Karlheinz Weißmann.
Als Interviewpartner gewannen sie u. a.: Manfred Ritter, → Franz Schönhuber, → Günter Rohrmoser, → Harald Neubauer, → Martin Mußgnug, Bern-

hard Friedmann, Eduard Lintner, Steffen Heitmann, Klaus Zeitler, → Herbert Fleissner, Friedrich Romig, Karl Steinbuch, Karl Schachtschneider, Felizitas Küble, Eberhard Hammer, Hans-Joachim von Leesen, Ernst Topitsch, Herbert Pilch, → Alfred Mechtersheimer, Hans-Peter Uhl, → Klaus Motschmann, Baldur Springmann, Erwin Scheuch, → Günter Kießling, Ortwin Lowack, Kurt Waldheim, Alain de Benoist.

Charakteristik: Die Zeitung erscheint 1986 erstmalig im DIN-A5 Format, bis 1991 zweimonatlich, ab 1991 monatlich und seit Januar 1994 wöchentlich in einem Umfang von ca. 24 Seiten im Zeitungsformat. Politisch entwickelt sich das Blatt in verschiedenen Etappen, was sich anhand der häufig wechselnden redaktionellen Mitarbeiter bemerkbar macht. Die Gründung erfolgt aus dem Jugendspektrum der → Freiheitlichen Volkspartei, orientierte sich jedoch sehr schnell nach den sich abzeichnenden Wahlerfolgen der → Republikaner (REP) auf die Partei Franz Schönhubers. Etliche Redakteure der *Jungen Freiheit* unterstützten diese nicht nur publizistisch, sondern engagierten sich auch direkt bei den REP (Dieter Stein und Hans-Ulrich Kopp beim Republikanischen Hochschulverband; Karl Richter leitete zeitweise das Parteiorgan *Der Republikaner.*) Ein Zulauf für die Zeitschrift aus den Reihen der Burschenschaften und der Deutschen Gildenschaft sowie seit 1990 eine verstärkte Zusammenarbeit mit weiteren Zeitschriftenprojekten, welche sich als »Neue Rechte« verorten, verbreiterten die Basis. Im November 1990 veranstalten → *wir selbst*, die *Junge Freiheit* und *Zeitenwende* (vormals *Europa*) den Kongreß »Initiative Deutschland 90« und verabreden u. a., die Kräfte auf das Projekt Wochenzeitung zu bündeln. Ab Mitte 1991 versuchte sich die JF durch Bildung von → JF-Lesekreisen, der Veranstaltung von »Sommeruniversitäten« und enger Zusammenarbeit mit Funktionären der → Christlich-Konservativen Deutschland-Foren ideenpolitisch mit einer »Graswurzelrevolution« von unten breiter zu verankern. Im Januar 1994 startet sie als Wochenzeitung, und seit Oktober 1995 erscheint die Österreichausgabe unter der Regie von Andreas Mölzer, ideologischer Kopf der Freiheitlichen Partei Österreichs. Die Orientierung am engeren Umfeld des nationalliberalen FDP-Flügels um → Rainer Zitelmann veranlaßte u. a. Götz Meidinger, Andreas Molau, Hans-Ulrich Kopp und Ernst Jendra, aus der Redaktion auszuscheiden.

Bedeutung: In rechtsextremen Kreisen wird die *JF* aufgrund ihrer »Eisbrecherfunktion für die gesamte konservative und nationale Publizistik der BRD« geschätzt. Sie bewegt sich im Spannungsfeld zwischen der Erwägung, die Zeitung seitens des Verfassungsschutzes unter Beobachtung zu stellen[5], und wachsender Anerkennung im Braunzonenumfeld um Rainer Zitelmann und Herbert Fleissner. Ihre Rolle im Berliner → Dienstagsgespräch führte zu einer Koalitionskrise im Berliner Abgeordnetenhaus. Publizistisch versucht sie, strategische Ansatzpunkte und Sammlungsbewegungen des rechten Parteienspektrums zu unterstützen. Schwerpunkt im Jahre 1995 war hier der → Bund Freier Bürger als auch der Flügel der FDP um Alexander von Stahl und Jörg Haiders »Freiheitliche«. (B)

1 Nach Angaben des Impressums der Jungen Freiheit, Nr. 25/1996 vom 14.6.1996, S. 2.
2 Nach Angaben des Impressums der Jungen Freiheit (Österreichausgabe), Nr. 15/1996 vom 12.4.1996, S. 2.
3 Vgl. Antifaschistisches Broschürenkollektiv: Antifaschistische Informationen gegen die Junge Freiheit. Hamburg 1994, S. 68 ff.; H. Kellersohn (Hrsg.): Das Plagiat. Der völkische Nationalismus der Jungen Freiheit. Duisburg 1994, S. 51 ff.
4 Vgl. S. Jäger: Rechtsdruck. Berlin/Bonn 1988.
5 Vgl.: Düsseldorf beobachtet »Junge Freiheit«. Frankfurter Allgemeine Zeitung vom 14.3.1995.

Kritik – Die Stimme des Volkes (→ Die Bauernschaft)

Kulturpolitische Korrespondenz (KK)

Untertitel: Berichte, Meinungen, Dokumente
Gründung: 1955
Sitz: 53113 Bonn
Erscheinungsweise: zehntägig
Auflage: 2.250 (Eigenangabe)
Herausgeber: Stiftung Ostdeutscher Kulturrat (SOK)
Redaktion: Dr. Jörg Bilke (verantwortlich), Georg Aescht (Literatur und Kunst)
Vertrieb: Eigenvertrieb
Autoren: → Herbert Hupka, Stephan Kaiser, Karlheinz Lau, Roswitha Wisniewski, Klaus-Peter Koch, Norbert Matern, Siegfried Röder, Karin Bader, Günther Ott, Theodor Weissenborn, Monika Pfützenreuter, Christine Kucinski, Otfried Preußler, Bärbel Beutner, Walter Seibt, Dieter Göllner, → Wilhelm von Gottberg, Thorsten Hinz, Rüdiger Goldmann u. a.
Charakteristik: Der 10-tägig erscheinende Informations- und Kulturdienst wird in einfacher geleimter Aufmachung im DIN-A4 Format erstellt und ist das Mitteilungsblatt der Stiftung Ostdeutscher Kulturrat. Deren Vorstand gehören u. a. Herbert Hupka, Roswitha Wisniewski (seit 1994 Vizepräsidentin, Heidelberg), Hans-Günther Parplies (Geschäftsführer) und Werner Bader (Vorstandsmitglied, Bundessprecher der Landsmannschaft Berlin-Mark Brandenburg) an. Inhaltlich wechseln sich in den KK Mitteilungen über Aktivitäten der Stiftung mit Nachdrucken von Reden, Tagungsberichten, Literaturbesprechungen und Aufsätzen zu Schlesischen Kunst- und Kulturträgern ab. Gerhard Hauptmann wird hier z. B. auf seine schlesische Abstammung reduziert. In eher repräsentativer Aufmachung gibt die SOK vierteljährlich das Blatt *Der gemeinsame Weg* heraus und veranstaltet jährlich einen Erzählwettbewerb. Die Vorträge werden in der KK veröffentlicht. Veranstaltungen, die

die SOK seit 1992 unter dem Stichwort »Nachbarschaft – eine Veranstaltungsreihe zur Begegnung mit den östlichen Nachbarn«, u.a. mit den Referenten ▸ Klaus Hornung und Friedrich Prinz, abhält, werden dokumentiert.

Bedeutung: Ausdrücklich wird im Impressum des Informationsdienstes darauf hingewiesen, daß Textnachdrucke in Zeitungen und Zeitschriften honorarfrei bei Quellenangabe (KK) und unter Zusendung zweier Belegexemplare erwünscht seien. Von dieser Möglichkeit macht u.a. die → Nationaldemokratische Partei Deutschlands in ihren Blättern *Niedersachsen-Spiegel* und *Deutsche Stimme* ausführlichen Gebrauch. Von größerer Bedeutung ist jedoch die sich anbahnende engere Zusammenarbeit mit der → *Jungen Freiheit*. Der verantwortliche Redakteur der KK, Jörg Bilke, schreibt häufig in der *Jungen Freiheit* und deren Redakteur Thorsten Hinz wiederum für die KK. (B)

Leitheft

Gründung: ca. 1985
Sitz: 45770 Marl
Erscheinungsweise: monatlich
Auflage: unbekannt
Herausgeber: Kameradenkreis der ehemaligen Waffen-SS e.V. (i.G.)
Vertrieb: Eigenvertrieb
Autoren: → Rolf Kosiek, → Reinhard Pozorny, Gerd Knabe, Wilhelm Keiper, Lothar Greil, Peter Iwerden, in *Leitheft* Nr. 83/84 ist ein Artikel von → Hans-Dietrich Sander abgedruckt.
Charakteristik: Das *Leitheft* (Rundbrief des Kameradenkreises der ehemaligen Waffen-SS zur Pflege der Kameradschaft, Abwehr von Geschichts- und Propagandalügen durch Aufklärung und Dokumentation) ist an die für die weltanschauliche Schulung der Schutz-Staffel (SS) fungierende Zeitschrift *SS-Leithefte* angelehnt. Friedhelm Kathagen (Deutscher Arbeitskreis Witten, Inhaber des Buchdienstes Witten) aus dem Herausgeberkreis war früher bei der Publikation der → Hilfsorganisaton auf Gegenseitigkeit (HIAG), *Der Freiwillige*, tätig. Kathagen war außerdem Leiter eines Wittener Naturpolitischen Verlages und Herausgeber der → *Unabhängigen Nachrichten*.[1] Johann Brandt, ehemals Kontaktperson der *Leitheft*-Geschäftstelle, schreibt u.a in den *Nachrichten der HNG*.[2] Der Inhalt der im Format DIN A5 erscheinenden Hefte setzt sich zum großen Teil aus Nachdrucken anderer rechtsextremer Publikationen zusammen, oft zu einem bestimmten Leitthema. Einer Verschwörung gegen die »weiße Rasse« durch das »internationale Judentum« wird das Ideal der »Volksgemeinschaft« entgegengestellt. Laut Heft Nr. 98 gehöre es »zur ständigen Masche der Umerzieher und ihrer hörigen Knechte in den Medien, alle Kriegs- und Nachkriegserscheinungen auf die vereinfa-

chende Formel von der (...) Ursache und Wirkung (mit deutschen Kriegsverbrechen als Auslöser für alliierte Maßnahmen) zu bringen«. In Nr. 91 steht geschrieben:»Wer heute behauptet, der 8. Mai sei ein Tag der Befreiung, der fälscht die Geschichte.« Das Titelblatt von Heft Nr. 92 titelt mit:»Europäische Elitesoldaten gegen den Bolschewismus«, und Heft Nr. 94 veröffentlicht Anzeigen vom Donnerversand und der Deutschen Verlagsgesellschaft. Bis jetzt erschienen 104 Hefte.

Bedeutung: Das *Leitheft* wird von einem rechtsextremen Personenkreis gemacht, dem die HIAG zu angepaßt ist. Er spricht vor allem ehemalige Mitglieder der SS an. In der Zeitschrift werden Artikel der gängigen rechten Publikationen wie → *Nation und Europa,* → *Staatsbriefe,* → *Elemente* und *Lebensschutz-Informationen* nachgedruckt. (B)

1 Der Rechte Rand, Nr. 19, S. 20.
2 Vgl. ebenda.

Moderne Zeiten (MZ)

Gründung: 1993
Sitz: 40021 Düsseldorf
Erscheinungsweise: vierteljährlich
Auflage: 10.000 (Eigenangabe 1995)
Herausgeber: Creative Zeiten GmbH, Geschäftsführer → Torsten Lemmer. Teilhaber sind Christian Eitel und Andreas Zehnsdorf.
Redaktion: Verantwortlicher Chefredakteur ist Andreas Zehnsdorf, der Redaktion gehören Mitte 1995 Pascal Kurz, Michael Lehnhoff, Wilhelm Tegteiser, Frank Otto und ein Siegfried vor dem Kanal an.
Vertrieb: MZ-Vertrieb
Charakteristik: Die *MZ* ist 1993 hervorgegangen aus der Nazi-Skinhead-Gazette *Ketzerblatt-Frontal,* die von Herausgeber Andreas Zehnsdorf nach sechs Ausgaben angesichts drohender Indizierung eingestellt wurde.[1] Andreas Zehnsdorf, Christian Eitel, Torsten Lemmer sowie → *Europa vorn*-Herausgeber → Manfred Rouhs aus Köln gründen die LER und Partner GmbH. Angeschlossen werden die Plattenfirmen Dorfmusik und Funny Sounds sowie der MZ-Vertrieb als umfangreicher Versandhandel. Als monatliche Zeitschrift angekündigt, erscheint das Heft jetzt vierteljährlich. Auf acht bis zwölf Seiten werden vorwiegend die Neuerscheinungen der eigenen Plattenfirma angepriesen und Interviews mit den Band-Mitgliedern publiziert. Hinzu kommt das Angebot des MZ-Vertrieb. Im Oktober 1993 bewegen finanzielle Probleme die *MZ,* einen Spendenaufruf in der Skinhead-Szene zu verbreiten. Die beklagten Engpässe stehen in Zusammenhang mit dem Ausscheiden von Manfred Rouhs und der Kündigung ihrer Geschäftsräume in Düsseldorf. Die

verbliebenen Gesellschafter bilden die Creative Zeiten GmbH. Im Oktober 1995 beschlagnahmt die Polizei volksverhetzende Schriften im Lager des MZ-Vertriebs nahe Solingen. Gegen den Mieter der Halle, dem Eigentümer des Lebenskunde-Verlages Kurt Winter, wird ein Ermittlungsverfahren eingeleitet.

Bedeutung: Die *MZ* war »angetreten, um unserer Musik-Szene eine professionelle Zeitung (...) einen schnellen und zuverlässigen Versand (...) und eine zukunftsorientierte Schallplattenproduktionsfirma anzubieten«[2]. Neben dem kommerziellen Interesse an der boomenden Nazi-Subkultur versuchen die Herausgeber, Mitglieder der Skinhead-Szene an die politische Rechte zu binden. Politische Ereignisse, wie die Gründung eines Ortsverbandes der → Jungen Nationaldemokraten, werden als Feten dargestellt. Eine enge Zusammenarbeit verbindet die MZ-Herausgeber mit Kurt Winter. In den Räumen des ehemaligen Vorsitzenden der Freien Wählergemeinschaft Düsseldorf fand die *MZ* eine Unterkunft, Winter zeichnete sogar kurzfristig für die *MZ* verantwortlich. (B)

1 Vgl. Antifaschistisches Autorenkollektiv: Drahtzieher im braunen Netz. Hamburg 1996, S. 175 f.
2 Solidaritätsaufruf. Düsseldorf, Oktober 1993.

Mut

Untertitel: Forum für Kultur, Politik und Geschichte
Gründung: 1964
Sitz: 27328 Asendorf
Erscheinungsweise: monatlich
Auflage: ca. 20.000 gedruckte (Eigenangabe)
Herausgeber: → Bernhard Christian Wintzek
Redaktion: Ständige Mitarbeiter: Eckhard Jesse, Peter Keller, Felizitas Gräfin von Schönborn, Rudolf Wassermann, Alfred Zänker.
Vertrieb: Eigenvertrieb
Autoren waren oder sind: Franz Alt, Arnulf Baring, Hellmut Diwald, Irenäus Eibl-Eibesfeld, Alexander Evertz, → Herbert Gruhl, Gertrud Höhler, → Klaus Hornung, Ernst Jünger, → Gerd-Klaus Kaltenbrunner, Hans-Helmuth Knütter, Hartmut Koschyk, Ursula Lehr, Hans Maier, Golo Mann, → Armin Mohler, Elisabeth Motschmann, Heinz-Dietrich Ortlieb, Hermann Rappe, → Günter Rohrmoser, Erwin Scheuch, → Alfred Schickel, Rupert Scholz, → Theodor Schweisfurth, Karl Steinbuch, Jürgen Todenhöfer, → Karlheinz Weißmann, Michael Wolffsohn, Udo Hahn, Wilhelm Nölling, Hans-Ludwig Zachert, Carl-Dieter Spranger, Rolf Hochhuth, Werner Bruns, Theodor Weissenborn, Ulrich Schacht, Manfred Kanther, Oskar Lafontaine und Manfred Stolpe.

Charakteristik: *Mut* erscheint seit Beginn im DIN-A5 Format, steigert jedoch im Laufe der Zeit die Aufmachung auf ca. 60 mit Hochglanzfotos bebilderte Seiten. Initiiert wird das Magazin 1964 durch die von Wintzek geleitete Schüler- und Studentengruppe Aktion Kennwort Europa. Im Oktober 1965 erscheint es mit der ersten Nummer als *Nationaleuropäischer Pressedienst Mut*. 1967 veröffentlicht die Redaktion eine *Nationaleuropäische Grundsatzerklärung*. Konrad Windisch arbeitet längere Zeit als Verantwortlicher für das Blatt. So steht *Mut* 1967-1982 als rechtsextremes Magazin den → Jungen Nationaldemokraten, dem → Bund Heimattreuer Jugend und der → Wiking Jugend nahe. 1979 wird die Ausgabe Nr. 134 (Januar) durch die Bundesprüfstelle indiziert. 1982 steigt der Nationalrevolutionär → Wolfgang Strauss als regelmäßiger Autor ein. Anzeigen z. B. für → *Nation Europa* werden nicht mehr geschaltet. Bis 1983 wird sie im Verfassungsschutzbericht aufgeführt. Erst als → Gerd-Klaus Kaltenbrunner 1984 regelmäßig für *Mut* zu schreiben beginnt, hebt sich die Reputierlichkeit, bis schließlich 1988 sogar ein Brief von Bundeskanzler Helmut Kohl abgedruckt wird, in dem er sich als »ständiger Leser von Mut«[1], deren Artikel er »oft mit viel Sympathie und Zustimmung« studiere, bekennt. Eindeutige Rechtsextremisten wie Wolfgang Strauss sind 1988 letztmalig als Autoren zu finden, bürgerliche bis nationalkonservative Autoren überwiegen mittlerweile. 1994 wird Eckhard Jesse Redaktionsmitglied.

Bedeutung: *Mut* entwickelte sich kontinuierlich von einem mit nationalrevolutionären Elementen versetzten neofaschistischen Jugendblatt (Autoren waren u. a. Hans Hertel, Initiator der Deutschen Volksfront und Mitarbeiter wie → Alfred E. Manke) über verschiedene Phasen zu einem christlich-nationalkonservativen Blatt, »mit dem die konservativ-akademisch und national denkende ›ganze Familie‹ angesprochen werden sollte«[2]. Heute bewegt sich *Mut* im Spannungsbereich zwischen bürgerlich-konservativ und extrem rechts. Positiv beziehen sich Beiträge auf die sogenannte Konservative Revolution der Weimarer Zeit und auf Ernst Jüngers Werk. Aktuell stellt sich die Zeitschrift in die Tradition der Totalitarismustheorie, wie sie u. a. von Eckhard Jesse vertreten wird. (B)

[1] Vgl. Mut Nr. 2/1988.
[2] Vgl. S. Jäger; M. Jäger: Die Demokratiemaschine ächzt und kracht – zu den Ursachen des Rechtsextremismus in der BRD. Duisburg 1992, S. 52.

Nation und Europa (bis 1990 Nation Europa)

Untertitel: Deutsche Rundschau (vormals: Monatszeitschrift im Dienste der europäischen Neuordnung)
Gründung: 1951

Sitz: 96414 Coburg

Erscheinungsweise: monatlich

Auflage: 13.000 Abonennten, 15.000 gedruckte (Eigenangaben)

Herausgeber: Seit Januar 1992 wird *Nation und Europa* gemeinsam von → Adolf von Thadden, → Harald Neubauer und → Peter Dehoust herausgegeben. Die Anteile an der Nation Europa Verlags GmbH hielten zu diesem Zeitpunkt: Peter Dehoust 57 Prozent; Hans Epprecht 1 Prozent; Karl Gültig 9 Prozent; Klausdieter → Ludwig 6 Prozent; Liselotte Dold 5 Prozent; → Holle Grimm 1 Prozent; Heimgard Dehoust 12 Prozent; Almut Späth 1 Prozent; Nation Europa Verlags GmbH 6 Prozent (Eigenbeteiligung); Nation Europa-Freunde e.V. 2 Prozent.

Redaktion: Seit Januar 1992 bilden → Karl Richter, → Wolfgang Strauss und Peter Dehoust (verantwortlich) die Redaktion.

Vertrieb: Eigenvertrieb

Autoren waren oder sind u. a.: → Andreas Molau, Thorsten Thaler, Hartmut Hesse, Felix Buck, → Johanna Grund, → Franz Schönhuber, Helmut Schröcke, → Emil Schlee, Klaus Hansen, Klaus Hügel, → Günter Deckert, Alain de Benoist, Bernhard Willms, → Gerd-Klaus Kaltenbrunner, → Hans-Dietrich Sander, Hans-Ulrich Rudel, → Armin Mohler, Winfried von Oven, → Peter Boßdorf, → Hans-Michael Fiedler, Georg Franz-Willing, → Rolf Kosiek, Heinrich Jordis von Lohausen, Karl Steinbuch und → Henning Eichberg. Autoren aus europäischen Nachbarländern: Bruno Mégret, Yvan Blot, Karl Dillen, Willy Freson, → Jürgen Hatzenbichler, Jean-Marie Le Pen, Andreas Mölzer.

Charakteristik: Das im DIN-A5 Format mit ca. 60 Seiten erscheinende Heft ist die älteste rechtsextreme Zeitschrift der BRD. Gegründet wird sie 1951 durch den ehemaligen SS-Sturmbannführer und Chef der Bandenbekämpfung im Führerhauptquartier, Arthur Ehrhardt, und Herbert Böhme. Als Geldgeber werden vom britischen Untersuchungsausschuß (zum Naumann-Kreise) die Personen Gaston-Armand Amaudruz, Maurice Bardèche, Jean Bauvard sowie die beiden französischen Bankiers Albertini und Guy Lemonier genannt.[1] Das weist darauf hin, daß sie ein Produkt der Einigungsbestrebungen europäischer Neofaschisten nach 1945 ist (→ Europäische Soziale Bewegung; → Europäische Volksbewegung). Unterstützt wird sie von Beginn an durch das vom ehemaligen stellvertretenden Reichspressechef Helmut Sündermann und seinem Nachfolger → Gert Sudholt gehaltene Verlagsnetz. Nach dem Tod von Arthur Ehrhardt 1971 übernimmt Peter Dehoust die Herausgabe des Blattes. 1990 vereinigt es sich mit den *Deutschen Monatsheften* des Gert Sudholt, 1994 mit der *Deutschen Rundschau*, dem inoffiziellen Parteiorgan der → Deutschen Liga für Volk und Heimat. In Zusammenarbeit mit dem → Grabert-Verlag erscheint das Buchbesprechungsorgan *Das politische Buch* und eine Sondernummer zum Tod von Rudolf Heß (Oktober 1987). Aktuell bietet der angegliederte Nation Europa Buchdienst in seinem mittlerweile jährlich erscheinenden Katalog *Suchlicht* ein umfangreiches Titelangebot. Er kooperiert eng mit der Grabert-Versandbuchhandlung und dem Arndt-Buchdienst.[2] Über Peter Dehoust ist die Zeitschrift mit dem → Hilfskomitee Südliches Afrika verbunden, welches jährlich in Coburg tagt, und innerhalb der → Gesellschaft für freie Publizistik haben die Redakteure von *Nation und Europa* einen bestimmenden Einfluß.

Bedeutung: Die wichtigste Funktion von *Nation und Europa* liegt in der Bereitstellung von richtungsweisenden Themen und Strategiediskussionen nicht nur für eine bestimmte Gruppe, sondern für das gesamte Spektrum des Rechtsextremismus. Hier bemühten sich Arthur Ehrhardt und Peter Dehoust immer wieder, jüngere »Kameraden« wie Henning Eichberg und Karl Richter zu unterstützen und einzubinden. Ideologisch steht die Zeitschrift von Beginn an für die europäische Vernetzung im Geiste der Waffen-SS. Großdeutschland werde in einem geopolitisch und regionalistisch ausgerichteten Europa die Führungsrolle bei der Wiedergewinnung der Identität der europäischen Völker innehaben. Die Vernetzung und ideologische Ausrichtung macht sich sowohl bei der Autorenschaft als auch den Themen und ständigen Rubriken bemerkbar (»Die Eurorechte im Aufwind«). Bereits in den 60er Jahren finden hier Debatten der führenden Köpfe des europäischen Neofaschismus, u.a. Gaston-Armand Amaudruz und Sir Oswald Mosley, statt. War die Zeitschrift in ihrem Werdegang auch an verschiedenen parteipolitischen Projekten orientiert – Dehoust wirkte innerhalb der → NPD, und aktuell orientiert sich *Nation und Europa* an der Deutschen Liga für Volk und Heimat –, so setzte sie sich jedoch immer für die Sammlung aller rechtsextremen Kräfte ein. Als neuestes Projekt sind dies »Runde Tische« und »Appelle zur Einheit« unter der Schirmherrschaft von → Franz Schönhuber. (B)

1 Vgl. C. Jansen: Die konspirative Tätigkeit des Rechtradikalismus. Die neonazistische Internationale. Amsterdam o.J., S. 10 f.
2 Vgl. S. Jäger: Rechtsdruck. Die Presse der Neuen Rechten. Bonn 1988, S. 48.

Das Ostpreußenblatt

Untertitel: Unabhängige Zeitung für Deutschland
Gründung: April 1950
Sitz: 20144 Hamburg
Erscheinungsweise: wöchentlich
Auflage: ca. 40.000
Herausgeber: Das Ostpreußenblatt ist Organ der → Landsmannschaft Ostpreußen (LO).
Redaktion: Horst Stein (Chefredakteur), Peter Fischer, Hans Heckel, Joa-

chim Weber, Silke Osman, Horst Zander, Hartmut Syskowski, Maike Mattern, Barbara Plaga, Ruth Geede, Martin Schütz, Wilhelm Neschkeit, Eleonore Kutschke, Alfred von Arneth, Jürgen Mathus

Vertrieb: Eigenvertrieb

Autoren: Fritjof Berg, Dieter Borkowski, Karl Breyer, → Manfred Brunner, Alois Bude, Claus P. Clausen, → Richard W. Eichler, Alexander Evertz, Rigolf Hennig, → Klaus Hornung, Albrecht Jebens, Helmut Kamphausen, Hannes Kaschkat, Gerd Komossa, Klaus Kunze, Hans-Joachim von Leesen, → Alfred Mechtersheimer, Hans-Joachim Mischke, → Andreas Molau, Erich Nietsch, Werner Obst, Martin Pabst, Michael Paulwitz, Harald Rüddenklau, Hans Peter Rullmann, Manfred Ritter, → Alfred Schickel, Alfred de Zayas, Markus Zehme.

Charakteristik: Als Organ der LO hat das *Ostpreußenblatt* seit Beginn seines Bestehens eine aggressive revanchistische Politik propagiert und die Verbrechen des Hitler-Faschismus beschönigt oder gänzlich geleugnet. Es trat und tritt für die Rückgewinnung der ehemaligen deutschen Ostgebiete ein und unterstützt eine Politik der »Regermanisierung« in diesen Gebieten, während es rassistische Stimmungsmache gegen Flüchtlinge und Asylsuchende in der BRD betreibt. Anzeigen wie z.B. »Kriminelle Zigeuner – raus aus Deutschland« der → Deutschen Konservativen werden abgedruckt.[1] Im Kampf gegen die alliierten »Umerzieher« und die »Kriegsschuldlüge« vertritt die Landsmannschaft Ostpreußen extrem rechte Positionen. So kann man nur wenige Tage nach dem Anschlag auf die Synagoge in Lübeck in einer Rezension von Ullrich Hoppe über Ernst Noltes Buch *Streitpunkte* und dessen Verhältnis zu Auschwitzleugnern wie Fred Leuchter nur Bewunderung für Noltes »Zivilcourage« entnehmen, wenn er »die Frage nach ›sechs Millionen‹ und dem Vorhandensein von Gaskammern derart stellt, daß die Antwort nicht bereits vorgegeben ist«[2]. Finanziell erfährt die LO und ihr Blatt vor allem aus dem Bundesministerium des Innern Unterstützung. Das *Ostpreußenblatt* bekam lange Jahre bis 1991 eine direkte Förderung aus den Mitteln des Bundeshaushaltes: 1985 22.930 DM, 1986 23.000 DM, 1987 23.000 DM, 1988 23.000 DM, 1989 17.250 DM, 1990 20.666 DM, 1991 18.580 DM.[3]

Bedeutung: Das *Ostpreußenblatt* hat sich in den letzten Jahren deutlich nach rechts entwickelt. Es unterstützt in vielfältiger Weise den Prozeß einer Neuorientierung der politischen Kräfte rechts von der CDU. Wohlgesonnen wird der Parteibildungsprozeß des → Bundes Freier Bürger kommentiert[4], mit den → Republikanern und → Franz Schönhuber solidarisierte sich das Blatt des öfteren.[5] (HS/UJ)

---

1 Ostpreußenblatt vom 31.10.1992.
2 Ostpreußenblatt vom 23.4.1994.

3 Antwort der Bundesregierung auf die Kleine Anfrage der PDS »Rechtsextremismus und das Publikationsorgan ›Ostpreußenblatt‹«. Bundestagsdrucksache 12/864 vom 27.6.1991 und Antwort der Bundesregierung auf die Kleine Anfrage der PDS »Das ›Ostpreußenblatt‹ und der Rechtsextremismus (II)«. Bundestagsdrucksache 12/8362 vom 8.8.1994.
4 C. Schulte: Brunner lehrt Bonn das Fürchten – Der Kämpfer gegen Maastricht tritt jetzt mit einer Partei an. Ostpreußenblatt vom 9.1.1994.
5 Vgl. Ostpreußenblatt vom 16.4.1994.

Recht und Wahrheit (RuW)

Untertitel: Stimme des parteiunabhängigen freien Deutschen, Daten – Fakten – Hintergründe aus: Politik – Geschichte – Kultur

Gründung: 1984

Sitz: 38440 Wolfsburg

Erscheinungsweise: zweimonatlich

Auflage: 2.000-3.000

Herausgeber: *Recht und Wahrheit (RuW)* ist offizielles Organ des Vereins → Die Deutsche Freiheitsbewegung e.V. (DDF), Herausgeber und Verleger ist Georg Albert Bosse.

Redaktion: Verantwortlich ist Georg Albert Bosse, andere Mitglieder der Redaktion werden nicht genannt.

Vertrieb: Eigenvertrieb

Autoren: Georg Albert Bosse, Ehrhard Kemper (Pseudonym: Germanicus), Alexander Hoyer, T.K. Hallesmann, Norbert Bartel u.a.

Charakteristik: *RuW* erscheint alle zwei Monate mit 40 Seiten im DIN A4-Format. Eine Ausgabe kostet 10 DM. Sie ist offen neofaschistisch und besteht hauptsächlich aus mehrseitigen Aufsätzen zu den Themen Zweiter Weltkrieg, Nationalsozialismus, Leugnung des Holocaust, Europa, Finanzpolitik, Geschichte allgemein, antisemitische Verschwörungstheorien u.ä. *RuW* wird 1985 von → Otto Ernst Remer als Zeitschrift der neugegründeten DDF-Der Bismarckdeutsche unter dem Namen *Der Bismarck-Deutsche* gegründet und erscheint anfangs monatlich. Zunächst sind einige Seiten für die DDF-Jugendorganisation als Mitteilungen der Bismarck-Jugend reserviert. 1987 ist für kurze Zeit Gerd Zikeli verantwortlich für den *Bismarck-Deutschen*. 1989 löst Georg Albert Bosse Otto Ernst Remer als Herausgeber ab. Im März wird der Name in *Recht und Wahrheit* geändert. In regelmäßigen Anzeigen wird für die → *Historischen Tatsachen* von → Udo Walendy, → *Die Bauernschaft* und den → Stahlhelm e.V. geworben.

Bedeutung: *RuW* ist heute ein wichtiger Bestandteil der neofaschistischen Strukturen und wird weit über die DDF hinaus gelesen. Von Bedeutung sind die als Lesertreffen von *RuW* durchgeführten Tagungen der DDF, die als bundesweite Treffen der führenden Neofaschisten dienen. (B)

Der Schlesier

Untertitel: Unabhängige, gesamtdeutsche Wochenzeitung
Gründung: 1948
Sitz: 45657 Recklinghausen
Erscheinungsweise: wöchentlich
Auflage: ca. 20.000
Herausgeber: Hans-Joachim Ilgner. *Der Schlesier* ist das Mitteilungsblatt des Förderkreises Deutsche Einheit für die Ostprovinzen und das Sudetenland.
Redaktion: Der alleinige Redakteur ist Hans-Joachim Ilgner.
Vertrieb: Eigenvertrieb
Autoren: Ernst Bloncewski, Karlheinz Bruns, J. von Falkenburg, W. Gabriel, Horst G. W. Gleiß, Ursula Haverbeck-Wetzel, Georg Jaeckel, Martin Jenke, K.-E. Lober, Heinz Lorenz, Erwin Schütz, Damian Spielvogel, Klaus Ullmann, Udo Wörffel, Helmut Sauer
Charakteristik: 1948 erscheint *Der Schlesier* erstmals als Nachfolgezeitung der *Breslauer Nachrichten* und war jahrelang das Organ der → Landsmannschaft Schlesien (LMS). Nach den Auseinandersetzungen und Protesten um das geplante Motto »Schlesien bleibt unser« auf dem 1985 stattfindenden Deutschland-Treffen der LMS stellte die Bundesregierung die Bezuschussung des *Schlesiers* (1984 waren dies noch 18.000 Mark) ein.[1] Das Blatt war wegen seiner revanchistischen Verlautbarungen unter in- und ausländische Kritik geraten. 1988 trennt sich daraufhin auch die LMS von ihrem Zentralorgan. Seit dieser Zeit wird *Der Schlesier* als Mitteilungsblatt des Förderkreises deutsche Einheit herausgegeben. Trotzdem verfügt die Zeitung innerhalb der LMS noch über Rückhalt, und viele ihrer Vertreter schreiben für sie. Ein Antrag im Oktober 1989 an den Bundesvorstand der LMS, den *Schlesier* wieder als Zentralorgan einzusetzen, scheiterte denkbar knapp bei Stimmengleichheit[2]. Das Blatt hat sich zu einem rechtsextremen Kampfblatt entwickelt. Autoren wie Karlheinz Bruns schreiben gleichzeitig für die → *Deutsche National-Zeitung*. Wahlaufrufe für die → NPD und → Die Republikaner werden abgedruckt. Wesentliche ideologische und programmatische Kernpunkte des *Schlesiers* sind die (teilweise) Rehabilitierung des NS-Regimes, der Kampf gegen die »Kriegsschuldlüge« und gegen die »Umerzieher«. Entschieden tritt man gegen die sogenannte »Verzichtspolitik« der Bundesregierung, die sich mit der Anerkennung der polnischen Westgrenze »zu Erfüllungsgehilfen des Super-Versailles der Siegermächte«[3] macht, auf. 1994 räumte auch die Bundesregierung ein, daß es »tatsächliche Anhaltspunkte« für eine rechtsextreme Tätigkeit gibt.[4]
Bedeutung: *Der Schlesier* ist nach wie vor eine der auflagenstärksten Vertriebenenzeitungen. Trotz seiner rechtsextremen Ausrichtung verfügt das Blatt

auch heute über einen großen Rückhalt speziell in der LMS. *Der Schlesier* dient aber vor allem Rechtsextremisten um → DVU, NPD, den Republikanern und den → *Unabhängigen Nachrichten* als eine Art Diskussionsforum und als Werbemittel zur Propagierung ihrer Publikationserzeugnisse. (B)

1 Antwort der Bundesregierung auf die Kleine Anfrage der PDS »Der Verfassungsschutz und die Zeitung ›Der Schlesier‹«. Bundestags-Drucksache 12/1096 vom 30.8.1991.
2 Vgl. Der Schlesier vom 6.11.1989.
3 Der Schlesier vom 23.4.1990.
4 Antwort der Bundesregierung auf die Kleine Anfrage der PDS »Überprüfung der Zeitung ›Der Schlesier‹ auf eine rechtsextreme Ausrichtung«. Bundestags-Drucksache 12/7291 vom 12.4.1994.

Verlag K.W. Schütz

Gründung: 1955
Sitz: 32361 Preußisch-Oldendorf
Eigentümer: Bis 1992 ist → Waldemar Schütz Inhaber des Verlages K.W. Schütz GmbH. Im Frühjahr 1992 wird dieser vom Nation Europa Verlag übernommen.
Autoren: Der Verlag K.W. Schütz veröffentlicht vor allem Bücher von Autoren, die in die Redaktion der → *Deutschen Wochen-Zeitung* eingebunden waren (u.a. Peter Kleist, Erich Kernmayer, → Adolf von Thadden, → Rolf Kosiek, Georg Franz-Willing) und wahrt so die Tradition des Plesse-Verlags. Dieser spezialisiert sich ab Mitte der fünfziger Jahre auf Bücher über die Waffen-SS, deren Vertrieb durch die → Hilfsgemeinschaft auf Gegenseitigkeit (HIAG) befürwortet wurde. Autoren waren hier Paul Hausser, Ernst Günther Krätschmer, Kurt Meyer, Felix Steiner, Erich Kernmayer (alias Kern).
Charakteristik: 1955 wird der Verlag K.W. Schütz von Waldemar Schütz gegründet, nachdem der Stand seines bis dahin bestehenden Plesse-Verlages auf der Frankfurter Buchmesse von Buchhändlern »entfernt« und in der Folge vom Börsenverein des Deutschen Buchhandels nicht mehr zur Messe zugelassen wird. 1959 ist Schütz Mitbegründer und -herausgeber der *Deutschen Wochen-Zeitung* (DWZ), dem Sprachrohr der → Deutschen Reichspartei (DRP). Am 29. November 1964 gründet Schütz die Deutsche Verlagsgesellschaft mbH (DVG) in Hannover. Am 1. Januar 1986 verkauft Schütz die von der Einstellung bedrohte *DWZ* an → Gerhard Frey, bleibt jedoch Mitherausgeber. Im Frühjahr 1992 wird dann der Verlag K.W. Schütz vom Nation Europa Verlag erworben, ein Teil der Schütz-Titel wird weitergeführt. 1993 und 1994 kommt es zu Durchsuchungen in der Druckerei Kölle-Druck in Preußisch-Oldendorf. Im September 1994 werden dort rund 3.000 Exemplare der Zeitschrift → *Die Bauernschaft* von → Thies Christophersen beschlagnahmt. Auch Christophersens *Die Auschwitz-Lüge* wurde hier gedruckt. Über die seit 1947 bestehende Druckerei des ehemaligen Funktionärs der →

Nationaldemokratischen Partei Deutschlands, Erwin Höke, der 1993 den Betrieb seinem Sohn Rainer übergab, läuft die Verlagsauslieferung der DVG. Erwin und Rainer Höke sind zusammen mit Schütz Inhaber der DVG. In den Gebäuden von Kölle-Druck befindet sich außerdem der Deutsche Buchversand von → Peter Dehoust.[1] Die DVG weist die selbe Anschrift und Rufnummer auf wie der von Schütz 1985 mitinitiierte Verein Kultur und Zeitgeschichte – Archiv der Zeit, in dem → Hans-Ulrich Kopp stellvertretender Vorsitzender ist.[2]

Bedeutung: Das Verlagsprogramm des Schütz-Verlages ist darauf ausgelegt, die Verbrechen des NS-Regimes zu rehabilitieren. Der Großteil der Autoren kam aus führenden Positionen der Schutzstaffel (SS). Die Geschäfte des Verlages K.W. Schütz werden unter der Adresse der DVG weitergeführt. Durch die Person von Waldemar Schütz – mit Vorsitz in der → Gesellschaft für freie Publizistik sowie im Verein Kultur und Zeitgeschichte – Archiv der Zeit – ist der Verlag eingebunden im rechtsextremistischen Publikations-Netzwerk. (B)

1 Vgl. Die Tageszeitung vom 17.12.1994.
2 Vgl. J. Mecklenburg (Hrsg.): Antifa Reader. Berlin 1996, S. 100.

Sleipnir

Untertitel: Zeitschrift für Kultur, Geschichte und Politik
Gründung: 1995
Sitz: 10211 Berlin
Erscheinungsweise: zweimonatlich
Auflage: unter 1.000
Herausgeber: Andreas Röhler, Peter Töpfer GbR Verlag der Freunde
Redaktion: Peter Töpfer, Andreas Röhler
Vertrieb: Eigenvertrieb
Autoren: Germar Rudolf (→ Germar Scheerer), Eduard Peter Koch, Johannes Peter Ney, Horst Lummert, → Hans-Dietrich Sander, Mark Weber, Rolf-Josef Eibicht, Maria Schmidt, → Wolfgang Strauss, Serge Thion, → Christian Worch, Peter Jagodczynski, Wolfgang Schulz, Gerd Honsik, Tomislav Sunic, Michael Koth, Ulli Boldt, Egon Kunze, Stefan Keyser, Heinrich Claussen, → Reinhold Oberlercher, Thorsten Thaler, Wilhelm Cronenberg, Ahmed Rami, u.a. Zum Interview stellten sich zu Verfügung: Christian Bouchet, Fred Leuchter, Heiko Luge. Nachdruck fremder Texte von Rudolf Bahro, Alexander Ruzkoi, → Peter Naumann, → Meinolf Schönborn, Karl Haushofer, Jean Thiriart, Alexander Barkaschow, Arthur Moeller van den Bruck, Reinhold Elstner, Paul Fröhlich, Klaus Fenske, Egon Krenz.
Charakteristik: Die Zeitschrift erscheint seit 1995 zweimonatlich mit ca. 50 Seiten Umfang zum Preis von 12 DM. Initiiert wurde sie von Peter Töpfer und Andreas Röhler, die seit 1993 unter dem Logo Nationale Linke aktiv wurden

und schließlich den Verlag der Freunde (VdF) gründeten. Hier erschienen bislang Titel von Anatoli Michailowitsch Iwanow (*Logik des Alptraums*, mit einem Nachwort von Wolfgang Strauss), Reinhold Oberlercher (*Lehre vom Gemeinwesen*), Serge Thion (*Historische Wahrheit oder Politische Wahrheit? Die Macht der Medien: Der Fall Faurisson*) und Übersetzungen und Nachdrucke von Igor Schafarewitsch (*Russophobie. Das Kleine Volk und die Russen*) und Paul de Lagarde (*Deutsche Schriften*). Im angegliederten VdF-Buchdienst wird die vollständige, Auschwitz leugnende, internationale Literatur angeboten. Dies führt am 15. November 1995 in den Verlags- und Privaträumen von Peter Töpfer wegen »Verdacht auf Volksverhetzung« zu einer Hausdurchsuchung. Zur Begründung werden Textpassagen von Serge Thion und Germar Rudolf angeführt. Im Juni 1996 erfolgt eine weitere Hausdurchsuchung.

Bedeutung: Das Blatt versucht, Rechte und »nationale Linke« zu vereinigen. Unter Bezug auf nationalrevolutionäre Akteure wie Jean Thiriart propagiert das Blatt ein Bündnis von nationalistischen »Kommunisten« mit Rechtsextremisten und Neofaschisten: »Sleipnir reißt alte Schranken zwischen ›rechts‹ und ›links‹ nieder und entwickelt sich zum bedeutendsten Dialogorgan beider Lager, als Bindeglied der BRD-feindlichen Kräfte. Was im Oktober 1993 auf den Barrikaden Moskaus mit Blut besiegelt wurde, nämlich das Kampfbündnis von Kommunisten und Nationalisten beim Sturz des US-hörigen Jelzin-Regimes, was in der KDVR (Nordkorea) seit fünf Jahren Staatspolitik ist, sollte auf deutschem Boden doch wohl auch zu verwirklichen sein!«[1] (B)

1 Michael Koth in einem Werbeschreiben für Sleipnir vom 30. Mai 1995.

Staatsbriefe
Gründung: 1990
Sitz: 80456 München
Erscheinungsweise: monatlich
Auflage: 1.000 Abonnenten
Herausgeber: → Hans-Dietrich Sander
Redaktion: Hans-Dietrich Sander
Vertrieb: Eigenvertrieb
Autoren: waren oder sind u. a. → Wolfgang Strauss, → Reinhold Oberlercher, → Armin Mohler, Heinrich Jordis von Lohausen, → Michael Kühnen, Werner Bräuninger, Maria Schmidt, Andreas Röhler, Karl Salm, Hans Wahls, Germar Rudolf (→ Germar Scheerer), Andreas Mölzer, Josef Schüßlburner, Günter Maschke, → Christian Worch, → Robert Hepp, → Hans-Michael Fiedler, Wilhelm Cronenberg, Jürgen Schwab, Karl-Heinz Kausch, Alois Mitterer, Hans-Georg Amsel, Carsten Kießwetter, Friedrich S. Felde, → Ernst-Otto Cohrs,

Jochen Lober, Winfried Knörzer.

Charakteristik: Mit der Gründung der *Staatsbriefe* 1990 schuf sich Hans-Dietrich Sander ein eigenes Forum für seine politischen Vorstellungen. Das zentrale Motiv dabei bildet die Idee eines neu zu errichtenden, am Staufer-Mythos orientierten Deutschen Reiches. Gleichzeitig versucht die Zeitschrift, nationalkonservativen bis rechtsextremen Positionen eine Diskussionsplattform nach Muster der Zeitschrift *Die Tat* aus der Weimarer Republik zu bieten. Der erste Jahrgang enthält eine relativ breite Palette bekannter Autoren, die jedoch sehr rasch kleiner wird. Im selben Maße radikalisiert sich die Zeitschrift. Reinhold Oberlercher stellt seinen »Reichsverfassungsentwurf« vor und entwirft ein »Hundert-Tage Programm der nationalen Notstandsregierung«. Übrig blieben altbekannte, rechtsextreme Positionen. So werden die nationalsozialistischen Verbrechen verharmlost und teilweise in Frage gestellt, das »Dritte Reich« sei ja »vom nationalen Standpunkt noch nicht historisch-kritisch gesichtet«[1]. Positionen, die den Holocaust leugnen, wurden zunehmend schärfer formuliert. Hinzu gesellte sich die Auflehnung gegen eine vermutete Fremdbestimmung und einsetzende Zerstörung Deutschlands durch liberales Denken im In- und Ausland. »Maastricht und Mölln umschreiben die beiden Hauptfronten, an denen ein dritter, nichtmilitärischer Weltkrieg gegen Deutschland geführt wird.«[2] Aufgrund zweier Artikel von Germar Rudolf und Hans-Dietrich Sander in der Juni-Ausgabe 1995 wurde beim Herausgeber am 10. Januar 1996 eine Hausdurchsuchung wegen Verdacht auf Verharmlosung des Holocaust und Aufstachelung zum Rassenhaß durchgeführt.

Bedeutung: Gemessen an dem Anspruch, Theorie- und Diskussionsorgan für die gesamte Rechte zu sein, waren die Staatsbriefe bislang kaum erfolgreich. Die anfänglichen Kontakte ins konservative Spektrum konnten nicht gehalten werden, die Zusammenarbeit mit dem traditionellen Rechtsextremismus ist spärlich geblieben. Dort findet Sander lediglich in der von den Verboten betroffenen neofaschistischen Jugendszene mit seinen Organisierungskonzepten Gehör. Eine enge Kooperation mit der Zeitschrift → *Sleipnir* dürfte das Blatt noch weiter in das eindeutig neofaschistische Fahrwasser ziehen. (BS/B)

1 H.-D. Sander: Die Aufgabe einer nationalen Jugend in Deutschland. Staatsbriefe, Nr.1/1995, S. 22.
2 H.-D. Sander in Staatsbriefe, Nr. 2/1992, S. 1.

Türmer-Verlag

Gründung: 1949 (1992 aufgelöst)
Sitz: 82328 Berg am Starnberger See
Eigentümer: Den von Herbert Böhme gegründeten Verlag erwirbt 1977 → Gert Sudholt und verlegt den Sitz von Lochham bei München nach Berg. 1991 wird der Verlag Bestandteil der → Verlagsgemeinschaft Berg und 1992 aufgelöst.

Autoren: In den Anfangsjahren gibt Böhme neben Eigenproduktionen Werke von Autoren heraus, die wie er dem → Deutschen Kulturwerk Europäischen Geistes (DKEG) angehören oder nahestehen. Dazu gehören Hans W. Hagen, Theodor Seidenfaden, → Karl Günther Stempel und Hans Grimm. Hinzu kommen die *Klüter Blätter*, die Mitteilungen des DKEG. Später folgen Titel wie *Die Reichsparteitage der NSDAP 1923-1939, Der Afrikafeldzug in Farbe* oder *In Pflicht und Freude-Das Erlebnis Hitler-Jugend*. 1981 legt der Türmer-Verlag das Buch *Die Auslandsdeutschen – 100 Jahre Volkstumsarbeit* von → Rudolf Aschenauer auf, einem langjährigen Vorsitzenden des Vereins für das Deutschtum im Ausland. Das Buch von Henriette von Schirach, *Anekdoten um Hitler*, wird 1982 indiziert. In der Buchreihe Türmer-Taschenbücher veröffentlichen unter anderen Hendrik van Bergh, Gert Sudholt, Gustav Sichelschmidt und Rüdiger Gerhard vorzugsweise »revisionistische« Literatur. 1982 fusioniert Sudholt die *Klüter Blätter* und den *Politischen Zeitspiegel*, der dem → Witikobund nahestand[1], zu den *Deutschen Monatsheften für Politik, Geschichte, Kultur und Wirtschaft*, die bis 1990 im Türmer-Verlag erscheinen. 1990 fusionieren die *Deutschen Monatshefte* mit → *Nation und Europa* Seit 1980 erscheint ein jährlicher *Deutscher Almanach*, herausgegeben von → Reinhard Pozorny. Nach dessen Tod 1993 übernimmt → Andreas Molau die Herausgabe.

Charakteristik: Unter der Leitung von Herbert Böhme ist der Türmer-Verlag der Hausverlag der DKEG. Darüberhinaus ist er eng mit der → Gesellschaft für freie Publizistik (GFP) verbunden, deren Mitbegründer Herbert Böhme sowie langjähriger Vorsitzender Gert Sudholt waren. Eine Abteilung des Verlages bilden die Türmer-Kulturreisen. Unter der Leitung von Gert Sudholt, → Günter Deckert und anderen werden Reisen in Europa, nach Südamerika und Südafrika angeboten.

Bedeutung: Der Türmer-Verlag war das publizistische Standbein der rechtsextremen Kreise um GFP und DKEG, was sich vor allem in den vom Verlag herausgegebenen Zeitschriften widerspiegelte. Den organisatorischen Niedergang der DKEG Ende der 70er Jahre überstand der Verlag mit dem Sammlungsprojekt der *Deutschen Monatshefte*, an dem sich auch → Hans-Dietrich Sander beteiligte. (B)

1 Vgl. S. Jäger: Rechtsdruck. Berlin/Bonn 1988, S. 78.

Unabhängige Nachrichten (UN)

Untertitel: Nachrichtendienst und Mitteilungsblatt unabhängiger Freundeskreise
Gründung: 1969
Sitz: 44736 Bochum

Erscheinungsweise: monatlich

Auflage: ca. 10.000

Herausgeber: Freundeskreis Unabhängige Nachrichten, im Auftrag und Zusammenarbeit der Unabhängigen Freundeskreise

Vertrieb: Das Heft wird von der Gesellschaft Verlag + Agentur Werner Symanek (VAWS) in Bingen gedruckt und vertrieben. In der Regel wird es kostenlos und häufig unangefordert in großer Stückzahl versandt. Die Bezieher werden zur Weiterverbreitung und Werbung angehalten.

Autoren: waren oder sind Martin Voigt, Johann Brandt, Friedhelm Kathagen, Werner Symanek, Bruno Unger, Edith Reimann, Martin Jenke, Inge Mikisch, → Rolf Kosiek. Ca. zehn Personen übernehmen in den letzten Jahren wechselnd die presserechtliche Verantwortung für einzelne Artikel oder Seiten der UN.

Charakteristik: Die *UN* ist die Publikation der 1969 gegründeten Unabhängigen Freundeskreise (UFK). Thematisch beschäftigen sie sich vor allem mit der »Umerziehung der Deutschen«, mit der »Bonner Steuerverschwendung«, meist im Zusammenhang mit Flüchtlingen, und mit finanziellen Leistungen an Israel und der Hetze gegen Ausländer. Antisemitische Angriffe gehören ebenfalls zum ständigen Repertoire der *UN*. Im Lauf der Zeit ist das Erscheinungsbild professioneller geworden, das 12-seitige Blatt wird inzwischen zweifarbig gedruckt. Als Beilagen enthalten die *UN* unregelmäßig Sonderdrucke und *Auf dem Stundenplan*, ein Beiblatt für Schülerzeitungen. Aus einer Beilage entstand die Zeitschrift *Recht und Justiz*, die inzwischen vom → Deutschen Rechtsschutzkreis – Deutsche Rechtsschutzkasse, einem weiteren UFK-Ableger, herausgegeben wird. Die ehrenamtlichen Mitarbeiter der *UN* geraten häufig wegen Volksverhetzung oder Aufstachelung zum Rassenhaß ins Visier der Justiz. 1979 werden Druckmaschinen und Druckwerke eingezogen. Der presserechtlich Verantwortliche in den Jahren 1979 und 1980, Friedhelm Kathagen aus Witten, wird 1980 wegen Aufstachelung zum Rassenhaß und Volksverhetzung verurteilt. Im Januar 1995 beschlagnahmt die Polizei in den Räumen der VAWS die *UN*. Ein Ermittlungsverfahren richtet sich gegen den Inhaber des Verlages und sieben weitere Beschuldigte.

Bedeutung: Die *Unabhängigen Nachrichten* sind seit Anfang der 80er Jahre der Arbeitsschwerpunkt der UFK. Sie erreichen einen weit über den UFK hinausgehenden Leserkreis des neofaschistischen Spektrums, der seinerseits gerne auf die Argumentationen der UN-Artikel zurückgreift. Einzelne Artikel werden durch Gruppen aus dem Umfeld der → Gesinnungsgemeinschaft der Neuen Front oder der → Nationalistischen Front nachgedruckt oder die gesamte Zeitschrift, mit einem Organisationsstempel versehen, weiter verbreitet. (B)

Verlag für ganzheitliche Forschung und Kultur (VGFK)

Sitz: 25884 Viöl/Nordfriesland

Eigentümer: → Roland Bohlinger

Autoren: Im Buchversandkatalog des Verlages für ganzheitliche Forschung und Kultur finden sich u. a. Werke von Robert Hepp, → David Irving, → Otto Ernst Remer, Paul Rassinier, Paul Findley, Johannes von Leers und → Pierre Krebs. Roland Bohlinger selbst veröffentlichte *Die deutschen Ostgebiete aus historisch-politischer und völkerrechtlicher Sicht* (Hrsg.), gemeinsam mit Eustace Mullins *Die Bankiersverschwörung* und gemeinsam mit Johannes Peter Ney *Gutachten zur Frage der Echtheit des sogenannten Wannsee-Protokolls*. Zu dem thematischen Schwerpunkt »Freimaurerei – Geheimpolitik« bietet der Verlag u. a. Hans Schick (*Das ältere Rosenkreuzertum*), Franz Egon Lützeler (*Hinter den Kulissen der Weltgeschichte*, drei Bände) und Friedrich Hasselbacher (*Entlarvte Freimaurerei*, 3 Bände) an.

Charakteristik: Der früher in Struckum ansässige Verlag gibt in seiner Buchreihe »Archiv-Edition« Faksimile-Ausgaben rechter und faschistischer Standardwerke der 20er und 30er Jahre heraus, wie *Odal* von Johannes von Leers, *Die Herrschaft der Minderwertigen* von Edgar Julius Jung, *Germania* von Johannes Scherr, *Vorgeschichte der deutschen Stämme* von Hans Reinerth, *Die Entdeutschung Westpreußens und Posens* von Hermann Rauschning. Mitte 1992 kauft Bohlinger die Zeitschrift *Nation* auf, die ab der Ausgabe 6/92 in seinem Verlag erscheint. Nach Auseinandersetzungen mit dem Chefredakteur Adrian Preißinger und aufgrund von finanziellen Schwierigkeiten erscheint das Blatt Ende 1993 zum letzten Mal. Im Dezember 1993 erscheint die erste gemeinsam von Bohlinger und Herbert Taege herausgegebene *Askania-Studiensammlung für Zeitgeschichte und Jugendforschung* in Bohlingers Verlag. Die Studiensammlung war im Oktober 1988 erstmals von Taege und Heiko Möhring herausgegeben worden.[1] Bohlinger übernimmt das Programm des Askania-Verlages, in der Hauptsache Werke von Herbert Taege und dessen Studiensammlung.

Bedeutung: Der Verlag für ganzheitliche Forschung und Kultur dient Roland Bohlinger der Verbreitung seiner politischen Ansichten, die der Ludendorffer-Bewegung entstammen und in hohem Maße weltverschwörerische und antisemitische Versatzstücke aufweisen. Bohlinger schreibt zur ersten Ausgabe der *Nation* in seinem Verlag: »Das Ziel muß es sein, daß imperialistische, kapitalistische und liberalistische Verhaltensweisen abgebaut werden, und zwar zu Gunsten einer Entwicklung, die freiheitlich, rechtsstaatlich, ethnopluralistisch und ökologisch ist (…) Der Herausgeber und der Chefredakteur von Nation haben dieses Ziel, und sie sind hierbei stark befruchtet von dem Gedankengut des Hauses Ludendorff (…).«[2] (B)

1 DESG-inform , Nr. 5/1989, S. 2 f.
2 Rundschreiben vom 12.6.1992. Zitiert nach DESG-Inform, Nr. 7/1992, S. 8.

Verlagsgemeinschaft Berg (VGB)

Gründung: 1991

Sitz: 82328 Berg am Starnberger See

Eigentümer: Dr. → Gert Sudholt

Autoren: Neben der Weiterführung der Programme der Verlage → Türmer, → Druffel und Vowinckel erschienen seit 1991 bei der VGB Titel wie *Die Israel-Lobby* von Paul Findley, mehrere Bücher von Franz Kurowski oder *Vertuschte SED-Verbrechen* von Hanns-Heinz Gatow mit einem Vorwort von → Joachim Siegerist. Das Buch *Siegermacht NATO* enthält Beiträge von Autoren aus der SPD, der PDS und den Grünen. In den *Kriegsreden 1936-1941. Das große Kesseltreiben* von Helmut Gordon, übersetzt von → Günter Deckert, werden die vermeintlichen »Kriegstreiber« Churchill, Chamberlain und Roosevelt »entlarvt«. In der Reihe Deutsche Geschichte findet sich unter anderen der Band *Die Tschechoslowakei. Das Ende einer Fehlkonstruktion* mit Beiträgen von Walter Becher, → Herbert Czaja, → Lothar Bossle, Hellmut Diwald und → Walter Staffa.

Charakteristik: In der Verlagsgemeinschaft Berg schließt Gert Sudholt 1991 den Druffel-Verlag, den Türmer-Verlag und den Vowinckel-Verlag zusammen, die schon zuvor in seiner Hand lagen. Hinzu kommen die Buchkameradschaft Scharnhorst als Buchversand und die Türmer-Kulturreisen. Der 1952 wiedergegründete Vowinckel-Verlag veröffentlichte Kriegserlebnisse bekannter Politiker und Soldaten aus der Zeit des Nationalsozialismus (Hans Fritsche, Hans Guderian), darunter etliche »Divisionsgeschichten« aus dem Zweiten Weltkrieg, wie die Geschichte der 2. Panzerdivision von Franz-Josef Strauß. Der Besitzer Kurt Vowinckel war Mitbegründer der → Gesellschaft für freie Publizistik (GFP).[1] 1991 versucht Sudholt, das rechtsextremistische Profil der Verlagsgemeinschaft zu entschärfen. In einer verlegerischen Mitteilung schreibt er: »Mit dem hier erstmals vorgelegten Programm der VGB hoffen wir deutlich zu erkennen zu geben, daß wir – auch wenn wir uns ebenfalls an historischen und zeitgeschichtlichen Schwerpunkten orientieren – inhaltlich und thematisch andere Wege zu beschreiten gedenken als unsere Vorläufer.«[2]

Bedeutung: In der Verlagsgemeinschaft des langjährigen Präsidenten der GFP, Gert Sudholt, vereinigen sich drei Verlage des rechtsextremistischen Spektrums, die seit ihrem Bestehen sowohl der GfP als auch dem → Deutschen Kulturwerk europäischen Geistes nahestanden. Ihr geschichtsrevisionistisches und nationalistisches Gesamtprogramm hat nach wie vor Bestand. (B)

1 Vgl. H. Brüdigam: Der Schoß ist fruchtbar noch ... Frankfurt 1965, S. 162 ff.
2 Verlagsverzeichnis der VGB, 1991.

Verlagsgruppe Ullstein-Langen-Müller
Gründung: 1985
Sitz: 80539 München
Eigentümer: Bis zum 1. Januar 1996 halten → Dr. Herbert Fleissner und der Axel-Springer-Konzern je 50 Prozent an der Ullstein-Langen-Müller Verlags GmbH & Co. KG. Geschäftsführer war Herbert Fleissner.
Autoren: Folgende Autoren veröffentlichten in von Herbert Fleissner geführten Verlagen. Limes: Hans-Ulrich Rudel. Langen-Müller: Ilse Heß, Wolf-Rüdiger Heß (*Mein Vater Rudolf Heß*), Leni Riefenstahl, → Armin Mohler (*Der Nasenring*), → Franz Schönhuber (*Die Türken*), → Henning Eichberg, Gerhard Schumann, Heinrich Zillich. Ullstein-Verlag: Dirk Kunert (*Ein Weltkrieg wird programmiert*), Franz Schönhuber (*Ich war dabei*), Manfred Kittel (*Die Legende von der »Zweiten Schuld«*), Jörg Haider, Paul Carell (Pseudonym von Paul Robert Schmidt), Ernst Nolte, → Heinrich Lummer, → Rainer Zitelmann, → Alfred Mechtersheimer, Jens Motschmann, Jochen Kummer und Hans-Helmuth Knütter. Herbig: → David Irving, Henriette von Schirach, → Wolfgang Strauss, Leon Degrelle, Hanna Reitsch, Joachim Fernau. → Alfred Schickel verantwortet die Reihe Herbig-Materialien zur Zeitgeschichte. Propyläen: Klaus Hornung (*Das totalitäre Zeitalter*), → Karlheinz Weißmann, Rainer Zitelmann und Michael Großheim (Hrsg.) *(Westbindung: Chancen und Risiken für Deutschland)*. Universitas: Otto Skorzeny (*Meine Kommandounternehmen*), Hans Venatier (*Der Major und die Stiere*).
Charakteristik: Fleissner, Mitglied des → Witikobundes, beginnt in den 50er Jahren als Verleger von Vertriebenenblättern. Als Besitzer der Verlage Bogen und Klinger gibt er u. a. Werke des Sudetendeutschen Wilhelm Pleyer heraus. In den 60er und 70er Jahre kauft er diverse Verlage auf, darunter 1961 den Wiener Amalthea-Verlag sowie 1966 die F. A. Herbig Verlagsbuchhandlung und 1967 den Albert Langen-Georg Müller Verlag. Mit diesen traditionsreichen Verlagen gelingt ihm der Sprung in den seriösen Buchhandel. Dabei kombiniert er das übernommene Programm mit Unterhaltung und Zeitgeschichte. In den 70er Jahren kommen Kooperationen und Übernahmen weiterer Verlage hinzu, so 1973 der Limes Verlag und 1974 die Nymphenburger Verlagsbuchhandlung. 1985 gelingt Fleissner durch die Fusion seiner Verlagsgruppe mit dem Springer-Verlag Ullstein zur Holding Ullstein-Langen-Müller GmbH & Co. KG der endgültige Durchbruch. Fleissner wird programmverantwortlicher Geschäftsführer der Gesellschaft. Ihm stehen nun der lukrative Taschenbuchmarkt und die Springer-Zeitungen offen. Nach weiteren Übernahmen steht Fleissner Ende 1991 28 Einzelverlagen vor.[1] 1992 macht er Rainer Zitelmann zu seinem Cheflektor bei Ullstein, der durch die Politik-Buchreihe Ullstein-Report dem Verlag ein deutlich rechtes Profil verschafft. Zentrales Anliegen ist Zitelmann die Historisierung des Nationalsozialismus. Im

Dezember 1993 verläßt Zitelmann den Verlag. 1994 erreicht die Verlagsgruppe einen Umsatz von etwa 124 Millionen DM.[2] Das Verlagsprogramm wird in der rechtsextremen Zeitschriftenlandschaft angepriesen. Anzeigen schaltet der Verlag in den *Deutschen Monatsheften*, der → *Jungen Freiheit*, in → *Nation und Europa* und → *wir selbst* sowie in → *Deutschland in Geschichte und Gegenwart*. Am 1. Januar 1996 wurde die Gesellschaft wieder geteilt. Nach der Auflösung der Holding Ullstein-Langen-Müller verbleiben bei Herbert Fleissner: Die F.A. Herbig Verlagsbuchhandlung GmbH mit den Münchner Verlagen Langen-Müller, Nymphenburger, Edition Meyster, Herbig, Bechtle, Universitas, Wirtschaftsverlag, Mary Hahn, Lentz, Christian Wegner. Außerdem Franckh-Kosmos in Stuttgart, Chr. Belser in Stuttgart/Zürich, Reich in Luzern, Amalthea in Wien. Die Ullstein Soft Media in München wird von Sohn Michael Fleissner geführt.

Bedeutung: Die Rolle der Verlagsgruppe Ullstein-Langen-Müller in den vergangenen zehn Jahren läßt sich nicht ohne Würdigung der Person Herbert Fleissner beschreiben. Der Alte Herr der Suevia Innsbruck mit sudetendeutscher Herkunft entstammt politisch einem originär rechten Lager. Die Wiederherstellung alter deutscher Größe, der agitatorische Kampf gegen die »Umerziehung des deutschen Volkes« und die Wiedergutmachung an den heimatvertriebenen Sudetendeutschen – und nicht an den Opfern deutschen Terrors im Zweiten Weltkrieg – sind sowohl die Eckpunkte seiner Biographie als auch die Identitätsmerkmale seines politischen Milieus. Es ist also nur folgerichtig, daß Autoren dieser Couleur in den von Herbert Fleissner geführten Verlagen seit den 50er Jahren überall wiederzufinden sind. Dabei fällt der Blick sowohl auf die modernisierten Propagandisten der sogenannten Neuen Rechten als auch auf die Tätergeneration des Nationalsozialismus. Der Fleissnersche Höhenflug bis an die Spitze von Ullstein-Langen-Müller lief nicht ohne Widerstände ab. Buchautoren versagten ihm nach der Herausgabe der Schönhuber-Bekenntnisse die Gefolgschaft, und auch die Belegschaft des Hauses Ullstein wehrte sich – mit wechselndem Erfolg – gegen rechtsextreme Autoren. Der Springer-Konzern hat die weitere Kooperation mit Herbert Fleissner angekündigt, dem »einzige(n) Großverleger, der Bücher von ehemaligen NS-Autoren in nennenswertem Umfang herausbringt«.[3] (B)

1 Vgl. H. Sarkowicz: Rechte Geschäfte. Frankfurt 1994, S. 58.
2 Vgl. Börsenblatt, Nr. 92/17, November 1995.
3 Sarkowicz, 1994, S. 13 (s. Anm. 1).

Vorderste Front (VF)

Untertitel: Zeitschrift für politische Theorie & Strategie
Gründung: Oktober 1990
Sitz: 90221 Nürnberg

Erscheinungsweise: unregelmäßig (bisher sieben Ausgaben)
Auflage: ca. 1.000
Herausgeber: → Nationaldemokratischer Hochschulbund (NHB), Verantwortlich: Martin Laus
Vertrieb: Eigenvertrieb
Autoren: Die einzelnen Artikel sind nicht namentlich gekennzeichnet. Doch kann davon ausgegangen werden, daß sie zum größten Teil von dem noch ca. 50 Personen umfassenden NHB und seinem Vorstand (Martin Laus, Josef Graf, Andreas Storr, Heiko Kaiser und Stefan Lux) verfaßt werden. Ergänzt werden sie durch überarbeitete Vorträge der NHB-Seminarreihe »Nationalismus heute« (Referent war u. a. Bruno Haas, Österreich) und durch Interviews u. a. mit Pino Rauti (aktuell aktiv in der Fiamma Tricolore, Italien).
Charakteristik: Die Zeitschrift tritt 1990 die Nachfolge des eingestellten *NHB-Reports* an und erscheint seither in unregelmäßigen Abständen mit ca. 36 Seiten im DIN-A4 Format für 6 DM. Inhaltlich liefert sie vor allem ideologisches Rüstzeug und Grundsatzartikel zu Fragen neofaschistischer Organisierung. Weg von einer starren, parteiförmig gegliederten Organisation propagiert sie den Einsatz hochmobiler Kader: »Die Antwort kann nur heißen, daß der Kader sich innerhalb von ihm gesteuerten Massenbewegungen, Freundeskreisen usw. bewegt. (...) Die Kader bzw. die neu anzustrebende Elite wird sich im Kampf selbst herausbilden.«[1] Dies gälte es mit Hilfe der *Vordersten Front* ideologisch in theoretischen Grundlagen des Faschismus jenseits des Nationalsozialismus zu schulen: »Zu unseren Vorbildern gehören nicht nur deutsche Menschen, sondern auch Männer wie (Corneliu, d. Vf.) Codreanu und (Julius, d. Vf.) Evola oder Frauen wie Evita Péron.«[2] Als weitere Vorbilder gelten u. a. José Antonio Primo de Rivera, Kurt Eggers, Leon Degrelle sowie Benito Mussolinis »Republik von Salò« (September 1943 bis 1945), in der »der Faschismus eine neue Qualität« erhalten haben soll.
Bedeutung: Mit der zunehmenden Orientierung der Mitgliederbasis der verbotenen neofaschistischen Organisationen an den Jungen Nationaldemokraten gewinnt auch die Zeitschrift des NHB an Bedeutung. Ihre Orientierung an Vorbildern jenseits des Nationalsozialismus soll weiteren Organisationsverboten verbauen. (B)

1 Ohne Autor: Kader oder Massenpartei. Vorderste Front, Nr. 1 (Okt/90), S. 18.
2 Ohne Autor: Einleitung. Vorderste Front, Nr. 2 (Jun/91), S. 3.

wir selbst
Untertitel: Zeitschrift für nationale Idendität
Gründung: 1979
Sitz: 56001 Koblenz

Erscheinungsweise: unregelmäßig

Auflage: 3.500 (Eigenangabe)

Herausgeber: Siegfried Bublies Verlag

Redaktion: Der letztmalig in der Nr. 3–4/1992 angegebenen Redaktion gehörten an: → Siegfried Bublies, → Peter Bahn, Marcus Bauer (seit 1990), Uwe Meenen, Claus-Georg Pleyer und Roland Wehl (seit 1984). Frühere Redaktionsmitglieder waren: Jürgen Kraus (Pseudonym: Walter Hohenstein), → Werner Olles, → Karl Höffkes, Gerhard Quast.

Vertrieb: Eigenvertrieb

Autoren: → Günter Kießling, Generalmajor a.D. Jochen Löser, → Lothar Penz, → Wolfgang Venohr, Herbert Ammon, Gerd Vonderach, Peter Brandt, Bernhard Friedmann, Sebastian Haffner, → Theodor Schweisfurth, Hellmut Diwald, Bernhard Willms, → Wolfgang Seiffert, → Alfred Mechtersheimer, Götz Meidinger, Siegmar Faust, → Wolfgang Strauss, Erich Zormann (Pseudonym: Stefan Fadinger), → Gerd-Klaus Kaltenbrunner, Nikolaus I. Ryschkowsky und andere. Hausautor seit Gründung der Zeitschrift ist vor allem → Henning Eichberg. Auffällig an der nach einer zweijährigen Pause 1995 wieder erschienenen Ausgabe ist die starke Präsenz ehemaliger und aktueller *Junge Freiheit*-Autoren wie → Andreas Molau, Andrzej Madela und → Jürgen Hatzenbichler.

Charakteristik: Gegründet wird *wir selbst* 1979 durch die Gruppe Grüne Zelle Koblenz, einer Jugendgruppe der → Jungen Nationaldemokraten, und unter Zugewinnung von Personen wie Horst Josef Ackermann (ehemaliges Gründungsmitglied der KPD/ML). Strebte sie in den 80er Jahren ein zweimonatliches Erscheinen an, so erscheint sie aktuell sehr unregelmäßig als umfangreiche Broschüre (1992 zwei Ausgaben, 1995 eine Ausgabe). 1982 gliedert sich der Zeitschrift die druck + text GmbH an, welche u. a. die Zeitschriften → *DESG-inform, Europa, Christen Drüben*, das *Südafrika-Journal* und die *Deutsche Militär-Zeitung* erstellte. Ein Buchdienst verbreitet Reprints ihrer historischen Vorbilder (Karl Otto Paetel, Ernst Niekisch etc.). Enge Kontakte der Zeitschrift bestanden bereits bei ihrer Gründung zum libyschen Staatschef Muammar al Gaddafi, welcher ihren nationalrevolutionären Politikansatz angeblich mit 1 Mio DM unterstützt haben soll.[1]

Bedeutung: *Wir selbst* ist ein Produkt der in den 70er Jahren entstehenden Jungen Rechten, speziell des Flügels um die Organisation → Sache des Volkes/Nationalrevolutionäre Aufbauorganisation. Sie sahen sich in der Tradition der historischen Nationalrevolutionäre der Weimarer Republik und knüpften an deren Themen an: antiwestlerische Ausrichtung, Befreiungsnationalismus, Regionalismus sowie die Forderung nach einem deutschen Sonderweg zwischen Kapitalismus und Kommunismus finden sich in verschiedenen Variationen immer wieder und sollen, wie auch ökologische Themen, eine nationale Linke ansprechen. Auch wenn die Zeitabstände zwischen dem jeweiligen Erscheinen groß sind, liefert die Zeitschrift noch immer wichtige Impulse zur Erneuerung von Argumentationsketten für den Rechtsextremismus. Im organisatorischen Bereich arbeitete sie mit Zeitschriftenprojekten wie *Zeitenwende* (mittlerweile eingestellt) und vor allem der → *Jungen Freiheit* eng zusammen. (B)

1 Vgl. A. Waschkau: ›Linke Leute von Rechts‹. Diplomarbeit, Duisburg 1992, S. 119.

Personen

Personen

Althans, Bela Ewald

geb. 23. März 1966

Aktivitäten: Ewald Althans wird nach eigenen Angaben von Willi Krämer und → Otto Ernst Remer in Rhetorik und nationalsozialistischer Weltanschauung ausgebildet. In den 80er Jahren wird er Mitglied der → Gesellschaft für freie Publizistik, der → Wiking Jugend und der → Hilfsorganisation für nationale politische Gefangene und deren Angehörige und ist Funktionär der → Aktionsfront Nationaler Sozialisten/Nationale Aktivisten (ANS/NA), später der → Freiheitlichen Deutschen Arbeiterpartei, für die er im Raum Hannover-Braunschweig aktiv ist.[1] Er ist außerdem führend in der Jugendorganisation des Vereins → Die Deutsche Freiheitsbewegung, der Bismarck-Jugend, aktiv. Im September 1985 wird er wegen Verunglimpfung der Bundesrepublik zu einer Geldstrafe verurteilt. 1986 ist Althans leitender Funktionär des Deutschen Jugendbildungswerkes und gründet die → Althans Vertriebswege und Öffentlichkeitsarbeit (AVÖ). 1990 organisiert er in München den »Revisionisten«-Kongreß »Wahrheit macht frei« mit über 800 Teilnehmern. Im Juli 1991 eröffnet er in München ein Büro der AVÖ und ist Mitorganisator des »Leuchter-Kongresses«, der jedoch nicht stattfindet (es wird lediglich eine Kundgebung durchgeführt). 1991–1993 ist er an der Organisierung des jährlichen »Rudolf-Heß-Gedenkmarsches« beteiligt. Er ist im Prozeß um die Fortführung der verbotenen ANS/NA 1991 und, nach dem Platzen des ersten Prozesses, auch 1995 angeklagt. 1994 kandidiert er für die → Nationaldemokratische Partei Deutschlands zu den Stadtratswahlen in München und wird wegen Volksverhetzung, Verunglimpfung des Andenkens Verstorbener und Verwendens von Kennzeichen verfassungsfeindlicher Organisationen zu 18 Monaten Haft verurteilt. 1995 wird er zu drei Jahren und sechs Monaten Haft wegen Leugnung des Holocausts, Volksverhetzung und Verunglimpfung der Bundesrepublik verurteilt.

Beurteilung: Ewald Althans wurde 1993 bundesweit durch den Film *Beruf Neonazi* bekannt. Seit Ende der achtziger Jahre hatte er maßgeblichen Anteil an der Verbreitung von den Holocaust leugnender Propaganda und an der Organisation der jährlichen Rudolf-Hess-Gedenkmärsche. Besonders enge Kontakte unterhielt Althans zu dieser Zeit zu → Ernst Zündel. Anfang der 90er Jahre galt er vielen bundesdeutschen Medien als »Shooting-Star« des deutschen Neofaschismus, inzwischen spielt er jedoch im neofaschistischen Spektrum keine Rolle mehr. (FV/B)

1 Vgl. Der Rechte Rand, Nr. 17, S. 19.

440

Arndt, Prof. Dr. phil. Hans-Joachim

Schriesheim

geb. 15. Januar 1923

emeritierter Prof. für Polit. Wissenschaft Uni Heidelberg

Autor und Publizist

Aktivitäten: Hans-Joachim Arndt ist im Zweiten Weltkrieg Seeoffizier. 1952 promoviert er zum Thema »Über die Ursachen der Geschichtsvergessenheit der amerikanischen Soziologie und ist seit 1968 Professor für Politologie in Heidelberg. 1984 gründet er den kurzlebigen, um → Franz Schönhuber zentrierten → Deutschlandrat mit. Für den Versuch der → Republikaner, eine parteieigene Carl-Schurz-Stiftung zu gründen, stellt er sich neben → Armin Mohler, Hellmut Diwald, → Emil Schlee, Ingrid Schönhuber und Franz Uhle-Wettler als Kuratoriumsmitglied zu Verfügung. Seit 1989 ist er emeritiert. 1993 übermittelt er eine Grußbotschaft zur Jahreshauptversammlung des → Schulvereins zur Förderung der Rußlanddeutschen in Ostpreußen e.V. Er veröffentlichte u.a. *Die Besiegten von 1945* (1978). Arndt ist u.a. Autor der Zeitschriften → *Criticón* und → *Staatsbriefe.*

Beurteilung: Arndts Band *Die Besiegten von 1945* stellte einen der ersten Versuche der vehementen Geschichtsrevision dar, er sollte den Deutschen ein neues Selbstbewußtsein geben. In den 80er Jahren zählt er als Vertreter eines »Neuen Nationalismus« zu jener Professorenelite, die für eine »Kulturrevolution von rechts« eintrat. Er arbeitet hier in einem Spannungsfeld zwischen Rechtsextremismus und dem rechten Rand des Konservatismus. Die Bundesrepublik sieht er von einer »Siegerideologie« der Alliierten dominiert. Sein Hauptanliegen gilt als Anhänger von Carl Schmitt der Rückgewinnung der »vollen politischen Souveränität«. (B)

Aschenauer, Dr. jur. Rudolf

geb. 1913 († 1983)

Rechtsanwalt

Aktivitäten: Rudolf Aschenauer ist bis 1945 Mitarbeiter des Gauverbandes München-Oberbayern des Vereins für das Deutschtum im Ausland (VDA). Nach 1945 ist er Verteidiger in den Nürnberger Prozessen und 1951 Mitbegründer der → Stillen Hilfe. 1952 fungiert Aschenauer als Verbindungsmann der → Deutschen Gemeinschaft zum Gauleiterkreis um Werner Naumann (→ Bruderschaft), ist dann Mitbegründer der Nationalen Opposition und Mitherausgeber der *Deutschen Blätter.* 1955 beteiligt er sich an der Wiedergründung des VDA und rückt 1958 in dessen Vorstand auf. Von 1963 bis 1983 ist Aschenauer Vorsitzender der Gesellschaft der Freunde Südtirols. 1970 wird er stellvertretender Schatzmeister und Schriftführer des VDA und hat dort von 1974–1977 den Vorsitz inne. 1980 übt Aschenauer in den von ihm herausgegebenen *Eichmann-Memoiren* Zweifel am Holocaust.

Beurteilung: Aschenauer, der über beste Kontakte zu Regierungskreisen verfügte, war eine wichtige Hintergrundperson für den Aufbau rechtsextremistischer Strukturen in der BRD. Vor allem durch seine Tätigkeit im VDA exponierte er sich als Vertreter des Revanchismus. (B)

Bahn, Dr. Peter

geb. 1953

Aktivitäten: Peter Bahn studiert in Mainz Volkskunde, Germanistik und Buchwesen. 1986 legt er seine Doktorarbeit zur Geschichte der freireligiösen Bewegung vor und ist in der Folge freiberuflich in der Erwachsenenbildung und Publizistik tätig. 1970 wird Bahn wegen »Gründung einer maoistischen Partei«[1] aus der Jugendorganisation → Blaue Adler-Jugend ausgeschlossen. 1974 kandidiert er für die Kommunistische Partei Deutschlands zur Landtagswahl in Hessen. 1978–85 ist er Mitglied der Grünen und im April 1980 Gründungsmitglied des Nationalrevolutionären Koordinationsausschusses in Düsseldorf. Seit 1984 ist Bahn Mitglied der Deutschen Unitarier. Er ist Unterzeichner des »Anstoßes für eine deutsch-deutsche Alternative« der Linken Deutschland-Diskussion. 1986/87 ist Bahn kurzzeitig wissenschaftlicher Mitarbeiter an der Universität Oldenburg. 1990 referiert er auf einer Tagung des → Bundes der Goden im Collegium Humanum. Er engagiert sich für den → Bund Deutscher Unitarier.

Beurteilung: Peter Bahn wirkt seit Beginn der 80er Jahre kontinuierlich in nationalrevolutionärem Sinne zunächst in der Thematisierung der »Deutschen Frage« innerhalb der grünen und ökologischen Bewegung. In jüngster Zeit engagiert sich Bahn vor allem in der Herausbildung einer pantheistischen, anti-christlichen »indogermanischen Naturreligion«.[2] Er arbeitet hierin eng mit den Kreisen um → Sigrid Hunke zusammen. Er publiziert u.a. in *Pen Tuisko. Briefe für deutsche Heiden*, den → *Staatsbriefen* und in → *wir selbst*, deren Redaktion er zumindest bis 1995 angehörte. (B)

1 Zit nach F. Greß; H.-G. Jaschke; K. Schönekäs: Neue Rechte und Rechtsextremismus in Europa. Opladen 1990, S. 325.
2 Vgl. P. Bahn: »Natur-Religion«: Dem Leben begegnen. In: H. Schleip (Hrsg.): Zurück zur Natur-Religion? Freiburg 1986.

Bartsch, Günther

Neuershausen

geb. 1927

Publizist

Aktivitäten: Bartsch arbeitet nach der Teilnahme am Zweiten Weltkrieg von 1945–1947 für den Wiederaufbau der Gewerkschaften und wird Vorsitzender des DGB in Peine. Von 1947–1953 ist er Mitglied der Kommunistischen Partei Deutschlands, Landesjugendsekretär für Niedersachsen und zeitweilig stellvertretender Landesjugendsekretär der Freien deutschen Jugend. Nach eigenen Angaben bewirkt das »Kronstadterlebnis anläßlich der Niederschlagung des Volksaufstand(es) in der DDR« einen politischen Wandel[1]. Er nähert sich den nationalrevolutionären Gruppierungen des Rechtsextremismus an. Bartsch holt ein Studium nach und betätigt sich seit 1962 als freier Journalist. Seine bekannteste Veröffentlichung *Revolution von rechts? Ideologie und Organisation der Neuen Rechten* (1975) schreibt er aus dem Blickwinkel der aktiven Mitarbeit. 1990 erscheint sein Band *Otto Strasser. Zwischen drei Stühlen* im Siegfried Bublies Verlag. Bartsch schrieb u. a. für die Zeitschriften *Aufbruch, Neue Zeit,* → *wir selbst* und den *NHB-Report.*

Beurteilung: Bartsch gilt als Strasserist und Chronist der Nationalrevolutionäre und anderer minoritärer Strömungen wie den Anhängern Silvio Gesells oder Arthur Mahrauns. Mit seinen Büchern stellt er ihre Entstehungsgeschichte, Ideologie und Ansätze geschönt dar. Stetig versucht er, die nationalrevolutionäre Debatte mit ideologischen Komponenten des Anarchismus, Kommunismus und der Anthroposophie anzureichern. (B)

1 Vgl. die Selbstdarstellung »Meine Wissenschaftliche Arbeiten und mein Werdegang«. O.J.

Bock, Ludwig
Mannheim
geb. 1942
Rechtsanwalt

Vorsitzender des Schiedsgerichts der → Gesellschaft für freie Publizistik (GFP)[1], Vorsitzender des → Nationaleuropäischen Jugendwerkes e.V. (NEJ)

Aktivitäten: Bock, bei den Bundestagswahlen 1972 im Wahlkreis Freiburg Kandidat der → Nationaldemokratischen Partei Deutschlands, wird in den 70er Jahren als Verteidiger im Düsseldorfer Majdanek-Prozeß bekannt. U. a. lehnt er Gutachter ab, die bei jüdischen Professoren promovierten. Ehemalige KZ-Häftlinge, die das Gift »Zyklon B« transportieren mußten, will Bock wegen Beihilfe zum Mord festnehmen lassen. 1973 gründet er das Schulungszentrum Nationaleuropäisches Jugendwerk e.V., für das er in den 80er Jahren Referenten wie → Lothar Penz, → Wolfgang Strauss, Alain de Benoist und Bernhard Willms gewinnen kann. Die NEJ-Zeitschrift *Zeitenwende* (früher *Europa*) stellt ihr Erscheinen wegen Auseinandersetzungen zwischen Bock und dem Herausgeber Harald Thomas Ende 1992 ein. Im selben Jahr ist Bock Mitunterzeichner von Inseraten der Kampagne für ein deutsches Königsberg durch Unitas Germanica e.V. 1995 ist Bock Verteidiger im Prozeß gegen die Macher der Anti-Antifa-Zeitschrift *Einblick.*

Beurteilung: Bock gehört als Verteidiger bekannter Rechtsextremisten wie →
Rolf Kosiek, → Manfred Roeder und → Günter Deckert zum Anwaltskreis
um das → Deutsche Rechtsbüro. Prozesse benutzt er öffentlichkeitswirksam
als Podium für die Infragestellung der Verbrechen des Nationalsozialismus.
(B)

1 Vgl. Das Freie Forum, Nr. 2/1995, S. 1.

Bohlinger, Roland

Viöl/Nordfriesland
Herausgeber des *Informations- und Dokumentationsdienstes (ID)*; Eigentümer des → Verlags für ganzheitliche Forschung und Kultur
Aktivitäten: Roland Bohlinger ist in der zweiten Hälfte der siebziger Jahre
zusammen mit Walther Soyka Leiter des Instituts für biologische Sicherheit.
Ende der siebziger Jahre veröffentlicht er das Buch *Im Namen des Volkes* und
schreibt in → *Deutschland in Geschichte und Gegenwart*. In den achtziger
Jahren ist er in führender Position im Deutschen Rechts- und Lebensschutzverband tätig. Seine Aktivitäten werden von der 1987 gegründeten Initiative
zur Förderung kulturtragenden Schrifttums (IFS) unterstützt. 1990 ruft er das
Forum für deutsche Selbstbestimmung ins Leben und organisiert die Unter-
schriftensammlung *Berliner Erklärung zur Zukunft Deutschlands*. 1992 übernimmt er die Herausgabe der Zeitschrift *Nation*, die Ende 1993 u. a. aufgrund
juristischer Auseinandersetzungen zwischen Bohlinger und dem Redakteur
Adrian Preißinger eingestellt wird. 1994 übernimmt er den Askania-Verlag
von Herbert Taege. Seit Mitte 1994 gibt er den *ID* heraus.
Beurteilung: Roland Bohlinger gehört dem Umfeld des → Bundes für Gotterkenntnis an, für dessen Weltanschauung er in seinen Schriften wirbt. Mit
dem Institut für biologische Sicherheit versuchte er, völkische Gedanken in
die Anti-Atomkraft-Bewegung zu tragen. Seit den achtziger Jahren konzentriert er sich auf seinen Verlag für ganzheitliche Forschung und Kultur, der
geschichtsfälschende Literatur sowie Nachdrucke antisemitischer und völkischer Werke aus den ersten Jahrzehnten des zwanzigsten Jahrhunderts verbreitet. Die IFS, die es sich zur Aufgabe gemacht hat, Bohlingers Verlag
finanziell zu unterstützen, fand u. a. die Zustimmung → Otto Ernst Remers, →
Günter Deckerts und → Werner Georg Haverbecks. Die von Bohlinger initiierten politischen Sammlungsversuche blieben hingegen nicht zuletzt deshalb
ohne Erfolg, weil er sie eng mit seiner geschäftlichen Tätigkeit verband.
(FV/B)

Borchardt, Siegfried

geb. 14. November 1953

Industriekaufmann

Aktivitäten: 1977 beginnt Siegfried Borchardt – sein Spitzname ist »SS-Siggi« – seine rechten Aktivitäten als Kameradschaftsführer der → Aktionsfront Nationaler Aktivisten. Er wird Anführer des 1982 gegründeten neofaschistischen Fußball-Fanclubs Borussenfront in Dortmund und tritt 1984 der → Freiheitlichen Deutschen Arbeiterpartei (FAP) bei. 1985 ist er Spitzenkandidat der FAP bei den Landtagswahlen in Nordrhein-Westfalen. Während der Wahl sitzt er wegen Körperverletzung in Haft. Ab 1987 wird er mehrfach wegen Körperverletzung oder Volksverhetzung verurteilt. 1988 wird Borchardt Landesvorsitzender der FAP in Nordrhein-Westfalen und kandidiert für sie im Juni 1989 bei der Europawahl. Im Juli 1989 steigt er zum stellvertretenden Parteivorsitzenden auf. Im August 1995 nimmt Borchardt in Luxemburg mit 90 meist deutschen Neonazis an einer Rudolf-Heß-Kundgebung vor der deutschen Botschaft teil. Als mutmaßlicher Organisator des Aufmarsches wird er dem Haftrichter vorgeführt.

Beurteilung: Siegfried Borchardt ist schon häufig durch seine hohe Gewaltbereitschaft aufgefallen. Bei rechten Skinheads und Fußballfans konnte er sich hierdurch Symphatien verschaffen, die er zur Rekrutierung neuer Anhänger für die FAP zu nutzen versuchte. (B)

Boßdorf, Peter

Bonn

geb. 1962

Student der Volkswirtschaftslehre

Mitarbeiter der Zeitschriften → *Junge Freiheit (JF)* und *Zillo*

Aktivitäten: Peter Boßdorf wird 1980 Vorsitzender der Schüler- und Studentenunion Ostpreußen und kurz darauf stellvertretender Vorsitzender des Ostpolitischen Deutschen Studentenverbandes. Nach dessen Umbenennung in → Gesamtdeutscher Studentenverband 1984 ist er von 1985 bis 1989 wiederum stellvertretender Vorsitzender. Im Oktober 1989 kandidiert Boßdorf bei den Kommunalwahlen in Bonn für → Die Republikaner. Im Juli 1985 wird er Mitglied des → Witikobundes und 1992 tritt er dem → Thule-Seminar bei. Seit 1991 ist Boßdorf für die *JF* tätig, wo ihn u.a. kulturelle Themen mit seiner Tätigkeit bei dem Musikmagazin *Zillo* seit 1995 verbinden. Darüberhinaus ist er Autor in → *Nation und Europa* und → *Etappe*.

Beurteilung: Nach seinen Aktivitäten in den Vertriebenenverbänden verfolgt Boßdorf nun die Strategie der *Jungen Freiheit*, über kulturelle Themen in Bereiche hineinzuwirken, in denen rechtsextremes Gedankengut Verbreitung finden kann. So z.B. in der Dark-Wave- und Gothic-Szene (*Zillo*), in der sich rechte und rechtsextreme Bands zu etablieren versuchen. (B)

Bossle, Prof. Dr. Lothar

Würzburg

geb. 10. November 1929

Hochschullehrer

Kuratoriumsmitglied im → Studienzentrum Weikersheim (SZW), Mitglied im Ehrenpräsidium der → Internationalen Gesellschaft für Menschenrechte (IGFM); Kuratoriumsmitglied ist/war er in: → Ludwig-Frank-Stiftung, → Brüsewitz-Zentrum, Bürger fragen Journalisten e.V.; Mitglied im wissenschaftlichen Beirat der Hanns-Seidl-Stiftung und im → Ritterorden vom Heiligen Grab zu Jerusalem

Aktivitäten: Seit Anfang der 70er Jahren gehört Lothar Bossle zu den aktiven Unterstützern von Franz Josef Strauß, der ihm 1977 zu seinem Lehrstuhl an der Universität Würzburg verhilft. 1981 wird Bossle Präsident des Instituts für Demokratieforschung (IfD), dessen Leitung er 1989 an → Heinrich Lummer abgibt. Kurz darauf kommt es zum Skandal um seine umstrittene Gastprofessur an der Technischen Universität Dresden. Bossle wirkt in Organisationen wie dem SZW mit und nimmt an Veranstaltungen der → Paneuropa Union, des → Vereins zur Förderung der Psychologischen Menschenkenntnis e.V. oder der → Mun-Sekte[1] teil. 1994 tritt er als Referent bei der → Zeitgeschichtlichen Forschungsstelle Ingolstadt auf. Als Autor publizierte er u.a. in *konservativ heute, Epoche, student, Der Report, Erneuerung und Abwehr.*

Beurteilung: Als Mitglied mehrerer einschlägiger Organisationen bewegt sich Bossle politisch zwischen Konservatismus und Rechtsextremismus. Trotz Abgabe seiner Leitungstätigkeit im IfD ist er nach wie vor eng verflochten mit Institutionen v.a. am rechten Rand der Unionsparteien. (B)

1 Vgl. E. R. Koch; O. Schröder: Das Geheimnis der Ritter vom Heiligen Grabe. Hamburg 1995, S. 168–170.

Brunner, Manfred

München

geb. 31. Juli 1947

Rechtsanwalt

Vorsitzender des → Bundes freier Bürger – Die Freiheitlichen (BfB)

Aktivitäten: Manfred Brunner wird 1965 Mitglied der FDP und ist von 1983–1988 bayerischer FDP-Chef. Als Kabinettschef der Brüsseler EG-Kommission unter Martin Bangemann wird er im September 1992 entlassen, weil er sich gegen den Maastricht-Vertrag ausspricht. Im Dezember 1993 reicht Brunner beim Bundesverfassungsgericht Beschwerde gegen die Maastricht-Verträge ein, diese wird aber abgewiesen. Am 23. Januar 1994 findet der Gründungsparteitag des Bundes freier Bürger (BfB) in Wiesbaden statt. Im Februar wird Brunner einstimmig zum Spitzenkandidaten zur Europawahl gewählt. Bei Wahlkampfveranstaltungen, die Brunner im Mai gemeinsam mit Jörg Haider bestreitet, kommt es teilweise zu Protesten. Im April 1995 ist Brunnner Mitunterzeichner des Aufrufs *8. Mai – Gegen das Vergessen*. Die für den 7. Mai in München geplante Veranstaltung der »Besiegten« zum 8. Mai wird von der Stiftung Demokratie und Marktwirtschaft angemeldet. Bei den bayerischen Kommunalwahlen im März 1996 ist Brunner Spitzenkandidat der Partei in München. Er wird einer von zwei BfB-Stadträten.

Beurteilung: Brunner setzt sich für eine radikale Marktwirtschaft ein und vertritt nationalistische Positionen. Mit seiner populistischen Anti-EU-Kampagne versuchte er, eine Sammlungsbewegung nach Haiderschem Vorbild zu schaffen. Dies scheiterte bisher an der Uneinigkeit der nationalkonservativen Kräfte und an der fehlenden Abgrenzung zum rechtsextremen Umfeld. Brunner pflegt weiterhin gute Kontakte zum nationalliberalen FDP-Flügel um Alexander von Stahl, zur CDU und wirkt am → Bündnis Konstruktiver Kräfte Deutschlands mit. (B)

Bubik, Roland (Gerhard Prinz)

Mannheim
geb. 1970
Redakteur der Wochenzeitung → *Junge Freiheit*

Aktivitäten: Roland Bubik studiert nach dem Abitur 1989 in Ravensburg seit 1990 Betriebswirtschaftslehre, Geschichte und Politik in Mannheim. Ende der 80er Jahre wirkt er im Umfeld der → Republikaner und deren Jugendorganisation. Seit Anfang 1990 ist er Redakteur der *Jungen Freiheit*. 1991–1993 arbeitet er als Beisitzer im Kreisvorstand der Jungen Union Mannheim. An der Hochschule initiiert er vor Ort die Liste unabhängiger Studenten (LUST) mit. 1993 schließt er sich dem Kreisverband des → Christlich-Konservativen Deutschland-Forums an und wird einer der drei gleichberechtigten Landessprecher von Baden-Württemberg. Zeitgleich leitet er den Konservativen Gesprächskreis Mannheim (vormals Konservativer Arbeitskreis Rhein/Neckar). Bubik ist Autor der Zeitschrift *Aula*.[1]

Beurteilung: Bubik gilt als der heimliche »jungkonservative Chefideologe« der *Jungen Freiheit*, dem allerdings die Lobby in der Redaktion fehlt. In Grundsatzartikeln wie »Standort des Jungen Konservatismus«[2] knüpft er immer wieder an die antidemokratische sogenannte Konservative Revolution der Weimarer Zeit als Erneuerungsquelle für den heutigen Konservatismus an. Als Leiter des Ressorts »Zeitgeist und Lebensart« versucht er, in jugendkulturellen Bewegungen wie der Techno-Szene eben solche Ideologieelemente (wie sie z.B. Ernst Jünger mit seinem »Stahlgewitter« vertritt) einzubringen. Im Juli 1996 verläßt Bubik die *Junge Freiheit*. (B)

1 Zu Bubik siehe H. Kellershohn: Die selbsternannte Elite. In ders. (Hrsg.): Das Plagiat. Der Völkische Nationalismus der Jungen Freiheit. Duisburg 1994, S. 86 ff.
2 Vgl. Junge Freiheit, Januar 1993, S. 13.

Bublies, Siegfried (Sabine Narjes, Beate Neuberger)

Koblenz
geb. 1953
Agraringenieur
Herausgeber der Zeitschrift → *wir selbst*
Aktivitäten: In Erscheinung getreten ist Siegfried Bublies zu Beginn der 70er Jahre in der Jugendorganisation der → Nationaldemokratischen Partei Deutschlands, den → Jungen Nationaldemokraten (JN). 1974 wird er bei ihr als Kreisvorstandsmitglied in Bad Kreuznach geführt. Seit Mitte der 70er Jahre bis Juli 1979 ist er Mitglied im JN-Landesvorstand in Rheinland-Pfalz und 1978 Mitbegründer der Grünen Zelle Koblenz. Im Sommer 1979 verläßt er die NPD und gründet die nationalrevolutionär ausgerichtete Zeitschrift *wir selbst*. 1983 gründet er mit den Mitarbeitern von *wir selbst* die druck + text GmbH und 1985 zusammen mit → Karl Höffkes den Verlag Bublies und Höffkes. Nach der Trennung von Höffkes führt er ihn unter dem Namen Verlag Siegfried Bublies weiter. Ende der 80er Jahre ist er Kreisvorsitzender der → Republikaner in Koblenz. Bublies hat für die BRD den Alleinvertrieb von Muammar al Gaddafis *Grünes Buch*.
Beurteilung: Bublies steht für den befreiungsnationalistischen Ansatz der sich in den 70er Jahren herausbildenden sogenannten Neuen Rechten. Er verfolgte u.a. in der Ökologiebewegung eine klassische Querfrontpolitik. Die von ihm herausgegebene Zeitschrift *wir selbst* band sich zu keinen Zeitpunkt an eine spezielle Gruppierung. Sie entwickelte sich zum Sprachrohr von → Henning Eichberg. (B)

Busse, Friedhelm

München
geb. 4. Februar 1929
Schriftsetzer, Druckereibesitzer
Vorsitzender der → Freiheitlichen Deutschen Arbeiterpartei (FAP) bis zum Verbot im Februar 1995
Aktivitäten: Friedhelm Busse meldet sich 1944 nach zwei Jahren Adolf-Hitler-Schule zum Volkssturm. 1953 wird er wegen Beihilfe zur Freiheitsberaubung verurteilt. Bis 1965 ist er Funktionär der → Deutschen Reichspartei und

wird dann Mitglied der → Nationaldemokratischen Partei Deutschlands (NPD), die ihn 1971 ausschließt. Er gründet daraufhin die Partei der Arbeit/Deutsche Sozialisten (ab 1975 → Volkssozialistische Bewegung Deutschlands/Partei der Arbeit), deren Vorsitzender er bis zu ihrem Verbot 1982 bleibt. 1972 tritt er in die → Aktion Neue Rechte ein und wird Landesbeauftragter für Nordrhein-Westfalen, 1973 Mitglied des Bundesvorstands und Leiter des Referats Strategie. 1980 wird er wegen Volksverhetzung verurteilt. 1981 wird er wegen Sprengstoffbesitz und Mitwisserschaft an einem Banküberfall festgenommen und 1983 verurteilt. 1986 tritt er in die FAP ein, deren Vorsitzender er 1988 wird. In dem internen Konflikt um die Homosexualität → Michael Kühnens stellt er sich auf die Seite der Kühnen-Gegner. 1994 wird er wegen Weiterführung der verbotenen → Aktionsfront Nationaler Sozialisten/Nationale Aktivisten verurteilt. Ende des Jahres 1995 ist er bayerischer Korrespondent von *Junges Franken* und der *Berlin-Brandenburger Zeitung*.

Beurteilung: Friedhelm Busse hat während seiner jahrzehntelangen Aktivitäten das neofaschistische Lager in der Bundesrepublik entscheidend beeinflußt. Besonders die Entwicklungen und Umstrukturierungen in den siebziger und achtziger Jahren, wie den Ablösungsprozeß der militanten Neofaschisten von der NPD und den Ausbau ihrer Strukturen, hat er mitgestaltet. Als Bundesvorsitzender der FAP stand er einer ihrer größten Organisationen vor. Aufgrund seiner langjährigen Tätigkeit verfügt Busse über eine große Anzahl von Verbindungen. Seine Bedeutung als Führungsperson im militanten Lager hat er nach dem Verbot der FAP mittlerweile verloren. (B)

Christophersen, Thies

Kollund (DK)
geb. 27. Januar 1918
Landwirt, Verleger, Publizist
bis zur Auflösung im Juni 1990 Vorsitzender der Bürger- und Bauerninitiative e.V., bis 1995 Herausgeber von → *Die Bauernschaft*, Inhaber des Nordwind-Verlags und Herausgeber von *Kritik*
Aktivitäten: Thies Christophersen tritt 1931 in das Deutsche Jungvolk ein, 1944 ist er im Auschwitz-Nebenlager Raisko in der Abteilung für Pflanzenkautschuk tätig. Nach 1945 führt ihn seine politische Laufbahn nach eigenen Angaben von der CDU über die → Deutsche Partei in die → Nationaldemokratische Partei Deutschlands. Ende der sechziger Jahre ist er an der Gründung der Notgemeinschaft Deutscher Bauern beteiligt, die 1971 in Bürger- und Bauerninitiative e.V. umbenannt wird, und ist Herausgeber der Zeitschrift *Deutscher Bauer*. Seit 1969 gibt er *Die Bauernschaft* heraus, seit 1971 die Schriftenreihe *Kritik – Die Stimme des Volkes*. 1973 erscheint seine Schrift

Die Auschwitz-Lüge. 1976 wird er wegen Verbreitung von nationalsozialistischer Propaganda zu einer Geldstrafe von 1.500 DM verurteilt. 1977 plant er mit Erwin Schönborn und Klaus Huscher einen »Auschwitz-Kongreß« in Nürnberg. 1979, 1981 und 1984 wird er wiederholt wegen Verbreitens von Kennzeichen verfassungsfeindlicher Organisationen sowie Verunglimpfung des Staates und des Andenkens Verstorbener zu Haftstrafen auf Bewährung verurteilt. 1986 flieht er vor der strafrechtlichen Verfolgung nach Kollund (DK). Die dänischen Behörden lehnen eine Auslieferung Christophersens an Deutschland aufgrund der liberalen dänischen Gesetze ab, Proteste der Anwohner zwingen Christophersen jedoch, 1995 den Wohnsitz in Kollund aufzugeben. 1995 übergibt er die Herausgabe der *Bauernschaft* an → Ernst Zündel. Er flieht über Umwege in die Schweiz, die jedoch ebenfalls beabsichtigt, ihn auszuweisen.[1]

Beurteilung: Thies Christophersen wurde 1973 mit seiner Schrift *Die Auschwitz-Lüge* zu einem der Vorreiter der internationalen Geschichtsfälscher. Seit mehr als zwei Jahrzehnten verbreitet er in seinen Schriften und Reden offen neofaschistische Propaganda, wobei er den Schwerpunkt auf die Blut-und Boden-Ideologie und die Leugnung des nationalsozialistischen Massenmordes an den europäischen Juden legt. In den achtziger Jahren konzentrierte sich Christophersen auf die publizistische Tätigkeit, seine Schriften werden weltweit bezogen. Er organisierte *Bauernschaft*-Lesertreffen, die er nach seiner Flucht nach Dänemark 1986 im europäischen Ausland fortführte. Seit der Aufgabe seines Stützpunktes in Dänemark und der Abgabe der *Bauernschaft* an Zündel ist Christophersens Bedeutung für die neofaschistische Szene in der Bundesrepublik jedoch stark gesunken. (FV/B)

1 Christophersen soll mittlerweile die Schweiz verlassen haben und sich in Spanien aufhalten.

Cohrs, Ernst Otto

Rotenburg an der Wümme
geb. 14. Dezember 1921
Präsident des → Weltbundes zum Schutze des Lebens e.V. (WSL)

Aktivitäten: Nach dem Krieg absolviert Cohrs eine Ausbildung im gärtnerischen und landwirtschaftlichen Bereich und gründet später den Arbeitskreis Versuchs- und Beratungsring Ökologischer Landbau Niedersachsen. 1961 tritt er aus der evangelischen Kirche aus, rechnet sich seitdem zu den Anthroposophen und engagiert sich ab 1964 für den WSL. 1976 referiert er bei den Kulturtagen des → Deutschen Kulturwerks Europäischen Geistes. 1978–1983 ist Cohrs Vizepräsident des WSL und engagiert sich seit dieser Zeit gegen die Atomkraft. Seit 1989 ist er WSL-Präsident. In der Folgezeit betreibt er den Verlag Widar und vertreibt Bücher wie *Es gab keine Gaskammern* oder *Der*

Auschwitz-Mythos. 1995 referiert Cohrs bei der Bio-Akademie Salem, und 1996 nimmt er an der Frühjahrstagung des → Bundes der Goden teil. Als Autor schrieb Cohrs bisher in den Zeitschriften → *Deutschland in Geschichte und Gegenwart,* → DESG-*inform* und *Sieg.*

Beurteilung: Ernst Otto Cohrs ist neben dem Ehepaar → Haverbeck die zentrale Person im WSL. Unter seiner Präsidentschaft sind die Aussagen des WSL offen rechtsextrem und rassistisch geworden. Durch sein publizistisches Wirken im Bereich der rechten Anthroposophie sowie durch sein Engagement im Bereich der Ökologie und der biologisch-dynamischen Landwirtschaft nahm er Einfluß auf die Ökologiebewegung. (B)

Czaja, Dr. phil. Herbert

Stuttgart
geb. 5. November 1914
Vertriebenenfunktionär
Ehrenpräsident des → Bundes der Vertriebenen (BdV) auf Lebenszeit

Aktivitäten: Herbert Czaja wird 1914 in Teschen (Ostoberschlesien) geboren. Er absolviert das Abitur in Bielitz und studiert Germanistik, Geschichte und Philosophie in Krakau und Wien. Vor dem Zweiten Weltkrieg arbeitet er im Akademischen Verband Logos in Wien und in der Christlichen Deutschen Volkspartei in Ostoberschlesien mit. 1939 promoviert er zum Dr. phil. Von 1943–1945 nimmt er als Soldat der deutschen Wehrmacht am Krieg teil. 1946 wird er aus der Kriegsgefangenschaft entlassen und gelangt mit einem Vertriebenentransport nach Alfeld. Er schließt sich der CDU an und begründet die Union der Heimatvertriebenen der CDU (Vorsitz 1952), verschiedene landsmannschaftliche Organisationen sowie den Hilfsverband der Heimatvertriebenen in Stuttgart mit. Von 1947–1953 ist er Stadtrat in Stuttgart. 1952 wird er Mitglied des Landesvorstandes der baden-württembergischen CDU und ist für sie von 1953–1990 Mitglied des Deutschen Bundestags. Hier wirkt er als Experte in Jugend- und Vertriebenenfragen (Lastenausgleich). Er leitet die Arbeitsgruppe für Vertriebenen- und Flüchtlingsfragen der CDU/CSU-Fraktion. 1969 übernimmt er innerhalb des Bundes der Vertriebenen die Funktion des Sprechers der Oberschlesier und wird von 1970–1994 ihr Präsident. 1984 wird er mit dem großen Bundesverdienstkreuz ausgezeichnet. 1990 scheidet er mit dem Ende der Legislaturperiode aus dem Bundestag aus. Im Konflikt mit dem Generalsekretär des BdV, Hartmut Koschyk, um die »Nachbarschaftsverträge« und der »völligen Amputation Ostdeutschlands« bleibt er überlegen und wird 1992 mit 63 von 97 Stimmen erneut als BdV-Präsident bestätigt. Im April 1994 gibt er nach 24 Jahren das Amt des BdV-Präsidenten an Fritz Wittmann ab. Czaja ist weiterhin Mitglied im Rundfunkrat des Deutschlandfunks, dem Verwaltungsrat der Deutschen Ausgleichsbank und der Christdemokraten für das Leben. Er veröffentlichte u. a. *Stefan Georges Ringen um ein autonomes Menschentum* und *Ausgleich mit Osteuropa. Versuch einer europäischen Friedensordnung.* Zu seinem 70. Geburtstag erscheint 1984 die Festschrift *Frieden durch Menschenrechte.*

Beurteilung: Czaja trat kontinuierlich dafür ein, »die deutsche Frage offenzuhalten und möglichst viel von Deutschland zu retten«. So war er Anfang der 70er Jahre ein leidenschaftlicher Kritiker der Ostverträge und lehnte die deutsch-polnischen Verträge vom 14. November 1990 (Anerkennung der Oder/Neiße-Grenze) und vom 17. Juni 1991 (Nachbarschaftsvertrag) kompromißlos ab. Es gelang ihm, diesen Kurs innerhalb des BdV mehrheitsfähig zu halten. (B)

Deckert, Günter

Weinheim
geb. 9. Januar 1940
Studienrat
stellvertretender Bundesvorsitzender der → Nationaldemokratischen Partei Deutschlands (NPD)

Aktivitäten: Günter Deckert tritt 1965 der NPD bei, 1969 kandidiert er für sie bei den Bundestagswahlen und ist Kreisvorsitzender in Mannheim. 1972 gründet er die Arbeitsgemeinschaft Nationaldemokratischer Lehrer und wird Mitglied des NPD-Landesvorstands in Baden-Württemberg und des Bundesvorstands. Von 1973 bis 1975 ist er Landesvorsitzender, 1974–1975 Bundesvorsitzender der → Jungen Nationaldemokraten. Von 1974–1981 ist er NPD-Kreisvorsitzender Rhein-Neckar, 1975–1977 stellvertretender Bundesvorsitzender. 1975 wird er erstmalig in den Gemeinderat von Weinheim gewählt. 1979 ist er Mitgründer des Komitees »Für die Wiedereinführung der Todesstrafe«. 1982 verläßt er die NPD, um seine Entlassung aus dem Schuldienst zu vermeiden. Er gründet die Deutsche Liste, für die er seit 1984 im Weinheimer Stadtparlament sitzt. 1986 gründet er die Partei Die Deutschen und wird deren Vorsitzender. 1988 wird er endgültig wegen seiner rechtsextremistischen Aktivitäten aus dem Schuldienst entlassen. 1991 tritt er wieder in die NPD ein und wird Kreisvorsitzender im Raum Heidelberg/Rhein-Neckar, im Juni wird er zum Bundesvorsitzenden gewählt. 1992 wird er wegen Volksverhetzung, Aufstachelung zum Rassenhaß, Verleumdung und Beleidigung der Opfer des Holocaust zu einem Jahr Haft auf Bewährung und 10.000 DM Geldstrafe verurteilt, das Urteil wird aufgehoben und Deckert 1995 zu zwei Jahren Haft verurteilt. Ende 1995 wird er aufgrund innerparteilicher Kritik, v. a. wegen seines Umgangs mit Parteivermögen, als Bundesvorsitzender abgesetzt. 1996 wird er erneut wegen Volksverhetzung zu sieben Monaten Haft verurteilt und trotz seiner Haftverbüßung zum stellvertretenden Bundesvorsitzenden der NPD gewählt. Deckert ist außerdem als Reiseleiter für Türmer-Kulturreisen tätig und betreibt selbst den Germania-Reisedienst.[1]

Beurteilung: Günter Deckert ist einer der einflußreichsten Funktionäre in der Geschichte der NPD. Mit seinen Veröffentlichungen und Aktivitäten hat er die politischen Schwerpunkte der NPD wie die Konzentration auf rassistische Hetze gegen Flüchtlinge und MigrantInnen seit Beginn der achtziger Jahre und das Betreiben »revisionistischer« Propaganda seit Anfang der neunziger Jahre maßgeblich mitbestimmt. Deckert hat nach seinem Amtsantritt als NPD-Parteivorsitzender die Kooperation mit anderen extrem rechten Gruppen gesucht, unter ihm hat sich die NPD als Auffangbecken für Mitglieder verbotener Organisationen profiliert. Trotz seiner Absetzung als Parteivorsitzender 1995 hält ihm ein nicht unbeträchtlicher Teil der NPD auch weiterhin die Treue. (FV/B)

1 Vgl. Antifaschistisches Aktionsbündnis Weinheim: Günter Deckert. Biedermann und geistiger Brandstifter. Weinheim 1994, S. 8.

Dehoust, Peter (Peter Degner)

Coburg
geb. 30. Mai 1936
Verleger

Leiter des Nation Europa Verlages, Mitherausgeber von —→ *Nation und Europa (NE)*, Vorstandsmitglied bei: → Deutsche Liga für Volk und Heimat (DLVH), Förderkreis Vereinigte Rechte, → Hilfskomitee Südliches Afrika (HSA), —→ Gesellschaft für freie Publizistik (GFP, stellvertretender Vorsitzender seit 1991)

Aktivitäten: 1956 ist Peter Dehoust Chefideologe und Mitbegründer des (1960/61 verbotenen) → Bundes Nationaler Studenten (BNS). 1959–1960 wirkt er als Schriftleiter bei der Zeitschrift *Student im Volk* und ab 1960 als Herausgeber (bis 1978) und Redakteur (bis 1971) des *Deutschen Studenten-Anzeigers (DSA)*. An deren Initiierung ist der Gründer, Herausgeber und Schriftleiter von *Nation Europa*, Arthur Ehrhardt, beteiligt, dessen engster Mitarbeiter Dehoust ab 1962 wird.[1] Sein Engagement in der —→ Nationaldemokratischen Partei Deutschlands (NPD) bringt Dehoust 1968 einen Sitz im Bayreuther Bezirksvorstand und 1970 die Kandidatur bei den Landtagswahlen in Bayern ein. Ende des Jahres erhält er die *NE*-Schriftleitung von Ehrhardt, den er nach dessen Tod 1971 offiziell ablöst. 1972 wird Dehoust Vorstandsmitglied des NPD-Landesverbandes Bayern und organisiert zusammen mit —→ Bernhard C. Wintzek und —→ Alfred E. Manke den »1. Nationaleuropäischen Jugendkongress« in München-Planegg, auf dem Dehoust und Wintzek in das »Generalsekretariat der intereuropäischen Nationale« gewählt werden.

Zusammen mit → Klausdieter Ludwig gründet Dehoust 1976 das eng mit dem Nation Europa Verlag verbundene HSA, 1979 wird er Vorstandsmitglied der GFP. Da er seit Mitte der 80er Jahre nachdrücklich für eine einheitliche rechte Wahlformation plädiert, engagiert er sich in der 1991 gegründeten DLVH und wird bald Vorstandsmitglied. 1992 nimmt er → Harald Neubauer und → Adolf von Thadden als Mitherausgeber von *NE* auf. 1993 werden Presseberichte über Kontakte von Dehoust zu südafrikanischen Rechts-Terroristen und Söldnern veröffentlicht. 1995 ist er Mitinitiator der »Runde Tische«-Bewegung der »demokratischen Rechten«.

Beurteilung: Dehoust wurde schon früh durch Arthur Ehrhardt beeinflußt. Dessen Linie als Förderer einer europäischen Neuordnung und Vermittler zwischen »Alter« und »Neuer« Rechter setzte Dehoust fort. Immer wieder tritt er als Vertreter einer einheitlichen rechten Wahlformation auf. Mit seinem Nation Europa-Verlag verfügt Dehoust über einen wichtigen Knotenpunkt im Netzwerk des internationalen Rechtsextremismus. (B)

1 Vgl. G. Bartsch: Revolution von rechts? Freiburg 1975, S. 97.

Eichberg, Henning (Jan Fiebig, Ottokar, Hartwig Singer, Thorsten Sievers, Jürgen Swers)

Kopenhagen
geb. 1942
Hochschul- und Volkshochschullehrer der Kultursoziologie
Autor und Publizist

Aktivitäten: 1962 wird Eichberg Mitglied des Diskussionszirkels »Donnerstagsrunde« (Legion Europa) und studiert nach seinem Abitur Soziologie und Geschichte in Hamburg. Bei deren Spaltung 1964 geht er mit der Fraktion Arbeitsgemeinschaft für Heimatschutz bis 1968 in die CDU. In den 60er Jahren arbeitet er mit dem → Nationaldemokratischen Hochschulbund zusammen. Parallel dazu intensivieren sich die Kontakte zu Arthur Ehrhardt, dem Herausgeber der Zeitschrift → *Nation Europa*, der ihn 1966 in ein militärisch aufgezogenes Zeltlager von jungen Nationalisten nach Frankreich schickt, das ihn in seiner weiteren Entwicklung prägt. 1970 promoviert er in Neuerer Geschichte. 1971 hält er eine Rede anläßlich der Totengedenkfeier für Arthur Ehrhardt und beteiligt sich an der → Aktion Widerstand, verfaßt 1972 die Grundsatzerklärung der → Aktion Neue Rechte und gründet 1974 die Nationalrevolutionäre Aufbauorganisation (NRAO) mit. Noch im gleichen Jahr führt er die eher »sozialistische«, an Ernst Niekisch orientierte Fraktion der NRAO in die Gruppe Sache des Volkes/ Nationalrevolutionäre Aufbauorganisation über. Nach seiner Habilitation 1976 und einer Vertretungsprofessur an der Universität Stuttgart bemüht er sich vergebens um eine Stelle und siedelt

1982 nach Dänemark über. Seit ihrem Erscheinen 1979 entwickelt sich das nationalrevolutionär ausgerichtete Magazin → *wir selbst* zu Eichbergs Hausblatt. Eichberg veröffentlichte u. a. in den Zeitschriften: *Junges Forum, Nation Europa* (seit 1967), *La Plata Ruf, Nouvelle École, actio,* → *Criticón, student,* aber auch in *das da – avanti, Pflasterstrand, Ästhetik und Kommunikation* und *Frankfurter Hefte*. Sein Band *Nationale Identität – Entfremdung und nationale Frage in der Industriegesellschaft* wird 1978 vom Hochschulpolitischen Ausschuß der → Deutschen Burschenschaft in Kooperation mit dem Verein zur Förderung konservativer Publizistik e.V. in der → Langen-Müller/Herbig-Verlagsgruppe herausgegeben, *Abkopplung* erscheint 1987 im Verlag Siegfried Bublies.

Beurteilung: Eichberg lieferte Ideologieangebote für den Rechtsextremismus, sich im Sinne des »Neuen Nationalismus« zu erneuern: Die »Dreifache Revolution« (d.h. national, sozialistisch und ökologisch) wurde auch von Gruppen wie der → Nationalistischen Front aufgegriffen. Eichberg verknüpfte Argumentationsfragmente der Gebrüder Strasser, der europäischen Waffen-SS und der Nationalrevolutionäre der Weimarer Republik[1] und etablierte daraus Begriffe wie »Nationaler Sozialismus«, »Dritter Weg« und »Ethnopluralismus«. Hierbei lehnt er sich an linke Termini an. Vor allem über sein Regionalismus-Konzept (»Balkanisierung«) plädiert er für einen »nationalrevolutionären Befreiungskampf« des »kolonialisierten« Deutschlands. Dies solle sich sowohl von der damals noch existierenden Sowjetunion wie von Amerika, deren Systeme er mit dem Begriff »Wodka-Cola-Imperialismus« gleichsetzt, abkoppeln.[2] (B)

1 Vgl. G. Bartsch: Revolution von rechts? Ideologie und Organisation der Neuen Rechten. Freiburg 1975, S. 21.
2 Vgl. das grundlegende Buch zu Eichberg: F. Teichmann: Henning Eichberg – nationalrevolutionäre Perspektiven in der Sportwissenschaft. Frankfurt 1991.

Eichler, Prof. Richard W.

geb. 8. August 1921

Schriftsteller

Mitglied im → Witikobund und in der → Deutschen Gildenschaft, Mitglied der Bundesversammlung der → Sudetendeutschen Landsmannschaft (1992), Mitglied der Deutschen Kunststiftung der Wirtschaft, der Deutschen Akademie für Bildung und Kultur und der Sudetendeutschen Akademie der Wissenschaft und Künste, → Mitglied der Gesellschaft für freie Publizistik (GFP), ständiger Mitarbeiter von → *Deutschland in Geschichte und Gegenwart*

Aktivitäten: Als Wehrpflichtiger ist Richard W. Eichler ab 1940 Soldat, zuletzt als Reserveoffizier der Kriegsmarine. Ab 1950 arbeitet er als Verlagslektor und Werbeleiter im J. F. Lehmanns-Verlag München. Dort veröffentlicht er seine Bücher *Der gesteuerte Kunstverfall; Künstler-Könner-Scharla-tane; Künstler und Werke; Viel Gunst für schlechte Kunst,* die Neuauflagen im → Grabert-Verlag erlebten. Seit 1960 ist er Mitglied der GFP. 1969 erhält Eichler den Schiller-Preis des → Deutschen Kulturwerkes europäischen Geistes (DKEG). 1981 ist er Autor im Standardwerk des → Thule-Seminars *Das unvergängliche Erbe.* Im Juni 1989 spricht er auf Einladung des → Nordischen Rings. Im November referiert Eichler bei der Unitarischen Akademie der → Deutschen Unitarier Religionsgemeinschaft, in deren Geistigen Rat er zeitweise Kulturreferent ist. 1991 hält er ein Referat bei der → Artgemeinschaft, 1993 auf der 17. Gästewoche der → Deutschen Kulturgemeinschaft in Naumburg mit dem Thema »Künder des Volksbewußtseins aus dem deutschen Norden«. Im Oktober 1994 spricht Eichler auf dem Jahrestreffen der Arbeitsgemeinschaft für demokratische Politik in Österreich und auf der Jubiläumsfeier zum 20jährigen Bestehen des Studentenbundes Schlesien.

Beurteilung: Richard W. Eichler gilt in rechtsextremen Kreisen als der unumstrittene Experte in Kunstfragen. In seinen Publikationen und Vorträgen verbreitet er seine Thesen vom »gesteuerten Kunstverfall« und der »entarteten Kunst«. »Aber so ausschließlich mit Destruktivem und Ordinärem gefüttert wurde noch kein Volk wie das unsere in den zurückliegenden Jahren und noch heute.«[1] (B)

1 R. W. Eichler: Die bildende Kunst von heute im Fadenkreuz der Kulturrevolutionäre. In: Pierre Krebs (Hrsg.): Das unvergängliche Erbe. Tübingen 1981, S. 386.

Eysenck, Prof. Ph. Dr. Sc. Hans-Jürgen

London
geb. 4. März 1916
Emeritierter Professor für Psychologie der Universität London.

Aktivitäten: 1934 emigriert Eysenck nach seinem Abitur in Berlin nach Frankreich und zieht dann nach Großbritannien. 1955 wird er Professor für Psychologie in London. 1966 ist er Referent bei der → Siemens-Stiftung auf einem von → Armin Mohler organisierten Symposium. 1972 ist er Mitverfasser der Resolution *Die Rolle der Vererbung im menschlichen Verhalten,* die in der *Neuen Anthropologie* veröffentlicht wird. 1974 wird er Mitglied im Ehrenberaterkreis der britischen Zeitschrift *The Mankind Quarterly,* 1974/75 Mitglied im Patronatskomitee der Zeitschrift *Nouvelle École.* 1981 schreibt er das Vorwort in *Das unvergängliche Erbe* von → Pierre Krebs. 1983 wird er emeritiert. Von 1983–1985 ist er Präsident der International Society for Study of Individual Differences. 1985 schreibt er eine Artikelserie in der → *Deutschen National-Zeitung.*[1] 1995 referiert er beim Freien Deutschen Autorenverband.

Beurteilung: Hans-Jürgen Eysenck ist heute ein weltweit führender Vertreter der rassentheoretischen Psychologie und vertritt die These, menschliches Verhalten und Intelligenz seien maßgeblich durch Vererbung und »Rasse« bestimmt. Durch zahlreiche Veröffentlichungen für das Laienpublikum gelangte er zu Ansehen, auch wenn ihm von akademischer Seite unwissenschaftliche Methoden vorgeworfen werden. Er tritt international als Referent und Förderer nationalkonservativer bis rechtsextremer Kreise auf, auch neofaschistische Gruppen berufen sich auf seine Theorien. In Deutschland werden seine Bücher u. a. vom Orion-Heimreiter-Verlag vertrieben. Er beschränkt sich nicht auf scheinbar wissenschaftlich neutrale Aussagen, sondern plädiert für eine nach elitären, rassistischen und eugenischen Prinzipien aufgebaute Gesellschaft. (B)

1 Vgl. M. Feit: Die »Neue Rechte«. Frankfurt 1987, S. 81.

Fiedler, Hans-Michael
Adelebsen
geb. 27. Oktober 1943
Journalist
Landesvorstandsmitglied der → Nationaldemokratischen Partei Deutschlands (NPD) in Niedersachsen, Schriftleiter des *Niedersachsen-Spiegels* der NPD, Studienleiter des Studentenbundes Schlesien (SBS)
Aktivitäten: Nach kurzer Mitgliedschaft in der → Deutschen Reichspartei tritt Hans-Michael Fiedler im November 1964 in die NPD ein. Er war Herausgeber und verantwortlicher Redakteur von *Missus*, der von 1963 bis 1988 erscheinenden »Blätter für Politik, Kultur und die Pflege des monarchischen Gedankengutes«. 1969 wird Fiedler Vorsitzender der Hochschulgruppe Pommern im Ostpolitischen Deutschen Studentenverband (ODS) und initiiert die Göttinger Runde. 1970 ist er Schülerreferent im Bundesvorstand des ODS und Referent des → Bundes Heimattreuer Jugend für weltanschauliche Schulung. 1972 kandidiert Hans-Michael Fiedler für die NPD zum Bundestag und gründet den Unabhängigen Schülerbund. 1974 begründet er mit anderen den SBS neu, dessen Bundesgeschäftsführer er wird. 1976 arbeitet Fiedler für → *Nation Europa*. Im selben Jahr wird er Redaktionsmitglied des *Deutschen Studenten-Anzeigers*. 1980 ist er Bundestagskandidat der NPD in Niedersachsen und Gründungsmitglied des → Thule-Seminars. Seit Februar 1989 zeichnet er für die Zeitung *Nachrichten des Studentenbund Schlesien* verantwortlich.
Beurteilung: Hans-Michael Fiedler engagiert sich vorwiegend in der »nationalen Bildungsarbeit« in der NPD und deren Umfeld. Schon 1983 beginnt er mit der Ausspähung von linken Initiativen und gehört Anfang der 90er Jahre zu den Protagonisten der Anti-Antifa-Kampagne. Seit 1989 schwenkt Fiedler immer stärker auf Positionen der → Jungen Nationaldemokraten und des

»Reichsgedankens« um: »(…) das REICH kann aufgrund seiner Vereinbarung von Kontinuität und Innovation, von Mythos und Vision, auch Garant des physischen wie psychischen Überlebens der europäischen Nachbarvölker werden sowie raumfremde Mächte wie artfremde Ideologien verwerfen. Das REICH (Hervorh. i.O.) ist gefragt – nicht eine pluralistische Gesellschaft schachernder überstaatlicher Bonzen, Krämer und Hyänen.«[1] (B)

1 H-M. Fiedler: Staat ohne Volk? Volk ohne Staat? In: Nachrichten des Studentenbundes Schlesien, Nr. 1/1991, S. 3.

Filbinger, Prof. Dr. Dr. h.c. Hans

geb. 15. September 1913

Kuratoriumspräsident des → Studienzentrums Weikersheim e.V. (SZW), Ex-Vizepräsident und baden-württembergischer Landesvorsitzender der → Paneuropa Union Deutschland, Mitglied im wissenschaftlichen Beirat des Institutes für Demokratieforschung, im → Ritterorden vom Heiligen Grabe zu Jerusalem

Aktivitäten: 1935 formuliert Hans Filbinger als Jurastudent: »Erst der Nationalsozialismus schuf die geistigen Voraussetzungen für einen wirksamen Neubau des deutschen Rechts.« 1945 unterzeichnet er noch kurz vor Kriegsende als NS-Marinerichter Todesurteile gegen Deserteure. 1966 wird Filbinger baden-württembergischer Ministerpräsident (CDU), von 1973–1975 ist er stellvertretender CDU-Bundesvorsitzender. Als 1978 seine Urteile als NS-Richter bekannt werden, tritt er aufgrund starker Proteste am 7. August als Ministerpräsident zurück. Durch ihn wird der Ausspruch »Was damals Rechtens war, kann heute nicht unrecht sein« bekannt. Im September 1979 gründet er u.a. mit Josef Berglar (→ Opus Dei) das Studienzentrum Weikersheim. 1990 ist er in den Parteispendenprozeß gegen Hans Merkle (Fa. Bosch) verwickelt. Am 2. Oktober 1993 unterzeichnet er einen Solidaritätsaufruf für den → Verein zur Förderung der Psychologischen Menschenkenntnis.

Beurteilung: Durch seine langjährige Tätigkeit als Spitzenfunktionär der CDU und Gründer des SZW hat Filbinger eine Brückenfunktion zwischen extrem rechten Kräften und dem rechtem Rand der Unionsparteien. (B)

Fleissner, Dr. jur. Herbert

München

geb. 2. Juni 1928

Verleger

Besitzer eines Verlagsimperiums mit insgesamt 28 Einzelverlagen, Mitglied im Eger Landtag e.V., → Witikobund (WB), Burschenschaft Suevia Innsbruck

Aktivitäten: 1952 gründet Herbert Fleissner den Bogen-Verlag, eine Versandbuchhandlung in Stuttgart, und wird Mitglied des WB. Als Hauptgesellschafter tritt er 1958 in den Klinger-Verlag ein. Wichtigste Stationen im Aufstieg zum Großverleger sind der Kauf des Almathea-Verlages (1962), des Langen-Müller-Verlages (1967) und des Universitas-Verlages (1972). 1984 kauft Fleissner den Molden S.-Seewald-Verlag und wird, in den Bundesvorstand der → Sudetendeutschen Landsmannschaft (SL) gewählt. 1985 gelingt ihm der Zusammenschluß der Verlage Ullstein/Propyläen und Langen-Müller. Fleissner wird Geschäftsführer des neuen Großverlages, er und der Springer-Konzern halten je 50 Prozent der Anteile. 1989 werden auf Weisung seines Hauses hin über den Europa-Buchversand große Anzeigen in der → *Jungen Freiheit (JF)* geschaltet. Er erhält das Österreichische Ehrenkreuz für Wissenschaft und Kunst sowie den »E.-Kishon-Preis für den besten Verleger von allen«, 1990 die Plakette »für Verdienste um den deutschen Osten und das Selbstbestimmungsrecht« vom → Bund der Vertriebenen und 1994 den Großen Sudetendeutschen Kulturpreis. 1992 macht Fleissner → Rainer Zitelmann zum Cheflektor beim Ullstein-Verlag, und 1993 referiert er vor dem Berliner → Dienstagsgespräch. 1994 richtet er Grußworte an die *JF* zum Erscheinen als Wochenzeitung und an → Dietmar Muniers → Schulverein zur Förderung der Rußlanddeutschen in Ostpreußen e.V. Der *JF* stellt sich Fleissner auch als Interviewpartner zur Verfügung und unterstützt eine Anzeige in der *taz*, in der er sich für »Meinungsfreiheit« und gegen den Brandanschlag auf die Hausdruckerei der *JF* ausspricht. Zum 1. Januar 1996 werden die Verlage Ullstein und Langen-Müller wieder getrennt.

Beurteilung: Fleissners verlegerisches Wirken im revanchistischen Spektrum kann als Mischung von Gewinninteresse und politischem Engagement gewertet werden. In seinem Verlagsprogrammen finden sich rechte Autoren wie → David Irving, Hans-Ulrich Rudel, Wilfried von Oven, Leon Degrelle, aber auch Autoren wie Willi Brandt oder Simon Wiesenthal, die eine Ausgewogenheit vortäuschen sollen. Die Stellung und Gewinne seiner Verlage ermöglichen es ihm, als Gönner rechter Projekte aufzutreten. (B)

Frank, Sven Thomas (Alexander Epstein)
Berlin
geb. 1942
Stellvertretender Berliner Landesvorsitzender der → Republikaner, Mitglied der → Unabhängigen Ökologen Deutschlands

Aktivitäten: Sven Thomas Frank ist in Plauen geboren und siedelt in den 50er Jahren in die BRD über. Er studiert Politikwissenschaft, Geschichte, Jura und Psychologie in Erlangen. 1964 zieht er nach Berlin und gründet im Oktober, u.a. mit Fred Mohlau, die Initiative der Jugend (IDJ). Für sie hält er 1966 das Koreferat auf einer Jugendtagung des Kuratoriums Unteilbares Deutschland.

Der 1968 um Uwe-Michael Troppenz (Pseudonym Michael Meinrad) gegründeten Außerparlamentarischen Mitarbeit (APM) schließen sich Teile der IDJ 1969 an und wählen Frank zum stellvertretenden Vorsitzenden. Vorübergehend bildet 1970 die APM gemeinsam mit dem Ostpolitischen Deutschen Studentenverband und dem → Bund Heimattreuer Jugend die Aktionsgemeinschaft der Nationalrevolutionären Jugend Berlins. Bereits 1970 veröffentlicht die APM eine »Nationalrevolutionäre Plattform« und wirkt mit ihren Zeitschriften *Ideologie und Strategie* sowie *Rebell* auf die sich herausbildende »Neue Rechte« ein. 1971 wird Frank Vorsitzender der APM. An der 1971 vom → Zollernkreis ausgerichteten »Reichsgründungsfeier« beteiligt er sich mit mehreren Vertretern der APM. 1972 ist er Mitarbeiter von Hans-Joachim Schoeps. Gemeinsam mit → Henning Eichberg entwickelt er 1974 den Zusammenhang → Sache des Volkes/Nationalrevolutionäre Aufbauorganisation (SDV/NRAO) aus der sich spaltenden → Aktion Neue Rechte und arbeitet in deren Zeitschrift *Neue Zeit* mit. 1977 vertritt er die Bürgerinitiative Demokratie und Identität als verantwortlich Zeichnender. 1982 ist er Gründungsmitglied der Ökologisch Demokratischen Partei. 1984 schaltet er zu Hochzeiten der Friedensbewegung am 3. Februar die Anzeige *Den Frieden retten – Deutschland vereinen!* in der *Frankfurter Rundschau*. Von den Ausgaben 10/1990 bis 5/1992 wird er im Impressum der → *Jungen Freiheit* als Redakteur für den Bereich Politik aufgeführt. 1990 ist er Bundestagskandidat der Republikaner in Berlin und wird 1992 deren Landesgeschäftsführer.

Beurteilung: Frank gilt als einer der Theoretiker des sich in den 70er Jahren neu formierenden Rechtsextremismus, der seine Erneuerungsarbeit auch immer mit organisatorischen Konzepten verband. Als Reisekader verbreitete er bereits zu Beginn der 70er Jahre das Gedankengut von Ernst Jünger und Ernst Niekisch. Er zählt zur preußisch-nationalen Fraktion der Nationalrevolutionäre, die einen »Dritten Weg zwischen Kapitalismus und Kommunismus« propagiert. (B)

Frey, Dr. rer. pol. Gerhard
München
geb. 18. Februar 1933
Verleger
Vorsitzender der → Deutschen Volksunion (DVU), Herausgeber der → *Deutschen National-Zeitung (DNZ)* und der → *Deutschen Wochen-Zeitung (DWZ)*, Geschäftsführer des Druckschriften- und Zeitungsverlages (DSZ-Verlag) und des Freiheitlichen Zeitungsverlages (FZ-Verlag)

Aktivitäten: Gerhard Frey wird in in den fünfziger Jahren Mitarbeiter der *Deutschen Soldaten-Zeitung (DSZ)*. 1958 gründet er den DSZ-Verlag und erwirbt eine 50-prozentige Beteiligung an der *DSZ*, der späteren *DNZ*. Er wird ihr Herausgeber und Chefredakteur und kauft 1960 die restlichen Anteile. 1971 gründet er die DVU e.v. als Sammlungsbewegung, wird deren Vorsitzender und gibt das Verbandsorgan *Deutscher Anzeiger* heraus. 1972 ist er Mitbegründer des Freiheitlichen Rates. 1974 lehnt das Bundesverfassungsgericht einen 1969 gestellten Antrag der Bundesregierung, Frey die Grundrechte zu entziehen, ab. Frey wird Mitglied im Bundesvorstand der Aktion Oder-Neiße e.v. 1975 wird er Mitglied der → Nationaldemokratischen Partei Deutschlands (NPD) und kandidiert für das Amt des stellvertretenden Bundesvorsitzenden, wird jedoch lediglich Beisitzer des Bundesvorstands. 1976 übernimmt er für den Chef der → Wehrsportgruppe Hoffmann, → Karl-Heinz Hoffmann, eine Geldstrafe von 8.000 DM.[1] 1985 übernimmt er von → Waldemar Schütz die *DWZ* und wird deren Herausgeber. 1987 wird Frey Vorsitzender der Partei DVU. 1994 findet im August ein Treffen zwischen Frey und → Franz Schönhuber statt, in einer gemeinsamen Erklärung wird die Bereitschaft zur Zusammenarbeit signalisiert. Frey unterhielt Verbindungen zum ehemaligen Chef des Bundesnachrichtendienstes Reinhard Gehlen, zum ehemaligen bayerischen Innenminister Alfred Seidl und zum Rechtsprofessor und Grundgesetz-Kommentator Theodor Maunz, der auch Beiträge für die *DNZ* schrieb.

Beurteilung: Gerhard Frey ist Vorsitzender der mitgliederstärksten rechtsextremen Partei in der Bundesrepublik und verfügt mit dem von ihm kontrollierten Vermögen (Schätzungen gehen bis zu mehreren hundert Millionen DM) und den in seinem Verlag erscheinenden Büchern und Zeitschriften über beträchtliche Einflußmöglichkeiten in der extremen Rechten. In seinen Medienkonzern sind auch seine Frau Regina und ihre Kinder Michaela und Gerhard jun. eingebunden. Obwohl er innerhalb des rechten Spektrums wegen der Verbindung seiner politischen und finanziellen Interessen und seines autoritären Führungsstils nicht unumstritten ist, ist er dennoch in der Lage, bestimmte Strömungen des deutschen Rechtsextremismus ideologisch zu orientieren und bei Wahlkandidaturen zur Stimmabgabe für die DVU zu bewegen. (FV/B)

1 Vgl. A. Linke: Multimillionär Frey und seine DVU. Essen 1994, S. 187.

Glasauer, Franz

Landshut
geb. 1947
Geschäftsführer der Patria-Versand GmbH und des RVG-Verlages. Bis mindestens 1994 Bundesvorstandsmitglied der → Deutschen Liga für Volk und Heimat (DLVH)

Aktivitäten: Der ehemalige Funktionär der → Nationaldemokratischen Partei

Deutschlands Franz Glasauer wird nach seinem Wechsel zu den → Republikanern Schriftführer des Bundesvorstandes. Gemeinsam mit → Harald Neubauer leitet er die RVG Verlags- und Vertriebs GmbH in Landshut. 1989 ist er Mitbegründer der Patria Versand GmbH und legt dann aufgrund einer Anzeige wegen Volksverhetzung sämtliche Parteiämter nieder. 1990 unterliegen Neubauer und Glasauer im parteiinternen Führungskampf gegen → Franz Schönhuber. Am 3. Oktober 1991 beteiligt er sich an der Gründung der DLVH und wird Generalsekretär. Ab 1. Januar 1993 ist Glasauer alleiniger Geschäftsführer des RVG-Verlages.

Beurteilung: Wegen seiner offensichtlichen Kontakte ins militante neofaschistische Lager (u. a. zu den Kreisen um die Zeitschrift *Revolte* des ehemaligen Mitgliedes der → Nationalistischen Front, Harald Theodor Mehr, oder zum Büro der → Althans Vertriebswege- und Öffentlichkeitsarbeit) erfuhr Glasauer parteiinterne Kritik und Distanzierungen. (B)

Goerth, Christa

Bielefeld

geb. 5. Februar 1936

Aktivitäten: Am 25. April 1984 löst Christa Goerth, zuvor Mitglied der 1983 verbotenen → Aktionsfront Nationaler Sozialisten/Nationale Aktivisten (ANS/NA) und Anhängerin → Michael Kühnens, den Gründer der → Hilfsorganisation für nationale politische Gefangene und deren Angehörige (HNG), Wilhelm Beier (alias Fritz Henry Bayer), als Vorsitzende ab. Im März 1991 stellt Goerth ihr Amt wieder zur Verfügung. Anlaß des Rücktritts waren Zerwürfnisse zwischen Anhängern und Gegnern Michael Kühnens. Ihre Nachfolgerin wurde → Ursula Müller aus Mainz-Gonsenheim. Auf der im Januar 1992 veröffentlichten Mitgliederliste der → Deutschen Alternative (Stand März/April 1991) erscheint Goerth mit der Listennummer 16 als Ehrenmitglied und Mitglied des Kreisverbandes Ostwestfalen-Lippe.

Beurteilung: Die Übernahme des HNG-Vorsitzes durch Christa Goerth war Bestandteil der Strategie von Michael Kühnen, nach dem Verbot der ANS/NA durch Infiltrierung von Parteien, Organisationen etc. einen vorherrschenden Machteinfluß im neofaschistischen Netzwerk zu erreichen. (B)

Gottberg, Wilhelm von

Schnega

geb. 1940

Bundesvorsitzender der → Landsmannschaft Ostpreußen (LO)

Aktivitäten: Gottberg ist seit 1978 in der Vertriebenenarbeit tätig, so als stellvertretender Landesvorsitzender des → Bundes der Vertriebenen (BdV) und als stellvertretender Landesvorsitzender der Landsmannschaft Ostpreußen in

Niedersachsen. 1990 ist er stellvertretender Bundesvorsitzender der LO, Bürgermeister in Schnega und Mitglied im Kreistag von Lüchow-Dannenberg sowie Rechtsritter des Johanniterordens. Ab Oktober 1992 ist er Bundesvorsitzender der LO. Auf dem Deutschland-Treffen der LO 1994 tritt Gottberg als Redner zusammen mit dem damaligen MdEP Hans-Günther Schodruch (ehemaliges Mitglied der → Republikaner und Angehöriger der Technischen Fraktion), dem Stellvertreter von Le Pen im Europaparlament, auf dem Deutschland-Treffen der LO in Düsseldorf auf. 1995 ist er als Autor der → *Jungen Freiheit* aktiv und schreibt im März 1995 einen Brief an Außenminister Kinkel, in dem er sich darüber beschwert, daß das Auswärtige Amt in einer Meldung vor rechtsextremen deutschen Aktivitäten im nördlichen Ostpreußen warne. Gottberg nimmt explizit → Dietmar Munier in Schutz[1] und ist Mitunterzeichner des sich gegen den Antifaschismus wendenden Aufrufs *8. Mai 1945 – Gegen das Vergessen.* Am 22. Oktober 1995 äußert er als Redner auf dem Bundeskongreß der → Jungen Landsmannschaft Ostpreußen: »Ostpreußen eine deutsche Identität zu erhalten, das ist eine patriotische Aufgabe, die über den landsmannschaftlichen Bezug hinausgeht«[2].

Beurteilung: Gottberg ist einer der Vertriebenenfunktionäre, die sich in den letzten Jahren nach rechts radikalisiert haben. In seiner Amtszeit als Bundessprecher der LO hat sich deren Zeitung, das → *Ostpreußenblatt,* weit nach rechts entwickelt, die Spalten weiter für rechtsextremistische Autoren und Verlage geöffnet. Die Junge Landsmannschaft Ostpreußen und deren Zeitung *Fritz* nehmen dermaßen antisemitische, rassistische und nationalistische Positionen ein, daß die Bundesregierung nicht umhin konnte, »tatsächliche Anhaltspunkte« für eine rechtsextreme Ausrichtung zu entdecken. Nicht umsonst kann die rechtsextreme Zeitung → *Nation und Europa* schreiben: Unter dem neuen Vorsitzenden »scheint sich die früher unionsfixierte Landsmannschaft Ostpreußen aus der parteipolitischen Umklammerung zu befreien und neue Verbündete zu suchen«[3]. (HS/UJ)

1 Vgl. Ostpreußenblatt, Nr. 13/1995.
2 Deutscher Ostdienst, Nr. 44/1995.
3 Nation und Europa, Nr. 7–8/1994.

Grabert, Wigbert
Tübingen
geb. 18. Februar 1941
Verleger
Eigentümer des → Grabert-Verlages und des → Hohenrain-Verlages, Herausgeber von → *Deutschland in Geschichte und Gegenwart (DGG)*
Aktivitäten: Wigbert Grabert übernimmt nach dem Tod seines Vaters Dr. habil. Herbert Grabert 1978 den von diesem gegründeten Verlag, den er schon

seit 1972 leitet, und wird Herausgeber von *DGG*. In der ersten Hälfte der achtziger Jahre erweitert er das Verlagsprogramm um Veröffentlichungen der französischen Nouvelle Droite, z.B. mit Übersetzungen wichtiger Bücher von Alain de Benoist. 1980 gehören er und seine Frau Marielouise zu den Mitbegründern des → Thule-Seminars und dessen ersten Vorstandsmitgliedern. 1983 verläßt er offiziell das Thule-Seminar, wobei er die ihr nahestehende Stiftung Kulturkreis 2000 weiterführt, für deren Veröffentlichungen 1984 der Hohenrain-Verlag gegründet wird. 1989 wird Grabert wegen der von ihm verlegten Schrift von Wolfgang Seeger, *Wie die beiden Weltkriege »gemacht« wurden*, zu einer Geldstrafe verurteilt. Seit 1990 gibt Grabert mehrmals jährlich den Verlagsneuheiten präsentierenden *Euro-Kurier* heraus, in dem er auch zu aktuellen politischen Fragen Stellung nimmt. 1995 kommt es wegen des von Grabert verlegten, den Holocaust leugnenden Buches *Grundlagen zur Zeitgeschichte*, herausgegeben von Ernst Gauss (→ Germar Scheerer), zu mehreren Hausdurchsuchungen.

Beurteilung: Wigbert Grabert ermöglicht durch seine Verlage Autoren der gesamten extremen Rechten umfangreiche Publikationsmöglichkeiten. In der Zeitschrift *Deutschland in Geschichte und Gegenwart* schrieben in den letzten zwei Jahrzehnten nahezu alle namhaften Repräsentanten des internationalen Netzwerkes der Auschwitz-Leugner. (FV/B)

Grimm, Dr. Holle
Lippoldsberg
geb. 21. November 1918
Verlagsbuchhändlerin

Aktivitäten: Nach dem Tode ihres Vaters Hans Grimm 1979, dem Autor völkischer Literatur wie *Volk ohne Raum*, übernimmt Holle Grimm die Leitung des Klosterhaus-Verlages, einer angegliederten Versandbuchhandlung und des Europäischen Jugendheims Klosterhaus. Im Programm des Klosterhaus-Verlages finden sich neben den Werken von Hans Grimm Bücher von Oswald Mosley und Will Vesper. 1962/63 führt die Versandhandlung rund 400 Titel. Grimm führt die 1950 wiederbegründeten Lippoldsberger Dichtertage fort, auf denen sich völkische Dichter ein Stelldichein geben. An den Dichtertagen beteiligen sich in der Folgezeit die → Gesellschaft für freie Publizistik (GFP) und der → Bund Heimattreuer Jugend (BHJ). 1962 werden die Dichtertage in Verbindung mit der Jahrestagung der GFP durchgeführt. 1960 ist sie Gründungsmitglied der GFP. 1965 kandidiert Holle Grimm für die → Nationaldemokratische Partei Deutschlands (NPD) in Hessen. Das → Deutsche Kulturwerk europäischen Geistes (DKEG) verleiht Grimm 1970 ein Ehrenzeichen für besondere Leistungen zur Erhaltung der deutschen Kultur. Im Mai 1973 wird Holle Grimm zur stellvertretenden Vorsitzenden der GfP gewählt. 1978 unterzeichnet sie die Entschließung des Freiheitlichen Rates zur Generalamnestie für NS-Kriegsverbrecher. 1983/84 ist sie Vorsitzende der GFP. Auf dem Haupkongreß der GFP im Mai 1994 wird Holle Grimm für ihr Lebenswerk mit der Ulrich-von-Hutten-Medaille ausgezeichnet. → Rolf Kosiek und Otto Scrinzi würdigen ihr Schaffen.

Beurteilung: Holle Grimm bekleidet in den siebziger und achtziger Jahren maßgebliche Positionen in der GFP. Sie repräsentiert in diesem Personenkreis rechtsextremer Publizisten die Kontinuität völkischer und deutschtümelnder Literatur. Die in den sechziger Jahren mit teilweise über eintausend Gästen stattfindenden Dichtertage im Klosterhof in Lippoldsberg waren ein zentrales sinnstiftendes Element für die Vertreter der Tätergeneration und ihrer jungen Nachkommen. (B)

Gruhl, Herbert
geb. 22. Oktober 1921 († 26. Juni 1993)
Umweltpolitiker und Publizist
Aktivitäten: Nach Teilnahme am Zweiten Weltkrieg und Gefangenschaft studiert Herbert Gruhl Germanistik, Geschichte und Philosophie. 1954 tritt er in die CDU ein. Dort bekleidet er in den 60er und 70er Jahren verschiedene kommunale Posten. 1969 wird Gruhl Bundestagsabgeordneter und umweltpolitischer Experte der CDU-Fraktion. Er veröffentlicht 1975 *Ein Planet wird geplündert*, ein Standardwerk der konservativ-ökologischen Bewegung, und wird Vorsitzender des Bundes für Natur- und Umweltschutz Deutschland (BNUD), dem späteren BUND. Den Vorsitz verliert er im Mai 1977. Verbandsmitglieder werfen ihm vor, den BUND in eine Partei umwandeln zu wollen. Gruhl verläßt den Verband und 1978 auch die CDU. Er verbleibt parteilos im Bundestag und gründet am 13. Juli die Grüne Aktion Zukunft (GAZ), die sich an der Gründung der Grünen beteiligt. 1980 ist Herbert Gruhl Gründungsmitglied und zusammen mit → August Haußleiter und Helmut Neddermayer kurzzeitig kommisarischer Bundesvorsitzender der Grünen, tritt aber im Januar 1981 aus Kritik am linken Kurs der Partei wieder aus. 1982 wird er erster Bundesvorsitzender der → Ökologisch-Demokratischen Partei (ÖDP). 1989 verliert er den Vorsitz und versammelt seine Anhänger innerhalb der ÖDP im Arbeitskreis Ökologische Politik. 1990 verläßt er die Partei. Im April 1991 vereinigt sich in Lahnstein sein Arbeitskreis mit der Arbeitsgemeinschaft Unabhängiger Ökologen zu den → Unabhängigen Ökologen Deutschland. Am 7. Oktober erhält er aus der Hand der niedersächsischen Umweltministerin Monika Griefahn (Bündnis 90/Die Grünen) das Bundesverdienstkreuz am Bande.

Beurteilung: Herbert Gruhl ist das unangefochtene Aushängeschild einer konservativ geprägten Ökologie. Er scheiterte allerdings mit seinen Versuchen, eine Vereinigung dieser Strömung herbeizuführen. Seine programmatischen Positionen waren durchsetzt von autoritären und anti-demokratischen Elementen. In Erwartung einer unausweichlichlichen Umweltkatastrophe warb er für die Notwendigkeiten diktatorischer Maßnahmen. Seine Ideen werden überwiegend von den Unabhängigen Ökologen Deutschlands weiterentwickelt. (B)

Grund, Johanna Christine

geb. 1934
Journalistin
Autorin und Referentin
Aktivitäten: Johanna Grund wird 1989 als stellvertretende Parteivorsitzende der → Republikaner ins Europaparlament gewählt. Dort gehört sie 1990 der Fraktion an, die → Franz Schönhuber als Sprecher und Vizepräsident der Technischen Fraktion der europäischen Rechten absetzen. In der Folgezeit arbeitet sie als unabhängige Abgeordnete im Europaparlament und schließt sich dann der Partei → Aufbruch '94 an. 1992 beteiligt sich Grund an dem Anti-Schönhuber-Buch *Wer ist dieser Mann?* von → Karl Richter (Hrsg.) 1994 endet ihre Tätigkeit im Europaparlament. Im Oktober 1995 referiert sie auf der Herbsttagung der Arbeitsgemeinschaft für demokratische Politik.[1] 1996 erscheint ihr Buch *Ich war Europa-Abgeordnete*. Als Autorin publiziert sie u. a. in → *Junge Freiheit*, → *Nation und Europa*, *Der Schlesier*, → *Staatsbriefe*, *Deutsche Rundschau*, → *Die Bauernschaft*, *Eckartbote*.
Beurteilung: Johanna Grund gilt als vehemente Kritikerin der Verträge von Maastricht und als Verfechterin des Anschlusses des italienischen Südtirols an Österreich. Anfang 1996 wendet sie sich scharf gegen die Einführung des ECU:»Mit dem Opfer der D-Mark soll (...) die wirtschaftliche Vorherrschaft Deutschlands beseitigt werden.«[2] (B)

1 Vgl. Eckartbote, 11/1995.
2 Ebenda, 2/1996.

Habsburg, Otto von

Erzherzog von Österreich
geb. 20. November 1912
MdEP, Publizist
Internationaler Präsident der → Paneuropa Union (PEU), Mitglied des Europaparlamentes (CSU), Außenpolitischer Berater der → Hanns-Seidel-Stiftung. Kuratoriumsmitglied in: Arbeitskreis Christlicher Publizisten, Deutsch-Südafrikanische Gesellschaft, → Ludwig-Frank-Stiftung, → Brüsewitz-Zentrum, Internationales Institut für Nationalitätenrecht und Regionalismus u. a.

Aktivitäten: Otto von Habsburg ist 1953–1960 Mitglied beim internationalen Rat des Europäischen Dokumentations- und Informationszentrums (CEDI). 1955 gründet er mit anderen die → Abendländische Akademie. 1958 wird Habsburg in den Zentralrat den PEU gewählt, um bald darauf die Position eines Vizepräsidenten einzunehmen. Inzwischen auch in der → Internationalen Gesellschaft für Menschenrechte tätig, wird Habsburg 1973 Internationaler Präsident der PEU. In der Folgezeit schlägt die PEU einen verstärkt antikommunistischen Kurs ein. Entsprechend einer Vier-Punkte-Erklärung von 1976 mit der Perspektive eines Groß-Europas, entwickeln Habsburg und die PEU verstärkt ab 1988 Aktivitäten in Osteuropa. Kontakte, die Habsburg zu ungarischen Regierungsvertretern aufgebaut hat, nutzt er 1989 zur Einflußnahme auf die Massenflucht von DDR-Bürgern über Ungarn. Zusammen mit dem ungarischen Staatsminister Imre Pozsgay übernimmt er dafür die Schirmherrschaft. Weiter setzt sich Habsburg für die separatistischen Bewegungen in Jugoslawien und im Baltikum ein, wobei er 1991 im EU-Parlament den Antrag einbringt, der zur Anerkennung des Selbstbestimmungsrechts Kroatiens und Sloweniens führt. Für Kontakte zum rechtsextremen Lager stehen Habsburgs Aktivitäten in der Hilfsgemeinschaft Freiheit für Rudolf Heß und 1994 seine Gespräche mit Jörg Haider über eine mögliche Fraktionszugehörigkeit von FPÖ-Abgeordneten im EU-Parlament.
Beurteilung: Otto von Habsburg ist ein Multifunktionär der europäischen Rechten. Für ihn ist »die Grenze, die (...) in Jalta durch Nichteuropäer durch unseren Kontinent gezogen wurde, keine gültige Grenze.«[1] Neben den Aktivitäten, die Habsburg und die PEU in Osteuropa erfolgreich entfalteten und weiter betreiben, prädestiniert seine Argumentation zur Europa- und Volksgruppenpolitik Habsburg und die PEU für eine gewichtige Rolle in einer sich neu konstituierenden Supermacht Europa. (B)

1 Zitiert nach G. Herde; A. Stolze: Die Sudetendeutsche Landsmannschaft. Köln 1987, S. 210.

Hatzenbichler, Jürgen
A-Klagenfurt
geb. 1968
Redakteur der Österreich-Ausgabe der → *Jungen Freiheit*; Kontaktperson für Synergies Européennes in Österreich
Aktivitäten: Jürgen Hatzenbichler studiert Philosophie und Geschichte nach seinem 1987 in Klagenfurt abgelegten Abitur. Bereits zu Beginn der 80er Jahre ist er im Umfeld von Gerd Honsik sowie der Aktionsfront Nationaler Sozialisten in Österreich tätig und verbreitet die Zeitschriften *Sieg* und *Halt*. 1985–1986 wird er stellvertretender Führer der neofaschistischen Nationalen Front in Kärnten. Gerichtlich wird er wegen Verbreitung nationalsozialisti-

schen Gedankenguts verurteilt und nimmt an Wehrsportübungen teil. Noch im Dezember 1988 fährt er zu einem Treffen der bundesrepublikanischen → Wiking Jugend nach Fulda. Hatzenbichler wird Mitarbeiter der FPÖ-Zeitung *Kärntner Nachrichten* und seit 1991 der FPÖ-nahen *Aula*. Für den Jugendableger *Identität* wird er Chefredakteur und zieht zu Themenheften wie »rechte Kultur« Autoren der *Jungen Freiheit* hinzu. Seit der April-Ausgabe 1992 wird er als Redakteur im Impressum der *Jungen Freiheit* geführt und leitet aktuell unter dem Chefredakteur Andreas Mölzer das Ressort Politik der Österreich-Ausgabe. Er ist bzw. war Autor der Zeitschriften → *wir selbst*, → *Nation und Europa*, *Zeitenwende*. Er veröffentlichte bislang u. a. das Buch *Europa der Regionen* (1993, hrsg. zusammen mit Andreas Mölzer, Leopold Stocker Verlag), und seit 1995 wird der Band *Querdenker* im → Arun-Verlag angekündigt.

Beurteilung: Hatzenbichler verlagerte sein Wirkungsfeld von einfachen aktionistischen Parolen wie »Laßt Heß frei – sperrt Reagan ein« zum publizistischen Kampf gegen den Liberalismus an Seiten Andreas Mölzers. Sein Hauptaugenmerk gilt der Wiederbelebung der nationalrevolutionären und nationalbolschewistischen Ansätze der »Konservativen Revolution« der Weimarer Zeit. Seine internationalen Kontakte zur Synergies Européennes weisen in gleiche Richtung. (B)

Haußleiter, August

geb. 15. Februar 1905 († 18. Juni 1989)
Gründer der → Deutschen Gemeinschaft, 1969-1980 Vorsitzender der → Arbeitsgemeinschaft Unabhängiger Deutscher
Aktivitäten: August Haußleiter schließt sich bereits als Gymnasiast nationalen »Wehrverbänden« an. Das Scheitern des Hitlerputsches (9. November 1923) trifft den 18jährigen nach parteioffiziellen Darstellungen der Deutschen Gemeinschaft (DG) bis ins Herz. Im politischen Spektrum der Weimarer Zeit ist er eher der sogenannten Konservativen Revolution und dem Umfeld des »Tat«-Kreises zuzuordnen. 1946 tritt er der CSU bei und unterstützt in der vierzonalen Arbeitsgemeinschaft CDU/CSU den gesamtdeutsch orientierten Berliner Flügel gegen Adenauers Kurs. Im Januar 1949 gründet er die Deutsche Gemeinschaft, die national-neutralistisch ausgerichtet ist. 1950 zieht er für die DG in den bayerischen Landtag ein. Nach dem längerfristigen Scheitern der DG als Wahlpartei bringt Haußleiter die Partei 1962 in das Bündnis zur Gründung der → Aktionsgemeinschaft Unabhängiger Deutscher (AUD) ein. 1966 dominiert Haußleiter die AUD und bestimmt den Kurs. Nach abermalig ausbleibenden Wahlerfolgen setzt er auf den Kontakt zur Außerparlamentarischen Opposition sowie zur »Lebens«- und Umweltschutzbewegung. 1980 setzt er mit der Mehrheit der AUD die Selbstauflösung zugunsten der

sich neu bildenden Partei Die Grünen durch und stellt das von ihm gefertigte Blatt *Die Unabhängigen* als Bundesorgan zu Verfügung. Bereits 1979 sitzt er zusammen mit →˙ Herbert Gruhl (Grüne Aktion Zukunft) und Helmut Neddermeyer (Grüne Liste Umweltschutz Niedersachen) im Vorstand der Sonstigen Politischen Vereinigung. Auf dem Gründungsparteitag der Grünen wird Haußleiter zu einem der drei gleichberechtigten Bundesvorsitzenden gewählt. 1986 zieht er für die Grünen in den bayerischen Landtag ein. Nach Haußleiters Tod 1989 schreibt Richard Sperber in der Zeitschrift →˙ *wir selbst* den Nachruf.[1]

Beurteilung: Haußleiter war während seiner ganzen politischen Laufbahn Anhänger der »Konservativen Revolution«. Noch 1952 begriff er den Nationalsozialismus als einen »Volksaufstand gegen den Versailler Vertrag« und kämpfte stets für ein starkes, autoritäres, national-neutralistisches und wiedervereintes Deutschland, unabhängig von »Ost und West«. (B)

1 Weitere biographische Angaben in R. Stöss: Vom Nationalismus zum Umweltschutz. Opladen 1980.

Haverbeck, Prof. Dr. Werner Georg

Vlotho

geb. 28. Oktober 1909

Gründer und ehemaliger Studienleiter des Collegium Humanum

Aktivitäten: Während seiner Jugend ist Werner Georg Haverbeck im bündischen Teil der evangelischen Jugend aktiv. 1928 tritt er in die SA ein und wird Mitglied im persönlichen Stab von Rudolf Heß. 1933 erhält Haverbeck die Leitung des Reichsbundes für Volkstum und Heimat. 1937 erfolgt seine Promotion mit anschließender Habilitation, sein Doktorvater ist der Gründer des SS-Ahnenerbe Herman Wirth. In der Nachkriegszeit studiert er Theologie, 1950 erfolgt seine Ordination zum Pfarrer der anthroposophischen Christengemeinde Marburg. Haverbeck engagiert sich im Kuratorium der Ostermarschierer und wird gegen die Berufsverbote aktiv. 1963 gründet er das Collegium Humanum, als dessen Studienleiter er ab 1968 fungiert. Von 1973–1979 ist Haverbeck Professor für angewandte Sozialwissenschaft an der FH Bielefeld. 1974–1982 ist Haverbeck Präsident des →˙ Weltbundes zum Schutze des Lebens BRD e.V. und zeitweise Vizepräsident des Weltbundes zum Schutze des Lebens International. Zusammen mit Gustav Heinemann gründet er 1975 den Deutschen Rat für Umweltschutzfragen. 1978 beruft ihn Erhard Eppler in die Gustav Heinemann Initiative, und 1979 arbeitet er als Berater von Egon Bahr in Umweltschutzfragen. Als Mitglied im →˙ Heidelberger Kreis unterzeichnet Haverbeck 1981 das *Heidelberger Manifest*. 1982 ist er Mitglied im ökologischen Rat der →˙ Ökologisch-Demokratischen Partei und regelmäßiger

Referent der → Gesellschaft für europäische Urgemeinschaftskunde e.V. 1984 referiert er bei der → Gesellschaft für freie Publizistik. Als Autor schrieb Haverbeck Beiträge für Holger Schleips Buch *Zurück zur Naturreligion* sowie im *Handbuch zur deutschen Nation* von Bernhard Willms. Buchveröffentlichungen von Haverbeck sind: *Die andere Schöpfung* (1978), *Entschluß zur Erde* (1983), *Rudolf Steiner – Anwalt für Deutschland* (1989), *Der Weltkampf um den Menschen* (1996).

Beurteilung: Haverbeck ist seit 30 Jahren eine zentrale Person innerhalb des rechts-ökologischen Spektrums. Seine Verbundenheit zur bündischen und seine Aktivitäten in der Anti-Atomkraft- und Friedensbewegung ermöglichten ihm immer wieder den Brückenschlag nach links. Durch die Gründung des Collegium Humanums schuf Haverbeck eine der bedeutendsten Knotenpunkte für die ideologische und logistische Entwicklung im extrem rechten ökologischen, heidnischen und bündischen Lager. Auch im hohen Alter ist Haverbeck noch immer aktiv. (B)

Hepp, Prof. Robert
Osnabrück
geb. 19. Februar 1938
Leiter der Forschungsstelle für Phänomenologische Soziologie und Bevölkerungswissenschaft an der Osnabrücker Dependance in Vechta
Publizist, Referent
Aktivitäten: 1980 wird er an die Universität Osnabrück berufen. 1985 protestieren 137 Wissenschaftler der Universität Osnabrück mit einer öffentlichen Erklärung gegen Hepps »hetzerische Klischees«. Anlaß war dessen neuestes Werk, in dem von »Unterfruchtigkeit« der deutschen Ehen und der mangelnden »Fortpflanzungsleistung« der Frauen die Rede ist. Es wird eine »Überschwemmung« und »Unterwanderung« der BRD durch Ausländer prognostiziert[1]. 1986 wird einer seiner Vorträge im Rahmen des »Studium Generale« der Universität Hohenheim von Studenten verhindert. Kommentare wie der Zweite Weltkrieg nebst folgenden »Säuberungen der Sieger« habe den Deutschen gerade jene Elemente gekostet, die »Charakter besaßen«, stießen auf Kritik. Hepp wird als Mitglied des → Schutzbundes für das Deutsche Volk (SDV) angegeben.[2] 1983 ist er Mitbegründer des kurzlebigen → Deutschlandrates. 1993 distanzierte sich der Präsident der Universität von Hepp und forderte die Medien auf, ihn nicht mehr zu Talk-Shows etc. einzuladen. Er ist Autor u. a. in den Zeitschriften → *Elemente*, → *Junge Freiheit*, → *Staatsbriefe* und → *Criticón*. Er referiert u. a. vor den Organisationen → Deutsche Burschenschaft (1981), dem → Deutschen Kulturwerk europäischen Geistes (1982), der → Gesellschaft für freie Publizistik (1984) sowie dem Freiheitlichen Bildungswerk der Freiheitlichen Partei Österreichs (1993). Veröffentli-

chungen Hepps sind u. a. zusammen mit Helmut Schröcke und dem »Nazi-Erbgutachter« Heinrich Schade die Broschüre *Deutschland ohne Deutsche* im → Grabert-Verlag (1984, in Zusammenarbeit mit dem SDV) und *Die Endlösung der deutschen Frage* (1988, erschienen im Ableger des → Thule-Seminars, Stiftung Kulturkreis 2000).

Beurteilung: Hepp bietet mit seiner »Ethnomorphose«-These (»Umvolkung«) eine völkische Argumentation. Durch das geringe »Gebäraufkommen« der deutschen Frauen und durch die hohe Migrantenquote befinde sich das deutsche Volk in der »Todesspirale«. Im rechten bis rechtsextremistischen Spektrum ist er ein gefragter Referent. (B)

1 Vgl. Frankfurter Rundschau vom 5.8.1985.
2 Vgl. Frauen gegen den §218: Vorsicht Lebensschützer. Die Macht der organisierten Abtreibungs-gegner. Hamburg 1991, S. 105.

Höffkes, Karl
Oberhausen
geb. 1949
Studienrat
Leiter des Verlages Heitz & Höffkes

Aktivitäten: Bis 1983 arbeitet er lange Zeit im Umfeld des → Bundes Heimattreuer Jugend und dem diesem nahestehenden → Arndt-Verlag. Von März 1983 bis September 1984 ist er Mitglied im Vorstand der → Gesellschaft für freie Publizistik. 1985 gründet er zusammen mit → Siegfried Bublies und Mitarbeitern von → *wir selbst* den Verlag Bublies und Höffkes, doch bereits 1986 trennen sie sich wieder. Redaktionell arbeitet er von von 1983–1987 bei *wir selbst* mit. Seit 1987 leitet er zusammen mit Heinz Mahncke und → Werner Georg Haverbeck den Verlag Heitz & Höffkes. Neben dem Bildband über die »SS-Schule Haus Wewelsburg« erscheinen hier u. a. Titel von → Armin Mohler, Hajo Hermann, Rudolf Krause und dem letzten Reichsjugendführer Arthur Axmann (Tonkassette). Als Autor trat er u. a in → *Nation Europa* in Erscheinung. Er schrieb u. a. die Bücher *Albert Leo Schlageter* (1983 zusammen mit Uwe Sauermann), *Wissenschaft und Mythos – Auf der Suche nach der verlorenen Identität* (1983, erschienen beim Ableger des → Thule-Seminars, Stiftung Kulturkreis 2000) und *Hitlers politische Generale. Die Gauleiter des Dritten Reiches* (1986, → Grabert-Verlag).

Beurteilung: Bezeichnet ihn der *NHB-Report* als »Nationalrevolutionär« und »Aussteiger aus der Geschichte«, so führt ihn → *DESG-inform* unter »Linksalternative Variante des Neuen Nationalismus (...), der sich indes scharf abgrenzt vom Nationalkommunismus der Zeitschrift Aufbruch«[1]. Höffkes, im Kern seines Wirkens Nationalrevolutionär, verbindet diese Ideen mit einer

Mischung aus Mythologie und einer Verherrlichung des Nationalsozialismus. In jüngster Zeit vertreibt er über seinen Verlag vor allem Ton- und Videokassetten wie die »letzten 10 Wochenschauen des 3. Reiches«. (B)

1 Vgl. DESG-inform, Nr. 8/1985.

Hoffmann, Karl-Heinz
Ermreuth
geb. 1937
Graphiker

Aktivitäten: Der ehemalige DDR-Bürger Karl-Heinz Hoffmann kommt 1953 in die Bundesrepublik. Bei einer Hausdurchsuchung 1956 werden mehrere Schußwaffen bei ihm sichergestellt, 1963 wird er wegen Waffenschmuggels in der Türkei verhaftet. Ab 1970 baut Hoffmann das Schloß Almshof zum Hauptquartier aus und bildet eine paramilitärische Gruppe. Diese tritt ab 1974 unter dem Namen → Wehrsportgruppe Hoffmann (WSG) auf und bildet bundesweit Ableger. 1975 bietet er der rhodesischen Regierung Söldnerdienste an. 1978 errichtet Hoffmann ein neues WSG-Zentrum auf Schloß Ermreuth. Noch vor Verbot der WSG-Hoffmann am 30. Januar 1980 soll Hoffmann, u. a. mit hochrangigen Polizisten, die Befreiung von Rudolf Heß geplant haben.[1] Nach dem Verbot bildet er eine WSG-Auslandsgruppe im Libanon, deren Mitglieder ihn u. a. der Mittäterschaft an der Ermordung von Shlomo Levin und Frida Poeschke am 19. Dezember 1980 bezichtigen. Anfang 1981 wird Hoffmann verhaftet. Am 30. Juni 1986 wird Hoffmann zu einer hohen Haftstrafe u. a. wegen Freiheitsberaubung und gefährlicher Körperverletzung verurteilt. Das beantragte Verfahren wegen Mordbeteiligung wird nicht zugelassen. 1989 wird er vorzeitig auf Bewährung entlassen.

Beurteilung: Immer wieder wurde das Verbot seiner Wehrsportgruppe abgelehnt. Einer der damals Zuständigen war der bayerische Innenminister Alfred Seidl, langjähriger Berater von → Gerhard Frey, der 1976 eine Geldstrafe von 8.000 DM für Hoffmann bezahlte. Hoffmanns Rolle im internationalen neofaschistischen Netz bleibt ungeklärt. Nach Aussagen des italienischen Neofaschisten Elio Ciolini soll er am Bombenattentat in Bologna (1980) beteiligt gewesen sein. Anhaltspunkte gab es ebenfalls für seine Verwicklung in das Oktoberfest-Attentat in München (1980). (B)

1 Vgl. Die Tageszeitung vom 22.6.1985.

Hornung, Prof. Dr. phil. Klaus

Reutlingen

geb. 26. Juni 1927

Hochschullehrer

Präsidiumsmitglied des → Studienzentrums Weikersheim

Aktivitäten: Klaus Hornung studiert Germanistik, Geschichte und Politikwissenschaft an den Universitäten Tübingen und München. Von 1958–1962 wirkt er als Geschäftsführer der Arbeitsgemeinschaft Die Bürger im Staat Baden-Württemberg. Ab 1962 ist er Dozent und ab 1967 Professor der Pädagogischen Hochschule Reutlingen, ab 1974 Privatdozent für Politikwissenschaft an der Universität Freiburg und seit 1987 Privatdozent an der Universität Stuttgart-Hohenheim. 1980 begründet er die → Konservative Aktion mit und ist bis 1985 Vorstandsmitglied. Im September 1990 wird er Vorsitzender der Bürgeraktion Gesamtdeutschland e.V. Er referiert u.a. bei den Organisationen → Deutsches Seminar und → Verein zur Förderung der Psychologischen Menschenkenntnis. Er ist Kuratoriumsmitglied der → Internationalen Gesellschaft für Menschenrechte. Als Autor schreibt er u.a. für die Zeitschriften → *Mut, Report,* → *Junge Freiheit* sowie für den → Schutzbund für das deutsche Volk. Hornung veröffentlichte u.a. die Titel *Der Jungdeutsche Orden* (1958), *Totalitäre Herrschaft im 20. Jahrhundert. Politisch-Pädagogisches Handwörterbuch* (Mitherausgeber, 1980), *Mut zur Wende* (1985). Zu seinem 65. Geburtstag erscheint die Festschrift *Identität und Zukunft der Deutschen* (1992).

Beurteilung: Klaus Hornung ist ein klassischer Vertreter jener Kreise, die sich im Spannungsfeld zwischen Konservatismus und Rechtsextremismus bewegen. Schwerpunktmäßig widmete er sich in den letzten Jahren der Liberalismus- und Antifaschismus-Kritik. So führt er auf der *Junge Freiheit*-Sommeruniversität 1993 aus: »Die Kampagne über angebliche ›Ausländerfeindschaft‹, ›Fremdenfeindlichkeit‹ und ›Rassismus‹ in Deutschland ist nichts anderes als ein neues Vehikel antifaschistischer Offensive gegen die ungeliebte deutsche Einheit wie gegen die freiheitliche Demokratie insgesamt.«[1] (B)

---

1 Zitiert nach K. Hornung: Faschismus-Doktrin und antifaschistische Strategie. In: M. Hageböck (Hrsg.): JF-Sommeruniversität 1993 in Ravensburg. Potsdam 1994, S. 27 f.

Hübner, Frank Maik

Cottbus

geb. 29. März 1966

Baumaschinist, Bürokaufmann

bis zum Verbot 1992 Vorsitzender der → Deutschen Alternative (DA)

Aktivitäten: Frank Hübner wird 1984 wegen »illegaler Kontaktaufnahme« in den Westen zu 14 Monaten Haft verurteilt und kommt 1985 in die BRD, dort wird er 1986 Mitglied der → Deutschen Volksunion, 1988 Mitglied der Nationalen Sammlung. 1990 gründet er eine Ortsgruppe der DA in Cottbus und wird Mitglied der → Nationaldemokratischen Partei Deutschlands. 1991/92 ist er Vorsitzender der DA. 1993 kandidiert er für die → Deutsche Liga für Volk und Heimat bei den Brandenburger Kommunalwahlen für das Amt des Oberbürgermeisters in Cottbus (1.489 Stimmen) und ist Mitbegründer der Nationalen Initiative Freiheit für Gottfried Küssel. 1995 ist er freier Mitarbeiter von *Junges Franken* und der *Berlin-Brandenburger Zeitung*. 1996 wird er wegen Verdachts auf Verwicklung in einen Auftragsmord verhaftet.

Beurteilung: Frank Hübner ist einer der wenigen ostdeutschen Führungspersonen des neofaschistischen Spektrums. Als enger Mitarbeiter → Michael Kühnens war er maßgeblich am Aufbau der militanten Strukturen in der ehemaligen DDR beteiligt. Als Vorsitzender der DA stand er einer der größten neofaschistischen Organisationen vor. Seit deren Verbot ist er weiterhin im Sinne einer Organisierung der extrem rechten Kräfte in Ostdeutschland aktiv. (B)

Hunke, Dr. phil. Sigrid

Bonn

geb. 26. April 1913

Vorsitzende des Kuratoriums der Sigrid-Hunke-Gesellschaft

Aktivitäten: Nach einem Studium der Philosophie, Psychologie und Religionswissenschaft bei Martin Heidegger, Eduard Spranger, Karlfried Graf Dürckheim, Ludwig Ferdinand Clauß und Hermann Mandel schreibt Hunke 1940–1941 für die Zeitschrift *Germanien*. 1941 erhält sie den Dr. phil., Doktorvater ist Ludwig Ferdinand Clauß.[1] 1942 heiratet sie den Diplomaten Peter H. Schulze, mit dem sie bis 1944 in Tanger lebt. In den 50er Jahren tritt Hunke der → Deutschen Unitarier Religionsgemeinschaft (im folgenden DUR) bei. 1960 schreibt sie den Bestseller *Allahs Sonne über dem Abendland* und 1965 *Das Reich ist tot – es lebe Europa*. 1967 reist sie im Auftrag der BRD durch mehrere arabische Länder. 1969 veröffentlicht sie *Europas andere Religion*. Von 1971–1983 ist sie Vizepräsidentin der DUR. 1973 ist sie an der Gründung der Sigrid-Hunke-Gesellschaft beteiligt. 1982 veröffentlicht sie *Der dialektische Unitarismus* und 1983 eines ihrer Hauptwerke *Europas eigene Religion*. 1985 wird Hunke mit dem Schillerpreis des → Deutschen Kulturwerkes europäischen Geistes ausgezeichnet, von 1985–1988 ist sie Ehrenpräsidentin der DUR. 1986 wird sie als ständige Mitarbeiterin des → Thule-Seminars aufgeführt. 1988 erhält Hunke von Ägyptens Präsident Mubarak den höchsten Orden für Wissenschaft und Kunst und wird als einzige Frau und Europäerin in den Obersten Rat für islamische Angelegenheiten aufgenommen. 1989 veröffentlicht sie *Vom Untergang des Abendlandes zum Aufgang Europas.* 1989 verläßt sie die DUR und tritt später dem → Bund deutscher Unitarier (BDU) bei. Im Juni 1990 hält Hunke ein Referat bei den Römerberggesprächen der Stadt Frankfurt.

Beurteilung: Hunke war die Chefideologin der DUR. Sie trug wesentlich zur ideologischen Entwicklung der »Neuen Rechten« bei. So ist z. b. Alain de Benoists Buch *Heide sein* stark von ihrem Gedankengut beeinflusst. Darüberhinaus finden ihre Publikationen eine breite Leserschaft auch in bürgerlichen Kreisen. Zudem trat sie als Referentin bei rechtsextremen Organisationen wie z. B. der → Artgemeinschaft auf. (B)

1 Vgl. P. Kratz: Die Götter des New Age. Berlin 1994, S. 134.

Hupka, Dr. Herbert
Bonn
geb. 15. August 1915
1968–1996 Bundesvorsitzender der → Landsmannschaft Schlesien (LMS) und von 1968–1996 Präsidiumsmitglied des → Bundes der Vertriebenen (BdV)

Aktivitäten: Nach dem Kriegsdienst in der Wehrmacht ist Hupka bereits 1948 Mitbegründer der Landsmannschaft Schlesien. 1959 kommt er als Pressechef des Kuratoriums Unteilbares Deutschland nach Bonn. Von 1968–1996 ist er Bundesvorsitzender der LMS und Vizepräsident bzw. Präsidiumsmitglied des BdV. Parteipolitisch engagiert er sich 1969–1972 als MdB der SPD und wechselt 1972 wegen der Verabschiedung der Ostverträge durch die SPD/FDP-Bundesregierung zur CDU/CSU-Fraktion. 1973 wird er zum Landesvorsitzenden der Ost- und Mitteldeutschenvereinigung der CDU in Nordrhein-Westfalen gewählt. Ab 1973 ist er Mitglied im Rundfunkrat der Deutschen Welle und Kuratoriumsmitglied der Studiengesellschaft für staatspolitische Öffentlichkeitsarbeit e.V., die Kontakte zur → Nationaldemokratischen Partei Deutschlands unterhielt. Seine Programmatik bringt er 1981 zum Ausdruck, als er erklärt: »Wir sagen es gern und wir tun es heute auch wieder, daß wir nach Schlesien unterwegs sind und bleiben. Wir wollen jedermann kund tun, daß wir um Schlesien ringen, daß wir von Schlesien nicht lassen.«[1] 1983 wird er Präsident der Stiftung Ostdeutscher Kulturrat und 1984 Präsident des Ständigen Rates der Ostdeutschen Landsmannschaften und Landesvertretungen sowie Bundesvorsitzender der Ost- und Mitteldeutschen Vereinigung der CDU. Zu diesem Zeitpunkt erklärt er: »Das Deutsche Reich existiert fort. Zu diesem Deutschen Reich gehört nach wie vor nicht nur Nord-, West- und Süddeutschland, sondern auch Mittel- und Ostdeutschland (...) Ostdeutschland umfaßt nicht nur Ostdeutschland jenseits von Oder und Neiße, also den heute unter polnischer und sowjetischer Herrschaft stehenden Teil des Deutschen Reiches, sondern auch das Sudetenland und die deutschen Siedlungsgebiete zwischen Ostsee und Schwarzem Meer.«[2] 1990 ist er Referent bei der Landesgruppe NRW des → Witikobundes. Auf dem Deutschland-Treffen der LMS in Nürnberg 1993 wirft er der Bundesregierung vor, daß sie die Oder-Neiße-Linie als polnische Westgrenze anerkannt habe. Er nennt dies eine »Annexion« und bezeichnet die polnische Politik als »kriegerischen Akt«. Buchveröffentlichungen sind von Hupka u. a. 1994 bei Langen-Müller (*Unruhiges Gewissen. Ein deutscher Lebenslauf*) und Artikel u. a. in der → *Kulturpolitischen Korrespondenz* und der → *Jungen Freiheit* erschienen.

Beurteilung: Hupka ist über Jahre einer der einflußreichsten Vertriebenenpolitiker. Er ist Autor einer großen Anzahl von Artikeln in den Vertriebenenzeitungen und Redner auf zahlreichen Veranstaltungen, Tagungen und Konferenzen der Vertriebenenverbände. Als Mitglied der »Stahlhelm-Fraktion« innerhalb der CDU hat er neben seinen Verbindungen zum rechten Rand und zur »Neuen Rechten« immer noch die besten Kontakte zu den Schaltstellen der staatlichen Macht. Hupka hat nie einen Hehl daraus gemacht, daß er die bestehenden Grenzen in Europa nicht akzeptiert und daß er »Unruhe entfachen«[3] will für die Heimkehr der »deutschen Ost- und Siedlungsgebiete« ins Deutsche Reich. (HS/UJ)

1 Der Schlesier vom 17.7.1981.
2 Zitiert nach K. Hirsch: Rechts der Union. München 1989, S. 176.
3 Ostpreußenblatt vom 4.8.1990.

Hupka, Steffen

Quedlinburg
geb.1963
Funktionär der → Sozialrevolutionären Arbeiterfront (SrA), Beisitzer der Jungen Nationaldemokraten (JN) Herausgeber der Zeitschrift *Umbruch*

Aktivitäten: Steffen Hupka wird 1983 Mitglied und Kassenwart der → Aktionsfront Nationaler Sozialisten/Nationale Aktivisten in Hannover und steht in engem Kontakt mit den Jungen Nationaldemokraten. 1984 wird er Mitarbeiter der österreichischen Zeitschrift *Sieg* und Mitglied der → Hilfsorganisation für nationale politische Gefangene und deren Angehörige. 1985 tritt er in die → Nationalistische Front (NF) ein. 1986 wird er freier Mitarbeiter der Berliner *Freien Umschau.* Seit 1989 ist er Schriftleiter des NF-Rundbriefes *Aufbruch* und wird Miteigentümer des neuen NF-Hauptquartiers in Detmold-Pivitsheide. 1991 ist er zunächst Bereichsleiter Nord der NF, wird dann kommissarischer Bereichsleiter Ost. 1992 ist er verantwortlich für die Ostland-Initiative der NF. Bei der Spaltung der NF schließt sich Hupka dem Flügel um → Andreas Pohl an, wird von → Meinolf Schönborn aus der NF ausgeschlossen und als Beisitzer in den NF-Vorstand des Pohl-Flügels gewählt. 1993 zieht er nach Quedlinburg und baut dort mit dem Unabhängigen Arbeitskreis und der Harzfront die SrA-Strukturen auf. Seit April 1994 gibt er den *Umbruch* heraus. 1995 wird er Korrespondent in Sachsen-Anhalt für *Junges Franken* und die *Berlin-Brandenburger Zeitung* und ist Redaktionsmitglied von *Einheit und Kampf*. Im Mai 1996 wird er Beisitzer im JN-Bundesvorstand.

Beurteilung: Der ehemalige NF-Führungskader Steffen Hupka koordiniert heute die neofaschistischen Strukturen im Ostharz, die er seit 1993 aufgebaut hat und die als ein Musterbeispiel für die Organisierung der NF-Nachfolge und deren Zusammenarbeit mit anderen Gruppen gelten. Durch das Schulungsorgan *Umbruch* verbreitet er bundesweit ideologische und strukturelle Hinweise für eine sich nach den Organisationsverboten neu formierende neofaschistische Szene. (B)

Irving, David
London
geb. 1938
Publizist

Aktivitäten: David Irving veröffentlicht 1963 sein erstes Buch über die Bombardierung Dresdens im Zweiten Weltkrieg. In den siebziger Jahren hat er bereits eine Vielzahl von Kontakten im In- und Ausland, wie zur National Front und der → Gesellschaft für freie Pulizistik. Er tritt mehrfach als Redner bei der → Deutschen Volksunion (DVU) und bei von → Bela Ewald Althans organisierten Veranstaltungen auf und ist Referent auf den Tagungen des Institute for Historical Review. In seinem Ende der siebziger Jahre veröffentlichten Buch *Hitler's War* behauptet er, der Mord an den europäischen Juden sei ohne Wissen und gegen den Willen Hitlers verübt worden. 1982 erhält er den Europäischen Freiheitspreis der → *Deutschen National-Zeitung*, 1985 den Hans-Ulrich-Rudel-Preis der DVU. Nach dem Erscheinen des *Leuchter-Berichts* erklärt Irving 1989, auch er gehe nun davon aus, daß es nie nationalsozialistische Massenmorde durch Giftgas gegeben habe. 1990 macht er eine ausgedehnte Vortragstournee durch die Bundesrepublik und ist am 21. April im Münchner Löwenbräukeller vor 800 Teilnehmern Hauptreferent der »revisonistischen« Veranstaltung »Wahrheit macht frei«. 1991 nimmt er an dem »Revisionisten-Kongreß« in München teil. 1993 wird er zu 30.000 DM Geldstrafe verurteilt, weil er wiederholt öffentlich seine Thesen zur »Auschwitz-Lüge« vertreten hatte. Irving hat inzwischen in der Bundesrepublik und mehreren anderen Staaten Einreiseverbot. In Deutschland werden seine Bücher u. a. vom Ullstein- und vom Herbig-Verlag verlegt.

Beurteilung: Die besondere Bedeutung der Aktivitäten Irvings ergibt sich daraus, daß er in der Bundesrepublik besonders in konservativen Kreisen lange Zeit als angesehener und seriöser Historiker galt. Viele seiner Werke wurden und werden in Kaufhäusern angeboten und erreichten hohe Verkaufszahlen. Sein Wechsel vom Verharmloser zum Leugner des Holocaust hat der rechtsextremistischen/neofaschistischen Szene in der Bundesrepublik bei ihren Bemühungen zur Geschichtsfälschung Auftrieb gegeben. (FV/B)

Juchem, Wolfgang
Hessisch-Lichtenau
geb. 1940
Hauptmann a.D., Diplom-Verwaltungswirt
Sprecher der → Aktion Freies Deutschland (AFD)
Aktivitäten: Der ehemalige Bundeswehr-Offizier gründet 1977 die Friedensaktion Wiedervereinigung, die 1990 in AFD umbenannt wird. 1986 ist er Mitbegründer der Deutschen Volksliste e.V. 1991 unterstützt er die Deutsche Allianz/Vereinigte Rechte, später → Deutsche Liga für Volk und Heimat (DLVH). 1992 erscheint seine Broschüre *Wahrheit und Recht gegen Lüge und Hetze.* 1994 ruft er zur Gründung einer Volkstreuen Partei Deutschlands als neue Sammlungsbewegung auf. Er referiert auf Veranstaltungen der DLVH, der → Gesellschaft für freie Publizistik und der → Hilfsorganisation für nationale politische Gefangene und deren Agehörige, den Lesertreffen von → *Recht und Wahrheit* und den Hetendorfer Tagungswochen, die jährlich mit Teilnehmern aus dem gesamten rechtsextremen Spektrum stattfinden. 1991 und 1992 war er Redner auf dem Rudolf-Heß-Gedenkmarsch.
Beurteilung: Wolfgang Juchem gilt als organisationsübergreifend akzeptiertes Bindeglied im rechtsextremen Lager. Er verfügt über Kontakte in das gesamte Spektrum des deutschen und des internationalen Rechtsextremismus. Juchem hat stets Sammlungsbewegungen wie die DLVH unterstützt, nach dem Fehlschlagen dieser Versuche bemüht er sich weiterhin, das rechtsextreme Lager zu einen. (B)

Kaltenbrunner, Gerd-Klaus
Kandern
geb. 23. Februar 1939
Autor in einer Vielzahl von Publikationen des konservativen bis rechtsextremen Spektrums, wie → *Criticón,* → *Deutschland in Geschichte und Gegenwart,* → *Junge Freiheit,* → *Nation und Europa,* → *Das Ostpreußenblatt,* → *wir selbst,* → *Mut, Junges Forum*
Aktivitäten: Kaltenbrunner, geboren in Wien, studiert dort Rechts- und Staatswissenschaften und ist seit 1962 als Verlagslektor tätig. Anfang der 70er Jahre unternimmt er mit den beiden Sammelbänden *Rekonstruktion des Kon-*

servatismus (1972) und *Konservatismus international* (1973) den Versuch einer systematischen publizistischen Aufarbeitung des Konservatismus. 1974 verfolgt er mit der Herausgabe der Reihe *Initiative* im Herder-Verlag eine Strategie der konservativen »Erneuerung«. *Die Herausforderung der Konservativen* (Band 3) ist programmatisch für die Reihe, in der die Diskussion um den Konservatismus wieder neu belebt werden soll. Hier finden Autoren wie → Armin Mohler, → Caspar von Schrenck-Notzing und → Klaus Hornung immer wieder ihr Forum. Nach Beginn von Kaltenbrunners Mitarbeit bei der Zeitschrift *Mut* 1984 gewinnt die bis dahin rechtsextremistische Publikation unter seinem Einfluß erheblich an Akzeptanz innerhalb des Konservatismus. 1986/87 ist Kaltenbrunner Autor in dem von Bernhard Willms herausgegebenen *Handbuch zur Deutschen Nation*, in dem die Grenze zwischen Rechtsextremismus und Konservatismus verwischt wird, und 1990 nimmt er an dem Auschwitzleugner-Kongreß »Wahrheit macht frei« in München teil.

Beurteilung: Kaltenbrunner spielte, zumindest bis Ende der 80er Jahre, eine bedeutende Rolle bei der Herausbildung neokonservativer Theoriekonzepte, die in vielen Punkten der von der Ideologie der französischen Nouvelle Droite beeinflussten »Neuen Rechten« nahekommt. Auf sein Konzept, Konservatismus mit Elementen der »Konservativen Revolution« der Weimarer Zeit zu ergänzen, wird heute noch zurückgegriffen. (B)

Kendzia, Rudolf
Berlin
geb. 1938
Betriebswirt
Vorsitzender des → Hoffmann-von-Fallersleben-Bildungswerkes, Inhaber der Vortrag-Buch-Reisen GmbH
Aktivitäten: Rudolf Kendzia wird 1966 in Berlin Mitglied der → Nationaldemokratischen Partei Deutschlands (NPD) und 1967 deren Landesvorsitzender. Von 1969 bis 1986 ist er Mitglied der CDU und u. a. in deren Wirtschaftsrat vertreten.[1] Im April 1988 übernimmt er die Herausgabe der *Freien Umschau*. Ab Januar 1989 gehört Kendzia zur Fraktion der → Republikaner im Berliner Abgeordnetenhaus und wird deren Geschäftsführer. Am 3. Oktober 1991 wird Rudolf Kendzia auf dem Gründungsparteitag der → Deutschen Liga für Volk und Heimat (DLVH) in den dreiköpfigen Vorstand gewählt. Im Mai 1992 kandidiert er für → Die Nationalen bei der Kommunalwahl in Berlin. Im Dezember 1992 erklärt er seinen Austritt aus der DLVH, da er sich seines Lebens nicht mehr sicher fühle. Im Dezember 1994 wählt ihn das Hoffmann-von-Fallersleben-Bildungswerk zum Vorsitzenden.

Beurteilung: Rudolf Kendzia plädiert für ein Nebeneinander von Bewegung und einer nationalen Partei rechts von der Union. »Ich denke, erst wenn jemand das Sagen haben wird, dessen Machtanspruch sich nicht auf die eigene Organisation beschränkt, sondern der mit einer Organisation und ihrem Umfeld Macht im Staate anstrebt, könnte (...) unsere Misere überwunden werden. Bis dahin gilt es (...) auf seinem Posten zu sein und zu bleiben.«[2] (B)

1 Vgl. Antifa Dortmund-Nord: Deutsche Liga. Dortmund 1983.
2 Vgl. Berliner Nachrichten 3–4, S. 9.

Kießling, Dr. rer. pol. Günter

Rendsburg
geb. 25. Oktober 1925
General a.D.

Aktivitäten: Günter Kießling dient in der Wehrmacht und bekleidet bei Kriegsende den Rang eines Leutnants. Nach dem Krieg studiert er Wirtschaftswissenschaften und promoviert zum Dr. rer. pol. 1956 wechselt er vom Bundesgrenzschutz zur Bundeswehr. Kießling übernimmt 1971 den Posten eines Generals des Erziehungs- und Bildungswesens im Heer. 1976 wird er Kommandeur der 10. Panzerdivision in Sigmaringen. 1982/83 ist Günter Kießling stellvertretender Oberbefehlshaber der NATO in Europa. Ende 1983 wird er von Verteidigungsminister Manfred Wörner in den vorzeitigen Ruhestand versetzt. Angegebener Grund war sein Umgang mit der »Homosexuellen-Szene« und ein daraus resultierendes »Sicherheitsrisiko«. Kießlings Proteste führen zur kurzfristigen Wiedereinsetzung bis zur ordentlichen Versetzung in den Ruhestand 1984. Auf einer Tagung der CAUSA (→ Vereinigungskirche) im Dezember 1987 in Oberursel hält er einen Vortrag. Im gleichen Jahr schreibt er einen Buchbeitrag im → Arndt-Verlag. 1989 veröffentlicht er das Buch *Neutralität ist kein Verrat* im Straube-Verlag, in dem er sich für einen national-neutralistischen Weg zur Erlangung der deutschen Einheit ausspricht. Im Dezember wird Kießling in den wissenschaftlichen Beirat des Neuen Deutschen Nationalvereins berufen. Kießling referiert 1990 auf der Frühjahrstagung der → Zeitgeschichtlichen Forschungsstelle Ingolstadt. Er schreibt Beiträge u. a. für die *Junge Freiheit*.

Beurteilung: Nach der Beendigung seines aktiven Dienstes bei der Bundeswehr entwickelt sich Günter Kießling zu einem Vordenker eines blockfreien, wiedervereinigten Deutschlands. Seine vergleichsweise hohe Kompetenz, vor allem in Bezug auf militär-politische Argumentationen, wird von einer Vielzahl »neurechter« Zirkel genutzt. In seinen Ausführungen zur Lösung der »Deutschen Frage« schien ihm die Wiedervereinigung nur unter der Voraussetzung denkbar, daß die »Sowjets« »gleich ganz Osteuropa« aufgeben.[1] Nach der Wiedervereinigung schwenkt Kießling auf die erneute Befürwortung des NATO-Bündnisses um.[2] (B)

1 Vgl. G. Kießling: Deutsche Frage und europäische Einigung. In: H. Fischer (Hrsg.): Aspekte der Souveränität. Kiel 1987.
2 Vgl. G. Kießling: Eine alternative Sicherheitspolitik. In: Junge Freiheit, Nr. 4/1994 vom 21.1.1994, S. 13.

Kögel, Günther-Ernst

Remscheid
geb. 15. November 1926
Studienrat und Berufsschullehrer i. R.
Vorsitzender der Vereinigung gesamtdeutsche Politik und Schriftleiter von deren Zeitschrift *Deutschland – Schrift für neue Ordnung*. Beisitzer im Vorstand des Collegium Humanum.
Aktivitäten: 1969 wird er zum Vorsitzenden der Vereinigung Deutsche Nationalversammlung gewählt. 1976 wird er Vorsitzender der Arbeitsgemeinschaft Demokratische Neuordnung. 1988 ist Günther-Ernst Kögel Teilnehmer der 12. Gästewoche der → Deutschen Kulturgemeinschaft (DKG). 1989 veröffentlicht er die deutsche Übersetzung des *Leuchter-Reports*, in dem die Existenz von Gaskammern geleugnet wird, und vertreibt davon 2.000 Exemplare. Wegen Volksverhetzung wird er 1992 zu 12.600 DM Geldstrafe verurteilt. Über den Prozeß gibt er das Heft *Wahrheit für Deutschland* heraus. Im Februar 1992 ist er Teilnehmer eines DKG-Seminars in Berlin mit dem Vortrag »Die One-World droht« und im September Mitwirkender bei der untersagten 16. DKG-Gästewoche im Grandhotel Sulden (Italien/Südtirol). Im September 1995 wird Kögel im Prozeß wegen des Brandanschlags von Solingen vernommen, da er in seiner Zeitschrift behauptet hatte, Türken seien an dem Brand beteiligt gewesen.
Beurteilung: Ernst-Günter Kögel ist seit Jahren fest im Lager der Auschwitz-Leugner eingebunden. Er hält zu diesem Thema Seminare und Vorträge für diverse Gruppen in Deutschland und Österreich, so im Collegium Humanum und bei der DKG. Er arbeitet dabei mit → David Irving (GB), → Ursula Schaffer (D) und Herbert Schweiger (A) zusammen und ist Autor in den *Huttenbriefen*. (B)

Kopp, Hans-Ulrich

Starnberg
geb. 11. März 1962
Bankkaufmann
Vorsitzender des Altherrenverbandes der → Burschenschaft Danubia und Mitglied des Bundesvorstandes des → Witikobunds
Aktivitäten: Kopp studiert nach seinem Abitur (1980), dem Wehrdienst und einer Ausbildung zum Bankkaufmann Allgemeine Sprachwissenschaft, Ger-

481

manistische Linguistik und Englische Philologie bis 1991. Seine politische Laufbahn beginnt er als CDU-Mitglied und Landesvorstandsmitglied der Union der Vertriebenen in Baden-Württemberg. Im November 1983 tritt er mit 21 Jahren dem Witikobund bei, wirkt vor allem in der Jugendorganisation Junge Witikonen und wird 1992 Schriftleiter des *Witiko-Briefes*. 1984 ist er Gründungsmitglied des → Gesamtdeutschen Studentenverbandes. 1987 ist er Sprecher der Burschenschaft Danubia und 1989 Mitherausgeber der eng an sie angebundenen Studentenzeitschrift *Münchner Freiheit*. Neben Alexander von Schrenck-Notzing und Alexander Wolf wirkt er als Sprecher des im Mai 1989 gegründeten kurzlebigen Republikanischen Hochschulverbandes. Von 1990–1995 ist er Redakteur der → *Jungen Freiheit*. 1990 hält er eines der Grundsatzreferate des von → *wir selbst, Europa* und der *Jungen Freiheit* gemeinsam veranstalteten Kongresses »Initiative Deutschland 90«. 1992 kandidiert er an der Münchner Hochschule für die Liste Unabhängiger Studenten (LUST). Sie werben mit dem Motto »Lust – unsere letzte Hoffnung« (ein NSDAP-Wahlplakat lautete: »Hitler – Unsere letzte Hoffnung«). 1993 und 1994 ist er Tagungsleiter der Jungen Freiheit-Sommeruniversität, welche in Zusammenarbeit mit der Burschenschaft Danubia und der Freiheitlichen Studenteninitiative Innsbruck veranstaltet wird. 1995 initiiert er nach seinem Ausscheiden aus der »herunterliberalisierten« *Jungen Freiheit*[1] in Konkurrenz zu ihr die Freie Deutsche Sommeruniversität. Im gleichen Jahr wird er stellvertretender Vorsitzender des Kultur und Zeitgeschichte – Archiv der Zeit e.V. und wirkt beim Jungen Weikersheim mit. 1996 wird er zum außerordentlichen Vorstandsmitglied des Cannstatter Kreises – Gesellschaft für staatsbürgerliche Bildung des Stuttgarter FDP-Rechtsaußen Manfred Roth ernannt. Kopp referiert regelmäßig bei der → Gesellschaft für freie Publizistik und ist bzw. war Autor der Zeitschriften *Aula*, → *Staatsbriefe*, → *Nation und Europa*, → *Criticón* und *Zeitenwende*.[2]

Beurteilung: Kopp ist Multifunktionär und Vertreter der jungen Generation im rechtsextremen Lager mit landsmannschaftlichen und burschenschaftlichen Wurzeln. Während seiner Tätigkeit bei der *Jungen Freiheit* prägte er als einer der gewichtigsten Redakteure ihren »jungkonservativen« Ansatz. (B)

1 H.-U. Kopp: Zur Tagung und Entstehung der Freien Deutschen Sommeruniversität. Staatsbriefe, Nr. 10/1995.
2 Weitere biographische Angaben siehe H. Kellershohn: Die selbsternannte Elite. In: ders. (Hrsg.): Das Plagiat. Der Völkische Nationalismus der Jungen Freiheit. Duisburg 1994, S. 71 ff.

Kosiek, Dr. Rolf

Nürtingen
geb. 23. September 1934
Verlagslektor

Vorsitzender der → Gesellschaft für freie Publizistik (GFP), Leiter des Instituts für deutsche Nachkriegsgeschichte, Verantwortlicher für das *Freie Forum* der GFP, Mitglied im Wissenschaftlichen Beirat der → Gesellschaft für biologische Anthropologie, Eugenik und Verhaltensforschung, Mitglied des → Witikobundes

Aktivitäten: In den Jahren 1968–1972 sitzt Kosiek für die → Nationaldemokratische Partei Deutschlands (NPD) im baden-württembergischen Landtag. In diesem Zeitraum arbeitet er als wissenschaftlicher Mitarbeiter am Physikalischen Institut der Uni Heidelberg. 1972 und erneut 1976 wird er zum NPD-Bundestagskandidaten gewählt, in deren Bundesvorstand er 1973 aufrückt. 1977 wird er zum stellvertretenden Landesvorsitzenden der NPD-Baden-Württemberg gewählt. 1977 wirkt Kosiek zum ersten Mal an den Gästewochen des Deutschen Kulturwerks Europäischen Geistes – Österreich mit, ein Engagement, das sich in folgenden Jahren wiederholt. Aufgrund seiner politischen Aktivitäten wird ihm 1979 durch das Bundesverwaltungsgericht eine endgültige Ablehnung der Übernahme in ein Beamtenverhältnis ausgesprochen, der im Jahr darauf seine Nichtzulassung als Hochschullehrer und Kündigung als Dozent an der Fachhochschule Nürtingen folgen. 1980 erhält er die Ulrich-von-Hutten-Medaille der GFP, und seit 1981 ist Kosiek wissenschaftlicher Mitarbeiter des → Grabert-Verlages. Als Referent wird er in den nächsten Jahren u.a. in folgenden Zusammenhängen tätig: 1984 bei der → Deutsch-Europäischen Studiengesellschaft (DESG) zum Thema »Bilanz der Grünen Bewegung«, ab 1986 für das → Deutsche Seminar e.V., 1990 auf dem Treffen des Vereins Dichterstein Offenhausen in Österreich und 1995 auf der Hetendorfer Tagungswoche. 1992 wird Kosiek zum Vorsitzenden der GFP gewählt.

Beurteilung: Kosiek ist ein Multifunktionär des bundesdeutschen Rechtsextremismus. Sein ehemals großes Engagement für die NPD brachte ihm den Ruf ein, »Chefideologe« dieser Partei zu sein. Schwerpunkt seiner derzeitigen Tätigkeit sind diverse kulturelle Organisationen der extremen Rechten. Breit gestreut ist auch seine Tätigkeit als Autor diverser Periodika, so u.a. im *Jungen Forum* der DESG, in den → *Unabhängigen Nachrichten*, in → *Nation und Europa* oder in der Zeitschrift → *Deutschland in Geschichte und Gegenwart*. Beiträge lieferte Kosiek auch für Stefan Ulbrichs Buch *Multikultopia* und in den von Rolf-Josef Eibicht herausgegebenen Büchern *Hellmut Diwald – Sein Vermächtnis für Deutschland* und *Der Völkermord an den Deutschen – 50 Jahre Vertreibung*. (B)

Krebs, Pierre
Kassel
geb. 1947

Jurist und Politologe; zeitweilig Dozent an der Volkshochschule in Kassel; Schriftsteller und Publizist

Leiter des → Thule-Seminar e.V.

Aktivitäten: Pierre Krebs studiert Jura, Romanistik, Philosophie, Geschichte und Alt-Skandinavistik in Montpellier, Paris und Göttingen. In Frankreich ist er Mitglied im Rassemblement européen de la liberté, einem parteiförmigen Vorläufer der GRECE, und bereits mit 21 Jahren Chefredakteur von deren Organ *REL Europe*. Seine erste Veröffentlichung in der BRD, *Der Rassebegriff in Frankreich*, erscheint 1975 in der *Neuen Anthropologie*. Krebs ist Mitglied der → Artgemeinschaft – Glaubensbund wesensmäßiger Daseinsgestaltung. 1980 gründet er das Thule-Seminar mit, das sich eng an die Nouvelle Droite Frankreichs anlehnt, und wird 1. Vorsitzender. Zu den wichtigsten von Krebs herausgegebenen Bänden zählen *Das unvergängliche Erbe. Alternativen zum Prinzip der Gleichheit* (1981, → Grabert-Verlag) und *Mut zur Identität. Alternativen zum Prinzip der Gleichheit* (1988, → Verlag für ganzheitliche Forschung und Kultur). Weitere Buchveröffentlichungen waren u. a. *Die Europäische Wiedergeburt* (1982) und *Strategien der kulturellen Revolution*. Seit Beginn der 80er Jahre reist Krebs durch die BRD und die europäischen Nachbarländer und betätigt sich als Referent auf Schulungen, Veranstaltungen und Seminaren. Anlaufpunkte waren u. a. die Organisationen und Treffen Bogenhausener Gespräche (1983, 1984, organisiert von der Münchner → Burschenschaft Danubia), Politische Akademie (1984, 1985, 1991, organisiert von der Arbeitsgemeinschaft für demokratische Politik aus Österreich), Cercle Proudhon, Studentenbund Schlesien (1984), → Gesamtdeutscher Studentenbund (1986), Pyramid-Media (1988), → Nationalistische Front (1988, 1990), → Gesellschaft für freie Publizistik (1989), Thomas-Dehler-Stiftung (1992) und → Hoffmann-von-Fallersleben-Bildungswerk (1993, 1995).

Beurteilung: Krebs wirkt vor allem durch seine Tätigkeit als Referent, durch die er einerseits seine biologistischen und geopolitischen Vorstellungen und seine Präferenz für die »konservative Revolution« der Weimarer Zeit öffentlich machen kann und die ihm andererseits die Möglichkeit bietet, Auslandskontakte zu knüpfen und zu pflegen. Sein Thema ist die »Wiedergeburt Europas«, und er huldigt »Deutschland, unser inneres Reich«. Seine umfangreichen internationalen Kontakte nutzte Krebs u. a. 1988 anläßlich einer Sonnenwendfeier für die Organisierung einer Fahrt mit Mitgliedern der Nationalistischen Front zu »Europäischen Kameraden der Waffen-SS« nach Frankreich. (B)

Kühnen, Michael

geb. 21. Juni 1955 († 25. April 1991)

Aktivitäten: Michael Kühnen wird 1974 Zeitsoldat bei der Bundeswehr. 1977

gründet er den Freizeitverein Hansa und wird wegen rechtsextremer Aktivitäten unehrenhaft aus der Bundeswehr entlassen. Er wird Organisationsleiter der Aktionsfront Nationaler Aktivisten (ANS). 1978 wird er zu sechs Monaten Haft wegen Verwendens von Kennzeichen verfassungsfeindlicher Organisationen und 1979 wegen Volksverhetzung, Verbreitung von neofaschistischer Propaganda u.a. zu vier Jahren Haft verurteilt, während der er *Die zweite Revolution* verfaßt. 1982 wird er erneut zu neun Monaten Haft wegen Verherrlichung des Nationalsozialismus verurteilt. Nach seiner Haftentlassung Ende November übernimmt er wieder die Leitung der ANS. 1983 ist er bis zum Verbot Sprecher der Organisationsleitung der → Aktionsfront Nationaler Sozialisten/Nationale Aktivisten. 1984 flieht er im März über die Schweiz und Italien nach Frankreich, wird im Oktober in Paris festgenommen und nach Deutschland abgeschoben. 1985 wird er im Januar wegen Verbreitung neofaschistischer Propaganda u.a. zu drei Jahren und vier Monaten Haft verurteilt. Im Juli 1986 kündigen Jürgen Mosler und andere Kühnen wegen dessen Bekenntnis zur Homosexualität die Gefolgschaft auf. 1987 schreibt er *Das politische Lexikon der Neuen Front.* 1988 wird er aus der Haft entlassen. 1989 unterzeichnen Kühnen, Mosler und andere eine Verpflichtung, von gegenseitigen Anschuldigungen abzulassen. 1990 verfasst er den *Arbeitsplan Ost* zum Strukturaufbau in der DDR. Am 25. April 1991 stirbt er an AIDS.
Beurteilung: Michael Kühnen war bis zu seinem Tod einer der bekanntesten und wichtigsten Exponenten des militanten Neofaschismus. Maßgeblich beteiligt an dem Aufbau der militanten Strukturen in den siebziger und achtziger Jahren, entzündete sich v.a. an ihm und seiner Homosexualität ein interner Streit, der die Szene über Jahre hinweg spaltete. Er war verantwortlich für den Aufbau der ANS-Nachfolgestrukturen in der → Gesinnungsgemeinschaft der Neuen Front (GdNF), die nach seinem Tod zunehmend an Bedeutung verlor. Durch provokante und geschickte Medienpolitik (»Bevor man beliebt werden kann, muß man erst bekannt sein!«)[1] verschaffte er sich und seinen Organisationen Öffentlichkeit. Obwohl Kühnen im rechten Spektrum umstritten war, verfügte er über Kontakte in nahezu alle neofaschistischen Kreise im In- und Ausland. (B)

1 Zitate von Michael Kühnen. Hrsg. von der NSDAP/AO, S. 10.

Latussek, Dr. Paul
Ilmenau
geb. 1937
Landesvorsitzender des → Bundes der Vertriebenen (BdV) in Thüringen, Mitglied des Bundesvertriebenenbeirates
Aktivitäten: Latussek beginnt seine politische Karriere 1990 als Mitglied der

Volkskammer der DDR für die → Deutsche Soziale Union (DSU) und Mitglied der Regierungsdelegation als Beauftragter des Landes Thüringen zur Erarbeitung des Einigungsvertrages. Seit 1990 ist er Landesvorsitzender des BdV und seit 1991 Landesvorsitzender der DSU in Thüringen. Im Januar 1992 kommt die Funktion eines Sprechers des Rates der Vertriebenen in Mitteldeutschland hinzu. 1994 ist er Spitzenkandidat der DSU zur Landtagswahl in Thüringen und zur Europawahl. 1994 bespricht er positiv im *Witiko-Brief* (5/1994) das Buch von Rolf-Josef Eibicht (Hrsg.) *Hellmut Diwald. Sein Vermächtnis für Deutschland – Sein Mut zur Geschichte* aus dem rechtsextremen → Hohenrain-Verlag. 1995 findet sich sein Artikel *Neue Aufgaben des BdV* in der rechtsextremen Zeitung → *Nation und Europa* (Nr. 4/1995). Dieser Artikel erschien gleichfalls in dem Buch von Rolf-Josef Eibicht (Hrsg.) *50 Jahre Vertreibung. Der Völkermord an den Deutschen. Ostdeutschland – Sudetenland. Rückgabe statt Verzicht* (Hohenrain Verlag) und in gekürzter Fassung im → *Ostpreußenblatt*. Ebenfalls 1995 ist Latussek Autor in dem Band von Roland Schnürch und Harald Thomas (Hrsg.) *Von Prag nach Sarajewo – Vertreibung und Wiedergutmachung* (Leopold-Stocker-Verlag). Am 1. November 1995 wird Latussek erneut zum Landesvorsitzenden des BdV in Thüringen und 1996 in den beim Bundesministerium des Innern angesiedelten Bundesvertriebenenbeirat gewählt.

Beurteilung: Latussek ist Vertriebenenfunktionär mit Verbindungen ins offen rechtsextreme und »neurechte« Lager. Als deutschtümelnder, revanchistischer Hardliner wirkt er innerhalb des BdV, um hier eine Polarisierung innerhalb der Vertriebenenverbände zu betreiben und eine entschlossenere Politik des BdV gegenüber der Bundesregierung und den osteuropäischen Nachbarstaaten einzufordern. Die rechtsextrem durchsetzte Vertriebenenzeitung → *Der Schlesier* charakterisiert Latussek als einen Vertriebenenfunktionär, »der dem Werben der CDU um Einbindung – und damit der politischen Entmündigung – widerstanden hat«. Latussek wäre jemand mit einem »eigenständig politischen Standort«, der »jene Ost- und Sudetendeutschen anspricht, die sich mit der Sanktionierung von Vertreibung und Raub durch Medien, Politiker und ›Historiker‹ nicht widerspruchslos abfinden wollen«[1]. Trotz seines offenen Engagements in rechtsextremistischen Zeitungen und Verlagen macht er weiterhin im BdV Karriere und wird 1996 sogar in den Bundesvertriebenenbeirat gewählt. (HS/UJ)

1 Der Schlesier vom 19.4.1996.

Lauck, Gerhard (Gary)
Lincoln/Nebraska
geb. 12. Mai 1953

Leiter der → Nationalsozialistischen Deutschen Arbeiterpartei/Auslands- und Aufbauorganisation (NSDAP/AO)

Aktivitäten: Seit 1973 ist Gerhard Lauck Redakteur und Verleger des *NS-Kampfrufes*. Im November 1974 referiert Lauck auf einem NSDAP-Treffen in Hamburg. Er wird festgenommen und ausgewiesen. 1976 reist Lauck illegal ein und wird in Mainz verhaftet. Im Juli wird er wegen Verwendens und Verbreitens verfassungsfeindlicher Propaganda zu einer mehrmonatigen Haftstrafe verurteilt. Mit Billigung der Behörden reist Lauck 1979 ein, um als Entlastungszeuge im Prozeß gegen → Michael Kühnen auszusagen. Lauck ist im Juli 1990 Teilnehmer eines NSDAP-Treffens in Kollund (DK) bei → Thies Christophersen. Er besucht anschließend die neuen Bundesländer – genauso 1992 –, um Gespräche mit Vertretern der → Gesinnungsgemeinschaft der Neuen Front (GdNF) zu führen. Gerhard Lauck wird 1995 in Dänemark verhaftet und an die deutschen Behörden ausgeliefert. Ihm wird unter anderem Volksverhetzung und Verbreitung von Propagandamitteln verfassungsfeindlicher Organisationen vorgeworfen.

Beurteilung: Lauck ist Vorsitzender der NSDAP/AO mit weiten internationalen Kontakten, jedoch ohne großen politischen Einfluß, weder in der USA noch in der Bundesrepublik. Seine Rolle läßt sich als die eines Büroleiters bezeichnen. Besonders enge Beziehungen verbinden ihn mit der gesamten Führungsgruppe der GdNF. (B)

Lemmer, Torsten

Düsseldorf
geb. 1970
Geschäftsführer der Creative Zeiten GmbH, Herausgeber von → *Moderne Zeiten*

Aktivitäten: Das ehemalige Mitglied der → Republikaner wird 1991 stellvertretender Vorsitzender, Pressesprecher und Fraktionsgeschäftsführer der Freien Wählergemeinschaft (FWG) im Düsseldorfer Stadtrat. Im Oktober 1992 wird Lemmers Managertätigkeit bei der Nazi-Skinhead-Band Störkraft bekannt. Von Februar bis Mai 1993 ist Lemmer kurzfristig Mitherausgeber von → *Europa vorn*. Im März tritt Lemmer als Geschäftsführer der FWG-Fraktion zurück und gründet gemeinsam mit Christian Eitel und → Manfred Rouhs die LER & Partner GmbH. Schon einen Monat später beendet Rouhs die Zusammenarbeit. Axel Zehnsdorf, Lemmer und Eitel gründen die Creative Zeiten GmbH, die die *Moderne Zeiten* herausgibt. 1994 erscheint das Buch *Skinhead Rock* von Lemmer im Verlag Mehr Wissen von Kurt Winter aus Düsseldorf. Im Oktober 1995 findet die Polizei nach einem Einbruch volksverhetzende Schriften in einem u.a. vom MZ-Vertrieb genutzten Lager.

Beurteilung: Torsten Lemmer versucht mit kommerziellen Musik- und Zeitschriften-Projekten, die Skinhead-Szene an rechtsextreme Kreise anzubinden. (B)

Ludwig, Klausdieter (Arthur Korsenz, Fritz Joß, C. Sarnau)
Münsing
geb. 19. April 1934
Diplom-Volkswirt
Herausgeber des Informationsrundbriefes → *DESG-inform*
Aktivitäten: Klausdieter Ludwig beginnt seine politische Tätigkeit bei →
August Haußleiters → Deutscher Gemeinschaft. Ab 1956 ist er gemeinsam
mit → Peter Dehoust und → Martin Mußgnug Mitglied des 1961 verbotenen
→ Bundes Nationaler Studenten und gibt für sie die ersten Nummern ihrer
Zeitschrift *Student im Volk* heraus. 1959 wird er 2. Vorsitzender des →
Kameradschaftsring Nationaler Jugendverbände und Herausgeber ihres *Pressedienstes der nationalen Jugend*. Zu Beginn der 70er Jahre wirkt er bei der
Herausbildung der sich »Neue Rechte« nennenden Gruppierungen mit. So ist
er 1972 Gründungsmitglied der → Deutsch-Europäischen Studiengesellschaft
(DSEG) und dem ihr angeschlossenen Verlag Deutsch-Europäischer Studien
GmbH. Ludwig wird 2. Vorsitzender der 1974 gegründeten → Solidaristischen Volksbewegung und organisiert wiederum ab 1975 deren Informationsdienst *SVB-Informationen*. Dieser geht 1982 in die Zeitschrift *Neue Zeit* und
schließlich 1985 in die von ihm noch heute herausgegebene *DESG-inform*
über. Nachdem 1986 sein Arbeitsverhältnis als Bankdirektor der Darmstädter
Volksbank wegen seinen rechtsextremen Tätigkeiten beendet wird, arbeitet er
als Geschäftsführer der KEL-Unternehmensberatung GmbH, die u. a. für den
→ Arun-Verlag Inkasso betreibt. Ludwig wirkt in zahlreichen Organisationen,
darunter u. a. als Vorstandsmitglied des → Hilfskomitees Südliches Afrika
(1986), als Gesellschafter des Nation Europa Verlages (1984), als Schatzmeister des bayerischen Landesverbandes der → Deutschen Liga für Volk und
Heimat (DLVH) und der → Arbeitsgemeinschaft für Naturreligiöse Stammesverbände in Europa (1994), als Initiator der Gesellschaft für den Wiederaufbau osteuropäischer Kultur e.V., als Beisitzer der → Gesellschaft für freie
Publizistik (1995) und als Mitarbeiter des → Deutschen Rechtsbüros, mit.
Beurteilung: Als Multifunktionär bewegt sich Ludwig zwischen alter und
»neuer« Rechten. Als der Wirtschaftsexperte der Solidaristen wirkte er in den
70er Jahren durch Schriften wie *Für eine neue Wirtschaftsordnung*. Hierin
plädierte er für ein korporatives Gesellschaftsmodell auf der Basis der
Ungleichheit der Menschen.[1] (B)

---

1 Vgl. F. Greß; H.-G. Jaschke; K. Schönekäs: Neue Rechte und Rechtsextremismus in Europa. Opladen 1990, S. 316.

Lummer, Heinrich

Berlin

geb. 21. November 1932

gelernter Elektromechaniker, Diplom-Politologe

Mitglied des Bundestags (CDU)

Aktivitäten: 1953 schließt sich Heinrich Lummer der CDU an. 1957 holt er das Abitur nach und beginnt das Studium der Politikwissenschaft an der FU Berlin. Von 1964–1965 ist er Leiter des Besucherdienstes des Bundeshaus Berlin und 1965–1969 Geschäftsführer der CDU-Fraktion im Berliner Abgeordnetenhaus, dem er selbst ab März 1967 als Mitglied angehört. 1969 wird er Fraktionsvorsitzender der CDU. In seine Zeit als Vorsitzender fallen die CDU-Wahlerfolge im März 1975 (43,9 Prozent) und im März 1979 (44,4 Prozent). Er profiliert sich in diesen Jahren als populistischer Konservativer, der den Kontakt zu Rechtsextremisten nicht scheut. U.a. spendet er 2.000 DM für eine rechtsextreme Gruppierung, welche im Wahlkampf 1970/71 gegen die SPD plakatieren soll. Auf der »Reichsgründungsfeier« des → Zollernkreises am 18. Januar 1971 bewegt er sich neben führenden Vertretern der → Nationaldemokratischen Partei Deutschlands. 1980 tritt er die Nachfolge von Peter Lorenz als Berliner Parlamentspräsident an. Im CDU-Minderheitssenat von 1981 übernimmt Lummer das Amt des Bürgermeisters und des Innensenators. Bereits zu Beginn der 80er Jahre fordert er in einem »Positionspapier«, eine Lösung der Asylproblematik müsse im »supranationalen Bereich« gesucht und das Asylrecht als »Aufenthaltsrecht auf Zeit« definiert werden. 1985 wird er in seinen Ämtern bestätigt und setzt sich für eine verschärfte Regelung des Asylrechts durch Änderung der Grundgesetzartikel 16 bzw. 19 ein. 1986 werden Lummer die Berliner Bau-Bestechungsskandale, seine Haltung zum Asylrecht (Spiegelgespräch 12/1986) und seine enthüllte Spende für Rechtsextremisten zum Verhängnis und zwingen ihn zum Rücktritt. 1987 wird er nach heftigen Protesten der Opposition als Abgeordneter in den Bundestag entsandt. 1989 erklärt er nach der Wahl der → Republikaner (REP) in das Berliner Abgeordnetenhaus diese öffentlich als potentielle Koalitionspartner der CDU. Im gleichen Jahr tritt er die Nachfolge von → Lothar Bossle als Leiter des umstrittenen privaten Instituts für Demokratieforschung in Würzburg an. 1992 setzt er sich nach Landtagswahlen in Baden-Württemberg erneut für Koalitionsgespräche mit den REP ein. Lummer ist Mitglied im Verwaltungsrat des Deutschlandfunks, Mitbegründer des → Christlich-Konservativen Deutschland-Forums, Vorstandsmitglied u.a. des Paul-Löbe-Instituts (Berlin), des Studienkreises für Staatsbürgerliche Arbeit (Bonn) sowie des Kuratoriums Unteilbares Deutschland (Landeskuraturiom Berlin). Er veröffentlichte u.a. *Standpunkte eines Konservativen* (1987) und *Asyl. Ein mißbrauchtes Recht* (bei Ullstein-Report) und unterzeichnete die Anzeigen *Berliner Appell*

(1994) und *8. Mai 1945 – Gegen das Vergessen* (1995).

Beurteilung: Lummer galt während seiner Amtszeit bereits als »Senator fürs Grobe«. Zu keiner Zeit scheute er Kontakte zum Rechtsextremismus und machte es sich zur Aufgabe, den rechten Rand der CDU stärken. So unterstützt er intensiv den Druck von rechts auf seine Partei, nahm am Berliner → Dienstagsgespräch teil und schrieb in der → *Jungen Freiheit*. (B)

Manke, Alfred E.
Bassum
geb. 29. März 1929
Besitzer einer Druckerei und des ALMA-Verlages

Aktivitäten: 1945 dient Alfred E. Manke als Freiwilliger in einem Panzerjagdkommando der Hitlerjugend. In den 50er Jahren tritt er dem → Deutschen Block bei. 1965 ist Manke Mitbegründer der → Nationaldemokratischen Partei Deutschlands (NPD) und des → Arbeitskreises Volkstreuer Verbände (AVV), als deren Geschäftsführer er 1967 in das Präsidium des → Deutschen Kulturwerks europäischen Geistes (DKEG) bestellt wird. 1970 ist er Mitinitiator der → Aktion Widerstand und wird Mitglied ihrer Bundesaktionsleitung. Er tritt in die Redaktion der Zeitschrift → *Mut* ein.[1] 1972 übernimmt er den Vorsitz des AVV. Gemeinsam mit → Peter Dehoust und → Bernhard C. Wintzek organisiert er den 1. Nationaleuropäischen Jugendkongreß im September in Planegg. Als parteiloser Kandidat der NPD tritt er zur Bundestagswahl 1972 an. 1973 wählt ihn die DKEG zum Vizepräsidenten. 1974 erwirbt Alfred Manke ein Haus in Bassum/Niedersachsen, das er zur bundesweiten Schulungsstätte, dem Deutschen Arbeitszentrum (DAZ), ausbaut. Hier finden Treffen des AVV, des → Bundes Heimattreuer Jugend (BHJ), des DKEG und des österreichischen Nationalen Ideologie-Zentrums statt, dessen deutscher Repräsentant Manke ist. 1979 betreibt Alfred E. Manke die Spaltung im DKEG, er bildet die → Deutsche Kulturgemeinschaft (DKG). 1989 ist er Referent der 24. Politischen Akademie der österreichischen Arbeitsgemeinschaft für demokratische Politik (AFP).

Beurteilung: Alfred E. Manke übernimmt ab Anfang der 70er Jahre für einige Zeit führende Positionen im organisierten Rechtsextremismus. Sein besonderes Augenmerk galt der Bewahrung der Traditionen und ihrer Weitergabe an die jungen Nachkommen. Er vertritt nationaleuropäische Positionen und organisiert sich bevorzugt im Vorfeld der Rechtsparteien. Manke betätigt sich im Kreis der österreichischen AFP, so publiziert der Schriftleiter der AFP-Postille *Kommentare zum Zeitgeschehen*, Konrad Windisch, im ALMA-Verlag. Karin Manke vertritt die Zeitschrift in Deutschland. (B)

---

1 Vgl. Studien von Zeitfragen. Analysen, Berichte, Informationen, VII/1970, S. 87.

Mechtersheimer, Dr. rer. pol. Alfred

Starnberg

geb. 13. August 1939

Leiter des Friedenskomitees 2000 und des Deutsch-Arabischen Friedenswerkes; Kuratoriumsmitglied der Deutschen Gesellschaft

Aktivitäten: Von 1970 bis zu seinem Ausschluß 1981 ist Alfred Mechtersheimer Mitglied der CSU. Danach engagiert er sich als Friedensforscher und gegen den NATO-Nachrüstungsbeschluß. 1985 erscheint die Denkschrift *Friedensvertrag, Deutsche Konföderation, Europäisches Sicherheitssystem*, in der sich Herbert Ammon und → Theodor Schweisfurth auf Mechtersheimer beziehen. Auszüge der Broschüre erscheinen in → *wir selbst* (Nr.2–3/1985). Im selben Jahr erscheint die Broschüre als Buch im Ibf-Verlag. Im Vorwort fordert Mechtersheimer die »Selbstbefreiung« der Deutschen von den Siegern des Zweiten Weltkriegs.[1] 1987 kommt er als parteiloser Kandidat auf der Landesliste der Grünen Baden-Württembergs in den Bundestag. Im März 1989 kommt es zur Fraktionskrise um eine mit Mechtersheimers Hilfe und libyschem Kapital heimlich in der Schweiz eingerichtete Stiftung, die Gaddafis Namen trägt. Im Mai 1991 erscheint ein Leserbrief von Mechtersheimer in der → *Jungen Freiheit* (*JF*), demzufolge die Zeitung einen »Beitrag zur Befreiung vom ›Nationalen Komplex‹ der Deutschen geleistet« habe. 1993 erscheint sein Buch *Friedensmacht Deutschland – Plädoyer für einen neuen Patriotismus* im Ullstein-Verlag unter Cheflektor → Rainer Zitelmann. 1995 gehört Mechtersheimer zu den Erstunterzeichnern der Anzeige *8. Mai 1945 – Gegen das Vergessen*, tritt im September als Gastredner beim Bundesparteitag des → Bundes freier Bürger auf und ist im Oktober Festredner auf der von der Initiative 3. Oktober und dem → Bündnis Konstruktiver Kräfte Deutschlands organisierten Veranstaltung am Kyffhäuser Denkmal. Auf der Podiumsdiskussion des FDP-nahen Cannstatter Kreises Ende Oktober 1995 warnt Mechtersheimer davor, daß durch Zunahme der Bevölkerung »ausländischer Herkunft (…) die Intelligenz des Landes völlig in Frage gestellt« sei. »Wenn wir die Menschen erst gar nicht ins Land lassen, müssen sie auch nicht abgeschoben werden.«[2]

Beurteilung: Spätestens mit seinen Kontakten zu den Kreisen um die Zeitschrift *wir selbst* nahm Mechtersheimer nationalrevolutionäre Positionen ein. Über sein Friedenskomitee 2000 arbeitet er u.a. mit → Henning Eichberg und den → Unabhängigen Ökologen Deutschlands zusammen. Spätestens seit seinem Buch *Friedensmacht Deutschland* wird ihm Nationalismus und Antisemitismus vorgeworfen. Seine Schriften werden in der gesamten rechtsextremistischen Szene zur Lektüre empfohlen. (B)

---

1 Vgl. P. Kratz: Gaddafi – Mechtersheimer – Schönhuber. Quellen und rotgrüne Querverbindungen

neofaschistischer Deutschland-Vereiniger. Bonn 1990, S. 47 ff.
2 Junge Welt vom 30.10.1995.

Meves, Christa

Uelzen

geb. 4. März 1925

Kinder- und Jugend-Psychotherapeutin

Autorin, Kuratoriumsmitglied des Fördervereins Konservative Kultur und Bildung, Mitglied der Juristen-Vereinigung Lebensrecht

Aktivitäten: Nach ihrem Abitur 1943 studiert Christa Meves Germanistik, Philosophie, Geographie, Psychologie und Pädagogik in Breslau, Kiel und Hamburg. Es folgt eine Ausbildung zur Kinder- und Jugend-Psychotherapeutin. 1970–1976 beteiligt sie sich an der Erarbeitung des evangelischen Erwachsenenkatechismus und gehört von 1973–1984 der Synode der Evangelischen Kirche Deutschlands an. 1976 hielt sie neben → Rolf Kosiek und → Adolf von Thadden auf dem Stettenfels-Seminar der → Gesellschaft für biologische Anthropologie, Eugenik und Verhaltensforschung ein Referat zum Thema »Geburtenschwund aus psychologischer Sicht«. 1977 wird sie Kuratoriumsmitglied der → Ludwig-Frank-Stiftung. 1978 wird sie zusammen mit Prof. Dr. Roegele und dem früheren bayerischen Kultusminister Hans Maier Herausgeberin der Wochenzeitung *Rheinischer Merkur – Christ und Welt.* 1979 erhält sie den Konrad-Adenauer-Preis der → Deutschland-Stiftung. 1981 wird auf Initiative des Herder-Verlages der Freundeskreis Christa Meves gegründet, der sich bis 1990 in regelmäßigen Abständen auf der Burg Rothenfels trifft und dem 6.000 Personen angehören. 1984 wird sie mit dem Bundesverdienstkreuz 1. Klasse ausgezeichnet und tritt im Juni 1987 zur katholischen Kirche über. 1990 referiert sie auf dem Kongreß der → Europäischen Ärzteaktion in Dresden. 1991 stellt sie sich dem von Werner Roth und Gerhard Löwenthal initiierten Förderverein Konservative Kultur und Bildung e.V. als Kuratoriumsmitglied zur Verfügung und unterstützt hierüber die Kongreßtätigkeiten des → Vereins zur Förderung der Psychologischen Menschenkenntnis. Meves ist bzw. war Autorin u.a. der Zeitschriften *konservativ heute* und *Deutschland-Magazin.* Bekannt wurde sie vor allem durch die Veröffentlichung von über 70 Buchtiteln (Gesamtauflage über vier Millionen) und zahlreichen Aufsätzen in Zeitschriften sowie Sammelbänden.

Beurteilung: Christa Meves ist die populärste Theoretikerin, die sich für ein biologistisches Weltbild einsetzt. So konstatiert sie in ihren Arbeiten immer wieder »Die Frau hat von ihrer biologischen Aufgabe her ein natürliches Bedürfnis nach Unterwerfung, der Mann nach Eroberung und Beherschung.«[1] Gegenüber rechtsextremen Organisationen zeigt sie wenig Berührungsängste.

(B)

492

1 Christa Meves in »Ehe-Alphabet«, zitiert nach Frauen gegen §218: Vorsicht »Lebensschützer«. Die Macht der organisierten Abtreibungsgegner. Hamburg 1991, S. 58.

Mohler, Dr. phil. Armin (Michael Hintermwald, Anton Madler, Nepomuk Vogel)

München
geb. 12. April 1920
Journalist und Schriftsteller

Aktivitäten: Armin Mohler studierte an den Universitäten in Basel und Berlin. 1942 versucht sich der Schweizer als Kriegsfreiwilliger in Deutschland zu melden. 1949 promoviert er bei Hermann Schmalenbach und Karl Jaspers in Basel zum Dr. phil. 1949–1953 ist er Privatsekretär von Ernst Jünger. Von 1953–1961 lebt er in Paris und schreibt u. a. für die Zeitungen *Die Zeit*, *Christ und Welt*, *Die Furche* und *Die Tat*. Nach seiner Rückkehr 1961 nach Deutschland ist er ab 1965 vor allem als Kolumnist für die *Welt* tätig, jedoch auch unter Pseudonym für die → *Deutsche National-Zeitung*. Seit 1964 gibt er die Privatdruck-Reihe *Themen* der → Carl-Friedrich-von-Siemens-Stiftung heraus, für die er von 1964–1985 Geschäftsführer ist. Regelmäßig richtet er für die Stiftung Symposien aus. 1967 wird er Universitätsdozent für Wissenschaft und Politik an der Universität Innsbruck/Rechts- und Staatswissenschaftliche Fakultät. Im gleichen Jahr erhält er den ersten Konrad-Adenauer-Preis für Publizistik der → Deutschland-Stiftung e.V. 1970 unterstützt er → Caspar von Schrenck-Notzing bei der Gründung der Zeitschrift → *Criticón*. Seit 1970 ist er Mitglied im Patronatskomitee der Nouvelle École und referiert mehrfach bei nationalen Kolloquien der Groupement de recherche et des études de la Civilisation Européenne (GRECE). 1972 wird seine von der Universität Innsbruck vorgeschlagene Ernennung zum Ordinarius von der SPÖ-Kultusministerin Firnberg verweigert. Im Dezember 1983 zählt er zu den Mitbegründern des → Deutschlandrates um → Franz Schönhuber. Mohler veröffentlichte u. a. *Die Konservative Revolution in Deutschland 1918–1932* (1950, 1972 erweiterte Fassung, 1989 3. erweiterte Fassung in zwei Bänden), *Vergangenheitsbewältigung* (1968, 1980 2. erweiterte Fassung), *Der Nasenring – Im Dickicht der Vergangenheitsbewältigung* (1989 bei Heitz & Höffkes, erweiterte Fassung 1991 bei Langen-Müller). Zu seinem 75. Geburtstag erscheint die Festschrift *Der andere Mohler. Lesebuch für einen Selbstdenker*, herausgegeben von Ulrich Fröschle, Markus Josef Klein und Michael Paulwitz im San Casciano Verlag.

Beurteilung: Mohler bezeichnet sich selbst als Faschist[1] im Sinne von Primo de Rivera, dem Begründer der spanischen Falange, und wirkte zeit seines Lebens dem »Gärtnerkonservatismus« entgegen. Er steht in der Tradition von Carl Schmitt (zu dem er ebenfalls in persönlicher Beziehung stand), Ernst

Jünger und Arnold Gehlen. Er bündelt in seinen ersten Arbeiten die einzelnen antidemokratischen Ideologiestränge zu der von ihm benannten Konservativen Revolution. Hiermit schuf er eine der wesentlichen Voraussetzungen zur Erneuerung des Rechtsextremismus in der BRD und zur Herausbildung einer sogenannten Neuen Rechten. Er wirkte sowohl als Lehrmeister von Alain de Benoist in Frankreich als auch als Franz Josef Strauß- und Franz Schönhuber-Berater sowie als philosophisch-politischer Ideenlieferant für Wirtschaftskreise.[2] (B)

1 Vgl. Der Rechte Rand, Nr. 39, S. 5.
2 Vgl. P. Kratz: Siemens zum Beispiel. In: R. Hethey; P. Kratz (Hrsg.): In bester Gesellschaft. Antifa-Recherche zwischen Konservativismus und Neofaschismus. Göttingen 1991, S.33 ff.

Molau, Andreas
Hardegsen
geb. 1968
Mitglied der → Deutschen Gildenschaft, Redakteur der Zeitschrift *Deutsche Geschichte*

Aktivitäten: Nach seinem Abitur 1987 studiert Andreas Molau ab 1988 Germanistik und Geschichte in Göttingen. 1989 wird er Mitglied der Deutschen Hochschulgilde Trutzburg Jena zu Göttingen. Von 1990–1992 hat er für sie im Bundesvorstand das Referat Erziehung und Bildung inne. Von 1990–1994 ist er Redakteur der → *Jungen Freiheit* und prägt sie durch sein Kulturressort seit 1991 entscheidend mit. 1993 erscheint seine Staatsexamenarbeit *Alfred Rosenberg. Der Ideologe des Nationalsozialismus* im Verlag Siegfried Bublies. Seit 1993 ist er, als Nachfolger von → Reinhard Pozorny, Herausgeber des *Deutschen Almanach,* der in → Gert Sudholts → Verlagsgemeinschaft Berg verlegt wird. 1995 wird er Chefredakteur der Zeitschrift *Deutsche Geschichte.* Molau ist Autor der Zeitschriften *Deutsche Monatshefte* (1988/89), → *Nation und Europa,* → *Europa vorn,* → *Criticón, Der Republikaner,* → *wir selbst* und referiert u. a. vor der → Gesellschaft für freie Publizistik.[1]

Beurteilung: Molau gilt als einer der entscheidenden Nachwuchskräfte des deutschen Rechtsextremismus. So ist es ihm vorbehalten, → Armin Mohler zum 75. Geburtstag in *Nation und Europa,* der dienstältesten Zeitschrift des Spektrums, zu huldigen. Auch innerhalb der *Jungen Freiheit* stand er für den Kurs der »alten Rechten«. (B)

1 Weitere biographische Angaben siehe H. Kellershohn: Die selbsternannte Elite. In Kellershohn (Hrsg.): Das Plagiat. Der Völkische Nationalismus der Jungen Freiheit. Duisburg 1994, S. 89 ff.

Motschmann, Prof. Dr. Klaus

Berlin

geb. 4. März 1934

Politologe an der Hochschule der Künste in Berlin

Vorstandsmitglied der → Evangelischen Notgemeinschaft in Deutschland e.V., Schriftleiter von deren Mitteilungsblatt *Erneuerung und Abwehr*, Leiter der Berliner Redaktion von → *Criticón*, Kuratoriumsmitglied der → Internationalen Gesellschaft für Menschenrechte (IGfM)

Aktivitäten: Sein Studium der evangelischen Theologie, Politologie und der Neueren Geschichte absolviert Klaus Motschmann in Ost- und West-Berlin. Seit 1971 ist er Professor für Politologie an der Berliner Hochschule der Künste. Seit 1972 gibt Motschmann die Zeitschrift *konservativ heute* heraus, die sich 1981 mit *Criticón* vereinigt. Seitdem ist Motschmann Redaktionsmitglied von *Criticón*. Von 1981 bis 1994 ist er stellvertretender Vorsitzender der Evangelischen Notgemeinschaft. 1982 wird Motschmann stellvertretender Vorsitzender des Kuratoriums der → Konservativen Aktion. Seit 1986 ist er Schriftleiter von *Erneuerung und Abwehr*. 1992 referiert er über »Deutsches Nationalgefühl« beim → Hoffmann-von-Fallersleben-Bildungswerk in Berlin. Im Juni spricht er vor dem Konservativen Arbeitskreis Gießen/Mittelhessen, der sich aus Lesern von *Criticón* und → *Junger Freiheit* zusammensetzt, über »Die Evangelische Kirche Deutschlands und die Deutsche Nation«. Über den 1993 gebildeten Förderkreis Gerhard Kaindl ist Klaus Motschmann Förderer des Hoffmann-von-Fallersleben-Bildungswerkes. Am 18. Januar 1994 referiert Motschmann bei der Berliner Kulturgemeinschaft Preußen (→ Deutsche Kulturgemeinschaft).

Beurteilung: Durch sein publizistisches Werk und sein Engagement in der Evangelischen Notgemeinschaft ist Klaus Motschmann ein Hauptvertreter einer Strömung, die die Erneuerung eines christlich geprägten Nationalkonservatismus bewirken will. Dabei bewegt sich Motschmann beharrlich im rechten Vorfeld der Parteienlandschaft, ohne Kontakte bis in den organisierten Rechtsextremismus zu scheuen. Seine Äußerungen wenden sich unter Berufung auf ein wahres Christentum vorwiegend gegen linke Strömungen in der evangelischen Kirche oder gegen sozialistische Tendenzen im Allgemeinen. (B)

Müller, Ursula

Mainz-Gonsenheim

geb. 8. Dezember 1933

seit 1991 Vorsitzende der → Hilfsgemeinschaft für nationale politische Gefangene und deren Angehörige e.V. (HNG)

Aktivitäten: Als ehemaliges Mitglied der → Nationaldemokratischen Partei

Deutschlands ist Ursula Müller seit 1969 mit Ehemann Curt und Sohn Harald in der NS-Kampfgruppe Mainz aktiv, die zu vielen NS-Gruppen und Einzelpersonen Kontakt hat. Dazu gehören → Jürgen Rieger, → Michael Kühnen, Ekkehard Weil und der Leiter der → Nationalsozialistischen Deutschen Arbeiterpartei/Auslands- und Aufbauorganisation, → Gerhard Lauck. Das Anwesen der Familie in Mainz ist seit den frühen 70er Jahren Stützpunkt der »NSDAP Rheinland-Pfalz«. 1984 wird Müller im Zusammenhang mit ihren rechten Aktivitäten zu einer Geldstrafe verurteilt. Seit 1984 ist sie Aktivistin der → Gesinnungsgemeinschaft der Neuen Front und in diesem Rahmen bis 1988 Vorsitzende der → Deutschen Frauenfront (DFF) und Schriftleiterin von deren Zeitung *Die Kampfgefährtin*. 1988 wird sie wegen ihrer Kühnen-feindlichen Haltung aus der DFF ausgeschlossen. Sie hatte das schwulenfeindliche Manifest gegen Kühnen unterzeichnet. Trotzdem bleibt sie der gesamten neofaschistischen Bewegung verbunden, auch Michael Kühnens Gefolgsleuten. Im Haus der Familie Müller finden Kameradschaftsabende und Sonnwendfeiern statt. Am 6. März 1991 wird Ursula Müller wegen Verbreitung von Propagandamitteln verbotener Organisationen erneut verurteilt. Die Polizei durchsucht im März 1993 im Zuge einer hessenweiten Aktion das Anwesen der Müllers wegen Verdachts der Fortführung der verbotenen → Deutschen Alternative (DA). Eine für den 18. Dezember geplante Sonnenwendfeier wird verboten. Im September 1995 beginnt gegen Ursula Müller und weitere Personen ein Prozeß wegen der Fortführung der DA.
Beurteilung: Ursula Müller ist seit über 25 Jahren Aktivistin des neofaschistischen Lagers in der BRD, wo sie zum traditionellen,»hitleristischen« Flügel gehört. Sie besitzt eine stark integrative Funktion zwischen den Fraktionen, die ihre Arbeit trotz inhaltlicher Differenzen würdigen. Ihr Vorsitz in der HNG ist Ausdruck dieser Rolle. Das Anwesen der Müllers in Mainz-Gonsenheim ist seit Jahrzehnten als Treffpunkt für Kameradschaftsabende, Sonnwendfeiern und Geburtstagfeiern für Adolf Hitler ein wichtiger Bestandteil der neofaschistischen Infrastruktur. (B)

Munier, Dietmar
Selent/Martensrade
geb. 1954
Verleger
Folgende Firmen sind im Besitz oder Teilbesitz von Munier: Lesen & Schenken Verlagsauslieferung und Versandgesellschaft mbH, → Arndt-Verlag, Arndt-Buchdienst/Europabuchhandlung, Orion-Heimreiter-Verlag, Bernsteinreisen, Rathausbuchhandlung GmbH, Buchhandlung am Dreiecksplatz (in den 90er Jahren aufgegeben), Satz und Montage am Dreiecksplatz.
Aktivitäten: Neben seinem Engagement für die → Jungen Nationaldemokra-

ten (JN) gehört Dietmar Munier in den 70er Jahren zu den führenden Mitgliedern des Bundes volkstreuer Jugend. 1973 gründet Munier den Sturmwindverlag und führt die Geschäfte in den vorher von → Thies Christophersen (Nordwind-Verlag) genutzten Räumlichkeiten in Kiel. 1977 lädt Munier im Namen von Wehrwolf Kiel/Volkstreue Jugend zu einem Wochenendlager mit Wehrsportangebot. 1980 steigt er in den Arndt-Verlag ein, wo er 1983 → Karl Höffkes als Leiter ablöst. Mit der Wiedergründung des Orion-Heimreiter-Verlages im selben Jahr gelingt ihm der Sprung in den seriösen Buchhandel. 1985 referiert Munier für das → Deutsche Kulturwerk europäischen Geistes (DKEG). 1991 initiiert er die Aktion Deutsches Königsberg und 1992 den Rußlanddeutschen Kulturverein Trakehnen in Jasnaja Poljana sowie dessen deutschen Schwesterverein in Husum, den → Schulverein zur Förderung der Rußlanddeutschen in Ostpreußen e.V.. Noch im selben Jahr gründet sich die Deutsche Schule in Trakehnen.

Beurteilung: Der Schwerpunkt der Aktivitäten Muniers liegt im revanchistischen Bereich, was sich sowohl im Angebot seiner Unternehmen als auch in seinen politischen Aktivitäten ausdrückt. Der Pionier der auch praktischen »Regermanisierung« des ehemaligen Ostpreußens genießt bereits früh die Protektion von Hellmut Diwald. Unterstützung erfuhr Munier auch von der Notgemeinschaft für Volkstum und Kultur e.V., in deren Namen Lisbeth Grolitsch 1994 dem Schulverein eine Spende von 65.000 DM überreichte. Seit Mitte 1995 ist Muniers Engagement in Osteuropa zunehmend der Kritik sowohl von russischer als auch von deutscher Seite ausgesetzt. Vorgeworfen wird ihm zu großmundiges Auftreten und ein Wirtschaften in die eigene Tasche. (B)

Mußgnug, Martin
Tuttlingen/Donau
geb. 22. Februar 1936
Rechtsanwalt
Bundesvorstandsmitglied und Leiter der Rechtsabteilung der → Deutschen Liga für Volk und Heimat
Aktivitäten: Martin Mußgnug, 1956 Mitbegründer des → Bundes Nationaler Studenten in Heidelberg, wird 1961 stellvertretender Landesvorsitzender der → Deutschen Reichspartei im Kreisverband Heidelberg-Land. 1964 ist er Mitbegründer der → Nationaldemokratischen Partei Deutschlands (NPD) und 1967 wird er stellvertretender Landesvorsitzender von Baden-Württemberg. Mit Wahlkampfunterstützung von → Gerhard Frey zieht er 1968 als Landesvorsitzender ins baden-württembergische Parlament ein. Nach der Wahl zum stellvertretenden Bundesvorsitzenden 1970 übernimmt er 1971 nach dem Rücktritt von → Adolf von Thadden den Bundesvorsitz. 1972 kommt es zu

Kontakten zwischen Mußgnug und Vertretern des Freiheitlichen Rates mit dem Ziel einer Einigung im nationalen Lager. Erneute Annäherungsversuche zwischen ihm und Frey führen 1975 zum Eklat. 1977 tritt Mußgnug als Verteidiger im Prozeß gegen die → Wehrsportgruppe Hoffmann und den Hochschulring Tübinger Studenten auf. Auf dem Bundesparteitag im Dezember 1980 gewinnt er gegen → Günter Deckert die Wahl um den Parteivorsitz. 1987 erhält Mußgnug als NPD-Kandidat 15 Prozent bei der Oberbürgermeisterwahl in Tuttlingen. Nach dem Mißerfolg der NPD bei den Bundestagswahlen 1990 tritt er zurück und gibt sein Engagement für die Deutsche Allianz, der späteren Deutschen Liga für Volk und Heimat (DLVH), bekannt. Nach deren Gründung 1991 wirbt er zusammen mit → Jürgen Schützinger in der NPD für eine Fusion. Im Juni 1991 wird Deckert Parteivorsitzender. Mußgnug wechselt zusammen mit Schützinger zur DLVH. Im Oktober 1991 wird Mußgnug Leiter ihrer Rechtsabteilung und 1992 Beisitzer im Landesvorstand von Baden-Württemberg. Hier erhält er im April 1992 bei den Landtagswahlen 4,6 Prozent der Stimmen in seinem Wahlkreis. Als Landesjustitiar ist Mußgnug 1995 Mitglied des geschäftsführenden Landesvorstandes der DLVH in Baden-Württemberg.

Beurteilung: Mußgnugs Wahl zum Nachfolger von Thaddens erfolgte u. a. wegen seiner ideologischen Nähe zu diesem. Seine Amtszeit war geprägt durch eine Politik zwischen Traditionswahrung und vorsichtiger Modernisierung. Seine Bemühungen um eine »große«, geeinte Rechte erfolgten immer unter dem Gesichtspunkt der Wahrung der dominierenden Rolle der NPD.

Mynarek, Prof. Dr. theol. Hubertus
geb. 1929

Aktivitäten: Der in Oberschlesien geborene Hubertus Mynarek studiert Theologie, Philosophie und Psychologie in Krakau, Lublin, Münster und Würzburg. 1953 erhält er die katholische Priesterweihe und siedelt 1958 in die Bundesrepublik über. 1966–1968 lehrt Mynarek als Professor für Religionsphilosophie und Fundamentaltheologie in Bamberg und von 1968–1972 als Professor für Religionswissenschaft in Wien. 1971–1972 ist er Dekan der katholisch-theologischen Fakultät der Universität Wien. Im November 1972 kritisiert er in einem offenen Brief an den Papst die Herrschaftsstrukturen der Kirche. Er tritt aus der Kirche aus, seine Lehrerlaubnis wird ihm entzogen. Seither publiziert und referiert er schwerpunktmäßig bei der → Deutschen Unitarier Religionsgemeinschaft (DUR). 1984 unterzeichnet Mynarek den »Anstoß für eine deutsch-deutsche Alternative« der Linken Deutschland-Diskussion. Er ist Mitbegründer der Bundesarbeitsgemeinschaft Christen in den Grünen, wegen seiner »inzwischen offen antichristlichen Haltung«[1] kommt es aber Ende 1985 zu gegenseitigen Distanzierungen voneinander.

Beurteilung: Seit seinem Austritt aus der katholischen Kirche entwickelt Hubertus Mynarek Konzepte eines sogenannten Ökologischen Humanismus. Dabei beruft er sich vor allem auf die Entwürfe → Sigrid Hunkes und führt diese fort. Er vertritt eine anti-christliche, pantheistische Religiosität, wobei ihm Religion als »eine biologische Tatsache, etwas, das in den genetisch-biologischen Anlagen des Menschen verankert ist«[2], gilt. Er plädiert für die Anwendung organisch-biologistischer Prinzipien auf die Gesellschaft, die entsprechend anti-demokratisch und zentralistisch verfaßt sein müsse. Laut Mynarek »erreicht der Mensch nicht seine eigentliche Bestimmung, seinen eigentlichen Wert«[3], wenn er nicht seiner öko-religiösen Bestimmung folge. (B)

1 P. Kratz: Dossier zu Hubertus Mynarek. Bonn 1988, S. 7.
2 H. Mynarek: Ökologische Religion. Zitiert nach Kratz, 1988, S. 20 (s. Anm. 1).
3 Ebenda.

Nahrath, Wolfgang

Stolberg
geb. 1929
Dipl.Chemieingenieur
Alt-Bundesführer der → Wiking Jugend (WJ), Mitglied im Bundesvorstand der → Nationaldemokratischen Partei Deutschlands (NPD)
Aktivitäten: Wolfgang Nahrath beginnnt seine politische Laufbahn 1949 bei der → Sozialistischen Reichspartei und der → Deutschen Reichspartei. 1953 wird er Mitglied der 1952 gegründeten WJ und gehört 1965 zu den Gründungsmitgliedern der NPD. 1967 übernimmt er von seinem Vater Raoul Nahrath die Bundesführung der WJ. 1980 wird ein Lager der WJ in Kärnten (Österreich) von der Polizei aufgelöst, gegen Nahrath und zwei weitere Funktionäre werden Aufenthaltsverbote ausgesprochen. 1983 führt er in Schwarzenborn (Hessen) eine Veranstaltung auf dem »Reichshof« von → Manfred Roeder durch. 1991 übergibt er das Amt des WJ-Bundesführers an seinen Sohn → Wolfram Nahrath. Er leitet das »Heldengedenken« auf dem Soldatenfriedhof in Halbe (Brandenburg) im November zusammen mit → Ursula Schaffer, Lisbeth Grolitsch und Hans-Jörg Rückert sen. 1992 wird Nahrath am 1. Januar für den → Deutschen Arbeitnehmerverband (DAV) in Aachen als Sozialrichter aktiv.[1] 1993 wird er stellvertretender Landesvorsitzender der NPD in Nordrhein-Westfalen und Mitglied im Bundesvorstand. Mit Beschluß vom 22. April 1994 wird Nahrath von seinem Amt als Sozialrichter entbunden. Das Gericht wertet hierbei sein öffentliches Bekenntnis »zum Nationalsozialismus und dem rassistischen Gedankengut Adolf Hitlers« in einem Interview in der Zeitschrift *Einheit und Kampf* vom Januar 1994.[2] Neben dem

NPD-Vorsitzenden → Günter Deckert ist er Hauptredner auf einer NPD-Kundgebung in Bonn. 1995 wird Nahrath in den Bundesvorstand der NPD wiedergewählt.

Beurteilung: Wolfgang Nahrath zählt zu den »grauen Eminenzen« des neofaschistischen Lagers. Seine 24–jährige Tätigkeit als Bundesführer der WJ verschaffte ihm Ansehen und Einfluß, wegen seines autoritären und selbstherrlichen Auftretens ist er aber nicht immer beliebt. Obwohl er als fanatischer Hitler-Anhänger gilt und die WJ in NS-fundamentalistischem Geist prägte, machte er sich beständig stark für übergreifende Sammlungen und Plattformen auch unter Einbindung der als »gemäßigt« geltenden Rechten. Er zählt zu den treibenden Kräften der verstärkten Annäherung der NPD an das rechtsmilitante Lager. Er gehört dem Zirkel um den → Freundeskreis Ulrich von Hutten an und unterhält weitreichende internationale Verbindungen, u.a. nach Spanien (wo er über ein größeres Anwesen verfügen soll), Ukraine, Rußland und Argentinien. (B)

1 Vgl. Dülmener Zeitung vom 26.3.1994 und Aachener Volkszeitung vom 29.3.1994.
2 Vgl. Antifaschistisches Autorenkollektiv: Drahtzieher im braunen Netz. Hamburg 1996, S. 134.

Nahrath, Wolfram
Berlin
geb. 1960
Rechtsreferendar
Ex-Bundesführer der → Wiking Jugend (WJ), Vorstandsmitglied der Berliner Kulturgemeinschaft Preußen (BKP) (→ Deutsche Kulturgemeinschaft (DKG))

Aktivitäten: Wolfram Nahrath wird 1980 Jugendführer der WJ. 1986 tritt er in die → Freiheitliche Deutsche Arbeiterpartei (FAP) ein. 1990 beteiligt sich Nahrath an der Gründung der BKP und übernimmt von seinem Vater → Wolfgang Nahrath die Funktion des Bundesführers der WJ. 1993 tritt er als einer der Hauptredner auf einer »Heldengedenkfeier« in Hameln, einer Ersatzveranstaltung für den verbotenen Aufmarsch auf dem Soldatenfriedhof in Halbe, auf. 1994 ist er als Rechtsreferendar in der Abteilung des Berliner Staatsanwaltes Carlo Weber beschäftigt. Nach Bekanntwerden seiner Tätigkeit scheidet er auf eigenen Wunsch aus dem Beamtenverhältnis aus.[1] 1995 ist Nahrath stellvertretender Vorsitzender der Notgemeinschaft für Volkstum und Kultur (NG).[2] Er absolviert als Referendar und Angestellter im öffentlichen Dienst sein zweites Staatsexamen.

Beurteilung: Wolfram Nahrath ist ein Vertreter der »jungen Generation«, der seit den 80er Jahren in den Kreis um die Deutsche Kulturgemeinschaft (DKG) und den → Freundeskreis Ulrich von Hutten integriert wurde. 1988 hält er den

Vortrag »Deutsche Wiedervereinigung und Völkerrecht« vor der DKG in Pichl (Österreich). Dieser Auftritt ist gleichbedeutend mit der Aufnahme in den Kreis der DKG. Seit dem Verbot der WJ und seit dem gesteigerten öffentlichen Interesse an seiner Person aufgrund seiner eingeschlagenen juristischen Laufbahn hat er sich mehr in den Hintergrund zurückgezogen. Die hohen Positionen in der BKP und in der NG belegen jedoch seine unverminderten Aktivitäten. (B)

1 Vgl. Antifaschistisches Autorenkollektiv: Drahtzieher im braunen Netz. Hamburg 1996, S. 135.
2 Vgl. F. Hundseder: Rechte machen Kasse. München 1995, S. 90.

Naumann, Peter
Wiesbaden/Frielendorf
Dipl.-Chemiker

Aktivitäten: 1970 tritt Peter Naumann den → Jungen Nationaldemokraten (JN) bei und wird 1972 JN-Vorsitzender in Wiesbaden. 1976 wird er stellvertretender Bundesvorsitzender der JN. 1978 verübt er einen Sprengstoffanschlag auf die antifaschistischen Denkmalanlagen der Fosse Adreatine in der Nähe von Rom. Zusammen mit Komplizen sprengt Naumann zwei Fernsehsendemasten, um die Ausstrahlung des Filmes *Holocaust* zu verhindern. Am 26. Oktober 1981 werden in der Lüneburger Heide Depots mit über 150 kg Sprengstoff, 50 Panzerfäusten und 13.520 Schuß Munition ausgehoben, die Heinz Lembke angelegt haben soll. In einem Waffendepot wird ein Fingerabdruck von Naumann sichergestellt.[1] Gemeinsam mit Odfried Hepp und Walter Kexel plant er 1982 die Befreiung von Rudolf Heß aus dem Kriegsverbrechergefängnis in Berlin-Spandau.[2] 1985 gründet er den → Völkischen Bund und ist stellvertretender Vorsitzender der → Nationaldemokratischen Partei Deutschlands (NPD) in Wiesbaden. Im Oktober 1987 wird Peter Naumann in Untersuchungshaft genommen. Ihm werden u. a. sechs Sprengstoffanschläge in Frankreich, Italien und Deutschland vorgeworfen. Wegen drei Sprengstoffanschlägen, Verabredung zum Mord und Verstoßes gegen das Kriegswaffenkontrollgesetz wird er 1988 zu vier Jahren und sechs Monaten Gefängnis verurteilt. Während der Haft wird er von der → Hilfsgemeinschaft für nationale politische Gefangene und deren Angehörige betreut. Bei einer Hausdurchsuchung im März 1995 werden bei Naumann zwei Rohrbomben gefunden. Er wird kurzzeitig festgenommen. Ein Prozeß fand bis Mai 1996 nicht statt. Im August übergibt Peter Naumann 13 Waffendepots an die Polizei. Er verbreitet eine »Erklärung zur kämpferischen Gewaltfreiheit« und wirft den Geheimdiensten vor, die rechte Szene »zu einem Kampf provozieren« zu wollen, »der von Anfang an darauf angelegt ist, daß wir ihn verlieren.«[3]
Beurteilung: Peter Naumann steht für eine über 20-jährige Kontinuität des

Rechtsterrors, die ihm den Beinamen »Das Bombenhirn« einbrachte. Bis zum öffentlichen Interesse an seiner Person infolge seiner möglichen Verwicklung in die österreichische Briefbombenserie von 1993 verstand er es, im Verborgenen zu wirken. Mit dem Völkischen Bund schuf er eine Vorfeldorganisation für den militanten Untergrund. Als politischen Arm nutzte er stets die NPD. Gegen Naumann gibt es Verdachtsmomente, die darauf hinweisen, daß er in dem Geheimdienst-Netzwerk Gladio eingebunden war. Naumann offenbarte, daß er Waffendepots vom Forstmeister Heinz Lembke übernommen hatte. 1996 gingen österreichische Militärfachleute davon aus, daß diese Depots Teil der Ausrüstung der deutschen Gladio-Truppen waren. (B)

1 Vgl. Der Rechte Rand, Nr. 37, S. 12.
2 Vgl. Bundesministerium des Innern: Innere Sicherheit, Nr. 1, 1988.
3 P. Naumann: Erklärung zur kämpferischen Gewaltfreiheit, 1995.

Neubauer, Harald
geb. 3. Dezember 1951
Kaufmann
Gleichberechtigter Vorsitzender der → Deutschen Liga für Volk und Heimat (DLVH), Mitherausgeber von → *Nation und Europa*
Aktivitäten: Nach kurzer politischer Tätigkeit bei der sozialistischen Jugendorganisation Die Falken wechselt Harald Neubauer 1969 zur → Nationaldemokratischen Partei Deutschlands (NPD). 1972 verläßt er die Partei und schließt sich der → Aktion Neue Rechte an. Bereits 1973 wird er Landesbeauftragter der → Deutschen Volksunion (DVU) in Hamburg und 1974 Redakteur im DSZ-Verlag von → Gerhard Frey. Nach seiner Übersiedlung nach Bayern tritt er im August 1975 wieder in die NPD ein und wird stellvertretender Bezirksvorsitzender von Oberbayern sowie verantwortlicher Redakteur von Freys *Deutschem Anzeiger*. 1977 referiert er für die DVU bei überregionalen Veranstaltungen und wird bald engster Mitarbeiter von Frey, so daß er 1980 sein NPD-Amt niederlegt und die Partei zum Jahresende verläßt. In der → *Deutschen National-Zeitung* lobt er 1981 das Buch *Ich war dabei* von → Franz Schönhuber. 1983 tritt er der Partei → Die Republikaner (REP) bei und wird, nachdem er 1984 bei Frey gekündigt hat, als engster Vertrauter Schönhubers Pressereferent und im Mai 1985 Generalsekretär der REP. Im Mai 1988 übernimmt Neubauer das Amt des bayerischen Landesvorsitzenden und wird ab dem 17. Juni Bundespressesprecher der REP, für die er im Juli 1989 ins Europäische Parlament einzieht. 1990 kommt es zum Streit mit Schönhuber, der ihn am 4. August aus der Partei ausschließen läßt. Im Oktober 1991 gründet Neubauer zusammen mit ehemals führenden NPD-Funktionären die DLVH, in der er einer der Vorsitzenden wird. Seit 1992 ist er Mitherausgeber

von *Nation und Europa*.

Beurteilung: Neubauer gilt heute als Vertreter einer vereinigten Rechten bis hinein ins neofaschistische Lager, der gemeinsame Auftritte mit Neofaschisten wie Heinz Reisz oder Frank Rennicke nicht scheut. Darüber hinaus wurde in dem Film *Wahrheit macht frei* (1991) von → Michael Kühnen behauptet, daß Neubauer Mitglied der → Nationalsozialistischen Deutschen Arbeiterpartei/Auslands- und Aufbauorganisation gewesen sei. (B)

Oberlercher, Reinhold

geb. 17. Juni 1943

Privatgelehrter

Publizist, Referent

Aktivitäten: Reinhold Oberlercher studiert von 1965 bis 1970 Philosophie, Pädagogik und Soziologie in Hamburg. Nach Eigenangaben zählt er sich zu den führenden Aktivisten und Theoretikern der »nationalen Fraktion« des Sozialistischen Deutschen Studentenbundes. In den 80er Jahren ist er regelmäßiger Autor des nationalrevolutionären Blattes *Aufbruch*. Zu Beginn der 90er Jahre wird er als Dozent der Hamburger Universität Vordenker der Gruppe 146, Studentische Vereinigung. 1992 stellt er seinen in → Hans-Dietrich Sanders → *Staatsbriefen* veröffentlichten »Reichsverfassungsentwurf« und sein »100–Tage-Programm einer nationalen Notstandsregierung« auf der Tagung der → Deutsch-Europäischen Studiengesellschaft zur Diskussion. Dem 1994 neu gegründeten → Deutschen Kolleg dienen diese Aufsätze als Grundlage für ihren »Schulungszyklus« zur »Neuordnung Europas«. Oberlercher referiert u. a. bei den Bogenhausener Gesprächen, welche von der → Burschenschaft Danubia und dem → Gesamtdeutschen Studentenverband organisiert werden, der → Gesellschaft für freie Publizistik, der → Deutschen Liga für Volk und Heimat und der Freien Deutschen Sommeruniversität. Oberlercher ist bzw. war Autor der Zeitschriften *Aula*, → *Europa vorn*, → *Criticón*, *Junges Forum*, *Europa*, *Staatsbriefe* und → *Sleipnir*. 1994 veröffentlicht er im Berliner Verlag der Freunde das Buch *Lehre vom Gemeinwesen*.

Beurteilung: Oberlercher entwickelte sich in enger Zusammenarbeit mit Hans-Dietrich Sander zu einem Theoretiker der extremen Rechten. Mit ihrem Ansatz der »Schulung der Nationalen Intelligenz« bedienen sie vor allem die jüngeren von den Verboten betroffenen Kader mit ihren Konzepten zur Wiederherstellung des Reiches. Verstärkt tritt er antisemitisch in Erscheinung. (B)

Olles, Werner

Frankfurt a. M.

Autor

Aktivitäten: Vor seinem Engagement im nationalrevolutionären Lager ist

Werner Olles Mitglied des Marxistischen Studentenbundes Spartakus.[1] Olles wird Mitglied des 1980 gegründeten Nationalrevolutionären Koordinationsausschußes (NRKA). 1982 bis 1990 ist er Autor und zeitweise Redaktionsmitglied bei → *wir selbst*. Seit Ende 1994 engagiert er sich in der → *Jungen Freiheit*. Darüberhinaus veröffentlichte Olles Artikel in der *Neuen Zeit*, im *Eckartboten* der Österreichischen Landsmannschaft, in → *Nation und Europa* und in der Zeitschrift *Patriot* aus Kassel.

Beurteilung: Werner Olles ist seit Anfang der 80er Jahren umtriebiger Autor des nationalrevolutionären Lagers, der in kaum einer wichtigen Publikation fehlt. Er wird gemeinhin zu dessen »linken Flügel« gerechnet. Wie schon Rother/Kellershohn nachgewiesen haben, ist Olles bemüht, »das Rechts-Links-Schema in seiner Argumentation zu überwinden und (…) den übergeordneten ›neuen‹ Standpunkt des ›Dritten Weges‹, gruppiert um die positiven Leitbegriffe ›Kulturrevolution‹ und ›Volkskultur‹, einzunehmen«.[2] In diesem Bemühen polemisiert er vorrangig gegen die antikapitalistische Linke. (B)

1 Vgl. A. Waschkau: Linke Leute von Rechts. Diplomarbeit, Duisburg 1992, S. 96.
2 Vgl. B. Rother; H. Kellershohn: Wanderer im Nebelfeld – der »Dritte Weg« der NEUEN ZEIT. In: S. Jäger (Hrsg.): Rechtsdruck. Berlin/Bonn 1988, S. 142.

Pagel, Carsten Gerhard
Berlin
geb. 1963
Jurist
Kuratoriumsmitglied im → Hoffmann-von-Fallersleben-Bildungswerk
Aktivitäten: Carsten Pagel beginnt seine politische Laufbahn als Vorsitzender der Jungen Union (JU) in Berlin-Tiergarten. In einer von ihm herausgegebenen Schülerzeitung erscheint 1983 ein Artikel, in dem Hans-Ulrich Rudel als Kriegsheld gelobt wird. 1985 wird er Bezirksverordneter der CDU in Berlin-Tiergarten. Nachdem er im September 1987 auf der Jahreshauptversammlung der JU-Berlin den Vorsitzenden durch Schläger rauswerfen läßt, wird gegen ihn ein Parteiausschlußverfahren eingeleitet. Carsten Pagel tritt zu den neugegründeten → Republikanern (REP) über und behält sein Mandat in der Bezirksvertretung. 1989 wird er für die REP in das Abgeordnetenhaus von Berlin gewählt, 1990 wird er REP-Landesvorsitzender Berlin und Mitglied des Bundesvorstandes. Im September 1991 legt er sein Amt nieder und verläßt kurz darauf die Partei. Im Dezember 1991 wird Pagel zum Vorsitzenden des Hoffmann-von-Fallersleben-Bildungswerkes gewählt. Im Dezember 1992 gibt er den Vorsitz ab und bleibt Kuratoriumsmitglied. Zum Januar 1992 bringt er die ursprüngliche REP-Zeitung *Berliner Nachrichten* mitsamt Abonnentenstamm in die → *Junge Freiheit* ein und ist bis Ende 1993 verantwortli-

cher Redakteur der Berlinseite.

Beurteilung: Carsten Pagel hat sich seit seiner Zeit bei der JU zielstrebig an die Spitze des rechtsextremen Lagers gearbeitet. Dabei hat er sich inzwischen weitgehend von Funktionärsposten zurückgezogen. Erwähnenswert ist sein Engagement in der Immobilienbranche und seine Anwaltstätigkeit, für das ihn auch das → Deutsche Rechtsbüro empfiehlt. (B)

Paproth, Thorsten

Konstanz

Vorstandsmitglied des Buchclub PHI-Pressedienst

Aktivitäten: Der ehemalige Vorsitzende der → Nationaldemokratischen Partei Deutschlands (NPD) in Konstanz, Thorsten Paproth, ist ab 1989 verantwortlicher Herausgeber des *Badischen Landboten*, den er im Mai 1990 mit → *Europa vorn* vereinigt. Paproth wird Redakteur der *Europa vorn*. Im selben Jahr beginnt er, als Vorsitzender des Vereins zur Förderung deutschsprachiger Medien in Osteuropa und in Kooperation mit dem örtlichen Deutschen Freundeskreis in Kadlub (Polen) den Rundfunksender *Schlesien-Radio* aufzubauen. Er gibt dort die inzwischen eingestellte Monatszeitschrift *Schlesien Report* (Auflage: 3.000) heraus. Ende 1992 wird er wegen antipolnischer Propaganda des Landes verwiesen. 1993 wird er Vorstandsmitglied des Herausgeberskreises der *Politischen Hintergrund-Informationen*, dem Buchclub PHI-Pressedienst in Basel. 1994 erhält Paproth in seinen Reisepaß einen Vermerk, daß Ausreisen in die Republik Polen nicht gestattet sind. 1995 bestätigt das baden-württembergische Verwaltungsgericht die Rechtmäßigkeit dieser Maßnahme.

Beurteilung: Thorsten Paproth zählt zu den Propagandisten der rechtsextremen Szene, die in der Republik Polen versuchen, Propagandazentralen aufzubauen. Unter dem Deckmantel der Hilfe für die »deutsche Minderheit« vertritt Paproth antipolnische Positionen. Seine Aktivitäten erstrecken sich auch auf die Ukraine und Ostpreußen. Er verfügt über Kontakte zur → Nationalen Offensive. (B)

Penz, Lothar (Rudolf Junker)

Hamburg

geb. 1931

gelernter Maschienenbau-Ingenieur, Oberst d.R.

Aktivitäten: 1957 schließt er sich der Legion Europa, auch Donnerstagsrunde genannt, in Hamburg an. 1964 initiiert er den Arbeitskreis Junges Forum zur »Entwicklung einer rechten Gesellschaftskritik« und zur Herausgabe des *Jungen Forums*. In den folgenden Jahren formulierte er eine von Erwin Guido Kolbenheyer beinflußte »solidaristische Theorie« des »Biohumanismus« als »Dritten Weg«. 1970 wird er Vorsitzender des Arbeitskreises Junges Forum.

Innerhalb der → Aktion Neue Rechte ist Penz im Bundesvorstand für den Arbeitskreis für politische Bildung zuständig. 1972 erarbeitet er ein *Solidaristisches Manifest*. 1974 hält er ein Grundsatzreferat bei der Gründung der Nationalrevolutionären Aufbauorganisation (NRAO). Im gleichen Jahr gründet er als Spaltprodukt der NRAO die an Strasser orientierte → Solidaristische Volksbewegung (SVB), deren Vorsitzender er 1975 wird und für deren Zeitschrift *SOL* er zeitweise verantwortlich zeichnet. In der sich Ende der 70er Jahre herausbildenden Ökologiebewegung ist er führendes Mitglied der Grünen Liste Umweltschutz in Hamburg, welche in die neu gegründete Partei Die Grünen aufgeht. 1980 nennt sich der SVB in Bund Deutscher Solidaristen um. 1983 wird er aus der Partei Die Grünen ausgeschlossen. Penz schrieb u. a. in der Zeitschrift *Neue Zeit* und referierte vor Organisationen wie dem → Nationaleuropäischen Jugendwerk oder den »Denkfabrik Europa der Völker«-Tagungen der → Deutsch-Europäischen Studiengesellschaft. Er ist Verfasser der Aufsätze *Die Revolution ist anders – Solidarische Wirtschafts- und Gesellschaftsordnung als Dritter Weg* (*Junges Forum* 5/74) und *Das Souveräne Deutschland braucht ein souveränes Volk* (*Junges Forum* 1–2/1991/92).
Beurteilung: Penz gilt als Nationalrevolutionär und führender Mitbegründer der sogenannten Neuen Rechten der 70er Jahre. Mit seinen Bezügen auf die Gebrüder Strasser sowie durch die Betonung eines zeitgemäßen biologistischen Weltbildes gab er dem Rechtsextremismus Impulse zur Erneuerung seiner Argumentationsweise. Sein Arbeitsfeld waren u. a. die sozialen und vor allem die ökologischen Bewegungen. (B)

Petri, Michael
Dorsten
geb. 1. Juli 1972
seit Juli 1993 Bundesvorsitzender der → Deutschen Nationalisten (DN)
Aktivitäten: 1986 tritt Petri in die → Deutsche Volksunion (DVU) ein und wird 1989 Vorsitzender des Kreisverbandes Main-Taunus. Im gleichen Jahr wird er Landesbeauftragter der → Deutsche Alternative (DA) in Rheinland-Pfalz und 1992 deren Landesvorsitzender. Nach dem Verbot der DA wird Petri 1993 Mitglied im Bundesvorstand der → Aktionspartei Nationalrevolutionärer Kameraden, tritt jedoch im Juni wieder aus und gründet die DN. Im August koordiniert er gemeinsam mit → Christian Worch den Rudolf-Heß-Gedenkmarsch in Fulda. Er initiiert im Oktober 1993 die Nationale Initiative Freiheit für Gottfried Küssel, deren Bundesgeschäftsstelle er in Mainz betreibt. Kurzzeitig ermittelt die Bundesanwaltschaft gegen Petri wegen des Verdachts, an der Erstellung der Terrorliste *Der Einblick* beteiligt gewesen zu sein. Das Verfahren wird eingestellt. Im September 1995 beginnt ein Prozeß gegen 18 Personen wegen der Fortführung der verbotenen DA, darunter gegen

Michael Petri.

Beurteilung: Michael Petri zählt zu den wenigen jungen Nachwuchskadern, die sich im Rahmen der → Gesinnungsgemeinschaft der Neuen Front betätigen. Er ist führend an den verbliebenen Aktivitäten dieses Kreises beteiligt, zu denen auch die Aufrechterhaltung der Kontakte in das benachbarte Ausland gehört. (B)

Philipp, Karl

Frankfurt a.M.

Unternehmensberater

Funktionär der → Nationaldemokratischen Partei Deutschlands (NPD), Herausgeber eines eigenen Informationsdienstes[1]

Aktivitäten: Karl Philipp ist in den siebziger und achtziger Jahren aktiv in der NPD und kandidiert für diese bei verschiedenen Wahlen. 1990 wird er wegen Volksverhetzung und Beleidigung zu einer Geldstrafe von 3.600 DM verurteilt, im selben Jahr tritt er als Redner auf dem Münchner »Revisionisten-Kongreß« auf. Er ist Autor in mehreren neofaschistischen Zeitschriften wie der → *Bauernschaft* und gibt einen Pressedienst heraus, der über Aktivitäten und Prozesse der Auschwitzleugner informiert.

Beurteilung: Karl Philipp ist Teil des internationalen Netzwerks der Auschwitzleugner, wirkt jedoch weniger spektakulär als z.B → Bela Ewald Althans oder → Otto Ernst Remer. Er verfügt über weitreichende internationale Kontakte, z.B. zur British National Party, und arbeitet eng mit dem Auschwitzleugner Ahmed Rami von Radio Islam in Stockholm zusammen. Sein Informationsdienst dient vielfach anderen extremen Rechten wie dem → Freundeskreis Freiheit für Deutschland als Arbeitsgrundlage. (FV/B)

1 Laut Antifa-Info Frankfurt, Nr. 4, NAPH-Pressedienst.

Pieper, Hans-Ulrich

geb. 4. April 1948

Unternehmensberater

Organisator des Berliner → Dienstagsgesprächs

Aktivitäten: Hans-Ulrich Pieper studiert Geschichtswissenschaft an der FU Berlin. Ende der 60er Jahre ist er Mitglied des → Nationaldemokratischen Hochschulbundes. Als Mitglied der Vereinigung 17. Juni und der NPD-Tarnorganisation Freiheitliche Studentengruppe e.V. pflegt er engen Kontakt zu CDU-Mitgliedern um den Landesvorsitzenden des Ostpolitischen Deutschen Studentenverbandes Viktor Zander. Zu Beginn der 70er Jahre bewegt er sich im Umfeld der Außerparlamentarischen Mitarbeit des → Sven Thomas Frank. So zählt er mit diesem am 18. Januar 1971 zu den Teilnehmern einer vom →

Zollernkreis ausgerichteten Reichsgründungsfeier. Er unterstützt 1971 den von Nationalrevolutionären verfaßten Wahlaufruf der Wählerinitiative parteiloser Bürger für die CDU. Zu Beginn der 80er Jahre wirkt er als PR-Manager und Pressesprecher der Düsseldorfer Rheinmetall. Die gleiche Aufgabe übernimmt er 1989 bei den → Republikanern für die Stadtratswahl 1990 in München, bei der er, wie auch zur bayerischen Landtagswahl 1990, für sie ebenfalls kandidiert. Er organisiert ab 1993 in Berlin das Dienstagsgespräch. 1995 tritt er der Berliner FDP bei, um den nationalliberalen Flügel um Alexander von Stahl zu stärken. Pieper schreibt seit 1972 immer wieder in größeren Zeitabständen für die Zeitschrift → *Criticón* u. a. über Themen wie:»Wie sozialistisch waren die Nationalsozialisten wirklich?«

Beurteilung: Der nationalrevolutionären Schule entstammend, stellt der Unternehmensberater (Firma Pieper und Partner, Agentur für integrierte Kommunikation) Kontakte zwischen Wirtschaftskreisen und rechtsextremen und populistischen Gruppierungen her. Verfassungsschutzkreise werten den Dienstagskreis als»Auswahl von Kapital und Intelligenz der rechten Szene bzw. rechtskonservativer Parteien«[1]. (B)

1 Zitiert nach D. Rulff: Rote Karte für Heckelmann. Die Tageszeitung vom 20.6.1994, S. 4.

Pohl, Andreas Siegfried
Berlin
geb. 7. Mai 1960
Leiter der → Sozialrevolutionären Arbeiterfront (SrA)

Aktivitäten: Seine politische Karriere beginnt Andreas Pohl Anfang der 80er Jahre in der Berliner Skinhead-Szene. Er ist Mitglied der Nazi-Skinhead-Band Kraft durch Froide und des Fußball-Fanclubs Endsieg. 1985 nimmt die Skinhead-Gruppe um Pohl an der Gründung der → Nationalistischen Front (NF) teil. Pohl wird Leiter der Berliner Ortsgruppe. Aufgrund seiner Kontakte zu rechtsradikalen Hooligans in Ost-Berlin erhält er Einreiseverbot durch die DDR-Behörden. Im Januar 1989 ist Pohl Kandidat der Westberliner »Freiheitspartei«, einem Wahlbündnis militanter Neofaschisten. Auf dem sechsten Parteitag der NF im November 1991 wird Pohl zum Geschäftsführer und stellvertretenden Vorsitzenden der Organisationsleitung gewählt. Zudem wird er Bereichsleiter Nord. 1992 tritt er den Vorsitz der NF-Ortsgruppe Berlin an Enno Gehrmann ab. Andreas Pohl ist Wortführer der lautstark betriebenen Spaltung der NF, in deren Verlauf er im August zum Vorsitzenden der NF gewählt wird. Grund der Spaltung soll → Meinolf Schönborns Vorstoß gewesen sein, ein Nationales Einsatzkommando aufzustellen. Im Juli gründet der Mehrheitsflügel um Pohl die Sozialrevolutionäre Arbeiterfront (SrA). Er übernimmt das Referat Propaganda und Öffentlichkeitsarbeit. Noch im September kandidiert er für die NF bei den Landratswahlen in Kelheim (Bayern) und erhält 1,29 Prozent der Stimmen. Im Mai 1993 lädt Pohl im Namen der Vorfeldorganisation der SrA, dem Förderwerk Mitteldeutsche Jugend, zu einem internationalen »Revisionistenkongreß« nach Dänemark ein. Eine Gruppe P.O.H.L. vertreibt von Potsdam aus Propaganda der SrA. **Beurteilung**: Andreas Pohl ist seit der Gründung führendes Mitglied der NF. Nach der Maueröffnung betreibt er federführend den Aufbau von Kameradschaften im Land Brandenburg und in Berlin. Seit dem Verbot der NF koordiniert er gemeinsam mit → Steffen Hupka die SrA-Aktivitäten, wobei er stets darauf bedacht ist, aus dem Hintergrund zu agieren. (B)

Pozorny, Reinhard

geb. 16. Februar 1908 († 25. Juni 1993)

Aktivitäten: Vor 1945 ist Reinhard Pozorny Gauleiter von Reichenbach und Stadtdirektor von Pilsen. Nach 1945 wird er Mitglied im → Witikobund und ist bis 1973 Leiter des Bereichs »Kultur- und Volkstumspflege« der Bundesgeschäftsstelle der → Sudetendeutschen Landsmannschaft. 1957 kandidiert er für den → Gesamtdeutschen Block/Bund der Heimatlosen und Entrechteten in Bayern. 1958 ist er Vorsitzender der Robert-Hohlbaum-Gesellschaft. 1973 wird Reinhard Pozorny stellvertretender Präsident des → Deutschen Kulturwerks europäischen Geistes (DKEG). 1977 verleiht der Studentenbund Schlesien ihm den Schlesischen Kulturpreis der Jugend. Im Mai referiert Pozorny auf einem Kongreß der → Gesellschaft für freie Publizistik (GFP) zum Thema »Die gegenwärtige Lage der Sudetendeutschen«. Er ist Leiter der GFP-Arbeitsgemeinschaft Presse. Im Juni liest er auf den Lippoldsberger Dichtertagen der GFP aus seinem Werk. Auf dem Kongreß der GFP im Mai 1978 in Kassel erhält Reinhard Pozorny die Ulrich-von-Hutten-Medaille. Im November spricht er bei einer vom Reichsverband deutscher Soldaten, dem Witikobund und dem Verein deutscher Studenten durchgeführten Gefallenenehrung, die in Frankfurt-Oberrad stattfindet. 1979 ist Pozorny stellvertretender Präsident der GFP. Im selben Jahr tritt er aus der DKEG aus. Er wendet sich der 1979 gegründeten Abspaltung → Deutsche Kulturgemeinschaft zu. Seit 1980 gibt Pozorny den *Deutschen Almanach* im → Türmer-Verlag heraus. 1986 erhält er den Hans-Ulrich-Rudel-Preis der → Deutschen Volksunion, der er 1987 beitritt.

Beurteilung: Pozorny rühmt sich 1978, »seit dem Unglücksjahr 1945 (…) mehr als viertausend Vorträge« gehalten zu haben und bei »Gemeinschaften der heutigen Jugend« Anklang zu finden. Er trat als Referent und Autor im gesamten Umfeld des Witikobundes auf. Artikel publizierte er u. a. in der → *Deutschen Wochen-Zeitung*, deren Schriftleitung er angehörte, in → *Nation und Europa* und den *Deutschen Monatsheften*. (B)

Priem, Arnulf Winfried Horst

Berlin

geb. 6. Mai 1948

Betriebswirt

Aktivitäten: 1968 wird Arnulf Priem als politischer Häftling aus dreijähriger DDR-Haft freigekauft, die er wegen rechtsextremistischer Betätigung, Kindesmißbrauch und Körperverletzung erhalten hatte. 1971 wird er Mitglied der → Deutschen Volksunion und kandidiert 1974 in Baden-Württemberg für die → Nationaldemokratische Partei Deutschlands. Er gründet in Freiburg die Kampfgruppe Priem e.V. 1976/77 wird er in Westberlin Aktionsführer der → Nationalsozialistischen Deutschen Arbeiterpartei/Auslands- und Aufbauorganisation (NSDAP/AO), deren Bestandteil seine Kampfgruppe wird. Im März 1980 gründet er den neuheidnischen → Asgard-Bund e.V. Im November wird er wegen Besitz von Waffen und NS-Materialien verurteilt. 1982 wird Priem wegen den gleichen Delikten erneut verurteilt, 1993 folgt eine weitere Verurteilung. Er wird von der → Hilfsgemeinschaft für nationale politische Gefangene und deren Angehörige betreut. 1987 gründet Priem die Gruppe Wotans Volk, die zu großen Teilen mit der aufgelösten Kampfgruppe Priem identisch ist. Sie wird als Jugendgruppe des Asgard-Bundes bezeichnet und ist ebenfalls Bestandteil der NSDAP/AO. Später firmiert die Gruppe als Hauptschulungsamt Wotans Volk innerhalb des Asgard-Bundes. Priem unterstützt 1990 als Vertrauensmann von → Michael Kühnen den Aufbau der → Nationalen Alternative (NA). Am 18. März wird Wotans Volk Bestandteil des Berliner Blocks, dem auch die → Deutsche Alternative (DA) und die NA angehören. Nach dem Tod von Kühnen 1991 wird Priem Mitglied der inoffiziellen Führungsgruppe der → Gesinnungsgemeinschaft der Neuen Front (GdNF). Im August 1992 wird Priem Vorsitzender des Landesverbandes Berlin der DA. Im Oktober 1993 beteiligt er sich an der Gründung der Nationalen Initiative Freiheit für Gottfried Küssel. Am Rande einer antifaschistischen Demonstration wird er im August 1994 zusammen mit 26 weiteren Neonazis in seiner Wohnung verhaftet. Es werden Sprengstoff, Waffen und Molotow-Cocktails sichergestellt. Im Mai 1995 wird er zu dreieinhalb Jahren Haft wegen Bildung eines bewaffneten Haufens und Verunglimpfung des Staates und seiner Organe verurteilt. Nach einer Freilassung auf Kaution verbüßt er seine Haftstrafe als Freigänger.

Beurteilung: Arnulf Priem gehört seit Mitte der 70er Jahre dem militanten Flügel des bundesdeutschen Neofaschismus an, die ihn bis in die Führungsgruppe der GdNF brachte. Er agitierte seit der Wiedervereinigung vorwiegend Jugendliche, die er auch an Wehrsportübungen heranführt. Im Zusammenhang mit den Briefbombenattentaten ermitteln sowohl österreichische als

510

auch bundesdeutsche Behörden gegen ihn. Sein Verhalten während des jüngsten Prozesses forderte die Kritik seiner »Gesinnungskameraden« heraus, die ihm umfangreiche Aussagen vorwarfen und dazu aufriefen, von ihm Abstand zu halten. (B)

Rade, Reinhard
Leipzig
geb. 1964
bis 1996 gewählter Kreisrat in Bad Tölz.

Aktivitäten: Reinhard Rade wird 1990 in Bad Tölz Kreisrat der ⟶ Republikaner (REP) sowie deren DDR-Koordinator und Wahlkampfleiter von Sachsen. Aufgrund seiner militanten Positionen folgt Mitte des Jahres der Parteiausschluß. Im März 1991 plant er mit ⟶ Jürgen Rieger und ⟶ Bela Ewald Althans den (dann verbotenen) »internationalen revisionistischen Kongress« in München. Im Februar 1993 wird bekannt, daß Rade Eigentümer des von Althans geführten AVÖ-Ladens ist. Ab ca. 1993 hält sich bei Rade Hans Jörg Schimanek auf, zu dieser Zeit in Österreich wegen der Briefbombenattentate gesucht. Bei Peter Binder, ein weiterer damaliger Verdächtiger in diesem Zusammenhang, wird die Telefonnummer von Rades Firma (Fa. Baubetreuung in Mitteldeutschland GmbH) gefunden. Rade und Schimanek kennen sich von gemeinsamen Söldnerdiensten in Surinam (1989), Französisch-Guyana (1990) und Kroatien (1992).

Beurteilung: Als Mitglied der REP, wo er immer wieder durch seine militanten und rassistischen Äußerungen auffiel, gehörte Rade dem Flügel um ⟶ Harald Neubauer an. Durch seine internationale Söldnertätigkeit (u. a. bei der kroatischen HOS-Miliz)[1] verfügt er über Kontakte zu militanten Rechtsextremisten und Neofaschisten. (B)

1 Antifaschistisches Autorenkollektiv: Drahtzieher im braunen Netz. Hamburg 1996, S. 46.

Remer, Otto Ernst Fritz Adolf
Bad Kissingen
geb. 18. August 1912
Generalmajor a.D., Maurer, Handelskaufmann
Ehrenvorsitzender ⟶ Die Deutsche Freiheitsbewegung (DDF)

Aktivitäten: Remer wird 1933 Berufssoldat. 1944 ist er als Kommandant des Berliner Wachregiments an der Niederschlagung des Putschversuchs vom 20. Juli beteiligt. Nach 1945 betätigt er sich zunächst als militärhistorischer Berater bei der US Army. 1949 gründet er die Gemeinschaft Unabhängiger Deutscher und die ⟶ Sozialistische Reichspartei (SRP) mit, deren Landesvorsitzender in Schleswig-Holstein und stellvertretender Parteivorsitzender er 1950 wird. 1951 wird er wegen übler Nachrede zu vier Monaten Haft, 1952 wegen Beleidigung der Verschwörer des 20. Juli zu drei Monaten Haft verurteilt, entzieht sich der Strafe aber durch Flucht nach Ägypten. 1954 kehrt er in die Bundesrepublik zurück. 1960 wird ein Antrag der Bundesregierung, Remer die Grundrechte zu entziehen, vom Bundesverfassungsgericht abgelehnt. 1962 flieht er abermals in den Nahen Osten und wird 1963 bei seiner Wiedereinreise in die BRD festgenommen. In der Folgezeit zieht sich Remer weitgehend aus der deutschen Politik zurück. 1982 ist er Mitgründer des → Freundeskreises Ulrich von Hutten, aus dem er aber 1983 ausscheidet und die DDF gründet, deren Vorsitzender er bis 1989 ist. 1991 gründet er die J.G.Burg-Gesellschaft, als deren Publikation ab Juni die *Remer-Depesche* erscheint. 1992 wird er wegen Leugnung des Holocausts, Volksverhetzung und Aufstachelung zum Rassenhaß zu 22 Monaten Haft verurteilt. Anfang 1994 fliehen er und seine Frau Anneliese nach Spanien, um sich der Haftstrafe zu entziehen. Sein Asylgesuch wird abgelehnt, ein Auslieferungsgesuch Deutschlands wird jedoch ebenfalls zurückgewiesen, da der Strafbestand Volksverhetzung in Spanien nicht existiert. Anneliese Remer-Heipke betrieb den Verlag Remer-Heipke, über den Bücher, Videos und »handsignierte« Remer-Poster vertrieben wurden.

Beurteilung: Remer ist eine angesehene Person im rechtextremen Spektrum. Bedeutend ist v.a. seine Beteiligung an der Niederschlagung des Putschversuchs vom 20. Juli 1944. Schon in den ersten Nachkriegsjahren war Remer am Aufbau der rechtsextremistischen Strukturen beteiligt. Seit den achtziger Jahren war er überwiegend publizistisch tätig und konzentrierte sich auf die Verbreitung holocaustleugnender Propaganda. Er verfügt über weitreichende Kontakte in nahezu alle rechtsextremen Strömungen im In- und Ausland. Auch wenn er sich in den letzten Jahren aufgrund seines Alters und zunehmender physischer Beschwerden von den politischen Aktivitäten zurückziehen mußte, wird seine Popularität als Identifikationsfigur des deutschen Neofaschismus wohl noch über seinen Tod hinaus wirken. (B)

Richter, Karl
geb. 1962
Chefredakteur der Zeitschrift → *Nation und Europa,* Beisitzer im Bundesvorstand und gleichberechtigter bayerischer Landesvorsitzender der → Deutschen Liga für Volk und Heimat
Aktivitäten: 1985 erhält Karl Richter ein Herwig-Schopper-Stipendium der Sudetendeutschen Akademie der Wissenschaften. 1988 zeichnet er für die der → Burschenschaft Danubia nahestehende Zeitschrift *Münchner Freiheit* als Verantwortlicher. Im Impressum der → *Jungen Freiheit* wird er von Juni 1988 bis Mai 1989 als freier Mitarbeiter und von Juli bis September 1989 als

Redakteur aufgeführt. 1989 wirkt er als persönlicher Referent von → Harald Neubauer. 1990 ist er Chefredakteur des Parteiorgans → *Der Republikaner* und führt diese Aufgabe nach Gründung der Deutschen Liga für Volk und Heimat Ende 1990 für deren inoffizielles Parteiblatt *Deutsche Rundschau* fort. 1992 wird er Chefredakteur der ältesten rechtsextremen Zeitschrift *Nation und Europa*. Am 31. Mai 1995 wird Richter wegen Volksverhetzung verurteilt. Richter schrieb u. a. für die Zeitschriften *Student, Deutsche Monatshefte* (1988), → *Deutschland in Geschichte und Gegenwart, Nation* (1990), → *Staatsbriefe* (1993) und *Identität*. In jüngster Zeit referiert er bei den Tagungen der → Gesellschaft für freie Publizistik sowie bei Veranstaltungen des → Hoffmann-von-Fallersleben-Bildungswerks, des → Deutschen Seminars und des Deutschen Freundeskreises Franken. Sein Buch *Richard Wagner Visionen* erscheint 1994 im → Arun-Verlag.

Beurteilung: Richter zählt zu den aktivsten Nachwuchskräften des deutschen Rechtsextremismus. Protegiert von → Peter Dehoust, dem Herausgeber der Zeitschrift *Nation und Europa*, tritt er konsequent für eine »Kaderpartei am rechten Rand« ein. (B)

Rieger, Jürgen

Hamburg
geb. 11. Mai 1946
Rechtsanwalt
Vorsitzender der → Gesellschaft für biologische Anthropologie, Eugenik und Verhaltensforschung, u. a. Vorstandsmitglied des → Nordischen Rings
Aktivitäten: 1968 schließt sich der Jurastudent Jürgen Rieger der Aktion Oder-Neiße an. 1969 tritt er dem → Bund Heimattreuer Jugend bei und verfaßt die 1972 indizierte Schrift *Rasse – Ein Problem auch für uns*. 1970 betätigt sich Rieger als Pressesprecher eines CSU-Freundeskreises und beteiligt sich im Oktober an einer gewalttätigen Demonstration der → Aktion Widerstand in Würzburg. Wegen Körperverletzung wird er 1974 verurteilt. Rieger ist 1972 Mitbegründer des → Nordischen Rings und wird Vorsitzender der → Gesellschaft für biologische Anthropologie, Eugenik und Verhaltensforschung. 1975 eröffnet er sein Anwaltsbüro in Hamburg. Im Prozeß gegen den ehemaligen SS-Führer Arpad Wigand 1976 behauptet Rieger, die Einrichtung des Warschauer Ghettos sei eine seuchenhygienische Maßnahme gewesen. Ein Verfahren wegen Verunglimpfung des Andenkens Verstorbener bringt ihm 1983 eine Geldstrafe ein, die 1987 aufgehoben wird. 1989 wird er Vorsitzender der → Artgemeinschaft und Schriftleiter der *Nordischen Zeitung*. 1990 werden die Vereine Heide-Heim e. V. Buchholz und Hamburg, bei denen Rieger Vorstandsfunktionen bekleidet, Träger des Schulungszentrums Hetendorf 13, wo Wehrsportlager und Treffen neofaschistischer Gruppen

sowie ab 1991 die jährlichen Hetendorfer Tagungswochen stattfinden, die durch von Rieger geleitete Vereine bestritten werden. Im April 1991 referiert Rieger bei der → Nationalistischen Front (NF) zum Thema *Ausländer raus – warum und wie*. Im August meldet er die Ersatzveranstaltung für den verbotenen Rudolf Heß-Gedenkmarsch in Bayreuth an und ist Hauptredner vor etwa 2.000 Teilnehmern. Wegen Verwendens verfassungsfeindlicher Symbole wird Rieger 1994 verurteilt. 1995 sucht er »junge deutsche Familien«, die mit ihm nach Schweden auswandern wollen, wo er ein 650 Hektar großes Gut gekauft hat, das 3,4 Millionen DM gekostet haben soll. Im Februar leitet die Hamburger Staatsanwaltschaft ein Ehrengerichtsverfahren gegen ihn ein.

Beurteilung: Jürgen Rieger ist Multifunktionär und seit zwei Jahrzehnten bevorzugter Strafverteidiger des neofaschistischen Lagers. Zu seinen Mandanten zählten → Ernst Zündel, → Meinolf Schönborn, Berthold Dinter, → Thies Christophersen, die NF, die → Nationale Offensive und etliche mehr. Nachdem er sich in den 70er Jahren vor allem der Verbreitung rassebiologischer Thesen widmete, unterstützte er seit Ende der 80er Jahre den Aufbau der NF. Ein Schwerpunkt seiner Verfahren sind Anklagen, die die Leugnung der Massenmorde an Juden im Nationalsozialismus zum Inhalt haben. (B)

Roeder, Manfred
Schwarzenborn
geb. 6. Februar 1929
ehemaliger Rechtsanwalt
Initiator der → Deutschen Bürgerinitiative – weltweit, der Freiheitsbewegung Deutsches Reich (jetzt: → Europäische Freiheitsbewegung) und des → Deutsch-Russischen Gemeinschaftswerks – Förderverein für Nord-Ostpreußen

Aktivitäten: Manfred Roeder, in einer Nationalpolitischen Erziehungsanstalt erzogen, nimmt 1945 als 16-jähriger an den Kämpfen um Berlin teil. 1967 wird er als Rechtsanwalt zugelassen und engagiert sich ab 1970 in der CDU in Bensheim. 1971 gründet er die Bürgerinitiative gegen moralische und politische Anarchie, die später in Deutsche Bürgerinitiative umbenannt wird. 1973 schreibt er das Vorwort für → Thies Christophersens *Die Auschwitz-Lüge*, 1974 steigt er als Mitarbeiter bei der → *Bauernschaft* ein. Die erste Demonstration zu Ehren von Rudolf Heß organisiert Roeder zu dessen 80. Geburtstag 1974, ihr folgt eine zweite 1977. 1975 gründet Roeder die Freiheitsbewegung Deutsches Reich, auf deren »Reichstag« er sich in Nachfolge von Dönitz zum »Reichsverweser« ernennen läßt. 1976 und 1977 nimmt Roeder an Treffen der illegalen NSDAP teil. Einer dreimonatigen Haftstrafe 1977 folgt eine Geldstrafe wegen Volksverhetzung, woraufhin er 1978 in die Schweiz flieht. Seine weitere Flucht führt ihn nach Österreich, Brasilien,

Großbritannien, USA, Kanada und Südafrika. 1978 reist er illegal wieder in die BRD ein. Es folgt 1979 ein kurzes Intermezzo in der Schweiz, wo Roeder kurzzeitig festgenommen wird. 1980 verüben Roeders →ᐟ Deutsche Aktionsgruppen sieben Brand- und Sprengstoffanschläge, wobei am 22. August 1980 zwei Vietnamesen ums Leben kommen. Eine Woche später wird Roeder festgenommen und 1982 wegen Bildung einer terroristischen Vereinigung zu 13 Jahren Haft verurteilt. 1990, im Jahr seiner Haftentlassung, besucht er die »Revisionisten«-Veranstaltung »Wahrheit macht frei«. 1992 reist Roeder zum ersten Mal in das Kaliningrader Gebiet, wo er mit seinem Deutsch-Russischen Gemeinschaftswerk – Förderverein Nord-Ostpreußen aktiv ist. 1995 besuchte er in Begleitung →ᐟ Peter Naumanns eine Diskussionsveranstaltung gegen das neofaschistische Zentrum Hetendorf 13.

Beurteilung: Roeder hat gute Verbindungen zum deutschen und internationalen Netz des Neofaschismus und Rechtsextremismus. Von hier fließen ihm und seinen Projekten Spenden zu. Schwerpunkt seines Engagements ist seit 1992 die Kaliningrader Region, wo er eine »Regermanisierungspolitik« betreibt, die auf der Ansiedlung von Rußlanddeutschen basiert. Zielperspektive ist ein Freistaat Preußen, der gegründet werden soll, um das ehemalige Nord-Ostpreußen aus dem russischen Staatsverband zu lösen. Roeder engagiert sich auch im Heidenspektrum, was seine Teilnahme an Veranstaltungen des →ᐟ Bundes der Goden belegt. (B)

Rohrmoser, Prof. Dr. phil. Günter
Stuttgart
geb. 29. November 1927
Sozialphilosoph
Vizepräsident des →ᐟ Studienzentrums Weikersheim
Aktivitäten: Günter Rohrmoser studiert Nationalökonomie, Geschichte, Germanistik, Theologie, Anglistik und Philosophie an der Universität Münster. 1955 promoviert er zum Dr. phil. 1961 habilitiert er in Sozialphilosophie und Religionswissenschaften. Von 1962–1976 lehrt er als Professor an der Pädagogischen Hochschule Münster und seit 1963 als Honorarprofessor an der Universität Köln. Seit 1976 ist er Ordinarius für Sozialphilosophie der Universität Hohenheim. Seit Gründung des Studienzentrums Weikersheim 1979 fungiert er als dessen Vizepräsident. In den 80er Jahren wirkt er u. a. als Berater von Franz Josef Strauß und Hans Filbinger. Zu Beginn der 90er Jahre sieht er in den →ᐟ Republikanern eine Chance. Der Rundbrief *Mitteilungen* der Gesellschaft für Kulturwissenschaft e.V. dient in erster Linie zur Verbreitung seiner Vorlesungen und zur Werbung für seine zahlreichen Bücher. Er veröffentlichte u. a. *Das Debakel* (1985 im Sinus-Verlag), *Ideologie-Zerfall. Nachruf auf die geistige Wende* (1989), *Deutsch-Russischer Dialog. Wiedererken-*

nung (1992) und *Der Ernstfall* (1994).

Beurteilung: Rohrmoser gilt als Hausphilosoph des Studienzentrums Weikersheim. Als entschiedener Gegner der Frankfurter Schule will er den Trägern des wirtschaftlichen und gesellschaftlichen Systems Argumentationen für eine konservative Erneuerung anbieten. 1989 wirft er in einem Interview mit der → *Jungen Freiheit* der CDU/CSU »politische, geistige und moralische Knochenerweichung« vor und verlangt von ihr die Frage der »nationalen und multikulturellen Zukunft der Deutschen« zum zentralen Wahlkampfthema der Zukunft zu machen. Eng verknüpft er konservative Politik mit dem christlichen Glauben. (B)

Rouhs, Manfred
Köln
geb. 16. September 1965
Herausgeber von → *Europa vorn*, Betreiber des Europa vorn Infotelefons sowie des Europa vorn Buchdienstes

Aktivitäten: Manfred Rouhs ist bis 1987 Landesvorsitzender der → Jungen Nationaldemokraten (JN) in Nordrhein-Westfalen. Im März wechselt er zu den → Republikanern (REP), gleichzeitig wird er Generalsekretär des → Ringes Freiheitlicher Studenten (RFS). 1988 gründet Rouhs die Zeitschrift *Europa vorn (EV)*, als deren Herausgeber er fungiert. Im Januar 1989 wird er für die REP in den Kölner Stadtrat gewählt und 1990 engagiert er sich am Aufbau ostdeutscher REP-Strukturen. Hier fordert er eine »nationale Aristokratie«, die eine Gesellschaft etablieren müsse, die auf nationaler Identität, Demokratie und sozialer Gerechtigkeit beruht. Seit 1991 ist Rouhs für die → Deutsche Liga für Volk und Heimat (DLVH) im Kölner Stadtrat und im März 1993 gründet er mit → Torsten Lemmer und Christian Eitel die LER & Partner GmbH, steigt jedoch einen Monat später wieder aus. Anfang 1995 gibt Rouhs die Schülerzeitung *Hoppla* heraus, die er u. a. von JN-Mitgliedern verteilen läßt.

Beurteilung: Rouhs orientiert sich an der »Neuen Rechten« und fordert eine vereinigte Rechte, die das gesamte rechtsextreme Spektrum umfassen soll. Mit *Europa vorn*, die zeitweilig eines der bedeutendsten Strategieorgane der extremen Rechten darstellte, versucht Rouhs, auch Jugendliche und die Skinhead-Szene mit rechter Propaganda zu versorgen. (B)

Sander, Dr. phil. Hans-Dietrich
München
geb. 1928
Journalist
Herausgeber der Zeitschrift → *Staatsbriefe*

Aktivitäten: Nach seinem Studium in West-Berlin arbeitet Hans-Dietrich Sander einige Jahre im Umfeld Bertolt Brechts als Dramaturg in Ostberlin. 1957 flieht er nach West-Berlin. Als Journalist wird er im selben Jahr für die Tageszeitung *Die Welt* tätig und arbeitet im 1968 gegründeten *Politischen Zeitspiegel*. 1969 promoviert er bei Hans-Joachim Schoeps in Erlangen. Seit 1970 arbeitet er als freier Journalist u. a. für → *Criticón* und wird 1982 Chefredakteur der neu gegründeten rechtsextremistischen *Deutschen Monatshefte*, die im → Türmer-Verlag von → Gert Sudholt erscheinen. Seit Januar 1990 gibt er die monatlich erscheinende Zeitschrift *Staatsbriefe* heraus. Sander referiert Themen wie »Europa oder das Deutsche Reich« u. a. bei den Organisationen: → Gesellschaft für freie Publizistik (1985), Junges Weikersheim (1993), Berliner Kulturgemeinschaft Preußen, → Die Nationalen, Studentenbund Schlesien, → Deutsche Liga für Volk und Heimat, → Deutsches Seminar. Als Autor schreibt er in den Zeitschriften → *Nation und Europa,* → *Criticón,* → *Mut* und → *Sleipnir*. Als sein wichtigstes Buch gilt *Der nationale Imperativ*, erschienen 1980 im Krefelder Sinus-Verlag.

Beurteilung: Neben → Hans-Joachim Arndt, → Armin Mohler, Hellmut Diwald und Bernhard Willms radikalisierte Sander in den 70er und 80er Jahren den Nationalismus der Konservativen. Als Anhänger von Carl Schmitt steht für ihn die Freund-Feind-Frage und die Souveränität im Ausnahmezustand im Mittelpunkt seiner Überlegungen. In seiner Zeitschrift *Staatsbriefe*, die er ursprünglich als *Die Tat* der Weimarer Republik für die 90er Jahre konzipiert hat, spiegelt sich dieser Ansatz verschärft durch die Debatte um den Reichsbegriff, das Werten des Rostocker Pogroms als nationale Erhebung und → Reinhold Oberlerchers *100–Tageprogramm der nationalen Notstandsregierung* wider. Als neues Zielpublikum fand er für seine Ideen die von Verboten betroffenen neofaschistischen Kreise. In Staatsbriefe-Lesekreisen widmet Sander sich vor allem »den Aufgaben einer nationalen Jugend in Deutschland«. Dem militanten Neofaschismus liefert er so mit seinen »Thesen« zum Dritten Reich – Über Vor- und Nachteile« Argumentationshilfen. (B)

Schaffer, Dr. Ursula
Berlin
geb. um 1910
Lehrerin i. R., Ehrenvorsitzende der Berliner Kulturgemeinschaft Preußen (BKP)

Aktivitäten: In den 70er Jahren führt Ursula Schaffer als Mitglied der → Nationaldemokratischen Partei Deutschlands (NPD) einen Schriftwechsel mit → Heinrich Lummer. Dieser hatte Rechtsextremisten Geld zur Verfügung gestellt, um SPD-Wahlkampfplakate zu überkleben. 1983 wird Schaffer Vorsitzende des Arbeitskreises Berlin der → Deutschen Kulturgemeinschaft

(DKG). Sie wird auf der Hauptversammlung der NPD-Berlin als Vertreterin für das Referat »Umweltschutz und Familie« im Europaparlament vorgeschlagen. Im September 1989 hält sie auf dem Berliner NPD-Landesparteitag die Laudatio auf → Udo Walendy. Im März 1990 wird unter ihrer Führung die DKG-Berlin in Berliner Kulturgemeinschaft Preußen e.V. (BKP e.V.) umbenannt. Schaffer nimmt Kontakt zur → Nationalen Alternative in Ost-Berlin auf und organisiert die erste internationale Heldengedenkfeier zu Ehren der SS-Soldaten auf dem Friedhof in Halbe (Land Brandenburg). Im Dezember kandidiert Ursula Schaffer auf der NPD-Liste für den Bundestag. Im November 1991 hält sie die Eröffnungsrede auf der zweiten internationalen Heldengedenkfeier auf dem Friedhof in Halbe. Im Februar 1992 organisiert Schaffer eine Veranstaltung mit → Ernst-Günther Kögel in Berlin. 1993 lädt sie zu einer gemeinsamen »Reichsgründungsfeier« mit dem → Hoffmann-von-Fallersleben-Bildungswerk ein. 1994 gibt sie den Vorsitz der BKP an ihren Zögling Ulli Boldt, ehemaliges Mitglied der → Nationalistischen Front, ab.

Beurteilung: Mit dem Aufbau des Berliner Ablegers der Deutschen Kulturgemeinschaft erlangt Ursula Schaffer eine zentrale Funktion für den bundesdeutschen Neofaschismus. Zu Seminaren, die organisationsübergreifend gehalten werden, werden nur ausgewählte Personen des Nachwuchses geladen, die zu Kadern geschult werden sollen. Über die DKG und das ihr nahestehende Deutsche Kulturwerk europäischen Geistes – Österreich verfügt sie über beste internationale Kontakte, die auch für die Aufmärsche in Halbe ausgiebig genutzt wurden. (B)

Scheerer (geb. Rudolf), Germar (Ernst Gauss)

Frankfurt a. M.
geb. 1964
Chemiker
Autor u. a. in → *Staatsbriefe,* → *Sleipnir* und → *Deutschland in Geschichte und Gegenwart*

Aktivitäten: Germar Scheerer ist 1986 Jugendreferent der Kreisgruppe Bonn der → Landsmannschaft Schlesien und wird von September bis Dezember 1989 als Redakteur im Impressum der → *Jungen Freiheit* geführt. 1990 wird er Aktivist des Republikanischen Hochschulverbandes in Frankfurt. 1991/1992 erstellt er im Auftrag von → Otto Ernst Remer und dessen Anwalt Hajo Herrmann das Gutachten über die Bildung und Nachweisbarkeit von Cyanidverbindungen in den »Gaskammern« von Auschwitz, in dem er behauptet, daß »aus chemisch-physikalischen Gründen die bezeugten Massenvergasungen mit Blausäure in den angeblichen ›Gaskammern‹ in Auschwitz nicht stattgefunden haben (können)«[1]. Weil er dafür Briefbögen seines Arbeitgebers, der Max-Planck-Gesellschaft in Stuttgart, benutzt, wird ihm fristlos gekündigt. Im Juli 1992 tritt er als von der Verteidigung berufener »Gutachter« in einem Gerichtsverfahren gegen Remer auf. 1994 referiert er bei der → Europa-Burschenschaft Arminia Zürich zu Heidelberg und verantwortet unter dem Pseudonym Ernst Gauss die Herausgabe der »revisionistischen« Sammelwerke *Vorlesungen über Zeitgeschichte* sowie *Grundlagen zur Zeitgeschichte* im → Grabert-Verlag. 1995 wird er im Juni wegen Volksverhetzung und Aufstachelung zu Rassenhaß verurteilt.

Beurteilung: Germar Scheerer hat sich in den letzten Jahren unter Anleitung Otto Ernst Remers und des Grabert-Verlages zu einem der wichtigsten Nachwuchs-»Revisionisten« entwickelt. Von besonderer Bedeutung für die Auschwitzleugner ist dabei seine fachliche Ausbildung und sein Doktorandenstatus, da der Verweis auf vermeintlich neutrale, unwiderlegbare naturwissenschaftliche Erkenntnisse in ihrer Vorgehensweise eine wichtige Rolle spielt. (FV/B)

1 Zitiert nach: Blick nach rechts, Nr. 1/1994, S. 4.

Schenke, Wolf
geb. 1914 († 1989)

Gründer der → Dritten Front, Mitarbeiter der → Aktionsgemeinschaft Unabhängiger Deutscher, Herausgeber der *Neuen Politik*

Aktivitäten: Schenke ist während des Nationalsozialismus u.a. HJ-Führer und Herausgeber von deren Schulungsbrief *Wille und Macht*. 1936 schied er aus der Reichsjugendführung aus. Von 1937 bis Kriegsende betätigt er sich als Korrespondent für den *Völkischen Beobacher* in China. 1947 kehrt er in die Westzonen zurück und gründet 1950 die nationalneutralistische → Dritte Front. 1951 bereitet er zusammen mit Rudolf Jungnickel (→ Deutscher Block) den Deutschen Kongreß vor. 1954 gründet er den Holsten-Verlag in Hamburg. Seit 1956 betätigt er sich als Verleger und Chefredakteur der Zeitschrift *Neue Politik*. 1957 gründet er die China-Gesellschaft, 1958 die Arbeitsgemeinschaft Neue Politik, 1961 zusammen mit Hermann Schwann die Vereinigung Deutsche Nationalversammlung und ebenfalls 1961 den Deutschland-Rat. Von 1965 bis ca. 1968 arbeitet er in der → Arbeitsgemeinschaft Unabhängiger Deutscher.[1] Anschließend beschränkt sich Schenke in erster Linie auf die Herausgabe der *Neuen Politik*. 1988 erscheint beim Herbig-Verlag seine Monographie *Siegerwille und Unterwerfung. Auf dem Irrweg der Teilung.*

Beurteilung: Schenke wirkte vor allem über seine noch heute unter einem neuen Herausgeber erscheinende Zeitschrift *Neue Politik*. Er versammelte hier Autoren wie Otto Strasser, Ernst Niekisch, jedoch auch → Wolfgang Venohr, → Werner Georg Haverbeck und Kräfte der Ökologiebewegung. Er vertrat einen »Völkischen Sozialismus«, dessen oberstes Ziel die Wiedervereinigung Deutschlands war. So erlebten vor allem zu Zeiten der Friedensbewegung seine national-neutralistischen Ansätze in der Deutschlandpolitik eine Renaissance, und Schenke war unter vielen Aufrufen und Tagungen nationalrevolutionärer Nationalisten zu finden.[2] (B)

1 Die Angaben folgen vor allem R. Stöß (Hrsg.): Parteienhandbuch. Die Parteien der Bundesrepublik Deutschland 1945–1980. Opladen /1986, S. 310 f.
2 Vgl. Bonner Initiative Gemeinsam gegen Neofaschismus (Hrsg.): Gaddafi – Mechtersheimer – Schönhuber. Quellen und rotgrüne Querverbindungen neofaschistischer Deutschland-Vereiniger. Bonn 1990. S. 55.

Schickel, Dr. Alfred
Ingolstadt/Dunsdorf
geb. 18. März 1933
Historiker, Lehrer
Leiter der → Zeitgeschichtlichen Forschungsstelle Ingolstadt (ZFI)
Aktivitäten: Alfred Schickel wird 1962 Lehrer für Geschichte und Sozialkunde. In den sechziger und siebziger Jahren ist er Mitarbeiter der klerikalen *Deutschen Tagespost* und Autor im *Bayernkurier, Deutschland-Magazin* und *konservativ heute.* Er wird Vorstandsmitglied der Arbeitsgemeinschaft Sudetendeutscher Erzieher in der → Sudetendeutschen Landsmannschaft. 1974 wird er Leiter des Katholischen Stadtbildungswerkes Ingolstadt. 1981 gründet er die ZFI und wird deren Leiter. Im April 1989 erhält er das Verdienstkreuz des Verdienstordens der Bundesrepublik Deutschland und den Kulturpreis für Wissenschaften der Sudetendeutschen Landsmannschaft. Im November 1990 referiert er bei der → Rudolf Heß-Gesellschaft in München. Er ist Mitglied der Sudetendeutschen Akademie der Wissenschaften. 1990/91 schreibt er in *Zeitenwende,* von Februar 1991 bis Mai 1992 ist er im Impressum der → *Jungen Freiheit* als Redakteur für den Bereich Zeitgeschichte aufgeführt. Darüber hinaus ist er Autor in *Mensch und Maß,* → *Criticón, Soldat im Volk,* → *Deutschland in Geschichte und Gegenwart,* → *Mut, Ökologie* und dem → *Ostpreußenblatt.*
Beurteilung: Die von Alfred Schickel geleitete Zeitgeschichtliche Forschungsstelle Ingolstadt bemüht sich um eine »Geschichtsrevision« in der Frage der deutschen Kriegsschuld am Zweiten Weltkrieg. Die Geschichtsinterpretation der Einrichtung wird im wesentlichen von Schickel publiziert, so etwa zur angeblichen Verantwortung Roosevelts für die Ausweitung des Krieges zum Weltkrieg oder zu vermeintlichen Angriffsplänen Stalins. Seine Propaganda wird wohlwollend von revanchistischen Zeitungen wie dem *Ostpreußenblatt* kommentiert, aber auch neofaschistische Publikationen greifen Schickels Thesen auf. Die Gewerkschaft Handel, Banken und Versicherungen ernannte Schickel zum »Kriegspreisträger« 1986. (FV/B)

Schlee, Prof. Dr. Emil

Raisdorf
geb. 21. Oktober 1922
Professor für Pädagogik im Ruhestand, Ministerialrat a.D.
Gründungsmitglied und Beisitzer im Vorstand des → Aufbruch 94 – Deutscher Freier Wählerbund, stellvertretender Vorsitzender der Staats- und wirtschaftspolitischen Gesellschaft e.V.

Aktivitäten: Emil Schlee ist bis 1945 Oberleutnant der Wehrmacht und ist 1961 Bundeswehrhauptmann der Reserve. 1967 tritt er in die CDU Rheinland-Pfalz ein und bleibt bis 1971 Landtagsabgeordneter der CDU. 1979 wird Schlee Landesbeauftragter für Vertriebene und Flüchtlinge im Kieler Sozialministerium. Nachdem Schlee 1984 die CDU verläßt, quittiert er im Jahr darauf diese Stellung. 1985 gründet er mit → Helga Zepp-LaRouche das Wahlbündnis Patrioten für Deutschland. Noch im gleichen Jahr distanziert sich Schlee von der LaRouche-Gruppe und versucht 1986 erfolglos, mit der Unabhängigen Wählergemeinschaft Schleswig-Holstein in den Landtag einzuziehen. 1987 tritt er den → Republikanern (REP) bei, deren Landesvorsitzender in Schleswig-Holstein und stellvertretender Bundesvorsitzender er wird. 1989 gelingt Schlee für die REP der Sprung in das Europaparlament. 1990 leitet er die Programmkommission der REP und stellt sich dem Kuratorium der geplanten Carl-Schurz-Stiftung zur Verfügung. Auf dem REP-Bundesparteitag 1990 tritt Schlee als Gegenkandidat → Schönhubers an und kritisiert 1991 dessen Führungsstil. 1992 verläßt Schlee die Partei und gründet im folgenden Jahr den Aufbruch 94 mit. 1994 versucht Schlee mit der Demokratischen Erneuerung eine rechte Sammlungsbewegung aus der Taufe zu heben, doch mangelt es am Zuspruch potentieller Bündnispartner.

Beurteilung: Emil Schlees parteipolitische Sammlungsversuche rechts der CDU sind durchweg gescheitert. Sein Einfluß bei den Revanchistenverbänden, wo er Vizepräsident des Bundes der Mitteldeutschen und Bundessprecher der Landsmannschaft Mecklenburg war, ist gesunken. Er ist allerdings weiterhin regelmäßiger Autor in → *Der Schlesier*. Beachtlich ist auch die Liste der rechtsextremen Organisationen und Periodika, für die Schlee in der Vergangenheit als Referent und Autor tätig war (u. a. → Deutsches Seminar, → Gesellschaft für freie Publizistik, → Deutsches Kulturwerk europäischen Geistes, → Zeitgeschichtliche Forschungsstelle Ingolstadt, Collegium Humanum, → Witikobund). (B)

Schleipfer, Sigrun (Freifrau von Schlichting; Hermine der Armanen)

Ammerland
geb. 19. August 1940

»Großmeisterin« des → Armanen-Orden, 1991–1994 Leiterin der → Arbeitsgemeinschaft naturreligiöser Stammesverbände Europas (ANSE), Vorsitzende der Gemeinschaft zur Erhaltung der Burgen e.v.

Aktivitäten: Sigrun Schleipfer ist die Tochter des NSDAP-Kreisleiters Wilhelm Hammerbacher, der im Nationalsozialismus heidnische Bücher wie *Midgarts Morgen* veröffentlichte. In ihrer Jugend ist sie Funktionärin des → Bundes Heimattreuer Jugend und Autorin in deren Führerbrief. Später ist sie Mitglied bei den → Goden, welche sie nach eigenen Aussagen acht Jahre geleitet hat. In den 70er Jahren ist sie Autorin in der Zeitung der Goden *Kosmische Wahrheit*. Sie heiratet in zweiter Ehe Adolf Schleipfer und ist Mutter von acht Kindern. 1976 verläßt sie nach internen Streitigkeiten die Goden. 1976 ist sie Mitgründerin des Armanen-Ordens. 1977 wird die Vorfeldorganisation Gemeinschaft zur Erhaltung der Burgen e.v. unter ihrem Vorsitz gegründet. Sie nimmt u.a. 1980 beim Runenseminar des Mutter Erde e.v. und 1983 am First European Medicine Wheel Gathering and Spiritual Camp teil. 1987 trennt Schleipfer sich von ihrem Mann. 1989 ist sie Mitgründerin der ANSE. 1990 beginnt sie mit der Herausgabe von *Huginn und Muninn*. Sigrun Schleipfer übernimmt 1991 den offiziellen Vorsitz des eingetragenen Vereins ANSE. 1992 wird sie für ca. ein Jahr Teilhaberin an der KEL Unternehmensberatung von → Klausdieter Ludwig. Laut *Münchner Merkur* hielt sie einen Vortrag für den inzwischen verbotenen → Nationalen Block. Anfang 1996 gibt sie die Herausgabe von *Huginn und Muninn* ab.

Beurteilung: Sigrun Schleipfer, die auch unter den Namen Freifrau von Schlichting, Hermine der Armanen, Strauß oder Hammerbacher auftrat, ist eine der zentralen Personen des Neuheidentums der BRD. Ihr Name taucht in so gut wie allen heidnischen Gemeinschaften auf, so der → Germanischen Glaubens Gemeinschaft oder den Deutschgläubigen. Sie gilt in der Szene als »weise Frau«, Eingeweihte und Autorität in Sachen Religion und Esoterik mit hoher Integrationskraft. (B)

Schlierer, Dr. med. Rolf

Stuttgart
geb. 21. Februar 1955
Rechtsanwalt
Bundesvorsitzender der → Republikaner

Aktivitäten: Rolf Schlierer beginnt seine politische Laufbahn durch den Eintritt in den → Nationaldemokratischen Hochschulbund am 7. Mai 1975 und 1976 als Mitglied des Rings Christlich-Demokratischer Studenten. Er wird während seines Studiums für die Burschenschaft Germania Gießen (Beitritt 1977) und als Sprecher für die → Deutsche Burschenschaft (1982–1985) aktiv. 1982 promoviert er zum Dr. med. und schließt ein Zweitstudium der

Rechtswissenschaft und Philosophie an. Seit Beginn der 80er Jahre wirkt er als kooptiertes Präsidiumsmitglied im → Studienzentrum Weikersheim, das er aufgrund öffentlichen Protestes und seiner Mitgliedschaft bei den Republikanern (REP) 1989 verlassen muß. Seit Gründung der REP wendet er sich der Partei zu und wird 1987 Mitglied, verläßt sie 1988 vorübergehend und tritt im Mai 1989 nach dem Wahlerfolg in Berlin erneut ein. Hier nimmt er folgende Funktionen ein: 1989–1992 Fraktionsvorsitzender im Stuttgarter Stadtrat, 1992 Fraktionsvorsitzender im Landtag und Landesvorsitzender der REP in Baden-Württemberg, 1990 stellvertretender Bundesvorsitzender der REP und Mitglied der Programmkommission. Am 17. Dezember 1994 wird Schlierer auf dem Parteitag in Sindelfingen zum neuen Bundesvorsitzenden der REP gewählt und übernimmt die Herausgabe des Parteiblattes *Der Republikaner*. Schlierer referiert u. a. bei den Organisationen Norddeutsches Forum (1986) und auf der Junge Freiheit-Sommeruniversität 1993. Publizistisch wirkt er als der letzte Chefredakteur von *student* und schrieb bislang u. a. in *Zeitenwende* und → *Junge Freiheit*.

Beurteilung: Schlierer wurde vom ehemaligen Bundesvorsitzenden der Republikaner, → Franz Schönhuber, nach dem Ruhsdorfer Parteitag systematisch zum Kronprinzen aufgebaut. Er soll mit seinen Wirtschaftsprogrammen und seinen guten Kontakten zu den konservativen Denkzentralen der CDU für eine Intellektualisierung der REP im Politikverständnis des Staatsrechtlers Carl Schmitt stehen. Durch sein übertrockenes Auftreten hat er bei der Parteibasis nicht die breite Unterstützung wie sein populistischer Vorgänger. Seinen bereits im Falle einer Wahlniederlage zu den Landtagswahlen 1996 in Baden-Württemberg angekündigten Rücktritt brauchte er nach den erreichten 9,1 Prozent nicht zu vollziehen. (B)

Schönborn, Meinolf
geb. 23. Juni 1955
Maschinenschlosser
bis zum Verbot 1992 Vorsitzender der → Nationalistischen Front (NF)
Aktivitäten: Meinolf Schönborn wird 1980 Landesvorsitzender der → Nationaldemokratischen Partei Deutschlands (NPD) sowie Bundesorganisationsleiter der → Jungen Nationaldemokraten (JN). Als Redakteur der JN-Publikation *Klartext* wird er aufgrund seiner militanten Positionen im November 1984 aus der NPD ausgeschlossen, woraufhin sich die *Klartext*-Redaktion in dem 1982 gegründeten Förderkreis Junges Deutschland um Schönborn organisiert. Dieser geht in der am 16. November 1985 gegründeten Nationalistischen Front auf, deren Generalsekretär Schönborn wird. 1986 wird er Vorsitzender und errichtet das erste NF-Zentrum in Bielefeld, das 1989 nach Detmold/Pivitsheide verlegt wird. Aufgrund Schönborns Aufruf zur Bildung

»Nationaler Einsatzkommandos« (NEK) kommt es 1991 zu Ermittlungen wegen des Verdachtes der Bildung einer terroristischen Vereinigung gegen die NF, in der Folge bilden sich zwei NF-Flügel. Im November erfolgt dann das NF-Verbot, das sich nur auf den Flügel um Schönborn bezieht. Trotzdem führt dieser seinen Klartext-Verlag weiter und aktiviert kurz nach dem Verbot den Förderkreis Junges Deutschland wieder. Im Dezember 1992 kündigt er in seiner Publikation *Bericht zur Lage* an, den Widerstand weiter zu organisieren. Nach seinem Umzug im Sommer 1994 nach Kvaers (Dänemark) muß er bereits Ende September aufgrund öffentlicher Proteste seinen dortigen Sitz wieder räumen und wird kurz darauf in Gütersloh verhaftet. Am 9. November 1995 wird er wegen Weiterführung der NF zu zwei Jahren und drei Monaten Haft ohne Bewährung verurteilt.

Beurteilung: Schönborn hatte v. a. wegen seiner Verbindungen zu bedeutenden Alt-Nazis, die seine NF förderten und unterstützten, eine wichtige Funktion im neofaschistischen Spektrum. In diesem stellte seine Verlags- und Versandtätigkeit eine bedeutende Kommunikationsstruktur dar. (B)

Schönhuber, Franz

München
geb. 10. Januar 1923
Journalist, bis 1994 Bundesvorsitzender der → Republikaner (REP)

Aktivitäten: Franz Schönhuber tritt 1941 als 18-jähriger der NSDAP bei und meldet sich 1942 freiwillig zur Waffen-SS, wo er zunächst zur Leibstandarte Adolf Hitler einberufen und später als Ausbilder der französischen SS-Division Charlemagne aktiv wird. Nach 1945 arbeitet er als Journalist bei einer Reihe von Zeitungen wie *Deutsche Woche* (ab 1953) und *Münchner Abendzeitung* (1972–1977), *tz* (1972). Von 1970–1977 ist er Vorsitzender des Bayerischen Journalistenverbands und von 1977–1982 dessen Ehrenvorsitzender. Von 1972–1982 ist Schönhuber für den Bayerischen Rundfunk tätig. Hier ist er zuständig für Öffentlichkeitsarbeit (1973–1974), leitet die Hauptabteilung Bayern-Information, wo er die Sendung »Jetzt red'i« verantwortet (ab 1975). 1981 führen erhebliche Proteste gegen sein die Waffen-SS verharmlosendes Buch *Ich war dabei* zur fristlosen Kündigung beim Bayerischen Rundfunk. 1983 gründet er mit Franz Handlos und Ekkehard Voigt die Partei Die Republikaner und wird stellvertretender Vorsitzender. Im Dezember 1983 gründet er den → Deutschlandrat mit, der sich jedoch bereits 1984 wieder auflöst. 1985 übernimmt er den Parteivorsitz der REP. Im innerparteilichen Machtkampf der REP kann sich Schönhuber bis 1994 stets als Führungs- und Integrationsfigur durchsetzen. Sein Ausschluß aus der Partei durch das bayerische Landesschiedsgericht im Vorfeld des Ruhsdorfer Parteitages 1990 wird aufgehoben. Dies ändert sich mit zunehmenden Wahlniederlagen im

»Superwahljahr« 1994. Infolge eines Treffens von Schönhuber mit → Gerhard Frey, dem Vorsitzenden der → Deutschen Volksunion, erklärt ihn der Bundesvorstand der REP am 1. Oktober 1994 für abgesetzt. Am 16. November 1995 tritt er aus der Partei aus. Seither steht er als Referent im Rahmen der von der → Deutschen Liga für Volk und Heimat organisierten Runden Tische zu Verfügung. Er wirbt für die Sammlung aller Rechtsextremisten. Schönhuber veröffentlichte u. a. *Ich war dabei* (1981), *Die Türken. Vergangenheit und Gegenwart* (1989) und *In Acht und Bann* (1995).

Beurteilung: Schönhuber gelingt es Ende der 80er und zu Beginn der 90er Jahre, die führende rechtsextreme Partei rechts der CDU/CSU vorübergehend zu etablieren. Seine Mischung aus Rechtspopulismus, rassistischen Ressentiments, antisemitischen Anspielungen und Nationalismus nach dem Motto »Deutschland zuerst« machen ihn zur Gallionsfigur der REP. Nach dem vorläufigen Scheitern der Republikaner seit dem Wahljahr 1994 revidierte er seinen offiziellen Kurs von Ruhsdorf, der sich nachträglich als Fehlentscheidung herausgestellt habe[1]. Verstärkt sind bei ihm Kontakte ins offen neofaschistische Lager feststellbar. (B)

1 Wie geht es weiter mit der Rechten? In: Nation und Europa. Nr 7-8/1995, S.5ff.

Schrenck-Notzing, Caspar von

München
geb. 23. Juni 1927
Journalist, Publizist, Historiker
Herausgeber der Zeitschrift → *Criticón*; Vorsitzender des → Instituts für Konservative Bildung und Forschung; Kuratoriumsmitglied des Fördervereins Konservative Kultur und Bildung e.V.

Aktivitäten: Caspar von Schrenck-Notzing wird 1927 als Sohn des Rittmeisters und zeitweiligen Kommandeurs des Heeresrennstalls Gustav Frhr. von Schrenck-Notzing geboren. Er studiert Geschichte und Soziologie in München, Freiburg und Köln. 1964 heiratet er Regina von Metzsch-Reichenbach. Bekannt wird er vor allem durch sein 1965 im Seewald-Verlag erschienenes Buch *Charakterwäsche*, in dem er der Siegermacht USA die Umerziehung des deutschen Volkes mit Mitteln der psychologischen Kriegsführung vorwirft. 1966 spricht er auf einer Veranstaltung der → Gesellschaft für freie Publizistik. 1970 gründet er mit Unterstützung von → Armin Mohler die bis heute erscheinende Zeitschrift *Criticón*. Sowohl zur rechten Intellektualisierung als auch zur Unterstützung des Parteibildungsprozesses rechts der CDU/CSU gründet er das Institut für Konservative Bildung und Forschung und den Förderverein Konservative Kultur und Bildung e.V. mit. Beide Institutionen dienen ihm als Drehscheibe für seine Referententätigkeit u. a. beim

Offenen Geithainer Forum und der → Ludwig-Frank-Stifung. Weitere Veröffentlichungen von Schrenck-Notzing sind u.a. *Honoratiorendämmerung* (Seewald-Verlag) und als Herausgeber zusammen mit Armin Mohler *Deutsche Identitäten* (Sinus-Verlag).

Beurteilung: Der WMF- und BASF-Großaktionär Schrenck-Notzing widmete sich während seiner politischen Laufbahn der Rekonstruktion des Konservatismus im Sinne von Armin Mohler. So unterstützt er die ihm als »konservativ« geltenden Kräfte in der CDU bei ihrem Kampf um die Hegemonie in der Partei. Seit Mitte der 80er Jahre unterstützt er die Herausbildung einer Wahlpartei im Spannungsfeld zwischen Rechtsextremismus und Konservatismus. Er engagierte sich u.a. für die → Republikaner, die → Deutsche Soziale Union, den → Bund freier Bürger und aktuell für das → Bündnis Konstruktiver Kräfte Deutschlands. Seine Zeitschrift *Criticón* bildet das Forum für das nötige strategische und ideengeschichtliche Rüstzeug. (B)

Schütz, Karl Waldemar

Rosenheim
geb. 9. Oktober 1913
Verleger

1. Vorsitzender von Kultur- und Zeitgeschichte – Archiv der Zeit e.V., Vorstandsmitglied der → Gesellschaft für freie Publizistik (GFP).

Aktivitäten: Waldemar Schütz, ehemaliger Angehöriger der Waffen-SS und Hauptsturmführer der Leibstandarte Adolf Hitler, gründet 1950 den Plesse-Verlag. 1955 zieht er mit der → Deutschen Reichspartei (DRP) in den niedersächsischen Landtag ein und wird für die Parteizeitung *Der Reichsruf* verantwortlich, er gehört der Parteileitung an. Im selben Jahr gründet er den → K.W. Schütz Verlag. 1959 ist Schütz Mitgründer und -herausgeber der → *Deutschen Wochen-Zeitung* (*DWZ*). 1964 wird Schütz Präsidiumsmitglied bei der Gründung der → Nationaldemokratischen Partei Deutschlands (NPD), Verleger des NPD-Organs *Deutsche Nachrichten* und Leiter des National-Verlages. Im selben Jahr gründet er die Deutsche Verlagsgesellschaft mbH (DVG). 1967–1970 ist er Abgeordneter der NPD im Landtag von Niedersachsen. 1985 beteiligt sich Schütz an der Gründung von Kultur und Zeitgeschichte – Archiv der Zeit und gibt 1986 die von der Einstellung bedrohte *DWZ* an → Gerhard Frey ab, bleibt jedoch Herausgeber. 1992 folgt die Übernahme des K.W. Schütz-Verlags durch den Nation Europa Verlag. Schütz wird 2. stellvertretender Vorsitzender der GFP. Im selben Jahr wird er 1. Vorsitzender von Kultur und Zeitgeschichte – Archiv der Zeit e.V.

Beurteilung: Als führender Funktionär von DRP und NPD war Schütz maßgeblich am Aufbau der rechtsextremistischen Nachkriegsstrukturen beteiligt. Über seine Verlegertätigkeit und seine Funktion in der GFP hat er noch heute eine wichtige Funktion im rechtsextremen Lager. (B)

Schützinger, Jürgen

Villingen-Schwenningen
geb. 29. Mai 1953
Versicherungsvertreter
gleichberechtigter Bundesvorsitzender und Landesvorsitzender von Baden-Württemberg der → Deutschen Liga für Volk und Heimat (DLVH)
Aktivitäten: Schützinger ist seit 1968 Mitglied der → Jungen Nationaldemokraten. 1970 wird er Polizeibeamter und 1975 Mitglied der → Nationaldemokratischen Partei Deutschlands (NPD). Wegen seiner NPD-Aktivitäten wird 1976 Schützingers Entlassung aus dem Polizeidienst veranlaßt. Schützingers Widerspruch gegen die Klage zögert die endgültige Entlassung bis 1987 hinaus. 1978 wird er NPD-Landesvorsitzender von Baden-Württemberg und 1980 Stadtrat von Villingen-Schwenningen. 1981 wird er zum stellvertretenden Vorsitzenden der NPD ernannt. Kurz nach seiner Entlassung aus dem Polizeidienst 1987 wird er hauptamtlicher NPD-Bundesgeschäftsführer. Bei den Kommunalwahlen in Baden-Württemberg erhält er 6,6 Prozent in Villingen-Schwenningen. 1988 schlägt ihn der Stadtrat einstimmig für den Schöffenwahlausschuß von Villingen-Schwenningen vor. 1989 zieht Schützinger bei den Kommunalwahlen ins Stadtparlament von Villingen-Schwenningen ein. Im Juni 1990 wird ihm die Stelle des Bundesgeschäftsführers, angeblich wegen Finanzprobleme der Partei, gekündigt. Ab Januar 1991 engagiert er sich für den DLVH-Vorläufer Deutsche Allianz – Vereinigte Rechte. Er wird Mitglied in der Redaktion der *Deutschen Rundschau* sowie in der Programmkommission »Innere Sicherheit.« Bei Gründung der DLVH im Oktober 1991 wird er einer von drei gleichberechtigten Bundesvorsitzenden und am 13. Oktober Landesvorsitzender von Baden-Württemberg. 1992 wirbt Schützinger für die Bildung einer Bürgerwehr in Villingen-Schwenningen. 1995 wird er als Landesvorsitzender von Baden-Württemberg bestätigt.[1]
Beurteilung: Als NPD-Spitzenfunktionär bestimmte Schützinger zusammen mit → Martin Mußgnug lange den Parteikurs. Seine kommunalen Wahlerfolge erzielte der ehemalige Polizeibeamte u. a. durch seine Forderung nach einer »law and order«-Politik. (B)

1 Vgl. Nation und Europa, Nr. 9/1995, S. 22.

Schweißfurth, Dr. jur. Theodor

Heidelberg
geb. 1938
Völkerrechtler

Professor an der Europa-Universität in Frankfurt/Oder, Mitglied der SPD
Aktivitäten: Schweisfurth absolviert das Studium der Rechtswissenschaften
und osteuropäischen Geschichte an den Universitäten Marburg, Tübingen und
Bonn. Nach seiner Promotion zum Dr. jur. ist er zunächst persönlicher Referent des Staatssekretärs im Bundesministerium für gesamtdeutsche Fragen/in-
nerdeutsche Beziehungen. 1982 tritt er als Mitautor in dem von → Wolfgang
Venohr herausgegebenen Band *Die Deutsche Einheit kommt bestimmt* hervor.
1984 unterzeichnet er die nationalrevolutionär ausgerichtete Anzeige von →
Sven Thomas Frank *Den Frieden retten – Deutschland vereinen!* und unterstützt den Initiativkreis Linke Deutschland-Diskussion. 1985 veröffentlicht er
zusammen mit Herbert Ammon die Denkschrift *Friedensvertrag, Deutsche
Konföderation, Europäisches Sicherheitssystem. Denkschrift zur Verwirklichung einer europäischen Friedensordnung.* Er referiert u. a. bei den Organisationen → Deutsche Burschenschaft (1985), Norddeutsches Forum (1986)
und → Gesamtdeutscher Studentenverband (1987). 1990 versucht er, mit seinem im Straube-Verlag erschienenem Buch *Fahrplan für ein neues Deutschland* in die Wiedervereinigungsdiskussion einzugreifen. Er ist Autor u. a. der
Zeitschriften → *Mut* und → *wir selbst*.
Beurteilung: Schweisfurth agierte vor allem durch seine' mit Herbert Ammon
verfaßte und mit einem Vorwort von → Alfred Mechtersheimer versehene
»Denkschrift« zu Zeiten der Friedensbewegung für eine Wiedervereinigung
der DDR mit der BRD. Mit seiner Argumentation, daß Deutschland, der
»innere(n) Selbstbestimmung vorenthalten«, einem »Besatzungszustand«
gleiche, gewann er auch etliche Nationalrevolutionäre und Rechtsextremisten
als Erstunterzeichner für seine »Denkschrift«. Darunter befanden sich u. a. →
Wolf Schenke, Axel Emmrich und Jürgen Kraus.[1] (B)

1 Zu den Erstunterzeichnern siehe das Faksimile in: Bonner Initiative gemeinsam gegen Neofaschismus (Hrsg.): Gaddafi – Mechtersheimer – Schönhuber. Quellen und rotgrüne Querverbindungen
neofaschistischer Deutschland-Vereiniger. Bonn 1990, S. 38.

Seiffert, Prof. Dr. sc. jur. Wolfgang
Kiel
geb. 18. Juni 1926
Rechts- und Politikwissenschaftler
Aktivitäten: In der Kriegsgefangenschaft wurde Wolfgang Seiffert 1948 in
sogenannten Antifa-Schulen ausgebildet. Nach seiner Entlassung 1949 arbei-
tet er in der westdeutschen KPD mit, wird hauptamtlicher Funktionär der
Freien Deutschen Jugend (FDJ) und übernimmt wenig später die Leitung des
Verbandsorgans *Junges Deutschland*. Nach dem Verbot der FDJ wird er im
März 1953 unter der Anklage des Hochverrats verhaftet und erhält eine vier-
jährige Haftstrafe. 1956 flieht er in die DDR. Es folgt ein schneller Aufstieg

durch Studium, Stipendium und 1963 Promotion zum Dr. jur. Seiffert spezialisiert sich auf internationales Wirtschafts- und Völkerrecht und wird u. a. Direktor des Instituts für ausländisches Recht und Rechtsvergleiche an der Akademie für Staats- und Rechtswissenschaften der DDR. Er gilt über Jahre als enger Berater des DDR-Staats- und Parteichefs Erich Honecker. Als die SED Anfang der 70er Jahre ihre Position zur Einheit der deutschen Nation ändert und die Betonung auf die eigene sozialistische Nation legt, gerät er in Widerspruch mit der offiziellen Linie. 1978 übernimmt er, laut *Spiegel* zunächst mit Zustimmung der DDR-Staatsführung, eine Gastprofessur in Kiel und erklärt, nicht mehr in die DDR zurückkehren zu wollen. In der BRD fällt er vor allem durch seine national-neutralistischen Wiedervereinigungsplädoyers auf. Im Dezember 1983 gründet er, u. a. mit → Franz Schönhuber, den kurzlebigen → Deutschlandrat. 1984 ist er Mitunterzeichner des vom Nationalrevolutionär → Sven Thomas Frank initiierten Aufrufs *Den Frieden retten – Deutschland vereinen*, der sich auf Ernst Niekisch bezieht. 1987 ist er Mitbegründer und späterer Vorsitzender des Arbeitskreises ehemaliger DDR-Akademiker. Als Referent wird er u. a. von folgenden Organisationen geladen: Norddeutsches Forum, → Internationale Gesellschaft für Menschenrechte, → Nationaleuropäisches Jugendwerk, Gruppe 146, Studentische Vereinigung, → Deutsch-Europäische Studiengesellschaft, → Studienzentrum Weikersheim, Berliner → Dienstagsgespräch. Als Autor ist er u. a. in → *wir selbst*, → *Junge Freiheit* und → *Mut* zu finden.

Beurteilung: Seiffert entwickelte sich in den 80er Jahren durch seine Veröffentlichungen und seine Referententätigkeit zu einem der führenden Streiter um die »Nationale Frage«. So gilt sein 1982 im Lübbe-Verlag erschienener Band *Das ganze Deutschland. Perspektiven der Wiedervereinigung* als grundlegend für die deutschlandpolitische Option nationalrevolutionärer Kreise dieser Zeit. (B)

Siegerist, Werner Joachim

Hamburg
geb. 29. Januar 1947
Journalist
Vorsitzender der Volksbewegung für Lettland, Vorsitzender von → Die Deutschen Konservativen e.V.

Aktivitäten: 1980 ist Joachim Siegerist Geschäftsführer der Bürgeraktion Demokraten für Strauß und Berater des Christlichen Gewerkschaftsbundes. 1985 wird er stellvertretender Vorsitzender der → Konservativen Aktion (KA), für die er die Kampagnen koordiniert. 1986 spaltet sich Siegerist mit den Deutschen Konservativen e.V. (folgend DK) von der KA ab und wird deren Vorsitzender. Als Einzelkandidat der DK zur Bürgerschaftswahl in

Hamburg 1991 erhält Siegerist 35 Stimmen. Im Dezember 1992 erhält Joachim Siegerist die lettische Staatbürgerschaft. In Lettland zieht er im Juni 1993 für die Lettische Bewegung der Nationalen Unabhängigkeit (LNNK) in das Parlament ein. 1994 distanziert sich die LNNK von ihm und schließt ihn aus der Fraktion aus. Im April wird Joachim Siegerist in Deutschland wegen Aufstachelung zum Rassenhaß verurteilt. Die Hamburger Zollfahndung ermittelt gegen ihn wegen illegaler Einfuhr von Antiquitäten. Ende des Jahres gründet er die Volksbewegung für Lettland, auch Siegerist-Partei genannt. Bei der Wahl am 1. Oktober 1995 gewinnt seine Partei über 15 Prozent der Stimmen und 16 Mandate. Er will sich an Koalitionsverhandlungen beteiligen und spekuliert auf den Posten des Wirtschaftsministers und Vizepremiers. Andere lettische Parteien distanzieren sich von ihm, und Siegerist wird nicht an der Regierung beteiligt.

Beurteilung: Seit Anfang der achtziger Jahre versucht der ehemalige Springer-Redakteur Joachim Siegerist, den rechten Rand der CDU und der CSU für Kampagnen zu gewinnen, die er zunächst mit der KA und dann mit den DK durchführt. Dabei vermengt er seine parteipolitischen Ambitionen mit seinen geschäftlichen Tätigkeiten als Journalist oder Werbemanager und vorgeblich humanitären Zielen in Lettland, wie der Aktion Reiskorn. In seinen Rundschreiben als Vorsitzender der DK äußert er sich wiederholt volksverhetzend und beleidigend, was ihm diverse Verfahren eingebracht hat. Er ist Autor mehrerer Bücher, darunter *Willy Brandt – Ohne Maske* und *Ceausescu – Der rote Vampir*. (B)

Stäglich, Wilhelm
Badenweiler
geb. 11. November 1916
Richter a.D.

Aktivitäten: Wilhelm Stäglich ist vor 1945 als Offizier einer Flugabwehr-Einheit in der Nähe von Auschwitz stationiert. 1972 wird er Mitglied des Landesvorstandes Hamburg der → Nationaldemokratischen Partei Deutschlands. 1973 veröffentlicht er einen Aufsatz über das Vernichtungslager Auschwitz, in dem es u. a. heißt »Das Lager machte einen gepflegten Eindruck«[1]. Gegen den als Richter am Finanzgericht tätigen Stäglich wird 1974 ein Disziplinarverfahren wegen seiner rechtsextremistischen Aktivitäten eingeleitet, er wird daraufhin 1976 in den Ruhestand versetzt. 1977 soll er als Redner auf dem, u. a. von → Thies Christophersen geplanten, Nürnberger »Auschwitz-Kongreß« auftreten. Im Mai 1977 spricht er bei einem Treffen der Unabhängigen Freundeskreise zum Thema »Die Westdeutsche Justiz und die sogenannten NS-Gewaltverbrechen«. 1979 veröffentlicht er im → Grabert-Verlag das Buch *Der Auschwitz-Mythos*, das trotz richterlicher Beschlagnahmeverfügung in der Folgezeit über Dänemark und die USA problemlos zu beziehen ist. 1983 entzieht die Universität Göttingen Stäglich wegen Unwürdigkeit den Doktortitel, das Urteil wird 1987 letztinstanzlich bestätigt. In den achtziger und neunziger Jahren ist er Autor einer Vielzahl von Artikeln in → *Deutschland in Geschichte und Gegenwart*. Er wird außerdem in den Beirat der Zeitschrift *The Journal of Historical Review* berufen. 1991 tritt er als Redner auf dem »Leuchter-Kongreß« in München auf.

Beurteilung: Stäglich ist seit Jahrzehnten eine führende Person des internationalen Netzwerkes der Auschwitzleugner. Er verfügt über enge Kontakte zu Gleichgesinnten in Frankreich, Österreich und den USA. Seine »revisionistischen« Vorträge bietet er organisationsübergreifend allen Strömungen der extremen Rechten an. (FV/B)

1 Zitiert nach: Der Spiegel, Nr. 44/1973, S. 210.

Staffa, Dr. med. Walter
Nürtingen
geb. 7. September 1917
Allgemein Mediziner

Vorsitzender des → Witikobundes (WB), Ehrenvorsitzender der Deutschen Jugend des Ostens in Baden-Württemberg, Mitglied des Bundesvorstandes der → Sudetendeutschen Landsmannschaft (SL), des Sudetendeutschen Rates, der → Deutschen Gildenschaft, der Stiftung Sudetenland, der Freien Unabhängigen Wählergemeinschaft in Nürtingen, Leiter des → Deutschen Seminars.

Aktivitäten: Bereits in seiner Jugend entwickelt Walter Staffa völkische Aktivitäten im Wandervogel, in der Sudetendeutschen Jungturnerschaft und als Mitglied der studentischen Verbindung Freischar Rampold Gorenz. Nach seiner Übersiedelung in den Westen engagiert er sich zunächst als Vorstandsmitglied, dann als Senator des WB. Seit 1959 ist er kommunalpolitisch in der Nürtinger Freien Unabhängigen Wählergemeinschaft und seit 1965 in der Freien Unabhängigen Wählergemeinschaft des Kreises Esslingen aktiv. 1970 gründet Staffa das Deutsche Seminar und seit 1974 ist er verantwortlicher Leiter des Deutschen Seminars e.V. 1990 wird er Bundesvorsitzender des WB, seit 1991 ist er verantwortlich für den *Witiko-Brief*. In diesem Rahmen äußert Staffa Positionen, die auf eine völkische Neuordnung und Revision der Grenzen in Europa hinauslaufen. 1994 wird Staffa erneut zum Bundesvorsitzenden des WB gewählt.

Beurteilung: Staffa kann als »witikonisches Urgestein« beschrieben werden. Sein Hauptaugenmerk gilt der Heranziehung des Nachwuchses für das völkisch-rechte Lager. Darüberhinaus leistet er kulturpolitische Aktivitäten bzw.

Arbeit im vorpolitischen Raum im Deutschen Seminar. (B)

Stawitz, Ingo
Uetersen
geb. 1950
Angestellter
gleichberechtigter Bundesvorsitzender und Landesvorsitzender Schleswig-Holstein der → Deutschen Liga für Volk und Heimat (DLVH).
Aktivitäten: Ingo Stawitz wird 1992 als Landesvorsitzender für die → Deutsche Volksunion (DVU) in den Landtag von Schleswig-Holstein gewählt. Nach Auseinandersetzungen mit Parteichef → Gerhard Frey tritt Stawitz Ende Mai 1993 aus der DVU aus und wechselt gemeinsam mit zwei weiteren Fraktionsmitgliedern zur DLVH. Die DLVH wählt ihn im September zu einem von drei Landesvorsitzenden in Schleswig-Holstein. Im Oktober wird Stawitz Vorsitzender der vierköpfigen Fraktion der DLVH im Kieler Landtag. Er ist Mitarbeiter des Arbeitskreises für Inneres und Recht, dessen Arbeitsfelder die DLVH wie folgt angibt:»Verwaltungsärger; Kriminalität; Behördenwillkür; Ausländer und Asylantenprobleme«[1]. Am 10. Juli 1995 verliert die DLVH wieder ihren Fraktionsstatus. Ingo Stawitz wird auf dem Landesparteitag der DLVH als einer von drei gleichberechtigten Sprechern gewählt. 1996 verfehlt die DLVH den erneuten Einzug ins Landesparlament.
Beurteilung: Ingo Stawitz ist führender Funktionär der DLVH in Schleswig-Holstein. Bei seinen Versuchen, um die Partei herum eine Sammlungsbewegung zu initiieren, kooperiert er mit der → Nationaldemokratischen Partei Deutschlands und ehemaligen Mitgliedern der → Freiheitlichen Deutschen Arbeiterpartei. In seiner Abgeordnetenzeit schreibt Stawitz einen Brief an die jüdische Gemeinde Hamburg/Schleswig-Holstein, dessen Inhalt der SPD-Fraktionssprecher Gert Börnsen für »mit der ›Auschwitz-Lüge‹ vergleichbar hält.«[2] (B)

1 Vgl. DLVH-Direkt, Ausgabe 1/1994.
2 Die Tageszeitung vom 18.5.1995.

Stein, Dieter
Berlin
geb. 15. Juni 1967
Journalist
seit Mai 1986 Chefredakteur der → *Jungen Freiheit*
Aktivitäten: Seine politische Karriere beginnt Stein bei der Jungen Union, und bereits 1984 wird er Mitglied der → Republikaner. Er verläßt diese 1985 mit der Fraktion um Franz Handlos und wird Landessekretär der → Freiheitlichen Volkspartei in Baden-Württemberg. 1987 erscheint sein Name zusam-

men mit denen der Neofaschisten Michael Krämer und → Steffen Hupka im Impressum des Kleinstblattes *Freie Umschau*. 1987 gehört er der Junggilde der Deutschen Hochschulgilde in Freiburg an, die zum Verband der → Deutschen Gildenschaft gehört, und 1989 übernimmt er den Vorsitz des Republikanischen Hochschulbundes in Freiburg. Im April 1990 benennt er die Junggilde in Deutsche Hochschulgilde Balmung zu Freiburg um, was zu Unstimmigkeiten mit der Altgilde führt, und fungiert mindestens im Jahr 1991 als ihr Sprecher. Zusammen mit den Zeitschriften → *wir selbst* und *Europa* organisiert er 1990 den Gemeinschaftskongreß »Initiative Deutschland 90«. Von 1988 bis zumindest 1992 ist Stein stellvertretender Vorsitzender des Förderkreises zur Wiedervereinigung Deutschlands. Unitas Germanica e.V. Von Juli/August 1990 an führt er zusammen mit Götz Meidinger (bis zu ihrem Bruch 1994) als Geschäftsführer die neu gegründete Junge Freiheit Verlag GmbH.[1] Mit dem Umzug der *Jungen Freiheit* 1993 zieht auch Stein von Freiburg nach Potsdam. Anläßlich der 1000-Jahr-Feier in Potsdam wird eine geplante Veranstaltung mit Dieter Stein durch Intervention des Bürgermeisters abgesagt. Am 27. Oktober 1995 tritt er zusammen mit Alexander von Stahl (FDP) und → Alfred Mechtersheimer bei einer Podiumsdiskusion des Cannstatter Kreises – Gesellschaft für staatsbürgerliche Bildung auf.[2]

Beurteilung: Stein ist weniger der ideologische Vordenker der *Jungen Freiheit* als vielmehr ihr Vertreter in der Öffentlichkeit. Konsequent setzt er das Konzept einer rechtsextremen Wochenzeitung, die auch für den rechten Rande der Konservativen attraktiv sein soll, um. Hilfreich hierbei sind ihm seine Verbindungen vor allem zur Deutschen Gildenschaft, zu → Herbert Fleissner und zu → Rainer Zitelmann. (B)

1 Stand vom 10.1.1994 nach H. Kellershohn: Das Plagiat. Der Völkische Nationalismus der Jungen Freiheit. Duisburg 1994, S. 14.
2 Weitere bibliographische Angaben in ebenda, S. 53 ff.

Stempel, Karl-Günther

München
geb. 31. März 1917
Richter a.D. des Bayerischen Obersten Landgerichts
Vorsitzender des → Deutschen Kulturwerkes europäischen Geistes (DKEG)
Aktivitäten: Vor 1945 ist Karl-Günther Stempel Mitglied der SS sowie der NSDAP. 1950 beteiligt sich Stempel an der Gründung des DKEG. Seit 1970 ist er Gründungsmitglied und Vorsitzender der Deutschen Kunststiftung der Wirtschaft e.V. sowie der Deutschen Akademie für Bildung und Kultur. 1971 tritt Karl-Günther Stempel die Nachfolge des verstorbenen Präsidenten des DKEG, Herbert Böhme, an. 1973 legt Stempel sein Amt kurzfristig nieder,

nachdem es Proteste gegen das DKEG gegeben hatte und er als Beamter in Kritik geraten war. 1977 lehnt ein Dienstgericht die Einleitung eines Disziplinarverfahren gegen Stempel ab. 1978 ist er Landesvorsitzender der CSU-nahen Staats- und wirtschaftspolitischen Gesellschaft e.V. und Vorstandsmitglied der Studiengesellschaft für staatspolitische Öffentlichkeitsarbeit. 1994 erhält Karl-Günther Stempel durch → Richard W. Eichler den Schiller-Preis des DKEG.

Beurteilung: Die Amtsführung von Karl-Günther Stempel als Präsident des DKEG war in den 70er Jahren stark umstritten, was 1979 zur Spaltung der ältesten Organisation des bundesdeutschen Rechtsextremismus führte. Sein Bemühen, das DKEG am rechten Flügel der CDU und CSU zu orientieren, lehnte die Mehrheit ab. Stempel hält die Reste der bedeutungslos gewordenen Organisation zusammen. (B)

Strauss, Wolfgang (Simon Carnot, Eugen Libauer, Fritz Reuter)
Fürth
geb. 1931 in Libau (Lettland)
Publizist
seit Januar 1992 festes Redaktionsmitglied von → *Nation und Europa*
Aktivitäten: 1949 ist Strauss Mitglied der Liberaldemokratischen Partei Deutschlands in der DDR und wird 1950 wegen »antisowjetischer Propagandatätigkeit« durch ein sowjetisches Militärgericht zu 25 Jahren Arbeitslager« verurteilt. 1956 wird er nach den Stationen Workuta und Bautzen aus der Haft entlassen und flieht in die BRD. In München tritt er zunächst kurz der SPD bei und wechselt von 1966–1969 zur → Nationaldemokratischen Partei Deutschlands. Ab 1969 beteiligt er sich am Aufbau nationalrevolutionärer Strukturen. So gründet er in diesem Jahr den Zirkel Club Symonenko in München und tritt der → Blauen Adler Jugend (BAJ) und deren Mutterpartei → Unabhängige Arbeiterpartei (UAP) bei. Hier übernimmt er verschiedene Funktionen: 1969 Leiter des bayerischen Landesverbandes und Chefredakteur der *Reichs-Arbeiter-Zeitung* und deren Jugendbeilage *barricade*; 1970 Mitglied des »Zentralbüros« der UAP; von 1972–1973 Bundesvorsitzender der BAJ; 1974 stellvertretender Bundesvorsitzender (1977 tritt er aus der UAP aus). 1972 gründet er mit → Henning Eichberg die Zeitschrift *Neue Zeit* im Rahmen der → Aktion Neue Rechte. Die Zeitschrift wird ab 1975 Zentralorgan der → Sache des Volkes/Nationalrevolutionäre Aufbauorganisation (SdV/NRAO), der Strauss 1977 beitritt. Seit Beginn der 80er Jahre ist der Vielschreiber Strauss im gesamten rechtsextremen Spektrum als Autor, u. a. in *Nation und Europa,* → *Europa vorn,* → *Mut, Weikersheimer Blätter, Rußland und Wir, NHB-Report,* → *Criticón,* → *Sleipnir* und → *Staatsbriefe,* vertreten. Ebenso zieht er mit seiner Referententätigkeit weite Kreise. Er tritt u. a. bei

den Organisationen Ostpolitischer deutscher Studentenverband, Arbeitsgemeinschaft für Demokratische Politik, → Studienzentrum Weikersheim, → Nationalistische Front, → Gesellschaft für freie Publizistik und → Weltbund zum Schutze des Lebens auf.

Beurteilung: Strauss, radikaler Antikommunist, ist einer der bedeutenden Theoretiker des nationalrevolutionären Flügels des Rechtsextremismus. Er vertritt einen befreiungsnationalistischen Ansatz des »Dritten Weges«. Neben den ehemaligen sozialistischen Staaten sieht er als zweiten Hauptfeind des »kolonialisierten Deutschlands« den Liberalismus. Seine Position als »Osteuropaexperte« öffnete Strauss publizistische Möglichkeiten weit über das nationalrevolutionäre Spektrum hinaus, auch als dieses Ende der 80er Jahre an Bedeutung verlor. So ist er als Autor und Referent in fast allen Bereichen des bundesdeutschen Rechtsextremismus vertreten. (B)

Sudholt, Dr. phil. Gert

Berg am Starnberger See
geb. 6. März 1943

Eigentümer der → Verlagsgemeinschaft Berg, langjähriger Vorsitzender der → Gesellschaft für freie Publizistik (GFP)

Aktivitäten: 1966 bis 1973 studiert Gert Sudholt Geschichte an der Universität München und wird 1969 Mitarbeiter der → *Deutschen Wochen-Zeitung.* Schon 1970 wird er stellvertretender Vorsitzender der GFP und ist Kreisvorsitzender der → Nationaldemokratischen Partei Deutschlands (NPD) in München. Nach dem Tod seines Stiefvaters Helmut Sündermann 1972 übernimmt Sudholt die Leitung des → Druffel-Verlages. 1973 wird Gert Sudholt zum Vorsitzenden der GFP gewählt. Er wird 1975 Geschäftsführer des Vowinckel-Verlages, übernimmt 1977 den → Türmer-Verlag und wird 1981 Mitgesellschafter des Hohenstaufen-Verlages. 1982 fusioniert Gert Sudholt die *Klüter Blätter* und den *Politischen Zeitspiegel* zu den *Deutschen Monatsheften,* die im Türmer-Verlag erscheinen. 1983 gibt er den Vorsitz der GFP ab, wird aber schon 1985 wiedergewählt. 1990 gibt er die *Deutschen Monatshefte* an → *Nation und Europa* ab. Im gleichen Jahr wird er als presserechtlich Verantwortlicher der *Deutschen Monatshefte* zu einer Geldstrafe verurteilt. Anlaß ist ein Auschwitz leugnender Artikel von Robert Faurisson. Im Juli 1991 gibt Gert Sudholt den Vorsitz der GFP an → Rolf Kosiek ab. Er gründet die Verlagsgemeinschaft Berg. 1993 verurteilt ihn das oberste bayerische Landgericht in der Berufungsverhandlung wegen des Auschwitz leugnenden Beitrages zu sechs Monaten Haft und 10.000 DM Geldstrafe. Er wird im Juli verhaftet. Während seines Haftaufenthaltes in Landsberg verfaßt er die Schrift *In Haft – Persönliches und politisches Tagebuch eines deutschen Verlegers.*

Beurteilung: Gert Sudholt betreut mit der Verlagsgemeinschaft Berg die publizistischen Aktivitäten der Kreise um die GFP. Er gehört zu Beginn der 70er Jahre zu den Funktionären, die die Tätergeneration ablöst. Nach der Verbreitung geschichtsrevisionistischer und Auschwitz leugnender Literatur bemüht sich Sudholt in jüngster Zeit verstärkt, Thematiken der preußischen Tradition aufzugreifen. (B)

Swierczek, Michael
München
geb. 3. Oktober 1961
Herausgeber der Zeitschrift *Rechtskampf*
Aktivitäten: Michael Swierczek, ehemaliges Bundesvorstandsmitglied der → Jungen Nationaldemokraten, war (bis Ende der 80er Jahre) Gitarrist der Skin-Band Kruppstahl. Als Mitglied der Jungen Front (→ Volkssozialistische Bewegung Deutschlands/Partei der Arbeit) tritt er nach deren Auflösung 1983 in die → Aktionsfront Nationaler Sozialisten/Nationale Aktivisten (ANS/NA) des → Michael Kühnen ein und wird dort Führer der Kameradschaft 16 (München). Nach dem ANS/NA-Verbot wird Swierczek im 1984 gegründeten → Komitee zur Vorbereitung der Feierlichkeiten zum 100. Geburtstag Adolf Hitlers (KAH) Sektionsleiter Süd. Später fungiert er als Herausgeber der *Neuen Front*, der Zeitschrift des Flügels um Jürgen Mosler innerhalb der → Gesinnungsgemeinschaft der Neuen Front (GdNF). Im August 1986 gehört Swierczek zu den Unterzeichnern eines »Anti-Homosexuellenmanifestes« gegen Kühnen, es kommt zur Spaltung der GdNF. Im November 1989 wird Swierczek stellvertretender Generalsekretär der → Freiheitlichen Deutschen Arbeiterpartei (FAP) und Herausgeber von *FAP-intern*. Nachdem im März 1990 → Friedhelm Busse mit seiner Wiederwahl den Kampf um den FAP-Bundesvorsitz gewinnt, verläßt Swierczek die Partei und gründet am 3. Juli 1990 die → Nationale Offensive, die im Dezember 1992 verboten wird. Mit Herausgabe des Rundbriefs *Rechtskampf* versucht er, gegen die Verbote zu mobilisieren. Im sogenannten Stuttgarter »Bewegungsprozeß« wegen Weiterführung der ANS/NA durch FAP und KAH erhält Swierczek im März 1995 nur eine Bewährungsstrafe, u. a. weil er behauptet, aus der neofaschistischen Szene ausgestiegen zu sein. Kurz darauf nimmt er an einem Führungstreffen bundesdeutscher Neofaschisten in Nürnberg teil.
Beurteilung: Vor seiner Verurteilung nahm Swierczek eine bedeutende Funktion innerhalb des militanten Neofaschismus ein. Daß er weiterhin aktiv ist, zeigt u. a. sein Artikel in der neofaschistischen Postille *Umbruch* vom Oktober 1995. (B)

Tag, Ernst

Frankenthal bei Ludwigshafen

geb. 18. Mai 1946

Chemielaborant

ehemaliger Leiter des → Internationalen Hilfskomitees für Nationale Politische Verfolgte und deren Angehörige e.V. (IHV) sowie der → Aktion Sauberes Deutschland (ASD)

Aktivitäten: Seit Ende der 70er Jahre ist Ernst Tag an der Gründung mehrerer Organisationen beteiligt. 1984 wird er im Zusammenhang mit NS-Propaganda auf Bewährung verurteilt. 1985 errichtet er ein »Hauptquartier der Nationalsozialistischen Bewegung« in Weidenthal und gründet 1986 die ASD. Wegen Aufstachelung zum Rassenhaß und Volksverhetzung wird er wiederum auf Bewährung und zu einer Geldstrafe verurteilt. Am 15. Januar 1987 schließt ihn die → Hilfsorganisation für nationale politische Gefangene und deren Angehörige (HNG) wegen seiner Opposition zu → Michael Kühnen aus, woraufhin er als Konkurrenz das IHV gründet. Im März 1988 wird er im Zusammenhang mit einem Banküberfall verurteilt. Nach vorzeitiger Haftentlassung wird Tag 1992 gleich wieder im IHV aktiv. Angesichts eines Gerichtsprozesses Anfang Juni 1995 gibt Tag angeblich den IHV-Vorsitz ab. Im November wird er zu einer Geldstrafe wegen der Veröffentlichung eines Schriftstückes aus einer Ermittlungsakte verurteilt.

Beurteilung: Als Vertreter des Anti-Kühnen-Flügels trennte sich Ernst Tag von den Zusammenhängen der → Gesinnungsgemeinschaft der Neuen Front. Seither kommt es immer wieder zu Auseinandersetzungen mit ihr nahestehenden Organisationen und Personen. Aufgrund seines autoritären Führungsstils trennten sich wichtige Kader mit Gefolgschaft von ihm. Somit ist er heute im neofaschistischen Lager weitgehend isoliert. (B)

Thadden, Adolf von

geb. 7. Juli 1921 († 17. Juli 1996)

Mitherausgeber von → *Nation und Europa*.

Aktivitäten: Adolf von Thadden schließt sich im Februar 1947 der Deutschen Rechtspartei (DReP) an und kandidiert im April erfolglos für den Niedersächsischen Landtag. 1948 wird er Göttinger Ratsherr der → Deutschen Konservativen Partei – Deutsche Rechtspartei, für die er im August 1949 bei den Wahlen zum ersten Bundestag kandidiert und als niedersächsischer Abgeordneter ins Bonner Parlament einzieht. Hier gehört Thadden der Fraktion der Nationalen Rechten an, die bald zerfällt. Im Januar 1950 beteiligt er sich an der Formierung der → Deutschen Reichspartei (DRP), für die er im Juni 1951 zum stellvertretenden Parteivorsitzenden gewählt wird. 1952/53 wird er stellvertretender Oberbürgermeister von Göttingen und Mitglied des DRP-Direktoriums. Gemeinsam mit Werner Naumann, Hans Grimm und Hans-Ulrich Rudel versucht Thadden, eine »Nationale Rechte« zu den Bundestagswahlen zu bilden. Von 1955–1959 sitzt er als DRP-Abgeordneter im niedersächsischen Landtag und 1959/1960 ist er als Landesvorsitzender der DRP in Niedersachsen tätig. Zu dieser Zeit wird er auch Chefredakteur der DRP-Zeitschrift *Reichsruf*. 1961–1964 hat er den DRP-Bundesvorsitz inne. Im November 1964 beteiligt sich Thadden an der Gründung der → Nationaldemokratischen Partei Deutschlands (NPD) und wird stellvertretender Vorsitzender. Als Nachfolger von Friedrich Thielen wird er 1967 NPD-Bundesvorsitzender und leitet einen radikaleren Parteikurs ein. Nach dem Wahldebakel für die NPD 1969 und der darauffolgenden Krise erklärt er im November 1971 seinen Rücktritt aus dem Bundesvorstand. Als 1975 → Gerhard Frey in den NPD-Parteivorstand gewählt wird, zieht sich Thadden aus der Parteipolitik zurück. Er zieht nach Teneriffa, betätigt sich verstärkt als Publizist und Referent und gibt weiterhin mit → Waldemar Schütz die → *Deutsche Wochen-Zeitung* heraus, die 1986 von Frey übernommen wird. Seit 1992 ist Thadden Mitherausgeber von *Nation und Europa*. In dieser richtet er sich u. a. gegen die Verträge von Maastricht[1] oder stellt die Frage, ob nicht doch die UdSSR den Krieg gegen Hitler-Deutschland begonnen hat.[2]

Beurteilung: Adolf von Thadden galt als Verfechter einer vereinten »Nationalen Rechten«. Dieses Konzept verfolgte er seit Anfang der 50er Jahre bis heute. Als maßgeblich Beteiligter an der Errichtung der neofaschistischen Nachkriegsstrukturen verfügte er durch seine Tätigkeit als Referent und Publizist bis zu seinen Tode über Einfluß in wichtigen Organisationen. (B)

1 Vgl. Nation Europa, 1/1994.
2 Vgl. ebenda, 10/1993.

Übelacker, Horst Rudolf

Garching
geb. 26. März 1936
Bundesbankdirektor
stellvertretender Vorsitzender des → Witikobundes (WB), Bundesvorstandsmitglied der → Sudetendeutschen Landsmannschaft (SL), Präsident der Deutsch-Ukrainischen-Gesellschaft

Aktivitäten: In den Jahren 1967 und 1968 fungiert Horst Rudolf Übelacker als Bundesvorsitzender des Arbeitskreises Sudetendeutscher Studenten und 1973 wird er zum Mitglied der Deutschen Akademie für Bildung und Kultur berufen. 1977 wird Übelacker Bundesbankdirektor bei der bayerischen Landeszentralbank. Als Mitglied der CSU wirbt er 1989 für eine Koalition mit den → Republikanern, bei denen er 1990–1991 Mitglied ist. In den folgenden

Jahren referiert er bei verschiedenen Organisationen, u. a. 1992 bei der → Burschenschaft Danubia und beim → Gesamtdeutschen Studentenverband, 1994 bei Kultur und Zeitgeschichte – Archiv der Zeit e. V. von → Waldemar Schütz und 1995 auf den 4. Kulturtagen des Kulturwerks Österreich.

Beurteilung: Wie → Walter Staffa liegt auch Übelacker die Heranziehung des witikonischen Nachwuchses am Herzen. Er übernimmt für den WB große Teile der Außendarstellung im tagespolitischen Geschäft und empfiehlt sich so in der Nachfolge Staffas als Bundesvorsitzender des WB. Sein kurzzeitiges Engagement für die Republikaner sorgte allerdings beim Witikobund für Turbulenzen. Trotz seiner beruflich exponierten Position scheut Übelacker sich nicht, mit eindeutig rechtsextremistischen Organisationen zusammenzuarbeiten. Inhaltlicher Schwerpunkt seiner Referententätigkeit ist die Europapolitik und ihre Bedeutung für das Anliegen der Revanchisten. (B)

Venohr, Dr. phil. Wolfgang Horst Walter

Hamburg
geb. 15. April 1925
Journalist und Publizist
Publizist; Mitglied der → Unabhängigen Ökologen Deutschlands
Aktivitäten: 1941 meldet sich Wolfgang Venohr als Kriegsfreiwilliger zur Wehrmacht. Nach dem Krieg studiert er Geschichte und Germanistik und promoviert mit einer Arbeit über Ludendorffs Kriegsführung zum Dr. phil. In den 60er Jahren ist Venohr »Berlin-Korrespondent« von → Wolf Schenkes national-neutralistischer Zeitschrift *Neue Politik*. 1963 entwirft er in diesem Kreis das Modell einer »Deutsch-Deutschen Konföderation«. Als Chefredakteur der Hamburger Fernsehgesellschaft stern-tv durfte er 1969–1970 als einziger westdeutscher Journalist in der DDR drehen. Im Zentrum seiner »Dokumentarfilme« steht über Jahre zumeist das Preußentum. In Zeiten der Friedensbewegung zu Beginn der 80er Jahre belebt er sein altes Modell der »Deutschen Konföderation«. So unterzeichnet er 1984 die von → Sven Thomas Frank geschaltete Anzeige *Den Frieden retten – Deutschland vereinen!* in der *Frankfurter Rundschau*. 1993 referiert er durch Vermittlung von Helge Drescher (heute → Deutsches Kolleg) vor mehreren Berliner CDU-Ortsverbänden. Venohr ist Autor in Zeitschriften wie → *wir selbst*, → *Criticón* und → *Junge Freiheit*. Er veröffentlichte u. a. *Preußische Profile* (zusammen mit Sebastian Haffner, 1980), *Die Deutsche Einheit kommt bestimmt* (Hrsg.1982), *Ein Deutschland wird es sein* (Hrsg. 1990), *Patrioten gegen Hitler. Der Weg zum 20. Juli 1944* (1994).

Beurteilung: Venohr ist seit 1992 Mitglied der Unabhängigen Ökologen Deutschlands. Sein Hauptwirkungsfeld liegt jedoch in den publizistischen Wiederbelebungsversuchen der preußischen Traditionen Deutschlands, versehen mit nationalrevolutionären Elementen. Mitte der 80er Jahre trägt er im Spannungsfeld zwischen Rechtsextremismus und Konservatismus durch sein Wiedervereinigungsmodell »Deutsche Konföderation« und der Autorenmischung in seinen Bänden (u. a. Hellmut Diwald, → Wolfgang Seiffert, Peter Brandt, Herbert Ammon) zur Akzentuierung der deutschlandpolitischen Diskussion erheblich bei.[1] (B)

1 Vgl. K. Schönekäs: Bundesrepublik Deutschland. In: F. Greß; H.-G. Jaschke; K. Schönekäs: Neue Rechte und Rechtsextremismus in Europa. Opladen 1990, S. 324.

Walendy, Udo

Vlotho/Mönchengladbach
geb. 21. Januar 1927
Diplompolitologe
Herausgeber von → *Historische Tatsachen*

Aktivitäten: Udo Walendy arbeitet 1956/57 kurzzeitig als Angestellter im Hauptquartier der britischen Streitkräfte in Mönchengladbach. 1959/60 leitet er die Volkshochschule Herford und gründet 1963 den Verlag für Volkskunde und Zeitgeschichtsforschung in Vlotho. 1964 veröffentlicht er sein Buch *Wahrheit für Deutschland – Die Schuldfrage des 2. Weltkrieges* und tritt kurz nach deren Gründung der → Nationaldemokratischen Partei Deutschlands (NPD) bei. 1965 ist er Kandidat der NPD bei den Bundestagswahlen, nach seiner Mitgliedschaft im Landesvorstand Nordrhein-Westfalen wird er 1967 als Referent für die zentrale Rednerschulung Mitglied des Bundesvorstands. 1975 gibt er das erste Heft der Reihe *Historische Tatsachen* heraus. 1977 ist er als »wissenschaftlicher Experte« beim, u. a. von → Thies Christophersen geplanten, Nürnberger »Auschwitz-Kongreß« vorgesehen. 1979 wird sein Buch *Wahrheit für Deutschland* indiziert. 1979 hält er in den USA Vortragsveranstaltungen und tritt in den folgenden Jahren u. a. bei der → Wiking Jugend, dem Deutschen Kulturwerk europäischen Geistes – Österreich und den Hetendorfer Tagungswochen als Redner auf. 1986 wird er Mitglied des Beirats von *The Journal of Historical Review*. Einige seiner Veröffentlichungen werden polizeilich beschlagnahmt. 1996 wird er im Mai wegen Leugnung bzw. Relativierung des Holocausts zu 15 Monaten Haft verurteilt.

Beurteilung: Udo Walendy war in den sechziger Jahren ein wichtiger Funktionsträger der sich in der NPD reorganisierenden extremen Rechten in der Bundesrepublik. Später konzentrierte er sich auf seinen Verlag für Volkstum und Zeitgeschichtsforschung. Aufgrund seines Verlages und seiner umfangreichen Vortragstätigkeit hat er weitreichende Verbindungen in nahezu alle Strömungen der extremen Rechten. Mit der Schriftenreihe *Historische Tatsachen* ist er zu einer zentralen Person des internationalen Netzwerkes der Holocaustleugner geworden. (FV/B)

Weidenbach, Hans Otto
Bremen
geb. 1952
Maschinenschlosser, Journalist
Ende 1995 Beisitzer im Bundesvorstand der → Deutschen Volksunion (DVU)
sowie DVU-Landesvorsitzender in Niedersachsen
Aktivitäten: Der Doppelfunktionär Weidenbach organisiert 1987 den Wahl-
kampf der DVU bei den Bremer Bürgerschaftswahlen mit. Als Redaktions-
mitglied der *Deutschen Stimme* ist er bis Anfang der 90er Jahre Bremer Lan-
desvorsitzender der → Nationaldemokratischen Partei Deutschlands. Bei der
Bremer Bürgerschaftswahl 1991 kandidiert Weidenbach für die DVU. Im
November 1992 wird er als enger Mitarbeiter und Vertrauter von → Gerhard
Frey zur Kontrolle der DVU-Landtagsfraktion zum DVU-Landesbeauftragten
Schleswig-Holsteins erklärt. 1993 wird er Landesvorsitzender sowie Spitzen-
kandidat der Wahlen zum Bremer Landtag 1995.
Beurteilung: Der Frey-Günstling Weidenbach fiel in der Bremer Bürger-
schaft u.a. durch rassistische Hetze auf. Zitat:»Werfen sie die Schwindler
hinaus, die Gauner, die Verbrecher multinationaler Herkunft, die Herointür-
ken und Kokainneger, zigeunernde Plünderer und polnischen Schmuggler und
Autoschieber, denn durch die Duldung züchten sie ja Fremdenfeindlichkeit.«[1]
(B)

1 Zitiert nach A. Linke: Der Multimillionär Frey und die DVU. Essen 1994, S. 62.

Weißmann, Dr. phil. Karlheinz
Bovenden
geb. 13. Januar 1959
Gymnasiallehrer für Geschichte und evangelische Religion, Oberstudienrat
Mitglied der → Deutschen Gildenschaft
Aktivitäten: Bereits 1986 setzt er als Autor der Zeitschrift → *Criticón* große
Hoffnungen auf → *Die Republikaner.* 1989 promoviert er an der Universität
Braunschweig über die politische Symbolik der deutschen Rechten. Als Refe-
rent stellt er sich sowohl Konservativen als auch extrem rechten Gruppierun-
gen zur Verfügung, u.a. → Junge Landsmannschaft Ostpreußen, → Christlich-
Konservatives Deutschland-Forum, Gesamtdeutsche Initiative Schleswig-Hol-
steins, → Studienzentrum Weikersheim, der CDU-nahen Hermann-Ehlers-
Akademie, → Deutsche Unitarier Religionsgemeinschaft und der FDP-nahen
Thomas-Dehler-Stiftung. Weißmann zählt zu einem der wichtigsten Autoren
der Zeitschrift → *Criticón* und schrieb u.a. für die Blätter → *Mut,* → *Junge*

Freiheit, Junges Forum, CIVIS und *Phoenix.* An Büchern veröffentlichte er u. a. *Schwarze Fahnen – Runenzeichen* (Droste-Verlag,1991), *Rückruf in die Geschichte. Die deutsche Herausforderung: Alte Gefahren – neue Chancen* (Ullstein/Propyläen,1992), *Der Weg in den Abgrund. Deutschland unter Hitler von 1933–1945* (als Band 9 der »Propyläen Geschichte Deutschlands«, Ullstein/Propyläen,1995) und *Westbindung. Chancen und Risiken für Deutschland* (hrsg. zusammen mit → Rainer Zitelmann und Michael Großheim, Ullstein/Propyläen,1993). → Armin Mohler unterstützte er bei der Erstellung des Ergänzungsbandes *Die Konservative Revolution 1918–1932* (1989). Für die deutschsprachige Ausgabe von Julius Evolas *Menschen inmitten von Ruinen*, 1991 im → Hohenrain-Verlag erschienen, bibliographierte er Evolas auf deutsch erschienenen Bücher und Aufsätze.

Beurteilung: Weißmann ist einer der führenden Strategen der Kreise, die zwischen Konservatismus und Rechtsextremismus anzusiedeln sind. Auch Neofaschisten greifen gelegentlich auf seine Ideen zurück. Seine Artikel erscheinen sowohl in der Wochenzeitung des Bundestags *Das Parlament* als auch als Nachdruck in *Index*, dem ehemaligen Mitteilungsblatt der verbotenen neofaschistischen → Nationalen Liste. Als überzeugter Antifeminist und Antiwestler zielt er vor allem auf die kulturelle Offensive, aber auch auf die parteipolitische Neuformierung des Spektrums rechts der CDU/CSU. Ideengeschichtlich steht er in der Tradition der sogenannten Konservativen Revolution der Weimarer Republik. Auf dem 15. Kongreß des Studienzentrums Weikersheim faßt Weißmann seinen strategischen Ansatz zusammen: »Immer deutlicher wird, daß die überholte 68er-Generation mit ihrem hochmoralisch kaschierten Lustgewinn und die gebeugte Jalta-Generation mit ihrem kurzsichtigen, ungeschichtlichen Pragmatismus nicht imstande sind, den Herausforderungen der Gegenwart gerecht zu werden. Die Staatsführung versagt parteiübergreifend. Deshalb ist unser Volk so tief verunsichert. Wir brauchen eine politische Pädagogik des nationalen Realismus unter Anerkennung unserer geopolitischen Lage«[1]. (B)

1 Zitiert nach DESG-inform, Nr.6–7/1993, S. 3.

Wintzek, Bernhard Christian

Asendorf
geb. 9. August 1943
Sozialpädagoge
Herausgeber, Verleger und Chefredakteur von → *Mut.*
Aktivitäten: 1964 gründet Bernhard C. Wintzek die Aktion Kennwort Europa, aus der heraus das Magazin *Mut* entsteht. 1965 ist er an der Bildung des → Arbeitskreises Volkstreuer Verbände beteiligt, und 1969 gründet er die

Gesamtdeutsche Aktion. 1970 wirkt Wintzek bei der Initiierung der → Aktion Widerstand sowie bei der neofaschistischen Demonstration gegen das Brand/Stoph-Treffen in Kassel mit. 1972 ist er parteiloser Bundestagskandidat in Niedersachsen für die → Nationaldemokratische Partei Deutschlands. Von dieser unterstützt, veranstaltet er im selben Jahr mit → Peter Dehoust und → Alfred E. Manke den »1. Nationaleuropäischen Jugendkongreß« in München-Planegg zur Schaffung einer »faschistischen Internationale«.[1] Zusammen mit → Wolfgang Strauss und → Gerd-Klaus Kaltenbrunner gelingt es Wintzek, das 1979 noch wegen Rassenhetze indizierte (Nr. 134) und bis 1984 vom Verfassungsschutz als rechtsextremistisches Druckerzeugnis bezeichnete Blatt *Mut* in »seriösen« rechten bzw. konservativen Kreisen zu etablieren.

Beurteilung: Als Vertreter einer »großen Rechten« nach dem Vorbild der italienischen Movimento Sociale Italiano/Destra Nazionale unterhielt Wintzek v.a. in den 70er Jahren Beziehungen zu nahezu allen bedeutenden Organisationen und Gruppierungen des rechtsextremen und neofaschistischen Lagers.[2] Ob dieser von ihm selbst bezeichnete »Irrweg in die rechte Ecke«[3] durch die Etablierung seiner Zeitschrift *Mut* als Kampfblatt der Totalitarismusforschung beendet ist, bleibt abzuwarten. Aktuell geht Wintzek mit den aktuellen politischen und strategischen Positionen der Kreise um Eckhard Jesse und → Rainer Zitelmann, u.a. im Veldensteiner Kreis, konform. (B)

1 Rechtsradikale Jugendorganisation. Sonderheft Nr. 8 des Pressedienstes Demokratische Initiative (PDI), München 1979, S. 76.
2 Antifa-Kommission des KB (Hrsg.): Wie kriminell ist die NPD? Hamburg 1980, S. 133.
3 Wintzek in Mut, April 1992, S. 27.

Worch, Christian
Hamburg
geb. 14. März 1956
gelernter Notariatsgehilfe
Führungskader der → Gesinnungsgemeinschaft der Neuen Front (GdNF)

Aktivitäten: Christian Worch beginnt seine neofaschistischen Aktivitäten 1974 in Hamburg, wo er gemeinsam mit → Michael Kühnen die 1977 gegründete Aktionsfront Nationaler Sozialisten (ANS) aufbaut, den Vorläufer der → Aktionsfront Nationaler Sozialisten/Nationale Aktivisten (ANS/NA). Wegen der Ehrung der 1947 hingerichteten NS-Kriegsverbrecher in Nürnberg werden Worch und Kühnen 1977 zu einer Arbeitsauflage verurteilt. 1978 nimmt er an der sogenannten Eselsmasken-Aktion teil, bei der Neonazis mit Eselsmasken und Schildern »Ich Esel glaube noch, daß in deutschen KZ's Juden vergast wurden« durch die Hamburger Innenstadt ziehen. 1979 leitet Worch nach der Inhaftierung Kühnens die ANS. 1980 erhält Christian Worch mehrere Gefängnisstrafen, die zu einer Gesamtstrafe von drei Jahren zusammengezogen werden. Sein Rechtsanwalt ist → Jürgen Rieger. Nach dem Verbot der ANS/NA 1984 wird Worch führendes Mitglied der GdNF. Er übernimmt das Amt des Schriftleiters der *Nachrichten der HNG* und wird als Kontaktperson für *Die Neue Front* angegeben. 1989 nach Gründung der → Nationalen Liste (NL) wird Worch Herausgeber der Zeitung *Index*. Im August bereitet er erstmals maßgeblich den Rudolf-Heß-Gedenkmarsch vor. Diese Funktion übt er bis 1995 aus. Im Juli 1990 nimmt er an einer Versammlung der → Nationalsozialistischen Deutschen Arbeiterpartei/Auslands- und Aufbauorganisation (NSDAP/AO) in Kollund (Dänemark) teil. Nach dem Tod Kühnens 1991 gehört Worch zu der Führungsriege der GdNF. Seit Anfang 1993 ist er stellvertretender Vorsitzender der NL. Ende November 1994 wird Worch wegen Verstoß gegen das ANS/NA-Verbot zu zwei Jahren Haft verurteilt. Er befindet sich seit Ende Februar 1996 in Haft.

Beurteilung: Christian Worch ist einer der erfahrensten und angesehensten Funktionäre des neofaschistischen Lagers der Bundesrepublik. Seit dem Tod Michael Kühnens übernahm er vor allem die Rolle eines bundesweiten Koordinators für Aufmärsche und Veranstaltungen der GdNF. Er verfügt über enge Kontakte zur NSDAP/AO und ist eine Hauptkraft in der sogenannten Anti-Antifa-Kampagne.

Zepp-LaRouche, Helga
geb. 1948
Journalistin
Vorsitzende der → Bürgerrechtsbewegung Solidarität (BüSo).

Aktivitäten: Helga Zepp-LaRouche (früher Helga Ljustina bzw. Helga Zepp-Ljustina) wird 1974 bei Gründung der Europäischen Arbeiterpartei (EAP) deren Vorsitzende und stellt sich für die Partei am 15. September 1976 in einem ZDF-Wahlkampfspot als »Kanzlerkandidatin für die neue Weltwirtschaftsordnung« vor. 1977 heiratet sie den Rechtsextremisten Lyndon Hermyle LaRouche, in dessen multinationalen Netzwerk (LaRouche-Connection) die EAP die Rolle des parteipolitischen Flügels in der Bundesrepublik einnimmt. Entsprechend wird Helga Zepp-LaRouche auch Vorsitzende der LaRouche-Neugründungen Schiller-Institut (1984) und der Patrioten für Deutschland (1985), mit denen sie 1986 bei den niedersächsischen Landtagswahlen antritt. Für die 1992 gegründete Bürgerrechtsbewegung Solidarität tritt Helga Zepp-LaRouche 1994 unter dem Motto »Wir haben das Patentrezept« als Berliner Spitzenkandidatin zu den Bundestagswahlen an.

Beurteilung: Helga Zepp-LaRouche vertritt die Interessen ihres Ehemannes in der Bundesrepublik als Führerin seiner Parteien. Ansonsten spielt sie in den zahlreichen Unternehmungen und Organisationen eine eher zurückhaltende Rolle.[1] Ganz im Sinne ihres Mannnes propagiert sie zur Rettung der Welt v. a.

den Einsatz von Kernenergie. Die Grünen bezeichnet sie als »verkappte Nazis« und unterscheidet in »zionistische« und »nicht zionistische« Juden. Die Initiatoren des Holocaust-Films bezeichnet sie als »Nest zionistischer, das heißt ausländischer Agenten in der Bundesrepublik.«[2] (B)

1 Vgl. H. Lorscheid; L. A. Müller: Deckname: Schiller. Reinbek bei Hamburg 1986, S. 32.
2 Neue Solidarität vom 25.1.1979.

Zimmerer, Prof. Carl

Düsseldorf

geb. 1926

Geschäftsführer des Düsseldorfer Unternehmens Interfinanz Gesellschaft für internationale Finanzberatung mbH (Interfinanz GmbH)

Initiator und Ausrichter der → Düsseldorfer Herrenrunde

Aktivitäten: Nach Kriegsdienst und französischer Gefangenschaft wird Zimmerer bis zur sozialliberalen Koalition parteipolitisch als FDP-Mitglied aktiv. 1959 gründet er zusammen mit Gerhard Kienbaum und Walter Scheel (dem späteren Bundespräsidenten) die Interfinanz GmbH, die heute als Miteigentümerin den Tochterfirmen CCF-Interfinanz und Interfinanz-Treuhand GmbH vorsteht. 1970 wendet er sich der Nationalliberalen Aktion des Siegfried Zoglmann zu. Seit Beginn der 80er Jahre richtet er zusammen mit Günther Kissel die Düsseldorfer Herrenrunde aus. 1991 engagiert sich Zimmerer für den Fortbestand der → *Jungen Freiheit*, auf deren Wirtschaftsseiten er sich ebenso regelmäßig wie in → *Nation und Europa* und → *Criticón* äußert. 1993 referiert er beim Berliner → Dienstagsgespräch, und 1994 kandidiert er auf Platz 19 für den → Bund freier Bürger zur Europawahl. Zimmerer nimmt eine Reihe wichtiger Aufsichtsrats- und Beisitzerposten in wirtschaftlichen Unternehmen ein.[1]

Beurteilung: Als Leiter der renommierten Maklerfirma Interfinanz verfügt Zimmerer über erheblichen Einfluß in der Finanzwelt. Seine Artikel erscheinen in *Focus* und der *Wirtschaftswoche*. Doch gilt er auch als einer der Grauen Eminenzen im weiten Umfeld der *Jungen Freiheit* und von *Nation und Europa*. Zimmerer war dem → NPD-Gründer → Adolf von Thadden freundschaftlich verbunden, und seine Kontakte reichen über Hans Hausberger zu der in Gründung befindlichen Franz-Schönhuber-Stiftung. Die Düsseldorfer Herrenrunde dient ihm zur Kontaktpflege zwischen wirtschaftlichem Mittelstand und politischer Rechte im Parteienlager. In der sozialen Frage spricht er eine deutliche Sprache. Für Stadtstreicher befürwortet er ein Abschieben in »eine Art Armeleute-Kolonie«. »Dort bekommen sie täglich ihre drei Mahlzeiten, das Notwendige an ärztlicher Versorgung, Unterkunft und Kleidung, und wenn sie sich dort als Arbeiter bewähren, dann dürfen sie wieder zurück.«[2]

1 Vgl. F. Hundseder: Rechte machen Kasse. München 1995, S. 178.
2 Junge Freiheit, Nr. 9/1992, S. 4.

Zitelmann, Dr. phil. Rainer

Berlin

geb. 1957

Historiker, Publizist, Lektor

Mitglied der Berliner FDP im Bezirk Spandau

Aktivitäten: Rainer Zitelmann studiert Geschichte und Politikwissenschaft.
Er promoviert 1986 zum Dr. phil. mit einer Arbeit über Hitlers »Selbstverständnis als Revolutionär«. Ab 1990 leitet er zusammen mit Eckhard Jesse
und Uwe Backes den Veldensteiner Kreis zur Geschichte und Gegenwart von
Extremismus und Demokratie. Im Frühjahr 1992 holt ihn → Herbert Fleissner
als Cheflektor zu Ullstein/Propyläen, wo er vor allem mit der Reihe Ullstein-
Report Akzente setzt. Im Dezember 1993 wird er Leiter des Ressorts »Geistige Welt« der Tageszeitung *Die Welt*. Den rechten Kurs, den er dort zusammen
mit Heimo Schwilk und Ulrich Schacht verfolgt, führt 1994 zu redaktionsinternen Widerständen und der Versetzung von Zitelmann zum Ressort Zeitgeschichte. 1994 ist er Teilnehmer des Berliner → Dienstagsgesprächs. Er ist
Mitunterzeichner des *Berliner Appells: Wehret den Anfängen!* (1994), des 8.
Mai-Aufrufs *Gegen das Vergessen* (1995) und weiterer von Heimo Schwilk,
Ulrich Schacht oder Klaus-Rainer Röhl initiierten Aufrufe. Seit August 1994
ist er Mitglied der Berliner FDP im Bezirksverband Spandau und Unterzeichner der *Berliner Positionen einer liberalen Erneuerung*. Er veröffentlichte
u. a.: *Die Schatten der Vergangenheit. Impulse zur Historisierung des Nationalsozialismus* (1990 hrsg. mit U. Backes und E. Jesse); *Hitler. Selbstverständnis eines Revolutionärs* (1991); *Nationalsozialismus und Modernisierung* (1991 hrsg. mit M. Prinz); *Wesibindung. Chancen und Risiken für
Deutschland* (1993 hrsg. mit → K. Weißmann und M. Großheim).

Beurteilung: Über sein Hauptthema, »wie modern war der Nationalsozialismus«, bietet Zitelmann Argumentationsansätze für Vertreter der rechtsextremen Intelligenz und für die aus dem Kalten Krieg vorbelastete Totalitarismusforschung.[1] So avanciert Zitelmann seit Ende der 80er Jahre zur Kristallisati-
onsfigur einer Riege junger Rechter, der es um die zeitgeschichtliche Umdeutung des Nationalsozialismus und um die Abkehr von der »Westbindung«
geht. Seine Linie verfolgte er sowohl als Lektor über die Autorenauswahl
(u. a. → Alfred Mechtersheimer, Karlheinz Weißmann, Hans-Helmuth Knütter, Uwe Greve) als auch aktuell parteipolitisch innerhalb der FDP. Hier
kämpft er zusammen mit Alexander von Stahl, Manfred Kittlaus und Hans-
Joachim Josewski für ein »Europa der Vaterländer«, gegen eine »Multikulturelle Gesellschaft«, den »Mißbrauch des Asylrechts« und gegen »Ökohyste-

rie« sowie »Feminismus«.[2] Für die → *Junge Freiheit* wird er immer wieder als Berater in Sachen politischer Linie und Autorenvermittlung genannt.[3] (B)

1 Siehe Projekt Für Interdisziplinäre Faschismusforschung (PfiFf): Ändert die Zukunft Deutschlands Vergangenheit? Berlin 1994, S. 11 f.
2 Vgl. »F.D.P. Berliner Positionen einer liberalen Erneuerung«. Berlin 1994.
3 Vgl. u.a. L. Marold: Der Kampf der Jungen Freiheit gilt dem eigenen Überleben. Die FDP steht vor der Zerreißprobe. Der Tagesspiegel vom 1.11.1994.

Zündel, Ernst (Christof Friedrich)

Toronto/Kanada

geb.1939

Verleger

Herausgeber des *Germania*-Rundbriefes und bis 1996 der Zeitschrift → *Die Bauernschaft,* Eigentümer des Samisdat Publishers Verlages

Aktivitäten: Ernst Zündel siedelt 1957 nach Kanada über. 1976/77 ist er Mitherausgeber der US-amerikanischen Zeitschrift *White Power Report.* Seit 1976 betreibt er den Samisdat Publishers Verlag, über den auschwitzleugnende Schriften und Videos zu beziehen sind. Er veröffentlicht u.a. die Schriften *UFO's: Nazi Secret Weapon?* und *The Hitler we loved and why.* Über seine eigenen Aktivitäten berichtet er im *Germania*-Rundbrief. 1988 gibt er im Rahmen eines Strafprozesses in Kanada den *Leuchter-Bericht* in Auftrag, in dem behauptet wird, Massentötungen durch Giftgas seien in den Gaskammern von Auschwitz technisch nicht möglich gewesen. 1990 startet Zündel in Kooperation mit → Bela Ewald Althans eine umfangreiche »revisionistische« Kampagne in der Bundesrepublik. 1991 wird Zündel in München wegen Volksverhetzung und Aufstachelung zum Rassenhaß zu 12.600 DM Geldstrafe verurteilt. 1995 übernimmt er von → Thies Christophersen die Zeitschrift *Die Bauernschaft,* stellt sie jedoch Anfang 1996 ein und empfiehlt, stattdessen seinen *Germania*-Rundbrief zu abonnieren.

Beurteilung: Zündel verbreitet seine Geschichtsfälschungen mit spektakulären Aktionen, (gekaufter) Sendezeit bei nordamerikanischen Rundfunk- und TV-Stationen, seinen *Germania*-Rundbriefen und seit einiger Zeit auch mit *Zundelsite* genannten Propagandaseiten im *Internet* in großem Umfang. Sein vorrangiges Ziel ist es, in den Medien (auch mit negativer Berichterstattung) präsent zu sein. Seine Schriften gelangen in erheblicher Anzahl auch in die Bundesrepublik, wo sich Zündel seit Ende der achtziger Jahre auf die Strukturen um Althans wie das Deutsche Jugendbildungswerk und die → Althans Vertriebswege und Öffentlichkeitsarbeit und auf den Freundeskreis Ernst Zündel stützen konnte. Seine Bedeutung als vom Ausland aus arbeitender Auschwitz-Leugner steigt mit der strafrechtlichen Verfolgung »revisionistischer« Aktivitäten in der Bundesrepublik. (FV)

C Vertiefungen

Wolfgang Gessenharter/Helmut Fröchling

Neue Rechte und Rechtsextremismus in Deutschland[1]

Zur Diskussion um »rechts« in der publizistischen Öffentlichkeit

»Ich kann mit ›Rechts‹ und ›Links‹ nicht viel anfangen«, beginnt der Althistoriker Christian Meier seinen Essay zum Thema »What's right?« in der *Frankfurter Allgemeinen Zeitung (FAZ)*[2]. Und Erhard Eppler, einer der SPD-Vordenker, pflichtet ihm – leicht korrigierend – bei: »(...) nicht viel, aber eben doch einiges«[3]. Die *FAZ* hatte im Frühjahr 1994 die Debatte angeregt, was denn »rechts« sei. Diese Debatte schien nötig geworden zu sein, weil, offenbar im Blick auf das sogenannte Superwahljahr 1994, in öffentlichen Auseinandersetzungen die Etikettierungen »rechts«, »rechtsextrem«, »rechtsradikal« oder ähnliche so beliebig verwendet wurden, daß sie mehr zur Stigmatisierung als zur Information taugten.[4] Als etwa der ehemalige Lektor des Ullstein-Verlags, Rainer Zitelmann, als Ressortleiter zur Tageszeitung *Die Welt* wechselte, dies aber einen regelrechten Aufstand der Mehrheit der *Welt*-Redakteure auslöste, sprach man in der *ZEIT* bzw. im *Spiegel* schlicht von der Machtübernahme durch einen »Rechtsextremen«. Prompt fanden sich Journalisten und Wissenschaftler zusammen, die Zitelmann in einer Solidaritätsadresse vor dem Vorwurf, rechtsextrem zu sein, in Schutz nahmen.

Denn schließlich bedeutet, jemanden »rechtsextrem« zu nennen, ihn in die Nähe der Verfassungsfeindlichkeit zu rücken; konsequenterweise müßte sich dann auch der Verfassungsschutz für ihn interessieren. Angesichts der damit verbundenen sozialen und ökonomischen Folgen erstaunt manchmal die Fahrlässigkeit in der Wortwahl, die im übrigen ein bezeichnendes Licht darauf wirft, wie wenig sich die Protagonisten dieser öffentlichen Debatten dafür interessieren, was in der Rechtsextremismusforschung als einigermaßen geklärt gilt. Und so überrascht es auch nicht, daß in der »What's right?«-Debatte der *FAZ* unter dreizehn Autoren nicht ein einziger ausgewiesener Rechtsextremismus-Experte zu Wort kam.

»Rechtsextremismus« in der wissenschaftlichen Diskussion

Dabei hätte die einschlägige Forscherzunft durchaus Hilfreiches zur begrifflichen Klärung und empirischen Vermessung des ideologisch und organisatorisch rechten Spektrums anzubieten. Bei allen Diskussionen über offene Fragen – z. B. Richard Stöss und Willibald I. Holzer haben diese in umfassenden Überblicksaufsätzen aufgelistet[5] – gibt es nämlich keine grundsätzlichen Divergenzen über die Etiketten bzw. die damit verbundenen politisch-ideologischen Dimensionen, die dem Rechtsaußen-Feld zuzuschreiben sind. Betrachtet man etwa Wolfgang Benz' sieben Kriterien für Rechtsextremismus[6] oder Armin Pfahl-Traughbers Definition dieses Begriffes als einer »Sammelbezeichnung für antidemokratische Auffassungen und Bestrebungen mit traditionell politisch rechts einzuordnenden Ideologieelementen«,[7] nämlich Nationalismus, Autoritarismus, Antipluralismus und Ideologie der Ungleichheit, dann zeigt sich, daß es bereits seit längerem[8] in der Forschung einen akzeptierten Bestimmungskern gibt.[9] So nennen etwa Backes/Moreau die »Abwehrhaltung gegenüber dem Ethos fundamentaler Menschengleichheit« als »den Generalnenner aller rechtsextremen Kräfte«.[10] Wir selbst sehen die Auseinandersetzung um das Verhältnis von Kollektiv und Einzelnem und die Bevorzugung des Kollektivs vor dem Individuum als den Kern rechtsextremer Ideologie an.

Beide genannten Bestimmungen sind bei genauerem Hinsehen nicht weit voneinander entfernt. Wenn sich nämlich Menschen grundsätzlich spezifischen unterschiedlichen Kollektiven (z. B. Volk, Nation, Rasse, Sippe) verdanken und von ihnen bleibend geprägt sind, dann muß in der Tat die Vorstellung von *einer* Menschheit als »Betrug« (Carl Schmitt) abgelehnt werden. Hier setzen aber gerade die politiktheoretischen Grundgedanken der Aufklärung und in ihrem Gefolge die Vorstellungen der Französischen Revolution von 1789 an. Denn mit der Konzeption von »Menschheit« soll ja ein Bezugspunkt geschaffen sein, der die Gleichheit aller Menschen rechtfertigt. Sie aber würde wiederum die Forderung nach Selbstbestimmung jedes einzelnen Menschen und die Anerkennung der Unantastbarkeit seiner Würde rechtfertigen. Zum Schutz dieser Würde dienten Menschenrechte, die universal sein müßten, da sie nur so jedem einzelnen Menschen als Glied der Menschheit zustehen, und die deshalb allen staatlichen oder sonstigen Kollektivrechten vorgeordnet sein müßten. Genau gegen diese Konzeption aber opponiert der Rechtsextremismus – und bleibt hier im übrigen einer Traditionslinie treu, zu der auch die NS-Ideologie zu zählen ist.[11]

Die beiden oben genannten Ideologiekerne sind also gewissermaßen die zwei Seiten einer Münze. Es kommt aber noch ein weiteres hinzu. Aus der behaupteten faktischen kollektiven Eingebundenheit jedes einzelnen Menschen wird seine Abhängigkeit davon nicht nur als unhintergehbar aufgefaßt; vielmehr wird daraus auch eine Norm für den einzelnen abgeleitet, die ihn dazu verpflichtet, sich dieser Abhängigkeit willig zu fügen. Das Kollektiv schützt den einzelnen; daher kann es ihn auch zum Gehorsam ihm gegenüber verpflichten. Carl Schmitt formulierte diesen Gedanken kurz und knapp: Protego, ergo obligo – ich schütze dich, also verpflichte ich dich auch, sagt das Kollektiv zum einzelnen Menschen.[12]

Grundzüge der Entwicklung des rechten Lagers in der Bundesrepublik: Der Aufstieg der Neuen Rechten

Dudek und Jaschke[13] haben schon vor Jahren darauf hingewiesen, daß die Entwicklung des rechten Lagers nur als Interaktionsprozeß mit dem gesamtgesellschaftlichen Kontext, insbesondere mit den politisch-gesellschaftlichen Machtinstanzen, zu sehen ist. War der frühe Rechtsextremismus noch weitgehend durch seine Fixierung auf das Dritte Reich charakterisiert, rückt spätestens seit dem Machtwechsel von 1969 immer mehr die Kritik an den realen Gegebenheiten in der Bundesrepublik in den Vordergrund. Und seit 1989 gerät der Rechtsaußenbereich teilweise geradezu ins Zentrum der politischen Sinnvermittlung. Diese Anpassungsleistung umfaßt allerdings nicht das gesamte rechte Lager; und wo sie stattfand, war sie nicht so sehr intrinsisch als vielmehr extrinsisch induziert.

Hans-Gerd Jaschke hat in Fortführung früherer Gedanken bei der Betrachtung der ideologischen Ränder zu Recht auf die Bedeutung der »Mitte« verwiesen, die von ihm »als ein mit Sanktionsmacht ausgestatteter Statthalter, Anwender und Kontrolleur von politischen und gesellschaftlich-konventionellen Normen« beschrieben wird. Diese »Mitte« gehe mit den Rändern hauptsächlich mittels »Ausgrenzung und Integration«[14], wozu auch »Domestizierung und Disziplinierung«[15] gehörten, um. Dieser Gedankengang kann allerdings noch erweitert werden. Denn durch die genannten Umgangsformen bleiben weder die »Ränder« noch die »Mitte« völlig unberührt, vielmehr sind bei beiden bestimmte Veränderungen erwartbar, die ihrerseits wieder Rückwirkungen auf die Umgangsformen haben – ein ständiger Prozeß. Inwiefern sich über bestimmte Zeiträume hinweg dabei Regelmäßigkeiten erkennen lassen, bedürfte erst noch intensiver Forschung. Folgendes aber kann für die bisherige Geschichte der Bundesrepublik wohl gesagt werden.

Nicht nur durch die starke Einwirkung der Siegermächte sind nach 1949 die offiziell wahrgenommenen Ränder im rechten Bereich quantitativ klein, dafür aber in ihren Konturen eher scharf gewesen. Auch das Verbotsurteil des BVerfG gegen die Sozialistische Reichspartei (SRP) von 1952 trug zu dieser

Entwicklung bei. Parallel dazu haben »CDU und CSU nicht nur die kleinen Rechtsaußen-Parteien durch Umarmung politisch entmachtet (Deutsche Partei (DP), Block der Heimatvertriebenen und Entrechteten (BHE), Bayernpartei), sie haben auch NS-Belasteten (Globke, Seebohm) eine politische Zuflucht geboten und damit das NS-Stimmenpotential der frühen Bundesrepublik an sich binden können«.[16] So ist es schon von Anfang an nie zu einer einheitlichen rechten, größeren Organisation gekommen, weil weder ein attraktives, gleichzeitig grundgesetzlich unbeanstandbares ideologisches Angebot vorlag, noch genügend viele und einflußreiche Organisationsgründer und Inhaber von Spitzenpositionen vorhanden waren. Die Gegnerschaft zum liberalen Grundgesetz war aber nicht nur bei diesen rechten Rändern zu sehen, sondern zog sich auch als »Stimmung« durch gewisse Teile der Bevölkerung, die den beispiellosen Aufschwung der Bundesrepublik durch Parolen von der »Schönwetterdemokratie« beständig in Frage stellten und dem immer schon als Verfallsideologie apostrophierten Liberalismus durch autoritäre Bandagen beizukommen versuchten.[17]

Im Prinzip ist die Situation bis heute gleich geblieben. Von wenigen Ausnahmen abgesehen, z.B. dem Erstarken der NPD Mitte bis Ende der 60er Jahre oder dem relativ kurzen Aufflackern der Republikaner oder der DVU vor wenigen Jahren (Asyldebatte!), ist die Zersplitterung des rechten Randes in Klein- und Kleinstorganisationen nie überwunden worden. Diese Feststellung gilt nicht nur für Parteien, wobei hier die 5 Prozent-Klausel noch eine zusätzliche Barriere bedeutet, sondern auch für sonstige Organisationen. Angesichts dieser Entwicklungen mutet es den Beobachter schon merkwürdig an, wie stark dennoch der Blick der »Mitte« immer nur auf diese Organisationen und Parteien gerichtet blieb. Über Jahre hinweg wurde ein Ritual gepflegt, demzufolge in den Verfassungsschutzberichten mit Blick auf die tatsächlich geringen Zahlen von rechten Gruppen und ihren Mitgliedern »keine Gefahr für die Freiheitliche Demokratische Grundordnung von rechts« gesehen wurde. Dabei blieben dann freilich jene undeutlichen und schwer mit bestimmten Personen und Organisationen in Verbindung zu bringenden autoritären Strömungen in der Bevölkerung außerhalb der Betrachtung. Dies sollte sich erst langsam ändern, als in der Öffentlichkeit immer häufiger von rechts her Stimmen laut wurden, die sich eher im »metapolitischen« Bereich ansiedelten und vorläufig am parteipolitischen Machtkampf deutliches Desinteresse zeigten, nämlich die Neue Rechte.[18]

Welche Veränderungen gab es dabei in der »Mitte«? Die erste intensive Auseinandersetzung der »Mitte« mit rechts führte zu einer differenzierten Interpretation dessen, was im Grundgesetz als pluralistischer Minimalkonsens knapp »freiheitlich demokratische Grundordnung« hieß. Diese vom BVerfG 1952 im SRP-Verbotsurteil als sogenannte FdGO-Formel erarbeitete Interpretation hat später jedoch viel häufiger als Ausschluß- denn als Integrationsformel gewirkt, so etwa beim KPD-Verbot von 1956, bei den sogenannten »Extremisten«-Prozessen der 70er Jahre oder bei den jüngsten Organisationsverboten, z.B. gegen die NF, FAP oder Wiking Jugend.[19] Als nucleus einer gesamtgesellschaftlich strittigen Diskussion etwa um die Frage, welche Rolle Menschenrechte in der Ausländer- und Asylpolitik in Deutschland spielen sollten, hat diese Formel bisher aber nicht fungiert. In der Auseinandersetzung mit den Rändern führte die »Mitte« nämlich selten einen auf die Selbstverständigung gerichteten öffentlichen politisch-normativen Diskurs; vielmehr betrieb sie entweder Ausgrenzung der Ränder mittels streng juristischer Verfahren oder ignorierte, oft aus falsch verstandener Liberalität, einfach die von den Rändern in die Öffentlichkeit gebrachten Themen oder schloß sich opportunistisch der »rechten« Meinung an, etwa im Falle der sogenanten Ausländerkriminalität. Das Unvermögen, politische Kontroversen über fundamentale Fragen in der Öffentlichkeit auszutragen, schon aus Kaiserreich und Weimarer Republik bekannt, ist bis heute dominant geblieben.[20] Man denke nur an die im Zuge der deutschen Einheit nötig gewordene Verfassungsdiskussion, die sich bekanntlich fernab der öffentlichen Aufmerksamkeit im Schneckentempo dahinzieht.

Diese Uninteressiertheit der »Mitte« an öffentlichen Kontroversen über fundamentale Fragen schuf jedoch immer größeren Raum für jene oben bereits erwähnten »metapolitisch« arbeitenden Personen und Gruppierungen der Neuen Rechten. Da diese sich spätestens seit den endsiebziger Jahren immer mehr einer Form politischer Einflußnahme verschrieben, die mit Blick auf die Mehrheitskultur je nach Opportunität einmal den Angriff, zum anderen die politische »Mimikry« bevorzugte, gewannen sie nach beiden Seiten Terrain. So ist leicht nachweisbar, daß bis in die härteste bzw. auch militante rechte Szene hinein ihre Begrifflichkeit aufgenommen wurde, von den Republikanern ganz zu schweigen, die sich Anfang der 90er Jahre dafür sogar einer speziellen »Intellektualisierungs«-Kampagne unterziehen wollten. Für die »Mitte« gelangte die Neue Rechte zumindest bis in die Thematisierungsfunktion hinein. Interessanterweise ist diese gesamte Entwicklung in der Öffentlichkeit jedoch nicht recht zur Kenntnis genommen worden, es sei denn in kleinen, wissenschaftlicher Diskussion zugänglichen Kreisen. Seit wenigen Monaten scheint allerdings Bewegung in die Situation gekommen zu sein. Bevor diese neue Lage analysiert werden soll, ist es wichtig, sich differenziert der bisherigen Ausgangssituation zu vergewissern.

Zur analytischen und strukturellen Verortung
der Neuen Rechten

An der Eignung des Begriffes »Neue Rechte« zur Kennzeichnung eines ideologischen und organisatorischen Zwischen- und Übergangsbereiches im politischen Spektrum zwischen Konservativismus und Rechtsextremismus ist in
letzter Zeit Kritik geübt worden. So sei bei der ideologischen Abgrenzung zur
»Alten Rechten« die »spezifische Differenz« unklar[21], insbesondere das
unverwechselbar »Neue« an ihr sei nicht[22] oder nur schwer erkennbar.[23] Insgesamt sei das ideologische Spektrum allzu heterogen und infolgedessen auch
das Organisationsgeflecht zu diffus, um es unter diesem Begriff fassen zu
können.[24] Darüber hinaus sei es »wenig sinnvoll«, die Neue Rechte als
»Scharnier«[25] zwischen (Neo)Konservativismus und Rechtsextremismus zu
bezeichnen, weil damit ein politisch-ideologischer Begriff (Neue Rechte) zur
Kennzeichnung einer »politischen Sphäre« bzw. für einen »politischen Ort«
angewandt werde und einen »funktionalen Zusammenhang« behaupte, der
»nicht differenziert genug belegt« sei.[26]

Um diesen Diskurs mit dem Ziel einer nachprüfbaren und konsensuellen
Begriffsbestimmung fortzusetzen, sollen im folgenden die beiden zentralen
Begriffe »Neue Rechte« und »Scharnierfunktion« angesichts dieser Kritik
weiter differenziert und aktualisiert werden.[27]

Grundthese dabei ist, daß es zum einen trotz oder gerade wegen der äußerst
komplexen und heterogenen ideologischen und organisatorischen Zusammenhänge im »Brückenspektrum«, deren Existenz ja »keineswegs (…) negiert«[28]
wird, heute sinnvoller denn je ist, diese Phänomene mit einem zusammenfas-
senden, die strukturellen Gemeinsamkeiten dieser »breiten Strömung im
Übergangsfeld zwischen Rechtsextremismus und Rechtskonservatismus«[29]
kennzeichnenden Begriff zu bezeichnen. Wir plädieren auch weiter für den
Begriff »Neue Rechte«, weil er in der Forschung eingeführt ist und u.E.
(noch) keine Stigmatisierung ausstrahlt. Durch ihn gerät dafür einerseits die
allen Akteuren dieses Spektrums gemeinsame ideologische Wurzel der poli-
tisch-sozialen Wirklichkeitskonstruktion[30] ins Blickfeld: die Weltanschauung
des politisch rechten Lagers mit ihren Kernelementen Antiliberalismus, elitäre Ideologie der Ungleichheit, Staatsautoritarismus, Homogenitätsstreben,
Freund-Feind-Politikverständnis und völkischer Nationalismus. Andererseits
hebt dieser Terminus neben den Gemeinsamkeiten, die es – bei allen notwendigen Binnendifferenzierungen – zweifellos gibt, zusätzlich auch das Tren-
nende hervor: die zeitgemäßen Varianten und Amalgame rechtskonservativer
und rechtsextremer politischer Ideologie(n) in Abgrenzung zur traditionellen
»Alten Rechten« – gewonnen durch jeweils aktualisierte Interpretationen der
ideologischen Vorbilder aus der Konservativen Revolution der Weimarer

Republik – sowie vor allem die Strategien zur Erringung der »kulturellen Hegemonie«.

Damit der Begriff »Neue Rechte« den komplexen und in sich heterogenen Zwischenbereich auch dann noch möglichst präzise und nachprüfbar bezeichnen hilft, obwohl zweifellos in letzter Zeit eine zunehmende »Erosion der Abgrenzung« (Wolfgang Rudzio) zwischen »bestimmten Vertretern des demokratischen Konservativismus« und solchen »der extremen Rechten auf publizistischer Ebene«[31] stattgefunden hat, schlagen wir vor, ihn aus analytischen Gründen auf vier verschiedenen Betrachtungsebenen zu explizieren, die zugleich eng miteinander verwoben sind:

- die Neue Rechte als politisch-ideologische Grundströmung und Weltanschauung;
- die Neue Rechte als politisch-ideologischer Ort im Rechts-Links-Spektrum;
- die Neue Rechte als Organisationsgeflecht zwischen Intellektuellen, Publizisten, Wissenschaftlern, Verlegern und politischen Akteuren;
- die Neue Rechte als Akteur einer politisch-kulturellen und machtpolitischen Implementationsstrategie.

Die Neue Rechte als politisch-ideologische Grundströmung und Weltanschauung

Betrachtet man die zahlreichen Ideologievarianten in der »Grau- und Braunzone«[32] zwischen Konservativismus und Rechtsextremismus genauer, so läßt sich bei allen Unterschieden doch so etwas wie ein gemeinsames ideologisches Grundmuster erkennen. Klassifikations- und Bewertungskriterium bei der analytischen Grenzziehung hin zum liberalen Konservativismus ist dabei der demokratische Verfassungskonsens des Grundgesetzes mit seinen unveränderbaren Richtpunkten, nämlich der auch staatlich zu schützenden individuellen Menschenwürde (Art.1 GG) und den Staatszielen einer föderal organisierten, sozial- und rechtsstaatlich verfaßten und demokratisch strukturierten »offenen Republik« (Art. 20, 28 GG).[33] Ausmaß und Intensität, in der eine Ideologie mit diesen demokratischen Grundnormen kollidiert oder von ihnen abweicht, entscheiden dann darüber, ob jene als mehr oder weniger eindeutig »rechtsextrem« klassifiziert werden kann.[34] Mit Hilfe dieser Kriterien läßt sich nun im »Brückenspektrum« zwischen diesen beiden Eckpfeilern durchaus ein Kernbestand spezifisch »neurechter« Ideologie identifizieren. Dieser besteht aus:

a) einem weltanschaulichen Grundkonsens, der sich aus dem klassischen Vorrat rechtsextremer Essentials speist,

b) spezifischen eigenständigen neurechten Begründungsmustern und

c) dem Festmachen der eigenen politischen Zielvorstellungen an den neuen globalen und nationalen Rahmenbedingungen der Nachkriegszeit, insbesondere nach 1989.

Zu a) Rechtsextremismus und Neue Rechte haben ideologisch gemeinsam die prinzipielle Gegnerschaft zum demokratischen Verfassungsstaat westlicher Prägung, insbesondere in ihrer im Grundgesetz kodifizierten Form als »offene Republik«. Diese Gegnerschaft wird getragen von einem Ideologiekonstrukt, das sich im wesentlichen aus folgenden Elementen zusammensetzt: »Volksgemeinschaftsideologie«[35]; »völkischer Nationalismus«[36]; antiindividualistische Kollektivorientierung unter Mißachtung der universalen Menschen- und Bürgerrechte[37], verbunden mit dem Kampf gegen das Gleichheitspostulat; autoritärer Staat und elitäre Strukturen; Denunzierung des westlichen Liberalismus- und seines Pluralismusmodells; Forderung nach Homogenität der durch die Freund-Feind-Unterscheidung definierten Kollektive.

Zu b) Bei dem spezifisch neurechten Ideologiemuster lassen sich zusätzliche Komponenten und Varianten erkennen, in denen es sich deutlich vom klassischen Rechtsextremismus und Neonazismus unterscheiden läßt. Diese Unterschiede beziehen sich vor allem auf die ideologiegeschichtliche »Herleitung und Rechtfertigung ihrer jeweiligen politischen Konzepte, die nicht nur zwischen, sondern auch innerhalb der Alten und der Neuen Rechten variieren und konkurrieren«.[38]
Gemeinsamer Bezugspunkt neurechten Denkens sind die Werke maßgeblicher Autoren der »Konservativen Revolution« der Weimarer Zeit, vor allem des völkisch-antiparlamentarischen E. J. Jung und des nationalistisch-antiliberalen A. Moeller van den Bruck, insbesondere aber des staatsautoritär-antiliberalen Dezisionisten Carl Schmitt – mit Abstand wichtigster Stichwortgeber der Neuen Rechten und »kleinster gemeinsamer Nenner« über alle Differenzen innerhalb des neurechten Ideologiemusters hinweg.[39]
Carl Schmitt, Staatsrechtler und politischer Theologe in Personalunion, in Teilen auch von der »Alten Rechten« rezipiert (s.o.), bildet mit seinen apodiktischen politischen Postulaten den Kernbestand neurechten Denkens. Dazu gehören insbesondere: der Anspruch des »Verismus« (Weißmann), d.h. seine eigene Konstruktion sozialer Wirklichkeit einschließlich seines eigenen Menschenbildes als die eigentlich reale und realistische zu postulieren und jeden anderen Entwurf als illusionär zu diskriminieren; die pessimistisch-militante Definition des Wesens von Politik als Unterscheidung von Freund und Feind, als Ernstfall, Krieg und Kampf; die Postulierung des Wesens von Demokratie als Herstellung von Homogenität und Kampf gegen alles Heterogene im innen- sowie effizienter Kampfbereitschaft im außenpolitischen Bereich; die

Forderung nach einem starken, autoritären und militanten Staat als wirksamem Instrument zur Durchsetzung dieser »Notwendigkeiten«; die daraus abgeleitete Pflicht des Individuums, auf die Wahrnehmung individueller Menschen- und Bürgerrechte soweit zu verzichten, daß die Funktions- und Handlungsfähigkeit des Staates nach innen wie außen gesichert ist.[40]

Zu c) Eine weitere wesentliche Komponente eines spezifisch neurechten Ideologiemusters kann schließlich darin gesehen werden, daß hier nicht, wie in deutlicher Unterscheidung zur Alten Rechten, die Politikkonzepte zur Durchsetzung dieser Postulate und deren Begründung an den autoritären und faschistisch-totalitären Herrschaftsmethoden deutsch-nationaler und nationalsozialistischer Provenienz der späten Weimarer Republik orientiert sind. Vielmehr stellt sich die Neue Rechte auf die neuen nationalen und globalen Rahmenbedingungen der Nachkriegszeit ein und versucht, auf der Grundlage des soeben skizzierten ideologischen Kernbestandes aktuelle, »zeitgemäße‹ Konzepte und Begründungen«[41] zu entwickeln.

Deshalb kennzeichnet die neurechte Ideologie zwar nach wie vor die überwölbende Weltanschauung des völkischen Nationalismus. Das spezifisch Neue an ihr aber ist die Zielvorstellung, diesen Nationalismus als politisches Programm theoretisch neu zu fundieren und von seinem nationalsozialistischen Image zu befreien.[42] Dazu setzt ihre Kritik von Individualismus und Menschenrechtsorientierung des westlichen Liberalismusmodells speziell an den (Re)demokratisierungsbemühungen der westlichen (und zugleich an der Durchsetzung der sozialistischen Gleichheitsdoktrin durch den östlichen) Kriegsalliierten ab 1945 an. Beides wird als Ausdruck einer »Wodka-Cola-Kultur« gegeißelt, die die »Nationale Identität« des deutschen Volkes gefährde. Grundgesetz und Nachkriegspolitik werden als Relikte von kollektiven Schuldzuweisungen und »Umerziehung« diskriminiert, die es insbesondere nach dem Wiedereintreten des vereinigten Deutschlands in die Arena der Großmächte nach 1989 schleunigst zu überwinden gelte. Zu diesem Zwecke werden intensiv die Revision des deutschen Geschichtsbildes und -bewußtseins und dabei besonders die Relativierung der nationalsozialistischen Verbrechen gefordert und betrieben. Tribut an den Zeitgeist wird auch insofern gezollt, als (zumindest in den stärker nationalrevolutionär und völkisch-wertkonservativen Varianten) ökologisch-ganzheitliche Denkfiguren in das ideologische Konzept integriert werden.

Zudem ist der altrechte Rassismus und Chauvinismus, der auch in Bezug auf die internationalen Beziehungen Anwendung fand, in das Carl Schmittsche Modell des »Pluriversums« souveräner Nationalstaaten uminterpretiert worden (Stichwort: Ethnopluralismus).[43] Außerdem wird in Abwandlung und Neuinterpretation des Schmittschen Staatsverständnisses der Staat nicht mehr

primär als Selbstzweck, sondern als Instrument zur Durchsetzung »volks-
tumspolitischer« Ziele gesehen, und zwar nach innen mit Hilfe der Besetzung
des Multikulturalismus-Begriffes durch ethnopluralistische Inhalte und nach
außen durch das Propagieren des Selbstbestimmungsrechtes deutscher Volksgruppen in Osteuropa und durch die Revitalisierung geopolitischer Konzepte
eines starken Mitteleuropa unter deutscher Hegemonie, gerichtet gegen das
Maastricht-Konzept der Europäischen Union.[44]

Die Neue Rechte als politisch-ideologischer Ort im Rechts-Spektrum

Um den »*politischen Ort bzw (…) die politische Sphäre*«[45] genauer zu bezeichnen, den/die man der neurechten politisch-ideologischen Grundströmung im
traditionellen Rechts-Links-Spektrum zuschreiben kann, halten wir – trotz
aller Bedenken gegen mechanistische Parallelen – das Bild des »Scharniers«
für didaktisch zweckmäßig. Analog zum Bild des »Brückenspektrums«[46] –
oder, wie Schönekäs bereits genauer die Richtungen dieser Brückenschläge
markiert hat: »(…) begrenzter personeller Austausch« und vor allem »Ideen-
transfer« in Form von »›Brücken nach rechts‹, mehr noch aber ›Brücken von
rechts‹«[47] – soll »Scharnier« zum Ausdruck bringen, daß neurechte Ideologiemuster zum einen auf konservativen wie zum anderen auch auf rechtsextremen
Ideologien aufbauen, gleichzeitig aber einen relativ eigenständigen Zwischenbereich im rechten Lager darstellen. Bei der Analyse der ideologischen
Grundmuster haben wir dies bereits herausgearbeitet. Während sich jedoch
das Bild der Brücke auf etwas Statisches bezieht, nämlich feste Pfeiler, auf
denen sie ruht, bringt das Bild des Scharniers vielleicht besser die Dynamik
zum Ausdruck, die darin liegt, daß die Elemente, die durch das Scharnier verbunden sind, durchaus in Bewegung sein können. Daß es nämlich in den politisch-ideologischen Spektren Wandel gibt, ist unumstritten. So hat sich etwa
im Konservativismus seit Ende der siebziger Jahre eine Differenzierung in
einen eher liberalen und in einen Neokonservativismus entwickelt. Propagiert
die liberale Variante durchaus den Vorrang des Individuums vor dem bürokratischen Staat, so wird im neokonservativen Ideologiemuster ein gegenüber
dem Individuum starker Staat gefordert, und zwar besonders dann, wenn es
um die Stiftung von Sinn und Orientierungen für die Individuen geht; im ökonomischen Marktgeschehen jedoch soll sich der Staat zurückhalten und dem
autonom agierenden unternehmerischen Individuum den Vorrang lassen.[48]
   Jüngste Versuche in der Berliner FDP, in dieser Partei eine betont nationalliberale Programmatik durchzusetzen, sind ein weiteres Indiz dafür, daß innerhalb der politisch-ideologischen Grundströmungen durchaus Bewegung
herrscht.

Die Neue Rechte als Organisationsgeflecht zwischen Intellektuellen, Publizisten, Wissenschaftlern, Verlegern und politischen Akteuren

Gerade dieses Beispiel zeigt, daß das Bild des Scharniers nicht nur für die programmatisch-ideologische, sondern auch für die personell-organisatorische Dimension der Neuen Rechten paßt. Einer der Hauptakteure dieses Umprogrammierungsversuches, der schon erwähnte Rainer Zitelmann, läßt sich ausweislich seiner wissenschaftlichen Publikationen und seiner politisch-programmatischen Äußerungen zwar (im Gegensatz etwa zu seinem publizistischen Mitstreiter Weißmann)[49] sicherlich nicht als ein genuin neurechter Ideologe bezeichnen. Dennoch zählt er zu den zentralen Figuren in den Netzwerken der Neuen Rechten und damit als einer der Paradefälle für die Scharnierfunktion der Neuen Rechten zwischen Konservativismus und Rechtsextremismus – und zwar hier von der nationalliberal-konservativen Seite aus agierend.[50]

Über die vielfältigen und oft auch einflußreichen Kommunikations- und Kooperationsbeziehungen zwischen dem Scharnier und den jeweiligen Aufruhpunkten liegen der Öffentlichkeit sowohl aus Insider-Kreisen als auch über neurechts-kritische Berichterstattung viele Informationen vor.[51] Diese Beziehungen laufen über Zeitungen und Zeitschriften (teilweise mit etablierten Leserkreisen), über Buchverlage, Tagungen in Stiftungen und Studienzentren und – worauf neuerdings die Aufmerksamkeit durch detaillierte Recherchen gelenkt wurde[52] (Kellershohn 1994; Heither/Schäfer 1994) – über studentische Burschenschaften.

Prominente Beispiele für solche Brückenschläge über die jeweils eigene Ära hinweg – mit durchaus unterschiedlichen Akzenten – sind etwa das Studienzentrum Weikersheim oder die C. F. v. Siemens-Stiftung; des weiteren etwa das Projekt *Handbuch zur Deutschen Nation* im Hohenrain-Verlag (aus dem rechtsextremen Grabert-Haus), der Arun-Verlag sowie die ehemals rechtsextrem orientierte Fleissner-Verlagsgruppe, die seit der Übernahme der »honorigen« bildungsbürgerlich-liberal-konservativen Verlage Ullstein/Propyläen neue Lesergruppen »zwischen konservativ-reaktionärem Besitzbürgertum, autoritären Arbeiter- und Kleinbürgerschichten bis hin zum Einzugsbereich der extremen Rechten« anspricht und so zu einer »Normalisierung des Rechtsextremismus« und zu einer »Etablierung einer starken Rechten« beiträgt.[53]

Manchmal aber schaffen diese Personen sich im neurechten Zwischenbereich eigene Kommunikations- und Kooperationsmöglichkeiten, fassen also im Überbrückungsbereich des Scharniers selbst Fuß. Für dieses in sich durchaus heterogene Spektrum gelten als treffende Beispiele etwa die von Zitelmann im Ullstein-Verlag auf den Weg gebrachte Buchreihe zu Fragen der deutschen Identität, in der spezifisch neurechte Autoren (wie Weißmann) gemeinsam mit revisionistischen (etwa Zitelmann selbst), konservativen und liberalen Publizisten und Wissenschaftlern vertreten sind.[54] Ferner sind hier zu nennen *Criticón*, das von A. Mohler und C. von Schrenck-Notzing gegründete theoretische »Zentralorgan« der Neuen Rechten sowie die »*Junge Freiheit*«[55] mit ihrem überregionalen Netzwerk von »Leserkreisen«. Zu nennen ist hier auch noch – wenngleich oft überschätzt – das ganz stark an der französischen »Nouvelle Droite« orientierte Kasseler »Thule-Seminar« des Pierre Krebs, der schon 1981 das *Heidelberger Manifest* betreute.[56]

Der Einflußbereich dieses neurechten Personen- und Organisationsnetzwerkes reicht mit zunehmender Tendenz seit der Wende 1989/90, wenngleich phasenweise unterschiedlich, bis in die Redaktionen der bürgerlich-konservativen Zeitungen *Die Welt* und der *FAZ* (E. Fuhr, F.K. Fromme).[57] Ihre politisch-ideologische Programmatik wirkt weit über die speziellen neurechten Diskussionszirkel hinaus in die konservativen, liberalen und linken Intellektuellendiskurse hinein und ist natürlich auch in den programmatischen Aussagen in der praktischen Politik aufspürbar – in den Unionsparteien von Stoiber über Lummer, Mayer-Vorfelder, Heitmann bis hin zu Schäuble[58]; in der FDP von den Berliner Nationalliberalen bis hin zur Anhängerschaft des Jörg Haider in Baden-Württemberg und anderswo (von der radikal-populistischen Brunner-Abspaltung einmal ganz abgesehen), ja sogar bis hinein in die SPD und die GRÜNEN.

Die Neue Rechte als Akteur einer politisch-kulturellen und machtpolitischen Implementationsstrategie

Dieser Befund verweist auf etwas, das geradezu als »das eigentlich Neue der ›Neuen Rechten‹« bezeichnet worden ist[59]: die politisch-kulturelle und machtpolitische Implementationsstrategie. Im Prinzip handelt es sich um Gramscis Diktum, daß der Erringung der politischen Vorherrschaft die Erlangung der kulturellen Hegemonie vorausgehe. Gerd-Klaus Kaltenbrunners Herausgeber-Aktivitäten in der Reihe »*Herder Initiative*« in den 70er Jahren belegen dies ebenso wie ein programmatischer Artikel Weißmanns 1988: In einer pluralistischen Gesellschaft komme es nicht allein auf den »sichtbaren Anteil an der politischen Macht« an; »nur eine vitale Subkultur garantiert längerfristig Durchsetzung eigener Zielvorstellungen«.[60] Kellershohn sieht zu Recht, daß es dabei keineswegs nur um bloße Anpassung an die »Mitte der Gesellschaft« geht.[61] Vielmehr werden zentrale Politikbegriffe und -bereiche aus dem konservativen, dem nationalliberalen und/oder dem ökologischen Spektrum inhaltlich besetzt, im konservativ-revolutionären Sinne radikalisiert und mit bisher ausgegrenzten rechtsextremen Positionen verknüpft. Dabei gilt für die neurechte Strategie über allem: »Die Fähigkeit, in die Offensive zu gehen, muß entwickelt werden und dazu die Fähigkeit, die Situation zu beurteilen, ob hier der offene Angriff oder die politische Mimikry gefordert ist.«[62]

Zur künftigen Entwicklung der Neuen Rechten

Nach dem Überblick über Diskussionsstand und historische Entwicklung des rechten Lagers und einer strukturellen Analyse der Neuen Rechten soll nun die Frage ihrer Zukunft diskutiert werden.[63]

Die gegenwärtige Lage (Juli 1995) ist jedenfalls kurios genug: Nach dem Rücktritt des sächsischen Innenministers Heinz Eggert wird als sein möglicher Nachfolger der bisherige Justizminister (und ehemalige Bundespräsidenten-Kandidat) Steffen Heitmann genannt; er wäre in diesem Amt unmittelbar politisch verantwortlich für die Verfassungsschutzberichte des Landes. Im Verfassungsschutzbericht 1994 des Landes Nordrhein-Westfalens wird im Kapitel »Neue Rechte« ein Sammelband erwähnt[64], in dem »vereinzelt Autoren Beiträge mit eindeutig rechtsextremistischer Zielsetzung veröffentlichen« konnten. Des weiteren wird die »nachträgliche persönliche Distanzierung eines der Autoren« dieses Bandes zitiert[65], der sich »in eine Gesellschaft geraten (sah), zu der du nie gehören wolltest«, und der sich von den Herausgebern getäuscht fühlte, die »hoch und heilig ein liberales Spektrum« versprochen hatten. Es war nur folgerichtig, daß die zweite Auflage des Bandes seinen Artikel nicht mehr enthält – dafür aber jetzt einen Aufsatz von Steffen Heitmann! An diesem Beispiel zeigt sich dreierlei:

a) die oft gespielte Harmlosigkeit der Vertreter der Neuen Rechten,
b) die Unsicherheit bei vielen Repräsentanten des Konservativismus in der Einschätzung neurechter Strömungen, und
c) die unterschiedliche Einschätzung der Neuen Rechten durch die Verfassungsschutzämter in Bund und Ländern.

Zu a) Wie oben bereits erwähnt, gehört die politische »Mimikry« laut Karlheinz Weißmann zur Taktik der Neuen Rechten. Wir haben an anderer Stelle[66] gerade an dem Beitrag Weißmanns zum eben genannten Sammelband diese neurechte Argumentationsart eingehender analysiert. Möglicherweise ist es die eher unverdächtig klingende bürgerlich-konservative Wortwahl, die es vielen Lesern und Mitautoren schwermacht, das neurechte Programm sofort zu erkennen, nämlich die Umkehr der Vorrangregel des Art.1 GG. Nichtsdestoweniger läßt sich dieses Programm aber ohne große Schwierigkeiten herausarbeiten, vor allem dann, wenn man die – auch von Weißmann selbst immer wieder hervorgeholten – Grundgedanken Carl Schmitts als Folie heranzieht.

Offenbar um seine Argumentationen noch unverfänglicher zu machen, stützt sich Weißmann auch gerne auf den Staatsrechtslehrer Hermann Heller, der bekanntlich dem politisch linken Spektrum der Weimarer Republik zuzurechnen ist. Daß Weißmann dabei Heller nicht nur in äußerst fragwürdiger Weise interpretiert, sondern ihn sogar verfälschend zitiert[67], mag vielleicht ein bezeichnendes Licht darauf werfen, wie sehr der Zweck, nämlich Proselyten zu machen, die Mittel heiligt.

Weitere Beispiele dafür, wie sehr die konservative Geisteselite sich von den Neuen Rechten umwerben läßt, kann man regelmäßig in neurechten Publikationsorganen, z.B. der *Jungen Freiheit*, erkennen. Es verwundert nicht, daß neben eindeutigen Avancen in Richtung Republikaner immer auch renommierten Konservativen die Möglichkeit zur Artikulation gegeben wird. Die Vorteile liegen auf der Hand: Wer wird schon eine Zeitung für verfassungsmäßig problematisch halten, in der Politiker wie Peter Gauweiler (CSU), Heinrich Lummer (CDU), Steffen Heitmann (CDU) und bekannte Sozialwissenschaftler wie Winfried Steffani oder Erwin K. Scheuch sich zu Wort melden? Daß die *Junge Freiheit* sich weiterhin als das entscheidende Organ der Neuen Rechten interpretiert und insofern bei der Erringung der kulturellen Hegemonie mitreden will, zeigt ein programmatischer Artikel des Herausgebers Dieter Stein: »Die stille Revolution. Konservative und ›Neue Rechte‹ brauchen langen Atem«[68]. In diesem Artikel wird der Anspruch auf Besetzung der »Begriffs-Festungen ›Demokratie‹, ›Nation‹, ›Freiheit‹, ›Geschichte‹ (...) ›Volk‹, ›Kultur‹, ›Gemeinschaft‹, ›Solidarität‹« gegen die »linksliberalen, nationsvergessenden Platzhirsche« erhoben, dabei aber bezeichnenderweise immer nur vom »Volk«, nie vom einzelnen Menschen gesprochen. Um vieles deutlicher noch kommt die neurechte Botschaft in einem Artikel der *Jungen Freiheit* vom 3. Februar 1995 mit dem Titel »Der tödliche Sieg des Liberalismus« heraus. Darin wird den Liberalen vorgeworfen, daß ihr Staat »kein Recht sui generis hat« und deshalb »sein Existenzanspruch auf tönernen Füßen« stehe. Es ist gerade diese Mischung aus weicher und harter Argumentation, die offenbar in beide Richtungen des Scharniers zielen soll.

Zu b) Vermutlich ist es eben diese Doppelgesichtigkeit, die eine präzise Zuordnung von Publikationen und Personen zur Neuen Rechten für viele so beschwerlich macht. Dazu kommt auch, daß immer häufiger eine selbstverständliche Zusammenarbeit von Konservativen und Neuen Rechten stattfindet, die oft sogar in Unkenntnis des einschlägigen Schrifttums eingegangen wird. Als weiterer Grund für die »Erosion der Abgrenzung« kann das Bemühen mancher Konservativer gelten, sich gegen die »linke Meinungsführerschaft« zur Wehr zu setzen. Dieser wird vor allem vorgeworfen, Maßstäbe für »political correctness« (PC) mit allen Mitteln der Diffamierung durchsetzen zu wollen. Dagegen sei nun, so beispielhaft der Münchner Historiker Michael Wolffsohn im *Hamburger Abendblatt*[69], »eine neue Rechte« angetreten, die »kein altrecht miefiger Stallgeruch« umwehe und die er als »neurechtsdemokratisch« bzw. »rechtsdemokratisch« bezeichnet. In diesem Zusammenhang erwähnt Wolffsohn ausdrücklich Karlheinz Weißmann.[70]

Auch bei der im Verantwortungsbereich des Bundesinnenministers herausgegebenen Wochenzeitung der Bundeszentrale für Politische Bildung, *Das Parlament*, scheint es Probleme bei der Abgrenzung zu geben; so kamen in einer Ausgabe zum Thema »Deutsche Streitfragen« ausschließlich Autoren zu Wort, die dem eben genannten konservativen und neurechten Spektrum zuzurechnen sind. Auf einen diesen Vorgang anprangernden Artikel in der (linken) *tageszeitung*[71] konterte Eckhard Fuhr in der *FAZ*[72], daß hier wieder die linke PC am Werke sei: Im taz-Artikel würden über »eine Liste von Kurzsteckbriefen« *Parlaments*-Autoren »wie zur Fahndung ausgeschrieben«. Und weiter: »Der Rufmord ist ein alltägliches und weithin toleriertes Mittel im ›Kampf gegen rechts‹, und in diesem Kampf tanzt auch die politische Mitte ungeniert noch nach linken Pfeifen. Die ehemaligen Avantgardisten der Menschheitsbefreiung sind zu Feldwebeln der Political Correctness geworden. Sie halten Ordnung auf dem Appellplatz der demokratischen Zivilgesellschaft.«

Etwas später wurde bekannt, daß der Präsident der Bundeszentrale für Politische Bildung derselben elitären Burschenschaft angehört wie mancher Neurechter[73] – ein Schelm, der Schlechtes dabei denkt. Ein drittes Beispiel für die mangelnde Abgrenzung konservativer von neurechten, ja sogar rechtsextremen, Autoren sei noch genannt: Es ist die Festschrift für Prof. Klaus Hornung.[74] Neben den Herausgebern Hans Filbinger und Heinz Karst, die beide Führungsfunktionen im Studienzentrum Weikersheim innehaben[75], schreibt dort auch Wolfgang Strauss, der regelmäßig in *Nation und Europa* publiziert, einer vom Verfassungsschutz als »rechtsextrem« eingestuften Zeitschrift.

Eine der jüngsten entscheidenden Stationen im Zusammenspiel von konservativen und neurechten Personen stellt der Aufruf zum »8. Mai 1945 – Gegen das Vergessen«[76] dar. Organisiert von Ulrich Schacht, Heimo Schwilk, Rainer Zitelmann und Klaus Rainer Röhl, wandte sich der Aufruf dagegen, den 8. Mai »einseitig« als Tag der »Befreiung« zu charakterisieren: »Dabei droht in Vergessenheit zu geraten, daß dieser Tag nicht nur das Ende der nationalsozialistischen Schreckensherrschaft bedeutete, sondern zugleich auch den Beginn von Vertreibungsterror und neuer Unterdrückung im Osten und den Beginn der Teilung unseres Landes.« Ein Geschichtsbild, das dies verschweige, könne nicht »Grundlage für das Selbstverständnis einer selbstbewußten Nation sein«. Die Liste der Erstunterzeichner enhielt mehrere hundert Namen, unter ihnen nicht wenige, die ständig in der Neuen Rechten oder auch bei den Republikanern firmieren.

Und wieder zeigte sich, daß einige der Unterzeichner arglos in diese Umgebung geraten waren, so z. B. der frühere SPD-Bundesminister Hans Apel, der wenig später seine Unterschrift zurückzog. Als dann auch noch der Ehrenvorsitzende der CDU/CSU-Bundestagsfraktion, Alfred Dregger, ebenfalls Unterzeichner, bei der geplanten Gedenkveranstaltung dieser Initiative als Hauptredner absagte, lasteten die Initiatoren dies wiederum dem Druck einer »aggressiven Kampagne linker Medien« an: Diese »Kampagne konnte nur deshalb Erfolg haben, weil die Führung der Union statt offensiv gegen die linke Polit- und Medien-Agitation aufzutreten, dem Druck nachgab und Herrn Dregger die Unterstützung verweigerte«.[77] Besondere Aufmerksamkeit verdient im übrigen, daß bei den Erstunterzeichnern eine Reihe von FDP-Mitgliedern, insbesondere aus Berlin, und Mitgliedern aus dem Bund Freier Bürger um Manfred Brunner war, der ebenfalls zu den Initiatoren gehörte. Wir werden auf die »nationalliberale« Gruppe in der FDP später zurückkommen.

Zu c) Es läßt sich nachweisen, daß die Neue Rechte in der Öffentlichkeit erst nachdrücklich thematisiert wird, seit Verfassungsschützer sich mit ihr beschäftigen und in der Presse über die Ergebnisse der Recherchen berichtet wird. Die erste Erwähnung einer Neuen Rechten[78] findet sich im Verfassungsschutzbericht Hamburg 1993 (S. 45–49): Auf knapp fünf Seiten (von 90, die dem gesamten Rechtsextremismus gewidmet sind) verarbeiten die Autoren recht kenntnisreich die einschlägige Forschungsliteratur, betonen die Hinwendung zur antidemokratischen Konservativen Revolution der Weimarer Republik und die Orientierung u. a. auch an der französischen »Nouvelle Droite«. Als zusätzliches zentrales Kennzeichen gilt der Versuch einer Modernisierung und Intellektualisierung dieser Gedanken. Betont wird des weiteren eine doppelte »Brückenfunktion«: Wo sich Teile des bisherigen Rechtsextremismus zu intellektualisieren versuchten, würden aus diesem, z. B. über Zeitschriften wie *Nation und Europa*, Brücken zum »bürgerlich-nationalkonservativen Spektrum« ebenso geschlagen wie mittels der Zeitschrift *Junge Freiheit* aus dem »noch nicht rechtsextremistischen Spektrum« (S. 48–49).

Im Verfassungsschutzbericht Nordrhein-Westfalen findet sich 1994 zum ersten Mal die Neue Rechte ausführlich erwähnt. Dabei erhält sie insoweit ein ganz besonderes Gewicht, als dieser »intellektuelle Rechtsextremismus (...) für gefährlicher als die rechtsextremistischen Gruppen alter Prägung« gehalten werden, so der (damalige) Innenminister Schnoor im Vorwort. Wenngleich sich dieser Bericht in der grundsätzlichen Charakterisierung der Neuen Rechten nicht vom Hamburger Bericht unterscheidet, differiert er insoweit, als er erstens die Neue Rechte viel ausführlicher und differenzierter analysiert, zweitens aber – und dies gilt es zu betonen – an verschiedenen Stellen die immer stärkere Anlehnung bisheriger rechtsextremistischer Zeitschriften oder Bewegungen an neurechte Inhalte und Strategien herausarbeitet. Bei letzterer wird auf die »›Metapolitik‹, eine langfristige und systematische, auf schrittweise Normenveränderung angelegte Strategie zur Erringung ›kultureller Hegemonie‹(…), die als Voraussetzung für einen Machterwerb in der Realpolitik dieser vorangehen solle«, hingewiesen.[79] Diese »Durchdringung der öffentlichen Diskussion«, wozu »offener Angriff« oder »politische Mimikry« (Karlheinz Weißmann) je nach Lage eingesetzt würden, und die damit verbundene Vereinnahmung würden jedoch von manchen Konservativen »nicht sofort bemerkt«.[80] Uns scheint, daß der NRW-Verfassungsschutz-Bericht die Neue Rechte etwa in der Weise sieht, die wir mit »Scharnierfunktion« bezeichnen.

Der Verfassungsschutzbericht 1994 von Mecklenburg-Vorpommern enthält ebenfalls ein Kapitel über die Neue Rechte. Es bildet den Abschluß des Teiles über den Rechtsextremismus und stellt schon in der Überschrift die Frage: »Intellektualisierung des Rechtsextremismus?« (S. 39). Auf etwa denselben Grundlagen wie die beiden erstgenannten Berichte aufbauend, wird in vier Spalten der »Denkschulen«-Charakter der Neuen Rechten bei gleichzeitig »kaum erkennbaren politischen Aktivitäten« herausgestellt. Bislang sei sie »nicht über Versuche einer Einflußnahme im politischen Raum hinausgekommen«, aber sie werde »ihre Bemühungen nicht aufgeben«. Offenbar sieht dieses Amt seine Hauptaufgabe eher in der Schutz- als in der Informationsfunktion, denn nur so läßt sich der Satz verstehen, daß »wegen meist fehlender Anhaltspunkte für aktive Bestrebungen gegen die freiheitliche demokratische Grundordnung die Voraussetzungen für eine Beobachtung *mit den Mitteln und Methoden des Verfassungsschutzes* vielfach nicht gegeben« (S. 40, kursiv durch Verf.) seien.[81]

Der Verfassungsschutzbericht 1994 Rheinland-Pfalz erwähnt auf eineinhalb Seiten die »Neue Rechte«. Stärker als der Bericht Mecklenburg-Vorpommerns hebt er auf die der Demokratie gegenüber distanzierte und feindliche Haltung der Neuen Rechten ab, eine Haltung, die sie zwar »in Teilbereichen dem rechtsextremistischen Spektrum« zurechenbar mache, die jedoch wegen ihrer »subtilen Weise« nur »schwer erkennbar« sei (S. 20). Als einzige Fundstelle wird auf *Nation und Europa* verwiesen.

Soweit wir sehen, findet die Neue Rechte bisher nur Eingang in die Verfassungsschutzberichte solcher Länder, in denen die SPD in der Regierungsverantwortung ist. Bei den CDU-regierten Ländern ist bislang Fehlanzeige[82] – mit Ausnahme des Verfassungsschutzberichts des Bundes 1994. Im Vorabdruck findet sich in dem fast neunzig Seiten umfassenden Abschnitt über Rechtsextremismus ein zehnzeiliger »Annex: Intellektualisierung des Rechtsextremismus (›Neue Rechte‹)«. In ihm wird auf die bisher unterschiedliche Definition des Begriffs »Neue Rechte« verwiesen, wobei das Scharnier-Bild als das »vorherrschende« Verständnis bezeichnet wird. Sodann wird eine »Erosion der Abgrenzung zwischen Rechtsextremismus und Konservativismus« konstatiert und als »bedenklich« bewertet. Leider bleiben diese Aussagen ohne auch nur einen einzigen empirischen Verweis sehr abstrakt. Immerhin deutet sich aber an, daß auch das Bundesamt für Verfassungsschutz sich dem Phänomen »Neue Rechte« nicht mehr entziehen kann, wenngleich es allerdings noch sehr weit von der Einschätzung Nordrhein-Westfalens entfernt ist. Daß sich die konservativ regierten Bundesländer mit der Neuen Rechten schwer tun, war oben schon am Beispiel Sachsens (Steffen Heitmann) angedeutet worden.

Es wird eine spannende Frage bleiben, wie sich der weitere Umgang der Verfassungsschutzbehörden in Bund und Ländern mit der Neuen Rechten auf Dauer entwickelt: Setzt sich die der Neuen Rechten gegenüber kritische Haltung Hamburgs bzw. Nordrhein-Westfalens durch oder bleibt es bei der eher attentistischen Haltung der unionsregierten Länder? Solange der jeweilige Verfassungsschutz als seine wichtigste Aufgabe nicht die Informationspflicht gegenüber der Bevölkerung, sondern die Staatsschutzfunktion definiert, dürfte in der Tat eine kritische Beschäftigung mit der Neuen Rechten an dieser (selbstgesetzten) Hürde scheitern, weil die Neue Rechte nach wie vor organisatorisch zu uneinheitlich ist und in ihren Äußerungen zu sehr auf Anpassung orientiert sein wird, als daß ohne weiteres mit Observationsmitteln gegen sie vorgegangen werden dürfte.

War noch zu Beginn der 90er Jahre offen, ob die Republikaner die parteipolitische Inkarnation der Neuen Rechten werden würde, brachten innerparteiliche Querelen und ein verschärfter Druck von außen die REP in eine immer stärker marginalisierte Rolle, die sowohl zum Parteiaustritt bekannter Personen (z.B. des früheren SPD-Oberbürgermeisters von Würzburg, Dr. Zeitler) als auch zu deutlichen Distanzierungen in neurechten Zeitschriften, z.B. *Nation und Europa, Junge Freiheit,* führten. Da andererseits, wie oben ausgeführt, die Neuen Rechten über mangelnde Präsenz im öffentlichen Bereich nicht klagen konnten, war interessant, ob die Neue Rechte den strategischen Einstieg in die parteipolitische Arena weiter wagen würde und gegebenenfalls mit wem anstelle der REP. Schon seit Anfang der 90er Jahre hatte es in Anlehnung an das Beispiel der damaligen FPÖ immer wieder in FDP-Ortsvereinen dementsprechende Kontakte gegeben.[83] Seit den vielen Wahldebakeln richtet sich das Interesse aus dem Kreis der Neuen Rechten offenbar intensiv auf den national-liberalen Flügel der FDP.

Unterstützt werden die Avancen der sogenannten Zitelmann-von-Stahl-Gruppe, die in Berlin-Spandau ihre stärkste Bastion hat, ganz besonders von der *Jungen Freiheit,* die nicht nur auffallend oft und positiv darüber berichtet, sondern auch etwa dem Jörg Haider sehr nahestehenden Andreas Mölzer die Gelegenheit gab, seine Ansicht zu»national-liberal« umfänglich auszubreiten.[84] »Politische Klugheit« lasse geraten erscheinen, bei allem Respekt vor den REP und ihren bisherigen Leistungen nicht weiter auf sie zu setzen.[85] Und in einer Mischung aus Optimismus und realistischer Sicht plädiert er für eine »Haider-Variante für die bundesdeutsche Politik«: »Die unbestreitbare Stärke der national-liberalen Strategie könnte darin liegen, daß sie vor dem Hintergrund eines neuen rechtsintellektuellen Aufbruchs entwickelt wird. Dies bietet die Chance, am politisch-ideologischen Diskurs nicht nur teilzuhaben, sondern ihn zunehmend zu gestalten. Daß sich in der Gruppe um Zitelmann in Berlin nicht nur die treibenden Kräfte für einen national-liberalen Kurs in der FDP, sondern auch die prägenden Kräfte neuer konservativer Publizistik finden, gibt zu Hoffnung Anlaß.« Inwiefern eine in ihrer Mehrheit auf national-liberal getrimmte FDP wieder Überlebenschancen hätte, bleibe dahingestellt. Für die Neue Rechte, könnte sie dort entscheidend organisatorisch Fuß fassen, hätte dies den kaum zu überschätzenden Vorteil, nicht mehr, wie bei ihren früheren Verbindungen zu den REP, sofort in die Nähe der Verfassungsfeindlichkeit gerückt zu werden. Sie wäre dann zwar der politischen Hegemonie nicht unbedingt sehr viel näher gekommen, hätte jedoch mit Sicherheit einen großen Schritt im Kampf um die kulturelle Hegemonie getan.

Wenn es dabei zu Abschleifprozessen hinsichtlich ihrer typisch »neurechten« Ideologieelemente käme, wäre dies auch gesamtgesellschaftlich zu begrüßen. Nach wie vor aber müßte die demokratische Öffentlichkeit wachsam bleiben, um in der Neuen Rechten, wenn nötig, den »alten Adam« sichtbar zu machen.

Anmerkungen

1 Dieser Beitrag ist – mit geringfügigen Änderungen – entnommen aus: Österreichische Zeitschrift für Politikwissenschaft, 24 (1995) 3.
2 Frankfurter Allgemeine Zeitung vom 29. 4. 1994.
3 Frankfurter Allgemeine Zeitung vom 4. 8. 1994.
4 Zu der Debatte in der FAZ vgl. auch N. Seitz: Die »What's right?«-Debatte. Aus Politik und Zeitgeschichte, B 10/95, S. 23–27.
5 Vgl. R. Stöss: Forschungs- und Erklärungsansätze – Ein Überblick. In: W. Kowalsky; W. Schroeder (Hrsg.): Rechtsextremismus. Einführung und Forschungsbilanz. Opladen 1994, S. 23–66; sowie W. I. Holzer: Rechtsextremismus. Konturen, Definitionsmerkmale und Erklärungsansätze. In: Dokumentationsarchiv des österreichischen Widerstandes (Hrsg.): Handbuch des österreichischen Rechtsextremismus, Wien 1994, S. 12–96.
6 Vgl. W. Benz: Rechtsextremismus in der Bundesrepublik. In: ders. (Hrsg.): Rechtsextremismus in der Bundesrepublik, Frankfurt a. M. 1989, S. 9–37, hier S. 10.
7 A. Pfahl-Traughber: Rechtsextremismus. Bonn 1993, S. 18.

8 Vgl. W. Gessenharter; B. Krupp; H. Fröchling: Rechtsextremismus als normativ-praktisches Forschungsproblem. Weinheim 1978.

9 Vgl. dazu W. Gessenharter: Rechtsextremismus und Neue Rechte in Deutschland – Gefahren für die Republik? In: Gegenwartskunde 43 (1994b) 4, S. 419–430, hier S. 423.

10 U. Backes; P. Moreau: Die extreme Rechte in Deutschland. München 1993, S. 4. Ähnlich auch K. Kriener; M. Jäger: Rechtsextreme Diskurse in Medien und Politik. Schriftenreihe der Niedersächsischen Zentrale für politische Bildung. Folge 10, Hannover 1994, S. 10: Das »›Credo‹ des rechtsextremen Diskurses (ist) die Vorstellung, daß die Menschen von Natur aus ungleich sind und diese Ungleichheit ihnen die jeweilige Stellung in der Gesellschaft bzw. der Welt zuweist«.

11 Schon Goebbels sagte, daß der Nationalsozialismus »das Jahr 1789 aus der deutschen Geschichte auszulöschen« habe (zit. I. Müller: Furchtbare Juristen. München 1987, S. 78).

12 W. Gessenharter: Kippt die Republik? Die Neue Rechte und ihre Unterstützung durch Politik und Medien. München 1994, S. 80.

13 Vgl. P. Dudek; H.-G. Jaschke: Entstehung und Entwicklung des Rechtsextremismus in der Bundesrepublik. 2 Bde., Opladen 1984.

14 H.-G. Jaschke: Politische Richtungsbegriffe im Wandel: Neue Linke, Neue Rechte – Gibt es auch eine Neue Mitte? In: B. Guggenberger; K. Hansen (Hrsg.): Die Mitte. Vermessungen in Politik und Kultur. Opladen 1993, S. 55–73, hier S. 60.

15 Ebenda, S. 66.

16 Ebenda, S. 66.

17 Vgl. zum Gesamten z.B. M. Greiffenhagen; S. Greiffenhagen: Ein schwieriges Vaterland. 2. Aufl. München 1993.

18 Zur Entwicklung der Neuen Rechten vgl. Gessenharter 1994 (s. Anm. 12).

19 Zu den Verboten vgl. E. Jesse: Dokumentation 1992. In: U. Backes; E. Jesse (Hrsg.): Jahrbuch Extremismus und Demokratie. 5. Jg., Bonn 1993, S. 129–140.

20 Vgl. Greiffenhagen/Greiffenhagen, 1993 (s. Anm. 17).

21 Vgl. Stöss, 1994, S. 38 (s. Anm. 5).

22 Vgl. U. Backes; E. Jesse: Neue Linke und Neue Rechte – Ein Vergleich. In: U. Backes; E. Jesse (Hrsg.): Jahrbuch Extremismus und Demokratie. Bonn 1993, Bd. 5, S. 8–28, hier S. 28; sowie H. J. Schwagerl: Rechtsextremes Denken. Merkmale und Methoden. Frankfurt a.M. 1993, S. 15.

23 Vgl. A. Pfahl-Traughber: Brücken zwischen Rechtsextremismus und Konservatismus. In: W. Kowalsky; W. Schroeder (Hrsg.): Rechtsextremismus. Einführung und Forschungsbilanz. Opladen 1994, S. 160–180, hier S. 162.

24 Vgl. H. Kellershohn (Hrsg.): Das Plagiat. Der Völkische Nationalismus der Jungen Freiheit. Duisburg 1994, S. 9.

25 W. Gessenharter: Die »Neue Rechte« als Scharnier zwischen Neokonservatismus und Rechtsextremismus in der Bundesrepublik. In: R. Eisfeld; I. Müller (Hrsg.): Gegen Barbarei. Essays Robert W. Kempner zu Ehren. Frankfurt a.M. 1989, S. 424–452, hier S. 424; sowie ders., 1994, S. 62 (s. Anm. 12).

26 A. Pfahl-Traughber: Vier Thesen zur Verwendung des Begriffs »Neue Rechte«. In: Blick nach rechts. 12 (1995) 1, S. 4–5, hier S. 4.

27 Dabei handelt es sich um die Weiterführung der Diskussion in Gessenharter, 1994 (s. Anm. 12).

28 Pfahl-Traughber, 1994, S. 163 (s. Anm. 23).

29 Kellershohn, 1994, S. 10 (s. Anm. 24).

30 Vgl. Gessenharter, 1994, Kap. 1 (s. Anm. 12).

31 Pfahl-Traughber, 1995, S. 4 (s. Anm. 26).

32 Nach H. Sarkowicz: Publizistik in der Grau- und Braunzone. In: W. Benz (Hrsg.): Rechtsextremismus in Deutschland. Voraussetzungen, Zusammenhänge, Wirkungen. Frankfurt a.M. 1994a, S. 67–86, hier S. 67.

33 Vgl. dazu D. Oberndörfer: Die offene Republik. Zur Zukunft Deutschlands und Europas. Freiburg 1991; ders.: Der Wahn des Nationalen. Die Alternative der offenen Republik. Freiburg 1992; Gessenharter, 1994 (s. Anm. 12).

34 Vgl. Backes; Jesse, 1993 (s. Anm. 22).
35 Schwagerl, 1993 (s. Anm. 22).
36 Kellershohn, 1994 (s. Anm. 24).
37 Vgl. F. Hundseder: Stichwort Rechtsextremismus. München 1993, S. 8.
38 Stöss, 1994, S. 39 (s. Anm. 5).
39 Vgl. K. Kriener: Plettenberg – Freiburg – Potsdam. Über den Einfluß Carl Schmitts auf die Junge Freiheit. In: H. Kellershohn (Hrsg.): Das Plagiat. Der Völkische Nationalismus der Jungen Freiheit. Duisburg 1994, S. 181–212, hier S. 211.
40 Vgl. Gessenharter, 1994b, S. 425 (s. Anm. 9)
41 Stöss, 1994, S. 39 (s. Anm. 5).
42 Vgl. Gessenharter, 1994, S. 47 (s. Anm. 12).
43 Vgl. ebenda, S. 84 und 140.
44 Vgl. Kellershohn, 1994, S. 37–39 (s. Anm. 24).
45 Pfahl-Traughber, 1995, S. 4 (s. Anm. 26).
46 Ders., 1994, S. 163 (s. Anm. 23).
47 K. Schönekäs: Bundesrepublik Deutschland. In: F. Greß; H.-G. Jaschke; K. Schönekäs: Neue Rechte und Rechtsextremismus in Europa. Opladen 1993, S. 218–347, hier S. 236.
48 Vgl. Gessenharter, 1994, S. 61 (s. Anm. 12).
49 Zu Weißmann siehe unten Kap. 5.
50 Zu Zitelmann vgl. D. Van Laak: Nicht West, nicht Ost. In: H.-M. Lohmann (Hrsg.): Extremismus der Mitte. Frankfurt a.M. 1994, S. 88–104; sowie M. Zens: Vergangenheit verlegen. In: H.-M. Lohmann (Hrsg.): Extremismus der Mitte. Frankfurt a.M. 1994, S. 105–122.
51 Unentbehrlich ist die ständige Durchsicht etwa von Criticón, Nation und Europa und Junge Freiheit. Aus kritischer Sicht vgl. z.B. Blick nach rechts, Der rechte Rand und B. Siegler; O. Tolmein; C. Wiedemann: Der Pakt. Die Rechten und der Staat. Göttingen 1993.
52 Vgl. Kellershohn, 1994 (s. Anm. 24) sowie D. Heither; G. Schäfer: Geschichte und Gegenwart der Burschenschaften. 1999. Zeitschrift für Sozialgeschichte des 20. und 21. Jahrhunderts. (1994) 2, S. 79–103.
53 H.-G. Jaschke: Rechtsextremismus und Fremdenfeindlichkeit. Begriffe – Positionen – Praxisfelder. Opladen 1994, S. 50 f.; vgl. auch H. Sarkowicz: Rechte Geschäfte. Der unaufhaltsame Aufstieg des Deutschen Verlegers Herbert Fleissner. Frankfurt a.M. 1994b.
54 Vgl. hierzu die Aufsätze in H.-M. Lohmann (Hrsg.): Extremismus der Mitte. Frankfurt a.M. 1994.
55 Kellershohn, 1994, S. 22 und 33 (s. Anm. 24).
56 Vgl. Gessenharter, 1994, S. 131–133 (s. Anm. 12).
57 Vgl. ebenda, S. 196–214; in der Welt hat offenbar das Gewitter Anfang 1994, als ein Großteil der Redakteure gegen die Berufung Zitelmanns votierte, eine reinigende Wirkung gehabt. Es sind seitdem – unbeschadet der konservativen Grundrichtung – keine neurechten Ausfälle mehr zu verzeichnen.
58 Vgl. P. H. Feindt; H. Fröchling: Offene Bürgergesellschaft. Vierteljahresschrift für Sicherheit und Frieden. 12 (1994) 4, S. 148–153; sowie R. Giordano: »Das ist das eigentlich Schreckliche an unserer Gesellschaft: dieser Mangel an Zivilcourage«. Ein Interview. Vierteljahresschrift für Sicherheit und Frieden. 12 (1994) 4, S. 180–183.
59 Vgl. Pfahl-Traughber, 1995, S. 5 (s. Anm. 26).
60 Zit. nach Kellershohn, 1994, S. 34 f. (s. Anm. 24).
61 Vgl. ebenda, S. 39–50.
62 K. Weißmann: Neo-Konservatismus in der Bundesrepublik? Eine Bestandsaufnahme. In: Criticón, 96 (1986) Juli/August, S. 176–179, hier S. 179.
63 Wenn immer wieder von einer Überschätzung der Neuen Rechten die Rede ist, wird gerne dabei als Grund eine linke Verschwörungstheorie genannt. (z.B. Backes/Jesse 1993, 7–10 (s. Anm. 22); E. Jesse: Zur Überschätzung der ›Neuen Rechten‹. Die Sichtweise der Extremismusforschung. In: Neue Gesellschaftsordung/Frankfurter Hefte. 42 (1995) 2, S. 152–154.) Man wirft ihr vor, alle

Vorgänge im rechten gegenüber dem linken Bereich überdimensioniert zu sehen. Man sollte diesen Vorwurf jedoch nur dort erheben, wo begründete Grenzziehungen fehlen. Gerechterweise kann dieser Vorwurf uns nicht gemacht werden (vgl. Gessenharter 1994a, 63–76 (Anm. 12); Gessenharter 1994b, 422 (Anm. 9)). Gleichwohl soll gegenüber solchen totalitarismustheoretischen Argumentationen hier nur als Haupteinwand formuliert werden, daß parallele Extremismuskonzeptionen normativ nur in den jeweiligen äußersten Spektren erwartbar sein dürften. Es gibt dagegen wohl keine a-priori-festgelegten Grenzziehungen in den hier zur Diskussion stehenden Graubereichen – deshalb ist sowohl nach rechts als auch nach links jeweils unabhängig voneinander eine eigene normativ begründete Festlegung nötig. Vgl. hierzu auch die durchaus unterschiedlichen Bewertungen in den Aufsätzen des Heftes »Neue konservative Intelligenz« der Zeitschrift Neue Gesellschaft/Frankfurter Hefte, Nr. 9/1994.

64 Vgl. H. Schwilk; U. Schacht (Hrsg.): Die selbstbewußte Nation. Frankfurt a. M. 1994.

65 Es handelt sich hier um Eduard Beaucamp; vgl. hierzu seinen Artikel »Beiträgers Erbleichen« in der Frankfurter Allgemeine Zeitung vom 20.10.1994.

66 Vgl. W. Gessenharter: Utopien der »Neuen Rechten«. Tribüne. Zeitschrift zum Verständnis des Judentums. 34 (1995) S. 40–48.

67 Vgl. ebenda. Bei einer Podiumsdiskussion in der Evangelischen Akademie Loccum wurden Weißmann diese Verfälschungen von einem der Verfasser vorgeworfen. Weißmann verweigerte hierzu jedoch jede Diskussion.

68 Junge Freiheit vom 19.05.1995. Daß im übrigen ein Interview mit dem bayerischen Wirtschaftsminister Otto Wiesheu die gegenüberliegende JF-Seite füllte, konnte den Eindruck von Gediegenheit verstärken; später wurde jedoch bekannt, daß dieses Interview mit sehr »merkwürdigen« Methoden« »ergattert« worden war, wie die Süddeutsche Zeitung (vom 24.05.1995) berichtete.

69 Hamburger Abendblatt vom 16.07.1994.

70 In dem Artikel werden noch Brigitte Seebacher-Brandt, Armin Mohler und Botho Strauß genannt. Auf Anfrage distanzierte sich Wolffsohn den Verf. gegenüber ausdrücklich von Mohler, der im abgegebenen Manuskript nicht aufgeführt gewesen sei, dafür aber Zitelmann, Schwilk und Schacht.

71 Die Tageszeitung vom 12.12.1994.

72 Frankfurter Allgemeine Zeitung vom 23.12.1994. Zu Eckhard Fuhr vgl. Gessenharter 1994, S. 206–214 (s. Anm. 12).

73 Vgl. Kellershohn, 1994, S. 71 (s. Anm. 24).

74 Vgl. zu diesem Gessenharter 1989, S. 440 (s. Anm. 25).

75 Vgl. dazu Gessenharter, 1994, S. 133–135 (Anm. 12).

76 Frankfurter Allgemeine Zeitung vom 07.04.1995.

77 Vgl. Anzeige in der Frankfurter Allgemeinen Zeitung vom 05.05.1995.

78 Zu früheren Erwähnungen der Neuen Rechten in den Verfassungsschutzberichten vgl. Gessenharter, 1994, S. 47 (s. Anm. 12).

79 Verfassungsschutzbericht Nordrhein-Westfalen, 1994, S. 113.

80 Ebenda, S. 114. Die Zitate von Karlheinz Weißmann sind entommen aus: Weißmann, 1984, S. 61 ff. (s. Anm. 62).

81 Zu diesen beiden Funktionen vgl. Gessenharter, 1994 , S. 174–175 (s. Anm. 12).

82 So warnte z. B. der bayerische Innenminister ausdrücklich vor einer Kriminalisierung der Neuen Rechten (Frankfurter Rundschau vom 8.04.1995); für seinen sächsischen Kollegen Eggert ist es »verfrüht, zu sagen, daß sich hier ein neues Feld für den Verfassungsschutz auftut« (Frankfurter Allgemeine Zeitung vom 11.04.1995). Der Präsident des Bundesamtes für Verfassungsschutz, Werthebach, äußerte laut Westfalenblatt vom 10.04.1995 sogar, er könne »im Gegensatz zu NRW-Innenminister Schnoor keine Neue Rechte in der Bundesrepublik erkennen«.

83 Zu solchen Kontakten und zur Neuen Rechten in Österreich vgl. W. Purtscheller (Hrsg.): Die Ordnung, die sie meinen. »Neue Rechte« in Österreich. Wien 1994.

84 Junge Freiheit vom 30.06.1995, S. 11.

85 Ebenda, »Als Mitglied der Republikaner ist man bereits sui generis ›Rechtsextremist‹, wenn nicht gar ›Neonazi‹.«

Klaus Maler

Das Netzwerk der militanten Neonazis

Die militanten Neofaschisten in der Bundesrepublik wirken schwer angeschlagen. Die Deutsche Alternative, die Nationalistische Front, die FAP und
eine Handvoll weiterer Organisationen wurden verboten. Der Chef der Gesinnungsgemeinschaft der Neuen Front (GdNF), Christian Worch hat eine zwei-
jährige Haftstrafe im Februar 1996 angetreten, nicht ohne vorher das »würde-
lose Verhalten« des Abtrünnigen Ewald Bela Althans und des Berliner Lokal-
matadoren der GdNF, Arnulf Priem, bei ihren Prozessen zu geißeln[1]. Der
27monatige Aufenthalt des langjährigen Oberhaupts der Nationalistischen
Front, Meinolf Schönborn, hinter Gittern steht bald an und dann hat sich dieser Chef der am straffsten organisierten Neonazitruppe zusammen mit einem
(ehemaligen) Naziterroristen auch noch zur »kämpferischen Gewaltlosigkeit«
bekannt.

Der *Angriff*, agitatorisches Blatt der NF-Nachfolgeorganisation Sozialrevo-
lutionäre Arbeiterpartei (SrA), gesteht Einbrüche des Verfassungsschutzes in
die eigenen Reihen ein.[2] Die *Angriff*-Bilanz der Auslandskontakte offenbart
Jämmerliches: NSDAP/AO-Auslandschef Gary Lauck, in Hamburg vor
Gericht, soll »sehr viel« verraten haben. Die Macher des *Deutschland-
Reports*, ein dem Altnazi Otto Ernst Remer nahestehendes Blatt[3], hätten sich,
nachdem sie dem Druck von den englischen Behörden ausgesetzt waren, »vor
Angst in die Hose gepißt«; Schirinowski habe sich als »billiger Schaumschlä-
ger« erwiesen; im zwischenzeitlichen Herausgeber von Thies Christophersens
Die Bauernschaft, Siegfried Verbecke, sähen viele nur einen bankrotten Druk-
kerei-Besitzer. Der »Zweibeiner« Honsik, vor der österreichischen Justiz nach
Spanien geflüchtet, bezeichne sich gar aus Angst vor Abschiebung als
»Demokrat«. Dr. Max Wahl, langjähriger Weggefährte in der Schweiz, habe
aufgesteckt; der Österreicher Walter Ochensberger habe sich in Haft von der
Staatspolizei »umdrehen« lassen. Lichtblick in diesen finsteren Zeiten ist für
sie der Deutsch-Kanadier Ernst Zündel, doch der schreibe trotz wiederholter
Beschwörungen immer noch seinen wahren Absender auf die Briefumschlä-
ge. Zudem sei bei ihm eine »echte ideologische Schulung« zu vermissen.

Keine Frage, Deutschlands Neonazis sind demoralisiert. Doch in den vergangenen zwei Jahrzehnten haben die neo-nationalsozialistischen Organisa-

tionen Erfahrungen gesammelt und Kaderstrukturen entwickelt, mit denen sie dieses Tief überstehen können. Dies bestätigt die Organisationsentwicklung von Kaderorganisationen wie der Nationalistischen Front (NF) und der Gesinnungsgemeinschaft der Neuen Front (GdNF).

Eine neue Generation von Nazis tritt auf den Plan

Die jüngeren militanten neofaschistischen Strömungen hatten ihre Geburtsstunde Ende der 60er und vor allem Anfang der 70er Jahre. Die Aktion Widerstand, ein aktionistisches und gewalttätiges rechtsextremes Sammelbecken gegen die »Verzichtspolitik« der Brandt-Regierung, war aufgrund ihrer Militanz für viele spätere neonazistische Kader ein Schlüsselerlebnis. Nach der Zersplitterung dieser Bewegung radikalisierten sich Teile weiter, erste NS-Gruppen schossen aus dem Boden.

Eine von ihnen war die Nationalsozialistische Kampfgruppe Großdeutschland (NSKG) in München, die 1972 bereits nach einem halben Jahr ihrer Existenz mit einem beträchtlichem Waffenlager ausgehoben wurde. Der Ableger der NSKG in den USA wurde nach ihrer Auflösung von Gary Lauck als NSDAP/AO weitergeführt. So kurz diese Gruppierungen meist bestanden, sie waren die Vorreiter der neonazistischen Gruppen, die sich im Lauf der nächsten Jahre bildeten und Ende der 70er Jahre teilweise auch terroristische Aktionen durchführten.

Während die Altnazis, die den Nationalsozialismus zumeist noch an der Macht kennengelernt hatten, sich in den faschistischen Parteien wie Deutsche Reichspartei (DRP) und NPD gesammelt hatten, knüpften die Jungnazis der 70er Jahre an die Entstehungszeit der NS-Bewegung an. Auch anders als viele der Alten, die ängstlich den Begriff des Nationalsozialismus mieden, identifizierten sie sich offen mit NSDAP, SA und SS.

Eine Organisation, die an die Tradition der SA des Ernst Röhm anknüpfte, ist die Gesinnungsgemeinschaft der Neuen Front (GdNF). Mit ihrer Vorläuferin, der Aktionsgemeinschaft Nationaler Sozialisten (ANS), kann sie inzwischen auf zwei Jahrzehnte Organisationstätigkeit zurückblicken. Den Grundstein für die GdNF legte Michael Kühnen, als er im Auftrag eines NSDAP/AO-Funktionärs 1977 einen »SA-Sturm« in Hamburg ins Leben rief. Zuvor war er bereits mit seinem Freizeitverein Hansa an der Gründung einer bundesweiten NSDAP unter Wilhelm Wübbels beteiligt gewesen.[4] Die ANS diente nun als Vorfeldorganisation, während der SA-Sturm eine nach außen abgeschottete Gruppe war. Diese Grundstruktur entwickelte sich weiter zu dem schwer zu überschauenden Geflecht der GdNF-Organisationen.

Im Laufe eines Jahres entfaltete die Kühnen-Schar im norddeutschen Raum erhebliche Aktivitäten. Hamburg wurde mit NSDAP-Parolen beschmiert, provokative Kundgebungen abgehalten, linke Einrichtungen beschädigt. Michael Kühnens Strategie baute auf öffentliche Provokation und entsprechende Medienresonanz. Keine Nazi-Organisation schaffte den Sprung in die Schlagzeilen so wie die ANS: Zu einer Gedenktafel-Enthüllung lud die ANS die Presse und verlangte 200 DM Eintritt – die etliche bereitwillig zahlten. Im Mai 1978 marschierten ANS-Mitglieder, geführt von Kühnen und Worch, mit Eselsmasken und Schildern (»Ich Esel glaube, daß in deutschen KZs Juden vergast wurden«) durch die Hamburger Innenstadt.

In einer Strategie der Anpassung, wie sie die moderat auftretenden Faschisten von der NPD vertraten, sah Kühnen keinen Sinn. Eine faschistische Oppositionsbewegung könne »ohnehin nur in einer Situation des offenen Zusammenbruchs und Versagens des herrschenden Systems auf Erfolg hoffen«.[5] Hinter der ständigen Verletzung des NS-Tabus stand der Versuch, das NS-Verbot aufzuweichen. Zentraler Programmpunkt war bereits damals dessen Aufhebung und damit die Legalisierung der NSDAP. Und durch die ständigen Auseinandersetzungen mit Polizei und Linken sollte der Nazi-Nachwuchs zu einer »kämpferischen Elite« zusammengeschweißt werden.

Als einige der ANS-Mitglieder 1987 wegen Raubüberfällen, die zur Finanz- und Waffenbeschaffung durchgeführt wurden, in Haft kamen, wurde Kühnen von dem Vorwurf der Rädelsführerschaft freigesprochen, erhielt aber eine vierjährige Haftstrafe wegen Volksverhetzungsdelikten u.ä. Worch folgte 1980 mit drei Jahren Haft. Die ANS kam weitgehend zum Erliegen.

Aus dieser Erfahrung zog Michael Kühnen die Konsequenz, den Schwerpunkt auf Propaganda zu legen. Die illegale NS-Propaganda sollte weiterhin über Gary Laucks NSDAP/AO-Auslandszentrale laufen. Ein legaler Arm sollte, möglichst innerhalb des Rahmens bundesdeutscher Gesetze, für dasselbe Ziel, die Aufhebung des NS-Verbots streiten. Für den offen arbeitenden Flügel stand das Bekenntnis »zum Sinn des 25-Punkte-Programms der NSDAP« im Mittelpunkt und er »löst sich auf, sobald die Neugründung der NSDAP als legale Partei in Deutschland wieder möglich ist und wird dieser ihre Kader zur Verfügung stellen«.[6]

Nach seiner Haftentlassung Ende 1982 reorganisierte Kühnen die ANS. Anfang 1983 schloß sie sich mit Neonazis aus dem Frankfurter Raum um Thomas Brehl zur ANS/NA zusammen.[7] Zunächst war die ANS/NA als legaler Arm der NSDAP/AO gedacht, doch da sie schnell zu einem Sammelbecken der Kader wurde, versuchte Kühnen, die ANS/NA als »steuernde Kaderbewegung des Nationalsozialismus der neuen Generation« im Hintergrund zu halten. Stattdessen sollte die Aktion Ausländerrückführung (AAR)[8] als Blickfang und Wahlpartei fungieren. Doch das Verbot, das im Dezember 1983 erfolgte, traf sowohl die AAR als auch das politische Zentrum der ANS/NA.

1984 versuchte Kühnen, die ANS ins westeuropäische Ausland auszuweiten – was in Holland gelang. Den größten Erfolg bedeutete jedoch die Vereinbarung der Gründung des Komitees zur Vorbereitung der Feierlichkeiten zum 100. Geburtstag Adolf Hitlers[9] (KAH), die er mit Thomas Brehl und mit dem ehemaligen Waffen-SS-General Leon Degrelle traf. Degrelle, in Belgien nach dem Krieg zum Tode verurteilt, lebte in Spanien im Exil und gehörte zu dem Kreis von ODESSA- und CEDADE-Leuten, die sich in Madrid um Skorzeny gesammelt hatten.

Die verbotene ANS/NA ging in das KAH über, als legale Massenpartei bot sich die Kleinst-Partei FAP an. Zudem hatte sich der innere Kreis aus gefestigten Kadern in einer »lockeren« Gesinnungsgemeinschaft um das interne Blatt *Die Neue Front* gesammelt. Kühnen, wieder in Haft, verlor 1986 die Führung von KAH und FAP an den schwulenfeindlichen Mosler-Flügel[10], der die Gesinnungsgemeinschaft verließ. Die GdNF wurde alleiniges Zentrum des Kühnenflügels und schuf eifrig Vorfeldorganisationen – darunter die Nationale Sammlung, Deutsche Alternative, Nationale Liste, Nationale Alternative und den Nationalen Block. Ende der 80er Jahre überzog ein Geflecht von NS-Grüppchen unter Anleitung der GdNF die Bundesrepublik.

Die Strategie, die Gesinnungsgemeinschaft als scheinbar lockeren Haufen zu führen, den nur die gemeinsame Ideologie zu verbinden scheint, hat sich als erfolgreich erwiesen. Die Ermittlungsbehörden sind nie gegen das eigentliche Kaderzentrum oder die »Organisationsleitung« vorgegangen, sondern immer nur gegen die einzelnen »Massen- und Frontorganisationen«. Dabei gibt die GdNF ein klares Organisationsschema vor, das den Behörden nicht verborgen geblieben sein kann. Es läßt sich in den Schulungsmaterialien der VAPO[11], der Organisationsgliederung der GdNF in Österreich, nachlesen.

Danach ist die GdNF eine »Kaderbewegung« nach dem Führerprinzip. Aufgabe der Kader ist es, das Überleben der GdNF in Verbotszeiten sicherzustellen und neue Organisationen zu gründen. Dabei werden »Front-« und »Massenorganisationen« unterschieden. Letztere sind keine NS-Organisationen, jedoch können die GdNFler hinter ihren Forderungen und Vorstellungen als Nationalsozialisten stehen. Frontorganisationen hingegen sind »reine NS-Organisationen« und dienen der »Rekrutierung für den Nationalsozialismus«. Sie sind oft identisch mit den Regionalgliederungen der GdNF, den »Bereichen«, und sollen den politischen Boden vorbereiten, »den eine nationalsozialistische Organisation dann gesamtheitlich bearbeiten kann«. Im weiteren wird die Organisationshierarchie von der Organisationsleitung über die »Bereiche«, »Gaue«, »Kameradschaften« und »Stützpunkte« ausgeführt. Alles ist geregelt, wie die Beiträge aufgeteilt werden, wie ein »Kameradschaftsabend« zu gestalten ist usw.

Diese Angaben in den VAPO-Schulungsmaterialien decken sich mit dem

»Organisationsbefehl der Gesinnungsgemeinschaft der Neuen Front – Kader-organisation«, der bei der ANS-Niederlande kursiert.[12] Darin wird die »SA«, die die GdNF 1989 als Teilgliederung schuf, als die wichtigste Frontorganisation der GdNF benannt.

Von der Vereinigung von BRD und DDR schien unter den militanten Organisationen vor allem die GdNF zu profitieren. Mit der Besetzung eines Hauses in der Weitlingstraße im Ostberliner Bezirk Lichtenberg entstand ein Zentrum mit großer Attraktivität für rechte Jugendliche.[13] Angriffe auf besetzte Häuser der linken Szene waren an der Tagesordnung. Angesichts der Stärke der linksautonomen Bewegung verlagerten sich diese jedoch zusehends auf AusländerInnen. Der neue Gegner war nicht nur erheblich wehrloser und einfach zu treffen – die jungen Rechtsradikalen sahen sich auch in Einklang mit dem, was Medien und Regierungsparteien verbreiteten. Die massive Hetze gegen Flüchtlinge, mit dem Ziel der Abschaffung des Asylrechts, schuf ein Klima, in dem zwischen 1990 und 1993 mehrere Dutzend Menschen, vor allem AusländerInnen bzw. solche, die dafür gehalten wurden, Obdachlose und AntifaschistInnen ihr Leben lassen mußten. Als radikalster Teil der Ausländerhasser profitierten die gewalttätigen Neonazis von dieser Situation natürlich besonders. Erstmals seit ihrem Entstehen war die militante Neonazibewegung in der Lage, mehrere tausend Personen zu Demonstrationen zu mobilisieren.

In der Pogromzeit von Hoyerswerda 1991 bis Rostock-Lichtenhagen und Quedlinburg 1992 gewannen die Neonazis vor allem bei Jugendlichen erheblich an Popularität und erhielten Zulauf. Der Vorsitzende der GdNF-Sammlungspartei Deutsche Alternative (DA)[14] hielt bei Cottbus für Film-Teams aus dem In- und Ausland einmal wöchentlich regelrecht Hof.[15] Doch dieser Höhenflug konnte nicht ewig anhalten. Die Gewalt der Neonazis bestimmte im Ausland das Bild von den Deutschen. Die Bundesregierung mußte die Geister, die sie gerufen hatte, wieder unter Kontrolle bringen. Die nun ausgesprochenen Verbote trafen zuerst die Nationalistische Front (NF) und eine Reihe von GdNF-Teilorganisationen. Das »Fußvolk« der GdNF sammelte sich wieder in der FAP, der Streitpunkt Kühnen und Homosexualität war mit dessen Tod zu den Akten gelegt worden.

Als 1995 auch die FAP verboten wurde und klar war, daß bei einem Ausweichen auf die NPD auch diese in den Verbotsstrudel gerissen würde, waren längst andere Konzepte im Einsatz. Diese wurden bereits seit Anfang der 90er Jahre verfolgt.

Anti-Antifa – Ein Vernetzungsversuch

Mit der Anti-Antifa setzte im Frühjahr 1992 ein szeneübergreifendes Projekt ein, dessen Bedeutung für den Zusammenhalt sich nach den Verboten erweisen sollte. Zugleich war es ein Modell für eine Zusammenarbeit von Neonazis mit erheblich flexiblerer Struktur auf unterschiedlichen Organisationsebenen. Neu war es natürlich nicht, daß Faschisten Listen über Gegner, speziell Linke, anlegten. Doch 1992 ging das Projekt über die Initiative einer Organisation weit hinaus. GdNF-Chef Worch, einer der maßgeblichen Initiatoren der Anti-Antifa-Kampagne, hielt die Kapazitäten für eine »reichsweite Zentralstelle zur Dokumentation und Auswertung« des Anti-Antifa-Materials für noch nicht gegeben. »Wenn aber eine solche zentrale Vernetzung (›von oben‹) noch nicht machbar ist, ist an eine Vernetzung ›von unten‹ zu denken«, schrieb er an die Anti-Antifa-Gemeinde.[16] Ein erstes Produkt der Anti-Antifa-Kampagne war die Druckschrift *Der Einblick*. Sie enthielt Namen und Adressen von über 250 Einzelpersonen und Organisationen, denen »unruhige Nächte« angedroht wurden. Verschickt wurde die Broschüre über ein Postfach der dänischen NS-Organisation DNSB, eine Gruppe mit NSDAP/AO-Verbindung. Die Macher des *Einblick* zu finden, war nicht schwer. Anfangs diente ein Postfach in Wiesbaden, das der damalige GdNF-Aktivist Stephane Cumic eingerichtet hatte, als Kontaktstelle. Werbezentrale war das *Nationale Infotelefon (NIT)*, dessen damalige Betreiber Michael Petri und Sascha Chaves-Ramos in der GdNF-Organisation Deutsche Nationalisten aktiv sind. Aufgrund der schlampigen Ermittlungtätigkeit der Behörden endete der Prozeß gegen die Einblick-Macher mit Einstellungen und symbolischen Strafen. Die politische Dimension und die Hintermänner wurden nicht thematisiert.

Die unprofessionelle Arbeitsweise, die mangelnde Konspirativität und die schlechte Recherche der *Einblick*-Macher sind jedoch keineswegs repräsentativ für die an der Anti-Antifa beteiligten Neonazis. Die offen zugängliche neofaschistische Struktur erhielt durch die Kampagne bei anpolitisierten Rechten einen großen Bekanntheitsgrad und Stellenwert. Das niedrigschwellige Beteiligungsangebot bindet eine Vielzahl von Organisationen und Einzelpersonen ein. Jeder und jede kann bei einem *Nationalen Infotelefon* anrufen oder per Mailbox im Rahmen des neofaschistischen *Thule-Netzes* Daten von AntifaschistInnen weitergeben.

Daneben hilft das Anti-Antifaprojekt gefestigten Kadern bei der Vernetzung weitergehender Strukturen. Für die strikt konspirativ arbeitenden Anti-Antifa-Leute, die über die Veröffentlichung mißliebiger Namen mit gezielter Gewalt hinausgehen wollen, ist ein anderer Schritt nicht mehr weit.

Die Wiedergeburt des Werwolf

Den ersten bedeutenderen Versuch nach den 70er Jahren, wieder den Aufbau von Werwolfstrukturen, also ein terroristisches Untergrundnetz, zu propagieren, stellt das *Autonomnationalistische Manifest* dar, verfaßt vor 1990 von den Autonomnationalistischen Zellen (ANZ).[17] Es handelt sich um ein schwülstiges, mit Verschwörungstheorien durchsetztes, zehnseitiges Schriftstück[18], in dem ein Konzept des »Autonomnationalismus« entworfen wird.

Nach Meinung der Autoren fehlte bisher ein erfahrener, harter Führungskern. Dieser habe aufgrund des »Staatsterrors« nicht entstehen und »den nationalistischen Kolonnen den Weg« weisen können. Es sei der Weg »des totalen Widerstandes«, der »in der inneren Mobilmachung und der kompromißlosen WEHRHAFTIGKEIT unserer nationalistischen Bewegung« wurzele. Da die Zeit aber noch nicht reif sei für den bewaffneten Kampf, gehe es heute um die Vorstufe des Werwolfs, um »den Weg des WEHRHAFTEN WIDERSTANDES, der früher oder später wohl einmünden wird in die Neubildung fanatischer Werwolfkommandos«. »Das Gebot der Stunde« sei, sich mit »der Theorie des wehrhaften Widerstandes« auseinanderzusetzen.

Diesem Gebot wurde schon bald mit dem Erscheinen von *Eine Bewegung in Waffen* (Autor »Hans Westmar«) Folge geleistet. Anknüpfend an das *Autonomnationalistische Manifest* geht es in dem Band um »innere Rüstung«, d.h. die Schaffung eines Werwolf-Netzes. Der Autor will nicht zu einzelnen Werwolfaktionen aufrufen, sondern Konzept, »Formen und Folgen solcher Kampfhandlungen und -aktionen« herausarbeiten.[19] Sein Organisationsschema deckt sich mit dem der neonazistischen Organisationen, wie z.B. der GdNF. Die verdeckt und illegal operierende Organisationsleitung ist demnach für den legalen und den illegalen Arm verantwortlich. Der legale umfaßt die Parteien, Vorfeldorganisationen – der illegale die Propaganda und Schulung sowie den Werwolf. »Der Kader bedarf intensiver Schulung, deren ›öffentliche‹ Durchführung dem legalen Arm, deren eingehendere interne Durchführung hier dem illegalen Arm obliegt.«

Der verdeckte, illegale Arm ruft als ersten Schritt eine Kaderorganisation nach dem Führerprinzip ins Leben. Die zweite Hauptaufgabe des illegalen Arms ist es, die Voraussetzung für den bewaffneten Kampf zu schaffen und den Schutz vor dem bewaffneten Kampf des politischen Gegners zu organisieren. Dieser »Schutz« sei zwar in der Rechten umstritten, aber insbesondere in »Mitteldeutschland« zeige sich ein »Trend (...) hin zu militant-militärischen Aktionen«.[20] Eine radikalisierte »Kommune« (die Linken, d. Verf.) und militante Organisationen »der sich in dieses Land eingefressenen Fremdrassigen« sowie spezielle Polizeieinheiten würden dafür sorgen, daß das Werwolf-Konzept in der Rechten Fuß fasse.

In der Phase normaler politischer Organisierungstätigkeit wird der Werwolf aufgebaut. Das bedeutet, daß die Autoren, wenn sie ihr eigenes Konzept ernstgenommen haben, bereits Anfang der 90er Jahre mit dessen Umsetzung begonnen haben. Ein »kämpferischer Werwolf-Kader« werde in der »Vorbereitungsphase des Kleinkriegs« in einem höchst »elitären Auswahlverfahren aus dem illegalen Arm der Bewegung ausgesondert, sodann unseren Anforderungen gemäß geschult und ausgebildet, um schließlich als ›Schläfer‹ den Beginn der eigentlichen Kampfhandlungen abzuwarten«.

Vor dem »eigentlichen Werwolfkampf« soll ein enges Netz von Anlauf- und Versorgungspunkten (Material- und Waffendepots) über die anvisierten Kampfgebiete gezogen werden. »An allen strategisch wichtigen Orten« soll es als Ansprechpartner und Anlaufpunkt einen Stützpunkt, d.h. eine aus mehreren Kadern bestehende Gruppe, geben oder wenigstens einen Vertrauensmann. Die Führung der Werwolfeinheiten unterliege dem »Werwolfstab«, der Teil der Organisationsleitung sei. Die »eigentlichen Kampfhandlungen des Werwolf« begännen in »der Phase des verdeckten Kampfes«, also der des Kleinkriegs. In der »letzten vorrevolutionären Phase«, wenn die »nationalsozialistische Gesinnungsgemeinschaft« kurz vor der Machtübernahme stehe, der Repressionsapparat aber noch eine Bedrohung für sie darstelle, dürfe mit allen Mittel zugeschlagen werden.

Der oder eher die Autoren von *Eine Bewegung in Waffen* haben sich mit linken Aufstandstheorien und Guerillataktiken beschäftigt. Die Terminologie schimmert manchmal durch, was den Verdacht bestärkt, daß die Schreiber unter den alten Kadern der verbotenen Nationalen Offensive zu suchen sind. Die ehemaligen Führungskader des KAH, die sich in der 1990 gegründeten Nationalen Offensive zusammenfanden, fallen in der neofaschistischen Szene durch ihre Fähigkeit zum strategischen Denken auf. Sie wenden sich gegen die Konkurrenzkämpfe der verschiedenen Möchte-gern-Führer im neonazistischen Lager, was sowohl im *Autonomnationalistischen Manifest* wie auch in *Eine Bewegung in Waffen* zum Ausdruck kommt. Zudem versuchen sie, die faschistische Politik auf die sozialen Kämpfe zu orientieren. Dabei wird auch schon mal Lenin zitiert.[21] Die Bundesanwaltschaft sieht laut einer holländischen Wochenzeitung die Hauptverdächtigen für die Erstellung von *Eine Bewegung in Waffen* in den ehemaligen NO-Mitgliedern Christian Malcoci und Christian Scholz sowie in Henry Fiebig, dem ebenfalls eine NO-Vergangenheit nachgesagt wird. In den Niederlanden werde gegen das NSDAP/AO- und frühere NO-Mitglied Martijn Freiling ermittelt.[22]

Während *Eine Bewegung in Waffen* die Voraussetzungen und Dimensionen des faschistischen Untergrundkriegs aufzeigen und auf den Aufbau des Werwolf orientieren wollte, kursierte schon bald handfestere Literatur in neonazistischen Kreisen. Da war das *Handbuch für improvisierte Sprengtechnik* der

Organisation »Werwolf«, das auf Diskette weitergereicht wurde. Dieses Handbuch gibt Anleitung zum Bau von Bomben, das interne GdNF-Organ *Die Neue Front* druckte Auszüge ab. Ebenfalls rein militärischen Zwecken diente der Nachdruck von *Werwolf – Winke für Jagdeinheiten*, das kurz vor Kriegsende als Anleitung für faschistische Partisanen veröffentlicht worden war.[23] Verbreitung fand die Literatur zur Führung eines faschistischen Untergrundkriegs auch durch ein internationales Propagandanetz.

Die NSDAP/AO – »Die Führung liegt im Reich«

In ihrem deutschsprachigen Organ *NS-Kampfruf* druckte die NSDAP/AO aus Lincoln/Nebraska *Eine Bewegung in Waffen* teilweise nach, die Bombenbau-Anleitung verschickte die Propaganda-Zentrale aus den USA auf Diskette. Die NSDAP/AO soll in der Bundesrepublik über 20.000 Adressen verfügen und besteht als einzige der »NSDAP«-Gründungen der 70er Jahre noch heute. Als Propaganda-Dienstleistungsunternehmen für deutsche NS-Anhänger ist sie wenig anfällig für politische Konjunkturen. Mittlerweile bringt sie ihr Organ *The New Order* in zehn Sprachen heraus, die deutsche Ausgabe erscheint unter dem Namen *NS-Kampfruf*.

In den USA gilt Laucks Organisation als unbedeutend. Doch für ihre Funktion als Postversand und Zeitungsredaktion reicht ein begrenztes Auslandsbüro aus. In der Bundesrepublik ist ein Netz von Untergrundzellen entstanden, die aus Lincoln/Nebraska mit Propagandamaterial versorgt werden. Diese Zellen arbeiten abgeschottet voneinander.

Ideologisch auf derselben Linie wie die GdNF, hat sich die NSDAP/AO die Aufhebung des NS-Verbots auf die Fahnen geschrieben. Sobald dieses Ziel erreicht ist, soll sich die NSDAP-Auslands- oder auch Aufbauorganisation auflösen und ihre Kader in eine neu zu gründende NSDAP übergehen. Offiziell liege die »oberste Organisationsführung bei der Auslandszentrale«. Dies sei aufgrund der Gesetzeslage nicht anders möglich, doch die eigentliche Führung liege »bei einem im jahrelangen, harten Kampf entstandenen Kreis der bedeutendsten NS-Führer«. Pathetisch fügte Lauck hinzu, daß die »große Mehrheit dieser Führer (...) Reichsdeutsche und im NS-Untergrundkampf im Reichsgebiet tätig« seien.[24]

Gary Rex Lauck, Jahrgang 1953, betrieb die Versendung von Nazi-Propaganda in die BRD seit 1973. 1974 wurde ein Einreiseverbot in die Bundesrepublik gegen ihn verhängt. Trotz Verbot hielt er sich verschiedene Male in der BRD auf, um sich mit der »Führung im Reichsgebiet«, wie Michael Kühnen und Christian Worch, zu besprechen.[25]

Zwei Jahrzehnte lang erfolgte kein gezielter Schlag der Behörden gegen das

NSDAP/AO-Netz, obwohl die Polizei bei Hausdurchsuchungen immer wieder auch NSDAP/AO-Material beschlagnahmte. Erst als Gary Lauck nach einem deutschen Amtshilfeersuchen in Dänemark im März 1995 verhaftet wurde, fand eine bundesweite Durchsuchungsaktion statt. Nach Angaben des NDR-Magazins Panorama durchsuchte die Polizei hauptsächlich die Wohnungen von 16–20jährigen Männern, von denen die Hälfte Verbindungen zu anderen neofaschistischen Gruppen hatte. Bei ihnen handelte es sich um die Hauptzielgruppe der NSDAP/AO, die mit einem niedrigschwelligen Aktionsangebot, Verteilen und nächtliches Plakatieren von NS-Propaganda, in ein illegales Nazinetz eingebunden wird – nach dem Verständnis der Führer das Fußvolk.

Die eigentlichen Führungskader sind von Tätigkeiten, die sie gefährden könnten, abgekoppelt. Den Schmuggel der größeren Posten des Propagandamaterials, der nicht über den Postweg aus den USA kommt, sondern aus Nachbarländern über die deutsche Grenze, wird meist durch unbedarftere NSDAP/AO-Leute durchgeführt. »Wenn die geschnappt werden«, sagte Lauck, »ist es nicht so schlimm. Die gehen dann zwei Jahre in den Knast, und wenn sie danach noch dabei sind, haben wir gute, neue Kämpfer gewonnen.«[26] Gegen die Führungspersonen des Netzes sind die deutschen Behörden nie vorgegangen. Einer, der sich offen zur NSDAP/AO bekannte, zuletzt im Film *Wahrheit macht frei*, war der ehemalige GdNF-Chef Michael Kühnen; er wurde deswegen nie angeklagt.[27]

Nachdem Lauck 1993 in seinem Organ *Der Kampfruf* den bewaffneten Werwolfkampf propagierte, ersuchten die deutschen Behörden um Hilfe in den USA und Dänemark. Die Verhaftung erfolgte ein Jahr später, als Lauck sich in Dänemark um den Ausbau der Schmuggelroute über Skandinavien bemühte.[28] Seit September 1995 ist Lauck in Haft und steht seit Mai 1996 in Hamburg vor Gericht. Das mögliche Strafmaß ist überschaubar: maximal fünf Jahre. Der Propagandafluß ist mit seiner Verhaftung nicht versiegt, einige wenige Gefolgsleute reichen aus, um die Arbeit in Lincoln/Nebraska weiterzuführen. Der stetige Propagandafluß hat eine stabilisierende Wirkung auf die hiesige junge NS-Szene. In den kommenden Jahren werden jedoch auch konkrete Auswirkungen eines anderen NSDAP/AO-Schwerpunkts zu spüren sein.

Kroatien – Die Killerinstinkte werden geschärft

Das Pseudonym »Hans Westmar«, Autor von *Eine Bewegung in Waffen*, tauchte wieder auf als Macher eines Videos zum Söldner-Einsatz in Kroatien. Der Balkankrieg fiel genau in die Zeit, in der militante Neonazis im Bundesgebiet das Werwolf-Konzept verbreiteten. Die Möglichkeit, in Europa tatsächliche Kriegserfahrungen zu sammeln, statt in heimatlichen Wäldern beim Wehrsport Krieg zu üben, dürfte einen Militarisierungsschub bewirkt haben.

Neben der NSDAP/AO mobilisierten auch andere Neonazi-Organisationen zu Söldnereinsätzen, vor allem der NSDAP/AO nahestehende Gruppen wie die GdNF, die Nationale Offensive und die FAP. Im benachbarten Frankreich tat sich neben dem dortigen NSDAP/AO-Kader Michel Faci die Schwesterorganisation der NF-Nachfolgetruppe Sozialrevolutionäre Arbeiterpartei (SrA), die Nouvelle Resistance, mit der Rekrutierung von Söldnern hervor.[29]

Die westeuropäischen Söldner schlossen sich der kroatischen HOS an, der Miliz der 1990 gegründeten Kroatischen Partei des Rechts. Die HOS knüpfte an die Tradition der Ustascha an, der kroatischen Division der Waffen-SS. In der Einheit »Tomislav Madi« sollen 60 bis 90 Neonazis aus der Bundesrepublik, Belgien, England und Österreich gekämpft haben. Nach der Auflösung der HOS 1992 wurden die ausländischen Söldner in die Kroatische Nationalgarde und später in die 108. bosnische Brigade integriert.[30]

Die Söldner bei der HOS waren selten an direkten Kampfhandlungen beteiligt, konnten jedoch ihren Sold von 100 Dollar im Monat durch die Plünderung serbischer Häuser aufbessern, schreibt das Antifaschistische Autorenkollektiv.[31] Einen Eindruck, wie sich die Söldner aus Deutschland und Österreich als Herren über Leben und Tod aufspielten, vermittelte der Memminger Söldnerprozeß von November/Dezember 1995 wie auch die Offenbarungen des Ex-Söldners Wolfgang Niederreiter.[32] Die beiden ehemaligen Balkan-Krieger Falk Simang und Ralf Mrachacz erhielten eine lebenslange Haftstrafe wegen Mordes an zwei ihrer Kameraden.

In der *Leipziger Volkszeitung* und im Wiener *Kurier* war im Februar 1994 zu lesen, daß der ex-Republikaner und GdNF'ler Reinhard Rade an »mindestens vier Einsätzen« der HOS beteiligt gewesen sei. Dabei sei es zu »regelrechten Raubzügen gegen Flüchtlinge« gekommen. Auf seinen Söldneraufenthalt folgte die Eröffnung der Firma BBM (Baubetreuung Mitteldeutschland GmbH). Das österreichische Innenministerium hatte in seiner Publikation *Öffentliche Sicherheit* 1994 auf den plötzlichen Reichtum des heimgekehrten Söldners Rade hingewiesen, der zudem deutsche und österreichische Rechtsextremisten in seiner Firma beschäftigte, darunter den Wehrsport-Chef des österreichischen GdNF-Zweiges VAPO, Hans-Jörg Schimanek.[33] Der sitzt mittlerweile wegen nationalsozialistischer Wiederbetätigung in seinem Heimatland eine achtjährige Haftstrafe ab.

Während das österreichische und das deutsche Innenministerium jeweils von 30 Söldnern aus ihren Ländern sprachen, schätzte der Inspektionsleiter der Grenzpolizeiinspektion Freilassing, Dieter Seitz, die Zahl der deutschen und österreichischen Söldner auf kroatischer Seite auf insgesamt 250. Die

Freilassinger Grenzpolizisten hatten sich intensiv mit dem Thema befaßt, da sie zur Untersuchung von Mordfällen in das Operationsgebiet der Söldner gereist waren. Die Zurückgekehrten, so urteilte Inspektionsleiter Seitz,»stellen ein großes Gewaltpotential dar«.[34]

Der Aufbau eines Werwolf-Untergrundnetzes ist ein idealer Anknüpfungspunkt für die kriegserfahrenen Heimkehrer. Eine Organisation schien mit diesen Bestrebungen besonders weit gekommen zu sein.

»Nur der organisierte Wille bedeutet Macht«

Die Nationalistische Front (NF) wurde im November 1985 als bundesweite Vereinigung aus der Taufe gehoben. Sie setzte sich aus nationalrevolutionären Gruppen und einer Gruppe ehemaliger Aktivisten der Jungen Nationaldemokraten (JN) zusammen.

Ein Teil der Nationalrevolutionäre kam ursprünglich aus der verbotenen Volkssozialistischen Bewegung Deutschlands/Partei der Arbeit (VSBD/PdA). Nachdem sich eine Gruppe aus dem VSBD um den Vorsitzenden Friedhelm Busse an Banküberfällen beteiligt hatte, wurde die Organisation 1982 verboten. Die JN-Gruppe aus Nordrhein-Westfalen führte Meinolf Schönborn, der ehemalige Redakteur der JN-Zeitung *Klartext*, der wegen zu radikalen Positionen aus der NPD ausgeschlossen worden war.

1987 ließ sich die NF ins Parteienregister eintragen. Der offizielle Status einer Partei sollte Schutz vor Verboten bieten. So nahm die Organisation an den Europawahlen 1989 weniger aus propagandistischen Gründen teil: Nach eigenen Aussagen wollte sie den Parteienstatus sichern.[35] Bereits ein Jahr nach ihrer Gründung kaufte Schönborn für 186.000 DM ein Haus in Bielefeld, das als »Nationales Zentrum« als Anlaufstelle und Schulungszentrum diente.[36] Aufgrund antifaschistischer Proteste verlegte die NF das Zentrum nach Detmold-Pivitsheide. Als Käufer des neuen Gebäudes fungierten hohe NF-Funktionäre, darunter Schönborn, Andreas Pohl und Steffen Hupka. So war die Immobilie offiziell in Privatbesitz und nur schwer beschlagnahmbar.

Woher die Finanzen für die NF-Infrastruktur stammten, ist unklar. Der österreichische Journalist Wolfgang Purtscheller gibt einen Hinweis.[37] Der langjährige Schönborn-Gefährte Michael Schubert, schon mit dem späteren NF-Chef gemeinsam bei den JN und im Bielefelder Zentrum dessen Leibwächter, wurde Anfang 1990 in Österreich wegen drei Banküberfällen zu acht Jahren Haft verurteilt. Der Verbleib des Geldes, 1,2 Millionen Schilling, konnte nicht geklärt werden.

Eine breite, spektakuläre, auf kurzfristige Mobilisierungserfolge ausgerichtete Arbeit war nicht Sache der NF. Unter den neonazistischen Organisationen galt sie als die, die Kaderschulung und -aufbau am konsequentesten betrieb. In ihrer Satzung stand: »Klar war für uns von Anfang an auch, daß die Zeiten härter werden und wir uns nicht nur mit Wählerstimmen und Parlamentssitzen begnügen würden, sondern daß wir Macht wollten und wollen. Da aber ›nur der organisierte Wille Macht bedeutet‹, mußten wir uns diesen Willen in Form der NF schaffen.«[38] Die Erfolglosigkeit der neofaschistischen Parteien in der Bundesrepublik schrieb die NF der fehlenden Kaderstruktur zu. Sie sah sich als die »Elite der nationalen Bewegung«, die bereit stehe, wenn die faschistische Massenbewegung entstände.

Die Beiträge, die mindestens fünf Prozent des Einkommens betrugen, waren die erste Hürde gegen Mitläufer. Ein halbes Jahr dauerte die Probezeit für einfache Mitglieder. Wer NF-Kader werden wollte, hatte eine weitere Probezeit von einem Jahr durchzustehen. In diesen Zeitraum fielen Schulungen und die besonderen Fähigkeiten des Kader-Anwärters wurden geprüft, denn selbst die Funktionen auf der untersten Ebene der Basisgruppe, wie Leiter, Kassenwart, Propagandaverantwortlicher, besetzten die Kader.

Die Gesamtstruktur ähnelt der der GdNF: Die Organisationsleitung (OL) – sie bestand im ersten Halbjahr 1992 aus dem Parteivorsitzenden Schönborn, seinem von ihm ernannten Stellvertreter Andreas Pohl und Bundeskassenwart Helmut Braun – entscheidet über alle die Gesamtorganisation betreffenden Fragen. Dazu gehört auch die Aufnahme neuer Mitglieder. Die Ebene unterhalb der OL stellt die Bereichsleitung mit den Bereichen Nord, Süd, Mitte, Ost – wobei letzterer bis nach Rußland reichte und nicht besetzt war. Die Ortsgruppen setzen sich aus den Führungskadern der Region zusammen. Gefestigte Basisgruppen bilden die Stützpunkte. Die einfachen Basisgruppen, bestehend aus einem Kader und maximal vier Anwärtern, bilden die unterste Ebene. Es ist auch möglich, daß mehrere Ortsgruppen, Stützpunkte und Basisgruppen in einer Region existieren. Den Aufbau der NF zu kennen, ist auch nach den Verboten wichtig, denn bei entsprechender Stabilität der Kader kann die Organisation weitergeführt werden, ohne daß von außen eine übergreifende Organisationsstruktur zu erkennen wäre.

Da die Mitgliedschaft in der Nationalistischen Front erst ab 16 Jahren möglich war, gab es als NF-Jugendorganisation den Jungsturm Deutschland, der den NF-Schriftzug im Emblem trug. Der Förderkreis Junges Deutschland, als eigenständiger Verein 1982 gegründet, sollte eine indirekte NF-Mitgliedschaft ermöglichen und Spender heranziehen.

Über den Klartext-Verlag konnten Schulungsmaterial der NF, darunter das Buch *Werwolf – Winke für Jagdeinheiten*, Aufnäher und Nazi-T-Shirts bestellt werden. 120.000 DM sollen jährlich als Gewinn an die beiden Gesellschafter Schönborn und Helmut Braun geflossen sein.[39] Damit stellte der Klartext-Verlag neben den Mitgliedsbeiträgen das zweite wichtige Standbein dar.[40] Gemäß den Autoren des *Drahtzieher im braunen Netz* befanden sich Ende 1992 7.600 Namen und Adressen in der Kundendatei. Alle Interessenten waren in Kader, Mitglieder, Sympathisanten,»NS-Spinner«, Linke, Mitglieder des Förderkreises, des Jungsturms u.ä. kategorisiert.

1991 erweiterte sich die NF um den »Bereich Österreich« unter Andreas Thierry. Im selben Jahr geriet in Österreich in Pichl/Südtirol Schönborns Konzept der Nationalen Einsatzkommandos (NEK) in die Hände der Polizei und wurde dadurch publik.[41] Die NEK sollten als mobile Einsatztrupps schnell zu Gewalteinsätzen auf der Straße mobilisierbar sein – in einer Zeit, da die Gewaltwelle gegen Ausländer ihrem Höhepunkt entgegensteuerte und die Gegenwehr antirassistischer und antifaschistischer Kräfte zunahm. Viele hielten die NEK fälschlicherweise für den Einstieg in eine militärische Untergrundstruktur. Schönborn brachten sie zunächst ein Ermittlungsverfahren wegen Bildung einer terroristischen Vereinigung, das aber wieder eingestellt wurde.

Spaltung zur Rettung der Organisation

Durch die Veröffentlichung des NEK-Konzeptes befürchtete der NF-Mehrheitsflügel eine Kriminalisierung der Gesamtorganisation. Im Sommer 1992 kam es dann zur Spaltung der NF, wobei die Begleitumstände Zweifel schüren, ob dieses Zerwürfnis zwischen Mehrheits- und Minderheitsflügel nicht inszeniert worden war, um die Gesamtorganisation vor einem Verbot zu retten. Auf jeden Fall ist»davon auszugehen, daß die Spaltung der NF, ihren Fortbestand im legalen Rahmen erst ermöglicht hat«.[42] Und die Autoren des *Drahtzieher* meinen, daß der Konflikt, selbst wenn er echt war,»heute nur noch eine Rolle im Sinne einer Arbeitsteilung«[43] spielt.

Als die NF im November 1992 verboten wurde, waren die meisten NF-Mitglieder um Andreas Pohl bereits offiziell von der Organisation abgekoppelt. Zudem waren von dem Verbot Teile der alten NF-Struktur nicht berührt. Dazu gehörten die Jugendorganisation Jungsturm, der Förderkreis Junges Deutschland, der Deutsche Spielwarenversand, eine weitere Einkommensquelle der NF, und das Zentrum in Pivitsheide. Als die Polizei es zur Vollziehung des Verbots stürmte, hatte Meinolf Schönborn längst die NF-Konten abgeräumt.

Auf eine kleine parlamentarische Anfrage des Bündnis 90/Die Grünen nach der Weiterführung der NF antwortete die Bundesregierung im Frühjahr 1995, durch das Verbot seien die»organisatorischen Strukturen zerschlagen« worden.[44] Diese Aussage sollte schon wenige Monate später Lügen gestraft werden. Auf einer Pressekonferenz legte eine Bundestagsabgeordnete der Grünen, Annelie Buntenbach, interne Dokumente aus dem NF-Parteiarchiv vor.

Darunter befand sich eine Mitglieder- und Aktivistenliste der NF, datiert auf den 15. November 1993, die vermittelt, wie der Schönborn-Flügel der NF nach dem Verbot weiter geführt wurde und wird. Die Listen sind, wie die Klartext-Datei, mit einem Zahlencode versehen. Das Antifaschistische Autorenkollektiv hat im *Drahtzieher* die Listen aufgeschlüsselt und kommt zu folgendem Ergebnis:

Die »Gemeinschaft«, wie Schönborn die Organisation nun bezeichnet, wird geführt von einer Gruppe aus 24 bewährten Kadern der alten NF. Darunter sind die Berliner Ulli Boldt, Betreiber des Berliner Nationalen Infotelefons, und Jan Gallasch, der 1995 im NF-Zentrum in Detmold-Pivitsheide wohnte.[45] In der für die Berliner Neonazi-Szene maßgeblichen Berliner Kulturgemeinschaft Preußen (BKP), einem Ableger der Deutschen Kulturgemeinschaft, organisieren Boldt als Vorsitzender und Gallasch als Vorstandsmitglied die Schulung der Nachwuchskader. Den Klartext-Versand betreibt Stefan Pielert für Schönborn weiter, mittlerweile unter dem Namen Haithabu über ein dänisches Postfach.

Das Autorenkollektiv kommt auf einen Kaderstamm von 150 bis 200 Personen der Schönborn-Gemeinschaft. Allein 70 dieser Kader befinden sich auf einer Liste unter dem Code »88«; von diesem Personenkreis wird später noch die Rede sein.

Mit dem »Propagandaverteilkreis« (PVK), ebenfalls auf einer gesonderten Liste, wollte Schönborn offensichtlich eine neue Vorfeldstruktur aufbauen. Das Konzept ähnelt dem »Klartext-Organisationsmodell«. Ableger sollten entstehen, an die die Schönborn-Zentrale regionale Absatzadressen weitergibt. Über dieses Netz sollten der Gemeinschaft neue Leute zugeführt werden. Schönborn hoffte auf den »Aufbau von vielen kleinen unabhängigen nationalistischen Zellen«, dezentraler PVKs, die »zentrale und dezentrale Aufklärungskampagnen kurzfristig« durchführen könnten. Das politische Ziel war die »Schaffung einer breiten außerparlamentarischen nationalistischen Opposition«.[46] Das Material kam wieder über den Klartext-Verlag, nur diesmal ohne NF-Schriftzug. Unter den 360 Anschriften der PVK-Liste waren laut *Drahtzieher* im November 1993 örtliche Neonazi-Führer, Verbindungspersonen zu anderen Organisationen sowie eine Reihe von Altnazis aufgeführt.[47]

Auslagerungsversuch nach Dänemark

Kurz nach dem Verbot der NF traf Schönborn Anfang 1993 den israelischen Journalisten Yaron Svoray. Der bereiste als angeblicher Vertreter eines amerikanischen Millionärs, der Geld in die rechte Bewegung pumpen wollte, die deutsche neofaschistische Szene. Schönborn erzählte ihm von seinem Plan,

Führungskader in einem Zentrum in Dänemark auszubilden. Seine Organisation verfüge über 7.000 Mitglieder und 9.000 Sympathisanten. Sein Finanzantrag, den er Svoray übergab, war nicht nur in finanzieller Hinsicht großspurig. Zunächst bat er für ein neues Zentrum mit entsprechender Infrastruktur, wie Autos, Videoüberwachung, Schulung, Propagandamaterial und »einen guten politischen Anwalt« um nicht weniger als eineinhalb Millionen Mark. In »Phase 2« seines Plans sah Schönborn ein sicheres und professionelles Ausbildungszentrum »im Herzen Deutschlands«, vielleicht Eisenach, vor. Dafür bräuchte er zusätzlich zwei Millionen. Bei »Phase 3« wurde Schönborn konspirativ. Die umfaßte nur den Satz »Angriff ist die beste Verteidigung, alles weitere müsse mündlich behandelt werden«.[48]

Die Umsetzung des Dänemark-Plans begann tatsächlich ein Jahr später. Im April 1994 meldete Schönborn zunächst seine Firma im dänischen Kollund an, ganz in der Nähe von Thies Christophersens Nordwind Verlag. In Kvaers kaufte Hans Christian Pedersen als Schönborns Bevollmächtigter ein Haus. Doch die BewohnerInnen von Kvaers wollten nicht die neue Zentrale einer reorganisierten NF beherbergen. Dies machten sie den Neonazis so überzeugend klar, daß diese schon wenige Wochen nach Bekanntwerden ihres neuen Zentrums den Ort verließen. Unter Polizeischutz brachten sie ihre Einrichtungsgegenstände zu dem ehemaligen SS-Mann Henry Krog Pedersen nach Kollund.[49]

Die antifaschistischen Proteste von Kvaers ermutigten die Kollunder BürgerInnen, dem Altnazi Thies Christophersen die Anwesenheit zu verleiden. Christophersen lebte seit 1986 in Dänemark und schleuste seitdem Naziliteratur, darunter sein Blatt *Die Bauernschaft*[50], in die Bundesrepublik ein. Auch für die deutschen Jungnazis war er eine wichtige Quelle und Autorität in Sachen Auschwitz-Lüge. Nach seiner Flucht aus Kollund wurde Christophersen nicht mehr glücklich. Zuguterletzt setzte ihn auch noch ein zunächst sympathisierendes Ehepaar, bei dem er für mehrere Monate Unterschlupf gefunden hatte, vor die Tür.[51]

Doch auch für Meinolf Schönborn war das Ende des Tiefs noch nicht erreicht. Bisher waren die Behörden recht lax gewesen, beschlagnahmtes Material hatten sie ihm zurückgegeben und sogar die Ermittlungen wegen der geplanten terroristischen Vereinigung NEK eingestellt. Als sich dann der als »Nazi-Bomber« bekannte Peter Naumann vor laufender Kamera auf einmal zur »kämpferischen Gewaltlosigkeit« bekannte, standen ihm Schönborn und der Liedermacher der Wiking Jugend, Frank Rennicke, zur Seite.

Naumann hatte sich seit Mitte der 70er Jahre terroristisch betätigt. Noch Anfang 1995 wurden bei einer Hausdurchsuchung bei ihm zwei Sprengsätze gefunden. Trotz all seiner terroristischen Aktivitäten hatte Naumann nicht längere Zeit in Haft verbringen müssen. Mit seinem Schritt, so Naumann in seiner Erklärung, wolle er verhindern, daß die Neonazis sich zur unpassenden Zeit zu einem Kampf provozieren lassen, »der von Anfang an darauf angelegt ist, daß wir ihn verlieren«. Zugleich führte er die Ermittlungsbehörden zu einer Vielzahl von Waffendepots. Schönborn schloß sich dem Schwenk Naumanns an und erklärte ebenfalls die »kämpferische Gewaltlosigkeit« zur neuen politischen Strategie.

Doch nur wenige Tage nach dem Naumann/Schönborn-Auftritt trat Annelie Buntenbach mit einer Pressekonferenz an die Öffentlichkeit. Brisantester Teil der Dokumente aus dem NF-Parteiarchiv, die sie als Nachweis der Fortführung der NF vorlegte, war die Liste mit dem Status »ST88«. Auf dieser befinden sich nach Einschätzung des Antifaschistischen Autorenkollektivs die Beteiligten einer paramilitärischen Struktur, die allerdings nichts mit dem NEK-Ansatz zu tun hat. Die NEK hatte offensichtlich eine Mobilisierungsfunktion und war an ein breiteres Publikum gerichtet. 1992 befanden sich auf der Liste »88« 101 Personen, im November 1993 nur noch 70. Vor allem die öffentlich bekannten NF-Aktivisten waren von der Liste verschwunden. Die größte Konzentration von »88«ern gibt es, der Liste zufolge, in Ostdeutschland, mit Schwerpunkt Brandenburg und Berlin – mehrheitlich Leute aus der NF-Nachfolgeorganisation SrA. Aufgrund des Herausfallens der bekannten Personen und der hohen Überschneidung der Wohnorte der »88«er-Aktivisten mit Waffenfunden und Wehrsportaktivitäten folgern die Autoren, daß es sich um den Aufbau einer paramilitärischen Untergrundstruktur handelt.[52] Die Nichtteilnahme an öffentlichen Aktivitäten läßt vermuten, daß es sich hier um den Aufbau einer Werwolf-Gruppe handelt. Noch sind die Beteiligten »Schläfer«, die die Infrastruktur für einen terroristischen Kleinkrieg jedoch bereits schaffen.

Die ursprüngliche Liste »88« soll sich bereits in der alten Klartext-Datei befunden haben. Dies wäre ein Hinweis, daß diese Werwolfstruktur schon seit April 1991, also vor dem Bekanntwerden des NEK-Konzepts und des Verbots, in Angriff genommen wurde. Die letzte Aktualisierung der Liste »88« fällt auf den 15. November 1993, also ein Jahr nach dem Verbot.

Aufgrund des gemeinsamen Auftretens von Naumann und Schönborn drängt sich die Frage auf, ob die NF Zugang zu Waffenlagern Naumanns hatte. In diesem Fall hätte sich der Aufbau des NF-Werwolfs – nach den Vorgaben von *Eine Bewegung in Waffen* – bereits in einer fortgeschrittenen Phase befunden.

Innenminister Kanther tat die von Annelie Buntenbach vorgetragenen Erkenntnisse über das Fortbestehen der NF als Hirngespinste ab. Doch über das Innenleben der NF nach dem Verbot dürfte er gut informiert gewesen sein. Dafür hat u. a. der Verfassungsschutz-Spitzel Michael Wobbe gesorgt, der

Schönborn auch noch nach dem Verbot bis Herbst 1993 zur Hand ging. Wobbe offenbarte seine Tätigkeit im Mai 1996 der Presse.[53] Die Strafen im Prozeß wegen Fortführung der NF endeten für Schönborn mit 27 Monaten Haft, für Stefan Pielert und Eckhart Scholz mit 10 Monaten.[54] Die Ermittlungsbehörden haben kaum zur Erhellung der NF-Aktivitäten nach dem Verbot beigetragen, so daß das Urteil in erheblichem Maße der Detmolder »Bürgerinitiative gegen das Nazizentrum« zu verdanken ist. Die Gruppe hatte das Zentrum systematisch beobachtet und ihre Erkenntnisse in den Prozeß eingebracht. Erheblich weniger Probleme mit der Justiz hatte der Mehrheitsflügel der NF.

Der Mehrheitsflügel der NF wird autonom

Das NF-Verbot wurde in zwei Schritten umgesetzt. Zuerst wurde der Organisation der Parteienstatus aberkannt. Die Begründung: Mit der Abspaltung der überwiegenden Mehrheit der Mitglieder sei die NF keine Organisation mehr, die groß und fest genug sei, um ernsthaft und dauerhaft nach parlamentarischer Vertretung des Volkes zu streben. Damit war jetzt der Weg für den Innenminister frei, die NF nach dem Vereinsgesetz zu verbieten und sich die langwierige Prozedur eines Parteienverbots über das Bundesverfassungsgericht zu ersparen. Das Absurde an diesem Vorgehen war, daß der geschrumpfte Teil der NF, der nicht mehr als Partei anzusehen sei, verboten wurde, während der überwiegende Teil der Organisation unter anderem Namen weitergeführt werden konnte.

Der Pohl-Flügel hatte seine Basis vor allem in Berlin und den neuen Bundesländern, besonders in Brandenburg. Zunächst hatte der Kreis um Andreas Pohl, Enno Gehrmann und Steffen Hupka Schönborn für abgesetzt erklärt und wollte die NF ohne ihn weiterführen. Als Schönborn gerichtlich die Namensnutzung untersagen ließ, verließ der Pohl-Flügel die Partei und machte als Förderwerk Mitteldeutsche Jugend (FMJ) als »Massenpartei« und mit der Sozialrevolutionären Arbeiterpartei (SrA) weiter. Das Organisationsmodell entsprach dem der NF, die Kaderpartei SrA hielt sich im Hintergrund. Nach eigenen, sicherlich übertriebenen Angaben, verfügten sie über 670 Mitglieder und einem Umfeld von über 1.000 Personen.[55]

Als internes Mitteilungsblatt erschien statt *Der Aufbruch* nun *Der Umbruch*, den der frühere Bereichsleiter Nord der NF, Steffen Hupka, noch heute produziert. Als nach außen gerichtetes Blatt fungierte, ebenfalls bis heute, *Der Angriff*. Daß sich die SrA als Folgestruktur der NF begriff, machte sie 1992 in der ersten Ausgabe des *Angriff* klar: »Nationalistische Front (NF) verboten! Wer wissen will, wie es nun weitergeht, bitte bei uns melden!«

Das FMJ gab im Juni 1993 seine Auflösung bekannt. Die (ironische)

Begründung lautete, es sei der Organisation nicht gelungen, »die faschistischen Tendenzen bei dem Großteil der Mitglieder zu stoppen bzw. erzieherisch auf diese einzuwirken«. Mit dieser Schmierenkomödie sollte ein mögliches Verbot erschwert werden. Die Nachfolge trat die Direkte Aktion Mitteldeutschland/JF (DA/JF) an. Diese Organisation hatte ebenfalls keinen Parteicharakter wie die FMJ, trat aber noch als geschlossene Organisation mit Logo und Statut auf. Als nächsten Schritt im Februar 1994 ließen die Parteistrategen auch diesen Namen fallen und erschienen nur noch als unabhängige, regional operierende Kameradschaften. Das Verbot der DA/JF sprach der Brandenburger Innenminister im Mai 1995 aus – eineinviertel Jahr nach deren Selbstauflösung.

In *Aktion* Nr. 14 verkündete der Pohl-Flügel die Auflösung aller kameradschaftübergreifenden Organisationsstrukturen, die »Stützpunkte wurden in die vollständige Autonomie überlassen«. Seitdem kursiert in den Medien der Begriff der »autonomen Kaderzellen«, was die tatsächlichen Verhältnisse nicht treffen dürfte. Die Kadergruppen, Stützpunkte oder Kameradschaften, treten zwar nur regional auf, dennoch existiert eine leitende, hierarchische Hintergrundstruktur. Schulung und Kaderbildung finden beim Pohl-Flügel statt und haben einen ähnlichen Stellenwert wie bei der NF. Die Publikationen *Angriff* und *Umbruch* haben nach wie vor zentrale Bedeutung für den Zusammenhalt.

Welche Rolle geschulte Kader in Zeiten des Verbotes neonazistischer Organisationen spielen, demonstriert heute der ehemalige NF-Bereichsleiter Nord, Steffen Hupka, im Ostharz. In der Quedlinburger Region gab es schon früher eine breite rechtsradikale Szene, die im Anschluß an das Rostocker Pogrom eine Woche lang das Quedlinburger Flüchtlingsheim angriffen. Die FAP hatte im Nachbarort Wernigerode eine ihrer stärksten Kameradschaften. Obwohl die NF oder die SrA hier keine Stützpunkte hatten, konnte die SrA nach dem Umzug Hupkas nach Quedlinburg 1993 durch klare Strukturvorgaben politisch schnell Fuß fassen. Heute operieren verschiedene, scheinbar unabhängige Gruppen unter Namen wie Unabhängiger Arbeitskreis, Radikale Offensive, Bürgerinitiative gegen Antifa-Gewalt oder Harzfront in dem Gebiet. Hinter letzterer versteckt sich nach Beobachtungen Quedlinburger AntifaschistInnen die SrA-Kaderebene, die das regionale Zellensystem anleitet.

Auch zeigt dieser neue Ansatz eine ausgesprochene Bündnisfreudigkeit. Über den Deutschen Freundeskreis Nordharz (DF) koordinieren sich die Rechtextremisten verschiedener Strömungen über Parteigrenzen hinweg. Die Fähigkeit, den engen Rahmen der »NS-Nostalgiker«[56] zu sprengen, offenbart sich auch an einem weiteren Gemeinschaftsprojekt.

»Gegen Staat und Kapital – kämpfen wir national«

Einheit und Kampf war eine reine Zeitung der Jungen Nationaldemokraten (JN), bis SrA-Kader Hupka und der ehemalige FAP-Aktivist André Goertz 1995 zur Redaktion stießen. Goertz, mit seinem Bruder Glenn Betreiber des Hamburger Nationalen Infotelefons, hatte sich zuvor vom Hitlerismus der FAP abgesetzt. Über das Infotelefon verbreiten die Brüder ihre Position, die auf Bündnisse innerhalb der extrem-rechten und neofaschistischen Szene zielt und die Arbeit im legalen Rahmen, solange das noch möglich sei, propagiert. Diesen Rahmen wiederum bot die JN, unter anderem mit ihrer Zeitung *Einheit und Kampf*. »Schluß mit den Faschingsumzügen à la Roskilde« und »Raus aus der rechten Subkultur mit ihren Nazi-Uniformen« läßt sich der Ansatz von Goertz und Hupka beschreiben.

Von ihren neonazistischen Grundpositionen brauchen sie in der Zeitschrift keine Abstriche zu machen. Was da vom JN-Bundesvorsitzenden und *Einheit und Kampf*-Redakteur, Holger Apfel, als Politik der NPD-Jugendorganisation vertreten wird, könnte genauso aus dem Mund eines NF- oder SrA-Chefs stammen: »(Um) unser Leitbild des politischen Soldaten (...) zu einer (...) selbständigen Kaderbewegung zu entwickeln (...) müssen alle Mitgliedsanwärter eine halbjährige Bewährungszeit durchlaufen.« Die Ideologie der JN läß sich von der nationalrevolutionär geprägten SrA nicht unterscheiden: Betont wird die »systemkritische« Haltung. Die NPD habe ihren erfolgreichen Ansatz durch »ihren Schmusekurs zum System und ihre eher prowestliche, kapitalistische Orientierung der 60er und 70er Jahre« verspielt. Lehre aus der Geschichte sei, »daß in revolutionären Phasen jeweils die Kräfte den Neubeginn bestimmen, die den alten Vorstellungen am radikalsten entgegengetreten sind. In unserem Fall heißt dies antikapitalistisch, national, revolutionär.«[57] In der Tendenz zu unabhängigen Kameradschaften sieht Apfel eine Gefährdung der Kontinuität: »›Nur der organisierte Wille bedeutet Macht‹ und die Vernetzung autonomer Strukturen halte ich nicht für so gefestigt, als daß sie dauerhaft funktionieren könnte.«

Um diesen »Modernisierern« unter den Neonazis[58] die Kontinuität zu sichern, offerieren die Nachwuchskräfte der NPD ihnen den institutionellen Rahmen – trotz der Gefahr eines Verbots ihrer Organisation.[59] Der 1. Mai 1996 im Ostberliner Bezirk Marzahn vermittelte einen Eindruck, in welche Richtung es in Zukunft gehen soll: soziale Kämpfe nationalistisch beeinflussen. So lautete die zentrale Losung der JN-Kundgebung »Gegen Staat und Kapital, kämpfen wir national«.[60] Nur zwei Wochen zuvor war ein Brief des Geschäftsführers der Bauarbeitergewerkschaft Berlin Südwest, Klaus Schröder, bekannt geworden. Darin forderte er den Berliner Regierenden Bürgermeister Diepgen auf, gegen ausländische Bauarbeiter aktiv zu werden, die er als Parasiten und

Krebsgeschwür titulierte. Auf einen derart bereiteten Boden zielen die Neonazis mit ihren Parolen nach »Arbeitsplätze und Wohnraum für Deutsche«. Angesichts des derzeitigen knallharten Klassenkampf-Kurses von Arbeitgebern und Regierungsparteien ist eine ähnliche Entwicklung wie in den Jahren 1991–1992 zu befürchten. Von oben könnte wieder ein Klima des Hasses gegen Bevölkerungsminderheiten geschürt werden und es könnte den Neonazis eine offensive Rolle in den sozialen Kämpfen zugewiesen werden – ganz in ihrer klassischen Rolle als Keil in die ArbeiterInnenbewegung.

Anmerkungen

1 Vgl. Junge Welt vom 21.3.1996. Priem hatte in Berlin vor Gericht (ironisch) erklärt, daß er sich zukünftig lieber der Hühnerzucht statt neofaschistischer Politik zu widmen gedenke. Althans, ebenfalls vor der Berliner Justiz, distanzierte sich gänzlich von seinen neofaschistischen Aktivitäten.

2 Vgl. Der Angriff, Herbst 1995 (dreiseitige Erklärung). Hieraus auch die folgenden Zitate.

3 Der Deutschland-Report hat sich dem Nazi-»Revisionismus«, also der Verdrehung der Geschichte im faschistischen Sinne, verschrieben.

4 1975 kam es zur Gründung einer NSDAP unter dem ehemaligen SS-Mann aus der Leibstandarte Adolf Hitler, Wilhelm Wübbels. Es schlossen sich 16 regionale Unterorganisationen an (auch Kühnens Gruppe war vertreten), die als scheinbar eigenständige Gruppen in der Öffentlichkeit erscheinen sollten. Wichtige Nazi-Kader wie Busse, WSG-Hoffmann, Priem, Beier (Gründer der HNG), Hefendehl, Wegner (NO) oder Curt Müller aus Mainz machten bei dieser NSDAP ihre konspirativen Erfahrungen.

5 M. Kühnen: Unser Weg. Geschichte des Nationalsozialismus. Veröffentl. 1986. Verfaßt im April 1984, S. 47.

6 Organisationsbefehl der ANS/NA, März 1983.

7 Kühnen behauptete, daß Ende 1983 400 Faschisten in mehr als 30 Kameradschaften in der ANS/NA vertreten gewesen seien (in: Kühnen, 1986, S. 60 (s. Anm. 5)).

8 Ebenda, S. 61: »Überfremdung und Umweltzerstörung« seien die »beiden größten Probleme des jetzigen Systems«.

9 Dieser Geburtstag stand 1989 an.

10 Anlaß war eine Verteidigungsschrift des schwulen Kühnen für Homosexualität unter den faschistischen Kämpfern.

11 Schulungsbrief der VAPO, o.Jg., zit. nach Antifaschistisches Infoblatt (AIB) Nr. 22, Mai/Juni 1993.

12 Veröffentlicht in: K. ten Haaf: ...en morgen de hele wereld? het Aktiefront Nationale Socialisten (ANS) und Kühnenbeweging in Nederland 1984–1992. Hrsg. v. Fascisme Onderzoek Kollektief (FOK), Amsterdam 1992.

13 Eine ausführliche Darstellung des faschistischen Aufbaus in DDR/Ostdeutschland ist zu finden in: Antifaschistisches Autorenkollektiv: Drahtzieher im braunen Netz. Der Wiederaufbau der »NSDAP«. Amsterdam 1992.

14 Die DA hatte bei dem Verbot 1992 etwa 700 Mitglieder.

15 Der Marktwert der Kühnen-Faschisten war gegenüber den 70er Jahren erheblich gestiegen. Der Berliner GdNF-Funktionär Priem verlangte von Journalisten bereits 1.000 DM für ein Interview.

16 Rundschreiben Anti-Antifa von Christian Worch, 3.9.1992.

17 Wir schwören den Eid... Autonomnationalistisches Manifest, o.O., o.Jg. Aus dem Text geht hervor, daß er vor der Auflösung der DDR verfaßt worden ist.

18 Es enthält die übliche faschistische Paranoia von der Bedrohung durch Freimaurer, Kommunisten und Juden. Die beiden Weltkriege sollen die »Liberalisten« mit »westlich-demokratischer Dekadenz« verursacht haben – mit dem »Ziel, die weiße Rasse zu dezimieren.«

19 Dieses und die folgenden Zitate in: H. Westmar: Eine Bewegung in Waffen. Band II: Strategie und revolutionärer Kleinkrieg. Horst-Wessel-Verlag 1991, S. 22.

20 Den Autoren machte offenbar der antifaschistische und antirassistische Widerstand gegen die Betreiber der anti-Ausländer-Gewaltwelle Probleme.

21 So Michael Swierczek, Herausgeber des Rechtskampf, einem Gemeinschaftsprojekt von NO und GdNF, in seiner Kritik an Peter Naumann in: Sleipnir 6, November/Dezember 1995.

22 Vgl. Vrij Nederland vom 19.8.1995, zitiert nach Antifaschistische Zeitung NRW, Nr. 9, Oktober-Dezember '95.

23 Während der Werwolf im Reichsgebiet faktisch nicht umgesetzt wurde, kam es im Sudetenland in der Tschechoslowakei zu unübersehbaren Aktivitäten: Sprengung von Fabriken, der Betrieb eines Radiosenders, Ermordung von tschechischen Offizieren und versuchte Befreiung von Nazis aus Internierungslagern. Vgl. K. Tauber: Beyond Eagle and Swastika. German Nationalism Since 1945. Middletown, Connecticut/USA 1967, S. 1004.
Der dänische Historiker Erik Jensen verwies darauf, daß Werwolf – Winke für Jagdeinheiten von SS-Offizieren unter der Leitung von Arthur Ehrhardt verfaßt worden war. Ehrhardt war der erste Herausgeber der Zeitschrift Nation und Europa, die heute eine wichtige Brückenfunktion zwischen alten SS-Leuten und jungen Neofaschisten bildet. Vgl. E. Jensen: Cry Wolf? Myths, Tradition and Renovation in Terrorist-Orientated Right-extremist Groups. Draft Paper, August 1994.

24 G. Lauck: Die NSDAP/AO: Strategie, Propaganda und Organisation. Verfaßt 1976.

25 Einer seiner BRD-Aufenthalte ist in dem Film von Michael Schmidt »Wahrheit macht frei« festgehalten.

26 Zitiert nach M. Kneissler: Ferngesteuert. Süddeutsche Zeitung, Magazin 9/94 vom 4.3.1994, S. 14.

27 Ab 1986 war es bereits schwarz auf weiß zu lesen: »Seit 1977 aber bin ich neben meinen sonstigen Aktivitäten stets treuer Anhänger der NSDAP/AO gewesen – und werde es bleiben!« (Kühnen, 1986, S. 46 (s. Anm. 5)). Den Antrag auf Knastbesuch bei Lauck von Christian Malcoci, ex-Funktionär des KAH, der NO und der HNG, hat der zuständige Richter mit der Begründung der NSDAP/AO-Mitgliedschaft abgelehnt, so The New Order No 119, Nov./Dec. 1995.

28 Vgl. Demos Nyhedsbrev und Atze, Antifaschistische Zeitung Kiel (Hrsg.): Versorgungslinie Nord. Deutschsprachige Ausgabe, Kiel 1995.

29 Antifaschistisches Autorenkollektiv: Drahtzieher im braunen Netz. Ein aktueller Überblick über den Neonazi-Untergrund in Deutschland und Österreich. Hamburg 1996, S. 46.

30 Ebenda, S. 45.

31 Ebenda.

32 Bericht über den Memminger-Prozeß vgl. Antifaschistisches Infoblatt Nr. 33, Febr./März 1996. Niederreiters Lebensbericht in: C. Santner; W. Niederreiter: Ich geh jetzt Rambo spielen. Müllkind, Neonazi, Söldner in Bosnien, Bekehrung – und ein Mordprozeß. Berlin 1995.

33 Über den gemeinsamen, mißlungenen Versuch von Rade und Schimanek, 1990 als Söldner in Surinam zu landen vgl. Antifaschistisches Infoblatt Nr. 23, Sommer 1993.

34 Zitiert nach Schwäbische Zeitung vom 21.11.1995.

35 Vgl. Nachrichten aus der Szene, Nr. 3/1988 (NF-Publikation).

36 Angabe bei: Studie des Antifaschistischen Bildungs-, Informations- und Dokumentationszentrums (ABIDOZ) Nürnberg: Trotz Verbot nicht tot? Eine Beschreibung der »Nationalistischen Front« und der Aktivitäten ihrer Nachfolgeorganisationen. Februar 1995. Im folgenden zitiert als ABIDOZ.

37 W. Purtscheller: Aufbruch der Völkischen. Das braune Netzwerk. Wien 1993, S. 320 f.

38 Satzung der Nationalistischen Front, S. 2, zit. nach ABIDOZ (s. Anm. 36).

39 Vgl. Antifaschistisches Autorenkollektiv, 1996, S. 86 (s. Anm. 29).

40 Im »Klartext-Organisationsmodell« schrieb Schönborn: »Der KLARTEXT-Verlag, der die wirtschaftliche Grundlage für hauptamtliche politische Arbeit war …«. Zit. nach ABIDOZ (s. Anm. 36).

41 Schönborn befand sich 1991 auf der »Gästewoche« der Scharnierorganisation Deutsche Kulturgemeinschaft (DKG). Der ex-Waffen-SS-ler Herbert Schweiger aus dem DKG-Vorstand scheint den Mentor für die NF gespielt zu haben. Aus einem Redemanuskript, das sich in den Parteiarchiv-Materialien der NF befand, geht hervor, daß Schweiger am Programmentwurf der NF 1991 mitgeschrieben hat. Zu Schönborns Aufenthalt bei der DKG in Österreich und zur Person Schweigers vgl. Purtscheller, 1993 (s. Anm. 37).

42 ABIDOZ (s. Anm. 36).

43 Antifaschistisches Autorenkollektiv, 1996, S. 98 (s. Anm. 29).

44 Drucksache 13/1123 des Deutschen Bundestags, Antwort der Bundesregierung.

45 Diese und die folgenden Angaben nach Antifaschistisches Autorenkollektiv, 1996, S. 102 (s. Anm. 29).

46 Werbeschrift »Betrifft Propagandaverteilkreis (PVK)«, hrsg. von Meinolf Schönborn am 30.6.1993, zit. nach ABIDOZ (s. Anm. 36).

47 An Namen nennt das Autorenkollektiv: Jürgen Rieger, Herbert Schweiger (DKeG), Norman Kempken (Einblick-Autor), Peter Naumann (Völkischer Bund), Dr. August Friedrich Ventker (Bund der Goden) und den immer noch aktiven Altnazi Erhard Kemper.

48 Y. Svoray; N. Taylor: In der Höhle des Löwen. Ein Israeli ermittelt in der Neonazi-Szene. München 1994, S. 317 f. und 326f.

49 Vgl. Darstellung bei Demos/Atze, 1995, S. 38 f. (s. Anm. 28).

50 Ernst Zündel in Kanada hatte zuletzt die Herausgabe von Christophersens Die Bauernschaft übernommen, aber mittlerweile wieder eingestellt.

51 »Er ist unglaublich gleichgültig gegenüber dem Nazismus. Er weiß ja nicht einmal, was das ist. Nach außen spielt er den armen verfolgten Mann, der nur für seine Überzeugung lebt. Aber nach einigen Monaten unter einem Dach mit ihm habe ich herausgefunden, daß seine ›Auschwitzlüge‹ nur eine große Geldmaschine ist«, zitierte die dänische Zeitung Jyske Vestkysten vom 9.7.1995 Chrisophersens Gastgeberin .

52 Vgl. Antifaschistisches Autorenkollektiv, 1996, S. 49 (s. Anm. 29).

53 Der ehemalige Spitzel Michael Wobbe arbeitete von Anfang 1992 bis Herbst 1993 für den niedersächsischen Verfassungsschutz, vertrieb NF-Material im großen Maßstab und beteiligte sich am Aufbau neuer Kameradschaften. Vgl. Interview in Die Tageszeitung vom 13.5.1996.

54 Schönborn wegen Verbreitung und Verwendung von verfassungsfeindlichen Symbolen in Tateinheit mit dem Verstoß gegen das Vereinsgesetz, Pielert und Scholz wegen Verstoßes gegen das Vereinsgesetz.

55 Vgl. Aktion Nr. 2/94

56 Bezeichnung für die Teilnehmer des Rudolf-Hess-Marsches in Roskilde/Dänemark im August 1995, in: Einheit und Kampf Nr. 14, Oktober/November 1995.

57 Zitate alle aus dem Interview mit Holger Apfel in: Einheit und Kampf. Das systemalternative Nachrichtenmagazin Nr. 15, Februar 1996.

58 So bezeichnete Searchlight No 251, May 1996 diese Strömung: »The ›modernizers‹ (…) who recognise the need to drag nazism into the 21st century«.

59 Die Neonazis wollen jedoch wegen der Verbotsgefahr nicht massenweise in die JN einsickern, sondern über Bündnispolitik deren legalen Status nutzen.

60 Der ehemalige NO-Funktionär Michael Swierczek weist in seiner Kritik an Peter Naumann in dieselbe Richtung: Für den »nationalen Widerstand« gebe es angesichts von »Sozialabbau zur Sicherung des Kapitals« genügend Themen. In: M. Swierczek: Ernst Uhrlau, Peter Naumann und der »rechte Terror« – eine Seifenoper. Artikel in Sleipnir 6/95, November/Dezember 1995.

Klaus Maler

Exkurs – Die NS-Nachkriegsnetze

Nach 1945 gelang es den noch aktiven ehemaligen Angehörigen der NS-Führungsschicht nicht, eine breite faschistische Massenbewegung aufzubauen und mit ihr die bundesdeutsche Nachkriegsgesellschaft zu erschüttern. Jedoch schafften sie es, ein Netz von Organisationen zu etablieren, das noch in die heutige neofaschistische Generation hineinwirkt. Im Kalten Krieg konnten die NS-Kriegsverbrecher ihre Erfahrungen, besonders die aus der Zerstörung Osteuropas, einbringen und erhielten umgekehrt den nötigen Schutzraum für das Weiterbetreiben faschistischer Organisierung.

»Unsere Rettung liegt im Westen« (Martin Bormann)

Noch in den letzten Kriegswochen hatte die Spitze des NS-Regimes darauf gesetzt, von einem eskalierenden Konflikt zwischen USA und Sowjetunion zu profitieren. Sie hatte sogar gehofft, mit den Westalliierten den Krieg gegen die Sowjetunion weiterführen zu können.

Nach zahlreichen Beratungen mit Hitler Anfang 1945 plante der Leiter der NSDAP-Kanzlei, Martin Bormann, die Hitlerjugend-Führer, die den Volkssturm[1] an der Ostfront kommandierten, nach Westdeutschland zu bringen. Der Nazi-Nachwuchs, vor allem Schüler der Ordensburgen und Adolf-Hitler-Schulen aus Pommern und Schlesien, sollte die Partei erhalten. Bormann wies die Jungkader an, in die Illegalität zu gehen, sich aber den Westalliierten gegenüber loyal zu verhalten und Positionen in der Verwaltung zu erringen. »Unsere Rettung liegt im Westen. Nur dort werden wir imstande sein, unsere Partei zu erhalten«, meinte Bormann bei einer Beratung in der NSDAP-Kanzlei zur Verlegung der Parteistellen. »Die Parole des Kampfes gegen den Bolschewismus wird dafür Gewähr bieten.«[2]

Die Versuche der NS-Regierung, dann schon unter dem Hitler-Nachfolger Karl Dönitz, mit den eroberten Gebieten in Osteuropa einen antibolschewistischen Ring zu schaffen, öffneten jedoch nicht die Türen zu den Westalliierten.[3] Karl Hermann Frank, stellvertretender Reichsprotektor von Böhmen und Mähren, wollte die Tschechoslowakei einer internationalen Kontrolle durch die Westmächte oder einer neuen tschechischen Marionetten-Regierung unterstellen.

Der Befehlshaber der deutschen Truppen auf dem Balkan, Generaloberst Löhr, hatte solch einen Plan auch für Österreich im Auge. Er wollte den Westmächten bei der »Reorganisation Österreichs« helfen und so dem Land die »völlige Bolschewisierung« ersparen. Das ersparte ihm aber nicht die Hinrichtung als Kriegsverbrecher.

Der Chef des Reichssicherheitshauptamtes (RSHA), Ernst Kaltenbrunner, hatte dieselbe Intention und endete nach den Nürnberger Prozessen 1946 am Strang.

Für Lettland gab es die Vorstellung, mit Hilfe von lettischen SS-Angehörigen eine »anti-bolschewistische Regierung« zu bilden, die gleich nach dem Abzug der deutschen Truppen zu arbeiten beginnen sollte. So absurd diese Konzepte vor dem Hintergrund eines Europas in Schutt und Asche wirkten, nur wenige Jahre später sollten sie schon in einem anderen Licht erscheinen.

Fluchtwege

Nach Kriegsende hatten die hohen Nazifunktionäre und -offiziere zunächst damit zu tun, sich dem Zugriff der alliierten Justiz zu entziehen. Selbst aus den alliierten Gefangenenlagern verschwanden reihenweise Angehörige der NS-Elite. Es wurde schon bald klar, daß Männer aus der Führungsebene der alten NS-Organisationen, in erster Linie aus der SS, Strukturen geschaffen hatten, durch die sie SS-Angehörigen zur Freiheit verhelfen konnten.[4]

»Es gibt eine Untergrundorganisation, die den Codenamen ODESSA trägt«, berichtete ein Undercover-Agent, der durch einen fingierten Ausbruch das Vertrauen der Skorzeny-Gruppe errungen hatte. »Der Führer dieser Gruppe ist Otto Skorzeny, der die Bewegung von dem CIE-Lager in Dachau aus leitet.«[5] Über die Fluchtrouten des Bischofs Alois Hudal, einem Vertreter des Vatikan, oder denen des kroatischen Paters Krunoslav Dragonovic, fanden vermutlich 50.000 NS-Verbrecher den Weg heraus aus Europa. Die kirchlichen Helfer versteckten die flüchtenden Nazis in Klöstern, rüsteten sie mit falschen Papieren aus und organisierten ihre Ausreise vor allem nach Lateinamerika.[6]

Nachdem seit Beginn der 80er Jahre Dokumente aus den US-Geheimdienstarchiven der Nachkriegszeit veröffentlicht werden, ist auch offiziell bekannt, daß die Ausschleusung von Naziflüchtlingen unter den Augen und manchmal mit Unterstützung des US-Geheimdienstes organisiert wurde.[7] Er schickte selber NS-Verbrecher über das Fluchtsystem des Priesters Dragonovic, einer Führungsperson der katholischen Laienorganisation Intermarium. Diese extrem antikommunistische Vereinigung schmuggelte Nazis und NS-Kollaborateure aus Osteuropa heraus. Später übernahm die CIA (Central Intelligence Agency) die Fluchtlinie für ihre Ostagenten ganz.[8]

Wer mit einem Ticket des US-Geheimdienstes ausreiste, hatte bereits zuvor mit den Westmächten zusammengearbeitet. Kaum einer der Nazis, die in späteren faschistischen Zusammenhängen eine führende Rolle gespielt hatten, fehlte auf der Mitarbeiterliste der westlichen Geheimdienste und viele von ihnen wechselten später zur Organisation Gehlen, dem späteren Bundesnachrichtendienst (BND). Die zu stark belasteten Massenmörder schickte der militärische Geheimdienst der USA, CIC (Central Intelligence Corps), über die Rattenlinie, wie die Fluchtwege im Geheimdienstjargon hießen, nach Lateinamerika.

Altnazis in Lateinamerika

Bereits zum Jahresende 1945 registrierte die Gegenspionage der US-Armee CIC die Formierung eines Untergrundnetzes »hochkarätiger« SS-Offiziere, das als Verhandlungsmasse gegenüber den Alliierten eingesetzt werden sollte. Einer der wichtigsten Leute, vielleicht sogar ihr Führer, zumindest aber der Leiter des Nachrichtendienstes der Organisation, war Klaus Barbie, der »Schlächter von Lyon«.

1946 verlief der Aufbau des NS-Netzes weitgehend ungestört unter den Augen des US-Dienstes. Barbie wurde zwar im August und November 1946 verhaftet, konnte jedoch beide Male entfliehen, was seine Zusammenarbeit mit dem US-Geheimdienst schon zum damaligen Zeitpunkt nahelegte.[9] Als auf Drängen der Briten die Führung des Nazi-Netzes auffliegen sollte, wurde Barbie, die Nr. 3 auf der Fahndungsliste, vom CIC versteckt. In der Folge setzte der CIC Barbie und den ehemaligen Abwehr-Offizier Kurt Merk als Spione gegen Frankreich ein. Barbie nutzte das Mißtrauen der USA gegenüber ihrem französischen Bündnispartner und schürte die Angst, über die französische Widerstandsbewegung Résistance sei Moskau längst an der Regierung.

Der frühere Gestapo-Chef von Lyon galt mit seinen 70 Mitarbeitern als ergiebigste Quelle der CIC-Region IV, die den süddeutschen Raum abdeckte.[10] Die Geheimdienstzentrale in den USA kam erst 1950 darauf, daß viele Informationen dieses Netzes zusammenphantasiert waren. Das CIC-Headquarter löste Barbies Ring auf und die meisten seiner Mitglieder gingen zur Organisation Gehlen. Barbie, 1949 offiziell entlassen, bezog weiter sein Gehalt und bewohnte eine Dienstvilla in Augsburg. Die Amerikaner fürchteten, er könne für eine andere Macht arbeiten. 1951 erging dann die Anweisung an die CIC Region IV, Barbie mit seiner Familie auf Reise zu schicken. Mit neuen Papieren aus der Fälscherwerkstatt des CIC auf den Namen »Altmann« ausgerüstet, begab er sich auf die »Rattenlinie« des Paters Dragonovic.[11]

In Lateinamerika traf Barbie andere hochrangige NS-Flüchtlinge, die sich ebenfalls über die kirchlichen Fluchtlinien hatten verschiffen lassen. Gemein hatten sie neben ihren geschäftlichen Aktivitäten, meist Waffenhandel, ihre Zuarbeit für den CIA[12] und ihre Beratungstätigkeit für lateinamerikanische Diktatoren.

Hans-Ulrich Rudel, Nazi-Flieger-Oberst, beriet den argentinischen Diktator Peron und hatte später engen Kontakt mit dem paraguayischen Diktator Stroessner. In Argentinien konnte er den Anilin-Handel unter seine Kontrolle bringen und vertrat bis in die 70er Jahre hinein Unternehmen wie Siemens. Sein Kameradenwerk versorgte inhaftierte SS-Leute und ihre Angehörigen in den Nachkriegsjahren mit Paketen. Er reiste häufig in die Bundesrepublik und arbeitete dort mit faschistischen Organisationen zusammen.

Friedrich Schwend, nach dem Krieg für den CIC tätig, hatte zur Zeit des NS-Regimes die Aufgabe gehabt, die von den Nazis gefälschten Banknoten, vor allem englische Pfund, weltweit zu streuen. Er hatte sich nun in Peru niedergelassen. Neben Hühnerzucht und Waffenhandel betrieb er Militärberatung. Er verkaufte militärische Geheimnisse nach allen Seiten, »bis der peruanische Staat keines mehr hatte«, so urteilte ein Untersuchungsrichter nach dem Studium von Schwends Privatarchiv, das bei einer Hausdurchsuchung 1973 gefunden wurde[13].

Walter Rauff, der Erfinder der mobilen Gaswagen, mit denen 100.000 Juden im Baltikum ermordet worden waren, ließ sich in Chile nieder und unterwies die chilenische Geheimpolizei DINA in Verhör- und Foltermethoden.

Zum engeren Kreis des NS-Verbundes gehörten auch der Auschwitz-Arzt Josef Mengele in Paraguay sowie Alfons Sassen in Ecuador und dessen Bruder Wim in Argentinien.[14] Kai Hermann sieht in den Genannten die Repräsentanten der »Spinne«.[15] Enge Beziehungen gab es zu dem faschistischen Zentrum in Spanien um Skorzeny und Degrelle. Im Schwend-Archiv befindet sich ein Protokoll eines ODESSA-Treffens ehemaliger SS-Leute in Spanien (wahrscheinlich 1961), das die Autoren Heller/Maegerle als Beleg für das Fortbestehen der ODESSA bis in die 60er Jahre ansehen.[16]

Für Barbie war es nicht schwer, Kontakte zu den bolivianischen Generalskreisen zu knüpfen. Nach dem Putsch von 1964 fungierte er als Sicherheitsberater im Innenministerium. Seine Spezialität: Suche nach »Subversiven«, Antiguerilla-Taktik, Verhörtechniken. Seine Beziehungen zur bolivianischen Elite waren so gut, daß er Geschäftsführer der neuen Schiffahrtslinie Transmaritima Boliviana und sein Sohn Klaus deren Filialleiter in Hamburg wurde. Im Aufsichtsrat der Firma saßen Militärs und alle Beteiligten plünderten die Firma völlig aus. Das Hauptgeschäft der Transmaritima war allerdings nicht die Schiffahrt, sondern der Waffenhandel (so z. B. ein 50 Millionen Dollar-Geschäft mit Israel nach dem Sechs-Tage-Krieg).[17] Im Rahmen seiner Tätigkeit als Waffenhändler hielt sich Barbie mehrfach in der Bundesrepublik[18] auf, dabei bemühte er sich auch um Söldner für Bolivien.

Barbie (wie auch Rauff) war am Condor-Projekt beteiligt, einem Treffen von Militärs verschiedener Staaten zur länderübergreifenden Bekämpfung der demokratischen Opposition. Der Putsch der Kokain-Mafia in Bolivien war ein Produkt dieser Zusammenarbeit. Als dort befürchtet wurde, der nächste Präsident werde ein Liberaler sein, schickte die argentinische Militärjunta Personalhilfe. Über die Person Barbies wirkte sich der Putsch von 1980 auch in einer gesteigerten terroristischen Aktivität der militanten neofaschistischen Bewegung in Europa aus.[19]

Hoffnung auf eine nationalsozialistische Revolution

1978 rückte Barbie zum Sicherheitsberater des größten Kokainhändlers der Welt auf. Zur Hebung der Zahlungsmoral der kolumbianischen Händler setzte Barbie eine Söldnertruppe aus vornehmlich deutschen Alt- und Jungnazis ein: die »Verlobten des Todes« mit dem Kommandanten Joachim Fiebelkorn. In Bolivien kamen sie bei dem Putsch des General Garcia Meza 1980 zum Einsatz. Über den erfahrenen Altnazi fanden die deutschen, italienischen und argentinischen Neofaschisten Zugang zur bolivianischen Führungsebene, wie Barbies rechte Hand in Bolivien, Alvaro de Castro, bestätigte.[20]

Mit den beiden Italienern Stefano delle Chiaie und Pierluigui Pagliai kamen zwei Drahtzieher des europäischen terroristischen Neofaschismus nach Bolivien.[21] Bei Chiaie handelt es sich um eine der zentralen Figuren hinter der Terrorwelle von Bologna, über Paris zum Münchner Oktoberfest. Chiaie war als Gymnasiast bei der Movimento Sociale Italiano (MSI), ging dann zum radikaleren Ordine Nuovo und gründete 1958 die Avanguardia Nazionale. Er war Korrespondent der Agentur Aginterpress, einer Tarnfirma des portugiesischen Geheimdienstes. Unter dem Eindruck der erstarkenden Linken verlegte er sich Ende der 60er Jahre auf die »Strategie der Spannung«. Nach seinen Worten sollte die erste Phase in der »Auslösung von Chaos in allen Strukturen des Regimes« bestehen, die zweite in einem militärisch unterstützten Putsch. Der militärische Geheimdienst Italiens, in dessen Diensten Chiaie stand, sollte dabei eine zentrale Rolle spielen.[22]

Am 7. Dezember 1970 besetzte Chiaie mit einer 30-Mann-Truppe das Innenministerium, doch wurde dieser Putschversuch aus bis heute unbekannten Gründen telefonisch abgesagt. Chiaie setzte sich nach Spanien ab, wo er an einem blutigen Kleinkrieg gegen die ETA teilnahm. Nach dem Fall der

Diktatur in Portugal und Francos Tod ging er nach Chile, wo er für die Geheimpolizei DINA arbeitete. Laut *Profil* organisierte er das Attentat auf einen chilenischen Christdemokraten im Exil in Rom.[23] Als auch noch Salvador Allendes früherer Außenminister von der DINA in Washington ermordet wurde, übten die USA Druck auf Chiles Diktator Pinochet aus. Chiaie zog nach Argentinien.

Ende 1979 traf Chiaie in Bolivien ein und leitete beim Putsch den Sturm auf die Gewerkschaftszentrale. »Die Generalstabsplanung stammte von Barbie«, schreibt *Profil*. Als schlimmster Folterer in Barbies Truppe habe sich Chiaies Kumpan Pagliai erwiesen.[24] Barbie und Chiaie erhofften sich von dem geplanten Staatsstreich in Bolivien 1980, daß er zum Ausgangspunkt einer nationalsozialistischen Revolution werde; bewaffnete faschistische Gruppen aus aller Welt sollten in Bolivien zusammengezogen werden.[25] So ist nicht erstaunlich, daß der Putsch maßgeblich von Ausländern organisiert wurde.

Doch selbst der bolivianischen Junta gingen Barbies Gestapo-Methoden zu weit. Zusammen mit den argentinischen Faschisten hatte er eine Liste von 185 Personen aufgestellt, Gewerkschaftern, Politikern, Linksintellektuellen, die gleich während des Putsches liquidiert werden sollten. Doch Offiziere fanden Angehörige und Freunde ihrer Familien darunter und bremsten die Aktion.[26]

Dem erfolgreichen Putsch im August 1980 folgte eine Terrorwelle in Westeuropa. Als eine Bombe Teile des Bahnhofs von Bologna in die Luft sprengte, kamen 85 Menschen ums Leben. Dieser Anschlag war Teil einer Destabilisierungskampagne, die Neofaschisten wie Pagliai und Chiaie zusammen mit Geheimdienstoffizieren und der Geheimloge P 2 betrieben und die einen Rechtsputsch einleiten sollte. Es war genau die Konstellation, die die CIA im Rahmen des Gladio-Projektes herangezogen hatte. Mit Gladio sollte eine kommunistische Regierung verhindert werden und zugleich eine Partisanenarmee bei einem Einmarsch der Sowjetunion bereitstehen. Jahrelang wurden Spuren zum Bologna-Anschlag verwischt – u.a. von dem stellvertretenden Chef des italienischen militärischen Geheimdienstes SISMI, General Musumeci.

Der Präsident der Loge P 2 seit 1979, Licio Gelli, hatte gute Beziehungen zu lateinamerikanischen Diktaturen und auch sein Verhältnis zum NS-Regime war eng gewesen. In Italien war Gelli als Verbindungsoffizier zwischen den Wehrmachtkommandos und den Gestapo-Dienststellen eingesetzt. Mit der Faschistentruppe »Föderation der Schwarzhemden« führte er etliche Terroraktionen gegen die Bevölkerung wegen Partisanenunterstützung durch. Nach der Niederschlagung des Faschismus setzte sich Gelli nach Lateinamerika ab. Die Geheimdossiers von Mussolinis Gestapo machte er zu Geld: Er erpreßte einflußreiche Familien wegen ihrer Kollaboration mit Mussolini oder den deutschen Faschisten. Zugleich hatte Gelli einen Teil des Goldschatzes, den die kroatischen Ustascha-Faschisten zusammengeraubt hatten, nach Argentinien geschmuggelt. Als er 1982 in der Schweiz verhaftet wurde (und wieder entkam), hatte er Besitz in Argentinien, Brasilien, Mexiko, Paraguay und Uruguay. »Er wirkte als Berater der DINA, der berüchtigten Geheimpolizei der Pinochetjunta in Chile, genoß beim paraguayischen Diktator Stroessner Gastfreundschaft, gab seine einschlägigen Erfahrungen an die paramilitärischen Todesschwadronen in Brasilien wie in Kolumbien an die Geheimorganisationen ›Die spitzen Nadeln‹ und ›Rote Barette‹ weiter (...).«[27]

Dem Anschlag von Bologna folgte knapp acht Wochen später, am 26. September 1980, ein Bombenanschlag auf das Münchner Oktoberfest mit 13 Toten. Wiederum sieben Tage später explodierte eine Bombe vor einer Pariser Synagoge, die vier Menschen das Leben kostete.

In München hatte sich der Täter, Gundolf Köhler, mit in die Luft gesprengt. Die Behörden bemühten sich, die Tat nur dem toten Köhler zuzuschreiben. Da die Konstruktion der Bombe Expertenwissen voraussetzte, das Köhler nicht zuzutrauen war, wurde die Einzeltätertese immer wieder angezweifelt. Die offensichtlichen Verbindungen zwischen Köhler und der Wehrsportgruppe Hoffmann brachten die Behörden dennoch nicht dazu, ernsthaft gegen diese paramilitärische Truppe der Untergrund-NSDAP[28] zu ermitteln.

Als mögliche Pariser Bombenleger geriet die französische neofaschistische Nationale Europäische Föderation (FNE) ins Visier der Ermittler.[29] Bei Hausdurchsuchungen bei FNE-Mitgliedern fand die Polizei Unterlagen über ein gemeinsames Wehrsportlager mit der WSG Hoffmann. Die italienische Polizei stieß bei den Untersuchungen nach dem Bologna-Attentat auf einen Verbindungsmann der italienischen Faschisten in Paris: den französischen Polizeiinspektor, der beauftragt war, die FNE zu überwachen. Er war bereits seit Jahren deren Mitglied und saß sogar im Leitungsgremium.[30]

Für Barbie zahlte sich seine exponierte Rolle im Bolivien-Putsch nicht aus. Seine Auslieferung nach Frankreich erfolgte 1983. Zuvor hatten die USA, die dem bolivianischen Putsch sympathisierend gegenübergestanden hatten, die Koks-Junta fallengelassen. Sie hatte es mit dem Kokain-Handel zu arg getrieben, schließlich waren die USA Hauptimportland. Damit fehlte auch Barbie die schützende Hand der CIA. Besser kam Walter Rauff weg. Er hatte völlig offen im elegantesten Wohnviertel von Santiago in Chile gelebt. Als seine Rolle für die folternde Geheimpolizei Chiles immer breitere Kreise zog, erklärte Außenminister de Valle am 14. März 1984 Rauff für tot.

Geschäfte, Geheimdienstmitarbeit und Nazipolitik

Der bei den Nazis legendäre Sabotage-Spezialist Otto Skorzeny aus dem Reichssicherheitshauptamt offenbarte kurz nach Kriegsende dem US-Geheimdienst sein Wissen. In den letzten Tagen des Nazi-Regimes hatte er sich mit darum gekümmert, Teile der Konkursmasse des untergehenden Reiches, geraubte Schätze, Gold und Archive verschwinden zu lassen. Zudem war er mit dem »Werwolf«-Projekt, dem Versuch, eine faschistische Partisanenbewegung aufzubauen, befaßt.[31] Mitte Mai 1945 verhafteten ihn die Amerikaner. 1948 befand er sich schon wieder auf freiem Fuß in Madrid, nachdem er zuvor aus einem unter deutscher Verwaltung stehenden Lager entwichen war. In einem Brief der Zentrale des US-Geheimdienstes an den Botschafter steht zu lesen, »daß Nürnberg informiert wurde, daß wir kein Interesse an Skorzeny haben«.[32] Er sollte nicht in den Nürnberger Prozessen mit angeklagt werden.

Selbst als Skorzeny noch in Haft war, wurde er häufig als die Führungsperson des Nazi-Fluchtnetzes »Die Spinne« genannt. Bei seiner »Flucht« ließ Skorzeny Erich Kernmayr[33] als seinen Stellverteter vor Ort zurück. Kernmayr war nur kurz in US-Haft und wurde nach seiner Entlassung nicht, wie sonst bei SS-Angehörigen üblich, den österreichischen Justizbehörden überstellt. Die *Deutsche Woche* schrieb am 18. Juli 1957, daß Kernmayr plötzlich über beträchtliche Finanzen verfüge und in seinem Bekanntenkreis verkünde, ihm sei nichts anderes übrig geblieben, als für die Amerikaner zu arbeiten.[34]

Skorzeny kehrte trotz Haftbefehl nach Deutschland zurück und verhandelte dort mit Illustrierten über die Veröffentlichung seiner Memoiren.[35] In Madrid hatte er 1951 ein Import-Export-Geschäft eröffnet: Er war der Generalvertreter für Spanien, Portugal und Lateinamerika der verstaatlichten österreichischen VÖEST, dem früheren Hermann-Göring-Werk.[36] Der österreichische Haftbefehl wegen seiner Kriegsverbrechen stellte offenbar kein Hindernis dar. In Argentinien sprach er bei Diktator Peron als Vertreter der Firma Krupp vor, wie einer argentinischen Zeitung im Dezember 1954 zu entnehmen war.

Und es bot sich Skorzeny wieder Gelegenheit, den Erfahrungsschatz hoher SS-Offiziere in ein gemeinsames Projekt einzubringen – dieses Mal im Nahen Osten. Ideologisch gab es wenig Probleme, ging es doch gegen Israel. Der US-Geheimdienst CIA hatte sich 1953 in einer heiklen Mission an den Chef des BND, Reinhard Gehlen, gewandt: Oberst Gamal abd el Nasser hatte die USA um Hilfe beim Aufbau des militärischen Geheimdienstes und der internen Sicherheitskommandos in Ägypten gebeten. Gehlen hatte für dieses Unternehmen sofort Skorzeny als den richtigen Mann im Auge. Das Honorar, das Nasser zu zahlen bereit war, sollte durch CIA-Gelder aufgestockt werden. Skorzeny rekrutierte hundert Berater aus Neonazi-Organisationen bzw. dem internationalen NS-Fluchtnetz, hochkarätige Funktionsträger des alten Regimes. Der Standortchef des BND in Syrien wurde in dem Projekt »zur wichtigen Stütze des von der CIA finanzierten Ausbildungsprogrammes für ägyptische Sicherheitskräfte«.[37] Sein Name: Georg Fischer alias Alois Brunner, die rechte Hand von Adolf Eichmann, dem Verantwortlichen für die Deportationen von Juden in die Todeslager. Brunner, in Frankreich zum Tode verurteilt, war einer der meistgesuchtesten NS-Verbrecher.[38]

Skorzeny war bis zu seinem Tod wesentlicher Bezugspunkt der weltweit verstreuten ehemaligen SS-Leute. Der Kreis von Altnazis um ihn und den ehemaligen SS-General Leon Degrelle bildete eine wichtige Brücke zwischen nachwachsenden neofaschistischen Bewegungen und alten Nationalsozialisten. Mit Unterstützung des Franco-Regimes gründete Skorzeny 1960 die CEDADE[39]. Innerhalb der CEDADE richtete Skorzeny einen »SD«[40] ein, in dem etwa 200 Elitekader, vor allem aus den Beamtenfamilien und Militärs des Franco-Regimes, gedrillt wurden.[41] Auch bundesdeutsche Neofaschisten nutzten die Gelegenheit, sich in Spanien paramilitärisch ausbilden zu lassen. Karl Heinz Hoffmann, der ab 1974 die größte paramilitärische Truppe der deutschen Neofaschisten aufbaute und dort eine ganze Generation terroristischer Neofaschisten ausbildete, ging bei Skorzeny in die Schule.

Neben der CEDADE rief Skorzeny eine Stiftung ins Leben, die noch heute in Bedrängnis geratene Neofaschisten unterstützt. So fanden die Österreicher Walter Ochensberger und Gerd Honsik (der bis heute) in Spanien Unterschlupf und konnten ihre Hetz-Blätter über das CEDADE-Postfach verschicken.

Unterwanderungspläne – Bruderschaft und Naumann-Kreis

In den ersten Nachkriegsjahren war schwer einzuschätzen, als wie stabil sich die Nachkriegsgesellschaft erweisen würde. Der erste bedeutende Versuch, eine Führungsstruktur aus Nazis zu schaffen, die für den Zeitpunkt des Zusammenbruchs der bürgerlich-demokratischen Ordnung bereitstehen sollte, war die »Bruderschaft«. Der ex-Major Helmut Beck-Broichsitter, ehemals Division Großdeutschland, machte sich schon 1945/46 in britischer Kriegsgefangenschaft daran, Offiziere um sich zu sammeln. Mit Alfred Franke-Griksch[42] bekam er einen ideologisch versierten Mitstreiter, der schon im April 1945 wichtige Vorarbeit geleistet hatte. Ihm werden in den Archiven der Regierung Dönitz gefundene Dokumente[43] zugeordnet, die sich mit europäisch-föderalistischen Konzeptionen befassen mit dem Ziel, die NS-Bewegung nach einer militärischen Niederlage als »deutsche Freiheitsbewegung« fortzuführen.

Die Bruderschaft plante das langsame Einsickern der völkischen und der

Nazi-Eliten in Parteien und Regierung. Im Sommer 1949 war man so weit, eine geheime Organisation zu bilden. Auf der Gründungsversammlung in Hamburg unter dem Vorsitz des Ex-Gauleiters von Hamburg, Karl Kaufmann, schworen die Anwesenden auf die Prinzipien des Nationalsozialismus. Als Leitungsgremium wurde der Bruderrat geschaffen.[44] Neben hohen ehemaligen NSDAP-Funktionären bildeten Angehörige der Wehrmacht und der Waffen-SS den inneren Kreis, darunter die ehemaligen Wehrmachtsoffiziere Heinz Guderian, Hasso von Manteuffel, Hans-Jürgen Stumpff und die SS-Generäle Paul Hausser, Herbert O. Gille, Felix Steiner und Otto Kumm. Vor allem aus Angehörigen der Wehrmachtsdivison Großdeutschland schuf die Bruderschaft eine Schattenarmee, bestehend aus einer Panzer- und einer Infanterie-Division. Die Bruderschaft erstreckte sich logenartig über alle vier Besatzungszonen.

Die Wiederaufrüstungspolitik der Adenauer-Regierung nahm dem Projekt der Bruderschaft, einen »selbstbewußten nationalistischen Führungskader«[45] zu schaffen, den Wind aus den Segeln. Um seine Kader einzubringen, bot Manteuffel Adenauer seine Divisionen als Kern der zukünftigen Armee an.[46] Doch alliierte Geheimdienststellen verhinderten dies Anfang 1950, indem sie die Tätigkeit der Bruderschaft öffentlich machten. Im Laufe des folgenden Jahres zerfiel die Bruderschaft.

Trotz ihrer beträchtlichen Aktivitäten existierte die Bruderschaft nicht lang genug, um bedeutende politische Ereignisse damals hinter den Kulissen wirklich zu beeinflußen, urteilt Kurt Tauber.[47]

Mit dem Niedergang der Bruderschaft war der Plan der Altnazis, über einen Geheimorden Einfluß in den höheren Etagen der Politik zu gewinnen, nicht vom Tisch. Die Nachfolge trat der Naumann-Kreis, auch Gauleiter-Kreis genannt, an. Dankenswerterweise hat Werner Naumann, die »Spinne im Netz der planmäßig betriebenen Unterwanderung«[48], ausführlich Tagebuch geführt.

Naumann war Staatssekretär im Propagandaministerium und persönlicher Adjutant von Goebbels gewesen und in Hitlers Tagebuch zu Goebbels Nachfolger bestimmt. Er gehörte zu dem engen Kreis, der bis zuletzt in der Reichskanzlei verharrte, und hatte sich von dort gemeinsam mit Martin Bormann und Arthur Axmann, dem späteren Mitstreiter der Bruderschaft und des Naumann-Kreises, abgesetzt. Naumann verschwand zunächst für mehrere Jahre – nach eigenen Angaben absolvierte er in der Ostzone eine Maurerlehre. Schließlich tauchte er im Herbst 1950 in Düsseldorf bei der Import-Export-Firma des Ex-Kulturreferenten im Propagandaministerium, Herbert Lucht, wieder auf.[49]

Aus dem Naumann-Tagebuch geht hervor, daß ihn der Nazi-Bildhauer Arno Breker und vor allem der Nazi-Anwalt und FDP-Landtagsabgeordnete Ernst Achenbach[50] drängten, einen neuen Verschwörerkreis zu konzipieren und zu leiten. »Mit nur 200 Mitgliedern könnten wir den ganzen Landesvorstand (der FDP, d. Verf.) erben. Mich will er als Generalsekretär engagieren! Es ist ihm so ernst um sein Angebot, daß er zum Schluß bedeutet, entweder wir nehmen an und unterstützen ihn oder er ziehe sich aus der Politik zurück.«[51] Im folgenden bemühte sich Naumann in zahlreichen Gesprächen mit ehemaligen NS-Funktionären um eine konspirative Sammlung der ehemaligen Eliten des NS-Regimes.[52]

Auf zwei Tagungen in Düsseldorf und Hamburg erläuterte Naumann das Konzept des Gauleiter-Kreises. Ehemalige NSDAP-Mitglieder sollten gesammelt werden. Auch sollten die Parteien, das öffentliche Leben insgesamt, unterwandert werden, »(...) und wenn diese alle oder auch nur ein Teil von ihnen bereit und erobert worden sind, dann ist die Stunde der Einheitsfront gekommen, dann sollen wir erklären, es gibt außer den Lizenzparteien auch noch ein unabhängiges Deutschland.«[53]

Wichtigster Verbindungsmann in der Anfangsphase der Unterwanderung der FDP war Achenbach. Der NRW-Landesvorsitzende Friedrich Middelhauve machte die Infiltration leicht: Er öffnete die FDP für frühere NS-Funktionäre in der Hoffnung, daß dann Hunderttausende von kleinen Nazis folgen würden.[54] Der Naumann-Kreis schaffte es, so systematisch die bezahlten Funktionärsposten zu besetzen, daß eine FDP-Kommission auf nahezu 90 Prozent der bezahlten Stellen Angehörige nationalsozialistischer Führungszirkel ausmachte. Im Block der Heimatvertriebenen und Entrechteten (BHE) versuchte der Naumann-Kreis ebenfalls Fuß zu fassen. Zugleich wirkte er auf dessen Bundesvorsitzenden ein, damit dieser gemeinsam mit den FDP-Landesverbänden NRW und Niedersachsen eine radikalere nationalistische Position einnähme – und so der Weg frei würde für die Bildung einer nationalistischen Sammlung. Doch da kamen die Verhaftungen dazwischen. Der britische Geheimdienst setzte die Bundesregierung unter Druck, indem er die Verschwörung in die Medien lancierte und auch die Verhaftungen vornahm.

Nach Kurt Taubers Einschätzung hätten weder die Bruderschaft (wenn sie nicht zerfallen wäre) noch der Naumann-Kreis (wenn die Briten nicht interveniert hätten) es geschafft, eine breite radikal-nationalistische Oppositionsbewegung zu schaffen. Sie seien Apparatschiks, keine Kämpfer gewesen. Sie seien in einem bürokratischen Staat groß geworden, hätten gelernt, Macht zu halten, aber nicht sie zu erringen.[55]

Das radikale Auftreten der Sozialistischen Reichs-Partei (SRP) hielt Naumann für schädlich. Der NS-Führungszirkel sollte seiner Meinung nach in die politische Front der Zentrums- und rechten Parteien eindringen. Das Ziel seines Kreises war ein nationalistisches, autoritäres Reich mit einer modernisierten nationalsozialistischen Ideologie.

Parteienbildung

1947 fusionierte die Deutsche Reichspartei (DRP) mit der nordrhein-westfälischen Konservativen Partei. Ein Teil der DRP-Mitglieder gründete 1949 die SRP, darunter der Ex-DRP-Vorsitzende Fritz Dorls und Otto Remer. Die SRP war nach Opitz' Einschätzung ausgesprochen strasserianisch orientiert.[56] Diese Ausrichtung sei zwar als Strömung auch in der DRP vorhanden gewesen, dort habe sich aber die Westorientierung mit Festlegung auf »freie Marktwirtschaft« durchgesetzt. Dagegen vertrat die SRP einen »Volkssozialismus aller Deutschen« und wandte sich gegen den Versuch, »einen deutschen Teilstaat im Osten oder Westen zum Satelliten einer raumfremden Macht zu machen«.[57]

Bei den Landtagswahlen im Mai 1951 errang die SRP in der traditionellen Nazi-Hochburg Niedersachsen elf Prozent der Stimmen. Als jedoch 1951/52 die Konjunktur einsetzte und die soziale Unsicherheit als Mobilisierungsfaktor schwand, verlor die SRP rapide an Einfluß. Das Verbot durch das Bundesverfassungsgericht im Oktober 1952 »traf eine bereits im Verfall begriffene Partei«.[58]

Ein Teil der SRP-Funktionäre fand Unterschlupf bei Splitterparteien wie dem BHE, der Bayernpartei oder der nationalkonservativen Deutschen Partei. Der größere Teil, darunter die bedeutenderen Funktionäre, fand zurück zur DRP.[59] Doch das »Wirtschaftswunder« entzog auch dieser Partei den Boden. Auf ihrem Parteitag 1964 in Bonn beschloß sie, sich aufzulösen und bei den Bundestagswahlen 1965 »eine Union aller nationaldemokratischen Kräfte« zu ermöglichen. Damit entstand die NPD als eine Nachfolgepartei der DRP, verstärkt durch die Gesamtdeutsche Partei (einem Zusammenschluß aus Deutscher Partei und Gesamtdeutscher Block) sowie die unabhängigen Landesverbände der Deutschen Partei in Niedersachsen und Bremen.

Neben den faschistischen Wahlparteien erfüllte vor allem eine Organisation die Aufgabe, Gefolgsleute des Hitler-Regimes bei der Stange zu halten – die Hilfsgemeinschaft auf Gegenseitigkeit der ehemaligen Angehörigen der Waffen-SS (HIAG).

»Stoßtrupp für Europa«

Unter der Führung von Richard Schulze-Kossens, der verschiedentlich auch als ODESSA-Beauftragter genannt wird, entfaltete sich 1951 innerhalb weniger Wochen ein HIAG-Netz mit 376 Gruppen. Allein in Hamburg kamen zu Treffen bis zu 1.700 Mitglieder. Anfangs noch unter dem Deckmantel des Suchdienstes, konnten sich die alten Kämpfer wieder sammeln. Mittlerweile läßt sich aus Altersgründen der Zusammenhalt kaum noch aufrechterhalten, doch 1979 bestanden noch 118 Orts- und Kreisvereinigungen.[60]

Die Gründer und ersten Leiter der HIAG waren die Kriegsverbrecher, die alten Führer der SS-Divisionen: Otto Kumm, der letzte Kommandeur der Leibstandarte Adolf Hitler, Richard Schulze-Kossens, zeitweilig Hitler-Adjutant und zuletzt Kommandeur der SS-Junker-Schule in Bad Tölz, Felix Steiner, SS-General des *III. Germanischen Panzerkorps*[61], das mehrere SS-Divisionen umfaßte, Walter O. Gille, einer der engsten Vertrauten Hitlers und Himmlers beim Aufbau der Waffen-SS, Paul Hausser, ebenfalls einer der Hauptorganisatoren der Waffen-SS und besonders rücksichtslos bei der Praktizierung der »verbrannten Erde« in Osteuropa, und ab 1955, nach seiner Begnadigung, auch Sepp Dietrich, Anführer bei der Ermordung Röhms 1934 und zuletzt Oberbefehlshaber der 6. SS-Panzerarmee.

Im Zuge der Wiederaufrüstung beschloß der Bundestag, die Aufnahme von Waffen-SSlern bis zum Sturmbannführer (Oberleutnant) unter Anerkennung ihrer Dienstgrade in die Bundeswehr zuzulassen. Jedoch auch hohe Wehrmachtsoffiziere, die maßgeblich in der Bruderschaft konspirierten, stiegen problemlos in der Bundeswehr auf, wie z. B. der spätere Bundeswehr-Generalinspekteur Dr. Hans Speidel.

Die tragende Ideologie der ehemaligen Waffen-SS in der Nachkriegszeit war und ist die eines »Stoßtrupp Europas« gegen den Bolschewismus – da brauchten bei der Einbettung der SS-ler in den Kalten Krieg keine Abstriche gemacht zu werden. Aber auch die belasteten Generäle der Waffen-SS, die als öffentliche Führungspersonen der Bundeswehr nicht in Frage kamen, brauchten nicht abseits zu stehen. Die *Soldatenzeitung,* die später eine Rolle beim Aufbau der »psychologischen Kriegsführung« des Amtes Blank[62] spielte, hatte Felix Steiner gegründet. Bei der westdeutschen Gladio-Truppe Bund deutscher Jugend (BDJ), die sich auf den Kleinkrieg im Falle einer sowjetischen Besetzung vorbereitete, sollte HIAG-Führer Steiner die Instrukteure für den Nachwuchs ausbilden und später wahrscheinlich die gesamte militärische Führung übernehmen. Auch die SS-Generäle Hausser und Lammerding, letzterer der »SS-Henker von Oradour und Tulle«, sollten eingebunden werden.[63]

Typisch für die SS-Leute, die politisch an ihre NS-Zeit anknüpfen wollten, dürfte die Haltung des Altnazis Gerrit Wolsink sein, Gefolgsmann der NSDAP/AO und bis zu seinem Tode Ende 1995 im Netz der neonazistischen Gesinnungsgemeinschaft der Neuen Front (GdNF) aktiv. Die Frage sei doch nach dem Krieg gewesen, »entweder tot oder frei und ungefähr in dieselbe Richtung arbeiten – und dann konnte ich gleich meine NS-Arbeit fortsetzen«.[64]

Wolsink kam Ende 1947 aus alliierter Haft frei, weil er versprochen hatte, seine Erfahrungen aus seiner Zeit bei der Division Brandenburg[65] zur Verfügung zu stellen. Dies habe er sich von seinem »höchsten Gebietsvorgesetzten,

Gruppenführer Dietrich, gutheißen lassen«. Nach dem Vorbild der Brandenburger habe er dann an verschiedenen Aktionen in der sowjetischen Einflußsphäre teilgenommen.[66]

Laut Wilhelm Höttl, einst führender Geheimdienstmann im RSHA und am Aufbau von Gladio in Österreich beteiligt[67], waren dort maßgebliche Rechtsextremisten wie Kernmayr und Karl Kowarik[68] Teil des Gladio-Netzes. Der ehemalige SS-Offizier Dr. Karl Ney, später beim BND in Deutschland, war zuständig für den militärischen Einsatz. Die Einbindung in den Kalten Krieg der Westmächte gab den Altnazis den Freiraum, weiter faschistische Politik zu betreiben. Bundeskanzler Adenauer stimmte einer Vereinbarung der Alliierten zu, die neofaschistischen Organisationen von Verfolgung auszunehmen.[69] Dies bestätigte Höttl auch für Österreich: »Wir waren für die österreichischen Behörden tabu. Die haben nichts machen können.«[70]

Dieser Schutzraum und das Zusammenspiel legaler und verdeckter Ebenen der SS machte die spektakuläre Befreiung des ehemaligen Gestapo-Chefs von Rom, Herbert Kappler, aus italienischer Haft 1977 möglich. Mögliche Beteiligte an der Befreiungsaktion waren neben der Stillen Hilfe, einer Hilfsorganisation für inhaftierte NS-Verbrecher, ein HIAG-nahes »Komitee Freiheit für Herbert Kappler«, das Hunderttausende von Mark gesammelt hatte, und Mitstreiter der ODESSA wie Schulze-Kossens und Dietrich Ziemssen.[71]

Internationale Bestrebungen

Parallel zur Formierung der Bruderschaft arbeiteten SS-Leute bereits an der internationalen Vernetzung faschistischer Bewegungen. Ende 1950, auf dem ersten faschistischen »Europa-Kongreß« der Studentenorganisation des Movimento Sociale Italiano (MSI)[72] in Rom, wurde zu einem »Europäischen Nationalkongreß« nach Malmö in Schweden aufgerufen. Dafür hatte sich der ehemalige Sturmbannführer Karl-Heinz Priester stark gemacht.

1951 in Malmö waren dann Faschisten aus fast allen westeuropäischen Ländern sowie die ungarischen Pfeilkreuzler vertreten. Die Delegierten riefen die Europäische Sozialbewegung ins Leben und es wurde beschlossen, so der schwedische Faschist Per Engdahl, »konspirativ zu arbeiten, verbunden durch geheime Unterstützungspunkte und Verbindungsstellen (intermediaires)«.[73]

Noch im selben Jahr spaltete sich eine Fraktion ab. Sie organisierte sich als Europäische Verbindungsstelle (EVS) mit Sitz in Lausanne. 1956 benannte sie sich in Europäische Neue Ordnung (ENO) um. Zum Generalsekretär auf Lebenszeit dieser »Fundamentalisten völkischen Irrsinns und eherner Naturgesetze«[74] wurde Gaston Amadruz auserkoren.

Als gemeinsames Projekt der Malmö-Beteiligten sollte die Zeitung *Nation*

Europa gegründet werden. Karl-Heinz Priester und sein SS-Kollege Arthur Ehrhardt wurden deren Herausgeber. Das Blatt war nicht an eine Organisation gebunden, so daß es auch Vertreter faschistischer Strömungen erreichte, die nicht die Europa-Ideologie der Waffen-SS vertraten. So wurde *Nation und Europa (NE)*, wie die Zeitung seit 1990 heißt, zu einem wichtigen Forum der innerfaschistischen Strategiediskussion. Mit einer Auflage von über 10.000 Exemplaren ist *NE* heute eine der bedeutendsten neofaschistischen Publikationen und wirkt auch weit in das Lager der nationalrevolutionären und neurechten Strömungen hinein.

Bei seinem Tod 1971 hinterließ der langjährige Herausgeber der *NE*, Ehrhardt, als politisches Testament einen *Aufruf zum Widerstand gegen den Völkermord*, der durch »biologische Überfremdung« und »Geburtenrückgang« bewirkt werde. Die angebliche Überfremdung durch Immigration war schon früher Thema in *Nation und Europa*, sollte aber erst in den folgenden Jahren zum zentralen Thema der extremen Rechten werden. Ein Jahrzehnt nach Ehrhardts Tod veröffentlichten rechtsextreme Professoren, zum Teil aus dem Umfeld von *NE*, das *Heidelberger Manifest*. Sie erklärten die Rückführung von Ausländern zu einer Maßnahme zur ökologischen Entlastung der Bundesrepublik. Diese Verknüpfung von Rassismus und Umweltschutz ist seitdem Standard bei jedem Rechtsextremen.

Als Nachfolger Ehrhardts übernahm Peter Dehoust die Herausgeberschaft[75] der *NE*. Wie sein Mitherausgeber, der ehemalige Europa-Abgeordnete Harald Neubauer, ist er Mitglied der Deutschen Liga für Volk und Heimat (DL). Seit seinem Abschied von den Republikanern schreibt auch Franz Schönhuber für das Magazin – und zwar genau unter den Leuten, die er vor einigen Jahren aus der Partei herausgedrängt hat. In *Nation und Europa* gestand er seinen »Fehler« im Umgang mit offen neofaschistisch auftretenden Funktionären ein: Ihr Ausschluß habe die Republikaner auch nicht vor den Aktivitäten des Verfassungsschutzes bewahrt. Nun unterstützt *NE*, inklusive Schönhuber, die Einrichtung von »Runden Tischen«, an denen sich Vertreter aller, auch militanter und verbotener, neofaschistischer Strömungen zusammenfinden sollen.

Geburtshelfer einer neuen Generation

Der Anteil alter Nationalsozialisten in der faschistischen Bewegung schwindet. Um so bedeutender ist die Rolle der verbleibenden alten Kader, die gezielt in die Organisationen hineinwirken und Ideologie und Erfahrung an die junge Generation weitergeben.

Als effektive Kadertruppe übt der Witikobund Einfluß auf revanchistische und neofaschistische Organisationen aus. Die Gründung des Witikobundes als

»völkische Gesinnungsgemeinschaft« erfolgte 1947, bevor der Boom revanchistischer Verbände einsetzte. Die Gründer und tonangebenden Personen waren ehemalige NS-Funktionäre aus dem Kreis des sudetendeutschen Gauleiters Konrad Henlein. Vorbild waren die rechtsradikalen sudetendeutschen Gruppierungen Kameradschaftsbund und Aufbruch-Kreis, die ab Mitte der 20er Jahre politische und kulturelle Organisationen nationalsozialistisch durchdrangen und den Kern der Sudetendeutschen Partei Henleins bildeten.

Seine Hauptbasis hat der Witikobund in der größten und einflußreichsten Revanchistenorganisation, den Sudetendeutschen Landsmannschaften, deren »politisch-ideologischen Kern« er bildet. Zugleich fungiert er »als Vermittlungsinstanz zwischen der extremen und der gemäßigten Rechten«.[76] Seine Vertreter saßen in der Führung der HIAG und der NPD; so war der Chef-Ideologe der NPD, Ernst Anrich, zugleich Vorstandsmitglied der Witikonen. Auch heute reicht der Arm des Witikobundes in eine Vielzahl rechtsextremer Vereinigungen, die bedeutendsten sind die Gesellschaft für Publizistik (GfP), die Deutsche Kulturgemeinschaft (DKG) und der mit öffentlichen Geldern ausgestattete Verein für das Deutschtum im Ausland (VDA).

Der Vorläufer der DKG, das Deutsche Kulturwerk europäischen Geistes (DKeG), wurde 1950 ins Leben gerufen, um über die Pflege der »deutschen Kultur« »Kontakt zu den neuen Herren aus konservativen Verbänden, Vertriebenenorganisationen und Kreisen der Wirtschaft«[77] zu finden. Auch der Verfassungsschutz hatte die Kulturgemeinschaft im Auge: Ihre »fast 2000 Einzelmitglieder verteilen sich auf mehr als 50 ›Pflegestätten‹, die zu einem erheblichen Teil von alten Nationalsozialisten betreut werden«.[78] Ihren größten Zulauf hatte die DKeG, als sie gegen die Ostverträge der Brandt-Regierung mobilisierte und sich Kräfte rechts der CDU/CSU in der Aktion Widerstand zusammenschlossen. Nach dem Tod des 1. Vorsitzenden und SA-Dichters Herbert Böhme 1976 spaltete sich die Gruppe um den Leiter des DKeG-Jugendreferats, Alfred E. Mahnke, die radikalere Deutsche Kulturgemeinschaft (DKG), ab. In enger Personalunion mit dem österreichischen DKeG (das mittlerweile in der DKG aufgegangen ist) schaffte es die DKG, Nachwuchs aus den Reihen der Wiking Jugend, der NPD und des Bundes Heimattreuer Jugend an sich zu binden. Der DKG-Arbeitskreis Berlin, der sich 1990 in Berliner Kulturgemeinschaft Preußen umbenannte, bietet den Kadern des gesamten jungfaschistischen Spektrums Ideologieschulung an. Früchte solcher Arbeit war auch die Großmobilisierung zu dem Heldenfriedhof in Halbe 1991, wo die Szene, von jung bis alt, von gemäßigt bis militant, aufmarschierte.

Besonderes Augenmerk der Kulturgemeinschaft in Österreich genoß seit Ende der 80er Jahre die Nationalistische Front (NF). Mitglieder der NF nahmen an den Gästetagen der Kulturgemeinschaft teil und Rechtsanwalt Jürgen

Rieger, der die Schule des Kulturwerkes durchlaufen hatte, übte verstärkt Einfluß auf die NF aus. Deren Chef, Meinolf Schönborn, erfuhr fachkundige Beratung aus Österreich von Rechtsanwalt Günther Herzogenrath-Amelung und dem Vorstandsmitglied der Kulturgemeinschaft, Herbert Schweiger[79], einem alten SS-ler der Leibstandarte Adolf Hitler. Offensichtlich wurde die NF als geeignet angesehen, den Geist der SS wachzuhalten. Die Akzeptanz der NF bei den Altnazis machte sich seit 1991 anscheinend auch im verstärkten Geldfluß bemerkbar – die NF konnte sich plötzlich mehrere Autos und bezahlte Funktionäre leisten.[80]

Dem Kadernetz um den verstorbenen Nachwuchsführer Michael Kühnen gelang es, die alten SS-Männer aus Madrid für sich einzunehmen. In Absprache mit dem Skorzeny-Intimus Leon Degrelle übernahm Kühnen die Vorbereitung der Aktivitäten zu Hitlers 100. Geburtstag. Das Komitee Adolf Hitler (KAH) mauserte sich zur Nachfolgeorganisation der verbotenen Aktionsgemeinschaft Nationaler Sozialisten/Nationale Aktivisten (ANS/NA). Zugleich sollte das KAH dazu dienen, die Faschistenszene international zusammenzufassen. Sogar eine gesamteuropäische Zeitung *Unser Europa* war geplant. Auch Personalhilfe kam aus dem Kreis der CEDADE: Walter Matthaei, einer der Gründer der deutschen und Chef der spanischen Wiking Jugend, kehrte Ende der 80er Jahre in die Bundesrepublik zurück und wurde Vorbild und Zugpferd der Kühnen-Organisation Deutsche Alternative.

In den Augen der alten SS-Strategen haben sich die Führer der neonazistischen Nachwuchs-Organisationen offenbar so gut bewährt, daß sie sie von ihrem Netz profitieren lassen.

Anmerkungen

1 Den Volkssturm, mit dem auch noch Alte, Jugendliche und Kinder in den Krieg geschickt wurden, rief die NS-Führung am 18. Oktober 1944 ins Leben. Die Idee entwickelten Bormann und der spätere Bundeswehr-Generalinspekteur Heusinger (vgl. L. Besymenski: Die letzten Notizen von Martin Bormann. Ein Dokument und sein Verfasser. Stuttgart 1974, S. 164).

2 Ebenda, S. 163.

3 Die folgenden Beispiele nach ebenda.

4 Kurt Tauber führt die New York Times an, die von zwei Geheimdienstoperationen gegen NS-Fluchtnetze berichtete. Die erste richtete sich gegen eines der frühesten Nachkriegsnetze, im Winter 1945/46 ins Leben gerufen von den ehemaligen HJ-Führern Arhur Axmann und Willi Heidemann, beide später in der BRD in NS-Zusammenschlüssen aktiv. Es sollen über 1.000 Personen verhaftet und die Organisation zum Teil oder sogar ganz zerschlagen worden sein. Sie sei aber schnell durch andere Untergrundkanäle ersetzt worden. Der zweite Schlag des britischen und US-Geheimdienstes im Februar 1947 mit mehreren hundert Verhafteten richtete sich gegen eine Organisaton von überwiegend SS-Leuten, die das HJ-Fluchtnetz ersetzte. Doch auch dieser Eingriff konnte das gut organisierte Fluchtnetz nicht zerschlagen. Die skandinavische Fluchtlinie lief über

den früheren stellvertretenden Kommandeur der deutschen Truppen in Dänemark, Generalleutnant Günther Toepke. Vgl. K. P. Tauber: Beyond Eagle and Swastika. German Nationalism Since 1945. Middletown, Connecticut/USA 1967, S. 239 und S. 1108, Anm. 161.

5 R. Giefer; T. Giefer: Die Rattenlinie. Fluchtwege der Nazis. Frankfurt a.M. 1991, S. 131 f. Gerade die ODESSA dürfte ein Produkt ausgiebiger Mystifizierung sein. Sie taucht bis Mitte der 60er in kaum einer Quelle auf (selbst in Taubers umfassendem Werk Beyond Eagle and Swastika nicht) und findet selbst bei Beteiligten des Fluchtnetzes keine Erwähnung. Der ODESSA-Boom setzte nach der Veröffentlichung des Romans von Frederick Forsyth »Die Akte Odessa«, München 1973, ein, zu dem Wiesenthal das Hintergrundmaterial geliefert hatte. Auch das ODESSA-Bild der neueren Veröffentlichungen in der Bundesrepublik wie »Die Rattenlinie« oder »Geheime Kanäle« von Pomorin u.a. (Pomorin; Junge; Biemann: Geheime Kanäle. Der Nazi-Mafia auf der Spur. Dortmund 1981.) fußt in weiten Teilen auf Aussagen Wiesenthals. Holger Meding hält es gar für möglich, daß die rechtsextremistische OAS, die de Gaulles Algerienpolitik mit Terroranschlägen bekämpfte, Pate für das spätere Bild der Nazi-Geheimorganisation gestanden hat (H. M. Meding: Flucht vor Nürnberg? Deutsche und österreichische Einwanderung in Argentinien 1945–1955. Köln/Weimar/Wien 1992). Wichtiger als der Namensstreit um ODESSA und die anderen NS-Nachkriegsvereinigungen Spinne und Hans-Ulrich Rudels Kameradenwerk ist jedoch die personelle Zusammensetzung und Überschneidung der Gruppen.

6 Bischof Hudal rühmte sich, 50.000 Nazis und NS-Schergen zur Flucht verholfen zu haben. Die größte Massenflucht, eine ganze Division der ukrainischen Waffen-SS (ca. 11.000 Männer und z.T. auch deren Familien), verlief mit persönlicher Unterstützung von Papst Pius XXII. (vgl. C. Simpson: Der amerikanische Bumerang. NS-Kriegsverbrecher im Sold der USA. Wien 1988, S. 218). Die Zeitschrift Lateinamerika Nachrichten Nr. 252/253, Juni/Juli 1995 schätzte die Zahl der NS-Verbrecher, die den Weg nach Lateinamerika fanden, auf 50.000. »Definiert man Nazis als Mitglieder der NSDAP oder Mitläufer des NS-Regimes, könnte die Zahl an die 300.000 Flüchtlinge reichen« (S. 19 f.).

7 Aus einem geheimen Bericht des Geheimdiensts des US-Außenministeriums vom Mai 1947: »Der Vatikan (…) ist die größte Organisation, die an der illegalen Weiterleitung der Emigranten beteiligt ist (…)«. Seinen Einfluß in lateinamerikanischen Ländern hat der Vatikan genutzt, um Druck auszuüben, »der dazu geführt hat, daß die ausländischen Vertretungen dieser Länder der Einreise ehemaliger Nazis und ehemaliger Faschisten in ihr Land positiv gegenüberstehen; Hauptsache, sie sind Antikommunisten« (zit. nach Simpson, 1988, S. 218 (s. Anm. 6)).

8 Vgl. ebenda, S. 118 ff. Die Intermarium war in den folgenden zwei Jahrzehnten eine der Hauptstützen für Radio Freies Europa, Radio Befreiung vom Bolschewismus (später: Radio Liberation); zudem nahm sie an verschiedenen Geheimoperationen teil. Die Intermarium stand unter dem Schutz des Vatikan, einem wichtigen Bündnispartner der CIA bei Aktivitäten, die den Wahlsieg der italienischen Kommunisten verhindern sollten. Erhebliche Geldbeträge, die aus beschlagnahmten Vermögenswerten der Nazis stammten, gingen von der US-Regierung an den Vatikan.

9 Vgl. Stern vom 24.5.84 (Eine Killer-Karriere, Teil 3 einer Serie von Kai Hermann). Nach Unterlagen der CIC-Region IV soll Barbie erst 1947 unter Vertrag genommen worden sein, was jedoch fragwürdig ist. Noch früher als Barbie stand Reinhard Gehlen im Sold der USA. Er hatte sich schon 1945 mit den Unterlagen seines Geheimdienstes »Fremde Heere Ost« beim Oberkommando der Wehrmacht, den USA, gestellt und kehrte im Juli 1946 als Geheimdienstler nach Deutschland zurück. Mit Sinn für die Umgebung ließ er sich in der ehemaligen SS-Siedlung in Pullach nieder. Gehlens Truppe lieferte Falschinformationen, die Moskaus Vorbereitungen für einen Angriffskrieg belegen sollten und die USA fast in einen neuen Weltkrieg trieben. Vgl. Simpson, 1988, S. 74 ff. (s. Anm. 6).

10 Ein CIC-Agent, der mit Barbie in den Nachkriegsjahren zusammenarbeitete: »Es wäre uns unmöglich gewesen, in Süddeutschland zu operieren, ohne daß wir Nazis einsetzten (…) Wer war am besten organisiert? Wer waren die erbittertsten Antikommunisten? Die ehemaligen Nazis« (zitiert nach Simpson, 1988, S. 94 (s. Anm. 6)).

11 Der CIC pflegte zwischen 1.000 und 1.400 Dollar für eine Person (Kinder die Hälfte) an den Pater

zu zahlen, der vornehmlich Faschisten der kroatischen Ustascha verschiffte. Pater Dragonovic kehrte 1977 nach Jugoslawien zurück und lebte dort friedlich bis zu seinem Tod 1983. Für diesen Status muß er dem jugoslawischen Geheimdienst eine Menge geboten haben – zumindest sein gesamtes Wissen über die exilkroatische Szene. Simpson vermutet, daß er schon vor seiner Übersiedlung für Jugoslawien gearbeitet hat (vgl. ebenda, S. 238).

12 Aus dem Bericht der Ryan-Kommission (Barbies Abschiebung bzw. das Bekanntwerden seiner Verbindung mit dem CIA schlug so hohe Wellen, daß im Justizdepartment eine spezielle Kommission gebildet wurde) geht hervor, daß Barbie der CIA mit Hilfe des bolivianischen Geheimdienstes Infos zuspielte, die von einem deutschen Nazi-Agentennetz zusammengetragen wurden. Barbie wurde lange »auf Vorrat« gehalten, ohne Kontakte und bestimmte Aufgaben. Als Che Guevara und seine Guerilleros in Bolivien auftauchten, kam es zu einem Disput zwischen dem militärischen Geheimdienst der USA und der CIA über die Reaktivierung des Altnazis. Die CIA war aus Imagegründen dagegen (vgl. G. Sanchez Salazar; E. Reimann: Barbie in Bolivien. Berlin/DDR 1989, S. 125).

13 Schwend soll sogar Material für das Lateinamerika-Kapitel im »Who is who in the CIA« des Geheimdienstexperten Julius Mader aus der DDR beigesteuert haben, schreibt Profil (Nr. 51/52, Dezember 1984, S. 52).

14 Offensichtlich hatte dieser Kreis auch den Waffenhandel mit dem halbstaatlichen Rüstungskonzern Steyr-Daimler-Puch in der Hand: Barbie für Bolivien (der Konzern verschenkte kurz vor dem Putsch Gewehre, die an Terrorkommandos wie die Söldner-Miliz »Verlobte des Todes« ausgeteilt wurden), Alfons Sassen für Ecuador, Wim Sassen für ganz Lateinamerika.

15 Vgl. Stern, Eine Killer-Karriere (6), Juli 1984.

16 Vgl. F. Heller; A. Maegerle: Thule. Vom völkischen Okkultismus bis zur Neuen Rechten. Stuttgart 1995, S. 92.

17 Vgl. Profil Nr. 51/52, S. 52.

18 Die bundesdeutsche Justiz kannte Barbies Aufenthaltsort seit 1961. Sie wußte, daß Barbie für die CIA und den BND arbeitete und stellte ihre Nachforschungen ein.

19 Der Putsch in Bolivien war sicherlich nur ein Faktor für den Terror in Europa. Putsch-Pläne wurden in Italien intensiv seit Anfang der 70er Jahre verfolgt.

20 De Castro veröffentliche 1984 eine Serie in »Ultima Hora«, der Tageszeitung von La Paz. Er führte die Namen ausländischer Neofaschisten bei den »Verlobten des Todes« an: die Deutschen Joachim Fiebelkorn, Herbert Koplon, Manfred Kuhlmann und Hans Stellfeld, den Schweizer Rudi Grob und den Franzosen Jacques Leclerc (nach Lateinamerika Nachrichten Nr. 252/253, S. 46).

21 Pagliai wurde bei seiner Verhaftung durch Interpol im Oktober 1982 schwer verletzt und starb einige Wochen darauf in Rom.

22 Vgl. Profil Nr. 51/52, S. 53.

23 Vgl. ebenda.

24 Vgl. Stern vom 17.5.84, Eine Killer-Karriere (3).

25 Vgl. Stern vom 7.6.84, Eine Killer-Karriere (5).

26 Barbie kam dafür an anderen Stellen zum Zuge. So ließ er 1981 acht Führungsmitglieder des sozialdemokratischen MIR bei einem ihrer Treffen ermorden.

27 G. Koch: Als Mutprobe: Mord. Über neofaschistische Bewegungen in kapitalistischen Ländern. Berlin/DDR 1988, S. 133.

28 Die WSG Hoffmann war Teil des Versuchs, in den 70ern bundesweit eine illegale NSDAP aufzubauen.

29 Bis zu ihrem Verbot September 1980 hieß sie noch Föderation der Nationalen und Europäischen Aktion (FANE).

30 Vgl. Koch, 1988 (s. Anm. 27).

31 Vgl. H. Auerbach: Die Organisierung des »Werwolf«. In: Gutachten des Instituts für Zeitgeschichte, Band 1, München 1958, S. 353.

32 Zitiert nach Giefer; Giefer, 1991, S. 132 (s. Anm. 5).

33 Der Österreicher und ehemalige SS-Hauptsturmführer Erich Kernmayr hatte nach 1945 bei fast allen rechtsextremistischen Organisationsgründungen in der BRD und Österreich die Finger im

Spiel (vgl. K. Hirsch: Rechts von der Union. Personen, Organisationen, Parteien seit 1945. München 1989 und W. Purtscheller: Aufbruch der Völkischen. Das braune Netzwerk. Wien 1993). Großen Einfluß hatte er auch als geschichtsrevisionistischer Schreiber im rechtsextremen Blätterwald.

34 Vgl. Pomorin; Junge; Biemann 1981, S. 59 (s. Anm. 5).

35 Sie erschienen als Serie in der Illustrierten Quick.

36 Vgl. Purtscheller, 1993, S. 33 (s. Anm. 33).

37 Simpson, 1988, S. 297 (s. Anm. 6).

38 Außer den Repressionsexperten von Wehrmacht und SS waren auch noch Gruppen ehemaliger NS-Wissenschaftler und -Techniker in Ägypten. Als Nasser der Öffentlichkeit Ägyptens neue Raketen vorführte, die auch Israel erreichen konnten, wurde der Konflikt zwischen BRD und Israel öffentlich ausgetragen. Als die Bundesregierung gegen die deutschen Rüstungsexperten nicht initiativ wurde, half der israelische Geheimdienst mit Anschlägen, Erpressung und Entführungen nach. 1962 wurden Brunner von einer Briefbombe mehrere Finger abgerissen. Deshalb verließ er Kairo Richtung Damaskus. Selbst Ende 1964 gab es noch drei Gruppen deutscher Waffenexperten, die unabhängig voneinander in Ägypten arbeiteten (vgl. J. Seelbach: Die Aufnahme der diplomatischen Beziehungen zu Israel als Problem der deutschen Politik seit 1955. Meisenheim am Glan 1970).

39 Circulo Espanol de Amigos de Europa – Spanischer Kreis der Freunde Europas.

40 Offizielle Bezeichnung des SD im Nationalsozialismus: Sicherheitsdienst des Reichsführer-SS.

41 Vgl. Die Zeit vom 31.10.1980, zit. nach Koch, 1988, S. 151 (s. Anm. 27).

42 Dr. Alfred Franke-Griksch war Georg Strassers Schwiegersohn und selbst Strasserist. Er verließ mit Otto Strasser die NSDAP und schloß sich der Schwarzen Front an. Später kehrte er nach Nazideutschland zurück, wo er nicht etwa erschossen wurde, sondern seinen Aufstieg in der SS begann. Kurz nach seiner Rückkehr konnte die Gestapo auf einmal die Untergrundstruktur der Schwarzen Front aufrollen; dies legte eine Zuarbeit durch Franke-Griksch nahe (vgl. Tauber, 1967, S. 123 (s. Anm. 4)). Franke-Griksch brachte es zum SS-Standartenführer (entsprach einem Wehrmacht-Oberst) und zum Personalleiter des RSHA. Nach 1945 soll er für den britischen Geheimdienst gearbeitet haben, wodurch er den Entnazifizierungsvorgang umgehen und sich wieder offen politisch betätigen konnte.

43 Sie sind veröffentlich bei Besymenski, 1974, S. 165 ff. (s. Anm. 2).

44 In den Dokumenten von April 1945 heißt solch ein Gremium Ordensrat.

45 Tauber, 1967, S. 132 (s. Anm. 4).

46 Zu den unterschiedlichen Auffassungen innerhalb der Bruderschaft zur Rolle einer zukünftigen deutschen Armee (vgl. R. Opitz: Neofaschismus in der Bundesrepublik. In: Faschismus und Neofaschismus. Bd. 2, Köln 1988, S. 146 f. (= Kleine Bibliothek; 442: Geschichte).

47 Vgl. Tauber, 1967, S. 132 (s. Anm. 4).

48 So bezeichnete ihn die Frankfurter Rundschau vom 9.6.1953.

49 Nach Luchts Tod leitete seine Ehefrau Lea (Silky) Lucht, eine Cousine Degrelles, die Firma. Spanischer Vertreter der Firma war Otto Skorzeny (vgl. Tauber, 1967, S. 241 (s. Anm. 4)).

50 In den frühen 30ern fungierte Achenbach zeitweilig als Verwalter der »Adolf-Hitler-Spende der deutschen Industrie«. Nach dem Krieg betrieb er das »Büro für Generalamnestie« in Essen und verteidigte später Naumann. In dem Büro arbeiteten Alfred Six, SS-Obergruppenführer, Chef des »Moskauer Vorauskommandos« der Einsatzgruppe D, sowie Werner Best, ex-Reichskommissar von Dänemark. Sopade, Pressedienst der SPD, rechnete Best zum Führungskreis der Naumann-Gruppe (vgl. Sopade Nr. 930, Februar 1953). US-General Taylor bezeichnete ihn als den »Deportationsexperten in der Pariser Botschaft« (Tauber, 1967, S. 134 (s. Anm. 4)).

51 Zitiert nach Frankfurter Rundschau vom 9.6.1953.

52 Er sprach mit Axmann von der Bruderschaft, Griesmayr, Franke-Griksch, Friedrich Karl Bornemann, Hans-Ulrich Rudel, Otto Skorzeny, Wilfred von Oven, Hans Schwarz van Berk, Rolf Rienhardt (vgl. Tauber, 1967, S. 135 (s. Anm. 4)). Die Frankfurter Rundschau vom 9.6.53 führte außerdem an: Steiner, Finkenstein, Kränzlein, Martin, Graf Reischach.

53 Frankfurter Rundschau vom 9.6.1953.
54 Vgl. Tauber, 1967, S. 141 (s. Anm. 2).
55 Vgl. ebenda, S. 146.
56 Der »linke« Flügel der NSDAP unter Führung der Brüder Otto und Gregor Strasser versuchte die Partei stärker antikapitalistisch erscheinen zu lassen.
57 Zitiert nach Opitz, 1988, S. 30 (s. Anm. 46).
58 Kühnl; Rilling; Sager: Die NPD. Struktur, Ideologie und Funktion einer faschistischen Partei. Frankfurt a.M. 1969, S. 20.
59 Auch Naumann trat im Wahlkampf für die DRP auf. Er vertrat eindeutig nationalsozialistische Positionen und erhielt deswegen Redeverbot vom hessischen Innenminister.
60 Vgl. Opitz, 1988, S. 34 (s. Anm. 46).
61 Diesem unterstand auch die Dienststelle des NS-Falschgeldvertreibers Friedrich Schwend.
62 Das Amt Blank leitete die Gründung der Bundeswehr ein.
63 Vgl. L. Müller: Gladio – das Erbe des Kalten Krieges. Der Nato-Geheimdienst und sein deutscher Vorläufer. Reinbek 1991, S. 105 f.
64 Interview mit Wolsink in dem Film von Michael Schmidt »Die Wahrheit macht frei« 1991.
65 Die »Brandenburger«, unter dem Kommando der Wehrmacht, waren zuständig für Terror und Sabotage hinter den feindlichen Linien. Wie andere »Brandenburger« wechselte Wolsink zu Skorzenys SS-Regiment »Oranienburg«.
66 Zitiert nach K. ten Haaf: ... en morgen de hele wereld? het Aktiefront Nationael Socialisten (ANS), de Kühnenbeweging in Nederland 1984–1992. Hrsg. v. Fascisme Onderzoek Kollektief (FOK), Amsterdam 1992, S. 126 f. (Übersetzung: Klaus Maler).
67 Vgl. Interview mit Höttl in Salzburger Nachrichten vom 24.1.1996.
68 Kowarik war auch Mitglied der CIA-nahen World Anti-Communist League (WACL). Dem Autor liegt ein internes WACL-Dokument vor, das Kowarik aufführt.
69 Der frühere amerikanische Gladio-Verbindungsoffizier Colonel Oswals Le Winter sinngemäß in der TV-Dokumentation »Spiele der Macht«: Im NATO-Protokoll gab es eine Zusatzerklärung mit der Zustimmung aller beteiligten Regierungen. Derzufolge durfte in ihren Ländern nicht der rechte Flügel – weder die Rechtsextremisten noch aktive Antikommunisten – verfolgt werden. In der BRD hatte Hans Globke, Adenauers Staatssekretär, die Aufsicht über den deutschen Gladio-Zweig. Globke hatte in der NS-Zeit die Gesetze, die zur Entrechtung der Juden führten, entworfen.
70 Salzburger Nachrichten vom 24.1.1996.
71 Ziemssen war 1. Generalstabsoffizier der SS-Division »Leibstandarte Adolf Hitler« und hatte zusammen mit Schulze-Kossens den SS-Nachwuchs an der SS-Junkerschule in Bad Tölz ausgebildet (vgl. Antifaschistisches Infoblatt Nr. 19).
72 Als Priester 1956 vom 5. Kongreß der MSI zurückkehrte, plädierte er für den Ausschluß des MSI – er hatte in seinen Augen den Pfad der Tugend (im völkisches und elitäres Europa) verlassen und war nur an parlamentarischen Manövern interessiert (vgl. Tauber, 1967, S. 214 f. (s. Anm. 4)).
73 Zitiert nach Antifaschistisches Autorenkollektiv: Drahtzieher im braunen Netz. Ein aktueller Überblick über den Neonazi-Untergrund in Deutschland und Österreich. Hamburg 1996, S. 216.
74 Ebenda.
75 Er ist zugleich Vorsitzender der Gesellschaft für Publizistik (GfP), einem bedeutendem Bindeglied in der rechtsextremen Medienlandschaft.
76 Kühnl; Rilling; Sager, 1969, S. 38 (s. Anm. 58).
77 Antifaschistisches Autorenkollektiv, 1996, S. 220 (s. Anm. 73).
78 Jahresbericht des Bundesministeriums des Innern über die im Jahre 1965 beobachteten rechtsradikalen Bestrebungen, zitiert nach B. Engelmann: »Das Deutsche Kulturwerk Europäischen Geistes«. Schriftenreihe der Demokratischen Aktion 4, München o.J.
79 Bei der Abfassung des Textes in Untersuchungshaft wegen »nationalsozialistischer Wiederbetätigung«.
80 Vgl. Antifaschistisches Autorenkollektiv, 1996, S. 89 f. (s. Anm. 73).

Bernd Siegler

Rechtsextremismus in der DDR und den neuen Ländern

Der verschwiegene Rechtsextremismus

»Die Deutsche Demokratische Republik hat getreu den Interessen des Volkes und den internationalen Verpflichtungen auf ihrem Gebiet den deutschen Militarismus und Nazismus ausgerottet.« So stand es in der Verfassung der DDR. Doch die Realität des real existierenden Sozialismus war anders. Das wußte man im Westen spätestens seit Oktober 1987.

Damals, am 17. Oktober 1987, zogen in Ost-Berlin etwa 25 Jugendliche aus der Skinhead-Szene, darunter auch einige aus West- Berlin, los, um »rote Punks zu klatschen«. Ihr Ziel war die Zionskirche im Stadtteil Prenzlauer Berg. Unter Rufen wie »Sieg- Heil« oder »Juden raus aus deutschen Kirchen« stürmten die Skins kurz vor Ende eines Punk-Konzerts in die Kirche, zerstörten Einrichtungsgegenstände und verletzten einige der Besucher zum Teil schwer.

Der Vorfall führte zum ersten Prozeß gegen Skinheads in der DDR, der in den Medien dargestellt wurde. Zwölf Skins wurden wegen Rowdytum und Zusammenrottung verurteilt. Die Höchststrafe betrug drei Jahre und neun Monate. Noch während des Prozesses wurde bekannt, daß der jüdische Friedhof in der Schönhauser Allee im Stadtteil Prenzlauer Berg geschändet worden war. 222 Grabsteine waren teilweise bis zur Unkenntlichkeit zerstört worden.

Nach diesen öffentlich bekannt gewordenen, spektakulären Vorfällen konnte die DDR-Staatsführung ihre bisherige Strategie nicht mehr aufrecht erhalten, derartige Vorkommnisse einfach zu leugnen bzw. zu verschleiern, wie es ihr z.B. bei dem Überfall von Skins auf ein Ausländerwohnheim in Halle 1986 noch gelungen war. Und diese Vorfälle waren keine Einzelfälle.

Am 1. November 1987 wurde in Oranienburg, am Ort des ehemaligen Konzentrationslagers Sachsenhausen, eine neunköpfige Skinhead- Gruppierung verhaftet. Diese hatten über drei Jahre (!) hinweg nahezu ungestört in Zügen, Gaststätten und auf offener Straße Menschen überfallen. Die Gruppe wäre »bandenmäßig organisiert nach dem Beispiel westlicher Skinheads vorgegangen«, hieß es in der Anklageschrift. Im Mai 1988 wurden zwei Afrikaner im Personenzug von Riesa nach Elsterwerda im Bezirk Dresden angepöbelt. Ein

Mosambikaner wurde aus dem fahrenden Zug geworfen und schwer verletzt. Ende Juni 1988 wurde in Dresden der Anführer einer Skinhead-Gruppierung wegen Verbreitung faschistischen Gedankenguts und Rowdytum zu zwei Jahren Haft verurteilt. Das Kreisgericht Königs-Wusterhausen bei Berlin verurteilte Ende Juli 1988 vier Neonazis wegen Rowdytum zu Freiheitsstrafen zwischen zwölf und neunzehn Monaten. Im August 1989 wurden elf Mitglieder der in Wolgast im Bezirk Rostock bestehenden »SS-Division Walter Krüger« im Alter zwischen 16 und 38 Jahren verhaftet. Die straff organisierte »SS-Division«, darunter angesehene Bürger der Stadt, Lehrer und Beamte, hätte sich – so die Anklage im Februar 1990 – zusammengeschlossen, um den Faschismus, Revanchismus und Militarismus zu verherrlichen. Im Frühsommer 1989 wurden in Ost-Berlin vier junge Männer verurteilt, die im Stadtzentrum mehrere Afrikaner brutal zusammengeschlagen hatten, in Erfurt wurde ein Mädchen gewaltsam mit einem Judenstern markiert.

Offiziellen Zahlen zufolge gab es 1988 44 Verfahren wegen rechtsextremer Gewaltakte, bis zum Fall der Mauer am 9. November schon 144. Die Kripo zählte für 1988 185 Vorgänge und für 1989 knapp 300. Die Dunkelziffer ist jedoch sehr groß. Nicht selten nahmen zuständige Polizeiinspektionen entsprechende Anzeigen gar nicht auf oder die Polizei blieb bei Angriffen auf Punks, Grufties, Ausländer etc. passiv.

Die Anfänge neonazistisch und antisemitisch motivierter Beschimpfungen und Übergriffe reichen jedoch viel weiter zurück. In den Fußballstadien war es in den 70er Jahren schon gang und gebe, vermeintliche Fehlentscheidungen des Schiedsrichters mit Rufen wie »Juden raus« oder »Wenn das der Führer wüßte ...« zu quittieren. Schlachten mit gegnerischen Fans waren an der Tagesordnung. 1980 gab es beim Lokalderby im Leipziger Zentralstadion bei Ausschreitungen zwischen verschiedenen Fangruppen sogar einen Toten. Mitte der 80er Jahre zogen Fangruppen im Gleichschritt zu den Stadien und skandierten rechte Parolen. Für die Saison 1987/88 registrierte die Stasi 1.099 solcher »Störhandlungen«. Im April 1988 setzte die Leipziger Polizei bei Ausschreitungen zwischen Fans von Union Berlin und dem FC Leipzig erstmals Gummigeschosse ein.

Übergriffe auf Ausländer waren in der DDR schon Anfang der 60er Jahre zu verzeichnen. Mit der Aufnahme griechischer Partisanen hatte die DDR ihre »ausländerfreie« Phase beendet, vorher konnte latente Ausländerfeindlichkeit sich mangels geeigneter Opfer nicht manifestieren. Chilenen, die nach dem Pinochet-Putsch von der DDR aufgenommen worden waren, sahen sich zum Teil heftigen Diskriminierungen ausgesetzt. Ende der 70er Jahre häuften sich Hakenkreuzschmierereien an Hauswänden.

Nach einer Einschätzung des Bundes deutscher Kriminalbeamter (BDK) der DDR traten seit 1981 »innerhalb informeller Gruppierungen junger Menschen, sowohl im Bereich gewalttätigen Fußballanhangs, von Punk-, Heavy metal und anderer subkultureller Spektren personale Träger nationalistischer, rassistischer und antisemitischer Ideologiemomente in Erscheinung«. Ab 1983 begann sich die Szene zu organisieren. Insbesondere die Frage der deutschen Teilung, die Wiederherstellung des Deutschen Reiches in den Grenzen von 1938, der Haß gegen die Siegermächte des Zweiten Weltkrieges, Reisefreiheit, Arbeitsdisziplin und Schlamperei in der Wirtschaft waren die Themen der Skins und sogenannten Nazi-Punks. Klassische DDR-Tabuthemen wurden also mit rechten Inhalten besetzt. Darüberhinaus entstanden netzwerkähnliche Strukturen zu gleichgesinnten Gruppen.

Ehemals aus der DDR stammende, aber ausgetauschte oder freigekaufte rechtsextremistische Straftäter pflegten aus der Bundesrepublik heraus den Kontakt mit ihren alten »Kameraden«. Dazu gehörte Axel Heinzmann, der schon Mitte der 70er Jahre zusammen mit dem Nürnberger Karl-Heinz Hoffmann zum Prügeln antifaschistischer Demonstranten losgezogen war. Die Truppe von Karl-Heinz Hoffmann war ein Sammelbecken für Ex-DDR'ler. Die wenigsten von ihnen kamen per Flucht. Ralf Rößner und Uwe Behrendt wurden 1974 aus der DDR als politische Häftlinge freigekauft, Uwe Mainkas und Rudolf Klingers Wege in den Westen sind nie geklärt worden. Auch der Westberliner Arnulf Priem, Anführer der Kampfgruppe Priem und Chef von Wotans Volk, saß drei Jahre in DDR-Haft, bevor er 1968 per Austausch in den Westen kam.

Die Michael Kühnen nahestehende Kaderzeitung *Die neue Front-W* schreibt im Januar 1990 unter der Rubrik »Bereich Ost«, daß ihnen die »Existenz eines NS-Untergrunds in der DDR schon seit Jahren bekannt« gewesen wäre. »Die hohe Zahl von Aus- und Übersiedlern in unseren Reihen bedeutete für uns auch das stetige Fließen von Nachrichten über den NS-Freiheitskampf.«

Das DDR-Innenministerium kam in einer Pressemitteilung im Dezember 1989 zu dem Schluß, daß die »Hauptaktivitätsphase der Skinheadgruppierungen in der DDR die Jahre 1984 bis 1987« war. 1986 gründete sich beispielsweise die Lichtenberger Front, aus der 1988 die konspirativ agierende »Bewegung 30. Januar« und später die Nationale Alternative (NA) entstand. Die Ostberliner Soziologin Gunhild Korfes spricht in dieser Phase, also 1986/87, von einer »gewissen Differenzierung zwischen Bewegungselite, Aktivitäts- und Sympathiepotential«.[1] Es entstanden Gruppierungen, die sich selbst »Naziskins« oder »Faschos« nannten. Die sogenannten »Faschos« wollten nicht mehr auffallen um jeden Preis. Sie paßten bewußt ihr Outfit der Umgebung an und entwickelten eine »hohe Gruppendisziplin und konspirative Verhaltensformen«. Bei diesem Prozeß dürften die hohen Strafen der ersten Skinhead-Prozesse zumindest eine verstärkende Rolle gespielt haben. Die »Faschos« operierten von nun an in kleinen Gruppen zwischen sechs und zwölf Personen, suchten auf Dachböden von alten Häusern oder auf Kampfplätzen des Zweiten Weltkriegs nach funktionstüchtigen Waffen und knüpften Kontakte in der gesamten DDR. »Dem unpolitischen Betrachter, dem Kleinbürger zumal, erschienen sie offenbar als arbeitsame, ordentliche, disziplinierte junge Mitbürger, die nicht einfach in den Tag hinein gammelten«, beschrieb der DDR-Filmemacher und spätere Bündnis 90/Die Grünen-Bundestagsabgeordnete Konrad Weiß diesen Strategiewechsel.

1987 ging die Stasi von 800 rechtsextremen Aktivisten und 38 rechtsextremen Gruppen aus. Ende der 80er Jahre zählte man in der DDR etwa 1.000 bis 2.000 Nazi-Skins. Der in West und Ost so gern angeführte Erklärungsansatz, soziale Herkunft, unsichere Perspektiven, Arbeitslosigkeit etc. wären entscheidend für die Tendenz nach rechts außen, bestätigte sich zumindest für diese Phase der DDR nicht. Eine von Loni Niederländer anhand von Strafakten jugendlicher Skinheads erstellte Untersuchung zeigte, daß nur 15 Prozent der Jugendlichen zum Zeitpunkt der Straffälligkeit ohne erlernten Beruf waren. Ihr Bildungsweg war üblich für die DDR und auch der sozialen Herkunft nach gab es keine biographischen Besonderheiten. »Rund drei Viertel der Probanden wurden in ihren Arbeitskollektiven als geachtete Mitglieder eingeschätzt. Ein Teil von ihnen bekleidet Funktionen wie FDJ-Sekretär der Lehrlingsgruppe, Vertrauensmann der Gewerkschaft.«[2] Diese unauffälligen, guten Arbeiter, die Alkohol nur in Maßen tranken, ihren Körper trainierten, einen ausgeprägten Leistungswillen besaßen und sich scharf gegen »Schmuddel- und Saufpunks« abgrenzten, hatten in Prozessen nie Schwierigkeiten, einen Fürsprecher aus dem »Arbeitskollektiv« zu finden und damit strafmildernd davonzukommen.

Insbesondere im Verlauf der 80er Jahre vergrößerten sich in der DDR-Wirtschaft die Schwierigkeiten bei der Materialversorgung. Normale Arbeitszeiten konnten oft nicht mehr gewährleistet werden, das System der frisierten Abrechnungen und der Schwarzgeschäfte florierte. So »disziplinierte Arbeiter« wie die DDR-Faschos gingen deshalb zum DDR-Gesellschaftssystem auf Distanz. Eine Systemopposition waren sie jedoch nicht. Ihr oppositoneller Charakter erschöpfte sich oft darin, daß ihnen das autoritäre System der DDR zu lasch und die DDR für ihr angestrebtes Deutschland zu klein war. Im Nachhinein trauerten viele von ihnen sogar der DDR nach.

Diese Faszination für das DDR-System hatte selbst westdeutsche Neonazis erreicht. In der Oktober-Ausgabe 1990 ihrer internen Zeitschrift *Aufbruch* nahm die Organisationsleitung der Nationalistischen Front (NF) Stellung zur Wiedervereinigung. »Die DDR existiert nicht mehr. Grund zur Freude? Sicher nicht!« Für die NF war klar, daß das »bessere Deutschland« im Osten war. Die NF beklagte, daß nach der Grenzöffnung die »westlichen Werte mit voller

Breitseite« in die DDR kämen. Die BRD hätte »von Anfang an auch Geist, Seele und Kultur unseres Volkes zerstört«. 40 Jahre realer Sozialismus waren für die Nationale Front vom Ergebnis her eine »Atempause für völkische Substanz, Kultur und Sitte unseres Volkes«. Sie lobten den Mauerbau als »Bollwerk gegen die zersetzenden Einflüsse des Westens«. »Die sogenannte ›Wiedervereinigung‹ ist der Sieg der geistigen und kulturellen Entartung über einen weiteren Teil unseres Volkes.«

Die Werte der Rechtsextremisten – Disziplin, Ordnung und Sauberkeit – waren auch die Werte des DDR-Sozialismus. Die Neonazis brachten zwar das Ansehen des Staates in Gefahr, deswegen mußte verschleiert werden, durfte nichts nach außen dringen, im Inneren störten sie nicht allzu sehr. Im Gegenteil. Sie waren sogar der Aufrechterhaltung von Ruhe und Ordnung außerordentlich dienlich. So war es kein Wunder, daß Volks- und Transportpolizisten (Bahnhofspolizei) in der Regel relativ gelassen zusahen, wenn ordentlich aussehende Skins auf »schmuddelige« Punks losgingen.

Und es blieb nicht nur beim Wegschauen. Bei den Vorgängen am 40. Geburtstag der DDR am 7./8. Oktober 1989, wo insgesamt 1.047 Bürger festgenommen und zum Teil schwer mißhandelt worden waren, arbeiteten Skins direkt mit der Polizei zusammen. Sie empfahlen sich nach dem Ende der offiziellen Feierlichkeiten als erprobte Schläger. Das gleiche galt für die 750-Jahr-Feier von Ost-Berlin 1988. Damals säuberten Skins die Straßen Berlins von Punks und »Gammlern«.

Die immer als »politische Randgruppe« bezeichneten Skinheads zeigten große Bereitschaft, sich für einen längeren Dienst in der Nationalen Volksarmee (NVA) zu verpflichten. Doch der Weg ging auch umgekehrt. Als Ergebnis seiner langjährigen Forschungen stellte der Rechts- und Kriminalsoziologe Wolfgang Brück, damals Abteilungsleiter des Leipziger Zentralinstituts für Jugendforschung, fest, daß NVA-Wehrpflichtige, -Zeitsoldaten und auch Offiziersanwärter zum wichtigen Rekrutierungsfeld rechtsradikaler Gruppierungen zählten.[3] Neben der NVA standen bei den Skins und Faschos auch die paramilitärische Gesellschaft für Sport und Technik, das Berliner Wachregiment Felix Dschershinski oder die FDJ-Ordnergruppen hoch im Kurs.

Zudem hatte ein nicht unbedeutender Anteil der rechten Aktivisten Eltern aus der mittleren Funktionärsebene von Partei, NVA, Ministerium für Staatssicherheit (MfS) und Polizei. Der Vater des schon bei dem Angriff auf die Zionskirche und später der Nationalen Alternative (NA) aktiven Andre Riechert z.B. war als MfS-Major in Berlin zuständig für Rechtsextremismus. Ganz davon abgesehen, daß die Stasi eine äußerst dubiose Rolle beim Umgang mit bundesdeutschen Rechtsextremisten und -terroristen spielte. So schändeten Stasi-Mitarbeiter 1959/60 jüdische Friedhöfe in westdeutschen Städten, um die BRD in Verruf zu bringen. So fanden die von der BRD gesuchten Rechtsterroristen Udo Albrecht und Odfried Hepp Unterschlupf in der DDR und arbeiteten für das MfS.

Ungeachtet solcher Vorkommnisse tönte im Juni 1989 Erich Honeckers Ehefrau Margot, damals im Range einer Ministerin für Volksbildung, auf dem IX. Pädagogischen Kongreß der DDR in Ost-Berlin, voller Stolz: »Die Saat, die die Pädagogen unseres Landes ausbrachten und täglich neu ausbringen, sie ist aufgegangen.«

Daß die Saat bei weitem nicht so aufgegangen war, wie es sich die SED-Spitze erhofft hatte, war in der DDR nicht nur ein offenes Geheimnis, sondern auch empirisch belegt. Das Zentralinstitut für Jugendforschung in Leipzig erforschte die DDR-Jugend gründlich. Die Ergebnisse sprachen für sich, jeder in der Staatsführung konnte sie kennen, wenn er nur wollte.

So kam im Oktober 1987 Walter Friedrich zu dem Ergebnis, daß sich gegenüber den 70er Jahren »heute entschieden weniger ältere Schüler und Lehrlinge einschränkungslos zum Sozialismus« bekannten. 1985 fühlten sich nurmehr neun Prozent der Befragten »ohne Einschränkungen als Kommunist«. Zehn Jahre zuvor war dies noch bei 22 Prozent der Fall. Dagegen wollten sich 74 Prozent (1985) eine schöne Wohnung einrichten (1975 50 Prozent) und 40 Prozent Mode und Luxus leisten (1975 26 Prozent).[4]

Zur »Vertraulichen Verschlußsache« wurde die Studie zu »Politisch-historischen Einstellungen der Jugendlichen 1988« von Wilfried Schuberth erklärt. Demnach stimmten insgesamt elf Prozent der Jugendlichen der Aussage zu, daß der Faschismus »auch seine guten Seiten« gehabt hätte. Sie dachten dabei an »Autobahnen«, die »damalige Vielfalt an Motorrädern und PKWs« oder die »Reduzierung der Arbeitslosenzahlen«. Sechs Prozent der Befragten glaubten, daß »Adolf Hitler nur das Beste für das deutsche Volk« gewollt hätte. Nur 57 Prozent würden zudem alles ihnen Mögliche tun, damit sich so etwas wie der Faschismus nicht wiederholen könnte.[5] Und da hatte Volksbildungsministerin Margot Honecker auf dem IX. Parteitag der SED die Phase der antifaschistischen Erziehung für abgeschlossen erklärt.

»Im Unterschied zur BRD wurde im sozialistischen deutschen Staat der Faschismus mit allen seinen Wurzeln, mit Stumpf und Stiel ausgerottet«, schrieb die Auslandspresseagentur der DDR im März 1989 in einer Broschüre über Neonazis im Westen. Die »Zerschlagung des Faschismus« und vor allem die »konsequente Entnazifizierung« beanspruchte die DDR allein für sich, der BRD wurde der Nationalsozialismus als Erblast zugeteilt. Daß die Entnazifizierung in den Westzonen halbherzig durchgeführt worden war, daß entscheidende Positionen in Industrie, Verwaltung, Politik und Justiz sehr schnell wieder mit altgedienten Nationalsozialisten besetzt worden waren, ist eine Tatsache, die wohl kaum noch abgestritten wird. Aber wie war es in der DDR?

Bis zum offiziellen Ende der Entnazifizierung am 10. März 1948 waren dort insgesamt 520.734 Ex-NSDAP-Mitglieder aus ihren Ämtern und Positionen entfernt worden. Doch schon im Februar 1947 hatte SED-Chef Wilhelm Pieck eine deutlichere Unterscheidung von sogenannten nominellen NSDAP-Mitgliedern und aktiven Nazis gefordert. Erstere wären »vorwiegend werktätige Massen, die wir nicht von uns stoßen, sondern die wir auf das engste an uns heranziehen und an der Aufbauarbeit beteiligen« müßten.

Walter Ulbricht hatte die Beendigung der Entnazifizierung damit begründet, daß die Säuberung der Verwaltung abgeschlossen, die Bodenreform realisiert und die Betriebe der Nazi- und Kriegsverbrecher enteignet worden wären. Da in der offiziellen DDR- Geschichtsschreibung allein die Faschismusdefinition von Dimitroff gültig gewesen war, wonach Faschismus als »die offene terroristische Diktatur der reaktionärsten, am meisten chauvinistischen, am meisten imperialistischen Elemente des Finanzkapitals« verstanden wurde, waren demnach mit Bodenreform und Zerschlagung des Monopolkapitals die Grundlagen des Faschismus zerstört. »In der neuen Periode des Aufbaus kann nicht mehr die frühere Organisationszugehörigkeit der Maßstab für die Beurteilung des Einzelnen sein, sondern die ehrliche aufopferungsvolle Arbeit«, läutete deshalb Ulbricht das Ende der Vergangenheitsbewältigung in der DDR ein. So wurden aus Mitläufern und auch NSDAP- Parteimitgliedern verdiente Kämpfer für den Aufbau des Sozialismus, sofern sie die deutschen Werte wie Leistung, Arbeit, Fleiß, Disziplin und Ordnung verinnerlicht hatten. Schon im Mai 1948 erhielten die Ex-NSDAP-Mitglieder mit der Konstituierung der National-Demokratischen Partei Deutschlands (NDPD) sogar eine Plattform zur politischen Betätigung.

Parallel zur Eingliederung der Mitläufer und nominellen Parteimitglieder in die neue Gesellschaft erfolgte eine Heroisierung der Arbeiterklasse und des antifaschistischen Widerstands der KPD. Antifaschistische Jugendgruppen, Juden, Deserteure, Roma und Sinti, Homosexuelle und christlicher Widerstand wurden völlig aus dem antinazistischen Widerstand ausgegrenzt. Die Arbeiterklasse bekam den Mythos des antifaschistischen Kämpfers zugesprochen, als sei sie gleichsam naturgemäß als Klasse immun gegen nationalsozialistische Ideologie. Die Anfälligkeit der »revolutionärsten Klasse in der Geschichte der Menschheit« für nationalsozialistische Ideologie wurde tabuisiert. Die über 13 Millionen Stimmen, die die NSDAP bei den Wahlen im Juli 1932 erhalten hatte, wurden nicht hinterfragt.

Per Definition hatte damit der »Arbeiter- und Bauernstaat« DDR mit dem Faschismus nichts zu tun, die SED laut Parteiprogramm als »Erbin alles Progressiven in der Geschichte des deutschen Volkes« sowieso nicht. Der 3. Parteitag der SED im Juli 1950 traf die Feststellung, in der DDR wären »die Wurzeln des Faschismus ausgerottet worden«. »Wer mit der Sowjetunion und den anderen Ländern geht, der befindet sich auf der historisch erprobten Straße des sicheren Siegers«, befand Walter Ulbricht im Juni 1964. Jeder DDR-Bürger konnte sich nun als Sieger fühlen, die »Schmach« der Niederlage war getilgt, die eigene Vergangenheit war passé.

Spätestens mit Beginn des Kalten Krieges wurde der Antifaschismus von der DDR zur Legitimiation des Systems benutzt und auch mißbraucht. Er wurde inhaltsleer, »staatlich verordnet« (Ralph Giordano) und zur Staatsreligion erhoben. Und er wurde zum Ritual: Treffen mit ehemaligen Widerstandskämpfern, Klassenausflüge ins KZ und Besuche von Mahn- und Gedenkstätten als Vorbereitung auf die Jugendweihe, sowie verordnete Kundgebungen von den Jungen Pionieren bis zur SED.

Bei der Metamorphose von Tätern und Mitläufern zu den »Siegern der Geschichte« blieb jedoch die Mehrzahl der Opfer eben dieser Geschichte auf der Strecke. Geschichte wurde so lange geglättet und umgeschrieben, bis die Darstellung des Holocausts in der offiziellen Geschichtsschreibung des Nationalsozialismus so gut wie keine Rolle mehr spielte. Die Gründung des Staates Israel wurde in keinster Weise mit dem Holocaust in Verbindung gebracht, sondern ausschließlich als »Einordnung in die Pläne des USA-Imperialismus im Nahen Osten« gesehen. Israel als »imperialistischer Vorposten im arabischen Raum« sollte fortan die offizielle Sprachregelung heißen.

Die von Stalin Anfang der 50er Jahre initiierten antizionistischen Kampagnen setzten sich in der DDR fort. In den Personalakten des MfS wurden Vermerke »Jude« oder »Halbjude« geführt. Ende 1952 wurden die Büros der Jüdischen Gemeinden durchsucht und Akten beschlagnahmt. Mit Paul Merker, einem Mitglied des SED-Politbüros, glaubte die DDR-Staatsführung dann im Dezember 1952 einen »zionistischen Agenten« entlarvt zu haben. Mitte Januar flüchteten aufgrund dieser antizionistischen Kampagne etwa 400 Juden in den Westen, darunter die Vorsitzenden der Jüdischen Gemeinden von Ost-Berlin, Dresden, Erfurt und Leipzig.

Wiedergutmachung für Israel kam für die DDR nicht in Frage. Professor Friedrich Kaul gab schon im April 1961 als offizieller Beobachter der DDR während des Eichmann-Prozesses dafür eine deutliche Begründung: »Die DDR leistet eine besondere Art der Wiedergutmachung. Sie besteht darin, daß wir die Nazis aus ihren Stellungen entfernt haben und daß ein Nazi in der DDR zu keiner wichtigen Position gelangen kann.«

Welch ein Trugschluß! 1968 hatte der Wiener Simon Wiesenthal der Öffentlichkeit eine Liste mit den Namen von 39 zum Teil hochrangigen Mitarbeitern der DDR-Publizistik präsentiert. Sie alle wiesen eine eindeutig nationalsozialistische Vergangenheit auf. Wiesenthals Liste enthält den Leiter des Presseamtes beim Vorsitzenden des Ministerrats der DDR und damit zuständig für die Nachrichtenagentur ADN, den Rektor der deutschen Akademie für Staats-

und Rechtswissenschaft »Walter Ulbricht« und auch den stellvertretenden Chef des *Neuen Deutschland*[6] - alles vor 1945 glühende Nationalsozialisten mit Amt und Würden.

Anlaß für Wiesenthals Bericht zu »Nationalsozialistischen Elementen in Presse und Propaganda der Deutschen Demokratischen Republik« war die Berichterstattung der DDR-Medien nach dem Sechs-Tage-Krieg gegen Israel. Wiesenthal fühlte sich in Berichterstattung und Terminologie der DDR-Presse an den »Völkischen Beobachter«, den »Stürmer« und die »Deutsche National- und Soldaten- Zeitung« des DVU-Vorsitzenden Gerhard Frey erinnert. Sein Fazit fiel für die DDR-Medien vernichtend aus: »Wenn man in den Kommentaren der DDR-Blätter das Wort ›Israel‹ durch ›Jude‹ sowie ›fortschrittliche Kräfte‹ durch ›Nationalsozialismus‹ ersetzte, glaubte man plötzlich eine Vorlage aus Goebbels Propagandaministerium vor sich zu haben. Die Ähnlichkeit der Gedanken und Begriffe ergab sich aber auch, wenn man den umgekehrten Weg ging und probeweise Artikel aus der NS-Zeit mit Vokabeln aus dem DDR-Wortschatz ausstattete.«[7]

Der Antisemitismus konnte in der Staatsdoktrin des Antizionismus ausgezeichnet überdauern und sich fortentwickeln. So blieb »Jude« in der DDR ein unwidersprochenes Schimpfwort, jüdische Friedhöfe wurden zerstört, Brandanschläge auf jüdische Einrichtungen verübt und in rechtsextremistischen Kreisen kursierten »Schwarze Listen« über jüdische SED-Funktionäre. Eine von der Universität Erlangen-Nürnberg durchgeführte repräsentative Untersuchung zum Thema Antisemitismus in den fünf neuen Ländern kam 1991 zu dem Ergebnis, daß 15,3 Prozent der DDR-Schüler glaubten, daß es Fehler gäbe, »die den Juden im Blut« lägen. Jeder zehnte DDR-Bürger war sich sicher, daß man »Juden am Aussehen erkennen« könnte und 11,6 Prozent glaubten felsenfest, daß »Juden mehr mit Tricks arbeiten als andere«.

Bei jeder Kundgebung in der DDR wurden die Prinzipien des »proletarischen Internationalismus« und der »internationalen Solidarität« hochgehalten. Ihre »Freundschaft zu anderen Völkern« bekräftigte die DDR nicht nur mit den Staaten des Warschauer Pakts, sondern auch mit den zwischen 1975 und 1980 abgeschlossenen Verträgen u. a. mit Äthiopien, Angola, Kuba, Vietnam oder Mosambik. Sie bildeten auch die Basis für die aufgrund von Regierungsabkommen in die DDR geholten ausländischen Arbeitskräfte. Mit etwa 90.000 stellten sie das Gros der 191.000 in der DDR lebenden AusländerInnen (Stand 31.12.1989). Mit einem Anteil von 1,2 Prozent an der Wohnbevölkerung war die Ausländerquote in der DDR verschwindend gering.

Die Unterbringung und die Arbeitssituation der angeworbenen Arbeiter aus den befreundeten Staaten sprach dem Prinzip des »proletarischen Internationalismus« jedoch Hohn. Die Ausländer wohnten abgeschirmt in Wohnheimen, meist am Stadtrand oder in den berühmten DDR-Plattenbausiedlungen.

Die Ghettoisierung wurde durch ein rigides System von Verboten und Reglementierungen noch einmal unterstrichen. So legte der Ministerrat einen Platzbedarf von mindestens fünf Quadratmetern pro Person fest. Das Mindestmaß wurde zur Norm. Die Rahmenrichtlinien der Verträge legten fest, daß Ehepaare für ihren Fünfjahresaufenthalt in der DDR keinen Rechtsanspruch auf eine gemeinsame Unterbringung hatten. Besuche in den Wohnheimen waren verboten bzw. streng reglementiert. Ein Pförtner war zur Kontrolle da. Die Abschiebung in die Heimat im Falle einer Schwangerschaft wurde in der Regel sofort eingeleitet. Die aus »Völkerfreundschaft« aufgenommenen ausländischen Arbeiter wurden meist an Arbeitsplätzen eingesetzt, die DDR-Bürger nicht haben wollten und ungeachtet ihrer Qualifikation in Lohngruppe IV für ungelernte Tätigkeiten eingestuft. Zudem ließ die DDR-Führung es zu, daß die Bevölkerung für den Mangel an Konsumgütern und Wohnungen die Ausländer verantwortlich machte. So wurde man selbst nicht für Mißstände verantwortlich gemacht.

Die DDR-Bürger nannten schon lange vor der Wende Vietnamesen verächtlich »Fidschis« und Afrikaner »Kohle«. Wenn ein Afrikaner eine Gaststätte betrat, sagten einige »Licht an«. Kinder sagten auf der Straße: »Mutti, guck mal, da ist ein Affe.« Daß es nicht bei negativen Einstellungen und Äußerungen blieb, sondern diese längst handlungsrelevant werden, zeigte eine vom Kölner Institut für Sozialforschung und Gesellschaftspolitik 1990 erstellte Studie zur Ausländerfeindlichkeit in der Ex-DDR. Demnach gaben drei Viertel der befragten Ausländer an, von Deutschen beschimpft oder beleidigt worden zu sein. Ein Fünftel gab an, von Deutschen tätlich angegriffen und geschlagen worden zu sein.[8]

Die Erklärungsversuche für rechtsextreme Tendenzen und Aktivitäten im Osten fielen zu DDR-Zeiten spärlich aus. Sehr beliebt war die These, das Skinhead-Phänomen wäre aus dem Westen »übergeschwappt«. Der Begriff »Rechtsradikalismus« oder »-extremismus« oder gar »Neonazismus« wurde gemieden.

Einer der ersten, der sich außerhalb des wissenschaftlichen Rahmens öffentlich mit dem Rechtsextremismus in der DDR beschäftigte, war der Filmemacher Konrad Weiß. Er trat im Juni 1988 mit seinem Beitrag in der evangelischen Wochenzeitung *Die Kirche* an die Öffentlichkeit. Gleich nach Andruck wurde dieser vom Presseamt beim Ministerrat der DDR verboten. Weiß zog darin deutliche Kontinuitätslinien von der NS-Zeit zur DDR Ende der 80er Jahre. »Die Skinheads sind die Enkel und Urenkel der Hitlerwähler und Blockwarte und Mitmarschierer unter uns. Sicher, die Skinhead-Mode ist von draußen gekommen, die Skinhead-Ideologie aber hat hier keimen und wachsen können«, schrieb er den SED-Funktionären ins Stammbuch. »Sie alle sind in diesem Land geboren, sind in unseren Kindergärten und Schulen erzogen worden«, wandte sich Weiß gegen die staatlichen Verschleierungsmechanismen und gegen die Version des West-Imports.[9]

Im Januar 1990 bei der zweiten Fassung seines Textes hatte Weiß dann unter dem Titel *Die neue alte Gefahr* die Schwerpunkte schon anders gesetzt. Er machte den autoritären Charakter des DDR-Staates und einen »Mangel an nationaler Identität«, entstanden durch die »künstliche Konstruktion der ›sozialistischen Nation‹«, in der der seinem Nachbarn überlegene, arbeitsame, ordentliche Deutsche in der DDR kultiviert worden wäre, für die Attraktivität neofaschistischer Ideologie für die Jugend verantwortlich.[10] Bei anderen, wie beispielsweise dem Ost-Berliner Pfarrer Rudi Pahnke, Leiter der Kommission für kirchliche Jugendarbeit der Evangelischen Kirche der DDR, ging das Verstehen der rechtsextremen Täter soweit, daß er die Skins auf ihre Art bewunderte: »An den rechtsextremistischen Jugendlichen ist auffällig, daß sie die Autonomie gelebt haben. Das ist etwas sehr positives. Die Jugendlichen haben sich selbst behauptet. Sie haben massiv um ihre eigene Existenz gekämpft.«[11] Gegen wen sie sich behauptet haben und gegen wen sie gekämpft haben, interessiert in dieser Betrachtungsweise nicht mehr.

Andere, wie der Bielefelder Pädogogik-Professor Wilhem Heitmeyer, machten das »Durcheinanderwirbeln« der Menschen »aufgrund von offenen Grenzen, Mobilitätsmöglichkeiten, aber auch – zwängen« für den Ausbruch rechtsextremer Gewalt nach der Grenzöffnung verantwortlich.[12] Doch nur wenige brachten es so auf den Punkt wie Torsten Schulz im April 1990 im *Anzeiger*, der Ostberliner *Wochenzeitung für Politik, Kultur und Kunst*: »Natürlich haben Denken und Tun dieser Rechtsradikalen letztlich etwas Pathologisches und zugleich im deutschen Spießer- und Kleinbürgertum Verankertes. Der Kleinbürger wie auch der rechtsradikale Jugendliche sind in der Regel ordentliche, pünktliche usw. Mitbürger (›deutsche Eigenschaften‹ eben). Beide haben streng genommen die gleichen Feindbilder; der Kleinbürger ist weniger ausschließlich und versteckter fixiert. Gemeinsam ist ihnen überdies die dumpfe Lust an der Gemeinschaftlichkeit (…) Der rechtsradikale Jugendliche, möchte ich behaupten, ist die Verlängerung der Sehnsüchte des Kleinbürgers ins Reich der Realität.«

Mit anderen Worten: Der Kleinbürger »Marke DDR« hatte mit dem Kleinbürger »Marke BRD« mehr gemeinsam, als jedem von ihnen lieb war. Das hat nicht nur mit der deutschen Geschichte zu tun. Vergangenheitslosigkeit im Westen, staatlich verordneter, ritualisierter Antifaschismus im Osten. Auf der einen Seite die wirtschaftlichen Sieger der Geschichte, auf der anderen die moralischen: jeder glaubte, ohne eigenes Zutun auf der richtigen Seite zu stehen. Hier wie dort Antisemitismus, zum einen eingebunden in den Antizionismus, zum anderen Antisemitismus gerade wegen Auschwitz, weil die überlebenden Juden als ständige Erinnerung deutscher Vernichtungswut die Illusion zerstören, es sei ja alles nicht so schlimm gewesen, und damit den so sehnlichst gewünschten Schlußstrich unter die Vergangenheit behindern. Hier wie dort rassistische Ausgrenzungspraxen, hier wie dort kaum Unterschiede in der Behandlung von ausländischen Arbeitskräften und Flüchtlingen. Jeder glaubte von sich, der bessere Deutsche gegenüber den »Fremden« zu sein, und wurde in seinem Glauben durch die offizielle Politik bestärkt.

Nach der Wiedervereinigung

Nach der Wiedervereinigung haben sich auch die rassistischen Tendenzen, verstärkt durch Träume von neuer deutscher Stärke und Dominanz, wiedervereinigt. So begleiteten rassistische Töne auch schnell die Montagsdemonstrationen in den DDR-Städten nach dem Fall der Mauer. Ab Mitte Dezember 1989 verteilten u. a. in Leipzig westdeutsche Funktionäre der Republikaner (REP) ihre Flugblätter mit der Forderung nach deutscher Wiedervereinigung und dem Plädoyer, die Grenzfrage sei »offen«. Ab Anfang 1990 tummelten sich Vertreter der verschiedensten neonazistischen Organisationen wie der FAP, der Nationalistischen Front, der Wiking Jugend oder der NPD bei den Montagsdemonstrationen.

1990 eskalierten die Auseinandersetzungen. Im Rahmen einer Strafamnestie waren zum Jahresende 1989 über 100 vor der Wende wegen rechtsextremistischer Straftaten Verurteilte entlassen worden. Darüber hinaus gewannen die nationalistischen Töne, angeheizt nicht nur von der Deutschen Sozialen Union (DSU), den REP und den auf dem Gebiet der DDR agierenden westdeutschen Burschenschaftlern, an Schärfe. Gegnern einer schnellen Annexion der DDR an die BRD wurde das Fürchten gelehrt. Sie wurden am 22. Januar in Leipzig als »Stasi-Schweine« beschimpft und mit dem Ruf »Rote raus aus der Demo« durch die Stadt gejagt. An den mittlerweile etwa 150.000 Demonstranten umfassenden Kundgebungen beteiligten sich bis zu 2.000 Neonazis und Skins. Sie bildeten ab Mitte Januar separate Blöcke und zogen unter der Reichskriegsflagge bzw. der REP- Parteifahne durch die Straßen Leipzigs. Dabei skandierten sie »Deutschland den Deutschen«, »Ausländer raus«, »Gysi, Modrow an die Wand« und sangen das Horst-Wessel-Lied. Eine Woche später, am 29. Januar, gründete sich in Leipzig unter Anleitung der bayerischen REP-Funktionäre Franz Glasauer und Reinhard Rade der erste Kreisverband der REP in der DDR.

Neben den Montagsdemonstrationen fielen Fußballstadien als Ausgangsorte neofaschistischer Gewalt besonders auf. Nahezu an jedem Wochenende des Jahres 1990 starteten Hooligans insbesondere vom Berliner FC (vormals BFC Dynamo) zur Hatz auf Linke und AusländerInnen sowie zum Sturm auf besetzte Häuser. Ausgangspunkt und Zentrale war dabei fast stets die Weitlingstraße 122 in Ost-Berlin, der Sitz der Nationalen Alternative (NA).

Geschichte und Analyse dieser Nationalen Alternative und auch der Deutschen Alternative (DA) zeigen, daß die beiden Erklärungsansätze, der Rechtsextremismus im Osten wäre reiner Westimport und der Rechtsextremismus in der Ex-DDR wäre nur hausgemacht, die Politik der SED hätte ihn also allein zu verantworten, zu kurz greifen. Beide Momente spielten zusammen. So konnte die in Ost-Berlin ansässige NA, die Anfang des Jahres 1990 durch ihr Zentrum in der Weitlingstraße in Lichtenberg zu zweifelhafter Berühmtheit gelangt war, wie andere Gruppen im Osten auch auf Strukturen aufbauen, die schon Mitte der 80er Jahre entstanden waren. So hatten aber auch bundesdeutsche Neonazis, allen voran der Flügel um Michael Kühnen, die NA über den sogenannten »Aufbauplan Ost« in ihr Konzept zur Eroberung der DDR eingebunden und entsprechende Gründungen personell sowie finanziell vorangetrieben.

Anfang des Jahres 1990 wurde in der Lichtenberger Türrschmidtstraße ein Haus besetzt – nicht von Linken oder Alternativen, sondern von Rechten. Die Besetzer bekamen von der Kommunalen Wohnungsvermittlung ein Ausweichobjekt angeboten, die Weitlingstraße 122. Kurz darauf waren insgesamt vier Objekte in Lichtenberg von Neonazis besetzt. »Da entwickelt sich vielleicht eine Art Hafenstraße der Rechten«, frohlockte der Anführer der Hamburger Nationalen Liste und Kühnen-Gefolgsmann Christian Worch, und begab sich selbst vor Ort. Der Wiener Gottfried Küssel, seines Zeichens »Bereichsleiter« der 1985 von österreichischen Neonazis gegründeten Volkstreuen Außerparlamentarischen Opposition (VAPO), bezeichnete das Haus als »Fanal für ganz Deutschland«. Küssel und sein »Kamerad« Günter Reinthaler, damals VAPO-Gauleiter von Salzburg, wohnten eine Zeit lang ständig in der Weitlingstraße. Die besetzten Häuser entwickelten sich in der Folge zum Ausgangspunkt rechtsextremistischer Überfälle und fungierten bis zum 25. Juni als Zentrale der am 1. Februar in Ostberlin gegründeten Nationalen Alternative.

Zur NA-Gründung trafen sich alte Bekannte in der Wohnung des Neonazis Andre Riechert: Frank Lutz, Franko Meyer, Mario Neumann, Ingo Hasselbach und Heiko Baumert. Alle waren gerichtsbekannt wegen rechtsextremistischer Aktivitäten. Riechert und Lutz waren schon 1987 bei dem Überfall auf die Zionskirche mit dabei. Riechert hatte dafür eine Haftstrafe von zwei Jahren kassiert, war aber wegen »guter Führung« vorzeitig entlassen worden. Frank Lutz, Arbeiter in der Druckerei der FDJ-Zeitung *Junge Welt*, wurde Vorsitzender der neuen Partei, Riechert Stellvertreter und Pressesprecher.

Die NA war nicht die erste Neonazi-Gruppierung in Lichtenberg. Schon 1986 hatten Skins dort die »Lichtenberger Front« gegründet. Zusammen mit

Westberliner Skins bildete sie den Kern des Rollkommandos gegen das Punk-konzert in der Zionskirche. Aus der »Lichtenberger Front« entstand 1988 die »Bewegung 30. Januar«, die sich den Kampf gegen Ausländer und gegen die Ausbreitung eines »undeutschen Lebensstils« zum Ziel gesetzt hatte. Nach einem Bericht der Hauptabteilung der Ostberliner Kriminalpolizei vom 20. Februar 1990 wurde die »Bewegung 30. Januar« durch »Waffendelikte, Pro-pagandastraftaten und gewalttätige Angriffe auf Ausländer« bekannt. Die Gruppe arbeitete »streng konspirativ«, richtete eine gemeinsame Kasse ein und verfügte über ein »breites Netzwerk« zu anderen in der DDR agierenden Kleingruppen. Kontakte wurden anläßlich von Fußballspielen geknüpft, dort wurden auch Informationen ausgetauscht.

Ende Februar 1990 wurde die NA vom Präsidium der Volkskammer offi-ziell als Partei registriert. Programmatisch forderte die Nationale Alternative die Herstellung der deutschen Einheit bis 1995, die Schaffung eines block-freien neutralen Deutschlands, Zuzugsbegrenzungen für Ausländer und das Offenhalten der Grenzfrage. Unterstützung bei Gründung und Formulierung des Programms erhielt die NA aus dem Westen von der Nationalen Liste (NL).

Ob Michael Kühnen, Thomas Wulff und Christian Worch von der NL in Hamburg, Günter Reintaler und Gottfried Küssel von der VAPO, Meinhard Elbing von der Nationalistischen Front, Thomas Hainke und Oliver Schwei-gert von der FAP oder der Rechtsterrorist Ekkehard Weill – die Westpromi-nenz ging in der Weitlingstraße ein und aus. »Das Haus erfüllt die Funktion eines Kommunikations- und Organisationszentrums, von dem aus die Netz-werkstrukturen sowohl ins nichtorganisierte Umfeld der Partei als auch zu anderen rechtsextremen Organisationen innerhalb und außerhalb Deutsch-lands aufgebaut und aktiv unterhalten werden«, schlußfolgerte die Ostberliner Soziologin Gunhild Korfes aus Interviews mit NA-Vorstandsmitgliedern.[13]

Laut polizeilichen Ermittlungen waren zwischen Februar und April 1990 NA-Aktivisten an Überfällen auf von Linken besetzten Häusern beteiligt. Im April häuften sich zudem am Bahnhof Lichtenberg unweit der Nazi-Zentrale aggressive Überfälle auf AusländerInnen. Da sich viele Skins und Hooligans zu wenig auf die »Gemeinschaft« orientieren und der »konsequenten Partei-disziplin« unterordnen würden, begann ab Oktober 1990 der NA-Vorstand mit einer »Säuberung« der Partei. Bis November reduzierte sich die Zahl der Mit-glieder daraufhin auf etwa 200. Der NA gelang es nicht mehr, die erforder-lichen 2.000 Unterschriften zur Teilnahme an den Wahlen zum Berliner Senat aufzubringen. Ende des Jahres gab die NA die Weitlingstr. 122 von sich aus auf.

Während einige Aktivisten der Nationalen Alternative sich auf den Weg nach Dresden machten, nahmen Ingo Hasselbach (bis Mitte Dezember Vorsitzender der NA und stellvertretender Vorsitzender der DA), Frank Lutz (im Frühjahr 1990 NA-Chef) und Heiko Baumert (NA-Gründungsmitglied) eine ABM-Stelle in einem Projekt der Lichtenberger Sozialdiakonie in der Pfarrstraße an. Hasselbach sagte damals von sich:»Wer einmal Nationalsozialist gewesen ist, der kann seine Gesinnung nicht so einfach wegschmeißen.«

Andere setzten auf die erfolgsträchtigere Version der NA, die Deutsche Alternative (DA). Sie war am 5. Mai 1989 in Bremen gegründet worden und verstand sich als Vernetzungspartei von NPD, FAP bis hin zu DVU, REP und den Kühnen-Aktivisten. Kühnen selbst war in Bremen anwesend, als der FAP-Mann Walter Matthaei (»Capitan Walter«) zum Vorsitzenden der »führenden Kraft der deutsch-alternativen Opposition« gewählt wurde. Die DA, die »deutsche Protestpartei«, plädierte für eine »humane, aber konsequente Ausländerrückführung«, für die Bestrafung von »Abtreibungen aus sozialer Not als Totschlag« und forderte die »Rückgewinnung der geraubten Ostgebiete«. Noch Ende Dezember 1989 wurden in Cottbus und Dresden DA-Ortsverbände gegründet. Beim »Reichsparteitag« am 13. Januar 1990 in der Nähe von Bonn stellte sich die DA als »erste gesamtdeutsche Partei« vor, am 16. März folgte dann der Gründungsparteitag der DA als »mitteldeutsche« Partei in West-Berlin. DA-Vorsitzender wurde dort der Dresdener Ray Träger, sein Stellvertreter der NA-Vorsitzende Ingo Hasselbach. Im April 1990 nahm der Bundeswahlleiter die DA ins Parteienregister der BRD auf. Beim ersten Landesparteitag der »mitteldeutschen« DA am 7. Juli 1990 in Kiekebusch bei Cottbus gab sich Michael Kühnen vor 120 Neonazis die Ehre.

Von Anfang an hatte Kühnen bei der DA die Fäden in der Hand gehabt. Nach dem Zerfall seiner »Bewegung« angesichts der Spaltung an der Frage der Homosexualität setzte er seine Hoffnungen auf diese neue Partei. In der Ausgabe der Kühnen-getreuen Kaderzeitung *Die Neue Front* vom 21. Januar 1990 wurde auf sechs Seiten ein detaillierter »Arbeitsplan Ost« als Ergebnis zweier Besprechungen zwischen den DA-Verbänden in Dresden und Cottbus und der Kühnen-Truppe vorgestellt. Man bekundete darin Übereinstimmung, daß »hinter allen öffentlichen und legalen Aktivitäten eine stahlharte, weltanschauliche gefestigte Kadertruppe stehen« solle. »Diese ist Teil der entsprechenden Kaderorganisation in Westdeutschland«, eben der 1977 von Kühnen gegründeten Gesinnungsgemeinschaft der Neuen Front (GdNF). Diese verstand sich als eine »Gemeinschaft von überzeugten und bekennenden Nationalsozialisten, die die Überwindung des NS-Verbots und Neugründung der NSDAP als legale Partei anstrebte. Kühnen legte Wert darauf, daß der Kader »im Untergrund« bleiben und operieren sollte. Es sollte nicht versucht werden, »möglichst viele Kameraden in den Kader zu bekommen, sondern nur weltanschaulich gefestigte Aktivisten«.

Unter dem Namen »Deutsche Alternative« sollte »möglichst rasch und möglichst umfassend eine legale ›Wiedervereinigungspartei‹« aufgebaut werden, die jedoch von den »Kadern unserer Gesinnungsgemeinschaft geprägt und geführt« werden sollte. Dem Kühnen-Flügel kam es also mit der DA darauf an, möglichst einen legalen Arm der Bewegung zu bilden. Dabei war nicht Klasse, sondern Masse entscheidend: »Für die Parteimitgliedschaft ist ein klares weltanschauliches Bekenntnis NICHT (Hervorh. i. Original) notwendig.« Der DA wurde von Kühnen auferlegt, ein eigenes DDR- Parteiprogramm auszuarbeiten, »das so gemäßigt formuliert werden muß, daß eine Registrierung als legale politische Partei möglich« wäre. Im »Arbeitsplan Ost« wurde festgelegt, daß am 24. Februar DA-Delegationen aus Dresden und Cottbus zu weiteren Unterredungen ins hessische Langen kommen sollten (»Anwesenheit der Kameradschaftsführer ist unbedingt erforderlich«). Kühnen verlangte von der Ostsektion »einmal im Monat einen Bericht zur Lage an die oberste Führung«. Im Kapitel »Alltagsarbeit« wurde festgelegt, daß sich die DA-Aktivisten an den Montagsdemonstrationen beteiligen und dabei versuchen sollten, »diese zu radikalisieren, ohne sich selber zu isolieren«. »Insbesondere sollte die Forderung WIEDERVEREINIGUNG JETZT (Hervorh. i. Original) gestellt, die soziale Frage wachgehalten und die schwarz-weiß-rote Flagge gezeigt werden!« Das Material dazu wollte die DA-West liefern.

Die Registrierung der DA in Dresden wurde zwar abgelehnt, da das Kürzel »DA« schon für den Demokratischen Aufbruch vergeben war. Die neue Gruppierung wurde dann eben nicht, wie von Kühnen vorgesehen, in Cottbus gegründet, sondern in Berlin. Der »unverfängliche Name« hieß »Nationale Alternative«, die Registrierung als Partei (s.o.) klappte reibungslos. Von Anfang an wurden in der NA nur Antragsformulare für die DA ausgegeben, Funktionsträger von DA und NA waren nahezu identisch.

Die Deutsche Alternative erzielte im Osten große Erfolge. In Cottbus hatte sie unter der Führung von Frank Hübner bald mehr Mitglieder als die SPD. In ihren Flugblättern forderte sie die »Beseitigung der Massenarbeitslosigkeit durch ein großzügiges sozialistisches Arbeitsbeschaffungsprogramm«, die »Enteignung des Großkapitals« und die »Sozialisierung der Großindustrie«. Die DA- Kameraden waren bei nahezu allen neonazistischen Massenaufmärschen Anfang der 90er Jahre in der ersten Reihe dabei. Bei vielen gewalttätigen Auseinandersetzungen gegen Flüchtlinge und Ausländer mischten sie mit. Im Dezember 1992 wurde die DA vom Bundesinnenministerium verboten. Doch bis dahin sollte noch viel geschehen.

Schon kurz nach Grenzöffnung 1989 hatten westdeutsche Neonazis den Besucheranstrom an den Grenzen genutzt, um sich in die DDR einzuschmuggeln. Kühnen hatte noch im Januar 1990 einen Auftritt im thüringischen Grenzstädtchen Mühlhausen. »Es war ein überwältigendes Erlebnis«, so der Neonaziführer zur »großen Begeisterung« der ostdeutschen Neonazis. Am 5.

Juli 1990 traf er sich auf dem Ostberliner Flughafen Schönefeld mit dem Führer der in der Bundesrepublik verbotenen NSDAP-Auslandsorganisation, dem per Haftbefehl gesuchten Gary Lauck. Beide werteten den Besuch als »große Ermutigung und Stärke des nationalsozialistischen Untergrunds«. Zwei Tage später saß Kühnen beim DA-Parteitag in Kiekebusch bei Cottbus auf dem Podium. Am 20. Oktober führte er die Demonstration von etwa 500 Neonazis durch die Innenstadt von Dresden an und kaufte im thüringischen Zimmern als Ausgangspunkt für weitere Aktivitäten ein Haus.

Dort wurde er, bereits schwer von AIDS gezeichnet, am 10. April festgenommen. Nicht jedoch wegen seiner politischen Aktivitäten, sondern weil er mehrere Monate ein Auto ohne Versicherungsschutz gefahren haben soll. Kühnen wurde in die Justizvollzugsanstalt Kassel verlegt, von dort ins Städtische Krankenhaus, wo er am 25. April 1991 starb. Noch im März hatte er dem Münchner Yuppie-Magazin *Wiener* erklärt, warum er sich jetzt »verstärkt in Mitteldeutschland« aufhalte: »Dort gibt es Zehntausende von Jugendlichen, die Sympathien für uns haben. Das ist natürlich eine Situation, die jeden Politiker zu fast schon erotischen Gefühlen anstachelt. Das ist traumhaft.«

Doch nicht nur Kühnen suchte und fand den Weg nach ›drüben‹. FAP-Chef Friedhelm Busse rekrutierte von Leipzig aus neue »Kameraden«, Pierre Krebs und sein Kasseler Thule-Seminar, der deutsche Ableger der französischen »Neuen Rechten«, machten Schulungsarbeit im Osten. David Irving ging mit seinen revisionistischen Thesen auf Tournee und der in Kanada lebende Neonazi Ernst Zündel sammelte Geld, um »Büroräume in Cottbus, Görlitz, Frankfurt an der Oder« zu kaufen bzw. zu mieten. Ähnliches hatte die in Pivitsheide bei Detmold ansässige NF vor. Sie wollte sich in Halle ein Haus kaufen. Bis dahin bot die NF in Halle schon einmal Wehrsportübungen insbesondere für die dort ansässige Skinhead- Szene an. Bereits vor der Wende hatte gerade die NF über die Hooligan- Szene beste Kontakte in die noch bestehende DDR. Auch der NPD gelang es, im Osten mit den »Mitteldeutschen Nationaldemokraten« sofort Fuß zu fassen.

Die folgenden Jahre sind gekennzeichnet von der Brutalität der Neonazis, der Untätigkeit der Polizei und der oft mehr als nur klammheimlichen Freude des DDR-Normalbürgers an dem Treiben der Rechtsextremisten. Am 1. Mai 1990 verfolgten etwa 1.500 Schaulustige in Hoyerswerda wohlwollend, wie etwa 100 deutsche Jugendliche ein Wohnheim von Mosambikanern belagerten und demolierten. Im September 1991 am gleichen Ort das gleiche Bild. Nur daß dieses Mal ein Wohnheim für Vietnamesen tagelang unter Beifall der Zuschauer belagert wurde. Als das Heim schließlich von der Polizei geräumt wurde, jubelten die Neonazis in ihren Postillen über die »erste ausländerfreie Stadt Deutschlands«. Dieses erste Pogrom im Nachkriegsdeutschland sollte nicht das letzte sein.

Ähnliche gewalttätige Auseinandersetzungen folgten in Quedlinburg, Cottbus und schließlich im August 1992 in Rostock, als tagelang die Zentrale Aufnahmestelle für Flüchtlinge belagert wurde. Der Rückzug der Polizei bedeutete damals das Startzeichen für den rassistischen Mob. Man setzte unter dem Beifall der Bevölkerung ein vietnamesisches Wohnheim in Brand. Spätestens am dritten Tag des Pogroms waren prominente Neonazis wie Bela Ewald Althans aus München, der FAP-Kader Norbert Weidner aus Bonn oder der Kopf der Hilfsorganisation für nationale politische Gefangene (HNG), Christian Malcoci, vor Ort dabei. Die Neonazi-Szene feierte Rostock als »Fanal«. »Weiter so, Deutschland« titelte *Die neue Front*, das Mitteilungsblatt der GdNF, im Oktober 1992. »Wir werden die Flamme der deutschen Revolution von Rostock, Cottbus und Dresden nach Hamburg, Frankfurt und München tragen«, war zu lesen.

Und in der Tat fand Rostock viele Nachahmer. In Ost wie West, in Groß- wie Kleinstädten eskalierten die Gewalttätigkeiten gegen Flüchtlingsheime und ihre Bewohner. Den traurigen Höhepunkt bildete im November 1992 der Anschlag auf ein von türkischen Familien bewohntes Haus in Mölln, der drei Todesopfer forderte. Vor allem aufgrund der harschen Reaktionen aus dem Ausland verbot das Bundesinnenministerium die DA (zuletzt 1.200 Mitglieder), die NF, die Nationalen Offensive (NO) und wenig später den Wilhelmshavener Deutschen Kameradschaftsbund. Andere spektakuläre Anschläge wie der am 29. Mai 1993 in Solingen, der fünf Todesopfer forderte, zogen weitere Parteienverbote (Wiking Jugend, FAP, Nationale Liste) nach sich und verstärkten die staatliche Repression. Es folgten lange Haftstrafen für den Thüringer Thomas Dienel, der es immerhin vom Absolventen der SED-Bezirksparteischule Erfurt und langjährigen FDJ-Sekretär zum Chef der NPD in Thüringen und schließlich zum Führer der Deutsch Nationalen Partei (DNP) gebracht hatte, für Christian Worch von der Hamburger Nationalen Liste, für den Berliner Arnulf Priem oder den Münchner Bela Ewald Althans. Die Grundstrukturen der Szene blieben jedoch davon unangetastet.

Von geradezu herausragender Bedeutung im Jahre 1991 war die Grenzöffnung zu Polen. Sie wurde als endgültiges Ende der Nachkriegszeit gefeiert, als Ende der Teilung Europas. Rechtsextreme kündigten für den Fall der Schlagbäume am 8. April, Null Uhr die Aktion »Kein Pole kommt nach Deutschland« an. Hunderte von Mitgliedern der Deutschen Alternative kamen in die Grenzstadt und blockierten die Durchfahrt hinter der Zollstation. Der »historische Moment« in Frankfurt/Oder mußte um eine knappe Stunde verschoben werden, bis die Polizeiverstärkung angerückt war. Die Überfälle auf polnische Reisebusse und PKWs hielten in den folgenden Tagen an.

Die ersten Toten infolge rechtsextremistischer Übergriffe auf Ausländer in der Nachwende-DDR ließen nicht lange auf sich warten. Am 24. November

1990 überfielen etwa 30 mit Keulen, Fahrradketten und Messern ausgerüstete Neonazis im brandenburgischen Eberswalde vier Angolaner. Antonio Amadeu Kiowa starb tags darauf an den Folgen von Tritten und Schlägen. Die Polizei hatte das Geschehen aus sicherer Distanz beobachtet. Am 6. April 1991 starb in Dresden der Mosambikaner Jorge Gomondai. Er war von Neonazis aus der Straßenbahn gestoßen worden. Am 2. Mai 1991 hätte es bei einem ähnlichen Vorfall beinahe wieder einen Toten gegeben. Rechtsextremistische Jugendliche stießen in der Kleinstadt Wittenberge zwei Namibier aus dem vierten Stock vom Balkon eines Wohnhauses. Im Mai 1992 starb der Magdeburger Torsten Lamprecht nach einem Skinhead-Überfall auf eine Punkfete in der Gaststätte »Elbterrasse«. Auch hier hatte die Polizei den Überfall beobachtet, aber nicht eingegriffen. Die Todesspur der Neonazis in Ost und West setzte sich fort. Nach offiziellen Zahlen forderten rechtsextreme Übergriffe in den Jahren 1990 bis 1994 46 Tote, davon allein 17 1992. Die tatsächliche Zahl dürfte weit darüber liegen. Nach Auswertung von Zeitungsberichten kommt man für 1992 allein auf 31 Todesopfer.

Brandanschläge auf Flüchtlingswohnheime waren an der Tagesordnung und wurden zum nationalen Volkssport. Am Hitler-Geburtstag, dem 20. April, und am Himmelfahrtstag, dem »Tag des Herren«, eskalierten die Auseinandersetzungen Jahr für Jahr. 1994 veranstalteten Neonazis in Magdeburg unter dem Beifall zahlreicher Schaulustiger eine regelrechte Treibjagd auf schwarzafrikanische Flüchtlinge. »Am Vatertag haben da einige über ihren Durst getrunken«, wiegelte man im Justizministerium von Sachsen-Anhalt ab. Der Magdeburger Bürgermeister spielte die pogromartigen Ereignisse als ein »unglückliches Ergebnis des Zusammenwirkens von Sonne und Alkohol« herunter.

In diesem Jahr hatte sich die Neonazi-Szene aufgrund der verstärkten staatlichen Repression, aber auch der Umorientierung hin zu klandestinen Kaderstrukturen, längst von der Straße wegbewegt. Vorbei waren die Zeiten der großen Aufmärschen mit bis zu 2.500 Aktivisten, in denen die Neonazis ihre Stärke zelebrierten. Im Oktober 1990 waren etwa 500 GdNF-Aktivisten unter Führung von Michael Kühnen durch Dresden marschiert. 2.000 waren es, als am 15. Juni 1991 der von Zuhältern erschossene Kühnen-Gefolgsmann Rainer Sonntag in Dresden beerdigt wurde. 2.500 bei den Rudolf-Heß-Gedenkmärschen im August 1991 in Bayreuth und ein Jahr später im thüringischen Rudolstadt. Etwa 500 Neonazis zogen im März 1992 unter dem Motto »Drogendealer ins Arbeitslager« durch Leipzig. Vorbei auch die großangelegten Konzerte neonazistischer Skinbands, darunter auch die englische Kultband Skrewdriver, die zu Beginn der 90er Jahre durch die neuen Länder getourt waren. Die Bands traten jetzt in kleineren Clubs oder Jugendhäusern vor meist ausgewähltem Publikum auf.

Vorbei auch die »Hauptstädte der Bewegung«. 1989/90 hatte Leipzig mit seiner Vielzahl von neonazistischen Gruppierungen (Völkische Front, Reudnitzer Rechte, Hitlerjugend Schönefeld, Deutsche Front Connewitz) neben Ost-Berlin mit der Zentrale in der Weitlingstraße diesen zweifelhaften Ruf. Mitte 1990 hatten dann vor allem westdeutsche Nazi-Führer Dresden zu ihrer »Hauptstadt« auserkoren. Dort war nicht nur die Zahl von potentiellen Aktivisten größer, auch der Widerstand gegen rechte Gewalt war kleiner als in Leipzig.

Unter der Führung des ehemaligen FDJ-Sekretärs Lutz Kronenberger agierte in Dresden die »Kameradschaft Gorbitz«. Dort pflegte man enge Kontakte zum Nationalen Widerstand Deutschlands (NWD), den Rainer Sonntag anführte. Der gebürtige Dresdner war 1987 auf bisher ungeklärte Weise in die BRD gekommen. In Langen knüpfte er Kontakte zu Michael Kühnen und dessen Gefolgsmann Heinz Reisz. Beide hatten die hessische Kleinstadt auserkoren, um aus ihr die »erste ausländerfreie Stadt Deutschlands« zu machen. Schon kurz nach der Wende kehrte Sonntag nach Dresden zurück, um mitzuhelfen, seinem Führer Kühnen den Boden im Osten Deutschlands zu bereiten. Sonntag war federführend an der Gründung verschiedener neofaschistischer Gruppierungen in Dresden beteiligt, so z.B. der Schutzstaffel-Ost, des Verbandes der Sächsischen Werwölfe und des NWD.

Der von der Stadt Dresden genehmigte Aufzug von etwa 500 Neonazis am 20. Oktober 1990, bei dem Kühnen, Worch und Küssel in der ersten Reihe marschierten, galt bei Sicherheitsexperten als offizielles Signal für die rechtsextreme Szene, den Schwerpunkt ihrer Aktivitäten nach Dresden zu verlegen. »Die Genehmigung des Aufmarsches war sicher ein Fehler«, wußte auch Marita Schieferdecker-Adolph. »Wenn Rechtsradikale Blut lecken, dann wittern sie dort auch neues«, griff die Ausländerbeauftragte der Stadt zu einer drastischen Wortwahl. In der Folge tummelten sich neben Neonazis aus dem Westen wie dem Münchner Michael Swierczek, der mit seiner Nationalen Offensive nach Dresden umzog, auch eine Vielzahl der vormals in der Ostberliner Weitlingstraße aktiven Neonazis in der sächsischen Landeshauptstadt.

Erst als auch in anderen Städten neonazistische Strukturen in gewisser Stärke vorhanden waren und das sächsische Innenministerium mit der Gründung einer Sonderkommission Rechtsextremismus (SokoRex) die Repression gegen die Szene verstärkte, verlor Dresden den schlechten Ruf als »Nazi-Hochburg«. Kleinere Städte wie Cottbus und Quedlinburg entwickelten sich zum Zentrum der Bewegung. Im brandenburgischen Schwedt, in Kremmen oder in Wurzen bei Leipzig war die rechte Jugendszene gar mehrheitsfähig geworden, terrorisierte systematisch Andersdenkende und -aussehende und verbreitete Angst und Schrecken nicht nur bei AusländerInnen, Punks, Homosexuellen oder Behinderten, sondern auch bei der örtlichen Polizei.

Abgesehen von solchen Orten galt jedoch seit Ende 1992 innerhalb der Szene die Devise »Von der Straße ins Hinterzimmer«. Statt großer Aufmärsche stand jetzt Schulungsarbeit zur Heranbildung zuverlässiger Kader und körperliches Training auf dem Programm. Bei Wehrsportübungen vor allem im Umland von Berlin trainierten sich die Schläger. In dem unwegsamen Tagebaugelände der Senftenberger Region übten die Mitglieder der »Werwolf-Jagdeinheit Senftenberg«, ausgerüstet mit Maschinenpistolen und selbstgebastelten Sprengsätzen, den politischen Putsch. »Kameraden! Ab sofort ist dafür Sorge zu tragen, daß in Rostock und an anderen Kanacken-Sammelplätzen die national-sozialistische Grundidee unseres deutschen Volkes präsent ist«, hieß es in einem Einsatzbefehl der Gruppe, die vom Cottbusser Oberstaatsanwalt Hans-Ulrich Pollender als die »gefährlichste rechtsextremistische Gruppierung in Ostdeutschland« bezeichnet wurde. Der Anführer der Gruppe, Jens-Werner Klocke, beschränkte sein Engagement nicht nur auf Deutschland. Im Mai 1992 kämpfte er zusammen mit dem Münchner Neonazi Bela Ewald Althans und Aktivisten der Nationalen Offensive in Polen für das Deutschtum. Klocke war dabei, als die »Jagdeinheit« im Dezember 1991 einen Autofahrer überfallen, erschossen und die Leiche mit Benzin übergossen hatte. Das bereits von der Bundesanwaltschaft eingeleitete Ermittlungsverfahren wegen des Verdachts der Gründung einer terroristischen Vereinigung wurde Ende 1992 wieder eingestellt. Einige Jugendliche hätten nur »ein geradezu jugendtümliches Interesse am Hantieren mit selbstgebastelten Sprengkörpern gehabt«, hieß es in der Verfügung.

Die Strategie, unangreifbare Kaderstrukturen aufzubauen und in autonomen Kleingruppen zu agieren, war nicht neu. Ende der 70er Jahre war sie diskutiert worden und es wurde versucht, sie unter dem Dach der NSDAP-AO zu realisieren. In einem *Autonomnationalistischen Manifest*, 1990 herausgegeben von der Führung der NO, wurde als Ziel der »Aufbau eines wehrhaften Widerstands« propagiert, der »früher oder später wohl einmünden« werde »in die Neubildung fanatischer Werwolfkommandos«. Anfang der neunziger Jahre hatten die Gruppierungen Probleme, dem enormen Zulauf Herr zu werden. Viele der oft alkoholisierten Nazi-Youngster waren zudem ein Sicherheitsrisiko für die führenden Köpfe und die gesamte Struktur. Durch die Verbotsverfügungen von Organisationen und Kundgebungen, sowie durch die schärferen Reaktionen der Justiz auf neonazistische Straftaten erhielten solche Tendenzen zur Umstrukturierung ab Ende 1992 zusätzlich neue Brisanz. Sie wurden in den einschlägigen Zeitschriften der Szene, vom Strategieblatt *Nation und Europa* aus Coburg mit einer Auflage von 15.000 Heften bis zum Skinzine *Frontal*, diskutiert und befürwortet.

Konsequenterweise lösten sich denn auch Anfang 1994 die NF- Nachfolgeorganisationen »Förderwerk Mitteldeutsche Jugend« und »Direkte Aktion« auf dem Höhepunkt ihrer Mitgliederentwicklung (670) selbst auf, um in autonomen Zellen effektiv weiterarbeiten zu können. Die Jugendbewegung wäre

»jetzt stark genug, um auf eigenen Füßen zu stehen«, hieß es in dem Blättchen *In Aktion*, (»Berlin, Hornung 1994«). »Wir lösten mit Wirkung vom 20.1.1994 sämtliche Vereinsnamen, Symbolik und kameradschaftsübergreifende Organisationsstrukturen auf (…) Wir betrachten die Arbeit der Vorfeldorganisation für abgeschlossen und halten die Kampfform der unzähligen Kameradschaften, Zellen und Strukturen (in Eigenregie!) in seiner Gesamtheit als für das System unangreifbar und für die Erringung des politischen Erfolges für absolut.«

Wie ehemalige NF-Aktivisten vor Ort Zellenstrukturen aufbauen, machten die beiden Kader der NF und ihrer Nachfolgeorganisation Sozialrevolutionäre Arbeiterfront Andreas Pohl in Berlin/Brandenburg und vor allem Steffen Hupka in Quedlinburg in Sachsen-Anhalt deutlich. Hupka war Ende 1993 in das Städtchen im Harz gezogen. Er organisierte die örtliche Szene in einem sogenannten »Unabhängigen Arbeitskreis«. Nach Festigung der Struktur durch Schulungen, Seminare und Wehrsportübungen wurde das Konzept in die Region ausgeweitet. Eine »Harzfront« und ein »Deutscher Freundeskreis Nordharz« entstand, in dem Hupka mit anderen Neonazis von der FAP, NPD, Wiking Jugend und den Jungen Nationaldemokraten zusammenarbeitete. Quedlinburg, Wernigerode und Nordhausen waren seither nicht nur Spielorte für Skinhead-Bands, sondern auch Aktionsfeld für Neonazis. Inzwischen gelten Brandenburg und vor allem Sachsen-Anhalt als Zentrum des Rechtsextremismus in den neuen Ländern. Der Verfassungsschutz in Sachsen-Anhalt hatte 1995 849 rechtsextrem motivierte Straftaten registriert.

In seinem Strategieblatt *Umbruch* definiert Hupka die zukünftige Strategie. »Nicht irgendwelche unbekannten Ausländer sollten das Ziel von phantasievollen Aktionen sein, sondern diejenigen, die in Wort und Tat verantwortlich sind für die derzeitige Lage.« Damit meinte er die »Inländerfeinde«, also »Politiker, Journalisten, Intellektuelle und Funktionäre verschiedener Organisationen«, die sich »in penetranter Weise antinational und pro-multikulturell betätigen«. Hupka rief seine »Kameraden« dazu auf, »in die Bundeswehr oder Polizei« zu gehen, um sich »Wissen und Können anzueignen«. Nach den Parteienverboten habe jetzt »jeder die Berechtigung zum offenen Widerstand (…) Bildet kleine geheime Gruppen. Greift die feindlichen Strukturen an.«

Der Präsident des Hamburger Landesamts für Verfassungsschutz, Ernst Uhrlau, sieht inzwischen »Anhaltspunkte« für einen »Terrorismus von rechts«. Es sei eine »Erörterung über organisierte Militanz mit einer gezielten Opferauswahl« feststellbar und die »Kalkulierbarkeit im Handeln dieser Szene« lasse nach. Die Opferauswahl geschieht auf der Grundlage von gesammelten Daten von sogenannten »Volksfeinden«. Dazu rief Hupka im Frühjahr 1996 auf. Er versteht dies als »nationale Selbsthilfe« angesichts des »rasenden Verfalls des Rechtsstaats«.

Anmerkungen

1 G. Korfes: Rechtsextreme Bewegungen in der DDR. Ostberlin 1991. S.10.
2 L. Niederländer: Zu den Ursachen rechtsradikaler Tendenzen in der DDR. Neue Justiz, 1/1990.
3 Vgl. W. Brück: Das »Skinhead«-Phänomen aus jugendkriminologischer Sicht. Expertise des Zentralinstituts für Jugendforschung. Leipzig 1988. S.8 f.
4 W. Friedrich; K. Starke; U. Starke: Politische Äußerungen von Studenten. Studie des Zentralinstituts für Jugendforschung. Leipzig 1989.
5 Vgl. W. Schubarth: Politisch-historische Einstellungen der Jugendlichen 1988. Erstinformation des Zentralinstituts für Jugendforschung. Leipzig 1988. S. 52 ff.
6 Vgl. S. Wiesenthal: Die gleiche Sprache: Erst für Hitler – jetzt für Ulbricht. Dokumentation des Dokumentationszentrums des Bundes jüdischer Verfolgter des Naziregimes. Wien 1968. S. 26 ff.
7 Ebenda. S. 15.
8 Vgl. Institut für Sozialforschung und Gesellschaftspolitik (ISG): Ausländerfeindlichkeit in der ehemaligen DDR. Köln 1990. S. 46 f.
9 K. Weiß: Gefahr von rechts. Die Kirche, 6/1988, Ost-Berlin 1988.
10 K. Weiß: Die neue alte Gefahr. In: Elternhaus und Schule 1/90. Ost-Berlin 1990.
11 R. Pahnke: Perspektiven für die pädagogische Arbeit mit rechtsextremistisch orientierten Jugendlichen in der DDR. Referat bei der Evangelischen Akademie Bad Boll im Juni 1990. S. 69.
12 Vgl. W. Heitmeyer: Wenn der Alltag fremd wird. Blätter für deutsche und internationale Politik 7/91. S. 853 f.
13 Korfes, 1991 (s. Anm. 1). S. 26.

Klaus Zellhofer

Die Briefbombenwelle in Österreich

Wenn Franz Radl heute Freizeit hat, dann spielt er auf seinem Klavier Chopin oder liest. Zum Beispiel das neue Buch[1] des führenden österreichischen Rechtsextremisten[2] Herbert Schweiger, wie er in einem Interview einen Monat nach seinem Prozeß einem Journalisten erzählt.[3] Die Briefbomben – so sagt er – rechnet er heute eher dem »israelischen Geheimdienst« zu.

Zwischen diesem Interview im Januar 1996 und den ersten Anschlägen vom Dezember 1993 liegen fünf Wellen von Briefbomben, zwei Rohrbomben und eine Sprengfalle, die bisher vier Tote und mehrere Schwerverletzte gefordert haben, unzählige Fahndungspannen der Polizei und ein Prozeß gegen drei österreichische Neonazis, der zur Farce geriet.

Am 3. Dezember 1993 detoniert in der Flüchtlingsberatungsstelle Hartberg in der Steiermark die erste Briefbombe. Der hiesige Pfarrer August Janisch wird an Hand, Hals und Gesicht verletzt, als er ein unverdächtiges Briefkuvert öffnet. Eine zweite Bombe verletzt die TV-Moderatorin Silvana Meixner und eine Sekretärin. Einen Tag später wird die dritte Briefbombe im Vorzimmer des österreichischen Caritas-Präsidenten Helmut Schüller entschärft.

Am schlimmsten trifft die vierte Briefbombe: Der Wiener Bürgermeister Helmut Zilk, soeben von einem Auslandsaufenthalt zurückgekehrt, öffnet einen Brief und wird durch die Bombe schwer verletzt. In einer Notoperation müssen ihm drei Finger seiner linken Hand abgenommen werden.

Zwei weitere Bomben (fünf und sechs), gerichtet an den slowenischen Kulturverein »Artikel VII« und an das Privatbüro der grünen Spitzenpolitikerin Madeleine Petrovic, werden ebenso entschärft wie die Bomben sieben bis neun. Eine ist an die Abgeordnete der Grünen, Terezija Stoisits, gerichtet, eine andere an die damalige SPÖ-Frauenministerin Johanna Dohnal und eine weitere an die Wiener Arbeitsgemeinschaft für Ausländerbeschäftigung. Eine weitere Verletzte fordert Bombe Nummer zehn: Die Sekretärin Astrid Bielek öffnet einen Brief, der an den Islamischen Ausländer-Hilfsverein gerichtet ist und wird dabei verletzt.

Den Briefbomben liegt jeweils eine Bekennung bei: »Wir wehren uns. Graf Rüdiger von Starhemberg«. Der »Befreier von den Türken« im Jahr 1683 war in den letzten Jahren im Rahmen der verstärkten Anti-Ausländer-Agitation der Rechtsextremisten und Neonazis zur historischen Kultfigur avanciert. In einer Broschüre der rechtsextremen Arbeitsgemeinschaft für demokratische Politik (AFP), einer Scharnierorganisation zur FPÖ, mit dem Titel *Die Schlacht am Kahlenberg 1683* zum Beispiel heißt es in der Fortführung historischer Bezüge: »Durch scharenweise Zuwanderung, Einnistung, Breitmachung entziehen sie dem Deutschen den volkseigenen Boden und gefährden seine Volkhaftigkeit durch Überfremdung und Überschichtung.«[4]

Die Briefbombenwelle vom Dezember 1993, der noch vier weitere folgen sollten, war der Höhepunkt einer Entwicklung in der österreichisch-deutschen Neonazi[5]-Szene, die durch eine organisatorische Umstrukturierung in Folge verstärkter staatlicher und medialer Aufmerksamkeit und den Aufbau einer Kampagne gegen Ausländer, Antifaschisten und Andersdenkende gekennzeichnet war.

1990 hatte es noch einen letzten Versuch österreichischer Neonazis gegeben, legal bei einer Wahl mit einer Liste »Nein zur Ausländerflut« (NA) zu kandidieren. Der österreichische Verfassungsgerichtshof hatte in einem Urteil vom 28. Februar 1991 die Nichtzulassung dieser Liste bei Nationalratswahlen unter anderem wie folgt begründet: »Ebendies für die NSDAP geradezu typische programmatische Ziel aber machte die einschreitende wahlwerbende Gruppe – wie ihre Parteibezeichnung (›Nein zur Ausländerflut (NA)‹) in Verbindung mit der die angestrebte Kandidatur begleitenden Wahlwerbung zeigt – in deutlicher Anlehnung an die hetzerisch-rassistischen Parolen der Nationalsozialisten zu ihrem ausschließlichen Wahlprogramm, das sich einem (wenn auch teilweise kulturpolitisch verbrämten) biologisch-rassistischen Volksbegriff anhängend, im Kern in – Prinzipien und Postulate der ›Rassentrennung‹ preisenden und verherrlichenden – fremdenfeindlichen Schlagworten nach Art der NS-Propaganda erschöpft.«[6]

Die Liste »Nein zur Ausländerflut« war als letztes offenes Bündnisprojekt in der Szene geplant gewesen. Hauptexponenten waren: Horst Jakob Rosenkranz, Gerd Honsik und Franz Radl. Gerd Honsik galt bis zuletzt als zentrale Figur des österreichischen Neonazismus. 1991 war er als Referent bei einer von den Behörden untersagten Veranstaltung der mittlerweile verbotenen Nationalistischen Front (NF) angekündigt, 1992 wurde er von einem österreichischen Gericht wegen NS-Wiederbetätigung zu 18 Monaten Haft verurteilt, der er sich durch Flucht ins Ausland (Barcelona, Spanien) entzog.

Horst Jakob Rosenkranz, der seine Karriere bei der 1988 wegen Neonazismus verbotenenen Nationaldemokratischen Partei Österreichs (NDP) begann, bei der er »mehr als die Rolle eines schlichten Mitläufers«[7] spielte, gilt als Verbindungsmann zur FPÖ. Seine Frau Barbara Rosenkranz, die seiner Tätigkeit zumindest nicht ablehnend gegenübersteht, ist nämlich Landtagsabgeordnete der FPÖ in Niederösterreich. Im Impressum der Zeitschrift

Rosenkranz‹, der *fakten*, saßen 1990 zumindest fünf Kader von Gottfried Küssels Volkstreuer Außerparlamentarischer Opposition (VAPO): Die ehemaligen Teutonia-Burschenschafter Alois Desch und Kurt Hofinger und die beiden Aktivisten Reinhold Kovar, Andreas Sammer und Stefan Tancsos[8].

Rosenkranz war auch einer der ersten, der in seiner Zeitschrift *fakten* einen in Anlehnung an die seit Sommer 1992 anlaufende deutsche Anti-Antifa-Kampagne erstellten Artikel abdruckte, in dem er linke oder als links eingeschätzte Kultureinrichtungen mit Namen und Adressen nannte.[9] Ein ähnlicher Artikel erschien wenig später in der *Identität*, einer Zeitschrift, die zum Aula-Verlag gehört. In dem Bericht mit dem Titel »Jetzt schnüffeln wir: Blick nach links« wurden angebliche linke Vernetzungen und ein »Who is who der linken Szene«[10] präsentiert. Auch die FPÖ ließ es sich nicht nehmen, parallel zu dieser Kampagne nach links zu »schnüffeln«. In einer Broschüre des parteieigenen Bildungswerks präsentierte der FPÖ-Mitarbeiter Martin Hobek eine Dokumentation über grün-alternative Projekte in Österreich.[11]

Neben der engen Tuchfühlung zwischen Deutschen und Österreichern im Rahmen der Anti-Antifa-Kampagne sollte aber ein Ereignis die grenzüberschreitende Zusammenarbeit einem neuen Höhepunkt zusteuern lassen. 1992 war Gottfried Küssel, bis dahin deutsch-österreichische Integrationsfigur, in Wien verhaftet worden. In einem Interview mit *ABC-News-Nightline* (New York) hatte er Adolf Hitler als den größten Mann der deutschen Geschichte und den Holocaust sowie die Existenz von Gaskammern zur Ermordung von Menschen in nationalsozialistischen Konzentrations- und Vernichtungslagern geleugnet. Ende September 1993 verurteilte ihn das Wiener Landesgericht wegen NS-Wiederbetätigung zu zehn Jahren Haft und verhängte die höchste Strafe für einen Neonazi seit der Reform des österreichischen Verbotsgesetzes. Bereits im März desselben Jahres war Küssels Statthalter für Salzburg und Oberösterreich, Günther Reinthaler, verhaftet und später zu vier Jahren Haft verurteilt worden. Ein weiterer Mitstreiter von Rosenkranz' verbotener Liste »Nein zur Ausländerflut«, Franz Radl, war 1992 zu einer fünfzehnmonatigen Haftstrafe (fünf davon auf Bewährung) wegen NS-Wiederbetätigung verurteilt worden.[12] Während seiner Haft in Graz war Radl häufig von Mitgliedern der sogenannten Historiker-ARGE betreut worden.[13] Die Historiker-ARGE ist eine private Historikervereinigung, deren Exponenten größtenteils dem rechtsextremen Lager zuzurechnen sind.[14]

Diese verspätet eingesetzten Maßnahmen gegen neonazistische Umtriebe von seiten der österreichischen Behörden hatten ab 1992 zu einer verstärkten Diskussionsphase innerhalb der Szene geführt. In unzähligen Theoriepapieren diskutierten Rechtsextreme und Neonazi-Kader das weitere Vorgehen. Es kursierten einschlägige Theoriepapiere wie *Werwolf – Winke für Jagdeinheiten* oder *Eine Bewegung in Waffen*, ein Strategiepapier, das auszugsweise im *NS-*

Kampfruf, der Zeitschrift der illegalen NSDAP/AO, abgedruckt wurde. Als Schlüsselpapier zur Zusammenarbeit zwischen österreichischer und deutscher Szene kann ein Aufsatz mit dem Titel *Die Deutsche Frage in Österreich* bezeichnet werden, der in der Zeitschrift *Vorderste Front (VF)*, die vom Nationaldemokratischen Hochschulbund (NHB) herausgegeben wird, 1992 abgedruckt wurde.

Die *VF*, ehemals *NHB-report*, widmete sich in den letzten Jahren vorwiegend der Einheit zwischen Deutschland und Österreich und der damit verbundenen Neustrukturierung der Zusammenarbeit. In dieser Zeitung waren »nationale« Rechte und Rechtsextreme aus Österreich gerngesehene Interviewpartner und Artikelschreiber. So kamen zum Beispiel im *NHB-report* 19/1986 gleich drei Personen aus diesem Kreis zu Wort: Dr. Otto Scrinzi, Dr. Bruno Haas und der damalige Schriftleiter des Kärntner FPÖ-Blattes *Kärntner Nachrichten*, Andreas Mölzer. Ein Jahr davor gab Jörg Haider dem *NHB-report* ein Interview zum Thema »Österreich und die deutsche Frage«, wo er ausführlich über die Geschichte der »Ostmark« philosophieren durfte: »Wenn man die Geschichte des ›Heiligen Römischen Reiches Deutscher Nation‹ zurückverfolgt, so waren die Ostmärker schon immer besonders kaiser- und reichstreu, die auf Grund der Grenzsituation ein starkes Heimat- und Volksbewußtsein hatten.«[15]

Als nahes Ziel wird in dem Aufsatz in der *Vordersten Front* von 1992 eine »Wiedervereinigung« zwischen Deutschland und Österreich angestrebt, die durch eine wirkungsvolle Anschlußpropaganda ermöglicht werden sollte. Wichtig sei, daß »nördlich der Landesgrenzen nicht irgendwelche Deutschen wohnen, sondern Deutsche von genau demselben Stamm wie die Österreicher selbst, nämlich Bajuwaren«. Und zur Organisationsfrage:

»Wichtigstes Gebot jedweder Untergrundarbeit ist konspiratives Verhalten um jeden Preis. Konkret heißt dies: Keine Weitergabe von Informationen über Telefon oder Postweg, es sei denn verschlüsselt, aber auch dann nur an Leute, die schon von der Stapo erfaßt sind; keine Bekanntmachung von Aktivisten, außer einigen wenigen führenden Kadern, deren Identität sowieso nicht geheimzuhalten ist; Zugang zur Mitgliederkartei nur für einen kleinen Kreis von Führungsleuten; Organisation nach dem Zellenprinzip, also autonome Kleingruppen, deren einfache Mitglieder nur die Mitglieder ihrer eigenen Zellen kennen; Aufnahme in die innere Organisation nur nach einem längeren Auslese- und Beobachtungsprozeß. Insbesondere das Zellenprinzip macht es in Verbindung mit eingeschränkten Kommunikationsmöglichkeiten notwendig, daß die Teileinheiten weitgehend autonom arbeiten und einmal gestellte bzw. selbst gestellte Aufgaben auch alleine bis zum Ziel weiterverfolgen (...) Der Staat, will er diesem Treiben nicht tatenlos zusehen, hätte nach einiger Zeit nur noch die Möglichkeit, die Repression zu verschärfen und auf Bereiche und Personengruppen auszudehnen, die bisher von ihr noch nicht betroffen waren. Damit würde sich aber auch sprunghaft die Zahl derer erhöhen, die das System schon allein aus Selbsterhaltungstrieb ablehnen müssen.«[16]

Diese verstärkte Organisation in abgeschotteten Kadern wurde später auch in einem der Bekennerschreiben der Briefbombenattentäter mit dem Namen Bajuwarische Befreiungsarmee (BBA) bestätigt: »Freuen Sie sich nicht zu früh auf den ersten Fahndungsvolltreffer! (...) Selbst wenn ein Kamerad seinen Eid bricht, wird sich der Schaden in Grenzen halten. Denn bei uns weiß jeder nur das, was er wissen muß, und es darf keiner länger als nötig Beweismittel besitzen, die auf einen Kameraden hinweisen.«[17]

Besonders hervorgehoben wird in dem Text von dem Autor, der anonym bleiben will, die Rolle der Aktion Neue Rechte (ANR), einer militanten Gruppe, die 1983 in Österreich verboten wurde, weil sie »in ihrer Zielsetzung« dem NS-Verbotsgesetz- bzw. dem Staatsvertrag widersprach.[18] Die an den Universitäten gegründete ANR hatte in der militant-neonazistischen Szene für neuen Auftrieb gesorgt.

Von dem Boden dieser neuen Militanz war bereits Anfang der 80er Jahre rechter Bombenterror ausgegangen, der Parallelen zu den heutigen Briefbombenanschlägen aufweist. So detonierten neun Sprengkörper gegen österreichische Juden, jüdische Einrichtungen oder Antifaschisten. Auf einer dem *Österreichischem Beobachter*, dem illegalen Kampfblatt der NSDAP in Österreich, beigelegten Liste, die kurz davor erschienen war, fanden sich über 120 solcher Ziele verzeichnet. Der Attentäter bombte sich also durch eine bereits vorhandene »Feindliste«. Als Täter wurde später der deutsche Neonazi Ekkehard Weil ausgeforscht. Sein Prozeß wurde mit dem ANR-Prozeß zusammengelegt. In der ANR hatte sich bereits Gottfried Küssel seit Mitte der 70er Jahre seine ersten rechten Sporen verdient und hatte 1983/84 erstmals gemeinsam mit dem für die Bombenanschläge aus dem Jahre 1980/81 verurteilten Ekkehard Weil auf der Anklagebank gesessen.

Doch obwohl 1992 die Rolle Gottfried Küssels schon umstritten war – die Zeit der offenen Strukturen in der Neonazi-Szene nach Muster des SA-Straßenkampfes war endgültig vorbei –, kam die Verhaftung des österreichischen VAPO-Führers wie gerufen, um die deutsch-österreichische Freundschaft zu festigen. Küssel konnte bündnisübergreifend zum Märtyrer hochstilisiert werden.

Neben einer »Rechtskampfwoche« bzw. einer »internationalen Solidaritätswoche vom 4. bis 11. Dezember 1993«, die von den meisten Neonazi-Organisationen getragen wurde, druckten die *Nachrichten der Hilfsorganisation für nationale politische Gefangene und deren Angehörige (HNG-Nachrichten)* im November 1993 folgenden Aufruf ab: »Solidarität (= Verbundenheit) ist unsere Waffe! So lese ich es oft. Aber nur dann, wenn sie auch Tat wird! Ein Wiener Tyrannentribunal verurteilte wegen Meinungsäußerung Gottfried Küssel zu 10 Jahren Haft. Brandmal muß uns jedes einzelne Jahr sein. Nehmen wir die 10 zum Symbol. Aktion: Einsatz der 10! Für jedes Jahr eine Weihnachtsgrußkarte an einen – PVD – (Politisch-Verfolgter der Democratie) zur Wintersonnwend/Weihnacht 1993 in den Knast (...) Aktiviert jeden, aber auch jeden, der schreiben kann. Unsere Aktion: Einsatz der 10 soll ankommen. In erster Linie als unsere Karten. (...) Merke es sich Jeder: Gemessen wird Einsatz und Tat, nicht das Geschwätz bei Bier (das ich trotzdem Jeden gönne), aber erst nach getaner Arbeit.«[19] Der *Neuen Front* der Gesinnungsmeinschaft der neuen Front (GdNF) fiel zum Urteil ein: »Nun sind Aktionen gefragt (...) Hier ist von den einzelnen eigene Initiativen gefragt. In vielen größeren Städten gibt es Vertretungen, Touristikbüros oder sonstige Niederlassungen des ›selbstständigen und unabhängigen Staates Österreich‹. An die Scheiben ein paar eindeutige Parolen schmieren und diese gleich ganz einwerfen kann (fast) jeder (...).«[20] In Langen/Hessen wurde eine Nationale Initiative ›Freiheit für Gottfried Küssel‹ gegründet, deren Bundesgeschäftsstelle von Michael Petri geführt wurde. In einem Aufruf hieß es: »Ziel dieser Initiative ist es, weite Kreise der Bevölkerung auf das Schicksal des Kameraden Küssel sowie das skandalöse Terrorurteil gegen ihn aufmerksam zu machen. Das opportunistische Schweigen der Medien muß gebrochen werden (...) Das Eintreten für Gottfried Küssel sollte jedem nationalen Kämpfer eine Herzensangelegenheit sein. Gruppenegoismen müssen angesichts der heute herrschenden Verfolgungen gegen jeden Nationalisten zurückgestellt werden (...).«

Eine weitere Qualitätssteigerung in der Ausspähung von sogenannten »Feindadressen« bot die November/Dezember-Ausgabe der NSDAP/AO-Zeitung *New Order*. Auf der Titelseite wurden die Dienst-, aber auch die Privatadressen des Staatsanwaltes und der Richter im Küssel-Prozeß, die nicht aus dem Telefonbuch zu entnehmen sind, veröffentlicht.[21]

Parallel zur Pro-Küssel- und Anti-Antifa-Kampagne hatte die Szene im Jahr 1993 noch weiteren Auftrieb erhalten. Hatte doch eines ihrer jahrelangen Themen, nämlich die sogenannte »Ausländerfrage«, die innenpolitischen Auseinandersetzungen in Österreich geprägt. Die FPÖ Jörg Haiders startete im Herbst 1992 bzw. im Januar 1993 ihr »Ausländervolksbegehren« unter dem Titel »Österreich zuerst«, das von der gesamten rechtsextremen bzw. neonazistischen Szene, angefangen von der *Deutschen Nationalzeitung*, die die 12 Punkte des Volksbegehrens abdruckte, bis zu den *fakten* Horst Jakob Rosenkranz‹, tatkräftig unterstützt wurde. Rosenkranz, der mit seiner Liste Nein zur Ausländerflut drei Jahre zuvor von den Behörden nicht zugelassen worden war, konnte jubilieren: »Wer das ›Österreich zuerst‹-Volksbegehren unterstützt, stellt damit sicher, daß in Österreich die Auseinandersetzung um die Ausländerflut auf demokratische Art und Weise ausgetragen werden kann.«[22]

Wie gewalttätig die Stimmung gegen Ausländer war, zeigt ein Videoband einer Veranstaltung einer Bürgerinitiative Hernals und Ottakring müssen Wiener Bezirke bleiben vom Januar 1991, das im Rahmen der Briefbombenermittlungen den Fahndern zugegangen war. Geleitet wurde die Veranstaltung von den beiden Exponenten der verbotenen Liste »Nein zur Ausländerflut«, Horst Jakob Rosenkranz und Franz Radl. Als Türsteher fungierte Gottfried Küssel. Bei der Veranstaltung ging es auch um die Methoden in der Ausländerpolitik. Während Rosenkranz eine härtere Gangart gegen Ausländer forcierte, meinte ein Redner, der sich als »Freiheitlicher« vorstellte, daß man sich »mit dieser Methode (…) heute noch nicht« durchsetzen könnte.[23]

Wie solche Veranstaltungen von den Behörden überwacht wurden, zeigt eine Wortmeldung des Veranstaltungsleiters Horst Jakob Rosenkranz bei diesem Meeting: »Es waren ja zwei Herren von der hohen Staatspolizei hier. Übrigens sehr nette Herren, die vorhin da gesessen sind und (…) ja sie haben sich ausgesprochen höflich und freundlich (gegeben, d. Verf.) und haben sich entschuldigt, es ist ihnen eh nicht sehr angenehm, daß sie hier sein müssen (…).«[24]

Trotzdem, bereits fünf Tage nach der Explosion der ersten Briefbombe, am Donnerstag, den 9. Dezember 1993, konnte die Polizei die erste Festnahme vermelden, obwohl das österreichische Innenministerium der österreichischen Neonazi-Szene die Attentate nicht zutraute. Der damalige Leiter der österreichischen Staatspolizei, Oswald Kessler, meinte damals: »Ich traue das eigentlich einer unserer rechtsextremen Gruppen nicht zu.«

An der Grenze zu Tschechien wurde der VAPO-Kader Peter Binder festgenommen. Im grünen Audi von Binder wurden mehrere Gewehre und eine Pistole gefunden. Bei Hausdurchsuchungen von Binders Wohnungen in Wien und Guntramsdorf fanden sich unter anderem zwei Pistolen, 36 Gramm Sprengstoff, 3 kg TNT, eine Panzerfaust mit Sprengstoffen, zwei Rohrzerstörladungen und eine Handgranate.[25] Peter Binder war über seine Vorliebe für Hardrock-Musik und Uniformen in die Neonazi-Szene und Ku-Klux-Klan-Bewegung gekommen. Über diese Kontakte gelangte er in das Umfeld der Nationaldemokratischen Partei (NDP)[26] und weiter zur VAPO Gottfried Küssels, wo er nach dessen Verhaftung versuchte, eine Führungsposition zu übernehmen. Binder hatte in seinem Computer den Text der Broschüre *Eine Bewegung in Waffen – Handbuch für improvisierte Sprengtechnik* als »wehrwolf.txt« gespeichert.[27] In den ersten Verhören versuchte Binder, die Spur nach Deutschland zu lenken. So belastete er in einer Vernehmung vom 11. Dezember 1993[28] den deutschen Neonazi-Rocker Arnulf Priem schwer: »Eine andere Variante wäre eine Mittäterschaft des Berliner Rechtsextremisten Arnulf Priem (…) Ich könnte mir vorstellen, daß der heute ca. 44jährige Priem (der sich in Berlin von ca. 15 bis 16-jährigen anhimmeln läßt) auf Gottfried

Küssel eifersüchtig ist und ihn und seine österr. Freunde in Mißkredit bringen will.«[29]

Im Gefolge Binders wurde am gleichen Tag dann auch Alexander Wolfert verhaftet. Als Sympathisant eines Motorradklubs kam er mit der rechtsextremen Szene und später mit der VAPO in Berührung. Wolfert hatte, wie so viele andere deutsche und österreichische Neonazis auch, einen Kampfeinsatz in Kroatien absolviert und nahm im Raum Osijek mehrere Tage hindurch an Kampfhandlungen gegen serbische Verbände teil.[30]

Am Mittwoch, dem 14. Dezember, wurde Franz Radl in seiner Wohnung in Wien Margareten verhaftet. Radl hatte bereits eine lange Karriere in der österreichischen Neonazi-Szene hinter sich. Über die Burschenschaft Teutonia war er mit führenden Exponenten wie Gottfried Küssel, Gerd Honsik und Horst Jakob Rosenkranz in Kontakt gekommen.[31]

Anfang September bis Dezember 1992[32] hatte Franz Radl den geflüchteten Neonazi Gerd Honsik in Spanien besucht und an einem Ausbildungslager der internationalen Neonazi-Organisation CEDADE teilgenommen. Zuvor hatte er dem inhaftierten Gottfried Küssel seine Gedanken zur Neuorganisierung in einem mit 12. Juli 1993 datierten Kassiber, der diesem in das Gefängnis geschmuggelt wurde, mitgeteilt: »Und zweitens: Was mir persönlich als das Wichtigste erscheint, es müssen unbedingt geheime Kader herangebildet werden. Das erachte ich nicht nur im Hinblick auf allfällige Wahlantritte mit Tarnparteien als nützlich, sondern auch in militärischer Hinsicht. Wir müssen uns langsam aber sicher daran gewöhnen, in militärischen und geheimdienstlichen Begriffen zu denken. Nur so können wir in Zukunft die Schläge des Gegners parieren (…) Was ich mir geschworen habe, als ich letzte Woche die Urteilssprüche von Reinthaler und Liptay (beide VAPO-Kader waren kurz zuvor von einem Salzburger Gericht nach dem NS-Verbotsgesetz verurteilt worden, d. Verf.) erfahren habe, werde ich hier nicht schriftlich festhalten (…).«[33] Weiter führte Radl aus, daß ihm »die Schlüsse in der Broschüre ›Eine Bewegung in Waffen‹ (Handbuch für improvisierte Sprengtechnik), welche in den letzten Ausgaben des (NS)-Kampfrufes (der NSDAP-AO) veröffentlicht worden sind, zwingender erscheinen«.[34]

Bei der Verhaftung Radls stellte sich heraus, das dieser innerhalb der VAPO zum Spezialisten für »Feindbeobachtung« avanciert war. Bei der Hausdurchsuchung fanden sich mehrere Dateien, unter anderem eine Datei mit 1.561 Datensätzen über Zeitungen, Fernsehanstalten und Personen, weitere 385 Datensätze über Zeitungsjournalisten und 399 Datensätze über die Archivierung von Videobandaufnahmen betreffend Ausländerkriminalität, welche der VAPO später zur Verfügung stehen sollten.[35] In seiner Datei »Video.Sbf« hatte er die späteren Briefbombenopfer wie folgt gespeichert: »Zilk-Jude-SPÖ-Geburtstag, Petrovic-Die Grünen-Jude, Stoisits, Schüller-Jude«[36].

Gerhard Endres, Stellvertreter von Gottfried Küssel, wurde ebenfalls im Dezember 1993 festgenommen und später wegen seiner Rolle in der VAPO zu drei Jahren verurteilt. Am 17. Dezember verhafteten die Behörden den ehemaligen Brixia-Burschenschafter Hans Georg Ley, der einen Monat später wieder aus der Untersuchungshaft entlassen wurde.

Einen Monat später folgte eine weitere Verhaftung: Am Dienstag, dem 8. Februar 1994, nahmen die Fahnder den VAPO-Kader aus Wiener Neustadt, Sascha Kaspar, fest, der dann später wieder entlassen wurde.[37]

Von Anfang an agierten Österreichs Behörden bei der Suche nach den Briefbombenattentätern äußerst dilletantisch. So war zum Beispiel bis zur Anklageerhebung eine präzise Alibiüberprüfung von Peter Binder unterblieben gewesen.[38] Ein hochrangiger Staatspolizist beklagte, daß von seiten des Innenministeriums die Zahl der Beamten, die sich ausschließlich mit der Neonazi-Szene beschäftigen, gleich um 150 Prozent erhöht angegeben wurde.[39]

Neben Dilletantismus hatte es in den letzten Jahren vermehrt Anzeichen für eine braune Unterwanderung der Exekutive gegeben. Im Frühjahr 1993 und Januar 1994 war in mehreren Wachzimmern ein Flugblatt einer Notwehrgemeinschaft der Sicherheitswachebeamten (NS) aufgetaucht, in dem gegen österreichische Juden gehetzt wurde und diese teilweise mit Adresse genannt wurden. Weiter sah sich die Notwehrgemeinschaft »außerstande, für die Sicherheit der Umvolkungspolitiker zu garantieren, da diese durch ihr verbrecherisches Handeln jede Schutzwürdigkeit ihrer Person verwirkt haben«.[40] Der jahrelange Leiter der Wiener Staatspolizei, Gustav Hochenbichler, hatte in seinem Speisezimmer ein Hitlerbild hängen und war – so der derzeitige Sicherheitsdirektor Michael Sika – »nazistisch angehaucht«[41].

Sieben Monate nach der letzten Verhaftung im Rahmen der ersten Briefbombenwelle detonierte am 24. August 1994 vor einer zweisprachigen Volksschule in Kärnten die nächste Sprengfalle. Bei dem Versuch, die Rohrbombe zu entschärfen, verliert ein Polizeibeamter beide Hände, zwei weitere Beamten werden leicht verletzt. Der damalige Innenminister Franz Löschnak vermutet die Täter im Zuhältermilieu: »In Klagenfurt und in Kärnten tut sich einiges im Rotlichtmilieu.«[42] Wiederum ermitteln die Beamten schlampig und dilettantisch. Tage nach dem Anschlag finden Ermittler der Einsatzgruppe zur Bekämpfung des Terrorismus (EBT) im vorgelegten Akt Fingerteile des verletzten Polizisten abgeheftet.[43]

Am 4. Oktober 1994, fünf Tage vor den österreichischen Nationalratswahlen, folgte die zweite Briefbombenwelle. Die Sprengfallen waren so konstruiert, daß keine Detonation ausgelöst wurde. Adressiert waren die Bomben an den Klagenfurter Verleger Lojze Wieser, der sich auf slowenische Literatur spezialisiert hatte, an eine Asylstelle in Dornbirn/Vorarlberg, an eine Salzburger Papier-Firma und an das Stift von Wilten, in dem eine Flüchtlingsbetreuungsstelle eingerichtet worden war. Mit den Bomben versandte ein Kampf-trupp »Herzog Oadilo von Bayern« eine Bekennung zu dem Anschlag in Kla-genfurt und lieferte eindeutige Sachbeweise für die Täterschaft. Die »Rotlicht-theorie« des damaligen Innenministers war eindeutig widerlegt.

Der blutigste Anschlag sollte am 4. Februar 1995 stattfinden: In der Nacht zu Samstag gehen die vier Roma Josef Simon, Peter Sarközi, Karl Horvath und Erwin Horvath zu einer verdächtigen Tafel, die sie auf einer Zufahrtsstra-ße zu ihrer Siedlung entdeckt haben. In den letzten Tagen hatte es wiederholt Drohanrufe gegeben. Verdächtige Autos waren in der Siedlung gesehen wor-den. Als die vier nun die auf einem Sockel montierte Tafel mit der Aufschrift »Roma zurück nach Indien« entdecken und abnehmen wollen, explodiert eine Sprengfalle. Die vier Roma sterben sofort. Trotz einer offensichtlichen Ähn-lichkeit der Sprengfalle mit der Rohrbombe von Klagenfurt ordnet der zustän-dige Staatsanwalt Hausdurchsuchungen bei den betroffenen Roma-Familien an. 80 Beamte durchkämmen die Wohnhäuser der trauernden Angehörigen.[44]

Am Montag darauf versucht ein Müllmann im nicht weit entfernten Stinatz, einem hauptsächlich von burgenländischen Kroaten bewohnten Ort, ein Paket zu entfernen, und wird durch eine an einem Container angebrachte Bombe verletzt. Stunden danach findet sich in der Nähe in einer Bushaltestelle ein weiteres Bekennerschreiben: »Clans der Schifkowits, Grandits, Stoisits, Rese-tarits und Janisch zurück nach Dalmatien. Deutsch-Österreich als Stammge-biet der Bajuwaren benötigt keine Ausländerindustrie, bestehend aus Auslän-der-Lobbyisten, aus Aufwieglern, Förderern und Erfindern immer neuer Volksgruppen, aus Amateurdolmetschern, Fremdspracheneinpeitschern, aus Integrationsprojektanten, Menschen- und Waffenschmugglern, aus Rassen-theoretikern und Menschenzüchtern nach dem Vorbild des marxistischen Ein-heitsmenschen«. Unterzeichnet war das Schreiben von einem »Kommando Friedrich II., der Streitbare, Herzog von Österreich, Steiermark und vier Bur-genland.«

Auch die nachfolgende Briefbombenwelle ließ nicht lange auf sich warten. Am 9. Juni 1995 versenden die Kommandos »Andreas Hofer von Tirol« und »Graf Rüdiger von Starhemberg« wiederum drei Briefbomben. Eine detoniert bei der TV-Moderatorin Arabella Kiesbauer und verletzt ihre Assistentin. Zeitgleich verletzt eine weitere Bombe zwei Mitarbeiterinnen eines oberöster-reichischen Partnervermittlungsinstituts. Vier Tage danach detoniert ein Sprengsatz in den Händen des SPD-Fraktionsgeschäftsführers in Lübeck und verletzt ihn.

Am 11. September 1995 begann nun der Prozeß, der nur auf Indizien beruh-te, gegen die drei Hauptangeklagten Franz Radl, Peter Binder und Alexander Wolfert wegen Paragraph 3f. des Verbotsgesetzes: »Wer einen Mord, einen Raub, eine Brandstiftung oder eine strafbare Handlung (...) als Mittel der

Betätigung in nationalsozialistischem Sinne versucht oder vollbringt, wird mit Freiheitsstrafen von zehn bis zu zwanzig Jahren, bei besonderer Gefährlichkeit auch mit lebenslanger Freiheitsstrafe bestraft.«

Doch der Prozeß geriet zur Farce. Neben einer indiskutablen Prozeßführung kamen im Laufe des Prozesses immer mehr Fahndungspannen an die Öffentlichkeit. Eines der Briefbombenopfer der ersten Serie, Madeleine Petrovic, sagte aus, daß sie schon vor dem Attentat Drohbriefe mit dem Schriftzug »Wir wehren uns« erhalten habe. Den Ordner mit den Drohbriefen habe sie einem ermittelnden Staatspolizisten übergeben. Seitdem ist der Ordner verschwunden.[45] Der Angestellte einer Chemikalienhandlung, in der Binder die Chemikalien eingekauft haben soll, berichtete, daß sechs bis acht Wochen nach der ersten Bombenserie ein junger Mann im Geschäft erschienen war, der ihm verdächtig erschien. Die sofort verständigte Staatspolizei erschien nach ungefähr zwei Stunden. Von ähnlichen Pannen wußte auch ein Zeuge zu berichten, der bei der Explosion im Pfarrhaus vom Hartberger Priester August Janisch zugegen war. Dieser, ein Gartenarchitekt, arbeitete gerade in einem Nebenraum, als er die Explosion hörte. Als die Beamten eintrafen, wären diese überall »herumgetapst«. »Ich habe ihnen noch gesagt: ›Sie vernichten vielleicht Beweismaterial.‹«[46]

Viele der von Staatsanwalt Sepp Dieter Fasching nominierten Zeugen verweigerten die Aussage, weil sie meist selbst ein Verfahren anhängig hatten. Andere kamen überhaupt nicht. In den ersten acht Verhandlungstagen hatten nur 25 von 68 geladenen Zeugen ausgesagt, 13 waren überhaupt nicht erschienen.[47] Von insgesamt 200 Zeugen war die Hälfte nicht erschienen.[48] Wenn Zeugen doch erschienen, dann verhöhnten sie offen das Gericht. Ein ehemaliger Neonazi-Mitstreiter Peter Binders antwortete auf Vorhaltungen des Gerichts: »Tatsächlich, das haben wir alles gemacht? Dann muß ich das vergessen haben. Vielleicht habe ich ja Alzheimer.«[49] Manche Zeugen waren aufgrund von Namensgleichheiten falsch eingeladen worden. Ermittelnden Beamten wurde vom Innenministerium keine Erlaubnis gegeben, im Prozeß auszusagen.

Mitten in den Prozeß platzt die vierte Briefbombenserie. Eine Briefbombe explodiert am 16. Oktober 1995 in der Praxis des Arztes Mahmoud Abou-Roumie, der schwere Verletzungen an der rechten Hand erleidet. Am gleichen Tag öffnet die Leiterin der Flüchtlingshilfe im niederösterreichischen Poysdorf, Maria Loley, ein Briefkuvert und wird an beiden Händen schwer verletzt.

Am Ende des Prozesses stehen zwei milde Urteile wegen NS-Wiederbetätigung: Fünf Jahre für Peter Binder, zwei Jahre auf Bewährung für Alexander Wolfert und drei Jahre für Franz Radl, der aufgrund der langen Untersuchungshaft sofort nach Hause gehen kann. Die fünfte und bisher letzte Welle an Briefbomben platzt in das Endes des Prozesses. Das Muster ist wieder das gleiche: Am 11. Dezember 1995 – sechs Tage vor der Nationalratswahl – detonieren in einem Postkasten in Graz zwei Briefbomben. Zwei weitere kamen nicht zur Explosion. Adressaten waren wieder Personen und Institutionen, die sich für die Integration von Ausländern eingesetzt hatten wie Angela Resetarits und das UNO-Flüchtlingshochkommissariat (UNHCR). Daneben gehörten eine indische Familie und ein Partner-Institut zu den Betroffenen. Als Absender an die indische Familie war ein gewisser »Edwin Neuwirth-Nachtmann« angegeben – eine Hommage an einschlägige Szene-Größen. Das ehemalige SS-Mitglied Edwin Neuwirth war von einem Wiener Gericht wegen NS-Wiederbetätigung angeklagt worden, weil er einem Journalisten gegenüber erklärt hatte, ihm sei nichts über die Existenz von Gaskammern bekannt gewesen.[50] Herwig Nachtmann, ehemaliger Geschäftsführer des rechtsextremen Akademikerblattes *Aula*, war im August 1994 nach dem Verbotsgesetz verurteilt worden, weil ein namentlich nicht bekannter *Aula*-Autor den Holocaust verharmlost hatte.[51]

Die zwei Briefbomben, die unversehrt nach Wien zur Analyse transportiert hätten werden sollen, explodierten beim Transport.

Anmerkungen

1 Für dieses Buch sah sich Schweiger bei Redaktionsschluß (30. April 1996) mit Ermittlungen der Staatsanwaltschaft wegen »Verdachts des Verbrechens der Wiederbetätigung« konfrontiert. Das ehemalige Mitglied der »Leibstandarte Adolf Hitler« hatte in dem 1995 erschienen Buch mit dem Titel »Evolution und Wissen« eine adaptierte Version des NSDAP-Programms präsentiert. Schweiger ist Präsidiumsmitglied des DKEG, wurde 1990 bereits wegen NS-Wiederbetätigung gerichtlich verurteilt und hat gute Kontakte zur Neonazi-Gruppe »Nationalistische Front« (NF). 1992 wurde er in einem Rundschreiben der NF als Leiter für ein Seminar der Nationalistischen Front angekündigt.

2 Der in diesem Beitrag verwendete Rechtsextremismusbegriff bezieht sich auf die wissenschaftliche Begriffsbestimmung von Univ.Doz. Willibald Holzer in: Dokumentationsarchiv des österreichischen Widerstandes (Hrsg.): Handbuch des österreichischen Rechtsextremismus. 2. Aufl. 1996, S. 12 f.

3 Vgl. Kleine Zeitung, 21.1.1996, S. 24 f.

4 R. Eller: Die Schlacht am Kahlenberg 1683. O. Jg.

5 Der Begriff Neonazismus in diesem Beitrag orientiert sich ausschließlich am juristischen Begriff der NS-Wiederbetätigung im Sinne des österreichischen Verbotsgesetzes. Neonazistisch heißt, daß zumindest in objektiver Hinsicht eines der Tatbilder des Verbotsgesetzes erfüllt ist.

6 Urteil des Verfassungsgerichtshof vom 28. Februar 1991.

7 Ebenda.

8 Vgl. Dokumentationsarchiv des österreichischen Widerstandes, 1996, S. 502 (s. Anm. 2).

9 Vgl. Fakten 15/92, S. 12 f.

10 Identität, 2/92, S. 8 f.

11 Vgl. M. Hobek: Molotowmüsli. Wien 1994.
12 Vgl. Dokumentationsarchiv des österreichischen Widerstandes, 1996, S. 342 f. (s. Anm. 2).
13 Ermittlungsakten der EBT.
14 Vgl. Dokumentationsarchiv des österreichischen Widerstandes, 1996, S. 261 f. (s. Anm. 2).
15 NHB-Report, 18/1985, S. 64–69, hier S. 67.
16 Vorderste Front 1992, S. 25.
17 Profil Dokumente, Profil Nr. 26, 26.6.1995.
18 Vgl. Bundesministerium für Inneres, Gruppe C, Rechtsextremismus in der Republik Österreich, Jahreslagebericht 1992, S. 14.
19 HNG-Nachrichten, November 1993, Nr. 156, S. 6.
20 Die neue Front, Nr. 83, 1993.
21 Vgl. Dokumentationsarchiv des österreichischen Widerstandes, 1996, S. 497 (s. Anm. 2).
22 Fakten 18/1992.
23 Abschrift des Videobandes im Besitz des Autors.
24 Ebenda.
25 Vgl. Anklageschrift der Staatsanwaltschaft Wien, Zl. 15 St 106.767/93.
26 Vgl. Ebenda.
27 Vgl. Ebenda.
28 Vernehmungsprotokoll vom 11. Dezember 1993 im Besitz des Autors.
29 Ebenda.
30 Vgl. Anklageschrift der Staatsanwaltschaft Wien, Zl. 15 St 106.767/93.
31 Vgl. Ebenda.
32 Ermittlungsakten der Einsatzgruppe zur Bekämpfung des Terrorismus (EBT).
33 Ebenda.
34 Ebenda.
35 Anklageschrift der Staatsanwaltschaft Wien, Zl. 15 St 106.767/93.
36 Ermittlungsakten der EBT.
37 Bei Redaktionsschluß (30.4.1996) war der Prozeß gegen Sascha Kaspar wegen NS-Wiederbetätigung noch im Gange.
38 Anklageschrift der Staatsanwaltschaft Wien, Zl. 15 St 106.767/93.
39 Vgl. E. Kemper: Verrat an Österreich. Zeitschriftenbuch. Wien 1996.
40 Flugblatt der Notwehrgemeinschaft der Sicherheitswachebeamten. Mai 1993.
41 Profil vom 19.12.1995, S. 53.
42 Wiener Zeitung vom 3./4. 1994.
43 Vgl. Kemper, 1996, S. 136 (s. Anm. 39).
44 Vgl. News, 7/95, S. 13.
45 Vgl. Standard vom 17.10.1995, S. 6.
46 Falter, 40/95, S. 12.
47 Vgl. Standard vom 23.9.1995, S. 9.
48 Vgl. News 51/95, S. 46.
49 Ebenda.
50 Inzwischen wurde Neuwirth freigesprochen.
51 Das Urteil ist inzwischen rechtskräftig.

Klaus Zellhofer
Die österreichischen Zweigstellen des deutschen Rechtsextremismus

»Ein Schnapserl, Herr Ritterkreuzträger?« Die Marketenderinnen des Öster-reichischen Kameradschaftsbundes haben alle Hände voll zu tun an diesem Sonntagmorgen. Nach und nach treffen die Gäste an der Ulrichsberg-Gedenk-stätte im Norden von Klagenfurt im österreichischen Bundesland Kärnten ein – hochdekorierte Wehrmachtsoffiziere, Kriegsversehrte, Soldatenwitwen, Kärntner Schützen, Burschenschafter, Landespolitiker und Exekutivbeamte – allerdings in Zivil, weil das österreichische Innenministerium die Teilnahme in Uniform verboten hat. Nicht so die Angehörigen des Verteidigungsministe-riums. Wie sollte es auch, wo doch diesmal der österreichische Verteidigungs-minister Werner Fasslabend höchstpersönlich als Festredner angesagt ist.[1]

Wir schreiben das Jahr 75 nach der Volksabstimmung, die 1920 über den Verbleib Südkärntens bei Österreich entschied, auf das der jugoslawische Staatenverband Gebietsansprüche angemeldet hatte. Ihr war der vielfach beschworene Abwehrkampf vorausgegangen, der dem Grenzland noch heute Sinn und Identität stiftet; ein rundes Jubiläum, das ausgiebig begangen wer-den muß.

Wie jedes Jahr seit 1958 hat auch heute wieder am ersten Sonntag im Okto-ber der Ulrichsberg gerufen. Seit rund 30 Jahren organisiert der Verein für die Heimkehrergedenkstätte »Ulrichsberg« dieses Treffen. Dominiert wird die Ulrichsberggemeinschaft von Funktionären der rechtsextremen[2] SS-Vetera-nenorganisation Kameradschaft IV (K IV), benannt nach dem angeblichen vierten Wehrmachtsteil, der Waffen-SS. Im Rahmen dieses Ulrichbergtreffens werden von ehemaligen SS-Angehörigen des In- und Auslandes Kamerad-schaftsabende abgehalten. In Reden und Referaten wird immer wieder die Rolle der deutschen Soldaten im Zweiten Weltkrieg unter Einschluß der SS-Angehörigen positiv dargestellt und der verbrecherische Charakter des hitleri-schen Angriffskrieges ausgeblendet.[3]

Die Kameradschaft IV arbeitete bis zu deren Auflösung eng mit der 1951 gegründeten bundesdeutschen Hilfsgemeinschaft auf Gegenseitigkeit der ehe-maligen Soldaten der Waffen-SS (HIAG) zusammen. Mit Mitgliedern der K IV wurden mehrere Treffen abgehalten. In der vom Munin-Verlag herausge-gebenen Zeitschrift *Der Freiwillige* sind neben Berichten von diversen SS-

Kameradschaften in der BRD auch Informationen über die Kameradschaft IV zu finden. Umgekehrt wird in der Zeitschrift der K IV den Aktivitäten deutscher SS-Traditionsverbände breiter Raum gegeben.

Hier am Ulrichsberg hielt auch Jörg Haider, damals Landeshauptmann von Kärnten, bereits vor Jahren seine berühmt-berüchtigte Rede, in der er festhielt: »Der Erste Weltkrieg war eine Folge eines nicht mehr haltbaren südslawischen Nationalismus, der vor allem die große Vielvölkerfamilie in der österreichisch-ungarischen Monarchie auseinandergerissen hat.« Und weiter in Richtung der anwesenden SS- und Wehrmachtsveteranen: »Eure Opfer, Männer und Frauen der Soldatengeneration, sollten für dieses Europa nicht umsonst gewesen sein. Eure Opfer werden erst in den nächsten Jahren in das richtige Licht gerückt werden, weil an der Gesamtentwicklung dieses Europas deutlich gemacht wird, daß die Grundlage von Euch für Frieden und Freiheit gelegt wurde.«[4]

Und viele sind auch dieses Jahr wieder gekommen. Ein Stück unterhalb des Gipfels, auf einem Almboden, parken Hunderte von Autos aus Österreich und ganz Deutschland. Das österreichische Bundesheer hat einen Shuttledienst für jene Besucher eingerichtet, die nicht mehr gut genug zu Fuß sind, um die letzten paar hundert Meter der steilen Forststraße zu bewältigen. Am Ende der Straße, oben am Plateau, wo der Blick weit über das Tal und die Karawanken reicht, stehen eine Gedenkstätte mit einem Relief des Nazi-Künstlers Arno Breker und ein riesiges Kreuz. Dort wollen 4.000 Besucher die angeblich große Versöhnung feiern: mit der Geschichte, mit dem Krieg, mit sich selbst und mit ihren – allerdings nicht anwesenden – ehemaligen Feinden.

Während auf dem Berg die Alten feiern, treffen sich ein paar hundert Meter weiter unten in einer kleinen Talsohle, beim sogenannten »Muldentreffen«, Burschenschafter, junge Rechtsextremisten und Neonazis.[5] Seit Jahren trifft sich am Rande des Ulrichbergstreffens die Elite des österreichisch-bundesdeutschen Rechtsextremismus und Neonazismus. Die Staatspolizei beschlagnahmte wiederholt Aufkleber der Nationaldemokratischen Partei Deutschlands (NPD) und Kleber der mittlerweile verbotenen Wiking Jugend.[6] Für viele bundesdeutsche Neonazi-Kader ist dieses Treffen in Österreich, neben dem alljährlichen Aufmarsch im belgischen Diksmuide und den Franco-Gedenkfeiern in der spanischen Hauptstadt Madrid, eine Gelegenheit zum unauffälligen Gedankenaustausch mit ausländischen Kameraden. Gäste am Ulrichsberg waren unter anderem: Meinolf Schönborn, Chef der verbotenen neonazistischen Nationalistischen Front (NF), die beiden verurteilten Neonazis Peter Binder und Franz Radl jun.[7] oder der deutsche Rechtsextremist Josef Peter Naumann, der am Ulrichsberg bereits Flugblätter seines Völkischen Bundes verteilte. Bei einer dieser Gelegenheiten traf sich Naumann auch mit den beiden Aktivisten der Nationalistischen Front in Österreich, Andreas

Thierry und Helmut Adam Schatzmayr[8]. Thierry ist Mitglied der Kärntner Mittelschülerburschenschaft Cheruskia Althofen[9] und wurde wie viele österreichische Rechtsextremisten und Neonazis in der österreichischen Burschenschafterszene politisch sozialisiert.

Die österreichischen Burschenschaften sind traditionell eng mit den bundesdeutschen verbunden. Die »schlagenden« Verbindungen in Österreich sind in verschiedenen Verbänden, gemeinsam mit Deutschen Burschenschaften, zusammengefaßt. Die österreichischen Burschenschaften sind im 1952 gegründeten Verband der Akademischen Burschenschaften in Österreich (DBÖ) erfaßt. Seit 1971 können österreichische Burschenschaften der Deutschen Burschenschaft (DB) beitreten. Von zur Zeit 16 österreichischen Burschenschaften gehören zehn der DB an. Weitere Verbände, in denen die national-liberalen Verbindungen in Österreich und Deutschland organisiert sind, sind die Deutsche Sängerschaft (DS), der Verband der Vereine Deutscher Studenten (VVDST), der Österreichische Landsmannschafter- und Turnerschafterverband (ÖLTC), der Coburger Convent (CC), dem Kösener Senioren-Convents-Verband (KSCV) und der Österreichische Pennälerring (ÖPR), dem fast alle schlagenden Mittelschülerverbindungen angehören.[10] 1984 wurde der Delegierten-Convent Europäischer Corporationen (DCEC) gegründet, dem die Europa-Burschenschaften Arminia Zürich und Nibelungia Wien, das pennale Corps Normannia Wien und die pennale Burschenschaft Germania Sudetia zu Remscheid, sowie die pennale Burschenschaft Tafelrunde Wien, die »die Tradition der von Josef Hiess 1972 in Offenhausen/OÖ gegründeten Tafelrunde zum Dichterstein[11] fortsetzt, angehören. Die Europa-Burschenschaft Arminia Zürich galt zeitweilig als Schweizer Kontaktadresse der Zeitschrift *Sieg* des wegen NS-Wiederbetätigung vorbestraften österreichischen Rechtsextremisten Walter Ochensberger.[12]

Die Mensuren, die in den österreichischen Burschenschaften gefochten werden, haben neben der Integrationsfunktion in die Gruppe vor allem eine ideologische Funktion: »Die Mensur wird bekanntlich nicht für sich selbst, sondern für den Bund oder ›pro patria‹ geschlagen. Daher wird sie zum Symbol der Einsatzbereitschaft für die Gemeinschaft, fürs Vaterland. Konsequenter bezeichnen sich daher die meisten mensurschlagenden Verbindungen als national.«[13] Für die »Schlagenden« in Österreich ist die Mensur Ausdruck dafür, im Ernstfall »das Blut« für das gesamtdeutsche »Vaterland« zu opfern. Daher heißt es auch in einer Festschrift der Burschenschaft Olympia martialisch: »Nur dieser Symbolcharakter macht den Wunsch nach einem schönen ›Schmiß‹ erklärlich. Eine kosmetische Operation zur Entfernung der Narbe käme daher fast einem Verrat gleich.«[14]

Was für den einzelnen Korporationsstudenten in Österreich Vaterland und Nation heißt, präzisierte 1990 der ehemalige FPÖ-Vordenker Andreas Mölzer

(Vandalia Graz) und heutige Chefredakteur der neurechten *Jungen Freiheit*-Ausgabe Österreich: »Der Korporationsstudent in Österreich ist sui generis – als Angehöriger einer deutschen Korporation – bereits eine lebende Anklage gegen die große Lebenslüge der zweiten österreichischen Republik. Den allzu opportunistischen Ausstieg aus der deutschen Geschichte und der deutschen Verantwortung, den die ›österreichische Nation‹ nach 1945 so mir nichts dir nichts vollziehen wollte und die damit verbundene Lebenslüge stellt eben jener in Frage, der sich weiter als Deutscher bekennt (…) Der Korporations-student, der in der Bundesrepublik das Vaterland auf sein Panier geschrieben hat, wird also in erster Linie einmal für das Bewußtsein eintreten müssen, daß Deutschland mehr ist als nur ein Staat. Er wird sich gegen die schrankenlose Unterwerfung unter den amerikanischen Kultur-Imperialismus ebenso wen-den müssen, wie gegen die machtpolitische Instrumentalisierung deutschen Territoriums zur bloßen Raketenabschußrampe ohne jedes Mitspracherecht. Er wird jenen Tendenzen, die die Nation zugunsten verschwommener Europa-hoffnungen verleugnen, ebenso Paroli bieten müssen, wie jener schleichenden Entwicklung, die mittels Masseneinwanderung eine Brasilianisierung Mittel-europas mit sich brächte.«[15]

Und der Altherren-Vorsitzende der Wiener Burschenschaft Olympia, Fried-rich Stefan, ergänzt: »In Österreich stellt der Kampf gegen die sogenannte ›österreichische Nation‹ eine neue Form des Volkstumskampfes dar. Die nach 1945 neu propagierte ›Nation‹ wird als bewußter und gewollter Gegensatz zur Deutschen Nation verstanden, der mehr als 90% aller Österreicher trotz der Einbürgerung vieler fremdvölkischer Menschen in den letzten Jahren nach wie vor angehören.«[16]

Es waren auch vornehmlich deutsche und österreichische Burschenschafter, die in den sechziger Jahren für die Attentate in Südtirol verantwortlich waren. Im Grazer Südtirolaktivisten-Prozeß 1965 befanden sich unter den 26 Ange-klagten zwölf Burschenschafter. Vor allem die Wiener »Olympen« Günther Colli, Herbert Fritz (Gründungsmitglied der wegen Neonazismus verbotenen Nationaldemokratischen Partei Österreichs (NDP)), Helmut Hornberg, Günther Schweinberger[17] und die Innsbrucker «Brixen« Reinulf Grünbart, Herwig Nachtmann (*Aula*-Verlagsleiter) und Rudolf Watschinger[18] (ehemali-ges NDP-Vorstandsmitglied) standen im Mittelpunkt. Vier Jahre zuvor hatte zum Auftakt des Südtirol-Aktivismus der Burschenschafter und nach Spanien geflüchtete österreichische Rechtsextremist Gerd Honsik (Markomannia-Wien) gemeinsam mit dem «Olympen« Günther Kümel eine Brandbombe gegen die italienische Botschaft geworfen.

Ein Blick auf die Karriere einiger ehemaliger Südtirolaktivisten soll zeigen, wie sehr sie mit dem Deutschnationalismus und Rechtsextremismus verbun-den waren bzw. es noch sind. Rainer Mauritz ist heute FPÖ-Obmann des

Bezirkes Korneuburg. Angesprochen auf die Eintragung von Hitlers Geburtstag in seinem »Merkbuch« aus dem Jahre 1961 antwortete der niederösterreichische FPÖ-Politiker gegenüber der Zeitung *Der Standard* wörtlich: »Meine Großmutter war von ihm sehr angetan, denn er hat ihr immer Nelken geschenkt. Ich habe meiner Großmutter deshalb bis zu ihrem Tod im Jahre 1969 zu Hitlers Geburtstag immer Nelken geschenkt.«[19] Helmut Golowitsch, ehemaliger Schulungsreferent des Österreichischen Pennälerringes, also der Burschenschaften auf Mittelschulebene, organisierte 1976 den 22. Burschentag der Deutschen Burschenschaft in Österreich. 1979 unterzeichnete er den Aufruf der rechtsextremen *Deutschen National-Zeitung* für eine Generalamnestie für NS-Verbrechen.[20]

Von den Burschenschaften geht in den letzten Jahren eine Intellektualisierung der rechtsextremen Szene im deutschsprachigen Raum aus. Es wird vor allem versucht, die alten Ideen wissenschaftlich abzusichern und mit einem neuen Vokabular zu versehen. Der Kampf gilt vorwiegend der »multikulturellen Gesellschaft«, der sie das rassistische Konzept des »Ethnopluralismus« gegenüberstellen, sowie der sogenannten »Westintegration« und dem »egalitaristischen und kosmopolitischen westlich-liberalen System«[21], das antiliberale und antidemokratische Denken der »konservativen Revolution«.

Vor allem in der Deutschen Burschenschaft (DB), einer der einflußreichsten Dachverbände, geben intellektuelle Rechtsausleger mittlerweile den Ton an. Daher war es kein Zufall, daß 1989/90 und 1995/96 die Wiener »Olympen« zur Vorsitzenden Burschenschaft der DB gewählt wurde.[22] Beim alljährlich stattfindenen traditionellen Wartburgfest der Deutschen Burschenschaft unter der Leitung der Wiener »Olympia« durfte der Herausgeber der rechtsextremen deutschen *Staatsbriefe*, Hans-Dietrich Sander, seine Einschätzung der Feinde des »Deutschen Reiches« verkünden: »Die Sonnenleugner, Asseln und Schimmelpilze werden uns noch schwer zu schaffen machen. Wir können aber vereint besser aus der Metapher in die Deutsche Freiheit heraustreten. Wir können allerdings die Keime, die gedichtet werden, ensprechend pflegen, damit der deutsche Volkskörper eines Tages keine vergebliche, sondern schöpferische Stärke in sich fühlt. An diesem Tag wird das Deutsche Reich wiederhergestellt.«[23]

Schon vorher hatten sich die »Aktiven« der »Olympia« im Rahmen ihrer Amtszeit 1989/90 in mehreren Zeitungsinterviews und Stellungnahmen gegen die Anerkennung der Oder-Neiße-Grenze ausgesprochen (»[...] daß auch die Ostgebiete, Österreich, Südtirol usw. alles deutsche Länder sind«)[24], was sogar im burschenschaftlichen Lager einige Aufregung auslöste.[25] Ein Jahr später, beim Burschentag in Eisenach hatte die »Olympia« folgenden Antrag eingebracht: »Die Unterwanderung des deutschen Volkes durch Angehörige von fremden Völkern bedroht die biologische und kulturelle Substanz des deutschen Volkes (…) Das deutsche Volk ist vor Unterwanderung seines Volkskörpers durch Ausländer wirksam zu schützen.«[26]

1986 verdienten sich die Olympen mit tatkräftiger Unterstützung vom damaligen Chef der österreichischen Volkstreuen außerparlamentarischen Opposition (VAPO), Gottfried Küssel, als Saalschutz bei einem Vortrag des führenden »Neu«-Rechten und Leiters des Thule-Seminars, Pierre Krebs, an der Universität Wien ihre rechten Sporen.[27]

In Analogie zum von der französischen Nouvelle Droite vertretenen Anspruch, einen umfassenden theoretisch wie geistesgeschichtlich anspruchsvollen Bezugsrahmen für moderne rechtsextreme Programmatik zu erarbeiten, bemüht sich der rechte Flügel der Burschenschaften – der in der 1961 gegründeten Burschenschaftlichen Gemeinschaft[28] zusammengefaßt ist und dem außer der Olympia Wien, der Bruna-Sudetia in Wien zum Beispiel noch die Brixia Innsbruck, die Germania Marburg und die Danubia München angehören – um eine zunehmende Intellektualisierung der Burschenschafter-Szene. Als publizistische Plattform der Burschenschafter gilt, neben der *Aula* des »Brixen« Herwig Nachtmann, vor allem die wöchentlich erscheinende Zeitung *Junge Freiheit* mit ihrer österreichischen Schwesterausgabe. Mitarbeiter aus dem österreichischen Burschenschaftermilieu sind: Jürgen Hatzenbichler, (pennale Burschenschaft Hans Steinacher) und Franz Watschinger (Brixia Innsbruck). Ein Lesekreis der *Jungen Freiheit* trifft sich regelmäßig im Verbindungshaus der Verbindung Olympia in Wien.

Der pennale Burschenschafter Andreas Thierry wurde zuletzt gemeinsam mit Helmut Adolf Schatzmayer rechtskräftig verurteilt. Die beiden, die zum mutmaßlichen Führungskreis der NF in Österreich zählen[29], hatten bei einer Veranstaltung der Kameradschaft IV in Graz ein Flugblatt mit dem Titel »Die Wahrheit über die Waffen-SS« verteilt, in dem sie folgendes verlauten ließen: »Es ist Wahrheit, daß die Waffen-SS nicht nur tapfer und heldenhaft, sondern auch stets ehrenhaft und anständig gekämpft hat.«[30]

Im Jahr 1995 sollte der Führer der F-Bewegung in Österreich, Jörg Haider – ebenfalls Burschenschafter bei der Sylvania –, vor einer Versammlung von SS-Veteranen in Krumpendorf ähnliches von sich geben. Gegenüber den Teilnehmern eines der vielen Treffen, die rund um das Ulrichsbergtreffen alljährlich stattfinden – unter ihnen der ehemalige SS-Obersturmführer Sören Kam (in Dänemark in Abwesenheit zu lebenslänglicher Haft verurteilt[31]) –, hielt Haider unter anderem fest, daß die Waffen-SS »ein Teil der Wehrmacht war und daher ihr alle Ehre und Anerkennung zukommt, die sie heute im öffentlichen Leben hat«.[32] Die wegen NS-Wiederbetätigung eingeleiteten Verfahren gegen Haider wurden von der Staatsanwaltschaft eingestellt.

Die 1992 in der BRD verbotene neonazistische Nationalistische Front war für die österreichischen Neonazis immer schon ein wichtiger Bezugspunkt bei ihren Auslandskontakten. Die Organisationen Deutsches Kulturwerk Europäischen Geistes (DKEG), die »Volksbewegung«, und die Zeitschriften *Sieg, Gäck* und die *Volkstreue Jugendoffensive* in Linz gehörten zu jenen Gruppen und Publikationen, die in das internationale Netzwerk der NF mit eingebunden waren. 1991 wurden in Wien über einen längeren Zeitraum Aufkleber der NF mit dem Wortlaut »Schluß mit dem Holocaust oder: Deutscher willst du ewig zahlen?« verbreitet.

Das Bundesministerium für Inneres weiß zur Zusammenarbeit österreichischer Neonazis mit der NF folgendes zu berichten: »Österreichische Rechtsextremisten aus Kärnten, Oberösterreich und Salzburg nahmen an Ausbildungslagern der NF in der Bundesrepublik Deutschland teil.«[33]

1988 veröffentlichte die der Nationalistischen Front nahestehende Zeitschrift *Nachrichten aus der Szene – Zeitung der nationalistischen Bewegung* Leserbriefe, in denen über das Verbot der 1984 von Gerd Honsik gegründeten Nationalen Front, über die Ausländer-Halt-Bewegung und die Volkstreue Außerparlamentarische Opposition (VAPO) berichtet wurde.

1991 wurden in einigen Ausgaben von *Halt* Inserate der NF veröffentlicht. Im selben Jahr erschien in Kärnten eine neue neonazistische Jugendzeitschrift mit dem Namen *Gäck*, die vor Schulen verteilt wurde. Eine gleichnamige Publikation wurde in Deutschland von der Wiking Jugend herausgegeben. Nachdem in der ersten Nummer der wegen NS-Wiederbetätigung zu einer Haftstrafe verurteilte Franz Radl als Eigentümer, Verleger und Hersteller ausgewiesen worden war, erschien in der Nummer 5 im Impressum eine Gesellschaft für natürliche Lebensweise mit Sitz in der BRD, Detmold, Quellenstraße 20. Diese Adresse ist identisch mit jener der damaligen NF-Zentrale in Detmold. Das deutsche Neonazi-Blatt *Revolte – Zeitung der nationalistischen Bewegung* (2/1991) bot seinen Lesern *Gäck* als »scharfe Sache« an und ließ in einem Interview den österreichischen »Kameraden« Herbert Schweiger zur »Rassenfrage« und anderen Themen Stellung nehmen.

1990 nahmen führende Aktivisten der Nationalistischen Front an der Tagung des DKEG in Pichl teil. In ihrer Publikation *Aufbruch* hieß es dazu: »Es waren ca. 250 Teilnehmer angereist. Auch zwölf Führungskader und Aktivisten unserer Partei nahmen teil. Durch die positiven Ergebnisse im letzten Jahr hatten wir uns diesmal zu einer organisierten, größeren Teilnahme entschlossen. Es ist uns gelungen, die noch erstaunlich weitverbreitete Unkenntnis über die NF in vielen Gesprächen zu beseitigen. Taktik, Strategie und politisches Selbstverständnis konnten einem großen Teil der Anwesenden vermittelt werden. Reichlich Zustimmung und auch Spenden waren das spontane Ergebnis. Unsere Kontakte nach Spanien und den Niederlanden konnten wir ausbauen.«[34]

Herbert Schweiger, Präsidiumsmitglied des DKEG und 1990 wegen NS-

Wiederbetätigung gerichtlich verurteilt[35], scheint auch persönlich gute Kontakte zur dieser Neonazi-Gruppe unterhalten zu haben. 1992 wurde er in einem Rundschreiben der NF als Leiter für ein Seminar der Nationalistischen Front angekündigt.

Schweiger selbst sah sich bei Redaktionsschluß[36] mit Ermittlungen der Staatsanwaltschaft wegen »Verdachts des Verbrechens der Wiederbetätigung« konfrontiert[37]. Das ehemalige Mitglied der Leibstandarte Adolf Hitler hatte in einem 1995 erschienenen Buch mit dem Titel *Evolution und Wissen* eine adaptierte Version des NSDAP-Programms präsentiert.

Ein weiterer Ableger der verbotenen NF war die sogenannte Volkstreue Jugendoffensive (VJO), die ihren Standpunkt für ihre neonazistischen Aktivitäten im oberösterreichischen Linz, der Geburtsstadt von Adolf Eichmann und Ernst Kaltenbrunner, hatte. Die Recken von der VJO veranstalteten sogenannte »Wochenendlager« und brachten bei Linzer FPÖ-Veranstaltungen rassistische NF-Flugblätter unter das blaue Volk. Unter den Titeln »Ausländer raus!« und »Unsere Jugend braucht Zukunft« waren folgende Hetzparolen auf dem Flugblatt zu lesen: »Unsere Forderung nach dem Selbstbestimmungsrecht ist weder unzeitgemäß noch undurchführbar, sondern allein das natürliche Lebensrecht unseres Volkes. Ein nationales Existenzrecht, welches selbst heute dem kleinsten Negerstamm zugebilligt wird! Unsere Politiker, die laut Amtseid Schaden von uns wenden sollen, sind darauf und dran, unser deutsches Volk zu zerstören. Trotz verbaler Versprechungen, eine Besserung der Zustände herbeizuführen, werden diese nicht besser, sondern immer schlimmer! Wir Deutsche können also von diesem System keine volkstreue Politik erwarten.« Verantwortlich für das Flugblatt war damals wiederum der verurteilte Neonazi Franz Radl jun.[38]

Die Nationalistische Front und ihre Aktivisten haben in den letzten Jahren in bezug auf die Kontakte der österreichischen Neonazis nach Deutschland die Rolle einer Gruppe bzw. einer Person übernommen, die immer wieder im Rampenlicht der Öffentlichkeit gestanden hat: die Volkstreue Außerparlamentarische Opposition (VAPO) des Gottfried Küssel. Nach der 1986 erfolgten Gründung der VAPO wurden ein Jahr später Kontakte zu Michael Kühnen geknüpft, die letztendlich zu einer intensiven Zusammenarbeit führten. In der von Kühnen-Aktivisten herausgegebenen Zeitschrift *Widerstand – Die Neue Front* ist bezugnehmend auf ein Treffen von »Kühnen-treuen Kameraden« im Jahre 1987 folgender Vermerk zu finden:

»Dann schließlich sprach der Vertreter der Ostmark, dessen Name Kennern der ostmärkischen Szene seit Jahren kein unbekannter ist: Unser Kamerad Gottfried Küssel! (…) Auch in der Ostmark kämpft eine kleine, aber einige Truppe in unserem Sinne und im Rahmen einer großangelegten Konzeption!«[39]

Küssel, der unter Kühnens Führung zum »Bereichsleiter Ostmark« avancierte, unterhielt in der Folgezeit enge Verbindungen zu mehreren Organisationen rund um Michael Kühnens Gesinnungsgemeinschaft der Neuen Front (GdNF), Deutsche Alternative (DA), Nationale Liste (NL) und wirkte zusammen mit anderen VAPO- Mitgliedern, wie zum Beispiel dem »Gaubeauftragten« der VAPO für Salzburg und Oberösterreich, Günther Reinthaler, am Aufbau der Neonaziszene in der ehemaligen DDR mit. Einen Beitrag zur Intensivierung der Zusammenarbeit leisteten die von Küssel und Hans Jörg Schimanek jun. bis 1991 mitorganisierten »paramilitärischen Übungen«[40] in Österreich. Nicht einmal ein 1991 vom bundesdeutschen Innenministerium verhängtes Einreiseverbot hinderte Küssel an seinen Politreisen nach Deutschland. Nach Kühnens Tod wurde er Mitglied eines aus vier Neonaziführern bestehenden Gremiums, das die Aktivitäten jener Organisationen, die Kühnen unterstützten, weiter leiten und koordinieren sollte.

Erst die Anfang 1992 erfolgte Verhaftung, Verurteilung und Inhaftierung Küssels und anderer VAPO-Aktivisten setzte der politischen Arbeit Küssels ein vorläufiges Ende.

Aber wieder zurück zum Ulrichsberg. Während rund um dem Ulrichsberg die Feierlichkeiten ihren Höhepunkt zusteuern, beginnt 40 Kilometer nördlich, im hintersten Winkel des Gurktales, in aller Stille eine andere Veranstaltung. Im Hotel Scheiber treffen sich 150 ältere Herrschaften und eine Handvoll Nachwuchs zu den »Kulturtagen«, die von Otto Scrinzi veranstaltet werden. Seit 1992 organisiert Scrinzi – ehemaliger FPÖ-Mandatar und Kandidat zur österreichischen Bundespräsidentenwahl – den Geheimtreff, der von der österreichischen Staatspolizei argwöhnisch beobachtet wird und als wichtigstes Revisionistentreffen im deutschen Sprachraum gilt. 1992 war zum Beispiel der bundesdeutsche Neonazi-Anwalt Jürgen Rieger als Referent zum Thema »Multikultur bedeutet Volkstod« angekündigt. Das war nicht Riegers einziger Kontakt nach Österreich. So saßen im »Wissenschaftlichen Beirat« von Riegers Gesellschaft für biologische Anthropologie, Eugenik und Verhaltensforschung und der von ihr herausgegebenen Zeitschrift *Neue Anthropologie* neben Alain de Benoist, Dr. Rolf Kosiek auch die Österreicher Dr. Günther Repp, Prof. Dr. Werner Kuich, Prof. Dr. G. Schwab, Dr. G. Gilli und Prof. Dr. Gröbner.[41]

Im Jahr 1992 wurde bei einer Tagung von Otto Scrinzis Kulturtagen auch der spanische Chef der CEDADE, Pedro Varela, verhaftet, weil er im Jahr zuvor bei einer Tagung der österreichischen Arbeitsgemeinschaft für Politik – heute Arbeitsgemeinschaft für demokratische Politik (AFP) – Adolf Hitler »als zweiten Erlöser der Menschheit« gepriesen hatte und meinte, daß die »von ihm (Hitler, d. Verf.) vorgeschlagenen Lösungen ohne weiteres angewendet werden können«.

Der aktuelle Bericht des österreichischen Innenministeriums hält zu Scrinzis Treffen fest: »Bei den alljährlichen Veranstaltungen, die als ›Kulturtage‹ bezeichnet werden, wurde in der Vergangenheit gegen spanische, deutsche und Schweizer Rechtsextremisten und Revisionisten behördlich vorgegangen«.[42]

Kein Wunder, daß Scrinzi auch 1995 nicht auf Öffentlichkeit erpicht ist. Noch dazu, wo er auch heute wieder große Kaliber begrüßen kann. Unter anderem sprach der bundesdeutsche Ritterkreuz-Träger und Ex-Jagdflieger Hajo Hermann zum Thema »Der Luftkrieg gegen die europäische Zivilbevölkerung«; der aus Wien stammende Walter Marinovic, Herausgeber der Zeitung *Der Professor* (1992 wegen einer Zeichnung, die den damaligen österreichischen Unterrichtsminister Rudolf Scholten im übelsten Stürmer-Stil karikierte, vom Presserat verurteilt) und Mitautor des politischen Jahrbuches der FPÖ, machte sich Gedanken zum Thema »Verfemt, verfolgt, vertrieben – das Elend der deutschen Dichtung nach 1945«. Und Werner Pfeifenberger, Politikwissenschafter an der Fachhochschule Münster, hielt einen Vortrag über »Völkerbund und UNO – ein oder zwei gescheiterte Experimente?«

Anwesend auch bei der Tagung im Jahr 1995: Florence Rost van Tonningen, eine in der rechtsextremen Szene als »Schwarze Witwe« bezeichnete Kultfigur, die in Holland bereits zweimal wegen Aufwiegelung zum Rassenhaß verurteilt wurde.[43] Gegründet wurde Scrinzis Kulturwerk Österreich, Landesgruppe Kärnten 1992, nachdem es mit Mitgliedern des Deutschen Kulturwerk Europäischen Geistes, personell identisch mit der Deutschen Kultur Gemeinschaft (DKG), finanzielle Zerwürfnisse gab.[44]

Das Deutsche Kulturwerk europäischen Geistes und die Deutsche Kulturgemeinschaft in Österreich selbst sind Schwesternorganisationen des Deutschen Kulturwerkes europäischen Geistes in der BRD. Im internationalen Netzwerk der Rechtsextremen und Neonazis spielen die vom österreichischen DKEG organisierten Tagungen eine wichtige Rolle. Neben heimischer Prominenz wie Otto Scrinzi, Norbert Burger, Herbert Schweiger und Karl Leipert traten dort als Referenten aus der BRD auf: Udo Walendy, Heinrich Härtle, Gert Sudholt, Hans Ulrich Rudel, Reinhard Pozorny, Rolf Kosiek und Otto Ernst Remer.

Neben den diversen »Kulturwerken« unterhalten sowohl der Verein Dichterstein Offenhausen als auch die Arbeitsgemeinschaft für demokratische Politik wichtige Kontakte zu ausländischen, vor allem aber zu deutschen Rechtsextremisten und Neonazis.

Bei den Offenhausener Kulturtagen, einer Veranstaltung, in der jährlich an herausragende »völkische Dichter« Preise vergeben werden, referierten unter anderem Rolf Kosiek und Ewald Althans. Beim Treffen im Jahr 1995 referierte der Göttinger Rechtsextremist Michael Fiedler über »Börries Freiherr von

Münchhausen«, der, wie die rechtsextreme Zeitschrift *Eckartbote* vermerkte, vor 50 Jahren »freiwillig die Welt verließ«. Bedauernder Nachsatz der Autorin: »Was man ihm als untadeligem Offizier und Edelmann nicht verübeln kann.«[45]

Das NPD-Mitglied Fiedler erwarb sich in der rechtsextremen Szene vor allem durch seine Anti-Antifa-Aktivitäten, also der Ausforschung von Antifaschisten, einen hohen Bekanntheitsgrad. Bereits 1982 gründete er einen Arbeitskreis »Feindaufklärung«.[46] Seit 1963 ist dieser Dichterstein zum Tummelplatz der deutschnationalen, rechtsextremen und neonazistischen Szene aus Österreich und Deutschland geworden, an der sowohl FPÖ-Mitglieder als auch Exponenten der illegalen NSDAP/AO teilgenommen haben, um sich hier alljährlich an den Ergüssen der sogenannten »volkstreuen Barden« zu delektieren. Ein großes Jahr war für den Offenhausener Kulturverein das Jahr 1989. Da veranstaltete man einen Redewettbewerb mit dem Thema »Sind wir Österreicher Deutsche«, bei dem der Münchner Neonazi Bela Ewald Althans, der Aktivist der Heimatverbundenen Jugend, Kameradschaft Linz, Sebastian Müllegger[47], und der VJO-Mann Manfred Zierfuß erschienen.[48]

Bei verschiedenen Veranstaltungen der AFP, die als Scharnierorganisation zwischen FPÖ und rechtsextremem Lager eine wichtige integrative Funktion ausübt, traten neben FPÖ-Funktionären (Andreas Mölzer, Ilse Hans, Helmut Kowarik, Kriemhild Trattnig) und österreichischen Vertretern des rechtsextremen und neonazistischen Lagers immer wieder Referenten aus dem Ausland wie Pierre Krebs (BRD, Thule-Seminar), Max Wahl (Schweiz, Herausgeber der neonazistischen Zeitschrift *Der Eidgenosse*), Günter Deckert (ehemaliger Vorsitzender der NPD), Wolfgang Strauss (BRD) und Brigitte Wehner (NPD) in Erscheinung.

Im Zusammenhang mit der Verhaftung und Verurteilung österreichischer Neonazis spielt die deutsche Hilfsorganisation für nationale politische Gefangene (HNG) eine wichtige Rolle. In jeder Nummer ihrer Publikation *Nachrichten der HNG* veröffentlicht sie eine »Gefangenenliste«, in der nur »die waschechten ›Polit-Kriminellen‹«[49] geführt werden:

»Darunter fallen auch Kameraden, die Brandanschläge auf Asylantenunterkünfte, Körperverletzungen und andere Straftaten aus ihrer politischen Überzeugung heraus begangen haben. Politische Gefangene sind natürlich auch diejenigen, die gegen das ›Verbotsgesetz‹ bzw. gegen die Gesinnungsparagraphen des BRD-Strafgesetzbuches verstoßen haben.«[50]

Die Verbundenheit zu inhaftierten österreichischen Neonazis zeigte sich schon 1983 an Inseraten in der Zeitschrift Gerd Honsiks *Halt*: »Die HNG möchte auch inhaftierten Kameraden in Österreich helfen, dazu gehört aber auch Geld. Wer dazu beitragen möchte, hat die Möglichkeit, auf das Postscheckkonto der HNG einzuzahlen.«[51]

Die *Nachrichten der HNG* dokumentieren Prozesse (gegen Gerd Honsik, Walter Ochensberger, Fritz Rebhandl), wählen einen »Gefangenen des Monats«, veröffentlichen Briefe inhaftierter Neonazis (Küssel, Reinthaler) und berichten über ihre eigenen Aktivitäten. Erwähnenswert ist die HNG-Jahreshauptversammlung 1992, wo Österreichs bekanntester Verteidiger von Neonazis, Dr. Herbert Schaller, als Referent zu dem Thema »Justiz und Revisionismus in Österreich und Deutschland« begrüßt wurde: »In Dr. Schaller hat der Revisionismus einen Verfechter gefunden, der die an sich trockene juristische Materie wie kein anderer rhetorisch brillant zu vermitteln versteht, gewürzt mit einem unbändigen Temperament, Wiener Charme und einem gehörigen Schuß Humor. So wurde der Vortrag für die Zuhörer im Saal zu einem unvergeßlichen Erlebnis, was sie mit langanhaltendem Beifall kundtaten. Der sichtlich gerührte Dr. Schaller (»Ich finde es phantastisch, daß es eine Organisation wie die HNG gibt«) wünschte zum Abschluß der HNG weiterhin viel Erfolg.«[52]

Zu den Österreich-Berichterstattern in der HNG-Zeitschrift gehört der ehemalige niedersächsische Landesführer der neonazistischen FAP, Karl Polacek, der als österreichischer Staatsbürger 1992 von den deutschen Behörden nach Österreich abgeschoben wurde. Der 1934 in Wien geborene Karl Polacek ist seit seiner Ausweisung aus Deutschland im Raum Oberösterreich tätig. Bei seiner Ausweisung fand das bundesdeutsche Bundesamt für Verfassungsschutz folgende Worte: »Die Behörde hatte Polacek wegen seiner gewaltsamen neonazistischen Aktivitäten als ein Risiko für die öffentliche Sicherheit und Ordnung angesehen (...).«[53]

Der gelernte Holzfäller Polacek, der gute Kontakte zum inhaftierten VAPO-Aktivisten Günther Reinthaler pflegt, war in Deutschland wegen eines Axt-Angriffes verurteilt worden. In seiner Umgebung war es immer wieder zu Gewaltszenen gekommen, die sogar bis zu Mord gingen. Heute betreut er die oberösterreichische Skinhead-Szene und gibt eine Postille mit dem geschichtsträchtigen Titel *Braunauer Ausguck* heraus. In einer der jüngsten Ausgaben feierte er den Briefbombenanschlag gegen den SPD-Fraktionsgeschäftsführer von Lübeck, Thomas Rother: »Die Briefbomben von Lübeck bescherten mir einen Freudentag. Da sagt man, daß ein Fluch nur Aberglaube ist und nichts bringt (...) Meine Freude ist rein und ungeteilt, wie eben Schadenfreude ist. Die Rache kommt schon früher, als ich geträumt habe, natürlich ist das nur der Anfang.«[54]

In der Zeitschrift *In Aktion*, dem Mitteilungsblatt der deutschen NF-Nachfolgeorganisation Direkte Aktion-Mitteldeutschland, wird über Polaceks Wirken folgendes festgehalten: »Polacek, der schon diesem Teil Deutschlands durch seinen ungebrochenen Kampfeswillen dem System und den ihn angreifenden Antifas viel Kopfzerbrechen bereitete, ist zugleich einer der offenherzigsten und treuesten Kameraden der Bewegung. Eine weitere Aufgabe, der er sich zuwandte, ist es, ›internationale Verbindungen‹ zwischen Kameraden herzustellen. So können über ihn auch die in Bosnien kämpfenden Kameraden begrüßt werden«. Da war es sicher auch kein Zufall, daß im Herbst 1994 gerade in Oberösterreich auch der Verbindungsmann des kroatischen Rechtsextremisten Dobroslav Paraga von den Behörden ausgeforscht werden konnte. Er war für die Kontakte der Paraga-Miliz HOS zu österreichischen und deutschen Neonazis verantwortlich und hatte in diesen Kreisen Söldner für die kroatische Armee angeworben.[55]

Zurück zum Ulrichsberg: Am Abend der Veranstaltung des Kulturwerkes sitzen die Teilnehmer im Gasthaus des Hotels »Zum Scheiber«. Man sorgt sich um den Auschwitz-Leugner David Irving, der mittlerweile im gesamten deutschen Sprachraum Auftrittsverbot hat. »Irving, was ist eigentlich mit dem Irving, den habe ich schon lange nicht mehr gesehen. Wissen Sie, wo der zu erreichen ist?«, wird Otto Scrinzi von Teilnehmern gefragt. Er weiß es leider nicht.

Tags darauf werden sie alle und all die anderen, die in Sirnitz zusammengekommen sind, gemeinsam zum Ulrichsberg fahren, sich in die Menge mischen und Gesinnungsgenossen treffen. Etwa die Jungrecken und Jungmädchen von der Wiking Jugend, in Deutschland bereits verboten. Auch sie sind aus Deutschland gerne auf den Ulrichsberg gekommen. Der Kreis beginnt sich zu schließen: »Ein Schnapserl, Herr Ritterkreuzträger«.[56]

Anmerkungen

1 Der Beitrag basiert unter anderem auf einem Besuch des Autors bei den Ulrichsbergfeierlichkeiten 1995; vgl. auch Falter vom 3.10.1995.

2 Der in diesem Beitrag verwendete Rechtsextremismusbegriff bezieht sich auf die wissenschaftliche Begriffsbestimmung von Univ. Doz. Willibald Holzer in: Dokumentationsarchiv des österreichischen Widerstandes (Hrsg.): Handbuch des österreichischen Rechtsextremismus. 2. Aufl. Wien 1996, S. 12 f.

3 Vgl. Dokumentationsarchiv des österreichischen Widerstandes, 1996, S. 153 f. (s. Anm. 2).

4 Die Kameradschaft, November 1990, S. 7 f.

5 Der Begriff Neonazismus in diesem Beitrag orientiert sich ausschließlich am juristischen Begriff der NS-Wiederbetätigung im Sinne des österreichischen Verbotsgesetzes. Neonazistisch heißt, daß zumindest in objektiver Hinsicht eines der Tatbilder des Verbotsgesetzes erfüllt ist.

6 Vgl. Profil vom 25.9.1995.

7 Vgl. News vom 28.9.1995.

8 Vgl. Antifaschistisches Autorenkollektiv: Drahtzieher im braunen Netz. Ein aktueller Überblick über den Neonazi-Untergrund in Deutschland und Österreich. Hamburg 1996, S. 96.

9 Anklageschrift, Aktenzahl 9B St 697/91–15.

10 Vgl. Civis Academicus, 1993/1994, S. 245 f.

11 Vgl. Acta Studentica, 72/1988, S. 7.

12 Vgl. parlamentarische Anfrage XIX. GP.-Nr. 706/I vom 10.3.1995 der Abgeordneten Stoisits, Öllinger etc.

13 »Wahr, Kühn und Frei«. Festschrift, herausgegeben anläßlich des 130. Stiftungsfestes der Wiener Akademischen Burschenschaft Olympia, Wien 1989, S. 114.

14 Ebenda.

15 Zeitenwende, (1990) 4, S. 23 f.

16 »Wahr, Kühn und Frei«, 1989, S. 3 (s. Anm. 12).

17 Vgl. ebenda, S. 93 f.

18 Vgl. ebenda, S. 93.

19 Der Standard vom 4.5.1993.

20 Vgl. Dokumentationsarchiv des österreichischen Widerstandes, 1996, S. 325 (s. Anm. 2).

21 »Wahr, Kühn und Frei«, 1989, S. 77 (s. Anm. 12).

22 Vgl. ebenda, S. 50.

23 Zeitenwende, (1990) 4, S. 79.

24 Junge Freiheit (dt. Ausgabe), April 1990, S. 8.

25 Vgl. Acta Studentica, 87/1991, S. 8.

26 Kommunistische Akademikerzeitung vom 18.6.1991, S. 6.

27 Vgl. »Wahr, Kühn und Frei«, 1989, S. 100 (s. Anm. 12); siehe auch elemente, 1/1987, S. 44 f.

28 Vgl. unicum, 11/93, S. 8–10.

29 Vgl. ebenda.

30 Anklageschrift, Aktenzahl 9B St 697/91–15.

31 Vgl. Stern vom 14.12.1995.

32 ORF-Interview mit Jörg Haider vom 19.12.1995.

33 Bundesministerium für Inneres Gruppe C, Abteilung II/7, 1014 Wien, Herrengasse 7: Rechtsextremismus, Neonazismus, Rechtsrevisionismus und fremdenfeindliche motivierte Gewaltkriminalität.Wien 1992, S. 35.

34 Aufbruch, 8/1990.

35 Laut parlamentarischer Anfrage, XIX. GP.-Nr. 706/I vom 10.3.1995 der Abgeordneten Stoisits, Öllinger etc.

36 30. April 1996.

37 Vgl. jeweils Kleine Zeitung, Kurier, Standard vom 27.3.1996.

38 Arche Nr. 9, 1995.

39 Widerstand – Die Neue Front, 40/1987, S. 20 f.

40 Hans Jörg Schimanek jun. in: TV-Sendung Klartext des Senders Tele 5 vom 8.12.1991.

41 Vgl. Neue Anthropologie, 4/1986.

42 Bundesministerium für Inneres Gruppe C, Abteilung II/7, 1014 Wien, Herrengasse 7, Rechtsextremismus, Neonazismus, Rechtsrevisionismus und fremdenfeindliche motivierte Gewaltkriminalität, Juli 1995, S. 13.

43 Vgl. Falter vom 3.10.1995.

44 Vgl. Bundesministerium für Inneres, 1995, S. 13 (s. Anm. 40).

45 Arche Nr. 9, 1995.

46 Ebenda.

47 Dokumentationsarchiv des österreichischen Widerstandes, 1996, S. 223 (s. Anm. 2).

48 Vgl. Arche Nr. 9, 1995.

49 Nachrichten der HNG, 143/1992, S. 9.

50 Ebenda.

51 Halt, 17/1983.

52 Nachrichten der HNG, 140/1992, S. 9 f.

53 Bundesministerium für Inneres: Verfassungsschutzbericht. Bonn August 1993, S. 105.

54 Braunauer Ausguck, 1995.

55 Vgl. Arche Nr. 9, 1995.

56 Vgl. Falter vom 3.10.1995.

Fabian Virchow

»... über die Trümmer der KZ-Gedenkstätten«

Von Auschwitzleugnern und anderen Geschichtsfälschern

Internationale Aufmerksamkeit riefen in den vergangenen Jahren mehrfach
die Schändungen und Zerstörungen von Gedenkstätten hervor, die an die Vernichtung der europäischen Juden durch den Nationalsozialismus erinnern.
Diese Form neofaschistischer Aktivität hat seit Ende der 80er Jahre deutlich
zugenommen; überraschend kam sie hingegen nicht. Bereits zu Beginn der
80er Jahre hatte die neofaschistische Presse der Bundesrepublik dies angekündigt:»Im künftigen Deutschland ist für Antifaschisten kein Platz. Der Weg zur
Selbstfindung der Deutschen geht über die Trümmer der KZ-Gedenkstätten.«[1]
Und jahrzehntelang gehörten jene Thesen zum Standardrepertoire dieses politischen Spektrums, das das Nazi-Regime von der Schuld am Zweiten Weltkrieg zu entlasten trachtete und das die planmäßig betriebene Vernichtung der
Juden zu relativieren oder ganz zu leugnen bemüht ist.[2]

Dieser »Revisionismus« setzte bereits kurz nach der Befreiung Europas
vom Faschismus ein; er war von Anfang an eine internationale Erscheinung.
Einer der frühesten Leugner des Holocaust war der Franzose Paul Rassinier,
Überlebender eines Konzentrationslagers.[3] In seinem 1949 veröffentlichten
Buch *Le Mesonge d'Ulysse*[4] und im Folgeband *Ulysse trahi par les siens*[5] versucht er den Beweis zu führen, daß die Toten des KZ-Systems auf die Korruption der Häftlingsführung zurückzuführen seien; zu ihrer Entlastung hätten
die Überlebenden der kommunistischen Häftlingsführung die Gaskammern
erfunden. Diese jeder Grundlage entbehrende Behauptung Rassiniers ließ sich
auf die Autobiographie des KZ-Kommandanten Rudolf Höss[6] natürlich nicht
anwenden; daher bemüht er sich, die Ausführungen von Höss, der recht
detailliert den Betrieb der Gaskammern in Auschwitz-Birkenau beschrieben
hat[7], durch den Hinweis, diese Schrift sei im Gefängnis von Kraków (Krakau)
– also in der sozialistischen Volksrepublik Polen – entstanden, als Fälschung
darzustellen.[8]

In den USA erschienen in den 50er Jahren eine Reihe von antisemitisch
motivierten Publikationen, in denen behauptet wurde, die von den Nazis
ermordeten Juden würden ein zufriedenes Leben in den USA führen.[9] Derartige Thesen konnten in der unmittelbaren Nachkriegszeit in der Bundesrepublik nicht offensiv vertreten werden. Die Propaganda neofaschistischer Auto-

ren konzentrierte sich daher zunächst auf die Verantwortung der Nazis für den Beginn des Zweiten Weltkrieges. Besonders hervorzuheben ist dabei das 1952 erschienene Buch *Auch Du warst dabei* von Peter Kleist.[10] Es gilt als Standardwerk der NS-Rechtfertigungsliteratur. Hierin stellte er Halbwahrheiten, polemische Verallgemeinerungen und falsche Verknüpfungen so zusammen, daß er die nazistische »Expansionspolitik teils als berechtigte Auflehnung gegen die nach dem Ersten Weltkrieg geschaffene Versailler Ordnung entschuldigte, teils als natürliche Äußerung deutschen Lebenswillens für die selbstverständlichste Sache der Welt erklärte und im übrigen die Politik der Gegenspieler Hitlers (…) ebenfalls als moralfernen und ideenleeren Ausdruck gesellschaftsbiologischer Wachstums- oder Schrumpfungsprozesse beschrieb, sie also auf nationalsozialistisches Niveau herabzog.«[11]

Neben Kleists Veröffentlichung[12] erschien in den 50er und 60er Jahren eine Vielzahl von ähnlich gelagerten Schriften, deren Autoren, wie z.B. Erich Kern (eigentlich Kernmayer) oder Helmut Sündermann, ihre vor 1945 begonnene Nazikarriere nun in den entsprechenden Kreisen des Neofaschismus fortsetzten.[13]

Zu einem Bestseller der geschichtsfälschenden Literatur wurde Anfang der 60er Jahre das Buch *Der erzwungene Krieg* des weithin unbekannten US-Amerikaners David L. Hoggan.[14] Hoggan versucht, Hitler weitgehend von der Verantwortung für den Zweiten Weltkrieg zu entlasten, indem er die Kriegsursache in diplomatischen und menschlichen Fehlern sieht und im englischen Außenminister Halifax den eigentlichen Verantwortlichen wider den Frieden und den Hauptkriegsverbrecher entdeckt.[15] Eine Vortragsreihe durch die Bundesrepublik, die 1964 für öffentliche Aufmerksamkeit und eine Befassung im Bundestag sorgte, brachte den organisierenden Gruppen nicht nur Publizität, sondern trug auch zur engeren Zusammenarbeit bis dahin rivalisierender neofaschistischer Organisationen bei.[16] Daß die in den Veröffentlichungen Hoggans oder anderer »Revisionisten« enthaltenen verfälschenden Interpretationen historischer Dokumente von GeschichtswissenschaftlerInnen bis ins Detail nachgewiesen wurden, stört die Anhänger »revisionistischer« Auffassungen nicht. Bis heute sind solche Bücher dort Standardwerke.

Ab Mitte der 60er Jahre trat neben die Leugnung der Kriegsschuld Deutschlands verstärkt die Verharmlosung oder Leugnung des planmäßigen Massenmordes an den europäischen Juden. Hierbei spielte der im Dezember 1963 beginnende Auschwitz-Prozeß[17] ebenso eine Rolle wie die 1965 auf dem Gelände des ehemaligen Konzentrationslagers in Dachau errichtete Gedenkstätte. Diese hält die Erinnerung an die große Zahl elendig zu Tode gekommener Insassen sowie die vielen Erschießungen und Erhängungen von Häftlingen wach. Als Soldaten der US-Armee Dachau befreiten, wurde diesen eine Gaskammer gezeigt und von darin vorgenommenen Tötungen berichtet. Dem gegenwärtigen Forschungsstand nach ist es jedoch nicht gesichert, daß in Dachau Häftlinge auch durch Zyklon B ermordet wurden.[18] Dies hat sich in den letzten Jahrzehnten vor allem die *Deutsche National-Zeitung* des Dr. Gerhard Frey[19] zunutze gemacht; in großen Lettern verkündete das Blatt »Gaskammer-Schwindel aufgedeckt« (1960), »Kein Jude in Dachau vergast« (1974), »Die Gaskammer von Dachau – Die Wahrheit über das KZ« (1980) oder »Lügen über das KZ Dachau – Wie es wirklich war« (1983)[20] und erweckte damit den Eindruck, den Massenmord an den europäischen Juden habe es nicht gegeben.[21] Wegen der Veröffentlichung holocaustleugnender Textpassagen wurde die *Deutsche National-Zeitung* 1979 in Österreich gerichtlich eingezogen. Grundlage war dort das Gesetz gegen die NS-Wiederbetätigung.[22]

Weil es den »Revisionisten« jedoch wenig aussichtsreich erschien, ständig gegen eine Vielzahl von Dokumenten zu argumentieren, aus denen die Verantwortung Hitlers und der NS-Führung für den Zweiten Weltkrieg und die Vernichtung der europäischen Juden eindeutig hervorgehen, wurden zunehmend Bücher und Broschüren auf den Markt gebracht, die selbst den Status einer Quelle beanspruchten. Diese »Erinnerungsschriften« wurden oft von Personen geschrieben, die in unmittelbarer Nähe der Nazi-Führung tätig gewesen waren. Ihr Zweck war und ist die Bildung von Legenden über die angeblich positiven Seiten der Nazi-Barbarei.

Eine der ersten Veröffentlichungen, die sich ausschließlich mit der Leugnung des organisierten Massenmordens der Nazis an den europäischen Juden befasste, war die 1973 erschienene *Auschwitz-Lüge* von Thies Christophersen.[23] Dieser war 1944 als »Sonderführer für Pflanzenschutz« in einem Außenlager von Auschwitz tätig gewesen und beschrieb das Vernichtungslager der Nazis als eine Art von Kurklinik: »Es hinterließ aber bei mir den Eindruck, daß die Häftlinge ihre Forschungsarbeit mit Eifer und Freude verrichteten.« (S. 20), »Auch an Schönheitspflege fehlte es nicht. Lippenstift, Puder und Schminke gehörten mit zu den Utensilien der weiblichen Häftlinge.« (S. 22), »Im übrigen war das Hackkommando aus Birkenau ein lustiger Haufen. Es sang bei der Arbeit polnische Volkslieder, und die Zigeuner führten dazu ihre Tänze auf.« (S. 25).[24] Das Vorwort zu dieser Schrift verfasste der Nazi-Terrorist Manfred Roeder, der mit Christophersen und dem Nazi Erwin Schönborn während der 70er Jahre ein eng kooperierendes Dreigestirn bildete.[25] Der im April 1975 von Schönborn gegründete Kampfbund Deutscher Soldaten verbreitete im Frühsommer 1977 ein Flugblatt, in dem es hieß: »10.000.– DM Belohnung zahlen wir für jede einwandfrei nachgewiesene ›Vergasung‹ in einer ›Gaskammer‹ eines deutschen KZ's.«[26]

Ende der 70er Jahre erreichte die propagandistische Offensive der Auschwitzleugner einen neuen Höhepunkt. Inspiriert von Christophersens

Auschwitz-Lüge, erschien eine Vielzahl von Schriften, die dasselbe Thema immer nur leicht variierten, insgesamt jedoch zu einer großen Verbreitung dieser Geschichtsfälschungen beitrugen.[27] Erwin Schönborn versuchte Ende der 70er Jahre zweimal, in Frankfurt sogenannte »Auschwitz«-Kongresse durchzuführen, um mit solch spektakulären Aktionen möglichst große öffentliche Aufmerksamkeit zu erregen.[28] Solche Versuche wurden flankiert von der Propaganda der Zeitungen des Dr. Frey. Auf den Titelseiten der *Deutschen National-Zeitung* fanden sich Schlagzeilen wie »›Judenvergasung‹ widerlegt / Die große Auschwitz-Lüge« oder »›Judenvergasungen‹ erfunden / US-Professor beweist die Wahrheit«.[29]

Die neonazistischen Gruppen in der Bundesrepublik beliessen es jedoch nicht bei schriftlicher Propaganda. Wiederholt wurden in dieser Zeit Ausstellungen über die nationalsozialistische Judenvernichtung gewalttätig angegriffen. Am 21. Februar 1980 wurde ein Sprengstoffanschlag auf das Landratsamt in Esslingen verübt, in dem eine Auschwitz-Ausstellung gezeigt wurde. Die »Deutschen Aktionsgruppen« bekannten sich zur Tat, Manfred Roeder wurde 1982 wegen Rädelsführerschaft, Bildung einer terroristischen Vereinigung sowie Anstiftung zu sieben Brand- und Sprengstoffanschlägen zu 13 Jahren Haft verurteilt.

Mit Beginn der 80er Jahre verlagerte sich der Schwerpunkt neofaschistischer Agitation in der Bundesrepublik Deutschland auf die Verbreitung rassistischer Propaganda. Zugleich begünstigte die seit 1982 amtierende Kohl-Regierung ein gesellschaftliches Klima, das den Auschwitzleugnern wenige Jahre später einen erneuten Aufschwung bescheren sollte, denn der Konservatismus an der Macht entpuppte sich zunehmend auch als eine Bewegung des Anti-Antifaschismus. Sein verschärfter politischer Rückgriff auf reaktionär-nationalistische Traditionslinien der deutschen Geschichte brachte es mit sich, daß die Grenzen zwischen nationalistischen Strömungen in der Geschichtsideologie des Konservatismus und ausgewiesen rechtsextremer oder neofaschistischer Geschichtssicht immer verschwommener wurden.

Ein wesentlicher Markstein dieser Entwicklung war ein von Kohl gegenüber dem US-Präsidenten Ronald Reagan bei dessen Deutschland-Besuch 1986 durchgesetzter gemeinsamer Besuch an den Gräbern von Angehörigen der verbrecherischen SS in Bitburg. Das Signal, Täter und Opfer auf eine Stufe zu stellen, löste heftige Diskussionen aus, die ihre Steigerung im sogenannten »Historikerstreit« fanden. Dabei konnten sich renommierte rechtskonservative Wissenschaftler, an ihrer Spitze Prof. Dr. Ernst Nolte, mit der These Gehör verschaffen, die Verbrechen der Nazis seien lediglich legitime Verteidigungshandlungen gegen die »rote Gefahr des Bolschewismus« gewesen.[30]

Dergestalt geht es nicht um die Rückkehr zur alten, sondern um eine neue Variante der Totalitarismus-Theorie[31]. Deren Logik heißt:»Rot ist schlimmer als braun«; und sie transportiert ein einfaches Bild: Wo es seit 1917 den Anspruch gibt, den Sozialismus als Alternative zum Kapitalismus aufzubauen, muß sich der Kapitalismus halt verteidigen – notfalls auch in seiner offen terroristischen Ausprägung, im Faschismus. Nicht zufällig sind Noltes Ausführungen von führenden neofaschistischen Zeitschriften in der Bundesrepublik denn auch mit großem Wohlwollen betrachtet worden.[32]

Ein neuer Aufschwung für den »Revisionismus«

Eine Schlüsselrolle bei der Ende der 80er Jahre erneut einsetzenden Offensive der international organisierten Auschwitzleugner spielte der nach Kanada ausgewanderte Ernst Zündel. Dort war er wiederholt wegen seiner Hetze angeklagt worden; im Zusammenhang mit Gerichtsverfahren beauftragte er den Franzosen Robert Faurisson und den US-Amerikaner und angeblichen »Gaskammerexperten« Fred Leuchter[33] mit der Erstellung eines Gutachtens. Wie gewünscht bestand das Ergebnis einer Reise nach Auschwitz in der Behauptung, daß die technischen Bedingungen eine Tötung in Gaskammern unmöglich gemacht hätten. »Leuchters zentrale These behauptet, in den Gebäuden von Auschwitz habe keine Massentötung durch Giftgas stattfinden können, da die vermeintlichen Gaskammern weder beheizbar waren noch rasch genug hätten entlüftet werden können. Außerdem konnte Leuchter in seinen angeblichen Proben aus der Wandverkleidung nur ›kaum noch feststellbare‹ Spuren von Blausäureresten finden.«[34] Trotz einer vielfach widerlegten »Beweisführung«[35] kursiert die Untersuchung als »Leuchter-Bericht« in verschiedenen Fassungen in Nazi-Kreisen.[36]

Für den britischen »Historiker« David Irving, dessen Bücher auch in der Bundesrepublik weite Verbreitung gefunden haben, war die Studie Anlaß, nun auch öffentlich zu verkünden, daß es eine planmäßige Vernichtung der Juden nicht gegeben habe. Er selbst und Fred Leuchter waren in der Folgezeit wiederholt »Stargäste« bei neonazistischen Veranstaltungen in der Bundesrepublik Deutschland. Für die bundesdeutsche Neonazi-Szene war der *Leuchter-Bericht* das Signal für eine neue Offensive in Sachen antisemitischer Geschichtsfälschung. Schwerpunkt der Veranstaltungsaktivitäten war dabei das Bundesland Bayern. Hier fanden sich am 21. April 1990 unter dem Leitspruch »Wahrheit macht frei« im Münchner Löwenbräukeller 800 Personen zusammen, um David Irving und anderen Geschichtsfälschern zuzujubeln. Darunter befanden sich auch bundesweit bekannte Neonazis wie Michael Kühnen, Christian Worch oder Otto-Ernst Remer. Die aufgeputschte Stimmung veranlaßte 200 ZuhörerInnen, sich zu einem »Marsch auf die Feldherrn-halle« zu formieren. Dieser wurde von der Polizei aufgelöst, David Irving vor-übergehend festgenommen.

Nach einer Veranstaltung Ernst Zündels mit seinem Verteidiger im September 1990 sollte eine für den März 1991 im Kongreßsaal des Deutschen Museums geplante »1. Internationale Jahrestagung Kritischer Zeitgenossen« unter dem Motto »Wahrheit – Freiheit – Recht« den Höhepunkt der internationalen Kampagne »revisionistischer« Geschichtsfälscher bilden. Da die Verwaltung den Mietvertrag aufkündigte, konnte die Veranstaltung mit Neonazi-Führern aus dem europäischen Ausland[37] nur auf einer Straßenkreuzung stattfinden.[38] Als Redner traten u.a. die Holocaustleugner David Irving, Robert Faurisson, Fred Leuchter, Ahmed Rami, Henri Roques und Wilhelm Stäglich auf.

Erneut 200 Personen folgten Ende Juni 1991 dem Aufruf der inzwischen verbotenen Nationalistischen Front um Meinolf Schönborn zu einem sogenannten »Revisionistenkongreß« mit dem Titel »Schluß mit dem Holocaust«. Die Veranstaltung wurde von der Polizei jedoch weitgehend verhindert.[39]

Parallel zu derartigen Vortragsveranstaltungen häufen sich in den letzten Jahren die Angriffe auf Gedenkstätten, die an die Verbrechen der Nazis erinnern sollen. Mehrfach wurden selbst in ehemaligen Konzentrationslagern errichtete Gedenksteine oder -einrichtungen schwer beschädigt oder in Brand gesetzt. Diese Aktionen sind Teil der Bemühungen der faschistischen Geschichtsfälscher über – und das ist ganz wörtlich zu verstehen – »die Trümmer der KZ-Gedenkstätten« zu einem Aufschwung autoritärer bzw. faschistischer Politikvorstellungen zu kommen.

Mit dieser Zielsetzung hat sich auch der damalige Bundesvorsitzende der NPD, Günter Deckert, dieser Kampagne angeschlossen. Zwar konnte ein von ihm organisiertes Treffen unter dem Motto »Zeitgeschichte auf dem Prüfstand« nicht wie geplant stattfinden; er nutzte jedoch andere Veranstaltungen, um die von Leuchter vertretenen Thesen zu verbreiten.

Besondere Bedeutung kam zuletzt zwei Veröffentlichungen von Germar Rudolf zu. Zunächst hatte dieser – als Diplom-Chemiker am Stuttgarter Max-Planck-Institut für Festkörperforschung beschäftigt – im Auftrage Otto-Ernst Remers ein »Gutachten über die Bildung und Nachweisbarkeit von Cyanidverbindungen in den ›Gaskammern‹ von Auschwitz« erstellt. Remer hatte dieses dann bundesweit verschickt. Unter dem Pseudonym Ernst Gauss fungierte Rudolf schließlich als Herausgeber eines Sammelbandes »revisionistischer« Autoren beim neofaschistischen Grabert-Verlag.[40]

Insbesondere mit Blick auf die durch den Nazi-Terror hervorgerufenen Reaktionen im Ausland hat es in jüngster Zeit einige staatliche Bemühungen gegeben, die am offensivsten auftretenden Auschwitzleugner in die Schranken zu weisen. Otto-Ernst Remer mußte die von ihm herausgegebene *Remer-Depesche*[41] einstellen und entzog sich der Haftstrafe durch Flucht nach Spanien[42]; der NPD-Vorsitzende Günter Deckert wurde 1995 ebenfalls zu einer Gefängnisstrafe verurteilt.

Rennaissance der Kriegsschuld-Lüge

Innerhalb der Bundesrepublik läßt sich eine Verschiebung der Propagandatätigkeit entlang zweier Achsen beobachten. Die bereits in den 50er Jahren von alten und neuen Nazis vertretene Behauptung, Polen bzw. Großbritannien oder die USA, nicht aber Deutschland seien für den Ausbruch des Zweiten Weltkrieges verantwortlich, findet inzwischen ein vielfältiges Echo. Auch die Behauptung, der Angriff auf die Sowjetunion im Juni 1941 wäre zur Abwehr eines sowjetischen Angriffs auf das Deutsche Reich erforderlich gewesen, schlägt sich in immer neuen Veröffentlichungen nieder.

Die Tatsachen über den deutsch-sowjetischen Krieg waren bis in die Mitte der 80er Jahre in der Geschichtsforschung als auch in den Darstellungen der seriösen bundesdeutschen Medien unstrittig: der Überfall auf die Sowjetunion, der unter dem militärischen Decknamen *Unternehmen Barbarossa* am geläufigsten ist, war konsequentes Ergebnis der ideologischen und politischen Zielsetzungen der Nationalsozialisten – die Aneignung von »Lebensraum im Osten« als wesentlichem Teilziel auf dem Weg zu einer deutschen Groß- und Weltmachtstellung.[43]

Vor allem im Spektrum der militärischen Traditionsverbände und in neofaschistisch orientierten Kreisen fanden Darstellungen freundliche Aufnahme, die von einem »präventiven Angriff« auf die Sowjetunion sprachen.[44] Ausgelöst durch einen Artikel in der *Frankfurter Allgemeinen Zeitung* vom August 1986[45] und eingebettet in den eben durch einen Beitrag Ernst Noltes ausgelösten »Historikerstreit« konnten Behauptungen, die den deutsch-sowjetischen Krieg von 1941 bis 1945 zu einem gerechten nationalen Verteidigungskrieg hochstilisierten, in den folgenden Jahren an Boden gewinnen. Max Klüvers[46] *Präventivschlag 1941* und Suworows *Der Eisbrecher*[47] markierten erste Positionen im Sinne »revisionistischer« Geschichtsfälschung. Die Bücher von Walter Post *Unternehmen Barbarossa*[48] und von Dr. Joachim Hoffmann *Stalins Vernichtungskrieg 1941–1945*[49] sind die jüngsten Publikationen, die der ebenso alten wie historisch widerlegten Behauptung vom Präventivkrieg der Nazi-Wehrmacht gegen die Sowjetunion Nahrung geben.[50] Sie finden in den neofaschistischen Publikationen begeisterte Aufnahme: »Der bereits durch mehrere Bücher zum Ostfeldzug bestens ausgewiesene Historiker und als Direktor am Militärgeschichtlichen Forschungsamt tätige Dr. Joachim Hoffmann hat nun im Frühsommer 1995 ein weiteres, durch eine Fülle belegter Einzelheiten aus russischen Quellen bestechendes Werk veröffentlicht, das Stalins Angriffspläne bestätigt.«[51]

Die »Fülle belegter Einzelheiten« erweist sich bei genauerem Hinsehen jedoch als pure Spekulation und Mißdeutung historischer Tatsachen; auch hier können die Autoren ihre These vom Präventivkrieg nur halten, indem sie bestehende Forschungsergebnisse einfach ausblenden. Dies gilt beispielsweise für die angebliche offensive Bewaffnung der Roten Armee, die Bereitstellung zahlreicher sowjetischer Verbände in Grenznähe und die damit vermeintlich gegebene Bedrohung der deutschen Ostgrenze. Selbst den von der Wehrmacht erstellten Lageberichten ist zu entnehmen, daß die russischen Truppenkonzentrationen eine Defensiv-Maßnahme im Rahmen der Grenzsicherung waren. Hinreichend nachgewiesen ist auch, daß Stalin zu weitreichenden Zugeständnissen bereit war, um den Krieg zu verhindern. Und die deutschen Truppen, denen in den Schlachten des Jahres 1941 die Unterlagen aus den Führungsstäben sowjetischer Armeen in die Hände fielen, fanden nicht ein einziges Schriftstück, das eine Angriffsabsicht Stalins belegen könnte.

Der feste Entschluß Hitlers zum Angriff auf die Sowjetunion war bereits während des Frankreichfeldzuges gefallen und ursprünglich auf den Herbst 1940 datiert worden. Eine Präzisierung der Angriffsvorbereitungen erfolgte im Dezember 1940; danach begann der deutsche Aufmarsch an der sowjetischen Westgrenze. All dies ficht die rechten Geschichtsfälscher nicht an. Ausführlich stellen sie dagegen die »Friedensbemühungen« Hitlers heraus, der angeblich bis zuletzt versucht habe, den »Frieden zu retten«.[52]

Neben Stalin werden der britische Premier Chamberlain und der Präsident der USA Roosevelt für den Zweiten Weltkrieg verantwortlich gemacht. Material für diese Agitation liefert vor allem Alfred Schickel[53] mit seiner Zeitgeschichtlichen Forschungsstelle Ingolstadt. Deren Tätigkeit konzentriert sich auf die Politik des damaligen Präsidenten der USA, Theodore Roosevelt. Ihm wird unterstellt, er habe bewußt auf einen Krieg gegen Deutschland zugesteuert. In der britischen Garantieerklärung für Polen vom 31. März 1939 sieht Schickel eine Ermutigung Polens zu antideutschen »Provokationen«; Hitler habe dann handeln müssen, weil es in großem Umfang zu Angriffen auf »Volksdeutsche« gekommen sei. Bei solchen angeblich neuen Forschungsergebnissen Schickels handelt es sich freilich um »die alten Goebbelsschen Propagandathesen«, wie Wolfgang Wippermann zutreffend festgestellt hat.[54]

Ein weiteres zentrales Argumentationsmuster zur Verteidigung des Nationalsozialismus schließlich ist die Betonung seiner sogenannten »positiven Seiten«. Dabei werden einzelne Aspekte der NS-Politik aus ihren geschichtlichen, politischen und sozialen Zusammenhängen herausgerissen, so daß die

diesen Entwicklungen zugrundeliegende verbrecherische Dimension ausgeblendet wird. Für diesen zweiten Strang geschichtsrevisionistischer, wenn
auch nicht auschwitzleugnender Propaganda stehen in den letzten Jahren in
der Bundesrepublik Deutschland inbesondere Rainer Zitelmann und Karl-
heinz Weissmann. Während das FDP-Mitglied Zitelmann sich in seinen
Büchern eben jenen, vermeintlich »positiven Elementen« des Nationalsozialismus widmet und diese in einigen Aspekten der »Sozialpolitik« zu entdekken meint, hat der von ihm protegierte Göttinger Studienrat Weissmann mit
dem Band 9 der *Propyläen Geschichte Deutschlands*[55] 1995 einen kräftigen
Beitrag zur Verharmlosung des Nationalsozialismus geleistet. Für Weissmann
war das Nazi-Regime ein »Sozialstaat«, die Auflösung der unmittelbar nach
1933 entstandenen »wilden« Konzentrationslager und ihre straffe Einbindung
in die NS-Vernichtungspolitik klingen mit positiver Konnotation als Stärkung
der Rechtssicherheit an. Der Mord an den Insassen psychiatrischer Anstalten
ist so nur eine »Maßnahme«. Über den Holocaust finden sich ganze elf von
500 Seiten; eine detaillierte Analyse der NS-Vernichtungsmaschine und ihrer
Lager unterbleibt. Die Beschreibung der Nazigegner findet sich unter dem
Kapitel »Feinde der Volksgemeinschaft«. Dabei kommt Weissmanns
Geschichtsklitterung[56] in den meisten Passagen subtil daher; dies liegt nicht
zuletzt daran, daß er sie einbettet in zahlreiche Zitate anerkannter Wirtschafts-
und Sozialhistoriker.[57] Die Methode Weissmanns, wesentliche historische
Fakten auszulassen, zu verkürzen und einseitig auszuwählen, hinterläßt den
Eindruck, daß die Deutschen die eigentlichen Opfer des Nazi-Regimes gewe-
sen sind.[58]

Daß derartige Sichtweisen nicht nur in einem kleinen Kreis Ewiggestriger
gepflegt, sondern auch von führenden Politikern der CDU/CSU geteilt werden, hat zuletzt eindrucksvoll der Appell *8. Mai 1945 – Gegen das Vergessen*
gezeigt, der im April 1995 in der *Frankfurter Allgemeinen Zeitung* veröffentlicht wurde. Diesen Aufruf, der den 8. Mai 1945 vor allem als den »Beginn
von Vertreibungsterror und neuer Unterdrückung im Osten und (den) Beginn
der Teilung unseres Landes« sieht, hatten nicht nur führende Mitglieder der
Partei Die Republikaner, sondern auch Carl Dieter Spranger, Friedrich Zimmermann, Peter Gauweiler und Alexander von Stahl unterzeichnet.

Solche Positionen, die seit Anfang der 90er Jahre in einer auffälligen Häu-
fung von Beiträgen in der öffentlichen Diskussion anzutreffen sind, werden
vor allem im akademischen Milieu vorgetragen. Zwischen dem neofaschistischen Geschichts«revisionismus«, der offen die faschistischen Verbrechen
leugnet, und der »akademischen Linie« (Sander), die auf Verharmlosung des
NS-Regimes orientiert, gibt es neben manchen Unterschieden auch fließende
Übergänge. So will Prof. Ernst Nolte nicht ausschließen, daß die Thesen der
Auschwitzleugner wahre Elemente beinhalten.[59]

Die Internationale der Auschwitzleugner

Die neofaschistischen Geschichtsfälscher sind nicht nur in der Bundesrepublik Deutschland tätig. Ein internationales Netzwerk verbindet sie, man trifft sich auf Konferenzen, zitiert sich gegenseitig und tritt bei Strafprozessen in der Pose des unabhängigen und nur der historischen Wahrheit verpflichteten Wissenschaftlers als Entlastungszeuge auf.

In der Bundesrepublik Deutschland haben Thies Christophersen, Udo Walendy, Bela Ewald Althans, Günter Deckert, Otto-Ernst Remer, Wilhelm Stäglich, Germar Rudolf, Roland Bohlinger und Wigbert Grabert maßgeblich für die Ausarbeitung und Verbreitung geschichtsfälschender neofaschistischer Propaganda gesorgt. Sie alle sind Teil eines umfassenden »revisionistischen« Netzwerks.[60]

Udo Walendy, Herausgeber der Schriftenreihe *Historische Tatsachen*, und Wilhelm Stäglich, Autor von *Der Auschwitz-Mythos. Legende und Wirklichkeit*, sind zugleich Mitglieder des Beirats der Zeitschrift *Journal of Historical Review*. Diese wird vom Institute for Historical Review (IHR) in den USA herausgegeben.[61] Zu den Autoren der Zeitschrift gehören der französische »Revisionist« Robert Faurisson ebenso wie der belgische Altnazi und frühere SS-Mann Leon Degrelle. 1994 wurde auch ein Interview mit Professor Ernst Nolte veröffentlicht.[62] Seit seiner Gründung im Jahre 1979 durch Willis Carto[63] führt das Institut zudem einmal im Jahr einen Kongreß durch, welcher der Diskussion der strafprozessualen Erfahrungen, der Schwerpunktsetzung und inhaltlichen Orientierung zukünftiger »revisionistischer« Aktivitäten sowie der Festlegung gemeinsamer Kampagnen dient. Die Treffen geben sich den Anschein wissenschaftlicher Konferenzen; diese Art der Durchführung ist der Versuch, der Auschwitzleugnung akademische Seriosität zu verleihen.[64] Zu den Referenten gehörten bisher u.a. David Irving, Dr. Austin J. App[65], Otto-Ernst Remer, Fred Leuchter und Ernst Zündel sowie Jürgen Graf[66].

Die Veranstaltungen werden auf Videokassetten dokumentiert und über den Verlag Noontide Press weltweit zum Verkauf angeboten. Im Angebot befinden sich auch Werke in deutscher Sprache, so z.B. von Karl Hoeffkes *Hitlers politische Generäle*, Reinhard Pozornys *Der Sudetenland-Anschluß 1938* oder *Hitler. Selbstverständnis eines Revolutionärs* von Rainer Zitelmann.

Der in Kanada ansässige Neonazi Ernst Zündel verbreitet seine »Botschaften« von den USA aus bereits seit einigen Jahren über verschiedene Radiosender, denen er Sendezeit abkauft. Beschimpfungen jüdischer BürgerInnen ziehen sich als brauner Faden durch seine Sendungen, die regelmäßig mit einem Spendenaufruf und Werbung für Zündels Publikationen enden.[67] Seit einiger Zeit hält Zündel seinen *Germania*-Rundbrief (Untertitel: Ein Ziel, ein Wille, ein Sieg!) sowie aktuelle Kommentare als *Zundelsite* auch im Internet bereit.

Die von Zündel in seinem Samisdat-Verlag herausgegebenen Schriften und Videos sowie der *Germania*-Rundbrief wurden in der Bundesrepublik Deutschland einige Jahre von Ewald Bela Althans und dem »Freundeskreis Ernst Zündel« verbreitet. Als logistische Basis diente Althans, der durch den Film *Beruf: Neonazi* bundesweit bekannt (gemacht) wurde, das Deutsche Jugendbildungswerk (DJBW) und die Althans Vertriebswege und Öffentlichkeitsarbeit (AVÖ). Während Althans inzwischen aus dem Rampenlicht verschwunden ist, ist Ernst Zündel Anfang 1995 zum Herausgeber der Zeitschrift *Die Bauernschaft* avanciert (Anfang 1996 hat Zündel das Blatt wieder eingestellt. Er begründete dies mit Finanzierungsproblemen)[68]. Die Zeitschrift hatte sich unter Leitung Thies Christophersens, der sich einer Strafverfolgung wegen seiner Nazihetze Mitte der achtziger Jahre durch Flucht ins angrenzende Dänemark entzogen hatte, zu einer der bedeutendsten Auschwitzleugner-Publikationen entwickelt. Christophersen bot in seiner Vierteljahresschrift und in den unregelmäßig erscheinenden Heften der Reihe *Kritik – Die Stimme des Volkes* Auschwitzleugnern aus dem In- und Ausland immer wieder ein Forum, so auch Gaston A. Amaudruz mit seiner Schrift *Ist Rassebewußtsein verwerflich?*

Thies Christophersen – Ende 1994 zog er sich nach antifaschistischen Demonstrationen und Protesten der Bevölkerung im dänischen Kollund aus der politischen Arbeit weitgehend zurück[69] – nutzte die um die Zeitschrift und seine verlegerische Tätigkeit entstehenden Kontakte und persönlichen Verbindungen zur Durchführung von »Revisionisten«-Treffen in verschiedenen europäischen Ländern. Über die Nazi-Gruppierung Europäische Neuordnung (ENO)[70] bestehen enge Verbindungen[71] zwischen Thies Christophersen und Gaston-Armand Amaudruz in der französischsprachigen Schweiz. Auch in dessen Zeitschrift *Currier du Continent* werden regelmäßig Artikel publiziert, in denen die nationalsozialistischen Verbrechen in Frage gestellt werden.

In Frankreich haben sich vor allem Paul Rassinier[72] und Robert Faurisson als Auschwitzleugner einen (unrühmlichen) Namen gemacht. In Fortsetzung geschichts«revisionistischer« Thesen von Maurice Bardèche, Paul Rassinier und Darquier de Pellepoix[73] trat Faurisson mit seiner Leugnung des Holocaust erstmals im Juli 1974 in der satirischen Zeitschrift *Canard Enchainé* an eine breite Öffentlichkeit. Seitdem hat er unzählige Artikel veröffentlicht und bei einer Vielzahl von neofaschistischen Versammlungen gesprochen. Faurisson, der auch als Redner beim »Revisionisten-Kongreß« der Nationalistischen Front im bayerischen Roding sprechen sollte, wurde wegen Leugnung der Naziverbrechen zu einer Geldstrafe von 30.000 Mark verurteilt. Wesentliche politische Unterstützung erfährt der »Revisionismus« in Frankreich durch die Front National und ihren Vorsitzenden Jean Marie Le Pen. Der hatte 1987 die Vernichtung der europäischen Juden durch den Nationalsozialismus als Randerscheinung des Zweiten Weltkrieges abgetan. Erstmals erschien im Frühjahr 1987 die Vierteljahrsschrift *Annales d'histoire révisionniste* (AHR), die 1990 von der *Revue d'histoire révisionniste* abgelöst wurde, ohne daß sich an der Auswahl der Autoren aus der Szene der Holocaustleugner etwas geändert hat. Daneben existieren weitere »revisionistische« Blätter wie die *Nouvelle Vision* oder *Révision*, die sich als »le journal le plus antijuif de France« (die antijüdischste Zeitung Frankreichs) präsentiert.[74]

In Großbritannien existieren zwei publizistische Zentren für holocaustleugnende Thesen. Im Umfeld der ENO bewegt sich das Center for Historical Review (CHR), das unter Leitung von Richard Harwood die Zeitschrift *Holocaust News* herausgibt. Im Verlag *Historical Review Press* (HRP) der Brüder Alan und Anthony Hancock erschien bereits 1974 die Hetzschrift *Did Six Million Really Die?*[75]

Größere internationale Bedeutung hat jedoch David Irving erlangt, dessen Veröffentlichungen über Hitler, Rommel und die Bombenangriffe auf Dresden in großen Verlagen erschienen. Irving hatte bereits früh die Naziverbrechen verharmlost, als er behauptete, Hitler habe bis 1943 oder 1944 nichts von der Vernichtung der Juden gewußt. Derartige Thesen machten ihn für die Neonazi-Szene attraktiv, und bereits in den achtziger Jahren verfügte er in England über Verbindungen zur National Front; in der Bundesrepublik Deutschland trat er bei verschiedenen Veranstaltungen der neofaschistischen DVU des Gerhard Frey auf. Nach Erscheinen des *Leuchter-Berichts* trat er immer häufiger offen bei militanten Neonaziorganisationen auf. Das wurde von diesen als Ausdruck einer Entwicklung gewertet, daß ihre Geschichtslügen selbst in dreistester Form Breitenwirkung erzielen können. Irving, der in verschiedenen europäischen Ländern inzwischen Einreiseverbot hat, wurde zuletzt in München zu einer hohen Geldstrafe verurteilt.

Auch in Schweden (Ditlieb Felderer, Ahmed Rami[76]), Österreich (Gerd Honsik, Walter Ochensberger)[77], der deutschsprachigen Schweiz (Max Wahl)[78] sowie in Italien, Belgien[79] und Australien[80] treten Auschwitzleugner – zum Teil mit eigenen Publikationen – an die Öffentlichkeit.

Die Methoden der Auschwitzleugner

So weit verzweigt das Netzwerk der Auschwitzleugner ist, so austauschbar sind ihre Methoden, mit denen sie ihre absurden Vorstellungen in den Köpfen der Menschen verankern wollen. Dabei versuchen sie, eine weit verbreitete Wissenschaftsgläubigkeit ebenso auszunutzen wie die Unkenntnis über geschichtliche Tatsachen. Der Antisemitismus aber war von Beginn an ein konstituierendes Moment in der Weltanschauung Hitlers sowie in Programmatik und Wirken der NSDAP. Den in der deutschen Gesellschaft bereits vorhandenen Antisemitismus radikalisierten die Nazis und setzten ihn nach 1933 mit bis dahin nie gekannter unerbittlicher Rücksichtslosigkeit und Brutalität um. Etwa sechs Millionen europäische Juden wurden Opfer der Nazi-Verbrechen.[81]

Die Methoden der Geschichtsfälscher, diese Tatsachen zu verharmlosen oder zu leugnen, sind vielfältig:

- Von deutschen Auschwitzleugnern werden immer wieder »Revisionisten« aus den USA, Frankreich oder der Schweiz als vermeintlich unverdächtige Kronzeugen dafür präsentiert, daß es die Vernichtung des europäischen Judentums nie gegeben habe.[82]
- Um sich die Anerkennung zunutze zu machen, die häufig durch die Verwendung akademischer Grade und wissenschaftlicher Bezeichnungen erzielt wird, benutzen etliche Faschisten entsprechende Titel oder Bezeichnungen, obwohl sie diese nie rechtmäßig erworben haben. Dies gilt z.B. für Richard Harwood, Autor von *Did Six Million Really Die?* In der Publikation heißt es, dieser sei »zur Zeit an der University of London«; tatsächlich hat es dort einen Richard Harwood weder als Studierenden noch als Dozenten gegeben.[83]
- Einige »revisionistische« Propagandisten verweisen darauf, daß sie selbst früher auch an den Holocaust geglaubt hätten; aber eine genaue Prüfung hätte sie vom Gegenteil überzeugt. Damit wollen sie den Eindruck vermitteln, sie hätten sich von den »besseren Argumenten« leiten lassen.
- Bewußt konzentrieren sich die Auschwitzleugner auf einige Aspekte der Vernichtungspolitik der Nazis. Besondere Bedeutung hat für die Alt- und Neonazis das Vernichtungslager Auschwitz, das zu einem bekannten Symbol für die Verbrechen der Nazis geworden ist. In der Nähe der Stadt Auschwitz wurde 1940 auf Befehl des Reichsführers SS Heinrich Himmler mit dem Umbau von Kasernen zum Konzentrationslager begonnen.[84] Im Herbst 1941 folgte in Birkenau die Errichtung des zweiten Teils des Lagers. Die erste Vergasung fand am 3. September 1941 statt; ihr fielen rund 600 russische Kriegsgefangene zum Opfer. In den folgenden Jahren wurden die Kapazitäten der Gaskammern und der Verbrennungsöfen laufend gesteigert. Weit über eine Millionen Juden, über 20.000 Sinti und Roma sowie unzählige Kriegsgefangene wurden in Auschwitz von den Nazis ermordet.[85] Die neofaschistischen Geschichtsfälscher verbinden mit ihren Angriffen auf Auschwitz die Hoffnung auf eine umfassende Neuformulierung der Geschichte. So heißt es in einer 1976 herausgegebenen Schrift u.a.: »Als der Bauer Thies Christophersen die sensationelle, auf persönliche Erfahrung beruhende Erklärung abgab, daß im Konzentrationslager Auschwitz

keine Menschen vergast wurden, begann ein ungeheuerliches, schon vorher wankendes Lügengebäude zusammenzubrechen. Die Folgen sind schwerwiegend, weil Auschwitz die letzte Rettung war für die Aufrechterhaltung einer anderwärts schon widerlegten ungeheuerlichen Geschichtsfälschung.«[86]

– Anderen Konzentrations- und Vernichtungslagern wird weniger Aufmerksamkeit geschenkt. Mit den historischen Tatsachen nimmt man es aber auch dort nicht so genau. Unter der Überschrift »Die Wahrheit über Theresienstadt« gibt die neofaschistische *Deutsche Wochen-Zeitung* einen Befehl der Reichsführung-SS wieder: »Der Reichsführer-SS wünscht die Abtransportierung von Juden aus Theresienstadt nicht, da sonst die Tendenz, daß die Juden im Altersghetto Theresienstadt in Ruhe leben und sterben können, damit gestört würde.« Direkt im Anschluß macht sich das Blatt die Propaganda der Nazis zu eigen, wenn es schreibt: »In diesem Befehl kommt klar zum Ausdruck, um was es sich bei Theresienstadt nach den Vorstellungen des NS-Regimes handelte: um eine Sammelstätte für Juden, die dort bis an ihr natürliches Lebensende verbleiben sollten, nicht aber um ein ›Vernichtungslager‹ oder um eine ›Durchgangsstation‹ in den Tod.«[87] Tatsächlich jedoch war für viele Juden Theresienstadt Durchgangsstation in das Vernichtungslager Auschwitz; zwischen dem 28. September und dem 28. Oktober 1944 wurden z.B. mehr als 18.000 Häftlinge dorthin deportiert. Diese elf Transporte begannen, nachdem Theresienstadt seine Funktion als propagandistisch-desorientierendes Instrument erfüllt hatte.[88] »Theresienstadt war keine Alternative zu Auschwitz, sondern in seiner Art eines der Hilfsinstrumente, die für das Funktionieren von Auschwitz bei der Vernichtung der europäischen Juden für notwendig gehalten wurde.«[89]

– Die Ermordung von Kranken und als behindert definierten Menschen im Rahmen der Aktion T4[90] und die Verbrechen der berüchtigten »Einsatzgruppen«, die in Polen und der Sowjetunion in den von der Nazi-Wehrmacht besetzten Gebieten Massenerschießungen durchführten[91], bleiben von den Geschichtsfälschern unbeachtet oder werden gar gerechtfertigt: »Wer den Partisanenkrieg begonnen hat, ist für diese Untaten zuerst verantwortlich (...) In der Abwehr waren deutsche Truppen gezwungen, Meuchelmörder wie Meuchelmörder zu behandeln (...) Ein großer Teil der jüdischen Verluste waren Opfer des Partisanenkrieges.«[92] Hier wird nicht nur verschwiegen, daß ein Großteil der Opfer Kinder und Greise waren; zugleich findet eine klassische Täter-Opfer-Umkehr statt: Die gegen die Besetzung und Ausplünderung der Sowjetunion und die Ermordung ihrer Bevölkerung kämpfenden Partisanen werden zu Tätern gestempelt.

– Wie die Schrift *Die Auschwitz-Lüge* von Thies Christophersen, so werden auch andere Darstellungen von »Revisionisten« schon deshalb als zutreffend anerkannt, da sie von Augenzeugen geschrieben worden seien.[93] Dies lassen die Auschwitzleugner jedoch nur dann gelten, wenn es ihre verfälschende Geschichtsdarstellung stützt. Die persönlichen Berichte der Überlebenden der Nazi-KZ werden pauschal für unglaubwürdig erklärt.

– »Revisionisten« bemühen sich um eine entlastende Auslegung von Begriffen. Wenn etwa in den Dokumenten der Nazis mit Blick auf die jüdische Bevölkerung von »Sonderbehandlung« die Rede ist, so machen sie geltend, daß es dabei um eine besonders gute Behandlung der Juden gegangen sei. »Endlösung«, die von Historikern nachgewiesene Bezeichnung der Nazis für die systematische Ausrottung der europäischen Juden, wird von den Faschisten in den Zusammenhang mit jüdischen Auswanderungsplänen gestellt. Hochrangige Vertreter des Nazi-Regimes selbst gingen jedoch 1943/44 dazu über, sich ihrer Verbrechen zu rühmen, nachdem die Versuche zur Geheimhaltung gescheitert waren.[94]

– Ein Befehl Hitlers zur Vernichtung der europäischen Juden wurde in schriftlicher Form wahrscheinlich nie gegeben und kann daher auch in den Archiven nicht gefunden werden.[95] Dies machen sich die rechtsextremen Geschichtsfälscher zunutze. Für den Franzosen Faurisson ist dies der wichtigste Punkt in seiner Argumentation, die Hitler als obersten Vertreter des Nazi-Regimes von dessen Verbrechen entlasten soll. Das Fehlen eines solchen schriftlichen Befehls ändert jedoch nichts daran, daß die systematische Vernichtung stattgefunden hat. Hitler selbst hat sich in mehreren Reden hierzu bekannt.[96] Und kein seriöser Historiker würde behaupten, daß der USA-Präsident Johnson vom Vietnamkrieg nichts mitbekommen hat, weil er keine offizielle Kriegserklärung gegen das asiatische Land unterschrieben hat.

– Rechte Geschichtsfälscher betten ihre »Argumente« in Verschwörungstheorien ein, mit denen sie alle Widersprüche ihrer Darstellung erklären können. Teil dieser Verschwörung sind demnach nicht nur die GeschichtswissenschaftlerInnen und Archivare der ganzen Welt, die falsche Dokumente produzieren und verwenden, sondern auch die Überlebenden des Holocaust mit ihren Augenzeugenberichten, die Befreier der Nazi-Vernichtungslager und die geständigen Nazi-Verbrecher.

– Die Aufrechnung und Gleichsetzung der unterschiedlichsten Verbrechen in der Geschichte der Menschheit mit den nationalsozialistischen Massenverbrechen ist eine der am häufigsten gebrauchten Methoden von »Revisionisten«. Hierbei werden wahlweise die Ermordung der Indianer in Amerika, die Situation nach Kriegsende inhaftierter Nazis bzw. deutscher Kriegsgefangener[97], die politischen Verhältnisse in der Sowjetunion und die Verbrechen Stalins sowie die alliierte Besatzungspolitik[98] herangezogen. Durch den Hinweis auf fremde Schuld soll der Nationalsozialismus von seinem kriminellen Charakter gereinigt werden. Aber der Holocaust ist einzigartig darin, daß ein Industriestaat sich zum Ziel gesetzt hatte, *alle* europäischen Juden zu beseitigen und die Spuren jüdischer Kultur und Geschichte auszulöschen.[99]

– Eine ernsthafte Auseinandersetzung mit den Erkenntnissen der Geschichtswissenschaft findet nicht statt. Stattdessen wird von politischer Korrumpierung der »Umerziehungshistoriker« gesprochen. Gerne werden auch Widersprüche in der Forschung oder noch ungeklärte Details zum Anlaß genommen, die Forschungsergebnisse über den Holocaust insgesamt in Frage zu stellen. Dies gilt z. B. für die *Tagebücher der Anne Frank*, deren Echtheit von »Revisionisten« insgesamt bestritten wird, weil einzelne Sätze nachträglich korrigiert wurden.[100] Die Aufzeichnungen Anne Franks über ihr Leben in einem Amsterdamer Versteck sind eins der bevorzugten Ziele »revisionistischer« Propaganda; die Leugnung ihrer Echtheit hat in der Bundesrepublik zu einer Vielzahl von Gerichtsverfahren geführt.[101] Die Tatsache, daß verschiedene Fassungen dieser Notizen und Tagebucheintragungen kursieren[102], erklärt sich daraus, daß der Vater Otto Frank eine Abschrift fertigte, dabei jedoch unangenehme Bemerkungen Annes über ihre Mutter sowie Passagen seiner Tochter über ihre sexuellen Empfindungen in der Pubertät strich. 1986 veröffentlichte das Niederländische Staatliche Institut für Kriegsdokumentation eine umfangreiche Ausgabe der Tagebücher. Diese enthält eine Gegenüberstellung der Originaltexte der Tagebücher, einer von Anne Frank angefertigten Neufassung auf »losen Blättern« und der 1950 erschienen niederländischen Ausgabe. Das ebenfalls abgedruckte Gutachten des Gerichtslaboratoriums, in dem das Papier, die Tinte, der Bindeleim und die Handschrift untersucht wurden, kommt zu dem eindeutigen Ergebnis, daß die Tagebücher der Anne Frank keine Fälschung sind.

– Ein weiteres, in vielfältigen Variationen ausgeprägtes Agitationsmuster der Holocaustleugner bezieht sich auf die Zahl der ermordeten Juden. »Beim Nürnberger Hauptkriegsverbrecherprozeß gaben enge Mitarbeiter Adolf Eichmanns, des für die Deportation der Juden aus ganz Europa in die Vernichtungslager zuständigen Mannes im Berliner ›Reichssicherheitshauptamt‹, zu Protokoll, die Zahl der jüdischen Opfer des Nationalsozialismus betrage zwischen 5 und 6 Millionen. Forschungen der Historiker und Ermittlungsergebnisse der Juristen aus zahlreichen Prozessen wegen nationalsozialistischer Gewaltverbrechen haben diese Größenordnung des Völkermordes bestätigt.«[103] Die von »Revisionisten« verwendeten Manipulationen sind vielfältig. Härtle beispielsweise stellt in den vergangenen 50 Jahren verbreitete, voneinander abweichende Opferzahlen nebeneinander, um dadurch zu demonstrieren, daß alle Zahlenangaben nicht gesichert, Zweifel also nötig seien.[104] Andere verweisen auf Angaben über die Zahl der Juden in der Welt vor und nach dem Krieg[105]; wo die Zahl der Juden sich nicht um fünf bis sechs Millionen verringert hat, sehen sie dies als Beweis für die Holocaustlüge.[106] Gerne berufen sich diese Geschichtsfälscher auch auf Zahlen, die vom Roten Kreuz oder der UNO genannt wurden. So kursiert die Behauptung, die UNO habe die jüdischen Verluste mit 200.000 angegeben; häufiger noch ist der Bezug auf eine angebliche Feststellung des Roten Kreuzes aus den frühen Nachkriegsjahren, nach der den Nationalsozialisten maximal 300.000 Menschen wegen rassischer, politischer oder religiöser Verfolgung zum Opfer gefallen sind. Häufig wird auch das Sonderstandesamt in Arolsen ins Spiel gebracht, das für die »Todesfälle in nationalsozialistischen Konzentrationslagern zuständig«[107] sei. Beide Organisationen haben immer wieder dementiert, daß diese Angaben eine Gesamtaufstellung der ermordeten Juden darstellt.[108] Trotz entsprechender Gegendarstellungen werden die Zahlen von rechtsextremer Seite weiter benutzt.

– Schließlich finden sich immer wieder Versuche, die jüdische Bevölkerung zur Kriegspartei zu machen und so ihre Ermordung als berechtigte Kriegshandlung darzustellen. Härtle, der auf eine lange Zeit faschistischer Betätigung im Nachkriegsdeutschland zurückblicken kann[109], spricht von den »von prominenten Juden in die Weltöffentlichkeit hinausgeschrienen jüdischen Kriegserklärungen gegen Deutschland« und rechtfertigt den Naziterror gegen die Juden: »Eine erste friedliche Antwort auf diese Kriegshetze war der Boykott jüdischer Geschäfte am 1. April 1933.«[110] Im wesentlichen zwei Publikationen werden von den neofaschistischen Geschichtsfälschern in diesem Kontext angeführt. Dies ist zunächst ein Artikel aus der englischen Boulevardzeitung *Daily Express* vom 24. März 1933, der Berichte über Proteste und Androhungen von Boykottmaßnahmen englischer und amerikanischer Juden als Gegenreaktion gegen antijüdische Aktionen der Nationalsozialisten enthält.[111] Diese Darstellung hatte schon das Nazi-Blatt *Völkischer Beobachter* zur gesteigerten antisemitischen Hetze benutzt. Um diese Verteidigungsmaßnahmen zu einer Kriegserklärung, wie sie unter kriegführenden Nationen üblich ist, umzulügen, bedarf es allerdings schon einer beträchtlichen Portion Dreistigkeit.

– Schließlich gibt es die Schrift eines in den USA ansässigen Theodore N. Kaufmans von einer »American Federation of Peace«, auf die die Nazi-Presse im Sommer 1941 im Rahmen einer Kampagne gegen den damaligen USA-Präsidenten Roosevelt breit einging. Dabei wird so getan, als hätte diese Schrift mit dem Titel *Deutschland muß zugrunde gehen* offiziellen Planungen der jüdischen Weltorganisation entsprochen. Tatsächlich gab es weder eine Organisation mit dem Namen American Federation of Peace, noch spielte Kaufman in den jüdischen Organisationen der USA irgendeine

Rolle. Und Verbindungen zu Regierungskreisen hatte er schon gar nicht.[112] Dennoch findet sich diese Propaganda immer wieder in der faschistischen Propaganda.

– Zu den spektakulärsten Methoden der Holocaustleugner gehörte in der Vergangenheit das Ausschreiben von »Belohnungen« für den Nachweis von Vergasungen in den Konzentrationslagern des deutschen Faschismus. Nicht nur der bereits erwähnte Erwin Schönborn und sein Kampfbund Deutscher Soldaten, sondern auch das in den USA ansässige Institute for Historical Review (IHR) tat dies. 50.000 US$ wurden für den Nachweis geboten, daß es Gaskammern gegeben habe. Mel Mermelstein, der Familienmitglieder in Auschwitz verloren hatte, nahm die Herausforderung an und stellte umfangreiche Dokumente und Fotos zusammen. Das IHR verweigerte die Zahlung zunächst, wurde jedoch im Oktober 1981 durch ein Gericht in Los Angeles zur Zahlung von 90.000 US$ und einer öffentlichen Entschuldigung verurteilt.[113]

Die Vielzahl dieser Methoden macht es besonders für zeitgeschichtlich Uninformierte schwierig, der Agitation der »Revisionisten« völlig zu entgehen. Die – nicht selten verfälschte – Verwendung von Zahlen, der Hinweis auf offiziell klingende Quellen oder das Anführen von Widersprüchen in der Geschichtsschreibung können jedoch nicht darüber hinwegtäuschen, daß die Nationalsozialisten und die sie tragenden gesellschaftlichen Kräfte für die größten Verbrechen dieses Jahrhunderts verantwortlich sind.

Der Einfluß der »Revisionisten«

»Revisionisten« reklamieren für sich das Recht auf freie Meinungsäußerung und den Willen zu historischer Wahrheitssuche. Tatsächlich sollte jeder Aspekt des menschlichen Lebens untersucht werden – und sicherlich besonders die Geschichte von Haß und Völkermord. Inzwischen ist die Literatur über den Holocaust sehr umfangreich. Einige frühere Erkenntnisse über die Vernichtung der europäischen Juden mußten neu beurteilt werden. Aber diese neuen Erkenntnisse sind nicht von den Nazis erarbeitet worden, die die geschichtliche Wahrheit für sich reklamieren, sondern in mühevoller Arbeit von ForscherInnen verschiedener Länder.

Die neofaschistischen Auschwitzleugner wie Thies Christophersen interessieren sich nicht für die Wahrheit. Ihre Meinung steht bereits fest. Mit ihnen öffentlich zu diskutieren, käme einer politischen Aufwertung gleich, die sie sich sehnlichst erhoffen. Sich mit ihnen zur Diskussion an einen Tisch zu setzen oder ihnen Raum zur Verbreitung ihrer Ansichten zu geben, billigt ihnen bereits zu, daß sie damit ein berechtigtes Interesse vertreten. Diese Verhöhnung der Opfer des NS-Regimes und des Widerstandes gegen die Nazis darf es nicht geben. Notwendig ist stattdessen die Widerlegung ihrer Lügen und Fälschungen und eine Verdeutlichung der von ihnen angestrebten Ziele. Dies ist umso zentraler, da die Leugnung des Holocaust und anderer NS-Verbrechen in den letzten Jahren einen neuen Aufschwung genommen hat.

Den »Revisionisten« geht es um Politik, Ideologie und Macht. Die neofaschistischen Gruppen wollen nicht in erster Linie einen anderen Text in den Geschichtsbüchern sehen; sie wollen Einfluß und Macht. Denn wer in der Gesellschaft autoritäre Konzepte und eine starke Partei rechts von der CDU/CSU durchsetzen will, muß den Faschismus von seinen beiden schwersten Verbrechen befreien: der Schuld am Zweiten Weltkrieg und der Vernichtung der europäischen Juden. Dies ist das Ziel der »Revisionisten«, die mit ihren Lügen, Verfälschungen und Halbwahrheiten eine Welt zeichnen, in der die Nazis die Opfer sind und die Juden die Täter.

Lange Zeit konnten die »Revisionisten« weitgehend ignoriert werden, da sie lediglich in Neonazi-Kreisen Unterstützung fanden. Mit der seit 1982 deutlich dynamisierten Belebung konservativ-reaktionärer Gesellschaftsvorstellungen durch die CDU/CSU-geführte Bundesregierung haben sich jedoch die Möglichkeiten für politische Kräfte rechts von der Union vergrößert, Elemente aggressiv autoritärer Gesellschaftskonzepte in die öffentliche Diskussion einzuspeisen. Der oben skizzierte, in der Geschichtswissenschaft zu erkennende Wunsch nach Traditionsbildung und die Verdrängung des kriminellen Charakters des Nationalsozialismus sind ebenso Teil einer Verschiebung der »Basiserzählung«[114] in der bundesdeutschen Gesellschaft wie die Veränderung des Charakters der KZ-Gedenkstätten durch ihre Neugestaltung unter starkem Einfluß totalitarismustheoretischer Prämissen. Diese Veränderungen in der politischen Kultur werden in Konflikten erzeugt, die in beträchtlichem Ausmaß von den gesellschaftlichen Eliten forciert und getragen werden. In diesem Sinne haben der Slogan von der »Gnade der späten Geburt«, der Handschlag Kohls und US-Präsident Reagans über den Gräbern der Waffen-SS in Bitburg und die vielfältigen Forderungen danach, die Vergangenheit Vergangenheit sein zu lassen und »aus dem Schatten Hitlers herauszutreten«, eine Veränderung der »Basiserzählung« konstituiert. In ihr verliert die NS-Vergangenheit weiter von ihrer negativen Bedeutung, und sie steht in enger Beziehung zur Belebung national (istisch)er und rassistischer Einstellungen, die sich etwa im Pogrom von Rostock 1992 austobten. Die »Rückkehr zur Normalität«, d.h. die Beseitigung der »Schuldkomplexe der Deutschen« und ein »unverkrampftes Verhältnis zur Nation«, gilt den gesellschaftlichen Eliten als wesentliche Etappe, Deutschland wieder als Großmacht zu etablieren. Es eröffnet zugleich neofaschistischen und antisemitischen Kräften neue Wirkungsmöglichkeiten.

Anmerkungen

1 So oder ähnlich formulierten die Zeitschriften der extremen Rechten. Vg. Thomas Assheuer; Hans Sarkowicz: Rechtsradikale in Deutschland. Die alte und die neue Rechte. 2., aktualisierte Auflage, München 1992, S. 184–191. Diese politische Linie des Anti-Antifaschismus – zwischenzeitlich vielfältig variiert und in der Publikation Einblick einen Ausdruck findend – soll an dieser Stelle nicht weiter verfolgt werden. Vgl. entsprechenden Beitrag in diesem Band.

2 Diese Aktivitäten sind unter der Bezeichnung »Revisionismus« bekannt geworden. Dies ist ein irreführender Begriff, denn die wissenschaftliche Geschichtsforschung verwendet ihn auch positiv, wenn sich angesichts neuer relevanter Quellen eine neue Sicht auf historische Phänomene ergibt. Die Leugner der deutschen Kriegsschuld und des industriell durchgeführten Massenmordes an den europäischen Juden gebrauchen den Begriff »Revisionismus« bewußt, um der seriösen Wissenschaft zugerechnet zu werden. Der Begriff wird daher hier nur in Anführungszeichen verwendet. In Frankreich und in der Schweiz ist auch die Bezeichnung »Negationisten« üblich.

3 Paul Rassinier (1908–1979) war in seiner Jugend kurze Zeit Mitglied der kommunistischen Partei, trat 1934 zur sozialistischen S.F.I.O. über, wo er dem antimilitaristischen Flügel zuneigte, der das Münchner Abkommen mit Hitler befürwortete. Nach der Besetzung Frankreichs durch die Nazis beteiligte er sich am Aufbau der nichtkommunistischen Résistancegruppe Libération-Nord. Im Oktober 1943 wurde er von der Gestapo verhaftet und im KZ Buchenwald inhaftiert. Vgl. L. Baier: Französische Zustände. Berichte und Essays. Frankfurt 1982.

4 1957 in deutscher Sprache als »Die Lüge des Odysseus« in Wiesbaden veröffentlicht.

5 »Was nun, Odysseus?«

6 Rudolf Höss wurde im Mai 1940 mit dem Ausbau des Lagers Auschwitz beauftragt, das er als Kommandant dreieinhalb Jahre lang befehligte. Höss wurde am 2. April 1947 vom polnischen Obersten Gerichtshof zum Tode verurteilt und am 16. April 1947 gehenkt.

7 Vgl. R. Höss: Kommandant in Auschwitz. München 1963.

8 In den 60er Jahren akzentuierte Rassinier seine holocaustleugnenden Thesen anders. In »Das Drama der Juden in Europa« (Hannover 1965) liegt der Schwerpunkt seiner Ausführungen nicht mehr bei der Verteidigung der SS, stattdessen behauptet er, daß die Gaskammern und der Massenmord eine Erfindung des »zionistischen Establishments« seien.

9 Vgl. D. Lipstadt: Denying the Holocaust. The Growing Assault on Truth and Memory. New York/Ontario 1993.

10 Vgl. P. Kleist: Auch Du warst dabei. Ein Buch des Ärgernisses und der Hoffnung. Heidelberg 1952. Peter Kleist (1904 –?), seit 1931 Mitglied der SS und der NSDAP, trat 1936 in die »Dienststelle Ribbentrop« ein und wurde dort Hauptreferent für die Sowjetunion. Nach dem Nazi-Überfall auf die Sowjetunion wechselte er ins Ostministerium Rosenbergs und wurde dort im Januar 1943 zum Leiter der Politischen Abteilung Ost ernannt. Später stieg er in den persönlichen Stab des Reichsaußenministers Joachim von Ribbentrop auf. Dieser wurde wegen Kriegsverbrechen und Verbrechen gegen die Menschlichkeit am 1. Oktober 1946 zum Tode verurteilt. Kleist betätigte sich nach 1945 in der neofaschistischen Gesellschaft für freie Publizistik, beteiligte sich führend an der »Aktion Widerstand« und referierte beim BNS (Bund Nationaler Studenten).

11 H. Graml: Alte und neue Apologeten Hitlers. In: W. Benz (Hrsg.): Rechtsextremismus in der Bundesrepublik. Frankfurt a. M. 1984, S. 68–96, hier S. 72/3.

12 Vgl. auch H. Buchheim: Zu Kleists »Auch Du warst dabei«. Vierteljahreshefte für Zeitgeschichte (1954) 2, S. 177–192.

13 Vgl. G. Binder: Revisionsliteratur in der Bundesrepublik. Geschichte in Wissenschaft und Unterricht (1966) 3, S. 179–200.

14 Vgl. Hoggan, 1961. Zur Entstehungsgeschichte des Buches im Kontext des »Revisionismus« in den USA vgl. Lipstadt, 1993, S. 69 ff. (s. Anm. 9). David L. Hoggan (1923–1988) diente im Zweiten Weltkrieg in der US-Army und unterrichtete später an einigen Hochschulen der USA. Anfang der 80er Jahre wurde sein Vertrag am Menlo-College nicht mehr verlängert. Im Jahr 1983 rief der Grabert-Verlag zur Gründung der Hoggan-Stiftung auf. In seinem letzten Buch finden

sich Textstellen wie diese: »Deutschlands Nachbarländer erinnern sich noch immer daran, daß die deutsche Besetzung unter Hitler anständig und sauber war.«

15 Die Geschichtsfälschung, die Hoggan dabei vornimmt, ist im Detail nachgewiesen in: G. Jasper: Über die Ursachen des Zweiten Weltkrieges. Zu den Büchern von A.J.P. Taylor und David L. Hoggan. Vierteljahreshefte für Zeitgeschichte 10 (1962) 3, S. 311–340 sowie H. Graml: David L. Hoggan und die Dokumente. Geschichte in Wissenschaft und Unterricht, 14 (1963) 8, S. 492–514.

16 Vgl. N.N.: Fragwürdigkeiten am Fall Hoggan. Für die Demokratie V (1964) 7–8, S. 25 ff.

17 Vgl. z.B. B. Naumann: Auschwitz. Bericht über die Strafsache gegen Mulka u.a. vor dem Schwurgericht Frankfurt. Frankfurt 1968; H. Langbein: Der Auschwitzprozeß. Eine Dokumentation. Frankfurt 1995. Dabei handelt es sich um den unveränderten Nachdruck der 1965 im Europa-Verlag (Wien) erschienen Erstausgabe.

18 Die lückenlose Dokumentation der Geschichte des Dachauer Lagerkrematoriums wird u.a. dadurch behindert, daß die SS einen Großteil der Dokumente vernichtet hat. Ob die Gaskammer im KZ Dachau auch zur Ermordung von Menschen benutzt wurde, muß weiter erforscht werden.

19 Zu seinen politischen, publizistischen und geschäftlichen Aktivitäten vgl. A. Linke: Der Multimillionär Frey und die DVU. Essen 1994.

20 Vgl. B. Distel: Dachau. In: W. Benz (Hrsg.): Legenden Lügen Vorurteile. Ein Lexikon zur Zeitgeschichte. München 1990, S. 45–49, hier S. 46.

21 Vgl. B. Distel: Diffamierung als Methode. Erfahrungen an der Gedenkstätte des ehemaligen Konzentrationslagers Dachau. In: W. Benz (Hrsg.): Rechtsextremismus in der Bundesrepublik. Frankfurt a.M. 1984, S. 224–237.

22 Vgl. Österreichische Juristen-Zeitung, 35 (1980) 16, S. 443–444.

23 Zu den Aktivitäten Christophersens vgl. F. Farmand: Løgneren fra Auschwitz – og løgnens bø. Århus 1995.

24 Alle Seitenangaben nach der 5. Auflage der »Auschwitz-Lüge«.

25 Vgl. Anti-Roeder-Arbeitskreis: »NSDAP«-Propagandisten unter der Lupe. Hamburg 1977.

26 Abgedruckt in ebenda, S. 59.

27 Vgl. A.R. Butz: The Hoax of the Twentieth Century. Richmond-Surrey 1976; H. Härtle: Was »Holocaust« verschweigt. Deutsche Verteidigung gegen Kollektivschuld-Lügen. Leoni 1979; E. Kern: Die Tragödie der Juden. Schicksal zwischen Propaganda und Wahrheit. Preußisch-Oldendorf 1979; J.G. Burg: Majdanek in alle Ewigkeit? München 1979; ders.: Holocaust des schlechten Gewissens unter Hexagramm Regie. München 1979; W. Stäglich: Der Auschwitz-Mythos. Legende und Wirklichkeit? Tübingen 1979.

28 Eine detaillierte Widerlegung der Schrift »Did Six Million Really Die?«, in deutscher Sprache als Heft Nr. 1 der Reihe Historische Tatsachen 1975 von Udo Walendy herausgegeben, findet sich bei A. Suzman; D. Diamond: Der Mord an sechs Millionen Juden. Die Wahrheit ist unteilbar. Aus Politik und Zeitgeschichte 30 (1978) vom 29.7.1978, S. 3–21.

29 Vgl. P. Kritzer: Die Wut der Unbelehrten. Wie die »Deutsche Nationalzeitung« mit der Wahrheit umgeht. In: W. Benz (Hrsg.): Rechtsextremismus in der Bundesrepublik. Frankfurt a.M. 1984, S. 209–223.

30 Vgl. u.a. W. Grab: Kritische Anmerkungen zur nationalen Apologetik Joachim Fests, Ernst Noltes und Andreas Hillgrubers. 1999 Zeitschrift für Sozialgeschichte des 20. und 21. Jahrhunderts, Hamburg, 2 (1987) 2, S. 151–157; sowie G. Erler: Geschichtswende? Entsorgungsversuche zur deutschen Geschichte. Freiburg i.Br. 1987.

31 Die Totalitarismus-Theorie hatte ihre Blütezeit in der Periode des Kalten Krieges; sie behauptet strukturelle Übereinstimmungen von Faschismus/Nationalsozialismus einerseits und Sozialismus/Kommunismus andererseits und stellt beide der Demokratie gegenüber. Der grundsätzliche Mangel dieser Betrachtungsweise liegt darin, daß sie nur auf formale Aspekte abhebt, Zweck und Inhalt politischer Herrschaft jedoch ausblendet. Vgl. R. Kühnl: Faschismustheorien. Texte zur Faschismusdiskussion 2. Reinbek bei Hamburg 1979, S. 122–133.

32 Vgl. z.B. Dr. F. Finke: Revisionismus zieht weitere Kreise. Professor Ernst Nolte fordert Revision der Zeitgeschichte. Deutschland in Geschichte und Gegenwart 34 (1986) 3, S. 1 ff.

33 Zur zweifelhaften Ausbildung Leuchters als Ingenieur vgl. The Beate Klarsfeld Foundation; Holocaust Survivors & Friends in Pursuit of Justice, Inc.: Truth prevails. Demolishing Holocaust Denial: the End of »The Leuchter Report.« New York 1990, S. 14 ff.

34 T. Bastian: Auschwitz und die »Auschwitz-Lüge«. Massenmord und Geschichtsfälschung. München 1994, S. 78.

35 Z.B. The Beate Klarsfeld Foundation, 1990 (s. Anm. 33); Dokumentationsarchiv des österreichischen Widerstandes; Bundesministerium für Unterricht und Kunst (Hrsg.): Amoklauf gegen die Wirklichkeit. NS-Verbrechen und »revisionistische« Geschichtsschreibung. Wien 1991; B. Bailer-Galanda; W. Benz; W. Neugebauer (Hrsg.): Wahrheit und Auschwitzlüge. Zur Bekämpfung »revisionistischer« Propaganda. Wien 1995.

36 1989 erschien »Der Zweite Leuchter-Report. Dachau – Mauthausen – Hartheim.« History Buff Books and Video, Hamilton, Ontario.

37 Zu den Teilnehmern gehörten Poul Riis-Knudsen (Dänemark) und Pedro Varela (Spanien).

38 Neonazi-Kongreß über die »Auschwitz-Lüge.« Die Tageszeitung vom 20.3.1991; Gerichte erlauben Neonazi-Kongreß. Die Tageszeitung vom 23.3.1991; Neonazis tagten vor verschlossenen Türen. Die Tageszeitung vom 25.3.1991.

39 Schlagstockeinsatz gegen Neonazis. Die Tageszeitung vom 1.7.1991, S. 6.

40 E. Gauss (Hrsg.): Grundlagen zur Zeitgeschichte. Tübingen 1994. Das Buch wurde inzwischen beschlagnahmt.

41 Die Remer-Depesche erschien erstmals im Juni 1991. Ihr Ziel war der Kampf gegen die »Vier-Millionen-Lüge«. Die Folgenummer trug zwei Monate später den Aufmacher »Auschwitz: Aus für die Gaskammern – Galinski stehend k.o. – Lügen als Besatzungsräson«. Als Nachfolgeprojekt der Remer-Depesche, die nach einigen Ausgaben eingestellt wurde, erschien zunächst der Deutschland Report, seit 1996 wird das National-Journal herausgegeben.

42 1992 hatte ihn ein Gericht in Schweinfurt wegen Volksverhetzung und Aufstachelung zum Rassenhaß zu einer Strafe von einem Jahr und 10 Monaten Haft verurteilt. Der Bundesgerichtshof bestätigte im November 1993 das Urteil. Der spanische Nationale Gerichtshof hat im März 1996 die Auslieferung in die Bundesrepublik abgelehnt; die deutschen Behörden hatten es versäumt, auch den Straftatbestand »Aufruf zum Völkermord« in den Auslieferungsantrag einzubeziehen. Ein ebensolcher Aufruf war jedoch in der Remer-Depesche vom August 1992 erschienen.

43 Vgl. z.B. G. R. Ueberschär; W. Wette (Hrsg.): »Unternehmen Barbarossa«. Der deutsche Überfall auf die Sowjetunion 1941. Paderborn 1984. Dort auch umfangreiche Literaturhinweise.

44 Vgl. z.B. E. Helmdach: Überfall? Der sowjetische Aufmarsch 1941. 2. Aufl. Neckargemünd 1976; E. Topitsch: Stalins Krieg. Die sowjetische Langzeitstrategie gegen den Westen als rationale Machtpolitik. München 1985.

45 Vgl. W. Wette: Über die Wiederbelebung des Antibolschewismus mit historischen Mitteln. Oder: Was steckt hinter der Präventivthese. In: G. Erler: Geschichtswende? Entsorgungsversuche zur deutschen Geschichte. Freiburg i.Br. 1987, S. 86 -115.

46 Max Klüver (1909) gehörte 1928–30 dem Nationalsozialistischen Deutschen Studentenbund an, betätigte sich zwischen 1933–37 als hauptamtlicher HJ-Führer und war bis 1939 Leiter der Erziehungsakademie der Adolf-Hitler-Schulen. Der spätere Regimentskommandeur trat später der Ordensgemeinschaft der Ritterkreuzträger bei. M. Klüver: Präventivschlag 1941. Zur Vorgeschichte des Rußlandfeldzuges. Berg 1986.

47 V. Suworow: Der Eisbrecher. Hitler in Stalins Kalkül. Stuttgart 1989.

48 W. Post: Unternehmen Barbarossa. Deutsche und sowjetische Angriffspläne 1940/41. Hamburg/Bonn 1995.

49 Dr. J. Hoffmann: Stalins Vernichtungskrieg 1941–1945. München 1995.

50 Vgl. G. R. Ueberschär: Das »Unternehmen Barbarossa« gegen die Sowjetunion – ein Präventivkrieg? Zur Wiederbelebung der alten Rechtfertigungsversuche des deutschen Überfalls auf die UdSSR 1941. In: B. Bailer-Galanda; W. Benz; W. Neugebauer (Hrsg.): Wahrheit und Auschwitzlüge. Zur Bekämpfung »revisionistischer« Propaganda. Wien 1995, S. 163–182.

51 Deutschland in Geschichte und Gegenwart 3/1995, S. 22. Weitere Beispiele lassen sich nennen.

Der ehemalige NPD-Bundesvorsitzende Günter Deckert hebt in seiner Besprechung besonders die Stellen hervor, die ihm als Unterstützung seiner holocaustleugnenden Propaganda geeignet erscheinen (Deutsche Stimme 19/1995, S. 9).

52 Vgl. z. B. F. Hesse: »Was für eine dramatische Nacht«. Hitlers letzter Versuch, den Frieden zu retten. Deutsche Monatshefte (Sonderausgabe Kriegsausbruch 1939), Berg 1989, S. 22 ff.

53 Schickel publiziert regelmäßig in einer Vielzahl von Zeitschriften. Hierzu gehört das Heft Alte Kameraden ebenso wie die Zeitschrift der antisemitischen Ludendorffer Mensch und Maß oder das Ostpreußenblatt.

54 Vgl. Frankfurter Rundschau vom 31.10.1995, S. 12.

55 K. Weissmann: Der Weg in den Abgrund. Deutschland unter Hitler 1933 bis 1945. In: Propyläen-Geschichte Deutschlands, Bd. 9, Berlin 1995.

56 »Charakteristisch für die apologetische Geschichtsschreibung sind Darstellungen, in denen die Geschichte wie ein ›Steinbruch‹ ausgebeutet wird, um mit aus den Zusammenhängen gerissenen Einzelfakten, oft unter Stützung des chronologischen Ablaufs ein dem Propagandaziel entsprechendes Geschichtsbild zu montieren. Dabei werden entscheidende Fakten und Zusammenhänge isoliert, falsche Kausalzusammenhänge konstruiert, Ursache und Wirkung vertauscht um den Nationalsozialismus von seiner historischen Schuld zu entlasten. Das Produkt dieser Manipulationen sind Geschichtsklitterungen, die Zerrbilder der historischen Wahrheit darstellen.« (G. Spann: Apologie des NS-Staates. In: W. Benz (Hrsg.): Legenden Lügen Vorurteile. Ein Lexikon zur Zeitgeschichte. München 1990, S. 20–24, hier S. 21).

57 Kritisch zu Weissmann z. B. T. Maissen: Weisswäscher. Wie Neorevisionisten das Dritte Reich sehen. Neue Züricher Zeitung vom 17.1.1996; C. Jansen: Offener Angriff oder politische Mimikry? Die Tageszeitung vom 12.12.1995, S. 12; G. Aly: Die Banalisierung des Bösen. Die Woche 50/1995 vom 7.12.1995, S. 49; J. Dülffer: Nicht ableugnen, aber verharmlosen. Süddeutsche Zeitung vom 20.12.1995; W. Wippermann: Ein Abgrund. Deutsche Geschichtsrevision im »Propyläen«-Verlag. Frankfurter Rundschau vom 9.1.1996; U. Schneider: Der »wissenschaftliche« Weg in den Abgrund. Der Rechte Rand Nr. 39, März/April 1996, S. 6/7.

58 Die wissenschaftliche Kritik an dieser Veröffentlichung Weissmanns wird von rechtskonservativen und neofaschistischen Blättern nun genutzt, ihn zum Märtyrer aufzubauen. Vgl. z. B. den dreiteiligen Beitrag von O. Hürtgen: Der Skandal im Skandal. Wie ein Wissenschaftler durch Gesinnungshüter vorverurteilt wird. In: Das Ostpreußenblatt 8/1996–10/1996.

59 Vgl. das Interview mit Ernst Nolte in Der Spiegel 40/1994 vom 3.10.1994.

60 Vgl. im Überblick und mit kurzen Länderdarstellungen z. B. K. S. Stern: Holocaust Denial. New York 1993, S. 10–55; mit Schwerpunkt auf »revisionistische« Publikationen: R. Fromm; B. Kernbach: ... und morgen die ganze Welt? Rechtsextreme Publizistik in Westeuropa. Marburg/Berlin 1994, S. 295–304; mit Schwerpunkt USA, Frankreich und Großbritannien: G. Seidel: The Holocaust Denial. Antisemitism, Racism & the New Right. Leeds 1986.

61 Zusätzlich erscheint noch der IHR-Newsletter.

62 Vgl. The Journal of Historical Review 14 (1994) 1, S. 15–22.

63 Zur Einbindung des IHR in die neofaschistische Szene in den USA vgl. z. B. S. McLemee: Spotlight on the Liberty Lobby. Covert Action Quarterly, Washington, No. 50, Fall 1994, S. 23–32.

64 Daß dies stellenweise gelingt, wurde Anfang 1996 deutlich. Nachdem die Mannheimer Staatsanwaltschaft Ermittlungen gegen das IHR wegen Verbreitung volksverhetzender Propaganda im Internet aufgenommen hatte, lehnte Felix Somm, Geschäftsführer des Internet-Providers CompuServe, die Sperrung der fraglichen Internet-Seiten damit ab, daß »das IHR in den USA ein renommiertes Institut« sei. »Das wäre so, als würde man in Deutschland das Goethe-Institut sperren.« (zit. nach: Die Tageszeitung vom 17.2.1996).

65 App ist Autor von The Six Million Swindle. Blackmailing the German People for Hard Marks with Fabricated Corpses (1973). Zu App vgl. Lipstadt, 1993, S. 85–102 (s. Anm. 9).

66 Graf (Jahrgang 1951) gilt derzeit als Aushängeschild der in der Schweiz aktiven »Revisionisten«. 1992 erschien sein Buch »Der Holocaust auf dem Prüfstand. Augenzeugenberichte versus Naturgesetze«. Vgl. U. Altermatt; H. Kriesi: Rechtsextremismus in der Schweiz. Zürich 1995, S. 72/3.

67 Vgl. E. Kurt: Braune Haßtiraden im Äther. Die Tageszeitung vom 10.10.1993.

68 Germania-Rundbrief Nr. 203 vom 15.2.1996, S. 2.

69 Vgl. ATZE – Antifaschistische Zeitung Kiel; DEMOS: Versorgungslinie Nord. Kiel 1995.

70 Die ENO wurde Ende September 1951 in Zürich gegründet. Sie bezeichnet sich als »Studiengesellschaft zur Verteidigung der arischen Rassegemeinschaft« und hat enge Verbindungen zur spanischen Neonazigruppe CEDADE (Circulo Español de Amigos de Europa); zu ihrem Generalsekretär auf Lebenszeit wurde der ehemalige stellvertretende Führer des helvetischen Faschismus, G. A. Amaudruz, gewählt. Bei ihm fanden mehrfach Naziterroristen Unterschlupf. Vgl. J. Frischknecht: »Schweiz wir kommen«. Die neuen Fröntler und Rassisten. Zürich 1991.

71 Seit mindestens 1974 nahm Christophersen an den ENO-Treffen teil. Vgl. Anti-Roeder-Arbeitskreis, 1977, S. 124/25 (s. Anm. 25).

72 Vgl. P. Vidal-Naquet: Assassins of Memory. Essays on the Denial of Holocaust. New York 1992, S. 31 ff.

73 Vgl. Seidel, 1986, S. 93ff. (s. Anm. 60).

74 Vgl. Fromm; Kernbach, 1994, S. 301/2 (s. Anm. 60).

75 Zur Bedeutung des *Leuchter-Berichts* in Großbritannien: The Beate Klarsfeld Foundation, 1990, S. 85 ff. (s. Anm. 33).

76 Vgl. zu den Aktivitäten Ahmed Ramis u. a. die Artikel Faurisson given the bum's rush (Searchlight, May 1992), Sweden – The hoax of Ahmed Rami (Searchlight, November 1992), The missing honour of Ahmed Rami (Searchlight, June 1993) und Radio Islam hits the Internet as Ahmed Rami makes a comeback (Searchlight, May 1996).

77 Vgl. Bailer-Galanda; Benz; Neugebauer, 1995, insbesondere S. 193–206 (s. Anm. 35).

78 Vgl. Altermatt; Kriesi, 1995, S. 66 ff. (s. Anm. 66).

79 Vgl. den Artikel »Revisionisme« in der Amsterdamer Zeitschrift Casablanca 1(1992) 5–6, S. 26–31.

80 Vgl. The Beate Klarsfeld Foundation, 1990, S. 24 ff. (s. Anm. 33).

81 Vgl. W. Benz (Hrsg.): Dimensionen des Völkermords. Die Zahl der jüdischen Opfer des Nationalsozialismus. München 1991.

82 Vgl. Binder, 1966, S. 198/199 (s. Anm. 13).

83 Vgl. Suzman, Diamond, 1978, S. 5 (s. Anm. 28).

84 Vgl. J. Buszko: Auschwitz. Faschistisches Vernichtungslager. Warszawa 1981; D. Czech: Kalendarium der Ereignisse im Konzentrationslager Auschwitz-Birkenau 1939–1945. Reinbek bei Hamburg 1989.

85 Vgl. E. Kogon; H. Langbein; A. Rückerl (Hrsg.): Nationalsozialistische Massentötungen durch Giftgas. Frankfurt a.M. 1983; B. Bailer-Galanda: Die Verbrechen von Auschwitz. In: Dokumentationsarchiv des österreichischen Widerstandes; Bundesministerium für Unterricht und Kunst (Hrsg.): Amoklauf gegen die Wirklichkeit. NS-Verbrechen und »revisionistische« Geschichtsschreibung. Wien 1991, S. 29–40. Die exakte Zahl der in Auschwitz ermordeten Menschen wird wohl nie festzustellen sein, da über jene Opfer, die sofort nach ihrer Ankunft in den Gaskammern ermordet wurden, keine Aufzeichnungen existieren.

86 Anti-Roeder-Arbeitskreis, 1977, S. 55 (s. Anm. 25).

87 Deutsche Wochen-Zeitung 47/1991 vom 15.11.1991, S. 3.

88 In Theresienstadt wurden am 23. Juni 1944 Delegierte des Internationalen Roten Kreuzes empfangen, nachdem das Lager zur Täuschung verschönert worden war.

89 M. Kàrný: Theresienstadt und Auschwitz. 1999 Zeitschrift für Sozialgeschichte des 20. und 21. Jahrhunderts. Hamburg, 3 (1988) 3, S. 9–26, hier S. 25.

90 Vgl. G. Aly: Aktion T4 1939–1945. Die »Euthanasie«-Zentrale in der Tiergartenstraße 4. Berlin 1987.

91 Vgl. H. Krausnick: Hitlers Einsatzgruppen. Die Truppen des Weltanschauungskrieges 1938–1942. Frankfurt a.M. 1985; E. Klee; W. Dreßen (Hrsg.): »Gott mit uns«. Der deutsche Vernichtungskrieg im Osten 1939–1945. Frankfurt a.M. 1989.

92 H. Härtle: Was »Holocaust« verschweigt. Deutsche Verteidigung gegen Kollektiv-Schuld-Lügen. 2. Aufl. Leoni 1979, S. 31/32.

93 Vgl. Graml, 1984, S. 83 ff. (s. Anm. 11).

94 Vgl. ebenda S. 69/70 sowie S. 92.

95 Vgl. W. Neugebauer: Gab es einen schriftlichen Hitlerbefehl zur Judenvernichtung? In: B. Bailer-Galanda; W. Benz; W. Neugebauer (Hrsg.): Wahrheit und Auschwitzlüge. Zur Bekämpfung »revisionistischer« Propaganda. Wien 1995, S. 157–162.

96 Vgl. Stern, 1993, S. 62 ff. (s. Anm. 60).

97 Vgl. z.B. »Die Wahrheit über das KZ Sachsenhausen« (Deutsche National-Zeitung 5/1996 vom 26.1.1996, S. 1).

98 Vgl. z.B. »Fünf Millionen ›vergessene‹ Opfer. James Baque enthüllt, was wirklich unter der alliierten Militärdiktatur nach 1945 geschah«. Das Ostpreußenblatt 45/1995 vom 11.11.1995, S. 3.

99 »Niemals, auch unter Stalin nicht, betrieb die Sowjetunion eine Politik der systematischen und mit Präzision durchgeführten Ausrottung von in- und ausländischen Bürgern, einschließlich der Alten, Frauen, Kinder und Säuglinge; nur unter der Naziherrschaft wurde (unter Beihilfe von Chemiekonzernen) die Vernichtung von Menschenleben industriell betrieben; nur in Nazideutschland wurden die Haare der Opfer zur Erzeugung von Hausschuhen und U-Boot-Dichtungen verwendet, ihre Kleidungsstücke und andere Habe der ›Winterhilfe‹ übergeben, das Gold der falschen Zähne der Ermordeten ausgebrochen und zur Verwertung an die Staatsbank weitergeleitet, Menschenasche als Düngemittel für Gemüseanbau benutzt.« Grab, 1987, S. 153 (s. Anm. 30).

100 Vgl. Lipstadt, 1993, S. 229–235 (s. Anm. 9).

101 Vgl. Frankfurter Rundschau vom 16.5.1988.

102 Vgl. Die Zeit 40/1991 vom 26.9.1991.

103 Benz, Wolfgang: Judenvernichtung: Die Zahl der Opfer. In: W. Benz (Hrsg.): Legenden Lügen Vorurteile. Ein Lexikon zur Zeitgeschichte. München 1990, S. 105.

104 Vgl. Härtle, 1979, S. 55 ff. (s. Anm. 92); N.N.: Auschwitz als Kainsmal. Wahrheit, Bedeutung und Konsequenzen. Deutsche National-Zeitung 8/1996 vom 16.2.1996, S. 3/4.

105 Dabei werden meist Angaben benutzt, die aus nicht vergleichbaren Quellen stammen; oft bleibt das Zustandekommen dieser Zahlen unklar, da sie völlig ungeprüft aus Zeitungsartikeln übernommen wurden.

106 Vgl. A. Ehrhardt: Das Problem der 6 Millionen. In: U. Walendy: Europa in Flammen 1939–1945. Bd. I. Vlotho 1966, S. 430 ff. Ehrhardt ist Gründer der einflußreichen neofaschistischen Monatsschrift Nation + Europa.

107 N.N.: Auschwitz: 69 000 Tote in Sterbebüchern. Deutsche National-Zeitung 27/1995 vom 30.6.1995, S. 3. Der Bezug auf das Sonderstandesamt Arolsen wird ähnlich auch in den DNZ-Ausgaben 6/1995 vom 3.2.1995 und 5/1996 vom 26.1.1996 hergestellt.

108 Vgl. H. Siebold: Die Methoden der Auschwitz-Leugner. Wie die amtlichen Angaben des Sonderstandesamtes Arolsen für rechtsextreme Geschichtsfälschung mißbraucht werden. Deutsche Volkszeitung/die tat vom 3.8.1984.

109 Vgl. K. P. Tauber: Beyond Eagle and Swastika. German Nationalism since 1945. Middletown 1967.

110 Härtle, 1979, S. 66 (s. Anm. 92).

111 Vgl. Deutsche National-Zeitung 7/1996 vom 9.2.1996, S. 7.

112 Vgl. W. Benz: Judenvernichtung aus Notwehr? Vom langen Leben einer rechtsradikalen Legende. In: W. Benz (Hrsg.): Rechtsextremismus in der Bundesrepublik. Frankfurt a.M. 1984, S. 187–208.

113 Vgl. Stern, 1993, S. 16/17 (s. Anm. 60).

114 Thomas Herz hat – unter Verwendung einer Definition von Trothas – anschaulich dargestellt, daß Veränderungen der »Basiserzählung«, also »derjenigen Konstruktion der Geschichte einer Gesellschaft und Kultur, die die beherrschende legitimatorische Konstruktion der Vergangenheit enthält und deshalb in den Konflikten um die Konstruktionen der Vergangenheit unausweichlicher Bezugspunkt ist«, in der Regel in kleinen Schritten, nur selten jedoch in Paradigmenwech-

seln nachzuvollziehen sind. Vgl. T. Herz: Die »Basiserzählung« und die NS-Vergangenheit. Zur Veränderung der politischen Kultur in Deutschland. In: L. Clausen: Gesellschaften im Umbruch. Frankfurt/New York 1996, S. 91–109.

Juliane Wetzel

Antisemitismus

Ideologische Grundlage und Bindeglied
des Rechtsextremismus[1]

Antisemitismus in »postmoderner« Form

Die Ereignisse der NS-Zeit hatten ihre Nachwirkungen nicht nur im Bewußtsein der Überlebenden, sondern sind vom historischen Gesichtspunkt als die
große Katastrophe des jüdischen Volkes überhaupt zu betrachten. Davon
wurde die religiöse Einstellung, der innere nationale Zusammenhang, die Ein-
gliederungsfähigkeit in die anderen staatlichen Nationen, das eigene kulturelle Leben und die Beziehung zur abendländischen Kultur in hohem Maße
beeinflußt. Für die jüdischen Überlebenden war eine Zukunft in der Diaspora
gleichbedeutend mit der Gefahr einer wiederkehrenden Bedrohung. Sie hatten
nicht nur die Deutschen als Verfolger gesehen, sondern unabhängig von nationalsozialistischen Einflüssen erneut Pogrome in Polen erlebt und besonders
nach der Befreiung die restriktive Einwanderungspolitik der USA und Groß-
britanniens erfahren. Hinzu kam der immer noch in vielen Ländern latent vorhandene Antisemitismus, der seine spürbarsten Auswirkungen in Osteuropa
gezeigt hatte, aber auch in Deutschland keineswegs der Vergangenheit
angehörte.

Bereits 1946 hat die amerikanische Militärregierung (OMGUS) in der US-
Zone Erhebungen durchgeführt, die die Bevölkerungsstimmung zu verschiedenen Fragen ergründen sollte; eingeschlossen war auch die Problematisie-
rung noch vorhandener antisemitischer Vorurteile. In den ersten Jahren nach
Kriegsende wurden Ressentiments gegen Juden mit Rücksicht auf die Besat-
zungsmacht in der Öffentlichkeit kaum geäußert, allerdings zeigen Umfrageergebnisse, daß der Antisemitismus ungebrochen weiterlebte: zunächst wird
überraschend offen Stellung bezogen, später ist antisemitische Latenz nur
durch geschicktes Fragen zu ermitteln.[2] Im Dezember 1946 ermittelte die
OMGUS-Umfrage 21 Prozent Antisemiten und 18 Prozent »harte« Antisemiten.[3] Die erste bundesweit erhobene Repräsentativumfrage erfolgte im Jahre
1949 durch das Institut für Demoskopie Allensbach. 23 Prozent zeigten
»demonstrativ-antisemitische« und »gefühlsmäßig-ablehnende« Einstellungen gegenüber Juden; drei Jahre später (Dezember 1952) ergab die Wiederholung der auch 1949 gestellten Frage »Wie ist überhaupt Ihre Einstellung

gegenüber Juden?« mit 34 Prozent eine Steigerung um immerhin 11 Prozent.[4] Die deutliche Zunahme ist vermutlich auf die Wiedergutmachungsdiskussion[5] zurückzuführen, die in der Bevölkerung auf große Ablehnung stieß; im Sommer des Jahres hatten sich 44 Prozent negativ gegenüber Wiedergutmachungsleistungen an Israel geäußert und 24 Prozent stimmten zwar grundsätzlich zu, aber hielten die Höhe für übertrieben.[6] Trotzdem die Verbreitung des Antisemitismus mit dem Nachwachsen neuer Generationen abgenommen hat, sind für die späten achtziger und frühen neunziger Jahre immer noch zwölf bis 15 Prozent Antisemiten zu konstatieren, wobei extremer Antisemitismus mit dem Bekenntnis zu diskriminierenden Maßnahmen von fünf Prozent der Bevölkerung vertreten wird.[7] Über die positive Bewertung des Rückgangs der antisemitischen Einstellungen in der Bevölkerung läßt sich streiten, fest steht jedenfalls, daß sich Antisemitismus nicht allein in Form von Meinungsumfragen messen läßt. Trotzdem der Antisemitismus in absoluten Zahlen zurückgegangen ist, so können diese Ergebnisse eines nicht erfassen, nämlich die Aufhebung eines Tabus. Judenwitze haben wieder Konjunktur, antisemitische Vorurteile werden nicht mehr nur im privaten kleinen Rahmen oder hinter der schützenden Hand verborgen geäußert.

Antisemitismus ist nicht abhängig von einer tatsächlichen Präsenz der Juden. Das Niveau antisemitischer Vorurteile lag in den ersten Nachkriegsjahren höher als heute, obgleich die Zahl der in Deutschland lebenden Juden, die als Mitglieder der Kultusgemeinden registriert sind, seit 1945 von ca. 22.000[8] bis in die achtziger Jahre auf etwa 30.000[9] zugenommen und durch die Zuwanderung der russischen Juden in den neunziger Jahren heute die 50.000[10]-Marke überschritten hat.

Im Gegensatz zur statistisch ermittelten Abnahme antisemitischer Vorurteile in den Jahrzehnten seit Gründung der Bundesrepublik hat die Zahl der Friedhofschändungen in demselben Zeitraum deutlich zugenommen.[11] Die Schändung des Friedhofes von Carpentras in Südfrankreich am 10. Mai zog im Sommer 1990 in verschiedenen europäischen Ländern eine erneute Welle derartiger Übergriffe nach sich, erreichte aber in Deutschland mit 34 Schändungen von Friedhöfen, Synagogen etc. einen Tiefststand, der allerdings 1991 mit 84 (40 Friedhofschändungen) Fällen mit einem Anstieg um mehr als das Doppelte einen beunruhigenden Grad erreichte, der sich 1992 mit 125 Fällen (61 Friedhofsschändungen) nochmals steigern sollte; für 1993 ist eine leichte Abnahme (68 Friedhofschändungen) zu vermerken, die 1994 mit 65 Fällen in etwa konstant blieb und 1995 mit 40 Schändungen wesentlich zurückging, obgleich die Zahl der antisemitischen Straftaten insgesamt weiterhin relativ hoch blieb (1.155).[12]

Im wesentlichen wurden die ermittelten Straftaten auf der Ebene antisemitischer Parolen verübt; die Täter sind vorrangig dem rechtsextremen Umfeld zuzurechnen, wobei Äußerungen dieser Art sich, wenn auch in abgemilderter Form, bis weit in die bürgerliche Mitte nachvollziehen lassen. So sind die alten Wucher- und Schacher-Vorwürfe gepaart mit dem Vorurteil des die Welt bestimmenden »Wallstreet-Judentums«, also der Weltverschwörungstheorie, die im rechtsextremen Lager weltweit in Form der immer wieder kolportierten »Protokolle der Weisen von Zion« Verbreitung findet, keineswegs bloß auf rechtsextreme Parteien und Gruppierungen beschränkt.

Festzustellen bleibt, daß die Dynamik des traditionellen Antijudaismus, also des christlich motivierten Vorurteils nach 1945, im wesentlichen gebrochen worden ist. Die religiös bestimmte Judenfeindschaft war bereits im 19. Jahrhundert durch den wirtschaftlich begründeten und mehr und mehr rassisch definierten modernen Antisemitismus in den Hintergrund gedrängt worden. Gelegentlich – vor allem in christlichen oder nationalistischen Denkzusammenhängen – wird der Antijudaismus wieder aufgegriffen, hat seine Öffentlichkeitswirkung und Überzeugungskraft aber weitgehend verloren. Strukturen des modernen Antisemitismus sind auch nach 1945 immer wieder sichtbar, wenngleich eine neue, gewissermaßen »postmoderne« Form hinzugekommen ist: der Antisemitismus wegen Auschwitz. Im allgemeinen werden all diese Ausdrucksformen dem rechten Lager zugerechnet, obgleich sie ebenso in der politischen Mitte zu finden sind. Aber auch die Linke ist nicht frei von Vorurteilen gegenüber Juden, in diesem politischen Spektrum manifestieren sie sich im Antizionismus, der sich vor allem des Vorwurfs gegenüber dem israelischen Staat bedient, die im Lande lebende Minderheit der Palästinenser zu unterdrücken.

Der Begriff Antisemitismus suggeriert Einheitlichkeit, tatsächlich jedoch umschreibt er ein Phänomen, das vielerlei Ursachen aber auch Auswirkungen hat. Motive und Aktionen können sich stark voneinander unterscheiden, werden aber dennoch unter ein und demselben Begriff subsumiert. In den Bereich der antisemitischen Vorurteile gehören ein negatives Judenstereotyp, die soziale Distanz zu Juden und eine emotional ablehnende Haltung, die sich bis zu tödlichem Haß steigern kann. Voraussetzung für Analyse und Bekämpfung des Antisemitismus ist die genaue Unterscheidung der einzelnen Trägerschichten und der verschiedenen Begründungen sowie die Frage nach wirtschaftlichen, religiösen, nationalistischen und rassistischen Motiven. Hinzu kommt der seit dem Zweiten Weltkrieg mehr und mehr in den Mittelpunkt gerückte Aspekt eines sekundären Antisemitismus, der sich nicht mehr aus Gruppenkonflikten um Rechtsgleichheit und soziale Integration speist, sondern seine Ursache und Dynamik aus dem Problem von Schuld und Verantwortung gewinnt, aus dem Umgang mit einer diskreditierten Vergangenheit. Die Mehrzahl der Konflikte um Antisemitismus, die in den letzten Jahren die Öffentlichkeit erregten, haben sich an Themen der NS-Vergangenheit entzündet: der Historiker-Streit, die Bitburg-Affäre, die Jenninger-Rede 1988 zum Gedenken an den 9. November, der Streit um den jüdischen Friedhof in Hamburg-Ottensen.

Bereits 1967 hat Erwin K. Scheuch in einem Beitrag über die Theorie des Rechtsradikalismus festgestellt, daß der Rechtsradikalismus »zur normalen Pathologie von freiheitlichen Industriegesellschaften gehört«[13], was den ihm immanenten Antisemitismus miteinschließt. Jedes demokratische System muß ein gewisses Quantum an Extremismus und Intoleranz verkraften können, ohne daß es in seinen Grundfesten erschüttert wird, allerdings gibt es Grenzen, deren drohender Verletzung entgegengesteuert werden muß.

Antisemitismus im Rahmen von Revisionismus und »Auschwitz-Lüge«

Obgleich sich das rechtsextreme Spektrum zunehmend über Ausländerfeindlichkeit definiert, kommt dem Antisemitismus eine immer noch fast ebenso bindende Funktion zu. Bestandteil der Ideologie und Propaganda sind nicht nur die bekannten Formen des jahrhundertealten Vorurteils, sondern in den Mittelpunkt rückt mehr und mehr der Aspekt eines neuen Antisemitismus, dessen Grundlage die Abwehr der Erinnerung an Auschwitz bildet. Als einfachste Lösung, die NS-Zeit zu »bewältigen«, bietet sich die Forderung nach einem Schlußstrich unter die Vergangenheit. Immerhin stimmten mehr als die Hälfte der Deutschen bei einer Umfrage Anfang 1994 dieser Aussage zu.[14] Schuld daran, daß dieses Kapitel der deutschen Geschichte nicht geschlossen werden könne, seien die in Deutschland lebenden Juden. Der daraus resultierende Antisemitismus speist sich aus dem Vorwurf, ihre Präsenz würde die Erinnerung wach halten, aus der sie moralisches und letztlich auch finanzielles Kapital schlügen. Insbesondere »Greuelpropaganda« und »Umerziehung« seien die Mittel, mit denen die »Mediendiktatur« und ihre »Hintergrundkräfte« – gemeint ist ein angeblich existierendes jüdisches Pressemonopol – das deutsche Volk erpresse.[15] Von solchen konspirativen Verschwörungstheorien aus ist der Weg nicht weit zu einer Verfälschung oder Verleugnung der Judenvernichtung, mit deren Hilfe ein latenter Antisemitismus reaktiviert werden kann. In der rechtsextremen Ideologie vermischt sich diese sekundäre Form des antisemitischen Vorurteils mit traditioneller Stereotypenbildung (z.B. »Wucher«, »Zinswirtschaft«, »jüdische Weltverschwörung«[16]) und wird zum Bindemittel des gesamten Spektrums.

Eine Form der Umsetzung dieser über die Grenzen der verschiedenen rechtsextremen ideologischen Ausprägungen hinweg funktionierenden Mechanismus sind relativierende Vergleiche. Das Organ der Deutschen Liga für

Volk und Heimat, die *Deutsche Rundschau* etwa, bezeichnete im Februar 1994 den Angriff auf Dresden als »den in den Dimensionen der Zeit, Raum und Qual größten und vielleicht perversesten Akt des Völkermords in der Geschichte der Menschen« und kritisierte den Deutschlandfunk, der zwei Jahre zuvor, anstatt an diesen »Menschenvernichtungsofen« zu erinnern, des Antisemitismus der Jahrhundertwende gedachte.[17] Solche Mechanismen braucht die rechtsextreme Ideologie, um nach Abrechnung aller negativen Komponenten des NS-Staates schließlich ein positives Bild des Nationalsozialismus zu gewinnen, das dem neu-alten Denken als Vorbild dienen kann. Die Zeit der NS-Diktatur soll mit allen Mitteln in ein besseres Licht gerückt werden, damit der »Stolz auf das deutsche Vaterland« ungebrochen weitertradiert werden kann. Verdrängungsmechanismen, wie sie in vielen Teilen der deutschen Gesellschaft wiederzufinden sind, können für die Rechtsextremen keine Lösung sein, sie brauchen die NS-Ideologie als Grundlage, darauf zu verzichten, würde ihnen den Boden unter den Füßen entziehen. Die Führer der rechtsextremen Szene wissen nur allzu gut, daß sie mit einem solchen Verleugnungs- und Verfälschungsmechanismus ein neues Anhängerpotential rekrutieren können.

Vorübergehend hielten die Verfasser jener Druckerzeugnisse, die sich in erster Linie an Jugendliche richten, die Leugnung des Holocaust nicht mehr für ein zentrales Thema. Seit dem Fall der Mauer haben die Leugner wieder Konjunktur und der Revisionismus ist zu einem zentralen Bindeglied der gesamten Szene geworden. Darüber hinaus werden, soweit nicht die Ermordung von Juden selbst im Mittelpunkt steht, andere Opfergruppen – wie Türken – dem Genozid preisgegeben oder die Opfer-Täter Rolle erfährt eine völlige Umkehrung ihrer Interpretation wie in einem Artikel der *Remer-Depesche* unter dem Titel *Der Ersatz-Holocaust* vom Juli 1993: »Da die brennenden Asylantenunterkünfte, die übrigens z.T. von den Asylanten selber angezündet werden, niemanden mehr aufregten, mußten andere Häuser brennen (...) Und was geschieht, wenn sich auch keiner mehr über brennende Türkenhäuser aufregt? Dann wird der israelische Geheimdienst *Mossad* dazu übergehen, Juden zu verbrennen und es Deutschen in die Schuhe zu schieben [sic!]. Wenn schon der alte nichts mehr taugt: das wäre dann wahrlich ein neuer, ein Ersatz-Holocaust!«[18]

Eine ebenso beliebte These der Rechtsextremen ist der Vorwurf an die Juden, selbst schuld zu sein an den Verfolgungen des Dritten Reiches. Als fadenscheiniger Beweis dient ein Brief von Chaim Weizmann, dem damaligen Präsidenten der Jewish Agency, an Neville Chamberlain vom 2. September 1939. Weizmann versicherte in diesem Brief, daß alle Juden der Welt auf Englands Seite stehen würden. Weizmanns Bemerkung wird vor allem im rechtsextremen Spektrum, aber auch von manchem apologetischen Historiker –

etwa von Ernst Nolte[19] – als Kriegserklärung an Deutschland interpretiert. Die inzwischen gemäßigtere Zeitschrift *Mut* glaubte in ihrer indizierten, im Januar 1979 erschienenen Nummer *Holocaust international*, für diese jüdische »Kriegserklärung« noch ein früheres Zeugnis gefunden zu haben. Sie zitiert Auszüge aus einem Artikel des *Daily Express* vom 24. März 1933: »Judea declares war on Germany«. Der Kommentar von *Mut*: »Diese jüdische Kriegserklärung und die unheilvollen deutschen Reaktionen der folgenden Monate und Jahre wirkten sich für Deutschland und Europa verhängnisvoll aus.«[20] Die abwegige These der zweifachen Kriegserklärung tauchte im Januar 1994 erneut in der *Remer-Depesche* im Zusammenhang mit dem Buch *Streitpunkte* von Ernst Nolte auf. Ob das abgedruckte Gespräch mit dem Autor tatsächlich geführt oder aus Aussagen Noltes zusammengestellt wurde, die aus seinem Buch bzw. aus Interviews an anderer Stelle stammen, bleibt dahingestellt. Jedenfalls werden Stereotypen wie das einer angeblichen jüdischen Finanzmacht kolportiert, die nationalsozialistische Reaktion auf die »Kriegserklärung des Jüdischen Weltkongresses« als berechtigte und logische Folge gewertet und die Einzigartigkeit des Holocaust in Zweifel gezogen. Folglich titelt die *Remer-Depesche*: »Wenn der Holocaust eine Lüge ist, dann ist Antijudaismus Pflicht!«[21]

Diese Ebene ist durchaus noch erweiterungsfähig: Unzählige Beispiele ließen sich für den Vorwurf anführen, mit Hilfe der »Auschwitz-Lüge« – als Folge einer »jüdischen Umerziehungskampagne« – hätten die Juden Wiedergutmachungsleistungen erpreßt, also mit den Schuldgefühlen der Deutschen Geschäfte gemacht. Eben dieses Argumentationsmuster benutzte der ehemalige Reichsarbeitsdienstführer und in rechtsextremistischen Kreisen umtriebige Antisemit Erwin Schönborn, als er das *Tagebuch der Anne Frank* auf einem Flugblatt als Fälschung bezeichnete und es als »das Produkt einer jüdischen anti-deutschen Greuelpropaganda, um die Lüge von sechs Millionen vergasten Juden zu stützen und den Staat Israel zu finanzieren«, verunglimpfte.[22]

Derartige Propagandamechanismen vergrößern gleichzeitig den Kreis der Betroffenen. Im Mittelpunkt stehen nicht mehr nur die in Deutschland lebenden Juden, sondern auch und ganz besonders der Staat Israel. Diese Verschiebung der Ebenen tritt seit den siebziger Jahren als völlig neue Komponente der antisemitischen Agitation in rechtsextremen (übrigens nicht nur dort) Kreisen auf. Die Kritik am jüdischen Staat bietet ein willkommenes Podium für eine relativ unbehelligte, offene Präsentation antisemitischer Vorurteile. Die Gefahr, gegen geltendes Recht zu verstoßen – die Einhaltung gewisser Limits vorausgesetzt – ist bei dieser Methode nahezu auszuschließen. Deshalb gehört die immer wieder beschworene Parallelität zwischen dem Völkermord an den Juden und dem Schicksal der Palästinenser zum festen Bestandteil der Vergleichs- und Verharmlosungsstrategie der Rechtsextremen.

In einem Artikel »Die Rechte, der Antisemitismus und der Fremdenhaß« in der Zeitschrift *Europa vorn* betont der Autor Hans Rustemeyer: »Wir, die Neue Rechte, haben keine Schwierigkeiten mit den Juden, sondern mit den Multikulturalisten. Bubis jedenfalls scheint für diese multikulturellen Gedanken einzutreten (...).« Die einleitende Bebilderung des Artikels zeigt die wahre Gesinnung. Zwei Fotos werden mit folgenden Bildunterschriften gegenübergestellt: »Juden als Opfer (links in Berlin 1941), Juden als Täter (rechts im Gaza-Streifen 1993 mit zusammengetriebenen Palästinensern)«.[23]

Die öffentliche Stellungnahme jüdischer Repräsentanten zum Brandanschlag auf die Lübecker Synagoge in der Nacht vom 24. auf den 25. März 1994 veranlaßte die *Deutsche Wochen-Zeitung* zu der Aussage: »Und von den jüdischen Rednern erinnerte merkwürdigerweise keiner an die millionenfach schrecklichere Untat von Hebron, wo wenig vorher israelische Banditen in der Ibrahim-Moschee einen in seiner Heimtücke kaum faßbaren Massenmord an den betenden Arabern vollzogen haben.«[24] Dieser Vorwurf an die deutschen Juden und die ihnen oktroierte Verantwortung für jedwedes Unrecht, das in Israel passiert, impliziert die Gleichsetzung von Juden und Israelis, die sich im übrigen nicht auf rechtsextreme Kreise beschränkt. In diese Kategorie gehören die Äußerungen des CDU-Politikers Karl-Heinz Schmidt anläßlich einer Pressekonferenz im Rostocker Rathaus im Herbst 1992. Schmidt fragte den Vorsitzenden des Zentralrats der Juden in Deutschland, Ignatz Bubis: »Herr Bubis, Sie sind deutscher Staatsbürger jüdischen Glaubens. Ihre Heimat ist Israel. Ist das richtig so? Wie beurteilen Sie die täglichen Gewalttaten zwischen Palästinensern und Israelis?« Bubis konterte: »Sie wollen mit anderen Worten wissen, was ich hier eigentlich zu suchen habe?« und machte damit klar, daß die Frage in der Tradition nationalsozialistischer Ausgrenzung (Jude gleich Fremder) stand. Auf der gleichen Schiene argumentiert die *Deutsche National-Zeitung*, wenn sie das Mitglied des Zentralrats der Juden in Deutschland, Michel Friedman, »der in Paris geboren ist und dessen Familie aus Krakau stammt«, fragt, warum »Nationalmasochismus, Selbstgeißelung und Schuldbesessenheit allein für das deutsche Volk so gesund und heilsam sein sollen (...) Wo und wann gedenkt Israel der Vertreibung Hunderttausender Palästinenser (...)?«[25]

Die rechtsextreme Szene wird nicht müde, immer wieder die altbekannten antisemitischen Topoi als neueste Erkenntnisse zu verkaufen. Dazu gehört die Tradierung des mittelalterlichen antisemitischen Motivs der »Judensau«. Am 20. Juli 1992, kurz nach dem Tod des damaligen Vorsitzenden des Zentralrats der Juden in Deutschland und der Berliner Jüdischen Gemeinde, Heinz Galinski, dessen Ableben in der rechten Presse bejubelt wurde, warf Thomas Dienel, früher Mitglied der SED und Funktionär der FDJ sowie Gründer der neonazistischen Deutsch Nationalen Partei[26], zusammen mit drei Skinheads zwei Schweinekopfhälften in den Vorgarten der jüdischen Gemeinde Erfurt. Auf einem beigefügten Zettel stand zu lesen:»Dieses Schwein Galinski ist endlich tot. Noch mehr Juden müssen es sein.«[27] Im Oktober 1993 wurde das Mahnmal am S-Bahnhof Grunewald in Berlin, einem der Sammelplätze für die Deportation der Juden während der NS-Zeit, mit zwei Schweineköpfen geschändet. Die Ermittlungsbehörden vermuteten einen rechtsextremistischen Hintergrund.[28]

Man begegnet aber auch den »Protokollen der Weisen von Zion«[29], der »Kriegserklärung der Juden an Deutschland«, dem Fälschungsvorwurf gegenüber dem *Tagebuch der Anne Frank*[30] und der Broschüre *Germany must perish* von Theodore N. Kaufman. Nicht nur die *Remer Depesche* wußte im Januar 1993 zu berichten, Präsident Roosevelt, als dessen Berater Kaufman hochstilisiert wird, habe den Kaufman-Plan für gut und interessant gehalten,[31] auch der Freundeskreis Freiheit für Deutschland verbreitete unter dem Titel »antideutsche Ausrottungswaffen« das folgende Flugblatt:»Im zweiten Weltkrieg wurde von Nathan Kaufman, dem amerikanischen Präsidentenberater, der Vorschlag gemacht, das deutsche Volk nach dem Krieg mittels Sterilisation auszurotten. Alle deutschen Männer und Frauen sollten durch ärztliche Eingriffe unfruchtbar gemacht werden. Das dazu notwendige Vorgehen wurde in einer Broschüre: *Germany must perish* (Hervorh. i. Original) ausführlich und detailliert beschrieben und weltweit verbreitet. Nach dem Waffenstillstand wurde dieser Plan nicht ausgeführt. Die Ausrottungspläne gegenüber dem deutschen Volk bestehen jedoch weiter.«[32] Schon das Reichspropagandaministerium hatte 1941 mit einer entsprechenden Publikation glauben machen wollen, der Jude Kaufman sei kein Einzelgänger und seine abstrusen Ideen common sense in der amerikanischen Öffentlichkeit. Nichts von alldem entsprach der Wahrheit.[33]

Der militant rassistische »Freundeskreis« versucht, nach ähnlichem Muster wie die »Kriegserklärungsthese«, den Holocaust als Konsequenz auf jüdisches Fehlverhalten darzustellen, also eine Art logisches Notwehrverhalten zu konstruieren. Vor allem mit Flugblättern betreibt der »Freundeskreis«, der Verbindungen zu den verschiedensten rechtsextremen Gruppierungen hält, brutale Stimmungsmache gegen Juden und Ausländer.[34]

Auch dieses Beispiel zeigt, daß die Ausländerfeindlichkeit, also die Ausgrenzung alles »Fremden«, ebenso bezogen ist auf die Juden, die nicht als Teil der Mehrheitsgesellschaft empfunden werden. Xenophobische Inhalte gehen einher mit antisemitischen Vorurteilsstrukturen, nicht selten schaukeln sie sich gegenseitig hoch und beeinflussen einander. Obgleich die Anti-Ausländerpropaganda bei allen rechtsextremen Parteien und Gruppen, auch jenen, die sich betont demokratisch geben, wie etwa die Republikaner, an erster Stelle steht, haben die Zunahme von antisemitischen Übergriffen, anonymen bzw.

inzwischen mehr und mehr mit Absender versandten Hetz-Briefen an die jüdischen Gemeinden, aber auch Umfragen bei Wählern rechtsextremer Parteien, deutlich gemacht, daß der Antisemitismus, wenn nicht Bestandteil der Ausländerfeindlichkeit, so doch unmittelbare Konsequenz dieses Ausgrenzungsmechanismus ist. Vorsicht allerdings ist geboten bei vorschneller Einordnung gerade im Bereich der Jugendszene: nicht jeder, der antisemitische Parolen grölt, muß zwingend auch Antisemit sein. Das Bedürfnis Jugendlicher, zu provozieren, findet hier einen möglichen Kristallisationspunkt. »Jude« wird zu einem vor allem auf dem Fußballplatz benutzten Schimpfwort, ohne mit politischen Inhalten verbunden sein zu müssen. Mit antisemitischen Parolen, die zum Outfit eines jeden Rechtsradikalen gehören, wird Fremdenfeindlichkeit kolportiert und funktionalisiert. Täteraussagen bestätigen diese Zusammenhänge. In Gelsenkirchen gestand ein Lehrling, im Herbst 1992 viermal jüdische Friedhöfe heimgesucht und sechs Brandanschläge verübt zu haben. Als Begründung für diese Übergriffe gab er Haß auf Ausländer an.[35] Besonders anschaulich zeigt sich diese Entwicklung in jenen Medien, die vor allem Jugendliche ansprechen und deshalb um so bedenklicher sind: Musik, Computerspiele, Fanzines und nicht zuletzt die neuen Kommunikationsmittel Internet, Mailboxen und e-mail.

Obgleich die Skinhead-Musik keineswegs nur Ausdruck einer rechtsextremen Haltung und in ihrer Gewaltverherrlichung nicht einer politischen Richtung zuzuordnen ist, sind doch viele Skinhead-Bands durch ihre Aussagen eindeutig dem rechtsextremen Spektrum zuzurechnen. Sie hetzen mit ihren nationalistischen und rassistischen Liedtexten zur Verfolgung von Ausländern und Juden auf, schrecken nicht vor Tötungsempfehlungen zurück und transportieren damit Inhalte, die den Neonazis eine Rekrutierung für ihre Zwecke leicht macht. Zum Repertoire der Gruppe »Tonstörung« aus Mannheim gehören neben ausländerfeindlichen Texten eindeutig haßerfüllte antisemitische Lieder: »Wetz Dir Deine Messer auf dem Bürgersteig, laß die Messer flutschen in den Judenleib. Blut muß fließen knüppelhageldick, und wir scheißen auf die Freiheit dieser Judenrepublik! In die Synagoge hängt ein schwarzes Schwein (…) schmiert die Guillotine aus dem Judenfett.«[36] Auch die einige Zeit verstärkt kursierenden und jetzt eher wieder im Abnehmen begriffenen rechtsextremen Computerspiele machten deutlich, wie eng antisemitische Parolen und Fremdenfeindlichkeit verbunden sind und sich gegenseitig funktionalisieren: der »Anti-Türken-Test« stand dem »Ariertest« in nichts nach.[37]

Anders als die Computerspiele können sich Druckerzeugnisse nur schwer der Kontrolle der staatlichen Organe entziehen. Die Verfasser rechtsextremistischer Fanzines mit rassistischem und antisemitischem Inhalt, die etwa ein Drittel der Skinhead-Szene Blättchen ausmachen, haben aufgrund verschärfter Verfolgung durch Polizei und Verfassungsschutz sowie zahlreicher Strafverfahren[38] ihre Aussagen inzwischen stark abgemildert. Sie bedienen sich nun harmlos klingender Anspielungen, deren tatsächlich rassistisch antisemitischer Hintergrund für Szeneangehörige leicht zu entschlüsseln ist. Das Mitte 1993 erstmals erschienene Fanzine *Brauner Besen* kennt derlei Zurückhaltung allerdings nicht. Hier verbinden sich rassistische und antisemitische Agitation: »Der Braune Besen ist allen politisch Aktiven gewidmet, die von diesem Scheiß Judenstaat unterdrückt und verfolgt werden!«[39]

Der Fanzine-Bereich gehört zu jenen Aktionsfeldern, wo sich die Vernetzung zwischen Skinheads und neonazistischen Gruppen manifestiert. Mitglieder der verbotenen Freiheitlichen Deutschen Arbeiterpartei (FAP) beeinflussen mit den von ihnen herausgegebenen Fanzines die Szene: *Frontal* erschien von 1991 bis 1993 in Essen und wurde inzwischen von *Moderne Zeiten* abgelöst, die 1991 gegründete *Proißens Gloria* kommt in Berlin heraus.[40] Ku-Klux-Klan-Symbolik, Ausländerfeindlichkeit, Antisemitismus und Rassismus werden miteinander verknüpft. Gehetzt wird allerdings auch gegen den »Schwulenkönig Kühni«, den 1991 an Aids verstorbenen Neonazi Michael Kühnen.[41]

Eine vermeintliche Bedrohung glauben die Rechtsextremisten auch weiterhin in der Verbindung von Juden und Amerika zu erkennen, Antisemitismus wird gekoppelt mit Antiamerikanismus. Eine in der Szene kursierende Karikatur zeigt dieses Ineinandergreifen beider Stereotypen anschaulich: Ein fratzenhaft dargestellter, durch Schläfenlocken und Bart als Jude gekennzeichneter Mann, dem die deutlich antisemitischen Attribute große Ohren und breite Hakennase beigefügt sind, trägt auf seiner Stirn die Aufschrift »USA«.[42] Eine ähnliche Fratze blickt einem aus der Zeitschrift *Die Bauernschaft* im September 1991 entgegen. Die Abbildung eines ebenfalls mit sämtlichen einschlägigen antisemitischen Attributen versehenen Menschen, dessen Hände nach etwas greifen wollen, soll den Eindruck erwecken, er stünde kurz davor, sich die USA einzuverleiben. Deren Umrisse sind mit einer Kette umwickelt, an der ein Dollarzeichen hängt.[43] Auch die *Berlin-Brandenburger-Zeitung* der Nationalen macht sich die vereinigte antisemitisch-antiamerikanische Hetze zu eigen. »R.Z./kommando F.« berichtet unter der Überschrift »Truman Memorial Center. Gedenkstätte für Massenmörder eingerichtet« ausführlich: »In dem 1891 erbauten Haus am Griebnitzsee beriet sich der dem 33. Freimaurergrad angehörende Truman (eigentlich Samuel Treumann) unter anderem mit seinem Nachfolger Eisenhower (ebenfalls jüdischer Abstammung).« Über die Tatsache, daß weder Truman noch Eisenhower jüdischer Abstammung waren, sollte man eigentlich kein Wort verlieren müssen, zumal dies in jeglicher Hinsicht völlig unerheblich ist, aber es erscheint doch wichtig im Zusammenhang mit einem anderen Beitrag in derselben Zeitung. Dort wird wohl aus Angst vor rechtlichen Konsequenzen von jenem »Frankfurter Immobilienspekulant volksfremder Abstammung, der uns täglich mit griesgrämiger Miene an unsere dunkle Vergangenheit erinnert« gesprochen, ohne ihn beim Namen zu nennen.[44]

Die führenden jüdischen Repräsentanten, allen voran die Mitglieder des Zentralrats der Juden in Deutschland, stehen laufend im Mittelpunkt antisemitischer Agitation. Als »Judenführer« oder »Judenhäuptling« bezeichnet die militant antisemitische Zeitschrift *Die Bauernschaft*, damals noch unter ihrem Initiator und Herausgeber, dem Altnazi Thies Christophersen, den Vorsitzenden des Zentralrats Ignatz Bubis.[45] In dem bis vor kurzem in Brighton erscheinenden *Deutschland Report* aus dem Dunstkreis des Otto Ernst Remer erhält Ignatz Bubis grundsätzlich den Beinamen »Judenführer«.[46] Die *Deutsche National-Zeitung* glaubt unter der Überschrift »Bubis als Bundespräsident?« seine »wahre Vergangenheit« aufdecken zu müssen.[47] Im August 1994 versandte ein anonymer Aktionskreis »Gegenwind« Flugblätter, auf denen neben einem Foto von Ignatz Bubis zu lesen stand: »Wer solche ›Freunde‹ hat, braucht keine Feinde mehr!«[48]

Antisemitische Propaganda rechter Parteien

Operieren Neonazi-Gruppen immer noch zu einem erheblichen Teil mit antisemitischer Propaganda, so haben sich Parteien wie die NPD, die Deutsche Volksunion (DVU) oder die Republikaner längst hauptsächlich auf Ausländerfeindlichkeit verlegt. Zwar spielt auch hier der Rassegedanke eine wesentliche Rolle, aber mit antisemitischen Äußerungen hält man sich eher zurück. Verpackt in rechtlich möglichst unverfängliche Topoi, gehört die Forderung nach einem Schlußstrich unter die NS-Vergangenheit zu den Standardphrasen. Die öffentliche Stigmatisierung des Antisemitismus ließ Parteien wie die Republikaner lange Zeit davor zurückschrecken, deutlich antijüdische Statements abzugeben. Nicht nur die drohende Aufnahme in den Verfassungsschutzbericht, sondern auch das Bemühen, sich den Anschein einer populistisch-rechtskonservativen Partei zu geben, gebot Vorsicht; eine deutliche Abgrenzung von offen antisemitisch agierenden Gruppierungen schien opportun. Der Parteivorsitzende Franz Schönhuber sprach sich wiederholt öffentlich gegen derartige Vorurteile aus, verriet seine wahre Gesinnung jedoch in seinen »Ja aber«-Argumentationen: »REPUBLIKANER werden nicht vergessen, was Deutschland jüdischen Wissenschaftlern zu verdanken hat. Lebenserfahrung aber lehrt uns, daß verordnete, ja erzwungene Liebe zum Gegenteil führt, nämlich zur Ablehnung, in extremen Fällen zu Haß. Und deshalb weigern wir uns, jeden jüdischen Funktionär mögen zu müssen. Und wir meinen, manche wären gut beraten, ihre permanenten Demütigungsversuche an unserem Volk aufzugeben, damit sie nicht zu Schrittmachern eines Antisemitismus werden, den wir REPUBLIKANER mit allen Mitteln zu verhindern suchen.«[49]

Nachdem Franz Schönhuber mehrmals darauf hingewiesen hatte, daß er »Galinski nicht mögen« müsse, forderte er den inzwischen verstorbenen damaligen Vorsitzenden des Zentralrats der Juden in Deutschland anläßlich des REP-Parteitages am 13. und 14. Januar 1990 auf, mit der Verleumdung »deutscher Patrioten« aufzuhören. »Schalom, Herr Galinski, lassen sie uns endlich zufrieden, stellen Sie Ihr Geschwätz ein (...) Wir lassen uns nicht länger demütigen (...) Herr Galinski, Sie sind schuld, wenn es wieder verachtenswerten Antisemitismus in diesem Land geben sollte.«[50] Auf dem ein Jahr später am 15./16. März 1991 stattfindenden REP-Parteitag in Berlin wird der Zentralrat der Juden in Deutschland als »5. interne Besatzungsarmee« diffamiert.[51]

Eine neuere Variante bildet die Umkehr des Vorwurfs der Volksverhetzung: Am 26. März 1994, einen Tag nach dem Brandanschlag auf die Lübecker Synagoge, hat Franz Schönhuber auf dem Landesparteitag der Republikaner in Erding Ignatz Bubis der Volksverhetzung bezichtigt, weil dieser am Tag zuvor von »geistigen Brandstiftern« als Verursachern der Tat gesprochen hatte. »Derjenige, der in Deutschland für den Antisemitismus sorgt«, so Schönhuber bei der Pressekonferenz in Erding, »ist der Herr Bubis.«[52] Diese Äußerungen waren in der Öffentlichkeit auf harsche Kritik gestoßen und von der Staatsanwaltschaft bezüglich rechtlicher Konsequenzen geprüft worden. Trotzdem wiederholte Schönhuber diese Erklärung mehrmals, u. a. gab er am 28. August 1994 auf einer Wahlkampfveranstaltung in der Nähe von Dachau zu verstehen: »Wenn ein Herr Bubis die Anhänger der Republikaner zu Brandstiftern macht, dann sage ich heute und morgen und bis ans Ende meiner Tage: Herr Bubis, dies ist Volksverhetzung.«[53] Bereits in einer Presseerklärung am 18. April 1994 schlug Schönhuber in die gleiche Kerbe: »(...) es muß aber auch Schluß sein mit der erneut geäußerten verleumderischen Leerformel des Herrn Bubis, Republikaner seien geistige Brandstifter (...) Herr Bubis, ist Ihre moralische und geschäftliche Weste wirklich so weiß (...), daß Sie sich ein solch erhabenes Verdikt leisten können?«[54] Die gebetsmühlenartige Wiederholung der immer gleichen Anschuldigungen erhärten die Vermutung, daß Schönhuber ganz bewußt gehandelt und die latente Stimmung ausgenutzt hat. Mit derlei Verunglimpfungen kann er sich des Beifallklatschens der Rechtsextremisten und Antisemiten sicher sein.

Eine im Auftrag des American Jewish Committee im Januar 1994 durchgeführte Umfrage hatte ergeben, daß 32 Prozent der Deutschen der Meinung sind, die Juden seien mitschuldig, »wenn sie gehaßt und verfolgt werden«.[55] Welchen Stellenwert derartige Äußerungen im Dunstkreis der Republikaner haben und zwar nicht nur auf der Führungsebene, sondern auch bei den Wählern dieser Partei, hat eine Umfrage von Allensbach im Februar 1993 ergeben. Zwischen 50 und 70 Prozent der traditionellen Republikaner Wähler antworteten positiv auf antisemitische und gegen Israel gerichtete Stereotypen.[56] Ein Jahr später fand Emnid heraus, daß 40 Prozent der Rechtswähler der Aussage »die Juden seien andersartig« zustimmten und mehr als 50 Prozent den »Einfluß von Juden für zu groß halten«.[57] Als wohl wichtigstes Ergebnis dieser Untersuchungen ist die Erkenntnis zu werten, daß die Wähler der Republikaner (jeder dritte) oder der Deutschen Volksunion, selbst wenn sie nur aus Protest diesen Parteien ihre Stimme geben, über ein relativ geschlossenes rechtsextremistisches Weltbild verfügen.[58]

Eine wesentlich größere Rolle als bei den Republikanern spielt der Antisemitismus in der DVU und NPD. Vor allem die Publikationen aus Freys Presseimperium, insbesondere die *Deutsche National-Zeitung*, verraten die rassistische und antisemitische Einstellung, die sich vor allem in den beigeordneten Adjektiven manifestiert: »unverschämte« Polen, »erpresserische« Juden, »kriminelle« Ausländer. Die Themen »Juden« und »Israel« werden miteinander verquickt und in negative Zusammenhänge gestellt. Zentrale Bedeutung hat die Verharmlosung des Holocaust. Enge Verbindungen bestehen deshalb zu dem britischen »Historiker« und Revisionisten David Irving. Es findet aber auch ein reger Meinungs- und Besuchsaustausch zwischen Gerhard Frey und dem russichen Demagogen Wladimir Schirinowskij statt, der für seine antisemitischen Ausfälle bekannt ist.[59]

Die »Entkriminalisierung« und Entsorgung der Geschichte, die Parteien wie die DVU, die NPD und die Republikaner fordern, bleibt nicht auf Publikationen und verbale Äußerungen beschränkt. Angriffe auf Mahnmale und Gedenkstätten sind Versuche, die deutsche Geschichte reinzuwaschen und die Erinnerung an die Vergangenheit auszulöschen, also in die Praxis umzusetzen, was rechtsextreme Parteien und Druckerzeugnisse des Spektrums regelmäßig thematisieren. Deshalb lassen sich fast immer auch enge Verbindungen zu ausländerfeindlichen Einstellungen nachweisen. Das Mahnmal an der Putlitzbrücke in Berlin zur Erinnerung an die Deportation der Berliner Juden wurde bereits mehrmals Objekt antisemitischer Aktionen, zuletzt detonierte am 30. August 1992 ein Sprengsatz. Einer der beiden aus rechtsextremem Umfeld stammenden Täter gab an, »etwas gegen Ausländer und Juden zu haben«.[60] Das Gericht befand die beiden Männer im März 1993 für schuldig, auch einen Anschlag auf ein Asylbewerberheim im Berliner Stadtteil Wedding verübt zu haben.[61] Ähnliche Mechanismen zeigt der folgende Fall: In der Nacht vom 12. auf den 13. November 1992 haben zwei Skinheads im Alter von 18 und 24 Jahren, die bereits im August einen afrikanischen Asylbewerber angegriffen hatten, einen 53-jährigen Mann in einem Lokal zusammengeschlagen, mit

Alkohol übergossen und angezündet. Zwischen den stark angetrunkenen Skinheads und dem Opfer war es zu einem Streit gekommen, als letzterer behauptete, seine Mutter sei Jüdin gewesen. Der Gastwirt hatte die Skinheads bei ihrer Tat auch noch verbal unterstützt, als er rief: »Der Jude soll brennen!«[62]

Beim Brandanschlag auf die jüdische Baracke 38 im ehemaligen Konzentrationslager Sachsenhausen am 26. September 1992 hingegen scheint einzig ein antisemitischer Hintergrund vorzuliegen. Auch in der Folgezeit wurde Sachsenhausen wiederholt zum Ziel antisemitischer Schmierereien und randalierender rechtsorientierter Jugendlicher. Am 2. September 1994 nahm die Polizei vier Skinheads fest, die einen Stein auf dem Gelände der Gedenkstätte Sachsenhausen bespuckt, rechtsextreme Parolen gegrölt und den »Hitlergruß« gezeigt hatten.[63] Nur zwei Tage später meldete die Presse einen erneuten Brandanschlag auf die ehemalige Bäckerei des Konzentrationslagers.[64]

Auch die Gedenkstätte Buchenwald blieb von Übergriffen nicht verschont. Ein Bus mit 22 rechtsextremen Jugendlichen, unter denen sich anscheinend auch die Mitglieder der Skinheadband »Oithanasie« befanden, war am 23. Juli 1994 vorgefahren. Fensterscheiben und Ausstellungsvitrinen gingen zu Bruch; »Sieg heil«-Rufe ertönten und eine Mitarbeiterin wurde bedroht.[65]

Ein Vergleich mit der Situation in der alten Bundesrepublik in den siebziger und achtziger Jahren macht die Funktion und die Verbreitung des militanten Antisemitismus heute deutlich. Vorurteile gegen Juden waren verbreitet, aber öffentlich diskreditiert und auf den privaten Bereich der kleinen Öffentlichkeit am Stammtisch, bei Nahestehenden und in der Familie abgedrängt. Der ideologische Antisemitismus war auf subkulturelle, isolierte Gruppen und Grüppchen begrenzt. Dort, wo Antisemitismus sich manifestierte, wertete die liberale Öffentlichkeit derartige Vorfälle als Skandal. Mit dem Rechtspopulismus seit Anfang der achtziger Jahre wird der Antisemitismus als integraler Bestandteil dieser rechten Weltanschauung mitgeführt, in den Wahlkämpfen aggressiv eingesetzt und insgesamt enttabuisiert. Gleichzeitig gerierte sich die soziale Kontrolle gegenüber solchen Bestrebungen eine Zeit lang wie lahmgelegt, so daß sich die politische Achse der Bundesrepublik nach rechts verschob. Ein nationalistisches Weltbild, das die vermeintlich nicht der eigenen Gruppe zugehörigen Personen als Fremde ausgrenzt und diese gegen sie gerichtete Feindlichkeit in der Diskriminierung von Juden funktionalisiert, ist zunehmend gesellschaftsfähig geworden. Aber seit die staatlichen Organe ihren gesetzlichen Rahmen ausnutzen und verschärft gegen diese Bestrebungen angehen, sind die lauten Töne etwas leiser geworden.

Von Pannen abgesehen, verfolgen Polizei und Justiz gewalttätige Übergriffe mit antisemitischem Hintergrund mit allen ihnen zur Verfügung stehenden Mitteln. Die bisher gefaßten und verurteilten Täter sind fast durchweg zu Strafen verurteilt worden, die vergleichsweise hoch lagen. Nicht so positiv ist die Bilanz der Bestrafung von Beleidigungs- und Volksverhetzungsdelikten. Die Justiz scheint sich immer noch schwer zu tun, die vorhandenen gesetzlichen Möglichkeiten auszuschöpfen. Demgegenüber haben verschärfte Maßnahmen von Polizei und Verfassungsschutz in diesem Bereich zu einer Verringerung der Dunkelziffer und einer höheren Anzeigenbereitschaft der Bevölkerung geführt, was letztlich auch auf das Täterpotential nicht ohne Folgen geblieben ist. Die Szene wagt es kaum noch, entsprechende Inhalte offen zu propagieren. Dies bedeutet allerdings nicht, daß auf konspirativer Ebene nicht immer noch ein Agitationsfeld verhältnismäßig unbehelligt bestehen bleiben kann.

Anmerkungen

1 Dieser Beitrag ist in wesentlichen Teilen erstmals in W. Benz (Hrsg.): Antisemitismus in Deutschland. Zur Aktualität eines Vorurteils. München 1995 unter dem Titel »Antisemitismus als Element rechtsextremer Ideologie und Propaganda« erschienen (S.101–120).

2 Vgl. W. Bergmann: Sind die Deutschen antisemitisch? Meinungsumfragen von 1946–1987 in der Bundesrepublik Deutschland. In: W. Bergmann; R. Erb (Hrsg.): Antisemitismus in der politischen Kultur nach 1945. Opladen 1990, S.108–130, hier: S.112.

3 Ebenda, S.113.

4 Ebenda.

5 Vgl. C. Goschler: Nachkriegsdeutschland und die Verfolgten des Nationalsozialismus. In: H.-E. Volkmann: Ende des Dritten Reiches – Ende des Zweiten Weltkriegs. Eine perspektivische Rückschau. München 1995.

6 Vgl. Bergmann, 1990, S.114 (s. Anm. 2).

7 W. Bergmann: Antisemitismus in der öffentlichen Meinung Ost- und Westdeutschlands. In: Forschung Aktuell (TU Berlin), 39/41 (1993), S.11–15.

8 H. Maor: Über den Wiederaufbau der jüdischen Gemeinden in Deutschland 1945. Diss. Mainz 1961, S.17.

9 1955 war die Zahl auf 15.684 gesunken, vgl. H. Ganther (Hrsg.): Die Juden in Deutschland. Ein Almanach. Hamburg 1959, S.460.

10 Stand 1.1.1994: 40.823 (Berlin 9.488, Hamburg 1.795, Frankfurt 5.777, München 4.006); Stand 1.1.1996: 53.797 (Berlin: 9.840, Hamburg 2.359, Frankfurt 5.715, München 4.964); Auskunft: Zentrale Wohlfahrtsstelle der Juden in Deutschland. Frankfurt a.M.

11 A. Diamant: Jüdische Friedhöfe in Deutschland. Eine Bestandsaufnahme. Frankfurt 1982, S.204–207.

12 Verfassungsschutzberichte hrsg. vom Bundesminister des Innern, passim.

13 Zitiert nach H. Bude: Eine abgewehrte soziale Bewegung. Der jugendliche Rechtspopulismus in der neuen Bundesrepublik. Merkur Heft 5, 1993, S.444.

14 Die gegenwärtige Einstellung der Deutschen gegenüber Juden und anderen Minderheiten. Umfrage im Auftrag des Amerikanischen Jüdischen Komitees, durchgeführt vom EMNID-Institut 12.-31.1.1994.

15 Vgl. Unabhängige Nachrichten 7(1994).

16 Im Programm der im Juli 1993 in Mainz gegründeten neonazistischen Vereinigung Deutsche Nationalisten finden sich die bekannten Stichworte »Wucher« und »Zinswirtschaft«, die im Zusammenhang mit Statements wie »seit dem Ende des Zweiten Weltkrieges stehen große Teile

Deutschlands unter der Verwaltung fremder Mächte« und der Forderung nach Einstellung der »Wiedergutmachungszahlungen an ausländische Mächte« eindeutig als getarnte antisemitische Aussagen zu entlarven sind. Vgl. blick nach rechts vom 5.10.1993.

17 Deutsche Rundschau vom Februar 1994.

18 Remer Depesche 4(1993).

19 Vgl. E. Nolte: Zwischen Geschichtslegende und Revisionismus. Das Dritte Reich im Blickwinkel des Jahres 1980 (Vortrag vor der Carl-Friedrich von Siemens Stiftung 1980). In: Historikerstreit. Eine Dokumentation der Kontroverse um die Einzigartigkeit der nationalsozialistischen Judenvernichtung. München 1987.

20 Mut vom Januar 1979.

21 Remer Depesche 1(1994).

22 Zitiert nach S. Klein: Von den Schwierigkeiten der Justiz im Umgang mit KZ-Schergen und Neonazis. In: W. Benz (Hrsg.): Rechtsextremismus in der Bundesrepublik. Voraussetzungen, Zusammenhänge, Wirkungen. Frankfurt a.M. 1984, S.103; vgl. auch ID-Archiv im ISSG (Hrsg.): Drahtzieher im braunen Netz. Der Wiederaufbau der ›NSDAP‹. Berlin/Amsterdam 1992, S.14; Schönborn wurde im Frühjahr 1979 mit der Begründung des Rechts auf freie Meinungsäußerung von dem Vorwurf der Volksverhetzung freigesprochen.

23 Europa vorn 47(1993), S.6.

24 Deutsche Wochen-Zeitung vom 8.4.1994.

25 Deutsche National-Zeitung vom 20.5.1994.

26 Vgl. Verfassungsschutzbericht BMdI 1992, S.102.

27 Verfassungsschutzbericht Thüringen 1992, S.35.

28 Berliner Morgenpost vom 21.10.1993.

29 Z.B. Die Bauernschaft vom September 1993, S.24.

30 Im März 1990 z.B. wurde der Neonazi Edgar Geiß zu einer Geldstrafe von 6.000.- DM verurteilt, weil er das Tagebuch des in Holland untergetauchten Mädchens als Fälschung bezeichnet hatte. Vgl. A. Königseder: Zur Chronologie des Rechtsextremismus. In: W. Benz (Hrsg.): Rechtsextremismus in Deutschland. Voraussetzungen, Zusammenhänge, Wirkungen. Aktualisierte und erweiterte Neuausgabe, Frankfurt a.M. 1994, S.288; blick nach rechts vom 7.5.1990.

31 Remer Depesche 1(1993).

32 Flugblatt abgedruckt in: R. Fromm: Am rechten Rand. Lexikon des Rechtsradikalismus. Marburg 1993, S.87.

33 Vgl. W. Benz (Hrsg.): Legenden, Lügen, Vorurteile. Ein Wörterbuch der Zeitgeschichte. München 1992, S.88 ff.

34 Vgl. Flugblatt Nr. 56. Zit. nach Verfassungsschutzbericht BMdI 1992, S.123.

35 Frankfurter Rundschau vom 10.11.1992.

36 Demotape »Doitsche Musik«, 1992, zitiert nach Verfassungsschutzbericht BMdI 1992, S.84 mit Ergänzungen aus R. Erb: Antisemitismus in der rechten Jugendszene. In: W. Bergmann; R. Erb: Neonazismus und rechte Subkultur. Berlin 1994, S.40 f.

37 Vgl. Wetzel, 1995, S.109 f. (s. Anm. 1).

38 Anfang September 1994 teilte die Bundesregierung mit, daß in den ersten drei Monaten dieses Jahres 4.163 Ermittlungsverfahren aufgrund rechtsextremistischer oder ausländerfeindlicher Straftaten eingeleitet worden seien. Die Hälfte der Verfahren sei wegen des Verbreitens von Propagandamitteln verfassungsfeindlicher Organisationen geführt worden; bei 730 Fällen handele es sich um Volksverhetzung und Aufstachelung zum Rassenhaß. 529 Täter wurden bereits verurteilt. Vgl. Süddeutsche Zeitung vom 7.9.1994.

39 Zitiert nach Verfassungsschutzbericht BMdI 1993, S.99.

40 Fromm, 1993, S.83 (s. Anm. 32).

41 R. Fromm; B. Kernbach: »… und morgen die ganze Welt?« Rechtsextreme Publizistik in Westeuropa. Marburg/Berlin 1994, S.74.

42 Vgl. Abbildung in: Drahtzieher im braunen Netz, 1992, S.60 (s. Anm. 22).

43 Die Bauernschaft, September 1991, S.80.

44 Berlin-Brandenburger-Zeitung vom Juli/August 1994.

45 Die Bauernschaft, März 1994, S.31.

46 Deutschland Report 1993–1994.

47 Deutsche National-Zeitung vom 26.11.1993.

48 Flugblatt im Archiv des Zentrums für Antisemitismusforschung.

49 Auszüge aus dem Leitartikel »Wen sollen wir wählen?« von Franz Schönhuber in: Republikaner 12(1986), abgedruckt in H. Funke: »Republikaner«. Rassismus, Judenfeindschaft, nationaler Größenwahn. Zu den Potentialen der Rechtsextremen am Beispiel der »Republikaner«. Berlin 1989, S.41.

50 Zitiert nach J. Elsässer: Antisemitismus – Das alte Gesicht des neuen Deutschland. Berlin 1992, S.131.

51 Zitiert nach ebenda, S.138.

52 Die Tageszeitung vom 28.3.1994.

53 Frankfurter Allgemeine Zeitung vom 29.8.1994.

54 Der Republikaner 5(1994).

55 Emnid-Institut: Umfrage zur gegenwärtigen Einstellung der Deutschen gegenüber Juden und anderen Minderheiten. Im Auftrag des Amerikanischen Jüdischen Komitees, durchgeführt 12. bis 31. Januar 1994; vgl. Süddeutsche Zeitung vom 28.3.1994

56 Allensbach, IfD Umfrage, Februar 1993.

57 J. W. Falter: Wer wählt rechts? Die Wähler und Anhänger rechtsextremistischer Parteien im vereinigten Deutschland. München 1994, S.149.

58 Ebenda, S.156.

59 Schirinowskij sprach am 16. April 1992 auf einer DVU Veranstaltung in Mühlhausen/Thüringen. Vgl. Verfassungsschutzbericht BMdI 1992, S.58.

60 Verfassungsschutzbericht BMdI 1992, S.79.

61 K. Schittenhelm: Mahnmal Putlitzbrücke: Ein antisemitischer Bildersturm und seine Folgen. In: Jahrbuch für Antisemitismusforschung 3(1994), S.121–139, hier S.134.

62 Verfassungsschutzbericht BMdI 1992, S.73 f.

63 Süddeutsche Zeitung vom 3./4. September 1994.

64 taz vom 6.9.1994.

65 taz vom 26.7.1994 und vom 27.7.1994.

Andreas Speit

Esoterik und Neoheidentum

Historische Allianzen und aktuelle Tendenzen

Auf dem Gut Sveneby im schwedischen Västergödland möchte der neue
Gutsherr Jürgen Rieger, Nazianwalt und Neoheide, mit 18 jungen deutschen
Familien 700 Hektar Wald und Weideland biologisch-dynamisch bewirtschaf-
ten. Sein Herrenhaus mit 18 Zimmern in der »wunderschönen, unberührten
Landschaft (...) unbeeinflußt durch Umerziehung, Überfremdung, Drogen
und Rauschgifte«, bietet er indes bereits als Seminarhotel an. Als erste nahmen die Esoterik-Autorin und Reiki-Meisterin Barbara Simonsohn, die Heil-
praktikerin Ulrike Spielvogel sowie die Yogalehrerin Theda Ites das Angebot
wahr. Die Hamburgerinnen wollten die »unbeeinflußte Atmosphäre« und
»positive Energie« des Gutes für ihre »Heilarbeit« nutzen. Nachdem jedoch
der Name des Gutsherrn publik wurde, kamen negative Vibrations auf und die
zwei geplanten Kursseminare zu »Yoga und Gewebeentsäuerung« fielen aus.[1]
Ist dies noch eine Ausnahmeerscheinung, die auch wegen persönlicher Verflechtungen zustande kam[2], so ist das Stelldichein eines illustren Spektrums
von neofaschistisch Engagierten und esoterisch sowie naturreligiös Motivierten zur Sonnenwendfeier an den Externsteinen im Teutoburger Wald die
Regel.[3]
Hexen und Druiden, Esoteriker und New Ager, Naturreligiöse und Neoheiden sowie heidnische Neofaschisten versuchen, seit Anfang der 90er Jahre
vermehrt[4], eins zu werden mit der Natur und dem Kosmos. Die einen huldigen
in den Nächten zum 21. Juni und zum 22. Dezember auf der »bedeutsamsten
germanischen Kultstätte« ihren keltisch-germanischen Traditionen, die anderen versuchen, die positive Energie des »magischen Ortes« aufzunehmen.[5] Im
Laufe der Jahre fand sich auch Prominenz ein, u. a. Sir George Trevelyan, der
»Großvater der New Age Bewegung«, Peter Caddy, Mitbegründer der esoterischen Findhorngemeinschaft[6], als auch Geza von Neményi von der Germanischen Glaubens Gemeinschaft[7] sowie Burkhard Weecke, Chefredakteur der
»neurechten« Publikation *Elemente*[8], Werner Georg Haverbeck, Anthropo-
soph, Mitbegründer des Weltbunds zum Schutz des Lebens sowie dem Collegium Humanum, und Hans-Michael Fiedler[9], Alt-Neonazi und aktiv in der
Anti-Antifa-Arbeit[10].
Einhergehend mit der Renaissance der Esoterik und des Neoheidentums, als

Reflex eines tiefen Unbehagens gegen die Moderne[11], verwischen peu à peu die Grenzen zwischen Esoterik, Naturreligiosität und Faschismus. Längst kann beim esoterischen Antimodernismus und der ihm immanenten Zivilisations- und Kulturkritik nicht mehr von einer Randerscheinung gesprochen werden.

Renaissance des Archaischen

Seit Mitte der 70er Jahren erobert die Esoterik und Naturreligiosität zunehmend Raum in der bundesrepublikanischen Gesellschaft. Immer häufiger dienen esoterische und naturreligiöse Weisheiten zur Findung der individuellen Lebenskultur und werden zur Lösung von politischen, wirtschaftlichen und ökologischen Problemen zu Rate gezogen. Neben den verschiedenen esoterischen Strömungen findet besonders das Neoheidentum größere Beachtung.

Begriffe wie Positives Denken, Ganzheitlichkeit, Lotusblütenmeditation, Ying und Yang, Goldenes Zeitalter, Demeter und Walpurgis gehören zur Alltagssprache. Eine Schätzung des *Börsenblattes*, einer Fachzeitung des Buchhandels, geht davon aus, daß 1994 mindestens 150 Millionen DM Umsatz mit Literatur der Grenzgebiete der Wissenschaft und Esoterik gemacht wurden. Das Angebot reicht von Ratgeberliteratur über Fabeln bis hin zu Krimis. Fast alle großen Verlage führen esoterische Reihen, und alleine bei Goldmann sind über 50 Prozent des Sortiments esoterische Bücher.[12] Esoterik-Buchhandlungen sind keine Seltenheit, und jeder Bahnhofskiosk bietet entsprechende Publikationen und Periodika an. Die am weitesten verbreiteten sind *esotera* (Auflage: 75.000), *connection* und *Magazin 2000*. Diese Entwicklung korrespondiert mit dem Aufbau einer Infrastruktur, zu der Messen und Tagungen, Seminare und Workshops gehören. Jene Seminare zur Lebenshilfe und Sinnfindung erfreuen sich in Managementkreisen, u.a. bei Daimler Benz und Deutscher Bank, größter Beliebtheit[13], wobei neben den esoterischen Weisheiten ebenso neuheidnische erfahren werden.

In diesem Spektrum ist eine allgemeingültige Definition von Esoterik (griech.: nach innen) schwer zu geben.[14] Unabhängig von ihrer historischen Erscheinungsform gehen alle esoterischen Strömungen davon aus, daß die gesamte Welt, das Universum, eine Manifestation spiritueller Prinzipien einer kosmischen Energie oder Intelligenz sei, die die innere Einheit und Ordnung des Kosmos und der Natur begründet. Der Mensch, unterteilt in einen grobstofflichen Körper und einen feinstofflichen, astralen oder ätherischen Leib, sei indes nur ein Dichtegrad oder eine Frequenz des Ganzen. Aus dieser Weisheit resultiert das erklärte Ziel der Selbstfindung und -verwirklichung in der ganzheitlichen Ordnung zur Harmonie. Um dies zu erreichen, muß das

»gewöhnliche Bewußtsein« überschritten und die verborgenen Kräfte, der »göttlichen Funke«, geweckt werden[15], vorausgesetzt, das Karma bestimmt es. Mit einem »neuen Denken«, das auch ganzheitliches, holistisches oder organisches Bewußtsein genannt wird, soll der kollektive Sprung in ein »neues«, »goldene(s) Zeitalter« gelingen[16]. Die idealtypischen Merkmale der Esoterik, u. a. Überlieferung von Meister zu Meister, Pflicht zur Geheimhaltung, Initiation des Schülers und die endgültige Einweihung in die symbolhaften Handlungen[17], tauchen nur noch rudimentär auf. Eine gewisse Beliebigkeit herrscht vor, und der individuelle Griff in die Regale des spirituellen Supermarktes gehört dazu.

Nicht anders sieht es beim Neoheidentum aus. Germanen und Kelten, Hopies und Schamanen, ihre Stammesgesellschaften, Mythen und Riten, bzw. das, was zuvor auf Überlieferungen basierend konstruiert wurde, werden herangezogen. Wie bei allen Naturreligionen gilt die gesamte Natur als beseelt, und bei jedem Eingriff ist darauf zu achten, daß die Schöpfungsharmonie nicht zerstört wird.[18] Die Einheit von Mensch, Natur und Kosmos soll gewahrt werden, weshalb die Neuetablierung einer vorchristlichen Religion angestrebt und das Christentum abgelehnt wird, was sie mit der Esoterik verbindet. Hierbei rufen die Neoheiden die keltischen und germanischen Göttinnen und Götter, welche als Gestaltungsweisen »einer angeborenen Bilderwelt« gelten und psychologisch als Allegorien oder Archetypen gedeutet werden[19], befragen die Runen und wiederbeleben ursprüngliche Riten. Bei diesem pantheistischen, organischen Welt- und Menschenbild gilt der Mensch, wie bei der Esoterik, als Teil des göttlichen Ganzen in einer bestimmten Ordnung zueinander und die romantisierte Natur verklärt sich zur friedlichen »Mutter Erde«[20].

Sowohl die Esoterik als auch das Neoheidentum sehen die Krise der Moderne als Krise ihrer Grundlagen. Das unvollendete Projekt definieren sie als vollendet, und die »Entzauberung«[21] und Säkularisierung der Welt[22], die Ratio und Aufklärung negieren sie gänzlich und propagieren die Verzauberung der »Entzauberten Welt«, die Remythologisierung der Politik und die Respiritualisierung des Denkens.

Über diesen esoterischen Antimodernismus freuen sich sogenannte Neue Rechte sowie das neofaschistische Spektrum. Insbesondere seit die Esoterik-Szene Helena Petrowna Blavatskys Theosophie sowie die keltische und germanische Mythologie wiederentdeckt haben und sich gleichzeitig mit dem Neoheidentum auf die Suche nach »Europas alten Göttern« (Karlheinz Weißmann) und der »europäischen Glaubensalternative« (Alain de Benoist) gemacht haben, werden historische Allianzen und Traditionen aufgegriffen und vertieft.

»Ohne Juda, ohne Rom bauen wir Germaniens Dom«

Als Reaktion auf den beschleunigten wirtschaftlichen und technischen Fortschritt mit seinen sozialen, kulturellen und politischen Umwälzungen blühten bereits um die Jahrhundertwende im deutschsprachigen Raum romantische und lebensphilosophische Geistesströmungen sowie heidnische und esoterische Konzeptionen auf.[23] Doch schon ab dem Vormärz 1830 bis zur 1848er Revolution waren jene Strömungen von einer rechten Rezeption der germanischen Mythologie beeinflußt, welche die Germanen als Quelle aller Kulturen betrachtete. Diese Mythologien, kombiniert mit einem Pantheismus, einer diffusen Naturfrömmigkeit und antichristlichen Elementen, bildeten das heidnische Konglomerat. Mitte 1850 erfolgte die endgültige Vereinnahmung. Die Suche nach der urindogermanischen, arischen Mythologie, nach der die arischen Lichtgötter den Kampf mit den Dämonen der Finsternis führen und immer gewinnen würden, setzte ein und wurde zum Ausgangspunkt eines völkischen Heidentums, das sich u.a. auf die *Edda*, Turnvater Jahn (1778–1852), Ernst Moritz Arndt (1769–1860) und Friedrich Nietzsche (1844–1900) berief.[24]

Bedingt in der Romantik und der Lebensphilosophie u.a. der Kontrast von Lebendigem und Totem, Natürlichem und Mechanischem und die Tendenz zu Mystik und Mythos[25] eine Nähe zur Naturreligiosität und zur Blut-und-Boden-Ideologie, so rückten beide Strömungen mit der Hinwendung zum germanischen Mythos weiter zusammen. Nietzsches blonder Herrenmensch[26] und seine »prachtvolle, nach Beute und Sieg lüstern schweifende blonde Bestie«, die allen »vornehmen Rassen« gemein sei und »von Zeit zu Zeit der Entladung« bedürfe, da das »Thier heraus muß«[27], erfaßte zeitgleich mit der mystischen Naturreligiosität die sich 1890 formierende Völkische Bewegung.[28]

Popularität erlangte dieser Mystifizismus um die Jahrhundertwende auch bei dem antimodernistischen Protest, der sich in lebens- und kulturreformerischen Bünden und Organisationen institutionalisierte und von Lebensreform- und Siedlungsbewegung über Wandervögel und Völkischen Bund bis hin zu Freikörperkultur- und Ernährungsreformkreisen reichte.[29]

Den Weg der Esoterik zur »arischen Esoterik« (Roman Schweidlenka) ebnete H. P. Blavatsky (1831–1891). In der von ihr ausgestalteten Theosophie entwickelte sie eine Wurzelrassentheorie, die sie in ihrer *Geheimlehre* (1888) darlegte. 1884 wurde die deutsche Theosophische Gesellschaft in Ebersfelde gegründet.[30] In dem Werk, welches zur Standardliteratur der Theosophie als auch der abendländischen Esoterik zählt, hierarchisiert sie die Menschen in verschiedene »Wurzelrassen« mit determinierten Dispositionen und konstruiert eine angebliche »Höherentwicklung des Ariers«[31]. Desweiteren seien »die Juden eine künstliche Rasse«, und ihre Religion sei eine des »Hasses und

712

Übelwollens gegen jedermann«[32]. Aber sie würden wohl ein ähnliches Schicksal erleiden wie so viele andere »Rassen«: »Ein Decimierungsvorgang findet über die ganze Erde statt unter jenen Rassen, deren Zeit um ist (…) Es ist ungenau zu behaupten, daß das Aussterben einer niederen Rasse ausnahmslos eine Folge von der von Kolonisten verübten Grausamkeit und Mißhandlung sei. (…) Rothäute, Eskimos, Papuas, Australier, Polynesier u.s.w. sterben alle aus. (…) Die Flutwelle der inkarnierten Egos ist über sie hinweggerollt, um in entwickelteren und weniger greisenhaften Stämmen Erfahrungen zu ernten; und ihr Verlöschen ist daher eine karmische Notwendigkeit.«[33] Von 1908 bis 1936 konnten solche esoterischen Rassismen in diversen theosophischen Publikationen gelesen werden.[34]

Um dem Karma nachzuhelfen, arbeiteten Theosophen und Ariosophen Hand in Hand, wofür Guido von List (1848–1919) und Georg Lanz (1887–1954), der sich Jörg Lanz von Liebenfels nannte[35], in ihrem ariosophischen Gedankengebäude das Fundament legten. List kombinierte völkische Ideologeme und Joseph Arthur Graf von Gobineaus (1816–1882) »Rassentheorie« mit der Wurzelrassenlehre sowie mit einer modernen Runenlehre und erklärte die »Ario-Germanen« zum Ausgangs- und Endpunkt göttlich-kulturschöpferischer Entwicklung. 1908 rief er die Guido von List-Gesellschaft – mit der Armanenschaft als esoterischem Kern – ins Leben.[36] Lanz von Liebenfels erweiterte das Konzept und beschrieb in der von ihm herausgegebenen *Ostara* (ab 1905 zeitweilig eine Auflage von 100.000[37]), »die Menschheit als zweigeteilt: auf der einen Seite blonde, kulturschaffende Ario-Heroen, auf der anderen Seite dunkle, kulturzerstörende Äfflinge«[38]. Seinen Traum von einem Tempelritterorden erfüllte er sich 1900 mit dem Ordo Novi Tempi (ONT)[39]. Weitere zentrale Theoreme sind die Idee der germanischen Weltherrschaft, ausgeprägte patriarchalische Elemente mit der Frau als rassezerstörende Sünderin und ein extremer Antisemitismus.[40]

Neben diesen Strömungen, aber nicht losgelöst von ihnen, etablierten sich völkische Religionen, die sich in neugermanische, nordische und deutsch-religiöse ausdifferenzierten[41], wobei eine klare Grenzziehung nicht immer gegeben ist. Der Gelehrte Paul Bötticher (1827–1891), bekannt als Paul de Lagarde, formulierte das Motiv jener Rasse-Blut-und-Boden-Religion: Das Göttliche verwirkliche sich im deutschen Volk, und das Volk selbst, seine Seele bzw. sein Blut sei das Medium des Göttlichen.[42] Richard Wagner (1813–1883) gab mit seinen Werken die Begleitmusik.[43]

In vielerlei Hinsicht beherrschte in der Zeit zwischen der Jahrhundertwende und dem Ersten Weltkrieg die mystische, esoterische und heidnische Atmosphäre das geistige wie das kulturelle Leben und war das »philosophische Gewand« für die nationalen und imperialen Bestrebungen des Wilhelminischen Reiches. Heinrich Heine warnte schon im Vormärz vor den »dämonischen Kräften des altgermanischen Pantheismus«: »Die alten steinernen Götter erheben sich dann aus dem verschollenen Schutt und reiben sich den tausendjährigen Staub aus den Augen, und Thor mit dem Riesenhammer springt endlich empor und zerschlägt die gotischen Dome. Wenn ihr dann das Gepoltere und Geklirre hört, hütet Euch ihr Nachbarskinder.«[44]

Am deutschen Wesen ...

Die herbeigesehnte Götterdämmerung fand in den Schützengräben des Ersten Weltkriegs statt, was weder dem Neoheidentum noch der Esoterik und der mystischen Sehnsucht einen Abbruch tat. Im Gegenteil, durch die Niederlage und den Schock der Weimarer Demokratie bekamen sie neuen Aufwind[45], und so, wie einzelne Orden und Logen aus diesem Spektrum in der völkischen Bewegung der wilhelminischen Zeit involviert waren, so waren sie in den präfaschistischen Strömungen der Weimarer Zeit integriert, wenn auch zeitverzögert.

Schon am Vorabend der Weimarer Republik, im August 1918, wurde auf Betreiben von Rudolf Freiherr von Sebottendorff, eigentlich Alfred Rudolf Glauer (1875–1945), im Münchner Hotel Vierjahreszeiten die Thule-Gesellschaft ins Leben gerufen, benannt nach der von Theosophen und Ariomystikern konstruierten geistigen Urheimat der Arier. Neben dem Bezug auf die Ariosophie und Theosophie bildeten Astrologie, Runen, Derwisch sowie völkische Rassismen ihr Fundament.[46] Zu ihrer Infrastruktur zählten mehrere Publikationen sowie paramilitärische Verbände, z.B. das Freikorps Oberland, welches gegen die Münchner Räterepublik ins Feld zog.[47] Symbole des Ordens, der nach eigenen Angaben 1.500 Mitglieder allein in Bayern und davon rund 250 in München hatte, waren der rote Adler und das Hakenkreuz. Mitglied konnte nur werden, wer u.a. für mindestens drei Generationen seine »reinrassige arische Herkunft« bewies. Zu diesem erlauchten Kreis, welcher sich als konspirative Avantgarde gegen die »undeutschen Kräfte« verstand, gehörten u.a.: Guido von List und Georg Lanz von Liebenfeld; Dietrich Eckart, Publizist; Anton Drexler, Gründer der Deutschen Arbeiter Partei (DAP); Paul Tafel, Vorstandsmitglied des Bayrischen Industrieverbandes; J. F. Lehmann, Vorsitzender des Alldeutschen Verbandes, sowie neben anderen die späteren Nazigrößen Alfred Rosenberg, Julius Streicher, Heinrich Himmler, Hermann Göring und Rudolf Heß. Sebottendorf rühmte sich in seinem 1933 publizierten Buch *Bevor Hitler kam*: »Thule-Leute waren es, zu denen Hitler zuerst kam, und Thule-Leute waren es, die sich mit Hitler zuerst verbanden.«[48] Hitlers Mitgliedschaft ist jedoch unklar. Allerdings soll er zum internen Kreis, dem Thule-Orden, gehört haben. Keine Frage ist, daß die Thule-Gesellschaft dank der personellen Verflechtungen und ihrer Aktivitäten zu den wichtigsten okkulten Vorreitern des Nationalsozialismus zählte.[49]

In Anlehnung an Blavatsky ging die von Franz Hartmann gegründete Theosophische Gesellschaft in Deutschland (1896) ein enges Verhältnis mit der nationalsozialistischen Bewegung ein. 1933 begrüßte ihr »Meister« Hermann Rudolph das erwachende Dritte Reich, da er glaubte, Theosophie und Nationalsozialismus wären die tragenden Kräfte der zukünftigen Entwicklung.[50]

Dem stand die theosophische Abspaltung, die Anthroposophie, kaum nach. Basierend auf der Wurzelrassenlehre konzipierte Rudolf Steiner (1881- 1925), Begründer der Anthroposophie (1913), seine esoterischen Rassismen, u. a in den Werken *Die Akasha Chronik* (1904) und *Die Mission der einzelnen Volksseelen* (1918). Wie Blavatsky konstruiert er »Rassen«, verfällt in karmische Gleichgültigkeit, wenn es um die Vernichtung von Menschen geht, und differenziert zwischen dem »ungebildeten Wilden und den europäischen Durchschnittsmenschen«, nicht ohne »die Neger« zu diskriminieren und das »Blut der Franzosen« wegen des Einflußes »der Neger« als »verderbt« zu bezeichnen[51]. Treue Schüler, wie Richard Karutz oder Herrmann Poppelbaum, publizierten entsprechende Artikel in den 20er und 30er Jahren in diversen anthroposophischen Periodika[52] und betonten wie Steiner die Devise, daß am »deutschen Wesen die Welt genesen solle«[53]. Im selben Tenor äußerte sich Steiners Nachfolger als Erster Vorsitzender der Anthropsophischen Gesellschaft Albert Steffen 1933. Aus Sorge um die richtige Steiner-Interpretation schrieb er an die Gauleitungen:»Man will nicht nur Rudolf Steiner, den Kämpfer für das deutsche Wesen, sondern deutsche Treue selbst herabsetzen.«[54] Offiziell schickten sie keine Grußadressen nach der Machtübergabe, aber Guenther Wachsmuth, Steiners Sekretär, erklärte gegenüber dem dänischen *Extrabladet* im selben Jahr:»Ich äußere mich ungern über Politik. Aber es soll kein Geheimnis sein, daß wir mit Sympathie auf das schauen, was zur Zeit in Deutschland geschieht (…) die mutige und tapfere Weise, wie der Führer (…) sich der Probleme bemächtigt, kann meiner Meinung nach nur Bewunderung erzwingen. Es wird sicherlich etwas Gutes dadurch entstehen (…).«[55]

Selbiges hofften zu Beginn der 20er Jahre die ariosophischen Kreise, die bereits größeren Zulauf erhielten. Der Ordo Novi Templi und die List-Gesellschaft, die 1923 in Berlin eingetragen wurde, breiteten sich in Deutschland aus, und ariosophische Ideen beeinflußten andere Orden sowie ein breiteres Publikum. Unter dem Einfluß dieser Ideen standen u. a. der Germanen Orden, die Edda-Gesellschaft und die Ariosophische Kulturzentrale. Über sie unterhielten die Ariosophen direkte Kontakte zum präfaschistischen Spektrum und zu führenden Kreisen der NSDAP.[56]

Die völkisch-heidnischen Religionen reihten sich als Geistesströmung fast geschlossen in die präfaschistische Bewegung ein, die nicht nur ideell, sondern auch personell von den völkischen Religionen mitgetragen wurde. Bereits um 1921 existierten alleine 73 Zusammenschlüsse.[57] Fest involviert war die Gruppe der Deutsch Christen um den Indologen und Religionswissenschaftler Jakob Wilhelm Hauer (1881 – 1962), die ca. 100.000 Mitglieder allein in der Arbeitsgemeinschaft der deutschen Glaubensbewegung umfaßte.[58]

Wesentlich differenzierter verhielt es sich mit der nach 1918 erneut erstarkenden Jugend- und Lebensreformbewegung. Nur jene Kreise, die ihre transzendentale Sehnsucht weiterhin mit mystischer Naturreligiosität und Heroismus, teilweise erneut im Rückgriff auf die germanische Mythologie, befriedigten, waren in der präfaschistischen Bewegung engagiert.[59] Um 1928 dominierten sie.[60]

In jene »Ungleichzeitigkeit« (Ernst Bloch[61]) verfielen nicht minder die Herren der sogenannten Konservativen Revolution. Bei allen Differenzen zueinander vereint sie nicht nur der »neue Nationalismus«, sondern auch die bewußte Hinwendung zum Mythos. Mythische Denkfiguren beeinflußen ihre Kategorien Volk und Rasse, Blut und Boden, Schicksal und Mission.[62] Ernst Jüngers »Heroischer Realismus«, Carl Schmitts »Mystische Legitimation für eine historische Mission«[63] und Möller van den Brucks Synthese von »Blut-Boden und Rassenseele« sind hierfür ebenso exemplarisch[64] wie Ernst Niekischs »germanischer Barbarismus gekreuzt mit der russischen Volksseele«[65], Hans Freyers »idealistischer Volksgeistmetaphysik«[66] und Oswald Spenglers »Metaphysischer Hunger«[67].

All diese Logen, Orden und Zirkel transportierten in ihrem spezifischen Diskurs Essentials eines esoterisch, neoheidnisch oder mystisch verklärten Biologismus, Sexismus, Rassismus, bis hin zu sozialdarwinistischen, völkischen und in sich geschlossen faschistischen Konzepten. Sie waren sowohl Reflex als auch Initiator der politischen und kulturellen Atmosphäre, aus der sich der Nationalsozialismus etablieren konnte. Am 30. Januar 1933 brach für einige von ihnen das »Goldene Zeitalter« an.

«Dritte Walpurgisnacht« (Karl Kraus)

Während des Nationalsozialismus finden sich die Strömungen mit ihren Konzepten und Theoremen wieder. Doch das Ersehnte trat auch für sie nicht immer ein, es bestand ein sehr ambivalentes Verhältnis. Konnten die theosophischen Gesellschaften zu Beginn des Dritten Reiches noch uneingeschränkt agieren, löste man alle theosophischen Verbindungen 1937/38 auf.[68]

Anders erging es der Anthroposophie. Bereits zwei Jahre zuvor verbot man die Anthroposophische Gesellschaft, und per Reichsgesetz schlossen 1941 die

Waldorfschulen. Völlig unbeschadet überstand ihre Firma Weleda, die Kontakte zum SS-Sanitätsamt unterhielt und an den Kälteversuchen in Dachau beteiligt war, das Dritte Reich.[69] Die biologisch-dynamische Anbauweise förderte Rudolf Heß.[70]

Der Thule-Gesellschaft widerfuhr es wie vielen esoterischen Kreisen. Nachdem sie dienlich war, wollten die führenden Nationalsozialisten nichts mehr von ihnen wissen, 1934 verbot man sie. Nach internen Quellen des Ordens löschten sie allerdings erst 1936 das »Licht«[71]. Sebottendorff verwies man, nachdem die zweite Auflage von *Bevor Hitler kam* verboten worden war, des Landes. Was ihn nicht hinderte, sich als Geheimagent für die Nazis zu verdingen. Am 8. Mai 1945 fischte man ihn tot aus dem Bosporus.[72]

Hatten die völkischen Religionen gehofft, Staatsreligion zu werden, so wurden die Hoffnungen enttäuscht. Elemente ihrer Konzeptionen, ihrer Rituale und Symbole hatte die nationalsozialistische Bewegung früh aufgegriffen, doch die religiöse Vorherrschaft bekamen sie nicht. Thing-Versammlungen, Sonnenwendfeiern, Lichtfeste usw. fanden landauf, landab statt, und heidnische Symbole waren Zierrat der Macht, schmückten Bauwerke und staffierten Umzüge aus.[73]

Neben anderen kanalisierte Alfred Rosenberg, der sich als »Neuheide« begriff, die verschiedenen völkisch-heidnischen Strömungen in einer »neuen NS-Religion«, die er in seinem Werk *Der Mythos des 20. Jahrhunderts*, das er 1917 verfaßte und 1930 aus taktischen Gründen als eigene Ansicht deklarierte, umriß.

Institutionalisiert wurden die mystischen Wurzeln u. a. in der Forschungs- und Lehrgemeinschaft »Das Ahnenerbe«, welches an die SS angegliedert war. Auf Initiative Heinrich Himmlers errichteten Richard Walther Darré und Hermann Wirth 1935 das Ahnenerbe mit dem Ziel, Raum, Geist und Tat des nordischen Indogermanen zu erforschen und dem deutschen Volke zu vermitteln.[74] Sie belebten Mythen und archaische Kultstätten und organisierten Ausgrabungen und Expeditionen, immer auf der Suche nach der germanischen Vor- und Frühgeschichte.

In diesem Kontext stehen Himmlers Bestrebungen, die SS als eine reinrassige arische Elite zu konzipieren. Seine Vision war eine sakrale Kriegerbundgemeinschaft, die die neuheidnische-neuindogermanische Bewegung führen sollte. Damit der »Neuadel aus Blut und Boden« wußte wie, bauten sie zur Schulung »SS-Klöster« auf, beispielsweise die Wewelsburg bei Paderborn, wo man die »SS-Ritter« mit Hilfe der *Edda*, der *Veden*, der *Bhagavadigta*, sowie Reden Buddhas »einweihte«.

Die Merkmale des »Indogermanischen Bekenntnisses« publizierte 1942 Walter Wüst, Präsident des Ahnenerbes, in einem Leitfaden: Die »allbeseelende Kraft mythistischer Wesensschau« sei Grundlage, und die Natur, inklusive der Tiere, gilt als heilig. Dazu kommen die Ganzheitlichkeit von Körper, Geist und Seele und die Verehrung des Führertums und heldischen Gemüts.[75] Parallel zur Funktionalisierung der Symbolik diente die Remythologisierung zur Legitimation des Nationalsozialismus. Mit Rückgriff auf den germanentümelnden Mythos untermauerten sie NS-Konzepte: die Mystifikation des Blutes, die Rassenmystik, den Ganzheits- und Naturmythos, den »Deutschen Erkenntniswillen«, die nationale Identität, das Führertum, den Helden- und Soldatenmythos[76] sowie die Eugenik- und Euthanasiemaßnahmen und den Holocaust.[77]

Jenseits von Schuld und Sühne

Von 1945 bis in die 70er Jahre war es leise um die völkisch-religiösen und neoheidnischen Kreise, aber nicht ruhig. In den Nachkriegsjahren agierten sie im Dunkeln, da die Alliierten neoheidnische Kulte verboten hatten.[78] Sie sammelten sich und reformierten das völkisch-religiöse und neoheidnische Deutungssystem, wobei die alten Glaubenssätze im Kern erhalten blieben und den neuen gesellschaftlichen Bedingungen entsprechend moderater und modifizierter formuliert wurden.[79]

Bereits in einem amerikanischen Nazi-Internierungslager besprachen Herbert Böhme und Manfred Schneider mit dem völkisch-religiösen Pfarrer Rudolf Wahlbaum die Unterwanderung der Religionsgemeinschaft freie Protestanten in Rheinhessen e.V. 1947 konkretisierten sie den Plan bei einem konspirativen Treffen bei Hameln.[80] Zusammen mit Herbert Grabert, Maria-Adelheit Reuß zur Lippe und anderen Alt-Nazis sammelten sie bis 1950 genügend Anhänger in der Gemeinschaft, der sie ihren völkisch-rassistischen, pantheistischen Organizismus unterschoben und in Deutsche Unitarier Religionsgemeinschaft (DUR) umbenannten, welche in der direkten Nachfolge der deutschen Glaubensbewegung um Jakob Wilhelm Hauer steht. Seitdem engagiert sich die völkisch-rassistische Gemeinschaft in neofaschistischen Kreisen[81] und gibt die *unitarischen blätter* im 47. Jahrgang heraus.

1951 gründete Wilhelm Kusserow als Nachfolgeorganisation der Nordischen Glaubensgemeinschaft die Artgemeinschaft, die ideologisch ebenso mit der deutschgläubigen Bewegung verbunden ist. Ab 1980 übernahm ein Personenkreis um Jürgen Rieger, jetziger Vorsitzender, die Vereinsführung. Die Intensivierung der Zusammenarbeit mit dem militant-neofaschistischen Spektrum leitete Guido Lauenstein, Funktionär der verbotenen Wiking Jugend und der NPD, ein. Über ihr vierteljährliches Mitteilungsblatt *Nordische Zeitung* halten sie Kontakt.[82]

Im selben Jahr wurde der völkisch-religiöse Bund für Gotterkenntnis

Ludendorff e.V. (BFG)[83], der 1937 durch Hitler die Anerkennung als Religionsgemeinschaft erhielt, wiederbelebt. Im 36. Jahrgang erscheint *Mensch und Maß*. 1961 sprachen mehrere Bundesländer ein Verbot aus, das 1971 aufgehoben wurde.

Seit 1957 agieren die Goden, welche Franz Hermann Roderich Musfeldt gründete. Vertraten sie zuerst den Glauben an einen arischen Jesus, finden sich heute esoterisch/kosmische Inhalte.[84] Das Denken und Handeln »unseres Volkes« möchten sie in die »naturgesetzlich« gegebene göttliche Ordnung fügen. Wie beim Bund der Goden, dem A. F. Ventket vorsitzt, der sich 1990 wegen organisatorischer Differenzen von ihnen abspaltete, kennzeichnet sie der Kampf für das »germanisch Arteigene« und die »Rassenreinheit«[85].

Aus der Guido von List-Gesellschaft e.V. geht der 1976 gegründete Armanen-Orden (AO) hervor. Den äußersten Kreis des elitären ariosophischen Ordens bildet der Leserkreis ihrer zweimonatlichen Periodika *Irminsul*.[86] Die Leitung liegt in den Händen des »Großmeisters« Adolf Schleipfer und seiner von ihm getrennt lebenden Frau »Großmeisterin« Sigrun Schleipfer, die sich Sigrun Freifrau von Schlichting oder auch Hermine der Armanen nennt.[87]

Durch ihre Engagements halten sie nicht nur eine Traditionslinie des Faschismus in Deutschland aufrecht, sondern bilden einen Knotenpunkt innerhalb des Neofaschismus, wo ihre Konzepte »religiös« untermauert werden, sie sich theoretisch und praktisch schulen und eine Identität für den Einzelnen und die Gruppe, für »Volk und Rasse« gestiftet wird.

Motiviert durch die antimodernistischen Proteste der aufkommenden »neuen Religiosität« und Alternativ-/Ökologiebewegung Mitte der 70er, traten sie aus ihrem gesellschaftlichen Schattendasein.

Die Rückkehr der braunen Götter

Die Initialzündung des »religiösen Erwachens« bereiteten in den 60er Jahren in den USA die Beatniks und Hippies vor. Nachdem der Funke über den Atlantik gesprungen war, revitalisierten die Flower-Power- und die auslaufende 68er-Bewegung sowie die entstehenden sozialen Bewegungen esoterische, neoheidnische, naturreligiöse und mystische Konzepte im deutschsprachigen Raum.[88]

Ab 1973 stand die »Gegenkultur« unter einem starken Einfluß einer Indianerrezeption. Carlos Castenadas Publikation *Die Lehren des Don Juan*, die innerhalb von drei Jahren eine Auflage von 300.000 Stück erlangte und weltweit millionenfach verkauft wurde, gab den »Startschuß«. Allerdings basierten die Inhalte nicht auf umfangreichen Feldstudien, wie Castenada verkündete, und ein Don Juan hatte nie existiert. Der Betrug störte kaum und bremste nicht den Einfluß der Indianerrezeption, die Mitte der 70er Jahre aber in Frage gestellt wurde, da die »ordinär« indianischen Religionen nicht die »ureigenen« Europas waren.

Als 1982 das »religiöse Erwachen« verschiedenster Couleur den subkulturellen Raum verließ und das kulturelle und politische Klima massiver beeinflußten, begann die Suche nach der ureigenen Glaubensalternative. Man besann sich auf das Neoheidentum und die germanische und keltische Mythologie[89], was den völkisch-religiösen und neofaschistischen Heiden dazu verhalf, sich aus ihrem isolierten Insiderdasein zu lösen.

Die ersten Schritte aufeinander zu forcierten Mitglieder des Armanen-Ordens. Die ehemaligen Armanen Matthias Wenger und Geza von Neményi riefen 1983 die Heidnische Gemeinschaft in Berlin ins Leben[90] und sammelten dort Mitglieder ihres eigenen Ordens und der Artgemeinschaft. Mit *Der Hain – Zeitschrift für Heidentum und Naturreligion* bildete Wenger ein weiteres Bindeglied.[91] 1985 trugen sie die heidnische Gemeinschaft als Verein ein, und Wenger verließ mit einigen Getreuen die Gemeinschaft, um die Gemeinschaft für heidnisches Leben zu gründen. Fünf Jahre zuvor baute er mit dem militanten Neofaschisten Arnulf Priem den Asgard Bund auf. Neményi indes belebte 1991 die Germanische Glaubens Gemeinschaft (GGG) wieder, die auf einen Aufruf Ludwig Fahrenkrogs von 1907 zurückgeht, 1912/13 den Namen Germanische Glaubensalternative annahm und eine neugermanische Religion propagierte. Mittlerweile verließ auch er die Heidnische Gemeinschaft, publiziert heute den *Germanen Glauben* und unterhält vielfältige Kontakte zu neugermanischen und neoheidnischen Gruppen, u.a zum Yggdrasil e.V. aus Frankfurt, der 1974 als Verein für Umgestaltung gegründet und 1987 umbenannt wurde. Geleitet wird er ebenfalls von einem Mitglied des Armanen-Ordens.[92]

Der Dritte im Bunde war Harry Radegeis. Der ehemalige Armane brachte von 1981 bis 1985 den *Heidenspaß* heraus und gründete 1985 die Thors-Wikinger, von denen sich etliche Mitglieder trennten, nachdem bekannt wurde, daß Radegeis in der Aktionsgemeinschaft unabhängiger Deutscher engagiert war und Mitte der 80er Jahre die Gruppe 33, den Schutzbund für das Deutsche Volk, mitorganisierte. Im *Heidenspaß* verbreitete er esoterische, neoheidnische und nationalrevolutionäre Vorstellungen.[93]

Das Trio gehörte auch zu jenen Armanen, die in der *Irminsul* 1985 forderten: »Löst den NPD-Haufen endlich auf! Was besseres könnte gar nicht passieren! Geht an die Basis! Arbeitet bei den Grünen, Alternativen, Nationalrevolutionären usw. mit. Bringt dort euer Wissen ein (...) Das wäre echter Fortschritt! Das würde den Gegner verwirren!«[94] Im selben Jahr unterwanderten Armanen, die zugleich dem Wicca-Kult anhingen, die Berliner Grünen, und Neményi ließ sich in den Landesvorstand wählen.[95]

Alle drei beteuern seit Mitte der 80er Jahre formelhaft, daß sie sich von den Armanen getrennt und vom Faschismus und Rassismus distanziert haben. Unter der Überschrift »Es ist zum Kotzen« beschwerte sich Wenger im Haim 1992 über den »Mißbrauch von rechts«, und Neményi verlangte in der Satzung der Heidnischen Gemeinschaft: »Als Mitglieder können gläubige Heiden aufgenommen werden, sofern sie sich vom Faschismus oder Rassismus distanzieren.«[96] Wengers Aktivitäten belegen den geistigen Wandel nicht, er wirbt im *Hain* für entsprechende Gruppen. Radegeis hat sich zwar etwas zurückgezogen, referierte aber kontinuierlich bei der Hetendorfer Tagungswoche und seine Publikationen, u. a. *Esoterik und Geheimhaltung*, in denen er dem Nationalsozialismus gute Seiten abgewinnt sowie die Kriegsschuld und den Holocaust relativiert, vertreibt weiterhin Adolf Schleipfer.

Auch Neményis Distanzierung relativiert sich. Offenbar bis 1991 war er noch Mitglied bei den Armanen, besuchte ihre Things und ließ sich von Sigrun Schleipfer zum Goden weihen. Aber auch die Wiederbelebung der GGG, die früher eine »germanische Abkunft« sowie die »Reinhaltung ihres arischen Blutes« verlangte, relativiert die formulierte Distanz.[97] Es scheint immer noch zu gelten, was als »Verhaltensregeln« bei der Unterwanderung der Grünen mit auf den Weg gegeben wurde: »Alles, was geht, ableugnen, herunterspielen, verharmlosen. Nichts zugeben, was nicht eindeutig durch polizeiliche oder gerichtliche Untersuchungen nachgewiesen und zum Prozeßabschluß – Verurteilung – kam (...)« und betonten, »man lehne die NS-Ideologie streng ab.«[98]

Sigrun Schleipfer formierte mit der Gründung der Arbeitsgemeinschaft Naturreligiöse Stammesverbände Europas (ANSE) 1989 ein weiteres Forum für Neoheiden und ihre neofaschistischen Vertreter. Monatlich erscheint ihre *Huginn & Muninn,* und die ANSE bewegt sich längst im neoheidnischen Spektrum.[99]

Die »braunen Götter« und Wodans rechte Erben kehren aber nicht nur im Neoheidentum wieder, sondern halten ebenso Einzug in der Esoterik.

Rehabilitierung des »Fürsten der Wende«

Bei der Spurensuche nach der »europäischen Glaubensalternative« erscheinen die germanischen und keltischen Götter, raunen die deutschtümelnden Mystiker und die (prä)faschistischen Geister. Insbesondere seit dem stattfindenden Rekurs des Neoheidentums in der Esoterik spucken sie durch die Literatur.

Voll im Trend gab *esotera* Anfang der 90er Jahre »Wodans neuen Erben« die Rehabilitation vom Nationalsozialismus.[100] Im selben Tenor beschwor Serguis Golowin im *Magazin 2000* die »esoterischen Stimmen Deutschlands«, und einige Seiten weiter glorifizierte Stefan Ulbrich die »magischen Wurzeln des Nationalsozialismus« und stellte das Ahnenerbe dar.[101]

Neben seinem eigenem publizistischen Engagement, auch unter dem Namen Björn Ulbricht, möchte das ehemalige Mitglied der Wiking Jugend und Ex-Redakteur der *Jungen Freiheit*[102] die Suche nach den »alten Göttern« mit seinen verlegerischen Aktivitäten erleichtern. In seinem Arun Verlag veröffentlicht er diverse esoterische und mystische Literatur, u.a. Russel McClouds *Die Schwarze Sonne von Tashi Lhumpo* (1991). Als Roman verpackt wird der Thule-Mythos und die nationalsozialistische Mystik einem breiteren Publikum nahegebracht.[103] In Ulbrichts Verlagsprogramm 1995, »neue wege – neues denken«, taucht ein weiterer Bestseller der Szene, Julius Evola *Revolte gegen die moderne Welt*, auf.

Gehörte Evola (1889–1974) seit Jahren in jede gut sortierte »neurechte Bibliothek«, stehen seine Werke heute auch in esoterischen Bücherregalen. Vor allem in Italien und Frankreich gilt der Berater Mussolinis und Übersetzer von Oswald Spengler und Ernst Jünger ins italienische als einer »der neurechten Theoretiker«. Mit seiner Modernismuskritik und seinem »magischen Faschismus« (Gugenberger/Schweidlenka) wollte er die »moralisch humanistische Soße« überwinden und stattdessen ein »spirituelles initiatisches Königtum«, orientiert an der »indo-arischen Kultur« und der indischen Kastengesellschaft, errichten. In seinem Konzept sind Menschenopfer und Witwenverbrennung legitim, und das Karma determiniert das individuelle Schicksal als auch das kollektive Schicksal der »Völker«[104].

Erlebte Evolar post mortem seine Renaissance, war dies Hermann Wirth (1885–1981) noch zu Lebzeiten vergönnt. Bei einer spirituellen Sitzung erblickte man in dem Mitbegründer des Ahnenerbes ein »spirituelles Lichtwesen«. Wirth versuchte mit seinen »urgeschichtlichen Forschungen« die »reine deutsche Geistigkeit« aus dem »Sumpf der liberalen Weltanschauung« zu befreien. In seinem Werk *Die heilige Urschrift der Menschheit* (1928) konstruierte er einen arisch-nordischen Urkult, der die »Befreiung der Menschheit vom Fluch der Zivilisation« garantiere. 1938 entließen ihn seine Auftraggeber, da er ein »nationalsozialistisches Matriarchiat« propagiert hatte, welches heute wieder Gefallen findet.[105]

Auf etwas anderen Wege haben sich Rainer Langhans und Rudolf Bahro den »alten Wurzeln« genähert. Der alt-68er und Ex-Kommunarde Langhans formulierte in einem Interview der *Tageszeitung* (*taz*), daß für ihn »der Holocaust (…) nur die pervertierte Version des an sich richtigen Anliegens, einen neuen Menschen zu schaffen«, sei, und das »wirklich Schreckliche am Faschismus ist, daß sich hier ein Volk in einen rauschhaften Amoklauf auf die Gottsuche gemacht hatte, das alles wollte, was irgend an Schönem, Lichtem möglich war«. Und: »Wir müssen uns die Mühe machen, uns nirgends schrecken lassen, um noch in der fürchterlichsten Verzerrung das Schöne zu entdecken (...)«, wobei »Spiritualität Hitler heißt. Und wenn du da ein Stück weiter bist, kannst du jenseits davon abkommen, bis dahin aber mußt du das Erbe übernehmen (...) nicht im Sinne dieses braven ausgrenzenden Antifaschismus, sondern im Sinne einer Weiterentwicklung dessen, was da von Hitler versucht wurde.«[106] Selbige Gedankengänge publizierte er in seiner *Theorie Diffusa* (1986). In der taz fügte er hinzu:»Und wenn es (...) zu Mord oder Totschlag und schlimmen Dingen kommt, bin ich gar nicht traurig darüber (...), weil ich jedesmal, wenn ich mir die Situationen genau anschaue, ich sie als welche erkennen kann, die notwendig sind, um trägem Bewußtsein, die anders nicht lernen können, zum Lernen und Handeln zu zwingen.«[107]

Auf gleicher esoterischer Ebene schwebt Rudolf Bahro, wenn er feststellt, daß die »Grünen als Linkspartei (...) eine Enttäuschung (sind), weil sie dieses nationale, völkische Moment nicht bedient (haben)«, denn »eigentlich ruft es in der Volkstiefe nach einem grünen Adolf«[108]. In seiner *Logik der Rettung* (1987) fragt er rhetorisch:»Kein Gedanke verwerflicher als der an ein neues 1933?« und gibt sogleich die Antwort:»Gerade der aber kann uns retten. Die Ökopax-Bewegung ist die erste deutsche Volksbewegung seit der Nazibewegung. Sie muß Hitler miterlösen.«[109] Sodann beschwört er den »Fürsten der Wende« und die totalitäre Einheit von Volk und Führer als »mystische Demokratie«[110]. Im Vorwort zu Jochen Kichhoffs *Nietzsche, Hitler und die Deutschen* (1990) fordert er, sich dem »Nationalsozialismus als ein notwendiges (...) Ergebnis zu stellen. Es muß da eine Herausforderung gegeben haben, auf die er die psychologisch nächstliegende Antwort war, und es muß massenhaft (...) gerade auch in der Intelligenz, eine seelische Disposition gegeben haben, die keiner besseren Antwort fähig war (...) denn wieso erweisen sich Werke wie die Heideggers, C.G. Jungs, Ernst Jüngers, Carl Schmitts heute, in der ökologischen Krise, als im theoretischen aufschlußreicher, während so manche antifaschistische Analyse ihren Impuls erschöpft hat.«[111]

Aus theosophischer Sicht rehabilitiert Beatrice Flemming den Nationalsozialismus und den Holocaust. Für sie sind KZ-Opfer Menschen, die in ihrem Vorleben grausam zu Tieren waren, und die »mächtigen dunklen Gestalten« waren notwendig für die natürliche Weiterentwicklung. Im Verlauf der Suche erlebt Blavatsky als »Frau des Jahrhunderts«, als »Stammutter eines neuen Äons« eine Renaissance in der esoterischen Literatur und die Theosophie gilt, trotz ihre Traditionen, als eine wiederentdeckte Quelle der abendländischen Esoterik.[112]

Daß diese Traditionen und aktuellen Tendenzen keine Fauxpas einzelner verirrter Schäfchen der neoheidnischen und esoterischen Gemeinde sind bzw. waren, sondern exemplarisch eine immanente Interpretation skizzieren, offenbaren die zentralen Elemente von Neoheidentum und Esoterik.

Offenbarungen

Trotz aller Differenzen und Nuancen offerieren die »neuen« Stimmen der
Esoterik von Peter Caddy, Sir George Trevelyan, David Spangler über Fritjof
Capra, Rupert Sheldrake, Thorwald Dethlefsen bis zu Marilyn Ferguson einen
Organizismus, der Holismus und Pantheismus verbindet und als »übernatürli-
che Wesensheit« interpretiert wird. Folglich sei der Mensch in diesem ganzheitlich strukturierten Zusammenhang von Natur, Kosmos und Göttlichem
eingebettet. Die einzelnen Elemente stehen in einer determinierten und hier-
archisierten Ordnung zueinander, wobei das Verhältnis vom einzelnen Element (z. B. dem Menschen) und Ganzen (z. B. Ökosyteme, Kosmos), vom Primat des Ganzen über die Elemente bestimmt ist. Neben dem Verhältnis des
Elements zum Ganzen wird das Element selbst konstruiert. Basierend auf biologisch und »esoterisch« determinierten Dispositionen findet die Konstruktion »der Frau« und »des Mannes« mit vorgegebenen »Verhaltensmustern«
und »Rollen« statt. Oft verklärt als ein »weibliches« und »männliches Prinzip«. »Das Weibliche« ist naturverbunderner, spiritueller und liebevoller, »das
Männliche« kämpferischer, abenteuerlicher und rationaler. Nur die »bewußte
Annahme« der Dispositionen ermöglicht die Harmonie. In diesem Kontext
werden Biologie und Physik zu Leitwissenschaften des gesellschaftlichen
Handelns und die Naturalisierung des Sozialen forciert.[113] Mit diesem Organizismus kann jeder Antiegalitarismus, Biologismus, Rassismus und Sexismus
sowie jede Herrschaft legitimiert und als gottgegeben, natürlich und damit
unantastbar betitelt werden.

Innerhalb dieses organizistischen Konzeptes erwächst als Selbstvergöttlichung des Individuums die Versubjektivierung, denn jede menschliche Handlung ist zugleich eine göttliche, da der Mensch selbst Teil des Göttlichen ist.
Die Kehrseite dessen ist die Verobjektivierung als Auslieferung des Individuums an sein vorbestimmtes Schicksal – Karma. In der gesellschaftlichen Realität bedeutet dies nichts anderes als die Selbstvergöttlichung der herrschenden Eliten und die Propagierung einer Theokratie sowie die freiwillige Unterwerfung der beherrschten »Masse« als göttliche, karmische Notwendigkeit.[114]
Die Grenzen zu einer Rasse-Blut-und-Boden-Religion und zur Volksgemeinschaft, wie in faschistischen Konzepten entworfen, verwischen gänzlich.

Die bewußte Annahme des Schicksals und der selbstdefinierten göttlichen
Mission ist ein weiteres Bestimmungselement der Esoterik, das Ernst Jünger
als »heroischen Realismus« skizzierte und in faschistischen Visionen immanent ist.[115]

Im Neoheidentum, wenn auch anders hergeleitet, dominiert ebenso ein
organizistisches Konzept. Abstrahiert vom Pantheismus und einem »magischen Naturbewußtsein«, als »eigene Religion« verklärt, hat das Individuum

eine schicksalhafte, angeborene und determinierte Funktion im »Ganzen«. Ein »harmonisches Naturbild« dient als Matrix für die Gesellschaft, wobei das »Fressen und Gefressen-Werden« als Teil des Harmonischen mitschwingt.

Ist diesem neoheidnischen Organizismus Biologismus, Rassismus, Sexismus und Nationalismus immanent, so potenzieren sich diese Elemente mit dem Rekurs auf das konstruierte Germanen- und Keltentum. Zum Vorschein kommt eine einfache Rasse-Blut-und-Boden-Religion mit einem Volksgemeinschaftskonzept, einer naturgegebenen Vorherrschaft der Arier, einem militanten Antisemitismus sowie einer aggressiven Negation des Christentums, des Liberalismus und Kommunismus.

Diese Parallelen ergeben sich mit daraus, daß sich auf dieselben Mystiker und »Ketzer« bezogen wird, u.a. auf Giordano Bruno (1548–1600), Meister Eckhart (1260–1372), Paracelsus (1493–1514), Jakob Böhme (1575–1642), Novalis (1772–1801), Goethe (1749–1832), Pierre Teilhard de Chardin, Saint Exupéry (1900–1944), Nietzsche und C. G. Jung (1875–1961).

Weder die esoterischen, noch die neoheidnischen Visionen implizieren emanzipatorische, aufklärerische und demokratische Konzepte. »Die Neigung zum Okkultismus ist ein Synonym der Rückbildung des Bewußtseins. Es hat die Kraft verloren, das Unbedingte zu denken, und das Bedingte zu ertragen«[116]. Im besten Fall manifestieren sie Konformismus[117], und im schlechtesten Fall etablieren sie autoritäre bis faschistische Idiologeme. Deutschlands Weg zum Faschismus auf dem Gebiet der Philosophie skizzierte Georg Lukács als eine »Zerstörung der Vernunft«: »Die Stellung pro oder contra Vernunft entscheidet zugleich über Wesen einer Philosophie als Philosophie, über ihre Rolle in der gesellschaftlichen Entwicklung« und die »Möglichkeit einer faschistischen, einer aggressiven reaktionären Ideologie ist in jeder philosophischen Regung des Irrationalismus sachlich enthalten«[118]. Der aktuelle esoterische und neoheidnische Antimodernismus revitalisiert diese Tendenzen.

»Anschwellender Bocksgesang« (Botho Strauss)

Das »metaphysische Verlangen« der »abenteuerlichen Herzen« (Ernst Jünger) war seit jeher ein Impuls für völkische, rechtsextreme und (prä)faschistische Ideologeme und Organisationen. Die Hinwendung zu Mystik und Mythos, zur »europäischen Glaubensalternative« und zu »Europas alten Göttern« stillte das Verlangen und des Beklagten fehlende Tiefe und Sinnhaftigkeit, der Entwurzelung und Dekadenz, der Moderne wurde eine völkische, faschistische Religion und Ideologie, legitimiert mit Mythos und Religiosität, entgegengesetzt – institutionalisiert in faschistoiden Religionsgemeinschaften und Parteien.

Nach 1945 kristallisierten sich erneut beide Erscheinungsformen heraus.

Die alten Blut-Boden-und-Rasse-Religionen (Friedrich Wilhelm Haack) etablierten sich und innerhalb der neofaschistischen Organisationen und Parteien kamen die alten Symbole und Denkschemata zum Tragen.

Ausgehend von der sich Ende der 60er Jahre langsam formierenden, sogenannten »Neuen Rechten«, ausdifferenziert in ein nationalrevolutionäres, wertkonservatives und konservativ-revolutionäres Spektrum[119], wurden die Mythen der Rechten verstärkt revitalisiert. Unter der proklamierten »Kulturrevolution von rechts« (Alain de Benoist) forcierten sie, seit Ende der 70er Jahre, die Remythologisierung der Politik. 1988 skizzierte Karlheinz Weißmann in *Criticón* mit einem Zitat von Günther Zehm die Beweggründe: »Eine Politik ohne mythische Letztendbegründung ist gar nicht möglich (…) Wer heute in der Demokratie wirkungsvoll Politik machen will (…) muß zu den mythischen Grundwahrheiten zurückkehren und sie glaubhaft und möglichst mitreißend verkörpern.«[120]

In allen sogenannten »neurechten« Periodika, u.a. *Criticón, Elemente, Junge Freiheit, Mut* und *wir selbst*, findet die Suche nach dem »mythischen Erbe« und der »indoeuropäischen Religion« ebenso statt, wie in Alain de Benoist *Heide sein* (1982), Pierre Krebs *Die europäische Wiedergeburt* (1982), Karlheinz Weißmanns *Druiden, Goden, Weise Frauen* (1991) und in dem von Heimo Schwilk und Ulrich Schacht herausgegebenen Buch *Die selbstbewußte Nation* (1994).

Das publizistische Engagement korrespondiert mit den Aktivitäten in ihren Braintrust-Centren. Im Studienzentrum Weikersheim philosophieren sie über die deutschchristlichen Traditionen und in der Carl Friedrich von Siemens Stiftung werden die »europäischen Denker« »neurechts« interpretiert. Aus der »metaphysischen Sehnsucht« heraus riefen Pierre Krebs und Hans Michael Fiedler 1980 in Kassel das Thule-Seminar für die Erforschung der »indoeuropäischen Kulturen« ins Leben.[121] In der Präambel des Seminars mit dem traditionsträchtigen Namen formulierten sie: »Der Mythos offenbart die Geschichte, und der Mensch wächst über seine Götter hinaus, durch die Verbundenheit mit seinen Ahnen, seinem Boden, dem Wind und den Steinen, weil nur die Nachkommen und deren Taten zur Ewigkeit zu führen vermögen.«[122] Als Vorbild diente die 1968 in Frankreich gegründete Forschungsund Studiengruppe für die Europäische Zivilisation (GRECE) der Nouvelle Droite. Um 1990 war es etwas ruhiger geworden um das Seminar, das wie ein Geheimbund strukturiert ist. Mit ihrer Publikation *Das Thule-Seminar: Geistesgegenwart der Zukunft in der Morgenröte des Ethnos* sowie mit Aufklebern »Rasse ist Klasse« oder »Gib der Bibel keine Chance! Entdecke die Wurzeln Deines Volkes« traten sie 1994 in Erscheinung[123]. Ergänzt werden die Aktivitäten durch die hauseigenen Schriftreihen, u.a. *Thule Forum* und *Schriften der Carl Friedrich von Siemensstiftung*.

Zwei »europäische Glaubensalternativen« werden in dem Diskurs offeriert. Zum einen eine »indogermanische Religion«, die Sigrid Hunke mitkonzipiert, und zum anderen eine »neoheidnische Religion«, die wesentlich auf Alain de Benoists Konzept basiert.[124] Beide Konzepte der sich neurechts Gebenden beeinflußen mittlerweile das rechtsextreme und neofaschistische Spektrum. Sowohl die »Stimmen ihrer Herren« (Martina Koelschtzky) aus dem Kreis der Konservativen Revolution und die präfaschistischen Denker, als auch die alten Mystiker und Ketzer geben ihnen den Weg vor.

Dank dem antroposophisch eingeweihten Werner Georg Haverbeck erfährt die Anthroposophie im ökofaschistischen Spektrum seit Jahren eine Rezeption.[125] Anläßlich Rudolf Steiners 70. Todestag würdigte auch die *Junge Freiheit* sein Schaffen und Werk.[126] Der »Ernährungspapst« mit NS-Vergangenheit und rechtsextremen Kontakten Max Otto Bruker indes liebäugelt mit dem New Age. Zusammen mit Peter Caddy organisierte er 1993 Kreuzfahrten »Rund um England«.[127]

Keine so große Relevanz erlangte bisher der esoterische Hitlerismus des Chilenen Miguel Serrano, den Savitri Devi begründete. In seiner 1987 in deutsch erschienenen Publikation *Das Goldene Band. Esoterischer Hitlerismus* legt er dar, daß Hitler mit einem Ufo am 30. April 1945 gen Atlantis entschwebte und mit seinem Heer wiederkehren würde.[128]

Mit der »neurechten« Mythologisierung geben sie beim »anschwellenden Bockgesang« aus der Mitte der Gesellschaft den Ton vor, was die »abenteuerlichen Herzen« höher schlagen läßt und die alten Traditionen belebt.

Kältestrom

Karlheinz Weißmann schätzt selbstkritisch ein, daß eine völkische Religion, die Ariosophie oder die Ideen einer Sigrid Hunke, geschweige denn irgend eine andere europäische Glaubensalternative, keinen direkten Einzug halten wird, aber als »denkbare Konsequenz« wäre das »Einsickern einer Mischung grün-alternativer, okkulter und neuheidnischer Vorstellungen« möglich.[129] Das Utopische ist längst Realität, und ein neues Zauberwort inspiriert die Szenerie.

Unter der Überschrift »Neue Kraft aus der Lebenswelt« beschrieb Roman Schweidlenka in der *esotera* (7/95) den Bioregionalismus und wies sogleich den neuen Trend. Das neue Zauberwort verbindet Spiritualität, Ökologie und Politik mit dem Resultat, ein biozentristisches organisches Konzept zu propagieren. Ganz en Vogue folgte Roman Schweidlenkas und Eduard Gugenbergers *Bioregionalismus* (1995), den sie als die Bewegung des 21. Jahrhunderts glorifizieren. Ohne Umschweife begrüßten die Unabhängigen Ökologen in ihrer *Ökologie* (3 u. 4/95) die »neue Bewegung«, und die *Junge Freiheit* verkündete hoffnungsvoll: »Bioregionale Identität ist eine explosive Widerstandskraft gegen die kapitalistische Mobilität (...), und ein Teil der sogenannten Neuen Rechten (hat) bereits seit längerem auf die Verbindung von Ökologie, Regionalismus und einer neuen Spiritualität aufmerksam gemacht. Der Bioregionalismus ist seiner Form nach weder links noch rechts und kann dies aus der ganzheitlichen Sicht heraus auch nicht sein (...) Umgesetzt werden kann diese (Lebens-) Vision aber nur, wenn endlich das antiquierte Links-Rechts-Denken überwunden wird und einem neuen Denken Platz macht.«[130]

Daß dieses »neuen Denken« jene kulturelle und politische Atmosphäre manifestierte, aus der sich der Faschismus etablierte, negieren sowohl die esoterisch, neoheidnisch Motivierten als auch die neofaschistisch, »neurechts« Engagierten.

Vereint stimmen sie in den antimodernistischen Chor ein und beschwören die Verzauberung der Welt. Der esoterische, neoheidnische Antimodernismus impliziert keine egalitaristischen und emanzipatorischen Konzepte, stattdessen revitalisiert jene Kultur- und Zivilisationskritik antiaufklärerisches und antidemokratisches Denken. Ihr tiefes Unbehagen gegen die Moderne ist dieselbe Gefühlslage der sich »neurechts« Gebenden. Die »barbarische« Traditionslinie des deutschen Antimodernismus scheint sich fortzusetzten und die esoterische Verklärung forciert die alltägliche Barbarei und kaschiert das »Monströse« (Günther Anders).

Anmerkungen

1 Vgl. T. Koch; A. Speit: Esoterik im »Nazilager«. Die Tageszeitung vom 11./12.11.1995; sowie A. Speit: Ganzheitliche Medizin auf Riegers Gut Sveneby. Der Rechte Rand, Nr. 38, Jan./Feb. 1996.
2 Barbara Simsonsohn kennt Rieger persönlich und Theda Ites war sein langjährige Lebensgefährtin (vgl. die Titel in Anm. 1).
3 Vgl. P. Kratz: Die Götter des New Age. Im Schnittpunkt von »Neuem Denken«, Faschismus und Romantik. Berlin 1994, S.11.
4 Vgl. C. Burghoff: Voodoo im Teutoburger Wald. Die Tageszeitung vom 22.10.1990.
5 Vgl. Antifaschistische Zeitung NRW, Okt./Dez. 1995: Sonnenwendfeier an den Externsteinen.
6 Vgl. P. Dawkins: Visionär eines neuen Zeitalters. Esotera, Mai 5/1996.
7 Vgl. S. von Schnurbein: Göttertrost in Wendezeiten. Neugermanisches Heidentum zwischen New Age und Rechtsradikalismus. München 1993, S.42.
8 Vgl. Kratz, 1994, S.22 (s. Anm. 3).
9 Vgl. Antifaschistische Zeitung NRW 1995 (s. Anm. 5).
10 Vgl. J. Mecklenburg (Hrsg.): Antifa Reader. Antifaschistisches Handbuch und Ratgeber. Berlin 1996, S.86, S.95 sowie S.97.
11 Vgl. C. Schorsch: Die New Age Bewegung. Utopie und Mythos der Neuen Zeit. Gütersloh 1989, S.13 f.

12 Vgl. P. Bierl: Ökofaschismus & New Age. Ökolinx Nr. 11, Juni/Juli 1993.
13 Vgl. R. Schweidlenka: Altes blüht aus den Ruinen. Wien 1989, S. 97.
14 Vgl. H-J. Hemminger: Was hat es mit dem New Age auf sich? In: ders. (Hrsg.): Die Rückkehr der Zauberer. Reinbek 1990, S. 8 f.
15 H. Gasper; J. Müller; F. Valentin: Lexikon der Sekten, Sondergruppen und Weltanschauungen. Freiburg 1990, S. 256 f.
16 Vgl. Schweidlenka, 1989, S.13 f. (s. Anm. 13).
17 Vgl. M. Roberts: Das Neue Lexikon der Esoterik. München 1995, S.259 f.
18 Vgl. Gasper u. a., 1990, S.490 (s. Anm. 15).
19 Vgl. K. Weißmann: Druiden, Goden, Weise Frauen. Zurück zu Europas alten Göttern. Freiburg 1991, S. 155.
20 E. Gugenberger; R. Schweidlenka: Mutter Erde – Magie und Politik. Zwischen Faschismus und neuer Gesellschaft. Wien 1987, S. 236–240.
21 M. Weber: Wissenschaft als Beruf. In: Schriften zur Wissenschaftslehre. Stuttgart 1991, S. 250. Ein geflügeltes Wort in diesen Kreisen. Weber selbst lehnte den Versuch der Wiederverzauberung ab (Vgl. S. Breuer: Bürokratie und Charisma. Zur politischen Soziologie Max Webers. Darmstadt 1994, S. 159).
22 Vgl. Schorsch, 1989, S. 148 f. (s. Anm. 11).
23 Vgl. E. Gugenberger; R. Schhweidlenka: Die Fäden der Nornen. Wien 1993, S. 101 f.
24 Vgl. Gugenberger; Schweidlenka, 1993, S. 101 (s. Anm. 23); sowie dies., 1987, S. 237 (s. Anm. 20).
25 Vgl. G. Lukács: Die Zerstörung der Vernunft. Bd. II, Darmstadt 1973, S. 92 f. u. S. 98.
26 Vgl. Gugenberger; Schweidlenka, 1993, S. 106 (s. Anm. 23).
27 F. Nietzsche: Zur Genealogie der Moral. Stuttgart 1988, S. 30 f.
28 Vgl. Weißmann, 1991, S. 42 (s. Anm. 19).
29 Vgl. v. Schnurbein, 1993, S. 88 f. (s. Anm. 7) und Gugenberger; Schweidlenka, 1987, S. 23 (s. Anm. 20).
30 Vgl. Gugenberger; Schweidlenka, 1987, S. 135 (s. Anm. 20).
31 Gugenberger; Schweidlenka, 1987, S. 139 f. (s. Anm. 20).
32 H. P. Blavatsky: Geheimlehre. Bd. II, o. O., o. J., S. 494.
33 Ebenda, S. 824 f.
34 Vgl. H. Eppe: Blut und Sterne. Völkischer Rassismus und Astrologie vor 1918. In: G. Kern; L. Traynor: Die esoterische Verführung. Angriffe auf Vernunft und Freiheit. Aschaffenburg/Berlin 1995, S. 125 ff.
35 Vgl. ebenda, S. 115.
36 Vgl. v. Schnurbein, 1993, S. 64 (s. Anm. 7); sowie Gugenberger; Schweidlenka, 1987, S. 112 (s. Anm. 20).
37 Vgl. R. Freund: Braune Magie? Okkultismus, New Age und Nationalsozialismus. Wien 1995, S. 30.
38 Gugenberger; Schweidlenka, 1987, S. 112 (s. Anm. 20).
39 Vgl. v. Schnurbein, 1993, S. 69 (s. Anm. 7).
40 Vgl. Gugenberger; Schweidlenka, 1987, S.112 (s. Anm. 20).
41 Vgl. I. Eschebach: Eine Studie zu völkischen Religionsgemeinschaften. In: dies.; E. Thye: Die Religion der Rechten. Völkische Religionsgemeinschaften, Aktualität und Geschichte. Dortmund 1995, S. 10.
42 Vgl. ebenda, S. 13 f.
43 Vgl. Gugenberger; Schweidlenka, 1993, S. 104 (s. Anm. 23).
44 H. Heine: Zur Geschichte der Religion und Philosophie in Deutschland. In: Gesammelte Werke. Historisch-kritische Ausgabe. Hamburg 1979, S. 118.
45 Vgl. Gugenberger; Schweidlenka, 1993, S. 109 f. (s. Anm. 23).
46 Vgl. Gugenberger; Schweidlenka, 1987, S. 102 (s. Anm. 20); vgl. auch D. Rose: Die Thule-Gesellschaft. Legende, Mythos, Wirklichkeit. Tübingen 1994, S. 27 und S. 35.

47 Vgl. Gugenberger; Schweidlenka, 1987, S. 102 (s. Anm. 20); vgl. auch Rose, 1994, S. 28–44 (s. Anm. 46).

48 Zitiert nach M. Ach: Hitlers Religionen. In: ders.; C. Pentrop: Hitlers Religionen. München 1974, S. 20.

49 Vgl. ebenda, S. 20 f. Gugenberger, Schweidlenka und Freund erwähnen dies nicht und Rose betont, daß seine Mitgliedschaft unklar sei.

50 Vgl. Gugenberger; Schweidlenka, 1987, S. 136 und S. 86 (s. Anm. 20).

51 Vgl. W. Weihrauch: Über die Menschenrassen in der Darstellung Rudolf Steiners. Flensburger Hefte, Nr. 41, 3/1993.

52 Vgl. U. Ries: Auf der Suche nach einem neuen Zeitalter. Osnabrück 1994, S. 371, S. 396, S. 399 f.

53 Vgl. Gugenberger; Schweidlenka, 1987, S. 136 (s. Anm. 20); vgl. auch Ries, 1994, S. 400 (s. Anm. 52).

54 Zitiert nach Ries, 1994, S. 411 (s. Anm. 52).

55 Zitiert nach ebenda, S. 410. Des öfteren wird von anthroposophischer Seite der Einwand angeführt, daß diese Äußerungen im historischen Kontext zu betrachten seien und das insbesondere zu berücksichtigen wäre, daß die Anthroposophie, z. B. die Waldorfschulen, hofften, das Dritte Reich unbeschadet zu überstehen. Doch selbst die anthroposophischen Flensbuger Hefte stellen die Frage, ob die Anbiederung nicht zu weit ging (siehe: Flensburger Hefte 3/91).

56 Vgl. v. Schnurbein, 1993, S. 71 f. (s. Anm. 7).

57 Vgl. Ach, 1974, S. 9 f. (s. Anm. 48).

58 Vgl. K. Meier: Kreuz und Hakenkreuz. Nördlingen 1992, S. 79–85.

59 Vgl. Gugenberger; Schweidlenka, 1987, S. 25 (s. Anm. 20).

60 Vgl. J. Hermand: Grüne Utopien in Deutschland. Zur Geschichte des ökologischen Bewußtseins. Frankfurt a. M. 1991, S. 112.

61 E. Bloch: Erbschaften dieser Zeit. Frankfurt a. M. 1992, S. 104 ff.

62 Vgl. K. Lenk: Deutscher Konservatismus. Frankfurt a. M. 1989, S. 113 ff.; vgl. auch S. Breuer: Anatomie der Konservativen Revolution. Darmstadt 1993, S. 49 ff.

63 Lenk, 1989, S. 164 (s. Anm. 62).

64 Vgl. Breuer, 1993, S. 91 (s. Anm. 62).

65 P. Kratz: Rechte Genossen. Neokonservatismus in der SPD. Berlin 1995, S. 232.

66 Breuer, 1993, S. 81 (s. Anm. 62).

67 O. Spengler: Der Untergang des Abendlandes. (1922) Nördlingen 1959, S. 331.

68 Vgl. Gugenberger; Schweidlenka, 1987, S. 136 (s. Anm. 20).

69 Vgl. Ries, 1994, S. 412 f. und S. 408 (s. Anm. 52).

70 Vgl. Flensburger Hefte Nr. 3/1991. S. 52 f.

71 Vgl. Ach, 1991, S. 20 (s. Anm. 49); Freud 1995, S. 45 (s. Anm. 37).

72 Vgl. Gugenberger; Schweidlenka, 1987, S. 103 (s. Anm. 20).

73 Vgl. F. P. Heller; A. Maegerle: Thule. Vom völkischen Okkultismus bis zur Neuen Rechten. Stuttgart 1995, S. 69.

74 Vgl. Gugenberger; Schweidlenka, 1987, S. 118 (s. Anm 20).

75 Gugenberger; Schweidlenka, 1993, S. 118 (s. Anm. 23).

76 Vgl. M. Leske: Philosophen im Dritten Reich. Berlin 1990.

77 Vgl. Gugenberger; Schweidlenka, 1993, S. 122 (s. Anm. 23).

78 Vgl. R. Schweidlenka: Wodans neue Erben. Esotera 12/1991.

79 Vgl. Eschebach, 1995, S. 19 (s. Anm. 41).

80 Vgl. Kratz, 1994, S. 293 f.

81 Vgl. Mecklenburg (Hrsg.), 1996, S. 139 (s. Anm. 10).

82 Vgl. ebenda, S. 147.

83 Vgl. v. Schnurbein, 1993, S. 102 (s. Anm. 7).

84 Vgl. Mecklenburg (Hrsg.), 1996, S. 149 f. (s. Anm. 10).

85 Vgl. ebenda, S. 148; vgl. auch A. Speit: »Reinrassig und artgerecht«. Junge Welt vom 2.5.1996.

86 Vgl. v. Schnurbein, 1993, S. 15 (s. Anm. 7).

87 Vgl. Mecklenburg (Hrsg.), 1996, S. 113 und 146 f. (s. Anm. 10).

88 Vgl. Hemminger, 1990, S. 15 ff. (s. Anm. 14); vgl. auch H. J. Ruppert: Neues Denken auf alten Wegen. New Age und Esoterik. In: H-J. Hemminger (Hrsg.): Die Rückkehr der Zauberer. Reinbek 1990, S. 60 ff.

89 Vgl. Gugenberger; Schweidlenka, 1987, S. 13 f. (s. Anm. 20).

90 Vgl. G. von Neményi: Neuheidentum in Deutschland. Berlin 1991, S. 18.

91 Vgl. Schnurbein, 1993, S. 36 f. (s. Anm. 7).

92 Vgl. ebenda, S. 40 ff.; vgl. auch Neményi, 1991, S. 20 f. (s. Anm. 90).

93 Vgl. v. Schnurbein, 1993, S. 30. u. S. 49 f. (s. Anm. 7); vgl. auch A. Speit: Völkisches Heidentum à la Radegeis. Der Rechte Rand Nr. 33, Feburuar/März 1995.

94 Zitiert nach v. Schnurbein, 1993, S. 31 (s. Anm. 7).

95 Innerhalb der Wicca-Coven gibt es seit den 80er Jahren völkisch Orientierte, die ihren Hexen-Kult mit einem Rekurs auf das Germanen- und Keltentum komplimentieren und Beziehungen zu neofaschistischen Kreisen unterhalten. Vgl. Robin und Marylin: Der Wicca-Kult: Täter oder Opfer faschistischen Wirkens? Der Rechte Rand Nr. 30, August/September 1994.

96 Zitiert nach Schnurbein, 1993, S. 40 (s. Anm. 7).

97 Vgl. ebenda, S. 41 ff.

98 Zitiert nach ebenda, S. 45.

99 Vgl. Mecklenburg (Hrsg.), 1996, S. 113. u. 145 f. (s. Anm. 10); vgl. auch S. von Schnurbein: Religion als Kulturkritik: Neugermanisches Heidentum im 20. Jahrhundert. Heidelberg 1992, S. 73 ff.

100 Vgl. u. a.: Schweidlenka, 1991 (s. Anm. 78).

101 Vgl. Das Volk der Mystiker und Magier. Interview mit Serguis Golowin; sowie S. Ulbrich: Die Schwarze Sonne. Beide Artikel erschienen in Magazin 2000 Nr. 88/89.

102 Vgl. H. Hachel: Poor Impact: Werbeträger Junge Freiheit. In: H. Kellershohn (Hrsg.): Das Plagiat. Der Völkische Nationalismus der Jungen Freiheit. Duisburg 1994, S. 146 f.

103 Vgl. R. McCloud: Die schwarze Sonne von Tashi Lunpo. Vilsbiburg 1991.

104 Gugenberger; Schweidlenka, 1987, S. 129 ff. (s. Anm. 20).

105 Vgl. ebenda, S. 117 ff.

106 »Es gibt nichts zu tun, packen wir's an! Die fehlgeschlagene Gottsuche der Nazis und der heillose Antifaschismus der Linken.« Die Tageszeitung vom 12.4.1989.

107 Ebenda.

108 Zitiert nach J. Ditfurth: Feuer in die Herzen. Hamburg 1992, S. 210.

109 Zitiert nach H. Gess: der »neue Mensch« als Ideologie der Entmenschlichung. In: G. Kern; L. Traynor: Die esoterische Verführung. Aschaffenburg 1995, S. 285.

110 Vgl. ebenda, S. 285.

111 Zitiert nach Bierl, 1993, S. 30 (s. Anm. 12).

112 Vgl. H.-D. Leuenberger: Stammutter eines neuen Äons. Esotera, 12/1991.

113 Vgl. Kratz, 1994, S. 40 f. (s. Anm. 3); vgl. auch Schorsch, 1989, S. 38 f. (s. Anm. 11).

114 Vgl. Kratz, 1994, S. 42 f. (s. Anm. 3).

115 Vgl. ebenda, S. 43 f.

116 Th. W. Adorno: Minia Moralia. Frankfurt a. M. 1993, S. 321.

117 Vgl. ebenda, S. 326.

118 Lukács, 1973, Bd. I, S. 10 f. und S. 34 (s. Anm. 25).

119 Vgl. R. Hethey: Wer und was sind die Neuen Rechten. In: J. Mecklenburg (Hrsg.): Antifa Reader. Berlin 1996, S. 196 f. Vgl. auch H. Kellershohn: Das Projekt Junge Freiheit. In: ders (Hrsg.): Das Plagiat. Der Völkische Nationalismus der Jungen Freiheit. Duisburg 1994, S. 32 f.

120 K. Weißmann: Geht es nicht ohne Mythen? Criticón, 106/1988.

121 Vgl. Mecklenburg (Hrsg.), 1996, S. 85 (s. Anm. 10).

122 Das Thule-Seminar stellt sich vor. In: Alain De Benoist: Heide sein. Zu einem neuen Anfang. Tübingen 1982, S. 334.

123 Vgl. Heller; Maegerle, 1995, S. 138 (s. Anm. 73).

124 Vgl. Gugenberger; Schweidlenka, 1993, S.186 (s. Anm. 23); vgl auch dies., 1987, S. 240 (s. Anm. 20).
125 Vgl. V. Woelk: Natur und Mythos. Duisburg 1992, S. 23 ff.
126 Vgl. A. Ferch: Geistiges nicht ignorieren. Junge Freiheit Nr. 12/1995.
127 Vgl. M. Schäfer: Schluchz oder wenn Männer an ihre Väter denken. Ökolinx 23, Sommer 1996.
128 Vgl. Freund, 1995, S. 118 (s. Anm. 37); vgl auch Heller; Maegerle, 1995, S.109 f. (s. Anm. 73).
129 Weißmann, 1991, S. 180 (s. Anm. 19).
130 Junge Freiheit vom 19.4.1996.

Anton Pelinka

Männlich, männlicher, (neo)nazistisch

Organisierter Rechtsextremismus und Männerbündelei

Rechtsextremismus ist kein ausschließlich, aber ein schwergewichtig männliches Phänomen. Daß die historischen und die aktuellen Varianten des organisierten Rechtsextremismus vor allem Entwürfe von Männern für Männer waren, kommt in der Neigung des Rechtsextremismus zum Ausdruck, sich männerbündisch zu verstehen und zu geben: durch die theoretische Betonung des (angeblich) spezifisch Männlichen gegenüber dem (angeblich) spezifisch Weiblichen; und durch die Organisationsformen von Männerbünden, die rechtsextreme Inhalte mit denen aus den Traditionen religiöser Orden, politischer Verschwörer und misogyner Vereinigungen verbinden.

Es trifft sich der gegen die Aufklärung als Prinzip gerichtete emotionale Antrieb des Rechtsextremismus mit dem ebenso antiaufklärerischen, weil gegen das Konzept der universalen Menschenrechte gerichteten Affekt gegen ein Frauen und Männer umfassendes Gleichheitspostulat.

Das Männerbündische ist keine mehr oder weniger zufällige Randerscheinung des Rechtsextremismus. Es ist Teil der historischen Entwicklung und der aktuellen Situation des Rechtsextremismus. Und es ist ein kongruenter Teil: Der Männerbund als Programm und als Wirklichkeit entspricht dem Eigenbild des Rechtsextremismus.

Der theoriegeschichtliche Befund

Die den nazistischen und faschistischen Ideologien vorausgegangenen Diskurse des ausgehenden 19. und des frühen 20. Jahrhunderts gaben dem »Geschlechterkampf« einen hohen Stellenwert. In einer mehr oder weniger vulgarisierten Weiterentwicklung der Philosophie Nietzsches wurden Phantasien von der natürlichen Ungleichheit zwischen den »Rassen« und zwischen den Geschlechtern vermischt.

In einer ebenso paradoxen wie – individuell – tragischen Form kann dies bei Otto Weininger beobachtet werden.[1] Die Übernahme des antisemitischen und des antiweiblichen Vorurteils durch den Juden Weininger demonstriert besonders eindrucksvoll, wie sehr die jedem Rassismus wesentliche Vorstel-

733

lung von der »natürlichen« Überlegenheit der jeweils eigenen Gruppe mit der Vorstellung von der ebenso »natürlichen« Überlegenheit des Mannes kausal verbunden war.

Bei Weininger ist diese Überlegenheit vor allem eine »moralische«: »Es ist mit der Emanzipation der Frauen wie mit der Emanzipation der Juden und der Neger. Sicherlich liegt dafür, daß diese Völker als Sklaven behandelt und immer niedrig eingeschätzt wurden, an ihrer knechtischen Veranlagung die Hauptschuld; sie haben kein so starkes Bedürfnis nach Freiheit wie die Indogermanen.«[2] Die »Veranlagung« der Unterdrückten trägt somit die Verantwortung für die Unterdrückung, und das ist eine moralische Kategorie: Daß »die Anlage der Menschheit im Juden, noch mehr im Neger, und noch weit mehr im Weibe, mit einer größeren Anzahl amoralischer Triebe belastet ist« als dies »im arischen Manne« zu beobachten sei, das ist für Weininger ein selbstverständlicher Ausgangspunkt für seinen misogynen Rassismus.[3]

Weininger führt ideengeschichtlich zu Hitler. Für diesen ist das »Weib« weitgehend synonym mit der Masse, und deren Funktion ist die der Hingabe an den Führer. Fragen des Geschlechts stehen für Hitler primär unter dem Gesichtspunkt der »Rassenhygiene«. Die politischen Konsequenzen sind dann klar: Gegen die »Generation unserer heutigen notorischen Schwächlinge«, die »selbstverständlich sofort (...) aufschreien und über Eingriffe in die heiligsten Menschenrechte jammern und klagen«, wendet Hitler ein: »Nein, es gibt nur ein heiligstes Menschenrecht, und dieses Recht ist zugleich die heiligste Verpflichtung, nämlich: dafür zu sorgen, daß das Blut rein erhalten bleibt (...). Ein völkischer Staat wird damit in erster Linie die Ehe aus dem Niveau einer dauernden Rassenschande herauszuheben haben (...).«[4]

Die Frau als Hüterin der »Reinheit des Blutes« wird damit freigehalten von allen Funktionen, die dem Mann und Führer zustehen – sie wird mystisch erhöht, um real separiert und damit diskriminiert zu werden. Sie wird madonnenhaft stilisiert, um sie – durch die Fixierung auf ihre angeblich »wahre Natur« – auf diese Weise rechtlos zu halten; und das in direkter Verbindung mit der Rassenlehre.

Die Gemeinsamkeit zwischen den Vorläufern nazistischer und faschistischer Ideologien und dem Antifeminismus ergibt sich daraus, daß reale gesellschaftliche Ungleichheit zwischen den »Rassen« und zwischen den Geschlechtern ideologisch überhöht und als naturgegeben gerechtfertigt wurde. Die Konsequenz dieser Neigung war sowohl die Absonderung von den »anderen« im »rassischen« Sinn, als auch die Absonderung von den »anderen« im geschlechtlichen Sinn – also Ghetto und Männerbündelei. Dem Konzept der universalen Menschenrechte, Produkt der Aufklärung, wurde das Gegenkonzept der Ghettoisierung entgegengestellt – die Vorstellung von den »natürlichen« Rollen der Rassen und der Geschlechter; eine Vorstellung, die mit einer intensiven, moralisch verbrämten Ungleichheitsidee verbunden ist; und die über die Segregation zur Unterdrückung und, mit letzter Konsequenz, zum Holocaust führte.

Die Absonderung der Frauen konnte, anders als die Absonderung von Juden,»minderwertigen« Völkern und »Rassen«, freilich – auch im Zusammenhang mit homophoben Tendenzen des frühen Rechtsextremismus – nicht als umfassendes Programm verkündet werden. Die Segregation der Geschlechter sollte alle gesellschaftlichen Bereiche außerhalb der Familie umfassen. Kultur im engeren Sinne und Politik, ebenfalls im engeren Sinne, sollten – neben der (außerhäuslichen) wirtschaftlichen Tätigkeit – jedenfalls Männern vorbehalten sein.

Beruf, Kultur, Politik – das waren die rein männlichen Domänen. Der historische (und mit ihm auch der aktuelle) Rechtsextremismus konnten bei der Rechtfertigung männerbündischer Strukturen allerdings auf weit zurückreichende Traditionen zurückgreifen: auf die männerbündischen Geheimgesellschaften, die – im Kontext der Aufklärung – zunächst nicht reaktionär, sondern (zumindest latent) demokratisch waren: wie etwa Freimaurer, wie etwa auch studentische Verbindungen. Doch mit der allmählichen Öffnung von Beruf, Kultur und Politik auch für Frauen – ausgedrückt im Kampf um das Frauenwahlrecht – bekam die Ausschließung der Frauen zunehmend reaktionäre Züge. Sie drückte jedenfalls, am Beginn des 20. Jahrhunderts, zumindest programmatisch nicht mehr die Haltung des »mainstreams« gesellschaftlichen Verhaltens in Europa aus.

Der realgeschichtliche Befund

Klaus Theweleits Analysen des »weißen Terrors« geben einen sehr tiefen Einblick in die Zusammenhänge zwischen Männerbündelei und rechtsextremer Gewalt.[5] In den bewußten und unbewußten Motivationen der Freikorps, aus denen sich viele der ersten und wichtigsten Aktivisten der NSDAP rekrutierten, wird die aggressive Abneigung gegen alles – vermeintlich – andere deutlich: im Haß auf Juden, Slawen, Frauen.

Dieser Haß fand in der Person Rosa Luxemburgs die Kombination aller dieser hassenswerten Eigenschaften vor: Luxemburg war eine politisch engagierte und aktive Frau, die sich von vornherein der Rollenzuweisung als »Hüterin des (irgendeines) Herdes« entzog; sie war, von ihr unterspielt und verdrängt, Jüdin, die – trotz ihrer Weigerung, eine spezifisch jüdische Identität zu akzeptieren – für ihre Gegner (und keineswegs nur für diese) immer Jüdin bleiben sollte; und sie war Slawin, obwohl sie alles tat, um als Deutsche angenommen zu werden.[6] Luxemburg mußte für ihre revolutionären Ideen sterben – ermordet von einer männerbündischen Soldateska, die sich auch durch ihr Jüdin-, Slawin- und Frausein provoziert fühlte.

Das dem Nationalsozialismus immanente Merkmal des Männerbündischen kam am stärksten in der SS zum Ausdruck. Hier vermengten sich sekundärreligiöse, insbesondere an Strukturen der Katholischen Kirche gemahnende Elemente mit dem rassistischen Imperialismus des »Dritten Reiches«. Himmler, stärker als die meisten anderen an der Spitze der NSDAP Repräsentant der mystischen Orientierung, sicherte »seiner« SS viele atmosphärische Bestandteile eines Ordens. In den »Ordensburgen« fand dies ebenso seinen Niederschlag wie in bestimmten Aufnahmeritualen.

Die SS war ein Männerorden mit Riten und Symbolen, abgeleitet von – eingebildeten – frühgermanischen Liturgien. Die Dolche der SS-Führer, die Wappen der SS-Gruppenführer, der religiöse Mystizismus in Himmlers Wewelsburg: Männerbündische Phantasien in Verbindung mit umgeleiteten Erfahrungen aus der Welt der Katholischen Kirche prägten diesen männlichsten Zweig der männlichen NSDAP.[7]

Der Zölibat freilich, zentrales Merkmal der Ordenstradition der Katholischen Kirche, konnte und durfte in der SS keine Rolle spielen. Vielmehr war die Fortpflanzung ein wichtiges Element der spezifischen SS-Ideologie. Das Männerbündische war nicht mit asexuellen Ansprüchen verbunden. Himmler förderte vielmehr eine an der Fortpflanzung orientierte Sexualität der SS.

Das Wahlverhalten der Frauen war, zumindest bis 1930, von einer erkennbar größeren Distanz zur NSDAP gekennzeichnet – zwischen 1930 und 1933 setzte jedoch ein stärkerer Zustrom der Frauen zur NSDAP ein. Dieser Umstand läßt zwar eine exakte geschlechtspezifische Analyse ex post für die Schlußphase der Weimarer Republik kaum zu.[8] Erlaubt ist aber die Schlußfolgerung, daß Frauen gegenüber dem Nationalsozialismus in den ersten Jahren der NSDAP (»Kampfzeit«) resistenter als Männer waren, daß aber mit dem Durchbruch zur Massenpartei Frauen und Männer sich weitgehend ähnlich gegenüber der NSDAP verhalten haben. Das Sektenhafte der Frühzeit des Nationalsozialismus wirkte auf Frauen offenbar weniger anziehend als auf Männer. Als die NSDAP zur gesellschaftlichen »Normalpartei« wurde, glich sich die Einstellung der Frauen der der Männer an.

Diese Entwicklung weist auf die Widersprüchlichkeit der »Frauenpolitik« der regierenden NSDAP. Entgegen den reaktionären Vorstellungen der ursprünglichen NSDAP-Programmatik und teilweise auch entgegen den misogynen Phantasien des Freikorps und der SS erfuhr die gesellschaftliche Stellung der Frauen – sofern sie »deutsche Frauen« waren – keine (relative) Verschlechterung: »Das ältere Vorbild der frommen, passiven, tabak- und kosmetikfeindlichen Frau machte einem neuen Ideal Platz, dem ›Mädel‹ (…) Mochte das Mädel auch eine geschrubbte, rotwangige Nichtraucherin sein, so kam es doch aus einer anderen historischen Tradition. Es war kameradschaftlich, modern, antibürgerlich, wanderte und las Rilke, und seine Wurzeln lagen in der Jugendbewegung der Vorkriegszeit.«[9]

Es war die Realität der Kriegswirtschaft, die den regierenden Nationalsozialismus zwang, die aus der »Kampfzeit« kommenden Vorstellungen von der Segregation der Frauen zurückzustellen. Die sektenhaften, sekundärreligiösen Phantasien von der natürlichen und moralischen Unterlegenheit der Frauen mußten angesichts einer Realität zurückgestellt werden, die – im Sinne eines gleichsam inkonsistent herbeigeführten Modernisierungsschubes – nach einer gesellschaftlichen Mobilisierung der Frauen verlangte. Das Männerbündische, das Pubertierende des Nationalsozialismus mußte warten. Es war für die Phase der gesellschaftlichen und politischen Fundamentalopposition als Ausdruck einer spezifisch protonazistischen Bedürfnislage zur Verfestigung politischer Loyalitäten geeignet; für die Organisierung einer Kriegswirtschaft hingegen nicht oder nur teilweise.

Hinter dieser Widersprüchlichkeit steht aber auch der Wandel der NSDAP von einer Partei des äußersten Randes des Parteienspektrums der Weimarer Republik zu einer Partei, die zwar nicht programmatisch, die aber wahlsoziologisch ins Zentrum rückte: Die NSDAP als Massen-, Mitglieder- und Volkspartei verlor – unbeschadet ihrer unveränderten programmatischen Konsequenz in allen Fragen rassistischer »Weltanschauung« – ihren Außenseitercharakter; und damit verlor sie einen speziell gegenüber Frauen wirksamen Abstoßungseffekt. In dem Ausmaß, in dem es »normal« (also alltäglich) wurde, NSDAP zu wählen, glich sich das Wahlverhalten der Frauen dem der Männer an. Wahlsoziologisch war die NSDAP bis 1930, sicherlich aber nicht mehr ab 1932 »extrem«.

Der aktuelle Befund

Zwischen rechts und rechtsextrem gibt es mehrere, gut brauchbare, signifikante Unterscheidungsmerkmale: die Vorliebe für evolutionäre Muster sind typisch für konservatives, die Vorliebe für revolutionäre hingegen typisch für rechtsextremes Denken. Gemäßigte Rechte neigen zur Nostalgie – sie sind nur zu oft reale Reaktionäre insofern, als sie die Zeit vor der Bürgerlichen Revolution oder die Ära der konstitutionellen Monarchien bevorzugen und ganz allgemein die Phasen vor dem, was sie höchst unpräzise »Wertverfall« nennen, in einer unbestimmt generellen Weise verteidigen. Rechtsextreme hingegen sind radikale Reaktionäre, sie erfinden ihre rückwärtsgewandten Utopien einer antiegalitären Gesellschaft, sie können mit den nur zuoft als dekadent verschrieenen Vorlieben der Konservativen selten etwas anfangen.

Ein sozialwissenschaftlich vielfach meßbarer Unterschied zwischen einer moderaten und einer extremen Rechten liegt im Verhältnis der Geschlechter – und zwar weniger in der Theorie als vielmehr in der Praxis. In dem, was die diversen Gedankengänge rechter Phantasien den Frauen und Männern als »natürliche« Rollen zuschreiben, mag es durchaus fließende Übergänge zwischen konservativ und faschistisch geben. Im realen Verhalten der Frauen und der Männer hingegen gibt es gravierende Unterschiede: In gemäßigten Rechtsparteien sind nur zuoft Frauen überproportional als Wählerinnen und Sympathisantinnen vertreten; in der extremen Rechten hingegen nie – diese ist immer eine Hochburg nicht nur »männlichen« Denkens, sie ist auch in allen ihren bekannten Organisationsformen immer und überall weit überproportional von Männern getragen.

Das gilt auch und gerade für die rechtsextremen Parteien Europas nach 1945. Die italienischen Neofaschisten bis hin zur Alleanza Nazionale, die Schattierungen des französischen Rechtsextremismus – insbesondere der Front National, aber auch die österreichischen Freiheitlichen sind für Männer immer weit anziehender als für Frauen. Auch der US-amerikanische Rechtsextremismus ist primär eine Sache männlichen politischen Bedürfnisses, wie die entsprechenden Studien zur Attraktivität etwa David Dukes zeigen.[10]

Diese Differenz entlang der Konfliktlinie Geschlecht hat vor allem etwas mit dem Gegensatz gemäßigt versus radikal zu tun. Die vergleichende Wahlforschung weist vor allem für komplexe Vielparteiensysteme mit starken kommunistischen Parteien – wie die Parteiensysteme Frankreichs und Italiens der 50er und 60er Jahre – auch für die Linksparteien ein analoges Muster auf: Die radikalen Linksparteien (Kommunisten) weisen einen »gender gap« auf – zuungunsten der Frauen; die gemäßigten Linksparteien (Sozialdemokraten) hingegen nicht oder zumindest nicht in einem signifikanten Umfang.

Dieser Männerüberhang der extremen Linken existiert jedoch gegen die eigenen Ansprüche; er ist ein inkonsistenter, der im Widerspruch zum (auch und gerade auf die Geschlechter bezogenen) Gleichheitspostulat steht. Der Männerüberhang der extremen Rechten existiert hingegen in Übereinstimmung mit dem rechtsextremen Weltbild; er ist, im Rahmen einer auf Ideologisierung von Ungleichheiten fixierten »Weltanschauung«, kohärent.

Der Rechtsextremismus ist – in Übereinstimmung von Theorie und Praxis – antiegalitär und antifeministisch. Das Organisationsprinzip des Männerbundes drückt dies aus: Frauen haben nur in einem äußeren Kreis ihre Berechtigung; der innere Kreis ist den Männern vorbehalten. Die biologistische Ausschlußwirkung des Männerbundes entspricht dem Bedürfnis des Rechtsextremismus, mit Berufung auf die Natur zu trennen und mittels dieser Trennung zu werten.

Frauenfeindschaft – zumindest in Form des Antifeminismus – und Männerbündelei sind Teil eines umfassenden Syndroms, das den aktuellen Rechtsextremismus charakterisiert:

- Aggressiv-militante, simplifizierende Bilder von Gesellschaft und Politik fördern einen alltäglichen Militarismus, der sich auch in der Verherrlichung militärischer Formen als Selbstzweck äußert.
- Ein Alltagsverhalten, das auf »männlich« geprägte Stereotypien (Lederkleidung, Wehrsportübungen, etc.) ausgerichtet ist und Frauen bestenfalls die Rolle von »groupies« in den Reihen neonazistischer Organisationen zubilligt.
- Eine auf Abstiegsängste sozial schwacher, schlecht ausgebildeter und eben deshalb besonders verunsicherter junger Männer zugeschnittene Mobilisierung fördert xenophobe Ressentiments, in denen sich auch männlicher Sexualneid ausdrückt.
- Die bewußt oder unbewußt das leninistische Prinzip der Kaderpartei imitierenden Verschwörungszirkel rechtsextremer Orientierung weisen nur zu oft die Charakteristika von militanten Sekten auf.

Der rechtsextreme Männerbund kommt allen Neigungen entgegen, die hinter diesen Merkmalen stehen: Das Militär als »männliche« Zuchtanstalt, die mörderische Gewalt legitimiert; die sektenähnliche Kleingruppe, die ein Verständnis eines Quasi-Ordens vermittelt; der Kampf gegen bedrohliche Mächte der Finsternis, denen man ein klares Bild von »ins« und »outs« entgegensetzt, das von keiner Komplexität verstellt wird.

Rechtsextreme Männerbündelei heute und morgen

Kurt Lenk unterscheidet bei der Analyse des Verhältnisses von Rechtsextremismus und Gewalt mehrere Dimensionen:

- die soziale Dimension (Stichwort: Modernisierungsverlierer);
- die (sozial)psychologische Dimension (Stichwort: autoritäre Persönlichkeit);
- die ideologische Dimension (Stichwort: Affekt gegen Aufklärung).[11]

Alle diese Dimension helfen, Männerbündelei und Männerüberhang zu erklären. Der Affekt gegen die mit ihren Freiheits- und Egalitätsformeln, mit ihrem universalistischen Anspruch auftretende Aufklärung kann bei denen eher erwartet werden, die von eben diesen Formeln der Aufklärung sich bedroht fühlen – bedroht in ihrem oft einzig verbliebenen Privileg, als Männer sich den Frauen natürlich und moralisch überlegen zu fühlen. Die autoritäre Persönlichkeit wiederum wird anhand von Einstellungen gemessen, die im Zusammenhang mit der Hinnahme »natürlicher« Über- und Unterordnungen stehen.[12] Und die soziale Dimension erfaßt insoferne Männer mehr, als die sozioökonomischen Trends des späten 20. Jahrhunderts in Europa vor allem Berufsgruppen treffen, in denen Männer weit überproportional vertreten sind – Arbeiterberufe des sekundären Sektors.

Die verschiedenen rechtsextremen Aktivitäten der 90er Jahre sind daher auch nicht zufällig sehr stark von männerbündischen Merkmalen geprägt. Die verschiedenen Gruppen und Grüppchen, die sich entweder im Dunstkreis offen agierender Parteien (wie in Deutschland etwa die DVU) oder aber im illegalen (oder quasi-illegalen) Untergrund betätigen, sind überwiegend männerbündisch. Frauen spielen nur am Rande und in geringer Zahl irgendeine erkennbare politische Rolle. Das militärische Gehabe des organisierten Rechtsextremismus unterstreicht und fördert den männerbündischen Charakter dieser Gruppen.

In den verschiedenen internationalen Berichten über die Entwicklung des Rechtsextremismus ergibt sich ein eindeutiges Bild: Rechtsextreme Gewalt ist fast ausschließlich eine Gewalt von Männern; rechtsextreme Organisationen sind weitgehend von Männern dominiert; rechtsextreme Propaganda ist fast nur eine von Männern für Männer.[13]

Das Dokumentationsarchiv des österreichischen Widerstandes veröffentlichte 1994 die Namen und die Kurzbiographien von 84 Personen, die im österreichischen Rechtsextremismus der letzten Jahre eine zentrale Bedeutung hatten. Unter diesen 84 war nur eine einzige Frau.[14]

Unter den rechtsextrem aktiven Männern kommt explizit männerbündischen Organisationsformen eine wichtige Rolle zu. Burschenschaften als akademische Vorfeldorganisationen des Rechtsextremismus sprechen mit ihrer a priori die Frauen ausschließenden Struktur die männerbündischen Neigungen des Rechtsextremismus an.[15] Und die Publikationen am Rande des Rechtsextremismus lassen an ihrer männerbündischen Orientierung wenig Zweifel.

Ein Beispiel dafür ist die Volkstreue außerparlamentarische Opposition (VAPO), die 1986 in Österreich gegründet wurde und – vor allem durch den international vernetzten Vorsitzenden Gottfried Küssel – die die besten Beziehungen sowohl zur NSDAP/AO in den USA, als auch zu neonazistischen Kreisen in Deutschland unterhielt. Küssel war 1991 Mitglied der Viergruppe, die nach dem Tod Michael Kühnens die »Führung« über die bis dahin von Kühnen repräsentierte Kerngruppe des deutschen Rechtsextremismus übertragen erhielt. Küssel erhielt jedoch kurz darauf Einreiseverbot nach Deutschland, wurde 1992 in Österreich verhaftet und 1993 wegen nationalsozialistischer Wiederbetätigung von einem österreichischen Gericht zu einer mehrjährigen Haftstrafe verurteilt – ein Urteil, das 1995 höchstgerichtlich im wesentlichen bestätigt wurde.[16]

Ein wegen eines 1992 verübten Brandanschlages auf ein Asylantenheim in Oberösterreich verurteilter »Kamerad« aus den Reihen der VAPO hatte vor seiner Verurteilung ein umfangreiches Geständnis abgelegt, das die männerbündischen Aspekte der neonazistischen Subkultur verdeutlichte.[17] Die Aktivitäten der VAPO bestanden aus »Kameradschaftsabenden« mit ausschließlich oder fast ausschließlich männlicher Beteiligung, aus politischen Referaten und aus militärischen Wehrsportübungen. Das Tätigkeitsprofil des Männerbundes VAPO war eine Kombination aus putschbereiter Elitekampftruppe, neonazistischer Ideologisierung und gewaltsamer Aggressivität gegen Schwächere, die zu »anderen« erklärt wurden.

Der Rechtsextremismus der Gegenwart ist von einer Subkultur bestimmt, in der das Männerbündische ein wichtiges konstitutives Element bildet. Die Ungleichheit zwischen Frauen und Männern wird nicht nur gepredigt, sie wird auch gelebt. Frauen kommt im organisierten Rechtsextremismus der Gegenwart eine dienende und zuarbeitende Funktion zu. Der Ausschluß der Frauen von allen zentralen Aufgaben innerhalb der rechtsextremen Subkultur ist kein zufälliges, er ist ein zentrales Merkmal. Und dieses Merkmal sorgt auch für Übergänge und Grauzonen zwischen dem neonazistischen Rechtsextremismus und theoretisch anspruchsvollen Gruppen wie die der »Neuen Rechten«, die sich um ein gewisses Maß an Akzeptanz und insbesondere akademischer Respektabilität bemühen – denn der misogyne Affekt und der Ausschluß der Frauen hat auch im Konservatismus eine Tradition, für die etwa die Burschenschaften stehen.[18]

Das, was den Männerbund zu einem zentralen Bestandteil rechtsextremer Subkultur macht, ist der Zusammenhang zwischen dichotomischer Vereinfachung komplexer Politik, militaristischem Gesellschaftsbild und Flucht in die Gewaltphantasie.[19] Der Männerbund ist das strukturelle Substrat dieser Bedürfnisse nach Einfachheit und Klarheit, nach Auflösung der Widersprüche und Zerstörung der Komplexität. In den Männerbund können die Wünsche projiziert werden, die in der Realität der Gesellschaft keinen Platz haben – vor allem die Wünsche nach klaren Vorgaben dafür, was denn nun »gut« und was »böse« sei.

Der Männerbund ist auch die Projektionsfläche, auf der das Unüberschaubares überschaubar wird; in der Bekanntes und Vertrautes sich gegen Unbekanntes, gegen Fremdes abgrenzt. Nicht zufällig ist das Antifeministische eines Männerbundes mit dem Xenophobischen des Rechtsextremismus so gut zu verbinden: Beiden ist der antiuniversalistische Affekt gemeinsam; beide sind durch ihre explizite Ablehnung des Gedankens einer Universalität von Menschenrechten verbunden. Der Männerbund macht durch die strukturelle Ausschließung von Frauen dies auf organisatorischem Wege klar – der Rechtsextremismus durch seine wertende Differenzierung der »Völker« und »Rassen« und »Kulturen«.

Im Männerbund findet die antiegalitäre Energie des Rechtsextremismus seine ideale Form.

Anmerkungen

1 A. Janik: Viennese Culture and the Jewish Self-Hatred Hypothesis: A Critique. In: I. Oxaal et al. (eds.): Jews, Antisemitism and Culture in Vienna. London 1987, pp. 75–88.
2 O. Weininger: Geschlecht und Charakter. 15. Aufl. Wien 1916, S. 460.
3 Ebenda, S. 460 f.
4 A. Hitler: Mein Kampf. 352–354. Aufl. München 1938, S. 444 f.
5 K. Theweleit, Männerphantasien. 2 Bde., Reinbek bei Hamburg 1980.
6 A. Pelinka: Jaruzelski oder die Politik des kleineren Übels. Zur Vereinbarkeit von Demokratie und leadership. Frankfurt a.M. 1996, S. 199–222.
7 Vgl. R. Breitmann: The Architect of Genocide. Himmler an the Final Solution. New York 1991, pp. 33–39.
8 Vgl. J. W. Falter: Hitlers Wähler. München 1991, S. 136–146; sowie T. Childers: The Nazi Voter. The Social Foundations of Fascism in Germany, 1919–1933. Chapel Hill 1983.
9 D. Schoenbaum: Die braune Revolution. Eine Sozialgeschichte des Dritten Reiches. Köln 1970, S. 240 f.
10 Vgl. S. Howell; A. Pelinka: Duke and Haider: Right Wing Politics in Comparison. In: G. Bischof; A. Pelinka (eds.): The Kreisky Era in Austria. Contemporary Austrian Studies. Vol. 2, New Brunswick (N.J.) 1996, S. 152–171.
11 Vgl. K. Lenk: Rechts, wo die Mitte ist. Studien zur Ideologie: Rechtsextremismus, Nationalsozialismus, Konservatismus. Baden-Baden 1994, S. 385–390.
12 Th. W. Adorno: Studien zum autoritären Charakter. Frankfurt a.M. 1995.
13 Siehe dazu Antisemitism World Report 1995. Institute of Jewish Affairs. New York 1995.
14 Dokumentationsarchiv des österreichischen Widerstandes (Hrsg.): Handbuch des österreichischen Rechtsextremismus. Aktualisierte und erweiterte Neuausgabe Wien 1994, S. 315–356.
15 Vgl. M. Perner; K. Zellhofer: Österreichische Burschenschaften als akademische Vorfeldorganisationen des Rechtsextremismus. In: Dokumentationsarchiv des österreichischen Rechtsextremismus (Hrsg.): Handbuch des österreichischen Widerstandes. Wien 1994, S. 270–277.
16 Dokumentationsarchiv des österreichischen Widerstandes, 1994, S. 234–237 und 332–334 (s. Anm. 14).
17 Vgl. W. Purtscheller: Aufbruch der Völkischen. Das braune Netzwerk. Wien 1993, S. 404–417.
18 Vgl. S. Mantino: Die »Neue Rechte« in der »Grauzone« zwischen Rechtsextremismus und Konservatismus. Frankfurt a.M. 1992; sowie C. Leggewie: Druck von rechts? Wohin treibt die Bundesrepublik. München 1993.
19 M. Rumpf: Staatsgewalt, Nationalismus und Krieg. Ihre Bedeutung für das Geschlechterverhältnis. In: E. Kreisky; B. Sauer (Hrsg.): Feministische Standpunkte in der Politikwissenschaft. Frankfurt a.M. 1995, S. 223–254.

FANTIFA Marburg
Kameradinnen

Innerhalb der männlich dominierten faschistischen Szene reproduzieren auch Frauen auf vielfältige Weise rassistisches, faschistisches (und sexistisches) Gedankengut und übernehmen unterschiedlichste Aufgaben im braunen Netzwerk. Dabei sind sie sowohl in der »Braunzone« von Esoterik, Neuheidentum und Ökofaschismus als auch in populistischen Wahlparteien vertreten. Sie sitzen in den Redaktionsstuben der verschiedensten Publikationen, organisieren sich aber auch in illegalen Kaderorganisationen wie der Gesinnungsgemeinschaft der Neuen Front (GdNF) und den subkulturellen Strukturen faschistischer Skinheads.

Dies widerspricht dem gängigen Bild von der friedfertigen, sanften Frau, die qua Geschlecht resistent gegen faschistische Ideologien sei.

Das Klischee, Frauen seien per se weniger anfällig für Faschismus und Rassismus, wird über das von den Medien verbreitete Bild faschistischer TäterInnen noch verstärkt. Das Hauptaugenmerk liegt auf der Berichterstattung über gewalttätige Übergriffe und Anschläge, die rassistisch und faschistisch motiviert sind. Tatsache ist, daß bei diesen militanten Angriffen Frauen in einem viel geringeren Maß beteiligt sind als Männer. Dies liegt allerdings nicht daran, daß rassistisches und faschistisches Gedankengut unter ihnen weniger verbreitet wäre, sondern an ihrer weiblichen Sozialisation, die direkte Gewaltanwendung in viel höherem Maß tabuisiert als die männliche.[1]

Ein Bereich, in dem Frauen rassistische und faschistische Ideologien in die Tat umsetzen, ist die physische, psychische und/oder sexuelle Reproduktion neofaschistischer Männer und Frauen. Darüber hinaus übernehmen Neofaschistinnen sehr unterschiedliche Rollen innerhalb des braunen Netzes. Sie schreiben, publizieren, rekrutieren Nachwuchs für die faschistische Szene, verteilen Flugblätter, organisieren Treffen u.s.w. Oft widersprechen ihre Lebensrealitäten dem, was von ihrer jeweiligen Organisation als weiblicher Lebensentwurf propagiert wird: Nach wie vor ist das gängige Frauenbild neofaschistischer Prägung das der Hausfrau, Mutter und Gefährtin des Mannes. Es liegt auf der Hand, daß viele der Aktivistinnen im braunen Netz diesem Bild nicht entsprechen können und wollen.

Aus diesen Tatsachen ergeben sich eine ganze Reihe von Ansatzpunkten und Fragestellungen für eine kritische Diskussion. Diese sollte z. B. darauf abzielen, eine Auseinandersetzung mit der Rolle von Frauen als Täterinnen zu bewirken und damit den Mythos von der von Natur aus friedfertigen, sanften Frau zu zerstören. Frauen sind nicht nur Opfer patriarchaler Strukturen, sie wirken auch systemstabilisierend und tragen aktiv zur Unterdrückung anderer bei. Im folgenden wollen wir ein Spektrum von möglichen Funktionen, Aufgaben und Rollen aufzeigen, die Frauen in neofaschistischen Strukturen aktiv übernehmen.

Schreibende Frauen –
Faschistische Positionen zum Geschlechterverhältnis

Es gibt eine große Bandbreite von Autorinnen, die innerhalb der einschlägigen Publikationen rassistische und faschistische Ideologien verbreiten. Die Themen und Inhalte ihrer Veröffentlichungen sind denen von Männern der faschistischen Szene vergleichbar; sogenannte »Frauenthemen« spielen keine vorrangige Rolle. Daraus läßt sich folgern, daß die Frauen nicht primär aufgrund des vertretenen Frauenbildes in der faschistischen Szene sind, sondern sich vielmehr an der Ideologie als Gesamtkonstrukt interessiert zeigen. »Letztendlich vertrete ich als Nationalsozialistin nicht einen frauenspezifischen Nationalsozialismus, sondern die gleichen weltanschaulichen Werte, die auch vom Mann als die seinen benannt werden.« bestätigt Sandra B. diese These[2].

Nichtsdestotrotz befassen sich auch Neofaschistinnen in ihren Publikationen mit Themen wie dem Geschlechterverhältnis und besetzen dabei durchaus unterschiedliche Positionen. Differenzen existieren sowohl zu den Standpunkten neofaschistischer Männer wie auch zwischen den einzelnen Autorinnen.

Eine von den Autorinnen häufig vertretene Grundposition zum Geschlechterverhältnis ist, Frauen und Männer seien zwar gleichwertig, aber nicht gleichartig. Sie bildeten zwei Pole, wobei die Frau die für das »Volk« wichtigen Funktionen des Kindergebärens, der Mutterschaft und der Fürsorglichkeit erfülle. Dies entspreche ihrem Wesen, und mit der Übernahme dieser Aufgaben könne sie sich selbst verwirklichen. »Sehen wir zurück in die Geschichte unseres Volkes, als es noch keine Parteien und ihre Vorläufer, die Kirchen, gab. Gleichwertig, nicht gleichartig, stand die Frau in der ehrenden Achtung des Mannes. Die hohe Achtung, die der Frau zuteil wurde, war die Folge ihrer eigenen Haltung, ihrer Verhaltensweise.«[3]

Einige Autorinnen leiten diese Annahmen von »Naturgesetzen« ab, in anderen Positionen werden sie auf die faschistische Interpretation des »Germanentums« zurückgeführt.

Für wieder andere Interpretationen dient Verfasserinnen wie z. B. Sigrid Hunke[4] die Geschichte. Ihrer Auffassung nach sind Männer und Frauen in der »germanischen« Gesellschaft gleichgestellt gewesen und übten partnerschaftlich Tätigkeiten aus, die sich nach individueller Neigung und Fähigkeit, nicht aber nach normierten Geschlechterrollen richteten.

Für eine große Anzahl aktiver Neofaschistinnen ist es selbstverständlich, ihre Lebensweise selbst zu bestimmen und ein dementsprechendes Frauenbild zu propagieren. »Natürlich kann man nicht von jeder Frau erwarten, daß sie nun scharenweise Kinder kriegen muß, es ist durchaus einzusehen, daß nicht jede Frau sich in die Mutterrolle hineindenken kann, und sich auch nicht eine Jede in ihr wohl fühlen kann. Aber deswegen sind diese Frauen genauso Frauen, wie andere auch. Sie haben dafür andere Qualitäten und können andere Aufgaben unseres Volkes und unserer Art erfüllen.«[5]

Gleichwohl fordern auch Frauen, die von einer traditionellen weiblichen Rollenzuschreibung ausgehen, das Recht ein, über ihre Lebensplanung selbst zu entscheiden. Oft soll ihnen dies jedoch nur für einer Übergangsphase zugestanden werden, bis die gewünschte Gesellschaftsordnung hergestellt ist.

In den meisten Ausführungen neofaschistischer Autorinnen werden Familie und Mutterschaft als weiblicher Lebensentwurf idealisiert. Aber auch weniger traditionelle Sichtweisen finden Einzug, so z. B. daß Mutterschaft generell nur einen begrenzten Lebensabschnitt von Frauen betrifft. Auch gibt es unterschiedliche Auffassungen darüber, ob Berufstätigkeit mit Kindererziehung vereinbar ist, und wie eine innerfamiliäre Arbeitsteilung aussehen sollte. Hier lassen sich Überschneidungen zu ursprünglich von feministischen Autorinnen besetzten Themen ausmachen.

Bevölkerungspolitik und Lebensschutz

Zentrale Themen von faschistischen Autorinnen sind Bevölkerungspolitik und Lebensschutz. Aus ihrem Frauenbild leiten sie die alleinige Verantwortung von Frauen für bevölkerungspolitische Maßnahmen ab und beschwören Horrorszenarien vom »Aussterben der deutschen Rasse« herauf.

Nichtdeutscher Nachwuchs wird als unerwünscht betrachtet, was sich auch in unverblümten Ausführungen über »Blutreinheit« und »Rassenmischung« äußert. »Die größte Gefahr für die Erhaltung unseres wertvollen Erbgutes ist seine Vermischung mit artfremdem Blut.«[6] In diesem Zusammenhang wird der Schutz des »wertvollen Erbgutes« herangezogen, um rassistische Ausgrenzungen zu begründen.

Mit der gleichen Argumentation werden von einigen Faschistinnen eugenische Maßnahmen für sogenannte »Behinderte« befürwortet.

Hier knüpft das Thema Abtreibung an. Diesbezüglich finden sich unterschiedliche Standpunkte. Zum einen gibt es die strikten Abtreibungsgegnerinnen (Lebensschützerinnen), zum anderen solche, die Ausnahmen (z. B. bei einer Vergewaltigung durch Ausländer oder einer Behinderung des Fötus) zulassen wollen.

Kontinuitäten

Daß faschistische Positionen zu »Frauenthemen« nicht neu erfunden sind, sondern weitgehend ihre Entsprechungen im Nationalsozialismus finden, wird an einem beispielhaften Vergleich der Texte von Sophie Rogge-Börner[7] und Sigrid Hunke deutlich. Beide nehmen jeweils in ihrer Zeit eine gewisse Außenseiterinnenrolle ein, da sie innerhalb der faschistischen Ideologie die Gleichstellung von Mann und Frau fordern. Dabei beziehen sie sich auf ihre Interpretation der germanischen Geschichte. Ursprünglich habe es bei den Germanen keine Polarität zwischen Mann und Frau gegeben, sondern ein gleichberechtigtes Verhältnis zwischen in sich ganzen Menschen, das dem Wesen des nordeuropäischen Menschen (im Gegensatz zu SüdeuropäerInnen) entspreche. »(...) hier (standen, d. Verf.in) Männer und Frauen als ganzheitliche Menschen bei verschiedener Arbeitsteilung in derselben Welt in gleicher Haltung und Gesinnung, beide gleichen Rechten und Pflichten, beide gleichen Idealen und sittlichen Werten lebend und beide demselben Werturteil unterstellt. Hier ordnete sich das Verhältnis von Mann und Frau als Nebeneinander selbständiger und sich selbstbestimmender, einander ebenbürtiger Persönlichkeiten.«[8]

Beide Autorinnen fordern eine Rückbesinnung auf diese ursprüngliche Geschlechterordnung, die dem Wesen der Frau angemessen sei und in der ihr alle Tätigkeitsbereiche offenstünden, und betonen die wichtige Funktion der Vaterschaft.

Grenzgänge

In diesen antisexistischen Positionen kommt es zu Überschneidungen mit Teilen der feministischen Szene. Große Differenzen jedoch lassen sich in den ideologischen Hintergründen der Standpunkte ausmachen: Nach Rogge-Börner und Hunke sind für die derzeitige Position der Frau »fremdvölkische Einflüsse« verantwortlich, die die hohe Stellung der Germanin zerstört hätten. Nur die Wiederherstellung der ursprünglichen Verhältnisse könne eine Weiterentwicklung und Machterweiterung des deutschen Volkes bewirken.

An diesen Äußerungen wird deutlich, daß trotz partieller Überschneidungen diese Positionen keineswegs feministisch genannt werden können, da immer innerhalb eines faschistischen Gesamtkontextes argumentiert wird. Dennoch existieren Berührungspunkte zwischen den antisexistischen Einstellungen faschistischer Vordenkerinnen und feministischen Positionen, die Einflüsse der Frauenbewegung auf Teile der Neofaschistinnen sichtbar werden lassen. Gerade im spirituell-esoterischen Bereich sind die Grenzen zwischen feministischen und rechten bis faschistischen Richtungen nicht eindeutig gezogen.

Umso wichtiger ist es, beharrlich die Differenzen zwischen feministischen und antisexistisch-faschistischen Positionen deutlich zu machen und Äußerungen von Faschistinnen immer in ihren Gesamtkontext zu stellen.

Politische Aktivistinnen für Volk und Vaterland – Organisierte Neofaschistinnen in der Deutschen Frauenfront (DFF) und Skingirlfront Deutschland (SFD)

Im militanten Spektrum des Neofaschismus gibt es eine ganze Reihe von politischen Aktivistinnen, die sich zum Teil in Frauenstrukturen wie der DFF wiederfinden. Die DFF wurde 1986 als Teil der GdNF geschaffen und ging sowohl organisatorisch als auch ideologisch mit den ihr übergeordneten Strukturen konform. Ziel war es, die Frauen der »Bewegung« nach nationalsozialistischem Vorbild zu organisieren und die in der NS-Ideologie enthaltenen Frauenbilder zu propagieren.[9]

Bereits 1987 kam es zur ersten Spaltung der DFF, die durch die Frage »Dürfen Mädels an Straßenschlachten teilnehmen?«[10] ausgelöst wurde. Dieser Streitpunkt tauchte immer wieder auf, da die Frage der Unabhängigkeit der Frauen von führenden GdNF-Kadern daran geknüpft war, und erhitzte auch die Gemüter der männlichen »Kameraden«.

Die zweite Spaltung der DFF fand analog zur Spaltung der gesamten Neonazi-Szene aufgrund der Homosexualität Michael Kühnens statt. Ursula Müller wurde als Vorsitzende abgesetzt und Uschi Worch übernahm ihren Posten. Während die »Kühnen-Treuen« in der DFF blieben, nannte sich der andere Teil jetzt »FAP-Frauenschaft«. Nebenbei bemerkt vertraten die Frauen in dieser Frage die gleichen Positionen wie ihre ebenfalls organisierten Ehemänner oder Freunde. In der Folgezeit wurde es ruhig um die FAP-Frauenschaft und um die DFF. Daran konnte auch ein Wiederbelebungsversuch der DFF 1990, bei dem die zeitweilige angebliche Kühnen-Verlobte Esther »Lisa« Wohlschläger zur Leiterin ernannt wurde, nicht viel ändern.

Allerdings sind viele der DFF-Frauen noch immer aktiv und z.B. bei Aufmärschen präsent. 1995 meldete sich u.a. Ursula Müller, Vorsitzende der

Hilfsgemeinschaft nationaler Gefangener (HNG), unter der Überschrift *Glaube und Schönheit – Die Deutsche Frau heute*[11] wieder zu Wort. In ihren Äußerungen unterscheidet sich die Rolle der Frau »heute« von der »ewiggestrigen« noch immer nicht: »Frauen werden für Deutschland gebraucht, weil sie ein Teil und zwar ein sehr entscheidender Teil der Deutschen Volksgemeinschaft sind. Ihnen obliegt die Aufgabe, alles zu tun was erforderlich ist, um das Volk und die Art zu erhalten (...).«[12] Doch auch in diesem Spektrum finden sich antisexistische Momente. So kritisiert Inga aus Dresden an ihren »Kameraden«, daß sie »die sexuelle Dekadenz aus ihrem bürgerlichen Leben in die Bewegung ›gerettet‹ haben und bei einer Kameradin nicht nach Weltanschauung, sondern nach Körpermaßen fragen«.[13] Darüberhinaus werden Frauen oft aufgefordert, sich im Berufsalltag durchzusetzen oder sich gegen sexuelle Gewalt zu wehren.[14] Für die Funktionärinnen der DFF gilt, daß sie innerhalb der »Bewegung« zum Teil die gleichen Funktionen übernehmen wie ihre männlichen »Kameraden«.

Spitzelinnen

Beliebt scheint auch der Job der Spitzelin zu sein. Seit 1989 sind fünf Fälle bekannt geworden, in denen Funktionärinnen neonazistischer Gruppen versucht haben, in der antifaschistischen Szene Fuß zu fassen, um an Informationen über Namen, Daten und Strukturen zu kommen. Die meisten von ihnen waren langjährige Aktivistinnen aus den oben beschriebenen Organisationen: Kerstin Mutschall, die in Hannover auftauchte, war FAP-Mitglied, zeitweilige Schriftführerin des *Mädelbriefes* und Vorsitzende der Deutschen Frauenschaft in Hildesheim. Sowohl im Führungskreis der GdNF Frankfurt/Langen wie auch der DFF bewegte sich Inger Preßmar, bevor sie – nach eigenen Angaben – Kontakt zu FAP-FunktionärInnen in Hessen und Bayern aufnahm und in der autonomen Szene in Frankfurt spionieren wollte.

Weitere Fälle waren Silke Wunderlich (Nationaler Block) in Nürnberg, Karin Schüßler (FAP) und Marion Ludwig (NF) in Berlin-Kreuzberg. Es ist davon auszugehen, daß es in faschistischen Kreisen jeweils eine sehr bewußte Entscheidung war, gerade Frauen als Spitzelinnen einzusetzen. So wird erneut die Wichtigkeit deutlich, sich von pauschalen Zuschreibungen zu lösen und Frauen innerhalb der faschistischen Szene als Täterinnen ernstzunehmen. »Keine der fünf Frauen war eine Mitläuferin, keine war dem in der Linken verbreiteten Vorurteil entsprechend dumm und naiv und keine entsprach dem sogenannten faschistischen Frauenbild. Alle hatten ein jahrelang gefestigtes faschistisches Weltbild.«[15]

Skingirlfront Deutschland (SFD)

Noch weiter als bei der DFF klaffen die propagierten Frauenbilder und die Realität in den Strukturen faschistischer Skinheads (Boneheads) auseinander. Das Frauenbild der Boneheads ist ultrasexistisch. Frauen sind lediglich Sexualobjekt und in vielen Fanzines werden Pornos abgedruckt, die auch vor Vergewaltigungsphantasien nicht zurückschrecken. Aber auch in dieser Szene gibt es Frauen, deren Selbstverständnis sich vom Bild der Frau als reines Sexualobjekt abhebt. Sie geben eigene Zines heraus, verfügen über viele Kontakte, organisieren Treffen und gelten als verläßliche Kontaktpersonen. Einige von ihnen finden sich in der Skingirlfront Deutschland (SFD) wieder. Diese hat sich Anfang 1991 in Berlin gegründet mit dem Ziel, die »Tugenden der deutschen Frau« in die Renee-(Skingirl-)Szene zu tragen und somit der Einstellung, bloßes Objekt für die Boneheads zu sein, entgegenzuwirken. Die Mitglieder der SFD wollen mehr Zusammenhalt unter den Renees erreichen und gehen gegen diejenigen an, die nichts anderes im Kopf haben, als ihre »Kameraden zu verführen«. Von einer frauenbewegten Zielsetzung kann jedoch keine Rede sein, vielmehr unterscheiden sie zwischen »guten« und »schlechten« Renees. Letztere sind diejenigen »Schlampen und Schlägermädels«[16], die kein Interesse an der Frauenrolle nach NS-Vorbild haben. Die Schuld an sexistischer Gewalt und Unterdrückung liegt für die SFD bei den Frauen selber. In ihrem Organ *Midgard* findet sich eine skurrile Mischung aus biologistischen Artikeln zur Rolle der Frau und Szeneinterna wie Fotoseiten und Konzertberichten.

Women for Aryan Unity (WAU)

Die Organisierung von Nazi-Renees wird aber auch in anderen Ländern forciert. Ein Beispiel für internationale Verflechtungen in dieser Szene ist Women for Aryan Unity (WAU) mit Ablegern in den USA, Kanada, Australien, Irland, Großbritannien, den Niederlanden, Frankreich und der BRD.

Hierzulande wird die WAU primär durch Nicole Nowicki aus Recklinghausen repräsentiert, die das Fanzine *Volkstreue* bis zu seiner Indizierung herausgab. Die WAU propagiert ein sehr traditionalistisches Frauenbild, das dem äußeren Erscheinungsbild von Skingirls zu widersprechen scheint. In der BRD entstanden daraus z.B. Kontakte von Renees zu Vereinigungen wie der Wiking Jugend oder der FAP.

Die niederländische WAU verbreitet derzeit (März 1996) dieses Frauenbild über das Internet: »Nun zu den Familien: sie sind das Rückgrat der Bewegung. Sie sind die Zukunft unserer Rasse. (...) Unsere Sexualität wurde verdreht, Frauen wurden vermännlicht. Ihnen wurde beigebracht, daß sie in den Haushalten nicht länger als Ehefrauen und Mütter gebraucht werden. Sie wurden gezwungen, mit den Männern um deren Arbeitsplätze zu konkurrieren. Das ist beschämend! (...) Frauen: Steht eurem Mann bei, unterstützt ihn. Kümmert euch um sein Heim und sein Wohlbefinden und erzieht eure Kinder gut.«[17] Aufgewertet werden Aussagen wie diese durch aufwendige Grafiken, die üppige Walküren zeigen.

Diese Neofaschistinnen nutzen die neuen Medien, während sie gleichzeitig von ihren Geschlechtsgenossinnen verlangen, sich mit Heim und Herd zu bescheiden.

Hier wird die Widersprüchlichkeit deutlich, die zwischen dem eigenen Leben der Frauen und den von ihnen propagierten Inhalten liegt: indem sie gegen die Befreiungsbestrebungen von Frauen aus patriarchalen Strukturen kämpfen, können sie für sich selber ein gewisses Maß an Selbstbestätigung und politischer Bedeutung und somit einen persönlichen Freiraum erreichen.

Auch wenn in der Hauptsache uralte patriarchale Frauenbilder von Neofaschistinnen reproduziert werden, bleibt festzuhalten, daß auch antisexistische Positionen Platz in faschistischen Publikationen gefunden haben. Dies erklärt sich daraus, daß Frauen sich meist nicht in faschistischen Strukturen organisieren, weil sie die dort propagierten weiblichen Lebensentwürfe attraktiv fänden, sondern wegen der faschistischen Ideologie als Gesamtkonstrukt.

Frauen im neugermanischen Heidentum

Viele der in den 70er Jahren entstandenen Gruppen, die sich dem germanischen Götterglauben verschrieben haben und im folgenden als »neugermanisches Heidentum« bezeichnet werden sollen, vertreten eine »Rassenlehre«, die explizit faschistischen Forderungen entspricht, oder aber eine bedenkliche Nähe zu ihnen aufweist.[18] Obwohl in diesen Gruppen wesentlich mehr Männer als Frauen aktiv sind, kann in jüngster Zeit nicht nur ein verstärktes Engagement von Frauen in wichtigen Funktionen, sondern auch ein inhaltlicher Einfluß der Frauenbewegung beobachtet werden.

Das Frauenbild und die »Rassenesoterik« des neugermanischen Heidentums sind weitgehend der Ariosophie entlehnt. Sie betont die Rolle der Frau als »Volksmutter«, die sowohl für die »Hochzüchtung« als auch für die »Degeneration« der »germanischen Rasse« verantwortlich ist. Als Volksmutter ist die Frau für die »Reinhaltung« der deutschen »Rasse« zuständig, da ihr die Verhinderung der »Rassenmischung« obliegt.

In der *Nordischen Zeitung*, die von der »Artgemeinschaft – Germanische Glaubensgemeinschaft wesensgemäßer Lebensgestaltung« herausgegeben wird und für die Jürgen Rieger verantwortlich zeichnet, sowie im von Arnulf-Winfried Priem herausgegebenen *Nordisch-germanischen Jahresweiser* wird ein Frauenbild vertreten, das sich stark am Nationalsozialismus orientiert. Eine Gleichheit der Geschlechter bestehe nur insofern, als beide, Männer und Frauen, der »Höherzucht der arischen Rasse« zu dienen haben. Die Autorin Ruth Köhler-Irrgang bezieht sich positiv auf das Frauenbild in der *Isländsaga*: »Die Sippe bedeutet eine Einheit von Mann und Weib. Diese Einheit dient nicht sich selbst und keinem ihrer Teile, sondern einem übergeordneten Gedanken (...) Niemals hören wir vom peinlichen Erstaunen eines Sagabauern über eine ungewöhnliche Frauentat. Sie kann ihm nicht zu nahe treten, weil er in der Frau nicht zuerst das andere Geschlecht sieht, sondern den Sippengenossen, den Menschen gleichen Blutes, den Menschen unter dem gleichen Befehl.«[19] Die Glorifizierung der Mutterschaft nimmt eine zentrale Stellung in der Blut- und Boden-Ideologie ein. Imke Thomas vergleicht die Bindung des Kindes an die Mutter mit der Bindung eines Volkes an »sein« Land: »Diese unzerstörbare Bindung des einzelnen Menschen an seine Mutter (...) ist auch auf das Volk übertragbar (...) dessen Erde nicht übertragbar auf andere Völker«[20] sei.

Armanen-Orden

In anderen Publikationen des neugermanischen Heidentums wird die Festlegung der Frau auf die Rolle der »arischen Mutter« allerdings relativiert. Der Armanen-Orden z. B. orientiert sich ebenfalls an der Ariosophie und übernimmt damit die Forderung, daß das Geschlechterverhältnis in der ariogermanischen Religion dem Ziel der Heranzüchtung einer »Edelrasse« verpflichtet sein sollte. Es wird aber auch die ariosophische These aufgegriffen, daß die germanischen Frauen hoch geschätzt wurden, was sich daran zeige, daß sie Priesterinnen waren und weibliche Gottheiten verehrt wurden.

Die meisten Überlegungen zum Geschlechterverhältnis bei den Germanen und im neugermanischen Heidentum stammen von Sigrun Schleipfer, die sich mittlerweile Sigrun von Schlichting nennt. Zusammen mit ihrem Mann Adolf Schleipfer gründete sie 1976 den Armanen-Orden. Die Arbeitsgemeinschaft naturreligiöser Stämme Europas e.V. (ANSE), ein Dachverband für neuheidnische Gruppierungen, wurde ebenfalls von ihr ins Leben gerufen.

Sigrun von Schlichting vertritt die These Hermann Wirths, daß es ein germanisches Matriarchat gegeben hat und daß in den germanischen Götter- und Heldenliedern, der Edda, ein weiblicher Schöpfungsakt beschrieben wird. Damit knüpft sie an Vorstellungen bestimmter Strömungen der Frauenbewegung an. Eine wesentliche Rolle bei der Etablierung patriarchaler Verhältnisse wird sowohl von den »Neugermanen« als auch von den feministischen Matriarchatstheoretikerinnen der christlichen Religion beigemessen, was bei ersteren nicht selten in Antisemitismus umschlägt. Entscheidend für die Durchsetzung des Patriarchats sei weiterhin die Hexenverfolgung gewesen. Eine Verbindung zu Guido von List, der das Hexentum als geheime Priesterinnenschaft von Frauen deutete, ist hier nicht zu übersehen. Diese Vorstellung wird auch von anderen naturreligiösen Gruppierungen wie den Wiccas vertreten, die die Hexen als Trägerinnen der im Geheimen ausgeübten, vorchristlichen Urreligion der »Großen Göttin« ansehen.

Nach der Zeitalterlehre des Armanen-Ordens mußte dieser Kult der »Großen Mutter« und die »Leitung der Völker durch die Frau« aber »gemäß der großen kosmischen Entwicklung dem Mann-Zeitalter weichen.«[21] Für die Zukunft wird die Ablösung des Patriarchats durch die Gleichberechtigung und schließlich der Übergang zu einem neuen weiblichen Zeitalter prophezeit.

Um die religiöse Gleichberechtigung herzustellen, strebt der Armanen-Orden an, die Priesterinnenschaft von Frauen einzuführen und weiblichen Einfluß wie auch das Ansehen von Frauen »wiederherzustellen«. Der Orden verehrt die Göttin Freya als Göttin der Fruchtbarkeit und des Frühlings sowie die »Erdmutter Hertha«. Sigrun von Schlichting hat außerdem einen germanischen Tierkreis erstellt, in dem sie jedem Sternzeichen nicht nur einen Gott, sondern auch eine Göttin zuordnet.

Abgesehen von dieser religiösen Gleichberechtigung wird eine politische und soziale Gleichstellung von Frauen und Männern jedoch nicht angestrebt. Der Vorstellung des Armanen-Ordens zufolge würde diese eine Abwertung von Frauen bedeuten. Ausgegangen wird von einer Polarität zwischen Frauen und Männern, wobei »die Frau als ganzheitlich fühlendes Wesen dem einseitig verstandesmäßig zergliedernden Denken des Mannes (…) anlagemäßig (…) überlegen ist und deshalb eine seelisch-geistige Führungsaufgabe für beide Geschlechter wieder erreichen und ausüben muß«.[22] Patriarchale Zuschreibungen zu Geschlechterrollen werden übernommen, aber aufgewertet. Nicht selten wird eine Geschlechtertrennung gefordert. Sigrun von Schlichting etwa vertritt in der Zeitschrift Irminsul[23] die Trennung von männlichem und weiblichem Bereich, wobei die Kindererziehung bei den Frauen liegt, die Söhne aber im Alter von sieben zu den Männern überwechseln sollen.

Braunzone

Obwohl das Frauenbild innerhalb des neugermanischen Heidentums variiert, wird doch die Unterschiedlichkeit der Geschlechter durchgehend betont. So stellen auch die AutorInnen des Artikels »Wir fordern Gleichberechtigung der

Geschlechter« im *Runenstein* fest:»Oftmals wird auch unter Ebenbürtigkeit und Gleichberechtigung (...) nur platte Gleichheit verstanden. Schon die Edda (...) weist auf nebeneinander stehende (...) Lebewesen, die jedoch durchaus unterschiedliche Eigenschaften haben (...) Frauen dürfen also nicht zu besseren Männern erzogen werden.«[24]

An dieser Position wird deutlich, daß die Grenzen zwischen den»Neugermanen«, naturreligiösen Gruppen und feministischen Matriarchatstheoretikerinnen nicht eindeutig sind. Es zeigt sich die Gefahr, die eine biologistische Argumentation in sich birgt. So finden sich Frauen, die der patriarchalen, christlichen Religion den Rücken kehren und frauenzentrierte Religionen dagegensetzen wollen, manchmal in bester Gesellschaft mit faschistischen »Neu-Heiden« wieder. Mit der Festschreibung und Biologisierung von Geschlechtsunterschieden wird eine patriarchale Zuschreibung weitergeführt. Naturreligöse »Neu-Heiden« verknüpfen diese Argumentation zudem mit einer rassistischen Sichtweise, die Unterschiede zwischen »Völkern« ausmacht und auf eine biologistische Grundlage stellt.

Eine genaue Bestimmung feministischer Standpunkte und eine Abgrenzung von biologisierenden, völkischen und rassistischen Positionen ist dringend notwendig!

Anmerkungen

1 Untersuchungen haben gezeigt, daß rassistische und antisemitische Einstellungen unter Frauen genauso weit verbreitet sind wie innerhalb der männlichen Bevölkerung (z.B. die SINUS-Studie über rechtsextremistische Einstellungen bei den Deutschen. SINUS-Institut 1981; s.a. B. Rommelspacher: Schuldlos – Schuldig? Wie sich junge Frauen mit Antisemitismus auseinandersetzen. Hamburg [o.J.]). Dadurch, daß sie jedoch über ihre Verantwortlichkeit für den Reproduktionsbereich häufig mit Verhaltensmustern wie Einfühlungsvermögen, Mitgefühl und Beziehungsorientierung konfrontiert sind, äußern sich rassistische und faschistische Einstellungsmuster bei ihnen eher dadurch, daß sie »Fremde« von ihrer Fürsorge ausschließen. Diese rassistischen Verhaltensweisen vollziehen sich unspektakulärer und stehen daher nicht so stark im Blickpunkt der Öffentlichkeit.

2 M. Neubauer (Hrsg.): Glaube und Schönheit – die deutsche Frau heute. 1995, Vertrieb: Freundeskreis Nationaler Sozialisten.

3 DFF informiert, Nr. 1, Juli 1985, S. 2.

4 Sigrid Hunke, geb. 1913, Kultur- und Religionsphilosophin, ist Schriftstellerin, Mitglied der Nouvelle École, der Unitarier Religionsgemeinschaft und Ehrenmitglied im Obersten Rat für islamische Angelegenheiten. Sie hat bisher 18 Bücher veröffentlicht und schreibt u.a. in Elemente, deren Mitherausgeberin sie ist, in Europa und der Welt.

5 »Gleichberechtigung – Gleichmacherei«, in: Der Mädelbrief Nr. 7, Januar 1988, S. 9.

6 »Du trägst ewiges Erbgut in deinem Blut«, in: Der Mädelbrief Nr. 6, Dezember 1987, S. 14.

7 Sophie Rogge-Börner, geb. 1878; ab 1919 organisiert in der DNVP, ab 1923 in der Nationalsozialistischen Freiheitsbewegung, später Deutschvölkische Freiheitsbewegung, 1933–37 Herausgeberin von: Die Deutsche Kämpferin.

8 S. Hunke, in: Elemente Nr. 2, Juni-September 1987, S. 27–34.

9 Publikationen der DFF sind: Der Mädelbrief, Die Kampfgefährtin, Die DFF informiert.

10 Die DFF informiert, Nr. 1.

11 Neubauer, 1995 (s. Anm. 2).

12 Ebenda.

13 Ebenda.

14 Im Skinzine Volkstreue Nr. 4, das von der Wiking Jugend-Aktivistin Nicole Nowicki herausgegeben wurde, findet sich z. B. unter der Überschrift »Frauen wehrt Euch!« eine illustrierte Anleitung zur Selbstverteidigung gegen potentielle Vergewaltiger.

15 Antifaschistisches Info-Blatt Nr. 31, September/Oktober 1995, S. 33.

16 Midgard, »Notausgabe«.

17 WAU im Internet, März 1996 (Original Englisch, Übers. d. Verf.in).

18 Zu den einzelnen Gruppierungen und zur politischen Einschätzung des neugermanischen Heidentums vergleiche den entsprechenden Artikel in diesem Buch.

19 Nordische Zeitung Nr. 2, 62. Jg., S. 22 f.

20 Nordische Zeitung Nr. 3, 61. Jg., S. 41.

21 Leitbild und Aufbau des Armanenordens. Schrifttum armanischer Weisheit, Ammerland o. J., S. 2; zitiert nach S. Schnurbein: Weiblichkeitskonzeptionen im neugermanischen Heidentum und in der feministischen Spiritualität. In: Fantifa (Hrsg.): Kameradinnen. Frauen stricken am Braunen Netz. Münster 1995, S. 113–136, hier S. 122.

22 A. Schleipfer: Minne-Reigen, S. 3; zitiert nach Schnurbein, 1995, S. 123 (s. Anm. 21).

23 Irminsul Nr. 4, 1984; zitiert nach Schnurbein, 1995, (s. Anm. 21).

24 Der Runenstein. Rundbrief für Heidentum und Umweltschutz 4/1994, S. 10.

Christoph Butterwegge

Rechtsextremismus bei Jugendlichen

Politisch-kulturelle Sozialisation, Aggression und Gewalt

Rechtsextremismus, Rassismus und Gewalt werden vorwiegend mit (meist männlichen) Jugendlichen in Verbindung gebracht. Daher soll im folgenden die Frage beantwortet werden, ob es sich hierbei tatsächlich um ein *Jugend*problem handelt und welche Erklärungsmodelle die Fachwissenschaft hinsichtlich seiner Entstehungsursachen bereithält[1], was Konsequenzen für (sozial)pädagogische Lösungsansätze und politische Gegenstrategien nach sich zieht.

Meine Ausgangshypothese lautet: Rechtsextremismus, Rassismus und Gewalt (gegen Ausländer/innen) bilden *kein* Jugendproblem, obwohl vor allem Heranwachsende als militante Vertreter bzw. Träger dieser Ideologien und als Straftäter in Erscheinung treten. Denn sie können im Unterschied zu älteren Gesellschaftsmitgliedern nur geringen Einfluß auf die sozialen Verhältnisse nehmen: »Jugendliche gestalten noch kaum selbst die Gesellschaft, sie finden die Gesellschaft vor, werden von ihr geprägt.«[2]

Die öffentliche Debatte über Rechtsextremismus und (Jugend-)Gewalt leidet darunter, daß man solche Phänomene fast nie als gesellschaftliche, sondern meistens als individuelle Probleme begreift. Abwehrinstinkte, Triebregungen und negative Kindheitserfahrungen werden für die Aggressivität verantwortlich gemacht, ökonomische, politische und soziale Bedingungszusammenhänge meistens ausgeblendet. Rechtsextremismus ist aber keine Neurose und Rassismus keine Krankheit, die ein Psychotherapeut heilen könnte.

Sowenig die menschliche Natur rechte Gewalt determiniert, sowenig darf man die Ökonomie, das soziale Beziehungsgefüge und die politische Kultur eines Landes außer acht lassen. Die analytische Kardinalfrage lautet: Sind für die rechte Gewalt sogenannte Randgruppen der Gesellschaft verantwortlich oder wurzelt sie in den gesamtgesellschaftlichen Machtverhältnissen? Anders gesagt: Stellt die Gewalt eine Abweichung von der sozialen Norm, also nur eine individuelle Abnormität dar, oder ist Gewalt zur Normalität und damit »gesellschaftsfähig« geworden? Führen womöglich gar die im vereinten Deutschland *vorherrschenden* Wert- und Moralvorstellungen zur Gewalttätigkeit?

Aggression und Gewalt:
Begriffe – Grundlagen – Erscheinungsformen

Wenn von »Gewalt« die Rede ist, besteht häufig Unklarheit darüber, worum es eigentlich geht. Es handelt sich nicht um eine Sache oder um eine menschliche Eigenschaft, sondern um eine Relation, für die es keine allgemeingültige Definition gibt.[3] Mit anderen Worten: Gewalt ist eine soziale Konstruktion[4], die der Interpretation durch Täter, Opfer und (mal mehr, mal weniger beteiligte) Dritte unterliegt. Schon ihre Definition kann – im weitesten Sinne – gewaltsam sein, wenn sie andere Standpunkte kategorisch ausschließt. Eine terminologische Bestimmung muß den verschiedenen Erfahrungen, situativen Kontexten und gesellschaftlichen Rahmenbedingungen Rechnung tragen, unter denen die Gewalt auftritt. Gewalt bezeichnet ein Tun oder Unterlassen, das Lebewesen unter Anwendung von Mitteln des physischen bzw. psychischen Zwangs ihrer Handlungsmöglichkeiten, Entscheidungsalternativen und Entwicklungsperspektiven beraubt.

Unter den sich teils ergänzenden, teils widersprechenden Modellen zur Erklärung von Aggression und Gewalt finden sich Instinkt-, Trieb- und Lerntheorien. Dabei haben vor allem drei Konzepte einen hohen Bekanntheitsgrad erlangt.[5] Weit verbreitet ist die erste Vorstellung: Verhaltensforscher (Ethologen) wie der Nobelpreisträger Konrad Lorenz und sein Schüler Irenäus Eibl-Eibesfeldt behaupten, daß der Mensch – ebenso wie ein Tier – durch natürliche Urinstinkte dazu veranlaßt werde, sich im Falle seiner Bedrohung aggressiv zu verhalten.[6] Demnach löst beispielsweise das Eindringen von Fremden in ein bestimmtes Gebiet automatisch den »Revierverteidigungstrieb« und damit Gewalttätigkeit der Einheimischen aus.

Norbert Elias wendet sich gegen Wissenschaftler, die dem Menschen einen Angriffstrieb (analog dem Geschlechtstrieb) zuschreiben, und bemängelt, daß sie ein von anderen isoliertes Individuum zum Kristallisationspunkt ihres Erklärungsmodells machen, statt die Gruppenexistenz, Gesellschaftlichkeit und Sozialstrukturen zu berücksichtigen, in denen sich alle Menschen bewegen. Sehr prononciert formuliert er in seinen *Studien über die Deutschen,* die Machtkämpfe und Habitusentwicklung im 19./20. Jahrhundert behandeln: »Es ist nicht die Aggressivität, die Konflikte, es sind Konflikte, die Aggressivität auslösen.«[7]

Die zweite, kaum weniger einflußreiche Konzeption wurde 1939 in den USA von dem Psychologen John Dollard und seinen Mitarbeitern entwickelt. Ihre Frustrations-Aggressions-Hypothese begreift Gewalttätigkeit als Reaktion auf Enttäuschungen, Kränkungen und Diskriminierungen, die jemand erlitten hat.[8] Birgit Rommelspacher relativiert diesen Zusammenhang, indem sie hervorhebt, daß man Aggression auch gegen die eigene Person wenden und Frustration in anderen Formen ausagieren, ja sogar produktiv umsetzen kann. Die genannte Behauptung gelte daher nur unter der Bedingung, daß »Hinweisreize« in die Richtung der Aggression wiesen. So hätten Politik und Massenmedien mit der Asyldiskussion den folgenden Hinweis geliefert: Wir wollen keine Zuwanderer im Land haben, die uns Geld kosten. Vor allem Heranwachsende setzten diese Botschaft mit Gewalt um, denn die Gesellschaft lasse Regelverletzungen während der Jugendphase – in einem gewissen Rahmen – zu, und zwar besonders dann, wenn sie von Männern begangen würden: »Insofern sind männliche Jugendliche die geeigneten Projektionsfiguren für unbewußte gesellschaftliche Aggressionen. Sie leben die gewalttätigen, menschenverachtenden Phantasien aus, mit dem Resultat, daß sich alle anderen von ihrer eigenen Beteiligung freisprechen können.«[9]

Eine dritte, sehr viel überzeugendere Erklärungsvariante stammt von Albert Bandura: Seine soziale Lerntheorie konzediert, »daß der Mensch mit neurophysiologischen Mechanismen ausgestattet ist, die ihn in die Lage versetzen, sich aggressiv zu verhalten; die Aktivierung dieser Mechanismen ist jedoch auf geeignete Stimulation angewiesen und abhängig von kortikaler Kontrolle. Deshalb werden die spezifischen Formen, die aggressives Verhalten annimmt, die Häufigkeit, mit der es zum Ausdruck gebracht wird, und die spezifischen Zielobjekte, die für den Angriff ausgewählt werden, weitgehend durch soziale Erfahrung bestimmt.«[10] Mit natürlichen Instinkten und Triebregungen ist (rassistische) Gewalt schwerlich zu erklären oder zu entschuldigen. Hingegen hat sich Banduras These, wonach Gewalt – wie anderes menschliches Verhalten auch – sozial gelernt wird, also etwa durch die Nachahmung positiv sanktionierter, Erfolg versprechender Vorbilder entsteht, im wesentlichen bestätigt und ist auf die Welle rechter Gewalt im vereinten Deutschland anwendbar.

Gewalthandeln rechter Jugendlicher:
Entstehungsursachen, Hintergründe und Erklärungsansätze

Wer die Ursachen des Rechtsextremismus und rassistischer (Jugend-)Gewalt nicht kennt, kann zwar Symptome bekämpfen, aber keine wirksame Gegenwehr leisten. In der einschlägigen Literatur finden sich drei analytische Grundkonzeptionen:

– Das *individualpsychologische* Erklärungsmodell macht persönliche Kränkungen, Kindheitstraumata und Charakterdeformationen für Verhaltensauffälligkeiten bei Jugendlichen verantwortlich. Es kann hier vernachlässigt werden, weil es nur den biographischen Zugang einzelner Personen, aber kein gesellschaftliches Phänomen wie den Rechtsextremismus erfassen und seine politische Bedeutung erklären kann. Durch die »Psychologisierung« oder »Pathologisierung« rechter Gewalt kommt es vielmehr zu einer Entpolitisierung des Problems, das gesellschaftlich bedingt und nicht auf einzelne Individuen mit »abweichendem Verhalten« beschränkt ist.

– Der *sozialisationstheoretische* Ansatz sieht die Ursache für Gewalt in Entwicklungsdefiziten der verschiedenen Sozialisationsagenturen (Familie, Schule, Medien), der Vernachlässigung vieler Kinder durch ihre Eltern, Versäumnissen von Lehrern sowie der Verrohung durch Gewaltdarstellungen (z.B. Horrorvideos). Tiefer reicht die These von einem »Wertewandel«, der sich auf Modernisierungs- und Individualisierungsprozesse gründet.

– Die *gesellschaftskritische* Erklärungsvariante führt vermehrte Gewalt auf gesamtgesellschaftliche Entwicklungstrends zurück, seien sie nun ökonomischer Art (verschärfte Weltmarktkonkurrenz, Wirtschaftskrisen), sozialer Art (Arbeitslosigkeit, Pauperisierungs- und Polarisierungstendenzen) oder politischer Art (Entdemokratisierung, Leistungsideologie, Elitedenken, Aufwertung von Staat und Nation).

Desintegration als Grund für Aggression, Provokation und Gewalt? Rechtsextremismus in der »Risikogesellschaft«

Zuerst konzentrierte sich die Problemwahrnehmung im Rahmen des neueren (sozial)pädagogischen und politischen Gewaltdiskurses sehr stark auf jugendliche »Modernisierungsverlierer« und Opfer des Individualisierungsprozesses. Man kann darin einen Paradigmenwechsel sehen, daß nicht mehr – wie noch während der 70er Jahre – die autoritären Erziehungspraktiken der Kleinfamilie, sondern die Auflösung besagten Familientyps und die Aufweichung sozialer Beziehungsstrukturen zur Erklärung von Ausländerfeindlichkeit bei Jugendlichen herangezogen wurden.[11]

Durch sein erfolgreiches Wissenschaftsmarketing errang der Bielefelder Erziehungswissenschaftler Wilhelm Heitmeyer bald die mediale Deutungsdominanz auf dem Gebiet des Rechtsextremismus bei Jugendlichen. Sein sozialisationstheoretisches Konzept hob sich positiv gegenüber den Untersuchungen ab, die sich in einer Art wissenschaftlicher Buchhaltermanier darauf beschränkten, empirische Daten aufzulisten. Durch die Deskription von Fakten lassen sich Wesen und Wurzeln der Gewalt allerdings nicht ergründen.

Heitmeyers Desintegrationstheorem basiert auf Ulrich Becks Analyse der »Risikogesellschaft«, die als Resultat einer »reflexiven Modernisierung« erscheint.[12] Durch die »Enttraditionalisierung«, den Zerfall soziokultureller Milieus und die Pluralisierung der Lebensformen verlieren vor allem junge Menschen ihren moralischen Halt. »Je größer die Unübersichtlichkeit, um so wahrscheinlicher wird Gewalt, wenn sich der Zusammenhang von Zugehörigkeit und sozialer Kontrolle in sozialen Milieus auflöst, Inkonsistenzen auftreten und Identitätsmuster hervorgebracht werden, die zum Teil mit hohem Anomiegehalt verbunden sind und zur Klärung drängen.«[13] Heitmeyer reduziert den Rechtsextremismus auf zwei Bestandteile: Ideologien der Ungleichheit und Gewaltakzeptanz/-bereitschaft. Er verortet die Desintegration auf drei Ebenen: der sozialen, der beruflichen und der politischen. Entscheidend für die Attraktivität rechtsextremistischer Orientierungsmuster sei, wie von den Jugendlichen durch forcierte Modernisierung/Individualisierung erzeugte Ohnmachtsgefühle, Vereinzelungserfahrungen und Handlungsunsicherheiten verarbeitet würden. »Deshalb ist es notwendig, Prozesse zu analysieren und nicht nur am Ende der politischen Sozialisation auf die Mitgliedschaften und Gewalttaten zu starren.«[14]

Die Ethnisierung sozialer Probleme deutet Heitmeyer als Versuch einer Reintegration, der selten gelingt: »Der unumkehrbare Prozeß von Globalisierung, Internationalisierung und Universalisierung setzt eine neue Integrations-Desintegrationsdynamik in Gang, in der ethnisch-kulturelle und religiöse Kategorien eine zunehmende Bedeutung erlangen und aufgrund ihres dilemmahaften Prozesses neue Regulationsprobleme aufwerfen.«[15]

Heitmeyer verfährt unhistorisch. Geschichte kommt in seinem Erklärungsansatz überhaupt nicht vor. Wichtig wäre es aber, die spezifischen Traditionen eines Landes bzw. seiner politischen Kultur in die Analyse einzubeziehen. Darüber hinaus moniert Joachim Kersten den Allgemeinheitsanspruch und die »Geschlechtsblindheit« des Heitmeyerschen Desintegrationsansatzes.[16] Durch Vernachlässigung der geschlechtsspezifischen Sozialisation und ihrer Wirkungen auf die Gewaltbereitschaft männlicher Jugendlicher blieben wesentliche Aspekte des Problems unterbelichtet.

Immerhin erkennen Heitmeyer und seine Mitarbeiter/innen die zentrale Bedeutung der Konkurrenz für das Auftreten rechtsextremistischer Orientierungsmuster und erklären sie zum »Motor von Desintegration und damit der Auflösung des Sozialen«[17], ohne jedoch nationale Besonderheiten in die Analyse einzubeziehen. Rassismus ist eine spezifische Art, mit der sich drastisch verschärfenden und verallgemeinernden Konkurrenz umzugehen, indem man den vom Weltmarkt herrührenden Ausgrenzungsdruck auf Menschen lenkt, die sich als Fremde konstruieren und stigmatisieren lassen. Ob diese Form der Objekt- und Problemverschiebung gewählt wird, hängt von mehreren Faktoren ab: Machtkonstellationen, nationalen Traditionen und Einflußmöglichkeiten rechter Organisationen.

Adoleszenzkrise, Jugendprotest und Generationskonflikt: Gewalt als neue Form der Rebellion gegen die Erwachsenengeneration?

Die innerhalb der Gewaltforschung schon seit langem obsolete Frustrations-Aggressions-Hypothese feierte im Rahmen der neueren Rechtsextremismus-diskussion fröhliche Urstände, sofern rassistische Gewalt als »Hilferuf« überforderter und/oder vernachlässigter Jugendlicher charakterisiert wurde: »Die Jugendlichen fühlen sich angesichts der auch durch die Medien verbreiteten Vorurteile und Anklagen ohnmächtig gegenüber der Gesellschaft. Als einzige (!) Gegenreaktion bleibt ihnen das Mittel der Gewalt.«[18]

Zu den Erklärungsansätzen, die man als »Defizittheorien« zusammenfassen könnte, gehört auch die Vermutung, daß jugendliche Gewalttäter der »Erlebnisarmut« moderner Gesellschaft zu entfliehen suchten und Bewegungsmangel kompensierten. Martin Doehlemann verknüpft damit eine neue Form der »Wertewandel«-Hypothese: »Die moderne Konsum- und Konkurrenzgesellschaft vergrößert die Langeweile und hemmt die Moralentwicklung – und das ist eine brisante Mischung, ein Nährboden erhöhter Gewaltbereitschaft.«[19] Langeweile (unter Kindern und Jugendlichen) hat es zu allen Zeiten gegeben, aber noch nie gab es derart viele Möglichkeiten wie heute, sie zu beseitigen und sich auf unterschiedliche Art zu zerstreuen. Umgekehrt wachsen viele Jugendliche mit dem Terminkalender auf, weil es ihnen sonst schwerfiele, die knappe Zeit einzuteilen.

Wenn die rassistische Gewalt nicht als »Hilferuf« bagatellisiert wird, dramatisiert man sie häufig als »Protestschrei«. Unterschwellig wird damit Verständnis für die rechten Gewalttäter signalisiert, vor allem dann, wenn man ihnen attestiert, daß sie sich gegen die vermehrte Zuwanderung, vornehmlich aus der sogenannten Dritten Welt, sozialökonomische Fehlentwicklungen (in den östlichen Bundesländern) oder den Werteverfall (in der westlichen Demokratie) zur Wehr setzen. Mit dem Protestbegriff wird jedoch zu sorglos und wissenschaftlich unseriös umgegangen, wenn im Kontext ethnisch motivierter Übergriffe von einem »neuen Jugendprotest« die Rede ist. Werner Bergmann etwa sieht Versuche zur »Protestmobilisierung von rechts« in eine soziokulturelle Bewegung münden, die sich aus der persönlichen »Erfahrung von Fremdheit im Zuge massenhafter Migrationsprozesse« speist.[20] Jens Alber weist demgegenüber auf die Verantwortung der Politiker und Parteien für die Akzeptanz von Flüchtlingen und Arbeitsmigrant(inn)en hin: »Ausländerfeindliche Einstellungen wachsen nicht automatisch auf der Basis von Zuwanderung, sondern entstehen in einem politischen Klima, zu dem die politischen Eliten ganz wesentlich beitragen.«[21]

Rassistisch motivierte Gewalttäter protestieren nicht gegen die dominanten Einstellungen, sondern glauben aus bestimmten Gründen, sie gerade zu exekutieren: »Jugendliche, die Gewalttaten gegen Ausländer verüben, verstehen sich als diejenigen, die entschieden und entschlossen etwas ausführen, wovon die Erwachsenen immer nur reden.«[22] Daraus folgt, daß man schwerlich von einer Revolte sprechen kann, die sich gegen Erwachsenenwelt und Obrigkeit richten müßte. Vielmehr agieren die rechten Jugendlichen auf der Grundlage anerkannter Überzeugungen und aktueller Forderungen der (Regierungs-) Politik. »Rassistische Tendenzen sind also keineswegs eine Form der Auflehnung und Rebellion gegen die herrschende Ordnung, sondern sie stellen den Versuch dar, die bedrohte eigene Integration und Zugehörigkeit durch Demonstration besonderer Loyalität zu sichern.«[23]

Birgit Rommelspacher weist das Protestmotiv als Triebkraft für rassistische Anschläge mit dem Argument zurück, hierbei gehe es nicht ausschließlich oder hauptsächlich um ein Problem der Zu-kurz-Gekommenen, sondern in erster Linie um ein Problem der Etablierten bzw. jener, die es mit Gewalt werden wollen: »Anfällig für autoritär-nationalistische und rassistische Einstellungen sind vor allem die Jugendlichen und jungen Erwachsenen, die sich mit den herrschenden Werten Geld, Karriere und Erfolg identifizieren und unkritisch die Anforderungen ihrer Eltern übernehmen, das Leistungsprinzip verabsolutieren und die zwischenmenschlichen Beziehungen auf ihre Funktionalität für das Eigeninteresse reduzieren.«[24]

Es ist grundfalsch, rechte Gewalt als eine neue Form des Generationskonflikts zu verharmlosen. Die rechtsstehenden Jugendlichen stimmen nicht nur in hohem Maße mit Norm- und Wertorientierungen ihrer Eltern überein[25], die von ihnen verübten Gewalttaten richten sich auch überwiegend gegen Angehörige der *eigenen* Generation, sei es, weil diese eine andere Meinung vertreten, wie Grufties und Punks, oder weil sie das Idealbild einer »Volksgemeinschaft« aufgrund ihrer Hautfarbe, Herkunft bzw. ethnischen Zugehörigkeit (zer)stören.

Wer die rassistische Gewalt als handfest ausgetragenen Generationskonflikt bagatellisiert, reduziert das Problem auf *eine* Generation. Nur über Kinder- und Jugendgewalt zu sprechen heißt jedoch im Grunde, die alltägliche Gewalttätigkeit der Erwachsenen zu verleugnen und/oder zu verharmlosen. Das rechte Denken und Handeln von Jugendlichen als bloße Folge einer Adoleszenzkrise oder als moderne Form des Generationskonflikts zu interpretieren bedeutet, die jungen Gewalttäter nicht als politische Subjekte wahr- und ernst zu nehmen.

Wurzeln der Gewalt: Weltmarktkonkurrenz, Krise des Sozialen und Rechtsentwicklung – die Verantwortung der Politik

Teile der Tagespresse und Fachpublizistik klagten über einen »Sittenverfall«, die Erosion unserer Wertordnung und den fehlenden Gemeinschaftsgeist – als wären es nicht gerade Besitzwerte und gültige Leistungsnormen einer Wirtschaftsgesellschaft, die Appelle zur Stärkung des »Gemeinsinns« als Lippenbekenntnisse erscheinen lassen. Neokonservative und nationalliberale Kreise betonten wieder stärker »deutsche Tugenden«, d.h. Gehorsam, Pflichterfüllung, Disziplin, Pünktlichkeit, Fleiß, Sauberkeit, Bescheidenheit, kurz: »Zucht und Ordnung«.

Der Konstanzer Erziehungswissenschaftler Wolfgang Brezinka macht die Außerparlamentarische Opposition (APO) und ihre Folgewirkungen im Bildungswesen für den heutigen Rechtsextremismus verantwortlich. Zwar habe die linke Emanzipationsbewegung der »68er« den einzelnen viele Freiheiten beschert. »Sie hat aber auch unentbehrliche Voraussetzungen für gutes Zusammenleben zerstört oder geschwächt. Alle höheren Ideale wurden herabgesetzt; Ehrfurcht, Treue, Unterordnung, Gehorsam und selbstlose Dienstbereitschaft sind verspottet worden. Die folgenreichste Veränderung für die normative Kultur aber war das Absterben des christlichen Glaubens, der ›Tod Gottes‹ im Bewußtsein der meisten Menschen. Damit ist die stärkste Quelle für Geborgenheit und Grundvertrauen, für moralische Anstrengungsbereitschaft und für sicheres Rechts- und Unrechtsbewußtsein versiegt.«[26]

Statt die Existenz »rechter Schüler« den »linken Lehrer(inne)n« und überforderten Eltern anzulasten, sollte man von den Eliten unseres Landes Auskunft darüber verlangen, was sie in den letzten Jahren getan haben, um den sozialen Frieden zu gewährleisten. Prononciert formuliert, handelt es sich bei den jugendlichen Gewalttätern nämlich nicht um »Erziehungswaisen« der APO-Generation, sondern um Kinder der Kohl-Ära. Verständlich wird die Auseinandersetzung erst vor dem Hintergrund einer gesellschaftspolitischen Weichenstellung für die nächsten Jahrzehnte. Dabei geht es konservativen Kreisen um mehr als die Durchsetzung eines anderen Erziehungsstils: Fehlentwicklungen innerhalb der Gesellschaft werden mißbraucht, um eine Restauration weit über das Bildungswesen hinaus zu verwirklichen und eine Politik zu legitimieren, die demokratische Grundrechte beschneidet (sogenannter Großer Lauschangriff, Ausbau staatlicher Kontrollmechanismen, Verwischung der Grenzen zwischen Polizei und Geheimdiensten) und jenes größere Maß an Liberalität, Kritikfähigkeit und Toleranz, das die politische Kultur der Bundesrepublik seit Ende der 60er/Anfang der 70er Jahre auszeichnet, wieder einzuschränken.

Man muß nicht einer Ausweitung des Gewaltbegriffs im Sinne Johan Galtungs das Wort reden[27], um die Ursachen der Jugendgewalt in Gesellschaftsstrukturen, staatlichen Institutionen und kulturellen Entwicklungstendenzen zu verorten. Gewalt ist kein persönliches Charaktermerkmal oder Schicksal, sondern ein Austragungsmodus zwischenmenschlicher Konflikte. Deshalb darf man sie weder von den sozialen Beziehungen noch von Einstellungen, Lebenserfahrungen und Motiven jener Menschen ablösen, die sie ausüben.

Das Verhältnis der Menschen zur Gewalt ergibt sich aus dem Umgang jener Gesellschaft, in der sie leben, mit Aggression und Gewalt. Die Gesellschaft wiederum verdrängt das Problem der Gewalt, indem sie nach Sündenböcken sucht, Außenseitern die Schuld zuschiebt oder sogar die Opfer selbst verantwortlich macht. Gewalt durchzieht aber zur Zeit, von (einer Globalisierung) der Ökonomie ausgehend, fast die ganze Gesellschaft, und je mehr sie deren Kernbereiche in subtiler Weise prägt, um so eher gelingt es dem Rechtsextremismus als aggressivster Richtungsgruppierung der Politik, seine Handlungsressourcen auszuschöpfen.

Seit 1989/90 hat die Gewaltakzeptanz der Öffentlichkeit spürbar zugenommen. In einer zeitweise kampagnenartig geführten Asyldiskussion wurde die Angst vor »Überflutung« und »Überfremdung« durch Flüchtlinge geschürt und die Hemmschwelle zur Gewaltanwendung gegenüber Angehörigen von Minderheiten gesenkt. Wird (West-)Europa zur Wohlstandsfestung ausgebaut, droht nicht nur die Anwendung von Waffengewalt an seinen Außengrenzen, sondern auch mehr Gewalttoleranz im Innern. Tendenzen einer Nationalisierung, Militarisierung und Refunktionalisierung des Krieges als eines »normalen« Mittels der Außenpolitik, wie sie im Rahmen der strategischen Umorientierung von Bundeswehr und NATO auf Interventionsoptionen (Aufstellung von Krisenreaktionsstreitkräften) stattfindet, verstärken den Eindruck, daß die Androhung und/oder Anwendung von Gewalt legitim ist.

An die Stelle des jahrzehntelangen Rüstungswettlaufs zwischen den zwei Militärbündnissen NATO und Warschauer Pakt ist ein Verdrängungswettbewerb zwischen den drei großen Wirtschaftsblöcken Nordamerika (USA, in der Freihandelszone NAFTA mit Kanada und Mexiko vereint), Westeuropa (EU) und Südostasien (Japan mit den sogenannten vier Kleinen Tigern: Hongkong, Singapur, Südkorea und Taiwan) getreten.[28] Das vereinte Deutschland, seine Regierung und die sie tragenden Kräfte wollen sich offenbar an diesem (meist unter dem Stichwort »Standortsicherung« geführten) Kampf der sogenannten Triadenmächte um Marktanteile, Absatzmärkte, Anlagesphären, Ressourcen, strategische Rohstoffe und Patentrechte beteiligen. Seit geraumer Zeit werden die sozialen, politischen, rechtlichen und militärischen Voraussetzungen dafür geschaffen. Genannt seien nur: Asylrechtsänderungen, »out of area«-Einsätze der Bundeswehr und die »Verschlankung« des Sozialstaates.

Wie der von einer drastisch verschärften Weltmarktkonkurrenz ausgehende Leistungsdruck in einem kapitalistischen Wirtschaftssystem »nach unten«

weitergegeben und dort verarbeitet wird, hängt nicht zuletzt von der politischen Kultur eines Landes ab. Ein aggressiver Standortwettbewerb fördert die Gewaltbereitschaft innerhalb der daran beteiligten Gesellschaften vornehmlich dann, wenn sich diese auf den Nationalstaat konzentrieren und den Nationalismus als Integrationsideologie favorisieren.

Genausowenig, wie die vor allem unter weiblichen Jugendlichen verbreitete Magersucht ohne den Schlankheitswahn in der Werbung zu verstehen ist, genausowenig ist die Eskalation rassistisch motivierter Gewalt hauptsächlich unter männlichen Jugendlichen ohne Wandlungsprozesse der politischen Kultur zu begreifen. »Was die Menschen sagen und in etwa auch, was sie wirklich denken, hängt weitgehend vom geistigen Klima ab, in dem sie leben; ändert sich dieses Klima, paßt sich der eine schneller an als der andere.«[29] Daß sich neuerdings ein Viertel der Gesamtbevölkerung Fernsehübertragungen der Kämpfe um die Boxweltmeisterschaft anschaut, hat meines Erachtens weniger mit der wiedererwachten Faszination dieser brutalen Männersportart als mit der Tatsache zu tun, daß man sich mit jenen Deutschen identifiziert, die im Schwer- und Halbschwergewicht größere Erfolge feiern.

Die Durchkapitalisierung und Kommerzialisierung fast aller Lebensbereiche, Deregulierung, Flexibilisierung und »Kaputtsanierung« (von Teilen) der DDR-Wirtschaft sowie (Re-)Privatisierung sozialer Risiken, öffentlichen Eigentums (z. B. der Bundesbahn und -post), der audiovisuellen Medien und zuletzt sogar der Arbeitsvermittlung fördern wenigstens der Tendenz nach Entsolidarisierung und Gewalt. Eine soziale Polarisierung, wie sie die Bundesregierung schon während der 80er Jahre betrieben hat[30], führt fast zwangsläufig zur Radikalisierung direkt oder indirekt von Pauperisierung betroffener Personen sowie zur Brutalisierung gesellschaftlicher Verteilungskämpfe und Konflikte.

Rücksichtslosigkeit ist eine Erfolgsbedingung der kapitalistischen »Raff- und Risikogesellschaft«, die Bereitschaft, gegenüber Konkurrenten psychischen Druck auszuüben, in unserer Gesellschaft gang und gäbe. Weil man sich überall »durchboxen« muß, wird Gewalttätigkeit zu einer Verhaltensweise, die als normal erscheint.[31] Jugendliche sind zwar nicht die Vorreiter der Entwicklung zu einer »Ellbogengesellschaft«, können sich diesem Trend aber kaum entziehen.[32] In den Köpfen jener Kinder und Jugendlichen, die Gewalt »geil« finden, spiegeln sich gesellschaftliche Entwicklungen und »Zeitgeisterscheinungen«. Je mehr der Alltag von Millionen Bürger(inne)n zu einem permanenten Wett- oder Überlebenskampf wird, um so weniger ist die Gewalt daraus zu verbannen.

Mitgefühl, Empathie und Moral sind in einer deregulierten Marktökonomie dysfunktional, weil diese von der neoliberalen Rivalitätslogik, Verwertungsinteressen und Rentabilitätserwägungen beherrscht wird. Sozialdarwinismus, auf die wohlfeile Alltagserfahrung gegründet, daß Stärkere über (sozial) Schwächere triumphieren, bildet einen idealen Nährboden für Rechtsextremismus, Rassismus und Gewalt. Durchsetzungsfähigkeit zu haben heißt,»hart gegen sich und andere« zu sein. Von der in Schulen, Büros und Betrieben üblichen»Einzelkämpfer«-Mentalität ist es zur Gewalttätigkeit nur ein kurzer Weg.»Werden systematisch jene belohnt, denen es gelingt, sich in der Konkurrenz gegen andere zu behaupten, wird die Frage nach den zulässigen Mitteln und moralischen Grenzen nur noch in Sonntagsreden gestellt, kann die prinzipiell geforderte aggressiv-egoistische Selbstbehauptung insbesondere dann in Gewalthandeln umschlagen, wenn Individuen und soziale Gruppen in Krisenzeiten über keine anderen Mittel zu verfügen glauben, um sich gegen vermeintliche Gegner durchzusetzen.«[33]

Anmerkungen

1 Vgl. Ch. Butterwegge: Rechtsextremismus, Rassismus und Gewalt. Diskussion wichtiger Erklärungsmodelle. Darmstadt 1996.
2 R. Rathgeber; K. Wahl: Einleitung. In: Deutsches Jugendinstitut (Hrsg.): Gewalt gegen Fremde. Rechtsradikale, Skinheads und Mitläufer. München 1993, S. 5–10. Darin: S. 5.
3 Vgl. H. Saner: Hoffnung und Gewalt. Zur Ferne des Friedens. Basel 1982, S. 73.
4 Vgl. W. Frindte:»Die Gewalt herrscht ...« – Aspekte einer sozialpsychologischen Betrachtung. In: W. Kempf u. a. (Hrsg.): Gewaltfreie Konfliktlösungen. Interdisziplinäre Beiträge zu Theorie und Praxis friedlicher Konfliktbearbeitung. Heidelberg 1993, S. 17–34. Darin: S. 19.
5 Vgl. U. Rauchfleisch: Allgegenwart von Gewalt. Göttingen 1992, S. 14 ff.
6 Vgl. K. Lorenz: Das sogenannte Böse. Zur Naturgeschichte der Aggression. 19. Aufl. München 1993; I. Eibl-Eibesfeldt: Liebe und Haß. Zur Naturgeschichte elementarer Verhaltensweisen. 5. Aufl. München/Zürich 1972.
7 N. Elias: Studien über die Deutschen. Machtkämpfe und Habitusentwicklung im 19. und 20. Jahrhundert. Frankfurt a.M. 1992, S. 226, Fn. 2.
8 Vgl. J. Dollard u. a.: Frustration und Aggression. 5. Aufl. Weinheim/Basel 1973.
9 B. Rommelspacher: Männliche Jugendliche als Projektionsfiguren gesellschaftlicher Gewaltphantasien. Rassismus im Selbstverständnis der Mehrheitskultur. In: W. Breyvogel (Hrsg.): Lust auf Randale. Jugendliche Gewalt gegen Fremde. Bonn 1993, S. 65–82. Darin: S. 76.
10 A. Bandura: Aggression. Eine sozial-lerntheoretische Analyse. Stuttgart 1979, S. 45.
11 Vgl. M. Bommes; A. Scherr: Rechtsextremismus: ein Angebot für ganz gewöhnliche Jugendliche. In: J. Mansel (Hrsg.): Reaktionen Jugendlicher auf gesellschaftliche Bedrohung. Untersuchungen zu ökologischen Krisen, internationalen Konflikten und politischen Umbrüchen als Stressoren. Weinheim/München 1992, S. 210–227. Darin: S. 215.
12 Siehe dazu: U. Beck: Risikogesellschaft. Auf dem Weg in eine andere Moderne. Frankfurt a.M. 1986.
13 W. Heitmeyer u.a.: Gewalt. Schattenseiten der Individualisierung bei Jugendlichen aus unterschiedlichen Milieus. Weinheim/München 1995, S. 72.
14 W. Heitmeyer: Das Desintegrations-Theorem. Ein Erklärungsansatz zu fremdenfeindlich motivierter, rechtsextremistischer Gewalt und zur Lähmung gesellschaftlicher Institutionen. In: ders. (Hrsg.): Das Gewalt-Dilemma. Gesellschaftliche Reaktionen auf fremdenfeindliche Gewalt und Rechtsextremismus. Frankfurt a.M. 1994, S. 29–69. Darin: S. 47.

15 W. Heitmeyer: Ethnisch-kulturelle Konfliktdynamiken in gesellschaftlichen Desintegrationsprozessen. In: ders.; R. Dollase (Hrsg.): Die bedrängte Toleranz. Ethnisch-kulturelle Konflikte, religiöse Differenzen und die Gefahren politischer Gewalt. Frankfurt a. M. 1996, S. 31–63. Darin: S. 32.

16 Vgl. J. Kersten: Der Männlichkeits-Kult. Über die Hintergründe der Jugendgewalt. In: Psychologie heute (1993) 9, S. 50–57. Darin: S. 51.

17 Heitmeyer u. a. 1995, S. 58 (s. Anm. 13).

18 E. Funk-Hennigs: Angst, Haß und Gewalt in unserer Gesellschaft – dargestellt an der Musikszene der Skinheads. Vorüberlegungen zur Jugendkultur. In: G. Sauerwald (Hrsg.): Angst, Haß, Gewalt – Fremde in der Zweidrittelgesellschaft. Eine Herausforderung für das Sozialwesen. Münster/Hamburg 1994, S. 47–76. Darin: S. 61.

19 M. Doehlemann: Langeweile, Moralentwicklung und Gewaltbereitschaft von Jugendlichen in der Konsum- und Konkurrenzgesellschaft. In: G. Sauerwald (Hrsg.): Angst, Haß, Gewalt – Fremde in der Zweidrittelgesellschaft. Eine Herausforderung für das Sozialwesen. Münster/Hamburg 1994, S. 29–45. Darin: S. 37.

20 Siehe W. Bergmann: Ein Versuch, die extreme Rechte als soziale Bewegung zu beschreiben. In: ders.; R. Erb (Hrsg.): Neonazismus und rechte Subkultur. Berlin 1994, S. 183–207. Darin: S. 186/184.

21 J. Alber: Zur Erklärung von Ausländerfeindlichkeit in Deutschland. In: E. Mochmann; U. Gerhardt (Hrsg.): Gewalt in Deutschland. Soziale Befunde und Deutungslinien. München 1995, S. 39–68. Darin: S. 64.

22 W. Hornstein: Gewaltbereitschaft von Kindern und Jugendlichen. In: K. Hilpert (Hrsg.): Die ganz alltägliche Gewalt. Eine interdisziplinäre Annäherung. Opladen 1996, S. 19–43. Darin: S. 31.

23 U. Osterkamp: Verleugnung und Irrationalisierung des Rassismus im öffentlichen Diskurs. In: H. Lengfeld (Hrsg.): Entfesselte Feindbilder. Über die Ursachen und Erscheinungsformen von Fremdenfeindlichkeit. Berlin 1995, S. 129–144. Darin: S. 129.

24 B. Rommelspacher: Rassistische und rechte Gewalt: Der Streit um die Ursachen. In: dies.: Dominanzkultur. Texte zu Fremdheit und Macht. Berlin 1995, S. 80–87. Darin: S. 86.

25 Vgl. W. Helsper; H. Wenzel (Hrsg.): Einleitung – Reflexionen zum Verhältnis von Pädagogik und Gewalt. In: Dies. (Hrsg.): Pädagogik und Gewalt. Möglichkeiten und Grenzen pädagogischen Handelns. Opladen 1995, S. 9–33. Darin: S.11.

26 W. Brezinka: Gewalt, Staat und Erziehung. Pädagogische Rundschau (1995) 1, S. 3–17. Darin: S. 10 f.

27 Vgl. J. Galtung: Strukturelle Gewalt. Beiträge zur Friedens- und Konfliktforschung. Reinbek bei Hamburg 1975.

28 Zu den politisch-ökonomischen Hintergründen dieses Konzepts und seinen fatalen Konsequenzen für die internationalen Beziehungen vgl. W.-D. Narr; A. Schubert: Weltökonomie. Die Misere der Politik. Frankfurt a.M. 1994; J. Hirsch: Der nationale Wettbewerbsstaat. Staat, Demokratie und Politik im globalen Kapitalismus. Berlin/Amsterdam 1995.

29 Th. W. Adorno: Studien zum autoritären Charakter. Vorrede von Ludwig von Friedeburg. Frankfurt a.M. 1995, S. 5.

30 Vgl. E.-U. Huster: Neuer Reichtum und alte Armut. Düsseldorf 1993, S. 131.

31 Siehe R. Montau:»Durchboxen, das is überall so«. Zur Entwicklung von Gewaltbereitschaft bei Jugendlichen. Psychosozial 59 (1995), S. 79–98.

32 Vgl. E. Brähler; H.-J. Wirth: Abwendung von sozialen Orientierungen: Auf dem Weg in einen modernisierten Sozialdarwinismus? In: W. Heitmeyer; J. Jacobi (Hrsg.): Politische Sozialisation und Individualisierung. Perspektiven und Chancen politischer Bildung. Weinheim/München 1991, S. 77–97. Darin: S. 96.

33 A. Scherr: Wen interessiert schon diese Jugend? Vorgänge 122 (1993), S. 117–124. Darin: S. 121.

Ruud Koopmans

Soziale Bewegung von rechts?

Zur Bewegungsförmigkeit rechtsradikaler und ausländerfeindlicher Mobilisierung in Deutschland [1]

Unter der Voraussetzung sich öffnender Gelegenheitsstrukturen für »nationale« Themen kam es Anfang der neunziger Jahre zu einer Welle von rechtsextremen und ausländerfeindlichen Aktionen. Die öffentliche Debatte um das Thema der Immigration und insbesondere der Asylpolitik verschaffte den extremen Rechten Möglichkeiten, aus ihrem politischen Ghetto herauszukommen, interne Gegensätze zu überbrücken und Anschluß zu finden an ein von Politik, Medien und breiten Bevölkerungsschichten anerkanntes soziales »Problem«. Neonazistische Gruppierungen und rechtsextreme Parteien versuchten, die vor allem von Skinheads und eher unpolitischen Jugendlichen getragene Gewaltwelle für ihre Zwecke zu instrumentalisieren und waren damit zumindest teilweise auch erfolgreich, wie es die gestiegenen Mitgliederzahlen neonazistischer Gruppierungen und die Landtagswahlerfolge der Republikaner und der DVU zwischen 1991 und 1993 zeigten.

Darüber hinaus fanden die von den Rechtsextremen vertretenen Ziele (wie etwa »Deutschland den Deutschen!«) und Problemdeutungen (Asylbewerber als »Kriminelle« oder zumindest als »Scheinasylanten«) zeitweise eine breite Unterstützung in der Bevölkerung. Sogar Gewalt als Mittel zur Durchsetzung dieser Ziele wurde von einer nicht unbedeutenden Minderheit der Bevölkerung gebilligt. Schließlich gelang auch eine gewisse Intellektualisierung des rechtsradikalen Diskurses, indem die aus neurechten Kreisen stammende Ideologie des »Ethnopluralismus« von anderen rechtsradikalen Gruppen, aber auch von manchen Repräsentanten des etablierten Konservatismus, übernommen wurde [2].

Diese Entwicklungen führten zu einer intensiven und kontroversen Debatte in Wissenschaft und Medien, ob diese Welle ausländerfeindlicher und rechtsradikaler Mobilisierung als Indiz für die Herausbildung einer sozialen Bewegung von rechts zu deuten sei. [3] Bevor wir weiter auf diese Frage eingehen, scheint es angebracht zu klären, was eigentlich der Nutzen einer Deutung der jüngsten Erscheinungsformen von Rechtsextremismus und Fremdenfeindlichkeit als »soziale Bewegung« sein kann. Wenn es hier um ein rein nominalistisches Unternehmen ginge, das nicht wirklich zur Erklärung und gesellschaftlichen Deutung des Phänomens beiträgt, wäre schließlich wenig gewonnen.

Die Beantwortung der Frage nach dem »Bewegungscharakter« des heutigen Rechtsextremismus scheint aber aus mindestens zwei Gründen relevant. Zum ersten existiert eine umfassende Literatur zu sozialen Bewegungen, die, wenn sie auf den Gegenstand zuträfe, eine eigenständige Erklärung des Rechtsextremismus erlauben würde, die sich deutlich von konkurrierenden Theorieangeboten unterscheidet, die die jüngste Welle von Rechtsextremismus und Ausländerfeindlichkeit zum Beispiel in einem jugendsoziologischen oder massenpsychologischen Begriffsrahmen einordnen[4]. Zweitens ist die Antwort auf die »Bewegungsfrage« von großer Bedeutung für die Einschätzung der gesellschaftlichen und politischen Relevanz und für die Wahl von Strategien zur Bekämpfung von Rechtsextremismus und Ausländerfeindlichkeit.

Der Begriff »soziale Bewegung« wird, welcher Definition man auch folgt, benutzt, um kollektive Phänomene anzudeuten, deren Kohärenz irgendwo zwischen der von Organisationen (wie »Parteien«) und kurzfristigen kollektiven Epiphänomenen (wie »Modetrends« oder »Stimmungslagen«) liegt, deren inhaltliche Ausrichtung auf politische, und nicht zum Beispiel auf kulturelle, (wie in »Subkulturen«) Veränderung zielt und deren Charakter nicht bloß expressiv ist (wie »Jugenddevianz«).

Das heißt nicht, daß Organisationen, Stimmungslagen, Subkulturen oder expressive Elemente nicht Teil einer sozialen Bewegung sein können. Soziale Bewegungen kennzeichnen sich gerade dadurch aus, daß sie solche Elemente in einem komplexen, polyzentrischen und schwer lokalisierbaren Gebilde miteinander verbinden. Die »Ökologiebewegung« ist zum Beispiel nicht nur Greenpeace oder die Grünen, ist nicht nur ein Lebensstil oder eine umweltfreundliche Stimmungslage in der Bevölkerung, ist nicht nur der Boykott von Shell oder der Kauf im Ökoladen – sie ist das, was diese Elemente miteinander verbindet, ungreifbar, aber damit nicht weniger reell.

Läßt sich der heutige Rechtsextremismus also als soziale Bewegung beschreiben, dann impliziert dies, daß dieses Phänomen sich als eine eigenständige, relativ dauerhafte und politisch ernstzunehmende Erscheinung im politischen Kräftefeld hat etablieren können – eine Einschätzung, die zu ganz anderen Bekämpfungsstrategien Anlaß geben würde, als es zum Beispiel bei einer Einschätzung als »Jugenddevianz« oder »Abwehrreaktion« auf gestiegenen Zuwanderungsdruck der Fall wäre.

Kriterien für die Beurteilung der Bewegungsförmigkeit des Rechtsextremismus

Leider ist die bisherige Diskussion aus mehreren Gründen schwer durchschaubar und in ihren Ergebnissen unschlüssig geblieben. Zum ersten fehlen bei vielen Autoren explizite Kriterien, an denen sich die Bewegungsförmigkeit des Rechtsextremismus messen läßt. Zweitens besteht eine Neigung, die Frage ohne Differenzierungen anzugehen. Gerade im Licht der vielfältigen Erscheinungsformen von Rechtsextremismus und Ausländerfeindlichkeit scheint es angebracht, die Frage relativ, im Sinne eines Mehr oder Weniger zu diskutieren, anstatt sie mit einem uneingeschränkten Ja oder Nein beantworten zu wollen.

Zum dritten wird in der Diskussion der Bewegungsbegriff oft stark normativ aufgeladen, indem er nur für kollektive Phänomene mit progressiver, emanzipatorischer Zielsetzung reserviert wird.[5] Diese Sichtweise erlaubt zwar eine eindeutige, »politisch korrekte« Antwort auf die Frage nach der Bewegungsförmigkeit des Rechtsextremismus, steht aber nicht im Einklang mit gängigen Definitionen sozialer Bewegungen und kann leicht zu einer Verharmlosung oder Entpolitisierung des Phänomens, die die Vertreter dieser Position gerade vermeiden wollen, führen. Schließlich entbehren die meisten Beiträge zur Diskussion einer systematischen empirischen Basis. Da – wenn man sich einmal über die anzulegenden Kriterien einig ist – die Frage nach der Bewegungsförmigkeit des Rechtsextremismus letztendlich nur empirisch beantwortet werden kann, ist dies vielleicht der gravierendste Makel der bisherigen Debatte.

In Anlehnung an die Definitionen von Neidhardt und Rucht sowie von Raschke, sind soziale Bewegungen als mobilisierte Netzwerke von Individuen, Gruppen und Organisationen, die mittels Protest grundlegenden sozialen Wandel herbeiführen oder verhindern wollen, zu verstehen.[6] Diese Definition schließt kollektive Akteure mit einer konservativen, reaktionären oder anti-emanzipatorischen Zielsetzung nicht von vorneherein aus und ist damit grundsätzlich offen für die Möglichkeit, daß es eine soziale Bewegung von rechts geben kann. Auf der anderen Seite werden einige bedeutsame Eingrenzungen vorgenommen, welche eine Abgrenzung sozialer Bewegungen von anderen kollektiven Akteuren und Handlungen ermöglichen.

Mit dem ersten, die Zielsetzung betreffenden Kriterium werden soziale Bewegungen als kollektive Akteure, die sich auf Grundfragen gesellschaftlicher und politischer Ordnung richten, definiert. Damit werden einzelne Protestaktivitäten, die sich auf eine ganz konkrete Forderung richten und solche Grundfragen nicht berühren, ausgeschlossen. So wäre eine Reihe von lokalen Protestaktionen gegen ein Asylbewerberheim an und für sich keine soziale Bewegung. Erst wenn man in einem hinreichenden Maße eine Einbettung dieser konkreten Forderung etwa in einer Vorstellung zur Neugestaltung der Immigrations- oder Ausländerpolitik nachweisen könnte, wäre sie als Teil einer umfassenderen sozialen Bewegung zu verstehen.

Zweitens müssen, was die Trägerschaft betrifft, netzwerkartige Kommunikations- und Kooperationszusammenhänge zwischen mehreren Gruppen und Organisationen bestehen. Einzelne Organisationen, Parteien oder lokale Protestkampagnen sind nach dieser Auffassung keine sozialen Bewegungen, auch wenn diese sich selbst manchmal so definieren. Ebensowenig könnte man von einer rechten sozialen Bewegung reden, wenn es keine oder nur schwach entwickelte persönliche und organisatorische Verbindungen zwischen den einzelnen rechtsradikalen Parteien, Gruppen und Subkulturen geben würde.

Das dritte Kriterium bezieht sich schließlich auf die von sozialen Bewegungen eingesetzten Mittel, bei denen die öffentliche Protestmobilisierung eine zentrale Rolle einnimmt. Zwar machen auch politische Parteien und Verbände gelegentlich von solchen Aktionsformen Gebrauch, diese bedienen sich aber vordergründig eher konventioneller Mittel wie parlamentarischer Arbeit, Lobbyismus oder Pressemitteilungen. Bedingt durch ihren relativ geringen Zugang zu konventionellen Wegen der politischen Einflußnahme, sind soziale Bewegungen dagegen vor allem auf die Mobilisierung ihrer Anhängerschaft in unkonventionellen Protestaktionen angewiesen. Die Protestmobilisierung erfüllt für soziale Bewegungen auch in Bezug zu den beiden anderen Kriterien eine wichtige Rolle. Sie machen die Zielsetzungen der Bewegung erst einmal in der Öffentlichkeit sichtbar und dienen zugleich dazu, aus einzelnen Individuen, Organisationen und Gruppen einen nach innen und außen sichtbaren kollektiven Akteur zu schmieden.

Rechtsextreme Mobilisierung 1990–1994: Zielsetzung, Organisation, Aktionsformen und Umfang

Legen wir die drei aus der vorgeschlagenen Definition folgenden Kriterien für Bewegungsförmigkeit an, so fällt es nicht schwer, diese Elemente innerhalb des rechtsextremen Lagers nachzuweisen. Auf grundlegenden sozialen Wandel (oder dessen Verhinderung) gerichtete Zielsetzungen und Ideologien sind bei den neuen Rechten, den meisten neonazistischen Organisationen und, etwas weniger ausgeprägt, auch bei den rechtsextremen Parteien vorhanden. So wehren sich diese Gruppierungen entschieden gegen elementare und weithin akzeptierte gesellschaftliche und politische Entwicklungstendenzen, etwa den Trend zu einer multikulturellen Gesellschaft und den Prozeß der europäischen Integration. Stattdessen plädieren sie für eine »nationale« Politik, die innenpolitisch auf die Wiederherstellung einer ethnisch homogenen Gemeinschaft, und außenpolitisch auf eine eigenständige, allein von nationalen Interessen bestimmte Rolle Deutschlands im internationalen politischen Kräftefeld zielt. Legitimiert werden solche Politikvorstellungen unter anderem durch die von neurechten Kreisen verbreitete Ideologie des Ethnopluralismus.

Vernetzungstendenzen auf organisatorischer Ebene sind schwerer nachweisbar, zumal unser Wissen auf Grund der teilweise konspirativen Verhaltensweisen der Gruppierungen beschränkt ist. Dennoch gibt es auch hier Hinweise auf eine zunehmende Vernetzung zwischen neonazistischen Organisationen und Personenzusammenschlüssen, die teilweise auch die Skinheadsubkultur miteinbezieht. Die Verbote der wichtigsten neonazistischen Organisationen ab Ende 1992 haben eine solche Vernetzung zwar erschwert, scheinen aber keine entscheidende Wirkung zu zeigen. Zum einen bedienen sich die militanten rechtsextremen Gruppierungen erfolgreich moderner Kommunikationssysteme wie Mailboxen und Info-Telefone und können dadurch ihre organisatorische Schwäche teilweise kompensieren. Zum anderen hat der gewachsene gesellschaftliche Druck auf den militanten Rechtsextremismus als ungewollter Nebeneffekt zu einer gewissen Solidarisierung und Kampagnenzusammenarbeit (wie zum Beispiel in der sogenannten »Anti-Antifa-Kampagne«) zwischen den sich vorher stark kompetitiv zueinander verhaltenden Gruppierungen geführt[7].

Auch das dritte, für die Bewegungsförmigkeit zentrale Element der Protestmobilisierung scheint im rechtsextremen Lager leicht zu finden zu sein. Diesbezüglich springt zuerst die massive Welle ausländerfeindlicher Anschläge in der ersten Hälfte der neunziger Jahre ins Auge. Neben diesen eher spontanen, meist anonymen und von kleineren Gruppen Jugendlicher begangenen Gewaltakten, gab es aber gelegentlich auch öffentliche Aufmärsche mit bis zu einigen tausend Teilnehmern.

Die Feststellung, daß die hier herangezogenen Definitionsmerkmale für soziale Bewegungen innerhalb des rechtsextremen Spektrums nachweisbar sind, ist nicht neu. Die bisherige Diskussion hat es aber weitgehend bei dieser Feststellung belassen, und aus dem Vorhandensein der Ingredienzen auch auf die Existenz der Speise, d. h. einer rechtsradikalen Bewegung, geschlossen. Um eine solche Schlußfolgerung überzeugend zu belegen, muß aber gezeigt werden, daß diese drei Elemente auch untereinander verknüpft sind und – ganz entscheidend – in der Protestmobilisierung zusammentreffen. Gerade weil soziale Bewegungen nicht über einen institutionalisierten Zugang zum politischen System verfügen, sind sie darauf angewiesen, über Proteste öffentliche Aufmerksamkeit für ihre Anliegen, Deutungsmuster und Forderungen zu gewinnen. Solange die ideologischen Vorstellungen und Zielsetzungen neurechter und neonazistischer Kreise nur im internen Kommunikationsnetz kursieren und kaum über Proteste eine breitere Öffentlichkeit erreichen, kann auch nur eingeschränkt von einer sozialen Bewegung die Rede sein. Das Gleiche würde gelten, wenn etwa die Organisationen der extremen Rechten vor allem mit nicht-öffentlichen internen Treffen beschäftigt und kaum in der Protestmobilisierung involviert sind.

Um die Frage der Bewegungsförmigkeit zu beantworten, bedarf es also Informationen über die rechtsextreme und ausländerfeindliche Mobilisierung, die sich nicht, wie beim Verfassungsschutz und Bundeskriminalamt, auf Zahlen bestimmter Straftaten beschränken, sondern zum Beispiel auch Angaben über die inhaltliche Ausrichtung der Taten und über die Beteiligung von Organisationen enthalten. Auf der Basis einer Inhaltsanalyse der *Frankfurter Rundschau* wurden im Rahmen des am Wissenschaftszentrum Berlin durchgeführten Projektes »Einwanderungspolitik, Ausländerfeindlichkeit und Rechtsradikalismus« für den Zeitraum 1990–1994 Daten zu rechtsextremen und ausländerfeindlichen Äußerungen und Aktionen erhoben, die eine genauere Analyse der Bewegungsförmigkeit rechtsextremer Mobilisierung erlauben[8].

Tabelle 1:
Inhaltliche Ziele rechtsradikaler und
ausländerfeindlicher Aktionen und Äußerungen, 1990–1994

Ausländerfeindliche Ziele	11,5%
Antisemitische Ziele	1,7%
Revisionistische Ziele	
(2. Weltkrieg/Nationalsozialismus)	*4,6%
Großdeutsche Ziele	
(gegen Anerkennung der Oder-Neisse Grenze usw.)	1,3%
Gegen Verbote und Kriminalisierung	3,3%
Anti-Linke Ziele (inklusive Anti-Antifa)	2,6%
Sonstige Ziele	1,5%
Keine konkrete Zielsetzung	73,4%
Total (N=988)	100,0%

Wenn wir zuerst die Zielsetzungen und Forderungen rechtsextremer und ausländerfeindlicher Handlungen betrachten, dann fällt vor allem die weitgehende »Sprachlosigkeit« des Protestes auf. Bei nur ungefähr einem Viertel der Aktionen und öffentlichen Äußerungen wurde überhaupt ein konkretes Ziel oder eine Forderung formuliert (Tabelle 1). Bei dieser Kategorie ging es darüber hinaus mehrheitlich um wenig ausgearbeitete Forderungen wie etwa »Deutschland den Deutschen!« oder »Ausländer raus!«. Hier unterscheidet sich der Rechtsextremismus deutlich vom Linksradikalismus. Linksradikale Gewaltaktionen werden meistens von für die Öffentlichkeit bestimmten Bekennerschreiben begleitet, welche oft eine ausführliche Begründung der Aktion und konkrete Forderungen enthalten. Auch ein Vergleich mit der gegen Rechtsextremismus und Ausländerfeindlichkeit gerichteten Mobilisierung, wobei in 80 Prozent der Fälle ein konkretes Ziel oder eine Forderung formuliert wurde, ist hier instruktiv.

Sofern bei rechtsextremen Aktionen überhaupt Ziele oder Forderungen formuliert wurden, dominierte das Ausländerthema. Typische Ziele und Forderungen, die mit umfassenden Vorstellungen sozialen Wandels zusammenhängen, waren dagegen eher selten. So waren revisionistische Zielsetzungen wie die Relativierung oder Leugnung des Holocausts oder die Forderung »Schluß mit der Vergangenheitsbewältigung« in weniger als fünf Prozent der Fälle zu erkennen. »Großdeutsche« oder nationalistische Forderungen wie die Rückgabe der verlorenen Ostgebiete oder der Austritt aus der Europäischen Gemeinschaft, waren noch viel seltener zu verzeichnen.

Tabelle 2:
Direkte physische Objekte rechtsradikaler und ausländerfeindlicher Aktionen und Äußerungen, 1990–1994

Ausländer(-heime)	18,6%
Asylbewerber(-heime)	29,4%
Aussiedler(-heime)	1,0%
Jüdische Objekte (vor allem Friedhöfe)	3,7%
Linke	5,7%
Politiker und Behörden	0,9%
Polizei	1,4%
Willkürliche Objekte (Personen und Sachen)	8,0%
Sonstige Objekte	3,8%
Kein Objekt	27,4%
Total (N=988)	100,0%

Die inhaltliche Ausrichtung rechtsradikaler Proteste läßt sich also in den meisten Fällen nicht aus explizit formulierten Problemdeutungen oder Forderungen ableiten. Entsprechende Hinweise bieten eher die konkreten physischen Angriffsziele rechtsradikaler Aktionen (Tabelle 2). Noch deutlicher als bei den inhaltlichen Zielen ist hier die starke Dominanz des Ausländerthemas und insbesondere des Asylthemas. Die starke Konzentration der Aktionen auf Asylbewerber ist ein Indiz für die zentrale Bedeutung, die der öffentlichen Asyldebatte für die Entfaltung rechtsextremer Gewalt zukam[9]. Dagegen waren nur wenige Aktionen gegen Politiker oder gesellschaftliche und politische Institutionen gerichtet. Auch hier ist der Unterschied zu linksradikalen Protesten, die gerade solche Objekte bevorzugen, besonders groß. Dies unterstreicht noch einmal, daß dem größten Teil der rechtsextremen Aktionen eher diffuse ausländerfeindliche Gefühle und kaum weiterreichende soziale und politische Forderungen zugrunde liegen. Entsprechend waren auch kaum Aktionen gegen die für die Ausländer- und Asylpolitik verantwortlichen Politiker und Institutionen zu verzeichnen.

Insgesamt sprechen die Befunde bezüglich der Zielsetzungen rechtsextremer Proteste also eher gegen als für die These einer umfassenden rechtsextremen sozialen Bewegung. Das rechtsextreme und ausländerfeindliche Spektrum produziert nur im beschränkten Maße auf umfassenden sozialen Wandel gerichtete öffentliche Forderungen und Zielsetzungen. Die Aktionen beschränken sich weitgehend auf direkte, nicht von einer öffentlichen Begründung begleitete Angriffe gegen Ausländer und Asylbewerber, und sie richten sich kaum an bzw. gegen die zentralen gesellschaftlichen und politischen Institutionen. Die in neurechten und neonazistischen Kreisen formulierten umfassenderen Zielsetzungen und ideologischen Deutungsmuster scheinen kaum außerhalb dieser Kreise Verbreitung gefunden zu haben[10].

Tabelle 3:
Beteiligung von rechtsradikalen Organisationen und
Personenzusammenschlüssen an Aktionen und Äußerungen, 1990–1994

Rechtsradikale Parteien (REP, DVU, NPD, Deutsche Liga)	13,5%
Neonazistische Organisationen (Deutsche Alternative, FAP usw.)	6,2%
Skinheads	12,0%
»Neonazis«/»Rechtsradikale«	22,3%
Sonstige Organisationen	1,3%
Keine Organisation oder Gruppierung	44,7%
Total (N=988)	100,0%

Dies zeigt sich auch darin, daß diese Organisationen für die öffentliche Mobilisierung nur eine sehr geringe Rolle spielten (Tabelle 3), und dies nicht erst seit der Verbote mehrerer neonazistischer Organisationen ab Ende 1992. Neonazistische Organisationen, wie die Deutsche Alternative, die Freiheitliche Arbeiterpartei oder die Nationale Offensive waren nur an sechs Prozent der Aktionen und Äußerungen beteiligt. Neurechte Gruppierungen, wie der Witiko-Bund oder das Thule-Seminar tauchten in der öffentlichen Berichterstattung überhaupt nicht auf. Die rechtsextremen Parteien lieferten mit 13,5 Prozent einen wichtigeren Beitrag. Ihre Aktivität blieb jedoch fast völlig auf verbale Äußerungen beschränkt – an Demonstrationen und anderen unkonventionellen Protestformen waren sie nur ausnahmsweise beteiligt. Dementsprechend kann man diese Parteien denn auch kaum als »Bewegungsparteien« – vergleichbar mit der Rolle der Grünen für die neuen sozialen Bewegungen – betrachten.

Die Daten enthalten darüber hinaus kaum Hinweise auf eine Vernetzung zwischen den verschiedenen rechtsextremen Organisationen. Während ein großer Teil der Aktionen linker Bewegungen von breiten Aktionsbündnissen getragen wird, gab es kaum Aktionen, die durch mehrere rechtsextreme Organisationen oder Gruppierungen gemeinsam getragen wurden.

Vor allem für die unkonventionellen Aktionen waren unorganisierte Personenzusammenschlüsse wie die Subkultur der Skinheads bedeutsamer als die rechten Organisationen. Auch wenn wir die Skinheads sowie die in den Massenmedien vorgenommene Etikettierung der Akteure als »Neonazis« oder »Rechtsradikale« miteinbeziehen, ist jedoch nur in etwas mehr als der Hälfte der Fälle ein rechtsextremer Hintergrund der Aktionen festzustellen. Insbesondere für die Handlungen mit ausländerfeindlichem Hintergrund, bei denen in zwei Dritteln der Fälle keine Hinweise auf einen rechtsextremen Hintergrund vorlagen, läßt sich aufgrund der Daten bezweifeln, ob sie als Teil einer umfassenderen Bewegung zu interpretieren sind.

Dieser Zweifel wird bestätigt durch die vom Bundesverfassungsschutz ausgewerteten Informationen zu Personen, die rechtsextremer oder ausländerfeindlicher Gewalttaten verdächtigt bzw. für solche Taten verurteilt wurden. So konnte nur bei vier Prozent der seit 1991 für solche Gewalttaten verurteilten Personen eine Mitgliedschaft in einer rechtsextremen Partei oder Organisation nachgewiesen werden. Weitere fünf Prozent der Verurteilten hatten sonstige Verbindungen zu rechtsextremen Organisationen, während bei 30 Prozent eine Zugehörigkeit zur Skinhead-Szene erkennbar war[11]. Bei 60 Prozent der verurteilten Gewalttäter ließen sich aber überhaupt keine Verbindungen zu rechtsextremen Organisationen oder Subkulturen feststellen.

Sowohl was die Zielsetzungen als auch die Vernetzung der rechtsextremen und vor allem der ausländerfeindlichen Aktionen anbelangt, scheint also eine Klassifizierung als soziale Bewegung nur mit erheblichen Einschränkungen möglich. Was das letzte Kriterium, das der Protestmobilisierung, betrifft, fällt das Urteil nicht viel anders aus (Tabelle 4). Gewalttaten machen zwei Drittel aller Aktionen aus, wobei Brandstiftung und Gewalt gegen Personen (Prügeleien usw.) am häufigsten vorkommen. Neben Gewalt spielen nur konventionelle Aktionen wie Presseerklärungen und Tagungen, zum größten Teil von den rechtsextremen Parteien initiiert, noch eine bedeutsame Rolle. Für soziale Bewegungen typische, auf öffentliche Zustimmung gerichtete und zur Selbstdarstellung als »Bewegung« geeignete Aktionsformen wie Demonstrationen oder ziviler Ungehorsam spielen dagegen eine untergeordnete Rolle. Dieses Muster zeigt sich wiederum am ausgeprägtesten bei den ausländerfeindlichen Aktionen, die zu fast 90 Prozent aus anonymen Gewalttaten bestehen.

Tabelle 4:
Aktionsformen rechtsradikaler und ausländerfeindlicher Proteste, 1990–1994

Verbale Aussagen, Presseerklärungen usw.	14,1%
Tagung	3,7%
Total konventionell	*17,8%*
Demonstration, Kundgebung	3,2%
Sonstige demonstrative Formen	1,6%
Total demonstrativ	*4,8%*
Illegale Demonstration	2,2%
Bedrohung	1,6%
Schmierereien usw.	3,2%
Sonstige konfrontative Formen	3,4%
Total konfrontativ	*10,4%*
Demonstration mit Gewalt	1,5%
Sachbeschädigung	12,4%
Brandstiftung	20,9%
Bombenanschlag	1,1%
Direkte Gewalt gegen Personen	25,6%
Sonstige gewalttätige Formen	5,4%
Total Gewalt	*66,9%*
Total alle Formen (N=988)	100,0%

Daß der extremen Rechten wenig daran gelegen scheint, mittels öffentlicher und gemäßigter Aktionen breitere Bevölkerungskreise zu mobilisieren, zeigt sich auch sehr deutlich in den sehr geringen Teilnehmerzahlen an Aktionen. Zwischen 1990 und 1994 beteiligten sich insgesamt kaum mehr als 50.000 Menschen (Doppelzählungen eingeschlossen) an rechtsextremen Aktionen. Zum Vergleich: die Lichterketten und Demonstrationen gegen Rechtsextremismus und Ausländerfeindlichkeit in der ersten Hälfte der neunziger Jahre brachten insgesamt mehr als vier Millionen Menschen auf die Beine.

Allein die sehr geringe Mobilisierungskraft des rechtsextremen Lagers läßt erhebliche Zweifel aufkommen, ob wir es hier mit einer sozialen Bewegung zu tun haben. Fügen wir zu diesem Bild das weitgehende Fehlen konkreter Zielsetzungen und Forderungen, die im Vergleich zu den neuen sozialen Bewegungen geringe Bedeutung organisatorischer Vernetzungen, und die geringe Zahl von typisch bewegungsförmigen Protestformen hinzu, dann spricht insgesamt nur wenig für die Bewegungsthese. Am stärksten gilt dies für die ausländerfeindliche Mobilisierung, die fast ausschließlich aus sprachlosen und anonymen Gewalttaten von jugendlichen Kleingruppen, bei denen in der Mehrheit der Fälle keine Verbindungen zu rechtsextremen Organisationen oder Gruppierungen nachweisbar sind, besteht. Am ehesten findet man bewegungsförmige Merkmale noch bei der – insgesamt aber nicht sehr umfangreichen – Mobilisierung um klassische rechtsextreme Themen, etwa den geschichtlichen Revisionismus. Solche Themen sind auch oft der Anlaß für die wenigen größeren Aufmärsche, wie zum Beispiel die jährlichen Aktionen am Volkstrauertag oder am Todestag von Rudolf Hess.

Bilanz: interne und externe Blockaden
für die Herausbildung einer sozialen Bewegung von rechts

Während des Höhepunkts der rechtsextremen und ausländerfeindlichen Gewaltwelle Anfang der neunziger Jahre hatte es den Anschein, als formiere sich eine umfassende und dauerhafte soziale Bewegung von rechts. Wie die hier präsentierten Befunde zeigen, hat sich diese Entwicklung nicht, oder nur in einem sehr beschränkten Maße, durchsetzen können. Bewegungsförmige Merkmale lassen sich bei der großen Mehrheit der ausländerfeindlichen Aktionen nicht nachweisen[12].

Die Mobilisierung um andere, eher klassisch rechtsextreme Themen (Revisionismus, Großdeutsche und Anti-Linke Zielsetzungen usw.) hat noch am ehesten einen Bewegungscharakter. Diese »Bewegung« ist jedoch auf einen Personenkreis von einigen tausend militanten Neonazis[13] und eine Gesamtmobilisierung von einigen zehntausend Teilnehmern in einem Zeitraum von fünf Jahren beschränkt geblieben.

Hinzu kommt, daß das rechtsextreme Lager in mancher Hinsicht heute deutlich schwächer als noch vor zwei Jahren dasteht. Rechtsextreme Parteien haben seit 1993 bei Landtags- und Bundestagswahlen keine Erfolge mehr erzielen können, die Zahl der ausländerfeindlichen Gewalttaten hat stark abgenommen und auch die Unterstützung in der Bevölkerung für ausländerfeindliche Zielsetzungen und für Gewalt als Mittel zur Durchsetzung dieser Ziele hat stark abgenommen. Andere Elemente haben sich mehr oder weniger stabilisiert, wie das bei der Skinheadsubkultur der Fall zu sein scheint, oder haben sich, wie die neonazistischen Gruppierungen, vielleicht sogar noch etwas stärken können, aber dies nur auf Kosten einer zugenommenen Isolierung von der Außenwelt.

Das Scheitern des rechtsextremen Lagers, sich als soziale Bewegung zu stabilisieren, hat verschiedene Gründe, manche eher extern und manche eher intern bedingt. Als wichtigster externer Grund muß das Verschwinden des für die Mobilisierungswelle 1991–1993 zentralen Themas, die Asylproblematik, hervorgehoben werden, das nach dem Asylkompromiß zwischen den Regierungsparteien und der SPD und die in der Folge stark zurückgegangenen

Asylbewerberzahlen seine Zugkraft verloren hatte. Wie wir gesehen haben, ist das rechtsextreme Lager bisher kaum imstande gewesen, selbst neue Themen in die Öffentlichkeit einzubringen, weshalb es sehr stark abhängig ist von der Existenz eines von etablierten politischen Kräften getragenen politischen Diskurses, an den es anknüpfen kann.

Hinzu kommt, daß vor allem seit den Morden von Mölln und Solingen eine gesellschaftliche und politische Gegenreaktion eingesetzt hat. Verstärkte staatliche Repression hat wahrscheinlich gerade bei den nicht oder nur peripher in das rechte Lager eingebundenen jugendlichen Gewalttätern wirksame Abschreckungseffekte erzielt. Schließlich haben die massiven Gegendemonstrationen und Lichterketten ab Ende 1992 dazu beigetragen, die Selbstlegitimierung der rechten Gewalttäter, sie würden nur ausführen, was die schweigende Mehrheit denke, zu untergraben.

Diese externen Faktoren können alleine aber die Schwächung des rechtsextremen Lagers nicht erklären. Auch die neuen sozialen Bewegungen haben schließlich Phasen gekannt, in denen sie in einem eher ungünstigen politischen Klima operieren mußten und politischer Repression ausgesetzt waren (man denke nur an den »Deutschen Herbst« 1977). Sie waren aber trotzdem imstande, als Bewegung zu überleben.

Für diesen Unterschied zu den neuen sozialen Bewegungen sind eine Reihe von internen Faktoren verantwortlich, die die Stabilisierung einer rechten Bewegung erschweren oder blockieren. So ist, anders als bei den neuen sozialen Bewegungen, das ideologische Selbstverständnis der radikalen Rechten nur schwer mit bewegungsförmigen Strukturen in Einklang zu bringen. Während die neuen sozialen Bewegungen sich tatsächlich als intermediär verstehen – zwischen Bürger und Staat –, zielt die radikale Rechte auf die Herstellung eines autoritären Staates und kann sich entsprechend nicht mit einer eher bescheidenen Existenz als Bewegung zufriedengeben[14]. Hinzu kommen die Intoleranz gegenüber jeder Vielfalt, die sich auch auf die eigenen Reihen erstreckt, sowie der Führungsanspruch der verschiedenen Organisationen, der zu viel stärkerer interner Fragmentierung und Konflikten als bei den neuen sozialen Bewegungen geführt hat.

Entsprechend ist auch die Herausbildung einer kollektiven Identität für die extreme Rechte eine relativ schwere Aufgabe. Diese Probleme werden noch verstärkt durch die Existenz von zwei bedeutsamen Konfliktlinien innerhalb des rechten Lagers: die zwischen den eher älteren Ideologen und Parteigenossen und den jüngeren, subkulturellen Aktivisten, und die zwischen Ost- und Westdeutschen, die bei den neuen sozialen Bewegungen aufgrund ihrer eher homogenen Sozialstruktur so nicht bestanden.[15] Für die Herausbildung einer kollektiven Identität erweist sich (und dies natürlich in besonders starkem Maße in Deutschland) außerdem auch die Notwendigkeit, das Verhältnis zum

Nationalsozialismus zu definieren, als eine schwer lösbare und mit internen Konflikten und externen Legitimationsverlusten verbundene Aufgabe.

Ein weiterer Grund liegt in dem beschränkten Aktionsrepertoire der extremen Rechten, das weitgehend in zwei kaum miteinander verbundene Pole auseinanderfällt: die konventionelle Aktivität der Parteien auf der einen und die eher unorganisierte und spontane Gewalt auf der anderen Seite. Die für soziale Bewegungen kennzeichnenden Aktionsformen wie Kundgebungen, Demonstrationen und Blockaden sind dagegen im rechtsradikalen Repertoire kaum vorhanden. Gerade solche Aktionsformen sind für soziale Bewegungen aber am ehesten geeignet, ihre Forderungen in der Öffentlichkeit zu verbreiten und sich selbst als kollektiver Akteur Gestalt und Identität zu verschaffen. Dieses beschränkte und gespaltene Aktionsrepertoire geht mit einem fast völligen Scheitern der extremen Rechten, breitere Bevölkerungskreise zu mobilisieren, einher. Teilweise ist dies sicherlich eine Folge der gesellschaftlichen Stigmatisierung rechtsextremer Ziele und Organisationen und der internen Fragmentierung der Szene.

Es hat aber den Anschein, daß hier auch ein gewisses Desinteresse und/oder Unvermögen auf Seiten rechter Gruppierungen eine Rolle spielt. Erstaunlich wenige Aktionen von rechts zielen darauf, Öffentlichkeit herzustellen und Anliegen und Problemlösungen einem breiteren Publikum vorzustellen. Die außerparlamentarische Mobilisierung der extremen Rechten ist bisher weitgehend »sprachlos« geblieben und beschränkt sich weitgehend auf die bloße Darstellung von Militanz oder »die Propaganda der Tat«. Durch dieses Fehlen von eigener Öffentlichkeitsarbeit bleibt die extreme Rechte sehr stark abhängig von externen Gelegenheitsstrukturen, wie sie zum Beispiel während der Asyldebatte existierten, die der Militanz politische Bedeutung und der Tat haben Sinn verleihen können. Verschwinden solche Gelegenheitsstrukturen, dann steht die extreme Rechte, mangels eigener Kompetenzen, sinn- und bedeutungslos da.

Dies beinhaltet aber keineswegs eine Entwarnung. Obwohl es nicht sehr wahrscheinlich ist, daß es der extremen Rechten eigenständig gelingen könnte, neue Themen auf die politische Agenda zu plazieren, kann eine erneute Polarisierung in der etablierten Politik um »nationale« Themen wie Immigration oder europäische Integration zu einem Wiederaufleben rechtsextremer Mobilisierung führen. Trotz der Schwächung des rechtsextremen Lagers seit 1993, und trotz der zugenommenen Repression, ist im Vergleich zur Situation Anfang der neunziger Jahre heutzutage der Rohstoff für eine rechtsextreme Bewegung in deutlich stärkerem Maße vorhanden. Kriegt die Rechte also nochmal eine Chance, wie in den frühen neunziger Jahren, dann dürfte auch die Antwort auf die Frage, ob es eine soziale Bewegung von rechts gibt, ein nächstes Mal anders ausfallen.

Anmerkungen

1 Dieser Beitrag beruht zum Teil auf zwei anderen Aufsätzen: R. Koopmans: Noch einmal davon gekommen. Warum es (noch) keine soziale Bewegung von rechts gibt. Berliner Debatte INITIAL, (1996) 1, S. 51–54, sowie R. Koopmans und D. Rucht: Rechtsradikalismus als soziale Bewegung? Politische Vierteljahresschrift (im Erscheinen).

2 Vgl. W. Gessenharter: Kippt die Republik? Die neue Rechte und ihre Unterstützung durch Politik und Medien. München 1994.

3 Für eine Zusammenfassung dieser Debatte, siehe Koopmans und Rucht (im Erscheinen, s. Anm. 1). Als wichtige Beiträge der Debatte sind u. a. zu erwähnen: W. Bergmann: Ein Versuch die extreme Rechte als soziale Bewegung zu beschreiben. In: Neonazismus und rechte Subkultur. Berlin 1994, S. 183–207; H.-G. Jaschke: Formiert sich eine neue soziale Bewegung von rechts? Folgen der Ethnisierung sozialer Konflikte. In: Blätter für deutsche und internationale Politik. (1992) 12, S. 1437–1447; C. Leggewie: Rechtsextremismus – eine soziale Bewegung? In: W. Kowalsky; W. Schroeder (Hrsg.): Rechtsextremismus. Einführung und Forschungsbilanz. Opladen 1994, S. 325–338; T. Ohlemacher: Schmerzhafte Episoden: Wider die Rede von einer rechten Bewegung im wiedervereinigten Deutschland. In: Forschungsjournal Neue Soziale Bewegung. 7 (1994) 4, S. 16–25 sowie R. Stöss: Forschungs- und Erklärungsansätze – ein Überblick. In: W. Kowalsky; W. Schroeder (Hrsg.): Rechtsextremismus. Einführung und Forschungsbilanz. Opladen 1994; S. 23–66.

4 Zum Beispiel W. Heitmeyer: Die Widerspiegelung von Modernisierungsrückständen im Rechtsextremismus. In: K.-H. Heinemann; W. Schubarth (Hrsg.): Der antifaschistische Staat entläßt seine Kinder. Köln 1992, S. 100–115; W. Heitmeyer u. a.: Die Bielefelder Rechtsextremismusstudie. Erste Langzeituntersuchungen zur politischen Sozialisation männlicher Jugendlicher. Weinheim/München 1992 sowie H.-J. Maaz: Gewalt in Deutschland. Eine psychologische Analyse. Aus Politik und Zeitgeschichte. (1993) 2–3, S. 26–32.

5 Siehe vor allem Ch. Butterwegge: Mordanschläge als Jugendprotest – Neonazis als Protestbewegung? Forschungsjournal Neue Soziale Bewegungen. 7 (1994) 4, S. 35–41; weniger ausgesprochen auch bei Stöss, 1994, S. 53 f. (s. Anm. 3). Wie auch Butterwegge, bringt Stöss als Argument gegen den Bewegungsbegriff ein, daß es sich bei den von Jugendlichen begangenen Gewalttaten oft um »brutalen Rassismus« handelt. Leider schließen im harten Wirklichkeit beide Phänomene einander nicht aus: es gab und gibt »brutal rassistische« soziale Bewegungen, die nicht dadurch verschwinden, daß wir ihre Existenz wegdefinieren.

6 Nach der Definition von Rucht ist eine soziale Bewegung »ein auf gewisse Dauer gestelltes und durch kollektive Identität abgestütztes Handlungssystem mobilisierter Netzwerke von Gruppen und Organisationen, welche sozialen Wandel mit Mitteln des Protests – notfalls bis hin zur Gewaltanwendung – herbeiführen, verhindern oder rückgängig machen wollen« (D. Rucht: Modernisierung und neue soziale Bewegungen. Deutschland, Frankreich und USA im Vergleich. Frankfurt 1994, S. 76–77; vgl. auch F. Neidhardt und D. Rucht: The State of the Art and Some Perspectives for Further Research. In: D. Rucht (Hrsg.): Research on Social Movements: The State of the Art in Western Europe and the USA. Frankfurt/Boulder, S. 450. Diese Definition lehnt stark bei J. Raschke (Soziale Bewegungen. Ein historisch-systematischer Grundriß. Frankfurt 1985, S. 77) an, betont aber expliziter die Netzwerk- und Protestaspekte.

7 Siehe weiter E. Uhrlau: Binnenstruktur und Vernetzungstendenzen rechtsextremer Mobilisierung im Vergleich zu anderen Bewegungen. Berliner Debatte INITIAL. (1996) 1, S. 12–20.

8 Die Erhebung beruht auf einer Stichprobe, die jede zweite Ausgabe (Montag, Mittwoch und Freitag) umfaßt. Gegen auf Medienberichterstattung beruhenden Daten kann man natürlich einwenden, daß sie eher Medienaufmerksamkeitszyklen als reale Entwicklungen abbilden. Ein Vergleich der monatlichen Entwicklung der Zahl rechtsradikaler Gewalttaten im hier benutzten Datensatz mit den Verfassungsschutzdaten bestätigt diese Vermutung jedoch nicht. Auf Grund der sehr hohen Korrelation (.88) kann davon ausgegangen werden, daß die Mediendaten in ausreichendem Maße die tatsächliche Entwicklung rechtsradikaler Proteste abbilden.

9 Für eine Analyse des Zusammenhangs zwischen der Asyldebatte und der ausländerfeindlichen Gewaltwelle, siehe R. Koopmans: Explaining the Rise of Racist and Extreme Right Violence in Western Europe: Grievances of Opportunities? European Journal of Political Research (im Erscheinen).

10 Zu diesem Schluß kommt auch Stöss, 1994, S. 53 (s. Anm. 3).

11 Vgl. Bundesministerium des Innern: Verfassungsschutzbericht 1994. Bonn 1995, S.94–96. Vgl. auch H. Willems; S. Würtz; R. Eckert: Fremdenfeindliche Gewalt: Eine Analyse von Täterstrukturen und Eskalationsprozessen. Forschungsbericht vorgelegt dem Bundesministerium für Frauen und Jugend und der Deutschen Forschungsgemeinschaft im Juni 1993, S. 32.

12 Darauf hat auch schon Ohlemacher (1994) hingewiesen, der vorschlägt, die ausländerfeindliche Gewaltwelle mit dem Begriff »kollektive Episode« anzudeuten, statt den Bewegungsbegriff zu benutzen (s. Anm. 3).

13 Verfassungsschutzbericht 1994, S. 77 (s. Anm. 11).

14 A. Demirovic: Bewegung von rechts und der Wille zum Staat. Berliner Debatte INITIAL. (1996) 1, S. 43–50.

15 Vgl. W. Bergmann und R. Erb: »Weder rechts noch links, einfach deutsch!« Kollektive Identität rechter Mobilisierung im Vergleich zu anderen Bewegungen. In: Berliner Debatte INITIAL. (1996) 1, S. 21–26.

Jörg Weltzer

Skinheads, Nazi-Skins und rechte Subkultur

Skinhead-Geschichte

Das Skinhead Phänomen wurde zuerst 1964 in britischen Großstädten beobachtet. Skins waren soziologisch gesehen das Ergebnis des Umbaus der britischen Gesellschaftsstruktur. In den 60er Jahren bekamen Teile der britischen ArbeiterInnenklasse die Möglichkeit, sich in der Mittelschicht zu etablieren, andere wurden durch Erwerbslosigkeit marginalisiert. Die meisten Skins kamen aus der ArbeiterInnenklasse, aber nicht aus dem Teil, der sich Aufstiegschancen ausrechnen konnte. Sie erfuhren, daß das Bewußtsein und der Stolz auf die eigene Klasse sich aufzulösen begannen und ihre Stadtviertel sich veränderten. Die ArbeiterInnenkultur drohte zu verschwinden. Infolge schlechter Wirtschaftslage und struktureller Veränderungen im Produktionsbereich stiegen die Erwerbslosenzahlen und der Einfluß der Gewerkschaften auf die politischen Verhältnisse sank.

Hinter der Skin-Kultur standen der Stolz auf die ArbeiterInnenklasse und ein ausgeprägter Wille zur Verteidigung ihrer konservativen Werte. Es ging im Rahmen ihres »Proleten-Kultes« nicht in erster Linie um emanzipatorische Forderungen der organisierten ArbeiterInnenbewegung, sondern um die Verteidigung alter Zustände und Sicherheiten vor dem Hintergrund des möglichen Absturzes ins Subproletariat. Der englische Wissenschaftler John Clarke griff in den 70er Jahren das Thema Skinheads als erster auf und attestierte den Gruppen außer einer gewissen männerbündelnden Gewaltaffinität den Versuch, »durch die Einhaltung strenger Regeln und hierarchischer Strukturen innerhalb ihrer Gruppe und einer starken Betonung kollektiver Solidarität eine haltgebende Gemeinschaft zu bilden«.[1]

Skin-Gangs bildeten sich wohnortgebunden. Sie steckten Reviere ab, die sie dann mit ihrer Gang kontrollierten. Das Leben dieser Jugendlichen spielte sich in den engen Grenzen ihres Viertels ab und war bestimmt durch die traditionellen Fixpunkte einer ArbeiterInnenbiographie. Arbeit, der Pub, die Gang, Gewalt, Sex, Fußball, Parties und Musik, das waren die Themen. Das Outfit – Arbeitsschuhe- und Jacken, kurze Haare und Jeans – sollte billig, smart und praktisch sein und die Verbundenheit zu ihrer Klasse symbolisieren. Der Skin George Marshall, der mit seiner »Skinhead Bibel« den »Kult« am besten auf den Punkt bringt, schrieb: »Wir sind die Creme de la creme der Working Class Kids (...) Es liegt soviel Stolz und Leidenschaft darin, ein Skinhead zu sein, derselbe Stolz, der jeden Samstag die Tribünen der Fußballstadien füllt. Es ist das Gefühl, jemand zu sein und mit seinesgleichen zusammenzusein. Jeder, der jemals einen Crop (den Skinheadhaarschnitt, d. Verf.) getragen und seine Boots geschnürt hat, kann eine Geschichte nach der anderen davon erzählen, warum ein Skinhead zu sein einem das Gefühl gab, drei Meter groß zu sein, auch wenn man es gerade auf schlappe 1,50 brachte.«[2]

Skinhead-Gangs waren geschlechtlich gemischt, aber in ihrer Ausdrucksform männerdominiert. Außerdem waren sie »multikulturell«. Das galt sowohl für die Zusammensetzung der Gruppen, als auch für die durchgängig »schwarze« Musik, den jamaikanischen SKA, Reggae und den Soul, die sie anfangs hörten. Diese Musik war durch schwarze ImmigrantInnen in die englischen »Working-Class- Ghettos« gebracht worden. Dennoch war Rassismus von Anfang an präsent in dieser Subkultur. Wie die Jugend insgesamt, so waren Skins »Seismograph der britischen Gesellschaft – und die rückte Mitte der sechziger Jahre nach rechts«.[3]

Äußerer Anlaß für die Zunahme von Rassismus war die verstärkte Zuwanderung von InderInnen und Pakistanis. Enoch Powell, konservativer Abgeordneter, kündigte »Ströme von Blut« an, falls diese Zuwanderung nicht gestoppt werde; er mußte daraufhin zurücktreten, genoß aber große Sympathien in der Bevölkerung. Ein Tory-Kandidat ging mit dem Slogan »If you want a nigger neighbour, vote labour« auf Stimmenfang.

Rassismus war zu einem zentralen Bestandteil der britischen Gesellschaft geworden; Skins waren ein Teil dieser Gesellschaft. Roddy Moreno, Sänger der Skin-Band The Opressed und Gründer der britischen SHARP-Sektion (Skins gegen rassistische Vorurteile) drückte es so aus: »Natürlich gab es rassistische Skinheads, ebenso wie es den rassistischen Milchmann und die rassistische Hausfrau gab (...).« Die Aggressionen der Skin-Gangs waren unterschiedlich gerichtet, trafen aber zumeist Menschen, die in ihrem Sinne »fremd« oder »anders« waren. So gab es Übergriffe gegen Reiche, Etablierte, Studierende, Homosexuelle, Fans anderer Fußballclubs, in Garnisonsstädten gegen Soldaten, rivalisierende Gangs und auch Pakistanis.

Die Feindbilder variierten je nach eigener Gruppenzusammensetzung. So gab es damals wie heute homosexuelle und pakistanische Skins. Grundsätzlich war der »Spirit of 69«, das Selbstverständnis der großen Mehrheit der Skins, antirassistisch, rebellisch und antietabliert.

In den siebziger Jahren wurde es ruhig um die Skins. Erst mit der Entstehung des Punk und dem Revival des SKA 1979 brachten sie sich nachhaltig wieder in Erinnerung. In diese Zeit fällt auch die politische Polarisierung innerhalb der Szene. Spielte Politik bis dahin kaum eine Rolle, so gelangen der rechtsextremen National Front (NF) nun mit einer gezielten Werbekampagne Einbrüche in die Skin-Kultur. Auch wenn sich der Großteil der Skins noch immer von Rassismus und der NF distanzierte, war die organisierte Rechte von nun an ein Faktor in diesem Kult.

Im Rahmen des zunächst antietablierten Punk-Rock entwickelte sich ein neuer Ableger der Skin Musik: Streetpunk, auch »OI« genannt. Schnell war Punk kommerzialisiert. Allen Jones schrieb im *Melody Maker*: »Punk war die Revolution, aber sie wurde verraten!« Die zweite Generation der OI/Punk Bands war schneller, härter, unpolitischer und working-class-orientiert. Die meisten OI Bands waren unpolitisch, einige links, aber in ihrem Gefolge befand sich auch die Punk-Band Skrewdriver. Ihre erste Single trug den Titel »Fight the NF«, wenig später waren sie die bestimmende Nazi-Rock Band.

Die deutsche Skinhead-Szene

Die erste Skinhead-Welle kam in der BRD um 1979 auf, oft waren es Punks, die sich der neuen Bewegung anschlossen. Die erste Phase war unpolitisch, aber es wurden auch Rechtsrockbands wie die Böhsen Onkelz, Endstufe und Kraft durch Froide gegründet.

1983 gab es nach Polizeiangaben etwa 1.500 Skinheads in der BRD.[4] Nachdem zwei Nazi-Skins 1985 in Hamburg einen Immigranten ermordet hatten, wurden alle Skins als RechtsextremistInnen angesehen und stigmatisiert. Auch wenn zu dieser Zeit die Mehrheit der Skins unpolitisch war, wurde nun der »mediengeformte« Nazi-Skin geschaffen. Die Wendegesellschaft hatte damit ein Medium gefunden, auf das sie ihre eigene Xenophobie projizieren konnte. Das hatte zur Folge, daß Jugendliche, die ohnehin rechte Ideen hatten, sich im Skinhead-Outfit eine passende Uniformierung anzueignen suchten.

Die Situation verschärfte sich im neuvereinigten Deutschland. In der DDR gab es die ersten Skins 1985. Was hier über Skins bekannt war, hatte seine Quelle in der BRD-Berichterstattung. Daher bezogen sich die Ost-Skins in Unkenntnis der eigentlichen Kultur nur auf rechte Vorbilder. Nach der Vereinigung gab es in den neuen Ländern einen großen Aufschwung der rechten und auch der Skin-Szene. Die Jugendarbeit brach zusammen, rechtsextreme Organisationen versuchten erfolgreich, dieses Vakuum zu füllen. Die sich hier herausbildende rechte Subkultur veränderte auch die Kräfteverhältnisse in der Skin-Szene der alten Länder.

Heute ist die deutsche Skin-Szene in viele, teilweise verfeindete, Gruppen gespalten. Grob betrachtet gibt es die Gruppe der linken Redskins, die antirassistischen SHARP-Skins, die »unpolitische«, die »patriotische« und die Gruppe der Nazi-Skins. Die größte, aber auch die heterogenste Gruppe, ist die unpolitische. Unpolitisch kann »antirassistisch«, aber auch tendenziell rechts bedeuten. So bezeichnen auch SHARP-Skins sich als unpolitisch. Unpolitisch heißt hier, sich nicht vereinnahmen zu lassen.

Es ist schwierig, exakte Aussagen über die deutsche Skinhead-Szene zu treffen. Die Jugendforschung gibt repräsentativen Aufschluß über Orientierungen, beschäftigt sich aber nicht wissenschaftlich mit einzelnen Subkulturen.[5] Die pädagogische Literatur berichtet über Projekte akzeptierender Jugendarbeit. In diesen Beschreibungen geht es auch um Skin-Gangs, aber ausschließlich um rechtsextreme. Das gleiche gilt für die Arbeit der Ermittlungsbehörden. Es gibt Kommissionen auf verschiedenen Ebenen, auch Staats- und Verfassungsschutz (VS) sind eingeschaltet. »Das bloße ›Skinheadsein‹ begründet allerdings keine Zuständigkeit der Verfassungsschutzbehörde.«[6] Desweiteren laufen im universitären Rahmen seit kurzem Langzeitstudien über jugendliche rassistische StraftäterInnen.

Nach Auffassung des VS ist es jedoch möglich, zur Skin-Szene zu gehören, ohne dem äußerlichen Bild zu entsprechen. Die Kriterien dafür, wer Skin ist und wer nicht, sind unklar: »Allerdings ist die sichere Zuordnung von Tatverdächtigen zur Skinhead Szene zuweilen erschwert, weil Skinheads immer öfter aus taktischen Gründen auf ihr typisches Outfit verzichten.«[7] So gibt der aktuelle Bundesbericht des VS auch keinen Aufschluß über die Anzahl der deutschen Nazi-Skins.

Nach Durchsicht der vorhandenen Literatur bleiben nur die zahlreichen Eigenpublikationen der Skin-Szene sowie journalistische Arbeiten. Die Journalisten Seidel-Pielen und Farin schätzen die Gesamtzahl der Skins im deutschsprachigen Raum auf etwa 8.000[8], geben aber keine Quelle an. Ebenso schwierig ist es, genaue Angaben über die politische Orientierung der Szene zu machen. Der VS Nordrhein Westfalen gab die Zahl der dortigen Skins im Jahr 1992 mit ca. 1.000 an, von denen unter 30 Prozent rechtsextrem seien.[9] Das erscheint mir aus jahrelanger eigener Beobachtung realistisch. Für den Rest der alten Länder wurde ein Satz zwischen 30 und 50 Prozent angenommen, in der Ex-DDR ein höherer vermutet. Dies deckt sich in etwa mit den Berichten der anderen Bundesländer. 1990 wurde ein Antrag auf Gelder für ein soziologisches Skin-Forschungsprojekt aufgrund mangelnden Interesses von der Bundesregierung abgelehnt.[10]

So bleibt als einzige Datenbasis die in Form eines Buches veröffentlichte Fragebogenaktion der Journalisten Seidel/Farin.[11] Diese Bögen wurden bundesweit an Skin-Treffs ausgelegt, 234 auswertbare kamen zurück. 53,9 Prozent der Befragten gaben an, Redskins zu hassen, während 63,9 Prozent sich die Szene »nazifrei« wünschten. 20 Prozent zählten sich zu den Redskins, 38 Prozent zu den antirassistischen SHARP-Skins und 17 Prozent zu den Nazi-Skins.[12] Die zum Teil widersprüchlichen Eigenangaben haben allerdings nur einen begrenzten Aussagewert.

Auf Reggae-, SKA- und Soul-Konzerten sind die antirassistischen Skins fast unter sich, in der OI-Szene ist die Lage unklarer. Es gibt antirassistische oder unpolitische OI Konzerte, bei denen auch Nazis anzutreffen sind, weil diese Bands zum Urgestein der Szene gehören. Bei klaren Nazi-Konzerten sind je nach musikalischer Qualität neben Nazis auch politisch indifferente Skins anzutreffen, denen Musik über Inhalt geht. Antirassistische Skins verfügen über eine Vielzahl von Strukturen wie Zeitungen, Buch und Musikverlage sowie über mehrere Verbände. Internationale Verbreitung haben hier Skinheads Against Racial Prejudice, United Skins und Gay Skinhead Movement (GSM), die Bewegung schwuler Skins. Redskins sind oft in linken Organisationen oder autonomen Zusammenhängen anzutreffen.

Nazi-Skins

Klassische Skins und Nazi-Skins unterscheiden sich in sehr vielen Punkten. Männliche Nazi-Skins legen oft Wert auf militärisches und mackerhaftes Outfit, sie sind gewalttätig, rassistisch und hochgradig sexistisch. Sie hören meist nur rechten »Doitschrock«, von den schwarzen Ursprüngen der Skin-Kultur haben sie nie gehört. Was die Skin-Kultur »bedient«, ist Männlichkeitskult und Werte, die fast alle Skins teilen, wie Stolz, Ehre und die unhinterfragte Bereitschaft zur Totalidentifikation mit Gruppe, Kult und Ritualen. Dieser Stolz kann sich in Identifikation mit der körperlichen Arbeit als »Standesbewußtsein«, im Körperkult, in Fußball-Hooliganismus oder auch in Enthusiasmus für die nationale Revolution ausleben.

Die rechte Skin-Szene ist ein gut funktionierender, expandierender, informell und konspirativ organisierter Zusammenhang, der sich allerdings immer eine gewisse subkulturelle Eigenständigkeit gegenüber rechten Parteien bewahrt hat. Strategisch spielt die Szene die Rolle einer Vorfeldorganisation und eines Durchlauferhitzers. Sie soll Klima schaffen und Jugendliche über Kultur an den Rechtsextremismus heranführen. Auch etablierte Rechtsextremisten wie der Publizist Peter Dehoust haben mittlerweile den Wert der »rüpelhaften« Nazi-Skins erkannt: »Wir müssen uns dieser jungen Deutschen annehmen und froh sein, daß es nichtangepaßte junge Deutsche gibt.«[13] Die Nazi-Skin Szene strukturiert sich über die Eckpunkte Musik/Konzerte, Zeitschriften (Fanzines), internationale Verflechtungen und Nazi-Skin-Organisationen.

Frauen in der Szene

Der Frauenanteil in der Skin-Szene ist niedrig. Seidel/Farin gehen von 15 bis 20 Prozent aus. Höher ist er bei antirassistischen Skins, besonders bei SKA und Soul Events sind viele Frauen anzutreffen. Hier ist auch der Machismo nicht so verbreitet. Oft sind Frauen in Skin-Gangs oder deren Umfeld keine Skins. Sie fühlen sich von der Kultur angezogen, übernehmen aber das Outfit nicht.

Nazi-Skins sind insgesamt gewalttätiger und mackerhafter, so sollen in einigen Gangs Vergewaltigungen zum Aufnahmeritual gehören.[14] Eine Kontaktanzeige im Fanzine *Volkstreue* spricht Bände: »Notgeiler Skinhead (...) sucht Renee (Skin-Frau, d. Verf.), das ihn davor bewahrt, wegen Vergewaltigung in den Knast zu gehen (...) – ich weiß, wovon er spricht – die Redakteurin.«[15] Dennoch ist auffällig, daß es trotz des aggressiven Sexismus Aktivistinnen in der Nazi-Skin-Szene gibt. Einige schreiben, geben Fanzines heraus, andere organisieren Konzerte oder beteiligen sich an rassistischen Überfällen.

Rassismus und Sexismus sind miteinander verwandt, beide sind biologistisch, d.h. sie konstruieren aus biologischen Unterschieden ideologische Argumente, die der eigenen Herrschaftsbegründung als Weiße/r bzw. als Mann dienen. Was Frauen an Nazi-Skin-Gruppen bindet, ist die gemeinsame Freizeitgestaltung in der Gruppe, einzelne Männer, eigene rassistische Orientierung sowie die Teilhabe an der Macht, die eine starke Gruppe ausüben kann. Rassismus ist keine »Männersache«, »denn insoweit weiße Frauen Teil dieses Systems sind und ihre Interessen sich mit denen des weißen Mannes verknüpfen, insoweit ist er auch genauso ihr Problem«.[16]

Musik

Die Anzahl der deutschen Nazi-Bands kann aufgrund der großen Fluktuation nicht genau bestimmt werden. Vermutlich sind es bis zu 50 Gruppen. Der Versuch, über Musik an junge Menschen heranzukommen, ist nicht neu. Vor 1933 war das zur Gitarre gesungene Lied ein jugendgemäßes Ausdrucksmittel und Propagandawerkzeug. Damals war das Lied populäre Musik, heute ist es Rockmusik, mit der zielgruppenorientiert Jugendliche in die rechte Subkultur gezogen werden. Gab es hier früher Vorbehalte gegen diese »entartete« Form der Musik, so hat die neue Generation diese Berührungsängste abgelegt. Der rechtsextreme Kulturarbeiter Torsten Lemmer nennt in seinem Buch *Skinhead Rock* ganz ausdrücklich die grüne Kulturarbeit im Rahmen der Friedensbewegung als nachahmenswertes Beispiel.[17]

Auffällig im Bereich des Rechtsrock ist die Tendenz, die musikalische Palette marktorientiert um andere Stilrichtungen zu erweitern. Am weitesten fortgeschritten ist diese Entwicklung im Heavy-Metal Bereich. Die staatliche Repressionskampagne namens »Notenschlüssel« gegen Nazi-Bands hat zwar einige AktivistInnen verunsichert, aber abschließend betrachtet sogar zu einer Stabilisierung der Szene geführt.

Durch die Repression hat die Rechtsrock-Szene gelernt, professioneller zu arbeiten.[18] So laufen die Vertriebsstrukturen heute stark über das Ausland, die im Inland erscheinenden Produkte werden vorzensiert oder nur intern als Demotapes veröffentlicht. Weiterhin führten Plattenindizierungen zu enormen Preisanstiegen und dementsprechend höheren Gewinnspannen. Konzerte werden mittlerweile konspirativ abgehalten und Szene-intern beworben. Oft finden die Konzerte auf dem Lande oder auch im Ausland statt.

Diese Konzerte sind wichtig für die Szene. Sie gelten als Kontaktbörse und werden zur politischen Vorfeldarbeit genutzt. Wir könnten sie auch pädagogisch aufbereitete, vertonte Parteitage nennen. Psychologisch wirken diese Konzerte extrem motivierend, da sie den oft vereinzelt und unter antifaschistischem Druck lebenden Nazi-Skins die vermeintliche Stärke der Bewegung suggerieren. Zudem werden hier Kontakte zu organisierten Nazis hergestellt, verbotene Platten und Symbole sowie Fanzines veräußert. Ein Polizeibericht über ein Konzert, das 1992 vor 1.400 Nazi-Skins unter dem Motto »Rock gegen Kommunismus« in Brandenburg stattfand: »Die Veranstaltung war bestimmt von anhaltenden ›Sieg Heil‹ Rufen sowie dem Zeigen des Hitler Grußes.« Außerdem seien Demotapes und Flugblätter der neonazistischen Nationalen Offensive verteilt worden.[19] Ähnliche Veranstaltungen fanden 1996 in Dresden und Northeim statt.

Ein weiterer wichtiger Politikansatz ist es, unpolitische oder indifferente Bands in Verbindung mit rechten Strukturen zu bringen. Mit dieser Methode sollen über die Musik schrittweise noch weitere Teile der Skin-Bewegung in die rechte Subkultur integriert werden. Die bekanntesten deutschen Rechtsrockbands sind oder waren: Störkraft, Noie Werte, Radikahl, OI Dramz, Kraftschlag, Kahlkopf, Oithanasie, Tonstörung, Saccara, Werwolf, Endstufe, Freikorps, Rheinwacht, Böhse Onkelz, Odins Erben, Bodychecks, Boots and Braces, Kraft durch Froide, Kroizfeuer, Märtyrer, Sturmtrupp, Wotan.

Wichtig für den deutschen Markt sind weiterhin: Skrewdriver, No Remorse, Brutal Attack, Squadron, Skullhead und Public Enemy aus Großbritannien, Arresting Officers, Rahoma, Bound for Glory und Nordic Thunder aus den USA, Dirlewanger, Ultima Thule und Swastika (Hakenkreuz) aus Schweden.

Die Texte der Bands sind meist extrem nazistisch und gewaltverherrlichend: »Steckt sie in den Kerker, oder steckt sie ins KZ (...) tötet ihre Kinder, schändet ihre Frauen, vernichtet ihre Rasse (...)« (Endsieg, Titel: Kanaken). Oder: »(...) hängt dem Adolf Hitler den Nobelpreis um (...) hißt die rote Fahne mit dem Hakenkreuz (...)« (Radikahl, Titel: Hakenkreuz).

Verlage

In Deutschland gibt es etwa 20 Labels, die den Rechtsrock-Markt bedienen und erweitern.[20] Das älteste und größte ist das Kölner Rock-O-Rama Label. Aufgrund staatlichen Drucks werden mehr und mehr »eindeutige« Erzeugnisse bei Labels im Ausland verlegt, so bei Resistance Records (USA), Nordland (Schweden) oder Rebelles Europeens (Frankreich). Resistance Records arbeitet auch als Versand und bietet in diesem Rahmen einen Internet-Service an. Hier können per Computer Demos der Nazi-Musik eingespielt und bestellt werden. Dieses Angebot wurde seit Ende 1995 von 25.000 InteressentInnen wahrgenommen.[21] Neben offen rechtsextremen Labeln gibt es angeblich unpolitische wie Walzwerk, die aber auch Rassistisches im Programm haben.

Der organisierte Rechtsextremist Torsten Lemmer versucht über die Firmen Dorfmusik, Funny Sounds und Creative Zeiten GmbH den Musikmarkt für rechtsextremes Gedankengut zu öffnen und zu erweitern. Lemmer schönt Nazi-Musik durch die Bezeichnung »nonkonforme Musik« und strebt eine Erweiterung der musikalischen Palette in Richtung Mainstream an. Sein Ziel ist:»Das Erbe unserer Ahnen wirkungsvoll zu verteidigen und vorwärts zu bringen.«[22]

Manfred Rouhs, langjähriger rechtsextremer Funktionär und Herausgeber der Zeitung *Europa Vorn* rundet das Bild ab. Er versucht, eine rechte Musikbewegung jenseits der Nazi-Skin Musikszene zu etablieren, um über populäre Musik mit rechten Texten Jugendliche an die Bewegung und seine Zeitung heranzuführen. Das Geschäft mit der Nazi-Musik läuft und ist lukrativ. So verkaufte die Bremer Band Endstufe seit 1981 100.000 Tonträger.[23]

Fanzines

Es gibt mehr als 60 Skin-Zines in Deutschland. Sie haben eine geschätzte Auflage von 70 bis 80 Stück.[24] Von den Zines sind zwölf deutlich rechtsextrem. Einige von ihnen werden von Rechtsextremisten, die selbst keine Skins sind, für die rechte Skin-Szene erstellt. Zu diesen Nazi-Skin-Zines kommen noch weitere rechtsextreme Zines, die andere jugendkulturelle Zielgruppen abdekken. In den »Zeitungen«, deren Auflagenhöhe von 100 bis 10.000 variiert, wird über eine Mischung von Politik und Musik versucht, Einfluß auf die rechte Skin-Szene zu gewinnen. Hier gibt es Konzertberichte, Plattenbesprechungen, Grüße, Fotos von Feiern, Interviews mit den HeldInnen des Rechtsrock. Klassische neofaschistische Themen werden im Szene-Jargon aufgearbeitet, gleichzeitig aber Abgrenzung zu allen Parteien demonstriert. Andererseits sind hier oft Kontaktadressen von rechtsextremen Parteien und AktivistInnen zu finden, und es wird dazu aufgerufen, inhaftierte Kameraden zu betreuen. Die Zines mobilisieren für Feiern, Konzerte und rechte Treffen.

Ein größeres deutsches Zine ist *Moderne Zeiten (MZ)*. Gegründet 1993, ist es angebunden an ein Label samt Vertrieb. *MZ* trat mit einer Anfangsauflage von 10.000 (Eigenangabe) an und erschien monatlich. Die Redaktion besteht aus einschlägig bekannten Rechtsextremisten. *MZ* versucht, den zweifelhaften Ruf des Rechtsrock aufzupolieren, ihn nicht mehr an Nazi-Skins zu binden. Das Projekt hat allerdings finanzielle Schwierigkeiten; die Zeitschrift erscheint nur noch alle drei Monate.[25]

Internationales

Der Ursprung der internationalen neonazistischen Musikvernetzung liegt in England. Aus dem 1980 gegründeten und von der National Front gesteuerten White Noise Club entstand unter Führung des vor zwei Jahren gestorbenen Skrewdriver Sängers Ian Stuart Blood and Honour (B&H). B&H organisiert Konzerte und knüpft internationale Kontakte. Die Leitung von B&H liegt heute nach internen Streitereien in den Händen der britischen Nazi-Terrorgruppe Combat 18 (18 steht für Adolf Hitler, erster und achter Buchstabe des Alphabets). Der Einfluß von B&H geht jedoch merklich zurück. Die Marktanteile gehen immer mehr auf den Nordland/Resistance-Zusammenhang über. Nordland und Resistance sind sowohl professionell hergestellte Zeitungen als auch Labels. Nordland erscheint im 60-seitigen Hochglanz-Vierfarbdruck in mittlerweile 20.000-facher Auflage.[26] Über das Label hinaus verfügt Nordland über mehrere Plattenläden und mit der Nazi-Band Ultima Thule, die Platz eins der schwedischen Charts erreichte, über ein einträgliches Zugpferd.

Nordland und Resistance sowie führende Nazi-Bands sind eng verbunden mit der Nazi-Skin Kaderorganisation, den in den USA entstandenen Hammerskins. Diese Organisation verfügt international über fünfzig Ableger. Auch in der BRD gibt es mehrere Stützpunkte, die von Nazi-Skins mit zentraler Position in der Szene geführt werden. Die Hammerskins haben gute Kontakte zu anderen Nazi-Organisationen, aber auch zum Klu-Klux Klan. Hammerskins sind organisiert nach dem Prinzip des »Führerlosen Widerstandes«. Das heißt, sie bilden voneinander unabhängige Zellen, die eigenständig entscheiden und agieren. Um Mitglied werden zu können, muß eine Probezeit absolviert werden.[27] Hammerskins verstehen sich als die Elite der Skins, der Arbeiterschaft und der »weißen Rasse«. In alter Nazi-Tradition sehen sie sich als Orden: »Die Hammerskins sind eine weiße rassistische Bruderschaft«[28]; sie streben die Umwandlung der eher unverbindlich-subkulturellen Nazi-Skin-Szene in eine disziplinierte politische Kaderorganisation an.

Anmerkungen

1　J. Clarke: Jugendkultur als Widerstand. Frankfurt a. M. 1979, S. 171–175.
2　G. Marshall: Spirit of ›69‹. Dunoon 1993, S. 4.
3　K. Farin; E. Seidel-Pielen: Skinheads. In: R. Stäblein (Hrsg.): Höflichkeit. Tugend oder schöner Schein. Bühl 1993, S. 124–143, hier S. 131.
4　Vgl. H. J. Wirth: Sich fühlen wie der letzte Dreck. In: M. Bock; M. Reimitz: Zwischen Resignation und Gewalt. Opladen 1989, S. 187–203, hier S. 189.
5　Vgl. R. Mischkowitz: Fremdenfeindliche Gewalt und Skinheads. BKA Wiesbaden 1994, S. 13.
6　Innenministerium Nord-Rhein-Westfalen: Skinheads in NRW. Düsseldorf 1994, S. 2.
7　Bundesverfassungsschutzbericht 1994, S. 93 ff.
8　Vgl. Farin; Seidel-Pielen, 1993, S. 137 (s. Anm. 3).
9　Vgl. Skinheads in NRW, 1994, S. 22 (s. Anm. 6).
10　Vgl. Farin; Seidel-Pielen, 1993, S. 212 (s. Anm. 3).
11　Vgl. ebenda.
12　Vgl. ebenda, S. 201.
13　P. Dehoust in: Nation Europa. (1987) 9, S. 3.
14　Vgl. A. Schwarzmeier; E. Wunderlich: Politische Aktivistinnen für Volk und Vaterland. In: Fantifa Marburg (Hrsg.): Kameradinnen. Frauen stricken am braunen Netz. Münster 1995, S. 39 – 72, hier S. 55.
15　Ebenda, S. 56.
16　B. Rommelspacher: Rassismus und Rechtsextremismus. In: Bündnis 90/Die Grünen (Hrsg.): Rechte Gewalt und Extremismus der Mitte. o. J. S. 23.
17　Vgl. T. Lemmer: Skinhead Rock. Düsseldorf 1994, S. 111.
18　Vgl. Antifa-Info Blatt. Mai/Juni 1996, S. 22.
19　Vgl. Skinheads in NRW, 1994, S. 14 (s. Anm. 6).
20　Vgl. Antifaschistisches Autorenkollektiv (Hrsg.): Drahtzieher im braunen Netz. Ein aktueller Überblick über den Neonazi-Untergrund in Deutschland und Österreich. Hamburg 1996, S. 174.
21　Vgl. Antifa-Infoblatt, Mai/Juni 1996, S. 23.
22　Lemmer, 1994, S. 9 (s. Anm. 17).
23　Vgl. Antifa-Infoblatt, Mai/Juni 1996, S. 22.
24　Vgl. Farin; Seidel-Pielen, 1993, S. 198 (s. Anm. 3).
25　Vgl. Drahtzieher im braunen Netz, 1996, S. 176 (s. Anm. 20).
26　Vgl. Antifa-Info Blatt, Mai/Juni 1996, S. 23.
27　Vgl. Drahtzieher im braunen Netz, 1996, S. 179 (s. Anm. 20).
28　German Hammerskins (Hrsg): Wehrt Euch, Nr. 5, Brandenburg 1994.

Bernd Siegler
Rechtsextremismus und Wahlverhalten

»Es kann kaum von einem Rechtsrutsch gesprochen werden. Der Unmut vieler Wähler hat sich auf dem Stimmzettel ausgedrückt, ohne daß dabei rechtsradikale Überzeugungen dahinterstehen.« Das war 1990, nachdem die Republikaner (REP) nicht nur ins Berliner Abgeordnetenhaus, sondern auch ins Europaparlament eingezogen waren. Wolfgang Gibowski von der Mannheimer Forschungsgruppe Wahlen hatte wie viele andere auch die Erklärung parat, die Protest- und Denkzettelwähler hätten zugeschlagen. Der Tenor von offizieller Politik und Meinungsforschung war eindeutig: Sorgen wären nicht angebracht, denn was sich in den Erfolgen der Rechtsaußenpartei manifestiere, sei vielmehr, so der Gießener Politologe Claus Leggewie, ein »Ausdruck der Normalisierung« in Deutschland. In anderen europäischen Ländern säßen ja schon längst Rechtsradikale in den Parlamenten.

Schnellschuß-Meinungsumfragen unterstützten die These, daß hier die Modernisierungsverlierer aus Protest ihr Kreuz nicht bei Union oder SPD, sondern eben bei den Republikanern gemacht hätten. Niedrige soziale Schichten, Wohnungs- und Arbeitslose sowie Hauptschulabgänger wurden flugs als REP-Klientel ausgemacht. Nein, beileibe keine Rechtsradikalen, keine Überzeugungstäter, denn, so Gibowski in einem *Spiegel*-Interview, bei den REP müßte ja »zwischen der Partei und ihren WählerInnen deutlich unterschieden werden«.

Andere Fakten und Stimmen gingen bei der Fülle solcher Ad-hoc-Analysen völlig unter. Eine Untersuchung von Infratest aus dem Jahre 1989 zum Beispiel, wo man herausgefunden hatte, daß die REP-Wählerschaft überdurchschnittlich hohe Einkommen besitzt, ihre eigene wirtschaftliche Lage zuversichtlicher beurteilt als SPD-Wähler und darüber hinaus optimistischer in die Zukunft blickt als die Wähler aller anderen Parteien. Oder das Fazit einer im *Spiegel* zitierten EMNID-Untersuchung von 1989: »Zugespitzt gesagt: Die Republikaner sind weniger eine Protestpartei, die Unzufriedene aller Art anzieht, als vielmehr eine Weltanschauungspartei.« Oder der damalige SPD-Landesgeschäftsführer Bodo Hombach 1990 in seiner Eigenschaft als Wahlkampfstratege von Nordrhein-Westfalen: »Die meisten verführten Schäfchen sind Wölfe. Mich beschleicht ein großes Unbehagen, wenn bei Analysen des

Phänomens REP deren Wähler fast durchgängig als Opfer bezeichnet werden. Ich darf den Täteranteil der REP-Wähler nicht vergessen. Sie richten eine Menge Schaden an. Sie gefährden den sozialen Frieden nach innen. Sie schaffen Ressentiments, gefährden Toleranz und Integrationskraft.«

Als dann 1992 die REP in Baden-Württemberg und die DVU in Schleswig-Holstein in den Landtag einzogen, war nach Aussagen von vielen Politikern und den meisten Wahlforschern erneut der Protestwähler schuld. Erst als es den Republikanern, obwohl ihnen bereits bundesweit der Sturz in die Bedeutungslosigkeit prophezeiht worden war, im März 1996 als erste deutsche rechtsextreme Partei gelungen war, den Einzug in einen Landtag bei den nächsten Wahlen zu wiederholen, wurden diese Stimmen etwas leiser. Jetzt tauchten Fragen auf, ob die REP denn schon so etwas wie ein Stammwählerpotential hätten und somit auch mit Erfolgen in der Zukunft zu rechnen sei. Die sonst um Erklärungen kaum verlegenen Wahlforscher hielten sich mit Analysen vornehm zurück.

Für sie stellten und stellen sich vorwiegend die Fragen: Wer sind die WählerInnen der REP, aus welchen Schichten kommen sie, über welche Bildung verfügen sie und was sind ihre Hauptthemen? Weitaus weniger fragen sie sich, was die deutschen Rechtsextremisten wählen. Eine durchaus interessante und brisante Frage, liegt doch das Potential derer, die über ein geschlossenes rechtsextremes Weltbild verfügen, je nach Umfrage zwischen fünf und 15 Prozent der deutschen Wahlberechtigten. Wie geht das zusammen mit der überwiegenden Erfolglosigkeit der rechtsextremen Parteien? Schon bei der SINUS-Studie 1981[1] wurde als rechtsextremes Einstellungspotential 13 Prozent der wahlberechtigten Bevölkerung errechnet. Da aber nur etwa ein Prozent angab, die damals einzige bei Wahlen antretende Rechtsaußenpartei, die NPD, wählen zu wollen, stellt sich doch die Frage, wo sich die Rechtsextremisten parteipolitisch zugehörig fühlen, wenn nicht bei den Rechtsaußenparteien. Und nach neueren Untersuchungen ist dieses Potential nicht kleiner geworden.

Doch Antworten darauf hätten erstens zur Grundlage, daß sich Wählerbefragungen auf rechtsextreme Einstellungsmuster beziehen müßten. Die Messung rechtsextremer Einstellung ist jedoch ein aufwendiges und damit teures Unterfangen. Rechtsextreme Einstellungen sind eben keine eindimensionale und damit einfach meßbare Angelegenheit. Solche Einstellungen setzen sich aus unterschiedlichsten Dimensionen zusammen (Autoritarismus, Nationalismus, Ethnozentrismus, Antisemitismus etc.). Zweitens könnten solche Analysen unangenehme Tendenzen zu Tage fördern. 1981 stellte das SINUS-Institut fest, daß 54,5 Prozent derer, die über ein geschlossenes rechtsextremes Weltbild verfügen, die Unionsparteien präferieren und 20 Prozent die SPD.

Nach übereinstimmenden Ergebnissen der Wahlforscher ist die Zusammensetzung der Wählerschaft rechtsextremer Parteien, und dies gilt nicht nur für die REP, in soziokultureller Hinsicht sehr heterogen. Von der Altersstruktur, der konfessionellen Zusammensetzung und den Einkommensverhältnissen her gibt es nur sehr wenig Unterschiede zur Bevölkerung insgesamt. Zwei Drittel der generell durch einen niedrigen Bildungsstatus gekennzeichneten REP-Sympathisanten sind Männer. Bei der Europawahl 1989 stimmten Männer fast doppelt so häufig für die Schönhuber-Partei wie Frauen. Dies gilt auch für den sensationellen REP-Erfolg 1992 in Baden-Württemberg. 15,5 Prozent der Wähler, aber nur 8,5 Prozent der Wählerinnen sorgten für die 10,9 Prozent REP-Stimmen.

Wer wählt also die REP und was wählen die Rechtsextremisten? Diesen Fragen gingen zwei Analysen nach, auf die sich im folgenden gestützt werden soll: eine Studie von Jürgen W. Falter[2], Professor für Politikwissenschaft an der Johannes Gutenberg-Universität von Mainz, und eine Analyse von Richard Stöss[3], wissenschaftlicher Mitarbeiter am Zentralinstitut für sozialwissenschaftliche Forschung der Freien Universität Berlin. Falters Studie fußt auf Erhebungen der Forschungsgruppe Wahlen[4], der Konrad-Adenauer-Stiftung[5] und des Bielefelder EMNID-Instituts[6], erhoben in den Jahren 1993 und 1994. Mit im Sommer 1990 erhobenen Daten analysierte Stöss den Rechtsextremismus in Berlin-West und -Ost.

Falter kommt insbesondere aufgrund der EMNID-Daten vom Februar 1994 zu dem Ergebnis, daß im Vergleich zum Bevölkerungsdurchschnitt, der 1993 zu rund fünf Prozent Rechtsaußen-Parteien wählte, die Arbeitslosen (8 Prozent), Facharbeiter, Selbständige und Landwirte (je 9 Prozent), Personen mit niedrigem Schulabschluß (7 Prozent) und mit einem Einkommen bis 1.000 DM überdurchschnittlich zur Wahl einer Rechtspartei tendieren (im Westen). Der Mainzer Politologe sieht zumindest nach diesen Daten die »Modernisierungsverliererthese (als) voll und ganz zutreffend« an (S. 70), zumal sozialer Abstieg und die Angst vor Arbeitsplatzverlust die Rechtswahl begünstigen.

Aus seinen Daten geht hervor, daß im Gegensatz zu früheren Jahrzehnten die bloße Kirchenmitgliedschaft mittlerweile kein Hindernis mehr für die Wahl einer rechtsextremen Partei ist. Falter stellt fest, daß »bei Katholiken ohne Kirchenbindung, also den reinen Taufscheinkatholiken, die Neigung rechts zu wählen, stets höher liegt als bei Protestanten ohne Kirchenbindung« (S. 87). Anders dagegen bei den überzeugten Katholiken. Eine Kirchenbindung immunisiert demnach gegen eine Hinwendung zu Rechtsparteien.

Aufgrund der Daten über die Nähe bestimmter sozialer Gruppen zu rechtsextremen Parteien und der sozialen Zusammensetzung der Anhänger, Wähler und Sympathisanten der Rechtsparteien bildet Falter einen »idealtypischen (westdeutschen, d. Vf.) Rechtswähler«: Es handelt sich dabei »um einen verheirateten Mann über 45, der in einer Klein- oder Mittelstadt lebt, einer christlichen Kirche angehört, aber selten oder nie zur Kirche geht, Volks- oder Hauptschulabschluß besitzt, als Arbeiter oder einfacher Angestellter in einem festen Arbeitsverhältnis steht, sich (bisher) um seinen Arbeitsplatz nicht unmittelbar sorgt und weder selbst noch über ein anderes Mitglied seines Haushalts mit der Gewerkschaftsbewegung verbunden ist« (S. 105).

Der ostdeutsche Idealtypus weicht davon deutlich ab. Bei ihm handelt es sich um einen »jüngeren, alleine lebenden Mann aus einer kleineren Gemeinde, der einen mittleren Schulabschluß aufzuweisen hat, Arbeiter, und zwar öfter Facharbeiter als an- oder ungelernter Arbeiter ist, der seinen Arbeitsplatz häufiger als sein westdeutsches Pendant als gefährdet ansieht, im Gegensatz zu diesem keiner Konfession angehört und außerdem, wie sein Gegenpart aus den alten Bundesländern, kein Gewerkschaftsmitglied ist« (S. 106).

Um die Frage zu klären, ob es sich bei den Wählern der REP um Protestwähler oder um Rechtsextremisten handelt, untersuchte Falter, welche Sorgen und Probleme die Rechtswähler haben und welche Einstellungen sie besitzen. Bei den von den Wählern genannten wichtigsten Problemen fand er keine gravierenden Unterschiede zwischen den Rechtsparteien und den übrigen. Größere Unterschiede gab es lediglich bei einigen wenigen Problemfeldern. So wurden die Themen »Ausländer/Asyl«, »Arbeitslosigkeit«, und »Parteienverdruß« von den Rechtsaußenwählern als wichtiger eingeschätzt als vom Durchschnitt. Umfrageergebnisse vom Februar 1994 ergaben laut Falter einen »klaren, eindeutigen Zusammenhang zwischen der Ablehnung von Ausländern, der Angst vor Überfremdung und der Sorge vor einem weiteren Zustrom von Asylbewerbern auf der einen und der Affinität zu den Rechtsparteien auf der anderen Seite« (S. 111).

Auch diejenigen, die sich sozial benachteiligt fühlten und das Gesellschaftssystem als ungerecht empfanden, tendierten nach Falter weitaus häufiger als der Durchschnitt aller Wahlberechtigten zur Wahl rechter Parteien. Bei einer durchschnittlichen Wahlbereitschaft von Rechtsparteien von drei Prozent tendierten 13 Prozent derer, die das Gesellschaftssystem als ungerecht empfanden und sich benachteiligt fühlten, 1993 zur Wahl rechter Parteien. Auch der Faktor Politik- und Parteienverdrossenheit spielte bei der Wahlentscheidung eine Rolle. So trieb nach den Berechnungen von Falter die gleichsinnige positive Überlagerung der Merkmale »Unzufriedenheit mit Regierung und Opposition«, »Unzufriedenheit mit Demokratie und politischem System« und »Abwesenheit längerfristiger Parteibindungen« den Rechtswähleranteil auf 19 Prozent hoch (vgl. S. 122).

Doch auch damit ist die Frage noch nicht geklärt, ob es sich bei der Wahl der REP um einen unpolitischen, unideologischen Protest handelt. Falter überprüfte daher, ob die Wähler von Rechtsparteien über ein der Theorie entsprechendes geschlossenes rechtsextremistisches Weltbild verfügen und ob umgekehrt das Vorliegen eines solchen Weltbildes tatsächlich verstärkt zur Wahl der Rechtsparteien führt.

Als Faktoren, die die Wahl rechtsextremer Parteien beeinflussen, machte Falter politischen Protest, unpolitische Entfremdung (beispielsweise bezüglich der Familie), das Gefühl sozialer und ökonomischer Benachteiligung, die Ablehnung von Ausländern und die Existenz nationalsozialistischer Orientierung aus.»Doch erst ihre Überlagerung steigert die Wahrscheinlichkeit der Wahl von Rechtsparteien dramatisch.« (S. 135) So fanden sich in der Kategorie starker Protest, starkes Gefühl der Benachteiligung, starke Ablehnung von Ausländern und starker Nationalismus 63 Prozent Rechtswähler.

Seine Rechtsextremismus-Skala setzte Falter aus folgenden zehn Aussagen zusammen:»Stolz Deutscher zu sein, Mehr Nationalgefühl, Vorrang für Allgemeinwohl, Diktatur unter Umständen besser, Nationalsozialismus auch gut, Hitler Staatsmann, BRD stark überfremdet, Ausländerehe endogam, Einfluß Juden zu groß, Juden andersartig«. Von einem geschlossenen rechtsextremen Weltbild spricht der Mainzer Wahlforscher, wenn mindestens neun von diesen zehn Fragen von einer Person stark positiv beantwortet werden.

Wer keiner der zehn Aussagen zustimmte, neigte nach den Falter vorliegenden Daten überhaupt nicht zur Wahl der Rechtsparteien. Von denen, die allen zehn Aussagen zustimmten (das waren drei Prozent aller Wähler), tendierten 40 Prozent zur Wahl der REP. 60 Prozent sahen aber immer noch woanders ihre politische Heimat. Bei neun Aussagen (fünf Prozent aller Wähler) tendierten 26, bei acht Aussagen (zehn Prozent aller Wähler) elf Prozent zu den REP. Für Falter ist es »ein schwer zu bestreitendes Faktum, daß ein geschlossenes rechtsextremistisches Weltbild die Wahl der REP und anderer Rechtsparteien außerordentlich begünstigt«. (S. 140)

Im Zusammenhang mit dem Grad der Politikverdrossenheit ergab sich in seiner Studie das Bild, daß Politikverdrossene erheblich häufiger als Nichtverdrossene zur Wahl rechter Parteien tendierten. Dies traf aber nur dann zu, wenn sie gleichzeitig auf der Skala Rechtsextremismus einen mittleren oder hohen Wert einnahmen. Mit anderen Worten, von denen die politikverdrossen waren und mindestens sieben Behauptungen zustimmten, wählten 21 Prozent die REP. Von denen die politikverdrossen, aber nicht rechtsextrem waren, wählte keiner die REP. Von denen die stark rechtsextrem und nicht politikverdrossen waren, wählten immerhin zwei Prozent die REP.

Das gleiche Bild bei dem Faktor der empfundenen Benachteiligung. Auch dieser Faktor wurde für eine Wahlentscheidung nur dann wirksam, wenn rechtsextreme Grundeinstellungen hinzukamen. Bei Personen, die nicht rechts standen, hatte der Faktor Benachteiligung keinen meßbaren Einfluß auf die Wahl der Republikaner.

Nach Falters Analyse hatten Anfang 1994 die REP ausschließlich bei Befragten Erfolg, die rechts oder sehr weit rechts standen und sich politikverdrossen und/oder sozial und wirtschaftlich benachteiligt fühlten. Mit 31 Prozent waren sie bei politikverdrossenen, subjektiv benachteiligten, rechtsextremen Wählern gegenüber ihrem bundesweit bei knapp vier Prozent liegenden Durchschnittsergebnis weit überrepräsentiert. Sie waren in dieser Kategorie erheblich stärker als die Unionsparteien. Diese integrierten jedoch »nach wie vor einen Großteil der nicht politikverdrossenen und sich nicht benachteiligt fühlenden, sehr weit rechts stehenden Befragten«. (S. 145)

Das Fazit des Mainzer Politologen ist eindeutig: »Das Protestwahlmotiv spielt zwar für die Wahl der Reps durchaus eine große Rolle, aber nur in Verbindung mit dem Vorhandensein rechtsextremer Einstellungen. Umgekehrt reichen rechtsextreme Einstellungen alleine nicht aus, die Wahl der Reps zu erklären. Sie werden nur dann für die Reps wahlwirksam, wenn Protestmotive wie Politikverdrossenheit und das Gefühl sozialer und wirtschaftlicher Benachteiligung hinzutreten. Fehlen solche Protestgründe, erfüllen die Unionsparteien nach wie vor die politisch außerordentlich wichtige Aufgabe einer Integration der (zahlenmäßig nicht sehr starken) ›zufriedenen Rechtsextremen‹.« (S. 147) Er stellte fest, daß Anfang 1994 unter den Wählern der Republikaner kaum Personen waren, die nicht rechtsextremistisch eingestellt waren, aber auch daß rund 20 Prozent der Union-Wähler und 14 Prozent der SPD-Wähler ein relativ geschlossenes, rechtsextremistisches Weltbild besaßen.

Die Möglichkeit zukünftiger Wahlerfolge rechtsextremer Parteien sieht Falter als gegeben an: »Das Potential für einen Wahlerfolg rechter Randparteien ist in der Bundesrepublik nach wie vor da. Jeder siebte weist ein zwar nicht vollständig geschlossenes, aber doch überwiegend durch rechtsradikale Inhalte geprägtes politisches Weltbild auf.« (S. 163)

Der Berliner Politologe Richard Stöss ging genau diesem Potential näher auf die Spur. Er versuchte Antworten auf die beiden grundverschiedenen Fragen zu finden: Was wählt der Rechtsextremist? Und: Wer wählt rechtsextrem?

Wie auch Falter definierte Stöss Rechtsextremismus als ein »inkonsistentes, mehrdimensionales, rechtsgerichtetes Einstellungsmuster, das sich auf verschiedene Objekte bezieht und sich aus unterschiedlichen Merkmalen zusammensetzt«. Als politische Doktrin richtet sich der Rechtsextremismus, so der Ausgangspunkt von Stöss, vor allem gegen liberale und sozialistische Traditionen. Im Mittelpunkt sieht er dabei einen »völkisch fundierten, ethnozentristischen Nationalismus als oberstes Ordnungsprinzip«. Leitbild des Rechtsextremismus ist demnach »die hierarchisch strukturierte Volksgemeinschaft, die sich in einem mächtigen autoritären Staat verkörpert, der nach außen expansionistische oder revisionistische Ziele verfolgt«.[7]

Zunächst verfolgte Stöss das Ziel, die Dimension des Einstellungsmusters Rechtsextremismus empirisch festzustellen. Seine diesbezügliche Skala setzt sich aus den Kategorien Entfremdung, also dem Gefühl der Orientierungslosigkeit und Unsicherheit (»In diesen Tagen ist alles so unsicher geworden, da man auf alles gefaßt sein muß.«), Autoritarismus, Nationalismus und Ethnozentrismus (»Es geht zu weit, wenn sich Ausländer auch noch an deutsche Mädchen und Frauen heranmachen.«) inklusive dem Wohlstandschauvinismus (»Die Aus- und Übersiedler kommen nur hierher, um unseren Sozialstaat auszunutzen.«) zusammen.

Daneben bestimmte Stöss die Aktivitätspotentiale, also beispielsweise das Wahlverhalten, und betrieb schließlich Ursachenforschung, also die Analyse von Faktoren, die rechtsextreme Einstellungen und Verhaltensweisen erklären. Die suchte Stöss in der Persönlichkeit des Einzelnen, in der Politik und in der sozialen Lage.

Inwieweit Personen politische Ereignisse als unter persönlicher Kontrolle stehend oder als schicksalsgegeben wahrnehmen, ist ein solches politikrelevantes Persönlichkeitsmerkmal. Stöss unterschied dabei externe Kontrollerwartungen, also wie groß Einflußchancen auf das politische Geschehen wahrgenommen werden (»Gegen die politischen Machthaber kann der kleine Mann nichts ausrichten.«), und interne Kontrollerwartungen, also wie die eigenen Fähigkeiten bzw. Kompetenzen im politischen Prozeß eingeschätzt werden (»In der Bewertung politischer Sachverhalte bin ich eher unsicher.«). Stöss ging davon aus, daß hohe externe bzw. interne Kontrollerwartungen sich negativ auf die Ausbreitung von Rechtsextremismus auswirken müßten.

Als Variablen für den politischen Bereich nahm er die allgemeine politische Orientierung, die politische Einstellung und Unzufriedenheit. Für den Bereich soziale Lage kam die Sozialstruktur (Geschlecht, Alter, Erwerbsstatus, Beruf, Bildung), die wirtschaftliche und soziale Lage (Beurteilung der eigenen wirtschaftlichen Lage, Arbeitsplatzrisiko und Personalentwicklung im Betrieb) in Betracht.

Aufgrund seiner empirischen Erhebung kam Stöss 1990 auf ein extrem rechtes Einstellungspotential im Osten von 17 und im Westen von acht Prozent. Das hatte auch seinen Grund. So stellte Stöss fest, daß das Autoritarismuspotential im Osten mit knapp 40 Prozent zweieinhalbmal und das Entfremdungspotential dreimal so stark wie im Westen war. Der Rechtsextremismus im Osten war also demnach stark geprägt von autoritären Traditionen des stalinistischen Regimes und von der durch den Zusammenbruch des real existierenden Sozialismus entstandenen Orientierungs- bzw. Perspektivlosigkeit (S. 27 ff. sowie S. 82).

Stöss stellte fest, daß rechtsextreme Einstellungen nicht nur Männersache sind. Nur im Wahlverhalten sind Männer überpräsentiert. Auch sind rechtsextreme Einstellungen kein Jugendphänomen. Das extrem rechte Potential nimmt mit wachsendem Alter zu. Eindeutig ist die negative Korrelation von Schulbildung und extrem rechter Einstellung. Arbeiter sind für solche Einstellungen besonders »anfällig«, im Westen die Arbeitslosen, im Osten die Teilzeitbeschäftigten und Kurzarbeiter. Im großen und ganzen ist das rechtsextreme Potential geprägt von Zufriedenheit und Zukunftsoptimismus. Im Osten wächst es sogar mit wirtschaftlichem Zukunftsoptimismus (S. 39 ff.).

Aus dem empirischen Material filterte Stöss als »hervorstechende Merkmale« des Rechtsextremismus den »unpolitischen und passiven Charakter der rechtsextremen Persönlichkeit« heraus. Die Rechtsextremisten sind demnach politisch desinteressiert und neigen nicht dazu, sich selbst politisch zu betätigen. »Sie erwarten, daß andere für sie aktiv sind. Das mögen Parteien oder Parteiführer sein, das kann auch der Staat mit seinem Repressionsapparat sein. Im Zweifel sind es auch die Skinheads, die ein Asylbewerberheim überfallen. Das erregt den Beifall der RechtsextremistInnen.« (S. 57 ff.)

Stöss' Idealtypus für den westdeutschen Rechtsextremisten sieht folgendermaßen aus: »Im Westen steht mit Abstand das rigide ›law and order‹-Denken an erster Stelle, die Erwartung also, daß der Staat den Bürger mit drastischen Zwangsmitteln vor unerwünschten Störern und Störungen schützt. Diese antiliberale, etatistische Haltung korrespondiert mit der rechtsgerichteten ideologischen Selbstidentifikation, die die Ablehnung von Gesellschaftsveränderung ebenso verrät wie die Zurückweisung postmaterialistischer Werte. Wir haben es mit einer formal wenig gebildeten Persönlichkeit zu tun, die ein ausgeprägtes Sicherheitsbedürfnis hat und sich vom machtvollen Obrigkeitsstaat zugleich Wohlfahrt und Schutz vor Veränderungen, Herausforderungen, Konflikten und Feinden erwartet. Rechtsextremismus ist sodann durch politische Inaktivität (hinsichtlich demokratischer Partizipationsformen) gekennzeichnet und wächst mit zunehmendem Alter.« (S. 84)

Der »neue Rechtsextremismus der achtziger Jahre« richtet sich, so der Berliner Sozialwissenschaftler, »vor allem mit traditionalistischen Orientierungen gegen postmaterialistische, demokratisch-emanzipatorische, supranationale und multikulturelle Modernisierungsprozesse. Seine Anhänger sind in der Regel nicht ›Verlierer‹ oder ›Opfer‹, sondern Gegner dieser Entwicklung« (S. 85).

Was wählen aber diese »neuen Rechtsextremisten« und wer wählt die Republikaner? Aufgrund seiner Daten sieht Stöss die Anhänger der rechtsextremen Parteien vorwiegend durch drei Merkmale gekennzeichnet: Durch »extrem rechte Grundorientierungen, starke politische Entfremdung und das Gefühl sozioökonomischer Bedrohung«. In Übereinstimmung mit den Ergebnissen von Falter fand Stöss heraus, daß sich rechtsextreme Einstellungen mit starker politischer Entfremdung und dem Gefühl wirtschaftlicher und sozialer Bedrohung verbinden. Den aus Unsicherheit und Unzufriedenheit angesichts gesellschaftlich-politischer Krisen und Umbrüche resultierenden Protest sieht er nicht als entscheidendes Wählermotiv an. Daß die REP-Wähler überwiegend aus dem Lager anderer Parteien kommen, ist für Stöss »selbstverständlich und sagt nichts über den Protestcharakter einer Partei aus«.

Nach seinen Daten sind 40 Prozent der REP-Wähler dem extrem rechten Einstellungspotential zuzurechnen. Über die Hälfte kommt demnach aus dem nicht-rechtsextremen Lager. Nur 10 Prozent der REP-Wähler sind aber nicht durch hochgradig autoritäre, nationale oder fremdenfeindliche Einstellungen geprägt. Für Stöss ist es damit klar, daß die REP »überwiegend eine Weltanschauungspartei« sind. Sie stellen »kein ideologisch, politisch und sozial konturenloses Sammelbecken« dar. Sie sind auch »keineswegs sozial besonders schwach oder konkret durch Modernisierungsprozesse bedroht.«

Dagegen sind die REP »nicht der parlamentarische Arm des Rechtsextremismus«. Das folgert Stöss aus dem Ergebnis, daß nach den von ihm 1990 erhobenen Daten in West-Berlin 57,5 Prozent des rechtsextremen Einstellungspotentials die CDU und 26 Prozent die SPD präferieren. Nur 5,5 Prozent nannten die Republikaner. Sieben Prozent hatten keine Präferenz. Zwei Jahre später bevorzugten immer noch 34 Prozent der Rechtsextremisten die CDU, 17 die SPD und 11 die REP, 28 Prozent hatten Präferenz. »Das rechtsextreme Lager wählt mehrheitlich die Unionsparteien und an zweiter Stelle die SPD«, folgert Stöss. »Rechtsextreme Parteien mobilisieren dagegen nur einen winzigen Teil des Kuchens.«[8]

Für ihn ist damit »die Union der parlamentarische Arm des Rechtsextremismus«. Differenzierter betrachtet kommt Stöss zu folgendem Ergebnis: »Wer besonders zu Autoritarismus, Nationalbewußtsein, Ethnozentrismus, Wohlstandschauvinismus, politischer Apathie und zu Institutionenvertrauen neigt, präferiert mit hoher Wahrscheinlichkeit die CDU. Wer hingegen eher zu Entfremdung und Expansionismus neigt und wer rechtsextreme Gewalt billigt, bevorzugt die Republikaner.«[9]

Nur im Ausnahmefall ziehen also rechtsextreme Einstellungen die Wahl rechtsextremer Parteien nach sich. Der parteipolitische Bezugspunkt des rechtsextremen Einstellungspotentials sind zuerst die Unionsparteien und dann die SPD. Der Rechtsextremismus ist also nach wie vor überwiegend in das demokratische Spektrum des Parteiensystems integriert. Es wird von den sogenannten »Volksparteien« gebunden.

Das Sinken der Integrationskräfte der Volksparteien und die weiterhin günstigen anderen Faktoren für rechtsextreme Wahlentscheidungen (Entfremdung, ökonomische und soziale Bedrohung) sind für Stöss ausschlaggebend dafür, den Rechtsaußenparteien theoretisch gute Chancen für zukünftige Wahlen einzuräumen. Aber die Zersplitterung der rechtsextremen Parteienlandschaft, ihre Zerstrittenheit und vor allem das Fehlen einer charismatischen Führer- und Integrationsfigur wie Jörg Haider in Österreich oder Jean Marie Le Pen in Frankreich machen ihre guten Chancen derzeit weitgehend zunichte. Da sind Union oder auch SPD für viele eingefleischte Rechtsextremisten immer noch die erste Wahl.

Da aber nicht jede rechtsextrem eingestellte Person zwangsläufig eine rechtsextreme Partei wählt und rechtsextreme Parteien nicht nur von Rechtsextremisten gewählt werden, warnt Stöss mit Recht davor, die Wähler rechtsextremer Parteien als Maßzahl für die Stärke des Rechtsextremismus zu nehmen. Genau dies tun aber die den öffentlichen Diskurs beherrschenden Meinungsforscher sowie viele Politiker der »Volksparteien« – wider besseren Wissens. Sie unterschlagen, daß nach wie vor das rechtsextremistische Einstellungspotential seine politische Heimat überwiegend in den Unionsparteien findet und dort auch durchaus inhaltlich bedient wird. Sie unterschlagen aber auch, daß REP-Wählen weder Ausdruck unpolitischen Protestes, noch unpolitischer Unzufriedenheit ist. Die Republikaner sind eine Weltanschauungspartei, sie sind aber nicht der parlamentarische Arm des Rechtsextremismus.

Anmerkungen

1 SINUS-Institut: »Wir sollten wieder einen Führer haben«. Eine SINUS-Studie über rechtsextremistische Einstellungen bei den Deutschen. Reinbek 1981.
2 J. W. Falter: Wer wählt rechts? München 1994.
3 R. Stöss: Rechtsextremismus und Wahlen in der Bundesrepublik. Aus Politik und Zeitgeschichte, Bd. 11, 1993 sowie ders.: Rechtsextremismus in Berlin 1990. Berliner Arbeitshefte und Berichte zur sozialwissenschaftlichen Forschung, Nr. 80, 1993.
4 Kumuliertes Politbarometer 1993 der Forschungsgruppe Wahlen Mannheim.
5 Bevölkerungsumfrage der Konrad-Adenauer-Stiftung vom Frühjahr 1993.
6 Bevölkerungsumfrage des EMNID-Instituts vom Februar 1994.
7 Stöss, Rechtsextremismus in Berlin 1990, S. 17 f. (s. Anm. 3). Im folgenden sind Seitenzahlen im Text vermerkt.
8 Stöss, Rechtsextremismus und Wahlen in der Bundesrepublik, S. 58 (s. Anm. 3).
9 Stöss, Rechtsextremismus in Berlin 1990, S. 73 (s. Anm. 3).

Dirk Kretschmer/Siegfried Jäger

Von Irren, Chaoten und Fanatikern

Rechtsextremismus und Rassismus in den Medien

Vorspiel

Sommer 1993. Der deutsche Bundestag beschließt die faktische Abschaffung des Art. 16 GG. Wenige Tage später: die Morde von Solingen. Anfang 1996. Bei einem Brandanschlag auf ein Lübecker Flüchtlingsheim kommen zehn Menschen ums Leben, 38 werden verletzt. Wenige Wochen später: das Kabinett beschließt eine erneute Verschärfung der sogenannten Ausländergesetze. Werden 1993 die gewalttätigen Angriffe von Neo-Nazis und aufgehetzten BürgerInnen gegen Einwanderer und Flüchtlinge noch in direkten (Begründungs-)Zusammenhang mit den rigiden staatlichen Maßnahmen gebracht,[1] scheint die Situation drei Jahre später eine ganz andere zu sein. Der Lübecker Brandanschlag sei von einem im Haus schlafenden Flüchtling selber verübt worden, heißt es. Der Schritt zu einer noch willkürlicheren Abschiebepraxis wird jetzt auch nicht mehr mit dem Hinweis auf rechte Anschläge, die durch verständliche »Überfremdungsangst« motiviert seien, begründet, sondern die Bundesregierung nimmt Zusammenstöße der Polizei mit kurdischen DemonstrantInnen zum Anlaß, das entsprechende Gesetzespaket auf den Weg zu bringen. Die Begründungsstruktur des hier angesprochenen Diskurses über Flüchtlinge und MigrantInnen einerseits und des organisierten Rechtsextremismus andererseits hat sich in diesem Zeitraum also in einer Weise verlagert, die selbst einige konservative Autoren wie etwa Heiner Geißler oder Friedbert Pflüger befürchten läßt, daß Deutschland nach rechts driftet.[2]

Es wäre nun wenig erkenntnisfördernd, wenn wir am Ende dieses Artikels diesen Befund nur bestätigen könnten. Uns geht es vielmehr darum, Einblick in den Prozeß der »Normalisierung« des rechtsextremen Denkens zu geben. Uns ist nämlich seit längerem aufgefallen, daß Aussagen und Ansichten, die bis vor wenigen Jahren eindeutig als rechts oder sogar rechtsextrem verstanden und gebrandmarkt wurden, immer häufiger auch in Reden von Politikern der Mitte und daher auch im Mediendiskurs der Mitte erschienen, ohne daß ein Aufschrei der Entrüstung durch die Republik gegangen wäre. Im Gegenteil: Solches Reden wird offenbar inzwischen als völlig »normal« angesehen und »auf breiter Front« akzeptiert. Um diese Vermutung zu überprüfen, haben wir den hegemonialen Mediendiskurs über einen längeren Zeitraum und in angemessener Bandbreite daraufhin systematisch befragt, wie er mit Themen wie Einwanderung und Flucht einerseits und Rechtsextremismus andererseits inhaltlich und formal verfährt.[3]

Im folgenden kann es nicht darum gehen, akribisch Kontinuitäten, Veränderungen und diskursive Brüche herauszuarbeiten. Dazu verweisen wir auf eine Reihe von Untersuchungen, die so verfahren. Stattdessen wollen wir anhand aktueller Medienberichterstattung exemplarisch zeigen, auf welche Weise die Themen Rechtsextremismus und MigrantInnen/Flüchtlinge in den hegemonialen Diskurs integriert werden. Zuvor ist es jedoch erforderlich, einige Überlegungen dazu zu skizzieren, wie wir uns den Zusammenhang zwischen (Medien-)Diskursen und (prozessierender) Wirklichkeit vorstellen.

Zum theoretischen Hintergrund: Diskurs, Macht, Medien

Wir möchten direkt zu Beginn klarstellen, daß wir nicht davon ausgehen, daß sich diese prozessierende Wirklichkeit in den Medien einfach widerspiegelt. Im Gegenteil: Unser Diskurs-Begriff lehnt sich an den Michel Foucaults an, den Jürgen Link folgendermaßen komprimiert ausformuliert hat: Diskurs sei zu verstehen als »institutionell verfestigte Redeweise, insofern eine solche Redeweise schon Handeln bestimmt und verfestigt und also auch schon Macht ausübt und verfestigt«.[4] Im Hinblick auf den Mediendiskurs heißt das: Medien in-formieren nicht (nur), sie formieren Bewußtsein und deshalb auch die Formen, die unsere Wirklichkeit langfristig (aber keineswegs automatisch) annimmt. Der Journalist ist also nicht bloßer Troubadour, wie Alexander von Cube erst kürzlich allen Ernstes behauptete, der die Ereignisse sine ira et studio nur wiederzugeben habe und auch gar nichts anderes könne.[5] Er trägt erheblich zur Formierung von Bewußtsein bei und ist damit auch entsprechend (mit-)verantwortlich für das, was geschieht.[6]

Was den Rechtsextremismus betrifft, so findet diese Institutionalisierung sichtlich bereits durch den Verfassungsschutz statt, da dieser insbesondere für die Medien als eine Art Primär-Quelle mit offiziellem Status fungiert, aus dem der dürstende Journalist die Wässerchen absoluter Klarheit und Wahrheit nur noch abschöpfen zu können vermeint. Diese Behörde macht sich dabei durchaus wissenschaftliche Erkenntnisse zunutze, die jedoch beinahe zwangsläufig relativ eklektisch sind, wenn einzelne Wissenschaftler etwa in seinen Diensten stehen und deren spezifische ideologische Position verabsolutiert wird.[7] Der Verfassungsschutz als Behörde beobachtet, wertet Texte aus, legt Personenregister und Statistiken an. Die der Öffentlichkeit präsentierten »Verfassungsschutzberichte« werden von PolitikerInnen und JournalistInnen in der

Regel unhinterfragt aufgenommen. Demgegenüber wird den KritikerInnen solcher Verfassungsschutzberichte oft wenig bis gar keine Kompetenz zugesprochen, die »Wahrheit« über den Rechtsextremismus zu formulieren, Wahrheit im Foucaultschen Sinne verstanden als das Wissen, was unter gegebenen Umständen als angeblich wahres Wissen *Gültigkeit* beanspruchen darf. Die Aussagen des Verfassungsschutzes sind eng mit den diskursiven Ebenen der Politik, der Wissenschaft und nicht zuletzt der Medien verknüpft – sie »füttern« den hegemonialen Diskurs!

Die Infragestellung und Veränderung hegemonialer Diskurse ist jedoch, trotz der obwaltenden einseitigen Macht über die (Medien-)Diskurse, möglich. Ja, auch subalterne Diskurse können gültige oder besser: derzeit *geltende Wahrheiten* unter bestimmten Umständen ins Wanken bringen, wie etwa in der Vergangenheit der Anti-AKW-Diskurs tendenziell gezeigt hat. Diskurse sind immer auch der Ort von Machtkämpfen; sie stellen immer auch umkämpftes Terrain dar.[8]

Im Gesamtdiskurs einer hochindustrialisierten Demokratie wie der Bundesrepublik ist die diskursive Ebene der Medien ein wichtiger, wenn nicht sogar der wichtigste Kristallisationspunkt gesellschaftlicher Herrschafts- und Machtverhältnisse. Hier laufen wissenschaftliche Spezialdiskurse und diskursive politische Strategien zusammen und üben einen starken Einfluß auf den Alltagsdiskurs aus, entfalten also erst hier ihre Macht über das Denken und Handeln der Menschen.[9]

Die Medien sind aber kein »gleichgeschaltetes« Sprachrohr der »herrschenden Klasse«. Auch ihrerseits üben die Medien einen starken Einfluß auf den herrschenden Diskurs aus; sie versuchen, ihre eigene ideologische bzw. Diskursposition zu stärken und entfalten also von sich aus ein nicht unerhebliches Maß an eigenständiger Macht. In diesem Sinne stellen die hegemonialen Medien eine Art »Vierte Gewalt« im politischen System dieser Gesellschaft dar; sie tun dies aber nicht im Sinne der bürgerlichen Ideologie als unabhängiges demokratisches Korrektiv.[10] Denn im gleichen Maß, wie die Medien (re-)produzierende Instanzen der herrschenden Diskurse sind, sind sie selbst bzw. ihre (Re-)ProduzentInnen in diese verstrickt.

Die Materialität und gleichzeitige Labilität der Diskurse weist antirassitischen Strategien ihren Ort zu: Sie beziehen sich nicht auf *das* Kapital, *die* bürgerliche Gesellschaft, *die* Neue Weltordnung und *den* Geldsack, sondern auf das diskursive Gewimmel selbst, das all dies konstituiert. Hier liegt das Feld der Auseinandersetzung, auf dem Erfolge errungen werden können, weil die sich hier abspielenden vielfältigen und vielgestaltigen Kämpfe intellektueller und argumentativer Gegenwehr gegenüber prinzipiell offen sind. Selbst die Macht über die Diskurse und alle noch so machtvoll scheinenden Vergegenständlichungen solcher Diskurse sind existentiell diskursiv verankert; und das heißt zugleich auch, daß ihnen der Boden entzogen werden kann.[11]

Für die Darstellung des Rechtsextremismus in den Medien heißt dies, daß wir genau hinschauen müssen, in welcher Gestalt er einherkommt, wo er sich ansiedelt, insbesondere, ob er unter dem Deckmantel der Normalität oder verharmlosender Relativitätstheorien nicht längst in der (symbolischen) »Mitte unserer Gesellschaft« zu hausen begonnen hat und von dort her möglicherweise größere Wirksamkeit erzielen kann als vom extremen »rechten« Rand her.[12]

1. Teil: Rechtsextremismus im Medien-Diskurs

Die Medien neigen dazu, Rassimus in erster Linie, wenn nicht gar ausschließlich, mit dem organisierten Rechtsextremismus in Verbindung zu bringen. Diese Verbindung besteht ohne Zweifel *auch*. Doch daß er, wie selbst die Zahlen des BKA zu erkennen geben, primär ein Problem ist, das aus der Gesamtbevölkerung entspringt, soll offenbar vernebelt werden. Diese Tatsache stellt unsere Ausführungen vor ein gewisses Darstellungsproblem: Der organisierte Rechtsextremismus, der allein für die Überfälle auf Einwanderer und Flüchtlinge verantwortlich gemacht wird, wird als solcher erst diskursiv produziert, indem die Täter in (meist jugendliche, sozial vernachlässigte) Rechtsextremisten (meist sogar Nazis) umdefiniert werden. Auf diese Weise soll Deutschland vom Vorwurf des Rassismus freigeräumt werden, und das Problem, das aus der »Mitte« der Gesellschaft erwächst, symbolisch an den Rand gedrängt werden. Damit verschwindet es jedoch nicht, so unsere These, sondern erhält die Möglichkeit, in diskursiver Verkleidung in der »Mitte der Gesellschaft« erst recht und umso leichter ein Zuhause zu finden. Entgegen diesem Versuch der Vernebelung dieses Zusammenhangs werden wir im folgenden zunächst die Darstellung des organisierten Rechtsextremismus in den Medien unter die Lupe nehmen und uns sodann im zweiten Schritt der Darstellung von Rassismus und rassistischen Haltungen, die in den Medien aufscheinen, zuwenden.

Eine erste Sichtung des Pressewaldes der Bundesrepublik fördert einen entschieden demokratischen »anti-rechtsextremistischen« bzw. im oben definierten Sinne anti-rassistischen Konsens zu Tage. Ob nun *BILD* den »Terror der Glatzen« geißelt, die *FAZ* die »kahle Gewalt«, *Die ZEIT* den »braunen Mob« oder die *Frankfurter Rundschau* das »rechtsextremistische Treiben« verurteilt, die Distanzierung vom gewaltförmigen Rechtsextremismus ist Gemeingut im hegemonialen Mediendiskurs. Dieser Sachverhalt, der zudem als Gemeingut der öffentlichen Meinung angesehen werden kann, birgt ein nicht unerhebliches Maß an Paradoxie in sich. Der sich in Ausländergesetzen, der

Aushöhlung des Art. 16 GG, Abschiebungen, Ausländerkriminalstatistiken oder dem völkischen Staatsbürgergesetz (Art. 116 GG) zeigende institutionalisierte Rassismus sieht sich nicht annähernd ähnlichen Angriffen durch die Medien ausgesetzt. Diese Diskrepanz verweist darauf, daß die mediale Verurteilung des Rechtsextremismus nicht anti-rassistischen Motivationen geschuldet ist. Es ist schon interessant zu beobachten, wie dieser Spagat zwischen Distanzierung vom »illegalen« und militant terroristischen Rassismus und der Unterstützung vom »legalen« staatlichen Rassismus und weiterem Schüren eines latenten Rassismus in der Bevölkerung (vgl. 2. Teil) diskursiv gelingen kann und der darin lastende Widerspruch überspielt wird. Man hat gelegentlich den Eindruck, daß es sich hier um zwei Phänomene handelt, die nichts, absolut gar nichts miteinander zu tun haben.

Ist die »vaterlose Gesellschaft« schuld?

In einem Artikel in der in Frankfurt ansässigen *Zeitung für Deutschland* vom 10. August 1994 stellt Arnulf Baring fest, »Gewalt lohnt sich«, und er kündigt an: »Aus politischen Zeitschriften: Was Skinheads denken und wie wir mit dem Krawall leben müssen.«[13] Hier wird ein breites Spektrum von Deutungen rechtsextremer Gewalt zu dem Bild zusammengefügt, wie es im hegemonialen Medien- und PolitikerInnendiskurs dieses Landes, also nicht nur in der *FAZ*, vorherrscht. Ebenso typisch ist hier der Bezug auf die (Human-)Wissenschaften, durch den Baring die Glaubwürdigkeit seiner Ausführungen unterstreichen möchte. Baring referiert einige Studien zum Thema »Gewalt« aus unterschiedlichen Disziplinen, wodurch seinem Artikel die Patina wissenschaftlicher Ausgewogenheit und Pluralität verliehen wird; und wen überrascht es noch: Die verschiedenen Schwerpunktsetzungen der einzelnen Studien kommen in Barings Rezeption zu völlig analogen Aussagen und Ergebnissen.

So spreche die Psychologin Gerlinde Unverzagt von dem typischen Täterbild einer »allseitig gestörten Persönlichkeit, der vor allem ein funktionierendes Gewissen fehlt: Triebe brechen sich Bahn, wenn Ausländerheime brennen.« Ein zweiter »Experte«, der Soziologe Sven Papcke, stelle innenpolitisch die »›Aggressivität aus Angst oder Chancenlosigkeit (...) als Folge der sich ausbreitenden Verwahrlosung‹ in den Mittelpunkt«. In den westlichen Industriezentren gebe es immer wieder »in Schüben ein Protest- und Gewaltaufkommen. (...) Diese Krawallszenerie dient in der Moderne offensichtlich als Ventilsitte (sic!) für Frustrationen aller Art, und unsere Lebenswelt hat sich auf solche Formen des Widerspruchs einzustellen, ob das den Industriegesellschaften nun gefällt oder nicht.« So werden Neue Linke und Nazi-Pogrome zu ein und derselben »Gewaltszenerie« stilisiert, die nicht von »ideologischen Schablonen oder gar anthropologischen Prägungen«

abhänge, also grundsätzlich unabhängig von Protestform und -inhalt zu betrachten sei und mit »schwierig zu beeinflussenden Sozialfaktoren« in Zusammenhang stehe.

Wer nun, wie und warum »verwahrlose« und welche Sozialfaktoren gemeint sind, bleibt ungeklärt. Das ist im Kontext des gesamten *FAZ*-Textes auch unerheblich. Expertin eins hat da schon kräftig vorgelegt: Die »Hauptursache« für die diagnostizierte unzureichende »Triebhemmung« sei »die vaterlose Gesellschaft«. Der Vater »verkörpere die Autorität der Moral, der Gesetze, die Regeln der Realität, er sei der Gegenspieler des kleinen Jungen, der in symbiotischer Bindung zur Mutter befangen sei«. Ohne Vater aber entstehe aus der »gewissenlosen« Bindung zur Mutter »die spätere Beziehung zur Clique, Gruppe, Partei«. Die politische Konsequenz heißt: Diskutieren sinnlos (»geringe Intelligenz«, »ungezügelte Triebkraft«), »statt dessen sei Härte von Staats wegen angezeigt (...) Der Staat müsse ›so aggressiv sein wie der aggressivste Gewalttäter‹.«

Auch bezüglich Papckes »Frustrationen *aller Art*«, die von der rassistischen Motivation der rechtsextremen Skinheads ablenken sollen, wird Baring bereits bei Frau Unverzagt fündig. Ganz Pädagoge wendet er ein, daß das »Rezept« des harten Staates »bestenfalls eine Teilantwort sein« könne. »Muß man nicht tiefer graben, verantwortungsbewußter über Abhilfen nachdenken?« Bei den Ausgrabungen kommt zum Vorschein, daß die Skin-Szene, im London der sechziger Jahre entstanden, sich um einen »Skinhead-Kult« herausgebildet habe, der darin bestehe, »den Harten zu markieren«. Erst später sei die Szene politisiert worden; die »bundesdeutschen Neonazis« hätten sich seit 1985 um die Skinheads bemüht. Nun ist eine entscheidende Wendung in Barings Konzept erreicht, die Papckes »Gewaltszenerie« schon vorwegnimmt: »Aber man muß auch andere Glatzköpfe im Auge behalten. So gibt es antirassistische Skins, die sich bemühen, das Nazi-Etikett wieder loszuwerden.« Die Szene stehe also oft zu Unrecht am (Rechtsextremismus-)Pranger und diene breiten Teilen der Gesellschaft nur dazu, sich über ihre »moralische Entrüstung (...) der eigenen Mitverantwortung« zu entledigen. Mit der banalen Feststellung, daß ein rasierter Kopf noch keinen zum Faschisten macht, wird Barings Rezept komplettiert: Der erste Schritt besteht darin, den Rechtsextremismus über die Pathologisierung ins »Private« (die alleinerziehende Mutter ist schuld) abzuschieben und den starken (Polizei-) Staat zu legitimieren, um im zweiten Schritt Ablehnung rassistischer Gewalt von vornherein als Entschuldigung des eigenen Fehlverhaltens abzutun. Dieses Fehlverhalten besteht in der mangelnden Züchtigung oder besser: Züchtung der eigenen Sprößlinge zu gesetzestreuen StaatsbürgerInnen. Die antirassistischen Red-Skins erfüllen dabei die Funktion, den »Skin-Kult«, der grundsätzlich gewaltförmig sei, in die konservative Totalitarismus-Ideologie des *Rechts=Links* einzupassen. Das

Thema des Artikels ist denn auch nicht »Gewalt von rechts«, sondern »Gewalt in der vaterlosen Gesellschaft«!

Die hier besonders offen paternalistisch auftretende Vision eines anschwellenden Boxgesangs, der im Zuge eines allgemeinen Werteverfalls angeblich immer lauter zu hören sei, wird mit dem Dritten im Bunde, dem Pädagogen Klaus Hurrelmann, durch eine »Krisenphänomenologie« ganz besonderer Art weiter vertieft. Krisenphänomen Nummer eins ist auch hier die Familie. Baring faßt zusammen: »Viele Familien seien heute in eine Existenzkrise geraten und ›produzieren‹ psychisch und nervlich gestörte, sozial oft irritierte und verwahrloste, teilweise auch vernachlässigte und mißhandelte Kinder, die (...) aggressiv und gewalttätig würden, weil ihnen die Voraussetzungen des Einhaltens sozialer Verhaltensregeln fehlten.« Neben der Pathologisierung der »Jugendgewalt« vergewissert man sich auch noch einmal der *Jugend-Subkultur als Hort des Bösen*, die an die Stelle der Familien rücke, die ihre »sozialer Bindekraft« verliere. »Jugendliche, die in anderen Lebensfeldern keinen Erfolg haben, können unter Druck geraten, in der Jugendgruppe ihre Stärke und ihre Männlichkeit unter Beweis zu stellen. Deswegen sind Jugendcliquen die häufigsten Formen für abweichendes Verhalten, Kriminalität und eben auch Aggression im Jugendalter.«

Als weiteres Krisenphänomen unterstreiche Hurrelmann die Verantwortung der Medien für die Überzeugung der Jugendlichen, daß Gewalt sich lohne. Der Pädagoge erklärt das folgendermaßen: »Die Art und Weise, wie Medien reale Gewalt aufbereiten, entscheidet darüber, welche Möglichkeiten der Verarbeitung von Gewalt Kinder und Jugendliche entwickeln können. Die stilbildende Wirkung der Medien in diesem Bereich ist nicht zu unterschätzen.« Diese Form der Medienkritik wurde vom Mainstream der PolitikerInnen und der MedienmacherInnen selber dankbar aufgenommen und hat sich bereits bis in die Lehrerzimmer der allgemeinbildenden Schulen durchgesetzt. Damit wird von den politisch und medial formulierten *BrandSätzen*, denen Taten folgen, abgelenkt und der Frage nach den gesellschaftlichen Strukturen ausgewichen, die gewaltförmige Lösungen nahelegen und teilweise selbst im Gefolge haben.[14]

Zwar spricht auch der Pädagoge Hurrelmann von »tieferliegende[n] gesellschaftliche[n] Umbrüche[n]«, die von den »Phänomenen der Gewalt« nur widergespiegelt würden. Doch scheinbar liegen diese so tief, daß sie Hurrelmann (oder sein Rezipient) den *FAZ*-LeserInnen nicht mitteilen kann. Doch auch dieser Mangel wird von Baring wettgemacht, indem er wieder in den schwarzen Zylinder der Wissenschaften greift und daraus weitere Argumente hervorzaubert. Soziologe Papcke versichert, daß in den westlichen Industriegesellschaften schubweise mit »Protest- und Gewaltaufkommen« zu rechnen sei. Da sich diese Behauptung wiederum auf eine angeblich »sich ausbreitende Verwahrlosung« beruft, ist die gesamte hier betriebene Gewaltursachenforschung auf nichts anderes zurückzuführen als auf die »vaterlose Gesellschaft«, oder anders ausgedrückt: auf die »Existenzkrise vieler Familien«. Die Argumentation dreht sich also um sich selbst wie die Zeichnung Eschers, auf der eine Treppe ohne Ende und Anfang zu sehen ist. Ursachen für Gewalt werden so in minoritäre, d.h. »anomale« Subjekte projiziert, auf die sich »*unsere* Lebenswelt« einzustellen habe. Die LeserInnen werden in die »Gemeinschaft der Normalen« eingeladen, aus der heraus sie ohne Schwierigkeiten der Therapierung des »extremistischen Wahnsinns« durch Polizei und HumanwissenschaftlerInnen zustimmen können.

Ganz im Sinne der hier als »normal« kodierten *patriarchalen Familie* findet es Baring am Ende seines Textes völlig in Ordnung, »daß Wolfgang Kowalsky und Wolfgang Schröder am Schluß einer Abhandlung über ›Rechtsradikalismus‹ zu dem Schluß kommen: ›Eine menschliche Gemeinschaft ohne Solidarität kann es nicht geben, eine Gemeinschaft ohne minima moralia, ohne einen ethischen Konsens ebensowenig.‹« Hier wird der Versuch gemacht, dem erstaunten Publikum restaurative Wertepolitik als anti-faschistische Strategie zu verkaufen, eine Strategie, die meint, den »autoritären Charakter« (Adorno/Horkheimer) mit sich selbst bekämpfen zu können. Das zu beklagende Phänomen, rechtsextrem motivierte Gewaltbereitschaft, verschwindet auf diese Weise im Nebel allgemeiner Gewaltbereitschaft, und das Problem ist gelöst.

Diese Diskursposition ist nun durchaus nicht auf konservative Medien beschränkt; sie hat sich im hegemonialen Mediendiskurs ziemlich uneingeschränkt durchgesetzt; so auch in der als links-liberal apostrophierten *Frankfurter Rundschau (FR)*. Finden hier öfters auch eher kritische Stimmen Gehör, so etwa die Wiedergabe der Thesen des Sprechers der Grünen, Jürgen Trittin, am 26. Januar zum Rechtsextremismus als »ein Problem der Mitte dieser Gesellschaft«, so hat sich insgesamt auch in der *FR* doch eine pathologisierende und pädagogisierende Verharmlosung des Rechtsextremismus durchgesetzt, wie sie für den gesamten Mediendiskurs der Bundesrepublik inzwischen als typisch anzusehen ist. So kommentiert die *FR* am 5. Mai 1995 den Befund der »psychiatrischen und psychologischen Sachverständigen« im sogenannten Solingen-Prozeß so, daß sie von einem »unspektakulären Reflex dessen (spricht), was an kindlichen Gefühlen in dieser Gesellschaft bei arm und reich unbeanstandet verkümmern kann«. Den »Prototyp des gefährdeten Jugendlichen« gebe es freilich nicht. Die Skala reiche hier vom herumgestoßenen Alkoholikerkind Christian R., der das »eigene hassenswerte kindliche Selbst auf Katzen und Türkenkinder« projiziert habe, bis zum wohlbehüteten Arztsohn Felix R., der, weil »der unerreichbare Vater ›68 lange Haare getragen hatte«, sich eine Glatze habe schneiden lassen. Diese »seelischen Beschädi-

gungen« seien so schwerwiegend, »daß eine Zuflucht zu den autoritär daher-
kommenden Ideen des Rechtsradikalismus zumindest zeitweilig Halt zu
geben versprechen«.

Dieses Nebeneinander von kritischen Positionen und Übernahme des konservativen Weltbilds der »verlotterten Gesellschaft« kann sogar zum Inhalt
eines einzigen Artikels werden. Eine solch widersprüchliche Verbindung findet in einem Dokumentations-Beitrag des Politikwissenschaftlers K. Peter
Fritzsche vom 24. September 1994 statt. Mit einer »sozialwissenschaftlichen
Streß-Theorie« breitet Fritzsche die These aus: »Es ist sozialer Streß, der
Bürger anfällig macht für Xenophobie.« Ohne Fritzsches Thesen im einzelnen vorzustellen, bleibt zu vermerken, daß er einerseits den »Diskurs über
das ›volle Boot‹« als »inszenierten Streß« kritisiert, andererseits vom militanten Rechtsextremismus verniedlichend als »Gewaltreaktionen« spricht,
die dann als eine Strategie, »um Streß zu bewältigen oder zu reduzieren«,
erläutert wird. Diese »Gewaltstrategie« funktioniere als Kompensation von
Ohnmachtsgefühlen: »Der Streß, der solcher Gewalt zu Grunde liegt, ist
nicht nur – wenn überhaupt – eine Folge zunehmenden sozialen Drucks, sondern auch eine Folge subjektiver ›Leerstellen‹ bei der Bewältigung alltäg-
licher Herausforderungen. Es fehlen Werte und Normen im Umgang mit
anderen Menschen, und es kommt zu Lockerungen konventioneller Gewalt-
bremsen des Gewissens (Über-Ichs), die allein soziales Leben ermöglichen
können. Vielen gerät auch der Umgang mit sich selbst zum Streß, da sie es
nicht gelernt haben, mit ihrem eigenen Affekt-Haushalt umzugehen und oft
ohnmächtig vor ihren eigenen Gefühlen, Enttäuschungen und Triebansprü-
chen stehen. Nicht mehr der ›gute alte autoritäre Charakter‹ kommt hier ins
Spiel, sondern ein Mangel an verinnerlichter, handlungsorientierender Autorität überhaupt.«

Offensichtlicher kann sich Sozialwissenschaft wohl nicht von kritischer
Gesellschaftstheorie verabschieden.

Alles totalitär?

In der Logik dieses autoritären Anti-Autoritarismus verschwimmt die Unterscheidung zwischen Prügeleien auf dem Schulhof und rassistischen Brandanschlägen vollends. Der gewaltförmige Rechtsextremismus wird nicht nur mit
Gewalt in dieser Gesellschaft überhaupt in eins gesetzt und dadurch relativiert, sondern im besonderem Maße mit Verweis auf eine gewalttätige Linke
in die bürgerliche Totalitarismustheorie eingebettet. Benutzt Baring die Formel *rot = braun* doch eher andeutungsweise zum Beweis, daß die militant-
rassistischen deutschen Jugendlichen eigentlich nur unpolitische Verführte
seien, weil familiär verwahrlost und deshalb »orientierungslos«, nimmt gerade das Reden über die institutionalisierte Form der Totalitarismustheorie

einen breiten Raum im medialen Diskurs über den organisierten Rechtsextremismus ein: *und zwar ausgehend vom Verfassungsschutz.*

Dies kann sich in Gestalt einer graphisch aufgestylten und diskursiv dramatisierten Aufbereitung der behördlichen Zahlen auf den Hochglanzseiten des *Focus* äußern.[15] Die rechtsextremen Anschläge, die summarisch schon in den äußerst bedenklichen Statistiken des Bundeskriminalamtes (BKA) überwiegen, sind für das Magazin kein Hinderungsgrund, auf die »wahre« Bedrohung, die immer noch von links kommt, in dramatischer Weise aufmerksam zu machen. Der *Focus* stellt dabei durchaus seine integrierende Kraft in Richtung Rechtsextremismus und sein »klassenkämpferisches Bewußtsein« gegen Links unter Beweis.

Das Bild von den verlotterten, orientierungslosen und damit von den herrschenden Diskursen losgelösten Subjekten ist auch hier angekommen. So wird die BKA-Kategorie »rechtsextremistische Motive«, unter die hier 300 der 540 gezählten Anschläge fallen, wie folgt kommentiert: »… wenn man zu den eindeutig gegen linke Gruppierungen gerichteten Taten auch jene mit diffus fremdenfeindlicher Zielrichtung addiert«. Rassistische Anschläge – irgendwie schon *normal!* Eindeutiger scheinen die »linksextremistischen« zu sein: »Im Gegenzug ließ es die extremistische Linke 150mal brennen und detonieren. Ihre Ziele: politische Gegner, die Polizei, der Staat, die Besitzenden. Die Hochburg der linken Brandstifter ist Berlin (…).«

Eigentlich bedroht also linke Militanz »unsere« Gesellschaft(-sordnung), hier symbolisiert durch Polizei, Staat und Besitzende. Rechte Gewalt wird heruntergespielt (»vier junge Neonazis«, »diffus fremdenfeindliche Zielrichtung«, »deutlich abnehmend«), um auf der anderen, der »linken« Seite einen tobenden Guerilla-Krieg zu entdecken (»Sprengkommando der RAF«, »150mal brennen und detonieren lassen«, »linke Brandstifter«). Hinzu kommt die »politisch motivierte Ausländerkriminalität«, die hier den »PKK-nahen Kurden« zugeschrieben wird. Das gerade vom *Focus* forcierte »Feindbild Kurde« ist in einem hohen Maße mit diesem diskursiven *Guerilla-Krieg gegen Deutschland* verschränkt.[16]

Im »Superwahljahr 1994« erlangen auch die rechtsextremen Republikaner wieder mehr Aufmerksamkeit seitens der Medien. Erneut wird diskutiert, ob die Partei »nur« rechtsradikal oder gar rechtsextrem sei und damit den Tatbestand der Verfassungsfeindlichkeit erfülle. Die politischen Alternativen lauten dabei, ob eine nachrichtendienstliche Beobachtung angemessen sei oder nicht. Diese Diskussion kratzt nur ein bißchen an der politischen Oberfläche; sie bildet das diskursive Gegengewicht zu der von der CDU/CSU initiierten »rote Socken«-Kampagne gegen die »linksextreme« PDS.

Die liberale Presse favorisiert bei ihrer Berichterstattung über diese Diskussion eindeutig die Verwendung der Bezeichnung »Rechtsextremismus« und legt so die Verortung der Republikaner außerhalb des demokratischen Spektrums nahe. Bekräftigt wird diese Nahelegung auch durch Analysen, die den völkisch-nationalistischen Charakter der aus bürgerlich-liberaler Sicht »falschen ›Republikaner‹« offenlegen und fordern, »diese politisch falschen Traditionen wieder jene Tradition des Republik-Prinzips offensiv entgegenzustellen, die für die weltweiten Probleme einen weltoffenen Ansatz bereithält«.[17] In einem ganz anderen Sinnzusammenhang steht es allerdings, wenn die *Bild*-Zeitung titelt, »Verfassungsschutz. Republikaner sind rechtsextrem«.[18] Trotz der eher schwammig formulierten Bewertung der REP durch Bundesinnenminister Manfred Kanther (CDU), der von »Anhaltspunkten« oder von einem »Abrutschen zu den Extremisten« spricht, bescheinigt *Bild* dem Staatsschutz Eindeutigkeit. Die Motivation, die Republikaner mit dem Stigma des Extremen zu belegen, ist dabei nicht etwa die »gute Republik« des Bürgerrechtsliberalismus, sondern eine zutiefst rechtspopulistische Politik selbst – gegen die Republikaner mit einer »republikanischen Politik«![19]

Rechts, wo die Mitte ist?

Zusammenfassend läßt sich sagen, daß der »Rechtsextremismus«-Diskurs in den hegemonialen Medien in erster Linie die Funktion erfüllt, wie hier etwa die REP aus dem demokratischen Spektrum symbolisch auszugrenzen und damit den Rechtsextremismus gleichsam auszusperren, seine Ideologeme aber (in mehr oder minder abgeschwächter Form) innerhalb dieses Spektrums um so ungestörter beibehalten oder gar forcieren zu können.[20]

Allgemein markiert die Kodierung politischer Gruppen oder Einzelpersonen als rechtsextrem eine äußere Grenze des demokratischen Spektrums, das sich möglichst dicht um die »Mitte« herum zu gruppieren versucht. Die Grenzsetzung zum Extremismus ist dabei hinsichtlich der politischen Position durchaus flexibel. Stand in den 80er Jahren die Rede von den »Asylbetrügern« und die Forderung nach rigoroser Abschiebung ganzer Gruppen von Flüchtlingen klar für eine rechtsextreme Position, bestimmt sie nun den Konsens der »Mitte« – ein Konsens, der zugleich Grundlage für konkretes politisches Handeln ist. »Konsens« heißt aber nicht, daß er nur eine monolithische Meinung umfaßt, sondern läßt eine gewisse Bandbreite von Diskurspositionen zu, deren Grenzen systematisch strukturiert sind.[21] So werden umgekehrt KritikerInnen, die etwa die staatliche Abschiebepraxis weiter als rechtsextrem oder völkisch-nationalistisch bezeichnen, je nach den unterschiedlichen Diskurspositionen mehr oder minder eindeutig hinter die andere Grenze des »normalen politischen Spektrums« versetzt, jenseits derer der linke Extremismus verortet wird.

2. Teil: Wie aus Opfern Täter werden.
Rassismus, Medien und völkische Gemeinschaft

Es ist inzwischen allgemein bekannt und durch eine Reihe von Studien nachgewiesen, daß der Mediendiskurs einen wesentlichen Anteil an der Reproduktion rassistischer Denk- und Handlungsmuster in dieser Gesellschaft hat.[22] Die Medien nehmen dabei nicht nur den latent und offen zu Tage tretenden Rassismus in Staat und Gesellschaft auf, sondern formen diesen mit: »Ausländer« aller Art werden mehr oder minder, offen oder verdeckt so dargestellt, daß sie als Störfaktoren der »deutschen Normalität« erscheinen, gegen die zwingender Handlungsbedarf bestehe. Die »Nicht-Deutschen« markieren die zwingend gebrauchten Grenzen, innerhalb derer sich die »normale« völkische Gemeinschaft ihrer metaphysischen Existenz ja erst vergewissern kann. Die in vielfältige Lebensumstände und -praktiken ausdifferenzierte Industriegesellschaft kann so als eine homogene Gemeinschaft der »Deutschen« erscheinen, die den »Nicht-Deutschen« gegenüber stehe.

Auch das Bild von solchen BewohnerInnen dieses Landes, die als »nicht-deutsch« kodiert werden, existiert im hegemonialen Diskurs nicht als monolithisches Klischee, weder im Alltagsdiskurs noch im Mediendiskurs.[23] Dieser läßt sich jedoch auf den Nenner einer nicht-arbeitenden und in Gettos und Sammellagern lebenden Schmarotzers bringen, der ein potentiell krimineller Störenfried ist, der in Deutschland nichts zu suchen hat. Die Anschläge auf Einwanderer und Flüchtlinge haben dieses Klischee zeitweise ins Wanken gebracht. Bei genauerem Hinsehen ist jedoch zu beobachten, daß recht frühzeitig diskursive Bemühungen zu beobachten waren, diese »Fehlentwicklung« zu korrigieren.

Wie dieser Prozeß verläuft, möchten wir hier am Beispiel der Berichterstattung über den Brandanschlag von Lübeck am 18. Januar 1996 deutlich machen. Dieses Ereignis wurde zum diskursiven Groß-Ereignis[24] geformt, das ja nicht einfach vom Himmel fällt, sondern von Entwicklungen im hegemonialen Diskurs geprägt und prä-formiert ist, die hier in verdichteter gleichsam kristallisierter Form in Erscheinung treten. Wir wollen bei der folgenden »kleinen Diskursarchäologie« ebenfalls unmittelbar nach der Änderung des Asylparagraphen im Grundgesetz und dem Brandanschlag von Solingen im Frühjahr 1993 ansetzen.

Lübeck – Wie »Ausländer« sich gegenseitig umbringen

In der Medienberichterstattung zum Brand des Flüchtlingswohnheims in der Lübecker Neuen Hafenstrasse kommt eine Entwicklung im hegemonialen Diskurs in drastischer Weise zum Durchbruch, die im Sommer 1993 bereits begonnen hatte. Direkt nach den Morden von Solingen ist zu beobachten, daß die Schlagzeilen von brandschatzenden Rechtsextremisten auf Meldungen über »selbstverschuldete Unfälle« umschalten. Mit der Aushöhlung des Asylrechts war eine innenpolitische Etappe zur vollständigen Revision der Nachkriegsordnung erreicht. Die zu diesem Zweck vorübergehend in Kauf genommene Gefährdung des *deutschen Rufes in der Welt,* die der außenpolitischen Option erster Priorität, »Bundeswehr weltweit«, auf langer Sicht im Weg gestanden hätte, war nun politisch nutzlos geworden. Auch die deutschen Wirtschaftsinteressen im allgemeinen drohten empfindlich in Mitleidenschaft gezogen zu werden.

Als am 5. Juni 1993, also eine Woche nach den Morden von Solingen, in Hattingen das Haus einer türkischen Familie brennt, bekundet *Bild* bereits zwei Tage später, daß der Anschlag atypisch für Rechtsradikale sei.[25] Ganz in diesem Sinne lassen die Behörden Ermittlungen gegen Fremdtäter schnell fallen, obwohl in der Nähe des Tatortes drei junge Männer, einer von ihnen Angehöriger der rechtsextremen Skinhead-Szene, gesehen wurden, und trotz der Tatsache, daß der stellvertretende Landesvorsitzende der mittlerweile verbotenen FAP, Axel Zehrendorf, in unmittelbarer Nachbarschaft wohnt. Im März 1994 wird eine Bewohnerin des Hauses, Frau Ünver, die sich mit ihren fünf Kindern aus dem Haus retten konnte, von der Essener Staatsanwaltschaft wegen schwerer Brandstiftung und Vortäuschung einer Straftat angeklagt. Frau Ünver mußte freigesprochen werden, da alle Anklagepunkte aus der Luft gegriffen waren! Recherchen der Verlagsgesellschaft *Querblick* aus Konstanz bestätigen, daß dieser Umgang mit Anschlägen gegen MigrantInnen und Flüchtlingen zu einer beliebten Praktik der Polizei geworden ist. So haben die Behörden nach zahlreichen Bränden von Flüchtlingsunterkünften die Opfer als Täter festgenommen, um dann »in aller Stille« die Verfahren einzustellen.[26] Die Medien sind dabei von entscheidender Bedeutung dafür, dem Opfer-Täter Konstrukt auch Leben einzuhauchen: Mutmaßliche Brandstiftungen durch spielende Kinder, ein 16jähriger Libanese, der verdächtigt wird, seine 14jährige Schwester umgebracht zu haben, oder der Brand eines Hauses, der von seinem Besitzer, einem indischen Arzt, in (versicherungs-)betrügerischer Absicht selbst gelegt worden sei[27] – all diese Motive tauchen im Gefolge der »Flammen-Nacht von Lübeck« (*Bild*) wieder auf.

Bei der hegemonialen »Wahrheits«-Produktion nimmt die *Frankfurter Allgemeine Zeitung* eine Vorreiter-Rolle ein. Bereits am Tag nach dem Brand zeichnet sich hier das Muster ab, nach dem einige Tage später – durch die behördlichen Ermittlungsergebnisse »bestätigt« – die »Lehre von Lübeck« gezogen wird, die die deutsche (Medien-) Nation eint. Nur wenige MedienvertreterInnen setzen dieser diskursiv prä-formierten Lehre etwas entgegen.[28]

Als symbolischer Platzhalter eben dieser Nation fürchtet Lübeck um seinen Ruf. Der noch ungewisse Lauf der Ermittlungen läßt den *FAZ*-Autor auf einen technischen Defekt hoffen – einen *Brand aus dem Inneren!* Das ist kollektiv-symbolisch höchst interessant: Der Brand darf nicht im *deutschen Haus* brennen; er wird in eine »nicht-deutsche« Exklave verdrängt. Bei den BürgerInnen kommt an: *Bei uns hat es gar nicht gebrannt. Toll, was?!* Freund und Feind sind schon jetzt klar umrissen: »Tropfen von Schweiß und Tränen laufen über das Gesicht des Feuerwehrmannes. (...) Mit Löschen war es nicht getan. Leben mußte gerettet, Entsetzen mußte gezügelt, Verzweiflung bekämpft, Tränen erstickt werden.« Diskursiv nehmen hier die Brandopfer die Stellung des bedrohenden Feuers ein. Nicht dem Feuer, den Flüchtlingen gilt die *Gegenwehr.* Sie sind es, die *gerettet* und deren Emotionen *gezügelt, bekämpft* und schließlich *erstickt* werden müssen. Auf der anderen Seite ist man eifrig darum bemüht, den drei deutschen Tatverdächtigen »Entlastungsmaterial« zu besorgen. Die drei aus dem Nachbarort Grevensmühlen stammenden jungen Männer seien der örtlichen Polizei zwar bekannt. »Es war aber eher das Übliche«, läßt die *FAZ* einen Polizeisprecher versichern. Also nur »gewöhnliche Kriminelle«, die sich zufällig in der Nähe des Tatorts aufhielten? Bestimmt! Zumindest können Bürgermeister und Sozialarbeiter beteuern: »Wir haben hier keine rechtsradikale Szene.«[29]

Mit dem von der Polizei höchstpersönlich gelieferten Alibi[30] ihrer »Klienten« im Gepäck, kann die *FAZ* am darauffolgenden Samstag »nüchtern rechtsstaatlich« *ihre* Wirklichkeit gegen »Trommeln von Propaganda« verteidigen – als Lehre aus der »deutschen Geschichte«! Gemeint ist eine »kaum noch unter Vorbehalt stehende Gewißheit(,) von den Opfern auf den oder die Täter zu schließen«. Wer das Regiment der Trommler stellen soll, bleibt dabei schleierhaft. Einzig der Lübecker Bürgermeister Bouteiller kann von der *FAZ* explizit benannt werden. Dies verwundert nicht, da er im hegemonialen Diskurs als einziger wahrnehmbar ist, der seine Empörung mit einer deutlichen Kritik an der staatlichen Ausländerpolitik und mit einer Aufforderung zum zivilen Ungehorsam dagegen verbindet. Wurden dessen außergewöhnlich kritische Äußerungen am Vortag noch unterm Teppich gehalten, wird er jetzt der »rhetorischen Exzesse« beschuldigt, die bei allem »psychischen Druck (...) nicht akzeptabel« seien.

Für die *FAZ* ist es unter allen Umständen eine (in die rhetorische Frageform gekleidete) Gewißheit, daß eine »auch nur im allgemeinsten Sinne von Ursache und Wirkung mangelnde Ächtung des Rassismus, ungenügende Repression des Rechtsextremismus oder gar ein allgemeines Klima fremdenfeindlicher Gewaltbereitschaft« nicht für die Morde von Lübeck verantwortlich gemacht werden könnten. »Solches Politisieren und Moralisieren ist ebenso anmaßend wie hilflos.« Bei den Repressionen gegen Rechtsextreme wird ausnahmsweise »die Grenze des demokratischen Rechtsstaates« entdeckt: gesellschaftliche Mobilisierung sei schon bis in den »Leerlauf der Routine« ausgeufert.[31] Deutschland – ein Land, das aus seiner Geschichte gelernt hat und über jeglichen rechtsextremen Makel erhaben ist? Das Deutschland, das die *FAZ* verkörpert, ähnelt wohl eher einem Wiederholungstäter, der sich immer aufs neue seiner »Normalität« versichert, um zum nächsten Schlag auszuholen! Regierungssprecher Schmülling versichert den *Bild*-LeserInnen: »Die Bundesregierung ist tief betroffen. Sie hofft und wünscht, daß die zahlreichen Verletzten bald wieder gesund werden.«[32] Bundespräsident Roman Herzog war ein wenig konkreter geworden: »Sollte es sich um einen Anschlag handeln, geht mir die Geduld langsam zu Ende.« Wollte er doch am heutigen Tag sein »unverkrampftes« Deutschland mit dem aus »Zeitgründen« vorgezogenen Gedenken an die NS-Opfer (»andere Volksgruppen«) präsentieren. Herzog fordert mehr »öffentliche Sicherheit«, der Bundesinnenminister Kanther prompt mit »entschiedenen Maßnahmen« unter die Arme greifen will.[33]

Hier wird noch einmal nach dem diskurstaktischen Muster der »Asyldebatte« versucht, rassistische Morde für die eigene völkisch-nationalistische Politik zu nutzen. Damals war es die Argumentation, daß die Progrome »verständliche Reaktion der Bevölkerung« angesichts der »drohenden Überfremdung« Deutschlands seien. An diesem Tag soll der Brandanschlag von Lübeck dazu herhalten, das Asylnachfolgethema »Innere Sicherheit«, in dem Deutschland von barbarischen Ausländer-Mafias von innen wie von außen bedroht wird und deshalb der polizeilichen und militärischen Aufrüstung bedarf, weiter anzu*heizen*! Die Geduld des Präsidenten muß am dritten Tag nach dem Brand nicht weiter auf die Probe gestellt werden. Die Polizei präsentiert einen neuen Tatverdächtigen.

»Die Lehre von Lübeck« (*Die Zeit*)

Der diesmal auserkorene Opfer-Täter ist der 21jährige Bewohner der Neuen Hafenstraße Safwan Eid. Er soll den Brand in der 1. Etage des Hauses gelegt haben, um sich anschließend beruhigt ein Stockwerk höher ins Bett zu legen und sich, seiner Familie und MitbewohnerInnen einen angenehmen Feuertod zu bereiten. Schließlich habe es zwischen »Arabern« und »Schwarzafrikanern« Streitigkeiten gegeben, so der *Stern* in Übereinstimmung mit den Ermittlungsbehörden. Ein »Rassenkrieg« im Asylbewerberheim?[34]

Die damit schon abgeschlossene »Beweisführung« ermöglicht der *FAZ* nun, die Deckung völlig aufzugeben, um die ihr eigentümliche und ganz seriöse Art des Anti-Antifaschismus zum Besten zu geben. J. G. Reißmüller liefert auf der Titelseite der Montagsausgabe vom 22. Januar 1996 eine Medienkritik ganz besonderer, nämlich deutschnationaler Art. Triumphierend wischt Herausgeber Reißmüller unter der Schlagzeile »Als könnten sie es nicht erwarten« die Vermutungen der ausländischen Presse und der *Süddeutschen Zeitung* *(SZ)* während der Vortage, es könne sich um einen rechtsextremen Anschlag handeln, vom Tisch. So wird dem englischen *Guardian* vorgeworfen, seine LeserInnen durch die Verwendung des Begriffs »Nazis« indoktriniert zu haben. Die Berichterstattung der *Times*, daß Neonazis für die Tat verantwortlich gemacht würden und alle Anzeichen für eine Brandstiftung sprächen, wird in Frage gestellt; der *Wiener Presse* wird vorgeworfen, Deutschland zu unterstellen, es fürchte um seinen Ruf usw. Allen hier Genannten ein gestörtes »Wahrnehmungsvermögen« attestierend, gibt der Autor sein Geheimnis preis: »Berichte über Hergang und Ursachen sind deshalb sorgfältig zu filtern. Das müssen Staatsanwälte bedenken, aber auch Journalisten.« Herr Reißmüller wehrt sich gegen die ausländische Presse, die die Deutschen aus seiner Sicht mal wieder als »häßlich« apostrophiert, wobei er nach der Formel verfährt: *wer Nazis sagt, meint uns alle!* Den liberalen KollegInnen, hier vertreten durch die *SZ*, macht er klar, wer die Rechnung für das »Lübecker Fanal« (*FR*) innenpolitisch zu begleichen hat (vgl. unten).

Die nun anstehende Anti-Antifa-Attacke wird mit den Weihen der »rechtsstaatlichen Wahrhaftigkeit« versehen, indem ihre Standhaftigkeit gegen den angeblich so »großen Druck« durch Medien und Politiker, schnell »rechtsextremistisch-kriminelle« Täter zu finden, gepriesen wird: »Sollte sich erweisen, daß den Brand in Lübeck nicht ein Deutscher gelegt hat«, dürften die Bemühungen, rechtsextremistische Angriffe auf Ausländer »zu verhüten«, natürlich nicht nachlassen. »Doch alle, die verantwortungslos, ohne Rücksicht auf Wirklichkeit und Wahrheit mit der Nazi-Keule auf Deutschland zu schlagen gewohnt sind, würden es dann etwas schwerer haben«, freut sich Herr Reißmüller.

Doch nicht nur die konservative Presse übt sich in rassistischen Anspielungen und nationalistischem Triumph. »Die Lehre von Lübeck« (*Zeit*), die von der konservativen *FAZ* und den liberalen Zeitungen *Zeit*, *FR* und *taz* geradezu unisono gezogen wird, macht die Wirkungsweise von Rassismus im hegemonialen Mediendiskurs über EinwanderInnen und Flüchtlinge deutlich. Die sich hier gleichfalls zeigende »Pluralität« der Diskurspositionen steht diesem rassistischen Konsens nicht entgegen, sondern ermöglicht sein Funktionieren in der »Mitte« dieser Gesellschaft erst.

Zunächst bleibt festzuhalten, daß in keiner der drei genannten Zeitungen vor der Bekanntgabe des angeblichen Alibis der Männer aus Grevensmühlen und der Festnahme Safwan Eids von einer eindeutigen rechtsextremen TäterInnenschaft die Rede war. Daß es sich bei den drei Deutschen möglicherweise um Rechtsextreme handeln könnte, war in allen Zeitungen zu lesen. Übernimmt die *FAZ* nach der Opfer-Täter-Wende im »Fall Lübeck« die Rolle des selbstbewußt triumphierenden Nationalisten, üben sich die liberalen KollegInnen in zerknirschter Selbstgeißelung.

Spricht die *FR* in selbstanklagender Absicht von »Hysterie« und vom »vorauseilenden Journalismus« der vergangenen Tage, der »unter leichtfertiger Mißachtung des Gebots der Vorsicht« gehandelt habe, praktiziert sie eine solche erst an diesem Tag! So wird zwar in pathetischer Weise darauf hingewiesen, daß »noch lange nicht klar ist, was in dieser schrecklichen Lübecker Nacht des Feuers nun wirklich geschehen ist«. Es verbiete sich noch, »eindeutig über Täter und Motiv zu reden«. Gleichzeitig liefert die *FR* ein Musterbeispiel für einen solchen vorauseilenden Journalismus ab, indem sie fortfährt: »Auch wenn sich Verdachtsmomente erhärten, gegen einen aus Libanon stammenden Bewohner des Hauses Haftbefehl erlassen wurde und mit großer Bestimmtheit erklärt wird, das Feuer sei mit Vorsatz von innen gelegt, das Inferno also nicht durch einen Brandsatz von außen betrieben worden.« Auch für die *ZEIT* steht fest, daß es sich um einen »Anschlag aus dem Innern« handelt, »also nicht von einem ausländerfeindlich gesinnten Deutschen«, und auch für die *taz* »erscheint die Brandkatastrophe von Lübeck in einem anderen Licht«.[35] Das entscheidende Moment an diesem Scheitern der liberalen Presse an ihren eigenen ideologischen Vorsätzen ist aber nicht dieses Scheitern an sich. Das entscheidende Moment ist die *große Bestimmtheit* mit der hier von einem *Anschlag aus dem Inneren* ausgegangen wird! Der Brandherd ist gleichsam eingekapselt und fügt der »deutschen Umwelt« keinen Schaden mehr zu! Hier wird mit der gleichen Kollektivsymbolik gearbeitet, wie sie in der *FAZ* bereits unmittelbar nach dem Brandanschlag Verwendung gefunden hatte.

Konservative und liberale Presse befinden sich also in einer Art diskursiven Arbeitsteilung. Die *FAZ* formuliert das Bild von »Lübeck als geistige Lebensform«, die darin besteht, neben den kaum zu hörenden antirassistischen Stimmen, die doch tatsächlich in den hegemonialen Diskurs vordringen, eine die gesamte *deutsche* Gesellschaft umfassende »Formel vom Tätervolk« zu konstruieren. »Die Deutschen ziehen ihre Lehre aus der Geschichte, indem sie die Kriminalistik durch eine Schuldmythologie ersetzen.«[36] Die *FAZ* attestiert die »Volks-Psychose« als objektive Beobachterin von außen. Die Rolle des zu behandelnden Subjekts – Medien und PolitikerInnen, die auf Präsentation rechtsextremer Täter gedrängt haben, gibt es nicht – wird bereitwillig von der liberalen Presse angenommen. Die selbst zugewiesene Rolle des *schlechten Gewissens der Nation* wird als Ursache für das »Lübecker Fanal« (*FR*) ausgemacht und »Besserung« versprochen: »Doch wir müssen uns vor Hysterie hüten, vor schnellen Schuldzuweisungen und falschen Anklagen. Und wir sollten uns anstrengen, um solch erschütternde Vorgänge wie jetzt das Lübecker Fanal zu verhindern. Vorbeugung. Da ist manches möglich.«[37]

Dieses widersprüchliche Diskurs-Manöver, sich selbst der voreiligen Verurteilung von Deutschen zu bezichtigen, ohne diesen »Tatbestand« überhaupt erfüllt zu haben, um dann wiederum tatsächlich eine solche gegen den 21jährigen Flüchtling aus dem Libanon auszusprechen, dokumentiert die Verstrikkung der sich selber als liberal kodierenden Zeitungen in den rassistischen Diskurs.[38] Man vergewissert sich dabei der eigenen Liberalität mittels einer verschrobenen Selbstkritik und reiht sich de facto in den nationalistischen Konsens ein, wie er von der *FAZ* vorgegeben worden war, und es verbleibt als Sprechblase über diesem tragischen Comic: *es war keiner von uns – die Ausländer waren es selber.*

Zusammenfassung

In der »Lehre von Lübeck« reproduziert sich nicht nur das rassistische Klischee vom irrational handelnden »Asylanten«. Sie verdeutlicht auch den Zusammenhang zwischen den hier analysierten Diskursen über den Rechtsextremismus und den über MigrantInnen und Flüchtlinge.

Den Rassismus symbolisch an den extremen »rechten Rand« zu drängen, hat zum Ziel, von der Wirksamkeit völkisch-nationalistischen Denkens aus der »Mitte« heraus abzulenken. Die Verbannung solcher Diskurspositionen, die diesen Zusammenhang hervorstreichen, ins Reich des Links*extremismus*, kann als ein Versuch gewertet werden, die Absicherung dieses widersprüchlichen Diskurses zu garantieren. Ein weiterer Versuch: Die Rede von der »Gewalt in der vaterlosen Gesellschaft«. Diese stellt sich dabei selbst als eine Anschlußstelle für völkisch-nationalistisches Denken an den Diskurs der »Mitte« heraus. Die lauthals geäußerte Distanzierung von rassistischen Anschlägen ist gleichzeitig von »Freispruch« und (Re-)Integration der TäterInnen begleitet: Nicht die autoritären Charaktere der RassistInnen und ihre strukturellen Bedingungen aus dieser »Mitte« heraus werden verantwortlich gemacht, sondern der angebliche Mangel an einer solchen »handlungsorientierenden Autorität«. Beide Versuche stehen in direktem Zusammenhang mit dem Diskurs-Konstrukt der »Asyldebatte« von den rassistischen Pogromen als »verständliche Reaktion der deutschen Bevölkerung« auf die »Asylantenfluten«. Dieses Diskurs-Konstrukt drohte aber, sich trotz der redseligen Bemühungen auf dem Gebiet des »Rechtsextremismus«-Diskurses in absehbarer Zeit selber zu unterminieren, als sich der militant äußernde Rassismus nach der Grundgesetzänderung nicht einstellte.

Eine Lösung bot sich in der Opfer-Täter-Verkehrung an. Der immer öfter von den Ermittlungsbehörden geäußerte Verdacht auf »technische Defekte«, »tragische Unfälle« oder »Straftaten unter Ausländern« verbindet sich mit den von Politik und Medien nach 1993 neu entdeckten Bedrohung der »Inneren Sicherheit« durch eine allgegenwärtige »Organisierte Kriminalität«, die im wesentlichen als »Problem der Ausländerkriminalität« kodiert wird.[39] Diese gesamte Entwicklung spitzt sich in dem diskursiven Groß-Ereignis des Brandanschlags von Lübeck_in drastischer Weise zu. Die verbale Empörung über den Tod der zehn BewohnerInnen der Lübecker Neuen Hafenstrasse ist von Anfang an mit der fordernden Hoffnung verbunden, es möge sich doch ja nicht um eine »deutsche Tat« handeln. Die eingeübte Opfer-Täter-Konstruktion macht das gefährliche Hantieren mit dem »Rechtsextremismus«-Diskurs unnötig, kritische Stimmen können beinahe umstandslos der Nestbeschmutzung bezichtigt, die das Konstrukt direkt widerlegenden alternativen Ermittlungsergebnisse können weitestgehend verschwiegen werden. Die Crux des '93er Asylkompromißes,»Nicht-Deutsche« ungehindert von allzu wörtlich genommenen Menschenrechtsnormen nach den gerade opportun erscheinenden politischen Maßgaben abschieben zu können, wird im hegemonialen Konsens, den Opfern rassistischer Gewalt nun auch die eigentliche TäterInnenschaft zu unterstellen, offensiv vorangetrieben. Der gleichermaßen völkisch und rassistisch auftretende Diskurs über MigrantInnen und Flüchtlinge trägt den staatlichen Rassismus nun völlig selbständig und bietet den darin verstrickten»Normal-BürgerInnen« das Gefühl an, trotz der gegen sie gerichteten radikalen Umverteilungsmaßnahmen durch Regierungs- und Wirtschaftsvertreter der deutschen (Standort-) Gemeinschaft anzugehören.[40]

Der als Normalität kodierte Rassismus dient also insbesondere dem Zweck, staatliche Willkür in Gestalt von Abschiebeknästen, Abschiebung, selbst in Länder, die die RückkehrerInnen an Leib und Leben bedroht, Krimininalisierung etc. als völlig akzeptabel erscheinen zu lassen. In dieser Hinsicht haben auch linke und links-liberale Medien ein Spiel mitgespielt, das mit ihrer sonst so vehement vertretenen politischen Position nicht zu vereinbaren ist. Es gilt trotz der vom Bundesverfassungsgericht jüngst ausgesprochenen Bestätigung des deformierten Asylparagraphen (Mai 1996) die Möglichkeiten diskursiver Gegenwehr nicht ungenutzt zu lassen!

Anmerkungen

1 Man vergleiche etwa den Dokumentarfilm von Gerd Monheim:»Wer Gewalt sät. Von Biedermännern und Brandstiftern (…)«.

2 Vgl. etwa F. Pflüger: Deutschland driftet. Die konservative Revolution entdeckt ihre Kinder. Wien/New York/Moskau 1994.

3 Zusätzlich können wir uns auf eine Reihe von Analysen stützen, die wir im DISS in den vergangenen Jahren durchgeführt haben, die wir aber mit einem Schwerpunkt seit 1994 bis in die Gegenwart hinein fortsetzen. Zum Problem der angemessenen Bandbreite vgl. S. Jäger: Kritische Diskursanalyse. Duisburg 1993, S. 202–210.

4 J. Link: Was ist und was bringt DISKURSTAKTIK? KultuRRevolution 2 (1983), S. 60; vgl. auch Jäger, 1993, S. 146–213 (s. Anm. 3).

5 Bei einer Diskussion nach einem Vortrag von S. Jäger zu Medien und Rassismus in Bonn.

6 Vgl. dazu genauer S. Jäger; J. Link (Hrsg.): Die vierte Gewalt. Rassismus und die Medien. Duisburg 1993.

7 Das gilt etwa für Armin Pfahl-Traughber, der als Angestellter des Verfassungsschutzes seine recht eigenwillige wissenschaftliche Diskursposition nicht nur als wissenschaftlich, wogegen nichts einzuwenden wäre, sondern darüber hinaus als irgendwie repräsentativ darstellen kann – was sie nicht ist. Vgl. A. Pfahl-Traughber: Die Extremisten, die aus der Mitte kommen. Frankfurter Allgemeine Zeitung vom 14.12.1994, S. 38.

8 Vgl. J. Link: Diskurstheorie. In: Historisch-kritisches Wörterbuch des Marxismus. Bd. 2, Hamburg 1995, Sp. 743–748.

9 Vgl. S. Jäger: BrandSätze. Rassismus im Alltag. Duisburg 1992 (4. Aufl. Duisburg 1996), S. 282–285.

10 Vgl. Jäger/Link, 1993, S. 12 (s. Anm. 6).

11 Zu Rassismus und die Medien und zur Notwendigkeit vielfältigster antirassitsischer Strategien vgl. auch S. Hall: Die Konstruktion von »Rasse« in den Medien. In: ders.: Ausgewählte Schriften. Ideologie, Kultur, Medien, Neue Rechte, Rassismus. Hamburg/Berlin 1989, S. 150–171.

12 Mitte, Rechts, Links sind hier selbstverständlich symbolische Kategorien. So viel reale Mitte gibt es gar nicht, als daß alle, die sich heute einer gesellschaftlichen Mitte zuzählen, in dieser Platz hätten.

13 Aus Platzgründen verzichten wir im folgenden auf linguistische bzw. diskursanalytische Feinheiten und beschränken uns auf das Herausarbeiten der jeweiligen Diskurspositionen.

14 Vgl. auch K. Schönberger; F. Roller; M. Zaiser: Kritik der Medienkritik. Rassismus & Gewalt – Fernsehen & Videotapes. In: autonome a.f.r.i.k.a.-gruppe/mittlerer Neckar: Medienrandale. Rassismus und Antirassismus. Die Macht der Medien und die Ohnmacht der Linken? Grafenau 1994, S. 107–141.

15 Vgl. Focus vom 21.5.1994, S. 62. Vgl. auch die ausführliche Feinanalyse bei S. Jäger; D. Kretschmer: Extremismus der Mitte und die Medien. In: DISS-Forschungsbericht 1995, S. 146–177.

16 Vgl. Focus vom 25.3.1996, S. 20–24. Während der bis dahin schärfsten medialen Attacke gegen Flüchtlinge und MigrantInnen kurdischer Herkunft Ende März 1996 heißt es beispielsweise: »Ein linkes Netz unterstützt die PKK-Kader beim täglichen revolutionären Kampf auf deutschem Boden.«

17 W. Gessenharter: Eine Weltanschauung aus Angst und Abwehr. Frankfurter Rundschau vom 15.2.1994, S. 10.

18 BILD vom 14.4.1994, S. 1.

19 Vgl. S. Jäger: Der Groß-Regulator. Duisburg 1993.

20 Rechtsextremismus oder besser, Völkischer Nationalismus, kann als eine quasi-religiöse Weltanschauung in sieben Kernideologemen beschrieben werden. Vgl. hierzu H. Kellershohn: Was heißt Völkischer Nationalismus? In: DISS-Forschungsbericht 1995, S. 92–100.

21 Vgl. zu diesem Phänomen S. Hall: Die strukturierte Vermittlung von Ereignissen. In: ders., 1989, S. 126–149 (s. Anm. 11).

22 Eine erschöpfende Darstellung des Medien-Diskurses über EinwanderInnen und Flüchtlinge ist an dieser Stelle nicht leistbar. Wir verweisen dazu jedoch auf eingehende Analysen von prototypischen Diskursfragmenten in Jäger, Link 1993 (wie Anm. 6); DISS (Hrsg.): SchlagZeilen. Duisburg 1993; A. Quinkert; S. Jäger: Warum dieser Haß in Hoyerswerda. Duisburg 1991 und ein laufendes Projekt des DISS, das im Laufe des Jahres 1996 abgeschlossen werden wird. Vgl. dazu auch Forschungsbericht des DISS 1995. Vgl. auch die Literaturliste in S. Jäger: Wie die Rechten reden. Sprachwissenschaftliche und diskursanalytische Veröffentlichungen zu den Themen Faschismus, Rechtsextremismus und Rassismus. Eine kommentierte Bibliographie. Duisburg 1996.

23 Vgl. dazu etwa Jäger, 1992 (s. Anm. 9); J. Link: Die Analyse der symbolischen Komponenten realer Ereignisse. Ein Beitrag der Diskurstheorie zur Analyse neorassistischer Äußerungen. OBST Nr. 46, März 1992, S. 37–52, wo deutlich wird, mit welch vielfältigen und trotzdem ste-

reotypen Mitteln das Bild des unliebsamen Einwanderers gezeichnet wird. Deutlich wird hier auch, wie eng Medien- und Alltagsdiskurs miteinander korrespondieren.

24 Unter einem diskursiven Ereignis verstehen wir die ausführliche Behandlung eines Ereignisses insbesondere in der Presse. Ein Ereignis, das nicht beschrieben/besprochen wird, ist im Grunde kein Ereignis.

25 Vgl. Jäger, 1993, S. 53 (s. Anm. 19).

26 Vgl. junge Welt vom 23.1.1996, S. 6; zum Prozeßausgang vgl. junge Welt vom 20.3.1996, S. 5.

27 Vgl. z.B. BILD vom 20.9.1994, S. 4; 2./3.10.1994 oder 6. u. 9.2.1995, »Revier-Seite«.

28 Im folgenden werden wir den Gegendiskurs, der im wesentlichen von der Tageszeitung junge Welt und dem WDR-Magazin Monitor getragen wird, an den entsprechenden Stellen in Fußnoten zu Wort kommen lassen.

29 Frankfurter Allgemeine Zeitung vom 19.1.1996, S. 9.

30 Recherchen von Flüchtlingsinitiativen haben ergeben, daß die »Alibi-Tankstelle« nicht 15 km vom Tatort entfernt ist, was die Verdächtigen entlasten würde, sondern nur fünf Kilometer. Zudem wird am 28. März durch den Bericht des Magazins Stern bekannt, daß bei den drei Männern aus Grevensmühlen bereits unmittelbar nach ihrer Verhaftung durch Feuereinwirkung versengte Haarenden, Wimpern und Augenbrauen festgestellt wurden. Der zuständige Oberstaatsanwalt betont auf Nachfrage, daß dies »überhaupt nichts Neues« sei. Tatsächlich wurde diese Information aber bis dahin zurückgehalten! Vgl. junge Welt vom 28.3.1996, S. 1; 29.3.1996, S. 5.

31 Frankfurter Allgemeine Zeitung vom 20.1.1996, S. 1 f.

32 BILD vom 20.1.1996, S. 1 f.

33 Vgl. Frankfurter Rundschau und junge Welt vom 20.1.1996.

34 Gleich in der Brandnacht verhängt die Polizei eine »Nachrichtensperre« über die Feuerwehr. Diese Nachrichtensperre wird am 23. Januar zum gesamten Informationsstop der Ermittlungsbehörden ausgedehnt. Dem war ein Interview des ZDF mit dem angeblichen Belastungszeugen Gustave S. vorausgegangen, der im Gegensatz zum Haftbefehlsantrag angab, keinen Streit mit dem Angeklagten gehabt zu haben. Vgl. junge Welt vom 24.1.1996, S. 1. Die Version der Ermittlungsbehörden über den Tathergang gerät nach einem alternativen Brandgutachten des ehemaligen Frankfurter Feuerwehrchefs Ernst Achilles weiter ins Wanken. Ein Einwirken von außen kann demnach nicht ausgeschlossen werden, für den vom LKA angegebene Brandherd im ersten Stock gibt es keine eindeutigen Spuren. Vgl. Monitor-Sendung vom 18.4.1996; junge Welt vom 28.3. u. 19.4.1996, S. 1.

35 Frankfurter Rundschau vom 22.1.1996, S. 3; Die Zeit vom 26.1.1996, S. 1; taz vom 22.1.1996, S. 1.

36 Frankfurter Allgemeine Zeitung vom 26.1.1996, S. 35.

37 Frankfurter Rundschau vom 22.1.1996, S. 3.

38 Damit soll gesagt sein, daß wir diese Zeitungen keineswegs als bewußt rassistisch agierend ansehen. Sie sind – wie fast alle BürgerInnen dieses Landes – in einen Diskurs über Einwanderer und Flüchtlinge verstrickt, der selbst stark rassistisch aufgeladen ist. Vgl. dazu Jäger, 1992 (s. Anm. 9).

39 Vgl. Jäger/Kretschmer, 1995, S. 151–159 (s. Anm. 15).

40 Vgl. hierzu auch H. Kellershohn; D. Kretschmer: Schäuble und Schäubles-Kids: Nationaler Wettbewerbsstaat, Neokonservatismus und »Neue Rechte«. (In Vorbereitung befindliches Buch-Projekt).

Charlotte Wiedemann

Die Themen der Rechten
sind die Themen der Mitte

Was ist die Mitte? Über Selbstdefinitionen und Schutzbehauptungen der Bonner Alt-Parteien

Würde man im Bundestag eine Umfrage veranstalten und jeden Abgeordneten bitten, sich im Spektrum von links bis rechts einzuordnen, sähe das Ergebnis folgendermaßen aus: Die PDS-Abgeordneten, etwa die Hälfte der Grünen-Fraktion sowie einige Sozialdemokraten würden ihr Kreuzchen in der Rubrik »links« machen, alle anderen Abgeordneten würden sich der »Mitte« zuordnen. Nach ihrer Selbstdefinition gibt es in Bonn keine rechten Politiker. Auch jene, die von ihren Wählern durchaus als rechts angesehen (und deshalb gewählt) werden, lehnen diese Bezeichnung ab, etwa Alfred Dregger oder Manfred Kanther. Selbst Peter Gauweiler, um die CSU mit einzubeziehen, will kein Rechter sein, sondern baut für sich und seine Kreise an die Mitte einen kleinen Balkon an, den er »rechte Mitte« nennt.

Würde sich nun aber ein Wissenschaftler auf die Zuschauertribüne des Bundestages setzen, ausgestattet mit einem Katalog der Strukturmerkmale rechten und rechtsextremen Denkens, und eine Debatte zum Thema Asyl oder zum Thema Ehrenschutz für die Bundeswehr verfolgen (oder gar den Gesprächen in der Kantine lauschen), dann fiele das Ergebnis weit anders aus als bei der Selbstauskunft der Abgeordneten. Der Wissenschaftler würde bei zahlreichen Parlamentariern Argumente, Polemiken und Gefühlsäußerungen entdekken, die ihm vertraut sind aus der Untersuchung von Einstellungen rechtsextrem gesonnener Jugendlicher. Etwa: eine Abwehrhaltung gegenüber allen Fremden; eine Bereitschaft zu rassistischen Vorurteilen; die Neigung zu autoritären Lösungen statt zum demokratischen Gewährenlassen; die Mobilisierung von Angst und Aggression durch Dramatisierung eines Problems oder eines Gegners.

Natürlich unterscheiden sich Abgeordnete und rechte Jugendliche in ihrer Wortwahl und – mehr noch – in der Akzeptanz der Instrumente, die zur Lösung eines Problems als legitim angesehen werden. Die Vertreter der Bonner Parteien lehnen individuelle Gewalt ab; das Gewaltmonopol soll beim Staat bleiben.

Die Beschreibung des Verhältnisses zwischen »Mitte« und »rechts« muß also das Problem berücksichtigen, daß sich Inhalt und Verpackungsaufschrift häufig unterscheiden. Sprache wirkt verschleiernd: Das Festhalten am Begriff »Mitte« suggeriert einen prinzipiellen Abstand zum rechten Spektrum; in der realen Politik ist der Abstand hingegen oft nur graduell. Wenn im folgenden also von den Parteien der Mitte gesprochen wird, sollte immer mitbedacht werden, daß es sich um die Selbstsicht der Akteure handelt.

Die Scheu vor der Bezeichnung »rechts« bei all denjenigen, die auf dem offiziellen Feld der Bundespolitik Karriere machen wollen, hat in Deutschland vor allem historische Gründe. Daß der Nationalsozialismus eine extrem rechte Ideologie war, galt in den vergangenen Jahrzehnten bei Wissenschaftlern wie bei Laien als selbstverständlich. Erst in jüngerer Zeit melden sich Stimmen zu Wort, die Hitlers Politik »linke« und »moderne« Züge zuschreiben; auch wird nun von Nationalkonservativen und Neu-Rechten daran gearbeitet, den Begriff »rechts« gleichsam zu reinigen von seiner geschichtlichen Belastung und ihn im öffentlichen Bewußtsein von der gedanklichen Verbindung mit rechtsextrem/nationalsozialistisch zu befreien. Obwohl diese Bemühungen einflußreiche Fürsprecher haben (etwa die *Frankfurter Allgemeine Zeitung*), überwiegt gegenwärtig – Mitte 1996 – auch im konservativ-christdemokratischen Spektrum noch die Distanzierung vom Etikett »rechts«.

Neben den historischen Gründen, deren Bindungskraft künftig weiter nachlassen dürfte, hat die kollektive Vereinnahmung des Standorts Mitte einen anderen, nämlich instrumentellen Aspekt. Die Mitte, das ist die »Gemeinschaft der Demokraten«: eine Selbstbezeichnung der Bonner Parteien, die in der zweiten Hälfte der siebziger Jahre (noch ohne Grüne im Bundestag) im Zuge der Anti-Terrorismus-Hysterie aufkam; damals wurde im Eilverfahren ein Paket von Gesetzen verabschiedet, das bisher bestehende Rechte und Freiheiten außer Kraft setzte. Die Selbsttitulierung als »Gemeinschaft der Demokraten« hatte die Funktion eines Freibriefes: Was wir tun, ist demokratisch, weil *wir* es tun. Diese Formel muß man sich merken; sie entfaltet immer dann ihre Wirkung, wenn sich die politischen Akteure der Kritik ausgesetzt sehen, nicht demokratisch zu handeln, oder wenn sie darangehen, die Geschäftsordnung der Demokratie, die Verfassung, nach ihrem Gusto zu ändern. Vor allem aber erschließt diese Formel den Mechanismus von Zusammenspiel und Konkurrenz zwischen der Mitte und rechts.

Denn es läßt sich ja immer wieder ein erstaunliches Phänomen beobachten: CDU/CSU, SPD und FDP reagieren mit Abscheu und Empörung auf rechtsextreme Ausschreitungen etwa gegen Unterkünfte von Asylbewerbern; zugleich verfolgen diese Parteien eine Politik, die sich vom Ziel jener Schlägerbanden im Endeffekt nicht allzusehr unterscheidet: Die Zahl der Asylsuchenden soll möglichst niedrig sein; um Asylsuchende abzuschrecken, soll ihr

Leben in Deutschland möglichst unangenehm gestaltet werden. Ein anderes Beispiel: Der Republikaner-Slogan »Deutsche zuerst!« gilt bei den demokratischen Konkurrenten als nationalistisch. Daß aber in Zeiten hoher Arbeitslosigkeit Deutsche ein größeres Anrecht auf Arbeitsplätze haben als in Deutschland Lebende anderer nationaler Herkunft, das ist bei den Bonner Alt-Parteien Gemeingut und teilweise bereits durch Verordnungen für die Praxis der Arbeitsämter festgelegt. Schließlich: Wenn Rechtsextreme bei einer Landtagswahl Erfolge verbuchen konnten, beschwören die Alt-Parteien am Wahlabend rituell die »verstärkte Auseinandersetzung mit dem Rechtsextremismus«. Forscht man später nach, was aus diesem Vorhaben geworden ist, wird man nichts finden. Aus einem einfachen Grund: Die Bonner Parteien hatten vorher keineswegs die Felder vernachlässigt, auf denen die Rechtsextremen ihre Propaganda säen; sie hatten dieselben Themen behandelt, mit graduell unterschiedlichen Ansätzen, aber in keiner prinzipiell kontroversen Richtung. Die Themen, mit denen dezidiert Rechte und Rechtsextreme hervortreten, sind zumeist aus dem *Bericht aus Bonn* geläufig; sie werden in Tonart und Radikalität zugespitzt und mit der Bereitschaft zu individueller Gewaltanwendung unterlegt.

Hier soll keiner Gleichsetzung das Wort geredet werden. Wohl aber ist von einem Verwandtschaftsverhältnis auszugehen zwischen den Einstellungen und Denkmustern der sogenannten gesellschaftlichen Mitte und der Rechtsextremen – ein Verwandtschaftsverhältnis, das im besonderen für die deutschen Verhältnisse seit der Wiedervereinigung zu beobachten ist. Zum Vergleich ein kurzer Rückblick auf eine andere bundesrepublikanische Konstellation: Während der sozialdemokratischen Ostpolitik unter Willy Brandt wollten Rechtsradikale »Brandt an die Wand!« stellen. Solche Morddrohungen mögen mehr aus dem Haß auf den einstigen Nazi- Gegner und Emigranten gespeist worden sein als aus dem Widerwillen gegen die Politik des Kanzlers; es macht aber für die Bekämpfung des Rechtsradikalismus einen beträchtlichen Unterschied, ob er der extreme Ausdruck einer politischen Richtung oder der extreme Ausdruck eines Klimas ist, das sich durch alle großen Parteien und ihre Anhängerschaft zieht.

Kennzeichnend für das politische System sind heute die relativ geringen politisch-programmatischen Unterschiede zwischen den Bonner Alt-Parteien, das Abschmelzen ihrer jeweiligen Stammwählerschaften und – daraus folgend – der Kampf um eine wachsende Zahl von Wechselwählern. Diese Konstellation böte rein theoretisch auch die Möglichkeit einer differenzierteren Auseinandersetzung um politische Konzepte; praktisch ist jedoch das Gegenteil der Fall: Der Populismus triumphiert. Daß dieser Populismus vor allem klassisch rechte bis rechtsextreme Denkmuster und Ressentiments bedient, hat in Deutschland Tradition, ist aber nicht auf Deutschland beschränkt. Die Erfolge hiesiger rechtspopulistischer Parteien, also der Republikaner und zeitweise der Deutschen Volksunion, sind bisher insgesamt geringer geblieben, als zu Beginn der 90er Jahre erwartet bzw. befürchtet wurde – auch im Vergleich zu österreichischen oder französischen Verhältnissen. Daß sich die Bonner Parteien zugute halten, durch ihr Verständnis für die Motive der Rechts-außen-Wähler die rechtsextreme Parteienkonkurrenz kleinzuhalten, ist dennoch eine höchst zweifelhafte Argumentation. Denn erstens zeigt die dauerhafte Präsenz der Republikaner im Stuttgarter Landtag, daß rechte Wahlerfolge dort in Folge möglich sind, wo die Partei organisatorisch und personell verankert ist. Vor allem aber erklärt diese Argumentation das »Heimholen« der Wähler zum Wert an sich – ungeachtet des Preises, den die Demokratie dafür zahlen muß, ungeachtet der Frage also, ob es legitim ist, die Politik der Republikaner zu machen, um die Republikaner aus den Parlamenten fern zu halten.

Nationalbewußtsein und Nationalismus – Über eine Droge und ihren Gebrauch

Ein »gesundes« Nationalempfinden habe mit dem »übersteigerten« Nationalismus von Rechtsradikalen nichts zu tun, so lautet eine geläufige These. Zumeist wird sie von einer zweiten begleitet: Gerade die Vernachlässigung von Nationalempfinden oder gar dessen Diskreditierung fördere Rechtsradikalismus und Nationalismus. Nun zeigt schon die zweite These, daß die erste nicht ganz richtig sein kann. Die Betonung des »gesunden« Nationalempfindens soll offenkundig ein Bedürfnis befriedigen, das erst ab einem gewissen Grad als Laster eingestuft wird. Wer eine halbe Flasche Wein am Tag trinkt, pflegt einen anerkannten Genuß; wer fünf Flaschen trinkt, ist ein Alkoholiker. Ab wann diese Droge abhängig macht, hängt aber von der Verfassung des Trinkers und von den Umständen ihres Gebrauchs ab.

Eine Liebe für Volk und Heimat zu empfinden, ist an sich nicht verwerflich. Auch wer sagt, er sei stolz, Deutscher zu sein, muß deshalb nicht gefährlich sein. Nur werden mit dieser Parole eben auch Ausländerheime angezündet. Die Grenze zwischen Nationalbewußtsein und Nationalismus ist fließend – das kann schon deshalb nicht anders sein, weil der Begriff »Nation« keineswegs klar definiert ist. Man kann darunter ein Staatsvolk auf einem bestimmten Territorium verstehen oder die gemeinsame Geschichte einer bestimmten Bevölkerungsgruppe oder die Abstammung von einem bestimmten Zeitpunkt ab. Keines der europäischen Großvölker ist ethnisch homogen entstanden, am wenigsten die Deutschen. Wer von der »deutschen Nation« spricht, arbeitet mit einer Konstruktion, die zum Gutteil auf Willkür und Irrationalismus beruht. In der Politik dient diese Konstruktion dazu, einen Maßstab einzuführen, der gleichsam naturgegeben ist, der oberhalb von Parteieninteressen, von sozialen Interessen und von demokratischer Entscheidungsfindung steht. Für den Einzelnen ist »Nation« zunächst ein abstrakter Begriff. Er gewinnt erst an Attraktivität, wenn andere Bindungen als unzureichend erlebt werden, wenn das Gefühl von Selbstwert und Identität zum Beispiel durch Arbeitslosigkeit und sozialen Abstieg verloren geht. Die Nation garantiert dann die Zugehörigkeit zu einem Kollektiv, das einem nicht genommen werden kann. Frustrationen und Aggressionen wenden sich folglich gegen jene, die dem Kollektiv nicht angehören. Um diesen psychologischen Mechanismus der Schuldzuweisung auszulösen, ist die eigene Betroffenheit, etwa von sozialem Abstieg, keineswegs nötig. Aggressive Feindseligkeit gegen Fremde entsteht bekanntlich auch im tiefsten Frieden saturierter Bürgerlichkeit. So wählten in dem kleinen badenwürttembergischen Ort Ötisheim, der von Wohlstand und geringer Arbeitslosigkeit gekennzeichnet ist, im Frühjahr 1996 mehr als 20 Prozent die Republikaner. Der Unmut richtete sich gegen die Anwesenheit von 30 Asylbewerbern, deren vermeintliche Bevorzugung mit dem Elend anderer Deutscher, das die Ötisheimer aus dem Fernsehen kennen, verglichen wurde. Wenn also derart leicht in einem vorher unauffälligen Milieu ethnisch konturierte Feindbilder entstehen, dann ist die Betonung von Nationalempfinden durch die als demokratisch anerkannten Politiker ein Spiel mit dem Feuer. Aber was ist das Motiv ihres Handelns?

Gehen wir einen Moment den Spuren eines Modeworts der 90er Jahre nach: der »nationalen Identität«. Den Begriff, der zuvor eher aus rechtsradikalen Zirkeln bekannt war, führte der CDU-Politiker Wolfgang Schäuble 1992 in die offizielle politische Debatte ein, als sich der Bundestag mit den ausländerfeindlichen Mordanschlägen von Mölln befaßte. Schäuble setzte damals zwischen die Betroffenheitsbekundungen seiner Parlamentskollegen die metallene Schärfe eines neuen Angriffs: Schuld am Rechtsradikalismus seien die 68er, ihre Ächtung von Autorität, ihre Tabu-Verletzungen. Dieses Deutungsmuster erfreute sich kurze Zeit großer Beliebtheit bei CDU und CSU, fand auch Eingang in eine Regierungserklärung Helmut Kohls, war aber doch nur ein polemisches Vehikel für Schäubles eigentliche Forderung nach einer Veränderung der Gesellschaft.

Um zu verstehen, welche Rolle dabei die »nationale Identität« spielt, muß man zunächst aus Schäubles Blickwinkel betrachten, was es zu überwinden gilt. Mit unverhohlener Abneigung spricht er von den privatistischen Zügen der bundesdeutschen Gesellschaft, wie sie sich in der alten Bundesrepublik herausgebildet haben. Verwöhnt von einem »Wohlfahrts- und Daseinsvorsorgestaat« sei die Fähigkeit der Deutschen, auf neue Herausforderungen zu reagieren, auf ein beispiellos niedriges Niveau gesunken. Äußerer Friede, innerer Wohlstand und die »Individualisierung von Lebensstilen« hätten zur Ablehnung jeglicher Art »existentieller Inpflichtnahme« geführt, ablesbar etwa an der mangelnden Begeisterung für weltweite Bundeswehreinsätze. Patriotismus, so Schäubles Klage, sei allenfalls in Gestalt eines liberalen Verfassungspatriotismus erhältlich; der aber ist ihm eine »zu dürre rationale Grundlage« für eine Gemeinschaft. Man merkt: Unter Anklage stehen nun all jene Züge der deutschen Gesellschaft, die bei der Wiedervereinigung als Beleg deutscher Harmlosigkeit galten: Individualismus, Distanz gegenüber dem Staat, Vorrang des Privaten vor dem Nationalen, der Innenpolitik vor der Außenpolitik.

Man mag diese Charakterisierung der Deutschen für zutreffend halten oder nicht – entscheidend ist, daß so die Folie aussieht, vor der Schäuble sein Gegenkonzept entwickelt. Der Begriff Gesellschaft, der Gruppen, Teile, Schichten, kurz: Heterogenität, assoziiert, erscheint bei ihm nurmehr unter negativen Vorzeichen. Er möchte eine »Schicksalsgemeinschaft«, in der das Gefühl »nationaler Zusammengehörigkeit« stärker ist als die jeweiligen Teilinteressen von Gruppen und Schichten. Dieses Zusammengehörigkeitsgefühl sorge für Stabilität und mache soziale Konflikte beherrschbar, die sonst zu »nackten Verteilungskämpfen« ausarten würden. Die Forderung nach nationaler Identität ist also ein politisches Konzept, das andere Identitätsempfindungen auf untere Ränge verdrängen will. Wer sich selbst vorrangig als Arbeitnehmer sieht, könnte mehr Lohn fordern; wer sich selbst vorrangig als Deutscher sieht, ist empfänglich für Verzichtsappelle zugunsten des nationalen Wohls. An der Entwicklung der öffentlichen Debatte über Sozialpolitik und Lohntarife ist ablesbar, wie weit sich dieses Denken bereits verbreitet hat – bis in die Gewerkschaften hinein.

Nebenbei: Wenn Schäuble die Nation eine »Schutzgemeinschaft« nennt, in welcher der Einzelne gerade in Krisenzeiten »instinktiv« Rückhalt suche, können sich jene Ötisheimer bestätigt fühlen, die für die Republikaner stimmten, weil sie instinktiv 30 Asylbewerber als Bedrohung empfinden.

Wenn sich etablierte Politiker mit nationalen Tönen hervortun, sind immer auch taktische Motive am Werk; jenen Wählern, die latent nach rechtsaußen neigen, soll signalisiert werden, daß ihre Empfindungen sehr wohl eine Heimat in der jeweiligen Alt- Partei finden können. Wo die Taktik endet und die Überzeugung beginnt, ist meist schwer zu bestimmen. Denn die Vorurteile und Ressentiments der Rechts-außen-Wähler wurzeln eben auch, wenngleich abgeschwächt und zivil gebändigt, im Bewußtsein der bürgerlichen Mitte und ihrer Repräsentanten. Aus diesen beiden Gründen kommt Ignatz Bubis, Vorsitzender des Zentralrats der Juden und FDP-Mitglied, zu dem Befund: »Jede Partei hat eine offene Flanke zum Rechtsradikalismus.« Es hängt von der jeweiligen politischen Konstellation ab, ob sich diese offene Flanke grell abzeichnet oder ob sie in der öffentlichen Wahrnehmung nahezu verschwindet.

Jenseits von nur saisonalen Phänomenen und von tagespolitisch motiviertem Populismus färbt sich jedoch das politische Gesamtklima in Deutschland verstärkt national ein. Dabei tut sich eine interessante Schere auf: Die politische Rhetorik wird nationaler, während die technologische und wirtschaftliche Entwicklung nationalstaatliche Bezüge immer mehr außer Kraft setzt. Vor allem die SPD, die als Wählerreservoir die Modernisierungsverlierer behalten oder wiedergewinnen will, spielt mangels anderer Konzepte die patriotische Karte aus: Wenn der Hamburger Bürgermeister Henning Voscherau von den ins Ausland abwandernden Unternehmern »Arbeitsplatz-Patriotismus« fordert; wenn Oskar Lafontaine den Sozialneid mit Attacken auf Aussiedler stimuliert, oder wenn Gerhard Schröder die Angst vor dem Verlust der D-Mark mit populistischen Argumenten nährt. Würde es sich dabei um bloße Taktik, um Spekulation auf kurzfristige Vorteile handeln, hätten die Sozialdemokraten die nationale Karte rasch wieder aus der Hand legen müssen: Sie konnten bisher durch eine derartige Propaganda keine Stimmengewinne verbuchen, verloren im Gegenteil noch Wähler nach rechts. Dennoch scheint die SPD durchaus eine Chance darin zu sehen, ihr Image mittelfristig stärker national aufzupolieren, um bei der nächsten Bundestagswahl 1998 von den Zukunftsängsten und der Europafeindlichkeit in einem großen Teil der Bevölkerung zu profitieren. Eine solche Vorgehensweise würde allerdings die Identität der Sozialdemokratie verändern, würde sie zu einer verhängnisvoll sozial-patriotischen oder gar sozial-nationalistischen Kraft machen.

Wie stark die politische Debatte in Deutschland unter die Hegemonie eines vormals »rechts« apostrophierten Denkens geraten ist, erweist sich übrigens gerade am Thema Europa. In den zurückliegenden Nachkriegsjahrzehnten wurde der Europa-Gedanke zumindest bei einem Teil von Politikern aller Parteien als eine »Vision« verstanden, welche die Überwindung von nationalstaatlichem Egoismus und die Bekämpfung von Nationalismus einschließt. Heute ist eine derartige Begründung zur völligen Außenseiter-Position geworden; für wie gegen Europa werden nur noch nationale Nützlichkeitserwägungen ausgetauscht. So wirbt die CDU für Europa, indem sie das Bild einer Festung vermittelt, die sich besser als die Einzelstaaten gegen Ausländer-Kriminalität, Asylbewerber und Armutseinwanderung zur Wehr setzen könne. Die anti-europäische Überfremdungspropaganda von Rechten und Rechtsradikalen kehrt also pro-europäisch, nur gleichsam ein Stockwerk höher, wieder. Eine europäische Identität, ein europäisches Staatsbürgerbewußtsein zu vermitteln, halten die Bonner Politiker nicht etwa nur für unmöglich angesichts der Stimmung in der deutschen Bevölkerung; sie empfinden zumeist selbst nicht europäisch, sondern national – und haben anderslautende Bekundungen nicht mehr nötig, seitdem die deutsche Wiedervereinigung mit viel pro-europäischen Fensterreden für die ausländischen Diplomaten unter Dach und Fach gebracht wurde. Kurt Biedenkopf, der unverständlicherweise in der CDU als Modernisierer gilt, sagt lapidar, mit »der neugewonnenen Identität Deutschlands« sei nicht vereinbar, »daß wir unsere Identität europäisch definieren«.

So stellt sich an der nationalen Front die Konstellation in den Parteien der bürgerlichen Mitte differenziert dar, jedoch mit eindeutiger Tendenz in der Summe: Die Union hat durch eine jahrzehntelange Kampagne gegen Ausländer und Asylbewerber nationalistischen Aufwallungen Vorschub geleistet; sie fördert die nationale Rhetorik in der Innen- und Sozialpolitik, weil dadurch die ohnehin geringe Bereitschaft zur sozialen Interessenvertretung von unten weiter geschwächt wird zugunsten eines »nationalen Solidarpakts« von oben; in der Außenpolitik folgt die Union jedoch (noch) der Festlegung Helmut Kohls auf die Europäische Währungsunion. Die Sozialdemokratie setzt dort auf die nationale Karte, wo Fremdenfeindlichkeit pseudo-links verbrämt werden kann – gegen Aussiedler-Zuzug und für die Verteidigung deutscher Arbeitsplätze für Deutsche; die SPD liebäugelt mit dem Gedanken, sich in der Europa-Frage rechts von der Union zu profilieren. Die FDP hat als einzige der Alt-Parteien einen dezidiert rechten und national auftretenden Flügel; die Parteiführung toleriert ihn als zum liberalen Spektrum gehörend, verwehrt den Nationalliberalen jedoch möglichst Posten in der Partei. Zugleich gibt sich die FDP ein neues Grundsatzprogramm, in dem der rechte Flügelmann Alexander von Stahl »keine wesentlichen Unterschiede« zu eigenen Positionen erkennen kann.

Die deutsche Tradition der Parteienschelte – Über das Unbehagen an der Demokratie

Der erste Satz einer beliebigen *Tagesschau*-Sendung: »Neuer Parteienstreit in Bonn über (...)«. Unterschiedliche Standpunkte der Parteien sind in einem demokratischen System eigentlich normal, sogar geradezu geboten, zumal wenn sich die Parteien als Regierung und Opposition gegenüberstehen. Dennoch ist das Wort »Parteienstreit«, manchmal in der altertümlichen Wendung »Parteienhader«, zur Negativ-Chiffre geworden und löst beim Publikum reflexive Abwehr, reflexiven Unwillen aus. Dagegen steht der »Konsens« als Positiv-Chiffre, signalisiert Frieden, Zustimmung, Beruhigung. Beiden Botschaften ist gemein, daß sie weitgehend von den Inhalten des infragestehenden Problems abgekoppelt sind. Wer am Dissens festhält, ist der Störenfried.

Die Negativ-Stilisierung von »Streit« prägt die politische Kultur in einer Phase, in der de facto die Unterschiede zwischen CDU/CSU, SPD und FDP im Vergleich zu früheren Jahren stark abgeschmolzen, auf vielen Feldern

830

kaum mehr wahrnehmbar sind. Der vielbeschworene »Zwang zum Konsens« dient also nicht etwa dazu, den Abstand zwischen weit auseinanderliegenden Polen zu überbrücken, sondern gilt jenen Restunterschieden, an Hand derer sich ein Wähler überhaupt die Existenz verschiedener Parteien erklären könnte. Was also ist die Ursache für diesen Trend?

Eine gängige Antwort der politischen Akteure lautet: Das Volk will keinen Streit mehr, denn das Volk ist parteienverdrossen. Ihren Aufschwung nahm diese These nach den Verlusten der großen Parteien an Republikaner und Deutsche Volksunion bei den Landtagswahlen im Frühjahr 1992, bei denen zugleich die Nichtwähler-Zahlen stark nach oben kletterten. Da die rechtsradikal votierenden Wähler von den bürgerlichen Parteien als wieder zu integrierende Abtrünnige angesehen wurden, boten sich zwei Schlußfolgerungen an: Erstens die rasche Erledigung des sogenannten Asylproblems; zweitens das Wahlverhalten bzw. Fernbleiben von der Wahlurne als generellen Protest gegen den Zustand der Parteien zu verstehen.

Schaut man sich den Befund an, der in der Folgezeit von allerlei Soziologen und Publizisten zu Tage gefördert wurde, kommt Erstaunen auf. Das Volk sei entmachtet, die Kontrollfunktion der Parlamente durch Schweigekartelle und Diäten in Bestechungshöhe ausgeschaltet; das öffentliche Leben bis hinein in die Medien von Parteienproporz diktiert, die Gewaltenteilung aufgeweicht usw., so lautete etwa die Anklage des Parteienkritikers Hans Herbert von Arnim. Als ob das politische System der Bundesrepublik je anders funktioniert hätte. Bei ganz ähnlichen Befunden landete die Ursachenforschung Anfang der achtziger Jahre, als das Phänomen der grünen und alternativen Protestwahl untersucht wurde. Der Vergleich zeigt: Neu ist an der gegenwärtigen Situation weder die Rolle der Parteien noch das Unbehagen mal kleinerer, mal größerer Teile von Bürgern daran. Neu ist die politische Richtung, in welche diese Kritik adressiert, interpretiert und befolgt wird: nach rechts.

Eine so gerichtete Parteienschelte hat in Deutschland Tradition. Sie zieht sich vom Kaiserreich durch die Weimarer Republik bis hin zur Zerschlagung des damaligen Parteiensystems durch die Nationalsozialisten: ein anti-demokratisches Ressentiment, welches die Parteien schlechthin als schädlichen Ausdruck von »Partikularismus« betrachtet, als Zerstörer nationaler Einheit, als Brutstätten der Streitsucht. In ihrer Frühphase Anfang der achtziger Jahre griffen die Grünen – teils unwillentlich, teils gewollt – manches von diesem Ressentiment auf, in dem sie sich als eine »Anti-Parteien-Partei« darstellten, die nicht Partikularinteressen dient, sondern dem ökologischen Überleben. Entsprechend fanden damals braun-tümelnde und nationalkonservative Umweltschützer eine zeitweilige Heimat bei den Grünen.

In der Weimarer Republik wie heute wurzelt das antidemokratische Ressentiment gegen die Parteien ebenso in breiten Teilen der Bevölkerung wie in

Teilen der bürgerlichen Eliten. Damals wie heute sind reale Eigenschaften der Parteien, ihre Selbstbedienungsmentalität oder ihr »Bonzentum«, Anknüpfungspunkte für die reaktionäre Sehnsucht nach Homogenität, nach latent totalitären Ordnungsmodellen. (Nebenbei: Die Linke und die Arbeiterbewegung haben diesem Ressentiment in der Vergangenheit nicht entgegengewirkt, ihm vielmehr unter kommunistischen Vorzeichen eine eigene Prägung gegeben.) Daß sich dieser Trend nun besonders in den Jahren seit der Vereinigung bemerkbar macht, ist kein Zufall, sondern ein Reflex, den die staatstragenden Parteien selbst stimuliert haben. Seit 1990 werden von ihnen nahezu alle politischen Themen zu Fragen nationaler Bedeutung erklärt, die gleichsam oberhalb der Sphäre dauerhaft zulässiger Meinungsverschiedenheiten angesiedelt sind. Je mehr Regierung und Opposition dabei zusammenrücken und sich nur im Streit um Details und Verfahrensfragen echauffieren, desto mehr nähren sie die latent agressive Haltung beim Publikum, mit diesem »Gerede« endlich aufzuhören. Die Medien, die sich – mit wenigen Ausnahmen – in solchen Fällen gern als Volkes Stimme gerieren, heizen dabei kräftig mit.

Gemessen an der Präsenz des Themas Parteienverdrossenheit in den Medien und gemessen an jüngeren Wahlergebnissen scheint der geschilderte Trend seinen Höhepunkt bereits hinter sich zu haben. Doch die Zeichen könnten trügen. Das Unbehagen an der Demokratie ist zu einem dauerhaften Stimmungselement des politischen Systems und der politischen Öffentlichkeit in Deutschland geworden – ein Unbehagen, das sich beim Publikum wie bei den politischen Akteuren mal auf diesem, mal auf jenem Feld ein Ventil sucht. Anders ist zum Beispiel kaum zu erklären, daß die Empörung über ein Tucholsky-Zitat (»Soldaten sind Mörder«) zu einem Ehrenschutzgesetz für die Bundeswehr führt, daß also die Meinungsfreiheit wie in vordemokratischen Zeiten gegenüber einem nationalen Symbol hintanzustehen hat. Die Bundeswehr steht ja heute keineswegs im Sperrfeuer der Kritik; die abweichende Meinung, die Minderheitsmeinung wird nicht unterdrückt, weil sie als Opposition von Belang sein könnte, sondern weil das Abweichende an sich nicht ertragen werden kann.

Sozialneid, Fremdenhaß und Wertbildung – Über das Recht des Stärkeren

In Deutschland ist die Legitimität von Demokratie in hohem Maße an die Befriedigung von Geborgenheitsbedürfnissen geknüpft. Wenn eine bisher für selbstverständlich gehaltene Sicherheit bedroht scheint (wie real oder eingebildet diese Bedrohung auch sein mag), erwächst daraus offenkundig für viele die Legitimation, sich nicht mehr an Normen eines zivilisierten oder demokratischen Verhaltens gebunden zu fühlen. Hannah Arendt hat diesen Mechanismus beschrieben als ein Massenverhalten des durchschnittlichen »Spießers«, das die Mitwirkung an den nationalsozialistischen Verbrechen möglich machte: »Hier waren keine Leidenschaften, verbrecherische oder normale, im Spiel, sondern lediglich eine Gesinnung, die es selbstverständlich fand, bei der geringsten Gefährdung der Sekurität alles – Ehre, Würde, Glauben – preiszugeben.«[1]

An die hohe Zeit der Asylhysterie in den Jahren 1992/93 muß hier aus einem simplen Grund erinnert werden: Weil wieder geschehen kann, was einmal geschehen ist. Und das war: Staatliche Politik, Massenstimmung und rechtsradikale Kräfte schaukelten sich gegenseitig hoch bis zur Lebensbedrohung für hier lebende Minderheiten. In dieser politischen Krise hat sich gezeigt, daß es den politischen Repräsentanten der bürgerlichen Mitte, den staatstragenden Parteien an einem demokratischen Kern mangelt, der ein Mindestmaß an Toleranz und rationaler Konfliktbewältigung garantieren könnte. Am Beispiel der SPD: Kurze Zeit sah es so aus, als stelle sich die mittlere Funktionärsschicht gegen die asylpolitische Wende der Führung und gegen die Änderung des Grundgesetzes, als könne sie wie ein Filter wirken zwischen den sozialdemokratischen Stammtischen und der Parteiführung. Die Annahme wurde widerlegt.

Die Asyldebatte und die aus dem sogenannten Parteienkompromiß seit Juli 1993 folgenden Maßnahmen markieren einen Verlust an Menschlichkeit und an humanen Grundwerten, der auch jenseits dramatisch zugespitzter Verlaufsformen das Bewußtsein der bürgerlichen Mitte kennzeichnet. Das Emnid-Institut formulierte 1996 folgende Umfrage: Sollen straffällig gewordene Ausländer abgeschoben werden, auch wenn ihnen in ihrem Heimatland Folter und sogar Lebensgefahr drohen? 57 Prozent der Befragten antworteten mit Ja; unter den Anhängern aller Parteien (auch der PDS) war die Mehrheit für Abschiebung; nur bei den Grünen-Wählern votierte eine deutliche Mehrheit dagegen.[2]

Im Klientel von PDS bis CDU/CSU halten es also viele (entgegen der geltenden Rechtslage) für legitim, einen Menschen in den Tod zu schicken, sofern es sich um einen Ausländer handelt. Ein anderes Beispiel: Die Berliner Polizei führte in mehreren hundert Fällen rumänische Abschiebehäftlinge in besonders demütigender und abschreckender Aufmachung dem Haftrichter vor. Die Männer und Frauen waren ohne Unterwäsche in zuvor zerlöcherte alte Polizeitrainingsanzüge gesteckt worden, von denen die Reißverschlüsse entfernt worden waren. Ein Polizeifoto zeigt eine Rumänin, die mit ihrem Kind auf dem Arm nur notdürftig ihre nackte Brust bedeckt; neben ihr ist eine Nummer zu sehen. Diese Nummer mag symbolisch für das Ausmaß der Entwürdigung sein; der einzelne Mensch zählt nichts mehr. Das individuelle Verhalten der Polizeibeamten, wenngleich besonders schikanös, deckt sich unter diesem Gesichtspunkt mit der generellen staatlichen Praxis gegenüber rumänischen Flüchtlingen: Sie werden kontingentweise auf der Grundlage eines speziellen Rückführungsabkommens nach Rumänien zurücktransportiert.

Ein drittes Beispiel: Auch die deutschen Konservativen werden wohl auf längere Sicht nicht daran festhalten können, daß sich die deutsche Staatsangehörigkeit als Blutrecht, als Abstammungsrecht definiert. Nicht weil sie unbedingt die politische Ausgrenzung zum Beispiel der türkischen Minderheit beenden wollten, sondern weil die anhaltende Einwanderung von Aussiedlern gestoppt werden soll und darum eine gesetzliche Änderung notwendig wird. Zu welcher Unbarmherzigkeit aber die völkische Überheblichkeit eines biologisch definierten Deutschtums führen kann, verdeutlicht folgender Gedankengang des Bundesinnenministers Manfred Kanther (CDU). »Die deutsche Staatsangehörigkeit«, sagt Kanther, »ist nicht so wenig wert, daß sie einfach verliehen werden kann.« Wer sie erlangen wolle, müsse beweisen, daß er sich ins deutsche Volk integriert – und deshalb könne einem Kind ausländischer Eltern nicht bei der Geburt in Deutschland die deutsche Staatsangehörigkeit verliehen werden. Denn: »Bei der Geburt kann das Kind doch beim besten Willen nicht integriert sein.«

Das Wir-Gefühl der Bundesdeutschen gegenüber Ausländern im eigenen Land und gegenüber »dem Ausland« als solchem fand in der Vergangenheit vor allem als Wohlstandschauvinismus Ausdruck. Vom »Wir sind wieder wer« der Nachkriegsdeutschen bis zum »Modell Deutschland« der Ära Helmut Schmidt war materieller Wohlstand identitätsstiftendes Motiv für nationalen Dünkel, auch wenn von Nation noch nicht die Rede war. In den Jahren seit der Wiedervereinigung hat sich diese Situation in zweifacher Weise verändert. Explizit nationales, auch nationalistisches Denken gewinnt an Gelände. Zugleich wachsen jene Teile der Gesellschaft, die am Wohlstand nicht mehr wie bisher teilhaben. Die von Unternehmerseite gezielt dramatisierte Debatte über den gefährdeten »Standort« Deutschland verbreitet ein Gefühl sozialer Unsicherheit auch bei jenen, die von Verarmung oder Arbeitslosigkeit nicht oder noch nicht betroffen sind. Faßt man wirtschaftliche, soziale und kulturelle Phänomene zusammen, entsteht in groben Strichen folgendes Bild: Eine obere Gesellschaftsschicht von Gutausgebildeten, Gesunden und Leistungsfähigen kann den allseits propagierten Anforderungen von Mobilität, Stärke, Durchsetzungsfähigkeit, Jugendlichkeit und Dynamik folgen und schreibt diese Leitbilder fest für die Zukunftsfähigkeit der gesamten Gesellschaft. Obwohl eine wachsende Zahl von Menschen diesen Leitbildern nicht entsprechen kann, übernehmen auch die Ausgegrenzten und Abgehängten weitgehend die Ideologie der Trendsetter.

Im Kern besteht diese Ideologie aus einer alten rechten Denkfigur: Das

Recht des Stärkeren, auch Sozialdarwinismus genannt. Dieses Denken dringt in zahlreiche Institutionen vor, immer mit dem Argument, der Allgemeinheit seien diese und jene Kosten nicht mehr aufzubürden. Des Längeren ist es schon geläufig aus der Diskussion um Behinderungen; durch die Möglichkeiten der pränatalen Diagnostik wird das Austragen eines behinderten Kindes zunehmend als eine Verantwortungslosigkeit gegenüber der Gesellschaft dargestellt. Schneller als die meisten ahnen, die sich »normal« wähnen, könnte die gesamte medizinische Versorgung unter das Diktat sozialdarwinistischer Kriterien gestellt werden. Das Sortieren von Patienten unter dem Gesichtspunkt, ob ihre Versorgung der Verhältnismäßigkeit der Mittel entspricht, ist bislang aus der Militärmedizin bekannt (»Triage«). Unter dem Begriff Medizinökonomie hält es nun auch im zivilen Gesundheitswesen Einzug: Krankenkassen konkurrieren mit Angeboten wie dem kostenlosen Besuch von Fitness-Studios um junge, gesunde Beitragszahler; Krankenhäuser werden »Profit-Center«. Der Präsident der Deutschen Gesellschaft für Innere Medizin warnt, der Zwang zu entscheiden, welcher Patient welcher Behandlung »wert« sei, komme ganz schnell. Es sei nicht unwahrscheinlich, daß es auch generelle Leistungsausschlüsse für Patienten geben werde, die ein bestimmtes Alter erreicht hätten.[3]

Die Entscheidung über »wertes« und »unwertes« Leben galt bislang in Deutschland als Kennzeichen nationalsozialistischer Unmenschlichkeit. Auch die Angriffe von Neonazis auf Rollstuhlfahrer werden als finstere Untat rechtsextremistisch Verblendeter verurteilt. Wo ähnliches Denken scheinbar unideologisch und unpolitisch daherkommt und doch mit viel mehr Macht, da regt sich kaum Widerspruch.

Wo das Recht des Stärkeren triumphiert, richten sich Feindbilder nicht zufällig gegen jene, die keine Macht haben: gegen Ausländer und gegen den sogenannten »Sozialmißbrauch« durch Arbeitslose und Sozialhilfeempfänger. Die Kampagne gegen den »Sozialmißbrauch« war (neben dem Fremdenhaß) der Hit der Republikaner Ende der 80er Jahre. Später wurde ihr in erweiterter Fassung von den Arbeitgeberverbänden zum Durchbruch verholfen. Die Rechtsaußenpartei mochte nur das Motiv treiben, durch die Anstachelung von Sozialneid Wähler zu gewinnen, während die Unternehmer kühl und direkt dem Sozialstaat ans Leder gehen, aber beide treffen sich in einem Punkt: der Radikalisierung des Mittelstands, der die Aufforderung, nach unten zu treten, gern befolgt.

Und die Bonner Parteien? Die SPD, traditionelle Partei der Sozialpolitik, beeilt sich heute zu versichern, sie kenne bei Sparmaßnahmen »keine Tabus«. Und die Christdemokraten, zu deren Profil auch die katholische Sozialethik gehörte, machen zu ihrem ersten Sozialpolitiker der Bundestagsfraktion einen Konditormeister, der immer schon abschaffen wollte, was ihn störte.

Sozialstaatlichkeit und der verfassungsmäßige Schutz der Würde des Einzelnen galten als Merkmale, die den bundesrepublikanisch gezügelten Kapitalismus von einer Wolfsgesellschaft unterscheiden. Neues Auslese-Denken und der Rückgriff auf die Naturgegebenheit von Ungleichheit zeigen heute, daß klassisch rechte Ideologeme in der Mitte der Gesellschaft als zeitgemäße Antwort auf die Fragen der Zukunft erscheinen.

Anmerkungen

1 H. Arendt: Elemente und Ursprünge totaler Herrschaft. München 1986, S. 543.
2 Quelle für Emnid: n-tv am 14.4.1996.
3 Vgl. Frankfurter Allgemeine Zeitung vom 15.4.1996.

Rolf Gössner

Zwischen Verharmlosung und Überreaktion

Zum polizeilichen und justitiellen Umgang
mit rechter Gewalt und Neonazismus[1]

Seit 1990, dem Jahr der deutschen Vereinigung, sind weit mehr als 50 Menschen von Rechtsterroristen, Neonazis und anderen fremdenfeindlich eingestellten Tätern erschlagen, erstochen, aus fahrenden Zügen geworfen oder verbrannt worden; die Zahl der zum Teil schwer Verletzten geht in die Tausende. Die Terrorangriffe gegen Asylbewerber, türkische Frauen und Kinder, gegen Obdachlose und Behinderte, gegen Juden und Linke gehen weiter. Neonazistische Aufmärsche und verbale Attacken gegen Ausländer, Angriffe gegen jüdische Einrichtungen, Friedhofsschändungen und regelrechte Treibjagden gegen Ausländer sind an der Tagesordnung. Die Täter sind mitten unter uns, und die sozial Schwächsten und Ausgegrenzten dieser Gesellschaft sind ihre Opfer. Aber der Nährboden, auf dem die Saat dieser Gewalt wächst, reicht weit in die Mitte einer nach rechts driftenden Gesellschaft. Es handelt sich also keineswegs allein um ein Randphänomen »extremistischer« Gewalttäter.

Die staatlichen Sicherheitsorgane, also Polizei, »Verfassungsschutz« und Justiz, haben, so der öffentliche Eindruck, lange Zeit die rechte Gefahr verharmlost, haben sich indifferent oder dilettantisch verhalten und damit schon frühzeitig – aber bis hinein in die jüngere Zeit – falsche Zeichen gesetzt. Polizeiführungen, Mannschaften und Einzelpolizisten haben häufig erstaunliche Nachsicht und Unentschlossenheit gezeigt. So »hilflos« und »fußlahm« sah man die staatlichen Strafverfolgungsorgane jedenfalls selten, wenn es gegen links ging.

Der gesamte Sicherheitsapparat der Bundesrepublik wurde von der eskalierenden rechten Gewalt offenbar auf dem falschen Fuße erwischt – nämlich in einer Zeit der Desorientierung, in einer Zeit der notwendigen Umorientierung nach dem Zusammenbruch der kommunistischen Regime, insbesondere der DDR, in einer Zeit der neuen Unübersichtlichkeit und Unsicherheit. Der alte politische (Staats-) Feind, traditionell links von der Mitte verortet, schien abhanden gekommen, ein neuer noch nicht in Sicht, sieht man von der sogenannten Organisierten Kriminalität ab, die bereits seit den achtziger Jahren den Sicherheitspolitikern und -praktikern als neue Legitimation für Nachrüstungsmaßnahmen dient.

Doch längst ist der Schrei nach dem »starken Staat« auch im Zusammenhang mit dem Rechtsradikalismus zu verzeichnen – eine prekäre Rechtsentwicklung im doppelten Wortsinne zeichnet sich ab. Im folgenden soll zunächst, relativ knapp, der Umgang der Polizei mit dem Rechtsradikalismus behandelt werden (1.), sodann, ausführlicher, der Umgang der Justiz mit rechten Straf- bzw. Gewalttätern (2.), bevor in einem 3. Teil auf die Frage »Mit dem starken Staat gegen rechts?« eingegangen wird.

Polizei gegen Rechts

Der Polizei wird in der kritischen Öffentlichkeit zum Vorwurf gemacht, sie halte sich allzu häufig auffällig zurück, wenn von ihr eigentlich effiziente Maßnahmen erwartet werden gegen den massiven rechten Terror oder gegen gespenstische neonazistische Versammlungen und Aufzüge. In der Tat gibt es bedrückende Beispiele polizeilicher Pflichtverletzung: So etwa während der Pogrome von Hoyerswerda (1991), Quedlinburg (1992), Rostock (1992) und anderswo – die mit brutaler Gewalt vorgehenden Täter konnten nahezu ungehindert agieren, und das beifallklatschende Umfeld blieb unbehelligt. Kein Polizeikessel wie früher etwa in Hamburg, keine Hubschrauber-Jagden, keine Bürgerkriegsmanöver wie bei den großen Anti-AKW-Demonstrationen in Brokdorf, Kalkar, Wackersdorf, Gorleben; keine Massenkontrollen, Belagerungen und Massenverhaftungen wie anläßlich der Demonstrationen gegen die Tagung des Weltwährungsfonds in Berlin, keine bundesweiten Razzien (solche wurden erst später durchgeführt), keine nackte Polizeigewalt wie in München wegen eines linken Pfeifkonzertes gegen den Weltwirtschaftsgipfel; keine Platzverweise, Verschleppungen und Vorbeugehaft, wie sie bei Punks und »Chaoten« aus dem linken Spektrum längst üblich sind.

Geht es um rechte Gewalt, dann schaut die Polizei häufig wie gebannt zu und hält sich zurück; unternimmt sie mal dennoch etwas, so oft das Falsche: So schloß sie etwa in Rostock 1992 eine Art Waffenstillstandspakt[2] mit den 150 bis 200 Tätern, die an mehreren Tagen und Nächten, unter dem Beifall von Anwohnern, mit Steinen und Molotow-Cocktails die Zentrale Anlaufstelle für Asylbewerber (ZASt) angriffen und auf diese Weise über hundert Menschen in Lebensgefahr brachten. Der zuständige Polizeichef Kordus erschien in entscheidenden Phasen einfach nicht vor Ort (wegen »Hemdenwechsels«)[3], und Innenminister Lothar Kupfer (CDU) hielt sich aus allen Entscheidungen heraus. Die vom Bundesinnenministerium zur Unterstützung angebotenen Einheiten des Bundesgrenzschutzes (BGS) wurden in Schwerin und Rostock abgelehnt; zeitgleich wurden – trotz der hochexplosiven Situation – Verbände der Hamburger Bereitschaftspolizei zurückgezogen.[4]

Die Polizei – eine verunsicherte und überforderte Institution? Der Polizeiforscher Otto Diederichs, Redakteur der Fachschrift *Bürgerrechte & Polizei* (*cilip*) in Berlin, glaubt in diesem Zusammenhang nicht mehr nur an eine »Gemengelage aus Inkompetenz, menschlichem Versagen und mangelnder Ausstattung«. Zu viele »Zufälle« seien hier zusammengekommen. Abgesehen von politisch-bürokratischen (Vor-)Entscheidungen rings um die ZASt in Rostock-Lichtenhagen, die die Eskalation der Gewalt mitprovozierten, sei vielmehr zu vermuten, daß die in der Bundesrepublik allgemein zunehmende Fremdenfeindlichkeit sich auch im Polizeibereich fortsetzte: »Bei streng hierarchisch strukturierten Organisationen wie der Polizei, die zudem traditionell eher konservativ ausgerichtet ist, setzen sich solche Stimmungen in der Regel schnell durch« – zumal man sich, insbesondere vor Ort, eines »allgemein gesellschaftlichen Konsenses« sicher sein konnte. »So geriet der wachsende Fremdenhaß in Lichtenhagen auf den Entscheidungswegen zwischen Rostock und Schwerin zu einem institutionalisierten Rassismus, bei dem niemand eine Notwendigkeit sah, mehr als das routinemäßig unbedingt Notwendige zu tun.«[5]

Jürgen Gottschlich, damaliger Redakteur der Berliner *tageszeitung*, äußerte einen schweren Verdacht, der sich mittlerweile, soweit ersichtlich, bestätigt haben dürfte: »Nach den Vorgängen in Hoyerswerda und jetzt in Rostock ist der Verdacht nicht mehr von der Hand zu weisen, daß mindestens ein Teil der politischen Elite dieses Landes die Bedrohung für den Staat (...) von den Flüchtlingen ausgehen sieht und die Neofaschisten als Ordnungsfaktor stillschweigend akzeptiert.«[6] Seit den Pogrom-Nächten von Rostock stand das Grundrecht auf Asyl zur Disposition und wurde später tatsächlich zu Fall gebracht. »Der Mob auf der Straße« hatte Erfolg auf allerhöchster politischer Ebene.

Zurück zum polizeilichen »Versagen« der Polizei in Rostock: Erst als die linken Gegen-Demonstranten nach Rostock eilten, um gegen den Neonazi-Terror zu protestieren (»Stoppt die Pogrome«), da funktionierte die Staatsgewalt plötzlich wieder in gewohnter Weise, da erinnerte man sich wieder schlagartig der so beliebten polizeilichen Kontrollstellen, an denen sich alle Passierenden ausweisen, durchsuchen und notfalls auch erkennungsdienstlich behandeln lassen müssen. Da waren Wasserwerfer, Spezialwagen und Sonderkommandos sowie Hubschrauber und über 3.000 Beamte, auch des BGS, zur Stelle. »Was tagelang nicht möglich war, das funktionierte nun wieder reibungslos – wie aus dem Polizeihandbuch« (Diederichs).

Ganz ähnlich in Fulda, wo 1993 etwa 500 Alt- und Neonazis unter den Augen der Polizei, von ihr eskortiert und beschützt, mit NS-Uniformen, abgewandelten Hakenkreuz-Fahnen, Hitlergruß, Nazi-Parolen, teilweise vermummt zum Todestag von Hitler-Stellvertreter Rudolf Heß aufmarschierten und den Domplatz der Bischofsstadt besetzten. Den 500 Nazis standen nur wenig mehr als 230 Polizisten gegenüber, Hilfsangebote von anderen Bundesländern wurden abgelehnt.[7] Denn für die Polizei ging die Gefahr nicht etwa von diesem nazistischen Aufmarsch aus, sondern von den angekündigten antifaschistischen Gegendemonstranten: Sie wurden mit erheblichem Aufgebot bereits auf der Autobahn an Kontrollstellen gestoppt, gefilzt und an der Weiterfahrt gehindert.[8]

Nachträgliche Rechtfertigung für dieses Desaster: Der Naziaufmarsch in Fulda sei überraschend gewesen; es habe zu wenig Polizeikräfte gegeben und eine unzureichende Logistik – eigenartigerweise immer dann, wenn es um rechte Aufmärsche geht. Sobald es um linksorientierte Demonstrationen geht, dann funktioniert die Polizei, da wird weder mit Einsatzkräften noch mit Ausrüstung, weder mit Repressiv- noch mit Präventiv-Maßnahmen gegeizt.

Die Fehler rund um Fulda hätten ausschließlich bei der Polizei gelegen, meint der Polizeibeamte Jürgen Korell aus Hessen, Mitglied der Bundesarbeitsgemeinschaft Kritischer Polizistinnen und Polizisten. Die Gründe seien wohl vielschichtig, dürften nach seiner Ansicht jedoch überwiegend in der polizeilichen Ausbildung zu finden sein: »Wo jahrelang der steinewerfende Linke als‹ gewaltbereites ›polizeiliches Gegenüber‹ dargestellt wurde, verfestigte sich ein ›Feindbild‹, das bei veränderten Lagen wie in Fulda zu Fehleinschätzungen führt.«

Erst zu den bundesweiten neonazistischen Rudolf-Hess-Aktionen im Jahre 1994 und später 1995 konnten Polizei-»Pannen« nach dem Vorbild vorangegangener Jahre größtenteils vermieden werden.

Die aufgezeigten polizeilichen Verhaltensmuster sind – zumindest im Westteil Deutschlands und im Ostteil dort, wo westdeutsche Führungskräfte verantwortlich sind – die fatale Folge einer jahrzehntelangen Fixierung auf und Konditionierung gegen links. Das alte Feindbild erweist sich als resistent. Verschärfend kommt hinzu, daß die fremdenfeindliche Stimmung in der Bevölkerung sich offenbar rasch und in weiten Teilen innerhalb der traditionell eher konservativ ausgerichteten Polizei durchgesetzt hat.

Auch in Magdeburg zeichnete sich die Polizei wieder durch Zurückhaltung aus, als am Himmelfahrtstag 1994 fremdenfeindliche Jugendliche, Hooligans und Skins in SA-Manier eine regelrechte Jagd auf Ausländer veranstaltete; zahlreiche Menschen wurden dabei zum Teil schwer verletzt. Obwohl die Polizei vorgewarnt war, zeigte sie sich unvorbereitet und half den Verfolgten trotz Anwesenheit nicht: »Fünf Schwarzafrikaner rennen um ihr Leben. Die Polizei wartet ab. Nur einige Türken helfen«, beschreibt etwa *Die Zeit* dieses Desaster.[9] Einzelne Polizisten hätten Ausländer gar mit obszönen Gesten bedroht und die Skins ermutigt; ein Türke sei von einem Polizisten niedergeworfen und gleichzeitig von Skinheads verprügelt worden. Die bemerkenswerte Erklärung des Magdeburger Polizeipräsidenten Antonius Stockmann, der für den mißglückten Polizeieinsatz verantwortlich war: Nicht so sehr Ausländerfeindlichkeit hätte zu den Überfällen auf Ausländer geführt, als vielmehr das »unglückselige Zusammenwirken von Sonne und Alkohol«. Erst die rot-grüne Minderheitsregierung in Sachsen-Anhalt hat diesen Polizeipräsidenten im August 1994 in den einstweiligen Ruhestand versetzt.[10]

Besondere Anfälligkeit für rassistische Einstellungen?

Die Bundesrepublik wurde wegen des polizeilichen Verhaltens mehrfach von internationaler Seite gerügt – so von Amnesty International, 1992 von der Menschenrechtsorganisation Helsinki Watch und 1993 vom UN-Ausschuß zur Beseitigung rassischer Diskriminierung (»UN-Rüge für passive Polizei«).[11] Nicht nur in den genannten spektakulären Fällen habe die deutsche Polizei bei der Bekämpfung von neonazistischen Ausfällen offensichtlich eine passive Haltung eingenommen und bei rechter Gewalt gegen sozial Schwächere »gezielt« weggeschaut; sie habe damit ihre Schutzpflichten verletzt und den Angreifern indirekt ein falsches Signal gegeben.[12] Darüber hinaus gebe es auch vermehrte Anzeichen, daß Polizeibeamte mit rechtslastigem Gedankengut sympathisierten, daß vieles auf ein latentes bis manifestes Feindbild »Ausländer« innerhalb der Polizei deute, daß Polizisten selbst fremdenfeindlich handelten, wobei das Spektrum von ausländerfeindlichen Diskriminierungen bis hin zu schweren Übergriffen, Mißhandlungen und Körperverletzungen reiche.[13]

Tatsächlich gibt es seit 1991 vermehrt Meldungen über polizeiliche Diskriminierungen und Übergriffe auf ausländische Mitbürger.[14] So berichtet die Menschenrechtsorganisation Amnesty International (ai) von Polizisten, die Asylbewerber schwer mißhandelt haben sollen. So berichten die Medien immer wieder von einer Vielzahl solcher Fälle. Anwälte rügen zunehmend brutales Vorgehen der Polizei. Die Akten der Liga für Menschenrechte in Berlin, die Opfer von Polizeiübergriffen betreut, werden dicker.

In Hessen und anderen Bundesländern fanden sich ausländerfeindliche Flugblätter in Diensträumen der Polizei. Der Polizist Bernward Boden, Mitglied der Kritischen Polizisten, erwähnt in einem Leserbrief an die Zeitschrift *Deutsche Polizei* (3/93), daß sich in einigen Streifenwagen Hakenkreuze befänden und daß rassistische und antisemitische Zoten bei der Polizei gehäuft gerissen würden. Die Partei Die Republikaner und andere neonazistische Gruppen finden innerhalb der Polizei besonderen Anklang, nicht wenige Polizisten (insbesondere aus dem Bundesgrenzschutz) sind Mitglieder der Republikaner oder der Deutschen Volksunion (DVU), deren Law-and-order-Ideologie für viele »Gesetzeshüter« besonders attraktiv zu sein scheint.[15]

Der innenpolitische Sprecher der Berliner SPD bestätigte für Berlin, daß Übergriffe von Polizisten gegen Ausländer in den vergangenen drei Jahren sprunghaft zugenommen hätten.[16] »Ich glaube wirklich«, zitiert die *taz* den Berliner Direktor der Landesschutzpolizei, Gernot Priestert, »daß man sich hier an Menschen vergreift, die – in dem Moment, in dem sie bei der Polizei sind – schwach sind.«[17] Das gilt insbesondere für die bekanntgewordenen Fälle, in denen Polizeibeamte in Berlin und Brandenburg Vietnamesen mißhandelt haben. Priestert macht für diesen »Boom« vor allem »strukturelle Mängel« verantwortlich.

Auch in Hamburg werden Polizeibeamte der Freiheitsberaubung, Nötigung und Körperverletzung gegen Ausländer beschuldigt. So seien Festgenommenen (wie auch in Bremen und Hessen) bei Drogenverdacht zwangsweise Brechmittel verabreicht worden, andere hätten sich auf der Wache nackt ausziehen müssen und seien in einzelnen Fällen am ganzen Körper mit Insektenspray besprüht worden; nach ihrer Vernehmung seien Ausländer oft weit entfernt von der Wache ausgesetzt worden. Sogar zu Scheinhinrichtungen soll es gekommen sein.

Innensenator Werner Hackmann (SPD) ist wegen solcher Vorfälle zurückgetreten, nachdem er zuvor jahrelang substantiierte Kritik an »seinen« Polizeibeamten fürsorgerisch zurückgewiesen hatte. Hunderte von Ermittlungsverfahren gegen verdächtige Polizisten sind eingeleitet oder bereits eingestellte wieder aufgerollt worden, nachdem sich herausgestellt hat, daß sich Polizisten, einem strammen Korpsgeist gehorchend, gegenseitig gedeckt, Beweismittel vernichtet und die zuständigen Staatsanwälte zu allem Überfluß auch nachlässig ermittelt hatten (»Verdacht einer zu schnellen Einstellungspraxis«).[18] Das durchgängige Problem der wirksamen Kontrolle von Polizeihandeln ist bis heute ungelöst. Mittlerweile wurde ein Parlamentarischer Untersuchungsausschuß zur Aufarbeitung der Polizeiskandale in Hamburg eingerichtet.

Die auch in anderen Städten (z. B. Bernau, Bremen, Frankfurt/Oder, Kiel, Lüneburg, Leipzig) und Bundesländern gehäuft auftretenden Vorfälle deuten auf rassistische und fremdenfeindliche Tendenzen in der Polizei hin, die sich allerdings – vorbehaltlich einer gründlichen Untersuchung – wohl noch im Rahmen der Rechtstendenzen in der Gesamtgesellschaft bewegen dürften. Wie fremdenfeindlich deutsche Polizeibeamte im Vergleich zur Allgemeinheit tatsächlich sind, muß erst noch erforscht werden. Darüber kann auch die von der Konferenz der Innenminister und -senatoren des Bundes und der Länder in Auftrag gegebene Studie *Polizei und Fremde – Belastungen und Gefährdungen von Polizeibeamtinnen und -beamten im alltäglichen Umgang mit Fremden* keine gesicherte Auskunft geben. Die Autoren dieser Auftragsstudie hatten sich zum Ziel gesetzt, nicht etwa den einzelnen Polizeibeamten mit fremdenfeindlichen Einstellungen und Handlungsweisen zu ermitteln, sondern vielmehr jene »strukturellen Faktoren, die die Entwicklung fremdenfeindlicher Einstellungen und Emotionen sowie die Genese von Übergriffen und illegalem Polizeihandeln bedingen oder doch begünstigen«.[19] Die Studie gibt einen Einblick in die nicht selten erschreckende Gedankenwelt von Polizeibeamten, die von sozialen Vorurteilen und Feindbildern geprägt ist. Sie macht Mechanismen im Polizeidienst – besonders an sozialen Brennpunkten, aber auch in Spezialeinheiten – aus, die zu Gruppendruck und Korpsgeist führen und die so die Aufdeckung von polizeilichem Fehlverhalten verhindern. Dabei werden eine Fülle von Faktoren benannt, die als Erklärung für fremdenfeindliche Einstellung, vermehrte Polizeiübergriffe und zunehmende Verrohung dienen, die aber leicht auch als »Entschuldigung« für Diskriminierungen und illegales Polizeihandeln mißverstanden werden können. Die Studie kommt in ihrem Fazit zu einem abgewogenen Weder-Noch-Schluß:

»Die Ergebnisse unserer qualitativen Untersuchungen deuten darauf hin, daß es sich weder um ›bloße Einzelfälle‹ noch um ein ›systematisches Verhaltensmuster der Polizei‹ handelt, sondern daß die Kumulation von Belastungen in Ballungszentren mit hoher illegaler Einwanderung und Kriminalität sowie bei Großeinsätzen gegen verbotene Demonstrationen manche Beamte überfordert.«[20]

Dieses Überlastungs- und Überforderungssyndrom durchzieht die gesamte Studie, die in ihrem Fazit die Sicht der Polizeibeamten vor Ort so wiedergibt und sich gleichzeitig zu eigen macht:

»Insbesondere die Erfolg- und Folgenlosigkeit des alltäglichen und allnächtlichen Handelns, die innerbetriebliche Tabuisierung der Konflikte und aggressiven Emotionen, die mit Ausländern zu tun haben, und die mangelhafte justitielle Verarbeitung von Anzeigen sind es, die die Beamten auf der Straße am Sinn ihres Handelns zweifeln lassen.«[21]

Dies führe zu der Gefahr, daß die eingesetzten Polizeibeamten entweder resignierten und auch bei offenkundigen Konflikten gezielt wegschauten (da eine Anzeige »doch nichts bringe«), oder andererseits mit »Ersatzjustiz« ihrem »Gerechtigkeitsgefühl« oder ihrer Frustration und Überlastung »illegalen Ausdruck« verleihen. Für beide Verhaltensweisen enthält die Studie deutliche Hinweise.

»Die Gesamtschau aller bisherigen Erkenntnisse spricht für die Annahme«, so die Heidelberger Psychologin Bettina Franzke in der Zeitschrift *Kriminalistik* bereits zwei Jahre zuvor, »daß Ausländern abgeneigte Einstellungen bei der Polizei eher noch weiter verbreitet und ausgeprägter sind« als in der übrigen Bevölkerung.[22] Auch der Brandenburger Landesvorsitzende der Gewerkschaft der Polizei (GdP), Andreas Schuster, mußte einräumen, daß die Polizei »aufgrund ihrer dienstlichen Kontakte mit kriminell gewordenen Ausländern (…) nicht zu den ausländerfreundlichen Gruppen in unserer Gesellschaft« gehört.[23]

Trotz der vorsichtigen und relativierenden Formulierungen: Es ist ein ganz besonders heikles Problem, wenn innerhalb des Polizeiapparates als gewichtigem Teil des staatlichen Gewaltmonopols und ausgestattet mit weitreichenden Exekutivbefugnissen solche Tendenzen verstärkt zu verzeichnen sind. Und da ist es auch keine Beruhigung, wenn diese Tendenzen offiziell auf »schwarze Schafe« und »extreme Einzelfälle« herunterdefiniert werden und aufgeklärtere Polizeiführungskräfte sich in das Bild von der »Polizei als Spiegel der Gesellschaft« flüchten: »Entscheidend ist, daß mit der Polizei eine vom grundgesetzlichen Auftrag her zu Gleichbehandlung und Achtung der Person verpflichtete Institution an einer gesellschaftlichen Entwicklung teilhat, die auf Diskriminierung und Unterdrückung von Mitbürgern oder hier aufhältlicher Personen hinausläuft«, schreibt der Berliner Polizeiforscher Albrecht Funk in der Zeitschrift *Bürgerrechte & Polizei*.[24]

Justiz gegen Rechts

Die teilweise skandalösen Nachlässigkeiten, Ressentiments und Defizite bei der Polizei führen im Zuge von Ermittlungen und Strafverfolgungsaktivitäten gegen mutmaßliche rechte Täter konsequenterweise auch zu Schlampigkeiten und mangelhaften Ergebnissen. Dies führt nicht selten dazu, daß Anzeigen von Opfern nicht aufgenommen, Ermittlungstätigkeiten nachlässig geführt, Aussagen von ausländischen Zeugen nicht ernst genommen werden, ja sogar polizeiliche Vernehmungsprotokolle an die Täter gelangen, wie es etwa der Neonazi-Aussteiger Ingo Hasselbach behauptet, der von eigenen »hervorragenden Kontakten zur Polizei« während seiner Zugehörigkeit zur Neonazi-Szene berichtet.[25] Durch ein solches polizeiliches Verhalten gelangen viele rechte Straftäter erst gar nicht vor Gericht, und wenn doch, dann haben die Gerichte mit den Ermittlungsschlampereien der Polizei oft schwer zu kämpfen – was sich in aller Regel zugunsten der Angeklagten auswirkt.

In mehreren Fällen wurde bei Brandanschlägen auf Ausländerwohnheime von den Ermittlungsbehörden ein neonazistischer Hintergrund von vornherein ausgeschlossen. So auch im Fall der Brandkatastrophe von Lübeck (Januar 1996), durch die zehn Menschen ums Leben kamen und mehr als dreißig zum Teil schwer verletzt wurden. Die Ermittlungsbehörden konzentrierten ihre Arbeit auf einen libanesischen Mitbewohner, der im dringenden Verdacht stehe, das Haus angezündet zu haben – obwohl genügend Hinweise auf einen rechtsradikalen Tathintergrund vorliegen.

Angesichts von Rechtsradikalismus und fremdenfeindlichem Terror geriet auch die bundesdeutsche Justiz verstärkt ins Blickfeld der Öffentlichkeit. Wie geht sie mit rechtsradikalen Tätern bzw. Tatverdächtigen um, wie mit ihrem sozialen und politischen Umfeld? Ist die Justiz tatsächlich auf dem rechten Auge blind, wie 1994 nach einer *Spiegel*-Umfrage über 70 Prozent der Befragten annahmen?[26] Und wie gingen und gehen die Gerichte auf der anderen Seite mit Linksoppositionellen um, mit militanten Antifaschisten, aber auch mit sogenannten Linksterroristen und ihren (angeblichen)»Sympathisanten«? Mißt die deutsche Justiz – entsprechend ihrer Tradition – immer noch mit zweierlei Maß? Und nicht zuletzt: Ist Rassismus mit dem Strafrecht und der Justiz überhaupt bekämpfbar?

Diese Fragen habe ich detailliert in dem von mir herausgegebenen Sammelband *Mythos Sicherheit – Der hilflose Schrei nach dem starken Staat*[27] erörtert. Insbesondere widme ich mich dort am Beispiel des »Anti-Terror-Instrumentariums« (§§ 129, 129a StGB) der Frage, wie dieses im linken, wie im rechten Spektrum zur Anwendung kommt. Im Ergebnis handelt es sich um eine signifikante »Ungleichverteilung«: Trotz immer deutlicher werdender organisatorischer Steuerung im rechten Spektrum und sprunghaftem Anstieg rechter Gewalttaten gibt es in den neunziger Jahren kaum 129a-Ermittlungsverfahren gegen rechts – gegen links hingegen 150 bis weit über 200 pro Jahr. Im folgenden einige Auszüge aus dem entsprechenden Kapitel.

Rechtes Spektrum: Nur isolierte Einzeltäter?

Auch der Ermittlungsrichter beim Bundesgerichtshof (BGH) hat noch 1993 wegen der fehlenden (auf Dauer angelegten) Organisationsstruktur die Anwendung der Organisationsstrafnormen §§ 129, 129a StGB abgelehnt.[28] Vor allem die Ausrichtung von rechtsradikalen Gruppen auf einen Führer passe nicht zum Tatbestand. Da stellt sich die Frage, ob kriminelle bzw. terroristische Vereinigungen künftig basis-demokratische Strukturen aufweisen müssen, um gerichtlich als solche »anerkannt« zu werden?

Da also rechte »terroristische Vereinigungen« in den Augen der Staatsschützer praktisch nicht existierten, gibt es auch kaum Ermittlungsverfahren wegen Unterstützung oder Werbung (letzteres überhaupt nicht) für eine solche Vereinigung. Auch nach § 129 StGB (Kriminelle Vereinigung) werden nur ganz selten Ermittlungsverfahren gegen rechte Tatverdächtige eingeleitet: Von 1989 bis 1990: kein einziges; 1991: drei in Nordrhein-Westfalen (BT-Drucks. 12/2444); 1992 je ein Ermittlungsverfahren wegen Bildung einer »kriminellen Vereinigung« gegen Mitglieder der Deutschen Nationalen Partei und wegen Gründung einer Wehrsportgruppe, der Werwolf-Jagdeinheit Senftenberg[29]; 1993 wurde nur in einem Fall Anklage nach § 129 StGB erhoben gegen Angehörige der verbotenen Nationalen Offensive im Raum Witten. Zweck der »kriminellen Vereinigung«, so das Oberlandesgericht Düsseldorf, sei die Durchführung von zahlreichen fremdenfeindlichen Schmieraktionen gewesen (»Ausländer raus«, »Deutschland erwache«, »Rotfront verrecke« etc.). Mit solchen fremdenfeindlichen Parolen, so das Gericht, hätten die Angeklagten die Bereitschaft zu Anschlägen schüren wollen und dadurch die innere Sicherheit und den öffentlichen Frieden erheblich gefährdet. Einige der Beschuldigten sind auch verdächtig, weitere Straftaten, wie etwa einen Angriff auf ein Asylbewerberheim, verübt zu haben.[30]

Diese Entscheidung blieb jedoch recht einsam. Denn bis heute werden rechtsterroristische Gewalttaten gerne als Handlungen von isolierten Einzeltätern bzw. von unorganisierten Spontantätern bagatellisiert (»Sie wissen morgens noch nicht, daß sie abends ein Asylwohnheim angreifen« und Menschen verbrennen werden)[31] – gerade so, als gäbe es nicht längst einen gut organisierten neonazistischen Kern und ein funktionierendes Netzwerk[32] aus Skinhead-Szene, Neonazi-Parteien, Wehrsportgruppen und Einsatzkommandos, die, schwer bewaffnet, u. a. den Straßen- und Häuserkampf zur Stürmung von Asylbewerber-Heimen exerzieren und im Nahkampf die Tötung von Menschen trainieren. Fremdenfeindliche Gewalttaten, so eine Studie aus dem Jahre 1993, werden nicht von »irregeleiteten Einzeltätern« verübt, sondern zu 90 Prozent von »informellen Cliquen und Gruppen«, die in einem rassistisch gesättigten Klima agieren, mit rechtsextremen Vereinigungen im Kontakt stehen oder aber mit ihnen verknüpft sind.[33]

Viele der vermeintlich »spontanen« Anschläge setzen Vorbereitung und eine gewisse Logistik voraus. Ende 1993 ist jene berüchtigte Schrift mit dem Titel *Der Einblick – Die nationalistische Widerstandszeitschrift gegen zunehmenden Rotfront- u. Anarchoterror* erschienen, die mit Sicherheit kein Produkt von Einzeltätern ist und auf ein hinreichendes Maß an Organisierung und Infrastruktur verweist. Sie enthält eine ausführliche und nach Regionalbereichen gegliederte Sammlung von 200 Namen, Adressen und Anlaufstellen von politischen Gegnern, so u. a. von Angehörigen der Antifa-Szene, der Gewerkschaften, der Grünen und der SPD.[34]

Bereits Ende 1992 hatte der niedersächsische Innenminister Gerhard Glogowski (SPD) das Bundesamt für Verfassungsschutz gewarnt, »die rechtsextremistischen Aktivitäten zu unterschätzen«; es sei falsch, so Glogowski, daß der damalige Präsident des Bundesamtes, Werthebach, weiterhin behaupte, es gebe keine überregionalen Verbindungen zwischen den verschiedenen Gruppen. Nach seinen Erkenntnissen finde inzwischen eine »Vernetzung« der Aktivitäten statt: »Im organisierten Rechtsextremismus haben wir es mit einer neuen Qualität zu tun.«

Und der Neonazi-Aussteiger Ingo Hasselbach rügte das Bundeskriminalamt (BKA) mit Blick auf die »rechtsterroristische Vereinigung NSDAP-Aufbauorganisation«, die zu politischen Morden aufrufe: »Für das BKA ist die Geschichte des deutschen Terrorismus mit der RAF abgeschlossen worden. Ich denke, daß das ein Fehler ist, den das BKA bereuen wird.«[35]

Keine Sondergerichtsbarkeit gegen rechts

Wegen der signifikanten Zurückhaltung bei der Anwendung von Organisationsstrafnormen gegen rechts gibt es in diesem Bereich auch kaum polizeiliche und justitielle Sonderzuständigkeiten (Generalbundesanwalt, Staatsschutz-Sondersenate der Oberlandesgerichte mit spezieller Richterauslese) und keine Sonderbedingungen (spezielle Eingriffsbefugnisse, Einschränkung der Verteidigungsfähigkeit der Betroffenen, strafprozessuale Konstruktionen und Figuren, wie der »Zeuge vom Hörensagen«, »Offenkundigkeit« von Tatsachen oder die sogenannte Kollektivitätsthese), wie sie bei 129- und insbesondere bei 129a-Ermittlungs- und Gerichtsverfahren üblicherweise herrschen.

Beispiel »Kollektivität« im Zusammenhang mit dem Organisationsdelikt § 129a StGB: Danach können vom Gericht alle Mitglieder einer »terroristischen Vereinigung« (etwa der RAF-«Kommandoebene«) für alle Taten, die dieser zugerechnet werden, haftbar gemacht werden – gleichgültig, ob ihnen die Einzeltat tatsächlich nachweisbar ist oder nicht.[36] Mit Hilfe dieser rechtsstaatlich höchst fragwürdigen Beweisvereinfachung sind etliche sogenannte Linksterroristen zum Teil zu lebenslänglichen Freiheitsstrafen verurteilt worden.

Mißverständnis und Erklärungsversuch

Um in diesem Zusammenhang einem Mißverständnis vorzubeugen: Hier soll gerade nicht dafür plädiert werden, das rechtsstaatlich und bürgerrechtlich höchst problematische 129a-Sonderrechtssystem in gleichem Maße auch gegen rechte Gewalttäter und ihre Gesinnungs«genossen« anzuwenden – denn dadurch wird es keineswegs akzeptabler. Die grundsätzlichen Einwände, die ich am Beispiel der sogenannten Linksterrorismusverfahren der 70er und 80er Jahre ausführlich dargelegt habe[37], sind nach wie vor gültig, ebenso wie die Forderung nach Aufhebung dieses »Anti-Terror-Sonderrechtssystems« weiterhin gerechtfertigt ist – auch wenn eine solche Forderung heute selbst unter Linken und Liberalen immer mehr auf Ablehnung stößt.

Doch dessen ungeachtet ist die konstatierte staatlich-justitielle »Ungleichbehandlung« von »rechtem und linkem Terror« erklärungsbedürftig: Die unterschiedliche Handhabung könnte der Tatsache geschuldet sein, daß vom rechten Terror weniger Gefahr für den Staat auszugehen scheint als vom linken – mal vollkommen abgesehen vom »Ansehen Deutschlands in der Welt«. Die Justiz als Teil des staatlichen Gewaltmonopols agiert in Sachen »Rechtsterrorismus« deshalb auch nicht in »ureigener Sache« – wie das der Fall ist beim grundsätzlich »staatsfeindlichen« »Linksterrorismus«, von dem schließlich die Justiz und ihr Personal direkt attackiert worden ist (u. a. Generalbundesanwalt Buback, Kammergerichtspräsident von Drenkmann).

Rechte Ideologen und Gewalttäter huldigen demgegenüber einem starken, autoritären Staat und althergebrachten Feindbildern; sie haben folglich auch andere Angriffsziele und Opfer: Sie richten sich nicht etwa, wie sogenannte Linksterroristen, gegen hohe Staatsfunktionäre und staatliche Einrichtungen sowie gegen mächtige Wirtschaftsmanager, gegen Vertreter und Institutionen des »großen Kapitals«, die politisch (mit)verantwortlich sind bzw. gemacht werden für vermeintliche oder tatsächliche Mißstände, Ungerechtigkeiten, Menschenrechtsverletzungen und internationale Verbrechen (Vietnamkrieg, Nicaragua, Chile, Apartheid in Südafrika etc.); nein, der rechte Terror richtet sich entweder relativ ungezielt gegen Teile der Bevölkerung, wie etwa beim blutigen Massaker auf dem Münchner Oktoberfest (1980), oder aber gezielt gegen mißliebige Bevölkerungsgruppen, was sich als die Regel herausstellte: gegen soziale Minderheiten, Außenseiter und Ausgegrenzte – Ausländer, Obdachlose, Juden, Homosexuelle, Behinderte, Linke (...) – gegen Menschen also, die keine Lobby haben und denen weite Teile der Bevölkerung selbst mit Vorurteilen, ja latenter Gewaltbereitschaft begegnen. Insofern scheint von entscheidender Bedeutung, daß der rechte Terror – im Gegensatz zum linken – ideologisch aus der Mitte der Gesellschaft genährt wird.[38]

»Die Aktivisten und Mitläufer lernen in ihrem Alltag, daß ihre potentiellen Opfer ›eigentlich‹ kein Existenzrecht haben sollten. Sie praktizieren in ihren Jungmännerbanden, worüber an Stammtischen ›nur‹ geredet wird. Sie sind Teil einer rechten Dominanzkultur, die bis in die politische Mitte der Gesellschaft reicht«, schreibt die Kieler Kriminologin Monika Frommel.[39]

Die widersprüchliche Rolle der Justiz im »Kampf gegen Rechts«

Nach der deutschen Vereinigung und mit dem Erstarken des Neonazismus und Rechtsterrors gerieten die jahrzehntelang weitgehend gegen links fixierten Organe der »inneren Sicherheit«, vorneweg die (Straf-) Justiz, ganz offensichtlich in große Orientierungsschwierigkeiten. Konservative Politiker, sonst immer für harte Bestrafung zu haben, mutierten bei der Beurteilung von rechtsgerichteten Tätern und ihren Taten plötzlich zu verständnisvollen Sozialhelfern und -therapeuten, redeten von »armen Schweinen«, »denen mit pädagogischer Geduld begegnet werden müsse. Von derart unterprivilegierten Personen könne man schließlich nicht ohne weiteres die Einsicht verlangen, daß das Verbrennen von Kindern, strenggenommen, nicht statthaft ist«, so faßt der Schriftsteller H. M. Enzensberger dieses große Verständnis im konservativen Lager gleichermaßen literarisch wie zynisch zusammen.[40] Den Konservativen stand die rechte Gewalt schon immer näher als die linke.

Lange Zeit wurde die Gefahr von rechts auch im Staatsapparat entsprechend verharmlost; und die Justiz richtete auch jenseits des »Anti-Terror«-Einsatzes, so schien es, unbeeindruckt und treu ihrer Tradition gegen links und gegen rechts nach zweierlei Maß.

Zurückhaltung bei neonazistischen Propaganda-Delikten

Der »Hitlergruß« oder das öffentliche Tragen von Hakenkreuzen sind zwar nach dem Strafgesetzbuch strafbar (Verbreiten von Propagandamitteln und Kennzeichen verfassungswidriger Organisationen), aber die entsprechenden Strafnormen (§§ 86, 86a) wurden zunächst nur selten bemüht, ähnlich wie auch die Straftatbestände der Volksverhetzung (§ 130),[41] der Aufstachelung zum Rassenhaß (§ 131 StGB) oder der Leugnung des Holocausts (§§ 185, 194)[42] – trotz der entsetzlichen Hetztiraden gegen Ausländer und Juden via Fernsehen oder in Liedtexten von rechtsradikalen Bands. Kam es in Einzelfällen doch zu Gerichtsverfahren, so wurden sie überwiegend eingestellt oder endeten aufgrund einer restriktiven Rechtsprechung mit Freisprüchen.[43] So hat sich die Rechtsprechung regelmäßig schwer getan bei der Bewertung von Kennzeichen verfassungswidriger, nazistischer Organisationen (§ 86a StGB), wenn diese von den Tätern leicht abgewandelt worden sind (sogenannter Kühnen-Gruß als »Quasi-Hitlergruß« oder leicht veränderte Hakenkreuze).

Zumeist erfolgte Einstellung oder Freispruch in entsprechenden Verfahren.[44]

Um die restriktive Rechtsprechung in diesem Punkt zu durchbrechen, werden mit dem sogenannten Verbrechensbekämpfungsgesetz von Ende 1994 den nationalsozialistischen Symbolen nach § 86a StGB auch solche Kennzeichen gleichgestellt, die ihnen »zum Verwechseln ähnlich sehen«; auch der Straftatbestand der Volksverhetzung wurde verschärft (BGBl. I 1194, S. 3186 ff.).

Im Kontrast zu dieser »behutsamen« und restriktiven Rechtsprechung: Gegen linksgerichtete Personen und Gruppen gab es bereits frühzeitig Hunderte von Ermittlungsverfahren u. a. nach § 129a StGB allein wegen auf Wände gesprühten Parolen oder Verteilens von Flugblättern: Das Georg-Büchner-Zitat »Krieg den Palästen« und ein 5-zackiger Stern an die Plastikwand einer U-Bahn gesprüht, brachten in den 80er Jahren einer Münchener Arzthelferin wegen Werbens für eine »terroristische Vereinigung« zwölf Monate Gefängnis ohne Bewährung ein. Ihr Begleiter, der sie angeblich per Sichtdeckung bei ihrem Tun abgeschirmt haben soll, wurde mit sechs Monaten bedacht.

Oder: Die Zeitschrift *Radikal* hatte kommentarlos sogenannte Bekennerschreiben dokumentiert, die von Gruppen verfaßt worden waren, die als »linksterroristisch« eingestuft wurden. Die Mitherausgeber von *Radikal* wurden für diese bloße Dokumentation wegen »Werbens für eine terroristische Vereinigung« zu je zweieinhalb Jahren Freiheitsstrafe verurteilt; außerdem wurden fast 200 Inhaber und Angestellte von alternativen Buchläden wegen des Vertriebs der Zeitschrift strafrechtlich verfolgt.[45]

Der § 129a StGB entpuppte sich mit seinen Auffangtatbeständen Unterstützung und Werben für eine »terroristische Vereinigung« in den 70er und 80er Jahren als breit streuende Zensurwaffe gegen links(radikale) Meinungsäußerungen.[46] Die Vielzahl solcher Verfahren veranlaßte die Gefangenenhilfsorganisation Amnesty International zu massiver Kritik an dieser staatlichen Zensurpraxis: Sie zeigte sich »besorgt darüber, daß Personen wegen der gewaltlosen Äußerung ihrer politischen Überzeugungen strafrechtlich verfolgt und verhaftet werden können, ohne daß sie selbst Gewalt befürwortet haben«.[47] Diese Inhaftierungen und Anklagen seien ein »Angriff auf die freie Meinungsäußerung«.

Der Kriminologe Detlev Frehsee zu dieser Variante des zweierlei Maßes: »Wenn man sich die §§ 86, 86a, 130, 131 StGB ansieht, kann man nur staunen, was eine rechtsextreme Presse jahrzehntelang ungehindert verbreiten kann, während Existenzen auch junger Menschen vernichtet worden sind, weil sie etwa RAF-Texte abgedruckt hatten, um lediglich zu informieren.«[48]

Begünstigende Strafnormselektion I: Brandstiftung statt Totschlag/Mord

Auffällig an der gerichtlichen Entscheidungspraxis war darüber hinaus, daß rechtsgerichtete Täter, die Asylwohnheime in Brand gesetzt hatten, über lange Zeit lediglich wegen Landfriedensbruchs oder Brandstiftung und nicht wegen Mord- oder Totschlags(versuchs) verurteilt wurden – so beispielsweise im Fall der brandschatzenden Täter von Rostock-Lichtenhagen (1992), wo über hundert Vietnamesen stundenlang in dem brennenden Haus eingeschlossen waren; die einzige Anklage wegen versuchten Mordes erfolgte gegen eine Person, die einen Brandsatz auf einen Polizisten geworfen hatte.[49] Bei Anschlägen auf Asylbewerberheime in Gudow, Kollow und Pritzier stellte die Polizei noch nicht einmal die Personalien der brandschatzenden Jugendlichen fest.[50]

Vom Landgericht Mannheim wurden im Dezember 1992 zwei 19jährige Jugendliche wegen dreifacher schwerer Körperverletzung infolge eines Brandanschlags auf ein Asylbewerberheim zu Haftstrafen von zwei und zweieinhalb Jahren verurteilt. Ein drei Jahre altes Mädchen, sein fünfjähriger Bruder und ihre Mutter, die vor dem Bürgerkrieg im ehemaligen Jugoslawien geflohen waren, erlitten bei dem Anschlag zum Teil schwerste Brandverletzungen. Gleichwohl wertete das Gericht die Tat – im Gegensatz zur Anklage – nicht als versuchten Mord (bzw. Totschlag).[51]

Einsame Ausnahme blieb lange ein Urteil des Landauer Landgerichts vom November 1992.[52] Zum ersten Mal hat ein Gericht einen Brandanschlag auf eine Asylbewerberunterkunft, bei dem niemand verletzt wurde, als Mordversuch (in zwei Fällen) gewertet. Im sogenannten Hünxe-Fall hat das Landgericht Duisburg noch im März 1993 den bedingten Tötungsvorsatz der jugendlichen Angeklagten verneint (Az. 14 Js 411/91). Sie hatten im September 1991 des Nachts Brandsätze gegen die Fenster eines Hauses geworfen, ein Zimmer wurde in Brand gesetzt, und zwei schlafende Kinder erlitten dabei schwere Verbrennungen, die sie für ihr Leben entstellen.[53]

Bei der Verneinung des bedingten Tötungsvorsatzes argumentierte das Gericht einfühlsam und verständnisvoll:

»(...) die Einlassung der Angeklagten, sie hätten es niemals für möglich gehalten, daß durch ihre Tat ein Mensch getötet werden könnte, noch viel weniger hätten sie dies gewollt oder nur billigend in Kauf genommen (...)« sei nicht zu widerlegen. »Die Angeklagten befanden sich in einer Ausnahmesituation. Sie begingen zum ersten Mal in ihrem Leben eine strafbare Handlung und gleich eine von solchem Format. Sie waren mit hoher Wahrscheinlichkeit aufgeregt und hatten Angst vor Entdeckung. Es darf auch nicht verkannt werden, daß aus der politischen Motivation der Angeklagten sogar ein Argument für die Begrenzung ihres Vorsatzes abgeleitet werden kann. Es liegt schwerlich in den Intentionen eines politischen Täters, daß statt einer Solidarisierung mit der Tat in der Bevölkerung ein Mitleidseffekt mit den Opfern erzielt wird. Genau das aber war zu erwarten, wenn Menschen getötet wurden oder Kinder qualvoll verbrannten.«[54]

Folgt man dieser Argumentation, so könnte kein einziger rechtsradikaler Brandstifter, der andere schwer verletzt oder gar tötet, wegen Tötung(sversuchs) bestraft werden, denn sie wollen durch ihre Taten schließlich alle kein Mitleid mit den Opfern provozieren. Täter, die als blutige Anfänger zum ersten Mal in ihrem Leben gleich ein ganz schweres »Ding« drehen, die dürfen des Mitleids der Duisburger Richter gewiß sein, denn sie sind doch in dieser Ausnahmesituation so aufgeregt und haben so schreckliche Angst vor Entdeckung – was sie von allen anderen Tätern offenbar gründlich unterscheidet. Da muß doch beim spontanen Werfen des Mollis in eine Wohnung das Denken an die Konsequenzen blockiert sein dürfen.

»So spricht Biedermann und wundert sich, daß Brandstifter dies als latente Zustimmung sieht«, schreibt die Kieler Kriminologin Monika Frommel zu diesem Urteil.[55] Diese Rechtsprechung, wonach bei Brandstiftung der rechten Art bedingter Tötungsvorsatz eher fern liege, hat sich in der Folgezeit zur herrschenden Meinung verdichtet. Die schlichte Einlassung der Angeklagten, sie wollten eigentlich nicht töten, sondern die Ausländer nur ein bißchen erschrecken,[56] reicht zu ihrer Entlastung – obwohl doch mittlerweile auch den schlichtesten Kahlköpfen längst klar sein mußte, daß beim Inbrandsetzen eines bewohnten Hauses mit Brandopfern und mit Toten gerechnet werden muß. So hat noch im Juni 1993 die Jugendkammer des Landgerichts Lübeck den Tötungsvorsatz der wegen versuchten Mordes angeklagten Brandstifter abgelehnt und lediglich wegen der Brandstiftungsdelikte verurteilt (Az. 702 Js 9344/93). Im übrigen gehen allzu viele Gerichte bei solchen Brandstiftungsdelikten von »spontanen Taten« aus, obwohl es doch einiger Vorbereitung bedarf, Brandsätze herzustellen und zum Einsatz zu bringen.

So viel Verständnis wurde jedenfalls linksorientierten Straftätern selten zuteil. Da waren in 129a-Strafverfahren Generalstaatsanwalt und Gerichte schnell bereit, wegen Mord oder Mordversuchs anzuklagen bzw. zu verurteilen, selbst wenn dem oder der Angeklagten keine unmittelbare Tathandlung nachzuweisen war und lediglich Indizien vorlagen; die sogenannte Kollektivitätsthese, die traditionell gegen links gilt, machte es – im Zusammenhang mit dem Organisationsdelikt § 129a StGB – möglich.[57]

Zwar hat der Brandanschlag in Mölln am 23. November 1992, dem drei Türkinnen zum Opfer fielen, ein gewisses Umdenken in Fällen rechter Gewalt und Brandstiftung eingeleitet[58]; doch erst mit zeitlicher Verzögerung – etwa seit Mitte 1993 – hat sich dies auch in manchen Anklagen und Urteilen entsprechend niedergeschlagen. Die beiden Möllner Täter wurden am 8. Dezember 1993 vom Oberlandesgericht Schleswig wegen dreifachen Mordes (direkter Tötungsvorsatz), mehrfachen Mordversuchs und besonders schwerer Brandstiftung zu lebenslanger Haft bzw. zu zehn Jahren Jugendstrafe (Höchststrafe) verurteilt.[59] In seinem Plädoyer als Nebenklägervertreter sprach Rechtsanwalt Hans-Christian Ströbele von einer gründlichen Beweisaufnahme: »Für politische Prozesse in der Vergangenheit, an denen ich als Verteidiger (etwa in Verfahren gegen Mitglieder der RAF; d.V.) teilgenommen habe, hätte ich mir eine solche Prozeßführung ›an der langen Leine‹ gewünscht.«[60]

Das Landgericht Halle/Saale (Sachsen-Anhalt) verurteilte am 29. Juni 1993 sechs Jugendliche u. a. wegen gemeinschaftlich begangenen Mordversuchs zu Freiheitsstrafen zwischen vier und siebeneinhalb Jahren. Sie hatten zwei Brandanschläge auf Wohnungen von Vietnamesen in Halle verübt, wobei mehrere Personen verletzt worden waren. Auch das Landgericht Münster verurteilte am 18. September 1993 zwei Brandstifter u. a. wegen gemeinschaftlich versuchten Mordes (§ 211 StGB).[61] Diese Urteile blieben allerdings eher Ausnahmen.

Detlev Frehsee stellte auf dem 17. Strafverteidigertag 1993 in München in diesem Zusammenhang die »ketzerische« Frage, ob es wohl »im Prinzip zu rügen« sei, »daß die Justiz mit dem Mordvorwurf zurückhaltender« werde; seit Jahren bemühe sich die Rechtsprechung, »Auswege zu entwickeln, um der absoluten Strafandrohung des § 211 StGB (lebenslange Freiheitsstrafe; d. Verf.) entgehen zu können«. Doch auch unterhalb des Mordvorwurfs gibt es Möglichkeiten, die in Frage stehenden Brandstiftungen auf Wohnhäuser adäquat strafrechtlich zu fassen – nämlich mit dem Vorwurf des Totschlags (§ 212 f), der differenziertere Rechtsfolgen bietet: üblicherweise Freiheitsstrafe nicht unter fünf Jahren, in besonders schweren Fällen lebenslänglich, in einem minder schweren Fall Freiheitsstrafe von sechs Monaten bis zu fünf Jahren.

Erst am 7. Juni 1994 hat der 4. Strafsenat des Bundesgerichtshofs (BGH) ein Urteil aufgehoben, das der bis dahin immer noch herrschenden Rechtsprechung gefolgt war, wonach Brandanschläge auf Asylbewerberheime in der Regel nicht als (versuchte) Tötung zu werten seien. Folgende Leitsätze stellte der BGH auf (Az. BGH 4 StR 105/94):

- »Bedingt vorsätzliches Handeln setzt voraus, daß der Täter den Eintritt des tatbestandlichen Erfolges als möglich und nicht ganz fernliegend erkennt, ferner, daß er ihn billigt oder sich um des erstrebten Ziels willen zumindest mit der Tatbestandsverwirklichung abfindet. Bei äußerst gefährlichen Gewalthandlungen liegt es nahe, daß der Täter mit der Möglichkeit rechnet, das Opfer könne zu Tode kommen, und – weil er mit seinem Handeln gleichwohl fortfährt – einen solchen Erfolg billigend in Kauf nimmt.«
- »Bei Brandanschlägen auf ein von Menschen bewohntes Gebäude unter Einsatz von Brandflaschen wird eine Lebensgefahr der Bewohner, mithin ein bedingter Tötungsvorsatz der an dem Brandanschlag beteiligten Personen, kaum je von vornherein auszuschließen sein.«
- »... die pauschale Ablehnung eines bedingten Tötungsvorsatzes (stellt) einen sachlichrechtlichen Mangel des Urteils dar, der zu dessen Aufhebung führt.«[62]

Diese Ausführungen werden auch der Tatsache gerechter, daß rechtsradikale Angriffe in aller Regel auf Menschen gerichtet werden, denen die Täter aus ideologischen Gründen die Menschenwürde und das Existenzrecht (in Deutschland) absprechen und die schon deshalb deren Tod zumindest billigend in Kauf nehmen.

Im Fall des Solinger Brandanschlages, bei dem fünf türkische Frauen und Mädchen in der Flammen starben, verurteilte das Oberlandesgericht Düsseldorf 1995 die vier Brandstifter (davon drei Jugendliche), zu dreimal zehn und einmal 15 Jahren Haft – wegen Mordes und versuchten Mordes. Tatmotiv: Ausländerhaß.

Begünstigende Normselektion II:
Körperverletzung mit Todesfolge statt Totschlag/Mord

Auffällig war weiterhin, daß häufig selbst brutalste Attacken und (gezielte) Tötungshandlungen gegen Ausländer, etwa mit Messern oder Baseball-Schlägern, nicht etwa als Mord (Höchststrafe: lebenslänglich) oder Totschlag (nicht unter fünf Jahren Haft) gewertet wurden, sondern lediglich als Köperverletzung mit Todesfolge (nicht unter drei Jahren). So im Fall des von Skinheads im November 1990 bestialisch ermordeten Angolaners Antonio Amadeu Kiowa. Vom Landgericht Frankfurt/Oder als »jugendtypische Verfehlung«

und u. a. Körperverletzung mit Todesfolge eingestuft, kamen die Täter am 12. Mai 1993 mit Jugendstrafen zwischen zwei Jahren auf Bewährung und vier Jahren Freiheitsentzug davon. Der Vorsitzende Richter wertete in seiner Urteilsbegründung die politischen und gesellschaftlichen Zustände im Osten Deutschlands als mildernde Umstände.[63] Mehrere Polizisten hatten die mit Zaunlatten und Baseballschlägern bewaffneten Täter beim »Neger aufklatschen« aus sicherer Entfernung beobachtet – ohne dem am Boden liegenden Angegriffenen, dem einer der Täter zum Schluß noch mit voller Wucht auf den Kopf gesprungen ist, zu Hilfe zu eilen.

Im August 1992 hatte ein 22jähriger Skinhead zwei Obdachlose mit einem Baseballschläger so schwer verletzt, daß eines der Opfer seinen Verletzungen erlegen war. Gleichwohl wurde der Täter vom Landgericht Berlin lediglich wegen (schwerer) Körperverletzung mit Todesfolge zu einer sechsjährigen Haftstrafe verurteilt.

Im März 1991 hatten rechtsradikale Jugendliche einen Mosambikaner angegriffen; dabei war dieser aus der fahrenden Straßenbahn gestürzt. Er hatte schwere Kopfverletzungen davongetragen, an denen er später verstarb. Das Urteil des Landgerichts Dresden gegen einen der Täter: Jugendstrafe von zwei Jahren und sechs Monaten wegen fahrlässiger Tötung und schwerer Körperverletzung (Urteil v. 29.10.1993).

Andere Gerichte verurteilten hingegen – vermehrt etwa seit 1993 – die Täter für ihre brutalen Gewalttaten wegen (versuchten) Mordes: So das Landgericht Stuttgart zwei 25 und 21 Jahre alte Angeklagte zu lebenslanger Haft bzw. neun Jahren Gefängnis, weil sie im Juli 1992 einen Kosovo-Albaner in einem Arbeiterwohnheim in Ostfildern-Kemnat mit einem Baseballschläger erschlagen hatten (Urteil vom 13.5.1993); so das Bezirksgericht Potsdam zwei Skinheads wegen Mordes zu Jugendstrafen von neun bzw. sieben Jahren, weil sie im November 1992 in Lehnin (Brandenburg) einen Arbeitslosen schwer mißhandelt, mit Benzin übergossen, angezündet und dann in einen See geworfen hatten (Urteil vom 8.7.1993); so das Bezirksgericht Frankfurt/Oder einen 20jährigen Rechtsradikalen wegen versuchten Mordes zu einer Gesamtstrafe von sieben Jahren Jugendhaft, weil er im Oktober 1992 in Frankfurt/Oder einen nigerianischen Asylbewerber mit einer Stichwaffe schwer verletzt hatte.[64]

Nichtverfolgung von Unterstützern rechter Gewalt

Im rechten Spektrum wurde in keinem einzigen Fall der Landfriedensbruch-Paragraph gegen Beifall klatschende Bürger angewandt, die brandschatzende Neonazis und Skins noch anfeuerten – obwohl das möglich wäre: Wer auf eine Menschenmenge einwirkt, um ihre Bereitschaft zu Gewalttätigkeiten gegen Menschen zu fördern, wird mit Freiheitsstrafe bis zu drei Jahren bestraft (§ 125 StGB). Auch Anstiftung oder psychische Beihilfe zu Mord- oder Totschlagsversuchen und zu Brandstiftungen wären denkbar – aber solche Verfahren gab es nicht.

Die Untätigkeit der Strafverfolgungsbehörden gegenüber der gewaltunterstützenden Bevölkerung in Rostock-Lichtenhagen und anderswo war selbst dem ehemaligen Generalbundesanwalt Alexander von Stahl suspekt: »Wer Beifall klatscht, wenn Molotowcocktails und Steine in Asylantenheime geworfen werden, macht sich strafbar. Das ist Beihilfe im Sinne der Bestärkung im Tatentschluß bzw. Beseitigung letzter Hemmungen beim unmittelbaren Täter. Das würde ich gerne vor Ort einmal durch die Strafverfolgungsbehörden verdeutlicht sehen.«[65] Der Nachhilfeunterricht aus Karlsruhe hatte keinen Erfolg.

Mit dem »starken Staat« gegen Rechts?

Erst nach dem Anschlag von Mölln ist, wie bereits erwähnt, eine gewisse Trendwende bei der justitiellen Behandlung von rechtsgerichteten Straftätern zu verzeichnen, die nun allerdings in ein verhängnisvolles Fahrwasser zu geraten droht: Der lauter werdende Schrei nach dem »starken Staat« gegen rechts zehrt kräftig an rechtsstaatlichen Prinzipien und noch verbliebenen liberalen Errungenschaften. Die Strafjustiz und ihr Personal befinden sich in einem kaum auflösbaren Dilemma: zwischen Verharmlosung und Überreaktion. Im Kampf gegen rechts sind liberale, abwägende Richter verpönt; staatliche Härte und Aufrüstung erfahren »antifaschistische« Akzeptanz. Der öffentliche Druck auf die Gerichte nimmt zu und bedrängt die »richterliche Unabhängigkeit«.

Gesellschaftliche Ursachen und Zusammenhänge, strukturelle Gewalt und Fremdenfeindlichkeit in Staat und Gesellschaft drohen gegenüber einer solchen Fixierung auf den Staat und die Justiz in den Hintergrund zu geraten[66]; die notwendige politische Auseinandersetzung gerät ins Abseits.

Der hilflose Antifaschismus
oder: Der schrille Schrei nach dem »starken Staat«

Nachdem sich also die staatlichen »Sicherheitsorgane« – insbesondere die Polizei, aber auch die Justiz – im »Kampf gegen rechts« zunächst vornehm zurückhielten, stehen die Zeichen mittlerweile auf Sturm: Seit Mölln und Solingen, seit das »Ansehen Deutschlands in der Welt« auf dem Spiel steht, wird eine härtere Gangart gefordert, die den »rechtsradikalen Pöbel die volle Härte des Gesetzes« (Bundeskanzler Kohl) spüren lasse. Ausgerechnet diejenigen schreien dabei am lautesten, deren ausländerfeindliche Politik zu dieser

Eskalation rechter Gewalt entscheidend beigetragen hat und die diese rechte Gewalt für ihre eigenen Zwecke, die Aushöhlung des Asylgrundrechts, zu nutzen verstanden. Sie haben mittlerweile den Wert des rechten Treibens als neue Legitimation für staatliche Nachrüstungsmaßnahmen erkannt – Maßnahmen, die schon länger auf der Wunschliste rechtskonservativer Sicherheitspolitiker und -praktiker standen.

Das heißt: Bevor die in den vergangenen Jahrzehnten erheblich ausgebauten, weit in das Vorfeld strafbarer Handlungen vorverlegten apparativen und rechtlichen Möglichkeiten überhaupt ausgeschöpft werden, wird erneut die Keule der »Inneren Sicherheit« geschwungen und hauptsächlich auf Polizeiaufrüstung, Lockerung des Datenschutzes, Beschleunigung des Strafverfahrens, Haft- und Strafrechtsverschärfungen gesetzt:

So wurden die Straftatbestände der »Volksverhetzung« (§ 130 StGB) und des »Verwendens von Kennzeichen verfassungswidriger Organisationen« (§ 86a StGB) mit dem neuen »Verbrechensbekämpfungsgesetz« (1994) verschärft (BGBl. I 1994, S. 3186 ff.) – womöglich eher eine symbolische Politik mit Hilfe des Strafrechts gegen Rechts, über deren Sinnhaftigkeit sich trefflich streiten ließe. Desweiteren wurde mit dem »Verbrechensbekämpfungsgesetz« von 1994 die Strafandrohung für Körperverletzungsdelikte erhöht (von bis zu drei auf bis zu fünf Jahre Freiheitsentzug). Außerdem sind Maßnahmen zur Beschleunigung von Strafverfahren bei »einfachem Sachverhalt« oder »klarer Beweislage« beschlossen worden, sofern dem Angeklagten im Höchstfall ein Jahr Freiheitsentzug droht; der Einreichung einer Anklageschrift soll es dann nicht mehr bedürfen; die Bestellung eines Verteidigers ist erst dann vorgesehen, wenn eine Freiheitsstrafe von mindestens sechs Monaten zu erwarten ist; das Beweisantragsrecht kann beschränkt werden. Mit diesem kurzen Prozeß werden bislang als wesentlich angesehene Grundsätze des Strafprozeßrechts ausgehebelt und die Rechte von Beschuldigten und Angeklagten drastisch eingeschränkt – und zwar nicht nur von rechtsgerichteten.

Bundespolitische Planungen sehen weiterhin die Verschärfung des Jugendstrafrechts vor, darüber hinaus Sicherungshaft für Wiederholungstäter, Erweiterung der Vorbeugehaft, Verschärfung des »Landfriedensbruch«-Paragraphen, erweiterte Möglichkeiten zur Überwachung des Post- und Telefonverkehrs von »Extremisten« sowie die Aufstockung bei Bundeskriminalamt und »Verfassungsschutz«.

Sicher sind die Forderungen von entsetzten Bürgern und Opfern neonazistischer Terroranschläge verständlich, die da lauten: »Täter hart bestrafen« und »Gesetze verschärfen«; doch es sind hilflose und trügerische Forderungen an den Staat, die allzu gerne aufgegriffen werden von den Strategen der »Inneren Sicherheit«. Diese Feststellung spricht keineswegs gegen angemessenes polizeilich-justitielles Eingreifen gegen rechte Gewalttäter – aber bitteschön nach rechtsstaatlichen Kriterien und herkömmlichem Strafrecht und ohne Sonderrecht; denn politische Sondergerichtsbarkeit wird nicht dadurch besser oder akzeptabler, weil sie sich nun gegen die »Richtigen«, nämlich gegen »die Rechten«, richtet. Im Vordergrund stehen muß der bislang häufig so sträflich vernachlässigte Schutz der (potentiellen) Gewaltopfer; hier dürfen die Verantwortlichen in Staat und Gesellschaft nicht aus ihrer Verantwortung entlassen werden.

Die berechtigte Empörung über die Gewalttaten hat den Glauben an die sühnende und präventive Kraft des Strafrechts, den Glauben an staatliche Repression auch bei denen wieder geweckt, die ihn – aus guten Gründen – längst verloren hatten. »Ausgrenzen – warum eigentlich nicht?« fordert etwa der Schriftsteller Rolf Schneider[67] und meint damit die rechten Gewalttäter.

Verkehrte Welt: Schon allzu viele Kräfte auch aus dem liberalen Bürgertum und der verbliebenen Linken sind bereit, bürgerrechtliche und rechtsstaatliche Positionen nach und nach zu räumen, wenn es um den Kampf gegen die in Einzelbereichen tatsächlich wachsende Kriminalität geht, gegen das gewaltig dramatisierte »Organisierte Verbrechen«, gegen Drogenkriminalität, gegen Rechtsradikalismus und neonazistische Gewalt. Plötzlich werden sogar bei ehedem staatskritischen Geistern der vielgeschmähte »Verfassungsschutz« akzeptabel, das höchst bedenkliche »Anti-Terror«-Sonderrechtssystem genehm sowie die Hilferufe nach mehr Polizei und schärferen Gesetzen schriller, wenn diese Mittel nur endlich wirkungsvoll gegen den Rechtsterror eingesetzt würden; und auch Gesinnungsstrafrecht und -justiz sind, wenn es denn um rechtsradikale Gesinnung geht, keineswegs mehr tabu. Auch das lauthals geforderte und teilweise verhängte Verbot des – wegen der unkommentierten Neonazi-Propaganda – in der Tat problematischen Films *Beruf Neonazi* (von Winfried Bonengel über den Neonazi-Führer Bela Ewalt Althans) deutet in diese Richtung von Gesinnungsjustiz.

Doch die Freiheit der Meinungsäußerung ist ein Menschenrecht, für eine demokratische Gesellschaft schlechthin konstitutiv und darüber hinaus unteilbar. Meinungen, auch noch so abstruse politische Anschauungen, sind prinzipiell keine Polizei- und Justizangelegenheiten, sondern Angelegenheit der demokratischen Gesellschaft und ihrer Einrichtungen; sie müssen sich damit offen auseinandersetzen (können) und gegebenenfalls mit den rechten Meinungsträgern »hart ins Gericht« gehen.

Strategie der Verdängung: Parteiverbote als Problemlöser?

Auch Parteiverbote werfen mehr Probleme auf, als sie zu lösen imstande sind.[68] Nach herrschender Auffassung konstituiert das Grundgesetz eine sogenannte streitbare oder wehrhafte Demokratie, deren Credo »keine Freiheit für die Feinde der Freiheit« von Anbeginn zu einer fatalen Entwicklung in Westdeutschland geführt hat. Denn sie konzentrierte sich – trotz ursprünglicher antinazistischer Zielrichtung – vornehmlich auf die administrative und justitielle Bekämpfung des »inneren Feindes«, und der stand traditionellerweise links. Und so kam es zu einer exzessiven Verfolgung von KommunistInnen und solchen Personen, die sie unterstützten oder dessen verdächtig waren. Die Ermittlungen trafen weit über 250.000 Betroffene, von denen Tausende für ihre gewaltfreie politische Betätigung zu Haft- und Geldstrafen verurteilt wurden.

Als verfassungsrechtlicher Kern der »streitbaren Demokratie« gelten die Artikel 9 Abs. 2 (Exekutiv-Verbot von verfassungswidrigen Vereinigungen), Art. 18 (Verwirkung von Grundrechten) und Art. 21 Abs. 2 (Verbot verfassungswidriger Parteien durch das Bundesverfassungsgericht). Rechtlich ausgeprägt wurde die »streitbare Demokratie« durch die Rechtsprechung des Bundesverfassungsgerichts, wobei das KPD-Verbotsurteil von 1956 eine herausragende Rolle spielt.

Zweimal ist in der Geschichte der Bundesrepublik ein von der Bundesregierung eingeleitetes Parteienverbotsverfahren nach Artikel 21 Grundgesetz mit Erfolg praktiziert worden: Das Bundesverfassungsgericht verbot zum einen, wie erwähnt, die Kommunistische Partei Deutschlands (KPD), nachdem es bereits 1952 die nazistische Sozialistische Reichspartei (SRP) verboten hatte, die als Nachfolgepartei der NSDAP eingestuft worden war, aber nur wenig Bedeutung erlangt hatte. Die gleichzeitig eingereichten Verbotsanträge der damaligen Adenauer-Regierung gegen die SRP und die KPD wirkten auf Zeitgenossen wie der krampfhafte Versuch, die politische Symmetrie zu wahren – der eigentliche Feind wurde in der zum Bollwerk gegen den Kommunismus ausgebauten Bundesrepublik nahezu ausschließlich links geortet, während ehemalige Nazis frühzeitig wieder in Staat und Gesellschaft integriert wurden.

»Das Parteiverbot ist eine einzigartige Schöpfung westdeutschen Verfassungsgeistes, in der Kalter Krieg und hilfloser Antifaschismus eine vordemokratische Symbiose eingegangen sind«, meint der Hamburger Verfassungsjurist Horst Meier. Seit dem KPD-Verbot und seinen schädlichen Auswirkungen für die politische Kultur ist die Skepsis gegen diese Art von politischer Verdrängung gewachsen.

Doch seit dem Anwachsen rechtsgerichteter Organisationen und der Eskalation neonazistischer Gewalt scheint diese Skepsis dem neuen Glauben an alte Rezepte gewichen zu sein. Die hektischen Forderungen nach Organisations- und Parteiverboten deuten jedenfalls darauf hin.

Organisationsverbote nach Art. 9 Abs. 2 Grundgesetz können von der Bundesregierung bzw. den Landesregierungen verfügt werden, wenn die Zwecke oder Tätigkeit der Vereinigung »den Strafgesetzen zuwiderlaufen«

oder wenn sie sich »gegen die verfassungsmäßige Ordnung oder gegen den Gedanken der Völkerverständigung« richten. Die Verbotsverfügungen sind im Falle rechtlicher Gegenwehr durch die Betroffenen von den Verwaltungsgerichten überprüfbar.

Der Bundesinnenminister verbot 1992 zunächst die neonazistische Nationale Front (NF), dann die Deutsche Alternative (DA) und die Nationale Offensive (NO). Ende 1994 traf es die Wiking Jugend. Diese Vereinigungen wurden aufgelöst, ihre Vermögen beschlagnahmt und eingezogen – was allerdings nicht allzuviel einbrachte, weil die betreffenden Vereinigungen durch öffentliche Verlautbarungen vorgewarnt waren. Im übrigen haben sich die Drahtzieher und Mitglieder in andere neonazistische Organisationen eingeklinkt bzw. haben neue Gruppen gegründet – so u. a. nachzulesen in diversen Verfassungsschutzberichten[69]. Dies zeigt, daß mit Verboten die eigentlichen Probleme keineswegs gelöst sind, sondern eigentlich erst beginnen: Denn Verbote sind lediglich Verdrängungsmaßnahmen und können die fatale Wirkung zeitigen, daß die anvisierten Kräfte, die ja nicht vom Erdboden verschwinden, in anderen Organisationen oder im Untergrund weiter agieren und auf diese Weise noch schlechter öffentlich kontrolliert und bekämpft werden können. Abgesehen von einer gewissen Verunsicherung der Szene drängt eine solche – eher symbolisch zu nennende – Verbotspolitik zwar die Betroffenen ins Abseits, ihr unseliger Geist wirkt aber weiter; sie verdrängt aber auch, und dies ist weit gefährlicher, die notwendige politische Auseinandersetzung mit Rechtsextremismus, Rassismus und Ausländerfeindlichkeit sowie mit der Tatsache, daß diese menschenverachtenden Ideologien bis weit hinein in die Mitte der Gesellschaft reichen.

Diese Einwände gelten selbstverständlich auch für das Verbot von Parteien nach Artikel 21 Absatz 2 Grundgesetz. Parteien sind danach »verfassungswidrig«, wenn sie »nach ihren Zielen oder nach dem Verhalten ihrer Anhänger darauf ausgehen, die freiheitliche demokratische Grundordnung zu beeinträchtigen oder zu beseitigen oder den Bestand der Bundesrepublik Deutschland zu gefährden«. Über die Verfassungswidrigkeit von Parteien entscheidet – wegen des Parteienprivilegs (Art. 21 GG) – das Bundesverfassungsgericht in relativ aufwendigen Verfahren.

Ein besonderes Problem stellt übrigens die Tatsache dar, daß sich die oben genannten Vereinigungen als Parteien verstehen; sind sie das tatsächlich, dann könnten sie nicht so einfach von der Bundesregierung nach Artikel 9 Absatz 2 GG verboten, sondern es müßten Verbotsverfahren vor dem Bundesverfassungsgericht eingeleitet werden. Zumindest die NF und die NO haben bereits für Parlamente bzw. Räte kandidiert, und auch die DA ist beim Bundeswahlleiter registriert. Das BVerwG hat die Parteieigenschaft inzwischen verneint (NJW 1993, 3213) und die Verbote für rechtmäßig erklärt, weil der ernsthafte

Wille dieser Organisationen, parlamentarische Arbeit zu betreiben, nicht erkennbar geworden sei.

Die verstärkten Forderungen nach Verboten von rechten Parteien beziehen sich hauptsächlich auf die neonazistische Freiheitliche deutsche Arbeiterpartei (FAP) und auch, zumindest in Wahlkampfzeiten, auf Die Republikaner. Im Falle der FAP, die nur wenige hundert Mitglieder zählt, haben Bundesregierung und Bundesrat 1993 einen Verbotsantrag gestellt – wegen der »verfassungswidrigen Agitation der Partei, die diese in aggressiv kämpferischer Weise betrieb«. Dies ist im übrigen – seit dem KPD-Urteil von 1956 – ein wichtiges, vom Bundesverfassungsgericht gefordertes Kriterium, um ein Parteiverbot zu rechtfertigen: »Eine Partei ist nicht schon dann verfassungswidrig, wenn sie die obersten Prinzipien einer freiheitlichen demokratischen Grundordnung nicht anerkennt; es muß vielmehr eine aktiv kämpferische, aggressive Haltung gegenüber der bestehenden Ordnung hinzukommen«, heißt es im KPD-Urteil.

Nun muß im Fall der FAP das Bundesverfassungsgericht über die Verfassungswidrigkeit entscheiden, was Jahre dauern kann (damals beim KPD-Verfahren hat es über 50 Verhandlungstage und fünf Jahre gedauert).[70] Der Verfassungsrechtler Horst Meier schreibt dazu: »Eine Regierung, die angesichts einer Kleinstpartei mit dem Verbot fuchtelt, gibt zu erkennen, daß sie sich nicht nur ein wohlfeiles antifaschistisches Alibi verschaffen will, sondern vor allem das rostige Schwert ›streitbare‹ Demokratie schärfen will – ist dieses doch vielseitig (insbesondere auch gegen links, d. Verf.) zu gebrauchen. Wir sind gespannt, ob in Karlsruhe ›extremistische‹ Mikroorganisationen künftig mit der Lupe erlegt werden – oder am Ende doch praktische Vernunft waltet.«

Alte Weisheit:
Der »starke Staat« steht rechts und richtet sich gegen links

Ich bin fest davon überzeugt, daß auch im Kampf gegen Rassismus, Fremdenfeindlichkeit und Antisemitismus die Fixierung auf staatliche Institutionen und Maßnahmen in die Irre führt. Eine solche Erwartung, wie sie auch in linken, antifaschistischen Kreisen immer wieder geäußert wird, halte ich für äußerst problematisch und zweischneidig. Der so früh verstorbene Strafverteidiger und Publizist Sebastian Cobler hatte immer wieder diese »Scheinheiligkeit und doppelbödige Moral« angeprangert, »mit der solche Justizkritik in der Regel vorgetragen wird: von Leuten nämlich, denen die Strafjustiz nur so lange ein Dorn im Auge ist, als sie damit rechnen müssen, selbst zu deren Opfern zu gehören, die ihrerseits jedoch nicht zögern, nach dem Kadi zu rufen oder sich als Staatsanwälte aufzuspielen, wo immer ihnen dies in das politische Konzept paßt.«[71] Und weiter: »Das gerade von der Linken in eigener Sache reklamierte Recht auf politisch unbeschränkte Kontroversen ist nicht teilbar. Die Strafjustiz wird sonst zum Selbstbedienungsladen, aus dem dann jeder seine Klientel versorgt.«[72]

Auch die Schaffung neuer Gesetze gegen neonazistische Umtriebe, wie etwa das umstrittene Gesetz gegen die »Auschwitz-Lüge«, lehnte Cobler als »rechtspolitischen Ablaßhandel« kategorisch ab (inzwischen ist ein solcher Tatbestand in das Beleidigungsstrafrecht integriert):

»Bereits die Absicht, mit Hilfe des Strafrechts und der Strafjustiz antisemitischen Anschauungen und Äußerungen begegnen zu wollen, ja: wirksam begegnen zu können, müßte gerade in Deutschland nachdenklich stimmen. Die Fixierung auf staatliche Institutionen und Interventionen im Kampf gegen Antisemitismus und Rassismus schlechthin ist nicht nur naiv oder vermessen; sie verweist auch auf jene spezifische Geschichtsblindheit, die eine radikale Aufarbeitung des Faschismus hierzulande verhindert hat.«[73]

Eine solche Konzeption der Funktionalisierung des politischen Strafrechts hätte in der Tat praktisch die Delegierung des historisch und gesellschaftspolitisch brisanten Problems Neofaschismus und Rassismus an Institutionen zur Folge, gegenüber denen doch eher historisch begründetes Mißtrauen angebracht ist.

Es hätte auch, um mit dem Verfassungsrechtler Ulrich K. Preuß zu sprechen, »die politische Konsequenz, daß die Abwehr unerwünschter politischer Entwicklungen nicht mehr als Aufgabe der politischen Aktivität des Volkes, sondern gleichsam als eine Verwaltungsaufgabe des Staates konzipiert ist – Staat und Verfassung (und Strafrecht; d. Verf.) sind die politischen Lebensversicherungen gegen unerwünschte politische Entwicklungen, wobei das System aber eine entscheidende offene Flanke hat: es macht nämlich das Volk wehrlos gegen den Staat und die ihn tragenden gesellschaftlichen Kräfte, die definieren, was erwünscht ist und was unerwünscht.«[74]

Die Erfahrung lehrt, daß eine solche Konzeption rasch und wieder zielsicher gegen links losgehen kann. Die »entlastende« Delegation des gesellschaftlichen Problems Neonazismus an den Staat kommt einer gesellschaftlichen Verdrängung gleich; sie behindert nicht nur eine radikale politische Auseinandersetzung und eine engagierte Gegenwehr durch die Bürger und Bürgerinnen selbst (im Sinne von Zivilcourage, nicht von antifaschistischer Bürgerwehr); sondern ich sehe auch die Gefahr, daß der Rechtsruck, den wir in der Gesellschaft verzeichnen müssen, auf staatlicher Ebene ergänzt, verstärkt und verfestigt wird: Denn der starke und autoritäre Staat mit seiner »law-and-order«-Ideologie steht seinerseits rechts und ist eine der größten Gefahren für die Demokratie eines Landes -- vor allem wenn es Deutschland heißt.

Anmerkungen

1 Dieser Beitrag ist die stark gekürzte und aktualisierte Fassung zweier Aufsätze aus: R. Gössner (Hrsg.): Mythos Sicherheit – Der hilflose Schrei nach dem starken Staat. Baden-Baden 1995.
2 Vgl. Die Tageszeitung vom 3.2.1993; sowie Frankfurter Rundschau vom 6.2.1993.
3 Vgl. Der Spiegel vom 28.12.92.
4 Vgl. O. Diederichs, in: Bürgerrechte & Polizei 44/1993, S. 6 ff.
5 Ebenda, S. 14.
6 Die Tageszeitung vom 26.8.1992.
7 Vgl. Die Tageszeitung vom 14.8.93; sowie Frankfurter Rundschau vom 19.8.93.
8 Vgl. J. Korell, in: Unbequem, September 1993, S. 36 f.
9 Die Zeit vom 20.5.1996.
10 Vgl. Die Tageszeitung vom 10.8.1994.
11 Frankfurter Rundschau vom 12.8.1993.
12 Vgl. Frankfurter Rundschau vom 12.8.1993.
13 H. G. Jaschke: Eine verunsicherte Institution. Die Polizei in der Auseinandersetzung mit Rechtsextremismus und Fremdenfeindlichkeit. In: W. Heitmeyer (Hrsg.): Das Gewalt-Dilemma. Frankfurt 1994, S. 305 ff., hier S. 314 f.
14 Vgl. dazu u. a. A. Funk: Rassismus: Kein Thema für die deutsche Polizei? Bürgerrechte & Polizei 44/1993, S. 34 ff.; Diederichs u. a. (Hrsg.): Hilfe Polizei – Fremdenfeindlichkeit bei Deutschlands Ordnungshütern. Berlin 1995.
15 Vgl. Bürgerrechte & Polizei 47/93, S. 35.
16 Vgl. Bürgerrechte & Polizei 47/94, S. 74.
17 Die Tageszeitung vom 23.11.1994.
18 Die Tageszeitung vom 15.11.1994.
19 Vgl. Bornewasser; Eckart: Polizei und Fremde – Belastungen und Gefährdungen von Polizeibeamtinnen und -beamten im alltäglichen Umgang mit Fremden. Projektabschlußbericht. Trier/ Münster 1995.
20 Ebenda, S. 146 f.
21 Ebenda.
22 B. Franzke: Polizei und Ausländer. Kriminalistik 10/1993, S. 615 ff.
23 A. Schuster, in: Gewerkschaft der Polizei (GdP): Polizei Dein Partner – GdP gegen Ausländerfeindlichkeit. Hilden 1994, S. 22.
24 Funk, 1993, S. 34 ff. (s. Anm. 14).
25 Vgl. Die Woche vom 28.7.1994.
26 Vgl. Der Spiegel, (1994) 36, S. 36.
27 Vgl. Gössner (Hrsg.), 1995, S. 104 ff. (s. Anm. 1).
28 BGHSt 31, S. 242. Vgl. auch Der Spiegel vom 4.1.1993.
29 Vgl. Der Spiegel, (1993) 1, S. 38 ff.
30 OLG Düsseldorf, Beschl. v. 18.10.93, NStZ 1994, S. 86 f.; vgl. auch VS-Bericht (Bund) von 1993; BGH NJW 1992, S. 1510.
31 So ähnlich Sachsens Generalstaatsanwalt Jörg Schwalm, in: Die Tageszeitung vom 8.10.1992, S. 12.
32 Vgl. B. Wagner (Hrsg.): Handbuch Rechtsextremismus. Reinbek 1994; W. Benz (Hrsg.): Rechtsextremismus in Deutschland. Frankfurt a. M. 1994; Die Tageszeitung vom 24.6.1993, S. 12.
33 Vgl. Frankfurter Rundschau vom 30.6.1993.
34 Vgl. Verfassungsschutz-Bericht des Bundes 1993; Die Zeit vom 10.12.1993.
35 Die Woche vom 28.7.1994.
36 Vgl. H. Hannover: Terroristenprozesse. Hamburg 1991, S. 200 ff.; R. Gössner: Das Anti-Terror-System. Politische Justiz im präventiven Sicherheitsstaat. Hamburg 1991, S. 117 ff. und 179ff.
37 Vgl. Gössner, 1991 (s. Anm. 36).
38 Vgl. J. Trittin: Gefahr aus der Mitte. Die Republik rutscht nach rechts. Göttingen 1994.

39 M. Frommel: Fremdenfeindliche Gewalt, Polizei und Strafjustiz. Kritische Justiz 3/1994, S. 342.
40 H. M. Enzensberger: Die große Wanderung. Berlin 1992, S. 72.
41 Vgl. etwa zur Auslegung des Pamphlets »Der Asylbetrüger«, BayOblG, Beschl. v. 31.1.94, in: NStZ 1994, S. 286 ff.; weitere Beispiele bei H. Prantl: Deutschland leicht entflammbar. Ermittlungen gegen die Bonner Politik. München 1994, S. 47 ff.; Deckert-Urteil des Mannheimer Landgerichts vom 22.6.94. Betrifft Justiz 39/94, S. 327 ff.
42 Sogenannte Auschwitz-Lüge; vgl. dazu: T. Bastian: Auschwitz und die »Auschwitz-Lüge«. München 1994; Der Spiegel, »Auschwitz-Lüge« – Wahrheit oder Fälschung vor Gericht (Dokument 3), Hamburg 1994.
43 Vgl. zu diesen Deliktsbereichen: Frommel, 1994, S. 334 ff. m.w.N. (s. Anm. 39); U. Boysen, in: ötv in der Rechtspflege 53, S. 5 ff.; ders.: Rechtsradikalismus heute – eine Wanderung in vermintem Gebiet. Betrifft Justiz 38/94, S. 283 ff. (288ff.).
44 Vgl. Der Spiegel 52/1992, S. 41 ff. Ausnahme: OLG Hamburg, NStZ 1981, 393; vgl. auch H. Oberländer: Wie die Justiz mit Neonazis umgeht. In: Un-Heil über Deutschland. stern-Buch, Hamburg 1993, S. 174 ff., hier S. 181 f.
45 Vgl. dazu Gössner, 1991, S. 146 ff. (s. Anm. 36).
46 R. Gössner, in: ID-Archiv, Schwarze Texte, Amsterdam/Berlin 1989, S. 166 ff.
47 ai-Jahresbericht 1981, Frankfurt 1991, S. 373.
48 D. Frehsee: Zu den Wechselwirkungen zwischen (Kriminal-) Politik und Gewalttaten Jugendlicher vor rechtsextremistischem Hintergrund. In: Strafverteidigervereinigungen (Hrsg.): Rechtsstaatliche Antworten auf neue Kriminalitätsformen. 17. Strafverteidigungstag 1993 in München. Köln 1993, S. 157 ff., hier S. 157.
49 Vgl. Die Tageszeitung vom 25.11.1992.
50 Vgl. Frommel, 1994, S. 326 (s. Anm. 39).
51 Vgl. Frankfurter Rundschau vom 21.12.92.
52 Vgl. Der Spiegel 47/92, S. 87.
53 Vgl. Der Spiegel, (1992) 19, S. 132 ff.
54 Zit. nach Frommel, 1994, S. 338 (s. Anm. 39).
55 Ebenda.
56 So auch in dem Verfahren, in dem sich zwei Jugendliche verantworten mußten, weil sie drei Brandsätze auf eine von über 50 Flüchtlingen bewohnte Barracke geschleudert hatten; vgl. Oberländer, 1993, S. 178 (s. Anm. 44). Strafmaß: drei Jahre und neun Monate sowie drei Jahre Jugendstrafe wegen versuchter schwerer Brandstiftung.
57 Vgl. Hannover, 1991, S. 200 f. (s. Anm. 36) und Gössner, 1991 (s. Anm. 36).
58 Vgl. Die Tageszeitung vom 2.1.1993.
59 Dazu ausführlich: Das Verfahren vor dem OLG Schleswig über die Anschläge in Mölln im November 1992. Dokumente und Eindrücke. Hrsg. von der Landeszentrale für politische Bildung Schleswig-Holstein (Gegenwartsfragen), Kiel 1994.
60 Plädoyer des Nebenklägers Ströbele vom 16.11.1993, abgedruckt in: ebenda, S. 111 ff.
61 Vgl. Zusammenstellung in Verfassungsschutzbericht des Bundes 1993, S. 15 ff.
62 Zit. nach Frommel, 1994, S. 341 (s. Anm. 39).
63 Vgl. Oberländer 1993, S. 175 f. (s. Anm. 44); Der Spiegel (1992) 47, S. 87 f.
64 Vgl. Verfassungsschutzbericht 1993, S. 16 ff. (Manuskriptfassung).
65 Die Tageszeitung vom 15.10.1992, S. 12.
66 Vgl. O. Backes: Die Strafjustiz im Dilemma. In: W. Heitmeyer (Hrsg.): Das Gewalt-Dilemma. Frankfurt a.M. 1994, S. 366 ff.
67 Frankfurter Allgemeine Zeitung vom 7.9.1993.
68 Dazu eingehend: H. Meier: Parteiverbote und demokratische Republik. Zur Interpretation und Kritik von Art. 21 Abs. 2 des Grundgesetzes. Baden-Baden 1993.
69 Vgl. Der Spiegel 29/1993, S. 34 f.; Der Spiegel 14/1994, S. 53 ff.
70 Vgl. dazu R. Gössner: Die vergessenen Justizopfer des Kalten Krieges. Hamburg 1994, S. 104 ff.
71 S. Cobler, in: Kursbuch 60, S. 97.

72 S. Cobler, in: Kritische Justiz 2/85, S. 169.
73 Ebenda.
74 U. K. Preuß, in: Brüggemann u. a.: Über den Mangel an politischer Kultur in Deutschland. Berlin 1978, S. 42 f.

Dietrich Heither/Gerhard Schäfer

Studentenverbindungen zwischen Konservatismus und Rechtsextremismus

Gegen das durch die Fernsehberichterstattung erzeugte Bild vom geistig unzurechnungsfähigen, dumpfen und gewalttätigen rechtsextremistischen Einzeltäter hat sich die wissenschaftlich ausgerichtete Literatur zum Thema »Rechtsextremismus« in den neunziger Jahren verstärkt mit den auf Wissenschaftlichkeit und Intellektualität ausgerichteten Bemühungen einer sich selbst »Neue Rechte« titulierenden rechtsextremen Strömung befaßt. Das Anliegen dieser teilweise sehr heterogenen Strömung besteht darin, durch die Ausarbeitung und Verbreitung »konservativ-revolutionärer« Theorieelemente und die Reaktivierung des völkischen, rassenbiologisch determinierten Nationalismus[1] liberale Elemente im etablierten Konservatismus zu kritisieren und diesen im Prozeß der kritischen Überwindung gleichsam nach rechts zu verschieben. Unübersehbar ist der Rückbezug auf Theoriefragmente aus Arbeiten von Vertretern der »Konservativen Revolution«, die in den zwanziger Jahren dazu beigetragen haben, dem Nationalsozialismus ideologisch den Weg zu bereiten, indem sie an der geistigen Zerstörung der Weimarer Demokratie und ihres Verfassungsstaates mitwirkten.[2]

Der Verwirklichung dieser Ziele dient ein Netzwerk von sich um Wissenschaftlichkeit bemühenden Zeitungen, Zeitschriften, Verlagen, Stiftungen, Tagungs- und Seminarstrukturen, das effektiv nur agieren kann, wenn inhaltliche, strukturelle sowie personelle Berührungspunkte zum Konservatismus bestehen und eine »Grauzone« diese Übergänge flexibilisiert und zugleich verschleiert.[3] Dieter Stein, Chefredakteur der *Jungen Freiheit*, formulierte das neurechte Ansinnen 1992 mit folgenden Worten: »(...) das Zentrum (der rechten Bewegung, d. Verf.) (kann) nicht eine Partei sein, sondern ein vielfältiges politisches, kulturelles und publizistisches ›Kapillarsystem‹, (...) durch das konservative Vorstellungen in breitere Schichten sickern.«[4]

Obwohl der Erfolg dieser Strategie, verglichen mit der Weimarer Republik, mit Recht bezweifelt werden darf, haben sich die Gewichte und Trends im öffentlichen politischen Diskurs deutlich verschoben. Immerhin wird in einer Veröffentlichung jüngeren Datums darauf verwiesen, daß Argumentationen der neurechten Theoretiker bis weit in die bürgerliche Mitte, in deren Parteien und Medien hinein, wenn nicht Billigung und Zustimmung, so doch zumindest Duldung erfahren.[5] Schon 1992 diagnostizierte der Chef des Hamburger Verfassungsschutzes, Ernst Uhrlau, auch mit Blick auf Burschenschaften den gefährlichen Versuch, »rechte Positionen zu intellektualisieren«.[6] 1995 schließlich formulierte der damalige nordrhein-westfälische Innenminister Herbert Schnoor die weitergehende Einschätzung, der »intellektuelle Rechtsextremismus« sei für die Demokratie gefährlicher als die rechtsextremistischen Gruppen alter Prägung.[7]

Die studentischen Verbindungen (Korporationen) sind bislang von der sich mit dem gegenwärtigen Rechtsextremismus beschäftigenden Forschung kaum systematisch berücksichtigt worden.[8] Dabei bilden die auf dem Lebensbundprinzip basierenden Zusammenschlüsse von Studenten (Aktive) sowie den das Studium bereits absolviert habenden Alten Herren, die vielfach Schlüsselstellungen mit Meinungsmultiplikatorenfunktion in Staat, Wirtschaft und Gesellschaft besitzen, der Potenz nach ideale Knotenpunkte im neurechten »Netzwerk«. Als Zusammenschlüsse von Studenten und Hochschulabsolventen erscheinen sie für die anvisierte Intellektualisierung prädestiniert.

Der Blick auf die Geschichte der Studentenverbindungen[9] zeigt zudem, daß diesen bezüglich der ideologischen Vorbereitung der nationalsozialistischen Machtergreifung an den Hochschulen eine maßgebliche Rolle zufiel: die Ablehnung der Republik und ihrer politischen Ordnung – deutlich sichtbar durch die Teilnahme am Kapp-Putsch (1920) oder im »preußischen Verfassungskonflikt« –, völkischer Nationalismus, rassistisch begründeter Antisemitismus, Agitationen gegen den Young-Plan und die »Kriegsschuld-Lüge« zeugten – bei allen organisatorischen Differenzen zum Nationalsozialistischen Deutschen Studentenbund (NSDStB) und bei aller notwendigen Differenzierung bezüglich der einzelnen Korporationsverbände[10] – von einer insgesamt doch weitreichenden Übereinstimmung mit den politischen Zielvorstellungen der Nationalsozialisten. Nach 1945 – zunächst waren die Aktivitäten der Verbindungen durch Verbote im Osten wie im Westen eingeschränkt – galten Studentenverbindungen, besonders die schlagenden Verbände, bei einer kritischen Öffentlichkeit als Horte Ewiggestriger.[11] Apologetische Geschichtsbetrachtungen, vielfach auch mit Verdrängungs- und Verleugnungsprozessen einhergehend, sowie ein anachronistisch gewordenes, da dem feudalistischen Obrigkeitsstaat entstammendes Brauchtum und einer modernen Gesellschaft widersprechende Organisationsprinzipien – zuvorderst der Ausschluß von Frauen – gaben die Basis ab für ein Gesellschafts- und Politikverständnis, das die Grenzen zum Konservatismus vielfach hinter sich ließ und zum Teil noch heute hinter sich läßt.[12]

Die bedeutendsten Korporationsverbände – eine Übersicht

Für den Laien ist die vielfältige Verbindungsszenerie kaum durchschaubar. Die meisten der gut eintausend Korporationen haben sich in einem der gut fünfundzwanzig Dachverbände organisiert. Diese Dachverbände unterscheiden sich nicht nur nach internen Organisationsprinzipien (schlagend, farbentragend, Konfessionsnähe etc.), sondern auch in ihren weltanschaulichen und politischen Ausrichtungen. Die Verbindungen pauschal als rechtsextrem zu etikettieren, ist sachlich falsch und politisch problematisch. Einige von ihnen müssen bezüglich ihres Weltbildes und ihres politischen Verständnisses als »rechtsextrem« bezeichnet werden, andere bewegen sich in der Grauzone zwischen Rechtsextremismus und Konservatismus; der größte Teil allerdings dürfte eher traditionell konservative Einstellungen vertreten. Dies festzustellen bedeutet nicht, auf Kritik am männerbündischen Gehabe, an antidemokratischen Seilschaften oder an anachronistisch gewordenen Formen studentischen Brauchtums zu verzichten.

Der folgende Überblick über die Verbindungslandschaft soll die wichtigsten Verbände kurz portraitieren.

Die Deutsche Burschenschaft (DB)[13], die sich auf Traditionen der Urburschenschaft (seit 1815) beruft, ist der wohl prominenteste Dachverband studentischer Verbindungen. Ihr und ihren Mitgliedsbünden werden immer wieder Betätigungen im Umfeld des Rechtsextremismus nachgewiesen: Seminare mit rechtskonservativ bis rechtsextremen Referenten zu Themen wie »Umerziehung durch Charakterwäsche« oder »40 Jahre bedingungslose Kapitulation – die deutsche Niederlage und ihre Auswirkungen bis heute«, Aktionstage zur Freilassung von Rudolf Heß, Veranstaltungen mit rechtsextremen Propagandisten wie Frank Rennicke, Pierre Krebs oder Hans-Dietrich Sander oder Flugblätter, in denen für das *Heidelberger Manifest* geworben oder Rechtsterroristen wie Leo Albert Schlageter als Vorbild für die deutsche Jugend gepriesen werden, müssen als Indikatoren für eine doch relativ stabile Verankerung im rechtsextremen Netzwerk gewertet werden. Weitere Hinweise bestätigen eine solche Bewertung: Burschenschafter waren sowohl bei der Gründung des rechtsextremen Rings Freiheitlicher Studenten (RFS) führend beteiligt als auch bei der Konstituierung des Republikanischen Hochschulverbandes (RHV), der Hochschulorganisation der Republikaner. Zudem gilt es auf enge Kontakte zwischen Burschenschaften und der rechtsextremen Zeitschrift *Junge Freiheit* zu verweisen. Mehrere Autoren des Blattes sind Burschenschafter; Burschenschaften waren zudem am Ausbau des universitären Verteilungssystems der Zeitschrift beteiligt, inserieren dort regelmäßig und stellen den Leserkreisen des Blattes ihre Häuser zur Verfügung.

Burschenschaftliche Aktivitäten im braunen Dunstkreis werden von einem Politikverständnis und Weltbild begünstigt, das der Marburger Politikwissenschaftler Frank Deppe als »auf extreme Weise demokratie- und verfassungsfeindlich« charakterisiert hat.[14] Auf der Basis des völkischen Politikverständnisses[15] (im Burschenschaftsjargon: »volks(tums)bezogener Vaterlandsbegriff«) – im verbandsoffiziellen *Handbuch der Deutschen Burschenschaft* wird das Volk zuvorderst als »Abstammungsgemeinschaft« und »natürlicher Zusammenschluß« interpretiert[16]; der staatsbezogene Vaterlandsbegriff wird dagegen explizit abgelehnt –, werden in programmatischen Schriften, in der Verbandszeitschrift *Burschenschaftliche Blätter* oder in Schriftenreihen von Burschenschaften nationale Identität bzw. Nationalbewußtsein gefordert, der Relativierung der Kriegsverbrechen zugunsten der Deutschen das Wort geredet und – auf der Basis ethnopluralistischer Theoriekonstrukte – die »Überfremdungsgefahr« beschworen.

Dieses Politikverständnis ist ursächlich dafür, daß Österreicher als Volksdeutsche angesehen, Österreich mithin als deutscher Staat betrachtet wird. Vor diesem Hintergrund wird auch verständlich, warum aus den Reihen der DB immer wieder die Forderung nach einem erneuten »Anschluß« Österreichs, Südtirols sowie weiterer Gebiete (die fünf neuen Bundesländer zählen aus dieser Sicht zu »Mitteldeutschland«) erhoben wird.[17] Die völkische Ideologie zieht innerverbandlich praktische Konsequenzen nach sich: zwei Kieler Burschenschaften nahmen 1993 explizit keine Ausländer als Mitglieder auf, ebenso eine Leipziger Burschenschaft, und in Göttingen zeigte eine Umfrage unter Verbindungsstudenten ein erschreckendes Maß an dumpfer Ausländerfeindlichkeit.[18]

Als organisierendes Zentrum der rechtsextremen Aktivitäten innerhalb der DB fungieren vor allem die etwa vierzig zur Burschenschaftlichen Gemeinschaft (BG) zusammengeschlossenen Burschenschaften. Vordringlichstes Ziel der 1961 gegründeten BG war es, die Aufnahme österreichischer Bünder im Gesamtverband durchzusetzen. Dieses Ziel wurde bereits zu Beginn der siebziger Jahre erreicht. Nachdem durch Satzungsänderung das völkische Politikverständnis im Oktober 1971 etabliert werden konnte, wurden österreichische Burschenschaften[19] – die auch aus korporierter Sicht als »Hardliner« gelten (nicht zufällig fungiert die Zeitschrift *Aula* gleichsam als Verbandszeitschrift einiger österreichischen Burschenschaften)[20] – in der Folgezeit in die DB aufgenommen. Diese Eintritte wiederum stärkten das Gewicht der völkischen Strömung. Die BG veranstaltet Seminare, unterhält eine eigene Schriftenreihe, die ihre Nähe zu rechtsextremen Positionen und die Einbindung ins rechtsextreme Netzwerk eindrucksvoll ausweist[21], BG-Burschenschaften prägen die Verbandsdiskussionen, ihre Wortführer zeichnen für die Grundsatzartikel im Handbuch der DB verantwortlich. Von diesen Burschenschaften geht in den letzten Jahren der Versuch einer Intellektualisierung der rechtsextremen Szene aus.

Ihrem Selbstverständnis nach liberaler ausgerichtete Burschenschaften gerieten parallel zum Terraingewinn der BG ins verbandspolitische Abseits. Einige Burschenschaften, darunter die traditionsreiche Burschenschaft Arminia Marburg, zogen hieraus Konsequenzen, traten »wegen rechtsextremer Tendenzen in der Deutschen Burschenschaft«[22] aus dem Verband aus und riefen zur Gründung eines neuen Dachverbandes auf. Tatsächlich konstituierte sich am 13. Januar 1996 mit der **Neuen Deutschen Burschenschaft** (NDB) eine Konkurrenzorganisation zur DB. Der alte Verband wird indes, erst recht nach dem Auszug der »Liberalen«, auch zukünftig voraussichtlich eng mit dem rechtsextremen Milieu verknüpft sein.

Der **Coburger Convent** (CC), der Zusammenschluß von über einhundert schlagenden Turner- und Landsmannschaften, geriet in den neunziger Jahren mehrfach negativ in die Schlagzeilen, sind doch auch in diesem Verband Deutschtümelei und nationales Getöse an der Tagesordnung. Auseinandersetzungen gab es in den achtziger und neunziger Jahren vielfach anläßlich der jährlich stattfindenden Verbandstreffen in Coburg. 1993 schlugen hier die Wellen besonders hoch: Während beim Marktfrühschoppen ein betrunkener Korporationsstudent über die Lautsprecheranlage seine Solidarität mit den Brandstiftern von Solingen bekundet haben soll, hielt am Ehrenmal des CC das Mitglied der präsidierenden Landsmannschaft Mecklenburgia-Rostock, Professor Dieter Wiebecke, die verbandsoffizielle Gedenkrede, in der er den »ethischen Wert und die beispiellose Hingabe und Opferbereitschaft« von Hitlers Wehrmacht lobte und diese von jeglicher Schuld und Verantwortung an den NS-Verbrechen freisprach. »Wie glücklich«, so Wiebecke, »könnten sich unsere Regierenden und wir uns schätzen, wenn der heutigen Generation nur ein bißchen von dem Idealismus geblieben wäre.« Die auch innerverbandlich umstrittene Rede – ein Mitglied der Landsmannschaft Hasso Borussia schrieb in einem Leserbrief an die *Coburger Neue Presse*: »Es gibt leider auch in unserem Verband immer ewig Gestrige und viele meiner Bundesbrüder sehen mit mir gemeinsam dieses Treiben in Coburg mit teilweise großer Skepsis« – stieß bei zahlreichen Coburger Politikern auf harsche Kritik. Oberbürgermeister Kastner bezeichnete sie als »schlicht skandalös«, das Stadtratsmitglied der FDP, Hans H. Eidt sprach von einer »öffentlichen Manifestation rechtsradikalen Ungeistes«, die Grünen forderten den Stadtrat auf, darüber nachzudenken, »ob die Stadt Coburg sich weiterhin wie jedes Jahr für eine solche Heerschar von Ignoranz und Dummdreistigkeit, von Nationalismus und Deutschtümelei als willfähriges Forum zur Schau stellen will«.[23] Tatsächlich geht die Verankerung des völkischen Denkens bereits aus der örtlichen Herkunft der Mitgliedsbünder hervor: Auch im Coburger Convent der Landsmannschaften und Turnerschaften an *deutschen* (Hervorh. von den Verf.) Hochschulen – so die offizielle Bezeichnung – sind österreichische Bünder Mitglied.[24]

Nach wie vor völkisch ausgerichtet ist auch der **Verband der Vereine Deutscher Studenten** (VVDSt).[25] Diskreditiert durch seine Geschichte – die ersten Vereine Deutscher Studenten gründeten sich im Zuge der antisemitischen Petitionsbewegung bzw. des Berliner Antisemitismusstreits um 1880; in der Folgezeit transformierten sie die religiös und kulturell begründete Judenfeindschaft zum rassisch begründeten Antisemitismus, den sie mit großem Eifer und Sendungsbewußtsein in die Studentenschaften trugen; lange vor 1933 propagierten die Verbandsmitglieder den »nationalen Sozialismus« auf der Basis einer homogen-deutschen »Volksgemeinschaft«, schlossen bekennende Republikaner aus dem Verband aus und huldigten den an der Zerstörung der Republik beteiligten Kräften –, spielt der Verein heute eher eine Außenseiterrolle im Spektrum der Korporationsverbände. Die Aufarbeitung der Verbandsgeschichte zeugt von einer unkritischen Betrachtung, die stellenweise in Apologie umschlägt. Völkische Ideologie – auch im VDSt werden Österreicher dem deutschen Volk subsumiert – und »Volkstumsarbeit« zählen noch heute zu Schwerpunkten des nach Gauverbänden gegliederten Verbandes. Deshalb ist es auch kein Zufall, daß in der Vergangenheit zahlreiche Funktionäre des VDA – Verein für das Deutschtum im Ausland aus den VDSt-Verbindungen rekrutiert wurden (z.B. Friedrich-Carl Badendieck). Gemeinsam mit ausgesprochen rechts orientierten Unionspolitikern (Horst Waffenschmidt, Wilfried Böhm, Hartmut Koschyk u.a.) werden die Verbindungen zum »Auslandsdeutschtum« in aller Welt (Chile, Rußland u.a.) gepflegt; auf der Grundlage des völkischen Politikverständnisses arbeiten VDSter gemeinsam mit anderen Verbindungsmitgliedern bspw. im Verwaltungsrat des VDA (Wilfried Böhm (ATB), Eberhard Diepgen (DB)).[26]

Im Kontext neurechter Bestrebungen wird immer wieder auch auf Aktivitäten der **Deutschen Gildenschaft** (DG) verwiesen.[27] Die DG entstand nach dem Ersten Weltkrieg aus der bündischen Jugendbewegung heraus; in ihr fanden sich Offiziers- und Akademiker-Wandervögel auf völkischer und wehrhafter Grundlage zusammen. Nach dem Zusammenschluß der DG mit den verwandten Organisationen in Österreich und Böhmen zur Großdeutschen Gildenschaft (1923), umfaßte diese Organisation am Ende der Weimarer Republik etwa dreißig Hochschulgilden, in denen schon damals führende Nationalsozialisten tätig waren (z.B. Ernst Anrich). Doch selbst ihre »Mischung aus völkischer Gesinnung, soldatischer Haltung und jugendbewegtem Bekenntnisdrang« (Kellershohn) schützte nicht vor den Subordinationsansprüchen der faschistischen Gleichschaltungspolitik, die 1935 zur Auflösung führte. 1958 wurde die Deutsche Gildenschaft neu gegründet, deren modernisierte Konzeption in Gestalt der *Salzburger Erklärung* von 1992 aus einer Mischung von völkischen und geopolitischen (»Mitteleuropa«) Komponenten besteht. Einer geringen Mitgliederzahl (ca. 65 Aktive / 530 Alte Herren) steht eine nicht gering zu veranschlagende Breitenwirkung gegenüber. Die DG begreift sich als eine Elite, die bündischen Gemeinschaftsgeist und völkischen Nationalismus (die Einheit von Volk, Staat und Nation) mit politischen Ambitionen verknüpft. Der anvisierten Führungsrolle entspricht eine Vielzahl von Aktivitäten (theoretische Schulungen, Vortragsabende und Diskussionsveranstaltungen). Organisatorisch enge Zusammenhänge und personelle Verflechtungen bestehen zur Sudetendeutschen Landsmannschaft, zur Zeitschrift *Criticón* und zum Witikobund. Politisch bewege sich die DG, so Helmut Kellershohn, in einer »Grauzone zwischen dem deutschnationalen Flügel der Unionsparteien, den Vertriebenenparteien (50er/60er Jahre), der NPD (60er/70er Jahre), den Ansätzen zu einer ›Vierten Partei‹ in den 70er Jahren und den rechtskonservativen bis rechtsextremen Parteigründungen in jüngster Zeit.«[28] Mitglieder der DG hatten in der ehemals CDU-geführten hessischen Landesregierung zahlreiche einflußreiche Positionen inne; heute sind viele von ihnen im redaktionellen Umfeld der *Jungen Freiheit* anzutreffen.[29] Auch der Chefredakteur der Zeitschrift, Dieter Stein, war Mitglied einer Gildenschaft (Freiburger Gildenschaft Balmung). Mit Karlheinz Weißmann, Eckhard Hahn, Kurt Heißig und Hanns Klatz entstammen weitere Vordenker der Neuen Rechten einer Gildenschaft. Vor allem Weißmann hat in der von Rainer Zitelmann betreuten Ullstein-Taschenbuchreihe den »*Rückruf in die Geschichte*« mit einem Plädoyer für eine »gemeinsame Nationalgeschichte« der Deutschen unterstrichen. In seinem neuesten Werk über die Geschichte des Nationalsozialismus verknüpft Weißmann zudem Elemente der Totalitarismustheorie mit dem revisionistischen Ansatz Ernst Noltes; Noltes Thesen, im »Historikerstreit« der achtziger Jahre von zahlreichen Geschichtswissenschaftlern noch zurückgewiesen, finden Mitte der neunziger Jahre so schließlich Eingang in eine bislang renommierte Buchreihe.[30]

Während bei den bislang genannten Korporationsverbänden völkisch-nationalistische Einstellungen und Ideologeme selbst in programmatisch gehaltenen Schriften vielfach anzutreffen sind, repräsentieren die zum **Kösener Senioren Convents-Verband** (KSCV) und **Weinheimer Senioren Convent** (WSC) zusammengeschlossenen Corps in ihrer politisch-weltanschaulichen Ausrichtung stärker einen mit elitären Weihen versehenen Traditions-Konservatismus. Die Blütezeit der Corps liegt gut einhundert Jahre zurück. Brauchtum, Ehrenkanon und ein scheinbar unpolitisches Selbstverständnis – Politik galt als interessengerichtete Parteipolitik; als unpolitisch galt dagegen, wer wie die Corps national-konservativ auf Deutschtum und (später) Volksgemeinschaft hin ausgerichtet war – waren prägend für die Stützen des preußischen Wilhelminismus. Toleranz und parteipolitische Neutralität werden auch heute noch von den Corps propagiert, allerdings im Alltag doch recht unterschiedlich praktiziert. Während vor allem die naturwissenschaftlich-technisch ausgerichteten WSC-Corps der Kritik gegenüber ihrem Verband aufgeschlossen sind und die inhaltliche Auseinandersetzung mit Kritikern des Korporationsstudententums suchen, schotten sich vor allem die Alten Herren der im KSCV zusammengeschlossenen Corps gegenüber Kritik stärker ab.

Trotz eines innerverbandlich noch vielfach anzutreffenden problematischen Gemeinschaftsbegriffes und trotz des bis heute kolportierten, eingangs beschriebenen Politikverständnisses, kritisierten vor dem Hintergrund der zahlreichen rassistisch motivierten Übergriffe gegen ausländische Mitbürger in Deutschland einige Corpsstudenten nachhaltig Nationalismus und Fremdenfeindlichkeit in Deutschland, beteiligten sich an Lichterketten und anderen Aktivitäten und forderten unter Berufung auf das Toleranzprinzip in den Verbandszeitschriften die offene Abgrenzung gegenüber dem Rechtsextremismus. Wenngleich solchen Auffassungen innerverbandlich widersprochen wurde (in der Verbandszeitschrift *Der Corpsstudent* wehrten sich in Leserbriefen Korporierte gegen die »Überfremdung des eigenen Volkes« durch den »Zustrom fremder Völkerstämme«, forderten ein Ablegen des »Büßerhemdes«, lehnten »zwanghafte Schuldbekenntnisse« ab, denunzierten Begriffe wie Toleranz, Pluralismus und multikulturell als »verwaschen« und nicht maßgeblich für das corpsstudentische Selbstverständnis[31]), so scheint doch vor allem ein großer Teil der Aktiven nationalistisch-rechtsgerichtete Tendenzen aktiv bekämpfen zu wollen.

Dabei macht die aus ihren Reihen formulierte Kritik auch vor anderen Korporationsverbänden nicht halt. Vor allem den Bündern der Deutschen Burschenschaft werden rechtsextreme Betätigungen vorgeworfen. Ausgehend von der innerverbandlich verstärkt diskutierten Fragestellung, wie die Corps gegenüber der Öffentlichkeit die Differenzen zu den das Bild des Korporationsstudenten in Verruf bringenden Burschenschaften verdeutlichen können, wurden in den letzten Jahren die kritischen Töne immer stärker. Sie kulminierten in einem vom verantwortlichen Redakteur des *Corpsstudent*, Wolf Hepe, geschriebenen Artikel, in dem dieser fordert, »eindeutig Stellung (zu) beziehen und sich von Positionen (zu) distanzieren, die nicht nur im Sprachgebrauch linker Gruppierungen als rechtsextrem eingestuft werden«. Konsequenterweise sei daher, so Hepe, die »weitere Zusammenarbeit im Conventsverband Deutscher Akademikerverbände (...) notfalls aufzukündigen«.[32]

Wie bei den Corps, so regt sich auch bei den konfessionell orientierten Verbänden Kritik an rechtsextremen Tendenzen innerhalb der Deutschen Burschenschaft. So werden vom **Wingolfsbund** (protestantisch orientiert) und vom **Cartellverband der katholischen deutschen Studentenverbindungen** (CV), dem im Vergleich zum **Kartellverband katholischer deutscher Studentenverbindungen** (KV) und dem **Verband der wissenschaftlichen katholischen Studentenvereine Unitas** (UV) größten katholischen Korporationsverband, die Aktivitäten zahlreicher Burschenschaften zunehmend kritisch beobachtet. Anders als der CVer Raimund Neuß, der trotz kritischer Einwände – diese richten sich vor allem gegen die Burschenschaftliche Gemeinschaft – die überwiegende Mehrzahl der Burschenschafter vom Vorwurf rechtsextremer Tendenzen zu entlasten sucht[33], konstatiert der Chefredakteur der österreichischen CV-Zeitschrift *Academia*, Klaus Zellhofer, daß in der Deutschen Burschenschaft die intellektuellen Rechtsausleger mittlerweile den Ton angeben.[34]

Offensichtlich gehen also die katholischen Verbände, die politisch vor allem der CDU/CSU nahestehen – 28 Bundestagsabgeordnete der CDU/CSU-Fraktion sind Mitglied einer katholischen Korporation, 16 von diesen gehören dem CV an (offenkundig gilt nach wie vor das Theodor Heuß zugeschriebene, auf die Protektionsmechanismen katholischer CV-Verbindungen anspielende Wort: »In Bonn wird CuVall mit CV geschrieben«; eine Minderheit von 5600 Aktiven und 26.500 Alten Herren ist im 13. Deutschen Bundestag unverhältnismäßig stark repräsentiert)[35] – auf Distanz zur DB. Kritisch ist gleichzeitig allerdings anzumerken, daß parlamentarische Anfragen zur Deutschen Burschenschaft von Regierungsseite bislang nur abschlägig beantwortet worden sind. Hier scheint das verbandsübergreifende Korporationsinteresse nach wie vor zu dominieren: mit Manfred Kanther (KSCV), Klaus Kinkel (CV), Jürgen Rüttgers (CV), Matthias Wissmann (CV), Klaus Töpfer (KV) und Edzard Schmidt-Jorzig (KSCV) sind schließlich derzeit sechs Bundesminister korporiert.

Formen interkorporativer Zusammenarbeit

So wichtig es ist, zwischen den einzelnen Korporationen zu differenzieren: Unterschiede beginnen dort zu verschwinden, wo sich die einzelnen Organisationen gemeinsam in Dachverbänden für honorig erklären, zusammen hochschulpolitische Aktionsprogramme formulieren und ihre politischen wie sonstigen Interessen vor Ort koordinieren – kurz: wo korporierte Gemeinsamkeiten bestehende Divergenzen überlagern. Ein solches verbandsübergreifendes Korporationsinteresse, das die Gemeinsamkeit der Korporationsanliegen gegenüber der politischen Abgrenzung favorisiert, schlägt sich in einer Vielzahl verschiedener Formen interkorporativer Zuammenarbeit nieder, von denen die wichtigsten kurz skizziert werden sollen.

Die Altherrenverbände der einzelnen Korporationsverbände gründeten bereits 1950 mit dem **Convent Deutscher Akademikerverbände** (CDA) einen interkorporierten Dachverband, dem heute – mit Ausnahme der katholischen Verbände – nahezu alle großen Altherrenverbände angehören. Nur ein Jahr später konstituierte sich mit dem **Convent Deutscher Korporationsverbände** (CDK) das entsprechende Pendant der Aktiven. Beide Zusammenschlüsse nehmen für sich in Anspruch, verbandsübergreifende Korporationsinteressen wirksam nach außen zu vertreten. In diesem Sinne meldeten sich CDA und CDK durch Denkschriften und Stellungnahmen vor allem zur Hochschulpolitik immer wieder zu Wort. Auch wurden vom CDA die Feierlichkeiten zur 175-Jahrfeier des Wartburgfestes (1992) ausgerichtet. Als zentrales Medium von CDK und CDA fungierte dabei bis in die 90er Jahre hinein die mittlerweile eingestellte interkorporative Zeitschrift *Der Convent*. Langjähriger Herausgeber der Zeitschrift war Herbert Kessler, Mitglied des Weinheimer Senioren-Convents (WSC).

Kessler hatte am 5. April 1945, also unmittelbar vor Kriegsende, sein juristisches Promotionsverfahren abgeschlossen, dem eine Dissertation über den Zustand und die Perspektiven der faschistischen Studentenschaft zugrunde lag. Es handelt sich bei dieser Arbeit um ein Plädoyer für die nationalsozialistische Studentenpolitik – sie hätte wenige Wochen später den Anforderungen einer Promotion wohl kaum mehr entsprochen. Daß Kessler so lange den *Convent* herausgeben konnte, wirft ein bedenkliches Licht auf den Zustand des Nachkriegskorporationswesens.[36]

In den achtziger Jahren wurden verstärkt die katholischen Verbände in die Phalanx der Korporationen eingebunden. Sie unterzeichneten am 23. Februar 1980 mit den CDK-Korporationen ein gemeinsames Aktionsprogramm (*Bonner Papier*) zu dem Zweck, gemeinsame Anliegen zu vertreten und die Zusammenarbeit abzustimmen und zu verstärken. Der Konkretisierung dieses Abkommens dient eine im November 1987 getroffene Vereinbarung, die unter anderem jährlich stattfindende Verbändegespräche festschreibt.

Der überregionalen Struktur entsprechen regionale Zusammenschlüsse, sogenannte Korporationsringe, die die gemeinsame Arbeit vor Ort organisieren sollen. Hierzu zählen gemeinsam verfaßte Werbebroschüren und Presseerklärungen, Werbestände bei Universitätsveranstaltungen, Mitgliederwerbeaktionen (»Keilbörsen«), Markt- oder Frühschoppen, Kommerse und Bälle, die Teilnahme an besonderen Feierlichkeiten der Hochschule, Erstsemesterarbeit, die Herausgabe einer örtlichen Korporationszeitschrift sowie das Aufstellen einer gemeinsamen korporierten Liste bei Kandidaturen für die Organe der Verfaßten Studentenschaft.[37]

Die interkorporative Zusammenarbeit schlug sich auch in der Gründung und/oder Mitgliedschaft einer Vielzahl von Organisationen nieder. CDA/CDK angegliedert oder mit diesen mehr oder weniger eng verwoben sind die Arbeitsgemeinschaft Akademischer Verbände, die Humboldt-Gesellschaft, die Gesellschaft für Hochschulkunde mit dem Institut für Hochschulkunde, die Gemeinschaft für deutsche Studentengeschichte (Zeitschrift: *Studentenkurier*) und der Verband für Studentenwohnheime.

Vor allem die Humboldt-Gesellschaft (aber auch die eng mit dieser verbundene Sokratische Gesellschaft) steht im Verdacht, als Forum zwischen Konservatismus und Rechtsextremismus bzw. als ideologiestiftender Teil der neuen Rechten zu fungieren.[38] In der 1962 gegründeten Gesellschaft – Vorsitzender ist der besagte ehemalige Convents-Herausgeber Kessler – versammeln sich laut Jürgen Lloyd u.a. »alte Faschisten, ›Jungkonservative‹ und Anhänger der ›Konservativen Revolution‹, aber auch diesem Spektrum nicht ohne weiteres zuzuordnende Wissenschaftler und Künstler«.[39] Sie bietet rechtsextremistischen Ideologien und Denkfiguren ein Forum und trägt dadurch zur Ideologiebildung der extremen Rechten bei.

»Verbindungen« zu rechtskonservativen Ideologieforen

Neben den originär korporativen Zusammenschlüssen und Foren gilt es auf zahlreiche Einrichtungen und Arbeitszusammenhänge zu verweisen, in denen Korporierte führend mitarbeiten und dazu beitragen, Grenzen zwischen Rechtsextremismus und Rechtskonservatismus zu verwischen.

Die Belege für einen um sich greifenden Rechtsdrift, in dem die politische Macht von Parteigruppierungen, Stiftungen, Verlagen, Zeitungen und geistigen Vordenkern zusammenläuft, häufen sich. Historisch ist in diesem Zusammenhang von Bedeutung, daß der intellektuelle Vorlauf der rechts-konservativen Bemühungen bereits in den siebziger Jahren beginnt – als Reaktion auf die Demokratisierungsbestrebungen der sozialliberalen Koalition in der Ära Brandt.[40] Mit der sogenannten »Wende« der Jahre 1982/83 erfuhren diese Denkströmungen, die Claus Leggewie mit seinen »Ausflügen in die Denkfabriken der Wende« 1987 portraitiert hat[41], eine weitere Aufwertung. Die Relativierung deutscher (Kriegs)-Verbrechen im »Historikerstreit« (1986) und die damit anvisierte »Rückkehr zur Normalität« war nicht End-, sondern vielmehr eher Ausgangspunkt seitdem nicht abklingender Bemühungen, nationale Identität zu beschwören und sukzessive den Gründungskonsens der Bundesrepublik infrage zu stellen. Schließlich folgten auf die mit der deutschen Vereinigung einhergehenden Welle zunehmenden Nationalismus ausländerfeindliche Mordjagden vieler Jugendlicher, deren Taten auf einem geistigen Nährboden gedeihen konnten, in dem konservative, nationalistisch-rassistische und z.T. faschistische Denkschichten durchmischt worden waren.

Betrachtet man das rechtskonservative Geistesspektrum im einzelnen, so fällt auf, daß im Zusammenhang mit der noch nicht abgeschlossenen ökonomisch-politischen und kulturell-geistigen Neugründung der Bundesrepublik durch gezielte Tabuverletzungen (Neubewertung der deutschen Nationalgeschichte / Wehrhaftigkeit als Basis des neuen Machtstaates) der Boden für die weitere systematische Verschiebung intellektueller Diskurse nach rechts bereitet werden soll. Wenn auch die Rede von der »geistigen Machtergreifung«[42] weit überzogen ist, so lassen sich doch die Indizien für neurechten Hegemoniegewinn nicht übersehen.

– Das Wirken des Ullstein-Lektors Rainer Zitelmann, der zudem vorübergehend zum Chef der *Geistigen Welt* bei der *Welt* in Hamburg avancierte, ist ein Indikator dieses Trends. In seiner Buchreihe bei Ullstein – an dem Verlag war auch Herbert Fleissner (Suevia Innsbruck) eigentumsrechtlich beteiligt[43] – publizierten Autoren wie der Berliner CDU-Rechtsaußen Heinrich Lummer, der österreichische FPÖ-Vorsitzende Jörg Haider (Burschenschaft Silvania Wien), der neurechte Vordenker Karlheinz Weißmann und der Hohenheimer Hochschullehrer Günter Rohrmoser[44]; sie stehen in engem Kontakt zu den Studentenverbindungen, sind z.T. selbst korporiert oder halten vor Verbindungsstudenten Vorträge.[45]
– Eine größere Breitenwirkung erzielt die bereits erwähnte völkisch-nationalistische Rechtspostille *Junge Freiheit*, die durch die verschiedenen, vielfach burschenschaftlich dominierten Leserkreise, die zahlreich in der Zeitung werbenden Verbindungen[46], aber auch durch die personellen Verzahnungen in der korporierten Szene[47] nicht nur in Hochschulstädten den »Brückenschlag« zwischen konservativem und rechtsextremem Milieu praktiziert. Verbindungen zu Vertriebenenverbänden, zu den Zeitschriften des Brückenspektrums *Mut* und *Criticón*, zum Teil aber auch zu ausgesprochen rechtsextremen Zeitschriften wie *Nation und Europa* sind genauso nachweisbar wie die parteipolitischen Präferenzen, die von kritischer Distanz zur CDU/CSU bis ins rechtsextreme Lager hineinreichen.[48]
– Auch in der einflußreichen Bundeszentrale für politische Bildung lassen sich Einflüsse des korporiert-konservativ-neurechten Netzwerkes nachweisen. Ihr Leiter, Günter Reichert, ehemaliger Vorsitzender der Deutschen Gildenschaft und späterer Büroleiter des CDU/CSU-Fraktionsvorsitzenden Alfred Dregger, dürfte einem Grundsatz der Gilde, »der Volks- und Staatsgemeinschaft [!] volkspolitisch vorgebildete, zum Einsatz in Staat, Politik, Wirtschaft und Kultur befähigte und bereite Hochschulabsolventen als

künftige Führungskräfte zur Verfügung zu stellen«[49], nach wie vor verpflichtet sein. Der gewachsene Einfluß neurechten Denkens auf der Bonner Bühne zeigte sich unlängst bei der Wochenzeitung *Das Parlament*. Das angesehene Periodikum bot zum Thema »Deutsche Streitpunkte«[50] mehreren Autoren, die über enge Kontakte zu den Vertriebenen-Verbänden verfügen und die nur kurze Zeit später die »Solidaritätskampagne Zitelmann« und den »*Berliner Appell*« unterzeichnen sollten, ein »staatliches Forum für Ultrarechte« zur Verbreitung deutsch-nationalen Gedankengutes.[51]
– Im schon genannten Studienzentrum Weikersheim fließen schließlich konservative sowie neu- und altrechte Geisteshaltungen zusammen. Rechtsorientierte Christdemokraten proben in der deutschnationalen Denkfabrik im Verein mit honorigen Persönlichkeiten aus Politik, Klerus und Militär die Zusammenarbeit mit rechtsextremen Ideologen. Zu den die Grenzen konservativen Denkens in Richtung Rechtsextremismus überschreitenden Teilnehmern zählen neben Wolfgang Strauß, Redaktionsmitglied der vom Verfassungsschutz beobachteten Zeitschrift *Nation und Europa*, und dem britischen Rechtsextremisten Michael Walker auch Hans-Ulrich Kopp, aktives Mitglied im Jungen Weikersheim – laut *Stern* ein »Auffangbecken für rechtsradikalen Nachwuchs« –, Altherrenvorsitzender der stramm-rechten Münchner Burschenschaft Danubia und langjähriges Redaktionsmitglied der *Jungen Freiheit*, der zudem über gute Kontakte zu den Vertriebenen-Verbänden und zum Witiko-Bund verfügt.[52] Als Neonazis im Mailbox-System Thule-Netz 1995 zur Teilnahme am Maikongreß des Studienzentrums auf Schloß Hambach aufriefen, wurde der baden-württembergische SPD-Geschäftsführer Gerd Weimer aktiv, um die Verwendung der Landes- und Bundeszuschüsse – seit 1988 mehr als 450.000 DM – überprüfen zu lassen. Dabei hätten politische Beobachter schon früher auf das Studienzentrum aufmerksam werden können. Schließlich saß mit Rolf Schlierer bis 1989 ein politisch nicht ganz Unbekannter in der Geschäftsführung der Stiftung. Seine Karriere verdeutlicht prismenartig organisatorische wie ideologische Brückenschläge zwischen Konservatismus und Rechtsextremismus. So war Schlierer, bevor er 1994 zum Bundesvorsitzenden der Republikaner avancierte, Sprecher der Burschenschaft Germania Gießen (1974), Vorsitzender im Hochschulpolitischen Ausschuß der DB (1975), Beisitzer im Hauptausschuß der Deutschen Burschenschaft (1975–1977), Pressereferent der DB (1982–1984), Geschäftsführer des Studienzentrums Weikersheim sowie Fraktionsvorsitzender der Republikaner im Baden-Württembergischen Landtag.

Professoren und Studenten

Nach den Ergebnissen einer Recherche des *Stern* Anfang 1996 publizieren mehr als fünfzig deutsche Hochschullehrer für rechtsextreme Zeitschriften, verbreiten dort ewiggestriges Gedankengut wie beispielsweise die Leugnung der deutschen Kriegsschuld und bewegen sich dabei zum Teil in merkwürdigen Psycho- und Politsekten wie der im Umfeld der als rechtsextrem eingeschätzten Mun-Sekte angesiedelten »Professor World Peace Academy« (PWPA). Diese »rechten Professoren« können ihre Thesen ungestört vertreten; sie sind »meist unbehelligt von ihren obersten Dienstherren, den Wissenschafts- und Kultusministerien der Länder«[53], wie die *Stern*-Autoren feststellen mußten.

Mehrere der in diesem Artikel genannten Hochschullehrer entstammen der korporierten Szene oder sind seit längerem gern gesehene Redner bei verschiedenen Verbindungen. Der Vechtaer Soziologe Robert Hepp konnte seine biologistisch-rassistischen Thesen vor Verbindungsstudenten genauso vertreten wie Hans-Helmuth Knütter (Bonn) seine gegen die auf antifaschistische Aktivitäten gerichtete »Faschismus-Keule«, eine – unter wissenschaftlichen Gesichtspunkten betrachtet – nur notdürftig verhüllte Auftrags- und Propagandaschrift, die vom Chef-Lektor des Ullstein-Verlages angeregt wurde.[54] Während der Bonner Politologe Knütter seine »Anti-Antifa«-Philosophie auch beim Studienzentrum Weikersheim vortragen kann, (der Gründer des Studienzentrums, Hans Filbinger (CDU), hat als ehemaliger NS-Marinerichter wohl auch persönliches Interesse an diesem Thema), referiert der Berliner Professor für Sonderpädagogik Klaus Weinschenk – ehemals Landervorsitzender der Republikaner Berlin – vor einem Arbeitskreis Junger Konservativer in Braunschweig – nicht zufällig auf einem Burschenschaftshaus, wird doch der aus einem der zahlreichen Leserkreise der Wochenzeitung *Junge Freiheit* hervorgegangene Arbeitskreis von einem Burschenschafter geleitet, der bei gleichzeitiger Mitgliedschaft in CDU und RCDS gern rechtsextreme Ideologen wie den Münchner Danuben Hans-Ulrich Kopp in seinem Verein vortragen läßt.[55] Schließlich gilt es darauf hinzuweisen, daß das im *Stern*-Bericht genannte Vorstandsmitglied der PWPA, Hans-Martin Sass, seit 1956 Mitglied der Burschenschaft Teutonia Königsberg und Germania Greifswald vereinigt zu Marburg ist und 1964 für die Herausgabe des *Handbuchs der Deutschen Burschenschaft* verantwortlich zeichnete.

Im Hinblick auf das politische Bewußtsein der gegenwärtigen Studentengeneration (und damit auf ein für das zukünftige politische Klima der erweiterten Bundesrepublik zentrales Feld der Auseinandersetzungen) wird von Mitarbeitern des Frankfurter Instituts für Sozialforschung eine eher pessimistische

Prognose formuliert: Aufgrund des immer stärker werdenden Leistungs-drucks, so vermuten die Sozialwissenschaftler, wird »eine permissive und wenig konkurrenzorientierte linksliberale Einstellung als ein unerträglich widersprüchliches Lebensstilelement empfunden werden, das zudem als ein bloßer Konformismus gegenüber den Lehrenden gedeutet wird, die als Ver-fechter der Werte von '68 gelten. Demgegenüber würde sich die neurechte Ideologie als ultrarealistische Leistungsideologie anbieten, die es erlaubt, Konkurrenten institutionell nachhaltig auszuschließen, und gleichwohl das Gefühl nicht nur aufrechterhält, sondern sogar noch verstärkt, nonkonformi-stisch gegen bestehende Lebensverhältnisse zu handeln.«[56] Empirische Erhe-bungen des Konstanzer Hochschulforschers Tino Bargel bestätigen die hier vorgetragenen Thesen; danach sind vor allem Rechts- und Wirtschaftswissen-schaftler offener für national-konservative und rechte Ansichten, Karriereden-ken und Marktgläubigkeit befinden sich im Aufwind.[57]

Sicher: die von den jugendlichen Epigonen der neurechten Vordenker vor-getragenen Ausarbeitungen zeugen derzeit noch von einem wenig anspre-chenden Niveau; das larmoyante Klagen über die Folgen von '68 – der von Roland Bubik herausgegebene Sammelband *Wir '89er. Was wir sind und was wir wollen*[58] gibt hiervon beredt Zeugnis – reicht für die politisch-ideologische Meinungsführerschaft an den Hochschulen nicht aus. Dennoch sollten die Bestrebungen der jung-rechten Autoren nicht unterschätzt werden. Daß laut der jüngsten Studie des Frankfurter Instituts für Sozialforschung bereits 15 Prozent der Studenten an Hessens Hochschulen festgefügte rechtsautoritäre Einstellungen haben, ist alarmierendes Signal genug. Friedbert Pflüger, Bundestagsabgeordneter der CDU und Streiter gegen die zunehmende Ein-flußnahme der »Neuen Rechten« in den eigenen Reihen, beginnt sein Buch *Deutschland driftet* mit einer Nachricht, die auf erschreckende Weise das poli-tische Bewußtsein gegenwärtiger Studentenschaften illustriert: »Im Januar 1994 führen Pädagogikstudenten der Universität Münster ein bemerkenswer-tes Experiment durch: In den Mensen der Hochschule läßt man die Essensgä-ste sich nach dem Motto ›Ausländer rechts, Deutsche links raus‹ in die Schlange stellen. Nennenswerter Widerstand gegen diese ›Futterneid-Aktion‹ regt sich nicht.«[59]

Übersicht über die deutschen Korporationsverbände

Verband	Anzahl der Verb.	Aktive	Alte Herren	Mensur	Farben	Frauen	Konfession	CDA/CDK
Akademischer Turnbund (ATB)	44	725	4258	nein	nein	teilw.	nein	ja
BDIC-Korporationsverband an Deutschen Hochschulen	41	516	4268	teilw.	ja	nein	nein	ja
Bund deutscher Studentenschulen (BDSt)	7	70	650	teilw.	ja	nein	nein	ja
Cartellverband der katholischen dt. Studentenverbindungen (CV)	122	5613	26472	nein	ja	nein	kathol.	nein
Coburger Convent (CC)	104	1951	12128	ja	janein	nein	ja	
Deutsche Burschenschaft (DB)	120	2000	17000	teilw.	ja	nein	nein	ja
Neue Deutsche Burschenschaft (NDB)	8	300	1900	nicht festgel.	nein	nein	offen	ja
Deutsche Gildenschaft (DG)	8	65	530	nein	ja	ja	nein	ja
Deutsche Hochschul-Burschenschaften (DHB)	8	84	433	teilw.	ja	nein	nein	ja
Deutsche Sängerschaft (DS)	28	600	3500	teilw.	ja	nein	nein	ja
Deutscher Wissenschafter-Verband	3	40	770	nein	ja	ja	nein	ja
Kartellverband katholischer deutscher Studentenvereine (KV)	85	2215	18100	nein	nein	nein	kathol.	nein
Kösener-Senioren-Convents-Verband (KSCV)	100	2682	14600	ja	ja	nein	nein	ja
Marburger Konvent (MK)	13	340	2400	teilw.	ja	nein	nein	ja
Miltenberg-Wernigeroder-Ring	16	250	2400	nein	nein	ja	nein	ja
Nürnberger Convent Techn. Corporationen	5	67	784	teilw.	ja	nein	nein	ja
Ring katholischer deutscher Burschenschaften	9	150	1400	nein	ja	nein	kathol.	nein
Schwarzburgbund	24	378	2827	nein	teilw.	ja	christl.	nein
Sondershäuser Verband Akademisch-Musikalischer Verbindungen	29	660	4000	nein	nein	teilw.	nein	nur CDA
Technischer Cartellverband	16	300	1700	nein	ja	nein	kathol.	nein
Verband der wissenschaftlichen katholischen Studentenvereine Unitas (UV)	51	1000	8000	nein	nein	teilw.	kathol.	nein
Verband der Vereine Deutscher Studenten	36	600	4000	nein	nein	nein	nein	ja
Wartburg-Kartell	1	17	220	nein	ja	nein	evang.	ja
Weinheimer Senioren Convent	64	1800	7539	ja	ja	nein	nein	ja
Wernigeroder Jagdcorp.-Senioren-Convent	14	200	400	teilw.	ja	nein	nein	ja
Wingolfsbund	32	671	3922	nein	ja	nein	christl.	ja
Gesamt:	988	23294	144201					

Quelle: Der Convent. Schriftenreihe des CDK/CDA: Vielfalt und Einheit der deutschen Korporationsverbände, H. 1/1992, S. 156/157; Hinweise zur Neuen Deutschen Burschenschaft: Frankfurter Rundschau v. 15.1.1996

Anmerkungen

1 Vgl. H.-J. Schwagerl: Rechtsextremes Denken. Merkmale und Methoden. Frankfurt a.M. 1993, insbes. S. 101 ff.

2 Vgl. S. Breuer: Anatomie der Konservativen Revolution. Darmstadt 1993, dessen exzellenter Überblick in der Synthese eines »neuen Nationalismus« allerdings das Wesentliche verfehlt, nämlich den Beitrag der Konservativen Revolution zur Zerstörung der Weimarer Republik.

3 Zur inhaltlich bedeutsamen Frage nach dem gemeinsamen Fundus beider Ideologien vgl. besonders K. Fritzsche: Konservatismus: Entwürfe zur Sicherung sozialer Herrschaft. In: F. Neumann (Hrsg.): Handbuch Politische Theorien und Ideologien. Opladen 1995. Darin bes. S. 200 ff.

4 So Dieter Stein, Junge Freiheit, Nr. 4/1992.

5 H-M. Lohmann: Von der Gesellschaft zur Nation – ein deutscher Sonderweg. In: H-M. Lohmann (Hrsg.): Extremismus der Mitte. Vom rechten Verständnis deutscher Nation. Frankfurt a.M. 1994, S. 9–20, hier S. 18.

6 Vgl. E. Uhrlau: »Anfang der Todesspur«. Interview mit dem Verfassungsschützer Ernst Uhrlau über Gewalt von rechts. Der Spiegel (1992) 38, S. 30–31.

7 Herbert Schnoor, zitiert nach Frankfurter Rundschau vom 6.4.1995.

8 Positiv zu verweisen ist in diesem Zusammenhang auf eine vom Frankfurter Institut für Sozialforschung herausgegebene Untersuchung zum politischen Bewußtsein bundesdeutscher Studierender sowie eine im Rahmen des Duisburger Instituts für Sprach- und Sozialforschung (DISS) entstandene Studie zur Jungen Freiheit: A. Demirovic; G. Paul: Eliten gegen die Demokratie. Studierende zwischen demokratischem Selbstverständnis und rechtsextremen Ideologien. In: Rechtsextremismus und Fremdenfeindlichkeit. Studien zur aktuellen Entwicklung. Institut für Sozialforschung (Hrsg.). Frankfurt a.M./New York 1994, S. 59–89; H. Kellershohn (Hrsg.): Das Plagiat. Der völkische Nationalismus der Jungen Freiheit. Duisburg 1994.

9 Vgl. zur Übersicht L. Elm; D. Heither; G. Schäfer (Hrsg.): Füxe, Burschen, Alte Herren. Studentische Korporationen vom Wartburgfest bis heute. 2. Aufl. Köln 1993.

10 Während die Burschen-, Landsmann- und Turnerschaften der nationalsozialistischen Ideologie und Praxis am nächsten standen, war die Distanz der katholischen Verbände gegenüber dem NS größer. Dabei changierte das Bild von geschlossenen Übertritten zum NSDStB bis zum Widerspruch auf völkischer Grundlage.

11 Vgl. die wichtige, aus den Reihen des Sozialistischen Deutschen Studentenbundes (SDS) hervorgegangene Studie von L. E. Finke: Gestatte mir Hochachtungsschluck. Bundesdeutschlands korporierte Elite. Hamburg 1963.

12 Zu diesen Ergebnissen gelangte auch die Studie von G. Schäfer: Studentische Korporationen. Anachronismus an bundesdeutschen Universitäten? Lollar 1977. Vgl. auch D. Heither: Überlegungen zur sozialen Funktion studentischen Brauchtums. In: Das Wartburgfest 1817. Studentische Korporationen gestern und heute (Konferenzdokumentation). A. Kurth; J. Schlicher: Projekt Wartburg '92 (Hrsg.), Marburg 1992. S. 64–74. (Marburger Beiträge zur Geschichte und Gegenwart studentischer Verbindungen. 2).

13 Die folgenden Ausführungen stützen sich auf unseren Beitrag »Im rechtsextremen Netzwerk – Burschenschaften seit den siebziger Jahren«. In: D. Heither; M. Gehler; A. Kurth; G. Schäfer: Blut und Paukboden. Eine Geschichte der Burschenschaften. Frankfurt a.M. 1997 (im Erscheinen). Dort finden sich zahlreiche Verweise auf burschenschaftliche Aktivitäten im bzw. Verflechtungen mit dem rechtsextremen Netzwerk.

14 F. Deppe: Nationaler Mythos und starker Staat. Zum Politik- und Demokratieverständnis der Korporationen. In: L. Helm; D. Heither; G. Schäfer 1993 (s. Anm. 9), S. 331–352, hier S. 343.

15 Zur Kontinuität des völkischen Denkens in den Burschenschaften vgl. Heither; Gehler; Kurth; Schäfer, 1997 (s. Anm. 13).

16 Hauptausschuß der Deutschen Burschenschaft im Geschäftsjahr 1981/82 (Hrsg.): Handbuch der Deutschen Burschenschaft. Bad Nauheim 1982 (Ergänzungslieferung 1984). Abschnitt 8.3.1.

17 J. Gumplowicz: Interview mit der Wiener Burschenschaft Olympia: Was machen die Burschen jetzt? Junge Freiheit (1990) 2, S. 8.

18 Auf Du und Du mit einem Verbindungsstudenten. Interview mit Frank Markus Döring. Skizze. Hochschulzeitung an der Christian-Albrechts-Universität zu Kiel (1993) 16, S. 6–10. Vgl. die Äußerung des Pressesprechers der Burschenschaft Plessavia vom Oktober 1994, in: Leipzig ganz rechts. Eine Dokumentation rechts-extremer Aktivitäten in Leipzig 1989–1995. Leipzig 1995. S. 76:»Unsere Kultur mag zwar nationalistisch sein, aber auf keinen Fall ist sie nationalsozialistisch (...) Außerdem sollte man männlich, deutsch, nicht vorbestraft und kein Kriegsdienstverweigerer sein«. Vgl. auch AStA der Universität Göttingen (Hrsg.): Klüngel, Corps und Kapital. Antifaschistische Recherche zur Ideologie und gesellschaftlichen Stellung studentischer Verbindungen. 2. Aufl. Göttingen 1995, S. 24 ff.

19 Zu den österreichischen Burschenschaften vgl. M. Gehler: »... erheb ich, wie üblich, die Rechte zum Gruß...«. Rechtskonservatismus, Rechtsextremismus und Neonazismus in österreichischen Studentenverbindungen von 1945–1995. In: Heither; Gehler; Kurth; Schäfer, 1997 (s. Anm. 13).

20 Zur Aula vgl. die Untersuchung von R. Gärtner: Die ordentlichen Rechten. Die ›Aula‹, die Freiheitlichen und der Rechtsextremismus. Wien 1995. Zu den ideologischen Schnittpunkten mit Denkmustern der Neuen Rechten vgl. bes. S. 329 ff.

21 Vgl. Burschenschaft Ghibellinia im Auftrag der burschenschaftlichen Gemeinschaft in DB und DBÖ (Hrsg.): Burschenschaftliche und nationale Identität. Stuttgart 1984 (= Schriften der Burschenschaftlichen Gemeinschaft. Heft 4).

22 Zitiert nach Oberhessische Presse Marburg vom 31.5.1995.

23 Vgl. zu den Hintergründen: A. Gorkow: Coburger Convent hat ein Nachspiel. Süddeutsche Zeitung vom 5./6.6.1993. S. 50; H-H. Eidt: Ungeist ein rasches Ende bereiten. Neue Presse Coburg vom 3.6.1993; sowie »Historischer Mist« in Reden, Neue Presse Coburg vom 18.6.1993. Auch im Ausland fanden die Vorfälle Beachtung. Vgl. W. Knorr: Wo Deutschlands völkische Seele nistet. Weltwoche (Zürich) vom 10.6.1993.

24 H. Mies (Gesamtbearbeitung): Der Convent: Vielfalt und Einheit der deutschen Korporationsverbände. Heft 1. Oktober 1992. S. 48 ff., S. 98 ff. Vgl. auch die wenig kritisch-distanzierte, teilweise auch widersprüchliche Examensarbeit Torsten Schloms: Der Coburger Convent (CC) der akademischen Landsmannschaften und Turnerschaften an deutschen Hochschulen. Historie, Struktur sowie Stellung in Politik und Gesellschaft eines waffenstudentischen Korporationsverbandes in der Bundesrepublik Deutschland unter Berücksichtigung des besonderen Verhältnisses des Verbandes zur Stadt Coburg mit einer vorangestellten kurzen Einführung in das studentische Korporationswesen. 2 Bände. Erlangen-Nürnberg 1995, S. 124 f. Kritischer und informativer: Gruppe Archiv (Hrsg.): Die Elite der Untertanen. »Coburger Convent« – Verband der Landsmannschaften und Turnerschaften an deutschen Hochschulen. Dokumentation zur Geschichte, Ideologie und Politik des CC und dem, was dagegen steht. Coburg 1995, S. 34.

25 Vgl. zur Geschichte des VDSt: N. Kampe: Studenten und »Judenfrage« im Deutschen Kaiserreich. Die Entstehung einer akademischen Trägerschicht des Antisemitismus. Göttingen 1988 (= Kritische Studien zur Geschichtswissenschaft. 76); sowie D. Heither; E. Gottschaldt; M. Lemling: »Wegbereiter des Faschismus«. Aus der Geschichte des Marburger Vereins Deutscher Studenten. Marburg 1992 (= Marburger Beiträge zur Geschichte und Gegenwart studentischer Verbindungen. 1).

26 Vgl. Lupe e. V.; Buntstift e. V. (Hrsg.): Verein für das Deutschtum im Ausland. Ein Organisationsprofil. Berlin 1993.

27 Vgl. im folgenden Kellershohn, 1994, S. 70 (vgl. Anm. 8) und Demirovic; Paul, 1994, S. 72 (vgl. Anm. 8).

28 Kellershohn, 1994, S. 71 (vgl. Anm. 8).

29 Ebenda, S. 107.

30 K. Weißmann: Rückruf in die Geschichte. Die deutsche Herausforderung. Berlin/Frankfurt a. M. 1992, S. 49 f.; ders.: Der Weg in den Abgrund. Deutschland unter Hitler 1933–1945. Berlin 1995 (=Propyläen Deutsche Geschichte. 9).

882

31 Zitate nach Der Corpsstudent, H. 1/1994, S. 53 f. und H. 2/1994, S. 113.
32 W. Hepe: Burschentag vor dem Bundestag. Der Corpsstudent (1995) 4, S. 163.
33 Vgl. R. Neuß: Am rechten Rand. Academia (1995) 4, S. 215 f.
34 M. Perner; K. Zellhofer: Österreichische Burschenschaften als akademische Vorfeldorganisationen des Rechtsextremismus. In: Dokumentationsarchiv des österreichischen Widerstandes (Hrsg.): Handbuch des österreichischen Rechtsextremismus. Wien 1994, S. 270–277, hier S. 274.
35 Korporierte im Bundestag. Angaben nach: Studentenkurier, (1995) 2, S. 30. Aus der dort veröffentlichten Aufstellung geht hervor, daß derzeit insgesamt 37 Bundestagsabgeordnete einer studentischen Verbindung angehören. Vgl. zu den korporierten Seilschaften auch G. Schäfer: Cliquen, Klüngel und Karrieren – Beziehungen und Verbindungen. In: Elm; Heither; Schäfer, 1993 (s. Anm. 9), S. 299–321; sowie mit Blick auf die Akademische Turnverbindung (ATV) J. Lauterbach: »ATV-Mafia«: Echte Anteilnahme am »Geschick des anderen«. Die Verknüpfung politischer Karrieren in der CDU führt gelegentlich zu Verwicklungen. Oberhessische Presse vom 2.8.1995.
36 H. Kessler: Studentisches Verfassungsrecht. München, Juristisches Seminar, Diss.jur. (masch.-schr.) 1945. Vgl. die Hinweise bei L. Elm: Hochschule und Neofaschismus. Zeitgeschichtliche Studien zur Hochschulpolitik in der BRD. Berlin 1972, S. 130, wo bereits auf entsprechende Kontinuitäten verwiesen wurde.
37 Vgl. Der Convent, H. 3/1989, S. 88 ff.
38 Vgl. im folgenden J. Lloyd; K. Heiler; I. Pinn: Akademischer Faschismus. Mitteilungen über die Humboldt-Gesellschaft. In: R. Hethey; P. Kratz (Hrsg.): In bester Gesellschaft. Antifa-Recherche zwischen Konservatismus und Neo-Faschismus. Göttingen 1991, S. 83–118.
39 Ebenda, S. 85.
40 Hierzu gehören die Kritik an den Links-Intellektuellen, die Sozialstaatsdiskussion, aber auch Terrorismus- wie Erziehungsdebatte.
41 Vgl. C. Leggewie: Der Geist steht rechts. Ausflüge in die Denkfabriken der Wende. Berlin 1987.
42 So C. Wiedemann: Neue Rechte. Die geistige Machtergreifung. Die Woche vom 19.5.1994, S. 6.
43 Zu Fleissner vgl. H. Sarkowicz: Rechte Geschäfte. Der unaufhaltsame Aufstieg des deutschen Verlegers Herbert Fleissner. Frankfurt a. M. 1994.
44 H. Lummer: Asyl. Ein mißbrauchtes Recht. 3. Aufl. Frankfurt a.M./Berlin 1992; J. Haider: Die Freiheit, die ich meine. Das Ende des Proporzstaates. Plädoyer für die Dritte Republik. Frankfurt a.M./Berlin 1993; Weißmann, 1992 (s. Anm. 30); G. Rohrmoser: Der Ernstfall. Die Krise unserer liberalen Republik. Frankfurt a.M./Berlin 1995.
45 Lummer und Rohrmoser referierten in den letzten Jahren mehrfach auf Verbindungshäusern; letztgenannter hielt zudem das Hauptreferat auf dem Eisenacher Burschentag 1993. Vgl. dazu G. Rohrmoser: Konservativ denken heißt geschichtlich denken. Burschenschaftliche Blätter (1993) 4, S. 169–173.
46 Antifaschistisches Broschürenkollektiv (Hrsg.): Junge Freiheit ... Von Nationalkonservatismus bis Neofaschismus. Hamburg 1993/94, S. 65. Auffällig sind vor allem die zahlreichen Germanen-Burschenschaften und zwei Schülerburschenschaften, die bislang kaum beachtet worden sind.
47 Vgl. unsere Ausführungen zur Deutschen Burschenschaft und zur Deutschen Gildenschaft.
48 Vgl. hierzu Kellershohn, 1994 (s. Anm. 8).
49 Zitiert nach ebenda, S. 63.
50 Vgl. Das Parlament, Ausgabe v. 11.-18.11.1994.
51 Vgl. A. Maegerle: »Das Parlament«. Staatliches Forum für Ultrarechte. Der Rechte Rand (1994/1995) 32, S. 6. Vgl. auch »8. Mai 1945 – gegen das Vergessen«, abgedruckt in: Frankfurter Allgemeine Zeitung vom 7.4.1995. Der von der rechten Gruppierung der Spandauer FDP – zu der neben Zitelmann auch Alexander Stahl gehört – getragene Appell wurde von zahlreichen Korporierten unterzeichnet, darunter H. Fleissner, H. Heckel, T. Witt u.a.
52 Vgl. O. Schröms; K.-B. Karwasc: Kaderschmiede Weikersheim. Der rechte Weg. Stern (1994) 45, S. 36–46; B. Siegler: »Heil den Skinheads mit Schlips«. taz vom 22./23.4 1995, S. 5, sowie Lupe e.V.; Buntstift e.V.(Hrsg.): Studienzentrum Weikersheim. Ein Organisationsprofil. Berlin 1994, S.24.

883

53 O. Schröms: Rechte Professoren. Stern (1996) 2, S. 40–43, hier S. 42.

54 H. H. Knütter: Die Faschismus-Keule. Das letzte Aufgebot der deutschen Linken. Frankfurt a. M./Berlin 1993, S. 11 – Knütter referierte laut dem Antifa-Jugendinfo, Bonn/Rhein-Sieg, Nr. 4/August 1993, S. 12, bei der Bonner Burschenschaft Frankonia am 22.6.1993 über die »westlichen Demokratien in der Identitätskrise«.

55 Vgl. Flugblätter des Antifaschistischen Plenums Braunschweig vom Sommer-Semester 1994, im Besitz der Verfasser.

56 Demirovic; Paul, 1994, S. 88 f. (s. Anm. 8). Vgl. auch J. Feuck: Teil der Studenten driftet nach rechts. Frankfurter Rundschau vom 20.4.1996, S. 4.

57 U. Schäfer: »Engagieren will sich keiner mehr«. Die Zeit (1995) 14, S. 9.

58 Vgl. R. Bubik (Hrsg.): Wir '89er. Wer wir sind – was wir wollen. Frankfurt a. M./Berlin 1995.

59 F. Pflüger: Deutschland driftet. Die Konservative Revolution entdeckt ihre Kinder. Düsseldorf/Wien/New York/Moskau 1994, S. 9.

Ulla Jelpke/Helmut Schröder

Der Bund der Vertriebenen

Für ein Deutschland in den Grenzen von 1937, 1938, 1939 ...

Die Vertriebenenverbände lehnen die bestehenden Grenzen in Europa ab und orientieren sich an großdeutschen geopolitischen Konzeptionen, wie sie auch vom NS-Staat vertreten und angestrebt worden sind. Sie verstoßen mit ihren territorialen Forderungen eklatant gegen internationales Recht. Die Wiederherstellung eines Deutschlands in den Grenzen des Deutsches Reiches von 1937 zählt zu den Zielen der Verbände.

Herbert Hupka, bis 1972 Mitglied der SPD-Bundestagsfraktion, gehört zu den Scharfmachern innerhalb der Vertriebenenverbände. Er wehrte sich entschieden gegen jene Bürger, Journalisten und Politiker, die aus dem Deutschen Reich ein »Rumpfdeutschland« machen wollten. »Wer Deutschland von sich aus verkürzt, macht sich mitschuldig an der Teilung unseres Vaterlandes (...)«, rief er den »Verzichtspolitikern« in der *Sudetendeutschen Zeitung* vom 17. Februar 1984 zu. Wie groß Deutschland nach Hukpas Vorstellungen sein soll, führte er im *Deutschland Union Dienst* aus: »Es gibt keine Garantie, daß das zu vollendende Deutschland deckungsgleich sein wird mit dem Deutschen Reich in den Grenzen von 1937. Wir haben die Pflicht, die Substanz ganz Deutschlands zu sichern, zu behaupten und weiterzugeben. Darum ist ganz Deutschland in seinen rechtmäßigen Grenzen in einen künftigen Friedensvertrag einzubringen.«[1]

Was Hupka unter »rechtmäßige Grenzen« versteht, hatte er zuvor in der *Kulturpolitischen Korrespondenz* vom 25. Januar 1983 ausgeführt: »›Ostdeutschland‹ umfaßt nicht nur Ostdeutschland jenseits von Oder und Neiße, also den heute unter polnischer und sowjetischer Herrschaft stehenden Teil des Deutschen Reiches, sondern auch das Sudetenland und die deutschen Siedlungsgebiete zwischen Ostsee und Schwarzem Meer.«[2]

Der führende Funktionär der Landsmannschaft Ostpreußen, Harry Poley, fordert sogar die »Wiederherstellung Deutschlands in den Grenzen vom 31. August 1939«, also mit Teilen der Tschechischen Republik und mit Österreich.[3]

Diese zur Schau gestellte Mißachtung beispielsweise der polnischen und tschechischen Westgrenze torpediert die von der Bundesrepublik ratifizierten Verträge beispielsweise mit der ehemaligen Sowjetunion und der ehemaligen

VR Polen von 1970, in denen die Bundesregierung die Anerkennung des Grenzverlaufes auch für die Zukunft garantierte.

Herbert Hupka vertritt eine andere Rechtsauffassung. Überall dort, wo jemals Deutsche gesiedelt haben, haben sie für Deutschland einen Rechtsanspruch auf diese Gebiete erworben. Politische Veränderungen, wie durch den von Nazi-Deutschland angezettelten und verlorenen Zweiten Weltkrieg, werden völlig ignoriert. »Ist die Vertreibung nach 46 Jahren zum Recht geworden?« fragt Hupka 1991 und fährt dann fort: »Ist die von Stalin gezogene Grenzlinie an Oder und Neiße nach 46 Jahren eine völlig zu Recht gezogene Grenzlinie? Ist jetzt die Stunde des Schweigens, des willenlosen Hinnehmens, des Sichabfindens angebrochen? Bestimmt nicht.«[4] Die Junge Landsmannschaft Ostpreußen hat ebenfalls ein völlig anderes Rechtsverständnis als die polnische Regierung und die Alliierten. Sie behauptet: »Die Oder-Neiße-Linie ist nicht das Ergebnis von Verhandlungen; es gibt weder einen rechtlichen, noch einen moralischen noch einen historischen Titel für die Begründung.«[5]

In der Ablehnung der bestehenden Grenzen unerbittlich

Es sind nicht allein die immer wieder öffentlich verbreiteten und Aufsehen erregenden Gewaltphantasien aus den Reihen des Bundes der Vertriebenen (BdV), die eine wirkliche Entspannung zwischen der polnischen und deutschen Bevölkerung torpedieren und für eine schrittweise Eskalation in den Grenzregionen sorgen. Es sind dies vor allem die kleinen ungezählten Provokationen, wie sie von Vertretern der Vertriebenenverbände immer wieder begangen werden und die die BürgerInnen in den osteuropäischen Ländern in Unsicherheit versetzen sollen.

1991 beklagte Herbert Hupka im *Ostpreußenblatt*, daß trotz Wiedervereinigung der Patriotismus auf der Strecke geblieben sei, daß die Bundesbürger lieber mit den Nachbarn friedlich nebeneinander herleben möchten und daß sie vor allem die polnische Westgrenze anerkennen möchten. Hupka kommentierte entsprechende Meinungsumfragen mit den Worten: »Aber es sieht danach aus, daß ganz Deutschland nicht gefragt ist. Denn wäre es an dem, dann müßte es doch eine weit um sich greifende Beunruhigung, wenn nicht sogar Unruhe geben, weil über ein Viertel von Deutschland in seinen friedlichen Grenzen der Weimarer Republik und nach dem Versailler Friedensdiktat verfügt werden soll.« Die Schlußfolgerung Hupkas ist: »(...) unser eigenes Volk aufzurütteln, Unruhe zu entfachen, es aufzuklären und an seinen Patriotismus zu appellieren (...).«[6]

Das Entfachen der Unruhe, das ist das charakteristische Moment beim Vorgehen der Vertriebenen. Nach der Hupkaschen Devise des »Unruhe Entfachens« hat sich in den osteuropäischen Ländern ein »Vertriebenen-Tourismus« entwickelt, der durch die Besichtigung der alten deutschen Ostgebiete seine Eigentumsansprüche demonstriert. Ein Reisebericht des ehemaligen Redakteurs der *Jungen Freiheit* und jetzigen Schriftleiters des *Witiko-Briefes*, Hans Ulrich Kopp, veranschaulicht das. Kopp war mit einer Gruppe Sudetendeutscher und Mitglieder des Witikobundes in der Tschechischen Republik unterwegs. In seinem Bericht heißt es:»Ohne die Deutschen wird das Sudetenland seine verlorene Seele nicht wiederfinden. Wer wird das Unkraut jäten, das bald wieder auf den Friedhöfen wuchern wird?« Kopp schreibt über die tschechische Bevölkerung:»Wenn sie denn einmal die Absicht hegten, mit ihrer Hände Kraft zu erhalten, was Generationen vor ihnen in deutscher Arbeitslust erschaffen hatten, so ist es ihnen jedenfalls nicht geglückt. Sie haben nicht gesät, also werden sie nichts ernten.« Für Kopp ist offenbar jene Szene kennzeichnend, bei der in »einem einst wohlhabenden Bürgerhaus« – deutschem Bürgerhaus! – nun »ein Trunkenbold das frühere Klavierzimmer« bewohnt[7].

Ein weiteres Beispiel für diese Form der Konfrontation von Reisegruppen der Vertriebenenverbände mit der – in diesem Fall – polnischen Bevölkerung aus der Feder des Redakteurs des *Ostpreußenblattes* Hans Heckel:»Was muß es für ein Gefühl für die Menschen sein, ihr Haus zu betreten und zu wissen, daß es einst jemanden gestohlen wurde, den man vertrieben, vielleicht umgebracht hat. Auch wenn die heutigen Polen sicher nicht mehr für den Diebstahl verantwortlich zu machen sind, weil sie damals noch viel zu jung oder gar nicht geboren waren, so leben auch sie in der stetigen Gewißheit, daß sie ihre Anwesenheit in Görlitz einem gigantischen Raub verdanken.«[8]

Diese Reisetätigkeit im Sinne einer Konfrontation ist nicht zu unterschätzen. Nach dem Zusammenbruch des Warschauer Pakts werden diese Gruppenreisen Jahr für Jahr in beachtlicher Zahl durchgeführt. Daß die polnische und tschechische Bevölkerung die Absichten der Vertriebenen auch klar erkennt, dafür hat die Vertriebenenpresse gesorgt. In aller Deutlichkeit wurde da seit jeher gewarnt:»Hiermit sei angezeigt: Jeder, der sich jetzt herbeiläßt, von der Volksrepublik Polen verwaltetes deutsches Land zum Aufbau einer kommunistischen Kolchose oder Erweiterung seines Betriebes zu übernehmen, muß damit rechnen, eines Tages das mühsam aufgebaute Anwesen ohne jeden Rechtsanspruch auf Entschädigung wieder zu verlieren. (...) Wir geben nicht auf!«[9] Der Bundesvorsitzende des Witikobundes, Walter Staffa, drohte sogar mit der Vertreibung der polnischen Bevölkerung:»Der polnische Kardinal Henryk Gulbinowicz z.B. vertritt unbeirrt wahrheitswidrig die Meinung, daß Schlesien ewig polnisch gewesen sei. Die Vertreibung bezeichnet der ›fromme Kirchenmann‹ zynisch als ›Rückkehr der Deutschen in ihr Vaterland‹! Hier wird ein Geist sichtbar, der nur ins Unglück führen hilft: Das grausame Geschehen einer Vertreibung kann eines Tages die Vertreiber selbst treffen.«[10] Ähnlich drohend äußert sich auch Rosl Förster:»Unsere Heimat wird man uns nicht zurückgeben, wenn wir nicht zu herzhaftem Handeln bereit sind.«[11]

Wie die Stimmung unter den Vertriebenen auch auf unterer Ebene aggressiv angestachelt wird, wie die Ressentiments gegen die polnische Bevölkerung angestachelt werden, zeigt beispielhaft der Autor des *Ostpreußenblattes*, Karl-Heinz Spiess. Er schreibt über das Verhältnis der Deutschen und der Polen: Das eigentliche Problem »lag und liegt immer an der nachweislichen Intoleranz Polens, das 1920 die Russen von der Weichsel zurück zur Oka expedierte, zeitweilig ukrainisches Gebiet okkupierte und 1939 sich so stark gegen Deutschland exponierte, daß der Zweite Weltkrieg unvermeidbar wurde (...) Sprechen wir daher zutreffenderweise über die anscheinend angeborene polnische Intoleranz seinen Nachbarn gegenüber.«[12] So werden alte rassistische Vorurteile gegen die »Ostvölker« weiter gepflegt.

Die Revision der Geschichte

»Wenn ein Volk nach einem verlorenen Krieg und nach fast 50jähriger Teilung und Bevormundung durch die Siegermächte nach Neuorientierung sucht, wendet es sich zwangsläufig seiner Geschichte zu. Es sucht die geschichtliche Wahrheit, die, wenn auch nicht in den Interpretationen, dafür aber in den Fakten zu finden ist.« Mit diesen Worten umschreibt der stellvertretende Bundesvorsitzende des BdV, Paul Latussek, in der neofaschistischen Zeitung *Nation und Europa* das – nach der Rückgewinnung der Ostgebiete – wichtigste Anliegen des BdV: Die Relativierung, Abschwächung und Leugnung der Verbrechen des Hitler-Faschismus und die Aufrechnung dieser Verbrechen gegen die sogenannten »Vertreibungsverbrechen« der Alliierten. Für die Vertriebenenfunktionäre ist die Abmilderung der NS-Greuel ein wichtiges Mittel, um selbstbewußt und fordernd auftreten zu können.

Solange die Erinnerung an die Nazi-Verbrechen gegenwärtig war, die Leiden, die Krieg und Besatzungszeit der Nazis mit seinem im Generalplan-Ost zum Ausdruck kommenden Germanisierungswahn über die Bevölkerung in Osteuropa brachten, waren die politischen Spielräume der Vertriebenen äußerst eng. Die politischen Freiräume sollten dadurch erweitert werden, daß man die Deportation und Ermordung der Juden abstritt oder deren Ausmaß abmilderte, daß man die »Umvolkung«, Verschleppung und Umsiedlung der Bevölkerung in Osteuropa im Rahmen des Generalplans-Ost vergessen machen wollte, daß man die Verantwortung Nazi-Deutschlands am Ausbruch des Zweiten Weltkriegs als »Kriegsschuldlüge« titulierte.

Die Ausführungen der Jungen Landsmannschaft Ostpreußen in ihrer programmatischen *Würzburger Erklärung* von 1991 weisen in diese Richtung: »Geschichte wiederholt sich nicht, aber die Geschichte kennt auch keinen Schlußstrich. In Landschaften, in denen Deutsche seit 700 Jahren leben, wirken und gestalten, muß es möglich sein, dieses historische und kulturelle Erbe mit neuer Vielfalt zu erfüllen. Eine wesentliche Voraussetzung dafür ist die Rückkehr zur historischen Wahrhaftigkeit, zur aufrichtigen Darstellung von Fakten und Entwicklungen und zur Verankerung des Rechts als Richtschnur politischen Handelns.«[13]

In den Vertriebenen-Zeitungen wird die entsprechende revisionistische Literatur ausführlich angepriesen und der revisionistische »Forschungsstand« wird intensiv wiedergegeben. Revisionistische Autoren, wie z. B. der Leiter der Zeitgeschichtlichen Forschungsstelle Ingolstadt, Alfred Schickel, zählen zu den wichtigen Autoren in der Vertriebenenpublizistik. Schickel wurde von der neofaschistischen Zeitung *Nation Europa* als »Legendenkiller« hochgelobt, weil er sowohl die Zahl der während des Hitler-Faschismus ermordeten Juden als auch die Zahl der polnischen Opfer während des Zweiten Weltkrieges weit herunterschraubte.

- Im *Ostpreußenblatt* deutet Schickel in einer Vielzahl von Artikeln die Geschichte um: Der Schuldanteil des amerikanischen Präsidenten am Zweiten Weltkrieg wird behauptet[14] und die angebliche, aggressive Vorkriegspolitik der polnischen Regierung wird herausgestrichen[15]; gerade »Polens Landhunger« war für Schickel »Keim neuer Krisen«[16].
- David Irving, der in der BRD wegen seiner wüsten geschichtsrevisionistischen Auftritte ein Einreiseverbot hat, wird im *Ostpreußenblatt* als »international ebenso renommierter wie gefürchteter Zeitgeschichtler« hochgelobt[17].
- Der *Ostpreußenblatt*-Autor Fritz Degenhart schreibt über das Buch des ehemaligen NPD-Vorsitzenden Adolf von Thaddens *Zwei Angreifer*: »Die Debatte über den Charakter des deutschen Angriffs auf die Sowjetunion im Juni 1941, der von seriösen Historikern längst als Präventivschlag erkannt wurde, ist sicher nicht mehr besonders orginell. Inzwischen liegen bekanntermaßen derart viele Indizien auf dem Tisch, daß lediglich aus Gründen der rheinbündlerischen Volkspädagogik an der zunehmend kühnen These festgehalten werden kann, damals sei die Sowjetunion Opfer einer unprovozierten Aggression geworden.«[18]
- Degenhart stellt gleich einen weiteren »Querdenker aus dem Kreise einer kritischen, nicht etablierten Historikerschaft« vor, nämlich Max Klüver und dessen geschichtsrevisionistisches Machwerk *Es war nicht Hitlers Krieg* aus dem Verlag Heitz und Höffkes. Die Lektüre des Buches empfiehlt De-

genhart mit folgenden Worten: »Der Zweite Weltkrieg soll von Deutschland entfesselt worden sein. So wird der kritiklosen Öffentlichkeit zumindest seit Jahrzehnten suggeriert.« Degenhart weist darauf hin, daß bei den Geschichtswissenschaftlern »Roosevelts US-Aggressionskurs wie auch Stalins Provokations- und Bedrohungspolitik 1940/41 (...) völlig ausgeklammert« bleiben. »Auch ausgeklammert bleibt Polen, das man – wegen der schnellen militärischen Niederlage? – immer nur in der Rolle des beklagenswerten Opfers sich anzusehen gewöhnt hat.«[19]

– Der Redakteur des *Ostpreußenblattes*, Joachim Weber, »belegt« mit Hilfe geschichtsrevisionistischer »Historiker«, daß es sich bei Hitlers Überfall auf die Sowjetunion 1941 nicht um einen Angriffskrieg gehandelt habe. Weber beruft sich bei seiner Behauptung von einem Präventivkrieg Nazi-Deutschlands gegen die Sowjetunion auf »militärische Fachleute« und »andersdenkende Historiker«, die »jahrzehntelang als NS-verharmlosende Außenseiter abgestempelt« wurden.[20]

Ähnlich wie das *Ostpreußenblatt* gehen andere Vertriebenen-Zeitungen vor. Auch innerhalb der Sudetendeutschen Landsmannschaft gibt es traditionell starke rechtsextreme und geschichtsrevisionistische Kräfte. Und speziell im Witikobund haben diejenigen, die den Nationalsozialismus entlasten, eine starke Bastion. Der stellvertretende Bundesvorsitzende Horst Rudolf Übelacker beispielsweise schreibt über die mörderische Vergeltungsaktion der SS in Lidice, die zum traurigen Symbol der Greuel der Nazis in der Tschechoslowakei wurde: »Hier sind die 133 Opfer von Lidice zu beklagen. Etwas, was leider in Kriegszeiten bei Anwendung von Gewalt gegen einen führenden Vertreter eines anderen Staates eine völkerrechtlich übliche Sache ist.«[21]

Doch die Rehabilitierung des deutschen Faschismus wird von Übelacker noch umfassender vorgetragen: »In der Protektoratszeit ging es den Tschechen den Verhältnissen entsprechend gut, sie hatten ein gutes Auskommen, wenige Opfer und keine Kriegsgefallenen zu beklagen (...).« Wenige Wochen nach der Veröffentlichung seines Artikels wurde Horst Rudolf Übelacker am 15. Januar 1994 das Große Ehrenzeichen der Sudetendeutschen Landsmannschaft überreicht.

Die kulturpolitische Arbeit

Bereits 1958 stellte der Bundesvorstand der Pommerschen Landsmannschaft fest: »Die Rückgewinnung der Heimat ist das Ziel jeder landsmannschaftlichen Arbeit. Ihren Inhalt umreißt der Begiff ›Heimatpolitik‹. Landsmannschaftliche Kulturarbeit ist daher Teil der Heimatpolitik und damit diesem

Ziel untergeordnet. Ihre Aufgabe erschöpft sich mithin nicht allein in musealer Tätigkeit, in der Sammlung, Pflege und Erhaltung alten pommerschen Kulturgutes. Sie muß sich vielmehr auch verpflichten, mit kulturellen Mitteln unter den pommerschen Landsleuten den Heimatgedanken wachzuhalten und zu vertiefen, ihn in der pommerschen Jugend zu wecken.«[22]

Der damalige BdV-Generalsekretär Hans Neuhoff brachte die Ausrichtung und Handhabung der Kulturpolitik der Revanchistenverbände kurz und knapp auf die griffige Formel: »Die Vertriebenen und ihre Verbände verlagern ihre Tätigkeit verstärkt auf die Kulturarbeit, nicht zuletzt, weil dort (...) die zweite Schlacht um den deutschen Osten stattfindet.«[23]

Zur Aufrüstung für diese »zweite Schlacht« erhalten die Vertriebenenverbände jährlich aus Kommunal-, Landes- und Bundesmitteln ca. 30 Millionen Mark. Eine große Anzahl von Museen, Instituten, Kulturzentren, Bildungseinrichtungen etc. stehen dem Bund der Vertriebenen zur Verfügung, um seinen »Anspruch auf ihre Heimat« ins Bewußtsein der Menschen zu rücken.

Unter der »zweiten Schlacht« will man beim BdV beileibe nicht nur Trachten- und Volkstanzgruppen oder etwa schlesische Kochbücher verstehen. Die Kultur soll als politisches Kampfmittel eingesetzt werden, um zu beweisen, »wie deutsch Ostdeutschland jenseits von Oder und Neiße ist«; mit ihr soll die »Zukunft unseres deutschen Volkes« (Herbert Hupka) gesichert werden.

Wie dies im einzelnen aussehen kann, verdeutlicht die Herausgabe eines Reprints der *Altpreußischen Forschungen* 1989 durch den Verein für Familienforschung in Ost- und Westpreußen. Die *Altpreußischen Forschungen* wurden von 1924 bis 1943 von der Historischen Kommission herausgegeben. Diese Zeitung trat u.a. für die »Heimholung der Ostmark« und einer »allgemeinen deutschen Neuordnung Ostmitteleuropas« ein, reklamierte Besitzansprüche über deutsche Siedlungsgebiete und lieferte das geistige Rüstzeug für den Generalplan-Ost des NS-Staates. Sie stellte ihre ganze Forschungstätigkeit unter das »Gebot des Krieges« und unterstützte die großdeutsche, völkische Siedlungs-, Bevölkerungs- und damit Vernichtungspolitik. Sie betrieb antislawische und antisemitische Hetze. Vertreter der Historischen Kommission arbeiteten eng mit den Einrichtungen des NS-Staates zusammen und halfen mit, die Eroberungs- und Rassenpolitik des NS-Staates in Osteuropa umzusetzen.

Für den Nachdruck dieses Werkes in einer Auflage von 1.400 Exemplaren bewilligte das Bundesministerium des Innern in den Jahren 1988 und 1989 insgesamt 101.000 Mark nach § 96 des Bundesvertriebenengesetzes. Die Bundesregierung bezeichnet noch 1994 die *Altpreußischen Forschungen* (immerhin erschienen davon elf Jahrgänge während der NS-Zeit) als »herausragendes Periodikum«, das »für die wissenschaftliche Forschung in diesem Bereich unentbehrlich« sei.[24]

Derlei NS-Reprints kannte man bisher nur aus rechtsextremistischen und geschichtsrevisionistischen Verlagen, wie dem Heimat-Buchdienst Banszerus oder dem Verlag für Volkstum und Zeitgeschichtsforschung. Den Polizeibeamten, die 1993 in Stuttgart das »Haus der Heimat« des BdV nach rechtsextremer Propaganda-Literatur durchsucht hatten, dürfte es sicherlich schwer gefallen sein zu unterscheiden, welche Bücher auf Betreiben von Rechtsextremisten hergestellt und welche aus Bundesmitteln bezuschußt worden waren.

Das neue Ostlandrittertum

»Das nördliche Ostpreußen hängt schon am Tropf der Bundesrepublik«, verkündete stolz der Bundesvorsitzende der Landsmannschaft Ostpreußen, Wilhelm von Gottberg, auf der Ostpreußischen Landesvertretung, die im November 1995 in Bad Kissingen stattfand. Wilhelm von Gottberg zog mit diesen Worten eine Bilanz der zahlreichen politischen und ökonomischen Aktivitäten der Bundesregierung und der Revanchistenverbände in dieser Region.

Seit dem Zusammenbruch des Warschauer Paktes brach in der Tat ein wahrer Boom an Initiativen und Geschäftigkeiten in dieser Region aus.[25] Vertriebenenverbände, rechtsextreme Organisationen, aber auch die Kirchen, Landesregierungen und die Bundesregierung unterstützten diese Region – aber auch die anderen ehemaligen deutschen Ostgebiete – finanziell.

Bei den ungezählten Aktivitäten der Vertriebenenverbände und den rechtsextremen Organisationen ist die dahinterstehende Absicht unübersehbar: Die Regermanisierung dieser Gebiete. Diese Regermanisierung läuft über verschiedene Ebenen und auf äußerst vielfältige Weise.

Ein wichtiges Mittel dabei sind legaler und illegaler Landkauf und Ansiedlungsprojekte, die teilweise von der Bundesregierung gedeckt oder sogar gefördert werden. »Inseln des Wohlstands« werden beispielsweise für die Rußlanddeutschen in Nord-Ostpreußen geschaffen; angespornt durch die Bundesregierung und realisiert durch Mittlerorganisationen wie dem Verein für das Deutschtum im Ausland (VDA) und dem BdV. Realisiert aber auch durch private Vereine, die organisatorisch mit den Vertriebenenverbänden verflochten sind. Derartige Unternehmungen werden aber auch vom bundesdeutschen Neofaschismus aufgebaut.

Das bekannteste Projekt ist mittlerweile die »Aktion Deutsches Königsberg« des rechtsextremen Verlegers Dietmar Munier, das eine ganze Reihe eigenständiger Vereine beherbergt, wie den Schulverein zur Förderung der Rußlanddeutschen in Königsberg e.V. Der Verein betreibt gezielt die Ansiedlung von Rußlanddeutschen in dieser Region. Dietmar Munier will »durch die Ansiedlung Rußlanddeutscher in Nordostpreußen neue Fakten für eine deutsche Perspektive unserer Ostprovinz«[26] schaffen. Zustimmung erfährt dieses Projekt des Rechtsextremisten durch den *Bayernkurier*, unterstützt wird es von Hardlinern aus der CDU wie Heinrich Lummer und dem Sächsischen Justizminister Steffen Heitmann, aber auch durch die Landsmannschaft Ostpreußen, obwohl die Bundesregierung Muniers Projekt im *Verfassungsschutzbericht* 1993 schon als rechtsextreme Bestrebung aufgelistet hatte. Der Bundesvorsitzende der Landsmannschaft Ostpreußen, Wilhelm von Gottberg, hatte Munier vor der Kritik der Bundesregierung in Schutz genommen.[27] Dies ist auch kein Wunder: Ähnlich wie Munier hat auch die Landsmannschaft Ostpreußen ein Schulprojekt, »Deutsche Grundschule Königsberg«, initiiert.[28]

Die Begeisterung über die neuen praktischen Möglichkeiten seit 1989 erfaßt nicht nur die Landsmannschaft, sondern auch die Evangelische Kirche, die hier ungeniert mittut. Immerhin so, daß die russische Regierung die Abberufung des in Königsberg tätigen Probstes Kurt Beyer verlangte, weil dieser »nationale Stimmungsmache« betreibe und humanitäre Hilfe aus Deutschland einseitig unter nationalen Gesichtspunkten verteilen würde.

Auf eine Kleine Anfrage der PDS zu den Aktivitäten des Probstes Kurt Beyer mochte die Bundesregierung sich nicht äußern, da sie Einzelheiten aus den als vertraulich eingestuften Gesprächen mit dem russischen Außenministerium nicht offenlegen wollte. Diese Geheimhaltungspflicht war ganz offenbar vorgeschoben, um den Ruf des Probstes zu retten. Die Fakten lagen offen. Denn die Zeitung der Republikaner hatte ausführlich und ungeniert darüber berichtet, daß Probst Beyer bei einer Hilfslieferung des REP-MdL aus dem Baden-Württembergischen Landtag, Karl August Schaal, die Verteilung an die Rußlanddeutschen übernahm.[29]

Die legalen und illegalen Landkäufe von Einzelpersonen haben inzwischen eine beträchtliche Dimension angenommen. Vertriebenenzeitungen geben eine fast offene Beratung darüber, wie beispielsweise in Polen der Aufkauf von Grundstücken und Häusern vorgehen muß, wie und wann man direkt Land kaufen kann und wann man einen »Strohmann« einzuschalten hat.

Auch diese Form der Landnahme verschärft natürlich die Konfrontation mit der Bevölkerung in den betreffenden Ländern. Immobilien werden äußerst günstig aufgekauft und zum Teil wird dieser Landaufkauf verknüpft mit der Prüfung alter Besitzansprüche, was zu einer weiteren Beunruhigung innerhalb der Bevölkerung führt. Mit ökonomischer Macht versuchen Bundesbürger, die einheimische Bevölkerung zurückzudrängen.

Besondere Schubkraft bekommt diese Form des modernen Ostlandrittertums dadurch, daß sie im Gefolge der Investitionen des BRD-Kapitals in diesen Ländern erfolgt. Allein in Tschechien hat das bundesdeutsche Kapital derweil in einer ganzen Reihe von Industriezweigen eine beachtliche Position eingenommen.

Mit dem »Volksgruppenrecht« zum »freien Europa« sollen alte Ziele realisiert werden

Durch die ökonomische Übermacht der Bundesrepublik sind die osteuropäischen Staaten in eine besonders mißliche Lage gekommen. Der von ihnen gewünschte Beitritt in die Europäische Union wird von der BRD-Regierung in Geheimverhandlungen verknüpft mit Leistungen, die die tschechische Seite für die Vertriebenen erbringen soll; vor allem in der Eigentumsfrage, bei den Minderheitenrechten, dem Selbstbestimmungsrecht und einem Heimatrecht der Sudetendeutschen als Volksgruppe. Diese Forderungen, die angeblich die »Europafähigkeit« dieser Staaten hinterfragen, dienen den Revanchisten und der Bundesregierung vor allem dazu, die momentanen Außengrenzen dieser Länder anzuzweifeln. Ein ganzer Stab von Professoren und Wissenschaftlern machte sich für den BdV und seine Landsmannschaften daran, das Recht auf Heimat und Selbstbestimmung, auf Minderheitenrechte, Niederlassungsrechte und Volksgruppenrechte aufzuarbeiten.

Da beschwert sich beispielsweise Herbert Czaja im *Deutschen Ostdienst* darüber, daß die Europäischen Gremien »keine Kompetenz in Volksgruppenfragen« haben. Czaja: »Die meisten Vertriebenen waren der Auffassung, die neuen Bewerber für eine Mitgliedschaft in der Europäischen Union (EU) und später in der Nato müßten vor dem Beitritt schwere fortbestehende Diskriminierungsdiskrete, z.B. gegen die Deutschen, so die Benesch-Dekrete und Ähnliches, die Nichtverfolgung von kriegsverbrecherischen Morden an Deutschen, die Konfiskationsdiskrete usw. fallen lassen. Weit gefehlt. Schon die ersten bilateralen Assoziierungsabkommen nach Brüsseler Muster brachten nicht einmal unbeschränkte Niederlassungsrechte.«[30]

Czaja geht es hier natürlich nicht um das unbeschränkte Niederlassungsrecht von Türken in der BRD, er ist selbstredend nach wie vor ein entschiedener Gegner der multikulturellen Gesellschaft. Ihm geht es um das unbeschränkte Niederlassungsrecht Deutscher beispielsweise in Tschechien. Für ihn ist diese Forderung ein erster Schritt zur Heimholung des Sudetenlandes. Mit dieser Forderung soll der erste Schlag gegen die tschechische Grenze geführt, der erste Schritt zur Herauslösung des Sudetenlandes aus dem tschechischen Staat vollzogen werden; die Hilfe der anderen europäischen Länder und europäischen Gremien möchte der BdV dafür funktionalisieren.

Der Altsprecher der Sudetendeutschen Landsmannschaft und »Witikone« Walter Becher plädiert gleichfalls weiter für die »Partnerschaft freier Völker und Volksgruppen«, wie der »Witikobund es im Sinne seines Gründungskonzepts anstrebt«. Becher, um Klarheit bemüht, läßt keinen Zweifel daran, wie diese Partnerschaft konkret zu realisieren sei. Diese Partnerschaft wäre – nach Becher – »in mitteleuropäischen Gefilden keineswegs damit zu verwirklichen, daß man sich den Gesetzen eines angeblich souveränen Staates unterwirft, der keine Volksgruppen anerkennt und seine Bürger, wie gehabt, den Mehrheitskonzepten einer Scheindemokratie ausliefert. Ich plädiere daher nach wie vor für einen Stufenplan der Wiederherstellung einer echten Partnerschaft.« Becher schwebt dabei die »Europäisierung der sudetendeutschen Heimatgebiete« sowie »der Gedanke eines sudetenländischen ›Freistaates‹ oder eines der UNO zu unterstellenden autonomen Gebietes« vor.[31]

Wolfgang Thüne, Bundesvorstandsmitglied der Landsmannschaft Ostpreußen, schreibt in dem von Rolf-Josef Eibicht herausgegebenen Buch *50 Jahre Vertreibung* aus dem rechtsextremistischen Hohenrain-Verlag: »Die gleichen Politiker, die (für andere, d. Verf.) den Minderheitenschutz forderten, wollen uns als nationaler Minderheit die Kulturfähigkeit und Kulturhoheit absprechen (…) Doch raubt man einer Volksgruppe die Kulturhoheit, so raubt man ihr unweigerlich die Identität, man übergibt sie dem schleichenden Tod durch Assimilation. (…) Die Vertreibung währt so lange, wie den gewaltsam Vertriebenen nicht das Recht auf Rückkehr, das Recht auf Heimat, das Recht auf Selbstbestimmung und Minderheitenschutz gewährt werden.«[32]

Nach der Anerkennung der Oder-Neiße-Grenze als polnische Westgrenze 1991 durch die Bundesregierung verabschiedete die Bundesdelegiertenversammlung der Landsmannschaft Schlesien die Erklärung *Ja zum Recht auf Selbstbestimmung – Nein zu einem Grenzdiktat*. In der Erklärung heißt es bezogen auf die polnische Westgrenze: »Eine Vertreibung darf es nie mehr geben. Aber es darf die Vertreibung auch nicht zum Recht erklärt werden. Ziel in dem sich einigenden Europa ist nicht die künstliche Errichtung von Grenzen, sondern deren Überwindung.« Das Motiv der Bundesdelegiertenversammlung ist offensichtlich. Das Europa ohne Grenzen dient nur als Vehikel auf dem Weg der Eingliederung »alter deutscher Siedlungsräume«. Als »Regionalisten« wenden sich die Delegierten der Landsmannschaft gegen das »Grenzdiktat« der Alliierten und versichern: »Darum bekennen wir uns zu Schlesien, halten wir den berechtigten Anspruch auf das Selbstbestimmungsrecht, werden wir mit allen friedlichen Mitteln für die Heimat kämpfen und gegen ein Grenzdiktat Widerstand leisten.«

In der Debatte um den Sudetendeutschen Tag 1995 forderten sowohl im Bundestag als auch in den Medien die Vertriebenenfunktionäre, Vertreter der Bayerischen Landesregierung und der Bundesregierung immer wieder, daß die Tschechei das Heimatrecht der Sudetendeutschen anerkennen, Minderheitenschutz und Volksgruppenrechte gewähren müsse und die Benesch-Dekrete aufzuheben habe. Die Tschechei sollte ihre bisherige Politik grundlegend ändern, da sie mit der »Hausordnung der europäischen Union« nicht vereinbar sei – so Bayerns Ministerpräsident Edmund Stoiber vor dem Deutschen Bundestag.[33]

Gerade wegen dieser Anmaßungen und Drohungen bundesdeutscher Politiker, heute die gesamte Nachkriegsordnung in Frage stellen zu wollen, äußerte der Vorsitzende des Auswärtigen Ausschusses des tschechischen Parlaments Payne, daß damit die gesamte tschechische Rechtsordnung gekippt werden würde. Payne wörtlich: »Solche Stellungnahmen implizieren Übereinstimmung mit dem, was Hitler in den böhmischen Ländern getan hat.«[34]

Ist der Bund der Vertriebenen rechtsextrem?

Die Bundesregierung weigert sich, der Politik des BdV die politische und finanzielle Unterstützung zu entziehen, obwohl der BdV mit seiner Programmatik und Satzung als auch mit seinen tagespolitischen Forderungen entschieden gegen die bestehenden Grenzen in Osteuropa und völkerrechtliche Verträge auftritt. Aus der Leugnung der Kriegsschuld Nazi-Deutschlands ergibt sich für die organisierten Vertriebenen folgerichtig die Forderung, die Ergebnisse des Zweiten Weltkrieges zu revidieren. Unter Parolen wie »Verzicht ist Verrat« und »Schlesien bleibt unser« wird gegen die Anerkennung beispielsweise der Oder-Neiße-Grenze mobilisiert, zum »Schutz« der deutschen Minderheiten in Osteuropa werden umfangreiche Minderheitenrechte und für eine eventuelle Rückkehr der Heimatvertriebenen werden Volksgruppenrechte gefordert.

Keinen Anstoß nimmt die Bundesregierung daran, daß der BdV besonders seit der Verabschiedung des polnischen und tschechischen Nachbarschaftsvertrages 1991 eine immer engere Zusammenarbeit mit rechtsextremen und »neurechten« Kreisen betreibt. Von einer Einstufung des BdV – oder Teilen des BdV bzw. politischen Aussagen des BdV – als rechtsextrem ist die Bundesregierung weit entfernt.

Erst nach jahrelangen Auseinandersetzungen gelangte die Bundesregierung zu der Einsicht, daß es bei der Vertriebenenzeitung *Der Schlesier* Anhaltspunkte für eine rechtsextreme Ausrichtung gibt. Trotzdem wird *Der Schlesier* nicht im Verfassungsschutzbericht aufgeführt.

Der Hintergrund dieser extremen Nachsichtigkeit liegt in der traditionell engen Verbundenheit der CDU/CSU mit den Vertriebenenverbänden und deren Rolle als beträchtliches Wählerreservoir für die Parteien der Regierungskoalition.

Bei der Beurteilung beispielsweise der DVU hat die Bundesregierung und das Bundesamt für Verfassungsschutz derlei Probleme bei der Einstufung als »rechtsextrem« nicht. Im Verfassungsschutzbericht 1993 heißt es über die Zeitungen *Deutsche National-Zeitung* (DNZ) und *Deutsche Wochen-Zeitung/Deutscher Anzeiger* (DWZ/DA), Sprachrohre der DVU: »Die Zeitungen hielten an ihrer Forderung nach Verwirklichung eines ›Großdeutschlands‹ fest.« Als Beleg wird dafür folgende Passage aus der DWZ/DA angeführt:»In den nächsten anderthalb Jahrzehnten wird sich in vier deutschen Gebieten, die jetzt noch fremder Macht unterworfen sind, Entscheidendes tun, ob die Bonner Etablierten wollen oder nicht: im nördlichen Ostpreußen (…) im Sudetenland (…) im deutschbesiedelten Belgien (…) in Südtirol.« (DWZ/DA 29/93, S. 5)

Weiter heißt es zur Politik der DVU:»Agitationspunkt war erneut die Forderung nach der Rückgabe des nördlichen Ostpreußens an die Bundesrepublik Deutschland und ein Bemängeln fehlender Rückgabeforderungen durch die Bundesregierung.« Als Beispiel der rechtsextremen Ausrichtung der DVU wird angeführt:»Tatsächlich sind alle Chancen, Ostpreußen wieder deutsch zu besiedeln, gegeben. Aber während andernorts in Europa künstliche (Staats-)Grenzen fallen und vieles neu ›gewogen‹ wird, betreiben derzeit Regierende in Deutschland eine ›Vogel-Strauß-Politik‹, indem sie sich darauf fixieren, daß die in Jalta und Potsdam von ›Siegermächten‹ des Zweiten Weltkrieges verteilten Gewichte und die an der Oder und Neiße gezogene Linien Ewigkeitsbestand haben sollen.« (DNZ 4/1993, S. 8)[35]

An anderer Stelle des Berichtes heißt es über die Aktivitäten deutscher Rechtsextremisten in den ehemaligen deutschen Ostgebieten um den Verleger Dietmar Munier und den Chef der DVU, Gerhard Frey:»Deutsche Rechtsextremisten fordern kompromißlos die Rückgabe der ehemals deutschen Ostgebiete. Als eine Etappe zur Erreichung dieses Ziels unterstützen sie die Ansiedlung Rußlanddeutscher im nördlichen Ostpreußen, dem heutigen russischen Verwaltungsbezirk Kaliningrad. Sie ist für sie der Beginn der deutschen Wiederbesiedlung und die aus ihrer Sicht anzustrebende Rückgewinnung dieses Gebietes.«[36]

Das Landesamt für Verfassungsschutz Nordrhein-Westfalen führt über die rechtsextreme Haltung der *Jungen Freiheit* aus, daß mit der Verwendung des Begriffs»polnischer Machtbereich« in»rechtsextremen Kreisen der völkerrechtswidrige Anspruch auf Teile des heutigen polnischen Staatsgebietes wachgehalten werden soll«[37].

Bei Gruppierungen wie der DVU, der NPD, dem Schulverein Trakehnen oder einer Zeitung wie der *Jungen Freiheit* werden die Rückgabeforderungen, die Nicht-Anerkennung der bestehenden Grenzen, die versuchte Einmischung in die Angelegenheit anderer Staaten und die Beanspruchung von Territorien von anderen Staaten als»rechtsextrem« qualifiziert. Eine derartige Einstufung des BdV oder der einzelnen Landsmannschaft unterbleibt, obwohl der BdV und die Landsmannschaften eine weitgehende Identität in der Programmatik bezüglich der Ostgebiete zu rechtsextremen Parteien und Gruppierungen aufweisen. Inhaltliche Schwerpunkte ihrer Politik sind eindeutig die Forderung nach einem »Großdeutschland« oder »Gesamtdeutschland«, nach »Rückgabe der deutschen Ostgebiete« sowie der Kampf gegen das »System von Jalta und Potsdam«.

Die Schutzpatrone der Vertriebenen in der Bundesregierung

Auf der Sitzung der Ostpreußischen Landesvertretung (OLV), dem obersten Beschlußorgan der Landsmannschaft Ostpreußen, in Bad Kissingen im November 1995 würdigte der Bundesvorsitzende Wilhelm von Gottberg einen ganz besonders wichtigen Mann bei der Wiederherstellung der Salzburger Kirche in Gumbinnen; durch die Restaurierung der Kirche sei »ein kleines Stück Realisierung unserer Bemühungen, der Heimat eine deutsche Identität zurückzugeben« erreicht worden: »Ich möchte an dieser Stelle unserem Insterburger Landsmann, dem Ministerialdirektor im BMI, *Hartmut Gassner* (Hervorh. i. O.), auch im Namen der OLV danken, daß er durch sein stilles Wirken in bezug auf die Bereitstellung der Mittel die wesentlichen Voraussetzungen für dieses Vorhaben geschaffen hat.«[38]

In der Tat: Ministerialdirektor Gassner ist ein äußerst wichtiger Mann; er ist einer der Zuständigen für die Vergabe der Bundesmittel an die Vertriebenenverbände, an den Verein für das Deutschtum im Ausland und andere Ostlandritter. Sein stilles Wirken im BMI trägt mit dazu bei, daß die Vertriebenen wie selbstverständlich Jahr für Jahr zig Millionen Mark für ihre revanchistische Arbeit erhalten. Ministerialdirektor Gassner ist aber nicht nur die graue Eminenz im Hintergrund, seit November 1995 hat er sich ein wenig ins Rampenlicht geschoben. Seit dieser Zeit ist er Bundesvorstandsmitglied der Landsmannschaft Ostpreußen.

Viele Merkwürdigkeiten, die für den Außenstehenden vielleicht unerklärlich wirken, bekommen so ihren nachvollziehbaren Sinn. So z. B.

— daß der BdV in jedem Haushaltsjahr eine institutionelle Förderung von 3,5 Millionen DM bekommt, obwohl er die Völkerverständigung mit seiner aggressiven Politik untergräbt;
— daß der BdV, bzw. Einrichtungen, die mit dem BdV und den Landsmannschaften eng verbunden sind, jährlich weit über 10 Millionen DM für seine »Kulturarbeit« gemäß § 96 Bundesvertriebenengesetzes erhalten;
— daß die Landsmannschaft Ostpreußen jährlich ca. 700.000 DM bekommt, obwohl sie in ihrem Organ *Ostpreußenblatt* den Holocaust leugnet, die Zeitung rechtsextrem durchsetzt ist und auf den Treffen der Landsmannschaft prominente Rechtsextremisten als Gastredner geladen werden;
— daß Gelder, die für eine Veranstaltung der Jungen Landsmannschaft Ost-

preußen (JLO) vergeben wurden, an der Vertreter der »Neuen Rechten«
teilnahmen, nicht zurückgefordert wurden, obwohl selbst nach Erkenntnissen des BMI Anhaltspunkte für eine rechtsextreme Ausrichtung der JLO
vorliegen; ja, es wurde nicht einmal geprüft, ob die Veranstalterin oder die
Referenten auf der Veranstaltung gegen die freiheitlich-demokratische
Grundordnung verstoßen haben.

Zu den Schutzpatronen im Bundesministerium des Innern zählt neben Gassner der Parlamentarische Staatssekretär Eduard Lintner. Er will, trotz erdrük-
kender Beweislage, beim Witikobund, bei den Jungen Witikonen, beim *Schlesier* usw., usw. keine Anhaltspunkte für eine rechtsextreme Ausrichtung
erkennen. Lintner, der 1990 der *Jungen Freiheit* als Interviewpartner zur Verfügung stand, ist selber Mitglied der Sudetendeutschen Landsmannschaft und
der Ackermann-Gemeinde. Er vermag bis heute nicht zu erfassen, daß die
Thesen von der »Lüge der Kriegsschuld Deutschlands« sowie der »Kampf
gegen die Umerzieher« rechtsextrem sind.[39] Dabei hatte bereits 1982 das Bundesverwaltungsgericht festgestellt, daß die Verwendung des Begriffs »Umerziehung« auf ein Verhalten deutet, das gegen die freiheitliche Grundordnung
gerichtet ist.
    Ein weiterer Schutzpatron der Vertriebenenverbände ist der in Oberschle-
sien geborene Staatssekretär im BMI, Walter Priesnitz. Priesnitz – »Ich bin
ein Oberschlesier mit Leib und Seele« – ist Bundesvorstandsmitglied der Ost-
und Mitteldeutschen Vereinigung, der Vertriebenenorganisation der CDU. Von
1959 bis 1969 arbeitete er als wissenschaftlicher Assistent des Vertriebenen-
ministers Theodor Oberländer.[40]
    Priesnitz ist gern gesehener Redner auf Treffen der Vertriebenen. So refe-
rierte er am 16. März 1996 in Magdeburg auf einer Gedenkveranstaltung der
Landsmannschaft Schlesien anläßlich des »75. Jahrestages der Volksabstimmung in Oberschlesien«. Priesnitz huldigte hier dem deutschen Ostrittertum,
dem Festhalten am »deutschen Volkstum« und dem militärischen Einsatz vor
allem Deutscher Freikorps beim Kampf um den Annaberg.[41] Priesnitz unter-
strich mit solch provokanten Auftritten, daß er bereit ist, die Verständigung
mit Polen zu torpedieren.
    Last but not least sei hier der Parlamentarische Staatssekretär im BMI,
Horst Waffenschmidt, erwähnt, der durch seine Tätigkeit im Verwaltungsrat
des rechtsextrem durchsetzten Vereins für das Deutschtum im Ausland (VDA)
gezeigt hat, daß er deutschtümelnde Initiativen jeder Art begünstigt.
    Durch ihre Verbindungen ins BMI haben die Vertriebenenverbände weiter-
hin einen beachtlichen politischen Einfluß. Sie sind in einer gefährlichen
Nähe zu den Schalthebeln der Macht und können eine Politik der tatsächlichen Entspannung und Aussöhnung verhindern.

Anmerkungen

1 Deutschland Union Dienst/Gesamtdeutsche Nachrichten und Kommentare vom 18.5.1983, zitiert nach: W. Flach; C. Kouschil: Kreuzritter in Trachten. Organisierter Revanchismus und seine Macher. Leipzig/Jena/Berlin 1984, S. 24.
2 Zit. nach: ebenda, S. 24.
3 Ebenda.
4 Ostpreußenblatt vom 27.7.1991.
5 Ostpreußenblatt vom 4.5.1991.
6 Ostpreußenblatt vom 4.8.1990.
7 Witiko-Brief, 5/1994.
8 Ostpreußenblatt vom 11.5.1991.
9 Der Schlesier vom 31.5.1985.
10 Witiko-Brief, 1/1994.
11 Witiko-Brief, 6/1994.
12 Ostpreußenblatt vom 11.5.1991.
13 Ostpreußenblatt vom 20.4.1991.
14 Vgl. beispielsweise Ostpreußenblatt vom 2.2.1991, 18.5.1991 und 10.8.1991.
15 Vgl. Ostpreußenblatt vom 23.3.1991.
16 Ebenda.
17 Ostpreußenblatt vom 31.8.1991.
18 Ostpreußenblatt vom 19.3.1994.
19 Ebenda.
20 Ostpreußenblatt vom 25.8.1990 und 1.9.1990.
21 Witiko-Brief, 5/1993.
22 Zit. nach: Flach/Kouschil, 1984, S. 43 (s. Anm. 1).
23 Ebenda, S. 41.
24 Bundestags-Drucksache, 12/8370, S. 8.
25 Vgl. D. Bingen: Das Gebiet Kaliningrad (Königsberg): Bestandsaufnahme und Perspektiven. Bd. 1 und 2, Köln 1993.
26 Rundschreiben »Aktion Deutsches Königsberg«, 1/1994.
27 Vgl. Ostpreußenblatt, 13/95.
28 Vgl. Ostpreußenblatt vom 25.11.1995.
29 Vgl. Die Republikaner, 3/1993.
30 Deutscher Ostdienst vom 10.5.1996.
31 W. Becher: Aus meiner Sicht. In: R.-J. Eibicht (Hrsg.): 50 Jahre Vertreibung. Der Völkermord an den Deutschen. Ostdeutschland – Sudetenland. Rückgabe statt Verzicht. Tübingen 1995, S. 355.
32 W. Thüne: Friede nur durch Wahrheit und Gerechtigkeit. In: R.-J. Eibicht (Hrsg.): 50 Jahre Vertreibung. (s. Anm. 31) S. 276 f.
33 Vgl. Deutscher Bundestag, 13. Wahlperiode, Plenarprotokolle, 41. Sitzung, S. 3201.
34 Frankfurter Allgemeine Zeitung vom 7.6.1995.
35 Bundesministerium des Innern: Verfassungsschutzbericht 1993. Bonn 1994, S. 44.
36 Ebenda, S. 150.
37 Innenministerium in NRW: Tatsächliche Anhaltspunkte für den Verdacht rechtsextremistischer Bestrebungen in der Wochenzeitung »Junge Freiheit«. Kommentierte Fundstellendokumentation. Düsseldorf 1994, S. 21.
38 Ostpreußenblatt vom 25.11.1995.
39 Vgl. Bundestags-Drucksache, 12/800.
40 Vgl. E. Schweizer: Die Macher. In: U. Sieber; B. Siegler; C. Wiedemann u.a.: Deutsche Demokraten. Wie rechtsradikal sind CDU & CSU? Göttingen 1994, S. 156.
41 Vgl. Schlesische Nachrichten, 8/96.

Ralf Ptak
Wirtschaftspolitik und die extreme Rechte
Betrachtungen zu einer wenig behandelten Frage

Es ist erstaunlich, daß die Vorstellungen der extremen Rechten zur Wirtschaftspolitik und einer daraus folgenden Sozialpolitik in der bundesdeutschen Diskussion über den Rechtsextremismus so wenig Beachtung finden. Gerade der immer wieder diskutierte Zusammenhang zwischen der politisch-ökonomischen Krise der kapitalistischen Gesellschaft und dem Erstarken des Rechtsextremismus verlangt nach einer Auseinandersetzung mit den sozioökonomischen Vorstellungen der extremen Rechten. Die Untersuchung der aktuellen rechtsextremen und neofaschistischen Diskussion zur Wirtschaftspolitik bedarf neben der Einbeziehung der Entwicklung des Rechtsextremismus nach 1945 zumindest eines kurzen Rückblicks auf die nationalsozialistische Theorie und Praxis der Wirtschaft. Allerdings sind im wissenschaftlichen Diskurs hinsichtlich der Einschätzung und Bewertung der nationalsozialistischen Wirtschaftskonzeption bis heute wesentliche Aspekte offen geblieben. Da gibt es zunächst die ganz grundsätzliche Frage, ob der vornehmlich ideologisch geprägte Faschismus überhaupt wissenschaftlich fundierte Theorie – Grundlage jeder Konzeption – hervorgebracht hat. Gab es also überhaupt eine spezifische nationalsozialistische Wirtschaftstheorie beziehungsweise eine eigenständige Wirtschaftspolitik der NSDAP?

Nationalsozialismus und Wirtschaftspolitik

Solche Fragestellungen sind in den dreißiger und vierziger Jahren besonders von den Mitgliedern der Frankfurter Schule diskutiert worden. In ihrer Auseinandersetzung mit dem Begriff der Ideologie vertreten Max Horkheimer und Theodor W. Adorno eine Position, nach der prinzipiell eine kritische Würdigung von Ideologien nur dann möglich ist, wenn sich die mit der Wirklichkeit konfrontierte Theorie auf rationale Elemente stützt. Diese Voraussetzung wird dem Nationalsozialismus abgesprochen, da er seine Ideologie ausschließlich als Herrschaftsmittel benutzt habe.[1] Für Franz Neumann, einen weiteren Vertreter der Frankfurter Schule, »(hat) der Nationalsozialismus keine Theorie der Gesellschaft in unserem Sinne, keine konsistenten Vorstellungen ihrer Funktionsweise, Struktur und Entwicklung. Er will bestimmte Ziele durchsetzen und paßt seine ideologischen Äußerungen einer Reihe von ständig wechselnden Schritten an.«[2]

Eine gänzlich andere Sichtweise vertritt der für sein Wirken als neoliberaler Ökonom und Sozialphilosoph mit dem Nobelpreis für Wirtschaftswissenschaften ausgezeichnete Friedrich A. von Hayek in seiner 1943 erschienenen Schrift *Der Weg zur Knechtschaft*. Er bedient sich der Totalitarismus-These und behauptet nicht nur eine weitreichende Übereinstimmung zwischen sozialistischer und faschistischer Gesellschaftskonzeption (»Kollektivismus«) und Ökonomie (»Befehlswirtschaften«), sondern vertritt darüber hinaus die These, daß der Nationalsozialismus seine theoretischen Wurzeln im Sozialismus gefunden habe.[3] Aus Hayeks Sicht bedeutete die Errichtung einer faschistischen Wirtschaftsordnung die Aufhebung der Marktwirtschaft und damit das (vorübergehende) außer Kraft setzen des Kapitalismus in Deutschland.

Dieser These widerspricht Franz Neumann in seinem Hauptwerk *Behemoth. Struktur und Praxis des Nationalsozialismus* ganz entschieden, in dem er ausführlich belegt, daß der grundsätzliche kapitalistische Charakter des Nationalsozialismus trotz aller Wandlungen und Widersprüchlichkeiten in der praktischen Wirtschaftspolitik nicht zu bezweifeln sei; die staatlichen Eingriffe der Nationalsozialisten in die Produktion und freie Preisbildung sowie in die Einkommensverteilung und den Verbrauch sind für Neumann nicht als das generelle Ende von Wettbewerb, Marktbeziehungen und Unternehmerinitiative zu interpretieren. Die tatsächliche Beschränkung der wirtschaftlichen Freiheit wurde insbesondere durch das einflußreiche deutsche Großkapital akzeptiert, weil die antidemokratische und gewerkschaftsfeindliche Politik der NSDAP ebenso in seinem Interesse gelegen hat wie die Marktchancen eröffnende Großraumpolitik der Nationalsozialisten. Zumal die Profite und das Eigentum im NS-Faschismus nicht angetastet wurden.

Der israelische Ökonom und Historiker Avraham Barkai kommt in seiner Untersuchung *Das Wirtschaftssystem des Nationalsozialismus* zu einer ähnlichen Schlußfolgerung: »Trotz aller ›antikapitalistischen‹ Terminologie und des propagierten ›deutschen Sozialismus‹ war es ein kapitalistisches System: Kapitalistische Besitzverhältnisse blieben unangefochten, und die einzelnen Firmen operierten weiterhin nach dem Prinzip der Profitmaximalisierung.«[4] Barkai spricht allerdings auch von einem eigenständigen »Wirtschaftssystem des Nationalsozialismus«[5] und damit von einer eigenständigen Konzeption des deutschen Faschismus, die politische, ökonomische und ideologische Aspekte zusammengeführt habe.

Dieser Behauptung eines originären wirtschaftspolitischen Konzeptes der NSDAP widersprechen vor allem Neumann und der DDR-Wissenschaftler Werner Krause mit der von ihnen vertretenen *Kontinuitätsthese*, nach der das faschistische System lediglich eine andere Form der Herrschaftsorganisation des Kapitalismus in einer bestimmten historischen Phase darstelle. Krause schreibt in seiner Arbeit *Wirtschaftstheorie unterm Hakenkreuz*,»daß die faschistische Herrschaftsform nur eine Modifizierung der bürgerlichen Herrschaft ist, wenn auch eine sehr beträchtliche, und daß neben der Variierung der bürgerlichen Gesellschaftsform auch die Kontinuität der gesellschaftlichen Entwicklung im Kapitalismus eine sehr große Rolle spielt«.[6]

Die Kontinuitätsthese hat bereits in den vierziger Jahren zu einem Disput innerhalb der Frankfurter Schule geführt, da Friedrich Pollock anders als Neumann von der Begrifflichkeit des *Staatskapitalismus* ausgegangen ist und gemeinsam mit Horkheimer und Adorno die These aufstellte, daß die faschistische Wirtschafts- und Gesellschaftsordnung mit ihrem Primat der Politik das marxistische Verständnis vom Primat der Ökonomie in der Praxis auf den Kopf gestellt habe.[7]

Trotz nicht unbeträchtlicher Differenzen zwischen den einzelnen Autoren bleibt festzuhalten, daß eine spezifische faschistische Wirtschaftstheorie im Sinne der Dogmengeschichte nicht existiert. Die nationalsozialistische Wirtschaftspraxis – ob als eigenständige Universalkonzeption oder als Fortsetzung bürgerlicher Ökonomie mit anderen Mitteln – hat die Substanz der kapitalistischen Ordnung unberührt gelassen. Diese Tatsache findet ihren Ausdruck in dem viel zitierten Ausspruch Horkheimers: »Wer aber vom Kapitalismus nicht reden will, sollte auch vom Faschismus schweigen.«

Rechtsextremismus und Wirtschaftspolitik in der Bundesrepublik

Die Untersuchung der wirtschaftspolitischen Zielsetzungen der extremen Rechten in der Bundesrepublik und die daraus folgenden Konsequenzen für die angestrebte Sozialpolitik bedarf der Berücksichtigung und Erläuterung der zwei folgenden Gedankenstränge.

1. Mit dem Rückgriff auf seinen traditionellen faschistischen Bezugsrahmen und damit auf das Primat der Politik über die Ökonomie gilt für den Rechtsextremismus, daß die Ökonomie von untergeordneter Bedeutung ist. Sein Verhältnis zur Ökonomie ist bis Anfang der achtziger Jahre eher taktisch bestimmt, das heißt, wirtschaftspolitische Positionen werden zunächst nur in Reaktion auf gesellschaftliche Krisensituationen formuliert, um diese Krisenphänomene für den politischen Aufschwung des rechtsextremen Lagers auszunutzen. Mit der Zunahme seiner politischen Spielräume in der Gesellschaft entdeckt die extreme Rechte das Thema Wirtschaft neu.

In den rechtsextremen Publikationen und Programmen nach 1945 sind nur sehr wenige Aussagen zu Fragen der Ökonomie zu finden, da die extreme Rechte zunächst mit einer politischen Standortbestimmung in der Bundesrepublik und der Rekonstruktion ihrer Strukturen beschäftigt war. Auf dem Hintergrund der Rezession 1966/67 und der Bildung der Großen Koalition zwischen SPD und CDU/CSU seit 1966 gelang der NPD ihr parlamentarischer Aufstieg. Mit dem 1967 verabschiedeten Parteiprogramm der NPD ist überhaupt erst von aussagefähigen Positionen zur Wirtschaftspolitik zu sprechen.[8] Die Aussagen des Programms orientierten sich noch deutlich an klassischen faschistischen Positionen, insbesondere an den Ideologemen »Volksgemeinschaft« und »Betriebsgemeinschaft«. »Gewerkschaften und Unternehmer müssen sich als selbstverantwortliche Sozialpartner ihrer Mitverantwortung für das Volksganze in hohem Maße bewußt sein«[9], denn »die Sicherung des Arbeitsfriedens ist (...) ihre vornehmste Pflicht, nicht die Anmaßung politischer Vorrechte. Die endgültige Überwindung des Klassenkampfes und Bildung einer Leistungsgemeinschaft aller Schaffenden ist unser Auftrag in der industriellen Massengesellschaft.«[10]

Die Politisierung des bundesrepublikanischen Alltags durch die Studentenbewegung sowie durch gewerkschaftliche und wilde Streiks forderte die extreme Rechte zur Formulierung einer ideologischen Gegenposition heraus. Nach dem Scheitern der NPD bei den Bundestagswahlen 1969 folgte die Zersplitterung des rechtsextremen Lagers und das vorläufige Abdrängen an den Rand der Gesellschaft.[11]

Mit dem Regierungsantritt der konservativ-liberalen Koalition Anfang der achtziger Jahre erweiterte sich allmählich wieder der politische Spielraum des deutschen Rechtsextremismus. Die von der Bundesregierung postulierte neoliberale Neuorientierung zu einer Wirtschaftspolitik mit weniger staatlicher Initiative, mehr individueller Leistungsorientierung und dem Rückbau sozialer Sicherungen hat einerseits den Boden für eine verschärfte Konkurrenzsituation innerhalb der Gesellschaft bereitet, andererseits aber auch der extremen Rechten den politischen Raum geschaffen, den eingeschlagenen Kurs als inkonsequent zu kritisieren. Denn die angekündigte Wende durch Konservative und FDP vollzog sich mit Rücksichtnahme auf die innerparteilichen Fraktionierungen infolge unterschiedlicher gesellschaftlicher Interessenlagen als ständiger Kompromiß und damit lediglich in kleinen Schritten. Diesen Widerspruch haben sich beispielsweise die Republikaner zunutze gemacht, indem sie sich seit Mitte der achtziger Jahre als konsequente politische Kraft der konservativen Erneuerung angeboten haben, um die von der Union enttäuschte Klientel politisch an sich zu binden.

Dieser durch Pluralismus gebremste Konservatismus, die konjunkturunabhängig hohe Arbeitslosenquote, die zunehmende ungleiche Verteilung der

Einkommen, das durch Standortlogik, die These einer zunehmenden Globalisierung und die Doktrin vom schlanken Staat geschaffene Verzichtsbewußtsein sowie das Ende der realsozialistischen Staaten haben der extremen Rechten zu Beginn der neunziger Jahre günstige Ausgangsbedingungen verschafft. Auf dem Weg, diese Bedingungen für eine Verstärkung ihres politischen Einflusses zu nutzen, entdeckten die Rechtsextremen den Komplex Wirtschaftspolitik.[12] Offenherzig schreibt Carl Meyerson, der 1994 eine Diskussionsreihe über wirtschaftspolitische Grundfragen verschiedener rechter Autoren in der *Jungen Freiheit* organisiert hat:»Rechte Parteien und Gruppierungen in Deutschland haben in fünfundvierzig Jahren zu diesem Themenkomplex in erster Linie ihre völlige Inkompetenz unter Beweis gestellt.«[13]

Nicht nur die *Junge Freiheit* hat aus dieser Erkenntnis eine eigenständige Wirtschaftsseite eingerichtet, sondern auch in anderen Publikationsorganen der extremen Rechten, etwa *Criticón* oder *Nation und Europa*, finden sich in den neunziger Jahren zunehmend wirtschafts- und sozialpolitische Beiträge. Diese Tendenz läßt sich auch für die Parteien und Organisationen des deutschen Rechtsextremismus nachvollziehen. So ist die Entwicklung des Programms der Republikaner von 1983 bis zur gegenwärtig gültigen Version aus dem Jahr 1993 von einer deutlichen Ausweitung wirtschaftspolitischer Aussagen gekennzeichnet. Der 1994 gegründete Bund Freier Bürger (BFB) stellt die Ökonomie in den Mittelpunkt seiner programmatischen Aussagen. Und auch die neofaschistische Szene will sich diesem Trend nicht verschließen. »Während die BRD-Talkshow in Sachen ›Wirtschaftsstandort Deutschland‹ immer mehr in die Sackgasse führt (...) halten sich die Nationalisten vornehm zurück, so daß durch die Systemmedien der Eindruck erweckt werden kann, die ›Rechtsextremisten‹ seien in Sachen Wirtschafts- und Sozialpolitik ohnehin inkompetent. Dabei hätten die Nationalisten den betroffenen Arbeitnehmern (...) so viel zu sagen – und es liegt nicht immer an den bösen Medien, die Patrioten aus dem Diskurs ausblenden.«[14] Einen Ausdruck findet diese Aussage in dem am 1. Mai 1996 unter Federführung der Jungen Nationaldemokraten in Berlin-Marzahn organisierten Aufmarsch mit etwa 300 Teilnehmern unter der Losung »Deutsche Arbeitsplätze für Deutsche Arbeitnehmer«.

2. Die wirtschaftspolitischen Aussagen der extremen Rechten können nur im Zusammenhang mit der grundsätzlichen Diskussion über ihre zukünftige politische Stoßrichtung verstanden werden. Im Streit um ein erfolgreiches Konzept rechtsextremer Erneuerung prallen im wesentlichen zwei Positionen aufeinander: diejenigen, die das Bündnis der extremen Rechten auf der Basis traditioneller faschistischer Ideologeme anstreben; auf der anderen Seite jene, die in Anlehnung an das theoretische Konzept des Neoliberalismus ein Bündnis mit den Konservativen suchen.

Trotz der für den Rechtsextremismus günstigen gesellschaftlichen Bedingungen, der erfolgreichen rassistischen Kampagne zur Einschränkung des Asylrechts und einiger Wahlerfolge in der ersten Hälfte der neunziger Jahre ist es dem deutschen Rechtsextremismus nicht gelungen, sich zumindest auf organisatorische Absprachen zu verständigen, um mit *einer* Organisation zu Wahlen anzutreten und so das rechtsextreme Wählerpotential längerfristig zu binden. Diese Entwicklung hat zu einer Ausdifferenzierung in zwei Hauptströmungen im rechtsextremen Lager geführt, die im folgenden skizziert werden.[15]

Die *eine Strömung* – bestehend u. a. aus NPD, DVU, DLVH und Teilen der militanten neofaschistischen Gruppierungen – will in Anlehnung an die 1931 gebildete Harzburger Front die parteiübergreifende Zusammenarbeit der extremen Rechten mit einer eindeutigen Orientierung an faschistische Ideologie ohne Ausgrenzung einzelner Strömungen. »Reden wir über den Faschismus«, empfiehlt der mittlerweile im Streit ausgetretene Ex-Vorsitzende der Republikaner, Franz Schönhuber, denn »wer sich jetzt durch Anbiederung an die etablierten Parteien mit ihnen in ein gemeinsames Boot setzen will, muß wissen, daß das Leck schon so groß ist, daß er mit ihnen gemeinsam kentern wird. Bleiben wir draußen! Sammeln wir die patriotischen Bataillone.«[16] Das heißt für die Wirtschaftspolitik vor allem eine Ausrichtung auf das Primat der Politik gegenüber der Ökonomie.

Trotz einem grundsätzlichen Bekenntnis zur Marktwirtschaft wird ein lenkender Staat gefordert, der das von der herrschenden Elite bestimmte gesamtgesellschaftliche Gemeinwohl mit Autorität gegen die Partikularinteressen einzelner Gruppen durchsetzen soll. Es gehe darum, der Parole » ›Gemeinnutz geht vor Eigennutz!‹ wieder Geltung zu verschaffen. Die Wirtschaft hat sich den Staaten einzuordnen, sie hat dienende, nicht befehlende Aufgaben.«[17] Das Bekenntnis zu Volk und Nation soll die entscheidende Prämisse wirtschaftlicher Entscheidungen sein und durch eine ethnisch ausgerichtete Beschäftigungs- und Sozialpolitik sowie einen gezielten Protektionismus, insbesondere zum Schutz der Landwirtschaft und des Mittelstandes, umgesetzt werden. Zur Sicherstellung der inneren Ordnung und der ungestörten Produktion wird das Ende der Klassenauseinandersetzungen durch das »Zurückdrängen gewerkschaftlicher Gegenmacht«[18] gefordert. In Anlehnung an den nationalrevolutionären Flügel der NSDAP[19] beruft man sich auf einen »Dritten Weg« zwischen Kapitalismus und Kommunismus, träumt die alten Träume einer autarken deutschen Wirtschaft und wettert mit antikapitalistischen Phrasen gegen das internationale Finanzkapital. Auch die in der »Kampfzeit« der NSDAP in den zwanziger Jahren geführte Kampagne gegen die Zinsknechtschaft findet in modifizierter Form wieder Einzug in die Propaganda der traditionell orientierten Rechtsextremisten. »Solange es den Geldbesitzern erlaubt bleibt, einen insgesamt steigenden Kapitalertrag ›erpressen‹ zu dürfen, wird die Arbeitsplatzbeschaffung stets zweitrangig hinter der Sicherung des Kapitalertrages rangieren und damit naturbedingt nicht möglich werden. (…) *Ohne Systemänderung*, hiermit ist die Änderung der Geld- und Bodenordnung gemeint, wird es keine systembedingte *›Vollbeschäftigung‹* (Hervorh. i. Original) geben können. Kapitalinteressen stehen dem eindeutig entgegen!«[20]

Die *andere Strömung* – bestehend u. a aus den Republikanern unter dem Vorsitz von Schlierer, dem BFB sowie einflußreichen Autoren in der *Jungen Freiheit* und *Criticón* mit engen Verbindungen zum nationalliberalen Flügel der FDP- zielt mit Blick auf die Erfolge der Freiheitlichen Partei Österreichs (FPÖ) auf die grundlegende Umorientierung des deutschen Rechtsextremismus. Das beinhaltet eine weitgehende Abkehr von faschistischer Ideologie, die durch eine schrittweise Übernahme der anerkannten Gesellschaftskonzeption des Neoliberalismus ersetzt wird.

Der Neoliberalismus[21] ist eine seit den zwanziger Jahren existierende Theorie, die unter der Führung des bereits erwähnten österreichischen Nobelpreisträgers Friedrich A. von Hayek gegen die sozialistische Planwirtschaft und gegen den keynesianischen Wohlfahrtsstaat entwickelt wurde. Der Neoliberalismus setzt auf die radikale marktwirtschaftliche Durchdringung der Gesellschaft. Die Lenkung von Wirtschaft und Gesellschaft solle nicht dem im politischen Meinungsstreit enstandenen Entwurf der Mehrheit entsprechen, sondern in erster Linie durch den Markt erfolgen. Das neoliberale Konzept verlangt deshalb die Reduzierung staatlicher Aktivitäten auf die Sicherung der Eigentumsverhältnisse und die Gewährleistung der inneren und äußeren Sicherheit, die allumfassende Durchsetzung privatrechtlicher Verträge (an Stelle kollektiver Verträge wie z. B. Flächentarifverträge), die Privatisierung staatlicher Unternehmen, den Ausgleich des Staatshaushaltes sowie den konsequenten Abbau staatlicher Verschuldung und die Sicherung der Geldwertstabilität.

Soziale Gerechtigkeit wird als gesellschaftliches Prinzip abgelehnt, weil es nach Hayek nicht um »die direkte Befriedigung irgendwelcher besonderen Bedürfnisse, sondern die Sicherung der Bedingungen, unter denen die Individuen und kleinere Gruppen günstige Gelegenheiten finden, wechselseitig für die Befriedigung ihrer jeweiligen Bedürfnisse zu sorgen«[22] geht. Chancengerechtigkeit in der Gesellschaft besteht hiernach in dem durch staatliche Ordnungspolitik garantierten Wettbewerb, in dem jeder Marktteilnehmer nach individuellem Erfolg streben kann. Das Kriterium zur Verteilung der Einkommen ist ausschließlich das Leistungsprinzip, d. h. Erfolg muß durch hohe Einkommen belohnt, Mißerfolg durch niedrige Einkommen bestraft werden. Daraus erklärt sich, daß eine Korrektur der Marktergebnisse durch den umverteilenden Wohlfahrtsstaat (oder auch Sozialstaat) für den Neoliberalismus absolut inakzeptabel ist und als zivilisatorischer Rückschritt interpretiert wird, bei dem »die lange Zeit unterdrückte(n) Urinstinkte wieder an die Oberfläche gekommen (sind). Die Forderung nach gerechter Verteilung, bei der eine organisierte Macht jedem das zuteilen soll, was er verdient, ist somit genaugenommen ein Atavismus, der auf Uremotionen beruht.«[23]

Umverteilung wird als ein Hemmnis für die Leistungsbereitschaft und die Innovationskraft einer Gesellschaft betrachtet. Der Neoliberalismus wendet sich in diesem Zusammenhang scharf gegen eine auf Verteilungsgerechtigkeit zielende Gewerkschaftspolitik und die Regulierung der Arbeitsbeziehungen durch schützendes Arbeitsrecht (z.B. Kündigungsschutz, Mutterschutz, Mitbestimmungsrechte). Auch der moderne Parlamentarismus findet im Neoliberalismus seinen Gegner, da dieser durch seine gesetzgeberischen Kompetenzen die »spontane Ordnung« – so nennt Hayek die von staatlichen Eingriffen unberührte Marktwirtschaft – beeinflussen kann und deshalb Handlungen der Regierung durch das Wählervotum beeinflußt werden. Folglich muß aus neoliberaler Sicht die Kompetenz des Parlaments beschnitten werden.

Das neoliberale Wirtschafts- und Gesellschaftskonzept bietet der extremen Rechten die Möglichkeit, ihre Modernisierung in Anlehnung an eine international anerkannte Theorie zu vollziehen, die seit den achtziger Jahren zum beherrschenden Paradigma der entwickelten Industriestaaten geworden ist. Natürlich sind Neoliberalismus und Rechtsextremismus respektive Faschismus keineswegs identisch. Aber beiden gemein ist die Legitimation einer von demokratischen Einflüssen und Verteilungsgerechtigkeit befreiten kapitalistischen Ordnung. Darüber hinaus gibt es Schnittmengen zwischen neoliberaler Theorie und rechtsextremer Ideologie: ein autoritäres Regime ist dem Neoliberalismus allemal näher als eine lebendige Demokratie, ein kulturell determinierter Rassismus entspricht Hayeks Verständnis von der »kulturellen Evolution«der Gesellschaft[24] und das negative Freiheitsverständnis der neoliberalen Sozialphilosophie fordert die Demut und die Unterordnung des Individuums unter übergeordnete Werte.

Sicherlich setzt die Bezugnahme der extremen Rechten auf die neoliberale Konzeption ihre grundsätzliche Distanzierung gegenüber dem Faschismus als Gesellschaftskonzept voraus, besteht doch der Zweck vor allem darin, der Stigmatisierung als rechtsextrem zu entkommen und gesellschaftliche Akzeptanz zu erreichen. Das bedeutet allerdings nicht, daß deshalb die punktuelle Anwendung faschistischer Ideologeme zur Bedienung bestimmter Klientel ausgeschlossen ist. Die Kombination beider Elemente praktiziert die FPÖ unter der Führung von Haider mit großem Geschick; trotzdem die wirtschafts- und sozialpolitische Konzeption fast ohne Abstriche dem neoliberalen Leitbild folgt[25], plaziert Haider immer wieder faschistische Symbole im öffentlichen Diskurs, um das rechtsextreme Wählerpotential an die FPÖ zu binden.

Mit dem Rückgriff auf den Neoliberalismus liegt die extreme Rechte im allgemeinen gesellschaftlichen Trend, denn die ökonomischen Grundaussagen dieser Konzeption werden mittlerweile von den maßgeblichen politischen Kräften der Gesellschaft akzeptiert. Die Chance, die sich ein in diesem Sinne ausgerichteter Rechtsextremismus erhofft, besteht darin, sich als Katalysator des allgemeinen Trends zu profilieren, indem eine besondere Entschlossenheit beim Umbau der Gesellschaft angeboten wird. Da ist es nicht verwunderlich, wenn der stellvertretende Fraktionsvorsitzende der baden-württembergischen Republikaner, Ulrich Deuschle, in der *Jungen Freiheit* über die zukünftige Wirtschaftspolitik seiner Partei äußert, daß es für ihn unerheblich sei,»ob dies nun eine ›rechte‹ Wirtschaftspolitik wäre«.»Wichtiger wäre es mir, wenn ich Elemente einer ›richtigen‹ Wirtschaftspolitik eingebracht hätte.«[26]

Die aufgezeigte zweite Strömung des deutschen Rechtsextremismus bietet umfangreiche Aussagen zur Wirtschafts- und Sozialpolitik. Darüber hinaus ist festzustellen, daß jene Kräfte, die das neoliberale Konzept zu ihrer Leitlinie gemacht haben, gegenwärtig nicht nur in der extremen Rechten, sondern auch in der Gesellschaft an politischem Einfluß gewinnen. Die Wiederwahl der Republikaner bei der baden-württembergischen Landtagswahl sowie der Einzug des BFB ins Stadtparlament von München im März 1996, das öffentliche und offensive Auftreten des nationalliberalen Flügels in der FDP, die Diskussionen in rechtsextremen und konservativen Medien deuten auf die Formierung einer Strömung, die sich rechts der Union, aber in Abgrenzung zum traditionellen Rechtsextremismus, etablieren will. Dabei sind die politischen und personellen Übergänge zum konservativen Spektrum und zur ökonomischen Rechten fließend, so daß es in Zukunft Schwierigkeiten geben wird, die Entwicklung mit den üblichen Begrifflichkeiten wie Rechtsextremismus und Faschismus zu erklären, selbst dann, wenn eindeutige Verbindungen in das traditionelle rechtsextreme Lager nachgewiesen werden können.[27] Entscheidend aber ist, daß diese Strömung auf verschiedenen Ebenen eine wirtschaftspolitische Diskussion führt, die mit demselben Tenor in der Mitte der Gesellschaft stattfindet. Das Herausarbeiten dieser Tendenz steht im Mittelpunkt der weiteren Darstellung einzelner wirtschaftspolitischer Aspekte.

Die aktuelle Wirtschaftspolitik der extremen Rechten: Totaler Markt statt Wohlfahrtsstaat

Faßt man die wesentlichen Aspekte der wirtschaftspolitischen Diskussion der extremen Rechten zusammen, konzentriert sich ihr Anliegen auf eine Gegnerschaft zum Wohlfahrtsstaat.[28] Es geht um die Ablehnung einer staatlich garantierten Daseinsvorsorge für die Bürger durch ein System sozialer Sicherheit, einer Politik für Vollbeschäftigung und Chancengleichheit. Was im Prozeß gesellschaftlicher Auseinandersetzungen als Zugeständnis an die Arbeiterbewegung und in Reaktion auf kapitalistische Krisenprozesse entstanden ist, wird nach dem Wegfall der Systemkonkurrenz endgültig in Frage gestellt. Die sozialstaatliche Umverteilung soll zugunsten der Gewinneinkommen abgeschafft und durch eine konsequente Durchsetzung des Leistungsprinzips in allen Bereichen der Gesellschaft ersetzt werden. Die extreme Rechte verschärft den weitverbreiteten gesellschaftlichen Trend, daß mehr Markt und weniger Staat Gerechtigkeit für alle bedeute, um im Plädoyer für Wettbewerb und Markt Elitedenken, Sozialdarwinismus, Demokratie- und Gewerkschaftsfeindlichkeit zu plazieren. Das Ziel einer von Emanzipations- und Gleichheitsbestrebungen befreiten Gesellschaft soll gegen die »Sozialcliquen aller Parteien«[29] durchgesetzt werden.[30]

Die Gegnerschaft zum Wohlfahrtsstaat

Für die extreme Rechte ist der Wohlfahrtsstaat eine der letzten Bastionen des Sozialismus in Europa. Der Wohlfahrtsstaat sei »die demokratische – sprich: sozialdemokratische – Version des Sozialismus«[31], weil zur Finanzierung seiner »Paradiesillusion einer Geschenkwirtschaft«[32] eine Steuer- und Abgabenlast erhoben wird, die eine »schleichende Enteignung vieler Bürger«[33] bedeute. Die Ursache für diese Entwicklung liegt für beide Strömungen der extremen Rechten in den von ihnen abgelehnten Grundsätzen der europäischen Aufklärung. Das Streben nach allgemeiner Gleichheit und einer nach Vernunft ausgerichteten Gesellschaft wird als Eingriff in die natürliche bzw. evolutorische Entwicklung und einer daraus entstehenden Ordnung betrachtet. Die angebliche Tatsache von gegebenen »natürlichen Unterschiede(n) der Menschen« kann »nur zu einer eindeutigen Schlußfolgerung führen: Sie kann und wird auch nie gelöst werden! (…) Das Gleichheitsbedürfnis als Quelle überzogener Erwartungen ist somit die Ursache von Verunsicherungen und Chaos«[34], heißt es zur Frage der Ungleichheit in *Nation und Europa*. Ulrich Motte verkündet in der *Jungen Freiheit* dasselbe Credo in einer anderen ideologischen Verpackung: »Ein freiheitlicher Konservativismus hat die Idee der gleichgeschalteten Gesellschaft als verbrecherischen Alptraum abgehakt.«[35]

Während der traditionelle Rechtsextremismus mit biologistischen Argumentationsmustern gegen egalitäre Gesellschaftsprinzipien zu Felde zieht, argumentieren die Modernisierer der extremen Rechten mit dem neoliberalen Freiheitsverständnis im Sinne von Hayeks Begriff der »kulturellen Evolution«, das heißt in Abgrenzung zu einem als falsch abgelehnten Sozialliberalismus. »Je mehr jedoch die Ideen und der trügerische Freiheitsbegriff der Französischen Revolution auf England übergriffen«, erläutert Roland Barth in der *Jungen Freiheit*, »desto schwächer wurde auch die Position des Klassisch-

910

Liberalen« und es entwickelte sich »jene Spielart des Liberalismus, die noch heute überall in der Welt einen schillernden Liberalitätsbegriff vertritt, der mehr mit den Idealen des Sozialismus zu tun hat als mit denen der old whigs. (...) Die Sicherung individueller und gesellschaftlicher Lebensbedingungen kann nach Meinung von Hayek nur durch eine negative, nie durch eine positiv begründete Freiheit geschehen.«[36]

Gesellschaftliche Entwicklung, so Hayek, sei nicht das Ergebnis eines politischen Entwurfs durch den vernunftgelenkten Menschen, sondern sei in einem selektiven Evolutionsprozeß entstanden, wobei sich das jeweils Erfolgreiche durchgesetzt habe. Die daraus entstandene »spontane Ordnung« des Marktes basiere gerade darauf, daß deren Ergebnisse nicht festgelegt sind. Negative Freiheit bedeutet in der Konsequenz nichts anderes als die Ablehnung allgemeiner gesellschaftlicher Ziele, weil die so verstandene Freiheit lediglich die Funktion erfüllt, die »kulturelle Evolution« – und damit den Markt – ohne gesellschaftliche Lenkung wirken zu lassen. Gleichheit und soziale Gerechtigkeit als gesellschaftliche Ziele sind mit diesem Gesellschaftsverständnis unvereinbar und werden als »kollektivistische Scheinmoral« angegriffen, die »in den vergangenen 300 Jahren zu einer der wirksamsten Waffen im Arsenal des Sozialismus geworden (sind)«.[37]

Auf dem Hintergrund eines gesellschaftlichen Klimas, das die Fortsetzung wohlfahrtsstaatlicher Grundsätze grundlegend in Frage stellt, fühlt sich die extreme Rechte bestärkt, die humanistischen Grundwerte der Gesellschaft radikal in Frage zu stellen. Für den im nationalliberalen Flügel der FDP organisierten Vordenker der extremen Rechten, Rainer Zitelmann, steht der gesellschaftliche Bewußtseinswandel aber erst am Anfang. Zwar »findet (man) Indikatoren für dieses Umdenken im intellektuellen Diskurs«, aber immer noch »(ist) Gleichheit vielen wichtiger als Freiheit, ›soziale Gerechtigkeit‹ wichtiger als Risikobereitschaft und Sicherheit wichtiger als Wettbewerb«.[38]

In der Zeitung *Der Republikaner* heißt es: »Einer grün-roten Kulturschickeria ist es gelungen, deutsche Tugenden, die heute so dringend notwendig wären, verächtlich zu machen. Auch dieses Klima muß verändert werden, wenn Deutschland nicht die ganze Wiederaufbauleistung der Nachkriegsjahre verspielen will.«[39]

In einer anderen Argumentationslinie gegen den Wohlfahrtsstaat wird das Abdriften des Staates in Chaos und der Zerfall der staatlichen Ordnung heraufbeschworen. In dieser Linie verbindet sich die Ablehnung einer gesellschaftlichen Umverteilung zugunsten der Lohneinkommen mit dem Angriff auf die repräsentative Demokratie. Dabei geht es im Kern um die als notwendig erachtete Beschneidung der Kompetenzen des Parlamentes, insbesondere die Möglichkeit, gesellschaftliche Entwicklungen durch den Erlaß von Gesetzen oder Verordnungen politisch beeinflussen zu können. Aus Sicht der extremen Rechten birgt diese Kompetenz des Parlamentes die Gefahr in sich, daß die Entscheidungen der Parteien bei gesellschaftlichen Konflikten durch den politischen Druck außerhalb des Parlaments bestimmt werden. Dadurch werde Politik zu einem System der Korruption und des Versagens, denn »dem Gerangel um Privilegien der verschiedenen Interessengruppen in der Gefälligkeitsdemokratie sind die hohen Abgaben, die hemmende Bürokratie, das hohe Kostenniveau und ein verbreitetes Anspruchsdenken, auch unter den Unternehmern, zu verdanken«. Deshalb stehe »auch das politische System, das diese Verhaltensweisen erst ermöglicht (...) im Standortwettbewerb«.[40]

Dies ist eine Argumentationskette, die bereits in ähnlicher Weise in den zwanziger Jahren von der Rechten gegen die Weimarer Republik angewendet wurde. Als Kampfbegriff in diesem Zusammenhang fungieren die »Partikularinteressen«, die durch die Macht der Verbände – gemeint sind in erster Linie die Gewerkschaften – und die Parteien in die Gesellschaft getragen würden. Der durch das Parlament vermittelte gesellschaftliche Kompromiß unterschiedlicher Interessen wird zur Geißel der Gesellschaft erklärt, da er zulasse, daß die Interessen einzelner Gruppen das Gemeinwohl belasten. Die Republikaner wollen deshalb die »Verhinderung des Mißbrauchs staatlicher Einrichtungen durch politische Parteien und Gruppen und Kampf gegen Parteibuchwirtschaft«. Es gelte »für die Wiederherstellung einer strikten Gewaltenteilung«[41] einzutreten. In der *Jungen Freiheit* wird behauptet, die Krise des Sozialstaats habe man »den sich kumulierenden Ansprüchen verschiedenster ›Pressure-groups‹ zu verdanken, die es zu bedienen gilt«. Den theoretischen Bezug für den Zusammenhang zwischen Wohlfahrtsstaat und überbordender Demokratie bietet Hayeks mit äußerster Schärfe formulierte Kritik an der »unbeschränkten Demokratie«, deren Grundlage er in »einem legalisierten Verfahren von Erpressung und Korruption« sieht, »das seit langem allgemein anerkannt ist und dem sich die Besten nicht entziehen können«.[42] Unter ausdrücklicher Bezugnahme auf Hayek forderte denn auch Hans Heribert Derix bereits 1987 in *Criticón*, daß »der beherrschende Einfluß organisierter Interessengruppen abgewehrt werden« müsse. Gelingt dies nicht, so argumentiert er weiter, führe das »notwendigerweise zu einer allmählichen Transformation der spontanen Ordnung einer freien Gesellschaft in ein totalitäres System im Dienste einer Koalition organisierter Interessen«.[43]

Mit der Abwehr der »Koalition organisierter Interessen« wird vor allen Dingen das Zurückdrängen gewerkschaftlicher Gegenmacht begründet, die – und das verbindet alle Rechtsextremen – ausgeschaltet werden sollen. Während die DVU die Gewerkschaften als »Kartell der Absahner«[44] bezeichnet, beklagt die NPD in der *Deutschen Stimme*, daß die Gewerkschaften immer »wieder mit maßlosen Forderungen« die notwendige Einsicht für die gesamtwirtschaftliche Entwicklung vermissen lassen und dadurch die Möglichkeit verspielen, »vermehrt Wiedereinstellungen zu erreichen«.[45] Die Republikaner haben in ihrer schrittweisen Programmbereinigung die offenen antigewerkschaftlichen Töne zurückgeschraubt. Noch 1990 hieß es im Programm der Republikaner: »In der Verantwortung, das Gemeinwohl zu sichern, stehen ebenfalls die Gewerkschaften. Ihre wichtigste Aufgabe ist, das Wohl der Arbeitnehmer und deren Arbeitsplätze zu sichern *und den Preis der Arbeit im Sinne des gesamten* volkswirtschaftlichen Vorteils zu sehen (Hervorh. durch d. Verf.).«[46] Dieser eher korporative Ansatz wurde im 93er Programm um genau den Bereich bereinigt, der kursiv ausgewiesen ist.

Mittlerweile argumentieren die Republikaner in erster Linie mit marktwirtschaftlichen Argumenten gegen die Gewerkschaften, fordern von diesen mehr tarifpolitische Flexibilität und eine grundlegende Änderung des Tarifrechts zur Beschneidung gewerkschaftlicher Gegenmacht.[47] Damit liegen sie auf einer Linie mit dem BFB und der Diskussion in der *Jungen Freiheit* und *Criticón*, in der radikale Einschnitte in das deutsche Tarifvertragswesen zugunsten einer individuellen Gestaltung der Arbeitsbeziehungen gefordert werden. In der Selbstdarstellung des BFB heißt es in diesem Zusammenhang: »Zu den üblichen ›Tabuthemen‹ gehört in erster Linie die Tarifautonomie. Dabei ist der Einfluß der Gewerkschaften im öffentlichen Leben sozusagen allgegenwärtig. Die Parlamente, die Ministerien, die Arbeitsverwaltungen, die Arbeitsgerichte, nicht zuletzt die Medien nehmen immer wieder Rücksicht auf das, was sie für das Votum der organisierten Arbeitnehmer halten.« Der BFB fordert deshalb konsequente »Öffnungen im Tarifbereich. Insbesondere muß durch Gesetzesänderung sichergestellt werden, daß durch tarifliche Öffnungsklauseln untertarifliche Arbeitsbedingungen bei der Einstellung von Langzeitarbeitslosen zugelassen werden. Auf der gleichen Linie liegt die Forderung, daß die Möglichkeiten des Staates eingeschränkt werden, Tarifverträge für allgemeinverbindlich zu erklären. Durch die Allgemeinverbindlichkeit werden tarifliche Arbeitsbedingungen auch außenstehenden Dritten aufgezwungen.«[48]

Ein weiterer Argumentationsstrang der extremen Rechten gilt der behaupteten Zerstörung gesellschaftlicher Grundwerte durch den Wohlfahrtsstaat. Die staatliche Daseinsvorsorge habe »die Wurzel echter Moralität abgetötet: Die soziale Gesinnung, Opferbereitschaft, freiwillige Hilfe aus dem Gefühl von Liebe und Pflicht würden schwächer. Die Folgen sind eine ›Entsolidarisierung‹ der Gesellschaft.«[49] Was auf den ersten Blick allein wie eine idealistische Rückbesinnung auf traditionelle konservative Werte oder eine Attacke auf die staatliche Absicherung individueller Lebensgestaltung aussieht, hat durchaus auch eine materielle Funktion.

Ausgehend von dem Ziel der extremen Rechten, die staatliche Sozialpolitik auf die sogenannten wirklich Bedürftigen (gemeint sind diejenigen, die unter keinen Umständen ihren Unterhalt aus eigener Arbeit bestreiten können) zu

reduzieren und das System allgemeiner sozialer Sicherung durch Marktme-
chanismen zu ersetzen, bedarf es einer sozialpolitischen Alternative, um die
neuen sozialen Ungleichgewichte aufzufangen. Dazu dient der Rückgriff auf
subsidiäre Prinzipien durch die Stärkung der Familie, das Bild der aufopfe-
rungsbereiten Frau oder den helfenden Nachbarn, der zudem ein gesellschaftlich akzeptiertes Forum bietet, um das Menschenbild und Gesellschaftsverständnis der extremen Rechten zu transportieren. »Die staatliche Totalversor-
gung der Bürger – bestes Beispiel die Pflegeversicherung – führt zu einer
Aushöhlung des Prinzips der Eigenverantwortung (...) und vernichtet somit
die Basis für das Soziale schlechthin«[50], bringt es Gunnar Sohn vom BFB auf
den Punkt. Der angebliche Mangel an Selbstverantwortlichkeit und Eigenvor-
sorge beeinträchtigt aus dieser Sicht die allgemeine Leistungsbereitschaft in
der Gesellschaft, denn »mit steigenden sozialen Leistungen verringern sich
aber gleichzeitig die individuellen Leistungsanreize«[51] zum Schaden der
gesamten Volkswirtschaft. Darunter leide die Innovationskraft von Wirtschaft
und Gesellschaft und damit die Wettbewerbsposition »im harten ›darwinisti-
schen‹ Konkurrenzkampf des 21. Jahrhunderts«[52].

Es bleibt die Frage, mit welchen konkreten Maßnahmen die extreme Rechte die »Rückführung unserer Schlaraffenlandgesellschaft wieder in eine Lei-
stungsgesellschaft«[53] bewerkstelligen will, wie also das angestrebte Ende des
Wohlfahrtsstaates und stattdessen Markt und Wettbewerb als zentrales Mittel
der Lenkung von Gesellschaft und Wirtschaft durchgesetzt werden sollen. Im
wesentlichen werden, wenn auch mit unterschiedlichen Akzenten, von beiden
Strömungen der extremen Rechten die folgenden Positionen vertreten:

1. Die Reduzierung der Anspruchsberechtigten sozialer Leistungen durch die
   Bekämpfung von sogenannten Arbeitsunwilligen, d.h. konkret Verschärfung des Zwangs zur Arbeit durch veränderte Zumutbarkeitskriterien bei
   gleichzeitiger Reduzierung der Lohnersatzleistungen. Diese sogenannte
   Mißbrauchskampagne ist mittlerweile bis in sozialdemokratische Gefilde
   akzeptiert und wird von der extremen Rechten lediglich rigider formuliert
   und deutlicher rassistisch bzw. nationalistisch akzentuiert.
2. Die Reduzierung der Arbeitslosigkeit durch Absenkung des Lohnniveaus
   bei gleichzeitiger Verminderung der Sozialhilfe (Lohnabstandgebot) sowie
   die Verminderung des Arbeitsangebots (also der Zahl arbeitsuchender
   Personen) durch die »Rückführung« von Ausländern.
3. Die Reduzierung der staatlichen Sozialpolitik auf eine minimale Armen-
   fürsorge und die Verlagerung sozialer Verantwortlichkeit in subsidiäre
   Strukturen. Diese grundsätzliche Linie wird teilweise auch verknüpft mit
   dem Appell an Reiche, auf der Basis einer verbindenden nationalen Gesinnung freiwillige Hilfsleistungen an Arme zu leisten.

Die Schaffung einer gerechten Ordnung durch Wettbewerb und Markt

Beide Strömungen der extremen Rechten bekennen sich grundsätzlich zur Marktwirtschaft als Organisationsform der Wirtschaftsordnung. Die Gewährleistung von Privateigentum und unternehmerischem Gewinn sind ebenso unumstritten, wie die Förderung eines freien Unternehmertums und die Steuerung der Wirtschaftsprozesse über Angebot und Nachfrage. Das gilt auch für die Verteilung von Lohn und Gewinn, die sich nicht am individuellen Bedarf orientieren, sondern ausschließlich über den freien Arbeitsmarkt und durch das Leistungsprinzip ermittelt werden soll. Die über den Markt und den Wettbewerb organisierte Volkswirtschaft wird als das effektivste System zur Verwendung der gesellschaftlichen Ressourcen betrachtet. »Die natürliche Wirtschaftsordnung in einer Gesellschaft freier Bürger ist die Marktwirtschaft«,[54] verkündet der BFB in seinem Grundsatzprogramm, und die Republikaner betonen bereits in ihrem ersten Programm 1983 die Notwendigkeit einer ungehinderten Marktwirtschaft: »Die Wirtschaft braucht zu ihrer erfolgreichen Entwicklung unbürokratische Freiheit (...) Fehler freier Wirtschaften gleichen sich aus, Fehler bürokratischer oder bürokratisch bestimmter Wirtschaften sind Globalfehler.«[55] Für den ehemaligen NPD-Vorsitzenden Adolf von Thadden gibt es keinen Widerspruch zwischen faschistischer Ideologie und dem Marktprinzip: »Hitler hat eben nicht, wie Ulbricht, die Wirtschaft verstaatlicht und damit zu allmählicher Erstarrung verdammt – er hat vielmehr, Pläne hin oder her, die Marktwirtschaft kaum in ihrem Funktionieren beengt, sie jedoch mit seiner ›Sozialisation der Herzen‹ flankiert.«[56]

Die Gemeinsamkeiten im Bekenntnis zur Marktwirtschaft finden allerdings dort ihre Grenzen, wo es um das Verhältnis von Wirtschaft und Politik geht. In der bereits erwähnten Diskussion über die zukünftige Wirtschaftspolitik der extremen Rechten in der *Jungen Freiheit* manifestierte sich dieser Gegensatz in der Gegenüberstellung der Parolen »Gemeinnutz geht vor Eigennutz« versus »Eigennutz durch Gemeinnutz«.[57] Dabei steht die erste Parole für das faschistische Postulat vom Primat der Politik, das die individuelle Freiheit der Marktteilnehmer immer dann beschneiden soll, wenn es um übergeordnete Ziele der »Volksgemeinschaft« geht. Die zweite Parole bekennt sich zur ungehinderten Entfaltung der Marktkräfte und damit zur unbeschränkten Verfolgung individueller Ziele im Wirtschaftsprozeß, verlangt aber, daß sich die wirtschaftlich Handelnden einer Art freiwilliger Selbstverpflichtung zugunsten übergeordneter nationaler Belange unterordnen. Mit diesem Appell an eine »Wirtschaftsgesinnung«[58] soll einem grenzenlosen Individualismus (- sprich Eigennutz) Einhalt geboten werden.

Während die an faschistischer Ideologie orientierten Rechtsextremen die Marktwirtschaft lediglich als ökonomische Funktion begreifen und eine poli-

tische Lenkung der Volkswirtschaft durch den starken Staat und die herrschenden Eliten für ein übergeordnetes Gemeinwohl verlangen, setzt die am
Neoliberalismus orientierte extreme Rechte auf die Steuerung gesellschaftlicher Prozesse durch den Markt und lehnt staatlichen Dirigismus ab. »Grundsätzlich sind in einer freien und marktwirtschaftlichen Ordnung staatliche
Regulierungen nur gerechtfertigt, wenn private Vereinbarungsmöglichkeiten
ausgeschöpft sind. Staatsaufgaben sind daher auf das absolut Notwendige zu
reduzieren«[59], heißt es beim BFB. Rainer Zitelmann verklärt die neoliberale
Entstaatlichung gar zu der »*Vision eines Gemeinwesens* (Hervorh. durch den
Verf.), in dem der Staat sich wieder primär auf die Gewährleistung von innerer und äußerer Sicherheit beschränkt und sich aus Bereichen zurückzieht, in
denen er mehr Unheil als Heil bringt«.[60] Und die Republikaner »messen einer
in freiheitlicher Ordnung und mit geringen staatlichen Eingriffen funktionierenden Volkswirtschaft erstrangige Bedeutung für die Stabilität unserer
Demokratie und für das Wohlergehen aller seiner Bürger bei«.[61] Aus dieser
Sicht wird die freie Marktwirtschaft nicht nur als ökonomisches Prinzip der
Wirtschafts- und Sozialordnung, sondern auch als grundsätzliche Voraussetzung einer gesamtgesellschaftlichen Ordnung betrachtet.

Die Forderung nach einer Beschränkung staatlicher Wirtschaftspolitik auf
die Gewährleistung des ordnungspolitischen Rahmens einer Wettbewerbswirt-
schaft (Monopolkontrolle, Subventionsabbau, Deregulierung, Privatisierung
öffentlicher Unternehmungen und Dienstleistungen etc.) darf allerdings nicht
als Bekenntnis für einen schwachen Staat interpretiert werden. Im Gegenteil
verlangt die neoliberale Konzeption einer von staatlichen Einflüssen befreiten
Wirtschaft nach einer starken staatlichen Autorität, die die ordnungspolitischen Maßnahmen unbeirrt von gesellschaftlichen Konflikten durchsetzen
kann und die zunehmenden sozialen Polaritäten in der Gesellschaft befriedet.
Gerade diese Komponente macht den Neoliberalismus für die extreme Rechte so interessant, denn er ermöglicht die Verknüpfung von bedingungsloser
Leistungsauslese und autoritärer staatlicher Ordnung. Es ist deshalb nicht verwunderlich, daß beispielsweise die Republikaner und der BFB trotz aller
Bekenntnisse für den Rückbau des Staates die massive Verstärkung von Polizei und Bundeswehr verlangen.[62]

Die am neoliberalen Gesellschaftskonzept orientierte extreme Rechte fordert eine radikale Durchdringung der Gesellschaft nach marktwirtschaftlichen
Kriterien. Das betrifft nicht nur das System sozialer Sicherung und die Lohn-
entwicklung, sondern auch das Angebot öffentlicher Dienstleistungen auf
kommunaler Ebene und die Bereiche Bildung, Wissenschaft, Kultur und
Medien. An die Stelle allgemeiner Chancengleichheit und gesamtgesell-
schaftlicher Verantwortung soll ein Gerechtigkeitsverständnis treten, das sich
über den Leistungswettbewerb auf dem Markt vermittelt. Gerecht ist, was der

Wettbewerb hervorgebracht hat und ungerecht ist es nach diesem Verständnis, wenn die Marktergebnisse durch gesellschaftliche Eingriffe korrigiert werden.

Die Legitimation für dieses sozialdarwinistische Denken liefert die Idealisierung des Wettbewerbs als Triebfeder zivilisatorischen Fortschritts. »Daß die freiheitsgebärende und freiheitsbewahrende Kraft des Wettbewerbs natürlich nur eine von vielen seiner segensreichen Funktionen darstellt, darf seit den bahnbrechenden Arbeiten Friedrich A. von Hayeks über den Wettbewerb als ›Entdeckungsverfahren‹, als wirksamste Methode zum Hervorlocken, Erzeugen, Verbreiten und zum anwendenden Umsetzen von Wissen sowie als universelle Lern- und Lehrveranstaltung für das Nachahmen des Erfolgreichen und für das Eliminieren des Untauglichen, ja als Grundprinzip aller evolutorischen Entwicklung und allen gesellschaftlichen, ökonomischen und intellektuellen Fortschritts als bekannt vorausgesetzt werden.«[63] Wer den Wettbewerb durch politische Einflußnahme regulieren will, plädiert somit nicht allein für ineffizientes Wirtschaften, sondern auch für den zivilisatorischen Rückschritt und das Ende der abendländischen Kultur. Die westliche Zivilisation sei im historischen Prozeß deshalb erfolgreich gewesen, weil sie sich im »Wettbewerb der Menschen und Institutionen, der Firmen und Produktionsfaktoren, der Meinungen und Informationssysteme, der Parteiprogramme und politischen Konzeptionen«[64] zu einer erfolgreichen Hochkultur entwickelt habe.

Die Marktradikalität der extremen Rechten findet allerdings selbst bei den Protagonisten dieser Linie eine Begrenzung, wenn es um den Mittelstand oder die Landwirtschaft geht, denn beide werden nach wie vor als potentielle Klientel rechtsextremer Politik betrachtet. Die Förderung eines selbständigen Mittelstandes sowie die Aufrechterhaltung bäuerlicher Familienbetriebe gelten darüber hinaus als übergeordnete gesellschaftspolitische Ziele und sollen deshalb nicht allein im Rahmen marktwirtschaftlicher Logik behandelt werden. So verleihen die Republikaner »der staatstragenden Bedeutung des Mittelstandes« ein besonderes Gewicht und verklären den Mittelstand zum »Träger und Garant für Wohlstand, Beschäftigung und öffentliche Finanzen und somit für die gesamte Volkswirtschaft«.[65] Der BFB-Vorsitzende Manfred Brunner fordert, daß »die Landwirtschaft wieder in nationale Hand (muß)«. Denn deutsche »landwirtschaftliche Familienbetriebe haben keine Chance gegen amerikanische Agrarfabriken. In der Landwirtschaft kann es keinen Freihandel, sondern nur ein System aus Zöllen und gegenseitigen Handelsvereinbarungen geben.«[66]

Die Diskussion der extremen Rechten um die Frage Freihandel versus Protektionismus kommt allerdings nur in diesem Ausnahmebereich zu einer Übereinstimmung. Grundsätzlich befürworten die traditionell orientierten Rechtsextremen die aktive Anwendung protektionistischer Maßnahmen zur

Steuerung der nationalen Interessen der Volkswirtschaft. Diese Position wird von den Modernisierern der extremen Rechten mit der Warnung vor »ideologischen Verengungen in dieser Frage« zurückgewiesen, denn »wir müssen zur Kenntnis nehmen, daß sich in manchen Wirtschaftsbereichen Weltmärkte bzw. regionale Großmärkte gebildet·haben«, welche »die Einflußmöglichkeiten einer nationalen Volkswirtschaft sicher nicht größer werden«[67] lassen.

Fazit

Die extreme Rechte in der Bundesrepublik diskutiert seit Ende der achtziger Jahre mit zunehmender Tendenz wirtschaftspolitische Fragestellungen. Vor dem Hintergrund eines konservativen gesellschaftlichen Klimas sieht die extreme Rechte die Chance für eine gesellschaftliche Etablierung und sucht deshalb nach Positionen in diesem zentralen Politikfeld. Auf der Ebene der Parteien verfügen zumindest die Republikaner und der BFB über umfangreiche wirtschaftspolitische Vorstellungen, die eine daraus abgeleitete Sozialpolitik begründen. Auch in den Publikationsorganen der extremen Rechten, besonders in der *Jungen Freiheit*, *Criticón* und *Nation und Europa*, wird nach wirtschaftspolitischen Standpunkten gesucht und eine Debatte um diese Fragen geführt. Neben dieser langfristigen Option versuchen die verschiedenen Parteien, Organisationen und Gruppierungen mit unterschiedlichen Aktionen und Kampagnen die ökonomischen Krisenerscheinungen für rechtsextreme Mobilisierungen zu nutzen.

Die aktuelle Diskussion über eine zukünftige Wirtschaftspolitik ist von der grundsätzlichen Frage der extremen Rechten überlagert, mit welcher Strategie sie in Zukunft politisch agieren will. Dabei steht das Ziel eines Bündnisses der extremen Rechten, das sich an klassischen faschistischen Positionen orientiert, dem Modell eines modernisierten Rechtsextremismus gegenüber, das im Kern an die neoliberale Gesellschaftstheorie angelehnt ist und diese selektiv um rechtsextreme Diskurse ergänzt. Der Rückgriff auf die faschistische Wirtschaftspolitik der NSDAP, insbesondere auf den behaupteten Modernisierungsschub und die angeblich erfolgreiche Beschäftigungspolitik, zielt auf eine repressive Stabilisierung der kapitalistischen Ordnung, die zwar auf den Marktmechanismus setzt, aber die politische Lenkung der Wirtschaft durch eine selbsternannte Elite impliziert. Eine solcher Art ausgerichtete Wirtschaftspolitik scheint unter den gegenwärtigen gesellschaftspolitischen Bedingungen wenig Aussicht auf Erfolg zu haben, da eine grundlegende Kurskorrektur der politisch-ökonomischen Rahmenbedingungen erfolgen müßte.

Die Ausrichtung auf die neoliberale Gesellschaftskonzeption paßt sich dagegen an bestehende Entwicklungstendenzen in der Gesellschaft an, denn das neoliberale Gedankengut bestimmt den allgemeinen Trend der wirtschafts- und sozialpolitischen Auseinandersetzung in der Gesellschaft. Es bietet eine allgemein anerkannte theoretische Legitimation für die rigide Ausdifferenzierung der Gesellschaft nach Leistungskriterien sowie die Umverteilung der Einkommen zugunsten der Besitzer von Produktiv- und Geldvermögen und ist verknüpfbar mit traditionellen Ideologemen des Rechtsextremismus. So kann etwa der biologistisch begründete Rassismus des deutschen Faschismus durch einen kulturell begründeten in Anlehnung an den Neoliberalismus ersetzt werden. Nicht mehr Volk und Rasse werden dabei als Legitimation einer vermeintlichen Überlegenheit der Nation herangezogen, sondern die am Markt und im Wettbewerb erfolgreichste Kultur und Zivilisation bietet den Maßstab einer Hierarchie der Völker.

Die in diesem Sinne ausgerichtete extreme Rechte versteht sich als Katalysator des allgemeinen Trends, den sie mit besonderer Rigorosität umzusetzen verspricht. Als Kampfbegriff firmiert in diesem Zusammenhang der Begriff der »Sozialdemokratisierung« der Gesellschaft, den die extreme Rechte benutzt, um sich als diejenige Kraft anzubieten, die ohne politische Rücksichtnahmen wirkliche Veränderungen in der Gesellschaft herbeiführen kann. Ihre wirtschaftspolitischen Aussagen knüpfen unmittelbar an aktuelle Themen an und benutzen deren Rückwärtsgewandtheit zur eigenen Profilierung. Die Attacken gelten insbesondere dem Wohlfahrtsstaat, dem potentiellen Einfluß der Gewerkschaften, der Regulierung der Arbeitsbeziehungen und den angeblich zu hohen steuerlichen Belastungen für Gewinneinkommen und Vermögen. Ihre Vorschläge zur Lösung dieser Fragen bewegen sich nicht außerhalb der grundsätzlichen Denklogik der im Parlament vertretenen Parteien, sondern sie sind lediglich etwas schärfer akzentuierte bzw. formulierte Varianten dessen, was vor allem von der CDU/CSU und der FDP formuliert wird.

Ob sich die Anpassung der extremen Rechten an das neoliberale Konzept von Wirtschaft und Gesellschaft insgesamt vollziehen wird, hängt mit hoher Wahrscheinlichkeit vom zukünftigen politischen Erfolg dieser Richtung und weniger von den ideologischen Differenzen der Strömungen ab. Die Erfolge modernisierter rechtsextremer Parteien in anderen europäischen Ländern und die Entwicklung der letzten Jahre in Deutschland lassen vermuten, daß auch hier eine Partei der extremen Rechten entstehen kann, die nicht allein durch das bisherige Raster rechtsextrem/(neo)faschistisch zu erklären ist. Die Analyse dieser Entwicklung sollte sich weniger von der Frage leiten lassen, ob diese Kategorien noch zutreffend sind oder nicht, sondern vielmehr versuchen, die Inhalte und das Wesen der extremen Rechten in den neunziger Jahren zu begreifen, um ihr wirkungsvoll begegnen zu können.

Anmerkungen

1 Vgl. M. Horkheimer; Th. W. Adorno: Ideologie. In: Institut für Sozialforschung (Hrsg.): Soziologische Exkurse. Frankfurt a.M. 1956, S. 162–181; vgl. in diesem Zusammenhang auch den Aufsatz von H. Marckuse: Der Kampf gegen den Liberalismus in der totalitären Staatsauffassung. (1934). In: O. Bauer; Herbert Marcuse; Arthur Rosenberg u.a.: Faschismus und Kapitalismus. Frankfurt/M.; Wien 1967, S. 39–74. In diesem Aufsatz untersucht Marcuse den Faschismus aus einem ideologiekritischen Ansatz.

2 F. L. Neumann: Behemoth. Struktur und Praxis des Nationalsozialismus. New York 1942, auf deutsch erschienen in Frankfurt a.M./Köln 1977, S. 67.

3 Vgl. F. A. von Hayek: Der Weg zur Knechtschaft. 1. deutschsprachige Ausgabe Erlenbach/Zürich 1943, Taschenbuchausgabe 1991, S. 210–226; kritisch zu dieser Argumentationsfigur: R. Kühnl: Waren die deutschen Faschisten Sozialisten? Analyse einer Geschichtsfälschung. Blätter für deutsche und internationale Politik, 24 (1979) 11, S. 1303–1326.

4 A. Barkai: Das Wirtschaftssystem des Nationalsozialismus. Originalausgabe Köln 1977, erw. Neuausgabe Frankfurt/Main 1988, S. 230.

5 Ebenda.

6 W. Krause: Wirtschaftstheorie unterm Hakenkreuz. Die bürgerliche politische Ökonomie in Deutschland während der faschistischen Herrschaft. Berlin/DDR 1969, S. 75.

7 Vgl. H. Dubiel; A. Söllner: Wirtschaft, Recht und Staat im Nationalsozialismus: Analysen des Instituts für Sozialforschung 1939–1942. Frankfurt a.M. 1984; darin insbesondere: F. Polock: Staatskapitalismus, S. 81–109 und ders.: Ist der Nationalsozialismus eine neue Ordnung? S. 111–128. Eine Überwindung des Kapitalismus in der faschistischen Ökonomie sieht auch W. Hock: Deutscher Antikapitalismus. Frankfurt a.M. 1960, der allerdings seine Argumentation ähnlich wie Hayek aus einem Antitotalitarismus ableitet.

8 Vgl. hierzu D. Elchlepp; H-J. Heiner: Zur Auseinandersetzung mit der NPD. München 1969, S. 68–83; R. Kühnl; R. Rilling; C. Sager: Die NPD. Struktur, Ideologie und Funktion einer neofaschistischen Partei. Frankfurt a.M. 1969, S. 99–112.

9 Programm der NPD, Grundlagen nationaldemokratischer Politik, Hannover 1967, Abschnitt IX, 17.

10 Ebenda, S. 8.

11 Vgl. hierzu R. Stöss: Die extreme Rechte in der Bundesrepublik. Entwicklung, Ursachen, Gegenmaßnahmen. Opladen 1989.

12 Die Entdeckung der Wirtschaftspolitik als Schwerpunktthema der extremen Rechten ist sicherlich auch dadurch forciert worden, daß mit der Veränderung des Asylrechts und der Wiedervereinigung zwei ihrer zentralen politischen Betätigungsfelder weggefallen sind.

13 C. Meyerson: Wieviel Markt – wieviel Regulierung? Junge Freiheit (1994) 29.

14 Amor: Protektionismus ist möglich – Kauft Euren Zucker nur bei Deutschen! Junges Franken 1994/2, S. 9. Der Name Amor wird als Pseudonym für ein Mitglied der Jungen Nationaldemokraten geführt.

15 Die Einteilung in zwei Strömungen stellt eine gewisse Zuspitzung dar, die dazu dient, die Haupttendenzen deutlich herauszuarbeiten. In der Praxis sind die Übergänge zwischen den Strömungen der extremen Rechten, aber auch im Übergang zum konservativen Lager und zur ökonomischen Rechten, fließend.

16 F. Schönhuber: Italien rückt näher. Nation und Europa (1996) 4, S. 13 u. 15.

17 H. Schröcke: Die dienende Aufgabe der Wirtschaft. Junge Freiheit (1994) 30–31.

18 T. Thaler: Gewerkschaft contra Meinungsfreiheit? Nation und Europa (1994) 6, S. 28.

19 Vgl. hierzu R. Kühnl: Die nationalsozialistische Linke 1925–1930. Meisenheim 1966.

20 Memorandum des Deutschen Arbeitnehmer-Verbandes (DAV) zur Lösung bestehender Probleme im wirtschafts-, arbeitsmarkt-, fiskal-, sozial- und umweltpolitischen Bereich. Marl 1996, S. 6; der DAV wurde 1952 unter anderem Namen gegründet und in den achtziger Jahren durch die NPD unterwandert. Das Ziel ist der Aufbau einer gewerkschaftlichen Gegenorganisation, die

gegen die »etablierten Monopolgewerkschaften« zu Felde zieht und für »die Schaffung einer sozial gerechten Gemeinschaftsordnung« (DAV, Aufruf an alle selbständig denkenden Arbeitnehmer, Marl 1993) eintritt.

21 Vgl. zur Einführung der Theorie des Neoliberalismus H. Schui: Neoliberalismus – Der Versuch, die Konzentration von Einkommen und Vermögen zu legitimieren. In: ders.; E. Spoo (Hrsg.): Geld ist genug da. Reichtum in Deutschland. Heilbronn 1996, S. 103–123.

22 F. A. von Hayek: Recht, Gesetzgebung und Freiheit. Band 2: Die Illusion der sozialen Gerechtigkeit. Landsberg am Lech 1981, S. 15 f.

23 F. A. von Hayek: Recht, Gesetzgebung und Freiheit. Band 3: Die Verfassung einer Gesellschaft freier Menschen. Landsberg am Lech 1981, S. 223.

24 Ebenda, S. 232. Hayek schreibt in diesem Zusammenhang folgendes: »Für die Wissenschaft der Anthropologie mögen alle Kulturen und Moralauffasssungen gleich gut sein, aber zur Aufrechterhaltung unserer Gesellschaftsordnung müssen wir die anderen als weniger gut ansehen«.

25 Vgl. beispielsweise Freiheitliches Bildungswerk: Freiheitliches Maßnahmenpaket zur Sicherung des Wirtschaftsstandort Österreich. Wien 1995.

26 U. Deuschle: Gibt es eine ›rechte Wirtschaftspolitik‹? Junge Freiheit (1994) 26.

27 Dieses Problem besteht auch in Österreich in der Auseinandersetzung mit der FPÖ. Zwar konnte mit umfangreichen und fundierten Recherchen, besonders durch das Dokumentationsarchiv des österreichischen Widerstandes (DÖW) in Wien, immer wieder nachgewiesen werden, daß die FPÖ trotz aller Modernisierungsbestrebungen nicht nur enge Verbindungen zu rechtsextremen Organisationen unterhält, sondern auch selbst in vielen Bereichen als rechtsextrem bezeichnet werden muß. Trotz dieser Nachweise, die auch in der österreichischen Öffentlichkeit erhebliche Beachtung gefunden haben, wurde die FPÖ auch bei der vorgezogenen Neuwahl 1995 mit über 20 Prozent gewählt. Es scheint also nicht auszureichen, diesen Nachweis zu erbringen, um den Einfluß der FPÖ zurückzudrängen.

28 Eine ausführliche Untersuchung der wirtschafts- und sozialpolitischen Konzeptionen und derem theoretischen Fundament mit detaillierten Fallstudien einzelner Parteien der extremen Rechten erscheint Ende 1996 in München: H. Schui; R. Ptak; S. Blankenburg; G. Bachmann; D. Kotzur: Wollt ihr den totalen Markt? Der Neoliberalismus und die extreme Rechte.

29 M. Brunner, zit. nach Ostpreußenblatt (1996) 2.

30 Zur Veranschaulichung der inhaltlichen Positionen und Argumentationsweisen werden in diesem Abschnitt ausführliche Originalzitate verwendet. Der Zweck des Abschnitts besteht im wesentlichen in einer konzentrierten Darlegung der wichtigsten wirtschaftspolitischen Diskussionssstränge der extremen Rechten. Auf eine umfangreichere kritische Würdigung der Aussagen muß aus Platzgründen ebenso verzichtet werden, wie auf die detaillierte Darstellung der einzelnen wirtschafts- und sozialpolitischen Vorstellungen (vgl. Anm. 28).

31 U. Motte: Konservative Gegenkultur als Wirtschaftsmacht. Das Soziale organisieren. Junge Freiheit, (1995) 36.

32 R. Barth: Freiheit und Marktwirtschaft. Junge Freiheit, (1994) 42; G. Sohn: Krise und Kritik. Criticón 149, Januar/Februar/März 1996, S. 4; in einer ähnlichen Funktion wird der Begriff der »Gefälligkeitsdemokratie« benutzt, z. B.: D. Fischer: Teufel oder Beelzebub? Junge Freiheit, (1996) 5 oder FDP, Entwurf für das neue Grundsatzprogramm, Bonn 1996, S. 7–10.

33 Bund Freier Bürger-Die Freiheitlichen (BFB): Freiheit braucht Mut. Grundsatzprogramm 1995. München 1995, S. 7.

34 C. Mattausch: Der Menschen Ungleichheit und die politische Konsequenz. Nation und Europa, (1990) 2, S. 40 f.

35 Motte, 1995 (s. Anm. 31).

36 Barth, 1994 (s. Anm. 32); vgl. auch H. H. Derix: Marktgesellschaft und Demokratie. Die Lehre Friedrich August von Hayeks. Criticón 99, Januar/Februar 1987, S. 22–26.

37 Barth, 1994 (s. Anm. 32).

38 R. Zitelmann: Grenzen der Wohlfahrt. Die Welt vom 22.3.1996.

39 N.N.: Die Steuerschraube dreht sich weiter. Der Republikaner, (1996) 1–2.

40 Fischer, 1996 (s. Anm. 32).
41 Die Republikaner: Augsburger Parteiprogramm. Bonn 1993, S. 5 f.
42 Walter Eucken Institut (Hrsg.): Vorträge und Aufsätze. Drei Vorlesungen über Demokratie, Gerechtigkeit und Sozialismus von Friedrich August von Hayek. 63 (1977), S. 8 und S. 12.
43 Derix, 1987, S. 40 f. (s. Anm. 36).
44 H. Weidenbach: Betrug an Vulkan-Arbeitnehmern. Deutsche National-Zeitung, (1996) 12.
45 G. Ernst: Arbeitslosigkeit als unabwendbares Dauerschicksal? Deutsche Stimme, (1995) 3.
46 Die Republikaner: Rosenheimer Parteiprogramm. Bonn 1990, S. 43.
47 Vgl. beispielsweise R. Schlierer: Auszüge der Presseerklärung zur Gesprächsrunde des Bundeskanzlers mit den Sozialpartnern. Der Republikaner, (1995) 1–2 oder N.N.: Arbeitsplätze sichern durch Reform des Tarifrechts. Der Republikaner (1995) 1–2.
48 W. Hacker: Mit konsequenter Deregulierung Verkrustungen des Arbeitsmarktes aufbrechen und Arbeitslosigkeit bekämpfen. In: BFB: Wer wir sind. Was wir wollen. München 1994, S. 66.
49 P. D. Richard: Entdeckt die SPD Ludwig Erhard? Junge Freiheit, (1994) 51.
50 Sohn, 1996 (s. Anm. 32).
51 Barth, 1994 (s. Anm. 32).
52 M. Gernhart: Auszug aus dem Paradies. Junge Freiheit, (1996) 9.
53 E. Hamer: Europa erzwingt Harmonisierung der Staatsausgaben. Junge Freiheit, (1994) 43; Hamer ist wissenschaftlicher Leiter des Mittelstandsinstituts Niedersachsen, Präsident der Bundesarbeitsgemeinschaft Mittelstandsforschung und Präsident der Deutschen Mittelstandsstiftung (vgl. H. Kappel; A. von Stahl (Hrsg.): Für die Freiheit. Plädoyer für eine liberale Erneuerung. Berlin/Frankfurt a.M. 1996, S. 251) sowie Mitglied des BFB (vgl. BFB, 1994, S. 13, s. Anm. 48).
54 BFB, Grundsatzprogramm 1995, S. 7 (s. Anm. 33).
55 Die Republikaner: Grundsatzprogramm 1983. München 1983, S. 36.
56 A. von Thadden: Modernisierungsschub durch NS. Nation und Europa, (1991) 12, S. 71.
57 Vgl. Schröcke, 1994 (s. Anm. 17); als Gegenposition: B. Wolf: Parole Eigennutz durch Gemeinnutz! Junge Freiheit, (1994) 37.
58 Wolf, 1994 (s. Anm. 57).
59 BFB: Grundsatzprogramm 1995, S. 17 (s. Anm. 33).
60 Zitelmann, 1996 (s. Anm. 38).
61 Die Republikaner, Parteiprogramm 1993, S. 50 (s. Anm. 41).
62 Vgl. ebenda, S. 10 f. und S. 16–18; sowie BFB, Grundsatzprogramm 1995, S. 6 und 11 (s. Anm. 33).
63 R. Baader: Europäisches Wunder und europäisches Elend. Criticón 149, Januar/Februar/März 1996, S. 30.
64 Ebenda.
65 Die Republikaner, Parteiprogramm 1993, S. 51 (s. Anm. 41).
66 M. Brunner: Fundament der Freiheit wankt. Ostpreußenblatt 1996/8.
67 Deuschle, 1994 (s. Anm. 26).

Martin Dietzsch/Anton Maegerle

Digitales Braun

Die Nutzung Neuer Medien durch Neonazis

Computerspiele

Ende der 80er Jahre sorgte die Nutzung von Computern durch Neonazis erstmals für mediale Aufregung. Die Bundesprüfstelle für jugendgefährdende Schriften indizierte zwischen 1988 und 1990 eine Reihe von Computerspielen mit rassistischem und nazistischem Inhalt. Diese Spiele wurden anonym in Umlauf gebracht und von Jugendlichen (wie andere Spiele auch) kopiert und weiterverbreitet.

In technischer Hinsicht waren sie äußerst primitiv – fast durchweg mit reiner Textausgabe, allenfalls mit ein paar Standbildern. Das Spielprinzip war ebenfalls simpel. Nach dem Multiple Choice Prinzip konnte man z.B. im »Anti-Türken-Test« auf eine Frage eine von mehreren vorgegebenen Antworten auswählen und bekam am Ende gesagt, ob man ein guter Deutscher oder ein Türkenfreund sei. Besonders widerlich war das Spiel »KZ-Manager«, in dem der Spieler in Form einer Wirtschaftssimulation ein Vernichtungslager leiten soll. Das Spiel ist so angelegt, daß der Spieler nur dann Erfolg hat, wenn er möglichst viele Juden vergast.

Alle diese Spiele waren lediglich Varianten von bereits existierenden unpolitischen Spielen. Zu ihrer Erstellung waren nur geringe Programmierkenntnisse nötig. Sie liefen auf den damals unter Jugendlichen weitverbreiteten Rechnern C64 und Amiga.

In den letzten Jahren sind nur wenige neue Spiele mit nazistischem Inhalt bekannt geworden (z.B. 1993 der »Psycho-Test für die Uni Duisburg«, ein lausig programmiertes Machwerk für den IBM-PC, ebenfalls in Form eines Multiple-Choice-Testes). Das mag damit zusammenhängen, daß man Computerkids heutzutage mit den Primitiv-Programmen der Nazi-Programmierer nicht mehr beeindrucken kann.

Zwar werden in einigen neueren, kommerziellen Spielen, die aus den USA stammen, immer wieder auch NS-Symbole verwendet, dies geschieht aber ohne erkennbaren rechtsextremen Hintergrund. So erscheinen in dem von der Bundesprüfstelle wegen Gewaltverherrlichung indizierten Spiel »Wolfenstein«, das in den Medien oft irreführend als Beispiel für Nazi-Computerspiele herangezogen wird, zahlreiche Hakenkreuzfahnen und Hitlerbilder als Wanddekor. Als Rahmenhandlung für das endlose Gemetzel in diesem Spiel dient aber gerade der Ausbruch eines US-Rambos aus einer Nazi-Festung – die abzuschießenden feindlichen Soldaten tragen deutsche Stahlhelme. Das ist zwar alles reichlich geschmacklos, mit Nazi-Propaganda hat das aber nichts zu tun.

BTX / T-online

Systematische Bestrebungen, die Neuen Medien zu nutzen, gab es erstmals bei der NPD, die Anfang der 90er Jahre eine entsprechende Kommission beim Parteivorstand einrichtete. Als erste rechtsextreme Partei stieg die NPD 1992 als Anbieter im BTX-Dienst der Deutschen Telekom ein. Mitte 1993 zogen die Republikaner, die Unabhängigen Ökologen Deutschlands (UÖD) und die Freisoziale Union nach. Inzwischen werden alle diese Seiten nur noch selten aktualisiert – Ursache dürfte die steinzeitliche Technik der Deutschen Telekom sein, die sowohl den Nutzern als auch den Anbietern das Leben schwer macht. Die NPD bietet neben einigen wenigen Artikeln aus der Parteizeitung *Deutsche Stimme* auf ihren BTX-Seiten auch Werbung für das Thule-Mailboxnetz.

Thule-Netz

Im März 1993 ergriffen wiederum Aktivisten aus dem engeren Umfeld der NPD die Initiative und gründeten das sogenannte »Thule-Netz«. Dabei handelt es sich um einen bundesweiten Verbund von Hobbymailboxen, die regelmäßig Nachrichten austauschen. Federführend in diesem Projekt ist ein kleiner Kreis von NPD-Aktivisten aus Franken. Hier versuchen »nationalrevolutionäre« Intellektuelle, die militante Neonaziszene zu intellektualisieren. Das Ergebnis ist im fränkischen Raum, aber inzwischen auch darüber hinaus, seit einiger Zeit zu beobachten: die Verschmelzung von Jungen Nationaldemokraten (JN) und Nationaldemokratischem Hochschulbund (NHB) mit großen Teilen der illegalen Organisationen der militanten Neonazis FAP/NF/GdNF/NSDAP-AO.

Als theoretische Grundlage kann ein Zyklus von Strategiepapieren des Nationaldemokratischen Hochschulbundes angesehen werden, in dem mit einer Mischung aus Julius Evola, Corneliu Codreanu und Third Position[1] Anspielungen auf den peruanischen Sendero Luminoso das Konzept für eine Stadtguerilla in der BRD entwickelt wird. In dem erstmals im NHB-Organ *Vorderste Front* erschienenen Zyklus wird viel Wert auf den organisatorischen

Unterbau gelegt, vor allem auch auf den Aufbau von Kommunikationsstrukturen. Das Thule-Netz soll dabei eine wichtige Rolle spielen.

Dieser Textzyklus ist die eigentliche Grundlage des Thule-Netzes – nicht die technische Anleitung, die plump vom fortschrittlichen politischen Mailboxnetz CL abgeschrieben ist, oder die politische Grundsatzerklärung, die vom Kasseler Thule-Seminar abgekupfert wurde.

Während die meisten Beiträge im Netz inhaltlich Stammtischniveau aufweisen, findet ideologische Schulung in Form von abgetippten oder eingescannten Artikeln aus *Junge Freiheit, Criticon, Staatsbriefe, Nation und Europa, Europa vorn* und aus Freys *Deutscher Wochenzeitung* statt. Einige militante Kleinstschriften, z.B. Steffen Hupkas *Umbruch*, werden von den Redaktionen direkt eingespielt. Immer wieder findet man auch Beiträge, die den Tatbestand der Volksverhetzung erfüllen. So beispielsweise ein Flugblatt des NHB, das wenige Tage nach dem Anschlag in Solingen ins Netz gesetzt wurde. Darin wurde dazu aufgerufen, Gewalt gegen Türken anzuwenden. Wie die Briefbomben-Attentäter in Österreich beschworen sie die historische Belagerung Wiens durch die Türken. Das Pamphlet gipfelt in der Parole »Aus Hoyerswerda lernen heißt siegen lernen!«.

Gemessen an den mehreren tausend Hobbymailboxen in der Bundesrepublik und den Millionen Rechnern im Internet ist die Ausdehnung des Thule-Netzes äußerst bescheiden. Allerdings wird das Netz zielstrebig weiter ausgebaut. Die Systembetreiber sind durchweg Aktivisten der militanten Neonazi-Szene.

Standorte der Boxen (Stand Mai 1996)

— Widerstand in Erlangen/Franken (Diese Box bildet das Zentrum des hierarchisch organisierten Netzes. Betreiber ist der Student Thomas Hetzer, alias Alfred Tetzlaff.)
— Bollwerk BBS in Hamburg
— JANUS BBS in München/Bayern
— ELIAS BBS in Rhein-Neckar
— Germania BBS in Bonn/Nordrhein-Westfalen
— Osgiliath BBS in Frankfurt a.M./Hessen
— Störtebeker BBS in Mecklenburg
— Bunker BBS in Berlin
— Propaganda BBS in Karlsruhe/Baden-Württemberg
— Kraftwerk BBS in Weissenbrunn/Franken
— Dissident BBS in Wien (Österreich)
— Ost-West-White-Board in Arnheim (Niederlande)
Außerdem gibt es einige nichtöffentliche Ein-Mann-Boxen.

Das Netz hat schätzungsweise 100–200 Teilnehmer, davon zahlreiche Beobachter. Durch eigene Beiträge aus der Neonaziszene beteiligen sich nur ca. 30–50 Aktive. Sie benutzen wechselnde Pseudonyme, z.T. mehrere für eine Person. Das politische Spektrum ist ziemlich homogen – militante Neonazis, Neuheiden, Militante aus REP- und Junge Freiheit-Leserkreisen.»Pluralismus« gibt es im Netz nur innerhalb des engen militanten Kreises.

Geworben wird für das Thule-Netz (und für die Infotelefone) vor allem durch Artikel und Kleinanzeigen in den einschlägigen Publikationen, z.B. in: *NS-Nampfruf, Einheit und Kampf, Junge Freiheit, Nachrichten der HNG, Eckartbote, DESG-inform, Freie Stimme, Sleipnir, Der letzte Schrei, Widerstand* (Lüdenscheid).

Außerdem entstand etwa Ende 1994 ein gemeinsames bundesweites Zeitschriftenprojekt, das, eng mit dem Thule-Netz verwoben, Bestandteil des übergreifenden Kommunikationsnetzes ist. In semiprofessioneller Aufmachung erscheinen zweimonatlich die nahezu identischen Kopfblätter: *Junges Franken* und *Berlin-Brandenburger Zeitung.* Laut einer Ansage des NIT Franken vom 9. Mai 1996 gehören auch die *Westdeutsche Volkszeitung*, die *Neue Thüringer Zeitung* und die *Mitteldeutsche Rundschau* zu diesem Presseverbund. Die Gesamtauflage belaufe sich auf 80.000 Exemplare. Auch wenn man von dieser Eigenangabe getrost eine Null wegstreichen kann – es handelt sich um das größte publizistische Projekt der Szene seit der Einstellung von *Sieg.*

In der Selbstdarstellung der Neonazis und in einem Teil der sensationshaschenden Medienberichterstattung wird immer wieder behauptet, die Kommunikation über das Thule-Netz ermögliche eine abgeschirmte, nicht zu überwachende Kommunikation. »Wir sind drin – der Staat bleibt draußen.« Dabei wird übersehen, daß die Kommunikation mittels Computer – also in digitalisierter Form – ganz im Gegenteil die Möglichkeit einer perfekten Überwachung bietet, noch dazu mit geringem Personalaufwand. Auch der abgeschirmte Bereich des Thulenetzes, die sogenannte Aktivistenebene, wurde schon mehrfach sogar von Laien geknackt. Als einziges Schlupfloch bleibt den Neonazis die Verschlüsselung von privaten Nachrichten. Aber auch das ist nichts Neues – auch Briefe werden verschlüsselt und am Telefon wird mit Codewörtern gearbeitet.

Das Thule-Netz ist unsicher. Wichtige Faktoren dabei sind:

– die Unfähigkeit der Benutzer. So outete sich z.B. Günter Deckert als Thule-Teilnehmer, indem er private Mitteilungen versehentlich in öffentliche Bereiche postete. Auch die Systembetreiber haben die Technik nicht im Griff.
– eine elektronische Auswertung der großen Masse der unverschlüsselten

Nachrichten ergibt Informationen über die Autoren, die weit über traditionelle Methoden hinausgehen. für die Sicherheitsbehörden und Geheimdienste sollte das ganze überhaupt kein Problem sein. Die Szene ist bekanntlich mit V-Männern durchsetzt. Außerdem kann man verschlüsselte Nachrichten am einfachsten lesen, indem man sich Zugang zum Rechner des Empfängers verschafft (z. B. durch Beschlagnahme bei einer Hausdurchsuchung).

Wenn mit Verweis auf die Neonazis von rechten Politikern ein allgemeines Verschlüsselungsverbot gefordert wird, ist das nur ein billiger Vorwand für eine flächendeckende autoritärstaatliche Überwachung. Die Kriminellen könnten trotzdem verschlüsselt kommunizieren, z. B. völlig unbemerkt mittels Steganographie.

REP-Netz
Neben dem Thule-Netz gibt es bisher nur einen größer angelegten Versuch, ein rechtsextremes Mailboxnetz aufzubauen: das sogenannte »REP-Netz«. Jüngstes Opfer der Querelen bei den Republikanern wurde die Frankfurter REP-Mailbox, die unter dem Namen »Future Decision« firmierte. Eigenen Angaben zufolge wurde der Betreiber der Box, Horst Sauer, der bei der Frankfurter REP-Fraktion angestellt war, Ende Januar 1996 gefeuert, weil er den Kurs des Frankfurter Vorstands auf Rechte Einheit nicht mittrug.

Von dem einst großspurig angekündigten »REP-Netz« ist nunmehr nur noch eine einzige Mailbox übrig, die »Filder BBS« in Ostfildern bei Stuttgart, die vom »Computerfachmann« und REP-Landesvorstandsmitglied Fréderic Heinemann geleitet wird.

Nationale Infotelefone (NIT)

Einen wichtigen, weil allgemeinzugänglichen, Einstieg in das Kommunikationsnetz der Neonazis bilden die »Nationalen Infotelefone«. Dabei handelt es sich um Anrufbeantworter mit gesprochenen Info-Ansagen, die regelmäßig (i. d. R. zweimal in der Woche) erneuert werden. Entdeckt haben diese Form der Propaganda vermutlich Neonazis aus den USA; sie wurde Anfang der 90er Jahre von deutschen »Kameraden« übernommen.

Infotelefone (Stand Mai 1996):
– Franken (in einem Vorort von Nürnberg)
– Rheinland (Düsseldorf)
– Hamburg

- Schleswig-Holstein (Pinneberg bei Hamburg)
- Berlin (vorübergehend offline)
- REP-Jugend Berlin
- Westfalen (Oer-Erkenschwick)
- Europa vorn (Köln)

Auch hier sind durchweg Aktivisten der militanten Szene die Betreiber. Die Infotelefone der FAP wurden wie die Mailboxen inzwischen von den JN übernommen. Es gibt einen sehr engen Austausch zwischen Infotelefonen, Thule-Netz und militanten Zeitschriften, z.T. sind die Betreiberkreise identisch.

Die Ansagen werden zu einem beträchtlichen Teil aus einem gemeinsamen Nachrichtenpool gespeist und nur geringfügig modifiziert. Vermutlich existiert ein zentraler Faxverteiler.

Der inhaltliche Schwerpunkt liegt bei der propagandistischen Kommentierung des politischen Tagesgeschehens. Es werden Kontaktadressen und Telefonnummern aus dem gesamten militanten Spektrum verbreitet, bei denen Sympathisanten sich melden oder Publikationen und Materialien bestellen können.

Eine Mobilisierung zu Veranstaltungen und Aktionen findet nur sehr selten über Telefonansagen statt – meist wird erst im Nachhinein darüber berichtet. Es gibt ein gut funktionierendes System von Telefonketten, über die solche Veranstaltungen konspirativ vorbereitet werden. Auch bundesweite Aktionen werden in den Ansagen nur sehr allgemein angekündigt. Ein Beispiel war der Aufmarsch am 1. Mai 1996, der ursprünglich in Nürnberg stattfinden sollte und nach einem Verbot kurzfristig konspirativ nach Berlin umgeleitet wurde. Die Ansagen belegen, daß – bei aller organisierten Verwirrung nach außen – intern feste und gut funktionierende Strukturen im militanten Netzwerk existieren.

- NIT Hamburg, 30. April 1996:»Wer an der Kundgebung dennoch teilnehmen will, der sollte Kontakt aufnehmen zu Funktionsträgern der nationalen Rechten. Diese können natürlich nur dann Auskunft geben, wenn sie den Anrufer persönlich kennen. Nutzt also eure Kontakte und bildet Informationsketten, so wie wir es von früheren Kundgebungen, z.B. Fulda oder Rudolstadt, gewohnt sind.«
- NIT Rheinland, 30. April 1996:»Aus diesem Grund möchten wir alle, die eine schriftliche Einladung erhalten haben, auffordern, die auf der Einladung angegebenen Mobilnummern morgen früh ab sieben Uhr anzurufen. Autonome Kameraden wenden sich wie immer an die altbekannten Mobilnummern. Der Veranstaltungsort wird euch dann mitgeteilt.«

Bei den Ansagen steht der propagandistische Effekt im Vordergrund. Dabei werden volksverhetzende Inhalte, Antisemitismus und Holocaustleugnung vor allem durch Anspielungen vermittelt. Immer wieder wird im Rahmen der »Anti-Antifa« namentlich gegen Personen gehetzt, die dem politischen Gegner zugeordnet oder als vermeintliche Verräter und Spitzel ausgestoßen werden. Dabei wird – wenn man den Kontext berücksichtigt – recht drastisch zur Anwendung von Gewalt aufgerufen. Als Beispiel sei hier die Ansage des NIT Hamburg vom 10. Mai 1996 zitiert (im Original mit voller Namensnennung) – ähnliches findet man auch im Thule-Netz und in militanten Zeitschriften: »Vor wenigen Tagen brannte im nordrhein-westfälischen Selm das Wohnhaus des V-Mannes Peter S. bis auf die Grundmauern nieder. Die Kripo fahndet nach den noch unbekannten Tätern. S. hatte als Mitarbeiter des Verfassungsschutzes Wehrsportgruppen gebildet. Später denunzierte er die angeworbenen Mitglieder und half so bei ihrer Kriminalisierung mit. Auch im Bereich der NSDAP-AO wurde er eingesetzt, weshalb er im Hamburger Verfahren aussagen soll. Der Fall S. zeigt einmal mehr, daß eine Zusammenarbeit mit Staats- und Verfassungsschutz lebensgefährlicher Leichtsinn ist, der nur negative Folgen hat.«

Internet

Das Internet wurde von deutschen Neonazis relativ spät entdeckt. Erst als in der Berichterstattung nach dem Anschlag in Oklahoma die Aktivitäten von US-Nazis im Internet thematisiert wurden, machten sich auch deutsche Neonazis Gedanken zum Einstieg ins Netz der Netze.

Erstmals sichtbar wurde das, als die derzeit wichtigste US-Neonazi-Seite im WWW, Stormfront, begann, Werbung für das Thule-Netz zu machen und eine deutschsprachige Abteilung eröffnete, in der man den schon erwähnten Textzyklus des Nationaldemokratischen Hochschulbundes (NHB) lesen kann.

Etwa zur selben Zeit weitete der Holocaustleugner und notorische Selbstdarsteller Ernst Zündel (Bundesbürger mit Wohnsitz in Toronto, Kanada), seine Aktivitäten auf das Internet aus. Auf seinen Seiten kann man in deutscher und in englischer Sprache auschwitzleugnendes und antisemitisches Material lesen. In der deutschen Sektion kommen Neonazis wie Christian Worch, Michael Petri, Günter Dekkert oder Udo Walendy zu Wort – und auch hier findet man wieder die Texte des NHB.

Ab Herbst 1995 verfügte die Erlangener Thule-Mailbox über einen eingeschränkten Internet-Zugriff. Thule-Nutzer konnten weltweit elektronische Post senden und empfangen und in den Diskussionsgruppen des Usenets schreiben. Dort tauchten sie dann vor allem im deutschsprachigen Bereich unter immer neuen Pseudonymen auf. Sie wandten dort eine Taktik an, die auch von US-Neonazis zur gezielten Chaotisierung des Internets empfohlen wird. Durch ein verdecktes Spiel mit verteilten Rollen werfen sich Neonazis gegenseitig die argumentativen Bälle zu und versuchen, Gegenpositionen lächerlich zu machen oder als Zensur zu denunzieren. Dabei wird versucht, durch immer wieder neue Provokationen in schneller Abfolge die Themen vorzugeben und eine ernsthafte Diskussion unmöglich zu machen. Es wird darauf spekuliert, daß politische Gegner sich irgendwann entnervt zurückziehen und den Nazis das Feld überlassen.

Der direkte Internet-Zugang des Thule-Netzes wurde zwar zum Jahresende 1995 gekündigt. Aber selbstverständlich haben die Thule-Aktivisten vielfältige Möglichkeiten, sich auch als Einzelpersonen einen entsprechenden Zugriff zu verschaffen.

World Wide Web (WWW)

Noch interessanter als die Chaotisierung des Usenets ist für die Neonazis die Bereitstellung eigener Seiten im World Wide Web. Diese Publikationsform kommt mit ihren graphischen und layouterischen Möglichkeiten einer Zeitung am nächsten und kann weltweit per Mausklick abgerufen werden.

Voraussetzung ist allerdings die Kenntnis der jeweiligen Internet-Adresse (URL). Für die Verbreitung der Nazi-Adressen an ein Millionenpublikum sorgten Magazine wie *SPIEGEL* und *Focus*. Eine solche kostenlose Werbung wollen wir nicht machen, die Nennung von Netzadressen und Telefonnummern in diesem Beitrag unterbleibt daher.

Seit dem Frühjahr 1996 bieten die kommerziellen Online-Dienste Compuserve und AOL ihren Nutzern nicht nur einen Zugriff auf das Internet, sondern auch die Möglichkeit, in begrenztem Umfang eigene Seiten im WWW zu gestalten. Das ist eigentlich dafür gedacht, daß jemand seine Hobbys oder ähnliches darstellt. Seit April 1996 nutzen aber auch eine Reihe von deutschen Rechtsextremisten diese Möglichkeit.

Hier eine Übersicht (Stand Mitte Mai 1996):

Compuserve:
– NIT Hamburg (NIZ-Verlag, Bollwerk BBS, Stahlhelm. Andre Görtz). Hier findet man u. a. Auszüge aus den Ansagen des NIT Hamburg und Werbung für das Thule-Netz.
– NPD Augsburg (NPD-Propaganda, militante Vernetzung)
– Konservativer Gesprächskreis Hannover (Leserkreis der *Jungen Freiheit*)

AOL:
- Deutschland-Bewegung (Alfred Mechtersheimer)
- Elias BBS (Thule-Netz, Jürgen Jost)
- Michael Prümmer Buchdienst und Verlag »Im Zeichen der Schwarzen Sonne«. Bietet u. a. online-Ausgabe der *Deckert- Depesche.*
- Bund Freier Bürger:

Geocities (Freier WWW-Server für jedermann mit Standort USA, rassistische Propaganda ist laut Statut eigentlich verboten):
- Kritik (ein übles Machwerk von Neonazis aus Bremen, die sich auf Bubiks »89er«-Buch berufen)
- San Casciano Verlag (Aufsätze von und über Evola, u. a. aus *Nation und Europa* und *Europa vorn*; Querverweis auf die NHB-Texte bei Stormfront: »Positionen einer Politik, die traditionalen Werten verpflichtet ist und den Erfordernissen der Wolfszeit Rechnung trägt, vertritt die Vorderste Front«)

Langfristig gesehen stellt der Zugang über kommerzielle Provider für die deutschen Neonazis nur eine Übergangsphase dar. Noch können sie nämlich jederzeit abgeschaltet werden – kein Provider ist verpflichtet, bei sich geschäftsschädigende Neonazi-Propaganda zu dulden. Deshalb ist es das Ziel, sich mit eigenen Rechnern direkt ins Netz einzuklinken. Vorbild könnte die niederländische Schwesterpartei CP'86 sein, auf deren WWW-Seite sogar ein passwortgeschützter Bereich nur für Aktivisten existiert.

»Zensur«

Im Frühjahr 1996 sorgte der Versuch eines bei den Neonazis seit langem verhaßten Mannheimer Staatsanwalts für Aufsehen, die Sperrung des Zugriffs auf das holocaustleugnende Material bei Ernst Zündel vom Anbieter T-online zu erzwingen.

Ausgerechnet Zündel spielte sich daraufhin zum Verteidiger der Meinungsfreiheit auf. Derselbe Zündel, der z. B. in seinem *Germania-Rundbrief* vom Mai 1996 zum Buch *Hitlers willige Helfer* von Daniel Goldhagen schreibt: »Da betreibt ein Jude frechste und übelste Volksverhetzung, und kein deutscher Staatsanwalt hat die Courage, sich schützend vor das eigene Volk zu stellen! Pfui Teufel dem ganzen Bonner Gesockse und Gesindel!«

Auch wenn man der Absicht nur zustimmen kann, Zündels antisemitische Propaganda zu unterbinden – rein administrativ wird man das Problem nicht lösen können. Im dezentral organisierten Internet ist es technisch unmöglich, einen einzelnen Anbieter im Ausland gezielt abzuschalten – außerdem wird

931

man einen Provider, der seinen Kunden lediglich den Zugang zum Internet ermöglicht, kaum für den Inhalt von Millionen von WWW-Seiten juristisch verantwortlich machen können.

Anders sieht es bei Straftaten von Deutschen oder auf deutschen Rechnern aus. Hier gibt es ähnliche Möglichkeiten wie im Presserecht. Es ist möglich und sinnvoll, die Agitation deutscher Neonazis juristisch zu behindern. Außerdem kann kein Provider dazu gezwungen werden, Nazis bei sich zu dulden. Ganz unterbinden wird man die braune Propaganda dadurch freilich nicht.

Besser wäre die Förderung von Gegentendenzen, die sich aus dem Netz selbst heraus entwickeln. Vorbild könnte beispielsweise das NIZKOR-Projekt sein. Dabei handelt es sich um eine riesige Datenbank mit Informationen über die Realität des Holocaust und zur Auseinandersetzung mit Neonazis und Holocaustleugnern, die von einem großen Kreis von Internet-Benutzern gepflegt wird, die sich gegen die Nazis im Netz zur Wehr setzen wollen.

In den Diskussionsgruppen des Usenet ist es wichtig, daß der Agitation systematisch contra gegeben wird. Dabei hat sich bewährt, nicht mit den organisierten Nazis zu diskutieren, sondern über sie.

Wer wirklich etwas gegen Nazis im Netz tun will, dem tut sich ein weites Betätigungsfeld auf. Gefordert ist nicht nur persönlicher Einsatz, sondern vor allem auch finanzielle Unterstützung, z.B. für die Bereitstellung eines leistungsfähigen antifaschistischen Servers nach dem Vorbild von NIZKOR.

Anmerkung

1 Third Position ist eine Strömung im internationalen Faschismus, die als Dritter Weg zwischen Kapitalismus und Kommunismus einen strasseristisch gedeuteten »Nationalen Sozialismus« propagiert. Sie verbindet Rassismus und Nationalismus mit ökologischer und sozialer Demagogie. In den letzten Jahren fand diese Variante »neurechter Ideologie« zunehmend Anhänger im militanten Lager.

D Anhang

Jacob Carl

Chronologie des deutschen Rechtsextremismus von 1945 bis 1995

1945
31. Oktober – Die Deutsche Aufbau-Partei (DAP) wird gegründet.
November – Die Deutsche Konservative Partei (DKP) und die Nationaldemokratische Partei (NDP) werden gegründet.

1946
27. Januar – Die Radikal-Soziale Freiheitspartei (RSF) wird gegründet.
22. März – Die DKP und die DAP vereinigen sich.
25. März – Die Wirtschaftliche Aufbau-Vereinigung (WAV) wird als Partei zugelassen.
27. Juni – DKP/DAP nennen sich um in Deutsche Rechtspartei – Konservative Vereinigung (DReP/KV).
1. Dezember – Bei der Landtagswahl in Bayern erhält die WAV 7,4 Prozent (13 Mandate).

1947
Karl Meißner gründet den Deutschen Block (DB) als Abspaltung der WAV.
20. April – Bei der Landtagswahl in Niedersachsen erhält die Niedersächsische Landespartei (NLP) 17,9 Prozent (27 Mandate).
4. Juni – Aus der NLP entsteht die Deutsche Partei (DP) als Bundespartei.
12. Oktober – Bei der Bremer Bürgerschaftswahl erhält die DP 3,9 Prozent (3 Mandate).

1948
Otto Boucke und Emil Kritzler gründen die neonazistische Untergrundorganisation Bewegung Reich.
16. Oktober – Der Bund für Deutschlands Erneuerung (BDE) wird von Anhängern Otto Strassers gegründet.

1949
Der Witikobund wird gegründet.
Die Gemeinschaft Unabhängiger Deutscher (GUD) gründet sich.

Die Europäische Volksbewegung Deutschlands (EVD) wird gegründet.

2. April – Die DReP/KV nennt sich um in Deutsche Konservative Partei – Deutsche Rechtspartei (DKP/DReP).

9. Juli – Bei der Bürgerschaftswahl in Hamburg erhält die DP 13,3 Prozent (9 Mandate).

14. August – Bei der Bundestagswahl erhält die DP 4 Prozent (17 Mandate), die DKP/DReP 1,8 Prozent (5 Mandate) und die WAV 2,9 Prozent (12 Mandate).

2. Oktober – Die Sozialistische Reichspartei (SRP) wird gegründet.

4. Dezember – Die Deutsche Gemeinschaft (DG) wird von August Haußleiter gegründet.

1950

Wolf Schenke gründet die Dritte Front.

Die DKP/DReP zerfällt durch Parteiübertritte, vor allem zur SRP, DP und FDP.

21. Januar – Aus Teilen der DReP und der NDP entsteht die Deutsche Reichspartei (DRP).

17. März – Die Partei Block der Heimatvertriebenen und Entrechteten (BHE) wird gegründet.

1. Mai – Herbert Böhme gründet das Deutsche Kulturwerk Europäischen Geistes (DKEG).

23. Juni – Der Bund Deutscher Jugend (BDJ) wird gegründet.

9. Juli – Bei der Landtagswahl in Schleswig-Holstein erhält der BHE 23,4 Prozent (15 Mandate) und die DP 9,6 Prozent (7 Mandate).

September – Der DB gründet den Jugendbund Adler (JBA).

9. September – Die Freisoziale Union (FSU) gründet sich als Zusammenschluß mehrerer freiwirtschaftlicher Gruppen, darunter die RSF.

19. November – Bei der Landtagswahl in Hessen erhält das Wahlbündnis FDP/BHE/DP 31,8 Prozent (21 Mandate).

26. November – Bei der Landtagswahl in Bayern erhält das Wahlbündnis BHE/DG 12,5 Prozent (26 Mandate).

1951

Wilhelm Kusserow gründet die Artgemeinschaft.

Die EVD und andere rechtsextreme Gruppen fusionieren zur Europäischen Sozialen Bewegung.

Die Ostdeutsche Jugend, die spätere Jugendorganisation des Bundes der Vertriebenen, wird gegründet.

Januar – Die Zeitschrift *Nation Europa* erscheint das erste Mal.

April – Der BDJ gründet den Technischen Dienst, eine geheime, bewaffnete Gruppe.

Mai – Wegen übler Nachrede wird Otto Ernst Remer zu vier Monaten Haft verurteilt.

6. Mai – Bei der Landtagswahl in Niedersachsen erhält der BHE 14,9 Prozent (21 Mandate), die DP 11,9 Prozent (19 Mandate), die SRP 10,1 Prozent (16 Mandate) und die DRP 1,9 Prozent (3 Mandate).

12. Mai – Der 1. Europäische Nationalkongreß findet mit Delegierten aus etwa zehn europäischen Ländern in Malmö/Schweden statt.

August – Das neonazistische Freikorps Deutschland wird von Hermann Lamp gegründet.

September – Die Europäische Neue Ordnung wird als europaweiter Zusammenschluß neonazistischer Gruppen gegründet.

10. September – Die Hilfsgemeinschaft auf Gegenseitigkeit der ehemaligen Angehörigen der Waffen-SS (HIAG) wird gegründet.

7. Oktober – Bei der Bürgerschaftswahl in Bremen erhält der BHE 5,6 Prozent (2 Mandate), die DP 14,7 Prozent (16 Mandate) und die SRP 7,7 Prozent (8 Mandate).

1952

Karl-Heinz Priester gründet die Deutsche Soziale Bewegung, die sich aus ehemaligen SRP-Mitgliedern zusammensetzt.

Die Nationale Opposition wird als Norddeutscher Zusammenschluß mehrerer Gruppen, darunter DReP und Stahlhelm – Bund der Frontsoldaten, gegründet.

9. März – Bei der Landtagswahl in Baden-Württemberg erhält der BHE 6,3 Prozent (6 Mandate).

Mai – Erwin Schönborn gründet die Arbeitsgemeinschaft Nation Europa.

Der Technische Dienst des BDJ beginnt sich aufzulösen.

September – Die SRP löst sich selbst auf.

23. Oktober – Die SRP wird verboten.

14. November – Der BHE nennt sich um in Gesamtdeutscher Block/BHE (GB/BHE).

2. Dezember – Walter Matthaei gründet die Wikingjugend (WJ).

1953

Die Deutsche Solidarität wird als eine der Nachfolgeorganisationen der SRP gegründet.

Die WAV löst sich auf.

Herbert Grabert gründet den Verlag der deutschen Hochschullehrer-Zeitung, den späteren Grabert-Verlag.

26. Januar – Die Arbeitsgemeinschaft Nation Europa wird in Berlin verboten.

11. Februar – Das Freikorps Deutschland wird verboten.

Februar – Der BDJ wird bundesweit verboten.

März – Die DG wird teilweise verboten.

Juli – Der Dachverband der Nationalen Sammlung wird als Bündnis zur Bundestagswahl gegründet, es beteiligen sich: DG, DB, DReP u. a.

6. September – Bei der Bundestagswahl erhält die DP 3,3 Prozent (15 Mandate) und der GB/BHE 5,9 Prozent (27 Mandate).

1954

Januar – Arthur Ehrhardt gründet die Vereinigung Nation Europa Freunde e. V.

März bis Juni – Jüdische Friedhöfe in Frankfurt a. M., Asslar, Wald, Schwarz-Rheindorf und Düsseldorf werden geschändet.

24. Juni – WJ, JBA u. a. organisieren sich im Kameradschaftsring Nationaler Jugendverbände (KNJ).

12. September – Bei der Landtagswahl in Schleswig-Holstein erhält der BHE 14 Prozent (10 Mandate) und der Schleswig-Holstein-Block (DP und Schleswig-Holsteinische Gemeinschaft) 5,1 Prozent (4 Mandate).

28. November – Bei der Landtagswahl in Hessen erhält der GB/BHE 7,7 Prozent (7 Mandate). Bei der Landtagswahl in Bayern erhält der GB/BHE 10,2 Prozent (19 Mandate).

Dezember – Herbert Freiberger gründet die Deutsche National-Partei zur Sammlung ehemaliger SRP-Mitglieder.

1955

Die Deutsche Solidarität und die Deutsche National-Partei treten geschlossen der DRP bei.

Januar – Hans Ulfert Siebrand gründet die Schillerjugend.

24. April – Bei der Landtagswahl in Niedersachsen erhält der GB/BHE 11 Prozent (17 Mandate), die DP 12,4 Prozent (19 Mandate) und die DRP 3,8 Prozent (6 Mandate).

September – Der SS-Veteran Wilhelm Meinberg wird Vorsitzender der DRP.

9. Oktober – Bei der Bürgerschaftswahl in Bremen erhält die DP 16,6 Prozent (18 Mandate).

1956

Die jüdischen Friedhöfe in Hamburg-Ohlsdorf, Preußisch-Oldendorf, Bekkum und Köln-Mülheim werden geschändet.

4. März – Bei der Landtagswahl in Baden-Württemberg erhält der GB/BHE 6,3 Prozent (7 Mandate).

17. Juni – Otto Strasser gründet die Deutsch-Soziale Union (DSU) als Nachfolgeorganisation des BDE.

Der Bund Nationaler Studenten (BNS) wird gegründet.

September – In Berlin werden der BDE und die Arbeitsgemeinschaft Nie vergessene Heimat verboten.

1957

31. Mai – Seit 1948 wurden 176 jüdische Friedhöfe geschändet.

Juli – Der ehemalige SRP-Vorsitzende Fritz Dorls wird wegen Rädelsführerschaft in einer verfassungsfeindlichen Organisation zu 14 Monaten Haft verurteilt.

15. September – Bei der Bundestagswahl erhält die DP 3,4 Prozent (17 Mandate).

27. Oktober – Der Bund der Vertriebenen wird gegründet.

November – Arthur Ehrhardt wird, u.a. wegen Beleidigung, zu drei Monaten Haft verurteilt.

1958

Gerhard Frey kauft 50 Prozent der *Deutschen Soldaten-Zeitung* und gründet die Deutsche Soldaten-Zeitung und Verlags GmbH.

Der Bund Heimattreuer Jugend (BHJ) wird gegründet.

Die jüdischen Friedhöfe in Stuttgart, Büren und Saarlois werden geschändet.

März – Ehemalige Funktionäre der DRP und der SRP gründen die Freie Sozialistische Volkspartei.

28. September – Bei der Landtagswahl in Schleswig-Holstein erhält der GB/BHE 6,9 Prozent (5 Mandate).

23. November – Bei der Landtagswahl in Hessen erhält der GB/BHE 7,4 Prozent (7 Mandate). Bei der Landtagswahl in Bayern erhält der GB/BHE 8,6 Prozent (17 Mandate).

1959

Die National-Demokratische Union wird von Funktionären des Witikobundes des BHE und der DG gegründet.

Die *Deutsche Wochen-Zeitung* wird gegründet.

Januar – Die jüdischen Friedhöfe in Alsheim und Freiburg und die Düsseldorfer Synagoge werden geschändet.

19. April – Bei der Landtagswahl in Niedersachsen erhält der GB/BHE 8,3 Prozent (13 Mandate) und die DP 12,4 Prozent (20 Mandate). Bei der Landtagswahl in Rheinland-Pfalz erhält die DRP 5,1 Prozent (1 Mandat).

24./25. Dezember – Zwei DRP-Mitglieder verüben einen Anschlag auf die Synagoge und den Gedenkstein der Opfer des Nationalsozialismus in Köln.

1960

Gerhard Frey kauft die restlichen Anteile der *Deutschen Soldaten-Zeitung*

und nennt sie in *Deutsche Soldaten-Zeitung und National-Zeitung* um.
Der Weltbund zum Schutz des Lebens wird gegründet.
28. Januar – Seit dem Kölner Anschlag im Vormonat wurden 470 antisemitische und neonazistische Vorkommnisse registriert.
Mai – Ehemalige Mitglieder des JBA und des Bundes Nationaler Jugendlicher gründen den Bund Vaterländischer Jugend (BVJ).
15. Mai – Bei der Landtagswahl in Baden-Württemberg erhält der GB/BHE 6,6 Prozent (7 Mandate).
25. September – Die Gesellschaft für freie Publizistik (GfP) wird gegründet.
Dezember – Der GB/BHE vereinigt sich mit der DP zur Gesamtdeutschen Partei (GDP).

1961

Mai – Der Verlag Hohe Warte und der Bund für Gotterkenntnis werden wegen Verfassungsfeindlichkeit aufgelöst.
Oktober – Die Gruppe Freie Sozialisten Deutschlands wird gegründet und tritt die Nachfolge der Freien Sozialistischen Volkspartei an.
Dezember – Adolf von Thadden wird Vorsitzender der DRP.

1962

Die Deutsche Gesellschaft zur Erbgesundheitspflege wird gegründet.
Die DSU löst sich selbst auf.
Die Freien Sozialisten Deutschlands nennen sich in Freie Sozialistische Partei um.
Die Aktion Oder/Neiße (AKON) wird gegründet.
Januar – Die Deutsche Freiheits-Partei (DFP) wird von ehemaligen DRP-Mitgliedern gegründet.
21. Januar – Die Unabhängige Arbeiter-Partei (UAP) gründet sich.
24. Juni – Die DP wird neu gegründet.
Juli – Der BVJ wird verboten.
September – Der Bund Heimattreuer Jugend (BHJ) spaltet sich und gründet sich neu.
Oktober – Die WJ wird mit einem Uniformverbot belegt.
11. November – Bei der Landtagswahl in Hessen erhält die GDP 6,3 Prozent (6 Mandate).

1963

Die *Deutsche Soldaten-Zeitung und National-Zeitung* wird in *Deutsche National-Zeitung und Soldatenzeitung* umbenannt.
Der BNS wird verboten.

1964

Die Monatszeitschrift *Mut* wird gegründet.

März – Lothar Penz gründet den Arbeitskreis Junges Forum, die gleichnamige Zeitschrift erscheint das erste Mal.

Oktober – Sven Thomas Frank u. a. gründen die Initiative der Jugend.

November – Die Deutsch-Sozialistische Partei, die die Thesen Otto Strassers vertritt, wird gegründet.

28. November – Auf Initiative der DRP wird die Nationaldemokratische Partei Deutschlands (NPD) gegründet.

1965

Herbert Böhme gründet den Arbeitskreis Volkstreuer Verbände (AVV) als Dachverband rechtsextremer Verbände.

Januar – Das NPD-Organ *Deutsche Nachrichten* erscheint das erste Mal.

4. Juli – DFP, DG u. a. schließen sich zur Aktionsgemeinschaft Unabhängiger Deutscher (AUD) zusammen.

4. Dezember – Die DRP löst sich selbst auf.

1966

Die *Deutschen Nachrichten* erreichen ihre Höchstauflage von 45.000 Exemplaren, die *Deutsche National-Zeitung und Soldaten-Zeitung* erreicht eine Auflage von 125.000 Exemplaren.

6. November – Bei der Landtagswahl in Hessen erhält die NPD 7,9 Prozent (8 Mandate).

20. November – Bei der Landtagswahl in Bayern erhält die NPD 7,4 Prozent (15 Mandate). Der Nationaldemokratische Hochschulbund (NHB) wird gegründet.

1967

Die NPD erreicht ihren Höchststand von 28.000 Mitgliedern und gründet die Jungen Nationaldemokraten (JN).

Wolfgang Nahrath wird Bundesführer der WJ.

23. April – Bei den Landtagswahlen in Schleswig-Holstein erhält die NPD 5,8 Prozent (4 Mandate). Bei der Landtagswahl in Rheinland-Pfalz erhält die NPD 6,9 Prozent (4 Mandate).

8. Mai – Der erste NPD-Vorsitzende Fritz Thielen verläßt die Partei und gründet die Nationale Volkspartei (NVP).

4. Juni – Bei der Landtagswahl in Niedersachsen erhält die NPD 7 Prozent (10 Mandate).

Oktober – Die Deutsch-Sozialistische Partei schließt sich der Unabhängigen Arbeiter-Partei an.

1. Oktober – Bei der Bürgerschaftswahl in Bremen erhält die NPD 8,8 Prozent (8 Mandate).

10.–12. November – Auf dem Parteitag der NPD wird Adolf von Thadden zum ersten Vorsitzenden gewählt.

1968

Die *Deutsche National-Zeitung und Soldaten-Zeitung* wird in *Deutsche National-Zeitung* umbenannt.

Wolf Dieter Eckart gründet den Bund Deutscher Nationalsozialisten (BDNS).

Die Gruppe Außerparlamentarische Mitarbeit (APM) wird gegründet.

11. April – Der Neonazi Josef Bachmann schießt auf Rudi Dutschke.

28. April – Bei der Landtagswahl in Baden-Württemberg erhält die NPD 9,8 Prozent (12 Mandate).

1969

Die Europäische Befreiungsfront wird gegründet.

April – Der BDNS wird verboten.

September – Der Chef des NPD-Ordnungsdienstes, Kolley, schießt in Kassel zwei Gegendemonstranten an.

28. September – Die NPD scheitert bei der Bundestagswahl mit 4,3 Prozent an der Fünfprozentklausel.

1970

Die Zeitschrift *Criticón* wird gegründet.

Die ersten Nationalrevolutionären Basisgruppen werden gegründet.

April – BHJ, WJ, JN u. a. schließen sich zur Gesamtdeutschen Aktion zusammen.

Die NPD löst ihren Ordnungsdienst auf.

Juli/August – Die Nationalliberalen in der FDP beginnen, sich in der Nationalliberalen Aktion zu sammeln.

Oktober – Die Deutsch-Soziale Aktion wird gegründet.

31. Oktober – Die Aktion Widerstand wird gegründet.

1971

Roland Tabbert gründet die Nationale Deutsche Befreiungsbewegung.

Das Verbot des Bundes für Gotterkenntnis wird aufgehoben.

16. Januar – Gerhard Frey gründet die Deutsche Volksunion (DVU).

17. Juni – Friedhelm Busse gründet die Partei der Arbeit (PdA).

Oktober – NPD-Mitglieder gründen die Neue Ordnung – Deutscher Sozial- und Kulturdienst.

24. September – Viktor Gislo, ein Funktionär der NPD, ohrfeigt Bundeskanzler Willy Brandt aus Rache für dessen Ostpolitik.

November – Thies Christophersen gründet die Bürger- und Bauerninitiative (BBI).

19.–21. November – Auf dem Parteitag der NPD tritt Adolf von Thadden zurück und Martin Mußgnug wird zum neuen Vorsitzenden gewählt.

21. Dezember – Manfred Roeder gründet die Deutsche Bürgerinitiative (DB).

1972

Gerhard Lauck gründet die NSDAP/Auslands- und Aufbauorganisation (NSDAP/AO).

Die Deutsche Gesellschaft zur Erbgesundheitspflege wird in Gesellschaft für biologische Anthropologie, Eugenik und Verhaltensforschung umbenannt, Jürgen Rieger wird Vorsitzender.

9. Januar – Der ehemalige NPD-Funktionär Siegfried Pöhlmann gründet die Aktion Neue Rechte (ANR).

14. Januar – In Würzburg findet eine Tagung der »nationalrevolutionären und volkssozialistischen Basisgruppen« statt.

Januar – Gerhard Frey gründet den Freiheitlichen Rat (FR), der sich aus Funktionären von DVU, AKON, DB, WJ, JBA, ANR, AVV u. a. zusammensetzt.

April – Die Nationalsozialistische Kampfgruppe Großdeutschland wird gegründet.

Die Deutsch-Europäische Studiengesellschaft (DESG) wird gegründet.

30. April – Aus Protest gegen die Ostverträge veranstaltet die DVU einen »Marsch auf Bonn«, an dem 3.000 Menschen teilnehmen.

16./17. September – Auf dem 1. Nationaleuropäischen Jugendkongreß bei München wird die Intereuropäische Nationale gegründet.

28. Dezember – An der Trauerfeier für Paul Hausser, ehemaliger Generaloberst und Mitbegründer der Waffen-SS, nehmen Offiziere und Soldaten der Bundeswehr in Uniform teil.

1973

ANR und AVV verlassen den FR.

Die Zeitschrift *NS-Kampfruf* der NSDAP/AO erscheint das erste Mal.

Thies Christophersen veröffentlicht *Die Auschwitz-Lüge*.

3./4. Februar – Der AVV gibt seine Funktion als Dachverband auf.

29./30. Juni – Der 2. Nationaleuropäische Jugendkongreß findet in Antwerpen statt.

9. November – Aus Anlaß des 50. Jahrestages des »Marsches zur Feldherrnhalle« finden eine Gedenkfeier und eine Kranzniederlegung vor der Münchener Feldherrnhalle statt.

1974

Karl-Heinz Hoffmann gründet die Wehrsportgruppe Hoffmann.
Die Deutsche Sozialistische Volkspartei wird gegründet.
Die Ostdeutsche Jugend nennt sich in Deutsche Jugend des Ostens um.
1. Januar – Die *Deutschen Nachrichten* fusionieren mit der *Deutschen Wochen-Zeitung* zur *Deutschen Wochen-Zeitung – Deutsche Nachrichten*.
2./3. März – Die ANR spaltet sich, die Gründung einer Nationalrevolutionären Aufbau-Organisation (NRAO) wird vorbereitet.
12. Mai – Der Bund Freies Deutschland wird gegründet.
Juli – Das Bundesverfassungsgericht lehnt die beantragte Einschränkung der Grundrechte Gerhard Freys ab. Der damalige Bundesinnenminister, Ernst Benda, hatte 1969 beantragt, Frey das Grundrecht auf freie Meinungsäußerung abzuerkennen und das Erscheinen der *Deutschen National-Zeitung* zu unterbinden.
31. August/1. September – Die NRAO spaltet sich in die Sache des Volkes/NRAO (SdV/NRAO) um Henning Eichberg und die Solidaristische Volksbewegung (SVB) um Lothar Penz.
November – Gerhard Lauck (NSDAP/AO) tritt auf einer von Thies Christophersen organisierten Veranstaltung auf.
Dezember – Lauck wird festgenommen und ausgewiesen.
23. Dezember – Die Europäische Arbeiterpartei wird gegründet.

1975

Die PdA wird in Volkssozialistische Bewegung Deutschlands/PdA (VSBD/PdA) umbenannt, Friedhelm Busse wird Vorsitzender.
5. April – Erwin Schönborn gründet den Kampfbund Deutscher Soldaten.
Juni – Am Deutschlandtreffen der NPD und der Vereinigten Freiheitlichen nehmen etwa 3.500 Personen teil.
17. Juni – Gerhard Frey tritt in die NPD ein.
18./19. Oktober – Auf dem Parteitag der NPD setzt sich Günther Deckert gegen Gerhard Frey durch und wird stellvertretender Vorsitzender, der Versuch einer Zusammenarbeit von DVU und NPD scheitert; Adolf von Thadden verläßt die NPD.
Dezember – Manfred Ohl gründet den Nationalrevolutionären Bund.

1976

Januar – Das Parteiorgan der NPD *Deutsche Stimme* erscheint das erste Mal und erreicht bis Jahresende eine Auflage von 100.000 Exemplaren.
Februar – Manfred Roeder wird wegen Volksverhetzung zu sieben Monaten Haft und 3.000 DM Geldstrafe verurteilt.
März – Der Freundeskreis zur Förderung der Wehrsportgruppe Hoffmann wird gegründet.

Juli – Der illegal nach Deutschland eingereiste Gerhard Lauck wird im Zusammenhang mit seinen neonazistischen Aktivitäten verurteilt.

Dezember – Der als Rechtsanwalt tätige Manfred Roeder wird mit einem vorläufigen Berufsverbot belegt.

1977

8. Mai – Michael Kühnen gründet in Hamburg den SA-Sturm 8. Mai.

Juni – Manfred Roeder wird u. a. wegen Verunglimpfung des Staates zu sechs Monaten Haft verurteilt.

Am Deutschlandtreffen der NPD nehmen 4.000 Personen teil.

30. August – Michael Kühnen wird unehrenhaft aus der Bundeswehr entlassen.

September – Der Bund Deutscher Mädel wird gegründet.

1. Oktober – Erwin Schönborn gründet die Aktionsgemeinschaft Nationales Europa.

Oktober – Auf das Amtsgericht Hannover wird ein Bombenanschlag verübt, der Täter, der Neonazi Volker Seidel, wird 1981 zu 25 Monaten Haft verurteilt.

26. November – Michael Kühnen gründet die Aktionsfront Nationaler Sozialisten (ANS).

1978

Die SdV/NRAO gründet die Zeitschrift *Laser*.

Uwe Jürgens gründet die paramilitärische Nothilfstechnische Übungs- und Bereitschaftsstaffel.

Gerhard Frey reaktiviert die AKON als Aktion Deutsche Einheit.

18. Januar – An einer Reichsgründungsfeier des DB beteiligen sich DVU, NPD, AKON, VSBD u. a.

Februar – Manfred Roeder flüchtet ins Ausland, um sich der Strafverfolgung zu entziehen.

März – Thies Christophersen wird, u. a. wegen Volksverhetzung, zu einer Bewährungsstrafe verurteilt.

Karl-Heinz Hoffmann wird aufgrund von Vergehen gegen das Versammlungs- und Waffengesetz zu einer Bewährungsstrafe verurteilt.

4./5. März – Die Volkssozialistische Einheitsfront wird von Friedhelm Busse gegründet.

Mai – Die KZ-Gedenkstätte Bergen-Belsen wird geschändet.

Juli – Michael Kühnen wird wegen antisemitischer Propaganda zu zehn Monaten Haft auf Bewährung verurteilt.

1979

Gerhard Frey gründet die Volksbewegung für Generalamnestie.

März – Die Deutsche Kulturgemeinschaft (DKG) wird gegründet.

17. März – Martin Pape gründet die Freiheitliche Deutsche Arbeiterpartei (FAP).

7. Juni – Die Nr. 134 der Zeitschrift *Mut* wird indiziert.

17. Juli – Die Hilfsorganisation für nationale politische Gefangene und deren Angehörige e.V. (HNG) wird gegründet.

13. September – Michael Kühnen wird wegen Volksverhetzung und Aufstachelung zum Rassenhaß zu vier Jahren Haft verurteilt.

November – Die SdV spaltet sich, aus einer Abspaltung entsteht die Zeitschrift *wir Selbst*.

1980

Auf jüdische Friedhöfe, u.a. in Jugenheim, Worms, Emden, Bad Hersfeld, Landau und Köln, und auf die Synagoge in Frankfurt a.M. werden Anschläge verübt.

NPD-Mitglieder gründen die Bürgerinitiative Ausländerstop.

Gerhard Frey gründet die Initiative für Ausländerbegrenzung.

30. Januar – Die WSG Hoffmann wird verboten.

März – Die SVB wird in Bund Deutscher Solidaristen umbenannt.

26. April – Aus einer Abspaltung der SdV entsteht der Nationalrevolutionäre Koordinationsausschuß (NRKA).

27. April – Die AUD gibt ihre Selbständigkeit auf und schließt sich den Grünen an.

Juni – Das Thule-Seminar wird gegründet.

22. August – Bei einem Brandanschlag der Deutschen Aktionsgruppen in Hamburg werden zwei Vietnamesen getötet. Die Tat ist die letzte in einer Serie von sieben Brand- und Sprengstoffanschlägen, die diese Gruppen seit dem 21. Februar verübten.

1. September – Manfred Roeder, der führende Kopf der Deutschen Aktionsgruppen, wird verhaftet.

26. September – Gundolf Köhler (WSG Hoffmann) verübt einen Anschlag auf das Münchener Oktoberfest, 13 Menschen werden getötet und 211 zum Teil schwer verletzt.

19. Dezember – Der jüdische Verleger Lewin und dessen Lebensgefährtin Poeschke werden ermordet. Ein Mitglied der WSG Hoffmann wird später als Täter verurteilt.

1981

In Salzgitter, Hachenburg, Frankfurt a.M. und anderen Städten werden jüdische Friedhöfe geschändet.

Das Buch von Franz Schönhuber, *Ich war dabei,* eine Würdigung der Waffen-SS, erscheint.

Gerhard Frey gründet die DVU-Vorfeldorganisation Aktion Deutsches Radio und Fernsehen.

28. Mai – Mitglieder der ANS verüben einen Feme-Mord an einem Gruppenmitglied.

Juni – Das Thule-Seminar verfaßt das *Heidelberger Manifest* gegen den Zuzug von Ausländern; es wird von elf Professoren unterzeichnet.

26. Oktober – Umfangreiche Waffendepots werden entdeckt und der mutmaßliche Verantwortliche, Heinz Lembke, verhaftet. Er stirbt am 1. November in Untersuchungshaft, als Ursache wird Selbstmord angegeben.

1982

Manfred Roeder wird aufgrund der Anschläge der Deutschen Aktionsgruppen zu 13 Jahren Haft verurteilt.

Jüdische Friedhöfe in Bleckede, Eppingen, Blomberg und andernorts werden geschändet.

27. Januar – Die VSBD/PdA und ihre Jugendorganisation Junge Front werden verboten.

14. Februar – Der Freundeskreis Ulrich von Hutten wird als Führungsgremium der DKG gegründet.

11. April – Die KZ-Gedenkstätte Flossenbürg wird verwüstet.

30. April – Michael Kühnen wird wegen Propagandadelikten und Aufstachelung zum Rassenhaß zu neun Monaten Haft verurteilt.

9. Mai – Der »Geschichtsrevisionist« David Irving erhält von der DVU den Europäischen Freiheitspreis der *Deutschen National-Zeitung,* der mit 10.000 DM dotiert ist.

24./25. Juni – Der Neonazi Helmut Oxner erschießt aus offensichtlich rassistischen Gründen drei Menschen und verletzt drei weitere schwer.

28. Juni – Raimund Hörnle und Sibylle Vorderbrügge werden aufgrund einer Anschlagsserie der Deutschen Aktionsgruppen, bei der 1980 zwei Menschen getötet wurden, zu lebenslänglicher Haft verurteilt.

1983

Der Ehrenbund Rudel – Gemeinschaft zum Schutz der Frontsoldaten wird als Aktionsgemeinschaft der DVU gegründet.

15. Januar – Michael Kühnen gründet die Aktionsfront Nationaler Sozialisten/Nationaler Aktivisten (ANS/NA).

Februar – Das Buch *Der Auschwitzmythos – Legende oder Wirklichkeit?* von Werner Stäglich wird auf Gerichtsbeschluß »eingezogen«.

1. April – Otto Ernst Remer gründet Die Deutsche Freiheitsbewegung.

5. April – Die KZ-Gedenkstätte Flossenbürg wird geschändet.

26. August – Der zu neun Monaten Haft verurteilte Thies Christophersen wird festgenommen.

November – Michael Kühnen wird zu acht Monaten Haft wegen Falschaussage verurteilt.

25. November – Friedhelm Busse wird, u. a. wegen Vergehen gegen das Waffengesetz, zu drei Jahren und neun Monaten Haft verurteilt.

26. November – Die Republikaner (REP) werden als Abspaltung der CSU gegründet, Franz Handlos wird Vorsitzender.

7. Dezember – Die ANS/NA und die Aktion Ausländerrückführung werden verboten, kurz darauf erscheint die erste Ausgabe der *Neuen Front* als Fortsetzung der *Inneren Front,* um die herum Michael Kühnen die übergeordnete Leitungsstruktur Gesinnungsgemeinschaft der Neuen Front (GdNF) aufbaut.

1984

Ehemalige ANS/NA-Mitglieder treten in die FAP ein.

21. Januar – Die Deutsche Frauenfront wird als Nachfolgeorganisation des Mädelbundes der ANS gegründet.

26. Mai – Das Komitee zur Vorbereitung der Feierlichkeiten zum 100. Geburtstag Adolf Hitlers wird gegründet.

5. Oktober – Der nach Frankreich geflohene Michael Kühnen wird nach Deutschland ausgewiesen.

November – Gerhard Frey gründet den Schutzbund für Leben und Umwelt als Aktionsgemeinschaft der DVU.

3./4. November – Die NPD beschließt auf ihrem Parteitag, sich nicht von Skinheads zu distanzieren.

1985

Januar – FAP und WJ gründen die Volkstreue außerparlamentarische Opposition.

25. Januar – Michael Kühnen wird u. a. wegen neonazistischen Propagandadelikten zu drei Jahren und vier Monaten Haft verurteilt.

15. März – Mitglieder der neonazistischen Gruppe um Ottfried Hepp und Walther Kexel werden wegen Anschlägen und Banküberfällen zu zehn bis 15 Jahren Haft verurteilt.

16. Juni – Franz Schönhuber wird Vorsitzender der REP.

16. November – Die Nationalistische Front (NF) wird gegründet.

21. Dezember – Ramazan Avci wird getötet; es ist der zweite von Skinheads begangene Mord in diesem Jahr in Hamburg.

1986

Elemente, die Zeitschrift des Thule-Seminars, erscheint das erste Mal.

1. Januar – Gerhard Frey kauft die *Deutsche Wochen-Zeitung*.

Mai – Die Zeitung *Junge Freiheit* erscheint das erste Mal.

Juli – Karl-Heinz Hoffmann wird zu neuneinhalb Jahren Haft verurteilt, u. a. wegen Freiheitsberaubung, Strafvereitelung und Geldfälschung.

19. Juli – FAP und GdNF spalten sich in zwei verfeindete Flügel, nachdem Michael Kühnen sich zur Homosexualität bekannt hatte.

Jahreswechsel – Bei Anschlägen neonazistischer Gruppen werden zehn Flüchtlingsunterkünfte angezündet. Seit dem Sommer finden sich auch bei den bürgerlichen Parteien verstärkt rassistische Argumentationsmuster.

1987

3. Februar – Ein Mitglied der FAP wird wegen Verrats von Gesinnungsgenossen ermordet. Die vier Täter werden am 10. Dezember zu achteinhalb bis zehn Jahren Haft verurteilt.

5. März – DVU und NPD gründen das Wahlbündnis DVU Liste-D.

Juni – Ernst Tag gründet das Internationale Hilfskomitee für nationale politische Verfolgte und deren Angehörige.

17. August – Der ehemalige Hitler-Stellvertreter Rudolf Heß stirbt in der Haft. In den folgenden Tagen finden neonazistische Demonstrationen und Anschläge statt.

13. September – Bei der Bürgerschaftswahl in Bremen erhält die DVU Liste-D 3,4 Prozent, in Bremerhaven 5,4 Prozent (1 Mandat).

27. Oktober – Ottfried Hepp wird wegen versuchten Mordes, Banküberfällen u. a. zu zehneinhalb Jahren Haft verurteilt.

1988

Die Zeitschrift *Europa Vorn* wird gegründet.

1. März – Michael Kühnen wird aus der Haft entlassen; in diesem Zusammenhang finden 92 Hausdurchsuchungen bei seinen Anhängern statt.

15. März – Ernst Tag wird wegen Verstoßes gegen das Waffengesetz, Hehlerei und Erpressung zu fünf Jahren Haft verurteilt.

5. April – Der *Leuchter-Report* von Fred Leuchter, in dem die Vergasung von Juden geleugnet wird, erscheint in den USA.

18. April – Auf die jüdische Gemeinde in Frankfurt a. M. wird ein Bombenanschlag verübt.

12. Juni – Der BHJ spaltet sich, der Mehrheitsflügel nennt sich in BHJ – Der Freibund e.V. um.

15. Juni – Michael Kühnen gründet die Nationale Sammlung.

August – Der erste Rudolf-Heß-Gedächtnismarsch findet mit 120 Personen in Wunsiedel, dem Begräbnisort, statt.

September Die KZ Gedenkstätte Bergen-Belsen wird geschändet.

5. November – Friedhelm Busse wird Vorsitzender der FAP.

17. Dezember – Bei einem rassistischen Brandanschlag in Schwandorf sterben vier Menschen, der Täter ist Mitglied der NF.

1989

8. Januar – Auf Vermittlung der HNG schließen die verfeindeten Flügel der FAP und GdNF ein Stillhalteabkommen. In der Folgezeit übernehmen die Kühnen-Gegner die FAP, während sich die Kühnen-Anhänger in den Unterorganisationen der GdNF zusammenschließen.

29. Januar – Bei der Wahl zum Abgeordnetenhaus in Berlin erhalten die REP 7,5 Prozent (11 Mandate).

9. Februar – Die Nationale Sammlung wird verboten.

13. März – Christian Worch gründet in Hamburg die Nationale Liste (NL).

20. April – Anläßlich des 100. Geburtstages Adolf Hitlers kommt es in Berlin, Bremen und anderen Städten zu Ausschreitungen.

5. Mai – Kühnen-Anhänger gründen die Deutsche Alternative (DA).

18. Juni – Bei der Europawahl erhalten die REP 7,1 Prozent (6 Mandate).

19. August – Am Rudolf-Heß-Gedächtnismarsch in Wunsiedel beteiligen sich 260 Rechtsextremisten.

1990

Mindestens fünf Menschen werden bei rechtsextremen und rassistischen Gewalttaten getötet.

Jüdische Friedhöfe in Bad Cannstadt, Ihringen, Hechingen, Vaihingen u. a. werden geschändet.

1. Februar – Die Nationale Alternative wird als erste rechtsextreme Wahlpartei der DDR gegründet.

21. April – Der »revisionistische« Kongreß »Wahrheit macht frei« findet mit 800 Personen in München statt.

20. Juni – Die von Thies Christophersen gegründete Bürger- und Bauerninitiative wird aufgelöst.

3. Juli – Die neonazistische Nationale Offensive (NO) wird gegründet.

18. August – 500 Rechtsextreme nehmen am Rudolf-Heß-Gedächtnismarsch teil.

Oktober – David Irving tritt vor 4.000 Personen auf der DVU-Großkundgebung in Passau auf.

20. Oktober – 500 Personen nehmen an einem neonazistischen Aufmarsch in Dresden teil.

18. November – 300–400 Mitglieder neonazistischer Gruppen beteiligen sich an einer Heldengedenkfeier in Halbe, wo eine der letzten großen Schlachten des Zweiten Weltkrieges stattfand.

16. Dezember – Martin Mußgnug tritt vom NPD-Parteivorsitz zurück.

1991

Mindestens elf Menschen werden bei rechtsextremen und rassistischen Angriffen getötet.

Wolfram Nahrath wird Bundesführer der WJ.

1. Januar – Die radikale Minderheitsfraktion des gespaltenen BHJ konstituiert sich als Die heimattreue Jugend e.V.

8. April – Der visafreie Verkehr mit Polen wird eingeführt, es kommt, auch in den nächsten Wochen, zu zahlreichen gewalttätigen Aktionen von Rechtsextremen.

25. April – Michael Kühnen stirbt an Aids.

8. Juni – Die GdNF-Organisation Deutsches Hessen wird gegründet.

8./9. Juni – Günther Deckert wird Vorsitzender der NPD.

6. Juli – Die GdNF-Organisation Nationaler Block wird gegründet.

17. August – In Bayreuth findet eine genehmigte Protestdemonstration gegen das Verbot des Rudolf-Heß-Gedächtnismarsches in Wunsiedel statt, an der 2.000 Rechtsextreme teilnehmen.

17.–22. September – In Hoyerswerda werden ein Ausländerwohnheim und ein Flüchtlingsheim unter dem Beifall der Bevölkerung angegriffen und belagert. 30 Menschen werden zum Teil schwer verletzt, lediglich drei Täter werden später zu Bewährungsstrafen verurteilt. Hoyerswerda ist der Auftakt einer Welle von Brandanschlägen und Übergriffen bei denen über 100 Menschen verletzt werden.

29. September – Bei der Bürgerschaftswahl in Bremen erhält die DVU 6,2 Prozent (6 Mandate).

Oktober – David Irving spricht auf der DVU-Kundgebung in Passau vor 3.000 Personen.

3. Oktober – Die Deutsche Liga für Volk und Heimat (DLVH) gründet sich.

17. November – An der Heldengedenkfeier in Halbe nehmen 600 Neonazis teil.

1992

Mindestens 32 Menschen werden bei rassistischen und rechtsextremen Übergriffen getötet.

Otto Ernst Remer wird, u.a. wegen Volksverhetzung, zu 22 Monaten Haft verurteilt; 1994 flieht er nach Spanien.

Januar – Die Partei Die Nationalen wird gegründet.

5. April – Bei der Landtagswahl in Schleswig-Holstein erhält die DVU 6,3 Prozent (6 Mandate). Bei der Landtagswahl in Baden-Württemberg erhalten die REP 10,9 Prozent (15 Mandate).

April – Die neonazistische Aktionsfront Nationaler Kameraden wird gegründet.

19. April – Die neonazistische Deutsch-Nationale Partei gründet sich, Thomas Dienel wird Vorsitzender.

9. Mai – Meinolf Schönborn, Vorsitzender der NF, wird seiner Parteiämter enthoben, die Organisation spaltet sich.

25.–29. Mai – In Mannheim wird ein Flüchtlingsheim von bis zu 400 Menschen, vor allem der ansässigen Bevölkerung, belagert.

Juli – Der Mehrheitsflügel der NF gründet die Sozialrevolutionäre Arbeiterfront (SrA).

15. August – 2.000 Rechtsextreme nehmen am Rudolf-Heß-Gedenkmarsch in Rudolstadt teil.

22.–28. August – In Rostock-Lichtenhagen wird ein Wohn- und Flüchtlingsheim von einigen hundert Rechtsextremen und Anwohnern angegriffen. Am *25. August* wird das Gebäude, in dem sich 120 Menschen aufhalten, in Brand gesetzt. Ihnen gelingt die Flucht. Die Ereignisse lösen eine weitere Welle von Anschlägen und Angriffen, vor allem gegen Flüchtlinge, aus.

8.–12. September – In Quedlinburg wird eine Flüchtlingsunterkunft angegriffen und belagert.

26. September – Bei einem Brandanschlag wird die ehemalige jüdische Baracke im KZ Sachsenhausen zerstört.

Oktober – David Irving tritt vor 4.000 Personen auf der Passauer DVU-Kundgebung auf.

3. Oktober – 600 Neonazis beteiligen sich an einer Demonstration in Dresden.

23. November – Bei einem rassistischen Brandanschlag in Mölln werden drei Menschen getötet.

27. November – Die NF wird verboten.

10. Dezember – Die DA wird verboten.

22. Dezember – Die NO wird verboten.

31. Dezember – Die HIAG löst sich als Bundesverband auf, einzelne Gruppen bestehen aber weiter.

1993

Mindestens 37 Menschen werden bei rechtsextremen und rassistischen Gewalttaten getötet.

Jüdische Friedhöfe, u.a. in Märkisch Buchholz, Eisenhüttenstadt, Hechingen, Wriezen und Dresden, werden geschändet.

27. Februar – In Aschaffenburg findet eine »Lichterkette gegen Deutschfeindlichkeit« statt, an der sich 800 Menschen, zur Hälfte Neonazis, beteiligen. Zuvor war ein rassistischer Schläger bei einem Überfall von einem seiner schwerverletzten Opfer in Notwehr getötet worden.

20. März – Das rechtsextreme Mailboxnetz Thule-Netz wird gegründet.

23. März – Die Aktionsfront Nationaler Kameraden nennt sich in Aktionspartei Nationalrevolutionärer Kameraden um.

29. Mai – Bei einem rassistischen Brandanschlag in Solingen werden fünf Menschen getötet, es folgt eine erneute Welle rassistischer und rechtsextremer Gewalt.

7. Juni – Der NB wird verboten.

21. Juli – Die neonazistische Gruppe Deutsche Nationalisten gründet sich.

14. August – 500 Neonazis beteiligen sich am Rudolf-Heß- Gedenkmarsch in Fulda, dessen Durchführung trotz fehlender Genehmigung von der Polizei ermöglicht wird, die stattdessen eine Gegendemonstration verhindert.

2. September – Der rechtsextreme Freundeskreis Freiheit für Deutschland wird verboten.

29. September – Der Österreicher Gottfried Küssel, Führungskader der GdNF, wird in Wien wegen »neonazistischer Wiederbetätigung« zu zehn Jahren Haft verurteilt.

November – Die Anti-Antifa Broschüre *Der Einblick* wird von Neonazis veröffentlicht. Sie rufen zur »endgültigen Ausschaltung der politischen Gegner« auf und benennen 250 antifaschistisch eingestellte Menschen.

1994

Durch rechtsextreme und rassistische Übergriffe werden etwa 22 Menschen getötet.

Neonazistische Skinheads gründen deutsche Sektionen der international organisierten Hammer-Skins.

Januar – Die Zeitung *Junge Freiheit* stellt von monatlicher auf wöchentliche Erscheinungsweise um.

23. Januar – Der Bund freier Bürger (BfB) wird gegründet.

16. März – Bei einem rassistischen Brandanschlag in Stuttgart werden sieben Menschen getötet.

April – Die *Deutsche Rundschau* der DLVH geht in *Nation und Europa* auf.

10. November – Die WJ wird verboten.

17. Dezember – Rolf Schlierer wird Vorsitzender der REP.

1995

24. Februar – FAP und NL werden verboten.

20. März – Gerhard Lauck (NSDAP/AO) wird in Dänemark verhaftet und am *5. September* nach Deutschland ausgeliefert.

24. April – Führende Funktionäre des BfB, der DP, der Deutschen Sozialen Union und anderer Organisationen gründen das Bündnis Konstruktiver Kräfte Deutschlands.

Juni – Bei einer Serie von Briefbombenanschlägen werden vier Menschen verletzt, zwei in Deutschland, zwei in Österreich. Die Anschläge stehen im Zusammenhang mit der Verurteilung des Neonaziführers Gottfried Küssel.

29. August – Bela Ewald Althans wird wegen Leugnung des Holocaust zu dreieinhalb Jahren Haft verurteilt.

21. Oktober – Thorsten Heise, ein ehemaliger FAP-Funktionär, veranstaltet ein Konzert, an dem 1.000 Neonazis teilnehmen.

November – Meinolf Schönborn wird wegen Fortführung der NF zu zwei Jahren und drei Monaten Haft verurteilt.

16. November – Franz Schönhuber verläßt die REP.

1996

18. Januar – Durch eine Brandstiftung in einer Lübecker Flüchtlingsunterkunft werden zehn Menschen getötet. Die Ermittlungen der Behörden und die Inhaftnahme eines Bewohners stoßen zunehmend auf Kritik. Den Ermittlungsbehörden wird einseitige Ermittlung und das Ausblenden eines möglichen rechtsextremistischen Hintergrundes vorgeworfen.

24. März – Bei der Landtagswahl in Baden-Württemberg erhalten die REP 9,1 Prozent (14 Mandate).

Auswahlbibliographie

Adorno, Theodor W.: Studien zum autoritären Charakter. 1. Aufl. 1950, 4. Aufl. Frankfurt a.M. 1992.

Altermatt, Urs; Kriesi, Hanspeter: Rechtsextremismus in der Schweiz. Zürich 1995.

Aly, Götz: Aktion T 4 1939–1945. Die »Euthanasie«-Zentrale in der Tiergartenstraße 4. Berlin 1987.

Aly, Götz; Heim, Susanne: Vordenker der Vernichtung. Auschwitz und die deutschen Pläne für eine neue europäische Ordnung. Frankfurt a.M. 1993.

Annas, Max; Christoph, Ralph (Hrsg.): Neue Soundtracks für den Volksempfänger. Nazirock, Jugendkultur & rechter Mainstream. Berlin 1993

Antifaschistisches Autorenkollektiv: Drahtzieher im braunen Netz. Ein aktueller Überblick über den Neonazi-Untergrund in Deutschland und Österreich. Hamburg 1996.

Arendt, Hannah: Elemente und Ursprünge totaler Herrschaft. München 1986.

Assheuer, Thomas; Sarkowicz, Hans: Rechtsradikale in Deutschland. Die alte und die neue Rechte. München 1994.

Baacke, Dieter u.a. (Hrsg. GMK): Rock von Rechts. Medienpädagogische Handreichung 3. Bielefeld 1994.

Bailer-Galanda, Brigitte; Benz, Wolfgang; Neugebauer, Wolfgang (Hrsg.): Wahrheit und Auschwitzlüge. Zur Bekämpfung »revisionistischer« Propaganda. Wien 1995.

Bailer-Galanda, Brigitte: Haider wörtlich. Führer in die Dritte Republik. Wien 1995.

Bastian, Till: Auschwitz und die »Auschwitz-Lüge«. Massenmord und Geschichtsfälschung. München 1994.

Benz, Wolfgang (Hrsg.): Legenden Lügen Vorurteile. Ein Lexikon zur Zeitgeschichte. München 1990.

Benz, Wolfgang (Hrsg.): Dimensionen des Völkermordes. Die Anzahl der jüdischen Opfer des Nationalsozialismus. München 1991.

Benz, W.; Buchheim, H.; Mommsen, H. (Hrsg.): Der Nationalsozialismus. Studien zur Ideologie und Herrschaft. Frankfurt a.M. 1993.

Benz, Wolfgang (Hrsg.): Rechtsextremismus in Deutschland. Voraussetzungen, Zusammenhänge, Wirkungen. Frankfurt/M 1994.

Benz, Wolfgang; Distel, Barbara: Dachauer Hefte. Studien und Dokumente zur Geschichte der nationalsozialistischen Konzentrationslager. Dachau 11. Jahrgang.

Bundesministerium des Innern (Hrsg.): Verfassungsschutzberichte des Bundes.

Bergmann, Werner; Erb, Rainer (Hrsg.): Neonazismus und rechte Subkultur. Berlin 1994.

Butterwegge, Christoph: Rechtsextremismus, Rassismus und Gewalt. Erklärungsmodelle – Deutungsmuster – Mediendiskurse. Darmstadt 1996.

Butterwegge, Christoph; Jäger, Siegfried (Hrsg.): Rassimus in Europa. Köln 1993.

Butterwegge, Christoph; H. Isola (Hrsg.): Rechtsextremismus im vereinten Deutschland. Bremen 1990.

Butterwegge, Christoph: Rechtsextremismus, Rassismus und Gewalt. Diskussion wichtiger Erklärungsmodelle. Darmstadt 1996.

Czech, D.: Kalendarium der Ereignisse im Konzentrationslager Auschwitz-Birkenau 1939–1945. Reinbek 1989.

Diederichs u.a. (Hrsg.): Hilfe Polizei – Fremdenfeindlichkeit bei Deutschlands Ordnungshütern. Berlin 1995.

Diner, D. (Hrsg.): Ist der Nationalsozialismus Geschichte? Zur Historisierung und Historikerstreit. Frankfurt a. M. 1993.

Ditfurth, Jutta: Feuer in die Herzen. Plädoyer für eine ökologisch linke Opposition. Düsseldorf, Wien 1994.

Dokumentationsarchiv des österreichischen Widerstandes (Hrsg.): Das Lachout-Dokument. Anatomie einer Fälschung. Wien 1989.

Dokumentationsarchiv des österreichischen Widerstandes; Bundesministerium für Unterricht und Kunst (Hrsg.): Amoklauf gegen die Wirklichkeit. NS-Verbrechen und revisionistische Geschichtsschreibumg. Wien 1991.

Dokumentationsarchiv des österreichischen Widerstandes (Hrsg.): Handbuch des österreichischen Rechtsextremismus. Wien 1994.

Drechsel, Klaus Peter: Beurteilt, Vermessen, Ermordet. Die Praxis der Euthanasi bis zum Ende des deutschen Faschismus. Duisburg 1993.

Dudek, Peter; Jaschke, Hans-Gerd: Entstehung und Entwicklung des Rechtsextremismus in der Bundesrepublik. Opladen 1984.

Eisenberg, Götz; Gronemeyer, Reimer: Jugend und Gewalt. Der neue Generationskonflikt oder Der Zerfall der zivilen Gesellschaft. Reinbek bei Hamburg 1993.

Elm, L.; Heither, D.; Schäfer, G. (Hrsg.): Füxe, Burschen, Alte Herren. Studentische Korporationen vom Wartburgfest bis heute. Köln 1992.

Faber, R.; Funke, H.; Schoenberner, G. (Hrsg.): Rechtsextremismus. Ideologie und Gewalt. Berlin 1995

Falter, Jürgen, W.: Wer wählt rechts? Die Wähler und Anhänger rechtsextremistischer Parteien im vereinigten Deutschland. München 1994.

Fantifa Marburg (Hrsg.): Kameradinnen. Frauen stricken am Braunen Netz.

Münster 1995.

Farin, Klaus; Seidel-Pielen, Eberhard: »Ohne Gewalt läuft nichts!« – Jugend und Gewalt in Deutschland. Köln 1993.

Farin, Klaus; Seidel-Pielen, Eberhard: Skinheads. München 1993.

Feit, Margret: Die »Neue Rechte« in der Bundesrepublik. Organisation – Ideologie – Strategie. Frankfurt/M 1987.

Fischer, G.; Wölflingseder, M. (Hrsg.): Biologismus, Rassismus, Nationalismus. Rechte Ideologien im Vormarsch. Wien 1995.

Freud, René: Braune Magie? Okkultismus, New Age und Nationalsozialismus. Wien 1995.

Friedrich, Jörg: Die kalte Amnestie. NS-Täter in der Bundesrepublik. Frankfurt 1984.

Frischknecht, Jürg: »Schweiz wir kommen«. Die neuen Fröntler und Rassisten. Zürich 1991.

Franz, Detlef: Biologismus von oben. Das Menschenbild in Biologiebüchern. Duisburg 1993.

Fromm, Rainer: Am rechten Rand. Lexikon des Rechtsradikalismus. Marburg 1993.

Fromm, Rainer; Kernbach, Barbara: ... und morgen die ganze Welt? Rechtsextreme Publizistik in Westeuropa. Marburg, Berlin 1994.

Funke, Hayo: Brandstifter. Deutschland zwischen Demokratie und völkischen Nationalismus. Göttingen 1993.

Geden, Oliver: Rechte Ökologie. Umweltschutz zwischen Emanzipation und Faschismus. Berlin 1996.

Geiss, Imanuel: Geschichte des Rassimus. Frankfurt/M 1989.

Gessenharter, W.; Krupp, B.; Fröchling, H.: Rechtsrextremismus als normativ-praktisches Forschungsproblem. Weinheim 1978.

Gessenharter, Wolfgang: Kippt die Republik? Die Neue Rechte und ihre Unterstützung durch Politik und Medien. München 1994.

Gessenharter, W.; Birzer, M.; Feindt, P. H.; Fröchling, H.; Geismann U. M.: Zusammenleben mit Ausländern. Eine empirische Studie. Hamburg 1994.

Gessenharter, W.; Birzer, M.; Feindt, P. H.; Fröchling, H. (Hrsg.): Konfliktregelungen in der offenen Bürgergesellschaft. Dettelbach 1996.

Giordano, Ralph: Die zweite Schuld oder Von der Last Deutscher zu sein. Hamburg 1987.

Giordano, Ralph: »Ich bin angenagelt an dieses Land«. Reden und Aufsätze über die deutsche Vergangenheit und Gegenwart. Hamburg 1992.

Gössner, Rolf (Hrsg.): Mythos Sicherheit – Der hilflose Schrei nach dem starken Staat. Baden-Baden 1995.

Greß, Franz; Jaschke, Hans-Gerd, Schönekäs, Klaus (Hrsg.): Neue Rechte und Rechtsextremismus in Europa. Opladen 1990.

Giefer, R.; Giefer, T.: Die Rattenlinie. Fluchtwege der Nazis. Frankfurt a. M. 1991.

Gugenberger, Eduard; Schweidlenka, Roman: Mutter Erde Magie und Politik. Zwischen Faschismus und Neuer Gesellschaft. Wien 1987.

Haack, Friedrich Wilhelm: Wotans Wiederkehr. Blut-, Boden und Rasse-Religion. München 1981.

Hafeneger, Benno: Rechte Jugendliche. Einstieg und Ausstieg: Sechs biographische Studien. Bielefeld 1993.

Hafeneger, Benno: Jugend-Gewalt. Zwischen Erziehung, Kontrolle und Repression. Ein historischer Abriß. Opladen 1994.

Haug, Wolfgang Fritz: Vom hilflosen Antifaschismus zur Gnade der späten Geburt. Hamburg 1993.

Heinemann, K.-H.; Schubarth, W.: Der antifaschistische Staat entläßt seine Kinder. Jugend und Rechtsextremismus in Ostdeutschland. Köln 1992.

Heitmeyer, Wilhelm (u.a.): Die Bielefelder Rechtsextremismus-Studie. Erste Langzeituntersuchung zur politischen Sozialisation männlicher Jugendlicher. Weinheim, München 1993.

Heitmeyer, Wilhelm (u.a.): Gewalt. Schattenseiten der Individualisierung bei Jugendlichen aus unterschiedlichen Milieus. Weinheim, München 1995.

Heitmeyer, Wilhelm (u.a.): Rechtsextremistische Orientierungen bei Jugendlichen. Empirische Ergebnisse und Erklärungsmuster einer Untersuchung zur politischen Sozialisation. Weinheim, München 1995.

Heller, F.; Maegerle, A.: Thule. Vom völkischen Okkultismus bis zur Neuen Rechten. Stuttgart 1995.

Hellfeld, Matthias von: Die Nation erwacht. Zur Trendwende der deutschen politischen Kultur. Köln 1994.

Heller, Friedrich Paul; Maegerle, Anton: Thule. Vom völkischen Okkultismus bis zur Neuen Rechten. Stuttgart 1995.

Henke, K.-D.; Woller, H. (Hrsg.): Politische Säuberung in Europa. Die Abrechnung mit Faschismus und Kollaboration nach dem Zweiten Weltkrieg. München 1991.

Herbert, Ulrich: Best. Biographische Studien über Radikalismus, Weltanschauung und Vernunft 1903–1989. Bonn 1996.

Hethey, Raimund; Kratz, Peter: In bester Gesellschaft. Antifa-Recherche zwischen Konservatismus und Neo-Faschismus. Göttingen 1991.

Hoffmann, L.: Das deutsche Volk und seine Feinde. Die völkische Droge. Köln 1994.

Holthusen, Bernd; Jänecke, Michael: Rechtsextremismus in Berlin. Aktuelle Erscheinungsformen, Ursachen, Gegenmaßnahmen. Marburg 1994.

Hundseder, Franziska: Rechte machen Kasse. Gelder und Finanziers der braunen Szene. München 1995.

Hundseder, Franziska: Stichwort Rechtsextremismus. München 1993.

Institut für Sozialforschung (Hrsg.): Rechtsextemismus und Fremdenfeindlichkeit. Studien zur aktuellen Entwicklung. Frankfurt a.M./New York 1994.

Institut für Sozialpädagogische Forschung Mainz (ISM) e.V. (Hrsg.): Rassismus – Fremdenfeindlichkeit – Rechtsextremismus: Beiträge zu einem Gesellschaftlichen Diskurs. Bielefeld 1993.

Jäger, Siegfried (Hrsg.): Rechtsdruck. Die Presse der Neuen Rechten. Berlin 1988.

Jäger, Siegfried: Faschismus, Rechtsextremismus, Sprache. Eine kommentierte Bibliographie. Duisburg 1992.

Jäger, Siegfried: Brandsätze. Rassismus im Alltag. Duisburg 1993.

Jahn, Thomas; Wehling Peter: Ökologie von rechts. Nationalismus und Umweltschutz bei der Neuen Rechten und bei den »Republikanern«. Frankfurt/M, New York 1991.

Jaschke, Hans-Gerd: Rechtsextremismus und Fremdenfeindlichkeit. Opladen 1994

Kalpaka, Annita; Räthzel Nora (Hrsg.): Die Schwierigkeit, nicht rassistisch zu sein. Rassimus in Politik, Kultur und Alltag. Köln 1994.

Kalinowsky, Harry H.: Kampfplatz Justiz. Politische Justiz und Rechtsextremismus in der Bundesrepublik Deutschland 1949–1990. Pfaffenweiler 1993.

Kellershohn, Helmut (Hrsg.): Das Plagiat. Der Völkische Nationalismus der Jungen Freiheit. Duisburg 1994.

Klee, Ernst: »Euthanasie« im NS-Staat. Die Vernichtung lebensunwerten Lebens. Frankfurt a.M. 1989.

Klönne, Arno: Rechts-Nachfolge. Risiken des deutschen Wesens nach 1945. Köln 1990.

Knortz, H. (Hrsg.): Fremdenfeindlichkeit in Deutschland. Ein interdisziplinärer Diskussionsbeitrag. Frankfurt a.M. 1994.

Kogon, Eugen; Langbein, Hermann; Rückerl, Adalbert (Hrsg.): Nationalsozialistische Massentötungen durch Giftgas. Frankfurt/M 1983.

Kowalsky, Wolfgang; Schröder, Wolfgang (Hrsg.): Rechtsextremismus. Einführung und Forschungsbilanz. Opladen 1994.

Kratz, Peter: Die Götter des New Age. Im Schnittpunkt vom »Neuen Denken«, Faschismus und Romantik. Berlin 1994

Kühnl, Reinhard: Der Faschismus. Ursachen, Herrschaftsstruktur, Aktualität. Heilbronn 1988.

Kühnl, Reinhard: Der deutsche Faschismus in Quellen und Dokumenten. Köln 1987.

Kühnl, Reinhard: Gefahr von rechts. Vergangenheit und Gegenwart der extremen Rechten. Heilbronn 1990.

Kühnl, Reinhard: Faschismustheorien. Ein Leitfaden«. Aktualisierte Neuaufl. Heilbronn 1990.

Langbein, H.: Der Auschwitzprozeß. Eine Dokumentation. Frankfurt a.M. 1995. (Unveränderten Nachdruck der 1965 im Europa-Verlag (Wien) erschienen Erstausgabe.)

Lange, Astrid: Was die Rechten lesen. Fünfzig rechtsextreme Zeitschriften. München 1993.

Leggewie, Claus: Druck von rechts? Wohin treibt die Bundesrepublik. München 1993.

Leiprecht, Rudolf (Hrsg.): In Grenzen verstrickt. Jugendliche und Rassimus in Europa. Ergebnisse vergleichender Jugendforschung. Duisburg 1995.

Lenk, K.: Rechts, wo die Mitte ist. Studien zur Ideologie: Rechtsextremismus, Nationalsozialismus, Konservatismus. Baden-Baden 1994.

Link, J. (Hrsg.): Die vierte Gewalt. Rassismus und die Medien. Duisburg 1993

Linke, Annette: Der Multimillionär Frey und die DVU. Essen 1994.

Lipstadt, Deborah: Denying the Holocaust. The growing Assault on Truth and Memory. New York, Ontario 1993.

Lipstadt, Deborah: Betrifft: Leugnen des Holocaust. Zürich 1994.

Lohmann, Hans-Martin (Hrsg.): Extremismus der Mitte. Vom rechten Verständnis deutscher Nation. Frankfurt/M 1994.

Magiros, Angelika: Foucaults Beitrag zur Rassismustheorie. Hamburg 1995.

Mantino, S.: Die »Neue Rechte« in der »Grauzone« zwischen Rechtsextremismus und Konservatismus. Frankfurt a.M. 1992.

Märthesheimer, Peter; Frenzel, Ivo: Im Kreuzfeuer: Der Fernsehfilm Holocaust. Eine Nation ist betroffen. Frankfurt/M 1979.

Mecklenburg, Jens (Hrsg.): Antifa Reader. Antifaschistisches Handbuch und Ratgeber. Berlin 1996.

Melzer, W.: Jugend und Politik in Deutschland. Gesellschaftliche Einstellungen, Zukunftsorientierungen und Rechtsextremismus-Potential Jugendlicher in Ost- und Westdeutschland. Opladen 1992.

Miles, Robert: Rassismus. Einführung in die Geschichte und Theorie eines Begriffs. Hamburg 1991.

Mosse, Georg L.: Die Geschichte des Rassismus in Europa. Frankfurt/M 1990.

Müller, Ingo: Furchtbare Juristen. München 1987.

Müller, L.: Gladio – das Erbe des Kalten Krieges. Der Nato-Geheimdienst und sein deutscher Vorläufer. Reinbek bei Hamburg 1991.

Müller, Jost: Nation, Ethnie, Kultur. Mythen der Rechten. Berlin 1995.

Neumann, F. (Hrsg.): Handbuch Politische Theorien und Ideologien. Opladen 1995.

Nickolai, Werner; Scheiwe, Norbert: Auschwitz – Für die Zukunft lernen. Eine Projektdokumentation. Bielefeld 1995.

Opitz, Reinhard: Faschismus und Neofaschismus. Überarbeitete Neuaufl. Köln 1988.

Otto, Hans-Uwe; Merten, Roland (Hrsg.): Rechtsradikale Gewalt im vereinigten Deutschland. Jugend im gesellschaftlichen Umbruch. Opladen 1993.

Pfahl-Traughber, Armin: Rechtsextremismus. Eine kritische Bestandsaufnahme nach der Wiedervereinigung. Bonn 1993.

Pfahl-Traughber, Armin: Volkes Stimme? Rechtspopulismus in Europa. Bonn 1994.

Pflüger, F.: Deutschland driftet. Die konservative Revolution entdeckt ihre Kinder. Wien/New York/Moskau 1994.

Poliakov, Leon (u.a.): Rassismus. Über Fremdenfeindlichkeit und Rassenwahn. Hamburg, Zürich 1992.

Prantl, H.: Deutschland leicht entflammbar. München/Wien 1994.

Purtscheller, Wolfgang: Aufbruch der Völkischen. Das braune Netzwerk. Wien 1993.

Purtscheller, Wolfgang (Hrsg.): Die Ordnung, die sie meinen. »Neue Rechte« in Österreich. Wien 1994.

Purtscheller, Wolfgang (Hrsg.): Die Rechte in Bewegung. Seilschaften und Vernetzungen der »Neuen Rechten«. Wien 1995.

Rieger, Anne; Sander, Ulrich (Hrsg.): Schwarzbraunbuch. Ein alternativer verfassungsschutzbericht. Bonn 1995.

Sarkowicz, Hans: Rechte Geschäfte. Der unaufhaltsame Aufstieg des deutschen verlegers Herbert Fleissner. Frankfurt/M 1994.

Schmidt, Michael: Heute gehört uns die Strasse. Ein Inside-Report aus der Neonazi- Szene. Düsseldorf, Wien, New York, Moskau 1993.

Schnurbein, Stefanie von: Göttertrost in Wendezeiten. Neugermanisches Heidentum zwischen New Age und Rechtsradikalismus. München 1993.

Schomers, Michael: Deutschland ganz rechts. Sieben Monate als Republikaner in BRD & DDR. Köln 1990.

Schorsch, Christof: Die New-Age Bewegung. Utopien und Mythos der Neuen Zeit. Gütersloh 1988.

Schwagerl, H. Joachim: Rechtsextremes Denken. Merkmale und Methoden. Frankfurt/M 1993.

Schweidlenka, Roman: Altes blüht aus den Ruinen. New Age und Neues Bewußtsein. Wien 1989.

Seidel, G.: The Holocaust Denial. Antisemitism, Racism & the New Right. Leeds 1986.

Sieber, Ursel; Siegler, Bernd (u.a.): Deutsche Demokraten. Wie rechtsradikal sind CDU & CSU? Göttingen 1994.

Sierck, Udo: NORMalisierung von rechts. Biopolitik und »Neue Rechte«. Hamburg 1995

Sieferle, Rolf Peter: Die Konservative Revolution. Fünf biographische Skizzen. Frankfurt/M 1995.

Siegler, Bernd: Auferstanden aus Ruinen. Rechtsextremismus in der DDR. Berlin 1991.

Siegler, Bernd; Tolmein, Oliver (u.a.): Der Pakt. Die Rechten und der Staat. Göttingen 1993.

SINUS-Institut: 5 Millionen Deutsche: »Wir sollten wieder einen Führer haben ...«. Reinbek 1981.

Stern, Kenneth S.: Holocaust Denial. New York 1993.

Stöss, Richard: Die extreme Rechte in der Bundesrepublik. Entwicklung – Ursachen – Gegenmaßnahmen. Opladen 1989.

Strauss, Herbert A.; Bergmann, Werner; Hoffmann, Christhard (Hrsg.): Der Antisemitismus der Gegenwart. Frankfurt/M 1990.

Tauber, K. P.: Beyond Eagle ans Swatika. German Nationalism since 1945. Middletown 1967.

Tenner, Franziska: Ehre, Blut und Mutterschaft. Getarnt unter Nazi-Frauen heute. Berlin 1996.

Terkessidis, Mark: Kulturkampf. Volk, Nation, der Westen und die Neue Rechte. Köln 1995.

Theweleit, Klaus: Männerphantasien. 2 Bde.. Reinbek bei Hamburg 1980.

Tolmein, Oliver: Wann ist der Mensch ein Mensch? Ethik auf Abwegen. München, Wien 1993

Vidal-Naquet, Pierre: Assassins of Memory. Essays on the Denial of the Holocaust. New York 1992.

Werle, Gerhard; Wandres, Thomas: Auschwitz vor Gericht. Völkermord und bundesdeutsche Strafjustiz. München 1995.

Willems, Helmut: Fremdenfeindliche Gewalt. Einstellungen – Täter – Konflikeskalation. Opladen 1993.

Wippermann, Wolfgang: Faschismustheorien. Zum Stand der gegenwärtigen Diskussion. Darmstadt 1989.

Wlecklik, Petra (Hrsg.): Frauen und Rechtsextremismus. Göttingen 1995.

Woelk, Volkmar: Natur und Mythos. Ökologiekonzeptionen der »Neuen« Rechten im Spannungsfeld zwischen Blut und Boden. Duisburg 1992.

Verzeichnis antifaschistisch orientierter Einrichtungen, Organisationen und Medien

Das Verzeichnis führt mit Sicherheit nicht alle möglichen Einrichtungen auf. Voraussetzung für die Aufnahme in das Verzeichnis war unsere Kenntnis von der Existens der Einrichtung und die Rüchsendung des von uns verschickten Antwortbogens. Gerade im Wissenschaftsbetrieb, in Verbänden und bei den Gewerkschaften gibt es weitere antifaschistisch orientierten Ansprechpartner. Über die entsprechenden Hauptstellen der Organisatioen können gewünschte Kontakte hergestellt werden.

Nach Orten und Namen alphabetisch geordnet:

– Antifa-Gruppen .... S. 963
– Jugen-Antifa-Gruppen .... S. 967
– Frauen-Antifa-Gruppen .... S. 968
– Antifaschistisch orientierte Organisationen/Vereine/Verbände ..... S. 968
– Antirassismus-Gruppen .... S. 971
– Notruf- und Infotelefone .... S. 972
– Antifa-Cafés .... S. 973
– Archive .... S. 974
– Forschungseinrichtungen .... S. 975
– Bildungseinrichtungen .... S. 976
– Infoläden .... S. 977
– Fan-Initiativen .... S. 978
– KZ-Gedenkstätten .... S. 978

Nach Namen alphabetisch geordnet:

– Filmverleihe .... S. 978
– Computernetze .... S. 979
– Parteien .... S. 980
– Antifaschistische Zeitungen .... S. 981
– Zeitungen/Zeitschriften mit antifaschistischer Berichterstattung ... S. 983

Antifa-Gruppen

Antifa Bargteheide
Lübecker Str. 45–47
22941 **Bargteheide**
Tel. 0 45 32/2 46 17

Edelweiß-PiratInnen Beckum
Postfach 2337
59256 **Beckum**
Mailbox: Lost in Space:
0 25 23/60 86
Hrg. der Zeitung *Linksabbieger*,
dreimonatlich, 16 Seiten.

Antifa-Kontaktstelle des ASTA FU Berlin
Kiebitzweg 23
14195 **Berlin**
Tel. 030/83 90 91 19
Fax: 030/8 31 45 36
Bürozeiten: Di 14–16 Uhr

Antifaschistische Aktion Berlin
Waldemarstr. 36
10999 **Berlin**
Tel./Fax: 030/6 15 73 29
Bürozeiten: Fr 16–20 Uhr

fels-Antifa
c/o LAZ
Crellestr. 22
10827 **Berlin**
Tel. 030/6 15 54 58

Rote Antifaschistische Initiative
c/o Nachladen
Waldemarstr. 36
10999 **Berlin**
Tel./Fax: 030/6 15 73 29

Unabhängige Antifa Bielefeld
August Bebel Str. 16–18
33602 **Bielefeld**
E-mail:
UAB@P25.BN.SN.NADIR.ORG

AK Rechts freie Uni
c/o Buchladen Le Sabot
Breite Str. 76
53111 **Bonn**
Tel./Fax: 02 28/69 51 93

Autonome Antifa REM
(Rheinbach/Euskirchen/
Meckenheim)
c/o Le Sabot
Breite Str. 76
53111 **Bonn**
Hrg. des Infoblattes *aiv*, unregel-
mäßig, 8 Seiten, kostenlos.

Antifaschistisches Plenum
Cyriaksring 55
38118 **Braunschweig**
Tel. 05 31/8 38 28
Fax: 05 31/2 80 99 20

Gruppe Linke Einheit Gemeinsam Organisieren
(LEGO) Antifa AG
St. Pauli Str. 10–12
28203 **Bremen**

Menschen gegen Rechts, Bremen
(Bürgerinitiative gegen Rechts-
extremismus und Gewalt)
Villa Ichon, Goetheplatz 4
28203 **Bremen**
Tel. 04 21/32 79 61
Fax: 04 21/3 96 18 92 (Ekkehard
Lentz)

Antifa Duisburg
c/o Fabrik
Grabenstr. 20
47057 **Duisburg**

Antifa A&O
c/o Büro für ständige Einmischung
Oststr. 37
40211 **Düsseldorf**
Tel. 01 72/2 11 13 11, 02 11/35 89 96
Fax: 0211/35 89 97
E-mail: bse@nad-meer.gun.de

Antifa Lotta
c/o Büro für ständige Einmischung
Oststr. 37
40211 **Düsseldorf**
Tel. 01 72/2 11 13 11, 02 11/35 89 96
Fax: 02 11/35 89 97
E-mail: bse@nad-meer.gun.de

Antifa-Referat ASTA FH
Düsseldorf
Georg-Glock-Str. 15
40474 **Düsseldorf**
Tel. 02 11/8 11 46 12
Fax: 02 11/45 23 69 (z. Hd. Antifa
Referat)
E-mail: asta.fhduesseldorf@nadesh-
da.gun.de

Antifa-Referat ASTA Heinrich-
Heine-Universität
Universitätsstr. 1
40225 **Düsseldorf**
Tel. 02 11/8 11 32 80
Fax: 02 11/8 11 32 90

Autonome Antifa
c/o Büro für ständige Einmischung
Oststr. 37
40211 **Düsseldorf**

Koordinierungskreis anti-
faschistischer Gruppen aus
Düsseldorf und dem Umland
(Antifa-KOK)
c/o ASTA FH **Düsseldorf**
Georg-Glocke-Str. 15
40474 Düsseldorf
Tel. 01 72/2 11 13 11
Fax: 02 11/45 23 69
(z. Hd. Antifa-KOK)
E-mail: kok@anarch.free.de

Antifa
c/o Infocafè 159
Hafermarkt 6
24943 **Flensburg**
Tel. 04 61/18 18 40
Fax: 04 61/18 18 41

Antifa AG Öffentlichkeitsarbeit
c/o Die Grünen
Marienstr. 27
24937 **Flensburg**

Antifaschismus/Antirassismus-
Referat ASTA FH Fulda
Ludwig-Beck-Str. 7
36039 **Fulda**
Tel. 06 61/60 21 62
Fax: 06 61/6 62 51

Libertäre Gruppe Fulda
Postfach 1541
36015 **Fulda**

Antifa Arolsen
c/o Buchladen
Rote Straße 10
37073 **Göttingen**

Autonome Antifa (M)
c/o Buchladen
Rote Straße 10
37073 **Göttingen**
Tel./Fax: 05 51/54 90 81
E-mail: aam
@paxo.nadir.org.www:http://
www.nadir.org./Gruppen/aam
Hrg. diverser Broschüren zum
Thema Neofaschismus.

Gruppe Gegenstrom
c/o Buchladen
Rote Straße 10
37073 **Göttingen**

Antifaschistisches Aktionsforum
Jugendclub Postlagernd
48599 **Gronau**
Hrg. einer regionalen Dokumentation.

Antifaschistisches Kreisplenum
Gütersloh
c/o Netzwerkbüro
Alte Weberei
Bogenstr. 1–8
33335 **Gütersloh**
Tel. 0 52 41/2 44 83
(Zusammenschluß mehrerer Antifa-Gruppen)

Antifa Halle/S
Große Klausstr. 11
06108 **Halle/S**
Tel./Fax: 03 45/2 02 12 79

Antifa Walddörfer
c/o Schwarzmarkt
Kleiner Schäferkamp 46
20357 **Hamburg**
E-mail: awd@nadir.org

**Bündnis
Keinen Fußbreit den Faschisten**
c/o Schwarzmarkt
Kleiner Schäferkamp 46
20357 **Hamburg**
E-mail:
KFDF@KRABAT.NADIR.ORG
Hrg. eines monatlichen Mitglieder-rundbriefes.

Hochschul-Antifa HH
c/o ASTA der Universität Hamburg
Von-Melle-Park 5
20146 **Hamburg**
Tel. 040/45 02 04 35
Fax: 040/4 10 72 24

Infogruppe Hamburg
Brigittenstr. 5
20359 **Hamburg**
Tel. 040/43 18 90 37
Fax: 040/43 18 90 38
E-mail: ifghh@Krabat.nadir.org
Hrg. der *Antifaschistischen Informationen*, monatlich, 4 Seiten, kostenlos.
Betreiberin eines elektronischen Archivs.

Antifa Hameln-Pyrmont
c/o Sumpfblume
Stockhof 2a
31785 **Hameln**
E-mail: AntifaHameln@Link-h.han.de

Autonome Antifa HD
c/o Infoladen Moskito
Alte Bergheimer Str. 7a
69115 **Heidelberg**
Tel. 0 62 21/18 12 00
Fax: 0 62 21/2 26 52

Antifa Husum
Postfach 1730
25807 **Husum**

Lübecker Bündnis gegen Rassismus
c/o alternative
Willy-Brandt-Allee 9
23554 **Lübeck**
Tel./Fax: 04 51/7 02 07 48

Autonome Antifa Mainz/ Wiesbaden
Große Bleiche 42
55116 **Mainz**
Fax: 0 61 31/61 86 70

Autonome Antifa Mölln
c/o Büro Miteinander Leben
Wasserkrügerweg 14
23879 **Mölln**
Tel./Fax: 0 45 42/83 58 51

Antifa-Referat des ASTA der Universität München
Leopoldstr. 15
80802 **München**
Tel./Fax: 089/21 80 20 71

Antifa-Freitagsgruppe
c/o Bankrott
Dahlweg 64
48153 **Münster**

Antifa Ulzburg
c/o Soziales Zentrum
Ulzburger Str. 6a
22850 **Norderstedt**

Antifa Graue Zellen
c/o Druckluft
Am Förderturm 27
46049 **Oberhausen**

Antifa Offenburg
Postlagernd
77652 **Offenburg**
E-mail: antifa-offenburg@
Link-s.cl.sub.de
Hrg. eines halbjährlichen Antifa-Infos, 20 Seiten.

AK »Keinen Fußbreit den FaschistInnen«
c/o Alhambra
Hermannstr. 83
26135 **Oldenburg**
Fax: 04 41/2 48 86 60

Antifaschistische Aktion
Große Messergasse 8
94032 **Passau**

Antifa Ratingen
c/o Arbeitslosenselbsthilfe
Philippstr. 30a
40878 **Ratingen**
Tel./Fax: 0 21 02/2 46 84

Antifa Rheda-Wiedenbrück
c/o JUKS
Berlinerstr. 57
33378 **Rheda-Wiedenbrück**
Tel. 0 52 42/40 21 76
(s.u. Antifa-Cafè)

Autonome Antifa Saarbrücken
c/o Verein für kommunikatives
Wohnen und Leben e.V.
Postfach 103207
66032 **Saarbrücken**

Antifa Tostedt
Postfach 1144
21255 **Tostedt**

Antifaschistisches Aktionsbündnis
Wiesloch-Walldorf-Nußloch
Postfach 1311
69154 **Wiesloch**
Hrg. *Stattzeitung Wiesloch-Walldorf*,
monatlich, 12 Seiten.

Österreich

Antifa-Gruppe
Im Infoladen 10
Wien
(s.u. Infoläden)

ROSA ANTIFA WIEN
Kulturzentrum Siebenstern
Siebensterngasse 31
1070 **Wien**
Tel. 5212542
Arbeitet auch zum Thema: Sexis-
mus, Homosexualität.

Schweiz

Antifa
Postfach 2227
5001 **Aarau**

Projekt AntiFa Recherche
Postfach 5053
3001 **Bern**

Tel. 0041/3130266 60
Fax: 0041/3130278 74
E-mail: ilb@ ilb comlink.de zer

Antifaschistische Aktion Luzern
Postfach 6172
6000 **Luzern** 6

Jugend-Antifa-Gruppen

Edelweiß-Piraten
Gneisenaustr. 2a
10961 **Berlin**

Jugend Antifa Aktion
Cyriakring 55
38118 **Braunschweig**
Tel. 0531/83828
Fax: 0531/2809920
Jeden Montag ab 19 Uhr

Antifaschistische Jugend
Bremerhaven
Bürgermeister-Schmidt-Straße 198
27568 **Bremerhaven**
Tel. 0471/47597

AKS
c/o Büro für ständige Einmischung
Oststr. 37
40211 **Düsseldorf**
Tel. 0211/358996
Fax: 0211/358997
E-mail: bse@nad-meer.gun.de

Jugend-Infogruppe
c/o Infocafè 159
Hafermarkt 6
24943 **Flensburg**

Antifa Jugend Front
c/o Buchladen
Rote Straße 10
37073 Göttingen

Politischer Arbeitskreis
c/o Buchladen
Rote Straße 10
37073 Göttingen

Antifa Jugend Goslar (AJG)
Postfach 2012
38610 Goslar
Hrg. des dreimonatlichen Jugendinfos *PERISKOP.*

Antifa Jugend Front Hamburg
Kleiner Schäferkamp 46
20357 Hamburg
Fax: 040/4 10 81 22 (Stichw. AJF-
HH)
Hrg. eines Jugendinfos, dreimonat-
lich.

Jugend gegen Rassismus (JRE)
Postfach 300629
50776 Köln
Tel. 02 21/13 45 05
Fax: 02 21/13 45 06
E.-mail: JOJRE @ AOL.CON

Antifaschistische Jugend
Northeim
Postfach 1613
37146 Northeim

Antifa Jugend Front
Hermannstr. 83
26135 Oldenburg
Tel. 04 41/1 44 02
Fax: 04 41/2 48 86 60

Antifa Jugendfront
Große Messergasse 8
94032 Passau

Antifa Jugendfront
c/o Infoladen
Mörikestr. 69
70199 Stuttgart
Tel./Fax: 6 49 16 29
Hrg. eines dreimonatlichen
Antifa-Infos, 16 Seiten.
(s.u. Antifa-Cafè)

Frauen-Antifa-Gruppen

FANTIFA
c/o Alhambra
Hermannstr. 8
26135 Oldenburg

Schweiz

Fantifa
Postfach 5053
3001 Bern
Tel. 031/3 02 63 17
Fax: 031/3 02 78 74

Antifaschistisch orientierte Organisationen/Vereine/ Verbände

Aktion Sühnezeichen
Friedensdienste e.V.
Auguststr. 80
10117 Berlin
Tel. 030/28 39 51 84
Fax: 030/28 39 51 35
Hrg. der Zeitschrift *Zeichen*

968

(s.u. Zeitung).
18 monatige Freiwilligendienste in
Gendenkstätten. Projekte im Zusammenhang mit der NS-Geschichte und
ehemaliger NS-Verfolgter. Medien-
katalog, Ausstellungen, Bücher.

**Friedensbibliothek/Antikriegs-
museum der Evangelischen Kirche
in Berlin-Brandenburg**
Friedensstr. 1
10249 **Berlin**
Tel. 030/5 08 12 07
Verleih von Ausstellungen zum
Thema: Verfolgung, Nationalsozialismus, Krieg.

ISKRA e.V.
Waldemarstr. 36
10999 **Berlin**

**Interessensverband ehemaliger
Teilnehmer am antifaschistischen
Widerstand, Verfolgter des
Nazi-Regimes und Hinterbliebener
e.V. (IVVdN)**
Franz-Mehring-Platz 1
10243 **Berlin**
Tel. 030/58 31 41 74
Fax: 030/58 31 41 79
Hrg. der Zeitschrift *antifa* (s.u. Zei-
tung). Der Verband unterhält eine
Bibliothek zum Thema.

VVN/BdA Kreis Braunschweig
c/o Carl-von Ossietzky-Zentrum
Leopoldstr. 23
38100 **Braunschweig**
Tel. 0531/1 85 42

VVN/BdA LV Bremen
Bürgermeister-Deichmann-Str. 26
28217 **Bremen**
Tel. 0421/38 29 14
Fax: 0421/38 29 18

**Gesprächsrunde gegen
Fremdenfeindlichkeit**
(Bündnisorganisation)
c/o SJD – Die Falken
Rheinstr. 109
27570 **Bremerhaven**
»Runder Tisch« von Kirchen,
Gewerkschaften, Parteien,
Initiativen, Arbeitgeberverband und
ausländischen Vereinen.
Diskussionsveranstaltungen,
jährliche Interkulturelle Woche.

SJD – Die Falken
Rheinstr. 109
27570 **Bremerhaven**
Tel. 04 71/20 70 88
Fax: 04 71/2 87 62

Düsseldorfer Appell
Lacombletstr. 10
40239 **Düsseldorf**
Tel. 02 11/9 92 00 00
Fax: 02 11/9 92 00 08
Die Aktionsgemeinschaft gegen
Fremdenfeindlichkeit u. Rassismus
enstand auf Initiative des Jugendrin-
ges Düsseldorf. Ansprechpartner für
antirassistische Projekte. Unterhält
ein Notruf- und Infotelefon (s.u.
Infotelefone).

Informations-, Dokumentations-
und Aktionszentrum gegen
Ausländerfeindlichkeit für eine
multikulturelle Zukunft e.V.
(IDA)
Friedrichstr. 61a
40217 **Düsseldorf**
Tel. 0211/371026
Fax: 0211/382188
Zusammenschluß der Verbände des
Bundesjugendringes, der Sportju-
gend, des Ring politischer Jugend
und des Vereins »Mach meinen
Kumpel nicht an«.
Schwerpunkt in der Jugendarbeit.
Vielfällige Projekte und Dienstleistungen zum Thema. Hrg. von Ver-
zeichnissen zum Thema: Ausstel-
lungsverzeichnis, ReferentInnenver-
zeichnis, Film- und Videoverzeich-
nis, Spieleverzeichnis, KünstlerIn-
nenverzeichnis und Bildungs- und
Unterrichtsmaterialienverzeichnis.

**Studienkreis Deutscher
Widerstand**
Rossertstr. 9
60323 **Frankfurt/M**
Tel. 069/721575
Der Studienkreis erforscht und ver-
mittelt die Geschichte des deutschen
Widerstandes 1933–1945. Hrg. der
Informationen des Studienkreises
(s.u. Zeitungen), Betreiber eines
Archivs (s.u. Archiv), Verleih von
Austellungen, Dia-Serien, Filmen
und Vermittlung von Zeitzeugen.

VVN/BdA LV Hessen
Eckenheimer Landstr. 93
60318 **Frankfurt/M**

Tel./Fax: 069/5970524

**Verein zur Förderung
antifaschistischer Kultur e.V.**
c/o Grünes Zentrum
Gronerstr. 42
37073 **Göttingen**

**Anarchistische Gruppe/Räte-
kommunistInnen (AG/R)**
c/o GNN-Verlag
Palmaille 24
22767 **Hamburg**
Tel. 040/3898331

VVN/BdA LV Hamburg
Hein-Hoyer-Str. 41
20359 **Hamburg**
Tel. 040/314254
Fax: 040/3193795
Unterhält ein Archiv, Schwerpunkt:
Antifaschismus, NS-Kriegsverbre-
cher. Nur schriftliche Anfragen.

**Republikanischer Anwältinnen-
und Anwälteverein e.V. (RAV)**
Ellerustr. 13
30175 **Hannover**
Tel. 0511/816061
Fax: 0511/813769
Versteht sich als Teil der Bürger-
rechtsbewegung.

VVN/BdA LV Niedersachsen
Rolandstr. 16
30161 **Hannover**
Tel. 0511/331136
Fax: 0511/3360221
(auch Bundesgeschäftsstelle)

VVN/BdA LV Rheinland-Pfalz
Lutrinastr. 6
67655 **Kaiserslautern**
Tel. 0631/6 55 22

VVN/BdA LV Schleswig-Holstein
Lindenstr. 9
24118 **Kiel**
Tel. 0431/56 93 53
Fax: 0431/73 50 46
Hrg. einer Zeitung, zweimonatlich,
12 Seiten.

**Bundesverband Information &
Beratung für NS-Verfolgte**
Kämmergasse 1
50676 **Köln**
Tel. 0221/23 33 23
Fax: 0221/23 49 91
Beratungsstelle für NS-Verfolgte.

VVN/BdA LV Bayern
Frauenlobstr. 24
80337 **München**
Tel. 089/53 17 86
Fax: 089/5 38 94 64

**Arbeitskreis Blumen für
Stukenbrock e.V.**
Weidenstr. 28
32457 **Porta Westfalica**
Tel./Fax: 0571/7 55 08
Der Verein arbeitet zur Geschichte
sowj. Kriegsgefangener in Stukenbrock. Mahn- und Gedenkveranst.,
finanzielle Hilfe für die Überlebenden.

VVN/BdA LV Saar
Lebacher Str. 31
66113 **Saarbrücken**
Tel. 06 81/7 22 23

**Initiative gegen Rassismus und
Faschismus in Angeln**
Postfach 1322
24823 **Schleswig**

Arbeitsgruppe SOS-Rassismus
Haus Villigst
58239 **Schwerte**
Organisiert Projekte zur Thematisierung von Gewalt und Rassismus.

**VVN/BdA LV Baden-
Württemberg**
Böblinger Str. 195
70199 **Stuttgart**
Tel. 07 11/60 32 37
Fax: 07 11/60 07 18

Friedensarbeitskreis Wiesloch e.V.
Postfach 1311
69154 **Wiesloch**

**VVN/BdA LV Nordrhein-
Westfalen**
Gathe 55
42107 **Wuppertal**
Tel./Fax: 02 02/45 06 29

Antirassismus-Gruppen

**Regionalkonferenz der Antifa- u.
Flüchtlingshilfegruppen im Mün-
sterland**
Postfach 1632
48666 **Ahaus**

Antirassistische Initiative e.V.
Yorckstr. 59
10965 **Berlin**
Tel. 030/7 85 72 81
Fax: 030/7 86 99 84
Mitherausg. der *ZAG* (s.u. Antifa-
Zeitung), Hrg. einer Broschüre zum
Mord an Amadeu Antonio, Betreiber
eines Infotelefons (s.u. Infotelefon)
Schwerpunkt in der Öffentlichkeits-
arbeit für von rassistischer Diskrimi-
nierung Betroffene.

Anti-Rassismus-Büro (ARaB)
Sielwall 38
28203 **Bremen**
Tel. 04 21/70 64 44
Fax: 04 21/70 64 45
E.-mail: arab @ is – Bremen.de
www: http://www. is-bremen.de/arab
Öffnungszeiten: Di, Do 15–17 Uhr

**Anti-Rassismus Informations-
Centrum e.V. (ARIC-NRW)**
Niederstr. 5
47051 **Duisburg**
Tel./Fax: 02 03/28 48 73
E-mail: ARIC@project.fido.de
Archiv (s.u. Archive), Bildungs-
arbeit (s.u. Bildungseinrichtungen),
Projektideen.

**Antirassistische Gruppe Für
Freies Fluten**
Metzgerstr. 8
63450 **Hanau**
Tel./Fax: 06 1 81/18 48 92
E-mail:
AG3F@OLN.comlink. apc.org.de
Unterhält ein Flüchtlings-Café, Mo
16–19 Uhr.

Kölner Appell e.V.
Körnerstr. 77–79
50823 **Köln**
Tel. 02 21/9 52 11 99
Fax: 02 21/9 52 11 97
Sozialberatung, Rechtsberatung,
Aufklärungsarbeit, Stadtteilarbeit.

Rom e.V.
Bobstr. 6–8
50676 **Köln**
Tel. 02 21/24 25 36
Fax: 02 21/2 40 17 15
Verein für die Verständigung von
Roma & Sinti und anderen.
Hrg. der Zeitschrift *Jekh Chib* (s.u.
Zeitungen) und sonstigen Publikatio-
nen, Archiv (s.u. Archiv).

Notruf- und Infotelefone

Antirassistisches Telefon Berlin
(s.u. Antirassismus)
Tel. 030/7 85 72 81
Besetzt: Mo 17–21, Di 16–19, Fr
14.30–17.30 Uhr

Düsselforfer Appell
(s.u. Organisation)
Tel. 02 11/9 92 00 00
Besetzt: 24 Std.

Antifa Infotelefon Duisburg
Tel. 02 03/36 24 16
Besetzt: Di 17–18, Mi 20–22 Uhr

Antirassistisches Telefon Fulda
Tel. 06 61/6 62 13
Besetzt: Sa 10–13 Uhr

Antifa Hameln-Pyrmont
(s.u. Antifa-Gruppen)
Tel. 0171/3211852

**Antirassistisches Notruf- und
Infotelefon HD**
Tel. 06221/29082
Besetzt: täglich 19–7 Uhr

Antifaschistisches Telefon Lübeck
c/o alternative
Willy-Brandt-Allee 9
23554 **Lübeck**
Tel./Fax: 0451/7020748

Antifa Infotelefon Oberhausen
Tel. 0208/855965
Besetzt: Mo 20–22 Uhr

Antifa-Cafés

Antifaschistisches Café
Cyriaksring 55
38118 **Braunschweig**
Tel. 0531/83828
Fr ab 19 Uhr

Infocafé 159
Hafermarkt 6
24943 **Flensburg**
Tel. 0461/181840

Antifa-Café im Exzess
Leipzigerstr. 91
60487 **Frankfurt/M**
Tel. 069/774670
Mo 18–24 Uhr, 1. Mo im Monat
Frauencafé

Infoladen & Café im Juzi
37073 **Göttingen**
(s. u. Infoladen)
So-Mi 16–19 Uhr

Antifa-Cafè in der B5
Brigittenstr. 5
20359 **Hamburg**
Fr 19–22 Uhr

Antifa-Café in der Sumpfblume
Stockhof 2a
31785 **Hameln**
Jeden 3. Di 19–22 Uhr

Autonomes Zentrum
Alte Bergheimer Str. 7a
69115 **Heidelberg**
Tel. 06221/181200
So ab 19.30 Uhr (bei Veranst. 18 Uhr)

Autonomes Zentrum
Sickingenstr. 10
34117 **Kassel**
Tel. 0561/18529

Alhambra
Hermannstr. 83
26135 **Oldenburg**
Tel. 0441/14402
Mo ab 20 Uhr

Antifa-Café im JUKS
Berlinerstr. 57
33378 **Rheda-Wiedenbrück**
Mo 17–21 Uhr

**Antifa-Café der Antifa
Jugendfront**
(s.u. Jugend-Antifa)

Pfarrstr. 7
Stuttgart
Jeden 1. u. 3. Fr
Ernst Kirchwecker Haus
Infoladen 10
Wien
(s.u. Infoläden)
Mi 14–24 Uhr

Archive

**Antifaschistisches Pressearchiv
und Bildungszentrum Berlin e.V.**
Falckensteinstr. 46
10997 **Berlin**
Tel./Fax: 030/6 11 62 49
Öffnungszeiten: Do 17–20 Uhr und
nach Vereinbarung.

Gruppe Archiv
Postfach 2704
96416 **Coburg**

ARIC-NRW e.V.
Duisburg
(s.u. Antirassismus-Gruppen)
Antirassistisches Archiv, Bibliothek,
Literaturlisten, Adressenverzeichnis-
se.
**Dokumentationsarchiv
Studienkreis Deutscher
Widerstand
Frankfurt/M.**
(s.u. Organisationen)
Öffnungszeiten: Di-Do 10–17 Uhr.
Schwerpunkt: Nationalsozialismus,
Widerstand.

**Archiv des Hamburger Instituts
für Sozialforschung**
Mittelweg 36
20148 **Hamburg**
Tel. 040/41 40 97 31
Fax: 040/41 40 97 11
E.-mail: HIS@rrz.uni-hamburg.de
Öffnungszeiten: Di, Do 9–13 Uhr
und nach Vereinbarung.
Schwerpunkt: Protestbewegungen in
der BRD.

**Archiv der deutschen Frauenbe-
wegung e.V.**
Gottschalkstr. 57
34127 **Kassel**
Tel. 05 61/9 89 36 70
Fax: 05 61/9 89 36 72
Bibiliothek und Archiv zur
Geschichte der Frauenbewegung
1800–1950 (viel Material zur NS-
Zeit).

**Archiv und Dokumentationszen-
trum des Rom e.V.**
Köln
(s.u. Antirassismus-Gruppen)
Das Archiv ist im Aufbau und wird
im Herbst 1996 eröffnet.
Schwerpunkt: Geschichte der Roma,
NS-Verfolgung von Roma u. Sinti,
Rassismus, Migrationsforschung.

ABIDOZ
**Antifaschistisches Bildungs-,
Informations- und Dokumen-
tationszentrum e.V.**
Postfach 810146
90429 **Nürnberg**
Tel. 0911/288946
Öffnungszeiten: nach telefonischer

Vereinbarung.
Schwerpunkt: Militante Neofaschisten, Neue Rechte.

Antifa-Archiv Osnabrück e.V.
Postfach 1211
49002 **Osnabrück**
Öffnungszeiten: z.Zt. nach Vereinbarung.
Schwerpunkt: Korporationen, Region, Ludendorffer.

**Dokumentationsstelle der Biblio-
thek für Zeitgeschichte**
Gaisburgerstr. 4a
70182 **Stuttgart**
Tel. 07 11/2 12 44 80
Fax: 07 11/2 36 13 47
E.-mail: doku@medio-s.cl.sub.de
Öffnungszeiten: Mo-Fr 10–16 Uhr
(nach tel. Voranmeldung).
Sammlung unkonventioneller (grau-
er) Literatur zum Thema.

**Bildungs- und Solidaritätswerk
Anna Seghers e.V.
Wiesbaden**
(s.u. Bildungseinrichtung)
Öffnungszeiten: Mi 17.30–19.30
Uhr.
Schwerpunkt: Rechtsextremismus,
Konservatismus.

Österreich

Archiv im Infoladen 10
Ernst Kirchwecker Haus
Wien
(s.u. Infoläden)
Öffnungszeiten: Mi 16–20 Uhr, Fr
16–22 Uhr.

Forschungseinrichtungen

**Duisburger Institut für Sprach-
und Sozialforschung**
(DISS)
Realschulstr. 51
47051 **Duisburg**
Tel. 02 03/2 02 49
Fax: 02 03/28 78 81
Schwerpunkt: Rassismus, Rechtsex-
tremismus, Bioethik.
Zahlreiche Veröffentlichungen im
DISS-Verlag.

**Institut für Migrations- und
Rassismusforschung**
Rutschbahn 38
20146 **Hamburg**
Tel./Fax: 040/452162
Schwerpunkt: EinwanderInnen im
Arbeitsprozeß, Alltagsrassismus,
Rassismustheorien.
Neben der Forschung und der Ver-
breitung der Ergebnisse arbeitet das
Institut an Projekten zur Gleichstel-
lung von Migranten.

KZ-Gedenkstätte Neuengamme
(s.u. KZ-Gedenkstätten)
Hamburg
Schwerpunkt: Geschichte des KZ-
Systems.

**Geschichtswerkstatt Hannover
e.V.**
Wilhelm-Bluhm-Str. 12
30451 **Hannover**
Tel. 05 11/45 50 03
Schwerpunkt: Regionale Alltagsge-
schichte, Faschismus, Rassismus,

Migration.
Hrg. von Publikationen, Vorträge, Theater, Filme, »Erzählcafè« mit ZeitzeugInnen der deutschen Geschichte.

Arbeitskreis Regionalgeschichte e.V.
Im Dorn 7
31535 **Neustadt**
Tel. 0 50 32/6 17 05
Schwerpunkt: Regionalgeschichtliche Forschung zu Faschismus, Rassismus, Militarismus.
Diverse Veröffentlichungen, Filme zum Thema vorhanden, Archiv.

Bildungseinrichtungen

Umweltprojektwerkstatt
Yorckstr. 59
10965 **Berlin**
Tel. 030/78 91 31 44
Fax: 030/78 91 31 45
E-mail: umprowe @ jpberlin.berli-net.de
Schwerpunkt: Rechte Tendenzen in der Ökologie-, New Age- und Esoterik-Bewegung.

DFG-VK Bildungswerk NRW e.V.
Braunschweiger Str. 22
44145 **Dortmund**
Tel. 02 31/81 80 32
Fax: 02 31/81 80 31
E-mail: dfg-vk.nrw@anarch.ping.de
Schwerpunkt: Friedensarbeit, antifaschistische Arbeit.
Hrg. eines Planspiels gegen Fremdenfeindlichkeit.

ARIC-NRW e.V.
Duisburg
(s.u. Antirassismus-Gruppen)
Praxisorientierte Anlaufstelle für antirassistische und interkulturelle Informations-, Beratungs- und Projektarbeit.

Gedenk- und Bildungsstätte Israelitische Töchterschule
(Hamburger Volkshochschule)
Karolinenstr. 35
20357 **Hamburg**
Tel. 040/34 97-21 75
Schwerpunkt: Jüdische Geschichte.

KZ-Gedenstätte Neuengamme
Hamburg
(s.u. KZ-Gedenkstätten)
Museumspädogogische Angebote wie Museumsgespräche, Projekttage, Projektwochen.

Geschichtswerkstatt Hannover e.V.
(s.u. Forschungseinrichtung)
Hannover

Brandenburger Verein für politische Bildung
»Rosa Luxemburg« e.V.
Benzstr. 18/19
14482 **Potsdam**
Tel./Fax: 03 31/71 95 92

Verein für Friedenspädagogik Tübingen e.V.
Bachgasse 22
72020 **Tübingen**
Tel. 0 70 71/2 13 12

Fax: 0 70 71/2 15 43
Schwerpunkt: Friedenspädagogik,
globales lernen.

**Bildungs- und Solidaritätswerk
Anna Seghers e.V.**
Walramstr. 16 A
65183 **Wiesbaden**
Tel. 06 11/9 40 60 96
Fax: 06 11/9 40 60 98
E-mail: BILDUNGSWERK@link-
mz.rhein-main.de
Schwerpunkt: Geschichte des 20.
Jahrh.
Hrg. eines Vereinszeitung, Betreiber
eines Archivs (s.u. Archiv).

Österreich

**Gesellschaft für POLITISCHE
AUFKLÄRUNG**
Christoph-Probst-Platz
A-6020 **Innsbruck**
Tel. 0 04 35 12/5 07 70 57
Fax: 0 04 35 12/5 07 28 49
Schwerpunkt: Erwachsenenbildung,
politische Bildung.
Hrg. der *INFORMATIONEN DER
GESELLSCHAFT FÜR POLITI-
SCHE AUFKLÄRUNG*
(s.u. Antifaschistische Zeitungen).

Infoläden

Infoladen »daneben«
Liebigstr. 34
10247 **Berlin**
Öffnungszeiten: Di-Sa 14–19 Uhr,
Mo 17–21 Uhr (Frauentag).
Betreiber eines Archivs.

Nachladen
Waldemarstr. 36
10999 **Berlin**
Tel./Fax: 030/6 15 73 29
Öffnungszeiten: Mo, Mi, Fr 16–20
Uhr.

Infoladen Umschlagplatz
St.-Pauli Str. 10–12
28203 **Bremen**
Tel./Fax: 04 21/7 56 82

Infoladen & Cafè im Juzi
c/o Buchladen
Rote Straße 10
37073 **Göttingen**
Tel. 05 51/7 45 57
Fax: 05 51/7 70 37 35
Durchführung von Jugendseminaren.
Betreiber eines Antifa-Archivs.
Öffnungszeiten: So-Mi 16–19 Uhr

Infoladen Schwarzmarkt
Kleiner Schäferkamp 46
20357 **Hamburg**
Tel. 040/44 60 95
Fax: 040/4 10 81 22
Öffnungszeiten: Mo, Mi, Fr 12–18
Uhr, Do 14–18.30 Uhr (Frauentag),
Sa 12–15 Uhr.
Große Auswahl an antifaschistischen
Büchern und Broschüren.

Antifaschistischer Infoladen
c/o Verein für kommunikatives
Wohnen und Leben e.V.
Postfach 103207
66032 **Saarbrücken**

Österreich

Infoladen 10
Ernst Kirchwecker Haus
Wielandgasse 2–4
Postfach 173
1010 **Wien**
Österreich
Tel. 02 22/6 03 99 93
E-mail:
INFOLADEN@GIGA.DR.AT
Hrg. der monatlichen Zeitschrift
RAPIDITE, kostenlos, Betreiber
eines Antifa-Cafès (s.u. Antifa-Cafè)
und Archivs (s.u. Archiv), Kultur-
veranstaltungen, Konzerte.

Fan-Initiativen

Schalker Fan-Initiative
Postfach 102411
45824 **Gelsenkirchen**
Tel./Fax: 02 09/2 41 04
Hrg. der Fan-Zeitung *Schalke Unser*,
4–6 mal im Jahr, 64 Seiten.
Hier sind auch die Adressen anderer
Fan-Initiativen zu erfahren.

KZ-Gedenkstätten

KZ-Gedenkstätte Buchenwald
Straße der Nationen
99427 **Buchenwald**
Tel. 03643/4300

KZ-Gedenkstätte Dachau
Alte Römerstr. 75
85221 **Dachau**
Tel. 0 81 31/17 41

KZ-Gedenkstätte Flossenbürg
Gedächtnisallee 7
92696 **Flossenbürg**
Tel. 09603/10818Gemeindeverwal-
tung)

KZ-Gedenkstätte Ravensbrück
Straße der Nationen
16798 **Fürstenberg an der Havel**
Tel. 033093/39241

KZ-Gedenkstätte Neuengamme
Dokumentenhaus
Jean-Dolidier-Weg 39
21039 **Hamburg**
Tel. 040/7 23 10 31
Fax: 040/7 23 29 53
Neben der Betreuung der Gedenkstätte, forschen die MitarbeiterInnen
zur Geschichte des KZ-Systems und
sind gedenkstättenpädagogisch tätig
(s.u. Forschungs- /Bildungseinrich-
tung).

Gedenkstätte Bergen-Belsen
Z. Hd. Herrn Keizsan
29303 **Lohheide**
Tel. 0 50 51/60 11
Fax: 0 50 51/73 96

KZ-Gedenkstätte Sachsenhausen
Straße der Nationen
16515 **Oranienburg**
Tel. 03301/803719

Filmverleih

Medienwerkstatt Freiburg e.V.
Konradstr. 20
79100 **Freiburg**

Tel. 0761/709757
Fax: 0761/701790
Schwerpunkt: Dokumentarfilme zur Geschichte und Gegenwart der Bunderepublik und des des Trikont, Filme zum Thema Antifaschismus, Rechtsextremismus.

querblick
medien- und verlagswerkstatt
Gottlieb-Daimler-Straße 3
78467 **Konstanz**
Tel. 07531/65002
Fax: 07531/54929
Schwerpunkt: Faschismus, Flucht und Verfolgung.
Kostenloser Videokatalog.

Computernetze

ADL FrontPage – Die Anti Defamation League ist seit dem Frühjahr '96 im Netz. Hier findet man Informationen zur Nazi-Szene in den USA und zu den Holocaust-Leugnern (englisch)
http://www.adl.org/

Antifa (Dortmund) – Hier findet sich u. a. eine Artikelauswahl aus dem *Antifa-Info NRW*.
http://beefree.ping.de/Antifa/

Cybrary of the Holocaust – Sammlung von Dokumenten zum Thema Holocaust (englisch)
http://www.best.com/~mddunn/cybrary

Germany Alert – Kritischer Internet-Informationsdienst in englischer Sprache zur Entwicklung in der Bundesrepublik
http://clever.net/chantry/ga/

Holocaust Martyrs' and Heroes' Remembrance Authority – Gedenkstätte Yad Vashem in Israel (englisch)
http://yvs.shani.net/

Informationszentrum für Rassismusforschung – DIR Marburg. Derzeit der beste Server in deutscher Sprache zum Thema Antirassismus. Er enthält u. a. aktuelle Artikel zum Thema und Selbstdarstellungen zahlreicher antirassistischer Gruppen, z. B. des Duisburger Instituts für Sprach- und Sozialforschung.
http://www.uni-marburg.de/dir/
Antifa Info Linz – Neben Artikeln aus der jeweils aktuellen Ausgabe des *Antifa-Info-Linz* findet man hier ausführliche Chronologien über die Zeiträume 1933–45 und 1995–96.
http://www.zika.co.at/antifa/

NADESHDA – Homepage der Mailbox Nadeshda aus Düsseldorf, u. a. mit Infos zum Thema Antifaschismus und CL-Netz.
http://sunserver1.rz.uni-duesseldorf.de/~schatzs/nadeshda.html

nadir project archive – Das Nadir-Archiv besteht aus gesammelten Texten aus Mailboxnetzen, u. a. zum Thema Antifaschismus.

http://www.nadir.org/
Englischsprachige WWW-Seiten zu
Antifaschismus und Holocaust

Nizkor Home Page – Das Nizkor-
Archiv in Kanada ist eine der besten
Quellen zum Thema Holocaust und
Holocaust-Leugnung. Hier findet
man auch Informationen zum Thema
Nazis im Internet (englisch).
http://almanac.bc.ca/

Notstand – Archiv der Buchhandlung »Notstand« in Bochum u. a. mit
den Archivausgaben der *Antifaschistischen Nachrichten.*
http://anarch.ping.de/Notstand/

**Projekt Informationsdienst Schles-
wig-Holstein**
Bahnhofstr. 44
24534 **Neumünster**
Tel. 04321/46542
Fax: 04321/43459
E-mail: id-schleswigholstein @ bio-
nic.zer.de

Simon Wiesenthal Center,
Los Angeles – (englisch)
http://www.wiesenthal.com

Spinnennetz
c/o Infoladen Omega
Sparrstr. 21
13353 **Berlin**
Tel. 030/4537023
Fax: 030/4538678
Mailbox: 030/4537303

Datenschutz

Electronic Frontier Foundation –
(englisch)
http://WWW.eff.org/

FifF – InformatikerInnen für Frieden und gesellschaftliche Verantwortung (FifF)
http://www-fiff.informatik.uni-tue-
bingen.de/
Chaos Computer Club
http://www.ccc.de/

International PGP homepage –
Infos über das
Verschlüsselungsprogramm PGP
(englisch)
http://www.ifi.uio.no/pgp/

Politische Mailboxnetze

COMLINK – Comlink Hannover.
Übergang zum APC-Netz
http://www.comlink.apc.org/home_d
e.htm

FoeBud e.V. – Infoseiten der Mailbox BIONIC in Bielefeld, u. a. über
das CL-Netz (größtes deutschspra-
chiges politische Mailboxnetz –
Umwelt, soziale Bewegungen, Frieden, Antifaschismus)
http://www.zerberus.de/

Parteien

Bündnis 90/Die Grünen
Annelie Buntenbach (MdB)

Bundeshaus, AT IA
53090 **Bonn**
Tel. 02 28/1 68 16 18
Fax: 02 28/1 68 62 78
Frau Buntenbach ist bei ihrer Bundestagsfraktion zuständig für Rechtsextremismus.
Die Grünen halten diverse Publikationen zum Thema vorrätig.

PDS
Ulla Jelpke (MdB)
Bundeshaus
53113 **Bonn**
Tel. 02 28/1 68 57 17
Fax: 02 28/8 67 93
Das Büro Ulla Jelpke erstellt regel-
mäßig aktuelle Dokumentationen zu
rechtsextremistischen-, rassistischen-
und antisemitistischen Aktivitäten.
Unter 85 Vorgängen (Anfragen,
Unterrichtungen, Anträge) zum
Thema Rechtsextremismus 1994
und 1995 im Deutschen Bundestag
entfielen 68 auf die PDS, drei auf
die Bundesregierung, zwei auf die
CDU/CSU, einer auf die FDP,
fünf auf die SPD und sechs auf
Bündnis 90/Grüne.

SPD-Parteivorstand
Arbeitskreis Rechtsextremismus
Ollenhauerstr. 1
53113 **Bonn**
Tel. 02 28/5 33 24 82
Fax: 02 28/53 34 10

Jusos in der SPD
Bundesverband
z. Hd. Anja Weusthoff
Ollenhauerstr. 1

53113 **Bonn**
Tel. 02 28/53 23 67
Fax: 02 28/23 30 82
E-mail: Jusos-Bund@LINK-
DO. aworld.de
Die Jusos halten diverse Publikatio-
nen zum Thema vorrätig.

Antifaschistische Zeitungen

antifa
Franz-Mehring-Platz 1
10243 **Berlin**
(s.u. Verband)
Erscheint monatlich mit 36 Seiten,
Preis 3,80 DM.
Hrg. vom IVVdN
Schwerpunkt: Widerstand gegen das
NS-Regime, Gedenkstätten, Zeitge-
schehen.

Antifaschistische Nachrichten
GNN-Verlag
Postfach 260226
50515 **Köln**
Tel. 02 21/21 16 58
Fax: 02 21/21 53 73
E-mail: GNN-KOELN@LINK-
S.zer.sub.de
Erscheint 14tägig mit 16 Seiten,
Preis 2 DM.

ANtifaschistische NAchrichten
Saar
Am Landwehrplatz 2
66111 **Saarbrücken**
Tel. 06 81/3 90 88 63
Erscheint zweimonatlich mit 46
Seiten, Preis 3 DM.
Schwerpunkt: Neben einer anti-

faschistischen Berichterstattung,
antirassistische und internationalistische Themen.

Antifaschistisches Infoblatt
c/o L. Meyer
Gneisenaustr. 2a
10961 **Berlin**
Erscheint fünfmal im Jahr mit 52
Seiten, Preis 5 DM.
Die auflagenstärkste und bestinformierte Zeitung zum Thema Neofaschismus.

ASTA-Antifa-Info
c/o ASTA-Technische Universität
Katharinenstr. 1
38106 **Braunschweig**
Tel. 05 31/3 91 45 55
Fax: 05 31/34 21 92
Erscheint unregelmäßig mit 8–10
Seiten, kostenlos.
Schwerpunkt: Rechte an der Universität.

ATZE
Antifaschistische Zeitung Kiel
Schweffelstr. 6
24118 **Kiel**
Tel. 04 31/7 51 41
E-mail: ATZE@Bionic.ZER
Erscheint dreimonatlich mit ca. 40
Seiten, Preis 3 DM.
Schwerpunkt: Rechtsextremismus in
Schleswig-Holstein.
Sonderheft: *Versorgungslinie Nord.*
Die NSDAP/AO und die deutsch-dänische Nazi- Connection.

informationen
des Studienkreis Deutscher
Widerstand
(s.u. Organisationen)
Erscheint zweimal im Jahr, 44
Seiten, Preis 8 DM.
Schwerpunkt: Widerstand im Nationalsozialismus, NS-Verbrechen.

**INFORMATIONEN DER
GESELLSCHAFT FÜR POLITISCHE AUFKLÄRUNG**
(s.u. Bildungseinrichtung)
Erscheint dreimonatlich mit ca. 16
Seiten, kostenlos.
Schwerpunkt: Rechtsextremismus in
Österreich, Nationalsozialismus,
Gedenkstätten.

RABAZ
Antifaschistische Infozeitung aus
Bayern
c/o Radio Z, R.A.D.I.O. e.V.
Postfach 450146
90212 **Nürnberg**
Erscheint zwei- bis dreimonatlich
mit ca. 50 Seiten, Preis 5 DM.
Schwerpunkt: Neben einer außführlichen antifaschistischen Berichterstattung, regionales und kulturelles aus
Bayern.

Der Rechte Rand
Informationen von und für AntifaschistInnen
Postfach 1324
30013 **Hannover**
Tel. 05 11/4 58 29 04
Erscheint zweimonatlich mit 24 Seiten, Preis 3 DM.
Schwerpunkt: Beiträge über das

Spannungsverhältnis zwischen Konservatismus und Rechtsextremismus, Rechtsentwicklung innerhalb des grün-alternativen und esoterischen Spektrums.

Was geht ab?
Postfach 110331
10833 **Berlin**
Fax: 030/6 94 67 95
Erscheint monatlich mit ca. 28 Seiten, Preis 3,50 DM.
Kurznachrichten zum Neofaschismus und Antifaschismus.

ZAG
Zeitung antirassistischer Gruppen
Yorkstr. 59 HH
10965 **Berlin**
Erscheint dreimonatlich, Preis 5 DM.
Die von bundesweiten antirassistischen Basisinitiativen getragene Zeitung ist mit Sicherheit eine der qualifiziertesten und interessantesten Antirassismus-Zeitungen der BRD.

Zeitungen/Zeitschriften mit antifaschistischer Berichterstattung

17°C
c/o Buchladen im Schanzenviertel
Schulterblatt 55
20357 **Hamburg**
Erscheint dreimonatlich mit 100 Seiten, Preis 7,50 DM.
Schwerpunkt: Antinationale-, Antirassistische-, Antikulturalistische-Beiträge.

1999
Zeitschrift für Sozialgeschichte des 20. und 21. Jahrhunderts
Hamburger Stiftung für Sozialgeschichte des 20. Jahrhunderts
Schanzenstr. 75–77
20357 **Hamburg**
Tel. 040/43 72 32
Fax: 040/4 39 22 28
Erscheint dreimonatlich mit 168 Seiten, Preis 18 DM.
U. a. Beiträge zum Nationalsozialismus, Revisionismus, Rechtsextremismus.

Das Argument
Zeitschrift für Philosophie und Sozialwissenschaften
Argument Verlag
Rentzelstr. 1
20146 **Hamburg**
Tel. 040/45 36 80
Fax: 040/44 51 89
Erscheint zweimonatlich mit 160 Seiten, Preis 14 DM.
Einzelne Ausgaben mit Schwerpunkt Rassismus oder Rechtsextremismus.

Arranca
c/o LAZ
Crellestr. 22
10827 **Berlin**
Tel. 030/7 88 15 95
Schwerpunkt: Politik, Kultur, Reportagen

Blätter für deutsche und internationale Politik
Bertha-von Suttner-Platz 6
53111 **Bonn**
Tel. 02 28/65 01 57

Erscheint monatlich mit 128 Seiten,
Preis 15 DM.

bremer Kassiber
c/o Verein zur Verbreitung unter-
drückter Nachrichten
St. Pauli Straße 10–12
28203 **Bremen**
Erscheint 2–3 monatlich mit ca. 64
Seiten, Preis 5 DM.

Bürgerrechte & Polizei/CILIP
c/o FU Berlin
Malteserstr. 74–100
12249 **Berlin**
Tel. 030/7 79 24 62
Erscheint viermonatlich mit 100 Sei-
ten, Preis 14 DM.
U. a. Beiträge über rechtsextremisti-
sche und rassistische Vorfälle bei der
Polizei.

Jekh Chib
(»Mit einer Zunge reden«)
(s. u. Antirassismus-Gruppen)
Zeitschrift zur Situation der Roma
und der BRD.
Erscheint halbjährlich mit ca. 70
Seiten, Preis 8 DM.

Lokalberichte Hamburg
c/o GNN-Verlag
Palmaille 24
22767 **Hamburg**
Tel. 040/38 13 93
Fax: 040/3 89 83 31
Erscheint zweiwöchentlich mit 12
Seiten, Preis 52 DM/Jahr (39 DM).
Schwerpunkt: Antifaschismus, Loka-
les, Gewerkschaft, Internationales.

Schwarzer Faden
Postfach 1159
71117 **Grafenau**
Tel. 0 70 33/4 42 73
Fax: 0 70 33/4 52 64
Erscheint dreimonatlich mit 68 Sei-
ten, Preis 7 DM.
Schwerpunkt: Antirassismus, Staats-
und Kulturkritik.

telegraph
Schliemannstr. 22
10437 **Berlin**
Tel. 030/4 45 57 14
Fax: 030/4 44 56 23
E-mail: telegraph @ vlberlin.com-
link.de
Erscheint monatlich mit 60 Seiten
A5, Preis 4 DM.
Schwerpunkt: Soziale Bewegungen,
DDR-Geschichte.

Zeichen
Zeitschrift der Aktion Sühnezeichen
(s. u. Organisationen)
Erscheint dreimonatlich mit ca. 36
Seiten, gegen Spende.
Berichte über die Arbeit von Aktion
Sühnezeichen u. a. Gedenkstädten,
NS-Geschichte, NS-Verfolgte.

Organisations-Abkürzungsverzeichnis

(Lexikoneintrag ←)

AAR	Aktion Ausländerrückführung; 1983 verbotene neofaschistische Organisation unter dem Vorsitz von Thomas Brehl
AFD	Aktion Freies Deutschland ←
AJG	Arbeitsgemeinschaft »Junge Generation« im Bund der Vertriebenen ←
AJK	Arbeitskreis Junger Konservativer; 1993 gegründete Gruppe unter der Leitung von Frank Bötzkes
AKON	Aktion Oder/Neiße; revanchistische Organisation, 1962 gegründet, 1978 von Gerhard Frey als Aktion Deutsche Einheit reaktiviert, nach 1989 wieder rückbenannt
AL	Aktion Leben e.V. ←
ALfA	Aktion Lebensrecht für Alle ←
ANK	Aktionspartei Nationalrevolutionärer Kameraden ←
ANR	Aktion Neue Rechte ←
ANS	Aktionsfront Nationaler Sozialisten; ANS/NA ←
ANSE	Arbeitsgemeinschaft naturreligiöser Stammesverbände Europas ←
ANS/NA	Aktionsfront Nationaler Sozialisten/Nationaler Aktivisten ←
APM	Außerparlamentarische Mitarbeit; 1968 gegründete Gruppe, schloß sich mit anderen Organisationen 1970 zur Aktionsgemeinschaft der Nationalrevolutionären Jugend Deutschlands zusammen
APR	Allgemeiner Pennälerring
ASD	Aktion Sauberes Deutschland ←
AUD	Aktionsgemeinschaft Unabhängiger Deutscher ←
AUD	Arbeitskreis Unabhängiger Deutscher e.V. ←
AVÖ	Althans Vertriebswege und Öffentlichkeitsarbeit ←
AVP	Aktionsgemeinschaft Vierte Partei ←
AVV	Arbeitskreis Volkstreuer Verbände ←
AVW	Aktion Volkswille; 1994 gegründete neonazistische Gruppe, 1995 mit dem FNS zusammengeschlossen
BAJ	Blaue Adler-Jugend ←
BDE	Bund für Deutschlands Erneuerung; 1948 gegründete Vorläuferorganisation der DSU ← um Otto Strasser
BDJ	Bund Deutscher Jugend ←
BDNS	Bund Deutscher Nationalsozialisten ←

BdV	Bund der Vertriebenen ←
BfB	Bund freier Bürger – Die Freiheitlichen ←
BFD	Bund Freies Deutschland ←
BG	Burschenschaftliche Gemeinschaft; 1961 gegründeter Zusammenschluß rechtsextremer Burschenschaften innerhalb der DB
BGD	Bund für Gesamtdeutschland – Ostdeutsche, Mittel- und Westdeutsche Wählergemeinschaft/Die neue deutsche Mitte ←
BHJ	Bund Heimattreuer Jugend ←
BIA	Bürgerinitiative Ausländerstopp; NPD ←
BKKD	Bündnis konstruktiver Kräfte Deutschlands ←
BKP	Berliner Kulturgemeinschaft Preußen; DKG ←
BNJ	Bund Nationaler Jugendlicher; 1957 gegründete Organisation, ging 1960/61 im BVJ auf
BNS	Bund Nationaler Studenten ←
BüSo	Bürgerrechtsbewegung Solidarität ←
BVJ	Bund Vaterländischer Jugend; 1960 von ehemaligen Mitgliedern des JBA ← und des
CC	Coburger Convent ←
CDA	Convent Deutscher Akademikerverbände; 1950 gegründete Dachorganisation der Altherrenverbände verschiedener Korporationsverbände mit zum Teil rechtsextremen Tendenzen
CDK	Convent Deutscher Corporationsverbände; 1951 gegründeter Zusammenschluß aktiver Korporationsverbände mit zum Teil rechtsextremen Tendenzen
CEDADE	Circulo Espanol de Amigos de Europa; spanische neofaschistische Organisation mit internationaler Bedeutung
CKDF	Christlich-Konservatives Deutschland-Forum ←
CM	Christliche Mitte – Für ein Deutschland nach Gottes Geboten ←
CV	Cartellverband der katholischen deutschen Studentenverbindungen; konservativer Korporationsverband
DA	Deutsche Alternative ←
DAP	Deutsche Aufbau-Partei; 1945 gegründete Partei, die sich 1946 mit der DKP vereinte
DAV	Deutscher Arbeitnehmer-Verband ←
DB	Deutsche Burschenschaft ←
DB	Deutscher Block ←
DBI	Deutsche Bürgerinitiative ←
DDF	Die Deutsche Freiheitsbewegung e.V. ←
DESG	Deutsch-Europäische Studiengesellschaft ←
DFA	Deutsche Freiheits- und Arbeiterpartei ←
DFF	Deutsche Frauenfront ←

DFP	Deutsche Freiheits-Partei; 1962 gegründete Partei, die sich 1965 der AUD anschloß
DG	Deutsche Gemeinschaft ←
DG	Deutsche Gildenschaft ←
DGG	Deutschgläubige Gemeinschaft e.V. ←
DJBW	Deutsches Jugendbildungswerk; 1986 als Sonderreferat des KAH ← gegründet
DJK	Deutscher Jugendbund Kyffhäuser; KB ←
DKEG	Deutsches Kulturwerk Europäischen Geistes ←
DKG	Deutsche Kulturgemeinschaft ←
DKP	Deutsche Konservative Partei; 1945 gegründete Partei, die sich 1946 mit der DAP zur DReP/KV vereinigte
DKP/DReP	Deutsche Konservative Partei/Deutsche Rechtspartei ←
DL	DLVH ←
DLVH	Deutsche Liga für Volk und Heimat ←
DN	Deutsche Nationalisten ←
DNP	Deutsch Nationale Partei ←
DNS	Dachverband der Nationalen Sammlung; 1953 gegründetes, haupsächlich von der DG getragenes Bündnis zur Bundestagswahl, weitere Beteiligte: Deutscher Block, DReP u. a.
DP	Deutsche Partei ←
DRB	Deutsches Rechtsbüro ←
DRG	Deutsch-Russländische Gesellschaft ←
DReP	Deutsche Rechtspartei; DRP ←
DReP/KV	Deutsche Rechtspartei/Konservative Vereinigung; 1946 gegründete Partei, 1949 in DKP/DReP ← umbenannt
DRP	Deutsche Reichspartei ←
DRsK	Deutscher Rechtsschutzkreis e.V. – Deutsche Rechtsschutzkasse ←
DSAG	Deutsch-Südafrikanische Gesellschaft; HSA ←
DSU	Deutsche Soziale Union ←
DSU	Deutsch-Soziale Union ←
DU	Deutsche Union (1) ←
DU	Deutsche Union (2) ←
DVU	Deutsche Volksunion ←
DW	Der Deutsche Weg; 1991 gegründete Organisation der GdNF um Michael Thiel
EAP	Europäische Arbeiterpartei; Bürgerrechtsbewegung Solidarität ←
ENO	Europäische Neuordnung ←
ESB	Europäische Soziale Bewegung ←

EVD	Europäische Volksbewegung Deutschlands; 1949 gegründete Vorläuferorganisation der ESB ←
FAP	Freiheitliche Deutsche Arbeiterpartei ←
FFD	Freundeskreis Freiheit für Deutschland ←
FKDP	Freundeskreis Deutsche Politik; 1983 verbotene neofaschistische Organisation, geleitet von Thomas Brehl
FMJ	Förderwerk Mitteldeutsche Jugend; Vorfeldorganisation der neonazistischen SrA ←
FN	Front National; bedeutende rechtsextreme Wahlpartei in Frankreich, geführt von Jean- Marie Le Pen
FNS	Freundeskreis Nationaler Sozialisten; 1994 gegründete neonazistische Gruppe, 1995 mit der AVW zusammengeschlossen
FPÖ	Freiheitliche Partei Österreichs, bedeutende rechtsextreme Partei um Jörg Haider, umbenannt in Die Freiheitlichen
FSU	Freisoziale Union – Demokratische Mitte ←
FVP	Freiheitliche Volkspartei ←
GAZ	Grüne Aktion Zukunft; 1978 von Herbert Gruhl gegründete Organisation, löste sich in der Partei Die Grünen auf
GB/BHE	Gesamtdeutscher Block/Bund der Heimatvertriebenen und Entrechteten ←
GdNF	Gesinnungsgemeinschaft der Neuen Front ←
GDP	Gesamtdeutsche Partei ←
GDS	Gesamtdeutscher Studentenverband ←
GFP	Gesellschaft für freie Publizistik ←
GGG	Germanische Glaubens-Gemeinschaft e.V. ←
GOG	Gemeinschaft Ost- und Sudetendeutscher Grundeigentümer und Geschädigter ←
HIAG	Bundesverband der Soldaten der ehemaligen Waffen-SS e.V. Hilfsgemeinschaft auf Gegenseitigkeit ←
HJ	Hitler Jugend; Jugendorganisation der NSDAP
HLA	Hamburger Liste für Ausländerstopp; NPD ←
HNG	Hilfsorganisation für nationale politische Gefangene und deren Angehörige e.V. ←
HSA	Hilfskomitee Südliches Afrika ←
HVD	Heimattreue Vereinigung Deutschlands ←
IdN	Institut für deutsche Nachkriegsgeschichte; »Geschichtsrevisionistisches« Projekt unter Rolf Kosiek ←
IFS	Initiative zur Förderung kulturtragenden Schrifttums; 1987 gegründete Organisation um Roland Bohlinger ←
IGFM	Internationale Gesellschaft für Menschenrechte ←
IHR	Institute for Historical Review; Zentrale des »Revisionismus« in

	den USA
IHV	Internationales Hilfskomitee für nationale politische Verfolgte und deren Angehörige e.V. ←
IKBF	Institut für Konservative Bildung und Forschung ←
JBA	Jugendbund Adler ←
JDS	Junge Deutschsoziale; Jugendorganisation der 1990 gegründeten DSU ←
JLO	Junge Landsmannschaft Ostpreußen ←
JN	Junge Nationaldemokraten ←
JNS	Junges Nationales Spektrum; Jugendorganisation der Partei Die Nationalen ←
KA	Konservative Aktion ←
KAH	Komitee zur Vorbereitung der Feierlichkeiten zum 100. Geburtstag Adolf Hitlers ←
KB	Kyffhäuserbund e.V. ←
KDS	Kampfbund Deutscher Soldaten ←
KgU	Kampfgruppe gegen Unmenschlichkeit ←
KKK	Ku Klux Klan; 1866 in den USA gegründete rassistische Terrororganisation, Anfang der 90er Jahre entstanden Gruppen in der BRD (Skinheads ←)
KNJ	Kameradschaftsring Nationaler Jugendverbände ←
KSCV	Kösener Senioren Konvents-Verband; Zusammenschluß nationalkonservativer studentischer Seniorenverbindungen
KV	Kartellverband katholischer deutscher Studentenverbindungen; konservativ ausgerichteter Korporationsverband
K IV	Kameradschaft IV; SS-Veteranenorganisation in Österreich
LFS	Ludwig-Frank-Stiftung für ein freiheitliches Europa e.V. ←
LIGA	Christliche Liga – Partei für das Leben ←
LO	Landsmannschaft Ostpreußen ←
LMS	Landsmannschaft Schlesien ←
MIA	Münchener Initiative Ausländerstopp; NPD ←
NA	Nationale Alternative ←
NB	Nationaler Block ←
NDBB	Nationale Deutsche Befreiungsbewegung ←
NDO	Notverwaltung des Deutschen Ostens, GOG ←
NDP	Nationaldemokratische Partei ←
NDP	Nationaldemokratische Partei Österreichs; 1966 gegründete rechtsextreme Partei, die 1988 verboten wurde
NEJ	Nationaleuropäisches Jugendwerk e.V. ←
NEK	Nationales Einsatzkommando; geplante paramilitärische Unterorganisation der NF ←

NF	Nationalistische Front ←
NG	Notgemeinschaft für Volkstum und Kultur; DKG ←
NHB	Nationaldemokratischer Hochschulbund ←
NL	Nationale Liste ←
NLA	Nationalliberale Aktion; 1970 gegründeter rechter Flügel der FDP, der sich später zur eigenständigen Partei entwickelte
NLP	Niedersächsische Landespartei; erfolgreiche Wahlpartei in Niedersachsen, die sich als DP 1947 bundesweit ausdehnte
NO	Nationale Offensive ←
NPD	Nationaldemokratische Partei Deutschlands ←
NRAO	Nationalrevolutionäre Aufbau-Organisation; 1974 gegründete Gruppe, spaltete sich im gleichen Jahr in SdV/NRAO ← und SVB
NRB	Nationalrevolutionärer Bund; 1975 von Manfred Ohl gegründet, Abspaltung von der NPD/JN
NRKA	Nationalrevolutionärer Koordinationsausschuß; entstand 1980 aus einer Abspaltung der SdV/NRAO ←
NSDAP	Nationalsozialistische Deutsche Arbeiterpartei; 1920 von Adolf Hitler gegründete Partei, dem es gelang, einen großen Teil der nationalistischen Kräfte in ihr zu vereinen, später alleinige Staatspartei des Dritten Reiches
NSDAP/AO	Nationalsozialistische Deutsche Arbeiterpartei/Auslands- und Aufbauorganisation ←
NSDStB	Nationalsozialistischer Deutscher Studentenbund; Unterorganisation der NSDAP
NVP	Nationale Volkspartei; 1967 vom ehemaligen NPD-Vorsitzenden Fritz Thielen gegründete Partei
ODESSA	Organisation der ehemaligen SS-Angehörigen ←
ÖDP	Ökologisch-Demokratische Partei ←
OdR	Ordensgemeinschaft der Ritterkreuzträger des Eisernen Kreuzes e.V. ←
ODS	Ostpolitischer Deutscher Studentenverband; GDS ←
PdA	Partei der Arbeit; 1971 von Friedhelm Busse gegründete Vorläuferorganisation der VSBD/PdA ←
PEJ	Paneuropa-Jugend; Jugendorganisation der PEU ←
PEU	Paneuropa-Union ←
PWPA	Professor World Peace Academy; Hochschullehrerorganisation im Umfeld der rechtsextremen Mun-Sekte
RCDS	Ring Christlich-Demokratischer Studenten; CDU-nahe konservative Hochschulorganisation
REP	Die Republikaner ←

RFS	Ring Freiheitlicher Studenten ←
R.H.G.	Rudolf-Hess-Gesellschaft e.V. ←
RHV	Republikanischer Hochschulverband; Hochschulorganisation der REP ←
RSF	Radikal-Soziale Freiheitspartei; 1946 gegründete Partei, die 1950 in der FSU ← aufging
SA	Sturmabteilung; Kampfverband und Massenorganisation der NSDAP, 1934 teilweise entmachtet, danach hauptsächlich mit der vormilitärischen Ausbildung Jugendlicher beauftragt
SDV	Schutzbund für das deutsche Volk ←
SdV/NRAO	Sache des Volkes/Nationalrevolutionäre Aufbauorganisation ←
SL	Sudetendeutsche Landsmannschaft ←
SORBE	Soziale Ordnungsbewegung Europas ←
SrA	Sozialrevolutionäre Arbeiterfront ←
SRP	Sozialistische Reichspartei ←
SS	Schutzstaffel; Hitlers persönliche Leibgarde, die unter Himmlers Führung zu einer der mächtigsten nationalsozialistischen Organisationen wurde, vom Polizeiwesen über geheime Dienste bis zum KZ-System und den Waffen-SS Elitekampftruppen beherrschte die SS weite Bereiche des Staates
SVB	Solidaristische Volksbewegung ←
TD	Technischer Dienst; bewaffnete Unterorganisation des BDJ ←
TENO	Nothilfstechnische Übungs- und Bereitschaftsstaffel; 1978 gegründete Wehrsportgruppe um Uwe Jürgens
UAP	Unabhängige Arbeiter-Partei ←
UJV	Unabhängiger Jugendverband; Vorfeldorganisation der SrA ←
UÖD	Unabhängige Ökologen Deutschlands ←
UV	Verband der wissenschaftlichen katholischen Studentenvereine Unitas; konservativer Korporationsverband
VAPO	Volkstreue Außerparlamentarische Opposition; 1985 in Österreich gegründete neonazistische Gruppe, Bestandteil der GdNF
VB	Völkischer Bund ←
VDR	Volksbund Deutscher Ring ←
VdS	Verband deutscher Soldaten; Dachverband der Soldatenvereinigungen
VGK	Verein für Geschichte und Kultur; vormals VDR ←
VHDS	Vereinigung Heimatvertriebener Deutscher Studenten; Vorläuferorganisation des GDS ←
VJO	Volkstreue Jugendoffensive; Unterorganisation der NF in Österreich
VPM	Verein zur Förderung der Psychologischen Menschenkenntnis ←

VSBD/PdA	Volkssozialistische Bewegung Deutschlands/Partei der Arbeit ←
VVDSt	Verband der Vereine Deutscher Studenten; völkisch ausgerichtete Studentenorganisation
WAV	Wirtschaftliche Aufbau-Vereinigung; 1946 gegründete rechtsextreme Partei, erhielt 1949 zwölf Bundestagsmandate, löste sich 1953 selbst auf
WJ	Wiking Jugend e.V. ←
WSC	Weinheimer Senioren Convent; Zusammenschluß konservativer studentischer Seniorenverbindungen
WSG	Wehrsportgruppe (Sammelbezeichnung)
WSL-D	Weltbund zum Schutze des Lebens BRD e.V. ←
ZFI	Zeitgeschichtliche Forschungsstelle Ingolstadt e.V. ←

Die Autoren

Michael Bauerschmidt, Mitarbeiter des Antifaschistischen Pressearchiv und Bildungszentrum e.V.

Markus Birzer, Dipl.-Politologe, wissenschaftlicher Mitarbeiter am Institut für Politikwissenschaft an der Universität der Bundeswehr Hamburg

Susanne Brandt, Mitarbeiterin des Antifaschistischen Presse Archiv und Bildungszentrum Berlin e.V.

Prof. Dr. Christoph Butterwegge, Jahrgang 1951, Dipl.-Sozialwissenschaftler, Professor für Sozialpolitik an der FH Potsdam und Privatdozent für Politikwissenschaft an der Universität Bremen

Jakob Carl, lebt in Kiel

Martin Dietzsch, Mitarbeiter des Duisburger Instituts für Sprach- und Sozialforschung e.V. (DISS), Journalist

Fantifa Marburg, eine Frauen-Gruppe, die zum Thema Frauen und Rechtsextremismus arbeitet

Dr. Helmut Fröchling, Jahrgang 1941, Akad. Oberrat, Politikwissenschaftler, wissenschaftlicher Mitarbeiter und Lehrbeauftragter an der Universität der Bundeswehr Hamburg

Prof. Wolfgang Gessenharter, Jahrgang 1942, Professor am Institut für Politikwissenschaft an der Universität der Bundeswehr Hamburg

Ralph Giordano, Jahrgang 1923, Journalist, Publizist, Schriftsteller, lebt in Köln

Dr. Rolf Gössner, Jahrgang 1948, Rechtsanwalt, Publizist, lebt in Bremen

Dietrich Heither, Jahrgang 1964, Lehrer an einer Wiesbadener Gesamtschule, Autor, lebt in Niedernhausen

Prof. Dr. Siegfried Jäger, Hochschullehrer für Sprachwissenschaften an der Universität/GH Duisburg, Leiter des Duisburger Instituts für Sprach- und Sozialforschung

Ulla Jelpke, Jahrgang 1951, Mitglied des Bundestages, innenpolitische Sprecherin der PDS

Ulli Jentsch, Mitarbeiter des Antifaschistischen Pressearchiv und Bildungszentrum Berlin e.V.

Dr. Ruud Koopmans, Jahrgang 1961, Politologe, wissenschaftlicher Mitarbeiter am Wissenschaftszentrum Berlin für Sozialforschung (WZB)

Dirk Kretschmer, Jahrgang 1969, Student der Sozialwissenschaften, Mitarbeiter am Duisburger Institut für Sprach- und Sozialforschung

Prof. Reinhard Kühnl, Jahrgang 1936, Professor für Politiwissenschaft in Marburg

Anton Maegerle, Mitarbeiter des Bonner Fachinformationsdienstes *blick nach rechts*/Institut für Information und Dokumentation e.V., Journalist

Klaus Maler, Redakteur beim *Antifaschistischen Infoblatt* Berlin

Jens Mecklenburg, Jahrgang 1960, Autor, Herausgeber der Antifa Edition

Kurt Ohrowski, Mitarbeiter des Antifaschistischen Pressearchiv und Bildungszentrum Berlin e.V.

Prof. Anton Pelinka, Jahrgang 1941, Institut für Politikwissenschaft der Universität Innsbruck

Ralf Ptak, Jahrgang 1960, Dipl.-Sozialökonom, zur Zeit Promotion zu Theorie und Praxis der Sozialen Marktwirtschaft in der Bundesrepublik an der Hochschule für Wirtschaft und Politik in Hamburg

Bernhard Saumweber, Politologe in Bonn

Gerhard Schäfer, Jahrgang 1949, Studienrat, Sozialwissenschaftler, Autor

Helmut Schröder, Jahrgang 1954, wissenschaftlicher Mitarbeiter der PDS-Bundestagsgruppe

Bernd Siegler, Jahrgang 1957, Jounalist, Autor, Mitarbeiter der *tageszeitung* (taz), Nürnberg

Andreas Speit, Jahrgang 1966, Redakteur beim *Rechten Rand*, lebt in Hamburg

David Taylor, freier Journalist, lebt in Bonn

Fabian Virchow, Jahrgang 1960, Sozialwissenschaftler, lebt in Norddeutschland

Jörg Welser, Historiker

Dr. Juliane Wetzel, Jahrgang 1957, Historikerin, wissenschaftliche Mitarbeiterin am Zentrum für Antisemitismusforschung der TU Berlin

Charlotte Wiedemann, Jahrgang 1954, Journalistin, Reporterin für *Die Woche* in Berlin

Klaus Zellhofer, Journalist, Mitarbeiter des Dokumentationsarchives des österreichischen Widerstandes (DÖW), Wien

Lexikonbearbeitung

AS	Andreas Speit
B	Michael Bauerschmidt, Susanne Brandt, Ulli Jentsch, Kurt Ohrowski
BS	Bernhard Saumweber
DT	David Taylor
FV	Fabian Virchow
HS	Helmut Schröder
UJ	Ulla Jelpke

Personenregister

Fett gesetzte Seitenangaben verweisen auf den Beginn eines eigenen
Eintrags im Lexikon

Aae, Per-Lennart 282
Ablass, Werner E. 221
Abou-Roumie, Mahmoud 649
Abraham, Knut 206
Abs, Herman Josef 390
Achenbach, Ernst 153, 604
Achterberg, Eberhard 378-379
Acker, Klaus 258
Ackermann, Horst Josef 437
Ackermann, Ingeborg 299
Ackermann, Jürgen 172
Adenauer, Konrad 14, 16, 17, 188, 341, 468,
    604, 608, 858
Adlers, Alfred 210
Adorno, Theodor W. 36, 107, 809, 901, 903
Aescht, Georg 416
Agrusow, Iwan I. 197
Aigner, Heinrich 182
Alber, Jens 760
Alber, Siegbert 205
Albertini 421
Albrecht, Udo 621
Alexander, Richard D. 184
Allen, Gary 261
Allende, Salvador 600
Allendorf, Gabi 334
Allner, Thomas 331
Alt, Franz 178, 419
Althans, Bela Ewald 111, 218-219, 237, **440**,
    477, 507, 511, 547, 572, 633, 636, 661,
    662, 675, 676, 857, 953
Amandruz, Gaston Armand 164, 400, 421-
    422
Amaudruz, Gaston-Armand 163, 608, 676
Amberg, Frank 279
Amhoff, Hanns 172
Ammon, Herbert 294, 414, 437, 491, 528,
    540
Amsel, Hans-Georg 220, 265, 428
Amsler, Peter 204
Andreas, Rudolf 179, 186

Andrejewski, Michael 285
Annunzio, Gabriele d' 200
Anrich, Ernst 328, 410, 610, 870
Apel, Hans 565
Apel, Joachim 331
Apfel, Holger 279-280, 282, 591
App, Austin J. 267, 675
Archner, Aurel 315
Archner, Bernhard 316-317
Ardelt, Alfred 199, 362, 364
Arendt, Hannah 833
Arndt, Ernst Moritz 712
Arndt, Hans-Joachim 161, 184, 195, **441**,
    517
Arndt, Heinz von 398
Arneth, Alfred von 423
Arnim, Hans Herbert von 831
Arthur, Joseph 713
Asbach, Hans-Adolf 166
Aschenauer, Rudolf 267, 308, 309, 430,
    441-442
Avci, Ramazan 947
Axmann, Arthur 153, 471, 604
Bachmann, Josef 941
Bachmann, Raimund 218
Bächtle, Karin 272
Backes, Uwe 46, 546, 551
Badendieck, Friedrich-Carl 870
Bader, Karin 416
Baer, Josef 248
Bahlke, Hans 290
Bahlke, Joachim 401
Bahn, Peter 152, 230, 294, 373, 374, 410,
    437, **442**
Bahner, Dietrich 151, 160
Bahr, Egon 469
Bähr, Jürgen 204
Bahro, Rudolf 316, 427, 722-723
Balaguer y Abbás, Josemaría Escrivá de
    388-389
Bambeck, Manfred 167

Bandulet, Bruno 181
Bandura, Albert 757
Bangemann, Martin 446
Barbie, Klaus 597-601
Bardèche, Maurice 165-166, 421, 676
Bargel, Tino 879
Baring, Arnulf 419, 806-810
Barkai, Abraham 902
Barkaschow, Alexander 289, 427
Barschel, Uwe 247
Bartel, Norbert 376, 424
Barth, Curt 341
Barth, Roland 910
Bartsch, Günther 261, 294, **442**-443
Bärwald, Helmut 202-203, 206
Barzel, Rainer 45
Baßler, Karl 239-240, 256, 263-265
Bath, Matthias 276
Bauer, Carola 292
Bauer, Christoph 216, 278
Bauer, Marcus 172, 409, 414, 437
Bauer, Otto 37
Bauer, Walter 278
Baum, David 200
Baumann, Eberhard 385
Baumbach, Hans Joachim 199
Baumert, Heiko 286, 628, 630
Baumgartl, Karlheinz 372
Baur, Hans 239
Bauvard, Jean 421
Bavendamm, Dirk 211
Bayerle, Günther 148
Bebenburg, Franz Karg von 374
Becher, Walter 156, 221, 328, 363-364, 433, 894
Beck, Hanno 319
Beck-Broichsitter, Helmut 153, 603
Becker, Fritz 264
Becker, Gela 221
Becker, Helmut 318
Becks, Ulrich 758
Bednarski, Wolfram 315
Beeken, Volker 331
Beer, Herbert 166
Behle, Ulrich 175
Behrendt, Uwe 618
Behrens, Ute 299
Beier, Henry 274-275
Beier, Klaus 279, 292
Beier, Wilhelm 462
Beiersdorf, André 241
Beikert, Irina 279

Beisicht, Markus 241, 334, 414
Belgrano, Donoso 200
Benda, Ernst 943
Bendel, Wolfgang 333
Bendl, Roswitha 204
Benedikter, Alfons 315
Benger, Raimo 196, 414
Benoist, Alain de 99, 230, 257, 265-266, 294, 312, 335, 398-399, 401, 406, 409-410, 412, 415, 421, 443, 464, 475, 494, 660, 711, 726-727
Benz, Wolfgang 73, 551
Berg, Fritjof 423
Berger, Dieter 179
Berger, Hellmut 179
Berger, Karin 292
Bergfleth, Gerd 408
Bergh, Hendrik van 430
Berglar, Josef 458
Berglar, Peter 184, 195, 207, 390
Bergmann, Werner 760
Bernhard, Bernd 299
Best, Werner 15
Beukers, Jochen 178
Beutner, Bärbel 416
Beyer, Knut 893
Beyrich, Ursula 372
Biber, Hildrun 320
Biber, Josef 320
Biber, Sepp 240
Bielek, Astrid 639
Bielke, Brigitte 186
Bilke, Jörg Bernhard 348, 416-417
Binder, Peter 511, 645-649, 653
Binet, René 163, 400
Birkholz, Ekkehard 222
Birnatzki, Jens 333
Bischof, Norbert 184
Bischoff, Arnulf 308
Bismarck, Otto von 50, 212, 215
Bitzer, Werner 336
Björn, Stefan 399
Blavatsky, Helena Petrovna 368, 711, 712, 715, 723
Bloch, Ernst 46
Blöhbaum, Helmut 391
Blohm, Marian 245
Bloncewski, Ernst 425
Blot, Yvan 421
Blumenwitz, Dieter 207
Bluschke, Wilfried 262
Bocek, Jaroslav 206

Boche, Peter 290
Bock, Ludwig 255, 293-295, 331, 443-444
Bode, Oliver 218, 407
Boden, Bernward 841
Boeden, Gerhard 191
Bogenrieder, Otto 266
Bohlinger, Roland 261, 372, 375, 394, 412, 432, **444**, 675
Böhm, Wilfried 185, 188-189, 202, 870
Böhme, Alfred E. 152, 254, 421, 429-430
Böhme, Herbert 149, 253-255, 266, 378, 610, 718, 935, 940
Böhme, Jakob 725
Bokelmann, Siegfried 240
Böld, Friedrich Wilhelm 356
Boldt, Ulli 239-240, 409, 427, 518, 586
Bollwig, Lothar 226
Bonengel, Winfried 857
Bonfert, Hans-Christoph 190, 205-206
Bönisch, Rita 276-277, 290
Borchardt, Michael 155
Borchardt, Siegfried 258, **445**
Borkowski, Dieter 423
Börm, Manfred 320-321
Bormann, Marianne 313
Bormann, Martin 595, 604
Borowski, Volker 354
Borowsky, Wolfgang 192, 202, 295
Borst, Ernst-Martin 376
Bosbach, Horst 313
Boschütz, Günter 289
Böse, Oskar 346, 364
Boßdorf, Peter 331, 414, 421, **445**
Bosse, Georg Albert 237-238, 424
Bosse, Hille 237
Bossle, Lothar 182, 192, 197, 205, 207, 209, 211, 390, 433, **446**, 489
Bothmer, Ulrich Frhr. von 173
Bötsch, Wolfgang 191
Böttcher, Peter 340-341
Böttger, Christian 193
Bötticher, Paul 713
Bötzkes, Frank 184-185, 200, 202
Bouchet, Christian 427
Boucke, Otto 934
Bouillon, H. 388
Bouteiller, Michael 815
Bovensiepen, Otto 15
Bracher, Karl Dietrich 44-45
Brandt, Johan 417, 431
Brandt, Peter 294, 437, 540
Brandt, Tino 292

Brandt, Willy 247, 327, 459, 543, 573, 610, 825, 875, 942
Brantsch, Ingmar 348
Braun, Hans 183
Braun, Helmut 295, 307, 584
Bräuninger, Werner 428
Brecht, Thomas 150
Brehl, Thomas 149, 574-575
Brehm, Bruno 266
Breisach, Erwin 193
Breitkopf, Hans 154
Breker, Arno 200, 267, 604, 653
Breschnew, Leonid 183
Breunsbach, Albert 382-383
Breyer, Karl 423
Brezinka, Wolfgang 762
Broschell, Stefan 369
Broszat, M. 40
Brück, Wolfgang 620
Brückmann, Helmut 237, 240
Brückner, Günther 200
Bruker, Max Otto 319, 727
Brunner, Alois 603
Brunner, Manfred 180-182, 189, 191, 196, 208, 412, 423, **446**-447, 561, 565, 603, 917
Bruno, Giordano 725
Bruns, Werner 419, 425
Brüsewitz, Oskar 183
Brylka, Georg 345
Buback, Siegfried 847
Bubik, Roland 185, 200, 414, **447**, 879
Bubis, Ignatz 698, 702-703, 828
Bublies, Siegfried 279, 315, 437, **448**, 455, 471
Bucher, Ewald 302
Buchholz-Kaiser, Annemarie 209, 210
Büchner, Bernward 192
Buchold, Frank 331
Buck, Felix 196, 258, 267-268, 312, 421
Bucka, Gerhard 282
Bude, Alois 423
Bühler, Bernhard 373-374
Bühlow, Justus B. 351, 352
Bunde, Kurt 241
Bunk, Thorsten 274
Buntenbach, Annelie 585, 588
Burchert, Bodo 249
Burdi, Georg 306
Burger, Norbert 661
Burkhardt, Hans 312
Burmeister, Lars 258

Burwitz, Gudrun 320
Buß, Maike 209
Busse, Friedhelm 149, 174-175, 258-259, 292, **448**-449, 536, 583, 632, 941, 943-944, 947, 949
Caddy, Peter 709, 724, 727
Campenhausen, A. Gay von 196
Campenhausen, Johannes von 158, 179, 196
Camphausen, Volker 384
Capra, Fritjof 724
Carell, Paul 184, 434
Carlberg, Carl Ernfried 165
Carneiro, Francisco Sà 202
Carstens, Carl 206, 398
Carto, Willis 675
Casteas, Illias 243-244
Castenada, Carlos 719
Castro, Alvaro de 599
Cerny, Karl 220
Chamberlain, Neville 696
Chamberlain, Stuart 368, 370, 388, 673
Chardin, Teilhard de 379
Chaves-Ramos, Sascha 243-244, 577
Cherusker, Herman der 372
Chhurchill, Winston 340
Chiaie, Stefano dele 599-600
Cholewa, Detlef 292
Christian, Ernst 346
Christie, Douglas 218
Christophersen, Thies 150, 154, 164, 169, 191, 235, 298, 393, 400, 426, **449**-450, 487, 497, 514, 530, 540, 547, 572, 587, 668, 675-676, 678-679, 683, 702, 942-944, 947, 949
Ciolini, Elio 472
Clarke, John 782
Clausen, Claus P. 423
Clauß, Ludwig Ferdinand 474
Claussen, Heinrich 427
Clement, Thomas 414
Cleven, Wilhelm 308, 390
Cobler, Sebastian 860-861
Codreanu, Corneliu 242, 436, 924
Cohrs, Ernst Otto 220, 319, 411, 428, **450**, 451
Colditz, Heinz 156
Colli, Günther 655
Conn, Alfred 380
Coudenhove-Kalgeri, Richard N. 206
Craigher, Helmut de 206
Cramer, Hartmut 224
Creutz, Helmut 261

Cronenberg, Wilhelm 427-428
Croom, Milton 224
Cube, Alexander von 803
Cuhrts, Patrick 306
Cumic, Stephane 577
Cyrus, Herbert 203
Cysarz, Herbert 195
Czaja, Herbert 213, 433, **451**-452, 894
Dahn, Felix 373
Dalek, Kai 269, 310
Damerau, Helmut 404
Dangel, Michael 329
Daniel, Georg 213, 404, 411
Dannenberg, Roman 232
Danowski, Jürgen 354-356
Darlington, C. D. 265
Darré, Walter 388, 717
Darwin, Charles 62, 210
Daschitschew, Wjatscheslaur 267
Daumann, Georg 313
Dawkins, Richard 184
Deckert, Günter 229, 240, 255, 267, 277, 279, 282-284, 318, 398, 421, 430, 433, 444, **452**-453, 498, 500, 662, 671-672, 675, 926, 929
Deckert, Helmut 196
Degenhart, Fritz 889-890
Degrelle, Leon 296, 434, 436, 459, 575, 598, 611, 675
Degrelle, Leon 575,
Dehoust, Peter 155, 205, 229, 241, 266-267, 273-274, 291, 330, 421-422, 427, **453**-454, 488, 490, 513, 543, 609, 786
Demolsky, Günther 262
Dempf, Willi 207
Denschlag, Josef 241
Deppe, Frank 868
Deppert, Wolfgang 378
Derix, Hans Heribert 912
Derm, Wolfgang 242
Desch, Alois 641
Dethlefsen, Thorwald 724
Detscher, Alfred 251
Deuschle, Ulrich 909
Devi, Savitri 727
Diederichs, Otto 839
Dienel, Thomas 230-231, 288, 633, 698, 951
Diepgen, Eberhard 591, 870
Diestel, Michael 186
Diestler, Jürgen 279
Dietrich, Dan 204

Dietrich, Sepp 607
Dietsch, Aurelia 404
Diewerge, Wolfgang 153
Dillen, Karl 421
Dillmann 274
Dillmann, Olaf Otto 273
Dimitroff 622
Dinter, Berthold 269, 298, 303, 514
Dittmann, Steffen 292
Dittmer, Melanie 243
Dittrich, Godela 374
Dittrich, Karl 411
Diwald, Hellmut 161, 184, 328, 343, 398,
    419, 433, 437, 441, 483, 486, 497, 517,
    540
Dix, Oliver 344, 346
Doehlemann, Martin 760
Dohnal, Johanna 639
Dold, Liselotte 421
Dollard, John 756
Donaldson, Ian Stuart 305, 790
Dönitz, Karl 514, 595
Donnerstag, Dietmar 299
Dony, Claudius 185
Dorff, Gernot 228
Dorff, Rüdiger 227
Dorls, Fritz 173, 606, 938
Dorn, Hubert 180, 315
Dorn, Peter 222
Dost, Carsten 258
Dräger, Michael 291
Dragonovic, Krunoslav 596, 598
Drees, Walter 385
Dregger, Alfred 40, 134, 412, 565, 823, 876
Dreher, Alfred 331
Drenkmann, Kammergerichtspräsident von
    847
Drescher, Helge 198, 252, 539
Drexler, Anton 714
Drogula, Karl-Heinz 155
Dröscher, Hubert 303-304
Dröse, Bernd 258
Duda, Gunther 374
Dudek, Peter 73, 552
Dukes, David 738
Dürckheim, Karlfried Graf 474
Dutschke, Rudi 941
Dyba, Johannes 390
Ebeling, Hans-Wilhelm 186
Eberbach, Götz 411
Eckart, Dietrich 714
Eckart, Wolf Dieter 154-155, 941

Ecker, Uwe 384
Eder, Karsten 362
Egeler, Walter 326-327
Eggers, Sven 404, 436
Eggert, Heinz 562
Ehlers, Wolfgang 337
Ehmke, Willi 196
Ehrhardt, Arthur 149, 267, 421-422, 453-
    454, 609, 937-938
Ehrlichmann, Lothar 249
Eibicht, Rolf-Josef 230, 409-410, 412, 427,
    483, 486, 895
Eibl-Eibesfeld, Irenäus 184, 294, 398, 419,
    756
Eich, Andreas 258
Eichberg, Henning
Eichberg, Henning 100, 148-149, 172, 230,
    294, 315, 335, 355, 367, 368, 379, 410,
    421-422, 434, 437, 448, **454**, 455, 460,
    491, 534, 943
Eichinger, Werner 241
Eichler, Richard W. 267, 328, 361-362, 364,
    373, 407, 410-411, 423, **455**-456, 534
Eichmann, Adolf 603, 659, 681
Eichner, Fred 292-293
Eickmeyer, Karl Arnold 203
Eid, Safwan 816-817
Eidt, Hans H. 869
Eisenhower, Dwinght D. 701
Eisfeld, Alfred 345
Eitel, Christian 418, 487, 516
Eitel, Rainer 220
Elbern, Stephan 276
Elbing, Meinhard 629
Elias, Norbert 756
Elisabeth, Helene 308
Elm, Ludwig 189
Elstner, Reinhold 355, 427
Emmrich, Axel 528
Endres, Gerhard 647
Engdahl, Per 165, 608
Engel, Joachim 344
Engelberg 50
Engelhardt, Ernst August 308
Ensslen, Rudolf 266
Entenmann, Otto 329
Enzensberger, H. M. 848
Eppenstein, Dieter 199
Eppler, Erhard 469, 550
Epprecht, Hans 421
Ermacora, Felix 267
Ernst, Siegfried 191-193, 211, 381

Ertz, Michael 258
Eschbach, Hans 334
Esser, Ruth 178, 207
Etzel, Richard 160, 168
Evertz, Alexander 381, 419, 423
Evola, Julius 387, 399, 407, 436, 542, 722,
    931, 924
Eyckmanns, Louis 318
Eysenck, Hans-Jürgen 184, **456**
Ezer, Achim 279, 282
Faci, Michel 582
Fadinger, Stefan 437
Faesel, Uwe 354
Fahrenkrog, Ludwig 370, 384, 720
Falk, Jens 200, 414
Falkenburg, J. von 425
Falter, Jürgen W. 794-797
Fandrey, Heinz 313
Farin, Klaus 785, 787
Fasching, Sepp Dieter 649
Fasslabend, Werner 652
Faul, Christian 196
Faurisson, Robert 219, 400, 412, 428, 535,
    670-671, 675-676, 680
Faust, Siegmar 437
Faye, Guillaume 312, 406
Fehling, Guido 200
Feitenhansl, Karl 286
Felde, Friedrich S. 428
Felderer, Ditlieb 677
Fellgiebel, Walter-Peer 339
Fellmann, Georg 358
Fenske, Klaus 427
Fenske, Wolfgang 414
Ferguson, Marilyn 724
Fernau, Joachim 434
Fest, J. C. 45-46
Festge, Hans Henning 294
Fetsch, Adolf 346
Fichter, Tilman 190
Fiebelkorn, Joachim 599
Fiebig, Henry 299, 579
Fiebig, Jan 454
Fiedler, Hans-Michael 229, 240, 291, 311,
    318, 332, 421, 428, **457**, 661-662, 709,
    726
Fikentscher, Henning 400
Filbinger, Hans 205, 207, 208, 211, 390,
    458, 515, 564, 878
Findley, Paul 432, 433
Fink, Thomas 237
Finke, August 173, 248

Finkeissen-Frank, Brigitte 304
Firnberg, Kultusministerin 493
Fischer, Dieter 337-338
Fischer, Georg 603
Fischer, Hans 372
Fischer, Herbert 344
Fischer, Peter 361, 422
Fleck, Helmut 221
Fleissner, Herbert 189, 200, 323, 361, 366,
    415, 434-435, **458**, 459, 533, 546, 876
Flemmig, Hermann 276
Flemming, Beatrice 723
Flex, Walter 368
Flick, Friedrich 124
Föllmer, Eva-Maria 209
Förster, Rosl 888
Föttinger, Verena 204
Foucault, Michel 803
Fraenke, Ernst 137
Franco, Francisco 35, 310, 389, 603
Frank, Anne 681
Frank, Karl Hermann 595
Frank, Otto 681
Frank, Sven Thomas 148, 172, 213, 414,
    459, 466, 507, 528-529, 539, 940
Franke-Gricksch, Alfred 153, 603
Franke-Gricksch, Ekkehard 224, 394
Frankenhouser, Roy 225
Franklin, Anatolij 352
Franz-Willing, Georg 267, 421, 426
Franzel, Emil 188
Franzke, Bettina 843
Frehsee, Detlev 850, 852
Freiberger, Herbert 937
Freiling, Martijn 579
Freling, Martyn 281, 297
Frenz, Wolfgang 282
Freson, Willy 421
Freud, Siegmund 36, 210
Freund, Julien 406
Frey jun., Gerhard 461
Frey, Gerhard 18, 132, 149, 161, 175, 244-
    246, 404-405, 426, **460**-461, 498, 502,
    526, 532, 538, 541, 624, 668-669, 677,
    704, 938, 941-948
Frey, Johannes 196
Frey, Michaela 461
Frey, Regina 461
Freyer, Hans 88, 716
Fricke, Bruno 162
Fricke, R. 167
Friedman, Michel 698

Friedmann, Bernhard 257, 415, 437
Friedrich II. 50
Friedrich, Ingo 205
Friedrich, Thomas 299
Friedrich, Walter 621
Friesmann, Bernt 379
Fritsche, Hans 433
Fritz, Herbert 655
Fritzsche, K. Peter 810
Fröchling, Helmut 73, 145
Fröhlich, Manfred 196
Fröhlich, Paul 427
Fromm, Erich 36
Fromme, F. K. 561
Frommel, Monika 848, 851
Fröschle, Ulrich 493
Fuchs, Gundolf 374
Fuchs, Helmut 262
Fuchs, Ilse 376
Fuchs, Stefan 277
Fuhr, Eckhard 561, 564
Funk, Albrecht 844
Funke, Peter 376
Gabke, Margarete 386
Gabriel, W. 425
Gaddafi, Muhammar al 437, 448, 491
Gahntz, Hartmut 331
Galinski, Heinz 231, 248, 698, 703
Gallard, Walter 407
Gallasch, Jan 239-240, 586
Gallin, Heiko 327
Galtungs, Johan 762
Gassner, Hartmut 356, 898
Gatow, Hans-Heinz 433
Gauss (Rudolf), Ernst 412, 464, **518**-519,
   671
Gauweiler, Peter 563, 674, 823
Gebhardt, Werner 262
Geede, Ruth 423
Gehlen, Arnold 184, 494
Gehlen, Reinhard 461, 602
Gehrke, Karl-Heinz 241
Gehrmann, Enno 307, 508, 589
Geier, Eva-Maria 221
Geiger, Michaela 191
Geißler, Heiner 399-400, 802
Gelli, Licio 600
Georges, Stefan 452
Geppert, Bernhard 260
Gerhard, Rüdiger 430
Gesell, Silvio 261, 262, 443
Gessenharter, Wolfgang 73

Gestrich, Susanne 320
Gibowski, Wolfgang 792
Giegold, Reinhold 299
Giesart, Gero 331
Gilian, Peter 290
Gille, Alfred 166
Gille, Herbert O. 337, 604
Gille, Walter O. 607
Gilli, G. 660
Giordano, Ralph 242, 410, 623
Giörtz, Helmut 376
Gislo, Viktor 941
Glahn, Dieter von 170, 211
Glasauer, Franz 241-242, **461**-462, 627
Gläser, Georg-Wolfgang 354
Glaubig, Markus 193
Glauer, Alfred Rudolf 714
Gleiß, Horst G. W. 425
Gleißner, Siegfried 201
Globke, Hans 16, 17, 553
Glogowski, Gerhard 846
Gmeiner, Rolf-Dieter 181, 201
Gmelin, Walter 319
Gnauck, R. 197
Gobineaus, Graf von 713
Godenau, Siegfried 350, 352
Goebbels, Joseph 72, 604
Goecke, M. 353
Goerth, Christa 274-275, **462**
Goertz, André 258-259, 280, 324, 325, 591,
   930
Goertz, Glenn 258, 591
Goethe, Johann Wolfgang von 725
Goldammer, Karl 358
Goldhagen, Daniel 931
Goldmann, Kurt Ekkehard 299
Goldmann, Rüdiger 331, 364, 416
Golf, Hartwig 353
Göllner, Dieter 416
Golombek, Birgit 250
Golowin, Serguis 721
Golowitsch, Helmut 656
Gomondai, Jorge 634
Goppel, Alfons 206
Gorbatschow, Michael 280
Gordon, Helmut 433
Göring, Hermann 714
Gottberg, Wilhelm von 344, 346, 354, 356-
   358, 361, 416, **462**-463, 892-893, 898
Gotthardt, Marion 376
Götting, Horst 151, 222
Gottschlich, Jürgen 839

Götz, Georg 178, 191, 377
Götz, Karl 167
Graaf, Henk van de 273
Grabert, Herbert 311, 378, 411-412, **463-**
464, 560, 718, 936
Grabert, Marielouise 464
Grabert, Wigbert 311, 411-412, 463-464,
560, 675
Grabsch, Christian 285
Graebe, Kurt 156
Graf, Josef 333, 436
Graf, Jürgen 675
Gramsci, Antonio 133, 225, 561
Graw, Ansgar 208, 294, 345, 354-355, 357
Graw, Bertram 354
Greil, Lothar 174, 264, 417
Greve, Uwe 401, 546
Griefahn, Monika 465
Griesmayr, Gottfried 159
Grigat, Stephan 356
Grimm, Hans-Günther 253, 267, 311, 430,
464, 538
Grimm, Holle 266-267, 421, 464-465
Gröbner, Prof. Dr. 660
Grolitsch, Lisbeth 239-240, 263-264, 316,
497, 499
Gronow, Gerlinde 313
Groppe, Lothar 196, 381, 382, 401
Groß, Dieter 202
Großheim, Michael 414, 434, 542, 546
Großpietsch, Peter 358
Grotewohl, Stefan 200
Gruhl, Herbert 204-205, 229, 316, 334, 419,
465, 469
Grün, Marco 217
Grünbart, Reinulf 655
Grund, Johanna 196, 221, 277, 421, **466**
Grundlach, Klaus 354
Gründling, Michael 354
Grünkorn, Lothar 374
Gudelius, Mathias 204
Guderian, Hans 433
Guderian, Heinz 604
Gugenberger, Eduard 722, 727
Guleikoff, Kai 414
Gültig, Karl 273, 421
Günther, Hans Friedrich Karl 265, 368, 370,
387
Günther, Ingo 292
Günther, Wolfgang 172
Gurn, Hans-Edwin 202
Gussmann, Günter 318

Gustmann, Gerhard 318
Güttich, Helmut 267
Guzmann, Wladimir 201
Haack, Friedrich Wilhelm 726
Haas, Anni 393
Haas, Bruno 436, 642
Habel, Susanne 363
Habermas, Jürgen 40, 104
Habsburg, Otto von 148, 182, 184, 188, 197,
202, 205-207, 213, **466**, 467
Habsburg, Walburga von 206
Hacker, Wolfgang 181
Hackmann, Werner 842
Haerting, Peter 331
Hafen, Karl 197
Haffner, Sebastian 437, 539
Hageböck, Michael 200, 414
Hagen, Hans W. 267, 430
Hahn, Axel 190, 277, 328
Hahn, Eckhard 871
Hahn, Karl 258
Hahn, Karl-Eckhard 328, 408
Hahn, Mary 435
Hahn, Roland 277
Hahn, Udo 419
Hahn, Wolfgang 266
Hähnel, Jörg 279
Haider, Jörg 181, 189, 191, 361, 412, 416,
434, 447, 467, 561, 568, 642, 644, 653,
657, 801, 876, 908
Hainke, Thomas 629
Hallesmann, T. K. 424
Hallman, Fritjof 387, 411
Hambach, Rudolf 202-203
Hammer, Eberhard 203, 415
Hammerbacher, Wilhelm 522
Hancock, Alan 677
Hancock, Anthony 677
Handlos, Franz 260, 300, 524, 532, 947
Handrack, Hans-Dieter 346
Hani, Chris 273
Hans, Erich 206
Hans, Ilse 662
Hansen, Heinz-Dieter 229
Hansen, Klaus 421
Hansmann, Markus 407
Harder, Ulrich 285
Harten, Christian 331
Hartenstein, Michael 344
Härtle, Heinrich 239, 267, 661, 681-682
Hartmann, Franz 715
Hartmann, Gunde 378-379

Hartmann, Idis 358
Hartmann, Jesper 306
Harwood, Richard 677-678
Hasenpflug, Rolf 213
Hasselbach, Ingo 286, 628-630, 844, 846
Hasselbacher, Friedrich 432
Hastreiter, Thomas 200
Hatz, Rainer 280
Hatzenbichler, Jürgen 187, 200, 277, 313, 399, 414, 421, 437, **467**-468, 657
Haudry, Jean 406
Hauer, Wilhelm Jakob 373, 379, 380, 716, 718
Haug, Wolfgang Fritz 44
Haunschild, Albrecht 242
Hausberger, Hans 334, 414, 545
Hausen, Heidrun 354
Hausen, Wolfgang 267
Haushofer, Karl 427
Hausmann, Alexander 299
Hausser, Erich 336
Hausser, Paul 426, 604, 607, 942
Haußleiter, August 150, 156, 159, 220-221, 465, **468**-469, 488, 935
Häußler, Alfred 191-192
Haverbeck, Werner Georg 167, 195, 257, 267, 294, 319, 320, 383, 385, 410-411, 451, **469**-471, 519, 709, 727
Haverbeck-Wetzel, Ursula 229, 319, 425
Hayek, Friedrich A. von 902, 907-908, 910, 911-912, 917
Heck, Christian 331
Heckel, Hans 422, 887
Heckelmann, Dieter 190
Heder, Eberhard 194, 201
Heeremann, Freiherr von 206
Hefendehl, Eberhard 275
Heger, Hartmut 331
Heggenberg, Markus 201
Heid, Bernd 241
Heide, Hartmut von der 369
Heidegger, Martin 474, 723
Heidel, Volker 258
Heidenreich, Harald 376
Heider, Joachim R. 346
Heidinger, Peter 390
Heil, Seff 362
Heimerl, Stephan 327
Hein, Karl 407
Heinacher, Paul 356
Heine, Heinrich 56, 713
Heinemann, Fréderic 927

Heinemann, Gustav 469
Heinig, Alexander 305
Heinle, Oliver 243
Heins, Marcus 398
Heinze, Harald 193
Heinze, Peter 339
Heinzelmann, Regula 414
Heinzmann, Axel 151, 331-332, 618
Heise, Thorsten 258, 305, 953
Heiser, Helmut 202
Heißig, Kurt 328-329, 871
Heitmann, Steffen 181, 361, 415, 561-563, 567, 893
Heitmeyer, Wilhelm 74, 78-79, 626, 758-759
Hellenbroich, Anno 224, 225
Hellenbroich, Elisabeth 225
Heller, Friedrich Paul 598
Heller, Hannelore 362
Heller, Hermann 194, 563
Hellmund, Frank 186
Hellwege, Heinrich 148, 158, 247
Hempel, Udo 291-292
Hempen, Uwe 247
Hengsbach, Franz 389
Henkler, Sven 386
Henleins, Konrad 364, 610
Hennig, Rigolf 409, 423
Hepe, Wolf 872
Hepp, Armin 380
Hepp, Odfried 175, 501, 621, 947-948
Hepp, Robert 161, 184, 199, 267, 406, 408, 428, 432, **470**-471, 878
Herbolsheimer, Michael 334
Herfurth, Thomas 231
Herget, Toni 206
Hermann, Hajo 471, 518, 661
Hermann, Kai 598
Herrmann, Ilse 241
Hertel, Hans 341, 420
Hertlein, Herbert 253
Herzog, Roman 816
Herzogenrath-Amelung, Günther 611
Heß, Rudolf 218, 234, 238, 280, 302-303, 317, 373-374, 384, 387, 406, 434, 469, 472, 501, 514, 714, 717, 777, 839, 867, 948
Hesse, Hartmut 421
Hesse, Mirco 306
Hessler, Günter 157
Hetzer, Thomas 280, 310, 925
Heuß, Theodor 873

Heyder, Ulrich 201
Heydrich, Reinhard 15, 25, 371
Heydte, Friedrich August Freih. von der 148, 224, 390
Hiess, Josef 654
Hildebrandt, Hartmut 282
Hildebrandt, Rainer 169
Hillek, Wilhelm 404
Hiller, Gerald 271
Hillgruber, Andreas 40
Himmler, Heinrich 13, 25, 607, 678, 714, 717, 736
Himpe, Hans 308
Hindenburg, Paul von 50
Hintze, Dr. 203
Hinz, Bernd 346, 356
Hinz, Thorsten 414, 416-417
Hippler, Fritz 404
Hirzel, Hans 201, 299
Hitler, Adolf 15, 18, 20-21, 23-28, 34, 45, 46, 47, 50, 59, 66, 67, 69, 103, 238, 272, 298, 303, 317, 338-339, 375, 477, 496, 595, 607, 621, 634, 641, 656, 660, 667-668, 673, 677, 680, 684, 714, 719, 723, 727, 734, 824, 915, 949
Hobbes, Thomas 96
Hobek, Martin 641
Höbelt, Lothar 201, 414
Hochenbichler, Gustav 647
Hochhuth, Rolf 419
Hofer von Tirol, Andreas 648
Höffkes, Karl 182, 312, 398, 437, 448, **471**, 497, 675
Hoffmann 40
Hoffmann, Alois 377
Hoffmann, August 336
Hoffmann, Gertrud 373
Hoffmann, Joachim 672
Hoffmann, Karl-Heinz 175, 461, **472**, 601, 603, 618, 943-944, 948
Hoffmann, Reinhard 258
Hoffmann, Wilfried 181
Höffner, Kardinal Joseph 389
Hofinger, Kurt 641
Hofmann, Elfriede 346
Höfs, Hans Ulrich 331
Hoggans, David Leslie 266, 267, 387, 412, 667
Hohenstein, Walter 437
Höhl, Gudrun 194
Höhler, Gertrud 419
Höhn, Charlotte 72

Höke, Erwin 427
Holmar, Claus C. 255
Holtmann, Udo
Holzbauer, Matthias 393
Holzer, Willibald I. 74, 551
Homann, Eite 244, 269
Homann, Heinz-Theo 201, 408, 410, 414
Hombach, Bodo 792
Honecker, Erich 529
Honecker, Margot 621
Honsik, Gerd 219, 427, 467, 572, 603, 640, 646, 655, 658, 662, 663, 677
Hopfner, Wielant 265, 369, 387
Hoppe, Hermann 382
Hoppe, Ulrich 423
Horkheimer, Max 36, 809, 901, 903
Hormann, Wolfram 312
Horn, Harro 373
Hornberg, Helmut 655
Hörnle, Raimund 156, 946
Hornung, Klaus 200, 203, 207, 208, 294, 304, 326, 361, 401, 414, 417, 419, 423, 434, **473**, 479, 564
Horvath, Erwin 648
Horvath, Karl 648
Höss, Rudolf 666
Höttl, Wilhelm 608
Houwald, Götz von 197
Hoyer, Alexander 237, 424
Hriberski, Michaela 346
Hubbard, L. Ron 392
Huber, Gustl 348
Huber, Wolfgang 286
Hübner, Frank 231-232, 242, 292, **473**
Hübner, Hans 227
Hubrich, Werner 346
Huck, Manfred 217
Hudal, Alois 172, 596
Hügel, Klaus 421
Hülsmann, Wolfgang 313
Humeniuk, Viktor 351
Hunke, Sigrid 373, 378, 379, 399, 407, 411, 442, **474**-475, 499, 727, 745-746
Hupka, Herbert 346, 358-359, 409, 416, **475**, 476, 885-886, 891
Hupka, Steffen 187, 279-280, 292, 295, 307, 386, **476**, 477, 509, 533, 583, 589-591, 637, 925
Hurrelmann, Klaus 808
Huscher, Klaus 450
Huth, Otto 407
Huyn, Hans Graf 182, 196, 401

Huyn, Rosemarie Gräfin 205
Ihls, Alexander 331
Ilgner, Hans Joachim 425
Illian, Friedrich 274
Illies, Joachim 167, 195
Irsigler, F. J. 265
Irving, David 191, 218-219, 245, 267, 288,
    291, 324, 398, 410, 432, 434, 459, **477**,
    481, 632, 664, 670-671, 675, 677, 704,
    889, 946, 949-951
Isenburg, Prinzessin 309
Ites, Theda 709
Iwanow, Anatoli Michailowitsch 428
Iwerden, Peter 417
Jach, Michael 331
Jäckel, Eberhard 40
Jaeckel, Georg 425
Jaeger, Wilhelm 157
Jäger, Claus 185, 200, 211
Jagodczynski, Peter 427
Jahn (Turnvater) 712
Jahn, Baldur 186-187, 414
Jahn, Ernst-Henning 199
Jahn, Rolf 344
Jahn, Rudolf 329
Jahnel, Stefan 218, 281
Jahrow, Andreas 329
Jaksch, Ewald 376
Janisch, August 639, 649
Jänisch, Otto 155
Janus, Erik 404
Janzen, Horst 308-309
Jaroschowitz, Walter 155
Jaschke, Hans-Gerd 73, 552
Jaspers, Karl 493
Jaus, Hans 320
Jebens, Albrecht 207, 211, 230, 294, 361,
    401, 423
Jelusich, Meiko 195
Jendra, Ernst 415
Jenke, Martin 425, 431
Jensen, Arthur R. 265
Jesse, Eckhard 46, 419-420, 543, 546
Jessen, Annika 227
Jetter, Hartmut 208
Jodl, Alfred 340
Johnson, Lyndon B. 680
Jones, Allen 784
Josewski, Hans-Joachim 546
Joß, Fritz 488
Jost, Jürgen 310, 931
Juchem, Wolfgang 215, 237, 240, 265, **478**

Jung, C. G. 723, 725
Jung, Edgar Julius 88, 432, 557
Jung, Rudolf 220
Jung, Sascha 193-194, 201
Jünger, Ernst 88, 195, 200, 294, 408, 419,
    420, 448, 460, 493, 716, 722, 723, 724-
    725
Jungklaaß, Odfried 380
Jungnickel, Rudolf 163, 519
Jungwirth, Franz 256
Junker, Rudolf 505
Jürgens, Uwe 944
Jürgensen, Peter 244
Just, Bernhard 382
Kabus, Thilo 290
Kaden, Frank 320
Kaden, Helmut 302
Kahl, Bruno 339
Kahl, Hans Dieter 378
Kaindl, Gerhard 276
Kaiser, Heiko 333, 436
Kaiser, Ralph 209
Kaiser, Stephan 416
Kallina, Bernd 345, 355
Kaltenbrunner, Ernst 25, 478, 596, 659
Kaltenbrunner, Gerd-Klaus 195-196, 230,
    294, 401, 410, 419-421, 437, **478**-479,
    543, 561
Kam, Sören 657
Kampsmeyer, W. 196
Kamphausen, Helmut 423
Kanal, Siegfried vor dem 418
Kandler, Karl-Hermann 381
Kant, I. 105
Kantelberg, Wolfgang 387
Kanther, Manfred 46, 259, 419, 588, 812,
    816, 823, 834, 873
Kantorowicz, Alfred 23
Kappel, Heiner 201
Kappelt, Olaf 183, 206
Kappler, Herbert 309, 330, 608
Kaps, Hans Henning 173
Karn, Margret 302
Karski, Siegmund 358
Karst, Heinz 188, 203, 207, 564
Karutz, Richard 715
Käs, Christian 299
Kaschkat, Hannes 355, 411, 423
Kaspar, Sascha 647
Kastner, Oberbürgermeister 869
Kathagen, Friedhelm 417, 431
Katz, Wolf 304

Kauer, Claudia 391
Kaufeld, Ludwig 154
Kaufman, Theodore N. 682, 699
Kaufmann, Erich 313-314
Kaufmann, Karl 153, 604
Kaul, Friedrich 623
Kausch, Karl-Heinz 428
Kautsky, Karl 35
Keck, Alfred 267
Keil, Erwin 408
Keiling, Siegfried 339, 351-352
Keiper, Lothar 417
Keitel, Wilhelm 340
Kelbel, Günter 358
Keller, Alfred 339
Keller, Peter 419
Keller, Reinhard 186
Kellershohn, Helmut 561, 871
Kemna, Erwin 282
Kemnitz (Ludendorff), Mathilde von 375
Kemp, Artur 273
Kemper, Ehrhard 220, 238, 264, 424
Kempken, Norman 274
Kendzia, Rudolf 213, 241, 276-277, 290,
479
Kernmayer (Kern), Erich 149, 171, 266-267,
336, 405, 426, 602, 608, 667
Kersten, Joachim 759
Kertz, Wolfram 339
Kessel, Friedrich von 166
Kesselring, Albert 341
Keßler, Barbara 313
Kessler, Herbert 194-195, 874-875
Kessler, Oswald 645
Keßler, Wolfram 152
Kessow, Reinhard 282
Kexel, Walter 174, 501, 947
Keyser, Stefan 427
Kichhoffs, Jochen 723
Kienesberger, Peter 294
Kiesbauer, Arabella 648
Kießling, Günter 189, 211, 258, 325, 352,
361, 415, 437, **480**
Kießwetter, Carsten 294, 428
Kijas, Hans 344
Killinger, Margret 369
Kinkel, Klaus 191, 463, 873
Kiowa, Antonio Amadeu 634, 853
Kirchner, Helmut 179, 196, 315
Kissel, Günther 190-191, 545
Kissinger Kreis 222
Kittlaus, Manfred 546

Klaeden, Knut Ansgar 325
Klammstein, Siegfried 394
Klann, Hermann 240
Klas, Eberhard 199
Klatz, Hanns 328-329, 401, 871
Kleff, Friedrich Karl 154
Klein, Hans 345, 362
Klein, Markus 267, 401, 414, 493
Kleist, Peter 149, 266-267, 426, 667
Klenner, W. 196
Kliese, Erhard 161-162, 313
Klingemann, H. D. 76, 115
Klingers, Rudolf 618
Klingspor, Hermann 157
Klocke, Jens-Werner 636
Klug, Adelheid 308, 309
Kluge, Dankwart 267
Klüver, Max 672, 889
Kluxen, Kurt 212
Knabe, Gerd 417
Knapstein, Bernhard 193, 354-356
Knecht, Daniel 218
Knof, Siegward 265
Knörzer, Winfried 200-201, 252, 401, 414,
429
Knust, Jan 320
Knütter, Hans-Helmuth 208, 211, 345, 401,
409, 414, 419, 434, 546, 878
Kober, Hans H. 260
Köberich, Wilhelm 230
Köberlein, Friedrich 303-304
Koch, Bernd 216
Koch, Eduard Peter 427
Koch, Egmont R. 391
Koch, Klaus-Peter 416
Koehl, Matt 400
Koelbel, Helmut 260
Koelschtzky, Martina 727
Koeppen, Werner 253
Kögel, Günther-Ernst 240, 263-264, **481**,
518
Kohl, Helmut 134, 137, 188, 398, 402, 420,
669, 684, 827, 830, 855
Köhler, Gerhard 189,
Köhler, Gundolf 176, 601, 945
Köhler, Hans 264, 372-373, 387
Köhler, Renate 245
Köhler-Irrgang, Ruth 751
Kolbenheyer, Ernst G. 253
Kolbenheyer, Erwin Guido 195, 200, 266,
373, 505
Koll, Michael 353

Kolley 941
Komossa, Gerd 423
Koneckis, Ralf 385
König, René 213
Konrad, Christian 411
Konrad, Gerhard 245
Kopanski-Fischer,Klaus 293
Kopp, Hans-Ulrich 199-201, 207-208, 267, 294, 300, 323, 352, 364-365, 375, 414-415, 427, **481**-482, 877-878, 887
Kordes, Walter 390
Kordus, Polizeichef 838
Korell, Dieter 222
Korell, Jürgen 840
Korfes, Gunhild 618, 629
Körner, Wieland 411
Korsenz, Arthur 488
Koschany, Brigitta 225
Koschyk, Hartmut 205, 349, 419, 451, 870
Kosiek, Rolf 229, 240, 256, 258, 265-267, 304, 411-412, 417, 421, 426, 431, 444, 465, **482**-483, 492, 535, 660-661
Koska, Wolfgang 225
Kösling, Johannes 171
Koswig, René 231-232
Koth, Michael 427
Kötting, Egon 203
Kovar, Reinhold 641
Kowalsky, Wolfgang 809
Kowarik, Helmut 662
Kowarik, Karl 608
Kraft, Waldemar 166
Krämer, Michael 414, 533
Krämer, Willi 440
Krätschmer, Ernst-Günther 426
Kratz, Peter 184
Kraus, Heinz 326, 362, 364
Kraus, Jürgen 437, 528
Krause, Helmut 179
Krause, Rudolf 196, 299, 361, 471
Krause, Werner 902
Krauß, Winfried 282
Krebs, Armin 172
Krebs, Pierre 240, 277, 291, 311-313, 369, 406, 412, 432, 456, **483**, 484, 561, 632, 657, 662, 726, 867
Kreishötker, Andreas 274
Krenz, Egon 427
Krienen, Dag 201, 408
Kritzler, Emil 934
Krljan, Vladimir 200
Krohn, Albert 331

Krohn, Gisela 331
Kroll, Frank-Lothar 212
Kronenberger, Lutz 635
Krönert, Kerstin 243
Krüger, Gerhard 173
Krupp, Alfred 124
Krupp, B. 73
Kube, Karsten 278
Kübel, Claudia 299
Kubitschek, Götz 200, 414
Küble, Felizitas 415
Kuche, Lutz 333
Kucinski, Christine 416
Kudjer, Andreas 409
Kudlich, Jörg 328, 362
Kuehnelt-Leddhin, Erik Ritter von 200, 401
Kues, Nikolaus von 225
Kühne, Heiko 220
Kühne, Jörg 186
Kühnen, Michael 100, 132, 149, 175, 221, 232, 235, 258, 260, 269, 270, 275, 279, 281, 285, 286, 288, 297-299, 428, 449, 462, 474, **484**, 487, 496, 503, 510, 536-537, 543-544, 573-575, 580-581, 611, 618, 628-632, 634-635, 659-660, 670, 701, 740, 747, 944-948, 950
Kühnl, Hans 329
Kuhnt, Werner 267
Kuich, Werner 660
Kümel, Günther 655
Kumm, Otto 604, 607
Kummer, Hans 184
Kummer, Jochen 434
Künast, Rudolf 312, 411
Kunert, Dirk 434
Künneth, Adolf 381, 382
Kunstmann, Heinrich 159
Kunze, Egon 427
Kunze, Klaus 199-200, 230, 334, 423
Kupfer, Lothar 838
Kurowski, Franz 267, 398, 433
Kursawe, Günter 292
Kurz, Pascal 418
Küssel, Gottfried 269, 286, 288, 293, 298, 628-629, 635, 641, 643-647, 657, 659, 660, 740, 952-953
Kusserow, Wilhelm 369, 718, 935
Küthe, Karlheinz 373-374
Kutschke, Eleonore 423
Küttelwesch, Rolf 250, 373
Lackschewitz, Klas 258
Lafontaine, Oskar 419, 829

Lagarde, Paul de 428, 713
Lahn, Peter 201
Lambsdorff, Otto Graf 338
Lammerding, SS-General 607
Lamp, Hermann 936
Lamprecht, Torsten 634
Landig, Wilhelm 385
Lange, Heinrich 355
Langer, Alfred 411
Langes, Hans-Jürgen 399
Langhans, Rainer 722
Langnickel, Robert 243
Lanz von Liebenfels, Jörg 713
Lanz, Georg 713
Larisch, Dirk 193
LaRouche, Lyndon Hermyle 224-225, 544
Larrass, Alexander 216
Lasalles, Ferdinand 314
Laske, Klaus 315
Latk, Klaus Rainer 183
Latussek, Paul 186-187, 346, 348-349, **485-
486**, 888
Lau, Karlheinz 416
Laub, Jakob 346
Lauck, Gerhard (Gary) 154, 270, 276, 297-
298, 386, **486**, 487, 496, 572-573, 574,
580, 581, 632, 942-944, 952
Lauck, Lothar 179, 196
Lauenstein, Guido 718
Laus, Martin 333, 436
Lauschke, Margot 180, 315
Le Pen, Jean Marie 358, 421, 463, 676, 801
Leers, Johannes von 432
Leersch, Hans Jürgen 200
Leesen, Hans-Joachim von 201, 415, 423
Leggewie, Claus 792, 875
Leh, Michael 363
Lehmann, Constanze 315
Lehmann, J. F. 714
Lehneking, Günther 374
Lehner, Wolf 266
Lehnhoff, Michael 418
Lehr, Ursula 419
Leibnitz, Wilhelm 225
Leipert, Karl 661
Leitner, Pius 361
Lembke, Heinz 501, 502, 946
Lemmer, Torsten 418, **487**, 516, 787, 789
Lemonier, Guy 421
Lenin, Wladimir Iljitsch 579
Lenk, Kurt 739
Lentz, Andreas 385-386

Lenzner, Armin 241
Leonhardtsberger, Karl 394
Leppert jun., Rolf 255, 324
Lettmann, Reinhard 389
Leuchter, Fred 219, 293, 423, 427, 670-671,
675, 948
Leuchtgens, Heinrich 170
Leuschner, Markus 344, 346
Leutkart, Thomas 379
Levin, Shlomo 175, 472, 945
Leyk, Günther 151
Lichtenfeld, Helmut von 267
Liebenfels, Lanz von 713, 714
Liebermann, Frank 200, 414
Lieberwirth, Dieter 299
Liebig, Gabriele 224
Liebling, Friedrich 209, 210
Liedtke 260
Lillge, Wolfgang 225
Liminski, Jürgen 188
Lindenberg, Ursula 387
Link, Jürgen 803
Lintner, Eduard 415, 899
Liphardt, Jürgen 331
Lippe, Chlodwig Prinz zur 170, 247
Liptay 646
List, Guido von 368-369, 713-714, 752
Lizer, Marc 391
Lloyd, Jürgen 875
Lober, K.-E. 425, 429
Lobkovicz, Nikolaus 182, 197, 207
Loes, Joachim 220
Löffler, Horst 364
Lohausen, Heinrich Jordis von 406, 421,
428
Löhr, Generaloberst 596
Löhr, Ingo 331
Loley, Maria 649
Longin, Franz 362
Löns, Hermann 315
Lorenz, Heinz 425
Lorenz, Ilsemarie 381
Lorenz, Konrad 184, 756
Lorenz, Peter 195, 489
Lorenzen, Heinrich 372
Lorkovic, Hrvoje 229, 267, 409
Löschnak, Franz 647
Löser, Jochen 437
Löw, Johann 161-162
Löw, Konrad 192, 247
Lowack, Ortwin 358, 361, 409, 415
Löwenthal, Gerhard 155, 170, 188-189, 196,

197, 199-200, 207, 210, 213, 334, 382,
401, 492
Lucht, Herbert 604
Luchterhandt, Irmgard 411
Ludendorff, Erich 238, 374, 375
Ludendorff, Mathilde 374-375
Ludwig, Klausdieter 164, 168, 229, 252,
255, 266, 273, 367-368, 402-403, 406,
421, 454, **488**, 522
Ludwig, Marion 748
Lüftl, Walter 411
Luge, Heiko 252, 414, 427
Lühdorf, Wolfgang 212
Lukács, György 43, 44, 725
Lukas, Ferdinand 256
Lukesch, Hans Ivo 239
Lummer, Heinrich 182, 185, 189, 196, 200,
211, 213, 247, 277, 361, 401, 412, 434,
446, **489**-490, 517, 561, 563, 876, 893
Lummer, Horst 427
Lupart, Ulrich 180, 186
Lüth, Paul 154
Lütkemeyer, Wolfgang 369
Lutz, Frank 286, 628, 630
Lützeler, Franz Egon 432
Lux, Stefan 436
Lux, Thomas 333
Luxemburg, Rosa 225, 735
Lyons, Kirk 219, 272
Mach, Horst 171
Madela, Andrsey 414, 437
Maegerle, Anton 598
Magenheimer, Heinz 211
Mahncke, Heinz 471
Mahon, Dennis 306
Mahrauns, Arthur 443
Maier, Hans 206, 419, 492
Maier, Stephan 327
Maier-Dorn, Emil 239, 316
Mainkas, Uwe 618
Malcoci, Christian 274-275, 281-282, 289,
297, 579, 633
Malkowski, Falk 186
Malkowski, Thomas 186
Malluche (Haußleiter-), Renate 156
Mandel, Hermann 474
Mangold, Hans 204
Manhardt, Anita 414
Manke, Alfred E. 149, 152, 239, 253, 420,
453, **490**, 543, 610
Mann, Adolf 173
Mann, Golo 419

Manns, Peter 167
Manteuffel, Hasso von 604
Manz, Heinz 330
Manzke, Karl 199
Marinovic, Walter 661
Markert, Peter 248-249
Marliany, Ernst 186
Marsanich, Augusto de 165
Marshall, George 783
Martin, Ludwig 390
Martin, Paul C. 191
Martiny, Anke 399-400
Märtsch, Georg 358
Marwitz, Alexander 414
Marx, Arndt Heinz 175, 258
Marx, Karl 36, 37, 65, 225
Marx, Peter 333
Maschke, Günter 200, 294, 407-408, 428
Maßler, Erwin 266
Masters, Roger D. 184
Matern, Norbert 416
Mattern, Maike 423
Matthaei, Walter 164, 168, 320, 611, 630,
936
Matthes, Axel 408
Maunz, Theodor 404, 461
Mauritz, Rainer 655
Mayer, Constantin 289
Mayer, Thomas 196
Mayer-Vorfelder, Gerhard 207, 561
Mc Cloud, Russel 399
McClouds, Russel 722
Mechtersheimer, Alfred 180, 188, 199, 201,
258, 315-316, 320, 361, 381, 415, 423,
434, 437, **491**, 528, 533, 546, 931
Meenen, Uwe 315, 437
Mégret, Bruno 421
Mehldau, Elmar 250
Mehnert, Klaus 213
Mehr, Harald Theodor 253, 462
Meidinger, Götz 200, 414-415, 437, 533
Meier, Christian 550
Meier, Gert 411
Meier, Hans 401
Meier, Heinrich 183-184
Meier, Horst 858, 860
Meinberg, Wilhelm 159, 937
Meinen, Haimo Schulz 316
Meiningen, Margot von 225
Meinrad, Michael 148, 229, 460
Meissner, Joachim 389
Meißner, Karl 160, 934

Meister Eckhard 725
Meixner, Silvana 639
Melzer, W. 79-80
Mende, Erich 339
Mengele, Josef 598
Menkens, Harm 375
Menz, Walter 290
Merk, Kurt 597
Merkatz, Hans Joachim von 148, 158
Merkel, Andreas 241
Merker, Paul 623
Merkle, Hans 458
Mermelstein, Mel 683
Mertensacker, Adelgunde 377, 378
Metzner, Adolf 366
Metzsch-Reichenbach, Regina von 525
Meurer, Klaus 393
Meves, Christa 177, 183, 184, 188, 192,
    196, 199, 202, 207, 211, 265, 377, **492**
Meyer, Cord 354
Meyer, Ernst August 308
Meyer, Franko 628
Meyer, Hubert 336
Meyer, Kurt 151, 185, 426
Meyer, Lothar 155
Meyerson, Carl 905
Meza, Garcia 599
Michalski, Hilde 356
Michalsky, Wolfgang 222
Michel, Claude 311
Middelhauve, Friedrich 153, 605
Mikisch, Ingeborg 303, 431
Miosga, Richard 256, 276-277, 290
Miscavige, David 391
Misch, Mathias 376
Mischke, Hans-Joachim 423
Mitscherlich, Alexander 27, 28
Mittenzwei, I. 50
Mitterer, Alois 428
Möbius, Thorne 356
Moeller van den Bruck, Arthur 88, 133, 199,
    407, 427, 557
Mohlau, Fred 459
Mohlek, Peter 355
Mohler, Armin 161, 183-184, 188, 294, 335,
    401, 409, 412, 419, 421, 428, 434, 441,
    456, 471, 479, **493**-494, 517, 525-526,
    542
Mohn, Jürgen 200, 414
Möhring, Heiko 432
Molau, Andreas 199-200, 267, 328, 414-
    415, 421, 423, 430, 437, **494**

Möllemann, Jürgen 191
Molnar, Thomas 401, 414
Mölzer, Andreas 185, 200, 230, 257, 267-
    268, 294, 323, 361, 410, 414-415, 421,
    428, 468, 568, 642, 654, 662
Mommsen, Hans 40
Mommsen, Helmut 319
Mompert, Guy 311
Mondfeld, Wolfram 369, 385
Moog, Wolfram 275
Moon, Sun Yung 394, 395-396
Morbach, Andreas 292
Moreno, Roddy 783
Mörig, Gerlind 360, 398
Mörig, Gernot 228, 239, 253
Moseler, Claudius 204
Mosler, Jürgen 258, 281, 536, 575
Mosley, Oswald 174, 422, 464
Motschmann, Klaus 170, 183, 277, 195,
    201, 211, 240, 361, 381-382, 401, 415,
    419, 434, **495**
Motte, Ulrich 910
Moutchnik, Anna 351
Mrachacz, Ralf 582
Mubarak, Präsident 474
Muhrri, Franz 313
Müllegger, Sebastian 662
Müller, Carl 256
Müller, Familie
Müller, Günter 202
Müller, Harald 496
Müller, Kurt 496
Müller, Leonid 197
Müller, Siegfried 222
Müller, Ursula 218, 235, 274-275, 281, 462,
    495, 496, 747
Müller, Walter 394
Mullins, Eustace 394, 432
Münch, Fritz 267, 353
Munier, Dietmar 264, 343-344, 360-361,
    383, 398, 459, 463, **496**-497, 892-893,
    897
Murer, German 393
Muschiol, Hans-Joachim 346
Muschol, Peter 200
Musfeld, Franz Hermann 386
Musfeldt, Franz Hermann Roderich 719
Mußgnug, Martin 155, 241-242, 283, 414,
    488, **497**-498, 527, 942, 950
Mussolini, Benito 38, 436, 600, 722
Musumeci, General 600
Mutschall, Kerstin 748

Mutter Theresa 376
Mutz, Ulrich 200, 408
Mynarek, Hubertus 378-379, 394, **498**-499
Nachtmann, Herwig 650, 655, 657
Nahrath, Dirk 320
Nahrath, Wolfgang 249, 259, 281-282, 284,
  320, 322, **499**, 500, 940
Nahrath, Wolfram 239, 320, 369, 499-**500**,
  950
Narjes, Sabine 448
Nasser, Gamal Abd el 602
Naumann, Friedrich 58
Naumann, Peter 316-317, 427, **501**-502,
  515, 587-588, 653
Naumann, Werner 153, 159, 441, 604-605
Nawratil, Heinz 211, 412
Neckel, Gustaf 370
Neddermayer, Helmut 465, 469
Nehring, René 354
Neidhardt 769
Neiß, Margot 299
Neményi, Geza von 384-385, 709, 720-721
Neschkeit, Wilhelm 423
Neu, Axel D. 360
Neubacher, Siegfried 225, 226
Neubauer, Franz 241-242, 362-363
Neubauer, Harald 241, 267, 300, 414, 421,
  454, 462, **502**, 503, 511, 513, 609
Neubauer, Michael 216-217, 278-279
Neuberger, Beate 448
Neugebohrn, Arnold 238
Neuhaus, Patrick 414
Neuhoff, Hans 891
Neumann, Franz 37, 220, 901-903
Neumann, Kurt 157, 220
Neumann, Mario 628
Neuß, Raimund 873
Neuwirth, Edwin 650
Ney, Johannes Peter 240, 304, 412, 427, 432
Ney, Karl 608
Niederhausen, Dieter 327
Niederländer, Loni 619
Niederreiter, Wolfgang 582
Niefind, Carsten 414
Niekisch, Ernst 172, 194, 437, 454, 460,
  519, 529, 716
Niemack, Horst 339
Niemann, Stephan 218-219
Nietsch, Erich 423
Nietzsche, Friedrich 61, 407, 712, 725
Nimtz, Eva 371
Nitsche, Hellmut 198

Noelle-Neumann, Elisabeth 207
Nölling, Wilhelm 189, 419
Nolte, Ernst 40, 43, 45, 103-104, 182,
  184,361, 423, 434, 669, 672, 674-675,
  697, 871
Nothdurft, Joachim 186
Nowak, Werner 185, 362
Nowicki, Nicole 749
Oberländer, Theodor 148, 166-167, 266, 899
Oberlercher, Reinhold 201, 230, 252, 277,
  294, 401, 409-410, 427-429, **503**, 517
Obst, Werner 267, 423
Ochensberger, Walter 572, 603, 654, 663,
  677
Ochmann, Horst 353
Ockert, Paul 220
Oelmann, Michael 200
Oertel, Bertram 221-223
Ohl, Manfred943
Olivier, Yvonne 331, 345-346
Olles, Werner 294, 437, **503**-504
Opitz, Gerhard 230, 294
Opitz, Reinhard 606
Ortiz, César 388
Ortlieb, Heinz-Dietrich 419
Ortmeier, Klaus 299
Oschatz, Georg Bernd 201
Osman, Silke 423
Oßwald, Heiko 193
Ostermann, Günter 388
Ostwald, Günter 251
Ott, Günther 416
Otto, Frank 418
Otto, Henning 227
Oven, Wilfried von 199, 267, 412, 421, 459
Oxner, Helmut 946
Pabst, Martin 199, 267, 273-274, 294, 401,
  410, 423
Pachmann, Ludek 170, 182, 197, 334, 412
Paetel, Karl Otto 250, 437
Pagel, Carsten 255, 276-277, 414, **504**-505
Pagliai, Pierluigui 599-600
Pahl, Bärbel 386
Pahl, Franz 258, 361
Pahl, Gisa 229, 255
Pahl, Gunnar 386-387
Pahnke, Rudi 626
Pajonk, Ernst 313
Palleske, Hagen 220
Pan, Christoph 345
Panteleit, Karl-Heinz 276-277, 343
Papcke, Sven 806-808

Pape, Martin 236, 258, 945
Papen, Franz von 390
Paproth, Thorsten 409, **505**
Paracelsus 725
Paraga, Dobroslav 664
Parplies, Hans-Günther 331, 346, 355, 416
Patzke, Markus 355
Pätzmann, Heiko 324
Pätzold 50
Paul II., Johannes 389-390
Pauli, Helmut 318
Pauli, Johannes 230, 241
Paulus, Friedrich 326
Paulwitz, Michael 323, 354, 356, 423, 493
Pauwels, Luc 230
Pawel-Rammingen, Sieghart von 202-203
Pawelka, Rudi 358
Payne 896
Pedersen, Hans Christian 587
Pedersen, Henry Krog 587
Pellepoix, Darquier de 676
Pemler, Georg 286
Pemsel, Rieland 258, 267
Penkert, Mike 292
Penz, Lothar 148-149, 172-173, 229-230,
    437, 443, **505**, 506, 940, 943
Péron, Evita 436
Perón, Juan 163, 598, 602
Persin, Adolf 372
Peters, Erhard 154
Petersdorf, Günter 346, 356
Petersen, August Wilhelm 299
Petersmann, Werner 381
Petri, Michael 217, 232, 243-244, 269, **506**-
    507, 577, 644, 929
Petrovic, Madeleine 639, 646, 649
Pfahl-Traughber, Armin 74, 551
Pfahler, Gerhard 195
Pfeifenberger, Werner 661
Pfeiffer, Susanne 320
Pflanz, Michael 380
Pflüger, Friedbert 802, 879
Pfreundschuh, Gerhard 201
Pfützenreuter, Monika 416
Philipp, Karl 218, 272, **507**
Pieck, Wilhelm 622
Pielert, Stefan 295, 586, 589
Pieper, Hans-Ulrich 189-190, 277, 401, **507**
Pietrek, Winfried 378
Pilch, Herbert 315, 415
Pinochet, Ernesto 600-601, 617
Pius XI. 390

Pius XII. 390
Plaga, Barbara 423
Plankenhorn, Dirk 272
Plarre, Werner 194
Plato 225
Plechanow 50
Pless, Henning 271, 343, 360
Pleyer, Claus-Georg 198, 200
Pleyer, Wilhelm 266, 434, 437
Pockrandt, Harald 225
Poeschke, Frida 175, 472
Poeschke, Gerd 213
Poetsch, Hans-Lutz 381
Pohl, Andreas 296-297, 307, 477, **508**-509,
    583-585, 589-590, 637
Pöhlmann, Siegfried 148-149, 283, 942
Polacek, Karl 259, 663
Polak, Paul 201
Pollender, Hans-Ulrich 636
Pollock, Friedrich 903
Polzin, Robert 220
Poppelbaum, Herrmann 715
Porzner, Konrad 191
Poser, Günter 221
Posselt, Bernd 205-207, 208, 345, 362
Post, Walter 672
Pöstges, Rudi 340
Postrach, Paul 382
Potthof, Herbert R. 174
Potthoff, Bernd 206
Powell, Enoch 783
Pozorny, Fritz 404
Pozorny, Gerd 417
Pozorny, Reinhard 253, 267, 406, 410, 430,
    494, **509**, 661, 675
Pozsgay, Imre 467
Prehl, Hagen 285
Prehn, Ingrid 354
Prehn, Viola 271
Preißinger, Adrian 432, 444
Prem, Horst 378
Preradovich, Nikolaus von 267, 406
Preßmar, Inger 748
Preuß, Friedrich 282
Preuß, Ulrich K. 861
Preußen, Prinz Louis Ferdinand zu 213
Preußler, Otfried 416
Priem, Arnulf Winfried 232, 269, 286, 371,
    510, 572, 618, 633, 645, 720, 751
Priesnitz, Walter 899
Priester, Karl-Heinz 157, 165, 166, 170,
    608-609, 936

Priestert, Gernot 842
Prinz von Preußen, Louis Ferdinand 213
Prinz, Friedrich 417
Prinz, M. 34, 546
Privenau, Markus 274
Prochnow, Dietrich 180
Promp, Detlef 407
Proudhon, Cercle 484
Pühse, Jens 279
Purtscheller, Wolfgang 583
Quast, Gerhard 294, 414, 437
Quast, Herbert 241-242
Raber, Stefan 409
Rachhausen, Andreas 230
Radau Dieter 331, 346
Rade, Reinhard 511, 582, 627
Radegeis, Harry 265, 720, 721
Radermacher, Rudolf 154
Radl, Franz 639-641, 645-646, 648-649,
  653, 658-659
Radnitzky, Gerard 411
Raeder, Wilrich Ch. 411
Ragno, Gino 309
Rahn, Oliver 292
Rahn, Otto 399
Raithel, Andreas 331
Ramb, Bernd Thomas 179, 414
Rami, Ahmed 427, 507, 671, 677
Ramm, Familie 379
Ramm, Walter 177
Rappe, Hermann419
Rasch, Harold 167
Raschke 769
Rasmus, Hugo 346
Rassem, Mohamed 195
Rassinier, Paul 266, 406, 432, 666, 676
Ratza, Odo 346
Rauff, Walter 598, 601
Rauschning, Hermann 432
Rauti, Pino 436
Reagan, Ronald 134, 170, 684
Rebhandl, Fritz 663
Recknagel, Peter 186, 222
Reddemann, Gerhard 188
Redeker, Helge 343, 360
Reder, Walter 330
Reed, Karl-Heinz 220-221
Reich, Wilhelm 36, 38
Reichert, Günter 328-329, 362
Reichert, Günter 876
Reimann, Edith 431
Reinerth, Hans 432

Reinthaler, Günter 628, 629, 641, 646, 660,
  663
Reiss, Alois 346
Reißmüller, J. G. 816-817
Reisz, Heinz 269, 503, 635
Reitsch, Hanna 434
Remer, Otto Ernst 173, 237-239, 263, 424,
  432, 440, 444, 507, **511**-512, 518, 519,
  572, 606, 661, 670-671, 672, 675, 702,
  936, 947, 950
Remer-Heipke, Anneliese 512
Rennicke, Frank 220, 307, 320, 330, 386,
  503, 587, 867
Repp, Günther 660
Requardt, Pamela 260
Resetarits, Angela 650
Reuß zur Lippe, Marie-Adelheid Prinzessin
  378, 387, 400, 718
Reuter, Otto Siegfried 380
Rexrodt, Günter 191
Ribbentrop, Annelies 267
Ribbentrop, Joachim von 406
Richter, Karl 241, 258, 266-267, 277, 323,
  387, 399, 409, 414-415, 421-422, 466,
  512, 513
Richter, Thomas 243, 310
Richthofen, Manfred von 188, 267, 353, 398
Riechert, André 286, 620, 628
Riedel, Franz 391
Riedel, Helmut 358
Riedemann, Ralf 299
Riedl, Franz Hieronymus 167
Riedweg, Franz 199
Riefenstahl, Leni 434
Rieger, Jürgen 229, 240, 251, 255-256, 263,
  265, 297, 324, 369, 387, 399, 496, 511,
  513-514, 544, 610, 660, 709, 718, 751,
  942
Riehs, Otto 150, 339
Ries, Matthias 320
Ring, Friedrich 222-223
Rink, Roberto Gottfried 180, 186, 187, 316
Ripsam, Joseph 376
Ritter, Manfred 414, 423
Ritter, Matthias 299
Rittmann, Bernd 258
Rivera, Primo de 436, 493
Röder, Siegfried 416
Rodríguez, Javier Echevarría 388
Rodriguez-Teufer, Rene 217
Roeder, Gertraud 233-234
Roeder, Manfred 156, 169, 193, 220-221.

233-235, 330, 350-352, 372-373, 444, 499, **514**-515, 668-669, 942-946
Roegele 492
Röger, Friedrich 299
Rogge-Börner, Sophie 746
Rohkst, Paul A. 385
Röhl, Klaus Rainer 546, 564
Röhler, Andreas 427-428
Röhm, Ernst 573, 607
Röhrer-Ertl, Olav 201
Rohrmoser, Günter 192, 208, 210, 213, 221, 381, 401, 414, 419, **515**, 516, 876
Rohwer, Uwe 321, 341
Roloff, Hans-Werner 245
Romig, Friedrich 200, 415
Rommelspacher, Birgit 79, 756, 761
Romminger, Walter 381
Roosevelt, Theodor 340, 520, 673, 682, 699, 890
Roques, Henri 219, 671
Rösch, Josef 258, 289
Roscher, Markus 190
Rosegger, Peter 373
Rosenberg, Alfred 95, 714, 717
Rosenkranz, Barbara 640
Rosenkranz, Horst Jakob 640, 641, 644-646
Rossiar, Andreas 272
Rößler, Fritz 163, 165
Rößner, Ralf 175, 618
Rost, Wolf-Dietrich 186
Rost, Wolfgang 186
Roth, Hans-Manfred 414
Roth, Manfred 482
Roth, Werner 196, 492
Rothe, Rainer 209
Rother, Thomas 663
Rouhs, Manfred 242-243, 279, 324, 334, 409, 418, 487, **516**, 789
Rubin, Berthold 267, 318
Rucht 769
Rückert, Hans-Jörg 239, 499
Rüddenklau, Harald 423
Rudeck, Reginald 200
Rudel, Hans-Ulrich 309, 330, 406, 421, 434, 459, 504, 538, 598, 661
Rudolf (Scheerer), Germar 375, 411, 412, 414, 427-429, **518**, 519, 671, 675
Rudolph, Hermann 715
Rudolph, Tindar 385
Rudzio, Wolfgang 556
Ruge, W. 50
Rühaak, Arnulf 308

Ruhnau, Manfred 356
Rullmann, Hans Peter 423
Rumpf, Renate 224
Ruoff, Joachim 404
Rupp, Boris 196, 414
Ruprecht, Gert 240
Rustemeyer, Hans 315, 318, 409, 414, 698
Rüttgers, Jürgen 873
Ruzkoi, Alexander 427
Ryschkowsky, Nikolaus I. 403, 437
Sabbah, Michel Assad 391
Saborowski-Baltruschat, Gerda 225
Sachsen, Albert von 180
Saenger, Hartmut 331
Sailert, Christian 393
Saint Exupéry 725
Salm, Ilse-Carola 238, 409
Salm, Karl 312, 428
Salomon, Ernst von 200
Sammer, Andreas 641
Sander, Hans-Dietrich 187, 208, 230, 240, 252-253, 267, 291, 401, 410-411, 417, 421, 427-430, 503, **516**, 517, 656, 867
Sappelt, Renate 344, 346, 358
Sarg, Wolfgang 173
Sarközi, Peter 648
Sarnau, Carl 230, 488
Sass, Hans-Martin 878
Sassen, Alfons 598
Sassen, Wim 598
Sat-Ananda, Muna 399
Sauer, Helmut 358, 425
Sauer, Horst 927
Sauer, Thomas 287
Sauermann, Uwe 323-324, 471
Saunders, Peter 341
Saur, Manfred 299
Sawall, Edmund 196
Schaal, Karl August 893
Schacht, Hjalmar 266
Schacht, Ulrich 199, 414, 419, 546, 564, 726
Schachtschneider, Albrecht 181
Schachtschneider, Ingo 241
Schachtschneider, Karl 415
Schade, Heinrich 167, 304, 471
Schafarewitsch, Igor 428
Schäfer, Bernhard 358
Schäfer, Joachim 200
Schaffer, Ursula 239, 481, 499, **517**-518
Schaller, Herbert 255-256, 267, 663
Scharfy, Thomas 310
Scharnowski, Ernst 155

Schatzmayr, Helmut 654, 657
Schäuble, Wolfgang 40, 113, 208, 561, 827-828
Schecke, Felix 203
Scheel, Walter 545
Scheerer (Rudolf), Germar 330, 411-412, 427-428, 464, **518**-519
Scheffer, Hans-Heinrich 159
Scheibe, René-Lysander 200, 414
Scheller, Karl-Heinz 177
Schenk, Fritz 155
Schenk-Dengg, Michael 164
Schenke, Wolf 150-151, 161, 163, 519-520, 528, 539, 935
Scherer, Karl 369
Scherer, Paul-Albert 224-225
Scherr, Johannes 432
Scheuch, Erwin-K. 76, 115, 409, 415, 419, 563, 695
Scheurig, Bodo 213
Schibblock, Thorsten 295
Schick, Hans 432
Schickel, Alfred 208, 211-212, 302, 335, 361, 375, 409, 414, 419, 423, 434, **520**, 673, 889
Schiebuhr, Marlies 358
Schieferdecker-Adolph, Marita 635
Schilf, Marcel 306
Schill, Jörg 189
Schiller, Friedrich 225
Schilling, Rolf 200
Schimanek, Hans Jörg 511, 582, 660
Schirach, Henriette 430, 434
Schirinowski, Wladimir 245-246, 572, 704
Schlageter, Leo Albert 867
Schlee, Emil 196, 221-222, 224, 267, 277, 294, 334, 342, 354, 361, 398, 421, 441, **521**
Schleip, Holger 470
Schleipfer (Schlichting), Sigrun 367-368, 386-387, **521**-522, 719, 721, 751
Schleipfer, Adolf 368, 522, 719, 721, 751
Schlerath, Bernfried 195
Schlett, Werner 172
Schlichting (Schleipfer), Sigrun Freifrau von **521**, 719, 751-752
Schlicker, Bernd 323
Schlierer, Rolf 185, 196, 200, 207-208, 294, 299-302, 323, **522**-523, 877, 907, 952
Schmähling, Elmar 409
Schmalenbach, Hermann 493
Schmanck, Burghard 300

Schmid, Franz 367, 380
Schmidt, Edda 250, 320, 330, 373
Schmidt, Helmut 834
Schmidt, Karl Otto 387
Schmidt, Karl Paul 207
Schmidt, Karl-Heinz 698
Schmidt, Maria 427-428
Schmidt, Martin 355, 414
Schmidt, Paul Karl 184
Schmidt, Paul Robert 434
Schmidt, Volker 318
Schmidt, Walter 154
Schmidt-Hannover, Otto 266
Schmidt-Harries, Helmut 315
Schmidt-Holz, Rolf 189
Schmidt-Jorzig, Edzard 873
Schmidt-Kaler, Theodor 167, 411
Schmidtler, Fritz 302
Schmitt, Bernd 297
Schmitt, Carl 75, 88-91, 95-96, 99, 104-105, 112-113, 132, 200, 332, 407-408, 441, 493, 517, 523, 551-552, 557-558, 562, 716, 723
Schmitt, Carl-Christian 325
Schmitz, Reiner 250
Schmölders, Günter 195
Schmöller, Hagen 271
Schmülling, Regierungssprecher 816
Schmülling, Wilhelm 261
Schneider, Frank 211
Schneider, Heinz 196
Schneider, Herbert 158, 166
Schneider, Konrad 350
Schneider, Manfred 718
Schneider, Rolf 857
Schneider, Winfried 163
Schnoor, Herbert 565, 866
Schnürch, Roland 362, 364, 486
Schöbener, Burkhard 211
Schodruch, Hans-Günther 463
Schoeps, Hans-Joachim 183, 213, 460, 517
Scholten, Rudolf 661
Scholz, Christian 275, 281, 289, 299, 579
Scholz, Eckhard 295, 589
Scholz, Rupert 419
Schön, Jürgen 282
Schön, Reinhard 381
Schönborn, Erwin 169, 235, 450, 668-669, 683, 697, 936, 943
Schönborn, Meinolf 169, 238, 240, 279, 295, 296-297, 399, 419, 427, 477, 508, 514, **523**-524, 572, 583-589, 611, 653,

671, 951, 953
Schöne, Heralt 331
Schönekäs 559
Schönhuber, Franz 161, 191, 246, 260, 300-302, 334, 409-410, 414, 415, 421-423, 434, 435, 441, 461-462, 466, 493-494, 502, 521, 523-**524**, 525, 529, 609, 702-703, 794, 906, 946-947, 953
Schönhuber, Ingrid 441
Schönlaub, Heinrich Jörn 367-369
Schönlaub, Susanne 367
Schöppe, Bernd 242
Schott, Otto von 348
Schrader, Wilhelm 341
Schrayßhuen, Angelika 241
Schreiner, Hans Peter 152
Schrempp, Frank 220
Schrenck-Notzing, Alexander von 300, 482
Schrenck-Notzing, Caspar von 180-182, 187, 188, 195-197, 203, 401-402, 479, 493, **525**-526, 561
Schrenck-Notzing, Gustav Frhr. von 525
Schrenck-Notzing, Regina Freifrau von 180
Schröcke, Helmut 3167, 04, 385, 421, 471
Schrödel, Hanns 381
Schröder, Gerhard 829
Schröder, Klaus 591
Schröder, Wolfgang 809
Schröm, Oliver 391
Schröter, Mirko 278
Schubert, Frank 174, 175
Schubert, G. 299
Schubert, Karl 13
Schubert, Michael 583
Schuberth, Wilfried 621
Schuck, Klaus 346
Schüller, Helmut 639
Schuller, Hildegard 285
Schulte, Alfred 393
Schulz, Andreas 243, 292
Schulz, Bernhard 367
Schulz, Bertram 278
Schulz, Torsten 626
Schulz, Ulrich 331
Schulz, Wolfgang 427
Schulze, Peter H. 474
Schulze-Kossens, Richard 171, 606-608
Schümann, Franz-Josef 359
Schumann, Gerhard 434
Schunk, Axel 282, 284, 320
Schürmann, Kurt 167
Schüßlburner, Josef 194, 200-201, 267, 401,

428
Schüssler, Falco 258, 320
Schüßler, Karin 748
Schuster, Andreas 843
Schüttpelz, Walter 241
Schütz, Erwin 339, 425
Schütz, Martin 404-405, 423
Schütz, Waldemar 266-267, 404, 405, 427, 461, **526**, 538-539
Schütze, Klaus 222
Schützinger, Jürgen 241-242, 283, 498, **527**
Schwab, Günther 265, 319, 660
Schwab, Jürgen 428
Schwager, H. Joachim 173
Schwägerl, Maria 374
Schwammberger, Josef 289
Schwann, Hermann 150, 163, 519
Schwarz, Louis Ferdinand 356
Schwarzer, Ronald F. 200
Schwecht, Karl Heinz 380
Schweidlenka, Roman 712, 722, 727
Schweiger, Herbert 239, 263-264, 267, 297, 481, 611, 639, 658-659, 661
Schweigert, Oliver 277, 286, 629
Schweinberger, Günther 655
Schweißfurth, Theodor 294, 419, 437, 491, **527**-528
Schwend, Friedrich 598
Schwerdt, Frank 213, 242, 276, 290-292
Schwilk, Heimo 200, 546, 564, 726
Schwinge, Erich 312
Scrinzi, Otto 267, 361, 465, 642, 660-661, 664
Sebottendorf, Rudolf Frhr. von 714, 717
Sedelmaier, Giesela 251, 255
See, Michael 216-217, 278-279
Seebohm 553
Seebohm, Hans-Christoph 158
Seeger, Wolfgang 464
Seelentag, Hedwig 178
Seemann, Friedrich 362
Seering, Thomas 241
Sehling, Hans 346, 362
Seiboth, Frank 166
Seibt, Walter 416
Seidel 787
Seidel, Christian 278
Seidel, Volker 944
Seidel-Pielen 785
Seidenfaden, Theodor 253, 430
Seidl, Alfred 148, 302, 461, 472
Seifert, Gerhard 369, 372, 383

Seifert, Ingeborg 299
Seifert, Wolfgang 276
Seiffert, Wolfgang 161, 190, 208, 229, 294, 437, **528**-529, 540
Seitz, Dieter 582
Sellnau, Ernst 341
Sendbühler, Karl-Heinz 282, 284, 333
Senft, Ute 320
Sennlaub, Andreas 292
Sennlaub, Christian 274, 281, 289
Serrano, Miguel 727
Seßler, Walter 376
Seurig, Max 385
Sheldrake, Rupert 724
Sichelschmidt, Gustav 267, 361, 404, 430
Siebert, Ferdinand 167
Siebrand, Hans Ulfert 937
Siegerist, Werner Joachim 170, 247-248, 433, **529**-530
Sievers, Hilka 354
Sievers, Thorsten 454
Sika, Michael 647
Simang, Falk 582
Simon, Josef 648
Simonsohn, Barbara 709
Singer, Hartwig 454
Sitter, Uwe 186
Skorzeny, Otto 171, 309, 434, 575, 596, 602-603
Sobek, Adrian 359
Sohn, Gunnar 401, 914
Solthen, Hans B. von 401, 414
Soltner, Hans 227, 271
Sommer, Martin 13
Sonnberger, Walter 211
Sonntag, Rainer 232, 288, 634-635
Soratroi, Erwin 412
Sorge, Gustav 13
Soucek, Theodor 174
Soyka, Walther 444
Spangler, David 724
Spann, O. 88
Spanuth, Jürgen 387, 411
Späth, Almut 421
Späth, Lothar 206, 340
Spaun, Freiherr von 199
Speidel, Hans 213, 607
Spengler, Oswald 88, 133, 407, 716, 722
Sperber, Richard 220, 469
Spielvogel, Damian 425
Spielvogel, Ulrike 709
Spiess, Karl 273-274, 888

Spilka, Franz 380
Splittgerber, Heinz 411
Spranger, Carl Dieter 419, 674
Spranger, Carl-Dieter 419
Spranger, Eduard 474
Springmann, Baldur 180, 315, 319, 373, 380, 415
Stadtmüller, Georg 167
Staffa, Walter 200, 256, 328, 364-365, 433, **531**, 539, 887
Staffelt, Dietmar 190
Stäglich, Wilhelm 251, **530**-531, 671, 675
Stahl, Alexander von 190, 196, 201, 416, 447, 508, 533, 546, 674, 830, 855
Stain 364-365
Stalin, Josef 103, 520, 623, 673, 680, 886, 890
Stange, Michael 170, 247
Starbatty, Joachim 181
Starhemberg, Graf Rüdiger von 639, 648
Stauffenberg, Claus Graf Schenk von 27
Stawitz, Ingo 241, **532**
Stefan, Friedrich 655
Steffani, Winfried 563
Steffen, Albert 715
Steffen, Jens G. 299
Steger, Ulrich 189
Stein, Dieter 198, 260, 328, 414-415, 422, **532**-533, 865, 871
Steinbach, Erika 346
Steinbrecher, Heinz 274
Steinbuch, Karl 184, 196, 213, 257, 304, 401, 415, 419, 421
Steinegger, Franz 414
Steiner, Felix 604, 607
Steiner, Paul 404, 426
Steiner, Rudolf 715, 727
Steinhaus, Elisabeth 266
Steinmann, Wolfgang 409
Stelter, Wolf-Joachim 180
Stempel, Karl-Günther 253, 430, 533-534
Steuckers, Robert 194, 200-201, 208, 230, 267, 277, 281, 324, 332, 373, 401, 407, 409
Stieglitz, Burkhard 299
Stiller, Gisela 374-375
Stimpfle, Josef 205, 390
Stinnes, Hugo 153
Stock, Wolfgang 205
Stöckicht, Peter 148, 155, 316
Stockmann, Antonius 840
Stoiber, Edmund 561, 895

Stoisits, Terezija 639, 646
Stoll 353-354, 361
Stolle, Rüdiger 345, 354, 356
Stolpe, Manfred 419
Stoph, Willi 327, 543
Storck, Wilhelm 411
Storr, Andreas 279, 290-292, 333, 436
Stöss, Richard 74, 76, 551, 794, 797-801
Stössel, Klaus 220
Strasser, Gregor 174
Strasser, Otto 161-163, 173-174, 262, 313-314, 485, 506, 519, 937, 940
Stratemann, Thilo 196, 414
Stratmann, Walter 346, 348
Straube, Klausgeorg 351-352
Strauß, Franz Josef 40, 134, 151, 188, 202, 334, 339, 433, 446, 494, 515
Strauss, Wolfgang 152, 201, 206, 208, 229, 267, 291, 294, 313-314, 352, 401, 409-410, 412, 420-421, 427-428, 434, 437, 443, **534**-535, 543, 564, 662, 877
Streber 253
Streckenbach, Bruno 15
Strecker, Josef 130
Streibl, Max 212, 390
Streicher, Julius 714
Strelow, Heinz-Siegfried 201, 315, 401
Stresemann 50
Streubel 255
Stribrny, Wolfgang 212, 213
Ströbele, Hans-Christian 852
Stroessner, Hugo 598, 601
Ströhm 188, 345
Stubbemann, Frank 341
Stüber, Fritz 165
Studnitz, Hans Georg von 267
Stuhlemmer 248-249
Stumpff, Hans-Jürgen 604
Stürmer, Alexander 243
Sudholt, Gert 254, 266, 4267, 302, 405-406, 421, 429-430, 433, 94, 517, **535**, 661
Sühnhold, Helmut 376
Sündermann, Helmut 266-267, 405-406, 421, 535, 667
Sunic, Tomislav 201, 208, 401, 427
Suttner, Bernhard 204
Suworows 672
Svatek, Manfred 222
Svoray, Yaron 586
Swan, Donald A. 265
Swers, Jürgen 454
Swierczek, Michael 258-259, 279, 281, 289-

290, 297, **536**, 635
Symanek, Werner 399, 431
Syskowski 423
Szalay, Andreas 278
Szczepanski, Carsten 278, 306
Szelitzki, Klaus 241
Tabbert, Roland 171, 941
Taege, Herbert 294, 432, 444
Tafel, Paul 714
Tag, Ernst 216-217, 255, 275, 277-279, 367, **537**, 948
Tancsos, Stefan 641
Tarchi, Marco 409
Taubeneck, Heiko 230
Tauber, Kurt 604, 605
Tegteiser, Wilhelm 418
Teilhard de Chardin, Pierre 725
Tessmann, Uwe 222
Thadden, Adolf von 149, 159, 191, 267, 282-283, 405, 421, 426, 454, 492, 498-497, **537**-538, 545, 889, 915, 939, 941-943
Thaler, Thorsten 398, 409, 414, 421, 427
Thalheimer, August 37
Thatcher, Margret 134
Theisen, Alfred 348, 358
Theobald, Hans-Helmut 325
Thetard, Ulrich 285
Theweleit, Klaus 735
Thiede, Walter 155
Thiele, Hermann 265, 373-374
Thielen, Friedrich 158, 282, 538
Thielen, Fritz 940
Thierry, Andreas 585, 653, 654, 657
Thiess, Frank 188
Thion, Serge 427-428
Thiriart, Jean 427-428
Thöle, Maria 387
Thoma, Helmut 191
Thomas, Anneliese 410-411
Thomas, Hans 388
Thomas, Harald 294-295, 410, 443, 486
Thomas, Imke 369, 751
Thomas, Rolf 388
Thoms, Günther 329
Thoms, Walter 195
Thüne, Wolfgang 221, 346, 356, 361, 895
Tillich, Ernst 169
Timm, Ilse 383
Tittel, Gerolf 299
Todenhöfer, Jürgen 419
Tomaszewski, Paul-U. 299

Tometschko, Thomas 331
Tommissen, Piet 401
Tonningen, Florence Rost van 309, 661
Töpfer, Klaus 873
Töpfer, Peter 427-428
Topitsch, Ernst 195, 213, 415
Topp, Richard 154
Trageiser, Horst 299
Träger, Ray 630
Trattnig, Kriemhild 662
Traxel, Wolfgang 373
Treitschke, Heinrich von 57
Treml 355
Trevelan, George 709
Trevelyan, George 724
Trierenberg, Heinrich 358
Troppenz, Uwe Michael 148, 460
Truckenbrodt, Walter 203
Truman, Harry S. 701
Tucholsky, Kurt 832
Übelacker, Horst Rudolf 258, 267, 268, 331, 364, 411, **538**-539, 890
Uhl, Hans-Peter 415
Uhle-Wettler, Franz 199-200, 240, 252, 258, 267, 375, 401, 409, 441
Uhle-Wettler, Reinhard 180, 186-187
Uhlitz, Otto 304
Uhrlau, Ernst 637, 866
Ulbrich, Stefan 201, 400, 483, 722
Ulbrich, Stefan 324, 399, 414, 722
Ulbricht, Björn 722
Ulbricht, Walter 622-623, 915
Ullmann, Klaus 358, 425
Unger, Bruno 431
Unverzagt, Gerlinde 806
Urban, Erika-Luise 343
Urbanek, Rudolf 362
Valle, Außenminister de 601
Varela, Pedro 660
Velde, Werner 336
Venatier, Hans 253, 434
Venohr, Wolfgang 294, 398, 437, 519, 528, **539**
Ventker 372-373
Ventket, A. F. 719
Verbecke, Siegfried 572
Vesper, Will 253, 266, 464
Vetter, Erwin 207
Vierling, Georg 325
Villmow, Ulrich 152, 313
Viltner, Klaus 183
Vogt, Michael 323, 335

Voigt, Ekkehard 300, 524
Voigt, Karsten 292
Voigt, Martin 251, 431
Voigt, Udo 282-283
Voigts, Hartmut 228
Vollenweider, Erwin 163, 174
Vollmer, Dieter 319, 387, 411
Vollmer, Helmut 331
Vollner, Rudolf 346
Vonderach 437
Vorderbrügge, Sibylle 156, 946
Voscherau, Henning 829
Voß, Martina 292
Voß, Monika 180
Voss, Peter 310
Vowinckel, Kurt 266
Wachsmuth, Guenther 715
Wachter, Albert 240
Wadsack, Waldemar 162
Waechter, Antoine 205, 316
Waffenschmidt, Horst 870, 899
Wagenschein, Dierk 227
Wagner, Richard 713
Wagner, Sascha 279
Wagner, Stefan 175
Wahl, Max 238, 272, 662, 677
Wahlbaum, Rudolf 378, 718
Wahls, Hans 200-201, 294, 428
Wailz, Gerald 201
Walden, Matthias 155
Waldheim, Kurt 415
Waldmann, Gert 172
Waldow, Alexander von 221
Waldstein, Thor von 258, 267, 285, 294
Walendy, Udo 238, 240, 265, 267, 283, 294, 353-354, 412-413, 424, **540**, 661, 675, 929
Walenzyk, Hans-Joachim 313
Walkenhorst, Heinz-Werner 313
Walker, Michael 208, 294, 332, 406, 409, 877
Wallner, Ottmar 299
Walter, Markus 216, 278
Wardle, Thorolf 380
Wartenburg, Yorck von 221
Wassermann, Rudolf 401, 419
Watschinger, Franz 414, 657
Watschinger, Rudolf 655
Weber, Andreas 279
Weber, Carlo 500
Weber, Hans-Günter 202-203
Weber, Joachim 423, 890

Weber, Josef 196
Weber, Mark 427
Weber, Max 58, 86, 96
Weber, Rainer 313
Weckert, Ingrid 269, 411-412
Weeke, Burkhard 312, 406, 709
Wegener, Peter 318
Wegner, Christian 435
Wegner, Willi 281
Wehl, Roland 437
Wehler, H. U. 40
Wehmeier, Heinz-Rudolph 351
Wehner, Brigitte 662
Wehner, Wilhelm 196
Weichel, Bernhard 241
Weidenbach, Hans Otto 404, **541**
Weidner, Norbert 633
Weier, Joachim 221
Weier, Joachim 222
Weihnacht, Peter 180
Weil, Ekkehard 262, 286, 496, 629, 643
Weilmeier, Christian 200
Weimer, Gerd 877
Weininger, Otto 733, 734
Weinreich, Manfred 203
Weinschenk, Klaus 277, 878
Weisig, Harald 331
Weiß, Konrad 619, 625-626
Weißbecker 50
Weissenborn, Theodor 416, 419
Weißmann, Karlheinz 34, 40, 104, 199, 203,
    208, 230, 328, 355, 368, 401, 408, 414,
    419, 434, **541**-542, 546, 557, 560-563,
    564, 674, 711, 726-727, 871, 876
Weizmann, Chaim 696
Welke, Thorsten 327
Wellems, Hugo 361, 398
Wendland, Michael 282
Wendorff, Claus Heinrich von 318
Wendt, Bendix 286
Wendt, Christian 291
Wenger, Matthias 371, 720-721
Werner, Alf Thorsten 304, 364
Werner, Friderieke 351
Wernicke, Nicolas 292
Werthebach 846
Weseloh, Wilken 180
Westarp, Wolf Graf von 173
Westmar, Hans 578, 581
Westphalen, Johanna Gräfin von 199
Wetzel, Bruno 245, 404
Widmer, Bernd 227

Wiebecke, Dieter 326, 869
Wiesberg, Michael 199-200, 401, 414
Wiesenthal, Simon 235, 459, 623, 624
Wieser, Lojze 647
Wigand, Arnad 513
Wildbruber, Catrin 384
Wildt, Gernot 363
Wilhelm, Hartmut 320
Wilhelm, Paul 156
Will, Michael 227, 271, 343
Willeke, Franz Ulrich 181
Willems 78
Willig 414
Willms, Bernhard 161, 184, 195, 208, 213,
    257, 267, 312, 409, 421, 437, 443, 470,
    479, 517
Wilson, Mark 306
Windisch, Konrad 168, 277, 420, 490
Winkelmann 376
Winkelsett, Uschi 299
Winkler 408, 414
Winkler, H. A. 40
Winter, Kurt 373, 419, 487
Wintzek, Bernhard Christian 149, 318, 419-
    420, 453, 490, **542**, 543
Wippermann, Wolfgang 673
Wirth, Herman 368, 385, 386, 469, 717,
    722, 751
Wisniewski 416
Wissmann, Matthias 873
Witt 414
Wittek, Gabriele 393
Wittenberg, Lutz 209
Wittig, Rudi 250
Wittmann, Fritz 346, 362, 451
Witzel, Jörg 379
Wlassow, Andrej 352
Wlecke, Ulrich 331
Wnuck, Mark von 201
Wobbe, Michael 588-589
Wohlschläger, Esther 235, 747
Wolandt 195
Wolf, Alexander 199, 323, 482
Wolf, Edithak 195
Wolfert, Alexander 646, 648-649
Wolff-Metternich 390
Wolffsohn, Michael 419, 564
Wolfschlag, Claus M. 201, 399, 414
Wollner, Rudolf 202, 205, 363
Wolsink, Gerrit 607
Wolter, Karsten 231
Wolter, Reinhard 369

Woltersdorf, Hans Werner 411
Worch, Christian 111, 149, 164, 287, 219, 235, 238, 269, 274, 286-288, 289, 293, 297-298, 427-428, 506, **543**-544, 572, 574, 577, 580, 628-629, 633, 635, 670, 929, 949
Worch, Uschi 747
Wörffel, Udo 425
Wörner, Manfred 191, 480
Wruck, Ekkehard 190
Wübbels, Wilhelm 573
Wulff, Thomas 287-288, 629
Wunderlich, Silke 748
Wurm, Thoephil 309
Wüst, Walter 717
Zaborowski, Horst 225-226
Zachert 419
Zander, Horst 423
Zander, Lucie 376
Zander, Viktor 507
Zänker, Alfred 419
Zayas, Alfredde 423
Zehm, Günter 200, 345, 726
Zehme, Markus 179, 200, 414, 423
Zehnsdorf, Andreas 418, 487
Zehrendorf, Axel 814
Zeise, Manfred 222
Zeitler, Klaus 415, 567
Zellhofer, Klaus 873
Zenker 224
Zepp-LaRouche, Helga 224, 521, **544**

Zetkin, Clara 35
Ziegler, Jörn 182-183
Ziegler, Tilman 328
Ziemssen, Dietrich 608
Zierfuß, Manfred 662
Ziesel, Kurt 188-189, 209, 266
Zikeli, Gerd 424
Zilk, Helmut 639, 646
Zill, Hans-Bernhard 261
Zillich, Heinrich 267, 434
Zimmerer, Carl 189, 190-191, **545**
Zimmermann, Friedrich 674
Zitelmann, Rainer 182, 190, 34, 40, 415, 434, 459, 491, 533, 542-543, **546**, 550, 560-561, 564, 568, 674-675, 871, 876, 911, 916
Zobel, Jan 279-280
Zoglmann, Friedrich 160
Zoglmann, Siegfried 153, 160, 362, 545
Zoratto, Bruno 202
Zormann, Erich 437
Zschweigert, Hermann 385, 411
Zündel, Ernst 218-219, 303, 400, 440, 450, 514, **547**, 572, 632, 670, 671, 675-676, 929, 931
Zuther, Ernst 381
Zütphen, Wilhelm van 222
Zutt, Doris 282
Zwiesler, Hans-Joachim 331
Zworowski, Wolf von 158, 186

Sachregister

Fett gesetzte Seitenangaben verweisen auf den Beginn eines eigenen Eintrags im Lexikon

1. Europäischer Kongreß der Jugend 280
1. Europäischer Nationalkongreß 936
1. Internationaler Schriftsteller-Kongreß zur Verteidigung der Kultur 37
1. Nationaleuropäischer Jugendkongreß 453, 490, 543, 942
108. bosnische Brigade 582
2. Nationaleuropäischer Jugendkongreß 942
6. SS-Panzerarmee 607
A'satrúarmenn 368
ABC-News-Nightline 641
Abendländische Akademie **148**, 390, 467
Abendländische Aktion 148
Academia 873
Ackermann-Gemeinde 362, 365, 899
Actio 455
Action Française 200
Adams-Verlag 389
Adlerführer, Der 168
Adolf-Hitler-Schulen 595
AEG 179
African-News 197
Aginterpress 599
AHCC 325-326
Ahnenerbe 469
Akademie für Staats- und Rechtswissenschaften der DDR 529
Akademischer Verband Logos 451
Aktion 590
Aktion Ausländerrückführung (AAR) 149, 150, 574, 947
Aktion Ausländerstopp 285
Aktion Deutsche Einheit 944
Aktion Deutsche Mark 179
Aktion Deutsches Königsberg **343**, 383, 398, 497, 892
Aktion deutsches Radio und Fernsehen (ARF) 245, 946
Aktion Freies Deutschland (AFD) **215**, 478
Aktion Funk und Fernsehen 203
Aktion Kennwort Europa 420, 542

Aktion Leben e.V. (AL) 177-179, 192
Aktion Lebensborn 367
Aktion Lebensrecht für alle (ALfA) **178**-179, 192, 204, 377
Aktion Lebensschutz 269
Aktion Neue Rechte (ANR) **148**, 149, 172-173, 283, 449, 454, 460, 502, 506, 534, 643, 942, 943
Aktion Oder-Neiße (AKON) 149, 152, 245, 317, 461, 513, 939, 942, 944
Aktion Ostpreußenhilfe 350-352
Aktion Reiskorn 530
Aktion Sauberes Deutschland (ASD) **216**, 217, 537
Aktion Ulm 70, 192
Aktion Volkswille 216, 278
Aktion Widerstand **149**, 152, 171, 254-255, 283, 353, 454, 490, 513, 543, 573, 610, 941
Aktionsfront Nationaler Kameraden 951-952
Aktionsfront Nationaler Sozialisten (ANS) 150, 445, 485, 543, 573-575, 944, 946-947
Aktionsfront Nationaler Sozialisten/Nationale Aktivisten (ANS/NA) 35, 132, **149**-150, 217, 258-259, 269-270, 275, 281-282, 289, 440, 449, 462, 467, 476, 485, 536, 543-544, 574-575, 611, 946-947
Aktionsgemeinschaft 17. Juni 246
Aktionsgemeinschaft der Nationalrevolutionären Jugend Berlins 460
Aktionsgemeinschaft für Politik 330
Aktionsgemeinschaft Nationaler Sozialisten (ANS) 573
Aktionsgemeinschaft Nationales Europa 944
Aktionsgemeinschaft Unabhängiger Deutscher (AUD) **150**, 151, 157, 163, 166, 220, 221, 468, 519, 720, 940, 945
Aktionsgemeinschaft Vierte Partei (AVP) **151**

Aktionskreis »Gegenwind« 702
Aktionspartei Nationalrevolutionärer Kameraden (ANK) **217**, 218, 506, 952
Aktivist, Der 280
Albania Harburgensis 355
Albert Langen-Georg Müller Verlag 434
Alemania 203
Alemannia München 327
Alldeutscher Verband 714
Alleanza Nazionale 738
Allgemeiner Deutscher Kulturverband 344, 361
Allianz-Versicherung 241
Alliierte Kommandantur 169
Alliierter Kontrollrat 213
ALMA-Verlag 490
Almathea-Verlag 434-435, 459
Alte Kameraden - Unabhängige Zeitschrift Deutscher Soldaten 410
Althans Vertriebswege und Öffentlichkeitsarbeit (AVÖ) **218**-219, 289, 440, 462, 547, 676,
Altpreußische Forschungen 891
Am heiligen Quell deutscher Kraft 375
American Federation of Peace 682
American Jewish Committee 703
Amnestie national 333
Amnesty International 841, 850
Amt Blank 607
Amt für Volksaufklärung und Öffentlichkeitsarbeit 218
Angriff, Der 278, 307, 572, 589-590
Annales d'histoire révisionniste 677
ANS-Niederlande 244, 269, 576
Anthroposophische Gesellschaft 715-716
Anti-Drogen-Koalition 224
Antifa-Schulen 528
Antikommunistisches Aktionsbündnis 269
Antizionistische Aktion 171, 269
Anzeiger 626
Anzeiger der Notverwaltung des Deutschen Ostens 191, 353
Aquariusverlag 395
Arbeits- u. Forschungskreis Walther Machalett 386
Arbeitsgemeinschaft Akademischer Verbände 875
Arbeitsgemeinschaft Andernach der mensurfechtenden Verbände 328
Arbeitsgemeinschaft Andernach der schlagenden Verbände (AGA) 326
Arbeitsgemeinschaft Demokratische Neuordnung 481
Arbeitsgemeinschaft der deutschen Glaubensbewegung 380, 716
Arbeitsgemeinschaft Deutscher Convent Europäischer Corporationen 330
Arbeitsgemeinschaft Die Bürger im Staat Baden-Württemberg 473
Arbeitsgemeinschaft Europas eigene Religion 374
Arbeitsgemeinschaft für demokratische Politik (AFP) 456, 466, 490, 535, 640, 660, 661, 662
Arbeitsgemeinschaft für Heimatschutz 454
Arbeitsgemeinschaft für Politik 660
Arbeitsgemeinschaft Junge Generation (AJG) **344**-347
Arbeitsgemeinschaft Nation Europa 936
Arbeitsgemeinschaft Nationaldemokratischer Lehrer 452
Arbeitsgemeinschaft nationaler Jugendverbände Österreichs (ANJÖ) 168
Arbeitsgemeinschaft Nationaler Verbände (ANV) 317
Arbeitsgemeinschaft Naturreligiöse Stammesverbände Europas (ANSE) **367**-368, 369, 380, 488, 522, 721, 751
Arbeitsgemeinschaft Neue Politik 519
Arbeitsgemeinschaft Nie vergessene Heimat 938
Arbeitsgemeinschaft Solidaristischer Basisgruppen 173
Arbeitsgemeinschaft Sudetendeutscher Erzieher 520
Arbeitsgemeinschaft Unabhängiger Deutscher 221, 519
Arbeitsgemeinschaft Unabhängiger Ökologen 315, 465
Arbeitsgemeinschaft Vaterländischer Jugendverbände (AVJ) 338
Arbeitsgemeinschaft zur Förderung des Monarchistischen Gedankens Tradition und Leben e.V. 213
Arbeitsgemeinschaften der Hofgeismarer 193
Arbeitsgruppe für Vertriebenen- und Flüchtlingsfragen 451
Arbeitskreis Christlicher Publizisten 211, 466
Arbeitskreis der Länder der Europäischen Nationale 165
Arbeitskreis Deutscher Interessen 317
Arbeitskreis ehemaliger DDR-Akademiker

529
Arbeitskreis Feindaufklärung 662
Arbeitskreis für deutsche Politik 344, 361
Arbeitskreis für Lebenskunde e.V. 374
Arbeitskreis für Politik und Kultur 239
Arbeitskreis für Ur-Sinnbildforschung e.V. 386
Arbeitskreis Humangenetik 265, 319
Arbeitskreis Junge Familie 250
Arbeitskreis Junger Konservativer 185, 202, 203 878
Arbeitskreis Junges Forum 148, 173, 505, 940
Arbeitskreis Nationaldemokratischer Akademiker 333
Arbeitskreis Ökologische Politik 315, 465
Arbeitskreis Ostoberschlesien 358
Arbeitskreis Suchtprophylaxe e.V. 210
Arbeitskreis Sudetendeutscher Jungakademiker 362
Arbeitskreis Sudetendeutscher Studenten 344-345, 362, 538
Arbeitskreis Unabhängiger Deutscher 220
Arbeitskreis Verfassung Land Schlesien 226
Arbeitskreis Volkstreuer Verbände (AVV) 149, **152**, 228, 246, 254, 490, 542, 940, 942
Arbeitsplan Ost 485
Ariadne Kunst- und Buchversand 311
Ariosophische Kulturzentrale 715
Armanen-Orden 367-**368**, 522, 720-721, 751-752
Armanenversandbuchhandlung 368
Arminia Zürich 654
Arndt-Buchdienst/Europabuchhandlung 422, 496
Arndt-Verlag **398**, 471, 480, 496-497
Arresting Officers 788
Artam - Blätter eines Freundeskreises 383
Artamanen 250
Artgemeinschaft e.V. 265-266, 297, 321, 367, **369**-370, 372, 380, 388, 456, 475, 484, 513, 718, 720, 750, 935
Arun Verlag **399**-400, 468, 488, 513, 560, 722
Asgard-Bund e.V. 371, 380, 510, 720
Askania-Studiensammlung für Zeitgeschichte und Jugendforschung 432
Askania-Verlag 432, 444
Association for Better Living and Education International 391-392
Ästhetik und Kommunikation 455

Aufbruch 160, 172, 291, 296, 443, 471, 476, 503,589, 619, 658
Aufbruch 94 - Deutscher Freier Wählerbund **221**-222, 466, 521
Aufbruch-Kreis 610
Aufruf zum 8. Mai 1945 - Gegen das Vergessen 447, 463, 491, 546, 564, 674, 897
Aula 194, 447, 468, 482, 503, 650, 655, 657, 868
Aula-Verlag 641
Aus den Archiven 212
Auschwitz-Kongreß 540
Auschwitz-Lüge, Die 400, 426, 450, 514, 668-669, 679, 942
Auschwitz-Mythos, Der 450, 530, 675, 946
Auschwitz-Prozeß 667
Ausländer-Halt-Bewegung 658
Auslands-ANS 150
Außerparlamentarische Mitarbeit (APM) 148, 172, 213, 460, 507, 941
Außerparlamentarische Opposition 151, 762
Aussprache-Kreise 220
Auswärtiges Amt 344, 463
Ausweg, Der 337
Autonomnationalistische Zellen (ANZ) 578
Autonomnationalistisches Manifest 578-579, 636
AVALON 322
Avanguardia Nazionale 599
Axel Springer Verlag 389, 434
Badischer Landbote 409, 505
Bajuwarische Befreiungsarmee (BBA) 643
Balthasar-Gracian-Preis 196
Bandulet Verlag 181
Barricade 152, 534
BASF 526
Baubetreuung in Mitteldeutschland GmbH 511, 582
Bauernschaft, Die 169, 191, **400**-401, 424, 426, 449, 450, 466, 507, 514, 547, 572, 587, 701-702
Bauernverband der Vertriebenen 347
Bauge, Die 321
Bayer AG 389
Bayerische Liste für Ausländerstopp **285**
Bayerischer Journalistenverband 524
Bayerischer Rundfunk 524
Bayern-Info 242
Bayern-Stimme 284
Bayernkurier 344, 382, 520, 893
Bayernpartei 180, 315-316, 553, 606
Bechtle 435

Beiträge zur geschichtlichen Wahrheit 240
Beiträge zur weltanschaulichen Neuordnung 240
Benesch-Dekret 366
Berkeley-Gruppe79
Berlin-Brandenburger Zeitung (BBZ) 252, 291, 292, 308, 449, 474, 477, 701, 926
Berlin-Brandenburgischer Kulturverein e.v. 388
Berlin-Gesprächskreis 199, 252
Berliner Appell 546, 877
Berliner Block 287, 510
Berliner Bürgergemeinschaft e.V. 203
Berliner Erklärung zur Zukunft Deutschlands 444
Berliner Kulturgemeinschaft Preußen (BKP) 238-**239**, 240-241, 253, 277, 291, 292, 308, 382, 500, 517-518, 586, 610
Berliner Nachrichten 504
Berliner Schüler-Union 170
Bernstein-Reisen 355
Bewegung 30. Januar 286, 618, 629
Bewegung für das Leben (BfdL) 177, 193
Bewegung Reich 934
BILD-Zeitung 805, 812, 814, 816
Bildungsstätte Bodensee 210
Bio-Akademie Salem 451
Bismarck-Bund 358, 361
Bismarck-Deutsche, Der 238, 424
Bismarck-Jugend 237, 424, 440
Bitburg-Affäre 695
Blätter der Deutschen Gildenschaft 329
Blaue Adler-Jugend (BAJ) **152**, 313-314, 442, 534
Blitzschlag 242
Block der Heimatvertriebenen und Entrechteten (BHE) 156, **166**-167, 553, 605, 606, 935, 937
Blood & Honour 305, 790
Bodycheck 788
Bogen-Verlag 434, 458
Bogenhausener Gespräche 323-324, 332, 484, 503
Böhse Onkelz 784, 788
Bollwerk BBS 925, 930
Bonner Mitteilungen 158
Bonner Papier 874
Boots & Braces 306, 788
Börsenblatt 710
Börsenverein des Deutschen Buchhandels 406, 426
Borussenfront 445

Böttiger Verlags-GmbH 224
Bound for Glory 788
Brandenburger Beobachter 233
Braunauer Ausguck 663
Braune Hilfe 274
Brauner Besen 701
Breslauer Nachrichten 425
Britische Hochkommission 153
British National Party 507
Brixia Innsbruck 657
Bruderschaft **153**, 603-605, 607-608
Bruderschaft Salem 350-351, 394
Bruna-Sudetia 657
Brüsewitz-Zentrum (BZ) **182**-183, 198, 203, 206, 446, 466
Brüsseler EG-Kommission 446
Brutal Attack 788
Buchclub PHI-Pressedienst 505
Buchdienst Junge Freiheit 399
Buchdienst Nation und Europa 399
Buchdienst Südtirol 399
Buchdienst Witten 417
Buchkameradschaft Scharnhorst 433
BUND 379, 465
Bund Chilenischer Burschenschaften 327
Bund der Arbeitskreise für ein qualifiziertes Studium 210
Bund der Danziger 346
Bund der Egerländer Gmoin 362
Bund der Goden 320, 370, **372**-373, 383, 386, 442, 451, 515, 719
Bund der Jugend der deutschen Minderheit in Polen 360
Bund der Mitteldeutschen 198, 349, 521
Bund der Vertriebenen (BdV) 155, 187, 206, 226, 318, 331, 332, 344-349, **346**, 355, 356, 357-359, 362, 451-452, 459, 462, 475, 485-486, 886, 888, 891-892, 894, 896-898, 935, 938
Bund der vertriebenen Deutschen 346
Bund der Vötokalisten 313
Bund Deutsch-Unitarischer Jugend e.V. 379
Bund Deutscher Jugend (BDJ) **154**, 607, 935, 936
Bund deutscher Kriminalbeamter (BDK) 617
Bund Deutscher Mädel 944
Bund Deutscher Nationalsozialisten (BDNS) **154**-155, 941
Bund Deutscher Solidaristen 173, 506, 945
Bund Deutscher Unitarier 250, **373**-374, 442, 475

Bund freier Bürger - Die Freiheitlichen
(BfB) 72, 179-182, **181**, 188, 191, 302,
349, 357, 402, 416, 423, 446-447, 491,
526, 545, 565, 905, 907, 913-918, 931,
952, 953
Bund freier Gewerkschaften 249
Bund Freies Deutschland (BFD) 155, 943
Bund für Deutschlands Erneuerung (BDE)
162, 934, 937-938
Bund für Gesamtdeutschland - Ostdeutsche,
Mittel- und Westdeutsche Wählergemein-
schaft/Die neue deutsche Mitte (BGD)
225-227, 346, 354
Bund für Gotterkenntnis Ludendorff e.V.
374-375, 444, 718, 939, 941
Bund für Natur- und Umweltschutz
Deutschland (BNUD) 465
Bund Heimattreuer Jugend (BHJ) - Der
Freibund e.V. 149, 152, 164, 168, 169,
171, **227**, 228-229, 253-254, 255, 271,
320, 366, 382-383, 410, 420, 457, 460,
464, 490, 513, 522, 610, 938-939, 948
Bund Nationaler Studenten (BNS) **155**, 156,
164, 168, 453, 488, 497, 937, 939
Bund Oberland 317
Bund russischer Solidaristen (NTS) 197,
198
Bund Vaterländischer Jugend (BVJ) 939
Bund volkstreuer Jugend 497
Bundesamt für Verfassungsschutz 274, 300,
356, 567, 663, 775, 846, 896
Bundesanwaltschaft 579, 636
Bundesarbeitsgemeinschaft Christen in den
Grünen 498
Bundesarbeitsgemeinschaft Kritischer Poli-
zistinnen und Polizisten 840
Bundesgerichtshof (BGH) 845
Bundesgrenzschutz 480
Bundesinnenminister 150, 259, 347-348,
356, 366, 564
Bundeskriminalamt (BKA) 772, 805, 811,
846
Bundesministerium des Innern (BMI) 46,
332, 395, 423, 486, 631, 633, 838, 898,
899
Bundesministerium für Familien und Senio-
ren 347
Bundesministerium für gesamtdeutsche Fra-
gen/innerdeutsche Beziehungen528
Bundesnachrichtendienst (BND) 148, 461,
597, 602-603, 608
Bundespresse- und Informationsamt 404

Bundesprüfstelle für jugendgefährdende
Schriften 923
Bundesrat 860
Bundesregierung 357, 363, 425, 461, 463,
512, 576, 585, 684, 764, 802, 816, 859-
860, 886, 891-896, 904
Bundesverband der heimatvertriebenen Wirt-
schaft 347
Bundesverfassungsgericht 74, 127, 249, 259,
446, 461, 512, 552-553, 589, 606, 820,
858-860, 943
Bundesverfassungsschutzgesetz 74
Bundesvertriebenenbeirat 486
Bundesverwaltungsgericht 899
Bundeswehr 15, 113, 337, 339-340, 480,
607, 942
Bundeszentrale für politische Bildung 212,
329, 347, 362, 564, 876
Bundgemeinde Neues Jerusalem 393
Bündische Jugend 383
Bündnis Konstruktiver Kräfte Deutschlands
(BKKD) 158, **179**-180, 182, 187-188,
196, 203, 302, 316, 402, 447, 491, 526,
953
Bunker BBS 925
Bürger Forum 223
Bürger fragen Journalisten e.V. 446
Bürger für Marburg 180
Bürger, Die **222**-223, 314
Bürger- und Bauerninitiative (BBI) 150,
235, 449, 942, 949
Bürgeraktion Demokraten für Strauß 170,
529
Bürgeraktion für Menschenrechte 183, 197
Bürgeraktion Gesamtdeutschland e.V. 473
Bürgerforum für Deutsche Einheit 324
Bürgerinitiative Ausländerstopp **285**, 945
Bürgerinitiative Demokratie und Identität
460
Bürgerinitiative für die Todesstrafe und
gegen Pornographie und Sittenverfall 169
Bürgerinitiative gegen Antifa-Gewalt 590
Bürgerinitiative gegen das Nazizentrum 589
Bürgerinitiative gegen moralische und poli-
tische Anarchie e.V. 233, 514
Bürgerinitiative Hernals und Ottakring müs-
sen Wiener Bezirke bleiben 645
Bürgerliche Grüne Österreichs 205
Bürgerrechte & Polizei 844
Bürgerrechtsbewegung Solidarität (Bübo)
224-225, 544
Burkhard Weeke-Verlag 312

Burschenschaft Arminia Marburg 869
Burschenschaft Askania 325, 372
Burschenschaft Danubia 323-324, 332, 335, 484, 657
Burschenschaft Danubia München 199, 201, 209, **323**, 356, 366, 481-482, 503, 512, 539, 877
Burschenschaft Germania Gießen 193, 201, 255, 324, 354-355, 877
Burschenschaft Libertas 203
Burschenschaft Olympia 654-655
Burschenschaft Silvania Wien 876
Burschenschaft Suevia Innsbruck 458
Burschenschaft Teutonia Königsberg 646, 878
Burschenschaft Thuringia 201
Burschenschaften Arminia Zürich 654
Burschenschaftliche Blätter 326-327, 868
Burschenschaftliche Gemeinschaft (BG) 323, 327, 335, 368-369, 657, 868, 873
Burschenschaftliche Stiftung für Minderheiten- und Volksgruppenrechte 327
Canard Enchainé 676
Cannstatter Kreis - Gesellschaft für staatsbürgerliche Bildung 482, 491, 533
Carl Friedrich von Siemens Stiftung **183**-184, 493, 560, 726
Carl-Schurz-Stiftung 300, 441, 521
CARP 395
Cartellverband der katholischen deutschen Studentenverbindungen 873
CAUSA 395, 480
CC-Blätter 326
CC-Schriften 326
CCF-Interfinanz 545
CDU 45, 127-128, 130, 155, 167, 170, 179, 187-188, 190, 196, 202, 208, 213, 318, 334, 349, 377, 379, 423, 447, 451, 454, 458, 465, 475-476, 479, 482, 489-490, 504, 507-508, 514, 521, 523, 526, 530, 534, 539, 541-542, 553, 565-566, 610, 674, 684, 698, 800, 811-812, 824, 827, 829-830, 833-834, 838, 871, 873, 876, 878-879, 893, 896, 899, 919
CDU/CSU 157, 167, 180, 187, 195-196, 203, 212, 302, 349, 360, 396, 402, 516, 525
Celebrity Centers 391
Center for Historical Review 677
China-Gesellschaft 519
Chr. Belser Verlag 435
Christ und Welt 493

Christ und Zukunft 177
Christdemokraten für das Leben (CDL) 178, 179, 192, 199, 377, 452
Christen drüben 183, 437
Christlich Soziale Partei Deutschlands 186
Christlich-Demokratisch-Soziale Union 186
Christlich-Konservatives Deutschland-Forum (CKDF) **184**-185, 189, 415, 447, 489, 541
Christlich-Paneuropäisches Studienwerk e.V. 183, 206
Christlich-Soziale Vereinigung 186
Christliche Deutsche Volkspartei 451
Christliche Genossenschaftsbank 393
Christliche Liga - Die Partei für das Leben (LIGA) **376**
Christliche Mitte - für ein Deutschland nach Gottes Geboten (CM) 377, 378
Christliche Nachrichtenagentur 393
Christliche Partei Deutschlands (CPD) 376, 77
Christliche Partei für das Leben 376
Christlicher Gewerkschaftsbund 249, 529
Church International 391
CIA (Central Intelligence Agency) 597-598, 603
CIC (Central Intelligence Corps) 597-598
Circulo Espanol de Amigos de Europa (CEDADE) 244, 299, 322, 575, 603, 611, 646, 660
CIVIS 542
Club of Life 224
Club Preysing Palais 199
Club Symonenko 534
Coburger Convent (CC) 254, **325**-326, , 654, 869-870
Coburger Hochschulgespräche 326
Coburger Neue Presse 869
CODE 224, 394, 414
Collegium Humanum 228, 319-320, 262, 442, 469-470, 481, 521, 709
Combat 18 305, 790
Comitato Tricolore degli Italiani nel Mondo 206
Comité national français 163, 165
Comité Objectif entraide et solidarité avec les victimes de la Répression Antinationaliste 275
Committee to free Patriots and Anticommunist Political Prisoners 275
Commondore's Messenger 391
Connection 710

Convent Deutscher Akademikerverbände (CDA) 326, 328-329, 874-875
Convent Deutscher Korporationsverbände (CDK) 326, 328-329, 874-875
Convent, Der 874
Corpsstudent, Der 872
Coudenhove-Kalergi-Stiftung 206
Courrier du Continent 164
CP'86 931
Creative Zeiten GmbH 418-419, 487, 789
Criticón 103, 148, 182, 188, 195, 199, 212, 329, 382, **401**, 408, 414, 441, 455, 470, 478, 482, 493-495, 503, 508, 517, 520, 525-526, 534, 539, 541, 545, 561, 871, 876, 905, 907, 912-913, 918, 925, 941
Criticón aktuell 402
Criticón-Lesekreise 402
Crónica 389
CSU 45, 128, 130, 135, 151, 170, 185-186, 202, 260, 349, 377, 466, , 475, 491, 530, 534, 538, 542, 553, , 565, 610, 674, 684, 811, 823-824, 827, 830, 833, 873, 876, 896, 919, 947
CSU-Freundeskreise 151, 513
Currier du Continent 676
Dachverband der Nationalen Sammlung 157, 937
Dachverband freier Weltanschauungsgemeinschaften 379
DAFIG 222
Daily Express 682, 697
Daimler-Benz 208
Dänische Nationalsozialistische Bewegung (DNSB) 577
Danmarks Nationalsocielistiske Bevägelse 298
Dansk Reform Bewegelse 165
Danziger Landsmannschaft 202
Das da - avanti 455
Das Freie Forum 267
Das Korps 150
Das Parlament 542, 564, 877
Das politische Lexikon der Neuen Front 485
Das Ritterkreuz 340
Das unvergängliche Erbe. Alternativen zum Prinzip der Gleichheit 412, 456
DDR-Innenministerium 618
DDR-Staatsführung 616, 623
Deckert-Depesche 931
Delegierten Convent europäischer Corporationen (DCEC) 330, 654
Demokraten, Die 220

Demokratie und Marktwirtschaft 181
Demokratische Erneuerung 222, 521
Demokratischer Aufbruch 631
Denkfabrik Europa der Völker 229
Der Deutsche Ostdienst 348
Der erzwungene Krieg 412
Der gemeinsame Weg 416
Der letzte Schrei 926
Der neue Aufbruch 169, 228
Der revolutionäre Charakter des Nationalsozialismus 400
Der Weg nach vorn 165
DESG-inform 182, 229-230, 255, 313, **402**-403, 471, 488, 926
Deutsch Nationale Partei (DNP) **230**, 231, 633, 698
Deutsch Soziale Union 182
Deutsch-Alternative Jugend 232
Deutsch-Arabisches Friedenswerk 491
Deutsch-Baltische Landsmannschaft 346
Deutsch-Europäische Studiengesellschaft (DESG) 173, 190, **229**, 230, 255, 402, 403, 483, 488, 503, 506, 942
Deutsch-Europäische Studien GmbH 402
Deutsch-französisches Komitee zur Förderung der Kernenergie 224
Deutsch-Russisches Gemeinschaftswerk - Förderverein Nord-Ostpreußen 234, 235, **350**-352, 514-515
Deutsch-Russländische Gesellschaft (DRG) 198, **351**-352
Deutsch-Soziale Aktion 941
Deutsch-Soziale Union (DSU) **161**-162, 262, 313, 937
Deutsch-Sozialistische Partei 314, 940
Deutsch-Südafrikanische Gesellschaft 207, 273, 466
Deutsch-Ukrainische-Gesellschaft 538
Deutsche Akademie für Bildung und Kultur 253, 455, 533, 538
Deutsche Akademie für Staats- und Rechtswissenschaft 623
Deutsche Aktionsgruppen **156**, 234-235, 515, 945-946
Deutsche Allianz - Vereinigte Rechte 241, 283, 478, 498, 527
Deutsche Alternative (DA) 217, 219, 223, **231**-232, 235, 242-244, 270, 286-287, 292, 462, 473-474, 496, 506, 510, 572, 575-576, 611, 628, 630-633, 660, 774, 859, 949, 951
Deutsche Annalen 406

Deutsche Arbeiter Partei (DAP) 714
Deutsche Arbeitnehmer-Zeitung 249
Deutsche Aufbau-Partei (DAP) 157, 934
Deutsche Ausgleichsbank 451
Deutsche Autofahrer Interessensgemein-
schaft (DAFIG) 222
Deutsche Banater 345
Deutsche Bank 389
Deutsche Blätter441
Deutsche Bürgerinitiative (DBI) 150, 156,
169, **233**-235, 350, 372, 514, 942, 944
Deutsche Bürgerinitiative - weltweit 234,
350, 514
Deutsche Burschenschaft (DB) 182, 254,
323-325, **326**-327, 334, 455, 470, 522,
528, 654, 656, 867, 872-873, 877
Deutsche Christen 381
Deutsche Frauenfront (DFF) 232, **235**, 269,
286, 496, 947
Deutsche Frauenschaft 748
Deutsche Freiheit 162
Deutsche Freiheits- und Arbeiterpartei
(DFA) **236**
Deutsche Freiheits-Partei (DFP) 151, 162,
939
Deutsche Freiheitsbewegung 440, 947
Deutsche Freiheitsbewegung e.V. (DDF),
Die **237**-238, 424, 511-512
Deutsche Freiheitspartei 162
Deutsche Freundeskreise (DFK) 290,
345,357, 359-360
Deutsche Friedensunion 186
Deutsche Front Connewitz 635
Deutsche Gemeinschaft (DG) 150, **156**, 159,
166, 468, 935
Deutsche Gemeinschaft 157, 160, 441, 468
Deutsche Geschichte 494
Deutsche Gesellschaft für Erbgesundheits-
pflege 265, 939, 942
Deutsche Gildenschaft (DG) 183, 229, **328**,
363, 415, 455, 494, 531, 533, 541, 870-
871, 876
Deutsche Glaubensbewegung 379
Deutsche Grundschule Königsberg 893
Deutsche Hochschulgilde 533
Deutsche Hochschulgilde Balmung zu Frei-
burg 533
Deutsche Hochschulgilde Hermann Löns
Hannover 356
Deutsche Hochschulgilde Trutzburg Jena
198
Deutsche Hochschulgilde Trutzburg Jena zu

Göttingen 494
Deutsche Hochschullehrer-Zeitung 411-412
Deutsche Jugend des Ostens 345, 531, 943
Deutsche Jugend in Europa 349
Deutsche Konservative Partei (DKP) 934
Deutsche Konservative Partei - Deutsche
Rechtspartei (DKP/DReP) **157**-159, 171,
537, 935-937
Deutsche Konservative Partei 157
Deutsche Kulturgemeinschaft (DKG) 152,
228, 238, **239**-241, 253, 257, 263-264,
268, 296-297, 321-322, 330, 366, 456,
481, 490, 495, 500, 509, 517, 518, 586,
610, 661, 946
Deutsche Kunststiftung der Wirtschaft e.V.
253, 455, 533
Deutsche Landeskriegerverbände 338
Deutsche Liga für Volk und Heimat (DLVH)
237, **241**-243, 245, 250, 260, 270, 276-
277, 283, 291, 300-302, 310, 334, 409,
421-422, 453-454, 461-462, 474, 478-
479, 488, 497-498, 502-503, 512-513,
516-517, 525, 527, 532, 609, 695, 906,
950, 952
Deutsche Liste 452
Deutsche Militärzeitung 295
Deutsche Monatshefte 254, 257, 421, 430,
435, 494, 509, 513, 517, 535
Deutsche Nachrichten 129, 526, 940, 943
Deutsche National- und Soldatenzeitung 128
Deutsche National-Partei 937
Deutsche National-Zeitung (DNZ) 18, 128-
129, 132, 246, 341, 382, **403**, 404-405,
425, 456, 460-461, 477, 493, 502, 656,
644, 668-669, 698, 702, 704, 896, 939-
941, 943, 946
Deutsche Nationale Partei 845
Deutsche Nationalisten (DN) 217-218, 233,
243-244, 270, 506, 577, 952
Deutsche Nationalversammlung 128, 481
Deutsche Opposition 173
Deutsche Partei (DP) 153, **158**, 166-167,
179, 182, 185-187, 202, 449, 553, 606,
934-939, 953
Deutsche Rechtspartei - Konservative Vereinigung (DReP/KV) 934
Deutsche Rechtspartei 157-**159**, 173, 284,
526, 537, 606, 940
Deutsche Rechtsschutzkasse **251**
Deutsche Reichspartei (DRP) 127, 152, 155,
157-**159**, 160, 166, 171, 284, 426, 448,
457, 497, 499, 526, 537, 573, 606, 935,

Deutsche Rundschau 241, 243, 421, 466, 513, 527, 952
Deutsche Sängerschaft (DS) 326, 654
Deutsche Schule in Trakehnen 497
Deutsche Schule Trakehnen - Nachrichten des Schulvereins aus Nord-Ostpreußen 361
Deutsche Sexliga 231
Deutsche Soldaten-Zeitung (DSZ) 404-405, 460, 938
Deutsche Soldaten-Zeitung und Verlags GmbH 938
Deutsche Solidarität 936, 937
Deutsche Soziale Bewegung 157, 161, 165-166, 936
Deutsche Soziale Union (DSU) 158, 162, 179-180, **186**-187, 196, 222, 316, 402, 486, 526, 627, 939, 953
Deutsche Sozialistische Volkspartei 943
Deutsche Stimme 283, 417, 541, 912, 924, 943
Deutsche Tagespost 520
Deutsche Umschau 348
Deutsche Unabhängigkeitsbewegung 163
Deutsche Union (DU) (1) **159**
Deutsche Union (DU) (2) **160**
Deutsche Union 151, 159-160
Deutsche Unitarier Religionsgemeinschaft e.V. 373, 374, **378**-379, 456, 474-475, 498, 541, 718
Deutsche Verlagsgesellschaft mbH (DVG) 418, 426-427, 526
Deutsche Volksfront 420
Deutsche Volksliste 245, 478
Deutsche Volksunion (DVU) 132, 135, 149, 175, 242-243, **244**, 245-246, 283-284, 341-342, 354, 404-405, 426, 460, 461, 474, 477, 502, 506, 509-510, 525, 532, 541, 553, 630, 677, 702, 704, 740, 767, 793, 826, 831, 841, 896-897, 906, 912, 941, 942-944, 946-951
Deutsche Volksversammlung 222
Deutsche Wacht 173
Deutsche Werkgemeinschaft 157
Deutsche Woche 524, 602
Deutsche Wochen-Zeitung (DWZ) 167, 246, **403**-405, 426, 460, 461, 509, 526, 535, 538, 679, 698, 896, 897, 925, 938, 943, 948
Deutsche Zentrumspartei 376-377
Deutsche Zukunft 284-285
Deutscher Almanach 430, 509

Deutscher Anzeiger 246, 404-405, 461, 502, 896
Deutscher Arbeitnehmer-Verband (DAV) 203, **248**, 249, 499
Deutscher Arbeitskreis Witten 417
Deutscher Aufbruch 160
Deutscher Bauer 449
Deutscher Bauern- und Mittelstandsbund 157
Deutscher Beobachter 281, 289
Deutscher Block (DB) **160**, 163, 164, 168, 246, 490, 519, 934, 935, 937
Deutscher Böhmerwald-Bund 362
Deutscher Buchversand 427
Deutscher Bürgerschutz 222
Deutscher Freier Wählerbund **221**
Deutscher Freundeskreis 325, 505
Deutscher Freundeskreis Franken 513
Deutscher Freundeskreis Nordharz (DF) 243, 590, 637
Deutscher Gewerkschaftsbund (DGB) 224
Deutscher Heimatbund 349
Deutscher Hochleistungskampfkunstverband 297
Deutscher Jahrweiser 234
Deutscher Jugendbund Kyffhäuser (DJBK) 338
Deutscher Jugendbund - Sturmvogel **250**
Deutscher Kameradschaftsbund 633
Deutscher Kameradschaftsbund Wilhelmshaven 354
Deutscher Kreis 58 189
Deutscher Nationalkongreß 354, 357
Deutscher Ostdienst (DOD) 348, 894
Deutscher Paritätischer Wohlfahrtsverband 379
Deutscher Rat für Umweltschutz 320, 469
Deutscher Rechts- und Lebensschutzverband 444
Deutscher Rechtsschutzkreis **251**, 255, 263
Deutscher Rechtsschutzkreis e.V. -Deutsche Rechtsschutzkasse (DRsK) **251**, 252, 255, 431
Deutscher Reichskriegerbund Kyffhäuser (RKB) 338
Deutscher Schutzbund für Volk und Kultur (DSVK) 245
Deutscher Soldaten- und Kriegerbund 152
Deutscher Soldatenbund Kyffhäuser - Verband deutscher Soldaten 338
Deutscher Spielwarenversand 585
Deutscher Standpunkt 236

Deutscher Studenten-Anzeiger 155, 453, 457
Deutscher Weg 232
Deutsches Ahnenerbe 385, 717, 722
Deutsches Arbeitszentrum 152, 490
Deutsches Hessen 232, 270, 950
Deutsches Jugendbildungswerk (DJBW) 218, 281, 440, 547, 676
Deutsches Jungvolk 449
Deutsches Kolleg 199, **252**-253, 277, 503, 519, 539
Deutsches Kulturwerk europäischen Geistes (DKEG) 152, 228, 239, **253**-254, 268, 344, 358, 361, 372, 379, 430, 433, 450, 456, 464, 470, 474, 490, 497, 509, 521, 533-534, 610, 658, 661, 935
Deutsches Kulturwerk europäischen Geistes - Österreich 239, 253, 483, 518, 540
Deutsches Rechtsbüro (DRB) 251, 252, **255**, 444, 488, 505
Deutsches Seminar e.V. **256**-257, 483, 513, 531-532
Deutschgläubige 522
Deutschgläubige Gemeinschaft (DGG) e.V. 367, 371, **380**
Deutschgläubige, Der 380
Deutschgläubiges Bildungswerk Österreich 380
Deutschland - Schrift für neue Ordnung 481
Deutschland Brief 181
Deutschland in Geschichte und Gegenwart (DGG) 95, 383, 385, **411**-412, 435, 444, 451, 455, 463, 464, 478, 483, 513, 518, 520, 531
Deutschland Initiative 90 295
Deutschland muß zugrunde gehen 682
Deutschland Report 572, 702
Deutschland Union Dienst 885
Deutschland-Bewegung 931
Deutschland-Forum 185
Deutschland-Magazin 188-189, 492, 520
Deutschland-Rat 519
Deutschland-Stiftung e.V. 128, 148, **188**-189, 202, 207, 209, 492, 493
Deutschland-Treffen 356, 359
Deutschlandfunk 451, 489
Deutschlandkongreß 208
Deutschlandrat **161**, 441, 470, 493, 524, 529
DI-AL Records 306
Dichterstein Offenhausen 483
Die Aussprache 220, 221
Die Deutsche Freiheitsbewegung e.V. - Der

Bismarckdeutsche 237
Die Deutschen 222-223, 314, 452
Die Deutschen Konservativen 378, 423
Die Deutschen Konservativen e.V. 170, **247**-248, 529
Die Goden e.V. **372**
Die neue Front-W 618
Diedrichshägener Kreis 185
Dienstagsgespräch **189**, 191, 277, 415, 459, 490, 507, 508, 529, 545, 546
Diksmuide 653
DINA 598, 600-601
Direkte Aktion 636
Direkte Aktion Mitteldeutschland 307, 590, 663
Dirlewanger 788
Dissident BBS 925
Division Brandenburg 607
Dokumentationsarchiv des österreichischen Widerstandes 740
Donnerstagsrunde 156, 505
Donnerversand 418
Dorfmusik 418, 789
Dortmunder Stimme 284
Dresdensia Rugia 196
Dritte Front **163**, 519, 935
Dritte Republik 175
Dritte Weg, Der 261
Droste-Verlag 542
Druck + text GmbH 448
Druckschriften- und Zeitungs-Verlag (DSZ-Verlag) **403**-405, 460, 502
Druffel-Verlag 302, **405**-406, 433, 535
DSU-Express 187
DSU-Freundeskreise 186
Duisburger Institut für Sprach- und Sozialforschung 77
Düsseldorfer Herrenrunde 182, 189, 190-191, 545
DVU Liste-D 245, 283, 948
E.-Kishon-Preis 459
Earth First 316
Eckartbote 383, 466, 504, 662, 926
Eckartschriften 348
Edda 712, 717
Edda-Gesellschaft 715
Edgar-Jung-Institut 199
Edition Meyster 435
Eekboom Gesellschaft für freigeistige Kultur e.V. 379
Eger Landtag e.V. 458
Ehrenbund Rudel 946

Ehrenbund Rudel-Gemeinschaft zum Schutz der Frontsoldaten 245
Eichmann-Memoiren 442
Eichmann-Prozeß 623
Eidgenosse, Der 662
Einblick, Der 244, 275, 443, 506, 577, 846, 952
Eine Bewegung in Waffen 578-581, 588, 641, 645
Einheit Jetzt 220
Einheit Tomislav Madi 582
Einheit und Kampf 249, 280, 477, 499, 591, 926
Einsatzgruppe zur Bekämpfung des Terrorismus (EBT) 647
Einsatzgruppen 15, 22
Einsatzkommando Tilsit 13
Eiserne Garde 242
El Camino 389
Elemente 312-313, **406**-407, 418, 470, 709, 726, 948
EMNID 792, 794
Endsieg 508, 788
Endstufe 784, 788-789
Epoche 446
Erbe und Verantwortung - Eugenische Rundschau 265
Erneuerung und Abwehr 381, 446, 495
Esotera 710, 721, 727
Esoterik und Geheimhaltung 721
ETA 599
Etappe 332, **408**, 410, 445
Euro-Kurier 412, 464
Europa 294, 410, 415, 437, 443, 482, 503, 533
Europa vorn - Buch- und CD/Plattenvertrieb 409
Europa vorn 243, **408**, 418, 487, 494, 503, 505, 516, 534, 698, 789, 925, 931, 948
Europa vorn Buchdienst 516
Europa vorn Infotelefon 516
Europa vorn Spezial 409
Europa-Ausschuß 165
Europa-Brücke 203
Europa-Buchversand 459
Europa-Kongreß 608
Europaburschenschaft Arminia zu Zürich 329
Europaburschenschaft Arminia Zürich zu Heidelberg 329, 519
Europäische Arbeiterpartei (EAP) 224, 544, 943

Europäische Ärzteaktion 177, 179, **191**, 193, 210, 304, 378, 382, 492
Europäische Befreiungsfront 941
Europäische Bewegung 282
Europäische Freiheitsbewegung 234, 514
Europäische Gemeinschaft 246
Europäische Nationale 165
Europäische Neuordnung (ENO) 160, **163**-164, 166, 309, 608, 676, 677, 936
Europäische Soziale Bewegung (ESB) 163, **165**-166, 421, 608, 935
Europäische Verbindungsstelle 160, 164, 174, 608
Europäische Volksbewegung 166, 421, 935
Europäischer Freiheitspreis 477, 946
Europäischer Verband zur Förderung der Psychologischen Menschenkenntnis e.V. 210
Europäisches Informations- und Dokumentations-Zentrum 148, 467
Europäisches Jugendheim Klosterhaus 464
Europakongreß 206
Europarat 142
Europaruf 174
Evangelische Kirche 183, 382, 492, 893
Evangelische Notgemeinschaft in Deutschland e.V. 203, 274, **381**, 382, 495
Evangelische Zentralstelle für Weltanschauungsfragen 184, 378
Executive Intelligence Review Nachrichtendienst (EIRNA) 225
Extrabladet 715
F-Bewegung 657
Fackelträger, Der 234
Faedrelandet 298
Fahrtenpläne 321
Fakten 641, 644
Fakten aktuell 392
Falange 493
Falken 502
Familienwerk e.V. 265, 369-370, 388
Fanfare, Die 173
FAP-Frauenschaft 259, 747
FAP-Intern 259, 536
Faschistische Front 155
FDP 113, 128, 153, 160, 163, 190, 202, 312, 379, 415-416, 446, 482, 491, 508, 533, 541, 545-546, 559, 565, 567-568, 605, 674, 824, 828, 830, 869, 904, 907, 909, 911, 919, 935, 941
Ferienheim Schönhagen 374
Feuerkreuz 306

Fiamma Tricolore 436
Filder BBS 927
Findhorngemeinschaft 709
Fleissner-Verlagsgruppe 560
Focus 545, 811, 930
Föderalistische Union Europäischer Volks-
gruppen 345. 349, 364
Fondation Européenne pour l'Economie 390
Förderkreis Bündnis Deutschland/Runder
Tisch NRW 410
Förderkreis Deutsche Einheit für die Ostpro-
vinzen und das Sudetenland 425
Förderkreis Gerhard Kaindl 277, 495,
Förderkreis Junges Deutschland 295, 523,
584-585
Förderkreis Vereinigte Rechte 453
Förderkreis zur Wiedervereinigung Deutsch-
lands. Unitas Germanica e.v. 533
Förderverein deutscher Schulvereine 273
Förderverein Konservative Kultur und Bil-
dung e.v. 196, 402, 492, 525
Förderverein Vereinigte Rechte 241
Förderwerk Mitteldeutsche Jugend (FMJ)
307, 509, 589, 590, 636,
Forschungs- und Studiengruppe für die
Europäische Zivilisation (GRECE) 99,
484, 726
Forschungsgruppe Wahlen 794
Fortschrittliche Volkspartei 186
Forum 90 185
Forum für deutsche Selbstbestimmung 444
Forumpartei Thüringen 186
Fragen der Freiheit 262
Franckh-Kosmos 435
Franco-Gedenkfeiern 653
Frankenrat 243, 260
Frankfurter Allgemeine Zeitung (FAZ) 46,
180, 550, 672, 674, 814, 824
Frankfurter Bewegung 220
Frankfurter Grundsatzerklärung 179-180
Frankfurter Hefte 455
Frankfurter Institut für Sozialforschung 878-
879
Frankfurter Kreis Deutscher Soldaten 169
Frankfurter Rundschau 460, 539, 805, 809,
817
Frankfurter Schule 901, 903
Fränkischer Bund 315
Franz v. Bebenburg KG 375
Franz-Schönhuber-Stiftung 183, 300, 545
Frauenbund für Heimat und Recht 347
Freibund, Der 227-229

Freiburger Gildenschaft Balmung 871
Freie Akademie e.V 379
Freie Betriebszellen-Organisation 259
Freie Demokratische Union Deutschlands
186
Freie Demokratischen Partei 158
Freie Deutsche Jugend (FDJ) 443, 528, 620,
635, 698
Freie Deutsche Sommeruniversität 194, **199**-
200, 253, 482, 503
Freie Deutsche Union 186
Freie Gewerkschaftsbewegung 269
Freie Sozialisten Deutschlands 939
Freie Sozialistische Partei 939
Freie Sozialistische Volkspartei 161, 938-
939
Freie Stimme 926
Freie Umschau 476, 479533
Freie Unabhängige Wählergemeinschaft 531
Freie Wählergemeinschaft (FWG) 487
Freie Wählergemeinschaft »Wir sind das
Volk« 291
Freie Wählergemeinschaft Düsseldorf 419
Freie Wählergemeinschaft Frankfurt 223
Freier Deutscher Autorenverband 456
Freies Forum 483
Freiheitlich Sozialistische Volkspartei 314
Freiheitliche Deutsche Arbeiterpartei (FAP)
132-133, 175, 218, 223, 230, 232, 235,
237, 242, **258**, 260, 269, 272, 281, 285,
287, 289, 291-292, 321, 324, 325, 401,
440, 445, 448, 500, 532, 536, 554, 575-
576, 582, 590-591, 627, 629-630, 632-
633, 637, 663, 701, 748-749, 774, 814,
860, 924, 928, 945, 947-949, 952
Freiheitliche Partei Österreichs (FPÖ) 181-
182, 230, 268, 364, 415, 467-468, 470,
567, -642, 644, 654-656, 659-660, 662,
738, 876, 907-908
Freiheitliche Studentengruppe e.V. 507
Freiheitliche Studenteninitiative Innsbruck
199, 482
Freiheitliche Volkspartei (FVP) 260-261,
415, 532
Freiheitlichen, Die 301
Freiheitlicher Akademiker-Verband 330
Freiheitlicher Rat 149, 152, 161, 245-246,
461, 465, 498, 942
Freiheitlicher Zeitungs-Verlag (FZ-Verlag)
403, 460
Freiheitliches Bildungswerk 470
Freiheitliches Sozialwerk 246

Freiheitsbewegung Deutsches Reich 234, 514
Freiheitspartei 508
Freikorps 383, 788
Freikorps Deutschland 936
Freikorps Oberland 250, 714
Freischar Rampold Gorenz 531
Freisoziale Union (FSU) 151, **261**, 262, 320, 924, 935
Freiwillige, Der 337, 417, 652
Freizeitverein Hansa 150, 485, 573
Freundeskreis Christa Meves 492
Freundeskreis der Artamanen 228, 382
Freundeskreis der CSU 149
Freundeskreis der Nationalen Jugend 169, 228
Freundeskreis der NSDAP 154
Freundeskreis Deutsche Politik 149, 150
Freundeskreis Dichterstein Offenhausen 344
Freundeskreis Ernst Zündel 547
Freundeskreis Filmkunst e.V. 265, 370, 388
Freundeskreis Freies Deutschland 219
Freundeskreis Freiheit für Deutschland (FFD) **262**, 507, 699, 952
Freundeskreis Nationaler Sozialisten 216, 278
Freundeskreis Nationaler Sozialisten/Aktion Volkswille (FNS/AVW) 216-217
Freundeskreis Ostdeutscher Akademiker 331
Freundeskreis Ulrich von Hutten e.V. 239, 240, **263**, 264, 317, 344, 361, 370, 500, 512, 946
Freundeskreis Unabhängige Nachrichten 252, 431
Freundeskreis zur Förderung der Wehrsportgruppe Hoffmann 175, 943
Friedensaktion Wiedervereinigung 215, 478
Friedenskomitee 2000 180, 316, 491
Fritz 355-356, 463
Fritz-Erler-Gesellschaft 202
Front Européen de Liberation (FEL) 280, 281, 308
Front National 676, 738
Frontal 636, 701
Frontsoldat, Der 341
Funny Sounds 418, 789
Für die Menschenrechte 197
Furche, Die 493
Fusion 224, 414
Fusions-Energie-Forum 224, 225
Future Decision 927
Gäck 321, 658

Gaia-Versand 400
Gauke Verlag 262
Gauleiter-Kreis 441, 604, 605
Gay Skinhead Movement (GSM) 786
GDS Nachrichten 332
Gedächtnisstätte 320
Gefangenenhilfe der Nationalen e.V. 291
Gemeinschaft Deutscher Osten 350, 351
Gemeinschaft Freiheitlicher Deutscher 186
Gemeinschaft für deutsche Studentengeschichte 875
Gemeinschaft für heidnisches Leben 720
Gemeinschaft Ost- und Sudetendeutscher Grundeigentümer und Geschädigter (GOG) **353**
Gemeinschaft Unabhängiger Deutscher 173, 511, 934
Gemeinschaft Volkstreuer Jugend 227
Gemeinschaft zur Erhaltung der Burgen e.V. 367, 369, 522
Gemeinschaft, Die 296, 586
Geocities 931
German British Friendship/Hammer Records 305
Germanen Glaube 380, 384, 385, 720
Germanen Orden 715
Germania 324-325, 334, 547
Germania BBS 925
Germania Braunschweig 327
Germania Gießen 522
Germania Greifswald vereinigt zu Marburg 878
Germania Halle zu Mainz 327
Germania in Hamburg 324
Germania Marburg 657
Germania-Reisedienst 453
Germania-Rundbrief 931
Germanicus 264
Germanien 474
Germanische Glaubens-Gemeinschaft e.V. (GGG) 380, **383**, 522, 709, 720
Germanische Glaubensalternative 720
Germanische Glaubensgemeinschaft 384-385, 721
Germanische Reihe 384
Germanisches Panzerkorps 607
Germany must perish 699
Gesamt-Tiroler Freiheitskommers 330
Gesamtdeutsche Aktion 327, 543, 941
Gesamtdeutsche Initiative Schleswig-Holstein 541
Gesamtdeutsche Partei (GDP) 158, **166**-167,

202, 227, 606, 939
Gesamtdeutsche Tagung 325, 326
Gesamtdeutscher Block/Bund der Heimat-
vertriebenen und Entrechteten 158, **166**,
167, 509, 606, 936, 937-939
Gesamtdeutscher Studentenverband (GDS)
328, **331**, 332, 347, 403, 445, 482, 484,
503, 528, 539
Gesamtdeutscher Verlag Anneliese Thomas
294, **410**
Gesellschaft der Freunde Südtirols 441
Gesellschaft für biologische Anthropologie,
Eugenik und Verhaltensforschung **265**,
319, 370, 388, 483, 492, 513, 660, 942
Gesellschaft für den Wiederaufbau osteuropäischer Kultur e.v. 488
Gesellschaft für Deutsch-Sowjetische
Freundschaft 352
Gesellschaft für Deutschlandpolitik e.V. 203
Gesellschaft für europäische Urgemeinschaftskunde e.V./Herman-Wirth-Gesell-
schaft **385**-386, 470
Gesellschaft für freie Publizistik (GFP) 152,
189, 254-255, 265-**266**, 267-268, 304,
309, 366, 370, 406, 422, 427, 430, 433,
440, 443, 453-454, 464-465, 470-471,
477, 478, 482-484, 488, 494, 503, 509,
513, 517, 521, 525-526, 535-536, 610,
939
Gesellschaft für freie Publizistik - Arbeits-
kreis Hamburg 388
Gesellschaft für Hochschulkunde 875
Gesellschaft für Kulturwissenschaft e.V. 515
Gesellschaft für Menschenrechte (GFM)
197
Gesellschaft für natürliche Lebensweise 658
Gesellschaft für Siedlungsförderung in Trakehnen mbH 264, 343
Gesellschaft für Sport und Technik 620
Gesellschaft zur Förderung der Psychologischen Menschenkenntnis 209
Gesinnungsgemeinschaft der Neuen Front
(GdNF) 150, 218-219, 231-232, 235-236,
243, 264, **269**-270, 275, 277, 278, 281,
286-288, 291-293, 298, 310, 431, 485,
487, 496, 507, 510, 536-537, 543-544,
572-573, 575-578, 580-582, 584, 607,
630, 633-634, 644, 660, 743, 747-748,
924, 947-950, 952
Gesprächskreis Lebensrecht 179
Gestapo 15, 124, 600
Gewerkschaft der Polizei (GdP) 843

Gewerkschaft Handel, Banken und Versiche-
rungen 520
Gladio 154, 502, 600, 607, 608
Glaube und tat 379
Glauben und Wirken 373
Goden e.V., Die 367, **372**, 386, 522, 719
Godenverlag 387
GOG-Zirkelbrief 353
Goldmann-Verlag 710
Göttinger Runde 457
Grabert-Verlag 267, 304, 311-312, 354, 379,
411-412, 421, 456, 463, 471, 483, 484,
519, 530, 560, 936
Grabert-Versandbuchhandlung 422
Greif-Reisen 355
Großdeutsche Gildenschaft 870
Großer Sudetendeutscher Kulturpreis 459
Grundlagen zur Zeitgeschichte. Handbuch
über strittige Fragen des 20. Jahrhunderts
412, 464, 519
Grüne Aktion Zukunft (GAZ) 465, 469
Grüne Liste Umweltschutz 173, 506
Grüne Liste Umweltschutz Niedersachen
469
Grüne Zelle Koblenz 437, 448
Grünen, Die (Bündnis 90/Die Grünen) 151,
170, 220, 248, 319, 433, 442, 465, 469,
491, 506, 545, 5561, 85, 619, 721, 831,
833, 846, 869, 945
Gruppe 146, Studentische Vereinigung 503,
529
Gruppe 33 720
Gruppe Nation Europa 149
Gruppe P.O.H.L. 307, 509
Gruppen-Convent Flandern 330
Guardian 817
Guido von List Gesellschaft 368-369, 713,
719
Gustav Heinemann Initiative 320, 469
Gut zum Leben GmbH im Universellen
Leben 393
Gutachten über die Bildung und Nachweis-
barkeit von Cyanidverbindungen in den
»Gaskammern« in Auschwitz 518
Gylfiliten 371
Hain, Der 720-721
Haithabu 586
Hakenkreuzbanner 188
Hallesche Deutsche Jugend 219
Halt 467, 658, 662
Hamburger Abendblatt 564
Hamburger Liste für Ausländerstopp (HLA)

285

Hamm-Report 301
Hammer, Der 242, 250
Hammerskins 292, **305**-306, 308, 790
Handbuch der Deutschen Burschenschaft
868, 878
Handbuch für improvisierte Sprengtechnik
579
Handbuch zur deutschen Nation 470
Hanns-Seidel-Stiftung 183, 203, 207, 446,
466
Hans-Filbinger-Stiftung 207
Hans-Ulrich-Rudel-Preis 477, 509
Hansa-Bande 175
Hansen Vertrieb 402
Harzburger Front 906
Harzfront 477, 590, 637
Hass-Attacke 306
Hauptschulungsamt Wotans Volk 371, 510
Heide Heim e.V. 370, 513
Heidelberger Kreis **167**, 303, 469
Heidelberger Manifest 303, 469, 561, 609,
867, 946
Heidenspaß 720
Heidnische Gemeinschaft 384, 385, 720,
721
Heimat-Buchdienst Banszerus 892
Heimatbote 363
Heimatruf 363
Heimattreue Jugend e.V., Die 227, **271**, 358,
950
Heimattreue Vereinigung Deutschlands
(HVD) **271**, 272
Heimattreue Vereinigung Elsaß (HVE) 272
Heimatverbundene Jugend, Kameradschaft
Linz 662
Heimholungswerk Jesus Christi 393
Heimreiter-Verlag 398
Heinrich Anacker Kreis e.V. 370, 388
Heitz & Höffkes 471, 493
Helfende Hände 393
HELIAS BBS 310, 925, 931
Helsinki Watch 841
Herbert-Böhme-Gedächtnispreis 254
Herbig Verlagsbuchhandlung, F.A. 434
Herbig-Verlag 212, 434-435, 477, 519
Herder-Verlag 479, 492
Hermann-Ehlers-Akademie 541
Hermann-Göring-Werk 602
Hermanstag 372
Herrenklub 153
Hessen-Report 284

Hessenliste für Ausländerstopp 285
Hessischer Bauernbund 170
Hetendorf 13 515
Hetendorfer Tagungswoche 265, 369-370,
374, 387-388, 478, 483-484, 514, 536,
540, 721
Hexenkreis 367
Hilfsaktion Märtyrerkirche 183
Hilfsgemeinschaft auf Gegenseitigkeit
(HIAG), Bundesverband der Soldaten der
ehemaligen Waffen SS e.V. 174, **336**, 337,
417, 418, 426, 606-607, 610, 652, 936,
951
Hilfsgemeinschaft Freiheit für Rudolf Heß
302, 467
Hilfskomitee für die Kinder Osteuropas e.V.
367
Hilfskomitee Südliches Afrika (HSA) 273,
199, 203, **273**, 366, 382, 422, 453, 274,
488
Hilfsorganisation für nationale politische
Gefangene und deren Angehörige e.V.
(HNG) 216, 233, **274**, 276, 278, 282, 290,
401, 417, 440, 462, 476, 478, 495, 501,
510, 537, 633, 662, 663, 945, 949
Hilfsverband der Heimatvertriebenen 451
Hilfswerk der Deutschen Unitarier e.V. 379
Hilfswerk der helfenden Hände 309
Hilfswerk Manfred Roeder 234
Hilfswerk Ritterkreuz 339
Historical Review Press 677
Historiker-ARGE 641
Historikerstreit 104, 113, 669, 695, 871, 875
Historische Kommission 891
Historische Tatsachen **413**, 424, 540, 675
Hitler's War 477
Hitler-Jugend (HJ) 21-22, 26-27, 38, 61, 67,
75, 95, 127, 129, 320-321, 490, 519, 635
Hitler-Ludendorff-Putsch 374
Hitlers Geburtstag 286
Hitlers Tagebuch 604
Hochschulgruppe Pommern 457
Hochschulring Tübinger Studenten 175, 498
Hoffmann von Fallersleben Bildungswerk
e.V. 190, 240, 256, **276**-277, 292, 479,
484, 495, 504, 513, 518
Hoffnung für das Leben 178, 179
Hofgeismarer Kreis **193**-194, 316
Hohenheimia Stuttgart 327
Hohenrain-Verlag 311-312, **411**-412, 463-
464, 486, 542, 560, 895
Hohenstaufen-Verlag 535

Holocaust News 677
Holsten-Verlag 519
Hoppla 409, 516
HOS (Miliz) 511, 582, 664
Huginn und Muninn 367, 522, 721
Hulpkomitee voor nationalistische politieke
　gevangenen 276
Human-Rights-Worldwide 197
Humboldt-Gesellschaft für Wissenschaft,
　Kunst und Bildung e.V. **194**-195, 875
Humboldt-Medaille 195
Humboldt-Zentrum-Berlin 194
Hutten-Medaille 267
Huttenbriefe 240, 263-264, 481
Ibf-Verlag 491
Ibykus 225, 414
Identität 468, 513, 641
Ideologie und Strategie 460
Ijzerbedevaart 250, 330
Im Brennpunkt 183
Im Namen des Volkes 444
In Aktion 307, 637, 663
Index 288, 542, 544
Informationen. Dokumente - Argumente 348
Informations- und Dokumentationsdienst
　(ID) 444
Informations- und Pressedienst 183
Infotelefone 927-928
Infratest 792
Initiative 3. Oktober 180, 187, 491
Initiative der Jugend 459, 940
Initiative Deutschland 90 415, 482, 533
Initiative Freiheit für Gottfried Küssel 474
Initiative für Ausländerbegrenzung (I.F.Å.)
　245, 945
Initiative für Wohnraumsanierung
　(WOSAN) 286
Initiative gegen Drogen 374
Initiative Gesamtdeutschland 250, 260, 330
Initiative Ökologischer Demokraten Europas
　(IDEE) 205
Initiative zur Förderung kulturtragenden
　Schrifttums (IFS) 444
Initiativkreis Linke Deutschland-Diskussion
　528
Innere Front, Die 150, 270, 947
Institut für biologische Sicherheit 444
Institut für Demokratieforschung 203, 209,
　446, 458, 489
Institut für Demoskopie Allensbach 692
Institut für deutsche Nachkriegsgeschichte
　411, 412, 483

Institut für Konservative Bildung und For-
　schung (IKBF) 180, **195**, 196, 402, 525
Institut für Sozialforschung und Gesell-
　schaftspolitik 625
Institut für Weltwirtschaft 360
Institut zur Förderung der Psychologischen
　Menschenkenntnis e.V. (IPM) 209
Institute for Historical Review 477, 675, 683
Intereuropäische Nationale 453, 942
Interfinanz - Gesellschaft für internationale
　Finanzberatung mbH 545
Interfinanz-Treuhand GmbH 545
Intermarium 596
International Society for Study of Individual
　Differences 456
Internationale Arbeitsgemeinschaft Freiheit
　und Demokratie 198
Internationale des Widerstands 198
Internationale Gesellschaft für Menschen-
　rechte (IGFM) 177, 183, 189, **197**-198,
　203, 446, 467, 473, 495, 529
Internationale Paneuropa-Union **205**
Internationaler Ring der Aktionsgemein-
　schaft der Waffen-SS-Verbände 337
Internationales Hilfskomitee für nationale
　politische Verfolgte und deren Angehöri-
　ge e.V. (IHV) 216, 275, 277-278, 537,
　948
Internationales Institut für Erfahrungsheil-
　kunde 393
Internationales Institut für Nationalitäten-
　recht und Regionalismus 466
Internationales Militärtribunal 124, 142
Irminsul - Stimme der Armanen 368, 719-
　720, 752
Ist Rassebewußtsein verwerflich? 400
J. F. Lehmann-Verlag München 455
J.-G.-Burg-Gesellschaft 403, 512
Jahrbuch der FPÖ 661
JANUS BBS 925
Jenensia Jena 327
Jenninger-Rede 695
Johanniterorden 463
Journal of Historical Review, The 531, 540,
　675
Jüdische Gemeinde 231, 623
Jugend- und Bildungswerk Klingberg 379
Jugend- und Studentenbund Danzig-West-
　preußen 345
Jugend-Arbeitsgemeinschaft für das Leben
　178
Jugendbund Adler (JBA) 152, 160, 164,

168, 246, 935, 937, 942
Jugendbund Sturmvogel 366
Jugendkorps Scharnhorst 341
Jugendpressedienst 228
Junge Deutsche Gemeinschaft 157
Junge Deutschsoziale 186, 187
Junge Europäische Legion 164
Junge Freiheit 185, 190, 194, 196, 198, 260,
    295, 313, 329, 382, 402, 408, 410-411,
    414-415, 417, 435, 437-438, 445, 447,
    459-460, 463, 466, 467-468, 470, 473,
    476, 478, 480, 482, 490-491, 494, 495,
    504, 512, 516, 518, 520, 523, 529, 532-
    533, 539, 541, 545, 547, 561, 563, 565,
    567, 655, 657, 722, 726-728, 865, 867,
    871, 876, 877, 878, 887, 897, 899, 905,
    907, 909-910, 912-913, 915, 918, 925-
    926, 948, 952
Junge Freiheit Verlag GmbH & Co.KG 414,
    533
Junge Freiheit-Lese- und Gesprächskreise
    198, 199, 252, 415, 930
Junge Freiheit-Lesekreis Berlin 198-199,
    252
Junge Freiheit-Sommeruniverität185, **199**,
    201, 323, 482, 523
Junge Front , Die 175, 179, 185, 187, 190-
    191, 196, 198, 201, 208, 228, 252-253,
    268, 271, 295, 314, 324-325, 332, 338,
    348, 355-356, 536, 946
Junge Generation im BdV-Landesverband
    Niedersachsen 345
Junge Generation im BdV-Landesverband
    Nordrhein-Westfalen 344-346
Junge Kameradschaft, Die 338
Junge Landsmannschaft Ostpreußen (JLO)
    193-194, 344, 345-346, **354**-356, 463,
    541, 886, 889, 898-899
Junge Mitte 377
Junge Nationaldemokraten (JN) 175, 270,
    279, 281, 282, 295, 307, 310, 315, 317,
    324, 333, 419-420, 436-437, 448, 452,
    457, 476, 496, 501, 516, 523, 527, 536,
    591, 637, 905, 924, 940
Junge Ökologen 205
Junge Pioniere 623
Junge Stimme 280
Junge Union (JU) 504, 505, 532, 447
Junge Welt 198, 628
Junge Witikonen 295, 365-366, 482, 899
Junges Deutschland 528
Junges Forum 229-230, 403, 455, 478, 503,

506, 542
Junges Franken 292-293, 449, 474, 477, 926
Junges Nationales Spektrum (JNS) 291
Junges Weikersheim 207, 208, 240, 482,
    517, 877
Junggilde 533
Jungkonservativer Club 198, 199
Jungsozialisten (Jusos) 193
Jungstahlhelm 341
Jungsturm Deutschland 297, 584
Juni-Klub 199
Juristen-Vereinigung Lebensrecht 178, 179,
    192, 304, 492
K.W. Schütz GmbH **426**-427, 526
KAH-Dienstvorschriften 281
Kahlkopf 788
Kameradenhilfe/-hilfswerk 309
Kameradenkreis der ehemaligen Waffen-SS
    e.V. (i.G.) 417
Kameradschaft Deutsche Jugend 164
Kameradschaft Gorbitz 635
Kameradschaft IV (K IV) 652-653, 657
Kameradschaft Legion Condor e.V. 337
Kameradschaft, Die 152
Kameradschaftsbund 610
Kameradschaftsring Nationaler Jugendver-
    bände (KNJ) 156, **168**, 169, 228, 488,
    937
Kampagne Mecklenburg-Vorpommern bleibt
    unser 285
Kampf, Der 217-218
Kampfbund Deutscher Soldaten (KDS) 150,
    169, 235, 668, 683, 943
Kampfbund gegen Unmenschlichkeit e.V.
    169
Kämpfer, Der 169
Kampfgefährtin, Die 236, 496
Kampfgruppe gegen Unmenschlichkeit
    (KgU) 169, 170
Kampfgruppe Priem 510, 618
Kampfruf, Der 581
Kampfsportschule Hak-Pao 297
Kampftrupp Herzog Oadilo von Bayern 648
Kando-Verlag 395
Kant-Plakette 254
Kapp-Putsch 866
Karlshorster Kreis 185
Kärntner Nachrichten 468, 642
Karpatendeutsche Landsmannschaft 346
Kartellverband katholischer deutscher Stu-
    dentenverbindungen 873
Katholisches Stadtbildungswerk Ingolstadt

520
KEL-Unternehmensberatung GmbH 488,
522
Kernkraftkomitees 224
Ketzerblatt-Frontal 418
Kieler Liste für Ausländerstopp 285
Kirche, Die 625
Kissinger Kreis 222
Klartext 296, 523, 583
Klartext-Verlag 296-297, 524, 584, 586
Klartext-Versand 586
Klinger-Verlag 434, 459
Klosterhaus-Verlag 464
Klüter Blätter 254, 257, 274, 430, 535
Knackpunkt 242
Kolbenheyer-Gesellschaft 366
Kölle-Druck 426-427
Kölner Domspitzen 242
Komitee Für die Wiedereinführung der
Todesstrafe 452
Komitee für freiwillige Reservistenarbeit -
Nord 325
Komitee zur Vorbereitung der Feierlichkei-
ten zum 100. Geburtstag Adolf Hitlers
(KAH) 218, 219, 269, 275, **281**, 289, 298,
320, 536, 575, 611, 947
Kommando Friedrich II., der Streitbare,
Herzog von Österreich, Steiermark und
vier Burgenland 648
Kommentare zum Zeitgeschehen 490
Kommission für kirchliche Jugendarbeit 626
Kommission für Verstöße der Psychiatrie
gegen Menschenrechte e.V. 392
Kommunistische Internationale 38
Kommunistische Partei Deutschlands (KPD)
18, 33, 442, 528, 554, 858, 860
Konferenz Bekennender Gemeinschaften in
der Evangelischen Kirche 382
Kongreß»Mut zur Ethik« 192
Kongreß Wahrheit macht frei 288, 440, 479,
581, 949
Konrad-Adenauer-Preis 188, 492-493
Konrad-Adenauer-Stiftung 207, 794
Konservativ heute 274, 401, 446, 492, 495,
520
Konservative Aktion (KA) **170**, 197, 247,
248, 335, 396, 473, 495, 529, 530
Konservative Aktion Deutschlands e.V. 247
Konservative Bote, Der 158
Konservative Jugend 247
Konservative Jugend Deutschlands 170
Konservative Kultur und Bildung e.V./Kon-

servatives Büro 382
Konservative Partei 606
Konservative Ruf, Der 158
Konservative Sammlung 211
Konservativer Arbeitskreis Gießen/Mittel-
hessen 196, 495
Konservativer Arbeitskreis Rhein/Neckar
447
Konservativer Gesprächskreis Dortmund 198
Konservativer Gesprächskreis Dresden 201
Konservativer Gesprächskreis Hannover e.V.
199, 930
Konservativer Gesprächskreis Karlsruhe
(Literaturkreis e.V.) 198
Konservativer Gesprächskreis Mannheim
447
Konservativer Gesprächskreis Wetzlarer
Forum 196, 198
Konservatives Büro 196
Kontaktstelle Lebensrecht 179
Kooperative Arbeit Leben ehrfürchtig
bewahren (KALEB) 377
Kösener Senioren-Convents-Verband
(KSCV) 654, 872
Kosmische Wahrheit 386-387, 522
KPD/ML 437
Kraft durch Froide 508, 784, 788
Kraftschlag 788
Kraftwerk BBS 310, 925
Krefelder Appell 319
Kriegsgräberstiftung - Wenn alle Brüder
schweigen e.V. 336
Kriminalistik 843
Kritik - Die Stimme des Volkes **400**-401,
449, 676, 931
Kritische Polizisten 841
Kroatische Nationalgarde 582
Kroatische Partei des Rechts 582
Kroatischer Nationalrat (HNV) 225
Kroizfeuer 788
Krupp 602
Kruppstahl 536
Ku-Klux-Klan 225, 275, **305**-306, 645, 790
Kultur alternativ 333
Kultur und Zeitgeschichte - Archiv der Zeit
e.V. 366, 427, 482, 526, 539, 526
Kulturkreis 2000 471
Kulturpolitische Korrespondenz (KK) **416**,
476, 885
Kulturpolitische Seminare 365
Kulturpreis für Wissenschaften 520
Kulturtage 450, 660, 661

Kulturwerk für Südtirol e.V. 364
Kulturwerk Österreich 340, 539, 661
Kuratorium Unteilbares Deutschland 459,
   475, 489
Kurier 582
Kurier der Christlichen Mitte 377
Kyffhäuserbund e.V. (KB) **337**-339
KZ-Gedenkstätte Bergen-Belsen 944
La Plata Ruf 455
Landeszentralbank 538
Landsmannschaft Berlin-Mark Brandenburg
   346, 416
Landsmannschaft der Banater Schwaben
   346
Landsmannschaft der Bessarabiendeutschen
   346
Landsmannschaft der Buchenlanddeutschen
   346
Landsmannschaft der Deutschen aus Litauen
   346
Landsmannschaft der Deutschen aus Ruß-
   land 346
Landsmannschaft der Dobrudscha- und Bul-
   gariendeutschen 346
Landsmannschaft der Oberschlesier 346,
   353-354, 361
Landsmannschaft der Sathmarer Schwaben
   347
Landsmannschaft der Siebenbürger Sachsen
   346
Landsmannschaft Hasso Borussia 869
Landsmannschaft Mecklenburg 521
Landsmannschaft Mecklenburgia-Rostock
   869
Landsmannschaft Ostpreußen (LO) 340,
   344, 346, 351, **356**-358, 361, 422-423,
   462-463, 885, 892-893, 895, 898
Landsmannschaft Schlesien (LMS) **358**-360,
   425-426, 475-476, 518, 895, 899
Landsmannschaft Weichsel-Warthe 346
Landsmannschaft Westpreußen 346
Langen-Müller (Verlagsgruppe Ullstein-Lan-
   gen-Müller) 302, 323, **434**, 435, 455, 459,
   476, 493
Langen-Müller/Herbig-Verlagsgruppe 434
LaRouche-Gruppe 521
Laser 172, 944
Lateinamerika-Info-Brief 197
Lebens-Zeichen - Zeitschrift für die Lebens-
   bewegung 178
Lebensborn 367
Lebenskunde-Verlag 419

Lebensschutz-Informationen 319, 418
Legion Europa 156, 454, 505
Leibstandarte Adolf Hitler 524, 526, 607,
   611, 659
Leipziger Volkszeitung 582
Leipziger Zentralinstitut für Jugendfor-
   schung 620
Leitbild 377
Leitfaden für Obleute 381
Leitheft **417**-418
Leitsätze für Führer des KAH 281
Lentz-Verlag 435
Leopold Stocker Verlag 468, 486
LER & Partner GmbH 418, 487, 516
Lesen & Schenken GmbH 398, 496
Lettische Bewegung der Nationalen Unab-
   hängigkeit (LNNK) 530
Leuchter-Bericht (-Report) 477, 481, 547,
   670, 677, 948
Leverkusener Reptilchen 301
Liberal-Soziale Union 151
Liberaldemokratische Partei Deutschlands
   534
Lichtenberger Front 286, 618, 629
Liga für Menschenrechte 841
Limes Verlag 434
Limmat Stiftung 389
Lindenthal-Institut 389
Linke Deutschland-Diskussion 442, 498
Lippoldsberger Dichtertage 254, 268, 464,
   509
List-Gesellschaft 715
Liste Nein zur Ausländerflut 644
Liste unabhängiger Studenten (LUST) 447,
   482
Loge P 2 600
Loge Thelema 221, 750
Lübbe-Verlag 529
Ludendorff Gedenkstätte e.V. 374
Ludendorff Verlag 374
Ludendorffs Volkswarte 375
Ludwig-Frank-Stiftung für ein freiheitliches
   Europa e.V. (LFS) 183, 198, **202**-203,
   207, 249, 446, 466, 492, 526
Luftwaffen-Forum 414
Lühe-Verlag 375
Mädelbrief 748
Mädelbund 150, 235, 947
Magazin 2000 710, 721
Majdanek-Prozeß 443
Mankind Quarterly, The 266, 456
Mannheimer Forschungsgruppe Wahlen 792

Markomannia-Wien 655
Marsch auf Bonn 942
Märtyrer 788
Marxistischer Studentenbund Spartakus 504
Materialien zur Zeitgeschichte 211
Max-Planck-Gesellschaft 518
Mäxchen Treuherz und die Fallstricke der Behörden 251, 255
Mecklenburgia zu Rostock 326
Medizin und Ideologie 192
Mein Kampf 95, 270, 298
Melody Maker 784
Mensch und Maß 375, 520, 719
Menschenkenntnis 210
Menschenrechte 197
Merovingia Darmstadt 325
Michael Prümmer Buchdienst und Verlag 931
Midgard 749
Militär-Verdienst-Kreuz (MVK) 340
Militärgeschichtliches Forschungsamt Freiburg 40
Military Technology SH 414
Ministerium für Staatssicherheit (MfS) 620, 621, 623
Missus 457
Mitgliederbrief 197
Mitteilungen der Deutschen Konservativen Partei 158
Mitteilungen der Gesellschaft für Kulturwissenschaften 515
Mitteilungen der Humboldt-Gesellschaft 195
Mitteilungen des Humboldt-Zentrums-Berlin 195
Mitteilungsblatt 226
Mitteldeutsche Nationaldemokraten 632
Mitteldeutsche Rundschau 926
Mitteldeutsche SA 232
Mittelschülerburschenschaft Cheruskia Althofen 654
Mittelstandsinstitut der Deutschen Wirtschaft 203
Mobile Einsatz-Kommandos 232
Moderne Zeiten (MZ) 306, **418**, 487, 701, 790
Molden S.-Seewald-Verlag 459
Mouvement Écologiste Indépendant 205, 316
Mouvement Social pour les Provinces romanes en Belgique 165
Movimento Sociale Italiano (MSI) 165, 206, 543, 599, 608
Mun-Sekte (Vereinigungskirche) **394**, 446, 878
Münchener Initiative Ausländerstopp **286**
Münchner Abendzeitung 524
Münchner Freiheit 482
Munin-Verlag 337, 652
Mut 188, 382, 392, **419**-420, 473, 478, 490, 517, 520, 528-529, 534, 541-543, 697, 876, 940, 945
Mut zur Ethik 210
Mut-Verlag 212
Mutter Erde e.V. 522
Mythos des 20. Jahrhunderts 95, 717
MZ-Vertrieb 418, 487
Na klar! 228, 410
Nachrichten aus der Szene 296, 658
Nachrichten der HNG 275, 309, 417, 544, 643, 662-663, 926
Nachrichten der Nationalen Jugend 228
Nachrichten des Studentenbund Schlesien 332, 457
Nachrichtenagentur ADN 623
NARCONON 392
Nation 278, 432, 444, 513
Nation Europa Buchdienst 422
Nation Europa Freunde e.V. 421, 937
Nation Europa Verlag 426, 454, 526, 453, 488, 421
Nation und Europa (bis 1990 Nation Europa) 165-167, 191, 243, 252, 268, 271, 273, 304, 319, 330, 348, 254, 355, 358, 368, 403, 409, 418, **420**, 421-422, 430, 435, 445, 453, 454-455, 457, 463, 466, 468, 471, 478, 482-483, 486, 494, 502-504, 509, 512-513, 517, 534-535, 537-538, 545, 564-567, 609, 636, 876-877, 888, 889, 905, 910, 918, 925, 931, 935, 952
Nation-Europa-Freundeskreis e.V. 273
National Front (NF) 305, 477, 677, 784, 790
National Socialist Television Program 298
National-Demokratische Partei Deutschlands (NDPD) 283, 622
National-Demokratische Union 938
National-Freiheitliche Alternative 217
National-Verlag 526
Nationaldemokratische Partei (NDP) 170
Nationaldemokratische Partei Deutschlands (NPD) 94, 99, 129, 132, 135, 142, 148-149, 151-152, 159, 166, 171, 175, 183, 188, 191, 193, 213, 223, 226, 228, 229,

231-233, 239, 241-243, 245, 248, 249,
254, 257, 259, 267, 268, 274, 279, 281-
282, 283-285, 291, 294, 304, 310, 314,
316, 317, 321, 332-334, 342, 349, 364,
366, 379, 382, 403, 405, 417, 422, 425-
426, 427, 440, 443, 448-449, 452-453,
457, 461, 474-475, 479, 483, 489, 490,
495, 497-499, 501-502, 505, 507, 510,
517, 518, 523, 526-527, 530, 532, 534,
535, 538, 540, 541, 543, 545, 553, -574,
576, 583, 591, 606, 610, 627, 630, 632-
633, 637, 653, 662, 671-672, 704, 718,
720, 793, 871, 889, 897, 904, 906, 912,
915, 924, 930, 934, 940-945, 947-948,
950
Nationaldemokratischen Partei Österreichs
(NDP) 640, 645, 655
Nationaldemokratischer Hochschulbund
(NHB) 280, 282, 285, 324, **333**-335, 436,
454, 507, 522, 924-925, 929, 931, 940
Nationaldemokratisches Bildungszentrum
282
Nationale Aktivisten 150
Nationale Alternative (NA) 232, **286**-287,
290, 510, 518, 575, 618, 620, 628-629,
949
Nationale Deutsche Befreiungsbewegung
(NDBB) **171**, 941
Nationale Europäische Föderation (FNE)
601
Nationale Front (NF) 467, 620, 658, 859
Nationale Infotelefone (NIT) 108, 240, 244,
259, 577, 591, 927-930
Nationale Initiative Freiheit für Gottfried
Küssel 244, 506, 510, 644
Nationale Jugend 277
Nationale Linke 427
Nationale Liste (NL) 238, 270, 286-**287**,
288, 303, 324, 542, 544, 575, 628, 629,
633, 949, 952
Nationale Nachrichten 291
Nationale Offensive (NO) 219, 243, 259,
272, 281-282, **289**, 291, 306, 505, 514,
536, 579, 582, 633, 635-636, 774, 788,
845, 859, 949, 951
Nationale Opposition 441, 936
Nationale Rechte 537
Nationale Reichs-Partei 166
Nationale Sammlung 160, 269, 287, 474,
575, 948-949
Nationale Volksarmee (NVA) 620
Nationale Volkspartei (NVP) 940

Nationalen, Die 233, 240, 246, 256, 259,
277, 287, **290**-292, 306, 308, 479, 517,
701, 950
Nationaler Block (NB) 232, 270, 292, 293,
522, 575, 748, 950, 952
Nationaler Jugendclub Zittau e.V. 223
Nationaler Widerstand Deutschlands (NWD)
635
Nationales Einsatzkommando (NEK) 240,
297, 508, 524, 585, 588
Nationales Ideologie-Zentrums 490
Nationales Pressearchiv 307
Nationaleuropäische Grundsatzerklärung
420
Nationaleuropäischer Pressedienst Mut 420
Nationaleuropäisches Jugendwerk e.V.
(NEJ) 255, **293**, 294, 295, 366, 410, 443,
506, 529
Nationalistische Front (NF) 2, 5, 175, 219,
223, 238, 240, 242-243, 253, 255, 260,
264, 278, 281, **295**-297, 306-307, 312,
317, 321, 369-370, 431, 455, 462, 476-
477, 484, 508-509, 514, 518, 523-524,
535, 554, 572, 576, 583-586, 588-591,
610-611, 619, 627, 629, 632-633, 636-
637, 640, 653, 657-659, 671, 676, 748,
784, 859, 924, 947, 949, 951, 953
Nationalkomitee Freies Deutschland 126
Nationalliberale Aktion 160, 545, 941
Nationalpolitische Erziehungsanstalt 514
Nationalpolitische Studien 274
Nationalrevolutionäre Aufbauorganisation
149, 172-173, 454, 506, 943
Nationalrevolutionäre Basisgruppen 941
Nationalrevolutionärer Bund 943
Nationalrevolutionärer Koordinationsausschuß (NRKA) 172, 442, 504, 945
Nationalsozialistische Deutsche Arbeiterpartei (NSDAP) 35, 60, 66-67, 75, 127-129,
133, 150, 154-155, 162, 167, 171, 173-
174, 192, 267-270, 272, 298, 338, 404-
405, 487, 496, 514, 524, 533, 573-574,
595, 601, 604, 622, 630, 640, 643, 659,
678, 715, 735-737, 858, 901-902, 906,
918
Nationalsozialistische Deutsche Arbeiterpar-
tei/Auslands- und Aufbauorganisation
(NSDAP/AO) 150, 175, 221, 276, 270,
282, 297-299, 386, 487, 496, 503, 510,
544, 572-574, 577, 579-582, 607, 632,
636, 642, 644, 662, 740, 846, 924, 929,
942, 952

Nationalsozialistische Kampfgruppe Groß-
deutschland (NSKG) 573, 942
Nationalsozialistischer Deutscher Front-
kämpferbund 341
Nationalsozialistischer Deutscher Studenten-
bund 866
Nationalsozialistischer Reichskriegerbund
338
NATO 134, 480
Naturpolitischer Verlag 417
Naturpolitischer Volksbund 152
Naumann-Kreis 153, 421, 604-605
Naval Forces 414
Nederlandse Soziale Beweging 165
Nein zur Ausländerflut!, 640-641, 645
Neue Anthropologie 265, 456, 484, 660
Neue Deutsche Burschenschaft 327, 869
Neue Familie 250
Neue Front, Die 270, 536, 544, 575, 580,
630, 633, 644, 659, 947
Neue Hoffnung, Die 395
Neue Nation 259
Neue Ordnung - Deutscher Sozial- und Kul-
turdienst 941
Neue Politik 163, 519, 539
Neue Solidarität 224
Neue Thüringer Zeitung 926
Neue Werte 187
Neue Zeit, Die 148, 150, 172-173, 352, 443,
460, 488, 504, 506, 534
Neuer Deutscher Nationalverein 480
Neues Abendland 148
Neues Deutschland 624
Neukölln-Report 301
New Order, The 298, 305, 580, 644
NHB-Report 333, 436, 443, 471, 534, 642
Nibelungia Wien 654
Niedersachsen-Spiegel 284, 417, 457
Niedersächsische Landespartei (NLP) 158,
315, 934
NIZ-Verlag 930
NIZKOR 932
No Remorse 788
Noie Werte 305, 788
Noontide Press 675
Norddeutsche Kulturtage 239
Norddeutsches Forum 523, 528-529
Nordic Thunder 788
Nordisch-Germanische Jahrweiser 371, 751
Nordische Glaubensgemeinschaft 718
Nordische Zeitung 369, 513, 718
Nordische Zukunft 387

Nordischer Ring 265, 266, 274, 370, 372,
383, **387**-388, 456, 513
Nordland 306, 789-790
Nordlichter, Die 242
Nordwind Verlag 400, 449, 497, 587
Normannia-Leipzig zu Marburg 355
Northern League 266, 370, 388
Notgemeinschaft Deutscher Bauern 449
Notgemeinschaft für Volkstum und Kultur
(NG) 239, 263, 344, 361, 497, 500
Nothilfstechnische Übungs- und Bereit-
schaftsstaffel 944
Notverwaltung des Deutschen Ostens
(NDO) **353**
Notwehrgemeinschaft der Sicherheitswache-
beamten 647
Nouvel Ordre Européen 163
Nouvel Ordre Sociale 164
Nouvelle École 455-456, 493
Nouvelle Resistance 582
Nouvelle Vision 677
Novalis 725
NPD Frankenspiegel 284
NS News Bulletin 298
NS-88 Video Versand 306
NS-Frauenschaft 236
NS-Kampfgruppe Mainz 496
NS-Kampfruf 276, 298-299, 580, 641, 942,
487, 926
NSDAP Rheinland-Pfalz 496
Nürnberger Prozesse 14, 323, 441, 596, 681
Nymphenburger Verlagsbuchhandlung 434,
435
Nysvenska Rörelse 165
Oberster Rat für islamische Angelegenhei-
ten 474
ODAL-Verlag 275
Odalkalender, Der 321
ODESSA 171-172, 575, 596, 598, 606, 608
Odinic Rite 368
Odins Erben 788
ODS Nachrichten 332
Offenes Geithainer Forum 187, 526
Offenhausener Kulturtage 661
Offenhausener Kulturverein 662
Öffentliche Sicherheit 582
Office for Special Affairs (OAS) 391
OI Dramz 788
Oithanasie 705, 788
Öko-Union 222
Ökologie 315-316, 520, 728
ÖkologiePolitik 204

Ökologisch-Demokratische Partei (ÖDP)
178, **204**-205, 229, 315, 460, 465, 469
Ökologisch-Freiheitliche Partei der Schweiz
316
Ökologisches Forum 315
Ölpenitzfelder Kreis 382
Olympia Wien 327, 657
OMGUS 692
Opressed, The 783
Opus Dei 177, **388**-389, 391, 458
Ordensburgen 595
Ordensgemeinschaft der Ritterkreuzträger
des Eisernen Kreuzes e.V. (OdR) **339**-340
Ordine Nuovo 599
Ordo Novi Tempi (ONT) 713, 715
Organisation der Freunde der KgU 169
Organisation Gehlen 597
Organisation Werwolf 580
Orion-Heimreiter-Verlag 398, 457, 496-497
Orion-Verlag 398
Osgiliath BBS 925
Osmipress Gesellschaft zur Förderung der
ost- und mitteldeutschen Heimatpresse
348
Ost- und Mitteldeutsche Vereinigung der
CDU 475, 899
Ost-West-White-Board 925
Ostara 713
Ostdeutsche Jugend 935, 943
Ostdeutsches Kartell (ODK) 323
Österreichische Landsmannschaft 504
Österreichische Landsmannschafter- und
Turnerschafterverband (ÖLTC) 654
Österreichische Soziale Bewegung 165
Österreichischer Beobachter 643
Österreichischer Pennälerring (ÖPR) 654,
656
Ostland-Initiative 476
Ostpolitischer Deutscher Studentenverband
(ODS) 213, **331**, 332, 335, 445, 457, 460,
507, 535
Ostpreußenblatt, Das 180, 201, 344, 357,
383, **422**, 423, 463, 478, 486, 520, 886-
890, 898
Ostpreußische Landesvertretung (OLV) 898
ÖTV 249
Pamjatky Ukrainy 409
Paneuropa intern 206
Paneuropa-Jugend 183, 206, 344, 345
Paneuropa-Union (PEU) 177, 183, 189, 192,
203, **205**, 206-207, 209, 274, 349, 351,
363, 446, 458, 466-467

Paneuropa-Verlag GmbH 206
Panorama 581
Partei der Arbeit (PdA) 174, 536, 941, 943
Partei der Arbeit/Deutsche Sozialisten 449
Patria Versand GmbH 461, 462
Patriot 213, 273, 504
Patrioten für Deutschland 224, 521, 544
Paul-Löbe-Institut 489
PDS 433, 811, 893
Pen Tuisko 380, 385, 442
Pennale Burschenschaft Germania Sudetia
zu Remscheid 654
Pennale Burschenschaft Hans Steinacher
657
Pennale Burschenschaft Tafelrunde Wien
654
Pennale Corps Normannia Wien 654
Petersberger Kreis 185, 196
Pfeilkreuzler 608
Pflasterstrand 455
Phantom BBS 310
Phoenix 542
Pieper und Partner, Agentur für integrierte
Kommunikation 508
Plesse-Verlag 426, 526
Politisch-Kultureller Arbeitskreis Oberland
333
Politische Akademie 484
Politische Hintergrund-Informationen 505
Politische Offensive 172
Politischer Rundbrief 193
Politischer Zeitspiegel 254, 257, 430, 517,
535
Politisches Kolleg 200
Politisches Lexikon der Neuen Front 270
Pommersche Landsmannschaft 206, 346,
354, 890
Potsdamer Abkommen 136, 142
Potsdamer Kreis 185
Prager Burschenschaft Teutonia zu Regens-
burg 327
Prager Manifest 37
Presse- und Informationsdienst 169
Presseamt beim Ministerrat der DDR 625
Pressedienst der nationalen Jugend 488
Preußeninstitut **212**-213
Preußische Mitteilungen 213
Preußisches Colleg e.V. 213
Private Akademie für Humanistische Studi-
en 224
Pro Familia 178
Pro Vita Bewegung für Menschenrecht auf

Leben 178-179, 211
Professor World Peace Academy 878
Professor, Der 661
Profil 600
Proißens Gloria 701
Propaganda BBS 925
Propagandaministerium 604
Propagandaverteilkreis (PVK) 296, 586
Propyläen 434
Propyläen Geschichte Deutschlands 674
Prozeß-info 275
Psychologische Lehr- und Beratungsanstalt 209
Public Enemy 788
Pulheimer Erklärung 410
Pyramid-Media 484
Quell, Der 375
Querblick 814
Radikahl 788
Radikal 849
Radikal-Soziale Freiheitspartei (RSF) 934, 935
Radikale Offensive 590
Radio Islam 507
RAF 15-16, 847
Rahoma 788
Rasse - Ein Problem auch für uns 513
Rassemblement européen de la liberté 484
Rassenethik 400
Rat der Vertriebenen 486
RCDS 878
Rebell 460
Rebelles Européens 789
Recht und Justiz 251, 255, 431
Recht und Ordnung 148
Recht und Wahrheit (RuW) 237-239, **424**, 478
Rechte Rand, Der 191
Rechts heran! 158
Rechtskampf 281, 290, 536
Referat Ausland 281
Referat für Sicherheit 281
Regierung Dönitz 603
Reich-Verlag 435
Reichenberger Zeitung 363
Reichs-Arbeiter-Zeitung 314, 534
Reichsbund für Volkstum und Heimat 469
Reichsfront 173
Reichshof 234
Reichsjugend 164, 227, 320
Reichsjugendführer 153
Reichskanzlei 604

Reichskriegerzeitung 338
Reichskristallnacht 24
Reichspropagandaministerium 699
Reichsruf, Der 526, 538
Reichssicherheitshauptamt (RSHA) 22, 25, 596, 602, 608
Reichsverband deutscher Soldaten 509
Reichswehr 59
Reichszeitung 173
Reihe Forum 312
REL Europe 484
Religionsgemeinschaft freie Protestanten in Rheinhessen e.V. 718
Religious Technology Center 391
Remer-Depesche 512, 672, 696-697, 699
REP-Mailbox 927
REP-Netz 927
Report, Der 446, 473
Republikaner (REP), Die 99, 135, 138, 151, 161, 179, 186, 191, 196, 208, 222-223, 232, 241, 243, 246, 250, 255, 260-261, 276, 284, 287, 291, **299**-302, 310, 318, 324, 332, 334, 349, 366, 375, 379, 396, 402, 403, 408-409, 415, 423, 425-426, 441, 445, 447-448, 459-460, 462-463, 466, 479, 487, 489, 502, 504, 508, 511, 513, 515-516, 521-526, 532, 538, 539, 541, 553-554, 563-564, 567-568, 582, 609, 627, 630, 674, 699, 702-704, 767, 792-797, 799-801, 811-812, 826-828, 831, 835, 841, 860, 867, 877-878, 893, 904-906, 907, 909, 911-913, 915-918, 924, 926-927, 947, 949, 951-953
Republikaner, Der 301, 415, 494, 523
Republikanische Jugend 300, 928
Republikanischer Bund der Frauen 300
Republikanischer Bund der öffentlich Bediensteten 300
Republikanischer Hochschulverband (RHV) 300, 323, 324, 335, 415, 482, 518, 533, 867
Republikanischer Jugend Report 301
Resistance 306, 597, 790
Resistance Records 306, 789
Rettet die Freiheit e.V. 189
Reudnitzer Rechte 635
Révision 677
Revisionisten-Kongreß 477, 507, 676
Revolte 296, 462, 658
Revue d'histoire révisionniste 677
Rhein-Donau Stiftung 388
Rheinhessische Freiprotestanten 378

Rheinischer Merkur 492
Rheinmetall 508
Rheinwacht 788
Rheno Nicaria 185
Rhodesische Regierung 472
Richard Wagner-Festspiele 280
Richtigstellungen zur Zeitgeschichte 412
Riho Terras 201
Ring Christlich-Demokratischer Studenten
   (RCDS) 522
Ring Deutscher Soldatenverbände 338, 339
Ring Freiheitlicher Studenten (RFS) 170,
   318, 324, 328, 332, **334**-335, 516
Ring, Der 335
Ring-Verlag 337
Ritterorden vom Heiligen Grab zu Jerusalem
   389, **390**-391, 446, 458
Robert-Hohlbaum-Gesellschaft 509
Rock Nord 306
Rock-O-Rama 789
RöhlerVertrieb 607
Romana, bollettino della Prelatura della
   Santa Croce e Opus Dei 389
Römerberggespräche 475
Rotes Kreuz 172, 682
Rudolf Hess Gesellschaft e.V. (R.H.G.)
   302-303, 520
Rudolf-Heß-Gedenkmarsch 108, 218, 219,
   232, 250, 259, 270, 287-289, 293, 302,
   440, 445, 478, 506, 514, 544, 634, 840,
   949, 950, 951, 952
Ruhr-Arbeiter-Zeitung 314
Ruhsdorf-Stiftung 300
Ruhsdorfer Parteitag 523, 524
Rundbrief (Deutsche Konservative Partei)
   158
Rundbrief (HSA) 273
Rundbrief für den Freundeskreis 309
Runder Tisch 242-243, 302, 525
Rundfunkrat der Deutschen Welle 475
Runenstein 753
Russische Solidaristen (NTS) 351
Rußland und Wir 351, 352, 534
Rußlanddeutsche Gesellschaft »Wiederge-
   burt« 344, 361
Rußlanddeutscher Kulturverein Trakehnen
   343, 360, 497
RVG-Verlag 461, 462
SA 111, 129, 133, 150, 342, 383, 469, 573
SA-Sturm 573
SA-Sturm 8.Mai 944
Sababurgrunde229

Saccara 788
Sache des Volkes/Nationalrevolutionäre
   Aufbauorganisation (SdV/NRAO) 148-
   149, **172**-173, 148, 333, 437, 454, 460,
   534, 943-944
Sachsen-Union 187
Sachsenbund 315-316
Sächsische Nationale Liste 288
Salzburger Erklärung 871
Samisdat Publishers Verlag 219, 303, 400,
   547, 676
Sammlung der Reichstreuen 166
San Casciano Verlag 493, 931
Santa Crux et Opus Dei **388**
Saufeder, Die 280, 310
Scheinwerfer, Der 227, 275
Schild-Verlag 404
Schiller-Institut 224-225, 544
Schiller-Jugend 254, 937
Schiller-Preis 254, 456, 474, 534
Schlesien Report 354, 505
Schlesien-Radio 505
Schlesier, Der 340, 354, 359, 360, **425**, 466,
   486, 521, 896, 899
Schlesiertreffen 279
Schlesische Frauen 358
Schlesische Jugend 344-345, 346, 358
Schlesische Nachrichten 359
Schlesischer Kreis-, Städte- und Gemeinde-
   tag 359
Schleswig-Holstein-Block 937
Schleswig-Holsteinische Gemeinschaft 937
Schönborn-Gemeinschaft 586
Schriften der Carl Friedrich von Siemens-
   stiftung 726
Schriftenreihe der Deutschen Kulturgemein-
   schaft 240
Schüler- und Studentenunion Ostpreußen
   331, 445
Schulungsbrief, Der 216
Schulungszentrum Hetendorf 13 513
Schulverein Trakehnen 897
Schulverein zur Förderung der Rußlanddeut-
   schen in Ostpreußen e.V. 240, 343, **360**,
   383, 441, 459, 497, 892
Schutzbund für das deutsche Volk (SDV)
   167, 303, 304, 305, 366, 470, 471, 473,
   945
Schutzbund für Leben und Umwelt 947
Schutzverein Österreichische Landsmann-
   schaft 226
Schwarze Front 162, 163

Schweizer Volkspartei 164
Scientology Church **391**-392
Scorpion, The 208
SED 23, 529, 621-623, 625, 628, 633, 698
Seewald-Verlag 525-526
Seliger-Gemeinde 362, 365
Sender Freies Berlin 355
Sendero Luminoso 924
Senioren Convents-Verband (KSCV) 871
Sicherheitsdienst (SD) 153, 272
Siebenbürgisch-Sächsische Jugend 345
Sieg 451, 467, 476, 654, 658, 926
Siegfried Bublies Verlag 437, 443
Siemens AG 183, 598
Siemens-Stiftung 456
Sigrid Hunke Gesellschaft e.V. 379, 474
SINUS-Institut 793
SINUS-Studie 793
Sinus-Verlag 352, 515, 517, 526
SISMI 600
Skingirlfront Deutschland (SFD) 749
Skinhead Rock 487
Skinheads Against Racial Prejudice 786
Skrewdriver 232, 634, 784, 788, 790
Skrewdriver Services 305
Skullhead 788
Sleipnir 194, 427, 428, 429, 503, 517-518,
    534, 926
Sokratische Gesellschaft 194-195, 875
Sokratisches Manifest 195
SOL 173, 506
Soldat im Volk 520
Soldat, Der 169
Soldatenzeitung 607
Solidaristische Offensive 183
Solidaristische Volksbewegung (SVB) 149,
    172-173, 230, 488, 506, 943, 945
Sommeruniversität der Jungen Freiheit **199**,
    200, 415
Sonderkommission Rechtsextremismus
    (SokoRex) 635
Sonnenbanner 216
Sonstige Politische Vereinigung 469
Sozial-Bürgerliche Union 186
Soziale Demokratische Union 202
Sozialistische Reichspartei (SRP) 74, 127,
    157, 158, 159, 167, 171, **173**-174, 227,
    248, 262, 320, 499, 511, 552-553, 605,
    858, 935-936
Sozialistischer Deutscher Studentenbund
    503
Sozialorganische Ordnungsbewegung Euro-

pas (SORBE) **174**
Sozialrevolutionäre Arbeiterfront (SrA) 277,
    296, 306-**307**, 476-477, 508, 572, 582,
    589, 591, 637, 951
Sozialwerk Paul Hausser e.V. 336
Sozialwissenschaftliche Gesellschaft 1950
    e.V. 261
SPD 155, 170, 174, 190, 194, 202, 213, 232,
    248, 314, 318, 337, 379, 433, 475, 528,
    534, 550, 565-567, 631, 648, 777, 792-
    793, 797, 800-801, 824, 829-830, 833,
    835, 841-842, 846, 885, 904
Spiegel 259, 529, 550, 930
Spiegel-TV 231
Spinne 171, 602
Springer-Konzern 155, 459
SPS Spezial Publikation Service 401
SPS-Verlagsservice GmbH 414
Spuren und Motive 225
Squadron 788
SS 111, 127-129, 153, 167, 268, 296, 317,
    321, 330, 337, 342, 371, 385, 417-418,
    427, 513, 533, 573, 598, 608, 635, 652,
    657, 669, 679, 717, 736, 890
SS-Division Charlemagne 524
SS-Division Walter Krüger 617
SS-Junker-Schule 607
SS-Leithefte 417
SS-Sanitätsamt 717
SS-Traditionsverbände 653
Staats- und Wirtschaftspolitische Gesell-
    schaft e.V. 203, 357, 521, 534
Staatsbriefe 187, 252, 310, 418, **428**, 441,
    442, 466, 470, 482, 503, 513, 516-518,
    534, 656, 925
Staatsbriefe-Lesekreis Berlin 292
Staatsbriefe-Lesekreise 517
Staatspolitischer Club Rhein-Main 179-180,
    196, 201
Staatssicherheitsdienst 333
Stahlhelm e.V. - Kampfbund für Europa
    152, 155, 238, 246, **340**, 341-342, 424,
    930, 936
Stahlhelm, Der 341
Stahlhelm-Frauenbund Königin Luise 341
Standard, Der 656
Standarte 259
Ständiger Rat der Ostdeutschen Landsmann-
    schaft 359, 457, 475
Standpunkte 210, 301
Stasi 617, 619-620
Statt-Partei 180

Stauffer Sturm 278
Stay behind 154
Steglitz Aktuell 301
Stern 816, 877-878
Stern-tv 539
Stifterverband der deutschen Industrie 253
Stiftung Demokratie und Marktwirtschaft 181, 447
Stiftung für Ökologie und Demokratie e.V. 205
Stiftung für persönliche Freiheit und soziale Sicherheit 261
Stiftung Kulturkreis 2000 311-312, 412, 464
Stiftung Ostdeutscher Kulturrat (SOK) 416, 417, 475
Stiftung Psychologische Lehr- und Beratungsstelle 209
Stiftung Sudetenland 531
Stille Hilfe für Kriegsgefangene und Internierte e.v. **308**-309, 390, 441, 608
Stille Hilfe Südafrika 309
Stimme, Die 393
Störkraft 232, 487, 788
Stormfront 929, 931
Störtebeker BBS 925
Strafliste gegen Rechts 256
Straube-Verlag 480, 528
Student 274, 324, 446, 455, 513, 523
Student im Volk 155, 453, 488
Studentenbund Schlesien 291, 331, 332, 456, 457, 484, 509, 517
Studentische Kulturgemeinschaft Bonn 388
Studien für Zeitfragen 403
Studiengesellschaft für staatspolitische Öffentlichkeitsarbeit e.V. 206-207, 475, 534
Studienkreis für Staatsbürgerliche Arbeit 489
Studienzentrum Weikersheim 182-183, 203, **207**-209, 240, 389, 446, 458, 473, 515-516, 523, 529, 535, 541-542, 560, 564, 726, 877-878
Studio Santec 393
Sturmbote, Der 250
Sturmtrupp 788
Sturmvogel 250
Sturmwindverlag 497
Stuttgarter Bewegungsprozeß 275, 281-282, 536
Suchlicht 422
Südafrika-Journal 437
Südafrika-Seminar 273

Süddeutsche Allgemeine 292
Süddeutsche Zeitung (SZ) 816
Süddeutsches Forum 257
Süddeutsches Seminar 257
Sudetendeutsche Akademie der Wissenschaft und Künste 455, 512, 520
Sudetendeutsche Jugend 345, 362
Sudetendeutsche Jungturnerschaft 531
Sudetendeutsche Landsmannschaft (SL) 206, 329, 346, **362**-365, 455, 459, 509, 520, 531, 538, 610, 871, 890, 894, 899
Sudetendeutsche Partei 610
Sudetendeutsche Rückkehr e.V. 226
Sudetendeutsche Verlagsgesellschaft mbH 363
Sudetendeutsche Zeitung 363, 885
Sudetendeutscher Rat 362, 531
Sudetendeutscher Tag 362, 895
Sudetendeutsches Sozialwerk 200, 362
Südtirol-Frage 164
Suevia Innsbruck 435, 876
SUO Rundbrief 332
SVB-Informationen 488
Sveriges Nationella Förbund 298
Swastika 788
Sylvania 657
Synergies Européennes 281, 313, 403, 467-468
Synthema-Tagungen 195
Tafelrunde zum Dichterstein 654
Tag der Heimat 347, 357, 359
Tage Deutscher Kultur 254
Tage volkstreuer Jugend 321
Tagebuch der Anne Frank 681, 697, 699
Tageszeitung (Taz) 459, 564, 722, 818
Tagungsstätte Tutzingen 374
Tannenbergbund 375
Tat, Die 429, 493
Tat-Kreis 468
Technische Fraktion 463, 466
Technischer Dienst (TD) 154, 935
Technologia Militar 414
Teutonia 325
Teutonia Hamburg 355
Teutonic Unity 234
The Hitler we loved and why 547
Themen 493
Themen und Materialien für Journalisten 212
Theosophische Gesellschaft 712, 715
Thomas-Dehler-Stiftung 312, 484, 541
Thors-Wikinger 720

Thule Forum 726
Thule-Alternativen 312
Thule-Bibliothek 312
Thule-Gesellschaft 714, 717
Thule-Journal 310-311
Thule-Mailboxnetz 924
Thule-Mythos 313
Thule-Netz 108, 288, 292-293, **310**, 311,
    577, 877, 924, 925, 926-931, 952
Thule-Orden 282, 714
Thule-Rhetorik 312
Thule-Seminar e.V. **311**-313, 277, 322, 332,
    346, 406, 407, 412, 445, 456-457, 464,
    471, 474, 484, 561, 632, 657, 662, 726,
    774, 925, 945-946, 948
Thüringer Zeitung 292
Thuringia 203
Times 817
Tonstörung 700, 788
Traditionsgemeinschaft Panzerkorps Groß-
    deutschland 337
Traditionsverband der Leichtathleten aus
    den deutschen Ostgebieten 347
Transmaritima Boliviana 598
Transportpolizisten 620
Triumph des Unsterblichkeitwillens 375
Trommler, Der 168, 228
Truppenkameradschaft 3. SS-Panzerdivision
    Totenkopf 337
Türmer-Kulturreisen 430, 433, 453
Türmer-Verlag **429**-430, 433, 509, 517, 535
Überbündischer Kreis 228, 382, 383
UFO's: Nazi Secret Weapon? 547
Uj Rend 298
Ullrichsberg-Treffen 272
Ullstein Soft Media 435
Ullstein-Herbig-Verlag 211
Ullstein-Langen-Müller (Verlagsgruppe Ull-
    stein-Langen-Müller) **434**, 435
Ullstein-Report 434, 489, 546
Ullstein-Verlag 434, 459, 477, 491, 550,
    560, 434, 871, 876, 878
Ullstein/Propyläen 459, 542, 546, 560
Ulmer»Einsatzkommando«-Prozeß 15
Ulrich-von-Hutten-Medaille 465, 483
Ulrichbergstreffen 652, 653, 657, 660, 664
Ulrichsberggemeinschaft 652
Ultima Thule 306, 788, 790
Umbruch, Der 187, 253, 307, 310, 476-477,
    536, 589-590, 637, 925
UN-Ausschuß zur Beseitigung rassischer
    Diskriminierung 841

Unabhängige Arbeiter-Partei (UAP) 152,
    162, 223, **313**, 314, 534, 939, 940
Unabhängige Aussprache-Kreise 220
Unabhängige Freundeskreise (UFK) 251,
    252, 262, 263, 431, 530
Unabhängige Nachrichten (UN) 251, 255,
    263, 367, 394, 417, 426, **430**, 483
Unabhängige Ökologen Deutschland (UÖD)
    179, 180, **315**, 316, 319, 403, 459, 465,
    466, 491, 539, 924
Unabhängige Wählergemeinschaft Schles-
    wig-Holstein 521
Unabhärtgigen, Die 151, 469
Unabhängiger Arbeitskreis 477, 590
Unabhängiger Jugendverband (UJV) 307
Unabhängiger Schülerbund 457
UNESCO 142
Union der Heimatvertriebenen der CDU 451
Union der Vertriebenen 482
Union für Südtirol 316
Unionsparteien (CDU/CSU) 160, 170, 182,
    198, 458, 793, 797, 800-801, 830, 904,
    909
Unitarier 379
Unitarische Akademie e.V. 379, 456
Unitarische Blätter 378, 379, 718
Unitarische Hefte 379
Unitas Germanica e.V. 443
United Skins 786
Universelles Leben 393, 394
Universidad de Navarra 388
Universitas-Verlag 434-435, 459
UNO 142, 198, 682
UNO-Flüchtlingshochkommissariat 650
Unser Europa 150, 611
Unser Leben 271
Unsere Arbeit 168
Unsere deutsche Heimat 226
Unverzagt 807
Urdemokraten für Recht und Freiheit 393
US Army 511
Ustascha 582, 601
Vandalia Graz 655
Vaterländische Union 286
Vaterländische Jugendverbände (AJV)338
Vatikan 33, 596
Vatikanbank 390
VBR-Verlag 276
VdF-Buchdienst 428
VDR Info 318
Veldensteiner Kreis zur Geschichte und
    Gegenwart von Extremismus und Demo-

kratie 543, 546
Verband der deutschen sozial-kulturellen
  Gesellschaften in Polen 349
Verband der Landsmannschaften 346
Verband der Sächsischen Werwölfe 635
Verband der Turnerschaften an deutschen
  Hochschulen 325
Verband der Vereine Deutscher Studenten
  (VVDST) 654, 870
Verband der wissenschaftlichen katholischen
  Studentenvereine Unitas 873
Verband deutscher Soldaten (VdS) 203, 318,
  336, 338, 341
Verband für das Deutschtum im Ausland
  327
Verband für Studentenwohnheime 875
Verein Deutsche Gotterkenntnis 375
Verein deutscher Studenten 509
Verein Dichterstein Offenhausen 380, 661
Verein für das Deutschtum im Ausland
  (VDA) 207, 309, 349, 360, 366, 430, 441,
  610, 870, 892, 898
Verein für Familienforschung in Ost- und
  Westpreußen 891
Verein für Geschichte und Kultur 318
Verein für Konservative Kultur und Bildung
  e.V. 192, 210
Verein Gedächtnisstätte Vlotho 354
Verein Haus Schlesien 358
Verein zur Förderung der Psychologischen
  Menschenkenntnis (VPM) 192, 209, 446,
  458, 473, 492
Verein zur Förderung der Rußlanddeutschen
  in Trakehnen 351
Verein zur Förderung deutschsprachiger
  Medien in Osteuropa 505
Verein zur Förderung konservativer Publizi-
  stik e.V. 455
Vereinigte Landsmannschaft der Donausch-
  waben - Bundesverband 347
Vereinigung 17. Juni 507
Vereinigung Deutsche Nationalversammlung
  e.V. 151, 163, 519
Vereinigung evangelischer und katholischer
  Schlesier 358
Vereinigung gesamtdeutsche Politik 481
Vereinigung Heimatvertriebener Deutscher
  Studenten 331
Vereinigung Verfassungstreuer Kräfte 169
Vereinigungskirche - Moon Sekte 394-396
Verfassungsschutzbehörden 74-75, 171, 216,
  255, 297, 341, 415, 550, 564, 566-567,

572, 609, 610, 772, 785, 803, 804, 811-
  812, 929
Verfassungsschutzbericht 108, 420, 553,
  562, 565-566, 702, 893, 896
Verlag + Agentur Werner Symanek (VAWS)
  431
Verlag Besten/Oberhausen 249
Verlag Bublies und Höffkes 448, 471
Verlag der Deutschen Hochschullehrer-Zei-
  tung 411, 936
Verlag der Freunde (VdF) 428, 503
Verlag Deutsch-Europäischer Studien GmbH
  229, 488
Verlag Deutsche Unitarier Religionsgemein-
  schaft 379
Verlag für ganzheitliche Forschung und Kul-
  tur (VGFK) 312, 375, **432**, 444, 484
Verlag für Volkskunde und Zeitgeschichts-
  forschung 413, 540
Verlag für Volkstum und Zeitgeschichtsfor-
  schung 540, 892
Verlag Heitz und Höffkes 889
Verlag Hohe Warte GmbH 374, 375, 939
Verlag K.W. Schütz **426**
Verlag Mehr Wissen 487
Verlag Menschenkenntnis 210
Verlag Remer-Heipke 512
Verlag Siegfried Bublies 448, 494
Verlag Universelles Leben 393
Verlagsgemeinschaft Berg (VGB) 266, 405,
  429, **433**, 494, 535
Verlagsgruppe Ullstein-Langen-Müller (Lan-
  gen-Müller) **434**-435
Versailler Vertrag 60
Versuchs- und Beratungsring Ökologischer
  Landbau Niedersachsen 450
Vertretung des schlesischen Presse- und Ver-
  lagswesens 359
VGK Info 318
Vlaams Blok 243, 330
VÖEST 602
Volk ohne Raum 464
Völkische Front 635
Völkischer Beobacher 188, 519, 682
Völkischer Bund **316**, 317, 501, 653
Volks 620
Volksbewegung 658
Volksbewegung für Generalamnestie
  (VOGA) 245, 945
Volksbewegung für Lettland 529, 530
Volksbewegung gegen Überfremdung 269
Volksbote 363

Volksbund Deutsche Kriegsgräberfürsorge 336, 349
Volksbund Deutscher Ring/Verein für Geschichte und Kultur 318
Volksbund Deutsches Reich 231
Volksbund Rudolf Heß 269
Volksgerichtshof 125
Volkspartei der Schweiz 163
Volkssozialistische Bewegung Deutschlands 536
Volkssozialistische Bewegung Deutschlands/Partei der Arbeit (VSBD/PdA) **174**, 175, 449, 943
Volkssozialistische Einheitsfront 944
Volkssturm 448, 595
Volkstreue 749
Volkstreue Außerparlamentarische Opposition (VAPO) 269, 286, 303, 575, 582, 628-629, 641, 643, 645-647, 657, 658-660, 663, 740, 741, 947
Volkstreue Jugendoffensive (VJO) 658, 659
Volkstreue Liste 232
Volkstreue Partei Deutschlands 215, 478
Volkstreue Stimme 215
Volksunion Sachsen 186
Volkswarte 375
Voorpost 330
Vorderste Front (VF) 280, 310, 333, **435**-436, 642, 924
Vorlesungen über Zeitgeschichte 519
Vorschau 162
Vortrag-Buch-Reisen GmbH 479
Vowinckel-Verlag 433, 535
Wachregiment Felix Dscherschinski 620
Waffen-SS 24, 124, 127, 134, 174, 286, 308, 330, 337, 339, 404, 422, 426, 484, 524, 526, 582, 604, 607, 652, 657, 684, 942, 946
Waffen-SS-Division Wiking 321
Wählerinitiative parteiloser Bürger 508
Wahrheit Freiheit Recht 219
Wahrheit für Deutschland 540
Wahrheit und Recht gegen Lüge und Hetze 478
Wal, Der 354
Waldorfschulen 717
Walter-Künneth-Institut e.V. 381
Wandel 261
Wannsee-Konferenz 25
Wartburgfest 656
Wegweiser, Der 363
Wehr Dich 303

Wehrmacht 124, 134, 154, 168, 404
Wehrsportgruppe 175, 472
Wehrsportgruppe Hoffmann 169, **175**-176, 235, 396, 461, 472, 498, 601, 943, 945
Wehrtechnik 414
Wehrwolf Kiel/Volkstreue Jugend 497
Weichselschiff 332
Weikersheimer Blätter 208, 534
Weikersheimer Hochschulwoche 208
Weikersheimer Kongreß 208
Weinheimer Institut für Ehe und Familie, Sexualethik und Erziehung (WIESE) 177
Weinheimer Senioren Convent (WSC) 871, 874
WEISSER RING 199
Weleda717
Welt, Die 382, 493, 517, 546, 550, 561, 876
Weltanschauungsgemeinschaft Gotterkenntnis Mathilde Ludendorff e.V. 374
Weltbund freier Arbeitnehmerverbände 248
Weltbund zum Schutz des Lebens (WSL) 151, 229, 262, 266, **319**-320, 372, 379, 450-451, 469, 535, 709, 939
Weltmedienkonferenz 395
Weltstudentenkongreß 395
Werkschar, Die 259
Werkzeugmaschinenfabrik Wanderer und Honsberg 395
Wertkonservativer Kreis 185
Werwolf - Winke für Jagdeinheiten 580, 584, 641
Werwolf 788
Werwolf-Jagdeinheit Senftenberg 636, 845
Westdeutsche Volkszeitung 926
Westpreußische Jugend 344
White Knights of the Ku-Klux-Klan 306
White Noise Club 790
White Power Report 547
Wiccas 752
Wichtige Dokumente zum größten Verbrechen der Neuzeit 177
Widar Verlag 450
Widar-Deutschgläubige Blätter 380
Widerstand 253, 925-926
Widerstand BBS 310
Wie die beiden Weltkriege gemacht wurden 464
Wiener 632
Wiener Arbeitsgemeinschaft für Ausländerbeschäftigung 639
Wiener Presse 817
Wiking Jugend (WJ) 152, 164, 168-169,

175, 228, 240, 242, 246, 249-251, 254, 260, 264, 272, 281, 284, 309, 318, **320**-321 330, 354, 387, 401, 420, 440, 468, 499-500, 540, 554, 587, 610-611, 627, 633, 637, 653, 658, 718, 722, 749, 859, 936-937, 939-940, 942, 947, 950, 952
Wiking-Ruf, Der 336
Wikinger, Der 321
Wille und Macht 519
Wille und Weg 155
Wingolfsbund 873
Wir selbst 295, 315, 415, 435, **436**-437, 442-443, 448, 455, 468-469, 471, 478, 482, 491, 494, 504, 528, 529, 533, 539, 726, 945
Wirtschaftliche Aufbau-Vereinigung (WAV) 160, 934
Wirtschafts- und Verbands-Public Relation GmbH (WPR) 248
Wirtschaftsverlag 435
Wirtschaftswoche 545
Wissenschaftszentrum Berlin 772
Witiko-Brief 365-366, 410, 482, 486, 531, 887
Witikobund 128, 149, 206, 255, 257, 268, 274, 304, 320, 329-330, 346, 356, 362, **364**-365, 398, 430, 434, 445, 455, 458, 476, 481, 483, 509, 521, 531, 538, 539, 609-610, 774, 871, 877, 887, 890, 894, 899, 934
WJ Pfingstreffen 321
WMF 526
Women for Aryan Unity (WAU) 749
World Anti-Communist League 198, 396
World Institute of Scientology Enterprises (WISE) 391
World-Federation of Doctors who respect Human Life 192
Wotan 788
Wotans Volk 287, 371, 510, 618
Wotans Wölfe 222
Wotansspeer 371
Würzburger Erklärung 889
Yggdrasil 367, 369, 385, 720
ZEIT, Die 493, 550, 805, 816-818
Zeit-Fragen 210
Zeitenwende 294, 293-295, 385-386, 410, 415, 438, 443, 468, 482, 520, 523
Zeitgeschichtliche Bibliothek 212
Zeitgeschichtliche Forschungsstelle Ingolstadt (ZFI) **211**, 212, 302, 358, 363, 366, 446, 480, 520-521, 673, 889
Zeitschrift für sozialökonomie mtg - Mensch Technik Gesellschaft 262
Zentralinstitut für Jugendforschung 621
Zentralrat der Juden in Deutschland 231, 698, 702-703
Zentralrat der Vertriebenen Deutschen 226
Zentrumspartei 376
ZFI-Informationen 212
Zillo 445
Zollernkreis und Preußeninstitut e.V. **212**-213, 460, 489, 508
Zundelsite 547
Zündstoff 284
Zur Förderung der Russlanddeutschen in Ostpreußen e.V. 383
Zürcher Schule 209
Zweite Revolution, Die 270, 485

Bailer-Galanda / Benz /
Neugebauer (Hg.)

Die Auschwitzleugner

400 Seiten. Paperback
DM 39,90 / öS 295 / sFr 39,90
3-88520-600-5

»Revisionistische« Geschichtslüge und
historische Wahrheit: Wie die inter-
nationale neonazistische und rechte
Propaganda die nationalsozialistischen
Gewaltverbrechen verharmlost und aus
Tätern Opfer zu machen versucht.

ELEFANTEN PRESS

Antifa Edition

Oliver Geden
Rechte Ökologie
Umweltschutz zwischen
Emanzipation und Faschismus
254 Seiten. Paperback
DM 29,90/öS 221/sFr 29,90
3-88520-576-9

Zur mehr als hundertjährigen
Geschichte der Ökologie und ihren
aktuellen Verbindungen zu rechten
Politikansätzen zugunsten eines
»starken Staates« bis hin zur Diktatur.

ELEFANTEN PRESS

Jens Mecklenburg (Hg.)

Antifa Reader

Antifaschistisches Handbuch
und Ratgeber
384 Seiten. Paperback
DM 24,90/öS 184/sFr 24,90
3-88520-574-2

Fundierter Überblick vor allem für
junge Menschen über Neofaschismus und Rechtsextremismus, ihre
Ursachen und Protagonisten und
die Möglichkeiten antifaschistischer
Gegenaktivitäten.

ELEFANTEN PRESS

Reinhard Opitz

**Faschismus
und
Neofaschismus**

Pahl-Rugenstein

Ungekürzte Sonderausgabe der seit langem vergriffenden Bände:

**Der deutsche
Faschismus bis 1945**

**Neofaschismus in
der Bundesrepublik**

Hardcover, Fadenbindung
576 Seiten,
Personenregister .
Pahl-Rugenstein
49,80 DM ISBN 3-89144-209-2

Diese Ausgabe enthält die beiden Bände „Der deutsche Faschismus bis 1945"
und „Neofaschismus in der Bundesrepublik" in ungekürzter Fassung.

Georg Fülberth schreibt in „konkret" 3/95 über Opitz:
„Er war einer der originellsten, solidesten und produktivsten linken Köpfe
in den sechziger, siebziger und achtziger Jahren. (...)
1984 erschien das Buch, das als sein Hauptwerk gelten kann: *Faschismus
und Neofaschismus*. Es handelte sich um eine gekürzte Fassung. 1988 kam
der vollständige Text posthum heraus. Der erste trägt den Titel *Der deutsche
Faschismus bis 1945*, der zweite heißt: *Neofaschismus in der Bundesrepublik*.
Doch selbst wenn Sie nur die (...) Kurzfassung zur Hand nehmen, kann Ihnen
die Fülle des Materials und die zugleich präzise und stürmische Diktion den
Atem nehmen.
Dieses Buch paßte in keinen der üblichen Faschismus-Diskurse. Massenbewegungen, Zirkel, einzelne Ideologen, finanzielle und industrielle Aktionen
werden je für sich so behandelt und zugleich in Beziehung zueinander gesetzt,
daß die einzelnen Elemente unverkürzt bleiben und doch durch die Gesamtheit des (monopol)kapitalistischen Systems bestimmt sind."